Hier wird es anschaulich: Die Kästen **Unter der Lupe** und **Beispiel** lassen das Wissen lebendig werden

Unter der Lupe

Lernen und Gedächtnis bereits im Mutterleib?
Um zu untersuchen, ob die Erfahrungen des Fötus nur aus kurzfristigen Wahrnehmungseindrücken oder aus längerfristigen Erinnerungen bestehen, präsentiert man einen wahrnehmbaren Reiz (z. B. einen Ton auf dem Bauch der Mutter). Der Fötus zeigt daraufhin eine Orientierungsreaktion (z. B. ein kurzes Innehalten in der Bewegung; s. Abb. 7.3). Bei wiederholter Darbietung desselben Reizes reagiert

Die Frage, wie es Kindern durch das Zusammenspiel innerer Voraussetzungen und äußerer Gegebenheiten innerhalb von wenigen Jahren gelingt, das hochkomplexe System der Sprache zu erwerben, hat der bekannte Spracherwerbsforscher Braine (1963) als das größte und fesselndste Geheimnis der Psychologie bezeichnet. Dies hat auch heute noch seine Gültigkeit, wenngleich die Versuche, diesem Mysterium näher zu kommen, theoretisch und methodisch vielfältiger und auch vielversprechender geworden sind.

Denkanstöße

▶ Was muss das Kind im Spracherwerb lernen und leisten? Warum sind Prozesse der Imitation und des Verstärkungslernens nicht ausreichend, um den Erwerb des sprachlichen Regelsystems zu erklären?
▶ Warum gehört der Spracherwerb zu den besonders wichtigen Entwicklungsaufgaben in der Kindheit?

Zusammenfassung

▶ In der Entwicklungspsychologie wird zwischen einem engen und einem weiten Entwicklungsbegriff unterschieden. Phasen- und Stufenmodelle der Entwicklung im Kindesalter basieren auf einem engen Entwicklungsbegriff. Der erweiterte Entwicklungsbegriff umfasst neben den Gemeinsamkeiten auch die individuellen Unterschiede in der Entwicklung und bezieht sich auf die gesamte Lebensspanne.

Beispiel

Wie Kinder ihre Eltern erziehen
Wie geschickt Kinder unter Umständen operieren, mag folgende Begebenheit zur Adventszeit illustrieren: Eines Abends sitzt Herr M. lesend am Tisch, als plötzlich schwere Schritte im Flur Besuch ankündigen. Es klopft, herein kommt sein 4 ½-jähriger Sohn

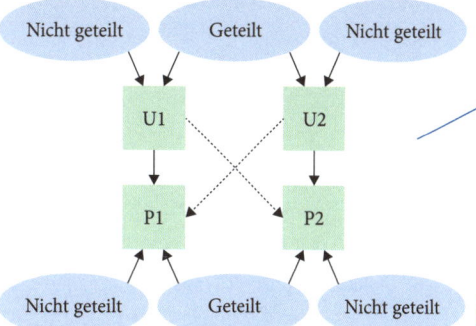

Abbildung 3.2 Vermittlung zwischen (nicht) geteilten Umweltbedingungen U1, U2 und (nicht) geteilten Persönlich-

Tabelle 30.2 Bedeutung unterschiedlicher Quellen für erfolgreiches schulisches Lernen (nach Hattie, 2009)

Quelle	Varianzanteil
Schüler	50 %
Familie	5–10 %
Peers	5–10 %

▶ Die aktuelle entwicklungspsychologische Forschung stellt Bezüge her:
  – zwischen verschiedenen Funktionsbereichen und Aspekten des Verhaltens,
  – zwischen veränderungsrelevanten Mechanismen unterschiedlicher Zeitskalen,
  – zwischen altersbezogenen Veränderungen im Verhalten und im Gehirn.

Abbildungen und Tabellen: 156, meist farbige Abbildungen und 36 Tabellen

Denkanstöße: Wenden Sie das Gelesene an, denken Sie weiter

Weiterführende Literatur

Baltes, P. B., Lindenberger, U. & Staudinger, U. M. (2006). Life span theory in developmental psychology. In W. Damon & R. M. Lerner (Eds.), Handbook of child psychology: Vol. 1. Theoretical models of human development (6th ed., pp. 569–664). New York: Wiley. *Die Autoren erläutern Grundlagen der Entwicklungspsychologie unter besonderer Berücksichtigung der Entwicklung von Kognition sowie Selbst und Persönlichkeit.*

Buch bietet einen ausgewogenen Überblick über die wichtigsten entwicklungspsychologischen Theorien.

Weinert, S. & Weinert, F. E. (2006). Entwicklung der Entwicklungspsychologie: Wurzeln, Meilensteine, Entwicklungslinien. In W. Schneider & F. Wilkening (Hrsg.), Theorien, Modelle und Methoden der Entwicklungspsychologie (Enzyklopädie der Psycho-

1.4 Kontinuität und Diskontinuität in der Entwicklung | 61

Weiterführende Literatur: Hier können Sie noch mehr erfahren

Online-Materialien unter www.beltz.de
▶ Deutsch-englisches Glossar mit 150 Fachbegriffen
▶ Antworthinweise zu den Denkanstößen
▶ Kommentierte Links

Schneider • Lindenberger (Hrsg.)
Entwicklungspsychologie

Herausgeber der früheren Auflagen:

Rolf Oerter

Leo Montada

Wolfgang Schneider • Ulman Lindenberger (Hrsg.)

Entwicklungspsychologie

7., vollständig überarbeitete Auflage

Anschriften der Herausgeber:
Prof. Dr. Wolfgang Schneider
Universität Würzburg
Institut für Psychologie
Lehrstuhl IV
Röntgenring 10
97070 Würzburg

Prof. Dr. Ulman Lindenberger
Max-Planck-Institut für Bildungsforschung
Forschungsbereich Entwicklungspsychologie
Lentzeallee 94
14195 Berlin (Dahlem)

Das Lehrbuch »Entwicklungspsychologie« wurde begründet und in den ersten sechs Auflagen herausgegeben von Prof. Dr. Rolf Oerter und Prof. Dr. Leo Montada.

Das Werk und seine Teile sind urheberrechtlich geschützt. Jede Nutzung in anderen als den gesetzlich zugelassenen Fällen bedarf der vorherigen schriftlichen Einwilligung des Verlages. Hinweis zu § 52 a UrhG: Weder das Werk noch seine Teile dürfen ohne eine solche Einwilligung eingescannt und in ein Netzwerk eingestellt werden. Dies gilt auch für Intranets von Schulen und sonstigen Bildungseinrichtungen.

Haftungshinweis: Trotz sorgfältiger inhaltlicher Kontrolle übernehmen wir keine Haftung für die Inhalte externer Links. Für den Inhalt der verlinkten Seiten sind ausschließlich deren Betreiber verantwortlich.

7., vollständig überarbeitete Auflage 2012

1. Auflage 1982, Urban & Schwarzenberg, München
2., neubearbeitete Auflage 1987, Psychologie Verlags Union, München
3., vollständig überarbeitete Auflage 1995, Psychologie Verlags Union, Weinheim
4., korrigierte Auflage 1998, Psychologie Verlags Union, Weinheim
5., vollständig überarbeitete Auflage 2002, Psychologie Verlags Union, Weinheim
6., vollständig überarbeitete Auflage 2008, Beltz Verlag, Weinheim, Basel

© Beltz Verlag, Weinheim, Basel 2012
Programm PVU Psychologie Verlags Union
http://www.beltz.de

Lektorat: Reiner Klähn
Herstellung: Sonja Frank
Umschlaggestaltung: Torge Stoffers, Leipzig
Umschlagbild: Shutterstock Images, New York, USA
Satz: Reemers Publishing Services GmbH, Krefeld
Druck und Bindung: appl druck GmbH & Co. KG, Wemding

Printed in Germany

ISBN 978-3-621-27768-6

Inhaltsübersicht

Vorwort zur 7. Auflage ... 23

Teil I Grundlagen der Entwicklungspsychologie

1. Fragen, Konzepte, Perspektiven ... 27
2. Evolutionäre Grundlagen ... 61
3. Verhaltens- und molekulargenetische Grundlagen ... 81
4. Methodologische Grundlagen ... 97
5. Ontogenese und Plastizität des Gehirns ... 117
6. Kultur und Sozialisation ... 137

Teil II Entwicklung im Altersverlauf

7. Vorgeburtliche Entwicklung und früheste Kindheit (0–2 Jahre) ... 159
8. Frühe Kindheit (3–6 Jahre) ... 187
9. Mittlere und späte Kindheit (6–11 Jahre) ... 211
10. Jugend (12–19 Jahre) ... 235
11. Junges und mittleres Erwachsenenalter ... 259
12. Höheres Erwachsenenalter ... 283
13. Hohes Alter ... 311

Teil III Entwicklung ausgewählter Funktionsbereiche

14. Vor- und nichtsprachliche Kognition ... 337
15. Wahrnehmung und Motorik ... 363
16. Denken ... 385
17. Gedächtnis ... 413

18	Sprachentwicklung	433
19	Kognitive Kontrolle, Selbstregulation und Metakognition	457
20	Motivation	477
21	Emotion	497
22	Moral	521
23	Selbst und Persönlichkeit	543
24	Problembewältigung und intentionale Selbstentwicklung	563

Teil IV Praxisfelder

25	Förderung von Kleinkindern in der Tagesbetreuung	581
26	Vorschule	593
27	Lernstörungen	605
28	Externalisierende und internalisierende Verhaltensstörungen im Kindes- und Jugendalter	619
29	Spezifische Sprachentwicklungsstörungen	633
30	Schulische Leistungen und ihre Messung	645
31	Hochbegabung, Expertise und außergewöhnliche Leistung	663
32	Vernachlässigung, Misshandlung und Missbrauch von Kindern	677
33	Mobbing im Schulkontext	691
34	Medien und Entwicklung	705
35	Gesundheit	719
36	Produktives Leben im Alter	733
37	Angewandte Gerontopsychologie	747

Anhang   761

Inhalt

Vorwort zur 7. Auflage 23

Teil I   Grundlagen der Entwicklungspsychologie

1   Fragen, Konzepte, Perspektiven 27
Leo Montada • Ulman Lindenberger • Wolfgang Schneider

1.1   Konzeptionen der Entwicklung 28
    1.1.1   Der enge Entwicklungsbegriff: Phasen- und Stufenmodelle 28
    1.1.2   Der weite Entwicklungsbegriff: Individuelle Entwicklungsunterschiede und Kontexte im Lebensverlauf 30
    1.1.3   Grundannahmen in Forschung und Theoriebildung 32
    1.1.4   Gegenstandsbestimmung aus dem Bedarf an Entwicklungspsychologie in Praxisfeldern 36
    1.1.5   Fazit: Gegenstand und Forschungsauftrag der Entwicklungspsychologie 39

1.2   Das Verhältnis zwischen Anlage und Umwelt im Entwicklungsverlauf 42
    1.2.1   Kovariationen und Interaktionen zwischen Anlage und Umwelt über die Lebensspanne ... 43
    1.2.2   Zur Interpretation populationsgenetischer Befunde und Kennwerte 44
    1.2.3   Fazit zur Anlage-Umwelt-Debatte: Die richtigen Fragen stellen! 45

1.3   Zentrale Erklärungskonzepte 45
    1.3.1   Reifung 45
    1.3.2   Reifestand und sensible Perioden 46
    1.3.3   Entwicklung als Konstruktion 49
    1.3.4   Entwicklung als Sozialisation 49
    1.3.5   Entwicklungsaufgaben und kritische Lebensereignisse 52

1.4   Kontinuität und Diskontinuität in der Entwicklung 55
    1.4.1   Absolute Stabilität 55
    1.4.2   Relative Stabilität 56
    1.4.3   Entwicklung als Stabilisierung und Destabilisierung interindividueller Unterschiede ... 56
    1.4.4   Zum Nachweis von Stabilität und Wandel in Eigenschaften und Fähigkeiten .. 57
    1.4.5   Kontinuität als Wirkung von Dispositionen, Kompetenzen und Selbstkonzept ... 57
    1.4.6   Aleatorische Entwicklungsmomente und aktionale Entwicklungsmodelle 59

2   Evolutionäre Grundlagen 61
Werner Greve • David F. Bjorklund

2.1   Evolutionstheorie – Grundlagen einer komplexen Theoriefamilie 62
    2.1.1   Adaptation als Kernprozess der Evolution 62
    2.1.2   Grenzen der Evolution 65
    2.1.3   Schwierigkeiten und Erweiterungen der Evolutionstheorie 66

2.2	**Evolutionäre Entwicklungspsychologie I: Entwicklung als Evolutionsprodukt**	69
	2.2.1 Die Evolution der Entwicklung: Warum entwickeln wir uns überhaupt?	70
	2.2.2 Die Evolution spezifischer Entwicklungsmuster: Warum entwickeln wir uns auf diese Weise?	72
2.3	**Evolutionäre Entwicklungsbiologie (»Evo-Devo«): Entwicklung als Evolutionsbedingung**	75
2.4	**Evolutionäre Entwicklungspsychologie II: Der Mensch als System und Teil eines Systems**	77
2.5	**Evolutionäre Entwicklungspsychologie III: Adaptive Prozesse in der Ontogenese**	78

3 Verhaltens- und molekulargenetische Grundlagen 81
Jens B. Asendorpf

3.1	**Allgemeine Prinzipien des genetischen Einflusses auf die Entwicklung**	82
	3.1.1 Genetik	82
	3.1.2 Epigenetik	83
3.2	**Verhaltensgenetik der Persönlichkeitsentwicklung**	85
	3.2.1 Relativer Einfluss von Genom und Umwelt	85
	3.2.2 Geteilte vs. nicht geteilte Umwelten und Umwelteinflüsse	87
	3.2.3 Interaktion von Genom und Umwelt	89
	3.2.4 Korrelation von Genom und Umwelt	90
3.3	**Molekulargenetik der Persönlichkeitsentwicklung**	92
	3.3.1 Einfluss spezifischer Gene	92
	3.3.2 Epigenetisch vermittelte Umwelteinflüsse	94

4 Methodologische Grundlagen 97
Florian Schmiedek • Ulman Lindenberger

4.1	**Anforderungen an Methoden in der Entwicklungspsychologie**	98
4.2	**Querschnittliche, längsschnittliche und sequenzielle Forschungsdesigns**	100
	4.2.1 Querschnittliche Designs	101
	4.2.2 Längsschnittliche Designs	101
	4.2.3 Kombination quer- und längsschnittlicher Designs: Sequenzdesigns	107
4.3	**Individuenbezogene Ansätze zur Analyse von Veränderungsprozessen**	110
4.4	**Testing-the-Limits, experimentelle und formale Simulation**	111
4.5	**Empirisches Beispiel: Der Zusammenhang zwischen Sensorik/Sensomotorik und Intelligenz im Alter**	112

5 Ontogenese und Plastizität des Gehirns 117
Bogdan Draganski • Antonia Thelen

5.1	**Theoretische Vorannahmen**	118
5.2	**Neurogenese und Synaptogenese**	118
	5.2.1 Organogenese – makroskopische Kenndaten	120
	5.2.2 Proliferation und Migration der Neurone	121
	5.2.3 Axonales und dendritisches Wachstum	122
	5.2.4 Synaptogenese	122

	5.2.5	Rolle der Neurotransmitter in der Ontogenese	123
	5.2.6	Abbauprozesse in der Ontogenese	124
	5.2.7	Ontogenese und Verhalten	125
	5.2.8	Interaktion zwischen Hirnstruktur und Funktion	126
5.3		**Ontogenese der Sinnesorgane**	127
	5.3.1	Geschmacks- und Geruchssinn	129
	5.3.2	Der Tastsinn	129
	5.3.3	Der Hörsinn	130
	5.3.4	Der Sehsinn	130
	5.3.5	Entwicklung der Motorik	131
	5.3.6	Sensomotorische Integration	132
5.4		**Ontogenese aus der Perspektive der Evolution**	132
5.5		**Ontogenese aus der sozialen Perspektive**	133
5.6		**Ontogenese und Plastizität**	134

6 Kultur und Sozialisation — 137
Clemens Tesch-Römer • Isabelle Albert

6.1		**Einführung: Ziele kulturvergleichender Sozialisationsforschung**	138
	6.1.1	Nomologische Perspektive: Kultur beeinflusst Entwicklung	138
	6.1.2	Indigene Perspektive: Entwicklung entsteht durch Kultur	138
	6.1.3	Universelle Entwicklungsaufgaben, kulturspezifische Entwicklungspfade	139
6.2		**Begriffe, Theorien und Methoden**	140
	6.2.1	Begriffe	140
	6.2.2	Theorien	142
	6.2.3	Methoden	145
6.3		**Ergebnisse kulturvergleichender Sozialisationsforschung**	147
	6.3.1	Frühe Kindheit	148
	6.3.2	Mittlere Kindheit	149
	6.3.3	Jugendalter	150
	6.3.4	Frühes und mittleres Erwachsenenalter	151
	6.3.5	Hohes Erwachsenenalter	152
6.4		**Ausblick: Welches Gewicht hat kulturvergleichende Forschung?**	154
	6.4.1	Normen und Werte: Was ist gute Entwicklung?	154
	6.4.2	Intervention: Implikationen kulturvergleichender Forschung	155

Teil II Entwicklung im Altersverlauf

7 Vorgeburtliche Entwicklung und früheste Kindheit (0–2 Jahre) — 159
Birgit Elsner • Sabina Pauen

7.1		**Vorgeburtliche Entwicklung**	160
	7.1.1	Meilensteine der pränatalen Entwicklung	160
	7.1.2	Risikofaktoren für die pränatale Entwicklung	161
	7.1.3	Frühgeburt	162
	7.1.4	Das Zusammenspiel von Reifung und Erfahrung bei der pränatalen Entwicklung	164

7.2	Das Neugeborene		165
	7.2.1	Aktivierungszustände und Erregungsregulation	165
	7.2.2	Motorik, Reflexe	166
	7.2.3	Wahrnehmung, Sensorik	167
	7.2.4	Temperament	170
7.3	Das erste Lebensjahr (3–12 Monate)		171
	7.3.1	Motorische Entwicklung	171
	7.3.2	Denkentwicklung	173
	7.3.3	Frühe Sprachentwicklung	176
	7.3.4	Soziale Entwicklung	177
	7.3.5	Selbstregulation	178
	7.3.6	Gefühle	178
7.4	Das zweite Lebensjahr		178
	7.4.1	Kognitive Entwicklung: Sprache, Symbolfunktion, Symbolspiel	179
	7.4.2	Entwicklung des Selbst	179
	7.4.3	Bindung	180
	7.4.4	Soziale Kognition, beginnende Theory of Mind	182
	7.4.5	Sozialisationsbereitschaft und Selbstregulation	183

8 Frühe Kindheit (3–6 Jahre) — 187
Wolfgang Schneider • Marcus Hasselhorn

8.1	Körperliche und motorische Entwicklung		188
	8.1.1	Körperliche Entwicklung in der Vorschulzeit	188
	8.1.2	Motorische Entwicklung	188
8.2	Kognitive Entwicklung		190
	8.2.1	Piagets Stufenmodell der Denkentwicklung: Die präoperationale Phase	190
	8.2.2	Intelligenzentwicklung im Vorschulalter aus psychometrischer Sicht	192
	8.2.3	Gedächtnis	193
	8.2.4	Sprache	195
	8.2.5	Exekutive/kognitive Kontrolle	198
	8.2.6	Frühe Indikatoren schulischer Kompetenzen	199
8.3	Entwicklung von Motivation und Emotion		201
	8.3.1	Lern- und Leistungsmotivation	201
	8.3.2	Emotion	204
8.4	Soziale Entwicklung		205
	8.4.1	Familiäre Sozialisation	205
	8.4.2	Beziehung zu Gleichaltrigen	206
	8.4.3	Sozialisation in Kindertageseinrichtungen	208

9 Mittlere und späte Kindheit (6–11 Jahre) — 211
Jutta Kray • Sabine Schaefer

9.1	Die kognitive Entwicklung		212
	9.1.1	Piagets Ansatz: Die konkret-operationale Phase	212
	9.1.2	Der Informationsverarbeitungsansatz	215
	9.1.3	Psychometrische Ansätze	220

9.2	**Entwicklung der Persönlichkeit**	222
	9.2.1 Persönlichkeitsvariablen: Stabilität und Veränderung der »großen Fünf«	222
	9.2.2 Persönlichkeitsprofile	225
	9.2.3 Die Entwicklung des Selbstkonzepts	225
	9.2.4 Das soziale Umfeld	227
9.3	**Die emotionale und motivationale Entwicklung**	229
	9.3.1 Die motivationale Entwicklung	229
	9.3.2 Die emotionale Entwicklung	231

10 Jugend (12–19 Jahre) — 235
Rainer K. Silbereisen • Karina Weichold

10.1	**Jugend: Definition, Jugendbilder, Demografie und Forschungsorientierung**	236
10.2	**Grundlegende Prozesse der Entwicklung im Jugendalter**	238
	10.2.1 Unterschiede im körperlichen Entwicklungstempo	239
	10.2.2 Veränderungen in neuronalen Systemen und kognitive Entwicklung im Jugendalter	241
	10.2.3 Gesellschaftliche Rahmenbedingungen und Entwicklungsaufgaben	242
10.3	**Entwicklungskontexte**	246
	10.3.1 Familie	246
	10.3.2 Gleichaltrige Freunde (Peers)	247
	10.3.3 Enge Freunde	248
	10.3.4 Romantische Beziehungen	249
	10.3.5 Freizeitaktivitäten und Freizeitstätten	250
	10.3.6 Schule	251
10.4	**Entwicklungsergebnisse**	252
	10.4.1 Identitätsentwicklung im Jugendalter	252
	10.4.2 Problemverhalten	253
	10.4.3 Positive Jugendentwicklung	255

11 Junges und mittleres Erwachsenenalter — 259
Alexandra M. Freund • Jana Nikitin

11.1	**Definition des jungen und mittleren Erwachsenenalters**	260
11.2	**Zentrale Entwicklungsthemen im jungen und mittleren Erwachsenenalter**	261
	11.2.1 Havighursts Modell der Entwicklungsaufgaben	262
	11.2.2 Entwicklungsaufgaben als soziale Erwartungen	262
	11.2.3 Entwicklungsfristen	263
11.3	**Entwicklungsverläufe im jungen und mittleren Erwachsenenalter**	263
	11.3.1 Emerging Adulthood	263
	11.3.2 Junges Erwachsenenalter als »Rushhour«	264
	11.3.3 Mittleres Erwachsenenalter als Zeit der »Midlife-Crisis«	264
	11.3.4 Die Sandwich-Generation	265
	11.3.5 Das Phänomen der »gewonnenen Jahre«	265
	11.3.6 Anforderungen an die Selbstregulation durch Deregulation des Lebenslaufes	266
	11.3.7 Veränderungen in der Gewinn-Verlust-Balance über das Erwachsenenalter	266

11.4.	**Bereichsspezifische Entwicklung**	268
	11.4.1 Berufliche Entwicklung	268
	11.4.2 Entwicklung sozialer Beziehungen	272
	11.4.3 Freizeit	280

12 Höheres Erwachsenenalter — 283
Ulman Lindenberger • Ursula M. Staudinger

12.1	**Entwicklung im Erwachsenenalter**	284
	12.1.1 Die generelle Architektur des Lebensverlaufs	284
	12.1.2 Veränderungen in der relativen Ressourcenallokation	285
12.2	**Intellektuelle Entwicklung im Erwachsenenalter**	286
	12.2.1 Zweikomponentenmodelle der intellektuellen Entwicklung	286
	12.2.2 Relative Stabilität intellektueller Leistungen über die Lebensspanne	292
	12.2.3 Heritabilität	293
	12.2.4 Fähigkeitsstruktur	294
	12.2.5 Historische und ontogenetische Plastizität	295
	12.2.6 Determinanten der mechanischen Entwicklung im Erwachsenenalter	299
	12.2.7 Das Dilemma des kognitiven Alterns	300
12.3	**Die Entwicklung von Selbst und Persönlichkeit im Erwachsenenalter**	301
	12.3.1 Forschungstraditionen im Bereich von Selbst und Persönlichkeit	301
	12.3.2 Persönlichkeit im Erwachsenenalter	302
	12.3.3 Selbstkonzeptionen und selbstregulative Prozesse	305

13 Hohes Alter — 311
Hans-Werner Wahl • Oliver Schilling

13.1	**Das hohe Alter in einer Lebensspannenperspektive: Zentrale Fragestellungen**	312
13.2	**Zur allgemeinen Charakterisierung des hohen Alters: Implikationen für eine entwicklungspsychologische Sicht**	313
	13.2.1 Demografische und historische Aspekte des hohen Alters	313
	13.2.2 Fakten zum hohen Alter	314
	13.2.3 Entwicklungspsychologische Aspekte des hohen Alters	315
13.3	**Befunde zur Entwicklungspsychologie des hohen Alters**	316
	13.3.1 Kognitive Entwicklung	316
	13.3.2 Wohlbefinden und affektive Prozesse	320
	13.3.3 Rolle von Persönlichkeit und Geschlechtsunterschieden	327
13.4	**Theoretische Perspektiven zur Integration von Befunden zum hohen Alter**	328
13.5	**Entwicklungsprozesse im hohen Alter: Methodische Anforderungen**	330
13.6	**Entwicklungspsychologische Gesamtcharakterisierung des hohen Alters**	332

Teil III   Entwicklung ausgewählter Funktionsbereiche

14   Vor- und nichtsprachliche Kognition ... 337
Hannes Rakoczy • Daniel Haun

- 14.1 Vor- und nichtsprachliche Kognition als Gegenstand der vergleichenden Entwicklungspsychologie ... 338
- 14.2 Bereichsübergreifende kognitive Fähigkeiten ... 339
  - 14.2.1 Lernen ... 339
  - 14.2.2 Problemlösen ... 341
- 14.3 Bereichsspezifische kognitive Fähigkeiten ... 342
  - 14.3.1 Objektkognition ... 342
  - 14.3.2 Naive Physik ... 344
  - 14.3.3 Verstehen von Kausalität ... 344
  - 14.3.4 Vorformen numerischen Denkens ... 344
  - 14.3.5 Raumkognition ... 346
  - 14.3.6 Soziale Kognition ... 349
- 14.4 Theoretische Modelle ... 354
  - 14.4.1 Modularitätstheorien ... 354
  - 14.4.2 Die Theorie repräsentationaler Neubeschreibung ... 355
  - 14.4.3 Theorie-Theorie ... 356
  - 14.4.4 Theorien grundlegender kognitiver Unterschiede von Mensch und Tier ... 357
  - 14.4.5 Die Theorie kulturellen Lernens ... 358
- 14.5 Vorsprachliche Kognition und Sprache ... 359
  - 14.5.1 Die Effekte von Sprache an sich auf das Denken ... 360
  - 14.5.2 Die Effekte verschiedener Sprachen auf das Denken ... 361

15   Wahrnehmung und Motorik ... 363
Horst Krist • Michael Kavšek • Friedrich Wilkening

- 15.1 Wahrnehmung ... 364
  - 15.1.1 Riechen, Schmecken und die Hautsinne ... 365
  - 15.1.2 Hören ... 366
  - 15.1.3 Sehen ... 367
  - 15.1.4 Intermodale Wahrnehmung ... 375
  - 15.1.5 Analytische und holistische Wahrnehmung ... 375
- 15.2 Motorische Fähigkeiten und Fertigkeiten ... 376
  - 15.2.1 Entwicklung der Auge-Hand-Koordination im ersten Lebensjahr ... 376
  - 15.2.2 Weitere Entwicklung der Visumotorik ... 378
  - 15.2.3 Entwicklung motorischer Fähigkeiten über die Lebensspanne ... 379

16   Denken ... 385
Beate Sodian

- 16.1 Piagets Theorie der Denkentwicklung ... 386
  - 16.1.1 Das sensomotorische Stadium (0 bis 2 Jahre) ... 387

	16.1.2	Das präoperationale Stadium (2 bis 7 Jahre)	388
	16.1.3	Das konkret-operationale Stadium (7 bis 12 Jahre)	389
	16.1.4	Das formal-operationale Stadium (ab 12 Jahren)	389
16.2	**Kritik an Piaget: Die kognitiven Kompetenzen junger Kinder**		390
	16.2.1	Der kompetente Säugling: Objektpermanenz	390
	16.2.2	Kognitive Kompetenzen im Vorschulalter	391
16.3	**Informationsverarbeitungsansätze**		393
	16.3.1	Kapazität der Informationsverarbeitung	393
	16.3.2	Strategieentwicklung	395
	16.3.3	Metakognition und exekutive Funktionen	395
	16.3.4	Entwicklung des Problemlösens und des schlussfolgernden Denkens	396
	16.3.5	Analoges Denken und Problemlösen	398
	16.3.6	Deduktives Denken	398
	16.3.7	Wissenschaftliches Denken	399
16.4	**Theorien der Entwicklung domänenspezifischen begrifflichen Wissens**		401
	16.4.1	Numerisches Wissen	402
	16.4.2	Intuitive Physik	403
	16.4.3	Intuitive Psychologie (Theory of Mind)	407

17 Gedächtnis 413

Wolfgang Schneider • Ulman Lindenberger

17.1	**Gedächtniskomponenten**		414
17.2	**Gedächtnisentwicklung im Säuglings- und Kleinkindalter**		414
17.3	**Entwicklung des impliziten Gedächtnisses**		416
17.4	**Entwicklung des expliziten Gedächtnisses**		417
17.5	**Determinanten der Gedächtnisentwicklung**		421
	17.5.1	Basale Gedächtniskapazität und Arbeitsgedächtnis	422
	17.5.2	Gedächtnisstrategien	424
	17.5.3	Wissen und Gedächtnis	427
17.6	**Neuere Forschungstrends**		430
	17.6.1	Konsistenz und Stabilität von Gedächtnisleistungen	430
	17.6.2	Die Entwicklung des episodischen Gedächtnisses aus neurowissenschaftlicher Sicht	431

18 Sprachentwicklung 433

Sabine Weinert • Hannelore Grimm

18.1	**Sprache und Spracherwerb**		434
	18.1.1	Komponenten der Sprache: Was muss das Kind erwerben?	434
	18.1.2	Spracherwerb: Grundlegende Erkenntnisse und Fragen	436
18.2	**Meilensteine der Sprachentwicklung**		436
	18.2.1	Phonologisch-prosodische Entwicklung	437
	18.2.2	Lexikalische Entwicklung	439
	18.2.3	Erwerb grammatischer Fähigkeiten und Fertigkeiten	443
	18.2.4	Der Weg zur pragmatischen Kompetenz	446
18.3	**Das Erklärungsproblem**		447

18.4	**Voraussetzungen und Bedingungen für einen erfolgreichen Spracherwerb**	449
	18.4.1 Spracherwerb als biologisch fundierter, eigenständiger Phänomenbereich	449
	18.4.2 Entwicklungsbeziehungen zwischen Sprache und Kognition	450
	18.4.3 Sozial-kognitive Voraussetzungen des Spracherwerbs	452
	18.4.4 Sozial-kommunikative Voraussetzungen des Spracherwerbs	453

19 Kognitive Kontrolle, Selbstregulation und Metakognition 457
Jutta Kray • Wolfgang Schneider

19.1	**Kognitive Kontrolle**	458
	19.1.1 Definitionen	458
	19.1.2 Modelle kognitiver Kontrolle	458
	19.1.3 Kognitive Kontrollfunktionen	459
19.2	**Selbstregulation**	467
	19.2.1 Definitionen und Modelle	467
	19.2.2 Entwicklung emotionaler Selbstregulation	469
	19.2.3 Entwicklung kognitiver Selbstregulation	470
19.3	**Metakognition**	470
	19.3.1 Definitionen und Modelle	470
	19.3.2 Entwicklung deklarativen metakognitiven Wissens	472
	19.3.3 Entwicklung prozeduralen metakognitiven Wissens	473

20 Motivation 477
Claudia M. Haase • Jutta Heckhausen

20.1	**Entwicklung der Motivation**	478
	20.1.1 Wirksam sein	478
	20.1.2 Vom Rausch der Aktivität zur Konzentration auf den Handlungserfolg	478
	20.1.3 Das eigene Selbst erkunden und bekräftigen	479
	20.1.4 Interaktion zwischen Kind und Bezugsperson: Die Wiege der Motivation	481
	20.1.5 Implizite und explizite Motive	483
	20.1.6 Entwicklung der Leistungsmotivation	484
20.2.	**Motivation der Entwicklung**	487
	20.2.1 Entwicklungsgelegenheiten über die Lebensspanne	487
	20.2.2 Entwicklungsregulation über die Lebensspanne	490
	20.2.3 Dynamische Interaktion zwischen Individuum und Umwelt	495

21 Emotion 497
Manfred Holodynski • Rolf Oerter

21.1	**Evolutionäre Wurzeln der Emotion**	498
	21.1.1 Emotionen: Die Anfänge des Bewusstseins	498
	21.1.2 Intrapersonale Regulation mithilfe von Emotionen	498
	21.1.3 Interpersonale Regulation mithilfe von Emotionen	499
	21.1.4 Emotionsregulation	500
	21.1.5 Kulturhistorische Entwicklungsbedingungen der Tätigkeitsregulation	500

21.2	**Emotion und Tätigkeitsregulation**	500
	21.2.1 Komponenten der Tätigkeitsregulation	500
	21.2.2 Formen der Tätigkeitsregulation	502
21.3	**Die Entwicklung von Emotionen**	503
	21.3.1 Ontogenetischer Ausgangspunkt: Dominanz der interpersonalen Regulation	503
	21.3.2 Säuglings- und Kleinkindalter: Entstehung voll funktionstüchtiger Emotionen	504
	21.3.3 Kleinkind- und Vorschulalter: Entstehung der intrapersonalen emotionalen Handlungsregulation	506
	21.3.4 Entwicklung des Emotionsausdrucks ab dem Vorschulalter	510
	21.3.5 Entwicklung der Emotionen im Jugendalter	511
21.4	**Die Entwicklung der reflexiven Emotionsregulation**	514
	21.4.1 Erforderliche Kompetenzen	514
	21.4.2 Verbesserung der Emotionsregulation im Jugendalter	518
	21.4.3 Wie Heranwachsende Emotionsregulationsstrategien lernen	518

22 Moral 521
Gertrud Nunner-Winkler

22.1	**Was ist unter Moral zu verstehen?**	522
	22.1.1 Moral überhaupt und säkulare Minimalmoral	522
	22.1.2 Zur Durchsetzung der säkularen Minimalmoral	524
22.2	**Sozialisationstheoretische Modelle**	525
	22.2.1 Genetische Prädispositionen	525
	22.2.2 Klassische sozialisationstheoretische Modelle	526
22.3	**Kohlbergs kognitivistischer Ansatz**	527
	22.3.1 Piaget	527
	22.3.2 Kohlbergs Theorie der Entwicklung des moralischen Bewusstseins	527
	22.3.3 Immanente Debatten	529
22.4	**Weiterentwicklungen im kognitivistischen Ansatz**	530
	22.4.1 Kognitive Dimension: Die Domänetheorie	531
	22.4.2 Zur Eigenständigkeit der motivationalen Dimension	531
	22.4.3 Empathie und prosoziales Handeln	532
	22.4.4 Moralische Motivation	532
	22.4.5 Kohlberg im Rückblick	535
22.5	**Prozesse und Kontextbedingungen moralischen Lernens und Entlernens**	535
	22.5.1 Kognitive Dimension	535
	22.5.2 Motivationale Dimension	537
22.6	**Schlussbemerkung: Zur Bedeutung von Moral**	539

23 Selbst und Persönlichkeit 543
Bettina Hannover • Werner Greve

23.1	**Selbst und Persönlichkeit: Konzeptuelle Klärungen**	544
23.2	**Theorien der Selbstentwicklung**	545
	23.2.1 Stabilisierung des Selbst im Entwicklungsverlauf	545
	23.2.2 Veränderungen und Erweiterungen des Selbst im Entwicklungsverlauf	546

23.3	**Theorien der Persönlichkeitsentwicklung**	547
23.4	**Kindheit**	548
	23.4.1 Selbstentwicklung in der Kindheit	548
	23.4.2 Persönlichkeitsentwicklung in der Kindheit	553
23.5	**Jugend**	554
	23.5.1 Selbstentwicklung in der Jugend	554
	23.5.2 Persönlichkeitsentwicklung in der Jugend	556
23.6	**Erwachsenenalter**	558
	23.6.1 Selbstentwicklung im Erwachsenenalter	558
	23.6.2 Persönlichkeitsentwicklung im Erwachsenenalter	560

24 Problembewältigung und intentionale Selbstentwicklung 563
Werner Greve • Bernhard Leipold

24.1	**Die Veränderung der Welt: Aktives Problemlösen**	564
24.2	**Intentionale Selbstgestaltung: Die aktionale Perspektive der Entwicklungspsychologie**	566
24.3	**Bewältigung und Entwicklung: Jenseits aktiver Problemlösung**	568
	24.3.1 Bewältigung im Lebenslauf	568
	24.3.2 Individuelle und soziale Bewältigungsformen	569
24.4	**Ein entwicklungstheoretischer Rahmen für Bewältigungsprozesse: Zwei Prozesse der Entwicklungsregulation**	572
24.5	**Resilienz und Entwicklung: Das Wechselverhältnis von Stabilisierung und Anpassung**	575

Teil IV Praxisfelder

25 Förderung von Kleinkindern in der Tagesbetreuung 581
Norbert Zmyj • Axel Schölmerich

25.1	**Betreuung in Kindertageseinrichtungen für unter 3-Jährige (U3)**	582
	25.1.1 Ambivalente Gefühle der Eltern	583
	25.1.2 Auswirkungen von Betreuung in einer Kindertageseinrichtung	583
25.2	**Förderung in Kindertageseinrichtungen (U3)**	586
	25.2.1 Inhibitorische Kontrolle	587
	25.2.2 Sprache	588
	25.2.3 Soziale Kompetenz	589
	25.2.4 Sensomotorische Fähigkeiten	590
	25.2.5 Ästhetisches Empfinden	590
	25.2.6 Wissenschaftlich fundierte Frühförderung	591

26 Vorschule 593
Marcus Hasselhorn • Wolfgang Schneider

26.1	**Allgemeine Entwicklungslinien des Vorschulalters**	594
	26.1.1 Entwicklung kognitiver Kompetenzen	594
	26.1.2 Entwicklung sozialer Kompetenzen	596

26.2	Vorschulische Förderung und Bildungsauftrag des Kindergartens	597
26.3	Wirksamkeit der pädagogischen Arbeit in Kindergärten	598
	26.3.1 Wirkungen auf die kognitiv-leistungsbezogene Entwicklung von Kindern	599
	26.3.2 Wirksamkeitsrelevante Qualitätsmerkmale von Kindergärten	599
	26.3.3 Kompensatorische Effekte	600
26.4	Internationale Modellprojekte zur kompensatorischen Förderung im Vorschulalter	600
26.5	Empirisch bewährte deutschsprachige Programme zur kompensatorischen Förderung	601
	26.5.1 Förderung des Denkens	602
	26.5.2 Förderung der Sprache	602
	26.5.3 Prävention von Lernschwierigkeiten	602
26.6	Möglichkeiten und Hemmnisse vorschulischer Entwicklungsförderung	603

27 Lernstörungen 605

Claudia Mähler • Dietmar Grube

27.1	Was versteht man unter Lernstörungen?	606
	27.1.1 Klassifikation von Lernstörungen im engeren Sinne	606
	27.1.2 Differenzialdiagnostik	607
	27.1.3 Prävalenz von Lernstörungen	610
27.2	Lese-/Rechtschreibstörungen	611
	27.2.1 Ursächliche kognitive Funktionsdefizite	611
	27.2.2 Prävention und Intervention	613
27.3	Rechenstörung	614
	27.3.1 Ursächliche kognitive Funktionsdefizite	614
	27.3.2 Prävention und Intervention	615
27.4	Kombinierte Störung schulischer Fertigkeiten	615
	27.4.1 Ursächliche kognitive Funktionsdefizite	616
	27.4.2 Prävention und Intervention	617

28 Externalisierende und internalisierende Verhaltensstörungen im Kindes- und Jugendalter 619

Christina Schwenck

28.1	Verhaltensstörungen bei Kindern und Jugendlichen	620
	28.1.1 Definition von Verhaltensstörungen	620
	28.1.2 Ätiologie psychischer Verhaltensstörungen	621
	28.1.3 Externalisierende und internalisierende Verhaltensstörungen	621
28.2	Externalisierende Verhaltensstörungen	622
	28.2.1 Aufmerksamkeitsdefizit-/Hyperaktivitätsstörung (ADHS)	622
	28.2.2 Störungen des Sozialverhaltens	624
28.3	Internalisierende Verhaltensstörungen	626
	28.3.1 Angststörungen	626
	28.3.2 Depressive Störungen	629

29 Spezifische Sprachentwicklungsstörungen 633
Werner Kany (†) • Hermann Schöler

- 29.1 Definition, Klassifikation und Prävalenz — 634
  - 29.1.1 Abgrenzung von anderen Sprachstörungen und Einteilung der Sprachentwicklungsstörungen — 634
  - 29.1.2 Zur Terminologie und Prävalenz — 635
- 29.2 Erscheinungsbild und Ätiologie — 636
  - 29.2.1 Erscheinungsbild — 636
  - 29.2.2 Ätiologie — 637
- 29.3 Folgen für Betroffene und ihre Umwelt — 638
- 29.4 Aufgaben der Diagnostik und Differenzialdiagnostik — 639
  - 29.4.1 Interdisziplinarität und Gütekriterien — 639
  - 29.4.2 Geeignete sprachentwicklungspsychologische Verfahren — 640
- 29.5 Arbeitsfelder für die Entwicklungspsychologie — 641

30 Schulische Leistungen und ihre Messung 645
Olaf Köller • Jürgen Baumert

- 30.1 Theoretische Verankerung von Schulleistungen — 646
- 30.2 Herausforderungen bei der Messung von Schulleistungen — 648
  - 30.2.1 Zur curricularen (inhaltlichen) Validität von Schulleistungstests — 648
  - 30.2.2 Modellierung von schulischen Entwicklungsverläufen — 648
  - 30.2.3 Die Rolle des Antwortformats in Schulleistungsstudien — 649
  - 30.2.4 Zur Dimensionalität von Schulleistungen bzw. Schulleistungstests — 650
- 30.3 Die Entwicklung von Schulleistungen in der Kindheit und im Jugendalter — 652
  - 30.3.1 Schulleistungsentwicklung in der Grundschule — 653
  - 30.3.2 Entwicklung der Schulleistungen in der Sekundarstufe I — 654
- 30.4 Definition von schulischen Kompetenzniveaus — 654
- 30.5 Schulleistungen — Leistungen der Schule oder des Schülers? — 656
- 30.6 Fähigkeitsgruppierungen und Schulleistungsentwicklung — 658

31 Hochbegabung, Expertise und außergewöhnliche Leistung 663
Franzis Preckel • Eva Stumpf • Wolfgang Schneider

- 31.1 Außergewöhnliche Leistungen aus Sicht der psychologischen Forschung — 664
- 31.2 Hochbegabung — 664
  - 31.2.1 Begriffe und Definitionen — 664
  - 31.2.2 Entwicklung Hochbegabter — 666
  - 31.2.3 Hochbegabung und Leistung: Die Rolle von Begabung und Förderung — 669
- 31.3 Expertise und außergewöhnliche Leistung — 671
  - 31.3.1 Expertiseerwerb: Modelle, Mechanismen und Hintergründe für außergewöhnliche Leistungen — 671
  - 31.3.2 Erfassung von Unterschieden zwischen Experten und Novizen — 673
  - 31.3.3 Expertise und Fähigkeit — 674
- 31.4 Integration von Befunden aus Hochbegabungs- und Expertiseforschung und Fazit — 675

32 Vernachlässigung, Misshandlung und Missbrauch von Kindern — 677
Jochen Hardt • Anette Engfer

- 32.1 Vernachlässigung — 678
  - 32.1.1 Merkmale und Formen — 678
  - 32.1.2 Häufigkeit und Dunkelziffer — 679
  - 32.1.3 Erklärungsmodelle — 680
  - 32.1.4 Intervention — 680
- 32.2 Körperliche Misshandlung — 680
  - 32.2.1 Merkmale und Formen — 680
  - 32.2.2 Häufigkeit und Dunkelziffer — 681
  - 32.2.3 Erklärungsmodelle — 681
  - 32.2.4 Auswirkungen — 682
  - 32.2.5 Intervention — 683
- 32.3 Sexueller Missbrauch — 683
  - 32.3.1 Merkmale und Formen — 683
  - 32.3.2 Häufigkeit und Dunkelziffer — 684
  - 32.3.3 Opfer des sexuellen Missbrauchs — 685
  - 32.3.4 Täter und Täterinnen — 685
  - 32.3.5 Erklärungsansätze — 686
  - 32.3.6 Diagnostische Möglichkeiten und Grenzen — 686
  - 32.3.7 Auswirkungen — 687
  - 32.3.8 Intervention — 688

33 Mobbing im Schulkontext — 691
Mechthild Schäfer

- 33.1 Definitionen — 692
- 33.2 Methoden zur Erfassung von Mobbing — 693
- 33.3 Prävalenz von Mobbing — 694
- 33.4 Stabilität von Opfer- und Täterrollen — 695
- 33.5 Die Protagonisten von Mobbing: Täter, Opfer und die Peers — 696
  - 33.5.1 Das Motiv der Täter: Dominanz und Status — 696
  - 33.5.2 Die Situation der Opfer: Jeder kann zum Opfer werden — 697
  - 33.5.3 Der Einfluss der Peers: Ohne sie geht gar nichts — 698
- 33.6 Prävention und Intervention — 699
  - 33.6.1 Prävention oder Intervention? — 699
  - 33.6.2 Direkte vs. indirekte Intervention — 700
  - 33.6.3 Elemente effizienter Prävention/Intervention — 701
  - 33.6.4 Implementation und die Rolle der Lehrer — 702

34 Medien und Entwicklung — 705
Gerhild Nieding • Peter Ohler

- 34.1 Gegenstand der entwicklungspsychologischen Medienforschung — 706
- 34.2 Mediennutzung im Kindes- und Jugendalter — 706

34.3	**Medienkompetenz**	707
34.3.1	Die Ontogenese der medialen Zeichenkompetenz	708
34.3.2	Das Verstehen von Filmen	709
34.3.3	Weitere Entwicklung der film- und fernsehbezogenen Zeichenkompetenz	709
34.3.4	Zusammenhang zwischen medialer Zeichenkompetenz und anderen bildungsrelevanten Kompetenzen	710
34.4	**Medienwirkung**	711
34.4.1	Der Einfluss von Film und Fernsehen auf kognitive und soziale Leistungen	711
34.4.2	Lernwirksamkeit unterschiedlicher Medien	713
34.4.3	Die Auswirkungen gewalthaltiger Medien auf Jugendliche	715

35 Gesundheit 719
Claudia Voelcker-Rehage

35.1	**Dimensionen von Gesundheit und Krankheit über die Lebensspanne**	720
35.1.1	Objektiver Gesundheitszustand	720
35.1.2	Subjektiver Gesundheitszustand	721
35.2	**Gesundheitsförderung und Krankheitsprävention im Entwicklungskontext**	722
35.3	**Gesundheitsförderliche Aspekte körperlicher Aktivität und Ernährung**	723
35.3.1	Körperliche Aktivität zur Förderung der körperlichen und psychischen Gesundheit	724
35.3.2	Körperliche Aktivität zur Förderung der kognitiven Gesundheit	725
35.3.3	Die Bedeutung der Ernährung zur Förderung der Gesundheit	727
35.4	**Entwicklung und Veränderung von Gesundheitsverhalten über die Lebensspanne**	728
35.4.1	Gesundheitsverhalten über die Lebensspanne	728
35.4.2	Gesundheitsverhalten im sozialen Kontext	729
35.4.3	Gesundheitsverhalten am Beispiel körperlicher Aktivität und Ernährung	729
35.4.4	Modelle der Gesundheitsverhaltensänderung	730
35.5	**Konzepte von Gesundheit und Krankheit**	730
35.6	**Aufgaben und Berufsbilder für Psychologen im Praxisfeld Gesundheit**	731

36 Produktives Leben im Alter 733
Ursula M. Staudinger • Eva-Marie Kessler

36.1	**Psychologische Produktivität: eine Begriffsbestimmung**	734
36.1.1	Formen von Produktivität	734
36.1.2	Aspekte der Produktivität	734
36.2	**Produktivität im Kontext von Entwicklungsaufgaben des Alters**	735
36.3	**Psychologische Produktivität im Alter: Vielfalt und Potenziale**	736
36.3.1	Große interindividuelle Unterschiede	736
36.3.2	Psychologische Produktivität im Alter ist beeinflussbar	737
36.4	**Produktivität im Kontext von Altersbildern**	738
36.4.1	Inhalte von Altersbildern	738
36.4.2	Wie wirken Altersbilder auf psychologische Produktivität?	738
36.5	**Ausgewählte Forschungsbefunde zur Produktivität im Alter**	739
36.5.1	Erfahrungswissen	739
36.5.2	Lebenserfahrung und Weisheit	740

	36.5.3	Kreativität	741
	36.5.4	Psychische Widerstandsfähigkeit	741
	36.5.5	Soziale Beziehungen	743
	36.5.6	Berufliche und ehrenamtliche Tätigkeit im Alter	744
36.6	Von der Nutzung der Produktivität zur Kultur des Alters		744
36.7	Betätigungsfelder für Psychologen		745

37 Angewandte Gerontopsychologie 747
Frieder R. Lang • Margund K. Rohr

37.1	Was ist angewandte Gerontopsychologie?		748
37.2	Ausgangsannahmen der angewandten Gerontopsychologie		748
	37.2.1	Bedeutung und Auswirkung von Altersbildern für die Lebensgestaltung	748
	37.2.2	Berücksichtigung der Plastizität menschlichen Verhaltens und Denkens	751
	37.2.3	Orientierung an personellen und umweltbezogenen Ressourcen	751
37.3	Anwendungsfelder der Gerontopsychologie		754
	37.3.1	Psychologische Gerontotechnologie	755
	37.3.2	Gesundheitliche und klinische Versorgung	756
	37.3.3	Lebenslanges Lernen	757
37.4	Perspektiven gerontopsychologischer Interventionen		758
37.5	Anforderungen der angewandten Gerontopsychologie		759

Anhang

Glossar	763
Literaturverzeichnis	785
Weiterführende Literatur	829
Autorenverzeichnis	839
Über die Autoren und Herausgeber	843
Hinweise zu den Online-Materialien	857
Bildnachweis	859
Namensverzeichnis	863
Sachverzeichnis	873

Vorwort zur 7. Auflage

Die mit diesem Band vorliegende siebte Neuauflage der »Entwicklungspsychologie« haben wir als neues Herausgeber-Team erstmals betreut. Es war uns von Anfang an bewusst, dass wir eine sehr anspruchsvolle und große Aufgabe übernommen haben. Es kann kein Zweifel daran bestehen, dass Rolf Oerter und Leo Montada mit diesem Lehrbuch ein Werk geschaffen haben, das über die Jahre hinweg hohe Standards gesetzt und den State of the Art der Entwicklungspsychologie einer breiten Leserschaft überzeugend nähergebracht hat.

In Absprache mit dem Verlag haben wir uns darauf verständigt, den grundlegenden Aufbau des Lehrbuchs beizubehalten. Der erste Teil des Lehrbuchs behandelt Grundlagen des Fachs und bezieht außer methodologischen nun auch verstärkt evolutionstheoretische, verhaltens- und molekulargenetische sowie neurowissenschaftliche Grundlagen mit ein. Der zweite Teil folgt dem Altersverlauf. Hier wurde im Sinne der Stärkung der Lebensspannenperspektive eine Ausweitung auf insgesamt sieben Altersbereiche vorgenommen. Der dritte Teil beschreibt wie bisher die Entwicklung ausgewählter Funktionsbereiche. Schließlich wird im vierten Teil näher auf diejenigen Praxisfelder eingegangen, die für Entwicklungspsychologen und Pädagogen besonders relevant sind.

Ein wichtiges Ergebnis unserer Diskussionen mit dem Verlag ist darin zu sehen, dass der schon in den letzten Auflagen des Lehrbuchs erkennbare Trend zu einer didaktisch anspruchsvolleren Konzeption konsequent fortgeführt wurde. Alle Kapitel beginnen mit der Gliederung und einem Einstiegsbeispiel und enden mit einer Zusammenfassung und weiterführender Literatur. Auch weitere didaktische Elemente wie Erklärungen wichtiger Begriffe (»Definitionen«), hervorgehobene Aufzählungen (»Übersichten«), nähere Betrachtungen einzelner Aspekte oder Studien (»Unter der Lupe«) und weiterführende Fragen an den Leser (»Denkanstöße«) sind in allen Kapiteln zu finden. Für jedes Kapitel werden Zusatzmaterialien bereitgestellt, die dem Leser die Möglichkeit zur Vertiefung bieten (s. Hinweise zu den Online-Materialien auf S. 857). Schließlich haben wir darauf geachtet, dass die Kapitel innerhalb der vier Teile des Buchs in etwa gleich lang sind. Eine Ausnahme stellt das längere Eingangskapitel dar, in dessen Autorenschaft die konzeptuelle Kontinuität des Lehrbuchs zum Ausdruck kommt.

Um die Lesbarkeit der Kapitel weiter zu erhöhen, sind wir auch dem Wunsch des Verlags nachgekommen, die Zahl der Literaturbelege pro Kapitel gegenüber den Vorläuferversionen deutlich zu kürzen. Bei der Umsetzung dieser Vorgabe haben wir, ähnlich wie viele Autorinnen und Autoren, eine gewisse Ambivalenz verspürt, da wir als Wissenschaftler daran gewöhnt sind, jede empirische Aussage durch einen Verweis auf die entsprechenden Originalpublikationen zu belegen. Bei einem Lehrbuch ist diese Praxis jedoch nicht sinnvoll. Wir halten die vorliegende Lösung, den direkten Quellenverweis auf besonders wichtige empirische Befunde und theoretische Erkenntnisse zu beschränken, für einen gangbaren Mittelweg.

Die einzelnen Kapitel sind so abgefasst, dass sie geschlossene Einheiten bilden und unabhängig von den übrigen Kapiteln gelesen werden können. Es kann demnach durchaus zu inhaltlichen Überschneidungen kommen. Dies wurde von uns in Kauf genommen, um die Geschlossenheit der einzelnen Darstellungen nicht zu gefährden.

Wie schon Rolf Oerter und Leo Montada ist es auch uns ein wichtiges Anliegen, eine mehrschichtige Einführung in die Entwicklungspsychologie anzubieten, die den Lesern zentrale entwicklungspsychologische Fragestellungen, Denkweisen, Modelle und Befunde näherbringt. Das Buch soll insbesondere Studierende unterschiedlicher Fachrichtungen der Psychologie, Pädagogik, Soziologie und Medizin mit den wichtigsten entwicklungspsychologischen Ansätzen und Ergebnissen bekannt machen. Es ist ferner für Berufstätige in verschiedenen Praxisfeldern, interessierte Laien und nicht zuletzt auch für Wissenschaftler aus anderen Forschungsbereichen gedacht, die sich einen Überblick über den derzeitigen Erkenntnisstand im Bereich der Entwicklungspsychologie verschaffen wollen.

Wir stimmen völlig mit der Sicht von Rolf Oerter und Leo Montada überein, dass jedes Buch so gut ist wie seine Autorinnen und Autoren. Wir möchten daher allen Autorinnen und Autoren dieses Bandes dafür danken, dass sie dieses Lehrbuch mit ihrer Expertise und großem Engagement bereichert haben, weiterhin auch dafür, dass sie viel Verständnis für unsere Kürzungswünsche gezeigt und große Mühe in die Überarbeitungen investiert haben.

Ohne die kompetente, tatkräftige und zugleich stets freundliche Unterstützung durch Frau Dr. Wahl vom Beltz Verlag und ihrem Team hätte dieses Lehrbuch nicht in der geplanten Frist erscheinen können. Sie hat diese Ausgabe des Lehrbuchs durchgängig organisatorisch betreut und viel zu dessen formaler Konzeption beigetragen. Herrn Klähn danken wir für seine äußerst sorgfältige und durchdachte Lektoratsarbeit. Unser Dank gilt weiterhin Frau Dr. Delius vom Max-Planck-Institut für Bildungsforschung für die Erstellung des Sachwortverzeichnisses und ihre redaktionelle Mithilfe, schließlich auch Frau Michaela Pirkner vom Würzburger Institut für Psychologie für ihre tatkräftige Unterstützung bei den Korrekturarbeiten. Alle genannten Personen haben sich in sehr verdienstvoller Weise um die zügige Bearbeitung der Kapitel und damit um die fristgerechte Herstellung des Lehrbuches verdient gemacht.

Wir hoffen sehr, dass auch diese neue Auflage der »Entwicklungspsychologie« im leicht veränderten Gewand von einem breiten Leserkreis genutzt und eine insgesamt ähnlich positive Aufnahme erfahren wird wie die früheren Auflagen des Buches.

Würzburg und Berlin, im Juli 2012
Wolfgang Schneider und Ulman Lindenberger

Teil I
Grundlagen der Entwicklungspsychologie

Teil I
Grundlagen der Entwicklungspsychologie

1 Fragen, Konzepte, Perspektiven

Leo Montada • Ulman Lindenberger • Wolfgang Schneider

1.1 **Konzeptionen der Entwicklung**
    1.1.1   Der enge Entwicklungsbegriff: Phasen- und Stufenmodelle
    1.1.2   Der weite Entwicklungsbegriff: Individuelle Entwicklungsunterschiede und Kontexte im Lebensverlauf
    1.1.3   Grundannahmen in Forschung und Theoriebildung
    1.1.4   Gegenstandsbestimmung aus dem Bedarf an Entwicklungspsychologie in Praxisfeldern
    1.1.5   Fazit: Gegenstand und Forschungsauftrag der Entwicklungspsychologie

1.2 **Das Verhältnis zwischen Anlage und Umwelt im Entwicklungsverlauf**
    1.2.1   Kovariationen und Interaktionen zwischen Anlage und Umwelt über die Lebensspanne
    1.2.2   Zur Interpretation populationsgenetischer Befunde und Kennwerte
    1.2.3   Fazit zur Anlage-Umwelt-Debatte: Die richtigen Fragen stellen!

1.3 **Zentrale Erklärungskonzepte**
    1.3.1   Reifung
    1.3.2   Reifestand und sensible Perioden
    1.3.3   Entwicklung als Konstruktion
    1.3.4   Entwicklung als Sozialisation
    1.3.5   Entwicklungsaufgaben und kritische Lebensereignisse

1.4 **Kontinuität und Diskontinuität in der Entwicklung**
    1.4.1   Absolute Stabilität
    1.4.2   Relative Stabilität
    1.4.3   Entwicklung als Stabilisierung und Destabilisierung interindividueller Unterschiede
    1.4.4   Zum Nachweis von Stabilität und Wandel in Eigenschaften und Fähigkeiten
    1.4.5   Kontinuität als Wirkung von Dispositionen, Kompetenzen und Selbstkonzept
    1.4.6   Aleatorische Entwicklungsmomente und aktionale Entwicklungsmodelle

Bei einem Treffen zum 30-jährigen Abiturjubiläum sehen sich Personen wieder, die sich seit Jahren und Jahrzehnten nicht gesehen haben. Manche wirken kaum verändert; andere erkennt man kaum wieder. Manche sind genau das geworden, was sie schon damals werden wollten; andere haben einen ganz unerwarteten Lebensweg eingeschlagen. Einige, denen man es nicht zutraute, feiern beruflich große Erfolge; andere, die als besonders begabt galten, waren weitaus weniger erfolgreich als angenommen.

Die bestätigten und enttäuschten Erwartungen eines solchen Treffens lassen sich auch auf die Entwicklungspsychologie beziehen: Was soll sie leisten? Soll sie sich darauf beschränken, allgemeine Gesetzmäßigkeiten der

Entwicklung menschlichen Verhaltens und Erlebens zu beschreiben und zu erklären? Oder soll sie sich auch damit befassen, warum Personen sich unterschiedlich entwickeln? Wie soll sie dabei vorgehen? Mit welchen anderen Disziplinen soll sie zusammenarbeiten? Wie sehen Sie ihr Verhältnis zu anderen Teildisziplinen der Psychologie wie der Kognitions-, Sozial- und Persönlichkeitspsychologie? Welchen praktischen Nutzen sollte die Gesellschaft aus den Erkenntnissen der Entwicklungspsychologie ziehen können? Formulieren Sie Ihre Erwartungen vor der Lektüre dieses Kapitels.

1.1 Konzeptionen der Entwicklung

Zur Geschichte der Entwicklungspsychologie. Die Ausdehnung des Erkenntnisauftrags der Entwicklungspsychologie auf die gesamte Lebensspanne wird bisweilen als späte Beifügung einer ursprünglich auf Kindheit und Jugend fokussierten Wissenschaft dargestellt. Beschränkt man die Geschichte der Entwicklungspsychologie auf die letzten 100 Jahre, so hat dieser Eindruck, zumindest was die nordamerikanische Tradition des Fachs anbelangt, eine gewisse Berechtigung. Betrachtet man die Geschichte der Entwicklungspsychologie jedoch in einem zeitlich und disziplinär erweiterten Rahmen, der die Geschichte älterer und benachbarter Fächer einschließt, so zeigt sich, insbesondere für den deutschsprachigen Raum, ein anderes Bild. Die Vorstellung einer Wissenschaft, die sich auf die gesamte Lebensspanne bezieht, die Gewinne und Verluste gleichermaßen berücksichtigt und die danach trachtet, die Erforschung des Regelhaften und Invarianten der menschlichen Entwicklung mit dem Verständnis der Besonderheiten individueller Biografien zu verknüpfen, ist keine späte Beifügung zum Kern des Fachs. Vielmehr geht diese Vorstellung dem vor allem im 19. Jahrhundert dominierenden Interesse an Kindheit, Wachstum und Norm voraus (Baltes et al., 2006).

Im Folgenden wenden wir uns verschiedenen Auffassungen zu, die das Fach Entwicklungspsychologie im Laufe seiner Geschichte geprägt und zum gegenwärtigen Verständnis des Fachs beigetragen haben.

1.1.1 Der enge Entwicklungsbegriff: Phasen- und Stufenmodelle

Entwicklungsphasen. Karl Bühler (1918) hat das traditionelle Phasenkonzept populär gemacht mit einer Alterstypologie für das Kindesalter – der Greifling, der Läufling, das Schimpansenalter, das Alter der Namensfragen und der Warumfragen, das Märchenalter, die Schulreife. Das wurde auch auf das Jugendalter und das Erwachsenenalter ausgedehnt, etwa durch Charlotte Bühler (1933). Das deskriptive Untersuchungsziel waren Besonderheiten der Phasen, die es früher und später nicht gibt. Die theoretische Absicht bestand darin, die Funktion und den Sinn jeder Phase zu ermitteln, etwa im Hinblick auf eine immanente Entwicklungsrichtung. Die heute bekannteste Gliederung des Lebenslaufs in Phasen oder Stadien hat Erikson konzipiert (s. Abschn. 1.3.5).

Entwicklungsstufen. Im Konzept der Entwicklungsstufen werden zusätzlich zum Phasenkonzept die Notwendigkeit der Stufenfolge und ein End- oder Reifestadium angenommen. Mit Entwicklungsstufen sind demnach in der Entwicklungspsychologie folgende Grundannahmen verbunden:

▶ Es liegt eine Veränderungsreihe mit mehreren Schritten vor,
▶ die eine Richtung auf einen End- oder Reifezustand aufweist,
▶ der gegenüber dem Ausgangszustand höherwertig ist.
▶ Die Schritte sind unumkehrbar (irreversibel), was mit der Überlegenheit der höheren Stufe erklärbar ist.
▶ Die Stufen sind als qualitative, strukturelle Transformationen im Unterschied zu nur quantitativem Wachstum beschreibbar.
▶ Die früheren Stufen werden als Voraussetzung der jeweils nachfolgenden angesehen.
▶ Die Veränderungen sind mit dem Lebensalter korreliert.
▶ Sie werden als universell in dem Sinne angesehen, dass sie in allen für die Spezies Homo sapiens normalen Entwicklungsumwelten auftreten, insofern natürlich und nicht kulturgebunden sind. Oft wird von der Entfaltung eines inneren Bauplanes gesprochen, die allerdings eines normalen Kontextes bedarf. Ein klassisches Beispiel ist die Entwicklung der Motorik bis zum Laufen im 1. Lebensjahr (s. Abb. 1.1).

Im vorliegenden Buch sind manche Veränderungsreihen in der Kindheit und Jugend beschrieben, die mehrere

Laufen ohne Hilfe
mit 50–60 Wochen

Ohne Hilfe stehen
mit 50–60 Wochen

Laufen mit Begleitung
mit 44–50 Wochen

Krabbeln
mit 36–42 Wochen

Stehen mit Hilfe
mit 34–40 Wochen

Sitzen ohne Stütze
mit 30–34 Wochen

Sitzen mit Stütze
mit 16–20 Wochen

Brust anheben
mit 8–14 Wochen

Kinn anheben
mit 4 Wochen

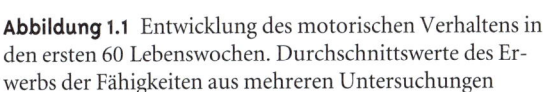

Abbildung 1.1 Entwicklung des motorischen Verhaltens in den ersten 60 Lebenswochen. Durchschnittswerte des Erwerbs der Fähigkeiten aus mehreren Untersuchungen

dieser Merkmale aufweisen: Entwicklungen sensomotorischer (Kap. 7, 8 und 15), sprachlicher (Kap. 18) und kognitiver Leistungen (Kap. 9, 14, 16 und 17) sowie die Entwicklung des moralischen Urteils (Kap. 22). Zugleich ist die Konzeption von Entwicklung als eine Abfolge zwangsläufig aufeinander aufbauender Stufen aber viel zu eng, um alle Fragestellungen und Erkenntnisse der Entwicklungspsychologie aufzunehmen.

Begrenzungen des Stufenmodells. Alle Elemente des traditionellen Entwicklungskonzeptes sind zu problematisieren:

▶ Viele Veränderungen sind nicht als Stufenfolge oder Abfolge mehrerer auseinander hervorgehender Schritte beschreibbar; dennoch sprechen wir von Entwicklung, wenn notwendige oder disponierende Voraussetzungen in der Person für eine spezifische Veränderung identifiziert werden können: Das Leistungsmotiv setzt voraus, dass das eigene Tun an einem Bewertungsstandard gemessen und das Ergebnis auf die eigene Tüchtigkeit zurückgeführt wird (s. Abschn. 20.1.6). Eine unsichere Bindung des Kindes an die Mutter am Ende des 1. Lebensjahrs lässt soziale Probleme im Kindergarten und später wahrscheinlicher werden (s. Abschn. 8.4.1 und 26.1.2).

▶ Die Annahme einer Entwicklung zu einem höheren Niveau oder einem Reifezustand ist ebenfalls zu einschränkend. Es gibt viele Entwicklungen, für die keine konsensuellen Wertkriterien vorliegen. Bezogen auf Fertigkeiten, Wissen und Kompetenzen wird es leichter gelingen, einen Konsens über Wertkriterien zu finden, als z. B. bei der Herausbildung von Persönlichkeitsmerkmalen, Wertorientierungen, Interessen, Einstellungen, Selbstbildern und Weltbildern. Die Entwicklung »zu mehr Autonomie« kann von unterschiedlichen Folgen oder Standpunkten her positiv oder negativ beurteilt werden. Sollten wir deshalb in diesen Fällen nicht von Entwicklung reden? Die Entwicklung von antisozialem Verhalten (Kap. 33), psychopathologische Entwicklungen (Kap. 28) oder auch das Nachlassen kognitiver Fähigkeiten im Alter (s. Kap. 12, 13, 36 und 37) blieben somit aus der Entwicklungspsychologie ausgeschlossen.

▶ Die Konzeption eines universellen Reifezustandes als Endpunkt von Entwicklungen ist einschränkend: Veränderungen in psychologischen Variablen sind während des ganzen Lebens möglich durch das Zusammenspiel individueller Dispositionen und Potenziale mit wechselnden Kontexten, Anforderungen, Informationsangeboten oder spezifischen Erfahrungen. Zum Beispiel mögen die Grundkompetenzen zu einfachen wissenschaftlichen Prüf- und Beweisverfahren in der späteren Kindheit und frühen Adoleszenz wenn auch nicht universell, so doch verbreitet erworben werden, aber damit ist die Entwicklung des wissenschaftlichen Denkens nicht generell abgeschlossen: Durch Studium, lebenslanges Lernen, auch durch historische Fortschritte der Wissenschaftstheorie und -methodologie werden diese Grundkompetenzen differenziert ausgebaut, und sicher nicht nur im Sinne eines quantitativen Wachstums.

▶ Mit der Einschränkung auf qualitative Veränderungen soll Entwicklung von quantitativem Zuwachs unterschieden werden. Das scheint zunächst grundsätzlich möglich. Allerdings lassen sich wohl alle Veränderungen sowohl mit quantitativen als auch mit qualitativen Dimensionen beschreiben, die unterschiedliche

Aspekte derselben Veränderungsprozesse erfassen. Zum Beispiel kann die Entwicklung des Wortschatzes als rein quantitative Zunahme der verwendeten oder verstandenen Wörter oder qualitativ als semantische Differenzierung und Vernetzung der Wörter, als begriffliche Strukturierung, als grammatische oder syntaktisch relevante Kategorisierung von Wörtern beschrieben werden. Die Intelligenzentwicklung kann man sowohl quantitativ als Zunahme lösbarer Aufgaben wie auch qualitativ als Veränderung der Strukturen des Denkens und der Strategien des Problemlösens erfassen. Um auszuschließen, dass es sich um eine Entwicklung handelt, müsste also nachgewiesen werden, dass die fragliche Veränderung nicht auch qualitativ beschrieben werden kann. Umgekehrt wäre der Status einer ursprünglich qualitativ konzipierten alterskorrelierten Veränderung als Entwicklung gefährdet, falls sich herausstellen sollte, dass sie bei näherer Betrachtung oder auf einer anderen Erklärungsebene auch quantitativ begriffen werden kann. Vor dem Hintergrund dieser Überlegungen erscheint es wissenschaftlich wenig ertragreich, den Unterschied zwischen Qualität und Quantität zur Bestimmung des Entwicklungsgehalts einer Veränderung heranzuziehen.

▶ Die Beschränkung der Entwicklungspsychologie auf universelle Veränderungen ist in verschiedener Hinsicht problematisch. Zum einen sind Universalismushypothesen empirisch nicht sicher zu belegen, weil immer Varianz zu beobachten ist und weil wir nicht über alle gegenwärtig lebenden, schon gar nicht über alle früheren und künftigen Populationen Daten haben. Vor allem aber bleiben jedwede nicht-universellen Veränderungen völlig unberücksichtigt: kulturspezifische, z. B. durch kulturelle Anforderungen, Normen, Ideen, Wissensbestände ausgelöste und mitgestaltete Entwicklungen (vgl. Kap. 6), und differenzielle und individuelle, z. B. durch unterschiedliche Anlagen und Erfahrungen erzeugte und mitgestaltete, auch geschlechtstypische sowie außergewöhnliche und pathologische Entwicklungen (Kap. 28, 29, 31 und 33).

Die Heterogenität von Entwicklungswegen ist theoretisch besonders lohnend und praktisch besonders bedeutsam: theoretisch lohnend, weil aus unterschiedlichen Entwicklungsverläufen Erkenntnisse über Einflussfaktoren und moderierende Bedingungen gewonnen werden können; praktisch bedeutsam, weil dieses Wissen für die Förderung erwünschter und die Prävention unerwünschter Entwicklungsverläufe erforderlich ist.

> **Denkanstöße**
>
> Man hört häufig den Begriff »Trotzphase«, wenn Kinder im 2. und 3. Lebensjahr »widerspenstig« sind. Unabhängig vom Lebensalter:
> ▶ Mit welchen Hypothesen kann »Widerspenstigkeit« erklärt oder verständlich gemacht werden?
> ▶ Mit welchen Hypothesen könnte eine »Trotzphase« erklärt werden, wenn es sie denn geben sollte?
> ▶ Welche praktischen Folgerungen wären aus der »Diagnose« »Trotzphase« zu ziehen?
> ▶ Mit welchen Argumenten könnte die Annahme einer generellen »Trotzphase« in Zweifel gezogen werden?

1.1.2 Der weite Entwicklungsbegriff: Individuelle Entwicklungsunterschiede und Kontexte im Lebensverlauf

Phasen- und Stufenmodelle der Entwicklung erwiesen sich vielfach empirisch nicht als zutreffend, und sie engen den Entwicklungsbegriff in unfruchtbarer Weise ein. Diese Modelle lassen sich jedoch als Sonderfälle in einen erweiterten Entwicklungsbegriff integrieren, der im Folgenden entfaltet werden soll. Der erweiterte Entwicklungsbegriff knüpft an die Ursprünge des Fachs in Deutschland an (vgl. Lindenberger, 2007a), umfasst sowohl Entwicklungsgewinne als auch Entwicklungsverluste und bezieht sich auf die gesamte Lebensspanne.

Historische Wurzeln des weiten Entwicklungsbegriffs Zur Vorgeschichte der Entwicklungspsychologie in Deutschland. Die Entstehung der Entwicklungspsychologie in Deutschland im Laufe des 18. und 19. Jahrhunderts war wesentlich enger mit der Philosophie, den Geisteswissenschaften insgesamt sowie mit der literarischen Tradition des Bildungsromans verknüpft als die spätere Herausbildung des Fachs in Nordamerika. Deshalb kam eine Einengung des Entwicklungsbegriffs auf Kindheit und frühes Erwachsenenalter in Deutschland von vornherein nicht in Betracht. Die damals lebhafte Rezeption von Texten über das hohe Alter – von Cicero (44 v. Chr.) bis Jacob Grimm (1860) – belegen das Interesse an einer Konzeption von Entwicklung, die nicht auf Kindheit und Jugend beschränkt ist.

Als dann die Entwicklungspsychologie um 1900 schließlich als Fachdisziplin hervortrat, war der Zeitgeist in Nordamerika und in einigen europäischen Ländern wie England jedoch ein gänzlich anderer. Nunmehr stand die Biologie mit den Forschungsfeldern Genetik und Evolutionslehre (Darwinismus) im Vordergrund des Entwicklungsdenkens. Entwicklung wurde auf Aufbau, Wachstum und Fortschritt beschränkt. Dass vor allem in Nordamerika Entwicklungspsychologie nahezu ausschließlich als Kinderpsychologie (child psychology) definiert und betrieben wurde, geht vorwiegend auf die Dominanz biologisch geprägter Reifungs- und Wachstumsvorstellungen zurück. Erst die Anwendung der Lerntheorien auf kindliches Verhalten sowie die konstruktivistischen Ansätze in der Folge von Piaget und Vygotskij stellten die ausschließliche Gültigkeit der biologischen Reifungsmetapher systematisch infrage (vgl. Montada, 2002).

Die Betonung von Kindheit und Jugend in Nordamerika. Die weitgehende Vernachlässigung von Lebensphasen jenseits der Kindheit, vor allem in der nordamerikanischen Entwicklungspsychologie, fand auch in jüngeren Übersichtsarbeiten zur Geschichte des Fachs ihren Niederschlag. So handelten sämtliche Publikationen eines aus Anlass des 100-jährigen Jubiläums der Psychologie in den USA herausgegebenen Sammelbandes (Parke et al., 1991) von Kindern und Jugendlichen; Überlegungen zur Lebensspanne von Johann Nicolaus Tetens, Charlotte Bühler, Sidney Pressey und vielen anderen fanden keinerlei Erwähnung.

Aufkommen der Lebensspannenperspektive und Entstehung der Gerontologie. Bevor die Berücksichtigung der gesamten Lebensspanne im Laufe der 1960er- und 1970er-Jahre auch in Nordamerika allgemein zunahm, gab es vereinzelt Beiträge, die das Feld der Entwicklungspsychologie in Richtung einer Betrachtung des gesamten Lebenslaufs zu erweitern suchten (vgl. Lindenberger, 2007a). Diese für nordamerikanische Maßstäbe frühen Veröffentlichungen zur Lebensspanne führten jedoch kaum zu einer konzeptionellen und empirischen Ausdehnung der Kinderpsychologie auf den gesamten Lebenslauf, sondern sie beförderten in erster Linie die Entstehung der Gerontologie als einer separaten, auf das höhere Erwachsenenalter konzentrierten Disziplin. Viele Entwicklungspsychologen, die sich für die Lebensspannenperspektive innerhalb der Entwicklungspsychologie einsetzten, versuchten zugleich, mit der Gerontologie eine eigenständige Wissenschaft des Alterns aufzubauen (Baltes & Goulet, 1970; Birren, 1959; Schaie, 1970; Thomae, 1959).

Aus heutiger Sicht lässt sich feststellen, dass die Gründung einer separaten Disziplin leichter zu bewerkstelligen war als die Verbreitung der Lebensspannenperspektive innerhalb einer als Psychologie der kindlichen Entwicklung verfassten Entwicklungspsychologie. De facto kam es somit vor allen in den USA zu einer Zweiteilung des Fachs in Kindheitsentwicklungspsychologie und Erwachsenenentwicklungspsychologie (Gerontologie), die vielerorts bis heute Bestand hat. In den USA kommt diese Zweiteilung in der Gründung zweier relativ unabhängiger Abteilungen innerhalb der American Psychological Association (APA) zum Ausdruck, der Division 7 (Developmental Psychology) einerseits und der Division 20 (Maturity and Old Age, später umbenannt in Adult Development and Aging) andererseits. Hingegen ist in der Fachgruppe Entwicklungspsychologie der Deutschen Gesellschaft für Psychologie (DGPs) das gesamte Altersspektrum von der Säuglings- bis zur Alternsforschung vertreten.

Kernpunkte der Erweiterung im Vergleich zum Phasen- und Stufenmodell

Im Gegensatz zur Beschränkung auf Phasen und Stufen umfasst der erweiterte Entwicklungsbegriff ein weitaus größeres Spektrum an Veränderungsprozessen. Folgende Erweiterungen sind wesentlich (s. auch Baltes et al., 2006):

▶ von der Entwicklung in Kindheit und Jugend auf die gesamte Lebensspanne
▶ von der allgemeinen Entwicklung zu vielen differenziellen Entwicklungen
▶ von der normalen Entwicklung zur Entwicklung von Sondergruppen wie Hochbegabten (Kap. 31), aber auch von Störungen (Kap. 28 und 29) oder Mobbing (Kap. 33)
▶ von der Beschränkung auf Entwicklungen hin zu Reifezuständen auf alle nachhaltigen Veränderungen – im Bewusstsein, dass Entwicklungen nicht nur Gewinne, sondern auch Verluste und Einschränkungen bedeuten können
▶ von der Beschränkung auf »normale« Entwicklung hin zu Veränderungen, die spezifische Konstellationen oder Dispositionen voraussetzen oder die als Ursache oder Folge von defizitärer Entwicklung anzusehen sind

Vernetzung mit anderen Disziplinen. Theoretische, methodologische und gegenständliche Erweiterungen der Entwicklungspsychologie ergeben sich weiterhin aus einer zunehmenden Vernetzung mit anderen Disziplinen wie der Molekular- und Verhaltensgenetik (Kap. 3), den Neurowissenschaften (Kap. 5), der Evolutionsbiologie (Kap. 2, 14), mit verschiedenen medizinischen Disziplinen (Kap. 7, 15, 29, 35 und 37), mit anderen Sozial- und Kulturwissenschaften (Kap. 6, 22, 23, 30, 33, 34), mit den Sprachwissenschaften (Kap. 18), mit Statistik und Informatik (Kap. 4) sowie mit weiteren Disziplinen.

Differenzielle Veränderungen. Während die dem Entwicklungsbegriff des 19. Jahrhunderts verhaftete Entwicklungspsychologie auf die Beschreibung modaler Veränderungen bei Kindern und Heranwachsenden beschränkt blieb, stehen in der aktuellen Entwicklungspsychologie neben normativen auch differenzielle, d. h. von Person zu Person unterschiedliche Veränderungen im Vordergrund des Interesses. Unterschiede zwischen Kulturen und Subkulturen, zwischen Familien, Schulen und weiteren Entwicklungskontexten und individuelle Unterschiede ermöglichen es, Einflussfaktoren auf die Entwicklung zu ermitteln. Unter den internalen Faktoren sind nicht nur Hypothesen über Anlageunterschiede untersucht worden, sondern auch die Einflüsse von Dispositionen, Wissen und Kompetenzen, die in der vorausgegangenen Entwicklung durch Erfahrungen und in Interaktionen mit den gegebenen Kontexten entstanden sind. Diese »differenzielle Entwicklungspsychologie« erfordert methodisch anspruchsvolle Untersuchungskonzepte (Hasselhorn & Schneider, 1998).

Einfluss des Individuums auf seine Entwicklung. Die Entwicklungspsychologie geht noch einen Schritt weiter, nachdem sie erkannt hat, dass Individuen nicht nur durch ihre Entwicklungsumwelt beeinflusst werden, sondern ihrerseits Einfluss auf ihre Umwelt nehmen und die ihnen passende Umwelt suchen und sich somit ihre Entwicklungskontexte selbst wählen und gestalten. Diese Erkenntnis wird in aktionalen und transaktionalen Modellen der Entwicklung repräsentiert (s. Abschn. 1.1.3).

Diese Grundannahmen bestimmen die Forschungsfragen, die Wahl von Beschreibungs- und Erklärungsmodellen, die Datenerhebungs- und Datenauswertungsstrategien, und sie leiten die Interpretation der Befunde.

1.1.3 Grundannahmen in Forschung und Theoriebildung

Die Bedeutung grundlegender Annahmen wird deutlich, wenn man die unterschiedlichen theoretischen Interpretationen verschiedener Forschungslinien miteinander vergleicht (Cairns & Cairns, 2006; Overton, 2003; Trautner, 1991). Je nachdem, ob dem Subjekt und/oder der Umwelt ein gestaltender Beitrag zur Entwicklung zugeschrieben wird oder nicht, lassen sich vier prototypische Modellfamilien unterscheiden (vgl. Abb. 1.2).

	Umwelt	
Subjekt	aktiv	nicht aktiv
aktiv	Transaktionale Modelle	Aktionale Modelle
nicht aktiv	Exogenistische Modelle	Endogenistische Modelle

Abbildung 1.2 Eine Typologie von Entwicklungstheorien

Eine erste Kernfrage lautet: Ist das Subjekt Gestalter seiner Entwicklung, oder wird seine Entwicklung von inneren und äußeren Kräften gelenkt?

Exogenistische Modelle

Watsons berühmtes Angebot, man möge ihm ein Dutzend Kinder geben und eine Welt, in der er sie aufziehen könne, dann garantiere er, dass er jedes zu dem mache, was man wolle: Arzt, Rechtsanwalt, Künstler, Unternehmer oder auch Bettler und Dieb (Watson, 1924), ist prägnanter Ausdruck des behavioristischen Menschenbildes (Gewirtz, 1969). Es handelt sich um ein radikal exogenistisches Entwicklungsmodell. Die Entwicklung wird völlig unter Kontrolle externer Einflussfaktoren gesehen.

Endogenistische Modelle

Demgegenüber führen endogenistische Theorien Entwicklung auf Entfaltung eines angelegten Plans des Werdens zurück. Anlagen und deren Reifung sind die Erklärungen für Veränderungen (vgl. auch die Diskussion nativistischer Ansätze in Kap. 7, 14 und 15). Das genetische Entwicklungsprogramm wird nur in zeitlich begrenzten sensiblen Perioden für jeweils spezifische äußere Einflüsse als offen angesehen (s. Abschn. 1.3.2). Entwicklung wird nicht erklärt durch Einflüsse von außen. Die Entwicklung selbst bestimmt, wann und inwiefern Einflüsse von außen veränderungswirksam werden, da spezifische äußere Faktoren nur bei einem bestimmten Entwicklungsstand einwirken können.

Weder die exogenistischen noch die endogenistischen Modelle sind durch die Datenlage gerechtfertigt. Es sei nur auf ein Forschungsergebnis verwiesen: Wenn alle Kinder eine optimale kognitive Frühförderung erfahren, profitieren die meisten von diesem Programm, die Unterschiede zwischen den Kindern werden aber nicht kleiner, sondern größer; dies belegt, dass die Kinder mit den größeren Entwicklungspotenzialen häufig mehr von der Förderung profitieren (s. Abschn. 31.2.3). Das exogenistische Modell kann die wachsenden Unterschiede zwischen den geförderten Kindern nicht erklären, das endogenistische Modell kann die durchschnittlichen Fördereffekte im Vergleich zu nicht geförderten nicht erklären. Nur mit einem interaktionistischen Modell sind die Ergebnisse zu erklären: Je größer die Potenziale, umso größer die Fördereffekte.

Zwei Varianten interaktionistischer Modelle werden im Folgenden unterschieden.

Aktionale Modelle

Der Mensch selbst wird als Mitgestalter seiner Entwicklung angesehen (Brandtstädter, 2001), als erkennendes und reflektierendes Wesen, das sich ein Bild von sich selbst und seiner Umwelt macht und bei neuen Erfahrungen modifiziert. Der reflexive Mensch reagiert nicht mechanisch auf äußere Gegebenheiten, sondern nimmt diese selektiv wahr, deutet und interpretiert sie und richtet sein Verhalten an diesen Deutungen aus. Auch Reifungsvorgänge (etwa in der Pubertät) wirken nicht mechanisch determinierend, sondern vermittelt über das Selbstbild und die Wahrnehmung anderer Menschen und des sozialen Kontextes, die auch unter dem Einfluss von Reifungsvorgängen etwa in der Pubertät beeinflusst werden können (vgl. Abschn. 10.3). Der Heranwachsende ist demnach zunehmend in der Lage, ziel- und zukunftsorientiert zu handeln und damit gestalterischen Einfluss auf seine eigene Entwicklung zu nehmen.

Piagets Konstruktivismus. Das Modell der Selbstgestaltung liegt schon dem großen und einflussreichen Werk Jean Piagets (1896–1980) über die Entwicklung der Intelligenz, des Denkens und Forschens und der Moral zugrunde. Piaget sah die Entwicklung als Konstruktionsprozess, der durch die Aktivitäten der Subjekte selbst seine Wirkung entfaltet (Chapman, 1988a; Montada, 2002). Ausgangspunkt der Entwicklung sind Handlungen, die nicht zum erwünschten Ergebnis, und Denkoperationen, die nicht zu widerspruchsfreien Problemlösungen führen. Dies macht eine Reorganisation der Handlungs- und Denkstrukturen notwendig. Das Ergebnis sind neue, leistungsfähigere Strukturen.

Durch Eingriffe von außen kann dieser Entwicklungsprozess nicht völlig gesteuert werden. Die Umwelt kann lediglich durch angemessene Fragen und Problemstellungen, durch Erzeugung kognitiver Konflikte und Hinweis auf Widersprüchlichkeiten die Grenzen des jeweils gegebenen Entwicklungsstandes aufzeigen und neue Lösungen anregen. Der Aufbau neuer Strukturen erfordert aber nach Piaget eigenes Suchen, Probieren und Erkennen. Diese Konzeption Piagets war zwar schon systemisch in dem Sinne, dass Entwicklung aus einer aktiven Auseinandersetzung des Menschen mit Angeboten, Anforderungen und Problemen der Außenwelt resultiert, aber nur das Entwicklungssubjekt wurde als wirklich aktiv gestaltend angesehen.

Der Mensch als Gestalter seiner eigenen Entwicklung. Dass Menschen Einfluss auf ihre eigene Entwicklung haben und nehmen, wird vom späteren Jugendalter an von niemandem bestritten, der Willensfreiheit annimmt und Wahlmöglichkeiten sieht. Was mündige Menschen aus ihren Potenzialen machen, welche Entscheidungen sie bezüglich Lebensführung, Beruf und sozialen Beziehungen treffen, welche Regeln und Ordnungen sie anerkennen und einhalten, welche Risiken sie eingehen usw., dafür werden sie zumindest partiell als selbstverantwortlich betrachtet. Das heißt nicht, dass nicht wichtige andere Menschen und weitere Komponenten sozialer bzw. ökologischer Systeme mit verantwortlich bzw. einflussreich sind und in Kindheit und Jugend waren.

Dass Menschen in ihren frühen Lebensjahren bereits ihre eigene Entwicklung selbst mitgestalten, wurde in der Entwicklungspsychologie erst spät thematisiert (Lerner & Busch-Rossnagel, 1981). Seit Langem ist bekannt, dass es im ersten Jahrzehnt signifikante IQ-Änderungen in Abhängigkeit vom familiären Kontext gibt. Sind diese ausschließlich durch Anregungen und Anforderungen der Eltern bedingt, oder haben die interessierten, lernmotivierten Kinder sich selbst eine anregende Umwelt geschaffen durch ihre Fragen, ihre Wissbegierde, ihre Resonanz auf entsprechende Bemühungen der Eltern? Nur wenn besondere Interessen und Begabungen von Kindern (Sprachkompetenz, Musikalität, handwerkliche Geschicklichkeit, sportliche Leistungsfähigkeit usw.) aufscheinen und erkannt werden, können sie bewusst gefördert werden. Für die einen ist ein Museumsbesuch eine Belohnung, für andere eine langweilige Zumutung.

Auswirkungen auf die Umwelt und Rückwirkungen auf die Entwicklung. Kinder haben von früh an Vorlieben und Abneigungen, die eine Chance haben, toleriert oder durch entsprechende Angebote gefördert zu werden. Kinder treffen von früh an Wahlen, was die bevorzugten Kontakte und Tätigkeiten anbelangt, wenn sie alternative Optionen haben. Sie nehmen von früh an Einfluss auf ihr Umfeld, positiven Einfluss etwa durch Anschmiegen und Freundlichkeit, Responsivität und Resonanz, was für die Betreuungspersonen hoch befriedigend ist und sie mit Freude und Stolz erfüllt. Dadurch fühlen sie sich akzeptiert und anerkannt, und ihre Bindung zum Kind und ihre Neigung, das Kind zu fördern, werden gestärkt. Ein unleidlicher, irritierbarer Säugling verursacht bei den Betreuern Hilflosigkeit, Gefühle des Versagens, auch Ärger und Ablehnung. Die Folgen für das Selbstbild der Betreuungspersonen und ihr Bemühen um Selbstachtung liegen auf der Hand. Die Korrelation zwischen negativen Temperamentsmerkmalen in der frühen Kindheit und ungünstiger Persönlichkeitsentwicklung (z. B. Rutter, 1979) kann mit der Hypothese erklärt werden, dass Kinder mit schwierigem Temperament eher abgelehnt oder gemieden werden, was sich ungünstig auf ihre soziale, geistige und Persönlichkeitsentwicklung auswirkt.

Von früh an haben Kinder mit ihren Aktivitäten, ihrem Temperament, ihren Kommunikationsstilen, ihren Interessen und anderem mehr Einfluss auf andere und auf die Interaktionen mit anderen. Und damit haben sie reziprok auch Einfluss auf ihre eigene Entwicklung, die durch alle Bezugspersonen gefördert oder beeinträchtigt werden kann. Kinder modifizieren von Geburt an auf vielfältige Weise das Selbstbild, die Einstellungen, Werthaltungen, Zielsetzungen und das Verhalten ihrer Sozialpartner, die ihrerseits auf das Kind einwirken und ihm rückmelden, ob es liebenswert ist oder nicht, ob es kompetent ist oder nicht, ob es bewundert wird oder nicht, ob es wichtig ist oder nicht. Und diese Rückmeldungen sind entscheidend für die Ausbildung eines Selbstbildes.

Dass diese Einflüsse nicht auf die Bezugspersonen beschränkt bleiben, sondern auf vielfältige Weise Auswirkungen auf die materialen und medialen Angebote in der Familie, auf die familiären und außerfamiliären Aktivitäten und Kontakte, auf die Bildungsangebote usw. haben, liegt auf der Hand. Menschen suchen sich lebenslang, wenn es Wahloptionen gibt, Kontakte, Aktivitäten, Settings usw., die zu ihren ausgebildeten Motiven, Wertungen und Kompetenzen passen. Und all das hat Folgen für die weitere Entwicklung.

Transaktionale systemische Modelle
In transaktionalen – auch dialektische, kontextuelle, relationale genannten – Konzeptionen (Cairns & Cairns, 2006; Overton, 2003) wird sowohl dem Entwicklungssubjekt als auch den Entwicklungskontexten (mit den dort agierenden Menschen) gestaltender Einfluss auf die Entwicklung zugeschrieben. Allen Varianten dieser Konzeption gemeinsam ist die Annahme systemischer Zusammenhänge: Menschen leben, agieren und entwickeln sich in sozialen bzw. ökologischen Systemen. Sie sind Teil verschiedener Systeme. Alle Teile der Systeme stehen in Relation zueinander. Ihre Aktivitäten können andere Teile beeinflussen.

Ein Kind lebt in einer Familie und kommt mit anderen sozialen Kontexten in Kontakt. Es hat mannigfaltige Einflüsse auf Eltern und alle anderen Personen, mit denen es in Kontakt kommt. Die Einrichtung der Wohnung, die Aktivitäten der Familienmitglieder sind durch sein Verhalten, seine Persönlichkeit und seine Gesundheit mitbestimmt. Umgekehrt haben alle Kontaktpersonen und die physischen bzw. materiellen Elemente des Lebenskontextes Einfluss auf das Kind. Der symbolische Interaktionismus (Mead, 1934) hat dies zum Thema erhoben: Das Bild von sich selbst, das Bild von anderen, das Ausfüllen einer sozialen Rolle werden gestaltet in der sozialen Interaktion, die als wechselseitig Einfluss nehmend, also als transaktional zu sehen ist.

Gemeinsame Kernannahme dieser Modelle ist, dass der Mensch und seine Umwelt ein Gesamtsystem bilden, in dem sowohl das Entwicklungssubjekt als auch seine Umwelt aktiv und miteinander verschränkt aufeinander einwirken. Die Veränderungen eines Teils führen zu Veränderungen auch anderer Teile und/oder des Gesamtsystems und wirken wieder zurück. Und alle Personen sind in ständiger Entwicklung begriffen, nicht nur Kinder und Jugendliche. Alle gewinnen neues Wissen, neue Einsichten, modifizieren ihr Selbstbild, ihr Bild von der Welt, ihre Einstellungen, ihre normativen Überzeugungen usw.

Lineare Verknüpfungen von Ursachen und Wirkungen bilden die dynamischen Interaktionen zwischen den sich entwickelnden Personen und ihrer sozialen und physischen Umwelt nur unzulänglich ab. Die komplexe Verschränkung gleichzeitiger Veränderungen aller Systemteile wird analytisch ausgeblendet, wenn die Aktivitäten eines Systemteils als vorausgehende Bedingung, die Veränderungen anderer Systemteile als Folgen betrachtet werden. Das Konzept des »Circulus vitiosus« oder auch »Teufelskreises« bezeichnet eine Möglichkeit ungünstiger systemischer Wechselwirkungen, z. B. die Eskalierung von Gewalt. Selbstverständlich gibt es auch günstige Wechselwirkungen, etwa reziproker Freundlichkeit oder Unterstützung oder der Zusammenhang zwischen Interesse und Mitarbeit der Schüler und beruflichem Engagement der Lehrer.

Systemisches Denken in der Forschung. Die Umsetzung systemischen Denkens in Forschungsprogramme wird allerdings sehr komplex, sodass eine Prüfung von Zusammenhangshypothesen nur ausschnittweise möglich ist. Allerdings sollte man sich dessen bewusst sein und über einzelne Hypothesen hinaus denken. Systemische Betrachtung äußerte sich deshalb zunächst in einer Korrektur tradierter einseitiger Hypothesen. Hat man früher gefragt, wie das Kind durch seine familiäre Umwelt geformt wird, so fragt man heute auch umgekehrt, wie das Kind oder der Jugendliche auf die Familie ein- und rückwirkt (s. Abschn. 1.3.4). Es wird also z. B. nicht nur gefragt, wie sich Scheidung auf die Kinder auswirkt, sondern auch, was Kinder zur Ehezufriedenheit beitragen oder ob etwa die Bindung der Eltern an ihre Kinder die Scheidungsentscheidung beeinflusst und welchen Einfluss die Kinder auf die Bindung ihrer Eltern haben.

> **Unter der Lupe**
>
> **Korrelation zwischen Merkmalen von Mutter und Kind: Ein Forschungsbeispiel**
>
> Kagan und Moss (1962) ermittelten wie viele andere danach eine Korrelation zwischen Feindseligkeit und Strafneigung der Mütter und Aggressivität der Kinder gegen ihre Mütter ($r = .70$ für Jungen und $r = .68$ für Mädchen). Was bedeutet das? Verursacht die Feindseligkeit der Mutter die Aggressivität der Kinder? Oder resultiert die Feindseligkeit der Mutter aus der Aggressivität der Kinder? Oder bedingt sich das gegenseitig im Sinne eines Teufelskreises? Oder sind die Feindseligkeit der Mutter und die Aggressivität der Kinder durch gemeinsame genetische Anlagen bedingt? Um diese Fragen abklären zu können, wären Längsschnittstudien, vergleichende Studien über die Variationen von Mutter-Kind-Interaktionen in derselben Familie, vergleichende Studien in biologischen und Adoptivfamilien erforderlich. Wichtig ist festzuhalten, dass verschiedene Einflusshypothesen zu prüfen sind, bevor eine querschnittlich ermittelte Korrelation interpretiert werden darf.

Systemisches Denken und das Konzept der Passung. Brandtstädter (1985) hat Entwicklungsprobleme als Passungsprobleme charakterisiert. Ein Entwicklungsproblem liegt vor, wenn bestimmte Entwicklungsstandards (etwa eine altersgemäße Leistung) nicht erbracht werden können bzw. wenn die »Entwicklungsaufgaben« einer Lebensperiode, etwa Berufsausbildung, Aufbau von Partnerschaft usw. im Jugend- und frühen Erwachsenenalter (vgl. Kap. 10 und 11), nicht geleistet werden. Entwicklungsprobleme sieht er als Diskrepanz bzw. fehlende Passung zwischen

- den Zielen des Individuums selbst,
- seinen Potenzialen (Dispositionen, Kompetenzen usw.),
- den Anforderungen im familiären, schulischen, subkulturellen Umfeld des Individuums, d. h. den dort existierenden alters-, funktions- oder bereichsspezifischen Standards, und
- den Angeboten (Lern- und Hilfsangeboten, Ressourcen) in der Umwelt des Individuums.

Es gibt Diskrepanzen zwischen Zielen und Potenzialen, Anforderungen und Potenzialen, Potenzialen und Angeboten usw. Entwicklungsprobleme manifestieren sich als unzureichende Leistungen, als Selbstwertprobleme, Statusprobleme, Eheprobleme, Eltern-Kind-Probleme, berufliche Probleme usw.

> **Beispiel**
>
> **Kindesmisshandlung**
>
> Ein Beispiel für ein spezifisches Passungsproblem liefern Forschungen zu Kindesmisshandlung (Schneewind et al., 1983; s. auch Kap. 32). Ursprünglich hat man Kindesmisshandlung als Ausdruck einer pathologischen Persönlichkeitsstruktur der Eltern angesehen, die oft mit ungünstigen Sozialisationsbedingungen erklärt wurde (etwa mit der Erfahrung, als Kind selbst abgelehnt oder überhart bestraft worden zu sein). In soziologischen Theorien wurden aktuelle Stressoren wie Armut, Arbeitslosigkeit, Scheidung, beengte Wohnverhältnisse oder Stress am Arbeitsplatz dafür verantwortlich gemacht. Dann begann man, die Eigenarten der Kinder selbst in die Betrachtung einzubeziehen, und stellte fest, dass es die »schwierigen« Kinder sind, die besonders häufig Opfer von Misshandlungen werden. Als Säuglinge sind diese Kinder leicht irritierbar, schreien viel, lassen sich nicht beruhigen. Später sind Ungehorsam und antisoziale Verhaltensweisen auffällig. Es sind nicht selten zu früh geborene Kinder, Kinder mit leichten zerebralen Schäden und anderen Anomalien, für die man als Außenstehender eher Rücksicht und Mitleid erwartet, die aber tatsächlich besondere Schwierigkeiten machen, mit denen nicht jede Mutter oder jeder Vater fertigwird.
>
> Das transaktionale Modell legt es nahe, soziale Systeme unter dem Gesichtspunkt der Passung zu betrachten. Schwierige Kinder können besorgte, geduldige, einfallsreiche Eltern haben oder aber Eltern, die rigide Vorstellungen vom wünschenswerten Verhalten der Kinder haben, die sie durchsetzen wollen. In einer Untersuchung über die Häufigkeit harter Strafen fanden Schneewind et al. (1983) Belege für diese Passungshypothese. Häufig und hart bestraft werden überzufällig häufig die schwierigen Kinder, und zwar von Eltern, die zu einer rigiden Machtbehauptung neigen oder sich erzieherisch als ohnmächtig erleben.

Zur praktischen Bedeutung. Entwicklungsmodelle haben nicht nur Bedeutung für Forschung und Theorienbildung. Sie haben eminent praktische Bedeutung. Eine Entwicklungsprognose auf der Grundlage eines interaktionistischen Modells wird nicht allein auf der Basis personaler Dimensionen oder Umweltdimensionen versucht, sondern wird nach Personklassen und Kontextklassen spezifiziert. Man baut z. B. nicht nur auf die empirische Regel, »Intelligenz ist von der Schulzeit an recht stabil«, sondern man versucht, die Stabilität nach Personklassen und Kontextklassen zu spezifizieren. Da nicht wenige Menschen im Laufe des Lebens ihre Kontexte radikal wechseln (Adoption, Schulwechsel, Wechsel von Peergruppen, Partnerschaft, Berufseintritt und -wechsel) und Kontexte sich wandeln können, erfordern langfristige Prognosen auch Prognosen über Kontextänderungen, die allerdings als höchst unsicher anzusehen sind.

Was Interventionen anbelangt, bieten interaktionistische Modelle mehrere Ansatzpunkte zur Wahl: das Entwicklungssubjekt, relevante Komponenten des Kontextes oder ein problembehaftetes System als Ganzes. Für eine Evaluation von Entwicklungsinterventionen ist die Wirkungs- und Nebenwirkungsanalyse auf mehrere Elemente des Systems und das System insgesamt auszudehnen.

> **Denkanstöße**
>
> Versuchen Sie, in einer transaktionalen Modellbildung hypothetische Entwicklungen zu skizzieren, die zu Schulversagen oder zu Delinquenz im Jugendalter führen. Denken Sie sich anschließend mögliche Maßnahmen aus, wie das Schulversagen oder die Delinquenz hätte verhindert werden können. Wählen Sie für diese Maßnahmen unterschiedliche Ansatzpunkte, die Sie aus Ihrer transaktionalen Modellbildung ableiten.

1.1.4 Gegenstandsbestimmung aus dem Bedarf an Entwicklungspsychologie in Praxisfeldern

Ein weiterer Zugang, die Gegenstände der Entwicklungspsychologie zu bestimmen, geht von der Frage aus, welche Beiträge das Fach zur Lösung praktischer Probleme leistet (vgl. Teil IV dieses Buches). Eltern, Lehrer, Schulpsychologen, klinische Psychologen, psychologische Gutachter vor Gericht, Sozialpädagogen, Sozialarbeiter, Bewährungshelfer, Gerontologen, Altenpfleger, Kriminologen, Strafrichter usw. brauchen Entwicklungspsychologie. Entwicklungspsychologische Erkenntnisse und Überzeugungen fließen in das Bildungs-, das Wirtschafts-, das Sozial- und das Rechtssystem der Gesellschaft ein. Im Folgenden werden einige typische Klassen von Fragen aus der Praxis genannt.

Orientierung am Lebenslauf

Was hat man von einem Säugling, einem Grundschulkind, einem Jugendlichen, einem Erwachsenen, einem Greis zu erwarten? Welche Kompetenzen, Einstellungen, Interessen darf man voraussetzen? Welche Anforderungen sind angemessen, in welcher Hinsicht ist Schutz oder Schonung geboten? Auf welches Mindestalter sollen die Geschäftsfähigkeit, die Strafmündigkeit, die Volljährigkeit, das Wahlrecht, die Heiratsfähigkeit, das Rentenalter festgelegt werden? In welchen Entwicklungsperioden hat man mit welchen typischen Risiken, mit welchen Krisen oder Problemen zu rechnen? Was muss in welchen Altersperioden vermittelt oder vermieden werden, damit kein bleibender Schaden entsteht? In vielen Lebensbereichen wird solches Wissen über das weithin Gültige der menschlichen Entwicklung benötigt.

Seit die Idee der Kindheit ins allgemeine Bewusstsein gerückt ist, dass nämlich Kinder und Heranwachsende besondere Betreuung und Förderung benötigen und nicht überfordert werden dürfen, haben sich wohlgemeinte, aber falsche Überzeugungen bezüglich der Begrenzungen und Möglichkeiten gebildet, die bis heute herrschen. In den letzten Jahrzehnten wurden immer wieder Leistungspotenziale in den ersten Lebensjahren entdeckt, die man nicht für möglich gehalten hatte (vgl. z. B. Kap. 7, 8, 14, 15, 16, 18 und 31). Analoges gilt für verbreitete Überzeugungen bezüglich genereller Leistungsverluste im Alter (Kap. 12, 13, 36 und 37). Solche Überzeugungen führen dazu, dass Leistungspotenziale nicht oder nicht optimal ausgeschöpft werden. Valides Forschungswissen und kreative Forschungsansätze haben eine nicht zu überschätzende gesellschaftliche Bedeutung.

Normatives Wissen bereitstellen. Die Entwicklungspsychologie hat die Aufgabe, solches Wissen bereitzustellen. Die Beschreibung von Lebensphasen, Kataloge altersspezifischer Entwicklungsaufgaben und -probleme, die Zusammenstellung von Leistungsinventaren und Entwicklungsnormen für verschiedene Altersstufen sind Beispiele. Viele Kapitel dieses Buches werden daher über typische Erwerbungen, Entwicklungsaufgaben und Probleme in verschiedenen Lebensabschnitten informieren.

Individuelle Unterschiede beachten. Interindividuelle Unterschiede werden dabei genauso wenig übersehen wie Unterschiede, die sich aus der Geschlechts- oder Kulturzugehörigkeit und aus Kontexteinflüssen ergeben. Unterschiede werden durch Entwicklungstests objektiv messbar gemacht, die auch Standards – Durchschnittswerte – für die Beurteilung des Entwicklungsstandes bieten.

Folgende Fragen sind für Entwicklungsprognosen und -interventionen relevant:

- Welche Abweichungen vom Durchschnitt sind wie wahrscheinlich?
- Wie sind sie zu erklären? Was bedeuten sie aktuell?
- Was bedeuten sie für das weitere Leben?
- Sind sie stabil, sind sie veränderbar?
- Wie kann man die künftige Entwicklung in günstiger Weise beeinflussen?
- Welche präventiven Maßnahmen gegen Fehlentwicklungen sind wann und in welcher Weise zu ergreifen?
- Wie kann man einen Menschen gegen schädigende Einflüsse immunisieren?
- Wie kann man die Wahrscheinlichkeit erhöhen, dass belastende Erfahrungen bewältigt werden?

Indem die Entwicklungspsychologie Antworten auf solche Fragen gibt, wird sie zu einem Führer durch den Lebenslauf für alle, die ihr eigenes Leben gestalten oder die andere bei der Gestaltung ihres Lebens beraten oder unterstützen wollen.

> **Beispiel**
>
> **Vergessenskurven in der Entwicklungspsychologie vs. Allgemeinen Psychologie**
>
> Die Allgemeine Psychologie hat den zeitlichen Verlauf des Vergessens von auswendig gelerntem Stoff über mehr oder weniger kurze Zeitstrecken untersucht und Vergessenskurven und deren Bedingungen ermittelt. Die Entwicklungspsychologie untersucht Veränderungen und Stabilitäten solcher Vergessenskurven über das Leben, also nicht die Vergessenskurve als Funktion der Zeit, sondern Veränderungen der Vergessenskurve als Funktion der Lebenszeit, wie das in Abbildung 1.3 hypothetisch dargestellt ist. Sollte sich die Vergessenskurve bei Stoffen, die nach Art und Umfang gleich sind, im Laufe des Lebens generell oder bei Einzelnen ändern, wäre eine allgemeine bzw. individuelle Altersverlaufskurve des Vergessens zu erstellen.

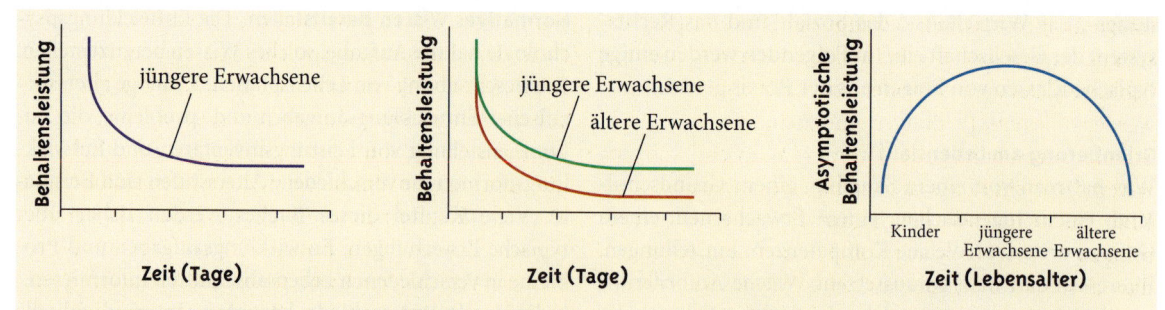

Abbildung 1.3 Diese Abbildung veranschaulicht das Verhältnis zwischen Allgemeiner Psychologie und experimenteller Entwicklungspsychologie an einem hypothetischen Beispiel. Die linke Grafik zeigt eine Vergessenskurve für jüngere Erwachsene; dargestellt wird die Behaltensleistung als Funktion des zeitlichen Abstands zum Zeitpunkt des Einprägens in Tagen. Die mittlere Grafik enthält zusätzlich zu den Daten der jüngeren Erwachsenen Daten älterer Erwachsener; es wird deutlich, dass die älteren Erwachsenen schneller vergessen als die jüngeren Erwachsenen und ihre asymptotischen Behaltensleistungen unter denen der jüngeren Erwachsenen liegen. Schließlich zeigt die rechte Grafik die asymptotischen Behaltensleistungen als Funktion des Lebensalters. Die asymptotischen Behaltensleistungen der Kinder und der älteren Erwachsenen liegen unter denen der jüngeren Erwachsenen

Prognose der Ausprägung und Veränderung von Personmerkmalen

Viele Entscheidungen und Maßnahmen in den genannten Praxisfeldern fußen auf mehr oder weniger sicheren Prognosen der weiteren Entwicklung. Ohne Vorhersagen von Entwicklungsverläufen und drohenden Störungen fehlt einer Entscheidung die Grundlage.

Lassen sich Schulerfolg, Harmonie in der Ehe, Bewältigung von Lebenskrisen oder das Auftreten pathologischer Störungen langfristig prognostizieren? Es bleibt in aller Regel ein hohes Irrtumsrisiko,

▶ weil nicht alle Einflussfaktoren bekannt sind,
▶ weil nicht alle wirksamen positiven und negativen Einflüsse vorhersehbar sind,
▶ weil grundsätzlich Freiheiten zur Selbstgestaltung der eigenen Entwicklung anzunehmen sind.

Entwicklung ist in vielen Bereichen »plastisch«, d. h. beeinflussbar und gestaltbar. So kann die kognitive Leistungsfähigkeit im Alter in einem von Person zu Person verschiedenen Ausmaß durch das eigene Verhalten beeinflusst werden (Hertzog et al., 2009; vgl. Kap. 35 und 36).

Ermittlung von Entwicklungsbedingungen

Charakteristisch für die entwicklungspsychologische Bedingungsforschung sind zwei Besonderheiten: Erstens werden die Auswirkungen von Einflussfaktoren, wenn möglich, nicht nur kurzfristig, sondern langfristig beobachtet. Hypothesen über die Spätfolgen von Kindheitserfahrungen, wie sie Freud beispielsweise in der Erklärung von Psychoneurosen formuliert hat, mögen als bekanntes Beispiel dienen (Freud, 1933). Es wäre voreilig, nur die aktuellen Wirkungen einer Erfahrung als Grundlage einer Bewertung zu nehmen. Manche aktuell unangenehme und stressreiche Belastung, wie z. B. die befristete Trennung des Kleinkindes von der Mutter, muss langfristig keine negativen Wirkungen haben. Wird sie bewältigt, ist die Person für künftige Belastungen dieser Art eher besser gerüstet.

Zweitens wird untersucht, inwieweit der aktuelle Entwicklungsstand als Bedingung für die weitere Veränderung eine Rolle spielt. Es wird geprüft, ob Effekte und Effizienz von externen Einflussfaktoren eine Funktion des aktuellen Entwicklungsstandes (z. B. des Wissens, der Weisheit, der Motivdispositionen usw.) sind. Eine Einflussnahme mag förderlich sein, wenn sie zur rechten Zeit kommt (etwa eine Leistungsanforderung, die bewältigt werden muss). Sie mag Fehlentwicklungen auslösen, wenn sie zu früh erfolgt, wenn sie zu Misserfolg und einem negativen Leistungsselbstbild führt. Und sie mag unwirksam bleiben, wenn sie zu spät erfolgt.

Begründung von Entwicklungszielen

Zielsetzungen basieren auf den Überzeugungen, dass sie erreichbar sind und dass es gut ist, sie zu erreichen. Beide Überzeugungen sollten möglichst auf validen Forschungsergebnissen beruhen. Relevant für Zielsetzungen ist deskriptives Wissen z. B. über alterstypische Leistungen und ihre Streuungen, aber auch über alterstypische Probleme und über differenzielle Entwicklungsverläufe, sofern Einflussfaktoren bekannt sind. Wenn die Forschung zeigt, wovon die Entwicklung abhängt, wie man Fehlentwicklungen vermeiden und Ziele erreichen kann, werden Zielentscheidungen möglich, wo zuvor nur Schicksalsergebenheit oder »fromme Wünsche« möglich waren. Dann sind Ziele zu setzen wie die folgenden: Mein Kind soll wenigstens durchschnittliche Leistungen erbringen. Oder: Wir werden als Eltern Vorsorge treffen, dass unser Sohn im Jugendalter keine Drogen nehmen wird. Oder: Ich werde alles versuchen, im Alter so lange wie möglich produktiv und selbstständig zu bleiben.

Planung und Evaluation von Entwicklungsinterventionen

Die Interventionsplanung baut auf den Prognosen, dem Bedingungswissen und den Zielentscheidungen auf. Welche Maßnahmen sind bei welchen Voraussetzungen geeignet, ein Interventionsziel zu erreichen? Gibt es optimale Interventionsperioden? Gibt es optimale Interventionsformen bei gegebenen Potenzialen, Problemen oder Kontextgegebenheiten? Das sind die typischen Fragen. Auch hier benötigen wir Informationen über die kurz- und langfristige Wirksamkeit von Maßnahmen sowie über kurz- oder langfristige Nebeneffekte, um entscheiden zu können, ob eine Maßnahme wirksam oder unwirksam, ob sie gefährlich oder förderlich ist. Ob es um Schulung oder Therapie, um Resozialisierung oder Rehabilitation, um Adoption oder Bewährungshilfe geht: Man muss versuchen, auch die längerfristigen Auswirkungen einzuschätzen. Prospektive Längsschnittstudien für die Wirkungsüberprüfung von Interventionen sind zwar immer aufwendig, aber wissenschaftlich und praktisch von großem Interesse.

> **Denkanstöße**
>
> Wählen Sie eines der aktuellen politischen Streitthemen (z. B. Rechtsanspruch auf einen Krippenplatz, Ganztagsschulen für alle, Verschiebung des Rentenalters), und stellen Sie dazu möglichst viele entwicklungspsychologische Fragen zusammen, die beantwortet sein sollten, bevor man zu Entscheidungen kommt.

1.1.5 Fazit: Gegenstand und Forschungsauftrag der Entwicklungspsychologie

Veränderungen und Stabilitäten von Kompetenzen, Überzeugungen, Interessen, Motivationen, Selbstkonzepten usw. sind Gegenstände der Entwicklungspsychologie. Die Entwicklungspsychologie verfolgt das Ziel, Invarianz und Variabilität, Stabilität und Veränderung von Verhaltensrepertoires im Lebensverlauf zu erklären. Im eigentlichen Sinne entwicklungspsychologisch sind die Erklärungen dann, wenn sie Mechanismen und Organisationsformen anführen, die innerhalb der Person wirksam sind. So rufen die Frühverrentung oder ein schöner Frühlingstag zwar psychische Wirkungen hervor (die sich von Person zu Person unterscheiden können), stellen aber selbst keine psychologischen Mechanismen oder Erklärungen dar.

Erforderliche Integrationsleistungen. Personen stehen durch ihr Verhalten in Wechselwirkung mit ihrer sozialen und physischen Umwelt (s. Abb. 1.4; vgl. Lindenberger et al., 2006). Entwicklungspsychologen erforschen, auf welche Weise und aus welchen Ursachen sich die Organisation des Austauschs mit der Umwelt im Laufe des Lebens verändert. Diese Aufgabe erfordert drei wesentliche konzeptuelle und empirische Integrationsleistungen:

(1) Verschiedene Funktionsbereiche und Aspekte des Verhaltens wie Kognition und Sensomotorik oder Kognition, Affekt und Motivation sollten von vornherein aufeinander bezogen und nicht erst im Nachhinein durch Zusatzannahmen miteinander verknüpft werden. Zum Beispiel hängen sensomotorische und kognitive Funktionsbereiche in der Kindheit und im hohen Alter enger miteinander zusammen als im mittleren Erwachsenenalter, sodass Altersveränderungen in beiden Bereichen besser verstanden werden können, wenn man deren Wechselwirkungen von vornherein berücksichtigt (Schaefer et al., 2006). Ähnliches gilt für die Entwicklung von Kognition und sozialer Interaktion oder für die Entwicklung von Emotion und Motivation.

(2) Die Entwicklungspsychologie benötigt Theorien und Methoden, die veränderungsrelevante Mechanismen unterschiedlicher Zeitskalen, z. B. momentane Fluktuationen und langfristige Veränderungen, miteinander in Beziehung setzen (S.-C. Li et al., 2004). Kurzfristige Schwankungen im Verhalten, die sich auf momentane Verhaltensäußerungen (Items), Tage oder Wochen beziehen, sind eher vorübergehend und reversibel; Veränderungen, die sich auf Monate, Jahre oder Jahrzehnte beziehen, eher kumulativ und kaum rückgängig zu machen. Das Auffinden von Verbindungen zwischen Ver-

änderungen auf unterschiedlichen Zeitskalen ist von heuristischem Wert, weil sich Mechanismen über kürzere Zeiträume in der Regel besser beobachten lassen als über längere Zeiträume. Theorien und Methoden werden weiterhin benötigt, um *interindividuelle Unterschiede* in *intraindividuellen Veränderungen* besser beschreibbar und erklärbar zu machen (Hasselhorn & Schneider, 1998).

(3) In jüngster Zeit strebt die Entwicklungspsychologie immer häufiger eine integrierte Betrachtung von Verhalten und Gehirn an, um altersbezogene Veränderungen im Verhalten und im Gehirn aufeinander zu beziehen. Durch den Einsatz moderner neurowissenschaftlicher Verfahren können die neuronalen Manifestationen von Entwicklungsprozessen sowie deren Beziehungen zum Verhalten besser bestimmt werden als je zuvor. Diese Beziehungen sind zwischen und innerhalb von Personen variabel und verändern sich selbst im Laufe des Lebens. Altersbezogene Veränderungen im Verhaltensrepertoire gehen folglich mit kontinuierlichen, mehr oder minder reversiblen Veränderungen der Beziehungen zwischen Verhaltens- und Gehirnzuständen einher. Einige dieser Veränderungen sind relativ universell, andere wiederum reflektieren genetische Unterschiede, Besonderheiten der Lerngeschichte sowie die Pfadabhängigkeit von Entwicklungsprozessen (Molenaar et al., 1991). Im Ergebnis ergibt sich ein vielschichtiges Bild, das auf der einen Seite die Unterschiedlichkeit und Formbarkeit von Entwicklungswegen verdeutlicht, auf der anderen Seite jedoch auch die Grenzen aufzeigt, die Reifung und Alterung, allgemeine Gesetze der neuronalen Organisation sowie kulturelle und physikalische Gesetzmäßigkeiten der Umwelt der menschlichen Entwicklung setzen (Baltes, 1987, 1997).

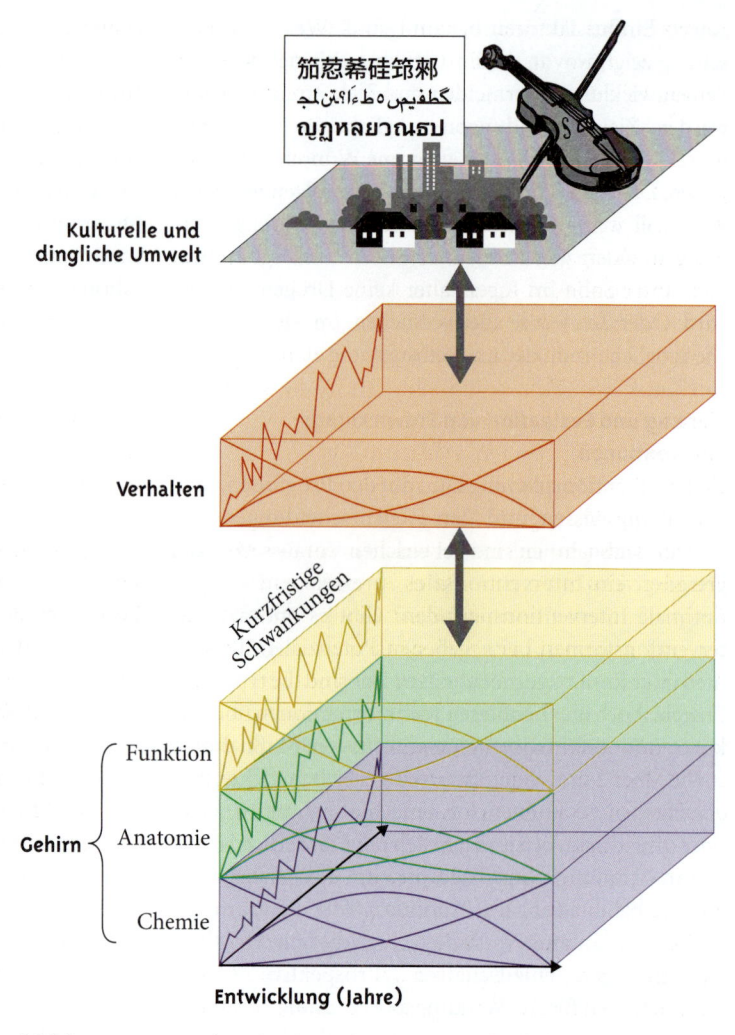

Abbildung 1.4 Umwelt und Gehirn als Ursachen und Wirkungen kurzfristiger und langfristiger Veränderungen in Verhaltensmustern. Veränderungen der Beziehungen zwischen Gehirn und Verhalten reflektieren Wechselwirkungen zwischen Reifung, Lernen und Alterung. Die Bestimmung zentraler Mechanismen dieser Wechselwirkungen erfordert Theorien und empirische Methoden zur Integration der Befunde über Inhaltsbereiche, Zeitskalen und Analyseebenen (nach Lindenberger et al., 2006)

Vor dem Hintergrund dieser Anforderungen lassen sich drei Besonderheiten des entwicklungspsychologischen Erkenntnisziels formulieren.

Das Lebensalter als Zeitachse entwicklungsrelevanter Veränderungen

Ein breit akzeptierter Vorschlag zur Abgrenzung der Entwicklung von anderen Veränderungen wie Wissenserwerb, Lernen von Fertigkeiten, Vergessen, Adaptieren,

Sensibilisieren, Ausbildung von Gewohnheiten, Aufbau und Änderung von Einstellungen, pathologischer Symptombildung, Traumatisierungen, folgenreichen Entscheidungen (z. B. Berufswahlen, Migration, Partnerwahl) ist folgender: Gegenstand der Entwicklungspsychologie sind Veränderungen und Stabilitäten, die in der Regel auf der Zeitachse Lebensalter registriert werden. Altersangaben, Altersverlaufskurven, Altersnormen sind entwicklungsrelevante Informationen.

Entwicklungspsychologische Fragen. In der Lernpsychologie hat man die Konditionierung von Angst auf einen aversiven Reiz untersucht. Ob solche Konditionierungsprozesse während der gesamten Lebensspanne möglich sind und ob ihre Effekte in allen Lebensaltern gleich oder ungleich stabil sind, wären entwicklungspsychologische Fragen.

Man kann in jedem Lebensalter versuchen, eine Fremdsprache zu lernen. Ob es Altersunterschiede im Tempo und dem erreichten Niveau hinsichtlich Aussprache und grammatischer und syntaktischer Strukturen, der Wirksamkeit spezifischer Methoden oder der Dauerhaftigkeit der erworbenen Sprachkompetenzen gibt, das wären entwicklungspsychologische Fragen.

Die Moralpsychologie untersucht die Vermittlung und den Erwerb moralischer Normen; eine entwicklungspsychologische Frage wäre, ob es Altersunterschiede in den Prozessen und Methoden des Erwerbs, im Verständnis und in der Beachtung von Normen gibt.

Die Differenzielle Psychologie beschreibt unter anderem interindividuelle Unterschiede in Personmerkmalen. Die Entwicklungspsychologie fragt nach Veränderungen und Stabilitäten der Merkmale über die Lebensspanne hinweg.

Die Arbeitspsychologie untersucht Leistungsanforderungen und die erforderlichen Fähigkeiten, die Entwicklungspsychologie Fähigkeitsveränderungen bzw. -stabilitäten über die Lebensspanne hinweg oder mögliche Kompensationen von Einbußen an Fähigkeiten.

Erklärungsbedürftige Altersunterschiede. Eine Veränderung tritt nicht ein, weil jemand älter wird, sondern weil Prozesse oder Ereignisse eintreten, die diese Veränderung bewirken (Wohlwill, 1970a). Diese Prozesse oder Ereignisse können mit dem Alter korreliert sein, Alter erklärt sie aber nicht. In manchen Fällen ist es geboten, Entwicklung als Funktion anderer Zeitachsen zu beschreiben und zu erklären. Dies gilt für das höchste Lebensalter, in dem viele Entwicklungsvorgänge weniger mit dem Abstand von der Geburt (also mit dem Lebensalter) als mit der Nähe zum Tod zusammenhängen (vgl. Kap. 13), oder auch für jene Entwicklungsprozesse in der Adoleszenz, die stärker mit dem zeitlichen Verlauf der Pubertät als mit dem Lebensalter verknüpft sind (vgl. Kap. 10).

Der Fokus auf dauerhaften und nachhaltig wirkenden Veränderungen

Mit Entwicklung werden nur dauerhafte oder nachhaltig weiterwirkende Veränderungen bezeichnet; kurzfristige Veränderungen lassen sich als Variabilität bezeichnen. Einflüsse in der Kindheit (etwa Anregungen zur kognitiven Entwicklung oder traumatische Erfahrungen) sind vor allem dann entwicklungspsychologisch interessant, wenn sie nachhaltig wirken. Das ist dann der Fall, wenn sie Kompetenzen und Dispositionen erzeugen, die ihrerseits weiterwirken. Von besonderem Interesse ist die Frage, ob kurzfristige Veränderungen Rückschlüsse auf langfristige Veränderungen ermöglichen (Nesselroade, 1991).

Kommt es z. B. zu Problemen und Störungen im Kindesalter, fragen Entwicklungspsychologen, ob dies auch im späteren Leben noch Folgen hat (in differenzieller Sicht: bei wem; in kontextueller Sicht: unter welchen Umständen). Umgekehrt fragen sie, ob die Grundlage für Störungen und Probleme im Erwachsenenalter schon in Kindheit und Jugend geschaffen wurde, etwa durch den Aufbau relevanter Dispositionen oder durch Defizite. Analoge Fragen werden gestellt, wenn es um positive Leistungen und Kompetenzen, Interessen, Motivationen oder Persönlichkeitsmerkmale geht.

Im Unterschied zu anderen Teildisziplinen der Psychologie ist die Perspektive nicht auf einen Zeitpunkt der Beobachtung, sondern prospektiv und retrospektiv auf die gesamte Lebensspanne gerichtet: Wie ist es geworden? Und was wird weiter? Damit im Zusammenhang steht die dritte Besonderheit der Entwicklungspsychologie.

Die Bestimmung des Verhältnisses von Kontinuität und Diskontinuität (Innovation)

Die Suche nach Erklärungen jeder Veränderung und jeder Stabilität ist eine Suche nach Kontinuitäten in der Entwicklung (z. B. nach vorausgehenden Veränderungen, die die aktuelle Veränderung oder Stabilität mitbedingen oder ermöglichen) und zugleich eine Suche nach deren Grenzen, d. h. nach den Bedingungen, die zu

Diskontinuitäten im Lebenslauf führen und Innovation ermöglichen. In einer von einer Stufentheorie postulierten Veränderungsreihe sind es die jeweils vorausgehenden Schritte, die als notwendige Voraussetzungen beherrscht werden müssen. Bei Überlegungen zum entwicklungsangemessenen Unterrichten sind es Wissens- und Kompetenzvoraussetzungen. Bei neurotischen Reaktionen von Erwachsenen vermutete Freud Dispositionen als Voraussetzungen, die durch traumatische Kindheitserfahrungen entstanden sind. Bei der Bewältigung eines Verlustes können es die vorausgehend erworbenen Bewältigungskompetenzen sein. Zugleich gab es immer wieder Fälle, in denen die Notwendigkeit und Stärke einer kontinuierlichen Entwicklung im Sinne einer Entwicklungsreihe überschätzt wurden, weil die Möglichkeit der Diskontinuität und Unabhängigkeit nicht hinreichend in Betracht gezogen wurde. So stellt z. B. in der Säuglingsentwicklung das Krabbeln entgegen früherer Vorstellungen keine notwendige Voraussetzung für das Laufen dar (vgl. Abb. 1.1).

> **Denkanstöße**
>
> Tragen Sie entwicklungspsychologische Fragen über mögliche Wirkungen des Fernsehens zusammen, und stellen Sie Fragen, die Sie nicht als entwicklungspsychologisch ansehen.

1.2 Das Verhältnis zwischen Anlage und Umwelt im Entwicklungsverlauf

Kontroversen über die Frage, ob den Erbanlagen (dem Genom) oder der Umwelt mehr Gewicht bei der Entwicklung von Fähigkeiten, Dispositionen, Störungen usw. zukomme, sind so alt wie die Entwicklungspsychologie. Voreingenommene Meinungen sind verbreitet, obwohl diese Frage unsinnig ist. Erbanlagen und die internale und externale Umwelt wirken bei der Entwicklung psychologischer Merkmale interaktiv zusammen. Deshalb ist die Frage nach Gewichten in etwa so unsinnig, wie es unsinnig wäre zu fragen, ob die Länge oder die Breite mehr zur Fläche beitragen.

Die sinnvollen Fragen an die Wissenschaft lauten: Welche Komponenten des Genoms interagieren auf welche Weise wann bei der Entwicklung mit welchen Aspekten der internalen somatischen und/oder der externalen Umwelt in welcher Weise und mit welchem Ergebnis? Und in welcher Weise wirkt der eingeschlagene Entwicklungsweg zurück auf die Verhaltenswirksamkeit verschiedener Komponenten des Genoms (d. h. auf die Genexpression)? Diese Fragen können nicht generell beantwortet werden, sondern bedürfen der detaillierten und nach Fähigkeiten, Merkmalen und Störungen gesonderten Untersuchung. Aufgrund der Fortschritte in der Molekulargenetik und der Epigenetik rücken diese Fragen zunehmend auch in das Blickfeld der Entwicklungspsychologie (vgl. Kap. 3).

Weil die Debatte über Gewichte von Anlagen und Umwelt nach wie vor kontrovers geführt wird, muss man sich mit Daten und Argumenten auseinandersetzen. Sinnvoll gefragt werden darf, welcher Anteil an Fähigkeits- und Merkmalsunterschieden in einer Population auf Unterschiede in den Erbanlagen und in der Entwicklungsumwelt zurückführbar sind. Diese Frage muss erstens für jede Untersuchungspopulation gesondert beantwortet werden, und die Antwort darf nicht von einer Population auf andere generalisiert werden. Zweitens lassen die Antworten keinerlei Rückschlüsse zu auf das relative Gewicht von Anlage- und Umwelteinflüssen bei der Herausbildung von Fähigkeiten und Merkmalen eines Individuums.

> **Unter der Lupe**
>
> **Der Heritabilitäts- oder Erblichkeitskoeffizient**
> Die Erblichkeit oder Heritabilität eines Merkmals ist definiert als Anteil an der Gesamtvarianz eines Merkmals in einer Population, der auf Anlageunterschiede in einer Population zurückzuführen ist. Einfache Schätzwerte wie E^2 stützen sich unter anderem auf Korrelationen zwischen eineiigen Zwillingspaaren (EZ) und zweieiigen Zwillingspaaren (ZZ), die jeweils in derselben Umwelt aufgewachsen sind: $E^2 = (r_{EZ} - r_{ZZ}) : (1 - r_{ZZ})$. Heute verwendet man zur Schätzung der Erblichkeit in der Regel Strukturgleichungsmodelle, die relativ große Stichproben erfordern. Typischerweise ergeben sich Erblichkeitskoeffizienten für die Intelligenz zwischen .50 und .70. Zum Vergleich: Die Erblichkeitswerte für Schulleistungen liegen deutlich darunter. Für die meisten Persönlichkeitsmerkmale werden ebenfalls substanzielle Erblichkeitskoeffizienten zwischen .40 und .50 berichtet (vgl. Abschn. 3.2.1).

> **Denkanstöße**
> ▶ Auf die Leistung eines Kindes in der Schule wirken viele Faktoren ein. Denken Sie darüber nach, wie sich die Anlagen, die Familie, die Qualität des Unterrichts und die verfügbaren Unterrichtsmaterialien auf die Leistung eines 12-Jährigen im Mathematikunterricht auswirken.
> ▶ Kaspar Hauser wuchs allein in einem dunklen Verließ auf. Was meinen Sie, welche kognitiven Fähigkeiten am meisten beeinträchtigt waren?

1.2.1 Kovariationen und Interaktionen zwischen Anlage und Umwelt über die Lebensspanne

Erblichkeitskoeffizienten bleiben im Laufe der Entwicklung nicht stabil, sondern ändern sich systematisch über die Lebensspanne (vgl. Abschn. 3.2.4, 12.2.3). Sie sprechen in der Summe für die These, dass sich genetische Ähnlichkeiten und Unterschiede nach der Vorschulperiode immer deutlicher manifestieren, oder umgekehrt, dass die Umwelteinflüsse in den ersten Lebensjahren zwar Effekte haben, aber keine bis zur Adoleszenz und dem Erwachsenenalter stabil bleibende Unterschiede erzeugen. Demnach nehmen die Erblichkeitskoeffizienten in der ersten Lebenshälfte zu, mit Werten von 20 % in der frühen Kindheit über 40–50 % in der mittleren Kindheit und Jugend und Werten bis zu 80 % im mittleren Erwachsenenalter. Im hohen Alter scheinen die Werte auf einen nach wie vor hohen Betrag von etwa 60 % zurückzugehen.

Wie sind diese Altersunterschiede in der Heritabilität zu erklären?

Hypothetisch und zunehmend auch empirisch lassen sich drei Arten der Anlage-Umwelt-Kovariation oder -Passung unterscheiden: die passive, die reaktive und die aktive (vgl. Plomin et al., 1977).

Passive Genotyp-Umwelt-Passung. Eltern gestalten partiell das Leben ihrer Kinder mit ihren Angeboten und Anforderungen, ihren Interessen usw. Diese können den ererbten Potenzialen und Dispositionen der Kinder mehr oder weniger entsprechen. Hat ein Vater z. B. Interesse an Musik, spielt er vielleicht ein Instrument, hört viel Musik, kauft seinem Kind früh ein Musikinstrument, lehrt es spielen, ist erfreut und lobt, wenn sein Kind sich interessiert und die Angebote aufnimmt. Wenn dieses Angebot dem Genotyp des Kindes entspricht, liegt eine passive Genotyp-Umwelt-Passung vor. Passend oder nicht: Das junge Kind kann sich dem nicht ganz entziehen, es wird sich diesen Angeboten bzw. Anforderungen des Vaters auch dann ein Stück weit anpassen, wenn es den eigenen Talenten und Dispositionen nicht entspricht.

Reaktive Genotyp-Umwelt-Passung. Reaktive Passung liegt vor, wenn die Eltern Wünsche, Interessen, Präferenzen, Talente ihres Kindes, die dessen Genotyp entsprechen, erkennen und darauf eingehen, dem Kind also entsprechende Möglichkeiten bieten oder erlauben. Das wissbegierige Kind evoziert bei responsiven Eltern häufiger Wissensangebote, das sportlich begabte mehr Gelegenheiten zu sportlicher Betätigung.

Aktive Genotyp-Umwelt-Passung. Aktive Passung liegt dann vor, wenn das Kind selbst aus dem Spektrum von Angeboten, Settings und Kontexten diejenigen auswählt, die seinem eigenen Genotyp entsprechen bzw. wenn das Kind seine Tätigkeitsfelder selbst gestaltet.

Scarr und Weinberg (1983) nehmen an, dass sich die Bedeutung dieser drei Arten von Genotyp-Umwelt-Entsprechungen über das Lebensalter ändert: Die passive Entsprechung verliert mit steigendem Lebensalter an Bedeutung, weil die Kinder reaktiv oder aktiv mehr Einfluss gewinnen bzw. nehmen, die aktive nimmt mit dem Lebensalter, mit wachsender Mobilität und Autonomie zu.

Mit dieser Annahme lassen sich die oben geschilderten Daten plausibel interpretieren. Bezüglich einer passiven Kovariation besteht natürlich in biologischen Familien wegen der genetischen Ähnlichkeit zwischen Eltern und Kindern eine höhere Passungschance als in Adoptivfamilien, sofern keine selektive Platzierung auf der Basis geschätzter Ähnlichkeit der Adoptiveltern mit den biologischen Eltern vorliegt. Wir können also in jedem Lebensalter höhere Umwelt-Intelligenz-Korrelationen in biologischen Familien erwarten.

Nicht zum Genotyp passende Anforderungen und Angebote werden in einem Alter, in dem das Kind vornehmlich auf passive Entsprechung angewiesen ist, trotzdem ihre Wirkung haben. Dadurch können vor allem in früher Kindheit vorübergehend höhere Ähnlichkeiten zwischen Adoptiveltern und -kindern (und zwischen Stiefgeschwistern) erzeugt werden, als auf der Basis ihrer Anlageähnlichkeit zu erwarten wäre. Je mehr die reaktiven und aktiven Arten an Bedeutung gewinnen, umso mehr setzt sich die Anlageähnlichkeit in der phänotypischen Ähnlichkeit durch.

In der Regel werden nicht nur getrennt aufwachsende eineiige Zwillinge einander immer ähnlicher, wenn sie aus einem breiten Angebot das ihrem Genom entsprechende aktiv auswählen können und dürfen. Die Ähnlichkeit zwischen adoptierten Kindern und ihren biologischen Eltern wächst mit zunehmendem Lebensalter, die Ähnlichkeit zwischen Stiefgeschwistern wird geringer.

Die vorgestellten Daten deuten darauf hin, dass vor allem in den ersten Lebensjahren genetische Unterschiede durch Milieuunterschiede überlagert werden können. Mit zunehmendem Alter setzen sich die Anlageunterschiede stärker durch. Der Genotyp ist somit als ein Entwicklungsagens anzusehen, das ständig und selbsttätig wirksam ist.

1.2.2 Zur Interpretation populationsgenetischer Befunde und Kennwerte

Bedeuten die zuvor berichteten Erblichkeitskoeffizienten von über 50 %, dass das Merkmal Intelligenz
▶ unveränderbar und
▶ stärker durch Anlagen als durch Umwelt determiniert ist?

Diese Interpretation der Ergebnisse drängt sich auf. Sie ist aber in dieser Formulierung unzulässig, wie das folgende Gedankenexperiment aufzeigen soll.

Unter der Lupe

Gedankenexperiment
Nehmen wir einmal an, für alle Menschen sei hinsichtlich der Intelligenzentwicklung dieselbe Umwelt optimal und diese sei realisiert.

In diesem Falle könnten Intelligenzunterschiede – wenn es solche noch geben sollte – nicht mehr mit Umwelteinflüssen erklärt werden, weil ja alle die optimale Umwelt hatten, sondern müssten auf Anlageunterschiede (oder Messfehler) zurückgeführt werden.

Würde dies bedeuten, dass die Umwelt für die Entwicklung der Intelligenz ohne Bedeutung ist? Nein, aber wir können Umwelteinflüsse nur nachweisen, wenn Menschen in unterschiedlichen Umwelten aufwachsen. Nur wenn das der Fall ist, aber nicht mit Intelligenzunterschieden korreliert ist, wäre nachgewiesen, dass diese Umweltunterschiede für die Entwicklung der Intelligenz nicht relevant sind, zumindest nicht in der untersuchten Population.

Umgekehrt: Wenn die Reinzüchtung eines Merkmals gelingt, dann sind die genetisch bedingten Unterschiede in diesem Merkmal minimiert. Individuelle Unterschiede zwischen Angehörigen dieser reingezüchteten Population können also nicht mit Anlageunterschieden erklärt werden. Dies hieße selbstverständlich nicht, dass die Anlagen ohne Bedeutung für die Ausprägung dieses Merkmals wären. Denn gerade die Tatsache, dass die Reinzüchtung gelungen ist, belegte doch den genetischen Einfluss.

Erblichkeitskoeffizienten beschreiben nur die Verhältnisse in der jeweils untersuchten Population und können nicht generalisiert werden. In jeder Population sind spezifische Anlageunterschiede und spezifische Umweltunterschiede mit bestimmten Häufigkeiten realisiert. Andere Populationen können bezogen auf die Genome heterogener sein: Das würde wohl bei gleicher Umweltvarianz den Erblichkeitskoeffizienten erhöhen. In Populationen mit größerer Umweltvarianz, aber gleicher genetischer Varianz wie in den bisher untersuchten wäre wohl ein größerer Anteil der Merkmalsvarianz durch Umweltunterschiede erklärt, was den Erblichkeitskoeffizienten vermindern würde.

Fehlinterpretationen

(1) Aus dem Varianzanteil des IQ in der untersuchten Population, der auf Anlageunterschiede zurückzuführen ist, kann und darf keinesfalls auf den »Anteil« von Erbeinflüssen auf die Ausbildung des Merkmals bei einzelnen Personen geschlossen werden.

(2) Aus dem Erblichkeitskoeffizienten des IQ lassen sich keine Prognosen über mögliche Umwelteinflüsse ableiten. Hierzu müssen die Effekte von Umweltveränderungen durch »Experimente des Lebens« wie Adoptionen oder durch gezielte Interventionen wie kognitive Frühförderung längsschnittlich und im Vergleich mit Kontrollgruppen erfasst werden (vgl. Kap. 25 und 26).

1.2.3 Fazit zur Anlage-Umwelt-Debatte: Die richtigen Fragen stellen!

Die Ergebnisse der Verhaltensgenetik für die Ermittlung von Anlage- und Umwelteinflüssen haben gezeigt, dass für viele Merkmale des Verhaltens die durch Korrelationen erfassten Ähnlichkeiten zwischen Geschwisterpaaren eher wenig davon beeinflusst werden, ob die Geschwister gemeinsam oder getrennt aufwuchsen. Die Unterscheidung zwischen gemeinsamem oder getrenntem Aufwachsen lässt viele Fragen offen: Was sind entwicklungsrelevante familiäre Umwelteinflüsse? Welche außerfamiliären Einflüsse sind gleichzeitig gegeben, und wie relevant sind sie? Welche Unterschiede erleben und erfahren Geschwister, die in derselben Familie aufwachsen, und Geschwister, die in verschiedenen Familien aufwachsen? Gibt es je nach Anlagen unterschiedliche optimale und problematische Einflüsse? Welchen Einfluss haben die Heranwachsenden selbst auf die Gestaltung ihrer Entwicklungskontexte, und welche Freiheiten haben sie in der Wahl ihrer Umwelten?

> **Denkanstöße**
> - Inwiefern könnten Vergleiche der Kinder von eineiigen Zwillingen mit Kindern von zweieiigen Zwillingen oder von altersungleichen Geschwistern informativ sein für den Nachweis von Anlageeinflüssen?
> - Was erwarten Sie: Sind biologische Geschwister, die bei ihren biologischen Eltern aufwachsen, einander ähnlicher als biologische Geschwister, die gemeinsam in einer Adoptivfamilie aufwachsen?
> - Formulieren Sie, was ein Korrelationskoeffizient besagt und was nicht, um den scheinbaren Widerspruch aufzulösen, dass eine Adoption für Kinder aus sozial schwachem Milieu und von wenig intelligenten Eltern hinsichtlich der Intelligenzentwicklung eine große Chance bedeutet, obwohl die Korrelationsbefunde zeigen, dass die Ähnlichkeit mit den biologischen Eltern größer ist als die mit den Adoptiveltern und mit dem Alter wächst, während die Korrelation mit den Adoptiveltern mit zunehmendem Alter geringer wird.

Anne Anastasi hat schon 1958 davor gewarnt, in der Debatte über Anlage- und Umwelteinflüsse die falschen Fragen zu stellen, und betont, dass es viele Wege des Zusammenwirkens von Anlagen und Umwelten gibt und dass es sinnvoller sei, diese Wege zu erkunden, als nach Einflussanteilen zu fragen. Die Frage nach Anteilen birgt je nach den Antworten, die auch voreingenommen und selektiv aufgenommen und interpretiert werden, das Risiko, die Erbeinflüsse zu überschätzen, und das Risiko eines unkritischen Optimismus, dass man die Entwicklung über Kontexte und Maßnahmen beliebig beeinflussen könne. Die Koaktionen zwischen Anlage und Umwelt sind sicher vielfältig. Aufgabe entwicklungspsychologischer Forschung ist es, die Art des Zusammenwirkens zu erkunden.

1.3 Zentrale Erklärungskonzepte

Die Entwicklungspsychologie hat zu erklären, warum es zu Veränderungen kommt, warum es zu Stabilitäten kommt und warum es diesbezüglich inter- und intraindividuelle Unterschiede gibt (vgl. Kap. 4). Für dieses Unterfangen haben sich einige Konzepte, die im Folgenden vorgestellt werden, als besonders einflussreich und produktiv erwiesen.

1.3.1 Reifung

> **Definition**
>
> Als **Reifung** werden genetisch ausgelöste, altersbezogene Aufbauprozesse von Strukturen und Funktionen der Organe, des Zentralnervensystems, der hormonalen Systeme, der Körperformen usw. bezeichnet.

Die vielfältigen Wirkungen von Reifungsprozessen auf das Verhalten gehören zu den zentralen Themen der Entwicklungspsychologie und werden in vielen Kapiteln dieses Buches behandelt. Heute sind viele der organismischen Struktur- und Funktionsveränderungen bis hinunter auf das molekulare Niveau beschreibbar (vgl. z. B. Abschn. 3.3). Bevor dies möglich war, hat man in der Geschichte der Entwicklungspsychologie Reifung immer dann angenommen, wenn universelle neue Funktionen (Leistungen, Interessen usw.) nicht auf Lernen zurückzuführen waren, wenn z. B. Erfahrungs-, Übungs-, Lernmöglichkeiten eingeschränkt oder ausgeschaltet waren und es trotzdem keine deutliche Verzögerung im Erwerb einer Funktion gab oder wenn deren Erwerb durch Üben nicht deutlich früher stattfand.

Säuglinge werden bereits mit einem umfangreichen Verhaltensrepertoire geboren (vgl. Kap. 7, 8 und 15), dessen Erwerb nicht auf Lernen zurückgeführt wurde. Selbstständiges Gehen wird um den 13. Lebensmonat, Zwei-Wort-Sätze um den 18. Lebensmonat beobachtet. Und wir kennen keinen Weg, den Erwerb dieser Kompetenzen durch Übung deutlich vorzuverlegen, und jede für die Spezies normale, also nicht deprivierte Umwelt reicht für ihre Entwicklung aus.

Fehlende Erfahrungsmöglichkeiten
Eine experimentelle Ausschaltung von Erfahrungsmöglichkeiten wurde in Tierversuchen, auch bei Affen (Harlow & Zimmermann, 1958), häufig realisiert. Beim Menschen sind »Experimente des Lebens« mit Einschränkungen von Erfahrungs- und Lernmöglichkeiten durch widrige Umstände eine Erkenntnisquelle (z. B. die »Wolfskinder«, die ohne menschliche Kontakte aufwuchsen, oder Fälle extremer Deprivation von Kindern durch Vernachlässigung und soziale Isolation).

Auch Extremvarianten kulturell geprägter Entwicklungsbedingungen sind aufschlussreich, wie etwa das »Binden« von Säuglingen bei den Hopi-Indianern in ihren ersten Lebensmonaten, wodurch deren Bewegungsfreiheit stark eingeschränkt war. Dass der dadurch verursachte Rückstand sehr rasch aufgeholt wurde, hat man als Beleg für die Reifung der motorischen Entwicklung gewertet (Dennis & Dennis, 1940).

Spezifische Erfahrungsdeprivationen sind das Ergebnis sensorischer Defekte wie angeborener Blindheit und Taubheit sowie von Lähmungen und Missbildungen der Gliedmaßen. Welche Auswirkungen haben Blindheit, motorische Beeinträchtigungen durch Lähmungen oder Gliedmaßenverkümmerung? Sind Retardierungen reversibel? Spielt die Dauer der Deprivation eine Rolle und die Lebensperiode, in der es dazu kommt? Die Auswirkungen sind jeweils hinsichtlich ihres Ausmaßes und ihrer Reversibilität, ihrer aktuellen und langfristigen Effekte zu beurteilen. Zu all diesen entwicklungspsychologischen Fragen gibt es konkrete Informationen in diesem Buch, z. B. zur kognitiven und sprachlichen Entwicklung taub geborener Kinder (s. Abschn. 18.4.1 und 18.4.3).

> **Denkanstöße**
> Sie haben weiter oben gelesen, dass Anlagen und Umwelt in der Entwicklung immer zusammenwirken. Nun wird Reifung hier als im Wesentlichen genetisch gesteuerte Entwicklung dargestellt. Stellen Sie am Beispiel von Personen, die blind geboren werden, früh erblinden, spät erblinden oder durch eine Operation erneut oder zum ersten Mal Lichtreize wahrnehmen können, Fragen nach möglichen Umwelteinflüssen auf die Auslösung, den Verlauf und das Ergebnis von Reifungsvorgängen.

1.3.2 Reifestand und sensible Perioden

Die Konzepte Reifestand (»readiness for learning«) und sensible Periode beinhalten, dass ein bestimmter Entwicklungsstand gegeben sein muss, damit Erfahrungen auf fruchtbaren Boden fallen oder damit effizient geübt werden kann.

Reifestand. Jede Mutter kann die Beobachtung machen, dass – zur rechten Zeit begonnen – mit wenig Aufwand dem Kind die Kontrolle über die Blasenentleerung oder selbstständiges Gehen oder Fahrradfahren beigebracht werden kann. Versucht man es »zu früh«, ist es langwierig oder scheitert. Ähnliches kennen wir aus der Entwicklung der Sprache, der logischen Operationen oder des moralischen Denkens.

Die in einer Kultur verbreiteten Meinungen über Reifung können zutreffend oder falsch sein. Glaubt man, Lesen sei nicht vor dem 6. Lebensjahr (»der Schulreife«) zu erlernen, so werden Anforderungen und Anregungen darauf abgestellt, und das geistig normale Kind dieser Kultur wird nicht früher und auch nicht später lesen lernen (dürfen). Erst Beobachtungen Fowlers und seiner Nachfolger zeigten, dass 3- und 4-Jährige bei geeigneten Methoden durchaus in der Lage sind, lesen zu lernen (Fowler, 1962).

Prägung. Konrad Lorenz (1935) machte das Konzept bekannt mit seinen Experimenten zur Prägung von Graugänsen, die in einem kurzen Zeitfenster nach der Geburt auf die Muttergans geprägt werden und dieser nachfolgen. Wenn es keine Gans gibt, erfolgt die Prägung auf ein anderes sich bewegendes Surrogat, etwa einen Menschen. Analog hierzu haben Klaus und Kennell (1976) die Bindung der Eltern an ihr Kind in den ersten Minuten und Stunden nach der Geburt beschrieben, was allerdings nicht unwidersprochen blieb.

Sensible Perioden

Definition

In der Entwicklungspsychologie werden **sensible Perioden** als Entwicklungsabschnitte definiert, in denen – entgegen vorangehenden oder nachfolgenden Perioden – spezifische Erfahrungen maximale positive oder negative Wirkungen haben, also als Perioden erhöhter Plastizität unter dem Einfluss spezifischer Bedingungsfaktoren.

Experimentell wäre der Nachweis einer sensiblen Periode methodisch leicht zu führen, was aber forschungsethisch problematisch sein kann. In deskriptiven Studien und Quasi-Experimenten ist der Nachweis mit Unsicherheiten bezüglich der Vergleichbarkeit der Stichproben und der realisierten Bedingungsfaktoren behaftet. In Theorien zur Ätiologie psychopathologischer Störungen findet sich immer wieder die Annahme einer besonderen Verletzlichkeit während der frühen Kindheit und der dauerhaften Nachwirkungen traumatischer Erfahrungen und Deprivationen in dieser Periode. Die Thesen von Spitz (1945) und Bowlby (1951) über die Gefährdung der kognitiven, sozialen und personalen Entwicklung durch Hospitalisierung und andere Trennungen von der Mutter seien stellvertretend für viele entsprechende Annahmen genannt, die sich mittlerweile auch durch Befunde umfangreicher Längsschnittstudien belegen lassen (vgl. etwa Beckett et al., 2006).

Die wohl deutlichsten Belege für das Vorhandensein sensibler Perioden stammen von Studien an Personen, denen bestimmte sensorische Modalitäten (z. B. der Sehsinn) bei Geburt fehlen, im Laufe des Lebens verloren gehen oder auch erstmalig ermöglicht werden (z. B. durch Kataraktoperation). In Übereinstimmung mit tierexperimentellen Studien zeigt sich, dass die Entwicklung des Sehsinns sowie die Interaktion und Integration visueller Informationen mit Informationen anderer sensorischer Modalitäten wie dem Hör- und Tastsinn anders verlaufen, wenn Menschen, die in der frühesten und frühen Kindheit blind gewesen sind, später den Sehsinn hinzugewinnen. Umgekehrt zeigen spät Erblindete gewisse Ähnlichkeiten zu sehenden Personen sowie deutliche Unterschiede zu Personen, die blind geboren wurden (vgl. Nava & Röder, 2011).

Erklärungshypothesen. Wie können sensible Perioden erklärt werden? Was ist erklärungsbedürftig? Der Beginn einer sensiblen Periode ist, ähnlich wie Hypothesen zum Reifestand, durch den Erwerb von Lern- oder Erfahrungsvoraussetzungen zu erklären. Schwieriger ist die Frage zu beantworten, warum nach ihrem Ende die gleichen Erfahrungen weniger wirksam sind, warum dann ein Lernen oder Umlernen weniger leicht möglich ist. Dazu müssen von Fall zu Fall Hypothesen entwickelt und überprüft werden.

In einer Kategorie von Hypothesen werden reifungs- oder alterungsbedingte Veränderungen von Hirnfunktionen angenommen. Für die Sprachentwicklung wurde ein angeborener Spracherwerbsmechanismus angenommen (vgl. Kap. 18), der ab dem 7. Lebensjahr abgebaut wird, was das Erlernen einer Sprache erschwert. Eine andere Hypothese besteht im Verlust zerebraler Plastizität mit fortschreitendem Alter (Hensch, 2004). Einige Funktionsverluste durch Hirnverletzungen können in der Kindheit ausgeglichen werden, weil andere Hirnregionen diese Funktionen wenigstens partiell übernehmen können. Beispielsweise können Sprachleistungen der linken Hemisphäre, die durch Verletzungen verloren gehen, in der Kindheit mit größerer Wahrscheinlichkeit durch die rechte Hemisphäre übernommen werden als im Erwachsenenalter (vgl. Kap. 5).

Eine weitere Erklärungshypothese für das erschwerte Umlernen lautet, dass sich Dispositionen und Erwartungen durch ihre Existenz selbst stabilisieren. Wer z. B. in einer Phase unkritischer Identifikation mit Autoritäten deren Vorurteile übernimmt, wird vielleicht künftig wegen seiner Vorurteile eine unvoreingenommene Informationsaufnahme vermeiden. Die Stabilität von Ängsten kann man dann lernpsychologisch damit erklären, dass sie zur Vermeidung der Angst auslösenden Objekte und Situationen motivieren: Wer wegen seiner Ängste auf Dauer die bedrohlich erscheinende Realität vermeidet, kann auch nicht erfahren, dass diese unbegründet sind, d. h., dass die angenommenen Gefahren nicht existieren oder wegen gewachsener Kompetenzen beherrscht werden. Wer in der Kindheit gelernt hat, seinen Mitmenschen misstrauisch zu begegnen und das Risiko einer engen emotionalen Bindung an andere zu vermeiden, wird möglicherweise auch seine künftigen Sozialbeziehungen nach diesem Muster aufbauen. Dass er mit dieser Haltung immer wieder abweisenden Reaktionen seiner Mitmenschen begegnen wird, wird für ihn kein Anlass zum Umlernen sein, sondern eher eine Bestätigung seiner Grundhaltung bedeuten. Insofern ist es eine nicht unplausible Hypothese, dass Interaktionen mit den Bezugspersonen der frühen Kindheit zu sozialen Haltungen wie Vertrauen oder Misstrauen führen, die sich durch ihre Wirkungen auf andere Menschen selbst stabilisieren (z. B. Lytton, 1990).

Soziale Etikettierungen tragen zu solchen Stabilisierungen ebenfalls bei (vgl. Kap. 33). Auch positive Etikettierungen in der Kindheit – z. B. als tüchtig, brav, freundlich oder hilfsbereit – können selbststabilisierend wirken, wenn sie in das Selbstkonzept eingehen und entsprechendes Handeln motivieren, das in einem responsiven Sozialkontext anerkannt wird.

> **Unter der Lupe**
>
> **Die ersten Lebensjahre: Eine sensible Periode der Intelligenzentwicklung?**
>
> Der Nachweis nachhaltiger Wirkungen von Anregungen in früher Kindheit auf die kognitive Leistungsfähigkeit (Hunt, 1961) und die These Blooms (1964) über die Vorschuljahre als sensible Periode der Intelligenzentwicklung haben zunächst in den USA und dann in anderen Ländern eine Bewegung der kompensatorischen Vorschulerziehung entstehen lassen. Sie hatte das Ziel, anregungsarme Entwicklungsumwelten in sozial schwachen Familien auszugleichen (vgl. Abschn. 25.1.2 und 26.3.3).
>
> Wenn man die Hypothese einer sensiblen Periode empirisch belegen möchte, so würden Daten gebraucht, die eine Altersabhängigkeit der Korrelationen zwischen Milieuvariablen und Intelligenz aufzeigen. Diese Korrelationen müssten während der angenommenen sensiblen Periode besonders hoch, vorher und nachher signifikant niedriger sein. Wenn das Vorschulalter tatsächlich eine sensible Periode für die Intelligenzentwicklung wäre, müssten Förderprogramme in dieser Zeit langfristige positive Wirkungen zeigen.
>
> Blooms These einer sensiblen Periode beruht auf der Beobachtung, dass sich die Rangordnung in Bezug auf den IQ in der Vorschulperiode rasch stabilisiert, was eine Stabilisierung der interindividuellen Unterschiede in den Testleistungen bedeutet (vgl. Abb. 1.5).
>
> Allerdings bleibt ungeklärt, ob diese Stabilisierung nicht auf stabil bleibenden Milieuunterschieden beruht. Das wäre abzuklären durch Studien, in denen drei Stichproben von Kindern verglichen werden:
> (1) Kinder, die nach dem Ende der vermuteten sensiblen Periode keine Veränderung in der Qualität ihrer Entwicklungsumwelt zu verzeichnen haben,
> (2) Kinder, die diesbezüglich eine signifikante Verbesserung erfahren, und
> (3) Kinder, die eine signifikante Verschlechterung erfahren.
>
> Eine sensible Periode wäre nur dann anzunehmen, wenn Verbesserungen und Verschlechterungen der Entwicklungsumwelt nach der vermuteten sensiblen Periode keine Effekte auf die individuellen Positionen in der Intelligenzverteilung hätten, wenn sich in der Schulzeit, der Adoleszenz und im Erwachsenenalter auch bei deutlichen Veränderungen der Anregungen, Anforderungen und Schulungsangebote die Positionen nicht mehr ändern (lassen).
>
> Das ist nicht der Fall. Schon 1970 haben Rees und Palmer mit Daten aus fünf großen Längsschnittstudien sozialschichtabhängige Änderungen des IQs zwischen dem 6. und 17. Lebensjahr nachgewiesen, im Durchschnitt in der Mittelschicht nach oben, in der sozial schwachen Schicht nach unten.
>
> **Wirken kompensatorische Vorschulprogramme nachhaltig?**
>
> Die kompensatorischen Vorschulprogramme haben sich regelmäßig als kurzfristig erfolgreich erwiesen. Die Leistungs- und Positionsgewinne waren jedoch nicht stabil, wenn die besondere Förderung nicht fortgeführt wurde. Daraus ist nicht die Folgerung zu ziehen, Bemühungen um eine angemessene Förderung auf spätere Lebensphasen zu verschieben. Selbstverständlich kann es kumulative Defizite bei langwährenden Deprivationen geben, die immer schwieriger durch entsprechende kumulative Anreicherungen rückgängig gemacht werden können.

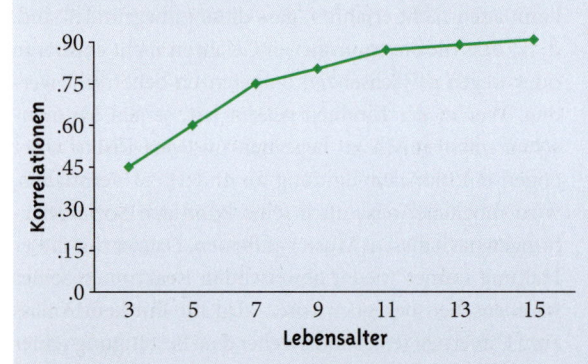

Abbildung 1.5 Korrelationen der Intelligenz in Kindheit und Jugend mit der Intelligenz im frühen Erwachsenenalter

1.3.3 Entwicklung als Konstruktion

Angesichts der vorhergehenden Überlegungen erscheint es wenig sinnvoll, sich die Wirkung der Reifung auf die Entwicklung als ein autonom ablaufendes genetisches Programm vorzustellen. Vielmehr bedarf es des aktiven Austauschs zwischen Person und Umwelt, um Strukturen und Funktionen aufzubauen, die zielgerichtetes Handeln ermöglichen. Der von Jean Piaget (1896–1980) begründete Konstruktivismus ist ein Forschungsprogramm der Entwicklungspsychologie, das diesen Grundgedanken im Bereich der kognitiven Entwicklung verfolgt (s. Abschn. 16.1; vgl. Chapman, 1988a; Edelstein, 1996; Montada, 2002).

> **Definition**
>
> **Entwicklung** ist eine nicht-beliebige sachlich wie logisch geordnete Folge von Konstruktionsschritten, die durch Strukturanalysen verständlich zu machen sind.

Dass die Begriffe »geben« – »nehmen« – »zahlen« zeitlich früher richtig verstanden und gebraucht werden als die Begriffe »kaufen« – »verkaufen«, ist wegen der höheren Komplexität der Letzteren einleuchtend: Verkaufen enthält die folgenden Elemente: (1) Akteur A (2) gibt (3) ein Gut (4) an Akteur B (5) und (6) verlangt (7) von diesem (8) im Austausch (9) Geld, (10) das dieser (11) zahlt. Kaufen hat eine entsprechende Komplexität, während geben, nehmen und zahlen weniger komplex sind (wenn zahlen nicht mehr bedeutet als Geld geben; vgl. Gentner, 1978). In diesem Fall baut Entwicklung also tatsächlich auf zuvor entwickelten Voraussetzungen auf. Höhere Stufen sind komplexer, integrieren mehr Elemente und Relationen als die vorausgehenden (vgl. Aebli, 1981).

Auch schulischer Unterricht beginnt mit einer Elementen- und Strukturanalyse eines Stoffbereiches. Ein guter Lehrer prüft, welche Wissenselemente und -strukturen die Schüler bereits aufgebaut haben, an die er bei der Einführung des neuen Gegenstandes anknüpfen kann. Seine Unterrichtssequenz enthält eine geordnete Folge von Lernschritten nach Maßgabe der Strukturanalyse.

Insbesondere bei der kognitiven Entwicklung, bei der Entwicklung von Begriffen und Denkoperationen, beim Aufbau von Wissen, aber auch beim Aufbau sensomotorischer Fertigkeiten ist das Modell der Konstruktion angebracht, und zwar für die Erklärung von Entwicklung, für die Planung von Schulungen und Trainings, aber auch für die Analyse von Stagnation und von misslingenden Schulungs- und Fördermaßnahmen. Bei Letzteren muss immer bedacht werden, dass die Strukturanalyse falsch, zumindest unvollständig sein könnte, dass die benötigten Entwicklungsvoraussetzungen nicht oder nicht valide erfasst wurden, dass die anstehenden Schritte zu groß oder die Probleme, um deren Lösung es gehen soll, noch nicht völlig erfasst sind (vgl. hierzu die in Kap. 27 behandelten schulischen Leistungsprobleme).

> **Denkanstöße**
>
> Versuchen Sie sich an Strukturanalysen eines komplexen Begriffs wie Demokratie, und spezifizieren Sie Elemente, die Sie zur Begriffsbestimmung benötigen.

1.3.4 Entwicklung als Sozialisation

Sozialisation erfolgt durch Anleitung und Anforderung, Information und Belehrung, durch Beobachtung und Nachahmung von Vorbildern, durch Strafen und Belohnungen usw. Die Familie, die Schule, der Beruf, die Gruppe der Freunde, die Medien sind an diesem Prozess beteiligt. Um den Umfang dessen zu ermessen, was wir Sozialisation nennen, stelle man sich vor, was ein Mensch aus einer fremden Kultur oder einer vergangenen Epoche lernen müsste, um in unserer Kultur zu leben: Regeln der sprachlichen Kommunikation, den Sinn von Symbolen, Regeln des sozialen Umgangs und des Verhaltens in spezifischen Settings und bei spezifischen Anlässen, die Funktionen von Geräten und Werkzeugen, die Wertschätzungen von Kulturgütern, die Differenzierung sozialer Positionen mit ihren Rechten und Pflichten, die Institutionen und ihre Funktionen, die Kenntnisse und Fertigkeiten wenigstens eines Berufs, Ausschnitte aus mehreren Wissenschaftsbereichen, die Werte- und Glaubenssysteme und Ideologien, die Sitten, das Recht, die Bräuche und die Moden usw. Die psychologischen Theorien des Lehrens, des Lernens, des Wissenserwerbs, der Identifikation, der Einstellungsbildung und -änderung, der Selbstkonzept- und der Weltbildentwicklung, des sozialen Wandels usw. erhellen Ausschnitte aus diesem Prozess.

Lebenslanges Lernen

Gesellschaftlich vermittelte Lernprozesse erstrecken sich über die gesamte Lebensspanne, nicht zuletzt weil die Gesellschaften und ihre Kulturen ständig im Wandel begriffen sind. Unsere Gesellschaft ist pluralistisch im Hinblick auf Wertsysteme, Religionen und Ideologien. Sie ist nicht statisch, sondern dynamisch: Wissenschaft, Technik, Künste, Sprache, soziale Institutionen usw. sind in ständigem Wandel. Sie ist nicht geschlossen, sondern offen gegenüber Einflüssen aus anderen Kulturen und Neuerungen aus dem Inneren: Auf die Moderne folgt die Postmoderne. Die Wirtschaftsmärkte erfordern ständige Innovationen, traditionelle Berufe verschwinden, neue kommen hinzu usw. Sozialisation bedeutet folglich lebenslanges Lernen auf vielen Gebieten.

Entwicklungspsychologische Sozialisationsforschung

Hier soll nur auf spezifisch entwicklungspsychologische Themen und Perspektiven zur Sozialisation hingewiesen werden.

- Es gibt eine kulturelle Normierung des Lebenslaufes mit spezifischen Aufgaben, Leistungs- und Verhaltenserwartungen für jede Lebensphase. Das kommt auch im Konzept der altersspezifischen Entwicklungsaufgaben zum Ausdruck, das in Abschnitt 1.3.5 behandelt wird. Man erwartet von Kindern und Heranwachsenden nicht vor Erreichen der Volljährigkeit oder Mündigkeit, dass sie völlig eigenverantwortlich in den geltenden Normensystemen leben und leben können.
- Wertorientierungen, Motivdispositionen und Einstellungen, die häufig unter dem Begriff der Dispositionen zusammengefasst werden, moderieren die Wirkungen sozialisatorischer Einflüsse. Subkulturell geprägte oder andere von der Norm abweichende individuelle Dispositionen können eine Internalisation gesellschaftlicher Erwartungen und Anforderungen erschweren.
- Die Wirkung sozialisatorischer Einflussfaktoren ändert sich in Abhängigkeit vom Entwicklungsstand. Das gilt z. B. für die Einflussmächtigkeit von sozialen Kontexten. In der Kindheit ist zunächst die Familie, dann der Kindergarten und später die Schule die dominante Einflussquelle; im Jugendalter gewinnen die Peergruppen und neue Identifikationsfiguren an Einfluss, insbesondere wenn die Beziehungen zu den Eltern emotional belastet sind.
- Auch die Wege und Methoden der Einflussnahme ändern sich im Laufe der Entwicklung. Kinder »wachsen« in die Kultur ihrer unmittelbaren Kontexte hinein. Später kann es Divergenzen zwischen den aufgebauten Dispositionen und Überzeugungen und davon abweichenden Angeboten und Anforderungen geben. Wenn innere Konflikte Entscheidungen erfordern, sind argumentative Begründungen erforderlich.
- Sozialisationswirkungen sind nicht nur kurzfristig zu erfassen, sondern langfristig. Eine aktuelle Anpassung an eine Anforderung sagt noch nichts über Dauerhaftigkeit aus. Die Anpassung an eine normative Forderung, etwa anderen zu helfen, muss nicht bedeuten, dass Hilfsbereitschaft als Disposition aufgebaut wurde, sondern kann z. B. auch bedeuten, dass gelernt wurde, konformistisch sozialem Druck zu entsprechen. In diesem Fall ist nicht zu erwarten, dass einer bedrängten Person gegen das Mobbing einer Gruppe hilfsbereit beigestanden wird.
- Die Effekte von Sozialisationsmaßnahmen können sich mit dem Entwicklungsstand ändern. Hohe Leistungsorientierung im Jugendalter erwies sich mit folgendem Muster mütterlichen Verhaltens korreliert: Fürsorge (»Verwöhnen«) in der frühen Kindheit und angemessene Anforderungen danach. Forderndes bzw. akzelerierendes Verhalten in der frühen Kindheit und »verwöhnende« Nachgiebigkeit danach erwies sich als ungünstig (Kagan & Moss, 1962).

Sozialisation und Identitätsfindung im interaktionistischen Modell

Erziehung und Sozialisation sind nicht beschränkt auf die Vermittlung dessen, was in einer Gesellschaft an Wissen, Kulturgütern, Wertvorstellungen, Normen, Schemata für das Verstehen und Handeln usw. gegeben ist. Erziehungs- und Sozialisationsziele können auch emanzipatorischer Art sein und auf die Förderung von Wertvorstellungen, Einstellungen, Persönlichkeitsmerkmalen und Entwicklungszielen zielen, die zu einer innovatorischen, kritischen oder nonkonformistischen Auseinandersetzung mit den gesellschaftlichen und kulturellen Gegebenheiten oder Vorgaben motivieren und befähigen (Brandtstädter & Schneewind, 1977). Die Entwicklung einer persönlichen Identität über vorgegebene Rollenmuster, Normorientierungen, Handlungs- und Deutungsschemata hinaus sollte Erziehungs- und Sozialisationsziel sein. In der soziologischen Sozialisationsforschung und -theorie wird die grundsätzliche

Spannung zwischen gesellschaftlichen Vorgaben und der Herausbildung einer persönlichen Identität in der Auseinandersetzung mit den kontrastierenden Rollentheorien herausgearbeitet (Joas, 1980).

Interaktion und Sozialisation

Mead (1934) analysierte, wie das Ich in der sozialen Interaktion entsteht und wie es sich in dieser Interaktion ausformt und wandelt. Ein zentraler Prozess ist die Übernahme der Perspektive von Interaktionspartnern: Menschen müssen imstande sein, zu begreifen, welches Bild sich andere von ihnen machen und welche Erwartungen andere an sie haben. Sie müssen in der Lage sein, sich selbst aus der Perspektive anderer zu sehen. Jeder kann durch sein Handeln, Reden und andere Äußerungen Einfluss darauf nehmen, was andere von ihm denken und erwarten; er kann insofern das sozial vermittelte Selbstbild selbst beeinflussen. Kommunikation und Zusammenarbeit kann nur gelingen, wenn die reziproken Verhaltenserwartungen aufeinander abgestimmt werden. Da verschiedene andere Menschen unterschiedliche Bilder und Erwartungen von uns haben, können verschiedene Selbstbilder aus der Perspektive verschiedener anderer entstehen. Diese müssen zu einem einheitlichen Selbstbild zusammengefügt werden. Allerdings können wir in verschiedenen sozialen Kontexten unterschiedliche »Selbste« annehmen (Markus & Nurius, 1986; vgl. Kap. 23 und 24). Wird das als Inkonsistenz erlebt, motiviert es zu einer Harmonisierung.

> **Denkanstöße**
>
> Denken Sie einmal darüber nach, welche normativen Überzeugungen Sie selbst haben und welche Sie gegenüber anderen Menschen vertreten oder als von anderen anerkannt sich wünschen. Überlegen Sie auch, mit welchen Mitteln oder auf welchen Wegen Sie deren Anerkennung durch andere zu erreichen versuchen.

Einflüsse der Kinder und Jugendlichen auf die Eltern. In den 1970er-Jahren wurde das tradierte Wirkungsmodell, nach dem günstige und ungünstige Entwicklungsverläufe der Kinder durch Eltern und Erzieher verursacht werden, ergänzt durch die Beachtung der Einflüsse, die von den Kindern auf Eltern und Erzieher sowie darüber hinaus auf die soziale Gemeinschaft ausgeübt werden (Klewes, 1983; Hagestad, 1984). In der »Child effect«-Forschung ist untersucht worden, was Neugeborene bei den Eltern zum Aufbau der Bindung beitragen, inwiefern irritierbare Neugeborene von der Mutter als schwierig erlebt werden und was sich in deren Verhalten gegenüber dem Kind ausdrückt. Später verlangen Interessen, Moden, Freunde und vielerlei Autonomieansprüche der Kinder Anpassungsleistungen von den Eltern.

Kinder vermitteln Wissen und Einstellungen. Auch der Einfluss Heranwachsender auf den Wandel von Ansichten, Einstellungen, Wertungen und Normen der Eltern ist untersucht worden. Ob es nun um Autonomieansprüche in vielen Feldern, um die Bewertung von Personen oder um politische Themen geht, Kinder konfrontieren ihre Eltern oft mit »abweichenden« Überzeugungen, die zu Zerwürfnissen oder aber zu produktiven Entwicklungen führen können.

> **Beispiel**
>
> **Wie Kinder ihre Eltern erziehen**
>
> Wie geschickt Kinder unter Umständen operieren, mag folgende Begebenheit zur Adventszeit illustrieren: Eines Abends sitzt Herr M. lesend am Tisch, als plötzlich schwere Schritte im Flur Besuch ankündigen. Es klopft, herein kommt sein 4½-jähriger Sohn Martin »als Nikolaus« mit einem Säckchen voller Nüsse über der Schulter und einem großen Buch in der Hand. Er erklärt »Ich bin jetzt der Nikolaus«, kommt gemessenen Schrittes zu seinem Vater, schlägt das Buch auf (das goldene Buch!), macht eine bedenkliche Miene, schüttelt gewichtig den Kopf und »liest«: »Sie schimpfen immer zu viel mit Ihrem Sohn!« Entsprechend spärlich fällt dann auch die Bescherung aus: eine einzige Erdnuss. Dann entfernt er sich, schon nicht mehr würdig, sondern wie üblich hampelnd, den Sack schlenkernd, und wirft dabei eine Vase mit Blumen um. Keine Scherben, aber Wasser auf Tisch, Wand und Boden. Gerade ermahnt, schimpft sein Vater nicht und beseitigt die Spuren. Kaum sitzt er wieder am Tisch, als erneut gewichtige Schritte Besuch ankündigen. Klopfen. Herein kommt Martin: »Es wär' jetzt nächstes Jahr!«, den Sack über der Schulter und das goldene Buch in der Hand. Er schlägt auf, mit freundlichem Gesicht, und »liest«: »Es ist schon viel besser geworden mit dem Schimpfen!«. Und entsprechend reichlicher ist dann auch die Bescherung.

Pauls und Johann (1984) haben die Methoden zusammengetragen, die Kinder zur Beeinflussung ihrer Eltern verwenden:
- konstruktiv-aktive Steuerung (z. B. logisches Argumentieren, Kompromissaushandlung)
- Vorwürfe und oppositionelle Steuerung (z. B. Drohen, Trotzen, Fordern, Erpressen)
- Steuerung durch Bestrafung (Schreien, »Nerven«, für die Eltern unangenehmes Verhalten in der Öffentlichkeit)
- Steuerung durch Ignorieren elterlicher Normen
- passiv-resignative Steuerung (z. B. demonstrative Hilf- und Machtlosigkeit)
- Steuerung durch Schmusen und Schmeicheln
- Verlangen einer Begründung von Vorschriften und Verboten, von Einstellungen und Urteilen, was eine Reflexion erzwingt und nicht selten zu einer Revision führt

1.3.5 Entwicklungsaufgaben und kritische Lebensereignisse

Entwicklungstheoretische Modelle zur Entstehung von Krisen. In der Literatur werden Entwicklungsaufgaben (Havighurst, 1948/1972) und kritische Lebensereignisse (Montada et al., 1992) unterschieden. Während die Sequenz von Entwicklungsaufgaben und typischen Entwicklungskrisen als mehr oder weniger altersnormiert verstanden wird (was bedeutet, dass eine Mehrheit in der Population mit derselben Klasse von Aufgaben in einer spezifischen Periode des Lebens konfrontiert ist), ereignen sich kritische Lebensereignisse unvorhersehbar, und sie betreffen nur in Ausnahmefällen größere Teile einer Population (z. B. bei Krieg oder Naturkatastrophen). Entwicklungsaufgaben und -ereignisse können auch Krisen hervorrufen. Eine Krise ist dann gegeben, wenn eine Person durch einen Verlust oder ein Problem emotional belastet, aber nicht in der Lage ist, eine angemessene Lösung zu entwickeln oder sich an die veränderte Situation anzupassen.

Organismische Modelle. In organismischen Modellen der Entwicklung wird angenommen, dass die Probleme aus universellen Reifungs- und Entwicklungsveränderungen innerhalb des Organismus resultieren, die neue Motive, neue Interaktions- und Erfahrungsmöglichkeiten und damit neue Probleme, Frustrationen und Krisen erzeugen. Ein klassisches Beispiel dafür ist Freuds (1933) Sequenz der psychosexuellen Entwicklung und der Konflikte in Kindheit und Adoleszenz.

Transaktionale Modelle. Transaktionale systemische Modelle der Entwicklung gehen von der Grundannahme aus, dass sowohl die sich entwickelnden Subjekte als auch die jeweiligen Lebenskontexte zur Entstehung und vielleicht Lösung von Problemen und Bewältigung von Krisen beitragen. Da es sowohl zwischen Subjekten als auch zwischen Entwicklungskontexten große Unterschiede gibt und da sowohl die Subjekte als auch die Kontexte in einem ständigen Prozess des Wandels begriffen sind, wird weder eine universelle Sequenz von Problemen noch eine universelle Sequenz von Problemlösungen erwartet.

Probleme und Krisen wurden zunächst in der Entwicklungspathologie beachtet. Freud (1933) machte negative Erfahrungen in der Kindheit für die Entwicklung von Störungen verantwortlich. Kritische Lebensereignisse, die eine Umstellung von Lebensplänen und Handlungsroutinen notwendig machen wie z. B. Krankheiten, finanzielle Verluste, den Tod nahestehender Menschen, aber auch die Geburt eines Kindes, wurden zunächst als mögliche Auslöser psychischer Störungen untersucht. Krisen können aber auch positive Entwicklungsfolgen haben, wenn sie als Herausforderungen angenommen, gemeistert oder emotional bewältigt werden.

Altersnormierte Krisen

Das bekannteste Beispiel für ein organismisches Modell ist Eriksons Stadienmodell der Persönlichkeitsentwicklung; vier der acht Stadien werden kurz skizziert (s. Unter der Lupe).

Entwicklungsaufgaben

Wie Erikson hat auch Havighurst (1948/1972) den Lebenslauf als eine Folge von Problemen strukturiert, die er Entwicklungsaufgaben nennt, in der er in systemischer Sichtweise biologische, soziale und individuelle Faktoren integriert. In mehreren Kapiteln dieses Buches sind Entwicklungsaufgaben spezifiziert (z. B. Kap. 6–13, 36). Von der Trennung von Betreuungspersonen über schulische Anforderungen, die Identitätssuche im Jugendalter bis zur Bewältigung von Verlusten im Alter kann eine Abfolge von Entwicklungsaufgaben spezifiziert werden.

> **Unter der Lupe**
>
> **Eriksons Phasenmodell der Persönlichkeitsentwicklung**
> Erikson (1966) hat Stadien des Lebenslaufs mit spezifischen Konflikten oder Krisen charakterisiert. Er meinte, wenn diese Krisen nicht bewältigt werden, führe das zu bleibenden Persönlichkeitsstörungen. Er sah folgende zentrale Themen dieser krisenhaften Konflikte: (1) »Vertrauen vs. Misstrauen« (1. Lebensjahr). Hier geht es um die Entwicklung eines günstigen Verhältnisses von Vertrauen und Misstrauen. Vertrauen in die Verlässlichkeit und Zuneigung der Pflegepersonen nimmt Ängste. Die Stadien (2) »Autonomie vs. Scham und Zweifel« (3. Lebensjahr), (3) »Initiative vs. Schuldgefühle« (4. und 5. Lebensjahr) und (4) »Wertsinn vs. Minderwertigkeit« (mittlere Kindheit) sind angelehnt an Freuds Stufen der Entwicklung, die nicht als empirisch bestätigt gelten können.
>
> Das Stadium (5) »Identität vs. Rollendiffusion« (Adoleszenz) ist in der Jugendforschung durchaus beachtet worden (vgl. Abschn. 10.4.1). In der Adoleszenz geht es um die Findung einer Identität, um den Aufbau eines Selbstkonzeptes mit den Facetten Geschlecht, Fähigkeiten, Bildungs- und Berufsaspirationen, Familienherkunft, Sozialstatus, Religion, Moral, Wertorientierungen, politische Haltungen usw. Jugendliche müssen diese verschiedenen Facetten in ein konsistentes persönliches Selbstbild integrieren, das die persönliche Identität ausmacht. Versagt der jugendliche Mensch bei dieser Aufgabe, führt dies zu einer Rollendiffusion, die durch Unverträglichkeiten und Unausgewogenheiten zwischen Haltungen und Werten, zwischen Aspirationen und Möglichkeiten, durch Instabilität von Zielen, gelegentlich zu ideologischer Einseitigkeit, häufiger zu oberflächlichen und unstabilen Engagements und nicht selten zu abweichendem Verhalten wie Drogengebrauch und Delinquenz führt.
>
> Im anschließenden Stadium (6) »Intimität vs. Isolation« (Beginn des Erwachsenenalters) thematisiert Erikson nur einen Aspekt der sozialen Beziehungen. Viele andere wichtige Themen bleiben unberücksichtigt (vgl. Kap. 11 und 12).
>
> Ein interessanter Kontrast wird im Stadium (7) »Generativität vs. Stagnation« (mittleres Erwachsenenalter) formuliert: Mit Generativität als Entwicklungsziel dieser Phase ist die Förderung der Entwicklung der nächsten Generation, der eigenen Kinder und/oder anderer junger Menschen gemeint, darüber hinaus alle beruflichen, sozialen und politischen Engagements, von denen produktive Wirkungen für andere Menschen oder für eine Gemeinschaft zu erwarten sind. Fehlt diese Orientierung, sind Stagnation, Selbstabsorption und/oder Langeweile zu erwarten.
>
> Im letzten Stadium (8) »Ich-Integrität vs. Verzweiflung« (späteres Erwachsenenalter) steht eine Reflexion über das eigene Leben und den Bezügen zu anderen Menschen, zu Gemeinschaften und zur historischen Zeit an. Gleichzeitig ist die Begrenztheit des Lebens zu akzeptieren. Zufriedenheit mit dem Leben ermöglicht Integrität. Später hat Erikson auch auf die Chancen sinnstiftenden und produktiven Engagements im Alter hingewiesen (vgl. Abschn. 36.2). Wird Integrität nicht erreicht, droht Verzweiflung im Sinne von Trauer um das, was man mit dem eigenen Leben getan hat, drohen Furcht vor dem Tod und Vorwürfe gegen sich selbst.
>
> Erikson beschreibt wichtige Entwicklungsaufgaben. Es gibt sicher mehr. Er beschreibt sie nicht mit klar definierten Konzepten, die in empirischer Forschung leicht operationalisierbar wären. Wie häufig die Krisen vorkommen, wie häufig es gute Lösungen gibt, wie häufig die Krisen nicht bewältigt werden, von wem und in welchem Kontext sie besser oder schlechter bewältigt werden, das sind empirische Fragen. Eriksons Modell ist wohl weithin bekannt geworden, weil die beschriebenen Krisen intuitiv überzeugen.

Die entwicklungspsychologischen Überzeugungen einer Kultur sind in Entwicklungsaufgaben für mehr oder weniger enge Altersperioden artikuliert, für das Alter z. B. die Bewältigung des Verlustes der Berufsrolle, des Verlustes von Partnern und Freunden, die Meisterung von Gesundheitsproblemen, die Akzeptierung der eigenen Lebensgeschichte, des Abbaus physischer und geistiger Fähigkeiten wie auch die Akzeptanz der Endlichkeit des eigenen Lebens (vgl. Kap. 13 und 36).

Reifungs- und Abbauprozesse. Entwicklungsaufgaben ergeben sich nicht nur aus gesellschaftlichen Anforderungen, sondern auch aus Reifungs- und Abbauprozessen. Die Pubertät ist eine Folge der biologischen Reifung, die Festlegung von unteren Altersgrenzen für die Ehe ist sozial bestimmt, meist auch die für die Elternschaft. Das Rentenalter ist sozial normiert, wobei z. T. irrige Überzeugungen über den Abbau der Leistungsfähigkeit im Alter als Begründung dienen. Entwicklungsaufgaben gliedern den Lebenslauf durch vorgegebene Entwicklungs- und Sozialisationsziele. Der Grad der normativen Verpflichtung variiert allerdings von Angeboten mit Empfehlungscharakter bis zur strikten, durch Sanktionsdrohungen gestützten Forderung: Der Beginn der Schulpflicht ist in unserer Kultur gesetzlich geregelt, der Berufseintritt jedoch weit weniger verpflichtend festgelegt. Hier gewinnen dann individuelle Faktoren an Einfluss, z. B. die persönlichen Wertorientierungen, Selbstkonzepte und Lebensprojekte, aber auch die persönlichen und sozialen Ressourcen der sich entwickelnden Menschen und ihrer Bezugspersonen.

Einflüsse auf Entwicklungsaufgaben. Die Erfüllung einer Entwicklungsaufgabe hängt von vielen Faktoren ab. Zum Beispiel hängen beruflicher Erfolg und soziale Anerkennung sowie die damit zusammenhängende Herausbildung eines Selbstbildes ab von:

- biologischen Faktoren wie geistiger und physischer Gesundheit,
- sozialen Kontextfaktoren wie Berufsaspirationen wichtiger Bezugspersonen,
- psychologischen Faktoren wie individuellen Aspirationen, Fähigkeiten und Bildungsvoraussetzungen,
- gesellschaftlichen Faktoren wie der Verfügbarkeit von Berufspositionen, der Qualität der öffentlichen Bildung, möglichen Diskriminierungen und Privilegierungen von Teilpopulationen,
- kulturellen Faktoren wie der Bedeutung des Berufserfolgs.

So können die Chancen für eine gelingende Entwicklung zwischen Geburtskohorten, zwischen Familien und zwischen Individuen beträchtlich variieren. Insofern erwartet man in einer transaktionalen systemischen Sicht trotz der allgemeinen Formulierung von Entwicklungsaufgaben differenzielle und individuelle Entwicklungsverläufe.

Kritische Lebensereignisse

Kritische Lebensereignisse wie Geburt eines Geschwisters, Scheidung der Eltern, Orts- und Schulwechsel, Arbeitslosigkeit, schwerwiegende Erkrankungen oder Behinderungen, Viktimisierungen durch Verbrechen, Tod von nahestehenden Personen, Scheidung, ökonomische Verluste usw. sind Einschnitte in den Lebenslauf, die retrospektiv häufig als Wendepunkte im eigenen Leben bezeichnet werden. Sie können psychische Störungen erzeugen, aber auch zu vielfältigen Entwicklungsgewinnen führen, wenn sie gemeistert oder bewältigt werden (vgl. Kap. 24; Montada et al., 1992). Was muss gemeistert oder bewältigt werden?

Probleme. Solche Ereignisse schaffen Probleme, die gelöst werden müssen. Denken Sie z. B. an eine Querschnittlähmung nach einem Unfall, an eine Scheidung oder an die Geburt eines ersten Kindes. Was alles muss neu organisiert werden, was alles muss neu gelernt werden, welche Entscheidungen sind unter Unsicherheit zu treffen, wie sind die sozialen Beziehungen tangiert und neu zu gestalten? Die Probleme müssen gemeistert werden, was etwa im Fall einer Querschnittlähmung lange Trainings zur Erlangung einer selbstständigen Mobilität und vielleicht auch eine neue Berufsausbildung verlangt.

Verluste. In allen kritischen Lebensereignissen gibt es auch Verluste unterschiedlicher Art. Der Verlust von Lebenspartnern oder der Gesundheit oder des Berufs kann viele weitere Verluste beinhalten: Selbstvertrauen, Sozialstatus, Lebensziele, Lebenssinn, finanzielle Sicherheit usw. Wenn diese Verluste nicht ausgeglichen werden können, müssen sie bewältigt werden, etwa durch eine Reorganisation von Prioritäten oder durch Erschließung der Vergangenheit als Ressource, wie dies alte Menschen versuchen können.

Soziale Konflikte. Viele Ereignisse führen zu sozialen Konflikten (z. B. mit denjenigen, die verantwortlich gemacht werden, etwa für einen Unfall, eine Trennung, eine Entlassung oder eine Krankheit). Und es gibt Konflikte wegen der Folgen eines kritischen Ereignisses (z. B. mit einem Partner, der sich trennt nach einer Querschnittlähmung, oder mit einer Versicherung wegen der Kostenübernahme).

Belastende Emotionen. Kritische Ereignisse erzeugen zunächst einmal belastende Emotionen, z. B. Ängste, Hilflosigkeit, Empörung, Hass, Bitterkeit, Ärger über sich selbst, Scham, Schuldgefühle, Neid, Eifersucht usw. Diese Emotionen müssen bewältigt werden. Wenn das nicht durch eine Meisterung der Probleme und durch einen Ausgleich der Verluste gelingt, können Strategien der Emotionsregulation (s. Abschn. 21.4) eingesetzt werden. In besonderer Weise emotional belastend wirken negative Reaktionen im sozialen Umfeld, wie die Abwendung von Freunden, Vorwürfe der Selbstverschuldung oder unzureichenden Bewältigungsanstrengungen.

Mögliche Gewinne. Positive Entwicklungen sind zu erwarten, wenn die Probleme gemeistert, die Verluste kompensiert oder bewältigt, die Konflikte beigelegt oder gewonnen und die belastenden Emotionen durch neue Sichten überwunden, gedämpft oder durch Strategien der Emotionsregulation kontrolliert werden können. Denn das ist nur möglich durch den Aufbau neuer Kompetenzen und neuer Erkenntnisse, auch über sich selbst, durch eine Sinnfindung oder Sinngebung. Daraus folgt ein Zuwachs an erlebter Selbstwirksamkeit, Stolz auf die eigenen Leistungen bei der Meisterung der Schwierigkeiten und die Zuversicht, auch künftigen Fährnissen des Lebens gewachsen zu sein. Auch eine Änderung von Prioritäten im Leben und neu aufgebaute Sozialbeziehungen können als Gewinne erlebt werden.

> **Denkanstöße**
>
> Sie haben vermutlich manche kritischen Lebensereignisse erlebt. Wählen Sie eines aus, und notieren Sie alle Probleme, Verluste, Konflikte und belastenden Emotionen, die dadurch entstanden sind. Notieren Sie dann Ihre Versuche, diese zu meistern oder zu bewältigen und den Erfolg oder Misserfolg dieser Versuche. Resümieren Sie, inwiefern Sie sich dabei entwickelt haben und was Entwicklung dabei bedeutet.

Folgerungen für die Entwicklungsberatung

Der Lebenslauf ist als eine Folge von Problemen und Krisen zu sehen. In systemischer Sicht sind für die Vermeidung oder die Lösung eines Problems oder einer Krise immer verschiedene Ansatzpunkte zu prüfen: die Betroffenen mit ihren Zielen, Aspirationen, Verpflichtungen, Ressourcen, Kompetenzen und Defiziten, die sozialen Kontexte mit ihren Aspirationen, Normen und Ressourcen, die Gesellschaft mit ihren Anforderungen und Opportunitätsstrukturen.

Für eine gelingende Entwicklung ist nicht immer die rasche Behebung eines Problems (etwa durch Unterstützung aus dem sozialen Umfeld oder durch Rücknahme einer Anforderung) angezeigt, nämlich dann nicht, wenn von den Betroffenen begründet erwartet werden kann, dass sie ein Problem selbst bewältigen und dass sie dabei Kompetenzen und Dispositionen entwickeln, die ihnen helfen, künftige Probleme und Krisen zu vermeiden oder besser zu bewältigen. Zu solchen Schutzfaktoren bei neuen Problemen und Krisen gehören:

- ein realistisches Selbstbild,
- Strategien der Problem- und Verlustbewältigung,
- Strategien der Steuerung belastender Emotionen,
- Strategien der angemessenen Zielsetzung,
- der Aufbau von Selbstvertrauen in die eigenen Kompetenzen.

1.4 Kontinuität und Diskontinuität in der Entwicklung

Wenn wir einen Menschen als Säugling, als Schulanfänger, als Jugendlichen und als Erwachsenen vergleichen, werden wir oft Mühe haben, eine stabile Identität oder auch nur Ähnlichkeiten zu erkennen. Die allgemeinen Veränderungen sind in manchen Lebensabschnitten, vor allem in den ersten Lebensjahren, so groß, dass es nicht möglich ist, dieselben psychologischen Konstrukte und Messskalen zur Beschreibung verschiedener Altersstufen zu verwenden. Ob es sich wirklich um Fälle von Diskontinuität handelt oder ob doch Kontinuität entdeckbar ist, ist eine andere Frage, deren Beantwortung eine Differenzierung des Kontinuitätsbegriffs voraussetzt.

1.4.1 Absolute Stabilität

> **Definition**
>
> Wir sprechen von **absoluter Stabilität**, wenn keine Veränderung festgestellt wird.

Über lange Zeitperioden bleibt die Körpergröße beim Erwachsenen unverändert. Die Einstellung zu einer anderen Person oder gewisse Kompetenzen können über lange Perioden des Lebens unverändert bleiben.

Die Feststellung absoluter Stabilität ist oft relativ zur Messmethode. Mit einer zweiwertigen kategorialen Skala (z. B. vorhanden – nicht vorhanden; gekonnt – nicht gekonnt) sind weniger Veränderungen zu registrieren als mit kontinuierlichen Skalen. Ohne Erkrankungen, Verletzungen oder Altersdemenz werden viele einmal erworbene psychomotorische Fertigkeiten oder intellektuelle Fähigkeiten wie logisches Schlussfolgern nicht wieder völlig verlernt, aber die Leistungen können je nach Übung und körperlicher Kondition intraindividuell variieren. Man kann in diesem Sinne auch die Persistenz von Störungen (z. B. Stottern, Phobien, Zwangssymptomen, Delinquenz usw.) oder die Stabilität bzw. den Wandel von Interessen, Werthaltungen oder des Selbstbildes prüfen.

Absolute Stabilität kann für einzelne Individuen oder für den Durchschnitt einer Population erfasst werden. Das sollte man sorgfältig voneinander unterscheiden. Ein Beispiel für Letzteres ist die Entwicklungskurve der fluiden Intelligenz (s. Abschn. 12.2.1); die durchschnittliche fluide Intelligenzleistung erreicht ihre Asymptote im frühen Erwachsenenalter. Das bedeutet, dass Aufgaben, die fluide Intelligenz erfassen, im frühen Erwachsenenalter durchschnittlich besser gelöst werden als im höheren Erwachsenenalter. Aber nicht alle individuellen Entwicklungen erreichen ihre Asymptote in dieser Altersperiode: Einzelne Personen oder Kategorien von Personen können sich weiter verbessern, während sich andere verschlechtern. Absolute Stabilität bei einzelnen Individuen heißt, dass keine weitere Veränderung im Funktionsniveau beobachtet wird.

1.4.2 Relative Stabilität

> **Definition**
>
> Mit **relativer Stabilität** ist gemeint, dass die Positionen der Individuen bezogen auf die Verteilung eines Merkmals oder einer Leistung in der Alterskohorte als Bezugsgruppe erhalten bleiben.

Wir wissen aus Längsschnittuntersuchungen, dass der IQ vom Grundschulalter bis ins Erwachsenenalter eine vergleichsweise hohe und wachsende Positionsstabilität aufweist (vgl. Kap. 12). Dies gilt auch für viele andere kognitive Funktionen wie etwa das Gedächtnis (vgl. Schneider, Knopf et al., 2009; vgl. Kap. 17). Aggressives Verhalten ist bei Jungen bzw. Männern ebenfalls vom Grundschulalter an recht stabil (vgl. Kap. 33). Absolute und relative Stabilität dürfen nicht miteinander verwechselt werden. Hohe relative Stabilität der Intelligenz z. B. zwischen dem 10. und dem 18. Lebensjahr bedeutet nicht, dass sich die Intelligenzleistung in diesen Jahren nicht ändert. Positionsstabilität oder -veränderung wird als Korrelation von längsschnittlich an derselben Stichprobe erhobener Messreihen ermittelt. Da in der Korrelationsberechnung nur Abweichungswerte vom Mittelwert der Verteilung, also Rangpositionen, berücksichtigt werden, zeigt ein hoher Korrelationskoeffizient nichts anderes, als dass große Positionsverschiebungen nicht häufig vorkommen. Absolut gesehen kann die Stichprobe insgesamt über den Beobachtungszeitraum große Veränderungen aufweisen, lediglich die interindividuellen Unterschiede bleiben erhalten.

1.4.3 Entwicklung als Stabilisierung und Destabilisierung interindividueller Unterschiede

Der wissenschaftliche Eigenschaftsbegriff enthält die Annahme, dass interindividuelle Unterschiede konsistent über größere Zeitspannen stabil bleiben (relative Stabilität). Zumindest die Entwicklung bis zum mittleren und höheren Erwachsenenalter kann in vielen Funktionsbereichen (Kognition, Persönlichkeit) als Stabilisierung interindividueller Unterschiede aufgefasst werden und damit als die Herausbildung von Eigenschaften (vgl. Kap. 11, 23). Aus der Beobachtung solcher Stabilisierungen darf nicht geschlossen werden, dass definitive Verfestigungen eingetreten sind und somit eine Einschränkung von Veränderungsmöglichkeiten gegeben ist. Außerdem gibt es Hinweise, dass es im hohen Alter unter anderem aufgrund alterskorrelierter Krankheiten zu einer Destabilisierung individueller Unterschiede in mehreren Funktionsbereichen kommt (vgl. Kap. 13).

Suche nach den Ursachen. Deskriptive Befunde zu Stabilisierungen sagen noch nichts über deren Ursachen aus. Wenn sie ausschließlich genetisch bedingt wären, wären sie wohl dauerhaft. Wenn sie aber darauf zurückzuführen sind, dass für die Mehrheit einer untersuchten Population grundsätzlich änderbare Entwicklungseinflüsse gleich geblieben sind, dann würden sich bei differenziellen Veränderungen dieser Einflüsse auch die Positionen in der Verteilung »destabilisieren«. Deshalb ist es von besonderem Interesse, diejenigen Personen zu identifizieren, deren Positionen in der Verteilung sich deutlich verändert haben, und nach Bedingungen dieser Instabilitäten zu suchen.

Feststellungen über absolute oder relative Stabilität beschreiben die Gegebenheiten in einer spezifischen Population in einem spezifischen historischen Zeitraum. Bezogen auf den Spielraum für Veränderungen sind rein beschreibende Daten über Stabilität wenig aussagekräftig, wenn nicht zugleich das Ausmaß der gegebenen potenziellen Änderungsimpulse erfasst wurde, z. B. veränderte Anforderungen durch einen Wechsel des sozialen Milieus (z. B. Adoption, Institutionalisierung), durch Schule, Beruf, durch neue Verantwortlichkeiten und Aufgaben.

1.4.4 Zum Nachweis von Stabilität und Wandel in Eigenschaften und Fähigkeiten

Über Kontinuität und Diskontinuität kann nicht allein auf der Beobachtungsebene entschieden werden. Phänomenal Unterschiedliches kann beruhen auf

- denselben Strukturen, die auf unterschiedliche Inhalte angewandt werden,
- derselben Fähigkeit, die sich in unterschiedlichen Leistungen zeigt,
- derselben Eigenschaft oder Disposition, die sich in unterschiedlichen Handlungen manifestiert.

Die kognitive Struktur, die Piaget als »additive Komposition von Klassen« bezeichnet hat, ermöglicht Klasseninklusionen, vollständige Kategorisierungen von Materialien oder Begriffen, effizientes Raten von Begriffen, sogenannte Realdefinitionen durch Oberbegriff und spezifische Differenz, richtige Verwendungen von Artikeln und der Quantifikatoren »ein«, »einige«, »alle«, logisches Schlussfolgern mit Klassenbegriffen (Montada, 2002; vgl. Kap. 16).

Die Fähigkeit zur Perspektivenübernahme im Sinne des Verstehens der Perspektive und des Wissens von Interaktionspartnern kann ganz unterschiedliche Leistungen ermöglichen: Vorhersagen ihres Handelns, Mitfühlen, Formulierung verstehbarer Erklärungen, erfolgreiches Verhandeln, vorteilhafte Selbstdarstellung, Vermeiden und Beilegen von Konflikten usw.

Eine Eigenschaft wie Aggressivität kann sich äußern in physischer Gewalt, Verängstigung, Kritikbereitschaft, in ironischem Lob, aber etwa auch in zivilcouragiertem Handeln. Auf der anderen Seite kann phänotypisch Ähnliches (z. B. Gewaltdelikte im Jugendalter) Ausdruck verschiedener Personmerkmale sein, etwa eines Machtmotivs oder eines Gerechtigkeitsmotivs, das z. B. zur Vergeltung einer Kränkung motiviert, eines Defizits an Selbstbeherrschung oder des Motivs, Anerkennung in einer Peergruppe zu finden (vgl. Kap. 33).

Latente Strukturen, manifestes Verhalten. Bevor bei der Untersuchung von Stabilitäten und Veränderungen im Lebenslauf festgestellt werden kann, ob Kontinuität oder Diskontinuität vorliegt, muss geklärt sein, welches latente Konstrukt (welche Struktur, Fähigkeit oder Disposition) sich in dem beobachteten oder erfragten Verhalten manifestiert. Das ist in der Entwicklungspsychologie auch deshalb von Bedeutung, weil mit altersspezifischen Manifestationen derselben latenten Konstrukte zu rechnen ist. Die Aggressivität eines 6-jährigen Kindes wird sich vielleicht im physischen Angriff auf Personen und Sachen äußern, die Aggressivität des Erwachsenen auch in ironischem Lob, Schadenfreude und subtiler Demütigung.

Validierung der Messverfahren. Bevor die Stabilität von Aggressivität geprüft werden kann, wäre zunächst zu belegen, dass die altersspezifischen Verfahren zur Messung oder Erfassung wirklich Aggressivität erfassen. Hierzu sind Validitätsstudien auf den verschiedenen Altersstufen notwendig, in denen das Vorhandensein theoretisch erwarteter Zusammenhänge geprüft wird (z. B. die Übereinstimmung mit Einschätzungen aus dem sozialen Umfeld der Untersuchungsteilnehmer). Das heißt, es müssen methodische Regeln für die Zuordnung manifesten Verhaltens zu latenten Konstrukten angewandt werden, wie sie in der Testpsychologie zur Validierung von Tests gelten. Man darf sich nicht mit der Augenscheinvalidität der verwendeten Messverfahren begnügen.

Werden substanzielle Korrelationen zwischen zeitlich auseinanderliegenden und dem Augenschein nach unterschiedlichen Variablen beobachtet, könnte es sein, dass es sich um dieselbe latente Variable handelt, die über diese Zeitspanne stabil ist. Eine andere Erklärung könnte sein, dass z. B. die zeitlich früher gemessene Variable (z. B. Abiturnote) eine Voraussetzung (z. B. Zulassung zu einigen Studiengängen) für die zeitlich später gemessene Variable (z. B. Einkommen) darstellt. Das wird im Folgenden weiter erläutert.

1.4.5 Kontinuität als Wirkung von Dispositionen, Kompetenzen und Selbstkonzept

Wie kommt es, dass verschiedene Personen dieselben Informationen unterschiedlich auffassen und auswerten, gleiche Ereignisse unterschiedlich bewältigen und sich unter äußerlich ähnlichen Bedingungen unterschiedlich entwickeln? Die zu einem Zeitpunkt entwickelten Personmerkmale (Motive, Interessen, Kompetenzen, Wissen, Einstellungen usw.), das Selbstbild und die Erfahrungen, die bisher gemacht wurden und die sich in Verhaltens-, Urteils- und Wertungsdispositionen niedergeschlagen haben, nehmen auf mindestens dreierlei Art Einfluss auf die Entwicklung:

(1) Die jeweils gegebenen individuellen Merkmale (Kompetenzen und Dispositionen) und Selbstkonzepte moderieren die Einflüsse aus der Umwelt, die subjektiven Erfahrungen und die Aufnahme und Bewertung von Informationen. So lernen die intelligenteren und besser informierten Schüler aus einem anspruchsvollen Fachbuch mehr als weniger begabte oder schlecht informierte. Die erfolgszuversichtlichen Schüler erklären eine schlechte Prüfung anders als misserfolgsängstliche, und sie bilden aus diesen Erklärungen andere Erwartungen für künftige Leistungssituationen.

(2) Die Anforderungen und Angebote der Umwelt variieren je nach individuell gegebenen Merkmalen und Selbstkonzepten. Schwierige Kinder werden weniger Zuneigung und Freundlichkeit erfahren als pflegeleichte. Der rebellische oder delinquente Jugendliche wird häufiger zurückgewiesen und weniger unterstützt als der angepasste. Vom intelligenten und guten Grundschüler erwartet man eher den Besuch einer höheren Schule als von schlechten Schülern.

(3) Die Dispositionen, Kompetenzen und Selbstkonzepte bestimmen, in welche Richtung die Menschen ihre eigene Entwicklung gestalten. So hängt es vom Selbstkonzept der eigenen Fähigkeiten ab, was man anpackt und welche Ziele man sich setzt. Ausbildungs- und Berufsentscheidungen, Eingehen und Auflösen von Partnerschaften, Übernahme oder Ablehnung sozialer Pflichten sind auch Funktionen des Selbstkonzeptes. Diese Entscheidungen haben Auswirkungen auf die weitere Entwicklung. Die Bewältigung von Schwierigkeiten hängt nicht zuletzt davon ab, wie man in der Vergangenheit mit Schwierigkeiten fertiggeworden ist. Hat man zuvor ähnliche Probleme bewältigt, geht man die neuen mit mehr Selbstvertrauen und Geschick an als im umgekehrten Fall.

Voreingenommenheit bei Kontinuitätsannahmen. Die Suche nach Kontinuität in individuellen Lebensläufen zielt auf Erklärungen individueller Entwicklungen aus Voraussetzungen oder Bedingungen, die als Dispositionen, als Kompetenzen oder als Selbstkonzept zu fassen sind. Die empirische Basis für Kontinuitätsannahmen ist mitunter sehr fragwürdig. Die Phänomene, die durch eine Kontinuitätsannahme verknüpft sind, sind weder regelmäßig im Sinne einer Korrelation oder Veränderungssequenz noch gesetzmäßig im Sinne einer Verursachungskette miteinander verknüpft. Eine Voreingenommenheit zur Postulierung von Kontinuitäten ist verbreitet.

Deshalb sind Längsschnittuntersuchungen ein Königsweg zu wissenschaftlich belegbaren entwicklungspsychologischen Erkenntnissen (vgl. Kap. 4). Zu den Leitvorstellungen entwicklungspsychologischen Denkens gehört die Annahme, dass es einen Zusammenhang zwischen früheren und späteren Zuständen gibt. Dieser Zusammenhang ist zunächst einmal empirisch zu sichern, sodann in einer theoretischen Interpretation zu plausibilisieren.

Die Bedeutung von Kontinuität und Wandel für Entwicklungsprognosen und -interventionen

Individuelle Entwicklungsprognosen über längere Zeiträume sind mit großen Unsicherheiten behaftet. »Traditionelle Vorstellungen von Stabilität, geordnetem Wandel und invarianter Eigenschaftsausstattung erscheinen durch die Befundlage in hohem Maße diskreditiert. Ins Positive gewendet mag man aus den Misserfolgen einer langfristigen Entwicklungsprognostik aber auch einen Beleg dafür sehen, dass menschliche Entwicklungsprozesse sehr weite Änderungs- und Optimierungsspielräume aufweisen« (Brandtstädter, 1985, S. 2).

Unsicherheit von Entwicklungsprognosen. Plastizität, Variabilität und Kontextspezifität machen präzise Entwicklungsprognosen freilich nicht unmöglich. Allerdings lassen sich Prognosen nicht nur aufgrund der jeweils gegebenen Entwicklungszustände stellen: Das setzte hohe Stabilität der betreffenden Entwicklungsdimensionen voraus. Stattdessen muss man diejenigen Faktoren in die Prognose einbeziehen, die als entwicklungswirksam nachgewiesen werden. Dies erfordert allerdings eine ebenfalls mit Unsicherheiten behaftete Prognose über das Eintreten dieser Entwicklungsfaktoren. Wenn beispielsweise kontextuelle Einflüsse wirksam sind, müsste prognostiziert werden, wie die Kontexte im Verlauf der Entwicklung eines Individuums sein werden bzw. welche Kontexte ein Individuum aufsuchen oder herstellen wird.

Entwicklungsspielräume in modernen Gesellschaften. Es wurden interaktionistische, aktionale und transaktionale Entwicklungsmodelle formuliert. Es fehlt auch nicht an Methoden, wie man im Rahmen dieser Modelle forschen könnte. Wenn man diese Modelle jedoch anlegt, wird deutlich, wie breit die Spielräume für die Entwicklung insbesondere in Gesellschaften mit heterogenen Kulturen und einem hohen Änderungstempo sind. Für individuelle Entwicklungsprognosen ist das eine Erschwernis, weil die individuelle Entwicklungsprognose eine Prognose voraussetzt, ob, wann und in welcher Kombination die jeweiligen Entwicklungsfaktoren eintreten und wirksam werden können, ob ihr Wirksamwerden möglicherweise durch andere Faktoren gefördert oder gedämpft wird usw. Entwicklungsprognosen werden also auch zukünftig unweigerlich mit großen Unsicherheiten behaftet sein.

Etwas einfacher stellt sich die Lage dar bei wissenschaftlich fundierten Interventionen, also wenn es um entwicklungsbezogenes Handeln geht. Denn die Entwicklungsfaktoren müssen nicht prognostiziert werden, sondern nur kontrolliert realisiert werden.

1.4.6 Aleatorische Entwicklungsmomente und aktionale Entwicklungsmodelle

In scharfem Kontrast zu den Kontinuitätsannahmen steht auf den ersten Blick die von Gergen (1979) besonders pointiert vorgetragene These von der Zufälligkeit, vom »Aleatorischen« (lat. alea: der Würfel) in der Entwicklung. Beginnend mit der Zeugung spielen Zufälle eine Rolle. Mit welcher Kombination von Erbanlagen wir in welche Familie, welche Gesellschaft und in welche historische Zeit hineingeboren werden, schon das ist ein Zufall. Welche glücklichen und unglücklichen Ereignisse wir erleben, welchen Menschen wir begegnen, mit welchen Ideen wir bekannt werden, auch dies hat ein Element des Zufalls. Vielleicht sind es die Zufälle und deren Auswirkungen, die den aus Längsschnittstudien bekannten Sachverhalt erklären, dass mit zunehmendem Zeitintervall die Entwicklungsprognosen ungenauer werden.

Unterschätzung der Zufälle. In der theoretischen und in der biografischen Rekonstruktion von Entwicklungsverläufen suchen wir jedoch nach Kausal- und Sinnzusammenhängen und übersehen die zufälligen Momente. Wir haben eine Tendenz, den Zufall von Ereignissen und Begegnungen zu bezweifeln und stattdessen Dispositionen und Wahlen anzunehmen. Damit geben wir einem aktionalen Entwicklungsmodell den Vorzug, das ein reflexives und intentional handelndes Subjekt annimmt. Bei der biografischen Rekonstruktion haben viele das Motiv, die Kontrolle über die Geschehnisse, ihre Bewältigungsleistungen und die Kontinuität im Sinne einer Konsistenz und Stabilität persönlicher Identität in illusionärer Weise zu überschätzen.

Kontinuität trotz Zufällen. Kontinuität und Zufallsmomente schließen sich aber durchaus nicht aus. Sie würden sich nur ausschließen, wenn die Zufallsmomente alleinige und hinreichende Ursachen für Entwicklungsveränderungen wären. Immer wenn individuelle Unterschiede in den Auswirkungen oder Verarbeitungen der Zufallsmomente feststellbar sind, die auf Dispositionen oder Kompetenzen zurückzuführen sind, wenn wir also Interaktionen nachweisen können, spricht das für Kontinuität, auch wenn die Entwicklungsbahnen durch die Zufallsereignisse mitbedingt sind. Die Annahme von Wahl- und Handlungsmöglichkeiten sowie von wirksamen Dispositionen der Person wird nicht schon dadurch diskreditiert, dass man auch Zufälle als Einflussfaktoren akzeptiert.

Denkanstöße

- Es wurden verschiedene Kontinuitätskonzepte unterschieden. Illustrieren Sie diese mit Beispielen aus Ihrem eigenen Leben.
- Machen Sie sich mehrere Zufälle in Ihrem eigenen Leben bewusst, und denken Sie darüber nach, welche Entscheidungen Sie selbst angesichts dieser Zufälle getroffen haben.
- Es wurden drei Möglichkeiten genannt, wie entwickelte Dispositionen, Kompetenzen und das Selbstkonzept einflussreich für die weitere Entwicklung werden können. Versuchen Sie, dafür Beispiele in Ihrer eigenen gegenwärtigen Lebenssituation zu finden.

Zusammenfassung

- In der Entwicklungspsychologie wird zwischen einem engen und einem weiten Entwicklungsbegriff unterschieden. Phasen- und Stufenmodelle der Entwicklung im Kindesalter basieren auf einem engen Entwicklungsbegriff. Der erweiterte Entwicklungsbegriff umfasst neben den Gemeinsamkeiten auch die individuellen Unterschiede in der Entwicklung und bezieht sich auf die gesamte Lebensspanne.
- Entwicklungstheorien lassen sich als endogenistisch vs. exogenistisch sowie als aktional (konstruktivistisch) vs. transaktional (systemisch) klassifizieren.
- Die Gegenstände der Entwicklungspsychologie werden auch durch die Praxisfelder bestimmt, in denen entwicklungspsychologische Erkenntnisse zur Anwendung kommen.
- Die aktuelle entwicklungspsychologische Forschung stellt Bezüge her:
  - zwischen verschiedenen Funktionsbereichen und Aspekten des Verhaltens,
  - zwischen veränderungsrelevanten Mechanismen unterschiedlicher Zeitskalen,
  - zwischen altersbezogenen Veränderungen im Verhalten und im Gehirn.
- Zentrale Erklärungskonzepte der Entwicklungspsychologie sind Reifung, sensible Perioden, Entwicklung als Konstruktion, Entwicklung als Sozialisation sowie Entwicklungsaufgaben und kritische Lebensereignisse.
- Entwicklung beinhaltet Stabilität und Wandel, deren Unterscheidung schwierige begriffliche und methodologische Fragen aufwerfen.

Weiterführende Literatur

Baltes, P.B., Lindenberger, U. & Staudinger, U.M. (2006). Life span theory in developmental psychology. In R.M. Lerner (Vol. Ed.), W. Damon & R.M. Lerner (Eds.-in-Chief), Handbook of child psychology: Vol. 1. Theoretical models of human development (6th ed., pp. 569–664). New York: Wiley. *Die Autoren erläutern Grundlagen der Entwicklungspsychologie unter besonderer Berücksichtigung der Entwicklung von Kognition sowie Selbst und Persönlichkeit.*

Brandtstädter, J. (2001). Entwicklung – Intentionalität – Handeln. Stuttgart: Kohlhammer. *Der Autor begründet den Gegenstand der Entwicklungspsychologie aus handlungstheoretischer Perspektive.*

Flammer, A. (2003). Entwicklungstheorien – Psychologische Theorien der menschlichen Entwicklung (3. Aufl.). Bern: Huber. *Das Buch bietet einen ausgewogenen Überblick über die wichtigsten entwicklungspsychologischen Theorien.*

Weinert, S. & Weinert, F.E. (2006). Entwicklung der Entwicklungspsychologie: Wurzeln, Meilensteine, Entwicklungslinien. In W. Schneider & F. Wilkening (Hrsg.), Theorien, Modelle und Methoden der Entwicklungspsychologie (Enzyklopädie der Psychologie, Themenbereich C, Serie V, Bd. 1, S. 3–58). Göttingen: Hogrefe. *Dieses Kapitel beleuchtet umfassend die Entstehungsgeschichte der wissenschaftlichen Entwicklungspsychologie und skizziert wesentliche Veränderungen in der Sichtweise von Entwicklungstrends.*

2 Evolutionäre Grundlagen

Werner Greve • David F. Bjorklund

2.1 **Evolutionstheorie – Grundlagen einer komplexen Theoriefamilie**
  2.1.1 Adaptation als Kernprozess der Evolution
  2.1.2 Grenzen der Evolution
  2.1.3 Schwierigkeiten und Erweiterungen der Evolutionstheorie

2.2 **Evolutionäre Entwicklungspsychologie I: Entwicklung als Evolutionsprodukt**
  2.2.1 Die Evolution der Entwicklung: Warum entwickeln wir uns überhaupt?
  2.2.2 Die Evolution spezifischer Entwicklungsmuster: Warum entwickeln wir uns auf diese Weise?

2.3 **Evolutionäre Entwicklungsbiologie (»Evo-Devo«): Entwicklung als Evolutionsbedingung**

2.4 **Evolutionäre Entwicklungspsychologie II: Der Mensch als System und Teil eines Systems**

2.5 **Evolutionäre Entwicklungspsychologie III: Adaptive Prozesse in der Ontogenese**

Charles Darwin (1809–1882), der Begründer der modernen Evolutionstheorie, hat alle wesentlichen Elemente der evolutionären Adaptation bereits treffend herausgearbeitet

Zwei junge Männer besuchen einen Nationalpark. Sie wollen ihn zu Fuß durchqueren, obwohl der Park-Ranger sie davor gewarnt hat, dass es derzeit einen wilden Bären im Park gebe, der mehrfach schon Menschen bedroht habe. Mitten im Park hören sie plötzlich näher kommende Geräusche, die von einem großen Tier auszugehen scheinen, und meinen auch, tiefes Brummen zu hören. Während der eine der beiden Männer seinen Rucksack von sich wirft und sofort loszulaufen beginnt, setzt sich der andere hin, öffnet den Rucksack und holt seine Turnschuhe heraus, um sie anzuziehen. Der erste bleibt verblüfft stehen und fragt seinen Begleiter, ob er tatsächlich glaube, mit Turnschuhen schneller laufen zu können als ein hungriger Bär. Der andere zieht in Ruhe seine Schuhe an, steht dann auf und antwortet freundlich: »Das muss ich gar nicht – ich muss nur schneller sein als Du!«.

Nur sehr wenige wissenschaftliche Thesen können sich in der Psychologie einer so uneingeschränkten Zustimmung erfreuen wie die Behauptung, Menschen seien, wie alle lebenden Organismen der Erde, das vorläufige Endprodukt eines langen evolutionären Prozesses. Die Evolutionstheorie, deren zentrale Annahmen von Charles Darwin (1859) entwickelt wurden, ist zugleich eine der wenigen Theorien der Wissenschaftsgeschichte, die im Laufe einer längeren Geschichte (Mayr, 1984) trotz zahlreicher Skeptiker und Gegner an Plausibilität, Überzeugungskraft und empirischer Unterstützung gewonnen hat.

Schwieriger sind die Details: Was genau sind evolutionäre Prozesse, wie arbeiten sie, was bewirken sie, und was alles am Menschen kann als Produkt der Evolution betrachtet werden? Sicher ist nicht buchstäblich alles an uns ein Ergebnis evolutionärer Prozesse: Die Narbe an meinem Knie stammt von einem Fahrradunfall, den ich mit 12 Jahren hatte – die Evolution war da, so scheint es, nicht beteiligt. Auch meine persönlichen Erinnerungen (an einen Kindergeburtstag, an meine Hochzeit), viele meiner konkreten Kompetenzen (Fahrradfahren, Englisch) sind Produkt meiner individuellen Entwicklung, nicht der Evolution. Was aber hat die Evolution zu meinem Werden und Sein beigetragen, welche Rolle spielt sie für die menschliche Entwicklung?

2.1 Evolutionstheorie – Grundlagen einer komplexen Theoriefamilie

Die Evolutionstheorie ist eine außerordentlich komplexe, in vielen Aspekten weiterhin kontrovers diskutierte und in stetigem Wandel befindliche Struktur von Annahmen – *die* Evolutionstheorie gibt es nicht. Wir wollen im Folgenden dennoch versuchen, konstitutive Aussagen und Begriffe zusammenfassend darzustellen (eine gute Einführung bietet Mayr, 2003; zum Überblick etwa Arthur, 2011; Futuyma, 1998).

Die beiden zentralen Konzepte der Evolutionstheorie sind »Adaptation« und »Geschichte«. Obwohl der Adaptationsbegriff ungleich komplexer ist, weil er die tragenden evolutionären *Prozesse* umfasst (nämlich: die selektive Erhaltung von Variationen, die die Fitness verbessern), können wir erst mit der Berücksichtigung des faktischen Verlaufs der bisherigen Evolution, mithin ihrer *Geschichte*, erklären, wieso zu einem bestimmten Zeitpunkt bestimmte Variationen auftreten und sich gegenüber anderen durchsetzen. Es ist dennoch sinnvoll, zunächst das umfassendere Konzept der Adaptation und die mit ihr verbundenen Prozesse und Prinzipien genauer zu betrachten.

2.1.1 Adaptation als Kernprozess der Evolution

> **Definition**
>
> **Adaptation** (Anpassung, im Deutschen auch Adaption) bezeichnet die selektive Erhaltung solcher Varianten einer Art, deren Fitness höher ist als die anderer Varianten.

Bei »Adaptation« in diesem Sinne der Evolutionstheorie (vgl. z. B. Campbell, 1960) geht es zunächst um Unterschiede *innerhalb* einer Art, die Folgen für die Wahrscheinlichkeit haben, sich zu reproduzieren (Fitness): Derjenige der beiden jungen Männer in der Einführungsgeschichte, der ein Problem ihrer Umwelt (den hungrigen Bären) besser löst (d. h.: ihm entkommt), hat bessere Aussichten. Man könnte sagen: Das Problem (der Bär) selektiert zwischen unterschiedlichen Individuen. Wie das Beispiel auch zeigt, muss nicht unbedingt der auf den erste Blick wichtige Unterschied entscheidend sein (sofort weglaufen); vielleicht ist es hier das schnellere und genauere Verständnis der Situation, das den entscheidenden Unterschied macht.

In manchen Texten wird der Begriff »Adaptation« direkt für ein Merkmal gebraucht, das der erhaltenen Variante einen Fitnessvorteil verschafft hat (danach wären beispielsweise unsere Intelligenz oder die Flossen des Guppy eine »Adaptation« – weil sie sich aus anderen Problemlösekompetenzen unserer Vorfahren oder früheren Flossenformen entwickelt haben). Es ist jedoch sinnvoller, den Begriff der Adaptation für den *Prozess* der selektiven Erhaltung zu reservieren. Mit »selektiver Erhaltung« ist gemeint, dass eine Variante einer Art (die sich im Hinblick auf ein oder mehrere Merkmale von den Artgenossen unterscheidet) in der nächsten Reproduktions-Generation häufiger auftreten wird – eben *weil* sie wegen anderer oder anders ausgeprägter Merkmale die höhere Fitness aufweist, d. h. die höhere Potenz, sich zu reproduzieren. Die Merkmale dieser Variante, die günstig für ihre Fitness waren (z. B. schärfere Zähne, die Fähigkeit, schneller zu laufen, oder die Fähigkeit, Probleme durch Antizipation zu lösen), treten in der nächsten Reproduktions-Generation deswegen wieder auf, weil sie *erblich* sind. Das bedeutet: Nur *wenn* ein Merkmal, das die Reproduktionschancen verbessert, erblich ist, kann eine Adaptation einer Art in Bezug auf dieses Merkmal stattfinden (also in der folgenden Generation wieder auftreten, eventuell wieder variieren, wieder selektiv erhalten bleiben und sich so allmählich verändern: adaptieren).

Erblichkeit. Es ist wichtig zu verstehen, dass »Erblichkeit« in der Evolutionstheorie rein *formal* definiert ist als hinreichende und differenzielle Ähnlichkeit von Vorfahren und Nachkommen (Kinder müssen die wichtigen Merkmale ihrer Eltern ebenfalls aufweisen). Es kommt nicht darauf an, wie diese Ähnlichkeit physiologisch produziert wird (Darwin hatte eine ganz falsche Vorstellung davon). Wir gehen heute davon aus, dass komplexe Moleküle im Zellkern – Chromosomen – dabei eine wesentliche Rolle spielen, weil auf ihnen sogenannte »Gene« codiert sind: informationstragende Einheiten, die unter anderem den Aufbau von Proteinen regulieren, aus denen alle lebenden Organismen bestehen. Diese Chromosomen bestehen im Wesentlichen aus einer komplexen Substanz (Desoxyribonukleinsäure: DNA), die die besondere Eigenschaft hat, mithilfe eines chemisch komplexen, aber in der Logik sehr einfachen Verfahrens *kopierbar* zu sein – und damit in der nächsten Generation identisch wieder aufzutreten. Aber es spielt keine Rolle, ob dies der wichtigste Mechanismus der Vererbung ist (der einzige ist er sicher nicht), solange sichergestellt ist, dass nachfolgende Generationen die entscheidenden und unterscheidenden Merkmale der Vorfahren wieder aufweisen.

Entscheidend für die Adaptation (und also die Evolution) ist dagegen, dass die Mechanismen, die die Erblichkeit realisieren, einerseits sehr reliabel (zuverlässig) sein müssen: Nur dann treten alle Merkmale, die die Vorfahren haben erfolgreich (»fit«) sein lassen, auch bei den Nachfahren wieder auf. Andererseits aber darf Erblichkeit nicht vollkommen reliabel sein, denn nur so können gelegentlich *neue Varianten* entstehen. Das Entstehen neuer (selbst wieder erblicher) Varianten ist unerlässlich für Evolution – denn nur so kann sich die Art unter Umständen weiter verändern (s. u.). Das bedeutet auch, dass »die Art« und »ihre« Evolution relative Begriffe sind: Mit zunehmendem zeitlichen Abstand werden sich die Nachfahren von ihren Vor-Vor-Vorfahren immer mehr unterscheiden – trotz der sehr reliablen Erblichkeit. Eben darin, dass nach und nach immer wieder neue »bessere« (»fittere«) Merkmale oder Merkmalsvariationen auftreten oder weniger funktionale ersetzen, besteht die Adaptation der Art, manchmal auch die Entstehung einer neuen – und also Evolution.

Fitness. Der Fitnessbegriff dürfte vermutlich das Konzept der Evolutionstheorie sein, das zu den häufigsten Missverständnissen geführt hat. Es bezeichnet nicht etwa die körperliche Kondition oder Kraft und hat auch keine andere verhaltensnahe Bedeutung von »Durchsetzungsfähigkeit«. Gemeint ist vielmehr zunächst, dass die Individuen einer bestimmten Variante einer Art besser zu der für sie relevanten Umwelt *passen* (engl.: »to fit«), d. h. die Probleme und Herausforderungen ihrer Umwelt (z. B. Nahrungsbeschaffung, Paarung und Reproduktion, Feinde vermeiden) effektiv und effizient lösen. Das kann physische Stärke sein, wenn das in dieser Umweltkonstellation eine gute Lösung ist (etwa um schwere Beutetiere zu bewegen), es kann Laufgeschwindigkeit sein (um Räubern zu entkommen), es kann aber auch Immunität gegenüber einem in dieser Umwelt häufigen Krankheitserreger sein oder eine wirkungsvollere Art, die Nachkommen zu pflegen (z. B. eine enge Mutter-Kind-Bindung).

Wenn die Evolutionstheorie zutrifft, dann sind die fitnessrelevanten Merkmale einer Art durch den bisherigen Verlauf der Evolution an die überlebens- und reproduktionsrelevanten Probleme besser angepasst. *Ob* eine bestimmte Eigenschaft oder ein bestimmtes Merkmal tatsächlich die Fitness erhöht, wird sich allerdings erst daran messen, ob sie (im Durchschnitt) die Reproduktionsfähigkeit tatsächlich verbessert (mit diesem Punkt ist ein schwieriges Problem verbunden – die Gefahr eines logischen Zirkels; s. Abschn. 2.1.3). Obwohl in evolutionärer Perspektive letztlich nur die Reproduktion entscheidend ist, ist das hinreichend lange Überleben hinreichend vieler Individuen dafür eine notwendige Voraussetzung; dies mag dazu beigetragen haben, dass Fitness oft fälschlich mit der individuellen Überlebensfähigkeit gleichgesetzt wurde.

Fitness ist relativ zur Umweltnische. Von besonderer Bedeutung ist, dass Fitness (Passung) notwendig ein *relativer* Begriff ist, relativ eben zu der aktuellen und für diese Spezies relevanten Umwelt. Wenn sich die Umwelt ändert (z. B. durch einen Klimawandel, durch das Auftreten eines neuen Raubtieres, durch das Auftreten eines neuen Krankheitserregers), dann kann ein bisheriger Fitnessvorteil verschwinden oder sogar zum Nachteil werden (der dichte Pelz, der in einem kalten Klima überlebenswichtig war, wird in einem wärmeren Klima nutzlos oder hinderlich). Umgekehrt kann sich durch eine Veränderung der Eigenschaften einer Art auch die Umwelt ändern, z. B. dadurch, dass ein neues Verhalten die Umwelt direkt beeinflusst (durch Ausrotten eines effizient gejagten Beutetieres geht eine wichtige Nahrungsquelle verloren), oder dadurch, dass mit einer neuen Eigenschaft eine neue Umwelt *relevant* wird (durch die Fähigkeit zu schwimmen können neue Nahrungsquellen erschlossen, müssen andere Jäger vermieden werden). Die »relevante« Umwelt einer Art wird als die »Nische« bezeichnet, in der sie lebt – auch dies ist also immer ein *relatives* Konzept (Odling-Smee et al., 2003). Ameisen leben in derselben (Um-)Welt wie wir, aber in einer anderen Nische: Manche Veränderungen, die für sie relevant sind (ein Rinnsal durch ihren Bau), sind für uns gleichgültig.

Wir haben oben angesprochen, dass Selektion innerartlich sortiert und daher Adaptation innerhalb einer Art stattfindet. Unter Umständen kann es auch zu Konkurrenz *zwischen* Arten kommen, wenn beide Arten in wesentlicher Hinsicht in derselben Nische leben (d. h. um *dieselben* Ressourcen konkurrieren). Das wird nur ausnahmsweise der Fall sein, und in der Regel nicht zu einer Verdrängung, sondern zu einer Spezialisierung der beiden Arten (z. B. verschiedenen Ernährungsvorlieben) führen – und damit dazu, dass sie eben *nicht* mehr in derselben Nische leben, weil die Nische ja nicht nur durch räumliche Grenzen, sondern auch durch Verhalten (Vorlieben, Kompetenzen etc.) definiert ist. Mit anderen Worten: Die Existenz einer *anderen* Art in einer Nische ist tatsächlich eine Umweltbedingung (ein Problem), das zur Verknappung von Ressourcen führt und daher durch Adaptation gelöst werden muss. Kurz: Es gibt zwischenartliche Selektion (Selektionsdruck durch eine andere Art), aber nicht zwischenartliche Evolution, obwohl Evolution natürlich zu neuen Arten führen kann.

> **Definition**
>
> **Fitness** bezeichnet die Passung einer (Variante einer) Art an die für sie relevante Umwelt (»Nische«), die sich in einer relativ zu anderen Varianten oder Arten höheren Reproduktionsfähigkeit zeigt.

Ressourcenknappheit. Dafür, dass Selektion, also Adaptation und Evolution, stattfinden kann, gibt es zwei entscheidende Voraussetzungen. Zum einen müssen die Überlebensressourcen begrenzt sein. Nur wenn nicht einfach alle überleben, werden irgendwelche Unterschiede eine Rolle spielen, d. h. Vorteile oder Nachteile werden. Restriktionen der Umwelt (z. B. raues Klima, Räuber), vor allem aber Knappheit der Ressourcen (z. B. begrenzte Nahrungsangebote, passende Partner) »selektieren« zwischen den verschiedenen Varianten einer Art. Je schwieriger und anspruchsvoller diese Bedingungen und Restriktionen sind, desto höher ist der »Selektionsdruck«. Das macht zugleich deutlich, dass Selektion nicht etwa zielgerichtet oder gar geplant vor sich geht – die spezifischen Bedingungen führen einfach dazu, dass ein Teil der Population systematisch bessere Reproduktionschancen hat. Die Voraussetzung der Knappheit ist praktisch immer gegeben, denn selbst dann, wenn zu einem bestimmten Zeitraum einmal keine Mangelkonstellation vorherrscht, werden durch die dann schnell(er) wachsende Population die Ressourcen bald wieder knapp(er). Außerdem kann sich Umwelt ändern, z. B. dadurch, dass sich andere Arten verändern. Deswegen kommt Evolution nie dauerhaft zum Erliegen: Nichts ist »für immer«.

Variation. Die zweite entscheidende Voraussetzung für Adaptation ist Variation: Nur wenn sich die verschiedenen Individuen einer Art in relevanter Hinsicht systematisch unterscheiden, wird der Selektionsdruck *systematische* Reproduktionsdifferenzen zur Folge haben, d. h. eine Selektion eben derjenigen Varianten, die diesem Selektionsdruck besser widerstehen können (bzw. für die eine Umweltbedingung weniger »Druck« bedeutet). Diese Selektion führt aber, wie wir oben gesehen haben, eben nur dann zu einer evolutionären Adaptation, wenn die Varianten einer Art *erbliche* Eigenschaften haben. Natürlich findet Selektion auch aufgrund der Variation nicht-erblicher Merkmale (z. B. einer zufällig entdeckten günstigen Nahrungsquelle) statt; aber sie führt nicht zu Adaptation, eben weil die nächste Generation dieses Merkmal nicht mehr hat und daher diese Variante nicht dauerhaft fitter ist. Das ist der Grund, warum »Erblichkeit« einerseits sehr zuverlässig sein muss (sonst werden die Nachkommen die vorteilhaften Merkmale oder Eigenschaften nicht aufweisen), andererseits aber eben nicht vollkommen reliabel sein darf, sonst entstehen niemals Variationen. Varianten entstehen durch Fehler in der Reproduktion, man könnte auch sagen: Reliabilitätsgrenzen oder -schwankungen bei der Reproduktion. (Nochmals: Der konkrete Mechanismus der Vererbung ist nicht wichtig; solange er diese Balance zwischen Zuverlässigkeit und Variationsmöglichkeit ermöglicht, kann es auch ein nicht-genetischer sein).

Variationen sind in dem Sinne »zufällig«, dass sie *nicht systematisch* mit den zu lösenden Umweltproblemen (Selektionsdruck) kovariieren: Sie entstehen nicht, *weil* ein bestimmtes Problem (noch) nicht optimal gelöst ist, und insbesondere nicht, *um* es auf bestimmte Weise zu lösen, sondern unabhängig von diesen Problemen, und sogar dann, wenn ein bestimmtes Problem aktuell sehr gut gelöst sein sollte. Solange die (relevante) Umwelt stabil bleibt, werden daher Variationen nach einer gewissen Zeit der Adaptation in aller Regel weniger funktionale (weniger fitte) Varianten sein; aber da Umwelten niemals dauerhaft stabil sind, ist es hilfreich, dass immer wieder Varianten auftreten. Oftmals werden Varianten auch keine nennenswerten Vor- oder Nachteil bieten (»neutral« sein), oder ihre Vorteile werden durch andere Nachteile ausgeglichen. Sie werden dann in der Population so häufig wie andere (gleichwertige) Varianten erhalten bleiben – bis die Umwelt(-nische, d. h. die zu »lösenden« Probleme) sich verändert und damit die Qualität und Quantität des Selektionsdrucks.

> **Definition**
>
> **Selektion** bezeichnet den Umstand, dass bei knappen Ressourcen bzw. dem nicht vollständigen Überleben des Nachwuchses einige Varianten einer Art sich mit größerer Wahrscheinlichkeit erfolgreich reproduzieren als andere.

»Natürliche« und »sexuelle« Selektion. Selektion geschieht nicht zielgerichtet, sondern spiegelt nur die relative Passung der Varianten einer Art zu den für sie relevanten Umweltbedingungen wider. Darwin sprach von »natürlicher« Selektion, um sie gegen künstliche abzugrenzen (z. B. zielgerichtete Züchtung von Varianten mit erwünschten Eigenschaften, etwa von besonders milchreichen Kühen). Er hat von ihr später die sogenannte »sexuelle« Selektion unterschieden (Miller, 2001), obwohl sie eigentlich nur eine spezifische Form der natürlichen Selektion ist: der Selektionsdruck nämlich, der durch die Notwendigkeit entsteht, dass Arten, die sich sexuell fortpflanzen (u. a. alle Säugetiere), mit gleichgeschlechtlichen Individuen ihrer Art um die attraktivsten gegengeschlechtlichen Individuen konkurrieren müssen. »Attraktiv« bezieht sich dabei nicht auf ästhetische Qualitäten, sondern auf Merkmale, die für die Reproduktion interessant sind (eine glatte Haut und seidige Haare könnten etwa ein Zeichen dafür sein, dass keine Krankheit oder Parasitenbefall vorliegt – das wird die Chancen gemeinsamer Kinder erhöhen). Natürlich treffen die einzelnen Individuen ihre Auswahl fast niemals bewusst; selbst wenn sie es tun (wie Menschen – manchmal), tun sie es nicht aus evolutionären Gründen (warum wir z. B. schöne Haare, einen wundervollen Humor oder große Herzenswärme attraktiv finden, wissen wir gar nicht). Für die Adaptation ist das unerheblich – wichtig ist, dass *faktisch* überlebensrelevante Merkmale bevorzugt werden (nicht, ob sie *deswegen* bevorzugt wurden) und dass diese Bevorzugung erblich ist. Aber natürliche Selektion findet natürlich nicht nur auf dieser Ebene der Konkurrenz statt, sondern auf allen Dimensionen: Immunität gegen Krankheit, Unempfindlichkeit gegen Klima, Geschicklichkeit in der Pflege des Nachwuchses – dies alles kann einen »selektiven« Unterschied machen (je knapper die Ressourcen sind, desto mehr).

2.1.2 Grenzen der Evolution

Was ist eine Art? Damit Adaptation überhaupt auftreten kann, muss die Reliabilität der Erblichkeit notwendigerweise unvollkommen sein: Adaptation und also Evolution besteht gerade in der Veränderung von Arten eben durch ihre permanente Anpassung an eine sich beständig verändernde (spezifische) Umwelt(-Nische). Das macht zugleich deutlich, dass so etwas wie »die Erhaltung der Art« ganz sicher nicht das Ziel der Evolution sein kann, denn das wäre paradoxerweise nur über »Veränderung der Art« erreichbar. Aber natürlich verfolgt Evolution ohnehin keine »Ziele«; sie ist einfach ein endlos ablaufender Prozess.

Das Entstehen neuer Arten geschieht im Kern durch Variation von Merkmalen; aber andere Prozesse und Ereignisse sind daran beteiligt, vor allem dadurch, dass der Selektionsdruck sich verändert (z. B. durch räumliche Trennung von Teilpopulationen einer Art durch Naturereignisse oder Migration in verschiedenen Umwelten). So können Adaptationen in verschiedene »Richtungen« laufen und es entstehen Varianten, die sich nicht mehr gemeinsam reproduzieren (»kreuzen«)

können: Für Arten, die sich geschlechtlich vermehren, ist dies das definitorische Merkmal für »eine Art«.

Geschichte. Wir haben eingangs des Kapitels behauptet, neben der Adaptation sei Geschichte das zweite zentrale Konzept der Evolutionstheorie. Hinter diesem Konzept verbirgt sich nicht ein sehr komplexer Prozess mit vielen Komponenten (wie bei »Adaptation«), sondern einfach die Einsicht, dass die Evolution immer nur von Veränderungen (Variation) *des Vorhandenen* ausgeht, von dem also, was sich *bisher* entwickelt hat. Die Evolution ist, nach einer berühmten Metapher von Francois Jacob (1977), kein Ingenieur, der Arten am Reißbrett entwirft, sondern eher ein »Bastler«, der aus den Dingen, die er in seiner Garage findet, etwas Neues zusammenbaut (wobei die meisten Versuche nicht funktionieren; vgl. Coen, 1999). Das bedeutet, dass radikale Veränderungen – sozusagen grundsätzlich neue Erfindungen – sehr unwahrscheinlich sind. Menschen werden beispielsweise deswegen nicht plötzlich aus eigener Kraft fliegen können, weil sich fast alles in unserem biologischen und psychischen System gleichzeitig und auf die richtige Weise ändern müsste: Es genügte nicht, wenn uns plötzlich Flügel wüchsen, sondern wir bräuchten auch z. B. stärkere Brustmuskeln, ein anderes Skelett, einen anderen Gleichgewichtssinn, Instinkt für Luftströmungen und neue Gefahren usw. Dies ist der Hauptgrund dafür, warum Evolution in aller Regel *graduell* (in sehr kleinen Schritten) verläuft. Daher kann das aktuelle und vorläufige Endprodukt der bisherigen Evolution (z. B. wir Menschen) nur erklärt werden mit Verweis auf den faktischen Verlauf der bisherigen Evolution (z. B. bestimmte Umweltveränderungen, die einen neuen Selektionsdruck nach sich zogen; Gould, 2002).

2.1.3 Schwierigkeiten und Erweiterungen der Evolutionstheorie

Logischer Zirkel? Der Evolutionstheorie ist häufig vorgeworfen worden, sie habe keinen empirischen Gehalt, sondern sei einfach nur eine komplizierte Formulierung der trivialen (logisch wahren) Behauptung, dass die Überlebenden überlebt haben: »Warum haben die Arten, die es aktuell gibt, die bisherige Selektion überlebt?« – »Nun, weil sie Merkmale aufweisen, die ihrem Überleben dienlich waren!« – »Woher weiß man, *dass* diese Merkmale dem Überleben dienlich waren?« – »Sonst *hätten* sie nicht überlebt!« Wir sind diesem Problem oben bei der Definition von »Fitness« begegnet (Diese Varianten sind »fitter« als jene. – Warum? – Weil sie überlebt haben! – Warum haben sie überlebt? – Weil sie durch ihre Merkmale fitter waren!). In der Tat: Diese These ist empirisch nicht zu widerlegen (hat also keinen empirischen Gehalt). Die These, jedes beliebige Merkmal habe sich ja *offensichtlich* als nicht überlebenshinderlich erwiesen, ist gehaltleer (Gould & Lewontin, 1979), solange man sie nicht konkreter formuliert. Empirisch gehaltvoll – und interessant – wird es erst, wenn man diese allgemeine Aussage konkret anwendet; dann kann man auch empirisch prüfbare Hypothesen ableiten, etwa darüber, warum ein konkretes Merkmal hilfreich für die Reproduktion ist.

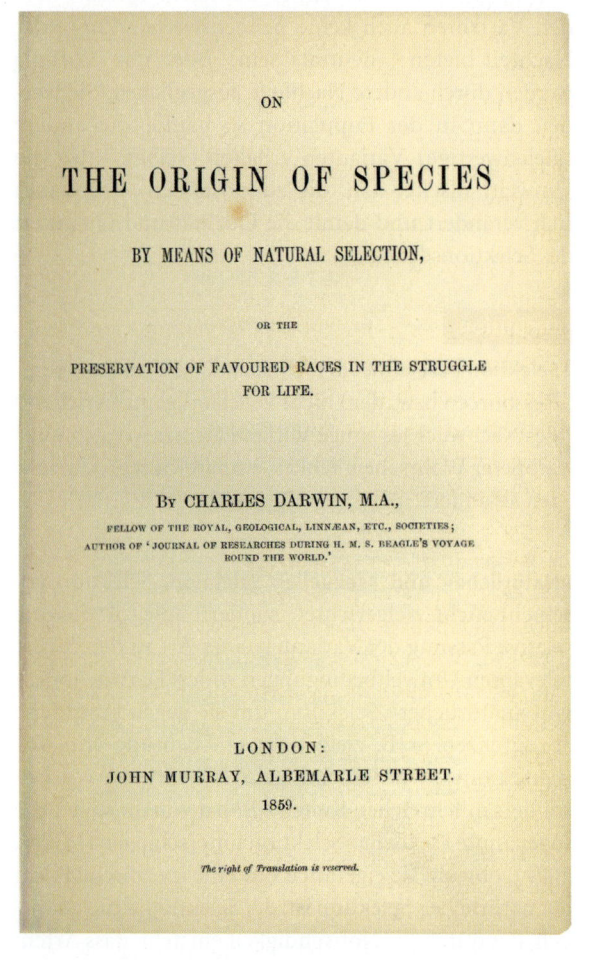

Abbildung 2.1 Titelseite der Erstausgabe von Darwins Werk »The Origin of Species« (1859)

Wir werden einige konkrete Hypothesen sofort betrachten, aber ein besonders eindrucksvolles Beispiel betrifft eine sehr allgemeine Annahme der Evolutionstheorie. Aus Darwins These zum Entstehen der Arten – zusammengefasst im Titel seines Hauptwerks »The Origin of Species by Means of Natural Selection« (vgl. Abb. 2.1) – folgt, dass alle komplexen Organismen auf der Erde von einem gemeinsamen Vorfahren abstammen (»common descent«) – wenn das so ist, sollten sie alle zentralen Prinzipien gemeinsam haben. In der Tat transferieren *alle* Vielzeller (auch Pflanzen) wesentliche Informationen mittels der oben angesprochenen DNA-Codierung in die nächste Generation; das ist keineswegs trivial (es hätte auch anders sein können) und war bis zur Entdeckung dieses Mechanismus bezweifelt worden.

Wie können wir konkretere evolutionäre Mechanismen entdecken bzw. Hypothesen über sie prüfen? Ein berühmtes Beispiel ist die Frage nach der Erklärung innerfamiliärer Gewalt, insbesondere gegen Kinder. Aus evolutionärer Sicht sollte dieses Verhalten eigentlich immer kontraproduktiv sein – sich also in der Evolution nicht dauerhaft halten können. Dennoch wird es immer wieder berichtet, auch bei Menschen. Eine Hypothese lautet, dass Gewalt gegen Kinder insbesondere dann vorkommt, wenn es nicht die eigenen sind. In einer Reihe von Studien haben Daly und Wilson (1988) empirisch gezeigt, dass Gewalt gegen Kinder und Infantizid vor allem bei nicht blutsverwandten Familienkonstellationen vorkommt, und zwar fast immer durch Stiefväter verübt wird (die also ihre eigene Reproduktion dadurch nicht gefährden; in Fällen wechselnder Partnerschaften gibt es solche Verhaltensweisen auch bei Tieren, etwa bei Löwen). Über besondere Rahmenbedingungen kann es allerdings dazu kommen, dass auch Mütter ihre Kinder töten oder aufgeben (Hrdy, 1999). Unter extremen Umweltbedingungen (z. B. Hungersnot) kann es die Reproduktionschancen insgesamt erhöhen, das eigene Leben auch auf Kosten der eigenen Kinder zu retten, wenn Aussicht besteht, später (unter anderen Bedingungen) noch gesunde Kinder bekommen und großziehen zu können (also sollten z. B. eher junge als ältere Mütter Infantizid verüben, und auch dies nur unter bestimmten Bedingungen).

Die Einheiten der Selektion. Diese Frage, wie sich altruistisches Handeln evolutionär behaupten konnte, führt zu einem zweiten Problem, das für die evolutionären Grundlagen der (Entwicklungs-)Psychologie von besonderer Bedeutung ist. Darwins Überlegungen (und die meisten der bis hierhin vorgestellten Argumente) legen nahe, dass die Einheit, die von der Selektion betroffen ist, letztlich immer das (»erwachsene«) Individuum ist: Seine Reproduktionsfähigkeit (und also sein hinreichend langes Überleben) entscheidet darüber, ob auch künftig Adaptation und also Evolution stattfindet oder nicht. Je klarer jedoch in der ersten Hälfte des 20. Jahrhunderts der genetische Vererbungsmechanismus wurde, desto mehr rückte eine Alternativinterpretation in den Blick, die Idee nämlich, dass eigentlich die Gene die Einheit der Selektion und damit der Evolution seien. Dawkins (1976) formulierte dies provokativ mit der These des »egoistischen« Gens, das den Organismus, den es »sich baut«, nur als »Vehikel« für die eigene Replikation »nutzt« (er nannte Gene daher »Replikatoren«).

Das Beispiel altruistischen Verhaltens (s. Unter der Lupe) zeigt jedoch, dass auch dies nicht die ganze Antwort sein kann. Offenbar findet Selektion nicht nur auf der Ebene von Individuen statt (denn dort ist das – hinreichend geschickte – egoistische Verhalten immer gegenüber dem altruistischen im Vorteil). Nur wenn auch auf der Ebene von Gruppen (also Sozialverbänden von Individuen, die nicht miteinander verwandt sind) Selektionsprozesse stattfinden (Mitglieder von Gruppen, deren Mitglieder sich helfen und Betrüger sanktionieren, haben höhere Reproduktionschancen), lässt sich das Entstehen und Verbreiten altruistischer Verhaltensbereitschaften erklären. So könnten sich zwei ansonsten (genetisch) gleiche Gruppen, die in derselben Nische leben, nur in bestimmten Formen der Kooperation unterscheiden (d. h. im Hinblick auf einzelne kulturelle Regeln, die natürlich nicht genetisch vererbt werden). Bei knappen Ressourcen macht dieser Unterschied vielleicht den entscheidenden Vorteil der einen Gruppe gegenüber der anderen aus. Das betrifft umso mehr die Idee, nur die Gene seien die Einheit der Selektion: Das kann nicht die ganze Geschichte sein, denn für fast alle Eigenschaften eines Organismus – schon dafür, dass überhaupt ein Organismus überhaupt entstehen kann – müssen (u. a.) die Gene »kooperieren«. Tatsächlich sind die Argumente zu einer Selektion auch auf Gruppenebene äußerst komplex und umstritten (zum Überblick s. Sober & Wilson, 1998). Es spricht aber viel dafür, dass Selektion (und also Adaptation) gleichzeitig auf verschiedenen Ebenen stattfindet – auch wenn der Selektionsdruck oft ungleich ausgeprägt ist und oft auch nicht gleichgerichtet verläuft.

> **Unter der Lupe**
>
> **Ist Altruismus evolutionär kontraproduktiv?**
> Ein viel diskutiertes Beispiel für empirisch prüfbare evolutionäre Hypothesen ist die Frage nach der Erklärung hilfreichen Verhaltens: Wie kann erklärt werden, dass sich bei verschiedenen Tierarten und insbesondere beim Menschen die Bereitschaft, anderen zu helfen, evolutionär entwickelt hat und hat halten können? Mag dies bei den eigenen Kindern und sehr nahen Verwandten noch evolutionär einleuchtend sein (weil man so die »eigenen« Gene fördert), erscheint es bei nicht verwandten Personen auf den ersten Blick rätselhaft: Warum soll ein Individuum knappe Ressourcen in ein anderes investieren, das die eigenen Gene nicht in sich trägt, also der eigenen Reproduktion nicht einmal indirekt dient?
>
> Die naheliegende Antwort des sogenannten »reziproken Altruismus«, dass die Hilfe, die ich einem anderen gewähre, in einer sozialen Gemeinschaft früher oder später, direkt oder indirekt, zu mir zurückkehren und damit eben doch auch meiner Reproduktionsfähigkeit zugutekommen wird, ist bei näherem Besehen ebenfalls noch nicht ausreichend. Denn eine Variante innerhalb einer solchen altruistischen Art, die den Altruismus der anderen ausnutzt, ohne ihn durch eigenes Hilfehandeln zu erwidern, wird deutliche Reproduktionsvorteile haben und sich daher binnen Kurzem auch in der entsprechenden Population durchsetzen. Dagegen hilft auch das Argument nicht, dass soziale Kooperation ja allen nützt, vor allem bei Aufgaben, die Individuen alleine nicht bewältigen könnten (z. B. ein Mammut zur Strecke und anschließend als Beute nach Hause bringen); denn der schlaue Egoist wird sich für die allgemeine Kooperation aussprechen, um anschließend die Solidarität der anderen wieder für sich auszunutzen. Wenn sein schlauer Egoismus erblich ist, wird sich dies dann aber in der Generationenfolge sofort wieder durchsetzen (der Altruismus stirbt dann schnell aus). Der Vorteil der wechselseitigen Kooperation in einer sozialen Gemeinschaft kann nur erhalten werden, wenn sich Mechanismen entwickeln, derartige Schmarotzer zu identifizieren (und zu sanktionieren, mindestens zu isolieren).
>
> Tatsächlich wird der Beginn der Evolutionären Psychologie durch eine Untersuchung eines kognitiven Mechanismus, soziale Betrüger zu entdecken, markiert. Cosmides (1989) konnte zeigen, dass ein abstraktes Schlussfolgerungsproblem (die sogenannte »Wason-Task«), bei dem es darum geht, möglichst effektiv zu prüfen, ob einzelne Beispiele (hier: Spielkartenkonstellationen) eine allgemeine Regel (z. B. »Wenn auf der Vorderseite eine gerade Zahl steht, dann steht auf der Rückseite ein Vokal«) verletzen, zwar in dieser Form von den meisten Menschen falsch oder nur mühsam gelöst wird, aber ganz mühelos richtig bearbeitet wird, wenn die Regel nicht bedeutungslos, sondern auf das Einhalten sozialer Regeln gerichtet ist (z. B. »Wenn jemand unter 18 ist, darf er keinen Alkohol kaufen«). Interessant dabei ist, dass die Regel, die zu prüfen war, in beiden Fällen die identische logische Struktur hat – die Hypothese von Cosmides war es, dass Menschen »besser« denken können, wenn es darum geht, soziale »Betrüger« zu entdecken. Abgesehen von dem inhaltlich interessanten Befund illustriert dieses Beispiel, wie sich eine sehr konkrete Hypothese aus einem evolutionären Gedankengang ableiten und empirisch prüfen lässt.

Evolution auf verschiedenen Ebenen. Diese Überlegung führt uns zurück zu einem Punkt, den wir ganz zu Anfang schon einmal berührt haben und der für die evolutionäre Grundlegung der Psychologie von besonderer Bedeutung ist: Die genetische Übertragung von Information zwischen den Generationen ist nicht die einzige Form von Vererbung (wir haben oben gesehen, dass »Vererbung« in der Evolutionstheorie nur formal definiert und ihre konkrete Realisierung nicht entscheidend ist). Denn wir erben nicht nur Gene von unseren Vorfahren, sondern auch materielle Güter (z. B. das Elternhaus bzw. den Biberdamm oder Bienenstock oder Termitenbau), Regeln (z. B. Bräuche und Traditionen – auch dies gibt es im Tierreich häufig, beispielsweise besondere Ernährungsvorlieben; Avital & Jablonka, 2000) und viele andere Aspekte dessen, was unter dem großen Sammelbegriff »Kultur« in einem sehr weiten Sinne des Wortes zusammengefasst wird. Das betrifft insbesondere Möglichkeiten der Kommunikation: Denn auch wenn die Möglichkeit, eine Sprache zu erlernen, in vielerlei Hinsicht von unserem genetischen Erbe abhängt – unsere »Muttersprache« selbst haben wir von unseren Vorfahren natürlich *nicht* auf genetischem Wege geerbt. Auch dies gibt es bei Tieren, beispielsweise Gesangsdialekte bei Vögeln (Arthur, 2011). Auch diese Strukturen (Sprachen, Regeln etc.) werden relativ reliabel vererbt (sonst würden wir unsere Eltern und unsere Vorfahren nicht verstehen können), aber der Mechanismus ist kein genetischer, sondern ein ganz anderer: Replikation durch Imitation und andere Lernprozesse. Diese kulturellen Merkmale entwickeln sich dabei überdies auch selbst »adaptiv« permanent weiter – unterliegen einer eigenen Evolution (z. B. Boyd & Richerson, 2005).

Da kulturelle Strukturen und Prozesse aber ihrerseits ein evolutionärer Faktor sein können (auch die soziale Umwelt ist Teil unserer Nische – und auch sie entfaltet Selektionsdruck, z. B. bei der sexuellen Selektion), findet nicht nur zwischen verschiedenen genetischen Strukturen (und der Umwelt), sondern auch zwischen genetischen und kulturellen Adaptationsprozessen eine permanente Wechselwirkung statt. Es kann kein Zweifel bestehen, dass in den letzten rund 10.000 Jahren, in denen sich das, was wir heute die menschliche Kultur nennen, entwickelt hat, auf dieser Ebene eine weit größere (höher getaktete) Dynamik entfaltet und die Welt in höchstem Maße verändert hat – mit Folgen für die weitere Evolution aller Lebensformen auf dem Planeten. Kurz: Evolution spielt sich nicht nur in einer, sondern in mehreren »Dimensionen« ab (Jablonka & Lamb, 2005). So betrachtet sind »Natur« und »Kultur« keine Gegensätze, sondern Facetten eines komplexen Interaktionsprozesses: Kultur ist nicht komplementär zur Natur des Menschen, sondern ein (konstitutiver) Teil von ihr.

> **Denkanstöße**
>
> Gibt es Beispiele dafür, wie »kulturelle« und »natürliche« Evolutionsprozesse bei der Produktion eines Verhaltens(phänotyps) zusammenwirken? Wo ergänzen sich solche Prozesse, wo laufen sie in verschiedener, womöglich divergenter Richtung?

2.2 Evolutionäre Entwicklungspsychologie I: Entwicklung als Evolutionsprodukt

Die Evolutionstheorie behandelt die Phylogenese, d. h. die Entwicklung von Arten (die man zu Gruppen höherer Ordnungen, sogenannten »Phylen«, zusammenfassen kann), über viele Generationen hinweg. Die Ontogenese, also die Entwicklung der Individuen einer Art im Laufe ihres individuellen Lebens, hat damit, so scheint es auf den ersten Blick, nichts zu tun, sofern sie reliabel abläuft. Natürlich muss sich die befruchtete Eizelle zu einem reproduktionsfähigen Organismus entwickeln, aber diese Entwicklung muss auf den ersten Blick nur zuverlässig die vererbten »Anlagen« »ent-wickeln« (also das, was als Möglichkeit schon von Beginn an angelegt ist, buchstäblich entfalten). Immerhin: Ohne Entwicklung geht es nicht; wie viele andere Eigenschaften *muss* sich auch unsere Reproduktionsfähigkeit erst *entwickeln* – voll ausgebildet ist sie zum Zeitpunkt der Geburt offenbar nicht.

> **Definition**
>
> **Phylogenese** bezeichnet die Entwicklung (Evolution) von Arten über Generationen hinweg; **Ontogenese** bezeichnet die Entwicklung eines Individuums einer Art über die Spanne seines Lebens hinweg.

Die Reproduktion wird von den geschlechtsreifen (erwachsenen) Individuen geleistet; die Konkurrenz zwischen ihnen, so scheint es, entscheidet darüber, welche Merkmale aktuell die »fitteren« sind. Konsequent hat sich die Evolutionäre Psychologie, die seit gut zwei Jahrzehnten einen eindrucksvollen Aufschwung innerhalb der Psychologie genommen hat (Barkow et al., 1992; Buss, 2005), ganz überwiegend auf die *entwickelten* Merkmale (den »adulten Phänotyp«) konzentriert. Die überwiegende Mehrzahl von Studien konzentriert sich auf soziales Verhalten (zum Überblick Buss, 2011), aber auch kognitive Funktionen wurden vielfach untersucht (Barkow et al., 1992).

Aber schon auf den zweiten Blick wird deutlich, dass die Dinge komplizierter liegen. Denn bei allen vielzelligen Organismen (insbesondere den Säugetieren) ist die Ontogenese ein komplexer, oft langer Prozess; bei Menschen dauert die Entwicklung der Geschlechtsreife und damit der Reproduktionsfähigkeit länger als bei jedem anderen Tier; selbst Tiere, die älter werden können (z. B. einige Schildkrötenarten), werden schneller geschlechtsreif. Auch dieser komplexe Prozess muss höchst zuverlässig funktionieren, sonst wäre die Reproduktionskette genauso unterbrochen wie bei einer unreliablen Erblichkeit. Das wiederum wirft die Frage auf, warum es diesen so komplizierten und langen – und daher auch riskanten – Prozess überhaupt und in dieser Form gibt.

2.2.1 Die Evolution der Entwicklung: Warum entwickeln wir uns überhaupt?

Denn nicht nur unsere Geschlechtsreife, sondern auch die Merkmale, die uns im Hinblick auf unsere Reproduktionschancen (Fitness) *spezifisch* mit unseren Vorfahren (insbesondere den Eltern) verbinden *und* von unseren Artgenossen unterscheiden (z. B. die etwas sensiblere Geduld bei der Pflege der Nachkommen, die etwas klügere Lösung von Problemen), entstehen erst im Laufe unserer Entwicklung. »Angeboren« ist sehr wenig: Wir können weder laufen noch sprechen noch systematisch denken, wenn wir auf die Welt kommen, geschweige denn komplexere Verhaltensabläufe zeigen oder langfristige Pläne verfolgen. Und auch wenn vieles »angelegt« ist, muss sichergestellt werden, dass sich diese Anlagen auch verlässlich entfalten (ent-wickeln), und zwar in der richtigen Weise und Reihenfolge.

Plastizität von Entwicklung. Die Reproduktion eines so komplexen vielzelligen Organismus wie des Menschen beginnt zwar mit einer einzigen Zelle (der befruchteten mütterlichen Eizelle), aber aus ihr entwickeln sich dann eben nicht einfach milliardenmal die gleiche, sondern stark spezialisierte und in ihrer Komposition höchst komplex strukturierte verschiedene Zellen. Das ist überraschend, denn in praktisch allen Zellen, wie verschieden sie auch sind, enthält der Zellkern die *gesamte* genetische Information, die wir von unseren Vorfahren geerbt haben; ohne unterschiedliche Signale aus der Umwelt (z. B. der Zellumwelt), d. h. ohne Wechselwirkungsprozesse, könnten sie sich nicht *verschieden entwickeln*. Ohne diese Interaktionsprozesse würde sich aus der befruchteten Eizelle eben nur eine milliardenfache Replikation der ersten Zelle, aber kein komplex strukturierter Organismus entwickeln können.

Warum überhaupt Entwicklung? Bevor wir uns genauer fragen, warum denn (menschliche) Entwicklung genau so verläuft, wie sie verläuft, sollten wir aber zunächst grundsätzlicher danach fragen, warum wir uns überhaupt entwickeln. Tatsächlich ist Entwicklung als Phänomen selbst ein Evolutionsprodukt. Nicht alles Leben auf der Erde weist dieses Phänomen auf. Bakterien beispielsweise vermehren sich durch Teilung (»Cloning«); eine Entwicklung der beiden neuen individuellen Bakterien nach der Teilung ist nicht (mehr) nötig. Warum also überhaupt dieser komplizierte Umweg bei der Vermehrung? Welchen Vorteil hat es, eine so lange Ontogenese zu riskieren, bei der so vieles schiefgehen und damit die Reproduktion gefährden kann? Eine wichtige Antwort darauf ist die Einsicht, dass Entwicklung – über die Variation des vererbten Genotyps hinaus – zwei neue Formen von Variation erzeugt. Zum einen entwickeln sich aus einem Genotyp in Abhängigkeit von spezifischen Umweltbedingungen unterschiedliche Phänotypen.

> **Definition**
>
> **Genotyp** bezeichnet das individuelle genetische Profil, also die spezifischen genetischen Varianten eines Individuums einer Art, **Phänotyp** bezeichnet die Gesamtheit aller *ausgeprägten* Merkmale und Eigenschaften eines Individuums. Da sich nicht alle genetisch angelegten Möglichkeiten tatsächlich entwickeln, kann z. B. der Phänotyp auch zweier im Genotyp identischer Individuen (eineiiger Zwillinge) *verschieden* sein.

Die Plastizität der Art. Aber abgesehen davon, dass eine Reihe von Umweltbedingungen notwendig für die *Möglichkeit* von Entwicklung sind (bei den meisten Organismen auf der Erde gehört dazu etwa die Versorgung mit Sauerstoff), gibt es Umweltvariationen, die zu unterschiedlichen Phänotypvarianten führen (z. B. hoher und niedriger Wuchs bei bestimmten Pflanzen in Abhängigkeit von den klimatischen Bedingungen; Arthur, 2011). Dieses Phänomen ermöglicht über die genetische Variation innerhalb einer Art hinaus eine *zusätzliche* Variation auch bei *gleichem* Genotyp – und damit so etwas wie eine »Plastizität« der Art (nicht der Individuen): Verschiedene Individuen derselben Art (und mit demselben Genotyp) prägen unter verschiedenen Umweltbedingungen unterschiedliche Phänotypen aus, d. h. sehen verschieden aus und verhalten sich unterschiedlich. Diese Variabilität hat ein gewisses Maß an Unabhängigkeit von Umweltbedingungen zur Folge: Eine Art mit einer relativ großen Bandbreite von Entwicklungsmöglichkeiten (vor allem wir Menschen) kann nicht nur viele unterschiedliche Nischen besetzen, sondern wird auch von Veränderungen der Umwelt nicht sofort existenziell bedroht.

Diese Plastizität hat natürlich Grenzen: Nicht unter allen Umweltbedingungen können sich lebensfähige Phänotypvarianten einer Art entwickeln. Durch physikalische bzw. chemische Gesetze und genetische Vorbedingungen wird sozusagen ein Möglichkeitskorridor begrenzt (die sogenannte »Reaktionsnorm«; ausführlich Schlichting & Pigliucci, 1998), innerhalb dessen die Ontogenese zu *individueller* Umweltanpassung beiträgt. Wären wir beispielsweise, durch einen seltsamen biografischen Zufall, im südlichen Afrika geboren und aufgewachsen, wären wir in vieler, sicher auch körperlicher Hinsicht andere Menschen geworden als die, die wir in Europa geworden sind – aber hätten uns sicher nicht in *jeder* Hinsicht so entwickelt wie ein(e) Massai.

Die Plastizität des Individuums. Aber eine komplexe und lang andauernde Entwicklung eröffnet noch eine weitere Variationsoption: die *reversible* intraindividuelle Veränderung (insbesondere des Verhaltens) in *kürzeren* Zeiträumen. Wenn sich Umweltbedingungen in kürzeren Zeiträumen verändern, als die individuelle Ontogenese einer Art dauert, dann wird auch die durch Reaktionsnormen erzeugte Plastizität nutzlos sein (die Pflanze, die wegen des anfänglich warmen Klimas hoch gewachsen ist, kann dies, wenn es plötzlich kälter wird, nicht mehr zurücknehmen). Insbesondere im Hinblick auf den Verhaltensphänotyp aber können sich komplexe Organismen im Laufe ihrer Entwicklung durchaus an veränderliche Umweltbedingungen anpassen: Viele Lebewesen, vor allem Menschen, können während ihrer Ontogenese mehrfach neue Verhaltensweisen erlernen. Ein besonderer Vorteil ist, wenn diese ontogenetischen Anpassungen nötigenfalls auch wieder revidiert werden können (wenn man z. B. das neue Verhalten auch wieder verlernen und zum alten zurückkehren kann). Natürlich ist nicht alles, was wir im Laufe unserer Ontogenese erwerben, in diesem Sinne reversibel. Im Gegenteil zeigt sich empirisch, dass Menschen in hohem Maße stabil sind und diese Stabilität im Laufe ihres Lebens stetig zunimmt (s. Kap. 23). In mancher Hinsicht ist das Verlernen, Vergessen oder anderweitiges Verlieren eines Merkmals etwas anderes als seine Entwicklung und sein Erwerb, aber immerhin auf der phänotypischen Ebene (etwa des sichtbaren Verhaltens) kann ein Merkmal so innerhalb des Lebenslaufes eines Individuums auftreten und wieder verschwinden – in diesem Sinne reversibel sein. Beispielsweise erlernen wir im Laufe unseres Lebens mehrfach unterschiedliche soziale Regeln (Welche Durchsetzungsstrategien sind erlaubt? Darf man lügen?), vielleicht in Abhängigkeit von unserem (sich ändernden) sozialen Status, unserem Alter oder sich ändernden Umständen.

Beachtenswert ist ein wichtiger Unterschied der ontogenetischen zur phylogenetischen (evolutionären) Adaptation: In der ontogenetischen Entwicklungsgeschichte unseres Verhaltens treten Variationen häufig auf, *weil* sie gebraucht werden, sind also (anders als z. B. genetische Mutationen) nicht zufällig im Sinne einer kausalen und finalen Unabhängigkeit vom zu lösenden Problem.

Man kann darüber streiten, ob diese Form der ontogenetischen Verhaltensveränderung ein Spezialfall von Entwicklung oder etwas anderes (»Lernen«) ist; aber wie immer man sich hier terminologisch entscheiden will, offenkundig ist diese ontogenetische Adaptivität ein evolutionärer Vorteil insofern, als sie die Individuen einer derartig flexiblen (»plastischen«) Art nochmals unabhängiger von bestimmten Umweltvariationen macht. Offenbar wiegt dieser Flexibilitätsvorteil das Risiko von Entwicklungsproblemen auf. Im Effekt erhöht diese Adaptivität die interindividuelle Variation innerhalb einer Art nochmals, weil sie nun Variabilität auch bei gleichem Genotyp und auch bei anfänglich gleichen Umweltbedingungen gibt. – Bis hierhin ist dieses Argument allerdings wiederum nur eine zirkuläre Behauptung (vgl. Abschn. 2.1.3); der empirische Gehalt entsteht erst durch die Untersuchung konkreter Entwicklungsvariationen (s. Abschn. 2.2.2): Welchen Vorteil hat welche Struktur von Entwicklung?

Variation auf verschiedenen Ebenen. Die individuelle Angepasstheit des einzelnen Organismus ist eine Folge der Selektion von »passenderen« Varianten. Variationen können auf drei Ebenen entstehen. Zum ersten entsteht Variation durch genetische Variation: Bei gleicher Umwelt entwickeln sich verschiedene Genotypen zu unterschiedlichen Phänotypen. Zum zweiten hat, *wenn* es Entwicklung (Ontogenese) gibt, Umweltvariation Variation im Phänotyp zur Folge: Bei gleichem Genotyp entwickeln sich in Abhängigkeit von (spezifischen) Umweltbedingungen verschiedene Phänotypen (innerhalb der Grenzen der sogenannten »Reaktionsnorm«). Zum dritten entsteht auch innerhalb dieses Rahmens Variation durch intraindividuelle Adaptation: In gewissen Grenzen ermöglicht die Länge und Komplexität der Ontogenese auch eine *intra*individuelle Veränderung von Verhalten, Dispositionen oder Kompetenzen in Reaktion auf Umweltbedingungen.

2.2.2 Die Evolution spezifischer Entwicklungsmuster: Warum entwickeln wir uns auf diese Weise?

Warum dauert menschliche Entwicklung so lange?
Wenn Entwicklung selbst als Evolutionsprodukt betrachtet wird, dann wird ihre spezifische Form erklärungsbedürftig: Warum ist insbesondere die menschliche Entwicklung dadurch gekennzeichnet, dass es jeweils sehr lange Zeiträume vor und nach der Phase der eigentlichen Reproduktion gibt? Beides ist aus evolutionärer Sicht erklärungsbedürftig.

Zunächst ist eine lange Kindheit gefährlich: (Kleine) Kinder sind durch Krankheiten oder Unfälle gefährdet und könnten sterben, bevor sie das reproduktionsfähige Alter überhaupt erreichen. Das ist im Hinblick auf die Fitness einer Art vor allem dann riskant, wenn diese Art nur wenige Kinder hat; im Vergleich zu den Millionen befruchteter Eizellen, die etwa Fische laichen, haben Menschen nur sehr wenige Reproduktionschancen – selten mehr als ein Dutzend, oft deutlich weniger. (Zwar haben Männer im Prinzip mehr Reproduktionschancen als Frauen, aber da die Zahl der Kinder insgesamt durch die Menge der möglichen Schwangerschaften begrenzt ist, werden Männer mit mehr Kindern immer durch Männer mit weniger Kindern kompensiert; dies macht einen wichtigen Teil der Dynamik der sexuellen Selektion aus).

Zum anderen erscheinen lange prä- und postreproduktive Lebensabschnitte geradezu verschwenderisch, weil Individuen in diesen Phasen Ressourcen auch von Erwachsenen im reproduktionsfähigen Alter binden (etwa im Hinblick auf Ernährung, Schutz oder Pflege), die anderswo fehlen. Gerade für die Lebenszeit *nach* der Reproduktion erscheint das auf den ersten Blick kaum ökonomisch; und tatsächlich gibt es nur sehr wenige Arten, die eine nennenswerte postreproduktive Lebensphase haben. Wenn es beide Entwicklungsabschnitte dennoch gibt, müssen ihren offenkundigen Nachteilen (Risiken und »Kosten«) adaptive Vorteile in wenigstens gleicher Größenordnung entgegenstehen. Eben diese zu untersuchen, ist das Anliegen der Evolutionären Entwicklungspsychologie (Bjorklund & Pellegrini, 2002).

Evolutionäre Entwicklungspsychologie. Obwohl eine evolutionäre Perspektive in der Psychologie nicht mehr neu ist, hat die menschliche Entwicklung dabei lange relativ wenig Aufmerksamkeit auf sich gezogen, abgesehen von wenigen, allerdings bemerkenswerten Ausnahmen (etwa Bowlby, 1969). Möglicherweise war das Missverständnis, eine evolutionäre Perspektive impliziere eine Form des genetischen Determinismus, dafür mitverantwortlich (Lickliter & Honeycutt, 2003): Er schien lange die beste Erklärung für die Reliabilität von Vererbung und Entwicklung zu sein. Inzwischen ist jedoch klar, dass Gene den Phänotyp keinesfalls determinieren, sondern in vielfältiger Weise mit Umweltbedingungen interagieren (s. Kap. 3). Und es ist auch klar, dass sie nicht der einzige Mechanismus der Vererbung sind; wie oben angesprochen werden kulturelle Regeln (auch bei Tieren) über Imitation oder andere Lernprozesse vererbt. Daher hat die Frage nach der Erklärung von Entwicklung wieder an Bedeutung gewonnen, nicht nur aus biologischer, sondern zunehmend auch aus psychologischer Perspektive (Bjorklund & Pellegrini, 2002; Burgess & MacDonald, 2005; Ellis & Bjorklund, 2005; Geary, 2005).

Der adaptive Wert von Kindheit und Jugend
Warum gibt es die lange menschliche Kindheit, und warum ist sie mit ihren vielen »Reifungs«-Schritten feiner unterteilt als die Entwicklung anderer Säugetiere (Bjorklund, 1997; Bogin, 1997)? Eine erste Antwort könnte darauf hinweisen, dass Menschen sehr unfertig geboren werden: Weil sie für die spätere Entwicklung in der Gebärmutter kaum mehr Platz haben und insbesondere der Kopf nicht mehr durch den Geburtskanal passen würde, werden sie »zu früh« geboren – und müssen dann einen Teil dieser Reifung extrauterin nachholen. Aber das ist keine befriedigende Antwort, denn hätte sich diese komplexe und gefährliche Form der Ontogenese nicht als insgesamt vorteilhaft erwiesen, wäre sie Alternativen unterlegen gewesen. Die »vorzeitige« Geburt ist, mit anderen Worten, keine Erklärung, sondern ein Teil des erklärungsbedürftigen Phänomens menschlicher Entwicklung.

Sozialkognitive Anpassung. Wie schon dargelegt bringt eine relativ lange Entwicklung den Vorteil individueller Adaptation (und Adaptivität) mit sich. Vielleicht erklärt dies sogar, warum ein Teil dieser Entwicklung präreproduktiv stattfinden muss: Manches muss erst entwickelt bzw. gelernt werden, um sich erfolgreich reproduzieren zu können. So könnte das Risiko einer »frühreifen« Geburt durch den Vorteil der individuellen Anpassung an die aktuell vorgefundene Anforderungsstruktur der Umwelt(-Nische) kompensiert werden. Dies betrifft insbesondere die komplexe soziale Umwelt, in der Menschen sich als Erwachsene bewegen müssen. Zahlreiche Theorien der Evolution des Menschen (s. Abschn. 2.4) haben argumentiert, dass vor allem die Notwendigkeit, mit anderen zu kooperieren, ein wichtiger Faktor war, der zur Entwicklung der menschlichen sozialkognitiven Fähigkeiten geführt hat (Buss, 2011). Hominiden, die ihre Artgenossen besser verstehen und beeinflussen konnten, hatten offensichtlich Fitnessvorteile. Dies gilt umso mehr, je komplexer soziale Gemeinschaften wurden. Mit der Komplexität einer geht indessen eine zunehmende Variabilität, auf die sich akut einstellen zu können für Individuen vorteilhaft ist. Insbesondere eine verlängerte Phase der Jugend bereitet auf die je akuten sozialen Regeln und Grenzen vor (Bjorklund, 2007).

Spezifische Lernchancen. Das wichtigste Beispiel für diese Form einer »verschobenen« Adaptation (Bjorklund & Pellegrini, 2002) dürfte kindliches Spielen sein. Ohne ernste Konsequenzen befürchten zu müssen, lernen Kinder hier soziale (kooperative wie kompetitive) Regeln kennen und beachten. Vielfach (jedenfalls in traditionellen, weniger mobilen Sozietäten) werden zudem die Spielgefährten der Kindheit die Kollegen – oder Konkurrenten – des Erwachsenenalters sein; es ist dafür günstig, wenn man den anderen schon kennt.

> **Unter der Lupe**
>
> **Geschlechtsunterschiede im kindlichen Spielen**
> Obwohl spielerisch gesammelte Erfahrungen beiden Geschlechtern später helfen dürften, gibt es interessante Geschlechtsunterschiede im kindlichen Spielen. Sie bereiten spätere Rollen vor (jedenfalls Rollen traditioneller Gesellschaftsstrukturen), insbesondere im Hinblick auf das erforderliche elterliche Investment in den Nachwuchs (zum Überblick Buss, 2011). Weibliche Exemplare investieren bei fast allen Primaten (also auch Menschen) mehr Ressourcen (Zeit, Energie) in die Pflege des Nachwuchses als männliche (die umgekehrt mehr Energie in den Wettbewerb um die weiblichen Exemplare investieren) – obwohl männliche Menschen mehr Zeit in die Pflege investieren als fast alle anderen männlichen Säugetiere. Das – oft nach Geschlechtern getrennte – kindliche Spiel scheint das vielfach vorzubereiten. Beispielsweise spielen 3-jährige Jungen schon deutlich rauer und körperlich aktiver als Mädchen, die ihrerseits mehr soziale Rollen (einschließlich pflegende Rollen) erproben (auch dies findet sich bei anderen Primaten). Tatsächlich interessieren sich Mädchen kulturübergreifend stärker für kleine(re) Kinder (Geary, 2000), möglicherweise weil es funktional ist, das früh zu üben.

Eine für soziale Interaktion besonders wichtige kognitive Kompetenz ist das Verständnis dafür, dass anderen Personen möglicherweise andere Absichten verfolgen, andere Wünsche und Erwartungen haben als man selbst (Theory of Mind). Auch wenn andere Primaten eindrucksvolle soziale Kompetenzen erwerben, scheinen sie diese spezifische Fähigkeit nicht zu haben (Tomasello & Carpenter, 2005). Diese Kompetenz entwickelt sich in der Kindheit; dafür muss genügend Zeit (und geschützter Raum) sein: genügend Gelegenheiten, die zunächst unvollkommene Fähigkeit zu verfeinern.

Ontogenetische Adaptationen. Kinder und Jugendliche lernen anders als Erwachsene. Tatsächlich benehmen sich Kinder ja gerade nicht wie kleine Erwachsene, sondern vielfach gerade *anders*. Wenigstens einige Verhaltensweisen (d. h. Charakteristika von Entwicklungsphasen) werden danach selektiert worden sein, dass sie eben in *diesem* Alter funktional sind – und nicht nur auf spätere Entwicklungsabschnitte vorbereiten; man kann sie »ontogenetische Adaptationen« nennen (Bjorklund, 1997).

Der adaptive Wert der »Unreife«. Einige Aspekte kindlichen Verhaltens sind früh aus evolutionärer Perspektive diskutiert worden, insbesondere das sogenannte Bindungsverhalten (Bowlby, 1969; vgl. Abschn. 7.4.3), das nicht nur spätere Verhaltensbereitschaften (etwa in Partnerschaften) vorhersagt, sondern insbesondere in den ersten Lebensmonaten und -jahren überlebenswichtig ist. Aber auch weniger spezifische Verhaltensweisen, die funktional für spätere Entwicklungsaufgaben sind, können zugleich der Kindheit nützen. Ein anschauliches Beispiel für eine ontogenetische Adaptation dürfte die für Kinder typische Selbstüberschätzung eigener Fähigkeiten sein, die dazu beiträgt, dass sie stärker herausfordernde Aufgaben wählen – und dabei mehr oder anderes lernen als bei einer realistischeren Selbsteinschätzung. Dieser »adaptive Wert von Unreife« (Bjorklund, 1997) zeigt sich möglicherweise schon in der körperlichen Entwicklung. Beispielsweise hat die »Unreife« des kindlichen Skeletts (fehlende Stabilität, geringere Belastbarkeit) neben einigen Nachteilen (geringere Tragekapazität) den Vorteil einer höheren Elastizität, die drastische Folgen von (in der Kindheit wahrscheinlicheren) Unfällen und Stürzen verhindert. Dies wiederum erlaubt riskanteres (Lern-)Verhalten (Bjorklund, 2007).

Der adaptive Wert des Alters

Aber auch wenn eine lange und strukturierte Kindheit evolutionär funktional ist, weil sie Plastizität und damit Variation ermöglicht und so der Reproduktion letztlich zugutekommt, erscheint ein Überleben *jenseits* der Reproduktion so nicht mehr zu rechtfertigen. Altern erfordert Ressourcen (Baltes, 1997) und ist dadurch, auf den ersten Blick, teurer als *nicht* zu altern, nicht zuletzt auch für die jüngeren Erwachsenen: Es zwingt zur Verteilung von knappen Ressourcen auf mehr Individuen und gefährdet damit auf den ersten Blick auch die Reproduktion. Warum also können wir (und einige andere Tiere) alt werden? Es ist wichtig zu verstehen, dass es dabei nicht um die Frage geht, ob wir (im Durchschnitt) *tatsächlich* alt werden – das wird von vielen konkreten Lebensumständen abhängen, auch von kulturellen Ressourcen. Es geht um die Frage, warum wir grundsätzlich über 100 Jahre alt werden können, obwohl wir uns in den zweiten 50 Jahren nicht mehr reproduzieren (zusammenfassend Greve & Bjorklund, 2009).

Unter der Lupe

Der Großmutter-Effekt

Die Frage, warum wir überhaupt älter werden (können), stellt sich vor allem für Frauen, denn hier wird (anders als bei Männern) die Möglichkeit der Reproduktion ungefähr im fünften Lebensjahrzehnt durch einen biologischen Mechanismus (Menopause) endgültig beendet. Welchen evolutionären Nutzen kann es haben, jahrzehntelang in einer sozialen Gemeinschaft zu leben (und knappe Ressourcen zu beanspruchen), obwohl man sich definitiv nicht mehr reproduzieren kann? Hawkes hat die These vorgetragen, dass ältere Frauen für die Reproduktion dadurch von erheblicher Bedeutung sein können, dass sie zum Überleben der *übernächsten* Generation beitragen (Hawkes, 2004; Voland et al., 2005). Wenn Kindersterblichkeit das höchste biografische Risiko darstellt, dann wäre eine Ressource, die dieses Risiko verringert, ein erheblicher Selektionsvorteil, vor allem bei einer Spezies, die relativ wenige Kinder bekommt. In der langen Zeitspanne (ca. 6 Millionen Jahre), in der Hominiden (zuletzt auch Homo sapiens) die Erde erobert haben, gab es fast niemals eine bessere Hilfe bei der Geburt und bei der Pflege von Kleinkindern als die Großmutter. Sie wird gerade dann wichtig sein, wenn die Mutter selbst sehr jung (und unerfahren) ist, z. B. weil sie das Vorgehen bei einer Entbindung oder ein Rezept gegen Durchfall kennt (auch heute noch weltweit die häufigste Todesursache kleiner Kinder), oder weil sie weiß, welche Nahrungsmittel man in welchem Alter gut verträgt (zum Überblick s. Voland et al., 2005).

Lehrreich an dieser Überlegung ist nicht zuletzt die Erinnerung daran, dass das eigene Überleben nicht per se, sondern wegen der Funktion für die nachfolgenden Generationen wichtig ist. Auch die Reproduktion selbst reicht nicht aus – vielmehr muss die Reproduktionsmöglichkeit auch der nächsten Generation gesichert sein. Vor allem bei Menschen ist die sorgfältige Obhut von Kindern besonders wichtig, weil Menschen nur wenige Kinder bekommen (es also auf jedes ankommt) und weil die Kindheit so lange dauert und über eine so lange Zeit so verletzlich ist. Ihr Überleben mindestens bis zur eigenen Reproduktionsfähigkeit muss daher möglichst abgesichert werden. Dies alles wiegt das Ende der eigenen Reproduktionsfähigkeit durch die Menopause anscheinend auf, denn Schwangerschaften sind immer auch für die Mütter riskant – und umso mehr, je älter sie werden.

Großmütter und Großväter. Die These, dass Großmütter das Überleben von Enkeln schützen können (s. Unter der Lupe) und daher in dieser Funktion wichtiger sind als alternde Mütter, wird durch zahlreiche empirische Befunde gestützt (Voland et al., 2005). Die Ergebnisse sind allerdings gemischt; so macht es offenbar einen Unterschied, ob Mutters Mutter oder Vaters Mutter bei der Familie lebt. Die Großmutter mütterlicherseits kann immer sicher sein, dass die Enkel ihre eigenen Gene weitergeben (vor allem wenn sie bei deren Geburt dabei war); die Großmutter väterlicherseits dagegen muss zunächst sicherstellen, *dass* die Schwiegertochter die Gene ihres Sohnes (und nicht die eines anderen Mannes) weitergibt (»mother's baby – father's maybe«; dies könnte eine Quelle für die Redewendung der »bösen Schwiegermutter« sein). Hinzu kommt, dass Großväter (vor allem Vaters Vater) nur ausnahmsweise die Pflege kleiner Kinder unterstützen (Voland et al., 2005). Aber auch Männer können alt werden, und auch sie erleben (von seltenen Ausnahmen abgesehen) zwar keine physische, aber eine »behaviorale Menopause«, also eine Altersschwelle, jenseits derer die Reproduktion praktisch ausgeschlossen ist (weil jüngere Konkurrenten in der Regel überlegen sein werden). Warum sterben nicht wenigstens Männer im mittleren Erwachsenenalter?

Altersweisheit: Der Nestor-Effekt. Eine mögliche Antwort ist es, dass die älteren Mitglieder einer sozialen Gemeinschaft über Erfahrungen verfügen, die für die anderen (jüngeren) Mitglieder nützlich oder sogar nötig sind; die Männer einer Gemeinschaft werden dabei in aller Regel andere Erfahrungen gemacht und Kenntnisse erworben haben als die Frauen. Fast in der gesamten Geschichte von Homo sapiens (und erst recht davor) war die einzige Möglichkeit, wichtige Erfahrungen zu bewahren, das individuelle Gedächtnis langlebiger Individuen: Sie sind der Wissensspeicher der Familie und der sozialen Gemeinschaft. Das ist vor allem bei Erfahrungen wichtig, die nur relativ selten gemacht werden können, aber von überlebenswichtiger Bedeutung sind (z. B. Kenntnisse zu besonderen Ressourcen in Zeiten besonderer Dürre oder Nahrungsmittelknappheit oder zu Anzeichen und Maßnahmen bei seltenen Naturkatastrophen; Greve & Bjorklund, 2009). Dazu passt der Befund, dass die Erinnerung an die Kindheit im höheren Alter langsamer verblasst als die Fähigkeit, sich aktuelle Informationen zu merken (vgl. dazu Abschn. 17.4); gerade diese frühen Erfahrungen hat ja kein anderes Mitglied der Gruppe gemacht. Die kognitive »Pragmatik« – die Nutzung verdichteter Erfahrungen eines Lebens – nimmt über die Lebensspanne hinweg stetig zu (Baltes, 1997; vgl. Abschn. 12.2.1); in diesem Zusammenhang ist insbesondere auch an die Weisheitsforschung zu erinnern, die eben diesen alterskorrelierten Zuwachs wertvoller und systematisch integrierter Erfahrung betont (vgl. Abschn. 36.5.2). Tatsächlich taucht in anderer Form diese Idee schon in der Theorie lebenslanger Entwicklung von Erikson auf (vgl. Abschn. 1.3.5), in der *nach* der Krise der Generativität die Krise der *Integration* der gesammelten Lebenserfahrung postuliert wird.

Alter braucht Kultur – Kultur braucht Alter. Baltes (1997) hat in einer Arbeit zur »unvollendeten Architektur« des menschlichen Lebenslaufes darauf hingewiesen, dass im höheren Alter der Bedarf an kultureller (d. h. sozialer) Unterstützung und Kompensation von Verlusten zunehme, wobei allerdings die Effektivität dieser Unterstützung abnehme (nicht alles lässt sich kompensieren). Anderseits *ist* Kultur gespeichertes Wissen (Boyd & Richerson, 2005) und ist mindestens teilweise davon abhängig, dass erfahrene Menschen genügend Zeit haben, sie zu pflegen, weiterzuentwickeln und weiterzugeben. Erwachsene in der Phase der Reproduktion und im Höhepunkt ihrer Kraft und Ausdauer werden – vor allem in vormodernen Gesellschaften – wenig Zeit haben, Lieder zu singen (gar zu erfinden), Höhlen zu bemalen, Geschichten zu erfinden und zu erzählen, Umgangsregeln an Kinder weiterzugeben usw. Viel von dem, was menschliche Kultur besonders macht, wird möglicherweise erst durch menschliche Langlebigkeit ermöglicht (Greve & Bjorklund, 2009). Dazu ist es übrigens nicht erforderlich, dass *alle* Mitglieder einer Gruppe sehr alt werden, solange nur hinreichend viele hinreichend alt werden.

> **Denkanstöße**
>
> Wenn sich die Bereitschaft zu altruistischem und kooperativem Handeln *insgesamt* evolutionär durchgesetzt hat (bei sozialen Spezies), könnte dann die Fürsorge für die Älteren durch (erwachsene) Jüngere nicht einfach ein Spezialfall von Altruismus sein? Was spricht dafür, was dagegen, dass dies die einfache Erklärung des Überlebens von älteren Mitgliedern der Gemeinschaft ist?

2.3 Evolutionäre Entwicklungsbiologie (»Evo-Devo«): Entwicklung als Evolutionsbedingung

Wir haben oben gesagt, dass Evolution »historisch« ist, d. h. sich immer nur auf der Grundlage des Vorhandenen abspielt und daher in der Regel nur in sehr kleinen Schritten voranschreitet (s. Abschn. 2.1.2). Auch wenn das zutrifft, ist es wichtig, diese Aussage in einer wichtigen Hinsicht zu differenzieren. Denn abgesehen davon, dass Evolution auf mehreren Ebenen stattfindet (s. Abschn. 2.1.3), ist die individuelle Entwicklung schon physiologisch ein sehr komplexer, hierarchisch verschachtelter Prozess. Die Vorstellung, dass einzelne Merkmale wie z. B. blaue Augen oder die Fähigkeit, schnell zu laufen, ganz zu schweigen von der Fähigkeit, komplexe Probleme abstrakt zu lösen, durch einzelne oder einige wenige Gene bestimmt werden, ist vollständig unzutreffend. Tatsächlich entstehen alle Merkmale eines Individuums (körperliche wie psychische) durch

Wechselwirkungen (»Interaktionen«) auf vielen Ebenen, nicht nur zwischen Genen und Umweltbedingungen, sondern auch zwischen verschiedenen Genen (s. Kap. 3).

Gene regulieren Gene. Wir teilen überraschend viele Gene mit anderen Arten (mit unseren engsten Verwandten, den Schimpansen, haben wir etwa 98 % unserer Gene gemeinsam, aber selbst mit Tomaten noch mehr als 30 %). Das ist nur möglich, weil physikalisch identische Gene in verschiedenen Regulationssystemen und -hierarchien verschiedene Funktionen übernehmen – oder einfacher gesagt: je nach Kontext etwas anderes bewirken. Regulative Gene (also Gene, die in Regulationshierarchien die Wirkung anderer Gene steuern) sind dafür ein eindrucksvolles Beispiel: Ein Gen, das in einer Fliege bei der Entwicklung eines Flügels eine wichtige Rolle spielt, trägt in einer Maus zur Entwicklung der Beine bei (Arthur, 2011). Wenn bei einem solchen Gen (durch eine zufällige Mutation) eine Variation auftritt, dann könnte das auch eine gravierende Veränderung der Entwicklung nach sich ziehen. Es spricht manches dafür, dass einige der gravierenderen Veränderungen in der Evolution auf diese Weise doch durch »größere Evolutionssprünge« erklärbar sind, vielleicht auch das Entstehen von Arten (Carroll, 2005). Aber natürlich gilt: Auch solche gravierenderen Variationen setzen immer auf dem Vorhandenen auf – das Prinzip der Historizität bleibt unberührt: *Ganz* Neues gibt es nicht.

»Evo-Devo«. Diese Einsichten sind dennoch von herausragender Bedeutung gewesen: Sie haben die bis dahin weithin vorherrschende Vorstellung, dass die Prozesse der Ontogenese, solange sie reliabel funktionieren, für *den Verlauf* der Evolution bedeutungslos seien, grundlegend revidiert. Denn die Evolution wirkt nicht über die unmittelbare Änderung eines Merkmals, sondern über die Veränderung der (ontogenetischen) *Entwicklung* von Merkmalen (indem eben regulative Gene die Entwicklung verändern). Die Richtung der Evolutionstheorie, die diese Vorgänge untersucht, ist die sogenannte Evolutionäre Entwicklungsbiologie, nach der englischen Bezeichnung (Evolutionary Developmental Biology) abgekürzt oft »Evo-Devo« genannt (Arthur, 2011; Carroll, 2005).

Eine lange und komplexe Ontogenese eröffnet also auch der »genetischen« Variation gewissermaßen einen breiteren Möglichkeitsspielraum. Die Entdeckungen der »Evo-Devo« haben damit gezeigt, dass Entwicklung tatsächlich in dreifacher Hinsicht mehr Variation ermöglicht: mehr genetische Variation, ontogenetische Plastizität durch Reaktionsnorm und individuelle reversible Adaptivität. Die fragile Reliabilität einer komplexen Ontogenese ist damit zwar *individuell* riskant (Entwicklungsstörungen gefährden das Überleben des Individuums und jedenfalls seine Reproduktionsfähigkeit), aber für die Art so lange ein Vorteil, wie sie insgesamt selten genug auftreten (ganz analog zu der weitgehenden, aber nicht vollständigen Reliabilität der Genkopien).

Epigenetische Prozesse. Die klassische Vorstellung, die Ontogenese sei für die Phylogenese (Evolution) bedeutungslos, hatte noch einen weiteren wichtigen Grund. Seit der Entdeckung der Mechanismen der Vererbung und ihrer Verbindung mit der Evolutionstheorie in den 1930er-Jahren (Mayr, 1984) hatte als das »zentrale Dogma« dieser Theorie gegolten, dass Merkmale oder Eigenschaften, die während der Ontogenese erworben werden, für die Adaptation (und damit die Evolution) nicht bedeutsam sind, weil sich das Genom (die Gesamtmenge der genetischen Information eines Individuums) nicht mehr ändert und daher diese Merkmale auch nicht vererbt werden können. Inzwischen ist klar, dass auch diese Annahme erheblich differenziert werden muss. Denn vielfach wirken Gene nicht generell, sondern erst dann, wenn sie in einem hierarchischen Regulationssystem aktiviert sind. Einige solcher Aktivierungen aber können erworben *und* vererbt werden (der Wissenschaftszweig, der diese Vorgänge untersucht, wird Epigenetik genannt; vgl. Abschn. 3.1.2). Zu den Umständen, die hierfür bedeutsam sein können, gehören auch verhaltensnahe Merkmale, z. B. das Fressverhalten. Das bedeutet, dass die individuelle Entwicklung unter Umständen für evolutionäre Prozesse sehr wohl eine direkte Rolle spielen kann; Evolution und Entwicklung stehen mit anderen Worten in einer Wechselwirkungsrelation.

Entwicklung: Wechselwirkung statt Determinismus. Nicht nur die beiden zuletzt angesprochenen Aspekte (Evo-Devo und Epigenetik), sondern auch die oben skizzierten Thesen der Evolutionären Entwicklungspsychologie etwa zur Wechselwirkung zwischen Kultur und Lebensalter machen deutlich, dass traditionelle Vorstellungen eines durch starre genetische Programmierung regulierten Entwicklungsablaufes unzutreffend und irreführend sein müssen. Bei aller unbestrittenen Bedeutung genetischer Konstellationen sind die Prozesse und Randbedingungen der individuellen Entwicklung entscheidend nicht nur dafür, wer und wie wir jeweils werden, sondern haben auch weitreichende Rückwirkungen auf den weiteren Verlauf der Evolution.

> **Denkanstöße**
>
> Welche *praktischen* Konsequenzen könnte die Einsicht haben, dass Gene nicht determinieren, wer wir sind und was wir tun? Muss man nicht doch einräumen, dass viele genetische Voraussetzungen unser Werden und Sein zumindest so lange entscheidend (und: unbeeinflussbar) bestimmen, wie wir den Mechanismus der Wechselwirkung nicht genau verstanden haben?

2.4 Evolutionäre Entwicklungspsychologie II: Der Mensch als System und Teil eines Systems

Wenn sich Evolution auf mehreren Ebenen abspielt (s. Abschn. 2.1.3), wenn die Einheit der Selektion (Adaptation) nicht nur eine (die Gene), sondern viele Dimensionen umfasst (den Organismus, familiäre oder andere soziale Gruppen, auch kulturelle Aspekte), dann wird es zunehmend plausibel, auch die Ontogenese (des Menschen) nicht mehr eindimensional zu denken. Auch wenn für bestimmte Lebensabschnitte charakteristische Entwicklungsaufgaben identifiziert werden können (vgl. z. B. für das Jugendalter Abschn. 10.3.3 und für das junge und mittlere Erwachsenenalter Abschn. 11.2.1), und es sicher sinnvoll ist, die Entwicklung einzelner Funktionsbereiche gesondert in den Blick zu nehmen, sind die komplexe Vernetztheit und die wechselseitigen Abhängigkeiten dieser vielen verschiedenen Einzelaspekte offensichtlich ein bestimmendes Merkmal von Entwicklung.

Menschen sind komplexe, hierarchisch vielfach verschachtelte Systeme von interagierenden (Sub-)Systemen. Schon die Zellen, aus denen Menschen bestehen, sind wahrscheinlich durch Kooperation ursprünglich unabhängiger Organismen entstanden. Dies hat zu dem Ansatz der sogenannten »Entwicklungssysteme« geführt (z. B. Ford & Lerner, 1992), der eben diese »systemische« Interdependenz von Entwicklungsprozessen betont. Interessanterweise hat auch dieser Ansatz eine evolutionstheoretische Seite (s. bereits Oyama, 1985), die These nämlich, dass die wichtigste Einheit der Evolution (Adaptation) Entwicklungssysteme sind (Griffith & Gray, 2004). Wäre diese Idee grundsätzlich zutreffend, dann wären Entwicklungssysteme nicht nur Produkt der Evolution (Evolutionäre Entwicklungspsychologie), auch nicht nur Produzent von Evolution (Evo-Devo), sondern auch die Einheit der Evolution.

Die Evolution des Menschen. Wir haben bislang nur wenig über die Evolution des Menschen, d. h. der Spezies Homo sapiens, gesprochen. Die letzten Vorfahren, die wir mit den anderen Primaten und insbesondere den großen Menschenaffen (unseren nächsten Verwandten) gemeinsam hatten, haben vor rund 6 Millionen Jahren gelebt. Die Evolution verlief aber auch von dort aus alles andere als gradlinig. Die sehr komplexen Details dieses Teils der Evolution können hier nicht diskutiert werden, aber ein Aspekt dieser Debatte ist für die Evolutionäre (Entwicklungs-)Psychologie von Bedeutung.

Zahlreiche Vertreter der Evolutionären Psychologie gehen davon aus, dass die Evolution des Menschen in den letzten 100.000 Jahren keine nennenswerten Veränderungen mehr hervorgebracht hat (Buss, 2011). Das ist keine triviale Annahme, denn die ältesten Spuren menschlicher Kultur reichen höchstens 30.000 Jahre zurück (etwa zu dieser Zeit dürften die Neandertaler ausgestorben sein), und von Kultur im engeren Sinne komplexer sozialer Interaktionsmuster und Traditionen, die über das, was es auch bei anderen sozialen Tierarten gibt, wesentlich hinausgehen, kann man wohl erst seit rund 10.000 Jahren sprechen. Wenn die Annahme eines seit dieser Zeit unveränderten Genotyps zuträfe, so argumentiert dieser Ansatz, dann fahren wir in der Tat »mit Steinzeithirnen auf der Autobahn« (vgl. z. B. Barkow et al., 1992). Die grundsätzlichen Funktionselemente unsere kognitiven Systems müssten sich demnach in der Lebenswelt entwickelt haben, in der unsere Vorfahren damals lebten (kleine Verbände von umherstreifenden Jägern und Sammlern in den Savannen Afrikas). Entsprechende Hypothesen (etwa zur Angst vor Schlangen oder zur Fähigkeit, soziale Betrüger zu entdecken) sind vielfach untersucht worden (zum Überblick s. Buss, 2011).

Abgesehen von vielen anderen Einwänden (Buller, 2005) hat dieser Ansatz nicht zuletzt das mehrfach angesprochene Problem einer Fixierung auf die genetische Ebene der Evolution. Denn selbst wenn sich unsere Gene in den letzten 30.000 Jahren nicht substanziell verändert haben sollten, haben sich die Entwicklungssysteme zweifellos fundamental verändert. Diese Veränderungen sind dauerhaft, wenn sich die Umwelt dauerhaft verändert, denn wir erben natürlich auch die

Umwelt von unseren Vorfahren (nicht nur das Elternhaus, auch nicht nur die Schadstoffbelastung des Bodens, sondern auch die Sprache, Lieder, Regeln usw.). Der Genotyp braucht aber einen Phänotyp zur Reproduktion, weil sich Gene *allein* nicht reproduzieren können – und der Phänotyp beruht auf Entwicklungsprozessen. Entwicklung wird vom Kontext ebenso wie von den genetischen Ingredienzien bestimmt und beeinflusst (Gottlieb, 1991; vgl. dazu auch Kap. 3) – und alle diese Komponenten unterliegen evolutionären Adaptationsprozessen (West-Eberhard, 2003).

2.5 Evolutionäre Entwicklungspsychologie III: Adaptive Prozesse in der Ontogenese

Wenn die Feststellungen (s. Abschn. 2.2) zutreffend sind, dass eine hinreichend lange und komplexe individuelle Entwicklung auch individuelle Adaptation an aktuelle, kurzfristig auftretende Probleme ermöglicht und diese individuelle Adaptivität ebenso wie die Ontogenese ein Evolutionsprodukt ist, dann liegt die Frage nahe, ob nicht auch der Ontogenese evolutionäre Prozesse zugrunde liegen könnten. Wenn das so wäre, dann müssten die zentralen Konzepte der Evolutionstheorie auf die Ontogenese des Menschen anwendbar sein. In vielen Fällen ist das leicht möglich; der Versuch ist sehr instruktiv.

Das gilt vor allem für das Prinzip der Historizität: Zu jedem Zeitpunkt unseres Lebens sind wir die Person, die wir sind, nicht nur aufgrund allgemeiner Entwicklungsgesetzmäßigkeiten (z. B. weil wir in einer bestimmten Phase unserer geistigen Entwicklung sind), sondern wesentlich auch deswegen, weil unsere individuelle Geschichte (»Biografie«) so verlaufen ist, wie sie verlaufen ist (die Beziehung zu unseren Eltern, das Vorbild eines Lehrers usw.). Und auch viele Aspekte des Prinzips der Adaptation finden sich in der Individualentwicklung (Ontogenese) wieder: Beispielsweise *variiert* unser Verhalten, besonders wenn wir noch klein sind, sehr unsystematisch (z. B. zufällige Bewegungen des Kleinkindes in der Wiege); da aber verschiedene Verhaltensvarianten – weil die Umwelt systematisch reagiert – unterschiedlich günstige Folgen für uns haben, adaptiert unser Verhalten im Laufe unserer Ontogenese an die für uns relevante Umwelt. So werden bestimmte Laute (»Ma-Ma«) von der Umwelt freundlicher aufgenommen als andere, was dazu führt, dass sie in der Folge häufiger (wahrscheinlicher) auftreten (unter anderem auf diese Weise lernen wir eine Sprache oder allgemeiner: eine Kultur). Dabei werden von unterschiedlichen Umwelten unterschiedliche Verhaltensvarianten *selektiert* (deswegen gibt es verschiedene Sprachen oder Moden – und einige sind ausgestorben).

Dieses Prinzip der selektiven Erhaltung trifft keineswegs nur auf Sprache zu; Jean Piaget hat es – übrigens mit ausdrücklichem Bezug auf die Evolutionstheorie – beispielsweise für die erste, die »sensomotorische« Phase unserer geistigen Entwicklung in der Abfolge der primären, sekundären und tertiären Kreisreaktionen beschrieben. »Erhalten« werden die selektierten Verhaltensvarianten hier allerdings nicht durch Vererbung im engeren Sinne, sondern in verschiedenen Formen des Gedächtnisses (z. B. im motorischen, episodischen oder semantischen Gedächtnis; s. Abschn. 17.1). Spätere Verhaltensvariationen treten dann natürlich nur innerhalb der verbliebenen Versionen auf, wobei zu unserem Glück einige Verhaltensweisen unseres Organismus (z. B. Verdauungs-, Atmungs- oder Durchblutungsprozesse) gar nicht variieren, denn hier wäre das Risiko dysfunktionaler Varianten viel zu groß. Sobald es komplexer wird (z. B. Erziehungsformen, soziale Interaktionen), steigt die Variabilität (zwischen Personen, Gruppen, Kulturen, d. h. innerhalb der Art Homo sapiens) dann freilich deutlich an – und wird von verschiedenen Umwelten unterschiedlich selektiert. So entstehen Moden im kleinen und Kulturen im größeren Maßstab.

Evolutionäre Prozesse sind die Grundlagen unserer Spezies (und von jeder anderen auch), und daher erfordert auch die Tatsache, dass – und wie – wir uns entwickeln, eine evolutionäre Erklärung. Zugleich hat dieser Umstand, *dass* wir uns entwickeln, seinerseits evolutionäre Konsequenzen gehabt – nicht zuletzt dadurch, dass mehr Variation auftreten konnte, die wiederum andere und differenziertere Adaptationsprozesse ermöglicht hat. Entwicklung bestimmt so in mehrfacher Hinsicht unsere Existenz.

> **Denkanstöße**
>
> Wir haben verschiedentlich das Problem der Einheit der Selektion bzw. Evolution angesprochen. Welches könnten die Einheiten sein, die bei intraindividuellen Verhaltensvariationen selektiert werden? Wie kann ihre Evolution gedacht werden? Gibt es hier so etwas wie »Arten«?

Zusammenfassung

- Die Evolutionstheorie geht davon aus, dass alle Lebensformen der Erde, auch wir Menschen, Produkt eines Prozesses der Adaptation an sich ständig wandelnde Umweltbedingungen sind.
- Adaptation in diesem Sinne bedeutet, dass solche Varianten einer Art in nachfolgenden Generationen häufiger auftreten, die einen Reproduktionsvorteil aufweisen. Ein solcher Vorteil könnte z. B. auch in spezifischen Problemlösekompetenzen (Intelligenz, Sensibilität) bestehen.
- Voraussetzung für Adaptation ist, dass Merkmale oder Eigenschaften, durch die sich einige Varianten einer Art von anderen unterscheiden, erblich sind – und so im Laufe der Zeit durchsetzen. »Erblich« im Sinne der Evolutionstheorie bedeutet aber nicht unbedingt »genetisch«; auch andere Formen der transgenerationalen Weitergabe (z. B. Lernen) sind evolutionär wirksam.
- Bei vielzelligen Organismen müssen sich alle Merkmale und Eigenschaften erst entwickeln, und die Prozesse der individuellen Entwicklung, die diese Merkmale zuverlässig herstellen, sind ihrerseits veränderliches Produkt von Evolution.
- Das legt die Hypothese nahe, dass spezifische Merkmale der menschlichen Entwicklung, insbesondere sehr lange Phasen vor (Kindheit, Jugend) und nach der eigentlichen Reproduktion (Alter), gleichwohl Vorteile für die Reproduktion mit sich bringen. In Kindheit und Jugend passen sich Menschen an ihre je spezifische Umwelt an, im höheren Alter sorgen wir indirekt für das Überleben unserer Nachkommen (Enkel), etwa durch Unterstützung und insbesondere durch Weitergabe von Erfahrung und anderen Kompetenzen, die nicht genetisch transferiert werden.
- Die Flexibilität einer langen, wenig festgelegten Entwicklung (besonders die menschliche Entwicklung) ermöglicht eine besonders große Variabilität dieser Spezies – und damit eine Anpassungsfähigkeit an sehr viele Umweltvarianten.

Weiterführende Literatur

Arthur, W. (2011). Evolution. A developmental approach. Chichester, UK: Wiley-Blackwell. *Aktuelles Lehrbuch zur Evolutionsbiologie aus dem Blickwinkel von Entwicklung, daher hier vielleicht besser geeignet als die zahlreichen verfügbaren sehr guten Einführungs- und Lehrbücher zur Evolutionsbiologie; ausführlich, ansprechend illustriert.*

Bjorklund, D. F. & Pellegrini, A. D. (2002). The origins of human nature. Evolutionary developmental psychology. Washington: APA. *Die erste Monografie zum Themenfeld »Evolutionäre Entwicklungspsychologie«; umfassende Einführung, viele praktische Beispiele im Hinblick auf evolutionäre Perspektiven auf Kindheit und Jugend.*

Buss, D. M. (2011). Evolutionary psychology. The new science of the mind (4th ed.). Prentice Hall. *Das meistaufgelegte einführende Lehrbuch zur evolutionären Perspektive der Psychologie. Buss vertritt den Ansatz, dem die Mehrheit der Psychologen/-innen folgt, die in diesem Themenfeld arbeiten (kritische Hinweise finden sich in diesem Kapitel).*

Konner, M. (2010). The evolution of childhood. Cambridge, MA: Belknap. *Aktuelle, äußerst umfangreiche Monografie zum Themenfeld »Evolutionäre Entwicklungspsychologie«; enthält zahlreiche Literaturhinweise und bezieht auch aktuelle Argumente der evolutionären Entwicklungsbiologie ein.*

3 Verhaltens- und molekulargenetische Grundlagen

Jens B. Asendorpf

3.1 Allgemeine Prinzipien des genetischen Einflusses auf die Entwicklung
 3.1.1 Genetik
 3.1.2 Epigenetik

3.2 Verhaltensgenetik der Persönlichkeitsentwicklung
 3.2.1 Relativer Einfluss von Genom und Umwelt
 3.2.2 Geteilte vs. nicht geteilte Umwelten und Umwelteinflüsse
 3.2.3 Interaktion von Genom und Umwelt
 3.2.4 Korrelation von Genom und Umwelt

3.3 Molekulargenetik der Persönlichkeitsentwicklung
 3.3.1 Einfluss spezifischer Gene
 3.3.2 Epigenetisch vermittelte Umwelteinflüsse

Anabel und Gemma aus Barcelona sind eineiige Zwillinge, entstammen also derselben befruchteten Eizelle ihrer Mutter und sind daher genetisch identisch. Als Kinder waren sie einander zum Verwechseln ähnlich und wuchsen gemeinsam bei den Eltern auf. Doch mit 16 Jahren ging die eine nach England und die andere nach Mexiko. Mit den getrennten Wohnorten änderte sich auch ihr Lebensstil. Gemma steht auf Fastfood, Pasta und Fleisch, Anabel treibt viel Sport und isst viel Obst und Gemüse. Seit sich die Zwillinge unterschiedlich ernähren und bewegen, unterscheiden sie sich auch in ihrer Gesundheit.

Die Zwillinge nahmen an einer Studie des Madrider Krebsforschungszentrums teil, in der erstmals gezeigt wurde, dass eineiige Zwillinge sich mit zunehmendem Alter zwar nicht in ihren Genen unterscheiden, wohl aber in der biochemischen »epigenetischen Programmierung« ihrer Gene, die die genetische Aktivität und deren Konsequenzen auf Stoffwechsel und Entwicklung beeinflusst (Fraga et al., 2005). Eineiige Zwillinge bleiben also genetisch identisch, werden aber epigenetisch verschieden, sodass die epigenetische Verschiedenheit umweltbedingt sein muss. Auf diesem Wege können Umweltunterschiede die Genaktivität nachhaltig beeinflussen – bis hin zur Vererbung erworbener Veränderungen an die nächste Generation.

3.1 Allgemeine Prinzipien des genetischen Einflusses auf die Entwicklung

3.1.1 Genetik

Die gesamte genetische Information eines Menschen wird sein Genom genannt (früher auch: Genotyp). Das Genom besteht aus vielen lokalen Abschnitten, den Genen, die durch ihren Ort auf der DNA-Doppelhelix und ihre Funktion im Stoffwechsel definiert sind. In diesen Genen stimmen praktisch alle Menschen überein (sehr seltene genetische Defekte ausgenommen). Dasselbe Gen kann bei unterschiedlichen Menschen in unterschiedlichen Varianten auftreten (den Allelen des Gens); dadurch kann dasselbe Gen bei unterschiedlichen Menschen unterschiedliche Funktionen im Stoffwechsel ausüben. Da es sehr viele Gene gibt, die oft in verschiedenen Varianten (»Polymorphismen«) vorkommen, und da bei der Zeugung die Gene von Vater und Mutter zufällig gemischt werden, sind Menschen genetisch einzigartig: Mit Ausnahme eineiiger Zwillinge gleicht kein Genom dem anderen.

> **Definition**
>
> **Gene** sind funktional bestimmte Abschnitte auf der DNA im Zellkern. **Allele** sind Varianten desselben Gens, in denen sich Menschen unterscheiden. Das **Genom** eines Menschen besteht aus der Gesamtheit aller seiner Gene.

Nach dem zentralen Dogma der Molekulargenetik verändert sich das Genom zwischen Zeugung und Tod nicht. Es handelt sich hierbei um eine Arbeitshypothese, die die Dinge vereinfacht, wobei die heutige Molekulargenetik durchaus Ausnahmen kennt. Aus der weitgehenden Konstanz des Genoms und aufgrund der Annahme, dass Gene *direkt* auf die Entwicklung wirkten, wird oft der Schluss gezogen, dass der genetische Einfluss auf die Entwicklung konstant sei und außer durch gentechnologische Maßnahmen nicht verändert werden könne. Das ist ein Fehlschluss, der zu zahlreichen grundlegenden Missverständnissen über den genetischen Einfluss auf die Entwicklung führt.

Genom-Umwelt-Wechselwirkung. Gene wirken nicht direkt auf die Entwicklung. Genetische Wirkungen auf die Entwicklung entfalten sich immer in Wechselwirkung mit der Umwelt des Genoms. Anfangs handelt es sich um Wechselwirkungen zwischen Zellen des heranwachsenden Embryos. Später spezialisieren sich durch diese Wechselwirkung Rezeptorzellen, die in der Lage sind, Reize aus der Umwelt des Embryos aufzunehmen. Hierbei *kanalisiert* die Umwelt den genetischen Einfluss auf die Hirnentwicklung. Beispielsweise ermöglicht es das Genom allen Kindern, jede beliebige Sprache zu erlernen. Im Prozess des Spracherwerbs geht diese Plastizität zunehmend verloren (vgl. Gottlieb, 1991).

Umwelteinflüsse können also in die »Ausreifung« des Gehirns eingreifen. Zwar können sie nur in seltenen Fällen das Genom verändern (z. B. bei Mutationen durch Strahlenbelastung), aber sie können Wirkungen der Genaktivität verändern. Das klassische Beispiel hierfür ist die Stoffwechselstörung Phenylketonurie. Eine Variante davon beruht auf einem Allel des ersten Chromosoms. Wird dieses Allel von Vater *und* Mutter geerbt, führt diese homozygote Form zu einem Phenylalanin-Überschuss, der die Entwicklung des Zentralnervensystems beeinträchtigt und eine massive Intelligenzminderung verursacht. Wird jedoch im Kindesalter eine Phenylalanin-arme Diät eingehalten (einschließlich der Einnahme von Medikamenten, die den Phenylalanin-Haushalt regeln sollen), wird dieser intelligenzmindernde genetische Effekt fast vollständig beseitigt.

Daher ist die Vorstellung falsch, Gene »bewirkten« Entwicklung oder das Genom »sei« oder »enthalte« ein Programm, das die Entwicklung eines Organismus *steuere* (vgl. Oyama, 2000). Vielmehr beeinflusst die genetische Aktivität die neuronale Aktivität, die Grundlage des Erlebens und Verhaltens ist; durch Verhalten kann die Umwelt verändert werden. Aber auch umgekehrt können Umweltbedingungen das Verhalten beeinflussen, dadurch die neuronale Aktivität, genetische Wirkungen und auch die genetische Aktivität selbst. Das Genom bleibt dabei konstant, aber der Prozess der Gen*aktivität* steht in ständiger Wechselwirkung mit anderen Prozessebenen (vgl. Abb. 3.1).

Wegen der dynamischen Wechselwirkung zwischen Genom und Umwelt können Menschen genetische Wirkungen im Prinzip auf verschiedenen Ebenen beeinflussen: durch medikamentöse Eingriffe in die genetische Aktivität oder die neuronale Aktivität, durch ihr Verhalten oder durch die Gestaltung ihrer Umwelt. Genetische Wirkungen sind also auch ohne gentechnologische Veränderung des Genoms veränderbar. Umgekehrt können Umweltwirkungen im Prinzip durch

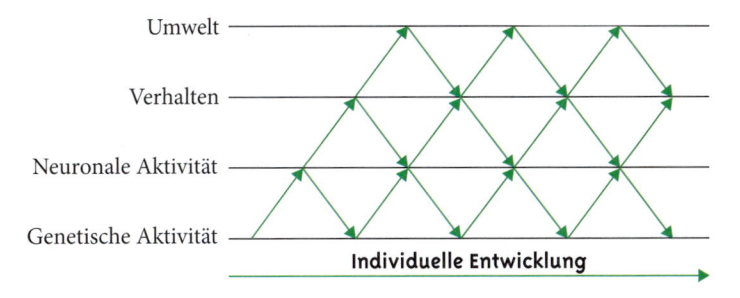

Abbildung 3.1 Ein Modell der individuellen Genom-Umwelt-Wechselwirkung (nach Gottlieb, 1991)

Eingriff in die Genaktivität, einschließlich gentechnologischer Veränderung des Genoms, verändert werden. Im Prinzip könnten Menschen gentechnologisch beispielsweise so verändert werden, dass sie unempfindlicher gegenüber bestimmten Umweltbedingungen werden, etwa gegenüber Giften an Arbeitsplätzen der chemischen Industrie.

Kumulatives Prinzip. Genetische Wirkungen auf die Entwicklung folgen einem kumulativen Prinzip: Genetische Einflüsse aus früheren Entwicklungsphasen können sich physiologisch oder auch anatomisch verfestigt haben und dadurch weiterwirken, auch wenn die betreffenden Gene inzwischen nicht mehr aktiv sind. Gene können damit in einer bestimmten kritischen Phase der Entwicklung einen Prozess in Gang setzen, der zum »Selbstläufer« wird. Bei Phenylketonurie beispielsweise muss die Phenylalanin-arme Diät von Anfang an erfolgen; ist erst einmal die genetisch bedingte Hirnschädigung eingetreten, nützt die Diät nichts mehr. Umgekehrt ist diese Diät aber auch nicht das ganze Leben lang erforderlich, sondern nur während der Gehirnentwicklung im Verlauf der Kindheit. Ist dieser Prozess abgeschlossen, spielt das kritische Gen keine Rolle mehr. Durch dieses kumulative Prinzip wird das sich entwickelnde System stabilisiert, obwohl die Genaktivität im Verlauf des Lebens stark schwankt. Denn Gene können zu bestimmten Zeitpunkten »angeschaltet« oder »abgeschaltet« werden.

3.1.2 Epigenetik

Wie geschieht diese »Programmierung« durch An- oder Abschalten bestimmter Gene? Inzwischen hat sich der Begriff der Epigenetik eingebürgert als derjenige Teil der Biologie, der sich mit Zuständen der Genaktivität von Zellen beschäftigt, die an Tochterzellen weitergegeben werden, aber nicht auf Änderungen des Genoms beruhen. In Analogie zu einem Computer handelt es sich um die »epigenetische Software«, die bestimmt, wie die »Hardware« des Genoms funktioniert. Änderungen im epigenetischen Programm führen zu Änderungen in der Funktion des Genoms, ohne dass das Genom selbst sich ändert; und das Programm ist so stabil, dass es bei Zellteilung an Tochterzellen desselben Organismus weitergegeben wird – manchmal sogar an Nachkommen des Organismus vererbt wird (vgl. Asendorpf, 2010).

Die Gesamtheit der epigenetischen Information einer Zelle wird oft als Epigenom der Zelle bezeichnet. Ein grundlegender Unterschied zum Genom besteht darin, dass das Epigenom von Zelle zu Zelle unterschiedlich sein kann, vor allem bei unterschiedlichen Zelltypen (z. B. Gehirnzelle vs. Leberzelle), weil die Spezialisierung von Zellen im Verlauf der Embryonalentwicklung durch Veränderung des Epigenoms (aber nicht des Genoms) zustande kommt.

Drei epigenetische Codes. Derzeit wird intensiv am epigenetischen Code gearbeitet. Drei verschiedene »epigenetische Sprachen« sind bisher gut untersucht worden:

(1) Der Methyl-Code beruht auf Methylgruppen, die an die DNA andocken und so Gene ausschalten. Ob ein Gen aktiv ist oder nicht, hängt also unter anderem davon ab, ob es epigenetisch »markiert« wurde.

(2) Der Histon-Code besteht aus vier verschiedenen Substanzen (Methyl-, Acetyl-, Ubiquitin- und Phosphatgruppen), die nicht an der DNA andocken, sondern an den Histonen, Teilen der Nukleosomen, um die sich die DNA-Doppelhelix mehrfach herumwickelt. Diese Substanzen regulieren die Aktivierbarkeit der benachbarten Gene.

(3) Der RNA-Interferenz-Code besteht aus Mikro-RNA, die verhindert, dass ein Gen mittels Boten-RNA die Zelle dazu bringt, ein bestimmtes Protein zu produzieren. Die Mikro-RNA wird in scheinbar nicht aktiven Teilen der DNA gebildet, die früher für »genetischen Müll« gehalten wurden, jetzt aber als zuständig für die Mikro-RNA rehabilitiert wurden.

> **Definition**
>
> Das **Epigenom** eines Menschen ist die epigenetische Markierung seiner Gene in Form von Methyl-Codierung, Histon-Codierung und RNA-Interferenz-Codierung. Diese epigenetische Markierung beeinflusst die Genaktivität.

Auf allen drei Codes beruhen so dramatische Veränderungen wie der Umbau einer Raupe im Verlauf eines Winters in einen Schmetterling – beide Entwicklungsformen desselben Lebewesens enthalten dasselbe Genom, sind aber epigenetisch grundverschieden. Alle drei Codes sind auch prinzipiell offen für Wirkungen von Umweltbedingungen der Zelle. So kann man auch ohne Gelée Royale, das weibliche Bienenlarven zu Königinnen macht, allein durch experimentelle Veränderungen des Methyl-Codes der Larven Bienenköniginnen erzeugen; anscheinend wirkt Gelée Royale auf den Methyl-Code. Krokodile entwickeln sich je nach Wassertemperatur beim Ausbrüten zu Männchen oder zu Weibchen, sodass ihr Geschlecht nicht genetisch, sondern epigenetisch bestimmt ist. Wüstenheuschrecken hingegen mutieren von unschädlichen grünen Einzelgängern ab Erreichen einer bestimmten Populationsdichte zu braunschwarzen Wanderheuschrecken, die in riesigen Schwärmen ganze Felder kahl fressen; diese biblische Plage beruht nicht auf Genetik, sondern auf Epigenetik, denn vom Genom her unterscheiden sich die beiden Formen der Wüstenheuschrecke nicht.

Gemeinsam ist diesen so verschiedenen Beispielen, dass es massive Entwicklungsveränderungen von einem Typus in einen anderen gibt, ohne dass dies genetisch bedingt ist, und dass die Veränderungen dauerhaft sind: Bienenköniginnen entwickeln sich nicht mehr zu Arbeiterinnen zurück, das Geschlecht von Krokodilen ist zeitlebens konstant und aus Wanderheuschrecken werden keine Einzelgänger mehr.

Genetisch bedingte Entwicklungsveränderungen. Durch diese und andere Änderungen in der Genaktivität kann es trotz des kumulativen Prinzips der genetischen Wirkung zu jedem Zeitpunkt der Entwicklung zu genetisch bedingten Entwicklungsveränderungen kommen. Das ist in der Pubertät offensichtlich, aber auch im Verlauf des Erwachsenenalters können Gene, die bis dahin noch nicht aktiviert wurden, plötzlich ihre Wirkung entfalten. So beginnt z. B. die Chorea Huntington (Veitstanz), eine degenerative Hirnerkrankung, die auf einem Allel auf dem vierten Chromosom beruht, im Durchschnitt erst mit Mitte vierzig; vorher führen die Allel-Träger ein völlig normales Leben. Ein weiteres Beispiel ist das genetisch bedingte Auftreten der Alzheimer-Erkrankung im Alter.

Daher ist die verbreitete Annahme falsch, genetische Wirkungen beeinflussten vor allem die frühe Entwicklung und Umweltwirkungen vor allem die spätere Entwicklung. Diese Annahme geht letztlich auf die Vorstellung zurück, Gene wirkten konstant vom Zeitpunkt der Zeugung an, und dann kämen nach und nach immer mehr Umweltwirkungen dazu, sodass im späteren Lebensalter die Umweltwirkungen überwögen. Bei dieser Argumentation wird übersehen, dass Erwachsene nicht nur eine längere Umweltgeschichte, sondern auch eine längere Geschichte ihrer Genaktivität haben. Genetische Einflüsse kumulieren genauso wie die Umwelteinflüsse. Lediglich die Tatsache, dass das Genom, nicht aber die Umwelt konstant ist, spricht für ein stärkeres Kumulieren genetischer Wirkungen relativ zu Umweltwirkungen im Verlauf der Entwicklung; ob dies so ist, bleibt aber letztlich eine nur empirisch beantwortbare Frage.

Insgesamt zeigt diese Diskussion allgemeiner Prinzipien des genetischen Einflusses auf die Entwicklung, dass die traditionelle Trennung von Entwicklung durch *Reifung* (genetisch determinierte, umweltunabhängige Entwicklung) und Entwicklung durch *Erfahrung* (genetisch unbeeinflusste, rein umweltabhängige Entwicklung) wenig sinnvoll ist. *Welche* Erfahrung gemacht werden kann, ist nicht nur abhängig von Umwelteinflüssen, sondern auch vom Genom, das die Selektion und Verarbeitung von Erfahrungen bestimmt. Umgekehrt kanalisieren aber auch Erfahrungen Entwicklungsvorgänge z. B. durch epigenetische Mechanismen. Das Genom und die Umwelt eines Menschen stehen über die gesamte Lebensspanne hinweg in nur schwer auflösbarer Wechselwirkung. Deshalb ist es nicht möglich, den relativen Anteil des genetischen und des Umweltanteils eines Entwicklungsmerkmals *für einen einzelnen Menschen* zu bestimmen.

> **Denkanstöße**
>
> Warum ist es kein Widerspruch, dass Mensch und Schimpanse 99 % ihrer Gene teilen, menschliche zweieiige Zwillinge jedoch nur zu 50 % genetisch identisch sind?

3.2 Verhaltensgenetik der Persönlichkeitsentwicklung

3.2.1 Relativer Einfluss von Genom und Umwelt

Aus der Unmöglichkeit, den Beitrag von Genom und Umwelt im Einzelfall zu bestimmen, wird manchmal der Schluss gezogen, die Erbe-Umwelt-Diskussion sei überflüssig. Das ist ein Fehlschluss. Es ist zwar richtig, dass die Fähigkeit zu sprechen oder die Eigenschaft, überhaupt eine Blutgruppe zu haben, immer eine Funktion von Genom und Umwelt ist. *Welche* Sprache aber jemand spricht, ist rein umweltbedingt, und *welche* Blutgruppe er hat, ist rein genetisch bedingt. Betrachten wir Merkmale, in denen sich Mitglieder einer bestimmten Population (z. B. alle deutschen Erwachsenen) in stabiler Weise unterscheiden (also Persönlichkeitsmerkmale), ist die Frage nach dem relativen Einfluss der genetischen Unterschiede in der Population und der Umweltunterschiede der Populationsmitglieder auf die Merkmalsunterschiede in der Population nicht trivial. Der *relative* genetische Einfluss kann zwischen 0 % und 100 % kontinuierlich variieren. Wie stark er ist, ist ausschließlich eine empirische Frage. Antworten auf diese Frage sucht die Verhaltensgenetik, die sich mit dem relativen Anteil genetischer Einflüsse (Heritabilität) auf Unterschiede in den charakteristischen Verhaltenstendenzen zwischen Mitgliedern derselben Population beschäftigt.

Einflussfaktoren

Homogenität der Genome und Umwelten. Die relativen Einflüsse von Genom und Umwelt auf Persönlichkeitsunterschiede hängen unter anderem von der Homogenität der Genome und Umwelten ab. Je ähnlicher die Umwelten der Populationsmitglieder sind, desto größer ist der relative genetische Einfluss und umgekehrt. Ein Beispiel mag das verdeutlichen: Im deutschen Schulsystem besuchen ältere Schüler fähigkeitsabhängig unterschiedliche Klassen (z. B. Hauptschulklassen, Gymnasialklassen, Leistungskurse) mit jeweils spezifischem Unterricht. Würden alle Schüler gleich unterrichtet, würde dies zu einer Homogenisierung der Lernumwelten führen und dadurch den genetischen Anteil an den dann vorhandenen Leistungsunterschieden erhöhen, da die genetische Variabilität der Schüler sich nicht geändert hätte. Würde umgekehrt die genetische Variabilität der Schüler durch eine Einwanderungswelle aus sehr unterschiedlichen Kulturen steigen, die sich in der Häufigkeit von Genvarianten unterscheiden, so würde der Umweltanteil an den dann vorhandenen Leistungsunterschieden vermindert.

Population und Merkmal. Aussagen über den genetischen Einfluss auf Merkmalsunterschiede sind deshalb populationsabhängig: Änderungen der genetischen oder der Umweltvariabilität innerhalb der betrachteten Population führen zu veränderten Einflussschätzungen. Genetische Einflussschätzungen können von Population zu Population und auch zwischen verschiedenen historischen Zeitpunkten der Entwicklung derselben Population variieren. Zudem kann der relative genetische Einfluss mit dem betrachteten Merkmal variieren. In ein und derselben Population könnten z. B. Intelligenzunterschiede stärker genetisch bedingt sein als Unterschiede in Aggressivität.

Alter der Population. Ein dritter relativierender Faktor neben Population und Merkmal ist das Alter der betrachteten Population. Der relative genetische Einfluss auf Intelligenzunterschiede bei Kindergartenkindern könnte z. B. größer sein als bei Erwachsenen (oft ist es aber gerade andersherum; vgl. Asendorpf, 2007). Dass genetische Einflussschätzungen altersabhängig sind, liegt daran, dass für Merkmalsunterschiede in einem bestimmten Alter nicht die Unterschiede in den Allelen oder den Umwelten bei der Zeugung entscheidend sind, sondern die Unterschiede in der Geschichte der Genaktivität und der Umwelt bis zum betrachteten Zeitpunkt.

> **Definition**
>
> Die **Heritabilität** eines Merkmals in einer Population ist der relative Anteil der genetisch bedingten Merkmalsunterschiede in dieser Population relativ zum Einfluss aller Umwelteinflüsse auf dieselben Merkmalsunterschiede.

Schätzmethoden der Heritabilität

Verwandtschaftsgrade als Grundlage. Die Verhaltensgenetik beim Menschen versucht die Heritabilität von Merkmalen abzuschätzen, indem Personen unterschiedlichen Verwandtschaftsgrades miteinander verglichen werden. Deren genetische Ähnlichkeit lässt sich nämlich aus Prinzipien des Erbgangs bestimmen. Vereinfacht dargestellt stammt die Hälfte der Allele eines Kindes von der Mutter, die andere Hälfte vom Vater, wobei die Aufteilung von Gen zu Gen zufällig variiert. Aus dieser zufälligen Aufteilung ergibt sich die statistische Erwartung, dass Kinder 50 % der Allele mit jedem Elternteil gemeinsam haben. Geschwister unterschiedlichen Alters und zweieiige Zwillinge teilen auch 50 % ihrer Allele. Eineiige Zwillinge entstammen derselben Eizelle, aus der sich später zwei Individuen entwickeln, und sind deshalb genetisch identisch. Adoptivgeschwister wiederum sind sich genetisch überhaupt nicht ähnlich, d. h. so ähnlich wie zwei zufällig aus der Population herausgegriffene Menschen. Diese Ähnlichkeiten können genutzt werden, um den relativen Einfluss von Genom und Umwelt auf die Merkmalsunterschiede in einer bestimmten Population abzuschätzen.

Hauptmethoden. Die drei Hauptmethoden der Heritabilitätsschätzung sind Zwillings-, Adoptions- und Kombinationsmethode (s. Unter der Lupe); sie beruhen auf dem statistischen Prinzip, dass die Korrelation eines Merkmals zwischen den Mitgliedern eines Personenpaares (z. B. Zwillinge) den gemeinsamen Anteil an der Gesamtvarianz des Merkmals misst. Korreliert also z. B. der IQ zwischen 100 eineiigen Zwillingen .85, so bedeutet dies, dass 85 % der gesamten beobachteten IQ-Varianz bei den 200 Personen auf Unterschiede zwischen den 100 Paaren und 15 % auf Unterschiede innerhalb der Paare zurückgehen (incl. Messfehler).

Unter der Lupe

Hauptmethoden der Heritabilitätsschätzung

Zwillingsmethode. Die Zwillingsmethode geht von der Annahme aus, dass die Umweltvarianz von ein- und zweieiigen Zwillingen gleich groß ist. Die größere Ähnlichkeit eineiiger Zwillinge beruht dann nur noch auf ihrer größeren genetischen Ähnlichkeit. Da zweieiige Zwillinge durchschnittlich 50 % ihrer Allele teilen, eineiige jedoch 100 %, schätzt die Differenz der Korrelationen der Eigenschaft zwischen ein- und zweieiigen Zwillingspaaren 50 % des genetischen Varianzanteils, also die doppelte Differenz den genetischen Varianzanteil. Zum Beispiel korreliert der IQ zwischen eineiigen Zwillingen in westlichen Kulturen typischerweise .85 und zwischen zweieiigen Zwillingen .60; hieraus ergibt sich eine Heritabilität von 2 × (.85 − .60) = .50.

Einige Studien versuchten eine direktere Schätzung der Heritabilität durch einen Vergleich getrennt aufgewachsener eineiiger Zwillinge, die seit der frühesten Kindheit keinen Kontakt hatten, im Erwachsenenalter aber dennoch beide untersucht werden konnten (z. B. Bouchard et al., 1990). Ihre Ähnlichkeit gibt scheinbar direkte Auskunft über die Heritabilität. Allerdings wird sie auch durch Einflüsse der gemeinsamen Umwelt vor der Trennung (insbesondere der pränatalen Umwelt) erhöht und – was oft übersehen wird – der Umweltähnlichkeit nach der Trennung. Letztere ist oft groß; so wachsen getrennt aufgewachsene eineiige Zwillinge oft in der unmittelbaren Nachbarschaft bei Verwandten oder Bekannten auf (Farber, 1981). Der Vergleich getrennt und gemeinsam aufgewachsener eineiiger Zwillinge unterschätzt deshalb Umwelteinflüsse und ist schlecht geeignet für die Heritabilitätsschätzung. Geeignet sind getrennt aufgewachsene eineiige Zwillinge vielmehr zur Abschätzung des Einflusses bestimmter Umweltunterschiede zwischen diesen Zwillingen (wie z. B. in der eingangs geschilderten Studie von Fraga et al., 2005).

Adoptionsmethode. Die sozusagen spiegelbildlich verfahrende Adoptionsmethode geht von der Annahme aus, dass die Umweltvarianz von Adoptivgeschwistern so groß ist wie die Umweltvarianz leiblicher Geschwister. Die größere Ähnlichkeit von leiblichen Geschwistern beruht dann nur noch auf ihrer größeren genetischen Ähnlichkeit. Da leibliche Geschwister durchschnittlich 50 % ihrer Allele teilen, Adoptivgeschwister jedoch 0 %, schätzt die doppelte Differenz zwischen den Korrelationen für leibliche und Adoptivgeschwister den genetischen Varianzanteil. Zum Beispiel korreliert der IQ zwischen leiblichen Geschwistern typischerweise .50 und zwischen Adoptivgeschwistern .25; hieraus ergibt sich ein genetischer Anteil an der IQ-Varianz von 2 × (.50 − .25) = .50.

Kombinationsmethode. Beide Methoden haben unterschiedliche Probleme, die sich durch die Kombinationsmethode minimieren lassen, bei der Zwillings- und Adoptionsdaten oder auch noch komplexere Daten zu Stiefgeschwistern, Stiefeltern, Enkeln usw. simultan berücksichtigt werden (vgl. genauer Asendorpf, 2007, für die Methodik solcher genetisch sensitiven Designs und ihre spezifischen Probleme).

Ergebnisse der Heritabilitätsschätzungen
Ein solchermaßen indirekt geschätzter genetischer Einfluss auf ein Persönlichkeitsmerkmal von z. B. 40 % besagt, dass die beobachtbaren Merkmalsunterschiede in der betrachteten Population zu 40 % durch genetische Unterschiede zwischen den Mitgliedern dieser Population bedingt sind und zu 60 % durch Unterschiede der Umwelten dieser Menschen sowie durch den Messfehler bei der Merkmalsbestimmung. Die Ergebnisse solcher Schätzungen, die inzwischen auf Zehntausenden von Zwillingspaaren, Paaren von Adoptivgeschwistern, Paaren von Halbgeschwistern und Eltern-Kind-Paaren beruhen, legen einen genetischen Einfluss auf den IQ von etwa 50 % und einen genetischen Einfluss auf selbst beurteilte Persönlichkeitsmerkmale von 35–50 % nahe (vgl. Tab. 3.1). Letzteres wurde auch durch die methodisch andersartige German Observational Study of Adult Twins (GOSAT) bestätigt, in der die Persönlichkeit direkt in persönlichkeitsrelevanten Situationen beobachtet wurde (Borkenau et al., 2001).

Indirekte genetische Einflüsse. Ein großes Missverständnis bei der Interpretation genetischer Einflussschätzungen besteht darin, dass aus dem Vorliegen eines substanziellen genetischen Einflusses auf ein Merkmal darauf geschlossen wird, dass es ein Gen oder zumindest wenige Gene gibt, die für die beobachteten Merkmalsunterschiede »direkt« zuständig sind. Zwar ist dies nach dem interaktionistischen Modell in Abbildung 3.1 nicht zu erwarten, aber trotzdem wird dieser Fehlschluss regelmäßig gezogen. Ein Beispiel mag das verdeutlichen: Genetische Schätzungen sozialer und politischer Einstellungsunterschiede in Australien und den USA mithilfe der Zwillingsmethode fanden übereinstimmend einen besonders starken genetischen Einfluss (um 50 %) für die Einstellung zur Todesstrafe bei Mord (Olson et al., 2001). Bedeutet dies, dass es ein »Todesstrafen-Gen« gibt? Natürlich nicht. Wenn z. B. die Ablehnung der Todesstrafe für Mord positiv mit dem IQ korreliert (was der Fall ist) und der IQ zu 50 % genetisch beeinflusst ist, wird dieser genetische Einfluss über die IQ-Einstellungs-Korrelation notwendigerweise auch die Einstellung zur Todesstrafe betreffen. Genetische Einflussschätzungen beziehen *alle*, auch höchst indirekt vermittelte genetische Wirkungen auf ein Merkmal ein. Tatsächlich konnten Olson et al. (2001) für zahlreiche Einstellungen mit stark genetischem Anteil zeigen, dass dieser genetische Einfluss durch genetisch beeinflusste Temperamentsmerkmale oder andere genetisch beeinflusste, körpernahe Merkmale vermittelt wurde.

Tabelle 3.1 Typische Ergebnisse für die Schätzung des genetischen und Umwelteinflusses auf Testintelligenz und selbst beurteilte Persönlichkeitsmerkmale in westlichen Kulturen (Daten nach Chipuer et al., 1990, und Loehlin, 1992, aufgrund von Kombinationsstudien, in denen die Daten von ein- und zweieiigen Zwillingen und Adoptivgeschwistern kombiniert analysiert wurden; die Fehleranteile wurden geschätzt)

Merkmal	Genetischer Anteil	Umweltanteil	Fehleranteil
Testintelligenz	51 %	39 %	10 %
Extraversion	49 %	31 %	20 %
Neurotizismus	35 %	45 %	20 %
Verträglichkeit	38 %	42 %	20 %
Gewissenhaftigkeit	41 %	39 %	20 %
Intellekt	45 %	35 %	20 %

3.2.2 Geteilte vs. nicht geteilte Umwelten und Umwelteinflüsse

Mithilfe der Schätzmethoden für genetische und Umwelteinflüsse lassen sich auch interessante und kontrovers diskutierte Schlussfolgerungen über den Einfluss unterschiedlicher Arten von Umweltbedingungen auf Persönlichkeitsmerkmale ziehen. Es lassen sich nämlich die von allen Geschwistern einer Familie geteilten Umwelteinflüsse von den ganz individuellen, von ihnen nicht geteilten Umwelteinflüsse getrennt schätzen; ihre Summe ergibt den gesamten Umwelteinfluss (vgl. Tab. 3.2; zur Methodik s. Asendorpf, 2007).

Das Hauptergebnis dieser Schätzungen ist, dass die von Geschwistern geteilten Umwelteinflüsse sehr viel geringer sind als die individuellen Umwelteinflüsse, die Kinder in derselben Familie unterschiedlich machen. Wie Tabelle 3.2 zeigt, stellt die Testintelligenz eine Ausnahme dar, wobei altersspezifische Analysen zeigen, dass geteilte Einflüsse auf den IQ (etwa aufgrund des Bildungsmilieus der Familie) nur bis zum Verlassen des Elternhauses substanziell sind.

Von Geschwistern nicht geteilte Umwelteinflüsse. Dies scheint der Annahme der klassischen Sozialisationsfor-

Tabelle 3.2 Typische Ergebnisse für die Schätzung von geteilten bzw. nicht geteilten Umwelteinflüssen auf Testintelligenz und selbst beurteilte Persönlichkeitsmerkmale in westlichen Kulturen (Daten nach Chipuer et al., 1990, und Loehlin, 1992, aufgrund von Kombinationsstudien, in denen die Daten von ein- und zweieiigen Zwillingen und Adoptivgeschwistern kombiniert analysiert wurden)

Merkmal	Geteilt	Nicht geteilt
Testintelligenz	22 %	17 %
Extraversion	2 %	29 %
Neurotizismus	11 %	34 %
Verträglichkeit	7 %	35 %
Gewissenhaftigkeit	7 %	32 %
Intellekt	6 %	29 %

schung zu widersprechen, dass die wesentlichen persönlichkeitsprägenden Umweltbedingungen familientypisch sind, z. B. die soziale Schicht der Familie oder ein Erziehungsstil der Eltern, der auf alle Kinder in gleicher oder doch zumindest ähnlicher Weise wirkt. Die Hinterfragung und Widerlegung dieser Annahme der klassischen Sozialisationsforschung ist aus psychologischer Sicht vielleicht das interessanteste Ergebnis der gesamten Entwicklungsgenetik. Es regte eine intensive Forschung an mit dem Ziel, diejenigen Umwelteinflüsse zu identifizieren, die von Geschwistern *nicht* geteilt werden. Diese Forschungsanstrengungen lassen sich grob in zwei Etappen gliedern.

Zunächst (1985–1999) wurden diejenigen Umweltbedingungen ins Visier genommen, in denen sich Geschwister *unterscheiden*. Hierzu gehören zum einen Unterschiede in der familiären Umwelt zwischen Geschwistern, z. B. unterschiedliche Behandlung durch dieselben Eltern und Geschwister und die Geschwisterposition (z. B. Erst- oder Zweitgeborenes). Hinzu kommen unterschiedliche Erfahrungen in Gleichaltrigengruppen (Kindergarten, Schule, Jugendlichen-Cliquen; Harris, 1995), aber auch ganz individuelle Erlebnisse und Beziehungen außerhalb solcher Gruppen. Turkheimer und Waldron (2000) fanden allerdings in einer Metaanalyse der vorliegenden Studien, dass je nach Methode und Merkmal nur 2–6 % der beobachteten Persönlichkeitsunterschiede zwischen Geschwistern durch Umweltunterschiede aufgeklärt werden konnten. Dies steht in eklatantem Widerspruch zu den Schätzungen von bis zu 40 % nicht geteilter Umwelteinflüsse.

Der Einfluss einzelner nicht geteilter Umweltbedingungen ist also viel geringer als die nicht geteilten Umwelteinflüsse insgesamt.

Trennung von geteilter Umwelt und geteilten Umwelteffekten. Diese Beobachtung motivierte Turkheimer und Waldron (2000) zu einer klaren Trennung von geteilter Umwelt und geteilten Umwelteffekten. Der Unterschied zwischen dem Einfluss geteilter Umweltbedingungen und geteilter Umwelteinflüsse ist in Abbildung 3.2 veranschaulicht. Die beobachteten Umwelten U1, U2 von zwei Geschwistern sind mit deren beobachteten Persönlichkeitsmerkmalen P1, P2 in Beziehung gesetzt und jeweils in nicht geteilte und geteilte Anteile zerlegt.

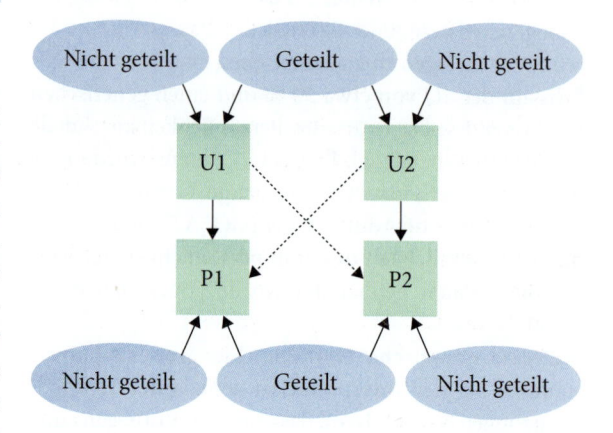

Abbildung 3.2 Vermittlung zwischen (nicht) geteilten Umweltbedingungen U1, U2 und (nicht) geteilten Persönlichkeitsmerkmalen P1, P2 bei Geschwistern 1, 2 (siehe Text)

Kritisch ist, dass es die (gestrichelt gezeichneten) Kreuzpfade von U1 nach P2 bzw. U2 nach P1 geben kann. Dadurch kann die von Geschwister 2 nicht geteilte Umwelt von Geschwister 1 einen geteilten Effekt auf die Persönlichkeit von Geschwister 2 haben und umgekehrt. So könnte z. B. ein Musiklehrer, den Geschwister 1, nicht aber Geschwister 2 hat, das Interesse von Geschwister 1 am Klavierspielen wecken, was sich dann durch Beobachtung und Kommunikation mit Geschwister 1 auf Geschwister 2 überträgt. Damit übt die nicht geteilte Umweltbedingung »Musiklehrer« einen von beiden Geschwistern geteilten Effekt auf deren Klavierspiel aus. Umgekehrt kann auch eine objektiv geteilte Umweltbedingung nur auf eines der beiden Geschwister wirken, also einen nicht geteilten Effekt darstellen. So könnten z. B. beide Geschwister zum selben Klavierlehrer gehen, aber unterschiedliches Interesse am Klavierspiel entwickeln, weil sie aus genetischen Gründen unterschiedlich musikalisch begabt sind. Dies zeigt, dass Effekte objektiv geteilter Umweltbedingungen und geteilte Umwelteffekte nicht gleichgesetzt werden dürfen.

Daher ist es nicht mehr so überraschend, dass die großen nicht geteilten Umwelteffekte, die sich aus den genetischen Schätzungen für die meisten Persönlichkeitsmerkmale ergeben, nicht durch die Untersuchung objektiv nicht geteilter Umwelten aufgeklärt werden konnten. Turkheimer und Waldron (2000) diskutierten drei mögliche Ursachen für diese Tatsache:

(1) Es könnte sein, dass sehr viele verschiedene nicht geteilte Umweltbedingungen für Persönlichkeitsunterschiede zwischen Geschwistern zuständig sind, sodass große Effekte für einzelne Umweltunterschiede nicht zu erwarten sind.
(2) Geteilte Umweltbedingungen könnten unterschiedliche Auswirkungen auf die Persönlichkeit von Geschwistern haben, weil diese Auswirkungen selbst bereits durch die Persönlichkeit der Geschwister mitbestimmt werden.
(3) Die Individualentwicklung beruht nur zum Teil auf der Wirkung systematischer Faktoren. Wie Computersimulationen zeigten, können kleine Zufallsvariationen in Entwicklungsbedingungen sich langfristig zu erheblichen Entwicklungsveränderungen aufschaukeln. Solche zufallsbedingten Effekte auf genetische oder Umweltwirkungen sind in genetischen Schätzungen in der »Restkategorie« der nicht geteilten Umwelteinflüsse enthalten.

3.2.3 Interaktion von Genom und Umwelt

Bisher wurden Genom und Umwelt in einem additiven Ansatz als unabhängige Größen aufgefasst; Beziehungen zwischen genetischen und Umweltunterschieden wurden ignoriert. Solche Beziehungen lassen sich ähnlich wie genetische und Umwelteinflüsse als Einflussanteile auffassen. Sie sind »neutral« bezüglich dieser beiden Anteile und können deshalb zur Hälfte dem Genom und zur anderen Hälfte der Umwelt zugerechnet werden. Zwei Formen der Genom-Umwelt-Beziehung lassen sich unterscheiden: Genom-Umwelt-Interaktion und Genom-Umwelt-Korrelation.

Bei der Genom-Umwelt-Interaktion ist der Effekt genetischer Faktoren auf Persönlichkeits- und Entwicklungsunterschiede von Umweltbedingungen abhängig und umgekehrt. Es hängt also von den Allelen ab, welchen Einfluss bestimmte Umweltunterschiede auf Persönlichkeitsunterschiede haben, bzw. es hängt von den Umweltbedingungen ab, welchen Einfluss bestimmte Allele auf Persönlichkeitsunterschiede haben (dies sind zwei Seiten desselben Phänomens).

Antisoziales Verhalten von Adoptivkindern. Ein Beispiel ist die Studie von Cadoret et al. (1983), die bei adoptierten Jugendlichen antisoziales Verhalten in Beziehung setzten zum antisozialen Verhalten ihrer biologischen Mutter und zu Problemen in der Adoptivfamilie. Das antisoziale Verhalten der biologischen Mutter wurde als genetischer Risikofaktor interpretiert und die Probleme in der Adoptivfamilie als Risikofaktor der Umwelt. Ersteres ist nicht ganz richtig, weil der auf die biologische Mutter zurückgehende Risikofaktor auch prä- und perinatale Risikofaktoren der Jugendlichen enthält. Abbildung 3.3 zeigt, dass es die Kombination genetischer oder sehr früher Risikofaktoren und Risikofaktoren in der Umwelt nach der Adoption ist, die antisoziales Verhalten vorhersagt; einer der beiden Faktoren allein erhöht das Risiko für antisoziales Verhalten nicht.

Derartige Interaktionen werden in der klinischen Literatur häufig postuliert, z. B. für Schizophrenie oder Depression. Genetische Risiken wirken sich nach dieser

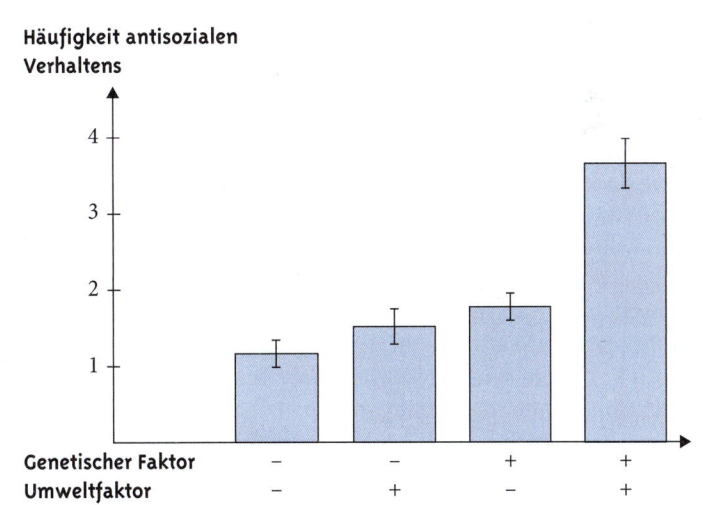

Abbildung 3.3 Statistische Genom-Umwelt-Interaktion am Beispiel antisozialen Verhaltens bei Adoptivkindern (nach Cadoret et al., 1983)

Vorstellung nicht direkt aus, sondern erhöhen die Vulnerabilität (Verletzbarkeit) durch belastende Umweltbedingungen. Nur wenn genetisch bedingte Vulnerabilität und belastende Umweltbedingungen zusammenkommen, ist das Erkrankungsrisiko erhöht.

Schichtabhängigkeit der Einflüsse auf Intelligenzunterschiede. Ein spiegelbildlicher Effekt findet sich bei der Interaktion von sozialer Schicht und genetischem Einfluss bzw. geteiltem Umwelteinfluss auf Intelligenz. Mit zunehmendem Bildungsniveau der Eltern nimmt der genetische Einfluss auf die Intelligenz zu und der von Geschwistern geteilte Umwelteinfluss auf die Intelligenz ab (Turkheimer et al., 2003). Intelligenzunterschiede bei Kindern aus der Unterschicht waren zu etwa 60 % durch geteilte Umwelteinflüsse und nur geringfügig durch genetische Einflüsse bedingt; bei Kindern aus der Oberschicht kehrte sich dieses Verhältnis um. Da die Intelligenz mit steigender sozialer Schicht zunimmt, lässt sich dies so interpretieren, dass das genetische Potenzial zu hoher Intelligenz sich nur dann auswirkt, wenn es auf günstige, intelligenzfördernde Umwelten trifft.

3.2.4 Korrelation von Genom und Umwelt

Drei Formen der Genom-Umwelt-Korrelation. Bei der Genom-Umwelt-Korrelation finden sich bestimmte Genome gehäuft in bestimmten Umwelten. Zum Beispiel mögen intelligenzförderliche Genome sich in anregenden Umwelten häufen, weil Eltern und Ausbildungssystem dies fördern und intelligente Menschen dazu tendieren, solche Umwelten aufzusuchen oder herzustellen. Plomin et al. (1977) unterschieden drei unterschiedliche Formen der Genom-Umwelt-Korrelation, die am Beispiel der Musikalität veranschaulicht werden sollen (s. Unter der Lupe).

Es ist wichtig sich klarzumachen, dass es hier nur um Mechanismen geht, die zu *Genom*-Umwelt-Korrelationen führen, nicht um die allgemeinere Frage, wie es zu *Persönlichkeit*-Umwelt-Korrelationen kommt. Zu Persönlichkeit-Umwelt-Korrelationen tragen neben den drei Mechanismen der Genom-Umwelt-Korrelation die von Psychologen mehr beachteten Umweltwirkungen auf die Persönlichkeit bei, z. B. Einflüsse von Eltern, Lehrern und Gleichaltrigen auf die Persönlichkeitsentwicklung. Diese Umweltwirkungen können nach dem zentralen Dogma der Molekulargenetik aber nicht das Genom verändern.

Genetischer Einfluss auf Persönlichkeit-Umwelt-Korrelationen. Obwohl die empirische Untersuchung dieser drei Korrelationstypen schwierig ist, war die Arbeit von Plomin et al. (1977) in zweierlei Hinsicht bahnbrechend: Erstens stellte sie ernsthaft die Frage nach der Korrelation von Genomen und Umwelten sowie nach den vermittelnden Mechanismen und überwand so die oberflächliche Erbe-Umwelt-Dichotomie. Zweitens

---

Unter der Lupe

Genom-Umwelt-Korrelationen bei Musikalität

Da ein substanzieller genetischer Einfluss auf Unterschiede in Musikalität besteht, sollte eine *passive* Genom-Umwelt-Korrelation dadurch zustande kommen, dass ein genetisch für hohe Musikalität prädisponiertes Kind aus genetischen Gründen auch eher musikalische Eltern und Geschwister hat, diese aus genetischen Gründen für eine musikalische familiäre Umgebung sorgen und dadurch auch eine musikalische persönliche Umwelt für das Kind schaffen. Die passive Genom-Umwelt-Korrelation dürfte mit wachsendem Alter des Kindes abnehmen; hat es erst einmal das Elternhaus verlassen, ist ihr Einfluss minimal.

Ziemlich altersunabhängig dagegen dürfte die *reaktive* Genom-Umwelt-Korrelation sein, die eine Reaktion der Umwelt auf die genetisch mitbedingten Persönlichkeitsanteile des Kindes darstellt. Ein genetisch zu hoher Musikalität prädisponiertes Kind fällt durch seine manifeste Musikalität auf und übt dadurch Wirkungen aus, z. B. indem die Eltern ein Klavier kaufen oder der Musiklehrer das Kind besonders fördert.

Eine dritte Form der Genom-Umwelt-Korrelation schließlich sollte mit dem Alter stark zunehmen: die *aktive* Genom-Umwelt-Korrelation. Ein genetisch zu hoher Musikalität prädisponiertes Kind wird sich eher ein Klavier wünschen, gern in Konzerte gehen, eher Klavierunterricht nehmen und sich eher mit musikalischen Gleichaltrigen befreunden. Oder allgemeiner formuliert: Mit wachsendem Alter steigt der Einfluss von Genomen auf ihre Umwelt, indem die Träger der Genome ihre Umwelt passend auswählen oder gestalten.

wirft das Konzept der Genom-Umwelt-Korrelation ein neues Licht auf Persönlichkeit-Umwelt-Korrelationen. In der Sozialisationsforschung wurden solche Korrelationen (etwa zwischen Erziehungsstil der Mutter und Persönlichkeit des Kindes) bis Ende der 1970er-Jahre fast ausschließlich als Effekte Erziehungsstil → Kind interpretiert, erst später auch als Effekte Kind → Erziehungsstil (vgl. Bell, 1977). Solche Korrelationen können aber auch genetisch mitbedingt sein. So zeigten Knafo und Plomin (2006), dass die bei über 9.000 Zwillingen beobachtete negative Korrelation zwischen elterlichem negativen Verhalten ihren Kindern gegenüber und dem prosozialen Verhalten dieser Kinder stark genetisch vermittelt war.

Biografische Ereignisse, z. B. Unfälle, Krankheiten oder Änderungen in der Berufsumwelt, die oft als »reine Umweltbedingungen« zur Erklärung von Persönlichkeitsmerkmalen herangezogen werden, können ebenfalls genetisch mitbedingt sein. Tatsächlich ließ sich ein genetischer Einfluss auf Lebensereignisse in mehreren Studien jedenfalls dann nachweisen, wenn sie durch das eigene Verhalten mitbedingt sind (Saudino et al., 1997). Dies ist weniger überraschend, als es zunächst den Anschein haben mag, weil z. B. das Unfallrisiko beim Autofahren auch von der Persönlichkeit des Fahrers abhängt. Tatsächlich konnten Saudino et al. (1997) zeigen, dass der genetische Einfluss auf solche biografischen Ereignisse wesentlich auf dem genetischen Einfluss auf vermittelnde Persönlichkeitsmerkmale beruht.

Genetischer Einfluss auf Familienstrukturen. Dies betrifft auch Persönlichkeitsunterschiede, die traditionell auf unterschiedliche Familienstrukturen zurückgeführt werden. So gibt es z. B. schwache, aber statistisch signifikante Unterschiede in der Stärke des antisozialen Verhaltens zwischen Familien mit Geschwistern und solchen mit Halbgeschwistern (die nur den Vater oder die Mutter gemeinsam haben); in Letzteren findet sich etwas mehr antisoziales Verhalten. Cleveland et al. (2000) zeigten in einem verhaltensgenetischen Vergleich von vier Familientypen, dass Persönlichkeitsunterschiede der Kinder zwischen den vier Typen zu über 80 % durch genetische Unterschiede erklärt werden konnten. Die Autoren führten den überraschend starken genetischen Einfluss auf einen Prozess der genetischen Selbstselektion in Familientypen zurück. Halbgeschwister entstehen weniger oft durch Tod eines Elternteils als durch Scheidung oder Trennung der Eltern, und das Trennungsrisiko ist erheblich genetisch beeinflusst. So ist z. B. das Risiko einer Scheidung doppelt so hoch für einen zweieiigen Zwilling, wenn der Zwillingspartner geschieden ist, aber sechsfach erhöht, wenn es sich um eineiige Zwillinge handelt (McGue & Lykken, 1992). Natürlich gibt es kein »Scheidungs-Gen«, sondern dieses genetische Risiko ist über den genetischen Einfluss auf scheidungsförderliche Persönlichkeitsmerkmale, vor allem Neurotizismus, vermittelt. Ob jemand geschieden ist oder nicht, ob jemand alleinerziehend ist oder nicht und ob jemand ein Halbgeschwister ist oder nicht, ist deshalb auch genetisch mitbestimmt.

Unter der Lupe

Beispiel eines Kontrollzwillingsdesigns

Caspi et al. (2004) prüften den Einfluss der Einstellung von Müttern zu ihren eineiigen Zwillingen auf deren antisoziales Verhalten. Die Mütter beschrieben ihre beiden Zwillinge im Alter von 5 Jahren getrennt voneinander; Tonaufnahmen dieser freien Beschreibungen wurden dann für negative Emotionen codiert. Der jeweils negativer beschriebene Zwilling wurde von den Müttern, aber auch von Lehrern, zwei Jahre später als antisozialer beurteilt als der positiver beschriebene Zwilling. Dieser Effekt der mütterlichen Einstellung auf die Persönlichkeit ihrer Kinder war offenbar umweltvermittelt, denn es handelte sich ja um genetisch identische Zwillinge.

Aufgrund von Interviews mit den Müttern gelang es den Autoren, vier unterschiedliche Ursachen für die unterschiedliche Einstellung der Mütter zu ihren Zwillingen zu identifizieren:

(1) Krankheit eines Zwillings, nicht aber des anderen
(2) Annahmen der Mütter über Persönlichkeitsunterschiede der Zwillinge
(3) Identifikation mit einem der Zwillinge (»ist so wie ich«)
(4) Identifikation eines Zwillings mit dem Ex-Partner und Verschiebung negativer Gefühle gegenüber dem Ex-Partner auf diesen Zwilling

Aus genetischer Sicht sind deshalb die klassischen Studien der Sozialisationsforschung, in denen Umwelt- und Persönlichkeitsunterschiede miteinander korreliert werden, nicht im Sinne von Umwelteinflüssen interpretierbar. Ein strenger Nachweis von Umwelteinflüssen ist nur bei Kontrolle der genetischen Einflüsse möglich, z. B. indem bei eineiigen Zwillingen Umweltunterschiede mit Persönlichkeitsunterschieden korreliert werden (Kontrollzwillingsdesign; s. Unter der Lupe).

> **Denkanstöße**
> ▶ Wie lässt sich die Heritabilität eines Merkmals durch den Vergleich von eineiigen Zwillingen mit Adoptivgeschwistern abschätzen?
> ▶ Sind epigenetische Unterschiede genetisch oder umweltbedingt?

3.3 Molekulargenetik der Persönlichkeitsentwicklung

3.3.1 Einfluss spezifischer Gene

Seltene Allele wie im Falle von Phenylketonurie sind für das Verständnis von Persönlichkeitsunterschieden vermutlich wenig relevant, weil durch sie die Variabilität innerhalb menschlicher Populationen nur unwesentlich aufgeklärt werden kann. Obwohl z. B. inzwischen Hunderte von Allelen bekannt sind, die den IQ massiv beeinträchtigen, können sie letztlich nur einen winzigen Bruchteil der genetisch bedingten IQ-Variabilität erklären, weil sie jeweils extrem selten auftreten: Ihr Effekt ist im Einzelfall massiv, aber die Summe ihrer Effekte ist in Bezug auf die IQ-Unterschiede in der ganzen Population minimal.

Quantitative Trait Loci (QTL). Alternativ wird vermutet, dass Normalvarianten der Persönlichkeit mit vielen häufigen Allelen statistisch assoziiert sind (sogenannte »Quantitative Trait Loci«; QTL). Wenn jeder einzelne QTL z. B. 2 % der Eigenschaftsvarianz erklären würde, wären mindestens 25 QTL notwendig, um die Eigenschaft molekulargenetisch aufzuklären, sofern sie zu 50 % genetisch beeinflusst ist. Diese Logik lag dem ersten molekulargenetischen Versuch zugrunde, Normalvarianten einer menschlichen Eigenschaft aufzuklären, nämlich dem IQ (Plomin et al., 1994). Untersucht wurden Kinder, die nach hohem und niedrigem IQ vorausgelesen wurden. 60 Allelmarker für Genomregionen, die an neuronaler Aktivität beteiligt sind, wurden zunächst in der ersten Stichprobe auf überzufällige Häufigkeitsunterschiede zwischen Kindern mit niedrigem bzw. hohem IQ geprüft. Acht Marker zeigten überzufällige Unterschiede. Mit ihnen wurde die zweite Stichprobe aus Kindern mit sehr niedrigem bzw. sehr hohem IQ getestet. Kein einziger Marker zeigte einen überzufälligen Unterschied.

Zahlreiche weitere Versuche, Intelligenzunterschiede durch QTLs zu erklären, ergaben lediglich Hinweise auf einen einzigen QTL (das möglicherweise auch an Alzheimer beteiligte APOE-Gen), der aber nur 3 % der IQ-Variabilität erklärt (vgl. Deary et al., 2010). Dies gilt auch für andere Persönlichkeitsmerkmale. So wurde seit 1996 immer wieder ein Gen für den Dopaminrezeptor D4, das DRD4-Gen auf dem 11. Chromosom, mit dem Streben nach Neuigkeit (»Sensation Seeking«) in Zusammenhang gebracht. Wie bei vielen anderen Genen auch bestehen in diesem Fall die verschiedenen Allele aus unterschiedlich häufigen Wiederholungen einer bestimmten Basensequenz (2 – 8 Wiederholungen in diesem Fall). Die Zahl der Wiederholungen beeinflusst die Effizienz, mit der Dopamin aufgenommen wird, d. h., die Allele beeinflussen direkt den Dopaminstoffwechsel. Es wurde angenommen, dass Personen mit vielen Wiederholungen dopamindefizient sind und deshalb nach Neuigkeit streben, um ihren Dopaminspiegel zu erhöhen. Nach über 10 Jahren Forschung sind die Befunde zahlreicher Studien zum Zusammenhang zwischen der Zahl der Wiederholungen im DRD4-Gen und dem selbst berichteten Streben nach Neuigkeit aber noch immer widersprüchlich (Munafo et al., 2008).

Genomweite Assoziationsstudien. Nachdem der QTL-Ansatz zur Erklärung des genetischen Einflusses auf normale Persönlichkeitsvarianten gescheitert war, setzen Genetiker inzwischen auf Methoden, mittels genomweiter Assoziationsstudien (GWAS) genetische Varianten in den einzelnen Bausteinen der Gene, den Basenpaaren, bestimmten Persönlichkeitsunterschieden zuzuordnen (vgl. Abb. 3.4 für die Methode).

Da es mehrere Millionen solcher Single Nucleotide Polymorphisms (SNPs) beim Menschen gibt, besteht hier vor allem ein statistisches Problem: Wie kann verhindert werden, dass Zusammenhänge zwischen SNPs und Persönlichkeitsunterschieden rein zufällig bedingt sind (falschpositive Ergebnisse)? Entweder werden alle

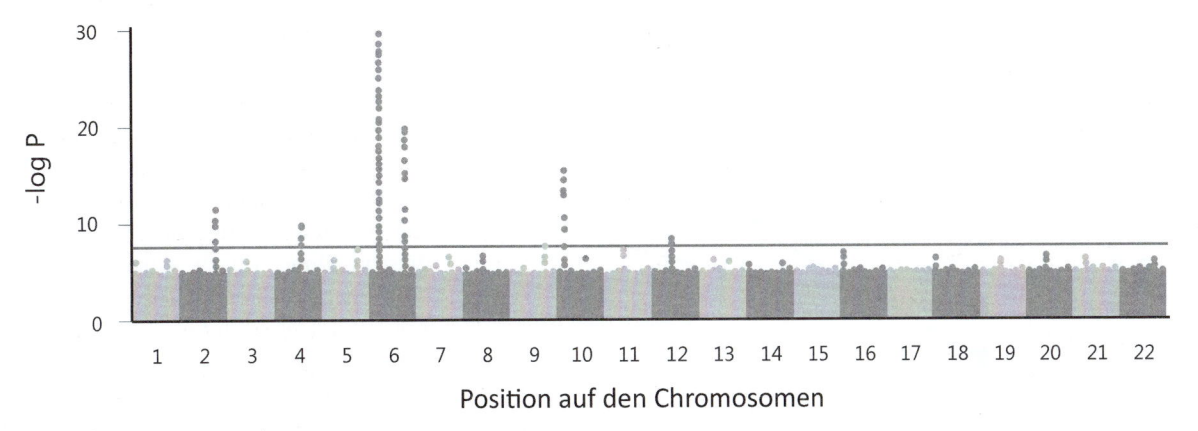

Abbildung 3.4 Beispiel eines Manhattan-Plots zur Entdeckung von SNPs, die statistisch signifikant unterschiedlich häufig in zwei Gruppen von Personen vorkommen (z. B. Erkrankte und Gesunde als Kontrollgruppe). Die Linie zeigt die Schwelle, ab der ein Zusammenhang als nicht mehr zufällig angesehen werden kann; die »Wolkenkratzer« markieren oberhalb dieser Linie SNPs auf den einzelnen Chromosomen, die die beiden Gruppen unterscheiden

SNP-Effekte einzeln für die Zahl der statistischen Tests korrigiert, sodass nur relativ starke Effekte für überzufällig gehalten werden; dann konnte selbst ein so stark genetisch bedingtes Merkmal wie die Körpergröße (80–90 % genetischer Einfluss) nur zu 5 % durch derartige SNPs aufgeklärt werden, und für den IQ und Neurotizismus ergaben sich ebenfalls nur äußerst bescheidene molekulargenetische Erklärungen des Merkmal von nur 3 %.

Vielversprechender scheint es zu sein, die Ergebnisse aller untersuchten SNP-Effekte simultan zu berücksichtigen. So konnten Yang et al. (2010) durch Analyse von 300.000 SNPs bei 4.000 Erwachsenen immerhin über 50 % des genetischen Einflusses auf Unterschiede in ihrer Körpergröße durch SNPs erklären. Mit dieser Methode gelang es inzwischen auch, IQ-Unterschiede bei älteren Briten zu 51 % auf Unterschiede in ihren SNPs zurückzuführen (Davies et al., 2011), wobei dieser genetische Gesamteffekt auf sehr viele Gene zurückging – sehr viel mehr, als im QTL-Ansatz vermutet wurde.

Gen-Umwelt-Interaktion bei antisozialem Verhalten. Die Strategie, direkte Zusammenhänge zwischen bestimmten Allelen oder SNPs und Persönlichkeitsmerkmalen zu finden, ist allerdings nicht die einzig mögliche, um genetische Einflüsse direkt nachzuweisen. Wie die Studie von Cadoret et al. (1983) nahelegt (vgl. Abb. 3.3), kann es Genom-Umwelt-Wechselwirkungen geben, bei denen die genetischen Wirkungen von bestimmten Umweltbedingungen abhängen. Es ist deshalb auch kein Zufall, dass der erste Hinweis auf eine spezifische Gen-Umwelt-Interaktion für antisoziales Verhalten gefunden wurde. Caspi et al. (2002) untersuchten bei den knapp 500 männlichen Teilnehmern einer neuseeländischen Längsschnittstudie den Zusammenhang zwischen erfahrener Kindesmisshandlung im Alter zwischen 3 und 11 Jahren (keine, wahrscheinlich, schwere), dem MAOA-Gen auf dem X-Chromosom (Allele, die geringe vs. starke Aktivität dieses Gens bedingen) und vier verschiedenen Indikatoren für antisoziales Verhalten im Alter von 26 Jahren (antisoziale Persönlichkeitsstörung; Zahl der Verurteilungen wegen Gewalttätigkeit; Selbstbeurteilung antisozialer Tendenzen; Beurteilung antisozialer Symptome durch Bekannte). Für alle vier Indikatoren ergab sich dieselbe statistische Gen-Umwelt-Interaktion (vgl. Abb. 3.5).

Wie die Abbildung zeigt, erhöhte erfahrene Kindesmisshandlung das Risiko für antisoziales Verhalten im Erwachsenenalter unabhängig vom MAOA-Gen, wobei jedoch die Erhöhung deutlich stärker bei denjenigen 163 männlichen Teilnehmern der Längsschnittstudie ausfiel, die das Allel für niedrige MAOA-Aktivität hatten. So wurden z. B. die 55 Männer, die beide Risikofaktoren aufwiesen (Misshandlung und Allel für niedrige MAOA-Aktivität), bis zum Alter von 26 Jahren dreimal so häufig verurteilt wie die 99 Männer, die auch misshandelt worden waren, aber das Allel für hohe MAOA-Aktivität aufwiesen; für schwerere Delikte (Vergewaltigung, Raub und Überfälle) war die Rate sogar viermal so hoch. Genetisch bedingte unzu-

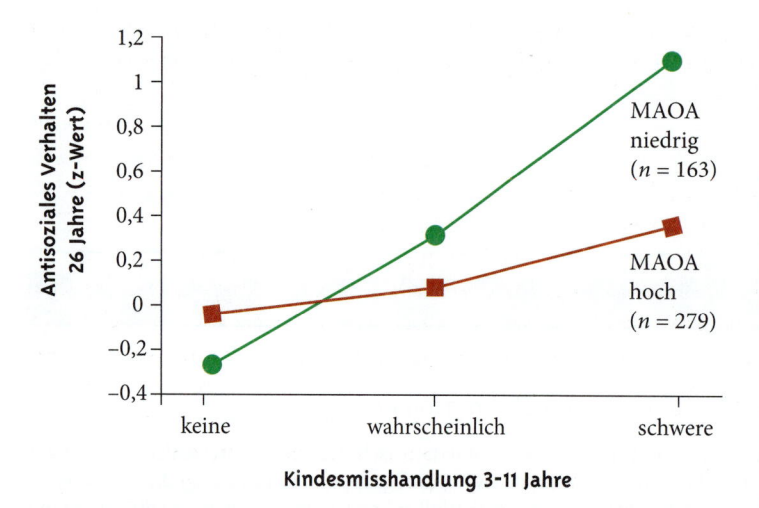

Abbildung 3.5 Interaktion zwischen den Effekten von MAOA-Gen und erfahrener Kindesmisshandlung im Alter von 3–11 Jahren auf antisoziales Verhalten im Alter von 26 Jahren (nach Caspi et al., 2002)

reichende MAOA-Aktivität scheint demnach die Entwicklung antisozialer Tendenzen zwar nicht allgemein, wohl aber nach erfahrener Kindesmisshandlung zu fördern. Da sich kein Zusammenhang zwischen den beiden Allelen und Kindesmisshandlung ergab, nur eine Minderheit der misshandelten Kinder später antisoziale Tendenzen zeigte und die misshandelten Kinder mit hoher MAOA-Aktivität keine häufigeren Probleme anderer Art aufwiesen als die nicht misshandelten, scheint sogar die weitergehende Interpretation zuzutreffen, dass das »normale« Allel für hohe MAOA-Aktivität vor langfristig negativen Konsequenzen erfahrener Kindesmisshandlung schützt.

Die Gen-Umwelt-Interaktion wurde in diesem Fall für vier sehr unterschiedliche Indikatoren antisozialer Tendenzen gefunden, was einen Zufallsbefund weniger wahrscheinlich macht. Zudem ist das Ergebnis biochemisch plausibel. Das MAOA-Gen produziert das Enzym Monoaminoxidase A, das eine exzessive Produktion von Neurotransmittern wie Serotonin, Noradrenalin und Dopamin reduziert, zu der es bei starken Belastungen kommen kann. Tierexperimentelle Studien an Mäusen, deren MAOA-Gen stillgelegt wurde (»Knock-Out-Mäuse«), haben gezeigt, dass die fehlende MAOA-Genaktivität zu erhöhter Aggressivität führt. Im Gegensatz zur globalen, indirekt geschätzten Genom-Umwelt-Interaktion in Adoptionsstudien ist die von Caspi et al. (2002) gefundene statistische Interaktion viel spezifischer, weil das zuständige Gen und die zuständige Umweltbedingung konkret spezifiziert sind. Sie wurde inzwischen auch durch andere Studien repliziert, wobei die Interaktion allerdings bei starker Misshandlung durch einen starken Umwelteffekt zum Verschwinden gebracht wird (Weder et al., 2009).

Diese ersten Ansätze der molekulargenetischen Persönlichkeitsforschung illustrieren die künftig zu erwartenden Möglichkeiten und Schwierigkeiten einer Aufklärung normaler Persönlichkeitsvarianten durch einzelne Gene und deren Interaktion mit spezifischen Umweltbedingungen. Die Wirkung einzelner Gene und Umweltbedingungen dürfte relativ schwach sein, sodass es großer Stichproben und sorgfältiger Replikationen der Ergebnisse bedarf, um nicht Zufallsbefunden aufzusitzen. Andererseits könnte es aber auch möglich werden, durch gleichzeitige Betrachtung vieler Gene und Gen-Umwelt-Interaktionen einen substanziellen Teil der Varianz von Persönlichkeitseigenschaften aufzuklären.

> **Denkanstöße**
>
> Wenn die »gute« MAOA-Variante vor nachhaltigen Konsequenzen von Kindesmisshandlung schützt, was spricht dafür und was dagegen, misshandelte Kinder genetisch zu testen und Therapiekosten von den Krankenkassen nur für solche mit der »schlechten« MAOA-Variante zu übernehmen?

3.3.2 Epigenetisch vermittelte Umwelteinflüsse

Erste Hinweise auf epigenetisch vermittelte Umwelteinflüsse auf die Entwicklung ergaben sich in der schon eingangs zitierten Studie von Fraga et al. (2005) an eineiigen Zwillingen. Sie werteten Gewebeproben von 40 genetisch identischen Zwillingspaaren im Alter von 3 bis 74 Jahren aus. Untersucht wurden der Methyl- und der Histon-Code. Die epigenetischen Parameter waren über mehrere Messungen im Verlauf von 12 Wochen stabil. Während die jüngeren Geschwister (Alter unter 28 Jahre) epigenetisch sehr ähnlich waren, wiesen die älteren (Alter über 28 Jahre) signifikant größere Unterschiede auf, wobei diese Unterschiede über das gesamte Genom verstreut auftraten.

Die so bestimmten epigenetischen Unterschiede korrespondierten wiederum mit Unterschieden in der Genaktivität, bestimmt über RNA-Analysen. Nicht zuletzt waren die epigenetischen Unterschiede größer bei eineiigen Zwillingen, die länger getrennt gelebt hatten oder die eine unterschiedliche Krankheitsgeschichte aufwiesen, was nahelegt, dass die Altersunterschiede nicht nur auf einer zufälligen epigenetischen Drift beruhten, sondern auch auf der Kumulierung von systematischen Umwelteinflüssen.

Mütterliche Fürsorge und Stressanfälligkeit bei Ratten. Gibt es direktere empirische Evidenz für Umweltwirkungen auf das Epigenom als die Zwillingsstudie von Fraga et al. (2005)? Am ehesten sind hier Tierversuche geeignet, in denen Umweltbedingungen experimentell manipuliert werden können. Seit den 1990er-Jahren wurde ein enger Zusammenhang zwischen der Häufigkeit, mit der Rattenmütter ihre Kinder in der ersten Woche nach der Geburt lecken und das Fell putzen (»grooming«), und der Stressanfälligkeit und Vorsicht dieser Kinder im späteren Leben belegt: Mütterliche Fürsorge senkte die Häufigkeit und Intensität von Stressreaktionen ihrer Kinder und förderte ihre Neigung zum Explorieren neuer Umwelten. Das galt auch dann, wenn den Müttern fremde, genetisch nicht verwandte Junge untergeschoben wurden, aber nicht, wenn die Kinder wenig fürsorglicher Ratten von fürsorglichen fremden Müttern großgezogen wurden (»cross-fostering design«). Es handelte sich also um Umwelteffekte nach der Geburt, nicht um genetische Effekte aufgrund der genetischen Verwandtschaft und nicht um pränatale Effekte.

Auch handelt es sich hierbei nicht um eine extreme Umweltvariation, weil die mütterliche Fürsorge nahezu normalverteilt ist und Kinder wenig fürsorglicher Rattenmütter ebenso gesund und fortpflanzungsfähig sind wie die fürsorglicher Mütter. Vielmehr scheint es sich um eine »evolutionär stabile« Verteilung von Persönlichkeitsunterschieden zu handeln. Die Fortpflanzungsvorteile von Ängstlichkeit und Nichtängstlichkeit sind gleich groß, sodass sich im Verlauf der Evolution von Ratten eine große Variabilität in Ängstlichkeit halten konnte. Mangelnde mütterliche Fürsorge bereitet dabei Kinder auf eher harsche Umweltbedingungen vor, in denen Ängstlichkeit und Vorsicht angemessener sind als forsches Explorieren.

Weaver et al. (2004) konnten erstmals nachweisen, dass dieser Effekt mütterlicher Fürsorge auf einer epigenetischen Programmierung von Genen beruht, die für die Produktion des »Stresshormons« Cortisol zuständig sind. In einem Cross-Fostering-Experiment, in dem Müttern fremde Kinder untergeschoben wurden, zeigten die Kinder wenig fürsorglicher Rattenmütter gegenüber Kindern fürsorglicher Mütter – egal, ob mit ihnen genetisch verwandt oder nicht – epigenetische Veränderungen im Methyl- und Histon-Code von Genen, die zu einer vermehrten Produktion von Cortisol unter Stress führen. Diese Veränderungen entwickelten sich bereits in der ersten Woche nach der Geburt und blieben bis ins Erwachsenenalter hinein bestehen, konnten jedoch pharmakologisch unterdrückt werden, indem die epigenetischen Veränderungen gezielt beeinflusst wurden.

Allerdings wäre die Schlussfolgerung falsch, dass die Effekte dieser frühen epigenetischen Programmierung nicht durch andere Umwelteinflüsse kompensierbar sind. Dies legen jedenfalls Befunde zu vergleichbaren Effekten einer experimentell induzierten frühen Trennung von der Mutter auf die spätere Stressanfälligkeit bei Ratten nahe. Diese Effekte auf die in steriler Laborumgebung aufgewachsenen Ratten ließen sich nämlich durch Aufzucht der getrennten Jungen ab der Pubertät in einer natürlicheren sozial anregenden Umgebung kompensieren, wobei allerdings der Effekt auf die Produktion von Cortisol nicht verändert wurde (Francis et al., 2002).

Epigenetische Veränderungen nach Kindesmissbrauch. Von Ratten kann nicht auf Menschen generalisiert werden, auch wenn Konsequenzen früher mütterlicher Fürsorge auf Cortisol-vermittelte Stressanfälligkeit im späteren Leben, die nicht genetisch erklärbar sind, auch bei Primaten gefunden wurden, z. B. bei Rhesusaffen. Aus ethischen Gründen können Cross-Fostering-Experimente und Gewebeentnahmen aus dem Gehirn bei lebenden Menschen nicht durchgeführt werden, sodass sich die Forschung auf indirekte Evidenz beschränken muss. Einen ersten Hinweis auf epigenetische Veränderungen nach Kindesmissbrauch fanden McGowan et al. (2009), als sie die Gehirne von Selbstmördern untersuchten, die in ihrer Kindheit misshandelt worden waren, und mit den Gehirnen von Selbstmördern mit normaler

Kindheit sowie den Gehirnen von Unfallopfern verglichen. Wie bei den Ratten mit wenig mütterlicher Fürsorge war der Methyl-Code der missbrauchten Selbstmörder gegenüber beiden Kontrollgruppen verändert, was auf eine stärkere Stressanfälligkeit der missbrauchten Selbstmörder hinwies.

Denkanstöße

Wenn sich herausstellen sollte, dass Erwachsene, die als Heimkinder ohne individuelle Betreuung durch eine konstante Bezugsperson aufgewachsen sind, sich epigenetisch von altersgleichen Kontrollpersonen unterscheiden, die in normalen Familien aufgewachsen sind, ist dies ein strenger Nachweis für einen Effekt der Heimumgebung auf das Epigenom? Begründen Sie Ihre Antwort!

Zusammenfassung

- Nach entwicklungsgenetischer Auffassung beruht Entwicklung auf einer kontinuierlichen Wechselwirkung zwischen genetischer Aktivität und Umweltbedingungen. Sowohl die genetische Aktivität als auch die Umwelt werden als veränderlich über die Zeit angenommen. Im Verlauf dieser Wechselwirkung verfestigen sich sowohl genetische Wirkungen als auch Umweltwirkungen auf epigenetischer und neuronaler Ebene. Damit verfestigt sich die individuelle Organisation des Verhaltens zunehmend mit wachsendem Alter, wobei aber eine gewisse Plastizität erhalten bleibt. Deshalb können Umweltwirkungen *und* genetische Wirkungen auch noch nach Abschluss der Kindheit zu Entwicklungsveränderungen führen. Entwicklung wird also auch auf (epi)genetischer Ebene als lebenslanger Prozess angesehen.
- Persönlichkeitsunterschiede beruhen nach entwicklungsgenetischer Auffassung fast immer sowohl auf genetischen Unterschieden als auch auf Umweltunterschieden, wobei der relative Anteil dieser beiden Einflussklassen je nach Merkmal, Altersgruppe und Population schwankt. Der einzelne Mensch wird weder als Opfer seiner Gene noch seiner Umwelt angesehen, da Umwelten teilweise in Abhängigkeit von der Persönlichkeit ausgewählt oder hergestellt werden können und genetische Wirkungen durch gezielte Umweltveränderungen verändert werden können.
- Unter den Umwelteinflüssen auf die Persönlichkeit sind nach den Ergebnissen der Entwicklungsgenetik solche besonders wichtig, in denen sich Geschwister aus derselben Familie unterscheiden: außerfamiliäre Einflüsse und Einflüsse von Familienmitgliedern, die je nach Persönlichkeit des Kindes anders ausfallen.
- Das Menschenbild der Entwicklungsgenetik ist damit interaktionistisch in einem doppelten Sinne: im Sinne der Interaktion zwischen Genom und Umwelt und im Sinne der Interaktion zwischen der sich entwickelnden Person und ihren genetischen und nichtgenetischen Entwicklungsbedingungen. Was sich bereits entwickelt hat, beeinflusst die Bedingungen seiner weiteren Entwicklung. Diese Einflussmöglichkeit ist begrenzt, weil viele Umweltbedingungen und erst recht viele genetische Bedingungen außerhalb der individuellen Einflussmöglichkeit liegen. Menschen können also aus Sicht der Entwicklungsgenetik ihre Entwicklung aktiv mitbestimmen.

Weiterführende Literatur

Asendorpf, J. B. (2012). Psychologie der Persönlichkeit (5. Aufl.). Heidelberg: Springer. *In Kapitel 2 dieses Lehrbuchs werden Verhaltensgenetik und Molekulargenetik der Persönlichkeit im Kontext anderer theoretischer Paradigmen der Persönlichkeitspsychologie dargestellt, auch kurz ihre geschichtliche Entwicklung. In Kapitel 6 werden die Befunde von Verhaltens- und Molekulargenetik der Persönlichkeit im Kontext der Persönlichkeitsentwicklung insgesamt geschildert.*

4 Methodologische Grundlagen

Florian Schmiedek • Ulman Lindenberger

4.1 Anforderungen an Methoden in der Entwicklungspsychologie
4.2 Querschnittliche, längsschnittliche und sequenzielle Forschungsdesigns
    4.2.1 Querschnittliche Designs
    4.2.2 Längsschnittliche Designs
    4.2.3 Kombination quer- und längsschnittlicher Designs: Sequenzdesigns
4.3 Individuenbezogene Ansätze zur Analyse von Veränderungsprozessen
4.4 Testing-the-Limits, experimentelle und formale Simulation
4.5 Empirisches Beispiel: Der Zusammenhang zwischen Sensorik/Sensomotorik und Intelligenz im Alter

Wenn man eine Stichprobe Erwachsener einmalig untersucht, so zeigt sich in der Regel, dass aktiver Lebensstil und kognitive Fähigkeiten positiv miteinander und negativ mit dem Lebensalter zusammenhängen. Folgt daraus zwangsläufig, dass ein geistig aktiver Lebensstil die kognitiven Fähigkeiten im Alter verbessert? Leider nein, denn aus diesen korrelativen Zusammenhängen lassen sich keine Ursache-Wirkungs-Richtungen ableiten. Zum Beispiel könnte es auch sein, dass Menschen mit eingeschränkten kognitiven Fähigkeiten weniger motiviert sind, einen aktiven Lebensstil zu führen; in diesem Fall wären Ursache und Wirkung genau vertauscht. Die beiden Variablen könnten sich auch gegenseitig beeinflussen, und Drittvariablen wie Depressivität könnten zum Zusammenhang beitragen, indem sie sowohl den Lebensstil als auch die kognitiven Fähigkeiten beeinflussen. Mit Querschnittsuntersuchungen allein lassen sich diese Alternativerklärungen nicht voneinander trennen und in ihrer relativen Wichtigkeit bestimmen. Hierzu sind aufwendigere Forschungsdesigns und Datenanalyseverfahren wie Längsschnittuntersuchungen oder experimentelle Studien erforderlich. Das Ursachengefüge der Entwicklung menschlichen Verhaltens und Erlebens kann nur durch eine Kombination verschiedener Forschungsansätze angemessen erkundet werden (Schmiedek & Lindenberger, 2007). Zum besseren Verständnis dieses Gefüges hat Nesselroade (1991) in einem grundlegenden Aufsatz über entwicklungspsychologische Methodologie und Theoriebildung menschliche Entwicklung mit der Anfertigung eines Gewebes verglichen (vgl. die Metapher des Schicksalsfadens u. a. in der griechischen Mythologie). Beim Weben werden Kett- und Schussfäden rechtwinklig miteinander verkreuzt. Die vorgespannten Kettfäden bilden den Träger und stehen in diesem Gleichnis für die langfristigen Entwicklungsverläufe. Die Schussfäden werden nacheinander von einer Webkante zur anderen eingezogen und versinnbildlichen kurzfristige Entwicklungsvariationen. Durch die Verkreuzung der beiden Fäden entsteht ein der menschlichen Entwicklung entsprechendes Gewebe. Das Eingangsbild der griechischen Vase bringt noch einen weiteren Gedanken ins Spiel: Es zeigt das Weben als einen sozialen Prozess, an dem mehrere Personen beteiligt sind.

4.1 Anforderungen an Methoden in der Entwicklungspsychologie

Die Vielfalt, Interdependenz und Dynamik der biologischen und kulturellen Einflusssysteme, die psychische Entwicklung bewirken und auf die psychische Entwicklung zurückwirkt, stellen die Entwicklungspsychologie vor große methodologische Herausforderungen. So können Unterschiede zwischen Personen, die zu einem gegebenen historischen Zeitpunkt unterschiedlich alt sind, neben, anstatt oder in Interaktion mit primär biologisch bedingten Reifungs- oder Alterungsprozessen auch historische Veränderungen zum Ausdruck bringen. Weiterhin können Leistungssteigerungen, die bei der wiederholten Messung kognitiver Fähigkeiten in Längsschnittuntersuchungen auftreten, Lerneffekte durch wiederholte Aufgabenbearbeitung erfassen, die mit Reifungs- oder Alterungsprozessen interagieren und die deren Bestimmung erschweren. Im hohen Alter schließlich gestaltet sich die Trennung zwischen »normalen« Alterungsprozessen sowie krankheitsbedingten oder sterbebezogenen Veränderungen als schwierig. Die methodologischen Anforderungen an die Entwicklungspsychologie sind deswegen umfangreich und komplex.

> **Übersicht**
>
> **Aufgaben entwicklungspsychologischer Forschung**
> Zu den zentralen Aufgaben entwicklungspsychologischer Forschung, die mit Anforderungen an die verwendeten Methoden verbunden sind, gehören:
> **Beschreibung, Erklärung und Vorhersage von**
> - *inter*individuellen Gemeinsamkeiten in *intra*individuellen Veränderungen
> - *inter*individuellen Unterschieden in *intra*individuellen Veränderungen
> - *intra*individueller Modifizierbarkeit *intra*individueller Veränderungen
>
> **Untersuchung von**
> - Zusammenhängen *intra*individueller Veränderungen in verschiedenen Variablen und deren Ursachen
> - *inter*individuellen Unterschieden in Zusammenhängen *intra*individueller Veränderungen in verschiedenen Variablen und deren Ursachen

Zentrale Anforderungen an Methoden in der Entwicklungspsychologie wurden bereits vor über 30 Jahren von Paul Baltes und Kollegen zusammengefasst (Baltes et al., 1977). Seitdem hat eine Vielzahl statistischer Entwicklungen dazu beigetragen, diesen Anforderungen besser gerecht zu werden.

Erforschung individueller Entwicklungsverläufe und -möglichkeiten. Die Entwicklungspsychologie erforscht die Ursachen psychischer Entwicklung von der Empfängnis bis ins hohe Alter. Dabei interessieren Gemeinsamkeiten und Unterschiede zwischen Personen gleichermaßen. Zum Beispiel ist es hilfreich, den mittleren (und in diesem Sinne normalen) Entwicklungsverlauf von Sprachkompetenzen im Kindesalter zu kennen, um pädagogische Vorgehensweisen darauf abzustimmen und Sprachentwicklungsstörungen frühzeitig zu erkennen. Unterschiede in der Entwicklung verschiedener Personen konfrontieren uns mit der Frage, auf welche Ursachen diese Unterschiede zurückgehen und wie groß die Bandbreite der Entwicklungsmöglichkeiten jedes Einzelnen ist.

Alter als Stellvertretervariable. Entwicklungspsychologische Studien betrachten häufig Zusammenhänge psychologischer Variablen mit dem Alter. Hierzu ist grundsätzlich festzustellen, dass der Variable Alter als solcher kein erklärender Gehalt zukommt; Alter dient lediglich als erste Annäherung an die eigentlichen, zeitlich geordneten Ursachen der Entwicklung. Zum Beispiel beginnen Kinder nicht zu sprechen, weil sie ein Jahr alt sind, sondern es dauert im Durchschnitt (!) ein Jahr, bis bestimmte Prozesse der Gehirnentwicklung in Interaktion mit Umwelteinflüssen so weit fortgeschritten sind, dass das Kind zu sprechen beginnt. Da diese zugrunde liegenden Prozesse häufig nicht oder nur schwer beobachtbar sind, ist die Entwicklungspsychologie oft darauf angewiesen, die Variable Alter zunächst einmal als Stellvertretervariable für zahlreiche, miteinander interagierende Einflussgrößen zu verwenden. Ziel sollte es allerdings sein, diese Einflussgrößen theoretisch zu formulieren und empirisch zu erfassen und damit Alter als Stellvertretervariable durch ein System dynamischer Einflussgrößen zu ersetzen (Wohlwill, 1970b).

Dabei sollten das sich entwickelnde Individuum als grundlegende Analyseebene verstanden werden und entsprechend individuelle Veränderungsverläufe untersucht und mittels Veränderungsfunktionen beschrieben werden, die diese individuellen Verläufe möglichst genau abbilden. Individuelle Unterschiede in den Veränderungsverläufen können dann mittels Unterschieden in den Bestimmungsstücken dieser Veränderungsfunktionen erfasst und zu anderen erklärenden Variablen in Beziehung gesetzt werden (s. Unter der Lupe). Ob für dieses Unterfangen Alter als Abstand von der Geburt die sinnvollste Zeitachse ist, muss von Fall zu Fall geprüft werden; in vielen Fällen können weitere Zeitachsen wie die aufgewendete Lernzeit, die Zeit seit Verstreichen eines Lebensereignisses oder auch die bis zum Tod hinzukommen oder das Alter sogar gänzlich ersetzen.

> **Unter der Lupe**
>
> **Wie Alter als abhängige Variable betrachtet werden kann: Ein Beispiel**
>
> Wie kann Alter als unabhängige und vermeintlich erklärende Variable ersetzt werden? Hierzu ein hypothetisches Beispiel: Über einen bestimmten Altersbereich sieht die mittlere Veränderung aus wie in Abbildung 4.1 a. Dies entspricht einer Perspektive, in der Alter als erklärende Variable für die Zuwächse in der abhängigen Variable (AV) herangezogen wird. In Abbildung 4.1 b werden individuelle Unterschiede in Entwicklungsverläufen zwar auch zunächst einmal als Funktion von Alter beschrieben, indem Verlaufskurven individuell angepasst werden. Dies ergibt personenspezifische Ausprägungen der Funktionsparameter, also z. B. individuell verschiedene Zuwachsraten und Asymptoten von Exponentialfunktionen. In einem nächsten Schritt werden diese Parameterwerte dann als abhängige Variablen betrachtet, und es wird versucht, die individuellen Unterschiede in diesen Werten mit einer theoretisch fundierten Auswahl an Prädiktorvariablen zu erklären. Somit wird Alter von einer »erklärenden« (unabhängigen) zu einem Bestandteil der zu erklärenden (abhängigen) Variablen.
>
> **a** $AV = f(Alter, p_1, p_2)$
>
> **b** $AV = f(Alter, p_{1i}, p_{2i}); p_{1i} = f(UV_1, UV_2, ...)$
> $p_{2i} = f(UV_1, UV_2, ...)$
>
> **Abbildung 4.1 a** Mittleres Verhalten als abhängige Variable (AV), die mittels einer Funktion (f) von Alter als unabhängiger Variable (UV) und freien Parametern (p_1, p_2) beschrieben wird. **b** Individuelle Veränderungsverläufe werden zunächst durch Funktionen (f) von Alter mit individuell (über Personen) verschiedenen Parameterwerten (p_{1i}, p_{2i}) beschrieben. Diese individuellen Parameterwerte werden dann als AV behandelt und mittels zusätzlicher Prädiktorvariablen (UVs) erklärt

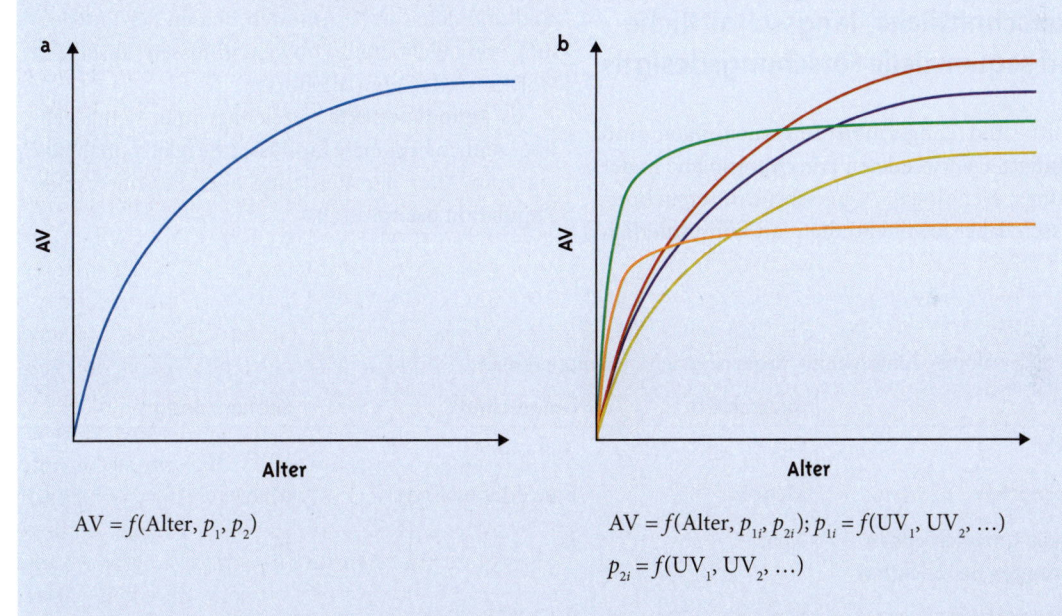

Zusammenhänge der Veränderungen in verschiedenen Variablen. Neben der Untersuchung von univariaten Entwicklungsverläufen und deren interindividuellen Gemeinsamkeiten und Unterschieden beschäftigt sich die Entwicklungspsychologie häufig mit Fragen des Zusammenhangs der Entwicklungsprozesse verschiedener Variablen, z. B. mit der Frage, wie die Entwicklung autobiografischer Erinnerungen mit der Sprachentwicklung zusammenhängt. Verschiedene Forschungsdesigns sind in unterschiedlicher Weise dazu geeignet, solche dynamischen Zusammenhänge von Veränderungen zu erfassen und zu erklären. Die Beschreibung systematischer Zusammenhänge zwischen Veränderungen sowie die Analyse kausaler Abhängigkeiten und multivariater Strukturen ist dabei jeweils mit unterschiedlichen Vorannahmen und Einschränkungen verbunden. Im Folgenden werden unterschiedliche Forschungsdesigns beschrieben und unter anderem auch daraufhin beurteilt, ob sie die Überprüfung multivariater Veränderungshypothesen erlauben.

4.2 Querschnittliche, längsschnittliche und sequenzielle Forschungsdesigns

Querschnitt- und Längsschnittuntersuchungen sind die am häufigsten verwendeten Forschungspläne in der Entwicklungspsychologie. Querschnittuntersuchungen umfassen dabei sowohl Studien mit kontinuierlich verteilter Altersvariable als auch Vergleiche von Gruppen verschiedener, diskontinuierlicher Altersbereiche, also z. B. den Vergleich jüngerer Erwachsener im Alter von 20–30 Jahren mit älteren Erwachsenen im Alter von 70–80 Jahren. Um sowohl individuelle Entwicklungsverläufe als auch historische Veränderungen, Kohorten- und Periodeneffekte berücksichtigen zu können, ist keine der beiden Methoden ausreichend (s. Tab. 4.1), sodass auch sequenzielle Methoden, die Querschnitt und Längsschnitt miteinander kombinieren, in Betracht gezogen werden müssen (Baltes, 1968; Schaie, 1965).

> **Definition**
>
> Als **Kohorteneffekte** bezeichnet man andauernde Verhaltensunterschiede zwischen Gruppen von Personen (Kohorten), die darauf zurückzuführen sind, dass sich die Gruppen in einem Ereignis oder einer Folge von Ereignissen voneinander unterscheiden. In der Entwicklungspsychologie wird der Kohortenbegriff meist verwendet für Generationen von Personen, die in einem bestimmten Zeitraum geboren sind und daher in bestimmten Phasen der Entwicklung vergleichbaren Umwelteinflüssen ausgesetzt worden sind (Geburtskohorten).
> Als **Periodeneffekte** bezeichnet man demgegenüber zeitlich begrenzte Einflüsse, die relativ unabhängig vom Alter das Verhalten aller Personen einer Population beeinflussen.

Tabelle 4.1 Querschnitt-, Längsschnitt-, Sequenzdesigns: Hauptmerkmale

	Querschnitt	Längsschnitt	Sequenzdesign
Zeitpunkte	Ein	Mehrere	Mehrere
Geburtskohorten	Mehrere	Eine oder mehrere	Mehrere
Individuelle Unterschiede in Veränderungen beobachtbar	Nein	Ja	Ja
Potenzielle Probleme	Kohorteneffekte	Selektionseffekte (Stichprobenschwund) Testwiederholungseffekte (Retesteffekte) Eingeschränkte Generalisierbarkeit	Selektionseffekte (Stichprobenschwund) Testwiederholungseffekte (Retesteffekte)

4.2.1 Querschnittliche Designs

Der größte Vorteil querschnittlicher Methoden besteht in der Möglichkeit, innerhalb kurzer Zeiträume Altersunterschiede beliebig großer Altersbereiche untersuchen zu können. Veränderungen können in Querschnittuntersuchungen jedoch nicht beobachtet werden, da jedes Individuum nur ein einziges Mal untersucht wird. Mittlere altersbezogene Veränderungen werden deswegen mithilfe von Altersunterschieden geschätzt. Dies setzt voraus, dass Individuen unterschiedlichen Alters derselben Population entstammen und sich in derselben Weise verändern. Kohorteneffekte sowie mit dem Alter zusammenhängende Unterschiede in der Stichprobenzusammensetzung müssen entweder als nicht vorhanden angenommen oder statistisch kontrolliert werden. Interindividuelle Unterschiede in Veränderungen können von vornherein nicht erfasst werden.

Zusammenhänge altersbezogener Unterschiede zwischen mehreren Variablen. Bei querschnittlichen Daten liegt es zunächst nahe, Alter als unabhängige Variable zu betrachten und den »Einfluss von Alter« auf eine oder mehrere abhängige Variablen zu untersuchen. Neben der bereits dargestellten Tatsache, dass Alter keinen erklärenden Gehalt besitzt, ist solch eine Vorgehensweise insbesondere bei der Betrachtung von Zusammenhängen altersbezogener Unterschiede zwischen mehreren Variablen problematisch und in vielen Fällen irreführend. Solche Zusammenhänge sind jedoch für viele entwicklungspsychologische Fragen von zentralem Interesse, da man häufig wissen möchte, ob und wie die Entwicklung mehrerer psychischer Funktionen miteinander zusammenhängen. Zu diesem Zweck wird häufig versucht, mittels querschnittlicher Daten aufzuzeigen, dass altersbezogene Unterschiede in einer Variablen mit altersbezogenen Unterschieden einer anderen Variable zusammenhängen, um auf diese Weise einen ersten Schritt in die Richtung kausal interpretierbarer Antezedenz-Konsequenz-Beziehungen zu machen. Entsprechende statistische Analysen wurden beispielsweise herangezogen, um altersbezogene Unterschiede in kognitiver Verarbeitungsgeschwindigkeit als Ursache für altersbezogene Unterschiede in komplexeren kognitiven Fähigkeiten, etwa Arbeitsgedächtnisleistungen, darzustellen. Die entsprechenden Hypothesen werden in der Regel als Mediatormodelle (Alter → Mediatorvariable → AV) formuliert und mittels hierarchischer Regressionsanalysen oder Pfadmodellen analysiert. Dabei wird angenommen, dass das Ausmaß, in dem die statistische Kontrolle der vermittelnden Variable den Alterszusammenhang der AV zu reduzieren vermag, als Beleg für den kausalen Status der Mediatorvariable als Antezedenz gelten kann. Diese Annahme ist aus statistischer Sicht abwegig. Korrelative Daten mit fehlender zeitlicher Ordnung innerhalb von Beobachtungen sind zur Überprüfung derartiger kausaler Hypothesen grundsätzlich ungeeignet. Die mit solchen Analysen ermittelten vermeintlichen Zusammenhänge der Altersbeziehungen verschiedener Variablen erlauben keine eindeutigen Rückschlüsse auf wahre längsschnittliche Zusammenhänge (Lindenberger et al., 2011).

Mit Querschnittdesigns kann in einem ersten Zugriff festgestellt werden, ob und wie Variablen mit dem Alter zusammenhängen. Art und Ursachen dieser Zusammenhänge können dann anschließend mit anderen Verfahren genauer untersucht werden. Interindividuelle Unterschiede in Veränderungen lassen sich im Querschnitt nicht erfassen. Zusammenhänge zwischen Veränderungen verschiedener Variablen können nicht beobachtet und entsprechende Hypothesen deswegen auch nicht angemessen geprüft werden.

4.2.2 Längsschnittliche Designs

Längsschnittliche Forschungsdesigns eignen sich für entwicklungspsychologische Fragestellungen grundsätzlich besser als querschnittliche, weil sie eine direkte Beobachtung von mittleren und differenziellen (d. h. interindividuell verschiedenen) Veränderungen erlauben. Auch längsschnittliche Studien sind jedoch mit Problemen behaftet. Dazu gehören neben dem praktischen Problem der zeitlichen Dauer einer längsschnittlichen Untersuchung vor allem die häufig geringe Anzahl von Messzeitpunkten auf der Ebene der einzelnen Person sowie Selektionseffekte.

Selektionseffekte. Letztere können durch die vergleichsweise hohen Anforderungen bei der Teilnahme an einer längsschnittlichen Studie bereits die Ziehung der Ausgangsstichprobe beeinflussen und werden von Messzeitpunkt zu Messzeitpunkt durch den fortschreitenden Stichprobenschwund weiter verstärkt. Vor allem bei Studien zum hohen Alter ist eine zunehmende Selektivität bezüglich relevanter Variablen zu befürchten, da sowohl die mortalitätsbedingte Selektivität als auch die experimentelle Selektivität, d. h. die Nichtteilnahme nicht verstorbener Personen (z. B. aufgrund körperlicher Einschränkungen oder mangelnder Motivation), mit dem physiologischen und psychologischen Funktionsniveau, d. h. mit den Untersuchungsgegenständen selbst, zusammenhängen. Zur Abschätzung des Ausmaßes, in dem die Generalisierbarkeit der Ergebnisse durch mortalitätsbedingte und experimentelle Selektionseffekte eingeschränkt ist, sind Selektivitätsanalysen möglich (z. B. Lindenberger et al., 2002). Diese setzen jedoch voraus, dass bereits zu Beginn der Untersuchung ausreichend Informationen über Prozesse, die Selektion vorhersagen, erfasst wurden. Dann ist es möglich, die längsschnittliche Stichprobe mit der Ausgangsstichprobe in Bezug auf diese Variablen zu vergleichen. Auf der Verwendung solcher Informationen beruhen auch statistische Verfahren zur Schätzung von Veränderungen bei Vorliegen von fehlenden Werten (s. u.).

Testwiederholungseffekte. Ein weiteres Problem, vor allem bei der Untersuchung kognitiver Variablen, sind Testwiederholungs- bzw. Retesteffekte, also z. B. Leistungsverbesserungen, die allein auf die wiederholte Aufgabenbearbeitung zurückzuführen sind. Diese können sogar bei Messwiederholungsintervallen von mehreren Jahren auftreten. Die Effektstärken von Testwiederholungseffekten können auf verschiedene Weise geschätzt werden. Zum Beispiel können an den Messwiederholungszeitpunkten neue, noch nicht getestete, repräsentative Stichproben aus der gleichen Geburtskohorte gezogen werden. Der Vergleich gleich alter Personen zum selben Zeitpunkt erlaubt eine Schätzung der Verbesserung durch die Testwiederholung, da diese sich nur darin unterscheiden, ob sie zu einem vorherigen Zeitpunkt bereits schon einmal getestet wurden oder nicht.

Statistische Analyseverfahren für längsschnittliche Daten: Vergleichende Übersicht

Bei den Analyseverfahren für längsschnittliche Daten hat es in den letzten zwei Jahrzehnten große Fortschritte gegeben (vgl. Hertzog & Nesselroade, 2003). Dabei wurden die unflexiblen und auf unrealistischen Annahmen basierenden varianzanalytischen Verfahren durch latente Wachstumsmodelle und die mit ihnen eng verwandten Mehrebenenanalysen verdrängt (vgl. Tab. 4.2). Wenn es um die Erfassung von Veränderungen über mehrere Zeitpunkte ging, hatten Forscher vor einigen Jahren nur die Wahl zwischen einer Varianzanalyse (ANOVA, von engl. »analysis of variance«) für Messwiederholungen oder einer multivariaten Varianzanalyse (MANOVA) über Differenzvariablen. Während Erstere bei mehr als zwei Messzeitpunkten die in der Regel unrealistische Sphärizitätsannahme (d. h. gleiche Varianzen der Differenzen zwischen beliebigen Paaren von Zeitpunkten) voraussetzt, erfordert die Anwendung der multivariaten Varianzanalyse weniger starke Annahmen über die Kovarianzstruktur, hat dafür aber auch weniger Teststärke. Bei latenten Wachstumsmodellen und Mehrebenenanalysen sind die Annahmen über die Kovarianzstruktur auf der Grundlage theoretischer Überlegungen über den Veränderungsprozess frei wählbar.

Statistische Analyseverfahren für längsschnittliche Daten: Latente Wachstumsmodelle

In latenten Wachstumsmodellen (Latent Growth Models; LGMs) werden mittlere und interindividuell verschiedene Veränderungen mittels latenter Faktoren beschrieben (Hertzog & Nesselroade, 2003). Ein einfaches

Tabelle 4.2 Statistische Verfahren zur Analyse von Veränderungen

	Varianzanalyse für Messwiederholungen	Latente Wachstumsmodelle / Mehrebenenmodelle	Multivariate Varianzanalyse für Messwiederholungen
Annahmen über Kovarianzstruktur der Messwiederholungen	Streng und bei mehr als zwei Messzeitpunkten häufig unrealistisch (Sphärizität)	Ergeben sich direkt aus dem Veränderungsmodell	Keine
Umgang mit fehlenden Werten	Fallweiser Ausschluss	Alle vorhandenen Daten werden zur Modellschätzung verwendet.	Fallweiser Ausschluss
Individuelle Unterschiede in Veränderungen	Nicht beachtet	Teil des Modells	Nicht beachtet

Modell für lineare Veränderungen sieht dabei zwei Faktoren vor, einen Niveaufaktor (level) und einen linearen Steigungsfaktor (slope). Die Ladungen, d. h. die Zusammenhänge der latenten Faktoren und der beobachteten Variablen, zu den verschiedenen Messzeitpunkten werden dabei nicht, wie sonst in Faktorenanalysen üblich, frei geschätzt, sondern auf bestimmte Werte festgelegt, die der durchschnittlichen Funktion des postulierten Veränderungsprozesses entsprechen. Die Ladungen auf dem Niveaufaktor sind alle gleich einer Konstanten, die Ladungen auf dem Steigungsfaktor entsprechen im linearen Fall den zeitlichen Abständen der Beobachtungszeitpunkte vom Ausgangszeitpunkt (s. Abb. 4.2 a). Die Festlegung der Parameter bestimmt die Interpretation der Faktoren. Mittelwert und Varianz des Niveaufaktors sind Schätzungen des Mittelwertes und der interindividuellen Unterschiede zum Ausgangszeitpunkt. Mittelwert und Varianz des Steigungsfaktors sind Schätzungen für die mittlere lineare Veränderung und interindividuelle Unterschiede im Ausmaß dieser Veränderungen. Die Kovarianz der beiden Faktoren reflektiert den Zusammenhang von Ausgangswert und Veränderung.

Erweiterungsmöglichkeiten. Dieses einfache Modell kann vielfach erweitert und modifiziert werden und als Basis für statistische Tests verwendet werden. Die statistische Signifikanz der mittleren Veränderung lässt sich über den Mittelwert des Steigungsfaktors testen, das Vorliegen von signifikanten interindividuellen Unterschieden in den Veränderungen über die Varianz dieses Faktors. Anders als in der ANOVA-Methodik lassen sich hier aber auch beliebige Annahmen über die Kovarianzstruktur der Residualterme, d. h. der nicht durch das Veränderungsmodell erklärten Varianzanteile der beobachteten Variablen, direkt testen und anpassen. Die Veränderungsfunktion lässt sich durch zusätzliche latente Faktoren um weitere polynomiale Terme erweitern; so lässt sich z. B. eine quadratische Veränderung mit einem Faktor realisieren, dessen Ladungen eine quadratische Funktion der Zeitpunkte darstellen.

Die Anwendung von latenten Wachstumsmodellen setzt voraus, dass das gewählte Veränderungsmodell für alle Personen gleichermaßen gilt. Interindividuelle Unterschiede werden allein durch die Varianzen der mittels der Faktoren beschriebenen Basisfunktionen dargestellt. Mit anderen Worten, interindividuelle Unterschiede in Veränderungen werden als Abweichungen von einer mittleren Veränderungsfunktion beschrieben. Bestehen interindividuelle Unterschiede in der Form der Veränderung, so können diese vom einfachen latenten Wachstumsmodell nicht erfasst werden.

Zusammenhang von Ausgangsniveau und Veränderung. Durch eine Trennung der latenten Faktoren von messfehlerbehafteten Residualtermen erlaubt die Modellierung von Veränderungen mittels latenter Wachstumsmodelle einen besseren Umgang mit einigen klassischen Problemen der Veränderungsmessung, wie z. B. der vermeintlich niedrigen Reliabilität von Veränderungswerten sowie der Regression zum Mittelwert (Rogosa et al., 1982). Ein weiteres in der Geschichte der Veränderungsmessung häufig diskutiertes Problem sind die Zusammenhänge zwischen Ausgangsniveau und Steigung. Mit diesen Korrelationen werden häufig inhaltliche Interpretationen verknüpft. So wird eine positive Korrelation von Ausgangswerten und Veränderungen oft im Sinne des »Matthäuseffektes« interpretiert, der besagt, dass Personen, die bereits über bessere Ressourcen (z. B. Wissen) verfügen, die Aneignung weiterer Ressourcen besonders leicht fällt. Bei einem linearen Veränderungsmodell hängt die Höhe des Zusammenhangs zwischen Ausgangswert und Steigung allerdings davon ab, welche Zeitachse gewählt wird und zu welchem Zeitpunkt die Veränderungsfunktion die y-Achse schneidet. Letzterer kann mittels linearer Transformationen der Zeitinformation beliebig verändert werden. Je früher der Zeitpunkt 0 auf der Zeitachse festgelegt wird, umso stärker negativ ist der Zusammenhang; je später, desto stärker positiv (die Asymptoten für diesen Zusammenhang liegen bei plus und minus 1). Dazwischen liegt notwendigerweise immer auch ein Zeitpunkt, zu dem der Zusammenhang 0 ist. Diese notwendigen Eigenschaften eines linearen Veränderungsmodells führen zu der interessanten Frage, wie denn nun die Zeitdimension skaliert und wohin der Schnittpunkt gelegt werden soll. Hierfür gibt es verschiedene Optionen, die je nach inhaltlicher Fragestellung und vorhandener Information flexibel gewählt und miteinander verglichen werden können.

Wichtig ist die Einsicht, dass die Zeitachse je nach Fragestellung frei gewählt werden kann. So kann beispielsweise die Zeit bis zum Tode retrospektiv als Zeitreferenz gewählt werden, um die Hypothese eines Terminal Decline (d. h. eines signifikanten Nachlassens des Funktionsniveaus vor dem Tod; vgl. Abschn. 13.3.1) zu überprüfen (z. B. Gerstorf et al., 2010). Auch die Zeiten bis zu oder seit einer bestimmten Diagnose oder eines normativen Lebensereignisses können verwendet werden, sofern dieses Ereignis bei allen Personen stattgefunden hat und die entsprechenden Information auch vorliegen, weil die Personen nur dann auf dieser Zeitachse angeordnet werden können. Aktuelle Entwicklungen, die latente Wachstumsmodelle mit Methoden der Survival-Analyse kombinieren, erlauben eine weitere Flexibilisierung, da das entsprechende Ereignis nicht bei allen Personen bereits stattgefunden haben oder überhaupt stattfinden muss (z. B. Ghisletta et al., 2006).

> **Denkanstöße**
>
> ▶ Bei welchen Entwicklungsfunktionen könnte es ratsam sein, zusätzlich oder anstatt des Alters auch andere Zeitachsen zu berücksichtigen?
> ▶ Inwiefern könnte die Variable Alter im Laufe des Lebens zunehmend weniger zur Beschreibung von Entwicklungsveränderungen geeignet sein?

Parameterschätzung mit »Full Information Maximum Likelihood«. Das häufig für latente Wachstumsmodelle verwendete Verfahren der »Full Information Maximum Likelihood«-(FIML-)Schätzung erlaubt einen angemessenen Umgang mit dem Problem schwindender Stichproben in längsschnittlichen Studien. Dabei handelt es sich um einen modellbasierten Ansatz, bei dem für jede einzelne Person nur unter Berücksichtigung der bei ihr beobachteten Werte eine Likelihood-Funktion bestimmt wird. Aus diesen fallweisen Schätzungen wird eine Likelihood-Funktion für das Gesamtmodell berechnet und zur Schätzung der Modellparameter verwendet. Somit werden in diesem Verfahren alle vorhandenen Daten berücksichtigt.

> **Definition**
>
> **Maximum Likelihood** ist ein allgemeines und häufig eingesetztes Verfahren zur Schätzung von Parametern und deren Standardschätzfehlern in statistischen Modellen. Dabei werden die Schätzwerte für die Modellparameter so bestimmt, dass die Likelihood-Funktion, d. h. die Wahrscheinlichkeit der beobachteten Daten, unter der Annahme, dass die Parameterwerte den wahren Werten in der Population entsprechen, maximiert wird. Dies geschieht in der Praxis häufig mithilfe iterativer Suchverfahren, bei denen die Parameterwerte Schritt für Schritt optimiert werden. Voraussetzung zur Verwendung des Maximum-Likelihood-Verfahrens sind Verteilungsannahmen (z. B. Normalverteilung) für die Variablen des Modells.

Missing-at-Random-Annahme. Ist die sogenannte Missing-at-Random-Annahme gegeben, so können auch bei selektivem Stichprobenschwund unverzerrte Schätzungen der Veränderungsfunktion erzielt werden (Schafer & Graham, 2002). Mit »missing at random« ist gemeint, dass Stichprobenschwund zwar durchaus selektiv sein kann, die ausfallenden sich von den weiter teilnehmenden Personen also bezüglich der abhängigen Variablen unterscheiden, dass sich aber die Wahrscheinlichkeit der weiteren Teilnahme aus der empirisch vorhandenen und im Modell repräsentierten Information vorhersagen lässt. Selbst wenn diese für die weitere Teilnahme prognostische Information nur in geringem Ausmaß vorhanden ist, so lässt sich dennoch argumentieren, dass die Verwendung einer Full-Information-Maximum-Likelihood-Schätzung unter Verwendung aller vorhandenen Daten (und seien es für einzelne Personen nur Daten vom ersten Messzeitpunkt) eine bessere Schätzung der Veränderungsfunktion der Population erlaubt als eine ausschließliche Betrachtung der Teilstichprobe, die zu allen Zeitpunkten Daten aufweist.

Latente Wachstumsmodelle sind Strukturgleichungsmodelle, die sich in vielfältiger Weise erweitern lassen. So können zusätzliche Variablen oder latente Faktoren als Antezedenz, Korrelate oder Konsequenz des Veränderungsprozesses eingeführt werden. Da latente Wachstumsmodelle Veränderungsprozesse erfassen und die zusätzlichen Variablen ebenfalls in der Zeit verortet werden können, erlauben diese Erweiterungen wesentlich gehaltvollere Betrachtungen und aussagekräftigere Überprüfungen kausaler Hypothesen als Methoden, die auf querschnittlichen Daten basieren.

Statistische Analyseverfahren für längsschnittliche Daten: Latente Differenzwertmodelle

Eine sehr allgemeine Modellstruktur lässt sich durch die Verwendung von sogenannten latenten Differenzwerten im Rahmen von Strukturgleichungsmodellen erzielen (McArdle, 2009). Latente Differenzwerte beschreiben die Veränderung von einem Zeitpunkt zum nächsten auf der Ebene messfehlerbereinigter Werte und lassen sich in Strukturgleichungsmodellen durch die Einführung zusätzlicher latenter Variablen und entsprechender Parameterrestriktionen realisieren. Anders als in den bisher besprochenen Modellen werden hier also Veränderungswerte als Variablen ins Modell aufgenommen. Dies hat den großen Vorteil, dass Veränderung

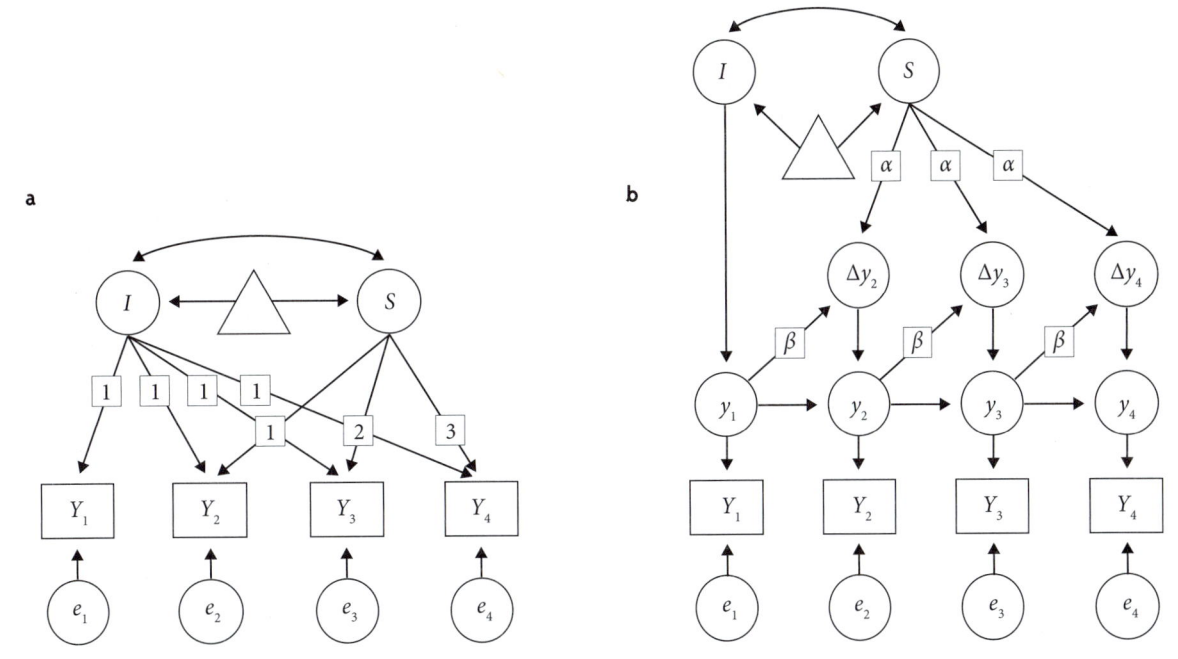

Abbildung 4.2 a Lineares latentes Wachstumsmodell mit einem Niveau- bzw. Ausgangswertfaktor (I) und einem Steigungsfaktor (S). Die Pfade von dem Dreieck zu den Faktoren bedeuten, dass für diese beiden Faktoren Mittelwerte geschätzt werden. Vermittelt über die festgelegten Faktorladungen (konstant 1 für den Niveaufaktor; linear ansteigend für den linearen Steigungsfaktor) wird ein lineares Veränderungsmodell postuliert. Dieses erklärt die Mittelwerte, Varianzen und Kovarianzen der beobachteten Variablen $Y_1 - Y_4$. Zu den Varianzen dieser Variablen tragen auch noch die Residualterme $e_1 - e_4$ bei, die zeitpunktspezifische Einflussgrößen sowie Messfehler beinhalten. **b** Allgemeines latentes Differenzwertmodell mit $Y_1 - Y_4$: beobachtete Variablen zu den Messzeitpunkten 1–4, $y_1 - y_4$: latente Variablen, $e_1 - e_4$: Residualterme, $\Delta y_2 - \Delta y_4$: latente Veränderungswerte zwischen den Zeitpunkten, β: autoproportionale Effekte von Status zum Zeitpunkt t auf Veränderungen von Zeitpunkt t zum Zeitpunkt $t + 1$, I und S: Ausgangswert- und Steigungsfaktoren der linearen Veränderungsfunktion mit konstanter Veränderung α

direkt als Funktion anderer Variablen behandelt werden kann. In dem allgemeinen latenten Differenzwertmodell in Abbildung 4.2 b sind die Veränderungen von einem Zeitpunkt zum nächsten sowohl abhängig von einer generellen additiven Veränderungsfunktion (dem latenten Wachstumsfaktor S) als auch von den jeweils vorherigen Werten (vermittelt über einen proportionalen Veränderungseffekt β). Das bereits eingeführte lineare latente Wachstumsmodell ist ein vereinfachter Spezialfall dieses Modells. Es lässt sich durch Weglassen der autoproportionalen Effekte β und Wählen eines konstanten Wertes für α ableiten (s. Abb. 4.2 a). Ausgehend von der dargestellten Modellstruktur können abhängig von theoretischen Überlegungen durch Restriktionen oder Erweiterungen vielfältige Veränderungsprozesse modelliert werden. Wie latente Wachstumsmodelle lassen sich auch diese Modelle mithilfe von Software für Strukturgleichungsmodelle schätzen.

Modelle mit Cross-lagged-Effekten. Zu den Standardverfahren der Veränderungsmessung gehören Modelle mit sogenannten Cross-lagged-Effekten. Dabei werden interindividuelle Unterschiede in einer Variablen zum Zeitpunkt t mit interindividuellen Unterschieden einer anderen Variablen zum vorherigen Zeitpunkt $t - 1$ vorhergesagt. An diesen Modellen ist kritisiert worden, dass sich Aussagen über interindividuelle Unterschiede in Veränderungen nur unzureichend aus der alleinigen Betrachtung von interindividuellen Unterschieden zu verschiedenen Zeitpunkten ableiten lassen (Hertzog & Nesselroade, 2003). Im Rahmen von latenten Wachstumsmodellen wird die Frage nach Zusammenhängen von Veränderungen in mehreren Variablen meist mittels korrelierter Steigungsfaktoren modelliert. Es wird dabei untersucht, ob interindividuelle Unterschiede in den Veränderungen beider Variablen miteinander zusammenhängen. Die statistische Teststärke zur Absicherung solcher Zusammenhänge ist jedoch auch bei großen Stichproben erstaunlich gering (Hertzog et al., 2006).

Dynamische Kopplungen in latenten Differenzwertmodellen. Ein allgemeines Modell für Veränderungsprozesse wie in Abbildung 4.2 erlaubt jedoch auch weitere Betrachtungen der Zusammenhänge zwischen Veränderungen mehrerer Variablen, insbesondere dann, wenn diese simultan mithilfe eines multivariaten Veränderungsmodells dargestellt werden. So lässt sich auch die Veränderung in einer Variablen als Funktion der Werte einer anderen Variablen zu einem früheren Zeitpunkt beschreiben. Damit können auch dynamische Kopplungen verschiedener psychologischer Funktionsbereiche gezielt formuliert und getestet werden, wie erste erfolgreiche Anwendungen von multivariaten latenten Differenzwertmodellen zeigen (z. B. Ghisletta & Lindenberger, 2005).

Statistische Analyseverfahren für längsschnittliche Daten: Mehrebenenmodelle

Mehrebenenmodelle vs. latente Wachstumsmodelle. Alternativ zu latenten Wachstumsmodellen im Rahmen von Strukturgleichungsmodellen können auch Mehrebenenmodelle (Multilevel Models, MLMs; auch »Hierarchische Lineare Modelle«, »Random Effects Models« oder »Mixed Models« genannt) zur Analyse von Veränderungsdaten herangezogen werden. Dabei werden die mittlere Veränderungsfunktion durch sogenannte feste Effekte (Fixed Effects), z. B. lineare Trends, und die individuellen Unterschiede in den Veränderungen durch zufällige Effekte (Random Effects) modelliert; Letztere repräsentieren die Variation der individuellen Effekte um den mittleren Effekt. Es lässt sich zeigen, dass das zugrunde liegende statistische Modell von latenten Wachstumsmodellen und Mehrebenenmodellen weitgehend identisch ist. Den Mittelwerten der latenten Faktoren im latenten Wachstumsmodell entsprechen die festen Effekte im Mehrebenenmodell, die Varianzen der Veränderungsfaktoren entsprechen den zufälligen Effekten und dem mittels der Faktorladungen festgelegten Veränderungsmodell entspricht die Designmatrix im Mehrebenenmodell. Viele Modelle lassen sich daher mit beiden Methoden gleichermaßen und mit identischen Ergebnissen schätzen. Traditionell bestanden jedoch auch Unterschiede zwischen beiden Methoden, die zum Teil auch fortbestehen. Diese können dadurch charakterisiert werden, dass latente Wachstumsmodelle eine größere Flexibilität bezüglich des Strukturmodells, Mehrebenenmodelle hingegen eine größere Flexibilität bezüglich der Datenstrukturen aufweisen. Während bei latenten Wachstumsmodellen die Veränderungsfaktoren beliebig mit komplexen Strukturmodellen verknüpft werden können, ist in Mehrebenenmodellen nur die Hinzunahme von Prädiktoren möglich.

Mehrebenenmodelle erlauben auch keine hierarchischen Faktorenstrukturen für das Veränderungsmodell und weisen weniger Flexibilität bei der Spezifizierung der Korrelationsstruktur der Residualterme auf.

Nichtlineare Mehrebenenmodelle. Ein wichtiger Vorteil von Verfahren in der Mehrebenentradition besteht gegenwärtig darin, dass die Weiterentwicklungen für nichtlineare Modelle bei Mehrebenenmodellen weiter fortgeschritten sind als bei latenten Wachstumsmodellen. Nichtlineare Modelle bieten eine Vielzahl von entwicklungstheoretisch sinnvollen Möglichkeiten, individuelle Veränderungen und interindividuelle Unterschiede in Veränderungen zu beschreiben. So sehen

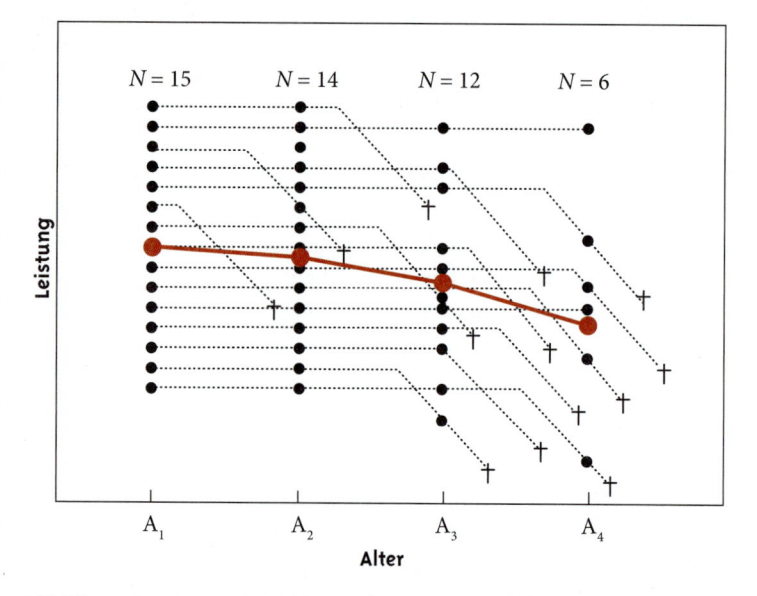

Abbildung 4.3 Der Verlauf altersgradierter Mittelwerte (fette Linie) von individuellen Terminal-Decline-Veränderungsverläufen (gepunktete Linien). Der mittlere Verlauf reflektiert nicht die Verlaufsform der einzelnen Personen, die erst unmittelbar vor dem Tod (Kreuze) einen Abbau zeigen (hypothetisches Beispiel aus Baltes & Labouvie, 1973, S. 174)

beispielsweise allgemeinpsychologische Modelle für Lernkurven nichtlineare Funktionen vor, wie Exponential- oder Potenzfunktionen, die sich mittels latenter Wachstumsmodelle gegenwärtig nur mit Mühe modellieren lassen. Hingegen lassen sich in nichtlinearen Mehrebenenmodellen beliebige nichtlineare Veränderungsfunktionen für die Individuenebene spezifizieren und interindividuelle Unterschiede als zufällige Effekte der entsprechenden Parameter realisieren.

Mehrphasenmodelle. Darüber hinaus sind auch Mehrphasenmodelle möglich, bei denen verschiedene Perioden oder Phasen mit qualitativ unterschiedlichen Veränderungsfunktionen einander folgen und sich die Zeitpunkte der Phasenübergänge von Person zu Person unterscheiden können. Dies trägt dem Umstand Rechnung, dass mittlere Veränderungen oftmals keine gute Annäherung an individuelle Veränderungsverläufe darstellen. Ein mittlerweile klassisches Beispiel hierfür geben Baltes und Labouvie (1973). Wie in Abbildung 4.3 erkennbar, kann das Vorliegen interindividuell verschiedener Übergangszeitpunkte zwischen Phasen von Stabilität und Veränderung zu einer glatten mittleren Veränderung führen, die für keine der individuellen Veränderungsfunktionen charakteristisch ist. Um interindividuell verschiedene Veränderungsfunktionen zu berücksichtigen, steht diesen Entwicklungen auf der Seite der latenten Wachstumsmodelle die Einführung von Mischverteilungsmodellen gegenüber, die die Identifikation von latenten Klassen mit unterschiedlichen Veränderungsfunktionen erlauben (Muthén, 2004).

4.2.3 Kombination quer- und längsschnittlicher Designs: Sequenzdesigns

Die Einschränkungen sowohl quer- als auch längsschnittlicher Studiendesigns werden besonders deutlich, wenn der Versuch unternommen werden soll, das Zusammenspiel sogenannter altersgradierter, historisch gradierter und nicht-normativer Einflussgrößen auf mittlere und interindividuell verschiedene Veränderungen zu trennen und deren Interaktion zu erfassen (Baltes et al., 1979). Hierzu ist es nötig, Folgen von quer- und längsschnittlichen Untersuchungen zu verwenden, die als Sequenzdesigns bezeichnet werden (Baltes, 1968; Schaie, 1965).

> **Übersicht**
>
> **Einflussgrößen auf mittlere und interindividuell verschiedene Veränderungen**
> - **(Normativ-)altersgradierte Einflussgrößen:** Faktoren, die Personen unterschiedlicher Geburtskohorten in einem ähnlichem Alter beeinflussen. Dazu gehören sowohl biologisch bedingte Entwicklungsprozesse, wie Pubertät oder Menopause, als auch altersgradierte kulturell festgelegte Übergänge, wie Schulbeginn oder Berentung.
> - **(Normativ-)historisch gradierte Einflussgrößen:** Faktoren, die zu bestimmten historischen Zeitpunkten wirken und Personen unterschiedlicher Geburtskohorten (und damit unterschiedlichen Alters) gemeinsam betreffen. Dazu gehören z. B. Wirtschaftskrisen, Naturkatastrophen oder technologische Innovationen.
> - **Nicht-normative Einflussgrößen:** akzidentelle Faktoren, die relativ unabhängig von Alter und historischem Zeitpunkt einzelne Personen beeinflussen, wie z. B. kritische Lebensereignisse.

Abbildung 4.4 stellt die aus einer Abfolge von je zwei querschnittlichen und längsschnittlichen Sequenzen resultierenden Erhebungspläne dar. Die querschnittliche Sequenz ist eine wiederholte Durchführung von Querschnittstudien gleicher Altersbereiche zu verschiedenen Zeitpunkten mit daher unterschiedlichen Kohortenzusammensetzungen. Die längsschnittliche Sequenz besteht aus zu verschiedenen Zeitpunkten beginnenden längsschnittlichen Untersuchungen von Stichproben unterschiedlicher Geburtskohorten, aber gleichen Alters zu Beginn der Studie. Die Kombination beider Designs erlaubt die Erfassung alters- und kohortenbezogener Veränderungen sowie die Identifizierung von zeitlich umschriebenen historischen Einflussgrößen, den Periodeneffekten (s. Abschn. 4.2). Eine optimale Informationsdichte lässt sich erzielen, wenn querschnittliche altersheterogene Stichproben längsschnittlich weiter untersucht und zu den jeweiligen Messzeitpunkten zusätzlich neue Teilnehmer mit der gleichen Altersverteilung wie zum ersten Zeitpunkt, also zum Teil aus denselben und zum Teil aus jüngeren Geburtskohorten, gezogen werden. Ein bekanntes Beispiel für dieses Erhebungsdesign ist die Seattle Longitudinal Study (s. Unter der Lupe).

> **Unter der Lupe**
>
> ### Längsschnittstudie mit Sequenzdesign: Die Seattle Longitudinal Study (SLS)
>
> Die Seattle Longitudinal Study (SLS; Schaie, 2005) ist ein Paradebeispiel für eine Längsschnittstudie mit Sequenzdesign. Karl Warner Schaie begann die Studie im Jahr 1956 mit einer Ausgangsstichprobe von 500 Erwachsenen im Alter von 20 bis Ende 60 Jahren, die mit einer Batterie kognitiver Aufgaben und Selbstberichtmaßen untersucht wurden. Diese Stichprobe wurde seither in Zeitabständen von jeweils 7 Jahren immer wieder neu getestet, bisher von 1963 bis 2005. Zusätzlich wurde zu jedem Messzeitpunkt eine neue Stichprobe mit annähernd derselben Altersverteilung wie die der Ausgangsstichprobe gezogen. Insgesamt haben an der Studie bisher über 6.000 Personen teilgenommen.
>
> Ein solch aufwendiges Studiendesign eröffnet eine Reihe von einzigartigen Möglichkeiten zur Untersuchung entwicklungspsychologischer Fragestellungen. Neben »einfachen« längsschnittlichen Analysen über sehr lange Altersspannen von bis zu 50 Jahren zählen dazu vor allem (1) die Möglichkeit Kohorteneffekte zu untersuchen, indem Personen aus unterschiedlichen Geburtskohorten, die im gleichen Alter getestet wurden, miteinander verglichen werden, (2) die Prüfung der Generalisierbarkeit von längsschnittlichen Verläufen über verschiedene Geburtskohorten und (3) die Abschätzung von Retesteffekten, indem die Testleistungen von Personen gleichen Alters verglichen werden, die die entsprechenden Tests vorher noch nicht oder zu einer unterschiedlichen Anzahl von früheren Testzeitpunkten durchgeführt haben. Diese Möglichkeiten nutzend hat die SLS zu einer Reihe von wichtigen Erkenntnissen geführt. So konnte beispielsweise gezeigt werden, dass jüngere Geburtskohorten vergleichsweise schlechtere Kopfrechenfertigkeiten aufweisen als ältere.

Theoretischer Status von Kohorteneffekten.

Eine angemessene methodische Behandlung von Kohorteneffekten setzt voraus, dass man sich über deren theoretischen Status Gedanken macht. Im Rahmen der Lebensspannenpsychologie erscheint es sinnvoll, zumindest drei Auffassungen von Kohorteneffekten zu unterscheiden (Baltes et al., 1979):

(1) Kohortenunterschiede können als eine Quelle von Stör- oder Fehlervarianz angesehen und damit als ein Teil der im Rahmen der Untersuchung psychologischer Phänomene immer vorhandenen und von vielfältigen Ursachen beeinflussten interindividuellen Unterschiede aufgefasst werden. Die zugrunde liegenden Ursachen für Kohortenunterschiede werden dann als irrelevant im Sinne der interessierenden Fragestellung angesehen.

(2) Kohorte kann als eine Dimension der Generalisierbarkeit von Ergebnissen angesehen werden. Damit wird kohortenbezogene Varianz als primär relevant für die Beurteilung der externen Validität von entwicklungspsy-

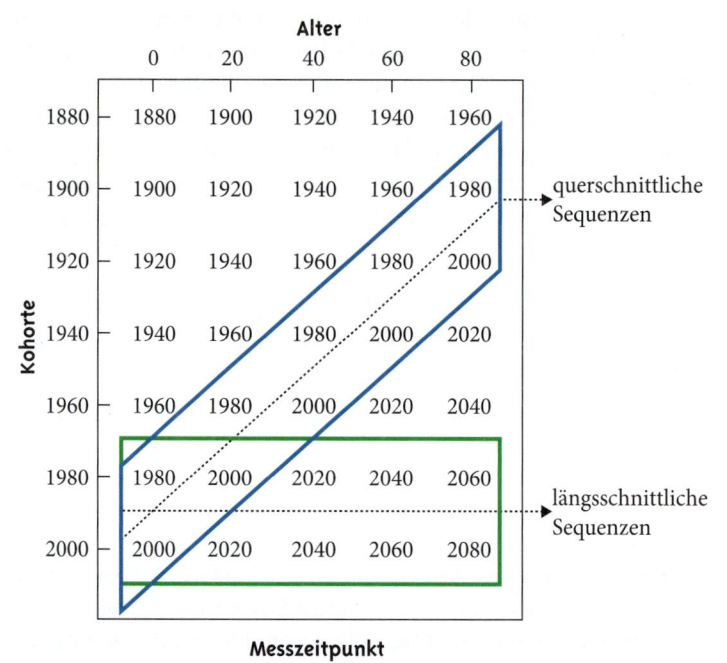

Abbildung 4.4 Gemeinsame Darstellung von Geburtskohorten, Alter und Messzeitpunkten für querschnittliche Sequenzen zu den Messzeitpunkten 1980 und 2000 und längsschnittliche Sequenzen, beginnend in den Jahren 1980 und 2000 (aus Baltes et al., 2006)

chologischen Befunden betrachtet. Für die Abschätzung der Invarianz von Entwicklungsprozessen über verschiedene Kohorten sind Sequenzdesigns besonders gut geeignet.

(3) Kohortenunterschiede können auch als theoretische Prozesse aufgefasst werden. Analog zur Behandlung von Alter als abhängiger Variable führt dies zu dem Versuch, aufgrund theoretischer Überlegungen Antezedenzen, Korrelate und Konsequenzen von Kohortenunterschieden zu untersuchen und damit die an sich inhaltsleere Variable Kohorte (= Geburtsjahrgang) mit Leben zu füllen (s. auch Masche & van Dulmen, 2004), so z. B. als Einflussgrößen, die einen ersten Aufschluss über die Bandbreite von Entwicklungsprozessen zu geben vermögen (vgl. Baltes, 1987; Baltes et al., 2006).

Die letztgenannte Einbettung von Kohorteneffekten in theoretische Modelle geht über den von Schaie (1965) propagierten Vorschlag hinaus, aus beobachteten Alters-, Messzeitpunkt- und Kohortenunterschieden direkt auf Reifungs-, Umwelt- und Erblichkeitseffekte zu schließen. Wie bereits der Ausgang der Schaie-Baltes-Kontroverse zeigte, wäre es verfehlt anzunehmen, dass bestimmte Strategien der Datensammlung und Datenbeschreibung, und seien sie noch so vollständig, unmittelbar zur Erklärung von Entwicklungsprozessen führen (Baltes, 1968; Schaie & Baltes, 1975).

Beschleunigte Längsschnittdesigns. Falls Kohortenunterschiede in den längsschnittlichen Veränderungen als vernachlässigbar angesehen werden können, bietet sich auch die Möglichkeit einer Kombination von quer- und längsschnittlicher Information in sogenannten beschleunigten Längsschnittdesigns (accelerated longitudinal approach; Bell, 1953). Hierbei werden mehrere Kohorten unterschiedlichen Alters über einen im Vergleich zur insgesamt umfassten Altersspanne kurzen Zeitraum längsschnittlich untersucht. Dabei müssen die Altersstufen der verschiedenen Kohorten aneinander anschließen, d. h., jede Kohorte muss sich auf mindestens einer Altersstufe mit mindestens einer anderen Kohorte überlappen (s. Abb. 4.5). Ist dies der Fall, kann die längsschnittliche Information der einzelnen Kohorten verwendet werden, um mittels latenter Wachstumsmodelle eine allgemeine Veränderungsfunktion über den gesamten Altersbereich zu schätzen (McArdle, 2009).

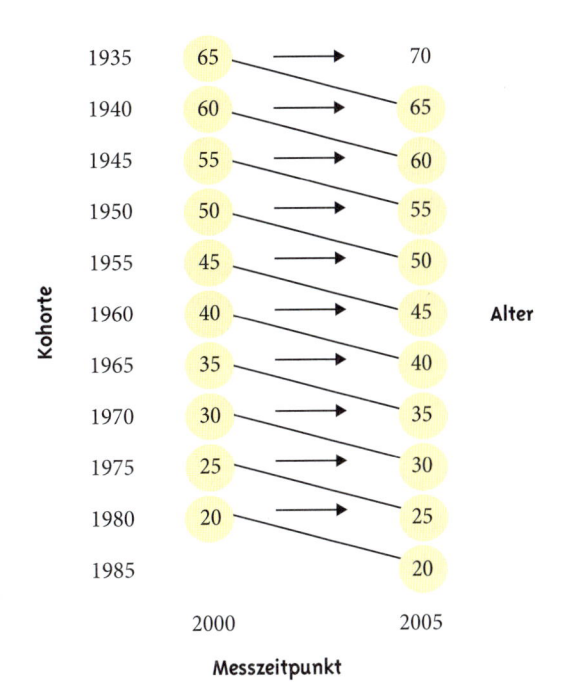

Abbildung 4.5 Das »beschleunigte« oder verkürzte Längsschnittdesign. Dieses längsschnittlich-sequenzielle Design erlaubt die Schätzung von Veränderungen über einen Altersbereich von 20 bis 70 Jahren, bei einer Zeitdauer der Studie von nur 5 Jahren. Dies ist möglich, indem längsschnittliche Veränderungen (dargestellt als Pfeile) »aneinandergehängt« werden. Kohortenunterschiede im Level können dabei berücksichtigt werden, da die beiden querschnittlichen Stichproben (erhoben in den Jahren 2000 und 2005) einen Vergleich von gleich alten Personen aus unterschiedlichen Geburtskohorten (dargestellt als verbundene Kreise) und damit eine Schätzung und Kontrolle von Levelunterschieden erlauben

Grenzen und Möglichkeiten neuer Verfahren

Zusammenfassend lässt sich sagen, dass die in den letzten Jahrzehnten erfolgten Entwicklungen statistischer Modelle für Längsschnittdaten und deren Implementierung in Softwarepaketen hervorragende Möglichkeiten eröffnet haben, die schon lange geforderte größere Übereinstimmung von theoretischen und statistischen Modellen zu verwirklichen und dabei flexibel quer- und längsschnittliche Information verschiedener Erhebungspläne zu kombinieren und zu integrieren (s. auch Collins, 2006). Umgekehrt ist zu hoffen, dass die Erweiterung der statistischen Möglichkeiten dazu führen wird, dass theoretische Annahmen über Veränderungsprozesse expliziter und genauer formuliert werden, als dies gegenwärtig oft der Fall ist.

Obgleich die bislang diskutierten neueren Verfahren es erlauben, interindividuelle Unterschiede in intraindividuellen Veränderungen zu beschreiben, geschieht dies fast immer unter der Annahme, dass den Veränderungen aller Personen dieselbe Veränderungsfunktion zugrunde liegt. Es gibt jedoch in vielen Fällen gute Gründe, diese Annahme anzuzweifeln und Forschungsstrategien zu fordern, die Veränderung zunächst strikt auf der individuellen Ebene untersuchen. Darauf soll im nächsten Abschnitt eingegangen werden.

4.3 Individuenbezogene Ansätze zur Analyse von Veränderungsprozessen

Populationsbezogene vs. individuumsbezogene Ansätze. Die bisher besprochenen Methoden haben gemeinsam, dass sie die Formulierung von allgemeinen Veränderungsfunktionen betonen und interindividuelle Unterschiede als Abweichung von einer durch diese allgemeinen Funktionen definierten Norm beschreiben. Dieser populationsbezogenen Sichtweise kann eine individuumsbezogene Sichtweise, die Veränderung zunächst auf der Ebene einzelner Personen untersucht, gegenübergestellt werden. Diese Unterscheidung ist nicht gleichbedeutend mit dem Unterschied zwischen nomothetischen (d. h. auf die Bestimmung allgemeingültiger Gesetzmäßigkeiten ausgerichteten) und idiografischen (d. h. auf die umfassende Analyse einzelner Personen ausgerichteten) Verfahren, da auch ein individuumsbezogener Ansatz dem Forschungsziel der Entdeckung allgemeiner Gesetze der psychischen Entwicklung verpflichtet sein kann.

Einzelne Person als Erkenntnisgegenstand. Vertreter einer Personenorientierung in der Entwicklungspsychologie argumentieren, dass die Entwicklung der einzelnen Person als System den eigentlichen Erkenntnisgegenstand der (Entwicklungs-)Psychologie darstellt (z. B. Bergman et al., 1991). Die dieses System konstituierenden Prozesse werden als ausreichend organisiert und beobachtbar angesehen, um den Einsatz von personenbezogenen Untersuchungs- und Auswertungsdesigns zu rechtfertigen. In einem zweiten Schritt können typische Muster von Veränderungsprozessen über verschiedene Personen hinweg identifiziert und zu Typen zusammengefasst werden. Dies kann zur Formulierung von Veränderungstypologien unterschiedlich großer Generalisierbarkeit führen.

Vertreter des personenbezogenen Ansatzes verweisen darauf, dass eine voreilige Aggregation von individuellen Daten zu durchschnittlichen Verläufen zu Verzerrungen und Fehlschlüssen führen kann. So können mittlere Veränderungsverläufe evtl. kein einziges der zugrunde liegenden Individuen zutreffend charakterisieren. Beispielsweise kann die Aggregation von interindividuell verschiedenen exponentiellen oder aufgrund von Strategiewechseln diskontinuierlichen Lernkurven eine Potenzfunktion auf Gruppenebene erzeugen, die den Verlauf aller beobachteten Personen verfehlt.

Zusammenhänge innerhalb vs. zwischen Personen. Des Weiteren geben korrelative Zusammenhänge, die zwischen Personen beobachtet wurden, keinen direkten Aufschluss über die Zusammenhänge derselben Variablen innerhalb der untersuchten Personen. Wie sich an einfachen Beispielen zeigen lässt, können beide Analyseebenen sogar einander entgegengesetzte Zusammenhänge aufweisen (Schmitz, 2000). So wäre es z. B. durchaus möglich, dass individuelle Unterschiede in der Geschwindigkeit und der Genauigkeit, mit der bestimmte kognitive Aufgaben gelöst werden, positiv miteinander zusammenhängen (d. h., Personen, die schneller sind, arbeiten im Durchschnitt auch genauer), während die Veränderungen der beiden Variablen innerhalb einzelner Personen negativ korrelieren (z. B. indem Zugewinne in der Geschwindigkeit auf Kosten geringerer Genauigkeit erzielt werden). Die grundsätzliche Unabhängigkeit multivariater Beziehungen innerhalb und zwischen Personen führt dazu, dass Schlüsse von der einen auf die andere Ebene nur unter äußerst restriktiven Annahmen möglich sind (Molenaar & Campbell, 2009). Die in exploratorischen oder konfirmatorischen Faktorenanalysen modellierten Faktoren müssen als Konstrukte zur Beschreibung interindividueller Unterschiede aufgefasst werden. Ob die dabei beschriebenen systematischen Zusammenhänge von verschiedenen Variablengruppen auch funktionale Zusammenhänge innerhalb einzelner Individuen erfassen, muss hingegen auf der Analyseebene einzelner Individuen untersucht werden. Dazu sind Studiendesigns mit multivariaten Zeitreihen für einzelne Personen erforderlich. Die dazu notwendigen Veränderungen der Methodik verlangen ein grundsätzliches Umdenken sowie die Weiterentwicklung und Neuentwicklung dynamischer, multivariater statistischer Verfahren. Dabei sollte das Ziel einer Integration personenbezogener und populationsbezogener Perspektiven nicht aus dem Blick geraten. Zwar kann der Forderung nach einer angemessenen Beschreibung der einzelnen Person im Rahmen eines idiografischen Ansatzes Rechnung getragen werden. Jenseits des idiografischen Ansatzes ergibt sich die neue Herausforderung, die Ergebnisse einzelner Individuen wieder in allgemeine Modelle zu integrieren.

Intraindividuelle Fluktuationen. Intraindividuelle Fluktuationen verschiedener psychologischer Funktionsbereiche sind für die Entwicklungspsychologie auch inhaltlich von großem Interesse. Konzeptuell lassen sich hierbei verschiedene Formen unterscheiden (S.-C. Li et al., 2004), wie z. B. adaptive Formen der Variabilität beim Erlernen neuer Fähigkeiten, die mit Kurzzeit-Längsschnitten untersucht werden können (Siegler & Crowley, 1991), oder auch dysfunktionale Variabilität im Sinne geringer Prozessstabilität (z. B. S.-C. Li et al., 2004). Die Bedeutung einer stärkeren Beachtung intraindividueller Fluktuationen im Verhalten wird besonders deutlich, wenn man bedenkt, dass das Ausmaß solch intraindividueller Unterschiede einen großen Anteil der zu einem beliebigen Zeitpunkt beobachtbaren interindividuellen Unterschiede erklären kann. Aus Sicht der Lebensspannenpsychologie solle eine Konzeptualisierung angestrebt werden, die längerfristige intraindividuelle Veränderungen mit intraindividuellen Merkmalsverteilungen von eher kurzfristigen Schwankungen zusammenbringt (Nesselroade, 1991).

4.4 Testing-the-Limits, experimentelle und formale Simulation

Testing-the-Limits. Die eingangs behandelte Hypothese zum Zusammenhang von aktivem Lebensstil und kognitiven Fähigkeiten verweist auf die allgemeine Frage nach der Plastizität von Verhalten als Funktion von Reifung, Alterung und Lernen. Diese Frage nach den latenten Potenzialen von Verhalten und deren Determinanten wird im Testing-the-Limits-Ansatz mithilfe von zeitlich komprimierten Entwicklungsverläufen untersucht (Baltes, 1987; Lindenberger & Baltes, 1995). Dabei steht die Erkundung der Grenzen von Entwicklungsmöglichkeiten im Zentrum des Interesses. Diese ergeben sich aus der Ausgangsreserve (baseline reserve capacity) und der Entwicklungsreserve (developmental reserve capacity; Baltes, 1987). Die Ausgangsreserve bezeichnet die einem Individuum zu einem gegebenen Zeitpunkt verfügbaren Verbesserungsmöglichkeiten, etwa durch Optimierung der Bedingungen (z. B. längere Bearbeitungszeit bei kognitiven Aufgaben) oder durch einfache Instruktion von hilfreichen Strategien. Die Entwicklungsreserve bezeichnet Entwicklungsmöglichkeiten, die darüber hinaus beispielsweise durch gezieltes Training oder intensives Üben aktiviert werden können. Eine solche Optimierung von Umweltbedingungen und Maximierung aufgabenrelevanter Erfahrung führt Personen an individuelle Leistungsgrenzen, von denen angenommen werden kann, dass Unterschiede zu verschiedenen Punkten der Lebensspanne vor allem altersgradierte biologische Begrenzungen widerspiegeln. Nach der Identifizierung solcher individueller Grenzen des Funktionsniveaus kann die Erklärung der Ursachen von interindividuellen Unterschieden in diesen Grenzen in den Mittelpunkt rücken. Dieses Verfahren hat gegenüber der Untersuchung von interindividuellen Leistungsunterschieden bei einmaliger Messung den Vorteil, dass interindividuelle Unterschiede an den Leistungsgrenzen weniger durch Variationen in aufgabenrelevanter Vorerfahrung beeinflusst sind und in stärkerem Maße Unterschiede in den Leistungspotenzialen der Personen zum Ausdruck bringen.

Experimentelle Simulation. Während beim Testing-the-Limits-Ansatz Plastizität und deren Grenzen untersucht werden, befassen sich Simulationsansätze vor allem mit der Erklärung von Entwicklungsprozessen, beinhalten aber ebenfalls den Versuch, Entwicklungsprozesse in zeitlich komprimierter Form untersuchen zu können. Theoretische Annahmen über Ursachen, Korrelate und Folgen von Entwicklungsverläufen werden überprüft, indem hypothetische Determinanten von Entwicklungsprozessen entweder experimentell manipuliert oder rechnerisch modelliert werden. Der Ansatz der experimentellen Simulation (Lindenberger & Baltes, 1995) sieht vor, dass die für ein Entwicklungsphänomen vermuteten kausalen Einflussfaktoren und Kontextbedingungen spezifiziert und zunächst im Laborexperiment und später innerhalb der natürlichen Umwelt manipuliert werden. Bei erfolgreicher Manipulation, d. h. bei Übereinstimmung der erzeugten experimentellen Unterschiede mit beobachteten natürlichen Entwicklungsverläufen, stellt sich jedoch dann immer noch die Frage nach der externen Validität – denn der kontrollierten Nachahmung von Entwicklungsprozessen müssen nicht zwingend dieselben Mechanismen zugrunde liegen wie dem ursprünglich beobachteten Entwicklungsphänomen.

Formale Simulation. Eine weitere Möglichkeit, theoretische Modelle von Entwicklungsprozessen gezielt zu überprüfen, ergibt sich aus dem Einsatz von Computermodellen. Hierzu werden die für ein Entwicklungsphänomen relevanten Teilaspekte als stark vereinfachte Modelle des Gesamtorganismus in eine mathematisch-algorithmische Form gebracht. So können beispielsweise Lernmechanismen des Gehirns mittels neuronaler Netzwerkmodelle simuliert werden. Diesen Ansätzen ist gemeinsam, dass wichtige Eigenschaften dynamischer Systeme, wie Komplexität, Nichtlinearität und Parallelität, die sich oftmals mathematisch nicht vollständig abbilden lassen, modellhaft nachgebildet und untersucht werden können. Weiterhin können theoretisch relevante Parameter manipuliert und das resultierende Verhalten des Systems mit empirischen Entwicklungsdaten verglichen werden. Auf solche Weise lässt sich beispielsweise zeigen, dass eine einfache Manipulation der Informationsübertragung in neuronalen Netzen Altersunterschiede in einer Vielzahl kognitiver Paradigmen simulieren kann. Eine besondere Stärke erlangen solche Modellierungen, wenn sie zu neuartigen Vorhersagen führen, die dann wiederum empirisch (d. h. mit »echten« Probanden) bestätigt werden. Der generelle Vorteil der formalen Entwicklungssimulation besteht darin, dass sie dazu anhält, Annahmen und Vorhersagen über Entwicklungsprozesse in einem Modell zu spezifizieren.

4.5 Empirisches Beispiel: Der Zusammenhang zwischen Sensorik/Sensomotorik und Intelligenz im Alter

Abschließend sollen anhand eines Beispiels die Vorteile eines konzertierten Einsatzes verschiedener Versuchspläne und Auswertungsverfahren für die Erforschung der Dynamik und Kausalstruktur psychischer Entwicklung über die Lebensspanne verdeutlicht werden. Das Beispiel betrifft den Zusammenhang zwischen Sensorik/Sensomotorik und Intelligenz im Alter. Einen wichtigen Ausgangspunkt bei der Untersuchung dieses Themas bildeten querschnittlich-korrelative Studien, die vorwiegend explorativ angelegt waren und überraschend hohe Korrelationen zwischen Wahrnehmungs- (visuell und akustisch) bzw. motorischen Leistungen und Maßen der intellektuellen Leistungsfähigkeit bei älteren Erwachsenen zutage brachten. Baltes und Lindenberger (1997) zeigten in einer altersvergleichenden querschnittlichen Untersuchung, dass die Korrelationen zwischen Sehschärfe und Hörschwelle einerseits und der intellektuellen Leistungsfähigkeit andererseits bei älteren Erwachsenen (70–103 Jahre) höher sind als bei jüngeren Erwachsenen (25–69 Jahre). So stieg der durch individuelle Unterschiede in Sehen und Hören statistisch vorhersagbare Anteil an individuellen Unterschieden in fünf verschiedenen intellektuellen Fähigkeiten durchschnittlich von 11 auf 31 %.

Kausale Hypothesen über den korrelativen Zusammenhang. Die Zunahme der querschnittlichen Korrelationen zwischen Sensorik/Sensomotorik und Intelligenz mit dem Alter veranlasste verschiedene Autoren zu einer Reihe von Hypothesen über die möglichen Ursachen altersbezogener Veränderungen hinsichtlich dieses Zusammenhangs (z. B. Baltes & Lindenberger, 1997). Drei dieser Hypothesen waren:

(1) die Common-Cause-Hypothese, welche postuliert, dass den Altersunterschieden in den Bereichen Sensorik/Sensomotorik und Intelligenz gemeinsame Ursachen der Gehirnalterung zugrunde liegen;

(2) die Hypothese sensorischer Deprivation, der zufolge altersbezogene Einschränkungen in der Qualität und Quantität sensorischen Inputs zu strukturellen oder funktionalen Veränderungen führen, die sich langfristig negativ auf die intellektuelle Leistungsfähigkeit auswirken;

(3) die Hypothese kognitiver Durchdringung, nach der sensorische und sensomotorische Leistungen im Alter verstärkte Anforderungen an Aufmerksamkeit und Arbeitsgedächtnis stellen und gleichsam den Charakter geistiger Leistungen erlangen, da bei derselben Anforderung (z. B. dem Überqueren einer Straße) kognitive Prozesse weitaus stärker zum Einsatz kommen als im jungen Erwachsenenalter.

Die drei Hypothesen schließen einander nicht aus, sondern die durch sie postulierten Entwicklungsveränderungen können auch gemeinsam vorliegen und in komplexer Weise interagieren.

Gemäß einer vierten möglichen Erklärung beruht die Zunahme des Zusammenhangs zwischen sensorischen und intellektuellen Leistungen mit dem Alter allein darauf, dass es älteren Personen aufgrund ihrer visuellen und auditiven Einschränkungen schwerer fällt als jüngeren, die Testitems und die Instruktion der Tests zur Erfassung der intellektuellen Leistungsfähigkeit wahrzunehmen. Diese Erklärung konnte mit einer experimentellen Entwicklungssimulation weitgehend widerlegt werden. Lindenberger et al. (2001) reduzierten die Sehschärfe und die Hörschwelle von Personen im mittleren Erwachsenenalter durch spezielle Brillen und Kopfhörer auf das Niveau von Personen im Alter von 70 bis 85 Jahren und ließen sie dann die kognitive Batterie bearbeiten, mit der zuvor bei älteren Erwachsenen die hohen Korrelationen zur Sensorik beobachtet worden waren. Entgegen der Annahme einer durch periphere sensorische Einschränkungen bedingten Leistungsminderung zeigten die Probanden mit reduzierten sensorischen Funktionen jedoch keine niedrigeren intellektuellen Leistungen als die entsprechenden Kontrollgruppen. Das Scheitern des Versuchs, das zuvor beobachtete Entwicklungsphänomen zu simulieren, trug damit dazu bei, die Plausibilität dieser Erklärung zu verringern.

Die drei verbleibenden Hypothesen – »common cause«, sensorische Deprivation und kognitive Durchdringung – lassen sich mithilfe von querschnittlich-korrelativen Datensätze weder im Einzelnen überprüfen noch voneinander abgrenzen. Dennoch besitzen diese querschnittlich-korrelativen Datensätze einen hohen forschungsstrategischen Stellenwert, da sie die Entdeckung dieses potenziell bedeutsamen Phänomens überhaupt erst ermöglicht hatten. In der Folge dieser Entdeckung kam es darauf an, durch den Einsatz weiterer, insbesondere längsschnittlicher, experimenteller und personenorientierter Versuchspläne die Natur dieses Phänomens hypothesengeleitet zu entschlüsseln.

Querschnittlich-korrelative Experimente mit Doppelaufgaben. Einen ersten Zugang bieten hier Experimente mit Doppelaufgaben, bei denen jüngere und ältere Erwachsene zugleich eine intellektuelle Aufgabe (z. B. das Einprägen von Wortlisten) und eine sensorisch/sensomotorische Aufgabe (z. B. das Laufen auf einem engen und verwinkelten Pfad) bewältigen sollen. Gemäß der kognitiven Durchdringungshypothese sollte der Aufmerksamkeitsbedarf des Gehens im Laufe des Erwachsenenalters zunehmen. Deswegen sollte das gleichzeitige Ausführen beider Aufgaben bei älteren Erwachsenen mit größeren Leistungseinbußen im Vergleich zum getrennten Ausführen derselben Aufgaben verbunden sein als bei jüngeren Erwachsenen. Diese Erwartung wurde voll bestätigt (Lindenberger et al., 2000). Interessanterweise ließ sich der Anstieg der sensorisch-kognitiven Doppelaufgabenkosten bereits bei Personen im Alter von 40 bis 50 Jahren gegenüber Personen im Alter von 20 bis 30 Jahren beobachten. Dieser Befund wäre kaum zu erwarten, wenn die Zunahme des Zusammenhangs zwischen den beiden Funktionsbereichen ausschließlich auf sensorische Deprivation zurückgehen würde, da normale Probanden im mittleren Erwachsenenalter kaum als sensorisch depriviert gelten können. Die Befunde von Lindenberger et al. (2000) wurden in mehreren weiteren Untersuchungen repliziert und differenziert (beispielsweise K. Z. H. Li et al., 2001). Sie stützen die Gültigkeit der kognitiven Durchdringungshypothese, schließen die gleichzeitige Gültigkeit der Common-Cause-Hypothese jedoch nicht aus.

Längsschnittliche Untersuchungen mit latenten Wachstums- und Differenzwertmodellen. Die querschnittlichkorrelativen Ergebnisse ließen keine genauen Rückschlüsse darauf zu, in welchem Maße die beobachtete Zunahme des Zusammenhangs zwischen Sensorik/Sensomotorik und Intelligenz die simultane alterskorrelierte Überlagerung kausal unabhängiger Alterungsprozesse darstellt oder tatsächlich funktionale und kausale Beziehungen zwischen den beiden Domänen vorhanden sind. Längsschnittliche Untersuchungen können hier einen Schritt weitergehen, da untersucht werden kann, ob jene Personen, die überdurchschnittlich starke Einbußen in sensorisch und sensomotorischen Leistungen zeigen, auch überdurchschnittlich große Einbußen in der intellektuellen Leistungsfähigkeit aufweisen. Entsprechende empirische Untersuchungen unter Nutzung multivariater latenter Wachstumsmodelle führten zu einem differenzierten Bild. Die Interkorrelation sensorischer und kognitiver Leistungsveränderungen war in der Regel deutlich niedriger als die ursprünglich beobachteten querschnittlichen Beziehungen. Diese Diskrepanz der Ergebnisse deutet darauf hin, dass beim Altern von Sensorik/Sensomotorik und Intelligenz bereichsspezifische Prozesse einen größeren Stellenwert besitzen könnten, als dies die querschnittlichen Korrelationen zwischen den beiden Bereichen nahelegten.

Allerdings erlauben es traditionelle latente Wachstumsmodelle nicht, dynamische Beziehungen zwischen

Variablen zu untersuchen, da Zusammenhänge lediglich im Sinne individueller Abweichungen von einer mittleren Veränderungsfunktion erfasst werden. Demgegenüber erlauben Analysen mit latenten Differenzwertmodellen, die Veränderung in einer Variablen als Funktion der Werte einer anderen Variablen zu einem früheren Zeitpunkt beschreiben, eine Betrachtung der dynamischen Beziehungen zwischen den Veränderungen mehrerer Variablen. So konnten Ghisletta und Lindenberger (2005) anhand von längsschnittlichen Daten der Berliner Altersstudie zeigen, dass zum einen die Sehschärfe Veränderungen der intellektuellen Leistungsfähigkeit, zum anderen die intellektuelle Leistungsfähigkeit Veränderungen in der Sehschärfe vorhersagt. Dieses Befundmuster bestätigt die Annahme einer Kopplung der Veränderungen in beiden Bereichen und stützt insofern die Common-Cause-Hypothese, als keiner der beiden Bereiche gegenüber dem anderen vorrangig zu sein scheint.

Die bislang berichtete Evidenz scheint mit der Common-Cause-Hypothese und der kognitiven Durchdringungshypothese besser vereinbar als mit der Hypothese sensorischer Deprivation, der Annahme einer sensorisch zu anspruchsvollen Erfassung der intellektuellen Leistungen oder der Annahme, dass die Alterung der beiden Funktionsbereiche funktional und kausal vollkommen unabhängig ist. Die Common-Cause-Hypothese ist in der bislang hier eingeführten Form jedoch empirisch und konzeptuell unteridentifiziert – postuliert wird eine in beiden Bereichen wirksame Drittvariable, ohne dass deren Wirkung direkt gemessen, experimentell manipuliert oder konzeptuell spezifiziert wird.

Formale Simulation durch ein neuronales Netzwerkmodell. An dieser Stelle können formale Modelle die Forschung voranbringen. Erstens verlangen sie von den Forschern, dass sie ihre Annahmen über die Dynamik und Kausalität des Entwicklungsprozesses offenlegen. Zweitens geben sie Aufschluss darüber, ob die beobachteten empirischen Ergebnisse auf der Grundlage dieser Annahmen rechnerisch simuliert werden können. Drittens führen sie im günstigsten Fall zu überraschenden Vorhersagen über Beobachtungen, die bislang noch nicht vorgenommen wurden. In diesem Sinne haben S.-C. Li et al. (2006) vorgeschlagen, ein bereits zuvor eingeführtes neuronales Netzwerkmodell der kognitiven Alterung auf die Zunahme des Zusammenhangs zwischen Sensorik/Sensomotorik und Intelligenz im Alter anzuwenden. Die Autoren nehmen an, dass spezifische neurochemische Alterungsprozesse des Gehirns (d. h. die dopaminerge Neuromodulation) zu weniger differenzierten Repräsentationen und Verarbeitungswegen führen und dass dieser Prozess im Sinne einer gemeinsamen Ursache Sensorik, Wahrnehmung und Kognition in Mitleidenschaft zieht. Dieses allgemeine Modell wenden die Autoren auf die stochastische Resonanz an, d. h. auf das Phänomen, dass das Wahrnehmen sehr schwacher Sinnesreize durch das Hinzufügen von externem Rauschen erleichtert werden kann. Anschließend leiten sie die Vorhersage ab, dass schwache Sinnesreize bei älteren Erwachsenen stärker verrauscht werden müssen als bei jüngeren, um optimal wahrgenommen werden zu können. Diese überraschende Vorhersage wurde in einer altersvergleichenden Studie zur taktilen Sensitivität unabhängig bestätigt.

Untersuchung intraindividueller Variabilität. Schließlich bietet die Untersuchung intraindividueller Variabilität einen wichtigen Zugang zu der Frage nach dem Zusammenhang von Kognition und Sensorik/Sensomotorik. Zum Beispiel konnten Huxhold et al. (2011) zeigen, dass Leistungen in den Bereichen Gleichgewicht und Kognition bei älteren Männern stärker positiv miteinander gekoppelt sind als bei älteren Frauen und jüngeren Erwachsenen. An Tagen mit relativ hohen Leistungen im Bereich Gleichgewicht zeigten ältere Männer auch eher relativ hohe Leistungen im Bereich Kognition. Die Ergebnisse von Huxhold et al. zeigen zugleich, dass die von der Common-Cause-Hypothese postulierte positive Kopplung zwischen den beiden Bereichen von Person zur Person unterschiedlich stark ausfiel und durchaus nicht immer positiv oder von 0 verschieden war. Dies verweist darauf, dass das Ausmaß, in dem bestimmte Hypothesen zur Dynamik und Kausalität von Entwicklungsprozessen gültig sind, von Person zu Person variieren kann. Hieraus ergibt sich der Anspruch an die entwicklungspsychologische Theoriebildung, neben der eigentlichen Hypothese auch die Kontexte ihrer Gültigkeit zu reflektieren und zu spezifizieren. So ist es beispielsweise denkbar, dass die durch die Common-Cause-Hypothese postulierte Dynamik nur bei Personen beobachtet werden kann, bei denen die Leistungseinbußen in beiden Bereichen ein gewisses Maß überschritten haben.

Denkanstöße

Wählen Sie eine Entwicklungsfunktion aus (z. B. Spracherwerb im Kindesalter; Gedächtnisentwicklung im höheren Erwachsenenalter). Überlegen Sie, mit welchen Forschungsmethoden Sie diese Entwicklungsfunktion beschreiben, erklären und gegebenenfalls verbessern können.

- Wie erfassen Sie interindividuelle Unterschiede in intraindividuellen Veränderungen?
- Wie erkunden Sie die Veränderbarkeit der Entwicklungsfunktion?
- In welcher Reihenfolge bringen Sie die verschiedenen Forschungsdesigns zur Anwendung?

Zusammenfassung

- Entwicklungspsychologische Forschung erkundet die Gemeinsamkeiten und Unterschiede von Veränderungen des Verhaltens, Handelns und Erlebens über die Lebensspanne.
- Die zentralen Anforderungen an entwicklungspsychologische Methoden beziehen sich auf Beschreibung, Erklärung und Vorhersage von
  - *inter*individuellen Gemeinsamkeiten in *intra*individuellen Veränderungen,
  - *inter*individuellen Unterschieden in *intra*individuellen Veränderungen,
  - *intra*individueller Modifizierbarkeit *intra*individueller Veränderungen.
- Entwicklungspsychologische Studien betrachten häufig Zusammenhänge psychologischer Variablen mit dem Alter. Das Lebensalter stellt aber für sich betrachtet keine Erklärung dar. Vielmehr werden Entwicklungsveränderungen durch Einflusssysteme wie Reifung, Alterung und Lernen bestimmt, deren komplexes Zusammenwirken durch biologische und kulturelle Variationen moduliert wird.
- Aufgrund der Komplexität und Kontextualität von Entwicklung gibt es in der entwicklungspsychologischen Forschung keinen Königsweg, d. h. eine in jedem Fall zu bevorzugende Forschungsmethode, wie z. B. das Experiment der Allgemeinen Psychologie. Vielmehr lässt sich die Kausalstruktur entwicklungspsychologischer Phänomene nur durch die Integration unterschiedlicher Methoden schritt- und näherungsweise erschließen.
- Bei diesem Vorhaben werden die möglichst direkte und passgenaue Umsetzung theoretischer Annahmen in formale und statistische Modelle, die intensive Erforschung individueller Veränderungsmuster sowie die direkte Beobachtung der postulierten Prozesse, auch auf neuronaler Ebene, eine zunehmend wichtige Rolle spielen. Zugleich wird der heuristische Wert des Betrachtens einfacher Altersunterschiede oder Korrelationen auf der Grundlage querschnittlicher Datensätze bestehen bleiben.

Weiterführende Literatur

Baltes, P. B., Reese, H. W. & Nesselroade, J. R. (1977). Life-span developmental psychology: An introduction to research methods. Monterey, CA: Brooks Cole (reprinted 1988, Hillsdale, NJ: Erlbaum). *Nach wie vor eine der besten umfassenden Einführungen in die Methoden der Lebensspannenpsychologie.*

Hertzog, C. & Nesselroade, J. R. (2003). Assessing psychological change in adulthood. An overview of methodological issues. Psychology & Aging, 18, 639–657. *Diskussion von Anforderungen an Methoden der Veränderungsmessung und Vergleich verschiedener aktueller Verfahren.*

Lindenberger, U. & Baltes, P. B. (1995). Testing-the-limits and experimental simulation: Two methods to explicate the role of learning in development. Human Development, 38, 349–360. *Ausführliche Vorstellung der im Kapitel nur kurz besprochenen Verfahren des Testing-the-limits und der experimentellen Simulation.*

Nesselroade, J. R., & Molenaar, P. C. M. (2010). Emphasizing intraindividual variability in the study of development over the life span. In W. F. Overton & R. M. Lerner (Eds.), The handbook of life-span development, Vol. 1: Cognition, biology, and methods (pp. 30–54). Hoboken, NJ: Wiley. *Eine Darstellung der Wichtigkeit individuenzentrierter Ansätze in der entwicklungspsychologischen Methodik sowie der damit verbundenen Herausforderungen.*

5 Ontogenese und Plastizität des Gehirns

Bogdan Draganski • Antonia Thelen

5.1 **Theoretische Vorannahmen**

5.2 **Neurogenese und Synaptogenese**
    5.2.1   Organogenese – makroskopische Kenndaten
    5.2.2   Proliferation und Migration der Neurone
    5.2.3   Axonales und dendritisches Wachstum
    5.2.4   Synaptogenese
    5.2.5   Rolle der Neurotransmitter in der Ontogenese
    5.2.6   Abbauprozesse in der Ontogenese
    5.2.7   Ontogenese und Verhalten
    5.2.8   Interaktion zwischen Hirnstruktur und Funktion

5.3 **Ontogenese der Sinnesorgane**
    5.3.1   Geschmacks- und Geruchssinn
    5.3.2   Der Tastsinn
    5.3.3   Der Hörsinn
    5.3.4   Der Sehsinn
    5.3.5   Entwicklung der Motorik
    5.3.6   Sensomotorische Integration

5.4 **Ontogenese aus der Perspektive der Evolution**

5.5 **Ontogenese aus der sozialen Perspektive**

5.6 **Ontogenese und Plastizität**

Im Jahre 1969 führten David H. Hubel und Torsten Wiesel ein berühmt gewordenes Experiment durch: Bald nach der Geburt wurde kleinen Katzen ein Auge verschlossen, sodass diese nur noch mit dem anderen Auge sehen konnten. Dann wurde das Auge zu unterschiedlichen Zeiten wieder geöffnet. Ab der vierten Woche nach der Geburt hinterließ der Nichtgebrauch des Auges einen irreversiblen Schaden; die Katzen blieben auf dem verschlossenen Auge blind. Die Dauer dieser kritischen Periode dauerte etwa zwei bis vier Wochen. Verschloss man hingegen ein Auge bei älteren Katzen, so entstanden auch nach einem längeren Zeitraum des Nichtsehens keine bleibenden Schäden.

Die Untersuchungen von Hubel und Wiesel stellen das zeitlich geordnete Zusammenspiel von Erfahrung und Reifung eindrucksvoll unter Beweis und verdeutlichen, wie Reifung auf Erfahrung aufbaut. Auch beim Menschen lässt sich durch gezielte Vergleiche zwischen Sehenden, Geburtsblinden, Späterblindeten und Patienten mit frühkindlichem Katarakt zeigen, dass der Ausfall eines Sinnesorgans die funktionale Architektur des Gehirns in Abhängigkeit vom Alter des Ausfalls unterschiedlich beeinflusst (Röder & Rösler, 2004).

5.1 Theoretische Vorannahmen

In diesem Kapitel werden die Vorgänge der Ontogenese unter anatomisch-physiologischen Gesichtspunkten beschrieben. Dies geschieht vor dem Hintergrund der Annahme einer Interaktion zwischen Ontogenese und kognitiver Entwicklung durch den Einfluss neuraler Aktivität auf die Hirnstruktur, die sich erst in den letzten Jahren durchgesetzt hat (Hua & Smith, 2004). Das historisch gesehen ältere Konzept der neuralen Selektion durch aktivitätsabhängige Modulation der Stärke neuronaler Verbindungen bei unveränderter Hirnstruktur wird mittlerweile durch einen konstruktivistischen Ansatz (Quartz, 1999) ergänzt. Bei diesem werden die bidirektionalen Wechselwirkungen zwischen Gehirn und Entwicklung der Kognition bzw. des Verhaltens unter der Annahme der strukturellen Plastizität des Gehirns anerkannt. Die Grundidee der neurokonstruktivistischen Modelle sowie der Konnektivitätsmodelle besteht darin, dass der Aufbau bestimmter Hirnregionen das Erlernen spezifischer Inhalte ermöglicht und dass Lernvorgänge und -inhalte die charakteristische Struktur zugehöriger Areale modifizieren können. Die Annahmen dieser Ansätze wurden vor allem durch den Nachweis der Neurogenese im erwachsenen menschlichen Gehirn mit einer lebenslangen aktivitätsabhängigen Entstehung neuer Neurone aus Stammzellen im Hippocampus, Riechkolben und der subventrikulären Zone empirisch bestätigt. Zahlreiche kognitiv-neurowissenschaftliche Experimente belegen mittels physiologischer und Bildgebungsdaten die Kapazität des menschlichen Gehirns zu plastischen Veränderungen (Pascual Leone et al., 2005).

Neokonstruktivismus und Konnektivitätsmodelle

Neokonstruktivismus. Solche Modelle sind auf der empirischen Ebene den statischen Modellen, bei denen keine Annahmen plastischer Veränderungen des Gehirns gemacht werden, deutlich überlegen. Dies wurde experimentell in Vergleichsstudien unter Nutzung etablierter Verhaltensparadigmen nachgewiesen. Konstruktivistische Modelle beruhen auf dem Grundprinzip der Adaptation komplexer Systeme: Der Lernprozess beginnt demnach auf der Basis einer einfachen Grundstruktur und passt sich im Laufe der Entwicklung spezifischen Lernaspekten an. Diese Betrachtungsweise ermöglicht eine genauere Beschreibung der Wechselwirkungen zwischen Lernen und Erfahrung und der Änderung der Gehirnstruktur, sowohl in der Entwicklungsphase als auch im daraus resultierenden Wissen bzw. dem Erfahrungsschatz im Erwachsenenalter.

Konnektivitätsmodelle. Hingegen fokussieren sich diese Modelle auf die lern- und erfahrungsabhängige graduelle Integration von unterschiedlich spezialisierten Hirnregionen unter Bildung neuer kortiko-kortikaler und kortiko-subkortikaler Verbindungen. Diese Modelle werden bei der Untersuchung komplexer Systeme mit einem hohen Grad an Interaktionen zwischen funktionell unterschiedlich spezialisierten Regionen, wie z. B. dem Sprach- und dem visuellen System, verwendet (Bremner et al., 2006; Westermann & Reck Miranda, 2004).

Die konstruktivistischen Modelle und die Konnektivitätsmodelle erlauben eine genaue Erfassung von Entwicklungsphänomenen. Wichtige Domänen der Entwicklung wie soziale Interaktion, konzeptuelles Lernen und die Entwicklung kausaler Schlussfolgerungen wurden allerdings bislang kaum beachtet. Ein weiterer Mangel der meisten gegenwärtigen Ansätze betrifft die Modellierung dynamischer, nichtlinearer Entwicklungsverläufe.

5.2 Neurogenese und Synaptogenese

Beim Menschen werden zwei Stadien der Ontogenese des zentralen Nervensystems (ZNS) unterschieden: (1) die Proliferation und Migration der Neurone (s. Abschn. 5.2.2) mit der Bildung der Neuralplatte (s. Abschn. 5.2.1) und (2) die Bildung von Gliazellen, gefolgt vom Abbau der Neuronenpopulation durch den programmierten Zelltod. Im letzten Drittel der Schwangerschaft und in der postnatalen Periode dominiert die Synaptogenese (s. Abschn. 5.2.4) durch die aktiven Prozesse der Dendriten- und Axonenaussprossungen (s. Abschn. 5.2.3). Zum Ende des 1. Lebensjahres ist auch ein Großteil der Myelinisierung abgeschlossen. Die Prozesse der Synaptogenese, der Synapseneliminierung und der Myelinisierung setzen sich über das Kinder- und Jugendalter bis ins Erwachsenenalter fort. Wichtige Meilensteine hierbei sind die erneute Synapseneliminierung während der Pubertät sowie das Auslaufen des Myelinisierungsprozesses in der vierten Lebensdekade.

> **Unter der Lupe**
>
> **Neuronale Zelltypen**
>
> **Neurone.** Die Nervenzellen (Neurone) sind für die Signalübertragung im ZNS zuständig. Die Zellen werden nach den enthaltenen Botenstoffarten bzw. Transmitterphänotypen eingeteilt (z. B. glutamaterge, dopaminerge etc.) und bilden zwei große Populationen: erregende (exzitatorische) und hemmende (inhibitorische) Zellen. Die Neurone stehen mittels Synapsen im engen Kontakt miteinander und verfügen über sehr viele informationsaufnehmende (rezeptive) Zellfortsätze, die Dendriten, und einen fortleitenden Achsenzylinder, das Axon (auch Neurit genannt; s. Abb. 5.1 a). Im Gegensatz zu den Axonen findet man auf den Dendriten die sogenannten Dornfortsätze (engl. spines; vgl. Abb. 5.1 a); dies sind spezialisierte Strukturen der synaptischen Signalaufnahme. Axone und Dendriten unterscheiden sich auch in ihrem Organellenaufbau (z. B. Golgi-Apparat, Mikrotubuli-Orientation).
>
> **Gliazellen.** Die Stützzellen im ZNS sind den Neuronen zahlenmäßig weit überlegen und teilen sich in drei Klassen auf: Astroglia (Astrozyten), Oligodendrozyten und Mikroglia. Die Astrozyten sind für die Erhaltung der Homöostase im ZNS zuständig, die Oligodendrozyten bilden die Myelinscheiden um die Axone (s. Abb. 5.2), und die Mikroglia übernehmen die Prozesse der Immunabwehr (Phagozytose) in entzündlichen und neurodegenerativen Prozessen.

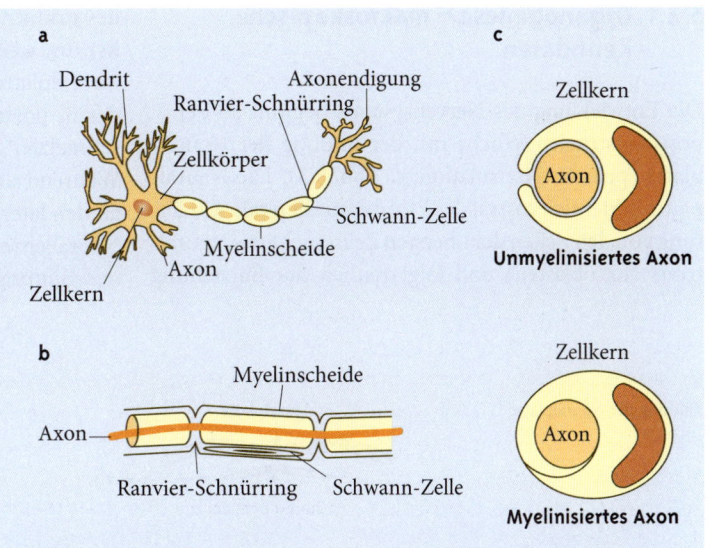

Abbildung 5.1 Aufbau einer Nervenzelle (Neuron) – schematische Abbildung. **a** Nervenzellkörper (Soma, Perikaryon) mit Zellfortsätzen – Dendriten und Axonen. Der Zellkörper enthält einen Zellkern sowie Organellen, die an der Produktion von Neurotransmittern beteiligt sind. **b** Aufbau eines Axons. Axone sind mit einer Myelinscheide überzogen, die aus Schwann-Zellen besteht, und münden in synaptische Endigungen (Synapsen). In den Lücken zwischen den aneinandergereihten Schwann-Zellen befinden sich die Ranvierschen Schnürringe. **c** Schematische Darstellung der Myelinisierung während der Ontogenese

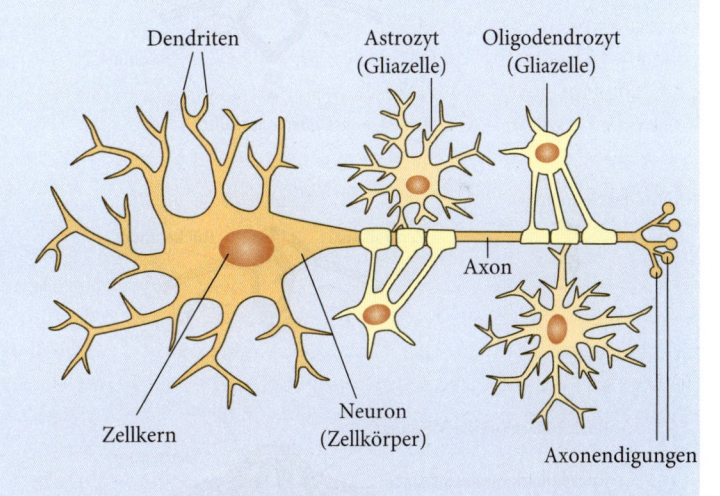

Abbildung 5.2 Neuronale Zelltypen. Neurone bestehen aus einem Zellkörper (Soma), in welchem sich der Zellkern befindet, und afferenten (Dendrite) und efferenten (Axon) Verlängerungen. Den Neuronen zahlenmäßig überlegen sind die Stützzellen. Diese Gruppe besteht aus Astrozyten, welche für die Erhaltung der Homöostase verantwortlich sind, und aus den Oligodendrozyten und Mikroglia, die bei entzündlichen und neurodegenerativen Prozessen eine zentrale Rolle spielen

5.2.1 Organogenese – makroskopische Kenndaten

Die Entwicklung des Nervensystems beginnt ab der 5. postmenstrualen Woche mit der Bildung der Neuralplatte (primäre Neurulation; s. Abb. 5.3). Die Neuralplatte bildet sich rostral des Primitivstreifens als Anhäufung von den Zellen der obersten Zellschicht des Neuralrohrs (Ektoblasten) und folgt zeitlich der Entstehung des primitiven inneren Achsenskeletts (Chorda dorsalis). Im weiteren Verlauf erheben sich die Ränder der Neuralplatte und bilden die Neuralfalten, die am Ende der 5. postmenstrualen Woche zum Neuralrohr verschmelzen (Schluss des Neuralrohrs; s. Abb. 5.3 a). Während sich das Neuralrohr schließt, lösen sich Zellen an den lateralen Teilen der Neuralplatte und bilden die Neuralleiste. In dieser entstehen die Nervenzellen, die an der Bildung des peripheren Nervensystems beteiligt

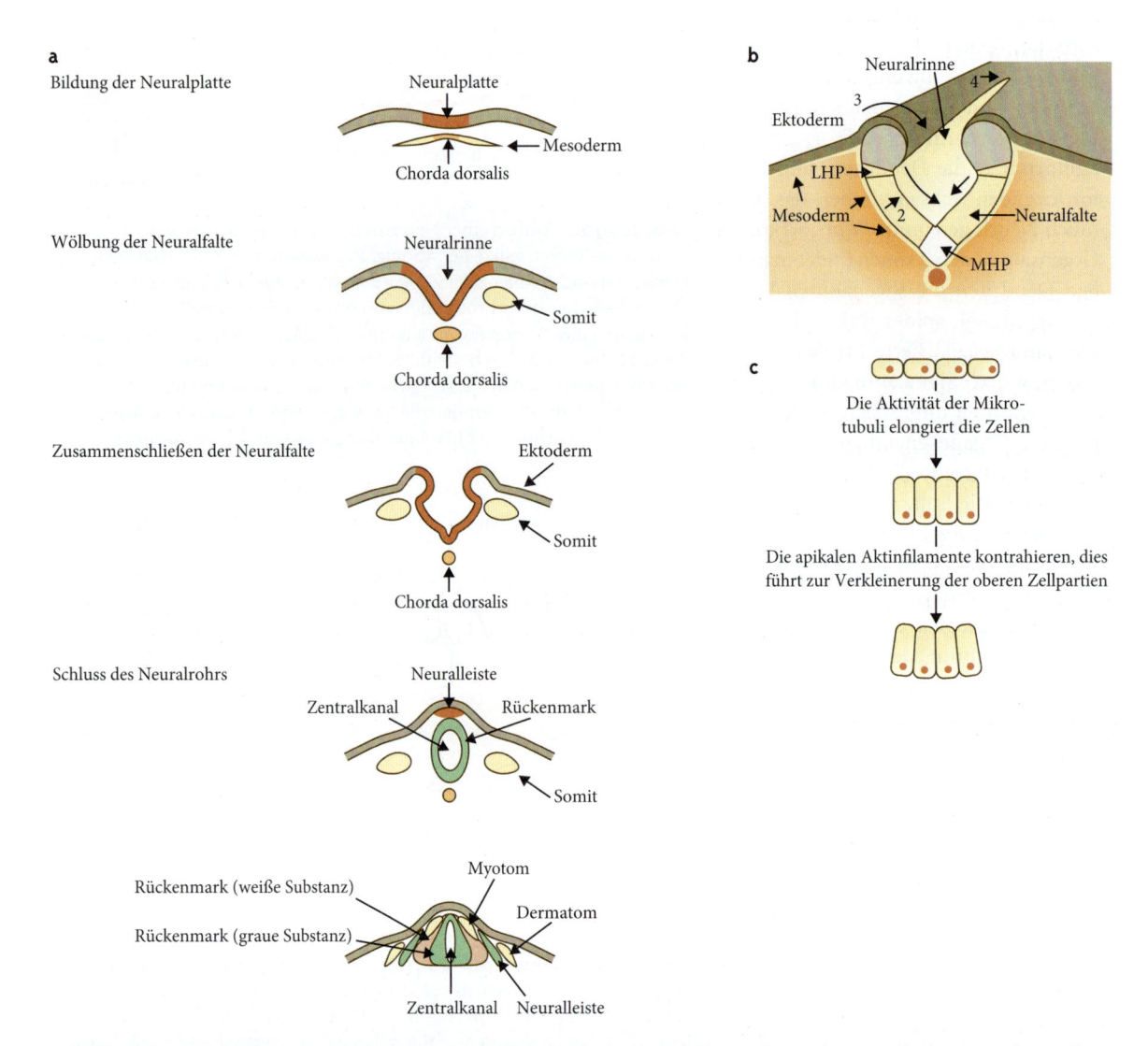

Abbildung 5.3 Bildung des Neuralrohrs (Neurulation). Schema der Entwicklungsphasen des Neuralrohrs im embryonalen Stadium. **a** Bildung der Neuralplatte (oben) mit Wölbung der Neuralrinne. Am Ende der 5. postmenstrualen Woche sind die Ränder der Neuralplatten zum Neuralrohr (unten) verschmolzen. **b** Die Neuralfalten entwickeln sich aus Zellen, welche aus dem Ektoderm entstehen. **c** Durch die aktive Kontraktion von Aktinfasern entsteht die Rundung, welche dann das Neuralrohr bildet (modifiziert nach van der Put et al., 2001)

sind. Der Prozess der Entwicklung des Neuralrohrs entlang aller Achsen wird von topografisch spezifischer Genexpression kontrolliert.

Entwicklung der Hirnbläschen. Der kraniale Abschnitt wächst schneller verglichen mit dem Rest des Neuralrohrs und stellt die Region dar, an der später das Gehirn entstehen wird. Hier lassen sich drei Hirnbläschen erkennen – Rautenhirn-, Mittelhirn- und Vorderhirnbläschen. Aus dem Vorderhirnbläschen bilden sich zwei weitere Bläschen – das Zwischenhirn- und das Endhirnbläschen, aus denen sich später die Großhirnhemisphären entwickeln. Auf der Unterseite der Hemisphären entstehen zwei weitere Bläschen, welche dann die Riechkolben und andere Strukturen des Geruchssinns bilden. Die Hirnrinde (Cortex cerebri) und die subkortikalen Kerngebiete entwickeln sich, wie auch die weiße Substanz, welche die verbindenden Axone beinhaltet, aus der Wand des Endhirns (Telencephalon) heraus. Die dabei entstehenden Neurone bilden Verbindungen mit anderen Teilen des zentralen Nervensystems.

In dem verbleibenden Zwischenraum, der sich zwischen dem Endhirn und dem Zwischenhirn (Diencephalon) befindet, entwickeln sich dann die Seitenventrikel, welche die Zerebrospinalflüssigkeit (Liquor cerebrospinalis) enthalten. Der dritte Ventrikel entsteht im mittleren Bereich des Zwischenhirns. Aus dem Zwischenhirn bilden sich auch der Thalamus, der Hypothalamus und die Augenbläschen. Die Augenbläschen verlängern sich und formen die Augenbecher, in denen sich später die Retina und der Sehnerv entwickeln.

Entwicklung des Mittelhirns. Das Mittelhirn (Mesencephalon) verändert sich im Gegensatz zum Vorderhirn (Prosencephalon) kaum. Auf seiner Rückseite bilden sich das Tectum (Mittelhirndach) und das Tegmentum (Mittelhirnhaube). Zwischen diesen Strukturen bildet sich ein enger Kanal, der Aquaeductus cerebri. Dieser verbindet den dritten und den vierten Ventrikel. Das Mittelhirn bildet die Hauptverbindung zwischen der Großhirnrinde und dem Rückenmark, durch welche die hinführenden (afferenten – Informationsrichtung zum Großhirn) sensorischen und die wegführenden (efferenten – Informationsrichtung zur Muskulatur) motorischen Nervenbündel laufen. Das Tectum, auch als Vierhügelplatte bezeichnet, wird in Colliculi superiores (obere Hügel) und Colliculi inferiores (untere Hügel) aufgeteilt. Die oberen Hügel erhalten visuelle Reize und die unteren akustische und gleichgewichtsbezogene Reize, sodass in der Vierhügelplatte Haltungs- und Blickbewegungen integriert werden.

5.2.2 Proliferation und Migration der Neurone

Entwicklung der kortikalen Platte. Die Zellen des Nervensystems gehen aus Vorläuferzellen (Neuroblasten) hervor, die dem Neuralrohr bzw. der Neuralleiste entstammen und im embryonalen Entwicklungsstadium in der ventrikulären Zone durch asymmetrische Teilung Neuronen und Gliazellen bilden. Die Neuroblasten werden zwischen der 5. und der 25. postmenstrualen Woche gebildet, Gliazellen zwischen der 20. und der 40. postmenstrualen Woche. Die ersten Neurone verlassen die ventrikuläre Zone, um die sogenannte Vorplatte zu bilden, die dann von nachkommenden Neuronen in zwei geteilt wird. Die weitermigrierenden Neurone nisten sich zwischen den beiden neu entstandenen Schichten – der marginalen Zone und der Subplatte – ein, um im weiteren Verlauf die kortikale Platte zu bilden.

Prädetermination der kortikalen Areale. Die Zellen gelangen durch passive und aktive Prozesse der Migration an ihren Bestimmungsort und stehen somit unter dem Einfluss des lokalen Kontexts sowie aktivitätsabhängiger Faktoren. Die charakteristische Architektur verschiedener Hirnregionen entsteht vor allem dadurch, dass die Vorläuferzellen in festgelegter Reihenfolge für eine bestimmte Zeitspanne nur Zellen eines Zelltyps hervorbringen, die dann in die entsprechenden Schichten einwandern. So entstehen nach und nach Schichten von Zellen, die sich untereinander und mit anderen Hirnteilen vernetzen. Die Migration der Zellen während der Neurogenese erfolgt auf zwei Wegen. Auf dem direkten Weg werden radiale Gliazellen und Neurone zur kortikalen Platte gefördert und bilden dann die untersten Kortexschichten (V und VI). Auf dem indirekten Weg hingegen wird die sogenannte subventrikuläre Zone (SVZ) aus intermediären Vorläuferzellen gebildet. Diese teilen sich in der Reifungsperiode weiter, um später die oberste Kortexschicht zu bilden. Die Schichtung (Rash & Grove, 2006) und topografische Organisation der einzelnen kortikalen Areale wird bereits in der ventrikulären Zone vorbestimmt (Rakic, 1988). Hierfür sind nicht nur der spezifische Aufbau der ventrikulären Zone (vorderer

Pol, Hem und Anti-Hem), sondern auch verschiedene Transkriptionsfaktoren verantwortlich (Schuurmans et al., 2004).

5.2.3 Axonales und dendritisches Wachstum

Das menschliche Gehirn besteht nicht aus losen Zellverbänden, sondern vielmehr aus komplexen Netzwerken in einer hierarchisch aufgebauten Architektur. Die anatomische Konnektivität wird durch die Steuerung axonaler Projektionen über spezifische chemische Reize und Faktoren aus der lokalen Umgebung gebildet. Der normale Ablauf der Differenzierung während der Migration wird nicht nur durch die Eigenschaften der einzelnen Zellen, sondern auch durch interzelluläre Interaktionen bestimmt. Chemische und physikalische Signale helfen dem auswachsenden Zellfortsatz (Neurit, der sich später zum Axon entwickeln wird), an die Endzielstruktur zu gelangen und synaptische Kontaktstellen mit anderen Dendriten und Axonen zu bilden.

Die Wachstumsmuster der dendritischen Netzwerke sind durch deren spezifische anatomische Eigenschaften und Funktionen bestimmt. Dazu zählen:

(1) das Dendritenausbreitungsvolumen, das mit dem Volumen des synaptischen Inputs überlappen soll;
(2) das Verzweigungsmuster, das die Aufnahme und Weiterverarbeitung der Signale im spezifischen Dendritenfeld gewährleisten soll;
(3) die ausreichende Flexibilität des Dendritenbaums, der wachstums- und lernbedingte Veränderungen ermöglichen soll.

Die Aussprossung der Dendriten beginnt bereits in frühen Stadien der Entwicklung mit dem Einnisten der ersten Neurone in der kortikalen Schicht und nimmt während des dritten Trimesters der Schwangerschaft zu. In der postnatalen Periode erfolgt mit dem Eintreffen von thalamischen und kortikalen Afferenzen eine weitere Änderung der Dendritenarchitektur, die zellschichtspezifisch ist und bis in das 5. Lebensjahr einem dynamischen Umbau unterworfen ist. Dabei weisen Dendriten in oberflächennahen kortikalen Zellschichten eine spätere Reifung als Dendriten in den anderen Zellschichten auf.

5.2.4 Synaptogenese

Die Synaptogenese (s. Abb. 5.4) folgt dem Dendritenwachstum mit dem Auftreten der ersten Synapsen in der 8–10. postmenstrualen Woche mit einer Zuwachsrate von ca. 4 % pro Woche bis zur 25. postmenstrualen Woche. Diese Phase wird von einer weiteren Zunahme der Synaptogenese (mit einem Maximum im 3. postnatalen Monat) in den primären sensorischen Regionen des Gehirns, dem visuellen und dem auditorischen Kortex, gefolgt. Im Vergleich dazu erreicht der präfrontale Kortex seine maximale Synapsendichte erst im 15. postnatalen Monat.

Entwicklung der Glia und Myelinisierung. Makrogliazellen entstehen wie die Neurone aus Vorläuferzellen, wobei Oligodendrozyten erst nach der Entstehung von Neuronen und Astrozyten gebildet werden (Altman & Bayer, 1984). Die Mechanismen der Migration von Oligodendrozyten zu deren vorbestimmten kortikalen Arealen sind bislang relativ unklar. Der letzte Schritt in

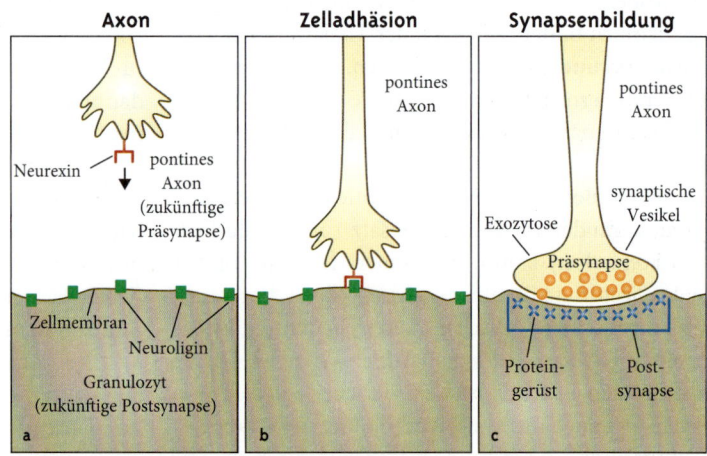

Abbildung 5.4 Schematische Abbildung der Entstehung einer Synapse. **a** Während der Zellproliferation werden die Neurite durch chemische und physikalische Signale zu ihren Endstrukturen geleitet. **b** Beim Kontakt des Zellfortsatzes mit einer Zelle der Endstruktur kommt es zur Synaptogenese. **c** Während der Entstehung einer Synapse gibt das präsynaptische Neuron Neurotransmitter in den Zwischenraum ab. Dieser bindet sich an die Rezeptoren des postsynaptischen Partners, wo ein Proteingerüst zur Festigung der Synapse entsteht

der Differenzierung der Oligodendrozyten ermöglicht die Bildung von Myelin. Die Myelinisierung der Axone (vgl. Abb. 5.1 c) beginnt im Rückenmark in der 12. postmenstrualen Woche, gefolgt von den ersten Myelinisierungsschritten im Kortex in der 14. postmenstrualen Woche. Die Basalganglien werden zwischen der 20. und der 30. postmenstrualen Woche myelinisiert, sensorimotorische Projektionen und die optische Strahlung in der 35. postmenstrualen Woche und der auditorische Kortex in der 40. postmenstrualen Woche. Während des 1. Lebensjahres wird eine erhöhte Aktivität der myelinisierenden Oligodendrozyten beobachtet, die sich danach bis in das höhere Erwachsenenalter fortsetzt.

5.2.5 Rolle der Neurotransmitter in der Ontogenese

Zahlreiche Neurotransmitter und Neuromodulatoren regulieren die Prozesse der Neuro- und Synaptogenese. Hierzu zählen die Katecholamine, Acetylcholin, GABA und Glutamat (s. Unter der Lupe). Die Entwicklung des katecholaminergen Systems beginnt bereits in der 8. postmenstrualen Woche mit dem Auftreten von dopaminergen, serotonergen und noradrenergen Zellen im Hirnstamm. Die topografische Ausbreitung der katecholaminergen Neurone wird in der 25. postmenstrualen Woche mit einem dem erwachsenen Gehirn ähnlichen Muster abgeschlossen. Im Gegensatz zu der flächendeckenden

Unter der Lupe

Neurotransmitter

Synapsen. Die Impulsübertragung auf nachgeschaltete Nervenzellen erfolgt im zentralen Nervensystem durch Synapsen. Die Synapse stellt eine spezialisierte Kontaktstruktur dar, bei der ein präsynaptischer Teil (der Bouton), ein postsynaptischer Teil (Membran des nachgeschalteten Neurons) sowie der synaptische Spalt dazwischen unterschieden werden (s. Abb. 5.5).

Transmitter. Bei dem Prozess der synaptischen Übertragung werden die im Bouton erhaltene Botenstoffe (Transmitter) durch die am Zellfortsatzende eintreffende Erregung in den Synapsenspalt freigesetzt (s. Abb. 5.5 b). Die Bindung der Transmitter an spezifischen postsynaptischen Rezeptoren erzeugt eine Erregung (exzitatorisches postsynaptisches Potenzial) oder eine Hemmung (inhibitorisches postsynaptisches Potenzial) am nachgeschalteten Neuron. Die Nervenzellen werden nach ihrem Transmitterphänotyp eingeteilt – Glutamat stellt den am häufigsten vorkommenden erregenden und gamma-Aminobuttersäure (GABA) den wichtigsten hemmenden Transmitter im ZNS dar. Weitere Transmitter sind z. B. Acetylcholin (Übertragung von Signalen an Muskelfasern), Noradrenalin (Alarmbereitschaft), Dopamin (Motivation und Bewegungsausführung) und Serotonin (»Glückshormon«; Defizite im Serotoninhaushalt sind häufig mit Depressionen verbunden).

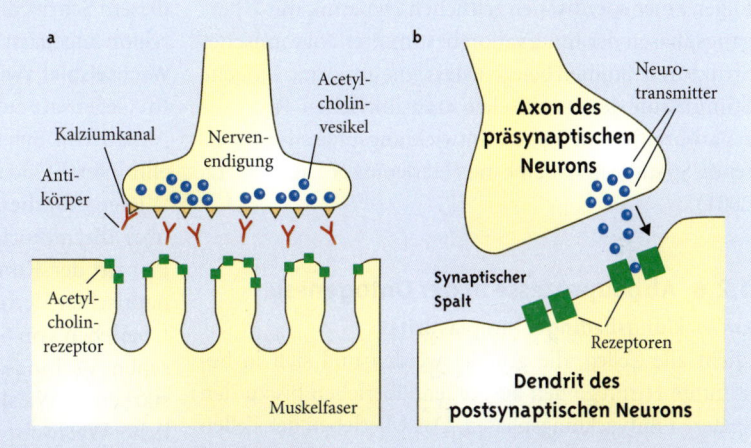

Abbildung 5.5 Aufbau einer Synapse – schematische Abbildung. Skizze einer Synapse auf der motorischen Endplatte. **a** An der präsynaptischen Membran werden durch die Wirkung einer elektrischen Entladung (Aktionspotenzial) Neurotransmitter (z. B. Acetylcholin) ausgeschüttet. Auf der postsynaptischen Membran befinden sich Neurotransmitter-spezifische Rezeptoren. **b** Die aus dem präsynaptischen Teil ausgeschütteten Neurotransmitter wandern durch den synaptischen Spalt, um an die Rezeptoren der postsynaptischen Membran zu binden

und regional eher unspezifischen Ausbreitung dopaminerger Neurone zeigen sensomotorische kortikale Regionen eine überwiegend noradrenerge Innervation. Die Neurotransmitterinnervation folgt einer spezifischen zeitlichen Dynamik mit Abschluss der Innervation bestimmter kortikaler und subkortikaler Strukturen erst während der Pubertät (z. B. kortikale pyramidale Zellen). Die Entwicklung des cholinergen Systems fängt ebenfalls früh in der 6. postmenstrualen Woche an. Acetylcholinesterase-reaktive Projektionen folgen der Neuronenmigration und zeigen die im Erwachsenenalter typischen anatomischen Ausbreitungsmuster erst nach der 28. postmenstrualen Woche.

Der Botenstoff GABA – der wichtigste inhibitorische Neurotransmitter im Gehirn – zeigt im letzten Trimester der Schwangerschaft eine funktionelle Umwandlung von einer anfänglich exzitatorischen in eine inhibitorische Neurotransmitterfunktion. Das serotonerge System verfügt über sieben Rezeptorentypen, die sehr früh in der Ontogenese die endgültige topografische Anordnung im Kortex annehmen und nur geringe Veränderungen nach der Geburt aufweisen. Die Glutamat- und Aspartatrezeptoren (NMDA, AMPA und Kainat) erfahren zwischen der 8. und der 20. postmenstrualen Woche ebenfalls zahlreiche Veränderungen.

Alle Neurotransmittersysteme bis auf das serotonerge folgen einer spezifischen zeitlichen Dynamik mit Übergangsphasen der Innervation bestimmter anatomischer Strukturen. Studien belegen, dass eine abnorme exogene Stimulation der spezifischen transitorischen Rezeptorenausbreitung in frühen Entwicklungsphasen tiefgreifende Spätfolgen haben kann (Herlenius & Lagercrantz, 2001).

5.2.6 Abbauprozesse in der Ontogenese
Entwicklungsbedingte Hirnplastizität

Nicht alle Zellen, die gebildet werden und sich in bestimmte Hirnregionen ausbreiten, überleben bis zu den späteren Entwicklungsphasen. Das Überleben der Zellen wird von aktiven und passiven Prozessen auf zellulärer und Systemebene gesteuert. Die neurale Aktivität ist hierbei maßgeblich für die Regulation des programmierten Zelltodes (Apoptose) und scheint einen protektiven Effekt auf Neurone durch eine Reduktion der Zelltodesrate zu haben. Das kontinuierliche Wachstum des Zentralnervensystems während der Entwicklungsphase mit einem Überfluss an Verbindungen führt zu Abbauprozessen, die erforderlich sind, um die Funktionalität der Netzwerke zu erhöhen. Die unterschiedlichen Um- und Abbaumechanismen zeigen keine topografische Affinität zu bestimmten Hirnregionen und werden unter dem Sammelbegriff der entwicklungsbedingten Hirnplastizität zusammengefasst. Hierzu gehören die Apoptose, der Synapsenabbau und Eliminierungsprozesse.

Prozesse und Phasen der Apoptose. Studien belegen, dass ca. 50 % der in der frühen Entwicklungsphase entstandenen Neurone nicht bis zum Erwachsenenlebensabschnitt überleben (Yuan et al., 2003). Die erhöhte Aktivität der Abbauprozesse während der Hirnentwicklung wird vor allem durch Änderungen in der Zellzyklusdauer sowie durch Zellbotenstoffe wie den Nervenwachstumsfaktor (nerve growth factor, NGF) und verwandte Wachstumsfaktoren – die Neurotrophine – gesteuert (Oppenheim, 1989). Apoptotische Prozesse der Zellelimination werden bereits in frühen Neurogenesephasen von der 7. postmenstrualen Woche im Telencephalon bis zum Ende des ersten Trimesters beobachtet (Rakic & Zecevic, 2000). Eine zweite apoptotische Phase mit einem regional unterschiedlichen Gradienten wird zwischen der 20. und der 30. postmenstrualen Woche beschrieben. Da das Überleben der Neurone von neurotrophen Faktoren, die von den Zielregionen gebildet werden, abhängig ist, nimmt man an, dass in diesem Schritt die Neuronenzahl an die Größe der Zielregion angepasst wird.

Wechselspiel zwischen Synapsenbildung und -abbau. Im Gegensatz zum programmierten Zelltod wird beim Abbau von Synapsen nur ein Teil der Verbindungen eliminiert (Goda & Davis, 2003). Ein Großteil unseres Wissens diesbezüglich stammt aus Untersuchungen über die motorischen Endplatten von Synapsen. Das Prinzip der Konkurrenz zwischen der Stärke der synaptischen Verbindungen ist ausschlaggebend für das Überleben von Synapsen, da die schwächeren synaptischen Verbindungen eher abgebaut werden als die stärkeren (Walsh & Lichtman, 2003). Das kontinuierliche Wechselspiel zwischen Synaptogenese und Synapsenabbau stellt somit eine wichtige morphologische Grundlage der Ontogenese und der lebenslangen Plastizität des Gehirns dar.

Während der pränatalen und der frühen postnatalen Entwicklungsphasen dominiert die Synapsenbildung; so wird die maximale Synapsendichte z. B. in den primären perzeptiven kortikalen Regionen im 3. Lebensmonat erreicht. Es gilt die prinzipielle Annahme, dass nach dem Erreichen dieses Höhepunktes eine graduelle Abnahme der Dichte stattfindet. Diese wird in vivo durch Studien belegt, bei denen mittels Magnetresonanztomografie (MRT) die kortikale Dicke bestimmt wird. Im Gegensatz dazu legen Experimente an nicht-humanen Primaten eine andere zeitliche Dynamik der Synapsenelimination nahe. Die frühe Synaptogenese mündet dabei in einer stabilen Plateauphase, der nach der Pubertät eine 40%ige Reduktion bis ins Erwachsenalter folgt.

Axonale Reorganisation

Mechanismen der axonalen Effizienzzunahme. Die zellulären Prozesse, die eine Effizienzerhöhung der Axone (Pruning; s. Abb. 5.6) steuern, sind noch nicht geklärt. Es wird angenommen, dass zwei grundsätzliche Mechanismen für die axonale Effizienzzunahme verantwortlich sind: nämlich das Zurückziehen (Retraktionshypothese) und das Absterben von Axonen (Waller'sche Degeneration). Als Beispiel für die grundlegende Reorganisation der langen axonalen Kollaterale kann die in der 2. bis 3. postnatalen Woche stattfindende Reduktion der über das Corpus callosum zur Area 17 und 18 des kontralateralen primären visuellen Kortex projizierenden Axone dienen (Innocenti, 1995; Innocenti & Clarke, 1984). Eine ähnliche axonale Reorganisation betrifft die Projektionen der kortikalen Lamina V zu spezifischen subkortikalen Zielregionen in Abhängigkeit von der funktionellen Spezialisierung der zugehörigen kortikalen Region (O'Leary et al., 1990).

Experimentelle Befunde. Die tiefgreifende Wirkung dieser Prozesse auf die Ontogenese des Gehirns wurde durch heterotope kortikale Transplantationsexperimente in der frühen Entwicklung bestätigt. Neurone des motorischen Kortex, die in visuelle Regionen transplantiert werden, behalten ihre präferenziellen Projektionen zu motorischen subkortikalen Zentren bei, anstatt neue Verbindungen zum visuellen Netzwerk zu bilden. Ähnliche Vorgänge finden während der topografischen Kartierung der retinalen Ganglionprojektionen sowie in der frühen Phase des Verbindungsaufbaus der Hippocampusformation statt.

Neueste In-vivo-Bildgebungsstudien mittels Zwei-Photonen-Mikroskopie bestätigen die früheren Annahmen und zeigen charakteristische Muster der axonalen Reorganisation von kortiko-kortikalen und kortiko-subkortikalen Projektionen. Im Gegensatz dazu beschreiben In-vivo-Experimente an erwachsenen Nagetieren eine durch das Training induzierte Gehirnreorganisation in wesentlich kleinerem Maßstab (Holtmaat & Svoboda, 2009). Die morphologischen Korrelate dieser Prozesse, die bereits von Ramon y Cajal beschrieben wurden, sind die axonale Retraktion mit dem Volumenverlust des Axons und das Auftreten einer Retraktionsausstülpung am distalen Axonende. Neuste elektronenmikroskopische Studien zeigen jedoch eine bisher unbekannte Form der axonalen Reorganisation – die schrittweise Verkürzung des Axons mit dem Hinterlassen von sogenannten »Axosomen«.

Überflüssige und ineffiziente Verbindungen werden ebenfalls abgebaut. In den ersten beiden Lebensjahren betrifft dies vor allem ipsilaterale kortiko-spinale Axone. Hinweise zu einer aktivitätsabhängigen Modulierung dieses Abbaus kommen von Studien an Kindern mit kongenitaler Halbseitenlähmung, bei denen eine relative Erhaltung der ipsilateralen kortiko-spinalen Projektionen berichtet wurde. Vergleichbare Mechanismen kommen auch bei chronischen neurodegenerativen Erkrankungen sowie nach Läsionen zum Vorschein (z. B. Waller'sche Degeneration nach axonaler Schädigung).

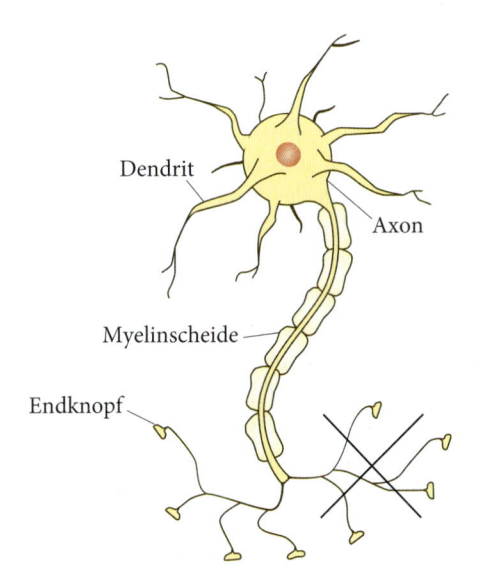

Abbildung 5.6 Effizienzerhöhung der Axone (Pruning). Fehlgeleitete oder wenig stimulierte Axone werden entweder aktiv zurückgezogen (Retraktionshypothese) oder werden durch Eliminierungsprozesse reduziert

5.2.7 Ontogenese und Verhalten

Kritische Phasen der Ontogenese. Am Ende der embryonalen Phase ist der Aufbau der Grundstruktur des

Gehirns mit den notwendigen Verbindungen zwischen spezifischen kortikalen und subkortikalen Regionen weitgehend abgeschlossen. In der späten pränatalen und frühen postnatalen Phase werden funktionelle Netzwerke, die die individuellen Verhaltensmuster bestimmen, durch Prozesse der Spezialisierung und Verfeinerung gebildet. Die Verfeinerung ist vor allem durch die bereits erwähnte Reduktion der Anzahl anatomischer Verbindungen sowie durch »epigenetische«, d. h. in starkem Maße erfahrungs- und aktivitätsabhängige Faktoren gekennzeichnet. Es werden eine »präkritische«, aktivitätsunabhängige (Feller & Scanziani, 2005) und eine nachfolgende »kritische«, aktivitätsabhängige (Hensch, 2004) Phase unterschieden. In der Ontogenese sind solche »kritischen« Phasen durch eine Zunahme der Plastizitätsvorgänge gekennzeichnet und können einige Jahre andauern.

Entwicklungsunterschiede bei neurologischen Symptomen. Die Beziehung zwischen Verhaltens- und Gehirnentwicklung ist selbst entwicklungsbedingten Veränderungen unterworfen. Als Beispiel dient die altersabhängige Voraussage der neurologischen Symptomatik – eine im Erwachsenenalter nach lokaler Läsion eng umschriebene Symptomatik kann bei jungen Kindern in gegensätzlichen »nicht-anatomischen« Zeichen ihren Ausdruck finden. Kortikale motorische Läsionen bei Kindern können in entgegengesetzten hypo- oder hypertonen, uni- oder bilateralen, hypo- oder hyperkinetischen Zeichen resultieren. Symptome, die im Kindesalter klinisch nachweisbar sind, können im Alter verschwinden und andererseits können sich subklinische Zeichen erst im Erwachsenenalter manifestieren. Auch hier spielt die zeitliche Komponente mit der Umschreibung spezifischer »kritischer« Perioden der Entwicklung eine wichtige Rolle. Exogene, schädigende Einflüsse wie Sauerstoffmangel (Asphyxie), radioaktive Strahlung, zentralnervös wirksame Drogen oder Alkohol haben je nach Entwicklungsstadium des Fötus unterschiedliche Folgen. Sauerstoffmangel wird bei Frühgeborenen mit periventrikulären Läsionen assoziiert, dagegen zeigen Termingeborene eine Schädigung des Kortex, der Basalganglien sowie des Thalamus.

Physische und soziale Einflüsse der kognitiven Entwicklung. Die kognitive Entwicklung ist von den Einflüssen der physischen und sozialen Umgebung nicht zu trennen. Die körperliche Entwicklung setzt mit dem Erreichen bestimmter Meilensteine die Rahmenbedingungen für die Qualität und Quantität der zur Weiterverarbeitung aufgenommenen Informationen. Dabei scheint die Unreife der jeweiligen Funktionssysteme die Entwicklung eher voranzutreiben als zu behindern. So führt z. B. die niedrige Sehschärfe bei Säuglingen zu einer vereinfachten Wahrnehmung der Umgebung und erleichtert die Exploration und Integration naheliegender Objekte, die am schärfsten wahrzunehmen sind. Auch das soziale Umfeld bildet ein Bezugssystem für die Wahrnehmung. An der sogenannten Babysprache (Ammensprache) wird deutlich, dass Sprachinformation in frühen Entwicklungsphasen vereinfacht dargeboten wird (vgl. Abschn. 18.4.4). An diesen Beispielen lässt sich ein Ordnungsprinzip der Ontogenese erkennen – die graduelle Entwicklung komplexer Verhaltensmuster, des Wissens und des Könnens ausgehend von einer zunächst einfach wahrzunehmenden und zu erlernenden Ausgangssituation (Bjorklund, 1997).

Diese Einflussfaktoren unterstreichen die Kontextabhängigkeit der Ontogenese. Die grundlegenden physiologischen Prozesse der Ontogenese resultieren aus der Entwicklung und Zunahme von zahlreichen Teilrepräsentationen der Umgebung. Neurowissenschaftler und Entwicklungspsychologen arbeiten gemeinsam daran, die grundlegenden Prinzipien und Interaktionen der Teilrepräsentationen sowie deren Potenzial zur plastischen Veränderung zu erforschen.

5.2.8 Interaktion zwischen Hirnstruktur und Funktion

Die unbeantwortete Frage nach der Reziprozität zwischen Hirnstruktur und Funktion ist eine der größten Herausforderungen der Neurowissenschaften. Anfang des 20. Jahrhunderts teilte Korbinian Brodmann den Kortex in unterschiedliche Hirnbereiche anhand ihres histologischen Aufbaus (Zytoarchitektur) ein. Mit der Entwicklung der modernen Bildgebungsverfahren wie Positronenemissionstomografie (PET) und Magnetresonanztomografie (MRT) konnten erste Korrelationsstudien mit Kartierung der Hirnfunktionen durchgeführt werden. Aus heutiger Sicht entspricht die früher angenommene klare Trennung des Gehirns in unterschiedliche anatomische Regionen mit korrespondierenden Funktionen nicht mehr dem neuesten Stand der Forschung. Die Hirnfunktionen werden vielmehr von Netzwerken mit komplexen anatomischen Eigenschaften unterstützt, was auch die Wiedererlangung von verlorenen Funktionen nach einer Läsion wie z. B.

Vorderhirn (Prosenzephalon)	Endhirn (Telencephalon)	Neocortex
		Endhirnkerne
		Riechhirn
	Zwischenhirn (Diencephalon)	Thalamus
		Epithalamus
		Subthalamus
		Hypothalamus (mit Hypophyse)
Mittelhirn (Mesencephalon)		Tectum
		Tegmentum
		Crura cebri (Hirnschenkel)
Rautenhirn (Rhombenzephalon)		Kleinhirn (Cerebellum)
		Brücke (Pons)
		Myelenzephalon (Medulla oblongata)

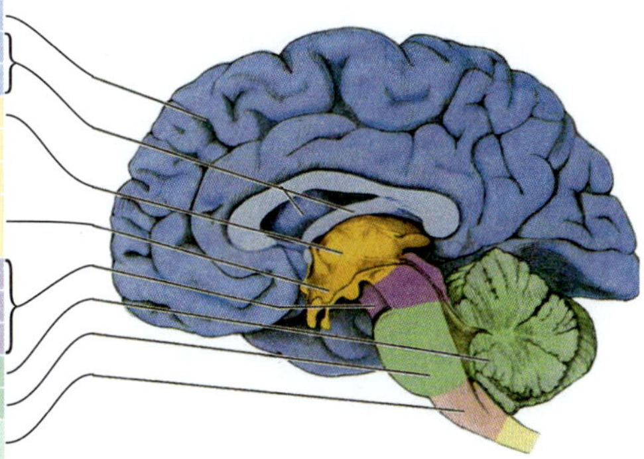

Abbildung 5.7 Gliederungssystematik und Hauptabschnitte des Gehirns (aus Schandry, 2011)

Schlaganfall erklären könnte. Jedoch besteht eine gewisse Spezialisierung von anatomischen Regionen in Bezug auf eine oder mehrere Funktionen, die in Abbildung 5.7 bzw. Tabelle 5.1 zusammengestellt sind.

Präfrontaler Kortex

Aus der Perspektive der Evolution unterscheidet sich das menschliche Gehirn von anderen Primatenarten durch die mögliche Entstehung hoch spezialisierter Areale im präfrontalen Kortex. Die reifungsbedingte Synaptogenese und Synapseneliminierung reichen im präfrontalen Kortex bis in das junge Erwachsenenalter hinein (Huttenlocher & Dabholkar, 1997). Durch die Langsamkeit dieses Reifungsprozesses können komplexe Netzwerke, die höheren kognitiven Funktionen dienen, durch den Aufbau von Verbindungen zu fern gelegenen Hirnregionen entstehen (Bartzokis et al., 2001). Dies ermöglicht kognitive Leistungen wie Arbeitsgedächtnis und Impulskontrolle (Gathercole et al., 2004; vgl. Abschn. 17.5.1 bzw. 19.2.2).

Anatomische Eigenschaften. Post-mortem-Studien belegen für den präfrontalen Kortex eine Zellzahlreduktion von 55 % auf 10 % über dem Erwachsenendurchschnitt zwischen dem 2. und dem 7. Lebensjahr (Huttenlocher, 1979). Die Synapsendichte erreicht ihr Maximum im Alter von 3½ Jahren mit einer ca. 50 % höheren Dichte als der bei Erwachsenen (Huttenlocher & Dabholkar, 1997), gefolgt von einer progressiven Abnahme bis ins Erwachsenenalter. Bildgebungsstudien mittels struktureller Magnetresonanztomografie (sMRT) bestätigen die positive Korrelation zwischen kortikaler Dicke im präfrontalen Kortex und kognitiven Fähigkeiten (Giedd et al., 1999; Sowell et al., 2004a, 2004b). Darüber hinaus belegen sMRT-Studien die spezifische Dynamik der Volumenzunahme zwischen dem 7. und 12. Lebensjahr in Bezug auf die allgemeine Intelligenz (»g«): Kinder mit einem höheren Intelligenzquotienten (IQ) zeigen eine signifikant stärkere Änderung der präfrontalen Kortexdicke im untersuchten Zeitraum.

Denkanstöße

- Erläutern Sie das Wechselspiel von Aufbau- und Abbauprozessen im Laufe der Ontogenese des Gehirns.
- Zeichnen Sie die Ontogenese der verschiedenen Transmittersysteme nach.
- Lässt sich die Regelhaftigkeit der Ontogenese verstehen, ohne auf teleologische, d. h. vom Ergebnis her bestimmte Erklärungsansätze zurückzugreifen?

5.3 Ontogenese der Sinnesorgane

Die Reihenfolge der Entwicklung der Sinnesorgane ist bei allen Wirbeltieren gleich. Zuerst entwickelt sich der Tastsinn, dann der Geruchs- und Geschmackssinn, der Hörsinn, und zuletzt der Sehsinn. Die funktionellen Netzwerke der Perzeption sind zur Geburt bereits ausgebildet, auch wenn die einzelnen Sinnesorgane noch nicht funktionstüchtig sind.

Plaktoden und Sinnesfelder. Die Sinnesorgane werden durch Sinnesfelder charakterisiert, die im Ektoderm als Plaktoden in Erscheinung treten. Die Plaktoden sind Verdickungen im fötalen Ektoderm, aus denen Sinneszellen und periphere Nervenzellen entstehen. Plaktoden stellen die embryonale Form von Sinnesfeldern dar, die sich später zu Sinnesepithelien und Ganglien weiterent-

Tabelle 5.1 Funktionen unterschiedlicher Hirnbereiche

	Neuronale Struktur	Funktion
Großhirn	**Endhirn (Telencephalon)**	**Höhere geistige Verarbeitung**
	Neokortex	Wahrnehmen, Denken, Handeln
	Okzipitallappen	Sehen (primäre und sekundäre Verarbeitung visueller Information)
	Parietallappen	Sehen (tertiäre Verarbeitung), Bewegungswahrnehmung, Somatosensorik, mathematisches Denken, Raumkognition
	Frontallappen	Motorik, Handlungsplanung, Kurzzeitgedächtnis, Sprachproduktion, Stimmung, Handlungsantrieb bzw. -hemmung (exekutive Funktionen)
	Temporallappen	Differenzierte auditorische Verarbeitung, visuelle Objekterkennung, semantisches Wissen, intermodale Integration
	Corpus callosum	Verbindung zwischen beiden Gehirnhälften
	Limbisches System	Gefühle, Aufmerksamkeits- sowie Lernprozesse
	Gyrus cinguli	Gefühls- und Aufmerksamkeitslenkung
	Amygdala	Emotionale Reaktionen (v. a. Furcht)
	Hippocampus	Gedächtnis, Lernen, räumliche Orientierung
	Basalganglien	Subkortikale Bewegungskontrolle, zusammen mit dem Frontallappen verantwortlich für zielorientiertes Verhalten
Stammhirn	**Zwischenhirn (Diencephalon)**	**Zwischenstation für sensorischen Input, Hormonsteuerung**
	Thalamus	Schaltstation für vielfältige Wahrnehmungsinformation
	Hypothalamus	Regelung von vegetativen Zuständen verschiedener Art
	Hypophyse	Hormonausschüttung (Sexualverhalten, Stress, Wachstum etc.)
	Epiphyse	Hormonausschüttung (Schlaf-Wach-Rhythmus)
	Mittelhirn (Mesencephalon)	**Subkortikale Wahrnehmungs- und Verhaltenssteuerung**
	Tectum	Subkortikale Hör- und Sehfunktionen
	Tegmentum	Subkortikale motorische Steuerung, Schmerzhemmung
	Hinterhirn (Metencephalon)	**Implizites motorisches Lernen**
	Kleinhirn (Cerebellum)	Flexible feinmotorische Bewegungskontrolle, Gleichgewicht, Erlernen motorischer Fertigkeiten
	Brücke (Pons)	Durchgangsstation für Neurone vom Rückenmark zum Kortex
	Nachhirn (Myelencephalon)	**Steuerung unwillkürlichen Verhaltens / vegetativer Zustände**
	Formatio reticularis	Bewusstseinszustände (Schlafen, Wachen), Aktivierung
Rückenmark		**Übertragung von Signalen vom Körper zum Gehirn und umgekehrt; Reflexsteuerung, Schmerzhemmung**

wickeln. Somit kann man die Neuralplatte, aus welcher sich dann das Neuralrohr und später die Gehirnbläschen bilden, als eine große Plakode auffassen.

In der Riechplakode entstehen die Geruchssinnzellen, die Geschmackszellen in den Geschmacksknospen im Schlunddarm, Lichtsinnzellen im Neuralepithel und die

Haarzellen des Hör- und des Gleichgewichtsorgans im Ohrbläschen. Studien belegen, dass externe Ereignisse, wie z. B. die Exposition des Fötus mit unterschiedlichen Geschmacksrichtungen im Fruchtwasser der Mutter, einen Einfluss auf die postnatalen Nahrungsvorlieben der Kinder haben (Todrank et al., 2011).

5.3.1 Geschmacks- und Geruchssinn

Geschmack. Die Wahrnehmung eines bestimmten Geschmacks entsteht durch den Kontakt einer Substanz mit den Geschmacksknospen auf der Zunge. Aus der Entwicklungspsychologie ist bekannt, dass bereits Neugeborene zwischen den verschiedenen Grundqualitäten des Geschmacks unterscheiden können (süß, sauer, bitter, salzig, fettig und umami). Dies wurde über die Beobachtung der Mimik, der Herzfrequenz oder über das Verhalten der Neugeborenen beim Saugen gemessen (vgl. Abschn. 7.2.3). Das 1. Lebensjahr spielt dabei eine wichtige Rolle in der Entwicklung der Geschmackssensibilität.

Geruchssinn. Obwohl der Geruchssinn eine zentrale Rolle in der Wahrnehmung unserer Umwelt spielt, ist über die anatomischen und funktionellen Aufbauprinzipien relativ wenig bekannt. So kennen wir heute nur einen geringen Anteil der Rezeptoren, die für die Wahrnehmung von Gerüchen zuständig sind. Dadurch eröffnen sich neue Fragen, wie unser Gehirn solche Reize codiert und wie daraus eine bewusste Wahrnehmung entsteht.

Der Geruchssinn ist bei Neugeborenen schon weitgehend entwickelt. Ähnlich wie bei der Erforschung des Geschmackssinnes wurde dies durch die Beobachtung des Gesichtsausdrucks erforscht. Kinder reagierten mit einem zufriedenen Gesichtsausdruck auf fruchtige Gerüche, welche von Erwachsenen meist als angenehm eingestuft werden, während sie auf Fisch oder verdorbenes Ei mit Abwehr reagieren. Des Weiteren erlernen Neugeborene innerhalb weniger Tage, den Geruch der eigenen Mutter von dem anderer Personen zu unterscheiden.

Neurogenese im Riechkolben. Die Neurone des Riechkolbens gehören mit den Neuronen des Hippocampus zu den wenigen, die sich auch im Erwachsenenalter ständig erneuern. Eine plausible, aber noch nicht nachgewiesene Erklärung für den Erhalt der Neurogenese im Riechkolben besteht darin, dass die Riechzellen die einzigen Neurone des Gehirns sind, die im direkten Kontakt mit der Umwelt stehen und deshalb leichter zuschaden kommen als andere Neurone.

5.3.2 Der Tastsinn

Die Haut des Menschen ist über die gesamte Körperoberfläche mit Tastrezeptoren ausgestattet und kann als Kontaktfläche zwischen Mensch und Umfeld angesehen werden. Informationen über Oberflächen, Druck, Vibrationen und Temperaturunterschiede werden über die peripheren sensiblen Nervenfasern von den Gliedern zum Gehirn weitergeleitet.

Die sensorischen Neurone wandern von der Neuralrinne und dem Ektoderm zu den sich entwickelnden sensorischen Ganglien. Dabei generieren die Zellen Axone, welche dann ihre peripheren und zentralen Ziele innervieren. Auch hier spielt der programmierte Zelltod eine wichtige Rolle in der Eliminierung der überflüssigen Zellen.

Der Tastsinn ist der erste Sinn, der sich im Uterus entwickelt. Ab der 12. postmenstrualen Woche reagiert der Embryo auf Berührungen, er zeigt bereits Saugreflexe oder einen Reflex, bei dem sich der Embryo in die Uteruswand eingräbt. In der klassischen Psychologie gilt der Tastsinn als eine für die kognitive, emotionale und affektive Entwicklung des Kindes wichtige Wahrnehmungsquelle. Donald Woods Winnicott (1896–1971) entwickelte die Theorie des »Holding« und des »Handling«, bei welcher der körperliche Kontakt zwischen Mutter und Kind eine zentrale Rolle in der Entwicklung einer sicheren Bindung spielen soll.

Sensorische und motorische Komponente. Sinnespsychologisch betrachtet besteht der Tastsinn aus einer motorischen und einer sensorischen Komponente, die nur schwer auseinanderzuhalten sind. Dieses System entwickelt sich im 1. Lebensjahr und reift zu einem Mittel zur Erfassung der Umwelt. Hierzu benutzt ein Säugling vor allem seine Hände und seinen Mund. Dieses orale und manuelle Abtasten von Gegenständen nimmt bis in den 7. Monat nach der Geburt zu und anschließend wieder ab. Die motorische Komponente ist eher ein zusätzlicher Aspekt, der die verbesserte Orientierung mithilfe des Tastsinns ermöglicht. Sie spielt jedoch bei fast jedem anderen Sinn eine ähnliche Rolle (visuell-motorische, auditiv-motorische Koordination).

Umwelterkundung. Ab dem 5. und 6. Monat gewinnt die manuelle Erkundung des Umfelds an Einfluss. Mit der sich entwickelnden visuo-motorischen Koordination und dem Erlernen des Aufrechtsitzens nimmt das manuelle Geschick der Kinder deutlich zu (vgl. Abschn. 7.3.1). Der

Tastsinn schließt auch die Wahrnehmung von Schmerz- und Temperaturreizen mit ein. Das Nervensystem ist schon ab der 26. postmenstrualen Woche während der Schwangerschaft so weit ausgereift, dass es auf Schmerzreize reagiert. So zeigt das Elektroenzephalogramm (EEG) Veränderungen in den gemessenen Oberflächenpotenzialen von Neugeborenen während einer Blutentnahme, die auf Schmerzempfinden schließen lassen.

5.3.3 Der Hörsinn

Auch der Hörsinn entwickelt sich in der pränatalen Phase. Schon in diesem Stadium der Entwicklung ist das Kind vielen verschiedenen Geräuschen ausgesetzt. Der Großteil dieser Geräusche (über 60 dB) wird nicht von den biologischen Geräuschen der Mutter übertönt, und so können Embryonen fast alle für uns hörbaren Frequenzen wahrnehmen. Ab der 28. postmenstrualen Woche reagieren Embryonen auf Geräusche, welche ihnen aus dem Umfeld zugespielt werden. Dabei zeigen sie bereits differenzielle Reaktionen auf unterschiedliche Tonarten. Dies weist auf eine pränatale Lernfähigkeit hin. Des Weiteren unterscheiden Kinder schon wenige Stunden nach der Geburt nicht nur zwischen der Stimme der eigenen Mutter und der anderer Frauen, sondern auch zwischen während der Schwangerschaft vorgelesenen und nicht vorgelesenen Versen sowie zwischen ihrer Muttersprache und fremden Sprachen. Diese Ergebnisse bestärken die Annahme, dass viele Lernvorgänge im embryonalen Stadium beginnen und sich dann postnatal fortsetzen (vgl. Abschn. 7.1.4).

Orientierungsreaktion. Neugeborene orientieren sich an den Geräuschen aus ihrem Umfeld: Sie reagieren mit Kopfbewegungen auf Reize aus der Umgebung und tun dies auch dann, wenn keine visuellen Anhaltspunkte für deren Lokalisierung vorhanden sind. Im Alter von 6 bis 8 Wochen scheint diese Orientierungsfähigkeit zu verschwinden. Säuglinge drehen ihren Kopf nicht mehr systematisch in Richtung der Geräuschquelle, was durch eine funktionelle Reorganisation hervorgerufen wird, bei der, unter dem Einfluss einer vorübergehenden Hemmung der subkortikalen Strukturen, die kortikalen Regionen diese Strukturen langsam funktionell ablösen. Im Alter von 3 bis 4 Monaten drehen Kinder dann ihren Kopf wieder in die Richtung der Reizquellen, was darauf hindeutet, dass in diesem Stadium der Raum bereits kortikal repräsentiert wird.

Differenzierung der Wahrnehmungsfähigkeit. In den vergangenen Jahren wurde die Wahrnehmungsfähigkeit eines großen Spektrums von Geräuschen an Neugeborenen getestet. Dieses Spektrum reicht von einfachen reinen Tönen bis hin zu ganzen Textabschnitten. Generell bevorzugen Neugeborene komplexe Töne mittlerer Intensität. Ab dem 2. Lebensmonat erkennen Kinder Rhythmusveränderungen in komplexen musikalischen Sequenzen. Im Alter zwischen 8 und 11 Monaten reagieren sie auf feinere Veränderungen einer Melodie wie z. B. auf das Auswechseln von einzelnen Tönen oder auf die Verschiebung einer Melodie um eine ganze Tonlage.

Ausrichtung auf den Menschen. Neugeborene zeigen zudem eine Vorliebe für menschliche Stimmen. Interessanterweise zeigt eine Studie, dass sich diese Vorliebe erst zwischen dem 4. und dem 6. Lebensmonat entwickelt. 4 bis 6 Monate alte Kinder können nicht-menschliche Gesichter (Affen) den dazugehörenden Stimmen zuordnen. Diese Fähigkeit verschwindet jedoch, sobald Kinder lernen, menschliche Stimmen mit Gesichtern zu kombinieren. Dies zeigt, dass das menschliche Gehör und der Sehsinn erst nach und nach auf Menschen ausgerichtet werden, und unterstreicht erneut die Bedeutung der frühen Plastizität für die Entwicklung.

5.3.4 Der Sehsinn

Der Sehsinn entwickelt sich verhältnismäßig spät im Vergleich zu anderen Sinnen. Da die Augen sich erst nach der Geburt öffnen, ist der Sehsinn unmittelbar danach stark eingeschränkt – Neugeborene nehmen nur hohe Kontraste war. Ab dem 3. bis 4. Lebensmonat reift der Sehsinn heran und wird so zu einer leistungsfähigen Informationsquelle.

Areale des visuellen Kortex. Die heutigen Kenntnisse über das visuelle System stammen hauptsächlich von Studien an Primaten. Zudem sind die genauen Zeitabläufe bei der Entstehung und der funktionellen Reifung einzelner Hirnzonen des visuellen Systems noch relativ unklar. Der visuelle Kortex ist in verschiedene Areale aufgeteilt, die sich durch anatomische, funktionelle und Konnektivitätsmerkmale unterscheiden. Die Entstehung der verschiedenen Hirnareale folgt einem räumlichen und zeitlichen Muster, in dessen

Verlauf einige Areale des temporalen visuellen Kortex erst in der Jugend völlig ausreifen. Die Unterschiede in den Funktionen der kortikalen Hirnareale hängen eng mit Unterschieden in ihren Verbindungen zum Thalamus zusammen.

5.3.5 Entwicklung der Motorik

Reflexbögen

Die Motorik ermöglicht es Menschen, zu handeln und sich fortzubewegen. Generell wird diese Fähigkeit in hierarchische Ebenen unterteilt. Die unterste Ebene ist die der Reflexbögen. Die meisten dieser Reflexe sind von der Geburt an vorhanden, auch wenn sich einige im Verlauf des Lebens verändern oder sogar ganz verschwinden (z. B. der Moro-Reflex; vgl. Abschn. 7.2.2). Diese motorische Antwort auf exogene Reize (wie z. B. Hitze) erfolgt automatisch, d. h., sie ist nicht von einer bewussten Kontrolle der Bewegung abhängig.

> **Unter der Lupe**
>
> **Neuro- und Synaptogenese im motorischen System**
> Die Axone der motorischen Vorderhornzellen entstehen bei der Entwicklung der ersten quergestreiften Muskelfasern. Diese Nervenzellen besitzen in ihrem ausgewachsenen Zustand einen Wachstumskonus, an dem sich ständig Pseudopodien (griech.: »Scheinfüßchen«) bilden. Diese suchen sich den Weg bis zu den Muskelfasern, mit denen sie dann Synapsen formen. An diesen Pionierfasern orientieren sich nachfolgende Axone, um ihre Endorgane zu erreichen, wobei fehlgeleitete oder überflüssige Fasern zugrunde gehen. Die aus dem Spinalganglion stammenden peripheren Zellen schließen sich den motorischen Nervenbahnen an, während die zentralen Axone Synapsen mit sensiblen Neuronen in der Flügelplatte bilden. Ventrale Axone folgen den Myoblasten (Zellen, die sich in einer späteren Entwicklungsphase in Muskelfasern differenzieren), welche in die ventrale Leibeswand und in die Extremitätenknospe auswandern, wo sie die sogenannte motorische Endplatte bilden.

Rückenmark als Informationskanal. Reflexbögen entstehen durch Signalübertragung über afferente Nervenfasern, die durch die hintere Wurzel in das Rückenmark eintreten. Dort kommunizieren sie mit efferenten motorischen Fasern, welche wiederum das Zurückziehen der Hand zur Folge haben. Diese efferenten Fasern befinden sich hierbei in den Vorderhornzellen des Rückenmarks. Das Rückenmark bildet also den Informationskanal. Durch diesen Kanal laufen Informationen, die uns aus dem Umfeld zukommen, in Richtung Gehirn. Zugleich ist das Rückenmark der Kanal, durch den motorische Befehle zu den Muskeln gelangen. Die korrekte Ausführung der motorischen Befehle wird durch diese Kanäle überwacht, damit eventuelle Bewegungskorrekturen eingeleitet werden können. Dementsprechend besteht die Rolle des Rückenmarks darin, Bewegungen über einfache, auf lokale Reflexbögen aufgebaute Bewegungsprogramme zu koordinieren, wie z. B. das Gleichgewicht zu halten.

Komplexere Bewegungsprogramme

Im Laufe der Ontogenese entstehen hierarchisch höhere motorische Programme, die den Hirnstamm, das Kleinhirn und die Großhirnrinden mit einbeziehen. Diese Programme unterscheiden sich von den primären Reflexen darin, dass sie das zentrale Nervensystem beanspruchen und aus erlernten motorischen Programmen bestehen (wodurch sie sich von einfachen, über hemmende Reflexbögen kontrollierten Bewegungen unterscheiden). Fast alle kognitiven und motorischen Fähigkeiten gewinnen an Schnelligkeit, je öfter sie wiederholt werden. Dieser repetitive Prozess endet in einer Automatisierung der Bewegungen und ihrer räumlichen und zeitlichen Muster. Anfangs des 20. Jahrhunderts entstand die Theorie über den kausalen Zusammenhang zwischen erlernten Bewegungen und deren Umwandlung in Reflexe nach häufiger Wiederholung. Demzufolge sind neue Bewegungen abhängig vom Kortex, automatische Verhaltensmuster hingegen (nur noch) der Kontrolle subkortikaler Strukturen unterworfen. Diese Theorie wurde jedoch durch die Entdeckung widerlegt, dass subkortikale Strukturen generell eine zentrale Rolle in den anfänglichen Phasen des Erlernens von Bewegungen spielen.

Motorische Automatisierung. Bewegungen werden in der Regel in drei Stadien erlernt: Das erste Stadium ist »kognitiv«, das zweite jenes des »Erlernens der Automatisierung« und das letzte jenes der »voll automatischen« Phase. In dieser letzten Phase haben sich die einzelnen räumlichen und zeitlichen Muster der Bewegung etabliert (z. B. Rennen und Hüpfen), sodass die Bewegungsausführung nur wenig Aufmerksamkeit beansprucht. Es ist umstritten, welche Hirnareale bei der Automatisierung eine zentrale Rolle spielen. Ein Beispiel dafür sind die kontroversen Befunde der Bildgebungsstudien, die lernbedingte Aktivierungsmuster im prämotorischen Kortex untersuchen. Einige Befunde deuten auf eine Minderung der Aktivierung in diesen Hirnarealen hin, andere auf eine Zunahme der Aktivierung infolge des Lernprozesses. Ähnlich widersprüchliche Befunde zeigten sich für die Aktivierungsmuster des primären motorischen Kortex.

> **Denkanstöße**
> ▶ In welcher Reihenfolge entwickeln sich die Sinne?
> ▶ Wie wirken sie bei der Wahrnehmung der Welt zusammen?
> ▶ Wie verändert sich ihr Verhältnis zueinander im Laufe der Ontogenese?
> ▶ Wie ist die Entwicklung von Sensorik und Motorik miteinander verknüpft?

5.3.6 Sensomotorische Integration

Imitationsfähigkeit. Die sensomotorische Integration ist für die Ontogenese von Kognition und Verhalten von zentraler Bedeutung. Ein Beispiel für diesen Prozess ist die Fähigkeit zu imitieren. Diese Imitationsfähigkeit (ob grob- oder feinmotorisch) setzt voraus, dass das Gesehene in Muskelbewegungen »übersetzt« werden kann. Es wird angenommen, dass ein Großteil der kognitiven, sozialen und emotionalen Entwicklung über diesen Prozess stattfindet. Auch wird angenommen, dass die Entstehung der Fähigkeit, anderen Personen mentale Zustände zuzuschreiben (Theory of Mind; s. Abschn. 16.4.3), auf der Nachahmung von Emotionsausdrücken aufbaut.

Korrespondenzproblem. Imitation von Bewegungen oder Emotionen setzt voraus, dass das sogenannte Korrespondenzproblem gelöst wird. Das heißt, dass die visuelle Information über Körperbewegungen so umgesetzt werden muss, dass das motorische Endprodukt aus einer Beobachtungsperspektive wiedererkannt werden kann. Dieser Prozess kann in zwei Grundprobleme aufgeteilt werden: Die erste Gruppe der Bewegungen, die man imitiert, kann durch visuelle Information kontrolliert und nötigenfalls korrigiert werden (z. B. Armbewegungen). Auf der anderen Seite gibt es jedoch Bewegungen, die nicht durch ein visuelles Feedback korrigiert werden können (z. B. Gesichtsausdrücke). Diese Handlungen sind also mit »intransparenten« Wahrnehmungen verknüpft. Es ist umstritten, in welchem Ausmaß und auf welche Weise diese Imitationsform erlernt wird. Einige Wissenschaftler betrachten die sogenannten Spiegelneuronen als Voraussetzungen der Imitationsentwicklung, während andere von assoziativen Lernprozessen ausgehen und die Spiegelneuronen als Resultat des Lernens ansehen.

5.4 Ontogenese aus der Perspektive der Evolution

Der gesamte Prozess der Entwicklung von einzelnen Neuronen bis zum hochkomplexen menschlichen Kortex unterliegt dem Evolutionsdruck. Die Entwicklung der Nervenzellen bis zur komplexen Architektur des Gehirns war im Laufe der Evolution mit Vorteilen in der Anpassung und Interaktion mit der Umgebung verbunden. Dies ermöglicht das Auftreten von hochkomplexen Verhaltensmustern wie Nahrungssuche, Problemlösen und Kooperation.

Zunahme des Hirnvolumens. Während der Evolution wird bei den Säugetieren eine Zunahme des Hirnvolumens beobachtet, die mit einer überproportionalen Entwicklung des Neokortex im Vergleich zu anderen Hirnanteilen einhergeht. Die Volumenzunahme resultiert aus der Expansion der Kortexoberfläche mit verhältnismäßig geringer Änderung der kortikalen Dicke. Der Kortex hat ein immenses Plastizitätspotenzial, das sich in Neubildung und Reorganisation der kortikalen Repräsentationsfelder sowie in der Änderung von Konnektivitätsmustern äußern kann (Krubitzer & Huffman, 2000). Dies gilt z. B. für die Zunahme von hoch spezialisierten kortikalen Regionen (sogenannten Assoziationsarealen) im Vergleich zu primären perzeptiven Arealen beim Menschen. Der primäre visuelle Kortex (V1) nimmt etwa 3 % des Isokortex bei Menschen, 6 % beim Schimpansen und 12 % beim Makaken in Anspruch. Die Expansion des Hirnvolumens ist durch mechanisch-anatomische Faktoren eingeschränkt. Vermutlich auch aus diesem Grund war eine Reorganisation der Konnektivität erforderlich. Da lange kortiko-kortikale Bahnen proportional viel mehr Volumen als kurze beanspruchen, hat sich eine Kombination aus langen Bahnen mit hoch spezialisierten kortikalen Arealen, die durch kurze Projektionen miteinander verbunden sind, als vorteilhaft erwiesen.

> **Unter der Lupe**
>
> **Einsicht ohne Neokortex – die Evolution der Vögel**
> Die Phylogenese der Vögel trennte sich vor etwa 280 Millionen Jahren von der der Säugetiere. Bis vor kurzem wurde angenommen, dass Säugetiere ein einzigartig hohes Maß an kognitiver Flexibilität und Leistungsfähigkeit besitzen. Neuere Forschungsergebnisse haben dieses Bild verändert (Güntürkün, 2011). So sind z. B. Elstern in der Lage, sich selbst im Spiegel wiederzuerkennen – eine Fähigkeit, von der man bis dahin dachte, dass sie ausschließlich einigen wenigen Primatenarten vorbehalten sei. Ähnliches gilt für andere höhere kognitive Leistungen wie Objektpermanenz, episodisches Gedächtnis, Werkzeuggebrauch und kausales Schließen.
>
> Diese Entdeckungen sind hoch bedeutsam, weil Vögel keinen Neokortex aufweisen; sie zeigen also, dass auch biologische Systeme ohne Neokortex höhere kognitive Leistungen erbringen können. Die Hirnstrukturen, die höhere kognitive Funktionen bei Vögeln und Säugetieren ermöglichen, ähneln sich aber durchaus in anatomischer, neurochemischer, elektrophysiologischer und molekularer Hinsicht. Dabei stellt das Nidopallium caudolaterale des Vogelgehirns ein Analogon des präfrontalen Kortex der Säugetiere dar. Aus evolutionärer Sicht ist wichtig zu betonen, dass es sich hierbei nicht um Homologien handelt. Vielmehr sind diese Ähnlichkeiten erst allmählich nach der Trennung von Vögeln und Säugetieren entstanden und stellen somit ein Beispiel konvergenter Evolution dar.

Flexibilität und Plastizität des menschlichen Verhaltens. Eines der wichtigsten Merkmale von Homo sapiens ist die Flexibilität und Plastizität des Verhaltens jenseits der frühen Entwicklungsphasen (Lövdén et al., 2010). Ermöglicht wird dies durch eine Änderung des Verhältnisses zwischen Top-down-Kontrolle (engl. »von oben nach unten«) und Bottom-up-Kontrolle (engl. »von unten nach oben«). Im Laufe der Evolution entwickelten sich die Top-down-Verbindungen (engl. auch feedback projections) zu einem immer mächtigeren Werkzeug des Verhaltens, mit dem Menschen relativ kontextunabhängig handeln und denken können (Shao & Burkhalter, 1996). Die neuronalen Mechanismen, die diesen Evolutionsschritt ermöglicht haben, sind noch nicht aufgeklärt. Diskutiert werden unter anderem Veränderungen, die mit GABA-ergen Interneuronen zusammenhängen (Williams & Stuart, 2002), sowie Mechanismen, die mit »kritischen« Entwicklungsphasen und dem lebenslangen Erhalt der Plastizität des Gehirns zusammenhängen (Hensch, 2004).

5.5 Ontogenese aus der sozialen Perspektive

Neurale Korrelate von Theory of Mind und Empathie. Der Mensch wurde bereits in der Antike als Zoon politikon, d. h. als soziales Lebewesen, beschrieben. Die Neurowissenschaften haben ihre Aufmerksamkeit erst in jüngerer Zeit auf die neuralen Mechanismen gerichtet, die Verständnis mentaler und emotionaler Vorgänge beim Menschen ermöglichen. Erste Untersuchungen haben neurale Korrelate der Fähigkeit ausfindig gemacht, die Absichten und Bedürfnisse anderer zu verstehen (Theory of Mind) und mit ihnen mitzufühlen (Empathie; Blakemore & Frith, 2004).

Verhaltensexperimente sowie Bildgebungsdaten stützen die Annahme, dass die Reifung des limbischen und paralimbischen Kortex, der empathische Reaktionen repräsentiert, viel schneller voranschreitet als die Reifung neokortikaler Strukturen, die die Theory of Mind ermöglichen (Gogtay, Sporn et al., 2004). So ist anzunehmen, dass der dorsolaterale präfrontale Kortex, der bei der bewussten Kontrolle von Handlungstendenzen und Emotionen eine Rolle spielt, sogar im 25. Lebensjahr noch nicht vollendet ist. Jedoch sind erste empathische Reaktionen wie das »ansteckende« Weinen bereits bei Neugeborenen präsent (vgl. Abschn. 21.3.2). Ein wichtiger Meilenstein in der Reifung von Empathiereaktionen ist die im Alter von etwa 2 Jahren sich entwickelnde Fähigkeit, zwischen sich selbst und anderen zu unterscheiden (Decety & Jackson, 2004; Decety et al., 2004). Das Verständnis für die Gefühle anderer entwickelt sich hingegen erst im Alter von 4 Jahren, vermutlich in Abhängigkeit von Reifungsprozessen im medialen präfrontalen Kortex.

5.6 Ontogenese und Plastizität

Hirnentwicklung und Lernprozesse. Eine Kernfrage der Entwicklungspsychologie betrifft die Differenzierung von Basismechanismen der Hirnentwicklung und des Lernens. Beide Prozesse sind inhärent aneinander gekoppelt und stellen zwei der wichtigsten Faktoren für die lebenslange strukturelle und funktionelle Plastizität des Gehirns dar.

Mit neuraler Plastizität werden Vorgänge der Neuro- und Synaptogenese zusammengefasst, die die lebenslange Adaptationsbereitschaft des Individuums an Änderungen der eigenen Homöostase oder der Umgebung auch nach den sogenannten »kritischen Phasen« der frühen Hirnentwicklung charakterisieren (Lövdén et al., 2010). Definitionsgemäß werden unter Hirnentwicklung Veränderungen verstanden, die mit Wachstum und Reifung in Zusammenhang gebracht werden, während man unter Lernen den Erwerb von verhaltensrelevanten Fertigkeiten durch Übung versteht.

Erfahrungsabhängigkeit. Die Abhängigkeit von der Erfahrung ist beiden Prozessen gemeinsam, jedoch wird auf der theoretischen Ebene der Versuch unternommen, die »Erfahrungserwartung« der Hirnentwicklung von der »Erfahrungsabhängigkeit« bei Lernprozessen zu unterscheiden. Aus evolutionärer Sicht ist die Erfahrungserwartung des Nervensystems allen Individuen einer Art gemeinsam, die Erfahrungsabhängigkeit der Lernprozesse hingegen hochgradig individuell. Dies erklärt die voraussagbare zeitliche und räumliche Ordnung der Hirnentwicklung mit dem Erreichen von Meilensteinen der Entwicklung, die sich von der größeren zeitlichen Bandbreite spezifischer Lernprozesse unterscheidet. Ausmaß und Art lernbedingter anatomischer Veränderungen des Gehirns tragen dazu bei, zwischen lerninduzierter Hirnplastizität und Prozessoptimierungsvorgängen auf funktioneller Ebene ohne neurale Plastizität zu unterscheiden.

Kenntnisstand zur Neurogenese. Der Nachweis der Entstehung neuer Nervenzellen aus pluripotenten Stammzellen im Erwachsenengehirn gelang in den 1960er-Jahren Joseph Altman. Die Wiederentdeckung der Neurogenese im erwachsenen menschlichen Gehirn durch Fred Gage und sein Team am Salk Institute widerlegte die Annahme von Ramon y Cajal, dass die Hirnentwicklung im Anschluss an die Embryogenese ausschließlich durch Zellverluste gekennzeichnet ist. Inzwischen wurden äußere Faktoren zur Stimulation der Neurogenese – vor allem physische Aktivität und reizreiche Umgebung – in Tiermodellen eingehend untersucht. Nach gegenwärtigem Kenntnisstand sind Orte der Neurogenese im menschlichen Gehirn auf den Riechkolben, den Hippocampus und die subventrikuläre Zone beschränkt. Die Annahme, dass auch im erwachsenen Neokortex des Menschen Neurogenese stattfindet, musste auf der Grundlage von Post-mortem-Isotopenstudien verworfen werden.

Untersuchungsverfahren und -ergebnisse zur Neuroplastizität. Die In-vivo-Untersuchung der durch körperliches Training oder Lernen hervorgerufenen Plastizität bei Menschen umfasst Verhaltensexperimente sowie Bildgebungsstudien, die die strukturellen und funktionellen Aspekte in verschiedenen kognitiven und sensomotorischen Domänen erfassen. Nach einer Reihe von Korrelationsstudien mit Nachweisen eines positiven Zusammenhangs zwischen spezifischen regionalen Hirnvolumenzunahmen und einer Leistungssteigerung der Fertigkeiten in Bereichen wie Mathematik, Sprache, Musik und räumlicher Orientierung wurden Interventionsstudien durchgeführt, um sich kausalen Zusammenhängen weiter zu nähern. Typischerweise wird die Hirnstruktur von Probanden vor, während und nach der Intervention mittels Magnetresonanztomografie untersucht. Beispielsweise zeigten Probanden, die das Jonglieren neu erlernten, eine vorübergehende Volumenzunahme in funktionell relevanten kortikalen Arealen (Draganski et al., 2004). Die genauen morphologischen Korrelate dieser Hirnstrukturänderungen sind jedoch noch unklar – möglich wäre unter anderem die Zunahme vom intrakortikalem Myelin, die Anlagerung von Eisen in Form von Ferritin oder die Verstärkung der synaptischen Aussprossung. Die physiologischen Mechanismen der Plastizität sowie deren Interaktion mit Reifung und Alterung, genetisch bedingten Unterschieden und epigenetischen Einflüssen sind Gegenstände der aktuellen Forschung, deren Ergebnisse vielfältige Anwendungen finden können, z. B. bei der Rehabilitation nach Schlaganfall oder bei neurodegenerativen Erkrankungen.

Unter der Lupe

Die Alterung des Gehirns im Erwachsenenalter

Das vorliegende Kapitel befasst sich mit reifungsbedingten Veränderungen des Gehirns sowie mit der Interaktion zwischen Reifung und Lernen. Eine Zusammenfassung der Alterung des Gehirns im Erwachsenenalter findet sich in Raz und Nagel (2007). Zu den auffälligsten Alterungserscheinungen des Gehirns gehören die Abnahme des Hirngewichtes und Hirnvolumens, die Ausweitung der Ventrikel sowie die Ausweitung der Sulci (Furchen zwischen den Hirnwindungen). Mikroskopische Studien dokumentieren ferner eine Abnahme des Myelins, einen Verlust von Zellkernen im Neokortex, im Hippocampus und im Kleinhirn, einen Verlust der myelinisierten Fasern in subkortikalen Arealen, die Schrumpfung und Verformung der Neurone, die Ansammlung von Pigmenten assoziiert mit Alterungsprozessen (z. B. Lipofuscin), die Abnahme der Hirndurchblutung und der Synapsendichte sowie einen Verlust an dendritischen Dornen. Längs- und querschnittliche Untersuchungen mit bildgebenden Verfahren zeigen, dass die tertiären assoziativen Areale, das Neostriatum und das Kleinhirn stärker von der Alterung betroffen sind als die sensorischen kortikalen Gebiete und die Brücke (Pons). Auch die subkortikale weiße Substanz und der Hippocampus zeigen eine substanzielle Abnahme. Molekulare und zelluläre Untersuchungen stützen die Annahme, dass die makroskopisch beobachteten Schrumpfungsvorgänge zumindest teilweise auf eine Abnahme in der Größe oder Dichte der Neurone zurückgehen.

Untersuchungen mit bildgebenden Verfahren zeigen, dass die alterungsbedingten strukturellen und neurochemischen Veränderungen des Gehirns dessen Funktionsweise und Leistungsfähigkeit beeinträchtigen. Zum Beispiel scheint eine schwächere Leistung bei Aufgaben mit hohen Denkanforderungen mit einem geringeren Volumen des präfrontalen Kortex einherzugehen, während räumliche Gedächtnisleistungen mit dem Volumen des Hippocampus in Verbindung gebracht werden. Zugleich belegen Längsschnittstudien eine beträchtliche Variabilität im Ausmaß der Hirnalterung von Person zu Person und dokumentieren die große Bedeutung weiterer Faktoren (vgl. Abschn. 13.3.1). So beschleunigt Bluthochdruck die Hirnalterung, insbesondere im Hippocampus. Weitere Risikofaktoren sind Stress und hormonelle Veränderungen. Hingegen scheinen körperliche Fitness und ein aktiver Lebensstil die Gehirnalterung zu verlangsamen (vgl. Abschn. 35.3.2).

Zusammenfassung

- Die Hirnentwicklung ist zeitlich und räumlich geordnet, von der Entstehung von Neuronen über die Synapto- und Organogenese bis zur dynamischen Regulation der Funktion der Botenstoffe im Gehirn. Abweichungen von dieser Ordnung können zu klinisch relevanten Hirnfunktionsstörungen führen.
- Die Ontogenese ist kein geradliniger Aufbauprozess. Phasen des kontrollierten Abbaus und der Reduktion von Synapsen folgen auf Perioden des Wachstums mit der Entstehung neuer Nervenzellen und Vermehrung von deren Fortsätzen und Verbindungen.
- Es werden zwei Stadien der Ontogenese des zentralen Nervensystems (ZNS) unterschieden: Bildung und Migration der Neurone, gefolgt vom Abbau der Neuronenpopulation durch den programmierten Zelltod.
- Die passiven und aktiven Prozesse der Zellmigration stehen somit unter dem Einfluss des lokalen Kontexts sowie aktivitätsabhängiger Faktoren. Der normale Ablauf der Differenzierung während der Migration wird nicht nur durch die Eigenschaften der einzelnen Zellen, sondern auch durch interzelluläre Interaktionen bestimmt.
- Das menschliche Gehirn besteht nicht aus losen Zellverbänden, sondern vielmehr aus komplexen Netzwerken in einer hierarchisch aufgebauten Architektur.
- Die anatomische Konnektivität wird durch die Steuerung axonaler Projektionen über spezifische chemische Reize und Faktoren aus der lokalen Umgebung gebildet.
- Die charakteristische Architektur der Hirnregionen entsteht vor allem dadurch, dass die Vorläuferzellen

▶

- in festgelegter Reihenfolge für eine bestimmte Zeitspanne nur Zellen eines Zelltyps hervorbringen, die dann in die entsprechenden Schichten einwandern.
- Das kontinuierliche Wachstum des Zentralnervensystems während der Entwicklungsphase mit einem Überfluss an Verbindungen führt zu Abbauprozessen, die erforderlich sind, um die Funktionalität der Netzwerke zu erhöhen.
- Die Reihenfolge der Entwicklung der Sinnesorgane ist bei allen Wirbeltieren gleich. Zuerst entwickelt sich der Tastsinn, dann der Geruchs- und Geschmackssinn, der Hörsinn und zuletzt der Sehsinn.
- Die funktionellen Netzwerke der Reizaufnahme sind zur Geburt bereits ausgebildet, auch wenn die einzelnen Sinnesorgane noch nicht funktionstüchtig sind.
- Die Ontogenese des Gehirns führt zur Entwicklung und Zunahme von Teilrepräsentationen der Umgebung, die flexibles Handeln ermöglichen.

Weiterführende Literatur

Ashby, F. G., Turner, B. O. & Horvitz, J. C. (2010). Cortical and basal ganglia contributions to habit learning and automaticity. Trends in Cognitive Sciences, 14 (5), 208–215. *Übersichtliche Darstellung des Zusammenspiels zwischen tieferliegenden Hirnstrukturen und dem Kortex in Lernprozessen (hier in der Bewegungserlernung).*

Bezrukikh, M. M., Machinskaya, R. I. & Farber, D. A. (2009). Structural and functional organization of the developing brain and formation of cognitive functions in child ontogeny. Human Physiology, 25 (6), 658–671. *Diese Übersichtsarbeit gibt einen detaillierten Überblick über die Entstehung der kognitiven Fähigkeiten im Zusammenspiel mit der Reifung des Kortex.*

Bourne, J. A. (2010). Unravelling the development of the visual cortex: implications for plasticity and repair. Journal of Anatomy, 217, 449–468. *Die Entstehung des visuellen Kortex ist hier revidiert. Zudem liefert dieser Artikel eine übersichtliche Zusammenfassung empirischer Befunde zu verschiedenen Tierarten und Menschen.*

Giedd, J. N., Stockman, M., Weddle, C., Liverpool, M., Alexander-Bloch, A., Wallace, L. et al. (2010). Anatomic magnetic resonance imaging of the developing child and adolescent brain and effects of genetic variation. Neuropsychological Review, 20, 349–361. *Diese Übersichtsarbeit veranschaulicht das enge Zusammenspiel zwischen genetischen Fingerabdrücken und Hirnentwicklung. Zudem zeigt sie, anhand von Zwillingsstudien, wie sehr das genetische Erbmaterial von Umweltfaktoren beeinflusst werden kann.*

6 Kultur und Sozialisation

Clemens Tesch-Römer • Isabelle Albert

6.1 Einführung: Ziele kulturvergleichender Sozialisationsforschung
    6.1.1 Nomologische Perspektive: Kultur beeinflusst Entwicklung
    6.1.2 Indigene Perspektive: Entwicklung entsteht durch Kultur
    6.1.3 Universelle Anforderungen, kulturspezifische Entwicklungspfade

6.2 Begriffe, Theorien und Methoden
    6.2.1 Begriffe
    6.2.2 Theorien
    6.2.3 Methoden

6.3 Ergebnisse kulturvergleichender Sozialisationsforschung
    6.3.1 Frühe Kindheit
    6.3.2 Mittlere Kindheit
    6.3.3 Jugendalter
    6.3.4 Frühes und mittleres Erwachsenenalter
    6.3.5 Hohes Erwachsenenalter

6.4 Ausblick: Welches Gewicht hat kulturvergleichende Forschung?
    6.4.1 Normen und Werte: Was ist gute Entwicklung?
    6.4.2 Intervention: Implikationen kulturvergleichender Forschung

Machen wir ein Gedankenexperiment: Stellen wir uns vor, wir seien in einer ganz anderen Gegend der Welt geboren und aufgewachsen als in der, in der wir tatsächlich geboren und aufgewachsen sind, also beispielsweise nicht in Deutschland, sondern in Australien, Japan oder Ghana. Oder stellen wir uns vor, dass wir vor vielen Jahren geboren worden wären, beispielsweise im Jahr 800, als Karl der Große zum Kaiser gekrönt wurde, oder 1483, zeitgleich mit Martin Luther, oder 1789, zum Beginn der Französischen Revolution. Oder stellen wir uns vor, dass unsere Eltern sehr viel weniger (oder sehr viel mehr) Geld, Bildung und Einfluss hätten, als das in Wirklichkeit der Fall ist.

Wer wären wir dann? Wie hätten wir uns entwickelt? Wer wären unsere Freunde und welche Rolle würden wir in Gemeinschaft und Gesellschaft spielen? Wie würde unser weiteres Leben verlaufen? Natürlich können wir diese Fragen nicht beantworten, aber sie machen deutlich, wie faszinierend die Frage nach dem Einfluss von Kultur, gesellschaftlichen Strukturen und Geschichte auf die menschliche Entwicklung ist.

6.1 Einführung: Ziele kulturvergleichender Sozialisationsforschung

Für die Entwicklungspsychologie hat kulturvergleichende Sozialisationsforschung hohe Bedeutung, weil sie danach fragt, wie lebenslange Entwicklung in unterschiedlichen Kulturen und Gesellschaften verläuft, welche Unterschiede dabei zu beobachten sind und welche Folgerungen für das Wissen um die menschliche Entwicklung daraus gezogen werden können. Wie diese Fragen beantwortet werden, hängt von der Perspektive ab, mit der kulturvergleichende Sozialisationsforschung betrieben wird. Die beiden wichtigsten Perspektiven sind die nomologische Perspektive (»Kultur beeinflusst die Entwicklung«) und die indigene Perspektive (»Entwicklung entsteht durch Kultur«). Beide Perspektiven liefern wichtige Einsichten, haben aber auch Grenzen.

6.1.1 Nomologische Perspektive: Kultur beeinflusst Entwicklung

Die Vertreter der nomologischen Perspektive versuchen, im Vergleich zwischen Gesellschaften und Kulturen allgemeine Gesetzmäßigkeiten der Entwicklung zu entdecken (nomologisch = Phänomene durch allgemeine Gesetzmäßigkeiten erklärend). Sie ordnen sich häufig der kulturvergleichenden Psychologie zu, die das Erleben und Verhalten von Menschen in verschiedenen Kulturen und Gesellschaften untersucht. Mit Blick auf Sozialisation wird danach gefragt, welche Rolle die Kultur in der lebenslangen Entwicklung spielt. Kultur wird in dieser Perspektive als eine »unabhängige Variable« gesehen, die – neben anderen unabhängigen Variablen – die Entwicklung eines Menschen beeinflusst.

Die kulturvergleichende Psychologie vertritt bestimmte Grundsätze der Forschungsmethodik. Ganz wichtig ist es ihr beispielsweise, dass Messinstrumente in allen Kulturen in gleicher Weise einsetzbar sind und in allen Kulturen dieselbe Bedeutung haben sollten. Inhaltlich strebt die kulturvergleichende Psychologie an, die Generalisierbarkeit von Theorien in verschiedenen Gesellschaften und Kulturen zu testen. Gezeigt wird, wie Kultur die soziale, emotionale, kognitive und moralische Entwicklung beeinflusst. Ziel ist es, universelle Theorien der menschlichen Entwicklung zu formulieren, wobei die Einflüsse von Kultur und Gesellschaft in den Theorien berücksichtigt werden.

Es gibt Probleme, die mit dieser Perspektive verknüpft sind. Ein zentraler Einwand gegen die kulturvergleichende Psychologie richtet sich gegen die Interpretation von Kultur als »unabhängige Variable« außerhalb der sich entwickelnden Person (und auch außerhalb der Forschenden, die sich mit der Entwicklung der Person befassen). Ist Kultur nicht ein integraler Bestandteil psychischer Phänomene? Sind Kultur und Psyche überhaupt voneinander zu trennen?

6.1.2 Indigene Perspektive: Entwicklung entsteht durch Kultur

Genau diese Fragen stellt die Kulturpsychologie und beantwortet sie sehr deutlich: Kultur und Psyche (Denken, Fühlen und Verhalten) durchdringen und bedingen einander. Deutlich wird dies am Verhalten. Jedes Verhalten ist von Kultur geprägt – und gleichzeitig bringt jedes Verhalten Kultur hervor. Sozialisationsprozesse beginnen mit der Geburt und machen das Kind zum Mitglied seiner Gruppe. Kultur ist also keine »unabhängige Variable« neben anderen Entwicklungsfaktoren, sondern der Kontext, in dem Entwicklung stattfindet. Die Kulturpsychologie nimmt eine indigene Perspektive ein (indigen = eingeboren) und argumentiert, dass Kulturen von innen heraus verstanden werden müssen. Vertreter dieser Richtung finden sich nicht nur in der Kulturpsychologie, sondern mehrheitlich in den Kulturwissenschaften und der Anthropologie. Prononciert formuliert: Die indigene Perspektive geht davon aus, dass Entwicklung durch Kultur entsteht.

Dementsprechend werden in der kulturpsychologischen Entwicklungsforschung explorative Verfahren eingesetzt. Forscherinnen und Forscher nehmen als teilnehmende Beobachter am Leben einer (Sub-)Kultur teil, sie interviewen ihre Gesprächspartner mit offenen Verfahren und sie nutzen interpretative und verstehende Analyseverfahren (diese und weitere Verfahren werden häufig mit dem Sammelbegriff der »qualitativen Forschungsmethoden« bezeichnet). Von besonderer Bedeutung ist die Tatsache, dass die Kulturzugehörigkeit der Forschenden mit in den Blick genommen und die Forderung erhoben wird, dass die Erforschung einer Kultur auch durch indigene Forschende (also Mitglieder der untersuchten Kultur) vorangetrieben werden sollte.

Tabelle 6.1 Nomologische und indigene Perspektive des Kulturvergleichs

	Nomologische Perspektive	Indigene Perspektive
Verhältnis von Kultur und Psyche	Kultur wirkt als unabhängige Variable auf Psyche	Kultur und Psyche sind miteinander verwoben
Kultur und Entwicklung	Kultur beeinflusst Entwicklung	Entwicklung entsteht durch Kultur
Standpunkt der Forschenden	Kultur wird von außen betrachtet (etische Sicht)	Kultur wird von innen betrachtet (emische Sicht)
Methodik	Vergleich von Kulturen	Verstehen von Kulturen
Bezeichnung der Subdisziplin	Kulturvergleichende Psychologie	Kulturpsychologie

Dieses Vorgehen räumt dem Verstehen eine größere Rolle als dem Beurteilen ein.

Allerdings hat auch die Herangehensweise der Kulturpsychologie ihre Nachteile. Ein wichtiger Grundsatz der indigenen Perspektive lautet, dass jede Kultur aus sich heraus verstanden werden muss, als besondere oder sogar einzigartige soziale Konstruktion. Das macht jedoch einen Vergleich zwischen Kulturen schwierig, da man zum Vergleich ja Maßstäbe benötigt, die in allen miteinander verglichenen Kulturen gelten. Um solche kulturübergreifenden Maßstäbe zu finden, müssten die zu vergleichenden Kulturen »von außen« betrachtet werden – und genau dagegen wendet sich die Kulturpsychologie.

6.1.3 Universelle Entwicklungsaufgaben, kulturspezifische Entwicklungspfade

Beide Perspektiven – die kulturvergleichende Psychologie und die Kulturpsychologie – haben also Vor- und Nachteile (s. Tab. 6.1). Wie kann man die Vorzüge beider Herangehensweisen nutzen und ihre Nachteile minimieren? Eine der möglichen Lösungen besteht darin, universelle Entwicklungsaufgaben zu formulieren und deren kulturspezifische Lösungen zu betrachten. Wichtige Entwicklungsaufgaben, die sich in allen Kulturen und Gesellschaften stellen, betreffen im Verlauf der gesamten Lebensspanne den Aufbau und die Ausgestaltung von sozialen Beziehungen sowie die Balance von Autonomie und Verbundenheit (Greenfield et al., 2003; Rothbaum, Pott et al., 2000). Kulturen unterscheiden sich darin, wie ihre Mitglieder diese Entwicklungsaufgaben lösen. Zwei prototypische Entwicklungspfade werden dabei in der Literatur beschrieben – die Pfade von Independenz und Interdependenz. Independente Kulturen betonen die Entwicklung von Autonomie und Unabhängigkeit, interdependente Kulturen hingegen die Verbundenheit und Stabilität der Beziehungen. Bei der Analyse der Sozialisation innerhalb verschiedener Kulturen sollten die jeweiligen kulturellen Pfade, auf denen Entwicklungsaufgaben gelöst werden, sehr genau beschrieben werden.

Eine zweite Verbindungslinie zwischen den Perspektiven lässt sich mit der folgenden Überlegung herstellen: Entwicklungsfortschritte müssen nicht notwendigerweise teleologisch definiert werden (also als Verringerung des Abstandes zu einem universellen Entwicklungsziel), wie dies in der Entwicklungspsychologie häufig getan wird. Vielmehr können Entwicklungsfortschritte auch als Abstand einer Entwicklungsstufe von einem Ausgangszustand beschrieben werden. Wie sich Entwicklung – ausgehend von einem Ausgangszustand – vollzieht und welche Veränderungen dabei als Entwicklungsfortschritt angesehen werden, kann sich demnach von Kultur zu Kultur unterscheiden. Trotz Kulturunterschieden in der Entwicklungsrichtung kann es aber sinnvoll sein, universelle Entwicklungsprinzipien (etwa die von Jean Piaget beschriebene Äquilibration) sowie allgemeine Entwicklungskriterien (z. B. zunehmende Differenzierung und Integration) bei der Analyse von Entwicklungsprozessen zu verwenden (Chapman, 1988b). Auf diese Weise kann man die universalistische Perspektive des Kulturvergleichs mit der Betrachtung kultureller Spezifika verbinden. Dies kennzeichnet auch den aktuellen Stand der wissenschaftlichen Kooperation: Das Konkurrenzverhältnis der beiden Perspektiven hat sich mittlerweile zu einer reichhaltigen und produktiven Austauschbeziehung entwickelt (Kitayama & Cohen, 2007).

6.2 Begriffe, Theorien und Methoden

In der Einführung dieses Kapitels haben wir verschiedene Begriffe verwendet, ohne sie genau zu definieren. Was ist mit »Kultur«, »Gesellschaft«, »Entwicklung« und »Sozialisation« eigentlich gemeint?

6.2.1 Begriffe

Kultur und Gesellschaft

Kultur. Eine elegante, kurze Definition stammt von dem Anthropologen Richard Redfield: »Kultur ist die Organisation geteilten Einvernehmens, die sich in Handlungen und Werken zeigt« (Redfield, 1941, S. 133; Übers. der Verf.). Dieser knappe Satz nimmt wesentliche Elemente der klassischen, sehr umfassenden Definition der Anthropologen Alfred Kroeber und Clyde Kluckhohn vorweg: »Kultur besteht aus expliziten und impliziten Mustern von und für Verhalten. Kultur ist eine charakteristische Errungenschaft menschlicher Gruppen; sie wird erworben und weitergegeben durch Symbole und Artefakte. Der Kern von Kultur besteht aus historisch überlieferten Ideen und damit verbundenen Werten. Kultur kann sowohl als Resultat von Handlungen als auch als Voraussetzung für Handlungen interpretiert werden.« (Kroeber & Kluckhohn, 1952, S. 357; freie Übers. der Verf.) Kultur ist sowohl die Basis für dauerhaftes Zusammenleben von Gruppen, Gemeinschaften und Gesellschaften als auch die Grundlage für das Selbstbild der Individuen, die innerhalb der jeweiligen Gruppe, Gemeinschaft oder Gesellschaft leben. Die Bedeutungsmuster einer Kultur liefern somit das Skript für individuelle Entwicklung und Sozialisation.

Gesellschaft. Der Begriff der Kultur hat auch für den soziologischen Begriff der Gesellschaft große Bedeutung. Dies lässt sich anhand der Differenzierung zwischen »Gemeinschaft« und »Gesellschaft« zeigen, die der Soziologe Ferdinand Tönnies eingeführt hat (Tönnies, 1887/1991). Während Gemeinschaft ein (eher kleines) soziales Gebilde darstellt, welches sich durch gegenseitiges Vertrauen, emotionale Anbindung und Homogenität der beteiligten Personen auszeichnet, sind innerhalb einer Gesellschaft zahlreiche Akteure mit ihren individuellen Zielen nur lose miteinander verknüpft, womit sich die Frage nach den Bedingungen und der Herstellung überindividueller Bindungskräfte stellt. Von zentraler Bedeutung sind hierbei gesellschaftliche Institutionen (Regeln und Normen), die über Handlungserwartungen individuelles Verhalten beeinflussen. Langfristig stabilisieren sich Gesellschaften nur, wenn sie über Sozialisationsprozesse geteilte Wertvorstellungen – also Kultur – reproduzieren. Individuen und Gesellschaft stehen hierbei in einem wechselseitigen Abhängigkeitsverhältnis: Lebenslange Entwicklung ist Teil der Konzeption von Gesellschaft.

Variabilität und Wandel von Kultur und Gesellschaft. Die angeführten klassischen Definitionen von Kultur und Gesellschaft können in verschiedener Hinsicht kritisiert werden. So ist zu fragen, inwiefern Individuen innerhalb der klassischen Konzeption von Kultur Entscheidungs- und Handlungsfähigkeit haben und ob Abweichungen von einem kulturellen Ideal möglich sind. In allen Kulturen gibt es ja mehr oder weniger große Unterschiede in den Vorstellungen und Werten der Kulturmitglieder (intrakulturelle Varianz). Auch mit Blick auf den Gesellschaftsbegriff ist Vorsicht geboten: Moderne, komplexe Gesellschaften sind nicht durch eine einzige homogene Kultur gekennzeichnet. Vielmehr kann eine Gesellschaft eine Reihe unterschiedlicher sozialer Gruppen umfassen, denen unterschiedliche Kulturen zuzuordnen sind. Überdies: Staaten (Länder), die in kulturvergleichenden Studien häufig kontrastiert werden, sind nicht gleichzusetzen mit einer einheitlichen Gesellschaft bzw. Kultur. So können in unterschiedlichen Regionen eines Staates Teile des Gesellschaftssystems unterschiedlich ausgeprägt sein (z. B. haben in Spanien die Regionen Katalonien und das Baskenland anders geartete sozialpolitische Regelungen); Kulturen können über verschiedene Nationalstaaten reichen (z. B. leben Basken, die sich über gemeinsame Sprache und Kultur definieren, in Spanien und Frankreich). Zudem fehlt in den oben skizzierten eher statischen Konzeptionen eine Erklärung dafür, wie ein Wandel von kulturellen Werten und Ideen sowie gesellschaftlichen Strukturen und Institutionen möglich ist. Mannigfaltige historische Wandlungsprozesse vollziehen sich in vielen Gesellschaften und Kulturen – und dieser Wandel läuft in Gesellschaft und Kultur keineswegs gleichförmig ab. Beispielsweise wurde die Schulpflicht in Form einer gesetzlichen Bestimmung in Teilen Deutschlands schon im 17. und 18. Jahrhundert zu einer gesellschaftlichen Institution, war aber nicht sofort fester Bestandteil der Kultur aller Bevölkerungsgruppen. Es dauerte lange, bis die Vorstellung, Kinder zu einem bestimmten Alter einzuschulen, geteilte Überzeugung aller Gesellschaftsmitglieder, also auch der bäuerlichen Bevölkerung, wurde.

> **Definition**
>
> Mit dem Begriff »**Kultur**« werden die alltäglichen Praktiken, normativen Überzeugungen, Wissensbestände und Verhaltensmuster bezeichnet, die bei Mitgliedern einer Population verbreitetet sind.
>
> Mit dem Begriff »**Gesellschaft**« werden die Strukturen, Institutionen und Rechtstatsachen bezeichnet, die als soziale Gegebenheiten das Verhalten von Mitgliedern einer Population steuern.

Entwicklung, Sozialisation, Enkulturation, Akkulturation

Entwicklung. Der Begriff der Entwicklung wird umfassend im Einleitungskapitel dieses Buches beschrieben. Neben der klassischen Entwicklungskonzeption – Entfaltung eines inneren Bauplans hin zu einem Reifezustand – hat sich in der Psychologie der Lebensspanne ein Entwicklungsbegriff etabliert, der neben Aspekten wie Multidimensionalität und -direktionalität, Plastizität und interindividuellen Entwicklungsunterschieden die historische und kulturelle Einbettung von Entwicklungsprozessen betont. Dabei geht es auch um die Frage, wie gesellschaftliche Institutionen sowie kulturelle Vorstellungen und Normen die Entwicklung von Individuen über den Lebenslauf beeinflussen.

Sozialisation. Der aus der Soziologie stammende Begriff der Sozialisation wird häufig mit der gleichen Bedeutung verwendet wie dieser erweiterte Entwicklungsbegriff. »Sozialisation ist ein Prozess, durch den in wechselseitiger Interdependenz zwischen der biopsychischen Grundstruktur individueller Akteure und ihrer sozialen und physischen Umwelt relativ dauerhafte Wahrnehmungs-, Bewertungs- und Handlungsdispositionen auf persönlicher ebenso wie auf kollektiver Ebene entstehen« (Hurrelmann et al., 2008, S. 25). Aus der Sicht des Subjekts ist Sozialisation die Bewältigung von Entwicklungsaufgaben, aus der Sicht der Gesellschaft eine Leistung, bei der Werthaltungen und Kompetenzen weitergegeben werden, die für das Überdauern einer Gesellschaft wichtig sind. Gerade die Übermittlung kultureller Bedeutungen, Sinnzusammenhänge und Werthaltungen ist ein wichtiger Bestandteil von Sozialisation.

Enkulturation und Akkulturation. Auch wenn die Weitergabe von Werthaltungen grundlegend für die Kontinuität einer Kultur ist (dieser Prozess wird »kulturelle Transmission« genannt), werden Werthaltungen doch nicht unverändert von Generation zu Generation weitergegeben. Vielmehr werden Inhalte je nach Art, Bedeutsamkeit und Sozialisationskontext in dieser Weitergabe verändert. Außerdem können nachfolgende Generationen ihre Überzeugungen und Werthaltungen im Zuge des sozialen Wandels an neue Kontextbedingungen anpassen. Der Kulturpsychologe John Berry unterteilt den Prozess der kulturellen Transmission in drei Bestandteile: Sozialisation, Enkulturation und Akkulturation (Berry & Georgas, 2009; s. Abb. 6.1). In dieser Konzeption umfasst Sozialisation nur die systematischen Prozesse von Erziehung und Bildung, insbesondere in der Schule. Enkulturation geschieht im alltäglichen Austausch der Mitglieder einer Gruppe: Gemein-

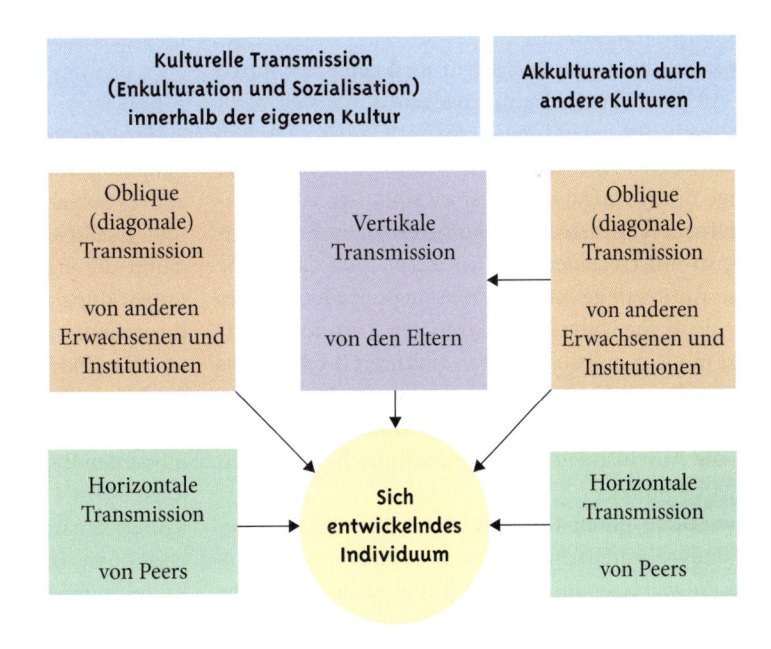

Abbildung 6.1 Enkulturation, Sozialisation und Akkulturation nach Berry (vgl. Berry & Georgas, 2009)

sames Spiel, Gespräche, gemeinsame Aktivitäten sind Formen, in denen beiläufig und unsystematisch Kultur weitergegeben wird. Akkulturation bedeutet die Begegnung mit anderen Kulturen, etwa im Austausch mit Mitgliedern anderer Ethnien oder über Massenmedien. Gerade in modernen Gesellschaften, die durch Mobilität, Migration und umfassende Information gekennzeichnet sind, kommt der Akkulturation eine besondere Bedeutung zu. Akteure kultureller Transmission sind dementsprechend sehr unterschiedlich: Familienmitglieder (insbesondere Eltern), Peers (also Freunde und Kollegen) sowie soziale Organisationen (wie Kindergärten und Schulen).

6.2.2 Theorien

Wie vollzieht sich Entwicklung im Rahmen von Kultur? Wie laufen die bislang nur abstrakt beschriebenen Prozesse von Sozialisation, Enkulturation und Akkulturation ab? Auskunft dazu geben Theorien der Entwicklung im kulturellen Kontext. Wir stellen vier Theorien vor, die den Einfluss verschiedener Aspekte kultureller Kontexte auf die Entwicklung hervorheben: Kultur- und gesellschaftsspezifische Aufgaben, Werte, Umwelten sowie politische Rahmenbedingungen.

Aufgaben fördern die Entwicklung: Handlungstheoretischer Ansatz

Die Entwicklung des Menschen wird gefördert durch die Auseinandersetzung mit Aufgaben, die sich nicht nur nach der Lebensphase, sondern auch zwischen verschiedenen Kulturen unterscheiden. Auch wenn einige dieser Aufgaben universell sind, wie etwa Laufenlernen, Sprechenlernen, Aufbau sozialer Beziehungen, so unterscheiden sich Kulturen doch darin, wie diese Aufgaben gelöst werden können. Zudem gibt es sehr deutliche Unterschiede zwischen Kulturen: Während in nicht industrialisierten Kulturen die Kenntnis der konkreten Umweltgegebenheiten für Kinder von großer Bedeutung ist, steht in industrialisierten Kulturen die Auseinandersetzung mit schulischen Inhalten im Mittelpunkt.

Entwicklung durch Tätigkeit. Ein frühes Beispiel des handlungstheoretischen Ansatzes ist die Ansicht, dass sich Entwicklung durch aktive Tätigkeit des Individuums vollzieht. Sozialisationsinstanzen (Kindergarten, Schule) und Sozialisationsagenten (Eltern, Lehrer) gestalten die Lernanforderungen an ein Kind auf eine Weise, dass die jeweiligen Aufgaben für die Entwicklungsstufe des Kindes bewältigbar sind und sich das Kind mit den jeweiligen Aufgaben aktiv auseinandersetzen kann. Unterschiedliche Kulturen sehen unterschiedliche Aufgaben als wichtig für die Entwicklung eines Kindes an. Kulturvergleichende Studien belegen, dass kulturell gebundene Überzeugungssysteme die kognitiven Leistungen von Kindern systematisch beeinflussen (Luria, 1974/1986).

Entwicklung durch Bewältigung altersgradierter Aufgaben. Ein weiterer Ansatz betrachtet kulturelle Normen für die Gliederung des Lebenslaufs – sogenannte Entwicklungsaufgaben (s. Abschn. 1.3.5). Individuelle Entwicklungsaufgaben entstehen aufgrund biologisch determinierter Veränderungen sowie kulturell geteilter Auffassungen, welchen Anforderungen sich ein Individuum zu einem bestimmten Lebensalter zu stellen hat, um eine gelingende Entwicklung zu vollziehen. Einerseits sind altersgradierte Entwicklungsaufgaben eingebettet in gesellschaftliche Organisation (z. B. Einschulungsalter, Ruhestandsgrenzen), andererseits bewirken sie auf individueller Ebene verhaltensregulative Schemata in Form von Lebenszielen und Identitätsentwürfen und stoßen damit Entwicklungsprozesse in der handelnden Person an. Komparative Entwicklungsforschung kann aufzeigen, ob und inwiefern sich kulturelle Skripts des Lebenslaufs in verschiedenen Kulturen und Gesellschaften unterscheiden – oder ähneln (vgl. etwa den universalistisch orientierten Ansatz Eriksons, 1968).

Einfluss der Person auf die eigene Entwicklung. In allen handlungstheoretischen Ansätzen wird die Person als aktives Subjekt gesehen, das im Rahmen des kulturellen und gesellschaftlichen Kontexts das eigene Leben und damit die eigene Entwicklung mitgestaltet. Handeln, Entwicklung und Kultur sind im Rahmen handlungstheoretischer Ansätze konstitutiv miteinander verflochten. Das Individuum eignet sich als aktiv Handelnder die kulturellen Inhalte seiner Gesellschaft an. Lebenslange Entwicklung vollzieht sich – in den Worten eines modernen Repräsentanten der Kulturpsychologie – wie folgt: »Das Leben eines Menschen wird […] durch Kultur kanalisiert und in nicht-zufällige Richtungen beeinflusst. Innerhalb dieses kanalisierenden Prozesses ist das Individuum über das gesamte Leben hinweg ein aktiver Koproduzent seiner Entwicklung, indem es eigene Ziele, Intentionen und Interpretation ausbildet.« (Valsiner & Lawrence, 1997, S. 98; Übers. der Verf.)

Werte prägen die Entwicklung: Ansatz der kulturellen Werthaltungen

Die wichtige Rolle von kulturellen Werthaltungen für die Entwicklung wird in der Theorie der kulturellen Syndrome des Psychologen Harry Triandis behandelt. Unterschiedliche Kulturen lassen sich anhand einer Reihe von kulturellen Syndromen vergleichend beschreiben (Triandis, 1989; vgl. Hofstede, 2001). Kulturelle Syndrome sind die von einer kulturellen Gruppe geteilten Überzeugungen, Normen und Werte (s. Übersicht).

> **Übersicht**
>
> **Kulturelle Syndrome nach Triandis (1989)**
> - **Individualismus vs. Kollektivismus:** Diese Dimension bezieht sich auf das Verständnis von Gesellschaftsmitgliedern als Einzelpersonen (Individualismus, Independenz) bzw. Teil einer sozialen Gruppe, Kaste oder Schicht (Kollektivismus, Interdependenz).
> - **Komplexität:** Ausmaß der Differenzierungen innerhalb eines gesellschaftlichen Systems, wie z. B. Schriftsprache, Landwirtschaft, Stadtsiedlungen, technische Erfindungen, Ebenen politischer Integration sowie sozialer Schichtung.
> - **Kulturelle Strenge:** Ausmaß der Verhaltensregulierung sowie die Toleranz gegenüber Regelüberschreitungen. Strenge Kulturen haben viele, tolerante Kulturen wenige Regeln und Normen. In strengen Kulturen werden Abweichungen von der Norm rasch und tiefgreifend sanktioniert, in toleranten Kulturen werden Normabweichungen dagegen eher hingenommen.

Individualismus vs. Kollektivismus. Eine zentrale Unterscheidung ist die zwischen Individualismus und Kollektivismus, die der oben genannten Unterscheidung zwischen independenten und interdependenten Kulturen entspricht. In einer kollektivistischen Kultur wird der Gruppe (oder der gesamten Gesellschaft) eine höhere Priorität als dem Individuum zugewiesen. Eine Person wird hier als Mitglied einer (oder mehrerer) Gruppe(n) wahrgenommen. Im Gegensatz dazu werden in einer individualistischen Kultur Selbstbestimmung und Selbstständigkeit der Person als höhere Werte eingeschätzt, und zwar selbst dann, wenn individuelle Interessen in Konflikt mit Konventionen oder Gruppeninteressen stehen. In individualistischen Kulturen werden Rechte betont, in kollektivistischen Kulturen Pflichten. Je nach kultureller Werthaltung vollzieht sich die Entwicklung in unterschiedlichen Kulturen unterschiedlich (Befunde werden in Abschnitt 6.3 dargestellt).

Häufig werden fernöstliche Kulturen (wie Japan oder China) sowie afrikanische Kulturen südlich der Sahara (wie etwa in Ghana) als kollektivistisch (interdependent) bezeichnet, europäische und nordamerikanische Kulturen dagegen als individualistisch (independent). Allerdings hat sich in den letzten Jahrzehnten gerade in vielen asiatischen Gesellschaften ein erheblicher Wandel vollzogen. So ist aufgrund wachsender Komplexität das Japan des 21. Jahrhunderts weniger kollektivistisch als das Japan des 19. Jahrhunderts. Zudem besteht Uneinigkeit darüber, ob Individualismus und Kollektivismus Endpunkte einer Dimension darstellen oder ob beide Aspekte in einer Kultur auch gleichzeitig vorhanden sein können.

Umwelten formen die Entwicklung: Ansatz der ökologischen Systeme

Entwicklung findet in ganz unterschiedlichen Umwelten statt – und diese Umwelten formen die Entwicklung. So zeigen anthropologische Studien in nicht industrialisierten Kulturen beispielsweise, dass Kinder in bäuerlichen Kulturen eher zu Gehorsam und Kooperation, in Jägerkulturen hingegen eher zur Selbstständigkeit erzogen werden.

Bronfenbrenners ökologische Systemtheorie. Die Rolle von Umwelten für die Entwicklung ist zentral für die ökologische Systemtheorie des Psychologen Urie Bronfenbrenner (Bronfenbrenner & Morris, 1998). Bronfenbrenner geht davon aus, dass sich die Entwicklung von Menschen innerhalb verschiedener Umwelten (oder ökologischer Systeme) vollzieht, die ineinander verschachtelt sind und sich zudem über die historische Zeit hinweg verändern (s. Abb. 6.2).

Nach Bronfenbrenners ökologischer Systemtheorie vollzieht sich Entwicklung in der Interaktion zwischen dem Individuum und den Personen, Objekten und Symbolen seiner unmittelbaren Umgebung (»Mikro-System«). Von Bedeutung sind aber auch die Wechselwirkungen zwischen den verschiedenen Umwelten, in denen eine Person lebt (»Meso-System«; z. B. Schule und Familie), den umfassenderen sozialen und gesellschaftlichen Strukturen (»Exo-System«) sowie dem umfassenden kulturellen System (»Makro-System«).

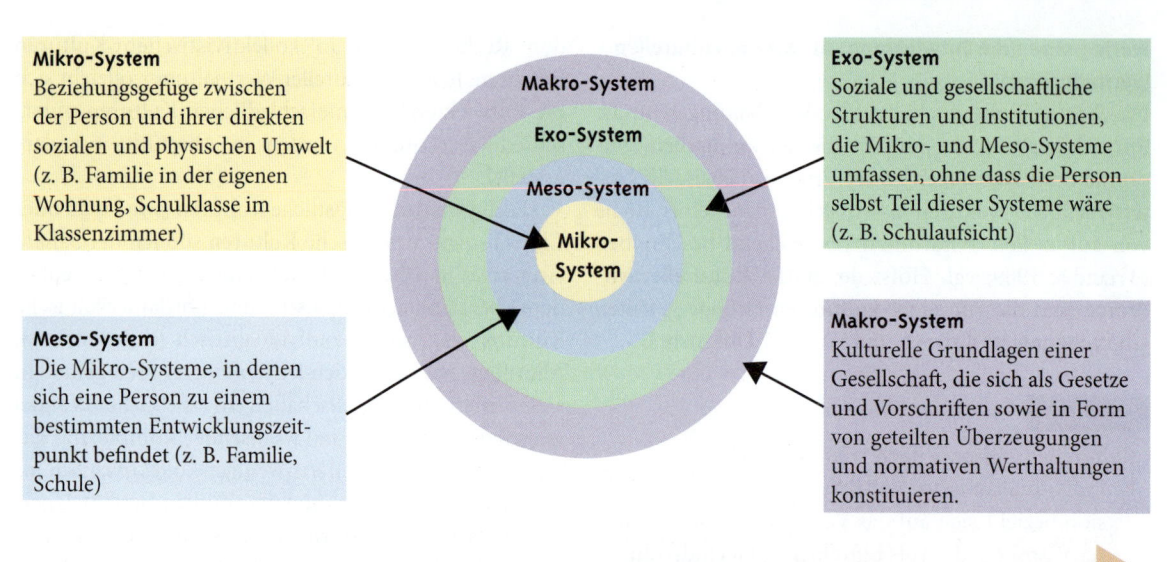

Mikro-System
Beziehungsgefüge zwischen der Person und ihrer direkten sozialen und physischen Umwelt (z. B. Familie in der eigenen Wohnung, Schulklasse im Klassenzimmer)

Meso-System
Die Mikro-Systeme, in denen sich eine Person zu einem bestimmten Entwicklungszeitpunkt befindet (z. B. Familie, Schule)

Exo-System
Soziale und gesellschaftliche Strukturen und Institutionen, die Mikro- und Meso-Systeme umfassen, ohne dass die Person selbst Teil dieser Systeme wäre (z. B. Schulaufsicht)

Makro-System
Kulturelle Grundlagen einer Gesellschaft, die sich als Gesetze und Vorschriften sowie in Form von geteilten Überzeugungen und normativen Werthaltungen konstituieren.

Historische und individuelle Zeit

Chrono-System
Zeitachse, auf der biografische Ereignisse oder Übergänge angeordnet sind, die zu bestimmten Abschnitten im Lebenslauf auftreten

Abbildung 6.2 Vier Ebenen ökologischer Systeme nach Bronfenbrenner (vgl. Bronfenbrenner & Morris, 1998)

Die im Mikrosystem wirksamen proximalen Strukturen und Prozesse sind für die Entwicklung von größerer Bedeutung als Strukturen und Prozesse der Meso-, Exo- und Makroebene. So hängen die Auswirkungen wirtschaftlicher Krisenzeiten auf die Entwicklung von Kindern und Jugendlichen nach Elder (1994) unter anderem davon ab, wie ökonomischer Druck die Familienbeziehungen beeinflusst: Ein niedriges Einkommensniveau und Arbeitsplatzunsicherheit können emotionale Belastungen für Eltern darstellen oder zu Partnerschaftskonflikten zwischen den Eltern führen, die dann vermittelt über ein ablehnendes elterliches Erziehungsverhalten möglicherweise das Selbstwertgefühl oder den Schulerfolg Jugendlicher mindern. Proximale Prozesse der Entwicklung werden also von sozialen Rahmenbedingungen beeinflusst, die sich auch zwischen Gesellschaften und Kulturen stark unterscheiden können. Dies zeigen beispielsweise Unterschiede zwischen den USA und anderen Gesellschaften hinsichtlich der Entwicklungsbedingungen auf der Makroebene, wie z. B. Qualität des Bildungssystems oder Ausmaß der sozialen Ungleichheit in einer Gesellschaft.

Konzept der Entwicklungsnische. Eine gewisse Ähnlichkeit zur Theorie Bronfenbrenners hat das Konzept der Entwicklungsnische. Die Entwicklungsnische ist gekennzeichnet durch drei Subsysteme, die den Zusammenhang zwischen der weiteren kulturellen Umwelt und den individuellen Entwicklungserfahrungen vermitteln:

(1) die physische und soziale Umwelt,
(2) kulturell bestimmte Regeln und Erziehungspraktiken sowie
(3) die psychologischen Merkmale der Eltern einschließlich der elterlichen Ethnotheorien (Super & Harkness, 1986).

Politik setzt den Rahmen für Entwicklung: Ansatz des Wohlfahrtsstaatsregimes
Politische Rahmenbedingungen beeinflussen die Entwicklung des Menschen zum Teil direkt, zum Teil indirekt. Fördert ein Staat die Kinderbetreuung in Krippen und Kindergärten, so wachsen Kinder anders auf als in einem Staat, der – etwa mit Kindergeld – die Familien dabei unterstützt, die Betreuung von Kindern selbst zu übernehmen. Der aus der vergleichenden Politikwissen-

schaft stammende Ansatz des »Wohlfahrtsstaatsregimes« fragt danach, wie staatliche Sozialsysteme das Handeln und die Entwicklung von Individuen beeinflussen. Das Wort »Regime« ist hierbei ganz wörtlich zu nehmen als Ausmaß der staatlichen Steuerung individuellen Handelns.

Der Politikwissenschaftler Gösta Esping-Andersen hat drei Formen von Wohlfahrtsstaatsregimes beschrieben (s. Übersicht). Zentral ist hierbei der Begriff der »Dekommodifizierung«. Damit ist das Ausmaß gemeint, in dem die Existenzsicherung vom Markt, insbesondere dem Arbeitsmarkt, abgekoppelt ist. Ein Staat mit hoher Dekommodifizierung schafft soziale Sicherungssysteme, die den Zwang zur Existenzsicherung durch Erwerbsarbeit reduzieren und den Schutz vor Einkommensausfällen erhöhen. Bei der Beschreibung von Wohlfahrtsstaatstypen wird der Grad der Dekommodifizierung verwendet, der in den einzelnen Ländern mittels wohlfahrtsstaatlicher Interventionen durchgesetzt wurde (Esping-Andersen, 1998).

Übersicht

Drei Typen von Wohlfahrtsstaaten nach Esping-Andersen (1998)

(1) Der »marktliberale« Wohlfahrtsstaat (z. B. die USA, Kanada, Großbritannien) weist nur einen geringen Dekommodifizierungsgrad auf. Sozialpolitik zielt auf Armutsvermeidung.
(2) Der »konservativ-korporatistische« Wohlfahrtsstaat (z. B. Frankreich, Deutschland, Österreich) verbindet Elemente der Dekommodifizierung mit internen Statusdifferenzierungen, die durch ein Netz von Verhandlungssystemen kontrolliert werden.
(3) Der »sozialdemokratische« Wohlfahrtsstaat (z. B. skandinavische Länder) hat die staatliche Wohlfahrtsproduktion zu einer universalen Solidarität ausgedehnt. Dort ist die Dekommodifikation stark ausgeprägt.

Der Wohlfahrtsstaatsvergleich nimmt insbesondere die Länder in Europa und Nordamerika in den Blick und zeigt, dass auch zwischen Ländern mit sehr ähnlichen, individualistischen Kulturen Unterschiede bestehen können. Die ursprüngliche Typologie von Esping-Andersen ist verschiedentlich kritisiert (und erweitert) worden. So kann man beispielsweise danach fragen, inwiefern Wohlfahrtsstaaten das Verhältnis zwischen den Geschlechtern stabilisieren (oder verändern). Wohlfahrtsstaaten unterscheiden sich nämlich auch darin, in welchem Grad die »männliche Ernährer-Familie« durch das Elternmodell einer gleichberechtigten Teilnahme an Arbeit und (Kinder-)Pflege ersetzt worden ist. Die Verhältnisse zwischen den Geschlechtern werden durch das Wohlfahrtsstaatsregime beeinflusst: Wenn etwa die Infrastruktur zur Kinderbetreuung gut ausgebaut ist, so ist dies nicht nur für die Entwicklung im Kindes-, sondern auch im Erwachsenenalter bedeutsam. So sind gerade in den Wohlfahrtsstaaten skandinavischen Typs im Vergleich mit kontinental- und südeuropäischen Wohlfahrtsstaaten höhere Erwerbsquoten bei Frauen und eine stärkere Beteiligung von Männern bei der Betreuung von Kindern zu beobachten.

6.2.3 Methoden

Vergleichende Entwicklungsforschung ist aus verschiedenen Gründen ein schwieriges Feld. So sind kultur- und gesellschaftsvergleichende Studien in der Regel aufwendiger als Studien innerhalb eines Kultur- und Gesellschaftsraums. Von grundlegender Bedeutung sind jedoch erkenntnistheoretische Fragestellungen sowie spezifische methodische Probleme, mit denen sich die vergleichende Entwicklungsforschung auseinandersetzen muss (Matsumoto & van de Vijver, 2011). Der synchronische (gleichzeitige) Vergleich mehrerer Kulturen kann zudem ergänzt werden durch die diachronische (geschichtliche) Analyse einer Kultur über die historische Zeit hinweg.

Erkenntnistheoretische Fragen: Äquivalenzproblematik
Der kulturvergleichenden Forschung stellt sich ein grundsätzliches Erkenntnisproblem. Wenn es um ein bestimmtes theoretisches Konstrukt geht, dann ist zu fragen, ob dieses Konstrukt in den untersuchten Kulturen in vergleichbarer Weise erfasst werden kann. Es geht um die Äquivalenz (Gleichwertigkeit) von Konzepten und Definitionen in verschiedenen Kulturen (s. Übersicht). Von besonderer Bedeutung ist dabei die Lösung des Problems der Übersetzung zwischen verschiedenen Sprachen. Wenn Sprache die Art und Weise beeinflusst, in der Menschen denken und handeln, so muss die Übersetzung zwischen Sprachen die besonderen Kontextbedingungen der jeweiligen Ursprungssprache in die Zielsprache mit

übertragen, um vergleichbare Sinnkonstruktionen zu ermöglichen. Häufig wird das Problem der sprachlichen Äquivalenz durch die Methode der Rückübersetzung zu lösen versucht. Diese aufwendige Methode stellt aber keineswegs sicher, dass die Versionen eines Untersuchungsinstruments in zwei Sprachen äquivalent sind, da bei Übersetzung und Rückübersetzung analoge Übertragungsverschiebungen wirksam werden können, die eine Veränderung des kulturell unterschiedlichen Sinns der beiden Versionen nicht offenbar werden lassen. Äquivalente Untersuchungsinstrumente sollten daher in einem ausführlichen Diskursprozess der beteiligten »indigenen« Forscher/-innen erstellt werden. Vor der inhaltlichen Auswertung von kulturvergleichenden Daten sollte außerdem die Äquivalenz der Messungen auch statistisch überprüft werden.

> **Übersicht**
>
> **Formen der Äquivalenz**
> ▶ **Konzeptuelle Äquivalenz:** Das zu untersuchende Konstrukt ist in den verglichenen Kulturen (und Sprachen) identisch oder zumindest vergleichbar. Beispiel: Will man das Konstrukt »Lebensqualität« (subjektives, individuelles Wohlbefinden) kulturvergleichend untersuchen, sollte es in allen zu vergleichenden Kulturen vorhanden sein.
> ▶ **Operationale Äquivalenz:** Indikatoren, die verwendet werden, um ein – nicht direkt beobachtbares – Konstrukt operational zu definieren, sollten über die verschiedenen Kulturen hinweg gleichartig sein, also die gleichen Prozesse oder Merkmale abbilden. Beispiel: In den verglichenen Kulturen und Gesellschaften werden die Indikatoren »positiver Affekt« und »Zufriedenheit« dem Konstrukt »Lebensqualität« zugeordnet.
> ▶ **Funktionale Äquivalenz:** Sind Indikatoren nicht gleichartig, aber gleichwertig, so ist von funktionaler Äquivalenz auszugehen. Das bedeutet, dass äußerlich unterschiedliche Indikatoren dasselbe Konstrukt abbilden können; umgekehrt können aber auch äußerlich gleiche Indikatoren unterschiedliche Bedeutungen haben. Während beispielsweise elterliche Gehorsamsforderungen in einer Kultur eher eine Einschränkung für Jugendliche darstellen, mögen sie in anderen Kulturen eher als Zuwendung erlebt werden.
> ▶ **Erhebungsäquivalenz:** Verfahren, die bei der Befragung, Testung und Messung angewendet werden, müssen über Kulturen hinweg gleichartig sein. Wenn Test- oder Befragungssituationen über die verglichenen Kulturen hinweg identische Bedingungen darstellen, kann von Erhebungsäquivalenz ausgegangen werden. Hier spielt es beispielsweise eine Rolle, ob die Probanden dieselbe Vertrautheit mit Testsituationen und Testaufgaben haben.

Methodische Probleme des Kulturvergleichs

In der kultur- und gesellschaftsvergleichenden Forschung ist es unabdingbar, die Ebenen der Analyse klar voneinander zu trennen: die Ebene des Kollektivs (Kultur, Gesellschaft) und die Ebene des Individuums (Erleben, Verhalten). Während auf der kollektiven Ebene Makrofaktoren eine Rolle spielen, sind dies auf individueller Ebene Mikrofaktoren, die in kollektive Strukturen eingebettet sind. Mehrebenenanalysen sind die geeignete Methode der Wahl, um Datensätze mit hierarchischer Struktur auszuwerten, also Daten über Personen innerhalb von Kollektiven (vgl. Abschn. 4.2.2). Dabei ist zu beachten, dass es in der Regel innerhalb von Kulturen und Gesellschaften subkulturelle und regionale Spezifika gibt (»Meso-Ebenen«), die in der komparativen Forschung aufgrund des hohen Untersuchungsaufwandes aber nur selten berücksichtigt werden.

Eng mit dem Problem von Auswertungsebenen und -strategien verknüpft ist die Frage nach der geeigneten Auswahl von Untersuchungseinheiten (Kollektiven und Individuen). Während Kulturen und Gesellschaften in der Regel nach theoretischen Gesichtspunkten ausgewählt werden, ist es von hoher Bedeutung, bei der Stichprobenziehung darauf zu achten, dass die untersuchten Personengruppen vergleichbar sind. Möchte man beispielsweise eine »kollektivistische« Kultur anhand einer Stichprobe der ländlichen Bevölkerung mit einer »individualistischen« Kultur anhand einer Stichprobe aus der städtischen Bevölkerung vergleichen, so sind Kultur (kollektivistisch vs. individualistisch) und Siedlungstyp (ländlich vs. städtisch) miteinander konfundiert. Deshalb sollte – auch wenn dies in der Praxis der kulturvergleichenden Forschung schwierig ist – randomisierten und repräsentativen Stichproben der

Vorrang vor parallelisierten (Gelegenheits-)Stichproben gegeben werden.

Methodische Probleme der Analyse sozialen Wandels

Lebenslange Entwicklung vollzieht sich in der historischen Zeit. Dies lässt sich an den Lebensläufen der zwischen 1920 und 1945 in Deutschland geborenen Geburtsjahrgänge deutlich machen (s. Übersicht). Die Teilung (und Vereinigung) Deutschlands ist ein Beispiel für ein »Experiment der Geschichte«, also Veränderungen von gesellschaftlich-kulturellen Bedingungen, die sich auf die Entwicklung einer gesamten Population auswirken. Hier zeigt sich, wie stark individuelle Entwicklung und sozialer Wandel miteinander verknüpft sind – und wie sehr die Analyse sozialen Wandels für das Verhältnis von Kultur und Sozialisation von Bedeutung ist. Mit dem Begriff des sozialen Wandels werden die qualitativen wie quantitativen Veränderungen von Gesellschaften, von gesellschaftlichen Teilgruppen sowie von individuellen Verhaltensweisen und Wertorientierungen über die historische Zeit bezeichnet. Nimmt man diese Perspektive ernst, geht man weit über die rein methodische Betrachtung der Effekte von Alter, Kohorte und Zeitpunkt hinaus (vgl. Abschn. 4.2).

Übersicht

Individuelle Entwicklung und sozialer Wandel
- **Geburtsjahrgänge 1920–1930:** Diese Geburtsjahrgänge wuchsen in der Weimarer Republik und der NS-Zeit heran. Als Jugendliche und junge Erwachsene erlebten sie den Zweiten Weltkrieg, in den sie mehr oder weniger aktiv involviert waren. Anschließend lebten sie in einem der beiden konkurrierenden deutschen Staaten und wurden als junge Erwachsene vom Aufbau und der Entwicklung der jeweiligen Gesellschaften geprägt.
- **Geburtsjahrgänge 1935–1945:** Diese Geburtsjahrgänge erlebten die beiden Staatsgründungen von BRD und DDR als Kinder. Sie erlebten das Wirtschaftswunder (West) bzw. den Aufbau (Ost). Die sogenannten »Achtundsechziger« des Westens erlebten den Beginn einer Bildungsexpansion und waren später von der Wirtschaftskrise der 1970er-Jahre betroffen. Die »integrierte Generation« des Ostens erlebte ihre Krise mit dem Zusammenbruch der DDR.

Für die kultur- und gesellschaftsvergleichende Forschung sind zwei Aspekte des sozialen Wandels von Interesse: Zum einen geht es darum, die Auswirkungen des Wandels gesellschaftlicher Rahmenbedingungen auf individuelle Lebenssituation und lebenslange Entwicklung zu untersuchen. Zum anderen ist von Interesse, wie der Wandel der Lebensweisen als eine treibende Kraft einen Wandel sozialer Systeme bewirkt. Sozialer Wandel wird auch durch die Abfolge von Generationen vorangetrieben. Die historische Situation bestimmter Geburtskohorten und ihrer Lebensläufe kann im Sinne des Soziologen Karl Mannheim zur Ausbildung von Generationen führen, die sich durch spezifische Lebensweisen, Einstellungen, Planungen und Ressourcen ausweisen. Deshalb ist es sinnvoll, die Analyse sozialen Wandels mit der Lebenslauf- und Generationenforschung zu verknüpfen.

Denkanstöße

Wie würden Sie eine Studie planen, mit der Sie die Frage beantworten wollen, ob und gegebenenfalls wie die Beziehungen zwischen Eltern und Jugendlichen kulturell beeinflusst werden? Welche Probleme sind zu beachten? Welche Kulturen würden Sie auswählen und warum?

6.3 Ergebnisse kulturvergleichender Sozialisationsforschung

Die kulturvergleichende Sozialisationsforschung hat eine Fülle von Befunden vorgelegt (z. B. Bornstein, 2010). Im Folgenden werden wir für verschiedene Lebensphasen Befunde zu sozialen Beziehungen vorlegen sowie für lebensaltertypische Entwicklungsaufgaben Ergebnisse zum kulturgebundenen Umgang mit diesen Aufgaben. Interessanterweise sind aber nicht alle Entwicklungsphänomene in gleicher Weise durch Kultur und Gesellschaft geprägt. Insbesondere in denjenigen Entwicklungsabschnitten, die durch biologische Prozesse gekennzeichnet sind, finden sich Entwicklungsuniversalien, also Phänomene, die kulturübergreifend zu beobachten sind. Mit diesen Universalien beginnen wir die Darstellung der Befunde.

6.3.1 Frühe Kindheit

Kulturelle Universalien der frühkindlichen Entwicklung

Kompetenzen des Säuglings. Säuglinge sind bereits mit einer Vielzahl an sozialen Kompetenzen und Verhaltensdispositionen ausgestattet, mittels derer sie mit ihrer sozialen Umwelt interagieren. Diese Fähigkeiten gehören zur universellen Ausstattung des Säuglings. Es ist immer wieder erstaunlich, wie sehr sich die frühkindlichen Interaktionsmuster überall auf der Welt ähneln. So erwecken Säuglinge durch positive Signale (etwa Schauen, Vokalisieren oder Lächeln) oder negative Signale (wie Schreien oder Weinen) die Aufmerksamkeit ihrer sozialen Umgebung, kommunizieren ihre Emotionen mittels verschiedener Formen des Gesichtsausdrucks und sind fähig, soziale Antworten aus der Umwelt wahrzunehmen.

Komplementäre elterliche Verhaltensweisen. Auch das elterliche Fürsorgeverhalten scheint universell zu sein, und zwar in Form eines intuitiven Elternsorgeprogramms. Eltern (bzw. andere primäre Betreuungspersonen) kümmern sich in allen Kulturen um Wohlergehen, Ernährung und Hygiene von Säuglingen. Diese primären Versorgungsaufgaben dienen der Sicherung des Überlebens des Säuglings und sind daher kulturübergreifend anzutreffen, obwohl sie sich in ihrer konkreten Ausgestaltung unterscheiden. Auch die Anpassung des Kommunikationsverhaltens an die Bedürfnisse und Fähigkeiten des Kindes findet sich in vielen Kulturen. Eltern passen ihre Sprache dabei mit dem sogenannten »Baby Talk« (Ammensprache) an kindliche Vokalisationen an, indem sie mit hoher Stimme und übertriebener Intonation sprechen, Wörter vereinfachen und Gesagtes wiederholen. Dieses Verbalverhalten kann sogar in Sprachen gefunden werden, in denen Melodik und Intonation eine semantische Bedeutung haben (z. B. Mandarin-Chinesisch).

Kulturspezifika der frühkindlichen Entwicklung

Trotz der oben aufgeführten Gemeinsamkeiten werden Babys in ganz unterschiedliche kulturelle Kontexte hineingeboren. Unterschiedliche Erfahrungen im jeweiligen Sozialisationskontext führen zu Unterschieden in der Entwicklung, etwa im Sinne der weiter oben beschriebenen independenten oder interdependenten Entwicklungspfade. So macht es einen Unterschied, ob ein Baby im 1. Lebensjahr die meiste Zeit des Tages in einem Tragetuch auf dem Rücken oder der Hüfte der Mutter verbringt, wie das beispielsweise bei den Nso in Kamerun (sowie auch noch in vielen anderen ländlichen traditionellen Gegenden Afrikas) der Fall ist, oder ob es viel Zeit des Tages auf einer Krabbeldecke oder im Bettchen verbringt, wie das beispielsweise bei deutschen Säuglingen (und in vielen anderen westlichen Kulturen) der Fall ist. Auch finden sich kulturelle Unterschiede im Vergleich des direkten Interaktionsverhaltens von Müttern und ihren Kindern. So lenken Mütter in verschiedenen Kulturen die Aktivitäten ihrer Kinder entweder eher auf die Erkundung der Umgebung und das Spiel mit Objekten oder eher auf Beziehungsaspekte.

Eine Gruppe von Entwicklungsforschern um die Psychologin Heidi Keller hat ein Komponentenmodell des Elternverhaltens vorgeschlagen, das die gleichzeitige Betrachtung von kulturellen Universalien und Spezifika des frühkindlichen Sozialisationskontextes ermöglicht (Keller et al., 2004). Unter Anwendung dieses Modells zeigte sich, dass in westlich orientierten Kulturen, die dem Entwicklungspfad der Independenz folgen, eher solche Erziehungspraktiken vorherrschen, bei denen distale Face-to-Face-Interaktionen, Blickkontakte und häufiger Sprachgebrauch sowie visuell-auditive Stimulationen mithilfe von Gegenständen (wie Rasseln, Puppen) eine größere Rolle spielen. Diese Praktiken sollen das Explorationsverhalten und die Autonomieentwicklung fördern. Hingegen werden in nicht westlichen Kulturen (z. B. Asien, Afrika), die dem interdependenten Entwicklungspfad folgen, eher proximale körperorientierte Praktiken angewendet. Hier werden oft auch früh die motorischen Fähigkeiten gefördert. Allerdings scheinen sich die Präferenzen für Erziehungspraktiken über die Zeit und mit zunehmender formaler Bildung teilweise zu ändern.

> **Unter der Lupe**
>
> **Ist Bindungsverhalten universell?**
> In jüngerer Zeit wird die Universalität von Kernannahmen der Bindungstheorie in ihrer jetzigen Form infrage gestellt (zur Bindungstheorie s. Abschn. 7.4.3). So scheint die starke Betonung des Explorationsverhaltens eher auf einen westlichen Sozialisationskontext zuzutreffen, wo besonderer Wert auf Autonomieentwicklung und Individuation gelegt wird. Japanische Mütter fördern hingegen eher die Abhängigkeit des Kindes – dies ist die Grundlage für die oft beschriebene besonders enge Beziehung zwischen japanischen Kindern und ihren Müttern (»Amae«). Auch bezüglich der mütterlichen Feinfühligkeit lässt sich einwenden, dass diese kulturspezifisch unter-

schiedlich definiert wird. Beispielsweise handeln japanische Mütter oft schon antizipatorisch, indem sie versuchen, ein Unwohlsein des Kindes schon im Voraus zu verhindern; amerikanische Mütter reagieren hingegen erst, wenn das Kind ein spezifisches Bedürfnis kommuniziert hat. Schließlich unterscheiden sich die Kulturen darin, welches Verhalten als sozial kompetent angesehen wird (z. B. eigene Emotionen zu zeigen und offen mit anderen zu kommunizieren oder die soziale Harmonie zu wahren und im Ausdruck von Gefühlen zurückhaltend zu sein) (Rothbaum, Weisz et al., 2000).

Hinsichtlich der Bindungstypen haben sich – entgegen der Universalitätsannahme – in unterschiedlichen Kulturen unterschiedliche Verteilungsmuster gezeigt. Während in den USA vor allem sicher gebundene Kinder gefunden wurden, wurde in einer Studie in Norddeutschland die Hälfte der Kinder als vermeidend klassifiziert (Grossmann & Grossmann, 1990). Möglicherweise könnten frühe Autonomieerwartungen der norddeutschen Eltern in dieser Stichprobe dieses Muster erklären. In Japan hingegen war das ambivalente Bindungsmuster stärker vertreten. Eine Erklärung hierfür könnte sein, dass die Kinder in Japan nur selten von der Mutter getrennt sind, wodurch der in der Bindungsforschung verwendete »Fremde-Situations-Test« eine ungewohnte Situation und einen ganz besonderen Stress für diese Kinder darstellt.

6.3.2 Mittlere Kindheit

Kompetenz- und Wissenserwerb

Auch wenn kognitive Prozesse universell angelegt sind, können Fähigkeitsmuster kulturspezifisch unterschiedlich ausgeprägt sein. Man kann diese Unterschiede als Anpassungen an ökokulturelle Anforderungen und als Ergebnisse der Sozialisation entlang kulturspezifischer Entwicklungspfade fassen. In independent orientierten Kulturen wird dabei besonders die Entwicklung abstrakter Kompetenzen gefördert, in interdependenten Kulturen hingegen eher die Entwicklung sozialer Kompetenzen. Mit den jeweiligen Schwerpunktsetzungen werden die Kinder auf das spätere Leben in ihrem kulturellen Kontext vorbereitet: Sie erlangen diejenigen Kompetenzen, die sie als Erwachsene in ihrer Kultur wahrscheinlich brauchen werden.

Kulturspezifische Auffassungen von Intelligenz. Mitglieder verschiedener Kulturen haben unterschiedliche Vorstellungen über wünschenswerte Kompetenzen. Während Befragte in westlichen Kulturen bei der Beschreibung von Intelligenz besonders kognitive Fähigkeiten wie Gedächtnis, verbale Fähigkeiten oder eine schnelle Informationsverarbeitung betonen, stellen für viele Befragte in nicht westlichen Kulturen neben dem abstrakten Denken auch soziale Kompetenzen einen wichtigen Teil der Intelligenz dar. Ein viel zitiertes Beispiel ist das Intelligenzkonzept (»n'glouèlè«) der Baoulé an der Elfenbeinküste, das vor allem Kooperation und soziale Verantwortung in den Vordergrund stellt; technische Fähigkeiten sind wichtig, wenn sie dem Wohl der sozialen Gruppe dienen können (Dasen, 1993).

Kognitive Entwicklung im kulturellen Kontext. Eine Vielzahl kulturvergleichender Studien bezieht sich auf die Theorie der kognitiven Entwicklung nach Piaget und auf die Überprüfung ihrer universellen Gültigkeit. Die von Piaget angenommene hierarchische Stufenabfolge zeigte sich im Grunde in allen untersuchten Kulturen. Allerdings weisen kulturvergleichende Studien auf Altersunterschiede beim Auftreten der einzelnen Stufen hin. So war im Vergleich zu Schweizer Kindern die Entwicklung von Mengenerhaltungsaufgaben bei Aborigines in Australien verzögert. Gleichzeitig war aber die Entwicklung von räumlichem Denken bei den Aborigines früher ausgebildet als bei den Schweizer Kindern. Traditionell lebende Aborigines legen im alltäglichen Leben nur wenig Wert auf Mengenangaben; dafür ist in diesem ökokulturellen Kontext die Fähigkeit wichtig, sich räumlich zu orientieren. In Trainingsstudien mit Kindern von Eskimos in Kanada, den Baoulé der Elfenbeinküste und den Kikuyu in Kenia zeigte sich außerdem, dass die Leistung in Aufgaben zu konkreten Operationen deutlich verbessert werden konnte, wenn die Kinder in den Aufgaben unterwiesen wurden. Die kognitiven Strukturen waren also im Prinzip vorhanden, aber die Kinder waren erst in der Lage, ihre Fähigkeiten zu zeigen, nachdem sie mit den Aufgaben vertraut gemacht worden waren. Man muss also zwischen der potenziellen Fähigkeit (Kompetenz) und der gezeigten Leistung (Performanz) unterscheiden. Insbesondere das formale Denken ist stark an die schulische Bildung gebunden, da die Kinder hier ganz explizit an Aufgaben herangeführt werden, mit denen sie im alltäglichen Leben vielleicht nicht direkt in Berührung kämen.

Kulturspezifische Lernkontexte. Kulturen unterscheiden sich auch darin, wie stark Kinder in die alltäglichen Aktivitäten der Erwachsenen eingebunden sind oder wie stark ihre Kontexte voneinander getrennt sind. In einigen Kulturen erwerben Kinder durch aufmerksame oder geleitete Teilnahme kulturelle Inhalte und Techniken, die im Zusammenhang mit dem konkreten Arbeits- und Lebenskontext der Kultur stehen. In anderen Kulturen dominiert das Lernen in formalen Kontexten wie der Schule. Häufig verwenden Eltern sogar auch zu Hause eine auf das Kind fokussierte Kommunikation, ähnlich wie in den Gesprächen zwischen Lehrer und Schüler in der Schule. So fördern sie die schulischen Leistungen und bereiten ihre Kinder auf die spätere berufliche Ausbildung vor.

Emotionale Entwicklung

Die verschiedenen Grundemotionen wie beispielsweise Angst oder Ärger gelten zwar als universell, jedoch bilden sich im Laufe der Entwicklung kulturelle Unterschiede heraus in der Art, wie Emotionen gezeigt werden (im Sinne von sogenannten »Darbietungsregeln«) und wie sie reguliert werden. Eltern bestärken oder entmutigen den Ausdruck positiver und negativer Emotionen bei ihren Kindern, je nach der kulturspezifischen Bedeutung und Erwünschtheit der Darbietung dieser Emotionen. Während es beispielsweise in Deutschland als Entwicklungsziel gesehen wird, eigene Bedürfnisse und Befindlichkeiten auszudrücken, ist in Japan eher eine Kontrolle innerer Zustände und eine Zurückhaltung beim Emotionsausdruck ein Zeichen für Reife. In einer Studie, in der 5-jährige deutsche und japanische Kinder und ihre Mütter im Umgang mit einer Enttäuschungssituation beobachtet wurden, zeigt sich die kulturspezifische Sozialisation der Emotionsregulation deutlich (Trommsdorff & Friedlmeier, 1999). Deutsche Mütter thematisierten das emotionsauslösende Ereignis, wohingegen japanische Mütter das Kind von dem negativen Ereignis ablenkten, die Situation umdeuteten und das Kind bestärkten, an der gestellten Aufgabe weiterzuarbeiten. Die Regulation von Emotionen innerhalb der Person entwickelt sich dementsprechend entlang der genannten Entwicklungspfade. So bilden sich in westlichen Kulturen eher primäre Kontrollstrategien heraus, d. h., es wird versucht, die Situation an die eigenen Ziele und Wünsche anzupassen. In asiatischen Kulturen werden dagegen eher sekundäre Kontrollstrategien angewendet, bei denen die eigenen Emotionen durch Ablenkung, Beruhigung oder Neu- und Umbewertung an die Gegebenheiten angepasst werden.

6.3.3 Jugendalter

Die Phase der Jugend wird in unterschiedlichen Kulturen unterschiedlich gedeutet. Zwar kennen fast alle Kulturen das Jugendalter, dessen Beginn oft mit Übergangsritualen öffentlich begangen wird. Unterschiede bestehen aber darin, wie lange diese Phase dauert. Demnach kann die Jugendphase etwa in ländlichen, traditionellen Kontexten kürzer sein als in städtischen Kontexten. In Ersteren wird der Status des Erwachsenseins bereits früher erlangt (z. B. durch Eintritt in die Erwerbstätigkeit, Heirat, Elternschaft), wohingegen in Letzteren oft eine längere Ausbildungszeit mit einer späteren Übernahme von Erwachsenenrollen einhergeht.

Autonomie und Verbundenheit. Eine der zentralen Entwicklungsaufgaben des Jugendalters ist die Aushandlung von Autonomie und Verbundenheit. Aus einer ursprünglich psychoanalytisch (also westlich) geprägten Sicht geht es in dieser Lebensphase darum, dass Jugendliche sich von ihren Eltern ablösen und sich zu Gleichaltrigen (Peers) hinwenden. Es ist nicht schwer zu erkennen, dass eine solche Auffassung von westlichen Ideen einer Entwicklung entlang des Pfades der Independenz ausgeht. In der Tat wurde das Jugendalter gerade in westlichen Kulturen lange als turbulente Zeit des »Sturms und Drangs« gesehen (diese Zuschreibung wurde 1904 von G. Stanley Hall eingeführt), jedoch wandte sich Margaret Mead schon im Jahre 1928 mit ihren Beschreibungen der Jugend auf Samoa gegen die Sicht, dass das Jugendalter in allen Kulturen gleichermaßen eine problembehaftete Phase darstellt. Auch wenn Meads Studien später besonders im Hinblick auf die Forschungsmethodik kritisiert wurden, wiesen sie doch schon früh darauf hin, dass sich die Lösung typischer Entwicklungsaufgaben des Jugendalters je nach kulturellem Kontext unterschiedlich ausgestalten kann.

Dies lässt sich auch an kulturspezifischen Beschreibungen der Entwicklung von japanischen und amerikanischen Jugendlichen verdeutlichen (Rothbaum, Pott et al., 2000), die mit dem Begriffspaar »generative Spannung« vs. »symbiotische Harmonie« gefasst werden können. Während japanische Jugendliche darauf achten, die soziale Harmonie zu wahren, steht für amerikanische Jugendliche die Individuation im Vordergrund. Dementsprechend sollen zwischen amerikanischen Jugendlichen und ihren Eltern in dieser Phase mehr Konflikte auftreten als zwischen japanischen Jugendlichen und ihren Eltern. Dieser Prozess stellt die Fortsetzung der Entwicklung im Kindesalter dar, in dem amerikanische Kinder lernen, ihren Willen gegenüber den Eltern zu artikulieren. Japanische Jugendliche versuchen dagegen eher, die Wünsche der Eltern zu erkennen und sich entsprechend zu verhalten; im Sinne des konfuzianischen Prinzips der »Ehrfurcht der Kinder vor den Eltern« soll außerdem ein Idealbild der Eltern aufrechterhalten werden.

Theorie der Familienmodelle. Die türkische Entwicklungspsychologin Cigdem Kagitcibasi schlägt in ihrer Theorie der Familienmodelle im kulturellen Wandel – in Ergänzung der Pfade der interdependenten und der independenten Entwicklung – einen dritten Entwicklungspfad vor (Kagitcibasi, 2007): Neben dem Familienmodell der vollständigen Interdependenz, das eher in traditionellen agrarischen Kulturen zu finden ist, und dem Familienmodell der Independenz, das eher in westlichen Mittelklassefamilien dominiert, führt sie das Modell der emotionalen Interdependenz ein, das die Verknüpfung von Autonomie und Verbundenheit erlaubt. Dieses Muster zeigt sich vor allem in kollektivistischen Gesellschaften im Übergang, und dort vornehmlich in der städtischen Bevölkerung. Im Zuge sozioökonomischer Veränderungen nimmt hier zwar die materielle Abhängigkeit zwischen den Familienmitgliedern ab; dennoch bleibt weiterhin eine enge emotionale Verbundenheit zwischen ihnen bestehen.

6.3.4 Frühes und mittleres Erwachsenenalter

Elternschaft

Der Übergang zur Elternschaft ist eine Entwicklungsaufgabe des (frühen) Erwachsenenalters, die sich in verschiedenen Kulturen und Gesellschaften heute ganz unterschiedlich ausgestaltet. Dabei treten nicht nur Unterschiede hinsichtlich des Zeitpunkts der Elternschaft im individuellen Lebenslauf oder bezüglich der Anzahl von Kindern zutage. Auch der Anteil der Personen, die gar keine Kinder bekommen, variiert erheblich. Die »Value-of-Children«-Studien, die in den 1970er-Jahren begonnen und in jüngerer Zeit wieder aufgegriffen und erweitert wurden, liefern einen Erklärungsansatz für die weltweiten Unterschiede in den Geburtenraten (Trommsdorff & Nauck, 2010). In diesem Ansatz wird angenommen, dass der Wert, den (potenzielle) Eltern ihren Kindern in der jeweiligen Kultur beimessen – etwa die Erfüllung materieller, sozialer oder emotionaler Bedürfnisse –, zwischen den gesellschaftlichen Bedingungen und individuellen Fertilitätsentscheidungen vermittelt. Dabei geht es nicht nur darum, zu verstehen, warum Menschen überhaupt Kinder möchten, sondern auch, warum sie sich für ein weiteres Kind entscheiden. Es wird davon ausgegangen, dass emotionale Bedürfnisse bereits mit einer geringen Anzahl an Kindern befriedigt werden können. Obwohl der ökonomische Wert von Kindern in den meisten Kulturen mittlerweile an Gewicht verloren hat, wird ihm in weniger industrialisierten im Vergleich zu hoch industrialisierten kulturellen Kontexten immer noch mehr Bedeutung zugeschrieben – und hier sind auch die Geburtenraten entsprechend höher. Der Wert, den Kinder für ihre Eltern haben, schlägt sich auch in den Erziehungsvorstellungen nieder. So sollten Eltern, für die Kinder vor allem ökonomische Bedürfnisse erfüllen (z. B. finanzielle Unterstützung im Alter), eher Wert auf die Entwicklung von Gehorsam und sozialer Verantwortung legen (Kagitcibasi, 2007). Zugleich können mit dem erweiterten Ansatz auch Verläufe von Eltern-Kind-Beziehungen über die gesamte Lebensspanne und im sozialen Wandel erklärt werden.

Identität

Eine der großen Entwicklungsleistungen im Laufe von Kindheit und Jugend ist die Ausbildung von Selbst und Identität, also der strukturierenden, sinngebenden und handlungsleitenden Vorstellung des Individuums von sich selbst als Person (vgl. Kap. 23). In der empirischen Forschung hat sich, wie bereits mehrfach erwähnt, die Unterscheidung von independenten und interdependenten Kulturen sowie entsprechenden Selbstkonzepten als produktiv erwiesen. In Tabelle 6.2 sind die Hauptunterschiede zwischen independentem Selbst und interdependentem Selbst aufgeführt (Markus & Kitayama, 1991).

Independentes und interdependentes Selbst. Wenn sich Personen aus verschiedenen Ländern selbst beschreiben, etwa indem sie Satzanfänge vervollständigen, die mit den Wörtern »Ich bin …« anfangen, so beschreiben sich junge Erwachsene aus den USA und Kanada (independente Kulturen) häufig mit Persönlichkeitseigenschaften (z. B.: »Ich bin fleißig, intelligent, jogge gerne.«), während sich Personen aus China, Indien,

Tabelle 6.2 Independentes und interdependentes Selbst

	Independentes (individuelles, idiozentrisches) Selbst	Interdependentes (kollektives, allozentrisches) Selbst
Definition	Getrennt vom sozialen Kontext	Verbunden mit sozialem Kontext
Struktur	Einheitlich, stabil	Flexibel, variabel
Merkmale	Intern, privat (Fähigkeiten, Gedanken, Gefühle)	Extern, öffentlich (Status, Rollen, Beziehungen)
Aufgaben	Sei einzigartig, realisiere deine Fähigkeiten, verfolge deine Ziele!	Füge dich ein, verhalte dich angemessen, unterstütze andere!
Rolle der anderen	Selbstbewertung: Andere sind wichtig für sozialen Vergleich	Selbstdefinition: Beziehungen zu anderen definieren das Selbst

Kenia oder Korea (interdependente Kulturen) eher über interpersonale und soziale Beziehungen definieren (z. B.: »Ich bin Tochter von X, Mitglied der Kaste Y.«). Auch Optimismus und Selbstwertgefühl, also Einschätzungen, die die individuelle Person in den Mittelpunkt rücken, sind in independenten Kulturen stärker ausgeprägt als in interdependenten Kulturen. Entsprechende Befunde zeigen sich für die Erklärung von Verhalten (Attribution). Legt man jungen Erwachsenen aus den USA und China kurze Geschichten vor, in denen das Verhalten einer Person beschrieben wird, so zeigt sich, dass Befragte aus den USA das Verhalten in stärkerem Maße auf Eigenschaften der handelnden Person attribuieren als Chinesen, die stärker auf den Einfluss der Situation verweisen. Auch selbstwertdienliche Attributionen – Erfolg wird auf eigene Leistung zurückgeführt, Misserfolg an der Situation festgemacht – sind in individualistischen Kulturen stärker ausgeprägt als in kollektivistischen Kulturen.

Variabilität zwischen und innerhalb von Kulturen. Allerdings ist Vorsicht geboten: Die Befundlage ist weitaus komplexer, als die einfache Dichotomie »independent« vs. »interdependent« vermuten lässt (Oyserman et al., 2002). Blicken wir zunächst auf die Unterschiede *zwischen* Kulturen. Man kann nicht alle Kulturen auf nur einer Dimension anordnen, die durch die Endpunkte Individualismus und Kollektivismus markiert ist. In einigen Fällen gibt es klare Gegensätze: Die USA (und auch Deutschland) sind in hohem Maße independent (und nur gering interdependent); China ist dagegen wenig independent (und stark interdependent). Aber es gibt auch Kulturen, die starken Individualismus mit hoher Einbindung in Gruppen und Kollektive verbinden (etwa lateinamerikanische Länder). Zudem hat es in den letzten Jahrzehnten in einigen asiatischen Ländern einen rasanten sozialen Wandel gegeben, der auch kulturelle Änderungen nach sich gezogen hat, z. B. in Japan, Taiwan und Südkorea. Offenkundig ist die kulturelle Wirklichkeit mehrdimensional und reichhaltig – und die binäre Beschreibung von Kulturen als »independent« oder »interdependent« kommt einem Stereotyp nahe. Aber auch *innerhalb* von Kulturen ist die Variabilität groß (abgesehen von der problematischen Gleichsetzung von Ländern und Kulturen). Besonders wichtig dabei ist der Bildungsstand. So zeigen z. B. Personen mit höherer formaler Bildung eher ein independentes Selbstkonzept, und zwar unabhängig von der Kultur, in der sie leben. Schließlich kommt es auf den Kontext an: Auch in interdependenten Kulturen können sich Personen als Individuen beschreiben, wenn es die Situation verlangt – und in independenten Kulturen gilt dies entsprechend für das kollektive Selbst.

6.3.5 Hohes Erwachsenenalter

Auch wenn es in der menschlichen Geschichte seit langem kulturelle Bilder und Vorstellungen des Alters und Alterns gibt, so ist die Lebensphase »Alter« als ein – für die meisten Menschen erwartbarer Lebensabschnitt – erst im 20. Jahrhundert entstanden. Die »Kultur des Alterns« ist noch jung und wandelt sich. Gerade mit Blick auf diese Lebensphase sind neben den sich wandelnden kulturellen Überzeugungen auch sozialpolitische Rahmenbedingungen von hoher Bedeutung. Neben dem Vergleich zwischen sehr unterschiedlichen Kulturen lohnt sich auch der Blick auf Europa, da es in Europa unterschiedliche Wohlfahrtsstaatssysteme gibt, die sich auf die Entwicklung im Alter auswirken.

Koresidenz. Entlang der bereits bekannten Unterscheidungslinie von independenten und interdependenten Kulturen finden sich erhebliche Unterschiede mit Blick auf das Zusammenleben der Generationen. In vielen interdependenten Kulturen wird erwartet, dass die erwachsenen Kinder ihre alten Eltern in den Haushalt aufnehmen. So wohnt beispielsweise in Japan die Mehrheit der älteren Menschen im Haushalt eines erwachsenen Kindes, sehr häufig des erstgeborenen Sohnes. Allerdings hat sich die Häufigkeit der intergenerationalen Koresidenz in den vergangenen Jahrzehnten dramatisch verändert: In der zweiten Hälfte des 20. Jahrhunderts sank in Japan der Anteil der über 65-Jährigen, die mit einem erwachsenen Kind zusammenleben, von knapp 90 % auf etwas über 50 %. In Deutschland, wie in vielen Ländern Mittel- und Nordeuropas, bevorzugen die Generationen seit langem die »Intimität auf Distanz«, und zwar insbesondere in den Städten. Alte Eltern und erwachsene Kinder wohnen in getrennten Haushalten, aber häufig in der Nachbarschaft oder im selben Ort; sie haben regelmäßig Kontakt, berichten über gute Beziehungsqualität und unterstützen sich gegenseitig.

Intergenerationale Unterstützung und Pflege. Ein geschichtlich noch neues Phänomen ist die Sorge um hilfe- und pflegebedürftige alte Menschen. Hier unterscheiden sich auch in Europa die kulturellen Werte: Während in den südlichen Ländern Europas die Pflege älterer Menschen als Verantwortlichkeit der Familien wahrgenommen wird, sehen sich die Familien in Nordeuropa weniger in der Pflicht, körperbezogene Pflege zu übernehmen. Deutschland nimmt eine Mittelstellung ein: Einerseits hat sich seit Einführung der Pflegeversicherung Mitte der 1990er-Jahre die Infrastruktur an ambulanten Diensten und Heimen verbessert, aber noch immer leisten viele Familien direkte Pflege. Zudem gilt in Deutschland nach wie vor die gesetzliche Unterhaltspflicht in vertikaler Linie: Eltern sind für ihre Kinder, Kinder für ihre Eltern verantwortlich, wenn diese finanziell in Not geraten. In den skandinavischen Ländern sind die Verfügbarkeit und die Inanspruchnahme professioneller Pflegedienste sehr viel größer als in Mittel- und Südeuropa. Dies führt auch dazu, dass erwachsene Kinder, und zwar insbesondere die Töchter, dort mehr Optionen haben und häufiger erwerbstätig sind. Dies führt zur Frage, ob sozialpolitische Rahmenbedingungen die Rolle der Familie verändern (s. Unter der Lupe).

> **Unter der Lupe**
>
> **Wer ist für die Pflege alter Menschen verantwortlich: die Familie oder der Staat?**
> Im Alter wird Hilfe- und Pflegebedürftigkeit wahrscheinlich. Familienmitglieder leisten hier Unterstützung. Verändert sich die Hilfeleistung von Familien, wenn der Staat, etwa im Rahmen pflegepolitischer Maßnahmen, Unterstützungsleistungen bereitstellt? Zwei Hypothesen thematisieren das Verhältnis von Hilfe durch Familien und Unterstützung durch professionelle Dienste: Die Substitutionshypothese postuliert, dass ein starkes Dienstleistungsangebot die Unterstützungsleistungen von Familien verdrängt. Die Anregungshypothese besagt dagegen, dass formelle Dienste pflegende Familien unterstützen und sogar weitere familiale Hilfepotenziale wecken. Diese These wurde getestet, indem fünf Länder miteinander verglichen wurden, in denen die Infrastruktur wohlfahrtsstaatlicher Dienste unterschiedlich stark ausgeprägt ist (Motel-Klingebiel et al., 2005; Norwegen, Israel: hohe Ausprägung; Deutschland, England: mittlere Ausprägung; Spanien: geringe Ausprägung). Der Anteil der über 75-jährigen Menschen, die Hilfe von der Familie, von Diensten oder von beiden Quellen erhalten, ist in den Ländern sehr unterschiedlich. Auf den ersten Blick scheint sich dabei die Substitutionshypothese zu bestätigen: In Ländern mit starker Dienstleistungsinfrastruktur ist ausschließlich familiale Hilfe geringer als in Ländern mit mittlerer oder geringer Infrastruktur. Allerdings verschwinden diese Unterschiede zwischen den Ländern, wenn die unterschiedliche soziodemografische Zusammensetzung innerhalb der jeweiligen Bevölkerungen sowie Präferenzen und Normen hinsichtlich Unterstützung und Hilfe berücksichtigt werden. Möglicherweise trifft die (modifizierte) Anregungshypothese zu: Eine starke wohlfahrtsstaatliche Infrastruktur führt zu einer Aufteilung der Verantwortung zwischen Familie und Diensten. Der Wohlfahrtsstaat verdrängt die Familie nicht, sondern verändert die Art ihrer Hilfeleistungen.

Großeltern und Enkel. Aus evolutionstheoretischer Sicht wird argumentiert, dass die Bedeutung der Großmütter für die Enkel universell ist. Großmütter, so die These, unterstützen ihre Töchter bei der Erziehung der Kinder, weil das Überleben der Enkel die Weitergabe der eigenen (großmütterlichen) Gene sichert. Allerdings wird der Kontakt zwischen Großmüttern und Enkeln auch durch kulturelle Werte beeinflusst. Während in matrilinealen Kulturen die Generationenfolge über die Mütter definiert wird, geschieht dies bei patrilinealen Lebensformen über die Väter. Dementsprechend unterscheiden sich die Kontakte zwischen Großmüttern (sowie Großvätern) und Enkeln in diesen Kulturen. Zudem beeinflussen auch gesellschaftliche Strukturen den Kontakt zwischen Großeltern und Enkeln. In einer europäischen Studie zeigte sich, dass die höchsten Anteile von Großeltern, die ihre Enkel regelmäßig betreuen, in Griechenland, Italien und Spanien zu finden sind, während in skandinavischen Ländern wie Dänemark und Schweden diese Aufgabe sehr viel weniger Großeltern übernehmen (Hank & Buber, 2009). Dieser Befund könnte mit dem besseren Angebot öffentlicher Kinderbetreuung in nordeuropäischen Ländern erklärt werden.

6.4 Ausblick: Welches Gewicht hat kulturvergleichende Forschung?

Können Kulturen voneinander lernen, welche Bedingungen optimal für eine »gute Entwicklung« sind? Oder muss man angesichts der Begegnung mit anderen Kulturen das Konzept eines eindeutigen Zieles »guter Entwicklung« und eines klaren Pfades dorthin aufgeben? Normative Fragen stellen sich in der Entwicklungspsychologie grundsätzlich, treten aber im Kulturvergleich besonders deutlich zutage.

6.4.1 Normen und Werte: Was ist gute Entwicklung?

Forschende, die sich mit anderen Kulturen beschäftigen, lernen »Anderes« und »Fremdes« kennen. Dies kann als überraschend und bereichernd erlebt werden, aber auch als befremdlich oder beängstigend. Beispielsweise mag die emotionale und körperliche Nähe, mit der die Mitglieder anderer Kulturen ihre Kinder umsorgen, Europäern vor Augen führen, dass diese Wärme in der westlichen Vorstellung von Entwicklung bisweilen zu kurz kommt. Umgekehrt sind Besucher aus asiatischen Ländern wie Japan oder Korea darüber erschrocken, dass in Europa alte Menschen häufig allein und nicht in den Familien ihrer Kinder wohnen – und übersehen dabei möglicherweise westliche Vorstellungen von Selbstständigkeit und Autonomie. Vergleiche zwischen Kulturen führen rasch zu Werturteilen. Wie kann man mit Wertfragen innerhalb der Wissenschaft der menschlichen Entwicklung, insbesondere der Entwicklungspsychologie, umgehen?

Historisch wurde die kulturvergleichende Entwicklungsforschung durch die Ethnologie (Völkerkunde) und die Kulturanthropologie befruchtet, die empirischen Wissenschaften der Ethnien und Kulturen. Im 19. und zu Beginn des 20. Jahrhunderts hatten diese Wissenschaften, die in Europa und den USA betrieben wurden, eine zumindest stillschweigend wertende Ausrichtung: Wissenschaftler aus »entwickelten« Ländern untersuchten »weniger entwickelte« Kulturen (häufig schriftlose, nicht staatenbildende ethnische Gruppen). Ein Beispiel für diese Ansicht findet sich in der bereits dargestellten theoretischen Position der Entwicklung durch Tätigkeit. Dort wird angenommen, dass die Entwicklungsstufe einer Kultur Rahmen (und Begrenzung) für die Entwicklung des Individuums darstellt: Je »höher« eine Kultur entwickelt ist, desto »weiter« können sich die kognitiven Leistungen von Kindern entwickeln (Luria, 1974/1986). Grundlage dieser Betrachtungsweise ist die Annahme, dass es universell gültige Entwicklungsziele gibt (z. B. formales Denken oder prinzipiengeleitetes moralisches Urteilen) und dass »entwickelte Kulturen« diesen Entwicklungszielen näher kommen als »sich entwickelnde Kulturen«.

Diese normative Beurteilung von Kulturen wird vielfach kritisiert, etwa im Zusammenhang der »Post-Colonial Studies«. Vertreter dieser Richtung analysieren (und kritisieren) das kulturelle Erbe des Kolonialismus. Methodik und Vorgehen westlicher Anthropologen und Ethnologen werden dabei als Teil des Kolonisationsprozesses betrachtet. Das Hauptargument lautet, dass westliche Forscher »fremde« Kulturen mit der vorgefassten Meinung der eigenen Überlegenheit studieren und die Sichtweisen jener Menschen, die den von ihnen studierten Kulturen angehören, in der Regel übergehen (Said, 1978). Dieser »wissenschaftliche Kolonialismus« soll zugunsten der Beteiligung indigener Forschender aufgehoben werden – und die verschiedenen Kulturen sollen als gleichwertig angesehen werden. Für die Entwicklungspsychologie bedeutet dies, dass nicht allein kulturell unterschiedliche Entwicklungs*pfade*, sondern auch kulturell unterschiedliche Entwicklungs*ziele* als gleichwertig angesehen werden sollten.

Dieser Konflikt ist in der ethischen Debatte auch als Gegensatz zwischen Universalismus und Relativismus bekannt. Dem Universalismus zufolge sind allgemeingültige Antworten auf die Frage nach dem richtigen Handeln möglich; dagegen sind nach dem Relativismus Antworten auf die Frage nach dem richtigen Handeln nur dann gültig, wenn sie von dem moralischen Standpunkt der jeweiligen Kultur als richtig erachtet werden. Wie kann man die Auseinandersetzung zwischen Universalismus und Relativismus lösen? Eine salomonische Antwort auf diese Frage kennen wir nicht. Wir denken aber, dass es gerade in der kulturvergleichenden Entwicklungsforschung darum geht, andere Kulturen besser verstehen zu lernen. Nicht alles, was die eigene Kultur als selbstverständlich voraussetzt, ist »gut«. Im Vergleich mit anderen Kulturen und Gesellschaften können wir möglicherweise lernen, wie man Entwicklung und Sozialisation »besser« gestalten könnte. Ein Beispiel dafür sind die von der OECD (Organisation for Economic Co-operation and Development) angestoßenen internationalen Vergleiche des Bildungssystems, z. B. die PISA-Studien (s. Kap. 30). Aber nicht immer ist das Miteinander von Kulturen in dieser Weise offen und durch Lernbereitschaft geprägt. Moderne Gesellschaften sind durch das Vorhandensein unterschiedlicher, konkurrierender oder sogar einander feindlicher Kulturen gekennzeichnet. Kommt es zu kulturellen Konflikten, so kommt es auch zu einem Wettstreit zwischen Relativismus (»jede Kultur nach ihrer Fasson«) und Universalismus (»gleiche Rechte und Pflichten für alle«). In diesen nicht selten hitzig ausgetragenen Debatten kann kulturvergleichende Entwicklungsforschung einen sachlichen Beitrag zur Aushandlung von Konflikten und zur Entwicklung von Toleranz leisten.

> **Denkanstöße**
>
> Wie sollte man in einer modernen Gesellschaft, die durch das Zusammenleben vieler Kulturen gekennzeichnet ist, Entwicklungsziele, etwa für Schulcurricula, formulieren? Zwei Beispiele: Sollte Sportunterricht auch für muslimische Mädchen verpflichtend sein, selbst wenn sie dies aus religiösen Gründen nicht wollen? Sollten Kinder aller Kulturen an einem gemeinsamen Unterricht zu Ethik oder Religionswissenschaften teilnehmen?

6.4.2 Intervention: Implikationen kulturvergleichender Forschung

Da die Praxisfelder der Entwicklungspsychologie in Teil IV (Kap. 25 bis 37) umfassend abgehandelt werden, möchten wir hier anhand von zwei Beispielen nur andeuten, wie die Ergebnisse kulturvergleichender Entwicklungsforschung für praktische Interventionen genutzt werden können.

Lebensphase Kindheit und Jugend. Moderne Gesellschaften wandeln sich. Ein bedeutender Faktor ist dabei die transnationale Migration, die dazu führt, dass unterschiedliche Ethnien und Kulturen aufeinandertreffen, miteinander leben – und möglicherweise in Konflikt miteinander geraten. Ein zentraler Ort, an dem Kulturen aufeinandertreffen, ist die Schule, die in vielen Ländern durch eine große kulturelle Vielfalt von Schülerinnen und Schülern gekennzeichnet ist. Die Befunde der kulturvergleichenden Psychologie haben dabei hohe praktische Relevanz. So sollten Lehrkräfte kulturelle Kompetenzen besitzen, also nicht allein über Kenntnisse über verschiedene Kulturen verfügen, sondern auch die Fertigkeiten haben, mit Schülern aus verschiedenen Kulturen effektiv zu arbeiten (Clauss-Ehlers, 2010).

Lebensphase Erwachsenenalter und Alter. Ergebnisse aus der kultur- und gesellschaftlichen Forschung können auch dabei helfen, politische Entscheidungen in Arbeitsmarkt-, Renten- und Pflegepolitik zu begründen. So kann der Vergleich des Umgangs mit älteren Erwerbstätigen in verschiedenen Gesellschaften Auskunft darüber geben, wie man lebenslanges Lernen organisieren und Lebensaltersgrenzen anpassen kann. Mit Blick auf Pflegepolitik kann kulturvergleichende Sozialisationsforschung durch die Untersuchung der Generationensolidarität in verschiedenen Kulturen und Gesellschaften Aussagen treffen, wie man die Verantwortung für Pflege und Betreuung zwischen Familien und professionellen Diensten aufteilen kann. Angesichts des demografischen Wandels sind diese Fragen nicht allein für die lebenslange Entwicklung von Bedeutung, sondern auch von hoher gesellschaftlicher Relevanz.

Zusammenfassung

- Die kulturvergleichende Sozialisationsforschung fragt danach, wie lebenslange Entwicklung in unterschiedlichen Kulturen und Gesellschaften verläuft.
- Mit dem Begriff »Kultur« werden alltägliche Praktiken, Werte und Wissensbestände bezeichnet, die bei Mitgliedern einer Population verbreitetet sind. Der Begriff »Gesellschaft« bezeichnet Strukturen, Institutionen und Rechtstatsachen.
- Die vergleichende Entwicklungsforschung geht von universellen Entwicklungsaufgaben aus und beschreibt deren kulturspezifische Lösungen. Kulturen unterscheiden sich darin, wie ihre Mitglieder diese Entwicklungsaufgaben lösen.
- Zwei prototypische Entwicklungspfade sind dabei besonders wichtig: Independenz und Interdependenz. Independente Kulturen betonen die Entwicklung von Autonomie und Unabhängigkeit, interdependente Kulturen legen hingegen Wert auf soziale Eingebundenheit und Stabilität von Beziehungen.
- Drei Prozesse der kulturellen Transmission sind dabei zu nennen: Enkulturation (Austausch mit den Mitgliedern der eigenen Gruppe), Sozialisation (systematische Prozesse von Erziehung und Bildung) und Akkulturation (Austausch mit den Mitgliedern anderer kultureller Gruppen).
- Kulturvergleichende Entwicklungsforschung muss eine Reihe von grundlegenden und praktischen methodischen Herausforderungen meistern. Besonders wichtig ist dabei, die Äquivalenz (Gleichwertigkeit) von Konzepten und Definitionen in verschiedenen Kulturen sicherzustellen.
- Die kulturvergleichende Sozialisationsforschung hat eine Fülle von Befunden vorgelegt, die sowohl die Existenz von kulturellen Universalien (vor allem in der frühkindlichen Entwicklung) als auch von Kulturspezifika der Entwicklung in verschiedenen Lebensabschnitten zeigen.
- Die Befunde dieser Forschung haben hohe Relevanz: In modernen Gesellschaften kommt es nicht selten zu kulturellen Friktionen und Konflikten, in denen die kulturvergleichende Entwicklungsforschung einen sachlichen Beitrag zur Aushandlung von Konflikten leistet und eine Basis für praktische Interventionen darstellt.

Weiterführende Literatur

Lamm, B. & Keller, H. (2011). Methodische Herausforderungen in der Kulturvergleichenden Säuglingsforschung. Psychologische Rundschau, 62, 101–108. *Ein auch für Einsteiger/-innen in die Materie gut zugänglicher Artikel, der praktische Probleme der kulturvergleichenden Forschung aufzeigt und der Konzepte diskutiert, die auch im vorliegenden Kapitel behandelt werden.*

Friedlmeier, W. (Ed.). Online readings in psychology and culture. URL: http://scholarworks.gvsu.edu/orpc/ (28. 02. 2012). *Eine unschätzbare Fundgrube der International Association for Cross-Cultural Psychology (IACCP) mit vielen Beiträgen international bekannter Forscherinnen und Forscher. Diese Online-Ressource wird kontinuierlich erweitert.*

Friedlmeier, W., Corapci, F. & Cole, P. M. (2011). Emotion socialization in cross-cultural perspective. Social and Personality Compass, 5, 410–427. *Der Artikel vertieft das Thema der emotionalen Entwicklung und greift dabei zentrale Themen des Kapitels auf (z. B. Independenz vs. Interdependenz). Geboten wird ein Überblick über die aktuelle Forschung zum Thema Emotionssozialisation mit Einblicken in sehr unterschiedliche Kulturen.*

Markus, H. R. & Hamedami, M. G. (2007). The dynamic interdependencies among self systems and social systems. In S. Kitayama & D. Cohen (Eds.), Handbook of cultural psychology (pp. 3–39). New York: Guilford Press. *Eine hervorragende Einführung in die Frage, wie die Konstruktion des Selbstkonzepts mit den sozialen Systemen zusammenhängt, in denen Menschen leben.*

Trommsdorff, G. & Kornadt, H.-J. (Hrsg.). (2007). Enzyklopädie der Psychologie, Themenbereich C: Theorie und Forschung, Serie VII: Kulturvergleichende Psychologie. Band 1: Theorien und Methoden der kulturvergleichenden Psychologie; Band 2: Erleben und Handeln im kulturellen Kontext; Band 3: Anwendungsfelder der kulturvergleichenden Psychologie. Göttingen: Hogrefe. *Ein allgemeines und umfassendes Nachschlagewerk – und ein Muss für alle Forschenden, die sich mit dem Thema Kultur und Sozialisation eingehender beschäftigen wollen.*

Teil II
Entwicklung im Altersverlauf

Teil II
Entwicklung im Altersverlauf

7 Vorgeburtliche Entwicklung und früheste Kindheit (0–2 Jahre)

Birgit Elsner • Sabina Pauen

7.1 Vorgeburtliche Entwicklung
- 7.1.1 Meilensteine der pränatalen Entwicklung
- 7.1.2 Risikofaktoren für die pränatale Entwicklung
- 7.1.3 Frühgeburt
- 7.1.4 Das Zusammenspiel von Reifung und Erfahrung bei der pränatalen Entwicklung

7.2 Das Neugeborene
- 7.2.1 Aktivierungszustände und Erregungsregulation
- 7.2.2 Motorik, Reflexe
- 7.2.3 Wahrnehmung, Sensorik
- 7.2.4 Temperament

7.3 Das erste Lebensjahr (3–12 Monate)
- 7.3.1 Motorische Entwicklung
- 7.3.2 Denkentwicklung
- 7.3.3 Frühe Sprachentwicklung
- 7.3.4 Soziale Entwicklung
- 7.3.5 Selbstregulation
- 7.3.6 Gefühle

7.4 Das zweite Lebensjahr
- 7.4.1 Kognitive Entwicklung: Sprache, Symbolfunktion, Symbolspiel
- 7.4.2 Entwicklung des Selbst
- 7.4.3 Bindung
- 7.4.4 Soziale Kognition, beginnende Theory of Mind
- 7.4.5 Sozialisationsbereitschaft und Selbstregulation

Als Mona die zwei Kerzen auf Lenas Geburtstagstorte steckt, muss sie unwillkürlich zurückdenken an die turbulente Zeit, in der sich Lena von einem hilflosen Neugeborenen zu dem Kleinkind entwickelt hat, das sie heute ist. Nie wieder in ihrem Leben wird Lena in so kurzer Zeit so viele lebenswichtige Fähigkeiten erwerben: vom Sitzen über die Kontrolle ihrer Hände und Finger zu den ersten eigenen Schritten und den ersten Wörtern. Obwohl Lenas Start ins Leben nicht einfach war, weil sie ein paar Wochen zu früh geboren wurde, hat sie sich prächtig entwickelt. Mit großen Augen hat sie ihre Umwelt beobachtet und Wissen über Objekte und Personen erworben. Sie wird immer selbstständiger, und sie hat Vorlieben und Abneigungen entwickelt, die sie inzwischen deutlich äußert. Auch die Beziehungen zu den Menschen in ihrer Umwelt haben sich verändert: vom Unbedingt-auf-andere-angewiesen-Sein über die Erkenntnis, dass bestimmte Bezugspersonen besonders wichtig sind, hin zu einem kleinen Netzwerk von bekannten Personen. Als sie die zweite Kerze anzündet, denkt Mona: Wenn das Leben ein Haus ist, dann sind die ersten zwei Jahre das Fundament, auf dem alles ruht, oder das Dach, unter dem alles passiert.

7.1 Vorgeburtliche Entwicklung

In den 9 Monaten der Schwangerschaft entwickelt sich der Mensch von der befruchteten Eizelle bis zum Fötus, der bei der Geburt zum Leben außerhalb des Mutterleibs fähig ist. Obwohl die pränatale Entwicklung stark durch biologische Reifungsprozesse gekennzeichnet ist, besteht auch schon in diesem Lebensabschnitt ein komplexes Zusammenspiel von Anlage und Umwelt. So wirken die Ernährung der Mutter oder auch Giftstoffe auf das Ungeborene. Es wirken aber auch Erfahrungen, sobald die Wahrnehmungsfähigkeiten des Ungeborenen ausreichend entwickelt sind. Demnach beginnt die psychische Entwicklung nicht erst mit der Geburt, sondern einige Meilensteine des Verhaltens und Erlebens liegen bereits in der Pränatalzeit.

7.1.1 Meilensteine der pränatalen Entwicklung

Befruchtung und Einnistung. Die Entstehung des Menschen beginnt mit der Befruchtung, wenn ein Spermium in eine Eizelle eindringt und die beiden hälftigen DNS-Stränge zu einer einzigartigen Genkombination verschmelzen. Ist dieser Prozess erfolgreich, teilt sich die befruchtete Eizelle (Zygote) nach ungefähr 30 Stunden zum ersten Mal, und in den folgenden Tagen beschleunigt sich die Zellteilung zunehmend (Moore & Persaud, 2007). Nach 5 bis 6 Tagen differenziert sich die Zellansammlung (nun Blastozyste genannt) in zwei Teile, von denen sich einer zum Embryo weiterentwickelt, während aus dem anderen Versorgungsstrukturen entstehen. Am Ende der 1. SSW kommt es zur Einnistung der Blastozyste in die Gebärmutterschleimhaut, und am Ende der 2. SSW hat sich die Keimscheibe gebildet, aus der der Embryo entsteht. Demnach sind einige wichtige Entwicklungsschritte bereits abgeschlossen, bevor die Mutter bemerkt, dass sie schwanger ist.

> **Übersicht**
>
> **Eckdaten zur Schwangerschaft**
> - Normwert für die Dauer: 40 Schwangerschaftswochen (SSW)
> - ca. 22.–24. SSW: überlebensfähiges Alter bei Frühgeburt
> - Geburt vor der 37. SSW: Frühgeburt
> - Geburt zwischen der 37. und 42. SSW: termingerechte Geburt
> - Geburt nach der 42. SSW: Spätgeburt

> **Definition**
>
> Man unterteilt die pränatale Entwicklung in drei Stadien mit verschiedenen Bezeichnungen für den menschlichen Keim (s. Abb. 7.1): In den ersten beiden Wochen nach der Befruchtung spricht man von der befruchteten Eizelle oder Zygote, von der 3. bis ca. zur 8. SSW vom Embryo, ab dem 3. Schwangerschaftsmonat bis zur Geburt vom Fötus.

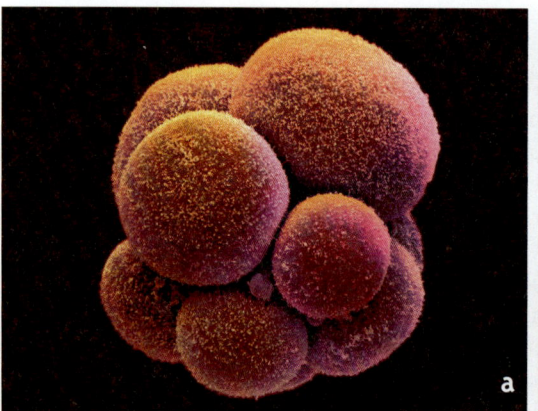

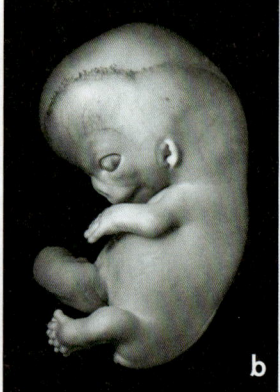

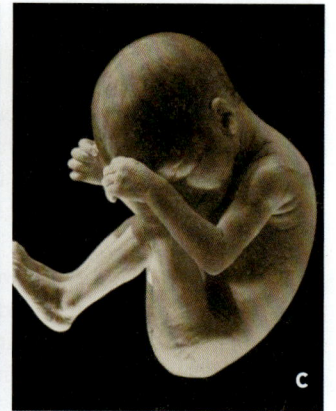

Abbildung 7.1 Drei Stadien der pränatalen Entwicklung mit verschiedenen Bezeichnungen für den menschlichen Keim: **a** befruchtete Eizelle oder Zygote (1. und 2. SSW), **b** Embryo (3. bis ca. 8. SSW), **c** Fötus (ca. 9. SSW bis Geburt)

Entwicklung des Embryos. In der Embryonalzeit, ab der 3. SSW, beginnt die Entstehung des Nervensystems (u. a. Gehirn, Rückenmark), der inneren Organe und der Extremitäten. In der 8. SSW ist das Nervensystem bereits so weit entwickelt und mit den Extremitäten verbunden, dass erste, noch unkoordinierte Bewegungen sowie einfache Rektionen auf Berührungen möglich sind. Auch die Entwicklung der Geschlechtsorgane fällt in die Embryonalzeit. Unter dem Einfluss der Geschlechtschromosomen sorgen Sexualhormone dafür, dass aus vorher identischen Vorläuferorganen ab der 6. SSW die weiblichen bzw. männlichen Geschlechtsorgane entstehen. Ab der 12. SSW ist das Geschlecht äußerlich erkennbar. Die Sexualhormone wirken zusätzlich auf die Entwicklung des Körpers und des Gehirns, sodass sich auch hier schon früh geschlechtstypische Merkmale ausbilden.

Entwicklung des Fötus. In der 10. SSW sind alle zentralen Organe und Körperteile angelegt, und die weitere Entwicklung des Fötus ist vor allem gekennzeichnet durch Größenwachstum, Differenzierung, Koordination und pränatales Lernen. In der 12. SSW ermöglicht die Reifung des zentralen und peripheren Nervensystems sowie der Muskeln erste koordinierte Bewegungen, die für die Mutter in der 17. bis 20. SSW spürbar werden. Im zweiten Schwangerschaftsdrittel reifen auch die auditorischen und visuellen Sinnesorgane heran, sodass in der 20. SSW erste Reaktionen auf Geräusche und Lichtreize auftreten. Trotz dieser Entwicklungen ist der Fötus vor der 22. SSW bei einer Frühgeburt noch nicht überlebensfähig (vgl. Abschn. 7.1.3). Unter anderem sind die Lungen und das Verdauungssystem noch nicht ausreichend entwickelt, und das Gehirn kann weder die Atemfunktion steuern noch die Körpertemperatur regulieren.

Im dritten Schwangerschaftsdrittel sorgt das Wachstum der Großhirnrinde (zerebraler Kortex) für eine fortschreitende neurologische Organisation, sodass ab der 28. SSW wechselnde Phasen von Wachheit und Inaktivität auftreten. Zusätzlich besteht eine zunehmende Reaktionsbereitschaft auf äußere Reize, und auch die ersten Reflexe treten auf (z. B. Greifen; vgl. Abschn. 7.2.2). Ab der 30. SSW wird der Körper des Fötus auf ein Leben außerhalb des Mutterleibs vorbereitet. Unter anderem reifen die Lungen aus, eine Fettschicht wird in der Haut angelegt (u. a. zur Temperaturregulierung), und der Fötus erhält Antikörper aus dem Blut der Mutter (Immunsystem). Ungefähr in der 40. SSW erfolgt die Geburt, bei der Kinder in industrialisierten Ländern durchschnittlich ca. 50 Zentimeter groß und ca. 3.300 Gramm schwer sind.

7.1.2 Risikofaktoren für die pränatale Entwicklung

Obwohl das Ungeborene im Mutterleib recht gut geschützt ist, können einige Umwelteinflüsse im Verlauf der Schwangerschaft Schädigungen verursachen. Die Wirkung von Teratogenen ist unter anderem abhängig von der Art des Einflusses, von der Dosis und vom Zeitpunkt des Einwirkens während der Schwangerschaft. Deshalb ist es meist schwierig vorherzusagen, ob potenziell schädigende Umwelteinflüsse die pränatale Entwicklung tatsächlich beeinflussen werden und, wenn ja, welche Bereiche wie stark geschädigt sein werden.

> **Übersicht**
>
> **Potenziell schädigende Umwelteinflüsse**
> Als Teratogene bezeichnet man Umwelteinflüsse, die während der pränatalen Entwicklung Schädigungen hervorrufen können. Dazu gehören:
> - ionisierende Strahlung (z. B. Röntgen)
> - Umweltgifte (z. B. Dioxin)
> - Krankheiten der Mutter (z. B. HIV, Röteln)
> - Medikamente (z. B. Thalidomid, Handelsname u. a. »Contergan«)
> - Drogen (z. B. Crack)
> - Ernährung der Mutter (z. B. Menge, Nährstoffzusammensetzung)
> - Konsum von Genussmitteln (z. B. Alkohol, Tabak)
> - starker negativer Stress der Mutter

Direkte und indirekte Auswirkungen. Direkte Auswirkungen von Teratogenen beziehen sich auf Fehlentwicklungen von Körperstrukturen und/oder Organen. Vor allem in der Embryonalphase, während diese Strukturen heranreifen, ist das Ungeborene für solche Wirkungen empfänglich (Moore & Persaud, 2007). So führte das Medikament Contergan nur dann zu Fehlentwicklungen der Extremitäten, wenn die Mutter es in der 4. bis 6. SSW einnahm. Indirekte Auswirkungen von Teratogenen zeigen sich erst zu späteren Zeitpunkten im Verhalten und Erleben des Kindes, z. B. in Aufmerksamkeits-, Lern- oder Verhaltensproblemen. Man geht davon aus, dass Teratogene Mikrodefekte im zentralen Nervensystem verursachen können, z. B. eine verminderte Anzahl neuronaler Verbindungen oder Störungen der chemischen Informationsübertragung zwischen den Neuronen, welche sich wiederum auf das spätere Verhalten auswirken. Da aber auch andere Faktoren zu Problemverhalten des Kindes führen können (z. B. familiäre Probleme), ist die Kausalität von indirekten teratogenen Wirkungen schwierig nachzuweisen.

Alkohol. Die schädlichen Folgen des Alkoholkonsums während der Schwangerschaft sind seit Langem bekannt. Alkohol gelangt über die Nabelschnur in den kindlichen Organismus und entfaltet dort direkte toxische Wirkungen, unter anderem auf die Gehirnentwicklung. Dies kann auch zu indirekten teratogenen Wirkungen führen. Babys von Müttern, die während der Schwangerschaft über längere Zeit große Mengen von Alkohol trinken, werden häufig mit einer Alkoholembryopathie (oder fötalem Alkoholsyndrom) geboren. Symptome sind unter anderem charakteristische Fehlbildungen des Gesichts und innerer Organe sowie ein vermindert ausgereiftes Gehirn (Mikrozephalie). Bei der Geburt sind die betroffenen Kinder meist untergewichtig und zu klein, und sie weisen langfristig Intelligenzminderungen, geistige Retardierung und multiple Verhaltensstörungen auf. Aber auch geringer Alkoholkonsum während der Schwangerschaft kann sich schädigend auf das Ungeborene auswirken. Besonders folgenschwer scheinen gelegentliche exzessive Trinkepisoden der Mutter zu sein. Da man jedoch nicht feststellen kann, welche Alkoholmenge ungefährlich bzw. schädlich ist, wird Schwangeren absoluter Verzicht auf Alkohol empfohlen.

Rauchen. Da die teratogenen Wirkungen des Tabakkonsums meist indirekt sind, gelangten die Gefahren des Rauchens während der Schwangerschaft erst in den letzten Jahrzehnten in das Bewusstsein der Öffentlichkeit. Die im Tabak enthaltenen Giftstoffe (Teer, Kondensat) können das Ungeborene direkt schädigen, und zusätzlich führt das Rauchen aufgrund der Inhalation von Kohlenmonoxid und der Verengung der Arterien zu einer reduzierten Sauerstoffversorgung des Kindes. Kinder von Raucherinnen haben häufig ein vermindertes Geburtsgewicht, und das Risiko für Geburtskomplikationen ist erhöht. Zudem besteht ein hohes Risiko für spätere Aufmerksamkeits-, Lern- und Verhaltensprobleme.

Stress. Auch starker negativer Stress der Mutter kann sich auf die Entwicklung des Ungeborenen auswirken und das Risiko für Geburtskomplikationen erhöhen. Als Ursachen wurden unter anderem identifiziert: kritische Lebensereignisse wie der Tod des Partners, das Erleben von Kriegen oder von Kriminalität (z. B. Vergewaltigung) oder auch anhaltend hohe Belastungen durch ungünstige Lebensbedingungen. Bei Stress verringert sich die Blutzufuhr in die Gebärmutter, und die Konzentration von Stresshormonen (z. B. Cortisol, Adrenalin) im Blut der Mutter und des Ungeborenen ist erhöht. Man nimmt an, dass sich physiologische Regelkreise, die die Stressreaktion regulieren, bei einem langfristig erhöhten Stresshormonspiegel im fötalen Blut nicht optimal entwickeln. Hierdurch steigt das Risiko für andauernde Störungen der kindlichen Stressregulation, und es können Irritierbarkeit, Hyperaktivität oder Ess- und Schlafstörungen auftreten.

7.1.3 Frühgeburt

> **Definition**
>
> Eine **Frühgeburt** ist gekennzeichnet durch zu kurze Schwangerschaftsdauer (Geburt vor der 37. SSW) und eine unzureichende körperliche Entwicklung (Gewicht unter 2.500 g).
>
> Von **Unterentwicklung** (engl. SGA, small for gestational age) spricht man, wenn die körperliche Entwicklung eines früh- oder termingerecht geborenen Kindes nicht angemessen für die im Mutterleib verbrachte Zeit bzw. das Gestationsalter ist.

In Ländern mit guter medizinischer Versorgung liegt die Untergrenze der Überlebensfähigkeit bei Frühgeburt heutzutage in der 22. bis 24. SSW und bei einem Mindestgewicht von 500 Gramm. Da viele lebenswichtige Funktionen noch nicht ausgereift sind, besteht zwischen der 22. und 24. SSW eine Überlebenschance von unter 60 % und ab der 26. SSW von ca. 80 %. Die Überlebensrate ist höher für Kinder, die ihrem Gestationsalter entsprechend entwickelt sind, denn bei unterentwickelten Frühgeborenen war die Reifung bereits im Mutterleib eingeschränkt (Gutbrod et al., 2000).

Gesundheitliche Probleme. Abhängig vom Ausmaß der Frühgeburtlichkeit kommt das Kind in einem bestimmten Stadium der fötalen Entwicklung zur Welt (s. Abb. 7.2). Frühgeborene sind noch nicht auf ein Leben außerhalb des Mutterleibs vorbereitet, und wichtige Reifungsschritte müssen in einer unnatürlichen Umgebung geschehen. Häufig bestehen zudem gesundheitliche Probleme bei Mutter und/oder Kind, die auch

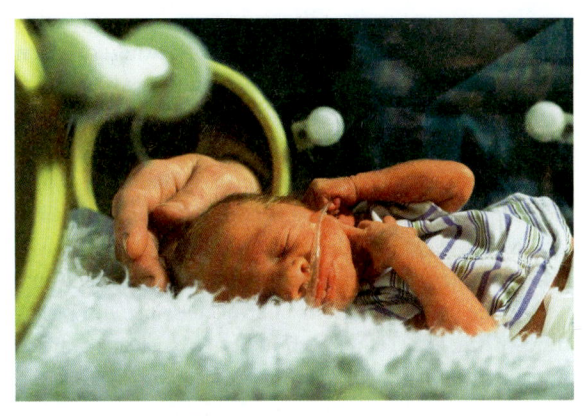

Abbildung 7.2 Aufgrund der zu kurzen Schwangerschaftsdauer sind bei vielen Frühgeborenen intensivmedizinische Maßnahmen erforderlich, z. B. Beatmung und Unterbringung im Brutkasten

die fötale Entwicklung beeinflusst haben können. Um das Überleben von Frühgeborenen zu sichern, sind meist intensivmedizinische Maßnahmen erforderlich (s. Übersicht). Diese bergen trotz ihrer lebensrettenden Funktion auch die Gefahr von Nebenwirkungen, beispielsweise durch eine Überversorgung mit Sauerstoff. Die besten Prädiktoren für die körperliche und geistige Entwicklung von Frühgeborenen bestehen darin, ob sie ihrem Gestationsalter angemessen entwickelt sind, wie gut ihr Gesundheitszustand ist und wie schnell sie wachsen und an Gewicht zunehmen.

> **Übersicht**
>
> **Medizinische Probleme und Maßnahmen bei Frühgeburt**
> Aufgrund unzureichend ausgereifter Körpersysteme sind bei vielen Frühgeborenen lebenserhaltende Maßnahmen erforderlich. Hierzu gehören:
> - Immunsystem: Abschirmung durch Inkubator (Brutkasten)
> - Lungen und Atmungssystem: künstliche Beatmung
> - Verdauungssystem (u. a. Nierenunterfunktion): künstliche Ernährung
> - Blutgefäße (u. a. erhöhtes Risiko für Hirnblutungen): Medikamente
> - Gehirn (unzureichende Steuerung lebenswichtiger Körperfunktionen, z. B. Temperaturregulierung, Atemfunktion, Hormonausschüttung): Inkubator, Medikamente

Aspekte der Frühgeborenenpflege. Die Entwicklung von Frühgeborenen wird dadurch beeinflusst, dass im Mutterleib vorhandene Stimulierungen wegfallen und ungewohnte Reize auftreten. So fehlen im Inkubator die Bewegungen der Mutter oder ihre Stimme, ihr Herzschlag oder ihre Atemgeräusche. Teilweise wird versucht, solche Unterstimulierungen durch Wassermatratzen oder Geräuscheinspielungen auszugleichen. Auch mangelnder Körperkontakt ist problematisch. So zeigen sich positive Effekte von Babymassage, bei der Frühgeborene sanft gestreichelt und ihre Gliedmaßen bewegt werden, sowie von Känguru-Pflege, bei der das Kind auf die nackte Haut eines Elternteils gelegt wird. Beides führt zu einem verbesserten Gesundheitszustand sowie zu einer schnellen Zunahme von Größe und Gewicht (Field, 2001). Ungewohnte Stimulierungen entstehen durch helles Licht und Geräusche auf der Intensivstation sowie durch Berührungen oder schmerzhafte Reize bei der Pflege (u. a. Windeln wechseln, Blut abnehmen). Die Gefahr einer Über- oder Fehlstimulierung ist auch deshalb gegeben, weil Frühgeborenen noch Schutzmechanismen fehlen wie das Abwenden des Kopfes oder das Verdecken der Augen mit den Händen. Inzwischen versuchen Frühgeborenen-Stationen, solche Belastungen zu verringern, unter anderem durch Abdecken des Inkubators und durch eine behutsame Pflege, die eher dem Rhythmus des Kindes als einem Dienstplan folgt.

Risiken für die Eltern-Kind-Beziehung. Die Eltern-Kind-Beziehung wird belastet durch Sorgen um die Gesundheit des Frühgeborenen, durch notwendige intensivmedizinische Maßnahmen (z. B. eingeschränkter Körperkontakt im Brutkasten) und durch elterliche Unsicherheit im Umgang mit dem zerbrechlich wirkenden Kind. Psychische Belastungen der Eltern können zudem dadurch entstehen, dass die Vorbereitung auf ein Leben mit Kind noch nicht abgeschlossen ist (weder in psychischer noch in materieller Hinsicht) oder dass das Kind Anpassungsprobleme oder anhaltende Entwicklungsschwierigkeiten zeigt. Zusätzlich entsprechen Frühgeborene nicht den stereotypen Erwartungen an ein Neugeborenes, z. B. in Bezug auf das Aussehen, die erforderlichen Pflegemaßnahmen oder die Reaktionen auf die elterliche Fürsorge.

Frühgeburt als Entwicklungsrisiko. Studien zur langfristigen psychischen Entwicklung von Frühgeborenen liefern teilweise widersprüchliche Ergebnisse, was sich unter anderem durch methodische Probleme erklären

7.1 Vorgeburtliche Entwicklung | **163**

lässt. Verlässliche Aussagen erfordern eine ausreichend große Stichprobe von Frühgeborenen mit vergleichbarem Gestationsalter, Entwicklungsstand und gesundheitlichen Bedingungen sowie eine abgestimmte Kontrollgruppe von reifgeborenen Kindern. Wünschenswert sind zudem längsschnittliche Untersuchungen an denselben Kindern über einen längeren Zeitraum hinweg. Viele Studien (z. B. Schneider et al., 2004) zeigen, dass Frühgeborene ein erhöhtes Risiko für bleibende Probleme in bestimmten Verhaltenssystemen aufweisen, z. B. bei der motorischen Koordination, der Erregungskontrolle sowie bei der Aufnahme und Verarbeitung von Informationen (z. B. Aufmerksamkeit, Lernen, Gedächtnis). Einige Frühgeborene entwickeln sich aber ganz normal, und deshalb besteht großes Interesse an potenziellen Risiko- und Schutzfaktoren, die zu unterschiedlichen Entwicklungsverläufen beitragen.

7.1.4 Das Zusammenspiel von Reifung und Erfahrung bei der pränatalen Entwicklung

Die bei der Geburt feststellbaren Fähigkeiten eines Kindes werden gemeinhin als »angeboren« bezeichnet, womit die Annahme verbunden ist, dass diese Fähigkeiten auf einer biologischen Grundlage beruhen bzw. auf einer genetischen Basis ausgereift sind. Wir können aber davon ausgehen, dass Reifung und Erfahrung spätestens ab der 8. SSW zusammenwirken, wenn das Ungeborene beginnt, auf Berührungen zu reagieren. Einerseits schafft die biologische Reifung die Grundlage für mögliche Erfahrungen, denn das fötale Nervensystem muss in der Lage sein, bestimmte Reize aus der Umwelt wahrzunehmen und zu verarbeiten, bevor diese wirksam werden können. Hierbei bestehen systematische Unterschiede im Beginn und im Tempo der Reifung verschiedener Bereiche des zentralen Nervensystems (ZNS), sodass die neuronalen Grundlagen für bestimmte psychische Funktionen zu unterschiedlichen Zeitpunkten entstehen (Heterochronie der Reifung). Andererseits bewirken Erfahrungen biologische Veränderungen, beispielsweise wenn sich neuronale Netzwerke umgestalten.

Neuronale Korrelate von Lernprozessen. Wir gehen heutzutage davon aus, dass Lernerfahrungen im ZNS gespeichert werden, indem neue Verbindungen zwischen Nervenzellen entstehen bzw. vorhandene Verbindungen verändert werden. In der Pränatalzeit werden die Grundlagen für diese Prozesse geschaffen, und hierbei kommt es zunächst zu einer Überproduktion an Neuronen und neuronalen Verbindungen. Aber bereits in der Pränatalzeit setzen auch gegenläufige Prozesse ein, indem Neuronen absterben (Apoptose) oder neuronale Verbindungen gekappt werden (Pruning). Dieser gleichzeitige Auf- und Abbau ermöglicht eine Selektivität der Entwicklung, denn durch das Absterben nicht genutzter Neuronen entstehen Freiräume für benötigte neuronale Verbindungen. Hierbei bestimmen Erfahrungsprozesse, welche Verbindungen gestärkt werden und welche nicht. Bei der immensen Komplexität des ZNS bedeutet dies nicht, dass Fähigkeiten unwiederbringlich verloren gehen, wenn bestimmte Erfahrungen fehlen. Aber es bedeutet, dass durch das Zusammenwirken von Reifung und Erfahrung diejenigen Bereiche des ZNS gestärkt werden, die für die Lebenswelt des Individuums wichtig sind.

Pränatales Lernen. Untersuchungen haben gezeigt, dass das Gedächtnis des Fötus nicht nur auf kurzfristiges Wiedererkennen beschränkt ist. Säuglinge erinnern sich nach der Geburt an Erfahrungen, die sie im Mutterleib gemacht haben, und es gibt Belege dafür, dass pränatale Erfahrungen auch nach mehreren Lebensmonaten erinnert werden können (Mennella et al., 2001). Ein prominentes Beispiel ist, dass sich 2 bis 3 Tage alte Neugeborene an den sprachlichen Klang einer Geschichte erinnern, die von der Mutter während des 8. und 9. Schwangerschaftsmonats zweimal täglich laut vorgelesen wurde (DeCasper & Spence, 1986). Auch der Befund, dass Neugeborene den Geruch ihres eigenen Fruchtwassers erkennen und diesen Geruch gegenüber dem Fruchtwasser eines anderen Kindes bevorzugen (Schaal et al., 1995), kann durch pränatales Lernen erklärt werden. Im letzten Schwangerschaftsdrittel sind demnach die Lernfähigkeit und das Gedächtnis des Fötus so weit entwickelt, dass pränatale Erfahrungen über die Geburt hinweg und über längere Zeiträume bestehen bleiben.

> **Unter der Lupe**
>
> **Lernen und Gedächtnis bereits im Mutterleib?**
> Um zu untersuchen, ob die Erfahrungen des Fötus nur aus kurzfristigen Wahrnehmungseindrücken oder aus längerfristigen Erinnerungen bestehen, präsentiert man einen wahrnehmbaren Reiz (z. B. einen Ton auf dem Bauch der Mutter). Der Fötus ▶

zeigt daraufhin eine Orientierungsreaktion (z. B. ein kurzes Innehalten in der Bewegung; s. Abb. 7.3). Bei wiederholter Darbietung desselben Reizes reagiert der Fötus zunehmend schwächer (Habituation). Wird dann ein neuartiger Reiz präsentiert (z. B. ein anderer Ton), tritt die Reaktion wieder stärker auf (Dishabituation). Habituation und Dishabituation sind ab der 32. SSW feststellbar, d. h., der Fötus nimmt den präsentierten Reiz nicht nur wahr, sondern erinnert sich auch an die vorhergehenden Stimuli. Zusätzlich wird über einen Vergleichsprozess die Gleichartigkeit der Reize (Habituation) bzw. die Neuartigkeit des zweiten Reizes (Dishabituation) festgestellt. Demnach zeigen sich bereits im dritten Schwangerschaftsdrittel Ansätze von Lernen und Gedächtnis (kurzfristiges Wiedererkennen).

ligungsgrad an der Umwelt einhergehen (s. Tab. 7.1). Zum Leidwesen vieler Eltern richten sich die Wechsel zwischen den Zuständen (z. B. vom Schlafen zum Wachen) nicht nach den Tag-/Nacht-Lichtverhältnissen, sondern nach körperlichen Bedürfnissen (z. B. Hunger). Neugeborene (und sogar schon Föten) zeigen bereits interindividuelle Unterschiede bezüglich der Körperfunktionen (u. a. Hunger, Verdauung, Schlaf), die bei einigen Neugeborenen stabilen Rhythmen folgen, aber bei anderen Kindern unregelmäßig über den Tag verteilt sind (vgl. Abschn. 7.2.4). Unterschiedlich ist auch die Irritierbarkeit, d. h., wie viel Zeit ein Neugeborenes in negativer Stimmung verbringt, wie schnell es zu schreien beginnt und wie schnell es sich wieder beruhigt. Die Pflege eines Kindes, das wenig schreit, zu vorhersehbaren Zeiten Hunger bekommt und regelmäßig schläft, ist einfacher als bei einem irritierbaren Kind mit instabilen Rhythmen.

7.2 Das Neugeborene

Als Neugeborenes bezeichnet man das Kind in den ersten 6 bis 8 Lebenswochen. Bereits bei der Geburt verfügen Säuglinge über Fähigkeiten in den Bereichen Motorik, Wahrnehmung und Lernen. Wichtige Aufgaben des Neugeborenen bestehen darin, den Körper an die Umgebung außerhalb des Mutterleibs anzupassen, Körperfunktionen zu regulieren und in Beziehung zu den Personen zu treten, die das Überleben sichern.

7.2.1 Aktivierungszustände und Erregungsregulation

Neugeborene zeigen verschiedene Aktivierungszustände, die mit unterschiedlichem Erregungsniveau und Betei-

> **Definition**
>
> Als **Erregungsregulation** bezeichnet man die Fähigkeit, den eigenen Erregungszustand auf ein angenehmes Maß an Intensität zu bringen.

Die Irritierbarkeit und die Stabilität des Verhaltens von Neugeborenen basieren unter anderem auf der Fähigkeit zur Erregungsregulation. Neugeborene verfügen zwar über reflexartige Regulationsstrategien wie das Abwenden von einer zu intensiven Stimulation, aber sie benötigen zusätzlich Hilfe von außen, beispielsweise durch Beruhigungsversuche der Eltern. Generell zeigen sich über die ersten Lebensjahre hinweg eine Verbesserung der Regulation von Erregungszuständen und Emotionen, eine Stabilisierung der Körperfunktions-Rhythmen und ein zunehmend aktiverer Anteil des Kindes (vgl. Abschn. 7.3.5 sowie 21.3.3).

Tabelle 7.1 Aktivierungszustände des Neugeborenen

	Augen offen	Atmung regelmäßig	Motorik aktiv	Vokalisation vorhanden	Tägliche Dauer
Ruhiger Schlaf	Nein	Ja	Nein	Nein	8–9 Std.
REM-Schlaf	Nein	Nein	Ja (v. a. Augen)	Nein	8–9 Std.
Ruhiger Wachzustand	Ja	Ja	Nein	Nein	2–3 Std.
Aktiver Wachzustand	Ja	Nein	Ja	Nein	1–3 Std.
Schreien	Ja / Nein	Nein	Ja	Ja	1–2 Std.

7.2.2 Motorik, Reflexe

Obwohl Föten bereits koordinierte Bewegungen ausführen, wirken Neugeborene zunächst schwach und hilflos. Dies liegt unter anderem daran, dass die fötalen Bewegungen mit der unterstützenden Wirkung des Fruchtwassers erfolgen. Beim Neugeborenen gelingt die Koordination der einzelnen Extremitäten noch nicht gut, sodass an vielen Bewegungen der gesamte Körper beteiligt ist. Die Hände sind meist zur Faust geballt, das Strampeln ist ruckartig, und der Kopf kann noch nicht selbstständig gehalten werden. Die Erhöhung der Muskelkraft und die Verbesserung der Koordination beginnen aber schnell, sodass die meisten Kinder bereits nach 2 Wochen den Kopf aus der Bauchlage anheben können (vgl. Abschn. 7.3.1).

Neugeborenenreflexe. Angesichts des Eindrucks schwacher körperlicher Kräfte überrascht es, dass Neugeborene mit typischen Verhaltensmustern auf bestimmte Reize reagieren (s. Tab. 7.2). Diese sogenannten Neugeborenenreflexe treten bei allen normal entwickelten Kindern in den ersten Lebenswochen auf, und ihre Prüfung direkt nach der Geburt gibt wichtige Aufschlüsse über den Entwicklungsstand von Motorik und Nervensystem. Man nimmt an, dass sich diese Verhaltensmuster im Verlauf der Evolution herausgebildet haben, weil sie überlebenswichtige Funktionen besitzen.

Annahmen zum Rückgang der Neugeborenenreflexe. Die meisten Neugeborenenreflexe sind nur in den ersten Lebenswochen beobachtbar (s. Tab. 7.2). Als Erklärung für das Verschwinden der Verhaltensweisen wurde die Reifung der Großhirnrinde angeführt. Hierdurch würden die über das Rückenmark oder den Hirnstamm verschalteten Reflexe durch kortikal gesteuertes willentliches Verhalten ersetzt. Diese Annahme ist unter zwei Gesichtspunkten in Kritik geraten.

Erstens unterstellt diese Annahme, dass Reflexe und willentlich gesteuertes Verhalten getrennte Funktionssysteme sind. Hier ist aber zu bedenken, dass das Verhalten von Neugeborenen in einigen Aspekten nicht der klassischen Definition eines Reflexes als stereotyper Antwort auf einen auslösenden Reiz entspricht. So tritt das Verhalten nicht bei jedem auslösenden Reiz auf, sondern nur, wenn sich das Kind in bestimmten Aktivierungszuständen befindet: z. B. Greifen bei ruhiger Wachheit, Saugen bei Hunger. Auch ist die Reaktion nicht stereotyp, sondern kann verändert werden; so passen Neugeborene z. B. die Griffstärke oder die Saugrate an verschiedene Objekte an. Zusätzlich unterliegen die Reaktionen Habituation und Lernen, d. h., sie treten bei wiederholter Stimulation zunehmend schwächer auf. Aufgrund dieser Merkmale wird der Begriff »Reflex« zwar heute noch als sparsame Bezeichnung für die typischen Reaktionen von Neugeborenen verwendet, jedoch wird anerkannt, dass es sich um eingegrenzte, aber doch komplexe Verhaltensweisen handelt (z. B. von Hofsten, 2004).

Zweitens wird vorausgesetzt, dass die Neugeborenenreflexe mit zunehmender Gehirnreifung verschwinden. Dies widerspricht aber der Annahme, dass die angebo-

Tabelle 7.2 Typische Reaktionen von Neugeborenen auf spezifische Reize (Auswahl)

	Stimulation	Reaktion	Auftreten	Funktion
Saugen	Objekt im Mund	Rhythmisches Saugen	bis ca. 4 Wochen	Nahrungsaufnahme
Suchen (Wange)	Berührung der Wange	Kopf drehen zur berührten Seite	bis ca. 3 Wochen	Kontakt; Nahrungsaufnahme
Moro-Umklammerung	Andeuten des Fallenlassens	Arme ausstrecken und wieder an den Körper führen	bis ca. 6 Monate	Kontakt
Greifen	Berührung der Handfläche	Schließen der Hand	bis 3–4 Monate	Kontakt; Vorbereitung des Greifens
Schreiten	Aufrechte Körperposition; Füße berühren Unterlage	Rhythmische Beinbewegungen	bis ca. 2 Monate	Vorbereitung des Gehens

renen Reaktionen die Basis für spätere Verhaltensweisen darstellen, z. B. der Schreitreflex für das spätere Gehen. Demnach müssten die im Nervensystem etablierten motorischen Programme weiter bestehen, auch wenn die Reflexe nicht mehr auslösbar sind. Nachweise hierfür sind das Wiederauftreten des Schreitens, wenn 3 Monate alte Kinder bis zur Hüfte in ein Wasserbecken getaucht werden (Thelen, 1995), und das Verschwinden des Schreitens, wenn man kleine Gewichte an den Beinen von Neugeborenen befestigt. Der Schreitreflex verschwindet also unter anderem deshalb, weil das Kind in den ersten Lebenswochen »Babyspeck« ansetzt und die Muskelkraft zur Bewegung der schwereren Extremitäten nicht mehr ausreicht. Anscheinend bleiben aber die koordinierten motorischen Muster im Nervensystem erhalten und bilden die Grundlage für späteres Verhalten.

7.2.3 Wahrnehmung, Sensorik

Die Untersuchung der Wahrnehmungsfähigkeiten von Neugeborenen und Säuglingen ist schwierig, weil diese keine Angaben darüber machen können, was sie gerade sehen, hören oder fühlen. Methoden der Verhaltensbeobachtung geben aber Hinweise darauf, was Babys wahrnehmen und ob sie bestimmte Reize gegenüber anderen bevorzugen. Hierbei ist zu bedenken, dass nicht alle Empfindungen zu sichtbaren Reaktionen führen (z. B. aufmerksames Zuhören oder das Empfinden von leichtem Schmerz). Zudem wissen wir nichts über die Qualität der Wahrnehmung, denn selbst wenn ein Säugling auf den Geruch fauler Eier das Gesicht verzieht, werden damit vermutlich nicht dieselben Assoziationen verbunden sein wie bei Erwachsenen. Trotzdem haben die Methoden der Verhaltensbeobachtung unser Wissen über die Wahrnehmungsfähigkeiten von Neugeborenen und sogar von Föten enorm erweitert.

Fühlen (Somatosensorik)

Das somatosensorische System erlaubt zum einen über Rezeptoren in der Haut die Wahrnehmung von Druck, Vibration und Temperatur (Exterozeption). Dieser Sinn dient unter anderem dazu, Objekte durch Betasten mit den Händen oder dem Mund zu explorieren (Haptik). Zum anderen ermöglichen Rezeptoren in Gelenken und Muskeln die Wahrnehmung der Stellung der Körperglieder und der Muskelspannung (Propriozeption), was unter anderem der Bewegungskontrolle dient. Die somatosensorischen Rezeptoren vermitteln auch das Schmerzempfinden bei gewebeschädigenden Ereignissen (Nozizeption).

Das somatosensorische System ist bereits ab der 8. SSW so weit funktionsfähig, dass erste Reaktionen auf Berührungen auftreten. Auch Verhaltensweisen wie Daumenlutschen oder das Umfassen der Nabelschnur zeigen, dass der Fötus eigene Bewegungen und damit verbundene Berührungen spürt. Die frühe Funktionsfähigkeit der Exterozeption wird zudem durch die Neugeborenenreflexe belegt, denn oft besteht der auslösende Reiz in der Berührung eines Körperteils (vgl. Tab. 7.2). Weitere Belege für die frühe Funktionsfähigkeit des somatosensorischen Systems sind die Wirksamkeit von Berührung als Beruhigungshilfe und die entwicklungsfördernde Wirkung von Babymassage. Bereits bei Neugeborenen sind bestimmte Körperregionen aufgrund einer hohen Dichte an Hautrezeptoren besonders empfindsam: v. a. Mundregion, Handflächen, Fußsohlen und Genitalien. Föten und Neugeborene unterscheiden bereits verschiedene Qualitäten von Berührungen. So führt ein angenehmer Reiz zu einer Hinwendung des Körpers, ein schmerzhafter Reiz dagegen zu einem Zurückziehen. Auch die Schmerzwahrnehmung ist offenbar früh vorhanden, denn Neugeborene reagieren auf schädigende Reize mit Abwehr- oder Schutzbewegungen.

Schmecken und Riechen

Geschmack und Geruch werden durch Rezeptoren in Mund und Nase vermittelt, welche im Speichel gelöste bzw. über die Atemluft aufgenommene chemische Stoffe registrieren und analysieren.

Geschmackssinn. Der Geschmackssinn ist bereits in der Pränatalzeit vorhanden. So trinken Föten mehr Fruchtwasser, wenn dieses gesüßt wurde. Der evolutionäre Nutzen des fötalen Geschmackssinns liegt unter anderem darin, das Kind auf kulturelle Nahrungspräferenzen vorzubereiten (z. B. bestimmte Lebensmittel oder Gewürze; Mennella et al., 2001). Auch Neugeborene unterscheiden verschiedene Geschmacksrichtungen, was man unter anderem an ihren mimischen Reaktionen erkennen kann: zusammengezogener Mund bei »sauer«, geöffneter Mund mit herausgestreckter Zunge bei »bitter« und entspanntes Gesicht bei »süß«. Präferenzen kann man feststellen, indem man Kindern über einen Sauger verschieden schmeckende Flüssigkeiten anbietet: Neugeborene bevorzugen »süß«, und dies ändert sich mit ca. 4 Monaten zu »salzig«. Offenbar wirkt hier schon eine der Hauptfunktionen des Geschmackssinns, nämlich den Körper vor schädlichen Substanzen zu schützen bzw. ihm »gute« und nährende Substanzen zuzuführen.

Geruchssinn. Neugeborene können riechen und Gerüche unterscheiden. Die Bevorzugung bestimmter Gerüche zeigt sich unter anderem an positiven mimischen Reaktionen, z. B. bei Vanille, Banane und Schokolade, was mit dem Erkennen von »guten« Nahrungsmitteln zusammenhängt. Der Geruchssinn hat auch eine soziale Funktion, z. B. das Erkennen von Personen, die für das Überleben des Kindes wichtig sind. So bevorzugen 4 Tage alte Kinder im Kopfdrehparadigma (s. »Methoden der experimentellen Säuglingsforschung«) den Geruch der Brust der eigenen Mutter gegenüber dem einer anderen stillenden Frau. Der Befund, dass wenige Stunden alte Neugeborene den Geruch des eigenen Fruchtwassers gegenüber dem eines anderen Kindes bevorzugen, zeigt, dass Geschmacks- und Geruchssinn bereits vor der Geburt eng gekoppelt sind. Denn im Mutterleib kann das Fruchtwasser nur geschmeckt, aber nicht über die Luft gerochen werden.

Unter der Lupe

Methoden der experimentellen Säuglingsforschung (Auswahl)

Habituation/Dishabituation. Die erste Darbietung eines wahrnehmbaren Reizes führt zu einer Orientierungsreaktion bzw. Aufmerksamkeitszuwendung (z. B. kurzes Innehalten, lange Blickzeit; s. Abb. 7.3). Bei wiederholter Darbietung desselben Reizes kommt es zu einer Habituation, d. h., die Reaktion fällt zunehmend schwächer aus. Dies erfordert, dass das Kind eine Repräsentation des Reizes aufbaut (Lernen) und den jeweils präsentierten Reiz als bekannt wiedererkennt (Gedächtnis). Wird dann ein anderer Reiz präsentiert, kommt es zu einer Dishabituation, d. h., die Reaktionsstärke steigt wieder an, vorausgesetzt, das Kind erkennt die Neuartigkeit des Reizes.

Saugpräferenz. Ein Schnuller registriert den ausgeübten Saugdruck. Als Saugfrequenz misst man in einem bestimmten Zeitabschnitt die Anzahl von Phasen, in denen das Kind einen Saugdruck aufbaut und wieder lockert. Sobald die Saugfrequenz über bzw. unter einem vorbestimmten Wert liegt, wird eines von zwei Ereignissen dargeboten, z. B. bei schnellerem Saugen die Stimme der Mutter und bei langsamerem Saugen die Stimme einer anderen Frau. Kinder regulieren ihre Saugrate so, dass der bevorzugte Stimulus erscheint.

Kopfdrehpräferenz (head turn preference). Links und rechts vom Kopf wird jeweils ein Reiz präsentiert (z. B. Geruchsproben). Das Kind dreht den Kopf zu dem bevorzugten Stimulus. Man nutzt diese Methode auch für auditive Stimuli, da anhand des Verhaltens nur schwierig zu erkennen ist, ob jemand aufmerksam zuhört. Links und rechts vom Kind wird jeweils ein Geräusch über einen Lautsprecher präsentiert. Solange ein Reiz dargeboten wird, leuchtet ein farbiges Licht an dem jeweiligen Lautsprecher auf, was das Kind zum Hinschauen motiviert. Wenn das Kind wegschaut, erlöschen Licht und Geräusch. Die Blickzeit auf das linke und rechte Licht ist ein Maß dafür, wie lange sich das Kind dem jeweiligen auditiven Stimulus aufmerksam zuwendet.

Blickpräferenz (paired visual preference). Zwei visuelle Stimuli werden gleichzeitig auf einem Monitor präsentiert, z. B. links und rechts. Es wird registriert, wie lange das Kind auf jeden Reiz schaut, und die relative Blickzeit für jeden Reiz bestimmt (z. B. Blickzeit Bild links geteilt durch Summe der Blickzeit Bild links und rechts). Kinder blicken vergleichsweise länger auf den bevorzugten Stimulus.

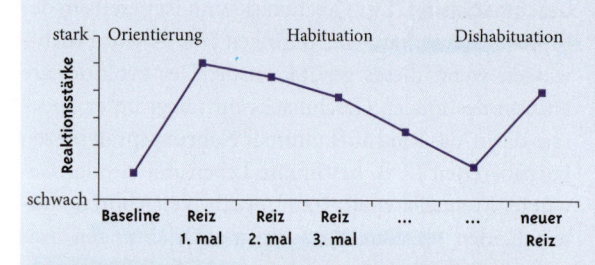

Abbildung 7.3 Schematische Darstellung der Reaktionsstärke: Orientierungsreaktion bei einem erstmalig präsentierten Reiz, Habituation bei wiederholter Reizpräsentation und Dishabituation bei Präsentation eines neuen Reizes

Hören

Die Hörrezeptoren im Innenohr reagieren auf Schallwellen (Schwingungen von Luftmolekülen), die über Trommelfell, Gehörknöchelchen und Cochlea-Flüssigkeit verstärkt und übertragen werden. Man kann davon ausgehen, dass Föten ab der 20. SSW Geräusche aus dem Körper der Mutter, ihre Stimme (gedämpft) und auch Außengeräusche hören. Neugeborene sind leicht schwerhörig, diskriminieren aber verschiedene Laute und zeigen bestimmte Präferenzen. Zudem wenden sie den Kopf in Richtung einer Schallquelle (akustische Lokalisation).

> **Übersicht**
>
> **Hörpräferenzen bei Neugeborenen (Auswahl)**
> - komplexe Laute (z. B. Stimmen) gegenüber einzelnen Tönen
> - »Ammensprache« gegenüber normaler Sprache
> - Stimme der Mutter gegenüber der einer anderen Frau
> - Muttersprache gegenüber einer anderen Sprache

Unterscheidung von Sprachlauten. Besonders beeindruckend ist die Fähigkeit von Kindern in den ersten Lebensmonaten, feine Unterschiede in Sprachlauten zu erkennen (vgl. Abschn. 18.2.1). Dies wurde als angeborene Fähigkeit des Menschen interpretiert, sich verschiedenen Sprachräumen anzupassen. Ebenso erstaunlich ist der Befund, dass sich Neugeborene an eine gereimte Geschichte erinnern, die die Mutter in den letzten 6 Schwangerschaftswochen zweimal am Tag vorlas (DeCasper & Spence, 1986). Hierzu wurde eine Gruppe von »erfahrenen« Säuglingen und eine Kontrollgruppe, die keine Geschichte gehört hatte, mit der Saugpräferenzmethode (s. »Methoden der experimentellen Säuglingsforschung«) untersucht. Während die Kontrollgruppe keine der Geschichten bevorzugte, passten die erfahrenen Kinder ihre Saugrate so an, dass sie die bekannte Geschichte hörten. Dies zeigt aber lediglich, dass Neugeborene ein bekanntes rhythmisches Muster sprachlicher Laute wiederkennen, und nicht, dass sie den Inhalt der Geschichte erinnern.

Sehen

Das Sehen ist der am wenigsten entwickelte Sinn bei der Geburt, denn im Mutterleib gibt es nur wenige Seherfahrungen. Zudem sind visuelle Gehirnareale und die Augen noch nicht voll ausgebildet, z. B. die Sehrezeptoren auf der Netzhaut (Retina) und die Ciliarmuskeln, welche die Linse für Nah- und Fernsicht anpassen. Letzteres führt zu Problemen beim Fokussieren. Obwohl Föten schon ab der 20. SSW auf Lichtreize reagieren, ist die Sehschärfe von Neugeborenen noch begrenzt. Allerdings sehen Neugeborene innerhalb eines optimalen Sehabstands (bis zu ca. 25 cm) scharf, und bereits mit ca. 8 Monaten verfügen Kinder über eine ähnliche Sehschärfe wie Erwachsene.

> **Unter der Lupe**
>
> **Untersuchung der Sehschärfe und des optimalen Sehabstands bei Neugeborenen**
>
> Man misst die Blickpräferenz (s. »Methoden der experimentellen Säuglingsforschung«) für zwei gleichzeitig präsentierte Rechtecke: ein einfarbig graues und eines mit schwarz-weißen Streifen (Maurer & Maurer, 1988). Wenn man die Breite der Streifen reduziert, verschwimmt der Wahrnehmungseindruck zu einer grauen Fläche. Wie schmal die Streifen sein dürfen, damit man sie noch als solche erkennt, ist abhängig vom Sehabstand (je näher, desto schmaler) und von der Sehschärfe (je höher, desto schmaler).
>
> Generell schauen Säuglinge Muster länger an als homogene Flächen. Die Frage ist also: Welches sind die schmalsten Streifen, die die Kinder noch gegenüber der einfarbigen Fläche bevorzugen? So stellte man fest, dass Erwachsene feinere Streifenmuster erkennen als Neugeborene und demnach über eine höhere Sehschärfe verfügen, und dass Neugeborene die feinsten Unterscheidungen bei einem Sehabstand bis zu ca. 25 Zentimeter schaffen.

> **Übersicht**
>
> **Blickpräferenzen bei Neugeborenen (Auswahl)**
> - Muster gegenüber homogenen Flächen
> - Farben und Schwarz-Weiß-Kontraste gegenüber grau
> - vertikal symmetrische gegenüber horizontal symmetrischen Mustern
> - sich bewegende gegenüber statischen Objekten

Intermodale Wahrnehmung

Frühere Modelle der Wahrnehmung von Neugeborenen gingen davon aus, dass die Informationen zunächst getrennt in einzelnen Sinnesmodalitäten vorliegen und dass eine integrierte Verarbeitung erst nach einigen Lebensmonaten möglich ist. Moderne Methoden zeigen aber intermodale Integration schon bei Neugeborenen.

> **Definition**
>
> Unter **intermodaler Wahrnehmung** versteht man die Integration von Informationen aus verschiedenen Sinnesmodalitäten zu einem einheitlichen Wahrnehmungseindruck.

Ein Beispiel ist die akustische Lokalisation: Wenn ein Neugeborenes den Kopf in Richtung eines Geräusches dreht, muss es hören, von welcher Seite das Geräusch kommt, fühlen, zu welcher Seite sich der Kopf dreht, und sehen, was eine mögliche Quelle des Geräusches sein könnte. Ein Beispiel für die Integration von Fühlen und Sehen ist eine Studie, in der wenige Tage alte Neugeborene an einem speziell geformten Schnuller saugten und gleichzeitig zwei Bilder sahen: einen Schnuller mit derselben Form und einen mit einer anderen Form (Kaye & Bower, 1994). Die Neugeborenen schauten vergleichsweise länger auf den Schnuller, an dem sie saugten, d. h., sie integrierten die visuell wahrgenommene Form mit der ertasteten Form des Schnullers im Mund.

7.2.4 Temperament

> **Definition**
>
> Als **frühkindliches Temperament** bezeichnet man stabile individuelle Unterschiede in der Qualität und Intensität emotionaler Reaktionen, in der emotionalen Selbstregulation sowie im Aktivierungsniveau der Aufmerksamkeit.

Eltern berichten bereits in den ersten Lebenswochen, dass ihre Kinder in bestimmten Situationen typisches Verhalten zeigen. Da diese interindividuellen Unterschiede auch bei späteren Befragungen in ähnlicher Weise geschildert werden, sieht man das Temperament als Basis für Persönlichkeitsunterschiede (vgl. Abschn. 23.4.2). Als biologische Grundlage des Temperaments werden individuell ausgereifte Regelkreise des ZNS vermutet, die für die Steuerung von Körperfunktionen und für die Erregungsregulation verantwortlich sind (z. B. Hypothalamus, retikuläres Aktivierungssystem, limbisches System; Kagan, 1997).

> **Übersicht**
>
> **Temperamentsdimensionen (nach Rothbart & Bates, 1998)**
>
> Zur Bestimmung des Temperaments werden Fragebögen verwendet, in denen Eltern das typische Verhalten ihres Kindes anhand folgender Dimensionen einschätzen:
> - Aktivitätsniveau: Häufigkeit von Bewegungen
> - Rhythmus: Regelmäßigkeit und Vorhersagbarkeit der Körperfunktionen und Aktivierungszustände
> - Aufmerksamkeitsspanne und Ausdauer: Dauer der Zuwendung zu interessanten Stimuli
> - Angstvolles Unbehagen: Ausmaß negativer Reaktionen auf, oder Dauer der Anpassung für, intensive bzw. neue Stimuli
> - Reizbares Unbehagen/Irritabilität: Ausmaß negativer Emotionen, wenn das Kind nicht das tun darf, was es will
> - Positive Grundstimmung: Häufigkeit des Ausdrucks von Freude und Vergnügen

Klassifikation in Temperamentstypen. Auf der Grundlage von Elternbefragungen identifizierten Chess und Thomas (1984) drei Grundtypen des Temperaments:
- Einfache Kinder (»easy babies«; ca. 40 % der Stichprobe) reagieren mit Interesse und Zuwendung auf neue Reize, haben stabile biologische Rhythmen, eine positive Grundstimmung und sind leicht zu beruhigen.
- Schwierige Kinder (»difficult babies«; ca. 10 % der Stichprobe) zeigen häufig negative Reaktionen auf neue Reize, haben unregelmäßige Körperfunktionen und sind leicht irritierbar und schwierig zu beruhigen.
- Nur langsam aktiv werdende Kinder (»slow-to-warm-up babies«; ca. 15 % der Stichprobe) zeigen allgemein wenig Aktivität, sie benötigen etwas Zeit, um sich neuen Reizen zuzuwenden (langsame Anpassung), und ihre Grundstimmung ist eher negativ.

Die restlichen Kinder ließen sich keinem der Grundtypen zuordnen.

Um das Temperament objektiv einschätzen zu können, beobachtete Kagan (1997) die Reaktionen von Kindern auf neuartige und/oder intensive Reize unter kontrollierten Bedingungen. Als wichtige Dimension betrachtete er die Verhaltenshemmung, und er unterschied zwei Temperamentstypen.

> **Übersicht**
>
> **Typen des Temperaments (nach Kagan, 1997)**
> Typ 1: gehemmt/hoch reaktiv
> ▶ sehr ängstliche Reaktion auf Neues (Objekte und Personen)
> ▶ zurückhaltendes Verhalten, Passivität
> ▶ niedrige Reizschwelle bis zum Auftreten negativer Emotionen
>
> Typ 2: nicht gehemmt/niedrig reaktiv
> ▶ weniger ängstlich
> ▶ Explorationsverhalten und Neugier
> ▶ höhere Reizschwelle bis zum Auftreten negativer Reaktionen

Stabilität der Temperamentstypen. In Längsschnittstudien ließ sich die relative Stabilität dieser Typen nachweisen. Ungefähr ein Drittel der gehemmten Säuglinge waren im Alter von 2 Jahren noch hoch ängstlich, und im Alter von 4½ Jahren waren sie zurückhaltend, wenig sozial und eher negativ gestimmt (Kagan, 1997). Kinder mit schwierigem Temperament zeigen auch als Jugendliche häufig Anpassungsprobleme (z. B. Schulprobleme, illegales Verhalten, Depression). Dabei scheinen individuelle Unterschiede im Ausdruck und Ausleben von Emotionen, wie positive Grundstimmung oder das Zeigen von Angst, Wut oder Frustration, stabiler zu sein als andere Temperamentsaspekte, wie die Reaktion auf neuartige Stimulierung. Solche Instabilitäten legen nahe, dass es neben der biologischen Grundlage auch einen Einfluss der Umwelt auf das Temperament gibt. Zum einen wirkt hierbei die Passung zwischen dem individuellen Temperament und den Anforderungen oder Erwartungen der sozialen Umwelt. Zum anderen können auch Erziehungsmaßnahmen von Eltern, Schule oder außerschulischer Umgebung zu Veränderungen des typischen Verhaltens eines Kindes führen.

> **Denkanstöße**
>
> ▶ Was antworten Sie aus entwicklungspsychologischer Sicht auf die Aussage: »Ein Gläschen Wein während der Schwangerschaft schadet doch keinem!«?
> ▶ Wie könnte eine entwicklungsfördernde Betreuung von Frühgeborenen aussehen?
> ▶ Wie könnte man Eltern helfen, die Kompetenzen ihres neugeborenen Kindes zu entdecken?

7.3 Das erste Lebensjahr (3–12 Monate)

Im Alter von 3 Monaten ist das Kind mit einem weitgehend funktionsfähigen Wahrnehmungssystem ausgestattet und bereit, innerhalb von nur wenigen Monaten wichtige Fortschritte in allen Lebensbereichen zu machen. Das betrifft die Motorik, das Denken und die Sprache sowie soziale Beziehungen, Selbstregulation und Gefühle (Pauen, 2011). Aus dem Neugeborenen mit begrenzten Fähigkeiten wird ein kompetenter Säugling.

7.3.1 Motorische Entwicklung

Um die Auseinandersetzung mit der Umwelt aktiv gestalten zu können, braucht das Baby Körperkontrolle. Es muss lernen, Dinge in seiner Umgebung zu erreichen, sich fortzubewegen und seine Hände gezielt zu nutzen, um Objekte zu untersuchen.

Grobmotorik

Die Grobmotorik folgt einem cephalo-caudalen Trend. Damit ist gemeint, dass die Kontrolle der Muskulatur beim Kopf beginnt und bei den unteren Extremitäten endet (vgl. Tab. 7.3). Weil der Kopf bei jungen Säuglingen im Verhältnis zum Körper sehr groß und schwer ist, braucht das Kind eine Weile, bis es ihn sicher auf dem Hals balancieren und frei in unterschiedliche Richtungen drehen kann. Im nächsten Schritt kann sich das Kind in Bauchlage von einer Unterlage abstützen und trainiert dabei die Arm- und Oberkörpermuskulatur. Anschließend erfolgt das Rollen vom Bauch auf den

Tabelle 7.3 Entwicklung der Grobmotorik im 1. Lebensjahr

Bereich	Fähigkeit	Auftreten
Kopfkontrolle	Den Kopf alleine heben	0–3 Monate
	Den Kopf frei bewegen	1–4 Monate
Rumpfkontrolle	Sich in Bauchlage mit gestreckten Armen aufstützen	2–6 Monate
	Alleine sitzen	4–9 Monate
Beinkontrolle	Sich alleine zum Stand hochziehen	6–12 Monate
	Stehen mit Festhalten	6–11 Monate
	Alleine stehen	10–16 Monate
Fortbewegung am Boden	Sich selbstständig auf dem Boden rollen	3–9 Monate
	Vorwärts auf allen Vieren krabbeln	6–11 Monate
Fortbewegung im Stehen	An Möbeln und Gegenständen entlang gehen	8–13 Monate
	Vorwärts laufen	11–18 Monate

Anmerkung: Angegeben ist der früheste und der späteste Zeitpunkt, zu dem die Fähigkeiten laut Literaturangaben bei gesunden Kindern auftreten. Dabei fällt auf, dass die Varianz zum Teil sehr hoch ausfällt.

Rücken (und später auch umgekehrt). Liegt das Kind auf dem Bauch und seine Arme sind schon kräftig genug, dann kann es den Po zur Seite schieben und in die Sitzposition gelangen. Das freie Sitzen ist ein bedeutsamer Meilenstein der Grobmotorik, denn dadurch hat das Kind einen Überblick über seine Umgebung und kann gleichzeitig Arme und Hände frei bewegen. Aus der Bauchlage kann sich das Kind auch vorwärts ziehen oder rückwärts schieben, und damit besteht erstmals die Möglichkeit zur eigenständigen Fortbewegung. Wird der Po nach hinten angehoben und werden die Knie anwinkelt, kann der Vierfüßlerstand erreicht werden. Viele Kinder lernen aus dieser Position heraus das Krabbeln. Als Nächstes versucht das Kind, sich an Möbeln oder anderen Gegenständen hochzuziehen, um auf seinen eigenen Beinen zu stehen. Weil die Beine kurz sind und der Körperschwerpunkt weit oben liegt, läuft das Kind zunächst an Möbeln entlang oder an der Hand eines Erwachsenen. Gegen Ende des 1. Lebensjahrs wird es jedoch vermehrt versuchen, loszulassen und das Gleichgewicht im Stehen zu halten, bevor es schließlich seine ersten selbstständigen Schritte macht.

Feinmotorik

Im 1. Lebensjahr entwickelt sich auch die Feinmotorik, vor allem die Handmotorik (vgl. Tab. 7.4). Unsere

Tabelle 7.4 Entwicklung der Feinmotorik im 1. Lebensjahr

Bereich	Fähigkeit	Auftreten
Hand-Körper-Koordination	Eine Hand gezielt zum Mund führen	1–3 Monate
	Hände vor dem Körper zusammenführen	1–4 Monate
	Handflächen gezielt gegeneinanderschlagen	9–12 Monate
Objekte greifen und halten	Gezielt nach hingehaltenem Spielzeug greifen	2–6 Monate
	Objekte im Zangengriff greifen und halten	6–11 Monate
	Pinzettengriff	7–12 Monate
Gegenstände manipulieren	Objekt von einer in die andere Hand geben	4–8 Monate
	Spielzeug in einer Hand drehen und wenden	5–8 Monate
	Gegenstände mit zwei Händen bearbeiten	6–9 Monate

Hände sind Universalwerkzeuge, die wir im Alltag ständig brauchen, um uns festzuhalten, zu essen, uns an- oder auszuziehen, Objekte zu untersuchen oder mit Werkzeugen umzugehen.

Die Greifhandlungen von Neugeborenen sind weitgehend reflexgesteuert (vgl. Abschn. 7.2.2). Was das Kind zunächst lernen muss, ist die Koordination von Sehen und Greifen. Nur wenn es die Größe eines Gegenstandes und seine Position im Raum mit den Augen richtig verorten kann, kann es den Arm in die richtige Richtung ausstrecken und die Hand in der richtigen Weite öffnen, um das Objekt sicher zu ergreifen. Zu Beginn dominiert dabei der sogenannte Ganzhand- oder Grapschgriff, bei dem der Daumen parallel zu den anderen Fingern bewegt wird. Schon bald aber wird im Zangengriff der Daumen abgespreizt und den restlichen Fingern gegenübergestellt. Danach tritt der Pinzettengriff auf, bei dem sich Daumen und Zeigefinger alleine gegenüberstehen und auf diese Weise selbst kleine Gegenstände wie Haare oder Perlen fassen können.

Bedeutsam ist darüber hinaus die Koordination beider Hände. Kann das Kind zunächst beide Hände gezielt vor dem Körper zusammenführen und hier wechselseitig mit den Fingern spielen oder klatschen, so geht es schon bald darum, Objekte von einer in die andere Hand zu geben. Dabei müssen die zeitlichen Abläufe der einzelnen Bewegungen gut aufeinander abgestimmt werden, damit der Gegenstand nicht herunterfällt. Weitere Entwicklungen der Objektmanipulation beziehen sich darauf, das Handgelenk gezielt so zu drehen, dass das Objekt aus unterschiedlichen Perspektiven wahrgenommen werden kann, oder es mit einer Hand zu halten und mit der anderen zu »befingern«.

7.3.2 Denkentwicklung

Noch vor nicht allzu langer Zeit sah man Handlungen von Babys (z. B. das Suchverhalten) als entscheidende Marker für vorsprachliche Denkprozesse an. Weil dies zu einer Unterschätzung frühkindlicher geistiger Leistungen führen kann, verwendet man heute vor allem das Blickverhalten als abhängige Variable. In neuerer Zeit gewinnen auch neurophysiologische Methoden, wie die Herzraten- oder Hirnstrommessung, zunehmend an Bedeutung. Durch die Verwendung moderner Messtechniken und ausgefeilter experimenteller Paradigmen wissen wir heute bereits recht gut, wie sich das Denken von Babys entwickelt (Pauen, 2006).

Aufmerksamkeit

Denkprozesse beziehen sich auf Aspekte der Umwelt, die zunächst über die Sinnesorgane wahrgenommen werden. Insofern ist die Entwicklung von Aufmerksamkeits- und Gedächtnisfunktionen eng mit der Wahrnehmung verknüpft. In den ersten Lebenswochen lernt der Säugling, Objekte mit beiden Augen zu fixieren und mit seinem Blick zu explorieren oder sie in Bewegung zu verfolgen. Diese Fähigkeit wird zunächst vom Stammhirn gesteuert (Johnson, 2007). So zeigen bereits Neugeborene Wahrnehmungspräferenzen (vgl. Abschn. 7.2.3). Sobald das Kind solche Reize in Augenschein nehmen kann, durchläuft es typischerweise eine Phase der obligatorischen Aufmerksamkeit.

> **Definition**
>
> Als **obligatorische Aufmerksamkeit** bezeichnet man die Tendenz des Säuglings, an einem visuell fixierten Objekt mit dem Blick »kleben« zu bleiben und sich nicht ohne Weiteres wieder davon lösen zu können. Dieses Verhalten tritt zwischen dem 1. und 4. Monat auf. Es wird auf die Unreife der kortikalen Steuerung des Blickverhaltens zurückgeführt.

Wie man an diesem Phänomen erkennen kann, ist das »Loslassen« eines Reizes eine Fähigkeit, die das Kind in den ersten Lebensmonaten entwickelt. Das Gleiche gilt auch für das »Sicheinlassen« oder Examinieren. Solche Zustände erhöhter Konzentration gehen mit einer Verlangsamung des Herzschlags einher und zeigen, dass das Kind sich vertieft mit dem Reiz beschäftigt. Die Dauer entsprechender Phasen im aktiven Spiel mit Objekten nimmt über das 1. Lebensjahr kontinuierlich zu.

Verhaltensstudien belegen, dass sich Säuglinge darin unterscheiden, wie lange und intensiv sie sich für einzelne Reize interessieren. Metaanalysen ergaben korrelative Zusammenhänge in mittlerer Höhe zwischen der visuellen Habituationsleistung und der späteren Intelligenz (Kavšek, 2004). Kinder, die sich rasch an einen gegebenen Reiz gewöhnen, scheinen eine effektivere Informationsverarbeitung zu haben als Kinder, die sich langsamer gewöhnen.

Die Fähigkeit, den eigenen Blick über einen bestimmten Reiz wandern zu lassen und sich dabei nicht nur für die Außenkonturen, sondern auch für die internen Merkmale zu interessieren, erlaubt es dem Kind ab 3 bis 4 Monaten, Gegenstände gezielt zu erkunden. Die wachsende

Augenkontrolle macht es überdies möglich, bewegten Objekten kontinuierlich mit dem Blick zu folgen. Verschwindet das Objekt auf einer Seite hinter einer Verdeckung, so »springen« die Augen des Säuglings nun an das gegenüberliegende Ende der Verdeckung und »warten« dort auf das Wiedererscheinen. Diese Fähigkeit, visuelle Erwartungen auszubilden, macht man sich auch für die Erforschung höherer geistiger Prozesse zunutze.

Gedächtnis

Wiedererkennen und aktiver Abruf. Die immensen kognitiven Fortschritte, die Kinder im 1. Lebensjahr zeigen, wären generell nicht ohne Erinnerungsvermögen denkbar. Man kann davon ausgehen, dass sowohl das Kurz- als auch das Langzeitgedächtnis von früh an prinzipiell funktionsfähig sind. Um eine Habituation auf einen Reiz zu zeigen, muss das Kind sich an diesen Reiz erinnern können. Allerdings braucht es den Reiz lediglich wiederzuerkennen – ein Vorgang, der in Fachsprache als Rekognition bezeichnet wird. Davon abzugrenzen ist die Fähigkeit, sich bewusst etwas in Erinnerung zu rufen und im eigenen Verhalten zu zeigen, dass man sich tatsächlich erinnert (aktiver Abruf; Recall bzw. freie Reproduktion).

Während Wiedererkennen sogar schon bei Föten nachweisbar ist (vgl. Abschn. 7.1.4), gilt dies nicht für den aktiven Abruf. So berichtete Piaget (1969), dass Kinder erst ab 8–12 Monaten nach einem Gegenstand greifen, der unmittelbar zuvor vor ihren Augen komplett verdeckt wurde (einfache Objektpermanenz). Dagegen fand Rovee-Collier (1999), dass Babys, die einmal gelernt haben, durch Strampeln ein Mobile in Bewegung zu versetzen, das mit ihrem Bein verbunden ist, diesen Zusammenhang mit 2 Monaten über 24 Stunden erinnern können, mit 3 Monaten bis zu einer Woche und mit 6 Monaten bis zu zwei Wochen. Dabei handelt es sich ebenfalls um freie Reproduktion. Ein wichtiger Unterschied besteht allerdings darin, dass bei Objektpermanenzaufgaben der Anlass für die eigene Handlung (das Zielobjekt) nicht mehr in der Wahrnehmung präsent ist, während sich bei Mobile-Aufgaben der Auslöser der eigenen Aktivität im Sichtfeld des Kindes befindet. Auch wenn Babys also schon früh über Gedächtnisleistungen verfügen, dauert es eine ganze Weile, bis sie sich eigenständig an Objekte erinnern und dafür keine Wahrnehmungsstütze mehr brauchen.

Kategorisierung

Momentan wird kontrovers diskutiert, inwiefern schon Säuglinge kognitive Repräsentationen aufbauen, die sich nicht nur auf einzelne Objekte, sondern auf ganze Objektklassen beziehen. In Kategorisierungsstudien werden Kinder mit einzelnen Exemplaren einer Reizklasse (z. B. Tiere) vertraut gemacht (familiarisiert). Im Anschluss präsentiert man den Kindern ein neues Exemplar der inzwischen vertrauten Kategorie und ein Exemplar einer kontrastierten Kategorie (z. B. Möbel). Ein Anstieg der Blick- oder Examinationszeit auf das Exemplar der kontrastierten Kategorie im Vergleich zum anderen Testexemplar deutet darauf hin, dass die Kinder die Kategorien unterscheiden.

Global-to-Basic-Level-Shift. Als Global-to-Basic-Level-Shift der Kategorisierung bezeichnet man die Tendenz junger Säuglinge, zunächst abstrakte natürliche Kategorien zu unterscheiden (z. B. Tiere von Fahrzeugen oder Möbeln) und erst später im 1. Lebensjahr zu lernen, auch feinere Differenzierungen zwischen Basiskategorien innerhalb der gleichen globalen Domäne vorzunehmen (z. B. Hunde vs. Katzen oder Stühle vs. Tische).

In Kategorisierungsstudien wurde ein Global-to-Basic-Level-Shift festgestellt (z. B. Pauen, 2002a). Diese Beobachtung ist insofern überraschend, als Exemplare der gleichen globalen Kategorie untereinander nur wenig äußerliche Ähnlichkeiten aufweisen. So sehen ein Marienkäfer und eine Giraffe sehr unterschiedlich aus, obwohl beide zur globalen Kategorie »Tiere« gehören. Man kann sich daher fragen, wie Kinder dazu kommen, diese Objekte trotzdem in einer Kategorie zusammenzufassen. Möglicherweise bilden Kinder die Kategorie während der Familiarisierungsphase. Oder sie aktivieren Vorwissen über globale Kategorien und identifizieren jedes dargebotene Objekt als Exemplar einer bestimmten Kategorie (Pauen, 2002b). Im ersten Fall wäre vor allem das Kurzzeitgedächtnis relevant, im zweiten Fall auch das Langzeitgedächtnis. In jedem Fall handelt es sich aber nicht nur um den einfachen Abruf von Information, sondern das Kind muss Gemeinsamkeiten zwischen den gezeigten Stimuli abstrahieren, um eine entsprechende Kategorie zu bilden. Der beobachtete Global-to-Basic-Level-Shift steht dabei in Einklang mit modernen Vorstellungen über den Wissenserwerb im vorsprachlichen Alter.

Domänenspezifischer Wissenserwerb: Psychologie, Physik, Mathematik

Ging man zunächst davon aus, dass Säuglinge in stets gleicher Weise etwas über verschiedene Aspekte ihrer Umwelt lernen, so gilt diese Position heute als überholt. In den 1980er-Jahren postulierten Forscher, dass eine globale Unterscheidung zwischen Lebewesen und unbelebten Objekten angeboren ist (Gelman & Spelke, 1981) und dass Säuglinge von Anfang an in anderer Weise über das Verhalten von Tieren und Menschen lernen als über das Verhalten von unbelebten Objekten. Während für das Verhalten von Lebewesen psychologische Erklärungsprinzipien gelten, wird das Verhalten von unbelebten Gegenständen mit Gesetzen der Physik erklärt. Man nimmt an, dass angeborenes Kernwissen (Spelke & Kinzler, 2007) eine Unterscheidung dieser und anderer Wissensdomänen erlaubt.

> **Definition**
>
> Die **Kernwissenhypothese** besagt, dass es für bestimmte Wissensdomänen (Psychologie, Physik, Mathematik, Sprache) angeborenes Kernwissen gibt, das nicht gelernt werden muss und zu keiner Zeit im Leben überschrieben wird. Ihr zufolge verläuft der kindliche Wissenserwerb in Form einer Anreicherung von Wissen um diese Kerne.

Psychologie. Die Identifikation von Lebewesen stellt den Ausgangspunkt für die Entwicklung von Wissen über Psychologie dar. Viele unterschiedliche Merkmale tragen zu einer Unterscheidung von Lebewesen und unbelebten Objekten bei. Dazu gehören Merkmale der äußeren Erscheinung (z. B. Gesichter) genauso wie Merkmale der Bewegung (selbst initiierte Bewegung mit Richtungs- und Geschwindigkeitswechsel, Zielgerichtetheit) und der Interaktion (z. B. kontingente Reaktionen des Gegenübers). Wenn ein Objekt sich ohne Einwirkung fremder Kräfte bewegt und wenn es zielgerichtetes Verhalten zeigt, muss die Ursache für entsprechendes Verhalten in ihm selbst liegen und lässt sich in der Erwachsenensprache mit dem psychologischen Konstrukt der Intention erklären. Ob ein solches intentionales Verständnis angeboren ist oder erst im Verlauf des 1. und 2. Lebensjahrs gelernt wird, muss die Forschung noch klären (vgl. Abschn. 7.4.4).

Physik. Mit unbelebten Objekten verbindet das Kind qualitativ andere Erwartungen als mit Lebewesen. Zum Kernwissen im Bereich der Physik wird die Erkenntnis gezählt, dass sich unbelebte Objekte nur unter Einwirkung einer externen Kraft bewegen. Dafür ist direkter mechanischer Kontakt notwendig. Einmal in Bewegung versetzt, folgen unbelebte Objekte einem linearen Bewegungspfad, bis sie auf ein Hindernis stoßen. Weiterhin scheinen Kinder bereits von früh an zu wissen, dass sich zwei Objekte nicht zur gleichen Zeit am gleichen Ort befinden können und dass Objekte auch nicht einfach aus dem Nichts auftauchen oder darin verschwinden. Diese Einsichten mögen uns aus der Erwachsenensicht gerade deshalb trivial vorkommen, weil entsprechendes Wissen fundamental in unserem Denken verankert ist.

> **Unter der Lupe**
>
> **Verstehen von Unterstützungsrelationen als physikalisches Kernwissen: Wann bleibt ein Objekt auf einem anderen liegen?**
>
> Baillargeon (1995) zeigte, dass sich das Wissen im Bereich der Physik unter anderem durch Differenzierung erweitert. So gehen 3–4 Monate alte Säuglinge davon aus, dass Objekte zu Boden fallen, wenn sie keinen physikalischen Kontakt zu einem anderen Gegenstand haben. Dabei spielt es allerdings keine Rolle, wie dieser Kontakt genau aussieht (z. B. ob das Objekt an der vertikalen Kante einer Kiste »klebt« oder auf ihr liegt). Aber schon mit 5 Monaten wissen Kinder, dass ein Objekt auf einem anderen Objekt liegen muss, wenn es nicht herunterfallen soll. Sie achten jedoch noch nicht darauf, wie weit es übersteht. Mit 6–7 Monaten ist ihnen klar, dass das Zielobjekt mit nicht mehr als 50 % seiner Bodenfläche über die Kante hinausragen darf. Und mit 12 Monaten wird sogar die Form des Objektes berücksichtigt, um vorherzusagen, ob es fallen wird oder nicht.

Säuglingsforscher haben das frühe Verständnis von physikalischen Gesetzmäßigkeiten untersucht, unter anderem bezogen auf Unterstützungsrelationen (vgl. Unter der Lupe), Inhaltsrelationen (welche Größe und welches Format darf ein Objekt haben, um in ein bestimmtes Gefäß zu passen) oder Verdeckungsrelationen (welches Objekt passt hinter/unter welche Verdeckung). Auch hier konnte nachgewiesen werden, dass ein Grundverständnis bereits bei sehr jungen Säuglingen vorliegt und sich dieses Kernwissen innerhalb des 1. Lebensjahrs durch Differenzierung erweitert.

Solche Experimente zur frühen Wissens- und Denkentwicklung werfen die Frage auf, mithilfe welcher Methoden man zu entsprechenden Schlussfolgerungen kommt. Wie eingangs erwähnt, spielt dabei das Blickverhalten von Säuglingen eine entscheidende Rolle. Viele Studien zum Kernwissen verwenden das sogenannte Erwartungsverletzungsparadigma.

> **Unter der Lupe**
>
> **Erwartungsverletzungsparadigma**
> Säuglinge werden zunächst an eine bestimmte Szene gewöhnt, die den Prozess einer Erwartungsbildung auslösen soll. Auf diese Gewöhnungsphase folgen abwechselnd (oder gleichzeitig) zwei unterschiedliche Testszenen, von denen eine ein plausibles (erwartungskonsistentes) Ereignis zeigt und die andere ein unplausibles (erwartungsinkonsistentes) Ereignis. Oft unterscheidet sich das plausible Ereignis äußerlich stärker von der Gewöhnungsszene als das unplausible Ereignis. Interessieren sich die Kinder trotzdem mehr für das unplausible Ereignis (gemessen an längeren Blickzeiten), wird geschlossen, dass sie eine wissensbasierte Erwartung gebildet hatten, die durch die betreffende Testszene verletzt wurde, was vermehrte Aufmerksamkeit auslöste.

Geht es um die Erweiterung von psychologischem oder physikalischem Wissen, so spielt neben der einfachen Differenzierung und Anreicherung von Wissen häufig auch das kausale und funktionale Denken eine zentrale Rolle. Schon bei 7 Monate alten Säuglingen wurden Kausalattributionen nachgewiesen (z. B. Pauen & Träuble, 2009). Geht es um das Verständnis der Nutzung von mechanischen Werkzeugen, kommt auch das Funktionsdenken ins Spiel (Elsner, 2009). Folglich scheint das Denken über Ursache, Wirkung und Funktion nicht nur für eine Differenzierung zwischen Lebewesen und unbelebten Objekten, sondern auch für Unterscheidungen innerhalb der einzelnen Domänen relevant zu sein.
Mathematik. Beim mathematischen Kernwissen interessiert man sich vor allem für die frühe Entwicklung des Mengenverständnisses (vgl. Dehaene, 1997). Schon Kinder unter 4 Monaten können Mengen unterschiedlicher Größe voneinander unterscheiden. Werden Säuglinge z. B. an eine Abbildung mit zwei Punkten gewöhnt, so reagieren sie mit längeren Blickzeiten, wenn sie im Anschluss eine Abbildung mit drei Punkten sehen, und umgekehrt. Bei etwas älteren Kindern zeigt sich der gleiche Effekt auch dann, wenn die Art der Objekte zwischen den Habituations- und Testdurchgängen wechselt. Größere Mengen werden aber nur unterschieden, wenn ihre Differenz mindestens einem Verhältnis von 1 : 2 entspricht. Ab 10 Monaten gilt dies auch für ein Verhältnis von 2 : 3. Generell wird vermutet, dass Säuglinge mit zwei unterschiedlichen Arten von Mengenrepräsentation ausgestattet sind (z. B. Xu, 2003): Für kleine Mengen bis maximal 4 Elemente scheinen Säuglinge (und auch einige Tierarten) separate »object files« anzulegen und so feststellen zu können, wenn sich die Anzahl diskreter Elemente ändert (»object tracking system«). Dagegen werden größere Mengen (> 3 oder 4) anhand kontinuierlicher Variablen wie z. B. der Größe der bedeckten Fläche oder der Länge von Konturen repräsentiert (»number estimation system«).

Neben der Psychologie, der Physik und der Mathematik gilt auch die Sprache als eigene Wissensdomäne. Weil es hierbei jedoch nicht um das Wissen *über* Sprache geht, sondern um den Einsatz von Sprache zur Kommunikation mit anderen Menschen, wird diesem Fähigkeitsbereich ein eigener Abschnitt gewidmet.

7.3.3 Frühe Sprachentwicklung

Sprachverständnis. Schon Neugeborene sind darauf vorbereitet, Sprachinformation in spezifischer Weise zu verarbeiten (vgl. Abschn. 7.2.3). Säuglinge unterschiedlichster Kulturen reagieren mit verstärktem Interesse auf eine melodiöse Sprechweise (»Ammensprache«). Auch die Fähigkeit zur Diskrimination stimmlicher Laute ist früh vorhanden (s. Tab. 7.5). Schon in den ersten Lebensmonaten lernen Kinder, die Laute und Betonungsmuster ihrer Muttersprache zu unterscheiden (vgl. Abschn. 18.2.1). Ab ca. 7 Monaten können sie dann auch einzelne Wörter aus dem Wortfluss heraushören und reagieren mit verstärktem Interesse auf unnatürliche Sprechpausen. Gegen Ende des 1. Lebensjahrs scheinen Babys systematische Zusammenhänge zwischen Objekten, Ereignissen oder Zuständen einerseits und Worten andererseits herstellen zu können.
Sprachproduktion. Bereits mit 2 Monaten beachten Kinder bei ihrer Kommunikation mit anderen Menschen das typische Muster von Aktion und Reaktion. Spricht ein anderer Mensch, hören sie normalerweise zu und beginnen erst nach einer kurzen Pause, von sich aus Laute zu produzieren. Anfangs handelt es sich dabei um

Tabelle 7.5 Frühe Sprachentwicklung

Bereich	Fähigkeit	Auftreten
Sprachverstehen	Betonungsmuster unterscheiden	0–2 Monate
	Worte aus dem Wortfluss heraushören	7–10 Monate
	Unnatürliche Sprechpausen erkennen	8–12 Monate
	Bedeutung einzelner Worte verstehen	7–10 Monate
Sprachproduktion	Gurren (»cooing«)	1–2 Monate
	Plappern (»babbling«)	5–9 Monate
	Jargoning	6–10 Monate
	Einzelne Worte sprechen	11–15 Monate

reine Gurrlaute, die erst zufällig, aber schon bald absichtsvoll produziert werden. Weiter geht es mit einsilbigen Lauten. Beim Plappern (»babbling«) werden diese einfachen Silben verdoppelt. Im nächsten Schritt kombiniert das Kind unterschiedliche Silben. Es probiert verschiedene Lautfolgen aus und imitiert dabei das Lautmuster und die Sprachmelodie seiner Muttersprache (»jargoning«). Schließlich werden erstmals Lautfolgen gezielt produziert, um damit bestimmte Dinge zu bezeichnen. Jetzt ist das Kind in der »Einwortphase«. Etwas früher als die verbale Form der Kommunikation entwickelt sich die Verständigung über Körpergesten. So lernt das Kind, sich über bestimmte mimische oder körperliche Bewegungen auszudrücken (z. B. Zeigen) und ist damit nicht nur auf die Lautproduktion angewiesen.

7.3.4 Soziale Entwicklung

Das Kind ist von Anfang an darauf angewiesen, mit anderen Menschen in Kontakt zu treten. Fehlt die Erfahrung des sozialen Austausches, besteht die Gefahr einer nachhaltig gestörten Entwicklung. Von zentraler Bedeutung scheinen dabei der Blickkontakt und das feinfühlige Reagieren auf die Signale des Säuglings zu sein. Bereits in den ersten Lebensmonaten etabliert sich so die Beziehung zwischen dem Kind und seinen Betreuern. Das Kind gibt Signale und »erwartet« eine Beantwortung innerhalb eines vergleichsweise engen Zeitfensters. Ab ca. 6–8 Wochen kann man z. B. das soziale Lächeln beobachten, bei dem das Kind sein Gegenüber spontan anstrahlt und auf ein Gegenlächeln wartet. Reagiert das Gegenüber sehr oft überhaupt nicht, nur verspätet oder unpassend, so macht sich dies auch im Verhalten des Kindes bemerkbar: Es vermeidet nun selber den Blick auf sein Gegenüber, weicht dessen Kontaktangeboten aus und/oder zieht sich zurück. Läuft dagegen alles »normal«, so stellt der Blickkontakt zum Gegenüber eine wichtige Ausgangsbasis für weitere soziale Erfahrungen dar.

Differenzierung der Gefühlswahrnehmung. Bereits mit 3–4 Monaten lässt sich zudem nachweisen, dass Babys die Blickrichtung und den Gefühlsausdruck im Gesicht sowie in der Stimme ihres Gegenübers differenziert wahrnehmen. Dem Kind werden seine primären Bezugspersonen immer vertrauter, und durch die spiegelnden Gefühlsreaktionen seines Gegenübers lernt es den eigenen Gefühlsaudruck wahrzunehmen. Ausgehend von frühen Interaktionserfahrungen kann es besser zwischen fremden und vertrauten Personen unterscheiden. Die meisten Kinder zeigen ab ca. 7 Monaten personenbezogene Präferenzen, die sich unter anderem in der Fremdenangst ausdrücken.

> **Definition**
>
> Als **Fremdenangst** oder **Fremdeln** bezeichnet man das Phänomen, dass viele Kinder ungefähr ab dem 8. Monat eine verstärkte Zurückhaltung gegenüber unbekannten Menschen zeigen. In Gegenwart Fremder zeigt das Kind negative Emotionen und sucht die Nähe vertrauter Personen.

Neugeborenen-Imitation. Schon Neugeborene sind in der Lage, bestimmte einfache mimische Gesten nachzuahmen (z. B. Zunge herausstrecken). Die Imitation lässt allerdings zwischen 3 und 4 Monaten nach. Gegen Ende des 1. Lebensjahrs beginnt das Kind, auch Körperbewegungen (z. B. Winken, Zeigen) oder Laute gezielt nachzuahmen. Nun werden auch Aktivitäten mit Spielobjekten oder Werkzeugen von anderen Menschen imitiert (Elsner, 2007).

Geteilte Aufmerksamkeit. Die Fähigkeit, der Blickrichtung eines anderen grob zu folgen, kann bereits ab dem 4. Monat beobachtet werden. Dennoch muss das Kind zunächst noch lernen, genau zu erkennen, was sein Gegenüber meint, wenn es sich auf bestimmte Aspekte der Umwelt bezieht. In der Regel benutzen Erwachsene die Zeigegeste, um es den Kindern leichter zu machen. Mit etwa 7–9 Monaten können Kinder einer Zeigegeste folgen und in Armverlängerung nach dem Ziel suchen.

Ab dem 9. Monat lässt sich mit der geteilten Aufmerksamkeit ein weiterer wichtiger Fortschritt in der sozialen Kommunikation feststellen. Das Kind folgt nicht einfach nur dem Blick eines anderen oder betrachtet von sich aus einen Gegenstand, sondern es bezieht sich gemeinsam mit einem anderen Menschen auf einen Gegenstand (z. B. Striano & Stahl, 2005).

> **Definition**
>
> **Geteilte Aufmerksamkeit** (»joint attention«) meint einen geistigen Zustand, in dem sich zwei Personen auf den gleichen Gegenstand in der Umwelt beziehen und sich dessen bewusst sind. Dieser Zustand setzt voraus, dass das Kind gleichzeitig den Gegenstand selbst und den Aufmerksamkeitszustand des Interaktionspartners repräsentieren kann.

Soziales und emotionales Referenzieren. Etwa zeitgleich mit der geteilten Aufmerksamkeit treten zwei weitere Phänomene erstmals auf, die ähnliche Anforderungen an die geistige Verarbeitung des Kindes stellen. Beim sozialen Referenzieren prüft das Kind durch einen Blick zur Bezugsperson, ob ein Verhalten, das es gerne zeigen möchte (z. B. auf ein Objekt zukrabbeln), von der Bezugsperson gebilligt wird oder nicht. Beim emotionalen Referenzieren blickt das Kind zur Bezugsperson auf der Suche nach einer Gefühlsreaktion, um einen unbekannten Reiz (Objekt, Person) emotional zu bewerten, bei dem das Kind nicht sicher ist, was es davon halten soll.

7.3.5 Selbstregulation

Neugeborene sind zur Regulierung ihrer Körperzustände und Bedürfnisse nahezu ausschließlich auf andere Menschen angewiesen. Günstig ist es, wenn die soziale Umgebung dem Kind die Erfahrung vermittelt, dass einerseits seine Signale richtig wahrgenommen und zeitnah beantwortet werden und andererseits der Alltag eine gewisse Regelhaftigkeit besitzt. Dann hat das Kind gute Chancen, im Verlauf des 1. Lebensjahrs einen stabilen Schlaf-Wach-Rhythmus zu entwickeln und auch die Nahrungsaufnahme und Verdauung in einen gewissen Takt zu bringen (vgl. Abschn. 7.2.1), was die Planung des Alltags und das Miteinander erleichtert. Im Durchschnitt gelingt es 70 % der Kinder bis zum 3. Monat und 90 % der Kinder bis zum 5. Monat, in der Nacht durchzuschlafen (Largo, 2001). Im 1. Lebensjahr lernen die meisten Kinder erste Strategien der emotionalen Selbstregulation, wie etwa Selbstberuhigung nach Weinen (z. B. durch Lutschen an Fingern) oder Selbststimulation bei Langeweile (z. B. Zupfen an eigenen Fingern, Lautieren).

7.3.6 Gefühle

Insgesamt differenziert sich der Gefühlsausdruck kontinuierlich über die frühe Kindheit hinweg (Holodynski, 2006a; vgl. Abschn. 21.3.2). Aus anfänglich globalem Unbehagen entwickelt sich mit etwa 4–8 Monaten Ärger, der sich gegen eine spezifische Quelle der Frustration (z. B. ein Spielzeug oder eine Person) richten kann. Während wenige Wochen alte Säuglinge automatisch einfache Furchtreaktionen auf bestimmte Reize zeigen (z. B. bei überraschender oder besonders intensiver Stimulation), treten ab 6–9 Monaten komplexere Angstreaktionen auf, bei denen zunächst eine Bewertung der Situation stattfindet, bevor die emotionale Reaktion erfolgt. Auch die Traurigkeit, d. h. das Empfinden von echtem Verlust, kann ab diesem Alter erstmals beobachtet werden. Generell lässt sich sagen, dass angeborene Muster der Gefühlsreaktion im Verlauf des 1. Lebensjahrs immer stärker durch Kognitionen beeinflusst werden, wobei das Fehlen einer sprachlichen Repräsentation die bewusste Verarbeitung von Gefühlen aber noch deutlich einschränkt.

7.4 Das zweite Lebensjahr

Im 2. Lebensjahr entwickeln sich wichtige Fähigkeiten, die die kindliche Wahrnehmung von sich selbst und die Interpretation der Umwelt verändern. Aus dem Zusammenspiel von kognitiver, emotionaler, motorischer und sprachlicher Entwicklung entstehen neue Denk- und Verhaltensmöglichkeiten, die das Kind unter anderem dazu befähigen, sein Verhalten zu kontrollieren und vorgegebene Regeln zu befolgen. Das Ende des 2. Lebensjahrs markiert damit einen Meilenstein in der Entwicklung vom Säugling zum Kleinkind.

7.4.1 Kognitive Entwicklung: Sprache, Symbolfunktion, Symbolspiel

Mentale Symbole. Nach Piaget (1969) beginnt das Kind im Alter von 12 bis 18 Monaten, seine Umwelt wie ein Wissenschaftler zu erkunden. So variiert das Kind absichtlich Verhaltensweisen, um verschiedene Auswirkungen zu erforschen oder um ein definiertes Ziel zu erreichen. Ein typisches Beispiel ist, dass das Kind einen Gegenstand auf verschiedene Art und Weise fallen lässt, um zu sehen, was jeweils passiert. Auch geben Kinder nicht gleich auf, wenn ihnen Handlungen nicht auf Anhieb gelingen, sondern sie probieren nach dem Prinzip von Versuch und Irrtum unterschiedliche Lösungsmöglichkeiten aus. Nach Piaget können aber Kinder bis zum Alter von 1½ Jahren Probleme noch nicht durch bloßes Nachdenken lösen. Erst im Alter von 18 bis 24 Monaten wird das Denken immer mehr »verinnerlicht«, denn das Kind kann nun mentale Symbole verwenden, um Objekte und Ereignisse kognitiv abzubilden. Eine wichtige Rolle spielt hierbei die Entwicklung der Sprache als Symbolsystem (vgl. Kap. 18), und dadurch verbessert sich auch das Gedächtnis der Kinder.

Spielverhalten. Zusätzlich beginnen Kinder gegen Ende des 2. Lebensjahrs, zwischen Vorstellung und Realität zu unterscheiden, wodurch sich unter anderem das Spielverhalten verändert (s. Übersicht). Das veränderte Spielverhalten ist demnach auch ein Ausdruck der kognitiven und sozialen Entwicklung. Das sensomotorische Spiel sowie einfache Abwechslungsspiele dienen im 1. Lebensjahr vor allem der aktiven Entdeckung der dinglichen und sozialen Umwelt. Das ab ca. 18 Monaten auftretende Als-ob-Spiel erfordert dagegen Wissen über Eigenschaften und den Gebrauch von Objekten sowie ein Verständnis von Ursache-Wirkungs-Beziehungen (z. B. Umkippen von fiktivem Tee macht den Tisch »nass«). Zudem ist die Fähigkeit nötig, nicht nach den realen Gegebenheiten zu handeln, sondern gemäß einer Vorstellung. Auch das Rollenspiel erfordert kognitive und soziale Kompetenzen, welche sich ab dem 3. Lebensjahr zunehmend verbessern (vgl. Abschn. 8.2 und 8.4). Kinder müssen in der Lage sein, sich auf einen gemeinsamen Gegenstand (Spielzeug, Spielthema) zu beziehen, geistige Zustände anderer Personen nachzuvollziehen (vgl. Abschn. 7.4.4), sich darüber abzustimmen, was gespielt werden soll, und sich an die Rollen zu halten.

> **Übersicht**
>
> **Hauptarten frühkindlichen Spielverhaltens**
> Grob unterscheidet man in der frühesten Kindheit drei Arten der spielerischen Auseinandersetzung von Kindern mit ihrer Umwelt:
> - **Sensomotorisches Spiel:** Exploration und Manipulation von Objekten und des eigenen Körpers. Auftreten: bevorzugt im 1. Lebensjahr.
> - **Als-ob-Spiel/symbolisches Spiel:** Objekte werden nicht nach ihrer gewohnten Funktion gebraucht, sondern mit einer neuen Bedeutung versehen, z. B. werden Bauklötze zu Autos oder Telefonen. Auftreten: ab ca. 18 Monaten.
> - **Rollenspiel/soziodramatisches Spiel:** Variante des Als-ob-Spiels, bei dem mehrere Kinder zusammen spielen und fiktive Rollen bekleiden. Auftreten: ab ca. 24 Monaten.

7.4.2 Entwicklung des Selbst

Konzept des Ich. Ein wichtiger Entwicklungsschritt im 2. Lebensjahr besteht darin, dass Kinder ein Gefühl oder eine Vorstellung von sich selbst als eigenständiger Person bilden. Hierbei unterscheidet man das Konzept des Ich (englisch: »I«), das spätestens ab dem 3. Lebensmonat vorhanden ist, vom Konzept des Selbst (»Me«), das sich gegen Ende des 2. Lebensjahrs entwickelt. Verschiedene Befunde sprechen dafür, dass das Ich bereits in den ersten Lebenswochen vorhanden ist, sodass Kinder zwischen der eigenen Person und der Umwelt trennen können. So erlaubt z. B. die Propriozeption (vgl. Abschn. 7.2.3) zu unterscheiden, ob eine wahrgenommene Berührung durch das Kind selbst oder von außen verursacht wurde. Mit dem Ich ist die Erkenntnis verbunden, eigene Handlungen (später auch Gedanken) zu kontrollieren, d. h., der Mensch erlebt sich schon früh als handelndes Subjekt.

Konzept des Selbst. Dagegen besteht das Selbst darin, dass man die eigene Person von außen betrachtet, d. h., der Mensch fungiert als Objekt seiner eigenen Erkenntnisse und Bewertungen. Die kognitive Repräsentation von individuellen Merkmalen, Fähigkeiten oder Überzeugungen wird als Selbstkonzept bezeichnet, und der Selbstwert resultiert aus der eigenen Bewertung dieser Aspekte. Aufgrund mangelnder sprachlicher Fähigkeiten können diese Aspekte im 2. Lebensjahr noch nicht erfasst werden. Dafür gilt das Sich-selbst-Erkennen im Spiegel als klassischer Test zur Entstehung des Selbst. Dem Kind wird unauffällig ein Farbpunkt auf die Nase aufgetragen, und anschließend wird es vor einen Spiegel gesetzt. Erst im Alter von 15 bis ca. 22 Monaten beginnen Kinder mit der eigenen Außenseite zu experimentieren, und sie versuchen, den Fleck wegzuwischen (vgl. Abschn. 23.4.1).

> **Übersicht**
>
> **Entwicklung von Ich und Selbst**
> ▶ erste Lebenswochen: Entstehung des Ich, das sich in der Trennung von eigenem Körper und Umwelt zeigt.
> ▶ 1. Lebensjahr: Anblick des eigenen Spiegelbildes führt zur Aktivitätssteigerung, aber ein Fleck im Gesicht wird nicht beachtet.
> ▶ 15–22 Monate: Entwicklung des Selbst, das sich u. a. im Experimentieren mit der eigenen Außenseite zeigt; ein Fleck im Gesicht wird nun erkannt.
> ▶ ab ca. 30 Monate: Verwendung des Personalpronomens »ich«, um sich auf die eigene Person zu beziehen.

Selbst-bewusste Emotionen. Gegen Ende des 2. Lebensjahrs zeigen Kinder auch erstmals selbst-bewusste Emotionen, wie Verlegenheit, Stolz und Scham (vgl. Abschn. 21.3.2). Diese Emotionen setzen eine objektive Selbstwahrnehmung voraus und auch das Bewusstsein, wie andere Personen auf die eigene Person reagieren. Stolz tritt schon früh auf (z. B. bei den ersten Schritten), wird aber ab dem 3. Lebensjahr zunehmend an eigene Leistungen geknüpft. So zeigen ältere Kinder mehr Stolz bei schwierigen als bei leichten Aufgaben. Scham ist ein Gefühl der Minderwertigkeit, welches sich auf die eigene Person oder eigene Leistungen bezieht. Die Fähigkeit des Kindes, emotionale Reaktionen mit eigenen Leistungen zu verknüpfen, ist eine Grundlage für die zunehmende Sozialisationsbereitschaft des Kindes ab dem 2. Lebensjahr (vgl. Abschn. 7.4.5).

7.4.3 Bindung

Das Auftreten der Fremdenangst (vgl. Abschn. 7.3.4) legt nahe, dass Kinder im 9. Lebensmonat eine besondere Beziehung zu ihren Bezugspersonen aufgebaut haben. Bowlby (1969) nahm an, dass alle Kinder gegen Ende des 1. Lebensjahrs eine intensive Gefühlsbindung an ihre Hauptbezugsperson entwickeln, in der Regel an die Mutter. Seiner Ansicht nach sind Kinder und Erwachsene dazu durch die Evolution ausgerüstet.

> **Übersicht**
>
> **Voraussetzungen für den Aufbau einer Eltern-Kind-Bindung**
> Eltern: Bonding (emotionale Zuwendung zum Kind)
> ▶ intuitives Elternverhalten (spontanes Verhalten, entsprechend den Fähigkeiten und Bedürfnissen des Säuglings)
> ▶ angeborenes Fürsorgeverhalten (ausgelöst durch Signale des Kindes)
> Kind: Bindung (»attachment«)
> ▶ Bindungssignale (z. B. Hilflosigkeit, tiefes Vertrauen)
> ▶ Bindungsverhalten (z. B. Schreien, Lächeln, Hinterherkrabbeln)

Bindungs- und Erkundungsverhalten. Das vom Kind gezeigte Bindungsverhalten bringt Erwachsene in die Nähe des Kindes und hält sie dort, und der evolutionäre Nutzen besteht im Schutz des Kindes vor Gefahr oder Verlorengehen. Abhängig vom Kontext nutzen Kinder komplementäre Verhaltenssysteme: In sicheren Situationen wird das Bindungsverhalten nicht aktiviert, aber das Erkundungsverhalten; das Kind wagt sich in den Raum und erkundet Objekte und Personen. Dagegen wird in unvertrauten oder ängstigenden Situationen das Bindungsverhalten aktiviert, und das Kind zeigt nur wenig Erkundungsverhalten.

Der Fremde-Situation-Test. Obwohl alle Kinder eine personenspezifische Bindung aufbauen, kann die Qualität dieser Beziehung unterschiedlich sein. Der Fremde-Situation-Test (FST; Ainsworth et al., 1978) erlaubt die Einschätzung der Bindungsqualität bei 12 bis 24 Monate alten Kindern. In acht kurzen Szenen wird das kindliche Erkundungs- und Bindungssystem aktiviert, und das Verhalten des Kindes wird beobachtet:

(1) Bezugsperson (BP) und Kind betreten einen Raum mit Spielzeugen.
(2) Kind kann die Umgebung erkunden. – BP als sichere Basis für Erkundungsverhalten?
(3) Fremde Person (FP) tritt ein und unterhält sich mit BP. – Reaktion auf FP?
(4) BP verlässt den Raum, FP bleibt beim Kind. – Reaktion auf Trennung; Tröstbarkeit durch FP?
(5) BP kommt wieder, FP geht. – Reaktion auf Wiedervereinigung?
(6) BP verlässt den Raum, Kind ganz allein. – Reaktion auf Trennung?
(7) FP tritt ein. – Tröstbarkeit durch FP?
(8) BP kommt wieder, FP verlässt den Raum. – Reaktion auf Wiedervereinigung?

Bindungsstile. Die Qualität der Bindung wird im FST vor allem danach eingeschätzt, wie das Kind auf die Abwesenheit der Bezugsperson reagiert, und wie es sich verhält, wenn die Bezugsperson wiederkommt. Im Allgemeinen werden vier Bindungsstile unterschieden (Ainsworth et al., 1978; Main & Solomon, 1990; s. Tab. 7.6). Die Bindungsstile bleiben bei wiederholten Messungen relativ stabil, und man nimmt an, dass aus den frühen Erfahrungen ein inneres Arbeitsmodell der Bindung entsteht, das sich auf alle zukünftigen engen Beziehungen auswirkt. Das Arbeitsmodell besteht aus Erwartungen darüber, inwiefern nahestehende Personen in stressreichen Situationen verfügbar sind und mit welcher Wahrscheinlichkeit sie Unterstützung bieten.

Muttereigenschaften und Bindungsstile. Bindungstheoretiker sahen das Einfühlungsvermögen (bzw. die Sensitivität) der Mutter als wichtigsten Faktor für die Bindungsqualität. Mütter von sicher gebundenen Kindern (Typ B) reagieren meist verlässlich, offen und freundlich auf die Signale des Kindes und helfen dem Kind bei der Regulierung seiner Gefühle. Dagegen sind Mütter von unsicher gebundenen Kindern wenig sensitiv und reagieren entweder zu stark oder zu schwach auf die kindlichen Signale. Mütter von Typ-A-Kindern missbilligen starke Emotionsausbrüche und erwarten eine eigenständige Emotionsregulation des Kindes. Typ-C-Kinder erleben die Mutter als nicht vorhersagbar: mal zugeneigt, mal unerreichbar. Übertriebenes Bindungsverhalten soll eine Reaktion der Mutter provozieren. Die desorganisierte Bindung geht häufig mit schwerwiegenden familiären Problemen einher, z. B. psychische Probleme der Mutter, Kindesmisshandlung oder Vernachlässigung.

Weitere Faktoren der Bindungsqualität. Heutzutage nimmt man an, dass auch Eigenschaften des Kindes zur Bindungsqualität beitragen. So können Säuglinge mit einfachem Temperament (vgl. Abschn. 7.2.4) besser als schwierige Babys auf Kontaktversuche ihrer Eltern reagieren und deren Beruhigungshilfen für die Erregungsregulation nutzen. Desorganisiertes Bindungsverhalten entsteht bei einigen Kindern durch Übergänge in neue Verhaltensstrategien oder durch überdauernde Probleme bei der Verhaltensregulation. Langfristig sind Typ-D-Kinder besonders gefährdet, Verhaltensprobleme zu entwickeln. Auch die Passung zwischen den Eigenschaften von Eltern und Kindern beeinflusst die Beziehung, denn die Eltern bringen ihr eigenes Arbeitsmodell der Bindung mit ein. Zusätzlich spielen familiäre Umstände eine Rolle, z. B. Qualität der Eltern-Beziehung, sozioökonomische Probleme oder psychische Belastungen, denn diese können die Einfühlsamkeit der Eltern vermindern.

Tabelle 7.6 Bindungsstile und typisches Verhalten der Kinder im Fremde-Situation-Test (nach Ainsworth et al., 1978; Main & Solomon, 1990)

	Szene 1 / 2	Szene 4 / 6	Szene 5 / 8	Anteil (ca.)
Typ B: sicher, balanciert	Erkundungsverhalten	Bindungsverhalten	Kontakt, Beruhigung	58 %
Typ A: unsicher-vermeidend	Wenig Exploration	Ruhig, wenig Kummer	Keine Begrüßung; evtl. Abwenden	35 %
Typ C: unsicher-ambivalent	Wenig Exploration	Bindungsverhalten	Widerstand; keine Beruhigung	8 %
Typ D: desorganisiert			Bizarres Verhalten; Konflikt: Annäherung – Angst	5 %

7.4.4 Soziale Kognition, beginnende Theory of Mind

> **Definition**
>
> Als **Theory of Mind** bezeichnet man die Fähigkeit, sich selbst und anderen mentale Zustände (z. B. Wissen, Wünsche, Gedanken, Emotionen) zuzuschreiben.

Wir gehen davon aus, dass alle Menschen geistige Zustände wie Gedanken oder Gefühle erleben. Wahrnehmen können wir aber nur unsere eigenen mentalen Zustände (Subjektperspektive), während wir die mentalen Zustände anderer Personen (Objektperspektive) aus deren Verhalten oder aus verbalen Äußerungen erschließen müssen. Bereits junge Kinder zeigen Verhaltensweisen, die auf eine beginnende Theory of Mind hinweisen. Die Zuschreibung verschiedener geistiger Zustände entwickelt sich über das Kindergartenalter hinweg, wobei Handlungsabsichten, Wünsche und Emotionen ab dem 2. Lebensjahr verstanden werden (für die weitere Entwicklung vgl. Abschn. 16.4.3).

Handlungsabsichten (Intentionen). Bereits im 1. Lebensjahr haben Kinder ein intuitives Wissen darüber, dass menschliche Handlungen auf bestimmte Ziele ausgerichtet sind (Elsner, 2007). So wundern sich 6 Monate alte Kinder, wenn eine Hand, die immer einen Teddybären ergriffen hat, auf einmal nach einem Ball greift (Woodward, 1998). Es wird allerdings diskutiert, ob im 1. Lebensjahr bereits ein Verständnis für die geistigen Prozesse besteht, die Handlungen zugrunde liegen. Im 2. Lebensjahr scheinen Kinder sicher zu verstehen, dass sie selbst und auch andere Personen Handlungsabsichten haben. So imitieren sie mit 14 Monaten bevorzugt diejenige von zwei Handlungen, bei deren Ausführung eine Erwachsene »There!« sagte, verglichen mit »Whoops!« (Carpenter, Akhtar et al., 1998). Anscheinend schließt das Kind aus den Äußerungen, welche der Handlungen beabsichtigt war. Mit 18 Monaten können Kinder dann Intentionen aus unvollständigen Handlungen erschließen (Meltzoff, 1995). Zuerst beobachteten die Kinder, wie ein Erwachsener eine Handlung mit einem Objekt ungeschickt ausführte, sodass der beabsichtigte Effekt nicht erreicht wurde (s. Abb. 7.4). Aber sobald man ihnen das Objekt überließ, führten die Kinder die Handlung erfolgreich aus. 12 Monate alte Kinder taten dies noch nicht, und demnach entwickelt sich das Verständnis von Intentionen im 2. Lebensjahr.

Wünsche. Auch die Erkenntnis, dass sich die eigenen Wünsche von denen anderer Personen unterscheiden können, entsteht mit ca. 18 Monaten. Dies zeigt unter anderem eine Studie mit 14 und 18 Monate alten Kindern, in der eine Erwachsene Vorliebe bzw. Abneigung gegenüber zwei Lebensmitteln äußerte (roher Brokkoli vs. Cracker; Repacholi & Gopnik, 1997). Anschließend

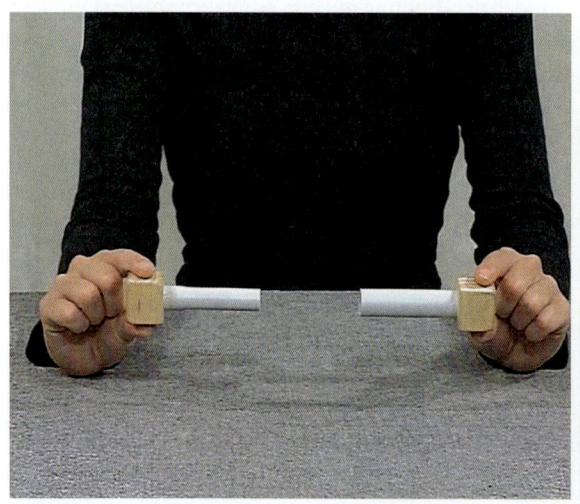

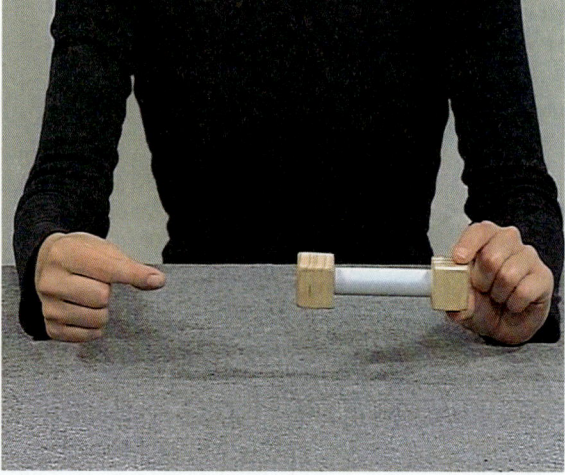

Abbildung 7.4 Erkennen von Handlungsabsichten im 2. Lebensjahr: 18 Monate alte Kinder führen die vollständige Handlung erfolgreich aus, unabhängig davon, ob sie eine vollständige Demonstration (links) oder einen missglückten Versuch (rechts) beobachtet haben (nach Meltzoff, 1995)

bat sie das Kind, ihr eines der Lebensmittel zu geben. Unabhängig von den Äußerungen der Erwachsenen gaben die 14 Monate alten Kinder das, was sie selbst gern mögen. Die 18 Monate alten Kinder passten dagegen ihre Auswahl an und gaben dasjenige, zu dem die Erwachsene positive Gefühle geäußert hatte. Um die Mitte des 2. Lebensjahrs entwickelt sich demnach ein Verständnis für eigene und fremde Vorlieben.

Emotionen. Bereits sehr junge Kinder reagieren auf die Emotionen anderer Personen. So zeigen Neugeborene das »ansteckende Weinen«, d. h., sie reagieren auf das Unbehagen anderer Säuglinge mit eigenen negativen Emotionen. Ab ca. 8 Wochen, wenn Säuglinge das soziale Lächeln zeigen (vgl. Abschn. 7.3.4), reagieren sie auch mit einem positiven Gesichtsausdruck auf positive Emotionen anderer Menschen. Die Fähigkeit zu Mitgefühl oder Empathie ist also schon früh vorhanden. Die Unterscheidung zwischen eigenen und fremden Gefühlen gelingt Kindern aber erst mit ca. 18 Monaten. Dann beginnen sie beispielsweise, andere Personen zu trösten, d. h., sie übertragen wahrgenommene negative Emotionen nicht auf sich selbst, sondern reagieren durch eine andersgeartete Handlung, die Mitleid ausdrücken und/oder dem anderen helfen soll. Somit bestehen gegen Ende des 2. Lebensjahrs erste Ansätze für prosoziales Verhalten (Trösten, Helfen, Teilen), welches in den folgenden Lebensjahren weiter ausgebaut wird.

7.4.5 Sozialisationsbereitschaft und Selbstregulation

Im 2. Lebensjahr verstärken sich die Erziehungs- und Sozialisationsbemühungen vonseiten der Eltern. So beginnt für viele Kinder zu diesem Zeitpunkt die Sauberkeitserziehung. Auch die Anzahl von ausgesprochenen Verboten erhöht sich ab dem 1. Geburtstag, unter anderem aufgrund der zunehmenden Fortbewegungsfähigkeit des Kindes. Verbote werden von Eltern eingesetzt zum Schutz des Kindes vor Gefahren, zum Schutz der Umgebung vor dem Kind oder auch zur Vermittlung gesellschaftlicher Konventionen. Elterliche Anforderungen schränken die aktuellen Bedürfnisse des Kindes ein und sind deshalb eine Quelle für Frustrationen, aber sie ermöglichen dem Kind auch, die Eltern als Lehrer und Schutzpersonen kennenzulernen. Der günstige Ausgang der Erziehungsbemühungen ist ein Gefühl der Kompetenz aufseiten des Kindes.

Trotzverhalten. Eine häufige Reaktion auf elterliche Erziehungsbemühungen im 2. Lebensjahr ist das Trotzverhalten. Ab 16 bis 18 Monaten zeigen alle Kinder zumindest leichte Anzeichen von Trotz, aber es gibt Unterschiede in der Häufigkeit und Heftigkeit der Reaktionen sowie in der Dauer des »Trotzalters«. Meist zeigen Jungen mehr und heftigeres Trotzverhalten als Mädchen. Man geht davon aus, dass das Trotzverhalten mit verschiedenen sich entwickelnden Kompetenzen des Kindes zusammenhängt. So ist das Kind in der Lage, sich gemäß eigener Wünsche und Interessen zu verhalten. Es entsteht ein Gefühl der Selbstwirksamkeit bzw. das Bewusstsein, Urheber von Wirkungen in der Umwelt zu sein, und das Kind erfährt, dass es sein eigenes Verhalten steuern und kontrollieren kann. Wird das Kind aber an der Erfüllung seiner Bedürfnisse gehindert, steht kein alternativer Handlungsplan zur Verfügung. Demnach entsteht das Trotzverhalten aus einem Systemzusammenbruch. Im Hinblick auf das Erleben von Frustrationen signalisiert das Trotzverhalten eine unzureichende emotionale Selbstregulation. Mit zunehmender Sprach- und Handlungskompetenz kommt es im 3. Lebensjahr meist zu einer Verringerung des Trotzens, wobei aber Persönlichkeitseigenschaften des Kindes (z. B. schwieriges Temperament; vgl. Abschn. 7.2.4) oder ungünstige Erziehungserfahrungen dazu führen können, dass dieses Verhalten weiter anhält.

Folgsamkeit. Aber auch im positiven Sinne sind Kinder ab dem 2. Lebensjahr zunehmend dazu bereit und in der Lage, sich gemäß der Vorgaben anderer Personen zu verhalten. Diese Fähigkeit bezeichnet man als Folgsamkeit (Compliance; Kochanska et al., 2001), und sie führt dazu, dass das Kind vorgegebene Ziele und Handlungsanweisungen langfristig verinnerlicht.

Zur Untersuchung der Folgsamkeit werden Aufgaben eingesetzt, die vom Kind erfordern, spontane Handlungen zu unterdrücken und alternative Handlungen auszuführen, z. B. eine Antwort zu flüstern, statt sie herauszurufen. Oft muss das Kind auch Bedürfnisse unterdrücken, z. B. eine Süßigkeit erst nach einer Wartezeit essen. Oder es geht um das Ausführen ungeliebter Handlungen, z. B. beim Aufräumen zu helfen. Aktives Folgen tritt oft auf, wenn Kinder zu einer Handlung aufgefordert werden, während widerstrebende Einwilligung eher aus Verbotssituationen resultiert. Die Aufgaben erfordern die Fähigkeit zur Kontrolle und willentlichen Steuerung von Handlungen (kognitive Selbst-

> **Übersicht**
>
> **Folgsamkeit (Compliance): Reaktionen des Kindes auf Anforderungen**
>
> Dix et al. (2004) unterscheiden verschiedene Formen von Folgsamkeit und Nicht-Folgsamkeit:
> - Aktives Folgen und Mitmachen (»willing compliance«): Kind erfüllt freudig die Anforderungen, auch ohne externe Kontrolle.
> - Widerstrebende Einwilligung (»resistive compliance«): Kind tut, was man von ihm verlangt, aber protestiert oder jammert dabei.
> - Passives Verweigern (»passive noncompliance«): Kind ignoriert die Anforderungen, zeigt dabei keine starken Emotionen.
> - Aktives Verweigern bzw. Trotzverhalten (»defiant noncompliance«): Kind widersetzt sich den Anforderungen und zeigt starke negative Emotionen.

regulation; exekutive Funktionen) sowie die Kontrolle von Erregungszuständen und negativen Emotionen (emotionale Selbstregulation). Beide Fähigkeiten entwickeln sich ab dem 2. Lebensjahr, aber es bestehen auch interindividuelle Unterschiede, die über längere Lebensabschnitte stabil sind.

> **Denkanstöße**
>
> - Inwiefern ermöglichen motorische Entwicklungsfortschritte dem Kind, seine Umwelt auf neue Art wahrzunehmen?
> - Wie verändert das Sich-selbst-Erkennen im Spiegel die Wahrnehmung des Kindes von sich selbst und von anderen Personen?
> - Wie könnte man Eltern erklären, dass das Fremdeln und das Trotzen positive Hinweise auf neue Kompetenzen des Kindes sind?

> **Zusammenfassung**
>
> - In der Pränatalzeit entstehen wichtige Grundlagen für das Verhalten und Erleben: Nervensystem, Bewegungsapparat und Wahrnehmung werden zunehmend funktionsfähig. Bereits in dieser Phase beeinflussen biologische Faktoren (Anlage) und Erfahrungen (Umwelt) die Entwicklung. Verschiedene Umwelteinflüsse, wie Alkoholkonsum, Rauchen oder starker Stress, können schädigend auf das Ungeborene wirken. Auch eine Frühgeburt kann Risiken für die weitere körperliche und psychische Entwicklung bergen.
> - In den ersten 6 bis 8 Lebenswochen bezeichnet man das Kind als Neugeborenes. Bereits in diesem Alter sind interindividuelle Unterschiede erkennbar, z. B. in der Erregungsregulation oder der Stabilität von Rhythmen der Körperfunktionen. Obwohl die Motorik noch eingeschränkt ist, treten bei bestimmten Stimuli typische Reaktionen auf (Neugeborenenreflexe), die überlebenswichtige Funktionen besitzen und eine Grundlage für späteres willentliches Verhalten sind. Alle fünf Sinne sind bei der Geburt funktionsfähig, und Neugeborene bevorzugen bestimmte Reize. Auch Lernen und Gedächtnis sind bereits vorhanden.
> - Im 1. Lebensjahr macht das Kind bedeutende Entwicklungsfortschritte in den Bereichen Motorik, Denken, Sprache, Sozialverhalten und Erregungsregulation. Meilensteine sind etwa das visuell gesteuerte Greifen, die eigene Fortbewegung und die ersten Wörter. Bei der Exploration der Umwelt nutzen Säuglinge angeborenes Kernwissen. Moderne Methoden der Verhaltensbeobachtung haben erwiesen, dass vorsprachliche Denkprozesse schon erstaunlich komplex sind.
> - Das 2. Lebensjahr markiert den Übergang vom Säugling zum Kleinkind. Wichtige Aspekte sind die Entwicklung der Sprache und einer spezifischen Bindung an Bezugspersonen. Die Fähigkeit zur objektiven Selbsterkenntnis ab ca. 18 Monaten verändert die kindliche Wahrnehmung von sich selbst und von anderen Personen. Gegen Ende des 2. Lebensjahrs nimmt die Sozialisationsbereitschaft des Kindes zu, aber es kann auch Trotzverhalten als Ausdruck der Überforderung auftreten.

Weiterführende Literatur

Hasselhorn, M. & Silbereisen, R. K. (Hrsg.). (2008). Entwicklungspsychologie des Säuglings- und Kindesalters (Enzyklopädie der Psychologie, Themenbereich C, Serie V, Bd. 4). Göttingen: Hogrefe. *Umfangreicher und wissenschaftlich fundierter Überblick zur frühkindlichen Entwicklung. Vertiefte Darstellung spezifischer Themen in einzelnen Kapiteln (z. B. Hineinwachsen in eine Familie, Entwicklungsstörungen).*

Keller, H. (Hrsg.). (2011). Handbuch der Kleinkindforschung (4. Aufl.). Bern: Huber. *Standardwerk zu Methoden, Fragestellungen und Ergebnissen der empirischen Forschung zur frühkindlichen Entwicklung.*

Bremner, J. G. & Wachs, T. D. (Eds.). (2010). The Wiley-Blackwell handbook of infant development, Vol. 1 (2nd ed.). Malden, MA: John Wiley & Sons. *Überblick zu Forschungsergebnissen im Bereich der frühkindlichen Entwicklung, vor allem US-amerikanische bzw. internationale Forschung.*

Nilsson, L. (2009). Ein Kind entsteht – Der Bildband. München: Mosaik. *Fotodokumentation der pränatalen Entwicklung.*

Largo, R. H. (2010). Babyjahre: Entwicklung und Erziehung in den ersten vier Jahren. München: Piper. *Populärwissenschaftliche Darstellung der frühkindlichen Entwicklung, auch geeignet für Eltern und andere an der Erziehung von Kleinkindern beteiligte Personen.*

8 Frühe Kindheit (3–6 Jahre)

Wolfgang Schneider • Marcus Hasselhorn

8.1 Körperliche und motorische Entwicklung
    8.1.1 Körperliche Entwicklung in der Vorschulzeit
    8.1.2 Motorische Entwicklung

8.2 Kognitive Entwicklung
    8.2.1 Piagets Stufenmodell der Denkentwicklung: Die präoperationale Phase
    8.2.2 Intelligenzentwicklung im Vorschulalter aus psychometrischer Sicht
    8.2.3 Gedächtnis
    8.2.4 Sprache
    8.2.5 Exekutive/kognitive Kontrolle
    8.2.6 Frühe Indikatoren schulischer Kompetenzen

8.3 Entwicklung von Motivation und Emotion
    8.3.1 Lern- und Leistungsmotivation
    8.3.2 Emotion

8.4 Soziale Entwicklung
    8.4.1 Familiäre Sozialisation
    8.4.2 Beziehung zu Gleichaltrigen
    8.4.3 Sozialisation in Kindertageseinrichtungen

Kinder im Alter zwischen 3 und 6 Jahren zeigen schon deutliche Anzeichen von Leistungsmotivation, wobei sich in mehreren Studien zur Leistungsvorhersage ein interessantes Ergebnismuster bestätigt hat, wie es in der folgenden Episode zum Ausdruck kommt. In einer Untersuchung des Erstautors mit 4- und 6-Jährigen sollte von den Kindern vorhergesagt werden, wie viele von insgesamt zehn Tennisbällen sie in einen Eimer werfen könnten, der etwa drei Meter entfernt aufgestellt war. Peter war als Erster an der Reihe und schätzte, dass er alle zehn Bälle im Eimer »versenken« würde. Es wurden dann aber nur drei Treffer, was ihm auf Nachfrage hin auch deutlich bewusst war. Vor dem zweiten Durchgang wurde er wieder befragt, wie viele Treffer er nun wohl landen würde. Ohne zu zögern, antwortete er: »Es werden jetzt zehn!« De facto wurden es nur vier, was ihm wenig auszumachen schien. Dieses Frage-Antwort-Spiel führte bei den meisten 4-Jährigen der Studie zu sehr ähnlichen Ergebnissen, zeigte also in der Regel deutliche Leistungsüberschätzungen, die auch nach praktischen Erfahrungen kaum reduziert wurden. Sollten die 4-jährigen Kinder diese Vorhersagen jedoch für ein anderes Kind machen, das sie vorher bei der Ausführung der Aufgabe schon beobachtet hatten, waren die Prognosen erstaunlich realistisch. Dies deutet darauf hin, dass in der Altersgruppe der 4-Jährigen Wunschdenken noch sehr einflussreich ist und Kinder dieses Alters möglicherweise egozentrisch denken. Auch wenn sich die 6-Jährigen bei dieser Aufgabe ebenfalls überschätzten, waren die Abweichungen zwischen Prognose und Leistung bei Weitem nicht so groß. Der Einfluss des Wunschdenkens scheint also in der Vorschulzeit allmählich abzunehmen, der Realitätssinn dagegen zuzunehmen. Der hier beispielhaft illustrierte Optimismus von Vorschulkindern korreliert mit bedeutsamen Fortschritten im Bereich der körperlich-motorischen, geistigen, emotional-motivationalen wie auch sozialen Entwicklung, was im Folgenden dokumentiert werden soll.

8.1 Körperliche und motorische Entwicklung

8.1.1 Körperliche Entwicklung in der Vorschulzeit

Auch wenn die körperliche Entwicklung zwischen 3 und 6 Jahren sicherlich deutlich langsamer verläuft als noch in den beiden ersten Lebensjahren, sind Veränderungen in dieser Phase offensichtlich. Die meisten Jungen und Mädchen haben zu Beginn des 3. Lebensjahres ihre Körpergröße seit Geburt annähernd verdoppelt (von ca. 50 auf ca. 90–100 Zentimeter) und ihr Gewicht annähernd verdreifacht. Das Kind weist zu diesem Zeitpunkt noch seine Kleinkindfigur auf, mit einem immer noch dominanten Kopf, einer breiten Mittelpartie und vergleichsweise kurzen Armen und Beinen. Zwischen dem 2. und 3. Lebensjahr verliert das Kind allmählich den »Babyspeck« und damit auch seine Körperrundungen. Zwischen dem 3. und 5. Lebensjahr wird der Körper immer länger und der Bauch flacher, da sich allmählich die Bauchmuskulatur herausbildet. Diese Periode ist insgesamt durch ein beschleunigtes Muskelwachstum und damit durch eine Zunahme von Kraft und Ausdauer charakterisiert, wobei die Jungen im Vergleich mit den Mädchen insgesamt etwas muskulöser sind und weniger Fett ausbilden. Der Kopf wächst ab dem Alter von 3 Jahren längst nicht mehr so schnell wie die übrigen Körperteile, hat allerdings bei einem 4- bis 5-Jährigen schon fast die Größe wie bei einem Erwachsenen erreicht und wirkt demnach immer noch überproportional groß. Da Rumpf und Extremitäten in der Zeit zwischen dem 4. und 6. Lebensjahr stark wachsen, gleichen die Proportionen eines 6-Jährigen bereits weitgehend denen eines Erwachsenen. Wenn auch das Wachstum in der Vorschulzeit nicht linear verläuft, so kann doch davon ausgegangen werden, dass Kindergartenkinder im Durchschnitt etwa 6–8 Zentimeter pro Jahr wachsen und dabei 1,5 bis 2,5 Kilo an Gewicht gewinnen. Insgesamt sind Jungen in dieser Entwicklungsphase im Durchschnitt etwas größer als Mädchen und bleiben dies auch noch im Grundschulalter. Erst mit dem Einsetzen der Pubertät ändern sich hier die Verhältnisse.

Auch das Gehirnwachstum erscheint in dieser Phase beträchtlich. Ist das Gehirn eines 2-Jährigen noch etwa halb so schwer wie das eines Erwachsenen, so weist es gegen Ende der Vorschulzeit schon etwa 90 % des Gewichts eines erwachsenen Gehirns auf. Die Gewichtszunahme hängt zentral mit dem Vorgang der Myelinisierung zusammen, bei dem sich die Nervenfasern mit einer Fettschicht umgeben, was erheblich zur Beschleunigung der Impulsweiterleitung im Hirn beiträgt. Während die Nervenbahnen zwischen dem Gehirn und den Sinnesorganen schon von Geburt an myelinisiert sind und daher schon von Anfang an sehr gut funktionieren, kommt dieser Vorgang bei bestimmten Hirnarealen erst sehr spät (teilweise erst in der Adoleszenz oder dem frühen Erwachsenenalter) zum Abschluss.

8.1.2 Motorische Entwicklung

Allgemeine Entwicklungstrends

Grobmotorik. Die beschriebenen Veränderungen im körperlichen Bereich führen zusammen mit der Ausreifung des zentralen Nervensystems dazu, dass sich die Vorschulkinder auch motorisch sehr zügig weiterentwickeln. Verbesserungen werden zunächst vor allem in der Grobmotorik registriert.

> **Definition**
>
> Unter der **Grobmotorik** versteht man all diejenigen Bewegungsfunktionen des Körpers, die der Gesamtbewegung dienen, wie Laufen, Hüpfen oder Springen.

Nachdem die Kinder zwischen dem 12. und 18. Lebensmonat das Laufen erlernt haben, ist die motorische Entwicklung in der Folge durch den Erwerb immer neuer Fortbewegungsmöglichkeiten geprägt. Wenn auch der Gang zunächst noch ungelenk und unsicher erscheint, so können Kleinkinder im Alter von 2 Jahren allmählich Treppen steigen, hüpfen und auch klettern. Die erwähnte Kräftigung der Muskulatur führt zusammen mit zunehmend besserer Muskelsteuerung dazu, dass sich die Einzelbewegungen verfeinern und komplexere Bewegungsabläufe möglich werden. Ab dem 3. Lebensjahr lässt sich im Hinblick auf grobmotorische Fertigkeiten eine deutliche Beschleunigung beim Laufen sowie eine größere Wendigkeit und Geschicklichkeit beobachten, wenn sich etwa Laufen und Springen abwechseln. Das Kind kann nun auch rückwärts laufen, auf den Zehenspitzen stehen, zu Musik tanzen und auch auf schmalen Balken balancieren. Der Gleichgewichtssinn entwickelt sich kontinuierlich weiter, sodass das Kind etwa ab dem Alter von 5 Jahren auf jedem Bein einbeinig stehen, Bälle rollen und auffangen kann. In diesem Alter sind auch die Voraussetzungen für das Erlernen des Schwimmens sowie des Roller- und Fahrradfahrens gegeben.

Diese Entwicklungsphase ist dadurch gekennzeichnet, dass das Aktivitätsniveau des Kindes substanziell und dabei kontinuierlich zunimmt. Früher wurde vielfach davon ausgegangen, dass ein Plateau bzw. Maximalwert hier schon etwa im Alter von 5 Jahren erreicht wird. Neuere Arbeiten mit präziseren Beobachtungstechniken deuten jedoch eher darauf hin, dass das motorische Aktivitätsniveau seinen Höhepunkt erst im Alter von 7 bis 8 Jahren erreicht (vgl. Jenni et al., 2012).

Feinmotorik. Auch im Bereich der Feinmotorik zeigen sich in der Vorschulphase deutliche Verbesserungen.

> **Definition**
>
> Mit dem Begriff der **Feinmotorik** werden meist Bewegungen bezeichnet, an denen nur einzelne Muskeln beteiligt sind. Er bezieht sich vor allem auf Muskelbewegungen der Finger und Hände. Obwohl die Ausbildung der Hand- und Fingergeschicklichkeit zweifellos zu den wesentlichen Merkmalen gehört, sind weiterhin auch Abläufe bei der Sprechmotorik und der Mimik unter diesen Begriff zu subsumieren.

Koordinierte Bewegungen von Fingern und Händen stellen für das 3-jährige Kind relativ schwierige Bewegungen dar, die teilweise auch die genaue Abstimmung bzw. Kontrolle mit den Augen oder Ohren erfordern. Typische Aufgabenstellungen für die Erprobung feinmotorischer Fertigkeiten sind etwa das Ausschneiden von Formen mit der Schere, das Aufknöpfen eines Hemds oder das Aufreihen von Perlen an einer Schnur. Fortschritte im Bereich der Feinmotorik lassen sich beispielsweise gut an der Entwicklung von Malbewegungen illustrieren. Wird dieser Vorgang beim 3-jährigen Kind zunächst noch von den großen Muskeln gesteuert und vom Arm gelenkt, so wird die Feinmotorik in den Folgejahren zunehmend präziser. Das Kindergartenkind malt nun vom Unterarm aus und kann so auch kleinere Figuren und Elemente abbilden. Mit dem Eintritt in die Schule muss es dann lernen, nicht aus dem Unterarm, sondern aus dem Handgelenk heraus zu schreiben, was eine größere Umstellung und gezielte Übung erfordert.

Individuelle Unterschiede in der motorischen Entwicklung

Angesichts der großen Variabilität in der Entwicklung des kindlichen Bewegungsverhaltens fällt es schwer, hier generelle Angaben für die Zeitpunkte des Erreichens bestimmter Entwicklungsschritte zu machen. Während etwa einige Kinder schon mit 10 Monaten laufen können, gelingt dies anderen Kleinkindern auch im Alter von 18 Monaten noch nicht ohne fremde Hilfe. Die Bedeutung individueller Unterschiede lässt sich insbesondere mit Daten aus Längsschnittstudien illustrieren. Abbildung 8.1 bezieht sich auf Ergebnisse der von Remo Largo geleiteten Zürcher Längsschnittstudien. Es wird daraus etwa ersichtlich, dass einige Kinder schon mit weniger als 3 Jahren Fahrrad fahren können, die meisten Kinder diese Fertigkeit aber erst im Alter von 5 bis 6 Jahren erwerben. Der komplizierte Vorgang des Schuhebindens wird schon von einigen wenigen 3-Jährigen beherrscht, während die große Mehrheit der Kinder diese Fertigkeit erst zwischen 6 und 7 Jahren zeigt.

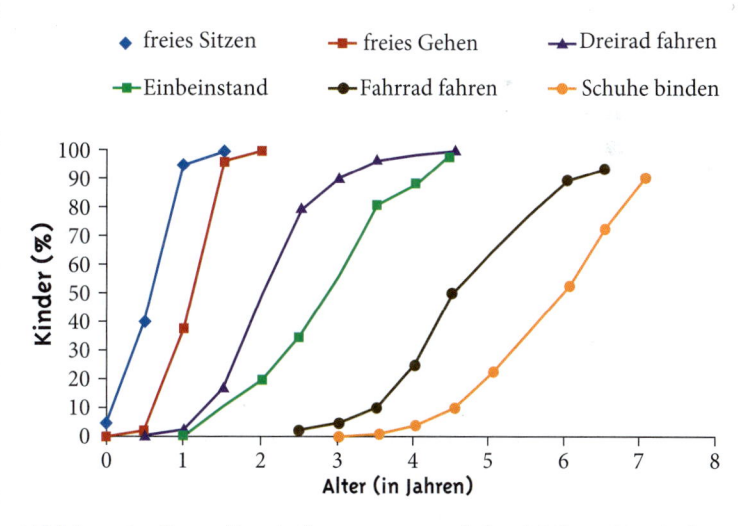

Abbildung 8.1 Erstmaliges Auftreten von motorischen Meilensteinen in der frühen Kindheit (nach Daten aus den Zürcher Längsschnittstudien; leicht modifiziert nach Jenni et al., 2012)

Aus diesen Längsschnittstudien geht auch hervor, dass fast alle 5-jährigen Kinder dazu in der Lage sind, längere Zeit auf einem Bein zu stehen oder auf einem Bein zu hüpfen. Wenn diese Aufgaben (wie häufig beobachtbar) bei Untersuchungen von Schulanfängern zur Erfassung des motorischen Entwicklungsstands herangezogen werden, erweisen sie sich demnach als diagnostisch wenig wertvoll.

Angesichts der beträchtlichen individuellen Unterschiede in der Entwicklung motorischer Fertigkeiten scheint die Frage interessant, ob sich aus frühen Unterschieden im motorischen Bereich spätere Kompetenzunterschiede vorhersagen lassen.

> **Unter der Lupe**
>
> **Entwicklung und Stabilität motorischer Merkmale im Vorschulalter**
>
> In der Münchner Längsschnittstudie LOGIK wurden etwa 200 Kinder im Alter zwischen 4 und 6 Jahren dreimal mit dem Motoriktest MOT 4–6 (Zimmer & Volkamer, 1984) und weiteren Verfahren zur Erfassung der motorischen Dimensionen Ausdauer, Kraft, Schnelligkeit, Koordination und Beweglichkeit untersucht (vgl. Ahnert et al., 2003). Wie erwartet variierten die Leistungen der Kinder relativ stark, nahmen jedoch auch insgesamt zwischen den jeweiligen Messzeitpunkten erheblich zu. Jungen wiesen in der Regel bessere Kennwerte auf als Mädchen (insbesondere bei Aufgaben, die Schnelligkeit und Kraft erforderten), und auch die älteren Kinder zeigten sich den jüngeren durchwegs überlegen. Die Stabilitätskennwerte (Retest-Korrelationen nach einem Jahr) fielen für diese Altersperiode eher mäßig aus und lagen zwischen $r = .3$ und $r = .5$, was darauf hinweist, dass sich die ursprüngliche Kompetenzrangfolge in dieser frühen Entwicklungsphase noch deutlich verändert. Während in dieser Altersperiode also Geschwindigkeitsunterschiede in der Entwicklung bedeutsam und dabei schwer prognostizierbar sind, finden sich später ab dem Grundschulalter wesentlich höhere Stabilitäten in der motorischen Entwicklung. Die korrelativen Beziehungen zwischen Intelligenz und Motorik erwiesen sich im Vorschulalter als reliabel, überschritten jedoch kaum Werte oberhalb von $r = .3$.

8.2 Kognitive Entwicklung

8.2.1 Piagets Stufenmodell der Denkentwicklung: Die präoperationale Phase

Ähnlich schnell wie die körperlich-motorische Entwicklung vollzieht sich im Vorschulalter auch die intellektuelle Entwicklung. Unser Wissen über diese Phase wurde im vergangenen Jahrhundert bedeutsam durch die Arbeiten Jean Piagets geprägt, dessen Stufenmodell der kognitiven Entwicklung weit verbreitet wurde. Dieses Modell geht davon aus, dass in einer frühen Phase der sensomotorischen Entwicklung während der beiden ersten Lebensjahre der Säugling bzw. das Kleinkind wichtige Meilensteine der Entwicklung absolviert und dabei lernt, sich selbst von anderen Personen und der physikalischen Umwelt zu unterscheiden (vgl. Abschn. 16.1.1). Für den Zeitraum zwischen 2 und 6 bis 7 Jahren wird von Piaget eine Phase des präoperationalen Denkens angenommen (vgl. Abschn. 16.1.2). Der wesentliche Entwicklungsfortschritt gegenüber dem sensomotorischen Stadium ist darin zu sehen, dass das Kind nun dazu fähig ist, sich ein Ereignis oder eine Handlung gedanklich vorzustellen (»mental zu repräsentieren«). Während anschauliche Denkvorgänge demnach schon ab dem 3. Lebensjahr funktionieren, sind Piaget zufolge Kinder dieser Altersstufe jedoch noch nicht dazu fähig, »Operationen« (d. h. verinnerlichte Formen der Handlung) mit den mental repräsentierten Vorstellungen angemessen durchzuführen. Das Vorschulkind kann Symbole gebrauchen und verstehen (was sich insbesondere im Gebrauch der Sprache dokumentiert) und mit seiner Umwelt schon kompetent interagieren, weist jedoch eine Reihe stadientypischer Beschränkungen in der Beweglichkeit des Denkens auf und kann den Regeln der Erwachsenenlogik nicht folgen.

Magisch-animistisches Denken. Gerade in der frühen Phase dominiert animistisches, magisches Denken, wenn Vorschulkinder über Gegenstände wie Wolken, Mond und Sonne befragt werden. Auch wenn das Phänomen unbestritten ist, dürfte Piaget die Häufigkeit animistischer Annahmen überschätzt haben, da er die Kinder meist zu Gegenständen befragte, mit denen sie noch wenig Erfahrung gesammelt hatten. Die meisten 3- bis 4-jährigen Kinder glauben dennoch an übernatürliche Kräfte bei Märchenwesen (z. B. Feen oder Zwergen) und pendeln zwischen magisch-animistischen und realistisch-naturalistischen Weltsichten hin und her. Sie engagieren sich gerne in sogenannten »Als-ob«-Spielen, also Funktions- und Rollenspielen, bei denen bestimmte Objekte neue Funktionen erhalten (eine Schachtel wird etwa zum Auto) oder das Kind sich mit anderen Personen (z. B. einem Lastwagenfahrer) identifiziert. Diese Spiele kommen schon ab dem 2. Lebensjahr zum Einsatz, wobei der Höhepunkt wohl zwischen 3 und 4 Jahren erreicht wird. Magie scheint für alle diejenigen Vorgänge verantwortlich, die sich die Kinder nicht erklären können. Mit zunehmendem Alter und zunehmend größerer Vertrautheit mit physikalischen Prinzipien nimmt das magische Denken der Kinder ab. Die Freude an der Fantasiewelt ist insgesamt groß und zeigt sich etwa auch darin, dass junge Kinder nicht selten imaginäre Freunde erfinden (vgl. Mähler, 2008).

Zentrierung und Egozentrismus. Ein charakteristisches Merkmal dieser Entwicklungsphase im Hinblick auf Denkvorgänge ist die Zentrierung, d. h. die Konzentration auf einen Aspekt der Situation bei Vernachlässigung anderer wichtiger Merkmale. Damit geht auch die Unfähigkeit einher, einmal beobachtete Situationen bzw. Handlungen sozusagen »im Geiste« rückgängig zu machen, also etwa bei einem Problem eine Reihe von Schritten zu erkennen und diese dann mental in der Richtung und Reihenfolge umzukehren.

Das präoperationale Denken ist demnach durch »Irreversibilität« gekennzeichnet, was sich bei unterschiedlichen Aufgaben zum Invarianzbegriff der Kinder nachweisen lässt. Typisch sind dabei falsche Schlussfolgerungen im Rahmen der »Umschüttaufgabe«. Vorschulkinder glauben etwa, dass sich die Quantität einer Flüssigkeit verändert, wenn sie aus einem breiten in ein höheres Glas mit geringerem Durchmesser umgegossen wird. Nach Piagets Befunden können selbst 6- bis 7-Jährige diese Aufgabe nicht korrekt lösen und geben an, dass sich in dem höheren Glas auch mehr Flüssigkeit befindet. Diese für uns erstaunlichen Antworten führte Piaget darauf zurück, dass Kinder dieses Alters noch nicht reversibel denken, also sich den Umschüttvorgang in umgekehrter Richtung nicht vorstellen können. Weiterhin fehlt die Fähigkeit zur Dezentrierung, d. h. dazu, die beiden hier relevanten Objektdimensionen der Höhe und Breite gleichzeitig zu beachten. Diese Kompetenzen sind erst für das Stadium der konkreten Operationen typisch und erst ab Beginn der Schulzeit zu beobachten.

Piaget ging davon aus, dass Kinder der präoperationalen Phase generell egozentrisch agieren. Mit Egozentrismus meinte er das Unvermögen der Kinder, die Ansichten oder Perspektiven anderer Personen von den eigenen zu unterscheiden. Belege für diese Annahme lieferte der klassische »Drei-Berge-Versuch«, bei dem eine Plastik verwendet wurde, in der drei Berge unterschiedlicher Form und Größe nachgebildet waren. Nachdem das Kind sich einen Eindruck vom Berge-Modell verschafft und es von allen Seiten erkundet hatte, wurde es danach gefragt, wie die Berge aus Sicht einer gegenübersitzenden Puppe aussehen. Aus mehreren zur Auswahl vorgegebenen Bildern wählten die Kinder meist dasjenige aus, welches ihre eigene Perspektive wiedergab.

Kritik und Weiterentwicklung des Piaget-Ansatzes. Die Charakterisierung der präoperationalen Phase durch Piaget fokussiert darauf, was das Kind noch nicht kann und weiß, und viel weniger darauf, was es alles schon beherrscht. Seit etwa vier Jahrzehnten haben sich kognitive Entwicklungspsychologen mit der Frage beschäftigt, ob Piaget das Wissen und Können von Vorschulkindern nicht doch deutlich unterschätzt hat. Eine Vielzahl von Studien hat diese Annahme bestätigt (vgl. Abschn. 16.2.2).

> **Unter der Lupe**
>
> **Sind Vorschulkinder wirklich egozentrisch?**
> Piagets Schlussfolgerungen aus den Ergebnissen des Drei-Berge-Versuchs wurden unter anderem von Helen Borke (1975) angezweifelt, die den Versuch in der Originalfassung wiederholte und weiterhin eine andere Anordnung vorgab, die der Erfahrungswelt der Kinder besser entsprach (ein Bauernhaus, vor dem sich eine Kuh und ein Pferd befanden, weiterhin ein See mit einem Boot). Während die 3-jährigen Versuchspersonen an dem Drei-Berge-Versuch nach Piaget scheiterten, waren sie sehr wohl dazu in der Lage, richtige Antworten darauf zu geben, wie eine Puppe die Szene mit dem Bauernhaus aus unterschiedlichen Perspektiven sieht. Spätere Untersuchungen mit Papptafeln, auf deren beiden Seiten unterschiedliche Tiere aufgeklebt waren, konnten ebenfalls belegen, dass junge Kinder zur Perspektivenübernahme fähig waren, wenn das Material vertraut und die Anweisungen einfach zu verstehen waren. Unter diesen Bedingungen zeigen auch 3- oder 4-jährige Kinder, dass sie den Blickwinkel anderer Menschen einnehmen können. Vorschulkinder sind demnach nicht generell egozentrisch, auch wenn sie sich im Alltag häufig so verhalten.

Die neueren Replikationsstudien zu den klassischen Experimenten Jean Piagets haben ergeben, dass er die Denkfähigkeiten von Vorschulkindern vielfach unterschätzte. Wenn die Aufgabenstellungen zu Invarianzproblemen vereinfacht und gleichzeitig bei der Instruktion sprachliche Verständnisschwierigkeiten vermieden werden, warten auch schon 3-Jährige mit guten Leistungen auf. In vertrauten Kontexten können sie durchaus logisch über Ursache-Wirkungs-Verhältnisse reflektieren (Goswami, 2008). Nahm Piaget etwa an, dass das Denken von Vorschulkindern stark von der Art und Weise, wie Dinge erscheinen, gelenkt wird, so lässt sich bei unterschiedlichen Kategorisierungsaufgaben zeigen, dass Vorschulkinder bei der Klassifikation von Objekten durchaus Abstraktionsleistungen zeigen und beispielsweise auch korrekte Schlüsse über nicht sichtbare Merkmale von Objekten ziehen können. Obwohl das Kategoriensystem junger Kinder noch nicht sonderlich komplex ist, können sie doch schon sehr früh hierarchisch klassifizieren und dabei logisch denken.

Viele Entwicklungspsychologen sind mittlerweile der Auffassung, dass auch Piagets Stufenkonzept mit neueren Befunden zur Denkentwicklung von Kindern nicht gut vereinbar ist, und dass sich kaum Hinweise für abrupte qualitative Veränderungen im logischen Denken von Kindern ab dem Beginn der Schulzeit finden lassen. Sie gehen von eher kontinuierlichen Entwicklungen aus (vgl. auch Abschn. 16.3). Dies ist im Übrigen auch die Position des psychometrischen Ansatzes zur Intelligenzentwicklung, dessen Konzept und empirische Befunde im Folgenden kurz skizziert werden.

8.2.2 Intelligenzentwicklung im Vorschulalter aus psychometrischer Sicht

In der klassischen Intelligenzforschung wird weniger dem Aspekt qualitativer Veränderungen in Denkoperationen als vielmehr dem Aspekt der Quantität richtiger Aufgabenlösungen zentrale Bedeutung zugemessen. Angesichts dieser deutlichen Unterschiede im Zugang zur Intelligenzproblematik und ihrer Entwicklung könnte leicht der Eindruck entstehen, dass es sich bei der Entwicklung des logischen Denkens und der Entwicklung der Intelligenz um zwei kaum miteinander verknüpfte Aspekte der menschlichen Entwicklung handelt. Dieser Eindruck täuscht jedoch sehr (vgl. Bjorklund & Schneider, 2006; Hasselhorn & Grube, 1997).

Intelligenz. Unter Intelligenz wird allgemein die Fähigkeit verstanden, sich schnell und flexibel an neue Anforderungen und Gegebenheiten der Umwelt anzupassen und diese zu verändern (vgl. auch Abschn. 9.1.3). Intelligenz reagiert also nicht nur auf die Umwelt, sondern sie formt diese auch aktiv. Der Definition zufolge hat die Intelligenz viele Facetten und kann auch nur schwer im Rahmen eines einzigen Tests bestimmt werden. Es finden sich in der Literatur eine Reihe unterschiedlicher Intelligenzmodelle, die sich in unterschiedlichen Testverfahren abbilden (vgl. z. B. Bjorklund & Schneider, 2006; s. auch Abschn. 9.1.3).

Intelligenztests für das Vorschulalter. Üblicherweise enthalten Intelligenztests für das Vorschulalter (und darüber hinaus) eine Reihe von sprachlichen oder nicht sprachlichen Untertests, deren Aufgaben meist nach aufsteigender Schwierigkeit geordnet sind. Die Anzahl der gelösten Aufgaben ergibt den Gesamtwert des jeweiligen Untertests. Über die Addition der einzelnen Untertest-Scores lässt sich ein Gesamt-Rohpunktwert ermitteln, der dann in der Regel in einen Intelligenzquotienten (IQ) umgerechnet wird. Entwicklungseffekte werden über IQ-Werte nicht erfasst, da die Testergebnisse lediglich die relative Position eines Kindes hinsichtlich seiner Intelligenz im Vergleich zu anderen

> **Unter der Lupe**
>
> **Wie sehr verändert sich die Intelligenz im Vorschulalter?**
>
> In der schon erwähnten Münchner Längsschnittstudie LOGIK wurde die verbale und nonverbale Intelligenz erstmals bei den knapp 4-jährigen Vorschulkindern erfasst und die Entwicklung bei diesen Personen in der Folge bis zum frühen Erwachsenenalter registriert. Für das Vorschulalter (die Phase zwischen 4 und 6 Jahren) lagen je zwei Erhebungen zur sprachlichen und nicht sprachlichen Intelligenz vor. Die Analyse der Rohwertveränderungen ergab für beide Intelligenzkomponenten signifikante Zuwächse im Bereich der Gesamt-Rohpunktwerte, was belegt, dass die Kinder zum zweiten Messzeitpunkt deutlich mehr Aufgaben lösen konnten als zu Beginn der Studie (vgl. Schneider et al., 1999). Die individuellen Fähigkeitsunterschiede waren schon zu diesem frühen Zeitpunkt beträchtlich, was sich an der Bandbreite der IQ-Werte (zwischen 70 und 150) ablesen lässt.

Kindern seiner Altersgruppe wiedergeben. Die Intelligenz an sich entwickelt sich jedoch mit zunehmendem Alter in dem Sinne, dass Vorschulkinder mit der Zeit fähiger und kenntnisreicher werden. Um solche Veränderungen im Bereich der psychometrischen Intelligenz abzubilden, eignet sich die Analyse der Test-Rohwerte dann, wenn über die Zeit hinweg die gleichen Tests bei den gleichen Personen verwendet werden.

Stabilität der IQ-Werte. Die Retest-Korrelationen der IQ-Werte für diesen Zeitraum betrugen jeweils ca. $r = .50$, was auf eine moderate Stabilität dieses Merkmals im Vorschulalter hindeutet. Die Prognose späterer IQ-Werte aus diesen frühen Befunden war auch nur eingeschränkt möglich. Erst ab dem Alter von 7 bis 8 Jahren fielen die Stabilitätskennwerte deutlich höher aus, was dann auch genauere Prognosen der weiteren Entwicklung ermöglichte.

Psychometrische Intelligenztests und Piagets Invarianzaufgaben. Da in der LOGIK-Studie auch wiederholt Aufgaben zur Zahlinvarianz nach Piaget durchgeführt worden waren, konnte der korrelative Zusammenhang zwischen den Ergebnissen der Invarianzaufgaben und der beiden Intelligenztests ermittelt werden. Interessanterweise fanden sich im Vorschulalter keinerlei statistisch bedeutsamen Korrelationen zwischen den psychometrischen Intelligenzkennwerten und den Befunden für Piagets Invarianzaufgaben. Diese niedrigen Korrelationen deuten darauf hin, dass die psychometrischen Intelligenztests und die Invarianzaufgaben Piagets in der Vorschulphase unterschiedliche kognitive Fähigkeiten abbilden. Dieses Bild änderte sich in der LOGIK-Studie ab der Grundschulphase grundlegend, da nun substanzielle, mittelhohe Korrelationen zwischen beiden Aufgabentypen nachweisbar waren (Schneider, 2008a).

8.2.3 Gedächtnis

Sehr junge Kinder lernen und behalten eher beiläufig und unbewusst, sodass hier eher implizite Lern- und Gedächtnisvorgänge dominieren. Sobald die Kinder Tageskindereinrichtungen besuchen, ändert sich die Situation insofern, als nun mehr Lerngelegenheiten angeboten werden und das Gedächtnis gefördert wird. Von daher werden Gedächtnisvorgänge ab diesem Zeitpunkt systematischer und in mancherlei Hinsicht (in Grenzen) auch strategischer. In Anlehnung an gängige Modelle des Informationsverarbeitungsansatzes mit ihrer Unterscheidung unterschiedlicher Gedächtnissysteme (vgl. ausführlicher Mietzel, 2002; weiterhin Abschn. 9.1.2, 16.3.1 und 17.1) werden im Folgenden Entwicklungstrends in basalen Wiedererkennungsprozessen vs. freien Erinnerungsleistungen zusammengefasst, die sowohl Veränderungen in Vorgängen des Kurzzeit- als auch des Langzeitgedächtnisses betreffen.

Wiedererkennungsleistungen. Seit den 1960er-Jahren sind zahlreiche Studien zur Entwicklung des Gedächtnisses durchgeführt worden, die unser Bild von den Gedächtniskompetenzen junger Kinder nachhaltig verändert und erweitert haben. Während wir aus den ersten experimentellen Arbeiten zum Thema meist nur erfuhren, was Vorschulkinder im Vergleich zu Schulkindern noch nicht können, haben spätere Studien die frühe Kompetenzentwicklung genauer beleuchtet. Wir wissen aus der Säuglings- und Kleinkindforschung, dass sowohl das Kurz- als auch das Langzeitgedächtnis ab Geburt funktioniert (vgl. Abschn. 7.3.2) und insbesondere das Wiedererkennungsgedächtnis auch bei jungen Kindern schon beeindruckend gut ausgeprägt ist. Wenn auch die Fähigkeit zur Wiedererkennung von Objekten oder Personen bei Vorschulkindern das Niveau des Schul- und Erwachsenenalters nicht ganz erreicht hat, sind spätere Entwicklungsfortschritte in dieser Gedächtnisfunktion eher gering. Schwierigkeiten bei der Wiedererkennung von Objekten oder Personen finden sich insbesondere dann, wenn das fragliche Ereignis länger zurückliegt. In diesem Fall reagieren Vorschulkinder oft fehlerhaft und liefern ungenaue Angaben (vgl. auch Abschn. 17.4 sowie Roebers & Schneider, 2006). Die Problematik zeigt sich gerade auch bei suggestiven und irreführenden Nachfragen. Vorschulkinder scheinen demnach auch als Augenzeugen vor Gericht nicht unbedingt geeignet. Die wenigen frei erinnerten Aussagen zu früher erlebten Episoden sind jedoch mehrheitlich korrekt.

Kurzzeit- und Arbeitsgedächtnis. Die Leistungen des Kurzzeitgedächtnisses lassen sich auch schon im Vorschulalter mit sogenannten Gedächtnisspannenaufgaben erfassen, bei denen eine bestimmte Anzahl von einsilbigen Wörtern oder einstelligen Zahlen vorgegeben wird, die unmittelbar behalten und in der gleichen Reihenfolge wiedergegeben werden sollen. Es wird dabei mit kleinen Itemanzahlen begonnen, die meist im Sekundentakt vorgegeben und im Erfolgsfall schrittweise so lange gesteigert werden, bis die vorgegebene Itemmenge die Gedächtniskapazität der Kinder übersteigt, sodass die Wörter/Zahlen nicht mehr korrekt wiedergegeben werden können. Erfasst man etwa die Gedächtnisspanne für Zahlen, so können die 3-Jährigen im Mittel etwa drei Items, die 6-Jährigen etwas mehr als vier Items unmittelbar reproduzieren.

Aus Abbildung 8.2 lässt sich ablesen, dass sich auch die Wortspanne im Altersbereich zwischen 4 und 7 Jahren signifikant und kontinuierlich von etwa zweieinhalb auf vier Items verbessert, wobei die ältere Teilgruppe ihren anfänglichen Vorsprung im besagten Zeitraum beibehält. Während sich für die 6- und 7-Jährigen kaum Unterschiede für »frei reproduzierte« vs. »sequenziell korrekt reproduzierte« Leistungen ergeben, schneiden 4-Jährige deutlich besser ab, wenn das Lernmaterial in beliebiger Reihenfolge und nicht in der richtigen Sequenz wiedergegeben werden muss.

> **Denkanstöße**
>
> Welche Konsequenzen für die Instruktion im Unterricht von Erstklässlern können aus der Forschung zur Entwicklung der Gedächtnisspanne abgeleitet werden?

Im Hinblick auf das Arbeitsgedächtnis im Sinne von Baddeley (vgl. Abschn. 17.5.1) ergeben sich in der Altersperiode von 3 bis 6 Jahren leichte Verbesserungen im Bereich der phonologischen Schleife, die sich aus zwei Komponenten, nämlich einem phonetischen Speicher und einem subvokalen artikulatorischen Kontrollprozess, zusammensetzt. Diese Verbesserungen werden etwa bei Spannenaufgaben sichtbar, die neben der kurzfristigen Speicherung von Informationen auch deren Bearbeitung im Kurzzeitgedächtnis erfordern. Dies ist beispielsweise für die Zahlenspanne rückwärts der Fall, bei der vorgesprochene Zahlensequenzen in umgekehrter Reihenfolge wiedergegeben werden sollen. Die Leistungsfähigkeit dieses Informationsverarbeitungssystems nimmt ab etwa dem 6. Lebensjahr deutlicher zu, was unter anderem auf automatische Aktivierungen des subvokalen Artikulationssystems zurückzuführen ist (vgl. Abschn. 26.1.1; Hasselhorn & Grube, 2006). Wenn hier zusätzlich auch intentionale strategische Vorgänge (etwa Wiederholungsprozesse) zur Leistungssteigerung beitragen dürften, kommen die Vorteile von Gedächtnisstrategien erst ab dem Schulalter voll zum Tragen (vgl. Abschn. 9.1.2, 17.5.2). Die Anwendung intentionaler Gedächtnisstrategien wird im Vorschulalter noch relativ selten registriert und lässt sich allenfalls in vertrauten Situationen, etwa beim Verstecken von Objekten, beobachten.

Leistungen des Langzeitgedächtnisses. Wie schon erwähnt, hält das Gedächtnis für selbst erlebte Vorgänge gerade bei jüngeren Vorschulkindern nicht besonders lange vor. Das autobiografische Gedächtnis verbessert sich jedoch in der Altersperiode zwischen 3 und 6 Jahren deutlich. Dies haben insbesondere Längsschnittstudien mit Vorschulkindern belegt, bei denen besondere Ereignisse (etwa ein Zoobesuch) arrangiert worden waren und dann dazu später wiederholt Befragungen erfolgten. Schon für die jüngsten Kinder konnte gezeigt werden, dass die Erinnerung an diese Ereignisse mehr als zwei Jahre andauerte (s. Fivush, 2009). Die Fähigkeit zur Erinnerung ausgewählter Ereignisse ist gerade bei jüngeren Kindern umso besser ausgeprägt, je vertrauter der Ereignistyp ist und je mehr Erfahrungen damit verbunden sind. Ereignisse oder Geschichten mit »Skript«-Charakter, also mit prinzipiell bekanntem Ablauf wie etwa eine Geburtstagsparty, sind insbesondere für

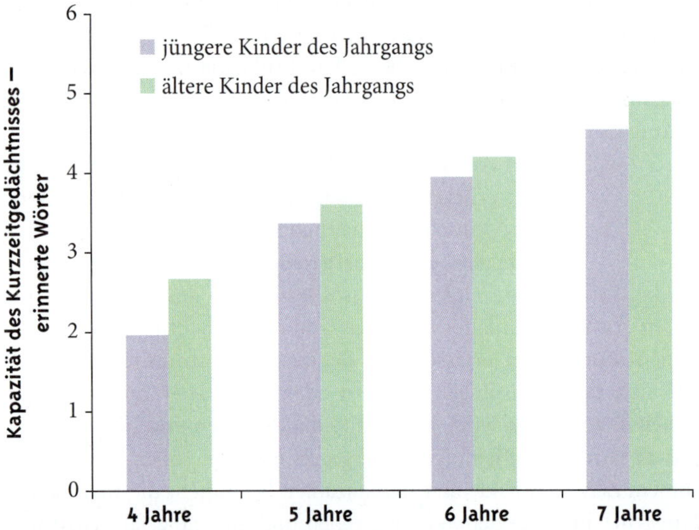

Abbildung 8.2 Entwicklung der Gedächtnisspanne für Wörter im Altersbereich zwischen 4 und 7 Jahren (Daten aus der Münchner Längsschnittstudie LOGIK; nach Knopf et al., 2008)

jüngere Vorschulkinder leichter zu memorieren als eher unvertraute Episoden wie etwa ein Umzug in eine andere Stadt (Knopf et al., 2008).

Erklärung der zunehmenden Gedächtnisleistungen. Wie lassen sich die Fortschritte im freien Erinnern erklären? Wir gehen davon aus, dass die frühen Gedächtniskompetenzen nicht nur durch Reifungsprozesse, sondern auch durch Erfahrungen im Elternhaus gestärkt werden, wo insbesondere Mütter dazu tendieren, sich mit ihren Kindern über erlebte Ereignisse zu unterhalten und mit gezielten Fragetechniken (»shared remembering«) an die erwünschte Information gelangen (Fivush, 2009; Ornstein & Haden, 2009).

Reproduktionsleistungen von Vorschulkindern sind insgesamt sehr stark von der Güte von Erinnerungshilfen abhängig. Die Möglichkeiten der freien Erinnerung sind bis in das späte Vorschulalter hinein eingeschränkt. Dies wird dann deutlich, wenn man die Ergebnisse für freies Erinnern und Wiedererkennungsleistungen miteinander vergleicht. Mehrere Studien haben dies am Beispiel von Einkaufssituationen belegt, bei denen Vorschulkindern eine Reihe von Einkaufsartikeln vorgelesen wurde, die sie gleich danach im Einkaufsladen besorgen sollten. Von etwa sechs bis sieben Items wurde in der Regel deutlich weniger als die Hälfte erinnert (Schneider & Pressley, 1997). Sollten die einzukaufenden Artikel später unter einer Vielzahl von anderen Objekten identifiziert werden, gelang die Wiedererkennung perfekt. Dies deutet darauf hin, dass der Einspeichervorgang bei Vorschulkindern schon gut funktioniert und die späteren Probleme bei der freien Erinnerung darauf zurückzuführen sind, dass noch keine geeigneten Abrufstrategien verfügbar sind. Ab der frühen Schulzeit mit ihren vielfältigen Gedächtnisübungen und -erfahrungen wird dieses Defizit dann allmählich überwunden.

8.2.4 Sprache

Der Erwerb der Sprache vollzieht sich in den ersten Lebensjahren in einem wirklich atemberaubenden Tempo. Die Frage, wie es kleinen Kindern so schnell gelingt, das sehr komplexe System der Sprache zu erwerben, gehört sicherlich immer noch zu den größten und spannendsten Geheimnissen der wissenschaftlichen Psychologie (vgl. Kap. 18; Weinert, 2006). Für die Eltern sind die rapide Erweiterung des Wortschatzes und die zunehmende Fähigkeit, in ganzen Sätzen zu sprechen, besonders auffällig und beeindruckend.

Wortschatz und Semantik. Im Hinblick auf den Wortschatz scheint es so, dass die Kinder aufgrund nur geringer Erfahrung mit einem Wort eine Assoziation dieses Worts mit einer (meist noch unvollständigen) Bedeutung vornehmen. Dieser Vorgang wird in der einschlägigen Literatur als »fast mapping« bezeichnet (z. B. Weinert, 2006). Mit 18 Monaten wird meist die »50-Wort-Grenze« übersprungen und in der Folge ein Spurt bei der Wortschatz-Erweiterung eingeleitet. Bis zum Alter von etwa 3 Jahren werden vor allem Nomen, Verben und Adjektive erworben, danach auch Funktionswörter wie etwa Präpositionen, Artikel und Hilfsverben. 3-jährige Kinder können in der Regel schon vollständige Sätze bilden, deren Komplexität sich fortwährend vergrößert. Das 5-jährige Vorschulkind kann Fragen stellen und beantworten, Wünsche äußern und sein Verhalten auch sprachlich begründen. Über implizite Lernprozesse wird ein abstraktes Wissen um phonologische, morphosyntaktische und lexikalisch-semantische Kategorien erworben, das als »linguistische Kompetenz« bezeichnet wird. Dieses abstrakte Wissen ermöglicht es dem Vorschulkind, viele neue Sätze zu verstehen und selbst neue Sätze zu generieren (vgl. Abschn. 18.1.1).

Der Wortschatz wird insbesondere durch das häufige Fragestellen an Erwachsene vergrößert. In älteren Arbeiten zur Sprachentwicklung (etwa Schenk-Danzinger, 1988) wurde für die Periode des 3. und 4. Lebensjahrs deshalb oft auch der Begriff des »Fragealters« verwendet. »Was ist das?«-Fragen führen zu neuen Begriffen für Objekte und werden etwa ein Jahr später durch »Warum denn?«-Fragen ergänzt, die den Zweck der Dinge ergründen wollen.

> **Beispiel**
>
> **Warum-Fragen mit Herausforderungscharakter**
> Eine 5-Jährige fragt: »Warum ist der Himmel blau?« Eine Tante: »Weil die Luft immer dünner wird. Wenn man von unten hinaufschaut, erscheint diese dünne Luft blau. Ganz oben ist die Luft so dünn, dass man nicht mehr atmen kann. Flugzeuge, die ganz hoch fliegen, müssen sich Luft von der Erde mitnehmen, damit die Leute atmen können!«
> Das Kind, zögernd und mit dem Ausdruck höchster Besorgnis: »Aber wie fliegt denn dann das Christkinderl?« Die Tante geriet in große Verlegenheit …
> (aus Schenk-Danzinger, 1988, S. 138 f.)

Mit Schulbeginn verfügen Kinder schon über einen aktiven Wortschatz von 2.000 bis 3.000 Wörtern und einen rezeptiven Wortschatz, der etwa das Zehnfache des aktiven Wortschatzes beträgt.

Grammatik. Allgemein wird davon ausgegangen, dass die produktive Grammatik dann einsetzt, wenn Kinder erstmals Wortkombinationen bilden (also etwa mit 2 Jahren). Kinder beachten dabei schon früh formale Regelhaftigkeiten, zeigen auch schon bei der ersten Bildung von Mehrwort-Sätzen ein Gefühl für die formal-grammatischen Eigenschaften ihrer Muttersprache. Etwa um die Mitte des 3. Lebensjahres können Pluralformen korrekt angewendet werden. Vorschulkinder beherrschen die hauptsächlichen Satzkonstruktionen der Sprache mit etwa 4 Jahren. In dieser Phase gelingt dann auch die Unterscheidung von Aktiv- und Passivsätzen, wobei unterschiedliche Interpretationsstrategien (etwa der Vergleich der Aussagen mit dem eigenen Weltwissen) eingesetzt werden. Auch wenn Kinder mit etwa 4 bis 5 Jahren ununterbrochen reden können und die Satzmuster ihrer Sprache im Wesentlichen beherrschen, dauert es dennoch bis ins mittlere Schulalter, bis der Abschluss ihrer grammatischen Kompetenz erreicht ist.

Pragmatik. Im Verlauf der Vorschulzeit verbessern Kinder auch ihre Fähigkeit, die Sprache für eigene Zwecke zu nutzen. Bei der Entwicklung pragmatischer Kompetenzen geht es also vor allem um die Möglichkeit, Sprache situations- und kontextangemessen einzusetzen. Schon 3-jährige Kinder können sich sprachlich an das Alter und den Status ihrer Gesprächspartner anpassen, was der oben diskutierten Egozentrismus-Annahme Piagets (s. Abschn. 8.2.1) widerspricht. Kinder zwischen 3 und 5 Jahren verstehen es immer besser, Erwachsenen die eigenen Absichten zu vermitteln, die Sprachäußerung auf den Zuhörer abzustimmen, Kommunikationsregeln einzuhalten und sich gegebenenfalls kommunikativen Misserfolgen anzupassen.

Das Beispiel zeigt, dass schon Vorschulkinder Möglichkeiten dazu finden, andere mithilfe der Sprache zu beeinflussen. Allerdings ist es sicherlich noch ein weiter Weg zur Fähigkeit, in pragmatisch völlig angemessener Weise über Probleme und Ereignisse zu reden und dabei unterschiedliche Sprechakte korrekt zu interpretieren.

Beispiel

Die gelungene Korrektur eines sprachlichen Handlungsansatzes

Kind A: (*in einem aufgeregten Tonfall*)
Katrin, gib mir das Telefon! Ich muss die Polizei anrufen!

Kind B: (*ergreift abwehrend das Telefon und erwidert in verärgertem Ton*)
Nein, Anke, ich brauch' das!

Kind A: (*mit wütender Stimme, während gleichzeitig am Telefon gezerrt wird*)
Lass los, Katrin!

Kind B: (*reißt das Telefon weg*) Nein!

Kind A: (*hält einen Moment inne, ändert sein gesamtes Auftreten und spricht von nun an mit sanfter Stimme*)
Katrin, lass uns einfach sagen, dieses ist unser Telefon, ja?

Kind B: (*blickt verwirrt drein, sagt nichts*)

Kind A: Einverstanden? Dies ist unser Telefon, ja?

Kind B: (*mit zögernder Stimme*) Einverstanden!

Kind A: (*legt nochmals eine Pause ein*)
Ach Katrin, was meinst Du? Sollen wir mit unserem Telefon jetzt die Polizei anrufen, ja?

Kind B: Gut! (*gibt das Telefon an Kind A weiter*)

(Trawick-Smith, 1992; Übersetzung leicht modifiziert nach Mietzel, 2002, S. 217)

Sprachentwicklung und Theory of Mind (ToM). Im Alter von etwa 3 Jahren erwerben Kinder auch sogenannte »mentale Verben«, können also verstehen, was mit Begriffen wie etwa »wissen«, »denken«, »erinnern« oder »glauben« gemeint ist. Ab diesem Zeitraum finden sich auch Belege dafür, dass Vorschulkinder das Denken selbst zum Gegenstand ihres Denkens machen können. Mit »Theory of Mind« sind alltagspsychologische Konzepte gemeint, die es den Kindern erlauben, sich selbst und anderen mentale Zustände (Wissen, Glauben, Denken, Fühlen) zuzuschreiben (vgl. Abschn. 16.4.3; Mähler, 2008; Perner, 1991; Sodian & Thoermer, 2006). Die Kinder erkennen, dass andere Personen nicht die gleiche Weltsicht haben müssen und aufgrund von Informationen handeln, die dem eigenen Kenntnisstand nicht entsprechen. Diese Fähigkeit zur »Metarepräsentation« erlaubt es Kindern in etwa ab dem 4. Lebensjahr, das Verhalten anderer Menschen vorhersehbar und erklärbar zu machen. In vielen Studien zum »falschen Glauben« (»false belief«) wurde beispielsweise eine Geschichte präsentiert, in deren Verlauf der Protagonist eine falsche Vorstellung von der Lokation eines Gegenstands (Schokolade) erhält, der in seiner Abwesenheit von Ort A nach Ort B gebracht wurde (vgl. Abschn. 16.4.3). Während 3-Jährige auf die Testfrage, wo der Protagonist Maxi die Schokolade suchen wird, die neue Lokation B angeben, sind die meisten 4-Jährigen dazu imstande, die richtige Antwort zu geben und auf Ort A zu verweisen. Nur die älteren Kinder verstehen demnach, dass Maxi dort suchen wird, wo er fälschlicherweise glaubt, dass die Schokolade sei. Sie agieren auch bei veränderter Fragestellung richtig, wenn etwa Maxis Schwester die Schokolade haben und Maxi dies verhindern will. In diesem Fall geben sie korrekt an, dass Maxi auf die Lokation B verweisen wird, in der sich die Schokolade tatsächlich befindet. Ab dem Alter von 6 bis 7 Jahren sind Kinder auch dazu in der Lage, kompliziertere Aufgaben zu Metarepräsentationen zweiter Ordnung (»Peter glaubt, dass Maxi glaubt, dass …«) korrekt zu lösen. Interessanterweise zeigen hierbei Befunde aus Längsschnittstudien, dass diejenigen Kinder einer Stichprobe, die Aufgaben zum falschen Glauben erster Ordnung zuerst lösen, nicht unbedingt die ersten sind, wenn es darum geht, Aufgaben zum falschen Glauben zweiter Ordnung zu lösen (vgl. Schneider et al., 1999). Die niedrigen bis mäßigen Korrelationen können als erneuter Beleg für eher dynamische und keineswegs gleichförmige Entwicklungsverläufe in dieser Altersperiode gedeutet werden.

Mehrere Längsschnittstudien haben mittlerweile auch belegen können, dass sprachliche Kompetenzen spätere Ergebnisse in ToM-Aufgaben vorhersagen können, während umgekehrt frühe Performanz in ToM-Aufgaben keinen Effekt auf die spätere sprachliche Entwicklung hat (z. B. Astington & Jenkins, 1999; Lockl & Schneider, 2007b). Insbesondere das Satzverständnis scheint dabei für die Vorhersage von ToM-Leistungen eine besondere Rolle zu spielen.

Insgesamt bleibt festzuhalten, dass die Sprachentwicklung in der Vorschulphase beeindruckend rasant verläuft. Sie kann nicht als einfache Folge der kognitiven Entwicklung und der damit verbundenen Herausbildung komplexer Problemlösefähigkeiten angesehen werden, da das komplizierte, abstrakte Regelsystem der Muttersprache schon erworben wird, bevor Kinder komplexere Denkvorgänge beherrschen. Die meisten Kinder scheinen gegen Ende der Vorschulzeit für die sprachlichen Herausforderungen der nun folgenden Schulzeit gut gerüstet zu sein, während eine Minderheit Rückstände aufweist, die weitere Entwicklungschancen leider stark gefährden.

Spracherwerbsstörungen. Auch für die Entwicklung sprachlicher Kompetenzen gilt, dass es große individuelle Unterschiede im Erwerbstempo gibt. Probleme werden dabei insbesondere bei der Wortschatz-Entwicklung registriert, wenn etwa Kinder im Alter von 2 Jahren die »magische 50-Wort-Grenze« noch nicht erreicht haben, die üblicherweise schon im Alter von 18 Monaten übersprungen wird. Diese Kinder werden als »late talkers« bezeichnet. Während etwa ein Drittel bis die Hälfte dieser Kinder später den Rückstand aufholen (»late bloomers«), entwickeln die übrigen Kinder später relativ häufig bleibende Sprachprobleme, die im Fall intakter (nicht sprachlicher) Intelligenz auch als »spezifische Sprachentwicklungsstörungen (SSES)« bezeichnet werden (vgl. Kap. 29; Grimm, 2003). Die Probleme dieser Kinder sind nicht auf den Wortschatz beschränkt, sondern beinhalten auch fehlerhafte oder unvollständige Sprachproduktionen, insbesondere Schwierigkeiten im Umgang mit Syntax und Grammatik, sowie Artikulationsprobleme. Da Kinder mit SSES auch meist gravierende Defizite im Bereich des phonologischen Arbeitsgedächtnisses aufweisen, kann davon ausgegangen werden, dass dem Arbeitsgedächtnis eine bedeutsame Rolle beim Spracherwerb zukommt (vgl. Grimm, 2003). Wenn auch aussagekräftige Längsschnittstudien bislang eher Mangelware sind, kann davon ausgegangen werden, dass die Mehrzahl der betroffenen Kinder später auch Probleme beim Schriftspracherwerb, also beim Erlernen des Lesens und Rechtschreibens, erfahren wird.

8.2.5 Exekutive/kognitive Kontrolle

Im Verlauf des Vorschulalters lassen sich Verbesserungen im Bereich von Kontrollleistungen registrieren, die wohl in enger Beziehung zu Reifungsprozessen im Frontalhirn (präfrontaler Kortex) zu sehen sind. Wenn auch die beobachtbaren Fortschritte sicherlich nicht so groß ausfallen wie im mittleren und späten Kindesalter (vgl. Abschn. 9.1.2), so sind die Veränderungen zwischen dem 3. und 5. Lebensjahr durchaus bedeutsam. Mit dem Begriff der exekutiven bzw. kognitiven Kontrolle werden unterschiedliche kognitive Überwachungs- und Steuerungsprozesse bezeichnet, die sich positiv auf Lernaktivitäten auswirken (vgl. Abschn. 19.1). Wichtige Teilbereiche sind die Planung von Handlungen, die Fähigkeit, flexibel auf einen Regelwechsel zu reagieren (kognitive Flexibilität), das »Updating« im Sinne der Überwachung und Anpassung von Arbeitsgedächtnisprozessen sowie die Hemmung/Unterdrückung automatisierten und nicht zielführenden Verhaltens (Inhibition).

Mittlerweile liegen zahlreiche Befunde insbesondere zur Entwicklung exekutiver Funktionen im frühen Vorschulalter vor. In allen genannten Teilbereichen lassen sich zwischen dem 3. und 5. Lebensjahr bedeutsame Verbesserungen registrieren. Für diesen Entwicklungsfortschritt wird unter anderem die Reifung relevanter Frontalhirn-Areale, die Zunahme der Arbeitsgedächtniskapazität, aber auch der Erwerb des Konzepts der Intention wie auch die nun besser entwickelte Möglichkeit der Perspektivenübernahme verantwortlich gemacht.

Inhibition. Die im Vorschulalter erkennbaren Fortschritte im Hinblick auf die Selbstregulation lassen sich besonders gut am Beispiel der Inhibition illustrieren. Wenn junge Kinder etwa vor die Wahl gestellt werden, entweder *sofort* eine kleine, weniger attraktive Belohnung zu erhalten oder *später* nach einer gewissen Wartezeit eine größere, deutlich attraktivere Belohnung zu empfangen, tendieren sie meist zur sofortigen Belohnung. Auch wenn jüngere Vorschulkinder auf Nachfrage zu erkennen geben, dass das Abwarten und der Belohnungsaufschub eigentlich die klügere Wahl gewesen wäre, gelingt es ihnen meist nicht, dieses Wissen auch in entsprechendes Verhalten zu übersetzen. Sie wissen einfach noch nicht, wie man der Versuchung eines sofortigen Genusses widerstehen kann. Die Kinder erlangen erst allmählich die Fähigkeit, ihre Handlungsimpulse zu unterdrücken und den Belohnungsaufschub zu akzeptieren.

Klassische Untersuchungen zu dieser Thematik sind seit den 1970er-Jahren von Mischel und Kollegen durchgeführt worden (z. B. Mischel et al., 1988). Sie konnten nicht nur zeigen, dass schon ab dem frühen Vorschulalter große individuelle Unterschiede im Hinblick auf die Fähigkeit zum Belohnungsaufschub zu beobachten sind, sondern dass diese frühen Unterschiede langfristige Auswirkungen haben. Diejenigen Kinder, die schon als 4- bzw. 5-Jährige besser abwarten konnten, waren später schulisch erfolgreicher und sozial kompetenter als solche Kinder, die ihre Impulse bei Aufgaben dieser Art erst wesentlich später erfolgreich unterdrücken konnten. Auch für im späten Vorschulalter untersuchte exekutive Funktionen gilt, dass sie für die Prognose der Schulbereitschaft und des späteren Schulerfolgs wichtig sind (Hasselhorn & Lohaus, 2008).

> **Unter der Lupe**
>
> **Exekutive Funktionen im späten Vorschulalter**
> In einer neueren Arbeit von Röthlisberger et al. (2010) wurde die Entwicklung unterschiedlicher exekutiver Funktionen bei einer großen Stichprobe von 410 Kindern untersucht, die bei einer Altersbandbreite von 61 bis 88 Monaten im Durchschnitt etwa 6 Jahre alt waren und von den Autorinnen in drei Altersgruppen unterteilt wurden. Für unterschiedliche Aufgaben zur Erfassung exekutiver Funktionen (Arbeitsgedächtnisaufgabe, Stroop-Test, Flexibilität) fanden sich durchgängig bedeutsame Alterseffekte in dem Sinne, dass die älteren Kinder besser abschnitten, teilweise auch Geschlechtsunterschiede zugunsten der Mädchen. Angesichts der relativ geringen Altersunterschiede zwischen den drei Gruppen deuten die bedeutsamen Effekte darauf hin, dass die Fortschritte in der exekutiven Kontrollfähigkeit in der späten Vorschulphase beachtlich sind. Zwischen dem Summenwert der exekutiven Funktionen und der Lehrereinschätzung hinsichtlich der Selbstregulation ergaben sich auch nach Berücksichtigung des Alters und der Informationsverarbeitungsgeschwindigkeit bedeutsame Korrelationen.

Exekutive Kontrolle und Theory of Mind. Angesichts ähnlich verlaufender Entwicklungstrends in der Altersperiode zwischen 3 und 5 Jahren wurden in letzter Zeit Zusammenhänge zwischen Aspekten der exekutiven Kontrolle und der Theory of Mind häufiger untersucht. Während einige Forscher davon ausgingen, dass ToM eine notwendige Voraussetzung für die Entwicklung exekutiver Funktionen ist, nahmen andere Wissenschaftler genau das Gegenteil an. Die verfügbaren Studien liefern dazu kein konsistentes Bild, sodass Theorien über den funktionalen Zusammenhang zwischen exekutiven Funktionen und ToM gegenwärtig nicht abschließend bewertbar sind. Die empirische Evidenz deutet jedoch darauf hin, dass es einen substanziellen korrelativen Zusammenhang zwischen Leistungen beider Bereiche gibt, wobei beide wiederum vom sprachlichen Entwicklungsniveau der Vorschulkinder beeinflusst werden (vgl. Perner et al., 2002; Zelazo et al., 2005).

8.2.6 Frühe Indikatoren schulischer Kompetenzen

Seit einigen Jahren ist bekannt, dass relevante Vorläuferfertigkeiten für den Erwerb der Schriftsprache und die Entwicklung schulischer Kompetenzen im Bereich Mathematik schon vor Schulbeginn vorhanden sind und auch schon im Vorschulalter verlässlich erfasst werden können. Dies hat in der Folge dazu geführt, dass die meisten Bundesländer auch diagnostische Maßnahmen für die Kindergartenphase mit dem Ziel vorsehen, Rückstände in diesen für die spätere Schulzeit relevanten Vorläufermerkmalen möglichst frühzeitig zu erkennen und zu überwinden (vgl. Abschn. 26.5).

Prädiktoren schriftsprachlicher Kompetenzen

Mehrere Längsschnittstudien zur Entwicklung des Lesens und Rechtschreibens in der Schule, die auf unausgelesenen Stichproben basierten, haben übereinstimmend die besondere Bedeutung der phonologischen Informationsverarbeitung für das spätere Lesen und Schreiben herausgestellt (vgl. etwa Landerl & Wimmer, 1994; Schneider & Näslund, 1999; Skowronek & Marx, 1989).

> **Definition**
>
> Der Begriff der **phonologischen Informationsverarbeitung** bezieht sich allgemein auf Kompetenzen von Kindern bei dem Versuch, Informationen über die Lautstruktur bei der Auseinandersetzung mit gesprochener und geschriebener Sprache zu verwenden.

Das Konstrukt lässt sich in die drei Komponenten der phonologischen Bewusstheit, der Kapazität des sprachlichen Arbeitsgedächtnisses und die Geschwindigkeit der sprachlichen Informationsverarbeitung unterteilen (vgl. Tab. 8.1).

Phonologische Bewusstheit. Der phonologischen Bewusstheit kommt dabei eine besondere Prognose-Relevanz zu. Sie lässt sich umschreiben als die Fähigkeit von Kindern, die Lautstruktur der gesprochenen Sprache zu erfassen, also etwa Sätze in Wörter, Wörter in Silben oder Silben in einzelne Laute zu zerlegen. In Anlehnung an einen Vorschlag von Skowronek und Marx (1989) wird häufig zwischen der phonologischen Bewusstheit im »weiteren Sinne« und »engeren Sinne« unterschieden. Die erstgenannte Komponente bezieht sich auf die Analyse größerer Einheiten wie Sätze, Wörter oder Silben. Demgegenüber bezeichnet die letztgenannte Komponente die Fähigkeit zur Unterscheidung von einzelnen Lauten in Wörtern, etwa das Erkennen des Anlauts in einem Wort, oder die Fähigkeit, die Anzahl unterschiedlicher Laute in einem Wort

Tabelle 8.1 Komponenten der phonologischen Informationsverarbeitung

Komponente	Beschreibung
Phonologische Bewusstheit	Fähigkeit zur Erfassung der Lautstruktur der gesprochenen Sprache
Kapazität des sprachlichen Arbeitsgedächtnisses	Fähigkeit, möglichst viele sprachlichen Informationen gleichzeitig im Arbeitsgedächtnis zu halten
Verbale Informationsverarbeitungsgeschwindigkeit	Fähigkeit, möglichst schnell auf Informationen zuzugreifen, die im »semantischen Lexikon« gespeichert sind

zu bestimmen. Während sich die phonologische Bewusstheit im weiteren Sinne bis zum Ende der Kindergartenzeit bei fast allen Kindern eines Altersjahrgangs auf natürliche Weise entwickelt, bildet sich die phonologische Bewusstheit im engeren Sinne normalerweise erst als Folge der Erfahrung mit dem Leseunterricht in der Schuleingangsphase aus. Sie lässt sich jedoch auch schon effektiv in der späten Kindergartenphase fördern, was insbesondere Kindern mit anfänglichen Rückständen in der phonologischen Informationsverarbeitung zugutekommt (vgl. Abschn. 26.5.3). Dies unterscheidet sie von den beiden anderen Komponenten der phonologischen Informationsverarbeitung. Obwohl auch individuelle Unterschiede im Bereich des sprachlichen Arbeitsgedächtnisses und der sprachgebundenen Informationsverarbeitungsgeschwindigkeit für den späteren Schriftspracherwerb prognostisch bedeutsam sind (vgl. etwa Schneider & Näslund, 1999), sind hier frühe Interventionsprogramme in der Regel weniger erfolgreich.

Zusätzlich sind das frühe Buchstabenwissen wie auch die sprachliche Kompetenz im Vorschulalter für die weitere Entwicklung im Bereich des Lesens und Schreibens bedeutsam. Es wurde schon darauf hingewiesen, dass Kinder mit spezifischen Sprachentwicklungsstörungen später vielfach Probleme im Schriftsprachbereich entwickeln (vgl. Abschn. 8.2.4).

Prädiktoren mathematischer Kompetenz

Wenn auch zur Entwicklung von Vorläuferfertigkeiten schulischer mathematischer Kompetenzen vergleichsweise wenig empirische Evidenz verfügbar ist, so gilt auch hier, dass schon im Vorschulalter die Weichen für spätere Entwicklungen gestellt werden. Im Rahmen der schon erwähnten Münchner Längsschnittstudie LOGIK fiel beispielsweise auf, dass diejenigen Kinder, die Aufgaben zur Zahlinvarianz nach Piaget schon früh, also etwa im Alter von 4 bis 5 Jahren lösen konnten und demnach das Invarianzprinzip verstanden, mathematische Textaufgaben gegen Ende der Grundschulzeit am besten beherrschten. Auch individuelle Unterschiede in einer Mengen-Schätzaufgabe, die einem älteren Schulreifetest entnommen war, sagten Unterschiede in den schulischen Rechenfertigkeiten der LOGIK-Kinder gut vorher.

Neuere Längsschnittstudien, die auf Entwicklungsmodellen früher mathematischer Kompetenzen basierten, konnten diesen Befund erhärten und weiter präzisieren. So ging etwa Krajewski (2003) davon aus, dass im Hinblick auf die Prognose späterer Schulleistungen im Bereich Mathematik zwischen spezifischen und unspezifischen Vorläufermerkmalen differenziert werden muss. Als spezifische Prädiktoren fungieren dabei Merkmale der Mengen-Zahlen-Kompetenz, während das Arbeitsgedächtnis, die Intelligenz und die Informationsverarbeitungsgeschwindigkeit zu den unspezifischen Prädiktoren zählen.

Entwicklung numerischer Basiskompetenzen. In Krajewskis Modell wird angenommen, dass sich der Erwerb numerischer Basiskompetenzen in aufeinander abgestimmten Schritten und auf verschiedenen Ebenen vollzieht. Junge Vorschulkinder haben zunächst einen vagen Mengenbegriff und können wenig von viel unterscheiden. Daneben lernen sie aber auch Zahlwörter kennen und entwickeln ein Verständnis für das Zählen. Auf einer nächsthöheren Ebene werden Mengen- und Zahlenkonzepte miteinander verknüpft. Die Kinder wissen nun, das sich hinter Zahlen Mengen verbergen, wobei ein zunächst unpräzises Anzahlkonzept mit groben Unterscheidungsmöglichkeiten (3 = wenig, 20 = viel, 100 = sehr viel) später von einem präzisen Anzahlkonzept abgelöst wird, bei dem Mengen exakt abgezählt werden können. Auf einer dritten Ebene wird schließlich das Verständnis für Mengenrelationen mit dem Anzahlkonzept verknüpft. Relationen innerhalb einer Menge bzw. zwischen zwei Mengen werden nun als diskrete Anzahlen begriffen und mit Zahlen belegt. Dieser Entwicklungsschritt führt zum Verständnis der Anzahlzerlegung und damit zum Verständnis von Addition und Subtraktion.

Unspezifische Prädiktoren. Individuelle Unterschiede in diesen frühen numerischen Basiskompetenzen sind für die weitere Entwicklung mathematischer Kompetenzen in der Grundschule bedeutsam. Eine Reihe von Arbeiten hat weiterhin belegen können, dass das Arbeitsgedächtnis und die Informationsverarbeitungsgeschwindigkeit von Belang sind. Kinder mit Rechenschwäche fallen häufig auch durch ein unzureichendes Arbeitsgedächtnis auf (Grube, 2008). Wie für den Schriftspracherwerb gilt aber auch hier, dass mittlerweile eine Reihe von fundierten Förderprogrammen für das Vorschulalter entwickelt wurde, über die sich Rückstände in den basalen numerischen Kompetenzen kompensieren lassen (vgl. Abschn. 26.5.3).

8.3 Entwicklung von Motivation und Emotion

8.3.1 Lern- und Leistungsmotivation

Die Lern- und Leistungsmotivation gilt allgemein als basale Motivationskomponente, die den Erfolg in Schule und Beruf maßgeblich bestimmt. Es ist damit die Tendenz einer Person gemeint, sich in Abhängigkeit von der wahrgenommenen Erfolgswahrscheinlichkeit und dem subjektiven Wert für oder gegen Handlungsalternativen zu entscheiden. Wird die Handlung ausgeführt, wird sie in Relation zu subjektiven Tüchtigkeits- oder Qualitätsmaßstäben (die von Person zu Person variieren) entweder als Erfolg oder Misserfolg angesehen (vgl. Abschn. 20.1.6).

Reaktionen auf Erfolg oder Misserfolg. Mit der zunehmenden körperlichen und geistigen Beweglichkeit im frühen Kindesalter entwickelt sich auch das Bedürfnis nach Kompetenzerleben und selbstständigem Handeln. Wir wissen seit den klassischen Studien und den beeindruckenden Lehrfilmen von Heckhausen und Roelofsen aus den frühen 1960er-Jahren, dass Kinder schon ab der hier näher betrachteten Entwicklungsphase (etwa ab dem 2. Lebensjahr) dazu tendieren, bei Wetteifer-Aufgaben (wie dem Bau eines Klötzchen-Turmes im Wettbewerb mit der erwachsenen Versuchsleiterin) leistungsmotiviert zu handeln, also bei Erfolg positive und bei Misserfolg negative Emotionen zu zeigen (vgl. Abschn. 20.1.3). Bei noch jüngeren Kindern überwiegt allgemein die Freude am Effekt, unabhängig davon, wer zuerst fertig geworden war. Später kommen in Abhängigkeit von Erfolg und Misserfolg Emotionen wie Stolz oder Scham hinzu, wobei die Intensität des emotionalen Ausdrucks interindividuell sehr stark variieren kann. Wie Holodynski (2006) zeigen konnte, finden sich die genannten Emotionen im Vorschulalter insbesondere dann, wenn in Anwesenheit von anderen Personen leistungsmotiviert gehandelt wird, nicht so sehr, wenn die Kinder alleine sind oder sich unbeobachtet fühlen (vgl. Abschn. 21.3.3).

Theorie der Motivationsentwicklung. Die von Heckhausen formulierte Theorie der Motivationsentwicklung (vgl. Heckhausen, 2010; Abschn. 20.1) umfasst insgesamt zwölf Entwicklungsmerkmale, von denen einige für das Vorschulalter besonders relevant sind. Demnach tendieren junge Kinder kurz vor dem 3. Lebensjahr dazu, sich auf ein selbst bewirktes Handlungsergebnis zu konzentrieren (»Selbermachenwollen«, »Wetteifer-Stadium«). Kinder fangen ab etwa 3½ Jahren damit an, das Handlungsergebnis (Erfolg oder Misserfolg) auf die eigene Tüchtigkeit zurückzuführen. Sie setzen sich nun auch Anspruchsniveaus für Erfolg und Misserfolg, die interindividuell deutlich variieren können. Etwa anderthalb Jahre später lernen die Kinder dann, das Ausmaß der eigenen Tüchtigkeit in Relation zur erlebten Aufgabenschwierigkeit zu bewerten, sich also im Erfolgsfall wesentlich besser zu fühlen, wenn die Aufgabe als relativ schwer wahrgenommen wurde. Nur wenig später, also etwa ab dem 6. Lebensjahr, differenzieren die Kinder aus dem globalen Tüchtigkeitskonzept die Teilkomponenten Anstrengung und Fähigkeit heraus. Da im Unterschied zur Erkennung von Anstrengung zur Identifikation von Fähigkeit eine Abstraktionsleistung erforderlich ist, bildet sich die letztgenannte Teilkomponente zeitlich etwas später (nach Schulbeginn) aus.

> **Übersicht**
>
> **Bewältigungsstrategien für Misserfolg bei der Turmaufgabe**
>
> Bei Vorschulkindern lassen sich folgende typische Bewältigungsstrategien für Misserfolg bei der Turmaufgabe feststellen (leicht modifiziert nach Heckhausen, 2010):
>
> **»Nichtwahrhaben-Wollen«**
> ▶ Entschuldigung des Misserfolgs
> ▶ Schweigen oder Leugnen des Misserfolgs
> ▶ Ablenken der Versuchsleiterin durch Erzählen
>
> **»Ausweichen vor Wetteifer nach Misserfolg«**
> ▶ Übergehen auf Ausweichtätigkeiten (z. B. Spielen mit den Klötzen)
> ▶ Ankündigung des Spielabbruchs
> ▶ Verminderung des Einsatzes
>
> **»Vorsorgliches Vermeiden von Misserfolg«**
> ▶ Turm wird vor dem nächsten Versuch nur unvollständig abgebaut
> ▶ Aufbau mitten im Abbau
> ▶ handgreifliche Behinderung der Versuchsleiterin

> **Denkanstöße**
>
> Inwiefern handelt es sich bei der Identifikation von Fähigkeit um eine Abstraktionsleistung, und welche Informationsquellen nutzen Kinder, um ein Handlungsergebnis auf die Fähigkeit zurückzuführen?

Aus der Theorie von Heckhausen geht hervor, dass es schon vor Schulbeginn individuelle Unterschiede in der Anreizgewinnung durch Erfolg und Misserfolg gibt. Für die wahrgenommenen frühen Unterschiede scheinen unterschiedliche Einflussfaktoren bedeutsam, die im Folgenden kurz beschrieben werden.

Selbstständigkeitserziehung. Individuelle Unterschiede in der Ausprägung der Leistungsmotivation scheinen in erheblichem Ausmaß von Aspekten der frühen Selbstständigkeitserziehung im Elternhaus abzuhängen. Obwohl vielfach angenommen wird, dass eine möglichst frühzeitige Selbstständigkeitserziehung optimal zur späteren Erfolgsorientierung der Kinder beiträgt, scheinen die Zusammenhänge doch komplizierter zu sein, wie eine umfangreiche Studie von Trudewind (1975) mit mehr als 3.000 Kindern schon vor geraumer Zeit ergeben hat (vgl. Abb. 8.3). Wenn die Ausprägung der Furcht vor Misserfolg im frühen Schulalter in Abhängigkeit von der Sozialschicht und dem Beginn der Selbstständigkeitserziehung betrachtet wurde, ergaben sich für Kinder aus benachteiligten und »normalen« Milieus die günstigsten Motivationskennwerte, wenn die Selbstständigkeitserziehung wirklich früh erfolgte. Für Kinder aus privilegierten Milieus schien es hingegen im Hinblick auf die Motivationsentwicklung günstiger, wenn die kindzentrierte Selbstständigkeitserziehung weder zu früh noch zu spät erfolgte.

Explorations- und Neugierverhalten. Wie schon von Heckhausen (2010) dargelegt wurde, ist das Streben nach Wirksamkeit fundamental für die menschliche Motivation (vgl. Abschn. 20.1.1). Die Exploration stellt dabei eine wichtige Komponente des Wirksamkeitsstrebens dar. Schon Kleinkinder zeigen ausgeprägtes Explorationsverhalten, das auch in der weiteren Entwicklung anhält. Keller und Boigs (1989) konnten in einer Längsschnittstudie nachweisen, dass sich dabei je nach Altersstufe die dominanten Explorationsstrategien unterscheiden, wenn es etwa um die Erkundung einer unbekannten Kiste geht. Dominierten bei den 3-Jährigen taktile und manipulative Vorgehensweisen, tendierten die 6-Jährigen eher zu visuellen Untersuchungen bzw. optischen Inspektionen.

Ab der frühen Vorschulphase finden sich dabei auch deutliche Unterschiede in der Neugiermotivation und im Explorationsverhalten. In der Münchner Längsschnittstudie LOGIK wurden beispielsweise die etwa 4-jährigen Kinder mit einer »Neugier-Box« konfrontiert, die sich leicht manipulieren ließ und mit einer Vielzahl interessanter Effekte aufwartete. Die bei der Exploration beobachteten Verhaltensunterschiede waren durchaus beeindruckend. Während einige Kinder in der verfügbaren Untersuchungszeit die Box vollständig erforschten und offensichtlich großen Spaß an den erzielten Effekten hatten, nahmen andere Kinder die Erkundung des Objekts nur sehr zögerlich und scheinbar wenig begeistert in Angriff, fanden in der Folge insgesamt auch nur wenig über die Möglichkeiten der Box heraus. Der Anreizcharakter der Box variierte also sehr stark zwischen den Kindern. Wenn sich auch in der Wiederholungsuntersuchung ein Jahr später leichte Veränderungen im beobachteten Verhalten zeigten, blieben die ursprünglich registrierten Unterschiede im Wesentlichen erhalten. Es ist davon auszugehen, dass frühe individuelle Unterschiede im Neugier- und Explorationsverhalten Auswirkungen auf die Interessenentwicklung haben.

> **Definition**
>
> **Interesse** wird allgemein als (längerfristige) Relation zwischen einer Person und einem Gegenüber oder einem Gegenstandsbereich verstanden.

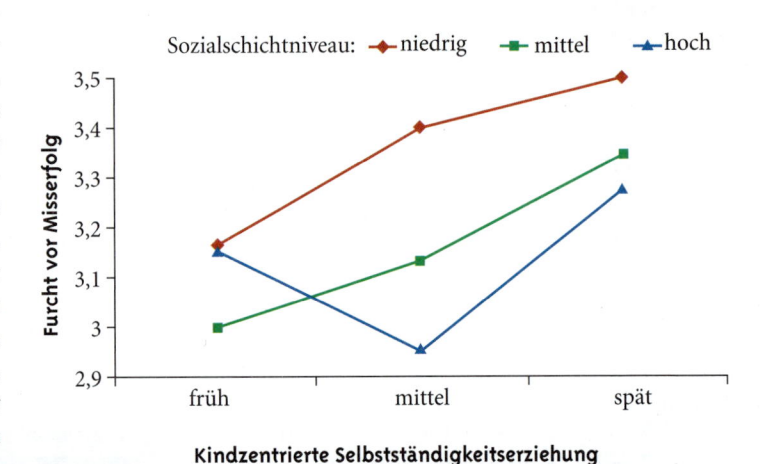

Abbildung 8.3 Auswirkungen des Beginns kindzentrierter Selbstständigkeitserziehung im Vorschulalter und des Sozialschichtniveaus auf die Misserfolgsorientierung von Kindern zu Schulbeginn (modifiziert nach Trudewind, 1975)

Interessenentwicklung. Auch zur frühen Entwicklung von Interessen liegen Längsschnittdaten aus dem Vorschulalter vor. Interessen finden sich bereits ab dem 1. Lebensjahr und sind Ausdruck einer persönlich bedeutsamen Beziehung eines Kindes zu einem Bereich seiner Umgebung. Sie können entweder stärker personorientiert (Interesse an bestimmten Menschen) oder stärker sachorientiert (Interesse an Gegenständen) sein. Geschlechtsspezifische Interessen sind bereits im Vorschulalter stark ausgeprägt und beziehen sich meist auf die geschlechtsspezifische Bevorzugung bestimmter Spielsachen. In einer Erkundungsstudie von Kasten und Krapp (1986) zur Interessenentwicklung wurden Kinder ab Beginn der Kindergartenzeit sowohl zu Hause als auch im Kindergarten fünf Jahre untersucht. Diese Studie zeigte ähnlich wie andere Arbeiten, dass sich bereits im Vorschulalter klar definierbare Interessen finden, die später in der Grundschulzeit ausgebaut werden. Was die Veränderung der Interesseninhalte angeht, so scheinen zunächst universelle Interessen (an neuen Objekten oder Personen) zu dominieren, die fast alle Kinder teilen. Später werden die Interessen spezifischer, und individuelle Interessenunterschiede werden ausgeprägter. Frühe Anregungen der Eltern und deren weitere Unterstützung erweisen sich für die längerfristige Ausbildung von Interessen als sehr wichtig. Diejenigen Kinder, die schon im Vorschulalter ein bestimmtes Interesse ausgebildet hatten, das von den Eltern unterstützt wurde, schienen in späteren Entwicklungsabschnitten besser dazu in der Lage zu sein, neue Interessen aufzubauen.

Selbstkonzept und Attribution. Aus dem Kapiteleinstieg ging schon hervor, dass Kinder im Vorschulalter sehr optimistisch sind, was die eigenen Leistungsmöglichkeiten angeht. Dies dürfte mit den positiven Erfahrungen im Bereich der motorischen und geistigen Entwicklung zusammenhängen, da in diesem Altersabschnitt klare Verbesserungen in diesen Bereichen registriert werden können. Junge Kinder entwickeln Überzeugungen der eigenen Selbstwirksamkeit und ein Bewusstsein dafür, Urheber von selbst beabsichtigten Effekten in der Umwelt zu sein. Der beeindruckende Optimismus könnte weiterhin auch darauf zurückzuführen sein, dass die Erwachsenenwelt bei der Bewertung von Leistungen nicht mit Lob spart und die Fortschritte bewundert, während kritische Äußerungen noch sehr rar sind. Die positiven externen Bewertungen gehen in dieser Phase unmittelbar in die Selbstbewertungen der Kinder ein. Schließlich dürfte die so positive Selbsteinschätzung auch dadurch bedingt sein, dass Kinder dieser Altersgruppe nur sehr selten soziale Vergleiche anstellen.

Das kindliche Selbstkonzept ist zu Beginn des Vorschulalters noch wenig kohärent und auch vergleichsweise spezifisch. In der Gruppe der 3- bis 4-Jährigen wird meist Bezug auf das körperliche Erscheinungsbild (z. B.: »ich habe dunkle Haare«) und motorische Fähigkeiten (z. B.: »ich kann schon Roller fahren«) genommen (vgl. auch Abschn. 9.2.3). Untersuchungen zur Entwicklung des Selbstkonzepts im Vorschulalter weisen übereinstimmend darauf hin, dass Kindergartenkinder die eigene Fähigkeit in der Regel deutlich überschätzen und daher meist auch ein unrealistisch optimistisches Selbstbild aufweisen. Dies zeigt sich sowohl in absoluten als auch in relativen Urteilen (bei Letzteren wird etwa danach gefragt, wie gut die eigene Fähigkeit in einem bestimmten Bereich im Vergleich mit der eigenen Kindergartengruppe entwickelt ist). Dies ändert sich auch zunächst in der Schulzeit nicht sonderlich, wie etwa die Analysen zur Münchner Längsschnittstudie LOGIK gezeigt haben (z. B. Helmke, 1998). Etwa ab der zweiten Klassenstufe werden die Optimisten dann allmählich zu Realisten. Während im Kindergartenalter die Stabilität des Selbstkonzepts noch nicht sonderlich ausgeprägt ist, ändert sich dies im Verlauf der Schulzeit deutlich (vgl. Abschn. 23.2.1).

Während im Schulalter klare Beziehungen zwischen dem kindlichen Fähigkeitsselbstkonzept und den Ursachenzuschreibungen für Erfolg und Misserfolg, den sogenannten Kausalattributionen, nachweisbar sind, lässt sich dies für das Vorschulalter noch nicht behaupten. Die klassischen Erklärungsdimensionen der Anstrengung, der Fähigkeit, der Aufgabenschwierigkeit und des Zufalls sind nur in Ansätzen vorhanden (vgl. Abschn. 20.1.6). Vorschulkinder tendieren generell dazu, Erfolge auf Anstrengung zurückzuführen, und sehen in dieser Komponente ein Allheilmittel auch nach anfänglichem Misserfolg. Sie können auch schon Unterschiede in der Aufgabenschwierigkeit als bedeutsam für Erfolg oder Misserfolg erkennen, haben jedoch noch kein Verständnis für die Erklärungskonzepte der Fähigkeit und des Zufalls. Ein umfassenderes Verständnis all dieser Attributionskomponenten wird erst gegen Ende der Grundschulzeit erreicht.

8.3.2 Emotion

Als Emotionen werden vorübergehende psychische Vorgänge bezeichnet, die durch äußere und/oder innere Reize ausgelöst werden und durch eine spezifische Qualität und einen bestimmten zeitlichen Ablauf gekennzeichnet sind. Diese Vorgänge manifestieren sich auf unterschiedlichen Ebenen wie der des Ausdrucks (z. B. Mimik, Gestik, Stimme), der Vorstellung, des Erlebens und Verhaltens sowie auf der Ebene somatischer Vorgänge. Sie können als kulturell geformte psychische Prozesse angesehen werden, die für eine motivbezogene Regulation von Handlungen sorgen (vgl. Janke, 2007; Abschn. 21.2).

Emotionale Reaktionen von Kindern und Erwachsenen zielen darauf ab, die eigene Beziehung zur Umwelt entweder zu erhalten, sie zu verändern oder wiederherzustellen. Sie haben in der Regel auch eine Kommunikationsfunktion, indem eigene Situationsbewertungen an die Umwelt weitergegeben werden.

Basisemotionen. In der emotionspsychologischen Forschung werden mehrere angeborene Basisemotionen unterschieden, die schon relativ früh in der Entwicklung beobachtet werden können. So lassen sich etwa nach Izard (1981) folgende zehn Basisemotionen anführen:

- Ärger
- Freude/Stolz
- Furcht
- Ekel
- Wut
- Scham/Schuld
- Schmerz
- Überraschung
- Trauer
- Verachtung

Es wird seit den klassischen Arbeiten von Ekman und Mitarbeitern davon ausgegangen, dass eine Reihe dieser Basisemotionen wie Freude, Trauer, Wut, Ekel und Überraschung kulturübergreifend erkannt wird, was auf angeborene Kompetenzen schließen lässt (vgl. Abschn. 21.1). Wann genau und in welcher Reihenfolge diese jedoch von Säuglingen und Kleinkindern erkannt werden, ist immer noch strittig, auch wenn mittlerweile standardisierte Verfahren zur Emotionsinduktion und -messung vorliegen.

Emotionsentwicklung. Emotionen sind Auslöser von Motivation und setzen Handlungen in Gang. Sie haben vor allem die Funktion, die eigenen Handlungen oder die anderer Personen zu regulieren (s. Abschn. 21.2). Im Säuglingsalter dominieren interpersonale Regulationsvorgänge, in denen der Säugling seine Bedürftigkeit der Bezugsperson im Wesentlichen durch seinen emotionalen Ausdruck anzeigt. Im Verlauf des Säuglings- und Kleinkindalters verbessern sich die Voraussetzungen im Emotionsrepertoire so weit, dass die Kontrolle über eine begrenzte Zahl an emotionsauslösenden Situationen auch ohne Hilfe der Bezugsperson ausgeübt werden kann. Man beobachtet im Verlauf des Vorschulalters die Zunahme solcher intrapersonaler Regulationsvorgänge, was darauf hinweist, dass sich die intrapersonale allmählich aus der interpersonalen Emotionsregulation ausgliedert (vgl. Abschn. 21.3.3). Die Kinder lernen also allmählich, ihren Emotionsausdruck als wirksames Kommunikationsmittel einzusetzen, mit dem andere Personen beeinflusst werden können. Wir gehen davon aus, dass hierbei die sich im gleichen Alterszeitraum entwickelnde Fähigkeit zur Perspektivenübernahme (Theory of Mind) hilfreich ist. Vorschulkinder erwarten also nicht mehr unbedingt die Unterstützung ihrer Bezugspersonen, sondern können immer mehr Strategien der Emotionsregulation entwickeln und zielgerichtet einsetzen. Dazu gehört beispielsweise die schon beschriebene Fähigkeit zum Belohnungsaufschub, die wohl als eine der wichtigsten Entwicklungsaufgaben des Vorschulalters gelten kann. In der Kindergartenzeit entwickeln sich weiterhin relevante selbstbewertende Emotionen wie Stolz auf einen Erfolg und Scham nach Misserfolg, die wie erwähnt in Bezug auf eigene Tüchtigkeitsmaßstäbe erfolgen (s. Abschn. 8.2.1). Wenn diese zunächst auch sicherlich von Rückmeldungen erwachsener Bezugspersonen geprägt sind, erfolgen sie später eher unabhängig von sozialen Bewertungen oder Reaktionen anderer (vgl. auch Janke, 2007).

Entwicklung von Emotionswissen. Die Anwendung angemessener Strategien der Emotionsregulation setzt Emotionswissen voraus. Dieses ist zunächst implizit, äußert sich also noch nicht verbal. Ab dem Kleinkindalter wird aber auch allmählich deklaratives Wissen erworben, sodass nun auch das Verständnis von Emotionsregulationsvorgängen sprachlich vermittelt werden kann. Wesentliche Komponenten des Emotionswissens sind in Tabelle 8.2 dargestellt.

Es hat dabei den Anschein, dass sich der Erwerb der verschiedenen Komponenten des Emotionswissens in verschiedenen Ländern in ähnlicher Weise vollzieht. Im Verlauf der Vorschulzeit lernen Kinder also, ihre Emotionen in angemessener Weise auszudrücken oder aber

Tabelle 8.2 Komponenten des Emotionswissens nach Harris und Pons (leicht modifiziert nach Janke, 2007, S. 353)

Komponente	Beschreibung
Mimik	Erkennen verschiedener Emotionen in der Mimik
Anlässe	Zuordnung je einer Emotion zu bestimmten Anlässen (etwa Freude zu Geburtstag)
Wünsche	Prüft, ob Kinder verstehen, dass jemand, der etwas Erwünschtes erhält, sich freut
Emotionsperspektive (ToM)	Prüft, ob Kinder sich in die Emotionsperspektive anderer versetzen können
Erinnerung	Prüft, ob Kinder verstehen, dass die Erinnerung an ein trauriges Ereignis erneut Trauer auslöst
Regulation	Prüft, ob Kinder verstehen, dass sie ihre Emotion verändern können
Verbergen von Emotionen	Prüft, ob Kinder verstehen, dass es möglich ist, eigene Emotionen zu verbergen
Gemischte Emotionen	Prüft, ob Kinder verstehen, dass man gleichzeitig mehrere Emotionen haben kann
Gewissen	Prüft, ob Kinder ein schlechtes Gewissen haben, wenn sie eine Regel übertreten haben

auch zurückzuhalten, wenn es die Situation zu erfordern scheint. Neuere Studien legen auch den Schluss nahe, dass das Wissen um Möglichkeiten der Emotionsregulation die Entwicklung sozialer Kompetenz im späteren Vorschul- und Grundschulalter vorhersagen kann.

8.4 Soziale Entwicklung

8.4.1 Familiäre Sozialisation

Die im Vorschulalter beobachtbaren kognitiven und motivationalen Veränderungen haben auch Folgen für das Verhalten des Kindes in den sozialen Beziehungen im familiären und außerfamiliären Umfeld. Die Beziehungen zu den engsten Bezugspersonen in der Familie bleiben weiterhin wichtig und eng, doch kommen weitere hinzu. Die in der klassischen deutschen Kinderpsychologie als »Trotzalter« bezeichnete und meist als typisch für das 2. und 3. Lebensjahr angesehene Phase klingt zu Beginn der Vorschulzeit langsam ab (vgl. Schenk-Danzinger, 1988).

> **Denkanstöße**
> Welche Gründe lassen sich für die Entwicklung trotzigen Verhaltens anführen, und warum klingt diese Phase zu Beginn der Kindergartenzeit in der Regel ab?

Faktoren der Bindungsorganisation. Gloger-Tippelt (1999) wies darauf hin, dass sich die Bindung im Vorschulalter von der des Kleinkindes (vgl. Abschn. 7.4.3) dadurch unterscheidet, dass die frühkindlichen Erfahrungen in Interaktionssituationen mit den primären Bezugspersonen nun in Form überdauernder Erwartungen internalisiert sind und in bindungsrelevanten Situationen aktualisiert werden können (»interne Arbeitsmodelle«). Längsschnittstudien haben zeigen können, dass die Kontinuität des beobachteten Bindungsverhaltens eher moderat ausgeprägt ist, was darauf hindeutet, dass nicht unbedingt von sehr stabilen Interaktionserfahrungen im familiären Kontext ausgegangen werden kann. Während sich bei Verbesserung der Betreuungssituation häufig ein Wechsel von unsicherer zu sicherer Bindungsorganisation zeigt, kommt es oft zum umgekehrten Fall, wenn Krisensituationen in der Familie beobachtet werden (etwa bei Trennung der Eltern) oder ein Kind nicht die emotionale Unterstützung erfährt, die es aufgrund besonderer Umstände (etwa längerer Krankheit) erwartet. Die beiden bekannten Bielefelder und Regensburger Längsschnittstudien zur Bindungsentwicklung vom Kleinkind- bis zum Jugendalter haben jedenfalls übereinstimmend die Bedeutung von solchen familiären Risikofaktoren für die Entwicklung der Bindungsorganisation illustriert (vgl. Zimmermann et al., 2000).

Auswirkungen der Eltern-Kind-Beziehung. Insgesamt gilt, dass die Qualität der frühen Eltern-Kind-Beziehung für die weitere sozial-emotionale Entwicklung bedeutsam ist. Das Elternhaus bietet in der Regel eine schützende Atmosphäre, und die Eltern selbst bemühen sich um vielseitige Entwicklungsförderung. Wenn die Mutter-Kind-Beziehung durch Zuneigung und emotionale Wärme bestimmt wird, in der Interaktion klare Verhaltensregeln definiert und den Vorschulkindern autonomiefördernde Handlungsspielräume eingeräumt werden, ist davon auszugehen, dass sich die Kinder zu selbstbewussten, leistungsfähigen, emotional stabilen und sozial kompetenten Individuen entwickeln. Die wachsende Bedeutung von Vätern für den familiären Sozialisationsprozess zeigt sich darin, dass auch bei Kindern mit einer sicheren Bindung zum Vater Vorteile in den sozialen Kompetenzen beobachtet werden konnten: Sie zeigen in der Regel weniger negative Gefühle beim Spiel, initiieren häufiger kooperative Spiele, wirken seltener übermäßig angespannt und können ihre Konflikte ähnlich wie Kinder mit sicherer Mutterbindung häufiger selbstständig lösen (Mähler, 2008). Man kann weiter erwarten, dass sicher gebundene Kinder es ihren Eltern leichter machen, »autoritative« Erziehungsstile zu praktizieren, die durch offene Kommunikationsstrukturen und Unterstützung von Selbstständigkeit charakterisiert sind. Kinder mit sicherer Bindung zu den Eltern können offensichtlich auch die gelungenen sozialen Verhaltensmuster der Familie relativ gut auf die nicht familiäre Situation im Kindergarten übertragen.

Geschwisterbeziehungen. Wenn es auch in der heutigen Zeit nicht mehr selbstverständlich ist, dass in der Familie mehrere Kinder aufwachsen, so gilt für diesen Fall weiterhin, dass soziale Kompetenzen oft auch durch positive Geschwisterbeziehungen gefördert werden. Ältere Geschwister können Modellfunktion und auch teilweise Eltern- und Lehrerrollen übernehmen, wobei ältere Schwestern in dieser Hinsicht besonders erfolgreich zu sein scheinen. Leider ist die Datenlage zur Frage der Familienbeziehungen der 3- bis 6-Jährigen immer noch überschaubar und verbesserungswürdig. Die meisten Studien zu diesem Thema betreffen das Kleinkindalter und dann erst wieder das Jugendalter (vgl. Mähler, 2008).

8.4.2 Beziehung zu Gleichaltrigen

Für den Erwerb sozialer Kompetenzen sind neben der Familie auch andere soziale Alltagskontexte grundlegend. So unterstützen außerfamiliäre regelmäßige Kontakte bei 3- bis 6-Jährigen die Bewältigung der Entwicklungsaufgaben, sich erstmals als selbstständig und autonom im Kontext der eigenen Familie zu erleben und sich Gleichaltrigen gegenüber kooperativ und prosozial zu verhalten. Beobachtungen aus der schon erwähnten Bielefelder Längsschnittstudie zur Entwicklung des Bindungsverhaltens verdeutlichen beispielsweise, dass Kinder mit sicherer Mutterbindung sich auch außerhalb der Familie selbstbewusster bewegen und seltener in soziale Konflikte verwickelt sind als Kinder mit unsicherer Mutterbindung.

Für die meisten Kinder eines Altersjahrgangs stellt auch heute noch der Eintritt in den Kindergarten den Beginn des regelmäßigen Kontakts mit Gleichaltrigen dar. Das Interesse an Gleichaltrigen ist dabei schon wesentlich früher entwickelt. Interaktionen mit Gleichaltrigen laufen jedoch bis zum 3. Lebensjahr oft wenig kooperativ ab und sind häufig mit Streitigkeiten verbunden (meist geht es dabei um Spielsachen). Da geeignete Konfliktlösungsstrategien fehlen und die sprachlichen Ausdrucksmöglichkeiten begrenzt sind, kommen körperliche Aggressionen gerade bei den 2- bis 3-Jährigen relativ häufig vor. Es ist daher durchaus sinnvoll, dass in dieser Phase der soziale Kontakt mit Gleichaltrigen fast ausschließlich unter der Aufsicht von Erwachsenen stattfindet.

Veränderungen im Spielverhalten. Im Vorschulalter werden die Interaktionen komplexer und sozial verträglicher. Schon vor etwa 80 Jahren hatte Mildred Parten bei ihrer Beobachtung des Spielverhaltens 2- bis 5-jähriger Kinder registriert, dass bei den jüngeren Kindern das Einzelspiel oder das Parallelspiel dominierte, auch wenn sich andere Kinder in ihrer Nähe befanden. Das Parallelspiel kann als Zwischenform zwischen Einzelspiel und Sozialspiel aufgefasst werden, bei dem Kinder nebeneinander häufig mit dem gleichen Spielzeug agieren, sich dabei auch beobachten, ohne miteinander zu kommunizieren. Kooperative Spielformen wurden erst bei den 3- und 4-Jährigen beobachtet, die sich gegenseitig halfen und beim Spiel gemeinsame Ziele verfolgten (vgl. Mietzel, 2002). Ab diesem Alter scheint die für das Zusammenspiel erforderliche Fähigkeit der Beteiligten gegeben zu sein, sich auf einen gemeinsamen Gegenstand (ein Spielzeug oder ein Spielthema) zu beziehen (vgl. Oerter, 1999). Es wird nun auch das kooperative Spiel nach Regeln und weiterhin auch das Rollenspiel in kleinen Gruppen häufiger beobachtet.

Kooperative Spielformen stellen relativ hohe soziale Anforderungen an die Kinder. Erfolg wird dann beschieden sein, wenn egozentrische Denkweisen überwunden werden und sich die Kinder darauf einigen können, womit und wie gespielt werden soll. Sie müssen sich weiterhin darüber einig werden, wer welche Rollen übernimmt, und sich auch über den Stand ihres Handelns sowie die Zufriedenheit austauschen können. Angesichts der vielfältigen Anforderungen dieser Spielform wird deutlich, dass das kooperative Spiel sowohl für die kognitive als auch für die soziale Entwicklung von Vorschulkindern sehr bedeutsam ist.

Kinder benötigen zu einer optimalen Spielentwicklung geeignetes Material und auch eine freie Spielsituation. Wie aus Tabelle 8.3 und einer dort zusammengefassten Studie von McLoyd (1983) hervorgeht, bevorzugen sowohl jüngere als auch ältere Vorschulkinder in unterschiedlichen Spielsituationen meist realistisches Spielmaterial (z. B. Puppen, Telefon, Arztkoffer) gegenüber untypischem und vielseitigem Spielzeug (z. B. Scheiben, Klötze, Schachteln). Die einzige Ausnahme fand sich für die 5-jährigen Mädchen im kooperativen Spiel. Geschlechtsspezifische Unterschiede zeigten sich darin, dass Mädchen mehr in kooperativen Spielformen engagiert waren, während sich bei Jungen höhere Werte für das Einzelspiel ergaben.

Fähigkeit zur Kooperation. Die Fähigkeit zur Kooperation wird insbesondere im Spiel unter Freunden herausgebildet, in dem komplexes und intensives Rollenspiel eine besondere Bedeutung hat. Es liegen Befunde aus Längsschnittstudien vor, in denen die Bedeutung früher kooperativer Fähigkeiten für die Herausbildung sozialer Kompetenz illustriert wurde. So zeigten Kinder, die im Alter von 4 Jahren besonders viele Erfahrungen mit komplexen sozialen Rollenspielen sammeln konnten, später mehr prosoziales Verhalten. Sie wiesen einen hohen Beliebtheitsgrad auf und wurden häufiger als Freunde auserkoren (vgl. Mähler, 2008).

Freundschaften im Vorschulalter. Freundschaften sind durch Vertrauen und soziale Austauschregeln geprägt. Im Vorschulalter sind Kinder schon dazu in der Lage, auf die Wünsche anderer einzugehen und vielfach auch dazu bereit, Spielsachen mit anderen zu teilen. Allerdings zeigen sich hier beträchtliche individuelle Unterschiede. Es hat dabei den Anschein, dass beliebte Kinder die Austauschregeln am besten beherrschen, größere soziale Geschicklichkeit zeigen und deshalb auch gerne als Freunde ausgewählt werden.

Im Vorschulalter sind Freunde bevorzugte Spielpartner, die sich an gemeinsamen Aktivitäten erfreuen. Während es im Kleinkindalter schwerfällt, zwischen Freundschaft und momentaner Spielgemeinschaft zu unterscheiden, verbringen Vorschulkinder generell mehr Zeit mit ihren Freunden als mit anderen Spielkameraden. Im Alter von 3 oder 4 Jahren zeigen gegenseitig befreundete Kinder insgesamt mehr wechselseitigen Blickkontakt und Interaktionsverhalten. Gerade bei Jungen findet sich unter Freunden auch mehr Wetteifer-

Tabelle 8.3 Mittlere Häufigkeiten (in Prozent) verschiedener Arten des Symbolspiels in Sitzungen mit untypischem und realistischem Spielmaterial (aus McLoyd, 1983, leicht modifiziert nach der deutschen Übertragung von Oerter, 2008)

Altersgruppen	Art des Symbolspiels				Gesamtwert
	Spielmaterial	Einzelspiel	Parallelspiel	Kooperatives Spiel	
3½ Jahre					
Mädchen	untypisch	9,67	4,67	16,33	29,33
	realistisch	25,00	5,33	20,00	43,67
Jungen	untypisch	3,00	0,33	2,66	5,67
	realistisch	20,00	1,67	4,67	24,33
5 Jahre					
Mädchen	untypisch	0,67	0,33	48,33	49,33
	realistisch	4,67	7,00	37,33	47,00
Jungen	untypisch	10,66	4,67	13,33	26,33
	realistisch	19,00	10,00	17,67	43,00

verhalten und damit zusätzliches Konfliktpotenzial, das wir schon aus den Studien zur Leistungsmotivationsentwicklung kennen, wonach Kinder in diesem Altersbereich nur schlecht verlieren können. Es kann bei Streitigkeiten dann auch schnell zur Beendigung der Freundschaft kommen, insbesondere dann, wenn die Beziehung aufgrund der Vorliebe für ähnliches Spielzeug aufgebaut wurde. Dennoch haben verschiedene Studien zeigen können, dass Konflikte unter Freunden vielfach beziehungsdienlicher gelöst werden können als unter »Nicht-Freunden« (vgl. Mähler, 2008). Freundschaftsbeziehungen im Vorschulalter sind zunehmend gleichgeschlechtlich und können dabei entgegen früheren Annahmen auch über längere Zeiträume stabil erhalten bleiben, wenn die Freunde die erwähnten sozialen Austauschregeln beherzigen und über gute soziale Fertigkeiten verfügen.

Frühe Bindungserfahrungen und spätere Freundschaftsbeziehungen. In einer Längsschnittstudie mit mehr als 1.000 Kindern wurde kürzlich die Relation zwischen frühen Bindungserfahrungen (erfasst im Alter von 3 Jahren), emotionalen Mutter-Kind-Beziehungen (erfasst im Alter von 4½ Jahren) und Freundschaftserfahrungen ab Beginn der Schulzeit erfasst (McElwain et al., 2008). Ergebnisse von Strukturgleichungsmodellen führten das Autorenteam zur Schlussfolgerung, dass sowohl die Qualität der frühen Mutter-Kind-Bindung als auch die etwas später erhobene emotionale Mutter-Kind-Beziehung zusammen mit den sprachlichen Kompetenzen der Kinder mit der Qualität späterer Freundschaftsbeziehungen positiv zusammenhing. Wenn die Kinder im familiären Kontext keine Probleme damit hatten, über ihre Emotionen (insbesondere auch ihre negativen Emotionen) zu reden, schien sich dies später positiv auf ihre sozialen Kompetenzen auszuwirken.

8.4.3 Sozialisation in Kindertageseinrichtungen

In den letzten Jahrzehnten haben sich durch den Ausbau außerfamiliärer Betreuungsangebote im Vorschulalter die Sozialisationsbedingungen junger Kinder deutlich geändert (vgl. Kap. 25 und 26). Der Besuch eines Kindergartens ab dem 4. Lebensjahr gehört nicht nur in Deutschland mittlerweile zur Norm. Deutlich mehr als 90 % der 3- bis 6-Jährigen besuchen einen Kindergarten. Ab 2013 besteht gar für alle Kinder ab dem vollendeten 1. Lebensjahr ein Rechtsanspruch auf einen Krippenplatz. Das wirft einmal mehr die Frage nach dem Risiko einer frühen außerfamiliären Tagesbetreuung auf. Die Ende der 1980er-Jahre vor allem in US-amerikanischen Studien geäußerte Ansicht, dass eine sehr frühe Betreuung in Kindertagesstätten (Kitas) den Aufbau sicherer Mutter-Kind-Bindungen erschwere, lässt sich vor dem Hintergrund neuerer Befunde nicht aufrechterhalten (Ahnert, 2008): Entscheidend für eine sichere Bindung des Kindes ist die Sensitivität der Mutter bzw. der primären Bezugsperson, und zwar unabhängig davon, ob das Kind ausschließlich zu Hause oder außerfamiliär durch eine Tagesmutter oder in einer Kita betreut wurde.

Beziehungen zu Erzieherinnen. Keinen Zweifel aber gibt es daran, dass der Besuch von Kita und Kindergarten Einfluss auf die soziale Entwicklung im Vorschulalter hat. So entstehen neben den familiären Beziehungen auch Beziehungen zu Erzieherinnen sowie – vor allem dann im Kindergarten – zu Gleichaltrigen. Über Auswirkungen dieser außerfamiliären Beziehungen auf die spätere kindliche Entwicklung weiß man nur wenig. Vereinzelt finden sich jedoch Hinweise darauf, dass gelungene Beziehungen zu Erzieherinnen mit einem späteren prosozialen, aber auch unabhängigeren und zielorientierteren Verhalten des Kindes in Zusammenhang gebracht werden können. Erste Befunde über die Beziehungsqualität des Kindes zur Grundschullehrerin als Folge der Qualität früherer Erzieherinnen-Kind-Beziehungen unterstreichen die Bedeutung einer gelungenen Kindergartensozialisation für die spätere Bildungsbiografie des Kindes (vgl. Ahnert, 2008).

Sozialstrukturen in Peergruppen. Im Kindergarten entwickeln sich innerhalb der Gruppen soziale Binnenstrukturen. Diese basieren auf Merkmalen wie Geschlecht, Alter sowie soziale und emotionale Kompetenz, die sich in Beliebtheitswerten, Freundschaftsbeziehungen und Konfliktfeldern niederschlagen. Unzureichende Konfliktlösungen erhöhen dabei das Risiko, antisoziale Gruppenmuster und Aggressionen dauerhaft zu entwickeln. Die Bedeutung ausgeglichener vorschulischer Peerkontakte konnten vor allem in schwedischen Längsschnittstudien nachgewiesen werden: Kinder mit längeren und positiven Betreuungserfahrungen in außerfamiliären Einrichtungen wurden bis weit in die Schulzeit hinein als sozial beliebter in Peergruppen beschrieben (Andersson, 1992).

Zusammenfassung

Die Entwicklung in der frühen Kindheit ist im Bereich der körperlichen, motorischen, kognitiven, motivational-emotionalen und sozialen Ebenen durch beträchtliche Veränderungen gekennzeichnet:

- Wenn sich auch die körperliche Entwicklung im Vorschulalter gegenüber der Säuglings- und Kleinkindphase etwas verlangsamt, sind die Zuwächse im Hinblick auf Gewicht und Körpergröße beachtlich, wobei sich die Körperproportionen (Relation von Kopf, Rumpf und Extremitäten) langsam denen des Erwachsenenalters annähern.
- Im Bereich der motorischen Entwicklung können für die Altersperiode zwischen 3 und 6 Jahren bedeutsame Verbesserungen sowohl hinsichtlich der Grob- als auch der Feinmotorik beobachtet werden, wobei große individuelle Unterschiede festzustellen sind.
- Die kognitive Entwicklung in der präoperationalen Phase nach Piaget ist vor allem durch Zentrierung und Egozentrismus des Kindes charakterisiert. Obwohl dieses Phänomen bei den meisten Kindern sicherlich nachweisbar ist, scheint es nicht so dominant wie lange angenommen. Auch Vorschulkinder verfügen schon über die Fähigkeit zur Perspektivenübernahme.
- Im Hinblick auf die Entwicklung der psychometrischen Intelligenz sind ebenfalls klare Zuwächse auszumachen. Dabei scheint die Stabilität über die Zeit eher moderat, was darauf hindeutet, dass sich die Entwicklungstempi zwischen den Kindern unterscheiden. Vergleicht man die Denkfähigkeit sensu Piaget mit der psychometrischen Intelligenz, sind in dieser Phase nur geringe Zusammenhänge nachweisbar (dies ändert sich später grundlegend).
- Die Gedächtnisleistungen im Bereich des Wiedererkennens fallen beeindruckend gut aus, und auch im Hinblick auf das Arbeitsgedächtnis sowie das freie Erinnern ergeben sich deutliche Alterszuwächse.
- Sprachlich legen die Kinder zwischen dem 3. und 6. Lebensjahr enorm zu, verbessern dabei insbesondere die pragmatische Kompetenz.
- Kognitive Kontrollfunktionen wie die Aufrechterhaltung relevanter Information, die Unterdrückung automatisierter Handlungstendenzen, die kognitive Flexibilität, die Koordinations- und Planungsfähigkeit verbessern sich in enger Beziehung zu Reifungsprozessen im Frontalhirn.
- Im Bereich der motivational-emotionalen Entwicklung bildet sich die Tendenz zu leistungsmotiviertem Verhalten heraus. Das Selbstbild ist überwiegend positiv und meist auch unrealistisch. Explorationsverhalten als wichtige Komponente des Wirksamkeitsstrebens zeigt sich nun häufiger und steht in enger Beziehung zur Herausbildung von Interessen. Kinder dieser Altersgruppe kennen und verfügen über die Basisemotionen und können diese als wirksames Kommunikationsmittel einsetzen.
- Die soziale Entwicklung vollzieht sich zunächst sehr stark im Kontext der Familie. Der frühe Aufbau sicherer Bindung zu den Eltern führt in der Regel zu langfristig positiven sozialen Kompetenzen. Die Beziehung zu Gleichaltrigen wird zunehmend wichtiger. Freundschaften im Vorschulalter sind durch Vertrauen und den Gebrauch sozialer Austauschregeln geprägt. Kinder mit positiver Elternbindung scheinen insgesamt sozial geschickter und beliebter zu sein. Außerfamiliäre Betreuungsangebote gewinnen zunehmend an Bedeutung. Soziale Erfahrungen in den Kindertageseinrichtungen spielen im Leben der Vorschulkinder eine große Rolle. Positive Beziehungen zu den Erzieherinnen sind für die weitere Entwicklung ebenso wichtig wie Freundschaftsbeziehungen mit den Peers.

Weiterführende Literatur

Holodynski, M. (2006). Emotionen – Entwicklung und Regulation. Berlin: Springer. *Umfassende Darstellung zur Entwicklung von Emotionen und ihrer Regulation.*

Mähler, C. (2008). Das Kindergarten- und Vorschulalter (4.–7. Lebensjahr). In M. Hasselhorn & R. K. Silbereisen (Hrsg.), Entwicklungspsychologie des Säuglings- und Kindesalters (Enzyklopädie der Psychologie, Themenbereich C, Serie V, Bd. 4, S. 177–237). Göttingen: Hogrefe. *Bietet einen umfassenden und ausgewogenen Überblick über die wesentlichen Entwicklungsmerkmale von Kindern im Vorschulalter.*

Mietzel, G. (2006). Wege in die Entwicklungspsychologie (v. a. Kap. 5 zur kognitiven Entwicklung im Vorschulalter). Weinheim: Beltz. *Ergänzt die Inhalte des vorliegenden Kapitels zur kognitiven Entwicklung in sinnvoller Weise.*

Schmidt-Denter, U. (2005). Soziale Beziehungen im Lebenslauf (4. Aufl.; v. a. Kap. 1 und 2). Weinheim: Beltz. *Informiert über den Erwerb von Kompetenzen, die das Vorschulkind benötigt, um erfolgreich mit anderen Personen zu interagieren.*

9 Mittlere und späte Kindheit (6–11 Jahre)

Jutta Kray • Sabine Schaefer

9.1 Die kognitive Entwicklung
    9.1.1 Piagets Ansatz: Die konkret-operationale Phase
    9.1.2 Der Informationsverarbeitungsansatz
    9.1.3 Psychometrische Ansätze

9.2 Die Entwicklung der Persönlichkeit
    9.2.1 Persönlichkeitsvariablen: Stabilität und Veränderung der »großen Fünf«
    9.2.2 Persönlichkeitsprofile
    9.2.3 Die Entwicklung des Selbstkonzepts
    9.2.4 Das soziale Umfeld

9.3 Die emotionale und motivationale Entwicklung
    9.3.1 Die motivationale Entwicklung
    9.3.2 Die emotionale Entwicklung

Klara und Sofie im Alter von 6 Jahren …
… und im Alter von 11 Jahren

In dieser Phase der Entwicklung machen die 6-jährigen Mädchen Klara und Sofie noch häufiger Fehler bei Denkaufgaben, können sich weniger merken und wenden seltener Gedächtnisstrategien an als mit 11 Jahren. Sie haben Schwierigkeiten, relevante Informationen einer Aufgabe aufrechtzuerhalten und irrelevante nicht zu beachten, und können sich nicht so gut an wechselnde Aufgabenanforderungen anpassen. Klara und Sofie beschreiben sich selbst eher anhand konkreter und sichtbarer Eigenschaften und bezeichnen diejenigen Gleichaltrigen als ihre Freunde, mit denen sie den häufigsten Kontakt haben. In Leistungssituationen sind sie eher unangemessen optimistisch bei der Einschätzung der eigenen Fähigkeiten. Sie haben noch wenig Verständnis dafür, dass eine Situation auch ambivalente Emotionen hervorrufen kann.

Im Alter von 11 Jahren hingegen können sich Klara und Sofie bei der Bearbeitung von Denkaufgaben auf die wesentlichen Aspekte konzentrieren, wenden zunehmend effizientere Gedächtnisstrategien an und können sich flexibler an wechselnde Aufgabenanforderungen anpassen, unter anderem durch die bessere Aufrechterhaltung relevanter Aufgabeninformation. Klara und Sofie charakterisieren sich nun eher anhand von generalisierbaren Eigenschaften und Fähigkeiten, die zunehmend auf sozialen Vergleichsprozessen mit Gleichaltrigen basieren. Freunde sind nun diejenigen Gleichaltrigen, mit denen sie ähnliche Interessen verbinden und denen man vertrauen kann. Ob Klara und Sofie das Gefühl haben, den Leistungsanforderungen gewachsen zu sein, und ein hohes Selbstwertgefühl entwickeln konnten, hängt außer von ihren Fähigkeiten und Persönlichkeitseigenschaften auch von ihrem sozialen Umfeld wie dem Erziehungsstil der Eltern und der Bezugsnormorientierung ihrer Lehrer ab. Emotionen anderer Personen können sie zudem besser erkennen und auch differenzierter begründen.

9.1 Die kognitive Entwicklung

9.1.1 Piagets Ansatz: Die konkret-operationale Phase

Nach Piagets Theorie der geistigen Entwicklung (vgl. Abschn. 16.1) erreichen Kinder in der mittleren und späten Kindheit im Alter von etwa 7 bis 12 Jahren die konkret-operationale Stufe. Das Entstehen des logischen Denkens (d. h. nach Piaget die Fähigkeit, Repräsentationen in einem System mentaler Handlungen zu koordinieren) macht das Denken der Kinder flexibler und organisierter. Kinder sind nun in der Lage, mehrere Aspekte einer Situation gleichzeitig zu betrachten. Auf dieser Stufe der Denkentwicklung können Kinder konkrete Probleme lösen, die sich auf die gegenwärtige Situation beziehen. Dies führt zu besseren Leistungen in einer Reihe von Aufgabenklassen, die Piaget zur Erfassung der kognitiven Entwicklung konzipiert hat (s. Tab. 9.1).

Konservation. Zur Messung der Konservationsfähigkeit haben Piaget und auch andere Forscher eine Reihe von klassischen Denkaufgaben für unterschiedliche Merkmale von Objekten entwickelt. Alle Konservationsaufgaben erfordern die Fähigkeit zur Dezentrierung, d. h. die Fähigkeit, sich nicht nur auf einen Aspekt der Aufgabe zu konzentrieren (Anfangs- oder Endzustand), sondern verschiedene Zustände und deren Transformation miteinander in Beziehung zu setzen (s. Abb. 9.1). In der präoperationalen Phase machen Kinder häufig Denkfehler, weil sie sich nur auf einen oft augenscheinlichen Aspekt der Aufgabe fokussieren und nicht in der Lage sind, die beobachtete Transformation mental in Schritten rückwärts zu denken (vgl. Abschn. 16.1.2).

> **Definition**
>
> Mit **Konservation** (auch Erhaltung oder Invarianz genannt) ist nach Piaget die Fähigkeit zum Verständnis gemeint, dass zwei Objekte in Bezug auf ein bestimmtes Maß wie Menge, Länge, Gewicht, Anzahl oder Identität gleich sind, auch wenn das Material in seiner Erscheinung verändert wird, solange nichts weggenommen oder ergänzt wird.

In einem Test zur Erhaltung der Substanz zeigt der Testleiter dem Kind in der ersten Phase zwei identische Bälle aus Knete und fragt, ob beide Bälle aus gleich viel Knete bestehen oder nicht. Nachdem das Kind geantwortet hat, dass beide Knetbälle aus gleich viel Knete bestehen, verändert der Testleiter in der zweiten Phase (Transformation, s. auch Abb. 9.1) einen der Bälle, indem er die Knetmasse ausrollt und daraus ein »Würstchen« formt. In der

Tabelle 9.1 Verbesserungen in kognitiven Denkaufgaben nach Piaget

Aufgabenklasse	Beispiel
Konservation	Ein 7- bis 8-jähriges Kind erkennt, dass die Menge der Knete gleich bleibt, wenn man einen Ball aus Knete zu einem »Würstchen« formt.
Klassifikation	Kinder können Objekte oder Spielkarten nach Farben oder Formen sortieren und verstehen, dass die Unterklasse »Katze« als ein Teil der Kategorie »Tiere« weniger Tiere beinhaltet.
Reihenbildung und Transitivität	Es können Objekte einer Klasse entlang ihrer Größe in einer Reihe von klein zu groß sortiert werden. Kinder verstehen, dass aus »A größer B« und »B größer C« notwendigerweise folgt, dass »A größer C« ist.
Induktives und deduktives Denken	Kinder können aus einer allgemeinen Aussage wie »Menschen haben zwei Augen« Schlüsse über das Exemplar einer Klasse wie »Peter hat zwei Augen« ziehen und wissen zugleich, dass sich aus der Beobachtung eines einzelnen Falls nicht unbedingt allgemeine Schlüsse ziehen lassen.
Räumliches Denken	Kinder können nun die räumliche Position von Objekten nicht nur aus der eigenen Perspektive beschreiben und Entfernungen besser einschätzen.
Zahlen und mathematische Fähigkeiten	Kinder können einfache arithmetische Rechenoperationen lösen, häufig unter Verwendung von Zählstrategien.

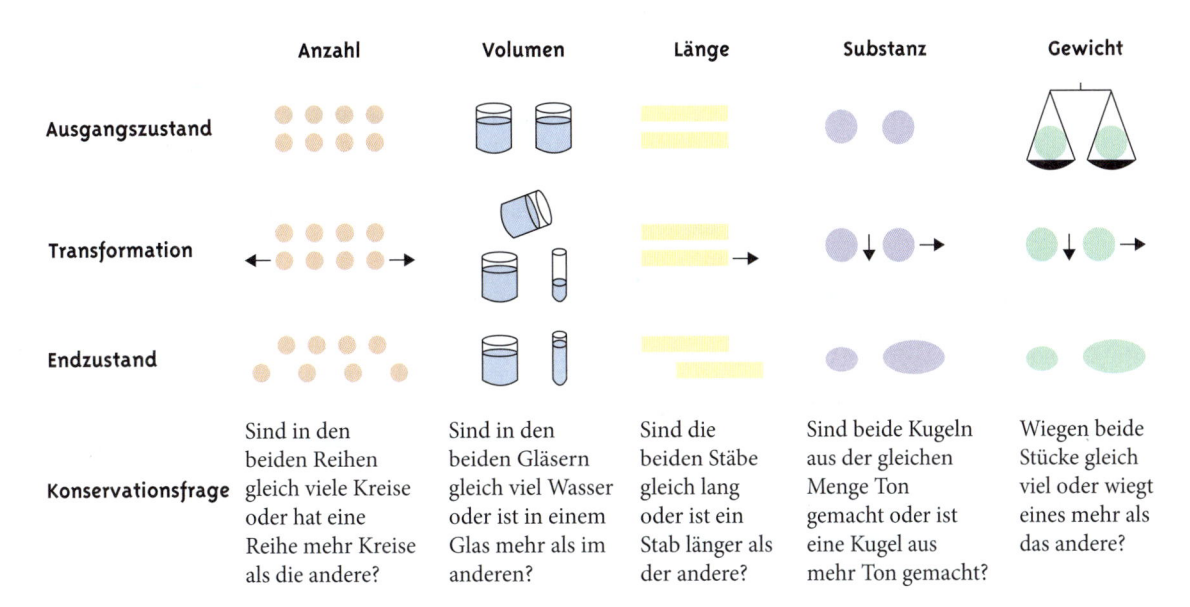

	Anzahl	Volumen	Länge	Substanz	Gewicht
Ausgangszustand	●●●● ●●●●	🥛🥛	▬▬▬ ▬▬▬	● ●	⚖
Transformation	←●●●●●●●●→	🥛↷🥛	▬▬▬→	●↓→	●↓→
Endzustand	●●●● ● ● ● ●	🥛 🧪	▬▬▬ ▬▬▬▬	● ⬭	● ⬭
Konservationsfrage	Sind in den beiden Reihen gleich viele Kreise oder hat eine Reihe mehr Kreise als die andere?	Sind in den beiden Gläsern gleich viel Wasser oder ist in einem Glas mehr als im anderen?	Sind die beiden Stäbe gleich lang oder ist ein Stab länger als der andere?	Sind beide Kugeln aus der gleichen Menge Ton gemacht oder ist eine Kugel aus mehr Ton gemacht?	Wiegen beide Stücke gleich viel oder wiegt eines mehr als das andere?

Abbildung 9.1 Beispiele für Piagets Konservationsaufgaben

dritten Phase fragt der Testleiter erneut, ob beide jetzt auch aus gleich viel Knete bestehen oder nicht. Kinder in der präoperationalen Phase, die sich beispielsweise nur auf den Endzustand der Transformation konzentrieren, antworten häufig, dass das »Würstchen« aus mehr Knete besteht, da es länger ist. Kinder, die die konkret-operationale Stufe erreicht haben, antworten, dass »Ball« und »Würstchen« gleich viel Knete enthalten.

Die Entwicklung zur Lösung von Konservationsaufgaben verläuft nicht einheitlich über Aufgabenbereiche hinweg. Piaget bezeichnet dies als horizontale Verschiebung. Aufgaben zur Erhaltung der Substanz werden im Alter zwischen 7 und 8 Jahren gelöst, Aufgaben zur Erhaltung des Gewichts hingegen erst im Alter von 9 bis 10 Jahren und Aufgaben zur Erhaltung des Volumens erst ab dem Alter von 12 Jahren. Demnach sind Kinder nicht in der Lage, Wissen über die Lösung einer Konservationsaufgabe auf eine andere zu übertragen.

Klassifikation. Kinder im Alter zwischen 7 und 11 Jahren üben Klassifikationsaufgaben häufig spielerisch. Beim Sammeln beispielsweise von Auto- oder Tierquartetten werden diese entlang unterschiedlicher Unterklassen wie Hubraum und PS oder Größe und Gewicht sortiert und ein anderes Mal werden die Karten nach neuen Klassen eingeordnet. Nach Piaget sind Kinder, die die konkret-operationale Stufe erreicht haben, nicht nur in der Lage, Klassifikationsaufgaben zu lösen, sondern können auch Klassenhierarchien berücksichtigen.

Legt man Kindern etwa Bilder von Tieren – z. B. sieben Affen und drei Elefanten – vor und fragt sie, ob auf dem Bild mehr Tiere oder mehr Affen zu sehen sind, dann geben Kinder ab der mittleren Kindheit mit großer Wahrscheinlichkeit die richtige Antwort. Die Lösung solcher Klasseninklusionsaufgaben gelingt in der präoperationalen Phase noch nicht. Dies gelingt erst dann, wenn Kinder die Relation zwischen Ober- und Unterklassen verstehen und sich auf mehr als zwei Klassen gleichzeitig konzentrieren können (Flavell, 1963; Ni, 1998).

Reihenbildung und Transitivität. Nach Piaget haben Kinder die Fähigkeit zur Reihenbildung erworben, wenn sie Objekte entlang eines quantitativen Merkmals wie beispielsweise Länge oder Größe ordnen können. Um dies zu testen, hat Piaget (1969) Kinder gebeten, Holzstäbchen entsprechend ihrer Länge vom kürzesten zum längsten zu sortieren. Kinder, die sich in der präoperationalen Phase befinden, können zwar den kürzesten oder längsten Stab auswählen, aber nicht wie Kinder in der konkret-operationalen Phase die Objekte der Länge nach ordnen.

In einer typischen Aufgabe zur Überprüfung der transitiven Inferenz zeigte Piaget Kindern unterschiedlich lange farbige Stäbe in gelb, grün und blau. Der gelbe Stab ist länger als der grüne Stab, und der grüne ist länger als der blaue. Ohne die Stäbe zu sehen, können Kinder zu Beginn der mittleren Kindheit aufgrund der Fähigkeit zur mentalen Reihenbildung die Schlussfolgerung ziehen, dass der gelbe Stab länger als der blaue Stab ist (Chapman & Lindenberger, 1988; Piaget & Inhelder, 1967).

> **Definition**
>
> Unter **Transitivität** versteht man die Fähigkeit, Schlussfolgerungen auch auf der Basis von mentaler Reihenbildung ziehen zu können, d. h. die Beziehung zwischen zwei Objekten zu erkennen, wenn die Beziehung beider zu einem dritten Objekt bekannt ist.

Induktives und deduktives Denken. In der mittleren und späten Kindheit nehmen nicht nur die Fähigkeiten zum induktiven und deduktiven Denken zu, sondern auch das Bewusstsein über die Unterschiedlichkeit beider Arten schlussfolgernden Denkens. Sowohl deduktives als auch induktives Denken beinhalten Prämissen (Aussagen über Sachverhalte, die bekannt sind oder angenommen werden) und Schlussfolgerungen. Beim deduktiven Denken werden von einer allgemeinen Prämisse über eine Klasse von Objekten Schlussfolgerungen über ein Exemplar einer Klasse gezogen. Sind z. B. die Aussagen »Alle Katzen haben vier Pfoten« und »Snoby ist eine Katze« wahr, dann ist die Aussage »Snoby hat vier Pfoten« auch wahr. Beim induktiven Denken werden auf der Basis einzelner Beobachtungen allgemeine Schlussfolgerungen gezogen, z. B. »Meine Katze Snoby hat vier Pfoten. Die Katzen der Nachbarn haben auch vier Pfoten. Demnach haben alle Katzen vier Pfoten«. Die Entwicklung des schlussfolgernden Denkens scheint dabei unabhängig von Objekten, Personen und Lebewesen der realen Welt zu sein. Zudem erkennen Kinder die deutlichere Unsicherheit beim induktiven Denken gegenüber dem deduktiven Denken, da man sich nie sicher sein kann, dass neue Information die Schlussfolgerung nicht infrage stellt (Galotti et al., 1997).

Räumliches Denken. Mit der Fähigkeit, interne Repräsentationen mental zu manipulieren, nimmt auch die Fähigkeit zum räumlichen Denken in der mittleren und späten Kindheit deutlich zu. Während Kinder in der präoperationalen Phase die Positionen von Objekten vorwiegend aus ihrer eigenen Position heraus beschreiben, sind Kinder in der konkret-operationalen Phase eher in der Lage, die Position von Objekten auch aus einem anderen Bezugsrahmen als dem eigenen bzw. aus einer anderen Perspektive zu beschreiben. Zudem können Kinder nun klarere Anweisungen geben, wie man von Ort A zu Ort B gelangt. Dazu verwenden sie eine mentale Strategie, bei der sie sich die Bewegungen einer anderen Person von A nach B vorstellen. Daher finden Kinder im mittleren und späten Kindesalter auch ohne Probleme ihren Weg von der Schule nach Hause. Auch Vorstellungen über Entfernungen zwischen zwei Orten und die Dauer bis zum Erreichen eines entfernten Zieles werden immer genauer.

Zahlen und mathematische Fähigkeiten. Mit der Zunahme der kognitiven Fähigkeiten vor allem in den Bereichen des induktiven und deduktiven Denkens, aber auch der Fähigkeit, mentale Transformationen vom Endpunkt aus rückwärts auszuführen (Reversibilität), werden einfache arithmetische Rechenoperationen im Bereich der Addition und Subtraktion möglich. Dazu benutzen Kinder im Alter von etwa 6 bis 7 Jahren häufig bestimmte Zählstrategien. Gibt man ihnen beispielsweise das Additionsproblem 4 + 3, sagen sie sich im Kopf (»4, ... 5, 6, 7«) und antworten dann »7«. Als Strategie wird dabei häufig die numerisch kleinere Zahl hinzugezählt. Allerdings verwenden Kinder schon in diesem Alter variable Strategien zur Lösung solcher Additionsprobleme (Siegler, 1987). Mit etwa 9 Jahren können Kinder auf diese Weise auch Subtraktionsaufgaben lösen, indem sie entweder von der größeren Zahl abwärts zählen (bei 7 – 2 demnach »7, ... 6, 5«) oder von der kleineren Zahl aufwärts zählen (bei 7 – 5 demnach »5, 6, 7«), je nach Anzahl der Zählschritte (Resnick, 1989).

Neuere Forschungen und Bewertung von Piagets Ansatz

Piagets Theorie, wie sie von Flavell (1963) und anderen verbreitet wurde, wird von der neueren Forschung kritisch betrachtet (vgl. auch Abschn. 16.2). Dabei ist allerdings zu bedenken, dass diese Theorie häufig vereinfacht und verfälscht dargestellt wurde (Lourenço & Machado, 1996).

Vertreter des Informationsverarbeitungsansatzes haben Zweifel an einer sprunghaften Veränderung der kognitiven Entwicklung und halten die Annahme sowohl kontinuierlicher quantitativer Verbesserungen im logischen Denken als auch qualitativer Veränderungen für plausibler (Carey, 1999; Case, 1998). So findet Piaget selbst in seiner Forschung Hinweise für eine unterschiedliche Entwicklung bei der Lösung von Konservationsaufgaben, die strukturell keine unterschiedlichen Anforderungen an das logische Denken stellen, und dennoch findet diese Entwicklung innerhalb der konkret-operationalen Stufe statt. Allerdings schließt auch

Piaget den Einfluss quantitativer Veränderungen, wie in der Aufmerksamkeitsspanne, bei der Entwicklung des operationalen Denkens nicht aus (vgl. Chapman & Lindenberger, 1989).

Piaget war der Auffassung, dass, bedingt durch neuronale Veränderungen des Gehirns, die von ihm angenommenen Stufen der geistigen Entwicklung bei allen Kindern in sehr ähnlichen Altersbereichen durchlaufen werden und relativ unabhängig von kulturellen Einflüssen sein sollten. Neuere Forschungen zeigen jedoch, dass die Varianz der von Piaget angenommenen stufenspezifischen Altersbereiche wesentlich größer ist und auch jüngere Kinder über wesentlich bessere kognitive Fähigkeiten verfügen als von ihm angenommen (z. B. Andrews & Halford, 1998). Kulturvergleichende Studien zeigen zudem, dass Kinder aus Ländern und Kulturen, die nur sehr selten die Schule besuchen können, beispielsweise einfache Konservationsaufgaben erst im Alter von 11 Jahren lösen können. Auch haben Kinder aus westlichen Kulturen, die länger zur Schule gehen, bessere Leistungen in Aufgaben zum transitiven Schlussfolgern. Somit können Umwelteinflüsse, wie der Erfahrungskontext der Schule, die Lösung solcher Aufgaben stark beeinflussen (Light & Perret-Clermont, 1989). Daher sollte ihre Interaktion mit Reifungsprozessen stärker berücksichtigt werden.

9.1.2 Der Informationsverarbeitungsansatz

In Ergänzung zu Piagets Stufentheorie der kognitiven Entwicklung haben die Vertreter des Informationsverarbeitungsansatzes vor allem quantitative Veränderungen unterschiedlicher Komponenten der Kognition wie Aufmerksamkeits- und Gedächtnisprozesse erforscht und deren Bedeutung zum Verständnis intellektueller Entwicklung zu bestimmen versucht (vgl. Abschn. 16.3). Die Suche nach den zugrunde liegenden Determinanten der kognitiven Entwicklung kann dabei helfen, besser zu verstehen, warum Kinder unterschiedliche Entwicklungsverläufe in verschiedenen kognitiven Aufgaben zeigen.

Informationsverarbeitungsgeschwindigkeit

Als eine zentrale Komponente der Informationsverarbeitung gilt die Schnelligkeit, mit der kognitive Operationen ausgeführt werden können. Diese Geschwindigkeit nimmt von der mittleren Kindheit bis zum frühen Erwachsenenalter deutlich zu und wird mit der Gehirnentwicklung in Zusammenhang gebracht (Kail & Salthouse, 1994). Dabei wird angenommen, dass die Zunahme der weißen Substanz (also der Nervenfasern des Gehirns) mit der Zunahme der Rate der Informationsübertragung der elektrischen Signale entlang der Nervenleitungen in Verbindung steht. Neuere Studien verweisen darauf, dass die Zunahme der weißen Substanz in der mittleren und späten Kindheit nicht in allen Gehirnregionen gleich verläuft (Mabbott et al., 2006). Dies könnte unterschiedliche Entwicklungsverläufe in kognitiven Fähigkeiten erklären. Allerdings stehen derartige empirische Nachweise zumeist noch aus, und fast alle Studien zur Gehirnentwicklung in der Kindheit basieren derzeit auf querschnittlichen Untersuchungsdesigns.

Gedächtnis

Vertreter des Informationsverarbeitungsansatzes gehen nicht von einem Gedächtnis, sondern von verschiedenen Arten des Gedächtnisses aus (vgl. Abschn. 17.1). Diese Annahme wird durch neurowissenschaftliche Befunde gestützt, denen zufolge bei unterschiedlichen Gedächtnisleistungen jeweils andere neuronale Netzwerke aktiviert werden (z. B. Squire, 1992). Die moderne entwicklungspsychologische Forschung kann darüber hinaus belegen, dass die Entwicklungsverläufe für verschiedene Gedächtnisarten unterschiedlich sind. Die Darstellung der Gedächtnisentwicklung ist in diesem Kapitel auf die mittlere und späte Kindheit beschränkt und behandelt nur die Entwicklung in ausgewählten Gedächtnisarten sowie die Entwicklung von Gedächtnisstrategien und des Metagedächtnisses.

Nahezu alle Vertreter des Ressourcenansatzes nehmen an, dass die Kapazität zur Verarbeitung und Speicherung von Information begrenzt ist. Mit der schnelleren Informationsverarbeitung im Laufe der Kindheit steht demnach gleichsam mehr Kapazität zur Verarbeitung weiterer Information zur Verfügung (z. B. Case, 1985). So vermuten einige Entwicklungspsychologen, dass die Zunahme der Kapazität zur Speicherung und zum Abruf von Informationen mit Entwicklungsveränderungen in der Schnelligkeit der Informationsverarbeitung in Zusammenhang steht. Die Gedächtniskapazität betrifft das Ausmaß an Information, die in einem Gedächtnissystem gespeichert werden kann, und wird häufig mit Gedächtnisspannenmaßen erfasst.

Kurzzeitgedächtnis. Um die Entwicklung der Kapazität des Kurzzeitgedächtnisses, das der kurzfristigen Speicherung von Information dient, zu messen, wurden sogenannte Spannenmaße eingesetzt. In einer typischen Gedächtnisspannenaufgabe wird den Kindern eine verschiedene Anzahl von Items (z. B. Zahlen, Buchstaben, Wörter oder Sätze) präsentiert, die sie in der Reihenfolge ihrer Präsentation wiedergeben sollen. Die Kapazitätsgrenze wird durch die Anzahl der Items bestimmt, die noch in der korrekten Reihenfolge wiedergegeben werden können. Für die verbale Gedächtnisspanne zeigt sich, dass Kinder im Alter von 6 Jahren etwa drei bis vier Wörter in der korrekten Reihenfolge wiedergeben können und im Alter von 11 Jahren fünf Wörter. Für die visuelle Gedächtnisspanne (von Mustern) zeigen Studien hingegen eine deutlichere Zunahme der Gedächtnisspanne von 4 auf 14 Items im Alter zwischen 5 und 11 Jahren (vgl. Gathercole, 1998).

Arbeitsgedächtnis. Im Arbeitsgedächtnis wird nicht nur Information gespeichert, sondern diese Information wird zusätzlich auch in einer bestimmten Form transformiert. Die Arbeitsgedächtnisspanne kann man beispielsweise dadurch messen, dass man Personen auffordert, sich eine dargebotene Zahlenreihe wie »5–3–1–9–4« zu merken und die Zahlen in aufsteigender Folge vom kleinsten zum größten Wert (1–3–4–5–9) oder in umgekehrter Folge (4–9–1–3–5) wiederzugeben. Während 5- bis 6-jährige Kinder nur etwa zwei Zahlen in korrekter Reihenfolge erinnern können, sind 11-jährige Kinder in der Lage, sechs Zahlen korrekt wiederzugeben.

Rekognition und Reproduktion. Unterschiedliche Entwicklungsverläufe findet man vor allem dann, wenn man die Art des Gedächtnisabrufs variiert. Im Rekognitionstest wird die Fähigkeit zur Wiedererkennung zuvor dargebotener perzeptueller Reize oder Ereignisse erfasst. Wird wie im vorherigen Beispiel die Zahlenreihe »5–3–1–9–4« dargeboten, wird beim Abruf eine neue Zahlenreihe mit Items aus der Liste und neuen Items dargeboten (z. B. »2–4–8–3–7«) und die Personen sollen entscheiden, ob das jeweilige Item in der vorherigen Liste präsentiert wurde oder nicht. Im Reproduktionstest wird hingegen der Abruf ohne Präsentation verlangt. Oft sind die Rekognitionsleistungen jüngerer Kinder schon sehr gut und wenig alterssensitiv, während die Reproduktionsleistungen in der Kindheit deutlich zunehmen. Dies wurde häufig damit erklärt, dass bei der Rekognition externe Gedächtnishilfen für den Abruf von Gedächtnisinhalten zur Verfügung stehen. Bei der Reproduktion hingegen müssen die Items intern präsentiert und wieder abgerufen werden.

Gedächtnisstrategien. Bessere Gedächtnisleistungen werden ab der mittleren Kindheit nicht nur mit einer zunehmenden Effizienz zugrunde liegender Gedächtnisprozesse wie der Encodierung, Speicherung und dem Abruf von Information in Verbindung gebracht, sondern auch mit der zunehmenden Anwendung von Gedächtnisstrategien (vgl. Schneider & Bjorklund, 1998; s. auch Abschn. 17.5.2 und 19.3.2). Unter Gedächtnisstrategien versteht man unterschiedliche Techniken und Mittel, um Gedächtnisleistungen zu verbessern. Manche dieser Gedächtnisstrategien entdecken Kinder spontan, andere hingegen werden ihnen von dem familiären oder schulischen Umfeld vermittelt. Zu solchen Gedächtnistechniken gehören die Nutzung externer Gedächtnishilfen sowie die Wiederholung, Organisation und Elaboration der zu erinnernden Information (s. Tab. 9.2).

Ein einfaches Mittel, das Vergessen von Dingen, die man tun möchte, zu verhindern, ist die Nutzung externer Gedächtnishilfen (wie der Knoten im Taschentuch). Ab dem Alter von 8 Jahren beginnen Kinder, aktiv externe Gedächtnishilfen zu nutzen. Beispielsweise legen sie ihren Turnbeutel abends direkt neben den Schulranzen oder vor die Haustür, um die Sportsachen für den Sportunterricht nicht zu vergessen, oder sie schreiben eine Liste von Sachen, die sie für die Schule brauchen.

Beobachtet man Kinder, wie sie sich eine Liste von Bildern oder Wörtern wie »Hut, Katze, Apfel, Kleid usw.« merken sollen, kann man feststellen, dass Kinder versuchen, ihre Gedächtnisleistungen zu verbessern, indem sie die Wörter beim Einprägen unmittelbar (intern) wiederholen (rehearsal). Jüngere Kinder im Alter von etwa 8 Jahren wiederholen jedes Wort einer Liste mehrfach einzeln wie »Apfel, Apfel, Apfel« (passive Wiederholung), während ältere Kinder im Alter von etwa 10 Jahren eine aktive oder kumulative Wiederholungsstrategie einsetzen, indem sie das Wort in Kombination mit den vorherigen Wörtern vorsagen wie »Hut, Katze, Apfel«. Dabei ist die kumulative Strategie gedächtniswirksamer als die Wiederholung einzelner Wörter. Trainiert man jüngere Kinder in der Nutzung kumulativer Wiederholungsstrategien, so können sie ihre Gedächtnisleistungen deutlich steigern. Dies spricht eher für ein Produktionsdefizit bei jüngeren Kindern, d. h., sie wenden diese Strategie nicht spontan an, können sie jedoch anwenden, wenn sie ihnen vermittelt wird.

Tabelle 9.2 Verbesserungen von Gedächtnisleistungen mittels unterschiedlicher Gedächtnisstrategien

Gedächtnisstrategie	Beispiel
Externe Gedächtnishilfen	Etwa ab dem 8. Lebensjahr beginnen Kinder, aktiv externe Gedächtnishilfen zu verwenden, wie z. B. eine Liste von Dingen aufzuschreiben, die sie für die Schule benötigen oder die sie sich zu Weihnachten wünschen.
Wiederholungsstrategien	Kinder im Alter von 8 Jahren verwenden zumeist passive Wiederholungsstrategien, bei denen jedes zu merkende Item mehrmals intern wiederholt (vorgesagt) wird. Im Alter von 10 Jahren benutzen Kinder immer häufiger aktive Wiederholungsstrategien, bei denen die zu merkenden Items in Kombination wiederholt werden.
Organisation	Im Laufe der späten Kindheit können Kinder die zu merkenden Objekte oder Ereignisse beim Einprägen und/oder beim Abruf in Gruppen bzw. Kategorien sortieren, um so die Gedächtnisleistung zu erhöhen.
Elaboration	Am Ende der späten Kindheit können Kinder komplexere Gedächtnisstrategien anwenden, indem sie Assoziationen zwischen Objekten herstellen, die bildlich oder semantisch erzeugt werden.

Eine weitere Gedächtnisstrategie, die sich im Laufe der Kindheit entwickelt, ist die Organisation der zu erinnernden Information in Gruppen oder ähnliche Kategorien. Beispielsweise könnten die Wörter in dem vorherigen Beispiel beim Einprägen nach Kleidung, Tiere und Lebensmittel sortiert werden. Auch hier gilt, dass solche Gruppierungsstrategien beim Einprägen und beim Abrufen erst von älteren Kindern spontan angewendet werden, nicht aber von jüngeren Kindern. Auch das Training in der Nutzung solcher Organisationsstrategien kann von Kindern nicht ohne Weiteres auf neue Aufgaben angewendet werden.

Komplexere Gedächtnisstrategien wie die Elaboration werden erst von älteren Kindern eingesetzt. Bei der Elaborationsstrategie bildet man eine Assoziation zwischen zwei oder mehreren Items einer Liste, die bildlich oder semantisch erzeugt werden kann. Soll man sich beispielsweise das Wortpaar »Hund – Zeitung« merken, kann man sich entweder ein Bild vorstellen, auf dem ein Hund die Zeitung in der Schnauze hält, oder eine semantische Repräsentation erzeugen wie »der Hund bringt jeden Morgen die Zeitung«. Auch wenn durch die Vermittlung solcher Elaborationsstrategien die Gedächtnisleistungen jüngerer Kinder verbessert werden kann, erreichen sie nicht die Leistungen von älteren, was für ein Nutzungsdefizit von elaborativen Gedächtnisstrategien jüngerer Kinder spricht.

Metagedächtnis. Im Laufe der Schulzeit werden Kinder immer mehr damit konfrontiert, Wissen intentional ins Gedächtnis zu überführen und später abrufen zu können. Demnach nimmt auch das Metagedächtnis, d. h. das Wissen über das Gedächtnis, in der Kindheit deutlich zu. Dazu gehört auch das Wissen über die eigenen Gedächtnisfähigkeiten, beispielsweise wie lange man braucht, um eine Liste von Englischvokabeln zu lernen. Bereits 5- bis 6-jährige Kinder wissen, dass man länger braucht, um eine Liste mit unvertrauten Wörtern zu lernen als eine Liste mit vertrauten Wörtern, oder dass das Wiedererkennen leichter ist als der Abruf von Information. Während Kinder im Grundschulalter oft ihre eigenen Gedächtnisfähigkeiten zu optimistisch einschätzen (z. B. wie lange sie brauchen, um eine Liste von 20 Vokabeln zu lernen), werden diese Einschätzungen der Kinder im Laufe der mittleren und späten Kindheit immer realistischer (s. auch Abschn. 19.3.3).

Kognitive Kontrolle

Neben einer deutlichen Zunahme der Informationsverarbeitungsgeschwindigkeit und der Gedächtnisleistungen ab der mittleren Kindheit zeigen sich auch enorme Verbesserungen in kognitiven Kontrollleistungen, die vor allem mit Reifungsprozessen des präfrontalen Kortex in Verbindung gebracht werden. Unter kognitiver Kontrolle wird ein Bündel unterschiedlicher übergeordneter kognitiver Prozesse zusammengefasst, die andere Prozesse wie sensorische, motorische, kognitive und emotionale Prozesse so modulieren, dass eine optimale Anpassung an augenblicklich relevante Aufgaben, Instruktionen und Zielsetzungen möglich wird (vgl. Abschn. 19.1). Die Entwicklung der kognitiven Kontrolle weist insofern einen deutlichen Bezug zur Entwicklung des konkret-operationalen Denkens im Sinne Piagets auf.

Zum gegenwärtigen Forschungsstand gehen die meisten Forscher davon aus, dass sich kognitive Kontrolle am besten durch eine Vielzahl unterschiedlicher Funktionen beschreiben lässt, auch wenn es keine Einigkeit über die Struktur kognitiver Kontrolle gibt, ähnlich wie im Bereich der Intelligenzmessung. Hier soll auf die Entwicklung folgender kognitiver Kontrollfunktionen eingegangen werden:

▶ Aufrechterhaltung relevanter Information
▶ Hemmung automatisierter Handlungstendenzen
▶ kognitive Flexibilität
▶ Koordination multipler Aufgaben
▶ Handlungsplanung

Aufrechterhaltung relevanter Information. Die Fähigkeit zur Repräsentation und Aufrechterhaltung relevanter Aufgabeninformation wurde in den letzten Jahren vermehrt mit der sogenannten AX-kontinuierlichen Leistungsaufgabe untersucht. Dabei werden die Personen instruiert, auf einem bestimmten Zielreiz (X) nur dann mit einer Taste zu antworten, wenn zuvor ein ganz bestimmter Hinweisreiz (A) dargeboten wurde, und in allen anderen möglichen Fällen (BX, AY und BY) mit einer anderen Taste zu antworten. Durch das Überwiegen der AX-Durchgänge wird im Rahmen des experimentellen Verfahrens eine Tendenz erzeugt, bestimmte Fehler zu begehen. Wenn Probanden in hohem Maße den Hinweisreiz repräsentieren und aufrechterhalten, sollten sie eine höhere Anzahl an AY-Fehlern begehen und längere Latenzzeiten in AY-Durchgängen zeigen. Jüngste entwicklungspsychologische Studien deuten in der Tat darauf hin, dass spezifisch die Anzahl der AY-Fehler und die Latenzzeiten in diesen Durchgängen vor allem in der späten Kindheit zunehmen. Dies spricht für eine zunehmende Effizienz in der Repräsentation und Aufrechterhaltung relevanter Aufgabeninformation (Lorsbach & Reimer, 2010).

Hemmung automatisierter Handlungstendenzen. Ein prototypisches Verfahren zur Messung der Hemmung automatisierter Handlungstendenzen ist der Stroop-Test. In der ursprünglichen Variante des Tests werden Personen Farbwörter gezeigt, die in unterschiedlicher Farbe gedruckt sind. Es wird gemessen, wie gut Personen in der Lage sind, eine instruierte Handlungstendenz (Benennen der Farbe) gegenüber einer automatisierten Handlungstendenz (Lesen der Farbwörter) durchzusetzen (z. B. **rot**). Mit beginnender Lesefähigkeit kann der Test auch ohne Probleme bei Kindern eingesetzt werden. Eine Reihe von Studien findet eine Verbesserung der Hemmungsfähigkeit im Laufe vor allem in der mittleren Kindheit. Allerdings zeigen manche Studien, dass diese Verbesserungen auf altersbedingte Verbesserungen in der Geschwindigkeit der Informationsverarbeitung zurückgeführt werden können.

Deutliche Leistungsverbesserungen zeigen sich in der mittleren Kindheit auch in der Unterdrückung von Handlungen, die bereits initiiert wurden. Dazu wird kurz nach Präsentation der Reize, auf die schnell geantwortet werden soll, in wenigen Durchgängen ein zusätzliches Signal (Ton oder visueller Reiz) dargeboten, das angibt, dass die bereits begonnene Handlung nicht ausgeführt bzw. gestoppt werden soll (Stoppsignal-Aufgabe). Ähnliche Leistungsverbesserungen zeigen sich auch für die Go-/No-Go-Aufgabe, bei der auf einen selten dargebotenen Reiz nicht reagiert werden soll.

Kognitive Flexibilität. Während 3- bis 5-jährige Kinder noch eine stärkere Neigung haben, bei einer Aufgabe zu verharren (Perseverationsneigung), und zwar auch dann, wenn eine neue Aufgabe zu bearbeiten ist, zeigen Kinder mit dem Beginn der mittleren Kindheit zunehmend die Fähigkeit, sich an wechselnde Aufgabenanforderungen anzupassen und diese umzusetzen, d. h., die kognitive Flexibilität bei der Bearbeitung bzw. Bewältigung von Aufgaben nimmt stetig zu. Ein Verfahren, das in den letzten Jahren häufig zur Messung der kognitiven Flexibilität eingesetzt wurde, ist das sogenannte Aufgabenwechselverfahren. In vielen Studien wird dabei die generelle oder globale Aufgabenwechselfähigkeit erfasst, indem man Leistungen in Bedingungen vergleicht, in denen Individuen zwei oder mehr Aufgaben im Wechsel bearbeiten sollen (d. h. gemischte Aufgabenblöcke) und in denen die Aufgaben einzeln bearbeitet werden (Einzelaufgabenblöcke). In gemischten Aufgabenblöcken kann man zudem noch die Leistungen des Wechsels von einer Aufgabe zu einer anderen mit Leistungen bei wiederholter Aufgabenbearbeitung vergleichen und damit die spezifische oder lokale Aufgabenwechselfähigkeit erfassen. Eine Reihe von Studien spricht dafür, dass die generelle Aufgabenwechselfähigkeit wesentlich alterssensitiver ist als die spezifische Aufgabenwechselfähigkeit und sich durch Übung und verbale Selbstinstruktionen verbessern lässt (z. B. Kray et al., 2008; s. auch Unter der Lupe).

Unter der Lupe

Kann die generelle Aufgabenwechselfähigkeit durch verbale Selbstinstruktionen verbessert werden?

Bekannte Entwicklungspsychologen wie Luria und Vygotskij haben schon auf die regulatorische und planerische Bedeutung sprachlicher Prozesse bei der Steuerung von Verhalten hingewiesen. In der Studie von Kray et al. (2008) wurde in diesem Zusammenhang die Frage untersucht, ob verbale Selbstinstruktionen die generelle Aufgabenwechselfähigkeit verbessern können und ob vor allem Kinder einen Nutzen von dieser Strategie haben. Dazu haben die Probanden zwei einfache kognitive Aufgaben im Wechsel bearbeitet (s. Abb. 9.2 a). In Aufgabe A sollten Tierbilder danach beurteilt werden, ob die Tiere schwimmen oder fliegen können, und in der Aufgabe B die Farbigkeit der Tierbilder, ob die Tiere bunt oder grau abgebildet sind. Die Beurteilung der Tiere (A) und der Farbe (B) erfolgte dabei ohne Hinweisreiz, aber in einer vorhersehbaren Sequenz von AABBAABB usw. Die Aufgabenwechselfähigkeit wurde unter einer Standardbedingung (ohne zusätzliche Verbalisierung) gemessen und unter einer irrelevanten Bedingung, in der die Probanden eine überlernte Sequenz (die Artikel »der, die, das«) vor der Darbietung des Tierbildes verbalisierten. In der verbalen Selbstinstruktionsbedingung wurde die nächste Aufgabe (entweder »Tier« oder »Farbe«) laut verbalisiert (s. Abb. 9.2 b).

In Abbildung 9.3 sind die generellen Wechselkosten für drei Altersgruppen dargestellt, die im Mittel 8,1; 11,7 und 23,3 Jahre alt waren. Die Kinder der jüngsten Gruppe zeigen deutlich größere generelle Wechselkosten als die ältere Kindergruppe und die jüngeren Erwachsenen, die sich in ihren Leistungen nicht unterschieden. Unter irrelevanter Verbalisierung nahmen die generellen Wechselkosten in allen Gruppen deutlich zu, was dafür spricht, dass sprachliche Prozesse beim Aufgabenwechsel eine Rolle spielen. Andere Studien bestätigen, dass sich diese Zunahme nur für verbale Zusatzaufgaben, nicht aber für motorische zeigt. Abbildung 9.3 zeigt zudem, dass unter verbaler Selbstinstruktion die generellen Wechselkosten in allen drei Altersgruppen deutlich reduziert sind und dass vor allem die jüngsten Kinder von der verbalen Strategie profitieren.

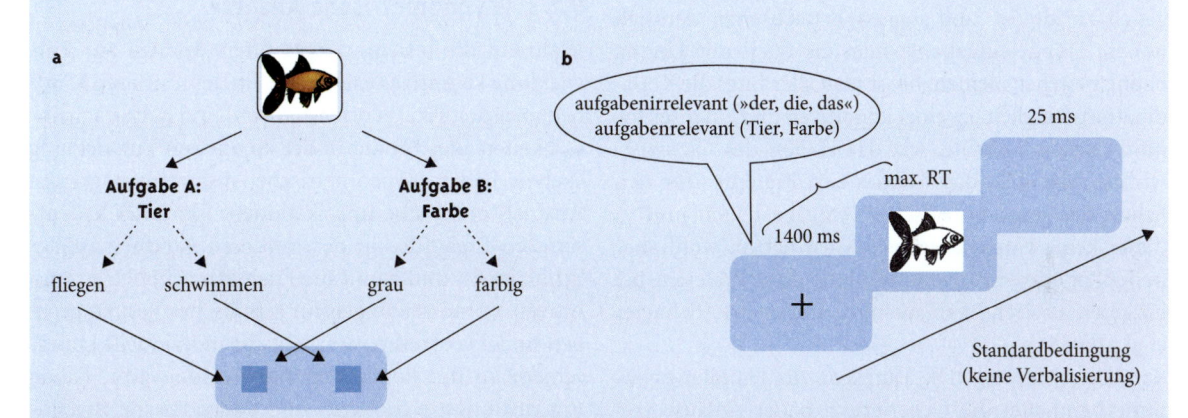

Abbildung 9.2 a Aufgabenstruktur beim Aufgabenwechsel: Die Individuen werden instruiert, zwei Aufgaben A (Kann das Tier schwimmen oder fliegen?) und B (Ist das Bild farbig oder grau?) entweder einzeln (Einzelaufgaben) oder im Wechsel (gemischte Aufgabenblöcke) zu bearbeiten. **b** Mit dem Erscheinen des Fixationskreuzes im Vorbereitungsintervall (1400 ms) haben die Probanden zusätzlich zur Aufgabenbearbeitung in der aufgabenirrelevanten Verbalisierungsbedingung eine überlernte Sequenz (»der, die, das«) verbalisiert (pro Durchgang nur ein Wort) und in der aufgabenrelevanten Verbalisierungsbedingung die nächste Aufgabe (Tier oder Farbe)

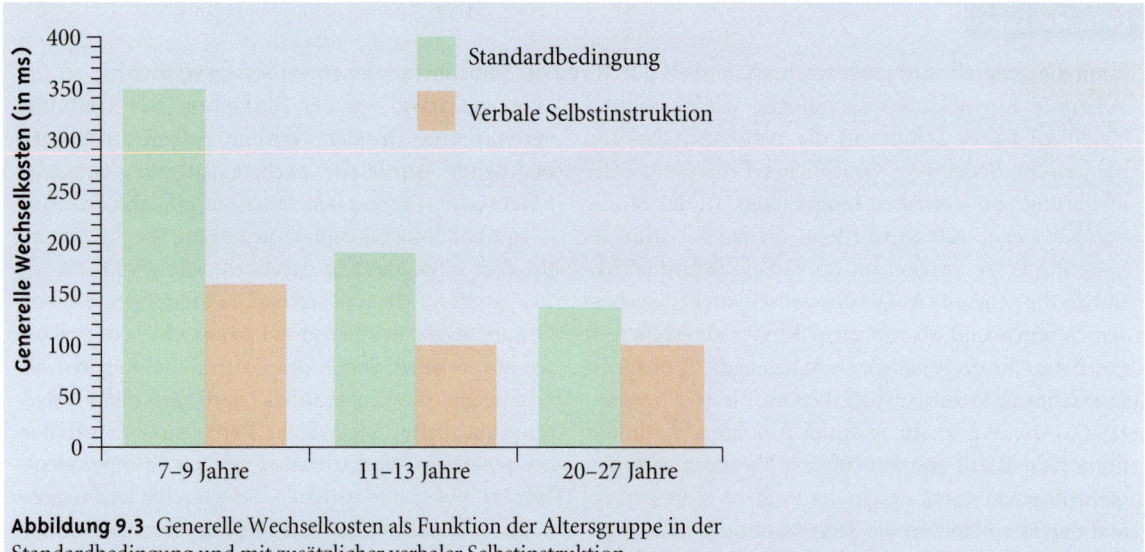

Abbildung 9.3 Generelle Wechselkosten als Funktion der Altersgruppe in der Standardbedingung und mit zusätzlicher verbaler Selbstinstruktion

Koordination multipler Aufgaben. Ähnlich wie die generelle Aufgabenwechselfähigkeit nimmt auch die Fähigkeit zur Koordination von zwei oder mehreren Aufgaben ab der mittleren Kindheit deutlich zu. Betrachtet man die gleichzeitige Bearbeitung zweier kognitiver Aufgaben, zeigen sich bei jüngeren Kindern im Vergleich zu älteren und jungen Erwachsenen deutlich höhere Doppelaufgabenkosten, die auch mit Übung häufig bestehen bleiben. Misst man allerdings die Koordinationsfähigkeit bei einer kognitiven und einer sensomotorischen Aufgabe, wie das Halten des Gleichgewichts, zeigt sich, dass Kinder eine Präferenz für den Erhalt der sensomotorischen Aufgabe haben und in dieser keine Doppelaufgabenkosten haben, wohl aber in der kognitiven Aufgabe, während diese Präferenz bei jüngeren Erwachsenen nicht zu finden ist (Schaefer et al., 2008).

Handlungsplanung. Die Fähigkeit zur Handlungsplanung beinhaltet die Generierung neuer Abläufe von Handlungsschritten häufig durch eine Kombination von bereits bekannten Teilhandlungen. In einer prototypischen Planungsaufgabe, wie dem Turm von London, wird den Personen ein bestimmter Ausgangszustand vorgegeben. In dieser Aufgabe sind drei Kugeln in einer bestimmten Art und Weise auf drei Stäbe verteilt. Diese Kugeln sollen unter Einhaltung gewisser Regeln (es darf immer nur eine Kugel von einem Stab zum anderen bewegt werden) in einen vorgegebenen Endzustand gebracht werden. Verschiedene Studien zeigen eine deutliche Zunahme der Planungsfähigkeit in der mittleren und späten Kindheit, wobei es unterschiedliche Befunde dazu gibt, ob diese Zunahme sogar bis ins frühe Erwachsenenalter anhält.

9.1.3 Psychometrische Ansätze

Während die bislang dargestellten Ansätze zur Entwicklung kognitiver Fähigkeiten in der mittleren Kindheit eher theoretisch orientiert sind und nach Gemeinsamkeiten aller Kinder in der kognitiven Entwicklung suchen, haben psychometrische Ansätze in stärkerem Ausmaß praktische Implikationen. Eines der bedeutsamsten Ereignisse in der mittleren Kindheit ist der Schuleintritt und damit die Frage danach, ob die kognitiven Voraussetzungen für schulisches Lernen gegeben sind. Da es teilweise erhebliche individuelle Unterschiede in der kognitiven Entwicklung gibt, haben Entwicklungspsychologen und Pädagogische Psychologen nach Möglichkeiten gesucht, schulische Leistungen vorhersagen zu können. Da das Intelligenzniveau mit schulischen Leistungen korreliert, sind in den letzten Jahrzehnten eine Reihe von Intelligenztests mit dem Ziel entwickelt worden, die Voraussetzungen für den Schulerfolg besser bestimmen zu können. Im Folgenden wird es daher zunächst darum gehen, wie man Intelligenz definieren und messen kann.

Intelligenzmessung

> **Definition**
>
> Unter **Intelligenz** wird die Fähigkeit verstanden, sich schnell und flexibel an neue Gegebenheiten der Umwelt anzupassen und diese zu verändern sowie Neues zu lernen.

Betrachtet man die Konzeptionen verschiedener Intelligenztests, wird allerdings sehr schnell deutlich, dass in fast allen Intelligenztests weder die Anpassungsfähigkeit noch die Lernfähigkeit von Individuen gemessen wird. In früheren Konzeptionen der Intelligenz wurde Intelligenz definiert als das, was der Test misst, wobei die Tests zumeist verschiedene Aufgaben zu Denk- und Problemlösefähigkeiten beinhalteten. Auch heutige Intelligenztests setzen sich zumeist aus einer Reihe von Untertests zusammen, die jeweils unterschiedliche kognitive Fähigkeiten erfassen, wobei unterschiedliche Tests ein unterschiedliches Spektrum spezifischer kognitiver Fähigkeiten beinhalten. Gemeinsam ist den meisten Intelligenztests, dass die Untertests eine Reihe sehr ähnlicher Aufgaben umfassen, die in aufsteigender Schwierigkeit geordnet sind. Zählt man die Anzahl der gelösten Aufgaben zusammen, erhält man die Gesamtwerte für die jeweiligen Untertests. Zählt man nun die Gesamtwerte der Untertests zusammen, kann in den meisten Intelligenztests ein Gesamtwert – der sogenannte allgemeine Intelligenzquotient (IQ) – bestimmt werden, der die allgemeine Intelligenz des Individuums widerspiegeln soll.

Generalfaktor der Intelligenz. Auf Spearman (1927) geht die Beobachtung zurück, dass die Leistungen in verschiedenen Untertests von traditionellen Intelligenztests gewöhnlich alle positiv miteinander korrelieren. Das bedeutet: Ist jemand gut bei einem Untertest, so ist er auch gut in allen anderen Untertests; zeigt jemand schlechte Leistungen in einem Untertest, zeigt er auch schlechte Leistungen in allen anderen Untertests. Aufgrund dieser Beobachtungen geht man von einem allen Leistungen zugrunde liegenden Generalfaktor (sog. g-Faktor) der Intelligenz aus.

Zweikomponentenmodelle der Intelligenz. Eines der bekanntesten Intelligenzmodelle geht von zwei Hauptkomponenten der Intelligenz aus (vgl. Abschn. 12.2.1). So unterscheidet das Intelligenzmodell von Cattell (1971) und Horn (1982) zwischen fluider und kristalliner Intelligenz. Die *fluide* Intelligenz umfasst Fähigkeiten der Wahrnehmung, des Denkens und Gedächtnisses und zeigt starke Zusammenhänge mit dem g-Faktor. Ein häufig benutzter psychometrischer Test zur Erfassung der fluiden Intelligenz ist der Raven Progressive Matrices Test. Die *kristalline* Intelligenz beinhaltet Fähigkeiten des Wissens und der Sprache und wird im Vergleich zur fluiden Intelligenz stärker durch kulturelle Faktoren beeinflusst.

Ein sehr weit verbreitetes Verfahren zur Messung dieser zwei Hauptkomponenten der Intelligenz in der Kindheit ist der Hamburg-Wechsler-Intelligenztest für Kinder (HAWIK), der mittlerweile an einer repräsentativen deutschen Stichprobe im Jahre 2000 neu normiert wurde. Die fluide Intelligenz wird im Handlungsteil des HAWIK erfasst und beinhaltet fünf Untertests, die kristalline Intelligenz wird im verbalen Teil mit sechs Untertests erfasst. Ein Untertest im Handlungsteil des HAWIK ist beispielsweise das »Bilderordnen«, bei dem die Kinder vorgegebene Bilder in eine sinnvolle Reihenfolge bringen sollen. Ein Untertest aus dem Verbalteil des HAWIK ist beispielsweise der Wortschatztest, in dem Kinder die Bedeutung unterschiedlicher Begriffe wie »Brot« oder »Konflikt« erklären sollen.

Verlässt man den psychometrischen Ansatz zur Erfassung fluider und kristalliner Intelligenz, werden die Fähigkeiten auch als Mechanik und Pragmatik der Kognition bezeichnet (vgl. Abschn. 12.2.1). Mechanische Fähigkeiten umfassen grundlegende kognitive Prozesse und sind in erster Linie von biologischen Faktoren beeinflusst, während pragmatische Fähigkeiten sowohl Wissensbestände als auch den Erwerb von Fertigkeiten beinhalten und in erster Linie von kulturellen Faktoren beeinflusst werden. Beide Fähigkeiten nehmen in der Kindheit deutlich zu und zeigen dann unterschiedliche Verläufe über die Lebensspanne (für eine detailliertere Darstellung s. Abschn. 12.2).

Modelle multipler Intelligenzen. Neuere Intelligenztheorien gehen über die traditionellen psychometrischen Ansätze zur Erfassung der Intelligenz hinaus und beziehen dabei zentrale Komponenten wie die Anpassungsfähigkeit in unterschiedlichen Kontexten oder auch die Lernfähigkeit in die Intelligenzmessung mit ein.

So geht Sternberg (1999) in der triarchischen Theorie der Intelligenz von drei Fähigkeiten aus, die intelligentes Verhalten bestimmen, und zwar analytische, kreative und praktische Fähigkeiten. Nach Sternberg ist ein Individuum vor allem dann erfolgreich im Leben, wenn die Stärken und Schwächen in diesen Fähigkeitsbereichen optimal an die Bedürfnisse des Individuums und seines soziokulturellen Kontexts angepasst werden können. Hat eine Person beispielsweise vor allem sehr gute analytische und praktische Fähigkeiten, kommen weniger gute kreative Fähigkeiten dann weniger zum Tragen, wenn sie einen beruflichen Kontext wählt, in dem technische, aber nicht künstlerische Begabungen gefragt sind. Für die kognitive Entwicklung in der Kindheit ist es nach Sternbergs Theorie nicht nur von Bedeutung, wie die Kinder schulische Aufgaben lösen, sondern vor allem auch, wie sie alltägliche Aufgaben und Probleme in ihrem jeweiligen soziokulturellen Kontext bewältigen – es sind also Fähigkeiten gefragt, die in traditionellen Intelligenztests nicht gemessen werden. Nach seiner Auffassung geht der von ihm entwickelte Sternberg Triarchic Abilities Test (STAT) über die Erfassung eines g-Faktors hinaus, wobei er dies auch mit faktorenanalytischen Untersuchungen untermauern kann. Allerdings sprechen neuere faktorenanalytische Studien anderer Forscher eher für ein Generalfaktormodell der Intelligenz.

Individuelle Unterschiede in der Intelligenzentwicklung
Im Laufe der Schulzeit werden Unterschiede in verschiedenen Schulleistungen schnell sichtbar und haben unmittelbare Konsequenzen für weitere akademische Leistungen und den späteren Erfolg im Beruf. So wird häufig auf der Basis von Leistungen in Intelligenztests entschieden, ob ein Kind bei stark unterdurchschnittlicher Intelligenz eher eine Sonderschule besuchen soll oder bei stark überdurchschnittlicher Intelligenz eine Hochbegabtenförderung erhalten soll. Wie aber kann man individuelle Unterschiede in der Intelligenz erklären, und welche Faktoren beeinflussen diese Intelligenzunterschiede in der mittleren und späten Kindheit?
Genetische Einflüsse. Welchen Einfluss hat die Vererbung auf die Höhe der Intelligenz? Zwillingsstudien, Adoptionsstudien und Studien an Verwandten können dazu beitragen, diese Fragen zu klären. Auch wenn es noch keine endgültige Einigkeit darüber gibt, wie hoch der Anteil an Vererbung bzw. Umwelteinflüssen tatsächlich ist, gehen die meisten Forscher davon aus, dass etwa 50 % der individuellen Unterschiede in der Intelligenz auf genetische Einflüsse zurückgehen.
Einfluss der Familie. Adoptionsstudien bestätigen eindrucksvoll, dass neben genetischen Einflüssen auch Umwelteinflüsse zur Erklärung individueller Unterschiede im Intelligenzniveau beitragen. Kinder von biologischen Müttern mit unterschiedlichem IQ (95 vs. 120) wurden in ihren Intelligenzleistungen verglichen, wenn sie unter vergleichbaren, guten Umweltbedingungen bei Eltern mit hohem Einkommen und überdurchschnittlicher Ausbildung aufwuchsen. Auch Kinder von biologischen Müttern mit einem niedrigeren IQ zeigten während der Schulzeit überdurchschnittliche Leistungen in Intelligenztests, waren allerdings nicht so gut wie die Kinder von biologischen Müttern mit einem hohen IQ (Loehlin et al., 1997).
Einfluss der Schule. Auch das schulische Setting scheint einen Einfluss auf die Höhe des IQ zu haben. Betrachtet man die Dauer des Schulbesuchs unabhängig vom Alter der Kinder, so findet man in einer Reihe von Studien einen positiven Zusammenhang, d. h., je länger die Kinder die Schule besuchen, desto höher ist der IQ. Dies legt nahe, dass auch Lernmöglichkeiten und Anregungen, die durch die Schule vermittelt werden, individuelle Unterschiede in Intelligenzleistungen beeinflussen.
Kulturelle und gesellschaftliche Einflüsse. Oft schneiden Kinder aus ethnischen Minderheiten oder Kinder, die aus Familien mit einem niedrigen sozialökonomischen Status stammen, schlechter in traditionellen Intelligenztests ab. Auch wenn man durch sprachfreie Intelligenztests versucht hat, kulturelle und gesellschaftliche Einflüsse zu reduzieren, bleiben diese Unterschiede häufig bestehen. Dennoch muss hier berücksichtigt werden, dass auch sprachfreie Intelligenztests nicht unabhängig von Lernerfahrungen und -anregungen sind, die Kinder aus unterschiedlichen kulturellen und gesellschaftlichen Kontexten machen können. So können sich auch die Art und Vielfalt zur Verfügung stehender Spiele und Gegenstände fördernd auf die kognitive Entwicklung auswirken.

9.2 Entwicklung der Persönlichkeit

Während kognitive Fähigkeiten in der mittleren und späten Kindheit deutlich zunehmen, wird im folgenden Abschnitt die Frage beleuchtet, ob auch Persönlichkeitsmerkmale sowie das Selbstkonzept und Selbstwertgefühl deutlichen altersbedingten Veränderungen unterliegen. Dabei werden vor allem der Einfluss des sozialen Umfelds wie der elterliche Erziehungsstil oder die Beziehungen zu Gleichaltrigen hervorgehoben, da sie sich entwicklungsfördernd oder -hemmend auswirken können.

9.2.1 Persönlichkeitsvariablen: Stabilität und Veränderung der »großen Fünf«

Die Persönlichkeitspsychologie befasst sich mit der Frage, inwieweit Unterschiede zwischen Personen ihr Verhalten in verschiedenen Situationen vorherzusagen und zu erklären vermögen. Eine sehr prominente Herangehensweise, der Eigenschaftsansatz, ordnet Personen bestimmte Eigenschaften zu, anhand derer sie sich charakterisieren lassen. So wird beispielsweise davon ausgegangen, dass eine Person, die als besonders »zuverlässig« und »gewissenhaft« beschrieben wird, über verschiedene Situationen hinweg typische Verhaltensweisen zeigt, wie das fristgerechte Erledigen von Aufgaben an ihrem Arbeitsplatz oder das Aufrechterhalten eines regelmäßigen Kontaktes zu Freunden und Bekannten.

Erfassung von Persönlichkeitsvariablen. Die faktorenanalytische Auswertung von Fragebögen, die erwachsene Probanden dazu aufforderten, sich in Bezug auf eine Vielzahl von Eigenschaften einzuschätzen, führte zum »Fünf-Faktoren-Modell« der Persönlichkeit (»Big Five«; Costa & McCrae, 1992) mit den folgenden Eigenschaften:

- Extraversion (gesellig, zeigt seine Gefühle, gesprächig, nicht gehemmt, geht auf andere Menschen zu)
- Verträglichkeit (warmherzig, liebenswürdig, kooperativ, vertrauenswürdig, entwickelt enge Beziehungen zu anderen Menschen)
- Gewissenhaftigkeit (zuverlässig, ausdauernd, kann sich gut konzentrieren, organisiert, effizient, vorausplanend)
- Neurotizismus (ängstlich, geringes Selbstwertgefühl, stressanfällig, unruhig, besorgt)
- Offenheit für Neues, Intellekt (kreativ, vielseitig interessiert, mit lebhafter Fantasie und großer Neugierde)

Erfassung der Persönlichkeit in der Kindheit. Diese beschriebenen fünf Faktoren lassen sich auch im Kindesalter nachweisen, wobei hier in Abhängigkeit vom Alter des Kindes unter Umständen andere Erhebungsverfahren eingesetzt werden als im Erwachsenenalter, da jüngere Kinder mit der Bearbeitung eines Fragebogens zu recht abstrakten Eigenschaften noch überfordert wären. Oft werden daher erwachsene Bezugspersonen wie Eltern oder Lehrer gebeten, die Kinder einzuschätzen.

Ein häufig eingesetztes Verfahren, der California Child Q-Sort Test, benutzt eine Vielzahl kurzer Beschreibungen typischer kindlicher Verhaltensweisen. Die Bezugsperson wird gebeten, diese Beschreibungen für das einzuschätzende Kind einer von neun Kategorien zuzuordnen, von »extrem untypisch für das Kind / kommt nie vor« bis zu »extrem typisch für das Kind / kommt ständig vor«. Die mittlere Kategorie wird für Verhaltensweisen benutzt, die aus Sicht der Bezugspersonen »weder charakteristisch noch uncharakteristisch für das Kind« sind. Für jede der fünf Eigenschaften kommen zwischen 7 und 13 verschiedene Items zum Einsatz. Tabelle 9.3 präsentiert eine Auswahl von Items für jede Eigenschaft.

Tabelle 9.3 Beispielitems aus dem California Child Q-Sort Test

Eigenschaft	Beispielitems des California Child Q-Sort Tests
Neurotizismus	»Sie (er) ist nervös und ängstlich.« »Sie wird nervös, wenn sie nicht weiß, was passieren wird oder was von ihr erwartet wird.« »Über Probleme macht sie sich sehr lange Gedanken.«
Gewissenhaftigkeit	»Sie passt gut auf und kann sich auf Dinge konzentrieren.« »Sie macht sich über Dinge Gedanken; sie denkt nach, bevor sie etwas sagt oder tut.« »Sie ist zielstrebig und gibt nicht so leicht auf.«
Extraversion	»Sie ist ein sehr gesprächiges Kind.« »Sie ist schüchtern und hat Schwierigkeiten, neue Leute kennen zu lernen.« (−)
Verträglichkeit	»Sie ist hilfsbereit und kooperiert mit anderen.« »Sie verschenkt, verleiht und teilt ihre Spielsachen.« »Sie ärgert und verspottet andere Kinder (auch ihre Geschwister).« (−)
Offenheit für Neues / Intellekt	»Sie kann sich gut mit Worten ausdrücken.« »Sie ist kreativ; sie hat beim Spielen, Nachdenken und Arbeiten kreative Ideen.«

Anmerkung: (−) = umgepoltes Item

Gegen Ende der Grundschulzeit können auch Fragebogen eingesetzt werden, mit denen die Kinder sich selbst einschätzen. Es zeigt sich, dass diese recht gut mit der Einschätzung durch Eltern und Lehrer übereinstimmen.
Niveaustabilität und relative Stabilität von Persönlichkeitsmerkmalen. Eine Studie von Lamb et al. (2002) untersuchte die Entwicklungsverläufe der fünf Persönlichkeitseigenschaften in einer Stichprobe von 102 schwedischen Kindern, deren Eigenschaften von ihren Müttern zu fünf Testzeitpunkten, nämlich im Alter von 2,3; 3,3; 6,7; 8,4 und schließlich 15,2 Jahren, mithilfe des California Child Q-Sort Tests eingeschätzt wurden. Im Alter von 8,4 Jahren wurden die Mütter und Lehrer der Kinder zusätzlich gebeten, die verbalen und mathematischen Fähigkeiten des Kindes einzuschätzen, und die Lehrer beantworteten weitere Fragen zum Verhalten des Kindes in der Schule (z. B. inwieweit es mit seinen Klassenkameraden zurechtkommt, ob es Regeln befolgen kann und ob es dem Unterricht folgt). Außerdem wurde das kognitive Leistungsvermögen mit standardisierten Tests zum Satz- und Textverständnis sowie einem Mathematiktest erhoben.
Relative Stabilität. Die Korrelationen der Testscores einzelner Kinder über die Zeit hinweg waren relativ hoch und signifikant, was auf moderate Stabilitäten der Scores hindeutet. Mit anderen Worten: Ein Kind, das zu einem frühen Testzeitpunkt von seiner Mutter im Vergleich zu anderen Kindern als eher gewissenhaft eingestuft wird, wird auch zu einem späteren Testzeitpunkt mit einer recht hohen Wahrscheinlichkeit von seiner Mutter als eher gewissenhaft im Vergleich zu anderen eingeschätzt, sodass die Position des Kindes in Bezug zur Alterskohorte erhalten bleibt. Allerdings sind diese Korrelationen moderat und nicht perfekt, sodass es durchaus zu Veränderungen der relativen Position des Kindes kommen kann.
Niveaustabilität. Gibt es darüber hinaus typische Veränderungen in der Ausprägung bestimmter Persönlichkeitseigenschaften in der Kindheit, d. h., werden ältere Kinder beispielsweise als generell »gewissenhafter« eingeschätzt als jüngere Kinder? Abbildung 9.4 zeigt die Entwicklungsverläufe der fünf Persönlichkeitseigenschaften im Verlauf des Testzeitraums.

Über den Testzeitraum von 13 Jahren wurden die Kinder als zunehmend weniger extravertiert und als zunehmend verträglicher eingeschätzt. Mütter berichteten außerdem eine zunehmende Gewissenhaftigkeit, was teilweise durch den Einfluss der Schule und die damit einhergehenden höheren Anforderungen an strukturiertes und planvolles Arbeiten oder durch eine zunehmende kognitive Reife erklärt werden kann. Interessanterweise nahmen Mütter ihre Kinder in den Jahren der Grundschulzeit auch als neurotischer wahr als zuvor, obwohl sich in Bezug auf dieses Merkmal keine weiteren Veränderungen zwischen dem 9. und 16. Lebensjahr feststellen ließen. Für die Eigenschaft »Offenheit für Neues / Intellekt« lässt sich zunächst eine Zunahme in der frühen Kindheit erkennen, gefolgt von einer Abnahme zu späteren Messzeitpunkten. Die Interpretation dieser Eigenschaft ist jedoch schwierig, weil sie in dieser Studie nur mit geringer Reliabilität gemessen werden konnte.
Zusammenhänge zwischen Persönlichkeit, Leistung und Verhalten. Sagt die Ausprägung bestimmter Persönlichkeitseigenschaften in der Kindheit auch die Leistung in der Schule oder in standardisierten kognitiven Tests

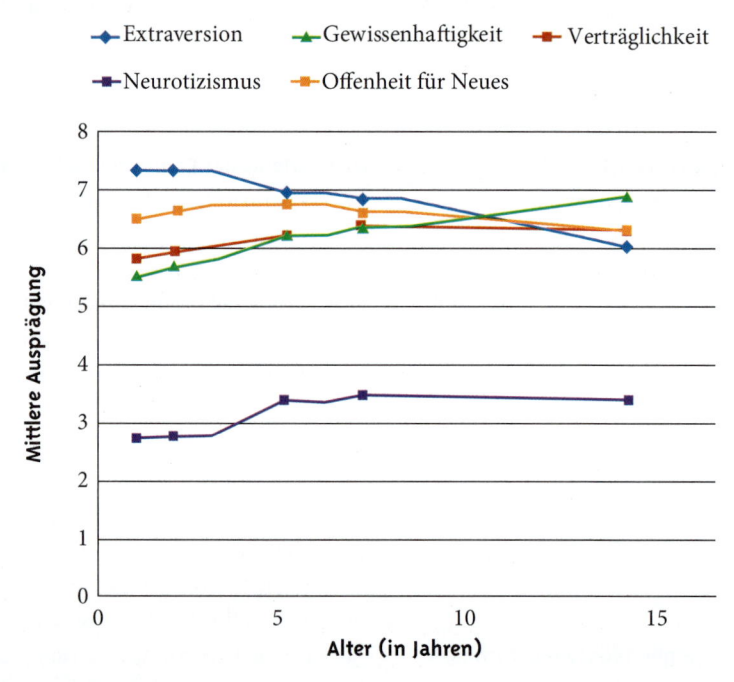

Abbildung 9.4 Entwicklungsverläufe der »großen Fünf« (aus Lamb et al., 2002)

voraus, die im Alter von 8,4 Jahren gemessen wurden? Wie auch im Erwachsenenalter korrelierten die Eigenschaften »Gewissenhaftigkeit« und »Offenheit für Neues / Intellekt« mit den Testleistungen im verbalen und mathematischen Bereich sowie mit den von Müttern und Lehrern eingeschätzten Fähigkeiten des Kindes in diesen Bereichen. Extraversion, Neurotizismus und Verträglichkeit hatten hingegen keinen Einfluss auf die standardisierten Leistungstests oder die Wahrnehmung der Leistungsfähigkeit durch die Erwachsenen.

Zusätzlich gab es einige Zusammenhänge zwischen den Persönlichkeitseigenschaften Extraversion, Gewissenhaftigkeit und Verträglichkeit einerseits und der von den Lehrern beurteilten Integration des Kindes in seine Peergruppe und der Befolgung von Regeln andererseits. Von ihren Müttern als eher neurotisch eingeschätzte Kinder waren aus Sicht der Lehrer auch ängstlicher, weinten häufiger, freundeten sich weniger schnell mit anderen Kindern an und gewöhnten sich generell schlechter an den Schulalltag.

Zusammenfassend kann also festgehalten werden, dass es im Verlauf der Kindheit zu charakteristischen Veränderungen in den als »die großen Fünf« bezeichneten Persönlichkeitseigenschaften kommt und dass diese Eigenschaften eine gewisse Vorhersagekraft für kognitive Leistungen und soziale Beziehungen haben.

9.2.2 Persönlichkeitsprofile

Neben der Analyse einzelner Persönlichkeitseigenschaften bieten die aus Q-Sort-Techniken und Fragebögen gewonnenen Daten auch die Möglichkeit, einzelne Personen bestimmten Profilen (oder Clustern) zuzuordnen und dann zu erforschen, ob die Zugehörigkeit zu einem Profil in der Kindheit Eigenschaften oder Leistungen im Jugend- oder jungen Erwachsenenalter vorhersagen kann. Dieses Vorgehen wurde beispielsweise mit dem Datensatz der LOGIK-Studie umgesetzt, der Münchner Longitudinalstudie zur Genese individueller Kompetenzen (Asendorpf et al., 2009). In dieser Studie wurden die Entwicklungsverläufe unterschiedlicher kognitiver, sozialer und motorischer Kompetenzen an einer Stichprobe von ca. 200 Kindern untersucht, die im Jahr 1984 vier Jahre alt waren. Über einen Zeitraum von mehreren Jahren beurteilten die Kindergärtner/-innen, welche Eigenschaften für ein bestimmtes Kind besonders typisch oder untypisch waren. Um die Reliabilität der Q-Sort-Profile zu erhöhen, wurden die Einschätzungen über drei Messzeitpunkte gemittelt. Eine Faktorenanalyse generierte aus diesem Datensatz drei prototypische Persönlichkeitsprofile:

- **Resiliente Kinder** (49 % der Stichprobe): selbstbewusst und kognitiv kompetent, erfolgreich im Umgang mit Stress, nicht launisch
- **Überkontrollierte Kinder** (21 % der Stichprobe): anpassungsfähig und folgsam, nicht aggressiv, aber auch nicht selbstbewusst
- **Unterkontrollierte Kinder** (30 % der Stichprobe): energiegeladen, unruhig, unsozial, ungehemmt, unaufmerksam

Die Profilzugehörigkeit vermochte vorherzusagen, ob ein Kind auch von seinen Eltern als eher schüchtern oder eher aggressiv wahrgenommen wurde und wie es sich in einer standardisierten Spielsituation mit einem fremden Kind oder während einer Verhaltensbeobachtung durch unabhängige Rater im Kindergartenalltag verhielt. Die Profilzugehörigkeit beeinflusste auch die Entwicklung der von den Eltern wahrgenommenen Schüchternheit: Im Kindesalter wurden die überkontrollierten Kinder als deutlich schüchterner wahrgenommen als die resilienten und unterkontrollierten Kinder. In allen drei Gruppen nahm die wahrgenommene Schüchternheit mit der Zeit ab, bei den unterkontrollierten gab es jedoch in der späten Pubertät eine Zunahme der Schüchternheit auf überdurchschnittliche Werte. Hier ist allerdings zu beachten, dass die selbstberichtete Schüchternheit, die im Alter von 12, 17 und 23 Jahren erfasst wurde, nicht mit der Profilzugehörigkeit zusammenhing, da sie vermutlich stärker durch die Erfahrung der Ablehnung durch Gleichaltrige als durch Persönlichkeitseigenschaften beeinflusst wird.

Unterkontrollierte Kinder erreichten im jungen Erwachsenenalter ein geringeres Bildungsniveau und arbeiteten weniger häufig in Vollzeit, als aufgrund ihres IQs und ihres sozioökonomischen Hintergrundes zu erwarten gewesen wäre.

9.2.3 Die Entwicklung des Selbstkonzepts

Neben der Persönlichkeitsentwicklung spielt das Selbstkonzept eine wichtige Rolle in der kindlichen Entwicklung (vgl. auch Abschn. 23.4.1). Dabei steht die Frage im Vordergrund, inwieweit das, was das Kind über sich selbst denkt, sein Verhalten in unterschiedlichen Situationen beeinflusst und dadurch auch seine Entwicklung zu steuern vermag.

Selbstbeschreibungen. Susan Harter ist eine führende Forscherin im Bereich der Entwicklung des kindlichen Selbstkonzepts und hat ausführlich dokumentiert, wie sich das Selbstkonzept im Laufe der Kindheit verändert (Harter, 1999). So nennen 3- bis 4-jährige Kinder vor allem konkrete, beobachtbare Eigenschaften, um sich selbst zu beschreiben. Sie nehmen dabei beispielsweise Bezug auf:

- das körperliche Erscheinungsbild (z. B.: »Ich habe blonde Haare und blaue Augen.«)
- körperliche Aktivitäten und Fähigkeiten (z. B.: »Ich kann schon Fahrrad fahren.«)
- soziale Beziehungen (z. B.: »Meine beste Freundin heißt Carlotta.«)
- Besitztümer (z. B.: »Ich habe ein großes Plastikmüllauto zu Hause.«)

Dabei bleibt die Beschreibung des Selbst in diesem Alter noch recht unzusammenhängend und Verallgemeinerungen über einen ganzen Fähigkeitsbereich werden selten vorgenommen. So bleibt das Kind mit der Bemerkung »Ich gehe mittwochs zum Turnen und kann schon Fahrrad fahren« auf der Ebene der beobachtbaren Eigenschaften und Fähigkeiten, statt zu generalisieren »Ich bin sportlich.« Vor allem sind die Selbstbeschreibungen 3- bis 4-jähriger Kinder unrealistisch positiv; sie scheinen eher zu beschreiben, wie sie gerne sein wollen, als wie sie wirklich sind.

Im Grundschulalter werden die Selbstbeschreibungen dann zunehmend differenzierter, umfassender und vor allem auch realistischer, da soziale Vergleiche mit Gleichaltrigen immer häufiger vorgenommen werden. Das schulische Umfeld unterstützt diese Tendenz, insbesondere wenn die Leistungen der Kinder beispielsweise durch die Notengebung wiederholt miteinander verglichen werden. Soziale Vergleiche beziehen sich aber nicht nur auf die Fähigkeiten (z. B.: »Sie kann in Mathe mehr Aufgaben lösen als ich.«; »Ich laufe schneller als er.«), sondern auch auf Besitztümer (z. B.: »Er hat mehr Fußballsammelbilder als ich.«) oder auf das Aussehen.

Durch die zunehmende Fähigkeit, Konzepte höherer Ordnung zu bilden, können einzelne Verhaltensweisen im Grundschulalter eher miteinander in Verbindung gebracht werden (z. B.: »Ich bin sehr sportlich, weil ich sehr schnell schwimmen kann und beim Fußball immer viele Tore schieße.«). Eigentlich gegensätzliche Verhaltensweisen können in den späteren Grundschuljahren durchaus als Bestandteile des Selbstkonzepts genannt werden, wenn der Kontext, in dem sie gezeigt werden, sich unterscheidet (z. B.: »Ich bin sehr aufgeschlossen und offen, wenn ich mit meinen Freunden zusammen bin, aber unter fremden Erwachsenen eher schüchtern.«). Da der soziale Vergleich im Grundschulalter äußerst wichtig ist, stellen insbesondere die Eigenschaften und körperlichen Merkmale, die über den Platz in sozialen Netzwerken entscheiden, wichtige Beurteilungskriterien dar.

Erfassung des Selbstkonzeptes. Für das Grundschulalter existieren standardisierte Verfahren zur Erfassung des Selbstkonzepts, wie beispielsweise der Selbstbeschreibungsfragebogen von Marsh und Kollegen (1998), der folgende Dimensionen erfasst:

- körperliche Fähigkeiten
- körperliche Erscheinungen/das Aussehen
- Beziehungen zu Gleichaltrigen
- Beziehungen zu den Eltern
- Lesen (Interesse und Selbsteinschätzung der Leistung)
- Mathematik (Interesse und Selbsteinschätzung der Leistung)
- Schule allgemein (Selbsteinschätzung der generellen Schulleistung und Interesse an anderen Schulfächern neben Lesen und Mathematik)
- Selbstwert

In diesem und auch anderen Selbstkonzept-Fragebögen zeigen sich bereits in einem frühen Alter recht stabile Einschätzungen der eigenen Fähigkeiten. Die Zuverlässigkeit der Einschätzung sowie die Ausprägung der Faktorenstruktur nehmen mit dem Alter sowohl in querschnittlichen als auch in längsschnittlichen Untersuchungen weiter zu. Meist zeigt sich auch eine hohe Übereinstimmung der Selbsteinschätzung des Kindes mit dem Urteil von Eltern und Lehrern.

Die Bedeutung des Selbstwerts. Der Selbstwert, der im Fragebogen von Marsh als eigenständige Dimension erfasst wird, besteht aus einer globalen Bewertung, ob man sich selbst mag und mit seinem Leben zufrieden ist. Das Selbstwertgefühl setzt sich allerdings nicht nur aus der Summe der Einzelbewertungen der anderen Dimensionen zusammen. Es ist auch stark davon abhängig, inwieweit die einzelnen Dimensionen von einem selbst und wichtigen Bezugspersonen als wichtig eingeschätzt werden. So wird sich beispielsweise die Dimension »körperliche Fähigkeiten« für ein Kind, das diesem Bereich keine große Bedeutung zumisst, nicht allzu negativ auf das globale Selbstwertgefühl auswirken, auch wenn es seine Fähigkeiten in diesem Bereich eher schwach einschätzt.

Zudem haben die Anerkennung und der Zuspruch von Eltern und Gleichaltrigen einen Einfluss auf das Selbstwertgefühl. Selbst ein Kind, das seine Leistungen in sämtlichen Bereichen als eher gering einschätzt, kann bei entsprechender Unterstützung und Wertschätzung durch Freunde und Familie ein hohes Selbstwertgefühl entwickeln, wenn ihm der Eindruck vermittelt wird, dass die anderen es so akzeptieren und mögen, wie es nun einmal ist. Umgekehrt kann ein Kind, das diese Wertschätzung durch das soziale Umfeld zwar erfährt, aber ständig an seinen eigenen Leistungsansprüchen in von ihm als wichtig erachteten Bereichen scheitert, ein geringes Selbstwertgefühl haben. Die Ausprägung des Selbstwertgefühls hat wiederum einen Einfluss darauf, wie Kinder mit Erfolgen und Misserfolgen umgehen und somit auf die Entwicklung der Leistungsmotivation (s. Abschn. 9.3.1).

> **Denkanstöße**
>
> Sollte die Entwicklung eines möglichst positiven Selbstkonzeptes immer das erste Ziel sein, oder bringt eine unrealistisch positive Einschätzung der eigenen Person auch Nachteile mit sich?

9.2.4 Das soziale Umfeld

Die Entwicklung eines positiven Selbstwertgefühls steht in Zusammenhang mit dem alltäglichen Verhalten und schulischen Leistungen. Daher spielt die Frage danach, inwieweit typische Interaktionsmuster im familiären Umfeld die Ausbildung eines positiven oder negativen Selbstkonzeptes fördern oder behindern können, eine wichtige Rolle. Ebenso wichtig scheint die Frage nach der Bedeutung freundschaftlicher Beziehungen zu Gleichaltrigen zu sein.

Der Einfluss des elterlichen Erziehungsstils

Wie bereits erwähnt spielt die Wertschätzung, die einem Kind durch seine Eltern entgegengebracht wird, eine wichtige Rolle für die Entwicklung eines positiven Selbstwertgefühls. Elterliche Erziehungsstile können aufgrund der Forschung von Coopersmith (1967) in drei Typen unterteilt werden:
▶ autoritärer Stil
▶ Laissez-faire-Stil
▶ autoritativer Stil

Autoritärer Stil. Bei diesem Erziehungsstil üben die Eltern ein starkes Maß an Kontrolle über das kindliche Verhalten aus. Dem Kind wird nicht zugetraut, eigenverantwortlich zu handeln. So wird die Einhaltung von Regeln, die von den Eltern aufgestellt werden und vom Kind nicht infrage gestellt werden dürfen, streng überwacht und bei Nichtbefolgung auch bestraft. Dieser Erziehungsstil führt häufig zu einem eher geringen Selbstwertgefühl, da die Kinder den Eindruck gewinnen, wenig Kontrolle ausüben zu können und ihre Fähigkeiten zum eigenverantwortlichen Handeln nicht erproben zu können. Kinder, die im Elternhaus eine autoritäre Erziehung erleben, verhalten sich Gleichaltrigen gegenüber auch eher aggressiv, da sie gelernt haben, dass sich der Stärkere durchsetzt.

Laissez-faire-Stil (oder permissiver Stil). Bei diesem Erziehungsstil reagieren die Eltern zwar mitunter sehr ausgeprägt auf die Wünsche und Bedürfnisse ihrer Kinder, setzen ihnen aber auch kaum Grenzen. Sie erwarten beispielsweise nicht, dass sie sich anderen Kindern und Erwachsenen gegenüber angemessen verhalten. Das kann zur Folge haben, dass permissiv erzogene Kinder anderen gegenüber impulsiv und rücksichtslos agieren und daher unter Gleichaltrigen nicht sehr beliebt sind. Ein eher geringes Selbstwertgefühl kann zusätzlich daraus resultieren, dass die Eltern den Kindern gegenüber den Eindruck erwecken, an der Aufstellung und Einhaltung von Regeln nicht interessiert zu sein, weil es ihnen zu viel Mühe bereitet.

Autoritativer Stil. Der Erziehungsstil mit dem günstigsten Einfluss auf die Entwicklung eines positiven Selbstwertgefühls ist der autoritative Stil, bei dem Eltern ihren Kindern klare Regeln für wichtige Verhaltensbereiche vorgeben, deren Einhaltung auch überwacht wird. Diese Regeln werden jedoch im Gegensatz zur autoritären Erziehung dem Kind gegenüber gut begründet, und sie sind breiter, d. h., sie bieten gewisse Spielräume, in denen das Kind selbst Entscheidungen treffen kann. Zudem sind autoritative Eltern ihren Kindern gegenüber emotional sehr zugewandt. Sie können sich gut in sie hineinversetzen und nehmen ihre Sorgen und Nöte ernst. Dadurch erleben die Kinder, dass ihre Eltern sie wertschätzen, und können durch die Nutzung zunehmend größerer Handlungsspielräume eigene wichtige Erfahrungen sammeln. Autoritativ erzogene Kinder sind häufig sehr kompetent, selbstbewusst und bei Gleichaltrigen beliebt.

Die Beziehungen zu Gleichaltrigen

Neben dem familiären Umfeld spielen die Beziehungen zu Gleichaltrigen (Peers) in der mittleren und späten Kindheit eine wichtige Rolle. Die meisten Kinder haben schon lange vor der Einschulung intensive Kontakte zu anderen Kindern, besonders durch den regelmäßigen Besuch eines Kindergartens und den Kontakt zu Geschwistern und Nachbarskindern. Spätestens mit dem Schuleintritt verbringen sie dann einen nicht unerheblichen Teil ihrer Zeit in einer Gruppe von Gleichaltrigen. Die Fähigkeit, positive Kontakte zu anderen Kindern zu initiieren und Freundschaften zu knüpfen und aufrechtzuerhalten, hat somit einen großen Einfluss auf das Wohlbefinden und das Selbstwertgefühl in der Kindheit.

Freundschaft. Unter Freundschaft versteht man eine enge und positive Beziehung zwischen zwei Menschen, die auf Gegenseitigkeit beruht und mit Sympathie und Vertrauen einhergeht. Das Verständnis von Freundschaft verändert sich im Laufe der Kindheit. Untersuchungen von Selman (1984) zeigen, dass die meisten Kinder im Vorschulalter solche Kinder als ihre Freunde bezeichnen, mit denen sie häufig spielen oder die besonders attraktives Spielzeug besitzen. Allerdings ist den Kindern in diesem Alter noch nicht klar, dass ein Spielpartner andere Wünsche und Gefühle haben kann als man selbst. Im Vorschulalter streiten befreundete Kinder daher auch nicht weniger häufig als nicht befreundete Kinder. Allerdings gelingt es befreundeten Kindern eher als nicht befreundeten, ihre Konflikte so zu lösen, dass keiner der beiden Beteiligten stark benachteiligt wird. Im Schulalter setzt sich dann zunehmend die Einsicht durch, dass Freundschaften auf Gegenseitigkeit beruhen und mitunter erfordern, Kompromisse einzugehen und den Standpunkt des anderen zu akzeptieren, auch wenn er mit dem eigenen nicht übereinstimmt. Kinder beschreiben Freunde dann als Menschen, »die einander helfen« und »auf die man sich verlassen kann«. Das gegenseitige Vertrauen gewinnt an Bedeutung. Daher ist für viele Kinder im Alter von 9 bis 10 Jahren ein wichtiges Freundschaftskriterium, dass »man sich Geheimnisse erzählen kann« und »sich darauf verlassen kann, dass diese nicht weitererzählt werden«.

Erfassung sozialer Beziehungen. Kinder unterscheiden sich darin, wie leicht oder schwer es ihnen fällt, Freundschaften zu Gleichaltrigen aufzubauen. Kinder mit einer hohen sozialen Kompetenz sind dabei eher in der Lage, sich in andere hineinzuversetzen, und können soziale Signale (wie z. B. ein Lächeln oder einen freundlichen Blickkontakt) besser deuten. Sie gehen bei der Kontaktaufnahme auch weniger impulsiv vor und werden von anderen dadurch eher akzeptiert.

Um die sozialen Beziehungen einer Gruppe zu erfassen, kann man ein Soziogramm erstellen. Hierzu bittet man die Mitglieder einer sozialen Gruppe, wie beispielsweise die Schüler einer Schulklasse, diejenigen Kinder zu nennen, mit denen sie gerne spielen oder mit denen sie befreundet sein wollen, sowie diejenigen, die sie eher nicht mögen. Einige Kinder werden dabei sehr viel mehr positive Stimmen auf sich vereinen als andere, die eher isoliert sind und die im Extremfall von keinem anderen Kind als Freund oder präferierter Spielpartner nominiert werden. Anhand der Benennungen bzw. Nominierungen kann der soziometrische Status eines Kindes bestimmt werden. Die sozialen Beziehungen lassen sich nach Coie und Dodge (1988) in fünf Kategorien einteilen (s. Tab. 9.4).

Tabelle 9.4 Kategorien sozialer Beziehungen (nach Coie & Dodge, 1988)

Kategorie	Ergebnisse im Soziogramm
Beliebt	Kinder, die viele positive Nominierungen und wenige oder keine negativen Nominierungen erhalten
Abgelehnt	Kinder, die viele negative Nominierungen und wenige oder keine positiven Nominierungen erhalten
Ignoriert	Kinder, die insgesamt nur sehr wenige Nominierungen positiver und negativer Art erhalten; sie scheinen von ihren Altersgenossen weder besonders gemocht noch besonders verachtet zu werden
Durchschnittlich	Kinder, die eine durchschnittliche Anzahl von positiven und negativen Nominierungen erhalten
Kontrovers	Kinder, die sowohl sehr viele positive als auch sehr viele negative Nominierungen erhalten; sie scheinen von Gleichaltrigen sehr unterschiedlich wahrgenommen zu werden und zu »polarisieren«

Beliebte Kinder. Sie zeichnen sich neben ihrer hohen sozialen Kompetenz durch ein überwiegend freundliches Verhalten anderen gegenüber aus. Sie bekunden Interesse an anderen und hören aufmerksam zu, wenn andere ihnen etwas erzählen und werden als vertrauenswürdig und loyal eingestuft. Häufig sind auch ihre schulischen Leistungen überdurchschnittlich gut.

Abgelehnte Kinder. Ihnen mangelt es hingegen an sozialer Geschicklichkeit. Sie neigen dazu, andere in ihrem Spiel und ihren Interaktionen zu stören. Dabei sind sie oft aggressiv und unsensibel gegenüber den Bedürfnissen anderer. Im späteren Grundschulalter zeigen sie häufig ausgeprägte Beziehungsaggressionen, indem sie andere Kinder gezielt ignorieren und ausschließen und Gerüchte verbreiten, die das Ansehen anderer Kinder herabsetzen sollen. Einige der abgelehnten Kinder, die als verschlossen-abgelehnt klassifiziert werden können, sind hingegen nicht aggressiv, sondern hauptsächlich sozial zurückgezogen und ängstlich. Kinder mit solchen Eigenschaften finden sich jedoch auch oft in den Kategorien »ignoriert« und »durchschnittlich«. Ein Hauptgrund der Ablehnung durch die Gleichaltrigen scheint daher im Ausdruck von negativen Gefühlen und Aggressionen anderen gegenüber zu liegen.

Ignorierte Kinder. Sie interagieren insgesamt weniger mit Gleichaltrigen, und zwar sowohl in Bezug auf positive Interaktionen (wie eine freundliche Kontaktaufnahme oder die Aufforderung zum gemeinsamen Spiel) als auch in Bezug auf negative Interaktionen (z. B. durch aggressives und störendes Verhalten). Diese Kinder scheinen unter ihrer Kontaktarmut nicht unbedingt zu leiden.

Kontroverse Kinder. Als kontrovers klassifizierte Kinder, die sehr unterschiedliche Beurteilungen durch Gleichaltrige erhalten, vereinigen meist sowohl positive als auch negative Eigenschaften. Sie können beispielsweise sehr impulsiv und dominant sein, aber gleichzeitig gesellig, kreativ und humorvoll. Häufig werden sie auch als »arrogant« wahrgenommen, was die Ablehnung durch einige ihrer Altersgenossen erklären kann.

Viele aggressive und sozial ungeschickte Kinder, die von Gleichaltrigen abgelehnt werden und die dadurch in der Grundschulzeit keine dauerhaften Freundschaftsbeziehungen aufbauen können, leiden unter diesem Zustand und klagen zunehmend über Einsamkeit. Da es ihnen an Kontakten zu anderen Kindern mangelt, fehlen in ihrem Alltag auch häufig die Gelegenheiten, ein sozial angemesseneres Verhalten zu erlernen und einzuüben. Die Frage, ob die Aggression gegenüber anderen nicht eher eine Folge der Ablehnung durch Gleichaltrige als deren Ursache ist, ist mit querschnittlichen Datensätzen nicht zu beantworten. Es gibt jedoch Hinweise darauf, dass aggressive Kinder auch in Situationen, in denen sie zum ersten Mal mit einem fremden Kind interagieren, durch ihr Verhalten auf Ablehnung stoßen. In längsschnittlichen Studien zeigt sich zudem, dass solche Kinder im Laufe der Zeit innerhalb ihrer Peergruppe immer unbeliebter werden. Mit verhaltenstherapeutisch motivierten Interventionsprogrammen kann versucht werden, solche Kinder für die Grundregeln eines sozial angemessenen Verhaltens zu sensibilisieren und dieses dann systematisch zu trainieren.

> **Denkanstöße**
>
> Wie kann sich der zunehmende Einsatz von modernen Kommunikationsmedien (z. B. im Rahmen sozialer Netzwerke im Internet) auf die Beziehung zu Gleichaltrigen auswirken?

9.3 Die emotionale und motivationale Entwicklung

9.3.1 Die motivationale Entwicklung

Welche Entwicklungsprozesse befähigen Kinder, im Verlauf der mittleren und späten Kindheit zunehmend ausdauernder und planvoller vorzugehen, um bestimmte Wünsche und Ziele zu erreichen? Und warum unterscheiden sich Kinder darin, wie viel sie in die Erreichung eines Zieles investieren und wie schnell sie sich entmutigen lassen, wenn zunächst nicht alles nach Plan zu laufen scheint? Dieser Abschnitt beschäftigt sich vor allem damit, welche Faktoren einen entwicklungsfördernden oder -hemmenden Einfluss auf die Leistungsmotivation haben.

Attributionsstile und die Entwicklung der Leistungsmotivation

Anstrengung und Fähigkeit. Im Verlauf der Grundschulzeit wird Kindern zunehmend bewusst, dass die Faktoren Anstrengung und Fähigkeit unabhängig voneinander sind. Während sie im Vorschulalter meist glauben, alles erreichen zu können, »wenn man sich nur genug Mühe gibt«, realisieren sie nun mehr und mehr – unter anderem durch die häufige Beurteilung der schulischen Leistung durch Noten und direkte Vergleiche mit

Gleichaltrigen –, dass nicht alle Leistungen durch eine Intensivierung der Anstrengung erreichbar sind, sofern die zugrunde liegenden Fähigkeiten nicht ausreichen. Für die Entwicklung einer hohen Leistungsmotivation scheint dabei von entscheidender Bedeutung zu sein, welche Ursachen (d. h. eigene Fähigkeiten, Begabung oder Anstrengung, Zufall) Kinder dem Erfolg oder Misserfolg in Leistungssituationen zuschreiben. So teilen Dweck und Kollegen (Dweck & Elliott, 1983; Dweck & Leggett, 1988) Kinder in diesem Alter in zwei Gruppen ein, die sich entweder durch einen leistungsfördernden oder -hemmenden Attributionsstil kennzeichnen lassen.

»Bewältigungsoptimistische« Kinder. Sie schreiben Erfolge z. B. bei einer Klassenarbeit in Mathematik ihren eigenen guten Fähigkeiten zu (»Ich bin gut in Mathe.«). Ein schlechtes Abschneiden in der Klassenarbeit wird hingegen durch externale Faktoren begründet, die an den äußeren Umständen liegen und als nicht kontrollierbar erlebt werden (»Die Aufgaben, die der Lehrer gestellt hat, waren viel zu schwierig.«). Falls dennoch internale Ursachenzuschreibungen vorgenommen werden, sind diese nicht stabil, sondern kontrollierbar und veränderbar, wie etwa mangelnde Anstrengung (»Das nächste Mal bereite ich mich besser vor, dann werde ich gut abschneiden.«). Dieses Attributionsmuster fördert eine hohe Motivation, sich neuen Herausforderungen in Leistungssituationen zu stellen und sich selbst durch Misserfolge nicht so schnell entmutigen zu lassen.

»Hilflose« Kinder. Sie begründen ihre Erfolge hingegen mit externen und nicht kontrollierbaren Faktoren wie Glück oder Zufall, und neigen dazu, ihre Misserfolge durch interne und stabile Faktoren zu erklären (»Ich kann Mathe eben nicht gut.«). Sie sind dadurch pessimistisch, in zukünftigen Situationen besser abzuschneiden, und geben bei ihnen unbekannten und schwierigen Aufgaben sehr schnell auf. Das hat zur Folge, dass sie auch solche Aufgaben nicht ernsthaft zu bewältigen versuchen, die sie durch erhöhte Anstrengung durchaus bewältigen könnten, und dies führt zu weiteren Frustrationen und Angst vor Leistungssituationen.

Unter der Lupe

Ist eine zu optimistische Einschätzung der eigenen Leistungsfähigkeit in der Kindheit adaptiv?

Kinder überschätzen ihre eigene Leistungsfähigkeit in unterschiedlichen Bereichen. Sie haben meist ein zu positives Selbstkonzept der eigenen Fähigkeiten, das erst im Laufe der Zeit realistischer wird. Dies betrifft nicht nur soziale Vergleiche, sondern auch Situationen, in denen sie einschätzen sollen, wie gut sie in einer bestimmten Aufgabe abschneiden werden.

Um herauszufinden, ob das Ausmaß der Überschätzung der eigenen Leistungen mit dem Lernzuwachs über mehrere Durchgänge korreliert, ließen Shin et al. (2007) 32 Kindergartenkinder, 36 Erstklässler und 26 Drittklässler je fünf Durchgänge einer Gedächtnisaufgabe bearbeiten. Die Kindergartenkinder sollten sich pro Durchgang 15 Gegenstände und die Schulkinder 18 Gegenstände merken, die sich jeweils drei Kategorien zuordnen ließen (z. B. Verkehrsmittel, Obst und Tiere). Vor jedem Durchgang wurden die Kinder gefragt, wie viele Gegenstände sie sich im folgenden Durchgang wohl würden merken können. Nach einer zweiminütigen Einprägephase und einer kurzen Ablenkungsaufgabe wurden die Kinder gebeten, alle Gegenstände zu nennen, an die sie sich noch erinnern konnten.

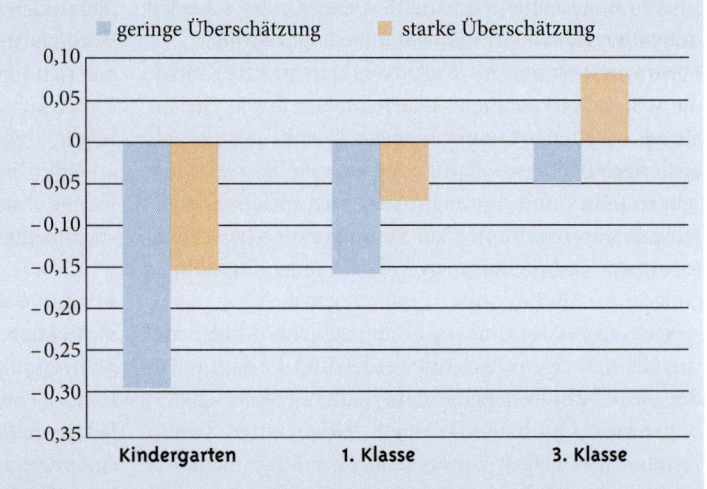

Abbildung 9.5 Prozentuale Veränderung der Erinnerungsleistung (Durchgänge 4 und 5 vs. Durchgänge 1 und 2) in Abhängigkeit des Alters und des Ausmaßes der Leistungsüberschätzung (aus Shin et al., 2007)

Wie erwartet erinnerten die Drittklässler mehr Gegenstände (im Durchschnitt ca. 50 %) als die Erstklässler und Kindergartenkinder (im Durchschnitt ca. 30 %). Während sich die Gedächtnisleistung der Kindergartenkinder und Erstklässler über die Durchgänge hinweg leicht verschlechterte, blieb sie bei den Drittklässlern relativ stabil. Zudem überschätzten die Kindergartenkinder und Erstklässler ihre Leistungen recht deutlich, indem sie im Durchschnitt erwarteten, drei bis vier Gegenstände mehr erinnern zu können, als es tatsächlich der Fall war. Die Drittklässler hatten ein etwas realistischeres Bild ihrer Fähigkeiten und verschätzen sich im Durchschnitt um weniger als einen Gegenstand. Die Autoren analysierten zudem interindividuelle Unterschiede in der Einschätzung der eigenen Leistung, da es in jeder Gruppe einige Kinder gab, die deutlich zu optimistisch waren, und einige, die realistischere oder sogar zu pessimistische Einschätzungen abgaben.

Abbildung 9.5 zeigt, dass diejenigen Kinder, die sich deutlich zu optimistisch einschätzten, im Verlauf der fünf Durchgänge weniger starke Leistungseinbußen zeigten bzw. ihre Leistungen sogar verbessern konnten im Vergleich zu den Kindern, die sich weniger stark überschätzten. Dieser Zusammenhang zeigte sich in allen drei Altersgruppen. Die Überschätzung der eigenen Leistung in der Kindheit kann also durchaus adaptiv sein und sich positiv auf die Leistungen auswirken.

Der Einfluss des sozialen Umfeldes
Bezugsnormorientierung der Lehrer. Die Entwicklung eines hilflosen Attributionsstils wird dadurch begünstigt, dass manche Kinder unter Wettbewerbsbedingungen, also im direkten Vergleich ihrer Leistungen mit Gleichaltrigen, wiederholt Misserfolge erleben. Da solche Vergleiche in unserem Kulturkreis vor allem in der Schule stattfinden, hat die Bezugsnormorientierung der Lehrer einen beträchtlichen Einfluss auf die Wahrscheinlichkeit, dass eher schwächere Schüler zu hilflosen Kindern werden. Unter einer sozialen Bezugsnormorientierung versteht man die Tendenz, die Leistungen eines Schülers hauptsächlich mit den Leistungen seiner Mitschüler zu vergleichen. Eine individuelle Bezugsnormorientierung betont hingegen den Lernfortschritt des einzelnen Schülers und kann auch dann zu einer positiven Bewertung führen, wenn der Schüler zwar im Vergleich zu anderen weniger gut abschneidet, aber im Vergleich zu seinem Ausgangsniveau seine Leistung deutlich verbessern konnte. Lehrer mit einer individuellen Bezugsnormorientierung loben aus diesem Grund auch unterdurchschnittliche Schüler und bekräftigen sie schon während der Aufgabenbearbeitung, wenn sie den Eindruck haben, dass die Schüler sich bemühen. Lehrer mit einer sozialen Bezugsnormorientierung bewerten hingegen nur die vollendete Leistung und loben generell nur überdurchschnittliche Schüler, selbst wenn deren Leistung abnimmt (Rheinberg, 1987). Eine individuelle Bezugsnormorientierung des Lehrers scheint somit den Teufelskreis von Misserfolgserlebnissen, Frustrationen, Angst und der Vermeidung weiterer Leistungssituationen, in dem sich leistungsschwächere Kinder oft befinden, zumindest teilweise durchbrechen zu können.

Erziehungsstil der Eltern. Darüber hinaus hat sich ein autoritativer Erziehungsstil der Eltern als günstig erwiesen. Hierbei werden die Kinder warmherzig und unterstützend behandelt, aber durchaus auch mit hohen, aber realistischen Leistungserwartungen konfrontiert. Autoritative Eltern führen die Erfolge der Kinder auf deren Fähigkeiten und die aufgebrachte Anstrengung zurück und stellen die Misserfolge als etwas dar, das durch vermehrte Anstrengung in der Zukunft kompensiert werden kann. Außerdem sehen sie die Leistung nicht als etwas an, was das Kind nur ihnen zuliebe erbringt (z. B.: »Jetzt bin ich aber sehr enttäuscht von dir.«). Dadurch unterstützen sie die Entwicklung eines bewältigungsoptimistischen Attributionsstils ihrer Kinder.

9.3.2 Die emotionale Entwicklung

Die emotionale Entwicklung ist in der mittleren und späten Kindheit vor allem durch eine Zunahme an selbstbezogenen Emotionen, ein differenzierteres Verständnis emotionaler Zustände und Verbesserungen in der emotionalen Selbstregulation gekennzeichnet.

Selbstbezogene Emotionen. Neben angeborenen Emotionen wie Ekel und Interesse entwickeln Kinder bereits in den ersten drei Lebensjahren ein differenziertes Repertoire an Emotionsausdrücken, die eine regulierende Funktion in Bezug auf die eigene Person (intrapersonal) oder eine andere Person (interpersonal) haben (vgl. Abschn. 21.3.2). Ab der mittleren Kindheit treten intrapersonale Emotionen wie Stolz, Scham oder Schuld zunehmend auch in Abwesenheit anderer Personen bzw. Erwachsener auf. Zudem löst nicht jede Form von Fehlverhalten Scham oder Schuldgefühle aus, sondern in erster Linie vorsätzliches, also intendiertes Fehlverhalten, wie Lügen oder Stehlen. Selbstbezogene Emotionen bei der Bewältigung von Aufgaben wie Stolz über den Erfolg eigener Tüchtigkeit oder Scham bei Misserfolg spielen eine wichtige Rolle für den Aufbau der Leistungsmotivation und beeinflussen, ob Kinder Leistungssituationen eher mit Optimismus oder Pessimismus angehen bzw. diese aufsuchen oder vermeiden (vgl. Abschn. 9.3.1).

Verständnis von Emotionen. Während Vorschulkinder Emotionen häufig auf die Umwelt beziehen, verwenden Schulkinder Emotionen immer öfter zur Beschreibung ihrer eigenen Gefühlslagen. Auch die Beschreibung emotionaler Zustände wird differenzierter. Jüngere Kinder haben noch deutliche Schwierigkeiten zu verstehen, dass dasselbe Ereignis gleichzeitig sowohl positive als auch negative Emotionen hervorrufen kann. Erst im Alter von etwa 10 bis 11 Jahren verstehen Kinder ambivalente Emotionen, z. B. dass man gleichzeitig traurig und fröhlich sein kann. Beispielsweise zeigt ein 10-jähriges Mädchen Verständnis dafür, dass ihre Freundin sich einerseits sehr freut, längere Zeit mit ihren Eltern in den Urlaub zu fahren, aber andererseits auch traurig ist, so lange nicht mit ihren Freundinnen spielen zu können. Erst mit der Entwicklung kognitiver Fähigkeiten, zwei Aspekte einer Situation gleichzeitig repräsentieren und aufeinander beziehen zu können (vgl. Abschn. 9.1.1), erlangen Kinder in der mittleren Kindheit das Verständnis für ambivalente emotionale Zustände. Gleichzeitig werden auch das Verständnis und die Deutung von Emotionsausdrücken differenzierter. Jüngere Kinder lassen sich in erster Linie von der unmittelbaren Wahrnehmung des Emotionsausdrucks leiten. Ältere Kinder hingegen entwickeln zunehmend ein Verständnis dafür, dass der Emotionsausdruck nicht unbedingt mit der tatsächlichen Gefühlslage übereinstimmen muss (Saarni, 1997). Diese Verbesserungen machen auch das Verständnis komplexerer Emotionen wie Empathie gegenüber einer Person in einer bestimmten Situation leichter möglich (Roberts & Strayer, 1996).

Emotionale Selbstregulation. Emotionen dienen der Bewertung von Handlungsergebnissen, die entweder besser oder schlechter als erwartet sein können, und haben somit eine zentrale handlungsregulierende Funktion. Ist ein Ergebnis besser als erwartet, wird das Anspruchsniveau für die Bewältigung weiterer Aufgaben höher gesetzt. Bei der Setzung neuer Ziele spielt in der mittleren und späten Kindheit nicht nur der individuelle Bewertungsmaßstab (Bezugsnorm) eine wichtige Rolle, sondern durch die zunehmende Bedeutung der Beziehung zu Gleichaltrigen auch die soziale Bezugsnorm, d. h., Kinder beurteilen ihre eigenen Leistungen danach, ob sie besser oder schlechter sind als diejenigen der anderen Kinder (vgl. Abschn. 9.3.1).

Von besonderer Bedeutung ist der Einsatz effektiver Strategien zur Regulation und Bewältigung negativer Emotionen, die vermehrt durch soziale Vergleichsprozesse mit Gleichaltrigen entstehen (z. B.: »Ich war der Schlechteste im Weitsprung«) und das Selbstwertgefühl bedrohen können. Dabei setzen Kinder im Laufe der mittleren und späten Kindheit zunehmend intrapersonale Regulationsstrategien ein (wie das Ablenken der eigenen Aufmerksamkeit oder der eigenen Gedanken auf »schöne Dinge«) und sind weniger auf interpersonale Regulation seitens von Bezugspersonen (Ablenkung der Aufmerksamkeit oder Gedanken durch Eltern oder Lehrer) angewiesen. Kinder, die lernen, auch mit negativen Ereignissen gut umzugehen, entwickeln im Laufe des Schulalters zunehmend das Gefühl, selbst Kontrolle über die eigenen emotionalen Erfahrungen zu haben und damit ein Gefühl der emotionalen Selbstwirksamkeit. Bei Kindern, denen das weniger gut gelingt, überwiegen negative Gefühlslagen. Sie sind häufig weniger sozial kompetent und werden von ihren Altersgenossen häufig abgelehnt.

Zusammenfassung

- Im Bereich der kognitiven Entwicklung hebt Piaget als ein zentrales Merkmal in der geistigen Entwicklung die zunehmende Flexibilität und Organisation des Denkens hervor, die es Kindern nun möglich macht, mehrere Aspekte einer Situation zu betrachten und intern zu repräsentieren und zu manipulieren.
- Vertreter des Informationsverarbeitungsansatzes betonen die Bedeutung quantitativer Veränderungen in der Geschwindigkeit der Informationsverarbeitung, in Kurzzeit- und Arbeitsgedächtnisprozessen sowie in kognitiven Kontrollprozessen. Neben quantitativen Veränderungen verbessert sich auch die Nutzung und Anwendung von Strategien zur Verbesserung von Gedächtnis- und kognitiven Kontrollleistungen.
- Veränderungen im Bereich der Persönlichkeit lassen sich anhand der »großen Fünf«-Eigenschaften (Extraversion, Verträglichkeit, Gewissenhaftigkeit, Neurotizismus, Offenheit für Neues) beschreiben. Kinder werden im Laufe der Kindheit als gewissenhafter, verträglicher und weniger extravertiert eingeschätzt, wobei die relative Stabilität der fünf Eigenschaften als eher hoch angesehen werden kann. Die Zuordnung zu einem Persönlichkeitsprofil, z. B. als resilientes, unterkontrolliertes oder überkontrolliertes Kind, erlaubt zudem Vorhersagen über das Verhalten in unterschiedlichen Situationen sowie über die Entwicklung von Schüchternheit und Aggression im Kindes- und Jugendalter.
- Das Selbstkonzept wird im Schulalter immer differenzierter und umfasst neben der körperlichen Erscheinung und sozialen Beziehungen nun auch schulische Fähigkeiten und das Selbstwertgefühl, das in hohem Maße von der sozialen Umwelt beeinflusst wird.
- Die Qualität der Beziehungen zu Gleichaltrigen und die Fähigkeit zur Knüpfung von Freundschaften beeinflussen das Selbstwertgefühl ebenso wie der elterliche Erziehungsstil, bei dem sich ein autoritativer Stil als besonders günstig erwiesen hat.
- Im Bereich der emotionalen und motivationalen Entwicklung spielen der Einsatz effektiver Strategien bei der Bewältigung negativer Emotionen sowie individuelle Unterschiede in der Attribution von Erfolg und Misserfolg eine zentrale Rolle für das Verhalten in Leistungssituationen. Kinder, die Erfolg auf ihre guten Fähigkeiten und Misserfolg auf mangelnde Anstrengung zurückführen und effiziente intrapersonale Emotionsstrategien einsetzen, gehen generell optimistisch in neue Leistungssituationen. Kinder, die ihre Erfolge dem Zufall und Misserfolg ihren mangelnden Fähigkeiten zuschreiben, vermeiden Leistungssituationen, wobei sich hier eine individuelle Bezugsnormorientierung bei der Leistungsrückmeldung und ein autoritativer Erziehungsstil entwicklungsfördernd auswirken können.

Weiterführende Literatur

Asendorpf, J. (1999). Social-personality development. In F. E. Weinert & W. Schneider (Eds.), Individual development from 3 to 12 – Findings from the Munich Longitudinal Study (pp. 227–242). Cambridge, UK: Cambridge University Press. *Berichtet weitere Befunde aus der LOGIK-Studie in Bezug auf die Persönlichkeitseigenschaften Schüchternheit und Aggressivität, betont den Einfluss von Beziehungen auf die Entwicklung dieser Eigenschaften.*

Caspi, A. & Shiner, R. L. (2006). Personality development. In N. Eisenberg, W. Damon & R. Lerner (Eds.), Handbook of child psychology, Vol. 3: Social, emotional, and personality development (6th ed., pp. 300–365). Hoboken, NJ: Wiley. *Gibt einen Überblick über die Entwicklung unterschiedlicher Persönlichkeitseigenschaften von der Kindheit bis ins Erwachsenenalter, diskutiert die Bedingungen der Entstehung dieser Eigenschaften und ihren Einfluss auf Verhaltensweisen im späteren Leben (Beziehungen, Gesundheitsverhalten, Psychopathologie).*

Gathercole, S. E. (1998). The development of memory. Journal of Child Psychology and Psychiatry, 39, 3–27. *Gibt einen Überblick über die Veränderung unterschiedlicher Gedächtnisfunktionen in der Kindheit, beschreibt qualitative und quantitative Veränderungen im Kurzzeitgedächtnis, episodischem Gedächtnis und Metagedächtnis.*

10 Jugend (12–19 Jahre)

Rainer K. Silbereisen • Karina Weichold

10.1 Jugend: Definition, Jugendbilder, Demografie und Forschungsorientierung

10.2 Grundlegende Prozesse der Entwicklung im Jugendalter
    10.2.1 Unterschiede im körperlichen Entwicklungstempo
    10.2.2 Veränderungen in neuronalen Systemen und kognitive Entwicklung im Jugendalter
    10.2.3 Gesellschaftliche Rahmenbedingungen und Entwicklungsaufgaben

10.3 Entwicklungskontexte
    10.3.1 Familie
    10.3.2 Gleichaltrige Freunde (Peers)
    10.3.3 Enge Freunde
    10.3.4 Romantische Beziehungen
    10.3.5 Freizeitaktivitäten und Freizeitstätten
    10.3.6 Schule

10.4 Entwicklungsergebnisse
    10.4.1 Identitätsentwicklung im Jugendalter
    10.4.2 Problemverhalten
    10.4.3 Positive Jugendentwicklung

Leonie ist 14 und auf dem Musikgymnasium. Sie wohnt während der Woche im Internat. Nach der Schule hat Leonie Geigenunterricht, dazu geht sie einmal in der Woche zum Volleyball. Manchmal spielen sie und ihre Freundinnen bei Konzerten. – Sie fühlt sich völlig ausgelastet mit ihrem umfangreichen Wochenprogramm und freut sich, wenn sie am Wochenende zu ihren Eltern fahren und abspannen kann.

Daraus wird jedoch seit einiger Zeit nichts, denn immer wieder gibt es Streit um Kleinigkeiten: im Haushalt mithelfen, ihren Freund, den sie neuerdings hat, oder um ihr Styling. Leonie findet, dass sie am Wochenende zu Hause nichts machen muss, trifft stattdessen Freunde oder sitzt am Computer. Die Eltern möchten aber, dass ihre Tochter am Familienleben teilnimmt und Aufgaben im Haushalt übernimmt. Seit drei Monaten geht es ständig um den neuen Freund: Paul hier und Paul da, und was Paul meint, ist sowieso das Richtige. Das ärgert besonders Leonies Mutter, denn eigentlich ist ihre Tochter zu jung für einen festen Freund, meint sie. Außerdem hat Leonie begonnen, sich »sexy« anzuziehen und auffällig zu schminken. Die Augen werden in dickem Schwarz umrandet – das passt doch gar nicht zu Leonie und ist schon gar nicht angemessen für eine 14-Jährige, denkt ihre Mutter. Überhaupt, mit diesem Freund, der schon 16 ist, sollte ihre Tochter eigentlich schnell wieder Schluss machen.

Leonie fährt oft zurück ins Internat mit einem mulmigen Gefühl, weil sie ihre Eltern angeschrien oder die Türen zugeschlagen hat. Wenn sie dann die Tasche auspackt und wieder eine anstrengende Woche vor ihr liegt, greift sie meist zum Handy, entschuldigt sich bei ihrer Mutter und lädt ihre Eltern zum nächsten Konzert ein.

Jugendliche sind die Zukunft jeder Gesellschaft – als Gruppe gelten junge Leute während der zweiten Lebensdekade beginnend mit der Pubertät als besonders aufgeschlossen gegenüber technologischem, kulturellem und gesellschaftlichem Wandel. Freilich werden sie immer wieder auch als problematisch angesehen, nicht zuletzt weil sie vieles infrage stellen, was für Eltern und Erwachsene als selbstverständlich gilt. Damit ist ein für die Entwicklungspsychologie wichtiges Moment genannt: Jugendliche sind der Paradefall für ein Modell der Entwicklung, wonach Entwicklung von den Menschen selbst aktiv betrieben wird, und zwar spätestens ab dem Jugendalter auch gesteuert von ihren eigenen Zielen und Wünschen nach einem Platz in der Gesellschaft. Neben dem, was immer schon so war, wie etwa die Pubertät, gibt es rasche Veränderungen beispielsweise der Jugendkultur, deren Effekt auf die Entwicklung genauer betrachtet zu haben sogar am Anfang der Psychologie der Lebensspanne stand (Nesselrode & Baltes, 1974).

Je nach biografischem Hintergrund ist der Ausgang der zweiten Lebensdekade durch ganz unterschiedliche Lebenslagen und psychosoziale Kompetenzen gekennzeichnet: Wer einer höheren Bildungsschicht angehört, beginnt sich auf die weitere Ausbildung einzustellen, während andere bereits ihre Berufsausbildung abgeschlossen haben. Für viele junge Leute endet Jugend in ihrem eigenen Verständnis nicht länger spätestens mit der gesetzlichen Volljährigkeit. Hergebrachte Erwachsenenrollen in Arbeit und Partnerschaft erfolgen heute weitaus später als noch vor wenigen Jahrzehnten, weshalb viel Zeit in den Zwanzigern bleibt, mit »halber« Autonomie Lebenspläne zu erkunden, bevor man sich als Erwachsener begreift und verhält.

Hat das Jugendalter damit ein offenes Ende, und wäre deshalb die Jugendpsychologie bloß auf die zweite Lebensdekade zu beziehen unangebracht? Man könnte dies vertreten, aber es sprechen wichtige Gründe dagegen. Am bedeutsamsten ist, dass die Entwicklung in physischer, sozialer und psychischer Hinsicht ungeachtet allen historischen Wandels während der zweiten Lebensdekade einige Besonderheiten aufweist, die auf diesen Abschnitt beschränkt sind und ihrerseits eine wichtige Voraussetzung für Veränderungen im Erleben und Verhalten über das weitere Leben ausmachen.

10.1 Jugend: Definition, Jugendbilder, Demografie und Forschungsorientierung

Als Jugend im Sinne der Entwicklungspsychologie bezeichnet man die Zeit zwischen der Pubertät und dem Ende des zweiten Lebensjahrzehnts (ca. 10.–20. Lebensjahr). Gleichbedeutend kann der Begriff »Adoleszenz« verwendet werden, wenn man besonders an die gesellschaftlich und kulturell geformten Erwartungen und Gestaltungsmöglichkeiten für junge Leute in diesem Altersbereich denkt und damit Jugend als soziale Konstruktion begreift. Für die Entwicklungspsychologie ist weniger der Zeitabschnitt interessant als die Veränderungen des Erlebens und Verhaltens sowie deren biopsychosoziale Grundlagen.

Jugend als »Sturm und Drang«. Jugend wurde immer wieder mit dem Begriff »Sturm und Drang« in Zusammenhang gebracht, den man als Schlüsselwort für unstete Gefühlslagen und Lust am Risiko verstand. Dieser Begriff aus der Zeit der Aufklärung bedeutete das Persönlichkeitsbild einer sich gegen Autorität und Tradition wendenden jungen Generation. Dabei scheint es so zu sein, dass die Eltern verschreckt reagieren, weil sie leicht vom selbstgefälligen Sockel gestoßen werden, wenn sich eigenständiges Denken und Handeln im Sinne wachsender Autonomie entwickeln.

Jugendbild in den Medien. Jugend als Lebensabschnitt und Lebenslage ist uns allen gegenwärtig, vor allem durch die Medien, die aber ein durchaus schiefes Bild zeigen, welches bestenfalls für eine Minderheit von Jugendlichen zutrifft. So ist James Dean in dem Filmklassiker »Rebel Without a Cause« (in der deutschen Fassung missverständlich als »Denn sie wissen nicht, was sie tun« betitelt) nicht repräsentativ für jugendliche Generationskonflikte, wohl aber eine Ikone für dieses Thema in filmischer Inszenierung. Und natürlich ist die Darstellung von Jugendlichen im Fernsehen leider zumeist Klischee, obwohl sich beispielsweise zur Pubertät eine realistischere Haltung durchzusetzen beginnt. Außerdem sprechen nicht alle Jugendlichen bevorzugt in der Weise, wie es in Kompendien zur Jugendsprache dargestellt ist, die sich als Fremdenführer in gleich mehreren Sprachen verstehen.

Demografische Daten und Tendenzen. Der statistische Anteil von Jugendlichen in der Bevölkerung weist erhebliche Unterschiede zwischen Regionen der Welt und über die letzten Jahrzehnte auf. So beträgt der Jugendquotient, der sich aus dem Quotienten der Anzahl der Personen im Alter bis unter 20 Jahren geteilt durch die Anzahl der Personen im Alter von 20 bis unter 65 Jahren in Prozent errechnet, in Deutschland derzeit etwa 30 %. Seit 1910 ist er beständig gefallen (damals lag er über 80 %) und hat damit ein historisches Tief erreicht, das sich voraussichtlich über die nächsten Jahrzehnte nicht ändern wird (ein bedeutsamer zweiter Abfall nach unveränderten Werten seit 1930 begann etwa 1970). Schier spiegelbildlich verhält es sich mit dem Altenquotient (über 65-Jährige). Solche Verhältnisse sind charakteristisch für den geografischen Nordwesten der Erde, während sich im Südosten die Verhältnisse genau umdrehen. Einer von fünf Menschen auf der Erde ist im Alter von 10 bis 19 Jahren, und 85 % davon leben in Entwicklungsländern (Lloyd, 2005).

Zahlen wie diese sind nicht bloß statistische Spielwiesen. So gibt es nach Easterlin Belege dafür, dass wachsende Jugendkohorten oft einem deshalb überforderten Sozial- und Wirtschaftssystem gegenüberstehen, was zu enttäuschten Hoffnungen der Jugendlichen, Herausschieben von Verantwortungen als Erwachsene und in der Folge auch Delinquenz führt. Zwar haben Jugendliche in Deutschland heute mehr Chancen, aber sie geraten möglicherweise in Konkurrenz mit dem steigenden Anteil der Senioren und deren Ansprüchen und gesellschaftlichen Durchsetzungsfähigkeit. Außerdem ist Deutschland ein Land mit einer großen Vielfalt von Ethnien und Staatsangehörigkeiten. Betrachtet man jüngere Jahrgänge, haben fast ein Drittel Migrationserfahrung, darunter als größte Gruppe die jungen türkischstämmigen Leute, weiterhin Kinder anderer ehemaliger Arbeitsmigranten und Aussiedler, die zusammen rund 14 % der Gesamtbevölkerung dieses Alters ausmachen. Steigende ethnische Unterschiedlichkeit und großes soziales Gefälle resultieren in hoher Heterogenität zwischen Individuen und Gruppen, wobei schon die Pubertät als Beginn erhebliche Unterschiede im Zeitpunkt zeigt und mehr noch das Ende der Jugendphase.

Psychologische Jugendforschung
Anfänge und Umorientierung. G. Stanley Hall (1904) gilt dank seines zweibändigen Werks »Adoleszenz: Its psychology and its relations to physiology, anthropology, sociology, sex, crime, religion and education« als Begründer der psychologischen Jugendforschung, wobei er dem Zeitgeist folgend Konzepte der Evolutionstheorie einbezog und damit der Jugendzeit den Rang eines eigenständigen, aber potenziell gefährdeten Entwicklungsabschnitts zuwies. Dessen ungeachtet hat er viel an biologischen und kulturanthropologischen Einsichten vorweggenommen, die später bedeutsam wurden. Psychologische Jugendforschung erhielt einen neuen Impetus um etwa 1980 in den USA, wobei die Protagonisten (Lerner, Petersen, Brooks-Gunn, Steinberg) einer ökologisch orientierten Entwicklungspsychologie der Lebensspanne verpflichtet waren. In Deutschland war Ewert Vorreiter.

Am Anfang der jüngeren psychologischen Jugendforschung standen die negativen Seiten der psychosozialen Verfassung im Mittelpunkt, was auch eine Reaktion auf drängende gesellschaftliche Probleme wie steigenden Drogenmissbrauch war. Mittlerweile hat sich das Bild geändert, denn es gibt jetzt geradewegs eine Bewegung, Jugendliche von ihrer produktiven Seite zu begreifen und beispielsweise die Bedingungen für eine optimistische Lebenshaltung, hohe ethische Maßstäbe und das Engagement für die Gemeinschaft herauszustellen. Der außerordentlich hoch dotierte neue Jacobs Research Prize für »Productive Youth Development« (ging an Steinberg im Jahr 2009 sowie Caspi und Moffitt im Jahr 2010) ist Ausdruck dieser Orientierung.

Heutiger Forschungsstand zur Jugendentwicklung. Der heutige Forschungsstand zur Jugendentwicklung, vor allem in der westlichen Welt, ist schier unübersehbar. Es gibt mehrere spezialisierte internationale Fachzeitschriften, zahlreiche Lehrbücher (das bedeutendste dürfte Steinberg, 2011, sein, erschienen bereits in der 9. Ausgabe) und mehrere Handbücher und Enzyklopädien (zuletzt Brown & Prinstein, 2011, international und Silbereisen & Hasselhorn, 2008, in Deutschland). Das Thema Jugendentwicklung hat diese Dynamik nicht nur wegen der gesellschaftlichen Probleme, sondern es stellte sich heraus, dass Forschung über Jugend auch im Zentrum wissenschaftlicher Innovationen der Psychologie steht. Ein Beispiel ist die Entdeckung, dass die Entwicklung des Gehirns, vor allem des Zusammenspiels von kognitiver Kontrolle und emotionaler Erregung, weit in die Jugend und darüber hinaus reicht. Diese Veränderungen sind struktureller und funktioneller Natur. Die für viele Probleme als ursächlich betrachtete Lücke zwischen einem späten Zeitpunkt für Verantwortungen in Erwachsenenrollen und der frühen körperlichen Entwicklung erhält gerade durch die Besonderheiten der Gehirnentwicklung Brisanz. Wissen über Jugendentwicklung in anderen Regionen der Welt fehlt freilich weitgehend.

Im Folgenden werden wir erst **drei grundlegende Prozesse der Entwicklung** im Jugendalter behandeln und danach auf Erkenntnisse zu ausgewählten Kontexten und Ergebnissen für psychosoziale Funktionen eingehen. Nicht alles kann abgedeckt werden – so verzichten wir auf eine Darstellung des Kontexts der beruflichen Ausbildung, weil diese für die meisten über die Jugendzeit im hier erörterten Sinn hinausgeht.

10.2 Grundlegende Prozesse der Entwicklung im Jugendalter

Zu Beginn des Jugendalters steht die Pubertät, die sich durch eine Reihe umfassender somatischer Veränderungen in einem relativ kurzen Zeitabschnitt auszeichnet. Neben den Veränderungen in den sekundären Geschlechtsmerkmalen bei Jungen und Mädchen und der Körpersilhouette restrukturieren sich verschiedene innere Organsysteme sowie das Gehirn (s. Übersicht; vgl. zusammenfassend Weichold & Silbereisen, 2008).

Endokrine Prozesse. Die genannten Veränderungen werden durch endokrine Prozesse in Wechselwirkung mit zentralnervösen Strukturen ausgelöst. Die Konzentration von Gonadenhormonen verändert sich schon vor der Geburt (Organisationsphase), wodurch die geschlechtstypische Entwicklung des Fötus gesteuert wird. Nach der Hemmungsphase über die Kindheit ist zu Beginn der Pubertät die Aktivierungsphase zu beobachten. Durch die Ausschüttung des Gonadotropin-Releasing-Hormons (GnRH) im Hypothalamus werden im Hypophysenvorderlappen Gonadotropine freigesetzt (LH – luteinisierendes Hormon, FSH – follikelstimulierendes Hormon), die wiederum bedingen, dass in den Gonaden (Eierstöcke, Hoden) Östrogen und Testosteron ausgeschüttet werden (Gonadarche), die dann ihre Wirkung in der Umstrukturierung des Körpergewebes entfalten (vgl. Abb. 10.1). Dazu wird die Hypophyse stärker aktiviert (Ausschüttung von ACTH – adrenocorticotropes Hormon, stimuliert die Produktion von Androgenen in der Nebennierenrinde), und im Hypophysenvorderlappen werden vermehrt Wachstums- und Schilddrüsenhormone freigesetzt (STH – somatotropes Hormon, TSH – thyreotropes Hormon).

> **Übersicht**
>
> **Veränderungen in der Pubertät**
>
> - **Körperhöhe:** Am Anfang der Pubertät findet ein Wachstumsschub statt (Mädchen 10.–14. und Jungen 12.–16. Lebensjahr), danach verlangsamt sich die Geschwindigkeit, und das Wachstum ist mit 16–17 Jahren bei Mädchen bzw. 17–19 Jahren bei Jungen abgeschlossen.
> - **Körpergewicht:** Parallel zu den Veränderungen der Körperhöhe erhöht sich das Gewicht. Dabei legen Mädchen mehr subkutanes Fettgewebe zu, während bei Jungen der Anteil an Muskelgewebe deutlicher ansteigt. Dies führt zu der erwachsenen Körpersilhouette.
> - **Organsysteme:** Das Herz-Kreislauf-System unterliegt ebenfalls einem Wachstumsschub. Das Herz verdoppelt seine Größe, die Herzfrequenz sinkt, der systolische Blutdruck steigt an und die Zusammensetzung des Blutes verändert sich. Dazu nimmt die Größe und Vitalkapazität der Lunge zu, und der Stoffwechsel verlangsamt sich. Hierdurch vergrößert sich insgesamt die Leistungsfähigkeit.
> - **Sekundäre Geschlechtsmerkmale – Jungen:** Bei Jungen wachsen Hoden (11–15 Jahre) und Penis (12–14 Jahre), die Schambehaarung (Pubarche) entwickelt sich (11–15 Jahre), und zwei Jahre später erfolgt dann das Wachstum der Achsel- und Bartbehaarung. Späte pubertäre Ereignisse bei Jungen sind der Stimmbruch und der erste Samenerguss (Spermarche).
> - **Sekundäre Geschlechtsmerkmale – Mädchen:** Bei Mädchen bilden sich zuerst die Brüste heraus (Thelarche, 11–15 Jahre) und die Haare in der Schamgegend wachsen (Pubarche, 11–14 Jahre). Die inneren weiblichen Geschlechtsorgane durchlaufen einen Wachstumsschub (12–13 Jahre), gekennzeichnet durch eine Vergrößerung und muskuläre Verstärkung der Gebärmutter (Uterus), Entwicklung der Gebärmutterschleimhaut (Endometrium) und Vergrößerung der Vagina. Um das 12. Lebensjahr kommt es im Durchschnitt zur ersten Regelblutung (Menarche).

Über Rückkopplungskreise werden Hypothalamus und Hypophyse in ihrer Aktivität moduliert. Verhaltensweisen der Jugendlichen selbst, wie beispielsweise starke körperliche Beanspruchung durch Sport, oder psychosozialer Stress können zudem in diese Regelkreise eingreifen. Die vermehrte Aktivität der Hypophyse ist auch mit einem Anstieg in der Produktion von Androgenen in den Nebennierenrinden verbunden (Adrenarche, Einfluss auf Körperbehaarung und Körperwachstum). Außerdem steigt die Ausschüttung von Wachstums- und Schilddrüsenhormonen im Hypophysenvorderlappen, die für das Höhenwachstum und veränderte Stoffwechselaktivität sorgen.

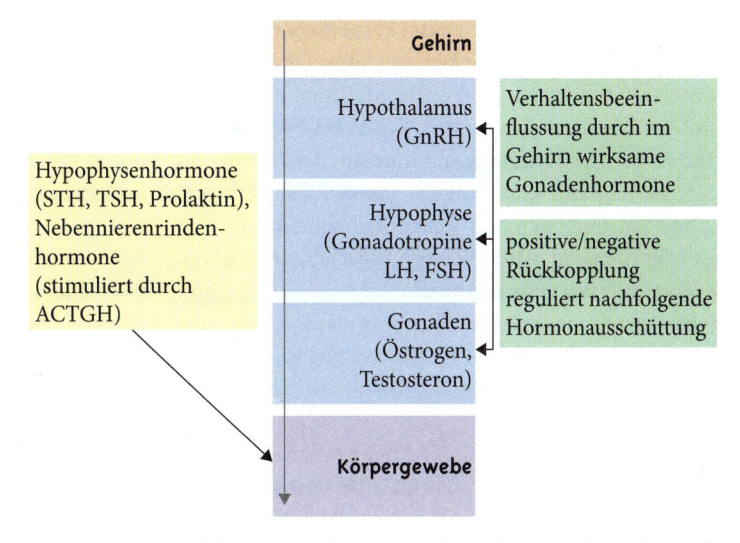

Abbildung 10.1 Endokrine Veränderungen in der Pubertät und Regulation der Gonadenhormone Östrogen und Testosteron (nach Weichold & Silbereisen, 2008)

10.2.1 Unterschiede im körperlichen Entwicklungstempo

Über das letzte Jahrhundert haben sich körperliche Veränderungen in der Pubertät immer weiter nach vorn verlagert (säkulare Akzeleration); so lag z. B. das Menarchealter 1840 im Durchschnitt bei 17 Jahren und liegt heute bei 12 Jahren. Obwohl dieser Trend in den letzten Dekaden insgesamt stagnierte, werden auch heute immer wieder Befunde veröffentlicht, die anhaltende Veränderungen zeigen. Beispielsweise wurden unter 7-jährigen afroamerikanischen Mädchen bei 23 % schon Ansätze der Brustentwicklung beobachtet, wohingegen es bei denen lateinamerikanischer Abstammung 15 % und bei den weißen nur 10 % waren.

> **Übersicht**
>
> **Ursachen für die säkulare Akzeleration**
> Die Vorverlegung des Zeitpunkts der körperlichen Reife in der Pubertät wird folgendermaßen erklärt. Eine Vorverlegung der Pubertät geht einher mit
> ▶ Verbesserung allgemeiner Umweltbedingungen,
> ▶ kalorienreicherer Ernährung (Vergrößerung des Körperfettanteils) und
> ▶ Verbesserungen in medizinischer Versorgung und sanitären Bedingungen.

Biopsychosoziale Einflussfaktoren. Sowohl die Abfolge als auch der Zeitpunkt und die Dauer der körperlichen Veränderungen unterliegen erheblichen (nicht klinisch auffälligen) Variationen. Solche Unterschiede im pubertären Entwicklungstempo werden erfasst, indem der körperliche Entwicklungsstand in Beziehung zu Altersnormen gesetzt wird. In einer Stichprobe werden so jeweils ca. 15 % als früh vs. spät reifend charakterisiert. Neben einem großen genetischen Einfluss (äußert sich z. B. in einer hohen Korrelation des Menarchealters bei Müttern und Töchtern) stehen psychosoziale Merkmale des Umfelds im Mittelpunkt der Erklärung individueller Unterschiede. Belsky et al. (1991) nahmen vor einem evolutionsbiologischen Hintergrund an, dass frühe körperliche Reife durch Belastungen in der Familie (Abwesenheit des Vaters, Ressourcenarmut, Konflikte, unsichere Bindung) vermittelt über depressive Verstimmung und erhöhtes Körperfett eine frühere Reife bedingen. Im Jugend- und Erwachsenenalter soll dieser Entwicklungspfad mit schnell wechselnden sexuellen Beziehungen und geringem Investment in Partner- und Elternschaft einhergehen. Besonders für Mädchen ist diese Theorie recht gut empirisch belegt; und biopsychosoziale Studien zeigen, dass das Stresshormon Cortisol, das unter Belastungen verstärkt ausgeschüttet wird, die Konzentration der Gonadenhormone beeinflusst.

10.2 Grundlegende Prozesse der Entwicklung im Jugendalter

Auswirkungen früher oder später körperlicher Reife. Zu den möglichen Auswirkungen von Abweichungen der körperlichen Reife vom normativen Timing gibt es verschiedene theoretische Modelle: Die Abweichungshypothese (Deviance Hypothesis) nimmt an, dass frühe und späte Reife in der Pubertät mit Anpassungsproblemen verbunden sind, weil sich solche Jugendlichen als von der Mehrheit der Altersgleichen abweichend erleben. Die Entwicklungsschlusshypothese (Stage Termination Hypothesis) geht demgegenüber davon aus, dass besonders eine frühe Reife in Problemverhalten münden kann, weil die Jugendlichen von den neuen Erfahrungen überfordert werden.

Die Pubertät ist generell mit einer großen Anzahl an Stressoren wie Gruppendruck und Umgang mit dem reifenden Körper (im Vergleich zum herrschenden Schönheitsideal) verbunden und fällt zeitlich mit einer Reihe anderer Übergänge zusammen (z. B. in die Sekundarstufe der Schule). Bei Jungen und Mädchen, die früher als andere reifen, scheinen die Belastungen jedoch noch ausgeprägter zu sein. Kurzfristige Konsequenzen betreffen bei Jungen und Mädchen vor allem eine höhere Neigung zu Belastungen durch externalisierendes und internalisierendes Problemverhalten (vermittelt durch unzeitige Kontakte zu älteren devianten Peers) oder soziale Erfahrungen wie Hänseleien, aber auch eine frühere Autonomie im Familienkontext. Langfristig gesehen übernehmen ehemals Frühreifende eher soziale Erwachsenenrollen (feste Partnerschaft, Elternschaft) und sind trotz größerer Belastungen durch Problemverhaltensweisen (wie Alkoholkonsum bei den Männern) integer und kompetent, wohl weil sie schon früh gelernt haben, mit Stressoren umzugehen. Spätreifende Jugendliche sind ebenfalls in einzelnen Bereichen der Anpassung auffällig. Beispielsweise nutzen Jungen Substanzkonsum oder delinquentes Verhalten oft, um ihren geringen Status unter den Gleichaltrigen zu kompensieren. Solche Verhaltensweisen können bis ins Erwachsenenalter beobachtet werden. Insgesamt sind die Folgen für Mädchen ausgeprägter, und sie betreffen insbesondere solche Jugendlichen, die über mehrere Jahre anhaltend in ihrer körperlichen Entwicklung von der Mehrheit abwichen, sowie diejenigen, die schon in der Kindheit auffällig waren und in Kontexten mit entsprechender Anregung zu vorzeitiger Autonomie leben.

> **Unter der Lupe**
>
> **Komplexes Modell zur Erklärung der Folgen körperlicher Veränderungen in der Pubertät**
>
> Die Zusammenhänge zwischen Entwicklungstempo und psychosozialer Anpassung werden in ihrer Komplexität im Zusammenspiel zwischen Biologie, psychologischen und sozialen Faktoren über die Annahmen der Abweichungs- und Entwicklungsschlusshypothese hinaus am besten durch ein drittes Modell dargestellt (Brooks-Gunn et al., 1994; vgl. Abb. 10.2). Hier wird angenommen, dass hormonelle Veränderungen (und die fortschreitende Entwicklung sekundärer Geschlechtsmerkmale) vermittelt durch soziale Geschehnisse (z. B. Hänseleien) und zentralnervöse Prozesse Problemverhalten bedingen. Soziale Erfahrungen und zentralnervöse Veränderungen wiederum können auf die hormonellen Veränderungen Einfluss nehmen (z. B. wurde gezeigt, dass jugendliche Leistungssportler geringere Anstiege in den Gonadenhormonen als ihre altersgleichen Peers haben, die keinen Leistungssport treiben, und damit später körperlich reifen). Obwohl dieses Modell bisher noch nicht empirisch getestet wurde, liefern Studien Belege für die einzelnen Vermittlungsmechanismen.
>
> **Abbildung 10.2** Biopsychosoziales Modell der Entwicklung von Problemverhalten während der Pubertät (nach Brooks-Gunn et al., 1994)

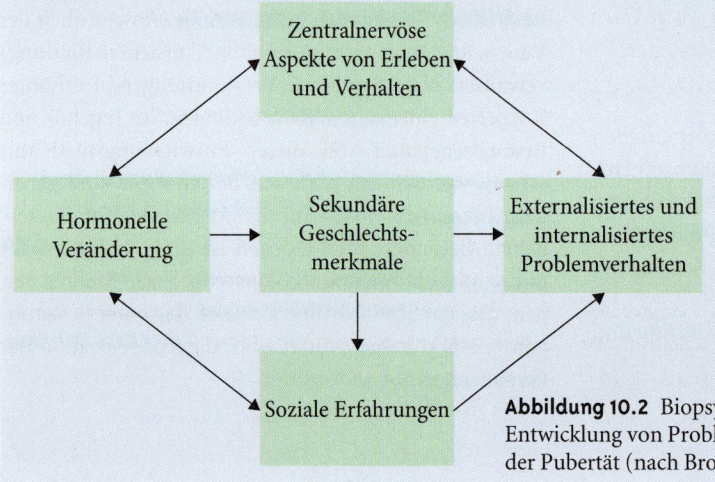

10.2.2 Veränderungen in neuronalen Systemen und kognitive Entwicklung im Jugendalter

Zentralnervöse Veränderungen

Einhergehend mit den somatischen und endokrinen Veränderungen sind umfassende zentralnervöse Umstrukturierungen zu beobachten, die mit Veränderungen in Kognitionen und jugendtypischen Verhaltensweisen in Beziehung stehen (z. B. Risikoverhalten). Sowohl die Struktur als auch die Funktionsweise verschiedener neuronaler Systeme verändern sich über das Jugendalter (vgl. Spear, 2000).

Gehirnstruktur. Gogtay und Kollegen um die Forschungsgruppe von Jay Giedd (Gogtay, Giedd et al., 2004) zeigten anhand einer Längsschnittstudie, dass sich im Altersbereich von 4 bis 21 Jahren in systematischer Weise die Struktur des Gehirns verändert. Dabei wächst der Anteil weißer Hirnsubstanz, während zugleich der Anteil der grauen Hirnsubstanz zurückgeht. Ein hoher Anteil weißer Substanz spricht dabei für zunehmende Myelinisierung (Ummantelung einzelner Nervenzellen, Markreifung), ein geringer werdender Anteil grauer Substanz für den Verlust einzelner Nervenzellen (Synaptic Pruning; Abnahme der im Überfluss angelegten Nervenzellen als Folge sozialer Erfahrungen). Weiterhin nehmen die Verbindungen zwischen den verbliebenen Nervenzellen zu. Etwa die Hälfte aller bestehenden Synapsen jedes Neurons wird über das Jugendalter eliminiert. Solche Veränderungen ermöglichen eine schnellere Reizleitung und damit eine effiziente Informationsverarbeitung sowie eine fortschreitende Spezialisierung neuronaler Verknüpfungen.

Die Befunde von Gogtay et al. zeigen, dass die kortikalen Veränderungen nicht synchron in allen Hirnregionen ablaufen (Heterochronizität): Erst reifen die hinteren Anteile des Gehirns (okzipital), dann die vorderen (frontal), und phylogenetisch ältere Hirnregionen an der Basis des Gehirns reifen früher als neuere Anteile am Kortex. Zuletzt finden die Umstrukturierungen im präfrontalen Kortex statt. Die Reihenfolge der kortikalen Veränderungen entspricht dabei den Entwicklungsfortschritten in der kognitiven Entwicklung: Zuerst entwickeln sich Areale, die für basale Funktionsweisen (Sprache, räumliche Orientierung, Aufmerksamkeit) zuständig sind, dann motorische Koordination und schließlich exekutive Funktionen.

Funktionsweise des Gehirns. Hinsichtlich der Funktionsweise des Gehirns reorganisieren sich über die Jugendzeit das dopaminerge (Dopamin: stimulierender Neurotransmitter, der bei positiven Gefühlen ausgeschüttet wird) und serotonerge System (Serotonin: ebenfalls ein erregender Neurotransmitter, der die Kontraktion der Blutgefäße steuert). In beiden Systemen ist eine Abnahme der Dichte der Rezeptoren für Dopamin und Serotonin zu beobachten. Dies hat zur Folge, dass weniger stimulierende Reize den Kortex erreichen und besonders Areale des präfrontalen Kortex und des limbischen Systems weniger stark aktiviert werden als in der Kindheit. Beide Hirnregionen sind zuständig für die Verarbeitung von emotionalen Reizen, die Bewertung von Reizen und die Umsetzung von Aktivitäten. Zusätzlich kommt dem präfrontalen Kortex eine wichtige Funktion beim Ausführen zielgerichteten Verhaltens zu. Durch die verringerte Reizzufuhr in den mesokortikalen Strukturen (bes. limbisches System als Teil des sogenannten Belohnungssystems) suchen Jugendliche aktiv nach neuartigen Erlebnissen mit ausgeprägten Reizen (abgeschwächte Form des Reward Deficiency Syndroms). Die höhere Aktivierung der Amygdala soll zudem bedingen, dass riskante Aktivitäten, die wie Mutproben im Straßenverkehr oder Provokationen von Autoritäten mit Nervenkitzel verbunden sind, positiver als früher im Lebenslauf bewertet werden.

Kognitive Entwicklung

Im Verlauf des Jugendalters ist parallel zu den zentralnervösen Veränderungen eine Reihe an Fortschritten in der kognitiven Leistungsfähigkeit zu beobachten, die beispielsweise Verbesserungen der Aufmerksamkeit, des Arbeitsgedächtnisses sowie der Ausbildung des metakognitiven und abstrakten Denkens betreffen. Über die Darstellung der Entwicklungsfortschritte in den verschiedenen Domänen des Denkens und ihrer Anlässe hinaus geht es in der Forschung zur kognitiven Entwicklung im Jugendalter um integrative Modelle, die sowohl Befunde aus den Neurowissenschaften als auch die Analyse von Längsschnittdaten und neue Erkenntnisse zur Rolle von Kultur und Kontext für die Entwicklung kognitiver Funktionen einbeziehen. Von besonderem Interesse sind Fortschritte über das Jugendalter hin zu einem bewussten, selbstgesteuerten Geist (vgl. Keating, 2004), der für die Bewältigung der Entwicklungsaufgaben entscheidend ist.

Jugendspezifische Entwicklungstendenzen. Fortschritte in der kognitiven Entwicklung zeigen sich in den folgenden fünf Bereichen:

(1) Psychometrische Intelligenz: Nach den Ergebnissen der LOGIK-Studie (Schneider, Stefanek et al., 2009) nimmt die sprachliche Intelligenz (etwa Wortschatz) in der frühen Adoleszenz noch deutlich gegenüber der späten Kindheit zu, aber nicht mehr bis zum Ende der Adoleszenz. Die nichtsprachliche Intelligenz (etwa Erkennen von Analogien) hingegen zeigt über die gesamte Adoleszenz einen, wenn auch sich abflachenden Zuwachs.

(2) Logisches Denken: In der Adoleszenz wird weniger induktiv argumentiert (Beobachtungen münden in eine Hypothese, die dann durch weitere Beobachtungen verifiziert wird) und zunehmend deduktiv (von einer Hypothese ausgehend werden logisch notwendige und testbare Schlussfolgerungen gebildet). Hier wird davon ausgegangen, dass es sich um einen potenziellen (nicht aber normativen) Entwicklungsfortschritt handelt, dessen Ausbildung auch von kontextuellen Anregungen moduliert wird (Keating, 2004).

(3) Urteilsbildungs- und Entscheidungsprozess: Sowohl Jugendliche als auch Erwachsene folgen beim Treffen von Entscheidungen nicht immer logischen Regeln und analytischen Pfaden, sondern bilden eher heuristische Pfade und nutzen frühere Erfahrungen und Annahmen als Entscheidungsgrundlage. Diese werden bevorzugt, weil sie »kognitiv ökonomisch« sind und in der Regel zu nützlichen Urteilen führen. Jugendliche sind zudem mehr und mehr in der Lage, den Entscheidungsprozess selbst zu regulieren, beispielsweise durch Metakognitionen, bleiben aber anfällig gegenüber Emotionen (Haase & Silbereisen, 2011).

(4) Informationsverarbeitung: Anhand von Längsschnittstudien wurde gezeigt, dass sich die Verarbeitungsgeschwindigkeit, das Arbeitsgedächtnis und Problemlösen (inkl. verbalem, quantitativem und räumlichem Denken) über die Adoleszenz verbessern, wobei sich die verschiedenen Bereiche voneinander unabhängig verändern. Für das Arbeitsgedächtnis lässt sich belegen, dass im Jugendalter bereits Höchstwerte erzielt werden. Externe Faktoren können zudem die kognitive Entwicklung vorantreiben (individuelle Interessen, Anregungen in den Entwicklungskontexten sowie Selbstwahrnehmungen und Selbstregulation).

(5) Expertise: Besonders der präfrontale Kortex und seine Reifung über die Adoleszenz stehen im Mittelpunkt der Forschung. Die fortschreitende Myelinisierung, Zunahmen in der Konnektivität und Organisation sowie der Verlust grauer Substanz werden hinter einer allgemein höheren bewussten Kontrolle gesehen. Letzteres ist besonders bedeutsam, wenn die Situationen ambivalent, stressreich oder emotional aufgeladen sind. Da sich das Gehirn unter dem Einfluss von Erfahrungen verändert, sind kulturelle und kontextuelle Einflüsse auch hier bedeutsam.

Jüngste Untersuchungen zur kognitiven Entwicklung im Jugendalter bringen Verhaltensdaten, Informationen zu strukturellen Veränderungen des Gehirns und zur Aktivität von einschlägigen Gehirnregionen zusammen. Bei Aufgaben zum relationalen Denken (Information auf zwei Dimensionen muss integriert werden) wurde ein zeitlich begrenzter Einbruch der Leistung etwa zu Anfang der Adoleszenz nachgewiesen. Dies wurde in der Vergangenheit mit Veränderungen in der grauen Hirnsubstanz erklärt. Die zusätzlich im rostrolateralen präfrontalen Kortex (ist einschlägig für Verarbeitung abstrakter Regeln) erhobenen Daten der funktionellen Magnetresonanztomografie (fMRT) zeigten ebenfalls eine Veränderung der alterskorrelierten Aktivität, und diese ließ sich nicht durch die Leistungsunterschiede und strukturellen Veränderungen erklären. Die Deutung ist, dass um diese Zeit Verbindungen zwischen verschiedenen Systemen des Gehirns effizienter werden (neurokognitive Strategien), die dann im Erwachsenenalter höhere Leistungen zulassen.

10.2.3 Gesellschaftliche Rahmenbedingungen und Entwicklungsaufgaben

Biografische Übergänge

Mit Blick auf die Strukturierung der Adoleszenz durch gesellschaftliche Umstände (sozial, kulturell) ist der Begriff des (biografischen) Übergangs (Transition) hilfreich. Gemeint sind Übergänge als mehr oder weniger geordnete Folgen von neuen Positionen und Rollen, deren Gesamtheit den Lebenslauf ausmachen, und die entwicklungswirksam sind, weil sie in der Regel das gewohnte Gefüge von Zielen, Verhaltensweisen und Kontexten aufbrechen und in jeder Hinsicht neue Herausforderungen stellen. Der Zeitpunkt und die Abfolge solcher Übergänge sind oft gesellschaftlich normiert, und Abweichungen bringen Probleme mit sich. Man spricht zwar oft von Jugend als Übergang, aber eigentlich geht es um Übergänge im Plural, wie sich zeigen wird.

Der nach der Pubertät wohl wichtigste Übergang während der Adoleszenz hat mit der Organisation unseres Schulwesens zu tun, welches mit den verschiedenen Sekundarstufen für alle Jugendlichen neue Herausforderungen an ihre kognitive, motivationale und soziale Leistungsfähigkeit stellt. An solchen sozialen Übergängen, die Entwicklung wegen der gänzlich neuen Ökologie und ungewohnter Rollenerwartungen vorantreiben, gibt es traditionell einige weitere von ähnlicher Bedeutung, die insgesamt den graduellen Eintritt in das Erwachsenenalter ausmachen: Auszug aus dem Elternhaus, Beginn der Berufstätigkeit, Heirat oder feste Partnerschaft, Familiengründung (vgl. Abschn. 11.1). Einige Autoren wie Arnett (2004) vertreten die Auffassung, dass junge Leute ihre Selbstdefinition als Erwachsene nicht länger am Vollzug dieser Übergänge festmachen, sondern an psychologischen Merkmalen wie der eigenen Bestimmung über die Lebensführung. Hier ist anzumerken, dass diese sogenannte Emerging Adulthood, die etwa für den Altersbereich von 18 bis 25 Jahren angesetzt wird, vor allem eine Besonderheit junger Leute mit höherer Bildung ist, die schon deshalb auf die verzögerte Übernahme von Verantwortung für andere ausgerichtet ist (Reitzle, 2006; vgl. auch Abschn. 11.3.1).

Außerdem stellte sich schnell heraus, dass je nach Land und dessen Traditionen nicht nur die Zeitpunkte der Übergänge teils ganz anders sind, sondern auch die Lebensumstände. In mediterranen Ländern beispielsweise leben junge Leute so lange mit den Eltern zusammen, bis sie heiraten, in skandinavischen hingegen ziehen sie nach Ende der Schulzeit aus und sind damit viel früher auf sich allein gestellt, mit der Chance zum Ausprobieren verschiedener Lebensentwürfe, bis man eine Partnerschaft eingeht.

Initiationsriten. Diese Überlegungen lassen erkennen, dass soziale Übergänge dem kulturellen und sozialen Wandel unterliegen. Während nur eine Minderheit der weniger komplexen Gesellschaften aus der vorindustriellen Zeit überhaupt eine ausgesprochene Jugendphase kannte, gab es doch weit verbreitet Initiationsriten, die das Übernehmen des Erwachsenenstatus symbolisch markierten, etwa durch Mutproben bei Jungen, und damit für Klarheit über die neuen Aufgaben und Rechte sorgten. Jugend in unserem Verständnis ist mit der Ausweitung des Bildungssystems während der Industrialisierung im 19. Jahrhundert verbunden und wurde dann bis zur Mitte des vergangenen Jahrhunderts ein Lebensabschnitt mit eigener Entwicklungsdynamik, die sich nicht bloß auf die Vorbereitung zum Eintritt in das Erwachsenenalter beschränkt. Dieses »Moratorium« kommt keineswegs allen Jugendlichen unabhängig von der Stellung im Statusgefüge unserer Gesellschaft gleichermaßen zu, denn wer aufgrund des Ausbildungsgangs früher für sich sorgen muss und kann, nutzt diese Zeit anders. Von den Initiationsriten der Historie ist nicht mehr viel übrig, sieht man von den gesetzlichen Regelungen beispielsweise zur Mündigkeit in verschiedenen Bereichen ab, um die sich auch symbolisch bedeutsame Erfahrungen ranken können. Ein Beispiel ist die Konfirmation oder die Jugendweihe im Osten des Landes, aber auch der Erwerb des Führerscheins, denn die damit gewonnene Mobilität ist für die Lebensgestaltung sehr wichtig.

Altersverschiebungen der Übergänge. Der historische Wandel der Übergänge kann in recht kurzen Zeiträumen erfolgen. So ist die in den letzten Jahrzehnten beobachtete Verschiebung von Übergängen zu höheren Altersgruppen und ihre zeitliche Entzerrung die Umkehrung eines zuvor während der ersten Hälfte des 20. Jahrhunderts bestehenden Trends zur früheren Übernahme von Erwachsenenrollen. Diese neuere Entwicklung kann einerseits als Reaktion auf die gestiegene Komplexität der Rollen und die gestiegene Selbstverantwortung gesehen werden, andererseits spiegelt sie auch Unsicherheiten über die gesellschaftliche Entwicklung wieder. So hatte die deutsche Wiedervereinigung beispielsweise anfangs zur Folge, dass in den neuen Bundesländern Berufseinstieg, Heirat und Elternschaft auf spätere Zeitpunkte verlagert wurden, was eine Angleichung an westdeutsche Verhältnisse mit sich brachte.

Entwicklungsaufgaben

In der Entwicklungspsychologie wird bei den Übergängen besonders die aktive Rolle der Jugendlichen bei der Verfolgung der damit verbundenen Ziele herausgestellt. Man spricht dann von Entwicklungsaufgaben, die auch die frühe Adoleszenz betreffen, wie dem Aufbau neuer freundschaftlicher und romantischer Beziehungen, die dann ihrerseits die Voraussetzung für weitere soziale Übergänge zum Erwachsenenalter darstellen.

Die Jugendlichen machen sich die kulturell vermittelten Vorgaben mehr oder weniger zu persönlichen Zielen, und das heißt, sie nutzen die für die Bewältigung der Entwicklungsaufgaben von der Umwelt teils vorgehaltenen, teils von ihnen selbst geschaffenen Möglichkeiten nach Kräften. Hier kommt es auf den rechten Einsatz zum rechten Zeitpunkt an.

> **Beispiel**
>
> **Anpassung von Zielen an die Möglichkeiten**
> Heckhausen und Tomasik (2002) zeigten am Beispiel der Suche nach einer Lehrstelle, dass Schüler ihre Ausbildungsziele an die Möglichkeiten anpassen. Solange die Zeit für Bewerbungen noch nicht abgelaufen ist, halten sie ihren Anspruch und die Zuversicht hoch und unternehmen entsprechende Aktivitäten zur Bewerbung für Ausbildungsplätze. Treffen jedoch negative Rückmeldungen ein, dann beginnen sie sich noch während der Schulzeit auf realistischere Berufsziele umzustellen. Aufzugeben und gänzlich andere Möglichkeiten statt Ausbildung zu suchen, kommt hingegen angesichts der zentralen Rolle der Arbeit für die gesamte Lebensplanung kaum vor. Diese geschmeidige Anpassung der Ansprüche und Aktivitäten an die Möglichkeiten ist ein Paradefall von Entwicklungsregulation, die natürlich nicht nur für die Jugendzeit bedeutsam ist, hier sich aber auf die gestiegenen kognitiven Fähigkeiten zur vorausschauenden Planung stützen kann.

Individuelle und kulturelle Unterschiede. Solche Herausforderungen können zum unrechten Zeitpunkt kommen, beispielsweise zu früh oder zu sehr gedrängt mit anderen, ebenfalls noch nicht bewältigten Entwicklungsaufgaben, was beides problematisch ist. Für solche interindividuellen Unterschiede gibt es viele Ursachen in der Person selbst oder in ihrer Herkunft. So kann beispielsweise das Aufwachsen in Familien mit wenig Strukturierung von Aufgaben und hohem Konfliktpotenzial dazu führen, dass Jugendliche zu früh Autonomie entwickeln. Dies hat geringere Ansprüche und Anstrengungen in Schule und Ausbildung zur Folge, was dann längerfristig Nachteile bei der Bewältigung der durch die Globalisierung angestoßenen neuen Herausforderungen im Arbeitsleben nach sich zu ziehen scheint.

Die verschiedenen Länder und Kulturen in Europa unterscheiden sich erheblich hinsichtlich der zeitlichen Fahrpläne bei wichtigen Entwicklungsaufgaben. Titzmann und Silbereisen (in press) berichten, dass Jugendliche mit Migrationshintergrund, die erst relativ spät in der Kindheit nach Deutschland kamen, sich auch nach einigen Jahren in Deutschland hinsichtlich des Zeitpunkts kulturell akzeptierter Entwicklungsaufgaben zugunsten ihrer Herkunft unterschieden, während bei in Deutschland kulturell weniger akzeptierten Aktivitäten schneller eine Anpassung an die Ausrichtung der Ansässigen erfolgte.

Interindividuelle Unterschiede finden sich auch in den Abfolgen von Entwicklungsaufgaben. So kann das Verhältnis des Zeitaufwands für Arbeit neben der Schule und Freizeit mit Gleichaltrigen zu verschiedenen Wegen durch die Adoleszenz führen, einschließlich erheblicher Unterschiede im Leistungsverhalten und der psychischen Gesundheit (Bartko & Eccles, 2005).

Insgesamt findet die Jugendentwicklung vor dem Hintergrund der wichtigsten Aspekte des heutigen sozialen Wandels statt – demografische Verschiebungen, ökonomische Unsicherheiten, neue Technologien. Die teils beängstigend hohe Arbeitslosigkeit junger Leute (in Deutschland 9 % Mitte 2011, in Spanien aber über 45 %, jeweils bezogen auf die 15- bis 24-Jährigen) ist Ausdruck dieser Trends. Sie werden die Jugendphase weiter verlängern und die Heterogenität jugendlicher Lebensläufe erhöhen. Dazu werden die Anforderungen an die Selbstregulation der Jugendlichen steigen, was nur scheinbar paradox die Rolle der Eltern als »Manager« der erforderlichen Informationen und Gelegenheiten erhöht und zu weiteren Unterschieden zwischen Lebenslagen beiträgt.

Zusammenspiel zwischen verschiedenen Entwicklungsdomänen

In den letzten Jahren haben Steinberg und Kollegen (z. B. Steinberg et al., 2006) eine Auffassung durchgesetzt, wonach sich insbesondere die frühe Adoleszenz durch ein charakteristisches Zusammenspiel der drei Entwicklungsdomänen auszeichnet:

- endokrinologische Prozesse während der Pubertät,
- Entwicklung des Gehirns vor allem im präfrontalen Kortex und

- durch soziale Erwartungen mitgestaltete persönliche Entwicklungsziele.

Dieses Zusammenspiel ist charakterisiert durch eine Ungleichzeitigkeit im Beginn von Veränderungen der Domänen und damit eine Unverbundenheit im Verlauf der Entwicklung, die durch Einflüsse des historischen Wandels noch verstärkt wird: Die Pubertät hat sich aufgrund besserer Ernährung und Hygiene nach vorn verschoben, die Entwicklungsaufgaben beanspruchen mehr Zeit, weil die Anforderungen komplexer und ihre Planbarkeit geringer wurde, und die Hirnentwicklung und damit die Entwicklung der kognitiven Kompetenz beanspruchen, anders als bis vor kurzem noch angenommen, die Zeit bis ins frühe Erwachsenenalter. All dies wird noch beeinflusst durch einen historischen Trend hin zu großer Liberalität im Umgang mit neuen Erfahrungen in sozialen Beziehungen, hohen Ansprüchen an überlegte Entscheidungen selbst unter hohem Druck, etwa in der Lebensführung, und nicht zuletzt einer Freizügigkeit durch die zunehmend offenen Grenzen der Familie, etwa wegen Scheidung oder beruflicher Mobilität.

Selbstregulation des Handelns. Steinberg et al. (2006) sehen diese Ungleichzeitigkeit und Unverbundenheit als besondere Vulnerabilität bei der Bewältigung der allem anderen übergeordneten persönlichen Entwicklungsaufgabe, nämlich Selbstregulation des Handelns durch Erkennen von Diskrepanzen zwischen Wunsch, Realität und Umsetzung entsprechender Schritte zur Verwirklichung. Je nach weiteren Bedingungen ist diese Selbstregulation die Voraussetzung zu gelungener Entwicklung oder aber Fehlanpassung.

Abbildung 10.3 veranschaulicht diese Auffassung. Mit dem Beginn der Adoleszenz kommen neue Erfahrungen auf, deren emotionale Qualität, positiv wie negativ, stärker ist, als es die Heranwachsenden in der Kindheit gewohnt waren. Da die Pubertät schon seit Längerem begonnen hat, die höhere kognitive Entwicklung aber erst am Anfang steht, bedarf es mehr noch als in der Kindheit der Unterstützung durch das Umfeld, um die Erfordernisse der Regulation entsprechend den kulturellen Erwartungen zu bewältigen. Dies fällt den Eltern nicht unbedingt leicht, weil die Situation für sie selbst ungewohnt ist. Über die Zeit bis zur späten Adoleszenz kommen zunehmend höhere kognitive Prozesse ins Spiel, was dann die Voraussetzung ist für die Veränderung der Regulation von externaler Unterstützung durch das Umfeld zu internaler Gestaltung durch die Jugendlichen selbst, d. h. durch auf die Zukunft gerichtetes Planen, Bewerten und Reflektieren sowie die Suche und Gestaltung von geeigneten Umfeldern.

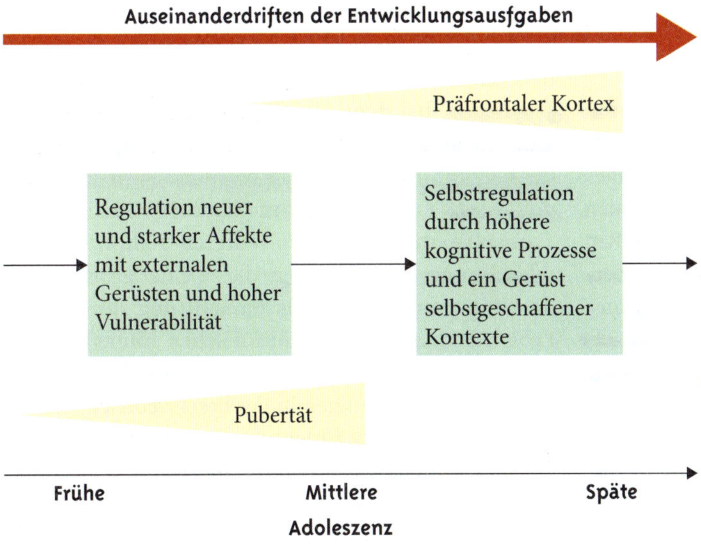

Einfluss von Affektverhalten und Impulskontrolle. Welchen Einfluss Affekte und deren Regulationsversuche auf Problemverhalten haben, zeigt die folgende Untersuchung. Mittels Registrierung im Tagesablauf (Experience Sampling Method) wurde die Intensität und Labilität negativer Emotionen von Jugendlichen über eine Woche erhoben. Hierbei zeigte sich, dass höhere Intensität und Labilität mit stärkerem Problemverhalten (depressive Symptome, Verstöße gegen Verhaltensnormen) korrelierte. Die Jugendlichen versuchten diese Affektlagen zu regulieren, aber die am häufigsten unternommenen Strategien, nämlich den Anlass zu beseitigen oder wenigstens positiv umzudeuten, halfen nicht. Solche Misserfolge verlangen nach externaler Unterstützung, die wird aber oft nicht zur Stelle sein, weil es sich um die private Sphäre handelt, die zu respektieren Jugendliche dieses Alters ausdrücklich beanspruchen.

Abbildung 10.3 Das Auseinanderdriften von Entwicklungsaufgaben im Zusammenspiel zwischen verschiedenen Entwicklungsdomänen im Jugendalter (nach Steinberg et al., 2006)

Die Selbstregulation in der Adoleszenz zeigt große interindividuelle Unterschiede, die auf früheren Entwicklungen fußen. Wer schon als Kind Schwierigkeiten mit der Kontrolle von Impulsen hatte, wird sich in der Adoleszenz in einer schlechteren Ausgangslage befinden. Hierzu haben jüngst Moffitt und andere (2011) mit Daten der Dunedin-Längsschnittstudie gezeigt, dass sich im Alter von 32 Jahren klare Unterschiede hinsichtlich Gesundheit, ökonomischem Status und kriminellem Verhalten zeigten, die mit der Impulskontrolle zusammenhängen. Dieser Effekt wurde über Schwierigkeiten mit jugendtypischen Entwicklungsaufgaben vermittelt, die man als regelrechte Stolpersteine bezeichnen kann, wie beispielsweise ungesunde Lebensführung oder schlechte Schulabschlüsse, deren Folgen sich dann weiter über die Zeit kumulieren.

> **Denkanstöße**
> ▶ Kann der säkulare Trend in der Pubertät weiter andauern? Welche Gründe sprechen dafür, welche dagegen?
> ▶ Sind Interventionen gegen Impulsivität im Jugendalter möglich, und wenn ja, wie sollten diese aussehen?

10.3 Entwicklungskontexte

10.3.1 Familie

Die Adoleszenz ist der Beginn einer Veränderung der aus der Kindheit gewohnten Beziehungen zwischen Eltern und Kindern, die bis ins frühe Erwachsenenalter anhält und durch die zunehmend in anderen sozialen Kontexten verbrachte Zeit beeinflusst wird. Im Großen und Ganzen zeichnen sich die Beziehungen als unverändert emotional nahe, unterstützend und warm aus, sofern das schon in der Kindheit so war. In unvollständigen Familien sind die Beziehungen insgesamt eher prekär.

Längsschnittstudien belegen, dass zwischen 13 und 21 Jahren das Vertrauen in der Beziehung zu beiden Eltern steigt (Intimacy). In der Mitte der Adoleszenz kommt es freilich auch zu vermehrten Konflikten über alltägliche Probleme, welche die positive Grundstimmung belasten (Laursen & Collins, 2009). Die Konflikte nehmen mit zunehmendem Alter ab, weil die Jugendlichen ihre Eltern immer weniger in Entscheidungen einbeziehen, die sie hinsichtlich ihres Aussehens, der sozialen Beziehungen oder des Gesundheitsverhaltens treffen. Die wachsende Autonomie im Verhalten korrespondiert mit der Abnahme an Konflikten mit den Eltern. Was das Geschlecht der Kinder angeht, so ergibt sich, dass männliche Jugendliche früher als weibliche selbstständige Entscheidungen treffen.

Wer in der frühen Adoleszenz eine gute Beziehung zu Mutter oder Vater hatte, wird dies wahrscheinlich auch in der späten Adoleszenz berichten. Die Korrelationen betragen nach verschiedenen Studien im Schnitt um .60, was nicht so hoch ist, dass Veränderungen ausgeschlossen wären, etwa als Folge von Scheidungsfällen. Die Mütter stehen zumeist den Jugendlichen emotional näher als die Väter.

Individuation. In der Adoleszenz zeichnen sich die Beziehungen zu den Eltern einerseits durch eine einigermaßen gleichbleibend hohe Verbundenheit aus (und zu Beginn des jungen Erwachsenenalters werden die Beziehungen noch besser). Andererseits ist um die Mitte der Adoleszenz eine höhere affektive Intensität von Konflikten zu beobachten, die sich an alltäglichen Begebenheiten entzünden können und vor allem mit der Autonomie zu tun haben. Beides zusammengenommen wird von Grotevant und Cooper (1986) als Anzeichen für Individuation betrachtet. Sie verstehen darunter einen Transformationsprozess in der Beziehung, bei dem eine neue Balance zwischen den wechselseitigen Wünschen nach emotionaler Verbundenheit mit und Autonomie von den Eltern ausgehandelt wird. Youniss und Smollar (1985) sehen diese Transformation auch im weiteren Rahmen gesellschaftlicher Veränderungen, die zu einer größeren Bedeutung von Kindern als Sinnstiftung des eigenen Lebens führten. Mit der historischen Einbettung der Individuation wird auch deutlich, dass die Veränderungen der Beziehungen in der beschriebenen Art den Stempel westlicher Länder tragen und nicht ohne Weiteres auf andere Kulturen übertragen werden können, in denen beispielsweise der Wert von Kindern stärker in der Alterssicherung der Eltern liegt.

> **Unter der Lupe**
>
> **Familieninteraktionen in Abhängigkeit vom körperlichen Entwicklungstempo**
>
> Woran interindividuelle Unterschiede in der Individuationsentwicklung im Jugendalter liegen, zeigt eine Studie von Weichold et al. (2008). Sie untersuchten das Kommunikationsverhalten (als Indikatoren für Individuation, Kontrolle und Verbundenheit), das junge Mädchen und ihre Mütter in Streitgesprächen am Ende der Adoleszenz zeigten, und fanden, dass dieses nach dem Zeitpunkt der körperlichen Reife in der Pubertät der Töchter variierte. So haben ehemals früh Reifende gegenüber ihren Müttern mehr Ablehnung im Sinne einer geringen Wertschätzung und hoher Kritik gezeigt (Anzeichen für Separationsbestrebungen), und sie versuchten durch eigene hohe Aktivität in der Interaktion mehr Kontrolle über ihre Mütter auszuüben als andere Mädchen mit später oder normativer Reife. Die weniger balancierte Individuationsentwicklung bei Mädchen mit früher körperlicher Reife ist die Folge von hohen Kontrollbestrebungen und Restriktionen der Eltern angesichts der durch die Pubertät angestoßenen vorzeitigen Autonomiebestrebungen der Mädchen (z. B. Ausgehen).

10.3.2 Gleichaltrige Freunde (Peers)

Der Beginn der Adoleszenz zeichnet sich durch eine Verschiebung des Zeitbudgets auf das Zusammensein mit Gleichaltrigen aus, die man in der Jugendforschung auch als Peers bezeichnet. Will man die Tatsache ansprechen, dass es sich oft um kleine Gruppen handelt, die sich untereinander kennen, spricht man auch von Cliquen. Die Ausrichtung auf Peers ist nicht gleichzusetzen mit einer geringeren Wertschätzung der Eltern, sondern Gleichaltrige sind einfach die besseren Kontakte für die wachsende Beschäftigung mit einigen neuen Entwicklungsaufgaben, etwa im Bereich sozialer Beziehungen. Die Eltern bleiben aber bedeutsam für andere Fragen, so hinsichtlich der beruflichen Zukunftsplanung, sodass man von einer komplementären Beziehung ausgehen kann.

Die wachsende Rolle von Peers hat verschiedene Anlässe in der Person der Jugendlichen selbst und in ihrem alterstypischen sozialen Kontext. Die Jugendlichen beginnen ab der Pubertät die Rolle der Eltern zu relativieren. Weil dies den gleichaltrigen Freunden nicht anders geht, ist das ein Anlass, sich zusammenzutun und als Gruppe zu agieren. Weiterhin spielt die tastende Suche nach einer eigenen Identität eine Rolle, wozu die Ablehnung des Gewohnten gehört, ohne dass dem schon eine eigene Sinngebung entgegengesetzt werden kann, was dann teils über die soziale Identität der Gruppe Gleichaltriger erfolgt. Diese Beziehungen gewinnen auch dank der kognitiven Entwicklung an Tiefe und Verbindlichkeit, weil Gegenseitigkeit zum Prinzip von Freundschaften wird.

> **Beispiel**
>
> **Steigende Risikobereitschaft in Gegenwart von Peers**
>
> Die besondere Rolle von Peers als Bezugsgruppe konnten jüngst Chein und Kollegen (2011) zeigen. Bei experimentellen Untersuchungen zur Bereitschaft zu riskantem Verhalten Jugendlicher ergab sich, dass deren Wissen um die Beobachtung durch Freunde genügte, um riskantere Verhaltensweisen zu provozieren. Die Anordnung simulierte das sich und andere gefährdende Überfahren einer auf rot schaltenden Verkehrsampel an einer Kreuzung. Im Vergleich hierzu zeigte eine analoge Situation bei Erwachsenen und ihren Freunden keine Erhöhung der Risikobereitschaft. Das wichtigste, durch funktionelle Magnetresonanztomografie ermittelte Ergebnis aber war, dass die Gegenwart von Peers dazu führt, dass die Jugendlichen, nicht aber die Erwachsenen, größere Aktivierung in solchen Hirnregionen zeigten, die für die Erwartung möglicher Belohnungen sensitiv sind, also bezogen auf das riskante Fahren, von dem die Leute sowohl den Kitzel kennen als auch womöglich entsprechende positive Reputation aus der Vergangenheit.

Jugendkultur. Aber dies würde nicht stattfinden ohne eine jugendtypische Umwelt, die von Peers und ihren eigenen Verhaltensstilen geprägt ist. Die Abgrenzung von der Welt der Erwachsenen durch lange Schultage und gemeinsame Aktivitäten auch außerhalb des Unterrichts sind hierfür bedeutsam. Die Schule, aber auch diverse Freizeitstätten, die von Gleichaltrigen besucht werden, oder auch die Medien und das Internet übermitteln Werte und Prioritäten, die das auszeichnen, was man im weiteren Sinne als Jugendkultur bezeichnet (zusammenfassend Brown & Klute, 2006). Hier ist zunächst die Zugehörigkeit zu Gruppierungen zu nennen, die sich durch eine bestimmte Reputation in den Augen der anderen Jugendlichen auszeichnen, selbst wenn man sich weder als Gruppe trifft noch selbst glaubt dazuzugehören. Beispiele sind Gruppierungen, denen eine geringe Bindung an die Schule nachgesagt wird, oder umgekehrt Leute wie der Facebook-Gründer Mark Zuckerberg, der angeblich immer schon als Streber galt. Zuschreibungen für Gruppierungen, die auf kulturellen oder politischen Orientierungen oder der ethnischen Herkunft beruhen, geben Jugendlichen einen Orientierungsrahmen für ihr Verständnis von sich selbst und anderen, dienen also der Identitätsbildung, positiv wie negativ. Solche Gruppierungen können auch die Jugendkultur bzw. Jugendkulturen berühren. Jugendkultur wiederum wird als Gesamt der Werte, Orientierungen und Lebensstile Jugendlicher als soziale Kategorie in Absetzung von anderen Lebensstadien definiert, wobei sich als Leitmerkmale Geschmacksrichtungen in Kleidung, Musik, Haltungen und Auftreten ergeben. Hierbei spielt auch die Kommerzialisierung eine große Rolle, also Jugendkultur sozusagen von der Stange, obwohl Jugendliche selbst durchaus bleibenden Einfluss haben können (»Trendscouts« versuchen Innovationen im Auftrag von Firmen zu erkennen und dann der Vermarktung zuzuführen).

10.3.3 Enge Freunde

Peers können zwar freundschaftlich miteinander verbunden sein, aber davon muss man noch (zumeist gleichgeschlechtliche) enge Freunde unterscheiden. An sie wendet man sich um Zuspruch, wenn es wirklich schwierig wird. Enge Freunde ermöglichen, Freuden und Sorgen zu teilen und sich ihrer Bedeutung aus der Perspektive anderer Nahestehender zu vergewissern. Freilich muss man damit rechnen, dass sich das Verständnis solcher Freundschaft zwischen Kulturen unterscheidet (Krappmann, 1996).

Offenheit und Unterstützung. Hinsichtlich der Veränderungen enger Freundschaften bis zur mittleren Adoleszenz ist der Ansatz am wichtigsten, der in der Zunahme des Bedürfnisses nach vertrauensvollen Beziehungen (Intimacy) außerhalb der Familie den Kern sieht. Hierzu gehört das Sichöffnen ebenso wie die Erwartung, vom besten Freund oder von der besten Freundin Unterstützung zu erfahren. Die jüngere Forschung ergab ein eindeutiges Zunehmen von Offenheit und wechselseitiger Unterstützung in Freundschaften Jugendlicher über die Zeit. Jenseits dieser mehr oder weniger normativen Entwicklungsverläufe gibt es große interindividuelle Unterschiede.

Vergleicht man Offenheit und Unterstützung zwischen Freunden und zeitgleichen romantischen Beziehungen (umfasst gelegentliche Treffen ebenso wie eine Liebesbeziehung im eigentlichen Sinne), so wird deutlich, dass Letztere allmählich Funktionen von Freundschaften übernehmen und diese damit an Bedeutung als Quelle von Selbstvergewisserung verlieren. Mehr noch, mit dem Ende der Adoleszenz sind oft die Partner die besten Freunde, während die gleiche Konstellation zu Beginn des Jugendalters eher Anlass zu Sorgen gäbe, weil es auf soziale Isolierung verweist.

Ähnlichkeit zwischen Freunden durch Selektion und Sozialisation

Peers und Freunde sind untereinander ähnlich in ihren Verhaltensweisen, oft als (soziale) Homophilie bezeichnet, aber dies ist zwei unterschiedlichen Prozessen geschuldet:

(1) Einerseits weil sich sprichwörtlich gleich und gleich gern gesellt (Selektion); denn wer sich schon vorab ähnlich ist, verspürt Attraktion, weil man sich aufgrund der Ähnlichkeit wechselseitig besser einschätzt, leichter miteinander kommuniziert und die Beziehung dank geringerer Konflikte auch stabiler ist.

(2) Andererseits weil man durch den Kontakt ähnlicher wird (Sozialisation), durch Übernahme von Einstellungen und Verhaltensweisen der jeweils anderen, weil solche Gruppen Konformität befördern.

Um Selektion und Sozialisation auseinanderzuhalten, bedarf es Längsschnittstudien und aufwendiger statistischer Analysemodelle. Allgemein geht man davon aus, dass die Anfälligkeit oder Aufgeschlossenheit gegenüber Peereinflüssen während der frühen Adoleszenz am höchsten ist. Deviante Jugendliche suchen bevorzugt Gleichgesinnte aus, was auch dadurch befördert wird, dass sie von unauffälligen Gleichaltrigen abgelehnt werden. Sind sie erst in solcher Gesellschaft, erfolgt dann Sozialisation durch gemeinsame Aktivitäten, wie beispielsweise das sogenannte Deviancy Training, worunter die Herausbildung antisozialer Verhaltensskripte durch gemeinsames Lästern über Normen, antisoziale Fantasien und abträgliche Rollenspiele gemeint ist, was durch die Abschottung solcher Gelegenheiten von unauffälligen Jugendlichen noch gefördert wird. Nicht nur hier, sondern anscheinend generell ist der Effekt der Selektion primär und stärker als jener der Sozialisation, wenn es um die Ähnlichkeit von Gleichaltrigen geht. Erst über die Zeit einer Beziehung wächst der Einfluss der Sozialisation, was dann auch zur Stabilität der Beziehungen beiträgt.

10.3.4 Romantische Beziehungen

Als Folge der Pubertät werden Jugendliche ihrer eigenen sexuellen Bedürfnisse gewahr, erfahren Attraktion für und durch andere und beginnen Wege zu finden, um die neuen und teils widerstrebenden Erfahrungen in kulturell angemessener Weise auszudrücken. Dies erfolgt zunächst aus der Sicherheit der Peergruppe heraus, in der man zu Jugendlichen (zumeist) des anderen Geschlechts Kontakte durch spielerische Annäherungen wie Necken, Einander-Nachlaufen oder »Anmache« aufnimmt. Solche Interaktionen sind oft geprägt durch scheinbares Desinteresse, aber dahinter stehen die für diesen Entwicklungsschritt typischen Fantasien über romantische Beziehungen, die es in der Realität noch nicht gibt oder nie geben wird.

Aus solchen Situationen heraus bilden sich dann gemischtgeschlechtliche Gruppen, die gemeinsame Aktivitäten unternehmen und damit eine Gelegenheit darstellen, sich als potenzielle Paare zuvor genauer kennenzulernen. Dies mündet zunächst in wenig stabilen Beziehungen, deren Dauer sich nach wenigen Monaten bemisst. Mit der Zeit (und neuen Beziehungen) erwachsen hieraus länger anhaltende romantische Beziehungen, für die dann Offenheit über Gefühle und wechselseitige Unterstützung bedeutsam werden und die in dieser Hinsicht frühere Freunde und Paarbeziehungen teils ablösen. Am Ende der Adoleszenz besteht bei Paaren bereits ein Altersunterschied zwischen den Partnern von etwa 3 Jahren zugunsten der männlichen Jugendlichen. Natürlich gibt es auch zahlreiche Freundschaften, die mit einem Bruch enden, der erst Niedergeschlagenheit oder Verzweiflung auslösen mag, insgesamt aber die Bewältigungskompetenzen gegenüber solchen schier unvermeidbaren Wechselfällen des Lebens stärkt.

> **Übersicht**
>
> **Vom Freund zum Partner**
>
> Brown (1999) hat die besondere Bedeutung der Peergruppe als Referenzpunkt für die Entstehung von romantischen Beziehungen durch die Unterscheidung folgender Phasen herausgestellt:
>
> (1) **Initiation:** Am Anfang muss man aus der Sicherheit der Peergruppe heraustreten und sich auf neue Beziehungen überhaupt einlassen lernen.
> (2) **Status:** Danach geht es darum, mit der/dem »Richtigen« zu gehen, denn man steht unter Bewertung der Peers und muss um sein Ansehen fürchten.
> (3) **Affection:** Erst dann kommt es zur Ausrichtung auf die romantische Beziehung selbst, mit ihrer Verheißung von Offenheit, sexueller Erfüllung und Unterstützung, bei der die Peers weitgehend ausgeblendet sind.
> (4) **Bonding:** Am Ende steht der Versuch zu dauerhaften Beziehungen, die den Überschwang der Gefühle halten und doch so zähmen, dass man gemeinsame Zukunftspläne zu schmieden beginnt.

Wie Konflikte in romantischen Beziehungen Jugendlicher bewältigt werden (auch wie häufig sie sind), verweist auf Erfahrungen in der Familie. Wer es gewohnt war, häusliche Auseinandersetzungen einvernehmlich zu lösen, ihnen aus dem Weg zu gehen oder sie mit Manipulation zu bewältigen, wird dies mangels alternativer Modelle beibehalten.

Die bisherige Beschreibung bezieht sich auf den normativen Verlauf, aber wie schon bei Peerbeziehungen gibt es zahlreiche interindividuelle Unterschiede. Früher als kulturell üblich mit romantischen Beziehungen zu beginnen, etwa weil die Pubertät früher lag oder wenig Orientierung in der Familie vermittelt wurde, konfrontiert die Jugendlichen mit Anforderungen, denen sie weder emotional noch kognitiv gewachsen sind, und in der Folge führt dies zu Problemverhalten.

Kulturelle Unterschiede. Wie Jugendentwicklung überhaupt zeigen Beziehungen zu Peers, engen Freunden und romantischen Partnern Unterschiede zwischen Kulturen, und die berichteten Befunde haben offensichtliche Grenzen in dieser Hinsicht. Dies ist für ein Land wie Deutschland mit seinem hohen Anteil an Familien mit Migrationshintergrund bedeutsam. In individualistischen Kulturen wie der unseren geht es insbesondere in der frühen Adoleszenz einerseits um die Verwirklichung der selbstständigen Suche nach Partner oder Partnerin ohne elterliche Einmischung. Andererseits werden romantische Beziehungen instrumentalisiert für die Gewinnung von Ansehen unter Peers. In den Ländern Afrikas und Asiens steht das gesamte Geschehen hingegen unter der Prämisse der Aufrechterhaltung von Verbundenheit mit der Familie, und die Eltern sind aktiv involviert und übermitteln dabei Werte bezogen auf romantische Beziehungen, was die Verbindung zu ihnen stärkt. Eine Folge solcher Unterschiede ist, dass Schritte hin zu einer romantischen Beziehung in anderen Ländern nicht dem berichteten Modell nach Zeitpunkten und Abfolge entsprechen, und dass es auch teils andere Probleme sind, die Heranwachsende in diesem Zusammenhang beschäftigen.

Hetero- und homosexuelle Beziehungen. Romantische Beziehungen sind natürlich nicht auf das heterosexuelle Modell festgelegt, obwohl sich die Forschung überwiegend damit beschäftigte. Was ist anders in romantischen Beziehungen während der Adoleszenz unter männlichen bzw. weiblichen Partnern? Am wichtigsten scheint zu sein, dass auch heute noch homosexuelle, lesbische oder bisexuelle Beziehungen mit negativen Stereotypen und Diskriminierung belegt sind, wobei dies die Mehrzahl der Probleme während der Entwicklung solcher Beziehungen erklärt. Dies wird schon daran ersichtlich, dass nur rund 10 % derjenigen Jugendlichen, die eine Zuneigung zum gleichen Geschlecht verspüren, tatsächlich jemals eine gleichgeschlechtliche romantische Beziehung erlebten, während um die 65 % Erfahrungen mit heterosexuellen Beziehungen hatten.

Eine dominante typische Abfolge unter homosexuellen Beziehungen findet sich kaum, einmal wegen der Diskriminierung in der Öffentlichkeit, aber auch wegen der viel geringeren Auswahl nach Ähnlichkeit (etwa 10 % der Population kommen infrage). Auffallend sind Geschlechtsunterschiede: Während lesbische romantische Beziehungen als lockere Freundschaften beginnen, zunächst Offenheit und Unterstützung im Zentrum stehen, bevor es zu sexuellen Kontakten kommt, stehen diese bei homosexuellen männlichen Jugendlichen am Anfang. Dieser Unterschied erinnert an analoge bei heterosexuellen Beziehungen, denn bei männlichen Jugendlichen gleich welcher Orientierung besteht das maskuline Stereotyp, wonach emotionale Distanz hoch bewertet wird.

10.3.5 Freizeitaktivitäten und Freizeitstätten

Freizeit zeichnet sich durch Möglichkeiten zu Selbstbestimmung und Selbstverwirklichung aus. Die mit unterschiedlichen Aktivitäten an verschiedenen Örtlichkeiten verbrachte Zeit ist hierzulande beträchtlich: Schätzungen in Deutschland belaufen sich auf vier bis fünf Stunden an Wochentagen und neun Stunden an Sonn- und Feiertagen. Dieser Anteil am Zeitbudget ist in anderen postindustriellen Ländern teils geringer (etwa Asien), teils auch noch höher, aber in wirtschaftlich weniger entwickelten Ländern erheblich geringer wegen der Rolle von Kindern und Jugendlichen als Arbeitskräften parallel zur Schule.

Alterstypischer Entwicklungsverlauf. Wegen ihrer Freiheitsgrade ist der Zusammenhang von Freizeit mit alterstypischen Entwicklungsaufgaben offensichtlich. Silbereisen et al. (1992) fanden beispielsweise, dass Jugendliche Diskotheken und ähnliche Orte eigens aufsuchen, um sich nach romantischen Partnern umzusehen. Die Präferenz für solche Orte nahm aber zugunsten anderer, mehr privater ab, hatten sie Freund oder Freundin erst gefunden.

Da Freizeitstätten Gelegenheiten zu Freundschaft mit Gleichaltrigen und romantischen Partnern oder zur Orientierung über Zukunftsoptionen und Identitätsbildung geben, nehmen Jugendliche die verschiedenen Möglichkeiten zur einschlägigen Freizeitgestaltung an, und diese Orte ihrerseits sind in Organisation und Struktur darauf ausgerichtet. Nicht immer ist es das offizielle Programm einer Örtlichkeit, das die Anziehungskraft ausmacht, sondern eine Trias aus beobachten, was andere machen, auf deren Verhalten reagieren und sich über alles mit Freunden austauschen. Freizeitaktivitäten zeigen deutliche Unterschiede zwischen Jugendlichen, und zwar als Ausdruck ihrer früheren gelungen oder fehlangepassten Entwicklung, ihres Geschlechts und natürlich ihres Entwicklungsstands.

In der von Hendry et al. (1993) als informell bezeichneten Phase der Entwicklung von Freizeitaktivitäten (s. Übersicht) geht es um den öffentlichen Raum mit geringer Kontrolle, von Parks über Multifunktionsstätten zum Vergnügen und Konsum bis hin zu Jugendtreffs mit Unterhaltung oder Discos. Jugendliche treten hier gehäuft in der Gruppe Gleichaltriger auf, und was für Erwachsene als nutzloser Zeitvertreib erscheinen mag, ist doch so etwas wie ein Experimentierfeld zum Erahnen und Einüben grundlegender sozialer Rollen, wie etwa der des Konsumenten. Dies hat schon in den 1920er-Jahren eine bahnbrechende Beobachtungsstudie in einem der ersten Kaufhäuser Deutschlands deutlich gemacht. Wer sich in solchen Kontexten aufhält, wird zwar auch zu vielfältigen Normverletzungen angeregt, aber im Grunde wichtiger ist, dass Angebote zur Umsetzung der kulturtypischen Entwicklungsaufgaben in persönliche Ziele und Strategien angenommen werden. Vieles hier ist Probehandeln, dessen Vorteil gesehen werden muss.

> **Übersicht**
>
> **Alterstypischer Verlauf des Freizeitverhaltens Jugendlicher**
> Die Entwicklung des Freizeitverhaltens von Jugendlichen zeigt nach Hendry und Kollegen (1993) folgende alterstypische Abfolge:
> (1) Jugendliche stehen zunächst unter dem Einfluss der von Erwachsenen für sie organisierten Freizeit (»organized«).
> (2) Dann folgt eine Zeit der Dominanz von informellen Beziehungen unter gleichaltrigen Peers, bei denen gerade die Abkehr von Fremdgestaltung bedeutsam ist (»casual«, »informal«).
> (3) Schließlich folgt, mit wachsender Selbstständigkeit und auch zunehmenden finanziellen Mitteln aus verschiedenen Quellen, die Hinwendung zu kommerziell gestalteten Freizeitangeboten (»commercial«).

Der Übergang von der informellen Freizeitgestaltung zur Wahrnehmung kommerzieller Angebote ist fließend, denn die Örtlichkeiten gehen teils zwanglos ineinander über, beispielsweise in Abhängigkeit von der Tageszeit. Die Gefahren eines Fehlens leicht zugänglicher Freizeitstätten zeigen sich beispielsweise bei den Discounfällen (»single-vehicle nighttime fatal crash«), die durch gemeinsames Nach-Hause-Fahren spätnachts mit Freunden von ländlichen Diskotheken entstehen, wenn eine durch Übermüdung, Alkohol und Wunsch nach Anerkennung unter den Mitfahrern gekennzeichnete Atmosphäre im Wagen zu Unvorsichtigkeit führt.

Freizeit hat ihrer Freizügigkeit wegen immer zugleich förderliche und abträgliche Anteile für die gelungene Entwicklung. Wie jüngere Forschung zeigte, gilt dies insbesondere, wenn Struktur, positive Anregung und die Teilhabe von Erwachsenen fehlen, es sich also um eine unangebrachte Alterssegregation handelt. Arbeiten von Stattin und Kollegen (z. B. Mahoney et al., 2004) zeigen, dass ironischerweise Jugendzentren, die als Schutz von Jugendlichen in sozialen Brennpunkten gegründet wurden, aus Mangel an den genannten positiven Merkmalen gegenteilige Effekte hatten und zu weiterer Gefährdung durch Massierung von Problemfällen unter den Besuchern beitrugen.

Privatsphäre und Medienkonsum. Eine besondere Rolle bei Orten und Aktivitäten von Freizeit spielen die sprichwörtlichen vier Wände zu Hause. Jugendliche fühlen sich insbesondere in der frühen Adoleszenz weniger wohl mit der Familie als Fokus von Freizeit und ziehen sich zu Hause gern in ihr eigenes Zimmer zurück, wobei es im Kern um das Ausleben von Privatheit geht. Sie gibt die Möglichkeit zur Reflexion über die neuen Erfahrungen und zu deren emotionalen Regulation. Damit im Einklang steht auch der für diesen Ort typische Medienkonsum, etwa Musik hören zur Regulation von Stimmungen, wobei die Inhalte alterstypische Herausforderungen oder Belastungen in jugendkultureller Überformung betreffen und zum Nachsinnen anregen. Sich in den vielfältigen neuen Medien nicht zu verlieren ist das Ziel der Förderung von »Medienkompetenz«, wobei die pädagogischen Maßnahmen aber im Verdacht stehen, gerade bildungsferne Jugendliche nicht zu erreichen, die es am nötigsten hätten. Aus heutiger Sicht geht es im Übrigen bei der Nutzung von Medien bei Jugendlichen meist um neue Wege, alte Ziele zu verfolgen, wie beispielsweise das soziale Netzwerk mit Gleichaltrigen über das Web zu pflegen.

10.3.6 Schule

Passung zwischen Entwicklungsstand und Lernumwelt. Für Jugendliche ist die Schule der Ort, an dem die motivationalen und kognitiven Voraussetzungen für die künftigen Aufgaben in Arbeit und Beruf gelegt und Wege aufgezeigt werden, wie man dies durch selbstreguliertes Lernen erreichen kann. Neben diesem Ziel geht es aber auch um die Sozialentwicklung, und beides spielt ineinander. Entscheidend kommt es dabei auf die jeweilige schulische Lernumwelt an. Hier stößt man auf ein zentrales Thema der Jugendlichen in der Schule: die fehlende Passung zwischen ihren wachsenden Fähigkeiten und Bedürfnissen nach Autonomie im Handeln und Denken einerseits und ihrem an Vorgaben der Lehrer ausgerichteten Alltag in der Schule andererseits.

Insbesondere der Stage-Environment-Fit-Ansatz von Eccles (Eccles et al., 2004) betont die erwähnte Passung zwischen Entwicklungsstand und schulischer Umwelt, weil nur so optimale Entwicklungschancen geboten sind. Probleme für Jugendliche kommen hier auf etwa wegen der Vielzahl von Fachlehrern mit unterschiedlichen Aufgaben, die dem Wunsch Jugendlicher nach stabilen Beziehungen schwer entsprechen können. Der Schulwechsel in den Sekundarbereich hat selbst seine Schwierigkeiten, denn in ungünstiger Weise fallen hier Belastungen der Pubertät mit dem Wunsch nach Autonomie und anderen Entwicklungsaufgaben zusammen, und für viele ist der stärkere soziale Wettbewerb, ohnehin angeheizt unter Gleichaltrigen, eine zusätzliche Belastung. Vor diesem Hintergrund nimmt die intrinsische Lernmotivation ab, d. h. die Bereitschaft, Aufgaben um ihrer selbst willen zu bewältigen.

Anforderungen an die Schule. Gerade im Jugendalter werden erhebliche Anforderungen an die Schule gestellt. Das biologische Entwicklungstempo und der Stand der kognitiven Entwicklung können sich zwischen Jugendlichen des gleichen Jahrgangs erheblich unterscheiden, und folglich müsste die schulische Umwelt äußerst flexibel sein, wollte sie eine Passung erreichen. Schafft sie dies, wird aber die Heterogenität nicht kleiner, sondern eher größer, denn Schüler im Jugendalter werden beginnen, entsprechend ihren Motiven und Interessen Schwerpunkte des Engagements zu bilden. Der Einfluss von Motivationsunterschieden auf Lernergebnisse in den Unterrichtsfächern ist im Jugendalter besonders groß. Das ist zwar im Sinne der Entwicklung durchaus erwünscht, aber es gilt aus Mangel an Erfahrung selbst gewählte Sackgassen zu vermeiden, und das stellt hohe Anforderungen an die Lehrer. Ihr partnerschaftliches Vorbild im Umgang mit solchen Spannungsverhältnissen ist für die Einflüsse der Schule auf die Sozialentwicklung wichtig.

Burnout bei Schülern. Unter dem Thema »School Burnout« hat Salmela-Aro einen besonderen Aspekt des Motivationsverlusts in Finnland untersucht und fand ausgerechnet in diesem laut OECD durch hohe Schulleistungen herausragenden Land zwischen 10 % und 20 % Jugendliche mit Burnout, was sie durch die Leitmerkmale Erschöpfung, Zynismus und Versagensgefühle definiert (Salmela-Aro et al., 2009). Die Folgen können Beeinträchtigungen der psychischen Gesundheit und verlorene Jahre oder geringe Chancen beim Übergang in die weitere Ausbildung und den Beruf sein.

> **Denkanstöße**
>
> Wie müsste Schule aussehen, um den Bedürfnissen Jugendlicher besser zu entsprechen?

10.4 Entwicklungsergebnisse

10.4.1 Identitätsentwicklung im Jugendalter

Im Jugendalter vollzieht sich der Übergang zum künftigen Erwachsenen, der differenzierte soziale Positionen und Rollen einnimmt, die ihn formen und einen eigenen Lebensweg gestalten lassen. Identitätsentwicklung findet in verschiedenen Lebensbereichen statt, wobei sich durchaus Widersprüche ergeben können, etwa bezogen auf die berufliche Orientierung oder den persönlichen Lebensstil. Die Fragen »Wer bin ich?«, »Wohin will ich in meinem Leben?« sind dabei grundlegend (Habermas, 2007). Entsprechend der Theorie von Erikson (1950) werden Jugendliche einerseits an Identifizierungen der Kindheit festhalten und hergebrachte Rollen vollständig oder teilweise übernehmen. Andererseits müssen sich junge Menschen kritisch mit den Identifizierungen der Kindheit auseinandersetzen und neue Rollen und Werte ausprobieren, was zu einer verlängerten Phase der Adoleszenz und des Austestens auch im Hinblick auf Problemverhalten führt bzw. das Festlegen auf eine Erwachsenenidentität verzögert. Als gelungen gilt eine Identität, die auf einer persönlichen und selbst geschaffenen Kombination verschiedener sozialer Identitäten und Rollen beruht.

> **Übersicht**
>
> **Stadien der Identitätsentwicklung**
>
> Marcia (1966) beschreibt die Identitätsentwicklung im Jugendalter durch vier Stadien, die definiert sind über den Grad der kritischen Auseinandersetzung mit Rollen und Werten bzw. den Grad der Festlegung auf diese:
>
> (1) **Foreclosure:** übernommene Identität (verbindliche Festlegung ohne Exploration)
> (2) **Moratorium:** Identitätskrise (Exploration ohne Festlegung)
> (3) **Diffuse Identity:** Identitätsdiffusion (geringe Exploration und Festlegung)
> (4) **Achieved Identity:** erarbeitete Identität (Festlegung nach erfolgter Exploration)

Empirische Befunde zeigen, dass die vier Stadien der Identitätsentwicklung nach Marcia (s. Übersicht) kaum mit dem Alter korrelieren. Sie lassen sich also nicht in eine normative Abfolge bringen und bilden deshalb eher Typen. Weiterhin konnte gezeigt werden, dass bis zum Alter von 19 Jahren der Anteil der Jugendlichen im Moratorium ansteigt und danach abfällt und dass ein großer Anteil auch im Erwachsenenalter keine erarbeitete Identität aufweist. Weiterhin unterscheidet sich die Prävalenz der Stadien im Jugendalter je nach Bildungshintergrund. Beispielsweise befinden sich viele Studierende im Moratorium oder weisen eine erarbeitete Identität auf im Vergleich zu Jugendlichen in einem Arbeitsverhältnis, die eher eine übernommene Identität haben, oder arbeitslosen Jugendlichen, die sich am häufigsten in Identitätsdiffusion befinden.

Herausforderungen bei Migrationshintergrund. Besonders bei Jugendlichen mit Migrationshintergrund, die zwischen verschiedenen kulturellen Welten stehen, ist die Identitätsentwicklung zusätzlichen Herausforderungen ausgesetzt. Es wird davon ausgegangen, dass besonders die Wechselwirkung zwischen Merkmalen des Wohnumfelds in der Gemeinde (z. B. wirtschaftliche Lage, Diskriminierung) und denen des Familiensystems (Sprachkenntnisse, Humankapital) sowie des Individuums (Alter, persönliche Flexibilität) bestimmt, inwieweit junge Menschen in der Lage sind, sich in verschiedenen Kulturen heimisch zu sehen und nach entsprechenden Maßstäben zu handeln. In Untersuchungen hat sich gezeigt, dass Jugendliche mit Migrationshintergrund umso besser psychosozial integriert sind, je mehr sie die Herkunfts- und Aufnahmekultur zu verbinden vermögen.

10.4.2 Problemverhalten

Laut WHO sind weltweit junge Menschen (besonders die männlichen) zwischen 15 bis 24 Jahren von einer besonders hohen Sterblichkeitsrate (u. a. durch Verkehrsunfälle, Gewalt, Selbstmorde oder Substanzmissbrauch) betroffen. Viele schwerwiegende psychische Störungen nehmen ihren Anfang im Jugendalter. Solche Daten legen nahe, dass die effektive Prävention von Problemverhalten wichtig ist.

Substanzkonsum und -missbrauch

In der öffentlichen Debatte steht der Konsum von psychoaktiven Substanzen oft im Mittelpunkt. Nach ersten Versuchen zu Beginn des Jugendalters haben zum Ende der Adoleszenz praktisch alle Erfahrungen mit Alkohol gemacht, ein großer Teil auch mit Nikotin, und rund ein Drittel haben illegale Drogen probiert (bes. Cannabis). Neben der Mehrzahl mit moderatem Gebrauch gibt es jeweils kleinere Gruppen, die psychoaktive Substanzen regelmäßig nehmen und Konsummuster des Missbrauchs oder sogar Substanzabhängigkeit zeigen. So haben 5 % der 18- bis 20-Jährigen eine Substanzabhängigkeit von Cannabis (ihr Denken und Handeln dreht sich um den Konsum), aber nur 0,6 % bzw. 0,8 % von Kokain und Amphetamine. Die Gesundheit schädigenden Alkoholkonsum findet man in der gleichen Altersgruppe demgegenüber bei knapp 40 % (Pabst et al., 2010). Im internationalen Vergleich liegen deutsche Jugendliche damit über dem Mittelfeld. Bei all dem sollte nicht vergessen werden, dass gelinder Substanzkonsum (meist nur experimentierender Konsum) im Jugendalter die Lösung von normativen Entwicklungsaufgaben befördern kann durch Festigen des Peerstatus, Anbahnen erster romantischer Beziehungen oder Demonstration von Unabhängigkeit gegenüber den Eltern.

Erklärungsmodelle und Einflussfaktoren. Zahlreiche Erklärungen liegen zur Entstehung von Substanzmissbrauch im Jugendalter vor. Die wohl bekannteste und für unterschiedliche kulturelle Kontexte gültige ist die früh von Jessor und Jessor formulierte Problemverhaltenstheorie (»Problem Behavior Theory«; vgl. Petraitis et al., 1998), die in ihrer aktuellen Fassung annimmt, dass in Persönlichkeit, wahrgenommener Umwelt und Verhalten jeweils sowohl Problemverhalten fördernde als auch hemmende Bedingungen vorliegen, die dann in der Balance aus Risiko und Protektion die Neigung zum Problemverhalten (»proneness«) und damit das Verhalten vorhersagen. Wie auch aus anderen Theorien lassen sich Risiko- und Schutzfaktoren sowie deren Wirkmechanismen ableiten, die den Substanzkonsum im Jugendalter beeinflussen. Bei Petraitis et al. (1998) findet sich dazu eine umfassende Zusammenschau von Theorien und Einflussfaktoren in der Person (z. B. Impulsivität, geringer Selbstwert), seiner Interaktion in verschiedenen Lebenswelten (wie problematisches Erziehungsverhalten der Eltern, hohe Bindung an Peers) und in kulturellen Gegebenheiten (z. B. geringe Bindung an konventionelle Werte).

Schutzfaktoren. Als Schutzfaktoren gegen Substanzmissbrauch bei Jugendlichen wurden verschiedene

Merkmale in Person und Kontext herausgestellt. Dazu zählen die soziale und personale Kontrolle des Verhaltens, Aktivitäten, die mit Substanzgebrauch nicht kompatibel sind (z. B. aktiv Sport treiben), eine positive Normorientierung sowie positive Familienbeziehungen (z. B. hohe Aufgeschlossenheit des Jugendlichen, über seine Freizeit zu berichten). Weiterhin gilt eine hohe Bindung an die Schule und Lehrer als Schutzfaktor gegen Substanzmissbrauch sowie eine hohe Ausprägung allgemein entwicklungsfördernder Faktoren (z. B. Entwicklungsressourcen bzw. Developmental Assets im internalen und externalen Bereich, s. Abschn. 10.4.3).

Lebenskompetenzansatz. Für die Mehrheit der Jugendlichen hat sich der sogenannte Lebenskompetenzansatz in der Präventionsarbeit besonders bewährt, der auf die Förderung allgemeiner sowie für Substanzkonsum spezifischer (inter- und intrapersonaler) Kompetenzen und entsprechendem Wissen abhebt.

> **Unter der Lupe**
>
> **Lebenskompetenzprogramme für Jugendliche**
>
> Ein Beispiel für ein universelles schulbasiertes Interventionsprogramm, das den unangemessenen Konsum legaler Substanzen vermeiden will, ist das Programm IPSY (Information + Psychosoziale Kompetenz = Schutz). Basierend auf dem Lebenskompetenzansatz der WHO sowie Grundlagenforschung zur Ätiologie von Substanzkonsum im Jugendalter wird das Training allgemeiner Lebenskompetenzen (z. B. Selbstsicherheit) mit für Substanzkonsum spezifischen Kompetenzen (z. B. Nein sagen bei Konsumangebot) und Wissen (z. B. kurzfristige Konsequenzen) kombiniert. Das Programm liegt als umfassendes Manual für Lehrer vor (nach Teilnahme an einem Trainingsworkshop). Die Inhalte werden in interaktiver Form (Rollenspiele, Kleingruppenarbeit) mit Fokus auf der Förderung von Ressourcen am Schüler in den Klassenstufen 5 bis 7 vermittelt.
>
> Die Befunde der begleitenden Evaluation zeigen, dass über drei Jahre Laufzeit nicht nur Kompetenzen, Schulbindung und Wissen gefördert wurden, sondern auch ein späterer Einstieg in den Alkohol- und Nikotinkonsum und ein geringerer Anstieg über die Zeit. Auch zwei Jahre nach Ende des Programms zeigen Teilnehmer an IPSY eine günstigere Entwicklung im Konsum von Alkohol und Nikotin als die Kontrollgruppe. Die Effekte unterschieden sich nicht nach Schultyp und Geschlecht (z. B. Weichold et al., 2012), womit das Programm breit einsetzbar ist, allerdings sind bei einer kleinen Gruppe mit frühen Anpassungsproblemen zusätzliche Interventionen notwendig. Besonders die Zuwächse in der Schulbindung und interpersonaler Kompetenzen wie Selbstsicherheit nach Programmteilnahme stellten sich als für den Erfolg wichtig heraus.

Delinquenz

Etliche der genannten Risikomechanismen scheinen nicht nur spezifisch für Substanzkonsum im Jugendalter zu sein, sondern auch hilfreich zur Erklärung anderer Problemverhaltensweisen wie Delinquenz oder verfrühte sexuelle Aktivität, die meist als Syndrom auftreten. Zu jugendtypischen Delikten zählen Diebstahl, Raub, Körperverletzung, Verstöße gegen das Betäubungsmittelgesetz oder Sachbeschädigungen. Täter unter 14 Jahren sind entsprechend dem deutschen Strafrecht unmündig, zwischen 14 und 18 Jahren gilt für Jugendliche das Jugendstrafgesetz und bei Heranwachsenden (18- bis 20-Jährigen) kann entweder das Jugend- oder das Erwachsenenstrafrecht angewandt werden. Die polizeiliche Kriminalstatistik zeigt, dass in Deutschland von den Jugendlichen zwischen 16 und 21 Jahren mehr als jeder Zehnte tatverdächtig wird (dreimal so häufig männliche als weibliche Jugendliche), wobei freilich nur ein geringer Teil mehrfach und langfristig mit dem Gesetz in Konflikt gerät.

> **Übersicht**
>
> **Entwicklungstypologie für jugendliches Problemverhalten**
>
> Nach einer viel beachteten Klassifikation von Moffitt (1993) lassen sich zwei unterschiedliche Entwicklungstypen beschreiben:
> (1) **Auf das Jugendalter begrenzte Delinquenz** (»adolescent limited«, etwa 90 %): Wegen der typischerweise langen Zeitspanne zwischen körperlicher Reife und sozialer Unabhängigkeit neigen Jugendliche zu Verhaltensweisen, die Ansehen unter Peers bringen, aber um den Preis, dass es sich um »pseudoerwachsene« Statusverstöße handelt. Bei der Übernahme von Erwachsenenprivilegien wie einem festen Arbeitsverhältnis verliert delinquentes Verhalten seine Funktion und sinkt.
> (2) **Langfristige Auffälligkeit** (»life-course persistent«, etwa 10 %): Die Ursachen liegen schon in der Kindheit (Anpassungsprobleme, Impulsivität), die im Wechselspiel mit umweltbezogenen Merkmalen (belastetes Familienumfeld oder Ablehnung durch Gleichaltrige) dazu führen, dass Jugendliche sich von normgerechten Orientierungen abwenden und langfristige Verhaltensprobleme und Delinquenz zeigen. Dabei ist eine weitere positive Entwicklung über das Jugendalter hinaus besonders dann gefährdet, wenn normabweichendes Verhalten häufig, stark ausgeprägt, in verschiedenen Formen und Kontexten und schon frühzeitig auftritt.

Erklärungsmodelle und Risikofaktoren. Dodge und Schwartz (1997) beschreiben in ihrem integrativen Modell, dass frühe ökonomische Benachteiligung zu harschem und inkonsistentem Erziehungsverhalten führt, welches die kognitive und soziale Reife der Kinder beeinträchtigt und in Verhaltensprobleme mündet. Diese wiederum bedingen Schulprobleme, und über die Zeit sind die Eltern immer weniger in die Aktivitäten ihrer Kinder involviert. Diese wenden sich devianten Peers zu, mit denen sie Zeit verbringen, was ihr kriminelles und gewalttätiges Verhalten unterstützt.

In der jüngsten Forschung wird familiäre Erziehung als Moderator der Beziehung zwischen genetischen Risiken und Problemverhalten untersucht. Dick und andere (2011) zeigten, dass einige Varianten (Allele) eines für den Acetylcholin-Stoffwechsel und damit für Lernen und Gedächtnis wichtigen Gens (CHRM2), aber nur in Kombination mit ausgesprochen niedrigem elterlichem Monitoring (Wissen über den Umgang der jugendlichen Kinder mit Freunden, Zeit und Geld), einer höheren Ausprägung von externalisierendem Problemverhalten entsprach. Da es bei ausgesprochen hohem Monitoring einen positiven Effekt gab, erhöht CHRM2 also die Sensitivität gegenüber Umwelten (Monitoring) generell.

Neben den familiären Risikofaktoren sind delinquente Jugendliche durch eine bestimmte Persönlichkeitsstruktur gekennzeichnet (z. B. aggressives, antisoziales Verhalten in der Kindheit, geringe Selbstregulation). Dazu kommt als proximale Bedingung ein feindseliger Attributionsstil, aufgrund dessen Jugendliche in ambivalenten sozialen Interaktionen das Verhalten des Gegenübers falsch (feindlich) interpretieren, was zusammen mit geringen Kompetenzen, Konflikte friedlich und angemessen zu lösen, aggressives Verhalten begünstigt. Weiterhin sind Schwächen beim Treffen von Entscheidungen angesichts von Situationen, die widerstrebende Alternativen enthalten (z. B. lieber mit den Freunden weiter feiern oder doch mit dem Auto nach Hause fahren müssen), Prädiktoren für Problemverhalten oder Delinquenz im Jugendalter.

Maßnahmen zur Prävention. Wie auch bei Substanzkonsum wird im Rahmen von Präventionsbemühungen versucht, auf verschiedenen Ebenen Jugenddelinquenz zu reduzieren. Dabei stehen einerseits sozialpolitische Maßnahmen im Fokus (z. B. Unterstützung von Familien mit geringem sozioökonomischem Status), andererseits werden familiäre und individuelle Risiken angegangen. Hierzu zählen Elterntrainings und -beratungen zu Erziehungsstrategien sowie die Förderung allgemeiner intra- und interpersonaler Kompetenzen (zusammenfassend Ferrer-Wreder et al., 2004).

10.4.3 Positive Jugendentwicklung

Nach dem Konzept der Positiven Jugendentwicklung geht es darum, insbesondere bei Fördermaßnahmen nicht länger die Vermeidung von Problemen in den Mittelpunkt zu stellen, sondern die eigentlichen Stärken von Jugendlichen, nämlich eine Ressource für die Zukunft der Gesellschaft zu sein (zusammenfassend Silbereisen & Lerner, 2007).

> **Übersicht**
>
> **Indikatoren für positive Entwicklung**
> Erfolgreich (»thriving« = seine Entwicklungsmöglichkeiten voll verwirklichen) sind junge Menschen nach dem Ansatz der Positiven Jugendentwicklung, wenn sie folgende »fünf Cs« (five C's) ausbilden:
> - **Competence** (Kompetenz): inter- und intrapersonale Kompetenz zum Lösen von Herausforderungen
> - **Character** (Charakter): Anerkennung von Regeln des Zusammenlebens, gefestigte moralische Orientierung, Integrität
> - **Confidence** (Bewusstsein): Vertrauen in eigene Fähigkeiten und den Wert als Person
> - **Connection** (Beziehungen): positive Beziehungen zu Menschen und Institutionen
> - **Care** (um andere sorgen): sich um andere kümmern und sorgen
>
> Dabei wird angenommen, dass über die Zeit sich ein sechstes C entwickelt (Contribution), nämlich aktiv an der Gesellschaft teilzuhaben und sich einzubringen.

Entwicklungsressourcen. Voraussetzungen für eine solche positive Entwicklung sind Entwicklungsressourcen (»developmental assets«) innerhalb der Person (internale Ressourcen) und ihrer Umwelt (externale Ressourcen). Internale Ressourcen betreffen Erfahrungen und Kompetenzen, die junge Menschen im Zusammenspiel mit ihrer Umwelt ausbilden (z. B. positive Einstellung gegenüber Lernen) und externale Ressourcen ökologische Bedingungen, die Jugendliche stärken und ihnen Optionen bieten (z. B. positive Einstellung der Kommune gegenüber Jugendlichen; vgl. Abb. 10.4).

Entwicklungsressourcen wirken kumulativ: Je mehr Ressourcen eine Person hat, desto geringer ist das Risiko für Problemverhalten und desto wahrscheinlicher ist eine gelungene Entwicklung im Sinn von Selbstregulation. Zu den am häufigsten untersuchten Aspekten von positiven Verhaltensweisen zählen Spiritualität und bürgerschaftliches Engagement.

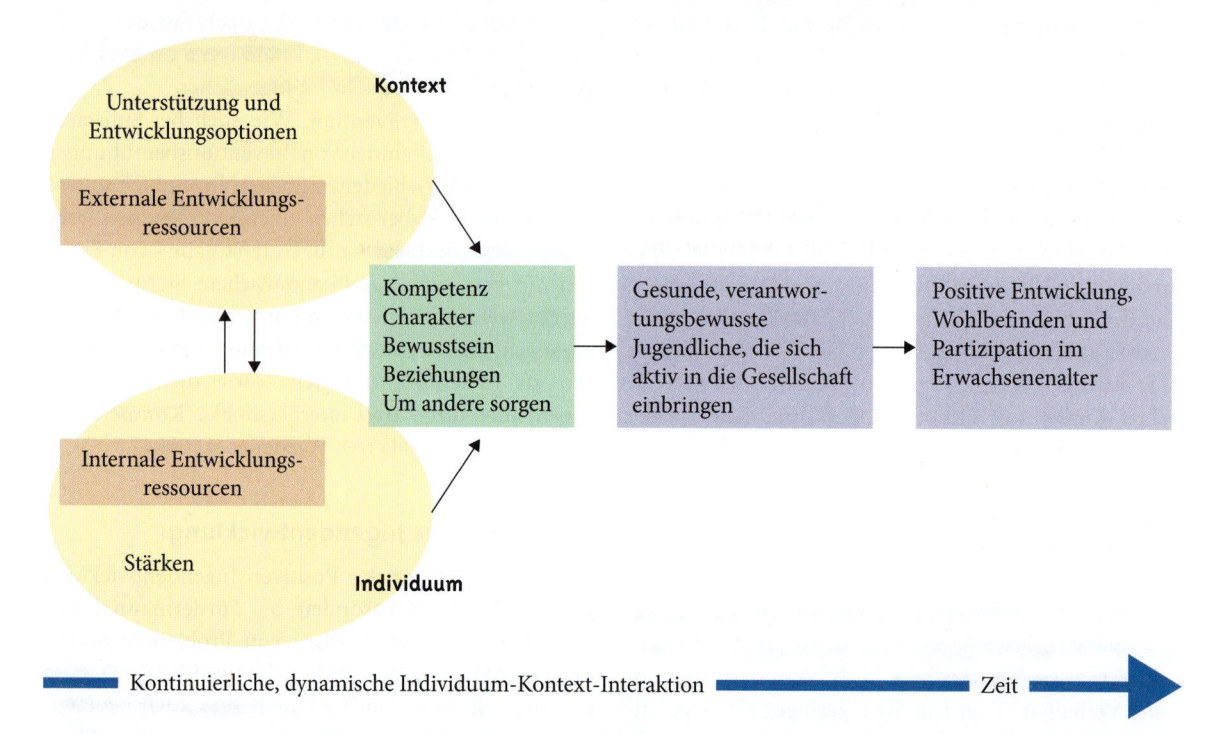

Abbildung 10.4 Beziehung zwischen Entwicklungsressourcen und Indikatoren positiver Entwicklung im interaktionistischen Entwicklungsprozess (Konzept der Positiven Jugendentwicklung nach Weichold & Silbereisen, 2007)

Spiritualität und Religion. Spiritualität bedeutet die allgemeine Fähigkeit zur Transzendenz oder Verbundenheit und ist mit persönlichen Erfahrungen verbunden, wohingegen Religiosität auch institutionellen Glauben und Praktiken umfasst. Empirische Studien zeigen, dass beides mit positiven Entwicklungsverläufen zusammenhängt, also beispielsweise geringem Problemverhalten und hohem Schulerfolg. Den Schlüssel hierzu sieht man darin, dass Entwicklungsressourcen im internalen und externalen Bereich gefördert werden, wie soziales Kapital oder Orientierung an moralischen Maßstäben (zusammenfassend King, 2007). Bei deutschen Jugendlichen (besonders in den neuen Bundesländern) spielt Glaube meist eine untergeordnete Rolle, aber Jugendliche mit Migrationshintergrund haben oft eine starke Ausrichtung auf ihre Religion.

Bürgerschaftliches Engagement. Das bürgerschaftliche Engagement bei Jugendlichen betrifft beispielsweise Aktionen gegen die Diskriminierung marginalisierter Gruppen, sozioökonomische Ungerechtigkeit oder Engagement für den Umweltschutz. Sich zu engagieren bedeutet für Jugendliche nicht nur, dass sie ihre Perspektiven und Meinungen vertreten, sondern sie können auch etablierten Organisationen frische Ideen bringen. Im Rahmen solcher Aktivitäten entwickeln Jugendliche ein Verständnis von sich selbst in Bezug auf die Gemeinschaft und lernen, ihr etwas zurückzugeben (vgl. Sherrod, 2007). In Deutschland sind laut Engagementatlas unter den 16- bis 18-jährigen Jugendlichen 34 % (37 % Jungen, 30 % Mädchen) bürgerschaftlich engagiert. Engagement im Bereich Sport, Freizeit und Geselligkeit ist dabei in dieser Altersgruppe am beliebtesten (z. B. Trainingsgruppenleiter, Betreuung von Kindern und Jugendlichen).

Einflussfaktoren auf das Engagement Jugendlicher. Ob und wie Jugendliche sich engagieren, hängt auch von Unterschieden in der Verteilung von Optionen zum Handeln ab (vgl. Flanagan et al., 2007). Besonders hohes bürgerschaftliches Engagement ist bei Jugendlichen zu beobachten, wenn ihr Umfeld jungen Menschen hohe Chancen für Engagement und Partizipation bietet, man häufig Engagement von Erwachsenen sieht und allgemein eine hohe Wertschätzung für jugendliches Engagement vorherrscht.

Hierzu passend zeigen die Befunde des Engagementatlas, dass politisches Engagement bei Jugendlichen in kleineren wohlhabenden Gemeinden mit geringer Arbeitslosenquote häufiger vorkommt und unter den Jugendlichen zahlreicher ist, die selbst engagierte Freunde und Bekannte haben. Um bürgerschaftliches und politisches Engagement bei Kindern und Jugendlichen zu fördern scheint es demnach geboten, die Optionen auf kommunaler Ebene zu fördern. Erste Ansätze dazu gibt es in den USA (sog. Asset Building Communities) und Deutschland (nelecom – Neue Lernkultur in Kommunen).

Zusammenfassung

- Jugend bezieht sich auf die Zeit zwischen Pubertät und Ende des zweiten Lebensjahrzehnts. Dabei unterliegt sowohl der Zeitpunkt der Pubertät als auch das Erreichen des Erwachsenenstatus erheblichen interindividuellen Variationen. Als Trend wird der Anteil Jugendlicher an der Gesamtbevölkerung geringer und die Zusammensetzung ethnisch diverser.

- Angestoßen durch die Pubertät laufen eine Reihe umfassender physischer und psychischer Veränderungen ab, die durch hormonelle und zentralnervöse Prozesse ausgelöst und moduliert werden. Das Gehirn erfährt Veränderungen über die gesamte Adoleszenz in seiner Struktur und Funktionsweise, die Bedeutung für die Erklärung jugendtypischer Verhaltensweisen haben. Das Ergebnis ist wachsende Selbstregulation, die einer längeren Zeit geprägt durch eine Kluft zwischen gestiegener Emotionalität und geringer kognitiver Kontrolle folgt.

- Das Jugendalter ist durch etliche (teils gleichzeitig ablaufende) Übergänge gekennzeichnet, und Jugendliche müssen eine Reihe an neuen psychosozialen Entwicklungsaufgaben bewältigen, die verschiedene Kontexte ihrer Entwicklung innerhalb wie außerhalb der Familie betreffen. Vorzeitig oder unvollständig gelöste Entwicklungsaufgaben führen zu Problemen in der psychosozialen Anpassung.

- Jugendliche gewinnen über die zweite Lebensdekade in zahlreichen Kompetenzen und Ressourcen hinzu, die insgesamt eine positive Entwicklung ungeachtet alterstypischen Problemverhaltens ermöglichen. Dazu zählen neben den Fortschritten in der kognitiven oder Identitätsentwicklung auch psychosoziale Kompetenz, bürgerschaftliches Engagement und Spiritualität. Solche allgemeinen positiven Entwicklungsergebnisse sind auch bedeutsam als Ansatzpunkte für Interventionen gegen jugendliches Problemverhalten.

Weiterführende Literatur

Grob, A. & Jaschinski, U. (2003). Erwachsen werden: Entwicklungspsychologie des Jugendalters. Weinheim: Beltz PVU. *Gut strukturiertes Lehrbuch mit vielen Beispielen und interessanten Exkursen.*

Silbereisen, R. K. & Hasselhorn, M. (Hrsg.). (2007). Entwicklungspsychologie des Jugendalters (Enzyklopädie der Psychologie, Themenbereich C, Serie V, Bd. 5). Göttingen: Hogrefe. *Umfassende Darstellung des aktuellen Forschungsstandes im Bereich Jugendentwicklung, Kapitel geordnet nach den wichtigsten Themenbereichen.*

Steinberg, L. (2011). Adolescence (9th ed.). New York: McGraw-Hill. *Ein Klassiker, der anschaulich fundiertes Wissen zur Jugendentwicklung vermittelt.*

11 Junges und mittleres Erwachsenenalter

Alexandra M. Freund • Jana Nikitin

11.1 Definition des jungen und mittleren Erwachsenenalters

11.2 Zentrale Entwicklungsthemen im jungen und mittleren Erwachsenenalter
 11.2.1 Havighursts Modell der Entwicklungsaufgaben
 11.2.2 Entwicklungsaufgaben als soziale Erwartungen
 11.2.3 Entwicklungsfristen

11.3 Entwicklungsverläufe im jungen und mittleren Erwachsenenalter
 11.3.1 Emerging Adulthood
 11.3.2 Junges Erwachsenenalter als »Rushhour«
 11.3.3 Mittleres Erwachsenenalter als Zeit der »Midlife-Crisis«
 11.3.4 Die Sandwich-Generation
 11.3.5 Das Phänomen der »gewonnenen Jahre«
 11.3.6 Anforderungen an die Selbstregulation durch Deregulation des Lebenslaufes
 11.3.7 Veränderungen in der Gewinn-Verlust-Balance über das Erwachsenenalter

11.4 Bereichsspezifische Entwicklung
 11.4.1 Berufliche Entwicklung
 11.4.2 Entwicklung sozialer Beziehungen
 11.4.3 Freizeit

Udo J., ein 49-jähriger Mann mit Bauchansatz und beginnender Glatze, hat drei Kinder. Udo J. ist seit 25 Jahren verheiratet – und jetzt, seitdem die Kinder nicht mehr das alles beherrschende Thema für ihn und seine Frau sind, fragt sich Udo J., ob das schon alles in Sachen Liebe und Leidenschaft in seiner Ehe gewesen sein kann. Vor einigen Wochen hat Udo J. eine leidenschaftliche Affäre mit einer 24-jährigen Arbeitskollegin begonnen. Er überlegt sich, ob er nicht noch einmal beruflich umsatteln sollte, denn die Vorstellung, bis zu seiner Pensionierung seine gegenwärtige Tätigkeit als mittlerer Beamter auszuüben, findet er wenig reizvoll. Er erwägt, sich einen roten Sportwagen zu kaufen …

Wer würde hier nicht vermuten, dass all diese Symptome dafür sprechen, dass Udo J. inmitten einer »Midlife-Crisis« steckt? Aber nun stelle man sich dieselben Gedanken und Verhaltensweisen bei einem 20 Jahre jüngeren Mann vor. Würde man irgendetwas daran eigenartig finden, dass der 29-jährige Michael S. gerne ein Sportauto kaufen würde, eine Affäre mit einer 24-jährigen Kollegin anfängt und über eine alternative berufliche Karriere zur mittleren Beamtenlaufbahn nachdenkt? Vielleicht finden Männer jeglichen Alters 24-jährige Frauen besonders attraktiv und überlegen sich Alternativen zu ihrem gegenwärtigen Beruf? Mit anderen Worten: Wir vernachlässigen möglicherweise die Basisrate dieser Wünsche und Verhaltensweisen bei erwachsenen Männern zwischen 20 und 60 Jahren und finden diese nur dann bemerkenswert, wenn sie im mittleren Erwachsenenalter auftreten, da sie dann als Symptome in die weitverbreiteten Vorstellungen einer »Midlife-Crisis« passen. Auf welcher Grundlage beurteilen wir dasselbe Verhalten bei einem 29-Jährigen als vollkommen »normal« und bei einem 49-Jährigen als Symptome einer Krise? Die Antwort könnte darin liegen, dass dasselbe Verhalten eine unterschiedliche Bedeutung in Abhängigkeit vom Alter der Person erhält. Während das geschilderte Verhalten für einen 29-Jährigen den sozialen Erwartungen für junge Erwachsene entspricht, wird es für einen 49-Jährigen als altersinadäquat empfunden, da für dieses Alter andere soziale Normen und Erwartungen gelten.

Dieses Beispiel verweist auf die Bedeutsamkeit von sozialen Erwartungen und Normen für das junge und mittlere Erwachsenenalter. Diese sind nicht nur für die *Beurteilung* von anderen Personen zentral, sondern nehmen auch in Form von Entwicklungsaufgaben und durch ihren Einfluss auf das Setzen von persönlichen Zielen eine wichtige Rolle für die *individuelle Entwicklung* ein. Wir werden in diesem Kapitel aufzeigen, welche Entwicklungsthemen im jungen und mittleren Erwachsenenalter im Vordergrund stehen, und einige der wichtigsten Entwicklungsverläufe nachzeichnen. Hierzu gehören insbesondere die sogenannte »Rushhour«, die zeitliche Verdichtung von zentralen und ressourcenintensiven Lebenszielen im beruflichen und familiären Bereich und die historische Veränderung von Entwicklungsfristen in den Lebensbereichen Beruf, Familie, Freundschaften und Freizeit. Bevor wir uns den zentralen Entwicklungsthemen zuwenden, wollen wir uns jedoch zunächst der Frage zuwenden, wie die Altersspanne definiert werden kann, die das junge und mittlere Erwachsenenalter umreißt.

11.1 Definition des jungen und mittleren Erwachsenenalters

Es gibt keine eindeutigen und klaren Kriterien für die Unterteilung der Lebensspanne in verschiedene Altersbereiche wie junges oder mittleres Erwachsenalter. Von wann bis wann diese Altersphasen andauern, unterliegt historischen Veränderungen und kulturellen Variationen. Meist wird für die Definition ein Kriterienbündel herangezogen, das eine grobe Einteilung in Lebensphasen erlaubt. Hierzu gehören das chronologische Alter, biologische Faktoren und Ereignisse (z. B. sexuelle Reifung) und die Bewältigung von Entwicklungsaufgaben oder Transitionen (z. B. Eintritt oder Austritt aus dem Berufsleben). Da insbesondere das Erwachsenenalter biologisch nicht klar umgrenzt ist, wird es stärker aufgrund sozialer Erwartungen und Transitionen definiert (s. Übersicht). Da jedoch berufliche und familiäre Transitionen wie beispielsweise der Eintritt ins Berufsleben oder der Auszug des letzten Kindes aus dem Elternhaus von einer Vielzahl unterschiedlicher Faktoren abhängig ist (z. B. Art der Ausbildung oder wirtschaftliche Lage), gibt es hierbei große individuelle Unterschiede. Deshalb ist es nicht möglich, klare Altersgrenzen für das junge und mittlere Erwachsenenalter zu ziehen.

Dies trifft in ganz besonderem Maße für das mittlere Erwachsenenalter zu, dessen Altersangaben je nach Autoren zwischen dem 30. und dem 70. Lebensalter liegen. Befragt man Personen unterschiedlichen Alters, welches chronologische Alter das mittlere Erwachsenenalter umfasst, so findet man, dass die Aussagen stark vom eigenen Alter der Befragten abhängig sind: Je älter die Befragten waren, desto später begann für sie das mittlere Erwachsenenalter (Lachman et al., 1994). Aus diesem Grund plädieren Staudinger und Bluck (2001) dafür, das mittlere Erwachsenenalter primär über die in dieser Lebensphase anstehenden Entwicklungsaufgaben zu definieren und weniger über das chronologische Alter.

Übersicht

Zentrale Kriterien zur Definition des jungen und mittleren Erwachsenalters
Junges Erwachsenenalter
- ▶ **Volljährigkeit:** In deutschsprachigen Ländern gilt das chronologische Alter von 18 Jahren aufgrund des Erreichens der Volljährigkeit häufig als Beginn des Erwachsenenalters (in den USA der 21. Geburtstag).
- ▶ **Autonomie:** Als erwachsen gilt in westlichen Kulturkreisen eine Person dann, wenn sie eine gewisse emotionale und finanzielle Unabhängigkeit von den eigenen Eltern erreicht hat, selbstständig wohnen und leben kann und Verantwortung für eigene Entscheidungen und Verhalten übernimmt.
- ▶ **Eintritt ins Berufsleben:** Der Eintritt ins Berufsleben ermöglicht meist die materielle Basis für die Unabhängigkeit von den eigenen Eltern. Daher gilt der Eintritt ins Berufsleben als eine zentrale Transition in

das junge Erwachsenenalter. Studierende, deren Eintritt ins Berufsleben häufig erst in die zweite Hälfte der dritten Lebensdekade fällt, werden daher bisweilen der Lebensphase der sogenannten Emerging Adulthood zugerechnet, einer Art Zwischenphase zwischen Jugend und Erwachsenalter.
- **Familiengründung:** Neben dem Berufseintritt gilt die Familiengründung als die zentrale Aufgabe des jungen Erwachsenenalters. Hierzu zählt nicht nur die Gründung einer Lebensgemeinschaft mit einem/-er (Ehe-)Partner/-in, sondern auch die Geburt des ersten Kindes.

Mittleres Erwachsenenalter
- **Mitte des Lebens:** Rechnet man grob mit einer durchschnittlichen Lebenserwartung von knapp 90 Jahren in westlichen Industrienationen, ergibt sich daraus, dass die Mitte des Lebens mit 45 Jahren erreicht ist. Obwohl die Angaben in wissenschaftlichen Publikationen und auch die subjektiven Konzeptionen über die Grenzen des Erwachsenenalters stark variieren (s. Freund & Ritter, 2009), gilt wohl als relativ unumstritten, dass man sich mit 45 Jahren im mittleren Erwachsenenalter befindet.
- **Berufliche Etablierung und Berentung:** Das mittlere Erwachsenenalter gilt als Phase der beruflichen Etablierung und des Erreichens des Karrierehöhepunktes. In der zweiten Hälfte des mittleren Erwachsenenalters steht dagegen die Stabilisierung im Vordergrund. Als ein Kriterium für den Endpunkt des mittleren Erwachsenenalters gilt die Berentung. Mit dieser Transition scheiden Personen aus der aktiven Teilnahme am Produktions- und Erwerbsleben aus, was weitreichende Konsequenzen für deren Lebenssituation hat.
- **Familiäre Etablierung und Auszug der Kinder:** Analog zur beruflichen Entwicklung gilt auch im familiären Bereich eine Phase der Konsolidierung und Stabilisierung als zentral für das mittlere Erwachsenenalter. Ebenfalls als ein Kriterium für den Endpunkt des mittleren Erwachsenenalters wird der Auszug des letzten Kindes aus dem Elternhaus angesehen, da dies meist mit einer Neuorientierung innerhalb der (Ehe-)Beziehung einhergeht.

Erwachsenenalter als neues Forschungsgebiet der Entwicklungspsychologie

Als Forschungsgebiet der Entwicklungspsychologie ist das Erwachsenenalter noch eher jung und noch immer sind die Theorien und empirischen Studien zu dieser Lebensphase eher spärlich. Einer der Gründe hierfür ist der klassische Entwicklungsbegriff einer fortschreitenden Differenzierung und Integration im Sinne des Zuwachses an Kompetenzen zu höheren Funktionsstufen. Legt man diesen Entwicklungsbegriff zugrunde, ist nach dem Jugendalter keine oder nur sehr wenig Entwicklung zu verzeichnen (vgl. Bischof, 2009, als einen gegenwärtigen Vertreter der Ansicht, dass Entwicklung als Reifung aufzufassen sei und daher mit dem Jugendalter abgeschlossen sei). Im Vergleich zum Kindes- und Jugendalter ist das Erwachsenenalter stärker durch Multidirektionalität in der Entwicklung gekennzeichnet (Baltes, 1987), d. h., manche Funktionsbereiche weisen eine hohe Stabilität auf (z. B. Persönlichkeit), andere zeigen erste Abbauprozesse (z. B. Gedächtnis) und wieder andere Wachstum (z. B. Wissen). Außerdem ist die Entwicklungsrate im Erwachsenenalter sehr viel geringer, d. h., Entwicklungen vollziehen sich im Vergleich zur Kindheit deutlich langsamer. Schließlich zeigen sich im Erwachsenenalter größere interindividuelle Unterschiede in der Entwicklung als in der Kindheit und der Jugend. Zusammengenommen stellen diese Faktoren für die Forschung eine Herausforderung dar, die mit dazu beigetragen haben könnte, dass die Entwicklungspsychologie der Lebensspanne sich bisher nur wenig mit dem Erwachsenenalter befasst hat und erst seit kürzerem mehr Augenmerk auf diese Lebensphase richtet, wie beispielsweise die Sammelbände von Lachman (2001) und Willis und Martin (2005) zeigen.

11.2 Zentrale Entwicklungsthemen im jungen und mittleren Erwachsenenalter

Im Vordergrund der Entwicklung im Erwachsenenalter stehen die Lebensbereiche Beruf und Familie. Die spezifischen Aufgaben und Anforderungen in diesen Lebensbereichen verändern sich jedoch über das Erwachsenenalter stark: Während der Aufbau und die Orientierung hin zu Zuwachs und Entwicklungsgewinnen im jüngeren Erwachsenenalter im Vordergrund stehen, gewinnen im mittleren Erwachsenenalter die Stabilisierung und das Aufrechterhalten des Funktionsniveaus mehr und mehr an Bedeutung.

11.2.1 Havighursts Modell der Entwicklungsaufgaben

Entwicklungsaufgaben beschreiben, welche Themen für ein bestimmtes Alter eine besondere Wichtigkeit haben und deren Bewältigung zur erfolgreichen Entwicklung essenziell ist. Entwicklungsaufgaben entstehen durch das Zusammenspiel gesellschaftlicher Anforderungen und Erwartungen (z. B. zu einem bestimmten Alter aus dem Elternhaus ausgezogen zu sein), biologischer Entwicklungsveränderungen (z. B. Pubertät, Menopause) und der Persönlichkeit eines Individuums (ausführlicher hierzu s. Freund & Baltes, 2005). Das Modell von Havighurst ist ein Stufenmodell, nach dem die erfolgreiche Bewältigung von Entwicklungsaufgaben einer Altersphase für die weitere Entwicklung unabdingbar ist. Nach Havighurst sind Entwicklungsaufgaben hierarchisch aufeinander aufgebaut und folgen einer unumkehrbaren Sequenz.

In den von Havighurst (1972) identifizierten Entwicklungsaufgaben (s. Übersicht) zeigt sich eine Verschiebung von einer vorherrschenden Gewinnorientierung im jungen Erwachsenenalter zu einer stärkeren Betonung der Stabilisierung im mittleren Erwachsenenalter.

Kritik am Stufenmodell. Stufenmodelle wie das von Havighurst sind dafür kritisiert worden, dass sie zu starr sind, um die großen interindividuellen Unterschiede in Entwicklungsverläufen, die Multidirektionalität von Entwicklung (Entwicklung umfasst Gewinne *und* Verluste), die Multifunktionalität (Entwicklungsveränderungen können gleichzeitig verschiedene Konsequenzen haben und beziehen sich nicht nur auf die Lösung einer Aufgabe) und den Kontextualismus (Entwicklungssequenzen unterscheiden sich je nach Kultur und gesellschaftlichen Rahmenbedingungen) angemessen beschreiben zu können (s. Baltes, 1987, zu einer ausführlichen Diskussion dieser Prinzipien der Psychologie der Lebensspanne). Dem lebensspannenpsychologischen Ansatz zufolge sind Entwicklungsaufgaben nicht als normative, universelle und unidirektionale Folge von Entwicklungsstufen aufzufassen, sondern variieren zwischen Personen aufgrund von differenziellen Einflüssen im Hinblick auf die sozialen, historischen und kulturellen Rahmenbedingungen sowie Persönlichkeitsmerkmale oder auch die nonnormativen Einflüsse (z. B. Unfall).

> **Übersicht**
>
> **Zentrale Entwicklungsaufgaben im jungen und mittleren Erwachsenenalter nach Havighurst (1972)**
>
> **Junges Erwachsenenalter**
> - Lebenspartner finden
> - das Zusammenleben mit Partner lernen
> - Gründung einer Familie
> - Kinder aufziehen
> - ein Zuhause für die Familie schaffen
> - Einstieg in den Beruf
> - Sorge für das Gemeinwohl
> - Aufbau eines gemeinsamen Freundeskreises (mit Lebenspartner)
>
> **Mittleres Erwachsenenalter**
> - körperliche Veränderungen des mittleren Erwachsenenalters akzeptieren und sich daran anpassen
> - befriedigende Leistung im Beruf erreichen und aufrechterhalten
> - eine dem hohen Alter der Eltern angemessene Beziehung zu diesen aufbauen
> - den heranwachsenden Kindern helfen, verantwortungsbewusste und glückliche Erwachsene zu werden
> - eine Beziehung zum Ehepartner als eigenständigem Menschen aufbauen und aufrechterhalten
> - eine erwachsene Verantwortlichkeit im sozialen und gesellschaftlichen Bereich aufbauen
> - Freizeitinteressen und Hobbys aufbauen

11.2.2 Entwicklungsaufgaben als soziale Erwartungen

Welchen Stellenwert nehmen Entwicklungsaufgaben für die Beschreibung und Erklärung von Entwicklung im Erwachsenenalter ein? Fasst man Entwicklungsaufgaben primär als in einem bestimmten sozial-kulturellen Kontext geteilte soziale Erwartungen, was man zu einem bestimmten Alter tun und erreichen sollte, so nimmt dieses Konstrukt eine wichtige Rolle für das Verständnis der Entwicklung im Erwachsenenalter ein (Freund & Baltes, 2005). Das Erwachsenenalter ist weniger von biologischen (z. B. Reifung) und externen Regulationsprozessen (z. B. Erziehung durch die Eltern) bestimmt als die Kindheit. Im Erwachsenenalter haben

Personen eine größere Freiheit, ihre Entwicklung selbst mitzugestalten und mitzubestimmen. Welchen Beruf eine Person auswählt, welchen Lebenspartner und welche gemeinsame Lebensform sie sich sucht, ob und wann sie heiratet, Kinder bekommt, in welcher Stadt sie lebt und wie sie ihre Freizeit mit welchen Freunden verbringt, steht zwar nicht ausschließlich unter der Kontrolle des Individuums, aber erwachsene Personen haben einen großen Gestaltungsspielraum in diesen Entscheidungen. Hier können soziale Erwartungen und Normen darüber, wann welche Ziele verfolgt und erreicht werden sollten, einen zeitlichen und kontextuellen Orientierungsrahmen bieten (Freund, 2003; Freund & Baltes, 2005). Neugarten (1972) verwendete hierfür den Begriff der »social clock«, also einer sozialen Uhr, die den Lebenslauf mit strukturiert.

In Anlehnung an das »social clock«-Modell von Neugarten (1972; s. auch Freund, 2003; Heckhausen, 1999) lassen sich die Entwicklungseinflüsse von sozialen Erwartungen folgendermaßen umreißen:

- Mitglieder einer Gesellschaft teilen Vorstellungen darüber, welche Aufgaben (z. B. Auszug aus dem Elternhaus, Berufseintritt) zu einem bestimmten Alter verfolgt und erreicht werden sollten (soziale Normen und Erwartungen).
- Die sozialen Erwartungen stellen einen normativen Zeitplan des Lebenslaufes dar.
- Personen vergleichen sich selbst und andere mit dem normativen Zeitplan, dem man zeitlich entsprechen kann (»on time«), hinterherhinkt oder voraus ist (»off time«; eine Schwangerschaft vor dem Erreichen der Volljährigkeit ist genauso »off time« wie der Besuch einer Abendschule mit dem Ziel des Abiturs nach der Berentung).
- Eine Verletzung des normativen Zeitplans führt zu negativen Sanktionen (z. B. soziale Missbilligung).
- Eine Passung zwischen sozial erwartetem und normativem Zeitplan wird sozial unterstützt und verstärkt.
- Auf diese Weise leitet der normative Zeitplan die Lebensplanung und persönliche Zielsetzung.

Wie streng normativ oder dereguliert Lebensverläufe zum gegenwärtigen historischen Zeitpunkt sind, ist insbesondere in der Soziologie umstritten (Brückner & Mayer, 2005; Kohli, 2003). Die Altersnormen sind über die historische Zeit weniger strikt geworden und lassen mehr Abweichungen zu. Dennoch zeigt die empirische Forschung zu sozialen Erwartungen, dass Personen eine hohe Übereinstimmung in den Erwartungen bezüglich altersgebundener Aufgaben teilen (Freund et al., 2009).

Denkanstöße

- Welche positiven und negativen Konsequenzen könnte eine weitere Aufweichung von sozialen Normen und Erwartungen für die individuelle Entwicklung haben?
- Gibt es unterschiedlich starke soziale Erwartungen für unterschiedliche Lebensbereiche? Was bedeutet dies für die bereichsspezifische Entwicklung?

11.2.3 Entwicklungsfristen

Das Konzept eines normativen Zeitplans impliziert Entwicklungsfristen, d. h. die sozialen Vorstellungen, institutionellen Regelungen oder auch biologischen Bedingtheiten, wann bestimmte Entwicklungsaufgaben begonnen und erreicht sein sollten, wie z. B. Vorstellungen darüber, in welchem Alter man seine Ausbildung abgeschlossen haben sollte, Regelungen zum gesetzlichen Rentenalter oder die »biologische Uhr« der Frau, die das gebärfähige Alter markiert (Settersten, 1997). Solche Fristen wirken nach Heckhausen im Hinblick auf Entwicklungsziele motivierend, sodass Personen sich besonders für die Zielerreichung engagieren, je näher sie an die Frist heranrücken (Heckhausen, 1999). Ist eine Entwicklungsfrist überschritten, lösen sich Personen dagegen von dem nicht mehr erreichbaren Ziel. Heckhausen und Kollegen konnten dies empirisch belegen. So setzten sich Frauen mit einem Kinderwunsch kurz vor der biologischen Frist, die durch die Menopause bestimmt wird, ganz besonders für dieses Ziel ein, während sie sich nach dem Überschreiten der Entwicklungsfrist eher davon distanzierten (Heckhausen et al., 2001). Auf diese Weise regulieren Entwicklungsfristen das Zielengagement und auch die Zielablösung.

11.3 Entwicklungsverläufe im jungen und mittleren Erwachsenenalter

11.3.1 Emerging Adulthood

Das »aufkommende Erwachsenenalter« (Emerging Adulthood; Arnett, 2000) ist die Periode vom 18. Lebensjahr bis zu den späteren Zwanzigern und wird als eine

Phase der Exploration und der biologischen – aber nicht sozialen – Reife beschrieben. Faktoren wie der Trend zu späterer Heirat und Elternschaft, längere Ausbildung und Vorbereitung für den Beruf und der Arbeitsmarkt mit häufig wechselnden Arbeitsstellen führen zu einem verlängerten Übergang zwischen der Adoleszenz und dem Erwachsenenalter. Weil sie noch keine langfristigen Verpflichtungen eingegangen sind, aber sich gleichzeitig von der Ursprungsfamilie langsam loslösen, erleben sich die meisten jungen Erwachsenen in ihren Zwanzigern weder als Jugendliche noch als Erwachsene. Vermutlich erhalten aus diesem Grund die meisten jungen Erwachsenen in diesem Lebensabschnitt eine relativ starke Bindung an ihre Eltern aufrecht. Ein intensiver Selbstfokus, Erleben von einer breiten Vielfalt an Beziehungen, Vermeidung von Verpflichtungen zu einzelnen engen Beziehungen und zu einem bestimmten Lebensstil sind die Hauptcharakteristika der Emerging Adulthood.

11.3.2 Junges Erwachsenenalter als »Rushhour«

Über das Erwachsenenalter hinweg sind Entwicklungsaufgaben und -fristen nicht gleichmäßig verteilt. Für die beiden Lebensbereiche Beruf und Familie kann das junge Erwachsenenalter als besonders anspruchsvolle Lebensphase gelten, da hier wichtige Weichen für die gesamte weitere Entwicklung gestellt werden. So muss im jungen Erwachsenenalter eine berufliche Ausbildung ausgewählt, verfolgt und abgeschlossen werden und der Einstieg ins Berufsleben erfolgen. Gleichzeitig ist dies die Lebensphase, in der Personen eine tragfähige Partnerschaft und Lebensgemeinschaft aufbauen, Kinder bekommen und diese aufziehen sollen. All dies sind Transitionen, die mit tiefgreifenden Veränderungen in der Lebensführung einhergehen und enorme Anpassungsleistungen erfordern. Darüber hinaus sind die Aufgaben selbst ebenfalls sehr anspruchsvoll, denn weder ist es einfach, sich die Kompetenzen für einen Beruf zu erwerben, eine zufriedenstellende Stelle zu finden, sich dort zu behaupten, noch findet man so ganz nebenher seinen Lebenspartner und gründet eine Familie. Da gleichzeitig die Phase der Emerging Adulthood diese Transitionen zeitlich nach hinten verschiebt (ca. ins Alter zwischen 27 und 35 Jahren), bleibt für die Verfolgung und das Erreichen der wichtigen Aufgaben des jungen Erwachsenalters relativ wenig Zeit vor Ablauf der entsprechenden Entwicklungsfristen. Deshalb spricht man von dieser Lebensphase auch als von der »Rushhour« des Lebens (Bittman & Wajcman, 2000).

11.3.3 Mittleres Erwachsenenalter als Zeit der »Midlife-Crisis«

Im mittleren Erwachsenenalter gibt es vergleichsweise weniger Entwicklungsfristen, denn diese Phase ist eher von der Stabilisierung des eigenen Funktionsniveaus geprägt, die keinen klaren Endpunkt hat (sieht man einmal von der Berentung ab). Auch der Übergang vom jungen ins mittlere Erwachsenenalter ist nicht klar demarkiert. Um den Übergang vom jungen in das mittlere Erwachsenenalter zu charakterisieren, könnte die Umkehrung der subjektiven Konzeptualisierung des eigenen Lebens nicht mehr primär als Zeit seit der Geburt, sondern als noch verbleibende Lebenszeit angesehen werden (Neugarten, 1968). Im Lichte dieser Umkehrung der Zeitperspektive kommt es nach dem weitverbreiteten Bild des mittleren Erwachsenenalters zu einer Midlife-Crisis aufgrund der Bilanzierung des bisher Erreichten und der noch (und vor allem: nicht mehr) erreichbaren Ziele. Die Midlife-Crisis, die insbesondere von Levinson (1976) für Männer als eine normative Übergangsphase vom jungen zum mittleren Erwachsenalter postuliert wurde, entsteht ihm zufolge dadurch, dass man die Träume, Wünsche und Ziele des jungen Erwachsenenalters meist nicht oder nur teilweise erfüllt hat. Dies, so Levinson, sei ein äußerst schmerzhafter Prozess, der zu Desillusionierung und Enttäuschung führe, zu Depression, Angst und dem subjektiven Druck, sein Leben zu ändern, solange noch Zeit dafür ist.

Verschiedene Konzeptualisierungen der Midlife-Crisis. Freund und Ritter (2009) unterscheiden zwischen einer strengen, einer moderaten und einer schwachen Konzeptualisierung der Midlife-Crisis. In der strengen Formulierung von Levinson stehen die folgenden Charakteristika dieser Krise im Vordergrund: (1) Normativität (die meisten Personen erleben diese Krise), (2) zeitliche Gebundenheit an das mittlere Erwachsenenalter und (3) strukturelle Marker, die sie von anderen Transitionen unterscheiden (emotional belastende und schmerzhafte Erfahrung der eigenen Begrenztheit in Bezug auf das Erreichen von persönlichen Lebensentwürfen wie auch der Endlichkeit des eigenen Lebens). Eine moderate Konzeptualisierung charakterisiert die Midlife-Crisis als eine belastende Transition, die normativ für das mittlere Erwachsenenalter ist, sich aber bezüglich der psychologischen Anpassungsprozesse nicht grundlegend von anderen, schwierigen Transitionen wie etwa dem Übergang ins Erwachsenenalter unterscheidet. Diese Konzeptualisierung umfasst also lediglich zwei der Definitionskriterien der strengen Version der Midlife-Crisis (nämlich 1 und 2). Die schwache Definition nimmt schließlich lediglich an, dass einige (aber nicht notwendigerweise die meisten) Personen den Übergang ins mittlere Erwachsenenalter als emotional belastend und schwierig erleben (Definitionsmerkmal 2).

Befundlage. Empirisch lässt sich die strenge Konzeptualisierung der Midlife-Crisis nicht halten (einen Überblick über die empirischen Untersuchungen findet sich in Freund & Ritter, 2009). Es gibt keine Evidenz dafür, dass sich Erwachsene im mittleren Alter an jenen Zielen messen, die sie sich im jungen Erwachsenenalter gesetzt haben. Ziele sind zu einem gewissen Maße flexibel und werden kontinuierlich an die äußeren Gegebenheiten sowie die eigenen Fähigkeiten und Ressourcen angepasst. Sie sind keine festen Standards, die, einmal festgesetzt, als Vergleichsmarke für die Beurteilung dessen gelten, was man im mittleren Erwachsenenalter erreicht (oder nicht erreicht) hat. Weiterhin gibt es keine Evidenz dafür, dass alle oder auch nur der größte Teil der Männer über eine Krise im mittleren Erwachsenenalter berichten und dass diese Zeit als eine Phase der Sinnkrise erlebt wird, die mit erhöhten Angstzuständen oder Depressionen einhergeht. Damit ist selbst die schwache Konzeptualisierung der Midlife-Crisis nicht haltbar, auch wenn jede/-r von uns sicher ein Beispiel wie den eingangs beschriebenen Udo J. vor Augen hat, das das Vorhandensein dieser Krise zu belegen scheint.

Theoretisch steht das Konzept der Midlife-Crisis in starkem Widerspruch zu der Charakterisierung des mittleren Erwachsenenalters als einer Zeit, in der man sowohl beruflich als auch sozial seinen Höhepunkt erreicht (z. B. Neugarten, 1968). Dieser Perspektive zufolge sollte das mittlere Erwachsenenalter eine Phase von Zufriedenheit und hohem subjektivem Wohlbefinden darstellen. Als ein empirischer Hinweis für das mittlere Erwachsenenalter als einer positiven Lebensphase spricht auch der Befund, dass ältere Personen (über 65 Jahre), wenn sie sich noch einmal ganz frei aussuchen dürften, welches Alter sie am liebsten hätten, mit großer Mehrheit das mittlere Erwachsenenalter wählen (Lachman et al., 1994). Alles in allem scheint es sich bei der Midlife-Crisis also eher um einen Mythos zu handeln, der sich allerdings nach wie vor großer Popularität erfreut.

11.3.4 Die Sandwich-Generation

In den mittleren Lebensjahren steht der Mensch normalerweise in der Mitte dreier Generationen: als Vater/Mutter der eigenen Kinder und gleichzeitig als Kind der alternden Eltern. Dies bringt Verpflichtungen zwei Generationen gegenüber mit sich, was zu der Bezeichnung »Sandwich-Generation« für die mittlere Generation führte. Eine Balance zwischen Geben und Nehmen ist erforderlich, damit die eigenen Bedürfnisse nicht auf Kosten der beiden anderen Generationen aufgegeben werden müssen. Die mittlere Generation ist trotzdem sehr beansprucht, weil sie eine Balancierung zwischen der eigenen Entwicklung und den Anforderungen der vorangehenden und nachfolgenden Generation meistern muss. Dies kann zu einer zeitlichen und auch emotionalen Belastung führen: Die vorangehende Generation, also die eigenen Eltern, können in dieser Lebensphase pflegebedürftig werden und emotionale sowie instrumentelle soziale Unterstützung benötigen, während die eigenen Kinder häufig noch zu Hause wohnen und sowohl materielle wie auch zeitliche und emotionale Ressourcen in Anspruch nehmen. Dennoch äußern viele Mitglieder der »Sandwich-Generation«, dass sie es auch als emotional befriedigend ansehen, ihren Eltern etwas zurückgeben zu können und für ihre Kinder da zu sein. Die mittlere Generation dient auch als wichtiges Bindeglied zwischen der Großeltern- und Kindergeneration. Die Entwicklung im mittleren Erwachsenenalter ist also eine Freiheit mit Einschränkungen, weil sie nicht vollständig der eigenen Kontrolle unterliegt, sondern teilweise durch andere Generationen mitkontrolliert wird.

11.3.5 Das Phänomen der »gewonnenen Jahre«

Das Phänomen der »gewonnenen Jahre« geht auf die historisch in den letzten 100 Jahren enorm angewachsene Lebenserwartung zurück (zusammenfassend hierzu s. Freund et al., 2009). Aufgrund der höheren Lebenserwartung hat die verbleibende Zeit, nachdem das jüngste Kind die Adoleszenz erreicht hat, seit dem 19. Jahrhundert substanziell zugenommen. Dieser Trend führt vermutlich nicht nur dazu, dass Frauen von älteren Kindern wieder die Berufstätigkeit aufnehmen, sondern stellt auch eine Herausforderung für die partnerschaftliche Beziehung dar, weil die Partnerschaft noch Dekaden halten muss, nachdem die Kinder aufgezogen sind. Während früher die Elternschaft das Zusammenleben der Paare dominierte, ist dieser Aspekt heute nur ein Teil des gemeinsamen Lebens. Frauen und Männer im mittleren Erwachsenenalter sehen heutzutage einer längeren Periode in ihrem Leben nach der Berentung entgegen, die nicht durch soziale Normen und Erwartungen strukturiert sein wird ist. Daher ist es insbesondere wichtig, nach dem Auszug der Kinder eigene Vorstellungen und Pläne zu entwickeln, um dem Leben eine neue Richtung und einen weiteren Sinn zu geben. Die meisten mittelalten Erwachsenen erleben diese Zeit als durchaus positiv und betrachten auch den Auszug der Kinder aus dem Elternhaus als hinzugewonnene Freiheit und als eine neue Lebensphase, in der Interessen und Hobbys neu entwickelt oder mit größerem zeitlichen Engagement wieder aufgenommen werden können. Das sogenannte »empty nest« scheint vor allem dann eine Gefahr für das eigene Wohlbefinden und die Beziehung der Eltern zueinander zu sein, wenn sie sich vornehmlich als Eltern definieren, ihr Leben sehr stark auf die Bedürfnisse und den Tagesablauf ihrer Kinder ausgerichtet hatten und keine neuen, eigenen Ziele für die »gewonnenen Jahre« entwickeln.

11.3.6 Anforderungen an die Selbstregulation durch Deregulation des Lebenslaufes

Mit dem Phänomen der »gewonnenen Jahre« hängt die Bedeutung der Selbstregulation für eine erfolgreiche Entwicklung eng zusammen. Manche Forscher nehmen an, dass es zu einer Deregulation der Lebensspanne, vor allem im Erwachsenenalter, kommt. Normative Zeitpläne seien über die Zeit stärker verwischt und altersbedingte Grenzlinien unschärfer und durchlässiger geworden (vgl. Abschn. 11.2.2).

Grundsätzlich kann man zwischen zwei Formen der geringer werdenden Normativität unterscheiden: der steigenden Anzahl alternativer Möglichkeiten in einem Lebensbereich zu einem bestimmten Zeitpunkt im Leben (z. B. der Anzahl möglicher Berufskarrieren in der Emerging Adulthood) und den längeren Zeitperioden, in denen bestimmte Ziele verfolgt werden können (z. B. den »gewonnenen Jahren«). Während die erste Art der Deregulation die gesamte Lebensspanne betrifft, beschränkt sich die zweite Art der Deregulation auf spätere Lebensphasen. Aufgrund der gestiegenen Lebenserwartung haben ältere Erwachsene eine längere Zeitperiode vor sich, für die es relativ wenig normative Entwicklungsvorgaben

gibt. Dies führt einerseits dazu, dass Lebensbereiche, für die es im jungen und mittleren Erwachsenenalter wenig Zeit gibt (wie Freundschaften oder Freizeitaktivitäten), auf spätere Lebensphasen verschoben werden. Andererseits führt dies dazu, dass die Selbstregulation – da es an externer Regulation mangelt – im höheren Erwachsenenalter an Bedeutung gewinnt (Freund et al., 2009).

> **Denkanstöße**
>
> ▶ Könnte die gestiegene Lebenserwartung auf längere Sicht dazu führen, dass auch für die Lebensphase des höheren Alters normative, soziale Erwartungen ausgebildet werden?
> ▶ Wie könnten diese normativen Erwartungen aussehen?
> ▶ Erste Ansätze solcher Erwartungen sind schon heute in der Werbung zu finden, z. B. im Bild der »Golden Agers«, die bei voller Gesundheit ein aktives Leben mit vielen Reisen führen. Welche anderen Beispiele fallen Ihnen ein?

11.3.7 Veränderungen in der Gewinn-Verlust-Balance über das Erwachsenenalter

In ihrem Konzept der Multidirektionalität hebt die Lebensspannenpsychologie hervor, dass Entwicklung zu jedem Alter sowohl Gewinne als auch Verluste umfasst. Einer der Begründer der Lebensspannenpsychologie, Paul B. Baltes, postuliert, dass Gewinne und Verluste immer dialektisch aufeinander bezogen sind und miteinander einhergehen. So stellt beispielsweise die Eheschließung mit einer Person häufig auf vielen Ebenen einen Gewinn dar (z. B. Statusgewinn, soziale Unterstützung, Intimität). Gleichzeitig schließt jedoch die Eheschließung in den meisten Fällen aus, dass man weitere intime, sexuelle Beziehungen mit anderen Menschen eingehen kann. Insofern geht mit dem Gewinn auch ein – zumindest hypothetischer – Verlust einher. Die zentrale Frage in Bezug auf die erfolgreiche Entwicklung besteht daher darin, wie Personen Gewinne maximieren und gleichzeitig Verluste minimieren können. Diese Frage gewinnt über das Erwachsenenalter insofern noch stärker an Bedeutung als für jüngere Altersphasen, als die Verluste in verschiedenen Lebens- und Funktionsbereichen mit dem Alter zunehmen (für einen umfangreichen Überblick s. Baltes et al., 2006).

Modell der Selektion, Optimierung und Kompensation (SOK)

Um sowohl gewinn- als auch verlustbezogene Entwicklungsverläufe im Erwachsenenalter angemessen beschreiben und erklären zu können, wurde daher von Baltes und Baltes (1990) das Modell der Selektion, Optimierung und Kompensation (SOK) vorgeschlagen. Nach dem SOK-Modell ist der koordinierte Einsatz dieser drei Prozesse zentral für eine erfolgreiche Entwicklung (s. Übersicht).

> **Übersicht**
>
> **Komponenten des SOK-Modells nach Baltes und Baltes (1990)**
>
> - **Selektion:** Entwicklung, Auswahl und Festlegung auf bestimmte Ziele, um die begrenzten Ressourcen (z. B. Zeit, Energie, Geld) zu fokussieren. Selektion ermöglicht Spezialisierung und gibt damit der Entwicklung eine Richtung.
> - **Optimierung:** Entwicklung und Investition von Ressourcen zum Erreichen der ausgewählten Ziele (z. B. Üben von neuen Fertigkeiten). Optimierung trägt damit zum Erreichen eines höheren Funktions- oder Leistungsniveaus bei und bezieht sich auf Entwicklungsgewinne.
> - **Kompensation:** Entwicklung und Investition von Ressourcen, um Verlusten entgegenzuwirken (z. B. Ersetzen von Zielmitteln, die einem nicht mehr zur Verfügung stehen). Kompensation kann damit zur Aufrechterhaltung eines Funktions- oder Leistungsniveaus bei der Erfahrung von Verlusten beitragen.

Im jüngeren Erwachsenenalter ist es in vielen Lebensbereichen wichtig, neue Fertigkeiten zu erwerben und Entwicklungsgewinne zu erzielen, um so möglichst viele Ressourcen akkumulieren zu können und damit eine optimale Entwicklung zu erreichen. Daher sollten jüngere Erwachsene auch besonders motiviert sein, Ziele zu setzen und zu verfolgen, die auf Entwicklungsgewinne abzielen. Umgekehrt sollte mit zunehmendem Alter die Aufrechterhaltung wichtiger werden, was zu einer vermehrten Motivation zur Vermeidung von Verlusten führen sollte. Tatsächlich gibt es genau zu diesem Befundmuster gute empirische Evidenz (Ebner et al., 2006; s. Unter der Lupe).

> **Unter der Lupe**
>
> **Veränderung der Gewinn- und Verlustorientierung im Erwachsenenalter**
>
> Um die Hypothese einer sich verändernden Orientierung auf Gewinne und Verluste empirisch zu untersuchen, befragten Ebner und Kollegen (2006) junge, mittelalte und ältere Erwachsene zu ihren persönlichen Zielen. Sie baten die Untersuchungsteilnehmenden, ihre wichtigsten persönlichen Ziele aufzulisten und diese dann daraufhin einzuschätzen, wie sehr sie auf Gewinne, das Aufrechterhalten oder die Verlustvermeidung abzielten. Dabei fanden sie folgendes Muster: Über das Erwachsenenalter nahm die Gewinnorientierung in den persönlichen Zielen ab, während die Aufrechterhaltens- und Verlustvermeidungsorientierung zunahm. Um der Frage nachzugehen, ob dies auch wirklich zur erfolgreichen Entwicklung beiträgt, wie vom SOK-Modell postuliert, überprüften die Autoren den Zusammenhang der Zielorientierung mit Lebenszufriedenheit, subjektivem Wohlbefinden und positiven Emotionen. Es zeigte sich, dass eine vermehrte Orientierung hin auf die Aufrechterhaltung von Lebens- oder Funktionsbereichen für mittelalte und ältere Erwachsene mit besserem psychologischem Wohlbefinden einherging, während eine Aufrechterhaltens- und insbesondere eine Verlustvermeidungsorientierung für jüngere Erwachsene mit schlechterem psychologischem Wohlbefinden einherging (vgl. Abb. 11.1).
>
> In einer weiteren Studie untersuchten die Autoren die Hypothese, ob dieses Befundmuster tatsächlich auf die sich über das Erwachsenenalter verschlechternde Ressourcenlage zurückzuführen ist. Hierzu baten sie jüngere und ältere Erwachsene, sich ein persönliches Training im Bereich der kognitiven Leistungsfähigkeit mit fünf Trainingseinheiten zusammenzustellen. Sie konnten jeweils zwischen Trainingseinheiten wählen, die die Leistung verbessern sollten, oder Trainingseinheiten, die die Verschlechterung der Leistung verhindern sollten. Wie erwartet, stellten sich jüngere Erwachsene ihr Training vermehrt aus Einheiten zusammen, die auf einen Zugewinn abzielten,

▶

während ältere Erwachsene mehr Einheiten auswählten, die auf eine Verlustvermeidung abzielten. Für eine weitere Gruppe von jungen und älteren Erwachsenen wurde nun in einem weiteren Schritt eine Ressourcenbeschränkung eingeführt. Tatsächlich wählten nun auch die jungen Erwachsenen mehr Trainingseinheiten, die auf eine Verlustvermeidung abzielten. Diese Ergebnisse wurden für ein Training der physischen Leistungsfähigkeit repliziert. Dieses Befundmuster legt nahe, dass sich junge Erwachsene aufgrund ihrer günstigen Ressourcenlage eher gewinnorientierte Ziele setzen.

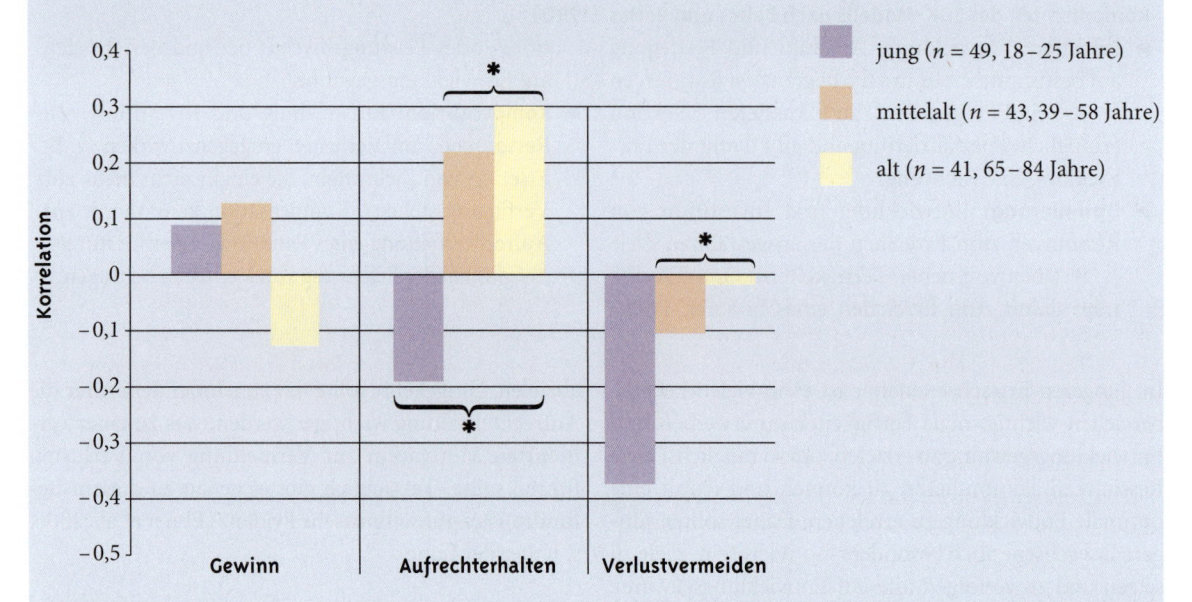

Abbildung 11.1 Altersunterschiede im Zusammenhang der Orientierung persönlicher Ziele auf Gewinne, Aufrechterhalten des Funktionsniveaus oder Vermeidung von Verlusten und psychologischem Wohlbefinden nach einer Studie von Ebner et al. (2006). Signifikante Unterschiede zwischen den Korrelationen der verschiedenen Altersgruppen sind durch ein Sternchen (*) gekennzeichnet

Weitere Modelle zur Entwicklungsregulation. Zumindest erwähnt werden soll an dieser Stelle, dass Brandtstädter und Kollegen (z. B. Brandtstädter & Wentura, 1995) ebenfalls ein empirisch gut belegtes Modell zur Entwicklungsregulation vorgestellt haben, in dem zwei zentrale Copingprozesse postuliert werden, die die Bewältigung der sich verändernden Verfügbarkeit von Ressourcen regulieren. Aus Platzgründen kann auch das Modell der primären und sekundären Kontrolle von Heckhausen und Kollegen (z. B. Heckhausen, 1999) nicht vorgestellt werden. Wichtig ist an dieser Stelle zu betonen, dass alle drei Modelle eine handlungstheoretische Perspektive einnehmen, nach der das Setzen, Verfolgen, Aufrechterhalten und auch die Loslösung von Zielen als zentral für die Entwicklung im Erwachsenenalter angesehen wird.

11.4 Bereichsspezifische Entwicklung

11.4.1 Berufliche Entwicklung

Die meisten Theorien und Modelle beruflicher Entwicklung befassen sich mit dem Beginn des beruflichen Lebens, der Berufswahl und dem Berufseintritt, und dessen Ende, der Berentung. Sehr viel weniger Forschung befasst sich dagegen mit der beruflichen Entwicklung über das Erwachsenenalter. Im Erwachsenenalter stehen die Themen des Eintritts ins Berufsleben, der beruflichen Etablierung, des Erreichens des beruflichen Höhepunktes und der Stabilisierung im Vordergrund.

Modelle beruflicher Entwicklung

Modelle der beruflichen Entwicklung unterscheiden sich darin, ob sie den Schwerpunkt eher auf die *Sozialisation* (gesellschaftliche Bedingungen und Arbeitsmarkt) legen oder auf die *Selektion* (Persönlichkeitsmerkmale und Fähigkeiten bestimmen die Berufswahl und berufliche Karriere). Während Sozialisationsmodelle eher in der Soziologie beheimatet sind, gibt es einige prominente psychologische Modelle der beruflichen Entwicklung, die die Selektion – insbesondere für die Berufswahl – in den Vordergrund stellen. Das vielleicht prominenteste Modell von Holland wird im Folgenden dargestellt.

Hollands Modell der beruflichen Passung. Das in der Praxis der Berufsberatung nach wie vor sehr einflussreiche Modell der Berufswahl von Holland (1997) stellt die Passung zwischen Persönlichkeit und dem Anforderungs- und Tätigkeitsprofil des jeweiligen Berufs dar. Die optimale Berufswahl definiert Holland als Maximierung des Fits zwischen individuellen Charakteristika und dem gewählten Beruf. Holland teilt sowohl die Persönlichkeit als auch die Berufe nach sechs zentralen Charakteristika ein (s. Tab. 11.1). Seinem Modell zufolge geht es bei der Berufswahl darum, die Persönlichkeit anhand der bevorzugten Tätigkeiten zu charakterisieren und die hierzu am besten passende berufliche Tätigkeit zu finden.

Das Modell von Holland ist einerseits in der Praxis der Berufsberatung sehr beliebt und es gibt eine große Anzahl empirischer Untersuchungen, die nahelegen, dass eine höhere Passung zwischen den vorgeschlagenen Persönlichkeitsorientierungen und dem gewählten Beruf zu einer stabilen beruflichen Entwicklung beiträgt. Andererseits hat das Modell auch viel Kritik auf sich gezogen. Die zentralen Kritikpunkte sind:

▶ Das Persönlichkeitsmodell ist theoretisch nicht hinreichend untermauert und scheint stärker konkrete Interessen als latente Eigenschaften abzubilden.
▶ Die beruflichen Interessen sind bei der Berufswahl in der späten Jugend oder dem jungen Erwachsenenalter meist noch nicht ausgebildet und basieren eher auf vagen Vorstellungen darüber, was interessant sein *könnte*, als auf tatsächlichen Erfahrungen mit verschiedenen Tätigkeitsfeldern.
▶ Das Modell geht von einer statischen Passung von Persönlichkeit und Beruf aus. Beide Aspekte, die beruflichen Interessen und die beruflichen Anforderungen, verändern sich jedoch über die Zeit.
▶ Aufgrund der sich immer schneller verändernden Anforderungen und Profile von Berufen scheinen sogenannte »Meta-Skills« wie Selbstregulation, Lernstrategien oder soziale Kompetenzen immer wichtiger zu werden als spezifische Interessen, um sich an die Veränderungen erfolgreich anpassen zu können.
▶ Personen gestalten proaktiv ihren Beruf mit und können damit selbst einen entscheidenden Einfluss auf die Passung von Persönlichkeit und Beruf nehmen.

Berufsfindung als Prozess. Die Berufswahl ist nicht nur eine für den weiteren Lebensweg äußerst wichtige, sondern auch eine sehr komplexe Entscheidung, bei der sowohl die persönlichen Fähigkeiten, Interessen und Werte als auch die Arbeitsmarktsituation, die verschiedenen beruflichen Optionen und deren Erreichbarkeit zu berücksichtigen sind. Da die Information zu diesen verschiedenen Elementen, die in die Entscheidung einfließen, meist nicht vorliegt, wird übereinstimmend von verschiedenen Berufswahlmodellen der Prozess der Exploration als wesentlich für die Berufsfindung angesehen. Die Wichtigkeit der Exploration für die Berufsfindung ist empirisch gut untermauert. Je intensiver die Exploration der persönlichen Fähigkeiten, Interessen

Tabelle 11.1 Sechs Charakteristika, anhand derer nach Holland (1997) eine Passung zwischen Persönlichkeit und Berufsbereich festgestellt werden kann

Charakteristika	Persönlichkeitsbeschreibung	Beruflicher Bereich
Realistisch	Bevorzugt manuelle, handwerkliche Tätigkeiten mit konkreten Ergebnissen	Technik, Handwerk, Landwirtschaft
Intellektuell	Bevorzugt analytische Herangehensweise an Aufgaben und Probleme	Wissenschaft
Künstlerisch	Bevorzugt offene, unstrukturierte, kreative Tätigkeiten, Selbstdarstellung	Kunsthandwerk, künstlerische Tätigkeiten
Sozial	Bevorzugt Tätigkeiten mit anderen Menschen	(Sozial-)pädagogische, pflegende Berufe
Unternehmerisch	Bevorzugt Tätigkeiten, bei denen Einfluss auf Situationen oder Personen ausgeübt wird	Manager, Vertreter
Konventionell	Bevorzugt geregelte, strukturierte Tätigkeiten	Administration, Buchhaltung

und Werte einerseits und der Anforderungen verschiedener beruflicher Optionen und der Erreichbarkeit der verschiedenen Berufe andererseits, desto höher ist die Zufriedenheit mit der gewählten Ausbildung oder dem gewählten Studium und dem gewählten Beruf.

Berufliche Entwicklung als Interaktion von Person und Beruf. Auch wenn nach erfolgter Berufswahl meist die Exploration zumindest zeitweise abnimmt – was aus motivationspsychologischer Perspektive durchaus sinnvoll ist, da eine gewisse Verpflichtetheit gegenüber einer Ausbildung oder einem Studium hilfreich ist, um diese(s) dann auch tatsächlich erfolgreich zu beenden –, ist die berufliche Entwicklung keineswegs mit der Berufswahl abgeschlossen. Statt die Passung von Persönlichkeit und Beruf zu einem bestimmten Zeitpunkt wie dem Berufseintritt zu betrachten, ist sie für die berufliche Entwicklung über einen längeren Zeitraum zu betrachten, in dem individuelle Merkmale (Persönlichkeit, Fähigkeiten, Interessen) mit beruflichen Charakteristika miteinander interagieren. Die Passung von Person und Beruf stellt sich als ein verstärkender Kreislauf dar, in dem sich Personen die zu ihrem Persönlichkeits- und Fähigkeitsprofil passenden beruflichen Tätigkeiten suchen (Selektion) und ihre berufliche Umwelt so gestalten, dass die Passung über die Zeit weiter erhöht wird (Gravitation). Während die Sozialisationsthese empirisch nicht gut bestätigt ist, gibt es einige Längsschnittstudien, die die Selektions-/Gravitationshypothese recht gut belegen (zusammenfassend s. Hoff, 2005). Nach Hoff (2005) ist jedoch nicht mehr gut zwischen der Sozialisations- und der Gravitationshypothese zu unterscheiden, da es heutzutage einen soziokulturellen Zwang dazu gebe (Sozialisation), seine berufliche Arbeit selbstinitiativ und individuell auszugestalten (Gravitation). Entwicklungspsychologische Ansätze versuchen dann auch weniger, die Frage der Sozialisations- vs. Gravitationshypothese zu entscheiden, sondern sehen die berufliche Entwicklung als eine Ko-Entwicklung des Individuums, der beruflichen Anforderungen und der soziokulturellen Bedingungen an.

Entwicklungspsychologischer Ansatz der Berufswahl. Die Annahmen eines entwicklungspsychologischen Ansatzes der beruflichen Entwicklung lassen sich wie folgt zusammenfassen:

- Berufliche Entwicklung umfasst die Zeitspanne von der frühen Jugend bis nach der Verrentung/Pensionierung.
- Auch nach der Berufswahl und dem Eintritt in den Beruf entwickeln und verändern sich persönliche Ziele, Fertigkeiten, Fähigkeiten und Wissen (Expertise) über das gesamte Erwachsenenalter.
- Berufliche Anforderungen sind nicht fixiert, sondern verändern sich über die Zeit.
- Die Person spielt eine aktive Rolle in der Ausgestaltung des Berufs.
- Der Prozess der Exploration der eigenen Fähigkeiten und Interessen, der beruflichen Anforderungsprofile und der Erfordernisse des Arbeitsmarktes ist nicht mit dem Berufseintritt abgeschlossen, sondern wiederholt sich fortlaufend.

Das Modell von Super (1993) dürfte gegenwärtig das prominenteste entwicklungspsychologische Modell der beruflichen Entwicklung sein. Er nimmt verschiedene Phasen an, die durchaus zyklisch verlaufen können (s. Tab. 11.2).

Tabelle 11.2 Phasen der beruflichen Entwicklung nach Super (1993)

Phase	Beschreibung
Wachstum	Entwicklung des Selbstkonzeptes durch Identifikation mit Bezugspersonen. Fantasievorstellungen (z. B. Berufswunsch »Prinzessin«) werden durch Herausbilden von Zielen und Interessen abgelöst.
Exploration	Erprobung der eigenen Interessen und Fähigkeiten bei Hobbys und in der Schule; Informationssuche über berufliche Optionen
Berufliche Festlegung	Berufseintritt und Sicherung einer dauerhaften Position in einem Beruf
Berufliche Festigung	Aufrechterhaltung als zentrale Entwicklungsaufgabe im späten mittleren Erwachsenenalter
Beruflicher Abbau	Aufgabe der Berufstätigkeit aufgrund der Abnahme der Leistungsfähigkeit (Berentung)

Ein Kritikpunkt an diesem Modell betrifft die Sequenz der Phasen, die aufgrund von sich verändernden Arbeitsmarktstrukturen oder individuellen Lebensereignissen (z. B. Krankheit) nicht unbedingt in dieser Reihenfolge auftreten. Darüber hinaus gibt es in der heutigen Arbeitswelt viele Berufe, bei denen kontinuierliche Fort- und Weiterbildung sowie Flexibilität in der Ausgestaltung der Arbeit erwartet wird. Eine berufliche Festigung ab dem mittleren Erwachsenalter ist daher kaum noch normativ.

Berufliche Entwicklung und Herausforderungen im mittleren Erwachsenenalter

Im mittleren Erwachsenenalter wird meist der persönliche Leistungshöhepunkt in verschiedenen Funktionsbereichen und auch die individuell höchste Karrierestufe erreicht, die keine weiteren Zugewinne und Steigerungen mehr erlaubt. Gleichzeitig beginnt eine Konkurrenz mit nachrückenden Kohorten, die über aktuelleres Wissen und größere Leistungsreserven verfügen. Faktoren, die zur Stabilisierung der beruflichen Position und Kompetenz im mittleren Erwachsenenalter beitragen, sind gute berufliche, soziale Vernetzung, eine große Berufserfahrung und Expertise.

Lebenslanges Lernen. Ein weiterer Faktor, der zur beruflichen Stabilisierung im mittleren Erwachsenenalter beiträgt, ist das lebenslange Lernen. Die individuelle Lernbereitschaft ist notwendig, um sich an schnelle technologische Veränderungen (v. a. in den Kommunikationstechnologien) anzupassen, die den fortlaufenden Erwerb neuer Kompetenzen und neuen Wissens notwendig machen. Die ständige Zunahme von Informationen und der zunehmend schnellere Verfall der Aktualität dieser Informationen führen dazu, dass lebenslanges Lernen immer wichtiger für die sogenannte »employability« (Marktfähigkeit aufgrund des spezifischen Kompetenzprofils) wird. Dies wird durch die Globalisierung noch verstärkt, aufgrund derer die Konkurrenz um Arbeitsplätze nicht mehr nur auf den nationalen Arbeitsmarkt begrenzt bleibt.

Vereinbarkeit von Beruf und Familie

Eine besondere Herausforderung im jungen und mittleren Erwachsenenalter ist die Vereinbarkeit von Beruf und Familie (zusammenfassend s. Wiese & Freund, 2008). Beide Lebensbereiche sind für die meisten Erwachsenen in dieser Lebensphase von sehr hoher Wichtigkeit; in beiden Bereichen gibt es Entwicklungsfristen, deren Erreichen für eine erfolgreiche Entwicklung essenziell ist und die nicht ohne Weiteres aufgeschoben werden können. So gibt es in den meisten Berufszweigen explizite oder implizite Altersnormen, aufgrund derer das Erreichen einer bestimmten Karrierestufe nach einem gewissen Alter nicht mehr oder nur sehr erschwert möglich ist. Als biologische Entwicklungsfrist ist zudem die Gebärfähigkeit anzusehen. Obwohl diese Frist aufgrund der Entwicklungen in der Reproduktionsmedizin in Einzelfällen etwas nach hinten ausgedehnt werden kann und historisch eine Verschiebung der maximalen Fruchtbarkeitsziffer (berechnet als die Zahl von Lebendgeborenen zu einem bestimmten Alter der Gebärenden) nach dem Statistischen Bundesamt auf inzwischen 30 Jahre stattgefunden hat, ist die biologische Gebärfrist für Frauen nach wie vor mit ca. 45 Jahren abgelaufen. Für Männer ist die Entwicklungsfrist zur Gründung einer Familie eher sozialer Natur bzw. durch das Alter der (Ehe-)Partnerin bestimmt. Aus diesem Grund existiert für das junge und mittlere Erwachsenenalter die gleichzeitige Anforderung, sich beruflich zu etablieren und eine Familie zu gründen (vgl. Abschn. 11.3.2). Beide Entwicklungsaufgaben erfordern jeweils eine hohe Ressourceninvestition (v. a. Zeit und Energie), was zu einer hohen Belastung bis hin zu Zielkonflikten führen kann. Die sogenannten Beruf-Familie-Konflikte können sich negativ auf Arbeits- und Lebenszufriedenheit, Zufriedenheit mit der Partnerschaft und der Familie, sowie auf Gesundheit und Arbeitsproduktivität auswirken.

Konflikte zwischen Beruf und Familie können in beide Richtungen gehen: Berufliche Belastungen wirken sich negativ auf das Familienleben aus (Beruf→Familie-Konflikte; z. B. emotionale Belastung durch berufliche Anforderungen werden als negative Stimmung und Gereiztheit in die Familie hineingetragen) oder umgekehrt, familiäre Belastungen wirken sich negativ auf den Beruf aus (Familie→Beruf-Konflikte; z. B. hohe zeitliche Anforderungen in der Familie aufgrund der Erkrankung eines Kindes konfligieren mit beruflichen Terminen).

Wiese und Freund befassen sich in ihren Arbeiten unter anderem mit der Frage, ob eine zeitliche Sequenzierung helfen kann, die Doppelbelastung von Beruf und Familie zu mildern (zusammenfassend s. Wiese & Freund, 2008). Eine Möglichkeit der zeitlichen Sequenzierung wäre es beispielsweise, eine Auszeit für die Elternschaft zu nehmen und erst dann wieder in den Beruf einzusteigen, wenn die Kinder in Schule gehen. Die Forschung zu dieser Form der Sequenzierung zeigt jedoch, dass längere Auszeiten (über ein Jahr) wegen Mutterschaft die Wahrscheinlichkeit und das Ausmaß negativer Folgen für die eigene Karriere erhöhen. Junge Erwachsene im Allgemeinen und junge Frauen im Besonderen müssen sich zwischen einer Sequenzierung und den damit verbundenen möglichen negativen Folgen für die Berufskarriere auf der einen Seite und dem parallelen Beruf- und Familienengagement und damit den möglichen Beruf-Familie-Konflikten auf der anderen Seite entscheiden. Es scheint, dass Frauen trotz der negativen Konsequenzen für ihre Karriere eine Sequenzierung einer Doppelbelastung vorziehen. Hierbei handelt es sich primär um jüngere Frauen; ältere Mütter – die mehrheitlich eine höhere Bildung haben und bereits stärker im Berufsleben stehen – nehmen eher die Doppelbelastung einer parallelen Verfolgung beruflicher und familiärer Ziele auf sich. Dies hängt damit zusammen, dass Frauen mit höherer Bildung relativ größere finanzielle und karrieremäßige Opportunitätskosten haben als Frauen mit geringerer Bildung, wenn sie eine Auszeit nehmen oder Teilzeit arbeiten.

Die neuere Forschung zum Thema Beruf und Familie betrachtet neben dem Konfliktpotenzial der Doppelbelastung auch vermehrt die möglichen positiven Auswirkungen des einen Lebensbereiches auf den anderen (Greenhaus & Powell, 2006). Dabei handelt es sich vor allem um den Transfer von Kompetenzen zwischen den beiden Lebensbereichen und dem sogenannten positiven »Spillover« von positiver Stimmung aufgrund von Erfolgs- oder anderen guten Erfahrungen in einem auf den anderen Lebensbereich. Neben dem Transfer von Kompetenzen und positiver Stimmung fanden Wiese und Kollegen (Wiese et al., 2010) darüber hinaus empirische Evidenz für ein kompensatorisches Verhältnis der beiden Lebensbereiche. So können negative emotionale Konsequenzen beruflicher Misserfolge durch Erinnerungen an familiäre Ereignisse schneller wieder ausgeglichen werden. Dies spricht dafür, dass es zwischen Beruf und Familie auch kompensatorische Effekte gibt.

11.4.2 Entwicklung sozialer Beziehungen

Die Forschung zu sozialen Beziehungen im jungen Erwachsenenalter bediente sich lange vorwiegend eines individualistischen Zugangs, während der Beziehungskontext oft vernachlässigt wurde. Ergebnisse von Studien mit dem individualistischen Zugang überschätzen Konstrukte der psychologischen Distanz wie Autonomie oder Identität und unterschätzen das Bedürfnis nach Nähe, Zusammenarbeit und Gegenseitigkeit. Daher wird junges Erwachsenenalter oft fälschlicherweise mit Autonomie und Egozentrismus in Verbindung gebracht, obwohl in dieser Lebensphase gegenseitige soziale Abhängigkeit genauso wichtig ist.

Die neueste Forschung auf dem Gebiet der sozialen Beziehungen im jungen Erwachsenenalter profitiert sehr von verbesserten Forschungsmethoden. Mehrebenenmodellierung ermöglicht die Analyse von Daten von Individuen innerhalb von sozialen Beziehungen oder auch ganzen Netzwerken. Die Ergebnisse dieser neueren Studien zeigen eine mit dem Alter größer werdende Überlappung der Beziehungen von jungen Erwachsenen zu ihren Eltern, Freunden und romantischen Partnern. Wichtige Funktionen werden nach und nach von der Familie auf außerfamiliäre enge Beziehungen übertragen, wobei romantische Partner in der Beziehungshierarchie oft sehr schnell eine herausragende Rolle einnehmen. Die Beziehung zu den Eltern werden aber in der Regel nicht durch neue enge soziale Beziehungen »ersetzt«, sondern behalten nach wie vor die Funktion des »sicheren Hafens«, in den man immer und – anders als in anderen Beziehungen – meist bedingungslos zurückkehren kann (Mikulincer & Shaver, 2007).

Das mittlere Erwachsenenalter wurde in der Forschung zu sozialen Beziehungen lange vernachlässigt. Im Gegensatz zu den Vorstellungen, dass das mittlere Erwachsenenalter mit Stagnation in den sozialen Beziehungen einhergeht, zeigt die neuere Forschung, dass im mittleren Erwachsenenalter genauso wie in anderen Lebensphasen eine Entwicklung stattfindet, die in dieser Lebensphase vorwiegend durch wichtige normative wie nonnormative soziale Transitionen (z. B. Eheschließung und Familiengründung, Auszug der Kinder aus dem Elternhaus, anfallende Pflege der Eltern, Scheidung oder Trennung vom Partner) bedingt ist. Darüber hinaus sind mittelalte Erwachsene die zentralen Personen in ihren Familien und der breiteren sozialen Umgebung und erleben dementsprechend lebhafte und dynamische soziale Beziehungen.

Theorien der Entwicklung sozialer Beziehungen im Erwachsenenalter
Rollenmodelle. Der Ansatz, soziale Entwicklung im Erwachsenenalter als Rollen zu erklären, stammt aus der Soziologie. Rollen entsprechen den üblichen sozial vor-

Tabelle 11.3 Übersicht über Modelle sozialer Beziehungen im Erwachsenenalter

Modell	Kurze Beschreibung
Rollenmodelle	Soziale Rollen bestimmen Erwartungen, die an ihre Träger gestellt werden.
Bindungstheorie	In der Kindheit ausgebildete, sogenannte Beziehungsmodelle beeinflussen die Qualität enger Beziehungen im Erwachsenenalter.
Hypothese der gegenseitigen Abhängigkeit	Die Kontakthäufigkeit in einer Beziehung hängt positiv mit der Stärke der gegenseitigen Beeinflussung zusammen.
Konvoi-Modell	Soziale Netzwerke sind dynamische, hierarchische Strukturen, die sehr enge bis entferntere soziale Beziehungen umspannen und die das Individuum über die Lebensspanne mit variierender Stabilität umgeben.
Austausch-Modell	In einer Beziehung müssen Kosten und Nutzen beider Partner ausgeglichen sein.
Substitutions- und Funktionsmodelle	Soziale Beziehungen sind in einer Hierarchie der sozialen Unterstützung organisiert. Jede soziale Beziehung erfüllt eine andere Unterstützungsfunktion.
Sozioemotionale Selektivitätstheorie	Die Veränderung des sozialen Netzwerkes über die Lebensspanne ist durch eine sich verringernde Wichtigkeit der Informationssuche und eine sich verstärkende Wichtigkeit der Emotionsregulation bedingt.

geschriebenen Normen und Erwartungen bezüglich bestimmten Verhaltensweisen, die mit bestimmten Positionen in der Gesellschaft verbunden sind (z. B. Eltern, Kind, Partner/-in, aber auch Geschäftsmann/-frau oder Politiker/-in). Multiple Rollen begünstigen größere soziale Verflechtung und Integration. Die Komplexität sozialer Rollen im mittleren Erwachsenenalter bringt aber auch Rollenkonflikte mit sich, die bei Frauen stärker ausgeprägt sind als bei Männern, vor allem wegen der Spannung zwischen familiären und beruflichen Verpflichtungen (vgl. Abschn. 11.4.1 zur Vereinbarkeit von Beruf und Familie).

Brim (1966) geht davon aus, dass neue Rollen im Erwachsenenalter neues Lernen erfordern. Diese Lernprozesse stehen mit den Effekten der frühen Sozialisation in Wechselwirkung. Die Forschung zu Rollenentwicklung bringt Evidenz dafür, dass sich kumulative Effekte von Erfahrungen in sozialen Rollen mit Persönlichkeitsentwicklung überschneiden und zusammen das Wohlbefinden über die Zeit beeinflussen.

Bindungstheorie. In Kontrast zur sozialpsychologischen Rollenperspektive nimmt die bindungstheoretische Sichtweise an, dass, obwohl sich die Arten und Formen der Beziehungen ändern (aufgrund von altersspezifischen Erwartungen), die Qualität der Beziehungen relativ stabil bleibt, weil sie maßgeblich von inneren Beziehungsmodellen bestimmt wird. Diese inneren Beziehungsmodelle sollen aus frühen Kind-Betreuer-Interaktionen entstehen und bestimmen, wie sicher oder unsicher man sich in Beziehungen fühlt (Mikulincer & Shaver, 2007). Demnach könnten diesem Modell zufolge individuelle Unterschiede in der Partnerschaftszufriedenheit und -stabilität im Erwachsenenalter unter anderem auf die frühkindlichen Beziehungen zu den Eltern zurückgeführt werden. So verhalten sich Erwachsene mit einem unsicheren Bindungsstil in ihren Partnerbeziehungen eher destruktiv und haben im Vergleich zu Erwachsenen mit einem sicheren Bindungsstil schlechter funktionierende Beziehungen. Ob dies jedoch auf ein frühkindlich angelegtes, über die Entwicklung hinweg stabiles inneres Beziehungsmodell zurückzuführen ist, ist empirisch nur sehr schwer nachzuweisen.

Eine dynamische, konnektionistische Perspektive auf die Bindungstheorie brachte eine wichtige Korrektur der Idee von stabilen inneren Beziehungsmodellen. Ihr zufolge wird die momentane Bindung in einer bestimmten Beziehung neben früheren Bindungserfahrungen immer auch von dem Gegenüber und der Situation beeinflusst. Daher kann die Frage nach der Stabilität und Veränderung nicht global beantwortet werden, sondern es braucht die Untersuchung spezifischer Beziehungsabläufe über die gesamte Lebensspanne sowie der Abläufe innerhalb der wichtigsten langfristigen Beziehungen.

Hypothese der gegenseitigen Abhängigkeit. Die Hypothese der Interdependenz (Kelley et al., 1983) betont im

Gegensatz zu der Bindungstheorie den quantitativen Aspekt der Beziehungen, unabhängig von der emotionalen Nähe und der Qualität der Beziehung. Personen, die im häufigen Kontakt sind, beeinflussen sich gegenseitig in ihren Gedanken, Emotionen und ihrem Verhalten. Je enger der Kontakt, desto mehr gegenseitige Beeinflussung bringt er mit sich. Um dagegen eine gegenseitige Abhängigkeit über die Zeit aufrechtzuerhalten, auch wenn der Kontakt seltener wird, müssen gemeinsame Interessen gefunden, gegenseitige Verpflichtung eingegangen und Intimität bewahrt werden.

Konvoi-Modell. Das Konvoi-Modell der sozialen Unterstützung von Kahn und Antonucci (1980) integriert die Bindungstheorie und die Rollentheorie. Der Konvoi stellt soziale Beziehungen als verkettete Interaktionen dar, die akkumulieren und sich über die Zeit entwickeln. Die Autoren sehen das Individuum in seinem Lebenslauf umgeben von einem sich teilweise verändernden und teilweise sehr stabilen Konvoi von anderen Menschen. Emotional entferntere soziale Beziehungen wie Bekannte und weniger enge Freunde sind eher flexibel und veränderlich. Dies erlaubt eine Anpassung an sich verändernde Bedürfnisse, Ziele und soziale Umgebungen (z. B. Umzug in eine neue Stadt, Wechsel des Arbeitsplatzes). Je enger die sozialen Beziehungen, desto stabiler sind sie nach dem Konvoi-Modell. Diese Stabilität dient insbesondere einer sicheren sozialen Eingebettetheit und auch der Aufrechterhaltung der Identität. Insgesamt ist nach dem Konvoi-Modell der Austausch sozialer (emotionaler und instrumenteller) Unterstützung zentral. Die stabilste Beziehung ist meist die mit der Herkunftsfamilie; so ist die erste und primäre Bindung ja meistens die mit der Mutter oder einer anderen primären Bezugsperson. Im Laufe des Lebens wächst die soziale Welt des Individuums jedoch bis ins Erwachsenenalter an und ändert sich mit der persönlichen Entwicklung und den sich verändernden Rollen und Verantwortungen.

Unter der Lupe

Forschung zum Konvoi-Modell

Das Konvoi-Modell hat in den letzten 30 Jahren eine breite empirische Forschung angeregt. Hier eine Auswahl an den Ergebnissen dieser Forschung:

▶ Junge Erwachsene führen einerseits Beziehungen mit der Familie und den Freunden fort, gleichzeitig werden aber romantische Partner füreinander die primäre Bezugsperson und Unterstützungsquelle.

▶ Die Eheschließung vergrößert das soziale Netzwerk der Partner durch die erweiterte Familie, und eine feste Partnerschaft erweitert auch sehr häufig den eigenen Freundeskreis um die Freunde des anderen. So ist es nicht verwunderlich, dass verheiratete Personen größere soziale Netzwerke als getrennte, geschiedene, verwitwete oder nie verheiratete Personen haben. Allerdings bedeutet ein größeres soziales Netzwerk in der Ehe nicht, dass die verschiedenen Funktionen sozialer Beziehungen (z. B. emotionale Unterstützung, gemeinsames Verfolgen von Aktivitäten etc.) auf alle sozialen Partner gleichmäßig verteilt werden. Der Ehepartner übernimmt die meisten Funktionen wie die der engen, emotionalen Bindung, der sozialen Integration. Die Ehe stellt im optimalen Fall einen verlässlichen und stabilen Bund dar, in der Werte geteilt werden und eine Verpflichtetheit zur wechselseitigen Fürsorge besteht. Daher sind Ehepartner in Bezug auf die Erfüllung dieser Bedürfnisse oft weniger abhängig von dem übrigen sozialen Netzwerk.

▶ Im Gegensatz zur Eheschließung führt die Scheidung zu einer Verminderung der Größe des sozialen Netzwerkes, weil die gemeinsamen Freunde oft nur im Freundeskreis eines der geschiedenen Ehepartner verbleiben und auch meist die Familie des Partners bzw. der Partnerin als Sozialpartner verloren gehen. Andererseits kann es auch zu einer vermehrten sozialen Unterstützung seitens der eigenen Familie und der Freunde kommen.

▶ Die Elternschaft verändert das soziale Netzwerk dramatisch. Eine Abnahme der partnerschaftlichen Unterstützung, aber auch eine Zunahme der Unterstützung von anderen Vertrauenspersonen ist die Folge. Nachdem die Kinder das Haus verlassen haben, finden die Eltern wieder mehr zueinander und verstärken ihre Beziehung zu ihren Freunden und Bekannten.

Austausch-Modell. Individuen behalten Beziehungen, die reziprok sind oder von denen sie profitieren, eher als solche, in die sie investieren, aber keinen Nutzen davon haben. Das heißt nicht, dass in jedem Moment Kosten und Nutzen ausgeglichen sein müssen. Vielmehr können Erwachsene ihre Investitionen aus früheren Zeiten »sammeln« und dann Gegenleistungen erwarten, wenn sie – etwa im höheren Alter – selbst nicht mehr so viele Ressourcen haben. Diese Idee einer »Unterstützungsbank« erklärt, warum Erwachsene auch im höheren Alter ihre Beziehungen aufrechterhalten können, obwohl sie nicht mehr reziprok sind. Reziprozität scheint daher eine größere Rolle in der Phase des Aufbaus einer Beziehung zu spielen als für ihre Aufrechterhaltung.

Substitutions- und Funktionsmodelle. Die Grundannahme von Substitutionsmodellen ist, dass es eine Hierarchie von Unterstützungsquellen gibt (Familie und Verwandtschaft, gefolgt von anderen informellen Beziehungen und erst dann von formellen Organisationen) und dass Unterstützungsquellen, wenn sie wegfallen, in der Reihenfolge dieser Hierarchie ersetzt werden. Die Substitutionsmodelle konnten allerdings empirisch nicht bestätigt werden. Vermutlich kann keine einzelne Beziehung eine andere ersetzen, sondern unterschiedliche Kombinationen von unterschiedlichen Aspekten sozialer Beziehungen können bei Beziehungsverlusten entstehende Defizite im sozialen Netzwerk kompensieren.

Die Funktionsmodelle ergänzen die Idee der Substitutionsmodelle. Sie besagen, dass die informellen Unterstützungssysteme aufgabenspezifisch sind. So erfüllt die Familie das Bedürfnis nach einer langfristigen Bindung und Intimität, die Nachbarn liefern dafür eine geografische Nähe und Freunde teilen oft ähnliche Lebenserfahrungen und eine gemeinsame Geschichte. Mindestens fünf verschiedene Funktionen von sozialen Beziehungen werden unterschieden:

(1) emotionale Bindung (normalerweise gespendet von Eltern, Partnern und engen Freunden),
(2) soziale Integration (geleistet von sozialen Gruppen),
(3) verlässlicher Bund (geleistet von der Familie und Verwandtschaft),
(4) Begleitung und Wertbestätigung (z. B. von Arbeitskollegen) und
(5) wechselseitige Fürsorge (meist innerhalb der Familie).

Sozioemotionale Selektivitätstheorie. Ähnlich wie das Modell der Selektion, Optimierung und Kompensation von Baltes und Baltes (1990) ist die Selektivität bei begrenzten Ressourcen auch nach der Sozioemotionalen Selektivitätstheorie (SST) von Carstensen (Carstensen et al., 1999) ein zentraler Faktor zur Erklärung von Veränderungen in sozialen Beziehungen über das Erwachsenenalter. Nach der SST gibt es zwei Motive für soziale Beziehungen: Informationssuche und Emotionsregulation. Während im jüngeren Erwachsenenalter das Motiv der Informationssuche im Vordergrund steht, so nimmt mit dem Alter die Wichtigkeit der Emotionsregulation zu (s. hierzu auch Brandtstädter & Wentura, 1995). Das Motiv der Informationssuche wird der SST zufolge am besten über möglichst viele soziale Kontakte befriedigt, da in einer größeren Gruppe von Personen ein bestimmtes Wissen mit höherer Wahrscheinlichkeit vorhanden ist als in einer kleineren Gruppe. Das Motiv der Emotionsregulation wird hingegen besser durch emotional nahestehende Sozialpartner befriedigt. Dieses Motiv sollte sich mit zunehmendem Alter aufgrund der sich verkürzenden Zukunftsperspektive verstärken. Wenn die Zukunft als beschränkt wahrgenommen wird, so führt dies nach der SST dazu, dass man sich auf solche sozialen Beziehungen fokussiert, die einen besonderen emotionalen Stellenwert einnehmen. So lasse sich auch erklären, warum ältere Menschen sich nicht einsam fühlen, obwohl ihr soziales Netzwerk rein quantitativ kleiner wird.

> **Denkanstöße**
> ▶ Welche Aspekte sozialer Beziehungen lassen sich mit welchem der Modelle besonders gut beschreiben und erklären?
> ▶ Zu welchen unterschiedlichen Vorhersagen kommen die verschiedenen Modelle sozialer Beziehungen im Erwachsenenalter?
> ▶ Wie könnten Sie diese unterschiedlichen Vorhersagen empirisch testen?

Partnerschaft und Elternschaft

Partnerschaft. Die Mehrheit der Erwachsenen lebt in einer langfristigen partnerschaftlichen Beziehung, meistens mit einem Trauschein. Beinahe 80 % aller Erwachsenen heiraten irgendwann in ihrem Leben. Die Ehe ist nicht nur die am stärksten normative, sondern für die meisten auch die wichtigste enge Beziehung im jungen und mittleren Erwachsenenalter. Obwohl – oder gerade weil – die Scheidungsraten hoch sind, nimmt die Bedeutung der Ehe sogar eher zu. Man muss heutzutage in vielen westlichen Gesellschaften nicht mehr heiraten, um zusammenleben und eine sexuelle Beziehung eingehen zu können. Die Entscheidung zu heiraten wird daher als ein öffentliches Bekenntnis zu der anderen Person ohne äußeren Zwang angesehen. Heiraten wird deshalb mehr und mehr zu einer Art Statussymbol für ökonomisch unabhängige Frauen. Es ist daher nicht verwunderlich, dass Frauen mit hohem ökonomischem Status heutzutage mit höherer Wahrscheinlichkeit heiraten als Frauen mit niedrigerem ökonomischen Status.

Paradoxerweise kann der symbolische Wert der Ehe eben gerade wegen ihrer Zerbrechlichkeit (hohe Scheidungsraten) sogar noch steigen, da nicht nur die Eheschließung, sondern auch der Verbleib in der Ehebeziehung aufgrund der relativ hohen sozialen Akzeptanz einer Scheidung als freiwillig angesehen wird. Die Ehe wird heutzutage vielfach als eine Partnerschaft von hoher Qualität angesehen, die durch individuelle Leistung und soziale Kompetenz aufrechterhalten wird und nicht durch ein kirchliches Sakrament oder soziale Normen. Sie ist damit nicht nur eine Familienbeziehung unter vielen, sondern die prestigeträchtigste, da sie impliziert, dass man von einer anderen Person als Lebenspartner ausgewählt wurde und dieser Rolle gerecht wird. Umgekehrt trägt auch die gesteigerte Bedeutung der Ehe zu ihrer Zerbrechlichkeit bei, da die hohen Erwartungen an den Ehepartner dauerhaft kaum erfüllt werden können.

> **Unter der Lupe**
>
> **Zufriedenheit mit der Ehe**
>
> Die Zufriedenheit mit der Ehe verändert sich über das Erwachsenenalter. Sie nimmt allerdings nicht kontinuierlich ab, wie man vielleicht annehmen könnte, sondern ist hoch im jungen Erwachsenenalter, sinkt dann kontinuierlich bis zum mittleren Erwachsenenalter ab und steigt im höheren Erwachsenenalter wieder an. Diese Entwicklung spiegelt das Verhältnis von positiven und negativen Beziehungserfahrungen wider. In einer groß angelegten Studie an drei Generationen haben Gilford und Bengtson (1979) gefunden, dass negative Interaktionen zwischen Ehepartnern stetig abnahmen, während positive Interaktionen eine U-Funktion aufwiesen (s. Abb. 11.2).
>
> Junge Paare berichteten sowohl häufige positive als auch negative Interaktionen. Mittelalte Paare erlebten hingegen weniger positive und mittelmäßig viele negative Interaktionen und waren mit ihrer Ehe auch am wenigsten zufrieden. Schließlich berichteten ältere Paare ein mittleres Niveau an positiven und ein tiefes Niveau an negativen Interaktionen und daher auch die höchsten Zufriedenheitswerte. Während sich junge Paare meist bemühen, Konflikte aktiv anzugehen, und deswegen häufig negative Interaktionen erleben, wird dieses Ziel mit zunehmender Beziehungsdauer oft weniger dringlich. Ältere Paare können offensichtlich besser mit ungelösten Problemen umgehen, Konflikte nicht eskalieren lassen und auf positive Aspekte der Partnerschaft fokussieren. Paradoxerweise scheinen ältere Paare eher darin übereinzustimmen, dass sie nicht miteinander übereinstimmen, während jüngere Paare nach einer Auflösung von Unstimmigkeiten suchen und damit mehr Konflikte erleben.
>
> **Abbildung 11.2** Interaktionshäufigkeit von positiven und negativen Interaktionen im jungen, mittleren und höheren Erwachsenenalter (nach Gilford & Bengtson, 1979)

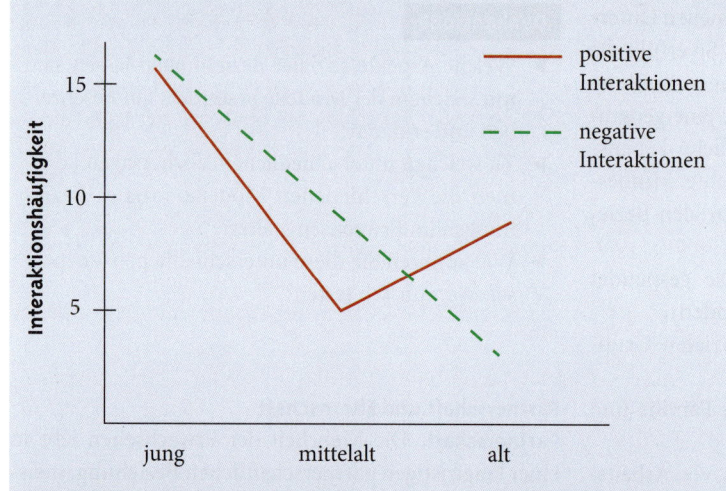

Als Kritikpunkt einer solchen Interpretation der Studienergebnisse von Gilford und Bengtson kann man einwenden, dass die Daten nicht längsschnittlich, sondern querschnittlich erhoben wurden. Das lässt die Frage nach möglichen Kohortenunterschieden offen. Beispielsweise könnte man sich vorstellen, dass die junge Generation in der Studie in einer Atmosphäre aufgewachsen ist, in der das Streiten zu einer »gesunden« Ehekultur gerechnet wurde (in den späteren 1960er-Jahren), während die älteren Generationen das Streiten als negativ betrachteten und daher vermieden. Würde ein solcher historisch-kultureller Umstand die Unterschiede im Konfliktverhalten zwischen den drei Generationen bedingen, so könnte man erwarten, dass die jüngere Generation auch im höheren Alter mehr Konflikte erleben würde als die ältere Generation.

Für die Ehezufriedenheit ist das Verhältnis positiver zu negativen Interaktionen maßgeblich. Negative Dimensionen der Interaktionen haben insgesamt einen stärkeren Effekt auf die Beziehungsqualität und -zufriedenheit als positive, was dazu beitragen könnte, dass ältere Erwachsene eine höhere Ehezufriedenheit berichten als jüngere, obwohl sie weniger positive Interaktionen erleben. Mittelalte Erwachsene weisen die tiefsten Zufriedenheitswerte auf. Mittelalte Erwachsene profitieren offensichtlich nicht mehr von dem Bonus der Verliebtheit, den junge Paare haben, und noch nicht von den emotionsregulativen Fähigkeiten der älteren Paare.

Scheidung. Als ein Grund für die gestiegene Scheidungsrate wird vermutet, dass heutzutage unerfüllbare Erwartungen an eine Ehebeziehung gestellt werden. Der Glaube, dass die Ehe zentral für das eigene Glück ist, ist weit verbreitet. Menschen betrachten die Ehe als die wichtigste Verpflichtung in ihrem Leben, als eine zufriedenstellende, intime und leidenschaftliche Bindung von zwei Menschen, die sich nicht nur lieben, sondern auch gute Freunde sind. Paradoxerweise führen die gleichen Erwartungen dazu, dass – zusammen mit der Verfügbarkeit von Alternativen, der größeren ökonomischen Unabhängigkeit von Frauen und der relativ hohen Akzeptanz der Scheidung in der Bevölkerung – die Ehe eine fragile Institution geworden ist. Wenn die Ehe die übertriebenen Erwartungen nicht erfüllt, ist die Versuchung groß, das Glück bei einer anderen Person zu suchen. Dazu kommt, dass die steigende Lebenserwartung dazu führt, dass man über Dekaden mit dem gleichen Partner bzw. der gleichen Partnerin eine Ehebeziehung führt. Ist diese Beziehung nicht zufriedenstellend, entscheidet man sich dann eher für ihre Auflösung, wenn man noch viele Jahre vor sich hat. Zusätzlich führen die höheren Scheidungsraten zu einer großen Gruppe von Personen, die als potenzielle neue Partner auf dem »Secondhand«-Beziehungsmarkt dienen können. Das erleichtert das Finden eines neuen Partners bzw. einer neuen Partnerin. Da die Verfügbarkeit von Alternativen die Bereitschaft, eine bestehende Beziehung aufzulösen, erhöht, führt dies zusätzlich zu höheren Scheidungsraten.

Es gibt relativ wenig kulturelles Wissen darüber, wie man eine stabile Beziehung, die gleichzeitig leidenschaftlich, intim und verpflichtend ist, über mehrere Dekaden aufrechterhält. Weil es an kulturellen Normen und positiven Modellen fehlt, müssen Personen eigene Strategien für die Aufrechterhaltung einer guten Beziehung entwickeln. Ehestabilisierende Faktoren können hierbei sowohl internaler als auch externaler Natur sein. Internale Faktoren sind eine enge, emotionale Bindung und eine gemeinsame Lebensplanung mit dem Partner, das Teilen moralischer Überzeugungen und ein Gefühl der Verpflichtung gegenüber dem Partner. Externale Faktoren betreffen die Investitionen in die Beziehung, den sozialen Druck, die Schwierigkeiten, die Ehe zu beenden, und die Verfügbarkeit attraktiver Alternativen. Darüber hinaus spielen Stress und Coping sowie das Verhältnis positiver zu negativer Kommunikation (s. Unter der Lupe) einen entscheidenden Einfluss auf die Stabilität einer Paarbeziehung.

Elternschaft. Die Elternschaft dürfte die Rolle sein, die die soziale Entwicklung im Erwachsenenalter am stärksten prägt. Das eigene Kind nimmt einen zentralen Stellenwert im Leben der meisten Eltern ein, hinter dem die eigenen Bedürfnisse oft zurückgestellt werden. Die Geburt eines Kindes bedingt auch eine – oft radikale – Neuorganisation des Tagesablaufs. Eltern müssen sich mit dem Kind mitentwickeln, um ihm eine optimale Sozialisationsumwelt zu bieten. Was die Veränderung des sozialen Netzwerkes betrifft, berichten sowohl Mütter als auch Väter über eine Abnahme von Freunden in ihren Netzwerken nach der Geburt des ersten Kindes, was zumindest teilweise durch die knappe verbleibende Freizeit bedingt ist. Im Gegenzug nimmt jedoch die Wichtigkeit der Familien- und Verwandtschaftsbeziehungen sowie der Freundschaften zu anderen Eltern zu. In den mittleren Jahren kommt es zum sogenannten »generational stake«: Die Eltern berichten ein höheres Ausmaß an Nähe in der Eltern-Kind-Beziehung als ihre jugendlichen Kinder. Dieser wiederholt replizierte Befund wird dadurch erklärt, dass Eltern materiell und emotional mehr in ihre Kinder investieren als umgekehrt.

Der Übergang zur Elternschaft wird heute von immer mehr Männern und Frauen auf einen späteren Zeitpunkt im Leben verschoben. Gute Bildung, wenig eigene Geschwister, keine kindgerechte Wohnsituation und hohe subjektive Kosten der Elternschaft führen vermehrt zum Entschluss, keine Kinder, nur ein Kind oder Kinder später zu haben. Die Elternschaft lässt sich aber aufgrund biologisch bedingter Abnahme der Fruchtbarkeit der Frau nicht ewig hinausschieben (s. Abschn. 11.4.1).

Durch die höhere Lebenserwartung und die geringe Fertilitätsrate kommt es in den letzten Jahrzehnten zu einem Wandel von der Großfamilie zu der sogenannten »Bohnenstange-Familie«. Dies bezeichnet eine Familie, die über mehrere Generationen eine relativ kleine Zahl von Familienmitgliedern aufweist. Diese Entwicklung führt zu einer größeren Gewichtung der Kernfamilie und hat einen vergleichsweise geringen Einfluss auf andere Verwandtschaftsbeziehungen. Zu den potenziell positiven Folgen dieser Entwicklung gehören die Möglichkeit, in engen sozialen Austausch mit Personen zu treten, die bedeutend jünger oder älter sind als man selbst und so mehrere Generationen umspannen, sowie die Möglichkeit, dass sich die Zuneigung über Dekaden entwickeln und dementsprechend vertiefen kann. Die potenziell negativen Folgen betreffen die gleichzeitige Verantwortung für mehrere Generationen, die jüngere Personen auf sich nehmen müssen. Darüber hinaus können sich natürlich nicht nur die positiven Beziehungen, sondern eben auch Konflikte über Jahrzehnte erstrecken.

Übrige soziale Beziehungen
Alternde Eltern. Mit dem Alter verändert sich die relative Macht zwischen Kindern und ihren Eltern. Die Beziehung wird im jungen und noch stärker im mittleren Erwachsenenalter symmetrischer und partnerschaftlicher. Mit zunehmender Dauer der eigenen Partnerschaft gewinnen auch die Partnereltern an Bedeutung. Es besteht meistens Kontakt zwischen erwachsenen Kindern und ihren Eltern, beide Generationen bevorzugen aber einen räumlichen Abstand. Man spricht daher von »innerer Nähe durch äußere Distanz« oder »Intimität auf Abstand«. Entgegen den Mythen über den Verfall familiärer Solidarität aufgrund der Individualisierung der Gesellschaft ist die familiäre Solidarität auch heute nach wie vor relativ hoch.

Die Bereitschaft, alten Eltern Hilfe zu leisten, wird durch die erinnerte Beziehung während der Kindheit beeinflusst. Die »support bank«-These von Antonucci (1985) geht von der Annahme aus, dass die erwachsenen Kinder ihren alten Eltern die in der Kindheit erhaltene Zuwendung und Unterstützung zurückgeben, indem sie sie pflegen. Vielfach wird die Betreuung der alten Eltern aber aus Pflichtgefühl übernommen, unabhängig von der Qualität der früheren Eltern-Kind-Beziehung. Zwar wird intergenerationale Solidarität zwischen erwachsenen Kindern und ihren Eltern durch eine affektiv befriedigende Beziehung in der Kindheit gefördert, darüber hinaus ist aber die Norm wirksam, die vorschreibt, dass man den eigenen alternden Eltern helfen soll. Äußere oder innere Sanktionen (Missbilligung bzw. Schuldgefühle) resultieren, wenn man sich um alte hilfsbedürftige Eltern gar nicht kümmert. Junge und mittelalte Erwachsene haben meist Vorstellungen davon, was für Erwartungen ihre Eltern an ihre instrumentelle und emotionale Unterstützung haben. So berichteten die Befragten in einer Studie von Bromley und Blieszner (1997), dass ihre Eltern Aussagen wie »Erwachsene Kinder sollten ihren Eltern finanziell aushelfen, wenn es nötig ist« oder »Erwachsene Kinder sollten sich für ihre Eltern verantwortlich fühlen« bejahen würden. Töchter übernehmen im Vergleich zu Söhnen für ihre Eltern eine größere Verantwortung. Dies lässt sich einerseits auf entsprechende Rollenerwartungen, andererseits aber auch auf die größere emotionale Nähe zwischen Töchtern und ihren Eltern (insbesondere Müttern) zurückführen.

Freundschaften. Freundschaft ist eine der prominentesten Beziehungen in der Adoleszenz und nimmt an Bedeutung in den frühen Phasen des jungen Erwachsenenalters etwas ab, besonders wenn eine langfristige romantische Beziehung eingegangen wird. Freunde bieten nicht nur Geselligkeit, sondern dienen – neben den eigenen Eltern – auch als primäre Quelle sozialer Unterstützung. Singles haben in ihren Netzwerken mehr Freunde als Familien- und Verwandtschaftsmitglieder, während verheiratete junge Erwachsene beide Netzwerke gleichermaßen gewichten. Freunde im frühen jungen Erwachsenenalter sind tendenziell gleichgeschlechtlich, und Frauen berichten über mehr enge Freunde als Männer. Die Intimität steigt allerdings im jungen Erwachsenenalter in allen Beziehungsarten und für beide Geschlechter an.

Freundschaften haben vor allem in Übergangsphasen eine stabilisierende Funktion. So führt eine Anhäufung von Stressoren in einer Übergangsphase dann zu schlechteren Anpassungsleistungen, wenn Freundschaften darunter leiden. Freunde erleben die Verantwortung füreinander als soziale Pflicht. Die Bedürfnisse der eigenen Freunde zu befriedigen, wird nicht als eine persönliche Entscheidung, sondern als soziale Norm betrachtet. Diese Sichtweise unterscheidet junge Erwachsene von Adoleszenten und ist förderlich für die Stabilität der Beziehung und ihre unterstützende Qualität.

Mit der Veränderung der sozialen Rollen im jungen Erwachsenenalter verändern sich auch Freundschaftsbeziehungen. Die dyadischen, gegengeschlechtlichen Interaktionen nehmen zu, und entsprechend nehmen gleichgeschlechtliche, gemischte und Gruppeninteraktionen ab. Gleichzeitig nehmen Freizeitbeschäftigungen mit Freunden ab, eine Entwicklung, die teilweise durch die neuen Familienrollen bedingt ist. Die Freundschaftsstrukturen junger Erwachsener sind eng mit ihrem Familienstatus (d. h. Single, verheiratet ohne Kinder, verheiratet mit Kindern) verknüpft.

Die Zahl der Freundschaften verringert sich nach dem Eingehen einer langfristigen Partnerschaft und weiter nach der Eheschließung. Dagegen intensivieren sich die familiären Beziehungen und der Anteil der gemeinsamen Freunde der Partner nimmt zu. Die Geburt von Kindern beschleunigt diesen Prozess. Die Kontakte zu den wenigen verbleibenden Freundschaften intensivieren sich dagegen, insbesondere zu Freunden, die selbst Kinder haben.

Zeit ist die Ressource, die im mittleren Erwachsenenalter besonders rar ist, vor allem bei einer doppelten Belastung von Familie und Beruf. Wenn sowohl Beruf als auch Familie sehr viel Zeit beanspruchen, bleibt nur wenig Zeit für Freunde. Tatsächlich berichten Erwachsene im mittleren Erwachsenenalter, dass sie weniger Zeit für Freunde haben und weniger Zeit mit ihnen verbringen als jüngere Erwachsene, obwohl weder die Wichtigkeit noch die erlebte Nähe von Freundschaften abnimmt. Freundschaften im mittleren Erwachsenenalter verlieren aber zugunsten von Familienbeziehungen an Bedeutung. Freundschaftliche Nachbarschafts- und Arbeitsbeziehungen sind in dieser Phase wichtig.

Die Zeit, die man mit Freunden verbringt, nimmt während des gesamten Erwachsenenlebens kontinuierlich ab. Ist es im frühen mittleren Erwachsenenalter die familiäre und berufliche Beanspruchung, die dieser Abnahme zugrunde liegt, steht im späteren mittleren und höheren Erwachsenenalter eher eine erhöhte Selektivität im Vordergrund, die die Qualität von Beziehungen über die Quantität des sozialen Netzes stellt. Tatsächlich haben ältere Menschen kleinere soziale Netzwerke, obwohl sie nicht weniger zufrieden mit ihrem sozialen Leben sind als jüngere Erwachsene. Ältere Erwachsene berichten sogar über größere Zufriedenheit mit der Anzahl ihrer Freunde als jüngere Erwachsene, obwohl jüngere Erwachsene mehr Kontakt mit ihren Freunden haben.

Geschwisterbeziehungen. Beziehungen zwischen Geschwistern sind, über die Lebensspanne betrachtet, die längsten Beziehungen überhaupt und nehmen deshalb einen besonderen Stellenwert im Beziehungsnetzwerk von Erwachsenen ein. Die Nähe und Kontakthäufigkeit von Geschwisterbeziehungen scheint allerdings vom Zusammenhalt der Familie durch die Eltern abzuhängen, denn nach dem Tod der Eltern lassen Geschwisterinteraktionen häufig nach.

In Jahren der Kindererziehung und Karriereentwicklung des jungen Erwachsenenalters erfahren Geschwisterbeziehungen in der Regel eine Unterbrechung. Man hat sie deshalb als »ruhend«, »vermindert« oder »umgewandelt« bezeichnet. Im mittleren und älteren Erwachsenenalter erleben viele Geschwisterbeziehungen eine erneute emotionale Annäherung.

Erinnerungen an Bevorzugung der Geschwister in der Kindheit sind verbunden mit verminderter Qualität der Geschwisterbeziehung und mehr Konflikten mit den Eltern im Erwachsenenalter. Rivalitäten zwischen Geschwistern müssen allerdings nicht nur negative Konsequenzen haben. Eine positive Umdeutung der früheren Rivalitäten führt zum positiven Affekt gegenüber den Geschwistern. Manche Erwachsene setzen also effektive Strategien ein, um mit negativen Beziehungserfahrungen aus der Kindheit umzugehen. Am Schluss kommt es nicht auf die tatsächliche Qualität der früheren Beziehung an, sondern auf den Umgang mit dieser Erfahrung.

11.4.3 Freizeit

Der Freizeitbereich trägt zur Flexibilisierung sozialer Rollen bei, indem Aufgaben anders verteilt werden als während der Alltagsroutine. Freizeit ist per definitionem ein Lebensbereich, in dem klare normative Regeln fehlen. Somit ist Freizeit nicht die Abwesenheit von Arbeit, sondern eine Zeit, in der die Tätigkeiten frei gewählt werden können. Freizeitaktivitäten tragen substanziell zur Lebenszufriedenheit bei.

Freizeit und Arbeit. Funktional betrachtet dient die Freizeit unter anderem der Erholung von der Arbeit. Daher muss Freizeit flexibel sein und sich den Bedürfnissen der Arbeit und der Familie anpassen. Nicht überraschend ist daher, dass im Gegensatz zur beruflichen und familiären Belastung die Freizeit von der Jugend bis zum Erwachsenenalter abnimmt und erst ab einem Alter von etwa 60 Jahren wieder zunimmt. Diese Entwicklung wird allgemein wahrgenommen, denn sowohl junge als auch mittelalte Erwachsene erwarten, dass sie weniger Verantwortung tragen werden, weniger Sorgen und mehr Freizeit und Freiheit in der Wahl vom Lebensstil haben werden, wenn sie älter geworden sind. Zum Gefühl von Freizeitmangel im produktiven Alter trägt auch bei, dass der größte Teil des Freizeitbudgets Interaktionen mit Familienmitgliedern betrifft und zu Hause verbracht wird. Diese Aktivitäten können durchaus den Charakter von Pflichten annehmen. Nicht überraschend ist daher, dass viele Menschen darunter leiden, zu wenig Freizeit zu haben. Etwa zwei Drittel der beruflich engagierten Erwachsenen aller Einkommen- und Bildungsstufen berichten, dass sie zu wenig Freizeit haben.

Unter der Lupe

Freizeitentwicklung über die Lebensspanne

Verbrugge et al. (1996) haben in einer groß angelegten Längsschnittstudie über den Zeitraum zwischen 1958 und 1992 die Ähnlichkeiten und Unterschiede in der Freizeitgestaltung junger, mittelalter und älterer Erwachsener im Alter zwischen 17 bis 96 Jahren untersucht.

Die Ergebnisse der Studie ergaben primär ein Bild der Stabilität hinsichtlich der Quantität der Freizeit über die Lebensspanne. Wie viel Zeit Personen jeweils mit ihren Freizeitaktivitäten verbringen, war längsschnittlich betrachtet recht stabil. Menschen, die ihren Freizeitaktivitäten viel (bzw. wenig) Zeit einräumten, taten das unverändert auch Jahre später noch. Veränderungen ergaben sich nur graduell und keineswegs sprunghaft. Die querschnittlichen Vergleiche zwischen den Altersgruppen ergaben hingegen recht große Unterschiede, die darauf zurückzuführen waren, wie zeitlich beanspruchend jeweils die bezahlte Arbeit war.

Ein Vergleich der Altersgruppen bezüglich der Art der Freizeitgestaltung ergab, dass ältere Personen vergleichsweise mehr Zeit mit persönlicher Pflege, Schlaf, Ausruhen, Einkaufen, Hobbys und passiven Freizeitaktivitäten verbrachten als mittelalte und junge Erwachsene. Pflegende und wenig fordernde Tätigkeiten wurden im höheren Alter besonders häufig berichtet. Aktivitäten mit den höchsten physischen und mentalen Anforderungen fand man dagegen mehr in den jüngeren Altersgruppen. Dieses querschnittliche Befundmuster spiegelte sich auch in den längsschnittlichen Veränderungen über die Lebensspanne wider. Menschen bevorzugen also im höheren Alter in ihrer Freizeit eher passive Erholung, was sicher teilweise auf die abnehmenden körperlichen Ressourcen (Energie, Gesundheit) zurückzuführen ist, aber auch eine veränderte Motivation reflektiert.

Manche Befunde der Studie gehen auf kulturelle Veränderungen während des Untersuchungszeitraumes zurück. So gingen mehr Frauen, die am Ende der Studie teilgenommen haben, bezahlter Arbeit nach und engagierten sich weniger im Haushalt als Frauen in den 1960er-Jahren, während man bei Männern den umgekehrten Trend fand. Die Zeit, die man mit frei gewählten Aktivitäten verbringt (z. B. Pflege von Kontakten, Hobbys, Sport, Unterhaltung), nahm zwischen 1960 und 1990 zu, während persönliche Pflege, Schlaf und Ausruhphasen tendenziell eher abnahmen (insbesondere im mittleren Erwachsenenalter). Dies zeigt eine allgemeine Tendenz zu aktiveren Freizeitgestaltungen. Wie aktiv die Freizeit gestaltet wird, ist davon abhängig, wie viel Zeit einem hierfür zur Verfügung steht. Bei quantitativem Freizeitmangel leidet auch die Qualität der Freizeit.

Freizeitmangel. Neben dem quantitativen Freizeitmangel ist Freizeit im Erwachsenenalter auch durch qualitative Mängel gekennzeichnet. Statt Aktivitäten nachzugehen, die für das Wohlbefinden und die Gesundheit förderlich sind, sind Erwachsene eher geneigt, ihre Freizeit passiv zu leben. Sie gehen damit Aktivitäten nach, die tendenziell negativ mit dem Wohlbefinden korrelieren oder zumindest zum Wohlbefinden nicht positiv beitragen. Dazu kommt, dass der quantitative und qualitative Freizeitmangel miteinander verbunden sind. Je weniger Zeit man zur Verfügung hat, desto größer ist der Anteil an passiven Freizeitaktivitäten. Viele Erwachsene fragen sich zuerst »Wie viel Zeit habe ich?«, bevor sie sich die Frage stellen »Was würde ich gerne machen?«. Das »produktive Alter« führt zusätzlich zu der normativen Erwartung, dass man seine Lebenszeit »sinnvoll« nutzen soll. Viel Freizeit zu haben scheint eher verdächtig in diesem Lebensabschnitt.

Veränderung der Freizeitaktivitäten. Die Entwicklung und Veränderung der Freizeitaktivitäten über das Erwachsenenalter wird nach der Hypothese der optimalen Erregung dadurch bestimmt, dass mit dem Alter die Aufrechterhaltung von Bekanntem steigt, während die Suche nach Neuem kontinuierlich abnimmt (Iso-Ahola, 1980). Damit ändert sich das Niveau der optimalen Erregung, das in Freizeitaktivitäten gesucht wird. Freizeitaktivitäten werden demzufolge mit steigendem Alter weniger oft neu angefangen oder gewechselt, sondern eher fortgesetzt oder aufgegeben (vgl. Unter der Lupe).

Das Aufgeben von bzw. die Neuorientierung in Freizeitaktivitäten im Erwachsenenalter wird auch mithilfe der Einschränkungshypothese erklärt (Jackson et al., 1993). Nach dieser Hypothese sind Freizeitaktivitäten durch verschiedene Einschränkungen mitbestimmt, die sich im Verlauf des Lebens verändern. So sind vor allem Zeiteinschränkungen, aber auch der sich anbahnende Abbau körperlicher Ressourcen die Hauptfaktoren für die Freizeitaktivitätenwahl im mittleren Erwachsenenalter.

Denkanstöße

Nach der Hypothese der optimalen Erregung wird die Veränderung der Freizeitaktivitäten über das Erwachsenenalter dadurch bestimmt, dass die Aufrechterhaltung von Bekanntem mit dem Alter steigt, während die Suche nach Neuem kontinuierlich abnimmt. Welche anderen entwicklungspsychologischen Theorien machen ähnliche oder kontrastierende Aussagen über die Entwicklung im Erwachsenenalter?

Zusammenfassung

- Es gibt keine klaren Altersgrenzen zur Bestimmung des jungen und mittleren Erwachsenenalters. Die Bestimmung dieser Lebensphasen erfolgt primär über die zentralen Entwicklungsthemen. Diese Entwicklungsthemen sind primär den Bereichen Beruf und Familie zuzurechnen.
- Havighursts Modell der Entwicklungsaufgaben stellt ein Stufenmodell von aufeinanderfolgenden Aufgaben für bestimmte Lebensabschnitte dar. Ihm zufolge ermöglicht die Erfüllung der Entwicklungsaufgaben einer bestimmten Altersstufe die weitere (erfolgreiche) Entwicklung. Entwicklungsaufgaben sind definiert als sozial, biologisch und individuell bestimmte, altersbezogene Aufgaben. An Havighursts Modell wurde kritisiert, dass es die großen interindividuellen Unterschiede sowie die Multidirektionalität, die Multifunktionalität und den Kontextualismus von Entwicklung nicht berücksichtigt. Entwicklungsaufgaben können auch als soziale Erwartungen über Entwicklungsfristen aufgefasst werden, die den Lebenslauf mitstrukturieren.
- Die Verzögerung der Entwicklungsfristen für das junge Erwachsenenalter führt zu einer historisch neuen Phase der Emerging Adulthood zwischen Adoleszenz und Erwachsenenalter. Damit zögert sich der Beginn des Erwachsenenalters hinaus, in der die Übernahme von Verantwortung in Beruf und Familie erwartet wird.
- Das junge Erwachsenenalter kann als eine Art »Rushhour« angesehen werden, zu der multiple, ressourcenintensive Rollen gleichzeitig in einem relativ kurzen Zeitraum verfolgt werden müssen. Die zentralen Herausforderungen bestehen in der Berufsfindung, dem Einstieg ins Berufsleben und der Familiengründung.

▶ Das mittlere Erwachsenenalter stellt empirischen Befunden zufolge keine Zeit der Krise (Midlife-Crisis) dar, sondern trotz der hohen Anforderungen in Beruf und Familie eine Zeit der hohen Zufriedenheit und des Wohlbefindens. Die zentralen Herausforderungen sind das Erreichen des beruflichen Höhepunktes, Stabilisierung der Position trotz Wissensverfall und Konkurrenz durch Jüngere im beruflichen Bereich, die Erziehung der eigenen Kinder im familiären Bereich und das Finden einer Balance zwischen Beruf und Familie. Das Zusammenspiel von Beruf und Familie kann zu Konflikten wegen Doppelbelastung führen, aber auch positive Wechselwirkungen aufweisen.

▶ Die Sandwich-Generation steht zwischen den Verpflichtungen gegenüber den eigenen Kindern und den alternden Eltern. Diese doppelte Verpflichtung stellt zwar hohe Anforderungen an die Zeit von mittelalten Erwachsenen, wird von den Betroffenen jedoch auch häufig als besonders sinnstiftend und befriedigend empfunden.

▶ Durch die steigende Lebenserwartung kommt es zu dem Phänomen der sogenannten »gewonnenen Jahre«, die derzeit sozial wenig strukturiert sind (weniger und schwächere soziale Normen und Erwartungen). Aufgrund dessen kommt der Selbstregulation für die erfolgreiche Entwicklung mit zunehmendem Alter mehr Bedeutung zu.

Weiterführende Literatur

Freund, A. M. & Baltes, P. B. (2005). Entwicklungsaufgaben als Organisationsstrukturen von Entwicklung und Entwicklungsoptimierung. In S.-H. Filipp & U. M. Staudinger (Hrsg.), Entwicklungspsychologie des mittleren und höheren Erwachsenenalters (Enzyklopädie der Psychologie, Themenbereich C, Serie V, Bd. 6, S. 35–78). Göttingen: Hogrefe. *Dieses umfassende Kapitel arbeitet auf der Grundlage der empirischen Forschung den Nutzen des Konzeptes der Entwicklungsaufgaben für die Beschreibung und das Verstehen von Entwicklung über das Erwachsenenalter heraus.*

Freund, A. M., Nikitin, J. & Ritter, J. O. (2009). Psychological consequences of longevity: The increasing importance of self-regulation in old age. Human Development, 52, 1–37. *Ausgehend von der steigenden Lebenserwartung und der damit einhergehenden Veränderung der Normativität des Lebenslaufes untersuchen die Autoren die Rolle der Selbstregulation für die Entwicklung in den zentralen Lebensbereichen des Erwachsenenalters – Beruf, Familie und soziale Beziehungen, Freizeit – während dessen verschiedenen Phasen.*

Lang, F. R., Neyer, F. J. & Asendorpf, J. B. (2005). Entwicklung und Gestaltung sozialer Beziehungen. In S.-H. Filipp & U. M. Staudinger (Hrsg.), Entwicklungspsychologie des mittleren und höheren Erwachsenenalters (Enzyklopädie der Psychologie, Themenbereich C, Serie V, Bd. 6, S. 377–416). Göttingen: Hogrefe. *Ein umfassender Überblick über die theoretische und empirische Literatur zu sozialen Beziehungen über das Erwachsenenalter und Mechanismen der Beziehungs- und Netzwerkgestaltung. Die Funktion und Struktur sozialer Beziehungen werden als Ergebnis der lebenslangen Entwicklungsregulation des Individuums betrachtet, die ihrerseits wiederum entwicklungsregulative Funktionen haben.*

Staudinger, U. M. & Bluck, S. (2001). A view on midlife development from life-span theory. In M. E Lachman (Ed.), Handbook of midlife development (pp. 3–39). New York: Wiley. *Dies ist eine der wenigen Publikationen, die sich der Entwicklung insbesondere im mittleren Erwachsenenalter widmen und dabei eine Lebensspannenperspektive einnehmen. Die Autorinnen argumentieren überzeugend, dass Entwicklung in dieser Altersphase als ein Wechselspiel aus Gewinnen und Verlusten betrachtet werden kann, das sich auf die verschiedenen Funktions- und Lebensbereiche bezieht.*

Ulich, E. & Wiese, B. S. (2011). Life Domain Balance – Konzepte zur Verbesserung der Lebensqualität. Wiesbaden: Gabler. *Dieses Werk bietet eine Zusammenschau einer Vielzahl von Arbeiten zur Balance wichtiger Lebensbereiche im Erwachsenenleben (Erwerbsarbeit, gemeinnützige Arbeit, Partnerschaft, Familie, Freizeit, Gesundheit) aus einer lebensspannenpsychologischen Perspektive und geht weit über die übliche Forschung zur »Work-Life-Balance« hinaus. Es handelt sich um ein lösungsorientiertes Buch, das sich um Handlungsmöglichkeiten für das Finden einer Balance zwischen den Anforderungen und Zielen einer Person bemüht.*

12 Höheres Erwachsenenalter

Ulman Lindenberger • Ursula M. Staudinger

12.1 Entwicklung im Erwachsenenalter
  12.1.1 Die generelle Architektur des Lebensverlaufs
  12.1.2 Veränderungen in der relativen Ressourcenallokation

12.2 Intellektuelle Entwicklung im Erwachsenenalter
  12.2.1 Zweikomponentenmodelle der intellektuellen Entwicklung
  12.2.2 Relative Stabilität intellektueller Leistungen über die Lebensspanne
  12.2.3 Heritabilität
  12.2.4 Fähigkeitsstruktur
  12.2.5 Historische und ontogenetische Plastizität
  12.2.6 Determinanten der mechanischen Entwicklung im Erwachsenenalter
  12.2.7 Das Dilemma des kognitiven Alterns

12.3 Die Entwicklung von Selbst und Persönlichkeit im Erwachsenenalter
  12.3.1 Forschungstraditionen im Bereich von Selbst und Persönlichkeit
  12.3.2 Persönlichkeit im Erwachsenenalter
  12.3.3 Selbstkonzeptionen und selbstregulative Prozesse

Herr M. ist 65 Jahre alt. Seit einigen Monaten fällt seiner Frau auf, dass er sich häufig an die Namen auch enger Freunde nicht erinnern kann. Eines Tages möchte Herr M. wie gewohnt seine Tochter mit dem Auto zum Flughafen begleiten. Er verfährt sich, gerät in Panik, und die Tochter verpasst das Flugzeug. Frau S. ist 75 Jahre alt. Sie bereitet gerade das Treffen ihrer Lesegruppe vor, deren Teilnehmer in einer Stunde bei ihr zu Hause eintreffen werden. Während der letzten vier Wochen haben alle einen 500 Seiten langen Roman gelesen. Der Roman hat ihr sehr gut gefallen, und sie freut sich auf die Diskussion. Herr W. ist 85 Jahre alt. Mit 45 Jahren begann er mit dem Lauftraining und läuft seitdem regelmäßig Marathon. Mit 70 und 72 Jahren musste er sich an beiden Knien operieren lassen. Herr W. ist zuversichtlich, dass es ihm wie in den Jahren zuvor gelingen wird, im Herbst beim Berlin-Marathon die Zeit von 5 Stunden und 10 Minuten zu unterbieten.

Wie diese Beispiele belegen, zeichnet sich das höhere Erwachsenenalter durch eine besonders große Heterogenität der Entwicklungsverläufe aus. Das Lebensalter erlaubt keine eindeutigen Rückschlüsse auf die geistige und körperliche Leistungsfähigkeit älterer Erwachsener.

12.1 Entwicklung im Erwachsenenalter

Das vorliegende Kapitel betrachtet das höhere Erwachsenenalter aus der Perspektive der Psychologie der Lebensspanne. Zunächst werden zentrale Annahmen der Psychologie der Lebensspanne (vgl. Abschn. 1.1.2) unter besonderer Berücksichtigung der zweiten Lebenshälfte dargestellt. Anschließend werden diese anhand der Entwicklung intellektueller Fähigkeiten sowie der Entwicklung von Selbst und Persönlichkeit erläutert und konkretisiert.

> **Definition**
>
> **Höheres Erwachsenenalter** bezeichnet in etwa den Altersbereich von 65 bis 80 Jahren; die Zeit nach dem 80. Lebensjahr gilt als hohes Alter.

Wie in Kapitel 11 dargestellt wurde, zeichnet sich das mittlere Erwachsenenalter in der Regel durch die Differenzierung und Expansion von Aufgaben, Kompetenzen und Ressourcen aus. Hingegen verlangt das höhere Erwachsenenalter vor allem aufgrund biologisch bestimmter Einschränkungen zunehmend die Konzentration der Kräfte und die Nutzung vorhandener Stärken. Hierbei gilt es allerdings zwischen dem höheren, dem hohen und dem sehr hohen Erwachsenenalter weiter zu differenzieren. Überwiegt im jungen und mittleren Erwachsenenalter das »Hineinwählen« in verschiedene Bereiche des Lebens (z. B. Partnerschaft, Beruf, Elternschaft), so gewinnen im weiteren Verlauf des Lebens nach anfänglichem Zugewinn an Freiheitsgraden (»Die späte Freiheit«; Rosenmayr, 1983) insbesondere im hohen Alter das »Abwählen« von Bereichen und die Pflege der verbleibenden Bereiche an Bedeutung. Die Gestaltung und Bewältigung dieses Übergangs von Auswahl und Expansion zu Auswahl und Konzentration ist eine zentrale Entwicklungsaufgabe des hohen und sehr hohen Erwachsenenalters.

12.1.1 Die generelle Architektur des Lebensverlaufs

Drei zentrale Altersfunktionen. Nach Baltes (z. B. 1997) wird die Architektur der Ontogenese durch drei grundlegende, interdependente Altersfunktionen strukturiert:
(1) Die positiven Auswirkungen des evolutionären Selektionsdrucks nehmen mit dem Alter ab;
(2) der Bedarf an Kultur nimmt mit dem Alter zu;
(3) der Wirkungsgrad von Kultur lässt mit dem Alter nach (s. Abb. 12.1).

Die Abnahme evolutionärer Selektionsvorteile mit dem Alter

Die erste Funktion basiert auf einer evolutionären Betrachtung altersbedingter Veränderungen in der Expression und dem biologischen Potenzial des menschlichen Genoms. Im Mittelpunkt steht die Annahme, dass der Wirkungsgrad der evolutionären Selektion nach der reproduktiven Phase (d. h. nach dem Lebensalter, in dem Nachkommenschaft geboren und aufgezogen wird) deutlich und beschleunigt abnimmt. Diese Grundannahme wird durch indirekte Selektionsvorteile, die mit dem Erreichen eines höheren Lebensalters verbunden sind, wie etwa dem Nutzen der Großeltern für die Enkel, abgeschwächt, aber nicht außer Kraft gesetzt. Hinzu kommt, dass in evolutionär relevanten Zeiträumen nur sehr wenige Menschen ein hohes Alter erreichten, sodass die Wirkung der Evolution auf das

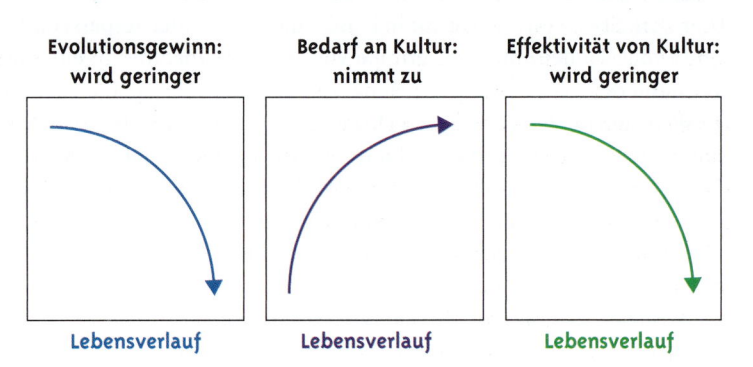

Abbildung 12.1 Drei interdependente Wirkungen der Dynamik von Biologie und Kultur im Lebensverlauf. Individualentwicklung ist innerhalb des durch diese Dynamik vorgegebenen Rahmens plastisch (d. h. veränderbar und optimierbar). Das Ausmaß an Plastizität nimmt allerdings mit dem Alter ab (nach Baltes, 1997)

höhere Erwachsenenalter auch aus diesem Grund von vornherein eingeschränkt ist. Ein besonders augenfälliges Anzeichen des abnehmenden Wirkungsgrads der evolutionären Selektion ist die hohe Prävalenz und alterskorrelierte Zunahme der Alzheimer-Demenz im Alter (s. Abschn. 13.2.2). Eine Krankheit mit vergleichbar hoher Prävalenz hätte evolutionär keinen Bestand, wenn sie in die Kindheit fiele.

Die Zunahme des Bedarfs an Kultur mit dem Alter
Der mittlere Teil von Abbildung 12.1 veranschaulicht die zweite Annahme, den Zusammenhang zwischen lebenslanger Entwicklung und der Bedeutung von Kultur. Dabei ist der hier verwendete Kulturbegriff weit gefasst: Er bezieht sich auf alle psychischen, sozialen, materiellen und wissensbasierten Ressourcen, die die Menschheit im Laufe ihrer historischen Entwicklung produziert hat. Ein Buch fällt in diesem Sinne ebenso unter den Begriff Kultur wie die Krankenversicherung. Der historische Anstieg der Lebenserwartung sowie des relativen Anteils gesunder Jahre an den gewonnenen Jahren zeigt das Potenzial und die grundlegende Funktion von Kultur in der zweiten Lebenshälfte.

Abnahme des Wirkungsgrads von Kultur mit dem Alter
Zwar nimmt der Bedarf an Kultur zum Erreichen von Entwicklungszugewinnen im Laufe des Lebens zu; die Effizienz, mit welcher aus kulturellen Ressourcen Entwicklungsgewinne geschöpft werden, nimmt jedoch ab, da das biologische Potenzial eine negative Beziehung zum Alter aufweist. Dies schließt nicht aus, dass ältere Personen jüngeren aufgrund ihres größeren Vorwissens auf bestimmten Gebieten geistig überlegen sind. Zudem sind in vielen Bereichen die altersunabhängigen Unterschiede zwischen Personen so groß, dass ältere Erwachsene mit hohen Fähigkeiten jüngere Erwachsene mit geringeren Fähigkeiten übertreffen. Betrachtet man jedoch Personen mit ähnlichen Voraussetzungen, so folgen aus der nachlassenden Effizienz der Kultur zwei Vorhersagen:
(1) Mit zunehmendem Lebensalter sind mehr materielle, soziale, ökonomische oder psychologische Ressourcen erforderlich, um ein hohes Leistungsniveau in einem bestimmten Gebiet zu erhalten oder neu herbeizuführen (s. Abb. 12.1).
(2) Das maximale Leistungsniveau liegt bei älteren Erwachsenen niedriger als bei jüngeren.

Law of Practice. Für das Nachlassen des Wirkungsgrads kultureller Ressourcen gibt es neben der Abnahme des biologischen Potenzials noch weitere Gründe. So ist es generell schwerer, in Bereichen zu weiteren Gewinnen zu kommen, in denen man bereits ein hohes Niveau erreicht hat, als in Bereichen, die man neu erlernt (Law of Practice). Dies gilt zunächst unabhängig vom Alter. Ältere Erwachsene weisen aber aufgrund ihres höheren Alters eine höhere Wahrscheinlichkeit auf, in den sie interessierenden Bereichen bereits viel gelernt zu haben und zu können, und dieser Umstand kann weitere Leistungszugewinne zusätzlich erschweren.

12.1.2 Veränderungen in der relativen Ressourcenallokation

Drei Arten von Entwicklungszielen. Ressourcen können für die Verfolgung dreier allgemeiner Arten von Entwicklungszielen eingesetzt werden:
(1) Zuwachs
(2) Aufrechterhaltung
(3) Verlustregulation

Zuwachs bezieht sich auf das Erreichen höherer Leistungsniveaus, Aufrechterhaltung auf den Erhalt des Leistungsniveaus unter erschwerten Bedingungen und Verlustregulation auf den adaptiven Umgang mit nicht vollständig ausgleichbaren (d. h. zumindest partiell irreversiblen) Verlusten. Das Erreichen dieser Ziele setzt in jedem Fall den Einsatz psychischer, sozialer und materieller Ressourcen voraus (z. B. Aufmerksamkeit, Anstrengung, Bewältigungsstrategien, soziale Netzwerke, Zeit und Geld).

Funktionserhalt und Verlustregulation werden wichtiger. Die Architektur des Lebenslaufs bewirkt, dass sich die Anteile der Entwicklungsziele an der Nutzung dieser Ressourcen im Laufe des Lebens verschieben. Ein zunehmender Anteil an Ressourcen wird in die Ziele Aufrechterhaltung und Verlustregulation investiert; der Anteil der in das Entwicklungsziel Zuwachs investierten Ressourcen nimmt entsprechend ab (s. Abb. 12.2). Der Übergang von einem überwiegend zuwachsorientierten zu einem überwiegend erhaltenden und verlustregulierenden Einsatz von Ressourcen kann als das übergeordnete Ziel der psychischen Entwicklung im Übergang vom mittleren zum späteren Erwachsenenalter gelten (Ebner et al., 2006; Staudinger et al., 1995). Dementsprechend nimmt der Umgang mit abnehmenden Ressourcen, zunehmenden Verlusten und der eigenen Endlichkeit in Theorien der psychischen Entwicklung im Erwachsenenalter eine zentrale Stellung ein. Die späten

Stufen der psychosozialen Entwicklung (Erikson, 1966), die Gegenüberstellung assimilativer und akkommodativer Bewältigungsstrategien (Brandtstädter, 2006; vgl. Abschn. 24.4) sowie die Theorie der Selektion, Optimierung und Kompensation von Baltes und Baltes (1990; SOK-Modell, vgl. Freund & Baltes, 2000; Abschn. 11.3.7) reflektieren diesen Wandel auf theoretischer Ebene.

Das Verhältnis zwischen den drei Entwicklungszielen ist interaktiv und dynamisch; die Ziele können einander widerstreiten oder sich gegenseitig stützen. Die Verschiebung der relativen Gewichte von Wachstum, Erhalt und Verlustregulation schließt Entwicklungszugewinne im Alter also keineswegs aus. Vielmehr geben die der biologischen Alterung (Seneszenz) geschuldeten Verluste auf individueller und gesellschaftlicher Ebene beständig Anlass zur Suche nach Verhaltensweisen und sozialen Strukturen, die trotz nachlassender personaler Ressourcen in ausgewählten Bereichen Zugewinn und Leistungserhalt ermöglichen (s. Abschn. 36.5). Die Plastizität (Veränderbarkeit) menschlichen Verhaltens stellt eine wichtige Voraussetzung für diese kulturellen Leistungen dar.

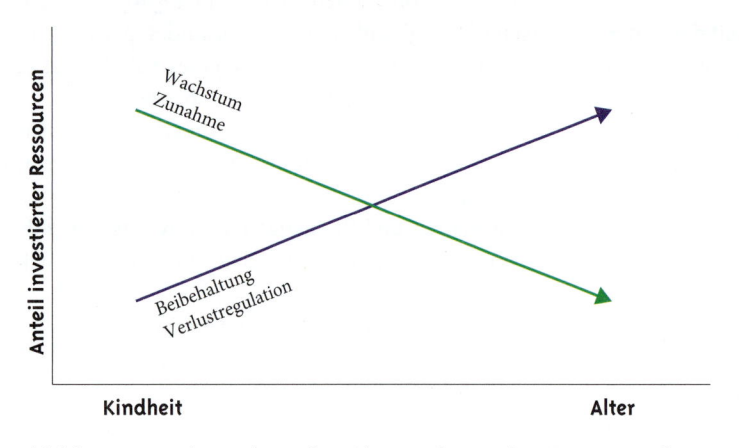

Abbildung 12.2 Mit zunehmendem Alter werden weniger Ressourcen für Funktionszunahmen und mehr Ressourcen für den Erhalt des Funktionsniveaus (Beibehaltung) und die Regulation von Verlusten investiert (nach Staudinger et al., 1995)

12.2 Intellektuelle Entwicklung im Erwachsenenalter

12.2.1 Zweikomponentenmodelle der intellektuellen Entwicklung

Alterungsanfällige und alterungsresistente Fähigkeiten. Zweikomponentenmodelle der intellektuellen Entwicklung (Baltes, 1987; Cattell, 1971; Horn, 1982; Tetens, 1777) unterscheiden zwischen biologischen und kulturellen Determinanten kognitiver Leistungen. Empirisch stützen sie sich vor allem auf die Beobachtung, dass manche kognitive Fähigkeiten alterungsanfällig, andere jedoch weitgehend alterungsresistent sind (s. Abb. 12.3). Alterungsanfällig sind vor allem Leistungen, die auf Schnelligkeit, Genauigkeit und Koordination elementarer kognitiver Prozesse basieren. Typische Beispiele sind das Denkvermögen im Sinne von Induktion und Deduktion bei geringem Vorwissen, das räumliche Vorstellungsvermögen, die Wahrnehmungsgeschwindigkeit und die Merkfähigkeit. Alterungsanfällige Fähigkeiten zeigen in der Regel einen schnellen Anstieg im Kindes- und Jugendalter, eine annähernd lineare Abnahme im mittleren und höheren Erwachsenenalter sowie eine Beschleunigung dieses Rückgangs im hohen Alter.

Im Vergleich zu den alterungsanfälligen Fähigkeiten nehmen Leistungen in Aufgaben, die das Niveau von Fertigkeiten und die Größe und Qualität von Wissensbeständen erfassen, im Kindes- und Jugendalter zwar ebenfalls zu; jedoch herrschen im Erwachsenenalter Stabilität und Wachstum vor, und erst im hohen Alter fallen die Leistungen auch hier ab. Ein typisches Beispiel für alterungsresistente Fertigkeit ist das Kopfrechnen, ein Beispiel für einen Wissensbestand sind verbale Fähigkeiten, wie sie im Wortschatz zutage treten.

Intellektuelle Fähigkeiten

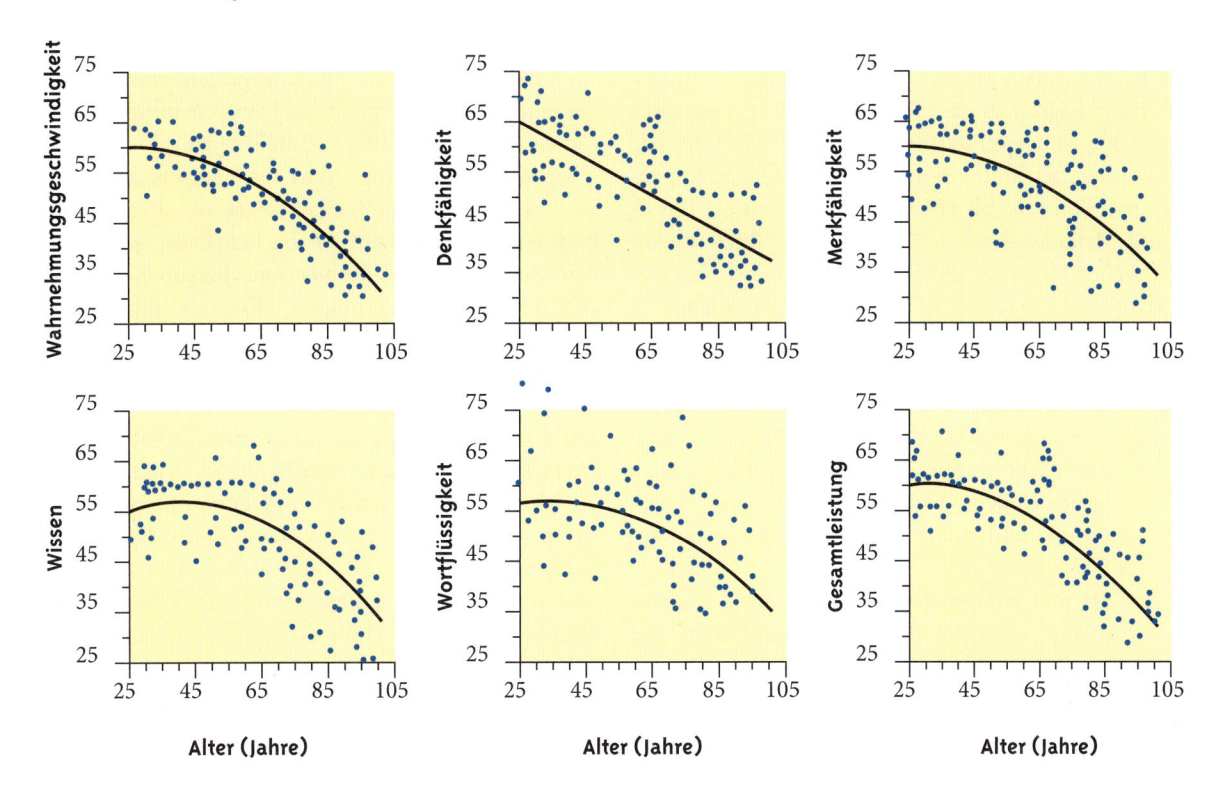

Sensorische Fähigkeiten

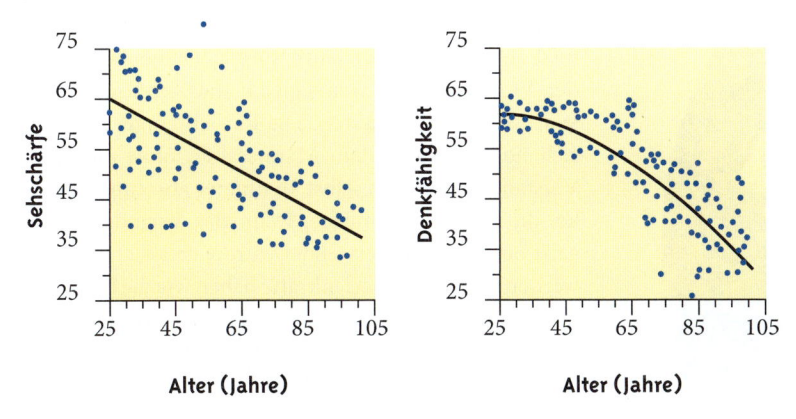

Abbildung 12.3 Querschnittliche Altersgradienten von fünf intellektuellen und zwei sensorischen Fähigkeiten im Altersbereich von 25 bis 101 Jahren. Die fluiden intellektuellen Fähigkeiten Wahrnehmungsgeschwindigkeit, Denkfähigkeit und Merkfähigkeit sowie die sensorischen Fähigkeiten Sehschärfe und Hörschwelle zeigen ab dem jungen und mittleren Erwachsenenalter negative Beziehungen zum Alter. Hingegen sind bei den vorwiegend kristallinen Fähigkeiten Wissen (Wortschatz) und Wortflüssigkeit erst im höheren Erwachsenenalter negative Beziehungen zum Alter erkennbar. $N = 144$, Altersbereich = 25–101 Jahre. Alle Leistungen sind in T-Scores abgetragen (Mittelwert = 50, Standardabweichung = 10) (nach Baltes & Lindenberger, 1997)

Unter der Lupe

Johann Nicolaus Tetens: Vordenker der Psychologie der Lebensspanne

Johann Nicolaus Tetens (s. Abb. 12.4) gilt als Vordenker und Begründer der Psychologie der Lebensspanne (vgl. Lindenberger, 2007a). Er wurde 1736 in Tetenbüll (Norddeutschland) geboren und starb 1807 in Kopenhagen. Von 1760 bis 1776 war er Professor der Physik und Metaphysik an der Akademie in Bützow. Anschließend lehrte er als Professor der Philosophie und Mathematik in Kiel. 1789 beendete er die akademische Laufbahn und begann eine erfolgreiche Karriere als Finanzbeamter der dänischen Regierung. In seinem Hauptwerk, den 1777 veröffentlichten »Philosophischen Versuchen über die menschliche Natur und ihre Entwickelung«, unternahm Tetens den Versuch einer umfassenden Darstellung psychischer Eigenschaften und Prozesse aus entwicklungspsychologischer Perspektive.

Absolute und relative Vermögen. Die wohl frappierendste Vorwegnahme aktueller Konzeptionen und Erkenntnisse findet sich auf dem Gebiet der intellektuellen Entwicklung über die Lebensspanne. Man stößt bei Tetens auf eine wechselseitige Bestimmung »absoluter« und »relativer« Vermögen, deren Grundstruktur mit gegenwärtigen Zweikomponentenmodellen der intellektuellen Entwicklung übereinstimmt (vgl. Cattell, 1971; Baltes, 1987). Zum Beispiel:

»Aus dem, was vorher über die Vergrößerung der Seelenvermögen bemerkt ist, folget von selbst, daß man einen Unterschied zu machen habe, zwischen dem Zuwachs an Kenntnissen und Ideenreihen, wovon die relativen Vermögen abhängen, diejenigen nämlich, die sich auf die Bearbeitung besonderer Arten von Gegenständen beziehen; und zwischen dem Anwachs der absoluten Vermögen, in so ferne sie Fähigkeiten sind, auf gewisse Weise zu wirken, ihr Objekt sey welches es wolle. Die Ideenreihen sind eine Armatur des Vermögens; sie geben Fertigkeiten in besondern Arten von Kenntnissen und Handlungen. Jeder Gelehrte urteilt am fertigsten über Sachen, die zu seinem Fache gehören, ohne deswegen mehr Verstand zu besitzen; und jeder Handwerker ist Meister seiner Arbeit, obgleich seine Kräfte, welche dadurch thätig sind, nichts vor ebendenselbigen Kräften in andern Menschen voraus haben. Anfangs nimmt mit den Kenntnissen von den Objekten das Vermögen, auf solche Objekte zu wirken, und zugleich die absolute Größe der Kraft zu; es wächst das Materielle mit der Form der Handlung. Aber, wie es scheint, nicht in gleichem Maße. Denn die Kinderseele entwickelt in den ersten Jahren die Vermögen stärker, als die Kenntnisse. In der Folge der Jahre höret aber die Zunahme der Vermögen auf, wenn gleich die Kenntnisse im Wachsen noch fortfahren. Die Einsichten vermehren sich noch lange in dem Mannesalter, ohne daß die Verstandesvermögen selbst an innerer absoluten Stärke, die sich zeigen müßte, wenn das Vermögen auf ganz neue Objekte verwendet würde, merklich größer werden sollten. Die Seelenkräfte haben wie die Körperkräfte ihre natürlichen Perioden, und erreichen ihr Maximum, von dem an sie wiederum abnehmen. Das Gesicht und das Gehör wird an sich nicht stärker, wenn die Jugend zurückgeleget ist. Die Phantasie und die Leidenschaften erreicht ihre größte Höhe, ehe die Vernunft völlig zur Reife kommt. Und alsdann mögen die Thätigkeiten fortdauern; man mag die Kraft üben, sich mit ihren mannigfaltigen Wirkungen bekannter und sich solche geläufiger machen: so können neue relative Fähigkeiten erhalten werden; aber die innere Intension

Abbildung 12.4 Johann Nicolaus Tetens (1736–1807)

der Vermögen erhält keinen merklichen Zuwachs mehr.« (Tetens, 1777, Band 2, S. 431–433)

Tetens entfaltet hier alle wesentlichen Bestimmungsstücke von Mechanik und Pragmatik der Kognition, nur nennt er sie absolute und relative Vermögen. Die Definition des Begriffspaars selbst ist weitgehend analog, und die unterschiedlichen Altersgradienten von Mechanik und Pragmatik dienen als Beleg für die Plausibilität der Unterscheidung. Die Vorstellung, dass die Mechanik vor allem in neuartigen Aufgaben, für die noch kein Wissen vorliegt, zum Ausdruck kommt, antizipiert jene Überlegungen, die zur Entwicklung von Tests der fluiden Intelligenz führten. Und schließlich gelangt Tetens zu der visionären Einsicht, dass die absoluten Vermögen weniger leicht zu modifizieren sind als die relativen.

Tetens wendet seine Unterscheidung zwischen absoluten und relativen Vermögen auch auf das kognitive Altern an und argumentiert, dass die Grenzen der relativen Vermögen ontogenetisch später erreicht werden als die Grenzen in den absoluten Kräften:

»Die relativen Vermögen, oder besondere Geschicklichkeiten, müssen gleichfalls im Menschen ihr Maximum erreichen, und erreichen es, wie die Erfahrung von allen Virtuosen lehrt. Doch ist dieser Punkt von dem Punkt des Größten in den absoluten Kräften unterschieden. Die letztern haben oft genug ihre höchste Stufe schon erreicht, wenn die Fertigkeiten in gewissen bestimmten Arten zu handeln nicht nur sich vervielfältigen und also an Ausdehnung zunehmen, sondern auch an innerer Stärke und Geschwindigkeit noch fortwachsen. Dieses Wachsthum kann weit in die Periode der Abnahme der absoluten Kräfte hineingehen.« (Tetens, 1777, Band 2, S. 728–729)

Fluide und kristalline Fähigkeiten.
Auf dem Gebiet der standardisierten Erfassung intellektueller Fähigkeiten sind Zweikomponentenmodelle vor allem durch die Theorie fluider und kristalliner Fähigkeiten nach Cattell (1971) und Horn (1982) vertreten. Während diese Theorie den Rahmen der standardisierten Leistungsmessung (d. h. der psychometrischen Forschungstradition) selten verlässt, besteht der theoretische Anspruch des Mechanik-Pragmatik-Modells darin, die mit der standardisierten Leistungsmessung erhobenen Befunde mit kognitions-, evolutions- und kulturpsychologischen sowie entwicklungsbiologischen Erkenntnissen zu verbinden (s. auch Baltes, 1997; Baltes et al., 2006).

Die Mechanik der Kognition

> **Definition**
>
> Die **Mechanik der Kognition** repräsentiert den Einfluss der Biologie auf die intellektuelle Entwicklung. Sie bezeichnet den biologischen Aspekt der kognitiven Leistungsfähigkeit und des kognitiven Entwicklungspotenzials.

Wie schon Tetens (1777) bemerkte, sind die Ursachen für den Zuwachs der Mechanik zu Beginn des Lebens von den Ursachen für die Abnahme in der zweiten Lebenshälfte grundsätzlich verschieden. In der Embryogenese, dem Säuglingsalter und der frühen Kindheit reflektieren die Altersveränderungen der Mechanik den interaktiven Aufbau neuronaler Strukturen, bei dem Reifung und Erfahrung in evolutionär optimierter Weise ineinandergreifen. Dieser Vorgang findet in der kognitiven Alterung keine direkte Entsprechung. Vielmehr sind die ontogenetisch späten, negativen Altersveränderungen der Mechanik als indirekte Auswirkungen des nachlassenden phylogenetischen Selektionsdrucks sowie weiterer altersbezogener Dysfunktionen anzusehen. Trotz dieser grundsätzlichen Verschiedenheit scheinen mechanische Leistungen, deren neuronale Strukturen relativ spät ausreifen, in der Regel auch stärker von der kognitiven Alterung betroffen zu sein als andere Aspekte der Mechanik (»Ribot'sches Gesetz«; Ribot, 1882). Dies könnte daran liegen, dass diese auch evolutionär späten Leistungen auf zahlreichen und komplex verknüpften Verarbeitungswegen aufbauen und deswegen störanfälliger sind als andere.

> **Denkanstöße**
>
> Reifung, Lernen und Alterung stehen im Laufe des gesamten Lebens miteinander in Wechselwirkung. Vergleichen Sie Reifung und Alterung. In welcher Weise ähneln sich die beiden Vorgänge, und in welcher Weise sind sie verschieden?

Die Pragmatik der Kognition

> **Definition**
>
> Die **Pragmatik der Kognition** erfasst die kulturelle Dimension der intellektuellen Entwicklung. Sie verweist auf die funktionale Bedeutung kulturgebundenen Wissens, das sowohl internal (d. h. neuronal, z. B. in semantischen Netzwerken) als auch external (z. B. in Büchern) repräsentiert wird.

Entwicklungsveränderungen in der Pragmatik reflektieren den Erwerb kulturell verankerter Bestände deklarativen und prozeduralen Wissens (vgl. Abschn. 17.1), die dem Einzelnen im Laufe der Sozialisation vermittelt werden oder die sich der Einzelne erschließt. Einige Vermittlungsformen pragmatischen Wissens gibt es nur in manchen Gesellschaften, sie sind dort jedoch normativ (z. B. allgemeine Schulpflicht), andere sind universell (z. B. informelle Unterweisung durch Mentoren) und wiederum andere sind hoch spezialisiert und idiosynkratisch (z. B. professionelle Expertise).

Normativ-pragmatische Wissensbestände. Individuelle Unterschiede in normativen Aspekten der Pragmatik sind mit Bildungschancen und anderen Aspekten sozialer Ungleichheit korreliert und gut im Rahmen der psychometrischen Tradition messbar und beschreibbar. So »investieren« Personen während der Schulzeit und in späteren Abschnitten der Ontogenese fluide Fähigkeiten (d. h. ihr »mechanisches« kognitives Potenzial) in allgemein relevante Wissensbereiche. Die auf diesen normativ-pragmatischen Wissensbeständen aufbauenden Leistungen werden als kristalline Fähigkeiten bezeichnet. Aufgrund der Investitionsbeziehung ist zu erwarten, dass Leistungszuwächse in kristallinen Fähigkeiten den Zuwächsen in fluiden Fähigkeiten, auf denen sie aufbauen, ontogenetisch nachfolgen. Außerdem sollten fluide Fähigkeiten stärker mit dem gegenwärtigen Leistungsniveau des Gehirns, kristalline Fähigkeiten hingegen stärker mit soziobiografischen

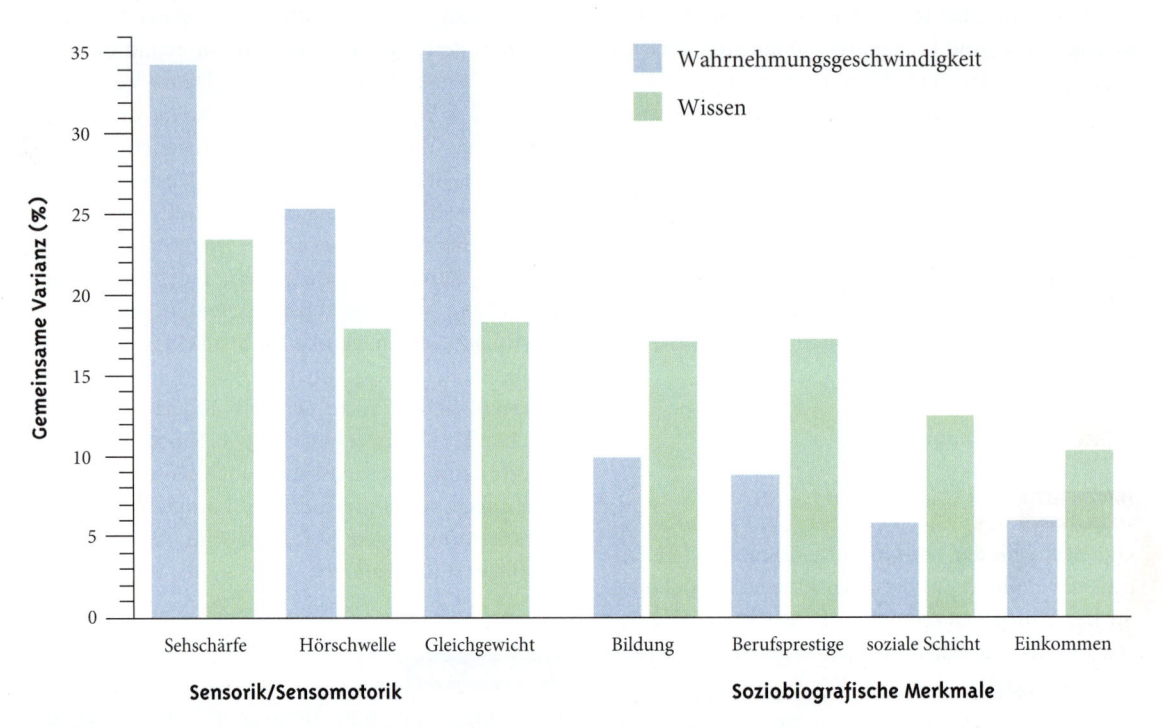

Abbildung 12.5 Fortbestand der divergenten Beziehung fluider und kristalliner Fähigkeiten zu biologischen und kulturellen Einflusssystemen im hohen Alter. Die fluide Fähigkeit Wahrnehmungsgeschwindigkeit ist stärker mit sensorisch-sensomotorischen Variablen verknüpft als die kristalline Fähigkeit Wissen (Wortschatz). Umgekehrt korreliert das Wissen höher mit sozialstrukturell-biografischen Variablen als die Wahrnehmungsgeschwindigkeit. Die sensorisch-sensomotorischen Variablen repräsentieren das biologische, die sozialstrukturell-biografischen Variablen das kulturelle Einflusssystem. $N = 516$, Altersbereich = 70–103 Jahre (nach Lindenberger & Baltes, 1997)

Faktoren verknüpft sein. Daten der Berliner Altersstudie belegen, dass diese Divergenz der Beziehungen fluider und kristalliner intellektueller Fähigkeiten zu vorwiegend biologischen und vorwiegend kulturellen Korrelaten auch im hohen Alter zu beobachten ist (Lindenberger & Baltes, 1997; s. Abb. 12.5).

Personenspezifisches pragmatisches Wissen. Personenspezifisches pragmatisches Wissen zweigt von normativen Pfaden des Wissenserwerbs ab. Es resultiert aus personenspezifischen, idiosynkratischen Konstellationen von Erfahrung, Motivation, Handlungskontrollerleben und bereichsspezifischer sowie genereller Begabung. Aufgrund ihrer relativ geringen Allgemeinheit entgehen diese Wissensbestände zumeist einer Erfassung durch standardisierte Tests. Angemessener ist hier die Untersuchung mit dem Expertiseparadigma (Ericsson & Lehmann, 1996), das die Bedingungen und Prozesse der Genese von Höchstleistungen in verschiedenen Bereichen (z. B. Schach, Sport, bestimmte Berufe) näher untersucht (vgl. Abschn. 31.3).

Durch ein hohes Ausmaß an bereichsspezifischem Wissen lassen sich die negativen Auswirkungen der alternsbedingten Abnahme der Mechanik in dem entsprechenden Wissensbereich in vielen Fällen ausgleichen oder zumindest abschwächen. Dabei überschreiten die positiven Auswirkungen der Expertise selten die Grenzen des entsprechenden Wissensbereichs. Diese Beobachtungen stützen die Annahmen des SOK-Modells über die Voraussetzungen erfolgreicher Entwicklung im Erwachsenenalter (vgl. Abschn. 11.3.7, 24.1). Ob derartiges Wissen kompensatorisch, d. h. als Reaktion auf antizipierte oder bereits eingetretene Verluste, oder optimierend, d. h. unabhängig von alternsbedingten Verlusten, erworben wurde, ist im Nachhinein meist nicht eindeutig zu entscheiden.

> **Denkanstöße**
>
> Betrachten Sie den Unterschied zwischen normativ-pragmatischen Wissensbeständen und personenspezifischem pragmatischen Wissen. Suchen Sie nach Beispielen, die Sie einer der beiden Kategorien zuordnen können. Diskutieren Sie das Verhältnis zwischen beiden Wissensformen.

Mechanik und Pragmatik: Evolutionäre und ontogenetische Abhängigkeiten

Menschen beginnen ihr extrauterines Leben mit leistungsfähigen Lernmechanismen und bereichsspezifisch wirksamen »constraints« (vgl. Abschn. 7.2.). Dies betrifft z. B. Wahrnehmungsleistungen im Bereich der Sprache und des Gesichtererkennens sowie grundlegendes Wissen in physikalischen, biologischen, sozialen und numerischen Bereichen. Die Entwicklung der Pragmatik der Kognition baut auf diesen vorstrukturierten, der Mechanik zuzurechnenden Kernbereichen auf, indem sie diese, die spezifischen Erfordernisse und Angebote von Kultur, Biografie und Kontext berücksichtigend, weiterentwickelt oder sich in Analogie zu ihnen herausbildet. Die dafür erforderlichen Prozesse der Erweiterung, des Anbaus und der analogen Konstruktion erzeugen Wissensformen (z. B. die euklidische Geometrie) und Verhaltensmuster (z. B. Auto fahren), die nicht als direkte Konsequenz des evolutionären Selektionsdrucks angesehen werden können.

> **Beispiel**
>
> **Höchstleistungsalter beim Korrespondenz- vs. Turnierschach**
>
> Das mittlere Alter, in dem Personen zum ersten Mal Weltmeister werden, beträgt beim Korrespondenzschach ca. 46 Jahre und beim Turnierschach ca. 30 Jahre. Beim Korrespondenzschach hat man drei Tage Zeit, über den nächsten Zug nachzudenken; beim Turnierschach sind es im Durchschnitt wenige Minuten. Die Unterschiede im Höchstleistungsalter reflektieren vermutlich die relative Wichtigkeit von kognitiver Geschwindigkeit und Schachwissen. Generell können Unterschiede im Höchstleistungsalter zwischen Fertigkeiten als Variationen ontogenetischer Kompromisse zwischen dem Alter zu Beginn des Fertigkeitserwerbs, der für den Fertigkeitserwerb benötigten Zeit und dem alternsbedingten Nachlassen der Mechanik angesehen werden.

> **Unter der Lupe**
>
> **Entwicklungszugewinne im Erwachsenenalter: Stufenkonzeptionen und funktionalistische Zugänge**
>
> Innerhalb der Lebensspannenpsychologie gibt es unterschiedliche Ansichten darüber, ob intellektuelle Entwicklungszugewinne im Erwachsenenalter einer strukturalistischen, stufenhaften Logik folgen und als Bewegung zu höheren Denkformen beschrieben werden können (z. B. Labouvie-Vief, 1982), oder ob funktionalistische Zugänge, die die lokale und graduelle Natur von Wissenserwerb, selektiver Spezialisierung und Transfer betonen, besser geeignet sind, um solche Gewinne zu beschreiben und zu erklären.
>
> **Postformale Stufen?** Die Suche nach Stufen der intellektuellen Entwicklung im Erwachsenenalter wurde vor allem durch Piagets Theorie der kognitiven Entwicklung inspiriert (Chapman, 1988a; s. Abschn. 16.1). Im Sinne strukturalistisch-konstruktivistischer Theoriebildung werden eine oder mehrere »postformale« oder »dialektische« Stufen der kognitiven Entwicklung postuliert, die der Stufe der formalen Operationen folgen sollen. In der konzeptuellen Definition dieser Stufen werden Aspekte der Persönlichkeitsentwicklung, z. B. Generativität und Lebensrückblick (Remineszenz) im Sinne Eriksons (1966), und Aspekte des logischen Denkens, wie z. B. das Bewusstsein und die Akzeptanz von Widersprüchen, miteinander verknüpft (Labouvie-Vief, 1982; Pascual-Leone, 1983). Zwar lassen sich altersgebundene Unterschiede in dialektischem Denken identifizieren, doch ob diese als Stufen betrachtet werden sollten, bleibt unklar.
>
> Trotz seiner konstruktivistischen und dialektischen Erkenntnistheorie hat Piaget selbst keine weiteren Stufen nach den formalen Operationen postuliert. Stattdessen hat er zumindest bei einer Gelegenheit (Piaget, 1972) argumentiert, dass Jugendliche und Erwachsene nicht unbedingt in allen, sondern zunächst in den ihnen besonders vertrauten Wissensbereichen formal-operational dächten. Diese Erwartung ist mit dem Zweikomponentenmodell der intellektuellen Entwicklung vereinbar, da das Potenzial für Entwicklungszugewinne nach der Kindheit mit Faktoren verknüpft wird, die eher innerhalb von Bereichen als über Bereiche hinweg angesiedelt sind (d. h. mit dem Erwerb pragmatischen Wissens).
>
> **Erwerb besonders verallgemeinerbaren Wissens.** Folgt man dieser Umdeutung, so kann die strukturalistisch-konstruktivistische Suche nach höheren Denkformen als Suche nach Wissen mit großer verallgemeinerbarer Bedeutung und Anwendbarkeit dargestellt werden. Wissen über die grundlegenden Zusammenhänge und Herausforderungen des Lebens erfüllt diese Bedingungen in idealtypischer Weise (Baltes & Staudinger, 2000). In Übereinstimmung mit den Absichten strukturalistischer Überlegungen könnte der Erwerb derartigen Wissens auf Wissensbeständen geringerer Generalisierbarkeit aufbauen und zugleich der Fragmentierung des Denkens entgegenwirken (vgl. Abschn. 36.5).

12.2.2 Relative Stabilität intellektueller Leistungen über die Lebensspanne

Die folgenden drei Abschnitte dienen der Betrachtung von Entwicklungsveränderungen in drei Aspekten der intellektuellen Leistungsfähigkeit:

(1) Veränderungen in der relativen Stabilität oder dem Ausmaß, in dem interindividuelle Unterschiede in späteren durch interindividuelle Unterschiede in früheren Abschnitten der Ontogenese vorhergesagt werden können;
(2) Veränderungen in der Heritabilität oder dem Ausmaß, in dem interindividuelle Unterschiede in intellektuellen Leistungen auf genetische Unterschiede zurückgehen (vgl. Abschn. 3.2.1);
(3) Veränderungen im Ausmaß des Zusammenhangs (d. h. der Kovariation) zwischen verschiedenen intellektuellen Fähigkeiten.

Eine integrative Analyse von Entwicklungsveränderungen über diese drei Aspekte und verschiedene Altersbereiche hinweg trägt zu einem besseren Verständnis der Variabilität intellektueller Leistungen im Erwachsenenalter bei.

Einschränkend sei vorausgeschickt, dass der Großteil der Befunde zur relativen Stabilität nach dem Säuglingsalter auf unspezifischen Maßen intellektueller Leistungsfähigkeit basiert (d. h. auf sogenannten IQ-Tests). Diese Maße stellen Konglomerate mechanischer und normativ-pragmatischer Komponenten dar, die unterschiedlich weit vom Generalfaktor der Intelligenz (d. h.

vom Zentrum des Raums intellektueller Fähigkeiten) entfernt sind; ihre Undifferenziertheit verdeckt die Multidimensionalität und Multidirektionalität der intellektuellen Entwicklung über die Lebensspanne.

Verhalten im Säuglingsalter als Prädiktor intellektueller Leistungsfähigkeit

Es mag abwegig erscheinen, dem Säuglingsalter im Rahmen dieses Kapitels einen eigenen Abschnitt zu widmen. Insbesondere bei der Betrachtung der relativen Stabilität ist es jedoch erforderlich, das Erwachsenenalter in den Kontext der gesamten Lebensspanne einzubetten, um seine Besonderheiten deutlicher hervortreten zu lassen.

Habituations- und Wiedererkennungsverhalten. Im Gegensatz zu früheren Befunden mit standardisierten Maßen der Säuglingsentwicklung haben neuere Arbeiten mit Habituations- und Wiedererkennungsparadigmen ein beachtliches Ausmaß an relativer Stabilität zwischen Säuglingsverhalten und Intelligenz im Kindesalter zum Vorschein gebracht (Kavšek, 2004; vgl. Abschn. 8.2.3 und 9.1.2). Die mit Habituations-Dishabituations- und Präferenzmethoden erfassten individuellen Unterschiede beziehen sich zum einen auf die Schnelligkeit der Habituation und zum anderen auf die Stärke der Präferenz für ein neues Objekt (vgl. Abschn. 7.2.3 und 15.1). Im Allgemeinen sind individuelle Unterschiede im Habituations- und Wiedererkennungsverhalten im Alter zwischen zwei und acht Monaten moderat mit Standardtests der Intelligenz korreliert, die im Alter zwischen 1 und 8 Jahren verabreicht werden.

Inhibition und Bevorzugung des Neuen. Demnach ist relative Stabilität, d. h. die Kontinuität interindividueller Unterschiede, im Gegensatz zu früheren Vermutungen zumindest im Bereich intellektueller Leistungen bereits ab dem Säuglingsalter nachweisbar. Zur Erklärung der Existenz relativer Stabilität zu Beginn der Ontogenese ist unter anderem der Vorschlag gemacht worden, dass Säuglinge, die sich schneller an Reize gewöhnen und die eine stärkere Präferenz für neue Objekte zeigen, eher in der Lage sind, Handlungstendenzen, die mit bereits bestehenden Repräsentationen verknüpft sind, zu hemmen.

Relative Stabilität nach dem Säuglingsalter

Aus noch unbekannten Ursachen bleibt die Höhe der Korrelation zwischen Maßen des Habituationsverhaltens im Säuglingsalter (d. h. 2 bis 8 Monate) und Maßen der Intelligenz im Kindesalter (d. h. 1 bis 12 Jahre) ontogenetisch stabil oder nimmt mit größerem zeitlichen Abstand sogar noch zu. Im Gegensatz hierzu nehmen nach dem Säuglingsalter die Korrelationen zwischen den Messungen mit zunehmendem zeitlichen (d. h. ontogenetischen) Abstand zwischen den Messungen ab. Zugleich nimmt die Höhe von Korrelationen zwischen gleichabständigen Messzeitpunkten von der Kindheit über das Jugendalter bis ins mittlere und späte Erwachsenenalter deutlich zu. So fanden Humphreys und Davey (1988) Ein-Jahres-Stabilitäten von $r = .86$ für den Altersbereich zwischen 5 und 6 Jahren und von $r = .90$ für den Altersbereich zwischen 8 und 9 Jahren. Hertzog und Schaie (1986) berichteten, dass die Sieben-Jahres-Stabilitäten eines reliabilitätskorrigierten Aggregats mehrerer intellektueller Fähigkeiten, das als valider Indikator der generellen Intelligenz gelten kann, im Alter zwischen 25 und 67 Jahren zwischen $r = .89$ und $r = .96$ variierten; die entsprechenden geschätzten Ein-Jahres-Stabilitäten befinden sich nahe bei $r = 1.0$.

Deutung altersbezogener Veränderungen in der relativen Stabilität. Die beobachteten Veränderungen der relativen Stabilität über die Lebensspanne lassen sich im Kontext der gleichzeitig erfolgenden Veränderungen im Niveau der intellektuellen Leistungsfähigkeit interpretieren. Nach dieser Vorstellung verändern sich interindividuelle Unterschiede zu Beginn der Ontogenese relativ schnell, weil die Ausgangsgröße des intellektuellen Repertoires zunächst gering ist und dann schnell zunimmt, sodass eine größere Menge an neuer Varianz pro Zeiteinheit entsteht als in den nachfolgenden Lebensabschnitten. Diese Überlegung führt zu der komplementären Vorhersage, dass es im hohen Alter nicht nur zu Rückgängen im Niveau der intellektuellen Leistungsfähigkeit, sondern auch zu einer partiellen Neuordnung individueller Unterschiede kommen sollte.

12.2.3 Heritabilität

Um Missverständnisse zu vermeiden, sei daran erinnert, dass sich Erblichkeits- oder Heritabilitätskoeffizienten auf das Ausmaß beziehen, in dem individuelle Unterschiede in einem Verhaltensmerkmal mit interindividuellen Unterschieden in der genetischen Ausstattung zusammenhängen (vgl. Abschn. 1.2, 3.2). Sie enthalten also keine direkten Informationen über Mechanismen der Genexpression, und sie variieren mit dem Größenverhältnis umweltbedingter und genetischer Varianzen. Außerdem bleiben Einflüsse unberücksichtigt, die Leistungen aller Mitglieder der Population in gleichem Ausmaß erhöhen oder erniedrigen.

Zunehmende Heritabilität in der ersten Lebenshälfte. Genetisch bedingte individuelle Unterschiede kommen unmittelbar in der Mechanik zum Ausdruck. Jedoch können sie sich, vermittelt durch die ontogenetische Interaktion zwischen Mechanik und Pragmatik, auch auf die Pragmatik auswirken. Ähnlich wie die relative Stabilität nimmt auch die Heritabilität in der ersten Lebenshälfte zu, mit Werten von 20 % in der frühen Kindheit über 40 % bis 50 % in der mittleren Kindheit und Jugend und Werten bis zu 80 % im mittleren Erwachsenenalter. Im Gegensatz dazu haben Umwelteinflüsse, die den Zwillingen bzw. den Geschwistern gemeinsam sind, selten über die Kindheit hinaus Bestand. Die Zunahme der Heritabilität der intellektuellen Leistungsfähigkeit mit dem Lebensalter stützt die Vermutung, dass Jugendliche und Erwachsene, zumindest in den untersuchten Gesellschaften, eher als Kinder die Möglichkeit haben, Umwelten aufzusuchen (d. h. zu selegieren), die ihrem genetischen Potenzial entsprechen. In Bezug auf Heritabilität im hohen Alter legen Untersuchungen der Swedish Adoption Twin Study of Aging (SATSA) nahe, dass die Heritabilität genereller Intelligenz im hohen Alter wieder auf einen (nach wie vor hohen) Wert um 60 % zurückgeht (McClearn et al., 1997).

Mögliche Ursachen. Die vorangegangenen Zusammenfassungen zeigen, dass relative Stabilität und Heritabilität sich offensichtlich in ähnlicher Weise über die Lebensspanne verändern. Zum besseren Verständnis der ontogenetischen Dynamik dieser Parallelität bedarf es längsschnittlich und multivariat angelegter verhaltensgenetischer Untersuchungen über die gesamte Lebensspanne (vgl. Abschn. 4.2). Derartige Untersuchungen könnten die Vermutung stützen, dass die relative Stabilität intellektueller Leistungen im mittleren Erwachsenenalter im Vergleich zu anderen Lebensabschnitten aus zwei Ursachen besonders hoch ist:

(1) Die genetischen Varianzquellen haben sich auf hohem Niveau stabilisiert (d. h., der relative Anteil an genetischen Varianzquellen ist hoch, und es kommt nur wenig neue genetische Varianz über die Zeit hinzu).

(2) Die Umweltbedingungen, deren Unterschiedlichkeit wegen der erwähnten personenspezifischen Selektionen in diesem Lebensabschnitt höher mit genetischen Unterschieden korreliert ist als in der Kindheit, weisen in diesem Lebensabschnitt ebenfalls eine relativ hohe Stabilität auf.

In ähnlicher Weise könnte die aufgrund des weniger wirksamen Selektionsdrucks nachlassende Koordination der Genexpression im hohen Alter zu Abnahmen in der relativen Stabilität, der Heritabilität und des Leistungsniveaus führen. Dies führt zu der empirisch vielfach belegten Vorhersage, dass die individuellen Unterschiede in der intellektuellen Leistungsfähigkeit im höheren Erwachsenenalter zunehmen (vgl. Abschn. 13.3.1).

12.2.4 Fähigkeitsstruktur

Gemäß der Differenzierungshypothese der Intelligenz oder des von Spearman (1927) erklärten »Gesetzes der nachlassenden Gewinne« steht das Ausmaß an positiver Kovariation zwischen verschiedenen intellektuellen Fähigkeiten, d. h. die relative Stärke des Generalfaktors der Intelligenz, in gegenläufiger Beziehung zum durchschnittlichen Fähigkeitsniveau einer Population. Das Ausmaß an Kovariation zwischen verschiedenen Fähigkeiten nimmt demnach mit zunehmendem Leistungsniveau ab. Konkret könnte dies bedeuten, dass zwei Fähigkeiten, z. B. der Wortschatz und die Wahrnehmungsgeschwindigkeit, in einer Population von Personen mit überdurchschnittlicher genereller intellektueller Leistungsfähigkeit niedriger miteinander korreliert sind als in einer Population von Personen mit unterdurchschnittlicher Leistungsfähigkeit.

Veränderliches Gewicht des Generalfaktors. Die Differenzierungshypothese beruht zum Teil auf der Vorstellung, dass niedrige Leistungen vorwiegend durch ein Ensemble bereichsübergreifender leistungsbegrenzender Faktoren verursacht werden, hohe Leistungen hingegen ein intaktes kognitives System voraussetzen und vorwiegend durch bereichsspezifische Bedingungen begrenzt werden. Aus entwicklungspsychologischer Sicht legt die Differenzierungshypothese nahe, dass der Generalfaktor der Intelligenz im Laufe der Kindheit infolge der Reifung und Ausdifferenzierung des Gehirns sowie im Zuge des Erwerbs bereichsspezifischer Wissensbestände an Gewicht verliert, vom Jugendalter bis ins späte Erwachsenenalter relativ konstant bleibt und im hohen Alter aufgrund der Zunahme umfassender Begrenzungen der Effizienz der Informationsverarbeitung erneut zunimmt. Befunde aus dem Kindesalter und dem hohen Alter stützen die Auffassung der intellektuellen Entwicklung über die Lebensspanne als Abfolge von Differenzierung und Dedifferenzierung (vgl. Schaie, 1962).

12.2.5 Historische und ontogenetische Plastizität

Veränderungen intellektueller Leistungen über die Lebensspanne können als Antezedens, Korrelat und Folge einer Vielzahl unterschiedlicher Einflussgrößen fungieren. Aufgrund dieser mehrfach bestimmten (überdeterminierten) Natur wird das Leistungsniveau, im Rahmen der von der Mechanik gesetzten altersabhängigen Grenzen, auch durch Veränderungen der dinglichen und soziokulturellen Umwelt beeinflusst. Manche dieser Veränderungen sind historischer Art und betreffen ganze Gesellschaften (z. B. Verbesserungen in der Ernährung), andere sind auf kleine Personengruppen beschränkt und erfordern wesentlich weniger Zeit (z. B. kognitive Interventionen).

Kohorteneffekte, Periodeneffekte und gesellschaftlicher Wandel

Altersgradienten intellektueller Fähigkeiten werden durch Einflusssysteme historischer Art moduliert, so z. B. durch zeitlich stabile Unterschiede zwischen Personen unterschiedlicher Geburtsjahrgänge (Kohorteneffekte), durch den spezifischen Einfluss bestimmter historischer Ereignisse über alle Altersgruppen hinweg (Periodeneffekte) sowie durch generelle und zeitlich ausgedehnte Veränderungen in den Umweltbedingungen, die alle Mitglieder der Gesellschaft sowie die nachfolgenden Generationen betreffen (gesellschaftlicher Wandel). Es ist methodisch schwierig, den Einfluss dieser drei Größen zu bestimmen (vgl. Abschn. 1.2 und 4.2).

Nachweis von historischen Einflüssen. Ein erster Schritt zur Bestimmung von Wirkungen des generellen gesellschaftlichen Wandels besteht in dem Vergleich von Personen desselben chronologischen Alters zu verschiedenen historischen Zeitpunkten. Mit einigen Ausnahmen (z. B. Kopfrechnen; Schaie, 1996) ergeben derartige Vergleiche durchweg, dass in jüngeren Zeiten höhere Leistungen erzielt werden (Flynn, 1987). Es ist unwahrscheinlich, dass diese Zunahmen auf Veränderungen in der genetischen Zusammensetzung der Population oder auf verzerrende Effekte der Stichprobenziehung zurückgehen. Vielmehr kommen in diesen Zunahmen vermutlich gesundheitliche (z. B. ernährungsbezogene), ausbildungs- und arbeitsbezogene Faktoren zum Ausdruck.

Kohorten-Sequenzstudien. Untersuchungen, denen ein Kohorten-Sequenzdesign (s. Abschn. 4.2.3) als Erhebungsplan zugrunde liegt, erlauben Altersvergleiche unterschiedlichen Typs: querschnittliche und längsschnittliche Vergleiche sowie Vergleiche unabhängiger (d. h. zu jedem Messzeitpunkt neu gezogener) Stichproben identischer Geburtsjahrgänge. Im Falle der Seattle Longitudinal Study, der derzeit umfangreichsten Kohorten-Sequenzstudie zur intellektuellen Entwicklung im Erwachsenenalter (Schaie, 1996), führten querschnittliche Altersvergleiche einerseits und Vergleiche unabhängiger Stichproben identischer Geburtsjahrgänge andererseits zu ähnlichen Schätzwerten durchschnittlicher Altersveränderungen. Dieses Ergebnis stand im Gegensatz zu längsschnittlichen Beobachtungen am gleichen Datensatz, die (ebenfalls nach statistischer Kontrolle der Effekte gesellschaftlichen Wandels) negative Altersveränderungen von deutlich geringerem Ausmaß erkennen ließen. Die Konvergenz zwischen den querschnittlichen Ergebnissen und Befunden, die auf unabhängigen Stichproben identischer Geburtsjahrgänge beruhen, sowie die Diskrepanz dieser Ergebnisse zu genuin längsschnittlichen Befunden deuten darauf hin, dass die positive Abweichung der längsschnittlich beobachteten Verläufe zumindest teilweise auf Übungseffekte und Stichprobenausfall mit positiv selegierender Wirkung zurückzuführen ist. Demnach hatte die zunehmende Vertrautheit mit den Tests einen positiven Einfluss auf die Leistungen an nachfolgenden Messzeitpunkten (Übungseffekte), und Personen mit höheren Leistungen sowie mit positiveren bzw. weniger negativen Veränderungen über die Zeit konnten mit größerer Wahrscheinlichkeit an nachfolgenden Messzeitpunkten beobachtet werden als Personen mit niedrigeren Leistungen und negativeren bzw. weniger positiven Veränderungen (Stichprobenausfall mit positiv selegierender Wirkung). Aus diesen Überlegungen und Befunden folgt insgesamt, dass längsschnittliche Untersuchungen, deren Wert zur Identifikation von interindividuellen Unterschieden intraindividueller Veränderungen unbestritten ist, nicht unbedingt zu genaueren Schätzungen der durchschnittlichen Größe von Entwicklungsveränderungen in der Population führen als Untersuchungen mit querschnittlichen Erhebungsplänen.

Kognitive Intervention im Alter: Aktivierung des Lernpotenzials

Im Vergleich zur Analyse historischer Einflusssysteme stellt kognitive Intervention einen direkteren Weg dar, das Ausmaß an Plastizität in unterschiedlichen Bereichen intellektueller Leistungen zu bestimmen, als kohortenvergleichende Forschung. Die folgende Darstellung konzentriert sich auf zwei Inhaltsbereiche, die eng mit der Mechanik der Kognition verknüpft sind: die fluide Intelligenz im engen Sinne (d. h. das Denkvermögen im Zusammenspiel von Induktion und Deduktion; Horn, 1982) sowie das episodische Gedächtnis (d. h. die Fähigkeit zum Einprägen und Abrufen neuer Informationen).

Kognitive Interventionsstudien. Eine kognitive Interventionsstudie besteht zumeist aus einem Prätest, einer Intervention, die sich über mehrere Sitzungen erstreckt, sowie einem Posttest. Das typische Ergebnis von Studien dieser Art ist eindeutig: Geistig gesunde ältere Erwachsene zeigen deutliche Leistungszugewinne in denjenigen Maßen, die im Zentrum der kognitiven Intervention stehen. Die bereits erwähnte, in Umfang und Anlage einzigartige Seattle Longitudinal Study (Schaie, 1996) verbindet die querschnittliche und längsschnittliche Beobachtung mehrerer Geburtsjahrgänge über das gesamte Erwachsenenalter mit Trainingsstudien auf dem Gebiet der fluiden Intelligenz im Alter. Diese Verknüpfung erlaubt den Nachweis, dass die Größenordnung der in den Trainingsstudien erzielten Leistungsgewinne in etwa dem Ausmaß des zuvor über 15 bis 20 Jahre beobachteten längsschnittlichen Verlustes entspricht (z. B. Schaie, 1996; Schaie & Willis, 1986). Ferner zeigen die Ergebnisse einiger Studien im Bereich episodischer Gedächtnisleistungen, dass die durch Training und Üben erzeugten Leistungszugewinne in den trainierten Aufgaben über mehrere Monate und bisweilen Jahre erhalten bleiben.

Zum Ausmaß trainingsbedingter Leistungszugewinne. Gesunde ältere Erwachsene zeigen folglich ein beträchtliches Ausmaß an kognitiver Plastizität, und zwar sowohl bei Testleistungen im Bereich der fluiden Intelligenz als auch beim Erwerb und der Nutzung von Gedächtnistechniken. Im hohen Alter besitzt dieser Befund jedoch nur eingeschränkte Gültigkeit. So sind die im hohen Alter erzielbaren Trainingszugewinne auf dem Gebiet episodischer Gedächtnisleistungen deutlich niedriger als in anderen Abschnitten des Erwachsenenalters.

Trainingsbedingte Leistungszugewinne treten in der Regel in denjenigen Aufgaben auf, die trainiert worden sind, sowie bei Aufgaben, die äußerlich und strukturell eine sehr hohe Ähnlichkeit zu den trainierten Aufgaben aufweisen. Hingegen zeigen Aufgaben, die sich in ihren äußeren Merkmalen von der trainierten Aufgabe deutlich unterscheiden, zumeist auch dann keine oder nur sehr geringe Transfereffekte, wenn sie derselben intellektuellen Fähigkeit zugerechnet werden können.

Aktiver Lebensstil. In den letzten Jahren mehren sich die Hinweise, dass ein intellektuell anregender Lebensstil sowie körperliche Fitness die kognitive Leistungsfähigkeit im Alter positiv beeinflussen (Hertzog et al., 2009). Dieser Eindruck ließ sich durch Interventionsstudien zumindest teilweise bestätigen. Als besonders wirksam erscheint körperliches Ausdauertraining bei Personen im höheren Erwachsenenalter, die bislang wenig körperlich aktiv waren (vgl. Abschn. 35.3). Zu den physiologischen Prozessen, die diesen Transfer ermöglichen, gehören wahrscheinlich die Verbesserung der Durchblutung des Gehirns sowie neuronale Veränderungen (Hertzog et al., 2009). Außerdem gibt es erste Hinweise, dass kognitives Training ebenfalls zu Fähigkeitsveränderungen führen kann (Schmiedek et al., 2010).

Unter der Lupe

Die COGITO-Studie: Verbesserung in kognitiven Fähigkeiten bei jungen und älteren Erwachsenen

Bis ins hohe Alter geistig fit zu sein – das wünschen sich die meisten Menschen. »Gehirnjogging« verspricht einen Weg dahin. Viele Studien belegen jedoch, dass derartige Produkte zwar zu Leistungssteigerungen in den trainierten Aufgaben führen, jedoch nicht zu Verbesserungen in allgemeinen kognitiven Fähigkeiten. In jüngster Zeit gibt es erste Hinweise, dass kognitives Training, falls es über einen längeren Zeitraum hinreichend intensiv betrieben wird, nicht nur zu Leistungssteigerungen in den jeweils trainierten Aufgaben (Fertigkeiten) führt, sondern Fähigkeiten verbessern kann.

So absolvierten in der COGITO-Studie (Schmiedek et al., 2010) 101 jüngere Erwachsene im Alter von 20 bis 31 Jahren und 103 ältere Erwachsene im Alter von 65 bis 80 Jahren zwei- bis dreimal pro Woche jeweils eine Stunde lang am Computer Trainingsaufgaben in den Kategorien Wahrnehmungsgeschwindigkeit, Arbeitsgedächtnis und episodisches Gedächtnis. Das Training bestand aus 101 Sitzungen dieser

Art. Der Vergleich mit altersgleichen Kontrollgruppen zeigte, dass sich die Leistungsverbesserungen nicht nur auf die trainierten oder einzelne untrainierte Aufgaben erstreckten, sondern wesentlich darüber hinausgingen und kognitive Fähigkeiten betrafen. In der Fähigkeit Arbeitsgedächtnis zeigten sich in beiden Altersgruppen Verbesserungen. In den Bereichen episodisches Gedächtnis und Denkfähigkeit waren bei den jüngeren Erwachsenen Leistungszugewinne auf Fähigkeitsebene statistisch nachweisbar, bei den älteren hingegen nicht. Insgesamt stützt das Befundmuster die Annahme, dass kognitive Plastizität im Laufe des Erwachsenenalters abnimmt, aber nicht verschwindet. Der Nachweis von Transfereffekten auf der Ebene kognitiver Fähigkeiten wurde durch die Verwendung von latenten Differenzwertmodellen ermöglicht (vgl. Abschn. 4.2.2) und durch diese erstmalig belegt.

Altersunterschiede an den Leistungsobergrenzen. Bei der Mehrzahl der Studien sind das Ausmaß und die Intensität der Intervention zu gering, um zu den Leistungsobergrenzen vorzustoßen (Testing-the-Limits; Baltes & Kliegl, 1992). Aus entwicklungspsychologischer Sicht sind Altersunterschiede an den Leistungsobergrenzen von großem theoretischen Interesse. Im Normalbereich werden Leistungen durch zahlreiche Faktoren beeinflusst, so z. B. durch präexperimentelle (d. h. bereits vor der Untersuchung bestehende) Unterschiede in der Vertrautheit mit dem Aufgabenmaterial. Trainiert man Personen über einen längeren Zeitraum in einer neu erlernten Fertigkeit, so lassen sich diese unerwünschten Einflüsse weitgehend unterdrücken. Zudem gelangt man zu einer besseren Abschätzung des ehedem latenten Entwicklungspotenzials der Personen im trainierten Bereich. Abbildung 12.6 zeigt das Ergebnis einer altersvergleichenden Trainingsstudie im Bereich episodischer Gedächtnisleistungen, an der Kinder, jüngere Erwachsene und ältere Erwachsene teilnahmen (Brehmer et al., 2007). Ältere Erwachsene und Kinder zeigen ähnlich hohe Ausgangsleistungen, Kinder jedoch ein weitaus höheres Ausmaß an Entwicklungspotenzial (vgl. Abschn. 17.4).

Im mittleren und höheren Erwachsenenalter können mit wenigen Trainings- oder Übungssitzungen deutliche Leistungszugewinne erzielt werden. Dabei legen die weitgehende Abwesenheit oder geringe Größe positiven Transfers auf andere Tests derselben Fähigkeit sowie die Interventionsresistenz der Altersunterschiede an den Leistungsobergrenzen den Schluss nahe, dass die beobachteten Leistungsverbesserungen primär pragmatischen Aspekten der Kognition zu verdanken sind. Neuere Ergebnisse gehen über diese Befundlage hinaus und weisen darauf hin, dass plastische Veränderungen im Erwachsenenalter auch die Mechanik der Kognition verbessern können. In jedem Fall scheinen plastische Veränderungen eine länger andauernde Diskrepanz zwischen Umweltanforderungen und Leistungsvermögen der Person vorauszusetzen (Lövdén et al., 2010; vgl. Abb. 12.7).

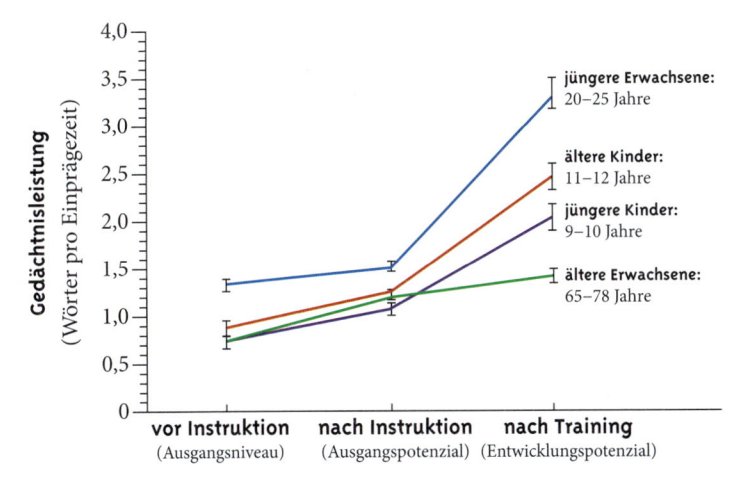

Abbildung 12.6 Plastizität episodischer Gedächtnisleistungen über die Lebensspanne. Die verschiedenen Abschnitte der Interventionsstudie – vor Instruktion, direkt nach Instruktion sowie nach Training – dienen der Abschätzung des Ausgangsniveaus, des Ausgangspotenzials und des Entwicklungspotenzials (vgl. Baltes, 1987; Kliegl & Baltes, 1987). In der dargestellten Studie waren Personen aller Altersgruppen in der Lage, ihre Leistungen durch Instruktion und Training einer Gedächtnisstrategie zu steigern. Im Einklang mit theoretischen Postulaten der Psychologie der Lebensspanne zeigten Kinder und jüngere Erwachsene ein größeres Ausmaß an Entwicklungspotenzial als ältere Erwachsene. Die Werte der jüngeren Erwachsenen direkt im Anschluss an die Instruktion lassen sich wegen Deckeneffekten nicht eindeutig interpretieren (modifiziert nach Brehmer et al., 2007)

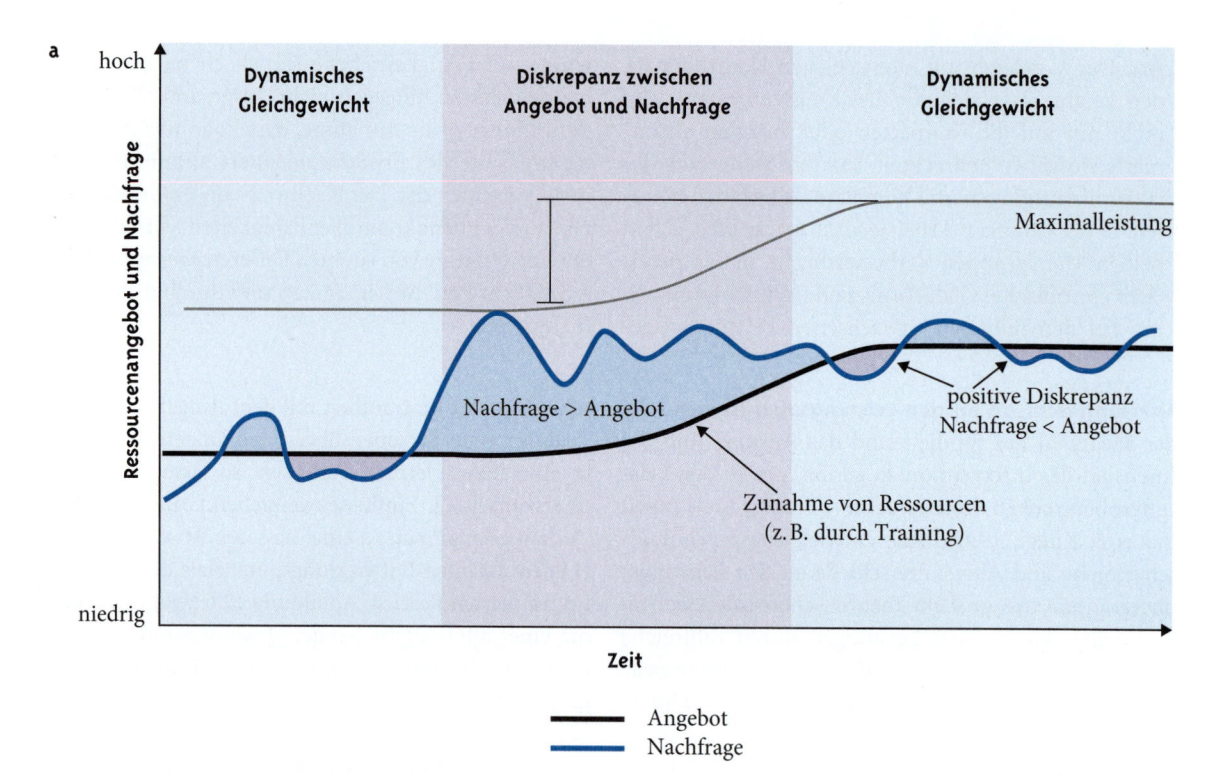

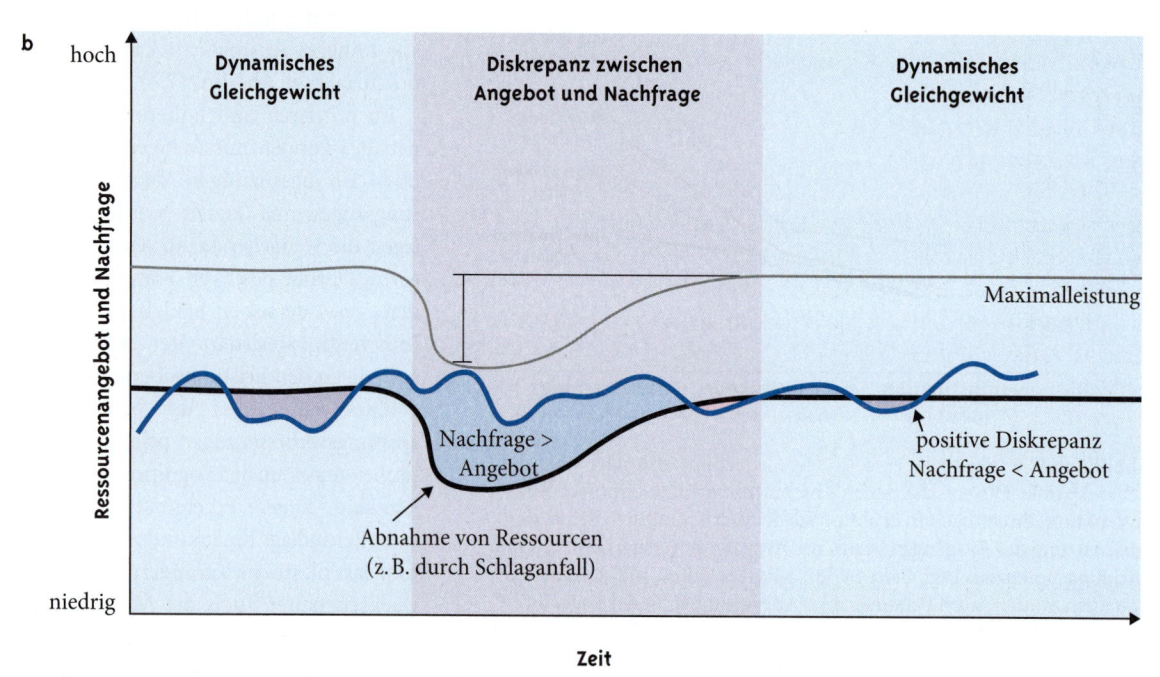

Abbildung 12.7 Theoretische Überlegungen zur Plastizität von Gehirn und Verhalten. Dargestellt werden mögliche Diskrepanzen zwischen Ressourcenangebot und Ressourcennachfrage. Solche Diskrepanzen entstehen entweder durch Veränderungen in der Nachfrage (**a**) oder durch Veränderungen in den Ressourcen (**b**). Mit einer gewissen Verzögerung und im Rahmen der Möglichkeiten des Organismus lösen diese Diskrepanzen plastische Veränderungen von Gehirn und Verhalten aus (modifiziert nach Lövdén et al., 2010)

12.2.6 Determinanten der mechanischen Entwicklung im Erwachsenenalter

Vermutlich beruhen Altersveränderungen in der Mechanik auf einer Mischung übergreifender und spezifischer Ursachen. Das theoretische und empirische Interesse hat sich auf drei potenzielle Ursachen mechanischer Altersveränderungen konzentriert, die häufig als kognitive Ressourcen bezeichnet werden:
(1) die Verarbeitungsgeschwindigkeit, d. h. die Geschwindigkeit, mit der elementare kognitive Operationen ausgeführt werden können
(2) das Arbeitsgedächtnis, d. h. die Fähigkeit, Informationen in einem oder mehreren Kurzzeitspeichern zu erhalten und zu transformieren
(3) Inhibition, d. h. die Fähigkeit, irrelevante Informationen automatisch oder intentional zu hemmen

Verarbeitungsgeschwindigkeit. Die Verarbeitungsgeschwindigkeit wird oft als stärkster Prädiktor von Altersunterschieden in anderen Aspekten der kognitiven Mechanik angesehen. Allerdings basieren die meisten empirischen Belege zur Vorhersagekraft der Verarbeitungsgeschwindigkeit auf Mediatormodellen mit querschnittlichen Datensätzen, die aus statistisch-mathematischen Gründen wenig aussagekräftig sind (vgl. Abschn. 4.2.1). Psychometrisch definierte Wahrnehmungsgeschwindigkeit ist vermutlich keine einfache und einheitliche Ursache oder »basale Determinante« von Altersveränderungen der kognitiven Mechanik (z. B. im Sinne neuronaler Geschwindigkeit), sondern eher eine zusammengesetzte Größe mit relativ hohem Arbeitsgedächtnisanteil.

Arbeitsgedächtnis. Der Erklärungsgehalt des Arbeitsgedächtniskonstrukts ist ebenfalls schwer bestimmbar. Erstens werden Altersveränderungen des Arbeitsgedächtnisses oft mit Veränderungen der Verarbeitungseffizienz oder Verarbeitungsgeschwindigkeit sowie mit Hemmungsprozessen in Verbindung gebracht. Zweitens besteht eine wesentliche Funktion des Arbeitsgedächtnisses in der Kontrolle zielgerichteten Handelns und Denkens. Somit rückt das Arbeitsgedächtnis in das Zentrum intelligenten Verhaltens, und es stellt sich die Frage, ob man es überhaupt noch als Ressource bezeichnen kann, da es in sich selbst die Komplexität birgt, die man zu erklären versucht.

Inhibition. Inhibition, d. h. die Hemmung einer Handlungstendenz (vgl. Abschn. 19.1.3), wird im Erwachsenenalter zum einen mit Aufgaben erfasst, bei denen Personen eine starke Handlungstendenz unterdrücken müssen, um zur angemessenen Antwort zu gelangen. Ein Beispiel hierfür ist der Stroop-Test. Bei diesem Test sind die Farbwörter »grün« und »rot« in kongruenter (d. h. grün in grüner und rot in roter) oder inkongruenter (d. h. grün in roter und rot in grüner) Farbe geschrieben. Sollen unter inkongruenten Bedingungen möglichst schnell die Farbwörter benannt werden, so müssen die Farbeindrücke gehemmt werden. Zum anderen wird Inhibition auch mit Verfahren zum Aufgabenwechsel erfasst. Dabei wird vermutet, dass der effiziente Wechsel zwischen Aufgaben neben der Aktivierung der zu beginnenden auch die Inhibition der zu verlassenden Aufgabe erfordert.

Es gibt Hinweise darauf, dass die Inhibition nicht mehr handlungsrelevanter Informationen und Aufgaben bei älteren Erwachsenen weniger effizient erfolgt als bei jüngeren Erwachsenen. Dies entspricht der allgemeinen Beobachtung, dass die Effizienz der kognitiven Kontrolle (auch als exekutive Funktionen bezeichnet) im Laufe des Erwachsenenalters nachlässt (vgl. Abschn. 19.1.3). Allerdings ist es schwierig, Altersunterschiede in der Hemmung von Altersunterschieden in der Aktivierung relevanter Informationen und Aufgaben abzugrenzen. Dementsprechend ist die Größe des Beitrags der Hemmung zu Altersveränderungen in der Mechanik derzeit schwer bestimmbar.

Kognitive Neurowissenschaften des Alterns

In jüngerer Zeit wird die Suche nach biologischen Korrelaten der mechanischen Entwicklung im Erwachsenenalter durch den Einbezug der kognitiven Neurowissenschaften als »cognitive neuroscience of aging« grundlegend transformiert (vgl. Abschn. 5.6). Die kognitiven Neurowissenschaften des Alterns untersuchen, welche anatomischen, neurochemischen und funktionalen Veränderungen des Gehirns in besonders starker Weise mit Altersunterschieden im Verhalten zusammenhängen. Auf neuroanatomischer Ebene sind hier vor allem Veränderungen des Stirnhirns zu nennen (z. B. der dorsolaterale präfrontale Kortex). In neurochemischer Hinsicht ist die Abnahme von Rezeptoren des Neurotransmitters Dopamin eng mit negativen Altersunterschieden in der intellektuellen Leistungsfähigkeit verknüpft (Bäckman et al., 2006). Die beiden Phänomene könnten miteinander zusammenhängen, weil die funktionale Integrität des Stirnhirns unter anderem auf dopamingestützte Verarbeitungswege angewiesen ist.

12.2.7 Das Dilemma des kognitiven Alterns

Die soeben zusammengefassten Befunde zu Altersveränderungen in der Mechanik verweisen zudem auf ein Dilemma des kognitiven Alterns – oder, genauer und allgemeiner gesagt, auf ein grundlegendes Dilemma behavioralen Alterns, an dem neben kognitiven auch motorische und sensorische Aspekte des Verhaltens teilhaben. Auf der einen Seite nimmt der Bedarf an kognitiver Kontrolle unseres Verhaltens mit dem Alter zu, weil die Zuverlässigkeit der Sinne und des Bewegungsapparats nachlässt. Belegt wird dies unter anderem durch den starken Rückgang der Sinnesleistungen mit dem Alter, die deutliche Zunahme von Doppelaufgabenkosten bei der gleichzeitigen Ausführung sensomotorischer und intellektueller Aufgaben (Lindenberger et al., 2000) sowie die bereits erwähnten hohen Zusammenhänge zwischen intellektuellen, sensorischen und sensomotorischen Leistungen im hohen Alter (vgl. Abschn. 4.5; Lindenberger & Baltes, 1997). Kognitives Altern kann somit als Verknappung einer zunehmend nachgefragten Ressource verstanden werden.

> **Beispiel**
>
> **Überqueren einer stark befahrenen Straße**
> Man stelle sich eine Straße mit lebhaftem Autoverkehr vor, die von einer 20-jährigen und einer 80-jährigen Person überquert wird. Der 80-jährigen Person wird diese Leistung in der Regel ein weitaus höheres Maß an kognitiver Kontrolle (im Sinne von Aufmerksamkeit und Konzentration) abverlangen als der 20-jährigen:
>
> ▶ Wegen des abnehmenden Hörvermögens wird sie außerhalb ihres Blickfelds nahende Fahrzeuge später wahrnehmen.
> ▶ Wegen der geringeren Sehkraft wird sie weniger gut erkennen, welche Fahrzeuge mit dem Blinker Abbiegen signalisieren und welche nicht, und es wird ihr schwerer fallen, die Geschwindigkeit nahender Fahrzeuge zu bestimmen.
> ▶ Wegen der Abnahme des Gleichgewichtssinns werden die Schritte vom Bürgersteig auf die Straße und von der Straße zurück auf den Bürgersteig eher zu Störungen des Gleichgewichts führen.
> ▶ Wegen der Abnahme des Gleichgewichtssinns sowie der geringeren Kraft und Zuverlässigkeit des Bewegungsapparats wird das eigentliche Überqueren der Straße mehr Zeit erfordern.
>
> Die 80-jährige Person wird versuchen, die negativen Auswirkungen dieser sensorischen und sensomotorischen Funktionseinbußen durch größere Aufmerksamkeit (d. h. den erhöhten Einsatz an kognitiver Kontrolle) abzuschwächen: Sie wird vielleicht ein Gespräch unterbrechen, um nahende Fahrzeuge besser hören zu können; sie wird den Blinkerbereich der nahenden Fahrzeuge bewusst in Augenschein nehmen, um festzustellen, wer abbiegt und wer nicht; sie wird die Schritte vom Bürgersteig auf die Straße und von der Straße zurück auf den Bürgersteig planen und überwachen; und sie wird vielleicht Berechnungen anstellen, wie schnell sie gehen muss, um während der Grünphase die andere Straßenseite zu erreichen.

Auf der anderen Seite finden sich, wie oben dargestellt, deutliche, durch entsprechende neuroanatomische und neurochemische Befunde gestützte Hinweise auf eine Abnahme der Effektivität kognitiver Kontrolle im Erwachsenenalter. Die Kombination der beiden Befunde ergibt die Bestimmungsstücke des Dilemmas: Verhalten ist zunehmend auf kognitive Kontrolle angewiesen, doch lässt deren Leistungsniveau in besonders starkem Maße mit dem Alter nach. Aus der Sicht des SOK-Modells können die negativen Auswirkungen dieses Dilemmas unter anderem dadurch abgeschwächt werden, dass der Kontrollaufwand alltagsrelevanter Aufgaben und Situationen durch den Einsatz kompensatorischer Hilfsmittel und Umwelten reduziert wird (Lindenberger, 2007b).

> **Unter der Lupe**
>
> **Spezifikationen des Alterns: Normal, pathologisch, erfolgreich und differenziell**
> Der Begriff des Alterns wird häufig ergänzt, um die Vielfalt an Alternsformen besser nachzeichnen zu können (vgl. Thomae, 1983). Von besonderer Bedeutung sind die Spezifikationen »normal«, »pathologisch«, »erfolgreich« und »differenziell«.
>
> **Normales vs. pathologisches Altern.** Normales Altern kann zweierlei bedeuten: Erstens kann es sich auf den statistischen Normbegriff beziehen. In diesem Fall bezeichnet normales Altern einen Erwartungswert, der sich an den durchschnittlichen oder typischen

Entwicklungsverläufen aller Überlebenden der jeweiligen Altersgruppen orientiert. Zweitens kann normales Altern als Altern ohne chronische Krankheiten definiert werden. In diesem Fall soll der eigentliche Alterungsprozess vom Altern mit Krankheit abgegrenzt werden, das wiederum als pathologisches Altern definiert wird. Da zahlreiche Krankheiten wie Alzheimer-Demenz, Diabetes und kardiovaskuläre Erkrankungen im Alter zunehmend häufiger auftreten (vgl. Abschn. 13.2.2), ist die Abgrenzung zwischen normalem und pathologischem Altern insbesondere im hohen Alter empirisch und theoretisch schwierig. So lässt sich bei strenger Definition normales Altern nur an einer kleinen Minderheit der über 95-Jährigen beobachten.

Erfolgreiches Altern. Erfolgreiches Altern kann mit objektiven Indikatoren wie Gesundheit und Langlebigkeit sowie mithilfe subjektiver Kriterien wie Wohlbefinden und Lebenszufriedenheit erfasst werden. Sinnvoll erscheinen eine Individualisierung der Erfolgskriterien sowie eine Orientierung an den Zielen und Werten der alternden Person. Das SOK-Modell sowie die Theorie des assimilativen und akkommodativen Bewältigungsverhaltens spezifizieren Bedingungen und Prozesse, die erfolgreiches Altern ermöglichen.

Differenzielles Altern. Differenzielles Altern bedeutet zunächst, dass verschiedene Personen in unterschiedlicher Weise altern. So nimmt die Unterschiedlichkeit zwischen Personen in der kognitiven Leistungsfähigkeit vom jungen zum höheren Erwachsenenalter zu. In einem weiteren Sinne verweist der Begriff des differenziellen Alterns auf die Forschungsstrategie, durch die Analyse individueller Unterschiede zum Verständnis der invarianten und variablen Merkmale der Entwicklung im Erwachsenenalter und Alter beizutragen.

Denkanstöße

Unter welchen biologischen und kulturellen Bedingungen kann Altern so krankheitsfrei wie möglich verlaufen? Welche körperlichen und geistigen Abbauprozesse sind nach gegenwärtigem Kenntnisstand Teil des normalen Alterns und welche sind als Krankheit vom normalen Altern abzugrenzen? Sind die entsprechenden Grenzen klar zu ziehen oder eher fließend? Wie würden Sie als Forscher Alter mit und ohne Krankheit voneinander abgrenzen? Und was wären aus Ihrer Sicht sinnvolle Kriterien für erfolgreiches Altern?

12.3 Die Entwicklung von Selbst und Persönlichkeit im Erwachsenenalter

12.3.1 Forschungstraditionen im Bereich von Selbst und Persönlichkeit

Im Bereich der Entwicklung von Selbst und Persönlichkeit im Erwachsenenalter lassen sich zunächst drei Forschungstraditionen unterscheiden:
(1) Persönlichkeit
(2) Selbstkonzept, Selbstdefinition, Identität
(3) selbstregulative Prozesse

Persönlichkeitsforschung. In der Persönlichkeitsforschung werden Personen als Träger von Eigenschaften und Verhaltensdispositionen beschrieben, wobei sie sich an psychometrischen Methoden orientiert. Ihr Hauptanliegen besteht darin, die Entstehung, Stabilität und Veränderung von Persönlichkeitsstrukturen nachzuweisen. Dabei liegt der Schwerpunkt zumeist auf dem Ausmaß an struktureller Stabilität, Niveaustabilität und relativer Stabilität über die Lebensspanne. Ein weiteres Arbeitsfeld auf diesem Gebiet ist die Erforschung von Veränderungen in Merkmalszusammenhängen innerhalb derselben Person.

Selbstkonzept, Selbstdefinition und Identität. Die Begriffe »Selbstkonzept«, »Selbstdefinition« und »Identität« bezeichnen verschiedene Ansätze, denen gemein ist, dass sie Individuen als Produzenten dynamischer Selbststrukturen ansehen (z. B. Filipp & Mayer, 2005). Dabei betont der Begriff der Identität die soziale Bedeutung dieser Strukturen. Verschiedene Kontexte oder Situationen aktivieren unterschiedliche Ausschnitte und Inhaltsbereiche der Selbststruktur im Sinne eines »working self« (Markus & Wurf, 1987; vgl. Abschn. 23.2.1). Diagnostiziert Persönlichkeitsforschung die Person »von außen«, so untersucht die Forschung zum Selbst, wie Personen »sich selbst« »von innen« erleben und definieren.

Selbstregulative Prozesse. Schließlich befasst sich die Forschung zu selbstregulativen Prozessen mit der Regulation des Selbst im Hinblick auf Erleben und Verhalten, so z. B. bei der Planung, Kontrolle, Korrektur und Bewertung von Handlungen (Greve, 2000). Selbstregulative Prozesse dienen dem Erlangen, Aufrechterhalten und Wiedergewinnen von angestrebten Selbst-Zuständen (vgl. Abschn. 19.2). In vielen Fällen sind dies Zustände, die mit Kohärenz, Kontinuität und Sinnhaftigkeit in Verbindung gebracht werden. Eine große Anzahl unterschiedlicher Theorien und Konstrukte fällt in diesen Bereich, so z. B. Selbstevaluationen, Zielorientierungen, Bewältigungsverhalten (Coping; s. Kap. 24), Kontrollüberzeugungen, Selbstwirksamkeitsurteile und emotionale Regulation. Aus Sicht der Psychologie der Lebensspanne bestehen die Anliegen dieser Forschungstradition vor allem darin, alterskorrelierte Veränderungen in der Funktionalität verschiedener selbstregulativer Prozesse zu erkunden sowie Grenzen und Möglichkeiten selbstbezogener Anpassungsleistungen zu bestimmen.

Personale und subpersonale Perspektive. Bevor die drei Forschungstraditionen im Einzelnen betrachtet werden, sei darauf aufmerksam gemacht, dass die Attribute von Selbst, Persönlichkeit, Identität und so weiter zum einen als Explanans und zum anderen als Explanandum der Entwicklung im Erwachsenenalter angesehen werden können (vgl. Brandtstädter, 2006). Sieht man die handelnde Person (im Rahmen ihrer persönlichen und kontextuellen Möglichkeiten) als Produzenten ihrer Entwicklung und als ihres Glückes (oder Unglückes) Schmied, so verfolgt man eine personale Perspektive. Hier stellen die Wünsche, Ziele und Absichten des Selbst zulässige Handlungserklärungen dar. Dies entspricht der Sichtweise des Subjekts als »aktivem« Gestalter seiner Entwicklung (aktionale Entwicklungsmodelle; vgl. Abschn. 1.2.3). Aus subpersonaler Sicht dienen derartige Konstruktionen als Ausgangspunkt von Erklärungen, jedoch nicht als deren Endpunkt. Dementsprechend werden zahlreiche Funktionen, die dem Selbstkonzept personal zugeschrieben werden, als selbstregulatorische Prozesse mit dem Instrumentarium der Experimentellen Psychologie subpersonal erforscht. Ein Beispiel hierfür ist die Untersuchung der wahrnehmungs- und handlungsleitenden Funktion des Selbstkonzepts im Rahmen von Reaktionszeitexperimenten mit Hinweisreizen.

Im Folgenden werden empirische Befunde zur Entwicklung im höheren Erwachsenenalter dargestellt. Dabei wird versucht, die disparaten Befunde aus dem Blickwinkel der Psychologie der Lebensspanne aufeinander zu beziehen und zu integrieren. Wie bei der Entwicklung der geistigen Leistungsfähigkeit sind auch bei der Beschreibung und Erklärung der Persönlichkeitsentwicklung, im oben genannten dreifachen Sinne, sowohl biologische als auch kulturelle Einflüsse zu berücksichtigen. Insgesamt lässt sich festhalten, dass Veränderungen im Bereich der Persönlichkeit zwar weniger ausgeprägt sind und biologische Abbauprozesse sich weniger offensichtlich niederschlagen, sie aber dennoch eine wichtige, noch zu wenig erforschte Rolle spielen. So kann man beispielsweise davon ausgehen, dass der Erhalt des subjektiven Wohlbefindens und der positiven Emotionszustände zu einem gewissen Teil auch als Epiphänomen biologischer Abbauprozesse im Gehirn zu verstehen ist (vgl. Staudinger, 2005).

12.3.2 Persönlichkeit im Erwachsenenalter

»Big Five«. Das Ausmaß an Kontinuität von Struktur, Niveau und interindividuellen Unterschieden in Persönlichkeitseigenschaften (Traits) steht im Zentrum der am Begriff der Persönlichkeit ausgerichteten entwicklungspsychologischen Forschung. Dabei orientiert sich ein Großteil der Arbeiten an den »Big Five«, d. h. an den Dimensionen Neurotizismus, Extraversion, Offenheit, Verträglichkeit und Gewissenhaftigkeit (vgl. Abschn. 9.2.1). Der wohl am weitesten verbreitete Fragebogen zur Persönlichkeit, der NEO, erfasst diese Dimensionen dadurch, dass Personen einschätzen, in welchem Maße entsprechende Eigenschaftsbeschreibungen auf sie selbst zutreffen (vgl. Abschn. 23.3).

Stabilitätsformen der Persönlichkeitseigenschaften

Es ist unstrittig, dass die Big Five der Persönlichkeit – Neurotizismus, Extraversion, Offenheit, Verträglichkeit und Gewissenhaftigkeit – im mittleren und höheren Erwachsenenalter ein beträchtliches Ausmaß an Entwicklungsstabilität aufweisen. Werden zwei oder mehr Messzeitpunkte oder Altersgruppen miteinander verglichen, so können vier verschiedene Stabilitätsformen voneinander unterschieden werden:

(1) strukturelle Stabilität, d. h. die Stabilität der Anzahl, der Variabilität sowie der Beziehungen der

Persönlichkeitsdimensionen untereinander (d. h. Varianzen und Kovarianzen)
(2) relative Stabilität, d. h. die Stabilität von Ausprägungsunterschieden zwischen Personen
(3) Niveaustabilität, d. h. die Stabilität des Niveaus der Ausprägung von Persönlichkeitseigenschaften
(4) Profilstabilität, d. h. die Stabilität des Ausprägungsmusters einer bestimmten Person

Hohe Stabilität. Im Folgenden gehen wir auf jede der vier Stabilitätsformen gesondert ein. Insgesamt ergibt sich der Eindruck einer beeindruckend hohen Stabilität von Persönlichkeitseigenschaften über die Lebensspanne. Bei der Bewertung dieses Ergebnisses ist jedoch zu bedenken, dass die in Persönlichkeitsfragebögen enthaltenen Items im Laufe der Jahrzehnte aus einem anfänglich weit größeren Pool ausgewählt worden sind. Dabei dienten unter anderem eine klare Faktorenstruktur sowie hohe Test-Retest-Stabilitäten als Auswahlkriterien. Demnach stehen die heutzutage z. B. zur Messung der Big Five verwendeten Items am Ende eines langwierigen Selektionsprozesses, in dessen Verlauf sie sich zur Erfassung stabiler interindividueller Unterschiede bewährt haben. Sie stellen somit weder eine erschöpfende noch eine zufällige Auswahl aller möglichen persönlichkeitsbeschreibenden Items dar.

Strukturelle Stabilität. Ein hohes Ausmaß an struktureller Stabilität (Invarianz) erhöht die Wahrscheinlichkeit, dass es sich bei den in verschiedenen Altersabschnitten untersuchten Persönlichkeitsdimensionen um vergleichbare Konstrukte handelt. Deswegen stellt die Überprüfung struktureller Stabilität eine Voraussetzung für die Untersuchung der anderen Stabilitätsformen dar. Die empirischen Befunde zu den Big Five sprechen für ein hohes Ausmaß an struktureller Stabilität nach dem 10. Lebensjahr. Die Fünf-Faktoren-Struktur lässt sich in verschiedenen Lebensaltern und verschiedenen Populationen replizieren, und das Muster der Interkorrelationen zwischen den fünf Dimensionen ist hinreichend ähnlich. Eine Untersuchung struktureller Stabilität in jüngeren Altersgruppen stößt auf methodische und substanzielle Schwierigkeiten.

Relative Stabilität. Insgesamt ergibt sich ein Bild hoher relativer Stabilität, mit mittleren Korrelationen um $r = .65$ bei Zeitabständen zwischen 6 und 30 Jahren (z. B. Staudinger, 2005). Auch hier nimmt die Höhe der Korrelation in der Regel mit zunehmendem zeitlichen Abstand ab. Bei der Einschätzung der Befunde ist zu berücksichtigen, dass die berichteten Korrelationen häufig nicht reliabilitätsbereinigt sind, d. h., bei Berücksichtigung des Messfehlers würden sich noch höhere Werte ergeben. Auf der anderen Seite könnte selektiver Stichprobenausfall die Werte erhöht haben, falls Personen mit starken Persönlichkeitsveränderungen eine geringere Wahrscheinlichkeit aufweisen sollten, mehr als einmal beobachtet zu werden, als Personen mit geringen Veränderungen. Berücksichtigt man diese Argumente und versucht, das Ausmaß an relativer Stabilität zwischen dem 30. und dem 80. Lebensjahr zu bestimmen, so ergibt sich als vorsichtige Schätzung ein Wert um 50 %.

Niveaustabilität. Die Mehrzahl der Befunde zur Niveaustabilität beruht auf Korrelationen der Big Five mit dem Alter in querschnittlichen, altersheterogenen Stichproben. Generell hängt Alter in diesen Stichproben mit weniger als 3 % der Varianz der untersuchten Eigenschaften zusammen. Schwach negative Korrelationen ergeben sich für Neurotizismus, Offenheit und Extraversion, schwach positive für Verträglichkeit und Gewissenhaftigkeit. Im Durchschnitt ergibt sich somit das Bild, dass Personen im Laufe des Erwachsenenalters niedrigere Werte auf den Dimensionen Offenheit und Neurotizismus aufweisen, dafür aber etwas umgänglicher und zuverlässiger werden. Bei der Extraversion sind die Befunde uneinheitlich: Die Subdimension der sozialen Dominanz nimmt mit dem Alter zu und die der sozialen Vitalität scheint abzunehmen. Es muss jedoch daran erinnert werden, dass dieses Bild zumindest teilweise auch auf historische Einflüsse wie z. B. den gesellschaftlichen Wandel zurückgehen könnte. So gibt es erste Hinweise, dass durch entsprechende Interventionen (aktivierende Umwelt plus Kompetenztraining) die Offenheit für neue Erfahrungen mit dem Alter nicht nur nicht abnehmen muss, sondern sogar zunehmen kann (Mühlig-Versen et al., 2012).

Befunde der Berliner Altersstudie weisen darauf hin, dass im höheren und hohen Alter deutlichere Altersunterschiede und Altersveränderungen in Persönlichkeitseigenschaften zu beobachten sind (Smith & Baltes, 2010) als im jungen und mittleren Erwachsenenalter. So zeigten sich z. B. im Altersbereich von 70 bis 103 Jahren im Querschnitt negative Altersbeziehungen für Extraversion ($r = -.19$) und Offenheit ($r = -.20$). Längsschnittliche Beobachtungen der Berliner Altersstudie führten zu ähnlichen Befunden. Offensichtlich verliert die Tendenz des Selbstsystems, Stabilität zu erzeugen und aufrechtzuerhalten, an Wirksamkeit, wenn die Intensität und Dauer von Stressoren eine gewisse, von

Person zu Person vermutlich variable Grenze überschreiten (vgl. Staudinger et al., 1995).

Profilstabilität. In einem umfassenden Sinn bezieht sich die Stabilität von Persönlichkeit insbesondere auf die relative Stabilität des Profils der Ausprägungen relevanter Eigenschaften. Fragen ließe sich beispielsweise, ob eine Person, die im Alter von 20 Jahren ein hohes Maß an Extraversion und Offenheit, ein geringes Ausmaß an Neurotizismus sowie ein durchschnittliches Ausmaß an Umgänglichkeit und Gewissenhaftigkeit aufwies, im Alter von 70 Jahren ein ähnliches Profil aufweist, und zwar sowohl im Vergleich zu sich selbst als auch im Vergleich zu anderen Personen ihres Alters. Diese Frage entspräche einem durchaus berechtigten Begriff von Persönlichkeit, der intraindividuellen Veränderungen und interindividuellen Unterschieden im Profil der Eigenschaften zentrale Bedeutung beimisst. Entsprechende Auswertungen werden nur selten unternommen. Da die relative Stabilität der Profile die relative Stabilität aller profilkonstituierenden Eigenschaften voraussetzt, kann sie nicht höher (aber durchaus geringer) ausfallen als die relative Stabilität der instabilsten Eigenschaft. Persönlichkeit im Sinne eines Profils von Eigenschaften ist demnach bei weitem weniger stabil, als die isolierte Betrachtung einzelner Eigenschaften vermuten lässt. Dies könnte unter anderem daran liegen, dass Personen im Laufe ihres Lebens unterschiedlichen Entwicklungsaufgaben begegnen, deren Bewältigung verschiedene Persönlichkeitsmerkmale unterschiedlich stark erfordert und beeinflusst.

Persönlichkeit und erfolgreiche Entwicklung

Unter dem Gesichtspunkt der Validität stellt sich die Frage, in welchem Maße Persönlichkeitseigenschaften mit verschiedenen Aspekten erfolgreicher Entwicklung zusammenhängen. Die empirische Untersuchung dieser Frage steht vor methodischen und konzeptuellen Problemen. So bestehen die relevanten Daten zumeist aus Selbstauskünften, sowohl in Bezug auf Persönlichkeitseigenschaften (z. B. den Big Five) als auch in Bezug auf Indikatoren erfolgreicher Entwicklung (z. B. subjektives Wohlbefinden). Ein Teil der beobachteten Beziehungen zwischen Persönlichkeit und Entwicklungserfolg dürfte somit darauf zurückgehen, dass Selbstauskünfte mit Selbstauskünften in Beziehung gesetzt werden (gemeinsame Methodenvarianz). Ein zusätzliches, von dieser allgemeinen Problematik abgrenzbares Problem liegt vor, wenn die Items der miteinander in Beziehung gesetzten Skalen einander ähneln (Itemähnlichkeit). Typische Beispiele sind die Ähnlichkeit zwischen dem Item »Mir ist oft weinerlich zumute« (Neurotizismus) und dem Item »traurig« (emotionales Wohlbefinden, invers codiert) sowie zwischen dem Item »Ich bin ein fröhlicher, gut gelaunter Mensch« (Extraversion) und dem Item »fröhlich« (positive Emotionen).

Kriterien erfolgreicher Entwicklung. Aus methodischen und konzeptuellen Gründen ist es sinnvoll, neben subjektiven auch objektive Kriterien bei der Definition erfolgreicher Entwicklung zu berücksichtigen. Das Verwenden derartiger Kriterien verweist auf Werte, die begründet werden können, aber nicht von jedem geteilt werden müssen. Kriterien wie gute Gesundheit und hohe intellektuelle Leistungsfähigkeit sind allerdings in hohem Maße konsensfähig. Auch allgemein anerkannte objektive Kriterien des Entwicklungserfolgs lassen sich jedoch nicht ohne Weiteres auf die einzelne Person anwenden, wenn hierbei die Möglichkeiten und Grenzen der Person und des jeweiligen Kontextes angemessen berücksichtigt werden sollen. So stellen Tätigkeiten der erweiterten Alltagskompetenz (wie das Besuchen öffentlicher Veranstaltungen) für eine Person ohne größere motorische Einschränkungen eine geringere Herausforderung dar als für eine gehbehinderte Person.

Empirische Befunde. Vor dem Hintergrund dieser einschränkenden Bemerkungen werden im Folgenden exemplarisch einige Befunde zum Verhältnis zwischen Persönlichkeit und Entwicklungserfolg berichtet (vgl. Kap. 36). Als subjektive Kriterien des Entwicklungserfolgs kommen unter anderem die Valenzen selbstbezogener Gefühle und Erlebnisse in Betracht. Hier zeigt sich, dass Personen mit hoher Extraversion dazu neigen, ihre eigene Befindlichkeit eher mit positiven Gefühlen zu beschreiben, als Personen mit niedriger Extraversion. Hingegen berichten Personen mit hohen Werten auf der Neurotizismusskala vermehrt negative Gefühle – man beachte jedoch das Problem der Itemähnlichkeit. Ähnlich berichten Personen mit hoher Extraversion eher positive Erlebnisse aus ihrem Leben, während Personen mit hohen Neurotizismuswerten eher negative Erlebnisse berichten. Schließlich zeigt Gewissenhaftigkeit positive Beziehungen zum subjektiven Wohlbefinden, das als zentraler Indikator des subjektiven Entwicklungserfolgs angesehen wird.

Hinsichtlich objektiver Kriterien sind Offenheit für Neues und Verhaltensflexibilität mit einer Vielzahl kognitiver Leistungen positiv korreliert. Zum Beispiel zeigten Personen mit hohen Werten für Offenheit höhere Leistungen in Aufgaben zu Lebenswissen und Weisheit sowie ein größeres Ausmaß an erweiterter Alltagskompetenz (Staudinger & Glück, 2011).

Erklärungen. Eine entwicklungspsychologisch produktive Erklärung von Zusammenhängen zwischen Persönlichkeit und Entwicklungserfolg erfordert Theorien, die Entwicklungsunterschiede im Erleben und Verhalten miteinander verknüpfen. Die verschiedenen Forschungstraditionen im Bereich von Selbst und Persönlichkeit verfolgen hier unterschiedliche theoretische Ansätze: Persönlichkeitstheorien fassen Eigenschaften traditionell als Quellen individueller Unterschiede im Erleben und Verhalten auf, hingegen begreifen Theorien des Selbst Eigenschaften vorwiegend als Resultat selbstbezogener Prozesse. Folgt man den am Selbst orientierten Ansätzen, so bringen Persönlichkeitseigenschaften individuelle Unterschiede im Umgang mit selbstbezogenen Informationen zum Ausdruck, die den zukünftigen Umgang mit derartigen Informationen und somit auch den subjektiven und objektiven Entwicklungserfolg zu beeinflussen vermögen. Eine derartige Sichtweise hat den Vorteil, dass sie die Veränderbarkeit von Eigenschaften in stärkerem Maße thematisiert als der persönlichkeitsorientierte Ansatz.

> **Denkanstöße**
>
> »Der Mensch kann als Mensch von allen Seiten entwickelt werden, aber nur nach den Gesetzen eines endlichen Wesens, das, um vollkommner zu werden, theilweise es werden muss, und das eben so wenig alles auf einmal werden, als alles auf einmal seyn, kann.« (Tetens, 1777, Band 2, S. 631) – Beziehen Sie diesen Satz auf Lebenslagen und Selbstkonzeptionen im höheren Erwachsenenalter.

Stabilität ist nicht alles

Betrachtet man die empirischen Arbeiten zur Entwicklung wichtiger Persönlichkeitsdimensionen wie den Big Five, so überwiegt der Eindruck von Niveaustabilität, relativer Stabilität und Strukturstabilität. Man könnte einwenden, dass diese Stabilität in sich selbst bereits eine hinreichende Erklärung interindividueller Unterschiede im Bereich Selbst und Persönlichkeit darstellt, zumal verhaltensgenetische Studien darauf hinweisen, dass in Stichproben klinisch unauffälliger Personen etwa 50 % der individuellen Unterschiede in den Dimensionen der Big Five mit stabilen genetisch bedingten Unterschieden verknüpft sind. Eine solche Sichtweise ist aus mehreren Gründen psychologisch unproduktiv. Erstens kann, wie oben dargestellt, Stabilität im lebenszeitlichen Verlauf als Resultat der Wirkung selbstregulativer Prozesse verstanden werden, d. h. als das immer wieder herzustellende Vermögen des Selbst, unter veränderten personalen und sozialen Bedingungen Stabilität zu produzieren. Zweitens sind die beobachteten Stabilitäten durchaus nicht perfekt. Vielmehr gibt es, auch nach Berücksichtigung des Messfehlers (der die beobachtete Stabilität erniedrigt, jedoch nicht im Sinne einer Veränderung der wahren Werte gedeutet werden darf), Anzeichen dafür, dass zumindest einige Personen ihr Persönlichkeitsprofil im Laufe des Erwachsenenalters tatsächlich verändern. Eine prozessorientierte Betrachtung der Mechanismen und Korrelate dieser Veränderungen kann zu einem besseren Verständnis der Plastizität im Bereich von Selbst und Persönlichkeit beitragen.

12.3.3 Selbstkonzeptionen und selbstregulative Prozesse

Plurale Selbststruktur

Mit den Arbeiten zum Selbst (vgl. Kap. 23) rücken die Struktur und der Inhalt von Selbstkonzeptionen stärker in der Vordergrund, als dies in der persönlichkeitsorientierten Forschung möglich ist. Etliche Untersuchungen weisen darauf hin, dass eine diversifizierte und vielfältige Struktur bevorzugter Selbstkonzeptionen – etwa als Berufstätige, Partnerin, Mutter und Hobbymusikerin – die Anpassung an veränderte Entwicklungsbedingungen erleichtert und z. B. positiv mit geistiger Gesundheit korreliert. Ältere Erwachsene, die ihr Selbst im Sinne reichhaltiger, positiv eingeschätzter, miteinander verbundener sowie in der Gegenwart verankerter Selbstkonzeptionen definieren, können mit negativen gesundheitlichen Veränderungen besser umgehen als andere Personen. Der von Markus und Mitarbeitern eingeführte Begriff der »possible selves« bringt den Anpassungsvorteil einer pluralen und zugleich kohärenten Selbststruktur besonders gut zum Ausdruck (Markus & Wurf, 1987; vgl. Abschn. 23.5.1 und 23.6.1). Demnach nutzen Personen erwünschte oder befürchtete Selbstkonzeptionen zur Strukturierung von Entwicklungsübergängen und Herausforderungen und verknüpfen sie mit positiven Erwartungen und Selbstwirksamkeitsüberzeugungen.

Entwicklungsziele: Altersunterschiede in Auswahl und Priorisierung

Aus Sicht des SOK-Modells (vgl. Abschn. 11.3.7) ist selektive Optimierung mit Kompensation für erfolgreiche Entwicklung sowohl bei zunehmenden als auch bei abnehmenden Ressourcen von Bedeutung. Dabei wird je nach Entwicklungskontext zwischen elektiver und verlustbasierter Selektion unterschieden. Elektive Selektion bezeichnet das Erwählen neuer Ziele und Bereiche vor dem Hintergrund zunehmender Ressourcen. Bei verlustbasierter Selektion geht es um die Frage, welche Ziele und Bereiche man angesichts nachlassender Ressourcen beibehält und welche man aufgibt. Bei zunehmenden Ressourcen ermöglicht die Kombination aus elektiver Selektion und Optimierung Spezialisierungen (z. B. im Beruf), die erfolgreiche Entwicklung ermöglichen. Bei abnehmenden Ressourcen ermöglicht verlustbasierte Selektion den Erhalt und die Fortentwicklung lebenspraktisch erforderlicher und besonders wertgeschätzter Ziele und Bereiche. Unter diesem Blickwinkel können Selbststrukturen und Persönlichkeitsmerkmale ähnlich wie intellektuelle Fähigkeiten als personale Ressourcen gelten, die in Interaktion mit alterskorrelierten Entwicklungsaufgaben und Anforderungen die Zielauswahl beeinflussen.

Zielverschiebungen. Betrachtet man die Verteilung der Zielinvestitionen als Funktion des Alters, so zeigen sich Verschiebungen im berichteten Einsatz an Anstrengung und Zeit in verschiedene Themen, Motivsysteme und Entwicklungsaufgaben (Schindler & Staudinger, 2005). In einer Untersuchung zur Entwicklung des Lebensinvestments im hohen und sehr hohen Alter kommt dies zum Ausdruck. So zeigte sich beispielsweise, dass nicht einfach das Investment reduziert wird, sondern dass eine Verschiebung von optionalen (z. B. ehrenamtliche Tätigkeiten) hin zu obligatorischen Bereichen (z. B. Gesundheit) erfolgt (vgl. auch Abschn. 35.4.1): Ganz im Sinne differenzieller Funktionalität war in Abhängigkeit vom Gesundheitsstatus der alten Person entweder die Investition in obligatorische Bereiche (krank) oder aber gerade die verbliebene Investition in optionale Bereiche (weniger krank) dem subjektiven Wohlbefinden zuträglich.

Soziale und temporale Vergleichsprozesse

Auch in schwierigen Lebenssituationen sind die meisten Menschen in der Lage, ein hohes Maß an Wohlbefinden und Lebenszufriedenheit aufrechtzuerhalten. Eine mögliche Ursache für dieses »Wohlbefindensparadox« ist darin zu sehen, dass Individuen im Laufe des Lebens ihre Selbstkonzeptionen und Motivsysteme an alterstypische personale und soziale Erfordernisse und Voraussetzungen anpassen, etwa im Sinne des SOK-Modells. Soziale und temporale Vergleichsprozesse erfüllen im Kontext dieser lebensgeschichtlichen Anpassungsleistungen eine wichtige selbstregulatorische Funktion (vgl. Abschn. 11.3.7, 19.2, 20.2.2 und 24.3).

> **Definition**
>
> **Soziale Vergleichsprozesse** bestehen in einem Vergleich zwischen einer Referenzgruppe oder auch -person und der eigenen Person auf einer selbstrelevanten Dimension (z. B. Gesundheit oder kognitive Fitness).

Üblicherweise wird zwischen Abwärts- und Aufwärtsvergleichen unterschieden. Aufwärtsvergleiche gelten als funktional (d. h., sie motivieren Anstrengungen in Richtung auf ein erreichbares Ziel), wenn eine Verbesserung auf der entsprechenden Dimension möglich ist. Abwärtsvergleiche gelten als funktional (d. h. selbstwertstabilisierend), wenn Ressourcen zur Verbesserung fehlen und Verluste reguliert werden müssen. Die entsprechenden empirischen Befunde stimmen überwiegend mit diesen Überlegungen überein.

> **Definition**
>
> **Temporale Vergleichsprozesse** beziehen sich zumeist auf einen Vergleich von Personen mit sich selbst über die Lebenszeit.

Ryff (1991) konnte zeigen, dass Personengruppen unterschiedlichen Alters sich in der durchschnittlichen Einschätzung verschiedener Aspekte der Persönlichkeit (z. B. Autonomie und soziale Beziehungen) nicht voneinander unterschieden. Bei einer Variation des zeitlichen Bezugspunkts ergaben sich jedoch Unterschiede zwischen den Altersgruppen. Junge Erwachsene bewerteten ihre eigene Zukunft positiver und ihre eigene Vergangenheit negativer als ältere Erwachsene. Ältere Erwachsene hingegen nahmen eine vergleichsweise positive Bewertung ihrer Vergangenheit vor. Bei jüngeren Erwachsenen könnte die positive Bewertung der Zukunft als motivierender »Aufwärtsvergleich mit sich selbst« wirken. Hingegen könnte die positive Bewertung der Vergangenheit bei den älteren Erwachsenen angesichts abnehmender Ressourcen und abnehmender Lebenszeit den Selbstwert und das Zutrauen in die eigenen Fähigkeiten positiv beeinflussen. Demnach bestimmt sich die Wirkung temporaler Vergleichsprozesse auf Selbstwert und Wohlbefinden durch ihre Funktion im Kontext der subjektiven Konstruktion des eigenen Lebenslaufs; für ältere Personen, deren Leben größtenteils in der Vergangenheit angesiedelt ist, hat die Bewertung von Vergangenheit und Zukunft eine andere Funktion als für Personen jüngeren Alters (Staudinger et al., 2003).

Bewältigungsverhalten (Coping)

Entwicklungsaufgaben und Bewältigungsformen. Das Konzept der Entwicklungsaufgabe eignet sich in besonderer Weise für eine Betrachtung des Lebenslaufs aus bewältigungstheoretischer Sicht (vgl. Kap. 24). Demnach stellen Entwicklungsaufgaben Herausforderungen (Stressoren) dar, die Personen auf unterschiedliche Weise bewältigen können. Generell scheint die Resilienz (Widerstandsfähigkeit) des Selbst gegen Stressoren zu steigen, wenn Personen auf eine klare Selektion unterschiedlicher Bewältigungsformen (keine beliebige Vielfalt) zurückgreifen können (vgl. Abschn. 13.4, 24.5 und 36.5.4). Dieser Befund ähnelt den Ergebnissen zur pluralen Selbststruktur und lässt den allgemeinen Schluss zu, dass ein Repertoire an positiv besetzten Selbstdefinitionen und klar selegierten Bewältigungsformen die Wahrscheinlichkeit erhöht, den Anforderungen einer bestimmten Herausforderung angemessen begegnen zu können. Selbstdefinitionen und Bewältigungsformen sind in diesem Sinne, ähnlich wie kognitive Fähigkeiten, als personale Ressourcen anzusehen.

Herausforderungen und Ressourcen. Das Ausmaß an Stress, definiert als das Verhältnis von Herausforderungen zu Ressourcen, bliebe im Laufe des Lebens konstant, wenn sich beide in ähnlicher Weise mit dem Alter veränderten. So sind die Unterschiedlichkeit und der Umfang der Entwicklungsaufgaben des mittleren Erwachsenenalters beeindruckend (z. B. Arbeit, Familie, Partnerschaft). Das durchschnittliche Niveau an Stress ist in dieser Lebensphase jedoch nicht zwangsläufig höher als in anderen Lebensabschnitten, da Personen in diesem Alter auch über relativ viele Ressourcen verfügen. Im höheren Erwachsenenalter kommt dieses Gleichgewicht jedoch ins Wanken, unter anderem deshalb, weil die Häufigkeit nicht kontrollierbarer Verlustereignisse kontinuierlich zunimmt (z. B. Tod und Krankheit nahestehender Personen, Abnahme der eigenen Gesundheit usw.; vgl. Abschn. 13.2.2, 37.2.3). Dennoch finden sich bis ins höhere Erwachsenenalter zunächst kaum vermehrte Anzeichen für missglücktes Bewältigungsverhalten wie Unzufriedenheit oder Depressivität (Brandtstädter, 2006). Allerdings mehren sich die Hinweise, dass die Flexibilität des Selbst in den letzten Jahren des Lebens vermehrt an seine Grenzen stößt (s. auch den Begriff des Terminal Decline in Abschn. 13.3).

Assimilative und akkommodative Bewältigung. Somit stellt sich die Frage, welche Formen des Bewältigungsverhaltens bei zunehmenden Verlusten und nachlassenden Ressourcen als adaptiv gelten können. In diesem Zusammenhang hat sich, neben verwandten Zweigliederungen (z. B. Heckhausen & Schulz, 1995), die Unterscheidung zwischen assimilativem und akkommodativem Bewältigungsverhalten als besonders ertragreich erwiesen (Brandtstädter, 2006; vgl. Abschn. 24.4). Während assimilatives Bewältigungsverhalten mit dem »zähen Festhalten« an einmal gewählten Zielen einhergeht, zeichnet sich akkommodatives Verhalten durch die »flexible Zielanpassung« an die Ressourcenlage aus. Daraus folgt, dass bei dauerhaft reduzierten Entwicklungsmöglichkeiten (Ressourcen) akkommodatives Verhalten gerade nicht mit Hoffnungslosigkeit, Resignation und Depression verknüpft ist. Vielmehr ist das Gegenteil der Fall: In mehreren empirischen Untersuchungen konnte nachgewiesen werden, dass Hoffnungslosigkeit und Hilflosigkeit mit Defiziten in der flexiblen Zielanpassung in Verbindung stehen. Die Modifikation oder Aufgabe nicht erreichbarer Ziele ist somit als geglücktes Bewältigungsverhalten und als Voraussetzung erfolgreichen Alterns anzusehen. Zugleich ist zu bedenken, dass Ziele nicht »einfach so« aufgegeben werden können, denn die selbstregulativen Prozesse, die akkommodatives Bewältigungsverhalten zulassen, sind der intentionalen Kontrolle offenbar nicht unmittelbar zugänglich.

Zielkongruenz. Des Weiteren können Ziele einander in unterschiedlichem Ausmaß stützen oder behindern. Eine höhere Zielkongruenz (d. h. eine positivere Summe der Differenzen zwischen stützenden und behindernden Zielbeziehungen) hat den Vorteil, dass der Wirkungsgrad der eingesetzten Ressourcen steigt. Die Bewertung der adaptiven Funktion flexibler Zielanpassungen für die erfolgreiche Entwicklung im Erwachsenenalter hat demnach zu berücksichtigen, ob und in welchem Ausmaß die Kongruenz der verbleibenden bzw. modifizierten Ziele im Laufe der Anpassung zunimmt. In Übereinstimmung mit dem SOK-Modell und den Befunden zur Selbstkonstruktion (Ryff, 1991) gibt es Hinweise darauf, dass die Zielkongruenz im Laufe des Erwachsenenalters tatsächlich steigt (Riediger et al., 2005).

Kompensation. Aus Sicht der Theorie des assimilativen und akkommodativen Bewältigungsverhaltens weist Kompensation sowohl assimilative als auch akkommodative Züge auf. Sie unterstützt zunächst assimilatives Bewältigungsverhalten, da am übergeordneten Ziel festgehalten wird und zu diesem Zweck Ressourcen beansprucht werden. Sie kann jedoch zumindest bei mittlerer Ressourcenlage akkommodatives Bewältigungsverhalten befördern, wenn das Ziel, an dem festgehalten wird, aufgrund der kompensatorischen Prozesse weniger Ressourcen zu seiner Erreichung beansprucht als zuvor (und sich insofern gewandelt hat). Folglich werden kompensatorische Prozesse durch ein Bewältigungsverhalten gefördert, das zwischen den Extremen angesiedelt ist und als »flexible Zielverfolgung« bezeichnet werden könnte. Auch aufgrund dieser vermittelnden Funktion dürfte kompensatorischen Prozessen beim erfolgreichen Übergang vom mittleren zum höheren Erwachsenenalter eine zentrale Bedeutung zukommen.

Zusammenfassung

- Gemäß der generellen Architektur des menschlichen Lebenslaufs nehmen die positiven Auswirkungen des evolutionären Selektionsdrucks mit dem Alter ab und der Bedarf an kulturell geschaffenen Entwicklungsmöglichkeiten zu; zugleich lässt der Wirkungsgrad der Kultur mit dem Alter nach.
- Entwicklungsziele können dem Zuwachs und der Aufrechterhaltung der bestehenden Leistungsfähigkeit oder der Regulation von Verlusten dienen. Mit dem Übergang vom mittleren zum höheren Erwachsenenalter verschiebt sich das relative Gewicht vom Zuwachs über die Aufrechterhaltung auf die Verlustregulierung.
- Um die ontogenetische Dynamik zwischen Biologie und Kultur bei der intellektuellen Entwicklung abbilden zu können, wird ein Zweikomponentenmodell der intellektuellen Entwicklung vertreten, das der biologischen Mechanik die Pragmatik erworbenen Wissens gegenüberstellt. Innerhalb der Pragmatik kann zwischen normativen und personenspezifischen Wissenskörpern unterschieden werden. Mechanik und Pragmatik sind ontogenetisch miteinander verbunden und beeinflussen sich gegenseitig. In späteren Phasen des Lebenslaufs kann der Erhalt und Erwerb pragmatischen Wissens die negativen Auswirkungen mechanischer Leistungsrückgänge abschwächen und Leistungszugewinne ermöglichen.
- Heritabilität (d. h. die Größe des Beitrags genetischer Faktoren zu interindividuellen Unterschieden in intellektuellen Leistungen), relative Stabilität (d. h. das Ausmaß an ontogenetischer Kontinuität interindividueller Unterschiede), normativ-pragmatisches Wissen sowie die Differenziertheit der Struktur intellektueller Fähigkeiten nehmen von der Kindheit bis ins späte Erwachsenenalter zu und im hohen Alter wieder ab. Die Parallelität dieser vier Entwicklungsfunktionen über die Lebensspanne stützt das Konzept altersabhängiger Gen-Umwelt-Kovariation. Sie dokumentiert zugleich die Synergie zwischen sozialstruktureller und genetischer Differenzierung über die Lebensspanne, zumindest unter den in industrialisierten Gesellschaften westlichen Typs vorhandenen Möglichkeiten der Individualentwicklung.
- Intellektuelle Leistungen lassen sich über die gesamte Lebensspanne positiv verändern (kognitive Plastizität). Die positive Veränderung kognitiver Fähigkeiten im Erwachsenenalter erfordert vermutlich eine zeitlich ausgedehnte Diskrepanz zwischen Anforderung und Leistungsvermögen.
- Die Entwicklung von Selbst und Persönlichkeit wird im Rahmen dreier theoretischer Ansätze erforscht: (1) Persönlichkeitspsychologie, (2) Selbstkonzept, Selbstdefinition und Identität, (3) selbstregulative Prozesse.
- Die Persönlichkeitspsychologie sieht Personen als Träger von Eigenschaften. Für einige dieser Eigenschaften (z. B. die Big Five) findet sich im Erwachsenenalter ein hohes Ausmaß an struktureller und relativer Stabilität. Hinsichtlich der Niveaustabilität ergeben sich schwach negative Korrelationen mit

dem Alter für Neurotizismus und Offenheit sowie schwach positive Korrelationen für Verträglichkeit und Gewissenhaftigkeit.
▶ Je vielfältiger das Selbstkonzept, desto besser kommt man mit alterungsbedingten Einschränkungen zurecht.
▶ Mit zunehmendem Alter wird die investierte Energie nicht einfach weniger, sondern sie wird zunehmend in obligatorische Bereiche (z. B. Gesundheit) investiert. Auch soziale und temporale Vergleichsprozesse tragen dazu bei, das Wohlbefinden trotz nachlassender körperlicher Leistungsfähigkeit und sozialer Verluste zu erhalten. Insgesamt vermag es das Zusammenspiel von assimilativem und akkommodativen Bewältigungsverhalten (bzw. von Selektion, Optimierung und Kompensation) zu erklären, warum es Menschen oftmals gelingt, sich trotz zunehmender Verluste im Alter wohlzufühlen.

Weiterführende Literatur

Baltes, P. B. (1990). Entwicklungspsychologie der Lebensspanne: Theoretische Leitsätze. Psychologische Rundschau, 41, 1–24. *Eine programmatische Einführung in die Psychologie der Lebensspanne.*

Baltes, P. B., Lindenberger, U. & Staudinger, U. M. (2006). Lifespan theory in developmental psychology. In R. M. Lerner (Vol. Ed.), W. Damon & R. M. Lerner (Eds.-in-Chief), Handbook of child psychology: Vol. 1. Theoretical models of human development (6th ed., pp. 569–664). New York: Wiley. *Die Autoren fassen die psychische Entwicklung im Erwachsenenalter unter besonderer Berücksichtigung der Bereiche Kognition sowie Selbst und Persönlichkeit zusammen.*

Lövdén, M., Bäckman, L., Lindenberger, U., Schaefer, S. & Schmiedek, F. (2010). A theoretical framework for the study of adult cognitive plasticity. Psychological Bulletin, 136, 659–676. *Die Autoren stellen einen theoretischen Rahmen zur Erforschung kognitiver Plastizität im Erwachsenenalter vor.*

Schindler, I. & Staudinger, U. M. (2005). Lifespan perspectives on self and personality: The dynamics between the mechanics and pragmatics of life. In W. Greve, K. Rothermund & D. Wentura (Eds.), The adaptive self: Personal continuity and intentional self-development (pp. 3–31). Cambridge, MA: Hogrefe. *Die Autoren diskutieren die Entwicklung von Selbst und Persönlichkeit im Erwachsenenalter vor dem Hintergrund der Unterscheidung zwischen Mechanik und Pragmatik.*

Staudinger, U. M. & Glück, J. (2011). Psychological wisdom research: Commonalities and differences in a growing field. Annual Review of Psychology, 62, 215–241. *Die Autoren bieten einen Überblick zur Forschung über die Bedingungen der Entwicklung von Weisheit im Erwachsenenalter.*

13 Hohes Alter

Hans-Werner Wahl • Oliver Schilling

13.1 Das hohe Alter in einer Lebensspannenperspektive: Zentrale Fragestellungen

13.2 Zur allgemeinen Charakterisierung des hohen Alters: Implikationen für eine entwicklungspsychologische Sicht
    13.2.1 Demografische und historische Aspekte des hohen Alters
    13.2.2 Fakten zum hohen Alter
    13.2.3 Entwicklungspsychologische Aspekte des hohen Alters

13.3 Befunde zur Entwicklungspsychologie des hohen Alters
    13.3.1 Kognitive Entwicklung
    13.3.2 Wohlbefinden und affektive Prozesse
    13.3.3 Rolle von Persönlichkeit und Geschlechtsunterschieden

13.4 Theoretische Perspektiven zur Integration von Befunden zum hohen Alter

13.5 Entwicklungsprozesse im hohen Alter: Methodische Anforderungen

13.6 Entwicklungspsychologische Gesamtcharakterisierung des hohen Alters

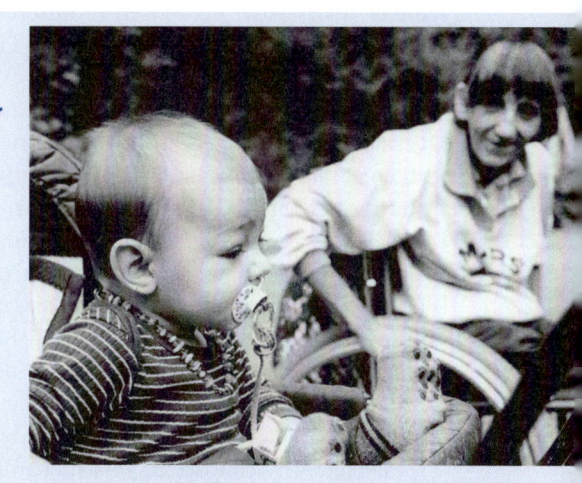

Frau Schmidt ist 91 Jahre alt und lebt im Jahre 2020 alleine in einer Dreizimmerwohnung. Ihr Mann ist vor einigen Jahren gestorben, und ihre Tochter lebt in Kanada. Frau Schmidt hat aufgrund einer Arthrose große Schwierigkeiten beim Gehen, sie kann kaum noch das Haus verlassen. Ihr Bett, das an ein Home-Monitoring-System angeschlossen ist, übermittelt ein Signal an dieses System, sobald sie aufsteht, und es schaltet sich ein sanftes Licht an. Auf ein Sprachkommando hin öffnen sich die Rollläden, Fenster und Türen. Nach dem Frühstück geht Frau Schmidt ins Wohnzimmer und macht den großen Bildschirm an. Hier kann sie alles so einstellen, wie sie es benötigt. Die Schrift ist groß genug, sodass sie heute ohne Brille erst einmal die aktuellen Tagesnachrichten liest und dann die Heizung über das System höherstellen lässt. Danach geht sie über den virtuellen Marktplatz zur Apotheke. Sie braucht neue Herzmedikamente. Außerdem erledigt sie noch einige Bestellungen beim Lebensmittelhändler, und sie bestellt ein Mittagsgericht in ihrem Lieblingsrestaurant. Da Frau Schmidt in letzter Zeit häufig wichtige Dinge vergisst, fragt der mit dem Bildschirm verbundene Computer standardmäßig wichtige Alltagsbereiche ab und stellt auf Wunsch auch Handlungswissen zur Verfügung. Zwei Stunden später bringt ein Bote ihr die Medikamente und kurz danach kommt auch das Essen. Am frühen Nachmittag setzt sich Frau Schmidt über ihren Bildschirm mit ihrer Freundin in Verbindung und hält ein gemütliches Schwätzchen. Am Abend wird sie sich via Bildschirm mit ihrer Tochter und ihren beiden Enkeln »treffen«. (Idee zu diesem Szenario nach einer Broschüre des Fraunhofer-Instituts Stuttgart aus dem Jahre 1996)

Hochaltrige Menschen sind heute in unserer Gesellschaft allgegenwärtig, aber diese Lebensphase löst nicht selten auch große Befürchtungen aus. Zu fragen wäre: Wird uns der technologische Wandel in nicht allzu ferner Zeit die Furcht gerade vor dem hohen Alter nehmen? Aber ist es überhaupt berechtigt, Furcht vor dieser Altersphase, der letzten in unserem Leben, zu haben? Offensichtlich ist hier auch die Entwicklungspsychologie gefragt.

Auf der anderen Seite: Ist es nicht seltsam oder gar vermessen, in einem Lehrbuch zur Entwicklungspsychologie die Spätphase des Lebens überhaupt in den Status eines Entwicklungsgeschehens zu rücken? Traditionell hat sich die Entwicklungspsychologie vor allem an der Kindheits- und Jugendphase des menschlichen Lebenslaufs abgearbeitet, und sie soll dies nun auch tun mit jener Phase, die von diesen frühen Entwicklungsphasen am weitesten entfernt ist und die heute das primäre Feld des Übergangs der menschlichen Existenz in die Sphäre des Todes darstellt? Vielleicht liegt aber gerade hier der Schlüssel für wissenschaftliche Suchbewegungen zur Beantwortung der aufgeworfenen Frage: Könnte es sein, dass sich die das menschliche Leben begrenzenden Phasen, also die den Anfang und das Ende markierenden »Zeitzonen« des Lebens, mehr ähneln, als man auf den ersten Blick glauben mag? Worin könnte diese Ähnlichkeit liegen? Zum Beispiel darin, dass beide Phasen wahrscheinlich die am wenigsten stabilen Phasen des menschlichen Lebens sind. Das System Mensch scheint in gewisser Weise an seinen Lebensgrenzen am labilsten zu sein, also in seinen sehr jungen und sehr alten Zuständen. Ferner scheint der Komplementärcharakter von Entwicklung hier am prägnantesten aufzuscheinen: Grundlegende Kompetenzen, die sich früh im Leben aufbauen, wie die Denk- und Gedächtnisfähigkeit, die exekutiven Kompetenzen, also die Handlungsfähigkeit, die Wahrnehmung, auch die schnelle Erweiterung und Nutzung des sozialen Lebenskreises, bauen sich im sehr hohen Alter, lebenslaufbezogen betrachtet, wieder mit der größten Wahrscheinlichkeit in deutlicher Weise ab, auch wenn dies mit Sicherheit nicht für alle Hochbetagten in gleicher oder auch nur ähnlicher Weise zutrifft, d. h. die interindividuellen Unterschiede in den intraindividuellen Verlaufsmustern auch im sehr hohen Alter weiterhin sehr bedeutend sind.

13.1 Das hohe Alter in einer Lebensspannenperspektive: Zentrale Fragestellungen

Es war eine überaus bedeutsame Entwicklung in der Entwicklungspsychologie, die Gestalt der vollständigen Lebensspanne unter Einbezug der Phase des sehr hohen Alters und des Lebensendes als Forschungsgegenstand zu identifizieren, wie dies seit den 1930er-Jahren Lebenslaufforscher, vor allem Paul B. Baltes, Charlotte Bühler, Erik Erikson, Richard Havighurst, Ursula Lehr, Bernice Neugarten, K. Warner Schaie und Hans Thomae, wegweisend getan haben. Allerdings ist die Fokussierung einer eigenständigen Lebensphase des hohen Alters in der empirisch orientierten Lebensspannenpsychologie erst recht spät erfolgt. Obgleich die heute vielfach gebräuchliche Unterscheidung zwischen den »jungen Alten« (»young-old«) und den »alten Alten« (»old-old«) bereits von Neugarten (1974) eingeführt wurde, hat es bis in die 1980er-Jahre hinein gedauert, bis es zu ernsthaften psychologischen Forschungsprojekten mit Hochaltrigen gekommen ist, denn traditionell waren zwar immer wieder einige sehr alte Menschen in den unterschiedlichsten entwicklungspsychologischen Studien mit Erwachsenen enthalten, jedoch war deren Zahl in der Regel viel zu gering, um belastbare Aussagen zu ermöglichen (Wahl & Rott, 2002).

Für die Hinwendung zum hohen Alter war auch bedeutsam, dass die sogenannte ferne Lebenserwartung stetig ansteigt, d. h. immer mehr Menschen in den Korridor des extremen Alters kommen. Die Gruppe der Hochaltrigen, also grob die über 80-Jährigen, ist mittlerweile in allen westlichen Industrienationen, aber z. B. auch in Japan und China, die am stärksten wachsende Bevölkerungsgruppe. Die meisten über 100-jährigen Menschen leben heute in dem bevölkerungsreichsten Land der Erde, in China!

In Deutschland war es vor allem die Berliner Altersstudie, welche die Gruppe der Hochaltrigen (hier: 70- bis 103-Jährige) in einer so noch nie da gewesenen Größenordnung ($N = 516$) und Intensität (14 Untersuchungssitzungen zu unterschiedlichen Bereichen einschließlich einer hohen Dichte an psychologischen Parametern) untersuchte und anschließend über einen Zeitraum von bis zu 19 Jahren weiterverfolgte (Lindenberger et al., 2010). Auf diese Studie werden wir an verschiedenen Stellen des Kapitels zurückkommen.

> **Definition**
>
> Eine bedeutsame Differenzierung innerhalb der Phase des späten Lebens, häufig verstanden als Zeit nach dem Ausscheiden aus dem Beruf, ist die zwischen drittem und viertem Alter: Während das **dritte Alter** im Wesentlichen von Kontinuität gegenüber dem mittleren Lebensalter und von weiterhin hoher körperlicher und geistiger Kompetenz geprägt ist, ist das **vierte Alter** durch Multimorbidität (Auftreten von mehreren Erkrankungen), soziale Verluste und die Nähe zum Tod gekennzeichnet.

Die Entwicklungspsychologie interessiert sich in Bezug auf das hohe Alter insbesondere für die folgenden Fragestellungen:

- Was sind, psychologisch gesehen, die wesentlichen Veränderungen, welche lebensspannenbezogen eine Abgrenzung der Lebensphase des hohen Alters nahelegen bzw. begründen können? Wie lassen sich diese Veränderungen charakterisieren?
- Gelingt eine solche Abgrenzung des vierten Alters gleichermaßen gut, wenn wir uns zentrale Felder der menschlichen Entwicklung anschauen, wie z. B. die kognitive Entwicklung und die Entwicklung unseres Erlebens?
- Wie können wir psychologisch, aber wohl notwendigerweise immer auch interdisziplinär orientiert, erklären, wie es zu Veränderungen im hohen Alter kommt bzw. wie diese sich auswirken? Welche theoretischen Vorstellungen sind überzeugender als andere und welche praktischen Konsequenzen ergeben sich aus empirischen Befunden und ihren theoretischen Interpretationen bzw. Bewertungen?
- Welche speziellen Anforderungen an die entwicklungspsychologische Methodologie bringt eine Fokussierung auf das hohe Alter mit sich?
- Zu welchem Gesamtbild führen die heute zur Verfügung stehenden Befunde und theoretischen Sichtweisen in Bezug auf das hohe Alter?

Diesen Fragen möchten wir uns in diesem Kapitel stellen. Unser Ziel bei alledem ist, insbesondere die jüngeren Leser, zumal wenn sie Psychologie studieren, dazu anzuregen, sich mit einer noch weit entfernten Lebensphase auseinanderzusetzen.

13.2 Zur allgemeinen Charakterisierung des hohen Alters: Implikationen für eine entwicklungspsychologische Sicht

13.2.1 Demografische und historische Aspekte des hohen Alters

Anstieg der fernen Lebenserwartung. Es wird immer wieder vergessen, dass die in kurzer Zeit, etwa 100 Jahren, so überaus stark angestiegene Lebenserwartung eben auch mit einer deutlichen Steigerung der sogenannten »fernen« Lebenserwartung verbunden ist. Das bedeutet, dass heute nicht nur die Lebenserwartung zum Zeitpunkt der Geburt um etwa vier Jahrzehnte (!) höher liegt als vor etwa 100 Jahren, sondern auch 60- oder 80-Jährige heute eine bedeutsam längere verbleibende Lebenserwartung haben als gleichaltrige Personen damals.

Dieser Trend ist sogar so deutlich, dass die Gruppe der Hochaltrigen, hier definiert als über 85-Jährige, heute die am stärksten wachsende Bevölkerungsgruppe überhaupt darstellt. Sind derzeit knapp 4 % der deutschen Bevölkerung über 85 Jahre, so wird dieser Anteil voraussichtlich bis zum Jahre 2050 auf etwa 12 % ansteigen (Wahl & Rott, 2002). Ist man erst einmal 80 Jahre geworden, besteht eine Wahrscheinlichkeit von etwa 60 %, auch 90 Jahre alt zu werden. Das Erreichen eines sehr hohen Alters wird also für eine wachsende Gruppe von älteren Menschen zu einer deutlichen existenziellen Gewissheit im Sinne von »Ich werde es erleben«, aber vielleicht auch »Ich werde es ertragen müssen«.

> **Definition**
>
> Unter **Lebenserwartung** versteht man die statistisch zu erwartende Zeitspanne, die Lebewesen ab einem definierten Zeitpunkt, in der Regel der Geburt, bis zum Tod verbleibt. Zu ihrer Ermittlung werden als Standard sogenannte Sterbetafeln genutzt, die auf den beobachteten Sterbehäufigkeiten der Vergangenheit beruhen; es werden aber auch Modellannahmen über zukünftige Entwicklungen einbezogen.

Sehr hohes Alter in historischer Perspektive. In historischer Perspektive hat interessanterweise gerade das sehr hohe Alter jedoch weniger Ängste, Gefühle des Unwägbaren und einer diffusen Bedrohung, sondern Bewunderung und Ehrfurcht ausgelöst. Sehr hohem

Alter, das in früheren Zeiten natürlich nur wenige Menschen erreichten, wurde in manchen Kulturen sogar etwas Göttliches attestiert. Dies galt besonders für die Centenarians, d. h. Hundertjährigen, die (angeblich) bereits mehrere Jahrtausende vor Christus als »seltene Exemplare« zu finden waren (Wahl & Rott, 2002). Centenarians üben selbst heute, in Zeiten einer völlig veränderten Lebenserwartung, noch eine große Faszination auf uns aus, und sie haben sich auch wissenschaftlich in einer eigenen Forschergemeinde, eben der Hundertjährigenforschung, etabliert. Ein »biblisches« Alter wird Adam (930 Jahre), Noah (950 Jahre) und Methusalem (969 Jahre) zugeschrieben, auch wenn diesen Altersangaben eine heute nicht mehr gebräuchliche Jahresdauermetrik zugrunde lag. Vielleicht denken wir auch an im hohen Alter noch überaus leistungsfähige Personen der Zeitgeschichte und des Kulturlebens wie Konrad Adenauer, Helmut Schmidt oder Johannes Heesters, vielleicht auch an Papst Paul VI., von dem gesagt wird, dass er das hohe Alter bislang am deutlichsten öffentlich-medial in Szene gesetzt hat.

> **Denkanstöße**
>
> - Ist es in einer Gesellschaft des langen Lebens stets und für jedermann wünschenswert, so alt wie möglich zu werden? Möchten Sie, unter Ausreizung des medizinisch Möglichen, so alt wie es nur irgend geht werden?
> - Wie positionieren Sie sich persönlich hinsichtlich des Annäherungs-Vermeidungs-Konflikts, dass wir einerseits immer älter werden möchten, uns aber andererseits den Widrigkeiten des hohen Alters auch nicht aussetzen wollen? Sehen Sie hier auch eine Anforderung an das Fach Entwicklungspsychologie? Begründen Sie Ihre Position in einem kurzen Text.

13.2.2 Fakten zum hohen Alter

Wie stellt sich nun die Lebenssituation des sehr hohen Alters heute dar? Basierend auf Lindenberger et al. (2010), Schneekloth und Wahl (2008) sowie Wahl und Rott (2002) sind folgende wichtigsten Fakten anzuführen:

- Hochaltrige Menschen sind kränker als junge Alte. So weisen über 85-Jährige im Schnitt drei bis vier Diagnosen gleichzeitig auf, 65- bis 84-Jährige nur etwa zwei Diagnosen. Mit anderen Worten: Hochaltrige sind damit deutlich multimorbider als junge alte Menschen.
- Dies zeigt sich besonders drastisch in den wesentlichen Funktionen, die zur Aufrechterhaltung einer selbstständigen Lebensführung bedeutsam sind: Während die 65- bis 84-Jährigen etwa in einer Größenordnung von 10 % schwere Seheinbußen zeigen, gilt dies für etwa 20–25 % der über 85-Jährigen. Noch drastischer stellt sich die Situation in Bezug auf das Hören dar: Etwa 20 % an Hörgeschädigten im Alter zwischen 65 und 84 Jahren stehen 40–50 % jenseits des 85. Lebensjahres gegenüber. In der Gehfähigkeit bzw. Mobilität stark eingeschränkt sind etwa 10 % der 65- bis 84-Jährigen gegenüber 25–30 % der über 85-Jährigen.
- Schwerwiegende Beeinträchtigungen der geistigen Leistungsfähigkeit wie die Alzheimer-Demenz treten bei den 60- bis 65-Jährigen zu unter 1 % auf, bei den über 85-Jährigen aber zu etwa 20 %, bei den über 90-Jährigen gar zu etwa 40–50 %.
- Die verbleibende Lebenszeit wird, je älter wir werden, statistisch gesehen immer stärker durch sogenannte »inaktive« Lebenserwartung »aufgefressen«, d. h., die Wahrscheinlichkeit immer längerer Phasen an Hilfe- und Pflegebedürftigkeit wird hinsichtlich der »Restlebenszeit« immer größer, je älter wir werden.
- Die Rate an Pflegebedürftigkeit, also schwerwiegenden und dauerhaften Formen der Inanspruchnahme von fremder informeller (häufig: Familie) und professioneller Hilfe, liegt bei den über 65-Jährigen bei etwa 8 %, bei den über 80-Jährigen bei etwa 25 %.
- Hochaltrige sind zu einem größeren Teil verwitwet, wobei dies aufgrund der höheren Lebenserwartung vor allem für hochaltrige Frauen gilt. Etwa 60–70 % verwitwete Frauen über 85 Jahre stehen etwa 20–30 % im Alter von 65–84 Jahren gegenüber. Bei Männern ist der Unterschied nicht ganz so deutlich: Etwa 30–40 % verwitweten hochaltrigen Männern stehen etwa 10 % bei den »jungen alten« Männern gegenüber.
- Nicht zuletzt aufgrund dieser Charakteristika wächst vor allem im sehr hohen Alter der Anteil derjenigen Personen, die in einem Heim oder in einer heimähnlichen Umgebung wohnen: Sind dies bei allen über 65-Jährigen rund 5 %, so liegt der Anteil bei den über 80-Jährigen schon bei etwa 20 %, bei den über 90-Jährigen bei etwa 40 %.
- Allerdings: Wir sehen in der historischen Kohortenfolge auch Verbesserungen und Veränderungen, wel-

che die eben wiedergegebenen Zahlen teilweise in einem neuen Licht erscheinen lassen: Die »Lebenskompetenzen« der Hochaltrigen verbessern sich stetig; beispielsweise können hochaltrige Frauen heute Bankgeschäfte wesentlich besser erledigen als zu Beginn der 1990er-Jahre. Wir sehen neue familiäre Dynamiken (z. B. lassen sich heute auch Frauen zunehmend noch im hohen Alter scheiden) und neue Wohnformen (z. B. Wohngruppen mit Demenzpatienten, die kaum noch Ähnlichkeiten mit Pflegeheimen aufweisen) sind ebenfalls deutlich im Aufwind. Diese guten Nachrichten dürfen allerdings nicht so interpretiert werden, als würden in absehbarer Zeit die Herausforderungen des sehr hohen Alters verschwinden. Sie federn vielmehr in Zukunft die Herausforderungen des hohen Alters ab, ändern jedoch nichts an den Grundfragen dieses Lebensabschnitts.

Definition

Unter dem Begriff der **Demenz** wird eine in sich durchaus heterogene Gruppe von Erkrankungen des alternden Gehirns zusammengefasst, denen gemeinsam ist, dass sie mit schwerwiegenden Verlusten der kognitiven Leistungen wie z. B. des episodischen Gedächtnisses, der Exekutivfunktionen und der räumlichen und zeitlichen Orientierung einhergehen. Sie führen in der Regel zu einem vollständigen Verlust der Selbstständigkeit. Ihre Auftretenswahrscheinlichkeit ist im hohen Alter am höchsten. Die Alzheimersche Erkrankung macht etwa zwei Drittel aller Demenzerkrankungen aus.

13.2.3 Entwicklungspsychologische Aspekte des hohen Alters

Nach diesen Fakten liegt es aus Sicht der Psychologie, zumal der Entwicklungspsychologie, nahe zu fragen: Sind wir Menschen psychisch überhaupt dazu imstande, die Extremaltrigkeit zu »verkraften«? Häufig geht es ja hier nicht um ein paar Monate, sondern um Jahre des Lebens mit mehreren Erkrankungen und Funktionseinbußen. Man könnte ergänzend fragen: Wo und wie lernen wir im Verlaufe unseres Lebens, mit solchen psychischen Belastungen umzugehen bzw. Wohlbefinden und Sinnhaftigkeit zu bewahren? Inwieweit gelingt dies überhaupt und wie unterscheiden sich diesbezüglich hochaltrige Menschen? Kurzum: Wie steht es mit unserer psychischen Widerstandsfähigkeit (Resilienz) im extremen Altersbereich? Wo liegen deren Grenzen? Und was ist mit jenen Hochaltrigen, welche diese Grenzen erreichen bzw. überschreiten? Werden sie u. U. in einem Gefühl von großer Sinn- und Trostlosigkeit sterben?

Unter der Lupe

Studien zur Psychologie des hohen Alters

Größere Studien zum hohen Alter, speziell solche mit bedeutsamen psychologischen Messanteilen, waren lange Zeit rar, und sie sind auch heute noch nicht allzu zahlreich. In der Regel besitzen derartige Studien eine disziplinäre Dominanz bzw. thematische Ausrichtung. So ist eine der derzeit größten Studien weltweit, die »Chinese Longitudinal Healthy Longevity Study« (vgl. D. Li et al., 2008) mit alleine mehr als 14.000 (!) über 100-Jährigen, stark auf Krankheiten, Funktionseinbußen, Wohlbefinden und die soziale Situation ausgerichtet, während beispielsweise kognitive Leistungen nur mit dem sehr groben »Mini-Mental State Examination« erfasst werden. Die »Origins of Variance in the Old-Old: Octogenarian Twins«(OCTO-Twin)-Studie konzentriert sich auf hochaltrige (über 80-jährige) Zwillinge und beinhaltet eine recht umfassende psychologische Datensammlung, was z. B. differenzierte Analysen zum Einfluss der Genetik auf kognitive Leistungsparameter sehr spät im Leben ermöglicht (McClearn et al., 1997). Die »Australian Longitudinal Study of Ageing« (vgl. z. B. Gerstorf et al., 2009) untersucht hochaltrige Paare und erhebt z. B. ein bedeutsames Spektrum an kognitiven Leistungen von beiden Partnern, was eine Abschätzung der Rolle von Kontextualität für späte (kognitive) Entwicklung erlaubt. Vor allem auf den kognitiven Bereich ausgerichtet ist die »Betula Study«, in der seit 1988 35- bis 80-Jährige mit 100 Teilnehmern bei den jeweils in Fünfjahresabständen einbezogenen Altersgruppen in mehreren Wellen untersucht sowie systematisch neue Stichproben einbezogen werden. Eine solche Kohorten-Sequenzstudie erlaubt dann auch die Abschätzung der Rolle früherer Phasen des Erwachsenenalters für Verläufe und Ausgänge des vierten Alters (Nilson et al., 2004) sowie die Untersuchung von Kohorteneffekten (s. Abschn. 4.2).

Berliner Altersstudie. Aufgrund ihrer wegweisenden Charakteristika sei ausführlicher auf diese eingegangen (Lindenberger et al., 2010):

- Es handelt sich um die erste deutsche Studie von bedeutsamer Größenordnung mit einer Konzentration auf das hohe Alter, die zum ersten Messzeitpunkt Anfang der 1990er-Jahre $N = 516$ in Privathaushalten lebende Personen in (West-)Berlin im Alter zwischen 70 und 103 Jahren einschloss.
- Die Stichprobe war noch einmal nach Alter und Geschlecht geschichtet, d. h., in unterschiedlichen Altersgruppen bis zu den Höchstaltrigen waren insgesamt etwa gleich viele Teilnehmer und darunter jeweils etwa gleich viele Männer und Frauen. Damit waren z. B. auch noch bei der höheren Altersgruppe Aussagen nach Geschlecht, speziell in Bezug auf die mit einer geringeren Lebenserwartung versehenen Männer, möglich.
- In der Studie wurde ein ausgewogener interdisziplinärer Ansatz verfolgt, d. h., medizinische, psychiatrische, soziologische und psychologische Erhebungsteile hielten sich etwa die Waage. Das ist bedeutsam, weil, wie bereits gesagt, viele Studien disziplinäre Schwerpunkte setzen. Zudem enthielt der psychologische Teil der Berliner Altersstudie z. B. nicht nur eine differenzierte Untersuchung der kognitiven Leistungsfähigkeit, sondern auch Instrumente zur Persönlichkeit, zur Motivation und zu sozialen Beziehungen.
- Nach einer ersten umfassenden Auswertung der Daten des ersten Messzeitpunkts erfolgte eine Konvertierung der ursprünglichen Querschnittstudie in eine Längsschnittstudie mit einem Beobachtungszeitraum von bis zu 19 Jahren.
- Die Studie suchte von Anfang an auch danach, Besonderheiten der empirischen Forschung mit Hochaltrigen zu methodisch fruchtbaren Weiterentwicklungen zu nutzen. So kann eine genaue Analyse der Selektivität der Stichprobe (ein bei Hochaltrigenstichproben besonders ausgeprägtes Phänomen) viel über Dynamiken von Entwicklung im hohen Alter im Allgemeinen aussagen.

13.3 Befunde zur Entwicklungspsychologie des hohen Alters

In den im Folgenden dargestellten Befunden spiegeln sich wesentliche Aspekte des derzeitigen Stands der empirischen psychologischen Forschung zum hohen Alter. Wir setzen dabei zwei Schwerpunkte – kognitive Entwicklung und Entwicklung des Wohlbefindens und Affekts –, und zwar aus den folgenden Gründen: Während auf der einen Seite kognitive Leistungen das Paradebeispiel für altersbezogenen »Abbau« im hohen Alter darstellen, werden auf der anderen Seite Wohlbefinden und affektives Erleben häufig unter der Perspektive der lebenslangen Stabilität bis ins hohe Alter abgehandelt (Wahl et al., 2008). Ist es also unser Alternsschicksal, dass wir kognitiv immer weniger leistungsfähig werden, uns aber ansonsten trotz aller Widrigkeiten des hohen Alters wohlfühlen (s. Abschn. 13.2.2)? Es ist uns ein Anliegen, dieses zu einfach gestrickte Bild des hohen Alters anhand der klassischen und neueren empirischen Befundlage zu differenzieren und ein komplexeres Bild von psychologischen Gewinnen und Verlusten im hohen Alter aufzuzeigen.

13.3.1 Kognitive Entwicklung

Verlauf von kognitiven Leistungen

Eine der bedeutsamen Botschaften der kognitiven Alternsforschung ist die Notwendigkeit einer multidimensionalen und multidirektionalen Sicht des Verlaufs der geistigen Leistungsfähigkeit (Wahl et al., 2008): Wir müssen in simultaner Weise, wie gleich zu zeigen sein wird, mehrere Dimensionen der kognitiven Leistungsfähigkeiten betrachten, die zudem einen unterschiedlichen altersbezogenen Verlauf nehmen können. Auch ist die Einsicht wichtig, dass kognitive Leistungen das Fundament von selbstständigem Alltagsverhalten sind, einem für die meisten alten und sehr alten Menschen sehr hoch angesetzten Gut.

In Bezug auf geschwindigkeitsbezogene kognitive Leistungen, etwa das möglichst schnelle Erkennen und Vergleichen von geometrischen Mustern oder das möglichst schnelle Lösen eines logischen Problems – oft ist hier von fluider Intelligenz oder Mechanik der kognitiven Leistungsfähigkeit die Rede –, zeigt sich,

- dass bereits früh im Leben, etwa gegen Ende des dritten Lebensjahrzehnts, eine Verlustdynamik gegenüber der vormals gegebenen Leistungshöhe einsetzt, die sich etwa ab dem 60. Lebensjahr zu beschleunigen beginnt und etwa jenseits des 80. Lebensjahres noch einmal (übrigens ähnlich für beide Geschlechter) weiter beschleunigt (Reischies & Lindenberger, 2010; Schaie, 2005);

▶ dass das Ausmaß der individuellen Unterschiede in diesen Entwicklungsverläufen im Laufe des Erwachsenenalters zunimmt (de Frias et al., 2007), mit dem Ergebnis, dass die Bandbreite der kognitiven Leistungsfähigkeit im hohen Alter sehr groß ist.

Im Vergleich mit der fluiden Intelligenz zeigen Leistungen im Bereich des allgemeinen Wissens und der sprachlichen Fähigkeiten einen anderen Verlauf:

▶ Diese Fähigkeiten benötigen längere Zeit, etwa bis zum 40. Lebensjahr, um voll aufgebaut zu werden.
▶ Sie bleiben danach bis etwa ins neunte Jahrzehnt hinein relativ stabil.
▶ Allerdings zeigen vor allem Befunde der Berliner Altersstudie, dass auch diese oftmals als kristalline Intelligenz bzw. kognitive Pragmatik bezeichneten Leistungen im hohen und sehr hohen Alter einen bedeutsamen Abfall aufweisen, der aber insgesamt im Vergleich mit fluiden Fähigkeiten deutlich schwächer ausfällt (Kotter-Grühn et al., 2010; Reischies & Lindenberger, 2010).

> **Unter der Lupe**
>
> **Zur Unterscheidung zwischen fluider und kristalliner Intelligenz**
>
> Diese seit den Arbeiten der amerikanischen Intelligenzforscher Cattell und Horn übliche Unterscheidung (vgl. Abschn. 12.2.1) geht davon aus, dass fluide Intelligenzleistungen, wie z. B. die Schnelligkeit des schlussfolgernden Denkens, inhaltsunabhängig exekutiert werden und sehr nahe am biologischen Substrat operieren. Kristalline Intelligenzleistungen sind hingegen stark durch die Kultur beeinflusst und zeigen sich vor allem in Wissensleistungen, wie z. B. dem Wortschatz oder der Integration der eigenen Lebenserfahrungen. Die häufig in der kognitiven Altersforschung zu findenden Begriffe »Mechanik« und »Pragmatik« werden weitgehend synonym zu »fluider« und »kristalliner Intelligenz« gebraucht.
>
> Die Unterscheidung zwischen fluider und kristalliner Intelligenz ist auch in der Hochaltrigenforschung überaus bedeutsam geworden, da sie das allgemein in der Öffentlichkeit vorherrschende Bild eines eindimensionalen kognitiven Abbaugeschehens deutlich relativiert und auf verbliebene geistige Potenziale bis ins höchste Alter verweist: Kristalline Intelligenz bleibt eben bis ins hohe Alter hinein relativ gut erhalten. An dieser Stelle hat psychologische Forschung deutlich zu einem positiver getönten Altersbild beigetragen.

Weisheitsbezogene kognitive Leistungen. Lebensspannenpsychologisch kann man ja argumentieren, dass sich Menschen gerade in der letzten Lebensphase – und das ist heute für die meisten Menschen die Lebensperiode jenseits von 80 Jahren – der Entwicklungsaufgabe gegenübersehen, über die Sinngestalt des abgelaufenen Lebens zu reflektieren und den Tod als unabdingbaren Teil der Conditio humana anzunehmen. Studien zu Lebenswissen und weisheitsbezogenen kognitiven Leistungen (wie z. B. Wissen zu schwierigen Lebensfragen, Strategien der Lebensführung und zu den Unwägbarkeiten des Lebens) zeigen, dass diese im Mittel nicht mit dem kalendarischen Alter abnehmen, aber das Altern als solches andererseits auch keine Garantie dafür ist, dass solche Leistungen zunehmen (Baltes et al., 2006; vgl. auch Abschn. 36.5.2).

Einbußen bei Doppelaufgaben. Relevant ist ferner der Befund aus der »Seattle Longitudinal Study« (SLS; Schaie, 2005), dass der gleichzeitige Rückgang in mehreren Komponenten fluider und kristalliner Fähigkeiten selbst im hohen Alter eher ein seltenes Ereignis darstellt. Das bedeutet, dass den meisten alten Menschen bis ins hohe Alter eine erhebliche kognitive Reserve zur Verfügung steht, mit der Gefährdungen der Alltagskompetenz durch einzelne stark zurückgegangene Leistungen relativ effizient ausgeglichen werden können. Dieses kompensatorische Potenzial stößt allerdings dort an seine Grenzen, wo sich hochaltrige Personen Mehrfachaufgaben gegenübersehen. Studien im Rahmen des Doppelaufgaben-Paradigmas, bei dem alte Menschen z. B. gleichzeitig eine kognitive Aufgabe lösen und auf einem Laufband gehen sollen, haben denn auch in sehr prägnanter Weise gezeigt, dass in diesem Bereich die Schere zwischen alt und jung besonders stark auseinandergeht. Vor allem die starke Begrenztheit der noch zur

Verfügung stehenden Aufmerksamkeitsressourcen im hohen Alter führt dazu, dass es unter Doppelaufgabenbedingungen zu erheblichen Einbußen der geistigen Leistungsfähigkeit bzw. der sensomotorischen Kontrolle kommt (Lindenberger et al., 2000). Nicht zuletzt aus diesen Befunden lässt sich auch die im hohen Alter auffällig hohe Sturzrate (über 80-Jährige stürzen im Mittel mindestens einmal in einem Jahr) erklären.

Individuelle Variabilität und methodische Einflüsse. Allerdings ist für eine qualifizierte Sicht dieser mittleren altersbezogenen Verlaufsmuster festzuhalten, dass bis ins höchste Alter eine ausgeprägte interindividuelle Variabilität auftritt, d. h., es gibt z. B. selbst bei 95- bis 100-jährigen Personen eine nicht kleine Gruppe, die in ihrer Leistungshöhe eine völlige Überlappung mit der Leistungsvariation der 70- bis 75-Jährigen zeigt (Smith & Baltes, 2010). Ergänzende Befunde, vor allem aus der Berliner Altersstudie (Kotter-Grühn et al., 2010), der SLS (Schaie, 2005) und der Betula Study (Rönnlund et al., 2005), unterstreichen, dass im Längsschnitt betrachtet der altersbezogene kognitive Leistungsrückgang bis ins höchste Alter gegenüber Querschnittsdaten deutlich verzögerter auftritt. Wahrscheinlich sind hierfür einerseits Koborteneffekte ursächlich, d. h., hochaltrige Personen gehen z. B. mit geringeren durchschnittlichen Bildungs- und Berufsexpertiseressourcen als jüngere Kohorten in den Querschnittsaltersvergleich. Wir wissen aber, dass diese Ressourcen sehr viel mit dem Verlauf der geistigen Leistung bis ins hohe Alter hinein zu tun haben. Hinzu kommen andererseits auch methodische Aspekte, denn große Querschnittstudien enthalten mehr Menschen in Todesnähe als Längsschnittstudien; zudem sollte in Längsschnittstudien der unerhebliche Trainingseffekt der Testwiederholung statistisch berücksichtigt werden, der bis ins hohe Alter wirksam ist (siehe z. B. Rönnlund et al., 2005).

Exekutiv- und Gedächtnisfunktionen. Bedeutsam für die Aufrechterhaltung von Selbstständigkeit im Alltag sind neben den oben dargestellten kognitiven Funktionen auch die sogenannten Exekutivfunktionen, die Handlungsplanungsprozesse und den handlungszielgerichteten Einsatz des Arbeitsgedächtnisses erfordern. Diese Funktionen zeigen, ebenso wie das prospektive Gedächtnis (uns erinnern, dass wir etwas tun müssen), vor allem im sehr hohen Alter einen markanten Rückgang. Dies gilt ebenso für das episodische und explizite Gedächtnis, also das aktive Abspeichern und Abrufen von Informationen, während die Funktionen des Wiedererkennens sowie das prozedurale Gedächtnis (z. B. wie man Auto fährt) bis ins höchste Alter recht stabil erhalten bleiben (vgl. für eine detaillierte Darstellung: Martin & Kliegel, 2010).

Demenzielle Erkrankungen. Für die psychologisch-kognitive Forschung zum hohen Alter ist es ferner sehr bedeutsam, dass hierbei normative Entwicklungen im Mittelpunkt stehen. Daher sind schwerwiegende pathologische Veränderungen des alternden kognitiven Systems, etwa in Gestalt der Alzheimer-Demenz, von der etwa 15 % der über 80-Jährigen betroffen sind (s. auch Abschn. 13.2.2), nicht primäre Domäne der Entwicklungspsychologie des hohen Lebensalters. Pathologische Veränderungen des kognitiven Systems im Sinne demenzieller Erkrankungen sind, wie wir bereits gesehen haben, bis ins höchste Alter hinein nicht die Regel, auch wenn die absolute Zahl der Betroffenen aufgrund der hohen Lebenserwartung unter versorgungsbezogenen Gesichtspunkten hoch relevant ist. Allerdings sind in den letzten Jahren zunehmend auch sogenannte leichte kognitive Störungen in den Blick genommen worden, die mit einem hohen Risiko einhergehen, spät im Leben in eine Demenz einzumünden. Hier stellen sich wichtige Aufgaben der Früherkennung, und die Psychologie kann, etwa in Gestalt des Testens von Lernzuwachs als einem wichtigen Indikator für noch vorhandene kognitive Reservekapazität, hier einen signifikanten Beitrag leisten (Kotter-Grühn et al., 2010).

Innovative Einsichten der kognitiven Alternsforschung. In den letzten Jahren haben zudem neue Sichtweisen auf Entwicklung im höheren und hohen Alter die kognitive Alternsforschung befruchtet bzw. zu innovativen Einsichten geführt – drei seien hier kurz skizziert:

(1) Die seit Anfang der 1960er-Jahre diskutierte Frage, ob es nicht besser sei, den Verlauf der kognitiven Entwicklung auf die Zeit bis zum Eintritt des Todes statt auf das chronologische Alter zu beziehen, hat neue Impulse erfahren; dies nicht zuletzt dadurch, dass neben neuen psychologisch-kognitiven Längsschnittdaten einschließlich einer Dokumentation des Todeszeitpunkts heute auch gegenüber den 1960er- bis 1980er-Jahren leistungsstärkere Techniken der statistischen Modellierung von Entwicklungsverläufen in zeitlicher Abhängigkeit von signifikanten Ereignissen (wie dem Todeszeitpunkt) zur Verfügung stehen. Die heute aufgrund von Längsschnittstudien vorliegenden Befunde zeigen dabei in der Tat, dass es in einem Zeitkorridor nahe

am Tode zu vermehrten kognitiven Abfällen kommt (sog. Terminal Decline; s. Definition), die in einer rein am chronologischen Alter orientierten Sichtweise nicht in dieser Deutlichkeit zutage treten würden (Bäckman & MacDonald, 2006; Kotter-Grühn et al., 2010).

(2) Etwa seit Anfang der 1990er-Jahre hat man erkannt, dass es für das bessere Verstehen von Entwicklung im höheren und hohen Alter nicht nur bedeutsam ist, Daten über lange Zeiträume zu sammeln, sondern dass vielmehr die Kombination von Längsschnittdaten mit Intensivmessungen (u. U. mehrmals an einem Tag) über kürzere Zeiträume hinweg besonders erfolgversprechend ist (also der fokussierte Einbezug intraindividueller Variabilitätsdynamik). Zeigen nämlich Längsschnittdaten vor allem übergreifende Entwicklungstendenzen des alternden Systems Mensch, so liefern sogenannte »Measurement Burst Studies« Hinweise auf kurzfristige Schwankungen des Systems. Neuere Befunde zeigen z. B., dass in kurzen Zeiträumen stattfindende größere gegenüber geringeren Fluktuationen in der Wahrnehmungsgeschwindigkeit späteren Verlust von kognitiven Leistungen reliabel vorhersagen können (Kotter-Grühn et al., 2010).

(3) Die raschen Fortschritte in nichtinvasiven bildgebenden Verfahren wie der funktionellen Magnetresonanztomografie haben die kognitive Alternsforschung revolutioniert. So ist es heute relativ problemlos möglich, hirnorganische Abläufe bei hochaltrigen Personen bei unterschiedlichen geistigen Anforderungen abzubilden. Dabei ist deutlich geworden, dass sich die Hirnaktivierungsmuster von älteren Erwachsenen mit hohen kognitiven Leistungen oft nur geringfügig von den Mustern jüngerer Erwachsener unterscheiden (Lindenberger et al., im Druck).

Interessant ist zudem der Befund, dass sich auf der Verhaltensebene beobachtbare Dedifferenzierungen zwischen einzelnen kognitiven Leistungen im hohen Alter, angezeigt durch deutlich höhere Interkorrelationen zwischen fluiden und kristallinen kognitiven Komponenten (Kotter-Grühn et al., 2010), auch auf der hirnorganischen Ebene finden, etwa in zunehmend undifferenzierter ablaufenden neuronalen Prozessen in unterschiedlichen Arealen des Frontallappens (Park & Reuter-Lorenz, 2009). Auch unterstützen Befunde die Annahme, dass insbesondere im hohen Alter kognitive, sensorische und motorische Leistungen deutlich enger zusammenhängen als im mittleren Erwachsenenalter, wobei Ursache-Wirkungs-Richtungen eher nicht eindeutig sind und vieles dafür spricht, dass eine gemeinsame Ursache, eben eine allgemeine starke Alterung des Gehirns, diese Konvergenz in auch für das alltägliche Funktionieren sehr bedeutsamen Leistungsbereichen befördert (sog. »Common Cause«-Hypothese; Lindenberger & Ghisletta, 2009).

> **Definition**
>
> Mit dem (bislang nicht ins Deutsche übersetzten) Begriff **»Terminal Decline«** ist gemeint, dass Menschen in der zeitlichen Nähe zum Tod eine besonders starke Verlustdynamik erfahren. Diese Entwicklung findet also typischerweise über eine gewisse Zeitspanne vor dem Tod statt und nicht in einem bestimmten Alter.

Erklärung von Unterschieden in kognitiven Entwicklungsverläufen

Wie bereits erwähnt, ist bis ins hohe und höchste Alter hinein eine bedeutsame Unterschiedlichkeit in kognitiven Entwicklungsverläufen zu beobachten. Dafür sind vor allem die folgenden Faktoren verantwortlich.

Bildung. Bildung, in der Regel in frühen Lebensabschnitten erworben (also eigentlich im Hinblick auf kognitive Entwicklung im hohen Alter eine distale Gegebenheit), kann bis ins hohe Alter hinein Unterschiede in der kognitiven Leistungsfähigkeit partiell erklären, d. h., eine höhere Ausprägung der Ressource Bildung geht mit besserer kognitiver Performanz im hohen Alter einher (Alley et al., 2007; Schaie, 2005). Die Ursache liegt wahrscheinlich darin, dass früh im Leben höher gebildete Menschen über die gesamte Erwachsenenlebensspanne hinweg einen gegenüber weniger Gebildeten quantitativen und qualitativen »Anregungsgehalt« aufbauen (z. B. entsprechende berufliche Tätigkeit, aber auch höheres Investment in gesundheitliche Prävention). Es handelt sich also um ein dekadenlanges Training des kognitiven Apparates, der durch die früh im Leben erfahrene hochwertige Bildung ohnehin über eine höhere kognitive Reservekapazität verfügt. Dies bedeutet nicht, dass Menschen mit hoher sozioökonomischer Ausstattung im hohen Alter keine kognitive Verlustdynamik erleben; diese läuft allerdings auf höherem Niveau ab, und im Mittel bleibt die kognitive Leistungsfähigkeit länger erhalten (Reischies & Lindenberger, 2010).

Es ist in diesem Zusammenhang auch ein bedeutsamer Befund der neueren Hochaltrigenforschung, dass mittels komplexer statistischer Modellierung (sog. Dual-Change-Score-Modelle; vgl. auch Schmiedek & Lindenberger, 2007) von Längsschnittdaten gezeigt werden konnte, dass tatsächlich höheres Engagement in Aktivitäten den Verlauf kognitiver Leistungen positiv beeinflusst und die Alternativhypothese (höhere kognitive Leistung führt zu höherer Aktivität) nicht zuzutreffen scheint (Lövdén et al., 2005).

Medizinische und psychosoziale Faktoren. Robuste Evidenz liegt ferner dahin gehend vor, dass chronische körperliche Erkrankungen wie kardiovaskuläre Krankheiten, Diabetes oder Parkinson mit spät im Leben eintretenden kognitiven Verlusten verknüpft sind (Schaie, 2005; Kotter-Grühn et al. 2010). Neuere Arbeiten haben, frühere Befunde etwa aus der SLS bestätigend und differenzierend, zeigen können, dass bedeutsame Zusammenhänge in den kognitiven Entwicklungsverläufen von Paaren bestehen; z. B. konnte die Gedächtnisleistung hochaltriger Männer jene ihrer Partnerinnen auch nach Kontrolle weiterer Faktoren längsschnittlich vorhersagen (Gerstorf et al., 2009). Zudem unterstützen neuere Befunde, dass bei Hochaltrigen höheres Wohlbefinden zu einem Zeitpunkt höhere kognitive Leistung zu einem deutlich späteren Zeitpunkt vorhersagen kann (Kotter-Grühn et al., 2010).

Genetik. Hinsichtlich genetischer Faktoren ist erfreulich, dass wir mittlerweile auch über Forschungsarbeiten mit hochaltrigen eineiigen Zwillingen verfügen (siehe z. B. die in Abschn. 13.2.3 erwähnte OCTO-Twin-Studie). Die insgesamt zu dieser Fragestellung vorliegenden Studien zeigen, dass die Bedeutung genetischer Faktoren für unterschiedliche Entwicklungsausgänge einschließlich der kognitiven Leistungsfähigkeit auch spät im Leben sehr bedeutsam ist, und zwar schon deshalb, weil für die kognitive Entwicklung relevante körperliche Erkrankungen eine substanzielle genetische Komponente besitzen (z. B. kardiovaskuläre Erkrankungen). Darüber hinaus zeigen Zwillingsstudien mit über 80-Jährigen, dass etwa 50 % der Variation in unterschiedlichen kognitiven Leistungen wie Verarbeitungsgeschwindigkeit, verbalen und räumlichen Fähigkeiten und Gedächtnisleistungen mit genetischen Unterschieden erklärt werden können – ein Anteil, der in etwa jenem in früheren Lebensperioden entspricht (McClearn et al., 1997).

Kognitive Leistungen als Prädiktoren für andere Entwicklungsverläufe. Kognitive Leistungen können auch selbst bedeutsame Prädiktoren für andere Entwicklungsausgänge im hohen Alter sein. So gehören kognitive Leistungen zu den stärksten Prädiktoren von Alltagskompetenz und Selbstständigkeit im hohen Alter (M. M. Baltes et al., 2010).

> **Definition**
>
> Das Konstrukt der **Alltagskompetenz** umfasst sowohl die basalen und für eine selbstständige Lebensführung grundlegenden Aktivitäten des täglichen Lebens (»Activities of Daily Living«, ADL) als auch die Fähigkeit, die unterschiedlichsten Formen von Alltagsproblemen zu lösen (z. B. Medikamentenwechsel im Alltag implementieren, eine Gebrauchsanleitung verstehen, eine Rechnung verstehen und gegebenenfalls reklamieren), die Ausführung von Freizeitaktivitäten und die handlungsbezogene Gestaltung des sozialen Miteinanders.

Verluste in manchen kognitiven Teilkomponenten (z. B. Wahrnehmungsgeschwindigkeit) sind ferner auch nach Kontrolle anderer Faktoren statistisch signifikante Prädiktoren für Mortalität (Kotter-Grühn et al., 2010). Dieser Befund ist natürlich für die Entwicklungspsychologie hoch bedeutsam, unterstreicht er doch, dass psychologische Faktoren selbst mit dem Endpunkt Tod substanziell zusammenhängen, und dies selbst nach Kontrolle von konfundierenden Variablen (d. h. anderen Variablen, welche ebenfalls mit der Mortalität zusammenhängen) wie dem körperlichen Erkrankungsstatus

13.3.2 Wohlbefinden und affektive Prozesse

Wie oben bereits dargestellt, ist das Erreichen eines sehr hohen Alters meistens auch mit dem Erleben vielfältiger Verluste verbunden (s. Abschn. 13.2.2). Insbesondere erhöhen sich die Risiken gesundheitlicher Beeinträchtigungen und körperlicher Funktionseinbußen, kognitiver Defizite und der Einschränkungen familiärer bzw. sozialer Netzwerke. Zudem bedeutet sehr hohes Alter auch zwangsläufig zeitliche Nähe zum ultimativen Verlust des Lebens als solches, sind also die in Hochaltrigkeit verbrachten Lebensjahre solche vor dem baldigen Tod und mit extrem reduzierter lebenszeitlicher Zukunftsperspektive.

Man könnte sich demnach den »typisch hochaltrigen« Menschen als eine Person vorstellen, die unter gesundheitlichen Beschwerden leidet und die viele der Tätigkeiten und Aktivitäten, die jüngeren noch selbstverständlich sind, nur noch eingeschränkt und teilweise gar nicht mehr selbstständig ausführen kann und der zudem, den baldigen Tod vor Augen, kaum noch Zeit bleibt, um persönliche Ziele zu erreichen oder die verbleibenden Möglichkeiten zu positiven Erfahrungen zu nutzen. Somit liegt es nahe zu vermuten, dass diese Person sich auch typischerweise kaum besonders glücklich und jedenfalls unglücklicher fühlen müsste, als sie es in ihren jüngeren Jahren tat. Ist also die hochaltrige Lebensphase typischerweise eine solche des Unglücklichseins, in der vor allem negative Befindlichkeiten ohne Hoffnung auf Verbesserung ertragen werden müssen? Oder sind wir psychisch dafür ausgestattet, auch unter den objektiven Verschlechterungen der Lebensumstände, die mit dem Erreichen des Endes unserer Lebensspanne einhergehen, ein gewisses Maß positiver Befindlichkeit aufrechtzuerhalten und das Leben als insgesamt noch sinnvoll und erfüllend zu empfinden?

Diese Fragen – die auch für Jüngere im Hinblick auf die Möglichkeit eigener zukünftiger Hochaltrigkeit durchaus von Interesse sein dürften – besitzen in der psychologischen Forschung zum hohen Alter einen zentralen Stellenwert, der sich in zahlreichen theoretischen und empirischen Arbeiten manifestiert, in denen die Konsequenzen der mit dem hohen Alter assoziierten gesundheitlichen und psychosozialen Risiken für das subjektive Wohlbefinden (SWB) der alternden Person untersucht wurden.

Subjektives Wohlbefinden. Der Begriff des SWB beschreibt dabei ein »Dachkonstrukt« verschiedener darunter zusammengefasster Komponenten, die für die psychologische Alternsforschung als wesentliche Indikatoren mehr oder weniger »erfolgreichen« Alterns bedeutsam sind (Baltes & Baltes, 1990). Es ist ein Gebot der mit dieser Forschung angestrebten Praxisrelevanz, dass sie Möglichkeiten und Grenzen erfolgreichen Alterns untersucht, und das heißt, dass sie Erkenntnisse darüber liefert, inwieweit Hochaltrige ihr Wohlbefinden unter altersbedingt sich verschlechternden Lebensumständen aufrechterhalten können und welche Faktoren möglicherweise diese Aufrechterhaltung begünstigen oder behindern. Dazu wurde in der wissenschaftlichen Literatur zum SWB eine Vielzahl spezifischer Wohlbefindensaspekte untersucht; wir beschränken uns im Folgenden auf die Differenzierung von kognitiven und affektiven Wohlbefindenskomponenten.

Als kognitive Komponente des SWB werden in der Wohlbefindensforschung Bewertungen eigener Lebensumstände, die sich insbesondere in Zufriedenheitsurteilen manifestieren, betrachtet; das diesbezügliche Schlüsselkonstrukt ist die sogenannte allgemeine Lebenszufriedenheit, d. h. die globale Zufriedenheit der Person mit ihrem Leben insgesamt (zu unterscheiden von spezifischen Zufriedenheiten mit bestimmten Lebensbereichen). Neben diesem eher bewertenden Aspekt enthält der Wohlbefindensbegriff auch eine affektive Bedeutung: Hohes SWB besteht auch im häufigen Erleben von positiven bzw. seltenen Erleben negativ getönter Emotionen. Maße des positiven und negativen Affekts fungieren somit in der SWB-Forschung als maßgebliche Indikatoren der affektiven Komponente des SWB.

Das Wohlbefindensparadox des hohen Lebensalters: Fakt oder Fiktion?
Wirft man einen ersten Blick auf die mittlerweile sehr reichhaltige Forschung zum SWB im höheren Lebensalter, so stößt man schnell auf ein Schlagwort: das sogenannte Wohlbefindensparadox. Damit ist der in vielen empirischen Studien bestätigte Befund gemeint, dass Höheraltrige im Durchschnitt kaum schlechteres, bisweilen sogar tendenziell höheres Wohlbefinden berichten als Jüngere bzw. dass kein negativer Zusammenhang zwischen chronologischem Alter und Maßen des SWB gefunden wird (Schilling, 2006). Es scheint also auf den ersten Blick, dass die typischen Verschlechterungen, die das höhere Alter mit sich bringt, kaum zu entsprechenden Einbußen des SWB führen. Jedoch ist Vorsicht angebracht, wenn die zugrunde gelegten Befunde zur Annahme einer generellen Aufrechterhaltung des SWB unter den sich im hohen Alter häufenden Verlusterlebnissen und Abbauprozessen verallgemeinert werden, denn es sprechen mehrere Gründe gegen eine solche Generalisierbarkeit:

▶ Bei der Mehrzahl der Studien, in denen kein alterskorrelierter Rückgang des SWB gefunden wurde, handelt es sich um Querschnittstudien, in denen ein möglicher Alterseffekt von Kohorteneffekten überlagert und verdeckt werden könnte.

- Die »paradoxe« Altersunabhängigkeit wurde vor allem für Maße der Lebenszufriedenheit gefunden. Dagegen zeigen Studien, in denen der Zusammenhang zwischen affektiven Wohlbefindensmaßen und Alter untersucht wurde, insgesamt kein einheitliches Bild alterskorrelierter Veränderungen und liefern somit auch keine deutlichen Hinweise auf ein diesbezügliches Wohlbefindensparadox (Kunzmann et al., 2000; Pinquart, 2001a).
- Schließlich sollte auch bedacht werden, dass die Veränderung oder Stabilität durchschnittlicher SWB-Maße über das Alter hinweg allenfalls grob darüber Auskunft gibt, inwieweit sich Wohlbefinden intraindividuell verändert. Mit anderen Worten: Die durchschnittliche altersassoziierte SWB-Veränderung berücksichtigt nicht die interindividuelle Variabilität intraindividueller SWB-Veränderungen. Verändert sich die durchschnittliche Lebenszufriedenheit nicht im Verlauf des höheren Alters, dann könnte dies durchaus bedeuten, dass höchst unterschiedliche Veränderungen sich zu stabilen Durchschnittswerten ausmitteln, also häufige Verschlechterungen des Wohlbefindens durch ebenso häufige Verbesserungen aufgewogen werden.

Zunehmende Variabilität des Wohlbefindens? So fand Schilling (2006) bei der Analyse der Lebenszufriedenheitsdaten des »Sozio-oekonomischen Panels«, einer bevölkerungsrepräsentativen deutschen Längsschnittstudie, für die Subgruppe der bei Panelstart mindestens 60 Jahre alten Menschen eine gegenüber der Gesamtstichprobe deutlich erhöhte Veränderungsvarianz, was zumindest als grober Hinweis darauf gewertet werden kann, dass sich im höheren Alter Zufriedenheiten stärker verändern als in früheren Lebensperioden. Diese Möglichkeit ist insofern bedeutsam, als sie darauf verweist, dass möglicherweise die Entwicklung des SWB im höheren und sehr hohen Lebensalter durch ein Denken in Termini von »Altersabhängigkeit« nur unzureichend beschrieben wird und ihr Charakteristikum vielmehr darin besteht, dass die Häufung von Verlustrisiken in diesem Lebensabschnitt zu einer zunehmenden Differenzierung von Entwicklungsverläufen führt, die genauere Betrachtungen der interindividuellen Unterschiede in intraindividuellen Veränderungen erfordert: Bestehen z. B. Grenzen der Anpassungsfähigkeit bei einer Häufung alterstypischer Verluste, die aber nur von einem Teil der Alternden überschritten werden? Variiert die Anpassungsfähigkeit hochaltriger Menschen möglicherweise inter- und intraindividuell sehr stark, nämlich in Abhängigkeit von förderlichen oder hinderlichen Einflüssen auf die jeweils persönliche Fähigkeit zur Anpassung an Verlusterlebnisse? Zudem beziehen nur wenige Studien, in denen eine Altersunabhängigkeit des SWB gefunden wurde, Hochaltrige in ausreichender Fallzahl mit ein und/oder berücksichtigen in ihrer statistischen Analysestrategie die theoretisch naheliegende Möglichkeit eines bei den Hochaltrigen gegenüber den jungen Alten beschleunigten negativen Alterseffekts auf das SWB. Dies würde bedeuten, dass über den gesamten Bereich der späten Entwicklungsphase hinweg ein nichtlinearer Zusammenhang besteht, der bei nur geringfügiger Veränderungstendenz über die jüngeren »alten« Jahre hinweg eine zunehmende Beschleunigung von Wohlbefindensverschlechterungen zum Ende der Lebensspanne hin offenbart.

Lebenszufriedenheit im hohen Alter

Betrachtet man die wenigen spezifischen Befunde zur Entwicklung der allgemeinen Lebenszufriedenheit im sehr hohen Alter, so sind einerseits hier querschnittliche Befunde zu finden, die eher auf die Aufrechterhaltung im Sinne des Wohlbefindensparadoxons schließen lassen. So fanden D. Li et al. (2008) in einer der weltweit größten Studien mit Hochaltrigen (»Chinese Longitudinal Healthy Longevity Study«, s. Unter der Lupe in Abschn. 13.2.3) keinerlei alterskorrelierten Rückgang der Lebenszufriedenheit bzw. sogar noch einen leichten Anstieg. Ebenso zeigen die von Smith et al. (2010) berichteten querschnittlichen Befunde zur ersten Erhebungswelle der Berliner Altersstudie nur eine geringfügige Minderung der durchschnittlichen Zufriedenheit bei den Höchstaltrigen im Vergleich zu den jüngeren Alten.

Verschlechterung im sehr hohen Alter. Verschiedene längsschnittliche Analysen zur Veränderung von Lebenszufriedenheit, die das sehr hohe Alter einbeziehen, weisen allerdings auf eine generelle Verschlechterungstendenz für den sehr hohen Altersbereich hin (z. B. Gwozdz & Souza-Poza, 2010; Mroczek & Spiro, 2005; Schilling, 2005). So zeigt Abbildung 13.1 das Muster der altersassoziierten Zufriedenheitsentwicklung, das Schilling (2005) bei der Analyse von Daten des Soziooekonomischen Panels fand. Analysiert wurden die Zufriedenheitsratings aller 1909–1939 geborenen Befragungspersonen ($N = 3.738$ im Jahr 1984) aus den jährlichen Wiederholungsbefragungen 1984–1999 der westdeutschen Teilstichprobe. Es handelt sich um die mittels einer längsschnittlichen Mehrebenenanalyse mit nichtlinear-kubischer Verlaufsfunktion geschätzten durchschnittlichen Zufriedenheitsverläufe dieser Ein-Jahres-Geburtskohorten über den Befragungszeitraum (naturgemäß konnten zu dessen Ende hin nur noch wenige Personen aus den ersten Geburtskohorten befragt werden, sodass insbesondere 1999 zwei Geburtsjahrgänge nur noch weniger als je zehn Zufriedenheitswerte für die Analyse beisteuerten, nämlich 1909 und 1911 mit nur acht bzw. neun Werten). In der Abbildung wurde jeweils das Alter 60 und 75 in den Verläufen der Geburtskohorten markiert. Dabei wird deutlich, dass die geschätzte durchschnittliche Zufriedenheitsentwicklung über das Alter im Bereich über 75 Jahre jeweils einen deutlichen Abfall zeigt, während im Bereich des jungen höheren Alters (Bereich um 60 Jahre) eine solche Verschlechterungstendenz kaum erscheint. Der Querschnitt durch irgendeinen der abgebildeten Messzeitpunkte würde für die jüngeren Alten kaum Unterschiede zeigen, für die Hochaltrigen jedoch sehr wohl. Es wurde in dieser Studie zudem ein Kohorteneffekt vermutet: Möglicherweise besteht eine Tendenz, das Leben unter Wohlstandsbedingungen gegen Ende des 20. Jahrhunderts umso positiver zu bewerten, je mehr Lebenszeit unter den insgesamt erschwerten sozialen und historischen Bedingungen der ersten Jahrhunderthälfte verbracht wurde. Die Ergebnisse bestätigen diesen Effekt, der in Abbildung 13.1 durch die abnehmende Tendenz der für sukzessive Geburtskohorten beim Alter 60 Jahre vorhergesagten Lebenszufriedenheit sichtbar wird. Dieser Kohorteneffekt überlagert die bei den jungen Alten schwache Verschlechterungstendenz in Bezug auf Lebenszufriedenheit und erzeugt die »querschnittliche Enge« der Verläufe der verschiedenen Kohorten im jüngeren Altersbereich. Die Studie liefert somit Hinweise darauf, dass querschnittliche Befunde einer »paradoxen« Altersunabhängigkeit von Lebenszufriedenheit aus den letzten Dekaden des 20. Jahrhunderts zum Teil auch einem Kohorteneffekt geschuldet sein könnten (vgl. auch Gwozdz & Souza-Poza, 2010).

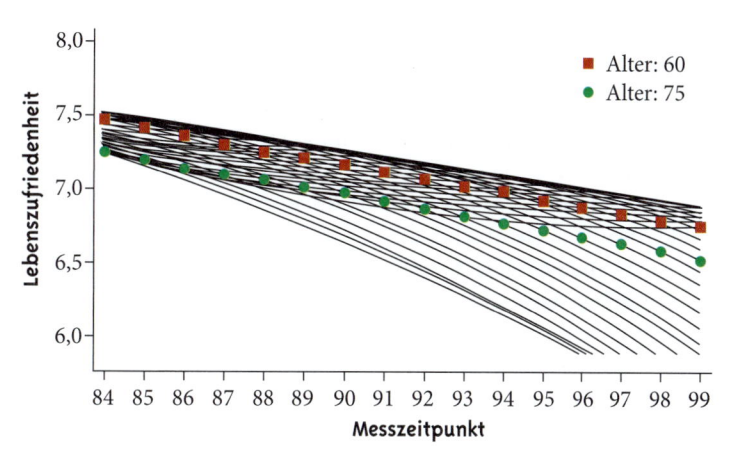

Abbildung 13.1 Geschätzte Verläufe durchschnittlicher Lebenszufriedenheit der westdeutschen Ein-Jahres-Geburtskohorten 1909–1939 in den Befragungsjahren 1984–1999; rechteckige bzw. kreisförmige Punkte kennzeichnen die Zufriedenheitswerte der im jeweiligen Befragungsjahr 60- bzw. 75-Jährigen (Daten des Sozio-oekonomischen Panels, nach Schilling, 2005)

Somit deuten empirische Befunde zur Lebenszufriedenheit im sehr hohen Alter aus Längsschnittdaten darauf hin, dass die unter dem Schlagwort des Wohlbefindensparadoxes weithin verbreitete Annahme, dass es alternden Menschen im Allgemeinen sehr gut gelingt, sich an altersassoziierte Verlusterfahrungen anzupassen und positive Lebensbewertungen weitestgehend aufrechtzuerhalten, zumindest teilweise infrage zu stellen ist. Allerdings könnte es so sein, dass die »Super-Überlebenden« in einem Altersbereich von über 100 Jahren hinsichtlich ihrer Lebensbewertungen wieder besser dastehen als die »normativ« Versterbenden, weil sie auch hinsichtlich ihrer psychischen Ressourcen eine hoch positiv selektionierte Ausnahmepopulation darstellen (Jopp & Rott, 2006).

Abfall vor dem Tod. Noch stärkere Belege für die Grenzen der psychischen Anpassungsfähigkeit im sehr weit fortgeschrittenen Entwicklungsgang liefern neuere Untersuchungen zum Zusammenhang zwischen der Lebenszufriedenheit und der Zeit bis zum Tod des Individuums. So fanden Gerstorf et al. (2010) in verschiedenen Längsschnittdatensätzen hochaltriger Stichproben einen terminalen Abfall der Zufriedenheit über eine Phase von ungefähr drei bis fünf Jahren vor dem Tod, unabhängig vom individuellen Sterbealter. In der statistischen Modellierung des Zusammenhangs mit der Überlebenszeit wurde für die Lebenszufriedenheitsmaße eine deutlich stärkere Varianzaufklärung erreicht als im Vergleichsmodell des Zusammenhangs mit dem kalendarischen Lebensalter. Es scheint also, dass zum Lebensende hin zumindest für die kognitive Komponente des SWB ein ähnlicher Terminal Decline charakteristisch ist, wie er für verschiedene kognitive Leistungsbereiche belegt wurde (vgl. Bäckman & MacDonald, 2006; s. auch Abschn. 13.3.1). Es liegt nahe, in diesem Phänomen eine Konsequenz kumulierter und beschleunigter körperlicher Abbauprozesse, die dann letztendlich zum Tode führen, zu sehen. Demnach erscheint das SWB der alternden Person *nicht* grenzenlos belastbar.

Analysen der altersassoziierten Entwicklung des SWB zum Ende der Lebensspanne hin sind somit nur bedingt tauglich, die negativen Auswirkungen sich häufender Verluste aufzudecken, da das Auftreten dieser Verluste nicht allzu eng mit dem Lebensalter – dem zeitlichen Abstand von der dann weit zurückliegenden Geburt – assoziiert ist, sondern Individuen sich darin unterscheiden, in welchem Alter sie insbesondere von beschleunigten körperlichen und geistigen Verlustprozessen betroffen sind. Da eine solche beschleunigte Verlustdynamik in der Regel dem Tod vorangeht, dürfte der zeitliche Abstand zum Lebensende die im Vergleich zum kalendarischen Alter bessere Zeitmetrik zur Vorhersage typischer Veränderung am Ende der Lebensspanne sein. In dieses Bild passen zudem Befunde, die unterstreichen, dass kognitive Wohlbefindensindikatoren sowie, damit verwandt, positive Bewertungen des Alternsprozesses auch nach Kontrolle von konfundierenden Variablen Mortalität vorhersagen können (Kotter-Grühn et al., 2010). Zum zweiten Mal in diesem Kapitel sehen wir damit im Bereich der Hochaltrigkeit psychologische Prozesse in enger Konjunktion mit dem Todeszeitpunkt – was wir als eine für die Psychologie insgesamt bedeutsame Befundlage erachten.

Weitere Einflussfaktoren. Dennoch sind es nicht nur die unterschiedliche Nähe zum Tod, sondern auch andere Einflussgrößen, die Unterschiede in der Lebenszufriedenheit im hohen Alter erklären können:

- Generell ist zu vermuten, dass im höheren Alter zunehmend diejenigen Aspekte der eigenen Lebensumstände zufriedenheitsrelevant werden, die von besonderen Verlustrisiken betroffen sind, also die körperliche und kognitive Gesundheit und allgemeine körperliche Funktionsfähigkeit. Die Bedeutsamkeit von Maßen der subjektiven Gesundheit und des berichteten funktionalen Status in der Ausführungskompetenz alltäglicher Aktivitäten als Prädiktoren der Lebenszufriedenheit (und anderer Wohlbefindensindikatoren) ist in der Tat ein vielfach bestätigter empirischer Befund (Smith et al., 2010), und zumindest von letzterem Prädiktor kann sicher angenommen werden, dass er in jüngeren Stichproben kaum bedeutsam ist, da der funktionale Status in diesen Altersgruppen nur wenig variiert.
- Weitere Aspekte, die sich bei Untersuchungen hochaltriger Stichproben als besonders bedeutsame Prädiktoren der Lebenszufriedenheit zeigten, sind Indikatoren der (subjektiv wahrgenommenen) Qualität des sozialen Netzwerks, der eigenen kognitiven Funktionstüchtigkeit, der wahrgenommen internalen Kontrolle sowie (als negativer Prädiktor) eine depressive Symptomatik. Bemerkenswert ist, dass es jeweils die subjektive Wahrnehmung des betreffenden Aspekts ist, die besonders hohe Vorhersagekraft besitzt, und weniger die entsprechenden objektiven Maße.

Affektives Erleben im hohen Alter

Wie verhält es sich nun mit der Entwicklung des Affekterlebens im sehr hohen Alter? Gerade für die affektive Komponente des SWB könnte eine generelle Verschlechterungstendenz mit Zunahme negativer und Abnahme positiver emotionaler Zustände vermutet werden, wenn man annimmt, dass das Affektsystem sozusagen eine unmittelbarere, nicht durch kognitive Relativierungsprozesse »gefilterte« Reaktion auf gesundheitliche und psychosoziale Einbußen liefert und insbesondere dann unter Druck gerät, wenn durch akkumulierende Verluste im sehr hohen Alter elementare Grundbedürfnisse nicht mehr ausreichend erfüllt werden können. Andererseits gäbe es auch gute theoretische Gründe für einen möglichen generellen Rückgang des positiven *und* negativen Affekterlebens im hohen Alter: Möglicherweise könnte eine Reduktion im Erleben von Ereignissen mit positiver oder negativer »hedonischer« Bedeutung, die emotionale Reaktionen hervorrufen, zu einer generellen Verminderung von Affektivität führen. Hohes Alter könnte auch mit einer größeren »emotionalen Reife« einhergehen, d. h. mit einer größeren Gelassenheit in den affektiven Reaktionen auf positive oder negative Ereignisse des alltäglichen Lebens, da Ältere gewissermaßen ein Leben lang gelernt haben, ausgewogen auf Situationen zu reagieren, die bei Jüngeren heftige emotionale Reaktionen auslösen. Des Weiteren ist auch die optimistische Erwartung einer mit zunehmender Hochaltrigkeit einhergehenden Verbesserung, d. h. Anstieg des positiven und Reduktion des negativen Affekts, theoretisch begründbar. Hier ist vor allem die sozioemotionale Selektivitätstheorie von Carstensen (z. B. Carstensen & Lang, 2007) zu nennen, der zufolge die mit zunehmendem Lebensalter sich verkürzende lebenszeitliche Perspektive zu einer Veränderung der motivationalen Ausrichtung hin zu emotional bedeutsamen Zielen führt, sodass mit dem höheren Alter verstärkt die Optimierung des Affekterlebens verfolgt werden würde. Demnach wäre zu vermuten, dass Ältere sozusagen kompetenter darin werden, positive Emotionen zu erleben und negative zu vermeiden, d. h., hohes Alter würde mit einem gewissen Positivitätseffekt einhergehen (s. u.).

Abfall positiver und Anstieg negativer Affekte? Bislang vorliegende empirische Studien zur Entwicklung affektiver Wohlbefindenskomponenten über die erwachsene Lebensspanne liefern allerdings teilweise widersprüchliche Befunde. Es handelt sich dabei überwiegend um querschnittliche Untersuchungen, in denen häufig das sehr hohe Lebensalter nicht mit einbezogen wurde, und die Vielfalt der unterschiedlichen Ergebnisse dürfte wohl unter anderem auch der Unterschiedlichkeit der in den jeweiligen Studien untersuchten Altersspanne und der verwendeten Affektmaße geschuldet sein. Die, wenngleich schon etwas ältere, Metaanalyse von Pinquart (2001a) liefert wertvolle Hinweise auf generelle Entwicklungstendenzen von positivem und negativem Affekt im hohen Alter. Bei 419 Stichproben aus 125 Studien (davon nur 10 mit längsschnittlichen Analysen) mit Probanden im Altersbereich über 50 Jahre ergab die metaanalytische Auswertung insgesamt einen alterskorrelierten Abfall positiver und einen geringen Anstieg negativer Affekte und zudem für beide Effekte einen kurvilinearen (quadratischen) Trend solcherart, dass sich der Abfall des positiven und der Anstieg des negativen Affekts im sehr hohen Alter verstärken.

Alltagskompetenz und Wohlbefinden. In Abbildung 13.2 haben wir zur weiteren Illustration Daten aus einer eigenen Studie von Personen zusammengestellt, die zum ersten Messzeitpunkt im Jahre 2002 zwischen 80 und 89 Jahre alt waren und die wir seitdem über acht Jahre weiterverfolgt haben. Interessant an unserem Forschungsdesign ist, dass wir ein kurzes, ein längeres und dann wieder ein kurzes Beobachtungsintervall (1 Jahr – 6 Jahre – 1 Jahr) hintereinandergeschaltet haben, sodass kurzfristige und längerfristige Veränderungen zu unterschiedlichen Zeitpunkten des Alternsprozesses (früh vs. »fortgeschritten« im vierten Alter) abgebildet werden können. Es zeigte sich, dass gegenüber der ADL-Komponente, die einen deutlichen mittleren Verlust aufweist, dessen Steilheit sich im späteren Kurzintervall auch sichtlich ausgeprägter als im ersten Kurzintervall darstellt, Indikatoren des Wohlbefindens (Lebenszufriedenheit, positiver und negativer Affekt) nur geringe Mittelwertveränderungen zeigen; allerdings liegen die mittlere Lebenszufriedenheit und der mittlere positive Affekt nach acht Jahren deutlich unterhalb des T1-Wertes gegenüber den kaum veränderten mittleren Werten bei negativem Affekt zu T1 und T4. Ferner sieht man, dass die schon nach einem Jahr ausgeschiedenen Personen bereits zu T1 in allen Werten unter (bzw. bei negativem Affekt über) den anderen Teilnehmern lagen und vor allem bei ADL bereits im ersten Beobachtungsjahr deutlichere Verluste im Vergleich zu den anderen Teilnehmern aufwiesen. Schließlich unterstreicht Abbildung 13.2 auch die hohe interindividuelle Variabilität intraindividueller Veränderungen, für deren dezidierte Berücksichtigung die reine Mittelwertveränderung ungeeignet ist (vgl. auch Abschn. 13.5).

Unterschiede zwischen negativem und positivem Affekt. Unsere Befunde decken sich im Wesentlichen mit dem Bild aus der Berliner Altersstudie: Negativer Affekt erscheint hier sowohl bei querschnittlichen Altersgruppenvergleichen als auch in der längsschnittlichen Analyse durchschnittlicher Veränderung über die Zeit bei den Höchstaltrigen im Vergleich zu jüngeren alten Menschen kaum verändert, während das sehr hohe Alter gegenüber dem jungen Alter mit reduziertem positiven Affekterleben assoziiert ist (Kunzmann, 2008; Smith et al., 2010). Es lässt sich aus diesen Ergebnissen folgern, dass vor allem die positive Affektkomponente im sehr hohen Alter durch die in dieser Lebensphase sich häufenden körperlichen und/oder psychosozialen Einschränkungen bedroht ist, während das Ausmaß, in dem eine Person negative Emotionen erlebt, davon nicht betroffen ist. Diese Folgerung wäre im Einklang mit empirischen Befunden, die eine stärker dispositionelle Konstitution der negativen Affektkomponente und eine nur geringe Reaktivität des negativen Affekterlebens auf wechselnde situationale Einflüsse nahelegen, während positiver Affekt als eher situationsgebundene Komponente angesehen wird, die in stärkerem Maße auch von der Aktivität des Individuums abhängt, die

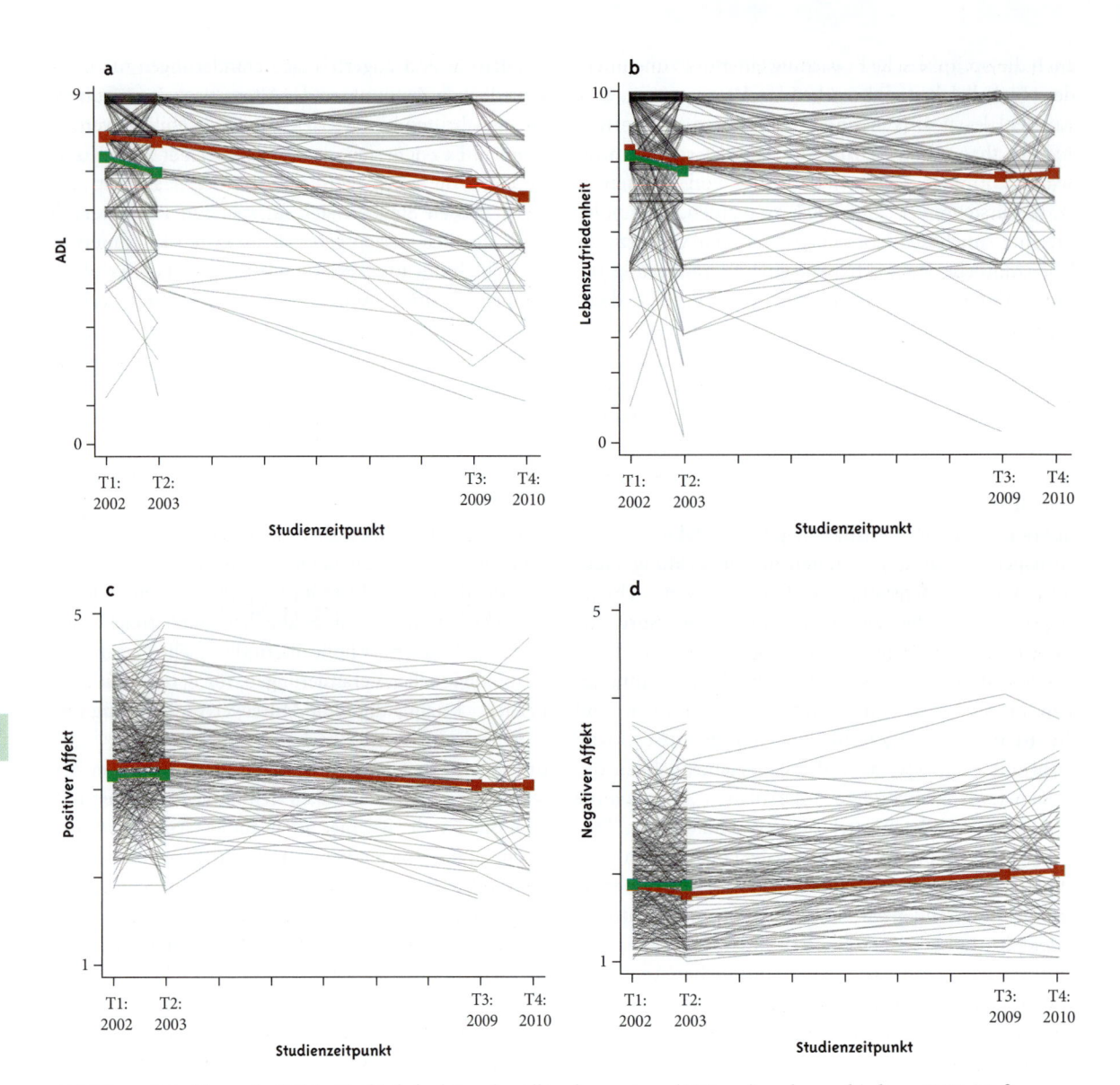

Abbildung 13.2 Längsschnittliche Verläufe funktionaler Alltagskompetenz (ADL – **a**) und verschiedener SWB-Maße (**b** bis **d**) der deutschen Stichprobe des Projektes ENABLE-AGE (T1: N = 450 Personen, geboren 1911–1921) und des Nachfolgeprojekts LateLine (T3: N = 113); rote Linie: Mittelwerte der LateLine-Überlebenden, grüne Linie: Mittelwerte der nach T2 ausgeschiedenen Teilnehmer

zum Aufsuchen oder Herstellen von Erlebnissen positiv hedonischer Qualität führt (Clark & Watson, 1991).
Abnahme physiologischer Aktivierung. Ein weiterer grundlegender Befund der Metaanalyse Pinquarts (2001a) besteht in einer mit zunehmendem Alter einhergehenden Veränderung der erlebten Emotionen jeweils »innerhalb« der positiven und negativen Komponente, nämlich einer Abnahme von Emotionen, die mit hoher physiologischer Aktivierung («Arousal«) verbunden sind, und einer Zunahme niedrig aktivierter Emotionen. Zu erklären ist eine Entwicklung hin zu geringerer emotionaler Erregung mit einem alterskorrelierten energetischen Abbau bzw. mit einer Abnahme der physiologischen Reaktivität auf positive und negative Ereignisse.
Rückgang alltäglicher Affektschwankungen. Bei der bisherigen Betrachtung von Befunden zum Affekterleben

im hohen Alter standen ausschließlich Untersuchungen zum globalen, über mittelfristige Zeiträume (z. B. Wochen, Monate) aggregierten Affekterleben im Altersverlauf im Fokus. Zusätzlich zu derartigen Untersuchungen wuchs in den letzten Jahren, ähnlich wie in der kognitiven Alternsforschung (s. Abschn. 13.3.1), das Interesse an der kurzfristigen, intraindividuellen Variabilität des täglichen Affekterlebens. Ein in mehreren Studien bestätigter Befund ist eine mit zunehmendem Alter assoziierte Reduktion alltäglicher Affektschwankungen, d. h., ältere – und insbesondere sehr alte – Menschen erscheinen insgesamt emotional stabiler als Jüngere (z. B. Röcke et al., 2009). Des Weiteren wurden in diesen Studien meist auch tägliche Ereignisse mit positivem oder negativem »hedonischen« Wert bzw. auch täglicher Stress erfasst, und es zeigte sich eine insgesamt im höheren Alter reduzierte diesbezügliche Reaktivität des täglichen Affekts. Beispielsweise fanden Röcke et al. (2009) für ihre höchstaltrige Untersuchungsgruppe (70–80 Jahre) keinen statistischen Zusammenhang mehr zwischen positiven oder negativen täglichen Ereignissen und positivem oder negativem täglichem Affekt, während bei jüngeren Gruppen solche Zusammenhänge deutlich bestanden.

Positivitätseffekt des höheren Lebensalters. Ergänzend zu diesen korrelativen und längsschnittlichen Befunden soll erwähnt werden, dass vor allem experimentelle Studien – wenngleich kaum systematisch mit einem Einbezug des sehr hohen Alters – relativ konsistent einen Positivitätseffekt des höheren Lebensalters gefunden haben, d. h., ältere Menschen erinnern z. B. vorgegebene positiv gestaltete Gesichter stärker als junge Menschen, während es bei negativ gestalteten Gesichtern umgekehrt ist (Carstensen & Lang, 2007). Es könnte angesichts einer extrem reduzierten Zukunftsperspektive im hohen Alter eine wirkungsvolle Anpassungsstrategie darstellen, Ungutes im Leben nicht mehr in aller Deutlichkeit zu sehen und stattdessen einen »Schirm des Positiven« so weit wie möglich aufzuspannen. Unterstützen würde diese These auch, dass im hohen Alter die Depressionsrate konstant und mit jener von jüngeren Menschen vergleichbar bleibt.

Affekterleben vor dem Tod. Abschließend liegt die Frage nahe: Findet auch im Bereich des affektiven Wohlbefindens eine mit der Zeit bis zum Tode assoziierte beschleunigte Veränderung statt, ähnlich wie sie von Gerstorf und Kollegen für die Lebenszufriedenheit gefunden wurde? Die Vermutung liegt nahe, dass terminale Veränderungen, die zum Tod führen, gerade auch im emotionalen Erleben der Person ihren Niederschlag finden. Möglicherweise bedeutet dieser Niederschlag Verschlechterung, wenn rapider Verlust körperlicher Funktionstüchtigkeit die Generierung positiver emotionaler Erlebnisse behindert, eventuell die Selbstwahrnehmung dieser Prozesse Ängste vor Tod und Sterben befördert und dadurch negativen Affekt verstärkt. Möglicherweise aber findet auch ein adaptiver Terminal Decline des Affekterlebens statt, der zu einer raschen affektiven Verflachung mit einem reduzierten und erregungsarmen Affekterleben führt, welche das Individuum vor extremer emotionaler Belastung angesichts des nahenden Todes und während des Sterbeprozesses schützt. Erste empirische Befunde geben Hinweise, dass auch im emotionalen Bereich die »Distance to Death«-Perspektive neue Einsichten bringen kann (Palgi et al., 2010), jedoch klafft hier derzeit eine noch wenig bearbeitete Forschungslücke.

13.3.3 Rolle von Persönlichkeit und Geschlechtsunterschieden

In sehr knapper Weise möchten wir in diesem Abschnitt auch noch Blicke auf weitere Entwicklungsprozesse und die Rolle von Geschlechtsunterschieden im hohen Alter werfen.

Persönlichkeit und Selbst. Ein erster Befund aus dem Bereich der Entwicklung der Persönlichkeit und des Selbst geht dahin, dass Persönlichkeitsmerkmale und Selbstdefinitionen bis ins höchste Alter hinein relativ unverändert erhalten bleiben (Staudinger et al., 2010). Auch bestimmt für Hochaltrige das Nachdenken über Tod und Sterben in stärkerem Maße ihre Selbstdefinition, jedoch keinesfalls in dominanter Weise. Diese Befundlage ist insgesamt bemerkenswert, bedeutet sie doch, dass in einem fundamentalen Bereich von Entwicklung, der kognitiven Entwicklung, gerade im sehr hohen Alter die Verlustthematik maßgeblich ist (s. Abschn. 13.3.1), während in einer anderen ebenso fundamentalen Entwicklungsdomäne, Persönlichkeit und Selbst, ein Bild von Konstanz vorherrschend bleibt (vgl. Abschn. 23.6).

Geschlechtsunterschiede. In Bezug auf Geschlechtsunterschiede ist noch einmal daran zu erinnern, dass es die Alternsforschung gerade im hohen Alter ganz überwiegend mit Frauen zu tun hat. Während die jetzigen Generationen an hochaltrigen Frauen noch stark an traditionelle Rollenmuster gebunden sind, beginnen sich auch Veränderungen abzuzeichnen: So waren im Jahre 2002 in Deutschland untersuchte über 85-jährige

Frauen im Erledigen von Bankangelegenheiten und in der Nutzung des öffentlichen Personenverkehr deutlich kompetenter als im Jahre 1991 untersuchte Frauen gleichen Alters (Schneekloth & Wahl, 2008). Hochaltrige Frauen weisen ferner zwar kaum Unterschiede in ihren psychologischen Merkmalen im Vergleich mit Männern auf (M. M. Baltes et al., 2010), jedoch sind hochaltrige Frauen in stärkerem Maße als Männer von schwerwiegenden, aber nicht schnell zum Tode führenden chronischen Erkrankungen wie Arthrose und Osteoporose betroffen und unterliegen deshalb insgesamt einem höheren Risiko eines Selbstständigkeitsverlusts einschließlich der Übersiedlung in ein Pflegeheim. Durchgängig über alle Altersstufen bis ins höchste Alter weisen Frauen auch eine höhere Depressionsrate als Männer auf (M. M. Baltes et al., 2010). In Bezug auf die kognitive Leistungsfähigkeit ist bis ins höchste Alter sowohl querschnittlich (M. M. Baltes et al., 2010) als auch längsschnittlich (Gerstorf et al., 2006) eine hohe Ähnlichkeit in kognitiven Leistungen zu konstatieren, d. h., die Geschlechtszugehörigkeit leistet keinen wesentlichen Beitrag zur Erklärung von Unterschieden in kognitiven Leistungen im sehr hohen Alter.

13.4 Theoretische Perspektiven zur Integration von Befunden zum hohen Alter

Nachdem wir bisher den Schwerpunkt dieses Kapitels eher auf die Darstellung der Themen und Befunde empirischer Forschung zum hohen Alter gelegt haben, wollen wir nun in der gebotenen Kürze einen Überblick über wesentliche »Theoriebausteine« zu einem besseren Verständnis der Phase des hohen Alters im Ensemble aller Phasen der menschlichen Entwicklung sowie zu den beschriebenen empirischen Befunden geben. Wir wollen uns dabei auf besonders »wirkungsmächtige« Theorien konzentrieren, die über verschiedene Merkmalsbereiche hinweg generalisierbare Annahmen zur Entwicklungsdynamik im hohen Alter beinhalten.

Generelle Entwicklungstheorien
Entwicklungsaufgaben nach Havighurst und Erikson. Klassische theoretische Ansätze zur Entwicklung im hohen Alter sind Stufenmodelle der über die Lebensspanne hinweg aufeinanderfolgenden Entwicklungsanforderungen. In seinem bekannten Konzept der Entwicklungsaufgaben betrachtet Havighurst (1948/1972) das höhere und hohe Alter als die den Lebenszyklus abschließende Phase, deren spezifische entwicklungsregulative Anforderung in der Anpassung an körperliche Abbauprozesse, psychosoziale Verluste und den nahen Tod besteht. Nach Erikson (1966) bestehen die Entwicklungsanforderungen des hohen Alters insbesondere darin, das weitestgehend gelebte eigene Leben zu akzeptieren und eine Haltung zum Tod bzw. über den Tod hinaus einzunehmen. Erikson sieht auch diese Lebensphase, wie alle vorangehenden Phasen, als krisenhaft an. Lösungen der krisenhaften Auseinandersetzung in der Phase der Hochaltrigkeit sieht Erikson im Erreichen von Ich-Integrität (vor allem: der Akzeptanz des gelebten Lebens) sowie Generativität (der Weitergabe von Wissen und Erfahrung an nachfolgende Generationen).

Entwicklungsprinzipien nach Baltes. Die Entwicklungstheorie von Paul Baltes (z. B. Baltes et al., 2006) postuliert drei generelle Prinzipien, die Entwicklungsprozesse im höheren Alter über verschiedene Funktionsbereiche hinweg grundlegend formen: Baltes nimmt an,

(1) dass Vorteile evolutionärer Selektion mit höherem Alter immer geringer werden, d. h., dass mit dem Alter die Dysfunktionalität biologisch determinierter Prozesse wächst bzw. biologische Ressourcen schwinden;

(2) dass mit dem Lebensalter der Bedarf an Kultur ansteigt, d. h., dass zum Ausgleich schwindender biologischer Ressourcen verstärkt auf kulturell erzeugte Ressourcen (z. B. soziale, technische Systeme) zurückgegriffen werden muss;

(3) dass ebenfalls mit zunehmendem und insbesondere im hohen Alter die Effektivität der Kultur abnimmt, d. h., dass die Wirksamkeit kultureller Ressourcen zum Ausgleich biologischer Ressourcenverluste schwindet.

Das vierte Alter bezeichnet demnach die Phase, in der durch das Missverhältnis von starkem Bedarf und schwacher Wirksamkeit von Kultur biologische Verluste nicht mehr hinreichend kompensiert werden können, während das dritte Alter eine Phase jüngerer Höheraltrigkeit bezeichnet, in der eine solche Kompensation noch in ausreichendem Maße gelingt. Baltes deutet diesen Entwicklungssachverhalt insgesamt als (noch) unvollendete Architektur der menschlichen Ontogenese.

Spezielle Entwicklungsmodelle
Neben solchen eher breit generalisierten Theorien grundlegender Entwicklungsdynamiken über die erwachsene Lebensspanne sind für die Hochaltrigenforschung insbesondere verschiedene theoretische Modelle bedeutsam geworden, deren Gemeinsamkeit darin erkannt werden könnte, dass sie psychologische Mechanismen der Entwicklungsregulation an die Anforderungen alterstypischer gesundheitlicher und psychosozialer Verluste postulieren.

Modell der selektiven Optimierung und Kompensation. Das Modell der selektiven Optimierung und Kompensation (SOK-Modell) von Baltes (z. B. Baltes & Baltes, 1990) kann als Ergänzung seiner oben dargestellten entwicklungstheoretischen Annahmen verstanden werden, nämlich als prototypische Beschreibung einer erfolgreichen Altersstrategie zur effektiven Ressourcennutzung bei fortschreitenden biologischen Ressourcenverlusten. Diese besteht in der Konzentration auf lebensweltliche Bereiche hoher Priorität (Selektion), in denen beständig Verbesserung angestrebt wird (Optimierung), und dann, wenn bestimmte Wege zur Optimierung nicht mehr offen sind, auf andere Mittel zur Zielerreichung ausgewichen wird (Kompensation).

Modelle entwicklungsregulativen Handelns. Das Modell entwicklungsregulativen Handelns nach Brandtstädter (2007) gründet auf der Differenzierung von assimilativen und akkommodativen Strategien der Bewältigung alltäglicher Anforderungen. Der grundlegende entwicklungsregulative Mechanismus mit großer Bedeutung für das hohe Alter besteht im Wechsel zur Akkommodation (»changing the self«), wenn die persönlichen Ressourcen zur erfolgreichen Assimilation (»changing the world«) nicht mehr genügen. Dies bedeutet insbesondere, dass Prozesse der flexiblen Zielanpassung für den Übergang in die Phase des hohen Alters sehr bedeutsam werden. Heckhausen et al. (2010) sprechen in ähnlicher Weise von der Notwendigkeit, Strategien der primären Kontrolle zunehmend durch Strategien der sekundären Kontrolle zu ersetzen (vgl. Abschn. 20.2.1).

Sozioemotionale Selektivitätstheorie. Schließlich hat die sozioemotionale Selektivitätstheorie von Carstensen (z. B. Carstensen & Lang, 2007) für die gegenwärtige Altersforschung große Bedeutung als prägende Theorie der Emotionsregulation im höheren Alter erlangt. Der Fokus liegt hier auf der motivationalen Ausrichtung sozialer Interaktionen, die zentrale Annahme besteht in einer Verschiebung motivationaler Prioritäten im Verlauf der Lebensspanne: Die im jüngeren und mittleren Erwachsenenalter hohe Relevanz der Informationssuche als Motiv sozialer Interaktionen tritt mit der im höheren Alter sich verkürzenden lebenszeitlichen Perspektive in den Hintergrund, während die emotionsregulativen Intimitäts- und Vertrauensfunktionen immer wichtiger werden. Es wird also angenommen, dass sich häufende Ressourcenverluste und knapper werdende Lebenszeit zu einer verstärkten motivationalen Ausrichtung hin zu emotional bedeutsamen Zielen führen, sodass im hohen Alter insbesondere soziale Interaktionen zur Optimierung des emotionalen Erlebens verfolgt werden.

Die knappe Beschreibung der Kernaussagen dieser Modelle verdeutlicht einen jeweils ähnlichen, wiederkehrenden Grundgedanken: Im hohen Alter besteht ein wesentliches Instrument der Entwicklungsregulation in Veränderungen persönlicher Zielverfolgung solcherart, dass mit den jeweils noch verfügbaren Ressourcen Ziele realisiert werden können – was mit fortschreitendem Ressourcenverlust eher vermittels internaler Zieladjustierung statt durch externalen Ressourceneinsatz und/oder durch stärkere Fokussierung auf die Optimierung des subjektiven Erlebens statt objektiver Bedingungen erreicht werden kann.

Zum Konzept psychologischer Terminalität
Die knappe Darstellung theoretischer Grundlagen der Forschung zur Entwicklung im hohen Alter möchten wir mit einigen Überlegungen zu einem möglichen Konzept psychologischer Terminalität beschließen. Es wurden oben bereits Forschungen zum Terminal Decline kognitiver Leistungsaspekte und in Lebenszufriedenheitsmaßen dargestellt, die darauf hinweisen, dass möglicherweise die Zeit bis zum Tode des Individuums die bessere »Markiervariable« typischer Veränderungsprozesse zum Ende der Lebensspanne ist als das chronologische Lebensalter. Es ist anzunehmen, dass die Annäherung an das jeweilige individuelle Lebensende vielfache beschleunigte Veränderungen psychologischer Merkmale mit sich bringt, und zwar als Folge derjenigen »basalen« körperlichen Abbauprozesse, die letztendlich zum Tode führen. Nimmt man weiter an, dass dem Tod vorangehende körperliche Abbauprozesse meist irreversibel sind und somit sozusagen exklusiv jeweils nur in dieser terminalen Phase der jeweiligen individuellen Lebensspanne auftreten, so wäre dies ein Charakteristi-

kum dieser Phase, in der sich diese von allen vorherigen grundlegend qualitativ unterscheidet.

Ein umfassenderes Konzept einer terminalen Lebensphase könnte deshalb der Hochaltrigenforschung ein lohnendes Leitmotiv liefern. Demzufolge wären Veränderungen des sehr hohen Lebensalters als solche zu betrachten, die nicht gänzlich als Konsequenzen von Entwicklungsbedingungen vorheriger Lebensphasen zu erklären, sondern gewissermaßen vom Ende her zu begreifen sind als auf das terminale »Ziel« hin führende Atrophie biologischer und psychologischer Systeme. Demnach wäre die Entfaltung terminaler Prozesse, die nicht als bloße Fortschreibung entwicklungsregulatorischer Dynamiken der mittleren und jung-alten Altersperiode verstanden werden können, ein Paradigma der Entwicklung im sehr hohen Alter.

Im Sinne eines solchen Terminalitätskonzeptes bliebe die Untersuchung terminaler Prozesse nicht auf die Analyse von Terminal Decline in psychologischen Variablen beschränkt. Vielmehr wäre theoretisch zu vermuten, dass diejenigen Personen, die ein sehr hohes Alter erreichen und somit nicht von möglichen Ursachen eines frühen Todes (z. B. tödliche Erkrankungen, Unfälle) betroffen waren, schließlich die Atrophie ihrer Systeme erleben als Phase multipler intensiver intraindividueller Veränderungen, durch deren Zusammenwirken insbesondere auch neuartige kausale Zusammenhänge zur Entfaltung kommen. Die terminale Phase des menschlichen Lebens könnte somit in gewisser Weise mit der frühkindlichen Phase verglichen werden, insofern beiden Enden der Lebensspanne Phasen der Entfaltung spezifischer Veränderungsprozesse darstellen, nämlich am Anfang Wachstum und Reifung und zum Ende hin Atrophie der biologischen und psychologischen Systeme. Als Paradigma der Forschung zu Entwicklung im hohen Alter könnte ein solches Konzept psychologischer Terminalität neue Erkenntnisse über psychologische Veränderungsdynamiken am Ende der Lebensspanne liefern, die einer »lebensaltersfixierten« Perspektive versagt bleiben.

13.5 Entwicklungsprozesse im hohen Alter: Methodische Anforderungen

In unserer Darstellung von Forschungsfragen und Befunden zur Entwicklung im sehr hohen Alter sind schon mehrfach »zwischen den Zeilen« methodische Probleme und Herausforderungen erkennbar geworden, die die Fokussierung auf diesen Abschnitt der Lebensphase mit sich bringt. Prinzipiell bedient sich auch die Hochaltrigenforschung der methodischen Werkzeuge und Strategien zur Untersuchung von Entwicklungsprozessen über die Lebensspanne, wie sie auch bezüglich entwicklungsrelevanter Veränderung in jüngeren Altersphasen angewandt werden (vgl. z. B. Schmiedek & Lindenberger, 2007). Jedoch stellen die speziellen gesundheitlichen und psychosozialen Bedingungen, die für hochaltrige Studienprobanden charakteristisch sind, und die daraus resultierenden spezifischen Fragestellungen zur Entwicklung im sehr hohen Alter auch spezielle methodische Anforderungen, die wir im Folgenden skizzieren wollen (s. auch Wahl et al., 2008).

Anforderungen an Messinstrumente

Altersspezifische Störeinflüsse. Die Messung psychologischer Variablen mittels psychometrischer Verfahren und Befragungsinstrumente kann bei Hochaltrigen durch sensorische, motorische oder kognitive Einbußen erschwert sein. Es liegt auf der Hand, dass eingeschränktes Seh- oder Hörvermögen die Ergebnisse psychometrischer Leistungstests negativ beeinflussen und dazu führen kann, dass Testinstruktionen und die Items von Fragebogeninstrumenten bei schriftlicher oder mündlicher Vorgabe schlicht nicht richtig verstanden werden. Ebenso problematisch können sich die im sehr hohen Alter sich häufenden kognitiven Einschränkungen auf Reliabilität und Validität der Messung psychologischer Merkmale auswirken, sofern nicht eben solche kognitiven Defizite mit dem Testverfahren erfasst werden sollen.

Altersspezifische und altersnormierte Messinstrumente. Ein Ausweg könnte in der Entwicklung spezieller Tests und Erhebungsinstrumente für Hochaltrige bestehen. Unter entwicklungspsychologischer Perspektive erscheint dies jedoch nicht optimal, da bei Verwendung lebensphasenspezifischer Messinstrumente (die Kindheitsphase bildet hier aus naheliegenden Gründen eine Ausnahme) die Befunde über die Lebensspanne nicht vergleichbar sind, sodass die Veränderung des zu messenden Merkmals im sehr hohen Alter gegenüber jüngeren Lebensabschnitten nur noch eingeschränkt analysiert werden kann. Von besonderem Interesse sind darum Messinstrumente, die auch für das hohe Alter normiert wurden und zumindest für »kognitiv intakte« Ältere unproblematisch anwendbar sind. Dieses ist heute bei vielen gängigen psychometrischen Verfahren, wie z. B. dem Wechsler Adult Intelligence Test (WAIS-III), der Fall, zumal die erwähnten Probleme sensorischer Einschränkungen oftmals durch entsprechend optimierte Darbietung des Untersuchungsmaterials (z. B. Schriftgröße, Helligkeit) zu vermeiden sind. Gerade aufgrund der psychologischen Spezifika der Hochaltrigenphase ist ferner stets zu fragen, ob Befunde zur Messäquivalenz vorliegen, d. h., ob das jeweilige Instrument auch bei Hochaltrigen noch jenes Konstrukt misst, das es bei jüngeren Personen erfasst.

Die Entwicklung spezifischer Erhebungsinstrumente für Hochaltrige ist dann geboten, wenn das zu erfassende Konstrukt selbst einen altersspezifischen Charakter besitzt. Ein bereits erwähntes Beispiel sind Skalen zur Erfassung der funktionalen Einschränkung der selbstständigen Ausführung grundlegender Alltagsaktivitäten, die für Entwicklung im jüngeren Erwachsenenalter weitgehend irrelevant sind, da sie, von spezifisch körperlich eingeschränkten Gruppen abgesehen, bei Jüngeren keine Variation zeigen. Auch ist es denkbar, dass in bestimmten Bereichen (z. B. Depression, Einsamkeit) in Bezug auf Hochaltrige die Messäquivalenz von an jüngeren Menschen validierten Verfahren hinterfragt werden sollte und deshalb neue Verfahren für Hochaltrige entwickelt werden müssen. So bedeutet beispielsweise das Erleben von Einsamkeit im sehr hohen Alter wahrscheinlich etwas anderes als bei einem 20-Jährigen.

Dagegen scheint heute klar, dass bildgebende Verfahren (vgl. Martin & Kliegel, 2010) als Datenquelle zur Analyse von Zusammenhängen zwischen neurobiologischen und verhaltensbezogenen Veränderungen viel zu einem besseren Durchdringen der Entwicklungsdynamiken des hohen Alters beitragen werden.

Forschungsdesigns

In Bezug auf Forschungsdesigns bestehen für eine ernsthaft betriebene lebensspannenpsychologische Forschung folgende Anforderungen:

- Es werden mehr Längsschnittstudien mit ausreichend großen Stichproben auch von Hochaltrigen benötigt.
- Zudem sollten solche Studien ihre Teilnehmer bis zum Tode verfolgen, um, wie gezeigt wurde, die vielversprechende Distance-to-Death-Analyseperspektive weiter auszubauen.
- Kombiniert werden sollten derart längsschnittliche Ansätze mit auf die Erfassung von intraindividueller Variabilität abzielenden Intensivmessungen, und zwar möglichst sowohl mit Messungen des kognitiven als auch des affektiven und stressverarbeitenden Systems.
- Dass auch Experimente mit Hochaltrigen unabdingbar sind, um einzelne Mechanismen ihrer Anpassungsmöglichkeiten und -grenzen unter kontrollierten Bedingungen systematisch zu testen, zeigen die vor dem Hintergrund des Testing-the-Limits-Paradigmas durchgeführten Studien zu den Grenzen der kognitiven Plastizität im hohen Alter (vgl. Schmiedek & Lindenberger, 2007).

> **Denkanstöße**
>
> Stellen Sie sich vor, Sie möchten die »typische« Veränderung eines psychologischen Merkmals wie subjektives Wohlbefinden im hohen Alter untersuchen. Sie können nun diese Veränderung modellieren:
> - als Zeit seit der Geburt,
> - als Funktion des subjektiven Alterns,
> - unter Bezugnahme auf kritische Lebensereignisse wie Tod des Ehepartners oder Diagnosezeitpunkt einer schweren Erkrankung oder
> - als Abstand vom Tod.
>
> Stellen Sie die Vor- und Nachteile dieser Vorgehensweisen einander gegenüber.

Erfreulicherweise ist in den letzten Jahrzehnten auch das verfügbare statistische Arsenal hoch informationsausschöpfender Längsschnittdatenanalysen rasant angewachsen (vgl. z. B. Schmiedek & Lindenberger, 2007), und insbesondere durch längsschnittliche Varianten von Strukturgleichungsmodellen (SEM) und Mehrebenenmodellen (andere hierfür geläufige Bezeichnungen sind z. B. »Mixed-Models«, »Hierarchical Linear Models«) bereichert worden.

Wachstumskurvenmodelle. Ein besonders prominenter Typus moderner längsschnittlicher Modelle sind sogenannte Wachstumskurvenmodelle (»Growth Curve Models«), die sowohl innerhalb des Mehrebenen- als auch des Strukturgleichungsansatzes spezifiziert werden können. Diese fortgeschrittene Längsschnittauswertungsmethodologie erfüllt auch spezielle Anforderungen, die aus dem Fokus auf Hochaltrigkeit resultieren, wie beispielsweise die Modellierbarkeit nichtlinearer und terminaler Veränderung, die Modellierung kurzfristiger intraindividueller Variabilität und die Behandlung hoher Raten längsschnittlicher Stichprobenausfälle. Eine einfache Form nichtlinearer statistischer Modellierung ist die Analyse von Wachstumskurvenmodellen mit polynomischen (quadratischen, kubischen etc.) Verlaufsfunktionen. Darüber hinaus können detaillierte Analysen von hochaltrigkeitsspezifischem Veränderungsgeschehen komplexere nichtlineare Verlaufsmodelle erfordern. Beispielsweise könnte die Anpassung von SWB-Aspekten an progredient verlaufende gesundheitliche Verluste als Prozess beschrieben werden, der nach Eintritt der chronischen Bedingung mit deutlichen reaktiven Verschlechterungen beginnt, die sich allmählich abschwächen und denen dann eventuell eine Phase teilweiser »restaurativer« Verbesserung des SWB folgt, ehe der Adaptationsprozess in ein im weiteren Verlauf stabiles »adaptiertes« SWB-Niveau mündet (Schilling & Wahl, 2006).

Gerstorf et al. (2010) nutzten zur Abschätzung nichtlinearer Verlaufsmuster vor dem Tod sogenannte Multiphasen-Modelle. Dabei handelt es sich um spezielle Wachstumskurvenmodelle, durch die die Gesamtveränderung über die untersuchte Zeitspanne als ein aus mehreren aneinander anschließenden Phasen mit jeweils unterschiedlicher Veränderungsdynamik zusammengesetzter Prozess modelliert werden kann. Die Zeitpunkte des Übergangs zwischen den Phasen sind dabei frei schätzbare und interindividuell variierende Modellparameter. Gerstorf und Kollegen modellierten so die Abfolge zweier linearer Veränderungsphasen, nämlich einer »präterminalen« mit geringer linearer Veränderungsrate und der terminalen Phase mit steilem Abfall. Alternativ wurden auch polynomische Wachstumskurvenmodelle zur Analyse solcher zum Tode hin beschleunigter Veränderung genutzt (z. B. Sliwinski et al., 2003).

Zu bedenken ist dabei allerdings, dass bei allen diesen Wachstumskurvenmodellen gewissermaßen das zeitlich nachfolgende Ereignis Tod die zeitlich vorhergehende Veränderung in der Analysevariablen statistisch »vorhersagt«. Dies ist nicht problematisch, wenn die Befunde lediglich »varianzanalytisch« hinsichtlich der Enge der statistischen Assoziation zwischen Veränderungsprozessen und der Distance-to-Death-Zeitmetrik interpretiert werden. Zielt die Interpretation auf einen möglichen »direkten« kausalen Zusammenhang zwischen der untersuchten Veränderung und dem davon abhängigen Sterberisiko, so wären eher statistische Zugänge zu bevorzugen, die diesen Zusammenhang auch solchermaßen »gerichtet« modellieren, d. h. solche, die dem Rationale der sogenannten Cox-Proportional-Hazards-Regressionsanalysen folgend das Sterberisiko als von Veränderungsparametern abhängige Variable behandeln (z. B. Ghisletta et al., 2006).

Alles in allem bieten also insbesondere die Wachstumskurvenmodelle die Basis für vielfältige Ausbaumöglichkeiten hin zu nichtlinearen und theoretisch »maßgeschneiderten« Veränderungsmodellen, wodurch für die zukünftige Hochaltrigenforschung ein umfängliches und vielversprechendes Arsenal zur statistischen Analyse auch komplexer Entwicklungsprozesse zur Verfügung steht.

13.6 Entwicklungspsychologische Gesamtcharakterisierung des hohen Alters

Welches Gesamtbild in Bezug auf das hohe Alter stellt sich uns dar, wenn wir alle empirischen Befunde und theoretischen Sichtweisen zusammenführen? Zunächst ist zu konstatieren, dass Menschen heute aufgrund der stark angestiegenen Lebenserwartung in großem Maßstab in den Entwicklungsbereich des hohen und sehr hohen Alters gelangen können. Dies gibt Lebensplanungssicherheit und lässt die verbleibende Lebenszeit selbst zum Ruhestandseintritt noch als sehr lang erscheinen.

Vor diesem Hintergrund sind bei einer multidimensionalen Sicht auf Entwicklung bis ins hohe Alter die ausgeprägte Multidirektionalität der Verläufe und zudem die bedeutsamen interindividuellen Unterschiede in intraindividuellen Verläufen bestehend. Unser kognitives System weist im hohen Alter in vielen Komponenten eine starke Verlustdynamik auf und Reservekapazitäten und Plastizitätsgrenzen erscheinen selbst bei intensiven Anregungsbedingungen wie fokussierten kognitiven Trainings oder reichhaltigen und stimulierenden natürlichen Umweltbedingungen als sehr begrenzt. Jedoch bestehen diesbezüglich auch im hohen Alter weiterhin sehr prägnante interindividuelle Unterschiede, sodass die Individualität des hohen Alters (auch) im kognitiven Bereich sehr bedeutsam ist. Dennoch: Die am deutlichsten von einem Rückgang betroffenen Leistungen wie Informationsverarbeitungsgeschwindigkeit, sensomotorisch-kognitive Koordination, episodisches Gedächtnis und Arbeitsgedächtnis sind für den Erhalt von Alltagsselbstständigkeit und die Vermeidung von Handlungsrisiken (z. B. Sturz, Verkehrsunfall) sehr relevant und stellen für eine große Gruppe der Hochaltrigen eine »Lebensherausforderung« dar.

Allerdings wäre es unzulässig, in Bezug auf kognitive Leistungen unisono von einem »Abbau« im hohen Alter auszugehen. Kognitive Leistungen, die uns dazu befähigen, über das gelebte Leben wie über unsere Zukunft einschließlich der Zeit nach dem Tod nachzudenken bzw. Planungen und Vorsorgehandlungen vorzunehmen (z. B. Begräbnismodalitäten, Vorausverfügung etc.) und unserer sozialen Umwelt mit Lebenserfahrung, Generativität, nicht selten auch mit einem biografisch lange ausgefeilten Humor zu begegnen (Kinder, Enkel, Urenkel), stehen häufig bis zum Lebensende zur Verfügung und sind in Teilen sogar noch in der Situation der Demenz abrufbar.

Dass dies möglich ist, hat sicher auch viel damit zu tun, dass die Selbstregulationsfähigkeit bzw. psychische Widerstands- und Adaptationsfähigkeit offensichtlich bis ins höchste Alter hinein von großer Mächtigkeit ist, denn die Aufrechterhaltung eines hohen kognitiv-emotionalen Wohlbefindens geht auch angesichts vielfacher gesundheitlicher und psychosozialer Verluste im hohen Alter nicht völlig »in den Keller«. Jedoch scheinen die Mehrfachverluste in der Endphase des Lebens die Adaptation an deutliche Grenzen zu bringen, und es ist einer der bedeutsamsten Befunde der neueren psychologischen Forschung, empirisch gezeigt zu haben, dass es hier sowohl zu erheblichen kognitiven als auch wohlbefindensbezogenen Verlusten kommen kann.

Umso bedeutsamer sind in der von uns so genannten Phase der psychologischen Terminalität soziale und für viele Menschen auch spirituelle Ressourcen sowie ein möglichst hochwertiges professionelles Umfeld, etwa in Gestalt von Pflegekompetenz, palliativmedizinischem Know-how und, bislang noch unterschätzt, auch psychologischer Beratungs- und Interventionsexpertise. Auch technische Hilfen bis hin zu Sprachsteuerung von Haushaltsgeräten, Robotern und der ganzen Palette von Informations- und Kommunikationsmedien könnten (und, wie wir meinen: werden) künftig in dieser Phase eine wichtige Rolle bei der Kompensation der Verluste und der Optimierung des Alltags einnehmen (s. noch einmal das Fallbeispiel am Anfang des Kapitels). Offensichtlich ist Hochaltrigkeit eine der zentralen Anforderung an unsere Gesellschaft und an die Psychologie als einer Handlungs- und Veränderungswissenschaft.

> **Zusammenfassung**
>
> ▶ Das hohe Alter kann noch eine entwicklungspsychologisch »spannende« Phase sein, weil wir am Ende des Lebens in besonderer Weise hinsichtlich unserer Entwicklung gefordert sind: Auf der einen Seite häufen sich körperliche, psychische und soziale Verluste; denn das hohe Alter ist eine sehr verletzliche Lebensphase. Auf der anderen Seite fragen wir wohl gerade in der Nähe des Todes besonders intensiv nach dem Sinn unseres Daseins und danach, was wir in unserem Leben erreichen bzw. nicht erreichen konnten und was nach dem Tod von unserer Existenz bleiben wird.
>
> ▶ Empirisch zeigt sich vor allem im Bereich der kognitiven Entwicklung im hohen Alter eine bedeutsame Verlustdynamik; jedoch bleiben auch einzelne Leistungen, vor allem im Bereich des Lebenswissens, bis ins hohe Alter relativ gut erhalten. Gleichzeitig findet sich bis ins höchste Alter eine ausgeprägte interindividuelle Unterschiedlichkeit in allen kognitiven Leistungen. So zeigt eine quantitativ nicht geringe Untergruppe von hochaltrigen Menschen im Bereich kognitiver Leistungen eine bedeutsame Überlappung mit jüngeren Menschen.
>
> ▶ Die vielfach zu findende Aussage, dass das kognitiv-emotionale Wohlbefinden bis ans Lebensende trotz aller Verluste stabil bleibt (sog. Wohlbefindensparadox), bedarf auf der Grundlage von Längsschnittdaten mit ausreichend großen Stichproben mit Hochaltrigen einer Differenzierung: Im extremen Alter kommt es zu bedeutsamen Abfällen des Wohlbefindens, und dies zeigt sich besonders deutlich, wenn wir die Zeit nahe am Geschehen des Todes untersuchen.
>
> ▶ Die Gleichzeitigkeit einer ausgeprägten kognitiven Verlustdynamik und eines relativ stabilen Wohlbefindens ist zu ergänzen und in Teilen zu erklären mit Befunden, die eine allgemein hohe Adaptationsfähigkeit des menschlichen Systems selbst im hohen Alter belegen.
>
> ▶ Methodische Anforderungen des hohen Alters liegen vor dem Hintergrund dieser Befunde auf den Ebenen der Messung (z. B. Messäquivalenz im Ver-

gleich zu jüngeren Menschen), der Forschungsdesigns (z. B. Bedeutsamkeit von längsschnittlichen Studien bis zum Ereignis des Todes) sowie der statistischen Modellierung von im hohen Alter besonders prägnant auftretenden Veränderungsmustern (z. B. nichtlineare Verlaufsmuster).

▶ Insgesamt ergibt sich damit ein Gesamtbild des hohen Alters als einer entwicklungspsychologisch hoch bedeutsamen, aber vielfach gefährdeten Phase, in der allerdings eine erstaunlich hohe Widerstandsfähigkeit zur Verfügung steht, die erst in der Nähe des Todes an ihre Grenzen stößt.

Weiterführende Literatur

Lindenberger, U., Smith, J., Mayer, K. U. & Baltes, P. B. (Hrsg.). (2010). Die Berliner Altersstudie (3. erw. Aufl.). Berlin: Akademie Verlag. *Mit diesem Buch lernen Sie eine der besten Studien zum hohen Alter im Detail kennen. Sie sehen auch, welchen Beitrag die Psychologie im Wechselspiel mit anderen Disziplinen zu einem besseren Verständnis des hohen Alters leisten kann.*

Schilling, O. K (2005). Cohort- and age-related decline in elder's life satisfaction: is there really a paradox? European Journal of Ageing, 2, 254–263. *Diese Arbeit zeigt, wie der Verlauf des Wohlbefindens bis ins höchste Alter methodisch anspruchsvoll modelliert werden kann. Auch wird die Rolle der wichtigen Unterscheidung zwischen Alter und Kohorte verdeutlicht.*

Wahl, H.-W. & Rott, C. (2002). Konzepte und Definitionen der Hochaltrigkeit. In Deutsches Zentrum für Altersfragen (Hrsg.), Expertisen zum Vierten Altenbericht der Bundesregierung (S. 5–95). Hannover: Vincentz-Verlag. *In diesem Kapitel finden Sie reichhaltige Informationen zur Historie des hohen Alters als Gegenstand der Altersforschung. Ergänzend werden zentrale theoretische Diskurse zum hohen Alter dargelegt.*

Teil III
Entwicklung ausgewählter Funktionsbereiche

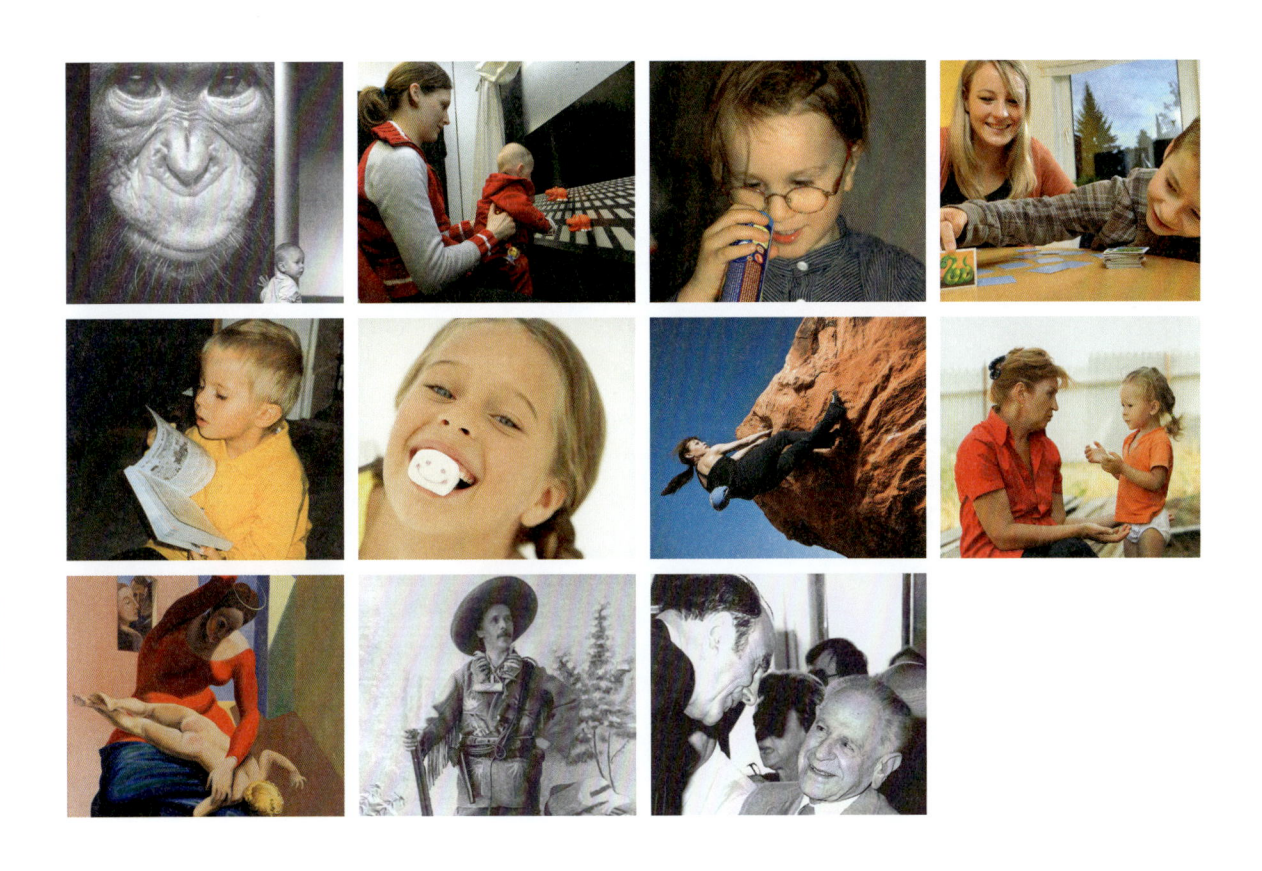

Teil III
Entwicklung ausgewählter Funktionsbereiche

14 Vor- und nichtsprachliche Kognition

Hannes Rakoczy • Daniel Haun

14.1 Vor- und nichtsprachliche Kognition als Gegenstand der vergleichenden Entwicklungspsychologie

14.2 Bereichsübergreifende kognitive Fähigkeiten
    14.2.1 Lernen
    14.2.2 Problemlösen

14.3 Bereichsspezifische kognitive Fähigkeiten
    14.3.1 Objektkognition
    14.3.2 Naive Physik
    14.3.3 Verstehen von Kausalität
    14.3.4 Vorformen numerischen Denkens
    14.3.5 Raumkognition
    14.3.6 Soziale Kognition

14.4 Theoretische Modelle
    14.4.1 Modularitätstheorien
    14.4.2 Die Theorie repräsentationaler Neubeschreibung
    14.4.3 Theorie-Theorie
    14.4.4 Theorien grundlegender kognitiver Unterschiede von Mensch und Tier
    14.4.5 Die Theorie kulturellen Lernens

14.5 Vorsprachliche Kognition und Sprache
    14.5.1 Die Effekte von Sprache an sich auf Denken
    14.5.2 Die Effekte verschiedener Sprachen auf Denken

Ein Orang-Utan sieht, wie in zwei Kisten abwechselnd jeweils eine Weintraube hineingelegt wird, bis in der linken Kiste drei und in der rechten zwei Weintrauben sind. Die Kisten werden verschlossen, sodass der Inhalt nicht mehr zu sehen ist, und der Orang-Utan darf sich nun eine Kiste aussuchen. Er greift einen Stock und hebelt damit die Kiste mit den drei Weintrauben auf.

Vergleichbares Verhalten kann bei vielen Tierarten und auch bei kleinen Kindern beobachtet werden. Was geht dabei in den Köpfen der Tiere bzw. Kinder vor? Wie sieht die Welt wohl aus ihren Augen aus? Entgegen weitverbreiteter Annahmen über kognitive Unzulänglichkeiten sprachloser Wesen legt dieses Beispiel es nahe, dass bereits viele Tiere und kleine Kinder die Welt in mancher grundlegender Hinsicht wie wir sehen und verstehen. So erkennen sie etwa Gegenstände und erinnern sich über die Zeit hinweg an deren Identität und Anzahl und treffen rationale Entscheidungen.

14.1 Vor- und nichtsprachliche Kognition als Gegenstand der vergleichenden Entwicklungspsychologie

Wie denken kleine Kinder, bevor sie sprechen lernen? Und was geht in den Köpfen von Schimpansen oder Orang-Utans vor sich? – Solche Fragen wurden lange Zeit in der Psychologie nicht gestellt oder mit »gar nicht« bzw. »gar nichts« beantwortet. Dank neuerer Forschung jedoch beginnen wir die grundlegenden Kontinuitäten zwischen vorsprachlicher und sprachlicher Kognition in der frühen menschlichen Ontogenese besser zu verstehen. Ebenso dokumentiert diese Forschung in phylogenetischer Hinsicht eindrücklich die Kontinuität kognitiver Fähigkeiten bei Menschen und Tieren.

Das neue Feld der komparativen Entwicklungspsychologie erforscht die kognitiven Fähigkeiten von Menschen und anderen Tieren im Vergleich zueinander. Sie fragt, wie diese Fähigkeiten evolutionär entstanden sein könnten, und wie sie sich ontogenetisch entwickeln. Als relevante Vergleichsarten sind hier vor allem unsere nächsten Verwandten, also andere Primaten und insbesondere Menschenaffen, von zentralem Interesse (s. Abb. 14.1).

Durch den direkten Vergleich von kleinen Kindern und anderen Primaten lassen sich einerseits kognitive Gemeinsamkeiten erforschen, die gemeinsame evolutionäre Ursprünge haben, sogenannte kognitive Homologien (s. Definition). Andererseits lassen sich durch Vergleichsstudien auch kognitive Unterschiede dokumentieren. Natürlich gibt es viele tief greifende kognitive Unterschiede zwischen erwachsenen Men-

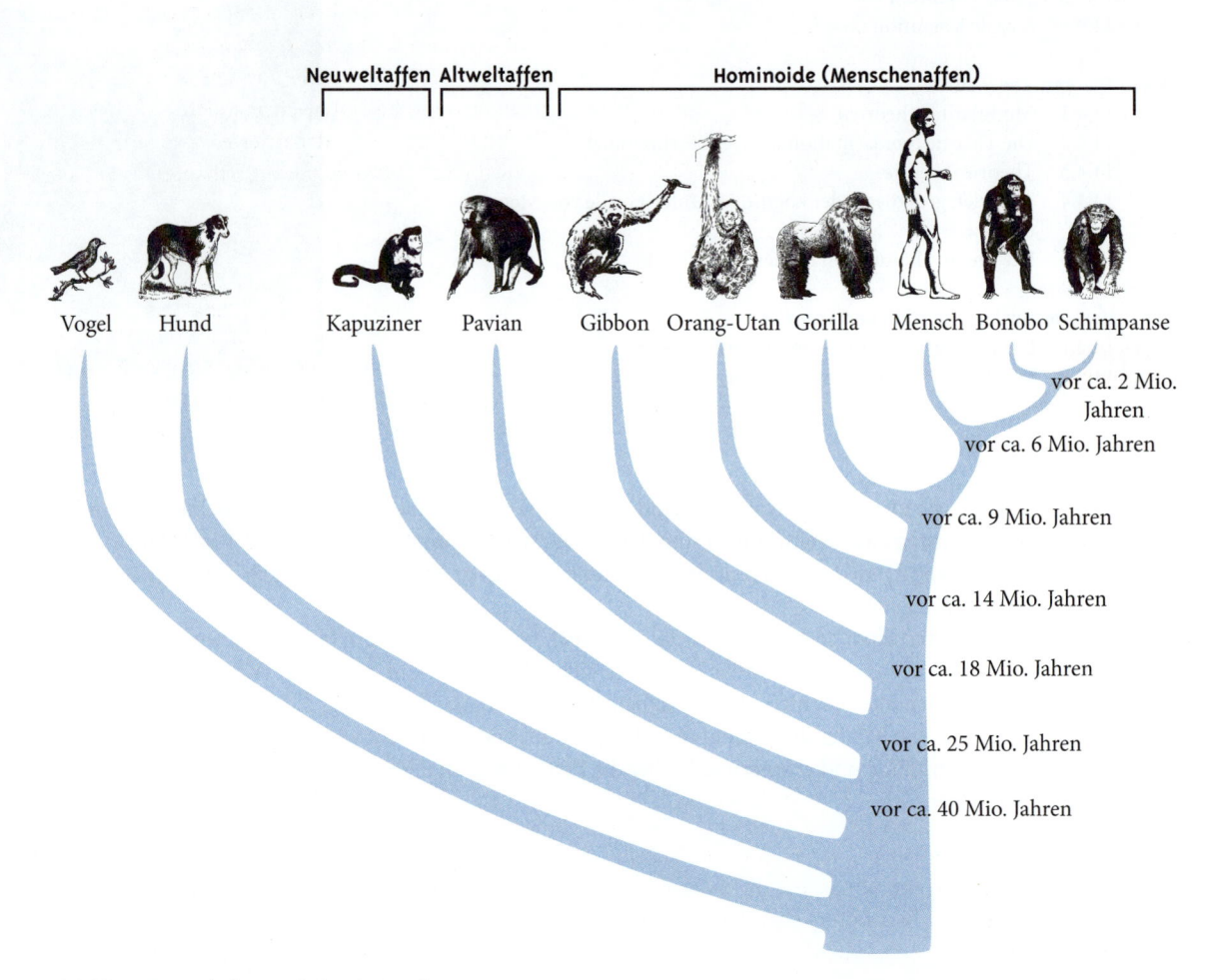

Abbildung 14.1 Phylogenetischer Stammbaum

schen und anderen Tieren. Woher diese rühren, ist allerdings schwer zu bestimmen, da erwachsene Menschen über radikal andere kulturelle, vor allem sprachliche Erfahrung verfügen als andere Tiere, und weil diese Erfahrung menschliche Kognition fundamental beeinflusst. Wenn sich jedoch kognitive Unterschiede bereits sehr früh in der Ontogenese zeigen (bevor kulturelle und linguistische Lernerfahrungen eine große Rolle spielen), liegt der Schluss nahe, dass es sich um biologisch basierte kognitive Unterschiede handeln könnte. Aus diesem Grund sind Vergleiche zwischen kleinen Kindern und anderen Primaten von besonderem theoretischem Interesse.

Neben Primaten sind oft aber auch andere, uns weniger nah verwandte Spezies relevant für die vergleichende Entwicklungspsychologie – vor allem dann nämlich, wenn sich in unterschiedlichen Stammeslinien unabhängig voneinander funktional ähnliche Fähigkeiten herausgebildet haben, ohne dass ihnen ein direkter gemeinsamer Ursprung zugrunde liegt. Wir haben es dann mit kognitiven Analogien (s. Definition) zu tun, die durch sogenannte »konvergente Evolution« zustande gekommen sind. So finden sich in manchen Bereichen (z. B. bestimmte Formen von Sequenzlernen und von sozialer Kognition) die engsten kognitiven Parallelen menschlicher Fähigkeiten nicht etwa bei anderen Primaten, sondern bei Vögeln.

> **Definition**
>
> Unter **Homologien** versteht man geteilte Merkmale verschiedener Spezies, die den gleichen evolutionären Ursprung haben in dem Sinne, dass sie auf einen gemeinsamen Vorfahren zurückgehen. **Analogien** bezeichnen dagegen gemeinsame Merkmale verschiedener Spezies, die ähnliche Funktionen erfüllen, ohne einen gemeinsamen evolutionären Ursprung haben (»konvergente Evolution«).

Ein Beispiel für homologe Organe sind die Augen verschiedener Arten von Primaten. Ein klassisches Beispiel für Analogien sind die Augen von Säugetieren, Insekten und vielen anderen sehr diversen Tierarten, die alle ähnliche Funktionen erfüllen (Sehen), wobei diese Funktionen jedoch in recht unterschiedlichen anatomischen Strukturen mit recht unterschiedlicher evolutionärer Geschichte realisiert werden.

14.2 Bereichsübergreifende kognitive Fähigkeiten

In der kognitiven Entwicklungspsychologie wird bei der Klassifikation kognitiver Phänomene oft unterschieden zwischen

- bereichsübergreifenden Grundfunktionen, die unabhängig von bestimmten Inhalten funktionieren und in verschiedensten inhaltlichen Gegenstandsbereichen Anwendung finden, und
- bereichsspezifischen Fähigkeiten, die sich auf bestimmte Gegenstandsbereiche und deren Inhalte beziehen.

Gedächtnis, Lernen und Problemlösen etwa sind typische bereichsübergreifende Grundfunktionen. Das Denken über Objekte, naive Physik, Zahlen, räumliche Sachverhalte und das mentale Leben anderer Individuen (»Theory of Mind«) sind dagegen prototypische Beispiele für bereichsspezifische kognitive Fähigkeiten.

Wie sich bereichsübergreifende und bereichsspezifische kognitive Fähigkeiten zueinander verhalten, ist eine komplexe und viel debattierte Frage mit recht unterschiedlichen Positionen je nach theoretischer Ausrichtung (vgl. Abschn. 14.4).

14.2.1 Lernen

Lernen – verstanden im weitesten Sinne als erfahrungsabhängige Modifikation psychischer Strukturen und/oder Verhaltensweisen – ist ein facettenreiches Phänomen, dass von so einfachen Phänomenen wie Konditionierung bis hin zu kulturell vermittelten Formen systematischer Unterweisung reicht. Zwei zentrale Formen des Lernens werden hier exemplarisch herausgegriffen: induktives und soziales Lernen.

Induktives und statistisches Lernen

Induktives Lernen. Induktives Lernen ist der Erwerb neuer allgemeiner Information über Regelmäßigkeiten (ein klassisches Beispiel: »Alle Schwäne sind weiß«) aus einer begrenzten Anzahl von Beobachtungen (z. B. Beobachtungen von vielen, allesamt weißen Schwänen).

Einfache Formen induktiven Lernens entwickeln sich ontogenetisch bereits vorsprachlich und zeigen sich beispielsweise in Aufgaben zur verallgemeinerten Imitation: Säuglinge sehen, wie jemand eine Handlung mit einem bestimmten Gegenstand ausführt (z. B. einen Spielzeughund wäscht), und haben dann bei der Nachahmung die Auswahl zwischen verschiedenen Gegenständen anderer mehr oder weniger ähnlicher Kategorien (z. B. andere Tiere wie Katzen und Mäuse oder unbelebte Gegenstände wie Autos). Bereits Kinder im Alter von 14 Monaten verallgemeinern entsprechende Handlungen systematisch nur auf intuitiv ähnliche Kategorien (andere Tiere in obigem Beispiel).

Aus komparativer Sicht finden sich einfache Formen induktiver Lernfähigkeiten ebenfalls bei anderen Primaten. Beispielsweise ziehen viele Spezies von Tier- und Menschenaffen allgemeine Schlüsse über die Eigenschaften von Klassen von Gegenständen auf der Basis einiger Beobachtungen: Wenn sie sehen, dass ein bestimmter Gegenstand sich als Werkzeug zur Lösung eines Problems eignet, wählen sie anschließend Gegenstände, die dem ursprünglichen in relevanten Eigenschaften (Form, Konsistenz etc.) ähnlich sind, und ignorieren irrelevante Merkmale wie Farbe. Genau solche Merkmale wie Farbe aber werden zu induktiven Generalisierungen herangezogen, wenn sie relevant sind, etwa bei Schlüssen über Lebensmittel (z. B. Santos et al., 2001).

Statistisches Lernen. »Statistisches Lernen« bezeichnet eine Form induktiven Lernens, bei der die statistischen Verteilungseigenschaften der beobachteten Stimuli (z. B. die beobachteten Häufigkeiten bestimmter Stimuluskombinationen) in Betracht gezogen werden, um Schlüsse über allgemeine Gegebenheiten (Verteilungswahrscheinlichkeiten in der Population etc.) zu ziehen. Einfache Formen statistischen Lernens konnten in den letzten Jahren sowohl bei Säuglingen als auch bei anderen Tieren nachgewiesen werden:

- Säuglinge entdecken bereits im Alter von 8 Monaten sehr schnell statistische Zusammenhänge in geordneten Sequenzen von Stimuli und extrahieren beispielsweise Übergangswahrscheinlichkeiten zwischen Elementen (z. B. folgt auf »a« immer »b«, aber auf »b« folgen mit gleicher Wahrscheinlichkeit »c«, »d« oder »f«) (Saffran et al., 1996).
- Säuglinge können einfache abstrakte Muster von Sequenzen extrahieren. Beispielsweise können 7 Monate alte Kinder nach kurzer Darbietung das AAB-Muster aus Silbenfolgen wie Do-Do-Ki, Fi-Fi-La etc. erkennen (Marcus et al., 1999).
- Bereits 8 Monate alte Säuglinge ziehen Schlüsse von statistischen Verteilungseigenschaften von Stichproben auf solche der Population und umgekehrt. Wenn Kinder beispielsweise sehen, wie eine Person aus einer undurchsichtigen Dose blind 10 Kugeln zieht, von denen 9 gelb sind, erwarten sie, dass die Population der Kugeln in der Dose mehrheitlich gelbe Kugeln enthält: Wenn ihnen der Inhalt der Dose gezeigt wird, schauen sie länger auf eine 50:50-Verteilung gelber und roter Kugeln (unerwartet) als auf eine 90:10-Verteilung (erwartet) (z. B. Xu & Garcia, 2008).

Aus komparativer Perspektive konnten zum Teil Hinweise auf analoge einfache Formen statistischen Lernens bei Primaten und Vögeln gefunden werden: Beispielsweise haben neuere Studien die Fähigkeit zur Extraktion abstrakter Muster in auditiven Sequenzen bei Affen und Vögeln dokumentiert (Gentner et al., 2006).

Soziales Lernen

Soziales Lernen ist der Erwerb neuer Fertigkeiten oder neuer Information durch die Beobachtung anderer. Vor allem nach ihrer Komplexität werden mehrere Formen des sozialen Lernens unterschieden.

> **Übersicht**
>
> **Formen des sozialen Lernens**
> Einfache Formen des Lernens durch Beobachtung anderer sind (bereits) im Tierreich weit verbreitet:
> - **Mimikry** bezeichnet die unreflektierte Reproduktion von Verhaltensweisen. Sie ist ein sehr eingeschränkter Mechanismus ohne jedwedes Verständnis des kopierten Verhaltens.
> - **Aufmerksamkeitslenkung** (»local enhancement«) ist ein sozial vermittelter individueller Lernprozess. Hierbei lenkt das Verhalten anderer die Aufmerksamkeit des Lerners auf bestimmte Aspekte der Umgebung, welche dann wiederum das eigenständige Erlernen des gezeigten Verhaltens erleichtert.
>
> Anspruchsvollere Formen des sozialen Lernens unterscheiden sich zudem durch ihren Fokus auf Mittel und Zwecke reproduzierten Verhaltens:
> - **Emulationslernen** bezeichnet das Lernen aus der Beobachtung anderer, wie bestimmte Veränderungen der Umwelt bewirkt werden können, ohne dabei die intentionale Struktur des beobachteten Verhaltens und die verwendeten Mittel verstehen zu müssen.
> - **Imitation** setzt dagegen ein Verständnis der intentionalen Struktur der Handlung voraus, inklusive ihrer Mittel.

Ontogenese des sozialen Lernens. Menschliche Kinder kopieren schon unmittelbar nach der Geburt die Gesichtsausdrücke Erwachsener, wobei es sich dabei aller Wahrscheinlichkeit um Mimikry und nicht um Imitation handelt. Ab Ende des 1. Lebensjahres zeigen Kinder deutliche Anzeichen echter Imitation zielgerichteter Handlungen. Sie unterscheiden nun erfolgreich Verhalten von Absicht und Mittel von Zweck: Wenn sie etwa eine andere Person beobachten, die eine bizarre Handlung zum Erreichen eines Zwecks ausführt (z. B. Betätigen des Lichtschalters mit dem Kopf statt mit der Hand), so verstehen sie diese Handlung lediglich als Mittel zum Zweck, wenn die andere Person nicht anders konnte (weil ihre Hände nicht verfügbar waren), jedoch als Selbstzweck, wenn die Person die Wahl hatte (ihre Hände zur Verfügung standen): Im ersteren Fall imitieren die Kinder die Handlung nicht oberflächengetreu (benutzen die Hand), während sie im letzteren Fall die Handlung oberflächlich exakt kopieren (den Kopf benutzen) (Gergely et al., 2002).

Vergleichende Psychologie des sozialen Lernens. Neuere Forschung belegt komplexe Formen sozialen Lernens bei vielen anderen Spezies, angefangen von Mimikry bei neugeborenen Schimpansen bis hin zu sozialer Traditionsbildung bei Orang-Utans. Die meisten der berichteten Phänomene lassen sich aber durch Mimikry, Aufmerksamkeitslenkung oder Emulation erklären. Insbesondere Emulation ist in den meisten Fällen, gerade bei verhältnismäßig einfach strukturierten Handlungen, ein sehr effektiver Lernmechanismus – manchmal sogar effektiver als echte Imitation. Echte Imitation jedoch konnte bislang bei nicht-menschlichen Spezies nicht nachgewiesen werden, mit Ausnahme von enkulturierten Schimpansen, die unter stark menschlichem Einfluss aufwachsen und rudimentäre Imitationskompetenz entwickeln (Tomasello et al., 2005).

Zusammenfassend lässt sich festhalten: Viele Spezies lernen *durch* die Beobachtung anderer. Aber nur Menschen lernen *von* anderen – in dem Sinne, dass sie ihre Handlungen in ihrer intentionalen Mittel-Zweck-Struktur verstehen, in allen Einzelheiten interpretieren und auch reproduzieren.

14.2.2 Problemlösen

Wann wir bei vor- und nichtsprachlichen Wesen, die ihre Absichten und Ziele eben nicht sprachlich ausdrücken können, von zielgerichtetem, geplantem Handeln – im Gegensatz zu bloßem Verhalten – sprechen können, ist eine umstrittene Frage. Ein in der Entwicklungspsychologie weithin akzeptiertes Kriterium im Anschluss an Piaget besagt, dass dann von geplantem Verhalten auszugehen ist, wenn sich eine klare Differenzierung von Mitteln und Zwecken findet. Diese Differenzierung sollte dergestalt sein, dass der Organismus flexibel ein und dasselbe Mittel für verschiedene Zwecke einsetzen kann, beim Versuch des Erreichens eines Zwecks Beharrlichkeit zeigt und dabei flexibel verschiedene Mittel zum Einsatz bringt.

Ontogenetisch entwickeln sich einfache Formen solchen zielgerichteten Handelns spätestens gegen Ende des 1. Lebensjahres. Ab etwa 8 Monaten zeigen Kinder Handlungsketten mit klarer Mittel-Zweck-Struktur. Sie räumen etwa ein Hindernis aus dem Weg, um an einen ersehnten Gegenstand zu kommen, zeigen Persistenz bei anfänglichem Scheitern, variieren die Mittel und bringen entsprechende Emotionen zum Ausdruck (Freude bei Erfolg, Ärger bei Misserfolg). Von dieser Zeit an beginnen Kinder auch, in zunehmend komplexer Weise, Werkzeuge als Hilfsmittel zur Erreichung ihrer Ziele einzusetzen (z. B. Willats, 1985). Ab dem 4. Lebensjahr entwickeln sich dann komplexere Formen der Zukunftsplanung und der sogenannten »mentalen Zeitreise«: der Fähigkeit, mental künftige Situationen vorwegzunehmen und entsprechend zu planen (Suddendorf & Corballis, 2010).

Unter komparativem Blickwinkel zeigen sich homologe und analoge Fähigkeiten zielgerichteten, planvollen Handelns bei vielen anderen Spezies, insbesondere bei Primaten (kognitive Homologien) und Vögeln (kognitive Analogien). Schimpansen verwenden in freier Wildbahn zum Beispiel in einsichtsvoller Weise Werkzeuge, um Nüsse zu knacken und Insekten zu fangen. Und viele experimentelle Studien seit Köhlers bahnbrechenden Arbeiten (1926) belegen einsichtsvollen Werkzeuggebrauch bei etlichen Primatenarten. Manche Vogelarten stellen sogar Werkzeuge selbst her, etwa indem sie sich Drahtstücke zurechtbiegen, die sie anschließend zur Futterbeschaffung benutzen. Auch einfache Formen der Zukunftsplanung konnten bei Menschenaffen und manchen Vögeln nachgewiesen werden (Suddendorf & Corballis, 2010).

> **Unter der Lupe**
>
> **Wasser als Werkzeug – Problemlösen bei Kindern und Menschenaffen**
>
> Ein Forschungsteam am Max-Planck-Institut für Evolutionäre Anthropologie in Leipzig hat in einer Reihe von Studien Menschenaffen (Orang-Utans, Schimpansen und Gorillas) und menschliche Kinder mit folgendem Problem konfrontiert: Am Boden eines länglichen, vertikalen Reagenzglases befand sich ein begehrtes Objekt (eine Erdnuss), das weder mit der Hand noch mit gängigen Hilfsmitteln (Stöcken etc.) zu erreichen war. Die Versuchstiere bzw. -personen hatten jedoch eine Wasserquelle zu Verfügung. Viele der Orang-Utans und Schimpansen kamen spontan auf folgende Lösung des Problems: Sie füllten sich an der Wasserquelle den Mund voller Wasser, liefen damit zum Reagenzglas und spuckten so lange Wasser in das Glas, bis die Erdnuss so weit oben schwamm, dass sie mit der Hand erreichbar war. Kinder, die statt des Mundes sogar einen gefüllten Glaskrug zur Verfügung hatten, waren erst im Alter von etwa 5 bis 6 Jahren ähnlich erfolgreich (Mendes et al., 2007).
>
> **Abbildung 14.2** Problemlöseverhalten von Menschenaffen in den Studien von Mendes et al. (2007). Der Schimpanse benutzt Wasser, um an die Erdnuss im Reagenzglas zu gelangen

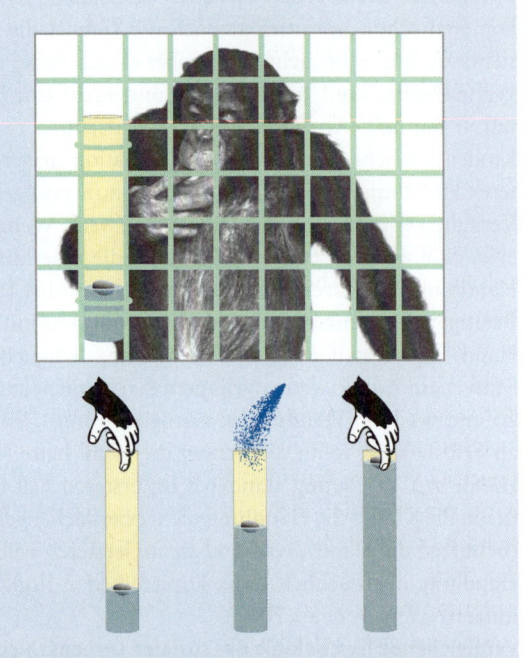

14.3 Bereichsspezifische kognitive Fähigkeiten

Lernen und Problemlösen sind allgemeine kognitive Fähigkeiten, die in ihrer Anwendung nicht auf bestimmte inhaltliche Bereiche beschränkt sind. Neben solchen allgemeinen Fähigkeiten entwickeln sich jedoch in der frühen Ontogenese auch kognitive Fähigkeiten in einzelnen Bereichen, die nicht notwendigerweise gleichermaßen auf andere inhaltliche Bereiche übertragen werden können. Im Folgenden sollen einige ausgewählte Bereiche dargestellt werden.

14.3.1 Objektkognition

Objektpermanenz
Grundvoraussetzung für jegliche Form des Denkens ist ein zumindest rudimentäres Verständnis von Objektivität: Die Welt »da draußen« existiert unabhängig von uns und unseren Wahrnehmungen. Wenn ich die Augen zumache, verschwinden die Sinneseindrücke, nicht aber die Dinge. Die grundlegende Form solcher Objektivität besteht darin, die Welt als aus Objekten zusammengesetzt zu verstehen, die kontinuierlich in Raum und Zeit fortbestehen. Dieses basale Verständnis des raumzeitlichen Fortbestehens von Objekten wird in der Entwicklungspsychologie seit Piaget als »Objektpermanenz« bezeichnet. Ontogenetisch zeigen Kinder ab ca. 8 Monaten Anzeichen von einfacher Objektpermanenz in ihrem aktiven Suchverhalten, indem sie nach nicht mehr sichtbaren Gegenständen suchen. Komplexere Formen des Nachverfolgens von Gegenständen über unsichtbare Ortsveränderungen hinweg entwickeln sich im Laufe des 2. Lebensjahres. Neuere entwicklungspsychologische Arbeiten mit alternativen Methoden – vor allem der Habituations-Dishabituations-Methode – dokumentieren sogar noch sehr viel früher implizite Kompetenz bezüglich Objektpermanenz (s. Abschn. 16.2.1).

Aus komparativer Sicht ist Objektpermanenz eine Fähigkeit, die im Tierreich weit verbreitet ist: Viele Spezies wie z. B. viele Tieraffen und Katzen suchen nach verdeckten Gegenständen. Jedoch auch komplexere Formen, wie sie sich bei Kindern im 2. Lebensjahr entwickeln, wurden für viele Spezies dokumentiert, darunter neben Menschenaffen manche Tieraffen, Hunde und manche Vögel (Tomasello & Call, 1997).

Objektindividuierung

Bloße Objektpermanenz ist jedoch lediglich die Grundvoraussetzung für das Denken über Gegenstände, da sie sich auf raumzeitliche Aspekte beschränkt. So erlaubt sie zwar das Mitverfolgen von Gegenständen, die aus dem Sichtfeld verschwinden und wieder auftauchen, aber nicht komplexere Formen der Identifikation von Gegenständen über die Zeit hinweg. Das folgende Problem bietet ein gutes Beispiel: Man sieht aus einer Kiste einen Gegenstand A kommen (z. B. einen Ball) und wieder darin verschwinden, dann kommt ein anderer Gegenstand B (z. B. eine Ente) heraus und verschwindet wieder darin. Wie viele Gegenstände sind in der Kiste? Aufgrund raumzeitlicher Information allein lässt sich diese Frage nicht entscheiden: Die beiden Gegenstände waren niemals gleichzeitig sichtbar und so ist unklar, ob es sich um ein und denselben Gegenstand oder um zwei verschiedene handelt. Was zur Lösung dieses Problems benötigt wird, ist eine Form der Objektindividuierung, die Information darüber mit einbezieht, um was für Gegenstände es sich handelt. Man muss denken können: »ein Ball ist in der Kiste« und dann »eine Ente ist in der Kiste«, und wissen, dass sich Enten normalerweise nicht in Bälle verwandeln, um entscheiden zu können, dass sich zwei Gegenstände in der Kiste befinden. Man nennt diese Form der Objektindividuierung »sortale Objektindividuierung«, da sie von sogenannten »sortalen Konzepten«, also Art-Konzepten wie »Ball«, »Ente« etc., Gebrauch macht.

Ontogenetisch zeigen viele Studien, dass Kinder zwar schon früh im 1. Lebensjahr raumzeitliche Individuierungsprobleme lösen können, sortale Probleme jedoch erst ab 10 bis 12 Monaten (zum Überblick s. Xu, 2007). Kompetenz in sortaler Objektindividuierung korreliert dabei mit sprachlicher Kompetenz, vor allem dem Verständnis der entsprechenden sortalen Ausdrücke (»Ball«, »Ente« etc.), und wird durch sprachliche Markierung (durch Benennung der Objekte im Test) verbessert.

Vor dem Hintergrund dieser Befunde wurde vermutet, dass es sich bei sortaler Objektindividuierung um eine einzigartig menschliche, da sprachabhängige Fähigkeit handelt. Jedoch hat eine Reihe neuerer Studien gezeigt, dass einige Tier- und Menschenaffenspezies in der gleichen Weise Gegenstände nicht nur raumzeitlich, sondern aufgrund deren Artzugehörigkeit individuieren wie 1-jährige Kinder (z. B. Mendes et al., 2008).

Selbstkonzept

Eine weitere Grundvoraussetzung für objektives Denken jenseits eines basalen Verständnisses, dass sich die Welt aus Gegenständen zusammensetzt, die von uns und unseren Wahrnehmungen unabhängig sind, besteht darin, *uns selbst* als raumzeitlich situiertes, kontinuierlich existierendes Objekt in der Welt zu verstehen. Solch ein Verständnis von sich als in der Welt existierendes Objekt basiert auf einer der einfachsten Formen eines Selbstkonzepts und wird klassischerweise gemessen mit dem sogenannten »Spiegel-Selbsterkennungstest«, der für Studien an Kindern und Affen entwickelt wurde. Dabei wird dem Kind bzw. Tier zunächst unbemerkt ein Fleck im Gesicht angebracht, der nicht direkt sichtbar oder anderweitig wahrnehmbar ist, und dann wird das Kind bzw. Tier mit einem Spiegel konfrontiert. Während jüngere Kinder und die meisten Tiere das Spiegelbild wie einen Artgenossen behandeln (in den Spiegel fassen etc.) und nicht zu begreifen scheinen, dass sie sich selbst sehen, bestehen Kinder ab ca. 18 Monaten und Menschenaffen (Schimpansen, Bonobos und Orang-Utans in eindeutiger Weise, lediglich bei Gorillas sind die Befunde gemischt) den Test: Beim Anblick ihres Spiegelbilds fassen sie sich ins Gesicht und versuchen, den ungewöhnlichen Fleck zu beseitigen.

Möglicherweise ist die Fähigkeit, sich im Spiegel zu erkennen, sogar noch weiter im Tierreich verbreitet und nicht auf Primaten beschränkt. Neuere Studien mit Vögeln, Delfinen und Elefanten legen zumindest die Möglichkeit nahe, dass es vielleicht rudimentäre Kompetenzen der Selbsterkennung auch bei anderen Spezies geben könnte.

> **Denkanstöße**
>
> Welche Methoden halten Sie zur Erfassung verschiedener Aspekte des Selbstkonzepts bei vor- und nichtsprachlichen Wesen für angemessen? Diskutieren Sie dabei, inwiefern der Spiegel-Selbsterkennungstest ein valider Test ist bzw. inwiefern er vielleicht Kompetenz unterschätzt (falsche Negative) oder überschätzt (falsche Positive).

14.3.2 Naive Physik

Bereits Säuglinge teilen einige der intuitiven Annahmen, die wir alle implizit über das Verhalten physischer Objekte machen: Diese sind gekennzeichnet durch Kohäsion (bewegen sich als zusammenhängende Einheiten), Kontinuität (bewegen sich kontinuierlich durch Raum und Zeit) und Solidität (sind nicht durchdringbar von anderen Objekten, sodass nicht zwei Gegenstände zur selben Zeit am selben Ort sein können). Auch einfachste Prinzipien der Kontaktmechanik und Schwerkraft werden implizit und intuitiv repräsentiert (s. Abschn. 16.4.2). Vergleichbare intuitive Kompetenzen wurden auch bei anderen Tieren, insbesondere Menschenaffen gefunden, die einfache physikalische Zusammenhänge zwischen Objekten wie mechanischen Kontakt, Solidität usw. in ähnlicher Weise wahrnehmen wie Säuglinge (Povinelli, 2000).

14.3.3 Verstehen von Kausalität

Perzeptuelle Kausalität. Wenn ein Ball auf einen anderen zurollt und der zweite sich unmittelbar nach Kontakt mit dem ersten in Bewegung setzt, so nehmen wir diese Interaktion als kausal wahr: Der erste Ball (Agent) verursacht die Bewegung des zweiten (Reagent). Diese Wahrnehmungsphänomene sind bereits früh in der Ontogenese vorhanden (ab 4–6 Monaten) und finden sich auch bei nicht-menschlichen Primaten (Schimpansen).

Werkzeuggebrauch und Kausalverständnis. Das Kausalverständnis findet seine deutlichste praktische Anwendung im Werkzeuggebrauch. Bereits im Alter von 2 Jahren sind Kinder in der Lage, aus einer Reihe von Werkzeugen das effektivste auszuwählen, ohne es je ausprobiert zu haben (Chen & Siegler, 2000). Viele komparative Studien legen nahe, dass andere Affen, aber auch einige Vögel, in ähnlicher Weise kausale Zusammenhänge beim Werkzeuggebrauch beachten. Beispielsweise können viele Affenarten ohne jegliche vorherige Erfahrung kausal wirksame von nicht-wirksamen Werkzeugen alleine durch Hinsehen unterscheiden (Seed & Call, 2009).

Konzeptuelles Kausalitätsverständnis. In der nachfolgenden Entwicklung ab dem 2. Lebensjahr erwerben Kinder die Fähigkeit, verschiedene Informationsquellen zu integrieren: statistische Information über Kovariation von Ereignissen, Handlungsinformation über die Wirksamkeit eigener Handlungen auf externe Ereignisse und soziale Information über die Wirksamkeit der Handlungen anderer. Auf dieser Basis erwerben sie einen allgemeinen abstrakten Begriff von Kausalität: von Ursachen als Ereignisse, die andere Ereignisse (Wirkungen) geschehen machen, und davon, dass man selbst ebenso wie andere durch Herbeiführen der Ursachen die Wirkungen erzeugen kann (Gopnik et al., 2004). Ob Tiere solch ein konzeptuelles Verständnis von Kausalität erwerben, ist derzeit sehr umstritten (z. B. Penn et al., 2008).

14.3.4 Vorformen numerischen Denkens

Ein wirkliches Verständnis von Zahlen gibt es höchstwahrscheinlich ohne Sprache, ohne ein entsprechendes formales Symbolsystem der Mathematik nicht. Dennoch gibt es grundlegende kognitive Fähigkeiten der Unterscheidung und Klassifikation von Mengen in Abhängigkeit von ihrer Größe, die vor der bzw. ohne Sprache vorkommen. Dabei haben neuere Studien mit Säuglingen und Primaten vor allem Evidenz für zwei Arten von Vorformen numerischer Fähigkeiten erbracht (zum Überblick s. Carey, 2009; vgl. Abschn. 16.4.1).

Die spontane exakte Erfassung kleiner Mengen
Wenn wir eine überblickbare Menge von Gegenständen betrachten, so können wir bei Mengen von bis zu 4 Elementen spontan deren Anzahl erfassen, ohne sie sequenziell abzählen zu müssen (sogenanntes »subitizing«). Auch Säuglinge und viele Tiere verfügen über eine einfache Form dieser Fähigkeit: Sie können kleine Mengen von bis zu 3 oder höchstens 4 Elementen exakt nach ihrer Anzahl voneinander unterscheiden. In typischen Habituationsstudien zu diesem Phänomen werden Säuglinge zunächst mit verschiedenen Stimuli habituiert, die sich in der Größe der dargestellten Menge gleichen (z. B. 3 große gelbe Punkte, 3 kleine rote Punkte, 3 mittelgroße graue Punkte etc.). Dann werden neue Stimuli gezeigt, die entweder eine gleich große Menge zeigen (z. B. 3 kleine schwarze Punkte) oder eine unterschiedlich große Menge (z. B. 4 große gelbe Punkte). Säuglinge und viele Primaten unterscheiden dabei 1 von 2, 1 von 3, 2 von 3 etc., aber nicht beispielsweise 2 von 5. Mit einer ähnlichen Methode wird Säuglingen bzw. Tieren gezeigt, wie unterschiedlich große Mengen attraktiver Gegenstände (z. B. Weintrauben) in zwei undurchsichtige Behälter gelegt werden. Sie können dann eine Kiste auswählen und bekommen deren Inhalt. Auch mit dieser Methode zeigt sich, dass Säuglinge und andere Primaten über die Fähig-

keit der exakten Mengendiskrimination bis zu einer Mengengröße von 3 oder höchstens 4 verfügen.

Säuglinge und manche Primaten können auch kleine Änderungen der Mengengröße durch Hinzufügen bzw. Entfernen von Elementen über die Zeit hinweg verfolgen – eine Vorform also von Addition und Subtraktion.

Diese Fähigkeiten sind eindeutig nicht numerische Fähigkeiten im vollen Sinne, denn ihre Operation beschränkt sich auf sehr kleine Mengen und bricht bei Mengen ab 4 oder höchstens 5 Elementen zusammen. Höchstwahrscheinlich basieren diese Fähigkeiten gar nicht auf Repräsentationen, die sich explizit auf Mengen und ihre Größe beziehen. Vielmehr basieren sie auf parallelen Repräsentationen einzelner Objekte – auf denselben Repräsentationen, die für die raumzeitliche Individuierung von Gegenständen verwendet werden (s. Abschn. 14.3.1). Die Begrenzung der simultanen Mengenerfassung von höchstens 3 oder 4 Gegenständen rührt nach dieser Interpretation von der beschränkten Anzahl der Objektrepräsentationen her, die simultan im Arbeitsgedächtnis gehalten werden können (Carey, 2009).

Analoge, approximative Mengendiskrimination

Eine andere Form der Unterscheidung von Mengen funktioniert nicht exakt, ist also nicht sensitiv für genaue Mengenanzahlen, sondern orientiert sich approximativ (ungefähr) an den Größenverhältnissen zwischen Mengen. Wenn Erwachsene zwei große Mengen sehen, z. B. Vogelschwärme, so können sie oft auf einen Blick schätzen, welche der Mengen größer ist, ohne die Mengen abzuzählen. Ob dabei die Mengen in ihrer Größe unterscheidbar sind, hängt vom Verhältnis der Größen der beiden Mengen zueinander ab (Diskrimination folgt also wie viele psychophysikalische Phänomene Webers Gesetz). Wenn wir 40 von 80 Vögeln unterscheiden können, so können wir auch 50 von 100, 80 von 160 usw. unterscheiden.

Bereits Säuglinge und viele Tiere (darunter Tieraffen, Menschenaffen, Vögel, Ratten, Delfine) verfügen auch über solche analogen Fähigkeiten der Mengendiskrimination. Zahlreiche Studien konnten Folgendes zeigen:
(1) Säuglinge und viele Tiere können beliebig große Mengen analog, d. h. in Abhängigkeit von ihrem Größenverhältnis zueinander, diskriminieren.
(2) Sie können auch einfache Operationen über die analogen Mengenrepräsentationen ausführen, die als Vorformen der Addition und Subtraktion angesehen werden: Wenn mehrere Mengen zusammengefügt werden (z. B. 5 + 5) oder wenn von einer Menge eine Teilmenge abgezogen wird (10 − 5), können Kinder bzw. Tiere die resultierende Menge wiederum approximativ von anderen Mengen unterscheiden (z. B. McCrink & Wynn, 2004).

Eine derzeit noch offene Frage ist, ob die analogen Größenrepräsentationen, von denen bei approximativer Mengendiskrimination Gebrauch gemacht wird, spezifisch für die Repräsentation von Mengen und deren Größe sind. Alternativ könnte es sich um allgemeine Repräsentationen von Größenverhältnissen handeln, die in diversen Bereichen, etwa bei der Diskrimination der Länge von Gegenständen, der Größe von Flächen oder der Länge von Zeitintervallen, Anwendung finden.

Die Entwicklung von Sprache und numerischem Denken

Sowohl die spontane exakte Erfassung kleiner Mengen (»subitizing«) als auch die analoge Mengendiskrimination stellen einfache Vorformen numerischen Denkens dar. Wirkliches numerisches Denken jedoch dürfte einzigartig menschlich sein, da dies vom Erwerb einer natürlichen Sprache abhängig ist.

Echtes numerisches Denken erfordert ein Verständnis dafür, dass jede beliebig große Menge eine Kardinalität (Mengengröße) hat, dass sich die Elemente verschiedener Mengen der gleichen Kardinalität eins zu eins zuordnen lassen, dass sich jeder Kardinalität exakt eine Zahl x zuordnen lässt, dass durch Hinzufügen eines Elements eine Menge mit der Kardinalität $x + 1$ entsteht und dass dieser Prozess beliebig oft wiederholt werden kann.

Sprache und numerische Einsicht in der menschlichen Ontogenese. Das Verständnis dieser arithmetischen Grundprinzipien scheint aus ontogenetischer Perspektive davon abzuhängen, dass Kinder ein entsprechendes formales Symbolsystem, vor allem sprachliche Ausdrücke für Zahlen, erwerben. Kinder erwerben die Zählroutine für die ersten Zahlwörter (etwa bis »zehn«) spätestens ab dem 3. Lebensjahr. Zunächst lernen sie dabei jedoch die Zahlwörterreihe (»Eins-zwei-drei …«) als sinnfreie Lautkette, in der Art etwa von Abzählreimen wie »Ene-mene-muh«. Es folgt dann eine Phase (mit ca. 24 bis 30 Monaten), in der Kinder das Wort »eins« verstehen: Wenn sie von einer Versuchsleiterin aufgefordert werden, ihr eine bestimmte Anzahl von Gegenständen zu geben (»Gib mir X Gegenstände«), sind sie bei »eins« erfolgreich, geben bei allen anderen

Zahlwörtern jedoch wahllos viele. Ca. 6 bis 9 Monate später folgt eine Phase, in der Kinder die Zählwörter »eins« und »zwei« verstehen (in der sie lediglich kompetent auf Anweisungen reagieren, der Versuchsleiterin »ein« bzw. »zwei« Gegenstände zu überreichen, ihr darüber hinaus wiederum wahllos viele Objekte geben). Nach einer analogen Phase, in der sie nur »eins«, »zwei« und »drei« verstehen, folgt schließlich mit etwa 4 Jahren die Einsicht in die Prinzipien des Zählens, die Bedeutung der Zahlwörter und damit eine erste Form wirklichen numerischen Verständnisses: Kinder geben nun kompetent »vier«, »fünf« oder »neun« Gegenstände und verstehen, dass jedes Zahlwort einer Kardinalität entspricht. Der Eindruck, dass Kinder hier einen qualitativen Sprung machen, die Bedeutung des Zählens erstmals verstehen, wird auch durch den Befund bestärkt, dass die Performanz über viele verschiedene Aufgaben, die numerisches Verständnis erfordern, sehr hohe Konsistenz aufweist: Kinder, die die »Gib mir X Gegenstände«-Aufgabe meistern, meistern auch andere Aufgaben zum numerischen Verstehen, während Kinder, die nur »Gib mir eins/zwei/drei« verstehen, auch andere numerische Aufgaben nicht bestehen (Carey, 2009).

Sprachvergleichende Studien. Sprachvergleichende Studien liefern ferner Belege dafür, dass der Erwerb numerischer Ausdrücke eine zentrale Rolle bei der Entwicklung dieser Einsicht in die Grundprinzipien des Zählens spielt. Kinder, die Sprachen lernen, deren numerische Systeme weniger transparent sind (etwa, weil das Wort für »eins« dasselbe Wort ist wie der unbestimmte Artikel »ein«), erreichen später das Stadium, in dem sie »Gib mir eins«- und dann »Gib mir zwei«-Aufgaben usw. meistern, und erreichen ebenfalls später das Stadium numerischer Einsicht (z. B. Sarnecka et al., 2007).

Vergleichende Studien mit nicht-menschlichen Primaten. Aus komparativer Perspektive gibt es bislang keine überzeugenden Belege für eine ähnliche Entwicklung von wirklicher Einsicht in numerische Prinzipien bei Tieren. Selbst die wohl kompetenteste nicht-menschliche Benutzerin von numerischen Symbolen, die Schimpansin Ai, die Zahlsymbole bis »10« verwenden kann (Zahlen in ordinaler Reihe anordnen, die Kardinalität kleiner Mengen dem entsprechenden Symbol zuordnen etc.), bleibt in ihrer numerischen Kompetenz auf eine kleine endliche Anzahl von Symbolen beschränkt. Wirkliche numerische Kompetenz beinhaltet jedoch die Einsicht in die unendliche Fortsetzbarkeit der »+1«-Operation. Ai hat aber in ihrer Lerngeschichte an keiner Stelle einen qualitativen Sprung gezeigt, der ein Hinweis auf das Erlangen dieser Einsicht wäre und den Kinder um 4 Jahre herum machen. Nachdem sie mühevoll die Verwendung von »fünf« gelernt hatte, benötigte sie ebenso lange, um »sechs« zu lernen, usw. (Carey, 2009).

14.3.5 Raumkognition

Jeglicher physikalischer Umgang mit unserer Welt findet im Raum statt. Die erfolgreiche Verarbeitung räumlicher Information ist daher essenziell für alle alltäglichen Belange.

> **Übersicht**
>
> **Systeme zur Bestimmung/Verarbeitung von Objektpositionen**
> - **Reaktionslernen:** Speichern erfolgreicher Bewegungsabfolgen
> - **Landmarkenlernen:** Speichern der Nähe eines Objektes zu einer bestimmten Landmarke
> - **Pfadintegration:** Neuberechnung der Objektpositionen unter Berücksichtigung von Eigenbewegung im Raum
> - **Ortslernen:** komplexe Berechnung von Distanz und Richtung verschiedener Objekte untereinander

Diese verschiedenen Systeme integrieren verschiedene Arten von Informationen zu verschiedenen Anteilen. Hierbei werden in der Raumkognitionsforschung zwei Dichotomien besonders häufig diskutiert:

- Egozentrische vs. allozentrische Information: Der Begriff »egozentrisch« beschreibt die räumlichen Beziehungen zwischen dem Agenten und den Objekten der Umgebung. Der Begriff »allozentrisch« beschreibt die räumlichen Beziehungen zwischen den Objekten der Umgebung untereinander.
- Geometrische Information vs. optische Eigenschaften: Geometrische Information beinhaltet in diesem Zusammenhang sowohl die geometrischen Eigenschaften der Umgebung selbst als auch die geometrischen Beziehungen der Objekte untereinander. Optische Eigenschaften beinhalten die Farben, Formen und Ausdehnungen der anderen Objekte im Raum.

Reaktionslernen und Pfadintegration nutzen vorwiegend egozentrische räumliche Information, während Landmarkenlernen und Ortslernen sich stärker auf allozentrische räumliche Informationen stützen. Landmarkenlernen nutzt hauptsächlich Information über optische Eigenschaften, während Pfadintegration die geometrischen Beziehungen der Objekte im Raum verrechnet. Ortslernen beinhaltet zwangsläufig die Integration von Geometrie und den optischen Eigenschaften der relevanten Objekte (s. u. die Reorientierungsaufgaben).

Aufgrund dieser Gewichtungen sind Reaktionslernen und Landmarkenlernen relativ einfach in ihrer Struktur, aber stark fehlerbehaftet. Reaktionslernen scheitert nach Eigenbewegung, und Landmarkenlernen scheitert, wenn sich keine Landmarke direkt neben dem Objekt befindet. Die beiden anderen Systeme können als Erweiterung dieser beiden einfachen Systeme verstanden werden. Bereits Kinder im Alter von 6 Monaten benutzen die beiden einfacheren Repräsentationsformen und auch Pfadintegration, obwohl Reaktionslernen zu überwiegen scheint. Auch Ortslernen scheint im gleichen Alter, wenn auch sehr rudimentär, bereits vorhanden zu sein. Durch wachsende Erfahrung mit dem Verhältnis zwischen Eigenbewegung und Raum verschiebt sich die Gewichtung hin zu den beiden komplexeren Repräsentationsformen (Newcombe & Huttenlocher, 2000).

Ortslernen beinhaltet das Verarbeiten von räumlicher Information, die in der Umgebung verankert und somit von Eigenbewegung vollständig unabhängig ist (allozentrische Information). Ortslernen ist daher eine ideale Voraussetzung zur Reorientierung nach Desorientierung durch unkontrolliertes Drehen.

Reorientierungsaufgaben. Versuchspersonen werden beispielsweise in einem rechteckigen Raum durch das Drehen mit geschlossenen Augen stark desorientiert und müssen anschließend einen Gegenstand wiederfinden, der sich in einer der Ecken befindet. Kinder zwischen 18 und 24 Monaten verlassen sich stark auf die Geometrie des Grundrisses und suchen daher in den beiden gegenüberliegenden, geometrisch identischen Ecken (C und R in Abb. 14.3). Wenn nun beispielsweise eine der vier Wände orange angemalt wird, sind die Ecken nicht mehr identisch, sondern unterscheiden sich darin ob rechts/links von der betreffenden Ecke

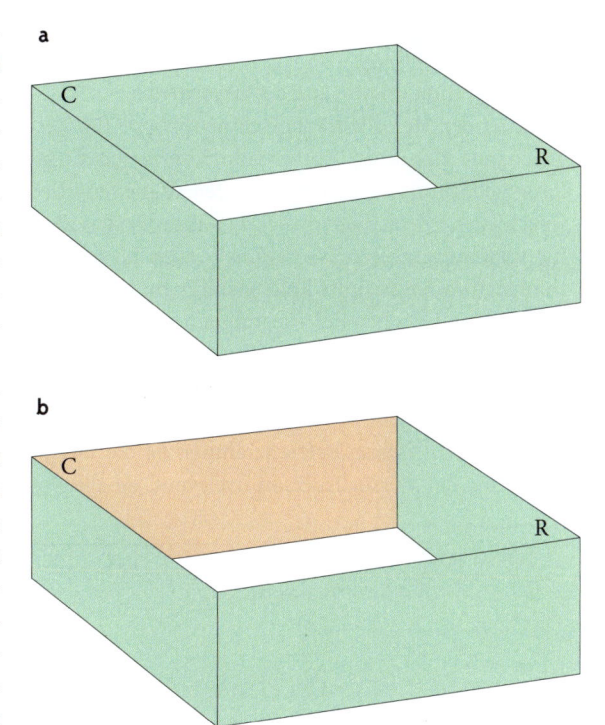

Abbildung 14.3 Versuchsanordnung bei einer räumlichen Reorientierungsaufgabe. Nachdem die Versuchspersonen durch Drehen mit geschlossenen Augen desorientiert wurden, müssen sie einen Gegenstand in einer der Ecken wiederfinden

eine bunte Wand ist (s. Abb. 14.3 b). Wider Erwarten verwechseln sowohl Ratten als auch Kinder bis zu einem Alter von 2 Jahren weiterhin die beiden geometrisch identischen Ecken. Dieselben Fehler entstehen auch bei Erwachsenen, wenn sie gleichzeitig eine zweite, sprachabhängige Aufgabe lösen müssen (Hermer-Vasquez et al., 1999). Einige Theorien vermuteten daher, dass der Erwerb bestimmter sprachlicher Fähigkeiten notwendig ist für die Fähigkeit von Erwachsenen und älteren Kindern, die geometrische Information (»links an der langen Wand«) mit der Farbinformation (»an der blauen Wand«) zu verbinden (Hermer-Vazquez et al., 1999). Allerdings werden diese Theorien dadurch infrage gestellt, dass die Fähigkeiten zur Integration von geometrischer und Farbinformation in Reorientierungsaufgaben bei verschiedensten Tierarten – Tauben, Goldfischen, Rhesusaffen – gefunden wurde.

Unter der Lupe

Raumkognition im Art- und Kulturvergleich

Forscher der Max-Planck-Forschungsgruppe für Vergleichende Kognitive Anthropologie erforschen das Raumgedächtnis von Menschenaffen und Menschen verschiedener Kulturen hinsichtlich ihrer Präferenzen für verschiedene Repräsentationsformen räumlicher Information, sogenannte Referenzrahmen:

- Bei egozentrischen Referenzrahmen werden die Positionen von Objekten im Raum relativ zu den Vorne-hinten-rechts-links-Achsen der Versuchsperson bestimmt.
- Im allozentrischen Referenzrahmen ist die Orientierung der Versuchsperson irrelevant, da alle Positionen von Objekten im Raum anhand umgebungszentrierter Achsen definiert werden: z. B. Nord, Süd, Ost und West.

In der Studie legte der Versuchsleiter ein Objekt unter einen von mehreren Bechern (s. Abb. 14.4; hier weiß). Danach wurden die Probanden um 180 Grad gedreht und an einen Tisch mit einer identischen Becherkonstellation geführt. Wenn die Testperson sich die Position des Objektes in egozentrischen Koordinaten gemerkt hat, wird sie das Objekt beim zweiten Tisch unter dem Becher vermuten, der sich im selben Verhältnis zum Körper der Testperson befindet. Wird das

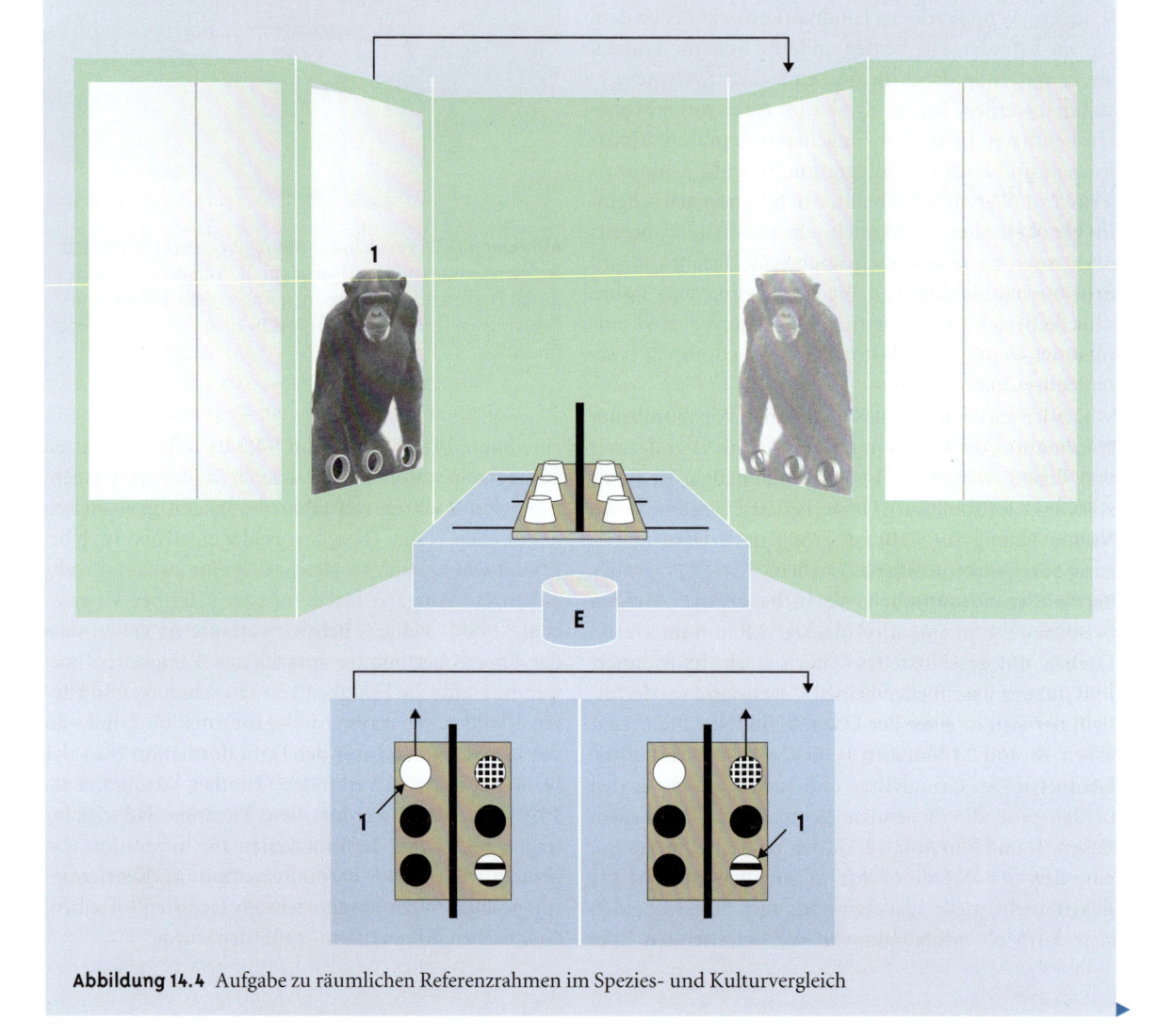

Abbildung 14.4 Aufgabe zu räumlichen Referenzrahmen im Spezies- und Kulturvergleich

Objekt beispielsweise unter den linken Becher gelegt, würde die Testperson nach der 180-Grad-Rotation wieder den linken Becher wählen (hier gestreift). Bei einer allozentrischen Strategie kommt es im Gegensatz dazu darauf an, wo sich ein Gegenstand im Verhältnis zur Umgebung befindet. Wird das Objekt also wieder unter dem linken Becher versteckt, müsste die Testperson nach der 180-Grad-Rotation den rechten Becher wählen (hier kariert), weil der ebenso wie der ursprüngliche Becher (beispielsweise) am nördlichsten liegt.

Die Ergebnisse waren wie folgt:
- Menschenaffen bevorzugen weitgehend die allozentrische Strategie.
- Kleine Kinder bevorzugen ebenfalls allozentrische Strategien.
- Bei älteren Kindern und Erwachsenen kommt es darauf an, in welcher Kultur mit was für einer Art von Sprache sie aufwachsen. Erwachsene und Kinder der ǂAkhoe Hai‖om, eines namibianischen Jäger- und Sammlerstammes, deren Sprache räumliche Information bevorzugt allozentrisch ausdrückt, bevorzugen eine allozentrische Strategie. Ältere deutschsprachige Kinder und Erwachsene hingegen zeigen in den verwendeten Aufgaben egozentrische Strategien und Gedächtnispräferenzen.

Zusammengenommen legen diese Studien folgendes Bild nahe: Menschen teilen mit Menschenaffen eine anfängliche Präferenz für allozentrische räumliche Referenzrahmen. In der nachfolgenden menschlichen Entwicklung jedoch werden diese anfänglichen Präferenzen je nach erworbener Sprache geformt: Sprecher allozentrischer Sprachen behalten diese Präferenz bei, Sprecher egozentrischer Sprachen hingegen bilden entgegen ihrer ursprünglichen Neigung eine egozentrische Präferenz heraus (Haun et al., 2006).

14.3.6 Soziale Kognition

Theory of Mind

Als erwachsene Menschen nehmen wir uns und unsere Artgenossen in radikal anderer Weise wahr als die unbelebte Welt. Wir beschreiben, verstehen und erklären einander als rationale Wesen, die denken, fühlen und vernünftig handeln und mit denen wir gemeinsam denken, fühlen und handeln können. Das Begriffssystem, mit dem wir einander in dieser spezifischen Weise verstehen bzw. uns und andere als psychische Wesen beschreiben, wird oft »Theory of Mind« (oder auch Alltagspsychologie) genannt (vgl. Abschn. 16.4.3).

Zentral für dieses Begriffssystem ist, dass wir einander sogenannte intentionale Zustände zuschreiben: Zustände, die die Welt in bestimmter Weise repräsentieren, wie Wahrnehmungen, Überzeugungen, Wünsche oder Träume (»intentionale Zustände« in diesem Sinne bezieht sich auf die Klasse von repräsentationalen Zuständen, von denen Intentionen, im Sinne von Absichten, nur eine Unterklasse sind).

Wenn ein Wesen intentionale Zustände *hat* (z. B. glaubt, dass p), so sprechen wir von Intentionalität erster Ordnung; wenn es anderen oder sich selbst intentionale Zustände *zuschreibt* (z. B. glaubt, dass Tom glaubt, dass p), so sprechen wir von Intentionalität zweiter Ordnung.

Paradigmatische intentionale Zustände sind Überzeugungen (dass etwas der Fall ist, z. B., dass es in Manchester viel regnet), Wünsche (z. B., dass es weniger regnen möge in Manchester), Wahrnehmungen (z. B., dass gerade Regen fällt) und Absichten (z. B. die Absicht, eine Regenjacke anzuziehen). Intentionale Zustände fallen grob in drei Klassen:

(1) Kognitive intentionale Zustände repräsentieren die Welt aus subjektiver Perspektive so, wie sie *ist*, und können demnach wahr oder falsch sein (z. B. Überzeugungen und Wahrnehmungen).

(2) Konative intentionale Zustände hingegen repräsentieren die Welt aus subjektiver Sicht so, wie sie sein *soll*. Sie streben also nicht nach Wahrheit, sondern nach Erfüllung (z. B. Wünsche und Absichten).

(3) Fiktionale intentionale Zustände repräsentieren die Welt weder so, wie sie ist, noch so, wie sie sein soll (z. B. Vorstellungen, Träume und Fantasien).

In unserer erwachsenen Alltagspsychologie schreiben wir einander diese verschiedenen Formen intentionaler Zustände zu und benutzen vor allem kognitive und konative intentionale Zustände zur rationalen Handlungserklärung und -vorhersage. »Er hat die Tablette genommen, weil er keine Schmerzen mehr haben wollte und glaubte, sie würde seine Schmerzen lindern« ist ein Alltagsbeispiel für solch eine rationale Handlungserklärung. Da in solchen Erklärungen Handlungen in der Regel durch Paare aus Überzeugungen (er dachte, die

Tablette würde seine Schmerzen lindern) und Wünschen (er wollte die Schmerzen los sein) rationalisiert werden, wird unsere Alltagspsychologie oft auch »belief-desire psychology« genannt.

Einfache Formen des Verstehens intentionaler Zustände

Kleine Kinder entwickeln einfache Formen des Verstehens intentionaler Zustände bereits vorsprachlich, spätestens ab dem Ende des 1. Lebensjahres. Insbesondere verstehen sie – aufseiten der kognitiven intentionalen Zustände – in rudimentärer Weise, was andere wahrnehmen können und – aufseiten der konativen intentionalen Zustände – was für Ziele andere verfolgen bzw. welche Handlungen sie beabsichtigen. Diese erste, einfachere Form der Alltagspsychologie, über die bereits Säuglinge verfügen, wird deshalb manchmal als »perception-goal psychology« bezeichnet.

Verstehen von Wahrnehmung bei kleinen Kindern. Das kindliche Verständnis der Wahrnehmungen anderer zeigt sich ab dem Ende des 1. Lebensjahres darin, dass sie dem Blick und den Zeigegesten anderer dahin folgen, wohin die andere Person ihre Aufmerksamkeit richtet, auch wenn sie das Objekt selbst gegenwärtig nicht sehen können (z. B. Brooks & Meltzoff, 2002). Im Laufe des 2. Lebensjahres zeigt sich dann die Fähigkeit zum sogenannten »Ebene-1-Perspektivwechsel«, d. h. dem expliziten Verständnis, dass verschiedene Personen verschiedene Dinge wahrnehmen können (»Ich sehe was, das Du nicht siehst«; Moll & Tomasello, 2006; vgl. auch Abschn. 16.2.2).

Verstehen von intentionalem Handeln bei kleinen Kindern. Das kindliche Verständnis von Zielen und absichtlichem Handeln zeigt sich spätestens ab Ende des 1. Lebensjahres in einer Reihe verschiedener Verhaltensweisen:

- In Habituationsstudien konnte gezeigt werden, dass Kinder unter bestimmten Umständen Handlungen im Hinblick auf ihre Absichten, und nicht nur im Hinblick auf oberflächliche Verhaltensmerkmale klassifizieren (z. B. Gergely et al., 1995).
- In einer anderen Art von Studien wurde gezeigt, dass Kinder ab etwa 9 Monaten auf oberflächlich ähnliche Verhaltensweisen systematisch unterschiedlich reagieren, wenn ihnen verschiedene Absichten zugrunde liegen: Wenn eine Person anfängt, ihnen einen attraktiven Gegenstand zu reichen, dann aber auf ein Problem stößt (also guten Willens ist, aber scheitert), warten die Kinder geduldig. Wenn die Person aber nach dem Beginn der Handlung absichtlich innehält und dem Kind den Gegenstand nicht gibt, es also ärgert, werden Kinder ungeduldig und wütend – obwohl das oberflächliche Verhalten in beiden Fällen sehr ähnlich ist (Behne et al., 2005).
- Am deutlichsten zeigt sich das kindliche Verstehen der Ziele und Absichten anderer schließlich in ihrem Imitationsverhalten. Kinder imitieren nicht nur oberflächliche Verhaltensweisen von anderen, sondern sie ziehen in ihrem Nachahmungsverhalten die dem Verhalten zugrunde liegende Absicht mit in Betracht (s. Abschn. 14.2.1).
- Eine prosoziale Anwendung dieses frühen Verstehens von Absichten findet sich in kindlichem Hilfeverhalten für andere, das im Laufe des 2. Lebensjahres erstmals zu beobachten ist: Wenn eine andere Person ein Ziel verfolgt und dabei auf Hindernisse stößt, so unternehmen Kinder spontan Versuche, diese Hindernisse für die Person aus dem Weg zu räumen (z. B. Warneken & Tomasello, 2006).

Homologe/analoge Kompetenzen bei Tieren. Ähnliche Formen eines solchen einfachen Verstehens von intentionalen Zuständen finden sich auch bei manchen Tieren. Eine Vogelart, Westliche Buschhäher, zeigen etwa beim Futterverstecken Sensitivität dafür, ob sie von Artgenossen beobachtet werden (z. B. Clayton et al., 2007). Und vor allem Menschaffen scheinen über eine rudimentäre »perception-goal psychology« zu verfügen, die in mancherlei Hinsicht der von menschlichen Säuglingen entspricht.

- Zum einen beherrschen sie Ebene-1-Perspektivwechsel: In Situationen, in denen sie mit anderen um Futter konkurrieren, ziehen sie in Betracht, welche Futterstücke für andere sichtbar sind bzw. waren und welche nur für sie selbst (z. B. Hare et al., 2000).
- Zum anderen scheinen sie in rudimentärer Weise die Absichten und Ziele anderer zu verstehen: Ähnlich wie Kinder reagieren sie unterschiedlich und angemessen auf oberflächlich ähnliche Verhaltensweisen, denen unterschiedliche Absichten (guter Wille und Ungeschick vs. böser Wille) zugrunde liegen (Call et al., 2004). Und ähnlich wie menschliche Kinder helfen sie anderen in manchen Situationen, wenn diese einfache Ziele verfolgen und nicht erreichen (Warneken & Tomasello, 2006).

Komplexere Formen von sozialer Kognition bei Kindern

In der nachfolgenden Ontogenese entwickeln sich dann komplexere Formen sozialer Kognition.

Gemeinsame Intentionalität. Ab dem 2. Lebensjahr entwickeln sich Fähigkeiten der gemeinsamen oder kollektiven »Wir«-Intentionalität: Kinder haben nun nicht nur intentionale Zustände und schreiben anderen solche zu, sondern sie teilen mit anderen intentionale Zustände und bilden gemeinsame Absichten der Form »Wir beabsichtigen, dies oder jenes zu tun« (Rakoczy & Tomasello, 2007). Dies zeigt sich am klarsten in der Entwicklung gemeinsamer, kooperativer Handlungen ab dem 2. Lebensjahr. Sowohl im Kontext spielerischer Handlungen (z. B. zusammen Ball spielen) als auch im Kontext ernster Problemlösehandlungen (z. B. gemeinsam eine Apparatur bedienen) beginnen Kinder in diesem Alter, gemeinsam mit anderen zu handeln, dabei arbeitsteilige Rollen zu koordinieren und flexibel zu tauschen und in entsprechender Weise die gemeinsame Handlung kommunikativ zu steuern (z. B. Warneken et al., 2006). Etwas später beginnen sie, gemeinsam mit anderen fiktionale und sonstige Spiele zu spielen, die regelgeleitet sind, und dabei diese Regeln gemeinsam zu befolgen und aktiv mit durchzusetzen (z. B. Rakoczy et al., 2008).

Komplexere Formen des Verstehens intentionaler Zustände. Der größte folgende Meilenstein in der Entwicklung der Zuschreibung intentionaler Zustände findet sich mit etwa 4 Jahren, wenn Kinder eine einfache explizite »belief-desire psychology« entwickeln: Sie können nun erstmals in expliziter Weise anderen und sich selbst subjektive Überzeugungen zuschreiben, die falsch sein können (»false belief«), und rationale Handlungen auf der Basis dieser subjektiven Überzeugungen über die Welt und entsprechender Wünsche erklären. Damit zusammenhängend beginnen Kinder in diesem Alter zu verstehen, dass ein- und derselbe Gegenstand subjektiv aus unterschiedlichen Perspektiven verschieden aussehen kann (Ebene-2-Perspektivwechsel), dass man durch Lügen anderen falsche Überzeugungen beibringen kann und dergleichen (z. B. Perner, 1991; implizite Vorformen dieser komplexen Alltagspsychologie finden sich in Habituationsstudien teilweise bereits im Säuglingsalter, jedoch ist deren Interpretation bis heute stark umstritten; s. zum Überblick Baillargeon et al., 2010). Die Entwicklung dieser komplexeren alltagspsychologischen Fähigkeiten scheint außerdem essenziell vom Erwerb einer natürlichen Sprache und ihren Möglichkeiten der Referenz auf intentionale Zustände mit bestimmten sprachlichen Konstruktionen abzuhängen (z. B. sogenannten dass-Komplementierungssätzen), die bei der Beschreibung intentionaler Zustände Verwendung finden: »er glaubt, dass p«, »sie wünscht, dass p« etc.). Dies legen Korrelations-, Trainings- und Vergleichsstudien von Kindern mit und ohne Sprachdefizite nahe (Astington & Baird, 2005).

Komplexere Formen von sozialer Kognition bei Tieren?
Die komparative Befundlage zeigt bislang keine überzeugenden Belege bei anderen Spezies für diese höheren Formen sozialer Kognition: weder für gemeinsame Intentionalität noch für komplexere Intentionalität zweiter Ordnung im Sinne einer »belief-desire psychology«.
Gemeinsame Intentionalität. Zwar legen viele Spezies sozial koordiniertes Verhalten an den Tag, das zunächst verblüffend wie echtes gemeinsames Handeln aussieht. Bei näherem Hinsehen jedoch finden sich keinerlei Anzeichen für systematische Rollenteilung, Rollentausch oder andere Indikatoren wirklicher gemeinsamer Absichten. Vielmehr lassen sich die entsprechenden Verhaltensweisen meist sparsamer erklären als bloße Summe individueller Handlungen. Beispielsweise scheinen beim sozialen Jagdverhalten von Löwen oder Schimpansen die einzelnen Mitglieder rein individuelle Ziele zu verfolgen, und die Koordination entsteht durch äußere Zwänge (z. B. dass jedes Individuum an einer anderen Stelle jagen muss; Tomasello et al., 2005).
Komplexeres Verstehen intentionaler Zustände. Bezüglich der Zuschreibung komplexerer intentionaler Zustände, vor allem (potenziell falscher) Überzeugungen, hat eine Reihe von Studien mit Menschenaffen konsistent negative Befunde geliefert, obwohl Menschenaffen einander durchaus einfachere intentionale Zustände wie Wahrnehmungen zuzuschreiben scheinen (für ein besonders eindrückliches Beispiel s. »Unter der Lupe«).

> **Unter der Lupe**
>
> **Verstehen von Wahrnehmung und Überzeugung bei Kindern und Menschenaffen**
> In einer Studie von Kaminski et al. (2008) spielten jeweils zwei Affen bzw. Kinder gegeneinander folgendes Spiel: Zunächst wurde in zwei von drei Tassen etwas versteckt (wobei die beiden Spieler dazu unterschiedliche Information hatten), dann konnte Spieler 2 eine Tasse wählen, ohne dass jedoch Spieler 1 die Wahl sehen konnte, und schließlich konnte Spieler 1 eine Tasse wählen.

In der Bedingung Ebene-1-Perspektivwechsel (s. Abb. 14.5 a oben) wird zunächst ein Stück Futter für beide sichtbar in der oberen Tasse versteckt (i), danach eines nur für Spieler 1 sichtbar in der unteren Tasse (ii); dann kann Spieler 2, nicht sichtbar für Spieler 1, wählen (iii). Die entscheidende Frage ist nun, ob Spieler 1 bei seiner Wahl (iv) in Betracht zieht, dass Spieler 2 nur ein Futterstück gesehen hat (obere Tasse), dieses also wahrscheinlich gewählt hat und dass Spieler 1 selbst deshalb die andere gefüllte Tasse (die untere) wählen sollte.

In der »false belief«-Bedingung (s. Abb. 14.5 b unten) wurde zunächst ein relativ wenig attraktiver Gegenstand auf den Tisch bei Spieler 1 gelegt, und es wurde ein attraktiver Gegenstand in der oberen Tasse für beide sichtbar versteckt (i). Danach wurde jedoch, nur für Spieler 1 sichtbar, dieser Gegenstand von der oberen in die untere Tasse verschoben (ii). Spieler 2 durfte dann, nicht sichtbar für Spieler 1, wählen (iii); und schließlich konnte Spieler 1 wählen zwischen einer der Tassen oder, als Trostpreis sozusagen, dem weniger

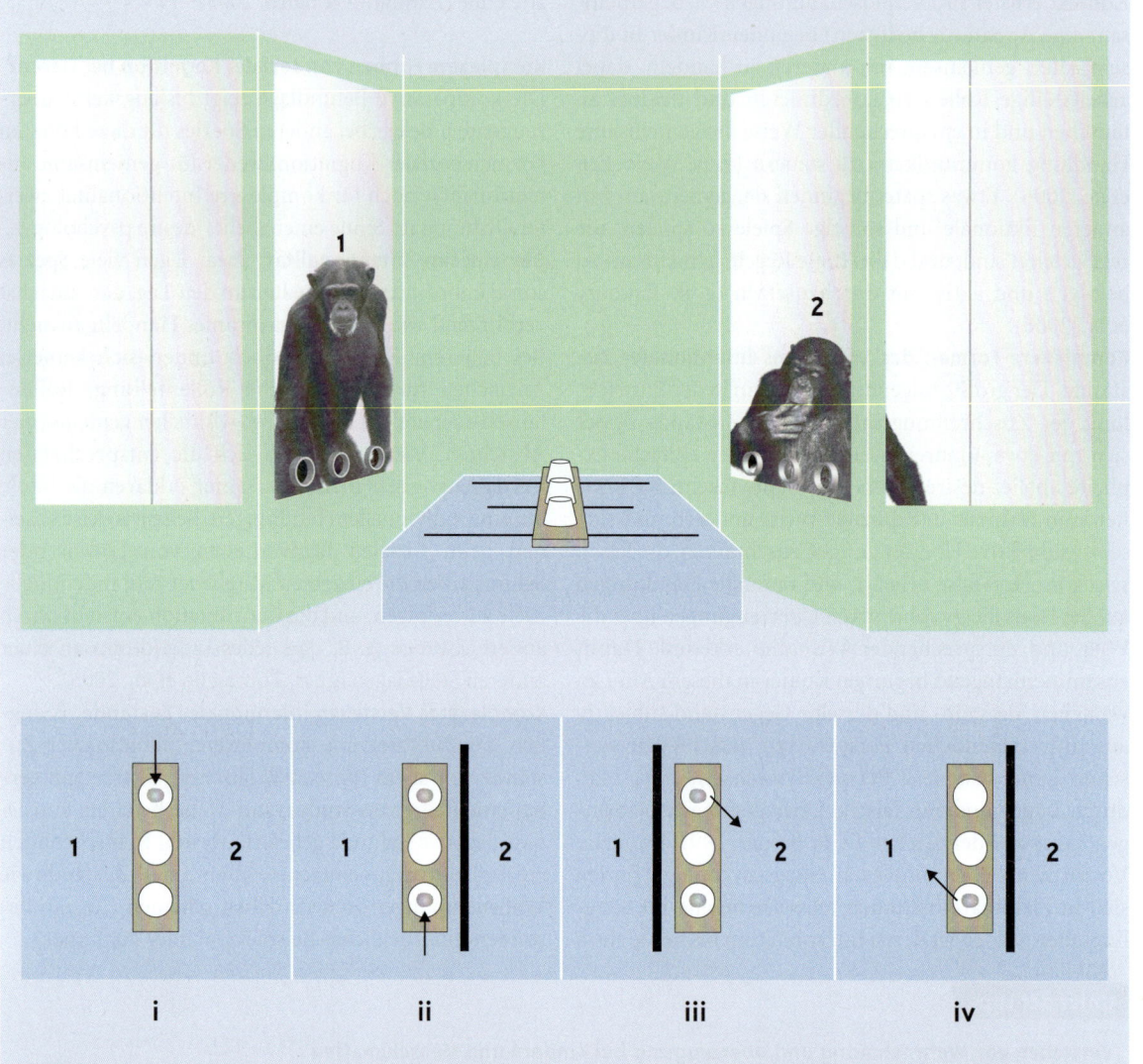

Abbildung 14.5 a Versuchsaufbau der Studie von Kaminski et al. (2008), Bedingung Ebene-1-Perspektivwechsel ▶

attraktiven Gegenstand auf dem Tisch (iv). Wenn die Tiere bzw. Kinder, so die Logik, die falsche Überzeugung von Spieler 2 (dass nämlich der attraktive Gegenstand in der oberen Tasse sei) in Betracht ziehen, so sollten sie annehmen, dass Spieler 2 die obere Tasse wählen wird, und sollten selbst beruhigt die untere Tasse wählen.

Die Ergebnisse dieser Studie zeigen jedoch, dass sowohl Schimpansen als auch menschliche Kinder die Bedingung Ebene-1-Perspektivwechsel meistern, aber nur Kinder (im Alter von 5 bis 6 Jahren) die Bedingung »false belief«.

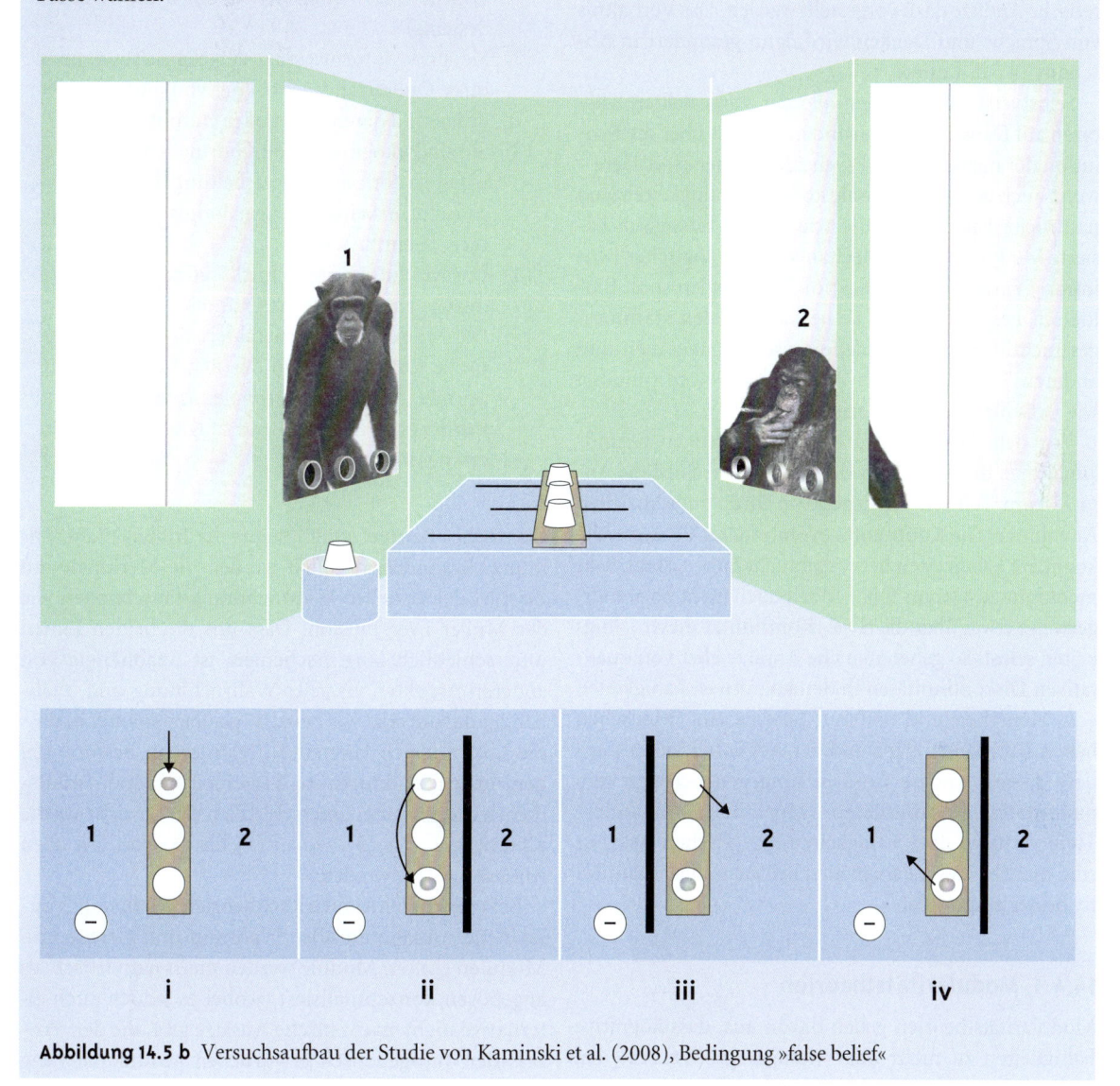

Abbildung 14.5 b Versuchsaufbau der Studie von Kaminski et al. (2008), Bedingung »false belief«

Bisherige Forschung, so das Fazit, zeigt also einerseits eine gewisse Kontinuität in einfachen Formen der Intentionalität höherer Ordnung: Die Fähigkeit, sich und anderen einfache intentionale Zustände wie Wahrnehmungen und Absichten zuzuschreiben, entwickelt sich früh in der Ontogenese und wird auch von Menschenaffen geteilt. Komplexere Formen von Intentionalität höherer Ordnung jedoch (»belief-desire psychology«) sowie kollektive Intentionalität, scheinen einzigartig menschliche Formen sozialer Kognition zu sein.

14.4 Theoretische Modelle

Wie sind diese Befunde zur Entwicklung vorsprachlicher kognitiver Fähigkeiten bei Menschen und zu nichtsprachlichen kognitiven Fähigkeiten bei anderen Tieren angemessen zu deuten und theoretisch zu erklären? Im Folgenden sollen zunächst einige zentrale theoretische Ansätze dazu vorgestellt werden. Das Verhältnis von Sprache und Denken wird dann gesondert in Abschnitt 14.5 diskutiert.

Selbstverständlich fußen alle der vorgestellten Theorien auf Darwin'schen Grundannahmen über die Evolution der menschlichen Psyche: Menschen sind Tiere – wenn auch besondere. Basale kognitive Fähigkeiten sind natürliche Fähigkeiten, die wie andere biologisch basierte Merkmale durch Mechanismen biologischer Evolution (Variation und Selektion) entstanden sind. Biologisch gesehen gibt es keine kategorialen stammesgeschichtlichen Unterschiede zwischen Menschen und anderen Tieren, sondern evolutionäre Kontinuitäten wie zwischen anderen Spezies auch.

Vor dem Hintergrund dieser unstrittigen Grundannahmen unterscheiden sich jedoch verschiedene Ansätze zum Teil schwerwiegend in ihren substanziellen Annahmen: Die Kontinuität evolutionärer Prozesse, die kognitive Fähigkeiten hervorgebracht haben, steht zwar nicht infrage. Daraus folgt jedoch noch nicht notwendigerweise etwas über die (Dis-)Kontinuität dieser Fähigkeiten selbst. So gehen manche Ansätze eher von qualitativen Diskontinuitäten in den kognitiven Fähigkeiten von Menschen und anderen Spezies aus (Menschen haben Fähigkeiten ganz anderer Art entwickelt als andere Tiere). Andere Ansätze hingegen betonen rein quantitative Kontinuitäten (Menschen und andere Tiere verfügen über Fähigkeiten der gleichen Art, nur sind manche dieser Fähigkeiten bei Menschen quantitativ besser ausgebildet).

14.4.1 Modularitätstheorien

Modularitätstheorien gehen davon aus, dass kognitive Fähigkeiten zu mehr oder weniger großen Anteilen modular organisiert sind, d. h. in funktional isolierten, voneinander unabhängigen Systemen, die relativ automatisch und schnell arbeiten.

> **Übersicht**
>
> **Merkmale kognitiver Module**
> Module sind nach Fodor (1983) kognitive Subsysteme, die eine Reihe von Merkmalen aufweisen:
> (1) Sie operieren bereichsspezifisch, d. h. sind spezialisiert für eine bestimmte Art von Input (z. B. visuelle Information bei Modulen des visuellen Systems).
> (2) Sie sind »informational eingekapselt«, d. h. in ihrer Operation unabhängig von anderen Modulen und deren Input oder Output.
> (3) Sie sind »kognitiv undurchdringlich«, d. h., bewusste Informationsverarbeitung hat weder Zugang zur Arbeitsweise des Moduls noch kann sie diese beeinflussen.
> (4) Das Modul arbeitet schnell, reflexhaft und produziert einfache, flache Outputs.
> (5) Das Modul hat eine charakteristische ontogenetische Entwicklung, in der Regel eine feste zugrunde liegende neuronale Architektur und kann zu spezifischen pathologischen Ausfallserscheinungen führen.

Klassisches Beispiel sind Systeme der frühen Wahrnehmung. Besonders deutlich werden die Merkmale am Beispiel der visuellen Wahrnehmungstäuschungen wie der Müller-Lyer-Illusion: Dass uns die beiden Linien unterschiedlich lang erscheinen, ist unabhängig von anderen Aspekten visueller Wahrnehmung und unabhängig davon, was wir bewusst glauben (nämlich, dass die Linien gleich lang sind), realisiert in bestimmten neuronalen Strukturen etc. Verschiedene Modularitätstheorien legen dabei unterschiedlich viel Gewicht auf die Kriterien (1) bis (5), wobei (1) bis (3) von fast allen Ansätzen geteilt werden.

Bei manchen Modularitätstheorien gehen damit zusätzliche Annahmen über Evolution und Genese von Modulen einher: Module werden meist nativistisch als angeboren konzeptualisiert (wobei es jedoch auch alternative nicht-nativistische Ansätze gibt, die den Prozess der ontogenetisch erworbenen Modularisierung betonen; z. B. Karmiloff-Smith, 1992). Und in evolutionärer Hinsicht werden sie als Adaptationen gesehen, als Lösungen spezifischer kognitiver Probleme, die sich unseren Vorfahren im Umgang mit ihrer Umwelt stellten (wobei aber manche prominente Modularitätstheoretiker diese Annahme nicht teilen, z. B. Chomsky und Fodor).

Verschiedene Spielarten von Modularitätstheorien unterscheiden sich hinsichtlich der Fragen, auf wie viele bzw. welche Teile des Geistes Modularität zutrifft.

Die Modularitätstheorie Fodors. Die Theorie Fodors (1983), der den modernen kognitionswissenschaftlichen Modulbegriff eingeführt hat, zeichnet ein zweigeteiltes Bild des Geistes: mit Modulen lediglich an der Peripherie, beschränkt auf frühe Wahrnehmung und manche Aspekte der Sprache (v. a. Syntax), und nicht-modularen, »zentralen« Prozessen. Letztere sind nach Fodor konzeptuell (statt perzeptuell) strukturiert, bereichsübergreifend (statt bereichsspezifisch), bewusst und flexibel. Dieses Bild kann also als eine Variante einer dualen System- bzw. Prozesstheorie angesehen werden, die zwischen System(en) 1 unterscheidet, die unflexibel, vorkonzeptuell und unbewusst arbeiten, und System 2, das flexibel, rational und bewusst operiert (z. B. Evans & Frankish, 2009)

Theorien des Kernwissens. Neuere Theorien des Kernwissens in der kognitiven Entwicklungspsychologie übernehmen diese grundsätzliche Zweiteilung (z. B. Carey, 2009; Spelke, 2003; vgl. Abschn. 16.4). Sie postulieren aber Module nicht nur an der Peripherie für frühe Wahrnehmungsphänomene, sondern gehen auch von konzeptuellen, bereichsspezifisch arbeitenden Modulen aus, etwa im Bereich naiver Physik, Verstehen von Mengen, soziale Kognition etc. Alle unter Abschnitt 14.3 behandelten Phänomene wären nach diesen Ansätzen jeweils als modular aufzufassen.

Theorien der »Evolutionären Psychologie«. Neuere Ansätze der »Evolutionären Psychologie« (Tooby & Cosmides, 1992) schließlich gehen bisweilen von »massiver Modularität« aus, sehen also den kompletten Geist als modular organisiert an, mit einer Vielzahl von Modulen, die Adaptionen für spezifische kognitive Leistungen darstellen.

Wie erklären solche Modularitätstheorien nun ontogenetische und komparative Befunde, vor allem die im Abschnitt 14.3 beschriebenen? Sowohl frühe kognitive Kompetenz bei Säuglingen als auch phylogenetische Kontinuität – kognitive Gemeinsamkeiten von Menschen mit anderen verwandten Spezies, vor allem Primaten – lassen sich erklären mithilfe der Annahme evolutionär geteilter entsprechender modularer Strukturen, etwa für Raumkognition, Objektkognition etc. Wie aber werden kognitive Unterschiede von Menschen und anderen Spezies erklärt? Massiven Modularitätstheorien zufolge besteht der entscheidende Unterschied darin, dass Menschen über neue Module verfügen, die andere Spezies nicht haben, weil sie evolutionär jüngere Errungenschaften sind (beliebte Kandidaten hierfür sind etwa Sprache oder soziale Kognition). Nach manchen neueren Kernwissenstheorien hingegen machen nicht neue Module den Unterschied, sondern eine qualitativ andere Struktur des menschlichen Geistes: Während Menschen mit anderen Spezies modulare, bereichsspezifische Systeme teilen (System 1), verfügen nur Menschen über die Fähigkeit, bereichsübergreifend und flexibel zu denken und dabei Inhalte aus verschiedenen Bereichen (Objekte, soziale Kognition, Raum etc.) zu integrieren (System 2). Auf der Basis von Befunden zur Entwicklung etwa zum numerischen Denken (s. Abschn. 14.3.4) oder zur Raumkognition (s. Abschn 14.3.5) nehmen diese Theorien an, dass Sprache dabei eine zentrale Rolle spielt: Der Erwerb einer Sprache ermöglicht die Integration von Informationen aus verschiedenen Bereichen sowie deren flexible Verarbeitung (Carey, 2009; Spelke, 2003).

14.4.2 Die Theorie repräsentationaler Neubeschreibung

Ein mit den zuletzt genannten Ideen kompatibler, jedoch weniger nativistischer und stärker an Piaget orientierter Ansatz findet sich in der »Theorie der repräsentationalen Neubeschreibung« (Karmiloff-Smith, 1992). Kognitive Entwicklung wird hier als mehrstufiger Prozess verstanden.

Schritt 1: Erwerb bereichsspezifischer Kompetenzen. Zunächst verfügt das Kind über einige angeborene Prädispositionen (die jedoch nicht so stark sein müssen wie Module) und bereichsübergreifende Lernmechanismen und entwickelt auf deren Basis bereichsspezifische kognitive Kompetenzen. Diese sind inhaltlich auf einen Bereich beschränkt, unflexibel, nicht bewusst verfügbar und bleiben implizit, auf prozedurales Know-how beschränkt, haben also noch nicht das Format deklarativen Wissens. Sie bleiben, mit anderen Worten, auf System-1-Ebene. Dieser erste Schritt kognitiver Entwicklung, der die frühe menschliche Ontogenese charakterisiert, ist Menschen und vielen anderen Spezies gemein, die erfahrungsbedingt hoch spezialisierte bereichsspezifische kognitive Fähigkeiten herausbilden.

Schritt 2: Repräsentationale Neubeschreibung. Was jedoch nach dieser Theorie spezifisch menschliche Kognition ausmacht, ist die dem menschlichen kognitiven System innewohnende Tendenz, über erworbene bereichsspezifische Kompetenz hinauszugehen. In einem zweiten Schritt werden nämlich die impliziten, prozeduralen Repräsentationen, die den frühen Kompetenzen zugrunde liegen, umgeschrieben auf einer höheren Ebene in explizite, deklarative, bereichsübergreifend und bewusst verfügbare Repräsentationen (System 2).

14.4.3 Theorie-Theorie

Die Theorie-Theorie ist ein hauptsächlich in der kognitiven Entwicklungspsychologie einflussreicher Ansatz, der die ontogenetische Entwicklung kognitiver Fähigkeiten in Analogie zur historischen Entwicklung wissenschaftlicher Theorien zu erklären versucht (z. B. Gopnik et al., 2004). Das Kind wird dabei metaphorisch als kleine Wissenschaftlerin konzeptualisiert, die (implizite) Theorien über die Welt aufstellt, prüft und revidiert. Kognitive Fähigkeiten werden als theorieartig strukturiert verstanden und kognitive Entwicklung als Aufbau neuer bzw. Modifikation bestehender Theorien.

Bereichsspezifische Inhalte als Produkt bereichsübergreifender Lernmechanismen

Was den *Inhalt* betrifft, sind diese Theorien oft bereichsspezifisch (naive Physik, naive Psychologie etc.). Insofern ähnelt die Theorie-Theorie den Modularitätstheorien. Im Unterschied zu Modularitätstheorien jedoch wird, was die *Form* des Lernprozesses betrifft, hierbei nicht von angeborenen Wissensstrukturen ausgegangen, sondern lediglich von angeborenen bereichsübergreifenden Lernprozessen (sowie von einigen schwächeren bereichsspezifischen Prädispositionen). Der Grundidee der Theorie-Theorie zufolge ermöglichen diese allgemeinen Lernprozesse – vor allem induktiven und statistischen Lernens – über die Zeit hinweg die Entwicklung und Anpassung bereichsspezifischer Begriffsstrukturen.

Entwicklung intuitiven Wissens und statistisches Lernen

Eine neuere Entwicklung innerhalb der Theorie-Theorie untersucht Prozesse des statistischen und kausalen Lernens, die kognitiver Entwicklung zugrunde liegen (z. B. Gopnik et al., 2004). Es wird dabei angenommen, dass Kinder (intuitiv und weitgehend unbewusst) kausale Modelle über die Welt aufstellen, mit denen sie beobachtbare Phänomene zu erklären versuchen. Beim Aufstellen und Revidieren dieser Modelle werden je nach Bedarf unbeobachtete theoretische Gegenstände postuliert (wie etwa Krankheitserreger in der naiven Biologie, physikalische Kräfte in der naiven Physik oder mentale Zustände in der naiven Psychologie), die Beobachtetes erklären sollen. In das Erstellen und Überprüfen solcher Kausalmodelle gehen dabei Informationen aus verschiedenen Quellen ein: rein statistische Informationen (über die Häufigkeiten und Kovarianzen von Ereignissen: wie oft z. B. ein bestimmtes Ereignis B eingetreten ist, nachdem ein anderes Ereignis A eingetreten war), Informationen über eigene Handlungsinterventionen (welche Konsequenzen es z. B. hat, wenn man selbst Ereignisse der Art A hervorbringt) sowie Informationen über die Handlungsinterventionen anderer (welche Konsequenzen deren Interventionen haben).

Tier-Mensch-Vergleich

Konzeptualisiert vor allem als ontogenetische und allgemeinpsychologische Theorien, haben diese Ansätze nicht explizit die Beantwortung komparativer Fragen zum Ziel. Eine interessante Idee zur Erklärung humanspezifischer kognitiver Fähigkeiten wird jedoch im Rahmen dieser Theorieansätze bisweilen vorgetragen (z. B. Woodward et al., 2007): Während basale Prozesse des Lernens aufgrund statistischer Information (s. Abschn. 14.2.1) sowie des Lernens aufgrund von eigenen Interventionen (s. Abschn. 14.3.3) weit verbreitet sind im Tierreich, verfügen nur Menschen über die Fähigkeit, diese Lernprozesse beim kausalen Lernen zu integrieren und unbeobachtete Entitäten zu postulieren, die sowohl die statistische Struktur der beobachtbaren Phänomene erklären als auch durch unsere Handlungen beeinflussbar sind. Empirisch wird hierbei auf Befunde verwiesen, die nahelegen, dass selbst Menschenaffen nicht über ein flexibles, abstraktes und bereichsübergreifendes Konzept von »Ursache« verfügen: über einen Begriff von etwas, das etwas anderes, die Wirkung, geschehen macht, das wir genauso wie andere, wo dies praktisch möglich ist, durch unsere Handlungen manipulieren können und damit indirekt auf die Wirkung einwirken (Penn et al., 2008; Tomasello & Call, 1997; s. auch Abschn. 14.3.3).

14.4.4 Theorien grundlegender kognitiver Unterschiede von Mensch und Tier

Ähnlich wie die These, der Kern humanspezifischer kognitiver Fähigkeiten liege darin, dass nur Menschen einen Begriff unbeobachteter Entitäten und Ursachen hätten, betonen einige zeitgenössische theoretische Ansätze vor allem recht grundlegende kognitive Unterschiede zwischen Mensch und Tier.

Spezifisch menschliches Denken I: Kompositionalität, Generativität und Systematizität

Penn et al. (2008) argumentieren, dass sich die repräsentationalen Tiefenstrukturen menschlicher und nicht-menschlicher Kognition radikal unterscheiden. Ihrer Theorie zufolge verfügen viele Spezies über kognitive Repräsentationen von Gegenständen in ihrer Umwelt, deren Eigenschaften und Relationen zueinander sowie von statistischen Mustern und Regelmäßigkeiten. Bei allen nicht-menschlichen Tieren jedoch bleiben diese Repräsentationen inhaltlich beschränkt auf wahrnehmbare Gegenstände und Relationen. Tiere bilden im Gegensatz zu Menschen keine Repräsentationen von Relationen höherer Ordnung. Formal fehlen dem nicht-menschlichen Denken einige für menschliches Denken zentrale Aspekte:

- **Kompositionalität:** Komplexe Gedanken (etwa »der Stuhl ist rot und groß«) setzen sich aus einfacheren Elementen (»Stuhl«, »rot«, »groß«) zusammen, und ihre Bedeutung ergibt sich aus den Bedeutungen der Elemente sowie ihrer Zusammensetzung.
- **Generativität:** Aus endlich vielen Elementen lassen sich unendlich viele komplexe Gedanken zusammensetzen.
- **Systematizität:** Begriffe sind flexibel und systematisch anwendbar: Wer beispielsweise den Gedanken »Peter küsst Maria« denken kann, muss auch in der Lage sein, »Maria küsst Peter« zu denken.

Der Theorie zufolge zeigen sich diese Aspekte flexiblen und abstrakten Denkens bereits früh in der menschlichen kognitiven Entwicklung. Alle bisherigen Befunde mit Primaten und anderen Tieren jedoch lassen sich problemlos sparsamer interpretieren als Ausdruck einfacherer kognitiver Prozesse. Diese Theorie stellt somit eine weitere Version eines Zwei-Prozess-Modells dar, in dem System 1 (beschränkt auf Repräsentationen von Relationen erster Ordnung, die außerdem nah am Wahrnehmbaren bleiben) die kognitive Gemeinsamkeit von Menschen und Tieren abbildet, aber System 2 (gekennzeichnet durch Kompositionalität etc.) dem Menschen vorbehalten bleibt.

Spezifisch menschliches Denken II: Rekursion

In ähnlicher Weise haben Hauser et al. (2002) vorgeschlagen, ausschließlich menschliche Kognition sei gekennzeichnet durch die Fähigkeit zur Rekursion. Rekursive Operationen sind dabei, grob gesprochen, solche, die auf die Produkte einer vorherigen Anwendung ihrer selbst wiederum anwendbar sind und die somit mit endlichen Mitteln die Möglichkeit eröffnen, potenziell unendlich viele und hierarchisch strukturierte Repräsentationen hervorzubringen. Diese Tiefenstruktur menschlicher Kognition zeigt sich den Autoren zufolge vor allem in der Fähigkeit, bestimmte Formen grammatischer Regeln (Regeln der Kombination von Elementen) zu lernen, über die bereits Säuglinge verfügen, für die es bislang jedoch keine Belege bei anderen Primaten gibt. Es handelt sich hierbei um Regeln der Form $A_1A_2A_3B_1B_2B_3$, $A_1A_2A_3A_4B_1B_2B_3B_4$ etc., wo auf eine Anzahl n von Vorkommnissen eines Elements (A) genauso viele Vorkommnisse eines anderen Elements (B) folgen, und zwar für beliebige n. Diese Regeln sind nur mit sogenannten »Phrasenstrukturgrammatiken« beschreibbar, erfordern rekursive Prozesse und sind für die Grammatiken menschlicher Sprachen ein entscheidendes Element.

Die Fähigkeit zu rekursiven Operationen zeigt sich nach Hauser et al. jedoch möglicherweise auch viel grundsätzlicher in recht verschiedenen Bereichen. So erfordert numerisches Denken ein Verständnis der natürlichen Zahlen, deren Reihe sich potenziell unendlich durch die rekursive Nachfolgerfunktion ($x \rightarrow x + 1$) fortsetzen lässt (wenn man eine Zahl x hat, so lässt sich durch Hinzufügen von 1 eine neue Zahl, die Nachfolgerzahl, erzeugen. Aus dieser wiederum lässt sich durch Anwendung der Operation »+ 1« eine neue Zahl erzeugen etc.; s. Abschn. 14.3.4). Vielleicht verfügen nur Menschen über wirkliches numerisches Denken, so der Vorschlag, weil nur sie über rekursive Operationen verfügen.

Ein weiterer Bereich, der eine rekursive Struktur aufweist, ist die Zuschreibung intentionaler Zustände. Jeder beliebige Sachverhalt, den man beschreiben kann (z. B. »es schneit«), lässt sich als Gehalt eines intentionalen Zustands einer Person zuschreiben (z. B. »Peter glaubt, dass es schneit«); und dieser Prozess lässt sich potenziell endlos fortsetzen (z. B. »Miriam glaubt, dass Peter glaubt, dass es schneit« usw.). Vielleicht entwickeln also nur Menschen eine komplexere »Theory of Mind«, weil nur Menschen über die notwendigen Fähigkeiten der Rekursion verfügen.

14.4.5 Die Theorie kulturellen Lernens

Eine letzte Theorie schließlich integriert Einsichten aus der vergleichenden Kognitionsforschung und Entwicklungspsychologie mit Ideen aus der Kulturpsychologie in der Tradition von Lew Vygotskij und Jerome Bruner (z. B. Tomasello, 1999).

Menschen und Tiere: Kognitive Gemeinsamkeiten und Unterschiede

Diese Theorie geht zwar von grundlegenden Gemeinsamkeiten in der anfänglichen Entwicklung allgemeiner kognitiver Fähigkeiten von Menschen und anderen Spezies, vor allem Primaten, aus. Jedoch liegt der Kern spezifisch menschlicher Kognition nach dieser Theorie in humanspezifischen Formen sozialer Kognition, die sich spätestens ab dem 2. Lebensjahr entwickeln (s. Abschn. 14.3.6).

Spezifisch menschliche soziale Kognition als Grundlage von Kultur und Spracherwerb

Diese spezifisch menschlichen sozial-kognitiven Fähigkeiten ermöglichen Menschen und nur Menschen die Entwicklung von Kooperation, den Erwerb symbolischer Kommunikation und die Teilhabe an kulturellem Lernen: Der Grund dafür, dass Menschen und nur Menschen eine Sprache erwerben, liegt nicht etwa in erster Linie darin, dass nur sie über bestimmte artikulatorische oder grammatische Kompetenzen verfügen. Vielmehr liegt er darin, dass nur Menschen einander in bestimmter Weise verstehen: nämlich als Wesen mit subjektiven intentionalen Zuständen, die man teilen kann, als Wesen, mit denen man gemeinsame intentionale Einstellungen bilden, mit denen man gemeinsam handeln und kommunizieren kann.

Kultur und Sprache als Grundlage höherer kognitiver Fähigkeiten

Die Teilhabe an Kultur und der Erwerb einer Sprache und anderer Symbolsysteme wiederum ermöglicht die Transformation basaler kognitiver Strukturen, die Entwicklung neuer kognitiver Fähigkeiten, die ohne Sprache nicht denkbar wären (z. B. Tomasello, 1999; Tomasello & Rakoczy, 2003).

Ähnlich wie die Theorie repräsentationaler Neubeschreibung (s. Abschn. 14.4.2) geht diese Theorie also davon aus, dass kognitive Fähigkeiten, die anfänglich Menschen und anderen Spezies gemein sind, in der nachfolgenden menschlichen Ontogenese in einzigartig menschliche Fähigkeiten transformiert werden. Im Gegensatz zur Theorie repräsentationaler Neubeschreibung jedoch spielen in der Theorie des kulturellen Lernens bei der Transformation anfänglich elementarer in höhere kognitive Fähigkeiten soziale und kulturelle Prozesse eine entscheidende Rolle: Es sind sozial geteilte, kulturell vermittelte Handlungsformen, allen voran eine Sprache und andere Symbolsysteme, die aus einfachen Fähigkeiten, etwa im Bereich numerischer Kognition, die Entwicklung voller numerischer Fähigkeiten ermöglichen – ähnlich wiederum wie in neueren Kernwissenstheorien (s. Abschn. 14.4.1).

Unter der Lupe

Kognitive und sozial-kognitive Fähigkeiten bei Kindern und Menschenaffen im direkten Vergleich

In der bisher größten systematischen Vergleichsstudie zu kognitiven Fähigkeiten in verschiedenen Bereichen bei menschlichen Kleinkindern und bei Menschenaffen haben Herrmann et al. (2007) große Stichproben von Kindern im Alter von 2½ Jahren (in einem Alter, wo Kinder noch dabei sind, kompetente Sprecher einer Sprache zu werden) und zwei Spezies von Menschenaffen (Schimpansen und Orang-Utans) mit einer großen Testbatterie untersucht. Es wurden einerseits eine Vielzahl von Aufgaben zum Verständnis von Raum, Zeit, Kausalität, Mengen verwendet – grob gesprochen Aufgaben zu allgemeinen kognitiven Fähigkeiten und zum Verständnis der physikalischen Welt (wie sie etwa in den Abschnitten 14.3.1 bis 14.3.5 beschrieben wurden). Andererseits wurden Tests verwendet, die sozial-kognitive Fähigkeiten erfordern, etwa das Verstehen der Perspektiven anderer, die Fähigkeit zu Kommunikation oder Kooperation.

Während Menschenaffen und menschliche Kinder weitgehend ähnliche Leistungen bei Aufgaben zum Verständnis der physikalischen Welt zeigten, fanden sich gravierende Unterschiede in den sozial-kognitiven Aufgaben, bei denen die Kinder wesentlich besser abschnitten als die Menschenaffen (s. Abb. 14.6).

Von den Autoren wird diese Studie im Sinne der Theorie kulturellen Lernens interpretiert: Menschen und Menschenaffen verfügen anfänglich über recht ähnliche Fähigkeiten, wenn es um allgemeine Kognition und das Verstehen der physikalischen Welt geht. Der zentrale Unterschied liegt in einzigartig menschlichen sozial-kognitiven Fähigkeiten. Diese ermöglichen Teilhabe an Kultur, Erwerb von Sprache, was wiederum, wenn Kinder eine gewissen Sprachkompetenz erworben haben (nach dem hier getesteten Alter also) zu einer Weiterentwicklung der mit anderen Primaten geteilten basalen kognitiven Fähigkeiten führt.

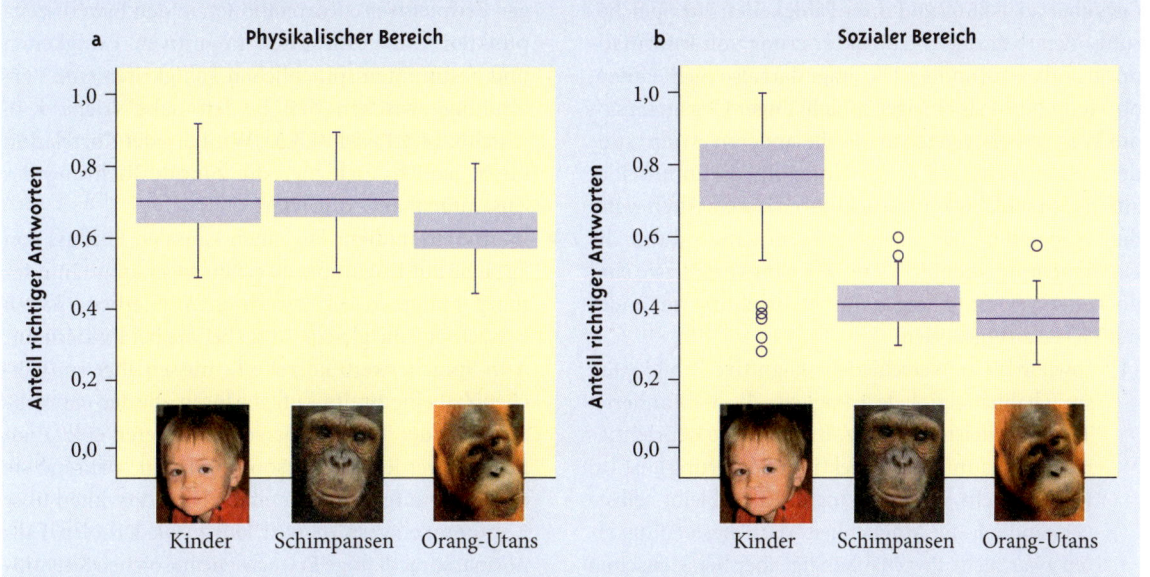

Abbildung 14.6 Performanz von Kindern, Schimpansen und Orang-Utans bei Aufgaben zu physikalischer Kognition (**a**) und sozialer Kognition (**b**) in der Studie von Herrmann et al. (2007)

Denkanstöße

Diskutieren Sie die im Abschnitt 14.4 vorgestellten Theorien im Verhältnis zueinander, und im Bezug auf die im Abschnitt 14.3 vorgestellten Befunde: Welche der Theorien kann welche der Befunde besser bzw. schlechter erklären?

14.5 Vorsprachliche Kognition und Sprache

In welchem Verhältnis stehen nun aber vor- bzw. nichtsprachliche Kognition und Sprache? Die Frage nach dem Zusammenhang von Denken und Sprache hat in verschiedenen kognitionswissenschaftlichen Disziplinen eine lange Tradition und gegenwärtig wieder Konjunktur. Aus psychologischer Sicht stellt sich die Frage nach der Rolle der Sprache beim Denken in zweierlei Form:

▶ Welchen Einfluss hat der Erwerb von Sprache an sich auf Denken? Daraus ergibt sich die empirisch testbare Frage: Unterscheidet sich die Kognition von Individuen, die einer Sprache (egal welcher) mächtig sind, von denen, die dies nicht sind?
▶ Welchen Einfluss hat der Erwerb einer *bestimmten* Sprache auf Denken? Die empirische testbare Frage ist hier: Unterscheiden sich Individuen, die verschiedener Sprachen mächtig sind, auf Arten und Weisen voneinander, die sich direkt auf Unterschiede in den Sprachen zurückführen lassen?

14.5.1 Die Effekte von Sprache an sich auf das Denken

Artvergleichende Studien

Zur Beantwortung der ersten Frage lassen sich vergleichende Studien mit anderen Tieren nur bedingt einsetzen. Die Welt präsentiert sich verschiedenen Tieren aufgrund ihrer unterschiedlichen Wahrnehmungsapparate, aber auch aufgrund ihrer Fähigkeiten zur Speicherung, Verarbeitung und Strukturierung von Information, grundlegend anders. Die Frage darf also nicht lauten, ob Menschen – als einziger sprachfähiger Organismus – die Welt anders verstehen als alle anderen Arten, sondern ob sich ein Teil dieser Unterschiede unmittelbar auf die Sprachfähigkeit zurückführen lassen. Auch wenn die Frage in ihrer allgemeinsten Form schwer durch die Untersuchung anderer Tiere zu beantworten ist, sind doch zwei relevante Fragen durch Forschung mit anderen Tieren zu ergründen:

(1) Inwieweit sind verschiedene kognitive Fähigkeiten sprachabhängig? Jede Fähigkeit, die von anderen Tieren gemeistert wird (z. B. komplexe Reorientierung im Raum oder Objektindividuierung), ist im Prinzip nicht sprachabhängig. Es verbleibt selbstverständlich die Möglichkeit, dass diese Fähigkeiten zwar nicht sprachabhängig, aber bei Menschen auch nicht vollständig sprachunabhängig sind. Diese interessante Kombination von Einflüssen ist wahrscheinlich recht häufig (s. u.).

(2) Ruft das Antrainieren eines symbolischen Kommunikationssystems bei anderen Arten menschenähnliche Kognition hervor? Mehrere Projekte versuchten beispielsweise verschiedenen Menschenaffen Symbolsysteme beizubringen, mit denen sie mit ihren menschlichen Vertrauten kommunizieren können. In der Tat zeigen z. B. Schimpansen oder Bonobos, die von jungen Jahren an von Menschen aufgezogen wurden, art-untypisch menschenähnliche Fähigkeiten vor allem in den Bereichen des sozialen Lernens und der Kommunikation (Tomasello & Call, 2004). Die Frage, welche dieser Effekte auf den Erwerb von symbolischen Systemen und welche auf andere Faktoren des menschlichen Umfeldes zurückzuführen sind, bleibt dabei jedoch offen.

Entwicklungspsychologische Studien mit Menschen

Der produktivere Ansatz zur Erforschung der Effekte von Sprache an sich ist jedoch der Vergleich verschiedener menschlicher Individuen untereinander, die sich in der Ausprägung ihrer Sprachfähigkeit oder im Ausmaß ihres Sprachgebrauchs unterscheiden. Vier Arten von Studien sind hierbei relevant:

▶ **Korrelationsstudien:** In der Kindheitsentwicklung legen beispielsweise Korrelationen in den Erwerbszeitpunkten von bestimmten kognitiven Fähigkeiten und bestimmten sprachlichen Fähigkeiten eine Verbindung zwischen den beiden nahe (siehe z. B. Abschn. 14.3.1 und 14.3.5). Wie bei jeder Korrelation bleibt jedoch auch hier die kausale Richtung des Zusammenhangs ungeklärt.

▶ **Interferenzstudien:** Für einen kausalen Einfluss von Sprache auf Kognition sprechen sogenannte Interferenzparadigmen bei Erwachsenen. Hierbei erhalten Erwachsene die gleiche Aufgabe, die bei Kindern mit dem Spracherwerb korreliert, müssen aber zur gleichen Zeit eine zweite Aufgabe lösen, die den »Sprachapparat« der Versuchsperson blockieren soll. Zum Beispiel werden Testpersonen gebeten, während sie die Hauptaufgabe lösen, einen Text, der ihnen über Kopfhörer eingespielt wird, laut zu wiederholen. Falls normal sprachfähige Erwachsene in solchen Situationen wie vorsprachliche Kinder abschneiden, verstärkt dies den Eindruck, dass der normale Sprachgebrauch in der erfolgreichen Lösung der kognitiven Aufgabe eine entscheidende Rolle spielt. Entsprechende Befunde gibt es beispielsweise im Bereich Raumkognition (s. Abschn. 14.3.5) oder Theory of Mind (Newton & de Villiers, 2007).

▶ **Trainingsstudien:** In solchen Studien werden Kinder mit noch limitierten Fähigkeiten einem sprachlichen Training unterzogen. Hierbei ist wichtig, dass im Training einzig und allein die relevanten sprachlichen Fähigkeiten, nicht aber die kognitiven Fähigkeiten direkt geübt werden. Wenn ein solches Training dann eine Verbesserung der kognitiven Fähigkeiten nach sich zieht, stützt dies den Eindruck, dass der Erwerb relevanter sprachlicher Fähigkeiten bestimmte kognitive Fähigkeiten direkt fördert. Zum Beispiel lassen sich bei 3-jährigen Kindern durch das Trainieren sprachlicher Konstruktionen wie »denken, dass …« oder »wissen, dass …« die Theory-of-Mind-Fähigkeiten verbessern (Lohmann & Tomasello, 2003).

▶ **Studien mit Gehörlosen:** Die vielleicht aufschlussreichsten Befunde kommen von Menschen mit eingeschränkter sprachlicher Kompetenz. Eine solche Population sind gehörlose Kinder ohne Zugang zu einer strukturierten Gebärdensprache. Ohne Gehör und ohne Sprecher einer Gebärdensprache in ihrem unmittelbaren Umfeld entwickeln diese Kinder keine komplexe Sprache. Sie entwickeln jedoch ein rudimentäres Gebärdensystem. Ein berühmtes Beispiel einer solchen Population ist die erste Generation von Sprechern einer neuen Gebärdensprache in Nicaragua. In der Tat schneiden Mitglieder der ersten Generation in einigen kognitiven Aufgaben (z. B. »false belief«-Aufgaben) schlechter ab als Mitglieder der zweiten Generation, die eine komplexere Variante der gleichen Gebärdensprache erworben haben (Pyers & Senghas, 2009). Einen etwas subtileren Vergleich bieten gehörlose Kinder gehörloser Eltern (Gebärdensprache ist die Muttersprache) und gehörlose Kinder hörender Eltern (die sprachlich stark eingeschränkt sind, da sie zunächst weder eine Gebärdensprache noch eine gesprochene Sprache als Muttersprache kompetent erwerben). Auch hier ist der Erwerb von Überzeugungskonzepten bei gehörlosen Kindern hörender Eltern in etwa so stark verzögert wie ihre Sprachentwicklung, während gehörlose Kinder gehörloser Eltern in ihrer Theory-of-Mind-Entwicklung unbeeinträchtigt sind (Peterson & Siegal, 1995).

14.5.2 Die Effekte verschiedener Sprachen auf das Denken

Sapir-Whorf-Hypothese. Die Hypothese, dass Sprecher verschiedener Sprachen sich in ihrer Kognition unterscheiden, wird in der Regel als Whorf- oder Sapir-Whorf-Hypothese bezeichnet. Sie besteht aus drei Teilen:
(1) Sprachen unterscheiden sich in Struktur und Inhalt.
(2) Die Struktur der eigenen Sprache beeinflusst die Wahrnehmung der eigenen Umwelt.
(3) Deshalb nehmen Sprecher verschiedener Sprachen ihre Umwelt unterschiedlich wahr.

Der erste Teil der Hypothese (1) wurde in den letzten Jahren immer deutlicher bestätigt (Evans & Levinson, 2009). Sprachen unterscheiden sich auf der strukturellen (z. B. haben manche Sprachen keine grammatikalischen Zeiten, manche haben sieben) wie auch auf der inhaltlichen Ebene (z. B. unterscheiden manche Sprachen zwischen den Farben Blau und Grün, andere nicht). Bezüglich der zentralen Behauptung der Whorf-Hypothese (2 und 3) sind in den letzten Jahren in vielen verschiedenen Domänen Korrelationen zwischen sprachlichen und kognitiven Präferenzen verschiedener menschlicher Kulturen beschrieben worden. Sprache und Kognition kovariieren im Vergleich der Kulturen z. B. bezüglich der Farbwahrnehmung, der Mengenunterscheidung und der Raumkognition.

Interpretation der Befundlage. Alle diese Ergebnisse sind jedoch umstritten. In manchen Bereichen ist die Datenlage sehr deutlich, wie z. B. im Bereich der numerischen Kognition. Während analoge approximative Größenschätzung im Tierreich weit verbreitet, kulturuniversal und sprachunabhängig ist, erschließt sich die präzise Berechnung großer Mengen nur durch das entsprechende sprachliche System (s. Abschn. 14.3.4). In anderen Bereichen ist die Datenlage wesentlich komplexer und gemischter, z. B. im Bereich der Farbwahrnehmung. Neuere Analysen legen vor dem Hintergrund solch gemischter Befunde ein differenzierteres Bild nahe: Menschliche Farbwahrnehmung wird einerseits durch den Sprachgebrauch des Individuums beeinflusst; gleichzeitig aber werden die möglichen Varianten durch sprachunabhängige, universelle Eigenschaften der menschlichen Farbwahrnehmung eingeschränkt (Regier & Kay, 2009). Ähnliche Ergebnisse finden sich auch in den Bereichen der Raumkognition (Haun et al., 2006; s. Abschn. 14.3.5). Sprache beeinflusst menschliche Kognition, so das Fazit, aber im Rahmen universeller Einschränkungen.

> **Zusammenfassung**
>
> ▶ Menschen teilen viele basale kognitive Fähigkeiten mit anderen Spezies. Diese Fähigkeiten entwickeln sich früh, bereits vorsprachlich in der menschlichen Ontogenese. Und sie entwickeln sich in ähnlicher Weise bei anderen Tieren, vor allem bei den nächsten Verwandten, Menschenaffen und anderen Primaten (wo sie wahrscheinlich gemeinsamen evolutionären Ursprungs sind), aber teilweise auch bei weniger nah verwandten Spezies wie Vögeln oder Delfinen (wo diese Fähigkeiten phylogenetisch unabhängig voneinander, in konvergenter Evolution entstanden sind).

- Solche kognitiven Gemeinsamkeiten finden sich unter anderem in bereichsübergreifenden Fähigkeiten wie Gedächtnis, Lernen und Problemlösen, aber auch in bereichsspezifischen kognitiven Fähigkeiten wie einem basalen Verständnis von Objekten, Mengen oder Kausalität, manchen Formen von Raumkognition sowie einfachen Formen sozialer Kognition.
- Bereits in der frühen kognitiven Entwicklung zeigen sich jedoch neben diesen Gemeinsamkeiten auch tief greifende kognitive Unterschiede zwischen menschlichen Kindern und anderen Tieren. Vor allem im Bereich sozialer Kognition entwickeln menschliche Kinder früh kognitive Fähigkeiten, die humanspezifisch zu sein scheinen. Aber auch in anderen Bereichen wie numerischer Kognition oder manchen Formen von Gedächtnis hebt sich menschliche kognitive Entwicklung früh von der anderer Tiere ab.
- Verschiedene theoretische Ansätze erklären diese Gemeinsamkeiten und Unterschiede in unterschiedlicher Weise: Manche Theorien gehen davon aus, dass der menschliche Geist von vornherein grundlegend anders strukturiert ist als der anderer Tiere. Andere hingegen gehen davon aus, dass Menschen und andere Tiere die meisten kognitiven Fähigkeiten teilen, dass Menschen evolutionär aber einige wenige zusätzliche Fähigkeiten entwickelt haben. Schließlich gehen manche Theorien davon aus, dass die Unterschiede in basalen kognitiven Fähigkeiten zwar anfänglich recht geringfügig sind, die spezifisch menschlichen sozial-kognitiven Fähigkeiten jedoch Menschen ontogenetisch die Entwicklung von Kultur und Sprache ermöglichen, die wiederum nachfolgend den großen Unterschied ausmachen, da sie die vorsprachlichen kognitiven Fähigkeiten radikal transformieren.

Weiterführende Literatur

Carey, S. (2009). The origin of concepts. New York, NY: Oxford University Press; US. *Ausführlicher Überblick über Befunde zu kognitiven Fähigkeiten bei Säuglingen und nicht-menschlichen Primaten aus der Sicht der Theorie des Kernwissens.*

Gentner, D. & Goldin-Meadow, S. (2003). (Eds.). Language in mind. Advances in the study of language and thought. Cambridge, MA: MIT Press. *Weiterführende State-of-the-Art-Artikelsammlung zum Zusammenhang von Denken und Sprache.*

Karmiloff-Smith, A. (1992). Beyond modularity: A developmental perspective on cognitive science. Cambridge, MA: MIT Press. *Sehr lesbar, ausführliche Darstellung der Theorie repräsentationaler Neubeschreibung.*

Penn, D.C., Holyoak, K.J. & Povinelli, D.J. (2008). Darwin's mistake: Explaining the discontinuity between human and nonhuman minds. Behavioral and Brain Sciences, 31 (2), 109–130. *Weiterführender Artikel zu tiefgreifenden kognitiven Unterschieden zwischen Menschen und anderen Tieren.*

Tomasello, M. (1999). The cultural origins of human cognition. Cambridge, MA: Harvard University Press; US. *Sehr lesbare Einführung in die Theorie kulturellen Lernens mit ausführlichem Überblick über frühkindliche kognitive Fähigkeiten im Vergleich zu denen nichtmenschlicher Primaten.*

15 Wahrnehmung und Motorik

Horst Krist • Michael Kavšek • Friedrich Wilkening

15.1 Wahrnehmung
    15.1.1 Riechen, Schmecken und die Hautsinne
    15.1.2 Hören
    15.1.3 Sehen
    15.1.4 Intermodale Wahrnehmung
    15.1.5 Analytische und holistische Wahrnehmung

15.2 Motorische Fähigkeiten und Fertigkeiten
    15.2.1 Entwicklung der Auge-Hand-Koordination im ersten Lebensjahr
    15.2.2 Weitere Entwicklung der Visumotorik
    15.2.3 Entwicklung motorischer Fähigkeiten über die Lebensspanne

Oben: Anordnung zur Überprüfung der bildhaften Tiefenwahrnehmung. Greift das Baby nach dem rechten Spielzeug, wird geschlossen, dass es dieses Spielzeug als näher wahrnimmt.
Unten: Ein autostereoskopischer Monitor zeigt ein Zufallspunktestereogramm, in dem ein Quadrat vor der Monitoroberfläche zu schweben scheint. Das Quadrat sieht man nur, wenn das beidäugige Tiefensehen funktioniert. Beobachtet wird, ob und wie lange das Baby das Quadrat fixiert

Samuel steht vor der Wahl: Nach welchem der Nilpferde soll er greifen? Die beiden Spielzeuge sind auf ein Muster geklebt, das eine sich in die Tiefe erstreckende Fläche suggeriert. Daher erscheint das untere Spielzeug näher als das obere. Wenn Samuel immer wieder versucht, das untere Nilpferd zu erhaschen, kann man darauf schließen, dass er den Tiefeneffekt erkennt und entsprechend darauf reagiert. Moritz schaut auf einen speziellen Monitor: Kann er das in dem Geflimmer des Bildschirms versteckte Quadrat entdecken? Das Quadrat kann man nur erkennen, wenn das beidäugige Tiefensehen funktioniert. Tatsächlich fangen Babys in den ersten Lebensmonaten an, die unterschiedlichsten Tiefensignale unserer Umwelt wahrzunehmen und für ihr Handeln zu verwenden. Sie legen eine erstaunliche Fähigkeit an den Tag, ihre rasant auftauchenden Wahrnehmungs- und motorischen Leistungen immer wieder neu aufeinander abzustimmen. Die Entwicklung von Wahrnehmung und Motorik sowie ihr Zusammenspiel sind das Thema des vorliegenden Kapitels.

15.1 Wahrnehmung

Kann ein Neugeborenes sehen, hören, riechen, schmecken? Ab wann kann ein Kind die einströmende Reizinformation in sinnvolle Muster organisieren? Wann kann es beispielsweise Gesichter erkennen, sprachliche Laute unterscheiden, und wann kann es die Gefahr eines tiefen Abgrundes oder eines herannahenden Objekts wahrnehmen? Diese Fragen machen deutlich, dass das Studium der Wahrnehmungsentwicklung von eminent praktischer Wichtigkeit ist.

Neue Verfahren und Erkenntnisse. Die Erforschung der Wahrnehmung bei Kindern, besonders in den ersten Lebensjahren, ist nicht so leicht, wie man zunächst denken könnte. Einem Erwachsenen kann man ein »A« in verschieden großen Abständen und Lichtverhältnissen zeigen und fragen, was er sieht. Solche Methoden funktionieren nicht mit Kindern im vorsprachlichen Alter. Hier muss man sich etwas anderes einfallen lassen. Erst in den letzten Jahrzehnten ist es in der Entwicklungspsychologie gelungen, durch zum Teil geniale experimentelle Verfahren einen Einblick in die Wahrnehmungswelt des Säuglings zu erhalten.

Die mit diesen neuen Techniken gewonnenen Erkenntnisse haben unser Wissen über die Entwicklung der Wahrnehmung entscheidend verändert. Glaubte man noch bis in die Mitte des vergangenen Jahrhunderts, dass ein Baby seine Umgebung überhaupt nicht oder nur in äußerst vernebelter und unstrukturierter Form wahrnehmen könne, so stellt sich uns heute ein Bild des »kompetenten Säuglings« dar, der zwar sofort bei der Geburt noch nicht alles, aber schon bald danach vieles fast wie ein Erwachsener wahrnehmen kann. Vorwissenschaftliche Meinungen mussten inzwischen vielfältigen objektiven Daten weichen.

Unter der Lupe

Untersuchungsmethoden in der Säuglingsforschung: Blickverfahren

Der rasche Erkenntnisgewinn der letzten Jahrzehnte in der Forschung zu den perzeptuellen und auch kognitiven Fähigkeiten von Kindern im ersten Lebensjahr wurde durch die Wiederentdeckung bzw. Entwicklung der Methode der spontanen Blickpräferenz und der Habituations-Dishabituations-Methode möglich.

Präferenzmethode. Die Methode der spontanen Blickpräferenz oder Präferenzmethode macht sich die Beobachtung zunutze, dass Säuglingen schon von Geburt an die Tendenz zu eigen ist, bestimmte visuelle Reize vor anderen zu bevorzugen. In der bekanntesten Version dieser Methode wird festgehalten, wie *lange* jeder der vorgelegten Reize betrachtet wird. Eine zweite Variante der Präferenzmethode ist die »forced-choice preferential looking (FPL)«-Technik, bei der die beiden Reize, die miteinander zu vergleichen sind, mehrmals hintereinander für einige wenige Sekunden gleichzeitig präsentiert werden. Es wird festgehalten, in wie vielen Versuchsdurchgängen, d. h. wie *oft* jeder der beiden Reize die Aufmerksamkeit des Babys mehr als der andere auf sich ziehen konnte. Bei der klassischen Präferenzmethode wird die relative Bevorzugung eines Reizes aus der auf ihn entfallenden relativen Anblickdauer abgelesen, bei der FPL-Methode hingegen aus der relativen Häufigkeit, mit der der Reiz bevorzugt wurde.

Habituations-Dishabituations-Methode. Für viele Reize zeigen Säuglinge aber keine spontane Bevorzugung. In diesem Falle kann man versuchen, eine temporäre Präferenz dadurch zu erzeugen, dass man das Baby an einen der Reize habituiert. Hierbei wird der Reiz so lange präsentiert, bis der Säugling das Interesse an ihm verloren hat. Allgemeiner Konsens ist, dass das Baby an diesem Punkt eine weitgehende Encodierung des Reizes vorgenommen hat, d. h. ein Gedächtnisbild konstruiert hat. Im Anschluss hieran wird die Dishabituationsphase gestartet, in der der Vergleichs- oder Dishabituationsreiz gezeigt wird. Wenn der Dishabituationsreiz zu einer Reaktivierung der Blickzuwendung, d. h. zu einem Wiederaufleben des Interesses, führt, geht man davon aus, dass das Baby den Unterschied zwischen diesem Reiz und dem Habituationsreiz bemerkt hat.

Schwerpunkte aktueller Forschung. Der rasante Methodenfortschritt hat dazu geführt, dass sich die Forschung immer mehr auf die ersten Lebensmonate verlagerte. Schätzungsweise 90 % der Untersuchungen zur Wahrnehmungsentwicklung beschäftigen sich ausschließlich mit Phänomenen im ersten Lebensjahr. Ein anderer Grund für diese Konzentration auf die frühe Phase liegt darin, dass die Wahrnehmung im weiteren Verlauf der Entwicklung immer mehr mit »höheren« kognitiven Prozessen verwoben und somit schwer isoliert davon zu untersuchen ist. Bei den Sinnesmodalitäten ist ein deutliches Ungleichgewicht der Forschung zugunsten des Sehens erkennbar, was angesichts der verbreiteten Ansicht, dass dies beim Menschen der wichtigste Kanal zur Informationsaufnahme ist, nicht besonders verwundern mag. Diese Schwerpunktsetzungen der aktuellen Forschung – auf dem ersten Lebensjahr einerseits und dem Gesichtssinn andererseits – spiegeln sich auch in der folgenden Darstellung der Wahrnehmungsentwicklung wider.

Sinnesempfindung und interpretierende Wahrnehmung. Unter allen interessanten psychischen Phänomenen sind die Funktionen und Prozesse der Wahrnehmung wohl diejenigen, die am frühesten vorhanden sind und sich am schnellsten entwickeln. Die verfügbaren Daten vermitteln den Eindruck, dass wesentliche Bereiche der Wahrnehmung schon im ersten Lebensjahr weitgehend ausgebildet sind. Unterschiede zur Funktionsweise im Erwachsenenalter scheint es dann kaum mehr zu geben. Diese Aussage ist allerdings überpointiert und muss in den folgenden Abschnitten relativiert werden. Dazu ist es zunächst sinnvoll, zwischen Sinnesempfindungen und Wahrnehmungen zu unterscheiden.

> **Definition**
>
> Die **Sinnesempfindung** (»sensation«) ist der elementare Prozess der Reizaufnahme und -registrierung, z. B. das Sehen der Farbe Orange. Die **Wahrnehmung** (»perception«) ist demgegenüber der höhere Prozess der Organisation und Interpretation der Reizinformation, z. B. das Sehen einer Orange als Objekt, vielleicht sogar als eines essbaren oder werfbaren Objekts.

Unsere verschiedenen Sinne scheinen sich darin zu unterscheiden, wie viel Spielraum sie für eine Interpretation der Reizinformation geben. Dieser scheint bei den sogenannten niederen Sinnen wie Schmecken, Riechen und Schmerzempfindungen relativ gering, beim Hören und Sehen dagegen beträchtlich hoch. Je höher die Anteile einer organisierenden und interpretierenden Wahrnehmung in einem Sinnessystem sind, desto interessanter ist der Entwicklungsverlauf.

15.1.1 Riechen, Schmecken und die Hautsinne

Bei der Frage, was Kleinkinder wirklich wahrnehmen, denkt man zuerst an das Sehen und dann vielleicht noch an das Hören. Oft wird vergessen, dass wir auch über das Riechen, das Schmecken und die Berührung wichtige Informationen über die Welt erhalten. Wie ist dies beim Neugeborenen und wie entwickelt sich die Wahrnehmung in diesen Bereichen? Zwar gibt es hierzu relativ wenige Untersuchungen, doch die Datenlage ist klarer als in den anderen Bereichen. Wir wollen daher die wichtigsten Befunde nur kurz auflisten. Dabei sollte aber nicht vergessen werden, dass diese Sinne eine größere Bedeutung haben, als ihnen meistens zugemessen wird, denn sie liefern Informationen, die für das Überleben des Säuglings bestimmend sein können.

Die wenigen Untersuchungsdaten, die wir haben, lassen den allgemeinen Schluss zu, dass Kinder bezüglich der niederen Sinne mit einer beachtlichen Grundausstattung auf die Welt kommen. Fähigkeiten der Reizregistrierung und der wichtigsten Differenzierungen sind in diesen Bereichen schon in den ersten Lebenstagen entwickelt. Aber wie können wir feststellen, ob ein Neugeborenes beispielsweise verschiedene Gerüche unterscheiden kann? Dies ist relativ einfach. Man hält dem Kind einen in bestimmter Weise riechenden Wattebausch unter die Nase und beobachtet den Gesichtsausdruck und die Atemfrequenz(änderung) und registriert, ob das Kind Abwehr- oder Annäherungsreaktionen zeigt. Diese Verhaltensmaße sind in diesem Bereich meistens aufschlussreich genug. In analoger Weise werden sie auch bei der Untersuchung der Geschmacks-, Schmerz- und Temperaturwahrnehmung erhoben.

Geruchssinn. Bereits Neugeborene differenzieren offenbar zwischen verschiedenen Gerüchen. Sie zeigen positive Gesichtsausdrücke beim Riechen von Erdbeer-, Bananen- und Vanilleduft und negative als Reaktion auf faule Eier und Fisch. Diese Sensitivität wird innerhalb der ersten fünf Lebenstage noch ausgeprägter und differenzierter. Gegen Ende der ersten Woche können Babys den Brustgeruch ihrer Mutter von dem anderer Frauen unterscheiden, und mit zwei Wochen können sie sogar bei fremden Müttern zwischen dem Brustgeruch stillender und nicht stillender Frauen differenzieren. Genauso früh zeigen sie unterschiedlich lange Orientierungsreaktionen auf die Unterarmgerüche ihrer Mutter und ihres Vaters, was jedoch nur für gestillte Babys zu gelten scheint. Dies alles deutet darauf hin, dass Kinder schon sehr früh ihre engste Kontaktperson allein über den Geruchssinn erkennen können (Marlier et al., 1998).

Geschmackssinn. Auch die Geschmackswahrnehmung ist bereits bei der Geburt in wesentlichen Zügen vorhanden. Man könnte spekulieren, dass diese angeborene Fähigkeit das Kind vor der Einnahme lebensgefährlicher Stoffe schützen soll. Schon zwei Stunden nach der Geburt fand man bei Babys jeweils unterschiedliche Gesichtsausdrücke beim Schmecken süßer, salziger, saurer und bitterer Flüssigkeiten. Auch die Intensität und Geschwindigkeit des Saugens an einer Flasche variiert in Abhängigkeit vom Geschmack, zumindest auf der Süßedimension. Das Schmecken von Zucker (Saccharose und Glucose) scheint positive Affekte hervorzurufen und die Babys tendenziell zu beruhigen (Smith & Blass, 1996). Allerdings scheinen sich die Präferenzen auf und zwischen den einzelnen Dimensionen in den ersten Lebensmonaten leicht zu verändern. So akzeptieren und mögen Säuglinge mit vier Monaten salzigen Geschmack, den sie wenig früher noch verabscheut haben – was wieder durch Analysen des Gesichtsausdrucks beobachtbar ist.

Hautsinne. Unter den niederen Sinnen sind noch die Hautsinne zu diskutieren. Was die Schmerz- und Berührungsreize betrifft, brauchen wir keine ausgeklügelten wissenschaftlichen Untersuchungen, um zu zeigen, dass eine grundlegende Empfindlichkeit hierfür ebenfalls schon bei der Geburt vorhanden ist. Dies lässt sich aus einfachen Beobachtungen ableiten. Differenzierte experimentelle Untersuchungen zur Schmerzwahrnehmung im Kleinkindalter sind kaum vorhanden, was aufgrund der sich dabei stellenden ethischen Problematik nicht anders zu erwarten ist. Die angenehmere Seite der Hautsinne, das (passive und aktive) Fühlen und Berühren, ist in den ersten Monaten besonders wichtig für den Aufbau emotionaler Beziehungen zwischen dem Kind und seinen Bezugspersonen (vgl. Abschn. 7.3.4) und zur Erkundung von Objekten (vgl. Abschn. 15.1.4).

15.1.2 Hören

Das Hören gehört zweifellos zu unseren wichtigsten Sinnen. Hören können wir auch im Schlaf. Hören können wir über weite Entfernungen, und im Gegensatz zum Sehen ermöglicht uns die auditive Wahrnehmung, auch Ereignisse zu registrieren, die hinter oder neben uns geschehen. Am wichtigsten ist aber wohl, dass die Fähigkeit zu hören eine Grundvoraussetzung für die zwischenmenschliche Kommunikation über die Sprache und für die normale Sprachentwicklung ist (vgl. Kap. 18).

Reizunterscheidung im Mutterleib. Lange Zeit glaubte man, Kinder seien in den ersten Lebenstagen noch taub. Seit den 1980er-Jahren hat sich die Erkenntnislage entscheidend verändert. Neuere Untersuchungen haben gezeigt, dass Kinder nicht erst bei der Geburt, sondern schon im Mutterleib hören können. Wie kann man das feststellen? Ultraschallaufnahmen bieten eine Möglichkeit. Damit konnte man beobachten, dass der Fötus etwa ab der 28. Schwangerschaftswoche, also mehr als zwei Monate vor der Geburt, Lidschlagreaktionen bei der Darbietung akustischer Reize zeigt.

Psychologisch interessanter sind die Untersuchungen der Forschergruppe um DeCasper. In einem frühen Experiment konnten DeCasper und Fifer (1980) zeigen, dass Babys schon vier Tage nach der Geburt die Stimme ihrer Mutter vor anderen Stimmen bevorzugen. Dies legte die Vermutung nahe, dass Neugeborene akustische Ereignisse zu hören vorziehen, die ihnen aus der Zeit im Mutterleib bekannt vorkommen. Um dies zu prüfen, baten DeCasper und Spence (1991) werdende Mütter, in den letzten sechs Wochen der Schwangerschaft eine kurze Geschichte zweimal pro Tag laut zu lesen. Ein paar Tage nach der Geburt konnten dann die Kinder diese und eine andere, neue Geschichte über Tonband hören, wobei sie durch Veränderung der Saugfrequenz die Aufnahme ab- oder anstellen konnten. Die Kinder bevorzugten deutlich die Geschichte, welche die Mutter vor der Geburt vorgelesen hatte – und dies auch, wenn die beiden nach der Geburt gehörten Tonbandtexte von einer fremden Person gesprochen wurden.

Frühe Wahrnehmungskompetenzen. Kinder scheinen also bereits vor der Geburt nicht nur für den Klang menschlicher Stimmen, sondern auch unabhängig von spezifischen Stimmen für akustische Muster der Sprache sensitiv zu sein. Erstaunliche Kompetenzen zur Sprachwahrnehmung zeigen sich schon kurz nach der Geburt. Dies ist vor allem für die grundlegende Fähigkeit der Lautwahrnehmung nachgewiesen worden. Schon mit einem Monat erkennen Säuglinge Unterschiede zwischen einzelnen sprachlichen Lauten, und spätestens mit sechs Monaten scheinen sie zwischen sämtlichen Lauten, die es in allen Sprachen der Welt gibt, differenzieren zu können. Interessanterweise bleibt diese akustische Diskriminationsfähigkeit in der zweiten Hälfte des 1. Lebensjahrs nur noch für die Muttersprache erhalten; für alle anderen Sprachen geht sie verloren. Neuere Untersuchungen haben weitere erstaunliche Kompetenzen aufgezeigt, so die Fähigkeit von sieben Monate alten Babys, experimentell gelernte einsilbige Wörter in zusammenhängend dargebotener Sprache wiederzuerkennen.

Kategoriale Lautwahrnehmung. Ergebnisse wie diese haben Anlass zu Spekulationen gegeben, dass Kinder mit spezifischen Systemen für die Wahrnehmung sprachlicher Einheiten auf die Welt kommen. Die Annahme angeborener Mechanismen könnte die Geschwindigkeit erklären helfen, mit der Kinder die Sprache erwerben. Aus der Sicht der experimentellen Forschung zur Psychoakustik spricht besonders ein spezielles Phänomen für eine solche nativistische Sichtweise: das Phänomen der kategorialen Wahrnehmung von Lauten. Was wir als ein /b/ hören (den Laut »b«), kann physikalisch ein recht unterschiedlicher Reiz sein, je nachdem, welcher Vokal oder Konsonant folgt. Alle diese objektiv verschiedenen Laute fallen für uns jedoch spontan in ein und dieselbe Kategorie: /b/. Andererseits ist das, was wir bei /ba/ und /pa/ als ein /b/ oder als ein /p/ wahrnehmen, physikalisch sehr ähnlich; die beiden Laute unterscheiden sich nur in der sogenannten »voice onset time« (VOT), d. h. der Zeit, die vergeht, bis nach der Freigabe der Luft beim Öffnen der Lippen die Stimmbänder zu vibrieren beginnen. Diese Zeit kann man mit modernen Sprachproduktionsgeräten im Millisekundenbereich sehr fein und exakt kontinuierlich variieren. Dabei hören wir nicht einen kontinuierlichen Übergang vom einen Laut in den anderen, also eine ganze Palette leicht unterschiedlicher Lautversionen, sondern entweder ein /b/ oder, wenn die VOT einen kritischen Punkt überschreitet, ein /p/.

Interessant ist nun, dass eine kategoriale Wahrnehmung für verschiedene Laute schon im ersten Lebensmonat gefunden wurde. Ein geeignetes Verfahren für den Nachweis ist die Habituierungsmethode. So kann im oben genannten Beispiel von /ba/ und /pa/ die VOT während der Habituationsphase beliebig variieren. Solange sie unter der kritischen Schwelle bleibt, habituieren die Babys. Sie erkennen die verschiedenen Reize offenbar als ein und denselben Laut. Solche Daten machen die Annahme angeborener Mechanismen plausibel.

Die Forschung zeigt also, dass basale auditive Wahrnehmungsleistungen schon sehr früh vorhanden sind. Andererseits dauert die Entwicklung spezifischer auditiver Fähigkeiten relativ lange an. Ein Beispiel bildet die Hörschwelle von Babys, die noch im Alter von sechs Monaten etwa 10 bis 15 Dezibel über der von Erwachsenen liegt. Die Fähigkeit zur Unterscheidung unterschiedlicher Frequenzen und Zeitdauern von Tönen verbessert sich sogar bis ins Grundschulalter hinein.

Abbau auditiver Fähigkeiten im höheren Erwachsenenalter. Das Hören unterliegt im höheren Erwachsenenalter einem Abbauprozess, wobei hier Männer stärker betroffen sind. Der Hörverlust betrifft in der Regel zunächst die höheren Tonfrequenzen und breitet sich nach und nach auch auf tiefere Frequenzen aus. Diese Abbauprozesse, von denen auch die visuellen Fähigkeiten (s. Abschn. 15.1.3) sowie das Schmecken, das Riechen und die Berührungssensitivität betroffen sind, führen zu einer Reihe potenzieller Probleme, etwa einer Einschränkung von Sozialkontakten und der intellektuellen Leistungsfähigkeit.

15.1.3 Sehen

Wir kommen nun zum Kernstück aller Betrachtungen zur Wahrnehmungsentwicklung: der visuellen Wahrnehmung. Sie ist von so überragender Bedeutung und in der Forschung mit einem solchen Übergewicht behandelt worden, dass sie in vielen Texten mit Wahrnehmung schlechthin gleichgesetzt wird.

Sehschärfe und Kontrastsensitivität

Sehschärfe. Die Entdeckung des Präferenzverhaltens war ein Glücksfall für die Erforschung der Sehschärfe. Säuglinge bevorzugen natürlicherweise ein Streifenmuster aus Schwarz und Weiß gegenüber einer homogenen grauen Fläche. Man kann nun die Streifen immer feiner werden lassen und schauen, ab wann die Streifen nicht mehr signifikant länger betrachtet werden als die graue Fläche. Aus dem fehlenden Präferenzverhalten wird dann geschlossen, dass die beiden Reize nicht mehr differenziert werden können, also das Kind die Streifenmuster nicht mehr von einem durchgängigen Grau unterscheiden kann. Mit Methoden wie dieser ist man zu folgender Einschätzung der Entwicklung der Sehschärfe gekommen:

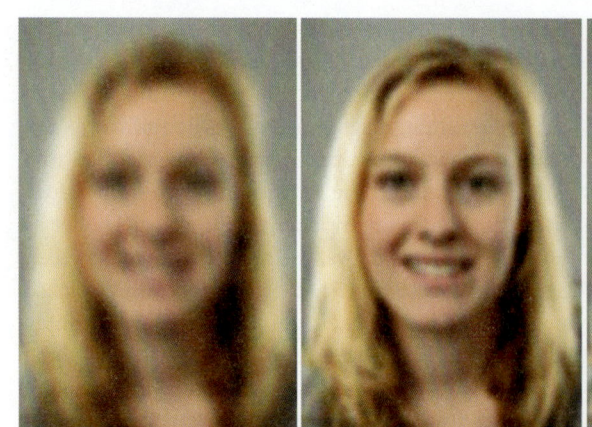

Abbildung 15.1 Simulation der Sehschärfe für ein Neugeborenes, ein Kind im dritten Lebensmonat, ein Kind im Alter von sechs Monaten und einen Erwachsenen (von links nach rechts)

Sie ist sehr schwach nach der Geburt, verbessert sich aber schnell innerhalb der ersten sechs Monate. In den ersten zwei bis drei Monaten sind Säuglinge nicht in der Lage, feine Details zu sehen (s. Abb. 15.1). Mit einem Jahr hat sich die Sehschärfe aber schon stark an das Erwachsenenniveau angenähert.

Kontrastsensitivität. Über die Sehschärfe werden Details wahrgenommen, die sehr nahe beieinanderliegen. Ein ergänzendes Maß ist die Kontrastsensitivität. Diese wird getestet, indem man den Übergang von Schwarz nach Weiß in einem Streifenmuster in seiner Abruptheit variiert. Die Kontrastsensitivität wird dann als kleinster Betrag an Kontrast definiert, der nötig ist, um ein Streifenmuster zu entdecken, d. h. um eine natürliche Präferenz für das Streifenmuster vor einem homogenen Grau zu erzeugen. Auch die Kontrastsensitivität zeigt im ersten Lebensjahr einen starken Anstieg. In den ersten drei Monaten ist die Kontrastsensitivität gegenüber der von Erwachsenen stark herabgesetzt. Sie nimmt jedoch bis zum sechsten Lebensmonat schnell zu. Sowohl Sehschärfe als auch Kontrastsensitivität erreichen jedoch im ersten Lebensjahr noch nicht ihr Endniveau, sondern entwickeln sich auch jenseits des Säuglingsalters noch weiter.

Räumliche Wahrnehmung

Eine grundlegende, da für unser Überleben unabdingbare Leistung unseres visuellen Systems, ist die räumliche Wahrnehmung, die man auch als Tiefenwahrnehmung bezeichnet. Wir sehen ohne spürbare Anstrengung die unterschiedlichen Abstände, die die Gegenstände in unserer Umwelt von uns haben, sowie die dreidimensionale Form dieser Gegenstände.

Die visuelle Klippe. Eine klassische Versuchsapparatur zur Untersuchung der Tiefenwahrnehmung geht auf Eleanor Gibson und Richard Walk (1960) zurück. Diese als visuelle Klippe bekannt gewordene Apparatur besteht aus einer Glasplatte, die sich etwa in Tischhöhe über dem Fußboden befindet. Unter der einen Hälfte dieser Platte befindet sich eine mit einem Schachbrettmuster bedruckte Fläche direkt unter dem Glas, unter der anderen Hälfte der Platte liegt die texturierte (d. h. gemusterte) Fläche auf dem Fußboden, also weit weg von dem Glas. Mitten auf der Platte sieht man also einen tiefen Abgrund (s. Abb. 15.2). Gibson und Walk schildern, dass sich sowohl 6 bis 14 Monate alte Kinder als auch junge Tiere, z. B. Katzen und Küken (Hühner), weigern, von der flachen auf die tiefe Seite der visuellen Klippe überzuwechseln. Offensichtlich dominiert der visuelle Eindruck hier den Tastsinn, der einen sicheren und betretbaren Untergrund erkennen lässt.

Gibson und Walk spekulieren zwar, dass ihre Untersuchungen dagegen sprechen, dass die Tiefenwahrnehmung erlernt ist, aber ihr experimenteller Ansatz ist leider nicht auf Kinder anwendbar, die sich noch nicht von sich aus fortbewegen können, und kann daher die Hypothese einer angeborenen Tiefenwahrnehmung nicht überprüfen. Um festzustellen, ob auch jüngere Säuglinge die tiefe Seite der visuellen Klippe vermeiden, haben einige Forscher daher ihre Probanden mit dem Gesicht nach unten über die beiden Seiten der visuellen Klippe gehalten, um Veränderungen in der

Abbildung 15.2 Die visuelle Klippe. Eine klassische Versuchsapparatur zur Untersuchung der Tiefenwahrnehmung bei Kleinkindern und Tieren (nach Gibson & Walk, 1960)

Herzrate oder Furchtreaktionen im Verhalten festzustellen. Bei zwei und fünf Monate alten Babys fand man eine Abnahme der Herzrate über der tiefen, nicht aber über der flachen Seite der visuellen Klippe. Neun Monate alte Probanden hingegen wiesen eine Erhöhung der Herzrate über der tiefen Seite der visuellen Klippe auf. Die naheliegende Interpretation ist, dass jüngere Kinder zwar schon über Tiefenwahrnehmung verfügen, aber noch keine Angst vor dem Abgrund haben. Im Alter von neun Monaten und mit einer gewissen »Krabbelerfahrung« bildet sich diese Angst erst aus (Campos et al., 1992).

Kinetische Distanz- und Objektwahrnehmung. Habituations-Dishabituations-Experimente lassen darauf schließen, dass Kinder ab dreieinhalb bis vier Monaten auf das Tiefensignal der Bewegungsparallaxe reagieren. Ab ungefähr zwei bis drei Monaten reagieren Säuglinge in Blickstudien auf radiale Bewegung. Die Sensitivität für radiale Bewegung tritt also sehr früh in der Entwicklung auf. Benutzt man die Abwehrreaktion des Blinzelns als Indikator, so ist diese Sensitivität sogar schon mit einem Lebensmonat nachzuweisen. Studien, in denen die mittels EEG gemessene hirnelektrische Aktivierung (sog. visuell evozierte Potenziale, VEP) auf radiale Bewegung hin gemessen wurden, sprechen allerdings dafür, dass die Ausbildung der differenziellen Sensitivität für radiale Kontraktion und Expansion, wie man sie bei Erwachsenen findet, erst ab vier Lebensmonaten beginnt (Shirai & Yamaguchi, 2010).

> **Definition**
>
> **Bewegungsparallaxe** ist eine Informationsquelle für Distanzen, die sich daraus ergibt, dass sich bei Bewegung des Beobachters oder der Objekte um ihn herum die Netzhautbilder unterschiedlich weit entfernter Objekte unterschiedlich schnell bewegen.
>
> **Radiale Bewegung** wird durch expandierende (d. h. sich vermeintlich dem Betrachter nähernde) und kontrahierende (d. h. sich vermeintlich vom Betrachter entfernende) Muster generiert.

Ein experimentelles Verfahren, das speziell die Wahrnehmung von Distanz mithilfe von Bewegungsparallaxe überprüft, ist die Methode des präferenziellen Greifens. Diese Methode macht sich die ab etwa vier bis fünf Lebensmonaten bestehende Tendenz von Säuglingen zunutze, nach einem Gegenstand zu greifen, sobald sich dieser in Greifweite befindet. Spätestens im Alter von sechs Monaten greifen Babys bevorzugt nach einem Objekt, das durch Bewegungsparallaxeinformationen als vermeintlich näher spezifiziert wird als ein anderes Objekt. Kurz: Kinder können mit sechs Monaten Distanz aus der Bewegungsparallaxe ablesen.

Greifstudien im Säuglingsalter sind auch zu den kinetischen Distanzsignalen der Fließbewegungen an Objektgrenzen und der Zunahme und Abnahme von Textur durchgeführt worden. Diese Distanzsignale entstehen dann, wenn sich eine Oberfläche über eine andere hinweg bewegt. Denn zum einen verschwinden bei dieser Bewegung entweder Teile der Texturierung (Musterung) auf der entfernteren Fläche an den Rändern der näheren Fläche (Abnahme von Textur) oder tauchen dort auf (Zunahme von Textur), und zum anderen verbleiben auf der näheren Oberfläche die Texturelemente in einer festen Position relativ zu der Grenze zwischen den Oberflächen, wohingegen sich auf der entfernteren Fläche die Texturelemente auf diese Grenze zu oder von ihr weg bewegen (Fließbewegungen an Objektgrenzen). In den Greifstudien resultierte, dass Säuglinge mit einem Alter von fünf Monaten auf die kritischen Distanzsignale ansprachen: Sie griffen bevorzugt nach derjenigen von zwei Flächen, die durch das Tiefensignal als näher definiert war.

Mit der Methode des präferenziellen Greifens können Kinder unter vier bis fünf Lebensmonaten leider nicht getestet werden. In Untersuchungen, in denen man als Alternative hierzu defensive Reaktionen heranzog, zeigte sich, dass drei Monate alte Säuglinge nicht nur die symmetrische optische Expansion eines Objektes, sondern auch die Vergrößerung von Textur auf diesem Objekt heranziehen, um das Näherkommen des Objektes und eine drohende Kollision zu erkennen. Eine andere erstaunliche Leistung, die Säuglinge mit zwei bis drei Monaten erbringen, äußert sich im sogenannten kinetischen Tiefeneffekt, der darin besteht, dass dreidimensionale Objektformen wahrgenommen werden, wo objektiv lediglich zweidimensionale optische Fließbewegungen vorliegen, die durch Rotation um eine Achse des virtuellen Objektes entstehen. Dass die kinetische 3D-Wahrnehmung im ersten Lebensjahr weiteren Entwicklungsveränderungen unterliegt, zeigt sich darin, dass Säuglinge erst mit sechs Monaten aus einer Rotationsbewegung die vollständige komplette Form eines dreidimensionalen Objektes herleiten können, wenn diese Rotationsbewegung nur einige wenige Ansichten des Objektes vermittelt. Diese Leistung steht im Zusammenhang mit dem Erwerb der Fähigkeit, alleine sitzen und Objekte visuell-manuell explorieren zu können (Soska et al., 2010).

Stereoskopische Distanz- und Objektwahrnehmung. Beim stereoskopischen Sehen nutzt unser visuelles System die leichte Unterschiedlichkeit in den visuellen Bildern aus, die unseren beiden Augen von der Außenwelt vorliegen (binokulare Disparität). Die Fähigkeit von Säuglingen, zwischen Reizen zu unterscheiden, die in der binokularen Disparität voneinander abweichen, ist mit mehreren Paradigmen untersucht worden. Weitgehender Konsens ist, dass die Sensitivität für binokulare Disparität im Altersbereich zwischen ca. 8 und 20 Wochen einsetzt (z. B. Brown & Miracle, 2003). Die entsprechenden Studien zeigen zwar, dass die Versuchspersonen auf binokulare Disparität ansprechen, belegen jedoch nicht zugleich auch die Fähigkeit zur stereoskopischen 3D-Wahrnehmung. Greifstudien, die direkt die Distanzwahrnehmung vermittels binokularer Disparität testen, zeigen diese Fähigkeit im Altersbereich von vier bis fünf Monaten.

Akkommodation und Vergenz. Auch die Einstellung des Auges auf die jeweilige Entfernung eines Objektes (Akkommodation) und die Anpassung der Ausrichtung der Augen an unterschiedliche Entfernungen (Vergenz) liefern Information über die Distanz des fixierten Reizes. Bereits vor dem dritten Lebensmonat weisen Säuglinge korrekte Akkommodation und Vergenz auf. Jedoch entwickelt sich die akkommodative Funktion langsamer als die Funktion der Vergenz und ist zudem in den ersten Lebenswochen bei einem Großteil der Babys entweder auf eine feste Entfernung von etwa 30 Zentimetern eingestellt oder auf Objekte im Nahbereich eingeschränkt. Mit vier Monaten liefern Säuglinge sowohl in der Akkommodation als auch in der Vergenz ungefähr die Messwerte, die sich auch bei Erwachsenen finden (Horwood & Riddell, 2008).

Bildhafte Distanz- und Objektwahrnehmung. Bildhafte Raum- oder Tiefensignale sind Informationen, die auch dann wirksam sind, wenn wir mit nur einem Auge zweidimensionale Abbildungen betrachten. Daher spricht man auch von statisch-monokularen Tiefenhinweisen. Es gibt eine Vielzahl solcher Tiefenhinweise, z. B. Interposition, relative Höhe, relative Größe, lineare Perspektive und Texturgradienten.

Einige frühe experimentelle Studien haben sich mit der Entwicklung der Sensitivität für bildhafte Tiefensignale in der Kindheit auseinandergesetzt. Es zeigte sich, dass zwar schon jüngere Kinder bildhafte Tiefensignale nutzen, um Entfernungen abzuschätzen, dass sich diese Fähigkeit im Laufe der Kindheit aber deutlich verbessert.

Unter der Lupe

Statisch-monokulare (bildhafte) Tiefenhinweise

Interposition (Überlappung) entsteht dann, wenn ein Objekt räumlich näher ist als ein anderes Objekt und Teile dieses Objekts überdeckt. Infolge des Tiefensignals der relativen Höhe nehmen wir Objekte, die sich weiter oben in unserem visuellen Feld befinden, als weiter entfernt wahr als Objekte weiter unten im visuellen Feld. Relative Größe bezieht sich auf eine Situation, in der zwei unterschiedlich große, ansonsten aber gleich aussehende Objekte in derselben Distanz gezeigt werden. In dieser Situation nimmt man für gewöhnlich das größere Objekt als näher wahr. Lineare Perspektive ergibt sich dann, wenn zwei nebeneinanderliegende Linien, etwa der linke und der rechte Seitenrand einer Straße, auf einen gemeinsamen Punkt hin konvergieren. Hierdurch entsteht der Eindruck einer Fläche, die sich in Richtung auf den Konvergenzpunkt in die Ferne erstreckt. Es gibt unterschiedliche Texturgradienten; so werden die wahrgenommene Breite (Perspektivengradient) und Höhe (Kompressionsgradient) der Texturelemente auf einer Fläche immer geringer, wenn sich die Fläche in die Tiefe erstreckt. Der Texturdichtegradient ist ein Hinweis auf Distanz, der sich bei Betrachtung einer sich in die Tiefe erstreckenden gemusterten Oberfläche einstellt: Die Anzahl der Musterelemente der Oberfläche in einem Bereich konstanter Größe auf der Netzhaut nimmt mit zunehmender Entfernung zu.

Mittlerweile gibt es auch bemerkenswerte Befunde zur bildhaften Tiefenwahrnehmung im ersten Lebensjahr. Eine Reihe von Blickstudien mit Säuglingen kommt zu dem Ergebnis, dass drei bis fünf Monate alte Babys zwischen Reizen, in denen bildhafte Tiefensignale unterschiedliche Tiefeninformationen liefern, unterscheiden können. Diese frühen Wahrnehmungsleistungen werden offenbar durch eine Reihe von Faktoren erleichtert. Zu diesen Faktoren zählt die Anzahl der bildhaften Tiefensignale. Ein weiterer Faktor, der potenziell die Leistung junger Säuglinge fördert, ist die Einbettung in eine Bewegung. Andere Blickstudien belegen die Reaktionsfähigkeit auf durch bildhafte Tiefensignale definierte räumliche Merkmale, z. B. die Wahrnehmung von Objektform und der Art von Bewegungsabläufen, ab etwa sechs Lebensmonaten.

Auch wenn noch nicht eindeutig geklärt ist, ob jüngere Säuglinge tatsächlich bildhafte Tiefe wahrnehmen können, zeigen die bisherigen Blickstudien insgesamt, dass hinsichtlich der Sensitivität für entsprechende Hinweisreize substanzielle Entwicklungsfortschritte in den ersten Lebensmonaten zu verzeichnen sind. Mithilfe der Methode des präferenziellen Greifens hat sich in neueren Studien gezeigt, dass schon fünf Monate alte Säuglinge in ihrem Greifverhalten auf bildhafte Tiefe reagieren, aber auch, dass sich die bildhafte Tiefenwahrnehmung zumindest bis zum Alter von sieben Monaten noch deutlich verbessert (Kavšek et al., 2009).

Form- und Objektwahrnehmung

Objekteinheit. Kinetische Hinweise spielen nicht nur bei der räumlichen Wahrnehmung, sondern auch bei der Wahrnehmung der Objekteinheit eine entscheidende Rolle. In dem betreffenden Untersuchungsparadigma sehen die Versuchsteilnehmer zwei Objekte, von denen das eine das andere teilweise verdeckt. Klassischerweise ist das verdeckende Objekt ein horizontaler Balken, das partiell verdeckte Objekt hingegen ein Stab, dessen zwei Enden unterhalb und oberhalb des verdeckenden Balkens herausragen (s. Abb. 15.3). In einer ganzen Reihe von Studien wurde überprüft, ob Säuglinge in der Lage sind zu erkennen, dass der Stab ein einziger, zusammenhängender Gegenstand ist, dessen mittlerer Abschnitt nicht zu sehen ist, weil er von dem Balken verdeckt wird. Eine derartige Wahrnehmung eines Objektes als vollständig, auch wenn Teile des Objekts nicht sichtbar sind, weil sie von einem anderen Objekt verdeckt werden, nennt man amodale Komplettierung. Unser Wahrnehmungsapparat ergänzt die verdeckten Teile. Nach Habituation an den teilweise verdeckten Stab werden in der Dishabituationsphase ein vollständiger Stab und zwei Teilstücke eines Stabes dargeboten. Eine erfolgreiche amodale Komplettierung wird aus einer visuellen Präferenz des unvollständigen Stabes abgelesen, denn diese lässt darauf schließen, dass die Versuchsteilnehmer in der Habituationsphase den Stab als komplett wahrgenommen haben, ihn in dem vollständigen Teststab wiedererkannt haben und den inkompletten Teststab als neu angesehen haben.

Kellman und Spelke (1983) stellten fest, dass vier Monate alte Säuglinge Objekteinheit wahrnehmen, wenn die beiden sichtbaren Teile des Stabes eine gemeinsame laterale Bewegung vollziehen. Gemeinsame Bewegung erleichtert die Interpolation des nicht sichtbaren Teils des Stabes und liefert zugleich Tiefensignale, etwa die gemeinsame Zunahme und Abnahme von Hintergrundtextur und gemeinsame Fließbewegungen am Rand des Balkens, aus denen hervorgeht, dass die sichtbaren Stabelemente in derselben Tiefenebene liegen.

Unter günstigen Bedingungen gelingt auch zwei Monate alten und sogar noch etwas jüngeren Säuglingen die Objektkomplettierung, nämlich dann, wenn der abgedeckte Bereich der zu vervollständigenden und sich kontinuierlich lateral hin und her bewegenden Fläche relativ klein ist. Selbst Neugeborene nehmen eine amodale Komplettierung vor, wenn die sichtbaren Teilstücke des teilweise verdeckten Stabes eine gemeinsame stroboskopische (rasche sprunghafte) laterale oder oszillierende Bewegung vollziehen, nicht aber wenn die gemeinsame laterale oder oszillierende Bewegung kontinuierlich verläuft (Valenza & Bulf, 2011).

Lokale und globale Verarbeitung. Eine bemerkenswerte Studie, die wesentliche Trends der Entwicklung der Formwahrnehmung in den ersten Lebensmonaten verdeutlicht, ist Bronsons (1991) Untersuchung mit zwölf und zwei Wochen alten Säuglingen. Die Ergebnisse der Habituations-Dishabituations-Studie Bronsons zeigen, dass Säuglinge im Alter von zwei Wochen zweidimen-

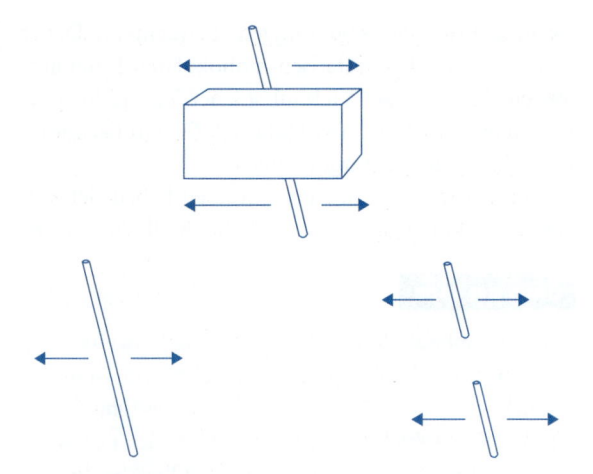

Abbildung 15.3 Reizdarbietung in einem Säuglingsexperiment zur Wahrnehmung eines teilweise verdeckten Gegenstands. Oben: In der Habituierungsphase wird ein Stab hinter einem Quader hin und her bewegt; unten: Testreize (aus Kellman & Spelke, 1983)

sionale Reizmuster auf der Basis deren lokaler Merkmale unterscheiden, d. h., sie konzentrieren sich mehr auf einzelne Bestandteile eines Musters, wohingegen Säuglinge im Alter von zwölf Wochen dazu übergehen, die globalen Formeigenschaften zu analysieren und somit die Gesamtanordnung eines Musters zu erfassen (vgl. Abschn. 15.1.5).

In den ersten Lebensmonaten spielt sich also offenbar ein Entwicklungsübergang von einer lokalen hin zu einer globalen Verarbeitung ab. Mit spätestens vier Monaten besitzt die Formwahrnehmung von Säuglingen schon große Ähnlichkeit mit der von Erwachsenen. So unterliegen Babys nun dem globalen Präzedenzeffekt, d. h., sie verarbeiten zuerst die Gesamtkonfiguration und danach die spezielleren Attribute visueller Stimuli.

Gestaltgesetze. Säuglinge können auch Gestaltgesetze zur Gruppierung von Elementen heranziehen. Mit drei Monaten nehmen Säuglinge Elemente derselben Helligkeit und in unmittelbarer Nähe zueinander als zusammengehörig wahr, wenden das Gesetz der guten Fortsetzung an, gemäß dem Punkte als zusammengehörig angesehen werden, die zu geraden oder kurvigen Linien werden, sobald man sie miteinander verbindet, und gruppieren Elemente, die miteinander verbunden sind oder die innerhalb derselben Region liegen. Die Gruppierung von Elementen anhand der Ähnlichkeit ihrer

Form fällt jüngeren Babys jedoch etwas schwerer und entwickelt sich langsamer.

Subjektive Konturen. Eine bemerkenswerte Illustration zur Formwahrnehmung bilden subjektive Konturen. In der Abbildung 15.4 (Figur a) sieht man eine ovale Kontur, die objektiv nicht vorhanden ist (Ehrenstein-Figur). In einem Habituations-Dishabituations-Experiment von Kavšek (2002) konnten vier Monate alte Säuglinge zwischen den Figuren a und b, nicht aber zwischen den Figuren c und b unterscheiden. Der Unterschied zwischen a und b kommt sowohl durch eine Verschiebung der Linien als auch durch die Gegenwart (bei a) bzw. das Fehlen (bei b) der subjektiven Kontur zustande. Der Unterschied zwischen c und b hingegen besteht nur in der relativen Lage der Linien. Dass die Babys nicht zwischen c und b diskriminierten, stellt sicher, dass ihre Unterscheidungsleistung hinsichtlich a und b nicht auf der bloßen Wahrnehmung der Linienverschiebungen beruhte, sondern auf der Extraktion der subjektiven Kontur.

Junge Säuglinge nehmen aber nicht nur die illusionäre Ehrenstein-Figur wahr, sondern auch das subjektive Kanizsa-Quadrat, das durch vier induzierende Dreiviertelkreise erzeugt wird. Die Ausschnitte der Dreiviertelkreise bilden die Ecken eines Quadrats. Obwohl die Ecken nicht miteinander verbunden sind, nimmt man dennoch ein vollständiges Quadrat wahr. Diese Leistungen sind ein Beispiel für modale Wahrnehmungsprozesse, in denen fehlende Teile eines sichtbaren Objektes durch das visuelle System ergänzt werden. Eine amodale Vervollständigung der die Kanizsa-Figur bildenden Dreiviertelkreise zu vollständigen Kreisen gelingt erst mit ca. sieben Monaten. Die amodale Vervollständigung impliziert, dass die Kinder eine Tiefenschichtung der subjektiven Kontur (vorne) und der induzierenden Elemente (hinten) vorgenommen haben. Die Wahrnehmung subjektiver Konturen durch Säuglinge ist aber noch nicht der Wahrnehmung subjektiver Konturen durch Erwachsene äquivalent, sondern erfährt nach einer Studie von Hadad et al. (2010) auch noch in der späteren Kindheit wesentliche Verbesserungen.

Objektsegregation. Zur Objektwahrnehmung gehört nicht nur die Kombination von Teilelementen zu einem Ganzen, sondern auch umgekehrt die Herauslösung von Objekten aus einem Gesamtbild. So werden zwei Gegenstände von Säuglingen schon im Alter von drei Monaten als voneinander getrennt wahrgenommen, solange zwischen ihnen ein erkennbarer Abstand besteht. Berühren sie sich hingegen, so nimmt ein Säugling dieses Alters selbst dann einen einzigen Gegenstand wahr, wenn die beiden Objekte unterschiedliche visuelle Eigenschaften, z. B. verschiedene Farben oder Formen, besitzen. Etwa einen Monat später fangen Babys an, bei relativ einfach strukturierten Anordnungen Informationen (Form, Farbe und Musterung) über die Ähnlichkeit oder Unähnlichkeit von Oberflächen zu nutzen, um die Grenzen von Objekten zu erschließen. Dieser Entwicklungsschritt geht offenbar Hand in Hand mit der sich entwickelnden Fähigkeit zur aktiven Exploration von Gegenständen.

In den folgenden Lebensmonaten machen Säuglinge entscheidende Fortschritte, sodass sie zunehmend auch bei komplexeren Anordnungen die Objektgrenzen an den gleichen Stellen wahrnehmen wie Erwachsene. Hierbei nutzen sie im Alter von viereinhalb Monaten konkrete, im Labor erzeugte Vorerfahrungen mit bestimmten Objekten und spätestens mit acht Monaten auch ihr außerhalb der experimentellen Untersuchungssituation im Umgang mit Objekten gesammeltes Wissen. Mit sechseinhalb Monaten wenden Babys mit der »short-cut«-Regel ein wichtiges Prinzip an, das Erwachsene einsetzen, um eine Silhouette in Teilstücke zu zerlegen. Nach dieser Regel bevorzugt die menschliche Wahrnehmung den kürzestmöglichen Schnitt, um eine Form zu zerlegen. Mit fünf Monaten sind Säuglinge sensitiv für Konkavitäten (Wölbungen nach innen), die ein wichtiger Hinweis auf Objektgrenzen sind. Weitere Studien zeigen, dass Säuglinge mit acht bis zwölf Wochen Helligkeitsunterschiede und mit 14 bis 18 Wochen Unterschiede in der Orientierung der Oberflächentextur nutzen können, um Formen wahrzunehmen.

Abbildung 15.4 Vier Monate alte Säuglinge nehmen subjektive Konturen wie die Ehrenstein-Figur (a) wahr (aus Kavšek, 2002)

Größen- und Formkonstanz. Wenn wir ein und dasselbe Objekt in unterschiedlichen Entfernungen sehen, verändert sich die Größe des retinalen Bildes. Dennoch gehen wir davon aus, dass das Objekt selbst eine konstante Größe beibehält. Variationen im retinalen Bild werden auch durch Veränderungen in der Orientierung eines Objektes erzeugt. Auch hier nehmen wir dennoch eine gleichbleibende Form des Objektes selbst wahr. Diese beiden Leistungen, Größen- und Formkonstanz, tragen beide wesentlich dazu bei, dass wir die Welt um uns herum als stabil und kohärent wahrnehmen. Sie sind für Psychologen auch deshalb von besonderem Interesse, weil sich gerade an ihnen die klassische Frage entzündet hat, ob die zugrunde liegenden Mechanismen erlernt werden oder angeboren sind.

In älteren Studien wurde die Fähigkeit zur Formkonstanz bei 6 bis 16 Wochen alten Säuglingen und Größenkonstanz bei dreieinhalb bis viereinhalb Monate alten Kindern nachgewiesen. Neuere Studien deuten darauf hin, dass vielleicht sogar schon Neugeborene über Größen- und Formkonstanz verfügen (z. B. Slater et al., 1990).

Die Studien mit Säuglingen demonstrieren Größenkonstanz bei sehr geringen Distanzen. In Studien zur Größenkonstanz bei älteren Kindern werden auch größere Entfernungen einbezogen. Hier tritt konsistent der Befund auf, dass Kinder bis zum Alter von ungefähr 9 Jahren die Größe von Objekten unterschätzen. Nach diesem Alter aber werden die Größeneinschätzungen auch bei großen Objektentfernungen akkurater.

Entwicklungsveränderungen im höheren Erwachsenenalter

Abbau der visuellen Funktionstüchtigkeit. Ab ungefähr 45 Jahren lässt die Akkommodationsfähigkeit der Augen drastisch nach. Außerdem nimmt infolge einer allmählichen Verdickung der Augenlinsen und der nachlassenden Fähigkeit der Pupillen, auf schwache Lichtstärken zu reagieren, die Sehschärfe ab. Zudem ist eine Abnahme der Kontrastsensitivität sowie der Funktionalität der Stäbchen, die vor allem für die Wahrnehmung bei mattem Licht und das Bewegungssehen zuständig sind, und der Zapfen, die für die Farbwahrnehmung und scharfes Sehen sorgen, zu verzeichnen.

Abbau der räumlichen Wahrnehmungsfähigkeit. Als Gegenstück zu den Bemühungen, die räumliche Wahrnehmung in der frühen Kindheit zu untersuchen, kann die Forschung zur räumlichen Wahrnehmung im Erwachsenenalter angesehen werden. Am besten untersucht ist das höhere Erwachsenenalter (ab ca. 65 Jahren). Der Grundtenor hierbei ist wiederum der eines generellen Nachlassens sensorischer Fähigkeiten.

Alterskorrelierte Verschlechterungen in das höhere Erwachsenenalter hinein fand man hinsichtlich des kinetischen Tiefeneffektes sowie der Fähigkeit, dreidimensionale Objekte mithilfe von Bewegungsparallaxe oder aufgrund binokularer Disparität wahrzunehmen. Ältere Erwachsene sind hingegen immer noch in effektiver Weise in der Lage, über Bewegungsparallaxe angegebene Distanzvariationen wahrzunehmen.

Ein Altersabbau existiert auch in Bezug auf die Einschätzung einer drohenden Kollision mit einem Objekt. Diese Fähigkeitsminderung hat praktische Konsequenzen, da sie eine Beeinträchtigung der Fahr- und Verkehrstüchtigkeit zur Folge haben kann.

Warum aber fällt es älteren Menschen schwerer, Tiefe und Objektform aus den unterschiedlichen 3D-Signalen zu extrahieren? Ein spezifischer Erklärungsansatz ist die Hypothese des perzeptuellen Fensters, nach der sich im Alter das Sichtfeld verkleinert (z. B. Ball et al., 1988). Ältere nehmen kleinere Ausschnitte, beispielsweise eines rotierenden Objektes, wahr, und es fällt ihnen als Folge hiervon schwerer, die perzeptuellen Informationen zu einem Gesamtbild des Objektes zusammenzusetzen.

Bedeutsame Altersveränderungen sind auch in Bezug auf bildhafte Tiefensignale zu konstatieren. Dies zeigt sich beispielsweise bei der sogenannten Ponzo-Täuschung. Der visuelle Reiz besteht bei der Ponzo-Täuschung aus zwei gleich langen, parallelen Testlinien, die zwischen zwei anderen, strahlenförmig divergierenden Linien liegen. Die Täuschung besteht darin, dass diejenige der beiden Testlinien, die sich in der durch die strahlenförmigen Linien spezifizierten virtuellen Perspektive weiter hinten befindet, als länger erscheint. Nach einer gängigen Erklärung kommt dieser Täuschungseffekt durch das Tiefensignal der linearen Perspektive zustande, das durch die strahlenförmigen Linien gebildet wird. Das Ausmaß der Längentäuschung nimmt im Laufe der Kindheit zu, bleibt danach bis zum Alter von ca. 50 Jahren stabil und fällt danach wieder ab. Gegenüber jüngeren Erwachsenen ergibt sich auch bei der Einschätzung von Distanzen auf einer in die Tiefe geneigten Grundfläche ein Defizit bei Personen im höheren Erwachsenenalter (Bian & Andersen, 2008).

15.1.4 Intermodale Wahrnehmung

Die Objektwahrnehmung von jüngeren Säuglingen ist kein rein visueller Prozess. Im Alter von drei bis vier Monaten, wenn nicht sogar schon früher, nehmen Säuglinge Objekte nicht nur als »Seh-«, »Tast-« oder »Hördinge« wahr, sondern sie setzen Objektinformationen aus verschiedenen Sinnesmodalitäten zu einer einheitlichen Objektrepräsentation zusammen. Im Widerspruch zur traditionellen Auffassung, wie sie von Piaget vertreten wurde, scheinen Babys demnach Gegenstände im Wesentlichen genauso wahrzunehmen wie Erwachsene, nämlich als objektive Entitäten, die unabhängig von der Wahrnehmung in der Außenwelt existieren (vgl. Abschn. 14.3.1). Gestützt wird diese weitreichende Annahme unter anderem durch die Beobachtung, dass Säuglinge, sobald sie in der Lage sind, gezielt nach einem Gegenstand zu greifen, dies in einer Weise tun, die konsistent ist mit dem, was man über die Objektwahrnehmung von etwas jüngeren Säuglingen weiß. So greifen Säuglinge im Alter von fünf Monaten nur dann nach einem kleineren Gegenstand, der sich vor einem größeren befindet, wenn sich zwischen beiden ein erkennbarer Abstand befindet; berühren sich die beiden Gegenstände hingegen, behandeln die Säuglinge die Anordnung wie einen einzigen, größeren Gegenstand. Ferner greifen sie nach zwei kleineren Gegenständen, die sich berühren und gemeinsam bewegen, wie nach einem einzigen, größeren Objekt, während sie bei voneinander unabhängigen Bewegungen erkennbar nach einem der beiden Gegenstände greifen, nämlich nach dem ihnen näheren. Dieses Verhalten stimmt ebenfalls mit Befunden zur visuellen Habituierung bei jüngeren Säuglingen überein (Spelke et al., 1989; vgl. Abschn. 15.1.3).

Reizeigenschaften, die von zwei oder mehr Sinnesmodalitäten in redundanter Weise spezifiziert werden, ziehen die Aufmerksamkeit von Säuglingen in besonderem Maße auf sich. Zu diesen Eigenschaften gehören insbesondere zeitliche und räumliche Merkmale von Ereignissen, wie Rhythmus und räumliche Position, die man auch als amodal (d. h. nicht an eine bestimmte Sinnesmodalität gebunden) bezeichnet. Eine starke beziehungsstiftende Wirkung geht insbesondere von der Gleichzeitigkeit (Synchronie) von Ereignissen aus, die es beispielsweise schon vier Monate alten Babys ermöglicht, einer Filmszene den dazu passenden Ton zuzuordnen.

Intermodaler Transfer. Der intermodale Charakter der frühen Objektwahrnehmung wird auch durch Befunde gestützt, die zeigen, dass schon jüngere Säuglinge grundsätzlich zu intermodalem Transfer befähigt sind, d. h., dass sie Informationen, die sie in einer Sinnesmodalität wahrgenommen haben, später in einer anderen wiedererkennen können.

Schon wenige Monate bzw. Wochen alten Säuglingen gelingt es, allein mit der Hand oder dem Mund ertastete Objekte später visuell wiederzuerkennen. Der experimentelle Nachweis einer Übertragung haptischer Information in den visuellen Bereich, der in neueren Studien sogar schon bei Neugeborenen beobachtet wurde, steht im Widerspruch zu der traditionellen Annahme, dass derartige Koordinationsleistungen erst möglich werden, nachdem der Säugling gelernt hat, visuelle Information dazu zu benutzen, um nach Gegenständen gezielt zu greifen und diese unter visueller Kontrolle zu manipulieren. Einschränkend ist anzumerken, dass der umgekehrte Transfer von der visuellen in die haptische Modalität jüngeren Säuglingen nur unter sehr begrenzten Bedingungen gelingt und dass sich die intermodalen Transferleistungen bis zum Ende des 1. Lebensjahrs insgesamt deutlich verbessern.

15.1.5 Analytische und holistische Wahrnehmung

Lange Zeit war die Auffassung vorherrschend, Kinder würden die Welt bis zum Einschulungsalter in viel stärkerem Maße ganzheitlich (holistisch) wahrnehmen als später. Mit holistischer Wahrnehmung ist gemeint, dass das Gestalthafte oder die Gesamtkonfiguration eines Reizes verarbeitet wird. Mittlerweile konnte man jedoch zeigen, dass Kinder zunächst eine starke Tendenz haben, auf ein Merkmal eines Reizes zu fokussieren oder, wenn sie mehrere Merkmale beachten, diese additiv zu verbinden (Wilkening & Anderson, 1991). In diesem Sinne nehmen Kinder also eher analytisch als holistisch war. Insbesondere komplexe Reize wie Melodien und Gesichter werden von jüngeren Kindern zunächst analytisch wahrgenommen, indem sie diese Reize anhand von Einzelmerkmalen verarbeiten. Und auch noch bei älteren Kindern und Erwachsenen kann diese analytische Wahrnehmung grundsätzlich immer wieder beobachtet werden. Wenn mit einer Reizklasse jedoch viel Erfahrung gesammelt wurde, wie beispielsweise mit Gesichtern, geht die analytische Verarbeitung schon im Kindesalter in eine holistische Verarbeitung über. Anstatt auf einzelne Gesichtsmerkmale wie

Augen, Nase und Mund zu fokussieren, beziehen Kinder ab ungefähr 10 Jahren unter Fixierung des Gesichtsmittelpunktes nun die Gesamtkonfiguration des Gesichts in ihre Verarbeitung ein (Schwarzer, 2000; Schwarzer et al., 2005).

Ein solcher Übergang von analytischer zu holistischer Verarbeitung findet auch bei einfachen Objekten statt, und zwar wesentlich früher, bereits innerhalb des 1. Lebensjahres. Während 6-monatige Säuglinge bei der Verarbeitung eines einfachen Objekts dessen Größe, Form und Textur noch einzeln verarbeiten, nehmen 9-monatige Säuglinge die Gesamtkonfiguration des Objekts wahr. Wichtige Triebfedern für eine solche ganzheitliche Wahrnehmung von Objekten scheinen ebenfalls die Erfahrungen zu sein, die die Kinder mit Objekten machen, etwa wenn sie diese gleichzeitig visuell und haptisch erkunden oder wenn sie die Fähigkeit erwerben, sich selbstständig fortzubewegen (Schwarzer et al., 2009; vgl. Abschn. 15.1.4).

Denkanstöße

▶ Welche Parallelen existieren zwischen der Entwicklung der Form- und Objektwahrnehmung auf der einen und der Entwicklung der Tiefenwahrnehmung auf der anderen Seite? Welche Gründe könnte es für diese Parallelen geben?

▶ Jüngere Säuglinge interessieren sich besonders für multimodal konsistente Ereignisse, d. h. für Ereignisse, bei denen die Informationen aus den verschiedenen Sinnesmodalitäten zueinander passen und teilweise redundant sind. Welche Funktion könnte diese Präferenz haben?

15.2 Motorische Fähigkeiten und Fertigkeiten

Die Wahrnehmungskompetenz von Säuglingen kommt besonders deutlich in deren Aktivitäten zum Vorschein. Einerseits schauen, saugen, tasten und greifen Babys häufig, allein um ihre Neugier zu befriedigen – sozusagen aus reinem Erkenntnisinteresse. Andererseits benutzen sie die wahrgenommenen Informationen auch, um passende Aktivitäten auszuwählen, zu steuern und in ihrem Ablauf zu modulieren. Die entsprechenden Fähigkeiten zur effektiven Verarbeitung sensorischer und perzeptueller Informationen im Rahmen motorischer Abläufe entwickeln sich über einen sehr viel ausgedehnteren Zeitraum als die besprochenen elementaren Wahrnehmungsfähigkeiten.

Definition

Zur **Visumotorik** zählt man (perzeptiv-motorische) Prozesse, bei denen visuelle Information für die Steuerung von Körperbewegungen genutzt wird. Bei dem wichtigen Spezialfall der **Auge-Hand-Koordination** geht es um die visuelle Steuerung von Arm-, Hand- oder Fingerbewegungen.

15.2.1 Entwicklung der Auge-Hand-Koordination im ersten Lebensjahr

Der Grundstein für die Entwicklung der Koordination von Auge und Hand wird bereits im 1. Lebensjahr gelegt, wenn das Kind lernt, gezielt nach bestimmten Gegenständen zu greifen, sie zu fassen und zu manipulieren. Obwohl der Erwerb der Fertigkeit des gezielten Greifens im Alter von etwa vier bis fünf Monaten einen wichtigen Meilenstein in der visumotorischen Entwicklung darstellt, markiert er nicht den Nullpunkt dieser Entwicklung. Wie wir heute wissen, gibt es bereits bei Neugeborenen eine rudimentäre Form der Auge-Hand-Koordination.

Armbewegungen von Neugeborenen. Die spontanen Armbewegungen von Neugeborenen muten völlig ziellos an. Dennoch lässt sich unter günstigen Bedingungen – zu denen eine geeignete Unterstützung der Körperhaltung des Babys gehört – zeigen, dass diese Bewegungen von dessen Blickrichtung abhängen. Der Nachweis einer solchen Kopplung von Auge und Hand beim Neugeborenen gelang erstmals von Hofsten (1982). Er präsentierte fünf bis neun Tage alten Babys ein sich langsam und unregelmäßig bewegendes Bällchen aus farbigem Zwirn. Wenn die Babys das Bällchen anschauten, waren ihre Armbewegungen eher hierauf gerichtet, als wenn sie es nicht anschauten. Dieses mittlerweile bestätigte Ergebnis deutet darauf hin, dass Auge und Hand beim Neugeborenen nicht völlig unkoordiniert sind.

Trotz des theoretisch so bedeutsamen Nachweises einer von Geburt an vorhandenen, rudimentären Auge-Hand-Koordination kann von einem präzisen und gezielten Greifverhalten bei Neugeborenen keine Rede sein, denn die Armbewegungen von Neugeborenen sind nur sehr grob und inkonsistent auf ein visuell fixiertes Ziel gerichtet, und es findet keine systematische Zielannäherung statt. Selbst wenn das Zielobjekt einmal getroffen wird, findet kein Zupacken statt, nicht einmal dann, wenn der Gegenstand zufällig die Handfläche berührt. Dies rührt daher, dass die Hand- und Armbewegungen beim Neugeborenen noch eng aneinander gekoppelt sind; sie bilden eine sogenannte Synergie: Beugen und Strecken des Arms geht mit Beugen und Strecken der Finger einher. Diese synergistische Kopplung verschwindet im Alter von etwa zwei Monaten.

Gezieltes Greifen. Es vergehen im Allgemeinen vier oder fünf Monate, bevor es Säuglingen gelingt, zielsicher nach einem Objekt zu greifen. Eine Möglichkeit, die Handbewegung zu steuern, besteht darin, die Hand unter ständiger visueller Kontrolle dem Ziel anzunähern.

> **Definition**
>
> Wenn die visuell wahrgenommene Distanz zwischen Hand und Ziel als Führungsgröße für die Regulation der Handposition benutzt wird, spricht man auch von einer **visuellen Führung** der Bewegung.

Noch bevor Säuglinge gezielt nach Gegenständen greifen, kann man beobachten, wie sie verstärkt ihre Hand fixieren, deren Bewegung mit dem Blick folgen und abwechselnd zur Hand und zu einem begehrten Zielobjekt schauen. Ausgehend von diesen Beobachtungen und den Ergebnissen von Experimenten, in denen Babys beim Greifen nach Gegenständen wahrnehmungsverzerrende Prismengläser trugen oder ihre Hände mit einem Schirm verdeckt wurden, kam man zu dem Schluss, dass die ersten koordinierten Greifversuche ausschließlich unter visueller Führung erfolgen. Diese Auffassung ist jedoch aus heutiger Sicht nicht mehr haltbar (Bertenthal & Clifton, 1998). Die Gegenevidenz stammt vor allem aus zwei Aufgabenbereichen: dem Greifen nach Objekten im Dunkeln und dem Greifen nach bewegten Objekten.

In verschiedenen Untersuchungen wurde nachgewiesen, dass Säuglinge im Alter von vier bis acht Monaten erfolgreich nach einem Objekt im Dunkeln greifen, wenn dieses ein Geräusch von sich gibt, wenn es kurz zuvor (im Hellen) visuell fixiert werden kann oder wenn es im Dunkeln leuchtet. Die Befunde zum Greifen im Dunkeln belegen, dass Säuglinge beim gezielten Greifen nicht auf die visuelle Führung der Handbewegung angewiesen sind und dass es für sie zunächst keinen Unterschied macht, ob sie ihre Hand sehen können oder nicht. Es gibt demnach bei der Auge-Hand-Koordination kein Entwicklungsstadium, in dem die Hand ausschließlich unter visueller Führung zum Ziel gebracht wird. Vorprogrammierte und propriozeptive (die Körperwahrnehmung betreffende) Komponenten sind beim gezielten Greifen von Anfang an beteiligt und scheinen sogar zunächst zu dominieren.

Dies zeigte sich auch in Experimenten zum zweiten Aufgabenbereich, dem Greifen nach oder »Fangen« von bewegten Objekten. In einer Längsschnittstudie untersuchten von Hofsten und Lindhagen (1979) Säuglinge in der Altersspanne zwischen 12 und 30 Wochen. Ein Objekt wurde in Nasenhöhe so an dem Kind vorbeibewegt, dass es für eine gewisse Zeit in Reichweite geriet. Die Bewegung des Zielobjekts verlief auf einer horizontalen, kreisförmigen Bahn und erfolgte mit einer konstanten Geschwindigkeit. Es zeigte sich, dass die Kinder erfolgreich nach dem bewegten Objekt griffen, sobald sie das Greifen nach einem ruhenden Gegenstand beherrschten. Säuglinge im Alter von 18 Wochen »fingen« den Gegenstand selbst bei einer Geschwindigkeit von 30 cm/s, bei der sie mit der Greifbewegung beginnen mussten, noch bevor der Gegenstand in Reichweite war. Eine detaillierte Analyse der Armbewegungen der Säuglinge erbrachte, dass die Greifversuche der Säuglinge meist von Anfang an auf einen Punkt gerichtet waren, den der Gegenstand erst am Ende der Armbewegung erreichte.

Vervollkommnung des Greifens. Die visuell geführte Komponente des Greifvorgangs scheint erst zu einem späteren Zeitpunkt bedeutsam zu werden, wenn sie mit der bereits ausgebildeten propriozeptiv-motorischen Komponente koordiniert wird. Wie der Erwachsene benutzt auch der ältere Säugling die visuell wahrgenommene Relation zwischen Ziel und Hand, um das Ziel in der Endphase der Bewegung präzise ansteuern zu können und um unerwartete Verlagerungen des Ziels zu kompensieren.

Diesen wichtigen Schritt in der Entwicklung der Auge-Hand-Koordination machen Säuglinge ungefähr im Alter von acht bis neun Monaten. In diesem Alter verfügen sie bereits über ein hohes Maß an Geschicklichkeit bei der räumlichen und zeitlichen Abstimmung ihrer Arm- und Handbewegungen. Dies zeigt sich besonders eindrucksvoll in ihrem erheblich verbesserten Fangen bewegter Objekte. Die Säuglinge stimmen nun nicht nur ihre Armbewegung in antizipatorischer (d. h. vorausschauender) Weise mit der Bewegung des Ziels ab, sondern sie öffnen und schließen ihre Hand auch in Antizipation des Kontaktes mit dem Gegenstand.

Im Hinblick auf die zeitliche Abstimmung und die Vorbereitung des Zugreifens sind in der zweiten Hälfte des 1. Lebensjahres deutliche Entwicklungsfortschritte zu verzeichnen. So passen Säuglinge das Ausmaß des Handöffnens ab etwa neun Monaten der Größe des zu greifenden Objekts an, und sie richten ihre Finger je nach Form des Objekts unterschiedlich aus. Insgesamt deuten die Ergebnisse verschiedener Studien zur Entwicklung antizipatorischer Hand- und Fingerbewegungen darauf hin, dass sich die Fähigkeit zur angemessenen Vorbereitung des Zugreifens im Wesentlichen während der zweiten Hälfte des 1. Lebensjahres entwickelt.

Diese Verbesserungen des Zusammenspiels zwischen Auge und Hand sind auch im Zusammenhang mit der Entwicklung der Handgeschicklichkeit, d. h. dem geschickten Gebrauch der Hand und der Finger beim Umgang mit Objekten, zu sehen. Die frühe Entwicklung der Handgeschicklichkeit erreicht im Alter von etwa neun bis zehn Monaten einen vorläufigen Höhepunkt: Die Säuglinge sind nun in der Lage, den Gebrauch von Daumen und Zeigefinger so zu koordinieren, dass sie einen kleinen Gegenstand zuverlässig zwischen den Kuppen von Daumen und Zeigefinger fassen und aufheben können, d. h., sie beherrschen den sogenannten Präzisionsgriff.

15.2.2 Weitere Entwicklung der Visumotorik

Die visumotorische Entwicklung ist mit dem Beherrschen des gezielten Greifens, antizipatorischer Handbewegungen und des Präzisionsgriffs keineswegs abgeschlossen. Der Umgang mit Werkzeugen, wie etwa dem Löffel beim Essen oder der Schere beim Ausschneiden einer Figur, und nicht zuletzt auch die Steuerung der eigenen Fortbewegung (Lokomotion) stellen besondere Anforderungen an die Fähigkeit zur Koordination visueller Information und motorischer Kommandos. Diese Anforderungen sind komplex, d. h. aus verschiedenen Teilanforderungen zusammengesetzt, und in hohem Maße spezifisch für die jeweilige Tätigkeit.

Entwicklung perzeptiv-motorischer Fertigkeiten

Die Kopplung zwischen (visueller) Wahrnehmung und Motorik ist so eng, dass man statt von motorischen auch und besser von visumotorischen oder perzeptiv-motorischen Fertigkeiten spricht. Die adäquate Kopplung von Wahrnehmung und Motorik muss beim Erwerb einer neuen visumotorischen Fertigkeit, etwa dem Krabbeln und Gehen, durch entsprechende Bewegungserfahrung spezifisch, d. h. immer wieder neu, hergestellt und optimiert werden (Adolph, 2000).

Kognitiver Anteil. Der Erwerb perzeptiv-motorischer Fertigkeiten ist natürlich auch eng mit der kognitiven Entwicklung verwoben. Die kognitive Komponente betrifft hierbei zum einen den Lernprozess und zum anderen die erworbene Bewegungsfertigkeit selbst. Beim Lernprozess kann die Fähigkeit zur Nachahmung eines Modells sowie die Fähigkeit der Umsetzung sprachlicher Anweisungen eine wichtige Rolle spielen; man denke etwa daran, wie man versucht, einem Kind das Schnürsenkelbinden beizubringen. Aber selbst bei Tätigkeiten, bei denen verbal-kognitive Vermittlungsprozesse eine eher untergeordnete Rolle spielen, wie dem Ausschneiden einer Vorlage, sind stets auch Planungs- und Entscheidungsprozesse beteiligt, die sich als Funktion der wachsenden kognitiven Fähigkeiten weiterentwickeln.

Quantitative Veränderungen. Daher ist es kaum verwunderlich, dass sich die Performanz in perzeptiv-motorischen Aufgaben im Laufe der Kindheit im Allgemeinen kontinuierlich verbessert. Die Verbesserungen betreffen in quantitativer Hinsicht:
(1) die Geschwindigkeit der Vorbereitung und Ausführung von Zielbewegungen,
(2) die räumliche und zeitliche Genauigkeit und
(3) die Konsistenz der Bewegungsausführung (vgl. Abschn. 15.2.3).

Qualitative Veränderungen. Hinter den quantitativen Alterstrends hin zu schnelleren, genaueren und zuverlässigeren Bewegungen verbergen sich zum Teil qualitative Veränderungen, d. h. Veränderungen hinsichtlich der Art der Bewegungssteuerung. Qualitative Altersunterschiede treten allerdings oft nur zutage, wenn man die Art der Bewegungsausführung und/oder ihre Abhängigkeit von verschiedenen Aufgabenbedingungen genauer analysiert. Eine Möglichkeit, genauere Aufschlüsse über den Prozess der Bewegungssteuerung zu erhalten, besteht darin, statt eines globalen Leistungsmaßes, wie der Reaktionszeit oder der Gesamtdauer einer Bewegungssequenz, spezifischere Maße, etwa die Dauer von Teilbewegungen, zu erheben. Eine andere Möglichkeit, alterskorrelierte Unterschiede in der Bewegungssteuerung aufzudecken, bieten genauere Analysen des Bewegungsablaufs.

Für das Zeigen auf Ziele unterschiedlicher Größe und Entfernung ergaben solche Analysen, dass die im Laufe der Kindheit (bis ca. 11 Jahre) zu verzeichnenden Geschwindigkeitszuwächse mit einer Veränderung in der zeitlichen Strukturierung der Bewegung einhergehen. Vor dem achten Lebensjahr scheinen die Geschwindigkeitszuwächse hauptsächlich auf Verbesserungen der muskulären Koordination zu basieren, während sie danach eher auf verbesserten Informationsverarbeitungsprozessen beruhen.

Weitere Hinweise auf Veränderungen in der Art der Bewegungssteuerung ergeben sich aus sogenannten nichtmonotonen oder U-förmigen Entwicklungsverläufen. Es handelt sich hierbei um das Phänomen einer vorübergehenden Leistungseinbuße in einem bestimmten Altersbereich. U-förmige Entwicklungsverläufe, bei denen Kinder im Alter von ca. 7 Jahren schlechtere Leistungen erbrachten als jüngere oder ältere Kinder, wurden beispielsweise für das Nachzeichnen von Kreisen und Ellipsen, das Anheben von Gewichten oder das Zeigen ohne visuelle Rückmeldung berichtet (Krist, 2006).

15.2.3 Entwicklung motorischer Fähigkeiten über die Lebensspanne

Wenn man die Entwicklung motorischer Fähigkeiten über die Lebensspanne auf einen einfachen Nenner bringen will und von den teilweise deutlichen, ab dem Jugendalter zu verzeichnenden, Geschlechtsunterschieden einmal absieht, kann man den Entwicklungsverlauf als einen zunächst rasanten Aufbau innerhalb des ersten und zweiten Lebensjahrzehntes kennzeichnen, dem ein bereits im frühen Erwachsenenalter beginnender, aber erst im höheren Erwachsenenalter spürbar zunehmender allmählicher Abbau folgt. Was die Aufbauphase angeht, hinkt die Entwicklung motorischer Fähigkeiten deutlich hinter der bereits nach dem 1. Lebensjahr weitgehend abgeschlossenen Entwicklung sensorischer und grundlegender perzeptueller Fähigkeiten her, während sensorische und motorische Fähigkeiten im Alter weitgehend parallel zueinander nachlassen.

Beim Vergleich des Entwicklungsverlaufs motorischer Fähigkeiten mit dem kognitiver Fähigkeiten, insbesondere der sogenannten fluiden Intelligenz oder kognitiven Mechanik (s. Abschn. 12.2.1), ergeben sich sogar noch deutlichere Übereinstimmungen, die auf gemeinsame bzw. sich wechselseitig beeinflussende Entwicklungsmechanismen und/oder sich überlappende neurophysiologische Ressourcen schließen lassen. Die Parallelen zwischen der Entwicklung kognitiver und motorischer Fähigkeiten spiegeln sich auch in ähnlichen Fragestellungen wider, welche in beiden Bereichen zum Gegenstand theoretischer und empirischer Untersuchungen gemacht werden. Im Folgenden werden die wichtigsten dieser Fragenkomplexe auf den Bereich der Motorik angewandt:

(1) Welche motorischen Fähigkeiten kann man unterscheiden?
(2) Gibt es Unterschiede in der Entwicklung der einzelnen Fähigkeiten?
(3) Wie stabil sind interindividuelle Fähigkeitsunterschiede, und gibt es interindividuell unterschiedliche Entwicklungsverläufe?
(4) Kann man den Aufbau motorischer Fähigkeiten beschleunigen und/oder deren Abbau verzögern?
(5) Wo liegen die Ursachen für die Entwicklungsveränderungen und die interindividuellen Unterschiede in diesen Veränderungen?

Motorische Fähigkeiten und Fertigkeiten. Bisher war zum einen von sensorischen und perzeptuellen Fähigkeiten und zum anderen von (visu-)motorischen Fertigkeiten die Rede. Dies rührt daher, dass wir uns bei der Wahrnehmungsentwicklung auf breit anwendbare Kompetenzen, beispielsweise auf die räumliche Wahrnehmung, und damit (im engeren Sinne) auf Fähigkeiten bezogen haben. Die Tatsache, dass diese Fähigkeiten mit spezifischen Paradigmen untersucht werden und sich dementsprechend teilweise aufgabenabhängig unterschiedliche Resultate ergeben, ändert nichts daran, dass wir es bei den betrachteten Kompetenzen mit Dispositionen zu tun haben, die grundsätzlich in den unterschiedlichsten Handlungskontexten zur Anwendung kommen. Bei Fertigkeiten ist dies nicht der Fall, denn sie beziehen sich per definitionem auf bestimmte Handlungskontexte, wie beispielsweise das Fahrradfahren. Zwar gibt es motorische Fertigkeiten, wie das zielgerichtete Greifen, die grundlegend in dem Sinne sind, dass sie zum Bestandteil verschiedener komplexerer Fertigkeiten werden (z. B. Trinken aus einer Tasse, Knöpfen eines Hemdes oder Staffellauf), doch sind die betreffenden Kompetenzen stets spezifisch an bestimmte Zwecke angepasst und werden hierfür durch Wiederholung, Übung und Training optimiert.

> **Definition**
>
> Zu den **motorischen Fähigkeiten** zählen allgemeine Dispositionen, deren Zusammenspiel bei der Ausübung einer breiten Klasse motorischer Aktivitäten für individuelle Unterschiede hinsichtlich Geschwindigkeit, Genauigkeit, Zuverlässigkeit und Effizienz der Bewegungsausführung (und Haltungskontrolle) sorgt. Demgegenüber handelt es sich bei **motorischen Fertigkeiten** (ebenso wie bei kognitiven Fertigkeiten) um spezifische, zweckgebundene Tätigkeiten bzw. die ihnen zugrunde liegenden Dispositionen.

Konditionelle und koordinative Fähigkeiten. Der Unterschied zwischen motorischen Fähigkeiten und Fertigkeiten wird besonders deutlich, wenn man die sogenannten konditionellen Fähigkeiten betrachtet. Zu den konditionellen Fähigkeiten zählt man allgemeine Merkmale der körperlichen Fitness, insbesondere Kraft und Ausdauer, die bei vielen verschiedenen Tätigkeiten für interindividuelle Leistungsunterschiede verantwortlich sind. Den konditionellen Fähigkeiten stellt man üblicherweise sogenannte koordinative Fähigkeiten gegenüber und fasst hierunter Fähigkeiten wie Reaktionsfähigkeit, Rhythmisierungsfähigkeit, Umstellungsfähigkeit, Orientierungsfähigkeit oder Gleichgewichtsfähigkeit zusammen, die man insgesamt auch – und vielleicht sogar besser – als motorische Geschicklichkeit oder Steuerungsfähigkeit kennzeichnen kann.

Testverfahren für motorische Fähigkeiten. Zur Erfassung motorischer Fähigkeiten existiert eine Vielzahl von Testverfahren, wobei man durch Verwendung möglichst nicht eingeübter oder einübbarer und breit gestreuter Aufgaben sowie korrelationsstatistischer Analyseverfahren (Faktorenanalysen) das Problem der Vermengung von Fähigkeits- und Fertigkeitsdiagnose zu umgehen versucht. Um die Schnellkraft zu bestimmen, verwendet man beispielsweise den Schlussweitsprung, und zur Bestimmung der (ganzkörperlichen) Reaktionsfähigkeit misst man die Zeit, die ein Proband benötigt, um auf ein akustisches Signal hin von einer Sensorplatte abzuheben, um auf eine andere zu springen. Trotz teilweise gravierender Unterschiede in der Methodologie und Terminologie konnte man in empirischen Untersuchungen wiederholt die in der Abbildung 15.5 aufgelisteten motorischen Fähigkeiten als weitgehend voneinander unabhängige Faktoren validieren.

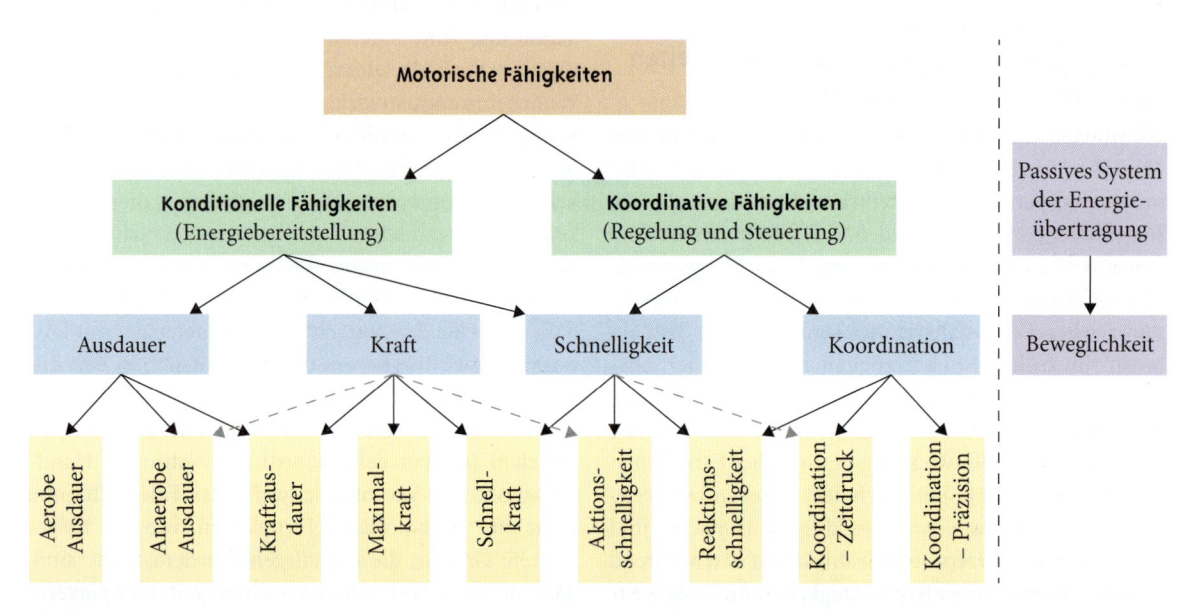

Abbildung 15.5 Eine empirisch gestützte Taxonomie motorischer Fähigkeiten (modifiziert nach Bös, 1994). Die Unterscheidung zwischen konditionellen und koordinativen Fähigkeiten dient lediglich der Systematisierung und ist grundsätzlich entbehrlich. Zu beachten ist, dass sich die Schnelligkeit nicht eindeutig und die Beweglichkeit überhaupt nicht einer dieser beiden Kategorien zuordnen lässt

Entwicklungsverläufe motorischer Fähigkeiten. Die Entwicklung von Kraft- und Ausdauerfähigkeiten sind in den ersten beiden Lebensjahrzehnten eng an das körperliche Wachstum gekoppelt. Im Erwachsenenalter, insbesondere im Altersbereich zwischen ca. 40 und 70 Jahren, hängt die konditionelle Fitness weniger vom Alter als vielmehr vom Trainings- und Gesundheitszustand ab. Untrainierte Personen zeigen bereits im mittleren Erwachsenenalter massive Leistungseinbußen, während trainierte Erwachsene ihre konditionellen Fähigkeiten zum Teil bis ins höhere Erwachsenalter weitgehend aufrechterhalten können (Haywood & Getchell, 2001).

Im Bereich der koordinativen Fähigkeiten ist der Einfluss der sportlichen Aktivität auf das Leistungsvermögen nicht minder bedeutsam. Koordinative Fähigkeiten zeigen jedoch eher den auch für die fluide Intelligenz charakteristischen Entwicklungsverlauf mit einem relativ frühen Maximum bei ca. 15 bis 20 Jahren und einem anschließenden annähernd linearen Abfall. So ist allgemein bekannt, dass die Reaktionsgeschwindigkeit im Laufe der Kindheit zunimmt und bereits im dritten Lebensjahrzehnt wieder allmählich abnimmt, d. h., die Reaktionszeiten verkürzen sich über die Kindheit und Jugend hinweg und nehmen im Erwachsenenalter wieder zu. Ähnlich verhält es sich beispielsweise mit der Gleichgewichtsfähigkeit.

Insgesamt ist zu konstatieren, dass sowohl die konditionellen als auch die koordinativen Fähigkeiten interindividuell große Unterschiede aufweisen. Bei der Messung der Handkraft von mehr als 1.000 Probanden im Alter von 6 bis 90 Jahren zeigte sich beispielsweise eine ausgeprägte interindividuelle Variabilität innerhalb der Altersgruppen (s. Abb. 15.6). Bemerkenswert ist hinsichtlich des durchschnittlichen Verlaufs dieser konditionellen Fähigkeit, dass das Maximum vergleichsweise spät, nämlich erst mit 35 bis 40 Jahren, erreicht wird (vgl. Willimczik et al., 2006).

Stabilität individueller Unterschiede. Angesichts der großen interindividuellen Variabilität motorischer Fähigkeiten stellt sich die Frage, wie stabil die individuellen Unterschiede über größere Zeiträume sind, d. h., wie eng sie über die Lebensspanne miteinander korreliert sind. Tatsächlich erreichen die entsprechenden Stabilitätskoeffizienten bereits im Kindes- und Jugendalter und selbst bei größeren Zeitabständen überwiegend mittlere (r > .40) bis hohe (r > .70) Werte (Ahnert & Schneider,

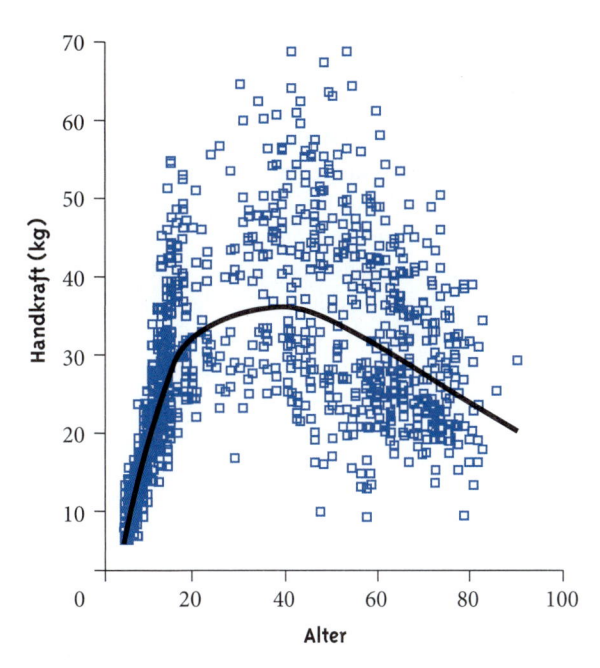

Abbildung 15.6 Durchschnittlicher Entwicklungsverlauf und Variabilität der Handkraft über die Lebensspanne (aus Voelcker-Rehage, 2007; dt. Übers.)

2007). Die Stabilitätskoeffizienten variieren allerdings in Abhängigkeit von der untersuchten Fähigkeit und den verwendeten Aufgaben zum Teil beträchtlich. Im Erwachsenenalter ist die Mehrzahl der motorischen Fähigkeiten bemerkenswert stabil. Dass dem so ist, obwohl sich Erwachsene offenkundig im Ausmaß ihrer körperlichen und sportlichen Betätigung voneinander unterscheiden, kann im Wesentlichen dadurch erklärt werden, dass die der motorischen Leistungsfähigkeit eher zu- bzw. abträglichen körperlichen Voraussetzungen (z. B. Übergewicht) und Lebensgewohnheiten (z. B. regelmäßig Sport treiben) selbst auch eine gewisse Konstanz über weite Lebensabschnitte aufweisen.

Auf diesem Hintergrund werden auch die teilweise widersprüchlichen Befunde zur Stabilität einzelner motorischer Fähigkeiten verständlich, denn die Konstellation und Interaktion der vielfältigen anlage- und umweltbedingten Faktoren, auf die sich Unterschiede in motorischen Fähigkeiten zurückführen lassen, dürfte historisch und kulturell stark variieren. Konsistent sind die Ergebnisse verschiedener Längsschnittstudien insofern, als sich die (aerobe und anaerobe) Ausdauerfähigkeit durchweg als wenig stabil erwiesen haben, während sich für Kraft,

Beweglichkeit und gewisse koordinative Fähigkeiten (z. B. die Reaktionsgeschwindigkeit) bereits ab dem Grundschulalter hohe Stabilitäten nachweisen ließen.

Beeinflussbarkeit der motorischen Entwicklung. Für die frühkindliche Entwicklung der Motorik, die häufig irrtümlich als ausschließliches Ergebnis von Reifungsprozessen angesehen wird, konnte gezeigt werden, dass der Zeitpunkt des Erreichens verschiedener grobmotorischer Meilensteine der Entwicklung, z. B. der Erwerb der Fähigkeit des Sitzens oder Gehens, deutlich vorverlagert werden kann, wenn mit Säuglingen regelmäßig motorische Übungen gemacht werden. So erreichen Babys in Kamerun diese und andere Meilensteine der grobmotorischen Entwicklung in der Regel sehr viel früher als deutsche Kinder (Vierhaus et al., in press). Diese Unterschiede korrespondieren mit kulturell unterschiedlichen Erziehungspraktiken hinsichtlich der Förderung motorischer Fähigkeiten. Wenn auch vermutlich nicht ausschließlich, so lassen sich die Auswirkungen der frühkindlichen motorischen Förderung doch zu einem wesentlichen Teil auf die damit einhergehende Kräftigung der Stütz- und Bewegungsmuskulatur zurückführen.

Inwieweit sich eine Beschleunigung der motorischen Entwicklung im Kindesalter beispielsweise auf das maximal erreichbare Fähigkeits- oder Fertigkeitsniveau längerfristig auswirkt und inwieweit man auch den Aufbau koordinativer Fähigkeiten beschleunigen bzw. deren Abbau verzögern kann, sind Fragen, die beim gegenwärtigen Forschungsstand noch nicht definitiv zu beantworten sind. Vorläufig ist davon auszugehen, dass sich die Vorverlagerung oder Verzögerung des Erreichens von Meilensteinen der motorischen Entwicklung *nicht* nachhaltig auf die weitere Entwicklung auswirkt (vgl. Vierhaus et al., in press). Eine andere Frage ist, inwieweit man durch den frühzeitigen Beginn systematischen (sport-)motorischen Trainings das hinsichtlich einzelner Fähigkeiten und Fertigkeiten zu erreichende Maximalniveau nach oben verschieben kann. Vieles deutet darauf hin, dass dem tatsächlich so ist und dass die Kindheit in dieser Hinsicht so etwas wie eine sensible Phase darstellt.

Damit ist natürlich nicht gesagt, dass es im Jugend- und Erwachsenenalter keinen Spielraum mehr für motorische Entwicklung gibt. In zahlreichen experimentellen Studien konnten motorische Trainingseffekte nachgewiesen werden, die über die Verbesserung spezifischer Fertigkeiten hinausgingen. Je nach motorischer Fähigkeit gibt es aber deutliche Unterschiede hinsichtlich der Trainierbarkeit. So ist Schnelligkeit deutlich weniger trainierbar als Kraft und Ausdauer. Das erreichbare Maximalniveau ist bei konditionellen Fähigkeiten allerdings weniger abhängig von Bewegungserfahrungen als bei koordinativen Fähigkeiten, wobei die Komplexität der zu trainierenden Fähigkeit eine wichtige Rolle spielt. So ist die Reaktionsfähigkeit in sehr viel geringerem Maße trainierbar und weniger von Bewegungserfahrungen abhängig als komplexere koordinative Fähigkeiten, wie z. B. die feinmotorische Präzision. In relativ kurzen Zeiträumen (bis zu ca. 6 Monaten) sind Trainingserfolge bei koordinativen Fähigkeiten, anders als bei konditionellen, kaum zu erreichen. Der Aufbau koordinativer Fähigkeiten vollzieht sich eher als Produkt der vielfältigen, über die gesamte Lebensspanne erworbenen Bewegungserfahrungen und entsprechender Bewegungsfertigkeiten (Hirtz, 2007).

Was die Beeinflussbarkeit von Zeitpunkt und Ausmaß des Abbaus motorischer Fähigkeiten im Alter angeht, liegen Befunde vor, in denen deutliche und nachhaltig positive Effekte von Fitnesstrainings auf die motorische und kognitive Leistungsfähigkeit älterer Menschen nachgewiesen werden konnten. Auch die Fähigkeit, komplexe motorische Fertigkeiten, wie etwa das Jonglieren, neu zu erlernen, bleibt bis ins höhere Erwachsenenalter erhalten und ist dann kaum geringer ausgeprägt als im mittleren Erwachsenenalter (Voelcker-Rehage, 2007).

Ursachen der Entwicklungsveränderungen. Zu der Auffassung, dass die Entwicklung motorischer Fähigkeiten auf biologischen Veränderungen der körperlichen Ausstattung und der neurologischen Funktionstüchtigkeit des Gehirns basiert, gibt es kaum eine plausible Alternative. Das heißt aber keineswegs, dass sich motorische Entwicklung auf genetisch vorprogrammierte Reifungs- und Alterungsprozesse reduzieren lässt. So haben die im Erwachsenenalter zu verzeichnenden Abbauprozesse zwar primär biologische Ursachen, sind aber keineswegs unausweichlich oder unbeeinflussbar. Es scheint sogar so zu sein, dass Erwachsene durch regelmäßiges Konditions- und Koordinationstraining die »neuronale Fitness« ihres Gehirns verbessern und so nicht nur ihre motorische, sondern auch ihre kognitive Leistungsfähigkeit bis ins hohe Alter aufrechterhalten können.

Außerdem wird die Betrachtung der motorischen Entwicklung allein unter dem Fähigkeitsaspekt der Tatsache nicht gerecht, dass sich motorische Entwicklung und motorisches Lernen letztlich als Erwerb von motorischer Expertise darstellen. Was für den Erwerb von Fertigkeiten allgemein gilt, trifft auf den Erwerb motorischer Fertigkeiten in besonderem Maße zu: Je weiter fortgeschritten man in einem bestimmten motorischen Gebiet ist, desto weniger tragen allgemeine und desto mehr tragen spezifische kognitive oder motorische Fähigkeiten zur Leistungsvarianz bei (Fleishman, 1966). Bezogen auf Entwicklungsveränderungen bedeutet dies, dass sich motorische Entwicklung zwar im Rahmen und nach Maßgabe der sich verändernden kognitiv-neuronalen und motorischen Fähigkeiten vollzieht und durch diese begrenzt wird, im Hinblick auf die im Alltag zu bewältigenden Aufgaben aber am besten als Erwerb und Aufrechterhaltung bestimmter Fertigkeiten konzeptualisiert werden kann. Aus diesem Blickwinkel wird deutlich, dass sich auch im Bereich der Motorik vielfältige Möglichkeiten der selektiven Optimierung und der Kompensation altersbedingt nachlassender Fähigkeiten und Ressourcen ergeben (vgl. Abschn. 12.2.7).

Denkanstöße

- Inwiefern konvergieren die Forschungsergebnisse zur frühen Tiefen- und Objektwahrnehmung und zum zielgerichteten Greifen bei jüngeren Säuglingen?
- Welche perzeptiv-motorischen Fertigkeiten kann man als elementar bezeichnen? Lässt sich eine (scharfe) Grenze zu sport-motorischen Fertigkeiten ziehen?

Zusammenfassung

- Babys können schon sehr früh die Welt über ihre Geruchs-, Geschmacks- und Hautsinne wahrnehmen. Die Fähigkeit des Hörens ist schon pränatal nachgewiesen worden. Sogar eine Koordination verschiedener Sinnesmodalitäten funktioniert in rudimentärer Form bereits im Neugeborenenalter. Die sensorischen Fähigkeiten des Neugeborenen sind jedoch noch sehr eingeschränkt.
- In den ersten Lebensmonaten erfolgt eine deutliche Ausdifferenzierung und Weiterentwicklung der Form-, Objekt- und Tiefenwahrnehmung, sodass sich gegen Ende des 1. Lebensjahres die Wahrnehmungskompetenz eines Kleinkindes nicht mehr wesentlich von der eines Erwachsenen unterscheidet.
- Im Laufe der Entwicklung kommt es, in Abhängigkeit von perzeptuellen und motorischen Erfahrungen sowie dem in dem betreffenden Bereich erworbenen Wissen, zu einem Übergang von analytischer zu holistischer Wahrnehmung.
- Während grundlegende Wahrnehmungskompetenzen ein Leben lang erhalten bleiben, kommt es im mittleren und höheren Erwachsenenalter zu einem Abbau sensorischer Fähigkeiten, z. B. zu einer Erhöhung der Hörschwelle und nachlassender Sehschärfe.
- Eine erste, noch unvollkommene Form der Auge-Hand-Koordination ist schon bei Neugeborenen nachweisbar. Die Perfektionierung des Greifens und Zugreifens erfolgt weitgehend in der zweiten Hälfte des 1. Lebensjahrs, während andere visumotorische Fertigkeiten erst im Laufe der Kindheit erworben oder perfektioniert werden.
- Der Aufbau motorischer Fähigkeiten vollzieht sich insgesamt langsamer und ist stärker durch die körperliche Entwicklung beeinflusst als die Entwicklung sensorischer und perzeptueller Fähigkeiten.
- Im Alter verläuft der Abbau motorischer und sensorischer Fähigkeiten weitgehend parallel. Dennoch können motorische Fähigkeiten, nach Maßgabe der körperlichen Gesundheit und des Trainingszustandes, grundsätzlich bis ins höhere Alter auf hohem Niveau gehalten werden.

Weiterführende Literatur

Adolph, K. & Berger, S. E. (2006). Motor development. In W. Damon & R. M. Lerner (Series Eds.), D. Kuhn, & R. S. Siegler (Vol. Eds.). Handbook of child psychology. Vol. 2: Cognition, perception, and language (6th ed.; pp. 161–213). New York: Wiley. *In diesem Handbuchartikel werden grundlegende Fragen der Entwicklung der menschlichen Motorik sowie des Zusammenspiels von Wahrnehmung und Motorik in ebenso anspruchsvoller wie anschaulicher Weise erörtert und anhand aktueller Forschungsbeispiele diskutiert.*

Kellman, P. J. & Arterberry, M. E. (2006). Infant visual perception. In W. Damon & R. M. Lerner (Series Eds.), D. Kuhn, & R. S. Siegler (Vol. Eds.). Handbook of child psychology. Vol. 2: Cognition, perception, and language (6th ed.; pp. 109–160). New York: Wiley. *Die Autoren geben einen umfassenden und aktuellen Überblick über die Entwicklung der unterschiedlichsten Wahrnehmungsleistungen.*

Schwarzer, G. (2006). Visuelle Wahrnehmung. In W. Schneider & B. Sodian (Hrsg.), Kognitive Entwicklung (Enzyklopädie der Psychologie, Themenbereich C, Serie V, Bd. 2; S. 109–150). Göttingen: Hogrefe. *Dieser äußerst sachkundig und dennoch leicht verständlich verfasste Enzyklopädiebeitrag liefert einen vertieften Einblick in den aktuellen Stand der Forschung zur visuellen Wahrnehmungsentwicklung.*

16 Denken

Beate Sodian

16.1 Piagets Theorie der Denkentwicklung
  16.1.1 Das sensomotorische Stadium (0 bis 2 Jahre)
  16.1.2 Das präoperationale Stadium (2 bis 7 Jahre)
  16.1.3 Das konkret-operationale Stadium (7 bis 12 Jahre)
  16.1.4 Das formal-operationale Stadium (ab 12 Jahren)

16.2 Kritik an Piaget: Die kognitiven Kompetenzen junger Kinder
  16.2.1 Der kompetente Säugling: Objektpermanenz
  16.2.2 Kognitive Kompetenzen im Vorschulalter

16.3 Informationsverarbeitungsansätze
  16.3.1 Kapazität der Informationsverarbeitung
  16.3.2 Strategieentwicklung
  16.3.3 Metakognition und exekutive Funktionen
  16.3.4 Entwicklung des Problemlösens und des schlussfolgernden Denkens
  16.3.5 Analoges Denken und Problemlösen
  16.3.6 Deduktives Denken
  16.3.7 Wissenschaftliches Denken

16.4 Theorien der Entwicklung domänenspezifischen begrifflichen Wissens
  16.4.1 Numerisches Wissen
  16.4.2 Intuitive Physik
  16.4.3 Intuitive Psychologie (Theory of Mind)

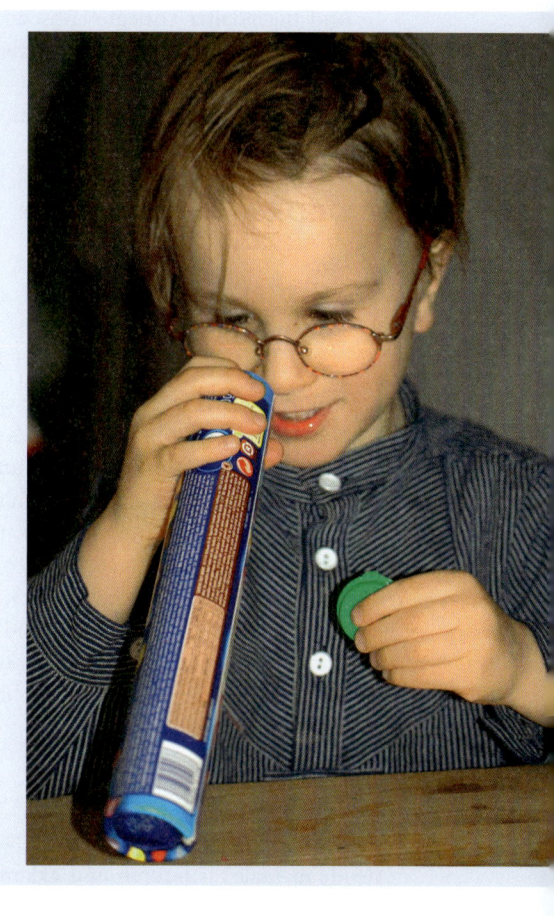

Eine Erwachsene und ein 3-jähriges Kind sitzen an einem Tisch, auf dem eine wohlbekannte Verpackung für Süßigkeiten, eine Smarties-Schachtel, liegt. »Was ist wohl da drin?«, fragt die Erwachsene. »Smarties«, antwortet das Kind, ohne zu zögern, und freut sich, als die Erwachsene die Schachtel aufmacht. Enttäuscht muss es dann feststellen, dass die Schachtel keine Smarties enthält, sondern einen Bleistift. Die Erwachsene verschließt die Schachtel wieder, dann sagt sie: »Ich werde jetzt deinen Freund hereinholen, der draußen spielt. Wenn ich ihm die Schachtel (verschlossen) zeige, was wird er wohl sagen, was da drin ist?« – »Ein Bleistift«, antwortet das Kind.

Wie ist der Denkfehler des Kindes zu erklären? Und wie kommt es, dass das gleiche Kind im Alter von 4 Jahren die Aufgabe wahrscheinlich richtig lösen wird? Theorien der kognitiven Entwicklung bieten Erklärungen für solche Entwicklungsphänomene an. Sie befassen sich mit den grundlegenden Fragen nach dem Ursprung menschlichen Denkens (Womit beginnt das Neugeborene?), nach der Natur der Veränderungen (Was entwickelt sich?) und nach den Entwicklungsmechanismen (Was treibt die Entwicklung voran?).

In diesem Kapitel soll die Entwicklung des Denkens unter drei theoretischen Perspektiven betrachtet werden:
(1) der des Schweizer Biologen und Erkenntnistheoretikers Jean Piaget (1896–1980), der mit seiner »genetischen Epistemologie« die erste umfassende Theorie der Entwicklung des Denkens in Kindheit und Jugendalter vorlegte (Abschn. 16.1), mit der sich neuere Forschung sehr intensiv auseinandergesetzt hat (Abschn. 16.2);
(2) der Psychologie der Informationsverarbeitung (Abschn. 16.3) und
(3) Theorien der begrifflichen Entwicklung (Conceptual Development; Abschn. 16.4).

16.1 Piagets Theorie der Denkentwicklung

Konstruktivismus. Piaget betrachtete die geistige Entwicklung als einen Prozess der aktiven Konstruktion von Wissen in der Interaktion des Individuums mit der Umwelt (Konstruktivismus). Seine forschungsleitende Metapher war die vom »Kind als Wissenschaftler«, dem durch intrinsische Neugier getriebenen, aktiv die Welt erkennenden Subjekt. Der Prozess der Konstruktion von Erkenntnis beginnt bei der Geburt und wird durch das dialektische Wechselspiel von zwei komplementären adaptiven Prozessen vorangetrieben, der Assimilation und der Akkommodation.

> **Definition**
> **Assimilation** ist die Integration von Neuem in bestehende mentale Strukturen und **Akkommodation** die Anpassung bestehender mentaler Strukturen als Reaktion auf Umweltanforderungen.

Strukturalismus. Eng verknüpft mit Piagets Konstruktivismus ist sein Strukturalismus. Er ist gekennzeichnet durch die Annahme hochabstrakter, übergeordneter Strukturen des Denkens, die für die kognitiven Leistungen und Beschränkungen des Individuums auf einer bestimmten Stufe der Entwicklung bestimmend sind. Die synchrone Veränderung dieser Gesamtstruktur liegt, so Piaget, der geistigen Entwicklung zugrunde.

Stadientheorie der geistigen Entwicklung. Piagets Theorie ist eine Stadientheorie der geistigen Entwicklung. Zu jedem Zeitpunkt stellt sich das Denken des Kindes als geordnete Gesamtstruktur dar. Jedes nächsthöhere Stadium geht aus dem vorangehenden Stadium hervor, integriert und transformiert die dort angelegten Strukturen, d. h., die Denkstrukturen des nächsthöheren Stadiums sind nicht einfach eine reichere Version der bereits früher angelegten Strukturen, sondern sie bieten die Grundlage für *neue* geistige Leistungen, die auf der Basis der früheren Strukturen nicht möglich waren. Die Stadien bilden eine invariante Sequenz und sind universelle Kennzeichen des Denkens der Spezies Mensch, sie werden also von allen Menschen in derselben Reihenfolge durchlaufen.

Piaget unterschied vier Hauptstadien der geistigen Entwicklung in Kindheit und Jugendalter:
(1) das sensomotorische (Geburt bis 2 Jahre),
(2) das präoperationale (ca. 2 bis 7 Jahre),
(3) das konkret-operationale (ca. 7 bis 12 Jahre) und
(4) das formal-operationale Stadium (ca. 12 bis 16 Jahre) (s. Übersicht).

> **Übersicht**
>
> **Stadien der geistigen Entwicklung nach Piaget**
>
> **Sensomotorisches Stadium (Geburt bis 2 Jahre)**
> ▶ Stufe 1 und 2 (0 bis 4 Monate): Modifikation von Reflexen, erste Koordination von Schemata
> ▶ Stufe 3 (4 bis 8 Monate): Koordination von Schemata, Erzielen von Effekten in der Umgebung; keine intentionale Mittel-Ziel-Koordination, keine Suche nach vollständig verdeckten Objekten
> ▶ Stufe 4 (8 bis 12 Monate): intelligente Mittel-Ziel-Verbindungen; Suche nach verdeckten Objekten, jedoch A-nicht-B-Fehler
> ▶ Stufe 5 (12 bis 18 Monate): Versuch-und-Irrtum-Problemlösen, aktives »Experimentieren«; Nachvollziehen sichtbarer Objektverlagerungen

- **Stufe 6** (18 bis 24 Monate): Entdeckung neuer Mittel durch mental repräsentierte Schemata; verzögerte Imitation, Symbolspiel; Rekonstruktion unsichtbarer Objektverlagerungen durch schlussfolgerndes Denken

Präoperationales Stadium (2 bis 7 Jahre)
- Symbolbildung und Spracherwerb, Kommunikation (Egozentrismus)
- Irreversibilität des Denkens
- Zentrieren auf eine Aufgabendimension
- Unfähigkeit zur Seriation und zu transitiven Schlüssen
- keine taxonomische Klassifikation, Unverständnis der Klasseninklusionsrelation
- Fehlen der Erhaltungsbegriffe, fehlendes physikalisches Kausalverständnis
- anschauungsgebundenes Denken

Konkret-operationales Stadium (7 bis 12 Jahre)
- Verständnis von Transformationen durch mentale Operationen
- Erwerb von Invarianzbegriffen, Klasseninklusion, Kausalverständnis, Überwindung des Egozentrismus

Formal-operationales Stadium (ab ca. 12 Jahren)
- theoretisches bzw. hypothetisches Denken; vollständige und systematische Problemlösungen
- Verständnis der wissenschaftlichen Methode
- proportionales Denken

16.1.1 Das sensomotorische Stadium (0 bis 2 Jahre)

Im sensomotorischen Stadium (Geburt bis 2 Jahre) sind die Erkenntnismöglichkeiten des Babys an seine augenblicklichen Interaktionen mit der Umwelt gebunden. Einfache Reflexe und elementare Wahrnehmungsfähigkeiten bilden die Grundlage für den Aufbau des Denkens. Piaget sah den entscheidenden Unterschied zwischen der Intelligenz des Säuglings und der des Kindes bzw. Erwachsenen darin, dass die Intelligenz des Säuglings handlungsgebunden, nicht symbolisch-repräsentational sei: Sie kommt durch sensorische und motorische Funktionen zum Ausdruck. Die kognitive Grundlage für die organisierten sensorischen und motorischen Handlungen des Säuglings sind sensomotorische Schemata, d. h. strukturierte Verhaltensmuster für je spezifische Formen der Interaktion mit der Umwelt. Das Schema enthält alles Wiederholbare und Generalisierbare einer Handlung. So beschreibt z. B. das Saugschema die Art, wie Säuglinge bestimmte Objekte in den Mund nehmen und daran saugen. Schemata sind von Anfang an adaptiv.

Stufen der sensomotorischen Entwicklung des Kleinkindes

Piaget unterscheidet die folgenden Stufen der sensomotorischen Entwicklung des Kleinkindes:

- **Stufe 1:** Schon im ersten Lebensmonat bilden sich Unterschiede im Saugverhalten gegenüber unterschiedlichen Objekten heraus, worin Piaget eine erste Anpassungsleistung des Organismus an die Umgebung sah (Modifikation angeborener Reflexe).
- **Stufe 2** (1 bis 4 Monate): Die Kinder beginnen, elementare Handlungen wie Schauen und Kopfdrehen zu größeren Verhaltenseinheiten zu verbinden, wobei diese in der Regel auf den eigenen Körper bezogen sind (z. B. ein Objekt, das dem Baby in die Hand gelegt wird, zum Mund führen).
- **Stufe 3** (4 bis 8 Monate): Das Handeln des Babys bezieht sich zunehmend auf externe Objekte. Typisch ist die Wiederholung von objektbezogenen Handlungen, die interessante Effekte mit sich bringen. Piaget beobachtete, dass Babys in Stadium 3 abrupt aufhören, nach interessanten Objekten zu greifen, wenn diese (etwa durch eine Decke) vollständig verdeckt werden. Während sie ein nur teilweise verdecktes Objekt herausziehen, verhalten sie sich im Falle vollständiger Verdeckung so, als habe das Objekt aufgehört zu existieren. Piaget schloss aus dieser Beobachtung, dass Kindern unter acht Monaten das Konzept des permanenten Objekts fehle, d. h. das Wissen darüber, dass Objekte unabhängig von den objektgerichteten Handlungen weiter existieren, auch wenn sie sich außerhalb des eigenen Wahrnehmungsfelds befinden.
- **Stufe 4** (8 bis 12 Monate): Babys suchen nach vollständig verdeckten Objekten, jedoch machen sie einen Perseverationsfehler, wenn ein Objekt mehrmals an einem von zwei Orten (A) versteckt wurde und danach vor den Augen des Kindes am neuen Ort (B) versteckt wird. Wenn sie nicht sofort danach suchen dürfen, suchen die meisten Kinder unter zwölf Monaten am Ort A (A-nicht-B-Suchfehler), nach Piaget

ein Indiz für eine noch instabile Objektrepräsentation aufgrund der unvollständigen Differenzierung von Objekt und eigener Handlung. Die Suche nach verdeckten Objekten ist ein Indikator für die beginnende Bildung von Mittel-Ziel-Verbindungen im Alter von acht bis zwölf Monaten (z. B. das Tuch anheben, um das Objekt zu erreichen).

▶ **Stufe 5** (12 bis 18 Monate): Kleinkinder nutzen nicht mehr nur bekannte Mittel, um Ziele zu erreichen, sondern sie bedienen sich auch neuer Mittel; z. B. beginnen sie, Gegenstände als Werkzeuge einzusetzen, um weiter entfernt liegende Objekte zu erreichen. Wenn Objekte vor ihren Augen versteckt werden, so sind Kinder in Stadium 5 fähig, sie wiederzufinden, solange sie den letzten Ort des Verstecks sehen können (sichtbare Verlagerungen). Wenn jedoch eine Verlagerung nicht sichtbar war, aber erschlossen werden kann (z. B. in Mamas Hand liegt eine Münze, die Hand verschwindet mit der Münze unter dem Kissen, die Hand kommt wieder hervor, wird geöffnet – ist leer: die Münze muss unter dem Kissen sein!), dann gelingt es Kindern in Stadium 5 nicht, das versteckte Objekt zu finden.

▶ **Stufe 6** (18 bis 24 Monate): Schlussfolgerungen gelingen Kleinkindern erst auf Stufe 6, die den Übergang zum symbolisch-repräsentationalen Denken markiert. Ein Indiz für die Bildung von dauerhaften mentalen Repräsentationen ist die Fähigkeit zu zeitlich verzögerter Nachahmung, also der Nachahmung einer vorher bei einer anderen Person beobachteten Handlung, die Piaget erstmals in diesem Altersbereich beobachtete. Erste Hinweise auf Symbolgebrauch finden sich ferner in der Sprachproduktion (Wortschatzexplosion) und im Spiel: Kinder ab etwa 18 Monaten beginnen Symbol- bzw. Fiktionsspiel zu produzieren, wenn sie z. B. einen Bauklotz in die Hand nehmen und so tun, als sei er ein Auto, oder wenn sie vorgeben, aus einer leeren Tasse zu trinken.

16.1.2 Das präoperationale Stadium (2 bis 7 Jahre)

Das vor- oder präoperationale Stadium (2 bis 7 Jahre) ist gekennzeichnet durch die Bildung stabiler mentaler Repräsentationen. Kinder kreieren im Spiel und in der Kommunikation Symbole und erwerben rasch das wichtigste konventionalisierte Kommunikationsmittel: die Sprache. Das präoperationale Denken ist jedoch, wie der Name sagt, eingeschränkt durch das Fehlen logischer Operationen.

> **Definition**
>
> Mit dem Begriff der **Operation** (im Sinne einer internalisierten Handlung) bezeichnet Piaget die Möglichkeit, interne Repräsentationen mental zu manipulieren.

Mentale Operationen haben ihre Ausgangsbasis in beobachtbaren, realen Handlungen; sie bilden organisierte Strukturen, und sie sind logisch in dem Sinne, dass sie einem System von Regeln folgen. Grundregel ist dabei die der Reversibilität.

> **Definition**
>
> **Reversibilität** ist die Aufhebung des Effekts einer Operation durch eine andere. Es werden zwei Formen der Reversibilität unterschieden: Negation (z. B. Subtraktion als Inversion der Addition) und Kompensation (der Effekt einer Operation wird durch eine andere ausgeglichen).

Zentrierung. Piaget diagnostizierte eine Vielzahl von »Denkfehlern« bei Kindern im Vorschulalter, die er als Hinweise auf das Fehlen von Operationen deutete. So fokussieren (»zentrieren«) sie häufig auf einzelne, augenfällige Aspekte eines Ereignisses oder einer Handlung und sind unfähig, beobachtete Handlungen mental rückgängig zu machen. Dadurch kommen sie zu logisch inkonsistenten Aufgabenlösungen, etwa dann, wenn eine physikalisch irrelevante Transformation durchgeführt wurde, die einen augenfälligen Effekt hat – z. B. wenn Flüssigkeit von einem kurzen, breiten (A) in ein hohes schmales Glas (C) umgeschüttet wurde und nun also der Flüssigkeitspegel im schmalen Glas höher als im Ausgangsglas ist: 4-jährige Kinder, die zunächst angaben, es sei »gleich viel« Saft in den Gläsern A und B gleicher Form, anschließend den Umschüttvorgang von A nach C beobachteten und in der dritten Phase gefragt werden, ob sich in den beiden Gläsern B (breit und kurz wie Glas A) und C (hoch und schmal) gleich viel Flüssigkeit befinde, werden frappierenderweise antworten, nein, in Glas C sei »mehr« Saft. Sie fokussieren also nur auf den äußerlich auffälligen Aspekt (in diesem Beispiel die Höhe des Glases) und bemerken nicht, dass die

Flüssigkeitsmenge invariant ist (fehlendes Invarianzkonzept). Analoge Fehler machen Kinder im Stadium des präoperationalen Denkens bei Aufgaben zur Erhaltung der Masse (z. B. unterschiedlich geformte Tonklumpen gleicher Menge) und der Zahl (z. B. unterschiedlich lange Aufreihung von Objekten: je mehr Abstand, desto länger die Reihe bei gleichbleibender Anzahl von Objekten).

Nach Piaget ist das Fehlen der Erhaltungs- oder Invarianzkonzepte darauf zurückzuführen, dass das Vorschulkind Zustände (Ausgangs- und Endzustand), nicht Transformationen repräsentiert. Es kann eine beobachtete Handlung nicht mental rückgängig machen. Durch das Fehlen der Erhaltungsbegriffe ist das Denken des Vorschulkindes in gravierender Weise eingeschränkt. Es verfügt nicht über die logischen Voraussetzungen für den Erwerb physikalischer und numerischer Grundkonzepte.

Im sozialen Bereich zeigt sich die Tendenz, auf nur eine Dimension zu zentrieren, im Egozentrismus des Vorschulkindes.

> **Definition**
>
> Mit **Egozentrismus** ist die Unfähigkeit gemeint, eine von der eigenen Perspektive abweichende Perspektive einer anderen Person einzunehmen.

Dies gilt für die Differenzierung von Wahrnehmungsperspektiven wie auch von epistemischen (d. h. wissens- bzw. informationsabhängigen) Perspektiven: Zeigt man Vorschulkindern ein dreidimensionales Modell einer Gebirgslandschaft, indem man sie die Landschaft von allen vier Seiten betrachten lässt, und bittet sie schließlich, durch Auswahl eines Fotos anzugeben, wie eine Person, die auf der gegenüberliegenden Seite steht, die Gebirgslandschaft sieht, so wählen sie stets die Ansicht, die ihrem eigenen augenblicklichen Standpunkt entspricht. Obwohl sie unterschiedliche Perspektiven auf die Berge kennengelernt haben, scheinen sie nicht in der Lage zu sein, zu verstehen, dass ein und dasselbe Objekt (die Landschaft) zu einem bestimmten Zeitpunkt aus verschiedenen Perspektiven unterschiedlich wahrgenommen wird.

Klasseninklusion. Grundlegende kognitive Leistungen wie Klassenbildung und Klassenhierarchisierung sind im präoperationalen Stadium limitiert. Fordert man Kinder auf, Objekte zu gruppieren, »so, wie sie zusammengehören«, arrangieren sie sie häufig so, dass sie »ein Bild« (eine Szene) ergeben (Piaget sprach von »graphischen Kollektionen«). Das Verständnis der Relation zwischen Ober- und Unterklasse überprüfte Piaget in der sogenannten Klasseninklusionsaufgabe. Dem Kind werden z. B. Bilder von acht Hunden – fünf Pudeln und drei Schäferhunden – vorgelegt. Sie werden aufgefordert, »alle Hunde«, »alle Pudel« und »alle Schäferhunde« zu zählen, und tun dies korrekt. Wenn sie gefragt werden »Sind hier mehr Pudel oder mehr Hunde?«, dann antworten Kinder unter etwa 8 Jahren in der Regel »mehr Pudel«, so, als wären sie nach einem Vergleich der beiden Unterklassen – Pudel und Schäferhunde – gefragt worden. Für Piaget ist dies ein Indiz dafür, dass sie die Logik der Klassenhierarchisierung nicht verstehen. Ihre Unfähigkeit zu dezentrieren, hindert sie daran, Ober- und Unterklasse gleichzeitig zu berücksichtigen, d. h. die Pudel sowohl als Pudel als auch als Hunde zu klassifizieren.

16.1.3 Das konkret-operationale Stadium (7 bis 12 Jahre)

Nach Piaget erwerben Kinder erst ab etwa 7 Jahren fundamentale Begriffe wie den der Erhaltung, der Zahl, der Zeit, der Kausalität. Durch die zunehmende Reversibilität des Denkens werden sie fähig, einfache logische Operationen durchzuführen (wie Kompensation und Negation). Dies ist Voraussetzung für die erfolgreiche Lösung von Aufgaben, bei denen mehrere Dimensionen berücksichtigt und Transformationen beachtet werden müssen. Piaget betrachtete das Erreichen einfacher logischer Operationen als Voraussetzung für den Aufbau von Systemen von Operationen (zunächst Addition und Subtraktion, dann Multiplikation und Division) und damit für das Erreichen eines »Gleichgewichts« des Denkens. Die logischen Operationen des Grundschulkindes werden auf konkrete Objekte und Ereignisse angewandt, die Abstraktionsfähigkeiten sind beschränkt, und es fällt Kindern in diesem Stadium schwer, systematisch über hypothetische Situationen nachzudenken.

16.1.4 Das formal-operationale Stadium (ab 12 Jahren)

Piaget sah im Stadium der formalen Operationen, das nicht von allen Erwachsenen erreicht wird, den Idealtyp menschlicher Rationalität. Konfrontiert mit der

Aufgabe, die Ursachen für Phänomene der Natur aufzudecken (z. B. herauszufinden, von welchen Faktoren die Frequenz eines Pendels abhängt), werden Kinder einige Variablen manipulieren und Experimente durchführen, jedoch aufgrund weniger, unsystematisch gewonnener Ergebnisse ungültige und oft widersprüchliche Schlussfolgerungen ziehen. Im Gegensatz dazu generieren und prüfen Jugendliche, die das Stadium der formalen Operationen erreicht haben, systematisch Hypothesen, führen kontrollierte Experimente durch und ziehen gültige Schlussfolgerungen aus den Befunden, die sie gewonnen haben. Ein solches analytisches Vorgehen ist gekoppelt an eine abstrakte Problemrepräsentation.

> **Definition**
>
> **Formal-operationales Denken** ist gekennzeichnet durch eine hypothetische bzw. theoretische Herangehensweise an Problemstellungen.

Formal-operationales Denken erlaubt die analytische Durchdringung komplexer Problemstellungen. Darüber hinaus ist formal-operationales Denken auch gekennzeichnet durch die sich entwickelnde Fähigkeit, Erkenntnisprozesse selbst zum Gegenstand der Reflexion zu machen. Während Kinder in der Regel an die Möglichkeit absoluter Erkenntnis glauben, beginnen Jugendliche, den Erkenntnisprozess zu problematisieren: Sie konstruieren alternative Welten und verstehen die eigene Erkenntnisperspektive als eine von vielen möglichen. Sie reflektieren über Probleme von Wahrheit, Moral und Gerechtigkeit. Piaget sah in den formalen Operationen die strukturelle Grundlage für alle komplexen geistigen Leistungen.

> **Denkanstöße**
>
> ▶ Piaget interpretierte die von ihm beobachteten Denkfehler jüngerer Kinder als Hinweise auf strukturelle, stadientypische Limitationen des logischen Denkens. Versuchen Sie, alternative Interpretationen für das Scheitern junger Kinder in Piaget-Aufgaben zu entwickeln.
> ▶ Erläutern Sie das Zusammenspiel von Akkomodation und Assimilation bei der Entwicklung kognitiver Fähigkeiten an einem Beispiel.

16.2 Kritik an Piaget: Die kognitiven Kompetenzen junger Kinder

Bei der kritischen Bewertung der Theorie von Piaget kamen drei Hauptschwächen zum Vorschein:
(1) Empirische Prüfungen der Annahmen über die stadientypische Kohärenz des kindlichen Denkens ergaben weit größere Variabilität zu verschiedenen Zeitpunkten der Entwicklung, als nach Piaget anzunehmen wäre.
(2) Piaget unterschätzte die kognitiven Fähigkeiten von jungen Kindern und sogar Säuglingen bei Weitem.
(3) Piagets Theorie ist im Hinblick auf die vermuteten Entwicklungsmechanismen zu vage.

Den größten Einfluss auf die Weiterentwicklung der kognitiven Entwicklungspsychologie hatten seit den 1970er-Jahren die vielfältigen und breiten Demonstrationen der kognitiven Kompetenzen von Babys und jungen Kindern. Die Belege für frühe kognitive Kompetenzen haben dazu geführt, dass heute kognitive Entwicklung nicht mehr nur unter dem Aspekt der Veränderungen, sondern auch unter dem Aspekt der Invarianten des kognitiven Systems betrachtet wird.

16.2.1 Der kompetente Säugling: Objektpermanenz

Piaget vermutete aufgrund von Defiziten bei der Suche nach versteckten Objekten, dass bei Säuglingen kein Begriff des permanenten Objekts vorhanden sei. Die moderne Säuglingsforschung konnte mit neuen Methoden Wissen über Objekte unabhängig vom objektgerichteten Handeln nachweisen.

Habituationsmethode. Die bekannteste Methode ist die Habituationsmethode, bei der ein Stimulus mehrmals präsentiert wird, so lange, bis das Interesse des Babys (z. B. gemessen durch die Dauer der Fixation auf visuelle Stimuli) bis zu einem Kriterium absinkt (50 % der ursprünglichen Fixationsdauer). Wenn das Habituationskriterium erreicht ist, wenn die Information also insoweit verarbeitet wurde, dass Gewöhnung eingetreten ist, wird ein Testreiz dargeboten; wenn der Säugling auf diesen Testreiz dishabituiert (d. h., wenn die Fixationszeiten signifikant ansteigen), so schließt man daraus, dass der neue Reiz vom Säugling als »neu« bzw. »unerwartet« wahrgenommen wird. Kontrastiert man nun Teststimuli, die unseren Erwartungen über das Verhalten von Objekten oder Personen entsprechen, mit solchen, die diese Erwartungen verletzen, und findet man, dass Babys die erwartungswidrigen Testreize signifikant länger betrachten als die erwartungskonformen, so kann man daraus schließen, dass die Erwartungen der Babys über die fraglichen Ereignisse den unseren entsprechen.

Erwartungsverletzung. Mit der Methode der Erwartungsverletzung zeigte Baillargeon (1987), dass bereits dreieinhalb Monate alte Säuglinge verdeckte Objekte mental repräsentieren. In der Habituationsphase sahen die Babys, wie ein Schirm vor- und zurückgeklappt wurde (Drehung um 180 Grad). Nach Erreichen des Habituationskriteriums wurde ein Quader im Gesichtsfeld des Babys platziert. Anschließend sahen die Babys zwei Arten von Testereignissen: Bei den erwartungskonformen Ereignissen klappte der Schirm um, verdeckte den Quader und kam zum Stillstand, als er an diesen anstieß. Bei den erwartungswidrigen Testereignissen klappte der Schirm wie in der Habituationsphase in einer 180-Grad-Drehung um (wobei der Versuchsleiter unbemerkt den Quader entfernt hatte). Für den Betrachter wirkte das so, als hätte sich der Schirm durch den Raum des Quaders hindurchbewegt. Bereits dreieinhalb Monate alte Babys schauten signifikant länger auf das erwartungswidrige als auf das erwartungskonforme Ereignis. Da das erwartungswidrige Ereignis identisch war mit dem Stimulus der Habituationsphase (vollständiges Umklappen des Schirms), können die längeren Blickzeiten nur darauf zurückgeführt werden, dass die Babys eine mentale Repräsentation des Objekts gebildet hatten, das vor ihnen stand, bevor der Schirm umklappte. Folglich existieren bereits für wenige Monate alte Säuglinge Objekte, auch wenn sie vollständig verdeckt sind.

Greifen im Dunkeln. Diese Interpretation wird auch durch Befunde zum Greifen im Dunkeln gestützt: Kinder mit sechs Monaten greifen im Dunkeln nach Objekten und tun dies in Abhängigkeit von dem vom Objekt verursachten Geräusch so, dass ihr Wissen über mögliche Objekte und deren Eigenschaften zum Tragen kommt Auch bei dem im Alter zwischen acht und zwölf Monaten auftretenden A-nicht-B-Fehler lässt sich eine Diskrepanz zwischen Blickverhalten und Suchverhalten feststellen: Wenn die Kinder beobachten, wie ein Objekt zunächst mehrmals an Ort A und dann an Ort B versteckt wird, dann wenden sie ihren Blick meist zum korrekten Ort (B), während sie dann, wenn sie selbst suchen sollen, am falschen Ort (A) suchen. Neuropsychologische Studien zeigen, dass die Reifung des präfrontalen Kortex entscheidend dafür ist, dass die Tendenz, am »alten« Ort zu suchen, gehemmt wird (Diamond, 1991). Affen mit Läsionen im präfrontalen Kortex machen ähnliche Suchfehler wie acht bis zwölf Monate alte Babys.

Die neuere Forschung zur Entwicklung des Objektkonzepts deutet also darauf hin, dass Babys schon früh (möglicherweise von Geburt an) über grundlegendes Objektwissen verfügen, jedoch nicht von Anfang an fähig sind, dieses Wissen in manuellem Suchverhalten zu nutzen.

16.2.2 Kognitive Kompetenzen im Vorschulalter

Piagets weitreichende Behauptungen über die kognitiven Begrenzungen des präoperationalen Denkens wurden seit den 1970er-Jahren in einer Vielzahl von Forschungsarbeiten kritisch geprüft. Ergebnis dieser Studien waren zahlreiche neue Entdeckungen über kognitive Kompetenzen bei kleinen Kindern und eine Revision der Sichtweise, dass die Aufgaben, die Piaget zur Erfassung bestimmter Merkmale des kindlichen Denkens verwendete, diagnostisch für das begriffliche Verständnis des Kindes seien, dass also z. B. die Zahlkonservierungsaufgabe »das Zahlkonzept« oder die Aufgabe, die Zeiten zu vergleichen, die zwei Züge gebraucht haben, um eine bestimmte Wegstrecke zurückzulegen, »den Zeitbegriff« des Kindes erfassen.

Die Fähigkeit, Information aus mehreren Dimensionen zu integrieren, ist aufgabenspezifisch: In Piagets Aufgaben, die meist einen Paarvergleich verlangen (z. B. den Vergleich von zwei Gläsern), zentrieren jüngere Kinder meist auf eine Dimension, berücksichtigen also z. B. nur den Endpunkt, den zwei Züge erreicht haben, und vernachlässigen die Geschwindigkeit, mit der sie gefahren sind, und die Wegstrecke, die sie zurückgelegt haben. Stellt man 5-jährigen Kindern hingegen die Aufgabe, Absoluturteile abzugeben über die Wegstrecke, die bestimmte Tiere (eine Katze, eine Schildkröte) in einem bestimmten Zeitraum zurücklegen (wenn sie vor einem Hund, der 3 oder 5 Sekunden bellt, weglaufen), so findet man: Schon Vorschulkinder berücksichtigen alle drei relevanten Dimensionen (Weg, Zeit und Geschwindigkeit) und integrieren sie intuitiv korrekt (multiplikativ) (Wilkening, 1981). Das Denken von Vorschulkindern ist also nicht dadurch begrenzt, dass sie generell unfähig wären, dimensionale Informationen zu integrieren. Dies konnte in verschiedenen Bereichen bestätigt werden. Ein Beispiel ist der kindliche Egozentrismus.

Egozentrismus

Piaget kennzeichnete Kinder im präoperationalen Stadium als »egozentrisch«, d. h. als unfähig, die Perspektive anderer Personen zu berücksichtigen. Die Arbeitsgruppe um John Flavell unterzog diese These einer kritischen Prüfung. Sie stellten Vorschulkindern z. B. die folgende Aufgabe: Kind und Versuchsleiter sitzen einander gegenüber, zwischen ihnen liegt ein Bild, das eine Seitenansicht einer Schildkröte zeigt. Der Versuchsleiter zeigt dem Kind mehrmals, dass die Schildkröte für ihn »auf den Füßen steht«, wenn das Bild in entsprechender Weise vor ihm liegt, und »auf dem Rücken liegt«, wenn er es um 180 Grad dreht. Dann legt er das Bild mehrmals in unterschiedlichen Orientierungen zwischen sich und das Kind und fragt jeweils: »Wie siehst du die Schildkröte? Siehst du sie auf dem Rücken liegend oder auf den Füßen stehend?« und »Wie sehe ich die Schildkröte? Sehe ich sie auf dem Rücken liegend oder auf den Füßen stehend?« Es zeigte sich, dass 4- bis 5-jährige Kinder konsistent beide Fragen richtig beantworten, d. h. sowohl die eigene Perspektive als auch die des Versuchsleiters korrekt beschreiben. Die meisten 3-Jährigen konnten hingegen nur die eigene Perspektive korrekt identifizieren und differenzierten nicht zwischen ihrer Ansicht der Schildkröte und der des Versuchsleiters.

Noch einfachere Aufgaben zur Perspektivenübernahme konnten schon von Kindern unter 3 Jahren gelöst werden. Bittet man 2-jährige Kinder, einem anderen Anwesenden (z. B. der Mutter) ein Bild (z. B. von Snoopy) zu zeigen, dann drehen sie das Bild so, dass der andere die Vorderseite sieht und sie die Rückseite. Stellt man zwischen Kind und Versuchsleiter eine Trennwand auf und stellt man Snoopy auf die Seite des Kindes, dann können 2½-Jährige korrekt angeben, dass sie jetzt Snoopy sehen, der andere jedoch nicht (und ebenso im umgekehrten Fall, wenn Snoopy auf der Seite des Versuchsleiters steht). Schon 2- bis 3-Jährige verstehen also, dass andere nicht notwendigerweise immer das Gleiche sehen wie sie selbst, und weitere Studien haben gezeigt, dass sie sich auch darüber im Klaren sind, welche Bedingungen gegeben sein müssen, damit jemand einen Gegenstand sehen kann, z. B., dass man, um etwas sehen zu können, die Augen offen haben muss und dass man eine gerade Sichtlinie auf den Gegenstand haben muss (Flavell et al., 1981).

Flavell und Kollegen unterschieden zwischen zwei Ebenen der Fähigkeit zur (visuellen) Perspektivenübernahme: Auf Ebene l (»Level l«) versteht das Kind, dass ein anderer etwas sehen kann, was es selbst nicht sieht, und umgekehrt; dieses Niveau erreichen Kinder offenbar schon mit 2 Jahren. Auf Ebene 2 (»Level 2«) verstehen Kinder, dass ein und dasselbe Objekt aus unterschiedlichen Wahrnehmungsperspektiven unterschiedlich aussehen kann. Dies wird erst von 4-Jährigen gemeistert. Die neuere Forschung zeigt, dass Kinder früher zu nichtegozentrischer Repräsentation der Perspektive anderer fähig sind, als Piaget angenommen hat. Sie zeigt aber auch, dass sie in höchst unterschiedlichen Altersbereichen unterschiedliche Ebenen der Perspektivenübernahmeleistung erreichen, dass es also nicht stimmen kann, dass das Denken des Kindes in irgendeinem Altersbereich durch ein stadientypisches Merkmal »Egozentrismus« gekennzeichnet sei. So konnte die Fähigkeit zu visueller Perspektivenübernahme bereits im präverbalen Alter nachgewiesen werden (s. Abschn. 16.4.3).

Kausales Denken

Piaget fragte Kinder nach Erklärungen für eine Vielzahl von Phänomenen ihrer Umwelt (z. B. das Funktionieren von Fahrrädern, das Schwimmen von Schiffen, die Mondphasen). Vorschulkinder machten in ihren Antworten auf solche Fragen so gut wie nie Angaben darüber, auf welche Weise eine vermutete Ursache zu einem Effekt führen könne, schienen also kausale Mechanismen völlig zu vernachlässigen. Außerdem schränkten sie die Arten möglicher Ursachen für physikalische Ereignisse nicht auf den physikalischen Bereich ein, sondern unterstellten psychologische Ursachen (wie Wünsche und Absichten) für physikalische Ereignisse. Diese und weitere Beobachtungen veranlassten Piaget dazu, das Denken des Vorschulkindes als »präkausal« zu bezeichnen. Gegen diese Interpretation Piagets kann man einwenden, dass kleineren Kindern vermutlich das relevante bereichsspezifische, inhaltliche Wissen fehlt, um Phänomene wie das Schwimmen von Schiffen oder das Funktionieren von Fahrrädern erklären zu können.

Um zu prüfen, ob das kausale Denken des Kindes tatsächlich den von Piaget unterstellten Beschränkungen unterliegt, muss das Kausalverständnis in Inhaltsbereichen untersucht werden, die so einfach sind, dass selbst junge Kinder über die relevanten inhaltlichen Kenntnisse verfügen. Mit dieser Forschungsstrategie konnten Bullock und Kollegen zeigen, dass Kinder kausale Schlussfolgerungen im Wesentlichen nach den gleichen Prinzipien ziehen, wie wir das tun (zum Überblick vgl. Bullock et al., 1982): Bei der Suche nach Ursachen gehen sie nach dem Prinzip der zeitlichen Priorität vor, d. h., als Ursachen kommen nur Ereignisse infrage, die zeitlich dem Effekt vorangehen (oder mit ihm zeitlich zusammenfallen), nicht solche, die ihm nachfolgen. Schließlich unterstellen Kinder wie Erwachsene kausale Mechanismen, d. h., sie machen Annahmen darüber, auf welche Weise der fragliche Effekt zustande gekommen sein kann. Und diese Annahmen führen sie dazu, relevante Ursachen zu suchen und irrelevante zu ignorieren.

So können schon 3- bis 4-jährige Kinder relevante von irrelevanten Modifikationen einer physikalischen Ereigniskette unterscheiden, wenn der Mechanismus so einfach ist, dass sie ihn verstehen können: Die Kinder sahen eine Kettenreaktion, in der das Anstoßen eines Klötzchens über eine Serie von umfallenden Dominosteinen dazu führte, dass ein Spielzeughase (Fred-the-Rabbit) von einem Brett gestoßen wurde und in sein Bettchen plumpste. Schon 3-Jährige verstanden, dass die Kettenreaktion unterbrochen wird, wenn man einen Stab nimmt, der zu kurz ist, um die Dominosteine anzustoßen, oder wenn man einen Dominostein herausnimmt, dass es aber nichts ausmacht, die Farbe oder das Material des Stabs oder der Dominosteine zu verändern. Schon 3-Jährige zeigten also Einsicht in einen einfachen kausalen Mechanismus.

Sowohl in der Säuglingsforschung als auch in der Forschung zur kognitiven Entwicklung im Kleinkind- und Vorschulalter konnten durch einfallsreiche Experimente frühe kognitive Kompetenzen nachgewiesen und Defizitbehauptungen Piagets widerlegt werden. Daher geht man heute davon aus, dass es weit mehr Ähnlichkeiten zwischen dem Denken von Kindern und Erwachsenen gibt, als traditionell angenommen wurde. Die Demonstration früher Kompetenzen kann allerdings Entwicklungstheorien nicht ersetzen. Zentral bleibt die Antwort auf die Frage »Was entwickelt sich?«.

> **Denkanstöße**
>
> Versuchen Sie, Antworten auf die Frage »Was entwickelt sich?« zu geben, die mit den Befunden zu den kognitiven Kompetenzen im Kleinkind- und Vorschulalter konsistent sind.

16.3 Informationsverarbeitungsansätze

Seit den 1970er-Jahren hat sich die Psychologie der Informationsverarbeitung auch in der Entwicklungspsychologie als dominierendes Paradigma etabliert. Dies führte zu einer grundsätzlichen Veränderung der Erforschung des kindlichen Denkens und seiner Entwicklung und zur Verknüpfung von Forschungsansätzen aus dem Bereich der kognitiven Entwicklung in der Kindheit mit solchen aus der Entwicklungspsychologie der Lebensspanne.

Menschliches Denken wird als Prozess der Verarbeitung von Informationen im Gedächtnis betrachtet; dies wird häufig im Sinne einer Analogie zwischen dem Denken beim Menschen und der Verarbeitung von Informationen im Computer dargestellt. Die Metapher vom »Menschen als Computer« ist hilfreich, um Hypothesen über mögliche entwicklungssensitive Merkmale der Informationsverarbeitung zu bilden. Immer größere Informationsmengen können in immer kürzerer Zeit verarbeitet werden, was auf Verbesserungen sowohl der Hardware als auch der Software zurückzuführen ist. Analog dazu kann man die Zunahme mentaler Ressourcen in der Kindheit auf die Zunahme an Informationsverarbeitungskapazität und -geschwindigkeit, aber auch auf die Verbesserung kognitiver Strategien und die Zunahme an Wissen sowie die Verbesserung kognitiver Verhaltenskontrolle zurückführen.

16.3.1 Kapazität der Informationsverarbeitung

Annahme verschiedener Speichersysteme. Zentral für die Psychologie der Informationsverarbeitung ist die Vorstellung, dass für kognitive Prozesse zu jedem gegebenen Zeitpunkt nur eine begrenzte Kapazität zur Verfügung steht. Klassische Informationsverarbeitungstheorien machen die Annahme, dass die Informationsverarbeitung seriell, z. B. in Form der schrittweisen Verarbeitung von Informationen in mehreren Speichersystemen (sensorische Register, Kurzzeit- oder Arbeitsgedächtnis, Langzeitgedächtnis), erfolgt. Information, die im kapazitätsbegrenzten Kurzzeitgedächtnis nicht bearbeitet und nicht in das Langzeitgedächtnis transferiert wird, geht verloren. Eine mögliche Folgerung aus dieser Analyse ist, dass jüngere Kinder aufgrund der geringeren Kapazität ihres Kurzzeit- oder Arbeitsgedächtnisses an der Bearbeitung von Aufgaben scheitern, die ältere Kinder lösen. Um solche Hypothesen zu überprüfen, sind Aufgabenanalysen nötig, die den Prozess der schrittweisen Lösung einer Aufgabe modellieren und die bei jedem Lösungsschritt auftretende Beanspruchung des Arbeitsgedächtnisses spezifizieren.

Kapazitätsgrenzen des Arbeitsgedächtnisses. Aufgrund solcher Analysen wurden viele scheinbar stadientypische qualitative Veränderungen kognitiver Leistungen auf zugrunde liegende kontinuierliche Veränderungen mentaler Ressourcen zurückgeführt. Beispielsweise beobachtete Piaget, dass Kinder im Vorschulalter Schwierigkeiten haben, aus vorgegebenen Prämissen (Hans ist größer als Peter, Peter ist größer als Max) transitive Schlüsse abzuleiten (Wer ist größer? Hans oder Max?). Piaget interpretierte das Scheitern präoperationaler Kinder (4-Jährige antworten auf dem Zufallsniveau) als Folge der Unfähigkeit, zu dezentrieren und zwei Aufgabendimensionen gleichzeitig zu berücksichtigen (also gleichzeitig Peter in Relation zu dem größeren und zu dem kleineren Jungen zu setzen). Bryant und Trabasso (1971) leiteten aus einer Analyse der Anforderungen an die Informationsverarbeitung eine Alternativhypothese ab: Sie vermuteten, dass Kinder schon an der Encodierung der Prämissen scheitern, dass es sich also bei ihren Fehlern nicht um Defizite in Bezug auf das logische Denken, sondern um Gedächtnisdefizite handelt. Sie testeten diese Hypothese in einem Trainingsexperiment, in dem sie mit Vorschulkindern so lange übten, bis diese die Prämisseninformation perfekt auswendig gelernt hatten. Sie fanden, dass die trainierten Kinder anschließend keine Fehler bei den transitiven Schlüssen machten. Dies bestätigt die Vermutung, dass das Problem nicht in einer strukturellen, stadientypischen Einschränkung des schlussfolgernden Denkens zu suchen ist, sondern in der begrenzten Kapazität des Arbeitsgedächtnisses.

Geschwindigkeit der Informationsverarbeitung. Erfasst man die Kapazität des Kurzzeitgedächtnisses (z. B. Zahlenspanne) und des Arbeitsgedächtnisses (Aufgaben, bei denen die Information nicht nur unmittelbar wiedergegeben, sondern bearbeitet werden muss), so ergeben sich reliable alterskorrelierte Veränderungen (s. Kap. 17 zur Entwicklung des Gedächtnisses). So haben 2-Jährige in der Regel eine Zahlenspanne von zwei Items, 5-Jährige von vier, 7-Jährige von fünf und 9-Jährige von sechs Items. Der wichtigste Grund dafür, dass das Kurzzeit- bzw. Arbeitsgedächtnis besser wird, ist die wachsende Geschwindigkeit der Informationsverarbeitung, für die die Geschwindigkeit der Item-Identifikation ein guter Indikator ist. Die Erhöhung der Geschwindigkeit, mit der Basisprozesse ausgeführt werden, ist ein generelles Entwicklungsphänomen, das sich in verschiedenen Aufgaben zeigt. Die Verarbeitungsgeschwindigkeit steigt am schnellsten in der Kindheit, nimmt aber noch bis ins Jugendalter hinein zu (vgl. Bjorklund, 2005). Zum Teil ist die Erhöhung der Geschwindigkeit der Informationsverarbeitung erfahrungsabhängig und ein Produkt des allgemeinen Wissenszuwachses in der Kindheit. Jedoch hängen bei konstantem Vorwissen Unterschiede in der Geschwindigkeit, mit der kognitive Aufgaben ausgeführt werden, mit individuellen Unterschieden in der biologischen Reifung zusammen. Ein biologischer Prozess, der dazu beiträgt, dass die Geschwindigkeit der Übertragung neuronaler Impulse zunimmt, ist die Myelinisierung (Ummantelung der Axone um die Neurone). Neben der Erhöhung der Geschwindigkeit der Signalübertragung trägt auch die Hemmung störender Handlungsimpulse zur Effizienz der Informationsverarbeitung bei. Hemmung und Resistenz gegen Interferenzen hängen mit der Reifung des präfrontalen Kortex zusammen, die zwischen der Geburt und dem Alter von 2 Jahren und zwischen 4 und 7 Jahren beschleunigt verläuft und (bei langsamerem und graduellem Verlauf) noch bis ins junge Erwachsenenalter andauert.

Neopiagetsche Stadientheorie. Die Forschungsergebnisse, die zeigen, dass die Geschwindigkeit der Informationsverarbeitung bei den verschiedensten Aufgaben mit dem Alter zunimmt, trugen zur Neuinterpretation der Piaget'schen Stadien der kognitiven Entwicklung in dem Sinne bei, dass man nun von Niveaus steigender Effizienz der Informationsverarbeitung spricht. Die bekannteste dieser neopiagetschen Theorien der kognitiven Entwicklung ist die von Case (1998), der postulierte, dass die Größe des Arbeitsspeichers (storage space) und die Effizienz der zur Verfügung stehenden mentalen Operationen (operating space) gemeinsam die Gesamtverarbeitungskapazität ausmachen. Im Laufe der Entwicklung nimmt mit zunehmender Effizienz der Informationsverarbeitung die Größe des Operationsraums ab, die benötigt wird, um kognitive Aufgaben zu lösen, was gleichzeitig zum Freiwerden von Speicherkapazität beiträgt. Case hielt am Stadienkonzept fest und definierte ähnlich wie Piaget vier globale Stadien der kognitiven Entwicklung, in denen unterschiedlich komplexe Arten von mentalen Repräsentationen gebildet und bearbeitet werden können. Zum Übergang von einem Stadium zum nächsthöheren tragen biologische Reifung, die Automatisierung der Informationsverarbeitung sowie die Entwicklung zentraler Begriffsstrukturen bei.

16.3.2 Strategieentwicklung

Im Unterschied zu den neopiagetschen Theorien rückte Siegler (1994) von der Vorstellung stadientypischer Kohärenz der kognitiven Entwicklung grundsätzlich ab und fokussierte im Gegenteil auf die kognitive Variabilität zu jedem beliebigen Zeitpunkt der Entwicklung.

Variabilität kognitiver Strategien. In vielen Studien zur Entwicklung von Strategien, die Kinder unterschiedlichen Alters bei der Lösung von Aufgaben wie Kopfrechnen, Buchstabieren und logischem Denken einsetzen, fand Siegler, dass Kinder verschiedenen Alters zu jedem Zeitpunkt über verschiedene alternative Strategien verfügen, die sie zur Lösung bestimmter Typen von Problemen nutzen können. In einer Studie zur Wirkung von Training bei der Zahlkonservierung (nach Piaget) fand Siegler sogar, dass diejenigen Kinder am meisten von Trainingssitzungen profitierten, die von Anfang an die größte Variabilität von Strategien und Lösungsansätzen gezeigt hatten.

Anpassung der Strategien. Kinder passen die Strategien, über die sie zu einem gegebenen Zeitpunkt verfügen, unterschiedlichen Aufgabenstellungen an. Wenn sie einmal eine neue Strategie entdeckt haben, wenden sie sie nicht sofort konsistent an, sondern setzen sie über einen längeren Zeitraum parallel zu vorhandenen Strategien ein. Die Veränderung von Strategien erfolgt nicht plötzlich durch kognitiven Konflikt und Einsicht, sondern adäquatere Strategien ersetzen in je spezifischen Kontexten allmählich weniger adäquate. Der wichtigste Faktor bei der Beibehaltung neu entdeckter Strategien scheint der Effizienzgewinn der neuen Strategie gegenüber den alten Strategien zu sein. Strategien, die eine wesentliche Steigerung der Genauigkeit und Effizienz der Problemlösung mit sich bringen, werden mit hoher Wahrscheinlichkeit beibehalten.

Modell überlappender Wellen. Siegler entwickelte aufgrund seiner Befunde zur Strategieentwicklung das »Modell überlappender Wellen« als eine Alternative zu Stadientheorien der kognitiven Entwicklung: Während Stadientheorien das Bild der Treppe verwenden, auf der von einem Niveau zum nächsthöheren vorangeschritten wird, trägt das Bild überlappender Wellen der Variabilität kognitiver Strategien zu jedem Zeitpunkt Rechnung. Mit Alter und Erfahrung verwenden Kinder immer anspruchsvollere Strategien bzw. modifizieren bestehende Strategien. Weiterentwicklung findet durch einen Prozess der Selektion und Anpassung nach evolutionsbiologischem Muster statt.

16.3.3 Metakognition und exekutive Funktionen

Metakognition. Informationsverarbeitungsmodelle müssen unter anderem erklären, wie ein kognitives System unter verschiedenen Bedingungen jeweils optimale Strategien wählen kann. Wissen über die Anforderungen verschiedener Aufgaben, die Nützlichkeit verfügbarer Strategien sowie die eigenen Fähigkeiten und Grenzen kommt bei der Strategiewahl zum Tragen. Solches Wissen über Kognition wird als Metakognition bezeichnet, wobei sowohl deklaratives Wissen über kognitive Prozesse, wie sie z. B. beim Lernen und Erinnern oder beim Planen eine Rolle spielen, als auch die Fähigkeit zur Überwachung und Regulation eigener kognitiver Prozesse als »Metakognition« bezeichnet werden (Schneider & Lockl, 2002). Rudimentäres metakognitives Verständnis lässt sich schon im Vorschulalter demonstrieren. In der Grundschulzeit gewinnen Kinder zunehmend Einsicht in den konstruktiven und interpretativen Charakter geistiger Aktivität, jedoch fällt es auch Jugendlichen und sogar Erwachsenen oft schwer, eigene kognitive Konstruktionen (z. B. eigene Theorien über komplexe Phänomene) als tentativ zu verstehen und kritisch zu evaluieren (Kuhn, 2000).

Exekutive Funktionen. Die selbstregulatorischen Aspekte von Metakognition werden in der neueren Forschungsliteratur häufig mit dem Konstrukt der »exekutiven Funktionen« identifiziert, d. h. Prozessen der kognitiven Verhaltenskontrolle, die an der Überwachung und Regulation von kognitiven Vorgängen sowie an der Handlungsplanung und der Inhibition störender Handlungsimpulse beteiligt sind (Goswami, 2008). Die Entwicklung exekutiver Funktionen, vor allem von Inhibition und kognitiver Flexibilität, macht große Fortschritte im Vorschulalter und ist eng korreliert mit der beginnenden Einsicht in geistige Prozesse (Theory of Mind; Perner & Lang, 1999). Exekutive Funktionen verbessern sich weiter im Grundschulalter und besonders in der Adoleszenz und werden mit der Entwicklung von sozialer Kognition (komplexe Formen der Perspektivenübernahme) sowie zunehmender Planungs- und Entscheidungsfähigkeit im Jugendalter in Zusammenhang gebracht, die mit Veränderungen in funktionaler Hirnaktivität in einem Netzwerk verschiedener Hirnareale, besonders im präfrontalen Kortex, korrelieren.

16.3.4 Entwicklung des Problemlösens und des schlussfolgernden Denkens

Charakteristisch für Informationsverarbeitungsansätze der kognitiven Entwicklung ist die Sicht auf das Kind als aktiven Problemlöser. Ein Problem ist gegeben, wenn ein Handelnder ein spezifisches Ziel hat, das er nicht unmittelbar erreichen kann, weil der Zielerreichung ein oder mehrere Hindernisse entgegenstehen.

> **Übersicht**
>
> **Bestandteile des Problemlösens**
> Problemlösen beinhaltet die mentale Repräsentation
> - eines Zielzustandes,
> - von Hindernissen, die dem Erreichen des Ziels im Wege stehen,
> - von Strategien, die zum Erreichen des Ziels geeignet sind,
> - sowie eine Evaluation der Ergebnisse von zielgerichteten Handlungen im Hinblick auf die Problemlösung.

Beginnende Problemlösefähigkeit. In einer Längsschnittstudie untersuchte Willatts (1999) Babys im Alter von sechs, sieben und acht Monaten anhand einer einfachen Problemlöseaufgabe, in der sie ein Spielzeug, das außerhalb ihrer Reichweite platziert war, dadurch heranziehen konnten, dass sie an der Decke zogen, auf der das Spielzeug lag. Zwar zogen schon viele Kinder im Alter von sechs Monaten das Spielzeug zu sich hin, aber das geschah oft unabsichtlich, während sie mit der Decke spielten. Ihr Verhalten in der Testbedingung, in der das Spielzeug auf der Decke lag, unterschied sich kaum von dem in einer Kontrollbedingung, bei der kein Spielzeug auf der Decke lag. Mit sieben Monaten stieg die Zahl der Kinder, die das Mittel (an der Decke ziehen) klar zum Erreichen des Ziels (Spielzeug) einsetzten. Mit acht Monaten konnten die meisten Kinder ihr Verhalten an variierende Distanzen des Spielzeugs anpassen. Die längsschnittliche Analyse zeigte, dass Babys, die einmal intentionales Problemlöseverhalten gezeigt hatten, dies fast immer beim nächsten Messzeitpunkt auch taten. Wie unterscheidet sich die Informationsverarbeitung der sechs Monate alten Babys von der der acht Monate alten? Die jüngeren Kinder haben Schwierigkeiten, die Tendenz zu hemmen, das Objekt, das sie als Erstes berühren (die Decke), in die Hand zu nehmen und systematisch zu manipulieren; auf diese Weise werden sie von ihrer eigentlichen Intention abgelenkt, das Zielobjekt zu erreichen. Somit ist die beginnende Problemlösefähigkeit auf die beginnende Handlungskontrolle durch Reifung des frontalen Kortex (SMA, supplementary motor area) zurückzuführen. Vermutlich ist neben der Hemmungseffizienz jedoch Handlungswissen (Wissen über geeignete Mittel, um ein Ziel zu erreichen) entscheidend beim Erwerb von Problemlösefähigkeiten.

Werkzeuggebrauch. Ein anspruchsvolleres Problem stellt sich dann, wenn ein geeignetes Mittel, um ein Ziel zu erreichen, nicht schon vorhanden ist, sondern erst gefunden werden muss. Ungefähr ab dem Alter von zwölf Monaten wird Werkzeuggebrauch bei Kindern beobachtet, häufig, wenn sie Gegenstände in der Wohnung benützen, um ein Objekt, das außerhalb ihrer Reichweite ist, heranzuholen. Jedoch scheint der Gebrauch von Werkzeugen bei jungen Kindern häufig von der physischen Nähe und der perzeptuellen Ähnlichkeit zum Zielobjekt abzuhängen. Ein stringenter Test für das Verständnis der Funktion von Werkzeugen ist eine Problemsituation, in der unter mehreren Optionen ein geeignetes Werkzeug zur Lösung eines Problems ausgewählt werden muss. Chen und Siegler (2000) setzten 21 und 30 Monate alte Kinder an einen großen Tisch, auf dem ein Spielzeug lag, das sie nicht mit den Händen erreichen konnten. Vor ihnen lag eine Reihe von Spielzeugwerkzeugen, von denen nur eines (der Rechen) von Länge und Form her geeignet war, um das Spielzeug heranzuziehen. Wenn die Kinder in drei aufeinanderfolgenden Durchgängen nicht versuchten, das Spielzeug heranzuholen, bekamen sie Hinweise bzw. ein Erwachsener führte die Handlung vor. Selbst in der älteren Gruppe lösten nur 15 % der Kinder die Aufgabe ohne Hilfen. Die meisten Kinder ignorierten die Werkzeuge und lehnten sich über den Tisch, um näher an das Spielzeug heranzukommen, oder wandten sich an die Eltern um Hilfe. Nach Hinweisen oder der Beobachtung eines Modells war jedoch auch die jüngere Gruppe erfolgreich. Werkzeuggebrauch kann also in sozialen Situationen durch Instruktion oder Modellieren gelernt werden.

Kooperatives Problemlösen. Die Fähigkeit, das Ziel eines anderen zu verstehen und Hindernisse, die der Zielerreichung entgegenstehen, zu beseitigen, spielt eine entscheidende Rolle bei der Entwicklung menschlicher Kooperation. Warneken und Tomasello (2006) zeigten, dass schon 18 Monate alte Kinder zu kooperativer Problemlösung fähig sind. Sie testeten die Kleinkinder in zehn verschiedenen Situationen während der Interaktion mit einem Versuchsleiter, der jeweils ein Ziel nicht erreichen konnte und auf die Hilfe des Kindes angewiesen war. Bei Kontrollaufgaben wurden ähnliche physische Situationen hergestellt, jedoch ohne dass der Versuchsleiter zu erkennen gab, dass er ein Problem hatte. So fiel z. B. in einer Problemsituation ein Stift auf den Boden. Der Versuchsleiter schaute zunächst einige Zeit intensiv auf den Stift, blickte dann zwischen dem Stift am Boden und dem Kind hin und her und verbalisierte schließlich sein Problem. In der Kontrollbedingung schaute der Versuchsleiter lediglich mit neutralem Gesichtsausdruck auf das Objekt. Die Kleinkinder halfen dem Versuchsleiter signifikant häufiger in den Problem- als in den Kontrollbedingungen, was darauf hindeutet, dass sie die Intentionen des Versuchsleiters verstanden und nicht einfach auf die physische Situation reagierten. 22 von 24 Kindern halfen dem Versuchsleiter, und zwar meist sehr rasch und nicht erst, wenn dieser das Problem verbalisierte. Schon im 2. Lebensjahr können Kinder also adäquate Mittel nicht nur zur Lösung eigener Probleme, sondern auch zur Lösung der Probleme anderer einsetzen.

Planung. Wenn mehrere Lösungsschritte ausgeführt werden müssen, um ein Ziel zu erreichen, ist es nötig, einen Handlungsplan zu entwickeln. Nach Willatts (1999) kann rudimentäres Planen schon aus den Problemlösehandlungen von 1-Jährigen erschlossen werden: Er testete 12 Monate alte Babys in einer Problemsituation, in der ein dreistufiger Handlungsplan zur Zielerreichung nötig war: Beseitige ein Hindernis, ziehe ein Tuch, das hinter dem Hindernis liegt, heran und greife nach einer Schnur, an der ein Spielzeug festgemacht ist. Die Babys, die sahen, dass an der Schnur ein Spielzeug festgemacht war, stießen die Barriere signifikant schneller beiseite als die Kinder einer Kontrollgruppe, die sahen, dass das Spielzeug nicht an der Schnur befestigt war, und für die die Beseitigung des Hindernisses somit nicht funktional zur Zielerreichung war. Mit etwa 2 Jahren lösen Kinder anspruchsvollere Planungsaufgaben, bei denen ein Zielzustand demonstriert wird, das Kind aber die Mittel zur Erreichung dieses Zustands selbst finden muss.

Obwohl eine rudimentäre Handlungsplanung schon bei Kleinkindern beobachtbar ist, lehrt doch die Alltagserfahrung, dass Vorschulkinder in aller Regel nicht besonders planvoll handeln und häufig in Situationen scheitern, in denen etwas Planung notwendig wäre, um Ziele zu erreichen. Systematische Studien zum Planen in alltäglichen Situationen (z. B. zur Planung eines Einkaufsgangs) erbrachten kaum empirische Belege für Planung bei 3- und 4-Jährigen, aber Belege für den Beginn systematischer Planung bei 5-Jährigen; diese beginnen auch schon, präventive Pläne für den Fall zu entwickeln, dass etwas schiefgeht. Planung bedeutet Anstrengung, die in der Regel nur investiert wird, wenn das Problem nicht direkt gelöst werden kann. Aufgrund der geringeren Kapazität des Arbeitsgedächtnisses und des geringen Wissens über geeignete Strategien beansprucht das Planen bei jüngeren Kindern vergleichsweise größere mentale Ressourcen als bei älteren Kindern. Dies könnte eine Erklärung dafür sein, dass sie das Planen häufig ganz unterlassen. Planung erfordert ferner in hohem Maße Verhaltenskontrolle: Die direkte Zielannäherung muss unterdrückt werden, das Ziel muss über einen gewissen Zeitraum mental repräsentiert werden, und es müssen geeignete Schritte zur Zielerreichung gefunden werden. Die Fähigkeit, ein mental repräsentiertes Ziel gegen konkurrierende Handlungsimpulse abzuschirmen, verbessert sich mit der Reifung des präfrontalen Kortex im Altersbereich zwischen etwa 3 und 5 Jahren. Dies zeigt sich z. B. in neuropsychologischen Testaufgaben, in denen ein Regelwechsel verlangt wird (z. B. auf Karten abgebildete Objekte nach der Form zu sortieren, nachdem sie in der ersten Phase des Tests nach der Farbe sortiert wurden). 3-Jährige haben große Schwierigkeiten, das neue Ziel (nach der Form sortieren) gegen das alte Regelverhalten abzuschirmen, während dies 5-Jährigen schon wesentlich besser gelingt.

Bischof-Köhler (2000) wies darauf hin, dass kompetente Planung nicht nur die Hemmung augenblicklich konkurrierender Handlungsimpulse voraussetzt, sondern auch die Fähigkeit, sich die Zukunft vorzustellen und sich zukünftige eigene Ziele und Bedürfnisse zu vergegenwärtigen: Um Handlungspläne zu entwickeln, müssen Kinder in der Lage sein, die Zeitdauer einzuschätzen, die für einzelne Handlungsschritte erforderlich ist. Um Handlungspläne auch auszuführen, müssen eigene augenblickliche Bedürfnisse (sofortige Zielerreichung) aufgeschoben werden. Dies gelingt am besten dann, wenn man sich klarmacht, dass man das Aufgeschobene später nachholen kann. Bischof-Köhler (2000) untersuchte den Zusammenhang zwischen dem kindlichen Zeitverständnis, dem Verständnis mentaler Zustände (Theory of Mind) und der Handlungsplanung und fand Zusammenhänge zwischen der Entwicklung dieser Kompetenzen im Altersbereich zwischen 3 und 5 Jahren. Unabhängig vom Alter zeigte sich ein enger Zusammenhang zwischen der Planungskompetenz bei dieser Aufgabe und dem Abschneiden bei Aufgaben zum Zeitverständnis und zur Theory of Mind.

16.3.5 Analoges Denken und Problemlösen

Eine wichtige Hilfe beim Lösen neuer Probleme ist unser Wissen über ähnliche Probleme, die wir in der Vergangenheit erfolgreich gelöst haben. Die Bildung einer Analogie zwischen zwei Situationen spielt eine große Rolle beim alltäglichen wie beim wissenschaftlichen Problemlösen. So wird berichtet, dass der Chemiker August Kekulé durch ein Vorstellungsbild einer Schlange, die sich in den Schwanz beißt, zur plötzlichen Einsicht in die Anordnung der Elemente im Benzolring gelangte. Das Beispiel macht deutlich, dass die Korrespondenz zwischen Ausgangs- und Zielsituation häufig nicht auf der Ebene einzelner Elemente, sondern auf der Ebene von Relationen zwischen Elementen der Situation liegt.

Die Herstellung solcher relationaler Korrespondenzen bei Aufgaben vom Typ A : B = C : X galt traditionell als ein Merkmal der kognitiven Entwicklung im Jugendalter. Die neuere Forschung hat jedoch gezeigt, dass die Herstellung von Analogien schon ganz jungen Kindern gelingt, wenn die Problemdomänen den Kindern vertraut sind (Goswami, 2001). Vorschulkinder können Analogien zwischen bekannten und neuen Problemsituationen nutzen. Dies geschieht z. B. dann, wenn ihnen eine Geschichte erzählt wird, in der eine Geschichtenfigur ein wirksames Mittel zur Zielerreichung einsetzte, und sie anschließend mit einem Problem konfrontiert werden, das sich in analoger Weise lösen lässt. Vorschulkinder sind vor allem dann dazu fähig, die Analogie zu nutzen, wenn die Mittel-Ziel-Struktur der Geschichte explizit gemacht wird. Dies deutet darauf hin, dass analoger Transfer beim Lernen häufig nur dann gelingt, wenn die kritischen Korrespondenzrelationen im Unterricht explizit hervorgehoben werden.

16.3.6 Deduktives Denken

Von logischer Deduktion spricht man, wenn die Schlussfolgerung eindeutig aus der logischen Kombination der Prämissen abgeleitet werden kann, so z. B. bei Syllogismen:
- Prämisse 1: Alle Katzen bellen.
- Prämisse 2: Rex ist eine Katze.
- Folgerung: Rex bellt.

Einfluss von Prämisseninformationen. Traditionell wurde angenommen, dass junge Kinder unfähig seien, die logischen Implikationen einer Proposition unabhängig von ihrem Wahrheitswert zu evaluieren. Junge Kinder neigen dazu, Schlussfolgerungen aufgrund ihres Wahrheitswertes zu ziehen, also ihr Weltwissen heranzuziehen und somit kontrafaktische Schlüsse (wie den, dass Rex bellt) abzulehnen. Die neuere Forschung zeigt jedoch, dass schon Vorschulkinder unter bestimmten Instruktionsbedingungen diese Tendenz, sich von der Empirie leiten zu lassen, überwinden, so z. B., wenn ihnen die Prämisseninformation in einem Fantasiekontext (»auf einem anderen Planeten«) präsentiert werden, aber auch, wenn lediglich die Intonation ein fiktives Szenario signalisiert oder wenn sie instruiert werden, visuelle Vorstellungen zu bilden (»Mach dir im Kopf ein Bild davon«) (Dias & Harris, 1990). Der Erfolg dieser Manipulationen basiert wahrscheinlich darauf, dass den Kindern klar wird, dass der Versuchsleiter möchte, dass sie die Prämisseninformationen akzeptieren und sie als Basis für ihre Schlussfolgerungen nutzen.

Kontext der Aufgabenlösung. Der Kontext, in dem die Aufgabe präsentiert wird, spielt auch bei der Lösung komplexerer Aufgaben zum logischen Denken eine wesentliche Rolle. Ein klassischer Test für deduktives Denken bei Erwachsenen ist die Kartenwahlaufgabe von Wason. Der Versuchsperson wird eine Regel der Form »Wenn p, dann q« vorgegeben: »Wenn ein Vokal auf einer Seite der Karte ist, dann ist eine gerade Zahl auf der anderen Seite.« Ihr werden vier Karten vorgelegt: P (z. B. A), nicht-P (z. B. D), Q (z. B. 4) und nicht-Q (z. B. 7). Ihre Aufgabe besteht darin, die Karten auszuwählen, deren Rückseite mindestens inspiziert werden muss, um die Geltung der Regel zu überprüfen. Bei Erwachsenen zeigt sich eine große Diskrepanz zwischen den Lösungsraten in einem vertrauten Kontext und in einem willkürlichen Kontext. Das gilt in modifizierter Form auch für Kinder. Harris und Nunez (1996) veränderten die Aufgabe so, dass die Versuchsperson direkt aufgefordert

wurde, Regelverletzungen zu identifizieren: »Sallys Mutter sagt, dass Sally ihren Mantel anziehen muss, wenn sie draußen spielt.« Die Kinder sollten aus vier Bildern dasjenige aussuchen, das einen Regelbruch darstellte:
(1) Sally draußen mit Mantel
(2) Sally draußen ohne Mantel
(3) Sally drinnen mit Mantel
(4) Sally drinnen ohne Mantel

Schon 3- bis 4-Jährige können diese Aufgabe lösen, auch dann, wenn ihnen die Regel nicht vertraut ist.

Insgesamt zeigt die neuere Forschung zum logischen Denken ein großes Maß an Kontinuität zwischen Kindheit und Erwachsenenalter (Goswami, 2008): Ähnliche pragmatische Faktoren wirken sich auf die Performanz von Kindern und Erwachsenen in ähnlicher Weise aus. Kinder sind unter optimalen Aufgabenbedingungen fähig, logische Schlussfolgerungen zu ziehen. Logisches Denken ist nicht, wie Piaget annahm, an das Erreichen des konkret- bzw. formal-operationalen Denkens gebunden. Das heißt nicht, dass es keine Entwicklungsveränderungen im logischen Denken gäbe. Die meisten Veränderungen scheinen aber nicht auf dem Erwerb logischer Operationen zu basieren, sondern auf verbesserter Kapazität des Arbeitsgedächtnisses, verbesserten Problemlösestrategien, inhaltlichem Wissen, das zur Aufgabenlösung erforderlich ist, sowie metalogischem Verständnis.

16.3.7 Wissenschaftliches Denken

Wissenschaftler suchen nach Erklärungen für Phänomene der Natur. Sie bilden, prüfen und revidieren Theorien und Hypothesen. Sie bedienen sich dabei der »wissenschaftlichen Methode«, d. h., sie wenden systematische Strategien der Hypothesenprüfung und der Bewertung von Befunden an. Für die Planung von Experimenten sind vor allem die Variablenisolation und die Variablenkontrolle bedeutsam: Wenn Ursache-Wirkungs-Beziehungen in einer Domäne systematisch exploriert werden sollen, muss jeweils eine Variablendimension variiert werden, während alle anderen konstant gehalten werden (s. Unter der Lupe). Die Fähigkeit zum Einsatz systematischer Strategien bei Hypothesenprüfung und Evidenzevaluation verbessert sich rapide im Jugendalter und gilt als eine Schlüsselkompetenz des formal-hypothetischen Denkens.

Einfluss von Voreingenommenheiten. Kindern und Jugendlichen (manchmal aber auch Erwachsenen) fällt es schwer, empirische Evidenz unabhängig von eigenen Voreingenommenheiten zu evaluieren (Kuhn et al., 1988). Wenn Probanden z. B. glauben, dass ein bestimmtes Nahrungsmittel (Müsli) gesund sei, die empirischen Befunde jedoch zeigen, dass sich die Häufigkeit von Erkältungskrankheiten bei Müsli-Essern nicht von der bei Eier-Essern unterscheidet, so ignorieren sie häufig die Befunde und halten ihre Theorie für bestätigt.

Kuhn et al. (1988; vgl. Kuhn, 2000) schließen aus defizitären Experimentierstrategien auf ein unzureichendes Verständnis epistemologischer Grundbegriffe wie »Theorie«, »Hypothese« und »Daten«. Bei Aufgaben wie der zu explorieren, welche Faktoren auf die Fahreigenschaften von Rennautos einwirken, seien viele Probanden unfähig, ihre eigenen kausalen Theorien von den empirischen Befunden klar zu trennen. Vielmehr vermischten sie Theorie und Befunde zu einer skriptartigen Repräsentation »der Dinge, wie sie eben sind«. Man kann jedoch einwenden, dass solche Aufgaben sehr komplex sind und hohe Anforderungen an die Informationsverarbeitung stellen. Deshalb hat man in der neueren Literatur begonnen, systematisch wichtige Komponenten des wissenschaftlichen Denkens in einfacheren Aufgaben zu untersuchen. Bullock und Ziegler (1999) zeigten, dass schon Grundschulkinder bei einer Wahlaufgabe eine adäquate Teststrategie wählen, sie jedoch nicht spontan entwickeln. Sodian, Zaitchik et al. (1991) zeigten, dass schon junge Grundschulkinder zwischen einem schlüssigen und einem nicht schlüssigen Test für eine einfache Hypothese unterscheiden können, wenn man ihnen Alternativen zur Wahl stellt: So sollten die Kinder eine Methode entwickeln, um herauszufinden, ob ein Haustier einen guten oder schlechten Geruchssinn hat. Während spontan nur wenige Kinder einen geeigneten Test vorschlagen, entschieden sich fast alle Zweitklässler für einen schlüssigen Test (schwach riechendes Futter vergraben und sehen, ob das Tier es findet) und nicht für einen nicht schlüssigen (stark riechendes Futter vergraben) und konnten diese Wahl auch begründen.

Individuelle Unterschiede. In Aufgaben zum wissenschaftlichen Denken zeigen sich schon bei Kindern im Grundschulalter individuelle Unterschiede: Eine Minderheit von Grundschulkindern setzt bereits spontan die Variablenkontrollstrategie ein; diese Kinder sind ihren Altersgenossen tendenziell auch bei anderen Aufgaben aus dem Bereich des wissenschaftlichen Denkens (z. B. beim Verständnis des Experimentierens und beim Verständnis von Theorien) überlegen. Eine Langzeitlängsschnittstudie (Bullock et al., 2009) zeigte, dass diese indi-

> **Unter der Lupe**
>
> **Testwahlaufgabe zur Konzeption und Beurteilung von Experimenten**
>
> Zweit- bis Fünftklässler erhielten die folgende Aufgabe: Herr Müller konstruiert Flugzeuge und möchte ein möglichst benzinsparendes Flugzeug entwerfen. Er denkt an drei mögliche Einflussquellen auf den Benzinverbrauch: die Form der Nase, die Ruderposition und die Art der Flügel (s. Abb. 16.1 a). Zunächst möchte er testen, ob die Ruderposition einen Einfluss auf den Benzinverbrauch hat.
>
> Eine Aufgabe für die Kinder bestand darin, aus den in Abbildung 16.1 b gezeigten Karten diejenigen herauszusuchen, die geeignet sind, den Effekt der Ruderposition auf den Benzinverbrauch zu prüfen. Die Ergebnisse zeigten, dass etwa ein Drittel der Erstklässler, zwei Drittel der Viert- und Fünftklässler und fast alle Erwachsenen einen kritischen Test wählten, d. h. die fokale Dimension (Ruderposition) variierten und alle anderen variablen Dimensionen konstant hielten, und dass die meisten Kinder und nahezu alle Erwachsenen diese Wahl auch begründen konnten. Fragte man hingegen Kinder und Erwachsene nach ihren spontanen Vorschlägen für einen Test des Einflusses der Ruderposition auf den Benzinverbrauch, so zeigte sich, dass bis zur vierten Klasse kaum Kinder einen kritischen Test vorschlugen und dass auch Erwachsene manchmal nicht spontan daran dachten, die nicht fokalen Variablen konstant zu halten. Die Befunde deuten darauf hin, dass Kinder über ein Grundverständnis der Logik des Experimentierens verfügen, dies jedoch selten spontan anwenden.
>
> **Abbildung 16.1 a** Variablendimensionen in der Flugzeugaufgabe nach Bullock und Ziegler (1999) **b** Karten für die Testwahlaufgabe

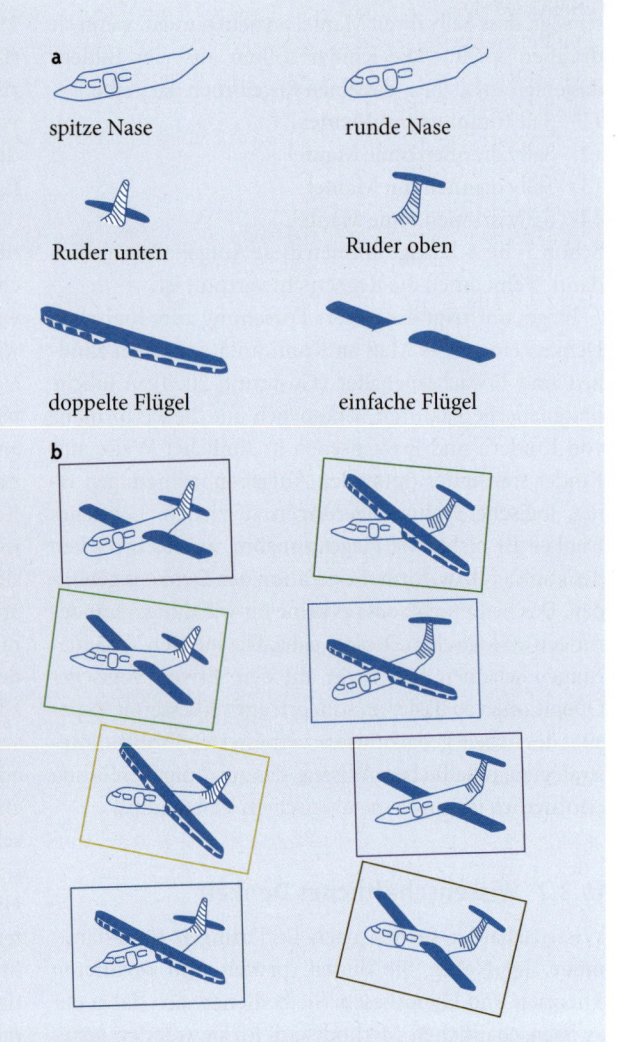

viduellen Unterschiede unabhängig von der Schulart, die die Probanden im Sekundarschulalter besuchten, sehr stabil waren und dass der Verlauf der Entwicklung des wissenschaftlichen Denkens besser aus frühen Leistungen im Bereich des wissenschaftlichen Denkens prognostiziert werden konnte als aus allgemeiner Intelligenz oder logischem Denken. Bereits im Grundschulalter kann wissenschaftliches Denken jedoch sowohl durch Strategietrainings als auch durch wissenschaftstheoretisch orientierten Unterricht gefördert werden.

Insgesamt spricht die neuere Forschung zum wissenschaftlichen Denken weniger für einen stadientypischen Entwicklungsverlauf, als traditionell angenommen wurde. Jedoch zeigen sich auch bei Reduktion der Aufgabenanforderungen deutliche Unterschiede zwischen Kindern, Jugendlichen und Erwachsenen, die auf die Verbesserung von Strategien und metakognitvem Verständnis, aber auch auf verbesserte exekutive Funktionen zurückgeführt werden.

> **Denkanstöße**
>
> Die Verbesserung kognitiver Leistungen in der Kindheit kann auf die Steigerung der Informationsverarbeitungskapazität und -geschwindigkeit sowie auf die Entwicklung kognitiver Strategien, die Zunahme an Wissen und die Verbesserung metakognitiver Fähigkeiten zurückgeführt werden. Skizzieren Sie für verschiedene Kompetenzbereiche die Bedeutung von Strategien, Wissen und Metakognition im Entwicklungsverlauf.

16.4 Theorien der Entwicklung domänenspezifischen begrifflichen Wissens

Klassische Theorien der kognitiven Entwicklung fokussierten auf allgemeine Lernfähigkeiten und domänenübergreifende Entwicklungsveränderungen. Es gibt jedoch gute Gründe dafür, domänenspezifische Veränderungen in der kognitiven Entwicklung stärker in den Vordergrund zu stellen. In Bereichen, die von besonderer Bedeutung für die Evolutionsgeschichte der Spezies Mensch sind (Gesichtererkennung, Sprache), zeigen sich frühe Diskriminationsleistungen und spezifische Lernfähigkeiten. In der Verhaltensforschung gibt es Beispiele für spezialisierte Lernmechanismen bei Tieren. Zum Beispiel können die meisten Singvögel die für ihre Spezies charakteristischen Lieder nicht von Geburt an produzieren. Sie lernen die Melodien aber sehr rasch, wenn sie diese hören, was auf spezialisierte Lernmechanismen hinweist. Könnten frühe, domänenspezifische Lernprozesse beim Menschen ebenfalls auf domänenspezifische Lernmechanismen zurückzuführen sein?

Kernwissensthese. Die Befunde der neueren Säuglingsforschung unterstützen die Annahme, dass Babys früh über domänenspezifisches Wissen verfügen, z. B. über die Bewegungen physikalischer Objekte und die Handlungsziele von Agenten. Die Kernwissensthese, die vor allem von Elizabeth Spelke und Susan Carey vertreten wird, besagt, dass angeborenes domänenspezifisches Wissen Kinder dazu befähigt, rasch domänenspezifische Kenntnisse zu erwerben. Sie postuliert eine Reihe angeborener domänenspezifischer Wissenssysteme, vor allem numerisches Wissen, Wissen über physikalische Objekte, über Menschen. Jedes dieser Systeme ist durch Kernprinzipien gekennzeichnet, die die Domäne definieren und die Vorhersagen über die zur Domäne gehörenden Entitäten erlauben. Solches Kernwissen (Core Cognition; s. Carey, 2009) ermöglicht dem Kind z. B. die Unterscheidung von Lebewesen und unbelebten Objekten, die rasche numerische Erfassung kleiner Mengen sowie die Vorhersage des Verhaltens von Personen oder auch der Bewegung von unbelebten Objekten. Kernwissenssysteme sind von Geburt an spezifiziert und leiten die domänenspezifische Informationsverarbeitung kontinuierlich über die Lebensspanne. Input aus der Umwelt ist nötig, um die domänenspezifische Informationsverarbeitung in Gang zu setzen, Erfahrung führt jedoch nicht zu einer Veränderung oder Revision der Ergebnisse der domänenspezifischen Verarbeitung, sondern Wahrnehmung und Kognition sind in einem starren Verarbeitungsmodus aneinander gebunden. Wie sind dann Entwicklung und Lernen möglich?

Entscheidend für die Entwicklung von Wissen über die Lebensspanne ist die Anreicherung angeborenen Kernwissens. Manche Theoretiker (z. B. Carey, 2009) halten die bloße Akkumulation von Wissen jedoch nicht für ausreichend, um die Entstehung neuer begrifflicher Ressourcen und den Bedeutungswandel zentraler Begriffe im Laufe der Entwicklung zu erklären.

Theorie-Theorie. Eine Theorie, die die Entstehung von Neuem erklärt, ist die sogenannte Theorie-Theorie: die Sichtweise, dass die begriffliche Entwicklung des Kindes analog zum Wandel von Theorien in der Wissenschaftsgeschichte beschrieben werden kann. Basierend auf angeborenem Kernwissen entstehen in der frühen Kindheit größere zusammenhängende begriffliche Systeme, intuitive Theorien, die vor allem die Funktion haben, viele einzelne Phänomene eines Bereichs anhand weniger Grundprinzipien zu erklären (Carey, 1985, 2009).

Intuitive wie wissenschaftliche Theorien sind gekennzeichnet durch einen Phänomenbereich, ein System von Kernbegriffen sowie ein System von Erklärungsprinzipien. Diese Kausalerklärungen sind domänenspezifisch: So erklären wir menschliches Verhalten nach anderen Prinzipien als das Wachstum von Pflanzen oder die Bewegungen der Himmelskörper.

Im Folgenden betrachten wir anhand einiger Beispiele Kernwissen und Entwicklungsveränderungen in den Bereichen des numerischen, physikalischen und psychologischen Wissens.

16.4.1 Numerisches Wissen

Befunde der Säuglingsforschung und der Kognitionsforschung an Tieren deuten auf die Existenz zweier voneinander unterscheidbarer Kernwissenssysteme für numerische Repräsentationen bei menschlichen Säuglingen und bei verschiedenen Tierarten hin (Carey, 2009; Feigenson et al., 2004).

Zwei Kernwissenssysteme. Das erste Kernwissenssystem dient der näherungsweisen Repräsentation der Anzahl von Elementen einer Menge. Sechs Monate alte Babys diskriminieren 8 vs. 16 Punkte und 16 vs. 32 Punkte im Habituationsexperiment; Kontrollbedingungen stellten sicher, dass diese Diskriminierung nicht auf zahlirrelevante Dimensionen (wie z. B. Fläche oder Form der Stimuli) zurückzuführen war. Jedoch scheitern Babys im gleichen Experiment an der Unterscheidung von 8 vs. 12 Punkten und 16 vs. 24 Punkten. Sechs Monate alte Babys können Mengen, die im Verhältnis 1 : 2 stehen, diskriminieren, jedoch nicht solche im Verhältnis 2 : 3, während 10 Monate alte Babys auch die zuletzt erwähnte Aufgabe lösen können. Die Diskriminationsleistung ist beschränkt auf größere Mengen (über 4 Elemente) und lässt sich in verschiedenen Modalitäten (z. B. Diskrimination von Mengen von Tönen) nachweisen. Die Diskriminationsleistung erfolgt wahrscheinlich auf einer ähnlichen Grundlage wie die, mit der wir zwischen Graden von Helligkeit oder Lautstärke unterscheiden: Die Größe der Menge wird durch eine analoge physische Quantität repräsentiert, die proportional zur Zahl der Items in einer Menge ansteigt.

> **Beispiel**
>
> **Addition bei Säuglingen**
> Das Baby sah, wie eine Mickymaus auf eine Bühne gestellt wurde. Anschließend verdeckte ein Wandschirm die Sicht auf die Mickymaus. Dann bewegte sich eine Hand, die eine zweite Mickymaus hielt, auf die Bühne und hinter den Schirm, und die leere Hand bewegte sich wieder zurück. Danach fiel der Wandschirm und das Baby sah entweder das mögliche Ergebnis (zwei Mickymäuse) oder das unmögliche Ergebnis (eine Mickymaus). Die Babys blickten länger auf das unmögliche Ergebnis. 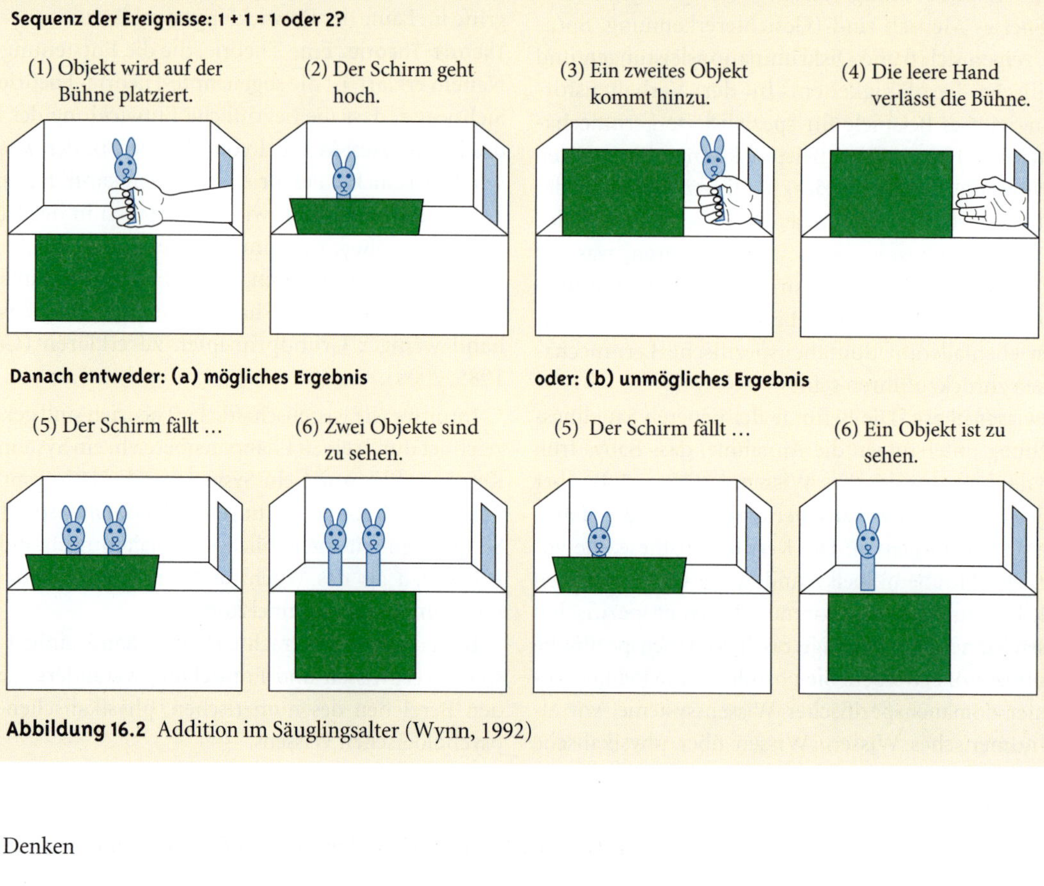
>
> **Sequenz der Ereignisse: 1 + 1 = 1 oder 2?**
>
> (1) Objekt wird auf der Bühne platziert.
> (2) Der Schirm geht hoch.
> (3) Ein zweites Objekt kommt hinzu.
> (4) Die leere Hand verlässt die Bühne.
>
> **Danach entweder: (a) mögliches Ergebnis**
>
> (5) Der Schirm fällt …
> (6) Zwei Objekte sind zu sehen.
>
> **oder: (b) unmögliches Ergebnis**
>
> (5) Der Schirm fällt …
> (6) Ein Objekt ist zu sehen.
>
> **Abbildung 16.2** Addition im Säuglingsalter (Wynn, 1992)

Das zweite Kernwissenssystem erlaubt es Babys, kleine Mengen (mit bis zu 3 Elementen) exakt zu repräsentieren. Zum Beispiel wurde 10 und 12 Monate alten Babys gezeigt, wie ein Versuchsleiter einen Keks in einem Eimer auf der rechten Seite und 1 + 1 = 2 Kekse in einem Eimer auf der linken Seite platzierte. Die Babys wählten spontan den Eimer, der die größere Anzahl enthielt, bei der Wahl zwischen 1 und 2 Keksen und zwischen 2 und 3 Keksen. Bei der Auswahl zwischen 3 und 4, 2 und 4, 3 und 6 und 1 und 4 waren sie jedoch auf dem Zufallsniveau. Übereinstimmende Befunde wurden mit anderen Aufgaben und für verschiedene Modalitäten gewonnen.

Prinzipien des Zählens. Denken mit Zahlen wird schwierig, wenn die Grenzen dieser beiden evolutionär angelegten Systeme überwunden werden müssen, wenn also z. B. ein Zahlenwert größer als 3 exakt repräsentiert werden muss. Deshalb fällt es Kindern im Alter von 2 bis 3 Jahren schwer, zu verstehen, wie sie das Zählen nutzen können, um Zahlenwerte zu ermitteln. Kinder beginnen mit ungefähr 2 Jahren zu zählen und tun dies häufig in der Interaktion mit Erwachsenen bei bestimmten Routinen (z. B. beim Treppensteigen). Wenn junge Kinder spontan zählen, so entspricht ihre Zahlwortliste häufig nicht der konventionellen; so sagen sie z. B. »eins, zwei, vier, sieben«. Sie folgen dabei jedoch schon früh bestimmten Prinzipien, wie dem der stabilen Reihenfolge (die Sequenz der Zahlwörter wird immer in der gleichen Reihenfolge verwendet) und dem der Eins-zu-Eins-Korrespondenz (jedes zu zählende Objekt wird mit genau einem Zahlwort bezeichnet). Weitere Prinzipien sind das Prinzip der Irrelevanz der Reihenfolge (die zu zählenden Items können in jeder beliebigen Reihenfolge nummeriert werden), das Prinzip der Abstraktion (jede Menge diskreter Objekte oder Ereignisse kann gezählt werden) und das Kardinalzahlprinzip (die Anzahl der Objekte in der Menge entspricht der letzten genannten Zahl), das für das Verständnis des Zählens entscheidend ist. Wynn (1990) prüfte, ob 2- bis 3-jährige Kinder, die bereits einige Zahlwörter und die Zählroutine kennen, auch verstehen, dass man durch Zählen die Anzahl der Items in einer Menge bestimmen kann. Sie bat die Kinder z. B., ihr »vier Dinosaurier« zu geben, wobei sie nur Zahlwörter verwendete, die die Kinder auch schon selbst produzierten. Es zeigte sich, dass zwischen dem Beginn des Zählens als sozialer Routine und dem Verständnis des Kardinalzahlprinzips ungefähr ein Jahr vergeht. Die 2-jährigen Kinder verstanden, dass das Zahlwort »eins« ein Objekt bezeichnet. In allen anderen Fällen aber reichten sie der Versuchsleiterin einfach eine Handvoll Dinosaurier und kamen gar nicht auf die Idee, die Dinosaurier abzuzählen. Erst mit etwa 3½ Jahren nutzten die Kinder ihre Zählfähigkeiten, um die Anzahl zu bestimmen.

Erwerb von Zahlwörtern. Wie kommt das Kind dazu, auf der Basis seiner präverbalen numerischen Repräsentationen die Bedeutung der Zahlwörter zu erwerben und damit größere Mengen numerisch exakt zu repräsentieren? Carey (2009) nimmt an, dass »eins«, »zwei« und »drei« durch die Nutzung sprachlicher Hinweise (Unterscheidung zwischen Singular und Plural) gelernt werden, dass jedoch spätestens ab »vier« eine induktive Schlussfolgerung gezogen werden muss: »Für jedes Wort auf der Liste der Zahlwörter, dessen Bedeutung (n) bekannt ist, gilt, dass das nächste Wort sich auf eine Menge ($n + 1$) bezieht«. Diese induktive Leistung, die in der Tat eine wichtige neue repräsentationale Ressource erschließt, kommt zustande auf der Basis des Kernwissenssystems zur numerischen Repräsentation von Mengen bis 3, dem Erwerb von Sprache, der Fähigkeit, geordnete Listen zu repräsentieren, und der Fähigkeit zur Analogiebildung.

16.4.2 Intuitive Physik

Kernwissen
Auch ohne je formellen Physikunterricht bekommen zu haben, besitzen wir alle physikalisches Wissen oder, besser gesagt, Intuitionen über physikalische Phänomene. Man stelle sich vor, wir wüssten nicht, dass Objekte wie Tische, Stühle und Bälle unabhängig von unseren eigenen Handlungen bestehen und fortdauern zu existieren, wenn wir sie nicht sehen können. Wir gingen nicht selbstverständlich davon aus, dass Objekte feste Körper und dreidimensional sind, dass also z. B. ein Ball zurückspringen wird, wenn er auf eine Tischplatte trifft und nicht durch diese hindurchfallen wird. Wir wüssten nicht, dass Objekte nach unten fallen, wenn man sie loslässt, und in Bewegung bleiben, bis sie auf ein Hindernis treffen. Wie könnten wir uns in unserer Umwelt orientieren und adäquat agieren?

Die oben dargestellten Befunde von Baillargeon (1987) zur Objektpermanenz (s. Abschn. 16.2.1) deuten darauf hin, dass bereits drei bis vier Monate alte Babys grundlegendes Wissen über Objekteigenschaften haben: Sie erwarten, dass ein sich bewegendes Objekt zum Stillstand kommt, wenn es auf ein anderes auftrifft. Konsistent damit sind Befunde von Spelke et al. (1994): Zeigt man Säuglingen Ergebnisse verdeckter Objektbewegungen, die Grundprinzipien unseres Objektverständnisses verletzen, so reagieren sie darauf mit längerer Fixationsdauer als auf Ereignisse, die physikalisch möglich (d. h. mit diesen Prinzipien konsistent) sind. Spelke (1994) folgert, dass drei angeborene fundamentale Prinzipien das physikalische Denken bestimmen:

- das Prinzip der Kohäsion (Objekte bewegen sich als zusammenhängende, begrenzte Einheiten)
- das Prinzip der Kontinuität (Objekte sind feste Körper, kontinuierlich existierende Entitäten)
- das Prinzip des Kontakts (ein Objekt beeinflusst die Bewegung eines anderen nur über physischen Kontakt)

Unter der Lupe

Das Objektverständnis des Säuglings: Das Kontinuitätsprinzip

In einem Habituationsexperiment wurde vier Monate alten Säuglingen zunächst (in der Habituationsphase) gezeigt, wie ein Ball losgelassen wurde und hinter einem Schirm verschwand; wenn der Schirm hochgezogen wurde, lag der Ball am Boden (s. Abb. 16.3 a). Der Ball blieb in dieser Position, solange die Babys hinschauten, und dieses Ereignis wurde wiederholt, bis es den Babys »langweilig« wurde (d. h., bis ihre Betrachtungszeiten bis zu einem festgelegten Kriterium abnahmen). Dann wurde entweder ein physikalisch mögliches oder ein physikalisch unmögliches Ereignis gezeigt (konsistente vs. inkonsistente Bedingung, s. Abb. 16.3 a).

Der Ball lag, wenn der Schirm hochgezogen wurde, entweder auf oder unter einer Tischplatte; die letztere Position ist mit der Kontinuitäts- und Soliditätsannahme nicht konsistent. Wenn die Säuglinge bereits die Kontinuität der Bewegung im Raum erwarten, dann sollten sie den Ball unter der Tischplatte länger betrachten als das physikalisch mögliche Ereignis. Dieses Ergebnismuster wurde auch tatsächlich gefunden. Die Unterschiede in der Fixationsdauer können freilich nur dann im Sinne eines frühen Verständnisses von Kontinuität und Solidität interpretiert werden, wenn sichergestellt ist, dass Babys nicht von vornherein eine Präferenz haben, auf Bälle, die unter einer Tischplatte liegen, länger zu schauen als auf Bälle, die auf einer Tischplatte liegen, unabhängig von vorangehenden verdeckten Objektbewegungen. Dies wurde durch die Kontrollbedingungen (s. Abb. 16.3 b) gewährleistet.

Ein weiteres Experiment zeigt, dass bereits bei zweieinhalb Monate alten Babys eine Differenzierung zwischen Ereignissen, die mit der Kontinuitäts- und Soliditätserwartung konsistent sind, und solchen, die nicht mit ihr konsistent sind, nachgewiesen werden kann. Diese Befunde deuten darauf hin, dass schon sehr junge Säuglinge grundsätzlich die gleichen Erwartungen über die Kontinuität verdeckter Objektbewegungen haben wie wir.

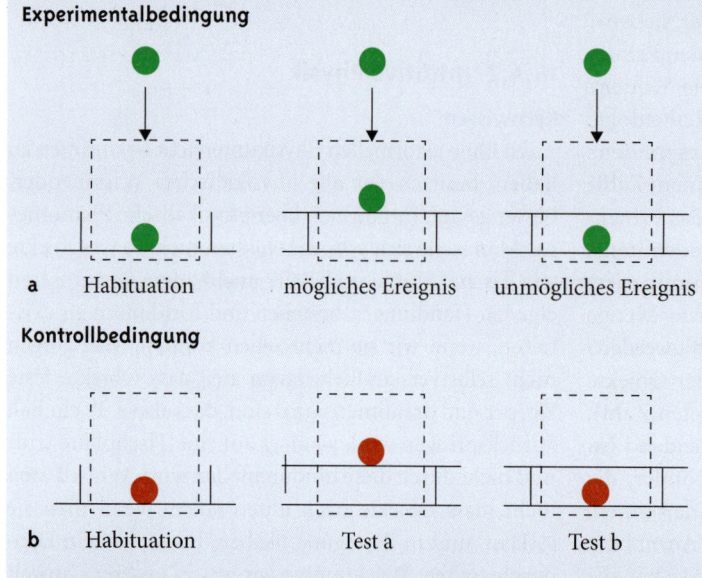

Abbildung 16.3 Experimentelle Bedingungen zur Untersuchung des Wissens über die Kontinuität und Solidität von Objekten bei Säuglingen (nach Spelke, 1994)

Kontaktprinzip. Studien zum frühen kausalen Denken (Leslie, 1982) deuten darauf hin, dass Babys schon mit etwa sechs Monaten Sequenzen, bei denen ein Objekt Kontakt mit einem anderen hat, kausal interpretieren. Die Säuglinge bekamen einen Film gezeigt, in dem ein Objekt A mit einem zweiten Objekt B zusammenstößt und der Eindruck entsteht, dass Objekt A Objekt B in Bewegung setzt (= Standardbedingung: Kausalsequenz). In Kontrollbedingungen wurden Ereignissequenzen gezeigt, die keine kausale Interpretation nahelegen, z. B., dass Objekt A zwar in Kontakt mit Objekt B tritt, Objekt B sich aber erst nach erheblichem Zeitabstand in Bewegung setzt. Wenn die Babys die Standardsequenz ebenso wie Erwachsene kausal interpretieren, dann sollten sie überrascht sein, wenn ihnen diese Sequenz in umgekehrter Reihenfolge gezeigt wird (also so, dass Objekt B Objekt A anstößt). Denn eine solche Umkehrung der Reihenfolge beinhaltet eine Vertauschung von Ursache und Wirkung. Hingegen ist in den Kontrollbedingungen keine Überraschung bei Umkehrung der Reihenfolge zu erwarten, da weder das ursprüngliche Ereignis noch die Umkehrung eine Kausalsequenz nahelegen. Die Befunde von Leslie entsprechen genau diesem Muster: Die Säuglinge dishabituierten bei Umkehrung der Reihenfolge der Ereignisse nur in der Standardbedingung (also der kausal interpretierbaren Bedingung), nicht in den Kontrollbedingungen. Schon sechs Monate alte Babys unterscheiden also zwischen kausalen und nichtkausalen Ereignissequenzen.

Nur unbelebte Objekte, nicht aber Lebewesen benötigen Kontakt mit einem anderen Objekt, um sich in Bewegung zu setzen. Spelke et al. (1995) berichten, dass sieben Monate alte Säuglinge bereits zwischen Lebewesen und unbelebten Objekten nach dem Kriterium der selbstinitiierten Bewegung unterscheiden: Wenn sie darauf habituiert werden, dass entweder eine Person oder ein unbelebtes Objekt hinter einem Schirm verschwindet und nach kurzer Zeit eine andere Person (bzw. ein anderes Objekt) auf der anderen Seite hinter dem Schirm hervorkommt, so reagieren sie in der Testphase (kein Schirm) nur dann mit Dishabituation, wenn sich das zweite Objekt in Bewegung setzt, ohne dass ein physischer Kontakt zwischen Objekt 1 und Objekt 2 stattgefunden hat. In der Bedingung mit der Person hingegen betrachten sie Ereignisse mit Kontakt (Person 1 berührt Person 2, bevor sich Person 2 in Bewegung setzt) ebenso lang wie Ereignisse ohne Kontakt.

Lernprozesse im Säuglingsalter. Wenn Säuglinge auch schon früh auf deutliche Verletzungen von Erwartungen über physikalische Ereignisse reagieren, so sind sie häufig über weniger gravierende Abweichungen nicht erstaunt. So fand Baillargeon (1998) in einer Serie von Studien zum frühen Verständnis der Wirkung der Schwerkraft, dass Babys mit etwa drei Monaten nur darauf achten, ob zwischen zwei Objekten Kontakt oder kein Kontakt besteht. Sie sind überrascht, wenn eine Schachtel einfach im Raum losgelassen wird und in der Luft hängen bleibt, ohne herunterzufallen. Sie sind jedoch nicht überrascht, wenn die Schachtel nur mit der äußersten Kante auf einem Podest aufliegt und nach unserem Verständnis sofort kippen und herunterfallen müsste. Erst mit 6,5 Monaten beachten Babys das Ausmaß des Kontakts und mit 12,5 Monaten die Form (und damit den Schwerpunkt) der Schachtel. Nach Baillargeon bilden angeborene fundamentale Prinzipien eine rudimentäre repräsentationale Basis für den Wissenserwerb. Notwendig sind Lernerfahrungen (z. B. Erfahrungen mit Objektkollisionen, Objektverdeckung, Objekten, die in einem anderen enthalten sind, und Stützung, d. h., ein Objekt liegt auf einem anderen auf), um relevante Variablen zu identifizieren (z. B. die Fläche, mit der ein Objekt auf einem anderen aufliegt) und Regeln über die Zusammenhänge zwischen Objekteigenschaften und Ereignissen (z. B. bei Objektbewegungen) zu erwerben. Durch diese Lernprozesse werden die angeborenen Repräsentationen zunehmend ausdifferenziert.

Die bisher betrachteten Aspekte des kindlichen physikalischen Wissens deuten auf die Ähnlichkeit grundlegender physikalischer Intuitionen von Kindern und Erwachsenen hin: Schon Säuglinge teilen einige unserer fundamentalen Erwartungen über Eigenschaften physikalischer Objekte. Zu beachten ist allerdings, dass für einige der im Säuglingsalter mit Blickzeitmethoden diagnostizierten Wissenselemente gezeigt wurde, dass ältere Kinder dieses Wissen in einem Handlungskontext nicht anwenden können (Hood et al., 2003).

Wissensentwicklung in der Kindheit

Schon Vorschulkinder verfügen über explizites Wissen in physikalischen Domänen wie Zeit, Geschwindigkeit, Masse, Kraft usw. (s. Wilkening et al., 2006, für einen Überblick). Dieses kindliche Wissen entspricht in aller Regel nicht dem wissenschaftlichen Wissen. Vielmehr gibt es eine Vielzahl von Belegen für fehlerhafte physikalische Vorstellungen (sog. »misconceptions«), von denen manche bis ins Erwachsenenalter hinein bestehen bleiben. Ferner zeigte sich in vielen Studien zur intuitiven Physik bei Kindern eine hohe Kontextspezifität. Auch ältere Kinder und Erwachsene verfügen oft nicht über ein gefestigtes physikalisches Verständnis, das sie aufgaben- und situationsübergreifend zum Ausdruck bringen können.

Misskonzepte und Wissensdissoziationen

Senkrechter Fall. Schon wenige Monate alte Babys erwarten, dass ein Objekt senkrecht zu Boden fällt, wenn sein Fall nicht gebremst oder durch Aufprall auf ein anderes Objekt umgelenkt wird. 2- bis 4-jährige Kinder scheinen die Erwartung des senkrechten Falls von Objekten auch auf Situationen zu generalisieren, in denen sie aus der Wahrnehmung Belege für die Umlenkung von Objekten haben. Hood (1998) ließ 2- bis 4-jährige Kinder ein Objekt suchen, das abwechselnd in eine von drei sich kreuzenden undurchsichtigen Röhren geworfen wurde. Die Kinder machten überzufällig häufig den Fehler, das Objekt in dem Behälter zu suchen, in dem es nach senkrechtem Fall gelandet wäre. Nur bei transparenten Röhren suchten bereits 2-Jährige richtig, da hier die Verlagerung des Objekts sichtbar gemacht wurde. Die Überzeugung, dass Objekte, wenn sie fallen gelassen werden, senkrecht zu Boden fallen (»straight-down belief«), ist eines der bekanntesten Misskonzepte der intuitiven Physik. Wenn die Flugbahn eines Balles vorhergesagt werden muss, der aus einem fahrenden Wagen fällt, so unterliegen sogar viele Erwachsene dem Straight-down-Belief. McCloskey (1983) wies darauf hin, dass dieser naive Glaube mit der mittelalterlichen Impetustheorie übereinstimmt, die annahm, dass die Kraft (Impetus) des Werfers auf das geworfene Objekt übergeht und dieses so lange weiterbewegt, bis sie sich verbraucht hat.

Einflussfaktoren beim Zielwurf. Misskonzepte, die in Urteilsaufgaben zu beobachten sind, sind oft nicht handlungsleitend. Möglicherweise werden Urteile und Handlungen aufgrund partiell unabhängiger Wissenssysteme generiert. Krist et al. (1993) untersuchten das Wissen von 5- bis 10-jährigen Kindern über Faktoren, die für den Zielwurf relevant sind: die Zieldistanz und die Abwurfhöhe. Die Kinder mussten die Abwurfgeschwindigkeit bestimmen, mit der ein Tennisball von einer Plattform gestoßen werden musste, sodass er bei einer Zielmarkierung am Boden aufschlug. Die Höhe der Plattform und die horizontale Zieldistanz wurden variiert. Für jede Höhe-Distanz-Kombination mussten die Kinder (1) die erforderliche Geschwindigkeit auf einer Ratingskala beurteilen und (2) die Abwurfgeschwindigkeit durch das Anstoßen des Balles selber produzieren. Während auch die jüngsten Kinder in der Handlungsaufgabe Distanz und Höhe korrekt integrierten und mit zunehmender Entfernung der Zielmarkierung die Abwurfgeschwindigkeit erhöhten sowie sie bei zunehmender Abwurfhöhe reduzierten, zeigten die Urteilsdaten ein Misskonzept: Die meisten Kinder und sogar manche Erwachsene urteilten nach der Regel: »Je höher die Abwurfhöhe, desto höher die benötigte Abwurfgeschwindigkeit«.

Intuitive Theorien

Einige Forscher im Bereich der intuitiven Physik nehmen an, dass kindliche Misskonzepte in größere begriffliche Systeme eingebettet sind, die im Vergleich zum Wissenschaftswissen nicht nur defizitär sind, sondern eine alternative Begrifflichkeit und alternative Erklärungen enthalten, was es für uns schwierig macht, sie zu rekonstruieren. Ein Beispiel sind die Begriffe von Gewicht und Dichte und die kindlichen Vorstellungen vom Aufbau der Materie.

Begriff des Gewichts. Wenn man Vorschulkinder befragt, ob ein Reiskorn oder ein kleines Stück Styropor »viel, ein bisschen oder gar nichts« wiege, so sagen fast alle, es wiege »nichts«. Man nehme etwa ein großes Stück Styropor, halbiere es und setze diesen Teilungsprozess so lange fort, bis nur noch ein kleines Stück übrig ist. Dann sagen noch etwa 50 % der 10-Jährigen, dass ein kleines Stück nichts wiege. Und auf die hypothetische Frage, ob man durch fortgesetzte Teilungen jemals ein Stück erhalten könnte, das so klein sei, dass es nichts wiege, antwortet erst in der Altersgruppe der 12-Jährigen die Mehrheit der Kinder mit »nein« (Carey, 1991). Diese Antworten deuten darauf hin, dass Kinder ihr Urteil darüber, ob ein Gegenstand Gewicht hat, davon abhängig machen, ob er fühlbar schwer ist, wenn sie ihn in die Hand nehmen. Dies entspricht nicht dem Erwachsenenbegriff von Gewicht. Für uns ist Gewicht ein konstitutives Merkmal der Materie: Alles, was materiell ist (z. B. Gegenstände, Flüssigkeiten, Gase), hat Gewicht und unterscheidet sich dadurch von Immateriellem (z. B. Ideen, Gedanken, Abstraktionen). Fordert man Kinder auf, eine Reihe von Entitäten (Gegenstände, Flüssigkeiten, Rauch, Luft, Hitze, Licht, Schatten, Wünsche, Träume) in materielle und immaterielle zu klassifizieren, so zeigt sich, dass schon im Vorschulalter nahezu alle Kinder leichte Gegenstände (wie z. B. ein Stück Styropor) als materiell betrachten. Da diese Kinder jedoch gleichzeitig behaupten, ein Stück Styropor wiege »nichts«, scheint nach ihrem Verständnis (im Gegensatz zum Erwachsenenverständnis) Gewicht (Masse) kein konstitutives Merkmal der Materie zu sein. Wenn dies zutrifft, dann kann ihr Verständnis physikalischer Mengenbegriffe nicht einfach nur eine lückenhafte Version des Erwachsenenverständnisses sein, sondern es handelt sich um ein alternatives begriffliches System, das mit dem des Erwachsenen nur teilweise vereinbar ist.

Begriff der Dichte. Für diese Annahme sprechen auch Befunde zu den Schwierigkeiten kleinerer Kinder beim Verständnis des Begriffs der Dichte: Man zeige z. B. 8- bis 10-jährigen Kindern einen kleinen Stahlzylinder und einen wesentlich größeren Aluminiumzylinder und demonstriere ihnen auf einer Balkenwaage, dass beide Zylinder gleich viel wiegen, obwohl doch einer sehr viel größer ist als der andere. Dann erklären sie in der Regel, dass Stahl eben schwerer sei (ein schwereres Material sei) als Aluminium. Zeigt man ihnen dann jedoch einen Stahl- und einen Aluminiumzylinder gleicher Größe und lässt sie vorhersagen, ob diese gleich viel wiegen werden oder ob einer schwerer sei als der andere, so antworten sie, dass diese wiederum gleich viel wiegen werden, da Stahl und Aluminium vorher gleich viel gewogen haben. Solche Antworten deuten darauf hin, dass Kinder nicht konsistent zwischen dem absoluten Gewicht eines Objekts (z. B. des Stahlzylinders) und dem spezifischen Gewicht des Materials, aus dem das Objekt gemacht ist (Stahl), unterscheiden (vgl. Carey, 1991).

Weitere Hinweise auf eine mangelnde Differenzierung zwischen Gewicht und Dichte ergeben sich aus Aufgaben, bei denen Kinder Objekte in »Stahl-« und »Aluminiumfamilien« sortieren mussten. Ihnen wurde eine Reihe von Paaren von gleich großen Zylindern gezeigt, und es wurde betont, dass Stahl ein viel schwereres Material ist als Aluminium. Trotzdem ordneten viele Kinder große Aluminiumzylinder der Stahlfamilie zu, weil sie – absolut – schwer waren. Solche Gewichts-Intrusionen in Dichte-Urteile zeigten sich auch, wenn Objekte nach Gewicht bzw. Dichte geordnet werden mussten. Diese Befunde deuten darauf hin, dass Kindern im Grundschulalter nicht einfach der Begriff der »Dichte« fehlt, sondern, dass sie ein undifferenziertes Konzept von Gewicht und Dichte haben, das in unserem Erwachsenenbegriffssystem keine Entsprechung hat.

16.4.3 Intuitive Psychologie (Theory of Mind)

Im Alltag erklären wir menschliches Verhalten, indem wir uns selbst und anderen mentale Zustände wie Wünsche bzw. Absichten und Überzeugungen zuschreiben und daraus Handlungen vorhersagen. »Warum sucht Peter den Autoschlüssel in der Manteltasche? Weil er wegfahren will und weil er glaubt, dass er den Schlüssel in die Tasche gesteckt hat.« Etwa ab dem Alter von 4 Jahren verfügen Kinder über diese mentalistische Alltagspsychologie (»Theory of Mind«; vgl. Sodian & Thoermer, 2006, für einen Überblick). Schon im 1. Lebensjahr finden sich jedoch Hinweise auf ein psychologisches Handlungsverständnis.

Kernwissen
Intentionalität. Säuglinge verstehen menschliches Handeln als zielgerichtet. Woodward (1998) zeigte in einem Habituationsexperiment sechs Monate alten Babys eine Greifbewegung einer menschlichen Hand: In den beiden Ecken einer Bühne standen zwei Spielzeuge, ein Teddy und ein Ball. In der Habituationsphase sahen die Babys, wie die Hand wiederholt nach dem Teddy griff. Sobald die Babys habituiert waren, wurden die Positionen der Spielzeuge vertauscht. Nun sahen die Babys entweder, dass die Hand ihren Bewegungspfad beibehielt und nach dem Ball griff oder dass sie ihren Bewegungspfad änderte und nach dem Teddy griff. Wenn die Babys nur die raumzeitlichen Parameter der Bewegung encodiert hatten, dann sollten sie überrascht sein, wenn der Arm seinen Bewegungspfad änderte. Wenn sie jedoch, was sie gesehen hatten, als zielgerichtete Handlung encodiert hatten, dann sollten sie überrascht sein, wenn die Hand nach einem neuen Objekt griff (also ihr Ziel änderte). Es zeigte sich, dass schon sechs Monate alte Babys stärker auf Zielwechsel als auf Pfadwechsel dishabituierten. In einer Kontrollbedingung, in der nicht eine menschliche Hand, sondern eine mechanische Klaue die Greifbewegung ausführte, unterschieden die Babys hingegen nicht zwischen den beiden Testbedingungen.

Schon in der zweiten Hälfte des 1. Lebensjahrs erwarten Babys Rationalität der Zielerreichung (ein Agent wählt den direkten, effizientesten Weg zum Ziel; Gergely et al., 1995). Sie encodieren ferner nicht nur Handlungsziele, sondern auch Handlungsrollen in sozialer Interaktion (der »Geber«, der »Nehmer«) und sie schreiben Agenten Dispositionen zu (vgl. Sodian, 2011, für einen Überblick).

Auch in der sozialen Interaktion zeigen Babys ab dem Alter von 9 bis 12 Monaten Verhaltensweisen, die als Hinweise auf ein Verständnis von Personen als intentionalen Agenten interpretiert werden können. Sie folgen dem Blick oder der Zeigegeste eines Erwachsenen hin zu spezifischen Objekten, sie lernen durch Imitation, und sie beginnen, selbst die Aufmerksamkeit ihrer Interaktionspartner auf spezifische Zielobjekte hinzulenken (Carpenter et al., 1998b). Ab dem Alter von 15 Monaten imitieren Kleinkinder intendierte Handlungen, wenn das Modell eine Fehlhandlung vorführte, d. h., sie lesen aus einer sichtbaren Handlung die zugrunde liegende Handlungsintention heraus (Meltzoff, 1999).

Wahrnehmungsperspektive. Ein zweites Kernelement unserer naiv psychologischen Handlungserklärungen basiert auf dem Wissen über menschliche Wahrnehmungsfähigkeiten: Agenten nehmen die Umwelt wahr und kommen so zu Wissen und Überzeugungen. Von den subjektiven Überzeugungen wiederum wird menschliches Handeln geleitet. Die frühe Beachtung der Wahrnehmungsperspektive anderer Personen wurde in der neuesten Säuglingsforschung demonstriert. Schon mit 7 Monaten beachten Säuglinge die visuelle Perspektive einer anderen Person, wenn sie deren Handlungsziele erschließen (Luo & Johnson, 2009). Auch in der sozialen Interaktion beachten Kleinkinder sehr genau, was andere sehen können: So fanden Moll und Tomasello (2004), dass sowohl 12 als auch 18 Monate alte Kinder dem Blick eines Erwachsenen auf die von ihnen abgewandte Seite einer Barriere folgen und sich sogar auf die Barriere zubewegen, um zu sehen, was dahinter verborgen ist. 12 und 18 Monate alte Kleinkinder setzen auch selbst kommunikative Gesten (z. B. die Zeigegeste) ein, um eine Person über den Ort zu informieren, an dem ein Objekt ist, was darauf hindeutet, dass sie den Informationsbedarf der Person verstehen.

Mit spätestens 18 Monaten scheinen Kleinkinder über ein implizites Verständnis des Zusammenhangs von Sehen und Wissen zu verfügen. Mehr noch: Sie beachten auch, was eine Person nicht sehen konnte, und folgern daraus, wie sie handeln wird. Onishi und Baillargeon (2005) fanden im Blickzeitexperiment, dass schon 15,5 Monate alte Kleinkinder aus ihrem Wissen über den Zugang einer Person zu Informationen korrekte Vorhersagen über ihre Handlungen ableiten konnten: Wenn sie sahen, dass eine Person ein Objekt zunächst in A versteckte, sie dann aber nicht sehen konnte, wie das Objekt von A nach B verlagert wurde, dann waren sie überrascht (längere Blickzeit), wenn die Person in B suchte, nicht aber, wenn sie in A suchte. 18 Monate alte Kleinkinder passen ihre Erwartungen auch aufgrund kommunikativer Hinweise an: Sie zeigten längere Blickzeiten, wenn die Person ihre falsche Überzeugung aufgrund einer Mitteilung korrigieren konnte, aber trotzdem am falschen Ort suchte, als wenn sie eine irrelevante Information erhielt (vgl. Baillargeon et al., 2010). Haben also schon Kleinkinder im 2. Lebensjahr eine (implizite) Theory of Mind? Es wird derzeit kontrovers diskutiert, ob die eindrucksvoll präzisen Erwartungen von Kleinkindern über menschliches Handeln auf die Zuschreibung mentaler Zustände hindeuten oder ob auch einfachere Heuristiken (z. B. die Anwendung von Verhaltensregeln) zur Erklärung ausreichen (Sodian, 2011). Festzuhalten ist, dass Kleinkinder nur dann in Theory-of-Mind-Aufgaben gut abschneiden, wenn implizite Maße (wie Blickzeiten, Blickbewegungen) verwendet werden, dass jedoch Kinder unter etwa 4 Jahren in Aufgaben scheitern, die ein explizites Urteil über die Überzeugungen anderer verlangen (s. u.).

Weitere Befunde deuten darauf hin, dass sich um die Mitte des 2. Lebensjahres ein Grundverständnis mentaler Zustände entwickelt, das es Kleinkindern erlaubt, eigene Wünsche, Absichten und Emotionen von denen anderer abzugrenzen. Mit 18 Monaten beginnen Kinder, zwischen eigenen und fremden Wünschen zu unterscheiden. Ab dem Alter von 18 Monaten zeigt sich mit der Entwicklung von Empathie die Fähigkeit, zwischen dem eigenen und dem fremden Gefühlszustand zu unterscheiden, die mit dem Erkennen des Selbst im Spiegel im Entwicklungszusammenhang steht (Bischof-Köhler, 1989). Schließlich deutet die ebenfalls ab dem Alter von 18 Monaten beginnende Fähigkeit zum Symbolspiel (Pretend Play) darauf hin, dass Kleinkinder fähig werden, zwischen realen und fiktiven »Welten« zu unterscheiden und je nach Kontext in beiden kompetent zu agieren.

Entwicklung der Theory of Mind im Altersbereich zwischen 3 und 5 Jahren

Im verbalen Alter entwickelt sich das explizite Verständnis mentaler Zustände in zwei Schritten: Wünsche (desires) und Absichten werden früher verstanden als Überzeugungen (beliefs).

Absichten und Ziele. Wellman und Woolley (1990) erzählten 3-jährigen Kindern Geschichten, in denen ein Akteur eine bestimmte Absicht verfolgt, z. B. sein Kaninchen mit in den Kindergarten zu nehmen. Die Geschichtenfigur weiß, dass das Kaninchen entweder im Vorgarten oder in der Garage sein kann. Sie schaut in der Garage nach und findet – je nach experimenteller Bedingung – (a) das Kaninchen, (b) nichts oder (c) ihren Hund, nach dem sie nicht suchte. Die Versuchspersonen wurden gefragt, was die Figur in der Geschichte wohl als Nächstes tun würde: Wird sie im Vorgarten (also an dem zweiten möglichen Ort) suchen, oder wird sie in den Kindergarten gehen? Fast alle Kinder antworteten, dass die Geschichtenfigur in den Kindergarten gehen würde, wenn sie das gewünschte Objekt gefunden hatte, aber dass sie weitersuchen würde, wenn sie nichts oder etwas anderes gefunden hatte. Schon 3-Jährige scheinen also zu verstehen, dass Handlungsentscheidungen von den Zielen und Absichten der handelnden Personen abhängen. Kinder dieses Alters können auch bereits intendierte Handlungen von Fehlern und Zufällen unterscheiden. Damit verfügen sie über ein wesentliches Element unserer naiven Alltagspsychologie: Sie erklären sich die Handlungen von Personen, indem sie sie auf deren Wünsche und Absichten zurückführen, und sie können aus Informationen über Absichten und Ziele Handlungen vorhersagen.

Überzeugungen. Das zweite wesentliche Element unserer naiven Alltagspsychologie ist das Konzept der Überzeugung. Wir sagen die Handlungen anderer nicht nur aus dem vorher, was sie wollen, sondern auch aus dem, was sie glauben. Das Verständnis falschen Glaubens (einer falschen Überzeugung) gibt uns Aufschluss über die Fähigkeit eines Individuums, mentale Zustände zu verstehen.

Wimmer und Perner (1983) führten die erste systematische Untersuchung zum kindlichen Verständnis falschen Glaubens durch. Ihre Befunde und die Befunde einer Vielzahl von Folgestudien deuten auf einen markanten Entwicklungsfortschritt im Altersbereich zwischen etwa 3 und 5 Jahren hin: 4- bis 5-jährige Kinder verstehen, dass der Protagonist (Maxi) eine Überzeugung hat, von der sie selbst wissen, dass sie falsch ist; und sie leiten aus dieser falschen Überzeugung korrekte Handlungsvorhersagen ab (Vorhersagen darüber, wo Maxi suchen wird; s. Unter der Lupe). Wenn die Geschichte so fortgesetzt wird, dass Maxi (der einen falschen Glauben darüber hat, wo sich die Schokolade befindet) verhindern möchte, dass seine Schwester die Schokolade findet, dann verstehen bereits 4- bis 5-Jährige, dass Maxi in der Absicht, seine Schwester zu täuschen, ihr ironischerweise den Hinweis auf den Ort geben wird, an dem die Schokolade tatsächlich ist. In diesem Fall amüsieren sich die Kinder über Maxis Missgeschick. 3-jährige Kinder beantworten hingegen die Testfrage konsistent falsch: Sie geben an, Maxi, in dessen Abwesenheit die Schokolade von A nach B transferiert wurde, werde in B suchen. Durch eine Reihe von Kontrollfragen wurde sichergestellt, dass diese falschen Antworten 3-jähriger Kinder auf profunde Schwierigkeiten beim Verständnis falschen Glaubens hindeuten.

> **Unter der Lupe**
>
> **Das Verständnis falscher Überzeugung: »Maxi und die Schokolade«**
>
> Maxi und seine Mutter kommen vom Einkaufen nach Hause. Maxi hilft seiner Mutter, die Einkäufe auszupacken. Er legt die Schokolade in den grünen Schrank. Maxi merkt sich genau, wo er die Schokolade hingetan hat, damit er sich später welche holen kann. Dann geht er auf den Spielplatz. Während er weg ist, braucht seine Mutter etwas Schokolade zum Kuchenbacken. Sie nimmt die Schokolade aus dem grünen Schrank und tut ein wenig davon in den Kuchen. Dann legt sie sie nicht zurück in den grünen, sondern in den blauen Schrank. Sie geht aus der Küche. Anschließend kommt Maxi hungrig vom Spielplatz zurück.
>
> Testfrage: »Wo wird Maxi die Schokolade suchen?« (Die Geschichte wird mit Puppen und einer Puppenhausküche vorgespielt. In der Küche gibt es nur zwei Schränke, einen grünen und einen blauen).
>
> Ergebnisse: Nahezu alle 3-jährigen Kinder antworten auf die Testfrage: »Im blauen Schrank« (also dort, wo die Schokolade tatsächlich ist), während 40 bis 80 % (je nach experimenteller Bedingung) der 4- bis 5-Jährigen korrekt »Im grünen Schrank« antworten (nach Wimmer & Perner, 1983).

Die Schwierigkeiten 3-jähriger Kinder beim Verständnis einer falschen Überzeugung sind nicht auf Aufgaben vom Typ der »Maxi und die Schokolade«-Geschichte beschränkt. Das gleiche Phänomen zeigt sich auch im einleitend erwähnten Beispiel, der sog. Smarties-Aufgabe. Besonders eindrucksvoll ist, dass 3-jährige Kinder nicht nur Schwierigkeiten haben, zu verstehen, dass eine andere Person sich in einem falschen Glauben über einen Sachverhalt befindet, sondern auch, dass sie selbst in der jüngsten Vergangenheit eine solche falsche Überzeugung hatten. Fragt man 3-Jährige in der Smarties-Aufgabe, was sie gerade eben, bevor die Schachtel geöffnet wurde, über deren Inhalt geglaubt hatten, so antworten sie frappierenderweise, sie hätten geglaubt, es sei ein Bleistift darin. Dabei konnte gezeigt werden, dass diese Antworten nicht auf Erinnerungsdefizite oder etwa auf die fehlende Bereitschaft, eigene Fehler zuzugeben, zurückzuführen sind (Wimmer & Hartl, 1991).

Eine statistische Metaanalyse von mehr als fünfhundert False-Belief-Studien zeigte, dass erleichternde Aufgabenbedingungen zwar dazu führen, dass kleinere Kinder höhere Chancen haben, die Testfrage korrekt zu beantworten, dass jedoch ein klarer Alterstrend bestehen bleibt: 2½- und 3-jährige Kinder machen den typischen False-Belief-Fehler (d. h., sie antworten so, als wisse der Protagonist über den Zustand der Realität Bescheid) signifikant überzufällig, und 3½- bis 4-jährige Kinder antworten signifikant überzufällig korrekt (Wellman et al., 2001).

Täuschungen. Experimentelle Arbeiten zur Entwicklung der kindlichen Fähigkeit, andere zu belügen und zu täuschen, deuten auf ähnliche Entwicklungsveränderungen hin (zum Überblick vgl. Sodian, 1994): In kompetitiven Spielsituationen, in denen es darum geht, durch »Mogeln« einen Gewinn zu erzielen, informieren 3-Jährige den Gegner nahezu immer wahrheitsgemäß – auch dann, wenn ihnen die Täuschungsstrategie sehr nahegelegt wird. 4-Jährige hingegen erkennen den Nutzen einer Täuschungsstrategie sofort und mogeln mit Vergnügen.

Weitere begriffliche Differenzierungen. Im Altersbereich zwischen 3 und 4 Jahren entwickeln sich weitere, verwandte begriffliche Differenzierungen, so z. B. die zwischen Aussehen und Realität (Flavell et al., 1986), sowie die epistemische Perspektivenübernahme (sog. Level-2-Perspektivenübernahme, d. h. das Verständnis, dass ein und dasselbe Objekt aus verschiedenen Perspektiven unterschiedlich aussehen kann). Für die Kohärenz der begrifflichen Veränderungen in der mentalen Domäne sprechen Trainingsstudien, die zeigen, dass durch Training einer begrifflichen Differenzierung bei 3-jährigen Kindern Fortschritte im Verständnis verwandter begrifflicher Differenzierungen erzielt werden können.

Entwicklungsdefizite bei Autismus. Spezifische Defizite bei der Entwicklung der Theory of Mind treten bei autistischen Kindern auf. Der kindliche Autismus ist eine tiefgreifende Entwicklungsstörung, die durch gravierende Beeinträchtigungen der sozialen Interaktion, der verbalen und nonverbalen Kommunikation sowie der Imagination (Fantasietätigkeit) und des Repertoires an Interessen und Aktivitäten gekennzeichnet ist. Baron-Cohen et al. (1985) zeigten, dass Kinder mit Autismus, die in verbalen Intelligenztests mindestens so gut wie normal entwickelte 4-Jährige abschnitten, falsche Überzeugungen nicht repräsentieren (während eine klinische Kontrollgruppe – Kinder mit Down-Syndrom – mit gleichem verbalem Alter in False-Belief-Tests wie normal entwickelte 4-Jährige abschnitt). In einer Vielzahl von Folgestudien wurde gezeigt, dass Kinder mit Autismus im Gegensatz zu normal entwickelten Kindern mentale mit physischen Phänomenen konfundieren, dass sie nicht zwischen »Schein« und »Sein« bei Differenzierungsaufgaben zur »Appearance Reality« unterscheiden, dass sie eine weit geringere Häufigkeit spontaner Produktion von Pretend Play (Symbolspiel) als normal entwickelte Kinder zeigen, und dass sie auch bei einfachen Aufgaben zum Verständnis des Zusammenhangs zwischen dem Zugang zu Informationsquellen (»Sehen« und »Wissen«) versagen, die von normal entwickelten 3-Jährigen überzufällig gut gelöst werden (Sodian, 2005, für einen Überblick).

Theorien zur Entwicklung der Theory of Mind

Was treibt die Entwicklung der Theory of Mind voran? Nativistische Modularitätstheorien nehmen an, dass die Zuschreibung von Absichten und Überzeugungen (belief-desire reasoning) eine durch die Evolution ausgebildete spezifisch menschliche Fähigkeit ist, die schon in der frühen Kindheit vorhanden ist, und dass die Entwicklungsveränderungen bei Aufgaben zur Theory of Mind im Wesentlichen auf verbesserte Fähigkeiten zur Informationsverarbeitung zurückzuführen sind. Die Simulationstheorie, die auf der Intuition basiert, dass wir unmittelbaren Zugang zu unserem eigenen geistigen Geschehen haben, nimmt an, dass das sich entwickelnde Kind zunehmend besser versteht, was in den Köpfen anderer vorgeht. Diese Aufgabe wird schrittweise dadurch gemeistert, dass die Perspektive der anderen Person eingenommen und simuliert wird, was man selbst in der entsprechenden Situation denken, glauben, fühlen oder beabsichtigen würde. Die Theorie-Theorie betrachtet hingegen unser Wissen über den mentalen Bereich als eine intuitive Theorie (Theory of Mind), da mentale Zustände nicht direkt beobachtbar sind, sondern wie theoretische Terme erschlossen werden, und da die Zuschreibung mentaler Zustände Verhaltensvorhersagen und -erklärungen erlaubt. Wenn mentale Begriffe Teil einer Theorie sind, erhalten sie ihre Bedeutung durch ihren Bezug zu anderen Begriffen in der Theorie und insbesondere zu den unbeobachtbaren mentalen Zuständen und Vorgängen (Perner, 1991).

> **Denkanstöße**
>
> Wie entsteht Neues? Diskutieren Sie mögliche Antworten auf diese Frage vor dem Hintergrund der Kernwissensthese und der Theorie-Theorie.

> **Zusammenfassung**
>
> ▶ Piagets strukturgenetische Theorie der Entwicklung des Denkens unterteilte die kognitive Entwicklung in vier Stadien, die durch grundlegende Unterschiede in der Art der Wissensrepräsentation und im logischen Denkvermögen gekennzeichnet sind. Die neuere Forschung hat gezeigt, dass Piaget die Konsistenz des kindlichen Denkens überschätzte und die kognitiven Fähigkeiten jüngerer Kinder gravierend unterschätzte.
>
> ▶ Informationsverarbeitungstheorien befassen sich mit den kognitiven Prozessen, die den Denkleistungen (und -fehlern) von Kindern zugrunde liegen. Die Erhöhung der Geschwindigkeit, mit der Basisprozesse ausgeführt werden, sowie die Verbesserung von Strategien und die Zunahme an Wissen sind die wichtigsten Determinanten der kognitiven Entwicklung.
>
> ▶ Theorien der Entwicklung domänenspezifischen begrifflichen Wissens betrachten die Erschließung von Domänen von evolutionärer Bedeutung als grundlegend für die kognitive Entwicklung. Durch die Ergebnisse der neueren Säuglingsforschung haben nativistische Positionen an Einfluss gewonnen. Sie gehen davon aus, dass Säuglinge mit spezifischen kognitiven Fähigkeiten auf die Welt kommen, die es ihnen erlauben, domänenspezifische Kernwissenssysteme (numerisches, physikalisches und psychologisches Wissen) auszubilden. Der weitere domänenspezifische Wissenserwerb ist sowohl durch die kontinuierliche Bereicherung des Kernwissens als auch durch Restrukturierungsprozesse gekennzeichnet.

Weiterführende Literatur

Carey, S. (2009). The origin of concepts. Oxford: Oxford University Press. *Eine lohnende, wenn auch anspruchsvolle vertiefende Lektüre zur Entwicklung begrifflichen Wissens.*

Goswami, U. (Ed.). (2010). The Wiley Blackwell handbook of childhood cognitive development. New York: Wiley. *Eine aktuelle, exzellente Übersicht über die wichtigsten Bereiche der kognitiven Entwicklung in der Kindheit.*

17 Gedächtnis

Wolfgang Schneider • Ulman Lindenberger

17.1 Gedächtniskomponenten
17.2 Gedächtnisentwicklung im Säuglings- und Kleinkindalter
17.3 Entwicklung des impliziten Gedächtnisses
17.4 Entwicklung des expliziten Gedächtnisses
17.5 Determinanten der Gedächtnisentwicklung
    17.5.1 Basale Gedächtniskapazität und Arbeitsgedächtnis
    17.5.2 Gedächtnisstrategien
    17.5.3 Wissen und Gedächtnis

17.6 Neuere Forschungstrends
    17.6.1 Konsistenz und Stabilität von Gedächtnisleistungen
    17.6.2 Die Entwicklung des episodischen Gedächtnisses aus neurowissenschaftlicher Sicht

Im Alltag wird das Gedächtnis von kleinen Kindern häufig am Beispiel ihrer Leistungen im populären Memory-Spiel beurteilt, bei dem die Erwachsenen sehr oft als Verlierer enden. Im Internet findet sich ein reger Austausch zur Frage, warum Kinder meist im Memory-Spiel gegen Erwachsene gewinnen. Selbst Wissenschaftler lassen sich in diesem Diskurs etwa zu Aussagen hinreißen, dass die bei jungen Kindern frische und stark verzweigte Vernetzung im Hirn zu besonderen Leistungsmöglichkeiten im visuo-räumlichen Gedächtnis führt. In der Tat ist es so, dass wenig geübte Kinder gegen ungeübte Erwachsene bei diesem Spiel sehr gut aussehen. Weniger bekannt ist dagegen, dass Kinder beim Turnier-Memory geübter Spieler in der Regel gegen Erwachsene verlieren. Das Phänomen wurde im Verlauf der letzten 30 Jahre in amerikanischen und deutschen entwicklungspsychologischen Studien auch experimentell untersucht, wobei sich übereinstimmend der Befund ergab, dass junge Erwachsene gegenüber 5- bis 10-jährigen Kindern signifikant besser abschnitten (vgl. etwa Schumann-Hengsteler, 1996). Wenn Erwachsene wirklich konzentriert spielen und strategisch operieren, sind Kinder aber normalerweise im Nachteil. Dennoch ist das Spiel gut dazu geeignet, besondere visuo-räumliche Merkfähigkeiten junger Kinder zu illustrieren.

Dieses Beispiel verdeutlicht, dass trotz intensiver Forschung zur Gedächtnisentwicklung innerhalb der letzten 50 Jahre in Praxis und Öffentlichkeit immer noch relativ wenig über die Kompetenzen von Kindern, Jugendlichen und Erwachsenen in diesem Bereich sowie über typische Entwicklungstrends bekannt ist. Dies ist umso bedauerlicher, als Arbeiten zur Gedächtnisentwicklung die Forschung im Bereich der kognitiven Entwicklung insbesondere zwischen 1970 und 2000 stark geprägt haben und wir gerade im Hinblick auf die frühen Stadien der Gedächtnisentwicklung im Säuglings- und Kleinkindalter mittlerweile auf vielen gesicherten Befunden aufbauen können. Zugleich befasst sich die kognitive Alternsforschung eingehend mit der Veränderung von Gedächtnisleistungen im Erwachsenenalter, und es gibt Ansätze, beide Forschungsgebiete miteinander zu verknüpfen (Shing & Lindenberger, 2011). Im Folgenden werden wir zunächst kurz auf gängige Modellvorstellungen der menschlichen Informationsverarbeitung eingehen und danach die Gedächtnisentwicklung in unterschiedlichen Altersbereichen genauer skizzieren.

17.1 Gedächtniskomponenten

Klassische Gedächtnismodelle berücksichtigen das zeitliche Verhältnis zwischen Einprägen und Gedächtnisabruf. Demnach wird zwischen dem Ultrakurzzeitgedächtnis bzw. sensorischen Register (SR), dem Kurzzeitgedächtnis (KZG) und dem Langzeitgedächtnis (LZG) unterschieden. Neu wahrgenommene Information wird zunächst im SR aufgenommen, wo sie nur Bruchteile von Sekunden verbleibt. Bestimmte Informationsanteile werden in das KZG, ein System mit begrenzter Aufnahmekapazität, transportiert und dort über sog. »Kontrollprozesse«, also etwa Wiederholungsvorgänge, aktiv gehalten, sodass sie letztendlich in das LZG überführt werden können.

Explizites vs. implizites Gedächtnis. Es wird angenommen, dass das LZG inhaltsspezifisch organisiert ist und sich eine Unterscheidung zwischen einem expliziten oder deklarativen und impliziten oder nicht-deklarativen Anteil treffen lässt. Während das explizite LZG durch die bewusste Memorierung von Fakten und Ereignissen charakterisiert ist, bezieht sich das implizite LZG im Wesentlichen auf meist nicht bewusste Fertigkeiten (daher auch als prozedurales Gedächtnis oder »memory without awareness« bezeichnet).

Episodisches und semantisches Gedächtnis. Das explizite (Langzeit-)Gedächtnis setzt sich wiederum aus zwei unterschiedlichen, jedoch durchaus interagierenden Komponenten, nämlich dem episodischen und dem semantischen (Langzeit-)Gedächtnis, zusammen. Das episodische Gedächtnis enthält die autobiografischen Erinnerungen eines Individuums ab der frühen Kindheit. Demgegenüber fokussiert das semantische Gedächtnis auf das sog. »Weltwissen«, also Wissen über Sprache, Regeln und Konzepte. Wenn es etwa darum geht, die Bedeutung von bestimmten Begriffen wie »Demokratie« oder des Dativs zu erinnern, wird das semantische Gedächtnis aktiviert. Erinnere ich mich jedoch zusätzlich an die Kontextbedingungen, unter denen ich zum ersten Mal mit dem Begriff »Demokratie« konfrontiert wurde, ist das episodische Gedächtnis aktiv. Für beide LZG-Systeme gilt, dass auf sie bewusst zugegriffen werden kann.

Untersuchungen mit hirnverletzten Patienten belegen den Sinn einer Unterscheidung zwischen expliziten und impliziten (prozeduralen) Gedächtnissystemen, da sie nachweisen können, dass trotz Ausfall des expliziten Gedächtnisses das implizite Gedächtnis problemlos funktionieren kann. Neurowissenschaftliche Forschungen an gesunden Probanden zeigen, dass deklarative und nicht-deklarative Gedächtnisvorgänge mehrere Hirnareale unterschiedlich stark aktivieren und sich gegenseitig beeinflussen können (Bauer, 2006).

17.2 Gedächtnisentwicklung im Säuglings- und Kleinkindalter

Alltagserfahrungen zeigen uns, dass sich Säuglinge schon ab der Geburt an Dinge erinnern können. Wissenschaftlich interessant ist die Frage, woran sie sich erinnern und wie lange solche Erinnerungen andauern. Innerhalb der letzten 30 Jahre wurden mehrere Beobachtungsverfahren (z. B. Habituations- und Imitationsverfahren; s. Abschn. 7.2.3 und 16.1.2) entwickelt, mit denen sich zeigen lässt, dass auch schon sehr junge Kinder über Gedächtnisfähigkeiten verfügen (s. Abschn. 7.3.2).

Wiedererkennungsleistungen. Zahlreiche Studien belegen, dass schon Säuglinge Wiedererkennungsleistungen (Rekognition) vollbringen und dazu in der Lage sind, sich Gesichter, Bilder oder Spielzeuge über längere Perioden (Wochen bis Monate) einzuprägen. Diese Fähigkeiten lassen sich schon an wenige Tage alten Säuglingen demonstrieren, und sie verbessern sich in den ersten

Lebensmonaten beträchtlich. Individuelle Unterschiede in den frühen Wiedererkennungsleistungen scheinen für die spätere intellektuelle Entwicklung (s. Abschn. 12.2) nicht unerheblich zu sein.

Assoziatives Lernen. Weiterhin verfügen auch schon Säuglinge über komplexere Gedächtnisformen, so z. B. für motorische Handlungen. Rovee-Collier und ihre Mitarbeiter (1992) setzten ein operantes Konditionierungsverfahren ein, das als Verfahren der konjugierten Verstärkung (conjugate reinforcement) bekannt geworden ist. Über dem Bettchen des Kindes wurde ein Mobile aufgehängt, das mit einem Band am Fuß des Säuglings befestigt wurde. Ca. drei Monate alte Kinder strampelten etwa doppelt so oft in der Minute, wenn das Band an ihrem Knöchel befestigt war. Die Autoren folgerten daraus, dass die Säuglinge die assoziative Beziehung zwischen ihrer Bewegung und der des Mobiles gelernt hatten. Zur Erfassung der Gedächtnisleistung wurde das Verfahren zu einem späteren Zeitpunkt wiederholt. Für die drei Monate alten Kinder gab es keine Anzeichen von Vergessen, wenn das Zeitintervall zwischen der ersten und zweiten Messung weniger als acht Tage betrug. Wenn es drei Monate alten Kleinkindern nicht gelingt, diese Gedächtnisleistung nach etwa zwei Wochen spontan zu erbringen, so scheint es sich hier um ein Abrufproblem und nicht um vollständiges Vergessen zu handeln. Dies lässt sich über den Prozess der Wiedereinsetzung demonstrieren, bei dem nach einer längeren Pause lediglich Teilaspekte der früheren Handlung aktiviert wurden. Dies führte unmittelbar zu erneuten Verbesserungen, was damit erklärt wurde, dass durch den Prozess der teilweisen Wiedereinsetzung vorher nicht zugängliche Informationen wieder abrufbar waren.

> **Unter der Lupe**
>
> **Bedeutung des Kontextes für frühkindliche Gedächtnisleistungen**
>
> Um den Einfluss von Kontextbedingungen auf das Gedächtnis von Kleinkindern zu erfassen, variierten Rovee-Collier et al. (1992) Aspekte der Lernumgebung beim Paradigma der konjugierten Verstärkung. In dieser Untersuchung interessierte also die Frage, wie ähnlich sich Lernsituation und Testsituation sein müssen, damit Behaltensleistungen auftreten. Zwei Gruppen von sechs Monate alten Säuglingen lernten die Kontingenz (gleichzeitiges Auftreten) zwischen Strampeln und Bewegung in der gleichen Lernbedingung: Der Kindersitz befand sich in einer Vorrichtung, die mit gelb-grünen Stoffmustern eingekleidet war. Während die eine Gruppe von Säuglingen ca. 24 Stunden später in der gleichen Vorrichtung getestet wurde, fand die Untersuchung für die andere Gruppe in einer Vorrichtung statt, die nun blau-rot gemustert war. Ein Vergleich der Behaltensleistungen beider Gruppen zeigte, dass die Gruppe mit identischen Lern- und Testbedingungen beim Gedächtnistest signifikant mehr strampelte als die Gruppe, bei der sich Lern- und Testbedingung unterschieden. Dieser Befund unterstreicht die Bedeutung der Ähnlichkeit von Lern- und Abrufbedingungen für den Prozess der Wiedereinsetzung.

Die Forschungsarbeiten von Rovee-Collier und Mitarbeitern belegen, dass schon sehr junge Kinder zu assoziativem Lernen fähig sind und Kontingenzen sowohl erkennen als auch behalten können. Die Behaltensdauer hängt dabei von dem Alter der Säuglinge, der Erfahrung mit der Aufgabe und dem Aufgabentypus ab. Funktionierte das Langzeitgedächtnis bei der oben beschriebenen Aufgabe für drei Monate alte Säuglinge noch nach etwa einer Woche, so betrug die entsprechende Spanne für doppelt so alte Kinder bereits zwei Wochen. Befunde für eine etwas komplexere Aufgabe und ältere Säuglinge bzw. Kleinkinder zeigen weiterhin, dass die Behaltensdauer bei 18 Monate alten Kindern für diese Aufgaben schon mehr als drei Monate betragen kann (Rovee-Collier & Cuevas, 2009).

Imitationslernen. Befunde zum Imitationslernen zeigen darüber hinaus, dass bereits Kleinkinder zu freien Reproduktionen (free recall) in der Lage sind. Bei den Untersuchungen von Meltzoff (1995) zum Imitationslernen (deferred imitation) führte ein Erwachsener Kleinkindern im Alter von 9 und 14 Monaten eine Reihe von Handlungen mit neuartigen Objekten vor. So wurde z. B. ein Hebel oder ein Knopf gedrückt, um einen Summton zu erzeugen. Wenn die Gegenstände etwa 24 Stunden später vor die Kinder hingestellt wurden, wiederholten die meisten Kinder aus beiden Altersgruppen die Handlungen des Erwachsenen. Dies deutet darauf hin, dass sie zur Reproduktion früherer Erfahrungen auch dann fähig waren, wenn sie die entsprechende Handlung nicht erneut sahen. Die langfristige Erinnerung an diese Erfahrung variierte mit dem Alter: Nach einer Woche konnten sich die älteren, nicht aber die jüngeren Kleinkinder noch von sich aus an die Handlungen erinnern. Neuere Studien mit diesem Paradigma können belegen, dass das Langzeitgedächtnis für diese Handlungen mit dem Alter der Säuglinge zunimmt und mehrere Monate betragen kann (Bauer, 2006).

17.3 Entwicklung des impliziten Gedächtnisses

Es steht außer Frage, dass Säuglinge und Kleinkinder dazu in der Lage sind, Information zu encodieren, zu speichern und auch nach längeren Zeitintervallen wieder abzurufen, also über Gedächtnis verfügen. Es lässt sich nun darüber spekulieren, ob diese Gedächtnisleistungen ausschließlich implizit sind oder ob dabei Informationen auch bewusst verarbeitet werden. So scheinen etwa die Anforderungen der »preference for novelty«-Aufgaben oder der Aufgaben zum assoziativen Lernen nach Rovee-Collier und Mitarbeitern nicht unbedingt explizites Gedächtnis zu erfordern (vgl. Bjorklund, 2012). Wenn es auch durchaus Gegenargumente für die Sichtweise gibt, die Gedächtnisleistungen sehr junger Kinder ausschließlich dem Bereich des impliziten Gedächtnisses zuzuordnen (vgl. Rovee-Collier & Cuevas, 2009), so scheint die unbewusste Verarbeitung doch zu dominieren.

Implizites Gedächtnis und Priming. Mit dem impliziten Gedächtnis bezeichnen wir den Teil des Gedächtnisses, der sich auf das Erleben und Verhalten von Menschen auswirkt, ohne ins Bewusstsein zu gelangen. Das implizite Gedächtnis umfasst Nachwirkungen von Lernerfahrungen, derer sich die Probanden nicht bewusst sind und die indirekt erfasst werden. Eine wesentliche Rolle spielt das »Priming«, d. h. die Beeinflussung der Verarbeitung eines Reizes dadurch, dass ein vorangegangener Reiz implizite Gedächtnisinhalte aktiviert hat. Ein Begriff wie »Maus« kann etwa durch unbewusste Assoziation das Wortfeld »Tiere« aktivieren, sodass ein zweites Wort aus diesem Feld (etwa »Katze«) schneller erkannt wird. Wir gehen davon aus, dass implizite Gedächtnisvorgänge bereits bei Neugeborenen ablaufen und sich über die Lebensspanne hinweg im Vergleich zu expliziten Gedächtnisvorgängen nur wenig verändern.

Perzeptuelles Priming. Untersuchungen zum »perzeptuellen Priming« legen solche Schlussfolgerungen nahe. In diesen Studien werden Kinder unterschiedlichen Alters mit Serien zunächst sehr unvollständiger (fragmentierter) Bilder konfrontiert, etwa Bilder eines Tieres, wobei die Aufgabe darin besteht, das betreffende Tier möglichst frühzeitig zu erkennen und seinen Namen zu benennen. Je vollständiger das Bild erscheint, umso leichter fällt die Identifikation des Tieres. In einem zeitlich verzögerten Durchgang werden dann sowohl neue als auch schon bekannte Bilder unvollständig vorgegeben und schrittweise vervollständigt. Als typisches Ergebnis finden sich Effekte des »repetition priming«, was bedeutet, dass im neuen Durchgang unvollständige bekannte Bilder wesentlich schneller erkannt werden als unvollständige neue Bilder, und dies relativ unabhängig vom Alter der Probanden (vgl. die Übersichten bei Lloyd & Newcombe, 2009; Schneider, 2011).

Konzeptuelles Priming. In neueren Studien wurde speziell der Frage nachgegangen, ob sich die fehlenden Entwicklungstrends im Bereich des perzeptuellen Primings auch für andere Priming-Formen, etwa für das konzeptuelle Priming, ebenfalls bestätigen lassen. Bei Aufgaben zum konzeptuellen Priming wird etwa so vorgegangen, dass in der Lernphase Exemplare semantischer Kategorien (z. B. Kleidungsstücke) unter inzidentellen Bedingungen (d. h. ohne Hinweis auf einen späteren Gedächtnistest) generiert werden sollen. In der Prüfphase werden sowohl alte (bekannte) Kategoriennamen als auch neue Kategorien eingeführt, zu denen jeweils wieder Exemplare generiert werden sollen. Da hier Wissen um semantische Beziehungen eine Rolle spielen dürfte und dies altersabhängig ist, sollte man annehmen, dass sich bei Aufgaben zum konzeptuellen Priming Alterseffekte zeigen. In der Tat ist jedoch die Ergebnislage gemischt (vgl. Lloyd & Newcombe, 2009). Es hat insgesamt den Anschein, dass Alterseffekte bei Aufgaben zum konzeptuellen Priming dann ausbleiben, wenn die generierten Kategorieexemplare typisch sind, sie also nur für untypische Items beobachtbar sind (vgl. Mecklenbräuker et al., 2003).

Aus den Befunden neuerer Arbeiten zu dieser Thematik lässt sich allgemein der Schluss ziehen, dass Priming-Effekte vielfach altersinvariant ausfallen, und Entwicklungstrends bislang nur bei Aufgaben zum konzeptuellen Priming gefunden wurden. Die hier gefundenen Alterstrends scheinen eher mit Veränderungen im konzeptuellen Wissen in Beziehung zu stehen als mit Veränderungen im Priming-Mechanismus per se. Analog ist die Befundlage im Erwachsenenalter: Hier zeigen implizite Gedächtnisleistungen geringere Leistungseinbußen mit zunehmendem Alter als Aufgaben, die bewusstes Einprägen und Erinnern erfordern (Light, 1991).

Insgesamt legen die verfügbaren Befunde zum impliziten Gedächtnis nahe, dass es sich sehr früh entwickelt, im Lebensverlauf vergleichsweise stabil ist und wohl größere Beziehungen zum semantischen als zum episodischen Gedächtnis aufweist. Zu seiner Bestimmung werden indirekte Erhebungsverfahren verwendet, die den Erfassungsmethoden zum Gedächtnis von Säuglingen und Kleinkindern konzeptuell ähnlicher sind als die Tests zur Erfassung des expliziten Gedächtnisses. Forschungsarbeiten zur indirekten (impliziten) Erfassung des Gedächtnisses gewährleisten demnach die Kontinuität des Wegs von der gedächtnisbezogenen Säuglingsforschung zur Exploration des Gedächtnisses bei Kindern und Erwachsenen.

17.4 Entwicklung des expliziten Gedächtnisses

Von explizitem Gedächtnis wird gesprochen, wenn nach einer Lernperiode oder Erfahrung eine bewusste Erinnerungsleistung direkt abgefragt wird. Einschlägige Erhebungsmethoden sind z. B. die freie Reproduktion oder das Wiedererkennen (Rekognition) gelernter Inhalte. Mit Abstand die meisten empirischen Untersuchungen im Bereich der Gedächtnisentwicklung beziehen sich auf Entwicklungsunterschiede im Bereich des episodischen Gedächtnisses und damit auf bewusste Erinnerungsleistungen (vgl. Schneider, 2011).

Erinnerungsleistungen junger Kinder. Lange Zeit wurden die Gedächtnismöglichkeiten junger Kinder unterschätzt. Frühe Forschungsergebnisse zum intentionalen Memorierverhalten von Vorschulkindern ergaben etwa dann vergleichsweise schwache freie Erinnerungsleistungen, wenn das längerfristige Erinnern von Wortlisten gefordert war (Schneider & Pressley, 1997). Diesem Ergebnis standen in der Regel gute Wiedererkennungsleistungen bei den gleichen Aufgaben gegenüber, sodass man davon ausging, dass für diese Altersgruppe weniger das Encodieren (Einprägen) als vielmehr das Abrufen gespeicherter Information (ohne spezifische Hinweisreize) das eigentliche Problem darstellt. Erst neuere Längsschnittstudien haben belegen können, dass Vorschulkinder erlebte Ereignisse längerfristig im LZG repräsentieren und frei abrufen können (vgl. Abschn. 8.2.3). Dabei scheint die Erinnerungsmöglichkeit insbesondere dann gut gegeben, wenn es sich um regelmäßig wiederkehrende Ereignisse handelt (vgl. Hudson & Mayhew, 2009).

Skripts. Das Gedächtnis für solche Ereignisse scheint in Form von sogenannten Skripts (schematisierten »Drehbüchern«) organisiert zu sein, wobei die resultierende Leistung sowohl durch die zeitlichen Beziehungen zwischen den Merkmalen eines Ereignisses als auch durch deren Vertrautheit beeinflusst wird. Häufig wiederkehrende Ereignisse der Umwelt (z. B. Zubettgehen, Frühstücken) werden damit in ihrer zeitlichen und kausalen Verknüpfung relativ ökonomisch codiert. Das Gedächtnis für routinemäßig wiederkehrende Ereignisse ermöglicht es jungen Kindern, bestimmte Ereignisse zu antizipieren und sie auch schon zu kontrollieren. Dies dürfte insbesondere für die Gedächtnisentwicklung sehr junger Kinder wichtig sein. Für Kinder ab dem 2. Lebensjahr scheint allerdings die wiederholte Erfahrung eines Ereignisses für das erfolgreiche Memorieren nicht mehr ähnlich relevant zu sein wie in der Kleinkindphase (Bauer, 2006). Kinder dieser Altersgruppe sind schon dazu in der Lage, einzelne Ereignisse auch über kürzere Zeitintervalle (ca. eine Woche) zu behalten. Andererseits kann es keinen Zweifel daran geben, dass wiederholte Erfahrungen mit bestimmten Ereignissen langfristige Erinnerungsleistungen junger Kinder deutlich erleichtern.

Fortschritte im Vorschulalter. Die Fähigkeit zur Erinnerung ausgewählter Ereignisse über eine längere Zeitperiode hinweg entwickelt sich im Verlauf des Vorschulalters signifikant (Fivush, 2009). In der Münchner Längsschnittstudie zur Genese individueller Kompetenzen (LOGIK) ließ sich beispielsweise zeigen, dass 3- bis 4-jährige Kinder Geschichten mit Skript-Charakter (Geburtstagsparty) wesentlich besser reproduzieren konnten als eine Geschichte mit ebenfalls vertrautem Inhalt (Spielnachmittag), die nicht in ein allgemeines Schema eingebettet werden konnte. Zu späteren Messzeitpunkten war dieser besondere Einfluss des Skript-Wissens nicht mehr so ausgeprägt, was auf seine Bedeutung in der frühen Kindheit verweist. Individuelle Anfangsunterschiede im Langzeitgedächtnis erwiesen sich als vergleichsweise stabil (Knopf, 1999; Schneider, Knopf et al., 2009). Aus diesen Befunden kann gefolgert werden, dass sich die Fähigkeit zum Speichern und Abrufen von Textinformation schon früh entwickelt und für die meisten Probanden auch in etwa gleichem Tempo verbessert.

Gedächtnis für Skripts im Erwachsenenalter. Ähnlich wie bereits beim impliziten Gedächtnis sind auch beim Gedächtnis für Skripts die alterungsbedingten Einbußen im Erwachsenenalter eher gering. Skripts bauen auf dem semantischen Gedächtnis auf. Sie zeichnen sich dadurch aus, dass es nicht so sehr darauf ankommt, sich an bestimmte Details in einem bestimmten Kontext zu erinnern, sondern an das, was vielen ähnlichen Situationen gemeinsam ist. Das für ältere Erwachsene besonders schwierige Einprägen oder Abrufen von Detail- und Kontextinformationen spielt bei Skripts also eine geringe Rolle.

> **Denkanstöße**
>
> ▶ In der Psychologie der frühen Kindheit wird die Auffassung vom »kompetenten Säugling« vertreten. Welche Gedächtnisleistungen im Säuglingsalter rechtfertigen diese Auffassung?
> ▶ Diskutieren Sie das Verhältnis zwischen episodischem und semantischem Gedächtnis am Beispiel des Skripts für einen Kindergeburtstag.
> ▶ Wie können Eltern allgemein zum Aufbau von längerfristigen Gedächtnisrepräsentationen von Vorschulkindern beitragen?

Autobiografisches Gedächtnis

Das autobiografische Gedächtnis wird in der einschlägigen Literatur als Teilbereich des episodischen LZG definiert, in dem Erinnerungen an komplex strukturierte Ereignisse mit starkem Selbstbezug repräsentiert sind (vgl. Roebers & Schneider, 2006).

Erinnerungshilfen für junge Kinder. Neuere Untersuchungen konnten belegen, dass die Eltern beim Aufbau früher episodischer Gedächtnisleistungen eine wesentliche Rolle spielen. So tendieren insbesondere viele Mütter dazu, sich mit ihren Kindern über erlebte Ereignisse zu unterhalten und über gezielte Fragetechniken an die erwünschte Information zu gelangen. Über solche Interaktionstechniken (»shared remembering«) lässt sich das LZG der jungen Kinder für erlebte Ereignisse systematisch beeinflussen (Fivush, 2009). Spezifische Erinnerungshilfen (»cues« oder »reminders«) können die Gedächtnisleistungen junger Kinder dabei deutlich verbessern. Arbeiten von Fivush, Hudson und Kollegen haben gezeigt, dass solche Hilfen sowohl auf der Encodier- als auch auf der Abrufebene wirksam sind (vgl. den Überblick bei Fivush, 2009; Hudson & Mayhew, 2009). Insgesamt legen die Ergebnisse nahe, dass Reproduktionsleistungen sehr junger Kinder durch spezifische Erinnerungshilfen positiv beeinflusst werden können, und dies unabhängig davon, ob die Hilfen irgendwann während des Behaltenszeitraums oder während des Gedächtnistests gegeben werden.

Selbstinitiierte und unterstützende Erinnerung bei Erwachsenen. In ähnlicher Weise hat Craik (1983) die Unterscheidung zwischen selbstinitiierter Verarbeitung und unterstützender Umwelt in die kognitive Alternsforschung eingeführt. Die Unterscheidung bezieht sich auf den allgemeinen Befund, dass Unterschiede in Gedächtnisleistungen zwischen jüngeren und älteren Erwachsenen, analog zu denen zwischen älteren und jüngeren Kindern, meistens umso größer sind, je weniger sie durch Hinweisreize unterstützt werden und stattdessen Encodier- oder Abrufaktivitäten erfordern, die von der Person selbst ausgehen.

Infantile Amnesie. Bekanntlich lassen sich im Hinblick auf die eigene Säuglings- und Kleinkindphase keine Erinnerungen hervorholen. Dies wird in der Literatur mit dem Begriff »infantile Amnesie« charakterisiert. Mögliche Erklärungen für die infantile Amnesie können darin zu sehen sein, dass wir in der späteren Entwicklung biografische Ereignisse anders (z. B. vorwiegend verbal) repräsentieren als im Säuglingsalter. Zudem hat es den Anschein, dass sich unser »kognitives Selbst« (d. h. die bewusste Wahrnehmung der eigenen Person in Abgrenzung zu anderen Personen) erst ab dem Alter von 3 bis 4 Jahren entwickelt, die Encodierung personbezogener Ereignisse also erst ab diesem Zeitpunkt möglich wird. Es spricht also vieles dafür, dass erlebte Ereignisse in unterschiedlichen Altersstufen kognitiv unterschiedlich repräsentiert werden (Bauer, 2006; Howe et al., 2009).

Erinnerungsdauer. Wie lange hält das Gedächtnis für selbst erlebte Ereignisse vor? Diese Frage ist nicht leicht zu beantworten, da unterschiedliche Faktoren wie die subjektive Bedeutsamkeit des Ereignisses, die Intensität des Erlebens, die Häufigkeit der Ereignisreaktivierung im gemeinsamen Gespräch und nicht zuletzt auch das Alter der betroffenen Person eine wesentliche Rolle spielen. Schon für jüngere Kinder konnte gezeigt werden, dass die Erinnerung an spezielle Ereignisse mehr als zwei Jahre andauerte (Fivush, 2009). Für ältere Personen ließ sich zeigen, dass zentrale Erlebnisse mehrere Jahrzehnte lang detailliert erinnert werden können.

Fehleranfälligkeit und Hyperthymesie. Ein interessanter Aspekt des autobiografischen Gedächtnisses besteht in diesem Zusammenhang allerdings darin, dass es gleichzeitig Elemente des ursprünglichen Erlebnisses und Aspekte seiner späteren Interpretation (etwa im Gespräch mit Eltern oder Freunden) enthält. Für die meisten Personen gilt also, dass beim autobiografischen Erinnern immer auch das Risiko von Gedächtnisfehlern besteht. Das Phänomen der »Hyperthymesie« zeigt allerdings, dass das autobiografische Gedächtnis bei einigen wenigen Individuen perfekt funktioniert und so gut wie nichts vergessen wird. Interessant scheint hierbei, dass bei diesen Personen sowohl die Nennung eines spezifischen Datums (Tag, Monat, Jahr) und die Aufforderung zur Erinnerung wesentlicher Ereignisse zu diesem Datum als auch umgekehrt die Vorgabe der Ereignisse verbunden mit der Aufforderung zur genauen Datierung zu gleichermaßen fehlerfreien Leistungen führt (vgl. Parker et al., 2006).

Gedächtnisleistungen von Augenzeugen Entwicklungspsychologische Untersuchungen zum Gedächtnis von Augenzeugen haben eine lange Tradition (vgl. Roebers & Schneider, 2006). Eine Vielzahl von Studien fokussierte auf die Frage, ab welchem Alter Kinder zuverlässig über erlebte Ereignisse berichten können. Meist wurden dabei Videos zu einem bestimmten Ereignis gezeigt, auf das dann nach einer bestimmten Zeit wieder rekurriert wurde. In anderen Studien ging es um die spätere Erinnerung selbst erlebter Ereignisse. Immer war die Forschungsfrage relevant, wie viel Kinder unterschiedlichen Alters und Erwachsene korrekt erinnern können und wie lange die Erinnerung vorhält.

Altersunterschiede in Erinnerungsumfang und -genauigkeit. Das Ausmaß möglicher Altersunterschiede wurde dabei besonders gründlich untersucht. Dabei fand sich übereinstimmend, dass ältere Kinder im Vergleich zu jüngeren Probanden in der Regel mehr Einzelheiten korrekt frei erinnern konnten. Allerdings waren auch schon Vorschulkinder bei gezielten Nachfragen der Interviewer und geschlossenen Frageformaten (»Ja« vs. »Nein«) zu genauen und zuverlässigen Berichten fähig. Dieses Ergebnis wurde insbesondere dann erzielt, wenn die Probanden relativ kurz (einige Stunden oder Tage) nach dem inszenierten Ereignis befragt wurden. Wurden die Befragungen nach längeren Zeitintervallen (mehreren Jahren) durchgeführt, war der Anteil richtig erinnerter Information auch bei jungen Kindern nicht wesentlich niedriger als bei älteren Kindern oder jungen Erwachsenen. Alterseffekte hinsichtlich der Erinnerungsgenauigkeit nehmen mit zunehmendem Behaltensintervall zu, insbesondere dann, wenn diese Intervalle mehr als einen Monat betragen (Pipe & Salmon, 2009).

Altersunterschiede in den Vergessensraten. Dieser Befund stimmt mit den Ergebnissen der experimentellen entwicklungspsychologischen Forschung zur langfristigen Erinnerungsfähigkeit und zum Vergessen anhand von Laboraufgaben überein, wie sie etwa von Brainerd, Howe, Reyna und Kollegen durchgeführt wurde (vgl. den Überblick bei Brainerd & Reyna, 2005). Die beobachteten Altersunterschiede in den Vergessensraten wurden von diesen Autoren auf Unterschiede in den Einspeichervorgängen zurückgeführt. Unter Bezug auf die von den Autoren konzipierte Fuzzy-Trace-Theorie wird angenommen, dass jüngere Kinder neue Information präzise encodieren (»verbatim memory traces«). Ältere Kinder speichern neue Information dagegen weniger präzise ab (»gist memory traces«). Da die präzisen Encodierungen bei Abrufversuchen schwerer zu treffen sind, ist es danach auch sehr wahrscheinlich, dass die Vergessensraten bei jüngeren Kindern höher liegen als für die ungenauer und breiter encodierten Gedächtnisinformationen der älteren Kinder.

Einflussfaktoren der Erinnerungsgenauigkeit. Die Genauigkeit der Berichte liegt insgesamt wesentlich höher, wenn es um selbst erlebte stressvolle oder traumatische Ereignisse geht und etwa schmerzhafte Erfahrungen wie die Wirkung einer Spritze beim Arztbesuch erinnert werden sollen (Ornstein et al., 2006; Paz-Alonso et al., 2009). Obwohl die Befunde nicht völlig konsistent sind, deutet vieles darauf hin, dass das Ausmaß des Stresses bzw. Schmerzes in direkter positiver Beziehung zur Erinnerungsfähigkeit steht. Neuere Studien zeigen weiterhin auf, dass die Genauigkeit der Berichte jüngerer Kinder bedeutsam gesteigert werden kann, wenn entweder für möglichst genaue Antworten Belohnungen in Aussicht gestellt werden oder die Fähigkeit zur Überwachung eigener Gedächtnisaktivitäten gezielt stimuliert wird. Verbesserungen der Erinnerungsleistung von Vorschul- und Kindergartenkindern lassen sich aber auch über besondere Nachfragetechniken erreichen (vgl. den Überblick bei Roebers & Schneider, 2006).

Suggestibilität. Arbeiten zur Suggestibilität kindlicher Augenzeugenberichte haben in den meisten Fällen Alterseffekte nachgewiesen (vgl. Cassell et al., 1996; Roebers & Schneider, 2006). Obwohl auch jüngere Erwachsene niedrigere Leistungen zeigen, wenn irreführende Fragen gestellt werden, sinkt die Genauigkeit der Berichte jüngerer Kinder nach solchen Interventionen besonders stark ab. Dies gilt besonders dann, wenn irreführende Fragen wiederholt werden. Auch die Gedächtnisleistungen älterer Erwachsener lassen sich im Vergleich zu jüngeren Erwachsenen leichter durch irreführende Fragen beeinflussen (Dodson & Krueger, 2006). Einige Forscher gehen davon aus, dass jüngere Kinder dann weniger suggestibel sind, wenn es um persönlich erlebte, wichtige und auch intensive (z. B. schmerzhafte) Erlebnisse geht. Neuere Befunde von Ornstein et al. (2006) stützen diese Annahme am Beispiel der Erinnerung an eine pädiatrische Untersuchung, zeigen aber auch gleichzeitig, dass das verfügbare Vorwissen die Erinnerungsleistung bedeutsam beeinflusst. Die Aussagegenauigkeit jüngerer Kinder lässt sich dann steigern, wenn suggestive Fragen vermieden und die Möglichkeit von »weiß-nicht«-Antworten betont wird (vgl. Roebers & Schneider, 2006).

> **Unter der Lupe**
>
> **Suggestibilität durch irreführende Nachfragen**
> In der Untersuchung von Cassell et al. (1996) wurden Kindergartenkinder, Zweit- und Viertklässler sowie Erwachsene eine Woche nach einer Videopräsentation zu dem gezeigten Ereignis befragt. An die freie Reproduktion des Ereignisses schlossen sich gezielte Nachfragen an, die in einer experimentellen Bedingung irreführend waren, also inkorrekte Informationen enthielten. Wiesen die Probanden die irreführende Information zurück, erfolgte eine zweite Nachfrage, die die Irreführung noch intensivierte. In Abbildung 17.1 sind die Prozentsätze korrekter, inkorrekter und »weiß-nicht«-Antworten auf die zweite Nachfrage wiedergegeben. Daraus geht hervor, dass sich die Viertklässler und die Erwachsenen nur selten von den Suggestivfragen beeinflussen ließen und auch Zweitklässler relativ selten mit dem Interviewer konform gingen. Demgegenüber tendierte etwa die Hälfte der Kindergartenkinder dazu, dem Interviewer bei der zweiten irreführenden Nachfrage zuzustimmen, obwohl sie die erste irreführende Frage meist noch richtigerweise verneint hatten.
>
> **Abbildung 17.1** Prozentsatz von korrekten, falschen und »weiß nicht«-Antworten in verschiedenen Altersgruppen nach einer irreführenden Frage zu einem beobachteten Alltagsereignis (Daten aus Cassell et al., 1996)

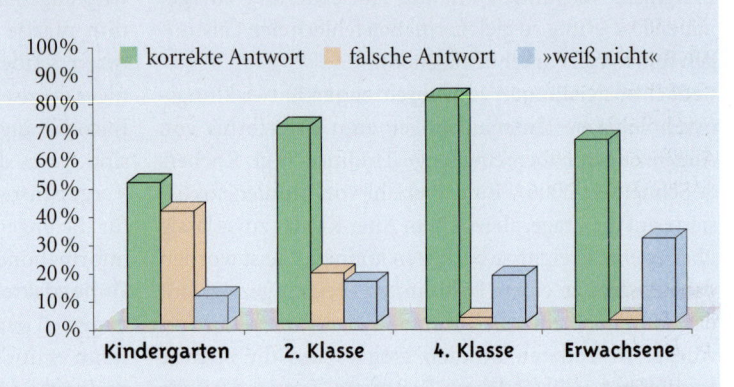

Die Befunde zum Augenzeugengedächtnis von Kindern und jüngeren Erwachsenen lassen insgesamt den Schluss zu, dass Schulkinder ab etwa 7 bis 8 Jahren in der Regel ähnlich zuverlässige Berichte wie Erwachsene abgeben und durch irreführende Informationen des Interviewers wenig beeinflusst werden. Demgegenüber sind Vorschulkinder für Suggestivfragen wesentlich empfänglicher, selbst wenn sie persönlich erlebte Ereignisse relativ genau und auch langfristig speichern können. Sie werden durch wiederholte Vorgabe irreführender Ereignisse leichter dazu gebracht, »falsche Erinnerungen« aufzubauen, also letztendlich daran zu glauben, dass ein Ereignis sich wirklich so abgespielt hat, wie es die irreführenden Informationen des Interviewers suggerieren. Die neuere Forschung zum Augenzeugengedächtnis junger Kinder hat andererseits aber auch klar belegen können, dass selbst Vorschulkinder unter bestimmten Bedingungen genaue Gedächtnisleistungen erbringen und nicht generell unglaubwürdig sind.

> **Unter der Lupe**
>
> **Altersspezifische Unterschiede im Muster der Gedächtnisleistungen**
>
> Das implizite Gedächtnis wird früh im Laufe des Lebens erworben und bleibt im höheren Erwachsenenalter lange erhalten. Hingegen nehmen insbesondere episodische deklarative Gedächtnisleistungen im Kindesalter langsamer zu und im Erwachsenenalter früher ab. Somit entsteht der Eindruck, dass sich Gedächtnisentwicklung in Kindheit und Alter spiegelbildlich zueinander verhalten. Wie die folgende Untersuchung zeigt, ist diese Vermutung nicht ganz zutreffend. Shing, Werkle-Bergner, Li und Lindenberger (zusammengefasst in Shing & Lindenberger, 2011) untersuchten Gedächtnisleistungen bei Kindern, Jugendlichen, jüngeren Erwachsenen und älteren Erwachsenen. Die Probanden prägten sich zunächst Wortpaare ein. Später wurden ihnen Wortpaare gezeigt, von denen die eine Hälfte neu war und die andere Hälfte zuvor gezeigt worden war. Die Probanden sollten ein Alt-neu-Urteil treffen, d. h., sie sollten angeben, welche der Wortpaare sie sich zuvor eingeprägt hatten und welche nicht. Wichtig sind folgende Details der Untersuchung: Ein Teil der neuen Wortpaare bestand aus zwei Wörtern, die zwar bereits während der Einprägephase gezeigt worden waren, jedoch nicht als Paar. Hier handelte es sich also um neue Paare aus vertrauten Wörtern. Außerdem wurden die Probanden befragt, wie sicher sie in ihren Alt-neu-Urteilen sind.
>
> Die Leistungen der älteren Erwachsenen zeigten im Vergleich zu allen anderen Altersgruppen zwei Besonderheiten: Erstens gaben ältere Erwachsene wesentlich häufiger irrtümlicherweise an, dass sie ein aus vertrauten Wörtern zusammengesetztes neues Wortpaar bereits gesehen hatten; die Zahl derartiger Falscherinnerungen war bei ihnen mit Abstand am höchsten. Zweitens waren sich die älteren Erwachsenen sehr sicher, dass sie die irrtümlich wiedererkannten Wortpaare bereits gesehen hatten; die Sicherheitsurteile für Falscherinnerungen der Probanden in den anderen drei Altersgruppen fielen deutlich niedriger aus.
>
> Ältere Erwachsene neigen stärker als Kinder zu Falscherinnerungen, wenn sie Ereignissen begegnen, die sich aus bekannten Merkmalen zusammensetzen, und sie empfinden diese Falscherinnerungen in stärkerem Maße als richtig. Diese Ergebnisse zeigen also, dass im direkten Vergleich zwischen Kindern und älteren Erwachsenen deutliche Unterschiede im Muster der Gedächtnisleistungen zutage treten. Im Abschnitt 17.6.2 wird ein theoretisches Modell vorgestellt, das die Unterschiede auf neuronaler Ebene zu erklären versucht.

> **Denkanstöße**
>
> ▶ Ist das Gedächtnis ein einheitliches System oder bezeichnet man damit mehrere unterschiedliche Fähigkeiten? Begründen Sie Ihre Auffassung mit empirischen Befunden.
> ▶ Worin unterscheiden sich implizite und explizite Gedächtnisleistungen?
> ▶ Gibt es Hinweise darauf, dass alterskorrelierte Veränderungen in impliziten und expliziten Gedächtnisleistungen mit Veränderungen in weiteren, als Entwicklungsdeterminante postulierten Leistungen zusammenhängen?
> ▶ Welche Altersunterschiede zwischen jüngeren und älteren Kindern bzw. zwischen Kindern und jüngeren Erwachsenen sind für das Augenzeugengedächtnis charakteristisch?

17.5 Determinanten der Gedächtnisentwicklung

Untersuchungen zur Gedächtnisentwicklung von Kindern und Jugendlichen sind annähernd so alt wie die wissenschaftliche Gedächtnisforschung (vgl. Schneider & Pressley, 1997). Die Befunde lassen sich grob so zusammenfassen, dass sich für viele Bereiche des sprachlichen Gedächtnisses deutliche Performanzsteigerungen bis in das späte Jugendalter hinein beobachten lassen, wobei vom späten Kindergarten- bis zum späten Grundschulalter die vergleichsweise größten Leistungszuwächse registriert werden. Vergleiche der Gedächtnisleistung über unterschiedliche Phasen der Lebensspanne zeigen in der Regel, dass ab dem späten Jugendalter kaum noch nennenswerte Steigerungen vorkommen und die Leistung über mehrere Jahrzehnte auf vergleichbarem Niveau bleibt, bis sie dann im höheren Erwachsenenalter allmählich und im hohen Erwachsenenalter beschleunigt abnimmt (F. E. Weinert & Schneider, 1996; vgl. Abschn. 12.2.5, 13.3.1). Dieses Ergebnismuster ist nicht ohne Weiteres auf andere Gedächtnisdimensionen wie etwa das visuo-räumliche Gedächtnis zu übertragen, für das wesentlich geringere Leistungszuwächse im Kindes-, Jugend- und Erwachsenenalter (vgl. Schumann-Hengsteler, 1995) und zugleich deutlichere Leistungsrückgänge im späteren Erwachsenenalter (Jenkins et al., 2000) zu beobachten sind. Da die mit Abstand meisten Untersuchungen jedoch zum sprachlichen Gedächtnis durchgeführt wurden, konzentriert sich der folgende Überblick auf diesen Inhaltsbereich.

Um die Altersunterschiede im expliziten Gedächtnis und die teilweise rapiden Zuwächse in der Gedächtnisleistung in der Kindheit angemessen erklären zu können, wurden in der einschlägigen Literatur unterschiedliche »Motoren« oder Determinanten der Gedächtnisentwicklung identifiziert. Demnach scheinen Fortschritte im basalen Kurzzeitgedächtnis, in der Nutzung von Gedächtnisstrategien, im metakognitiven Wissen und auch im bereichsspezifischen Wissen zur Verbesserung der Gedächtnisleistungen im Kindes-, Jugend- und Erwachsenenalter beizutragen. Dabei besteht Übereinstimmung darin, dass einige Determinanten bedeutsamer sind als andere, und dass einige nur in bestimmten Altersperioden eine Rolle spielen, in anderen dagegen nicht.

17.5.1 Basale Gedächtniskapazität und Arbeitsgedächtnis

Im Hinblick auf die Entwicklung des Kurzzeitgedächtnisses interessiert schon seit mehreren Jahrzehnten die Frage, ob die Menge an Information, die gleichzeitig im Gedächtnis gehalten und verarbeitet werden kann, bedeutsam mit dem Alter zunimmt. Eine naheliegende Erklärung für die immer wieder beobachtete alterskorrelierte Verbesserung des Gedächtnisses könnte darin gesehen werden, dass den Kindern und Jugendlichen im Verlauf ihrer Entwicklung aufgrund neurologischer Reifungsprozesse immer mehr strukturelle Gedächtniskapazität zur Verfügung steht. Die Forschungsliteratur zu dieser Kapazitätshypothese ist insofern nicht ganz leicht zu überschauen, als der Begriff der Gedächtniskapazität nicht einheitlich verwendet wird. In deskriptiver Bedeutung wird Kapazität mit beobachtbarem Verhalten, meist mit der Leistung in einem Test zur Erfassung der Gedächtnisspanne, gleichgesetzt (vgl. Dempster, 1985). Davon heben sich Ansätze ab, die Kapazität als hypothetisches Konstrukt im Sinne eines zentralen Arbeitsspeichers auffassen, in dem Informationen transformiert werden (vgl. Baddeley, 2000b).

Versuche zur Gedächtnisspanne

Aufgaben zur Erfassung der Gedächtnisspanne sind meist so konstruiert, dass den Probanden eine Reihe von Stimuli (Zahlen, Buchstaben oder Wörter) etwa im Ein-Sekunden-Takt mit der Anweisung vorgegeben werden, diese Stimuli unmittelbar danach in gleicher Reihenfolge zu reproduzieren. Begonnen wird in der Regel mit einer niedrigen Anzahl (zwei oder drei Items). Als Gedächtnisspanne einer Person wird die Anzahl von Items angesetzt, die gerade noch perfekt beherrscht werden kann. Wenn auch die Gedächtnisspanne mit der Art des Materials (Zahlen, Buchstaben, Wörter) variiert, lässt sich doch allgemein festhalten, dass die Zuwächse im Kindes- und Jugendalter nicht allzu groß sind. Für die Wortspanne gilt beispielsweise, dass im Alter von 6 Jahren etwa vier (einsilbige) Wörter unmittelbar korrekt wiedergegeben werden können und weitere sechs Jahre später etwa fünf (vgl. Dempster, 1985). Die Entwicklung der Zahlenspanne stellt sich vergleichsweise etwas dynamischer dar (vier Items im Alter von 4 Jahren, etwa sechs Items im Alter von 12 Jahren, und sieben bis acht Items im Erwachsenenalter). Neuere Befunde der Münchner Längsschnittstudie LOGIK für den Altersbereich zwischen 4 und 23 Jahren zeigten dabei einen kontinuierlichen Anstieg der Zahlenspanne bis zum Alter von etwa 17 Jahren, die sich danach nicht mehr verbesserte (vgl. Schneider et al., 2009).

Während immer noch recht unklar ist, welchen Anteil alterskorrelierte strategische Aktivitäten wie Wiederholung und Gruppierung an den vorgefundenen Altersunterschieden haben, gibt es andererseits kaum Zweifel daran, dass nichtstrategische Merkmale wie die Item-Identifikationsgeschwindigkeit mit der Gedächtnisspanne bedeutsam korrelieren. So werden in der einschlägigen Literatur annähernd lineare negative Beziehungen zwischen unterschiedlichen Geschwindigkeitsmaßen und der Gedächtnisspanne berichtet, die auch dann noch signifikant blieben, wenn der Einfluss der Altersvariablen statistisch kontrolliert wurde (vgl. etwa Schneider & Pressley, 1997).

Zusätzlich scheint sich bei jüngeren Kindern die (mangelnde) Speicherfähigkeit von Reihenfolge-Informationen negativ auf die Gedächtnisspanne auszuwirken. Dies lässt sich aus dem Vergleich von Versuchsbedingungen ableiten, bei denen einmal die exakte serielle Wiedergabe, zum anderen die Wiedergabe der Items in beliebiger Reihenfolge gefordert wurde. In der schon erwähnten Münchner Längsschnittstudie LOGIK bestätigte sich dieser Ergebnistrend für den Alterszeitraum zwischen 4 und 6 Jahren. Bei älteren Kindern und Jugendlichen spielte es für das Ergebnis keine Rolle mehr, ob die serielle Spanne oder die ungeordnete Spanne erhoben wurde. Betrug die Korrelation zwischen beiden Spannenmaßen bei den 4-Jährigen lediglich .50, so stieg sie für die 10-Jährigen schon auf einen Wert von .80 (vgl. Schneider et al., 2009).

Modelle der Gedächtniskapazität

Welche Implikationen haben diese Befunde für ein theoretisches Konstrukt der Gedächtniskapazität? Heißt dies, dass mit der Vergrößerung der Gedächtnisspanne ein struktureller, reifungsbedingter Kapazitätszuwachs einhergeht? In der entwicklungspsychologischen Diskussion finden drei Modellansätze größere Beachtung, die mehrheitlich von der Invarianz (Unveränderbarkeit) der insgesamt zur Verfügung stehenden Verarbeitungskapazität ausgehen (Case, 1985).

Theorie von Case. Nach der Theorie von Case (1985) kann jede Person ihre gesamte Verarbeitungskapazität zwischen zwei Grundfunktionen aufteilen: Während der Arbeitsspeicher (operating space) für kognitive Prozesse reserviert ist, die zu einem gegebenen Zeitpunkt gerade durchgeführt werden, ist der Kurzzeitspeicher (storage space) für die Speicherung der Ergebnisse gerade abgelaufener Prozesse vorgesehen. Case geht davon aus, dass sich die gesamte Verarbeitungskapazität einer Person nicht mit dem Alter verändert. Der alterskorrelierte Zuwachs in der Gedächtnisspanne ist dieser Konzeption zufolge darauf zurückzuführen, dass im Verlauf des Vor- und Grundschulalters zur Bewältigung der gleichen Aufgaben aufgrund steigender Informationsverarbeitungsgeschwindigkeit zunehmend weniger Platz für die erforderlichen mentalen Operationen (den Arbeitsspeicher) benötigt wird. Damit steht in der Folge mehr Raum für die Speicherung von Informationen im Kurzzeitspeicher zur Verfügung.

Arbeitsgedächtnismodell von Baddeley. In dem Modell des Arbeitsgedächtnisses von Baddeley und Hitch (Baddeley, 2000b; Baddeley & Hitch, 1974) werden neben einer zentralen Exekutive zwei Dienstleistungssysteme (slave systems) angenommen, die für die Verarbeitung bildhaft-symbolischer (visuo-spatial scratch pad) bzw. verbaler Informationen (articulatory loop) zuständig sind. Die Befunde von Case (1985) lassen sich auch über diese Konzeption des Arbeitsgedächtnisses erklären, bei der unterstellt wird, dass statt der Item-Identifikationsgeschwindigkeit die Artikulationsgeschwindigkeit den Faktor darstellt, der Entwicklungsveränderungen in der Gedächtnisspanne bedingt. Die Tragfähigkeit dieses Konzepts wurde inzwischen in mehreren Arbeiten recht überzeugend belegt (vgl. Hasselhorn & Schneider, 2007). Es wird angenommen, dass sich alterskorrelierte Zuwächse in der verbalen Gedächtnisspanne auf Zuwächse in der Geschwindigkeit bei der Artikulation von Wörtern zurückführen lassen. Die Artikulationsrate wird als Maß für die Geschwindigkeit von Encodier- und Wiederholungsprozessen im Subsystem der artikulatorischen Schleife interpretiert, die Sequenzen gesprochener Items aktiv zu halten versucht. Je mehr Items in einer fixen Zeitspanne artikuliert werden können, desto länger kann diese Sequenz auch erinnert werden.

Allerdings ist zu berücksichtigen, dass hier lediglich auf die Frage intraindividueller Veränderungen Bezug genommen wird. So sollte nicht übersehen werden, dass die bei gleicher Altersstufe zum Teil beträchtlichen interindividuellen Unterschiede in der Gedächtnisspanne großen prognostischen Wert haben, wenn es darum geht, Unterschiede in Gedächtnisleistungen von Kindern zu erklären.

Arbeitsgedächtnismodell von Cowan. Das Arbeitsgedächtnismodell von Cowan (vgl. etwa Cowan & Alloway, 2009) ist hierarchisch konzipiert, wobei drei Ebenen unterschieden werden. Die oberste Ebene wird durch Langzeitrepräsentationen gebildet. Das »aktivierte Langzeitgedächtnis« bildet eine zweite Ebene, die als Teilmenge der ersten Ebene angenommen wird. Eine Teilmenge dieser aktivierten LZG-Informationen bildet dann auf der dritten Ebene den »Aufmerksamkeitsfokus« (»focus of attention«), d. h. die unmittelbar verfügbare Kapazität. Dieses Modell betont ähnlich wie das von Baddeley die enge Verknüpfung von Gedächtnis und Aufmerksamkeitsprozessen. Stellt nun die im Rahmen des Aufmerksamkeitsfokus-Ansatzes postulierte Aufmerksamkeitsspanne (»span of apprehension«) eine Schätzung der absoluten Gedächtniskapazität dar, und verändert sich diese mit dem Alter? Arbeiten von Cowan und Kollegen haben gezeigt, dass sich die Aufmerksamkeitsspanne von etwa 2,5 Items (Zahlen) bei Erstklässlern auf 3 Items bei Viertklässlern erhöht und bei Erwachsenen etwa 4 Items beträgt. Die Autoren interpretieren diese signifikanten Altersunterschiede im Sinne wahrer Kapazitätsunterschiede des KZG und sehen keinen Anlass dafür, von einer Invarianz der Gedächtniskapazität über die Lebensspanne auszugehen.

Arbeiten zu Veränderungen des Arbeitsgedächtnisses im Erwachsenenalter legen nahe, dass irrelevante Informationen mit zunehmendem Alter weniger effektiv unterdrückt (gehemmt) werden und dies die verfügbare Kapazität des Arbeitsgedächtnisses reduziert (Oberauer & Kliegl, 2001).

17.5.2 Gedächtnisstrategien

Seit etwa Mitte der 1960er-Jahre hat sich die Forschung zur Entwicklung des Gedächtnisses in Kindheit und Jugend schwerpunktmäßig mit der Rolle von Gedächtnisstrategien beschäftigt (vgl. Bjorklund, 2012; Schneider & Pressley, 1997). Man war lange Zeit fest davon überzeugt, mit den Strategien die entscheidende Determinante der Gedächtnisentwicklung gefunden zu haben. Unter Strategien werden dabei potenziell bewusste, intentionale kognitive Aktivitäten verstanden, die dabei helfen sollen, eine Gedächtnisaufgabe besser zu bewältigen.

Entwicklungspsychologische Arbeiten zum strategischen Gedächtnis konzentrierten sich zunächst auf Encodierstrategien, von denen angenommen wurde, dass sie primär während der Einspeicherung von Information wirksam sind. Zu diesen Encodierstrategien wurden Memoriertechniken wie die Wiederholung, das Kategorisieren nach Oberbegriffen oder das Elaborieren (Verwendung von »Eselsbrücken«) gezählt. Sie wurden von Abrufstrategien unterschieden, die hauptsächlich während des Erinnerns wirken sollen. Wir wollen im Folgenden diese konventionelle Unterscheidung beibehalten, obwohl sie nicht darüber hinwegtäuschen sollte, dass damit die Frage nach dem wahren Ort der Strategiewirkung keineswegs zuverlässig beantwortet ist (vgl. Schneider & Pressley, 1997).

Strategiedefizite bei jungen Kindern

Frühe Forschungsarbeiten von Flavell und Kollegen haben Anhaltspunkte dafür erbracht, dass bei der Ausbildung von Gedächtnisstrategien unterschiedliche Etappen zu unterscheiden sind (vgl. Flavell et al., 1966).

Mediations- und Produktionsdefizit. So lassen sich etwa bei jüngeren Kindergartenkindern strategische Aktivitäten höchst selten beobachten. Kindern dieser Altersstufe wird ein Mediationsdefizit zugeschrieben. Damit ist gemeint, dass strategische Aktivitäten nicht spontan eingesetzt werden und auch selbst bei gezielter (und erfolgreicher) Unterweisung keinen positiven Effekt auf die Gedächtnisleistung haben. Etwas ältere Kinder (Vorschulkinder oder Schulanfänger) zeigen demgegenüber ein Produktionsdefizit: Wie jüngere Vorschulkinder tendieren auch sie wenig dazu, Strategien spontan zu produzieren. Im Unterschied zu den jüngeren Kindern fruchten bei ihnen gezielte Hinweise oder Unterweisungen in dem Sinne, dass nun bei Strategiegebrauch auch eine deutlich bessere Gedächtnisleistung resultiert.

Nutzungsdefizit. In neuerer Zeit wird beim Übergang von defizitärem zu effektivem Strategiegebrauch ein Nutzungsdefizit postuliert (vgl. Bjorklund et al., 2009), das wohl eher im Sinne einer Nutzungsineffizienz (Hasselhorn, 1995) zu werten ist. Es wird unterstellt, dass Kinder im frühen Schulalter bei der ersten spontanen Produktion von Strategien im Hinblick auf die resultierende Gedächtnisleistung zunächst noch kaum profitieren. Dies wird damit zu erklären versucht, dass der erste Einsatz strategischer Operationen noch sehr viel mentale Energie bindet, was dazu führt, dass sich die gedächtnisfördernde Wirkung des Strategiegebrauchs noch nicht unmittelbar einstellt. Erst nach wiederholten Erfahrungen mit der Strategie und der zunehmenden Automatisierung ihrer Anwendung ist mit klaren Gedächtnisvorteilen zu rechnen. Obwohl sich in unterschiedlichen Inhaltsbereichen durchaus Belege für ein solches Phänomen finden lassen, ist die Forschungssituation nicht völlig eindeutig. Neben Hinweisen auf die Definitionsproblematik finden sich auch zunehmend empirische Befunde, die nicht mit der Annahme eines Nutzungsdefizits kompatibel sind (vgl. Schneider et al., 2009). Ergebnisse einer neuen Längsschnittstudie zur Gedächtnisentwicklung, die an den Universitäten Göttingen und Würzburg durchgeführt wurde, belegen einerseits die Existenz eines Nutzungsdefizits, dokumentieren aber auch andererseits, dass es weniger häufiger vorkommt als in der angloamerikanischen Literatur unterstellt (vgl. Kron-Sperl et al., 2008).

Wiederholungsstrategien

Die ersten Arbeiten zum strategischen Verhalten von Kindern in Gedächtnisaufgaben bezogen sich auf die

Technik des Wiederholens (rehearsal). Flavell et al. (1966) folgerten aus den Befunden ihrer klassischen Studie (s. Unter der Lupe), dass das Wiederholen eine sehr effektive Memorierstrategie darstellt. Ihre spontane Verwendung nimmt mit dem Alter der Kinder deutlich zu, wobei in jeder Altersstufe die Häufigkeit des Memorierens einen positiven Effekt auf die Gedächtnisleistung zu haben scheint.

> **Unter der Lupe**
>
> **Altersunterschiede in der spontanen Nutzung von Encodierstrategien**
> An der Studie von Flavell et al. (1966) nahmen Kindergartenkinder, Zweit- und Fünftklässler teil. Den Kindern wurde eine Reihe von Bildern mit der Aufforderung vorgelegt, sich die Objekte möglichst gut zu merken. Nach der Präsentation der Items bestand für ca. 15 Sekunden Gelegenheit, sich auf die freie Reproduktion der Objekte zu konzentrieren. Während dieser Zeit war das Visier eines Weltraumhelms, den die Kinder trugen, heruntergeklappt, sodass die Items nicht länger sichtbar waren. Ein des Lippenlesens kundiger Versuchsleiter beobachtete die Wiederholungsaktivitäten der Probanden. Es stellte sich heraus, dass etwa 85 % der Fünftklässler, aber nur 10 % der Kindergartenkinder spontan die Lippen bewegten und Wörter wiederholten. Innerhalb jeder Altersstufe ließ sich nachweisen, dass Kinder mit Wiederholungsaktivitäten mehr Objekte erinnern konnten als Kinder, die keine Lippenbewegungen aufwiesen.

Passive und kumulative Wiederholungsstrategien. Während auch die Folgestudien klare Zusammenhänge zwischen Wiederholungsaktivitäten und den Gedächtnisleistungen jüngerer und fortgeschrittener Schulkinder nachweisen konnten, erweckten sie doch deutliche Zweifel an der Relevanz der Wiederholungshäufigkeit für die Güte der Gedächtnisleistung. Insbesondere die Ergebnisse der Forschungsarbeiten von Ornstein und Mitarbeitern (vgl. Ornstein et al., 1988) deuteten darauf hin, dass weniger die Entwicklung der Wiederholungsquantität als vielmehr die der Qualität von Wiederholungsvorgängen für die Verbesserung von Gedächtnisleistungen zentral ist. Ornstein und Kollegen verwendeten die Technik des lauten Wiederholens (overt rehearsal), bei der die Probanden aufgefordert werden, die vorgegebenen Items laut zu memorieren. Es zeigte sich, dass die zumeist von jüngeren Schulkindern bevorzugten »passiven« Wiederholungsstrategien (bei denen immer nur ein Wort einzeln wiederholt wird) unabhängig von der Wiederholungsfrequenz kaum positive Effekte auf die Gedächtnisleistung hatten. Demgegenüber erwiesen sich sog. »kumulative« Wiederholungsstrategien als bedeutsam. Diese insbesondere von älteren Schulkindern bevorzugte Technik ist dadurch charakterisiert, dass mehrere Items zusammen in eine »Memorierschleife« (rehearsal set) aufgenommen werden (z. B. Katze – Maus – Käse, Katze – Maus – Käse, etc.). Die Gedächtnisleistung bei seriellen Reproduktionsaufgaben scheint zu einem beträchtlichen Teil davon abzuhängen, wie viele Items simultan in eine Memorierschleife aufgenommen werden können. Während kumulative Wiederholungsstrategien bei älteren Kindern häufiger beobachtet werden können, treten sie bei jüngeren Schulkindern nur selten spontan auf.

Variables strategisches Verhalten. Lehmann und Hasselhorn (2007) konnten im Rahmen der schon erwähnten Göttinger und Würzburger Längsschnittstudie zeigen, dass sich die Strategieentwicklung nicht im Sinne eines Stufenmodells (von Benennen zu passivem Wiederholen hin zu kumulativen Strategien) vollzieht. Die zu Beginn etwa 8 Jahre alten Kinder zeigten sowohl über die Zeit hinweg als auch zu einem gegebenen Messzeitpunkt variables strategisches Verhalten. Die Autoren beobachteten über die Untersuchungsphase von vier Jahren einen langsamen Übergang von der vermehrten Nutzung passiver Wiederholungsstrategien zur vermehrten Nutzung kumulativer Wiederholungsstrategien; dies jedoch nicht im Sinne eines »Alles-oder-nichts«-Mechanismus, sondern in Übereinstimmung mit dem »overlapping waves«-Modell von Siegler (2006), das davon ausgeht, dass Kinder zum gleichen Zeitpunkt qualitativ unterschiedliche Strategien verwenden.

Organisationsstrategien

Die mit Abstand meisten entwicklungspsychologischen Arbeiten liegen für das Organisieren nach Oberbegriffen (auch Kategorisierungsstrategie genannt) vor. In der prototypischen Version der semantischen Kategorisierungsaufgabe (sort-recall task) wird den Probanden eine Liste von Wörtern bzw. Bildern in Zufallsreihenfolge vorgegeben, die möglichst gut behalten und in beliebiger Folge reproduziert werden soll. Die Items lassen sich dabei vertrauten Kategorien (z. B. Fahrzeuge, Werkzeuge, Tiere etc.) zuordnen. Besonders gute Reproduktionsleistungen sind dann zu erwarten, wenn die Items beim Encodieren nach Oberbegriffen sortiert und beim späteren Abruf wieder nach Oberbegriffen geordnet erinnert werden. Die besondere Popularität dieser Aufgabe dürfte darauf zurückzuführen sein, dass sich Organisationsprozesse sowohl beim Einspeichern der Information als auch bei ihrem Abruf über verschiedene statistische Maße, sog. »Cluster-Indizes«, vergleichsweise exakt erfassen lassen.

Entwicklungspsychologische Befunde. Die Befundmuster für entwicklungspsychologische Studien zum Organisieren nach Oberbegriffen entsprechen in etwa den für die Wiederholungsstrategien berichteten Trends, wenn auch bei Letzteren erste Zeichen für systematischen Strategiegebrauch etwas früher zu beobachten sind. Die beim Einspeichern und Abruf registrierten Clusterwerte steigen mit zunehmendem Alter an, was mit Verbesserungen in der freien Wiedergabe korrespondiert (vgl. Bjorklund et al., 2009). Während ältere Schulkinder Organisationsstrategien meist spontan einsetzen, findet sich bei Vorschulkindern und jüngeren Schulkindern meist noch ein »Produktionsdefizit«. Es braucht jedoch nur wenig Aufwand, um jüngeren Schulkindern diese Strategien so zu vermitteln, dass sie dauerhaft beibehalten werden (Schwenck et al., 2007).

Bedeutung des Sortierverhaltens. In mehreren Studien wurde der Versuch gemacht, die Bedeutung von Parametern der Input- vs. Outputorganisation für die in unterschiedlichen Altersgruppen resultierenden Gedächtnisleistungen über multiple Regressionsanalysen abzuschätzen. Zusammengenommen lassen sich die Befunde so interpretieren, dass die Bedeutung des Sortierverhaltens (im Vergleich zur Outputorganisation) beständig mit dem Alter zunimmt. Während die Ergebnisse bei jüngeren Grundschulkindern noch stark von der Assoziativität des Lernmaterials beeinflusst werden, hat es bei Viertklässlern den Anschein, dass sie die Anforderungen der Kategorisierungsaufgabe unabhängig von den jeweiligen Stimuluseigenschaften durchschauen können (für einen Überblick vgl. Schneider & Pressley, 1997). Der Vergleich von 9-jährigen Grundschulkindern, jüngeren und älteren Erwachsenen bei einer semantischen Kategorisierungsaufgabe (Schneider & Uhl, 1990) ergab sowohl für das strategische Verhalten als auch für die Gedächtnisleistung selbst klare Vorteile der etwa 30-jährigen jungen Erwachsenen gegenüber den Kindern und den älteren Erwachsenen, wobei sich Letztere im Hinblick auf die Outputorganisation (Cluster) und die Gedächtnisleistung, nicht aber hinsichtlich des Sortierens nach Oberbegriffen den Kindern als überlegen erwiesen. Diese Befunde deuten darauf hin, dass sich Organisationsstrategien wie auch die Gedächtnisleistung in semantischen Organisationsaufgaben über das Grundschulalter hinaus weiterentwickeln. Erst im späteren Erwachsenenalter ist mit Einbußen sowohl im strategischen Verhalten als auch in der Gedächtnisleistung zu rechnen (vgl. auch Ornstein & Light, 2010).

Individuelle Entwicklung. Befunde neuerer Längsschnittstudien zur Entwicklung von Organisationsstrategien lassen darauf schließen, dass das durch unzählige Querschnittstudien geprägte Bild kontinuierlich (annähernd linear) zunehmender strategischer Fertigkeiten grundlegend korrigiert werden muss (vgl. Schneider et al., 2009; Sodian & Schneider, 1999). Obwohl auch in diesen Längsschnittstudien bei Betrachtung der Gruppendaten scheinbar monoton und kontinuierlich zunehmende Kategorisierungsleistungen registriert wurden, ließ sich andererseits zeigen, dass damit die Muster individueller Entwicklungskurven nicht angemessen repräsentiert waren. Die entsprechenden Daten der Münchner Längsschnittstudie LOGIK belegten etwa, dass das unterstellte Muster graduellen Zuwachses de facto für weniger als 10 % der Kinder zutraf. Bei der überwiegenden Mehrzahl der Versuchsteilnehmer (ca. 81 %) erfolgte der Übergang von nichtstrategischem auf strategisches Verhalten sehr abrupt (Sodian & Schneider, 1999). Der krasse Unterschied zwischen den Individual- und Gruppendaten ist darauf zurückzuführen, dass die plötzlichen Übergänge von nichtstrategischem zu strategischem Verhalten für die einzelnen Teilnehmer zu unterschiedlichen Zeitpunkten erfolgten. Wenn die Einzelbefunde nun auf Gruppenniveau aggregiert wurden, ergab sich über die verschiedenen Messzeitpunkte hinweg das (irreführende) Bild einer allgemein graduellen Zunahme des Strategiegebrauchs. Diese Interpretation wird auch durch die Befunde der neueren Göttinger und Würzburger Längsschnittstudien zur Gedächtnisentwicklung bestätigt, wenn sich auch dort insgesamt mehr Fälle graduellen Zuwachses gezeigt hatten (vgl. etwa Kron-Sperl et al., 2008).

Elaboration

Während nahezu alle Kinder eines Altersjahrgangs Wiederholungs- und Organisationsstrategien im mittleren bis späten Kindesalter erwerben, trifft dies für kompliziertere Encodierstrategien wie etwa das Elaborieren

(Gebrauch von »Eselsbrücken«), das insbesondere beim Paar-Assoziationslernen (z. B. Vokabellernen) eingesetzt werden kann, so pauschal nicht zu. Strategien, bei denen stabile bildhafte oder sprachliche Assoziationen zwischen unzusammenhängenden Items (etwa Wortpaaren) aufgebaut werden, werden normalerweise erst im späten Kindesalter bzw. in der frühen Adoleszenz spontan verwendet, jedoch nicht unbedingt bei der überwiegenden Mehrzahl der Kinder und Jugendlichen.

Altersunterschiede in Gedächtnisstrategien. Auch in der kognitiven Alternsforschung werden Strategieunterschiede als mögliche Ursache abnehmender Gedächtnisleistungen diskutiert. Ältere Erwachsene zeigen eine geringere Neigung als jüngere Erwachsene, Strategien spontan einzusetzen. Besonders aufschlussreich ist eine Studie von Dunlosky et al. (2005), die die Wirksamkeit von Gedächtnisstrategien bei jüngeren und älteren Erwachsenen miteinander verglich. Unabhängig vom Alter zeigten alle Probanden immer dann hohe Gedächtnisleistungen, wenn sie sich beim Gedächtnisabruf an die Eselsbrücke erinnerten, die sie beim Einprägen benutzt hatten. Dennoch waren die Gedächtnisleistungen der älteren Erwachsenen deutlich geringer als die der jüngeren Erwachsenen, und zwar deswegen, weil sie die zum Einprägen benutzte Eselsbrücke häufiger vergaßen und sich dann auch nicht mehr an das zu lernende Wort erinnern konnten.

17.5.3 Wissen und Gedächtnis

Nachdem lange Zeit die Entwicklung von Gedächtnisstrategien als alleinige Determinante für die Gedächtnisentwicklung im Kindes- und Jugendalter angesehen wurde, ist diese Vorstellung mittlerweile dadurch korrigiert worden, dass der Einfluss von unterschiedlichen Wissensformen auf Gedächtnisleistungen gründlicher untersucht wurde. Systematische Untersuchungen haben so beeindruckende Ergebnisse erbracht, dass der Wissensfaktor von vielen Autoren als die zentrale Erklärungskomponente für Gedächtnisleistungen angesehen wird und in einer Reihe von Überblicksarbeiten große Beachtung findet (z. B. Hasselhorn, 1995; Schneider & Bjorklund, 2003; F. E. Weinert & Schneider, 1996).

Inhaltswissen und Gedächtnis

Eine verbreitete und in der psychologischen Gedächtnisforschung akzeptierte Modellvorstellung geht davon aus, dass menschliches Wissen in Netzwerken organisiert ist, in denen ähnliche Inhalte miteinander verknüpft sind. Das Inhaltswissen von Kindern wird demzufolge als eine Art mentales Wörterbuch zu Objekten und Konzepten angesehen, das hierarchisch strukturiert ist (vgl. Abb. 17.2). Man geht davon aus, dass das Wissen von Kindern über Objekte bzw. Konzepte im Laufe ihrer Erfahrungen mit unterschiedlichen Repräsentanten auf verschiedenen Ebenen immer reichhaltiger wird. Dies bedeutet, dass sich die Zahl der Elemente (»Knoten«) und der zugehörigen Verbindungen (»Kanten«) mit dem Alter vergrößert. Es scheint demnach folgerichtig, dass es eine systematische positive Beziehung zwischen dem Ausmaß des Vorwissens in einem Inhaltsbereich und der Gedächtnisleistung für Objekte oder Konzepte aus diesem Bereich gibt.

Einfluss von Vorwissen. Ein Problem entwicklungspsychologischer Forschung bei der Behandlung der Frage,

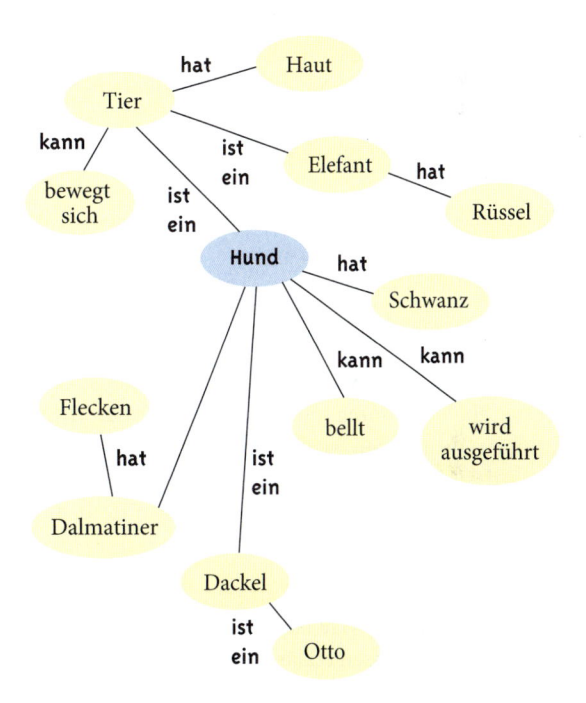

Abbildung 17.2 Das Netzwerkmodell des Wissens am Beispiel von Tieren. Das Netzwerk besteht aus miteinander verknüpften Inhalten oder Knoten, zu denen es verschiedenartige Assoziationen gibt: Ist-ein-Verbindungen (Kategorienzugehörigkeit), Kann-und-hat- (Eigenschaften des Merkmals) und Sieht-aus-wie-Verbindungen (assoziierte visuelle Vorstellung)

wie das Vorwissen die Gedächtnisleistung beeinflusst, ist darin zu sehen, dass Wissen meist mit dem chronologischen Alter konfundiert (vermischt) ist. Der Vorwissensfaktor wurde deshalb in den meisten Arbeiten dadurch zu kontrollieren versucht, dass man Lernmaterialien auswählte, die auch den jüngsten Probanden gut vertraut waren. Der Denkfehler bei diesem Ansatz lag in der Annahme, dass aus der generellen Bekanntheit von Stimuli auf altersunabhängige Vertrautheit mit dem Lernmaterial geschlossen werden kann. In verschiedenen Altersstufen kann das gleiche Lernmaterial unterschiedliche Bedeutungshaltigkeit haben, was als Erklärung für Altersunterschiede in den Gedächtnisleistungen dient.

Angesichts dieses methodischen Problems bleibt die Frage, wie man Effekte des Vorwissens auf die Gedächtnisleistung bestimmen kann. In der entwicklungspsychologischen Gedächtnisforschung wurde ein Ausweg aus dem beschriebenen Dilemma darin gesehen, dass man Gedächtnisleistungen in Situationen analysierte, in denen Vorwissen und Alter nicht mehr systematisch korreliert waren. Beeindruckende Demonstrationen von Vorwissenseffekten auf die Gedächtnisleistung ließen sich insbesondere über den Vergleich von Experten und Novizen in einem bestimmten Gegenstandsbereich realisieren (vgl. Abschn. 31.3.2). In der Arbeit von Chi (1978) konnte etwa gezeigt werden, dass sich das übliche Muster von Altersunterschieden umkehren lässt, wenn das Wissen von Kindern das von Erwachsenen deutlich übertrifft.

Unter der Lupe

Effekte des Vorwissens auf Gedächtnisleistungen

In der inzwischen klassischen Studie von Chi (1978) erhielten erfahrene und unerfahrene Schachspieler die Aufgabe, verschiedene nur für kurze Zeit präsentierte Positionen von Schachfiguren unmittelbar danach auf einem leeren Schachbrett zu rekonstruieren. Die besondere Pointe der Studie ist darin zu sehen, dass das Wissen der Probanden negativ mit dem Alter korrelierte: Als Experten fungierten ca. 10-jährige Kinder, während sich die Novizen aus Erwachsenen unterschiedlichen Alters zusammensetzten. Die Bedeutung des Vorwissens für die Gedächtnisleistung ließ sich eindrucksvoll demonstrieren. Die Kinder schnitten bei der schachbezogenen Gedächtnisaufgabe deutlich besser ab. Sie konnten mehr Schachpositionen richtig erinnern, benötigten weniger Versuche bis zum Erreichen des Lernkriteriums und sagten schließlich ihre Leistung präziser voraus. Dies erscheint umso bemerkenswerter, als die Kinder in einem Gedächtnisspannentest (Zahlenspanne) erwartungsgemäß schlechtere Leistungen als die Erwachsenen erbrachten.

Spätere Arbeiten zur Schachexpertise, die sowohl Kinder- als auch Erwachsenenexperten und -novizen einschlossen, machten deutlich, dass die Vorteile der Experten bei der Bearbeitung der Gedächtnisaufgabe vor allem in der größeren Vertrautheit mit den Spielkonstellationen und dem geometrischen Muster des Schachbretts zusammenhängen. Verwendete man neben den sinnvollen Schachstellungen von Chi auch sinnlose Stellungen und Anordnungen von Holzklötzchen auf unüblichen geometrischen Vorlagen, ging der Behaltensvorteil der Experten gegenüber den Novizen sukzessive verloren (vgl. Opwis et al., 1990). Es erscheint dabei bemerkenswert, dass sich die Leistungsmuster von Kinder- und Erwachsenenexperten nicht voneinander unterschieden.

Einfluss der Übung. Wie lassen sich die Befunde zum Einfluss von Vorwissen erklären? Wir gehen davon aus, dass im Fall reichhaltigen Vorwissens die vorhandenen Konzepte (Knoten) und ihre Verbindungen im Wesentlichen automatisch aktiviert werden. Die Güte der Gedächtnisleistung in Domänen (wie Schach) hängt also weniger vom allgemeinen intellektuellen Niveau und den damit verknüpften strategischen Kompetenzen ab als vielmehr von der Quantität der gespeicherten Information. Letztere ist wiederum eng mit dem investierten Aufwand, also der Intensität der Beschäftigung mit einem Gegenstandsbereich, korreliert, die im Wesentlichen von nichtkognitiven, motivationalen Faktoren beeinflusst wird (vgl. Schneider & Bjorklund, 2003). Die Abhängigkeit der Gedächtnisleistung vom Ausmaß der Übung belegen die Befunde einer der wenigen Längsschnittstudien zur Expertiseentwicklung (Gruber et al., 1994), in der die Schachexperten und -novizen der Untersuchung von Opwis et al. (1990) nach drei Jahren erneut mit der gleichen Gedächtnisaufgabe konfrontiert wurden. Ursprüngliche Experten, die in der Zwischenzeit die Lust am Schachspiel verloren und vergleichsweise wenig gespielt hatten, zeigten nun schlechtere Gedächtnisleistungen für die Schachpositionen als ursprüngliche Novizen, die aufgrund intensiver Übung zwischenzeitlich Expertenstatus erlangt hatten.

Einfluss intellektueller Unterschiede. Auch wenn sich in Domänen wie Schach das Vorwissen gegenüber der intellektuellen Leistungsfähigkeit als die bedeutsamere Determinante von Gedächtnisleistungen erwiesen hat, ist fraglich, ob individuelle Unterschiede im intellektuellen Bereich beim Vergleich von Experten und Novizen generell vernachlässigt werden können. So haben Befunde zu Aufgaben mit eher strategischer Komponente (Kategorisierungsaufgaben) gezeigt, dass die Gedächtnisleistung von Experten und Novizen nicht allein durch das Vorwissen, sondern auch durch die allgemeine Intelligenz der Probanden vorhergesagt wurde (vgl. Schneider & Bjorklund, 2003). Das Ausmaß des Vorwissenseffekts hängt sicherlich auch vom Typus der Aufgabe und ihren Anforderungen ab.

Metagedächtnis

Bei Konzeptualisierungen des Metagedächtnisses, d. h. des Wissens über Gedächtnisvorgänge, geht man im Unterschied zum bereichsspezifischen Wissen davon aus, dass aktive und bewusste Interpretationen neu eingehender Informationen eine vergleichsweise große Rolle spielen. Seit der Einführung des Konstrukts in die Gedächtnispsychologie sind zahlreiche Versuche unternommen worden, präzise Definitionen vorzulegen (vgl. die Überblicke bei Schneider & Pressley, 1997; Schneider & Lockl, 2006). Inzwischen wird allgemein eine Taxonomie von Metagedächtnis akzeptiert, bei der grob zwischen dem faktischen deklarativen Gedächtniswissen und einer eher prozeduralen Komponente unterschieden wird. Da die Thematik der Metakognition in Abschnitt 19.3 ausführlicher dargestellt wird, kann hier ein kurzer Abriss genügen.

Deklaratives Metagedächtnis. Unter deklarativem Metagedächtnis versteht man das faktisch verfügbare und verbalisierbare Wissen um Gedächtnisvorgänge. Flavell und Wellman (1977) unterschieden hier weiterhin Wissen über Person-, Aufgaben- und Strategiemerkmale. Wissen über Personmerkmale bezieht sich auf das, was Kinder und Erwachsene über ihr eigenes Gedächtnis und das anderer Personen wissen. Unter aufgabenbezogenem Metagedächtnis wird Wissen darüber verstanden, was bestimmte Gedächtnisaufgaben schwerer macht als andere. Mit Wissen über Strategiemerkmale ist schließlich gemeint, was Personen über Funktion und Bedeutung verschiedener Encodier- und Abrufstrategien aussagen können. Zahlreiche Interviewstudien bzw. experimentelle Untersuchungen legen den Schluss nahe, dass sich das deklarative Metagedächtnis erst gegen Ende der Grundschulzeit einigermaßen konsolidiert hat (Schneider, 2011). Weitere Verbesserungen sind bis in die späte Adoleszenz hinein zu beobachten. Am Beispiel des Wissens über Textverarbeitungsstrategien ließ sich allerdings im Rahmen der PISA-2000-Studie für die deutsche Stichprobe zeigen, dass bei den 15- bis 16-jährigen Probanden vielfach angemessenes metakognitives Wissen verfügbar war, die Bandbreite der Ergebnisse jedoch sehr groß ausfiel (vgl. Artelt et al., 2002).

Prozedurales Metagedächtnis. Das prozedurale Metagedächtnis wird als relativ unabhängig vom deklarativen Metagedächtnis betrachtet und betrifft die Fähigkeit zur Regulation und Kontrolle gedächtnisbezogener Aktivitäten. Man nimmt an, dass Kinder mit zunehmendem Alter über mehr Sensibilität für internale »Gedächtniserfahrungen« (mnemonic sensations) verfügen. Sie entwickeln beispielsweise ein gewisses Gespür dafür, welches Ausmaß an Anstrengung bei einer Gedächtnisaufgabe investiert werden muss, damit die Information genügend »tief« gespeichert und demzufolge später wieder erinnert werden kann. Sie können im Lauf der Entwicklung auch immer besser abschätzen und vorhersagen, wie viel Information aus einer bestimmten Gedächtnisaufgabe korrekt abgerufen werden kann. Während versucht wird, das deklarative Metagedächtnis von Kindern üblicherweise über Interviews oder Fragebögen zu erfassen, werden metakognitive Überwachungs- und Steuerungsprozesse in der Regel im Zusammenhang mit gerade ablaufenden Gedächtnisaktivitäten (»online«) registriert.

Im Hinblick auf die Entwicklung des prozeduralen Metagedächtnisses sind die Befunde nicht mit denen zur Entwicklung des deklarativen Metagedächtnisses vergleichbar, da sich weniger ausgeprägte Veränderungen zeigen (vgl. Schneider & Lockl, 2006). Die Befunde legen insgesamt den Schluss nahe, dass Entwicklungsveränderungen im prozeduralen Metagedächtnis im Wesentlichen auf das mit zunehmendem Alter immer bessere Zusammenspiel zwischen Überwachungs- und Selbstregulationsvorgängen zurückzuführen sind (vgl. Abschn. 19.3.3). Die Fähigkeit zur Kontrolle und Steuerung von Gedächtnisvorgängen verbessert sich im Verlauf der Kindheit und des Jugendalters bis hin zum Erwachsenenalter beständig.

Zusammenhang Metagedächtnis – Gedächtnis. Abschließend soll noch kurz der Frage nachgegangen werden, welcher Zusammenhang zwischen Metagedächtnis und Gedächtnis besteht. Schon zu Beginn der Forschungsarbeiten zum Metagedächtnis wurde beispielsweise angenommen, dass das vor allem bei jüngeren Kindern registrierte »Produktionsdefizit« durch ihr unzureichendes Wissen über die Relevanz von Gedächtnisstrategien zu erklären ist. Man ging davon aus, dass das mit dem Alter zunehmende Wissen über die Gedächtnismerkmale und -funktionen effektivere Denk- und Gedächtnisprozesse begünstigen sollte. Daher wurde erwartet, dass mit zunehmendem Alter die Beziehungen zwischen Metagedächtnis und Gedächtnis immer enger werden.

> **Denkanstöße**
> - In der Entwicklung des Strategiegebrauchs werden verschiedene Etappen unterschieden. Wodurch sind die einzelnen Etappen gekennzeichnet?
> - Das Metagedächtnis wird in eine deklarative und eine prozedurale Komponente unterteilt. Welche Entwicklungstrends sind für die beiden Komponenten kennzeichnend?
> - Das Alltagswissen erweitert sich im Kindes- und Jugendalter stetig und trägt dadurch zur Verbesserung von Gedächtnisleistungen bei. Welche Befunde lassen sich dafür anführen, dass ein reichhaltiges Vorwissen gute Gedächtnisleistungen begünstigt?

Die Befunde legten den Schluss nahe, dass schon bei fortgeschrittenen Grundschülern Gedächtnisleistungen in sehr unterschiedlichen Aufgaben durch das verfügbare metakognitive Wissen durchaus bedeutsam vorhergesagt werden können. Eine auf mehr als 60 Studien und mehr als 7.000 Kindern und Jugendlichen basierende statistische Metaanalyse ergab einen mittleren Korrelationskoeffizienten von $r = .41$ zwischen Merkmalen des Metagedächtnisses und des Gedächtnisses (vgl. Schneider & Pressley, 1997). Dies entspricht zwar keinem außerordentlich engen, jedoch einem durchaus robusten Zusammenhang. Für den Bereich der Textverarbeitung wird diese Aussage auch durch die Befunde der PISA-2000-Studie gestützt, die auf der Basis von mehr als 50.000 Schülern reliable Beziehungen zwischen dem Wissen über Textverarbeitung und dem Leseverständnis ermittelte (vgl. Artelt et al., 2002).

Im Bereich des Erwachsenenalters belegt eine wachsende Zahl von Untersuchungen, dass die verschiedenen Formen des Metagedächtnisses bis ins höhere Erwachsenenalter weitgehend stabil bleiben.

17.6 Neuere Forschungstrends

17.6.1 Konsistenz und Stabilität von Gedächtnisleistungen

In der entwicklungspsychologischen Gedächtnisforschung haben sich nur vergleichsweise wenige Arbeiten mit der Frage beschäftigt, ob es sich bei »Gedächtnis« um eine einheitliche Größe oder um ein eher globales Konzept handelt, das sich aus einer Reihe bereichsspezifischer, voneinander eher unabhängiger Fähigkeiten zusammensetzt. Solche Arbeiten beschäftigen sich also mit der Frage, ob Kinder, die bei einer bestimmten Gedächtnisaufgabe gut abschneiden, auch bei anders gearteten Aufgaben ähnlich gute Ergebnisse erzielen. Erste Studien zu dieser Thematik berichteten Korrelationen mittlerer Größenordnung und gleichzeitig Entwicklungstrends in dem Sinne, dass die Korrelationen mit ansteigendem Alter der Kinder zunahmen. Diese Trends könnten allerdings auch alterskorrelierte Zunahmen in der Reliabilität der Messung widerspiegeln.

Spätere Arbeiten zu dieser Problematik sind dadurch charakterisiert, dass eine insgesamt breitere Palette von Gedächtnisaufgaben einbezogen wurde, die neben Laboraufgaben (z. B. Gedächtnisspannenaufgaben, freies Reproduzieren von Wortlisten) auch eher schulbezogene Gedächtnisaufgaben wie etwa das Reproduzieren von Geschichten beinhalteten. Knopf et al. (1988) verglichen auf diese Weise die Gedächtnisleistungen von mehr als 500 Dritt-, Fünft- und Siebtklässlern. Sie registrierten für funktionell ähnliche Aufgaben die höchsten Interkorrelationen (im Bereich von .40 bis .60). Im Unterschied zu den früheren Arbeiten waren jedoch keine bedeutsamen Entwicklungstrends in der Stärke der Zusammenhänge nachweisbar. Wenn inhaltlich unähnliche Gedächtnisaufgaben verglichen wurden (etwa Geschichtenreproduktion mit semantischen Kategorisierungsaufgaben), fielen die Interkorrelationen zwischen den Aufgaben für alle Altersgruppen niedrig aus.

Neuere Untersuchungen mit jüngeren Kindern und anderen Aufgaben (Schneider et al., 2009) führten zu ähnlichen Ergebnissen. Im Rahmen der Münchner Längsschnittstudie LOGIK (F. E. Weinert & Schneider, 1999) waren Leistungen bei jeweils den gleichen Kindern im Alter von 4, 6, 8 und 10 Jahren für eine Reihe von Gedächtnisspannenaufgaben, Geschichtenreproduktionen sowie eine semantische Kategorisierungsaufgabe erhoben worden. Für jeden Alterszeitpunkt ergaben sich niedrige bis moderate Zusammenhänge zwischen den verschiedenen Gedächtnismerkmalen, wobei die höchsten Zusammenhänge für Aufgaben gleichen oder ähnlichen Typs (also etwa für die Reproduktion zweier unterschiedlicher Geschichten) gefunden wurden. Entwicklungstrends im Sinne höherer Korrelationen für spätere Messzeitpunkte waren nicht nachweisbar. Auch nach Abschluss der LOGIK-Studie wurde deutlich, dass über den Untersuchungszeitraum von etwa 20 Jahren konsistent nur moderate Beziehungen zwischen den unterschiedlichen Bereichen des verbalen Gedächtnisses gefunden wurden, die etwa bei $r = .30$ lagen (vgl. Schneider et al., 2009).

Hinweise auf unterschiedliche Gedächtnisse. Insgesamt belegen diese Befunde die schon zu Beginn der entwicklungspsychologischen Gedächtnisforschung vorgelegte These, dass es unterschiedliche »Gedächtnisse« gibt (vgl. Schneider & Pressley, 1997). Die neueren Studien haben zusätzlich gezeigt, dass häufig auch relativ niedrige Zusammenhänge zwischen Leistungen in Gedächtnisaufgaben zu registrieren sind, die aus einem enger gefassten Bereich (z. B. dem verbalen Gedächtnis) stammen und im Hinblick auf die beanspruchten Gedächtnisfunktionen ähnlich zu sein scheinen (etwa das Gedächtnis für Geschichten und die Gedächtnisspanne für Sätze). Da Reliabilitätsprobleme in den neueren Untersuchungen weitgehend ausgeschlossen werden können, ist der Schluss zulässig, dass interindividuelle Unterschiede in Gedächtnisleistungen nicht auf eine einheitliche Gedächtnisfähigkeit reduziert werden können. Vielmehr verfügen Personen über mehrere, voneinander relativ unabhängige »Gedächtnisse«, deren Zahl noch unklar ist und von Person zu Person verschieden sein könnte.

17.6.2 Die Entwicklung des episodischen Gedächtnisses aus neurowissenschaftlicher Sicht

Der neuronale Kontext episodischer Gedächtnisleistungen verändert sich im Laufe des Lebens (Shing & Lindenberger, 2011). Bei Kindern überwiegen reifungsbedingte Veränderungen des Gehirns, während sich im höheren Erwachsenenalter die Gehirnalterung zunehmend bemerkbar macht. Außerdem verfügen Erwachsene zumeist über einen reichhaltigeren Bestand an Weltwissen und episodischen Gedächtniseinträgen als Kinder, auch wenn dies nicht so zu sein braucht (s. Abschn. 5.3). Bei Erwachsenen wird also eher als bei Kindern das Einprägen neuer Ereignisse mit dem Abrufen ähnlicher, bereits erlebter Ereignisse einhergehen.

Das Zweikomponentenmodell der Entwicklung episodischer Gedächtnisleistungen über die Lebensspanne

In jüngster Zeit werden Veränderungen in episodischen Gedächtnisleistungen vermehrt mit reifungs- und alterungsbedingten Veränderungen verschiedener Hirnareale und -strukturen in Verbindung gebracht. Ein Beispiel hierfür ist das Zweikomponentenmodell der Entwicklung episodischer Gedächtnisleistungen über die Lebensspanne (Shing et al., 2010). Nach diesem Modell enthält das episodische Gedächtnis eine strategische und eine assoziative Komponente, sodass seine Entwicklung als Interaktion dieser beiden Komponenten dargestellt werden kann.

Strategische und assoziative Komponente. Die strategische Komponente bezieht sich auf kognitive Kontrollprozesse, die Gedächtnisfunktionen beim Einprägen und Abrufen regulieren und unterstützen. Zu diesen Prozessen gehört die Elaboration und Organisation von Gedächtnisinhalten beim Einprägen sowie deren Überwachung und Prüfung beim Gedächtnisabruf. Die assoziative Komponente bezieht sich auf Mechanismen der Assoziationsbildung (binding), durch die einzelne Merkmale zu einer kohärenten Gedächtnisrepräsentation zusammengefügt werden (Zimmer et al., 2006).

Modellannahmen und neurowissenschaftliche Befunde. Neurowissenschaftlich betrachtet basiert die strategische Komponente in erster Linie auf dem präfrontalen Kortex, während die assoziative Komponente vor allem medial gelegene Areale des Schläfenlappens beansprucht, insbesondere den Hippocampus. Das Modell macht zwei grundlegende Annahmen zur Entwicklung beider Komponenten:

(1) Die Reifung der assoziativen Komponente des episodischen Gedächtnisses ist in der mittleren Kindheit weitgehend abgeschlossen. Ab dem höheren Erwachsenenalter altert diese Komponente.

(2) Die strategische Komponente erreicht ihr volles Funktionsniveau erst im frühen Erwachsenenalter,

also nach der assoziativen Komponente. Auch diese Komponente ist im Erwachsenenalter von Alterungserscheinungen betroffen.

Beide Annahmen stimmen mit der neurowissenschaftlichen Befundlage gut überein. Anatomische Untersuchungen zeigen, dass die Ausreifung des präfrontalen Kortex bis spät in die Adoleszenz hineinreicht. Hingegen schreitet die Reifung der medial gelegenen Areale des Schläfenlappens in der Kindheit deutlich schneller voran. Zugleich lassen sich Alterungsprozesse im präfrontalen Kortex anatomisch bereits im frühen und mittleren Erwachsenenalter nachweisen. Auch der Hippocampus sowie andere gedächtnisrelevante Areale des Schläfenlappens zeigen spätestens im mittleren Erwachsenenalter erste Anzeichen von Alterungsprozessen, deren Stärke sich von Person zu Person unterscheidet und im höheren Erwachsenenalter deutlich zunimmt. Auf der psychologischen Ebene stimmt das Modell mit dem Befund überein, dass Kinder zunächst Mühe haben, Gedächtnisstrategien zu verwenden, jedoch nach deren Erwerb höhere episodische Gedächtnisleistungen erreichen als ältere Erwachsene (s. Abb. 12.6).

Zusammenfassung

- Die Entwicklung des Gedächtnisses bei Säuglingen und Kleinkindern vollzieht sich im Wesentlichen implizit, d. h. durch unbewusste Lernerfahrungen.
- Das implizite Gedächtnis entwickelt sich früh und bleibt im weiteren Lebensverlauf vergleichsweise stabil. Einbußen im höheren Erwachsenenalter sind relativ gering.
- Demgegenüber nehmen explizite Gedächtnisleistungen bis ins junge Erwachsenenalter stetig zu, insbesondere im Bereich des episodischen Gedächtnisses. Im höheren Erwachsenenalter zeigen sich hier deutliche Einbußen.
- Gedächtniskapazität, -strategien, Vorwissen und Metagedächtnis sind in unterschiedlichem Ausmaß am Anstieg von Gedächtnisleistungen bis zum jungen Erwachsenenalter beteiligt. Während sich im höheren Erwachsenenalter Einbußen im Arbeitsgedächtnis und Defizite im strategischen Verhalten nachweisen lassen, bleiben beide Wissenskomponenten weitgehend erhalten.
- Studien mit Kindern und Erwachsenen belegen übereinstimmend, dass es von Beginn an unterschiedliche »Gedächtnisse« gibt, deren Zahl noch unklar ist.
- Neurowissenschaftlich fundierte Entwicklungsmodelle zum episodischen Gedächtnis unterscheiden zwischen einer assoziativen und einer strategischen Komponente, die in unterschiedlichen Hirnarealen lokalisierbar sind und zu deren Entwicklung sich zahlreiche Parallelen finden.

Weiterführende Literatur

Anooshian, L. J. (1997). Distinctions between implicit and explicit memory: Significance for understanding cognitive development. International Journal of Behavioral Development, 21, 453–478. *Der Artikel enthält eine grundlegende Studie zur Entwicklung von implizitem und explizitem Gedächtnis im Vorschul-, Schulkind- und Erwachsenenalter.*

Courage, M. & Cowan, N. (Ed.). (2009). The development of memory in childhood (2nd ed.). Hove, UK: Psychology Press. *Das Buch informiert umfassend über grundlegende Aspekte der Gedächtnisentwicklung vom Säuglings- bis zum Schulkindalter. Führende Vertreter der entwicklungspsychologischen Gedächtnisforschung behandeln Themen sowohl aus der Grundlagen- als auch aus der angewandten Forschung.*

Ornstein, P. A. & Light, L. L. (2010). Memory development across the lifespan. In W. F. Overton (Ed.), Biology, cognition and methods across the life-span (Vol. 1, pp. 259–305). Hoboken, NJ: Wiley. *Dieses Handbuchkapitel gehört zu den wenigen Werken, in denen die Gedächtnisentwicklung über die Lebensspanne hinweg repräsentativ beschrieben wird.*

Schneider, W. & Pressley, M. (1997). Memory development between two and twenty (2nd ed.). Mahwah, NJ: Erlbaum. *Die Autoren liefern eine breite und detaillierte Darstellung der Entwicklung des verbalen Gedächtnisses im Kindes- und Jugendalter. Sie gehen ausführlich auf die Determinanten der Gedächtnisentwicklung ein und erörtern Bedingungsfaktoren guter Gedächtnisleistungen.*

Shing, Y. L. & Lindenberger, U. (2011). The development of episodic memory: Lifespan lessons. Child Development Perspectives, 5, 148–155. *Die Autoren stellen ein Modell der Entwicklung episodischer Gedächtnisleistungen über die Lebensspanne unter Berücksichtigung neurowissenschaftlicher Erkenntnisse vor.*

18 Sprachentwicklung

Sabine Weinert · Hannelore Grimm

18.1 Sprache und Spracherwerb
    18.1.1 Komponenten der Sprache: Was muss das Kind erwerben?
    18.1.2 Spracherwerb: Grundlegende Erkenntnisse und Fragen

18.2 Meilensteine der Sprachentwicklung
    18.2.1 Phonologisch-prosodische Entwicklung
    18.2.2 Lexikalische Entwicklung
    18.2.3 Erwerb grammatischer Fähigkeiten und Fertigkeiten
    18.2.4 Der Weg zur pragmatischen Kompetenz

18.3 Das Erklärungsproblem

18.4 Voraussetzungen und Bedingungen für einen erfolgreichen Spracherwerb
    18.4.1 Spracherwerb als biologisch fundierter, eigenständiger Phänomenbereich
    18.4.2 Entwicklungsbeziehungen zwischen Sprache und Kognition
    18.4.3 Sozial-kognitive Voraussetzungen des Spracherwerbs
    18.4.4 Sozial-kommunikative Voraussetzungen des Spracherwerbs

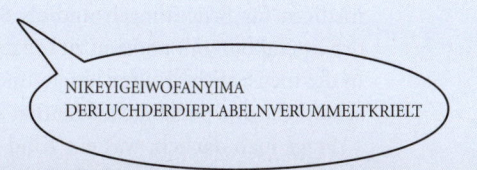

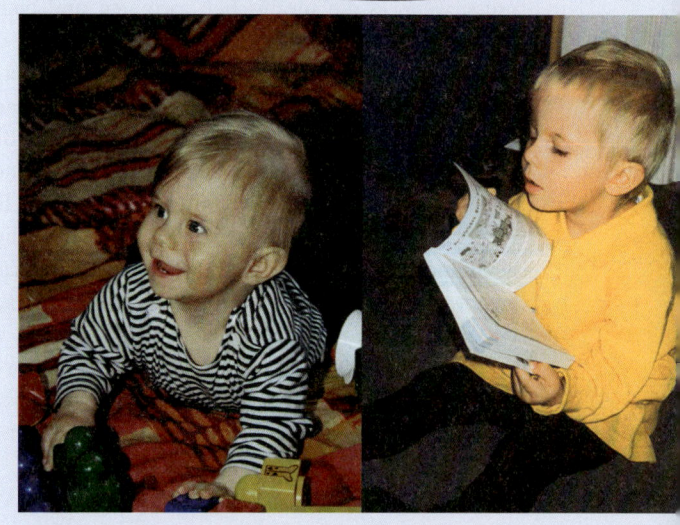

Der Weg von den ersten Lalllauten zum neugierigen Blättern in einem Buch ist kurz

Kinder werden in eine sprechende Welt geboren. Von Beginn an sind sie mit Sprachlernfähigkeiten ausgestattet, die es ihnen erlauben, höchst unterschiedliche Muttersprachen, ja oft sogar mehr als eine Sprache zu erwerben. Der neun Monate alte Junge auf dem Bild weiß natürlich noch nicht, dass die Lautfolge »DERLUCHDERDIEPLABELN-VERUMMELTKRIELT« (der Luch, der die Plabeln verummelt, krielt) ein grammatisch korrekter Satz des Deutschen mit jedoch sinnfreien Inhaltswörtern ist, wie auch ein chinesischsprachig aufwachsendes Kind den Lautstrom »NIKEYIGEIWOFANYIMA« noch nicht versteht. Raffinierte Forschungsmethoden zeigen aber, welch erstaunliches Sprachwissen Kinder in diesem Alter schon erworben haben. Obgleich sie noch nicht einmal laufen können, sind sie z. B. in der Lage, Wörter aus dem Lautstrom der Umgebungssprache herauszulösen und diese auf Basis ihrer Lautstruktur von Wörtern einer fremden Sprache zu unterscheiden.

Ein Jahr später wird der Junge nicht nur neugierig in einem Buch blättern, sondern kann auch bereits transitive von intransitiven Sätzen unterscheiden, also einen Unterschied bemerken, der selbst manchem Leser dieses Beitrags nicht bewusst sein dürfte. Und wiederum ein Jahr später wird er die grundlegenden Regeln seiner Muttersprache erworben haben, über die selbst Erwachsene kaum explizit Auskunft geben können.

18.1 Sprache und Spracherwerb

Der Erwerb der Sprache gehört zu den besonders wichtigen Entwicklungsaufgaben im (frühen) Kindesalter. Mit der zunehmenden Fähigkeit, Sprache zu verarbeiten, zu verstehen und sie zugleich produktiv als Ausdrucksmittel für eigene Intentionen und Wünsche, als Darstellungsmedium für Bedeutungen und als Steuerungsmittel in der Interaktion mit anderen zu nutzen, wächst das Kind in die menschliche Kultur hinein und bildet eine gesellschaftliche und persönliche Identität aus.

Fragt man danach, was ein Kind lernen und leisten muss, wenn es die spezifischen formalen und bedeutungsbezogenen Strukturen seiner Muttersprache und die Regeln ihrer kommunikativen Nutzung erwirbt, so wird deutlich, dass die Aufgabe des sprachlernenden Kindes weit komplexer ist, als sie auf den ersten Blick erscheinen mag. Obgleich sich das Kind in einem noch sehr frühen Stadium seiner kognitiv-konzeptuellen Entwicklung befindet und kaum fähig ist, sich die Schuhe zuzubinden, muss es den schnell vorbeiziehenden Lautstrom der Umweltsprache sowie relevante Merkmale der Situationen, in denen Sprache geäußert wird, verarbeiten, in Einheiten (z. B. Sätze, Teilsätze, Wörter) untergliedern und die zugrunde liegenden komplizierten Sprachregeln ableiten, über die selbst erwachsene Sprecher kaum Auskunft geben können.

Dabei sind verschiedene, teilweise eigenständige Wissenssysteme aufzubauen, die in ihrem Zusammenwirken die sprachliche Kompetenz des Menschen ausmachen (s. Tab. 18.1). Um die Komplexität der Erwerbsaufgabe zu verdeutlichen, werden diese Komponenten im Folgenden kurz beschrieben und anhand ausgewählter Beispiele illustriert.

18.1.1 Komponenten der Sprache: Was muss das Kind erwerben?

Selbst einfache Sätze sind im Grunde bereits hoch strukturierte, »komplexe und vielschichtige Objekte« (Tracy, 2000, S. 6), wobei zu dieser Strukturierung alle Sprachkomponenten gleichzeitig und auf komplexe Weise verschränkt beitragen (s. Tab. 18.1).

Prosodie. Die suprasegmentalen prosodischen Strukturierungen im Sinne von Sprachmelodie und Sprachrhythmus beziehen sich auf die – je nach Sprachfamilie unterschiedlichen – Betonungs- und Dehnungsmuster sowie Höhenkonturen sprachlicher Äußerungen. Wir dehnen z. B. – ohne uns dessen bewusst zu sein – den letzten Vokal vor einer Phrasengrenze und kennzeichnen eine Frage durch eine ansteigende Sprachmelodie. Sprachmelodie und -rhythmik erleichtern die Verarbeitung und das Behalten sprachlicher Äußerungen und geben wichtige Hinweise auf die formale Gliederungsstruktur des Sprachangebots (z. B. Sätze, Teilsätze, Phrasen, Wörter).

Phonologie. Mit der phonologischen Komponente ist die Lautstruktur der Sprache gemeint, wobei bedeutungs*unterscheidende* Lautkategorien als Phoneme bezeichnet werden (z. B. »*H*ut« – »*W*ut«). Phoneme sind abstrakte Einheiten, die jeweils verschiedene phonetische, d. h. tatsächlich geäußerte Realisierungen (Phone) einschließen. Dabei muss das Kind sowohl lernen, wel-

Tabelle 18.1 Komponenten der Sprache

Komponenten	Funktion	Erworbene Kompetenzen und Wissenssysteme
Prosodie	Intonation, Betonung, rhythmische Gliederung	Prosodische Kompetenz
Phonologie Morphologie Syntax Lexikon, Wortsemantik Satzsemantik	Organisation von Sprachlauten Wortbildung Satzbildung Wortschatz, Wortbedeutung Satzbedeutung	Linguistische Kompetenz
Pragmatik	Sprechhandlungen Konversationssteuerung Kohärenz der Konversation Diskurs	Pragmatische Kompetenz

che Lautkategorien in seiner Muttersprache bedeutungsunterscheidend sind (z. B. sind r/l zwar im Deutschen, nicht aber im Japanischen bedeutungsdifferenzierend), als auch, nach welchen Regeln diese kombiniert werden dürfen (z. B. ist »plabel« eine mögliche Lautkombination des Deutschen, nicht aber das russische Wort »jelesnadarojnije«).

Morphologie. Bei der Morphologie geht es um die Regeln der Wortbildung, wobei unter Morphemen die kleinsten bedeutung*stragenden* Einheiten verstanden werden. Das Wort »Hunde« enthält z. B. zwei bedeutungstragende Einheiten (Morpheme), nämlich das Stammmorphem »Hund« und das Pluralmorphem »-e«. Welche Bedeutungskategorien in einer Sprache unabhängig von den spezifischen kommunikativen Absichten eines Sprechers morphologisch markiert werden müssen, ist höchst unterschiedlich. Beispielsweise müssen im Deutschen die Merkmale Anzahl, Geschlecht, Fall und Bestimmtheit beachtet und am Artikel gekennzeichnet werden (»*den* Hund«), während im Englischen nur das Merkmal Bestimmtheit (»*the* dog«) markiert werden muss.

Syntax. Auf einer hierarchisch höheren Organisationsebene enthält die syntaktische Komponente diejenigen Kategorien und Regeln, die die Kombination von Wörtern zu Sätzen erlauben. So werden z. B. ganz unterschiedliche Bedeutungen allein durch unterschiedliche Wortordnungen ausgedrückt: »Hans liebt Ursula« vs. »Ursula liebt Hans«. Der formale Charakter von Wortordnungsregeln wird besonders deutlich durch sogenannte »Pseudosätze« vom Typ »Der Luch, der die Plabeln verummelt, krielt« illustriert. Obgleich ein solcher »Satz« sinnfrei ist, wissen wir, dass er – im Gegensatz zu »kratzen Katze Hund« – grammatisch korrekt gebildet ist. Dass die Ableitung syntaktischer Strukturen nicht einfach auf einer oberflächlichen Analogiebildung beruhen kann, vermögen Sätze wie »Manche Menschen sind schwer zu verstehen« vs. »Manche Menschen sind unfähig zu verstehen« zu verdeutlichen, die trotz oberflächlicher Ähnlichkeit grammatikalisch vollständig unterschiedlich sind.

Lexikon und Satzsemantik. Mit dem Lexikon sind der Wortschatz und dessen Bedeutungsstruktur (die sogenannte Wortsemantik) gemeint. Trotz vieler Gemeinsamkeiten unterscheiden sich verschiedene Sprachen darin, welche Konzepte oder Kategorien lexikalisch, d. h. durch ein Wort, versprachlicht werden. So gibt es z. B. im Arabischen keinen Oberbegriff für verschiedene Pferdearten. In der Sprache der Hopi-Indianer werden fliegende Objekte (Insekten, Flugzeuge usw.) mit einem gemeinsamen Wort bezeichnet, wobei die Klasse der Vögel jedoch ausgenommen ist. Wortsemantische Fragestellungen (wie z. B. »Welcher Zusammenhang besteht zwischen den Wortpaaren ›gut‹ – ›böse‹ oder ›hoch‹ – ›tief‹?« und »Was ist das Gegenteil von gefärbt: weiß oder farblos bzw. durchsichtig oder klar?«) richten sich dabei vor allem auf die Struktur des Lexikons. Im Kontext der Satzsemantik, d. h. der Satzbedeutung, können sich lexikalische Bedeutungen kontextsensitiv verschieben (z. B. »Klavierspielen ist schwer« – »Das Klavier ist schwer«).

Das erworbene Wissen um phonologische, morphosyntaktische und lexikalisch-semantische Kategorien und Regularitäten bezeichnet man als linguistische Kompetenz. Dieses Wissen erlaubt, unendlich viele neue Sätze zu verstehen und selbst produzieren zu können und damit von endlichen Mitteln einen unendlichen Gebrauch zu machen (von Humboldt, 1836/1960).

Pragmatik. Linguistisches Wissen allein genügt aber nicht, um Sätze auch situativ und kommunikativ angemessen verwenden zu können. Dies erfordert darüber hinaus pragmatische Kompetenzen der funktional angemessenen Sprachverwendung.

Für das Verständnis von Sprache und ihrer Entwicklung ist es sehr bedeutsam, dass diese sowohl aus primär grammatisch-struktureller als auch aus primär kommunikativ-funktionaler Sicht betrachtet werden kann. Diese analytische Trennbarkeit heißt natürlich nicht, wie manchmal missverstanden, dass für die konkrete Kommunikationssituation eine entsprechende Trennung angenommen würde. Hier sind Funktion und Struktur der Sprache nicht zu trennen: Beide Aspekte bedingen sich gegenseitig und machen zusammen die Sprache aus.

Trennbarkeit von Sprachkomponenten. Dabei stellt der Erwerb der einzelnen Sprachkomponenten durchaus eigene und jeweils besondere Anforderungen an das sprachlernende Kind. Dass in der Tat ein Komponentenmodell der Sprache und der Sprachentwicklung psychologisch sinnvoll ist, wird vor allem durch selektive Störungen im Erwachsenenalter und pathologische Dissoziationen in der kindlichen Entwicklung eindrucksvoll belegt. So gibt es Schizophrene, die phonologisch einwandfreien Wortsalat produzieren. Nach erworbenen Schädigungen des Gehirns bilden je nach Art und Lokalisation der Schädigung Aphasiker unter anderem semantisch sinnvolle, jedoch morphosyntaktisch abweichende Äußerungen oder umgekehrt fließend grammatisch komplexe Sätze mit nun wieder gestörtem Bedeutungsgehalt. Dissoziationen zwischen den Sprachkomponenten sind weiterhin beim Down-Syndrom und noch ausgeprägter bei der autistischen Entwicklungsstörung zu beobachten. Haben Down-Syndrom-Kinder in der Regel besonders große Schwierigkeiten mit der Satz- und Textstruktur, so bleibt bei Personen mit autistischer Entwicklungsstörung die Bedeutung und vor allem die kommunikative Nutzung sprachlicher Ausdrücke das massivste Problem.

18.1.2 Spracherwerb: Grundlegende Erkenntnisse und Fragen

Die Frage, wie es Kindern durch das Zusammenspiel innerer Voraussetzungen und äußerer Gegebenheiten innerhalb von wenigen Jahren gelingt, das hochkomplexe System der Sprache zu erwerben, hat der bekannte Spracherwerbsforscher Braine (1963) als das größte und fesselndste Geheimnis der Psychologie bezeichnet. Dies hat auch heute noch seine Gültigkeit, wenngleich die Versuche, diesem Mysterium näherzukommen, theoretisch und methodisch vielfältiger und auch vielversprechender geworden sind.

Zumindest wissen wir heute schon ganz gut, wie es nicht sein kann. So erfolgt der Spracherwerb nicht über ein bloßes Imitieren der gehörten Sprache: Es genügt nicht, dass das Kind gehörte Sätze passiv übernimmt. Vielmehr muss es auf der Grundlage des Sprachangebots die abstrakten Regeln ableiten. Der Erwerb der Sprache stellt einen stetig fortschreitenden struktursuchenden und strukturbildenden Prozess dar, der als ein aktiver Induktionsprozess vorgestellt werden kann: Sprachliche Daten werden verarbeitet und die hierin enthaltenen Verteilungsmuster abstrahiert, die die Basis für die Ableitung grammatischer und bedeutungsbezogener Kategorien und Regelmäßigkeiten bilden. Dieser Prozess läuft nun aber nicht bewusst im Sinne eines gezielt gesteuerten, expliziten Problemlöseprozesses ab. Das Lernen erfolgt vielmehr implizit und ohne Reflexion auf die Lernergebnisse. Eine solche Reflexion im Sinne der metalinguistischen Bewusstheit wird erst auf der Basis schon erworbenen Sprachwissens möglich.

Wenn wir uns die Sprachaneignung als einen impliziten, nicht bewussten Lernprozess vorstellen, der durch eine lernbegünstigende Passung zwischen inneren Voraussetzungen und Mechanismen aufseiten des Kindes und äußeren Lernbedingungen gekennzeichnet ist, so haben wir den größtmöglichen Nenner der Übereinstimmung gefunden. Darüber hinaus werden ganz verschiedene Auffassungen zu folgenden Fragen vertreten: Sind die Kernelemente grammatischen Wissens angeboren, oder werden sie im Verlauf der Entwicklung erworben? Sind für die Sprachaneignung sprachspezifische Erwerbsmechanismen notwendig, oder genügt die Annahme genereller kognitiver Prinzipien? Welche Merkmale der sozialen Sprachumwelt sind für das Sprachlernen notwendig? Reicht es aus, dass das Kind überhaupt Sprache hört, oder müssen besondere Formen der sprachlichen Interaktion für den Aneignungsprozess gegeben sein?

Mit der folgenden Darstellung soll versucht werden, den theoretischen Status dieser Fragen deutlicher zu machen und eine Annäherung an wissenschaftlich befriedigende Antworten zu finden (vgl. ausführlich z. B. Weinert, 2006).

> **Denkanstöße**
>
> ▶ Was muss das Kind im Spracherwerb lernen und leisten? Warum sind Prozesse der Imitation und des Verstärkungslernens nicht ausreichend, um den Erwerb des sprachlichen Regelsystems zu erklären?
> ▶ Warum gehört der Spracherwerb zu den besonders wichtigen Entwicklungsaufgaben in der Kindheit?

18.2 Meilensteine der Sprachentwicklung

Das Kind wird in der Regel in eine sprechende Umwelt hineingeboren. Aus dem Strom der gehörten Sprache muss es Wörter isolieren und mit Bedeutungen verknüpfen, es muss erkennen, in welcher Weise Wörter in Sätzen verbunden sind und welche morphologischen Markierungen was bedeuten. Es muss die Struktur von Texten lernen und etwas über die Situationsabhängigkeit des Sprachgebrauchs erfahren. Welche Entwicklungsschritte hierbei vollzogen werden, wird im Folgenden kurz dargestellt.

18.2.1 Phonologisch-prosodische Entwicklung

Der Erwerb der Sprache beginnt lange vor den ersten produktiven Wortäußerungen der Kinder, ja sogar vor der Geburt. Wenn die Kinder mit ca. einem Jahr die ersten Wörter äußern, so tauchen diese nicht plötzlich und aus dem Nichts auf, sondern stellen das Ergebnis einer frühen und in schnellen Schritten erfolgenden phonologisch-prosodischen Entwicklung dar (für einen Überblick z. B. Weinert, 2006, 2011).

Rezeptive phonologisch-prosodische Entwicklung: Frühe Fähigkeiten und Entwicklungsveränderungen

Die methodisch immer raffinierter werdende Erforschung der Sprachwahrnehmungsfähigkeiten des Säuglings zeigt, dass dieser mit sehr spezifischen Fähigkeiten ausgestattet ist, die es ihm ermöglichen, sich innerhalb weniger Monate vom Sprachuniversalisten zum Spezialisten seiner jeweiligen Muttersprache zu entwickeln.

Säuglinge können bereits vorgeburtlich – in den letzten drei Schwangerschaftsmonaten – vergleichsweise gut hören. Von Geburt an unterscheiden sie die menschliche Sprache von anderen Lauten und sind insbesondere für solche Lautkontraste sensitiv, die in verschiedenen Sprachen phonologisch relevant sind (vgl. Unter der Lupe). Dabei unterscheiden sie zunächst auch solche Lautkontraste, die in anderen, nicht aber in ihrer eigenen Muttersprache bedeutsam sind. Mit ca. 10 Monaten haben sie diese Fähigkeit (teilweise) verloren und beachten nun vor allem diejenigen Lautdifferenzen (Phoneme), die in ihrer eigenen Sprache bedeutungsunterscheidend sind – ihr Repertoire hat sich also erfahrungsabhängig eingeengt und teilweise umstrukturiert. Etwa im gleichen Alter haben die Kinder auch die wichtigsten Regeln der Lautkombination erworben (Phonotaktik).

Der Einstieg in das System der Sprache erfolgt aber nicht einfach von »unten her«, d. h. von Lauten über Wörter zu Sätzen. Vielmehr sind Säuglinge bereits vorgeburtlich besonders sensitiv gegenüber den »suprasegmentalen«, d. h. die sprachlichen Einheiten übergreifenden, rhythmisch-prosodischen Merkmalen der Sprache und lieben einen Sprechstil, der diese besonders akzentuiert. Sie sind in der Lage, prosodisch hinreichend unterschiedliche Sprachen anhand entsprechender Merkmale voneinander zu unterscheiden und präferieren ihre Muttersprache auf dieser Basis gegenüber einer fremden Sprache. Einen Text oder Kinderreim, den ihre Mutter während der letzten Schwangerschaftswochen öfters laut gelesen hat, vermögen sie anhand seiner rhythmisch-prosodischen Klangcharakteristika wiederzuerkennen. Dass diese Leistungen auf der Basis von Merkmalen der Prosodie gelingen, zeigt sich unter anderem darin, dass die Säuglinge zu entsprechenden Unterscheidungsleistungen auch dann noch in der Lage sind, wenn die Äußerungen so gefiltert wurden, dass nur ihre rhythmisch-prosodische Struktur, nicht aber die distinktiven phonetischen (d. h. lautbezogenen) Informationen erhalten bleiben. Wurden die Äußerungen hingegen rückwärts vorgespielt, sodass zwar die phonetischen Merkmale, nicht aber das Gesamtmuster bestehen blieb, so waren die Kinder weder in der Lage, verschiedene Sprachen zu unterscheiden, noch präferierten sie ihre Muttersprache (vgl. Mehler et al., 1988; für einen Überblick Weinert, 2011).

Unter der Lupe

Zwei wichtige, exemplarische Techniken der Säuglingsforschung

Die High-Amplitude-Sucking-Methode. Im Rahmen der High-Amplitude-Sucking-Methode lernt der Säugling zunächst, dass er durch sein Saugverhalten die Darbietung eines Reizes steuern kann: Immer dann, wenn er eine relativ hohe Saugaktivität zeigt, wird ihm der Reiz präsentiert (etwa eine Sprachprobe seiner Muttersprache oder ein bestimmter Laut, z. B. ein »ba«). Die Saugrate steigt während dieser Lernphase zunächst an. Sobald sich der Säugling an den Reiz »gewöhnt«, sinkt die Saugaktivität wieder ab (Habituation), der Reiz wird seltener »abgerufen«. Wird anschließend – kontingent zu einer hohen Saugamplitude – ein neuer Reiz (Sprachprobe einer anderen Sprache bzw. anderer Laut, z. B. ein »pa«) präsentiert und reagiert der Säugling hierauf erneut mit einer erhöhten Saugrate (Dishabituation), so wird dies dahin gehend interpretiert, dass er diesen Reiz von dem zuerst präsentierten Reiz unterscheidet. Auf diese Weise konnte z. B. gezeigt werden, dass Säuglinge für bestimmte sprachrelevante Lautkontraste besonders sensitiv sind und dass sich diese Sensitivität erfahrungsabhängig verändert: Nachdem die Säuglinge auf »ba« habituiert waren, dishabituierten sie zwar, wenn sie ein »pa« hörten, nicht aber, wenn ihnen ein neuerliches »ba« präsentiert wurde, auch wenn sich dieses physikalisch ebenso deutlich erkennbar von dem vorangegangenen »ba« unterschied (Eimas et al., 1971).

Präferenztechnik. Bei der Präferenztechnik wird vor allem festgestellt, welches von zwei unterschiedlichen Reizmustern ein Säugling bevorzugt, indem er eines der beiden Reizmuster durch das Drehen seines Kopfes nach links, ein anderes durch das Drehen des Kopfes nach rechts abrufen kann – oder, indem er eines durch besonders hochfrequentes Saugen, das andere durch besonders niedrigfrequentes Saugen abrufen kann. Mit dieser Technik konnte gezeigt werden, dass Säuglinge schon mit zwei Tagen ihre Muttersprache gegenüber einer fremden Sprache bevorzugen und von dieser unterscheiden (Moon et al., 1993).

Dass die prosodischen Sensitivitäten und Präferenzen der Kinder funktional für den Spracherwerb sind, wird durch eine Reihe von Studien nahegelegt, denen zufolge prosodische Gliederungen die Verarbeitung und Speicherung sprachlicher Äußerungen ebenso begünstigen wie die Segmentierung des Sprachangebots in relevante Einheiten (Sätze, Teilsätze, Phrasen, Wörter) und die Ableitung zugrunde liegender grammatischer Regeln. So konnten Mandel et al. (1994) zeigen, dass zwei Monate alte Säuglinge nach einem zweiminütigen Behaltensintervall nur dann eine phonologische Veränderung von »the cat chased white mice« nach »the rat chased white mice« bemerkten, wenn die Sprachstichproben prosodisch strukturiert waren. War dies nicht der Fall, so gelang den Kindern diese Merk- und Unterscheidungsleistung nicht in gleichem Maße. Die besondere Sensitivität für prosodische Strukturierungen, die als Hinweis auf grammatische Einheiten dienen können, wird vor allem auch durch Befunde nahegelegt, wonach bereits vier Monate alte Säuglinge Sprachbeispiele, bei denen Pausen an grammatisch sinnvollen Stellen eingefügt wurden (hier: Teilsatzgrenzen), gegenüber solchen präferieren, bei denen die Pausen an willkürlichen Stellen hinzugefügt wurden. Bei etwas älteren Säuglingen zeigt sich ein entsprechendes Befundmuster auch, wenn Pausen an Phrasengrenzen eingefügt wurden (s. Unter der Lupe; zusammenfassend Hirsh-Pasek & Golinkoff, 1993).

Dabei verarbeiten die Kinder von Anfang an nicht nur isolierte auditive, sondern zugleich auch visuell-soziale Informationen. Mit ungefähr vier Monaten zeigen sie bereits eine Fähigkeit zum »Lippenlesen« und sahen in einer Studie von Kuhl und Meltzoff (1982) ein Gesicht signifikant länger an, wenn dessen Mundbewegung mit einem gleichzeitig präsentierten Ton übereinstimmte, als bei fehlender intermodaler Übereinstimmung.

Unter der Lupe

Prosodische Merkmale als Hinweisreize auf syntaktische Einheiten

Die Studie von Hirsh-Pasek et al. (1987) befasste sich mit der Fragestellung: Können Säuglinge prosodische Hinweisreize für die Entdeckung syntaktisch bedeutsamer Einheiten nutzen? Die Stichprobe bestand aus 16 Säuglingen im Alter von 7–10 Monaten. Präsentiert wurden »natürliche« Texte, bei denen Pausen von einer Sekunde an Phrasengrenzen eingefügt waren, und »unnatürliche« Texte mit Pausen von einer Sekunde innerhalb der Phrasen. Festgestellt wurde die Präferenz der Säuglinge, gemessen an der Zahl und Dauer der Orientierung ihrer Blickrichtung, über die sie die Präsentation der Texte steuern konnten.

»Natürlicher« Text: »Cinderella lived in a great big house, / but it was sort of dark / because she had this mean, mean, mean stepmother. / And, oh, she had two stepsisters / that were so ugly. / They were mean, too.«

»Unnatürlicher« Text: »… in a great big house, but it was / sort of dark because she had / this mean, mean, mean stepmother. And, oh, she / had two stepsisters that were so / ugly. They were mean, / too. They were …«

Die Säuglinge zeigten eine klare Präferenz für die »natürlichen« Texte. Dieses Ergebnis legt die Interpretation nahe: 7–10 Monate alte Säuglinge können prosodische Hinweisreize ihrer Muttersprache für das Erkennen syntaktisch relevanter Einheiten (Phrasen) nutzen. Die Muttersprache ist für das vorsprachliche Kind kein undifferenzierter Strom von Lauten, sondern weist eine erkennbare interne Struktur auf. Nur so kann Sprache für das Kind erlernbar sein.

Produktive phonologische Entwicklung: Von den Sprachlauten zur Wortproduktion

Verglichen mit den überraschenden rezeptiven Fähigkeiten und Fertigkeiten der Säuglinge sind ihre produktiven Leistungen im 1. Lebensjahr noch recht eingeschränkt. Betrachtet man die produktiv-phonologische Entwicklung im 1. Lebensjahr, so umfasst diese vier wichtige Schritte.

(1) Im Alter zwischen 6 und 8 Wochen beginnt der Säugling zu gurren.
(2) Zwischen dem 2. und 4. Lebensmonat setzt das Lachen ein; es werden zunehmend mehr Laute produziert. Der Säugling zeigt nun die Fähigkeit, vorgesprochene Vokale wie »a« oder »i« nachzuahmen. Da nichtsprachliche Laute keine Nachahmung finden, kann davon ausgegangen werden, dass sprachliche Laute besonders effektive Reize sind, um Vokalisationen beim Säugling hervorzurufen.
(3) Zwischen dem 6. und 9. Lebensmonat wird das sog. Lallstadium erreicht. Die Produktion von Konsonant-Vokal-Verbindungen mit wortähnlicher Intonation (wie »dada«, »baba«, später »daba«) kann als Hinweis für die zunehmende Kontrolle über die Sprechwerkzeuge betrachtet werden und weist bereits muttersprachtypische Merkmale auf. Da gehörlose Kinder keine kanonischen, silbenreduplizierenden Lautsequenzen produzieren, können sie schon zu diesem frühen Zeitpunkt von anderen Kindern unterschieden werden. Von theoretischer wie praktischer Bedeutsamkeit ist weiterhin der Befund, dass die Art der Lautproduktion als Prädiktor für spätere Störungen der Sprachentwicklung dienen kann. So fanden Jensen et al. (1988) heraus, dass diejenigen Säuglinge, die signifikant weniger unterschiedliche Konsonanten und weniger Sequenzen mit mehreren Silben als andere Säuglinge produzierten, auch später als Vorschulkinder signifikant schlechtere Leistungen in einem Sprachentwicklungstest zeigten.
(4) Zwischen dem 10. und 14. Lebensmonat mündet die phonologische Entwicklung in die Produktion der ersten Wörter ein.

18.2.2 Lexikalische Entwicklung

Der Worterwerb ist nur auf den ersten Blick eine einfache Sache: Nach der Produktion erster Wörter wie »Miau«, »Gaga« oder »Wauwau« lernt das Kind sehr schnell viele neue Wörter dazu, sodass es binnen 16 Jahren einen Grundwortschatz von ungefähr 60.000 Wörtern erreicht. Nach einer Rechnung von Carey (1978) ist hierfür notwendig, dass das Kind täglich etwa neun neue Wörter lernt. Eine imposante Leistung! Hinter dieser verbirgt sich ein außerordentlich komplexer Lernprozess, der bislang erst in Teilen verstanden ist. Wenn wir den Worterwerb als einen Prozess der Zuordnung von Lautsequenzen zu Bedeutungsrepräsentationen verstehen, so stellen sich wenigstens drei Fragen: Wie werden phonologische Wortformen mit Bedeutungen verbunden? Unterscheiden sich die kindlichen Bedeutungszuweisungen von den Bedeutungen, die Erwachsene mit Wörtern verknüpfen, und welcher Bedeutungswandel findet statt? Wie lässt sich das schnelle Wortlernen erklären?

Hauptschritte des Wortschatzerwerbs

Der Erwerb prosodisch-phonologischen Wissens (s. Abschn. 18.2.1) erlaubt den Kindern bereits im Alter von nur vier Monaten, ihren Namen im Lautstrom der Umweltsprache zu erkennen. Zwei bis drei Monate später vermögen sie muttersprachliche Wörter aufgrund der muttersprachtypischen Wortbetonungsmuster und wiederum zwei Monate später, im Alter von ca. neun Monaten, aufgrund ihrer Lautstruktur von fremdsprachlichen Wörtern zu unterscheiden. Zugleich nutzen sie zunächst die Wortprosodie und etwas später das Wissen, welche Lautfolgen am Anfang oder Ende von Wörtern stehen, sowie die Regeln der Phonotaktik, um Wörter aus dem Sprachstrom der Umgebungssprache herauszulösen und wiederzuerkennen. Zu diesem Zeitpunkt ist auch ein erstes Wortverständnis zu beobachten (Weinert, 2006, 2011).

Kurze Zeit später – im Alter von 10 bis 14 Monaten – beginnen die meisten Kinder, die ersten Wörter produktiv zu nutzen. Ihr rezeptiver Wortschatz wird zu diesem Zeitpunkt auf ca. 60 Wörter geschätzt. Dabei erfolgt der Aufbau des produktiven Wortschatzes zunächst vergleichsweise langsam; die kindlichen Wortbedeutungen sind in dieser Phase in der Regel noch weit von jenen der Erwachsenensprache entfernt.

Dies ändert sich, wenn um den 18. Monat die Kinder die 50-Wörter-Marke erreichen und etwa 200 Wörter rezeptiv beherrschen. Von jetzt an lernen sie neue Wörter, insbesondere Benennungen, sehr viel schneller als zuvor (»Benennungsspurt«). Die Kinder haben nunmehr erkannt, dass alle Dinge benannt werden können. Mit 20 Monaten verfügen sie oftmals schon über einen produktiven Wortschatz von ca. 170 Wörtern, wobei die Varianz zwischen den Kindern jedoch erheblich ist und in einer Studie von Bates et al. (1995) zwischen 3 und mehr als 500 Wörtern lag.

Kinder, die mit 24 Monaten noch nicht die »magische 50-Wort-Grenze« erreicht haben, werden als »Late Talker« bezeichnet. Sie tragen ein beträchtliches Risiko, eine bleibende Störung der Sprachentwicklung mit gravierenden Folgen für die kognitive und psychosoziale Entwicklung auszubilden (vgl. u. a. Grimm, 2003).

Wenn die Kinder schließlich ca. 100 bis 200 Wörter beherrschen und erste Wortkombinationen bilden, treten vermehrt auch Verben und Adjektive hinzu sowie im Alter von ca. 28 Monaten und ab einem Wortschatzumfang von ca. 400 Wörtern zunehmend auch sogenannte Funktionswörter (wie Artikel, Hilfsverben, Konjunktionen, Präpositionen).

Frühe Wortbedeutungen: Übergeneralisierungen und -diskriminierungen

Kleine Kinder gebrauchen Wörter häufig anders als Erwachsene: Einerseits wenden sie ein einziges Wort auf Objekte und Ereignisse an, für die wir jeweils eigene Bezeichnungen haben, und andererseits beschränken sie den Geltungsbereich eines Wortes sehr viel enger, als wir es tun. Beispiele für die Übergeneralisierung eines Wortes sind allgemein bekannt. So neigen kleine Kinder unter anderem dazu, das Wort »Hund« bei allen Tieren, die vier Beine haben, anzuwenden sowie die Bedeutung des Wortes »Bonbon« auf all das auszudehnen, was gut und süß schmeckt. Im Gegensatz dazu kann bei der Überdiskriminierung beispielsweise das Wort »Nahrung« z. B. nur für Brot, Gemüse und Fleisch, nicht aber auch für Kekse oder Eiscreme verwendet werden. Oder das Wort »Sessel« wird für ein ganz bestimmtes Sitzmöbel reserviert, so wie eine Tomate zwar als etwas zum Essen, nicht aber als Pflanze erkannt wird.

Übergeneralisierungen und Überdiskriminierungen können höchst individuell sein und werden dann nicht mehr vorgenommen, wenn das Kind die hierarchische Organisation des jeweiligen semantischen Wortfeldes und damit verbunden erkannt hat, dass die gleiche Sache mit unterschiedlichen Wörtern bezeichnet werden kann.

Das Kind als schneller Wortlerner

Wie bringt es ein Kind fertig, nach dem Erwerb von 50 Wörtern so schnell seinen Wortschatz zu erweitern, dass es mit 2 Jahren schon um die 200 Wörter beherrscht und täglich annähernd neun Wörter dazulernt? Eine intensiv belehrende Umwelt kann dafür nicht verantwortlich sein, da die Benennungsspiele in der Eltern-Kind-Interaktion gewöhnlich stark abnehmen, wenn das Kind sein 2. Lebensjahr überschritten hat. Die primäre Ursache liegt vielmehr im Kind selbst, das in der Lage ist, auf der Grundlage nur weniger Erfahrungen mit einem Wort eine schnelle Zuordnung zwischen diesem und einer, wenn auch unvollständigen Bedeutung vorzunehmen. Die schnelle Zuordnung (»fast mapping«) beinhaltet dementsprechend ein noch unvollständiges Wortverständnis.

Fast mapping. Entgegen der früher vertretenen Meinung verhält es sich nicht so, dass Wörter erst erlernt werden können, wenn die zugrunde liegenden Konzepte vollständig erworben sind. Die Beziehung zwischen kognitiven Strukturen und lexikalischen Repräsentationen ist komplexer als das bloße Draufsetzen eines Wortes auf ein vorsprachlich vollständig konstruiertes Konzept. Natürlich erwirbt das Kind schon Unterscheidungen zwischen verschiedenen Ereignissen oder Objekten, bevor es die sprachlichen Bezeichnungen kennt. Aber das Auffassen einer sprachlichen Bezeichnung kann umgekehrt auch dazu führen, dass eine konzeptuelle Unterscheidung erstmals oder differenzierter als zuvor gemacht wird. Zwischen Sprache und Kognition, so lässt sich verallgemeinernd schließen, besteht keine einseitige, sondern eine wechselseitige Beziehung.

Der Prozess der schnellen Zuordnung eines neuen Wortes zu einer ersten, noch vorläufigen und unvollständigen Bedeutung (»fast mapping«) wurde erstmals von Carey und Bartlett (1978) untersucht. Im Kindergarten brachten die Entwicklungspsychologinnen 3-jährigen Kindern das Kunstwort »chromium« für die Farbe olivgrün bei, die die Kinder nicht kannten. Ganz beiläufig wurden die Kinder gebeten, das »chromium« Tablett und nicht das blaue zu bringen. Nach ungefähr einer Woche wusste die Hälfte der Kinder noch, dass das Wort »chromium« eine Farbe bezeichnete, wobei allerdings nur noch sehr wenige Kinder diese als olivgrün erinnern konnten. Eine einzige Darbietung des Kunstwortes hatte also ausgereicht, damit die Kinder etwas über dieses Wort lernten.

Mechanismen des Worterwerbs: Wie gelingt das schnelle Wortlernen?

Was auf den ersten Blick einfach aussieht, nämlich, ein Wort mit einer bestimmten Bedeutung zu verbinden, erweist sich auf den zweiten Blick als höchst anspruchsvolle Aufgabe. Wenn ein Kind beispielsweise einen Hund sieht, der an einem Knochen nagt, woher weiß es, dass sich das Wort »Hund« nicht auf den Knochen, die Handlung des Nagens, auf den Schwanz, die Schnauze oder die Farbe des Hundes bezieht? Wie gelingt es dem Kind, die korrekte Bedeutung eines Wortes aus der großen Anzahl prinzipiell möglicher Bedeutungen herauszufinden und damit das sogenannte Induktionsproblem zu lösen?

Zahlreiche Studien zeigen, dass Kinder aktiv und höchst flexibel unterschiedliche Quellen nutzen, um die Referenz (Wort-Objekt-Zuordnung) und die Extension eines neuen Wortes (Ausdehnung der Wortbedeutung auf weitere verwandte Objekte) zu erschließen. Diese Quellen reichen von sozial-kommunikativen (gemeinsamer Aufmerksamkeitsfokus, mütterliche Blickrichtung, Gesichtsausdruck, Intonation, nichtsprachliche Gesten) bis hin zu formal-sprachlichen Hinweisen (Wortart, Syntax) auf die Bedeutung neuer Wörter. Zugleich tragen Kinder, so vermuten Markman (z. B. 1991) und ihre Mitarbeiter, selbst Vorannahmen (»biases«) oder sogar Beschränkungen (»constraints«) an die Wortlernsituation heran. Diese sollen die zahlreichen Bedeutungsmöglichkeiten auf ganz wenige reduzieren (zusammenfassend Weinert, 2006). Constraints können also als Lernmechanismen im Sinne der Beschränkung von möglichen Annahmen über die Bedeutungen von Wörtern verstanden werden. Diese Beschränkungen werden mit dem Auftreten der Benennungsexplosion um den 18. Lebensmonat herum bedeutsam. Dadurch gewinnt das Sprachlernen eine vollständig andere Qualität als in der Phase des ersten Wortlernens, die nach Markman (1991) durch einen langsamen assoziativen Lernprozess im Sinne des Paar-Assoziationslernens charakterisiert ist.

Die wichtigsten Constraints oder Vorannahmen für den Erwerb von Wortbedeutungen der Kinder sind die Ganzheits-, die Taxonomie- sowie die Disjunktionsannahme, die im Folgenden kurz erläutert werden.

Ganzheits- und Taxonomieconstraint. Wenn ein Kind neue Wörter in einer Benennungssituation hört, so geht es zunächst davon aus, dass sich diese neuen Wörter auf ganze Objekte und nicht auf Objektteile oder Eigenschaften (z. B. Substanz, Farbe, Größe) beziehen (Ganzheitsconstraint, »whole-object constraint«); diese Annahme schränkt die möglichen Wort-Referent-Verbindungen deutlich ein und erleichtert damit eine schnelle Wort-Objekt-Zuordnung. Kinder unterstellen zugleich, dass Wörter »Dinge gleicher Art«, d. h. kategorial verbundene Objekte, bezeichnen (Taxonomieconstraint, »taxonomic constraint«); dies erlaubt ihnen, die Wortbedeutung auf weitere verwandte Objekte auszudehnen.

Die Ganzheits- und Taxonomieannahme konnten in vielen Experimenten bestätigt werden. Diese zeigen unter anderem, dass jüngere Kinder neue Wörter als Bezeichnungen für Objekte desselben Typs (z. B. verschiedene Hunde) auffassen und nicht als Bezeichnungen für thematisch verbundene Objekte (z. B. Hund und Knochen) interpretieren. Anders formuliert: Die Vorgabe eines neuen Wortes veranlasst die Kinder, ihre Aufmerksamkeit auf kategoriale Beziehungen zwischen Objekten zu lenken. Dies konnten Markman und Hutchinson (1984) mit dem folgenden Experiment nachweisen: 4- bis 5-jährigen Kindern wurden nacheinander verschiedene Objektbilder (Kuh, Ring, Hund, Zug usw.) vorgelegt. Zu jedem dieser Bilder sollten sie aus jeweils zwei weiteren Bildern ein passendes auswählen. Eines dieser Auswahlbilder stellte eine taxonomisch verwandte Wahlmöglichkeit dar (z. B. Schwein zu Kuh; Halsband zu Ring; Katze zu Hund; Bus zu Zug), das andere eine thematisch bezogene Wahl (z. B. Milch zu Kuh; Hand zu Ring; Knochen zu Hund; Schienen zu Zug). In der Bedingung ohne Benennung wurden die Kinder instruiert: »Ich zeige dir ein Bild. Und du sollst noch so eins finden.« In der Bedingung mit Benennung lautete die Instruktion: »Ich zeige dir nun ein ›dax‹ (Kunstwort). Und du sollst ein anderes ›dax‹ finden.« Während die Kinder in der Bedingung ohne Benennung dazu tendierten, thematisch verwandte Bilder zuzuordnen, führt die bloße Benennung durch ein Kunstwort dazu, dass die Kinder taxonomische Beziehungen herstellten und wählten.

Da in nachfolgenden Untersuchungen gezeigt werden konnte, dass schon 18–24 Monate alte Kinder vergleichbare Ergebnisse erzielen, ist es gerechtfertigt, davon auszugehen, dass die Ganzheits- und die Taxonomieannahme als Ausgangsannahmen für das schnelle Wortlernen entwicklungswirksam sind.

Disjunktionsconstraint. Allerdings muss die Ganzheitsannahme, aufgrund deren das Kind neue Wörter ausschließlich als Bezeichnungen für ganze Objekte interpretiert, überwunden werden, damit das Lernen von Bezeichnungen für Eigenschaften und Objektteile ermöglicht wird. Dies soll durch den Disjunktionsconstraint (»mutual exclusivity constraint«) geleistet werden. Dieser besagt, dass jedes Objekt nur eine einzige Bezeichnung haben kann. Wenn ein Kind schon eine Bezeichnung für ein Objekt kennt, so muss es entsprechend annehmen, dass ein neues Wort für etwas anderes steht. Auf diese Weise lernt es, Objektteile und Eigenschaften zu bezeichnen sowie auch Oberbegriffe und Eigennamen zu erkennen (Markman, 1991).

In einer Serie origineller Experimente, die Markman zusammen mit Wachtel (1988) durchführte, wurden beispielsweise 3-jährigen Kindern sechs Objektpaare vorgelegt, wobei jeweils nur die Bezeichnung für ein Objekt bekannt war. So kannten die Kinder zwar »Banane«, nicht aber »Limone«, »Löffel«, nicht aber »Zange« usw. In der Experimentalbedingung wurden die Kinder aufgefordert: »Zeige mir die (den/das) X«, wobei X ein Kunstwort war. In der Kontrollbedingung wurden die Kinder lediglich aufgefordert: »Zeig mir eins davon«, um sicherzustellen, dass die Wahl eines unbekannten Objekts bei der Vorgabe eines unbekannten Namens nicht auf eine reine Reaktionstendenz zurückzuführen ist. Tatsächlich konnte gezeigt werden, dass die Kinder in der Experimentalbedingung die Objekte, für die sie noch keine Bezeichnungen hatten, zuverlässig als Referenten für die neuen Bezeichnungen wählten.

Wenn Kinder ein neues Wort in der Gegenwart eines bekannten und eines unbekannten Objekts hören, so sind sie also in der Lage, das Disjunktionsprinzip für die Bestimmung des Referenten zu nutzen. Hören sie ein unbekanntes Wort (z. B. »trachea«), wenn ihnen nur ein Objekt präsentiert wird, dessen Bezeichnung sie schon kennen, so weisen sie das neue Wort nicht dem ganzen Objekt, sondern einem Teil davon zu.

Syntaktische Constraints und der schnelle Erwerb von Verben. Selbstverständlich spielt die Syntax beim Erwerb aller Wortarten eine Rolle. In besonderem Maße ist der differenzierte produktive Gebrauch von Verben an den Erwerb syntaktischer Satzmuster gebunden. Dies hat wenigstens die folgenden drei Gründe, die zugleich die besonderen Schwierigkeiten beim Erwerb von Verbbedeutungen deutlich machen (vgl. Gleitman, 1990):

(1) Verschiedene Verben beziehen sich oftmals auf dasselbe Ereignis. So ist jeder Fall von »fliehen« mit einem Fall von »jagen«, oder »erhalten« ist mit »geben« verbunden. Solche Verbpaare beschreiben jeweils ein Ereignis aus unterschiedlicher Perspektive, wobei für das Kind aus der Ereignissituation selbst nicht entscheidbar wird, welche Perspektive gemeint ist.

(2) Die durch Verben beschriebenen Ereignisse können ein sehr unterschiedliches Spezifikationsniveau aufweisen. Wenn man z. B. etwas visuell wahrnimmt, so kann dies als »wahrnehmen«, »sehen«, »anschauen«, »bemerken« usw. beschrieben werden. Die Situation gibt für diese Differenzierung keinerlei Hinweise, da es in der Regel nicht vorkommt, dass jemand etwas sieht, ohne es wahrzunehmen, oder etwas anschaut, ohne es zu sehen.

(3) Schließlich beziehen sich mentale Verben wie »wissen«, »vermuten« oder »denken« überhaupt nicht auf beobachtbare Ereignisse.

Hier wird deutlich, dass schon verfügbare kognitive Konzepte und die zuvor besprochenen Vorannahmen für den Induktionsprozess nicht ausreichend sein können. Vielmehr ist darüber hinaus die Wirksamkeit eines syntaktischen Constraints in dem Sinne zu unterstellen, dass die Kinder für die Unterscheidung von Verbbedeutungen Satzrahmen benutzen, in denen diese Verben

Tabelle 18.2 Drei Phasen der lexikalischen Entwicklung

Phase	Merkmale	Theoretische Erklärung
Früher Worterwerb ab ungefähr dem 10. Lebensmonat	Pragmatischer Gebrauch: soziale Wörter, spezifische Benennungen	Assoziative Verknüpfungen von Lautfolgen mit Situationen im sozial-interaktiven Lernkontext
Benennungsspurt: Schnelles Wortlernen für Objekte und Objektmerkmale ab ungefähr dem 18. Lebensmonat	Übergeneralisierungen, Überdiskriminierungen	Nutzung verschiedener Hinweisquellen sowie des Ganzheits-, Taxonomie- und Disjunktionsconstraints
Schnelles Wortlernen für Verben und andere relationale Wörter ab ungefähr dem 30. Lebensmonat	Verwechslungen wie zwischen »geben« und »nehmen«	Syntaktische Merkmale als Steigbügelhalter

vorkommen bzw. nicht vorkommen können. Dabei spielt die sog. Wertigkeit von Verben eine wichtige Rolle, d. h. die Anzahl der Ergänzungen, die ein Verb verlangt. So verlangt z. B. »Sehen« nur zwei Ergänzungen, den Beobachter und das Objekt, wohingegen »schenken« dreiwertig ist und nach einem Geber, einem Empfänger und einem Objekt verlangt. Den auf solchen und weiteren wichtigen syntaktischen Hinweisen beruhenden Prozess der Induktion von Verbbedeutungen bezeichnet Gleitman (1990) sehr anschaulich als Prozess des syntaktischen Steigbügelhaltens (»syntactic bootstrapping«).

Die drei unterschiedlichen Hauptphasen der lexikalischen Entwicklung sind in Tabelle 18.2 nochmals zusammenfassend charakterisiert.

18.2.3 Erwerb grammatischer Fähigkeiten und Fertigkeiten

Der Beginn der produktiven Grammatik wird dann angesetzt, wenn die Kinder erstmals Wortkombinationen bilden. Dieser wichtige Entwicklungsschritt fällt mit dem Wortschatzspurt ab dem 18. Lebensmonat zusammen. Schon bevor Zweiwort- und Mehrwortäußerungen gebildet werden können, ist es den Kindern jedoch möglich, grundlegende Aspekte der Grammatik zu verstehen. So können sie z. B. die Wortordnung für die Interpretation von Sätzen nutzen. Hirsh-Pasek und Golinkoff (1993) berichten, dass bereits 16 bis 18 Monate alte Säuglinge in der Lage sind, Sätze wie »Big Bird is tickling Cookie Monster« und »Cookie Monster is tickling Big Bird« zu unterscheiden. Mittels der Präferenztechnik konnte nachgewiesen werden, dass 48 Säuglinge signifikant länger ein Video ansahen, wenn der vorgesprochene Satz dem gleichzeitig gezeigten Inhalt entsprach, als wenn dies nicht der Fall war. Ebenfalls im Präferenzparadigma zeigen Naigles (1990) zufolge 2-Jährige, dass sie transitive von intransitiven Satzmustern unterscheiden können. Hörten sie »The duck is gorping (Kunstwort) the bunny«, so schauten die Kinder länger auf die dargestellte kausative Handlung, wohingegen sie bei »The duck and the bunny are gorping« der nichtkausativen Handlung mehr Aufmerksamkeit widmeten.

Frühe Satzproduktionen: Zwei- und Dreiwortäußerungen

Schon die frühen kindlichen Äußerungen sind regelhaft strukturiert. Betrachten wir hierzu die folgenden Wortkombinationen (Beispiele überwiegend aus dem süddeutschen Raum):

> **Beispiel**
>
> »net hiemache«   »Des Bode nalege«   »Mama Arm«
> »net schreibe«   »Maxe weg«   »kleines Balla«
> »mehr habe«   »Maxe auf«   »der müde«
> »Mädi schlafe«   »Auge zu«   »da ein Schönes«
> »Papa schläft«   »Tür auf«   »mehr Saft«
> »Frau mitschreibe«   »Balla Schoß«   »des auch passt«
> »Wauwau bellt«   »Papa Hut«   »Meike Bank auch«

Diese Äußerungen sind aus Platzgründen ohne Kontextbeschreibungen angeführt. Sie geben auch kein vollständiges Bild des Sprachrepertoires, sondern sollen vielmehr einige Hauptcharakteristika der frühen Grammatik veranschaulichen. Die zusammengestellten frühen Wortkombinationen werden auch als »telegrafisch« bezeichnet, da sie systematisch bestimmte Satzelemente auslassen, wie Artikel, Hilfsverben, Ableitungs- und Flexionsmorpheme sowie Funktionswörter wie Konjunktionen und Präpositionen, die in der Erwachsenensprache einen Satz »zusammenhalten«. Im Gegensatz zu einem Telegramm sind sie allerdings nur aus der Gesamtsituation heraus verständlich.

Bedeutungsrelationen. Auch ohne Kontextbeschreibungen ist den oben angeführten Beispielen unschwer zu entnehmen, dass die Kinder ganz unterschiedlichen semantischen Relationen Ausdruck verleihen:

▶ Handelnder – Handlung: »Papa schläft«
▶ Handlung – Objekt: »Tür auf«
▶ Objekt – Lokation: »da ein Schönes«
▶ Besitzer – Besitz: »Papa Hut«
▶ Objekt – Attribut: »kleines Balla«

▶ Zurückweisung – Handlung: »net schreibe«
▶ Wiederauftreten – Handlung: »mehr habe«

Kinder sprechen über das, was in ihrem unmittelbaren Interesse liegt und wozu sie kognitiv in der Lage sind. So beginnen sie jetzt auch, sich sprachlich auf Vergangenes zu beziehen.

Beachtung formaler Regularitäten. Ein naheliegender Gedanke ist, dass die Zweiwort- und Dreiwortsätze semantisch begründet sind und noch nicht auf formalen Prinzipien beruhen. Dies ist jedoch nicht der Fall. Eine Reduktion der Syntax auf die Semantik ergäbe ein falsches Bild des Spracherwerbsprozesses. So stellen Kinder z. B. nie Adjektive vor Pronomen und sagen »groß das« oder »schön die«. Warum tun sie dies nicht und sagen »das groß« und »die schön«, obgleich sie doch zeitgleich ebenso »großer Hund« und »schönes Mädi« sagen? An der Semantik kann es offensichtlich nicht liegen, da sich ja Pronomen und Nomen auf dieselbe semantische Kategorie beziehen. Die Kinder müssen also schon ein Gefühl für die formal-grammatischen Eigenschaften ihrer Umweltsprache erworben haben. Diese Sensitivität gegenüber den formalen Strukturprinzipien der Sprache lässt sich auch an den folgenden Beispielen nachvollziehbar demonstrieren: Die Kinder sagen: »net hiemache«, »da ein Schönes« oder »mehr Saft« und nicht: hiemache net / da Schönes ein / Saft mehr.

Muttersprachspezifische Erwerbsunterschiede. Obgleich einige grundsätzliche Aspekte des Spracherwerbs für verschiedene Sprachen relativ ähnlich zu gelten scheinen, zeigt sich schon frühzeitig ein Einfluss der konkreten muttersprachspezifischen Regelmäßigkeiten: Während beispielsweise englisch- oder deutschsprachig aufwachsende Kinder zunächst grammatische Funktionswörter und Morpheme auslassen (wie Artikel, Flexionen, Hilfsverben usw.; »telegrafische Sprache«), verwenden Kinder, die Sprachen mit einer sehr reichhaltigen Morphologie erwerben, wie etwa Westgrönländisch, bereits kurz nach ihrem zweiten Geburtstag mehr als 40 Flexionsendungen. Als weiteres Beispiel hebt Weissenborn (2000) hervor, dass Italienisch lernende Kinder – im Gegensatz zu Deutsch lernenden – frühzeitig flektierte Verbformen produzieren. Nicht flektierte Verben stellen deutschsprachig aufwachsende Kinder zunächst an das Satzende und bilden Sätze in der Reihenfolge Subjekt – Objekt – Verb (z. B. »[Hans] Kuchen essen«); erst wenn flektierte Verbformen erworben werden (ich geh*e*, du geh*st* usw.), bewegen sie das Verb im Hauptsatz in die Zweitposition (z. B. »Max macht Tür auf«). Französisch- und englischsprachige Kinder bevorzugen dagegen schon sehr früh die für ihre Sprachen durchwegs typische Reihenfolge Subjekt – Verb – Objekt (z. B. »[John] eats cake«). All dies zeigt, wie de Villiers und de Villiers (1992, S. 392) formulieren, dass »children are attentive to the structural possibilities that their language provides and that they establish that word order early in their own speech«. Dies gilt allerdings nur für den ungestörten Entwicklungsverlauf. Sprachentwicklungsgestörte Kinder verletzen Wortordnungsregeln sehr häufig und haben sehr lange große Schwierigkeiten, sich korrekte variable Wortordnungen anzueignen (vgl. z. B. Grimm, 2003).

Erwerb komplexer grammatischer Strukturen als konstruktiver Prozess

Nachdem mit ungefähr zweieinhalb Jahren Sätze mit mehreren Phrasen produziert werden können, benötigen die Kinder nur noch weitere eineinhalb Jahre, bis sie – nunmehr 4-jährig – die hauptsächlichen Satzkonstruktionen ihrer Muttersprache beherrschen. Dabei wird die schnelle und tief greifende Veränderung des sprachlichen Wissens durch wichtige Reorganisationsprozesse gesteuert. Unvollständige und falsch gebildete Äußerungen, inkorrekte Satzinterpretationen sowie morphologische Fehler machen es möglich, diese Prozesse mit ihren qualitativ unterschiedlichen Repräsentationen nachzuvollziehen, wie im Folgenden an Beispielen gezeigt wird.

Reihenfolge- und Semantikstrategie. Bevor Kinder zu einer vollständigen linguistischen Analyse der Passivstruktur in der Lage sind, setzen sie ganz unterschiedliche Interpretationsstrategien ein. Dies lässt sich im – auch diagnostisch genutzten – »Manipulationsexperiment« überprüfen. Den Kindern werden z. B. Passivsätze vorgesprochen, deren Inhalt sie in entsprechende Handlungen mit Spielobjekten umsetzen sollen. Wenn der reversible Passivsatz »Das Mädchen wird von dem Jungen gewaschen« fälschlicherweise so dargestellt wird, dass das Mädchen den Jungen wäscht, dann hat das Kind aller Wahrscheinlichkeit nach die Passivform nicht verarbeitet, sondern stattdessen die Reihenfolge der Nomen als Handlungsfolge interpretiert. Wenn nun dasselbe Kind den irreversiblen Passivsatz »Die Katze wird von dem Jungen gejagt« in die richtige Handlungsfolge umsetzt, so erfolgt dies nicht auf der Grundlage seines ja noch nicht vorhandenen Strukturwissens, sondern stellt das Ergebnis der Anwendung einer Semantikstrategie dar, die besagt, dass gehörte Sätze in Übereinstimmung mit dem Weltwissen zu interpretieren sind.

Beide Strategien finden auch bei anderen Satzstrukturen Anwendung, sodass z. B. der Temporalsatz »Der Bär legte sich hin, nachdem die Katze auf den Klotz sprang« von 4- bis 5-jährigen Kindern so interpretiert wird, dass zuerst der Bär und erst danach die Katze eine Handlung ausführt. Solche Interpretationsstrategien, die Aufschluss über das verfügbare sprachliche Wissen geben, dürfen allerdings nicht fälschlicherweise als Erwerbsstrategien interpretiert werden.

Stufen der strukturellen Reorganisation. Wie hart das Kind an der Sprache arbeitet und schrittweise zunehmend abstraktere Strukturprinzipien erkennt, lässt sich besonders eindrücklich an morphologischen Fehlern, wie beispielsweise der Übergeneralisierung der regelmäßigen Vergangenheits- oder Pluralbildung, demonstrieren. Bowerman (1982) unterscheidet drei Stufen der strukturellen Reorganisation.

(1) Die erste Stufe wird als »rote stage« bezeichnet, weil das Kind einzelne Formen (z. B. »feet«, »Männer«, »broken«, »gesehen«) als unanalysierte Einheiten im Gedächtnis gespeichert hat und isoliert abruft. Das kindliche Sprachwissen bewegt sich zunächst noch vollständig an der Oberfläche.

(2) Übergeneralisierungen signalisieren dann das Erreichen der sog. »rule stage« als dem zweiten Entwicklungsschritt. Fehler wie »foots«, »Männers«, »breaked« oder »geseht« weisen auf den folgenden Fortschritt hin: Das Kind hat nun erkannt, dass Wörter aus Einheiten zusammengesetzt sind. Regelmäßige Muster werden, wie die Fehler zeigen, auf unregelmäßige Formen ausgedehnt.

(3) Der dritte Entwicklungsschritt führt schließlich zu korrekt gebildeten Formen. Wenn das Kind jetzt wie auf der ersten Stufe »feet«, »Männer«, »broken« oder »gesehen« sagt, so kommt dem nun eine andere Qualität zu: Es handelt sich nicht länger um die Produktion unanalysierter Einheiten, sondern um Wortformen, die in ein neu erworbenes morphologisches Regelsystem integriert sind.

Drei-Phasen-Modell des Erwerbs expliziten Sprachwissens. Wenn Kinder zwischen 4 und 5 Jahren ohne Punkt und Komma reden können und die Satzmuster ihrer Muttersprache prinzipiell beherrschen, so haben sie trotzdem noch nicht den Abschluss ihrer grammatischen Kompetenz erreicht. Darauf hat insbesondere Karmiloff-Smith (1992) aufmerksam gemacht und empirisch gezeigt, dass nach dem 5. Lebensjahr ein weiterer wichtiger Entwicklungsschritt in der Veränderung der linguistischen Repräsentationen sprachlicher Formen besteht. Während die Kinder zunächst vorwiegend datengesteuerte Sprachfertigkeiten aufbauen, wird zunehmend das Sprachsystem selbst zum Gegenstand nicht bewusster Reflexionen, die letztendlich zum Erwerb metalinguistischer Bewusstheit führen. Diesen Entwicklungsprozess hat Karmiloff-Smith (1992) im Rahmen eines Drei-Phasen-Modells beschrieben (vgl. Abb. 18.1):

(1) In der ersten Phase (»behavioral mastery«) fokussiert das 5-jährige Kind auf Sprachinformationen aus der externen Umwelt. Bei diesem datengeleiteten Lernen werden lediglich repräsentationale Adjunktionen gebildet. Die sprachliche Information ist im Geist und steuert die Sprachverarbeitung; sie stellt aber noch kein Wissen für den Geist dar. Das Kind benutzt sprachliche Formen korrekt, ohne über diese reflektieren zu können. Das sprachliche Wissen ist vollständig implizit.

(2) Der weitere Schritt, um implizite Sprachinformationen in explizites Wissen zu überführen, erfolgt bei ungefähr 6-jährigen Kindern durch einen nicht bewussten Reorganisationsprozess, wodurch die bereits verfügbaren Repräsentationen intern neu organisiert und damit flexibler werden. Durch die Hinwendung nach innen werden die von außen

ab 5 Jahre
Phase 1
Implizites Sprachwissen:
▶ korrekter Sprachgebrauch
▶ erfolgreiche Kommunikation

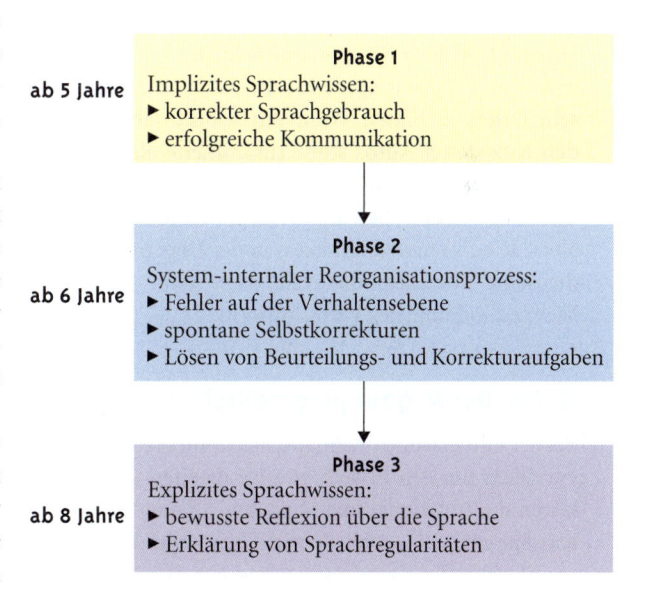

ab 6 Jahre
Phase 2
System-internaler Reorganisationsprozess:
▶ Fehler auf der Verhaltensebene
▶ spontane Selbstkorrekturen
▶ Lösen von Beurteilungs- und Korrekturaufgaben

ab 8 Jahre
Phase 3
Explizites Sprachwissen:
▶ bewusste Reflexion über die Sprache
▶ Erklärung von Sprachregularitäten

Abbildung 18.1 Vom impliziten zum expliziten Sprachwissen (nach Karmiloff-Smith, 1992)

kommenden Informationen zum Teil vernachlässigt, sodass es zu Fehlern auf der sprachlichen Verhaltensebene kommen kann.

(3) Eine Versöhnung zwischen den äußeren Daten und internen Repräsentationen findet dann schließlich in der dritten Phase statt, in der das über 8-jährige Kind nun dem Bewusstsein zugängliche Annahmen über das Funktionieren der Sprache zu bilden vermag.

Karmiloff-Smith (1992, S. 48) beschreibt ihr Modell selbst knapp so: »The … model … postulates that the linguistic representations themselves … undergo subsequent redescription, such that they become linguistic objects of attention outside their on-line use in comprehension and production. In other words, young children go beyond behavioral mastery, beyond fluent output and successful communication, to exploit the linguistic knowledge that they have already stored. It is this that ultimately allows them to become little linguists.«

Am konkreten Beispiel verdeutlicht: 4- bis 5-jährige Kinder gebrauchen das (französische) Possessivpronomen »mes« in impliziter Weise korrekt, um die Bedeutungskomponenten »Besitz« und »Plural« anzuzeigen (»mes voitures«). 6-Jährige beginnen nun diese Bedeutungskomponenten einzeln zu markieren, was inkorrekte Äußerungen zur Folge hat (»toutes les miennes de voitures«). Diese explizite Übermarkierung der Bedeutungskomponenten erfolgt weder bewusst, noch ist sie bewusstseinsfähig; sie spiegelt aber eine Reorganisation des zugrunde liegenden Sprachsystems wider. Letzteres gilt auch für spontane Selbstkorrekturen während des Sprechens sowie für die Fähigkeit, grammatische Urteile zu bilden. Wenn ein 5- bis 6-jähriges Kind den Satz »Zwei Autos stoßt zusammen« als inkorrekt erkennt und verbessert (»… stoßen …«), so macht es dies zunächst ohne bewusste Reflexion und Analyse. Das ältere Kind ist hierzu durchaus in der Lage und begründet seine Korrektur dadurch, dass »zwei Autos« die Mehrzahlbildung des Verbs fordern.

18.2.4 Der Weg zur pragmatischen Kompetenz

Bei der Entwicklung pragmatischer Kompetenzen geht es vor allem um den Erwerb von Fähigkeiten und Fertigkeiten des situations- und kontextadäquaten Gebrauchs von Sprache. Dies schließt vor allem auch den Aufbau soziokultureller Kenntnisse sowie das Wissen um die Gefühle und Bedürfnisse anderer ein und umfasst sehr unterschiedliche Fragestellungen wie etwa: Wie wird das Kind zu einem kompetenten Kommunikationspartner? Wie erwirbt es die strukturelle Organisation von Erzählungen (narrativen Diskursen)? Wie werden verschiedene Arten von Sprechhandlungen (Bitten, Befehlen, Erlauben, Versprechen usw.) erworben? Daraus ergibt sich eine Vielzahl sehr vielgestaltiger Fragen, die den Rahmen eines Lehrbuchkapitels zur Sprachentwicklung sprengen würden. Deshalb soll im Folgenden nur auf einige wenige ausgewählte Aspekte eingegangen werden (vgl. ausführlicher Hickmann, 2000).

Von der Kommunikation zur Sprache. Das Kind kommuniziert schon längst mit seinen Bezugspersonen, bevor es zu sprechen beginnt. Den Weg von der Kommunikation zur Sprache fasst Hoff-Ginsberg (1993) in drei Hauptphasen zusammen:

(1) Zwischen dem achten und zehnten Lebensmonat beginnt das Kind, mithilfe von Gesten intentional zu kommunizieren. Wenn das Kind ein bestimmtes Objekt haben will, deutet es darauf, indem z. B. sein Blick zwischen dem Objekt und der Mutter (die es holen soll) hin und her wandert. Das Ziel kann aber auch die Interaktion selbst sein, indem das Kind mit einem Objekt spielt und es zeigend in Richtung auf die Mutter hochhebt. Nur wenig später, ab dem elften Monat, wird dann die Zeigegeste systematischer für die Kommunikation eingesetzt; das Kind weist auf ein bestimmtes Objekt hin und wartet, bis die Mutter eine Bemerkung wie »Ja, das ist ein Hund« macht.

(2) Zwischen dem 16. und 22. Lebensmonat beginnt das Kind dann selbst, Intentionen, die sich direkt auf den Diskurs beziehen, ersten sprachlichen Ausdruck zu verleihen. So beantwortet es Fragen (»Wo ist der Ball?« – »Da.«) und holt Informationen ein (»Papa?«).

(3) Ab dem 2. Lebensjahr nimmt schließlich die Länge der Konversationseinheiten entscheidend zu, sodass 30 Monate alte Kinder bereits in der Lage sind, um die 20 zusammenhängende Äußerungen zu produzieren.

Dabei können sich schon 3-jährige Kinder – entgegen der bekannten Egozentrismusannahme Piagets (z. B. 1923/1972; vgl. Abschn. 16.1.2) – sprachlich an das Alter und den Status ihrer Gesprächspartner anpassen. Auch beginnen die Gespräche unter Kindern jetzt eine echte soziale Qualität zu gewinnen, sodass unter anderem Formen des Zusammenspiels ausgehandelt werden können.

Vor diesem Hintergrund betont Hickmann (2000), dass Kinder bereits frühzeitig über eine Vielzahl prag-

matisch-kommunikativer Fähigkeiten und Fertigkeiten verfügen: Sie sind in der Lage,
- sich kommunikativen Erfolgen oder Misserfolgen anzupassen,
- Äußerungen nach einer Erklärungsaufforderung von Erwachsenen umzuformulieren,
- Formen des Bittens kontextabhängig zu variieren,
- verschiedene Typen von indirekten Anweisungen zu verstehen und zu verwenden und
- ihre Sprache verschiedenen Rollenbedürfnissen anzupassen.

Trotz dieser früh verfügbaren Kompetenzen ist es noch ein langer Weg, bis die Kinder gezielt bestimmte sprachliche Ausdrücke zur Unterscheidung von Sprechakten verwenden können, bis sie in pragmatisch vollständig angemessener Weise über Dinge und Ereignisse reden können, die nicht Teil der Sprechsituation sind, und kompetent argumentative Handlungen ausführen können. Beispielsweise stützen sich jüngere Kinder bei der Interpretation verschiedener Sprechakte vor allem auf den Situationskontext, während linguistische Hinweise erst von älteren Kindern genutzt werden. Dies wird nach Hickmann (2000) unter anderem durch Studien gestützt, denen zufolge Kinder unter 10 Jahren noch nicht in der Lage sind, die Form des Futurs als Hinweis auf ein Versprechen zu interpretieren. Untersuchungen zum Rollenspiel (Übernahme der Mutter-, Vater- oder Kindrolle im Familienkontext) belegen ergänzend, dass jüngere Kinder ihre Sprache zunächst in Stimmqualität und Prosodie der jeweiligen Rolle anpassen. Etwas später gelingt ihnen dies im Hinblick auf den sprachlichen Inhalt und die Wortwahl, während sie erst zu einem noch späteren Zeitpunkt auch die Äußerungsformen (z. B. Nutzung von Imperativen) der jeweiligen Rolle anzupassen vermögen.

> **Denkanstöße**
> - Warum bedarf es komplexer Methoden, um frühkindlichen Fähigkeiten auf die Spur zu kommen, und welche Probleme sind hiermit verbunden?
> - Auf welche trickreiche Weise gelingt es Kindern, neuen Wörtern die richtige Bedeutung zuzuweisen?
> - Der Erwerb der Grammatik gilt als »Herzstück« des Spracherwerbs. Inwiefern geben kindliche Fehler hierüber Aufschluss, und wie kann der Erwerb grammatischer Strukturformen beschrieben werden?

18.3 Das Erklärungsproblem

Jede Spracherwerbstheorie muss erklären können, in welcher Weise es dem kleinen Kind gelingt, abstrakte sprachliche Kategorien und komplexe formale und bedeutungsbezogene Regeln auf der Basis konkreter Sprachbeispiele zu erwerben. Die Darstellung der wichtigsten Meilensteine hat gezeigt, dass es falsch wäre, diesen Erwerbsprozess als einen Prozess der rein quantitativen Wissenszunahme und damit der allmählichen, kontinuierlichen Annäherung an die Erwachsenensprache verstehen zu wollen. Das Kind ist kein defizienter Erwachsener, sondern ein Analysator und Schöpfer. Es nutzt das gehörte Sprachangebot für die Abstraktion formaler Verteilungsmuster und die Organisation und Reorganisation grammatischer Regularitäten; es bildet auf dem Weg zur Erwachsenenkompetenz qualitativ unterschiedliche Zwischengrammatiken. Bis heute konnte keine übergeordnete Theorie für diesen komplexen Ablauf formuliert werden. Von daher wäre es falsch und kurzsichtig, unterschiedliche Erklärungsansätze gegeneinander auszuspielen. Der erfolgversprechende Weg für ein besseres Verständnis des komplexen und komplizierten Spracherwerbsprozesses ist vielmehr, unterschiedliche Lerntypen für die Ausbildung verschiedener Struktureigenschaften zu verschiedenen Entwicklungszeitpunkten als operativ anzunehmen.

Grundüberzeugungen und Unterschiede. Wüssten die Kinder von der Komplexität der Erwerbsaufgabe, so würden sie ganz bestimmt gar nicht erst damit anfangen. Die Forscher, die sich dieser Komplexität stellen, scheinen in folgenden drei Grundüberzeugungen übereinzustimmen:

(1) Kinder sind auf den Spracherwerb vorbereitet; Sprache ist humanspezifisch und hat eine biologische Basis.
(2) Ohne eine sprachliche Umwelt wäre der Erwerbsprozess nicht möglich.
(3) Die inneren Voraussetzungen des Kindes und die äußeren Faktoren müssen im Sinne einer gelungenen Passung zusammenwirken.

Die Frage, unter welchen Umständen eine gelungene Passung gegeben ist, wird jedoch ganz unterschiedlich beantwortet, je nachdem, welcher der genannten Faktoren wie stark gewichtet wird. Obgleich radikale Extrempositionen heute i. d. R. nicht (mehr) vertreten werden, unterscheiden sich nach wie vor die Theorien darin, ob und in welcher Form dem Kind angeborene sprachspezifische Voraussetzungen zugeschrieben werden, welche erwerbsrelevanten Informationsverarbeitungsfähigkeiten angenommen werden und welche Rolle der sprachlichen Umwelt zugeschrieben wird. Je nach Gewichtung erfährt das sog. Lernbarkeitsproblem eine unterschiedliche Antwort. Dieses Problem umgreift unter anderem die folgenden Fragen:

▶ Wie ist es möglich, dass das Kind ein hochabstraktes Sprachwissen erwirbt, das ihm nicht direkt angeboten wird und über das auch kompetente Sprecher kaum Auskunft geben können?
▶ Wie kommt es, dass das Kind auf seinem Weg zum kompetenten Sprecher ganz bestimmte Fehler nicht macht?
▶ Welche Mechanismen sind für Prozesse der Reorganisation sprachlicher Repräsentationen verantwortlich? Warum nimmt das Kind Veränderungen vor und verwirft Fehler, obgleich diese die Kommunikation nicht prinzipiell gestört haben und obgleich sie nicht explizit korrigiert werden?

Golinkoff und Hirsh-Pasek (1990) unterscheiden zwei große Theoriefamilien: die von außen nach innen gerichteten und die von innen nach außen gerichteten Theorien (s. Tab. 18.3). Bei den »Outside-in«-Theorien werden angeborene sprachspezifische Voraussetzungen gar nicht (z. B. Piaget, 1923/1972) oder nur minimal angenommen, wohingegen bei den »Inside-out«-Theorien angeborenes Sprachwissen und/oder sprachspezifische Lernmechanismen eine zentrale Rolle spielen (z. B. Chomsky, 1982).

»Inside-out«-Theorien. Insbesondere linguistisch orientierte Spracherwerbstheorien stimmen darin überein, dass das Kind von Beginn an mit einem hochabstrakten grammatischen Wissen (einer »Universalgrammatik«) und/oder mit einem hoch spezialisierten sprachbezogenen Verarbeitungssystem ausgestattet ist. Dieses Wissens- oder Verarbeitungssystem, das als ein autonomes und damit unabhängig von anderen Wissensbeständen und Kompetenzen operierendes Modul des Gehirns gedacht ist, ist – nach dieser Auffassung – ausschlaggebend dafür, dass das sprachliche Lernbarkeitsproblem gelöst werden kann. Der Umweltsprache sowie den allgemeinen Lernfähigkeiten der Kinder wird eine vergleichsweise unbedeutende Rolle im Spracherwerb zugeschrieben. Sie dienen der Auslösung (»triggering«) des Erwerbsprozesses, der Festlegung solcher grammatischer Prinzipien (Parameter), die durch die Universalgrammatik nicht vollständig spezifiziert sind, sowie der Unterstützung genetisch bestimmter Reifungsprozesse.

Beziehungen zwischen sprachlicher und kognitiver Entwicklung gehen nach dieser Auffassung vor allem darauf zurück, dass die Analyseergebnisse (der »Output«) des Sprachmoduls mit anderen Wissensrepräsentationen interagieren.

Auch wenn die Angeborenheitsannahme innerhalb der linguistischen Theorienbildung unterschiedliche Abschwächungen erfährt, so bleibt doch immer die Ansicht bestehen, dass die Umweltsprache (der »Input«) als Induktionsbasis nicht ausreichend dafür sein kann, dass das Kind das korrekte sprachliche Regelsystem erwirbt und keine bleibenden falschen Schlüsse über die der Sprache zugrunde liegenden Regelmäßigkeiten zieht.

Sprachentwicklungspsychologen nehmen gewöhnlich eine moderatere Position ein und stellen den Passungsgedanken zwischen inneren und äußeren Bedin-

Tabelle 18.3 Zwei Theoriefamilien zum Spracherwerb (in Anlehnung an Golinkoff & Hirsh-Pasek, 1990)

»Outside-in«-Theorien	»Inside-out«-Theorien
Sprachlernen erfolgt wie andere Lernprozesse	Sprachlernen unterscheidet sich zumindest zum Teil von anderen Lernprozessen
Das Kind ist mit angeborenen generellen Lernmechanismen ausgestattet. Angeborene sprachspezifische Voraussetzungen werden gar nicht oder nur minimal angenommen	Das Kind ist mit angeborenem Sprachwissen oder angeborenen sprachspezifischen Fähigkeiten ausgestattet
Zwei Versionen: (1) kognitive Theorien (2) sozial-interaktive Theorien	Zwei Versionen: (1) starke Version: Universalgrammatik (2) schwache Version: basierend auf empirischen Ergebnissen der Säuglingsforschung

gungen in den Vordergrund, wobei die Annahme angeborener sprachspezifischer Bedingungen auf der empirischen Basis von Ergebnissen aus der Säuglingsforschung beruht. Die Sprache wird nicht als ein von anderen Aspekten der Kognition vollständig unabhängiges Modul, sondern als spezifischer Kompetenzbereich aufgefasst, für dessen Erwerb der Säugling mit sprachspezifischen Voraussetzungen ausgestattet ist, die ihm erlauben, seine Aufmerksamkeit auf linguistisch relevante Spracheinheiten und Regularitäten zu fokussieren (vgl. u. a. Karmiloff-Smith, 1992).

»Outside-in«-Theorien. »Outside-in«-Theorien betonen demgegenüber die Bedeutung genereller Lernmechanismen. »Outside« bezieht sich dabei nicht nur auf das, was außerhalb des Kindes stattfindet, sondern auch auf alle Aspekte der mentalen Organisation, die sich außerhalb des Systems der Sprache befinden. Zwei Varianten haben in der Forschung eine wichtige Rolle gespielt und spielen sie zum Teil noch:

(1) Bei der ersten Variante handelt es sich um kognitive Theorien, die den Spracherwerb als das Ergebnis der kognitiven Entwicklung zu erklären versuchen (u. a. Piaget, 1923/1972). Wörter sollen erst dann erlernt werden können, wenn die zugrunde liegenden Konzepte erworben sind, so wie die regelhafte Anordnung von Wörtern in Sätzen den während der sensomotorischen Phase aufgebauten Handlungsschemata folgen soll.

(2) Die sozial-interaktiven Theorien als zweite Variante setzen diesem kognitiven Reduktionismus einen sozialen Reduktionismus in der Weise entgegen, dass angenommen wird, Sprachmuster entstünden direkt aus zuvor erworbenen sozial-kommunikativen Mustern. Wenn auch nicht mehr so streng unilateral vertreten, so schreiben auch heute noch manche Forscher den im Dialog ausgebildeten Sprach- und Kommunikationsmustern primäre Bedeutsamkeit für einen gelungenen Spracherwerb zu (z. B. Bruner, 1985).

Interaktionistische Sichtweise. Eine Annäherung und gegenseitige Ergänzung der unterschiedlichen Sichtweisen ist, wie schon erwähnt, der beste Weg zum Verständnis des Spracherwerbsprozesses. Golinkoff und Hirsh-Pasek (1990, S. 85) stellen dementsprechend fest: »The challenge for the future is to explain how the reservoir of cognitive, social, and prosodic knowledge interacts to support the discovery of syntactic rules.« Unter den möglichen interaktionistischen Sichtweisen nehmen heute die sog. Steigbügelhalter-Theorien (»bootstrapping theories«) eine wichtige Rolle ein. Dabei geht es um die Frage, welche schon erworbenen Konzepte und Kompetenzen gewissermaßen als Steigbügel für den Einstieg in die Grammatik benutzt werden. Beim semantischen »Bootstrapping« beispielsweise werden semantische Konzepte für den Einstieg in die Syntax genutzt, so wie syntaktische Hinweisreize den Erwerb von Wortbedeutungen ermöglichen können. Bedeutsam ist, dass Steigbügelhaltertheorien keinen allumfassenden Anspruch haben, sondern versuchen, einzelne Teilbereiche der Spracherwerbsaufgabe präzise zu definieren, um zu empirisch prüfbaren Aussagen zu kommen.

Theorien des Spracherwerbs unterscheiden sich somit hinsichtlich der Frage, welche Rolle Anlage und Umwelt beim Erwerb der jeweiligen Muttersprache spielen und welche Rolle der allgemein-kognitiven Entwicklung sowie allgemeinen Lernmechanismen zukommt bzw. inwieweit bereichsspezifische Lernmechanismen angenommen werden müssen. Hierauf wird im Folgenden nochmals genauer eingegangen.

18.4 Voraussetzungen und Bedingungen für einen erfolgreichen Spracherwerb

Die allgemeine Frage, welche Voraussetzungen für die Bewältigung der Spracherwerbsaufgabe anzunehmen sind, lässt sich unter anderem über die folgenden Teilfragen präzisieren: Mit welchen wahrnehmungsbezogenen, kognitiven und sozial-kognitiven (Vorläufer-)Fähigkeiten ist das Kind ausgestattet, die den Spracherwerb vorbereiten und ermöglichen? Welche Rolle kommt der sozialen Umwelt zu? Stellt diese lediglich den motivierenden Motor für die Sprachaneignung durch das Kind dar oder nimmt sie auch spezifische sprachlehrende Funktionen wahr? Beruht der Erwerbsprozess auf generellen Lernprinzipien oder sind auch sprachspezifische Erwerbsmechanismen anzunehmen?

18.4.1 Spracherwerb als biologisch fundierter, eigenständiger Phänomenbereich

Mindestens die folgenden drei Beobachtungen unterstreichen die biologische Fundierung und Bereichsspezifität des Spracherwerbs, die heute übereinstimmend betont wird.

Der Spracherwerb ist humanspezifisch. Obgleich Tiere in der Lage sind, komplexe Kommunikationssysteme auszubilden, gibt es bislang keine überzeugenden Hinweise, dass sie in der Lage sind, ein der menschlichen Sprache vergleichbares Regelsystem auszubilden. Zwar sind z. B. Primaten zu einer funktionsbezogenen Nutzung gebärdensprachlicher Zeichen durchaus in der Lage. Beim Erwerb grammatischer Strukturen zeigte sich jedoch, dass ihre Fähigkeiten mehr als eingeschränkt sind.

Beim Menschen ist die grundlegende Fähigkeit zum Spracherwerb sehr robust. Im Gegensatz zu Primaten, die selbst bei einem elaborierten und gut strukturierten Sprachangebot keine der menschlichen Sprache vergleichbare Sprachkompetenz ausbilden, entwickeln z. B. gehörlose Kinder auch unter sehr eingeschränkten Erwerbsbedingungen eigenständig sprachähnliche, morphologisch und syntaktisch strukturierte Zeichensysteme. Dies wird durch die Studien von Gleitman, Goldin-Meadow und ihren Mitarbeitern (s. Gleitman, 1986; Goldin-Meadow & Mylander, 1998) eindrucksvoll belegt. Untersucht wurden unter anderem sechs von Geburt an gehörlose Kinder hörender Eltern, die – da ihre Eltern keine Gebärdensprache beherrschten – zunächst in einer extrem deprivierten Sprachumwelt aufwuchsen. Nun ist bekannt, dass gehörlose Kinder von sich aus ein informelles System kommunikativer Gesten entwickeln (sog. »home signs«). Die Entwicklung dieses privaten kommunikativen Systems wurde bei den Kindern mit den folgenden Ergebnissen analysiert: Die Kinder begannen zu demselben Zeitpunkt, zu dem hörende Kinder ihre ersten Wörter produzieren, einzelne selbst erfundene Gesten zu machen. Ganz besonders interessant ist, dass sie dann, wiederum dem normalen Sprachentwicklungsverlauf folgend, diese Gesten zu Zwei- und Drei-Zeichen-Sequenzen verbanden, wobei sie ebenso wie altersgleiche sprechende Kinder bestimmte Wortordnungen einhielten, also syntaktische Regeln befolgten. Dies stellt einen wichtigen Hinweis darauf dar, dass Kinder von sich aus mit der Fähigkeit ausgestattet sind, solche Formen zu entwickeln.

Wie robust die grundsätzliche Fähigkeit zum Spracherwerb beim Menschen ist, wird in vollständig anderer Weise auch durch Studien mit Patienten belegt, denen zu einem frühen Entwicklungszeitpunkt der linke oder rechte Kortex aus medizinischen Gründen entfernt werden musste. Trotz dieses gravierenden Eingriffs, der bei den drei untersuchten Patienten in einer Studie von Dennis und Whitaker (1976) vor dem fünften Lebensmonat durchgeführt werden musste, waren die Patienten in der Lage, angemessene phonologische und semantische Fähigkeiten zu entwickeln: Sie zeigten eine normale Artikulation und konnten phonemische Unterscheidungen vornehmen; auch hatten sie weder Worterkennungsprobleme noch Wortfindungsschwierigkeiten.

Allerdings enthält diese Studie zugleich Hinweise darauf, dass die rechte Hemisphäre möglicherweise nicht in gleicher Weise wie die linke geeignet ist, anspruchsvolle grammatische Leistungen zu vermitteln. So hatten die beiden Kinder, denen die linke Hemisphäre entfernt worden war, unter anderem Schwierigkeiten bei der Interpretation von Satzbedeutungen, wenn diese den Einbezug syntaktischer Merkmale erforderte (z. B. Passivstrukturen), sowie bei der Erkennung und Korrektur syntaktischer Satzfehler.

Spracherwerb ist auch bei eingeschränkten kognitiven Fähigkeiten möglich. Zahlreiche Studien zum Spracherwerb bei geistig retardierten Kindern zeigen, dass Kinder mit eingeschränkten kognitiven Fähigkeiten in der Regel gravierende Schwierigkeiten beim Erwerb der Sprache haben, die oft sogar noch ausgeprägter als ihre geistigen Defizite sind. Trotz dieser Tatsache wurden immer wieder einzelne Fälle und sogar ganze Syndrome beobachtet, bei denen die sprachlichen Fähigkeiten und Fertigkeiten der Kinder und Jugendlichen verglichen mit ihren kognitiven Leistungsfähigkeiten erstaunlich gut ausgeprägt sind (zusammenfassend Weinert, 2000). Allerdings muss betont werden, dass in all diesen Fällen weder das sprachliche noch das kognitive Leistungsprofil der Probanden vollständig homogen ist.

18.4.2 Entwicklungsbeziehungen zwischen Sprache und Kognition

Die Beobachtung, dass einige geistig retardierte Kinder dennoch in der Lage sind, erstaunliche sprachliche Kompetenzen auszubilden, macht deutlich, dass der Erwerb der Sprache keine einfache Folge der kognitiven Entwicklung und der Ausbildung komplexer Problemlösefähigkeiten ist. Diese Folgerung wird auch durch die Betrachtung der ungestört verlaufenden Entwicklung bestätigt: Die Kinder erwerben das komplexe, abstrakte Regelsystem ihrer Muttersprache in einem Alter, in dem ihre abstrakten Problemlösefähigkeiten noch extrem eingeschränkt sind. Darüber hinaus lassen sich keine generellen Zusammenhänge zwischen dem kognitiven und dem sprachlichen Entwicklungsstand nachweisen (zusammenfassend Weinert, 2000).

Dies bedeutet allerdings nicht, dass sich der Erwerb der Sprache vollständig unabhängig von kognitiven Kompetenzen und Entwicklungsveränderungen vollzieht. Vielmehr muss das Kind all jene Regularitäten, die spezifisch für seine jeweilige Muttersprache sind und damit nicht in universeller Weise angeboren oder genetisch determiniert sein können, induktiv aus dem Sprachangebot ableiten. Um diese Aufgabe bewältigen zu können, muss das Kind über eine Reihe spracherwerbsrelevanter kognitiver, sozial-kognitiver und sozial-kommunikativer Kompetenzen verfügen, die es ihm – verbunden mit einer hierauf abgestimmten sozialen Umgebung – möglich machen, die Aufgabe des Spracherwerbs erfolgreich zu meistern.

Kognitiv-konzeptuelle Entwicklung und der Erwerb sprachlicher Bedeutungen. Die kognitive Entwicklung ist nicht einfach der Schrittmacher der sprachlichen Entwicklung; selbst der Erwerb sprachlicher Bedeutungen ist – wie bereits erwähnt – kein einfaches Anhängsel des Erwerbs konzeptueller Unterscheidungen, die dann benannt werden. Vielmehr beachtet das Kind von Anfang an auch formal-sprachliche (phonologische und morphosyntaktische) Regularitäten, die die kognitiv-konzeptuelle Entwicklung erleichtern können. Letzteres wird besonders eindrucksvoll durch interkulturelle Studien belegt, die zugleich eine enge Beziehung zwischen hochspezifischen kognitiv-konzeptuellen und sprachlichen Entwicklungsfortschritten aufzeigen. So beobachteten Gopnik et al. (1996), dass englischsprachig aufwachsende Kinder gegenüber koreanischen Kindern fortgeschrittener sind, wenn es (1) um den Erwerb von Kompetenzen der Objektkategorisierung und (2) den Zeitpunkt des schnellen Zuwachses an Nomen (Benennungsspurt) geht; dagegen hatten die koreanischen Kinder einen Entwicklungsvorsprung (1) bei der einsichtsvollen Lösung von Mittel-Zweck-Aufgaben und (2) dem Erwerb von Erfolgs- und Misserfolgswörtern. Diese kognitiven und sprachlichen Entwicklungsunterschiede hängen mit entsprechenden Differenzen im Sprachangebot und in der Struktur der Sprache zusammen, die die Kinder erwerben: Während das Englische auf Nomen zentriert, sind im Koreanischen Verben besonders bedeutsam. Dies lässt sich so zusammenfassen, dass es zwischen kognitiv-konzeptueller und sprachlicher Entwicklung zwar keine generellen, wohl aber bedeutsame spezifische Zusammenhänge und Wechselwirkungen gibt.

Phonologische Arbeitsgedächtnisleistungen und Spracherwerb. Kinder verfügen von Geburt an über ein relativ leistungsfähiges Gedächtnissystem und gut entwickelte auditive Fähigkeiten, die von zentraler Bedeutung für den Spracherwerb sind. Besondere Aufmerksamkeit wurde und wird in diesem Zusammenhang dem kapazitätsbegrenzten (phonologischen) Arbeitsgedächtnis gewidmet. Vor allem eine Reihe von Untersuchungen aus der Arbeitsgruppe um Gathercole und Baddeley hat überzeugend deutlich gemacht, dass den interindividuell unterschiedlichen (phonologischen) Arbeitsgedächtnisleistungen eine wichtige Rolle beim Wortschatzerwerb, möglicherweise sogar beim Grammatikerwerb zukommt. Die Leistungen, die 4 Jahre alte Kinder bei der Wiedergabe sinnfreier Pseudowörter (z. B. »preleidastemp«) erzielten, erwiesen sich nämlich als prädiktiv und vermutlich funktional für den Wortschatzerwerb der Kinder ein Jahr später (Gathercole et al., 1992). Sie kovariieren zudem mit dem Sprachverständnis und den produktiven Sprachleistungen der Kinder. Berücksichtigt man zusätzlich, dass Kinder mit Sprachentwicklungsstörungen zuverlässig gravierende Defizite im Bereich des phonologischen Arbeitsgedächtnisses aufweisen, so kann gefolgert werden, dass dem Arbeitsgedächtnis eine wichtige Rolle im Spracherwerb zukommt (Grimm, 2003).

Allerdings zeigen die Studien von Gathercole und Baddeley zugleich, dass es sich bei dem Verhältnis von Spracherwerb und phonologischer Arbeitsgedächtnisleistung nicht um eine »Einbahnstraße« handelt. Die große Bedeutung sprachlichen Wissens für kindliche Gedächtnisleistungen wird vor allem daran deutlich, dass sich mit ca. 5 Jahren die dominante Wirkrichtung umzukehren scheint, indem nunmehr vor allem der fortschreitende Spracherwerb prädiktiv für spätere Gedächtnisleistungen der Kinder ist (Gathercole et al., 1992; für einen Überblick Weinert, 2006).

Implizite Lernfähigkeiten und Erwerb des sprachlichen Regelsystems. Es genügt aber nicht, dass das Kind das Sprachangebot verarbeitet. Vor allem muss es die zugrunde liegenden Regularitäten ableiten. Dass Säuglinge von Anfang an Regelmäßigkeiten im Sprachangebot abstrahieren, zeigen die bereits berichteten Befunde der Säuglingsforschung (vgl. Abschn. 18.2). Noch kein Jahr alt, haben die Kinder sowohl das phonologische Inventar ihrer Muttersprache als auch die Regularitäten ihrer Verknüpfung abstrahiert und beachten vor allem solche Merkmale der Prosodie, die Hinweise auf syntaktisch relevante Spracheinheiten und Phrasenstrukturen ihrer Muttersprache geben.

Die Kinder scheinen somit, wie Karmiloff-Smith (1992) begründet folgt, mit spezifischen Prädispositionen ausgestattet zu sein, die es ihnen erlauben, das Sprachangebot in besonderer sprachspezifischer Weise zu verarbeiten und zu repräsentieren. Bereits erworbenes Wissen erleichtert in der Folge die Verarbeitung komplexerer Sprachformen und kann als Einstiegsmechanismus bzw. »Steigbügelhalter« für den (weiteren) Erwerb anderer Sprachkomponenten dienen.

Aus dem Befund, dass Säuglinge sensitiv gegenüber prosodischen Markierungen der Phrasenstrukturen von Äußerungen sind, kann allerdings nicht automatisch geschlossen werden, dass sie diese auch tatsächlich für die nicht bewusste Ableitung grammatischer Einheiten und Regeln nutzen. Hierfür sind ergänzende Befunde zur Nutzung prosodischer Merkmale als syntaktische Gliederungshinweise und Lernhilfen ins Feld zu führen. Diese liegen in der Tat vor (vgl. Weinert, 2006) und verweisen darauf, dass prosodische Gliederungen die Satzverarbeitung und das Satzverständnis jüngerer Kinder, die Segmentierung von Phrasen sowie den nicht bewussten Erwerb grammatischer Regeln erleichtern. Erneut weisen Kinder mit spezifischen Sprachentwicklungsstörungen gravierende Defizite in diesen Bereichen auf.

Es kann demnach als sehr plausibel gelten, dass Kinder angeborene Prädispositionen für das Sprachlernen haben, die vom linguistischen Spezifikationsgrad der Universalgrammatik oder eines Sprachmoduls allerdings sehr weit entfernt sind.

18.4.3 Sozial-kognitive Voraussetzungen des Spracherwerbs

Von Geburt an stellen das bewegte Gesicht und der stimmliche Ausdruck interessante Reize für den Säugling dar, denen er vermehrt Aufmerksamkeit schenkt. Schon bald beginnt er, Aspekte seiner Umwelt imitativ aufzugreifen und soziale Gesten nachzuahmen. Eine besonders wichtige Rolle kommt dabei den Episoden geteilter Aufmerksamkeit zu, in denen Mutter und Kind einen gemeinsamen Aufmerksamkeitsfokus aufweisen.

Gemeinsamer Aufmerksamkeitsfokus und Imitation. Grimm (2003) illustriert den kritischen Stellenwert, der den sozial-kognitiven Vorausläuferfähigkeiten der Imitation, der Aufmerksamkeitszentrierung und der Verwendung von Gesten für die Sprachentwicklung zukommt, an folgenden Befundmustern: Je häufiger Mütter gemeinsam mit ihren kleinen Kindern Episoden der geteilten Aufmerksamkeit herstellen und je häufiger die Kinder Sprachlaute imitieren, desto größer ist ihr produktiver Wortschatz im Alter von 21 Monaten. Ebenso konnten zwischen der Gebrauchshäufigkeit von Gesten vor oder um das 1. Lebensjahr und der Wortschatzgröße im 16. oder 20. Lebensmonat positive Korrelationen um die .50 festgestellt werden. Natürlich kann aus solchen korrelativen Zusammenhangsmustern nicht ohne Weiteres auf eine Kausalbeziehung geschlossen werden. Besonders interessant ist daher der quasi-experimentelle Befund, dass bei 18 Monate alten Kindern, die später als autistisch diagnostiziert wurden, weder der Gebrauch symbolischer Gesten noch eine Aufmerksamkeitszentrierung auf das mütterliche Gesicht und die mütterliche Stimme beobachtet werden konnte (Baron-Cohen et al., 1992).

Im Entwicklungsverlauf wird die Herstellung gemeinsamer Aufmerksamkeit zunächst vor allem durch die Mütter gesteuert. Schon bald aber beginnen die Kinder aktiv die Blickrichtung der Mutter zu beachten, wenn diese beispielsweise ein neues Wort äußert. Das neue Wort wird nicht passiv mit dem Objekt assoziiert, das sich gerade im Aufmerksamkeitsfokus des Kindes befindet. Vielmehr orientiert sich das Kind aktiv an der Blickrichtung der Mutter und vermeidet auf diese Weise die Herstellung falscher Wort-Referent-Verbindungen. Erneut weisen Kinder mit autistischer Entwicklungsstörung deutliche Defizite auf (zusammenfassend Baldwin, 1995).

Von der Geste zur Sprache. Dass kleine Kinder mithilfe von Gesten ihren Wünschen wie auch ihren Zurückweisungen verständlichen Ausdruck verleihen können, ist eine gut dokumentierte Beobachtung. Gewöhnlich werden drei Arten von Gesten unterschieden:

- Deiktische Gesten des Zeigens, Gebens und Hinweisens sind noch vorsymbolisch, weil man den jeweiligen Referenten nur aus dem Kontext erschließen kann.
- Referenzielle Gesten zeigen einen präzisen Referenten an (z. B. wenn das Kind nach entsprechender

Aufforderung auf den entsprechenden Gegenstand zeigt) und haben damit eine symbolische Qualität.
- Konventionalisierte Gesten bestehen schließlich aus so festgefügten Bedeutungs-Handlungs-Zusammenhängen wie der Verneinung durch Kopfschütteln oder der Zustimmung durch Nicken.

Dass zwischen diesen Gesten und dem Spracherwerb ein Zusammenhang besteht, ist nicht nur theoretisch plausibel, sondern auch empirisch belegt. Trotz einer gemeinsamen zugrunde liegenden Fähigkeit, die man annehmen kann, wäre es allerdings verkürzt, den Worterwerb ausschließlich auf die vorauslaufenden Gesten zurückführen zu wollen. Die Entwicklung vom vorsprachlichen Handeln zum Sprachausdruck verläuft nicht kontinuierlich in dem Sinne, dass einfach ein weiterer kleiner Schritt hinzukommt. Es ist vielmehr von einer Diskontinuität dergestalt auszugehen, dass eine neue sprachliche Qualität hinzukommt.

So beobachtete Petitto (1983, zit. nach Seidenberg, 1986), dass die zwei untersuchten gehörlosen Kinder zunächst, zwischen dem zehnten und zwölften Lebensmonat, Zeigegesten verwendeten, um auf sich selbst und auf eine andere Person zu verweisen. Nach dem 1. Lebensjahr begannen sie dann die offizielle Gehörlosensprache zu erlernen. Interessanterweise benutzten sie nun nicht mehr die Zeichen für »ich« und »du«, obgleich zwischen den offiziellen und ihren zuvor verwendeten Gesten kein Unterschied besteht. Stattdessen verwendeten sie Gesten für den vollen Namen, um auf sich selbst und andere Personen zu verweisen. Auch zu Beginn des ungestörten oralen Erstspracherwerbs bezeichnen Kinder sich selbst oder andere Personen mit Vornamen oder Rollenbezeichnungen. Im Alter von 22 Monaten kehrte bei den gehörlosen Kindern die Zeigegeste in der bemerkenswerten Weise einer irrtümlichen pronominalen Umkehrung zurück: Wenn die Kinder sich selbst meinten, zeigten sie auf ihren Interaktionspartner, während sie auf sich selbst zeigten, wenn sie den Partner meinten. Erst einige Monate später wurden die Zeichen wieder korrekt verwendet. Der Weg vom vorsprachlichen deiktischen Gebrauch über die Verwendung von Namen hin zum falschen Pronominalgebrauch lässt sich nur so erklären, dass zwischen dem vorsymbolischen Zeigen und der Verwendung von Sprachzeichen etwas ganz Entscheidendes passiert. Es erfolgt kein einfacher und bruchloser Übergang, sondern es kommt eine spezifisch linguistische Fähigkeit hinzu. Der theoretisch hochinteressante Befund ist, dass vorlinguistische und linguistische Gesten, die sich in derselben Modalität abspielen, für einen Beobachter zwar nicht unterscheidbar, aber doch grundsätzlich verschieden sind.

18.4.4 Sozial-kommunikative Voraussetzungen des Spracherwerbs

Schon vom Augenblick der Geburt an beginnt der Dialog zwischen Mutter und Kind. Durch das allmähliche Hineinwachsen in die Rolle des Dialogpartners wird der Grundstein für die komplexe Aufgabe des sprachlichen Wissenserwerbs gelegt. Der Dialog stellt einen wechselseitigen Prozess des Agierens und Reagierens dar, der zunächst von der Mutter aufrechterhalten werden muss. Die Mutter folgt dabei einer impliziten Pädagogik, indem sie stetig Situationen herbeiführt, die es dem Säugling ermöglichen, Kontingenzen zwischen seinem Verhalten und den mütterlichen Reaktionen zu entdecken (Bruner, 1985). Über den Dialog schafft sie eine gemeinsame Erfahrungswelt: Indem sie das Verhalten des Säuglings interpretiert und diesem Bedeutungen zuweist, bringt sie den Säugling dazu, selbst Konzepte und Regeln zu erkennen und sich eine Repräsentation der ihn umgebenden Personen- und Sachumwelt aufzubauen. Diese wiederum bildet eine wichtige Basis für den Spracherwerb. Wie Bornstein und Ruddy (1984) empirisch belegten, wiesen mit zwölf Monaten diejenigen Säuglinge einen größeren produktiven Wortschatz auf, deren Aufmerksamkeit mit vier Monaten besonders häufig auf die Umwelt gerichtet wurde.

Das Lernen ist dabei kein einmaliger, sondern ein kumulativer Vorgang, der von der Mutter während der intensiven Sprachlernphase bis zum 5. Lebensjahr durch entwicklungsadäquat sich verändernde Anpassungsleistungen unterstützt wird (s. Tab. 18.4).

Ammensprache (»Baby-Talk«). Menschen scheinen über ein intuitives Elternprogramm zu verfügen, das sich in mindestens den folgenden Merkmalen an die kindlichen Bedürfnisse, Präferenzen und Fähigkeiten im Säuglingsalter anpasst: Die sog. »Ammensprache« (»Baby-Talk«) wird in hoher Tonlage gesprochen, die sich vorzugsweise im Bereich zwischen 400 und 600 Hertz bewegt und damit an die Hörfähigkeiten im Säuglingsalter angepasst ist. Den prosodischen Präferenzen der Säuglinge entsprechend, übertreibt die Mutter die Satzmelodie stark und malt die Sätze quasi groß

Tabelle 18.4 Mütterliches Sprach- und Kommunikationsangebot

Alter des Kindes	Sprach- und Kommunikationsangebot der Mutter	Hauptmerkmale	Funktionen für den Spracherwerb
bis ca. 12 Monate	Ammensprache (»Baby-Talk«)	Überzogene Intonationskontur; hoher Tonfall; reliable Pausen an Phrasenstrukturgrenzen; einfache, aber variable Sätze; kindgemäßer Wortschatz	Spracherkennung; Segmentierung; zentral: Erwerb prosodischer und phonologischer Regelmäßigkeiten
2. Lebensjahr	Stützende Sprache (»Scaffolding«)	Gemeinsamer Aufmerksamkeitsfokus; Routinen; Formate; Worteinführung	Spracheinführung im Dialog; zentral: Wortschatzerwerb
ab 24–27 Monate	Lehrende Sprache (»Motherese«)	Modellsprache; modellierende Sprachlehrstrategien; Sprachanregung durch offene Fragen	Sprachanregend und -lehrend; zentral: Grammatikerwerb

in die Luft. Dabei lässt sie zwischen Phrasen deutliche Pausen und lenkt durch Akzentverschiebung die Aufmerksamkeit des Säuglings auf besonders wichtige Wörter. Dass sie dabei sehr deutlich spricht und keine hoch komplizierten (wohl aber variable) Satzkonstruktionen und Wiederholungen verwendet, versteht sich fast von selbst. Dieses besondere Sprachregister, das weitgehend kulturunabhängig ist, ist ein bedeutsamer Ausdruck des intuitiven Elternverhaltens und wird vom Säugling für eine erste Organisation der Sprache genutzt (für einen Überblick Weinert, 2011).

Stützende Sprache (»Scaffolding«). Konventionalisierte soziale Routinen wurden von Bruner (1985) als Formate bezeichnet, die folgende wichtige Elemente für den Spracherwerb enthalten:

Das Element »Scaffolding« bedeutet, dass die Mutter die Informationen solcherart begrenzt, dass das kleine Kind mit ihnen umgehen kann. Sie fokussiert seine Aufmerksamkeit auf einen überschaubaren Ausschnitt aus der Realität und bietet ihm eine einfache Dialogstruktur mit konstanter Reihenfolge der Äußerungen an:

»Oh, schau, was da ist!« (Vokativ)
»Was ist das nur?« (Frage)
»Ach, das ist ein Hühnchen.« (Benennung)
»Ja, das stimmt, das ist ein Hühnchen.« (Bestätigung)

Diese Struktur bildet eine Art Gerüst, das den Worterwerb stützt. Zuerst versteht das Kind wenig, um dann später auf die Frage der Mutter mit einem Lallen zu reagieren. Ab diesem Augenblick besteht die Mutter zukünftig auf einer Antwort. Wenn das Kind dann wortähnliche Vokalisationen produziert, akzeptiert sie keine Lall-Laute mehr, so wie sie das Aussprechen konventioneller Wörter verlangt, wenn diese erstmals beherrscht werden. Und schließlich weitet die Mutter die Situation der Spracheinführung schrittweise aus und erwartet vom Kind eine aktivere Teilnahme am Dialog.

Lehrende Sprache (»Motherese«). Die Unterstützung der komplexen Aufgabe des Spracherwerbs erfolgt im weiteren Entwicklungsverlauf durch den als »Motherese« bekannten Sprechstil. Dabei haben sich empirisch insbesondere die folgenden Sprachmerkmale als entwicklungsfördernd erwiesen (vgl. Hoff-Ginsberg, 1986):

▶ Anpassung der durchschnittlichen Länge der Äußerungen und der Anzahl der Nominalphrasen pro Äußerung,
▶ Anzahl der Ja/Nein- und W-Fragen,
▶ teilweise Wiederholungen, Transformationen und Erweiterungen (Expansionen) der kindlichen Äußerungen,
▶ teilweise Wiederholungen mit oder ohne Modifikation der eigenen zuvor gemachten Äußerungen.

Es würde hier zu weit führen, diese Merkmale detailliert zu beschreiben und ausführlich zu begründen, warum diese die grammatische Entwicklung beeinflussen können. Wir wollen uns daher auf wenige wichtige Hinweise und Beispiele beschränken. Wenn Hoff-Ginsberg (1986) davon spricht, dass der Sprache der Mutter eine datenliefernde Funktion zukommt, so wird damit zugleich betont, dass es nicht die Formen oder Merkmale an sich sein können, die einen Effekt haben. Eine simple Übertragung vom mütterlichen Mund in den kindlichen Geist gibt es nicht. Vielmehr sind es die Kinder selbst, die sich die angebotenen Formen nutzbar machen müssen. Das Sprachangebot (der »Input«) muss verarbeitet und damit zum »Intake« werden (s. auch Ritterfeld, 2000). Dies kann nicht über einen einfachen Imitationsvorgang erfolgen, sondern setzt die aktive Auseinandersetzung mit dem sprachlichen Informationsangebot voraus. Dieses Lernen am Modell unterstützt die Mutter durch Sprachlehrstrategien, denen die Funktion der bestätigenden und korrektiven Rückmeldung zukommt. Am Beispiel der Expansion, die eine optimale korrektive syntaktische Rückmeldung darstellt, lässt sich das Sprachlehren besonders eindrücklich demonstrieren (aus Grimm, 1985, S. 11 f.):

> **Beispiel**
>
> K(ind): »Hatter put tetangen«
>
> M(utter): »Ja, das ist kaputt gegangen«
>
> K: »Und da kommt des alles ins Lastwagen«
>
> M: »Jetzt kommt das alles in den Lastwagen«
>
> K: »Ich bin des, ich Fuß brocht«
>
> M: »Des bist du, als du den Fuß gebrochen hast«

Die Mutter bestätigt den Inhalt der kindlichen Äußerung und gibt gleichzeitig ein korrigiertes Modell vor. Auf der Folie des von beiden geteilten Inhalts, d. h. der gelungenen Verständigung, wird die neue formale Information prägnant, wodurch die lerntheoretisch wesentliche Voraussetzung für ihre Verarbeitung erfüllt ist, dass zwischen dem schon Gewussten und dem noch nicht Gewussten keine zu große Distanz bestehen darf.

Dies macht deutlich, dass im Dialog zwar die sozialkommunikative Funktion im Vordergrund steht. Darüber hinaus kommt aber auch den Prozessen des Sprachlehrens und -lernens ein überraschend breiter Raum zu. So konnte Grimm zeigen, dass in Dialogen mit 2- bis 3-jährigen Kindern die mütterlichen Sprachlehrstrategien einen Anteil zwischen 20 und 40 % an der Gesamtäußerungsanzahl hatten (Grimm, 2003).

Dass zwischen den mütterlichen Sprachlehrstrategien und dem kindlichen Sprachlernen Zusammenhänge bestehen, konnte durch eine Anzahl empirischer Untersuchungen nachgewiesen werden. Besonders beeindruckend ist, dass schon eine kurzfristige Optimierung der Bilderbuch-Situation zu nachhaltigen Fortschritten der Sprachentwicklung führen konnte. Whitehurst et al. (1988) instruierten 30 Elternpaare, wie sie unter anderem während des gemeinsamen Anschauens von Bilderbüchern am effektivsten die kindliche Sprachproduktion anregende Fragen stellen und die korrektive Sprachlehrstrategie der Expansion verwenden können. Nach einem Monat des solcherart angereicherten Sprachangebots zeigten die Kinder im Vergleich zu einer Kontrollgruppe signifikant bessere Sprachproduktionsfähigkeiten und konnten diesen Vorsprung auch noch neun Monate später halten.

Allerdings kann der Spracherwerb nicht strikt frequenzabhängig betrachtet werden. Nach wie vor ist das untere Grenzwertproblem ungelöst: Wie viel Sprachinput ist minimal erforderlich, damit die Sprache normal erworben werden kann? Welches Sprachangebot ist in welcher Erwerbsphase besonders hilfreich oder gar notwendig? Dass allein ein Sprachinput z. B. über Fernsehen nicht ausreichend ist, legt eine Studie von Sachs et al. (1981) nahe. Als normal hörendes Kind gehörloser Eltern gelang es dem Jungen Jim erst in der sprachlichen Auseinandersetzung mit einer anderen Person, nicht aber über Fernseh- und Werbesendungen, den sprachlichen Code zu knacken und formale Sprachstrukturen zu erwerben.

> **Denkanstöße**
>
> ▶ Warum kann der Spracherwerb weder auf die allgemein kognitive noch auf die soziale Entwicklung reduziert oder allein auf dieser Basis erklärt werden?
>
> ▶ Wie lassen sich die Beziehungen zwischen sprachlicher, kognitiver sowie sozial-kommunikativer Entwicklung konzeptualisieren?
>
> ▶ Welche Folgerungen ergeben sich für Sprachförderungen?

> **Zusammenfassung**

- Der Erwerb der Sprache stellt einen struktursuchenden und strukturbildenden Prozess dar, in dessen Verlauf unterschiedliche Wissens- und Regelsysteme aufzubauen sind, die sich trotz einiger universeller Merkmale muttersprachtypisch unterscheiden und in ihrem Zusammenwirken die Sprachkompetenz des Kindes ausmachen. Die damit verbundenen höchst anspruchsvollen Leistungen vollbringt das Kind in einem frühen Stadium der allgemein-kognitiven Entwicklung.

- Kinder werden geboren als »Sprachuniversalisten« – ausgestattet mit Sensitivitäten und Verarbeitungsprinzipien, die es ihnen erlauben, höchst unterschiedliche Muttersprachen zu erwerben. Die verfügbare Sensitivität für eine Vielzahl potenziell bedeutsamer Lautkontraste und prosodischer Muster wird unter dem Einfluss der jeweiligen Muttersprache modifiziert: Bereits im 1. Lebensjahr bauen die Kinder ein differenziertes, muttersprachtypisches Wissen über die prosodischen und phonologischen Regelmäßigkeiten der jeweiligen Umweltsprache auf, das zugleich den Einstieg in den Wort- und Grammatikerwerb begünstigt.

- Im Verlauf des Worterwerbs werden unterschiedliche Lernmechanismen wirksam. Während beim sehr frühen Worterwerb durch viele Wiederholungen derselben Erfahrungen in der Eltern-Kind-Situation assoziative Verknüpfungen zwischen Wort und Bedeutung hergestellt werden, sind es spezifische semantische Vorannahmen (Constraints) sowie die flexible Nutzung unterschiedlicher Quellen einschließlich sozialer Hinweise (Blickrichtung, Gesichtsausdruck u. ä.), die ab ca. 18 Monaten das schnelle Lernen von Bezeichnungen für Objekte, Objektteile und -eigenschaften ermöglichen. Die weiteren Fortschritte des Wortlernens beruhen sowohl auf der Überwindung der »alten« Vorannahmen als auch auf der Nutzung »neuer« z. B. syntaktischer Constraints.

- Der Erwerb der Grammatik ist nicht einfach nur eine Annäherung an die Erwachsenengrammatik; vielmehr bilden die Kinder Zwischengrammatiken aus und scheinen – auf der Oberfläche – oftmals Rückschritte nach anfangs korrektem Gebrauch zu machen. Diese kennzeichnen das Kind als »Analysator«.

- Der Erwerb der Sprache erweist sich als ein humanspezifischer, teilweise eigenständiger Phänomenbereich, der nicht in einfacher Weise auf die kognitive oder die sozial-kommunikative Entwicklung reduziert werden kann. Dennoch gibt es wichtige kognitive und sozial-interaktive Voraussetzungen des Spracherwerbs, wie auch umgekehrt der Spracherwerb Einfluss auf die kognitive, die sozial-kognitive und die soziale Entwicklung der Kinder nimmt. Zugleich lassen sich lernerleichternde Passungen zwischen Sprachangebot und den sprachlichen Situationen, in denen Sprache erworben wird, einerseits und den kindlichen Erwerbsaufgaben andererseits beobachten und spezifizieren.

Weiterführende Literatur

Grimm, H. (Hrsg.). (2001). Sprachentwicklung (Enzyklopädie der Psychologie, Themenbereich C, Serie III, Bd. 3). Göttingen: Hogrefe. *In diesem Standardwerk stellen international renommierte Wissenschaftler/-innen in 21 aktuellen Forschungsüberblicken den gesamten Bereich von Sprache und Sprachentwicklung umfassend dar. Die Bandbreite reicht vom sprachverarbeitenden Säugling über neurokognitive Aspekte der Sprachentwicklung, Beziehungen zwischen Sprache und Denken bis hin zu Gebärdensprache, Störungen der Sprachentwicklung sowie Defiziten bei der Alzheimer-Krankheit.*

Grimm, H. (2003). Störungen der Sprachentwicklung: Grundlagen – Ursachen – Diagnose – Intervention – Prävention. Göttingen: Hogrefe. *Dieses leicht lesbare Buch ist v. a. auch für Praktiker geeignet. Ganz unterschiedliche Sprachstörungen werden u. a. bei Kindern mit Hörschädigungen, Down-Syndrom, frühkindlichem Autismus oder spezifischen Sprachstörungen beschrieben. Ergänzende Kapitel führen in die Psychologie der Sprachentwicklung ein und informieren über Diagnostik, Prävention und Intervention.*

Weinert, S. (2006). Spracherwerb. In W. Schneider & B. Sodian (Hrsg.), Kognitive Entwicklung (Enzyklopädie der Psychologie, Themenbereich C, Serie V, Bd. 2; S. 609–719). Göttingen: Hogrefe. *In diesem Beitrag wird ein vertiefter Überblick über empirische Befunde und theoretische Überlegungen zum Spracherwerb gegeben. Dabei wird auch auf Beziehungen zwischen Sprach- und Kognitionsentwicklung, entwicklungspsychologische Aspekte des Zweitspracherwerbs sowie Störungen und Förderungen des Spracherwerbs eingegangen.*

19 Kognitive Kontrolle, Selbstregulation und Metakognition

Jutta Kray • Wolfgang Schneider

19.1 Kognitive Kontrolle
    19.1.1 Definitionen
    19.1.2 Modelle kognitiver Kontrolle
    19.1.3 Kognitive Kontrollfunktionen

19.2 Selbstregulation
    19.2.1 Definitionen und Modelle
    19.2.2 Entwicklung emotionaler Selbstregulation
    19.2.3 Entwicklung kognitiver Selbstregulation

19.3 Metakognition
    19.3.1 Definitionen und Modelle
    19.3.2 Entwicklung deklarativen metakognitiven Wissens
    19.3.3 Entwicklung prozeduralen metakognitiven Wissens

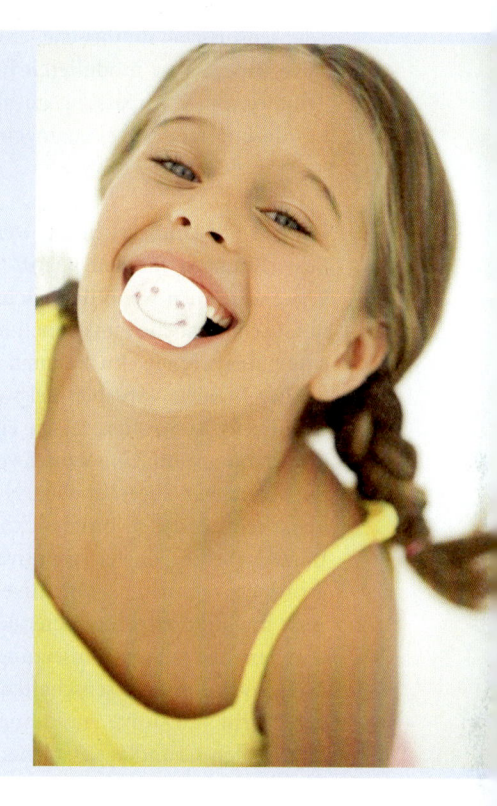

Kann Tina der unmittelbaren Versuchung widerstehen, um später eine größere Belohnung zu erhalten?

Ab welchem Alter gelingt es Kindern, einfache Aufgabenstellungen über einen längeren Zeitraum aufrechtzuerhalten? Wie schaffen sie es, direkten Verführungen wie einer unmittelbaren Belohnung zu widerstehen, um an eine größere Belohnung zu gelangen? Ab wann können Kinder flexibel zwischen unterschiedlichen Aufgabenanforderungen wechseln und überlernte Handlungen unterbrechen oder stoppen? Ab welchem Alter haben Kinder Wissen darüber, wie man sich etwas gut merken kann oder wie viel Zeit man investieren muss, um beispielsweise eine gute Mathematikarbeit zu schreiben? Inwiefern stehen diese Entwicklungen in Zusammenhang mit Reifungsprozessen des Gehirns?

Diese Fragen sind Gegenstand des vorliegenden Kapitels, das sich mit der Entwicklung kognitiver Kontrolle, selbstregulatorischer Prozesse und metakognitiver Kompetenzen befasst, die von zentraler Bedeutung für eine optimale Anpassung und Bewältigung von Aufgaben und zum Erreichen übergeordneter Ziele und Wünsche sind.

19.1 Kognitive Kontrolle

19.1.1 Definitionen

> **Definition**
>
> Unter dem Begriff der **kognitiven Kontrolle** werden übergeordnete kognitive Prozesse zusammengefasst, die sensorische, motorische, emotionale und kognitive Prozesse so modulieren bzw. verändern, dass eine optimale Anpassung an aktuelle Aufgabenanforderungen oder Zielsetzungen möglich ist.

Je nach Forschungsrichtung werden unterschiedliche Bezeichnungen für den Begriff »kognitive Kontrolle« verwendet, auch wenn die beschriebenen Prozesse zumeist sehr ähnliche Funktionen für die Handlungskontrolle übernehmen. Im Rahmen motivationspsychologischer Modelle wird beispielsweise volitionalen (willentlichen) Kontrollprozessen eine wichtige Rolle bei der Planung und Umsetzung von Zielen (Wünschen und Absichten) zugeschrieben. Nach kognitionspsychologischen Modellen umfasst kognitive Kontrolle ein Bündel übergeordneter kognitiver Prozesse, die untergeordnete sensorische, kognitive und motorische Prozesse im Sinne eines internen oder externen Ziels koordinieren und dessen Umsetzung überwachen. In den Kognitiven Neurowissenschaften wird häufig synonym der Begriff »exekutive Funktionen« verwendet, um die neuronalen Grundlagen solcher kognitiver Kontrollprozesse anhand von Patientenstudien mit Läsionen in bestimmten Hirnregionen und/oder mit Methoden zur Erfassung der Hirnaktivität (EEG, funktionelle Bildgebungsverfahren) zu erforschen.

Die Entwicklung kognitiver Kontrolle wird in diesem Kapitel aus einer kognitionspsychologischen Perspektive beschrieben, wobei auch neuere Erkenntnisse zu neuronalen Grundlagen dieser Entwicklungsveränderungen selektiv mit einbezogen werden.

19.1.2 Modelle kognitiver Kontrolle

Es gibt eine Vielzahl von Modellvorstellungen und Taxonomien zur Beschreibung kognitiver Kontrolle. Ältere Modelle kognitiver Kontrolle unterscheiden sich vor allem hinsichtlich struktureller Merkmale, d. h., sie postulieren häufig ein übergeordnetes einheitliches Kontrollsystem, das das Verhalten reguliert. Hingegen gehen Vertreter neuerer Modelle von einer Vielzahl kognitiver Kontrollfunktionen aus und verbinden verschiedene Entwicklungsverläufe in diesen Funktionen mit der neuronalen Reifung in unterschiedlichen Hirnstrukturen (vgl. Abschn. 19.2.1).

Kognitive Kontrolle durch eine einheitliche Kontrollinstanz. Eines der bekanntesten Modelle, das von einer zentralen Steuerinstanz bei der Verhaltenssteuerung ausgeht, ist das Arbeitsgedächtnismodell von Baddeley (2000a). Das Modell umfasst zwei untergeordnete Systeme zur kurzfristigen Speicherung und Verarbeitung verbaler (in der phonologischen »Schleife«) und visuell-räumlicher Information (im visuell-räumlichen »Skizzenblock«), deren Informationsfluss durch eine übergeordnete Instanz, die sog. »Zentrale Exekutive«, koordiniert wird. In den letzten Jahren hat Baddeley sein Modell um ein viertes System, den episodischen Speicher, erweitert. Während die Entwicklung im verbalen und visuell-räumlichen Arbeitsgedächtnis relativ gut erforscht ist (vgl. Abschn. 17.5.1), wird die Funktionsweise der Zentralen Exekutive von Baddeley nicht weiter spezifiziert, wie beispielsweise in dem Modell, das im Folgenden beschrieben wird.

Automatische vs. intentionale Handlungssteuerung. Ein ebenso bekanntes wie einflussreiches Modell kognitiver Kontrolle stammt von Norman und Shallice (1986). Ihr Modell basiert auf der Annahme, dass eine Vielzahl von Handlungen auf erlernten Schemata beruht, die unter bestimmten Auslösebedingungen aus dem Langzeitspeicher abgerufen werden und automatisch ablaufen. Dabei können in einer Situation mehrere konkurrierende Schemata ausgelöst werden, wobei nur das am stärksten aktivierte Schemata ausgeführt und die konkurrierenden Schemata gehemmt werden. Die automatische Handlungssteuerung beruht demnach stark auf Gewohnheiten, da dasjenige Schema, welches am stärksten mit einem aktuellen Reiz verknüpft ist, aktiviert wird; dies hängt sehr stark von der Lerngeschichte eines Individuum ab. Beispielsweise starten wir automatisch das Handlungsschema »Bremsen«, wenn wir uns mit dem Auto einer roten Ampel nähern. Allerdings gibt es auch Umstände, in denen das Ausführen dieses Schemas nicht situationsangemessen ist, z. B. wenn plötzliches Bremsen bei höherer Geschwindigkeit das Auffahren eines nachfolgenden Fahrzeuges nach sich ziehen würde oder bei Glatteis das Auto stark ins Schleudern geraten könnte. In solchen Situa-

tionen ist nach Norman und Shallice ein übergeordnetes »überwachendes Aufmerksamkeitssystem« (»supervisory attentional system«, SAS) nötig, das die Aktivierung von Handlungsschemata so modulieren kann, dass auch die am stärksten aktivierte Handlung unterdrückt und dafür ein anderes Schema stärker aktiviert und dann ausgeführt werden kann. Norman und Shallice spezifizieren fünf Situationen, in denen die Modulation durch das SAS erforderlich ist:
(1) Unterdrückung von starken Gewohnheiten und emotionalen Impulsen
(2) Überwachung von gefährlichen oder schwierigen Handlungen
(3) Ausführung wenig geübter oder neuer Handlungsabläufe
(4) Planungs- und Entscheidungsprozesse
(5) Überwachung und Korrektur von Fehlern

Kognitive Kontrolle und präfrontaler Kortex. Für eine Unterscheidung zwischen zwei Modi der Handlungssteuerung sprechen vor allem neuropsychologische Befunde von Patienten mit Läsionen im präfrontalen Kortex. Patienten mit Stirnhirnverletzungen zeigen häufig reizabhängig gesteuerte Handlungen, d. h. fehlende intentionale Steuerung von Handlungen und fehlende Impulskontrolle, und sie zeigen Beeinträchtigungen in einer Reihe von psychologischen Verfahren, mit denen man kognitive Kontrollfunktionen erfassen kann (vgl. Abschn. 19.1.3). Daher wurde in der Vergangenheit die Funktionsweise des SAS auf neuronaler Ebene häufig mit dem präfrontalen Kortex in Verbindung gebracht und diese Hirnregion als »Sitz« der übergeordneten Kontrollinstanz betrachtet.

In der Entwicklungspsychologie haben einige Forscher die Entwicklung des präfrontalen Kortex in Zusammenhang mit der Entwicklung fluider Intelligenz oder der Mechanik der Kognition (vgl. Abschn. 12.2.1) über die Lebensspanne gebracht. Mechanische Fähigkeiten nehmen in der Kindheit bis zum frühen Erwachsenenalter zu und zeigen dann bis ins hohe Lebensalter eine kontinuierliche Abnahme. Betrachtet man die neuronale Entwicklung des Gehirns, so zeigt sich, dass Hirnregionen wie der präfrontale Kortex, die mit kognitiver Kontrolle in Zusammenhang gebracht werden, im Vergleich zu anderen Hirnregionen erst relativ spät zu reifen beginnen und dass diese Reifungsprozesse auch bis ins frühe Erwachsenenalter noch andauern. Gleichzeitig sind diese Hirnregionen relativ früh von Alterungsprozessen betroffen (Raz et al., 2005).

Allerdings hat sich die Vorstellung vom präfrontalen Kortex als »Sitz« der Zentralen Exekutive als wenig hilfreich beim Verständnis kognitiver Kontrollfunktionen und deren altersbedingten Veränderungen erwiesen, zum einen, weil sich diese Region in mehrere separate Hirnregionen aufteilen lässt, die an unterschiedlichen Kontrollfunktionen beteiligt sind, und zum anderen, weil bei höheren kognitiven Funktionen gewöhnlich ganze neuronale Netzwerke beteiligt sind, die auch subkortikale Hirnregionen mit einschließen. Daher erfolgt die weitere Beschreibung der Entwicklung kognitiver Kontrolle entlang verschiedener Funktionen, wie sie von verschiedenen Forschern in den letzten Jahren vorgeschlagen wurde.

Annahme multipler Komponenten. Einige Forscher haben zudem versucht, die Frage nach der Struktur kognitiver Kontrolle mittels eines faktorenanalytischen Ansatzes zu beantworten. Dazu haben beispielsweise Miyake et al. (2000) eine Reihe von Tests und Aufgaben zur Messung verschiedener Aspekte kognitiver Kontrolle eingesetzt. Die Ergebnisse einer konfirmatorischen Faktorenanalyse zeigten, dass die Annahme dreier separater Faktoren kognitiver Kontrolle (kognitive Flexibilität, inhibitorische Fähigkeiten und Arbeitsgedächtnisfähigkeiten) individuelle Unterschiede zwischen Personen am besten beschreiben. Dies spricht eher gegen die Annahme einer einheitlichen Kontrollfähigkeit, wie sie in den Modellen von Baddeley oder Norman und Shallice postuliert wurde.

19.1.3 Kognitive Kontrollfunktionen

Im Folgenden werden die Entwicklung unterschiedlicher kognitiver Kontrollfunktionen über die Lebensspanne dargestellt sowie typische Methoden zur Erfassung dieser Fähigkeiten vorgestellt. Dabei gibt es zahlreiche Varianten der vorgestellten experimentellen Verfahren, da diese teilweise sowohl zur Testung mit jüngeren Kindern als auch zur Diagnose von Störungen der kognitiven Kontrolle in der klinischen Praxis adaptiert wurden.

Aufrechterhaltung relevanter und Unterdrückung irrelevanter Information
A-nicht-B-Aufgabe. Eine zentrale Voraussetzung zur intentionalen Handlungssteuerung ist die Fähigkeit zur Aufrechterhaltung relevanter Aufgabeninformation (wie z. B. der Aufgabeninstruktionen) und die Ausblendung

augenblicklich irrelevanter Information. Die Fähigkeit zur Aufrechterhaltung relevanter Information wurde bei Säuglingen und Kleinkindern häufig mit der Überwindung des A-nicht-B-Suchfehlers erfasst (s. Abschn. 16.2.1). Bei dieser Aufgabe wird ein Objekt zunächst am Ort A versteckt. Nach Aufdecken des Objektes wird das Objekt nun für das Kind sichtbar an Ort B versteckt (s. Abb. 19.1 a). Erste Erfolge bei dieser Suchaufgabe erreichen Kinder im Alter zwischen ca. 7 und 9 Monaten bei einer Verzögerung von einer bis fünf Sekunden des Versteckens an Ort B. Allerdings begehen auch 12 Monate alte Säuglinge noch den A-nicht-B-Suchfehler. Dabei hängen diese Entwicklungsfortschritte nicht nur mit einer zunehmenden Arbeitsgedächtnisfähigkeit und damit der Fähigkeit zur Repräsentation und Aufrechterhaltung relevanter Information zusammen, sondern auch mit der zunehmenden Fähigkeit zur Hemmung zuvor ausgeführter Handlungstendenzen (d. h. Greifen nach Ort A). Tierexperimentelle Studien sowie neuere EEG-Studien mit Kleinkindern weisen darauf hin, dass die Entwicklung dieser Fähigkeit mit der neuronalen Reifung im präfrontalen Kortex in Zusammenhang steht (Bell & Fox, 1992).

AX-kontinuierliche Leistungsaufgabe. Zur Untersuchung der Fähigkeit zur Repräsentation und Aufrechterhaltung relevanter Aufgabeninformation wurde in den letzten Jahren häufig auch die sog. AX-kontinuierliche Leistungsaufgabe (»continuous performance task«; AX-CPT) eingesetzt. Den Probanden werden nacheinander Reize wie z. B. Buchstaben auf dem Computerbildschirm dargeboten. Dabei folgt auf einen Hinweisreiz immer ein Zielreiz, auf den eine motorische Antwort erfolgen soll. Ist der Hinweisreiz beispielsweise der Buchstabe »A« und der nachfolgende Zielreiz ein »X« (AX-Durchgang), dann sollen die Probanden eine bestimmte Taste drücken. Folgt aber ein anderer Zielreiz (z. B. »M«) auf den Hinweisreiz »A« (AY-Durchgang) oder geht dem »X« ein anderer Hinweisreiz (z. B. »F«) voraus (BX-Durchgang) sowie bei allen anderen Kombination von Hinweis- und Zielreiz (BY-Durchgang), soll der Proband eine andere Taste drücken (s. Abb. 19.1 b). Dabei kommt die Kombination AX sehr viel häufiger vor (70 %) als die anderen Kombinationen (30 %). Personen, die gut im Aufrechterhalten der Aufgabe sind, sollten gute Leistungen in AX- und BX-Durchgängen zeigen, aber schlechtere Leistungen in AY-Durchgängen. Neuere Bildgebungsstudien zeigen, dass vor allem der laterale präfrontale Kortex zur Aufrechterhaltung relevanter Ziele in dieser Aufgabe rekrutiert wird.

Kinder zeigen bis zu einem Alter von etwa 9 Jahren vergleichbare Leistungen in BX- und AY-Durchgängen, wobei die Reaktionen 12-jähriger Kinder in AY-Durchgängen langsamer sind als in AX- oder BX-Durchgängen. Mit zunehmendem Lebensalter nimmt demnach die Fähigkeit zur Aufrechterhaltung relevanter Information zu. Hingegen nimmt bei älteren Erwachsenen im Alter von über 65 Jahren die Fähigkeit zur aktiven Aufrechterhaltung relevanter Ziele wieder ab. Bildgebungsstudien verweisen dabei auf altersbezogene Veränderungen in der Rekrutierung kognitiver Kontrolle. Ältere Menschen investieren weniger in die aktive Aufrechterhaltung des Hinweisreizes, jedoch mehr in die Verarbeitung der Zielreize im Vergleich zu jüngeren Menschen.

n-zurück-Aufgabe. Ein weiteres in den letzten Jahren häufig eingesetztes Verfahren zur Aufrechterhaltung relevanter Information ist die sog. *n*-zurück-Aufgabe (»*n*-back task«). In dieser Aufgabe werden den Probanden nacheinander verschiedene Reize wie z. B. Buchstaben auf dem Bildschirm dargeboten. Ihre Aufgabe ist es, durch Tastendruck anzugeben, ob der aktuelle Reiz identisch mit dem Buchstaben ist, der im *n*-ten Durchgang zuvor dargeboten wurde (s. Abb. 19.1 c). Dabei zeigen Bildgebungsstudien, dass die Aktivierung im dorsolateralen und linken inferioren Präfrontalkortex mit der Arbeitsgedächtnisbelastung (Zunahme in *n*) monoton ansteigt.

Während sich die Leistung in der Fähigkeit zur Aufrechterhaltung relevanter Information in 1-zurück-Aufgaben bis zum Alter von 10 bis 12 Jahren dem Leistungsniveau jüngerer Erwachsener angepasst hat, nehmen die Leistungen in der Fähigkeit zur Aufrechterhaltung relevanter Information im Kontext interferierender Reize (2-zurück-Aufgabe) auch danach noch zu. Dieser Befund steht mit der späten Reifung präfrontaler Hirnregionen im Einklang. Auch ältere Erwachsene im Alter zwischen 70 und 80 Jahren zeigen im Vergleich zu jüngeren in erster Linie schlechtere Leistungen bei 2- und 3-zurück-Aufgaben und nicht bei 1-zurück-Aufgaben (S.-C. Li et al., 2008).

Hemmung automatisierter Handlungstendenzen

Stroop-Aufgabe. Eine der in der Kognitiven Psychologie am häufigsten verwendeten Aufgaben zur Erfassung der Hemmung automatisierter Handlungstendenzen ist die Stroop-Aufgabe. In dieser Aufgabe werden den Probanden Farbwörter dargeboten, die entweder in kongruenter oder inkongruenter Farbe gedruckt sind (s. Abb. 19.2 a). Die Aufgabeninstruktion lautet, dabei möglichst schnell und fehlerfrei die Farbe zu beurteilen, in der die Wörter geschrieben sind. Da allerdings das Lesen der Wörter im Laufe der Kindheit zunehmend automatisiert ist, sind die Leistungen unter inkongruenten Bedingungen, in denen die Farbe und Wortbedeutung nicht übereinstimmen, deutlich schlechter als unter kongruenten Bedingungen. Demnach werden in dieser Aufgabe kognitive Kontrollprozesse beansprucht, die die gerade aktuelle Aufgabeninstruktion aktiviert halten und eine Gewohnheitstendenz wie das Lesen hemmen.

Beschreibung des experimentellen Verfahrens	Bildliche Darstellung
A-nicht-B-Aufgabe Ein Objekt (Süßigkeit oder Spielzeug) wird zunächst an Ort A versteckt und dann für das Kind sichtbar an Ort B.	a Suche an Ort A Suche an Ort B 
AX-kontinuierliche Leistungsaufgabe Probanden drücken immer eine Taste, wenn der Zielreiz »X« einem Hinweisreiz »A« folgt, und sonst eine andere Taste.	b 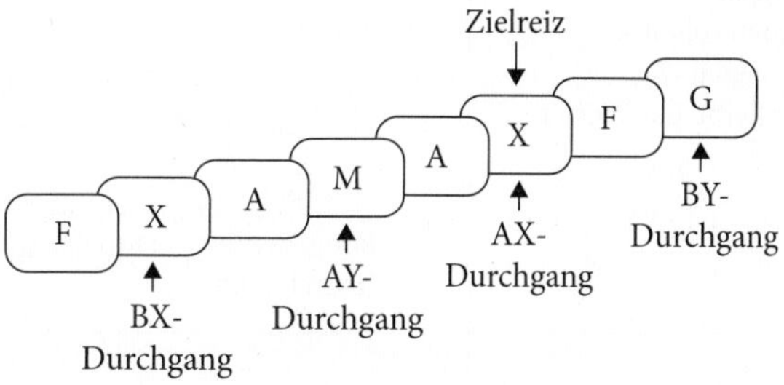 F X A M A X F G BX-Durchgang, AY-Durchgang, AX-Durchgang, BY-Durchgang, Zielreiz
n-zurück-Aufgabe Probanden sollen so schnell und genau wie möglich per Tastendruck entscheiden, ob der gerade gezeigte Buchstabe identisch mit dem Buchstaben im n-ten Durchgang zuvor ist.	c 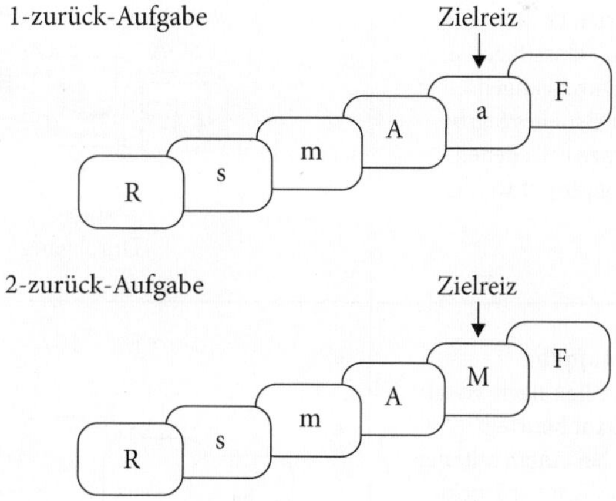 1-zurück-Aufgabe: R s m A a F (Zielreiz) 2-zurück-Aufgabe: R s m A M F (Zielreiz)

Abbildung 19.1 Tests zur experimentellen Erfassung der Fähigkeit zur Aufrechterhaltung relevanter Information im Kontext interferierender Information

Die Fähigkeit zur Unterdrückung solcher automatisierter Handlungstendenzen wird in der Stroop-Aufgabe durch einen Vergleich zwischen den Leistungen in der inkongruenten Bedingung und der kongruenten oder einer »neutralen« Bedingung (s. Abb. 19.2 a) gemessen und als Stroop-Interferenzeffekt bezeichnet. In Bildgebungsstudien findet man häufig eine stärkere Aktivierung im dorsolateralen und inferioren Präfrontalkortex sowie im anterioren cingulären Kortex in inkongruenten im Vergleich zu kongruenten Durchgängen.

Betrachtet man die Entwicklung dieser Fähigkeit über die Lebensspanne ab dem Beginn der Lesefähigkeit im Alter zwischen 6 und 7 Jahren, so finden die meisten Studien eine Abnahme des Stroop-Interferenzeffektes im Kindesalter und eine Zunahme im höheren Lebensalter. Allerdings sind Untersuchungen zu altersbedingten Veränderungen in der Hemmung automatisierter Handlungstendenzen über die gesamte Lebensspanne sehr selten. Einige Studien haben darüber hinaus geprüft, ob diese altersbedingten Veränderungen nicht auch durch altersbedingte Veränderungen in der Geschwindigkeit der Informationsverarbeitung erklärt werden können. In der Tat, wenn altersbedingte Veränderungen in inkongruenten Stroop-Durchgängen in Relation zu altersbedingten Veränderungen in der neutralen Bedingung betrachtet wurden, verschwinden in den meisten Studien die Altersunterschiede in der Hemmungsfähigkeit (für eine Metaanalyse s. Verhaeghen & De Mersmann, 1998) bzw. zeigen sich nur unter bestimmten Bedingungen.

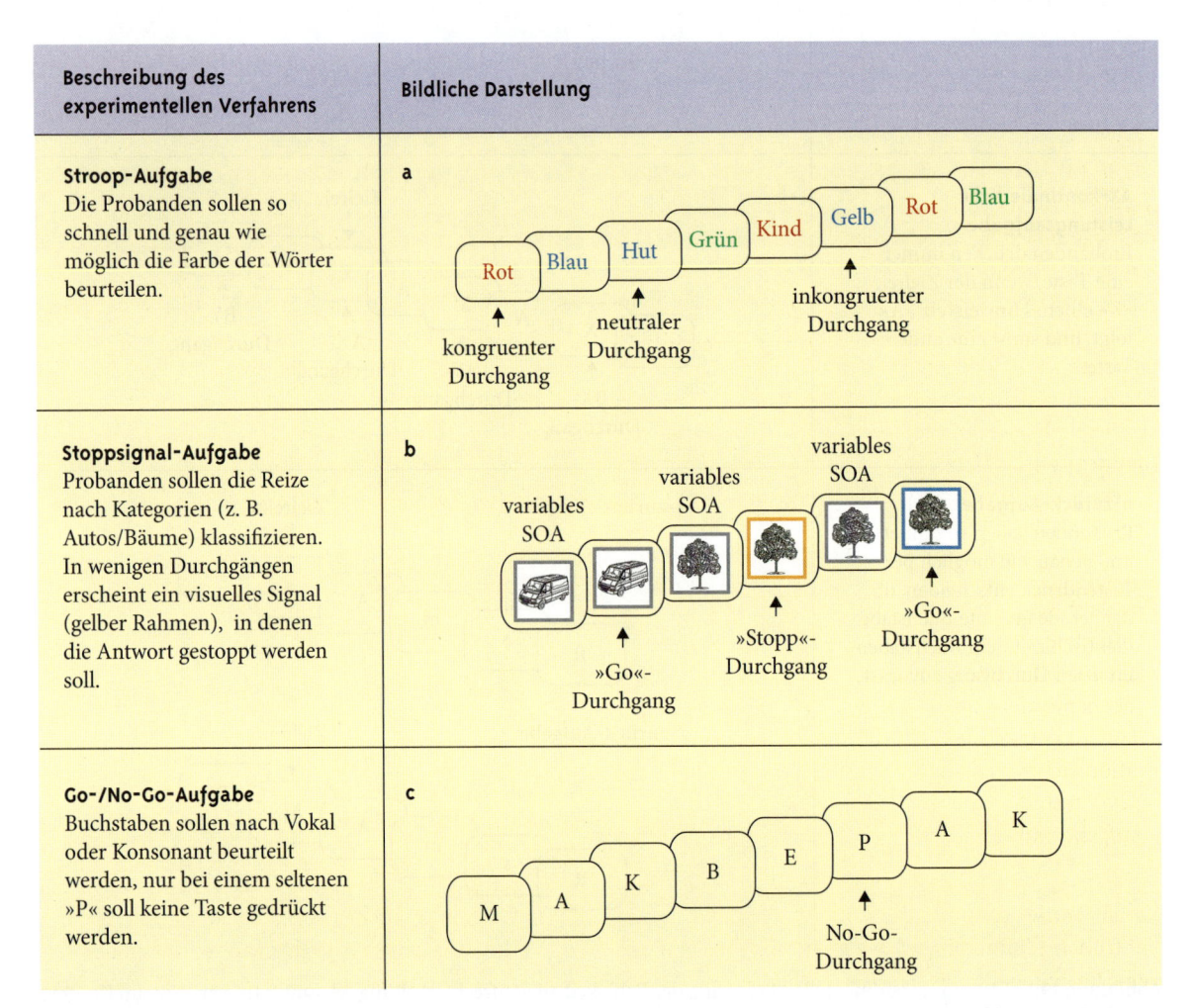

Beschreibung des experimentellen Verfahrens	Bildliche Darstellung
Stroop-Aufgabe Die Probanden sollen so schnell und genau wie möglich die Farbe der Wörter beurteilen.	a — kongruenter Durchgang (Rot, Blau), neutraler Durchgang (Hut, Grün, Kind), inkongruenter Durchgang (Gelb, Rot, Blau)
Stoppsignal-Aufgabe Probanden sollen die Reize nach Kategorien (z. B. Autos/Bäume) klassifizieren. In wenigen Durchgängen erscheint ein visuelles Signal (gelber Rahmen), in denen die Antwort gestoppt werden soll.	b — »Go«-Durchgang, variables SOA, »Stopp«-Durchgang, variables SOA, »Go«-Durchgang
Go-/No-Go-Aufgabe Buchstaben sollen nach Vokal oder Konsonant beurteilt werden, nur bei einem seltenen »P« soll keine Taste gedrückt werden.	c — M, A, K, B, E, P (No-Go-Durchgang), A, K

Abbildung 19.2 Tests zur experimentellen Erfassung der Fähigkeit zur Unterdrückung automatisierter Handlungstendenzen

Stoppsignal-Aufgabe. Eine weitere Möglichkeit zur Messung der Unterdrückung von Gewohnheitstendenzen bietet die sog. Stoppsignal-Aufgabe. Die Probanden werden in dieser Aufgabe aufgefordert, so schnell wie möglich auf zwei Reize zu reagieren, beispielsweise bei einem »Auto« die linke Taste zu drücken und bei einem »Baum« die rechte Taste (s. Abb. 19.2 b). Nur in wenigen Durchgängen wird nach einem variablen Zeitintervall (»stimulus onset asyncrony«; SOA) ein zusätzlicher Reiz dargeboten (z. B. ein visueller Reiz oder häufig auch ein Ton), der als Signal dient, die bereits in Gang gesetzte Handlungstendenz zu unterbrechen, d. h. zu stoppen.

Go-/No-Go-Aufgabe. Ein ähnliches Verfahren ist die sog. Go-/No-Go-Aufgabe, bei der die Probanden möglichst schnell auf häufig dargebotene Reize reagieren sollen, aber nicht auf einen relativ seltenen Reiz (s. Abb. 19.2 c). Mittlerweile ist aus Bildgebungsstudien bekannt, dass bei der Unterdrückung bereits begonnener Handlungen der rechte inferiore Präfrontalkortex und der anteriore cinguläre Kortex beteiligt sind.

Die Fähigkeit zur Unterbrechung bereits initiierter Reaktionen nimmt im Laufe der Kindheit deutlich zu und zeigt in den meisten Studien nur geringe Verschlechterung im höheren Lebensalter (z. B. Kray et al., 2009). Eine erfolgreiche Reaktionsunterbrechung geht bei 8- bis 12-jährigen Kindern mit einer erhöhten Aktivierung posteriorer Hirnregionen im Vergleich zu Erwachsenen einher, während diese präfrontale Hirnregionen stärker aktivieren. Dieser Befund stützt erneut die langsame Reifung des präfrontalen Kortex in der mittleren Kindheit.

Kognitive Flexibilität

> **Definition**
>
> Unter **kognitiver Flexibilität** versteht man die Fähigkeit zur effizienten Anpassung an wechselnde Aufgabenanforderungen. Mangelnde kognitive Flexibilität wird häufig durch eine Neigung zur sog. Perseveration sichtbar, d. h. der Tendenz bei einer Aufgabe zu verharren, auch wenn die Bearbeitung einer neuen Aufgabe erforderlich ist.

Karten-Sortiertest mit dimensionaler Veränderung. In der frühen Kindheit hat man zur Messung der kognitiven Flexibilität häufig den Karten-Sortiertest mit dimensionaler Veränderung (»dimensional change card sort«; DCCS) verwendet. In diesem Test werden den Kindern zwei Zielkarten gezeigt, beispielsweise ein blaues Auto und ein brauner Hund. Dann bekommen sie eine Reihe bivalenter Testkarten, die sie zunächst entweder entlang einer Dimension (z. B. Farbe) und dann entlang einer anderen Dimension (z. B. Form) auf die Zielkarten sortieren sollen (s. Abb. 19.3 a). Die meisten 3-jährigen Kinder sortieren auch nach dem Wechsel der Sortierregel die Testkarten weiterhin entlang der anfänglichen Sortierregel, zeigen also starke perseverative Verhaltenstendenzen. Dabei liegt der Mangel an kognitiver Flexibilität nicht an dem fehlenden Wissen und Behalten der Sortierregeln, sondern diese können nicht in Verhalten umgesetzt werden. Ab dem Alter von etwa 5 Jahren sind Kinder auch dann in der Lage, zwischen zwei Sortierregeln zu wechseln, wenn die Test- und Zielkarten bivalente Reize beinhalten.

Aufgabenwechsel. Zur Erfassung der kognitiven Flexibilität ab der mittleren Kindheit hat man in den letzten Jahren vor allem das experimentelle Verfahren zum Aufgabenwechsel (»task switching paradigm«) eingesetzt. Bei diesem Verfahren werden die Probanden instruiert, zwischen zwei meist einfachen kognitiven Aufgaben zu wechseln. Dazu werden analog zum zuvor beschriebenen Karten-Sortiertest häufig bivalente Stimuli auf dem Computerbildschirm dargeboten, beispielsweise Buchstaben-Zahlen-Kombinationen (s. Abb. 19.3 b). In der einen Aufgabe (A) werden die Probanden gebeten, die Zahlen danach zu beurteilen, ob sie »gerade« oder »ungerade« sind, und in einer anderen Aufgabe (B), ob die Buchstaben »Vokale« oder »Konsonanten« sind. Fähigkeiten zum Aufgabenwechsel können dabei durch einen Vergleich der Leistungen in unterschiedlichen Situationen ermittelt werden (vgl. Kray & Lindenberger, 2000). In Aufgabenwechselsituationen sollen die Probanden beide Aufgaben A und B im Wechsel bearbeiten, sodass man die Leistungen in Wechseldurchgängen (von A nach B und von B nach A) mit den Leistungen in Wiederholungsdurchgängen (von A nach A und von B nach B) vergleichen kann (vgl. Abb. 19.3 b). Dabei zeigen sich in einer Vielzahl von Studien sog. lokale oder spezifische Wechselkosten, d. h. längere Reaktionszeiten und erhöhte Fehlerraten in Wechseldurchgängen im Vergleich zu Wiederholungsdurchgängen. Darüber hinaus zeigen sich auch deutliche globale oder generelle Wechselkosten, wenn man die Leistungen in Aufgabenwechselsituationen mit Leistungen in Situationen vergleicht, in denen die Probanden nur eine der beiden Aufgaben A oder B bearbeiten, ähnlich einer Doppelaufgabensituation (s. u.).

In einer Reihe von Studien zeigen sich unterschiedliche Entwicklungsverläufe in Aufgabenwechselfähigkeiten. Die Fähigkeit zur Umstellung von einer Aufgabe zur nächsten, die sich in spezifischen Wechselkosten widerspiegelt, scheint eher früh in der mittleren Kindheit zu reifen und ist im hohen Alter wenig beeinträchtigt.

Hingegen nehmen generelle Wechselkosten ab dem Beginn der mittleren Kindheit bis zur frühen Adoleszenz deutlich ab und ab dem mittleren Erwachsenenalter bis ins hohe Alter deutlich zu (Kray & Lindenberger, 2000; Kray et al., 2008). Demnach unterliegt die Fähigkeit zur Selektion und Aufrechterhaltung rele-

Kognitive Kontrollfunktion	Beschreibung des experimentellen Verfahrens	Bildliche Darstellung
Kognitive Flexibilität	**Karten-Sortiertest mit dimensionaler Veränderung** Kinder sollen die Testkarten erst nach einer Dimension (Farbe) und dann nach einer anderen Dimension (Form) auf die Zielkarten legen.	a Zielkarten / Testkarten 
	Aufgabenwechsel Die Probanden sollen in Aufgabe A die Reize danach beurteilen, ob die Zahlen gerade oder ungerade sind, und in Aufgabe B, ob die Buchstaben Vokale oder Konsonanten sind.	b 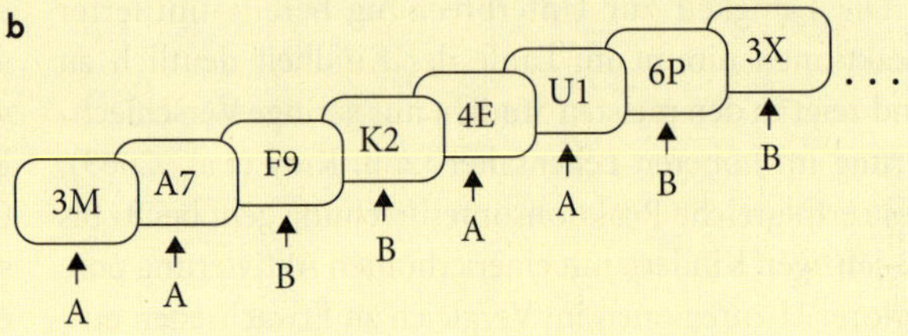 3M(A) A7(A) F9(B) K2(B) 4E(A) U1(A) 6P(B) 3X(B) ...
Koordination multipler Aufgaben	**Doppelaufgaben/ Multitasking** Zwei oder mehrere Aufgaben sollen gleichzeitig bearbeiten werden, z. B. »Gehen entlang eines Parcours« und »Erinnern einer Wortliste«.	c Gehaufgabe 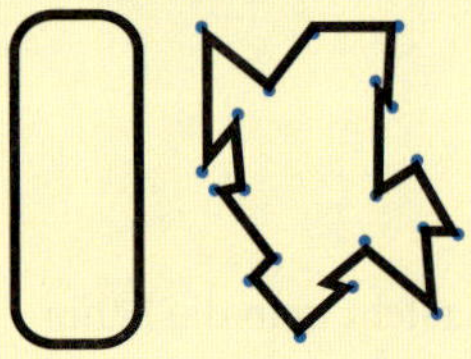 / Gedächtnisaufgabe: Hut Dach, Messer Fisch, Kleid Stift, Trommel …
Planung	**Turm von London** Die Kugeln im Ausgangszustand sollen in einen Zielzustand gebracht werden, wobei immer nur eine Kugel von einem Stab zum nächsten bewegt werden darf.	d Ausgangszustand / Endzustand

Abbildung 19.3 Tests zur experimentellen Erfassung der kognitiven Flexibilität, Koordinations- und Planungsfähigkeit

vanter Information in doppelaufgabenähnlichen Wechselsituationen deutlicheren Veränderungen über die Lebensspanne. Dabei scheint auch die Fähigkeit zur Aufrechterhaltung relevanter Information im Kontext interferierender Information eine Rolle zu spielen, da Altersunterschiede in generellen Wechselkosten wesentlich geringer sind, wenn keine bivalenten Reize dargeboten werden.

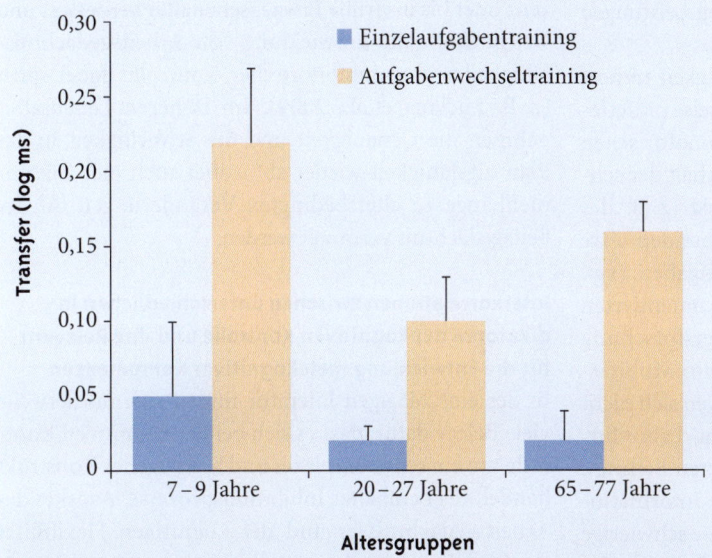

> **Unter der Lupe**
>
> **Gibt es Altersunterschiede in der Plastizität kognitiver Flexibilität und lassen sich diese Trainingseffekte generalisieren?**
>
> Eine Reihe von Trainingsstudien zur Förderung kognitiver Kontrolle, die in den letzten Jahren durchgeführt wurden, sprechen dafür, dass sich kognitive Kontrollprozesse üben und trainieren lassen. Darüber hinaus führt ein Training kognitiver Kontrolle (im Gegensatz zu anderen kognitiven Bereichen wie z. B. Gedächtnis) häufig auch zur Leistungsverbesserung in nicht geübten oder trainierten Fähigkeiten wie beispielsweise in fluider Intelligenz. Um Altersunterschiede in der Plastizität kognitiver Flexibilität zu untersuchen, haben Karbach und Kray (2009) in einer Trainingsstudie Kinder im mittleren Alter von 9 Jahren, junge Erwachsene im mittleren Alter von 22 Jahren und ältere Erwachsene im mittleren Alter von 69 Jahren untersucht, wobei die Trainingsgruppe den ständigen Wechsel zwischen zwei Aufgaben A und B (vgl. Abb. 19.3 b) in vier Sitzungen geübt hat, während die Kontrollgruppe die Einzelaufgaben A und B bearbeitet hat. Alle drei Altersgruppen konnten nach den vier Sitzungen die Leistungen im Aufgabenwechsel deutlich verbessern. Transfereffekte wurden mittels einer umfangreichen kognitiven Testbatterie durch Leistungsverbesserungen im Posttest relativ zum Prätest erfasst. Transfereffekte zeigten sich nicht nur in neuen, aber strukturell ähnlichen Wechselaufgaben, sondern auch in anderen Maßen kognitiver Kontrolle wie in inhibitorischen Fähigkeiten, verbalen und visuellen Arbeitsgedächtnisleistungen und in der fluiden Intelligenz. Zudem scheinen vor allem Kinder und ältere Erwachsene, die größere Probleme beim Aufgabenwechsel (d. h. größere generelle Wechselkosten) haben, am meisten von der Übung des Aufgabenwechsels zu profitieren, da sie größere Transfereffekte zu strukturähnlichen Wechselaufgaben zeigten, sodass Altersunterschiede in der kognitiven Flexibilität teilweise durch das Training kompensiert werden können (s. Abb. 19.4).
>
> **Abbildung 19.4** Transfereffekte (Reduktion der generellen Wechselkosten vom Prätest zum Posttest) nach dem Einzelaufgabentraining und dem Aufgabenwechseltraining getrennt für drei Altersgruppen (Kinder zwischen 7 und 9 Jahren, junge Erwachsene zwischen 20 und 27 Jahren, ältere Erwachsene zwischen 65 und 77 Jahren)

> **Denkanstöße**
>
> Warum ist das Training kognitiver Kontrolle besonders effektiv für Kinder und ältere Erwachsene und warum bringt es eine stärkere Generalisierbarkeit der Trainingseffekte mit sich?

Koordination multipler Aufgaben

Doppelaufgaben oder Multitasking. Die Fähigkeit zur Koordination multipler Aufgaben wird mit dem Doppelaufgaben- oder dem sog. Multitasking-Verfahren erfasst. In Doppelaufgaben oder beim Multitasking werden die Probanden aufgefordert, mehrere unterschiedliche Aufgaben gleichzeitig zu bearbeiten (vgl. Abb. 19.3 c). Diese Situationen erfordern die Fähigkeiten, mehrere Ziele gleichzeitig aktiv zu verfolgen und die Abfolge der Aufgabenbearbeitung zu koordinieren, d. h. Aufgaben beenden und wiederaufnehmen, Prioritäten setzen usw. Um die Koordinationsfähigkeit zu erfassen, werden die Leistungen in Multitasking-Situationen mit den Leistungen in den jeweiligen Einzelaufgaben verglichen.

Die Entwicklung der Koordinationsfähigkeit nimmt in der Kindheit deutlich zu. Interessanterweise präferieren Kinder bei der Kombination von sensomotorischen Aufgaben und kognitiven Aufgaben den Erhalt der sensomotorischen Leistungen, da ein Verlust (z. B. des Gleichgewichts) mit größeren Kosten verbunden wäre als Leistungseinbußen in kognitiven Aufgaben (vgl. Abschn. 9.1.2). Einer der am besten dokumentierten Befunde im Bereich der kognitiven Altersforschung sind altersbedingte Beeinträchtigungen beim Multitasking (vgl. Kramer & Kray, 2006). Diese zeigen sich nicht nur in computergesteuerten künstlichen Laboraufgaben, sondern auch in ökologisch valideren Settings, in denen sich die Personen beispielsweise Informationen merken sollen, wenn sie gleichzeitig eine schwierige Wegstrecke gehen. Auch bei älteren Erwachsenen zeigt sich eine Präferenz zum Erhalt sensomotorischer Leistungen (K. Z. H. Li et al., 2001).

Handlungsplanung

Turm von London. Bei der Handlungsplanung müssen in der Regel neue Abläufe von Handlungsschritten generiert werden, indem bekannte Teilhandlungen neu kombiniert werden. Ein typisches Testverfahren zur Messung der Planungsfähigkeit ist der Turm von London. Bei diesem Test wird den Probanden ein bestimmter Ausgangszustand vorgegeben, den die Probanden in einen vorgegebenen Zielzustand umwandeln müssen. Beim Turm von London haben die Probanden die Aufgabe, drei Kugeln, die auf Stäben angeordnet sind, durch eine bestimmte Anzahl von Zügen in eine vorgegebene Zielkonfiguration zu bringen, wobei sie allerdings immer nur eine Kugel bewegen dürfen, die auf einem Stab abgesetzt werden muss (vgl. Abb. 19.3 d). Um die Aufgabe erfolgreich zu lösen, ist es erforderlich, die Ergebnisse von Teilhandlungen zu antizipieren und Zwischenziele zu formulieren, damit ein übergeordnetes Ziel erreicht werden kann. Planungsschwierigkeiten wurden häufig bei Patienten mit Frontalhirnläsionen beobachtet, wobei neuere Bildgebungsstudien für eine erhöhte Aktivierung im dorsolateralen und anterioren Präfrontalkortex bei Planungsschwierigkeiten sprechen.

Entwicklungspsychologische Studien sprechen für eine deutliche Zunahme der Planungsfähigkeiten im Turm von London, wobei es unterschiedliche Befunde dazu gibt, ob sich die Planungsfähigkeit bis zur Adoleszenz oder bis ins frühe Erwachsenenalter verbessert und welche Rolle die Entwicklung von Arbeitsgedächtnisfähigkeiten und inhibitorischer Kontrolle dabei spielt (z. B. Luciana et al., 2009). Im höheren Lebensalter nehmen die Genauigkeit und die Schnelligkeit in der Planungsfähigkeit wieder ab, wobei auch hier Zusammenhänge zu altersbedingten Veränderungen im Arbeitsgedächtnis vermutet werden.

Interkorrelationen zwischen unterschiedlichen Indikatoren der kognitiven Kontrolle und ihre Relevanz für die Entwicklung metakognitiver Kompetenzen

In der einschlägigen Literatur finden sich mittlerweile viele Belege dafür, dass es sich bei der kognitiven Kontrolle um ein sehr komplexes und heterogenes Konstrukt handelt. Es beinhaltet Inhibitionsprozesse, Aspekte des Arbeitsgedächtnisses und der kognitiven Flexibilität ebenso wie solche der Handlungsplanung und Handlungsüberwachung.

Interkorrelation im Vorschulalter. Es verwundert daher nicht, dass die oben genauer dargestellten Operationalisierungen in Form unterschiedlicher experimenteller Aufgaben insbesondere in der Vorschulzeit nicht sonderlich hoch miteinander korrelieren (Hughes, 1998; Schneider et al., 2005). In der Würzburger Längsschnittstudie von Lockl und Schneider (2007a; Schneider et al., 2005) ergaben sich für eine Stichprobe von etwa 180 Vorschulkindern, die zu Beginn der Studie

3;4 Jahre alt waren, lediglich mäßige Interkorrelationen (zwischen .20 und .35) für unterschiedliche Maße der kognitiven Kontrolle wie die Go-/No-Go-Aufgabe und die Stroop-Aufgabe. Im Vergleich zu anderen Studien fielen diese Interkorrelationen relativ niedrig aus, was damit erklärt werden kann, dass es sich um eine altershomogene Stichprobe handelte, während andere Arbeiten (z. B. Carlson & Moses, 2001) eher altersheterogene Gruppen untersucht haben. Auch die zu drei Messzeitpunkten erfassten Reteststabilitäten für die gleichen Maße über die Altersspanne zwischen 3;4 und 4;10 Jahren bewegten sich auf ähnlich niedrigem Niveau. Dies deutet darauf hin, dass sich die Entwicklungsdynamik für unterschiedliche Maße kognitiver Kontrollfunktionen im Vorschulalter unterschiedlich darstellt, was sich auch darin zeigt, dass Entwicklungsveränderungen in den einzelnen Maßen über die Zeit unterschiedlich deutlich sind. Erst ab dem Schulalter lassen sich höhere Interkorrelationen zwischen unterschiedlichen Indikatoren kognitiver Kontrolle finden (Hughes, 1998).

Kognitive Kontrollfunktionen und Theory of Mind. Von einigen Autoren wird angenommen, dass die Entwicklung kognitiver Kontrollfunktionen und Vorläufern metakognitiver Kompetenzen wie der sog. »Theory of Mind« (ToM; vgl. Abschn. 16.4.3) im Vorschulalter ähnlich verläuft und sich gegenseitig beeinflusst. So scheint es, dass beide Aufgaben von Kindern im Alter von etwa 4–5 Jahren gemeistert werden können. Bei den klassischen ToM-Aufgaben kommt es nicht nur darauf an, dass sich die Kinder in eine andere Person hineinversetzen können, sie müssen auch eine spontan auftretende erste (falsche) Reaktion unterdrücken. Die in der Literatur berichteten mittelhohen Korrelationen zwischen Maßen aus beiden Bereichen sind von daher gut erklärbar. Die Frage, ob es eine kausale Beziehung gibt, also die Entwicklung der ToM Auswirkungen auf die Entwicklung kognitiver Kontrollfunktionen hat oder umgekehrt, ist bislang noch nicht abschließend geklärt. Die Längsschnittdaten von Lockl und Schneider bestätigen hier frühere Befunde, dass kognitive Kontrollfunktionen nachfolgende ToM-Kompetenzen beeinflussen (und nicht umgekehrt), belegen aber auch weiterhin, dass Veränderungen in kognitiven Kontrollfunktionen und ToM-Kompetenzen sehr stark von Veränderungen in der sprachlichen Kompetenz bestimmt werden (Schneider et al., 2005).

Vergleicht man die Entwicklungsverläufe unterschiedlicher kognitiver Kontrollfunktionen, so zeigt sich ein Bild multidirektionaler Veränderungen über die Lebensspanne: In der Kindheit bis zum frühen Erwachsenenalter unterscheiden sich die Entwicklungszunahmen in kognitiven Kontrollfunktionen, und auch im höheren Lebensalter sind nicht alle kognitiven Kontrollfähigkeiten gleichermaßen von Leistungseinbußen betroffen. Vor allem komplexere Kontrollfähigkeiten, die in stärkerem Maße mit der Aktivierung des dorsolateralen präfrontalen Kortex in Verbindung stehen, reifen erst relativ spät und sind auch diejenigen, welche die stärksten Beeinträchtigungen im hohen Alter zeigen, wie z. B. die generelle Wechselfähigkeit, Koordinations- und Planungsfähigkeit.

19.2 Selbstregulation

Der Begriff »Selbstregulation« wird in einer Vielzahl entwicklungspsychologischer Theorien vor allem zur sozioemotionalen Entwicklung, in Handlungskontrolltheorien und Persönlichkeitstheorien verwendet (vgl. Kap. 21 und 23). In diesem Kapitel werden wir daher nur auf solche selbstregulatorischen Prozesse eingehen, die im engeren Sinne die Entwicklung der intentionalen Handlungssteuerung unterstützen.

19.2.1 Definitionen und Modelle

> **Definition**
>
> **Selbstregulation** umfasst ganz allgemein Prozesse, die eine Diskrepanz zwischen einem aktuellen Zustand und einem intendierten Zustand (z. B. einem Wunsch oder Ziel) verringern oder beseitigen.

Soll ein Kind beispielsweise vor der Klasse einen Text vorlesen und es hat sich das Ziel gesetzt, keine Fehler zu machen, hat sich aber beim Vorlesen schon zweimal versprochen, dann kann das Kind sein Verhalten durch selbstregulatorische Prozesse wie langsameres Lesen anpassen, um zukünftige Fehler beim Vorlesen zu vermeiden und so seinem Ziel näher zu kommen.

Im Rahmen der Entwicklungspsychologie haben in den letzen Jahren vor allem zwei theoretische Ansätze zur Entwicklung der Selbstregulation Beachtung gefunden: das Konzept der selbstregulierenden Kontrolle (»effortful control«) im Modell der Temperamentsentwicklung von Rothbart (2007) und das Modell der »heißen« und »kühlen« Dimensionen exekutiver Kontrolle von Zelazo und Mitarbeitern (Zelazo & Müller, 2002). Daher werden beide Modelle im Folgenden näher beschrieben.

Selbstregulierende Kontrolle in Rothbarths Temperamentsmodell. Selbstregulatorische Prozesse spielen im Rahmen der entwicklungspsychologischen Temperamentsforschung eine zentrale Rolle. Das Temperament ist nach der Theorie von Rothbart (2007) bestimmt durch die Reaktivität des Organismus auf emotionaler und motorischer Ebene wie auch auf der Ebene von Aufmerksamkeit und in der Selbstregulation der Reaktivität. Die Struktur des kindlichen Temperaments lässt sich mit drei übergeordneten Dimensionen beschreiben: Extraversion, negativer Affekt und selbstregulierende Kontrolle (»effortful control«), die jeweils mehrere Subskalen umfassen. Extraversion und negativer Affekt repräsentieren individuelle Unterschiede in der Sensitivität gegenüber Belohnungen und Bestrafungen sowie durch die Umwelt ausgelöste positive und negative Emotionen und sind die reaktiven Aspekte des Temperaments. Selbstkontrolle wird als aktiver und regulierender Aspekt des Temperaments gesehen und umfasst nach Rothbarth (2007) folgende Fähigkeiten:

▶ eine dominante Handlungstendenz zu verzögern oder zu unterdrücken, um ein aktuelles Ziel zu erreichen
▶ Pläne für die Zukunft zu machen
▶ Fehler zu entdecken

Das reaktive Temperament entwickelt sich bereits in der vorgeburtlichen Phase und stabilisiert sich in der mittleren Kindheit, während das regulative Temperament sich später im Vorschulalter entwickelt. Entscheidend für die erfolgreiche Entwicklung ist nach Rothbart das Zusammenspiel zwischen reaktiven und regulierenden Aspekten des Temperaments. Die Nutzung von selbstregulierenden Kontrollprozessen erlaubt eine flexiblere Verhaltensanpassung in Situationen, in denen unmittelbar positive oder negative Emotionen ausgelöst werden, Wünsche zurückgestellt oder unterdrückt werden müssen oder Aktivitäten initiiert werden müssen, die man nicht präferiert. Die Entwicklung des reaktiven Temperaments steht nach Rothbart (2007) im Zusammenhang mit den neuronalen Strukturen der Amygdala und dem Dopaminsystem, während die Entwicklung der Selbstregulation mit der neuronalen Reifung von Aufmerksamkeitsnetzwerken in Verbindung steht, die den anterioren cingulären Kortex (ACC) und den lateralen Präfrontalkortex umfassen.

Zelazos Modell der exekutiven Kontrolle. In den letzten Jahren haben Zelazo und Mitarbeiter ein Modell zur Entwicklung kognitiver Kontrolle in der Kindheit vorgelegt, das zum einen in stärkerem Maße die Rolle von Emotionen berücksichtigt und zum anderen neuropsychologische Reifungsprozesse mit einbezieht (Zelazo et al., 2010). Um das Zusammenspiel zwischen Kognition und Emotion bei der Entwicklung zu berücksichtigen, unterscheidet Zelazo zwischen relativ »heißen« und »kühlen« exekutiven Funktionen. »Heiße« exekutive Funktionen sind in Situationen erforderlich, in denen Emotionen reguliert werden müssen, die mit Belohnungen oder Bestrafungen einhergehen. »Kühle« exekutive Funktionen sind in abstrakteren und komplexeren Situationen erforderlich, in denen ein Ziel erreicht werden soll, das nicht an eine unmittelbare Belohnung oder Bestrafung gebunden ist.

Zelazos Modell zufolge werden Informationen zunächst im Thalamus und in der Amygdala, die schnelle emotionale Bewertungen vornimmt, verarbeitet und an den orbitofrontalen Kortex weitergeleitet, in dem relativ einfache Reiz-Belohnungs-Regeln analysiert werden. In vielen Situationen reichen diese einfachen Regeln, um ein adäquates Verhalten zu produzieren. Zur Verarbeitung komplexerer Situationen werden neben dem ACC, der mit der Handlungsüberwachung assoziiert ist, weitere Regionen des präfrontalen Kortex rekrutiert, um Handlungen entsprechend den Zielsetzungen ausführen zu können. Die Entwicklung intentionaler Handlungssteuerung ist nach Zelazo gekennzeichnet durch einen Entwicklungsübergang von einer relativ emotionalen zu einer kognitiven Steuerung des Verhaltens. Es wird angenommen, dass emotionale und motivationale Aspekte einer Situation relativ schnell verarbeitet und aufmerksamkeitsrelevant werden können, und zwar vor allem dann, wenn sie Verhaltenstendenzen auslösen, die z. B. stark überlernt sind und sich daher nur schwer unterdrücken lassen. Dies legt nahe, dass emotionale Aspekte einer Situation sich sowohl hinderlich als auch förderlich auf die Selbstregulation von Verhalten auswirken können.

Im Folgenden werden die wichtigsten Verfahren und neuesten Forschungsergebnisse zur emotionalen Selbststeuerung von Verhalten sowie neuere Erkenntnisse über die Entwicklung der kognitiven Selbststeuerung dargestellt. Allerdings gibt es zum gegenwärtigen Forschungsstand noch keine eindeutigen empirischen Belege für eine Unterscheidung in »heiße« und »kühle« Aspekte der kognitiven Kontrolle und deren Entwicklungsübergang.

19.2.2 Entwicklung emotionaler Selbstregulation

Um zwischen Aufgaben zu unterscheiden, die eher »heiße« oder »kühle« Aspekte der Selbstregulation messen, wurden »heiße« Aufgaben als solche definiert, bei der die Aufgabenleistung mit einer externen erreichbaren Belohnung verbunden ist. Alle Aufgaben messen die Impulskontrolle, wobei mittlerweile zahlreiche Aufgabenvarianten vorliegen, sodass hier nur prototypische Verfahren beschrieben werden (s. Tab. 19.1).

Die Fähigkeit zur emotionalen Selbstregulation nimmt ab dem 3. Lebensjahr deutlich zu. Dabei scheint der emotionale Kontext der Situation, wie es im Modell von Zelazo und Kollegen postuliert wird, eine wichtige Rolle zu spielen. Ersetzt man beispielsweise in der »Weniger ist mehr«-Aufgabe die sichtbaren Süßigkeiten durch abstrakte Symbole, gelingt es 3-jährigen Kindern besser, ihren unmittelbaren Impuls zu unterdrücken, d. h. auf die kleine Belohnung zu zeigen, um eine größere zu erhalten. Eine andere Möglichkeit, die Fähigkeit der Impulskontrolle zu verbessern und die Aufmerksamkeit vom Kontext zu lösen und auf das eigentliche

Tabelle 19.1 Typische Verfahren zur Messung der Impulskontrolle

Aufgabe	Beschreibung	Maß
Belohnungsaufschub (»delay of gratification«)	Kinder haben die Wahl, entweder eine kleine Belohnung wie eine Süßigkeit oder ein Geschenk direkt zu bekommen oder eine größere Belohnung, wenn sie eine längere Zeit warten können (z. B. 15 min), bis der Versuchsleiter, der den Raum verlässt, wiederkommt. Die kleine Belohnung bleibt für diese Zeit sichtbar vor dem Kind liegen.	Häufigkeit der Wahl der größeren Belohnung und erfolgreiche Wartezeit
Verbotenes Spielzeug (»forbidden toy«)	Kinder werden in einem Raum für längere Zeit alleine gelassen und sollen in dieser Zeit nicht mit einem attraktiven Spielzeug spielen, sonst droht eine Bestrafung.	Erfolgreiche Wartezeit
Verzögertes Geschenk (»gift delay task«)	Kinder bekommen ein Geschenk in Aussicht gestellt, das der Versuchsleiter noch einpacken muss. Damit sie das Geschenk zuvor nicht sehen, dürfen die Kinder sich in dieser Zeit nicht zum Versuchsleiter drehen.	Anzahl der Körperdrehungen in der Wartezeit
»Weniger ist mehr«-Aufgabe (»less is more task«)	Kinder bekommen eine kleine oder große Belohnung gezeigt und müssen immer auf die kleine Belohnung zeigen, um die größere zu erhalten.	Anzahl der korrekten Antworten (Zeigen auf die kleinere Belohnung)
Entscheidungsaufgaben (»gambling task«)	Kinder können Karten von zwei Stapeln wählen. Das Ziehen einer Karte von einem unvorteilhaften Stapel ist mit einer regelmäßig hohen Belohnung (2 M&Ms) und gelegentlichen hohen Verlusten (6 M&Ms) verbunden. Das Ziehen einer Karte von einem vorteilhaften Stapel bringt eine kleinere regelmäßige Belohnung (1 M&M), aber auch gelegentlich geringere Verluste (2 M&Ms).	Wahlverhalten, d. h. Anzahl der gezogenen Karten vom vorteilhaften Stapel in Relation zum unvorteilhaften Stapel

Ziel zu lenken, ist die verbale Benennung des Aufgabenziels. Die Fähigkeit zum Belohnungsaufschub kann auch dadurch verbessert werden, dass man die Belohnung weniger salient macht. Durch unterschiedliche Selbstkontrollstrategien wie die Augen schließen, um die Belohnung nicht mehr zu sehen, oder durch Ablenken der Aufmerksamkeit (z. B. mit einem Spielzeug spielen oder an ein lustiges Ereignis denken) kann die Wartezeit auch bei jüngeren Kinder in diesen Aufgaben deutlich erhöht werden. Umgekehrt verkürzt sich die Wartezeit, wenn die Aufmerksamkeit auf saliente Eigenschaften wie beispielsweise auf den Geschmack der Süßigkeit gelenkt wird (Metcalfe & Mischel, 1999).

19.2.3 Entwicklung kognitiver Selbstregulation

Unter kognitiver Selbstregulation werden solche kognitiven Kontrollprozesse verstanden, die bei der Bewertung des Handlungsergebnisses oder bei der Überwachung des Handlungserfolges eine Rolle spielen. Dazu müssen Fähigkeiten entwickelt sein, die es einem Individuum erlauben, das gewünschte oder intendierte übergeordnete Ziel oder Handlungsergebnis für eine gewisse Zeit aufrechtzuerhalten und mit der aktuellen Situation vergleichen zu können.

Zur flexiblen und optimalen Anpassung an Handlungsziele gehört demnach auch, dass wir Fehler entdecken und korrigieren können und unsere Reaktionen nach Fehlern oder in schwierigen Situationen verlangsamen (z. B. beim Auftreten von Reaktionskonflikten). Insgesamt sprechen eine Reihe von Bildgebungsstudien dafür, dass der mediale Präfrontalkortex, vor allem der anteriore cinguläre Kortex (ACC), an der Fehler- und Konfliktdetektion beteiligt ist und gemeinsam mit dem dorsolateralen präfontalen Kortex eine wichtige Rolle bei der Handlungsüberwachung spielt.

Bislang liegen nur wenige systematische Studien zur Entwicklung des Handlungsüberwachungssystems vor. Betrachtet man die Entwicklung ab der frühen Adoleszenz bis zum frühen Erwachsenenalter, so zeigen sich Entwicklungsfortschritte vor allem in den Fähigkeiten der Fehlerdetektion und -korrektur und der Verhaltensanpassung nach Fehlern, und zwar vor allem in schwierigen Situationen, in denen Reaktionskonflikte durch inkongruente Information ausgelöst werden. Darüber hinaus scheinen Kinder im Alter zwischen 10 und 12 Jahren sensitiver gegenüber negativem Feedback beim Lernen zu sein (Eppinger et al., 2009).

Zur Entwicklung des Handlungsüberwachungssystems im höheren Lebensalter sind die Befunde bislang uneinheitlich. Behaviorale Studien finden häufig keine Abnahme in der Fähigkeit zur Fehlerdetektion und Fehlerkorrektur. Elektrophysiologische Studien hingegen berichten teilweise eine verminderte Sensitivität zur Fehlerverarbeitung bei älteren Erwachsenen gegenüber jüngeren, gemessen anhand negativer fehlerkorrelierter Potenziale, der sog. fehlerbezogenen Negativität. Allerdings ist diese Komponente nicht unabhängig von der Leistung der Probanden (z. B. der Fehlerrate). Zeigen jüngere und ältere Erwachsene keine Leistungsunterschiede, so finden einige Studien keine altersbedingten Veränderungen in der Fehlerverarbeitung, wohl aber bei der Verarbeitung von Feedback, wobei ältere Probanden weniger sensitiv gegenüber negativem Feedback zu sein scheinen (Eppinger et al., 2007).

19.3 Metakognition

Forschungsarbeiten zur Metakognition haben in jüngerer Zeit Hochkonjunktur in unterschiedlichen Teildisziplinen der Psychologie (z. B. Kognitionspsychologie, Pädagogische Psychologie, Sozialpsychologie). Vor etwa 40 Jahren wurde der Begriff »Metakognition« von John Flavell geprägt und in die entwicklungspsychologische Forschung eingeführt (vgl. Flavell, 1979), wobei zunächst das Konzept des »Metagedächtnisses« (Wissen über Gedächtnis, vgl. Abschn. 17.5.3) im Vordergrund des Interesses stand.

19.3.1 Definitionen und Modelle

> **Definition**
>
> Unter **Metakognition** versteht man allgemein das Wissen über kognitive Zustände und Prozesse.

Metakognition lässt sich somit als »Denken über Denken« oder als »Wissen über Wissen« charakterisieren. Das recht breit gefasste Konstrukt beinhaltet jedoch auch Überwachungsaktivitäten und die Selbstregulation der eigenen kognitiven Aktivitäten. Metakognition impliziert, dass sich eine Person ihrer eigenen Denkprozesse bewusst ist.

Verständnis mentaler Vorgänge. Kinder entwickeln erst allmählich ein Bewusstsein ihres eigenen Denkens. Aus Studien zum Erwerb von metakognitiver Sprache ist bekannt, dass jüngere Kinder häufig die Begrifflichkeiten für verschiedene Formen des Denkens noch nicht klar umreißen und voneinander abgrenzen können. Zwar beginnen Kinder schon im Alter von etwa 3 Jahren, mentale Verben wie »wissen«, »denken«, »glauben« zu verwenden, ohne jedoch die verschiedenen Implikationen dieser Verben vollständig zu beherrschen (vgl. Lockl & Schneider, 2007a). Das Verständnis von metakognitiven Verben ist bei Kindern im Vergleich zu dem von Erwachsenen deutlich eingeschränkt. Beispielsweise präsentierten Schwanenflugel et al. (1998) Drittklässlern, Fünftklässlern und Erwachsenen verschiedene Szenarien, in denen eine mentale Aktivität beschrieben wurde. Aufgabe der Probanden war es, diesen Aktivitäten passende Verben wie z. B. »erkennen«, »verstehen«, »schätzen«, »denken« oder »vergleichen« zuzuordnen. Anhand der Auswahl dieser Verben ließen sich drei wesentliche Entwicklungstrends ausmachen: Mit zunehmendem Alter wurde besser verstanden, dass (1) dem Gedächtnis eine aktive Rolle bei der Informationsaufnahme zukommt, (2) Gedächtnis und Verständnis miteinander verknüpft sind und (3) sich mentale Aktivitäten anhand des Ausmaßes, in dem sie Sicherheit bzw. Unsicherheit ausdrücken (z. B. bei Raten, Schätzen, Denken), differenzieren lassen. Insgesamt kann wohl davon ausgegangen werden, dass der Erwerb des Verständnisses mentaler Vorgänge ein lange andauernder Prozess ist, der im Grundschulalter bei weitem noch nicht abgeschlossen ist.

Wissen über mentale Zustände. Forschungsarbeiten zur Theory of Mind deuten weiterhin darauf hin, dass die Entwicklung des Wissens über mentale Zustände wie Wünsche, Absichten und Überzeugungen wesentlich dafür ist, dass sich metakognitives Wissen herausbildet. Grundlegende ToM-Kompetenzen wie etwa das Konzept der Repräsentation müssen verfügbar sein, damit Reflexionen über Denken, Wissen oder Gedächtnis möglich werden. ToM-Kompetenzen können demnach als Vorläufer für deklaratives metakognitives Wissen gelten (vgl. auch Lockl & Schneider, 2007b).

Das Modell des »guten Informationsverarbeiters« (z. B. Pressley et al., 1990) weist dem metakognitiven Wissen eine wichtige Rolle bei der Vorhersage und Erklärung von Lern- und Gedächtnisleistungen zu. Insbesondere dann, wenn Personen über relevantes Begründungswissen verfügen, also erklären können, warum etwa bestimmte Lernstrategien positive Leistungseffekte zeigen, ist davon auszugehen, dass sie in Übereinstimmung mit ihrem Wissen handeln und entsprechend davon profitieren (vgl. auch Schneider & Pressley, 1997).

Überwachungsvorgänge. Während dieses Modell sich schwerpunktmäßig auf die Rolle des *deklarativen* metakognitiven Wissens für Lern- und Problemlösevorgänge bezieht, beschäftigt sich das klassische Metakognitionsmodell von Nelson und Narens (1994) speziell mit dem *prozeduralen* metakognitiven Wissen und dabei insbesondere mit dem Zusammenspiel von Überwachungs- und Regulationsvorgängen (s. Abb. 19.5). Als Überwachungsaktivitäten (»monitoring«) werden solche Prozesse bezeichnet, die es uns erlauben, unsere eigenen kognitiven Vorgänge zu beobachten und darüber zu reflektieren. Überwachungsvorgänge informieren die Person über den momentanen Zustand ihrer Kognition in Relation zu einem aktuellen Ziel. So kann eine Person beispielsweise das Gefühl haben, eine Liste mit Vokabeln gut gelernt zu haben oder eine Textpassage noch nicht ausreichend verstanden zu haben. Nelson und Narens unterscheiden dabei Überwachungs-

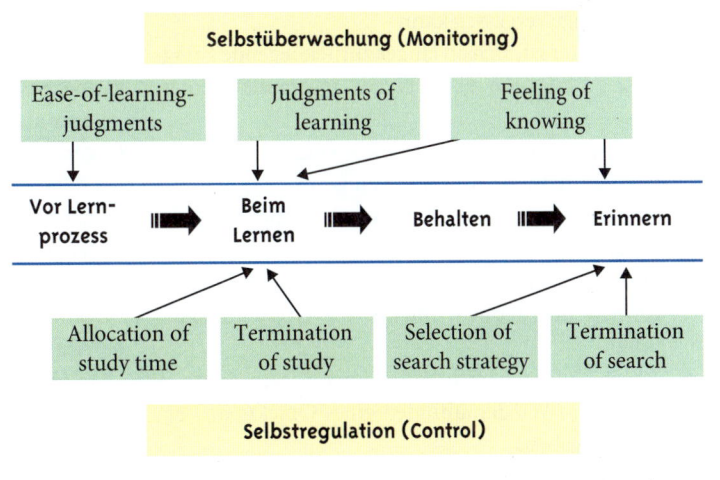

Abbildung 19.5 Metakognitionsmodell von Nelson und Narens (1994)

vorgänge, die vor dem eigentlichen Lernprozess stattfinden (»ease-of-learning judgments«), von Überwachungsvorgängen unmittelbar nach ersten Lernerfahrungen (»judgments of learning«). Davon sind »feeling of knowing«-Vorgänge abgrenzbar, die sich auf länger zurückliegende Lernerfahrungen beziehen und überprüfen, ob einmal gelernte Information immer noch abgerufen werden kann.

Kontrollvorgänge. Metakognitive Kontroll- oder Selbstregulationsvorgänge auf der anderen Seite sind nach Nelson und Narens (1994) bewusste oder unbewusste Entscheidungen, die wir aufgrund der Ergebnisse unserer Überwachungsaktivitäten treffen. Kontrollvorgänge spiegeln sich also beispielsweise in dem Verhalten der Person wider, die gerade dabei ist, etwas zu lernen. Wenn die Person das Gefühl hat, einen Lerninhalt noch nicht genügend »tief« gespeichert zu haben, wird sie diesen Inhalt möglicherweise weiter lernen und mehr Zeit einkalkulieren (»allocation of study time«). Falls die Person das Gefühl hat, einen Text nicht verstanden zu haben, wird sie ihn wahrscheinlich nochmals lesen. Der Lernvorgang wird erst dann beendet, wenn erste Selbsttestungen ergeben haben, dass die Information vollständig erinnert werden kann (»termination of study«). Metakognitive Kontrolle kann sich in Befragungssituationen auch darin äußern, eine potenzielle Antwort, die aufgrund metakognitiver Überwachung als eher falsch eingestuft wird, zurückzuhalten und stattdessen lieber mit »ich weiß nicht« zu antworten. Im Modell von Nelson und Narens wird ein systematischer Zusammenhang zwischen Überwachungs- und Kontrollvorgängen in dem Sinne unterstellt, dass Überwachung zu Regulationsprozessen führt.

19.3.2 Entwicklung deklarativen metakognitiven Wissens

Von Flavell und Wellman (1977) wurde die erste Interviewstudie zur Erfassung deklarativen metakognitiven Wissens im Kindesalter durchgeführt. Es wurde beispielsweise überprüft, inwieweit Kinder über relevantes Wissen zur Bedeutung von Personenmerkmalen für die Gedächtnisleistung verfügen, also etwa darüber, dass das Alter eines Kindes die resultierende Leistung beeinflusst. Weiterhin wurde erfasst, ob Wissen über die Bedeutung von Aufgabenmerkmalen verfügbar ist, also den Probanden beispielsweise bewusst war, dass längere Wortlisten schwerer zu lernen sind als kurze. Schließlich wurde das Wissen über Lern- und Gedächtnisstrategien und deren Bedeutung für den Lernausgang erhoben. Mittlerweile sind auch weitere Befragungen dieser Art vorgenommen worden, deren Ergebnis summarisch in der Übersicht festgehalten ist (vgl. ausführlich Schneider & Lockl, 2006; Schneider & Pressley, 1997).

> **Übersicht**
>
> **Wichtige Befunde von Studien zur Entwicklung des deklarativen Metagedächtnisses**
>
> Gegen Ende der Kindergartenzeit weiß die Mehrzahl der Kinder, dass
> - man Dinge vergessen kann
> - es schwerer ist, sich an länger zurückliegende Ereignisse zu erinnern als an gerade abgelaufene Ereignisse
> - es schwerer ist, sich eine große Menge von Lernmaterialien zu merken als nur wenige
> - erhöhte Anstrengung zu besseren Gedächtnisleistungen führt
> - Merkmale wie Kleidung, Haarfarbe oder Körpergewicht unerheblich sind für die Gedächtnisleistung
> - externe Gedächtnishilfen sinnvoll sein können (z. B. zum Wiederauffinden eines Objekts in Versteckaufgaben)
>
> Zu Beginn der Grundschulzeit weiß die Mehrzahl der Kinder darüber hinaus, dass
> - die Lernzeit die Gedächtnisleistung beeinflusst
> - Wiedererkennen leichter ist als Reproduktion
> - eine ablenkende Tätigkeit die Gedächtnisleistung beeinträchtigen kann
> - mechanisch gelernte Informationen (z. B. Telefonnummern) schnell vergessen werden
>
> Gegen Ende der Grundschulzeit weiß die Mehrzahl der Kinder darüber hinaus, dass
> - nach Oberbegriffen kategorisierbare Begriffe leichter zu lernen sind als nicht kategorisierbare Begriffe
> - Gegensatzpaare leichter zu lernen sind als zufällig verknüpfte Wortpaare
> - Wiederholungs- und Organisationsstrategien hilfreich sind
> - eine wortwörtliche Wiedergabe eines Textes schwieriger ist als eine sinngemäße Wiedergabe
> - Interferenzen die Gedächtnisleistung beeinträchtigen können

Insgesamt belegen die Befunde der verschiedenen Interviewstudien, dass bereits junge Kinder über ein grundlegendes metakognitives Wissen im Gedächtnisbereich verfügen. Andererseits lässt sich aber auch zeigen, dass detaillierteres Wissen über Lern- und Gedächtnisvorgänge erst in späteren Phasen der Grundschulzeit aufgebaut wird. Über neuere Fragebogeninstrumente, in denen das Wissen von Sekundarstufenschülern hinsichtlich angemessener Lesestrategien oder Vorgehensweisen bei Problemlöseaufgaben im Bereich Mathematik über den direkten Vergleich mit Experten in diesen Bereichen erfasst wird, kann weiterhin gezeigt werden, dass teilweise deutliche Wissensunterschiede auch noch zwischen älteren Kindern und Jugendlichen bestehen und der Aufbau metakognitiven Wissens in dieser Phase noch nicht abgeschlossen ist. Solche Unterschiede sind aber auch bei Kindern und Jugendlichen einer Altersstufe festzustellen und für die Prognose von Lernleistungen durchaus erheblich (vgl. z. B. Artelt et al., 2009).

Die verfügbaren Arbeiten zur Entwicklung des deklarativen metakognitiven Wissens über die Lebensspanne legen insgesamt den Schluss nahe, dass erste Anzeichen dieser Wissenskomponente schon bei Vorschulkindern beobachtet werden können und ein besonders großer Wissenszuwachs ab dem späten Grundschulalter bis zur späten Jugendzeit nachweisbar ist. Wenn auch nur wenige Studien zum weiteren Verlauf deklarativen metakognitiven Wissens verfügbar sind, deuten die Befunde insgesamt darauf hin, dass dieses Wissen dauerhaft erhalten bleibt.

19.3.3 Entwicklung prozeduralen metakognitiven Wissens

Metakognitive Überwachungsvorgänge. Die Befundlage zu alterskorrelierten Veränderungen in Selbstüberwachungskompetenzen zeigt einerseits, dass junge Kinder insbesondere dann sehr optimistisch sind und ihre Leistung deutlich überschätzen, wenn es darum geht, Leistungsprognosen (»ease-of-learning judgments«) abzugeben und somit die eigene Gesamtleistung im Voraus einzuschätzen. Beispielsweise glaubt die Mehrzahl der Vorschul- und Kindergartenkinder fest daran, sich etwa an eine Sequenz von zehn Bildern perfekt erinnern zu können. Von den Grundschulkindern sind es in der Regel dagegen nur noch etwa ein Viertel, die solchen Fehleinschätzungen erliegen. Bei Aufgabenstellungen dieser Art scheinen allerdings weniger metakognitive Defizite, sondern eher motivationale Faktoren, wie Wunschdenken oder übergroßes Vertrauen in die Wirksamkeit der eigenen Anstrengung, eine erhebliche Rolle zu spielen (vgl. Lockl & Schneider, 2007a).

Andererseits lassen sich weniger ausgeprägte und zum Teil gar nicht vorhandene Alterstrends dann beobachten, wenn in Bezug auf einzelne Items Einschätzungen darüber verlangt werden, ob sie später erinnert oder wiedergegeben werden können, wie dies bei »judgment of learning«(JOL)-Urteilen oder »feeling of knowing«(FOK)-Urteilen der Fall ist. Wenn Personen JOL-Urteile abgeben sollen, werden sie beispielsweise danach gefragt, wie gut sie ihrer Meinung nach eine Reihe von Wortpaaren, die sie bereits für kurze Zeit lernen konnten, einige Minuten später noch wiedergeben können. Interessanterweise zeigen sowohl Kinder als auch Erwachsene bei solchen Aufgabenstellungen wesentlich bessere Leistungen, wenn die Abgabe der JOL-Urteile leicht verzögert, also etwa 30 Sekunden später und nicht unmittelbar nach dem Lernvorgang erfolgt. Dies ist wohl darauf zurückzuführen, dass man sich bei verzögerter Urteilsaufgabe schon eine Überprüfung des Langzeitgedächtnisses vornimmt, während bei unmittelbarer Überprüfung das Arbeitsgedächtnis abgesucht wird. Die Befunde mehrerer Studien in diesem Bereich konnten übereinstimmend zeigen, dass relativ genaue JOL-Urteile schon für Schulanfänger möglich sind und dass sich kaum Entwicklungstrends ergeben (vgl. die Übersicht bei Schneider & Lockl, 2006).

Um FOK-Urteile zu erfassen, werden den Kindern beispielsweise eine Reihe von Zeichnungen von Objekten vorgegeben, die benannt werden sollen. Wenn der Name eines Objekts nicht einfällt, wird vom Versuchsleiter nachgefragt, ob das Kind den Namen erkennen wird, wenn er in einem Wiedererkennungstest zusammen mit ähnlichen Bezeichnungen vorgegeben wird. Insbesondere die Ergebnisse neuerer, methodisch verbesserter Untersuchungen zeigen hierbei, dass bereits junge Grundschulkinder ein gewisses Gespür dafür besitzen, welche Begriffe sie später wiedererkennen können und welche nicht (Lockl & Schneider, 2007b).

Werden Kinder oder Jugendliche zu selbst erlebten oder beobachteten Ereignissen befragt, erscheint besonders von Bedeutung, in welchem Maße sie genaue und zuverlässige Sicherheitsurteile darüber abgeben können, inwieweit ihre Berichte dem tatsächlichen Ereignis entsprechen. Einschlägige Studien zu eher anwendungsbezogenen Fragestellungen zum Augenzeugengedächtnis von Kindern deuten darauf hin, dass Kinder ab einem Alter von etwa 8 Jahren dazu in der Lage sind, in ihren Sicherheitsurteilen zwischen richtigen und falschen Antworten zu differenzieren (Roebers, 2002).

Metakognitive Kontrollvorgänge. Metakognitive Kontrollvorgänge sind bewusste oder unbewusste Entscheidungen, die wir aufgrund der Ergebnisse unserer Überwachungsaktivitäten treffen. Kontrollvorgänge spiegeln sich also beispielsweise in dem Verhalten einer Person wider, die gerade dabei ist, etwas zu lernen. Wenn die Person das Gefühl hat, einen Lerninhalt noch nicht genügend »tief« gespeichert zu haben, wird sie diesen Inhalt möglicherweise weiter lernen. Falls die Person das Gefühl hat, einen Text nicht verstanden zu haben, wird sie ihn nochmals lesen.

> **Unter der Lupe**
>
> **Steuermaßnahmen bei Puzzle-Aufgaben**
> Eines der ersten deutschsprachigen entwicklungspsychologischen Experimente zur Steuerung von Problemlöseverhalten wurde von Kluwe und Schiebler (1984) berichtet, die 4- bis 7-jährige Kinder mit Puzzle-Aufgaben konfrontierten. Alle Kinder bearbeiteten diese Probleme zunächst in einer reversiblen Bedingung, konnten einmal gelegte Puzzleteile also wieder entfernen. In einer sich anschließenden irreversiblen Bedingung wurde den Kindern mitgeteilt, dass nun einmal gelegte Puzzleteile festkleben und nicht mehr entfernt werden könnten. Kinder aller Altersgruppen zeigten als Folge geänderter Problemlösebedingungen ein hohes Ausmaß an regulatorischer Aktivität. Insgesamt nahm die Bearbeitungszeit deutlich zu, und es fanden sich neue Operationen (etwa Puzzleteile neben der klebenden Unterlage aufbauen, Puzzleteile knapp über der klebenden Unterlage betrachten). Die Befunde der Studie von Kluwe und Schiebler deuten darauf hin, dass auch schon 4- bis 5-jährige Kinder Steuermaßnahmen bei wechselnden Bedingungen in Problemlöseaufgaben durchführen können, auch wenn die Kinder ausdrücklich nicht darauf hingewiesen wurden, vorsichtig zu sein. Dennoch fanden sich in bestimmten Aspekten auch Altersunterschiede. So bauten lediglich die älteren Kinder die Puzzleteile neben der klebenden Unterlage auf.

Lernzeitallokation. Alterstrends werden auch für die in der neueren Forschung üblichen Paradigmen zur Untersuchung von metakognitiven Kontrollprozessen berichtet, die etwa die Verteilung (Allokation) von Lernzeit auf unterschiedliche Inhalte oder die Reproduktionsbereitschaft (d. h. die Entscheidung darüber, wann ausreichend gelernt wurde) betreffen. Als ein Beispiel sei hier der Aspekt der Lernzeitallokation herausgegriffen. Alterstrends in diesen metakognitiven Kompetenzen ließen sich gut in einer Studie von Dufresne und Kobasigawa (1989) illustrieren, in der Kinder im Alter von 6 bis 12 Jahren aufgefordert wurden, »leichte« (z. B. Katze – Hund) und »schwierige« (z. B. Buch – Frosch) Bildpaare zu lernen. Die Kinder konnten ihre Lernzeiten frei bestimmen und wurden instruiert, die Bildpaare so lange zu lernen, bis sie ganz sicher waren, alle Bildpaare zu beherrschen. Als wesentliches Ergebnis zeigte sich, dass die 6- und die 8-Jährigen in etwa gleich viel Lernzeit für die leichten und schwierigen Bildpaare verwendeten, wohingegen die älteren Kinder wesentlich mehr Zeit in die schwierigen Bildpaare als in die leichten Bildpaare investierten. Die 10- und 12-jährigen Kinder schienen also die Implikationen der Aufgabe korrekt zu erfassen. Dufresne und Kobasigawa (1989) stellten heraus, dass auch die jüngeren Kinder ihrer Stichprobe sehr wohl angeben konnten, welche Items leichter und welche Items schwieriger zu lernen waren. Die beobachteten Entwicklungsunterschiede sind daher weniger auf mangelndes Wissen über die Aufgabenschwierigkeit zurückzuführen als vielmehr auf die Fähigkeit, dieses Wissen adäquat in Selbstregulationsvorgänge umzusetzen. Diese Befunde sind inzwischen mehrfach repliziert (vgl. die Übersicht bei Schneider & Lockl, 2006) und legen insgesamt den Schluss nahe, dass die alterskorrelierte Verbesserung in der Aufteilung der Lernzeit insbesondere auf das mit zunehmendem Alter immer bessere Zusammenspiel zwischen Überwachungs- und Selbstregulationsvorgängen zurückgeführt werden kann. Die Frage, ab welchem Alter Kinder korrekt bestimmen können, wann sie ausreichend gelernt haben, scheint allerdings auch von der Art des Aufgabenmaterials abzuhängen. Werden komplexere Lernmaterialien wie etwa Textpassagen verwendet, so haben auch noch ältere Kinder und Jugendliche Schwierigkeiten damit, ihre Reproduktionsbereitschaft zuverlässig einzuschätzen.

Zusammenfassend lässt sich festhalten, dass Entwicklungsveränderungen im prozeduralen Metagedächtnis vor allem in Aufgabenstellungen zu finden sind, in denen metakognitive Kontrollvorgänge von Bedeutung sind. Weniger ausgeprägte Altersunterschiede lassen sich dagegen in Selbstüberwachungskompetenzen nachweisen, wobei sich hier die Befundlage als insgesamt weniger konsistent erweist und die jeweiligen Ergebnismuster auch stark von der konkreten Aufgabenstellung abhängen.

Kontroverse zum Zusammenspiel zwischen Überwachung und Kontrolle. Im Hinblick auf kausale Verknüpfungsmöglichkeiten zwischen Selbstüberwachung (Monitoring), Selbstregulation und Lern- bzw. Gedächtnisleistungen wurde lange Zeit angenommen, dass Monitoring zu angemessenen Kontrollprozessen führen sollte, was sich dann auch positiv auf die Gedächtnisleistungen auswirkt (Monitoring-Kontrolle- oder kurz M-K-Modell). Diese aus dem Modell von Nelson und Narens (1994) ableitbare Basishypothese ließ sich in einer Reihe entwicklungspsychologischer Studien, aber auch in allgemeinpsychologisch orientierten Arbeiten nachweisen (vgl. Schneider & Lockl, 2008). In neuerer Zeit haben Koriat und Kollegen in Experimenten mit Erwachsenen allerdings auch Befunde für die entgegengesetzte Einflussrichtung im Sinne eines Kontrolle-Monitoring-Modells (K-M-Modells) präsentiert, also Nachweise dafür erbracht, dass Kontrollprozesse Konsequenzen für Monitoring haben können (z. B. Koriat, 2008). Erste entwicklungspsychologische Untersuchungen mit Kindern unterschiedlicher Altersgruppen haben ebenfalls Ergebnisse erbracht, die mit dem K-M-Modell kompatibel sind (z. B. Koriat et al., 2009). Zeigte sich in den mit dem M-K-Modell kompatiblen Studien zum Paar-Assoziations-Lernen immer wieder, dass gerade von älteren Kindern und Jugendlichen in späteren Lerndurchgängen vorwiegend schwierige Items bzw. Itempaare für zusätzliche Lernaktivitäten ausgewählt wurden (was dann meist auch zu besseren Gedächtnisleistungen führte), so ließ sich in den mit dem K-M-Modell in Einklang stehenden Arbeiten nachweisen, dass schwierigere Items auch nach längerer Bearbeitung niedrigere und damit ungünstigere JOL-Werte erhielten und später auch schlechter behalten wurden. Letzteres Befundmuster wurde von Koriat (2008) als Evidenz dafür gewertet, dass viele Probanden in solchen Lernsituationen nach einer »easily learned, easily remembered«(ELER)-Heuristik vorgehen. Nach Auffassung von Koriat und Kollegen sollte das M-K-Modell dann gelten, wenn klar zielorientierte Lernvorgänge vorliegen, also eine besondere Motivation dafür gegeben ist, ein bestimmtes Lernziel zu erreichen. Demgegenüber sollten die Befunde dann im Sinne des K-M-Modells ausfallen, wenn rein datenorientierte Prozesse dominieren, also erste Lernerfahrungen mit schwierigen Items zum Schluss führen, dass auch bei zusätzlichem Lernaufwand schlechte Behaltensleistungen zu erwarten sind. Ein Entscheidungsexperiment zur Überprüfung dieser Annahme steht jedoch bislang noch aus.

> **Zusammenfassung**
>
> ▶ Die Entwicklung kognitiver Kontrolle wird als eine wichtige Entwicklungsdeterminante der Entwicklung intellektueller Fähigkeiten über die Lebensspanne betrachtet. Unter kognitiver Kontrolle versteht man ein Bündel übergeordneter kognitiver Prozesse, die eine optimale Anpassung an die jeweiligen Aufgabenanforderungen einer Situation gewährleisten.
>
> ▶ Zu den wichtigsten kognitiven Kontrollfunktionen gehören die Aufrechterhaltung relevanter Information, die Unterdrückung automatisierter Handlungstendenzen, die kognitive Flexibilität, die Koordinations- und Planungsfähigkeit, die unterschiedlichen Entwicklungsdynamiken unterliegen, d. h. unterschiedlich alterssensitiv sind. Die Multidirektionalität der Entwicklungsverläufe ist dabei unter anderem biologisch determiniert, da komplexere Kontrollfähigkeiten häufig an Reifungs- und Alterungsprozesse des dorsolateralen präfrontalen Kortex geknüpft sind.
>
> ▶ Selbstregulatorische Prozesse dienen der Überwachung und Steuerung des Verhaltens bei der aktuellen Aufgabenbewältigung, wenn beispielsweise Fehler auftreten und korrigiert werden müssen. Gegenwärtige Modelle gehen davon aus, dass Kontrollprozesse die Emotionen regulieren, die durch Belohnungen oder Bestrafungen ausgelöst werden, sich vor allem in der frühen Kindheit entwickeln und der Entwicklung kognitiver selbstregulatorischer Prozesse vorausgehen.
>
> ▶ Die Entwicklung kognitiver Kontrolle scheint auch mit der Entwicklung metakognitiver Kompetenzen in Zusammenhang zu stehen. Metakognitive Fähigkeiten, das Wissen über kognitive Zustände und Prozesse, beinhaltet dabei auch selbstregulatorische Prozesse.

▶ Deklaratives metakognitives Wissen umfasst Wissen über die Bedeutung von Person- und Aufgabenmerkmalen sowie Wissen über Lern- und Gedächtnisstrategien. Dieses Wissen ist teilweise bereits ab dem Vorschulalter vorhanden, wobei umfangreiche Zuwächse im Wissensumfang während des Grundschulalters und im Jugendalter festgestellt werden können, die bis ins hohe Alter erhalten bleiben.

▶ Prozedurales metakognitives Wissen umfasst bewusste Überwachungs- und Kontrollkompetenzen, wie Wissen besser gelernt oder behalten wird und welche Auswirkungen dies auf zukünftige Leistungen haben wird, wobei eine deutlichere Zunahme der Alterstrends in der Entwicklung der Kontrollkompetenzen zu beobachten ist.

Weiterführende Literatur

Schneider, W., Lockl, K. & Fernandez, O. (2005). Interrelationships among the theory of mind, executive control, language development, and working memory in young children: A longitudinal analysis. In W. Schneider, R. Schumann-Hengsteler & B. Sodian (Eds.), Young children's cognitive development: Interrelationships among executive functioning, working memory, verbal ability, and theory of mind (pp. 259–284). Mahwah, NJ: Erlbaum. *Zentrale Ergebnisse der Würzburger Längsschnittstudie zur Entwicklung kognitiver Kontrollfunktionen in der frühen Kindheit, deren Interkorrelationen und Korrelationen zu metakognitiven Kompetenzen und der sprachlichen Entwicklung.*

Schneider, W. & Lockl, K. (2006). Entwicklung metakognitiver Kompetenzen im Kindes- und Jugendalter. In W. Schneider & B. Sodian (Hrsg.), Kognitive Entwicklung (Enzyklopädie der Psychologie, Themenbereich C, Serie V, Bd. 2; S. 721–767). Göttingen: Hogrefe. *Das Kapitel bietet einen umfassenden Überblick zur metakognitiven Entwicklung ab dem Vorschulalter.*

Zelazo, P. D., Muller, U., Frye, D. & Marcovitch, S. (2003). The development of executive function in early childhood. Monographs of the Society for Research in Child Development, 68 (3), Serial No. 274. *Die Monografie gibt einen Überblick und liefert ein Rahmenmodell zur Entwicklung exekutiver Funktionen in der frühen Kindheit.*

20 Motivation

Claudia M. Haase • Jutta Heckhausen

20.1 Entwicklung der Motivation
- 20.1.1 Wirksam sein
- 20.1.2 Vom Rausch der Aktivität zur Konzentration auf den Handlungserfolg
- 20.1.3 Das eigene Selbst erkunden und bekräftigen
- 20.1.4 Interaktion zwischen Kind und Bezugsperson: Die Wiege der Motivation
- 20.1.5 Implizite und explizite Motive
- 20.1.6 Entwicklung der Leistungsmotivation

20.2 Motivation der Entwicklung
- 20.2.1 Entwicklungsgelegenheiten über die Lebensspanne
- 20.2.2 Entwicklungsregulation über die Lebensspanne
- 20.2.3 Dynamische Interaktion zwischen Individuum und Umwelt

Sophia war in Mathe früher richtig gut. Aber toll war das nicht. Mädchen, die sich für Mathe interessieren, gelten schnell als Nerds und, in den Augen der Jungs, auch nicht als richtige Mädchen. Und so richtig gut sind Mädchen ja sowieso nicht in Mathe, oder? Auf der neuen Schule nutzt Sophia die Gelegenheit. Sie schreibt jetzt Gedichte und Kurzgeschichten. Auf Mathe hat sie keine Lust mehr. Sie strengt sich nicht mehr an, und die Zensuren sacken ziemlich schnell in den Keller. »Naja, ich bin eben einfach nicht so gut in Mathe«, denkt sich Sophia. »Ich will schreiben!«

Sebastians Beziehung mit Marie ist in die Brüche gegangen. Und er kann nicht aufhören, an sie zu denken. Immer wieder schaut er die alten Fotos an – ihr Urlaub an der Ostsee, sie als Biene Maja zu Fasching verkleidet. Nach der Trennung haben sie sich noch einmal getroffen. Er hat ihr gesagt, dass er sich nichts mehr wünscht, als wieder mit ihr zusammen zu sein. Er würde alles besser machen. Sie hat ihm klipp und klar zu verstehen gegeben, dass sie ihn nicht mehr will. Und obwohl er weiß, dass es aussichtslos ist, kann er nicht aufhören, sich zu wünschen, wieder mit ihr zusammen zu sein. »Es gibt noch so viele andere Mädchen auf der Welt«, sagen seine Freunde. »Egal«, sagt Sebastian, »ich kann sie einfach nicht vergessen.«

Die Erfahrungen von Sophia und Sebastian berühren wichtige Fragen der Motivation in der menschlichen Entwicklung. Wir werden im Laufe des Kapitels auf beide Beispiele zurückkommen.

> **Definition**
>
> Fragen der **Motivation** in der menschlichen Entwicklung beschäftigen sich mit Richtung, Intensität und Persistenz von zielbezogenem Handeln über die Lebensspanne.

Wir betrachten Motivation in der menschlichen Entwicklung aus zwei Perspektiven (Heckhausen, 2010): Im ersten Teil des Kapitels geht es um die Entwicklung der Motivation, also darum, wie sich das Motivationssystem entwickelt. Im zweiten Teil geht es um die Motivation der Entwicklung, also darum, wie Menschen durch motivationale Prozesse ihre eigene Entwicklung beeinflussen (s. auch Kap. 24).

20.1 Entwicklung der Motivation

20.1.1 Wirksam sein

Gibt es etwas, das als fundamentale Triebfeder menschlichen Handelns angesehen werden kann? Studien zeigen, dass das Streben nach Wirksamkeit zur motivationalen Grundausstattung der menschlichen Spezies gehört (White, 1959).

Primäres vs. sekundäres Kontrollstreben. Im Rahmen der Motivationstheorie der Lebenslaufentwicklung (s. Abschn. 20.2.2. und 20.2.3.; Heckhausen et al., 2010) wird das Streben nach direkter Kontrolle der physischen und sozialen Umwelt als Wirksamkeitsstreben oder auch als primäres Kontrollstreben bezeichnet. Im Unterschied dazu richtet sich sekundäres Kontrollstreben auf die eigene Innenwelt. Mit primärer Kontrolle verändern wir die Welt, mit sekundärer Kontrolle unser Selbst (Rothbaum et al., 1982).

Wirksamkeitsstreben bei anderen Säugetieren. Interessanterweise ist das Streben nach Wirksamkeit nicht nur für Menschen von zentraler Bedeutung, sondern auch für andere Säugetiere. Auch Schimpansen hantieren lieber mit Objekten, die bewegt und verändert werden können, als mit unbeweglichen Objekten. Rhesusaffen können sich stundenlang mit mechanischen Problemlöseaufgaben (z. B. Verriegelungsmechanismen) beschäftigen. Ratten präferieren Aufgaben, bei denen sie die Belohnung durch eigenes Verhalten herbeiführen können, gegenüber solchen, bei denen die Belohnung unabhängig vom eigenen Verhalten gegeben wird.

Explorationsstreben. Menschen scheinen schon von Geburt an bestimmte Strategien der Informationsverarbeitung und Verhaltensorientierungen zur Verfügung zu stehen, die ihnen helfen, ihre Wirksamkeit in der Nahumwelt zu erhöhen. Zu diesen angeborenen Verhaltensorientierungen gehört das Explorationsstreben, das auch als Neugiermotiv bezeichnet wird. Neugier und Exploration erschließen uns Gelegenheiten, die eigene Wirksamkeit zu erproben und zu erweitern.

Asymmetrie zwischen positiven und negativen emotionalen Reaktionen. Ein weiterer grundlegender Regulationsmechanismus, der das Wirksamkeitsstreben fördert, ist die Asymmetrie emotionaler Reaktionen auf positive und negative Ereignisse. Erleben wir positive Emotionen, so habituieren diese schnell, während negative Ereignisse stärkere und länger andauernde negative Emotionen hervorrufen. Oder, um es angelehnt an die Worte von Nico Frijda (1988) zu sagen: Wir gewöhnen uns mit der Zeit an Dinge, die uns einmal Vergnügen und Freude bereitet haben; wir gewöhnen uns nicht an fortwährende Schikanen und Demütigungen. Diese hedonische Asymmetrie zwischen positiven und negativen emotionalen Reaktionen mag bitter sein, aber sie ist adaptiv. Sie bewirkt, dass wir immer weiter danach streben, unsere Wirksamkeit zu erweitern – dass wir uns einerseits nach positiven Erfahrungen nicht auf unseren Lorbeeren ausruhen und dass wir andererseits versuchen, negative Situationen zum Guten zu verändern.

Das Wirksamkeitsstreben in anderen Theorien. Das Streben nach Wirksamkeit ist fundamental und begegnet uns unter verschiedenen Bezeichnungen in verschiedenen Theorien. Piaget bezeichnet das Wirksamkeitsstreben als »sekundäre Kreisreaktion«, bei der Aktivitäten, die bestimmte Effekte hervorgebracht haben, vom Kleinkind immer wieder wiederholt und mit freudigem Affekt begrüßt werden. In der neueren angloamerikanischen Forschung ist das frühe Wirksamkeitsstreben unter dem Begriff der »mastery motivation« untersucht worden (Harter, 1974).

20.1.2 Vom Rausch der Aktivität zur Konzentration auf den Handlungserfolg

Im letzten Trimester des 1. Lebensjahres lernen Kleinkinder allmählich, zwischen Wirksamkeitsmitteln und Wirksamkeitseffekten zu unterschieden. Damit treten sie in eine neue Entwicklungsphase der Wirksamkeitsmotivation ein, die sich bis zur 2. Hälfte des 2. Lebensjahres erstreckt.

Aufgehen im Rausch der Aktivität. Das Kind erprobt zunächst verschiedene Aktivitäten oder verändert Handlungen, die einen bestimmten Effekt bisher hervorgebracht haben. Oft gehen Kinder in diesem Alter ganz im Rausch der Aktivität auf und behalten dabei das eigentliche Handlungsziel nicht im Auge. So sammeln Kinder etwa gerne Steine oder Murmeln in Behälter und leeren den Behälter einfach aus, wenn alle Objekte eingesammelt sind, um dann wieder von vorne damit zu beginnen. Nicht das Ergebnis der Handlung, alle Objekte eingesammelt zu haben, ist wichtig, sondern vor allem die Aktivität des Einsammelns. Kinder in dieser Entwicklungsphase zeigen eine beeindruckende Persistenz beim Streben nach Wirksamkeit.

Ein Handlungsergebnis ins Auge fassen. Im Verlauf des 2. Lebensjahres tritt das Ergebnis der eigenen Handlung zunehmend ins Zentrum der kindlichen Aufmerksamkeit. Diese Handlungsergebnisse werden aber noch nicht benutzt, um Informationen über das eigene Selbst zu gewinnen (s. Abschn. 20.1.3).

Konzentration auf den Handlungserfolg. In der 2. Hälfte des 2. Lebensjahres tritt die Entwicklung der Wirksamkeitsmotivation in eine qualitativ neue Phase ein. Nun ist das intendierte Endziel einer Handlung der Gradmesser des Handlungserfolgs, und die einzelnen Handlungsschritte sind dem untergeordnet. Das Gelingen oder Misslingen einer Handlung wird also an selbst- oder fremdgesetzten Gütemaßstäben gemessen. Kinder zeigen beim Handeln mit Objekten und wenn sie sich beobachtet fühlen, ein zunehmendes Interesse daran, bestimmte Standards zu erreichen. Sie legen nun größeren Wert darauf, eine vorgeführte Handlungssequenz exakt nachzuspielen, etwa einen Turm mit allen vorhandenen Klötzen zu bauen oder ein Puzzle vollständig zusammenzufügen. Diese Gütestandards sind ursprünglich meist von Eltern oder älteren Kindern initiiert worden, werden dann aber von den Kindern übernommen und dienen ihnen schließlich als Maßstab für die eigene Tüchtigkeit.

20.1.3 Das eigene Selbst erkunden und bekräftigen

Oft setzen wir uns ein Ziel nicht nur, um dieses Ziel zu erreichen – d. h., um einen bestimmten Gütestandard zu erreichen –, sondern weil das Erreichen dieses Ziels eine weitreichendere Bedeutung hat: Es gibt uns Aufschluss über unser Selbst – darüber, wie kompetent, liebenswert, mutig, attraktiv, sportlich, künstlerisch begabt und vieles mehr wir sind. Das heißt, das Erreichen des Handlungsziels liefert uns positive Informationen über unser Selbst. Diese sogenannte antizipierte Selbstbekräftigung ist eine wichtige motivationale Ressource für Erwachsene, und sie entwickelt sich schon im Kindesalter.

Antizipierte Selbstbekräftigung
Stolz und Scham. Nach verschiedenen Modellen der Leistungsmotivation ist die antizipierte Selbstbekräftigung die entscheidende motivationale Kraft (Atkinson, 1957; s. Übersicht in Heckhausen, 2010). Die Emotionen Stolz und Scham sind dabei von zentraler Bedeutung als die wichtigsten positiven und negativen Anreize im Leistungshandeln (vgl. Abschn. 21.3.3).

Selbstbezogene Stolzemotionen treten erstmalig etwa im gleichen Alter auf, in dem Kinder die Fähigkeit erwerben, über das eigene Selbst nachzudenken. Diese Errungenschaft der Selbstreflexion bringt die ersten Erlebnisse von Stolz über ein gelungenes Handlungsergebnis mit sich. Das Kind kann nun Information über einen Handlungsausgang als Information über das eigene Selbst nutzen (»Ich bin ein schlaues Kind, weil ich einen Turm bauen kann«). Im gleichen Alter wehren sich Kinder mit entwickeltem Selbstkonzept erstmals gegen Hilfeangebote von Erwachsenen, möglicherweise um sich selbst die uneingeschränkte Erfolgszuschreibung zu sichern (»Ich kann das selbst machen«).

Studie zu Reaktionen auf Erfolg und Misserfolg. Heckhausen und Roelofsen (1962) beobachteten Reaktionen auf Erfolg und Misserfolg bei 2- bis 6-jährigen Kindern beim Turmbauen um die Wette. Dabei ließen die 2- bis 3½-jährigen Kinder keinen Zweifel daran, dass das Handlungsergebnis (als Erste/-r den Turm aufzubauen) im Zentrum ihres Erlebens stand. Aber sie zeigten in der Regel noch nicht den typischen Erfolgs- und Misserfolgsausdruck. Dieser trat bei manchen Kindern schon mit 27 Monaten, bei den meisten aber erst mit 42 Monaten auf. Waren diese älteren Kinder mit ihrem Turm als Erste fertig, lösten sie die Augen vom eigenen Werk, lächelten und schauten triumphierend auf den Verlierer (Reaktionen auf Erfolg; s. Abb. 20.1). Sie richteten den Oberkörper auf, und manche warfen sogar ihre Arme in die Höhe, als wollten sie ihr Ich vergrößern. Im Gegensatz dazu ließen die Kinder, die ihren Turm als Letzte fertig gebaut hatten, den Oberkörper zusammenfallen, senkten den Kopf und hafteten mit Augen und Händen am eigenen Werk, wodurch sie eine Kontaktaufnahme mit dem Gewinner vermieden (Reaktionen auf Misserfolg; s. Abb. 20.2). Spätere Studien, die die kognitiven Anforderungen des Wetteifers vermieden, konnten erste Stolzreaktionen schon mit 30 Monaten und erste Beschämungsreaktionen alterszeitlich verzögert mit 36 Monaten nachweisen.

Studie zum »Selbermachenwollen«. Das Selbermachenwollen ist für die frühe Kindheit geradezu sprichwörtlich und ein wichtiges Kennzeichen der von Laien so bezeichneten »Trotzphase«. Geppert und Küster (1983) beobachteten Kinder im Alter zwischen 9 Monaten und 6½ Jahren beim Aufgabenhandeln (z. B. beim Turmbau, Bilderpuzzle, Dosenwerfen). Sie ließen die Versuchsleiter unterschiedlich stark direktive Hilfeangebote (z. B. »Soll ich dir mal helfen?«) und Handlungseingriffe (z. B. »Jetzt

Abbildung 20.1 Reaktionen auf Erfolg von Kindern beim Turmbauen um die Wette. **a** A. (6;3), nach Erfolg spontan: »Ich!«. Triumphierende stolze »Vergrößerung des Ichs« gegenüber dem geschlagenen Versuchsleiter (13. Versuch). **b** M. (4;3), spontan: »Ich!«. Aufrichten, Straffen und »Sich-Vergrößern« nach Erfolg (4. Versuch). **c** U. (5;2), spontan: »Ich hab' wieder eher fertig!«. Ausdruck des Stolzes: strahlende Zuwendung zum Gegenspieler mit hoch aufgerichteter Haltung (2. Versuch). (aus Heckhausen & Roelofsen, 1962)

Abbildung 20.2 Reaktionen auf Misserfolg von Kindern beim Turmbauen um die Wette. **a** C. (4;6), prägnante Ausdrucksgestalt tiefer Beschämung über Misserfolg: Tendenz, aus den Augen des anderen zu verschwinden (6. Versuch). **b** F.-J. (6;0), nach Misserfolg sagt er »du«, fasst seine Mütze und wendet sich verschämt ab (5. Versuch). **c** U. (5;2), spontan: »Hm, warst du eher fertig.« Verdeckendes Misserfolgslächeln, geknickte Haltung, keine Ablösung vom eigenen Werk (9. Versuch). (aus Heckhausen & Roelofsen, 1962)

mach ich auch mal«) vornehmen. So wurden die Kinder aufgefordert, eine Decke, auf der sie saßen, hochzuheben und dem Versuchsleiter zu geben. Außerdem wurde untersucht, ob die Kinder sich selbst im Spiegel erkennen konnten, ob also ein Selbstkonzept schon entwickelt war. Die jüngsten Kinder in der Studie erkannten sich selbst noch nicht im Spiegel, hatten also noch kein elaboriertes Selbstkonzept. Diese Kinder akzeptierten Hilfe ohne Protest. Erst diejenigen etwa 1½-jährigen Kinder, die sich bereits selbst im Spiegel wahrnehmen konnten, protestierten gegen jede Intervention des Versuchsleiters. Sie wollten bei ihrer ergebnisorientierten Aktivität nicht unterbrochen werden. Der Protest steigerte sich zu Wutanfällen, wenn der Versuchsleiter unmittelbar vor dem letzten Handlungsschritt eingriff (z. B. beim letzten Klotz auf dem Turm unterbrach). Die älteren Kinder (über 2½ Jahre alt) hingegen protestierten weniger bei Unterbrechungen der eigenen Aktivität, aber vehement bei Hilfeangeboten. Sie wollten die Aufgaben selbst bewältigen. Oft reagierten sie auf Hilfeangebote nicht nur mit Protest, sondern dem expliziten verbalen Verlangen, selbst zu handeln, indem sie mit Nachdruck »Ich« oder den eigenen Namen äußerten. Offenbar untergraben die Hilfeangebote die Zuschreibung von Erfolg auf die eigene Tüchtigkeit und gefährden damit für diese Kinder den zentralen Handlungsanreiz leistungsmotivierten Verhaltens: die antizipierte Selbstbekräftigung.

Risiken selbstbewertender Reaktionen
Die positive Bewertung des eigenen Selbst ist eine wichtige motivationale Ressource. Wenn das eigene Handeln in den Dienst der Erprobung der eigenen Kompetenz gestellt wird, setzt sich das Individuum aber auch dem Risiko negativer Selbstzuschreibungen aus. Scheitern wir an einer Aufgabe, besteht die Gefahr, dass wir uns eben nicht mehr als kompetent, mutig

oder begabt erleben, sondern als inkompetent, ängstlich oder untalentiert. Das heißt, bei allen positiven möglichen Folgen macht diese Zentrierung auf Selbstbewertung das Individuum auch verwundbar für die negativen Effekte von Misserfolg auf das Selbstkonzept. Dies trifft besonders in sozialen Vergleichssituationen zu, wenn die Ich-Involviertheit groß ist. Solche negativen Selbstzuschreibungen können die motivationale Ressource für weiteres Wirksamkeitsstreben ruinieren und müssen deshalb durch besondere Strategien kompensiert werden.

Interessanterweise werden negative selbstbezogene Emotionen wie Scham und Verlegenheit erst deutlich später als Stolz gezeigt. Kinder unter 2½ Jahren ändern bei Misserfolg einfach die Aufgabe oder sie reagieren mit Ärger (nicht mit Scham) und kehren der Aufgabe den Rücken. Die frühesten Anzeichen, dass Kinder schon mit etwa 2 Jahren die eigene mangelnde Kompetenz als Ursache für ihren Misserfolg betrachten, sind indirekt und bestehen darin, dass sie nach Misserfolg Hilfe suchen. Ausgeprägte Beschämung über einen Misserfolg tritt erst viel später auf als Stolz auf einen Erfolg, nämlich im 3. Lebensjahr. Auf diese Weise sind wir offenbar in der frühen Kindheit vor den potenziellen negativen Folgen negativer Selbstbewertung geschützt.

Strategien zum Schutz vor negativer Selbstbewertung
Haben Kinder mit etwa 3½ Jahren einmal die Fähigkeit erworben, Misserfolge auf die eigene mangelnde Tüchtigkeit zu beziehen, entwickeln sie auch Strategien, die dazu dienen, negative Selbstbewertungen zu kompensieren. Zu diesen sekundären Kontrollstrategien mit denen wir versuchen, unser Selbst zu schützen, gehören:

▶ Leugnung des Misserfolgs (z. B. »Die Stoppuhr ging falsch; ich bin eigentlich schon viel eher im Ziel gewesen.«)
▶ Anpassung des Anspruchsniveaus (z. B. »Ich wollte beim Wettlauf gar nicht gewinnen.«)
▶ selbstwertdienliche Attributionen (z. B. »Die anderen Kinder sind noch viel langsamer als ich gelaufen.«)
▶ Uminterpretationen des Handlungsziels (z. B. »Ich bin mitgelaufen, weil ich etwas für meine Gesundheit tun wollte, nicht um der/die Beste zu sein.«)

In der Kindheit und frühen Adoleszenz entwickelt sich eine Vielzahl sekundärer Kontrollstrategien. Neuere Studien haben sich dabei weniger mit dem Umgang mit Misserfolg, sondern vor allem mit der Bewältigung (Coping, s. Abschn. 24.3) von negativen Lebensereignissen beschäftigt. Dabei zeigt eine Reihe von Studien, dass Kinder im frühen Schulalter auch bei unkontrollierbaren Situationen primären Kontrollstrategien den Vorrang geben und sekundäre Kontrollstrategien kaum erwähnen. Flucht aus einer unangenehmen Situation ist in diesem Alter eine der beliebtesten Kontrollstrategien. Demgegenüber wird mit zunehmendem Alter die Selbstablenkung (z. B. »Ich denke an etwas Lustiges«) immer wichtiger und ermöglicht es den Kindern, unangenehme Situationen durchzustehen.

Adaptivität und Maladaptivität sekundärer Kontrollstrategien.
Sekundäre Kontrolle kann sehr adaptiv sein, wenn sie uns hilft, Dinge, die wir nicht ändern können, zu akzeptieren und uns von Zielen zu verabschieden, die unerreichbar geworden sind. So wäre es für Sebastian aus dem Beispiel am Anfang des Kapitels wohl gut, sich von seiner aussichtslosen Liebe zu lösen.

Sekundäre Kontrolle kann jedoch auch schädlich sein, nämlich dann, wenn sie dazu führt, dass wir keine primäre Kontrolle mehr ausüben, obwohl wir Gelegenheit dazu hätten. Einen Beleg dafür berichten Band und Weisz (1990) in einer Studie mit jungen Diabetikern. Im Unterschied zu primären Kontrollstrategien (z. B. »Ich nehme Insulin, um meinen Zucker zu kontrollieren«) wurden sekundäre Kontrollstrategien (z. B. »Ich sage mir, dass ich trotzdem ein ausgefülltes Leben leben kann«) von älteren Kindern häufiger benutzt als von jüngeren Kindern. Aber je mehr die älteren Kinder sekundäre Kontrollstrategien verwendeten, desto weniger hielten sie sich an die ärztlichen Verordnungen und desto unregulierter war der Diabetes. Möglicherweise traten hier sekundäre Kontrollstrategien der Verharmlosung der Krankheit an die Stelle der dringend erforderlichen primären Kontrollstrategien.

20.1.4 Interaktion zwischen Kind und Bezugsperson: Die Wiege der Motivation

Interaktion zwischen Kind und Bezugsperson.
Motivation und Handeln eines Kindes entwickeln sich nicht in Isolation, sondern in der Interaktion mit ihren Bezugspersonen. Schon lange bevor sie selbstständig Effekte in der Nahumwelt hervorrufen können, beeinflussen Säuglinge das Verhalten ihrer Eltern in alltäglichen Interaktionen. Die frühen Wirksamkeitserfahrungen des Kindes sind also aufs Engste mit den sozialen

Bindungen an die primären Bezugspersonen verwoben. Ein Paradebeispiel ist die Grußreaktion der Mutter beim Blickkontakt mit dem Säugling. Dabei öffnet die Mutter den Mund, reißt die Augen auf und zieht die Augenbrauen hoch, immer wenn der Säugling die Mutter anschaut. Diese mütterliche Reaktion ist hochgradig automatisiert und kann nicht unterdrückt werden. Sie liefert dem Säugling zuverlässige Kontingenzerfahrungen bei minimalen Anforderungen an seine Handlungskompetenz. Dieses mütterliche Kontingenzverhalten (auch responsives Verhalten genannt) hilft dem Säugling, generalisierte Erwartungen eigener Wirksamkeit aufzubauen.

Sichere Bindung als Basis für Exploration. Betrachtet man die Exploration – eine wichtige Komponente des Wirksamkeitsstrebens – im Kontext der frühen sozialen Beziehungen, so drängt sich auch das Konzept der Bindung und die Metapher von der Bezugsperson als sicherer Basis auf (Ainsworth et al., 1978). Schon in den frühen Arbeiten von Harlow zum Bindungsverhalten bei Rhesusaffen war deutlich geworden, dass selbst »Ersatzmütter« (aus Draht oder Stoff) junge Rhesusaffen zu extensiverer Exploration anregen konnten. Führende Bindungsforscher zogen aus diesen und ähnlichen Befunden den Schluss, dass das Bindungsverhalten von Kleinkind und Bezugsperson nicht allein auf einem Bedürfnis nach Nähe basiert, sondern auf einem balancierten System von Neugier und Vorsicht, das Exploration ermöglicht, aber Gefahren meidet (Ainsworth et al., 1978). Empirische Befunde zeigen, dass es günstig für die Mutter-Kind-Bindung ist, wenn die Mutter relativ wenig bei kindlichen Explorationsaktivitäten interferiert und dem Kind damit sogenannte Bodenfreiheit (»floor freedom«) gewährt. Dieses Verhalten der Mutter erwies sich (nach dem responsiven Verhalten) als zweitstärkster Prädiktor kindlicher Intelligenzleistungen.

Objekte beeinflussen oder mit Menschen interagieren. Wie wir gesehen haben, ist das Streben nach Wirksamkeit fundamental für die menschliche Motivation. Das Wirksamkeitsstreben kann sich auf unterschiedliche Motive richten (s. auch Abschnitt 20.1.5). Trevarthen und Aitken (2001) unterscheiden zwischen zwei Grundmotiven, die sich gegenseitig ergänzen, aber manchmal auch im Gegensatz zueinander stehen:
▶ dem Motiv, *Objekte* zu beeinflussen, und
▶ dem Motiv, mit anderen *Menschen* zu interagieren.

Im Verlauf der ersten 2 Lebensjahre treten diese beiden Motive abwechselnd in den Vordergrund und in wechselseitigen Konflikt.

Interessanterweise gibt es einige Hinweise auf Entwicklungsvorläufer von Gesten und Sprache, die nahelegen, dass menschliche Säuglinge schon von Geburt an auf Interaktion mit anderen Menschen angelegt sind. Während der ersten 3 bis 4 Lebensmonate sind Säuglinge auf andere Personen und insbesondere die primäre Bezugsperson fokussiert. Die Verhaltensregulation etwa beim visuellen Verfolgen ist in der Interaktion mit der Bezugsperson deutlich ausgeglichener und weniger abrupt als bei Objekten. Gegen Mitte des 1. Lebensjahrs beginnen Kinder, sich eigenständig mit Objekten zu beschäftigen und schenken den Bezugspersonen weniger Aufmerksamkeit als bisher. Sofern die Bezugsperson überhaupt in das Handeln mit Objekten einbezogen ist, bestimmt sie typischerweise nicht das Handlungsziel, sondern lässt sich eher vom Interesse des Kindes an der Manipulation bestimmter Objekte leiten. Versucht eine Bezugsperson dennoch, bei Kindern dieses Alters das Handlungsziel zu bestimmen, kommt es oft zum Konflikt – nicht weil das Kind den Erwachsenen als solchen ablehnt oder das Objekt als solches präferiert, sondern wohl eher, weil zwei Handlungsintentionen in Konkurrenz zueinander treten. Das Kind will seine eigenen Intentionen gegen die auf Dominanz pochende Handlungsgestaltung der Bezugsperson verteidigen. Im weiteren Verlauf des 2. Lebensjahrs kommt es zu kooperativen Handlungen von Bezugsperson und Kind auf einer neuen Ebene der Intersubjektivität. Das Kind übernimmt von der Bezugsperson vorgeschlagene Handlungsziele und beide arbeiten gemeinsam an deren Verwirklichung. Dabei sind anfangs Kooperation und Persistenz bei der Verfolgung des gemeinsamen Handlungsziels sehr davon abhängig, dass die Bezugsperson das Ziel immer wieder in Erinnerung ruft und so als Gerüst für die volitionale Handlungssteuerung dient.

Handeln in der Interaktion zwischen Eltern und Kind

Die frühe Eltern-Kind-Interaktion ist die Wiege der Motivation. Die wichtigsten Grundpfeiler des eigenen Wirksamkeitserlebens werden hier gelegt:
▶ Zielsetzung, Persistenz und Schwierigkeitsüberwindung
▶ Freude am Handlungsergebnis

- Rückbezug des Handlungserfolgs auf die eigene Kompetenz
- Verteidigung der eigenen »Lorbeeren« gegen die »Bedrohung« durch fremde Hilfe
- Autonomie und Widerstand gegen die Vereinnahmung durch fremde Ziele

Gleichzeitig macht diese zentrale Rolle der frühen Eltern-Kind-Interaktion auch verwundbar. Sind die elterlichen Einflüsse schlecht auf den Entwicklungsstand des Kindes abgestimmt oder anderweitig ungünstig, kann die Entwicklung von Motivation und Handlungsregulation in langfristig ungünstige Bahnen gelenkt werden (s. auch Abschn. 20.1.5).

20.1.5 Implizite und explizite Motive

Zentrale Motive. Wir alle wollen wirksam sein. Jedoch gibt es große individuelle Unterschiede darin, auf welche spezifischen Motive sich unser Wirksamkeitsstreben richtet. Wir können bestrebt sein,
- unsere eigene Kompetenz zu verbessern (Leistungsmotiv),
- Einfluss auf andere Menschen auszuüben (Machtmotiv) und
- uns anderen Menschen zugehörig zu fühlen (Anschlussmotiv).

Leistungs-, Macht- und Anschlussmotiv gehören zu den am häufigsten untersuchten Motiven in der Motivationsforschung. Die Befriedigung dieser Motive vermittelt uns Wirksamkeitserfahrungen.

Implizite und explizite Motive als zwei unabhängige Motivationssysteme. Dabei müssen die Motive, von denen wir sagen, dass sie uns wichtig sind, nicht mit den Motiven übereinstimmen, die spontan unser Verhalten steuern. Tatsächlich spricht vieles dafür, dass implizite Motive und explizite Motive zwei unabhängige Motivsysteme sind (für eine umfassende Übersicht s. Schultheiss & Brunstein, 2010). Implizite Motive sind dem bewussten Erleben oft nicht zugänglich und werden mit projektiven Tests gemessen. Explizite Motive hingegen sind dem Bewusstsein zugänglich und werden per Fragebogen erfasst. Implizite Motive werden eher von Tätigkeitsanreizen (z. B. Flow-Erleben; Csikszentmihalyi, 2000) angeregt und generieren so die Motivation für eher spontanes und nicht von der Umwelt vorstrukturiertes Verhalten. Explizite Motive werden eher von sozialen Anreizen (z. B. soziale Anerkennung, Status) angeregt und steuern eher das Verhalten in sozial stärker regulierten Situationen wie etwa in der Schule.

Implizite Motive
Die wesentlichen Weichen in der Entwicklung individueller Ausprägungen impliziter Motive werden in der frühen Kindheit gestellt. Bei der vorsprachlichen Herausbildung impliziter Motive entwickelt das Kind eine frühe und wahrscheinlich lebenslang andauernde erhöhte Empfänglichkeit für Situationskonstellationen, die Möglichkeiten bieten, die eigene Wirksamkeit zu erweitern (etwa bezogen auf Objekte im Fall des Leistungsmotivs oder auf andere Menschen im Fall des Machtmotivs).

Einfluss der Erziehung auf die Entwicklung impliziter Motive. Hier gibt es viel Forschungsbedarf. Aufschlussreich sind aber die Befunde einer Längsschnittstudie von McClelland und Pilon (1983) zu elterlichen Einflüssen auf die Entwicklung von impliziten Macht- und Leistungsmotiven (gemessen durch ein projektives Testverfahren).

Kinder, deren Mütter berichtet hatten, dass ihnen aggressives oder sexualisiertes Verhalten von den Eltern gestattet wurde, entwickelten ein hoch ausgeprägtes implizites Machtmotiv. Bei Söhnen entwickelte sich dies bei dominantem Einfluss des Vaters in der Erziehung zu einem sozialisierten Machtmotiv, bei dominantem Einfluss der Mutter hingegen zu einem personalisierten Machtmotiv (»Don Juan complex«). Menschen mit sozialisiertem Machtmotiv streben danach, andere Menschen zu beeinflussen – zum Wohl dieser Menschen. Menschen mit personalisiertem Machtmotiv streben ebenfalls danach, andere Menschen zu beeinflussen – zu ihrem eigenen Vorteil.

Hinsichtlich des Leistungsmotivs berichten McClelland und Pilon (1983), dass Kinder, deren Mütter die zeitlichen Abstände beim Füttern besonders genau einhielten und ein besonders strenges Sauberkeitstraining durchführten, als junge Erwachsene ein hohes implizites Leistungsmotiv zeigten. Es ist schwierig, diesen Befund zu interpretieren, ohne den Kontext der Studie zu kennen. Die zum Zeitpunkt der ursprünglichen Befragung der Mütter allgemein vorherrschenden Erziehungsideale der 1950er-Jahre sahen im Unterschied zu heute eine möglichst frühe Gewöhnung an feste Mahlzeiten und die Sauberkeitserziehung als normative Entwicklungsaufgaben an. Das bedeutet, dass die Mütter, die hier besonders ehrgeizig waren, ihren Kindern bei diesen aus damaliger Sicht wichtigen Entwicklungserrungenschaften mehr Kompetenz zutrauten und diese auch einforderten.

Eine Reihe weiterer Studien zeigte, dass nicht Frühzeitigkeit als solche, sondern Entwicklungsangemessenheit der Selbstständigkeitsanforderungen die Ausprägung eines erfolgszuversichtlichen Leistungsmotivs fördert. Überfordern Mütter ihre Kinder durch zu frühe Anforderungen, trägt das dazu bei, dass diese größere Furcht vor Misserfolg entwickeln.

Explizite Motive

Bei expliziten Motiven (auch expliziten Zielen) handelt es sich um Motive, über die Menschen auf Nachfragen ohne langes Nachdenken Auskunft geben können. Explizite Motive sind vielfach untersucht worden. Dazu gehören zum einen die eher langfristigen Motive:
- »life themes« (Csikszentmihalyi & Beattie)
- »personal strivings« (Emmons)
- »Identitätsziele« (Gollwitzer)
- »terminal values« (Rokeach)

Zum anderen gehören dazu die eher kurz- oder mittelfristigen Motive:
- »personal projects« (B. Little)
- »persönliche Ziele« (Brunstein)
- »life goals« (Nurmi & Salmela-Aro)
- »personal life tasks« (Cantor & Fleeson).

Kongruenz zwischen impliziten und expliziten Motiven

Implizite und explizite Motive sind zwei relativ unabhängige Motivationssysteme. Das heißt, was uns implizit wichtig ist und uns antreibt, muss nicht mit dem übereinstimmen, was wir bewusst als Ziel formulieren. Dies zeigt sich auch in empirischen Studien, in denen implizite Motive und explizite Ziele *nicht* korreliert sind (Schultheiss & Brunstein, 2010).

Allerdings unterscheiden sich Menschen darin, wie kongruent ihre impliziten und expliziten Ziele sind. Das heißt, bei manchen Menschen gibt es sehr wohl eine Übereinstimmung zwischen impliziten und expliziten Motiven. Studien zeigen, dass diese Kongruenz zwischen impliziten und expliziten Motiven Folgen für das Wohlbefinden hat: Zielerreichung führt nur dann zu höherem Wohlbefinden, wenn implizite und explizite Motive übereinstimmen. Motivinkongruente Ziele führen zu niedrigerem Wohlbefinden. Wenn wir beispielsweise explizit formulieren, dass uns soziale Kontakte sehr wichtig sind, obwohl wir implizit eine eher geringe Neigung haben, uns anderen Menschen anzuschließen, schlägt sich der Konflikt der beiden Motive womöglich in verringertem Wohlbefinden nieder.

20.1.6 Entwicklung der Leistungsmotivation

Das Leistungsmotiv ist das bis heute am intensivsten untersuchte Motiv. Henry Murray (1938) beschrieb das Leistungsmotiv so: eine schwierige Aufgabe meistern, etwas besser tun, Probleme überwinden, einen hohen Standard erreichen, das eigene Talent beweisen, andere im Wettbewerb übertreffen.

> **Definition**
>
> Ein Verhalten ist **leistungsmotiviert**, wenn es um die Auseinandersetzung mit einem Tüchtigkeitsstandard (standard of excellence) geht.

Entwicklung der Unterscheidung von Aufgabenschwierigkeit und Tüchtigkeit

Wollen wir wissen, wie tüchtig wir sind, müssen wir die Schwierigkeit einer Aufgabe einschätzen können: Je schwerer die Aufgabe ist, die wir bewältigt haben, desto tüchtiger sind wir. Außerdem geben uns soziale (interindividuelle) Bezugsnormen Anhaltspunkte über unsere Tüchtigkeit: Je besser wir im Vergleich zu anderen die Aufgabe bewältigen, desto tüchtiger sind wir. Schließlich geben uns intraindividuelle Bezugsnormen Aufschluss über unsere Tüchtigkeit: Je besser wir eine Aufgabe heute im Vergleich zu früher meistern, desto tüchtiger sind wir.

Kinder im Vorschulalter lernen zunächst, verschiedene Aufgabenschwierigkeiten einzuschätzen. Mit dem Eintritt in die soziale Vergleichswelt der Schule lernen sie dann, die eigene Tüchtigkeit anhand sozialer Bezugsnormen zu beurteilen. Mit dem Übergang in die Sekundarstufe werden intraindividuelle Bezugsnormen zunehmend wichtiger. Beim Übergang ins Erwachsenenalter schließlich rücken soziale Vergleiche wieder in den Vordergrund (für einen umfassenderen Überblick s. Heckhausen, 2010).

Entwicklung der Unterscheidung von Fähigkeit und Anstrengung

Wenn wir eine globale Vorstellung davon haben, wie tüchtig wir sind, wissen wir aber noch nicht unbedingt, warum wir tüchtig sind – weil wir besondere Fähigkeiten haben oder weil wir uns besonders angestrengt haben. Diese Attribution der eigenen Tüchtigkeit auf Fähigkeit oder Anstrengung – auf relativ unveränderbare oder relativ veränderbare Aspekte – hat vielfältige Konsequenzen für die Leistungsmotivation. Ein Beispiel ist die Vorbereitung auf eine Klausur: Nehmen wir an, dass unser Klausurergebnis eher von unseren Fähigkeiten (z. B. unserer Intelligenz), also von eher unveränderbaren Faktoren, bestimmt wird, investieren wir dementsprechend weniger Anstrengung bei der Vorbereitung.

Im Übergang vom Vorschulalter zum 2. bis 3. Schuljahr wird ein allgemeines, optimistisches und misserfolgsresistentes Tüchtigkeitskonzept in Anstrengungs- und Fähigkeitskonzept ausdifferenziert. Dabei scheint der Anstrengungsbegriff zunächst erfahrungsnäher und damit begreifbarer zu sein als der Fähigkeitsbegriff. Mit dem Übergang in die Schule wird jedoch der Fähigkeitsbegriff konsolidiert und dem Realitätsdruck von Erfolg und Misserfolg im sozialen Vergleich ausgesetzt. Fähigkeit und Anstrengung werden erstmals in Vorstellungen von Kapazität und ihren Grenzen ins Verhältnis gesetzt. Diese Entwicklungserrungenschaften bereiten den Weg für komplexere kausale Schemata zur Erklärung von Erfolg und Misserfolg sowie für realistische und eigenständige Einschätzungen des eigenen Leistungsvermögens. Sie machen aber auch verwundbar für Erfahrungen von Kontrollverlust und Verzagen über die Beschränkungen der eigenen Leistungsfähigkeit.

Erwartungs-Wert-Modelle der Leistungsmotivation

Schließlich stellt sich die Frage, was uns überhaupt motiviert, eine bestimmte Aufgabe in Angriff zu nehmen. Erwartungs-Wert-Modelle der Leistungsmotivation gehen von der folgenden Annahme aus: Unsere Motivation, ein Verhalten auszuführen, ist das Produkt aus unserer subjektiven Erwartung, mit unserem Verhalten den gewünschten Effekt zu erzielen, und dem Wert (auch Anreiz genannt), den diese Verhaltenskonsequenz für uns hat (Atkinson, 1957).

Erwartung. Wie schätzen wir unsere subjektiven Erfolgsaussichten bei einer Aufgabe ein? Menschen sind darin nicht immer realistisch. Und besonders bei Kindern ist überhöhter Optimismus besonders ausgeprägt. Schon in der Wetteiferstudie von Heckhausen und Roelofsen (1962) waren – bei einer objektiven Erfolgsrate von 50 % – Kinder unter 4½ Jahren in der Regel noch völlig zuversichtlich. Vielleicht ist dieser Optimismus jedoch gerade bei jüngeren Kindern gar nicht so unrealistisch. Gerade sie erleben ja Tag für Tag einen ungeheuren Kompetenzzuwachs, sodass kürzlich noch unerreichbare Ziele plötzlich erreichbar sind. Wirklich realistisch sind die Erfolgserwartungen von Kindern jedoch nicht und bleiben optimistisch verzerrt bis zum Ende des ersten Lebensjahrzehnts.

Zwei wichtige Forschungstraditionen, die sich mit den Erwartungen über den Erfolg eigener Handlungen beschäftigen, sind die Arbeiten zu Selbstwirksamkeit (»self-efficacy«) von Bandura (1997) und Kontrollüberzeugungen (Skinner, 1996). Selbstwirksamkeitserwartungen oder Kontrollüberzeugungen können sich auf alle möglichen Lebensbereiche, Handlungsdomänen und Ziele beziehen – von romantischen Beziehungen über sportliche Aktivitäten bis hin zur Frage, ob man sich etwa zutraut, ein raffiniertes indisches Gericht zu kochen. Viele Studien haben sich mit Erfolgserwartungen im schulischen Bereich beschäftigt. Hier können große individuelle und kulturelle Unterschiede beobachtet werden. Während manche Schüler sich viel mehr zutrauen, als sie können, unterschätzen andere ihr Potenzial.

Die Forschung zeigt, dass optimistisch verzerrte Erwartungen an den eigenen Erfolg tatsächlich reale, positive Effekte auf Wohlbefinden, Persistenz und sogar die eigene Leistung haben (Taylor & Brown, 1994). Offenbar ist ein präziser Realismus hier nicht zuträglich. Das zeigen auch Befunde aus der Selbstwirksamkeitsforschung, nach denen sich eine leichte Überschätzung der eigenen Selbstwirksamkeit günstig auf Anspruchsniveau, Anstrengung, Persistenz und Resilienz gegenüber Misserfolgserlebnissen auswirkt (Bandura, 1997). So halten etwa Studenten mit höheren Selbstwirksamkeitsüberzeugungen bei Misserfolg länger durch als Studenten mit geringeren Selbstwirksamkeitsüberzeugungen.

Wert (Anreiz). Welchen Wert oder Anreiz hat eine Aufgabe für uns? Die Anreize, die uns motivieren, können vielfältig sein. Sie können sich auf die Tätigkeit selbst, das Handlungsergebnis oder die Handlungsergebnisfolgen beziehen. So kann z. B. der Anreiz, klettern zu gehen, darin bestehen, beim Klettern den Flow (Csikszentmihalyi, 2000) zu erleben (Anreiz durch die Tätigkeit), den Gipfel zu erreichen (Anreiz durch das Handlungsergebnis) oder stolz die Fotos aus den Bergen seinen Freunden zu zeigen (Anreiz durch die Handlungsergebnisfolgen).

Ein wichtiges Erwartungs-Wert-Modell der Motivation – das Risikowahl-Modell (Atkinson, 1957) – beschränkt sich auf die antizipierte Selbstbewertung (Hoffnung auf Erfolg oder Furcht vor Misserfolg) als hauptsächlich motivierenden Anreiz im Leistungsverhalten. Es wurde jedoch bald klar, dass dieses Modell für die Erklärung leistungsmotivierten Verhaltens in lebensechten Kontexten unzureichend ist. Eccles (2005) zeigte, dass immer wieder gefundene Geschlechtsunterschiede in den Präferenzen für bestimmte Schulfächer sich nicht durch eine Anwendung von Atkinsons Risikowahl-Formel erklären lassen (s. Unter der Lupe).

Unter der Lupe

Das Allgemeine Erwartungs-Wert-Modell der leistungsbezogenen Aufgabenwahl – am Beispiel von Geschlechtsunterschieden

In Abbildung 20.3 wird das Allgemeine Erwartungs-Wert-Modell der leistungsbezogenen Aufgabenwahl (General Expectancy Value Model of Achievement Choices) von Eccles (2005) dargestellt. Das Modell erklärt Wahlen (Präferenzen) und Performanz (Leistung) in Leistungssituationen (K). Diese werden vorhergesagt durch subjektive Erfolgserwartungen (I) auf der einen Seite und die subjektive Valenz (auch: Wert oder Anreiz) der Aufgabe (J) auf der anderen Seite. Dabei speist sich der subjektive Wert einer Aufgabe aus vielfältigen Quellen, beispielsweise dem kulturellen Milieu (A) und seinen Geschlechtsrollennormen. Diese beeinflussen etwa, welchen Wert es für ein Mädchen hat, gute Leistungen in Mathematik oder in Kunst zu erbringen. Wir erinnern uns an Sophia vom Anfang des Kapitels. Außerdem bestimmen Ziele und Selbstschemata (G) den subjektiven Wert einer Aufgabe. Dazu gehören beispielsweise mögliche negative Kosten für das Selbstbild, wenn ein Mädchen sich entscheidet, trotz des Geschlechtsrollenstereotyps (z. B. »Mädchen, die sich für Mathe interessieren, sind keine richtigen Mädchen«) einen Mathe-Leistungskurs zu besuchen. Sophia aus unserem Beispiel hat sich schließlich in Übereinstimmung mit eher traditionellen Geschlechtsrollenstereotypen entschieden, Gedichte zu schreiben.

Das Modell betont die Veränderung von leistungsbezogenen Wahlen und deren Rückkopplung auf die tatsächliche Performanz. So haben unsere leistungsbezogenen Wahlen (K) über die Zeit einen Einfluss darauf, wie viel wir uns in bestimmten Gebieten zutrauen (d. h., sie beeinflussen unsere Erwartungen) und dann auch tatsächlich auf diesen Gebieten leisten. Wer sich z. B. gegen Intensivkurse in Mathematik entscheidet und lieber Literaturkurse belegt, wird sich schon bald in der Literatur zu Hause fühlen, aber in Mathematik weniger Zutrauen zur eigenen Kompetenz haben und schließlich womöglich auch schlechtere Leistungen zeigen. Menschen gestalten so über die Zeit, angeregt durch subjektive und objektive Einflussfaktoren, ihre Präferenzen und Leistungen mit. Dieser Prozess führt somit zu einem in positiver oder negativer Richtung kanalisierten Entwicklungsgeschehen, das Ausgangsunterschiede – z. B. zwischen Mädchen und Jungen – immer mehr verstärkt.

Interessant sind neue Befunde zu Leistungen im Fach Mathematik. Hier besagt das Stereotyp (wie bei Sophia), dass Frauen weniger begabt sind als Männer. Und tatsächlich finden sich traditionell Hinweise auf Unterschiede in den Mathematikleistungen zwischen Männern und Frauen. Der Vorteil der Jungen gegenüber den Mädchen in Mathematik nimmt aber über Länder hinweg in dem Maße ab, in dem die Benachteiligung der Mädchen in ökonomischer und politischer Hinsicht sowie hinsichtlich gesellschaftlicher Werte geringer ist. In einigen vergleichsweise egalitären Ländern wie Norwegen und Schweden lassen sich schließlich überhaupt keine Geschlechtsunterschiede in Mathematikleistungen mehr nachweisen (Guiso et al., 2008).

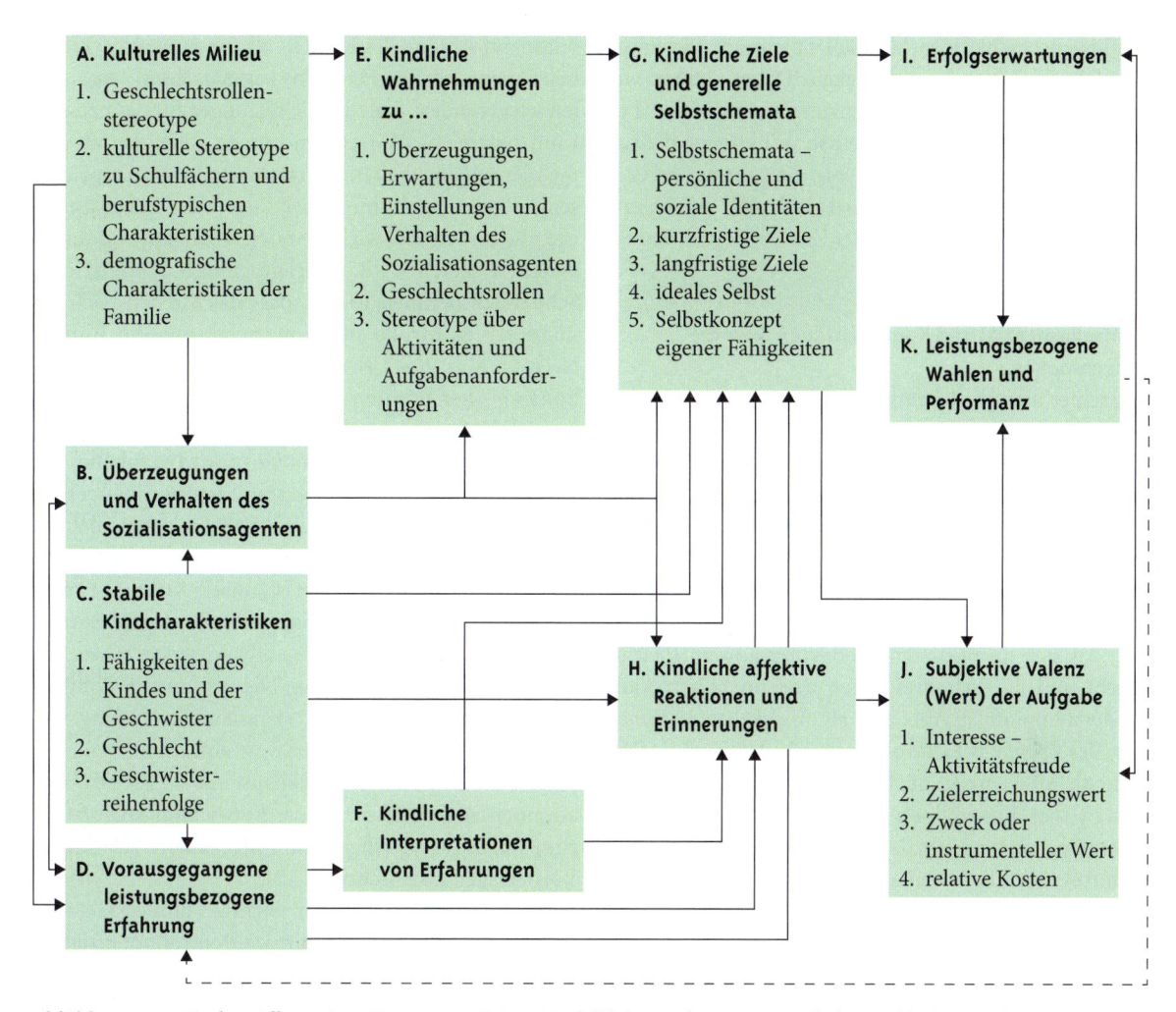

Abbildung 20.3 Eccles »Allgemeines Erwartungs-Wert-Modell leistungsbezogener Aufgabenwahl« (aus Eccles, 2005)

20.2. Motivation der Entwicklung

Menschen können ihre eigene Entwicklung beeinflussen. Diese Grundannahme wird von vielen Entwicklungspsychologen geteilt. Unsere Entwicklung ist demnach nicht nur Ergebnis dessen, was wir an biologischer Ausstattung mitbringen oder welche Umwelteinflüsse auf uns einwirken, sondern auch Ergebnis unseres eigenen Handelns. Philosophen haben sich seit der Antike mit dem handelnden Individuum beschäftigt (Brandtstädter, 2001). Dennoch ist der Beitrag des handelnden Individuums zur Regulation der eigenen Entwicklung erst in jüngerer Zeit zu einem prominenten Forschungsgegenstand der Entwicklungspsychologie geworden. Gerade moderne Gesellschaften mit ihren pluralisierten Lebensentwürfen und ihrer hohen sozialen Mobilität bieten dem Individuum einen nie da gewesenen Spielraum zur Gestaltung der eigenen Entwicklung.

20.2.1 Entwicklungsgelegenheiten über die Lebensspanne

Natürlich ist der Einfluss, den wir auf unsere Entwicklung haben, nicht unbegrenzt. So wird eben nicht jede/-r ein Fußballprofi, Popstar, Topmanager, Model oder Nobelpreisträger, auch wenn sie oder er sich noch so sehr anstrengen mag. Bevor wir genauer unter die Lupe nehmen, wie Menschen ihre eigene Entwicklung regulieren, wollen wir uns daher zunächst mit den biologischen, gesellschaftlich-institutionellen und normativen

Einflüssen beschäftigen, die den Spielraum für unser Handeln im Lebenslauf abstecken. Dabei können wir diese Einflüsse als lästige Begrenzungen sehen oder aber als hilfreich organisierendes Gerüst. Wir können bedauern, dass die Möglichkeiten zur Gestaltung unseres eigenen Lebens nicht unbegrenzt sind, oder erleichtert, dass wir nicht jedes Ziel zu jeder Zeit verfolgen können und müssen.

Kontrollpotenzial und Kontrollstreben über die Lebensspanne

Betrachtet man die lebenslange Entwicklung als aktives Geschehen, in dem das Individuum handelnd Einfluss nimmt, so stellt sich die Frage, wie viel Spielraum wir tatsächlich haben, unsere Umwelt zu verändern. Wir bezeichnen diese Gelegenheiten zur Einflussnahme auf die Umwelt als primäres Kontrollpotenzial.

Wir stellen uns den Lebenslauf als ein Handlungsfeld mit zunächst rapide zunehmendem Kontrollpotenzial vor, das sich im mittleren Lebensalter auf ein Plateau erhebt und im fortschreitenden und im hohen Alter wieder abnimmt (in Abb. 20.4 als umgekehrte U-Funktion des primären Kontrollpotenzials dargestellt). Obwohl die Möglichkeit, die Umwelt tatsächlich zu beeinflussen (das Kontrollpotenzial), im Alter radikal abnimmt, nehmen wir an, dass das Streben nach primärer Kontrolle über die Lebensspanne hinweg erhalten bleibt (s. Abb. 20.4). Wir haben dieses Wirksamkeitsstreben schon am Anfang des Kapitels als fundamentale Triebfeder menschlichen Handelns kennengelernt. Was sich jedoch verändert, sind die Zielsetzungen für das primäre Kontrollstreben. Wir passen uns im Alter den abnehmenden Möglichkeiten an, indem wir unsere Ansprüche senken oder bestimmte Funktions- oder Lebensbereiche, die uns einmal wichtig waren, aufgeben und durch andere ersetzen (z. B. Karriere- durch Freizeitziele). Schließlich nehmen wir an, dass das Streben nach sekundärer Kontrolle über die Lebensspanne hinweg steigt (s. Abb. 20.4). In dem Maße, wie wir Verluste im höheren Alter erfahren – wir verlieren womöglich Partner und Freunde, unsere Gesundheit verschlechtert sich, wir erfahren finanzielle Einbußen –, wird es zunehmend wichtiger, mit diesen Verlusten adaptiv umzugehen. Sekundäre Kontrollstrategien helfen uns dabei, nicht in Hoffnungslosigkeit zu versinken und unser Selbst zu schützen, damit der Weg frei ist, unsere Kräfte auf neue, erreichbarere Projekte zu konzentrieren – beispielsweise darauf, unsere Enkelkinder heranwachsen zu sehen, Tai Chi zu lernen oder zu malen. Die von uns im Rahmen der Motivationstheorie der Lebenslaufentwicklung vorhergesagten Verläufe werden von einer Reihe empirischer Befunde bestätigt (Heckhausen et al., 2010). Dabei kommen andere Theorien der Entwicklungsregulation zum Teil zu den gleichen, zum Teil aber auch zu anderen Vorhersagen (s. Abschn. 20.2.2).

Im Folgenden stellen wir wichtige Einflussfaktoren auf das primäre Kontrollpotenzial im menschlichen Lebenslauf vor.

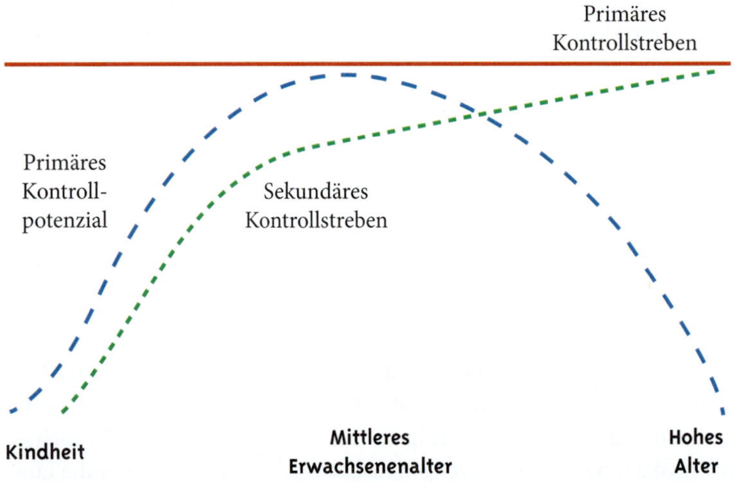

Biologische Veränderungen im Lebenslauf

In der ersten Hälfte unseres Lebens dominieren biologische Reifungs- und Erwerbsprozesse, die uns immer größere Kontrollmöglichkeiten zur Verfügung stellen. Schon in der ersten Hälfte des Lebens gibt es jedoch auch einzelne Funktionsbereiche, in denen alterungsbedingter Abbau einsetzt. So nehmen sensorische und motorische Spitzenleistungen lange vor dem mittleren Erwachsenenalter ab, was z. B. die Karrieren von Spitzenathleten unter enormen zeitlichen Druck setzt.

Mit dem mittleren Erwachsenenalter stellen sich sensorische und phy-

Abbildung 20.4 Vorhersagen der Motivationstheorie der Lebenslaufentwicklung zur Entwicklung des primäres Kontrollpotenzials, des primären Kontrollstrebens und des sekundären Kontrollstrebens über den Lebenslauf (nach Heckhausen, 1999)

siologische Abbauprozesse ein, die jedoch meist noch relativ leicht durch kompensatorische Strategien (z. B. Fitnesstraining) und Hilfsmittel (z. B. Lesebrille) ausgeglichen werden können (vgl. Abschn. 12.3.3). Im mittleren Lebensalter zeigen sich jedoch auch die ersten, nur schwer oder gar unüberwindbaren Verluste an Kontrollpotenzial, wie am Beispiel der »biologischen Uhr« deutlich wird (s. Abschn. 20.2.2).

Im höheren Alter schließlich dominieren biologische Abbauprozesse und lassen sich vor allem im sehr hohen Alter (jenseits von 75 Jahren) immer weniger kompensieren (vgl. Abschn. 13.2.2). Die biologischen Veränderungen im Lebenslauf entsprechen also im Großen und Ganzen der umgekehrten U-Funktion des primären Kontrollpotenzials in Abbildung 20.4.

Gesellschaftlich-institutionelle Strukturierung des Lebenslaufs

Die gesellschaftliche Strukturierung unseres Lebenslaufs ergibt sich aus gesellschaftlichen Institutionen (z. B. Bildungssystem, Eherecht) und aus soziostrukturellen Differenzierungen von Bildungs- und Karriereverläufen (z. B. bestimmte Berufe bauen auf bestimmten Bildungs- und Ausbildungsabschlüssen auf). Diese schaffen alterszeitlich organisierte Gelegenheitsstrukturen für das Handeln des Einzelnen, die ideale alterszeitliche Handlungsfenster hervorheben und Abweichungen davon entweder nicht gestatten oder mit erhöhten Schwierigkeiten belasten. Ein Beispiel ist die höhere Verfügbarkeit von Hochschulstipendien, Sommerjobs und billigem Wohnraum für Studenten in ihren Zwanzigern verglichen mit Studenten höheren Alters. Die Gesellschaft macht es jungen Erwachsenen einfacher als Senioren, ein Studium abzuschließen.

Gesellschaftlich institutionalisierte Gelegenheitsstrukturen haben auch einen Kanalisierungseffekt auf einmal eingeschlagene Lebenswege. So kann der Lebenslauf zweier Menschen ganz ähnliche Ursprünge haben, aber aufgrund unterschiedlicher Entscheidungen an einem kritischen Gabelungspunkt (z. B. eine weiterführende Schule zu besuchen) zu ganz unterschiedlichen Entwicklungsergebnissen führen. Bestimmte Bildungs- und Ausbildungswege münden später »wie von selbst« in bestimmte berufliche Laufbahnen. Erste Schritte der Familiengründung (z. B. Eheschließung) ziehen oft weitere Schritte der Familienentwicklung (z. B. Elternschaft) nach sich.

Normative Vorstellungen über den Lebenslauf

Angesichts der Flexibilität und Weltoffenheit menschlichen Verhaltens wird in der soziologischen Anthropologie die regulative Funktion sozialer Gruppen und ihrer Normen seit Langem als anthropologische Konstante verstanden. In dem Maße, in dem menschliches Verhalten nicht durch biologische Instinkte und auch weniger durch gesellschaftlichen Zwang reguliert wird, muss die Eigenregulation des einzelnen Individuums sich die gesellschaftlichen Normen zu eigen machen. Dies geschieht durch die sozialisatorisch vermittelte Verinnerlichung von Normen und sozialen Konventionen, die diese mitunter als natürlich, unumstößlich und einzig wirklich erscheinen lassen.

Dieser Gedanke lässt sich leicht auf die Regulation von Lebensverläufen übertragen. Wir haben bestimmte Normen verinnerlicht, wann etwa der richtige Zeitpunkt gekommen ist, die Schule abzuschließen, zu heiraten oder ein Kind zu bekommen, und in welcher Reihenfolge diese Übergänge idealerweise passieren sollten. Normative Vorstellungen über den Lebenslauf sind mächtige Regulatoren für den individuellen Lebenslauf. Sie bieten soziale Referenzsysteme, die uns anzeigen, wann wir selbst und andere »on-time« oder »off-time« (zu früh oder zu spät) wichtige Meilensteine der Lebenslaufentwicklung bewältigen. Interessanterweise haben diese normativen Vorstellungen über den Lebenslauf für viele Mitglieder moderner Gesellschaften nach wie vor Gültigkeit, obwohl gleichzeitig die gesellschaftlich-institutionelle Strukturierung des Lebenslaufs abnimmt.

Studie zu Gewinnen und Verlusten im Lebenslauf. Heckhausen et al. (1989) befragten junge, mittelalte und alte Erwachsene darüber, welche psychologischen Merkmale (z. B. freundlich, vergesslich, weise, unternehmungslustig) sich im Laufe des Erwachsenenalters verändern, wann dies geschieht und ob die Veränderungen erwünscht oder unerwünscht sind. In Abbildung 20.5 werden die von den erwachsenen Studienteilnehmern angegebenen erwarteten Entwicklungsgewinne (erwünschte Entwicklungsveränderungen) und Entwicklungsverluste (unerwünschte Entwicklungsveränderungen) über die Lebensspanne gezeigt. Es ist deutlich zu sehen, wie sich das Verhältnis von Entwicklungsgewinnen zu Entwicklungsverlusten im Laufe des Lebens verschiebt. Zu Beginn des Erwachsenenalters überwiegen erwartete Entwicklungsgewinne stark, im Laufe des mittleren und vor allem im fortgeschrittenen Alter nehmen die erwarteten Entwicklungsverluste immer mehr zu und dominieren schließlich im hohen Alter.

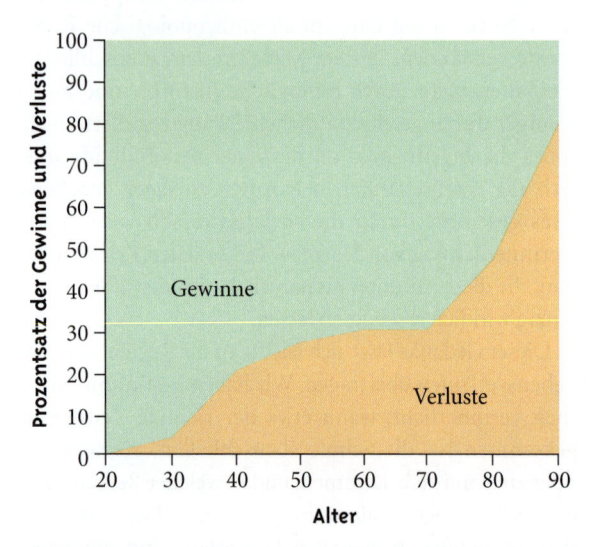

Abbildung 20.5 Erwartungen zu Entwicklungsgewinnen und -verlusten im Verlauf des Erwachsenenalters (nach Heckhausen et al., 1989)

Nichtnormative Ereignisse

Neben diesen drei Einflussfaktoren – biologischen, gesellschaftlich-institutionellen und normativen – wird das primäre Kontrollpotenzial im Lebenslauf eines Menschen durch weitere Faktoren beeinflusst, z. B. durch nichtnormative Ereignisse. Nichtnormative Ereignisse werden nicht von allen Menschen erfahren und sind schwer zu antizipieren. Beispiele für nichtnormative Erfahrungen sind schwierige Erfahrungen in der Kindheit, gesundheitliche Belastungen, der Tod eines geliebten Menschen, aber auch unerwarteter beruflicher Erfolg oder der berühmte Sechser im Lotto. Auch sie können unser Kontrollpotenzial bedeutsam einschränken oder erweitern.

20.2.2 Entwicklungsregulation über die Lebensspanne

Unsere Entwicklung wird von äußeren Faktoren beeinflusst, aber nicht determiniert. Menschen selbst können, innerhalb bestimmter Grenzen, ihre eigene Entwicklung beeinflussen – zum Guten wie zum Schlechten.

Modelle der Entwicklungsregulation

Verschiedene Modelle der Entwicklungsregulation leisten einen wichtigen Beitrag, um besser zu verstehen, wie Menschen ihre Entwicklung über die Lebensspanne hinweg gestalten. Dazu gehören

▶ das Zwei-Prozess-Modell der Assimilation und Akkommodation (Brandtstädter, 2001; s. Abschn. 24.4),
▶ die Motivationstheorie der Lebenslaufentwicklung (Heckhausen et al., 2010) und
▶ das Modell der Selektion, Optimierung und Kompensation (Baltes & Baltes, 1990; Freund & Baltes, 2002; s. Abschn. 11.3.7).

Alle drei Modelle beschäftigen sich mit den Prozessen, durch die Menschen ihre Entwicklung beeinflussen, damit, wie sich diese Prozesse über die Lebensspanne verändern und wann welche Prozesse besonders adaptiv (z. B. günstig für unser Wohlbefinden) sind. Zwischen den drei Modellen gibt es wichtige Gemeinsamkeiten und Unterschiede.

Gemeinsamkeiten. Alle drei Modelle nehmen an, dass das Streben nach sekundärer Kontrolle über die Lebensspanne zunimmt (s. Abb. 20.4). Diese Vorhersage wird von einer Reihe empirischer Befunde gestützt (siehe z. B. Brandtstädter, 2001; Heckhausen et al., 2010). In dem Maße, in dem Menschen mit zunehmendem Alter zunehmend Rückschläge, Niederlagen und Verluste erfahren, wird es also immer wichtiger, Ziele, Wünsche, Hoffnungen und Träume an die Realität anzupassen oder loszulassen und das Selbst zu verändern. Eine weitere Gemeinsamkeit der drei Modelle besteht darin, dass sie verschiedene Prozesse der Entwicklungsregulation postulieren, die nach unserer Auffassung jeweils drei zentralen Prozessen – Zielengagement, Zieldistanzierung oder Metaregulation – zugeordnet werden können. Wenn Menschen ein Ziel haben, versuchen sie oft, die Diskrepanz zwischen dem Ist-Zustand und dem Soll-Zustand (ihrem Ziel) zu verringern. Sie können dies auf zwei Arten tun: Sie können sich für Ziele engagieren und damit den Ist-Zustand verändern, oder sie können sich von Zielen distanzieren und damit den Soll-Zustand verändern. Prozesse, die der Metaregulation dienen, werden nur von der Motivationstheorie der Lebenslaufentwicklung postuliert: Metaregulation beschreibt Heuristiken, die Menschen benutzen, um Entwicklungsziele optimal auszuwählen.

Tabelle 20.1 gibt eine Übersicht über verschiedene Prozesse der Entwicklungsregulation in den drei Modellen und welchen der drei zentralen Prozesse – Zielenga-

Tabelle 20.1 Prozesse der Entwicklungsregulation in drei Modellen der Entwicklungsregulation

Zwei-Prozess-Modell der Assimilation und Akkommodation	Motivationstheorie der Lebenslaufentwicklung	Modell der Selektion, Optimierung und Kompensation
	Zielengagement	
▶ z. B. hartnäckige Zielverfolgung (Assimilation)	▶ z. B. Zeit und Energie investieren (selektive primäre Kontrolle) ▶ z. B. Hilfe suchen (kompensatorische primäre Kontrolle) ▶ z. B. positive Konsequenzen der Zielerreichung vor Augen führen (selektive sekundäre Kontrolle)	▶ z. B. Zielauswahl und -bindung (elektive Selektion) ▶ z. B. Üben von Fertigkeiten (Optimierung) ▶ z. B. Aktivierung ungenutzter Ressourcen (Kompensation)
	Zieldistanzierung	
▶ z. B. flexible Zielanpassung (Akkommodation)	▶ z. B. Aufgeben von Zielen und selbstwertdienliche Attributionen (kompensatorische sekundäre Kontrolle)	▶ z. B. Umstrukturierung von Zielen (Aspekte der verlustbasierten Selektion)
	Metaregulation	
	▶ z. B. Anpassung von Zielen an Gelegenheiten ▶ z. B. Optimierung von langfristigen Konsequenzen der Zielauswahl ▶ z. B. Diversität in der Zielauswahl	

gement, Zieldistanzierung oder Metaregulation – sie zugeordnet werden können. Tabelle 20.1 macht außerdem deutlich, dass die unterschiedlichen Prozesse, trotz dieser Konvergenzen, jeweils eigenständige Prozesse beschreiben, die nicht untereinander austauschbar sind. Die Modelle stimmen auch dabei überein, dass sie von individuellen Unterschieden in Zielengagement, Zieldistanzierung und Metaregulation ausgehen. Wie sehr und wann wir uns für ein bestimmtes Ziel engagieren oder uns von ihm distanzieren, hat vielfältige Konsequenzen dafür, wie glücklich, erfolgreich und gesund wir sind, und sogar dafür, wie lange wir leben (s. u.).

Unterschiede. Zwischen den Modellen gibt es aber auch einige Unterschiede – beispielsweise darin, was sie als fundamentale Funktion von Entwicklungsregulation ansehen. Wir diskutieren hier beispielhaft einen Unterschied zwischen dem Zwei-Prozess-Modell und der Motivationstheorie der Lebenslaufentwicklung. Dem Zwei-Prozess-Modell zufolge besteht die zentrale Funktion von Entwicklungsregulation darin, Stabilität und Kontinuität des eigenen Selbst herzustellen. In diesem Modell ist also das Herstellen und Bewahren der eigenen Identität von zentraler Bedeutung. Nach der motivationalen Theorie der Lebenslaufentwicklung hingegen besteht die zentrale Funktion von Entwicklungsregulation darin, unsere Handlungsmöglichkeiten (primäre Kontrolle) zu erweitern. Dies bedeutet, dass wir uns nicht auf unseren Lorbeeren ausruhen, sondern immer wieder nach neuen Herausforderungen suchen. Daher kommen beide Modelle zu unterschiedlichen Vorhersagen, wie sich das Streben nach primärer Kontrolle über die Lebensspanne verändert. Die Motivationstheorie der Lebenslaufentwicklung nimmt Stabilität des primären Kontrollstrebens (als fundamentaler Triebfeder unseres Handelns) über die Lebensspanne hinweg an (vgl. Abb. 20.4). Das Zwei-Prozess-Modell postuliert hingegen, dass das Streben nach primärer Kontrolle (Assimilation) über die Lebensspanne hinweg abnimmt. Beide Vorhersagen werden von verschiedenen empirischen Befunden gestützt (Brandtstädter, 2001; Heckhausen et al., 2010). Hier besteht klar weiterer Forschungsbedarf.

Handlungsphasen in der Entwicklungsregulation

Über die Lebensspanne hinweg entscheiden sich Menschen für Entwicklungsziele (z. B. ein Studium zu beginnen, ein Kind zu bekommen). Sie engagieren sich für diese Entwicklungsziele. Und sie distanzieren sich auch wieder von ihnen, wenn sie das Ziel erreicht haben oder wenn Gelegenheiten zur Zielerreichung schwinden und Entwicklungsfristen auftreten. Diese Handlungsphasen werden vom Handlungsphasenmodell der Entwicklungsregulation beschrieben, das im Rahmen der Motivationstheorie der Lebenslaufentwicklung entwickelt wurde (Heckhausen et al., 2010). Entscheidende Vorhersage des Handlungsphasenmodells ist, dass weder Zielengagement noch Zieldistanzierung per se gut oder schlecht sind. Entscheidend ist, dass diese Prozesse im Einklang mit den Möglichkeiten zur Zielerreichung stehen, ob es also eine Kongruenz von Entwicklungsregulation und Entwicklungsgegebenheiten gibt. In diesem Prozess werden verschiedene Handlungsphasen durchlaufen.

Entwicklungsziele und Entwicklungsaufgaben. Entwicklungsziele beziehen sich auf die eigene Entwicklung. Oft beeinflussen altersnormative Vorstellungen die Auswahl persönlicher Entwicklungsziele. Diese wechselseitige Durchdringung von normativen Vorstellungen und persönlichen Zielen spiegelt sich im Konzept der Entwicklungsaufgaben wider. Entwicklungsaufgaben sind definiert als altersnormative Herausforderungen an die individuelle Entwicklung, die sich aus biologischer Reifung, kulturellen Traditionen und den Wünschen und Zielen des Individuums ergeben (Havighurst, 1972; s. Abschn. 11.2.1). Die erfolgreiche Meisterung von Entwicklungsaufgaben ist dabei nach Havighurst die Grundlage für den Erfolg mit weiteren Entwicklungsaufgaben, wohingegen das Scheitern negative Folgen für die weitere Entwicklung nach sich zieht.

Entwicklungsfristen. Unbestreitbar können wir nicht immer alle Ziele erreichen. Insbesondere Entwicklungsziele sind oft an Entwicklungsfristen gebunden, die durch biologische Grenzen (z. B. die biologische Uhr), gesellschaftliche Institutionen (z. B. Verfügbarkeit von Lehrstellen für Schulabgänger, nicht aber für Senioren) oder normative Vorstellungen entstehen. Entwicklungsfristen (»developmental deadlines«) zeigen uns an, wann wir uns besser nicht mehr für ein vergeblich gewordenes Ziel engagieren, sondern uns von diesem Ziel lösen sollten, weil die Gelegenheiten dazu weitgehend oder ganz geschwunden sind. Zieldistanzierung nach dem Überschreiten einer Entwicklungsfrist ist wichtig, damit nicht kognitive, emotionale, motivationale und behaviorale Ressourcen an ein Ziel verschwendet werden, das nicht mehr erreicht werden kann, sondern damit wir unsere Kräfte fruchtbar auf neue Ziele verwenden können.

Handlungsphasenmodell der Entwicklungsregulation. Abbildung 20.6 zeigt das Handlungsphasenmodell der Entwicklungsregulation. Dieses Modell beschreibt die Phasen, die wir durchlaufen, wenn wir uns für ein Ziel entscheiden, das Ziel verfolgen und uns davon wieder lösen. Dabei markiert der Rubikon die Zielentscheidung und damit den Wechsel von der präaktionalen Phase zur Zielengagementphase. Die Entwicklungsfrist zeigt an, dass die Gelegenheiten zur Zielerreichung schwinden, und markiert so den Wechsel von Zielengagement zur postaktionalen Phase der Zieldistanzierung.

Prädezisionale Phase. In der prädezisionalen Phase vor dem Überschreiten des Rubikons werden unterschiedliche Entwicklungsalternativen im Hinblick auf ihre Vor- und Nachteile, Kontrollierbarkeit und Realisierbarkeit sowie Kosten und Nutzen im Hinblick auf andere Ziele bewertet. Während dieser Phase der Zielauswahl ist es günstig, wenn die Informationsverarbeitung offen und unvoreingenommen ist. Sebastian aus dem Beispiel vom Anfang unseres Kapitels hat sich sicher vor seiner Beziehung mit Marie auch nach anderen Mädchen umgeschaut, und sie wird das Gleiche getan haben. Schließlich haben beide den sogenannten Entscheidungs-Rubikon überschritten und eine Beziehung miteinander begonnen.

Mitunter haben Menschen auch große Probleme, einmal gefasste Ziele in die Tat umzusetzen und den Rubikon zu überschreiten. Ein prominentes Beispiel ist das Aufschiebeverhalten (Prokrastination). Gollwitzer und Kollegen (Gollwitzer, 1999) haben in einem umfangreichen Forschungsprogramm gezeigt, dass Vorsätze (implementation intentions) von zentraler Bedeutung sind und helfen, Ziele in die Tat umsetzen und zu erreichen. Vorsätze verknüpfen bestimmte antizipierte kritische Situationen mit bestimmten zielgerichteten Handlungen. Sie sind als Wenn-dann-Aussagen formuliert (»Wenn Situation X eintritt, dann werde ich Handlung Y ausführen«; z. B. »Wenn ich den Computer anschalte, dann werde ich 30 Minuten an meiner Hausarbeit arbeiten« oder auch »Wenn sie mich das nächste Mal anschaut, dann werde ich sie ansprechen und nach ihrer Telefonnummer fragen«).

Phase des Zielengagements. Sobald der Entscheidungs-Rubikon überschritten ist, treten wir in die Phase des Zielengagements ein. Der Informationsverarbeitungsmodus ändert sich radikal zu einem Modus, der geeignet ist, das primäre Kontrollstreben für das gewählte Ziel zu maximieren. So investieren wir Zeit und Energie in das gewählte Projekt (selektive primäre Kontrolle) und blenden andere attraktive Alternativen aus und sagen uns, dass wir Erfolg haben werden (selektive sekundäre Kontrolle). So haben Sebastian und Marie in ihrer Beziehung einander viel Zeit und Aufmerksamkeit geschenkt und womöglich mitunter auch die Avancen anderer ignoriert.

Nähern wir uns der Entwicklungsfrist, treten wir in eine Phase des dringenden Zielengagements ein, in der alle zielengagementbezogenen Kontrollstrategien mit besonders großem Nachdruck eingesetzt werden. Zusätzlich können kompensatorische primäre Kontrollstrategien eingesetzt werden, beispielsweise indem wir uns bei Rückschlägen und Misserfolgen Hilfe suchen. So hat Sebastian vielleicht, als es in der Beziehung zu Marie zu kriseln begann, bei seinen Freunden Rat gesucht.

Postaktionale Phase. Ist die Entwicklungsfrist überschritten, treten wir in die postaktionale Phase ein, in der Engagement für das bisher verfolgte Ziel dysfunktional wird. Je nachdem, ob wir das Ziel erreicht haben oder nicht, Erfolg oder Misserfolg erlebt haben, werden unterschiedliche Strategien wichtig. Wenn wir das Ziel nicht erreicht haben, ist es wichtig, dass wir uns von dem Ziel lösen und Strategien einsetzen, die uns helfen, unser Selbst zu schützen (kompensatorische sekundäre Kontrolle; s. Brandtstädter, 2001; vgl. Abschn. 24.4). So können wir dafür sorgen, dass wir unsere kognitiven, emotionalen, motivationalen und behavioralen Ressourcen nicht an aussichtslose Projekte verschleudern. Außerdem schützen wir uns so davor, dass das Verpassen des Ziels negative Auswirkungen auf unseren Selbstwert und unser zukünftiges Handeln hat. Sebastian hat alle Möglichkeiten verloren, sein Ziel – eine Beziehung mit Marie zu führen – weiterzuverfolgen, weil sie mit ihm Schluss gemacht hat. In dieser Handlungsphase wäre es für ihn adaptiv, sich von diesem Ziel zu lösen, was ihm aber sehr schwerfällt. Dieses Beispiel zeigt, dass Menschen nicht immer die Kontrollstrategien einsetzen (können), die in der jeweiligen Handlungsphase adaptiv wären.

Im Erfolgsfall jedoch, wenn wir das Ziel noch vor dem Verstreichen der Frist erreicht haben, können wir entweder im gleichen Bereich auf dem Erfolg aufbauen (z. B. für die nächste Beförderung arbeiten, ein weiteres Kind bekommen) oder uns in einem neuen Bereich

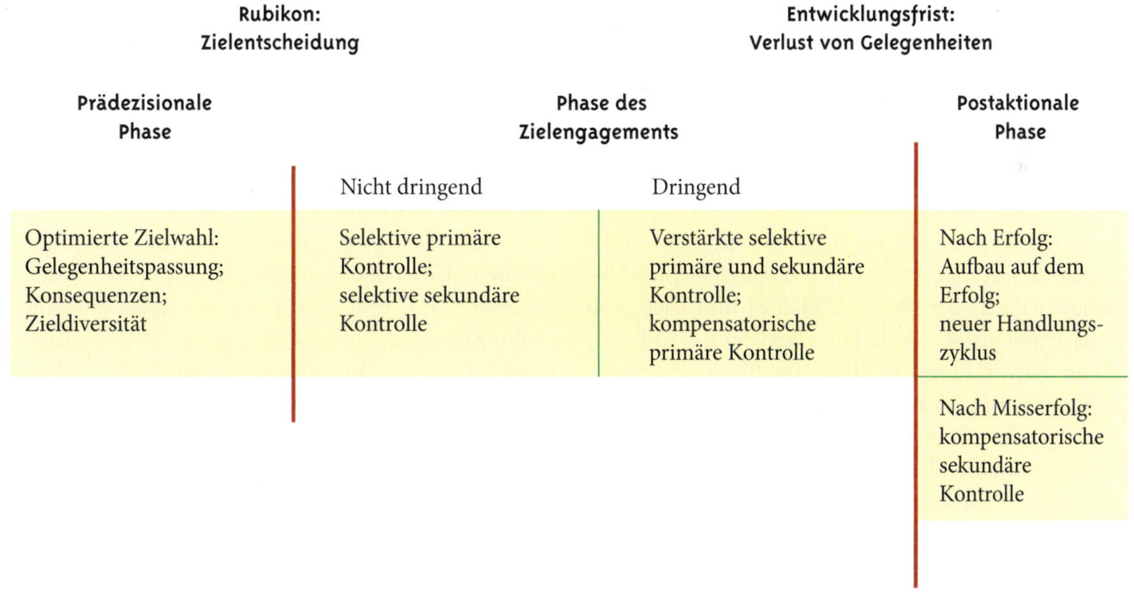

	Rubikon: Zielentscheidung		Entwicklungsfrist: Verlust von Gelegenheiten	
Prädezisionale Phase	**Phase des Zielengagements**		**Postaktionale Phase**	
	Nicht dringend	Dringend		
Optimierte Zielwahl: Gelegenheitspassung; Konsequenzen; Zieldiversität	Selektive primäre Kontrolle; selektive sekundäre Kontrolle	Verstärkte selektive primäre und sekundäre Kontrolle; kompensatorische primäre Kontrolle	Nach Erfolg: Aufbau auf dem Erfolg; neuer Handlungszyklus	
			Nach Misserfolg: kompensatorische sekundäre Kontrolle	

Abbildung 20.6 Handlungsphasenmodell der Entwicklungsregulation (modifiziert nach Heckhausen, 1999)

engagieren, den wir vielleicht vorher vernachlässigt haben. Ein Beispiel dafür ist der Wechsel von einem vorherrschenden Einsatz für die Karriere zu einem Engagement im Familienbereich, sobald man eine wichtige, lang erwartete und altersfristabhängige Beförderung erreicht hat (z. B. die unbefristete Professur in der akademischen Karriere).

Kongruenz von Entwicklungsregulation und Entwicklungsgelegenheiten. Die Gelegenheiten, wichtige Entwicklungsziele wie z. B. die Familiengründung oder die berufliche Etablierung zu verwirklichen, sind nicht beliebig über die Lebensspanne verteilt. Anders ausgedrückt: Alles hat seine Zeit. Natürlich kann der Einzelne sich auch entscheiden, ein Entwicklungsziel zu einer ungünstigen Zeit anzustreben (z. B. einen Bildungsabschluss im mittleren Erwachsenenalter). Die Motivationstheorie der Lebenslaufentwicklung sagt aber vorher, dass eine solche Inkongruenz ihren Preis hat. Unter ungünstigen biologischen oder gesellschaftlichen Bedingungen erfordert die Zielverfolgung viel mehr Ressourcen des Einzelnen, die dann für andere Ziele nicht mehr zur Verfügung stehen. Eine fehlende Kongruenz von Entwicklungsregulation und Entwicklungsgelegenheiten schlägt sich oft in verringertem Wohlbefinden und gesundheitlichen Problemen nieder (s. Unter der Lupe). Es ist also günstiger, Entwicklungsziele dann zu verfolgen, wenn die Gelegenheiten für ihre Realisierung optimal sind. Wenn die Gelegenheiten ungünstig sind, ist es hingegen adaptiver, sich von Zielen zu lösen. Zusammenfassen lässt sich diese Vorhersage der Motivationstheorie der Lebenslaufentwicklung so: Zielengagement bei günstigen Gelegenheiten, Zieldistanzierung bei ungünstigen Gelegenheiten.

Unter der Lupe

Zielengagement und Zieldistanzierung: Bedeutung für Wohlbefinden, Gesundheit und Lebenserwartung

Ob sich Menschen für ihre Ziele engagieren oder sich von ihnen lösen, ist bedeutsam für ihr Wohlbefinden, ihre Gesundheit und sogar ihre Lebenserwartung. Das Handlungsphasenmodell sagt vorher, dass die Kongruenz von Entwicklungsregulation und Entwicklungsgelegenheiten entscheidend ist: Zielengagement ist dann günstig, wenn auch die Möglichkeiten zur Zielerreichung vorhanden sind, während Zieldistanzierung dann günstig ist, wenn Möglichkeiten zur Zielerreichung verschwunden sind. Diese und andere Thesen sind in Querschnitt-, Längsschnitt- und Experimentalstudien bestätigt worden (Heckhausen et al., 2010).

Studien zur »biologischen Uhr«. Eindrückliches Beispiel einer Entwicklungsfrist ist die Tatsache, dass Frauen nach der Menopause keine Kinder mehr bekommen können, die »biologische Uhr« also abgelaufen ist. Heckhausen et al. (2001) untersuchten kinderlose Frauen vor (30 bis 35 Jahre) und nach dem Überschreiten (40 bis 45 Jahre und 50 bis 55 Jahre) dieser Entwicklungsfrist. Das Handlungsphasenmodell sagt vorher, dass kinderlose Frauen vor der Entwicklungsfrist hoch engagiert ihren Kinderwunsch verfolgen, während sie sich nach dem Überschreiten der Entwicklungsfrist von diesem Wunsch lösen sollten. Diese Kongruenz von Entwicklungsregulation und Entwicklungsgelegenheiten sollte mit höherem Wohlbefinden einhergehen. Diese Vorhersagen wurden empirisch bestätigt, und zwar nicht nur hinsichtlich expliziter Maße (selbstberichtete Ziele und Kontrollstrategien), sondern auch hinsichtlich impliziter Maße (selektive Informationsverarbeitung) bezogen auf den Kinderwunsch. So zeigten die Frauen, die die Entwicklungsfrist bereits überschritten hatten, höhere depressive Symptome, je mehr Sätze sie erinnerten, in denen etwa davon die Rede war, wie schön das Leben mit Kindern ist – ein Indiz dafür, dass sie sich vom Kinderwunsch noch nicht distanziert hatten.

Studien zu Gesundheitsbelastungen. Gesundheitsbelastungen sind ein weiteres wichtiges Erprobungsfeld für entwicklungsregulative Kompetenz. Auch hier zeigt sich, dass die Kongruenz zwischen Entwicklungsregulation auf der einen und Entwicklungsgelegenheiten auf der anderen Seite günstig ist – und zwar nicht nur für die physische Gesundheit, sondern sogar für die Lebenserwartung (Hall et al., 2010). Bei reversiblen und kontrollierbaren Gesundheitsbelastungen ist Zielengagement bei der Bewältigung eines Gesundheitsproblems angemessen und sagt bessere physische Gesundheit und sogar eine höhere Lebenserwartung vorher (Hall et al., 2010). Sind die Gesundheitsbelastungen aber irreversibel und gering kontrollierbar, ist Zieldistanzierung adaptiver für Wohlbefinden und Gesundheit (Brandtstädter, 2001).

> **Denkanstöße**
>
> Der Übergang von der Schule in den Beruf stellt eine große entwicklungsregulative Herausforderung dar. In einer Intensiv-Längsschnittstudie mit Berliner Realschülern (Haase et al., 2008) zeigte sich, dass höheres Zielengagement nur bei Mädchen vorhersagte, ob diese später eine Lehrstelle erhielten, während Jungen auch bei niedrigem Zielengagement eine Lehrstelle erhielten.
>
> ▶ Was macht den Übergang von der Schule in den Beruf für Jugendliche und junge Erwachsene zu einer solchen Herausforderung?
> ▶ Warum war Zielengagement bei der Lehrstellensuche für Mädchen wichtiger als für Jungen? Würde man diesen Effekt auch bei anderen berufsbezogenen Übergängen oder unter anderen historischen Bedingungen erwarten?

20.2.3 Dynamische Interaktion zwischen Individuum und Umwelt

Dynamische Interaktionen zwischen Individuum und Umwelt sind in der Persönlichkeits- und Lebenslaufentwicklungspsychologie immer mehr ins Zentrum der Aufmerksamkeit gerückt (z. B. Scarr & McCartney, 1983).

Gestaltung der sozialen Umwelt. Bei der Gestaltung der Entwicklung durch den Einzelnen, wie sie im zweiten Teil des Kapitels vorgestellt wurde, spielen vor allem Selektion und Manipulation der Umwelt eine Rolle. Wirkliche Manipulation der eigenen Nahumwelt geschieht vor allem bei der Gestaltung sozialer Beziehungen zu intimen Partnern, Kindern, Eltern, Freunden, Kollegen und Nachbarn. Hier werden nicht nur Entscheidungen getroffen, mit wem man viel und mit wem man weniger Kontakt hat, sondern auch die Qualität der Beziehungen wird aktiv gestaltet (Lang et al., 2006). Die gestalteten sozialen Beziehungen werden dann zur alltäglichen sozialen Umwelt, die die eigene Entwicklung durch Vorbild (im Guten und Bösen), Konformität, Kontrast und Widerspruch auf Schritt und Tritt prägen.

Ein wichtiger Aspekt der Auswahl und Gestaltung sozialer Netzwerke ist die Entstehung von Subgruppen mit ganz eigenen Vorstellungen über den gelungenen Lebenslauf, die von denen der Gesellschaft insgesamt stark abweichen können. Solche Subgruppenbildungen (z. B. die 68er) können die Lebensläufe ihrer Mitglieder und schließlich auch die Sicht der sozialen Außenwelt darauf so prägen, dass sie sozialen Wandel in Bewegung setzen, der schließlich sogar langfristige Veränderungen in gesellschaftlichen Institutionen (z. B. Ehe- und Scheidungsrecht) nach sich zieht.

> **Übersicht**
>
> **Formen der Interaktion zwischen Person und Umwelt**
> Wir unterscheiden zwischen drei Formen der Interaktion zwischen Person und Umwelt, die dazu beitragen, dass sich über die Zeit die Passung zwischen Person und Umwelt vergrößert:
> ▶ **Evokation:** Die Evokation von Umwelten oder Situationen entsteht meist unabsichtlich dadurch, dass Personen mit bestimmten Persönlichkeitsmerkmalen (z. B. mit starkem Anschlussmotiv) in ihrer sozialen Umwelt immer wieder ähnliche Reaktionen (z. B. Beliebtheit) hervorrufen.
> ▶ **Selektion:** Der Einzelne kann durch Selektion von Umwelten und Situationen (z. B. Berufswahl, Partnerwahl) die Passung der eigenen motivationalen Präferenzen und Kompetenzen mit der Nahumwelt mitgestalten.
> ▶ **Manipulation:** Bei der Manipulation der Umwelt nimmt der Einzelne direkt Einfluss auf die Umgestaltung seiner Nahumwelt (z. B. Freundschaften vertiefen sich, wenn wir dem anderen Zeit und Aufmerksamkeit schenken).

Zusammenfassung

- Das Streben nach Wirksamkeit gehört zu unserer motivationalen Grundausstattung.
- Im frühen Kindesalter werden wichtige Meilensteine in der Entwicklung der Wirksamkeitsmotivation erreicht. Kinder lernen, ein Handlungsergebnis ins Auge zu fassen, und nutzen zunehmend das Erreichen von Handlungszielen, um ihr Selbst zu erkunden.
- Motivation und Handeln eines Kindes entwickeln sich nicht in Isolation, sondern in der Interaktion mit ihren Bezugspersonen.
- Wir unterscheiden zwei unabhängige Motivsysteme: implizite (nicht bewusste) und explizite (bewusste) Motive.
- Drei häufig untersuchte Motive sind das Leistungs-, Macht- und Anschlussmotiv. Im Hinblick auf die Entwicklung der Leistungsmotivation zeigte sich: Kinder lernen zwischen Aufgabenschwierigkeit und Tüchtigkeit sowie Fähigkeit und Anstrengung zu unterscheiden; subjektive Erwartungen und Werte (zwei zentrale Aspekte der Leistungsmotivation) verändern sich.
- Der Spielraum, in dem Menschen ihre Entwicklung beeinflussen können, wird von biologischen, gesellschaftlich-institutionellen, normativen und nicht-normativen Faktoren abgesteckt.
- Außerdem beeinflussen Menschen selbst ihre eigene Entwicklung. Modelle der Entwicklungsregulation (das Zwei-Prozess-Modell der Assimilation und Akkommodation, die Motivationstheorie der Lebenslaufentwicklung und das Modell der Selektion, Optimierung und Kompensation) leisten einen wichtigen Beitrag, um zu verstehen, wie Menschen selbst auf ihre eigene Entwicklung Einfluss nehmen.
- Das Handlungsmodell der Entwicklungsregulation beschreibt die Handlungsphasen, die Menschen durchlaufen, wenn sie sich für Ziele entscheiden, diese verfolgen und sich von ihnen lösen. Dabei ist die Kongruenz von Entwicklungsregulation und Entwicklungsgelegenheiten zentral (Zielengagement bei günstigen Gelegenheiten, Zieldistanzierung bei ungünstigen Gelegenheiten).
- Wir unterscheiden verschiedene Formen der Interaktion zwischen Person und Umwelt (Evokation, Selektion und Manipulation), die dazu beitragen, dass sich über die Zeit die Passung zwischen Person und Umwelt vergrößert.

Weiterführende Literatur

Heckhausen, J. & Heckhausen, H. (Hrsg.). (2010). Motivation und Handeln (3. Aufl.). Heidelberg: Springer. *Ein Standardwerk der modernen Motivationspsychologie. Kapitel 15 informiert eingehend über Motivation und Entwicklung.*

Rheinberg, F. & Vollmeyer, R. (2012). Motivation (8. Aufl.). Stuttgart: Kohlhammer. *Schneller Einstieg in die Motivationspsychologie.*

Schultheiss, O.C. & Brunstein, J.C. (2010). Implicit motives. New York: Oxford University Press. *Eine Übersicht über Theorie und neueste Forschung zu impliziten Motiven.*

Shah, J.Y. & Gardner, W.L. (Eds.). (2008). Handbook of motivation science. New York: Guilford. *Ein Überblick zu Motivation und ihrer Bedeutung für Entwicklungs-, Emotions-, Persönlichkeits- und soziale Prozesse.*

21 Emotion

Manfred Holodynski · Rolf Oerter

21.1 Evolutionäre Wurzeln der Emotion
    21.1.1 Emotionen: Die Anfänge des Bewusstseins
    21.1.2 Intrapersonale Regulation mithilfe von Emotionen
    21.1.3 Interpersonale Regulation mithilfe von Emotionen
    21.1.4 Emotionsregulation
    21.1.5 Kulturhistorische Entwicklungsbedingungen der Tätigkeitsregulation

21.2 Emotion und Tätigkeitsregulation
    21.2.1 Komponenten der Tätigkeitsregulation
    21.2.2 Formen der Tätigkeitsregulation

21.3 Die Entwicklung von Emotionen
    21.3.1 Ontogenetischer Ausgangspunkt: Dominanz der interpersonalen Regulation
    21.3.2 Säuglings- und Kleinkindalter: Entstehung voll funktionsfähiger Emotionen
    21.3.3 Kleinkind- und Vorschulalter: Entstehung der intrapersonalen emotionalen Handlungsregulation
    21.3.4 Entwicklung des Emotionsausdrucks ab dem Vorschulalter
    21.3.5 Entwicklung der Emotionen im Jugendalter

21.4 Die Entwicklung der reflexiven Emotionsregulation
    21.4.1 Erforderliche Kompetenzen
    21.4.2 Verbesserung der Emotionsregulation im Jugendalter
    21.4.3 Wie Heranwachsende Emotionsregulationsstrategien lernen

Wer mit kleinen Kindern zusammenlebt, weiß, wie faszinierend und anrührend, aber auch wie belastend und anstrengend Kinder sein können. Beide Erfahrungen scheinen zwei Seiten einer Medaille zu sein, nämlich der unvermittelten und lebhaften Art und Weise, mit der ein Kind seine himmelhoch jauchzende Freude, aber auch seinen tief betrübten Kummer gegenüber seinen Bezugspersonen auslebt. Sie scheinen der Fels in der Brandung der aufwühlenden kindlichen Emotionen zu sein. Wenn sich – wie im obigen Bild – das Mädchen in seinem Kummer an seine Oma wendet, appelliert es an sie, ihr beim Bewältigen des kummervollen Geschehens zu helfen. Diese Unterstützung besteht nicht nur in einer tätlichen Mithilfe, »alles wieder gut zu machen«, sondern auch in einem empathischen Spiegeln der kindlichen Emotionen im eigenen Emotionsausdruck. Die Oma spiegelt die Gestik und Mimik ihrer Enkelin, in der sich deren Kummer ausdrückt, in ihrer eigenen Gestik und Mimik – und wenn man die Stimmen beider hören könnte, würde man auch hören, wie die Oma ihre Stimme an die kummervolle Intonation ihrer Enkelin angleicht. Dieses Spiegeln drückt nicht nur Empathie aus, sondern ist für das Mädchen zugleich eine Vergewisserung, was es aktuell fühlt, wie sich das ausdrückt und was zu tun ist. Es ist ein erster nonverbaler Diskurs über das Gefühlserleben auf dem langen Weg, des eigenen emotionalen Erlebens in seiner Vielschichtigkeit gewahr zu werden. Auf diese sozial vermittelte Weise wird es zu einer reichhaltigen Gefühlswelt kultiviert, die der Person eine eigenständige Orientierung in der Regulation emotionaler Episoden geben kann.

21.1 Evolutionäre Wurzeln der Emotion

Dieses Kapitel mit der evolutionären Herkunft von Emotionen zu beginnen, erscheint uns für das Verständnis ihrer Entwicklung und ihrer regulativen Funktion hilfreich zu sein: Erstens gibt sie Auskunft über angeborene Mechanismen der Emotionsregulation, zweitens liefert sie Hinweise auf angeborene Grundlagen des Verständnisses emotionalen Ausdrucksverhaltens von Interaktionspartnern, und drittens gibt sie Hinweise über grundlegende Emotionen, die allen Vertretern der Spezies Homo sapiens zukommen und die zumindest teilweise mit den Emotionen anderer Säugetiere Gemeinsamkeiten aufweisen.

Darwin über Emotionen. Darwin (1872) widmete der Evolution der Emotionen ein eigenes Buch: »The Expression of the Emotions in Man and Animals«. Er befasste sich zunächst mit Körperreaktionen, die mit Emotionen verbunden sind, wie Sträuben der Haare, Lachen und Weinen, Erröten, Schwitzen, Zähnefletschen, Vokalisieren, Heben des Kopfes und dem Zusammen- und Hochziehen der Augenbrauen. Alle diese Reaktionen wurden im Laufe der Evolution mit Emotionen gekoppelt. So ist mit Zähnefletschen Wut und Hass verbunden, wobei die Körperreaktion ursprünglich den direkten aggressiven Angriff auf den Gegner ankündigte. Heute zeigt man bei Wut, wenn körperliche Auseinandersetzungen drohen, immer noch die Zähne, ohne dass es zum Beißangriff kommt. Darwin behandelte Herkunft und Funktion einer ganzen Reihe von Emotionen, wie z. B. Trauer, Gram, Freude, Liebe, Hingabe/Ergebenheit und Scham. Seine Überlegungen bilden auch heute noch eine wichtige Grundlage für das Verständnis der Evolution von Emotionen (Ekman et al., 2003). Zwei grundsätzliche Befunde Darwins lauten:

(1) Bestimmte emotionale Ausdrucksformen sind in allen Kulturen gleich und werden auch in ähnlicher Weise interpretiert.
(2) Einen Teil des emotionalen Ausdrucks haben wir mit Säugetieren gemeinsam.

Basisemotionen. Als menschliche, in der Evolution verankerte Basisemotionen gelten heute: Freude (als Funktionslust), Trauer, Wut, Furcht, Ekel und Überraschung (Ekman, 1988). Panksepp (1998) nennt darüber hinaus Fürsorge, sexuelle Lust und statt Überraschung die Emotion Interesse, in der sich die Neugierde gegenüber neuen und unerwarteten Sachverhalten äußert; und er trägt eine Vielzahl an Evidenzen dafür zusammen, dass diese Basisemotionen sehr wahrscheinlich schon bei höheren Säugetieren existieren. So zeigen z. B. Schimpansen, Delfine und Elefanten Trauer beim Verlust eines Partners.

21.1.1 Emotionen: Die Anfänge des Bewusstseins

Im Laufe der Evolution entsteht bei den Lebewesen Bewusstsein als subjektives, phänomenales Gewahrwerden der Außen- und Innenwelt. Wir wissen weder genau, was Bewusstsein ist, noch, wann in der Tierreihe Bewusstsein auftaucht (vgl. Damasio, 2002). Sicherlich ist bei seiner Entstehung mit einem kontinuierlichen Prozess und nicht mit Sprüngen zu rechnen. Die Anfänge des Bewusstseins sind qualitativ zunächst Emotionen. Tiere verarbeiten zwar bereits komplexe Informationen, doch entsteht die bewusst denkende Auseinandersetzung erst bei den Menschenaffen (vielleicht auch bei Delfinen) und in komplexerer Form erst beim Menschen. Emotionen der Lust, des Schmerzes, der Wut und der Furcht stehen also am Anfang der phylogenetischen wie der ontogenetischen Bewusstseinsentwicklung und haben sich als Vorteil im Kampf ums Dasein erwiesen.

Emotionen bestimmen zeitlebens das menschliche Handeln. Sie sind die Auslöser für Motivation, die ihrerseits das Handeln in Gang setzt, und wirken auch bei kognitiven Entscheidungsprozessen maßgeblich mit. Seit emotionale Bewusstseinserlebnisse in der Phylogenese auftreten, geht es darum, sich angenehme Emotionen zu verschaffen und unangenehme zu vermeiden oder, wenn vorhanden, zu reduzieren. Unter dieser Perspektive sind sowohl Mensch als auch Tier emotional regulierte Wesen. Beim Menschen gipfelt die emotionale Entwicklung in existenziellen Erfahrungen des Selbst, sich seines Daseins bewusst zu sein und dies positiv oder negativ zu erleben.

21.1.2 Intrapersonale Regulation mithilfe von Emotionen

Da der Mensch für seine Emotionen lebt, regulieren sie einerseits sein Leben, müssen aber andererseits auch selbst reguliert werden, will man ihnen nicht völlig ausgeliefert sein. Cosmides und Tooby (2000) entwickelten eine evolutionäre Regulationstheorie der Emotionen. Unser Gehirn beherbergt eine Reihe bereichsspezifischer Programme, die im Laufe der menschlichen und vormenschlichen Entwicklung adaptiv waren, wie z. B. Erkennen des Emotionsausdrucks von Artgenossen, Partnerwahl, Schlafregulation und Wachsamkeit vor Verfolgern. Solche Programme können jedoch in Konflikt miteinander geraten, wenn sie gleichzeitig aktiviert werden. So könnte das Programm zur Schlafregulation mit dem der Wachsamkeit gegenüber Verfolgern in Konflikt geraten. Daher sind übergeordnete Programme nötig, die das eine Programm aktiv halten und das andere blockieren. Solche übergeordnete Programme sind nach Ansicht der Autoren die Emotionen. Damit sich der Organismus funktionsgerecht im Sinne der Evolution verhält, müssen die Unterprogramme wie in einem Orchester koordiniert und hierarchisiert werden. Dies erfolgt, soweit Bewusstsein beteiligt ist, durch die Emotionen. Wer angesichts drohender Gefahr Furcht entwickelt, wird die Tendenz, schlafen zu wollen, unterdrücken und auf die Gefahr reagieren.

Die Programme, die in der Evolution entwickelt wurden, sind auf die Umwelt unserer Vorfahren abgestimmt, also auf eine Umwelt für Jäger und Sammler, die zugleich eine Umwelt war, in der es Verfolger und Opfer gibt. Da unsere heutige Umwelt sich stark verändert hat, passen die phylogenetisch erworbenen Ausdrucks- und Körperreaktionen oft nicht zu den Aufgaben unserer Zeit. Wir empfinden Furcht oder Wut, aber die physiologischen Reaktionen der Adrenalinausschüttung, des höheren Blutdruck, des erhöhten Muskeltonus u. a. m. passen in eine Umwelt, in der man flieht oder selbst eine Beute verfolgt, während wir heutzutage unbewegt am Schreibtisch oder in der Schulbank sitzen und Furcht vor dem Nichtbestehen einer Klausur oder Wut über ein Entlassungsschreiben empfinden.

21.1.3 Interpersonale Regulation mithilfe von Emotionen

Genauso wichtig wie die intrapersonale Regulation von Verhalten ist die regulierende Funktion von Emotionen in der Gruppe bzw. im sozialen Verband. Emotionen, die per Gesichtsausdruck und Körpergestik signalisiert und dadurch dem Gegenüber mitgeteilt werden, sichern den Zusammenhalt in der Gruppe. Die Bindung zwischen Personen ist zunächst und vorab eine emotionale Größe, ebenso wie die Kommunikation zwischen Gruppenmitgliedern Informationen liefert, die Emotionen auslösen. So haben Totenkopfäffchen eine Skala von fünf verschiedenen Lauten, mit denen sie ihren Artgenossen Gefahr, Futter usw. signalisieren und dadurch entsprechende Emotionen (Furcht, Erwartung) aktivie-

---

Unter der Lupe

Kulturvergleichende Studie zum mimischen Emotionsausdruck

Ekman und Friesen (1971) erzählten Erwachsenen und Kindern einer schriftlosen Kultur (Fore auf Neuguinea) Geschichten über die Emotionen Wiedersehensfreude, Wut über einen Kampf, Überraschung über etwas Unerwartetes, Ekel über etwas Unerwünschtes, Furcht vor einem Wildschwein und Trauer über den Tod einer geliebten Person (der Mutter bei Kindern bzw. des Kindes bei Erwachsenen). Dann zeigten sie ihnen Fotografien mit verschiedenen Gesichtsausdrücken. Es waren die gleichen Bilder, die sie in Untersuchungen an Probanden aus westlichen Kulturen verwendet hatten. Die Erwachsenen wählten aus den vorgelegten drei Porträts (die Kinder aus zwei Porträts) in den meisten Fällen den gleichen Gesichtsausdruck wie westliche Probanden aus (vgl. Tab. 21.1).

Diese kulturvergleichenden Studien sind dahin gehend kritisiert worden, dass die vorgegebene Auswahl an Fotos gegenüber einer freien Benennung einer höheren Übereinstimmung Vorschub leistet (vgl. Russell, 1994) und die ausgewählten Emotionslabels einen westlichen Kulturbias beinhalten.

Tabelle 21.1 Prozentsatz korrekter Zuordnungen von mimischem Ausdruck und Emotionsanlass bei Kindern und Erwachsenen der Fore auf Neuguinea (Ekman & Friesen, 1971)

	Freude	Wut	Trauer	Ekel	Überraschung	Furcht
Erwachsene	86–100	82–87	69–87	77–89	65–71	28–87
Kinder	87–100	90	76–89	78–95	92–100	92–100

Anmerkung: Erwachsene wählten aus drei Fotos aus, Kinder aus zwei Fotos.

ren. Ähnliches gilt für viele Tierarten. Demnach gewährleisten Emotionen nicht nur intrapersonale Regulierungsfunktionen, sondern auch soziale (interpersonale) Regulierung. Wir werden in Abschnitt 21.3 zeigen, wie bei der kindlichen Entwicklung beides, inter- und intrapersonale Regulation, ineinandergreifen.

21.1.4 Emotionsregulation

Emotionen können das Individuum überwältigen oder zu unkontrollierten Handlungen führen. Daher bedürfen Emotionen ihrerseits der Regulation und Kontrolle. Dies beginnt bereits bei der Herstellung und Nutzung von Werkzeugen unserer Vorfahren. Wer ein Werkzeug mithilfe eines anderen Werkzeugs herstellte (sekundärer Werkzeuggebrauch), musste sein aktuelles Hungergefühl beiseiteschieben und sich der Fertigstellung des Werkzeugs widmen, mit dem er dann sein Ziel (Nahrung) erreichte. Emotionskontrolle war weiterhin für das Zusammenleben in der Gruppe wichtig. Während bei Jagd und Angriff heftige ungebremste Emotionen von Vorteil waren, erforderte die Interaktion in der eigenen Gruppe Emotionskontrolle, die Homo sapiens und andere Menscharten, wie Homo erectus und Homo heidelbergensis, von Anfang an als Ausstattung besessen haben dürften.

21.1.5 Kulturhistorische Entwicklungsbedingungen der Tätigkeitsregulation

Die Kultur baute und baut auf der phylogenetischen emotionalen Ausstattung des Menschen auf und modifizierte sie zugleich. Die abendländische Kulturgeschichte ist ein Paradebeispiel dafür, wie im Laufe des Zivilisationsprozesses die Emotionskontrolle zugenommen hat. Norbert Elias (1990) hat dies eindrucksvoll anhand von historischen Dokumenten belegt.

Die ontogenetische Entwicklung ist in einen kulturhistorischen Kontext eingebettet. Dies zeigt sich darin, dass die habituellen, emotionalen und volitionalen Mittel der Tätigkeitsregulation (s. Abschn. 21.2.2) nicht von Anbeginn der Menschheit gegeben waren, sondern im Laufe der menschlichen Kulturgeschichte »erfunden« und tradiert wurden (Cole, 1996).

Der so entstandene kulturelle Erfahrungsspeicher besteht nicht nur aus technischen Instrumenten und Handlungsverfahren, die den Austausch mit der Natur betreffen, sondern auch aus sozialen Instrumenten und Handlungsverfahren, die das menschliche Miteinander und auch die psychische Selbstregulation regeln. Zu diesen kulturellen Bedeutungssystemen zählen auch Erfahrungen bezüglich der Regulierbarkeit einzelner Motivations- und Emotionsformen sowie Regeln bezüglich ihrer kontextspezifischen Angemessenheit.

Damit stellt der kulturelle Kontext nicht einfach eine äußere soziale Kontrollinstanz dar, der sich die heranwachsenden Kulturmitglieder in ihren motivationalen, emotionalen und volitionalen Reaktionen unterwerfen müssen, wie dies Begriffe wie »Ausdruckskontrolle« und »Emotionskontrolle« nahelegen. Psychische Natur und soziale Kultur stellen keine Gegensätze dar – wenngleich es in manchen Kulturen und Situationen so erscheint. Vielmehr eröffnet der kulturelle Kontext für das Individuum erst entsprechende Entwicklungsräume. Sie ermöglichen die individuelle Vielfalt und Variabilität der Motive und Emotionen (vgl. Friedlmeier & Matsumoto, 2007). Sie ermöglichen auch qualitativ neue, nämlich reflexive Formen der Regulation. Diese muss sich jedes Kind erst aneignen und in sein sich entwickelndes Selbst integrieren (vgl. Abschn. 21.4), um sich von einem hilfsbedürftigen Säugling, der vollständig auf die Fürsorge und Regulationshilfe seiner Bezugspersonen angewiesen ist, zu einem auch selbstständig und reflektiert handelnden erwachsenen Mitglied der jeweiligen Gesellschaft zu entwickeln.

> **Denkanstöße**
>
> ▶ Warum werden Freude, Wut, Traurigkeit, Furcht zu den Basisemotionen gerechnet, Stolz, Neid oder Scham aber nicht?
> ▶ Wie lässt sich zeigen, dass Menschen universale Basisemotionen haben? Welche methodischen Probleme sind dabei zu berücksichtigen?

21.2 Emotion und Tätigkeitsregulation

21.2.1 Komponenten der Tätigkeitsregulation

Menschliches Tun lässt sich als eine fortlaufende Folge von kulturell gefärbten Tätigkeiten beschreiben, in denen eine Person ihre Motive zu befriedigen trachtet. Emotionen stellen eine wesentliche Komponente dieser Tätigkeiten dar, indem sie Geschehnisse und Handlungsresultate bezüglich ihrer Bedeutung für die Motivbefriedigung einschätzen und nachfolgende Handlungen in motivdienlicher Weise ausrichten. Emotionen regulieren damit die Tätigkeiten einer Person. Zugleich werden sie selbst Gegenstand von willentlichen Regulationen, wenn z. B. überschäumende Wut, tiefe Traurigkeit oder arroganter Stolz zwar kurzfristig funktional und verständlich erscheinen, aber zu langfristig negativen Konsequenzen bezüglich der Befriedigung eigener Motive führen. Es ist daher sinnvoll, Emotionen eingebunden in die Tätigkeitsregulation eines Menschen zu betrachten. Wir beginnen mit einem Beispiel, an dem das Zusammenspiel von Emotionen, Motiven, Handlungen und ihrer willentlichen Regulation veranschaulicht werden soll.

> **Beispiel**
>
> Der Vater hat mit seinem 2-jährigen Sohn Max zu spielen begonnen, nachdem er seine sechsmonatige Tochter Saskia gefüttert und ins Bett gelegt hatte. Doch statt einzuschlafen, beginnt sie zu quengeln, steigert sich zum Schreien, bis der Vater sich genötigt fühlt, für den Säugling zu sorgen und das Schreien abzustellen. Also unterbricht er das Spiel, nimmt den Schreihals auf den Schoß und beginnt, beruhigend auf ihn einzureden und durch Spielsachen abzulenken, woraufhin sich ihr Schreien in Lachen verwandelt. Doch da kommt schon Max an und beschwert sich lauthals, dass Papa mit ihm weiterspielen soll, wobei er ärgerlich versucht, seine nun wieder schreiende Schwester vom väterlichen Schoß zu schubsen. Der Vater ist über Max' heftige Reaktion verärgert und hat den aggressiven Impuls, ihn wegzustoßen. Doch er hält inne und sagt sich, dass Max ja eigentlich mit ihm spielen wollte, er aber noch zu klein sei, um warten zu können. Daher beschließt er, beide Kinder zu besänftigen: mit Max weiterzuspielen – aber Saskia daran teilnehmen zu lassen.

Dieses Beispiel hebt zwar die Emotionen der beteiligten Personen hervor, aber es zeigt auch, wie eng Emotionen mit Motiven und volitionalen Prozessen der Regulation von Emotionen zusammenhängen. Worum geht es also, wenn man von Motiv, Motivation, Emotion und Volition spricht?

Motiv. In der Motivationspsychologie (vgl. Kap. 20) geht es um die Erklärung der Handlungen einer Person: Warum führt eine Person die eine Handlung aus, eine andere aber nicht? Im obigen Beispiel ist das die Frage, warum z. B. (der 2-jährige) Max seine kleine Schwester wegschubst, die ihn gar nicht attackiert hat. Der Grund ist nicht direkt beobachtbar, sondern muss aus beobachtbarem Verhalten und Kontext erschlossen werden. Ein Motiv wird als Anreiz menschlichen Handelns definiert, als ein positiv bewerteter Zielzustand, den eine Person bestrebt ist zu erreichen (Heckhausen & Heckhausen, 2006). Was ist also das Motiv von Max' Aggression? Zwei konzeptuelle Interpretationen aggressiven Verhaltens lassen sich in der Literatur finden: Zum einen wird aggressives Verhalten als Ausdruck eines Selbstschutzmotivs interpretiert, das jeder Mensch in unterschiedlicher Stärke besitzen und das durch spezifische Reize wie Frustration oder Bedrohung ausgelöst werden soll. Zum anderen wird aggressives Verhalten nur als Mittel angesehen, um die Blockierung der Befriedigung eines thematisch anderslautenden Motivs aus dem Weg zu räumen, z. B. eines Bindungsmotivs, weil die Schwester die liebevolle Zuwendung des Vaters vereinnahmt, die Max auch gern genießen würde. Menschen entwickeln im Laufe ihrer Ontogenese eine Vielzahl an unterschiedlichen Motiven wie z. B. Neugier-, Leistungs-, Anschluss-, Bindungs-, Machtmotive (vgl. Bischof-Köhler, 2011; Holodynski, 2009). Im vorliegenden Kapitel behandeln wir Motive nur insofern, als sie für die Analyse von Emotionen relevant werden.

Motivation. Der Begriff der Motivation beschreibt den Prozess der *Aktivierung und Auswahl* von Motiven und der sie befriedigenden Handlungen: Wie bewirken die vielfältigen situativen und psychischen Faktoren die Aktivierung und Auswahl eines Motivs, sodass eine Person ihr Handeln leistungs-, neugier- oder bindungsmotiviert ausrichtet (Heckhausen & Heckhausen, 2006, Kap. 1).

Emotion. Welche Rolle spielen Emotionen bei diesem Geschehen? Emotionen haben eine handlungsregulierende Funktion: Sie bewerten im Handlungsvollzug Geschehnisse und Handlungsresultate bezüglich ihrer Bedeutung für die Motivbefriedigung und richten die nachfolgenden Handlungen in motivdienlicher Weise aus. So veranlasst in unserem Beispiel der Ärger über seine Schwester Max, sie zu schlagen; das Schreien der Schwester veranlasst den Vater zu fürsorglichem Verhalten. Diese handlungsregulierende Funktion wird durch vier Komponenten realisiert: durch die Einschätzungs- (Appraisal), Ausdrucks-, Körperreaktions- und die Gefühlskomponente.

> **Definition**
>
> Eine **Emotion** ist ein dynamisches psychisches System aus mehreren Komponenten: Es (1) schätzt interne bzw. externe kontextgebundene Anlässe in ihrer Bedeutung für die eigene Motivbefriedigung ein, (2) löst adaptive Ausdrucks- und (3) Körperreaktionen aus, die (4) über das Körperfeedback als Gefühl subjektiv wahrgenommen und mit dem Emotionsanlass in Zusammenhang gebracht werden. Als Folge werden motivdienliche Handlungen ausgelöst, sei es bei der Person selbst oder beim Interaktionspartner (Holodynski, 2006a).

So besteht z. B. bei der Emotion Stolz die motivrelevante Einschätzung (Appraisal) darin, dass die Person einen Wertmaßstab durch eigenes Tun erfüllt hat; dies löst Ausdrucks- und Körperreaktionen der Selbsterhöhung (z. B. aufgerichtete Körperhaltung; Impuls, sich anderen zu präsentieren; Körperspannung) aus; deren subjektiv wahrgenommene Körpersensationen stellen die subjektiven somatischen Marker (Damasio, 2002) des Stolzgefühls dar, die auf den Anlass des Stolzes gerichtet sind. Sie lösen nachfolgend Handlungen aus, die beim Stolz darauf gerichtet sind, das Stolzerleben andauern zu lassen, indem man sich z. B. anderen präsentiert, sodass diese mit Bewunderung reagieren, was wiederum das Stolzerleben verlängert.

Dabei laufen die einleitenden Einschätzungsprozesse unwillkürlich und unbewusst ab. Sie sind von einem (nachträglich einsetzenden) Nachdenken über den möglichen Emotionsanlass und dessen subjektive Bedeutung zu unterscheiden, denn dieser Prozess läuft willkürlich und bewusst ab.

Volition und Emotionsregulation. In unserem Beispiel beherrscht der Vater seine Emotionen gegenüber dem Sohn. Diese Kontrollfähigkeit hat mit seiner »Willenskraft«, seiner Volition, zu tun. Sie sorgt dafür, dass die Entscheidung für die Befriedigung eines ausgewählten Motivs auch gegen emotionale Widerstände und konkurrierende Motive durchgehalten werden kann. Vor allem Motive, die auf längerfristige Ziele gerichtet sind, lassen sich ohne Beteiligung des Willens nicht realisieren. Wie Kinder lernen, ihre Emotionen willentlich zu regulieren, wird uns in Abschnitt 21.4 beschäftigen (vgl. auch Abschn. 19.2.2).

21.2.2 Formen der Tätigkeitsregulation

Tätigkeit und Handlung. Mit dem Begriff der Tätigkeit wird der sinnstiftende Rahmen für die Handlungen einer Person bezeichnet. Eine Tätigkeit ist auf die Befriedigung grundlegender Bedürfnisse (z. B. nach Autonomie oder Verbundenheit) gerichtet, die sich durch die realen Lebenserfahrungen des Subjekts zu spezifischen Motiven und Interessen konkretisieren. Dabei wird eine Tätigkeit durch eine Kette von zielgerichteten Handlungen realisiert. Handlungen können multifinal sein, dann realisieren gleiche Handlungen unterschiedliche Tätigkeiten: So kann man mit einer Person Essen gehen und dadurch seinen Hunger stillen und gleichzeitig sein Motiv nach Verbundenheit befriedigen. Handlungen können aber auch äquifinal sein, dann realisieren unterschiedliche Handlungen gleiche Tätigkeiten: So kann man sein Motiv nach Verbundenheit durch einen Restaurantbesuch, aber auch durch einen Spaziergang mit der geliebten Person befriedigen.

Es gibt nicht nur eine einzige Art und Weise, wie Menschen ihre Tätigkeiten regulieren, sondern mindestens vier Formen, bei denen die Komponenten Motivation, Emotion, Volition, Handlung und Emotionsregulation in unterschiedlicher Weise ineinandergreifen. Jede Person hat eine Hierarchie an Motiven, die sie zu befriedigen trachtet. Aufgrund ihrer Lebenserfahrungen bildet jede Person motivbezogene Erwartungen aus, in welchen Situationen sich welche Motive wie befriedigen lassen. Diese Erwartungen werden mit der aktuell wahrgenommenen Situation und den Handlungsergebnissen abgeglichen. Je nach Ausgang dieses Einschätzungsprozesses greift eine der vier möglichen Regulationsformen, die aber aufgrund der Komplexität menschlicher Tätigkeiten auch gemischt auftreten können (vgl. Holodynski, 2006a; Holodynski et al., 2012):

Emotionale Handlungsregulation. Weicht das aktuell Wahrgenommene von den motivbezogenen Erwartungen einer Person ab, löst dies Emotionen aus, die diese Abweichung signalisieren. Die Art der Bewertung bedingt die jeweilige Emotionsqualität (vgl. Tab. 21.2). Sie verkörpert zugleich eine spezifische Handlungsbereitschaft, die dann gelernte Bewältigungshandlungen nach sich zieht, die die Situation in motivdienlicher Weise verändern sollen. In diesem Falle werden Handlungen durch Emotionen reguliert.

Volitionale Handlungsregulation. Eine Person kann sich, wenn eindeutige emotionale Handlungsimpulse fehlen, qua Selbstanweisung entschließen, eine motiv-

dienliche Handlung auszuwählen und auszuführen. In dem Fall werden Handlungen durch Volitionen reguliert.
Habituelle Handlungsregulation. Entspricht das aktuell Wahrgenommene genau den motivbezogenen Erwartungen der Person, werden die erwartungskonformen und automatisierten Routinen bis zur Motivbefriedigung fortgesetzt.
Reflexive Emotionsregulation. Diese Regulationsform ist dann vonnöten, (1) wenn widerstreitende Emotionen ausgelöst sind, die sich in ihrer Handlungsbereitschaft widersprechen, (2) wenn Volition und Emotion über Kreuz liegen, man also etwas anderes »will«, als man »fühlt«, oder (3) wenn kein klares, erstrebenswertes Ziel vor Augen steht. Sie beinhaltet eine Reflexion der eigenen Handlungen, Motive und Emotionen. Da sich Motive über Emotionen und ihre Anlässe zu erkennen geben, geht es hierbei im Wesentlichen um eine volitionale Regulation von Emotionen, sei es z. B. negative Emotionen zu modifizieren oder positive Emotionen zu induzieren (vgl. Abschn. 21.4).

Demgegenüber steht dem Neugeborenen nur eine emotionale Regulation zur Verfügung, und diese auch nur in Form angeborener sensomotorischer Verhaltensschemata (s. Abschn. 21.3.1). Wir wollen daher in diesem Fall von einer sensomotorischen Verhaltensregulation sprechen.

> **Denkanstöße**
>
> ▶ In welcher Beziehung stehen die Konstrukte Motiv, Motivation, Volition und Emotion?
> ▶ Was sind die Unterschiede zwischen Tätigkeit und Handlung? Warum ist es sinnvoll, zwischen diesen Konstrukten zu unterscheiden?
> ▶ Worin unterscheidet sich die volitionale von der emotionalen Handlungsregulation? Wäre eine ausschließlich volitional gesteuerte Handlungsregulation möglich – mit welchen Folgen?

21.3 Die Entwicklung von Emotionen

Emotionen lassen sich als kulturell überformte psychische Prozesse definieren, die für eine *motiv*bezogene Regulation von Handlungen sorgen. Wie entwickelt sich nun diese handlungsregulierende Funktion von Emotionen in Wechselwirkung mit der sozialen Umwelt?

Ontogenetische Entwicklungsrichtungen. Die ontogenetische Entwicklung der Emotionen lässt sich durch zwei allgemeine Entwicklungsrichtungen charakterisieren:
(1) Die emotionalen Ausdrucks- und Erlebenszeichen differenzieren sich in der interpersonalen Regulation zwischen Bezugsperson und Kind. Diese Bezugsperson-Kind-Interaktion ist die Keimzelle, in der ein Kind ein differenziertes Repertoire an Emotionen erwirbt.
(2) Der ontogenetische Entwicklungsverlauf lässt sich als eine Bewegung von der interaktiven (interpersonalen) Regulation zur selbstständigen (intrapersonalen) Regulation einer Emotion beschreiben.

Die folgenden Abschnitte beschreiben überblicksartig Phasen der Emotionsentwicklung (vgl. ausführlicher Friedlmeier & Holodynski, 1999; Holodynski, 2006a; Saarni et al., 2006; Sroufe, 1996; von Salisch & Kunzmann, 2005). Kulturelle Unterschiede werden nicht behandelt (vgl. dazu Friedlmeier & Matsumoto, 2007).

21.3.1 Ontogenetischer Ausgangspunkt: Dominanz der interpersonalen Regulation

Aufgrund seiner motorischen Unreife ist der menschliche Säugling in besonderer Weise auf die Unterstützung und Fürsorge seiner Bezugspersonen angewiesen. Diese Unreife kompensiert der Säugling jedoch durch eine besondere Anpassung an diese interaktive Regulation und ihre progressive Entwicklung in der Eltern-Kind-Interaktion. Der emotionale Ausdruck dient dazu, die Bezugsperson dazu zu veranlassen, seine Motive zu befriedigen. In unserem Eingangsbeispiel schreit die sechsmonatige Saskia als Ausdruck ihres Kummers, dass sie allein gelassen wurde. Der Vater fasst das Schreien als Appell auf, ihr zu helfen. Der Ausdruck des Säuglings reguliert hier die Handlungen des Vaters.
Angeborene emotionale Ausdrucksreaktionen. Das Neugeborene kommt mit angeborenen emotionalen Ausdrucksreaktionen zur Welt, die der Bezugsperson dessen aktuelle Bedürfnislage anzeigen und darauf gerichtet sind, sie zu den entsprechenden Bewältigungshandlungen zu veranlassen (vgl. Holodynski, 2006a). Diese sind:
(1) Schreien: signalisiert einen dringenden Bedarf z. B. nach Nahrung, Körperkontakt etc. (Emotion Distress)

(2) Lächeln: markiert – zunächst als »Engelslächeln« mit geschlossenen Augen – den Abschluss eines Spannungs-Entspannungs-Zyklus und signalisiert den Aufbau von Reizkontingenzen (Emotion Wohlbehagen).
(3) (visuelle) Aufmerksamkeitsfokussierung mit leicht geöffnetem Mund: signalisiert die Neuartigkeit externer Stimulation (Emotion Interesse)
(4) der Schreckreflex mit aufgerissenen Augen und Körperanspannung: signalisiert eine bedrohliche Überstimulation (Emotion Erschrecken)
(5) Naserümpfen mit Vorstrecken der Zunge, um Mundinhalt auszuspucken: signalisiert ungenießbare Nahrung (Emotion Ekel)

Intuitive elterliche Didaktik. Komplementär zu den angeborenen Fähigkeiten des Säuglings ist das Fähigkeitspotenzial der Bezugsperson präadaptiert, den Ausdruck des Säuglings angemessen interpretieren und mit den entsprechenden motivbefriedigenden Handlungen reagieren zu können. Als Folge dieser wechselseitigen Präadaption entwickelt sich in der Regel eine vertrauensvolle, an die Motive des Säuglings angepasste Interaktion, die nicht nur auf die aktuelle Motivbefriedigung gerichtet ist, sondern auch eine Zone der nächsten Entwicklung im Sinne Vygotskijs (1934/2002) für den Säugling aufspannt. In ihr kann er Schritt für Schritt die Fähigkeiten erwerben, die für eine optimierte inter- und intrapersonale Emotions- und Handlungsregulation erforderlich sind.

In Verhaltensmikroanalysen konnten Papoušek und Papoušek (1987) nachweisen, dass es im elterlichen Kommunikationsverhalten eine Reihe von Anpassungen an das Kommunikationsniveau des Säuglings gibt, die intuitiv gesteuert sind und sich in den verschiedensten Kulturen beobachten lassen. Dazu zählen:
(1) den Ausdruck eines Säuglings als authentisches Zeichen einer Emotion zu interpretieren und ihn zu spiegeln, um Kontingenzen zwischen Ausdruck und Erleben herzustellen,
(2) kontingent und angemessen auf das Verhalten des Säuglings einzugehen, um ihm das Gefühl eigener Wirksamkeit zu geben,
(3) ihm gegenüber prägnante Ausdruckszeichen zu verwenden (Ammensprache, übersteigerte Mimik), um damit eine intentionale Kommunikation zu fördern,
(4) den Säugling durch Anregung oder Beruhigung auf einem optimalen Erregungsniveau zu halten.

21.3.2 Säuglings- und Kleinkindalter: Entstehung voll funktionstüchtiger Emotionen

Entwicklung voll funktionstüchtiger Emotionen
Fasst man Emotionen nicht als angeborene Reaktionsmuster auf, sondern als handlungsregulierende Systeme, dann lassen sich beim Neugeborenen im strengen Sinne keine funktionstüchtigen Emotionen finden, sondern nur Vorläuferemotionen (Sroufe, 1996). Diese werden noch durch absolute Stimulusqualitäten ausgelöst, und sie sind im Ausdruck noch nicht auf Anlass und Kontext abgestimmt, sodass es für Außenstehende schwer ist, den Emotionsanlass zu identifizieren. Demgegenüber werden funktionstüchtige Emotionen durch eine erfahrungs- und bedeutungsbasierte Einschätzung des Anlasses ausgelöst, der Ausdruck ist auf Anlass und Kontext fein abgestimmt und sie werden prompt ausgelöst (Holodynski, 2006a).

Interpersonale Regulation zwischen Kind und Bezugsperson. Im Säuglings- und Kleinkindalter stellt sich demnach dem Kind die Aufgabe, in der interpersonalen Regulation mit seinen Bezugspersonen ein differenziertes, durch Ausdruckszeichen vermitteltes Emotionsrepertoire aufzubauen (s. Tab 21.2) und sich ein Repertoire an zweckdienlichen Handlungen anzuzeigen. Damit die Emotionskomponenten ihre entwickelte Form annehmen und als funktionsfähiges System zusammenwirken können, ist es notwendig, dass die Bezugsperson in der Eltern-Kind-Interaktion die zunächst fehlenden bzw. unentwickelten Teile ergänzt. Erst dadurch, dass die Bezugsperson die noch ungerichteten kindlichen Ausdrucks- und Körperreaktionen angemessen deutet, sie in ihrem eigenen Ausdruck in Form prägnanter Ausdruckszeichen spiegelt und prompt mit motivdienlichen Handlungen reagiert, vervollständigt sie die kindlichen Vorläuferemotionen zu voll funktionsfähigen, motivdienlichen Emotionen. Das kindliche Emotionssystem ist demnach anfänglich auf Kind und Bezugsperson aufgeteilt. Diese Aufteilung der Systemkomponenten auf zwei Personen bezeichnen wir als *interpersonale Regulationsform*. Kind und Bezugsperson agieren als ein koreguliertes System.

Mithilfe dieser fortwährenden interpersonalen Regulationsprozesse wird aus dem Neugeborenen ein Kleinkind mit differenzierten Emotionen, das seine Motive mittels prägnanter emotionsspezifischer Ausdruckszeichen seinen Bezugspersonen signalisiert, sodass diese

Tabelle 21.2 Regulationsfunktionen von Emotionen in Bezug auf die eigene Person (intrapersonal) und in Bezug auf den Interaktionspartner (interpersonal) (u. a. aus Magai & McFadden, 1995, und Barrett, 1998; Übers. d. A.)

Emotion	Anlass	Regulationsfunktion in Bezug auf die eigene Person (intrapersonal)	Regulationsfunktion in Bezug auf den Interaktionspartner (interpersonal)
Ekel (ab 0 Monaten)	Wahrnehmung von schädlichen Substanzen/Individuen	Weist schädliche Substanzen/Individuen zurück	Signalisiert Fehlen an Aufnahmefähigkeit beim Individuum
Interesse/Erregung (ab 0 Monaten)	Neuartigkeit; Abweichung; Erwartung	Öffnet das sensorische System	Signalisiert Aufnahmebereitschaft für Information
Freude (ab 2 Monaten)	Vertraulichkeit; genussvolle Stimulation	Signalisiert dem Selbst, die momentanen Aktivitäten fortzuführen	Fördert soziale Bindung durch Übertragung von positiven Gefühlen
Ärger (ab 7 Monaten)	Zielfrustration durch andere Person	Bewirkt die Beseitigung von Barrieren und Quellen der Zielfrustration	Warnt vor einem möglichen drohenden Angriff; Aggression
Trauer (ab 9 Monaten)	Verlust eines wertvollen Objekts; Mangel an Wirksamkeit	Niedrige Intensität: fördert Empathie. Höhere Intensität: führt zur Handlungsunfähigkeit	Löst Pflege- und Schutztendenzen sowie Unterstützung und Empathie aus
Furcht (ab 9 Monaten)	Wahrnehmung von Gefahr	Identifiziert Bedrohung; fördert Flucht- oder Angriffstendenzen	Signalisiert Unterwerfung; wehrt Angriff ab
Überraschung (ab 9 Monaten)	Verletzung von Erwartungen	Unterbricht Handlungsablauf	Demonstriert Naivität der Person; beschützt sie vor Angriffen
Verlegenheit (ab 18 Monaten)	Wahrnehmung, dass eigene Person Gegenstand intensiver Begutachtung ist	Führt zu Verhalten, das Selbst vor weiterer Begutachtung zu schützen	Signalisiert Bedürfnis nach Zurückgezogenheit
Stolz (ab 24 Monaten)	Wahrnehmung eigener Tüchtigkeit bezüglich eines Wertmaßstabs im Angesicht anderer	Signalisiert soziale Zugehörigkeit; Steigerung des eigenen Selbstwertgefühls	Führt zur Selbsterhöhung als Zeichen, dass man »groß« ist; Appell zur Bewunderung
Scham (ab 30 Monaten)	Wahrnehmung eigener Unzulänglichkeit bezüglich eines Wertmaßstabs im Angesicht anderer	Signalisiert Gefahr des sozialen Ausschlusses; führt zu Vermeidungsverhalten	Führt zu Unterwürfigkeit, um sozialen Ausschluss zu verhindern
Schuld (ab 36 Monaten)	Erkenntnis, falsch gehandelt zu haben, und das Gefühl, nicht entkommen zu können	Fördert Versuche zur Wiedergutmachung	Führt zu unterwürfiger Körperhaltung, welche die Wahrscheinlichkeit eines Angriffs reduziert

prompt mit darauf abgestimmten motivdienlichen Handlungen reagieren können.

Auf diese Weise differenzieren sich aus den fünf Vorläuferemotionen des Neugeborenen (Distress, Wohlbehagen, Interesse, Erschrecken und Ekel) in den ersten drei Jahren die in Tabelle 21.2 aufgeführten Emotionen mit ihren Regulationsfunktionen.

Diese emotionale Handlungsregulation ist aber nach wie vor interpersonal organisiert, weil die Emotionen auf die andere Person ausgerichtet bleiben. Sie veranlassen das Kleinkind noch nicht (oder nur sporadisch) dazu, die motivdienlichen Handlungen selbstständig auszuführen, auch wenn es sie bereits gelernt hat.

Entwicklung der emotionalen Eindrucksfähigkeit

Die Differenzierung der Emotionen geht Hand in Hand mit der Entwicklung einer weiteren Fähigkeit: der emotionalen Erlebens- bzw. Eindrucksfähigkeit. Sie entwickelt sich erst im Laufe der ersten zwei Lebensjahre und reicht von der unmittelbaren Gefühlsansteckung bis zur echten Empathie (vgl. Bischof-Köhler, 2011).

> **Definition**
>
> Die **emotionale Eindrucksfähigkeit** ist die Fähigkeit, sich in seinem Gefühlserleben von den Ausdruckszeichen anderer Personen beeindrucken zu lassen.

Gefühlsansteckung. Wenn Säuglinge bei ihrem Interaktionspartner einen emotionalen Ausdruck wahrnehmen, neigen sie dazu, diesen nachzuahmen und sich damit von den ausgedrückten Emotionen anstecken zu lassen. So löst z. B. ein Trauer- oder Ärgerausdruck eine Distressreaktion aus, ein Lächeln Freude.

Fähigkeit zum »Gedankenlesen«. Zwischen dem sechsten und neunten Monat scheinen Säuglinge damit zu beginnen, ihrem Gegenüber bei seinen Handlungen eine Absicht zu unterstellen (Tomasello et al., 2005). Kinder ab diesem Alter orientieren sich bereits an der Blickrichtung des Erwachsenen, um ihren eigenen Aufmerksamkeitsfokus dem des Erwachsenen anzupassen (»joint attention«). Bei der Zeigegeste schaut das Kind nicht mehr auf die Spitze des Fingers, sondern auf das Objekt, auf das gezeigt wird. Das Kind wird zum sogenannten »Gedankenleser«: Es nimmt den Ausdruck nicht mehr als bloße motorische Bewegung wahr, sondern als Zeichen für eine aktuelle innere Handlungsbereitschaft des Gegenübers, und es beachtet, wie seine Bezugspersonen auf seinen emotionalen Ausdruck Bezug nehmen.

Emotionsanlässe und soziale Bezugnahme. Ab dem neunten Monat erkennen Säuglinge, worauf eine Person ängstlich, freudig oder ärgerlich reagiert, d. h., sie erkennen die Beziehung zwischen Emotion und Emotionsanlass. Diese Erkenntnis ermöglicht es dem Säugling, sein Verhalten durch soziale Bezugnahme zu regulieren. Wenn z. B. ein Fremder dem Kind einen Keks anbietet und es unsicher ist, ob es dem Fremden trauen kann, schaut es zur Mutter. Lächelt diese, dann nimmt es den Keks, runzelt sie die Stirn, weicht das Kind zurück. Es kann den Gesichtsausdruck einer vertrauten Person als Hinweis nutzen, wie es ein Ereignis emotional einschätzen soll, über das es noch keine eigenen Erfahrungen gesammelt hat. Im einfachsten Fall besteht die Verhaltenssteuerung in einer Entscheidung zwischen Annäherung und Vermeidung.

Fähigkeit zur Empathie. Im Laufe des Kleinkindalters lassen sich die Kinder nicht mehr von der Traurigkeit einer anderen Person in der Weise anstecken, dass sie mit Distress reagieren. Vielmehr beginnen sie, empathisch zu reagieren, indem sie versuchen, den anderen durch Trösten und Ablenken aus seiner Traurigkeit zu holen.

21.3.3 Kleinkind- und Vorschulalter: Entstehung der intrapersonalen emotionalen Handlungsregulation

Gegen Ende des Säuglingsalters sind alle Voraussetzungen im Emotionsrepertoire des Säuglings entstanden, um eine begrenzte Anzahl an emotionsauslösenden Situationen auch ohne Hilfe der Bezugsperson bewältigen zu können (Sroufe, 1996). Die Ausdifferenzierung der Ausdruckszeichen, des emotionalen Verständnisses und des Handlungsrepertoires innerhalb der Bezugsperson-Kind-Interaktion befähigen das Kleinkind nun auch zu einer intrapersonalen Regulation. Die ausdifferenzierten Ausdruckszeichen werden von der *inter*personalen in die *intra*personale Regulation hineingetragen, neue Ausdruckszeichen in der interpersonalen Regulation ausprobiert und an ihrem Erfolg gemessen.

Übergang von der inter- zur intrapersonalen Regulation. Im Laufe des Klein- und Vorschulalters gliedert sich die intrapersonale aus der interpersonalen Regulation aus. Das Kind erwartet nicht mehr unbedingt oder sucht

1. Phase: Bezugsperson reguliert das Erregungsniveau des Neugeborenen

Neugeborenes — A, E — appelliert ungerichtet / handelt explorativ — E, A — Bezugsperson

2. Phase: Säugling übernimmt Regulationsanteile in der interpersonalen Regulation

Säugling — A, E — appelliert zunehmend gerichtet / handelt zunehmend gerichtet — E, A — Bezugsperson

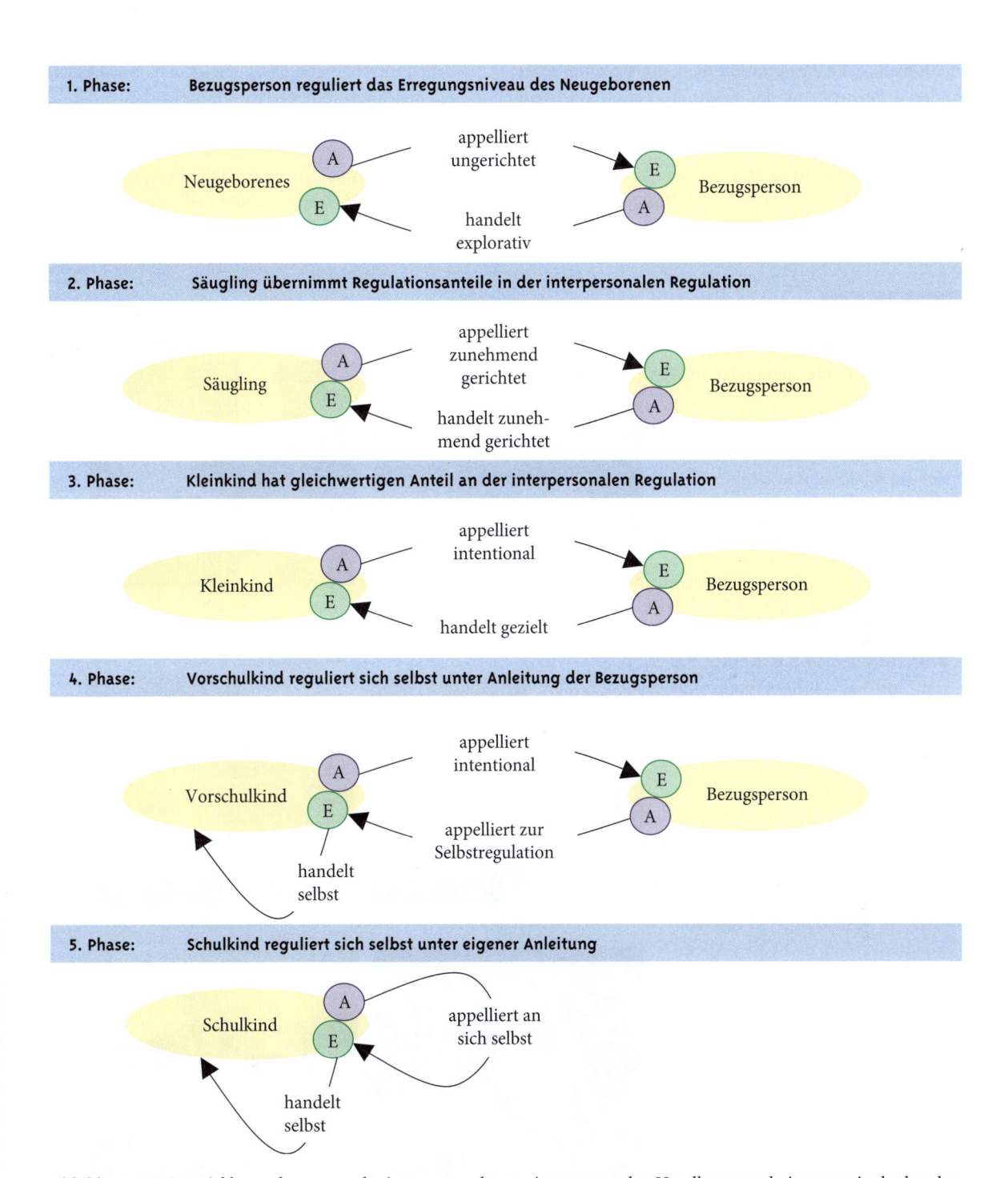

3. Phase: Kleinkind hat gleichwertigen Anteil an der interpersonalen Regulation

Kleinkind — A, E — appelliert intentional / handelt gezielt — E, A — Bezugsperson

4. Phase: Vorschulkind reguliert sich selbst unter Anleitung der Bezugsperson

Vorschulkind — A, E — appelliert intentional / appelliert zur Selbstregulation / handelt selbst — E, A — Bezugsperson

5. Phase: Schulkind reguliert sich selbst unter eigener Anleitung

Schulkind — A, E — appelliert an sich selbst / handelt selbst

Abbildung 21.1 Entwicklungsphasen von der interpersonalen zur intrapersonalen Handlungsregulation, vermittelt über den emotionalen Ausdruck (A) und emotionalen Eindruck (E). Die Altersangaben geben den frühesten Alterszeitraum der jeweiligen Phase an. In späteren Phasen treten auch Regulationsformen früherer Phasen auf (aus Friedlmeier & Holodynski, 1999)

nicht mehr bei jeder Emotion die Unterstützung einer anderen Person. Aus der Kommunikation mit dem anderen entsteht die Kommunikation mit sich selbst (vgl. Holodynski, 2006a):

(1) Aus dem Ausdruck an sich, den das Kind spontan äußert, wie z. B. das Weinen, wird das Ausdruckszeichen für andere, die den Ausdruck des Kindes als bedeutungshaltiges, an sie gerichtetes Ausdruckszeichen interpretieren. Es veranlasst den anderen, mit angemessenen Handlungen zu reagieren, nämlich z. B. bei Weinen zu trösten.

(2) Im nächsten Schritt wird aus dem Ausdruckszeichen für andere aufgrund der »erfolgreichen« Wirkung ein Ausdruckszeichen für das Kind, das es

---

Unter der Lupe

Sozialer Kontext als Bedingung selbstbewertender Emotionen im Vorschulalter

Es ist eine kontrovers diskutierte Frage, ab wann Kinder fähig sind, sich unabhängig von sozialen Bewertungen und Kontexten an Tüchtigkeitsmaßstäben zu messen, und damit auch vor sich selbst und für sich allein selbstbewertende Emotionen wie Stolz auf einen Erfolg oder Scham auf einen Misserfolg zeigen. Da Kinder bereits mit ca. 3 Jahren Stolz und Scham zeigen, haben Stipek et al. (1992) daraus geschlossen, dass sich Kinder bereits ab diesem Alter an Tüchtigkeitsmaßstäben unabhängig von sozialen Bewertungen und Kontexten bewerten. Daran ist zu kritisieren, dass in allen bisherigen Studien ausschließlich soziale Untersuchungssettings verwendet wurden, nicht aber Alleinsituationen.

Demgegenüber hat Holodynski (2006b) die Hypothese aufgestellt, dass bei Vorschulkindern die Bewertung noch an die direkte Interaktion mit einer wertgeschätzten Person gekoppelt sei, die die Tüchtigkeitsmaßstäbe durch ihre Anwesenheit für das Kind leibhaftig vergegenwärtigt. Demnach müssten Vorschulkinder nur in sozialen Settings Stolz und Scham zeigen, also leistungsmotiviert handeln, in einer

Abbildung 21.2 Prototypischer Ausdruck von Stolz und Freude sowie Scham und Frustration von Vorschulkindern in einer Sozial- und Alleinbedingung beim Bearbeiten einer Puzzleaufgabe

Alleinsituation hingegen nur die effektorientierten Emotionen wie Freude bzw. Ärger oder Enttäuschung.

In der Studie von Holodynski (2006b) sollten 38 Vorschulkinder im Alter von 42 bis 81 Monaten leichte bis sehr schwere Puzzleaufgaben lösen, sodass sie sowohl Erfolge als auch Misserfolge erlebten, und zwar allein und in Anwesenheit eines erwachsenen Versuchsleiters. Ein Teil der Kinder hatte zuvor mit den Puzzleaufgaben eher Erfolge und Stolz erlebt, der anderer Teil eher Misserfolge und Scham.

Zur Messung der Emotionen Stolz und Scham sowie von Freude, Ärger und Enttäuschung wurden Ausdrucksindikatoren verwendet; ihr prototypischer Ausdruck in beiden Bedingungen ist auf den Fotos in Abbildung 21.2 erkennbar. Ebenso wurde die Ausdauer der Kinder erfasst, wie lange sie sich jeweils mit den Puzzleaufgaben beschäftigten.

Wie Abbildung 21.3 zeigt, reagierte die überwältigende Mehrheit der Vorschulkinder mit Stolz und Scham ausschließlich bei Anwesenheit des Erwachsenen, nicht aber als sie allein waren. Stattdessen reagierten sie mit Freude bzw. Ärger oder Enttäuschung, also mit effekt- und nicht leistungsorientierten Emotionen. Des Weiteren waren die Kinder bei Anwesenheit des Erwachsenen viel ausdauernder als in der Alleinbedingung, wobei misserfolgsorientierte Vorerfahrungen die Ausdauer dämpften und erfolgsorientierte sie beflügelten (vgl. Abb. 21.4). Damit bestätigen die Ergebnisse die Hypothese, dass das Auftreten von Stolz und Scham im Vorschulalter noch weitgehend an die Präsenz einer wertgeschätzten Person gebunden ist.

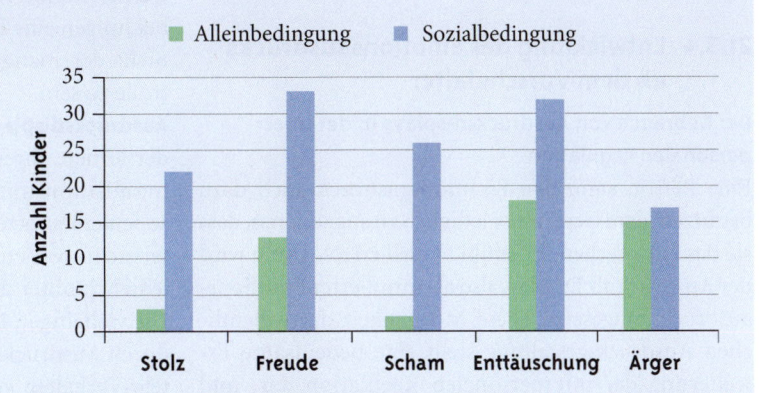

Abbildung 21.3 Anzahl Vorschulkinder ($N = 38$), die in einer Sozial- und Alleinsituation bei Erfolg Stolz bzw. Freude sowie bei Misserfolg Scham bzw. Ärger oder Enttäuschung gezeigt haben

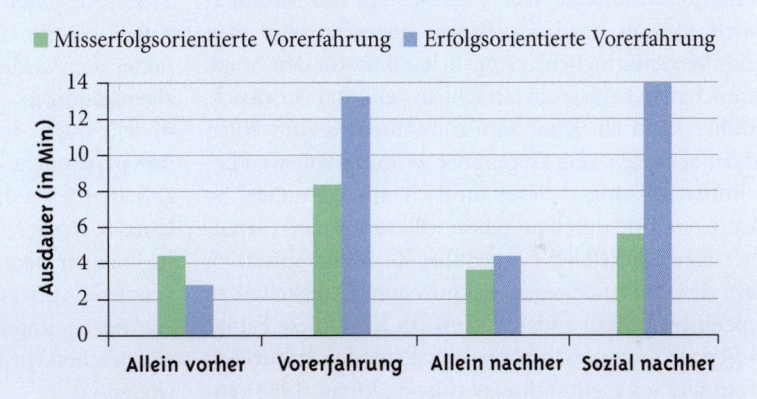

Abbildung 21.4 Auswirkungen misserfolgs- und erfolgsorientierter Vorerfahrungen auf die Ausdauer in nachfolgenden Allein- und Sozialsituationen bei Vorschulkindern

nun intentional gegenüber anderen einzusetzen vermag. Das Kind sucht bei Kummer von sich aus Trost bei der Bezugsperson.

(3) In einem weiteren Schritt wird aus dem Ausdruckszeichen für das Kind, das es gegenüber anderen einsetzt, ein Ausdruckszeichen für das Kind, das es gegenüber sich selbst einsetzt: Es folgt nun selbst dem Appell seines Ausdruckszeichens und führt die angemessenen Handlungen selbstständig aus. Bei Kummer tröstet sich das Kind selbst.

Der Übergang von der interpersonalen zur intrapersonalen Regulation erfolgt in mehreren Phasen, in denen das Kind immer mehr Anteile der Regulation, die zuvor die Bezugsperson ausgeführt hat, selbstständig ausführt. Am Ende dieses Entwicklungsprozesses kann das Kind seine Handlungen mithilfe seiner Emotionen und verfügbaren Bewältigungshandlungen ohne Rückgriff auf die Unterstützung anderer regulieren. Abbildung 21.1 illustriert diese Entwicklungsphasen, wobei auf die Regulationsformen aus früheren Phasen auch noch in späteren Phasen zurückgegriffen wird.

21.3.4 Entwicklung des Emotionsausdrucks ab dem Vorschulalter

Der Gebrauch von Ausdrucksdisplays in der interpersonalen Regulation

Eine Person kann den Emotionsausdruck auch dazu benutzen, dem Gegenüber lediglich zu suggerieren, dass sie das entsprechende Gefühl aktuell erlebt. Dann wird der Ausdruck als Display, also als simulierter Emotionsausdruck, eingesetzt. Diese Möglichkeit der willentlichen Ausdrucksgestaltung stellt eine bedeutsame Erweiterung der interpersonalen Regulation dar, und zwar sowohl ontogenetisch als auch kulturgeschichtlich.

Ausdrucksdisplays und Darbietungsregeln. Ontogenetisch besteht die Erweiterung darin, dass auch ein Emotionsausdruck, wenn er täuschend echt simuliert wird, also als Ausdrucksdisplay eingesetzt wird, den gleichen eindringlichen Appellcharakter für den Angesprochenen hat wie ein tatsächlich gefühlter Ausdruck. Daher kann ein Kind Ausdrucksdisplays zum einen dazu benutzen, sein Gegenüber wirkungsvoller zu beeinflussen, sodass dieser motivdienlich handelt. So kann ein Kind durchaus schon willkürlich einen »treuherzigen Dackelblick« gegenüber der Oma aufsetzen, um sie dazu zu bewegen, noch weitere Süßigkeiten zu spendieren. Zum anderen kann ein Kind diese Fähigkeit dazu nutzen, sich den jeweils geltenden kulturellen Darbietungsregeln (»display rules«; Ekman, 1988) anzupassen, sodass es nicht aus dem normativ vorgeschriebenen Rahmen fällt. So kann ein Kind sich für ein enttäuschendes Geschenk dennoch freundlich bei der Oma bedanken und den Ausdruck seiner Enttäuschung entsprechend zurückhalten.

> **Definition**
>
> **Darbietungsregeln** sind normative Regeln, die vorschreiben, in welchen Situationen man wem gegenüber welchen Ausdruck zeigen darf bzw. sollte.

Wie Kinder lernen, sich Darbietungsregeln anzupassen, ist in einer Vielzahl von Studien analysiert worden (vgl. Saarni, 2002). Danach können Mädchen negative Emotionen wirkungsvoller maskieren als Jungen, und sie verbessern sich darin vom 4. bis 10. Lebensjahr deutlich, während dies bei Jungen nicht beobachtet werden konnte. Dabei scheint dieser Geschlechtseffekt bei Jungen eine Frage der mangelnden Motivation und nicht der mangelnden Fähigkeit zur Ausdruckskontrolle zu sein.

Ausdrucksdisplays als Beeinflussungsmittel. Wie Kinder lernen, ihren Ausdruck als wirkungsvolles Kommunikationsmittel zur Beeinflussung anderer Personen einzusetzen, ist vor allem im Säuglingsalter untersucht worden, in späteren Altersabschnitten jedoch lediglich unter dem Aspekt der bewussten Täuschung. Die vielfältigen Facetten der impliziten Einflussnahme durch Ausdrucksdisplays etwa beim Trotz- oder »Bettel«-Verhalten von Kindern und ihre Entwicklung ist bislang nicht systematisch analysiert worden. Hier hat sich die Dominanz des Darbietungsregelansatzes hemmend auf die Theoriebildung ausgewirkt. Denn in diesem Konzept wird der Ausdruck vornehmlich als Symptom einer Emotion verstanden und nicht als Appell für ein Gegenüber. Es ist aber der Appellcharakter der Ausdruckszeichen, der den Keim zu einem eigenständigen nonverbalen Kommunikationssystem in sich trägt, das der verbalen Kommunikation erst ihre persönliche Bedeutung verleiht und das auch zur gezielten Selbstdarstellung genutzt werden kann (vgl. Laux & Weber, 1993). Letzteres wird vor allem im Jugendalter bedeutsam, wenn z. B. Jungen durch ein »cooles« Auftreten und Mädchen durch ein »sexy« Auftreten – unterstützt durch Modeaccessoires – einen entsprechenden Eindruck beim Gegenüber erzeugen wollen.

Kulturgeschichtliche Schaffung neuer Ausdruckszeichen und Emotionen. Kulturgeschichtlich besteht die Erweiterung der interpersonalen Regulation darin, dass durch die willkürliche Ausdrucksgestaltung auch neue kulturelle Ausdruckszeichen »erfunden« und weitertradiert werden können, die kulturspezifisch geschaffene Emotionen verkörpern, wie z. B. das »Niederknien« als Ausdruckszeichen von Demut, der »Stinkefinger« als Ausdruck von Verachtung oder Ausdruckszeichen von »Coolness«, wie sie gerade auch in jugendlichen Subkulturen konstruiert und tradiert werden. Eine Person kann diese Ausdruckszeichen bei anderen beobachten und durch Imitation zunächst willkürlich herstellen, wie z. B. beim Besuch eines Gottesdienstes das Niederknien. Die Ausführung des Ausdruckszeichens zusammen mit der Übernahme der entsprechenden religiösen Deutung der Gesamtsituation als Niederknien vor einem allmächtigen Gott trägt dazu bei, auch das entsprechende Gefühl der Demut vor diesem imaginierten Gott entstehen zu lassen.

Die Internalisierung von Ausdruckszeichen in der intrapersonalen Regulation

Welche Entwicklung nehmen die Ausdrucksformen in der intrapersonalen Regulation, wie es z. B. prototypisch in Alleinsituationen der Fall ist? In einer Reihe von Studien konnte gezeigt werden, dass Erwachsene bei gleichem Emotionsanlass und bei vergleichbarer Erlebensintensität in Alleinsituationen einen schwächeren Ausdruck als in Kommunikationssituationen zeigen, obwohl in Alleinsituationen kein Anlass besteht, seinen Ausdruck abzuschwächen. Demgegenüber zeigen Vorschulkinder diesen Effekt nicht (vgl. Holodynski, 2006a).

Dissoziation zwischen Ausdruck und Erleben. Wie lässt sich dieses Entwicklungsphänomen erklären? Holodynski (2006a) hat die These aufgestellt, dass es sich dabei um einen entwicklungspsychologischen Internalisierungsprozess handelt: Die Zeichenträger passen sich in ihrer Form der *intra*personalen Regulation an. Das vollständige Ausführen eines deutlich wahrnehmbaren *Ausdrucks*zeichens wird in dem Maße überflüssig, wie über die bewusste Wahrnehmung der eigenen emotionalen *Erlebens*zeichen die emotionale Handlungsbereitschaft prompt in angemessene Bewältigungshandlungen überführt werden kann. Eine Person braucht zwar nach wie vor ein Ärger*erleben*, wenn unverhofft ein Hindernis die Zielerreichung blockiert, um die eigenen Handlungen auf die neue Situation einstellen zu können, aber es bedarf keines intensiven Ärger*ausdrucks* mehr. Diese Dissoziation zwischen Ausdruck und Erleben erfolgt demnach nicht, weil sie durch kulturelle Darbietungsregeln vorgeschrieben würde, wie dies bei der Ausdruckskontrolle in sozialen Situationen der Fall sein kann. Vielmehr kann man sie als Resultat einer fortschreitenden Handlungsökonomie ansehen, bei der überflüssige Handlungsanteile »eingespart« werden.

Die beschriebene Dissoziation zwischen Ausdrucks- und Erlebensprozessen hat für die Regulation von Emotionen und Handlungen zwei wesentliche Vorteile: Auf der einen Seite ermöglicht sie, dass Ausdruckszeichen in der Kommunikation mit anderen auch intentional als Displays eingesetzt werden können, ohne dass damit ein entsprechendes emotionales Erleben korrespondieren muss. Dies macht die Ausdruckskontrolle in der *inter*personalen Regulation flexibler und kontextangepasster, aber der Möglichkeit nach auch verlogener. Auf der anderen Seite ist erst mit der Dissoziation zwischen Ausdruck und Erleben in der *intra*personalen Regulation die Entstehung einer *privaten* Gefühlswelt möglich, zu der andere Personen nicht oder nur noch sehr indirekt Zugang haben können. Die intime Welt der privaten Gefühle wäre demnach ein Produkt der Internalisierung vormals äußerlich sichtbarer Ausdruckszeichen.

21.3.5 Entwicklung der Emotionen im Jugendalter

Suche nach exzeptionellen emotionalen Erfahrungen (Sensation Seeking)

Literarisch Gebildete verbinden mit dem Jugendalter die Kennzeichnung »himmelhoch jauchzend, zum Tode betrübt« (aus Goethes »Egmont«). Auch historisch galt das Jugendalter immer wieder als Zeit des Gefühlsüberschwanges. In der Tat zeigen empirische Studien zu emotionalen Erlebnissen im Jugendalter ein höheres Maß an Intensität, Häufigkeit und Dauer von Emotionen bei Jugendlichen als bei Kindern und Erwachsenen (Larson & Ham, 1993). Jugendliche sind größeren Gefühlsschwankungen unterworfen als andere Altersgruppen, und sie berichten über mehr negative Gefühlserlebnisse. Ein Großteil der Gefühlsschwankungen und intensiven Gefühlserlebnisse hat mit romantischer Liebe zu tun (Collins et al., 2009).

Die Jugend sucht mehr als alle anderen Altersstufen Situationen auf, die tief greifende emotionale Erlebnisse vermitteln. Prototyp dieser Situationen in westlichen Kulturen sind Rock- und Popkonzerte: Pop- und Rockmusik sind in Subkulturen eingebettet, in denen sie als emotionales Kommunikationsmedium Erlebniszustände ermöglichen, die außerhalb des alltäglichen Geschehens liegen und bei denen die alltägliche Emotionskontrolle aufgehoben wird (Müller et al., 2002).

Die Suche nach außergewöhnlichen emotionalen Erfahrungen finden wir auch beim Sport, bei riskanten Unternehmungen, beim Gebrauch verbotener Drogen und beim übermäßigen Genuss erlaubter Drogen (Komasaufen). In all diesen Fällen geht es um den Versuch, Emotionen zu erleben, die weit abgehoben von den flachen, nivellierenden Alltagserfahrungen die Besonderheit der eigenen Existenz bewusst machen. Das Streben nach sensationellen Erfahrungen wird als »Sensation Seeking« bezeichnet und ist vorzugsweise eine von Jugendlichen beanspruchte Tätigkeit (Zuckerman, 1988).

Neue Emotionen und Körpergefühle

Die Pubertät bringt nicht nur körperliche Veränderungen mit sich (s. Abschn. 10.3), sondern im Zuge der Hormonausschüttung sexuelle Bedürfnisse und Interessen. Dabei entstehen nicht nur Lust an sexueller Befriedigung und bei sexuellen Kontakten, sondern auch romantische Gefühle der Liebe, Zuneigung und Verehrung (s. u.). Die neuen Gefühle eröffnen eine neue Welt, und neue Erfahrungen in ihr wecken neue Gefühle. Biologisch basierte Emotionen werden nun »überhöht« durch verfeinerte Emotionen. Sie erfahren ihre Modellierung durch die umgebende Kultur. Dies sei an zwei Beispielen erläutert.

Charlotte Bühler (1991) berichtet aus den 1920er-Jahren, dass in den Tagebüchern von Jugendlichen häufig die Sehnsucht als Emotion genannt wurde, die unbestimmt ist und noch kein festes Ziel hat. Diese Emotion scheint, sofern man literarische Zeugnisse zurate zieht, auch im 19. Jahrhundert sehr bedeutsam gewesen zu sein. Man denke nur an die literarische und musikalische Bewegung der Romantik. Heutige Umfragen bei Jugendlichen ergeben keine Hinweise mehr auf das Vorhandensein dieser spezifischen Emotion.

Dagegen wird heutzutage eine emotionale Haltung hochgeschätzt, die von Jugendlichen als »cool« bezeichnet wird. Neben der Allerweltsbedeutung von »cool« als gut oder toll bezeichnet der Begriff den Zustand der absoluten Gefühlsbeherrschung angesichts sehr aufregender, bedrohlicher oder überraschender Ereignisse. Sich völlig unbeeinflusst von solchen Ereignissen zu zeigen, gilt als bewundernswert. Diese Haltung ist ein Ergebnis jugendlicher Subkultur und reproduziert in neuer Form das Ertragen von Schmerz bei Initiationsriten zum Übergang ins Erwachsenenalter.

Romantische Liebe

Das Aufkommen der Sexualität zusammen mit der Vertiefung sozialer Beziehungen führt zu der für viele Jugendliche intensivsten Gefühlserfahrung: der romantischen Liebe. Sie ist wegen ihrer Intensität und Neuheit zugleich ein Stressor. In einer großangelegten internationalen Studie wurden Jugendliche beiderlei Geschlechts in 17 Nationen befragt (Seiffge-Krenke et al., 2010). Die Stichproben umfassten neben europäischen Jugendlichen auch solche aus dem Nahen Osten, Südafrika und Südamerika. Durch romantische Liebe erzeugter Stress war bei mittel- und südeuropäischen Jugendlichen wesentlich höher als bei Jugendlichen anderer Regionen (vgl. Abb. 21.5). Ungefähr 80 % aller Jugendlichen nutzten adaptive Copingstile beim Verhandeln und Aushandeln romantischer Partnerschaften und suchten Unterstützung bei Freunden, Eltern und anderen Bezugspersonen. Bei dieser Form der Bewältigung waren Jugendliche aus Mittel-, Nord- und Südeuropa am aktivsten. Allerdings war der durch romantische Liebe erzeugte Stress niedriger als der auf die Zukunft und auf Zukunftsängste bezogene Stress. Dies galt übrigens für alle untersuchten Regionen.

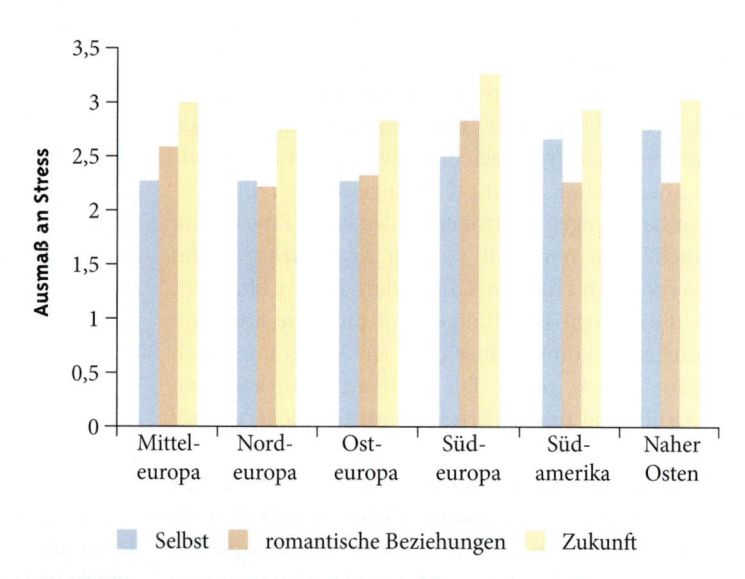

Abbildung 21.5 Ausmaß des Stresses bezüglich romantischer Partnerbeziehungen, Identitätsfindung und Zukunftserwartung (linke Säule: Selbst; mittlere Säule: romantische Beziehungen; rechte Säule: Zukunft) (aus Seiffge-Krenke et al., 2010)

Dagegen scheint in kollektivistischen Kulturen die romantische Liebe unter den Jugendlichen weniger stark ausgeprägt zu sein. Chinesische Jugendliche hatten in einer kulturvergleichenden Studie weniger intime romantische Beziehungen und dafür engere Beziehungen zu ihren Eltern als kanadische Jugendliche. Bestanden aber bei chinesischen Jugendlichen romantische Beziehungen, waren Austausch und Unterstützung durch Freunde und Eltern in beiden Kulturen ähnlich.

Identität und Emotion
Selbstkonzept. Eine Quelle neuer positiver wie negativer emotionaler Erfahrung ist das Ringen um Identität im Jugendalter. Die wichtigste Aufgabe während dieser Lebensepoche besteht im Aufbau einer eigenständigen Identität mit einem bewussten, konsistenten Selbstkonzept (Oerter & Dreher, 2008; vgl. auch Abschn. 23.5.1). Dabei wird zwischen einer kognitiven und affektiven Komponente unterschieden. Während die kognitive Komponente eine Einschätzung der eigenen Leistung, des augenblicklichen (und zukünftig möglichen) Entwicklungsstandes beinhaltet, umfasst die affektive Komponente das Selbstwertgefühl (»self-esteem«) und das Selbstvertrauen (»self assurance«).

Identitätskonflikte. Jugendliche beginnen sich der verschiedenen Instanzen ihres Selbst bewusst zu werden, ihrem Aktual-Selbst (Wer bin ich?), ihrem Ideal-Selbst (Wer möchte ich sein?) und ihrem Sollens-Selbst (Wer soll ich in den Augen meiner Bezugsgruppe, der »Gesellschaft«, sein?). Damit erleben sie auch stärker mögliche Diskrepanzen und Konflikte zwischen diesen Instanzen. Die Diskrepanzen (und Konflikte) zwischen Aktual-Selbst, Ideal-Selbst und Sollens-Selbst (Higgins, 1987) führen bei ihrer Bewältigung zu Befriedigung und Stolz, während bei Misslingen negative Emotionen ausgelöst werden: So fand Higgins (ebd.) bei großer Diskrepanz zwischen Aktual- und Ideal-Selbst Enttäuschung und Unzufriedenheit und bei großer Diskrepanz zwischen Aktual- und Sollens-Selbst Scham, Verlegenheit und Niedergeschlagenheit. Diese Identitätskonflikte müssen sich nicht immer an das Selbst als Ganzes richten. Sie können auch auf Teile des Selbst und des Selbstkonzepts beschränkt sein, wie dem Fähigkeitsselbst, dem sozialen Selbst oder dem Körperselbst.

Körperselbstkonzept. Besondere Erwähnung verdient das Körperselbst und das Körperselbstkonzept, das im Jugendalter eine zentrale Rolle spielt. Zahlreiche Untersuchungen belegen, dass Mädchen in westlichen Kulturen eine Fehlwahrnehmung hinsichtlich ihres Körpergewichts haben. Sie sind auch bei Normalgewichtigkeit, ja sogar bei Untergewichtigkeit, mit ihrem Gewicht unzufrieden und entwickeln viel häufiger als Jungen ein negatives Körperselbstkonzept. Jungen beachten weniger ihr Gewicht als Muskelstärke und Körperkraft (Roth, 2002). Für beide Geschlechter gibt es eine Aufwertung des sozialen Selbst, wenn sie akzeleriert sind, also körperlich weiter entwickelt sind als der Durchschnitt ihrer Altersgenossen. Sie werden dann eher (und verfrüht) als Erwachsene behandelt. Auf diese Weise steigen Selbstwertgefühl und Selbstvertrauen. Retardierte fühlen sich demgegenüber oft minderwertig, was durch den sozialen Vergleich mit akzelerierten Gleichaltrigen noch verstärkt wird.

Selbstreflexion und Introspektion
Das Besondere an der Identitätsformation im Jugendalter ist die Auseinandersetzung mit sich selbst (Selbstreflexion in Gestalt von Nachdenken über sich) und die Selbstbeobachtung (Introspektion). Die Selbstreflexion beinhaltet sowohl Momente der Selbstbewertung als auch die Koordination von Gegenwart, Vergangenheit und Zukunft. Vor allem die Beschäftigung mit der Zukunft wird zu einem zentralen Thema (z. B. Seiffge-Krenke et al., 2010), das in Widerspruch zur Neigung tritt, sich ganz der Gegenwart und ihren attraktiven Angeboten zu widmen. Die Selbstreflexion kann zu einer großen Schwankungsbreite der Gefühle, der Selbstbewertung und der Zukunftsvisionen führen. Bei hinreichender Selbstzufriedenheit und Orientierung nach außen tritt die Selbstreflexion zurück. Ein zu hohes Maß an Selbstreflexion kann durch eine Orientierung an Interessenfeldern der Umwelt kompensiert werden, und ein Mangel an Selbstreflexion erfordert die Rücklenkung der Aufmerksamkeit auf die eigene Person und deren mentale Vorgänge.

Selbstreflexion und Introspektion haben für viele Jugendliche bemerkenswerte Konsequenzen. Die vormalige Unbekümmertheit, die noch Grundschulkindern eigen ist, kann Selbstzweifeln und Ängsten weichen. Seit Langem wissen wir, dass erhöhte Selbstaufmerksamkeit Leistungsängste ungünstig beeinflusst, während eine Aufgeregtheit im Sinne eines erhöhten allgemeinen Erregungsniveaus eher positive, also angstmindernde Konsequenzen hat. Es ist daher nicht verwunderlich, dass z. B. junge Musikerinnen und Musiker, die zuvor wenig Lampenfieber bei öffentlichen Auftritten hatten, im Jugendalter Ängste bekommen und diese auch im Erwachsenenalter nicht mehr ablegen können.

> **Denkanstöße**
>
> ▶ Welche Rolle kann der soziale Kontext für die Entwicklung von Furcht und Ekelreaktionen spielen?
> ▶ Welche Vor- und Nachteile hat es, wenn ein Kind lernt, seinen Ausdruck zu kontrollieren?
> ▶ Welche Unterschiede gibt es zwischen der Gefühlswelt von Jugendlichen und der von Kindern?

21.4 Die Entwicklung der reflexiven Emotionsregulation

Emotionen beinhalten in ihrer Ausdrucks-, Körper- und Gefühlskomponente stets einen Impuls, was als Nächstes in motivdienlicher Weise zu tun ist. Es gibt nun aber Situationen, in denen Motivkonflikte auftreten: Man muss sich zwischen der Befriedigung zweier Motive und ihren widerstreitenden Handlungsimpulsen entscheiden (z. B. Familie oder Karriere); ein Motiv lässt sich aufgrund der situativen Bedingungen aktuell nicht befriedigen (z. B. der Zug ist vor der Nase weggefahren); zwei Motive widersprechen sich in ihren Realisierungen (z. B. lerne ich für eine Prüfung oder helfe ich einem hilfsbedürftigen Freund?). So kann die kurzfristige Befriedigung eines Motivs zur langfristigen Unerfüllbarkeit eines anderen Motivs führen. Hier ist eine Regulationsform erforderlich, die diese widrigen Umstände mit ins Kalkül zieht und durch diesen Rückbezug eine neue, nämlich *reflexive* Form der Regulation eröffnet (Holodynski et al., 2012).

Hierzu gehört die volle Entfaltung der volitionalen Handlungsregulation, die auch komplexe Handlungspläne bei weit gesteckten Motiven und die willentliche Beeinflussung eigener Emotionen umfasst. Diese Formen der Regulation bezeichnen wir als reflexiv, weil zwischen Zielbildung und Ausführung Phasen der Überlegung, des Planens und der Selbstregulation, also Phasen der Reflexion, geschaltet sind (vgl. Abschn. 21.2.2). Im Folgenden werden wir uns auf die willentliche Beeinflussung eigener Emotionen konzentrieren, die wir als reflexive Emotionsregulation bezeichnen.

> **Definition**
>
> **Reflexive Emotionsregulation** beinhaltet die willentliche Änderung der emotionalen Dynamik, d. h. der Latenz, Intensität, Dauer und des An- und Abschwellens der Verhaltens-, Gefühls- oder physiologischen Emotionskomponente. Durch Emotionsregulation kann eine Emotion abgeschwächt, verstärkt oder in eine andere Emotion transformiert werden.

Die Fähigkeit zur reflexiven Emotionsregulation versetzt eine Person in die Lage, nicht mehr nur ihren Emotionen und den damit verbundenen Handlungsimpulsen ausgeliefert zu sein, sondern selbst aktiv Einfluss auf die Wirkung der eigenen Emotionen nehmen zu können, wie z. B. den Prüfungsstoff um des übergeordneten Karrieremotivs willen auch dann zu lernen, wenn er für sich genommen trocken, langweilig oder gar aversiv ist. Diese Fähigkeit unterscheidet die Tätigkeitsregulation von Kleinkindern von der Erwachsener.

21.4.1 Erforderliche Kompetenzen

Zur reflexiven Form der Emotionsregulation ist eine Reihe an Kompetenzen erforderlich, die erst im Laufe der Ontogenese erworben werden, nämlich:
(1) effektive Regulationsstrategien beherrschen lernen
(2) exekutive Funktionen auf die eigenen Emotionen anwenden können
(3) Sprache als Mittel der psychologischen Distanzierung zu gebrauchen lernen
(4) mental auf Zeitreise gehen können

Effektive Regulationsstrategien beherrschen lernen

Um Emotionen in Intensität, Qualität etc. beeinflussen zu können, ist der Einsatz von Regulationsstrategien erforderlich. Es gibt eine Reihe an Klassifikationsversuchen solcher Regulationsstrategien (Erdmann & Janke, 2008). In Bezug auf ihre Effektivität lassen sie sich folgendermaßen einteilen (vgl. Hampel et al., 2001):
(1) **Stressreduzierende Regulationsstrategien:** Hierzu zählen Ablenkung, Entspannung/Erholung, Situationskontrolle, positive Selbstinstruktionen und Bagatellisierung. Darüber hinaus lassen sich noch als zukunftsbezogene effiziente Strategien die zeitliche Hierarchisierung von Motivbefriedigungen, die vorausschauende Situationsauswahl und der Diskurs über Emotionsregulation nennen.

(2) **Stressvermehrende Strategien:** Hierzu zählen passives Vermeiden, gedankliche Weiterbeschäftigung, Resignation und Aggression.

Die Kontrolle des Emotionsausdrucks ist eine Strategie, die nicht per se angemessen oder unangemessen ist. Experimentelle Studien konnten aber zeigen, dass Strategien, die auf eine willentliche Uminterpretation der emotionsauslösenden Umstände zielen, effektiver Emotionen regulieren konnten als Strategien, die auf eine Kontrolle des bereits ausgelösten Ausdrucksverhaltens zielen.

Alle Strategieformen sind sowohl intrapersonal wie interpersonal anwendbar. Wenn ein Kind sich von seiner Bezugsperson Regulationsbeistand holt, also externe Bewältigungsressourcen nutzt, dann setzt die Bezugsperson dem Kind gegenüber eine Regulationsstrategie ein, die man auch sich selbst gegenüber anwenden kann. Der Unterschied besteht lediglich darin, wer wem gegenüber die Strategie einsetzt (Holodynski, 2006a).

Die Suche nach sozialer Unterstützung in emotionsauslösenden Situationen ist die ontogenetisch primäre Strategie. Dabei werden Emotionen interpersonal (in der Regel) von den Bezugspersonen reguliert. Die (Ab-)Lenkung der Aufmerksamkeit ist die erste Strategie, die Kinder ab dem 2. Lebensjahr selbstständig einzusetzen beginnen. Doch bleibt der Erfolg dieser Strategie auf Situationen beschränkt, in denen die Anforderung darin besteht, einen dominanten Handlungsimpuls zu hemmen. Steigt das Anforderungsniveau wie z. B. die vorausschauende Bewältigung von Motivkonflikten, bei denen nicht nur ein Impuls gehemmt, sondern ein alternativer Handlungsimpuls realisiert werden muss, werden kognitiv anspruchsvollere Strategien benötigt, die die Sprache als Repräsentationsmedium erfordern (s. u.).

Geeichte Selbsteinschätzungsfragebogen für den angemessenen Gebrauch von Regulationsstrategien sind der Fragebogen zur Erhebung der Emotionsregulation bei Kindern und Jugendlichen (FEEL-KJ) von Grob und Smolenski (2009) für 10- bis 19-Jährige sowie für 8- bis 14-Jährige der Stressverarbeitungsfragebogen für Kinder und Jugendliche (SVF-KJ) von Hampel et al. (2001) und der Fragebogen zur Erhebung von Stress und Stressbewältigung im Kindes- und Jugendalter (SSKJ 3–8) von Lohaus et al. (2006).

Exekutive Funktionen auf die eigenen Emotionen anwenden können

Die menschliche Kompetenz zur reflexiven Regulation der eigenen Emotionen wird nicht allein unter dem Fokus der Verwendung von Regulationsstrategien erforscht, sondern seit Neuestem auch unter dem Fokus der daran beteiligten exekutiven Funktionen. Darunter werden Fähigkeiten wie Aufmerksamkeitskontrolle, Erkennen und Befolgen von Regeln, Hemmung von Handlungsimpulsen und Fehlerkontrolle und -korrektur subsumiert (Zelazo & Cunningham, 2007).

Als Synonym für die Kompetenz zur willentlichen Hemmung und Modifikation von Emotionen werden die sogenannten »hot« exekutiven Funktionen (hot EF) betrachtet. Sie stellen die Fähigkeit dar, sich vom dominanten emotionalen Handlungsimpuls psychologisch distanzieren zu können und eine alternative Perspektive auf die Situation einnehmen zu können. Diese orientiert sich an dem übergeordneten Motiv, sodass der dominante, aber abträgliche Handlungsimpuls gehemmt und stattdessen eine zielführendere Handlung aktiviert werden kann (vgl. Holodynski et al., 2012; Zelazo & Cunningham, 2007; s. Abschn. 21.2.2).

Beispiel Belohnungsaufschub. Ein experimentelles Paradigma, mit dem sich die Güte der »hot« exekutiven Funktionen prüfen lässt, ist der Belohnungsaufschub, bei welchem dem Kind die Alternative angeboten wird, eine kleine Belohnung sofort oder eine große Belohnung nach einer Zeit des Wartens zu erhalten. Will das Kind nämlich die große Belohnung (z. B. fünf Bonbons) haben, muss es für die unbestimmte Dauer des Wartens fortgesetzt seinen emotionalen Drang kontrollieren, nicht doch die kleine Belohnung (einen Bonbon) zu essen. Mischel und Mitarbeiter (Shoda et al., 1990) haben die Fähigkeit zum Belohnungsaufschub als eine der ersten Forschergruppen systematisch untersucht. Die Studien zeigten, dass im Laufe des Vorschulalters die Zahl der Kinder zunahm, die sich für den Belohnungsaufschub entschieden und dies auch durchhielten. Bereits Kindergartenkinder wussten auf Nachfrage, dass der Belohnungsaufschub eigentlich die »klügere Wahl« sei, aber viele neigten dennoch dazu, mit der kleineren, aber sofortigen Belohnung vorliebzunehmen.

Eine Nachuntersuchung der von Mischel getesteten Kinder im Jugendalter zeigte, dass diejenigen Kinder, die bereits im Alter von 4 Jahren der »Versuchung widerstanden« hatten, als Jugendliche über eine größere soziale Kompetenz verfügten als dasjenige Drittel an Kindern, das der Versuchung erlag. Erstere waren unter anderem frustrationstoleranter, selbstsicherer und hatten auch bessere Schulnoten (Shoda et al., 1990). Das spricht für die Bedeutung des Belohnungsaufschubs in der ontogenetischen Entwicklung.

Sprache als Mittel der psychologischen Distanzierung zu gebrauchen lernen

Sprache zur Repräsentation einer »Theory of Emotion« nutzen. Zwischen dem 4. und dem 6. Lebensjahr eignen sich Kinder metakognitives Wissen über Emotionen und ihre Regulation an. Analog zur Theory of Mind wird ein solches Wissen auch als »Theory of Emotion« bezeichnet (Meerum Terwogt & Stegge, 1998). Eine Theory of Emotion beinhaltet zum einen ein intuitives Verständnis der Emotionskomponenten, nämlich (1) die emotionsspezifischen Bewertungsprozesse, die eine Emotion kennzeichnen, zusammen mit ihren prototypischen Anlässen, (2) die Ausdruckszeichen von Emotionen, um sie bei anderen erkennen zu können, (3) die peripherphysiologischen Körperreaktionen und (4) die subjektiven Erlebensformen, um sie bei sich selbst identifizieren zu können. Des Weiteren gehören dazu die emotionsspezifischen Handlungsbereitschaften, die bei unmittelbarer Ausführung zur motivdienlichen Veränderung der Situation führen, jedoch auch negative Konsequenzen mit sich bringen können. Zum anderen beinhaltet eine Theory of Emotion ein intuitives Verständnis von Strategien der Einflussnahme auf Emotionen von sich und anderen (Janke, 2002; Meerum Terwogt & Stegge, 1998).

In Interviews mit Kindern ist festgestellt worden, dass sie sich im Verlauf ihrer Entwicklung zunächst ein behaviorales Verständnis von Emotionen aneignen, bevor sie es sukzessive durch ein reiferes, mentalistisches Verständnis ersetzen (Meerum Terwogt & Stegge, 1998):

(1) Emotionsanlässe: 3- bis 4-jährige Kinder nehmen an, dass Emotionen unmittelbar durch situative Umstände und Ereignisse ausgelöst werden. Zwischen 4 und 6 Jahren beginnen sie zu verstehen, dass Emotionen durch die Wünsche (Motive) und Erwartungen einer Person in einer gegebenen Situation ausgelöst werden.

(2) Ausdruck und Erleben: Für Kinder unter 5 Jahren ist das Emotionserleben noch untrennbar mit einem Ausdruck verbunden. Erst zwischen dem 5. und 7. Lebensjahr beginnen Kinder zu verstehen, dass man Ausdruck und Erleben auch willentlich dissoziieren kann.

(3) Regulation von Emotionen: Jüngere Kinder besitzen noch kein Wissen über effektive Regulationsstrategien. Daher sind sie der Überzeugung, dass Emotionen nicht beeinflussbar seien. Aber ab dem 5. Lebensjahr beginnen sie zunehmend effektive Strategien zu kennen, wie man sein Emotionserleben willentlich beeinflussen kann.

Es gibt eine Reihe an Studien, die zeigen, dass Kinder mit einem umfangreicheren Emotionswissen auch ihre Emotionen besser regulieren können. Zudem zeigen Studien an Kindern mit Verhaltensproblemen, dass diese ein deutlich geringeres Emotionswissen aufweisen als unauffällige Kinder (Janke, 1999).

Sprache zur Steuerung der eigenen Handlungen nutzen. Sprache lässt sich zur Selbstinstruktion benutzen, um sich im Bedarfsfall die nötigen Anweisungen zu geben, das eigene Verhalten willentlich und zielgerichtet zu steuern. Diese Steuerungsfunktion der Sprache entwickelt sich ebenfalls im Alter zwischen 3 und 6 Jahren. Sie zeigt sich im privaten Sprechen und – auf entwickeltem Niveau ab ca. 7 Jahren – Annahmen Vygotskijs (1934/2002) zufolge im inneren Sprechen einer Person. Dabei setzt die Person ihr Sprechen sich selbst gegenüber als Appell und Instruktion ein, um sich vom dominanten situativen Kontext lösen und den subdominanten Impuls gemäß des handlungsleitenden Ziels aktivieren zu können.

Es gibt indirekte und erste direkte experimentelle Hinweise, dass das private Sprechen nicht nur bei der Regulation von Handlungen, sondern auch bei der von Emotionen eine wichtige steuernde Rolle spielt. So beobachtete Broderick (2001) das private Sprechen von 4- und 5-Jährigen bei einer Mal- und Puzzleaufgabe sowie beim Rollenspiel; zugleich erfasste sie die Kompetenz zur Emotionsregulation durch eine Beurteilung der Eltern und Lehrer. Kinder mit effektiven Emotionsregulationskompetenzen benutzten während der Aufgaben insgesamt mehr privates Sprechen, das zudem häufiger positiv gefärbt und metakognitiv orientiert war, als Kinder mit schwächer eingeschätzter Regulationskompetenz.

Sprache zur (spielerischen) Umdeutung der Situation nutzen. Kinder zwischen dem 2. und 6. Lebensjahr lernen sprachliche Mittel noch in einer weiteren Funktion zu nutzen, nämlich um den Bedeutungsrahmen der Situation selbst zu verändern, z. B. wenn sie eine fiktive Situation kreieren und sich sagen, dass die Smarties Kieselsteine seien, die man nicht essen könne. Die Wirkung einer solchen sprachlichen Umdeutung für die Regulation von Emotionen besteht darin, dass die ursprünglich verführerische Handlungsaufforderung (leckere Smarties = essen) ihren Aufforderungscharakter verliert (das Verlangen nach den »Kieselstein«-Smarties wird geringer oder verschwindet ganz).

Kinder nutzen diese Umdeutungen in ihrem Rollen- und Regelspiel (vgl. Elkonin, 1980) und vollbringen dabei Willensleistungen, die sie ohne den spielerischen Rahmen nicht leisten könnten, wenn sie z. B. mit Schokoladentalern als Geldersatz spielen, ohne dem Anreiz zu erliegen, sie zu essen, oder wenn sie bei »Mensch ärgere Dich nicht« verlieren können, ohne in einen Wutausbruch zu fallen. Die Bedeutung des Rollen- und Regelspiels für das Erlernen der reflexiven Emotionsregulation besteht darin, dass Kinder Sprache (und zunächst noch Ersatzgegenstände) nutzen, um fiktive Rahmenbedingungen zu schaffen, an denen sie dann ihre aktuellen Handlungen erfolgreich ausrichten. Das ausgiebige Rollen- und Regelspiel dieser Altersgruppe lässt sich auch als eine »Schule« der psychologischen Distanzierung interpretieren, in der Kinder lernen, die aktuelle Situation unter einem gänzlich anderen Bezugsrahmen zu deuten und sich damit vom unmittelbaren situativen Handlungsdruck distanzieren zu können.

Mental auf Zeitreise gehen können

Die Befriedigung individueller Motive ist in jeder Kultur eingebunden in ein Netzwerk an soziokulturellen und sächlichen Beziehungen, die bestimmte Situationen und Absprachen mit den anderen Mitgliedern der sozialen Gemeinschaft vorsehen, wo, wann und wie Motive befriedigt werden können. Dabei geht es in vielen Fällen darum, passende Situationen der Motivbefriedigung abzuwarten bzw. aufzusuchen, wie z. B. den leckeren Kuchen nicht jetzt, sondern erst zur »Teerunde« zu essen, ohne dass man bis zur Teerunde an nichts anderes als den Kuchen denkt. Denn es wäre unter motivationspsychologischer Perspektive ungünstig, wenn eine Person während der Wartezeit so auf die antizipierte Motivbefriedigung fixiert bliebe, dass sie in der Zwischenzeit keiner anderen motivbefriedigenden Tätigkeit nachgehen könnte. Viel günstiger ist es, wenn in der Zwischenzeit das ursprünglich aktivierte Motiv deaktiviert und erst zur passenden Gelegenheit wieder reaktiviert werden könnte. Wie die Studien von Bischof-Köhler (2011) zeigen, werden Kinder zwischen dem 3. und 5. Lebensjahr zu einem solchen Aufschub der Motivbefriedigung fähig. Dabei ist ihnen die Fähigkeit, mental auf Zeitreise gehen zu können, behilflich.

> **Definition**
>
> Die **Fähigkeit, mental auf Zeitreise gehen zu können**, wird als Fähigkeit verstanden, sich vergangene und zukünftige Ereignisse, Handlungen und Motivzustände vergegenwärtigen und bei der Handlungsorganisation berücksichtigen zu können (Bischof-Köhler, 2011).

Voraussetzung 1: Theory of Mind. Als Voraussetzungen für diese Fähigkeit betrachtet Bischof-Köhler (2011) das Vorhandensein einer Theory of Mind einerseits und eines Zeitbewusstseins andererseits. Die Theory of Mind (s. Abschn. 16.4.3) beinhaltet die Nutzung des Wissens, dass andere eine falsche Überzeugung bzw. ein falsches Wissen haben können, das nicht mit den Fakten übereinstimmt. Zur Theory of Mind gehört auch die Fähigkeit, zwei Intentionen, die eigene und die des Gegenübers, sich gleichzeitig zu vergegenwärtigen. Diese Leistungen verlangen den Umgang mit Bezugssystemen in der Vorstellung: Man muss zwei Bezugssysteme zugleich repräsentieren, z. B. die Situation, wie sie sich tatsächlich darstellt, und die Vorstellung, die sich eine Person davon macht und die falsch sein kann.

Voraussetzung 2: Zeitbewusstsein. Das Zeitbewusstsein als zweite Voraussetzung für eine mentale Zeitreise fußt nach Bischof-Köhler zunächst auf der Übertragung räumlicher Kategorien auf die Zeit (»vor« und »nach«, Gleichsetzung von Raum- und Zeitstrecke), also auf der Nutzung des Raumes als Modell für die (unanschauliche) Zeit. Allmählich können frühere und jetzige Ereignisse in der Vorstellung einander gegenübergestellt werden.

Unter der Lupe

Mentale Zeitreise, Theory of Mind und Emotionsregulation

Bischof-Köhler (2011, Kap. 15) untersuchte an 3- bis 5-jährigen Kindern das zeitliche Zusammentreffen von Zeitverständnis und der Fähigkeit zur reflexiven Emotionsregulation. Kinder sollten zum einen auf eine Belohnung warten und zum anderen einen Motivkonflikt managen. Dieser bestand in zwei gleich attraktiven Tätigkeiten (Smarties essen oder Trickfilm anschauen), die sich aufgrund der experimentellen Anordnung nicht zeitgleich realisieren ließen, sondern nur durch eine »erfolgreiche Zeitplanung« zu meistern waren. Diejenigen Kinder, die sich während des Wartens sinnvoll mit etwas anderem beschäftigten, sodass man von einer zeitweisen Deaktivierung ihres Süßigkeitswunsches sprechen kann, verfügten fast alle über ein Zeitverständnis (92 %). Demgegenüber hatten ein Zeitverständnis nur 32 % der Kinder, die auf die Belohnung fixiert blieben oder beschäftigungslos warteten, ein Verhalten, das man nicht als Deaktivierung, sondern »nur« als zeitweise Hemmung des immer noch aktualisierten Süßigkeitswunschs interpretieren kann (vgl. Abb. 21.6). Ein vergleichbares Ergebnismuster zeigte sich auch bei der Konfliktaufgabe: Ein Zeitverständnis hatten 88 % der Kinder, die die Konfliktaufgabe durch »Zeitplanung« lösten, aber nur 39 % der Kinder, die zwischen beiden Tätigkeiten pendelten (vgl. Abb. 21.7). Demnach ist ein kompetentes Zeitverständnis entscheidend für einen echten Motivaufschub im Sinne einer zeitweisen Deaktivierung des jeweiligen Motivs (und nicht nur der Hemmung des Handlungsimpulses bei fortwährend aktiviertem Motiv).

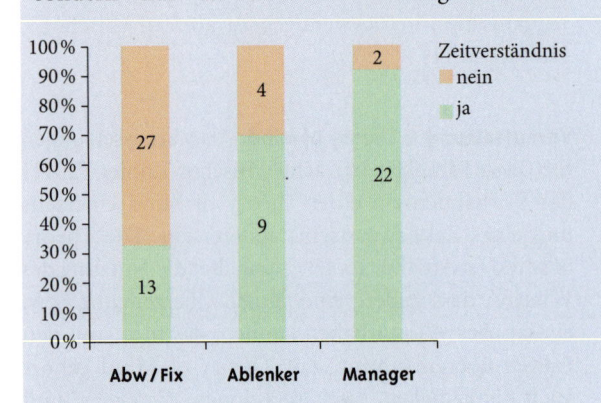

Abbildung 21.6 Zusammenhang zwischen Zeitverständnis und Wartestrategien beim Warten auf ein Geschenk (Abw / Fix: nur wartende / auf das Geschenk fixierte Kinder) (aus Bischof-Köhler, 2011)

Abbildung 21.7 Zusammenhang zwischen Zeitverständnis und Regulationsstrategien bei der Smarties-Maschine (aus Bischof-Köhler, 2011)

21.4.2 Verbesserung der Emotionsregulation im Jugendalter

Jugendliche haben gegenüber Kindern neue Potenziale zur Bewältigung ihrer Probleme. Ihre Fähigkeit zur Verhaltens- und Emotionskontrolle wächst stark an. Ein Beleg dafür ist die »coole« Haltung als vollkommene Gefühlsbeherrschung (s. Abschn. 21.3.5). Im günstigen Fall – und dies trifft glücklicherweise für die Mehrheit der Jugendlichen zu – führt die Herausbildung der Identität zugleich zu einer Koordination der Formen der Tätigkeitsregulation (volitional, habituell, emotional und reflexiv), von denen die reflexive Emotionsregulation nur eine Form darstellt (s. Abschn. 21.2.2). Da aber Emotionen die grundlegenden und tiefsten Bewusstseinserlebnisse des Menschen sind, ist ihre Beherrschung von grundlegender Bedeutung. Zum einen vermag das Selbst Emotionen im Sinne der regulierenden Orchestrierung der einzelnen Handlungskomponenten und -schritte zu nutzen (Cosmides & Tooby, 2000; emotionale Handlungsregulation), zum anderen kann es seine Regulationskompetenz mehr und mehr dazu einsetzen, erwünschte Emotionszustände herbeizuführen (z. B. aufregende Erlebnisse) und unerwünschte Zustände (z. B. Langeweile) zu vermeiden (reflexive Emotionsregulation). Saarni (2002) hat diese zweifache Regulationskompetenz als emotionale Kompetenz beschrieben, die sich in einer Selbstwirksamkeit in emotionsauslösenden sozialen Transaktionen zeigt.

21.4.3 Wie Heranwachsende Emotionsregulationsstrategien lernen

Kinder erlernen die geschilderten Regulationsstrategien in der Regel durch ihre Eltern und Gleichaltrige; Jugendliche vor allem durch Gleichaltrige. Thompson (1990) nennt vier mögliche Lernpfade, die parallel auftreten und sich wechselseitig ergänzen – aber auch widersprechen können:

(1) **Direkte Anweisungen:** Eltern verwenden in den Situationen, in denen ihr Kind seine Gefühle regulieren soll, direkte sprachliche Anweisungen, die das Kind befolgen soll, wie z. B. »Beruhige dich!«, »Hör auf zu quengeln!«.

(2) **Angebote zur Umdeutung des Anlasses:** Wenn ihr Kind seine Emotion verändern soll, nehmen Eltern eine Umdeutung des Anlasses bzw. der Situation vor und bringen das Kind dazu, diese Umdeutung zu übernehmen – in der Hoffnung, dass sich seine Emotion verändert.

(3) **Modelllernen:** Eltern geben in ihrem eigenen (mehr oder minder kommentierten) Regulationsverhalten dem Kind Modelle vor, wie man Emotionen regulieren kann, die es für sich ausprobieren und übernehmen kann.

(4) **Diskurs über Emotionen:** Eltern tauschen sich mit ihren Kindern darüber aus, wann man welche Gefühle wie ausdrückt und erlebt bzw. ausdrücken und erleben sollte, welche Konsequenzen Gefühle nach sich ziehen, wie man Gefühle bei sich und anderen beeinflussen kann etc. Auf diese Weise eignen sich Kinder ein Emotionswissen an, das sie für die Regulation von Gefühlen nutzen können (vgl. Janke, 2002; von Salisch & Kunzmann, 2005).

Bei der Anwendung dieser Strategien gibt es große Unterschiede zwischen den Familien. Studien zeigten, dass Kinder aus Familien, die ihren Kindern diese Lernpfade in großem Ausmaß zur Verfügung stellten, auch eine erfolgreichere emotionale und volitionale Regulationskompetenz besaßen als Kinder aus Familien, in denen das nicht der Fall war. Diese Thematik wird aktuell unter dem Begriff »Erziehung zur emotionalen Kompetenz« bzw. »Erziehung zur emotionalen Intelligenz« diskutiert (vgl. Saarni, 2002; von Salisch, 2002).

Denkanstöße

▶ Welche Kompetenzen sind für eine reflexive Regulation von Emotionen erforderlich und warum sind sie erforderlich?

▶ Inwiefern könnten taubstumme Kinder, die nicht sprechen können, in ihrer Emotionsregulation beeinträchtigt sein, und wie ließe sich das kompensieren?

Zusammenfassung

▶ Emotionen lassen sich bereits bei Säugetieren beobachten. Sie dienen auch bei ihnen der motivdienlichen Regulation des eigenen Verhaltens und des ihrer Artgenossen. Dabei lassen sich funktionale Gemeinsamkeiten zu den menschlichen Emotionen von Freude (als Funktionslust), Trauer, Wut, Furcht, Ekel, Überraschung/Interesse, Fürsorge und sexuelle Lust beobachten.

▶ Menschliches Tun lässt sich als eine fortlaufende Folge von Tätigkeiten beschreiben, in denen eine Person ihre Motive zu befriedigen trachtet. Dabei lässt sich eine Tätigkeit als ganzheitliches System von psychischen Komponenten charakterisieren, zu denen auch die Motivation, Emotion und Volition gehören. Dabei kommt Emotionen die Funktion zu, der Person die Bedeutung der Ereignisse und Situationen für die Motivbefriedigung zu signalisieren und motivdienliche Handlungen zu initiieren. Bei den Volitionen geht es darum, den Prozess der Motivbefriedigung situationsangemessen zu planen und während des Tätigkeitsvollzugs seine Handlungen auch gegen emotionale und situative Widerstände zielführend auszurichten.

▶ Die emotionale Entwicklung lässt sich anhand zweier Entwicklungsrichtungen beschreiben: Zum einen differenziert sich in der interpersonalen Regulation zwischen Bezugsperson und Kind aus wenigen angeborenen Emotionen eine kulturell geprägte Vielfalt an Emotionen. Zum anderen werden Kinder allmählich fähig, Emotionen zur selbstständigen, intrapersonalen Regulation ihrer Handlungen zu nutzen. Dabei entwickelt sich der Ausdruck zu einem auch willentlich manipulierbaren Kommunikationsmittel.

▶ Die Fähigkeit, seine Emotionen willentlich kontrollieren und regulieren zu können, lernen Kinder im Laufe des Vorschulalters. Diese Fähigkeit ist zur Bewältigung von Konfliktfällen erforderlich, in denen situativ ausgelöste Emotionen der Befriedigung übergeordneter Motive entgegenstehen können und daher willentlich durch den Einsatz von Regulationsstrategien modifiziert werden müssen, wenn die übergeordneten Motive befriedigt werden sollen. Um dies zu können, muss sich ein Kind angemessene Regulationsstrategien aneignen, exekutive Funktionen auf die eigenen Emotionen anwenden können, Sprache als Mittel der Selbststeuerung zu gebrauchen lernen und mental auf Zeitreise gehen können.

Weiterführende Literatur

Bischof-Köhler, D. (2011). Soziale Entwicklung in Kindheit und Jugend. Stuttgart: Kohlhammer. *Das Lehrbuch thematisiert umfassend und gut strukturiert die Entwicklung von Motiven und der ihnen zugeordneten Emotionen in ihrem Zusammenhang zur kognitiven und sozialen Entwicklung.*

Holodynski, M. (unter Mitarbeit von W. Friedlmeier). (2006). Emotionen: Entwicklung und Regulation. Berlin: Springer. *Inspirierend und eingängig geschriebene Einführung in die komplexe Welt der Emotionen, wie sie sich entwickeln, wie sie mit der Entwicklung des Willens und der Emotionsregulation zusammenhängen und wie Kultur die emotionale Entwicklung beeinflusst.*

Janke, B. (2002). Entwicklung des Emotionswissens bei Kindern. Göttingen: Hogrefe. *Sorgfältige und gut strukturierte Darstellung der einzelnen Facetten des Emotionswissens und seiner Entwicklung, illustriert mit eigenen empirischen Studien.*

Salisch, M. von & Kunzmann, U. (2005). Emotionale Entwicklung über die Lebensspanne. In J. B. Asendorpf (Hrsg.), Soziale, emotionale und Persönlichkeitsentwicklung (Enzyklopädie der Psychologie, Themenbereich C, Serie V, Bd. 3; S. 1–74). Göttingen: Hogrefe. *Umfassend recherchierte und übersichtlich strukturierte Zusammenschau des empirischen Forschungsstands unter dem Fokus, wie sich die Emotionsregulation über die Lebensspanne entwickelt.*

22 Moral

Gertrud Nunner-Winkler

22.1 Was ist unter Moral zu verstehen?
    22.1.1 Moral überhaupt und säkulare Minimalmoral
    22.1.2 Zur Durchsetzung der säkularen Minimalmoral

22.2 Sozialisationstheoretische Modelle
    22.2.1 Genetische Prädispositionen
    22.2.2 Klassische sozialisationstheoretische Modelle

22.3 Kohlbergs kognitivistischer Ansatz
    22.3.1 Piaget
    22.3.2 Kohlbergs Theorie der Entwicklung des moralischen Bewusstseins
    22.3.3 Immanente Debatten

22.4 Weiterentwicklungen im kognitivistischen Ansatz
    22.4.1 Kognitive Dimension: Die Domänetheorie
    22.4.2 Zur Eigenständigkeit der motivationalen Dimension
    22.4.3 Empathie und prosoziales Handeln
    22.4.4 Moralische Motivation
    22.4.5 Kohlberg im Rückblick

22.5 Prozesse und Kontextbedingungen moralischen Lernens und Entlernens
    22.5.1 Kognitive Dimension
    22.5.2 Motivationale Dimension

22.6 Schlussbemerkung: Zur Bedeutung von Moral

Max Ernst: Die Jungfrau züchtigt das Jesuskind vor drei Zeugen: André Breton, Paul Eluard und dem Maler

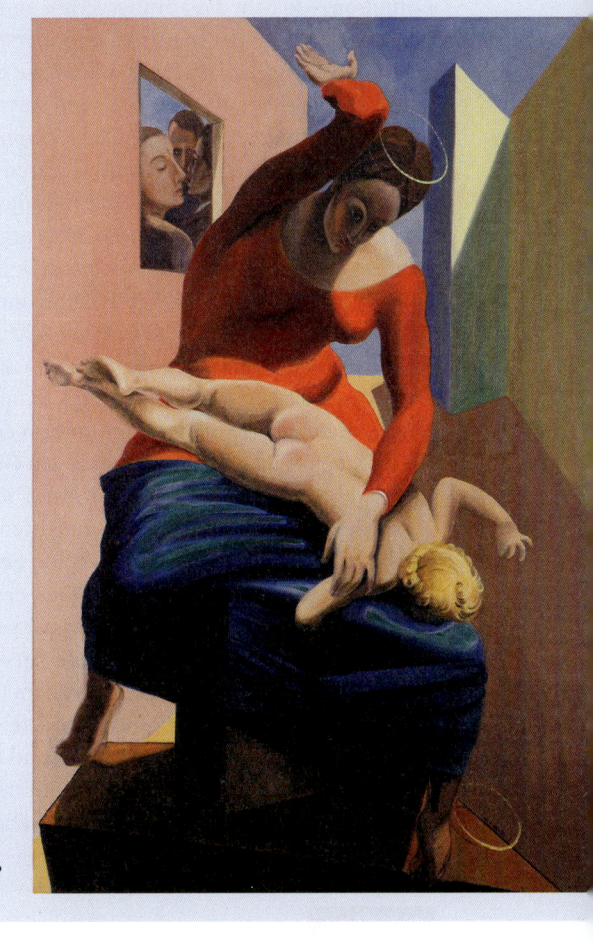

Durch Selbstanzeige eröffnete ein Berliner Arzt 2006 einen Rechtsstreit: Für drei erblich vorbelastete Paare hatte er Embryonen aus künstlicher Befruchtung untersucht. Eine Frau hatte bereits ein schwer behindertes Kind, eine andere drei Fehlgeburten, beim dritten Paar hatte der Mann einen Gendefekt, der beim Kind zum Down-Syndrom hätte führen können. Die Untersuchung von Embryonen auf Erbkrankheiten außerhalb des Mutterleibs (Präimplantationsdiagnostik – PID) stimmt nicht mit dem Embryonenschutzgesetz von 1990 überein, das ab den ersten 24 Stunden nach der Kernverschmelzung den Embryo dem verfassungsrechtlich verbürgten Schutz der Menschenwürde unterstellt. Das Landgericht Berlin sprach den Arzt frei. Die Staatsanwaltschaft ging in Revision. Im Juli 2010 bestätigte der Bundesgerichtshof den Freispruch. Im Juli 2011 beschloss der Bundestag eine begrenzte Freigabe der PID: Sie ist erlaubt, wenn aufgrund der genetischen Veranlagung der Eltern eine schwerwiegende Erbkrankheit beim Kind oder eine Tot- oder Fehlgeburt wahrscheinlich ist und eine Ethikkommission zustimmt.

22.1 Was ist unter Moral zu verstehen?

Dieser Beschlussfassung gingen heftige Auseinandersetzungen unter Philosophen, Kirchenvertretern, Politikern, Ärztefunktionären voraus, und nach wie vor ist umstritten, wie mit diesem moralischen Dilemma (s. Definition) – in dem das Tötungsverbot und das Prinzip der Schadensminimierung einander widerstreiten – angemessen umzugehen ist. Die Kontroverse entsteht aufgrund mehrerer Differenzen: in den vertretenen moralphilosophischen Positionen, den empirischen Annahmen über mögliche Folgen sowie deren Bewertung. Dabei erweisen sich Entscheidungsrichtung und Position zuweilen als unabhängig. So etwa argumentieren Gegner wie Befürworter deontologisch, d. h., sie folgen einer Ethik unverbrüchlicher Rechte und Pflichten. Gegner verweisen auf die Unantastbarkeit der Menschenwürde, die gefährdet sei, sofern technische Eingriffe den gezeugten Menschen zum manipulierbaren Objekt degradierten. Befürworter fordern ein Recht auf Gesundheit oder gar (unter Bezug auf ein Gerichtsurteil in Frankreich) das Recht eines Kindes mit pränatal absehbaren Behinderungen auf Nichtexistenz. Auch utilitaristische Folgenkalküle nutzen beide Seiten: Befürworter verweisen auf die Vermeidbarkeit des Leids konkreter Betroffener, Gegner auf untragbare gesellschaftliche Risiken (z. B. eine unerwünschte Ausweitung der Technik, etwa auf eine Selektion nach dem Geschlecht). Es finden sich auch religiös begründete (z. B. »Der Mensch verdankt seine Würde Gott«) und mitleidsorientierte Argumente (z. B. »Der hilflose Embryo bedarf des besonderen Schutzes« vs. »Die Frau hatte schon drei Fehlgeburten«).

> **Definition**
>
> **Moralische Dilemmata** sind Situationen, in denen moralische Prinzipien oder Normen im Widerspruch zueinander stehen. **Moralische Konflikte** sind Situationen, in denen spontane Bedürfnisse, persönliche Interessen oder außermoralische Wertbindungen einer gültigen Norm entweder strikt (das Interesse ist mit dem moralischen Gebot unvereinbar) oder schwach widersprechen (neben dem widerstreitenden Interesse gibt es auch moralkompatible Motive).

Empirische Annahmen haben im Utilitarismus ein besonderes Gewicht. Aber auch in deontologischen Argumentationen spielen sie bei der Frage nach der Zulässigkeit von Ausnahmen – hier: vom Tötungsverbot – eine Rolle. Gegner führen Dammbruchargumente an: Erlaubt man den Vollzug einer (harmlosen oder leicht anstößigen) Handlung, so kommt es unvermeidlich zu schlimmen Folgen (z. B. »Wird PID zugelassen, dann steigt die Diskriminierung Behinderter«). Befürworter bestreiten die Folgen oder benennen Widersprüche (z. B. »Wenn frühes Leben im Reagenzglas zu schützen ist – wie kann man dann Abtreibung zulassen?«). Bei echten Dilemmata wird Konsens nicht zwingend erzielt: Zu unsicher sind empirische Prognosen möglicher Folgen und zu unterschiedlich ist deren Bewertung (z. B. »Führt PID wirklich zur Selektion nach Geschlecht? Wäre dies schlimmer als das Leid der Eltern schwerbehinderter Kinder?«). In solchen Situationen (»Grauzone«) sucht die Gesellschaft nach legitimen Verfahren und Kompromissen. So etwa werden spezielle Institutionen geschaffen (z. B. Ethikkommissionen) und Erlaubnisse durch strikte Auflagen eingeschränkt (z. B. Untersuchung des Embryos nur auf erbliche Risikofaktoren). Solche Kompromisslösungen erfordern die Bereitschaft der Bürger, zwischen ihrer persönlichen Haltung und demokratisch legitimierten Regelungen zu trennen (z. B. »Ich verurteile PID, akzeptiere aber, dass andere sie im gesetzlich abgesteckten Rahmen nutzen«) (vgl. Abschn. 22.4.1).

22.1.1 Moral überhaupt und säkulare Minimalmoral

Wie das Beispiel zeigt, kommt es in philosophischen wie in alltagsweltlichen Debatten zu divergierenden Bestimmungen von Moral. Dies legt es nahe, nach einem formalen, inhaltlich noch unbestimmten Begriff von »Moral überhaupt« (Tugendhat, 2010) zu suchen. Deren Kern ist die Verpflichtung. Moral sind diejenigen Verhaltensregeln, die allgemeine Verbindlichkeit genießen, was sich an der Bestrafung von Übertretungen zeigt. Der Sanktionsbezug grenzt moralische gegen andere Arten von Regeln ab: So gibt es etwa auch technische Regeln, Klugheitsregeln, Spielregeln. Wer von diesen abweicht, riskiert zu scheitern, sich selbst zu schaden oder spielt ein anderes Spiel. Bei der Missachtung moralischer Regeln hingegen sind nicht allein faktische Folgen, sondern zugleich auch soziale Reaktionen zu erwarten – die Sanktionen (z. B. Strafe, Achtungsentzug). Sanktionen erzeugen das Verpflichtungsgefühl nicht, sondern symbolisieren es. Aus der Beobachterperspektive genießen moralische Normen faktische Geltung, aus der Teilnehmerperspektive darüber hinaus legitime und persönlich verbindliche Gültigkeit.

Traditionale und autonome Moral. Die formalen Merkmale – Verpflichtungsgefühl, Sanktionen – definieren Moral überhaupt. Die inhaltlich je unterschiedlichen Moralen lassen sich nach ihrer Begründung in zwei Klassen einteilen: Traditionale Moralen sind aus Autoritäten abgeleitet – aus Setzungen der Götter, Geboten der Ahnen, geheiligten Überlieferungen. Eine rein innerweltlich begründete autonome Moral wird nicht aus Vorgegebenem abgeleitet, sondern gründet im menschlichen Wollen. Die Goldene Regel (»Was du nicht *willst*, das man dir tu, das füg auch keinem andern zu«) ist eine verbreitete Formel. Sie verweist jedoch nur auf das faktische Wollen und ist daher nicht gegen Verzerrungen durch individuelle Vorlieben gefeit: Ein Masochist etwa, der Schmerzen ersehnt, wäre frei, auch andere zu quälen.

Rationalität der Moral. Kants kategorischer Imperativ (»Handle stets so, dass du *wollen kannst*, dass die Maxime deines Tuns allgemeines Gesetz wird«) setzt an die Stelle zufälliger Präferenzen das vernünftige Wollen Einzelner. Rawls' Modell der hypothetischen Konsensbildung »unter dem Schleier der Unwissenheit«, das er als Rekonstruktion alltagsweltlicher Moralvorstellungen begreift, buchstabiert dieses vernünftige Wollen genauer aus: Keiner weiß um zugeschriebene Charakteristika (z. B. Rasse, Geschlecht) oder persönliche Präferenzen (z. B. sexuelle Orientierung, religiöse Überzeugung). Allein universelle Merkmale sind bekannt: Menschen sind verletzlich, fähig, andere aus Eigennutz zu schädigen, und fähig, dies zu unterlassen. Als rationale Wesen wollen sie, dass sie und ihnen Nahestehende keinen Schaden erleiden. So stimmen sie Normen zu, die Schädigungen verbieten, aber sonst Freiheit so weit zugestehen, wie dies mit der gleichen Freiheit anderer verträglich ist. Dieser Vorschlag setzt die Basisprinzipien säkularer Moralvorstellungen um. Moral wird als System wechselseitiger Forderungen verstanden, wobei keiner durch höhere Mächte verliehene Sonderrechte (z. B. Gottesgnadentum) mehr beanspruchen kann. Insofern ist Gleichheit die natürliche Ausgangslage. Sie wird durch die Konsensforderung gesichert. Das Prinzip der Schadensminimierung ist durch die interessegeleitete Zustimmung, das Prinzip der Unparteilichkeit durch den Schleier der Unwissenheit gewährleistet.

Negative und positive Pflichten. Aus diesem Modell lässt sich eine Minimalmoral ableiten, die deontologische und utilitaristische Momente integriert, also Rechte und Folgen berücksichtigt (Gert, 1988). Sie enthält negative Pflichten (z. B. du sollst *nicht*: andere töten, betrügen, der Freiheit berauben), die eine direkte Schädigung anderer untersagen und als bloße Unterlassungen jederzeit, überall und gegenüber jedermann eingehalten werden können. Diese genießen (mit wenigen Ausnahmen, etwa das Verbot andere zu foltern oder zu versklaven) keine strikte Gültigkeit mehr. Noch Kant hatte gefordert, nicht einmal einen Mörder dürfe man belügen, um das Leben des eigenen Freundes zu retten. Denn Wahrhaftigkeit ist »ein heiliges, unbedingt gebietendes, durch keine Konvenienzen einzuschränkendes Vernunftgebot«. Eine solch gesinnungsethische Maxime spiegelt das Vertrauen, dass Gott den Seinen letztlich alles zum Besten geraten lassen werde. Sofern Menschen jedoch – aus innerweltlich verantwortungsethischer Perspektive – stärker an Schadensvermeidung als an absolutem Gehorsam gegen autoritativ gesetzte Gebote interessiert sind, werden sie Ausnahmen zulassen wollen, wenn die Befolgung einer Norm größeren Schaden erzeugt als ihre Übertretung. Dabei ist in konkreten Fällen Konsens nicht zwingend erzielbar (»Grauzone«; vgl. Abschn. 22.1). Des Weiteren gibt es positive Pflichten: In einer »wohlgeordneten Gesellschaft« (also nicht in einem Unrechtsregime) hat jeder seine Aufgaben zu erfüllen. Nur so ist die indirekte Schädigung, die anderen aus der Enttäuschung legitimer Erwartungen erwächst, zu vermeiden. Dabei gilt nur die formale Regel »Tu deine Pflichten!« universell. Wie diese Pflichten inhaltlich bestimmt sind, differiert zwischen Kulturen und Rollen. Dies ähnelt der Struktur von Versprechen. Diese sind zu halten – was aber zu tun geboten ist, hängt von den je konkreten Abmachungen ab. Schließlich gibt es die Pflicht, in akuten Notsituationen in zumutbarem Umfang Hilfe zu leisten. Daneben gibt es noch die sog. »supererogatorischen Pflichten«. Das sind moralische Ideale, deren Erfüllung Lob, deren Nichterfüllung jedoch keine Strafe nach sich zieht. Ein Beispiel ist Wohltätigkeit, die preiswürdig, nicht aber verpflichtend gefordert ist. Im Vergleich zu traditionalen Moralen ist die moderne Minimalmoral *sozial erweitert*. So etwa wird in einigen Gruppen Nordalbaniens Diebstahl unter nahen Verwandten und auch noch unter Dorfangehörigen scharf verurteilt und streng bestraft, der Raub an Fremden gilt jedoch als »Heldentat«. Die Regeln der Minimalmoral hingegen gelten universell: Auch einen Fremden darf man nicht betrügen. Zugleich ist sie aber *inhalt-*

lich eingeengt: Solange sie Dritte nicht schädigen, sind Personen frei in der Wahl ihrer Überzeugungen und Lebensführung.

> **Denkanstöße**
>
> Gibt es manchmal Situationen, in denen Sie nicht genau wissen, wie zu handeln richtig wäre? Sind das Dilemmata oder Konflikte? Geht es um positive, negative oder supererogatorische Pflichten?

22.1.2 Zur Durchsetzung der säkularen Minimalmoral

In unserem Moralbewusstsein finden sich auch religiös fundierte Moralvorstellungen (wie auch die PID-Debatte zeigt). Gleichwohl spricht einiges für die Annahme, dass die innerweltliche Minimalmoral zunehmend Verbreitung findet, d. h. als gültig akzeptiert (wenngleich nicht notwendig auch befolgt) wird.

Säkularisierung, Generationszugehörigkeit und Moralvorstellungen. So belegen zwei international vergleichende Befragungen – in 26 europäischen Ländern bzw. in 73 Ländern aus allen Kontinenten – einen engen Zusammenhang zwischen Säkularisierung bzw. Modernisierung und modernen Moralvorstellungen. Länderübergreifend stieg die Akzeptanz von Verhaltensweisen, die niemanden schädigen (z. B. Homosexualität, vorehelicher Geschlechtsverkehr) mit abnehmender kirchlicher Einbindung (z. B. Katholikenanteil, Kirchgangshäufigkeit) und zunehmender Modernisierung (höhere Bildung, höheres Bruttosozialprodukt, Zugehörigkeit zu jüngeren Kohorten). Hingegen wurde Betrug (außerehelicher Geschlechtsverkehr, Steuer- und Subventionsbetrug, Bestechung) einhellig verurteilt.

Diese Befunde lassen sich anhand von Begründungen, die in einem westdeutschen Generationenvergleich erhoben wurden, detaillierter nachvollziehen (Nunner-Winkler, 2008a). Viele der vorgelegten Verhaltensweisen wurden von den 65- bis 75-Jährigen mit religiös konnotierten Begründungen scharf verurteilt, von 20- bis 30-Jährigen hingegen der persönlichen Entscheidungsfreiheit zugerechnet. Beispiele hierfür sind Homosexualität (z. B. »Das ist sündhaft/widernatürlich/krankhaft/ekelerregend« vs. »Wo die Liebe hinfällt / Das ist denen ihre Entscheidung«), mütterliche Berufstätigkeit: (z. B. »Sie versäumt ihre Pflichten« vs. »Das ist eine Frage der guten Haushaltsorganisation«). Deutliche Unterschiede ergaben sich auch bei der Frage nach der Zulässigkeit von Ausnahmen. Mit großer Mehrheit forderten die Älteren etwa bei der Vorgabe Müllsortierung, deren Unterlassung generationenübergreifend einhellig verurteilt wurde, strikte Regelkonformität (z. B. »Ordnung muss sein. Wenn die Container schon dastehen, soll man sie auch nutzen – auch wenn die das hinterher wieder zusammenwerfen«). Die Jüngeren hingegen gestanden Ausnahmen zu, wenn der Sinn einer Regel verfehlt wird oder höherwertige Normen kollidieren (z. B. »Wenn die Container so weit weg sind, dass man mehr Benzin verfährt als das Sortieren bringt« / »Wenn jemand alt und gebrechlich ist«). Ersichtlich wird in der Generationenabfolge das religiös oder naturrechtlich abgestützte Moralverständnis (nach dem Homosexualität als sündhaft oder widernatürlich, mütterliche Berufstätigkeit als Versäumnis »natürlicher« Pflichten gilt und pünktlicher Regelgehorsam gefordert ist) von der Minimalmoral abgelöst, die dann für die nachwachsenden Kinder bereits »kulturelle Selbstverständlichkeit« geworden ist (vgl. Abschn. 22.4.1).

Menschenrechtserklärung. In die gleiche Richtung weist die Entwicklung der Menschenrechte. 1948 wurde die Allgemeine Erklärung der Menschenrechte der UN ohne Gegenstimme verabschiedet und 1966 durch zwei Pakte in völkerrechtliche Verträge umgesetzt. Die Menschenrechte sind egalitär begründete universelle, unveräußerliche, unteilbare Rechte, die jedem Menschen qua Menschsein gleichermaßen zustehen. Ihr Kern sind liberale Freiheitsrechte (u. a. das Recht auf Leben und Freiheit, Gleichheit vor dem Gesetz, Religionsfreiheit), die der säkularen Minimalmoral entsprechen.

Vorzüge der Minimalmoral. Die Verbreitung der modernen Moral hängt auch mit ihren Vorzügen zusammen. Sie ist lebbar: Sie formuliert allein zumutbare Forderungen, nicht eine Heroenmoral. Sie ist zustimmungsfähig: Moral dient einer Regulierung von Konflikten, die nicht auf Gewalt, sondern auf Einverständnis setzt. In einer globalisierten Welt ist Einverständnis über eine *säkulare* Moral leichter zu erzielen: Normen werden nicht aus transzendenten Einsichten abgeleitet, die nur wenigen zugänglich sind, sondern gründen in der freien Zustimmung aller Betroffenen, die allein im Wissen um unstritig universell geteilte Merkmale der menschlichen Existenz urteilen. Einverständnis ist über eine Minimalmoral leichter zu erzielen: Spezifiziert werden allein notwendige Bedingungen von Kooperation und die Entmoralisierung der Fragen des guten Lebens eröffnet freie Gestaltungsmöglichkeiten der konkreten

Lebensführung, solange diese mit der gleichen Freiheit anderer kompatibel sind. Diese Freiheit kommt nicht nur den Individuen zugute, sondern auch Kulturen. Und nicht zuletzt erleichtert eine universelle Moral den weltweiten Austausch von Gütern, Dienstleistungen, Arbeitskräften, sofern man auf die Einhaltung von Abmachungen auch mit Fremden vertrauen kann. Kurz: Auf eine allen einsichtige Minimalmoral können sich Menschen aus unterschiedlichen historischen und religiösen Traditionen verständigen – sie erfahren Gleichachtung (z. B. gleiches Stimmrecht aller Staaten bei UN-Abstimmungen), bewahren weitgehend kulturelle Autonomie (z. B. bei der Bewahrung kultureller Praktiken, die negativen Pflichten nicht widersprechen) und können gewinnversprechende Kooperationen (z. B. internationaler Handel) eingehen.

22.2 Sozialisationstheoretische Modelle

Jede Generation von Neugeborenen ist – so der Soziologe Parsons – eine »Invasion von Barbaren«. Sozialisation bezeichnet die Prozesse, aufgrund derer sie Mitglieder der Gesellschaft werden, in die sie hineingeboren sind. Im engeren Sinn geht es um absichtlich eingesetzte erzieherische Maßnahmen, im weiteren Sinn um die Gesamtheit der Lebensumstände, die das Kind erfährt, und auch um seine eigenständig initiierten Lernprozesse. Diese können allerdings nur innerhalb des durch genetische Festlegungen abgesteckten Rahmens wirksam werden.

22.2.1 Genetische Prädispositionen

Nach verhaltensgenetischen Modellrechnungen gehen individuelle Unterschiede in Fähigkeiten und Persönlichkeitsmerkmalen in etwa je zur Hälfte auf Gene und auf ungeteilte Umwelteinflüsse (z. B. unterschiedliche Behandlung in der Familie, zufällige Ereignisse) zurück (vgl. Abschn. 3.2.1). Geteilte Umwelterfahrungen (z. B. Strukturmerkmale der Familie, Persönlichkeitsmerkmale der Eltern, Erziehungsstile) spielen danach für diese Unterschiede nur eine geringe Rolle (vgl. Abschn. 3.2.2).

Doch die korrelationsstatistischen Ähnlichkeitsanalysen zwischen ein- und zweieiigen getrennt und gemeinsam aufgewachsenen Zwillingen, Adoptiveltern und -geschwistern erklären allein Unterschiede zwischen Individuen einer gegebenen Population. Universelle sowie die in einem gegebenen soziohistorischen Kontext von allen Familien in gleicher Weise erbrachten Basisleistungen kommen nicht in den Blick (vgl. Abschn. 22.5.2). Diese würden sichtbar, verglich man heute in Normalfamilien getrennt aufgewachsene eineiige Zwillinge nicht miteinander, sondern mit Wolfskindern, vernachlässigten Waisenhauskindern oder mit Kindern, die in eine Stammeskultur hineinwachsen. Auch untersuchen verhaltensgenetische Studien formale Fähigkeiten und Persönlichkeitsmerkmale und fragen nicht nach der Entwicklung von Präferenzen, Werten und Wissenssystemen. Um solche geht es aber bei der Moralentwicklung. Kinder müssen wissen, welche Normen gelten, und bereit sein, sie zu befolgen.

Moralmodule. Neuere evolutionstheoretisch orientierte Ansätze gehen von einer genetischen Verankerung moralrelevanter ›Module‹ aus. Der eingebaute Mechanismus »Betrugsdetektor« etwa erlaubt, spontan zu erkennen, wenn jemand einen Vorteil genießt, ohne die Kosten zu entrichten. Er gewährt Überlebensvorteile in Gruppen, die kooperativ wirtschaften (z. B. gemeinsam jagen). Auch gibt es affektive Reaktionsdispositionen, die rasche, automatische, intuitive Bewertungen und Handlungsbereitschaften auslösen. Zumeist gelten in diesen Ansätzen moralische Begründungen dann als bloß nachträgliche Rationalisierungen solch blitzartiger Eingebungen. Haidt und Joseph (2004) nennen fünf solcher Moralmodule, die je spezifische emotional basierte Handlungsbereitschaften mit entsprechenden moralischen Prinzipien verknüpfen:

(1) Mitgefühl mit Schadensvermeidung
(2) Empörung mit Fairness, Reziprozität
(3) Respekt mit Achtung vor Autoritäten, Gehorsam
(4) Ekel mit Reinheit, Heiligkeit
(5) Gruppenzugehörigkeit mit Loyalität

Die Analyse solcher psychologischen Mechanismen benennt begünstigende und hemmende Bedingungen moralischer Lernprozesse, erklärt diese aber nicht. Moral ist mit dem Ausagieren genetisch verankerter Reaktionsbereitschaften nicht identisch. Mitleid etwa führt häufig zu moralischen Handlungen, zuweilen aber nicht (z. B. Raub, um einem leidenden Drogenabhängigen Stoff zu verschaffen). Gehorsam und Loyalität sind häufig moralisch, zuweilen aber nicht (z. B. in einem Unrechtsregime). Kinder müssen lernen, welches Verhalten moralisch ist und wie sie mit ihren »natürlichen« Dispositionen moralverträglich umgehen können. Darum geht es in der Sozialisationstheorie.

22.2.2 Klassische sozialisationstheoretische Modelle

Die klassischen Ansätze beschreiben den Erwerb von Moral als einheitlichen Vorgang mit jeweils einem klar dominanten Lernmechanismus. Neuere Ansätze betonen das Zusammenspiel unterschiedlicher Lernmechanismen und die Bedeutung von Selbstsozialisation (s. Tab. 22.1).

Behavioristischer Ansatz. Im Behaviorismus gilt das Kind als passives Objekt von Erziehung, die auf normkonformes *Verhalten* abzielt und dazu Konditionierung nutzt. Bei der klassischen Konditionierung folgt auf jedes Vergehen unmittelbar die Züchtigung, und bald löst schon der bloße Gedanke an eine Übertretung die an die Straferfahrung gekoppelte Erregung und Furchtreaktion aus. Operante Konditionierung setzt an spontan initiierten Verhaltensweisen an und belohnt selektiv die erwünschten Reaktionen. So wird das Verhalten sukzessive überformt und im Ergebnis zwanglose Konformität mit den Erwartungen erzeugt.

Psychoanalytischer Ansatz. Das psychoanalytische Modell erklärt den Aufbau generalisierter *Motive* durch Internalisierung oder kulturelle Überformung der Bedürfnisstruktur. Nach Freud werden in der ödipalen Phase die von den Eltern vorgegebenen Normen im Über-Ich verankert und unerwünschte Triebansprüche fortan aufgrund von Gewissensangst unterdrückt. Nach Parsons beginnt schon der Säugling, sein Verhalten an den Erwartungen der Bezugspersonen zu orientieren, um sich deren Zuwendung zu erhalten, d. h. aus Angst vor Liebesentzug. So wird die Befolgung herrschender Standards zu einem persönlichen Bedürfnis (Konformitätsdisposition). Freuds und Parsons' Erklärungsmodelle lassen sich als Verallgemeinerung und Verinnerlichung der im Behaviorismus beschriebenen Lernmechanismen lesen: Gelernt werden nicht mehr einzelne Verhaltensweisen aufgrund spezifischer Erziehungsmaßnahmen, sondern generalisierte Verhaltensdispositionen aufgrund von Beziehungserfahrungen; und Handeln ist nicht länger durch externe Strafen oder Belohnungen, sondern durch internalisierte Gewissensangst bzw. eine habitualisierte Konformitätsdisposition bestimmt. Dabei entspricht das Über-Ich der klassischen Konditionierung, sofern abweichende Impulse bewusstseinsfähig bleiben und nur aus Gewissensangst unterdrückt werden. Das Konformitätsbedürfnis entspricht der operanten Konditionierung: Sofern das Individuum ja nur den erstrebten Belohnungen nachjagt, glaubt es stets genau das zu tun, was es ohnehin tun will – die externe Steuerung wird ihm nicht bewusst.

Kognitivistische Wende. Mit der Fokussierung auf das moralische *Urteil* hat Kohlberg das Forschungsfeld neu definiert – nicht zuletzt auch durch die Einführung eines anderen Menschenbildes: Nicht länger gilt, dass vorgegebene Normen dem als passiv vorgestellten Kind früh andressiert bzw. eingeflößt werden, vielmehr rekonstruiert das Kind aktiv die vorgelebten Normen und überprüft sie (wenigstens auf höchstem Niveau) auch auf ihre Rechtfertigbarkeit hin. Nicht länger geht es allein um selbstdienliche Motive (Vermeidung von Strafen, Gewissensbissen oder Liebesverlust), vielmehr wird auch ein intrinsisches Streben nach Erkenntnis und Wertverwirklichung anerkannt. Doch ungeachtet solch weitreichender inhaltlicher Differenzen zwischen dem

Tabelle 22.1 Sozialisationstheoretische Modelle des Moralerwerbs

	Gegenstand	Lernmechanismus
Behavioristischer Ansatz	Verhalten	Klassische Konditionierung Operante Konditionierung
Psychoanalytischer Ansatz	Motive	Internalisierung (Über-Ich) Habitualisierung (Konformitätsdisposition)
Kognitivistischer Ansatz	Urteil	Rollenübernahme
Neuere Ansätze	Wissen	Unterweisung Ablesen an Erfahrungen Ablesen am Sprachspiel Regelrekonstruktion
	Wollen	Selbstbindung qua Erfahrungen in der Familie/Schule / mit Peers / in Gemeinde / kulturellem Milieu / Gesellschaft

behavioristischen, dem psychoanalytischen und Kohlbergs kognitivistischem Ansatz – in einem Punkt stimmen alle drei Modelle überein: Moral wird als Gesamtpaket angeeignet. Diese holistischen Vorstellungen der klassischen Theorien der Moralentwicklung halten neueren Forschungen nicht stand (vgl. Abschn. 22.5).

22.3 Kohlbergs kognitivistischer Ansatz

Kohlberg knüpft an Piaget an: Er übernimmt sein an der kognitiven Entwicklung erarbeitetes Konzept der Entwicklungslogik, seine Forschungsmethoden und erweitert und differenziert seine Beschreibung der moralischen Entwicklung.

22.3.1 Piaget

Nach Piaget folgt der Aufbau kognitiver Strukturen einer Entwicklungslogik: Er vollzieht sich als universelle, irreversible Abfolge von qualitativ verschiedenen, je ganzheitlich strukturierten und mit logischer Notwendigkeit aufeinander aufbauenden Stadien, von denen keines übersprungen werden kann. In der Stufenabfolge setzen sich Entwicklungstrends in Richtung zunehmender Generalisierung, Abstraktion und Realitätsgerechtigkeit durch. Methodisch nutzte Piaget das rekonstruktiv-hermeneutische Interview, um kindliche Sichtweisen und Denkprozesse nachzuzeichnen. In seiner Moralstudie (zuerst 1932) explorierte er anhand einfacher Geschichten, wie 5- bis 13-Jährige Regeln, Folgen und Absichten sowie Gerechtigkeit, Gleichheit und Autorität verstehen. Ein Beispiel: »Ein kleiner Junge wirft versehentlich ein Tablett mit 15 Tassen herunter; ein anderer stößt eine Tasse um, als er Marmelade naschen will. Welcher Junge ist böser?«

Heteronome und autonome Moral. Die altersspezifischen Unterschiede bündelt Piaget in die Beschreibung von zwei Stadien: Auf das frühe Stadium der heteronomen Moral, in der äußere Instanzen Normen setzen und Abweichungen sanktionieren, folgt das Stadium der autonomen Moral, in der Personen selbst als vernünftige und mündige Wesen entscheiden, was sie für richtig erachten. Nun werden nicht mehr nur Konsequenzen, sondern auch Intentionen berücksichtigt. Belohnungen, Bestrafungen und Verteilungen gelten nicht mehr als gerecht, bloß weil eine Autorität sie anordnete. Pflicht wird nicht länger verstanden als Gehorsam gegenüber Geboten der Autoritäten, sondern als Verantwortlichkeit für andere. Die heteronome Moral entspricht dem unilateralen Autoritätsgefälle in der Eltern-Kind-Beziehung, das autonome Moralverständnis entwickelt sich durch den egalitären Austausch in symmetrischen Interaktionen mit Gleichaltrigen.

Trotz einzelner Korrekturen – so etwa berücksichtigen Kinder schon deutlich früher Intentionen – wurden viele der Entwicklungstrends bestätigt. Insbesondere blieb das von Piaget begründete strukturgenetische Paradigma beherrschend. Danach erwirbt das Kind Normen nicht durch Indoktrination, sondern durch einen eigenständigen Konstruktionsprozess, in dessen Verlauf es den Sinn sozialer Regeln und deren Bedeutung für das menschliche Zusammenleben zunehmend besser versteht.

22.3.2 Kohlbergs Theorie der Entwicklung des moralischen Bewusstseins

Kohlberg (1984; vgl. Oser & Althof, 1992) entwickelte seine Theorie auf der Basis einer Längsschnittstudie, in der er mit 10- bis 16-jährigen Jungen moralische Dilemmata diskutierte. Ein Beispiel: »Heinzens Frau ist todkrank. Es gibt nur ein Medikament, das sie retten kann. Der Apotheker, der es entwickelt hat, verlangt dafür sehr viel mehr Geld, als Heinz aufbringen kann. In seiner Verzweiflung bricht Heinz ein. Sollte er das tun? Warum?« Dabei sucht der Interviewer durch Gegenargumente das höchstmögliche Argumentationsniveau des Befragten zu evozieren, um seine tatsächliche Kompetenz und nicht bloß die durch zufällige Faktoren (z. B. Müdigkeit, Desinteresse) möglicherweise beeinträchtigte Performanz zu erfassen.

Stadienmodell. Die altersabhängigen Veränderungen der moralischen Urteilsfähigkeit beschreibt Kohlberg in einem Stadienmodell mit drei Niveaus à je zwei Stufen (vgl. Tab. 22.2), wobei auf jeder Stufe die Gründe der Normgeltung und die Motive der Normbefolgung strukturgleich sind (kognitiv-affektiver Parallelismus). Auf dem präkonventionellen Niveau (bis ca. 10–11 Jahre) glauben Kinder, Normen gelten, weil sie von Autoritäten gesetzt und mit Sanktionen verknüpft sind (Stufe 1) oder konkretem Interessenausgleich dienen (Stufe 2), und würden befolgt, um Strafen zu vermeiden (Stufe 1) oder Vorteile zu erringen (Stufe 2). Auf dem für die meisten Erwachsenen charakteristischen konventionellen Niveau gelten Normen, weil sie in der eigenen

Gruppe (Stufe 3) oder Gesellschaft (Stufe 4) vorherrschen, und werden befolgt, um Akzeptanz zu erringen (Stufe 3) oder Gewissensbisse zu vermeiden (Stufe 4). Auf dem nur selten erreichten postkonventionellen Niveau gelten Normen, weil sie den das soziale Zusammenleben fundierenden Vereinbarungen (Stufe 5) oder universellen Moralprinzipien (Gleichheit, Gerechtigkeit, Achtung vor der Würde der Person) entsprechen (Stufe 6) und werden aufgrund von Vertragstreue (Stufe 5) oder aus Einsicht (Stufe 6) befolgt.

Die Auswertung orientiert sich nicht an der Richtung der Entscheidung, sondern an der Struktur der Begründung. Dabei werden die Antworten strukturgleichen Argumenten zugeordnet, die ein umfangreiches Codiermanual in der Stufenabfolge auflistet. Bei standardisierten Verfahren (DIT Rest, MUT Lind) sind vorgegebene stufenspezifische Begründungen in eine Rangordnung zu bringen. Dabei werden (im Schnitt um etwa 1 Stufe) höhere Werte erzielt, denn höherstufige Argumente, die faktisch von allen präferiert werden, sind leichter zu erkennen als zu produzieren.

Soziomoralische Perspektiven. Struktureller Kern der Stufenabfolge ist die Zunahme der Rollenübernahmefähigkeit (Selman, 1984): Jüngere Kinder glauben, die Welt sei so, wie sie selbst sie sehen. Ab der mittleren Kindheit erkennen sie, dass andere die Welt anders sehen, und gegen Ende der Kindheit auch, dass Personen wechselseitig um die Unterschiedlichkeit ihrer Weltsicht wissen können. Diese konkret-individuelle Perspektive ist charakteristisch für das präkonventionelle Moralverständnis. Erst ab der Adoleszenz können Heranwachsende die für das konventionelle Niveau moralischen Denkens charakteristische Perspektive eines Mitglieds der Gesellschaft einnehmen: Nun verstehen sie die Eigenständigkeit der Systemebene, d. h., sie können nicht nur die Intentionen individueller Interakti-

Tabelle 22.2 Kohlbergs Stufenmodell der moralischen Entwicklung (nach Kohlberg, 1984; leicht gekürzt)

Niveau	Stufe	Was rechtens ist	Gründe, das Rechte zu tun	Beispielantworten im Heinz-Dilemma
Präkonventionell	1	Befolgung strafbewehrter Regeln; Gehorsam als Selbstwert; keine physischen Schädigungen	Vermeiden von Bestrafung, überlegene Macht der Autoritäten	Contra: Heinz kann erwischt werden und ins Gefängnis kommen.
	2	Regelbefolgung, wenn es jemandes Interessen dient; Befriedigung eigener Bedürfnisse; egalitärer Austausch	Befriedigung eigener Interessen, wobei anerkannt wird, dass auch andere Interessen haben	Pro: Heinz braucht seine Frau und will, dass sie am Leben bleibt.
Konventionell	3	Rollenerwartungen erfüllen; gute Absichten haben, sich um andere sorgen; Beziehungen pflegen	In den Augen anderer als »gut« erscheinen; Zuneigung zu anderen; Goldene Regel	Pro: Für einen guten Ehemann ist es natürlich zu stehlen. Er hat es aus Liebe getan.
	4	Erfüllung übernommener Aufgaben; Befolgung von Gesetzen	Erhaltung der Funktionsfähigkeit der Institutionen; dem Gewissen folgen	Contra: Es ist zwar natürlich, aber falsch – es ist gegen die Gesetze.
Postkonventionell	5	Den je spezifischen sozialen Kontrakt einhalten, zugleich absolute Werte (z. B. Leben, Freiheit) achten	Freiwillige vertragliche Bindung an Gesetze zum Schutz der Rechte; größtmöglicher Nutzen für größtmögliche Zahl	Pro: Es ist zwar nicht richtig, aber gerechtfertigt.
	6	Selbst gewählten ethischen Prinzipien folgen – gleiche Rechte aller, Achtung der Würde des einzelnen	Persönliche Verpflichtung gegenüber universalen Prinzipien	Pro: Er muss dem Prinzip folgen, das Leben zu achten und zu erhalten.

onspartner, sondern auch die Funktionserfordernisse des gesellschaftlichen Zusammenlebens in Rechnung stellen. Personen, die das postkonventionelle Niveau erreicht haben, urteilen aus einer der Gesellschaft vorgeordneten Perspektive: Sie vermögen bestehende gesellschaftliche Arrangements aus der Perspektive rationaler Personen bzw. aller Vernunftwesen überhaupt zu hinterfragen.

Die Entfaltung der moralischen Urteilsfähigkeit folgt einer Entwicklungslogik: Jede Stufe ist qualitativ unterschieden und ganzheitlich strukturiert, d. h., der je spezifische Denkstil prägt Antworten in allen Bereichen. So etwa kann das präoperationale Kind nur eine Dimension berücksichtigen und erst auf der nächsten Stufe der kognitiven Entwicklung mehrere gegeneinander abwägen. Entsprechend bewertet es im moralischen Bereich Verteilungsgerechtigkeit zunächst nur nach einem Kriterium (z. B. Gleichheit); erst später vermag es mehrere Kriterien auszubalancieren (z. B. Anstrengung, Ergebnis, Bedürftigkeit). Die voranschreitende kognitive Entwicklung liefert eine Erklärung für den zentralen Anspruch von Entwicklungslogiken, dass höhere Stufen »besser« sind: Es können zunehmend mehr moralisch relevante Aspekte, die auf unteren Stufen einseitig verabsolutiert werden, einbezogen werden (Stufen 1, 2: negative, positive Folgen, 3: Intentionen, 4: Legalität, 5: Kontrakt, 6: universelle Prinzipien). Noch bedeutsamer ist die soziokognitive Entwicklung, sofern die drei Niveaus der moralischen Urteilsfähigkeit auf den drei zunehmend erweiterten soziomoralischen Perspektiven basieren. Nach säkularem Moralverständnis gilt eine Problemlösung dann als angemessen, wenn alle potenziell Betroffenen ihr frei zustimmen könnten, weil sie in ihrer aller gleichmäßigem Interesse liegt. Und mit der Stufenentwicklung erweitert sich der Kreis der Berücksichtigten (Stufe 1: isolierter Aktor, 2: Dyade, 3: die Kleingruppe, 4: die gegebene Gesellschaft, 5: mögliche Gesellschaftsmitglieder, 6: Vernunftwesen überhaupt).

22.3.3 Immanente Debatten

Im Kontext der von Kohlberg inspirierten Forschungen kam es zu etlichen Grundsatzdebatten.
Urteil und Handeln. Die These, moralisches Urteil bestimme Handeln, war umstritten. Zwar hatte sich gezeigt, dass Kriminelle häufiger auf präkonventionellem Niveau und Personen, die gegen unmoralische Befehle von Autoritäten Widerstand leisteten (z. B. bei dem Massaker von My Lai oder in Milgrams Experimenten), auf postkonventionellem Niveau eingestuft wurden. Andererseits lassen sich höhere Argumentationsfähigkeiten auch zur Abwehr moralischer Verpflichtungen nutzen und Wissen allein (»cold knowledge«) mag nicht hinreichen, um kostenintensives moralisches Handeln zu motivieren. Zur Überbrückung der Kluft zwischen Urteil und Handeln wurden zunächst zusätzlich Verantwortlichkeitsurteile erhoben (»Ist der Handelnde verantwortlich dafür, das Rechte zu tun?«). Die Konsistenz zwischen Urteil, Verantwortlichkeitsübernahme und Handeln stieg mit der Moralstufe. Dann unterschied Kohlberg auf jeder Stufe zwei Unterstufen – eine zeitigt eher autonome, die andere stärker an Respekt vor Regeln und Autoritäten orientierte Urteile. Befragte der autonomen Unterstufe weisen eine höhere Übereinstimmung von Urteil und Handeln auf. Rest (1999) schließlich schlug ein Vier-Komponenten-Modell vor, das Sensibilität (Wahrnehmung der moralischen Relevanz einer Situation), Urteil, Motivation (Abwägung gegen außermoralische Interessen) und Charakter (Einbezug u. a. von Ich-Stärke) kombiniert. Insgesamt haben diese Diskussionen eine Umfokussierung auf reale Dilemmasituationen und auf Fragen der moralischen Motivation befördert (vgl. Abschn. 22.4.2).

Universalismus. Der gegen Kohlbergs Theorie erhobene Vorwurf des Ethnozentrismus bezweifelt die Existenz universeller Normen (vgl. Abschn. 22.1.2) und die Invarianz der Stufenabfolge. Die Universalität der Stufen 1 bis 4 ist gut belegt (durch 45 Studien aus 27 Kulturen mit über 5.000 Befragten; Snarey, 1985). Postkonventionelles Denken hingegen fand sich nur in städtischen (westlichen oder nicht westlichen) Stichproben. Es ist eher als Metaniveau zu begreifen, das erst in der Auseinandersetzung mit widersprüchlichen Normen, etwa in Kontexten mit ausdifferenzierten pluralistischen Subkulturen, erreicht wird.

Weibliche Moral. Gilligans (1984) Kritik, die Theorie vernachlässige die »weibliche Stimme«, unterstellte, Frauen würden im Schnitt niedriger, auf Stufe 3, eingeordnet, weil sie eine flexible Fürsorgemoral verträten, während die rigide Gerechtigkeitsmoral der Männer der Stufe 4 zugerechnet würde. Die behauptete Geschlechterdifferenz wird – soziobiologisch – durch Unterschiede in den Reproduktionsinvestitionen (nur Frauen, die für die wenigen Kinder, die sie gebären können, gut sorgen, können ihre Gene weitergeben) und – psychoanalytisch – durch Unterschiede im frühkindlichen Selbstaufbau erklärt (Mädchen können in der primären Identifikation mit der gewährenden Mutter verbleiben und entwickeln ein »beziehungsorientiertes Selbst«, Jungen hingegen grenzen sich ab und entwickeln ein »autonomes Selbst«).

Die These geschlechtsspezifischer Moralen ist nicht haltbar. Die Behauptung der Stufendifferenz ist durch Daten aus über 130 Studien mit fast 20.000 Probanden widerlegt. Und eine Metaanalyse (von 113 Studien mit weit über 20.000 Probanden) findet keine inhaltlichen Unterschiede in der Argumentation der Geschlechter. Stattdessen zeigt sich, dass die Berufung auf Fürsorge oder Gerechtigkeit nicht vom Geschlecht des Urteilenden, sondern vom Dilemmainhalt, von Rolle und Kultur abhängt. Fürsorge wird eher bei positiven, Gerechtigkeit bei negativen Pflichten thematisch. Geht es beispielsweise darum, das eigene Getränk mit einem durstigen Bittsteller zu teilen, so verweisen Jungen wie Mädchen auf dessen Bedürftigkeit; geht es darum, einen zu Unrecht zugesprochenen Preis mit dem Benachteiligten zu teilen, so verweisen sie auf Gerechtigkeitserwägungen. Diffuse Rollen (z. B. Familienrollen), die eine generalisierte Verantwortlichkeit für das Wohl anderer zuschreiben, legen Fürsorgeerwägungen, spezifische Rollen (z. B. Berufsrollen) mit klar begrenzten Anforderungen und Erwartungen legen Gerechtigkeitserwägungen nahe. So benennen Frauen – wohl weil stärker familienidentifiziert – auf die Frage nach selbst erlebten moralischen Problemen auch häufiger Situationen, bei denen es um familiale Fürsorgeverantwortung geht. Diese Fürsorge aber ist nicht weibliches »Wesensmerkmal«, sondern Rollenpflicht. Dies zeigt sich auch daran, dass die Verurteilung mütterlicher Erwerbstätigkeit häufiger mit »Pflichtversäumnis« als mit dem fürsorglichen Hinweis auf das Leid der Kinder begründet wird. Schließlich gibt es kulturspezifische Unterschiede: Mit überwältigender Mehrheit etwa bejahen Inder und verneinen US-Amerikaner eine Pflicht, die alternden Eltern zu Hause zu versorgen, den erfolglosen Bruder im Betrieb zu halten oder einen wohnungslosen Freund bei sich aufzunehmen. In Indien ist verbindliche Fürsorgepflicht, was in westlichen Wohlfahrtsstaaten als freie Entscheidung des Individuums gilt.

Auch Flexibilität ist nicht eine Frage des Geschlechts. Die Ablösung der rigiden traditionalen Moral durch verantwortungsethische Orientierungen impliziert Flexibilität (vgl. Abschn. 22.1.2). Sind Ausnahmen erst einmal im Prinzip zulässig, dann ist die konkrete Entscheidung Korrelat persönlicher Betroffenheit (Döbert & Nunner-Winkler, 1986). So etwa argumentierten männliche Jugendliche beim Thema Abtreibung abstrakt-rigide (z. B. entweder »Abtreibung ist Mord« oder »Das ist das Selbstbestimmungsrecht der Frau«), während Mädchen konkret-flexibel eine Fülle von Situationsbedingungen aufzählten (»Das kommt drauf an – z. B. ob das Kind gesund ist / wie die Beziehung zu dem Vater des Kindes ist«). Bei der Bewertung von Wehrdienstverweigerung kehrte sich das Bild jedoch um. Nun waren es die Mädchen, die plakativ prinzipienorientiert urteilten (z. B. entweder »Verteidigung tut Not« oder »Töten darf man nicht«), während die Jungen kontextsensitiv-flexibel abwogen (»Das kommt drauf an – z. B. ob es ein gerechter Krieg ist / ob Atomwaffen eingesetzt werden«). Auch ohne Betroffenheit können Menschen Kontextbedingungen berücksichtigen, die Ausnahmen zu rechtfertigen erlauben. So stieg die Zustimmung zu einem Schwangerschaftsabbruch dann deutlich an, wenn nicht abstrakt, sondern anhand konkreter Notlagen gefragt wurde.

In ihrem inhaltlichen Moralverständnis unterscheiden sich Männer und Frauen also nicht. Ab der Adoleszenz aber finden sich Unterschiede in der Stärke der moralischen Motivation (vgl. Abschn. 22.5.2).

> **Denkanstöße**
>
> ▶ Sollte Sterbehilfe/Abtreibung/Folter erlaubt sein? Formulieren Sie für jede von Kohlbergs Stufen je ein Argument pro und contra.
> ▶ Welche Affinitäten weisen Kohlbergs Stufendefinitionen und Gilligans Kohlberg-Kritik zu den unterschiedlichen moralphilosophischen Positionen auf?

22.4 Weiterentwicklungen im kognitivistischen Ansatz

Aus der Fülle von Forschungen können nur einige Entwicklungslinien nachgezeichnet werden, die Korrekturen oder Erweiterungen in der kognitiven, motivationalen und emotionalen Dimension betreffen (für einen systematischen und umfangreichen Überblick über die Kohlberg-Debatte und neuere Entwicklungen vgl. Becker, 2011).

22.4.1 Kognitive Dimension: Die Domänetheorie

Turiel (1983) legte Kindern konventionelle (z. B. »Man darf Erwachsene nicht mit dem Vornamen ansprechen«) und moralische Normen vor (z. B. »Man darf ein anderes Kind nicht schlagen«). Dann fragte er: »Stell dir vor, da gibt es eine Familie/eine Schule/ein Land, da erlaubt der Vater/Direktor/König, dass man Erwachsene mit Vornamen anspricht/ein anderes Kind schlägt. Ist es richtig, wenn man das dann tut?« Es gab hohen Konsens: »Wenn es üblich ist, Erwachsene mit Vornamen anzusprechen, dann ist es in Ordnung. Aber auch wenn der Vater/Direktor/König es erlaubte – ein anderes Kind schlagen darf man nicht. Nicht einmal der liebe Gott darf das!« Kinder führen also moralische Regeln nicht auf autoritative Setzung zurück. In einer Folgestudie gaben Nucci und Turiel (1993) in den USA orthodox erzogenen jüdischen und katholischen Kindern und Jugendlichen zusätzlich auch religiöse Regeln vor (z. B. »Man soll den Feiertag heiligen / nur einen Partner der gleichen Religionszugehörigkeit heiraten«) und fragten, ob diese Regeln universell, unabänderlich und unabhängig von Gottes Wort gültig seien. Die meisten Befragten unterschieden klar: Konventionelle Regeln sind von Gottes Wort unabhängig, veränderbar und gelten nur für die Eigengruppe. Religiöse Gebote sind von Gottes Wort abhängig, für Menschen unveränderlich und gelten nur für die jeweilige Religionsgemeinschaft. Moralische Normen aber sind unabhängig von Gottes Wort, unabänderlich und universell gültig.

Kinder können Moral und Konvention nicht nur voneinander, sondern auch von einem persönlichen Bereich angemessen unterscheiden (vgl. Killen & Smetana, 2006). Allerdings differieren die Bereichsgrenzen zwischen Epochen, Kulturen und Personen. Einige Beispiele: Mit der Säkularisierung erweitert sich der persönliche Bereich (vgl Abschn. 22.1.1). Für arabische Kinder ist die Anrede Erwachsener mit dem Vornamen eine moralische, für westliche eine konventionelle Frage. Zwischen Eltern und Jugendlichen ist oft strittig, ob bestimmte Verhaltensweisen (z. B. Kleidung) den konventionellen oder den persönlichen Bereich betreffen.

Zu den drei angeführten Domänen fügt Weyers (2010) das Recht als spezifischen Erfahrungsbereich mit einem eigenständigen institutionellen Regelsystem hinzu (s. Übersicht). Selbst wenn einzelne Gesetze abgelehnt werden, gibt es eine generalisierte Achtung vor dem Gesetz; und in der Rechtssphäre ist man nicht nur seinem Gewissen oder moralischen Prinzipien verpflichtet, sondern auch dem Gesetz als äußere, dem eigenen Urteil entzogene Verpflichtung.

> **Übersicht**
>
> **Domänen und ihre Regeln**
> Es gibt verschiedene Bereiche des sozialen Wissens mit unterschiedlichen Regelarten:
> - **Moral:** Moralische Normen beziehen sich auf Konsequenzen für andere (Schaden bzw. Wohlfahrt, Fairness, Rechte und Pflichten) und genügen den Kriterien der Universalisierbarkeit, Verbindlichkeit, Unabänderlichkeit, Unabhängigkeit von Autoritäten und Sanktionen.
> - **Konvention:** Konventionelle Regeln koordinieren Interaktionen und sichern die soziale Ordnung. Sie sind kontextbezogen, von Vereinbarungen oder autoritativen Anweisungen abhängig und veränderbar.
> - **Persönlicher Bereich:** Er umfasst Präferenzen und Wahlen (z. B. von Freunden, Freizeitaktivitäten), die allein den Handelnden betreffen und für die er ein Recht auf autonome Entscheidungsfreiheit beansprucht.
> - **Recht:** Rechtsnormen sind durch formale Merkmale wie Kodifizierung, Institutionalisierung, Erzwingbarkeit charakterisiert. Soweit sie (mit Ausnahme der Grundrechte) veränderbar sind, ähneln sie den Konventionen, inhaltlich aber weisen sie eine große Nähe zur Moral auf.

22.4.2 Zur Eigenständigkeit der motivationalen Dimension

Nach Kohlberg bestimmt die Stufe der Urteilsfähigkeit sowohl das Motiv der Normbefolgung wie auch dessen – mit der Entwicklung ansteigende – handlungsleitende Kraft. Zweifel an dieser Annahme erwuchsen unter anderem aus einer bahnbrechenden Untersuchung von moralischen Vorbildern (Colby & Damon 1992) – Personen, die ihr ganzes Leben hindurch ihren moralischen Überzeugungen auch unter hohen persönlichen Kosten treu geblieben waren. Diese fanden sich auf konventionellen wie postkonventionellen Stufen. Zunehmend wurde nun die Motivation als eigenständiges Problem thematisiert: Warum befolgen Menschen Normen? Wollen sie Strafen vermeiden oder Belohnungen erringen? Beachten sie Normen, weil Gott sie gesetzt hat? Und tun sie dies dann aus Einsicht in die Weisheit Gottes oder aus Angst vor Höllenqualen? Geht es ihnen vor allem um das Wohl anderer? Oder fühlen sie sich verpflichtet, Normen, von denen sie wollen, dass alle sie befolgen, auch selbst zu beachten?

Ausschließlich auf den Eigennutz bezogene Beweggründe sind aus der Klasse moralischer Motive ausgeschlossen, die nur Erwägungen umfasst, die auf das Wohl anderer oder die Verbindlichkeit moralischer Normen bezogen sind. Dabei kann moralisches Handeln unterschiedlich motiviert sein. So etwa fand eine Untersuchung zu Rettern von Juden im Dritten Reich Personen mit religiösen, mit altruistischen und mit moralbezogenen Motiven. Die Forschung hat sich auf die beiden Letzteren konzentriert.

22.4.3 Empathie und prosoziales Handeln

Die Altruismusforschung behandelt das inhaltliche Anliegen, das der These einer »weiblichen Moral« zugrunde lag – die moralische Relevanz von Fürsorge und Mitgefühl. Insbesondere Hoffman (2000) erstrebt dabei eine Integration mit Kohlbergs Theorie (vgl. Gibbs, 2003). Auch er stellt die Fähigkeit zur Rollenübernahme ins Zentrum. Aber es geht ihm weniger um das kognitive (»kalte«) Wissen um unterschiedliche Weltsichten als um das affektive Einfühlungsvermögen in die Empfindungen anderer. Ausgangspunkt ist die natürliche Fähigkeit zur Empathie, die sich in der emotionalen Ansteckung zeigt – etwa wenn bereits Neugeborene weinen, wenn sie andere Säuglinge weinen hören. Nach etlichen Monaten antworten die Säuglinge nicht mehr mit reaktivem Mitweinen, sondern suchen den eigenen Kummer – etwa durch Daumenlutschen – zu bewältigen. Im 2. Lebensjahr möchten Kleinkinder dem anderen Trost spenden, bleiben in ihrer Mittelwahl allerdings noch einer egozentrischen Perspektive verhaftet. So bringen sie beispielsweise ihrer traurigen Mutter ihr eigenes Lieblingstier. Ältere Kinder verstehen, dass gleiche Ereignisse bei verschiedenen Menschen unterschiedliche Gefühle auslösen können und der Kontext eine Rolle spielt. Zunehmend können Heranwachsende dann auch die Vergangenheit und Zukunftsperspektiven anderer oder auch die Lebensbedingungen umfassenderer Gruppen mit einbeziehen.

Hoffmann benennt zwei Probleme einer Fundierung von Moral in Empathie: emotionale Übererregbarkeit und partikularistische Voreingenommenheit. Übersteigt das wahrgenommene Leid die eigenen Bewältigungsfähigkeiten, so mag dies eher zu egozentrischer Flucht aus der Situation als zur Unterstützung des Notleidenden disponieren. Und Empathie fällt leichter mit Nahestehenden und bleibt häufig auf das Hier und Jetzt begrenzt.

Beiden Problemen sei letztlich durch die Reflexion auf moralische Erwägungen zu begegnen. Insbesondere lasse Empathie sich unter Rückgriff auf moralische Ideale in generalisierte Hilfsbereitschaft transformieren, die sich jedem Notleidenden zuwendet. In dem Maße, in dem Hilfeleistung zur persönlich verbindlichen Pflicht wird, schwindet die Differenz zur Konzeptualisierung moralischer Motivation.

Empirisch ist die Bedeutung von Mitgefühl gut belegt. Empathie geht mit höheren Stufen prosozialer Begründungen einher und trägt zu prosozialem Verhalten bei. Dabei kann Mitgefühl einen Mangel an moralischer Motivation kompensieren: Prosoziales Verhalten erwies sich bei Kindern mit niedriger moralischer Motivation als abhängig vom Mitgefühl, bei Probanden mit hoher moralischer Motivation hingegen als unabhängig (Malti et al., 2009).

22.4.4 Moralische Motivation

Das Forschungsfeld prosoziales Handeln erweitert Kohlbergs kognitivistische Pflichtenmoral um moralische Ideale (supererogatorische Pflichten) und eine eigenständige affektive Basis (Empathie als zentrales Motiv). Demgegenüber ist moralische Motivation enger auf die Einhaltung moralischer Pflichten bezogen; zugleich aber begründet sie eine verlässlichere und auch umfassendere Handlungsbereitschaft.

Die Entwicklung moralischer Motivation

Emotionszuschreibungen als Messinstrument. Moralische Motivation lässt sich durch die Erhebung von Emotionszuschreibungen zu einem hypothetischen Übeltäter erfassen (Nunner-Winkler & Sodian, 1988). Kindern etwa wird gezeigt, dass ein Geschichtenheld in einem strikten Konflikt der Versuchung nicht widersteht, sondern eine moralische Norm übertritt (z. B. heimlich die Süßigkeiten eines anderen Kindes entwendet). Die Testfrage lautet: »Wie fühlt sich ... [der Protagonist]? Warum?« Diese Operationalisierung ist aus einem kognitivistischen Emotionsverständnis abgeleitet. Danach sind Emotionen zwar rasche und globale, gleichwohl aber kognitiv gehaltvolle Urteile über die subjektive Bedeutsamkeit von Sachverhalten. Durch ihre Emotionszuschreibung zeigen die Kinder an, welchem der beiden zugleich zutreffenden Sachverhalte der Geschichtenheld ihrer Meinung nach mehr Bedeutung beimisst: der Tatsache, dass er eine Norm übertreten, oder der Tatsache, dass er sein Bedürfnis befriedigt hat. Soweit jüngere Kinder anderen die gleichen Gefühle zuschreiben, die sie selbst empfinden, geben sie damit zu erkennen, wie wichtig ihnen selbst die Normbefolgung ist.

In LOGIK, einer repräsentativen Längsschnittstudie mit anfänglich 200 Kindern, wurden begründete Emotionszuschreibungen im Alter von 4, 6, 8 Jahren erhoben (Nunner-Winkler, 2008b). Mit überwältigender Mehrheit erwarteten die jüngeren Kinder (z. B. 80 % der 4-Jährigen bei der Diebstahlgeschichte), der Protagonist werde sich gut fühlen, obwohl sie wussten, dass die Norm gültig und das Opfer traurig ist. Dieser Befund ist überraschend, jedoch robust und wurde – unter dem Etikett »happy victimizer« – vielfach repliziert (für Übersichten vgl. Arsenio et al., 2006; Krettenauer et al., 2008). Seine Interpretation ist umstritten, aber die motivationale Deutung ist empirisch gut abgesichert (vgl. Unter der Lupe).

Unter der Lupe

Interpretationen zum Happy-Victimizer-Phänomen

Einige Autoren deuten die amoralischen Emotionszuschreibungen als Korrelat kognitiver Defizite oder als methodisches Artefakt. So verstehen jüngere Kinder ambivalente Emotionen nicht. Das aber erklärt nicht, wieso sie unambivalent positive Emotionen zuschreiben (und erst recht nicht, wieso auch Erwachsene noch amoralische Emotionen zuschreiben). Auch unterstellen sie positive Grundgestimmtheiten. Aber sie erwarten, dass ein Geschichtenheld, der einer Versuchung widersteht, sich schlecht fühlt. Es liege an der Frageform: So fanden Keller et al. (2003), dass Kinder sich selbst in der Rolle des Übeltäters häufiger negative Emotionen zuschreiben als einem Geschichtenhelden. Dies indiziere ihre eigene moralische Sensibilität, während Fremdzuschreibungen rein deskriptive Aussagen über Dritte darstellten. Allerdings tritt die Differenz vor allem in dem vorgelegten schwachen Konflikt auf. So etwa erwarteten Kinder häufiger als nach einem Diebstahl, sich schlecht zu fühlen, nachdem sie das Versprechen, mit einem anderen Kind Tischtennis zu spielen, gebrochen hatten, um fernzusehen. Dabei mochten etliche die Entscheidung aus persönlichen Gründen (weil sie selbst lieber Tischtennis spielen) oder aus spontanem Mitleid (»first-order desire«, s. u.) bedauert haben.

Insgesamt zeigt sich: Zwar beeinflussen unterschiedliche Erhebungsmethoden (z. B. Selbst- vs. Fremdzuschreibung, Vorgabe von Gegenemotionen oder von gravierenden Übertretungen, Anwesenheit von Autoritätspersonen, enge Freunde als Opfer) die Größenordnung des Phänomens – sie heben es jedoch nicht auf. Insbesondere aber stützen viele Verhaltensbeobachtungen von Kindern und Jugendlichen die motivationale Interpretation: Amoralische Emotionszuschreibungen korrelieren mit Mogelverhalten, rücksichtsloser Interessendurchsetzung, Aggressivität, Mobbing, Verhaltensauffälligkeiten, höheren Delinquenzraten, offener Freude bei Konfliktinitiierung.

Motivationsentwicklung und Person. Im Verlauf der Entwicklung nimmt die Stärke der moralischen Motivation (die in LOGIK bei den 17- und 22-Jährigen durch begründete Handlungsentscheidungen in moralischen Konflikten und durch begründete Emotionszuschreibungen zu sich selbst als Täter und Opfer erhoben wurde) im Schnitt stetig zu (vgl. Abb. 22.1). Der Prozentsatz von Probanden, die der Moral keine Bedeutung zuweisen, sinkt von fast 70 % bei den 4-Jährigen auf knapp unter 20 % bei den 22-Jährigen. Dem kontinuierlichen Anstieg des Mittelwerts entsprechen allerdings die Individualverläufe nicht: Insbesondere ab der Adoleszenz und insbesondere bei den männlichen Probanden finden sich Einbrüche und Diskontinuitäten (vgl. Abschn. 22.5.2).

Einige Autoren deuten die mit dem Alter zunehmende Zuschreibung moralbezogener Emotionen als Korrelat der Entwicklung eines moralischen Selbst: Allmählich würden aus Happy Victimizers Happy Moralists. Allerdings ist das Ausmaß der Identifikation mit Moral nicht allein eine Entwicklungsdimension, sondern auch ein Personmerkmal. Am einen Ende des Kontinuums stehen die moralischen Vorbilder, die auch bei hohen Kosten ohne innere Konflikte der Moral Priorität einräumen – weil diese für sie identitätskon-

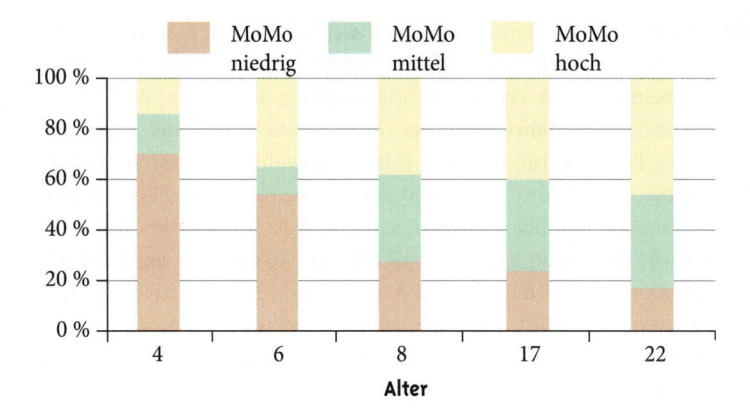

Abbildung 22.1 Prozentuale Anteile der Probanden in der Längsschnittstudie LOGIK mit hoher, mittlerer oder niedriger moralischer Motivation (MoMo), nach Altersgruppen geordnet (aus Nunner-Winkler, 2008b)

stitutiv ist (Happy Moralists). Den Gegenpol bilden Menschen, für die Moral nicht zählt – sie bleiben lebenslang Happy Victimizers. Die Mehrheit ist dem Mittelfeld zuzuordnen: Moral ist für sie (unterschiedlich) wichtig, aber sie messen auch anderen Wertbindungen und Interessen eine (unterschiedliche) große Bedeutung bei. Abhängig von der Höhe der Kosten mögen sie ihre moralischen Überzeugungen verraten oder ihre entgegenstehenden Interessen zurückstecken – in beiden Fällen aber leiden sie. Ein Beispiel für den Verrat an Moral sind die Reue und Schuldbekenntnisse einiger informeller Stasimitarbeiter, die durch eine Verweigerung die Ausbildungschancen ihrer Kinder bedroht sahen (Unhappy Victimizers). Ein Beispiel für die Preisgabe persönlicher Strebungen sind Probanden, die in der Rolle des Scheidungsanwalts entgegen den Interessen ihrer Klientin das Kindeswohl vertraten und sich schlecht fühlten, weil sie beruflichen Misserfolg erlitten (Unhappy Moralists) (Oser & Reichenbach, 2000). Auch viele der 17- und 22-jährigen LOGIK-Probanden fühlten sich nach der moralischen Handlungsentscheidung schlecht: Es ist bitter, wenn Gewinn entgeht oder Verlust entsteht.

Merkmale moralischer Motivation

Urteilsbindung. Aus kognitivistischer Sicht ist die Bindung an das moralische Urteil entscheidend: Moralische Motivation liegt vor, wenn der Handelnde – auch unter Kosten – tut, was er als richtig erkannt hat. Diese Definition entspricht auch dem Alltagsverständnis: Probanden hatten vorgegebene Adjektive (z. B. »ehrlich«, »hilfsbereit«, »rücksichtsvoll«) danach einzustufen, wie gut sie eine »moralische Person« charakterisierten. Den höchsten Wert erhielt die Beschreibung »bestrebt, das Rechte zu tun« (Walker & Pitts, 1998).

Dem entsprechen auch die Begründungen negativer Emotionszuschreibungen. Danach verstehen Kinder moralische Motivation als *intrinsisch*: Angst vor Sanktionen (z. B. Strafen, soziale Ablehnung, Gewissensbisse) wird kaum erwähnt. Schlecht fühlt sich der Übeltäter, weil falsch war, was er tat. Moralische Motivation ist *formal*: Das Rechte ist in einem konkreten, auf den jeweiligen Kontext bezogenen Urteilsprozess zu bestimmen. Nur dies erlaubt, in angemessener Weise Ausnahmen zuzulassen (was heute aufwachsende Kinder schon im Vorschulalter können). Zudem erweitert und präzisiert der Urteilsbezug – im Vergleich zum Mitgefühl – die Klasse motivierbarer Handlungen: Versicherungsbetrug etwa fügt keiner einzelnen Person spürbare Verluste zu – die gebotene Unterlassung ist durch Mitgefühl nicht motivierbar. Umgekehrt ist mitleidsvolles Handeln nicht immer moralisch. So etwa hatte sich in den USA gezeigt, dass bei Organtransplantationen junge weiße männliche Familienväter, mit denen sich zu identifizieren den behandelnden Ärzten besonders leicht fiel, allen anderen Patientenkategorien deutlich vorgezogen wurden. In der Folge führte man ein an Gerechtigkeitskriterien orientiertes Punktesystem ein, das auch Frauen, Schwarzen, Ledigen faire Chancen einräumt. Schließlich ist moralische Motivation als »*second-order desire*« (Frankfurt, 1988) zu charakterisieren: Sie erfordert, von spontanen Impulsen (»first-order desires«) zurückzutreten, diese im Lichte der moralischen Überzeugungen zu prüfen und nur moralverträglichen Motiven zu folgen, unmoralische Bestrebungen hingegen zu unterdrücken. Eine solche Selbstbindung an Moral setzt kognitive und volitionale Fähigkeiten (Selbstdistanzierung, Selbstkontrolle) voraus.

Diese Motivstruktur einer »freiwilligen Selbstbindung aus Einsicht« findet sich eher bei den jüngeren Generationen (Nunner-Winkler, 2008a). Auf die Frage, wie sie sich nach einem Vergehen (Testamentsbetrug) fühlen würden, verweisen ältere Probanden auf Scham und Schuldgefühle (z. B. »Würde mich sehr elend fühlen und als ob's einem jeder ansieht ... sehr schrecklich, schuldbewusst auf jeden Fall und Scham und einfach auch Angst weiterzuleben, ... also ich find's ganz schrecklich und weiß nicht, ob ich noch mal richtig lachen könnte oder froh sein«). Jüngere sprechen von einer willentlich bejahten Selbstbindung, die sie mit der Verwerflichkeit der Tat begründen. Dabei geht es ihnen weniger um negative Folgen für das Selbst als um Wiedergutmachung (z. B. »Nach meiner Auffassung – ich würde dazu eigentlich keine Fähigkeit aufbringen können, keine Entscheidungskraft, so was zu tun, weil das für mich ein doppelter Vertrauensbruch ist ... das könnte ich mir eigentlich gar nicht vorstellen. Ich kann mir vorstellen, wenn ich's denn gewesen wäre, also ich denke, ich hätte mich überhaupt nicht wohlgefühlt und irgendwann hätte ich vielleicht doch ...« [die Sache aufgeklärt]).

22.4.5 Kohlberg im Rückblick

Kohlbergs Beschreibung des kindlichen Moralverständnis als rein instrumentalistisch ist widerlegt. Bereits früh erwerben alle Kinder ein Wissen um die intrinsische Gültigkeit moralischer Normen. Moralische Motivation wird in einem zweiten, zeitlich verzögerten und unterschiedlich erfolgreichen Lernprozess aufgebaut. Wer aber der Moral Bedeutung beimisst, will das Rechte um seiner selbst tun. Der Widerspruch zu Kohlberg ist auf Unterschiede in den Erhebungsmethoden zurückzuführen. Kohlberg legte moralische Dilemmata vor und erfragte Handlungsempfehlungen (z. B. »Was soll Heinz tun?«). Turiel legte moralische Regeln vor und explorierte moralisches Wissen (»Ist es richtig, wenn man ...?«). Nun verstehen Kinder zwar, wie Turiel fand, die Geltung von Normen angemessen. Bevor sie aber moralische Motivation aufgebaut haben, orientieren sie die von Kohlberg erfragten Empfehlungen an pragmatischen Nützlichkeitserwägungen (z. B. »Heinz soll tun, was ihm am meisten nützt«). Darüber hinaus mögen aber auch soziohistorische Veränderungen eine Rolle spielen. Das kindliche »postkonventionelle« Verständnis entspricht der modernen autonomen Moral, die sich jedoch – zumindest breitenwirksam – erst ab etwa Mitte des vorigen Jahrhunderts gegen traditionale Moralvorstellungen durchgesetzt hat. Gegenüber der Umbruchszeit, in der Kohlberg geforscht hatte, hat sich also die Umwelt, in der Kinder ihr Wissen erwerben (vgl. Abschn. 22.5.1), deutlich gewandelt.

Gleichwohl bleibt Kohlbergs kognitive Wende für die Moralforschung zentral. Moralische Urteilsfähigkeit ist notwendig. Fehlgeleitete Urteile können erhebliches Leid herbeiführen. Die Erklärung des ehemaligen RAF-Terroristen Werner Lotze liefert ein Beispiel: »Ich habe ja mit der RAF ein Ziel verfolgt. Das war eine konkrete Gesellschaftsform, die charakterisiert wird durch die Stichworte wie: kein Krieg, keine Armut, Gerechtigkeit, soziale Gleichheit. Und auf dem Wege dahin habe ich geglaubt, dass es gerechtfertigt ist, dass es notwendig ist, Menschen zu töten.« Auch verlangt die für eine autonome Moral unverzichtbare Schadensberücksichtigung Urteilsvermögen und eine flexibel daran orientierte Motivstruktur. Allerdings gilt es, Kohlbergs Megatheorie, die alle Dimensionen in ganzheitliche Stufenbeschreibungen bündelt, auszudifferenzieren.

22.5 Prozesse und Kontextbedingungen moralischen Lernens und Entlernens

Moralische Entwicklung umfasst mehrere unabhängig voneinander variierende Aspekte: das Verständnis des moralkonstitutiven Konzepts »kategorisches Sollen« (intrinsische Regelgeltung und Motivstruktur), kognitive und soziokognitive Entwicklung, den Erwerb inhaltlicher Wissenssysteme, den Aufbau moralischer Motivation. Diese Aspekte werden im Zusammenspiel unterschiedlicher – kognitiver wie motivationaler – Lernmechanismen erarbeitet.

22.5.1 Kognitive Dimension

Kinder lernen, welche Normen gelten, wie ihre Geltung begründet ist, dass und wann Ausnahmen rechtfertigbar sind. Bei diesem Lernen geht es nicht so sehr um die bloße Übernahme geltender Wissensbestände, vielmehr rekonstruieren Kinder aktiv – zumindest implizit – die ihren Erfahrungen zugrunde liegenden Regelstrukturen. In der weiteren Entwicklung wird dann einerseits die Urteilsbildung differenzierter, andererseits werden frühe Lernergebnisse kritisch reflektiert und infrage gestellt.

Kognitive Lernprozesse in der Kindheit
Explizite Belehrung. Autoritätspersonen benennen moralische Normen häufig direkt. Aber auch in kindlichen Interaktionen bilden sich Normen heraus, die dann als verbindlich deklariert werden. Ein Beispiel: Ein Kind formuliert in einem heftigen Konflikt um die gemeinsame Nutzung knapper Bastelmaterialien eine Reziprozitäts-

norm: »Wenn du nichts gibst, bekommst du auch nichts«, die alle folgenden Austauschhandlungen anleitet. Explizite Belehrungen fokussieren primär auf den Inhalt der Norm.

Ablesen an Interaktionserfahrungen. Beobachtungen des Umgangs mit Konflikten im Kindergarten und in Familien zeigten: Waren konventionelle Normen betroffen, so kam es zu Aushandlungsprozessen und Kompromissen (z. B. »Du willst nicht die neue Hose zum Kindergartenfest anziehen? O. k. – aber die alte zerschlissene Jeans ziehst du auch nicht an!«). Ging es jedoch um moralische Regeln, blieben die Erzieherinnen unnachgiebig (z. B. »Ein anderes Kind schlagen – das gibt es nicht!«). Zwar sind auch hier Norminhalte thematisch. Vor allem aber rekonstruieren die Kinder anhand der unterschiedlichen Reaktionen die Differenz zwischen kontextbezogen veränderbaren Konventionen und kategorisch (unbedingt) gültigen moralischen Normen.

Ablesen am moralischen Sprachspiel. Eine besondere Bedeutung hat die Einübung in das moralische »Sprachspiel« (Wittgenstein): Bei Worten, die Vergehen bezeichnen, ist die Verwerflichkeit der Tat unhintergehbarer Bestandteil ihrer Bedeutung. »Mord« etwa bezeichnet eine absolut verabscheuungswürdige Handlung. Wären irgendwelche Rechtfertigungen oder Entschuldigungen denkbar, so verwendeten wir andere Worte, etwa Tötung im Duell, im Krieg, im Attentat oder fahrlässige Tötung. Dass Kinder Normen tatsächlich am Sprachgebrauch ablesen, zeigt die häufig vorgebrachte Erklärung für das Verbot, die Süßigkeiten eines anderen zu entwenden: »Das ist Diebstahl!«, »Der ist ein Dieb!«. Wieder lernen Kinder dabei zwar auch bestimmte Inhalte, aber vor allem erwerben sie ein Wissen um die intrinsische Gültigkeit moralischer Normen. Diebstahl ist in sich falsch, und zwar gänzlich ungeachtet möglicher Folgen für Täter (auch der unentdeckte Diebstahl ist unrecht) oder Opfer (auch einen Reichen, der unter dem Verlust nicht litte, darf man nicht bestehlen).

Rollenübernahme. Die Unterscheidung von Perspektiven ist für das Verständnis bestimmter Vergehen, etwa für das Konzept der Lüge, unerlässlich. So bezeichnen jüngere Kinder jegliche vom tatsächlichen Sachverhalt abweichende Aussage, auch wenn sie irrtümlich erfolgte, als Lüge. Erst mit dem Erwerb der subjektiven Rollenübernahmefähigkeit begreifen sie, dass nur eine absichtsvolle Täuschung eine Lüge ist. Noch voraussetzungsreicher ist das Verständnis von Ironie oder spielerischer Übertreibung, sofern es nicht nur den objektiven Sachverhalt und die Intentionen des Sprechers, sondern auch den Verstehenshorizont des Hörers zu berücksichtigen gilt. Das erfordert die Fähigkeit wechselseitiger Rollenübernahme.

Regelrekonstruktion. Kinder rekonstruieren eigenständig die ihren Erfahrungen zugrunde liegenden Regeln. Besonders eindrücklich wird dies in der Spracherwerbsforschung durch sogenannte »Übergeneralisierungen« belegt, wobei Kinder nie gehörte regelgerechte Formen (z. B. »sprechte«, »gehte«) bilden. Sie erlernen Sprache nicht durch bloße Nachahmung, sondern erarbeiten ein implizites Regelverständnis. So erschließen sie auch moralische Prinzipien. Dies zeigt sich bei der Rechtfertigung von Ausnahmen. Einhellig verurteilten die 11-jährigen LOGIK-Probanden den Bruch eines Versprechens (beim Aufräumen zu helfen), wenn er aus hedonistischen Gründen erfolgte, hielten ihn aber für geboten, wenn es galt, ein kleines verirrtes Kind nach Hause zu begleiten. Wie ein Proband erklärte: »Es ist schlimmer, wenn das Kind und seine Eltern sich ängstigen, als wenn die andern ein bisschen mehr aufräumen müssen. Die hätten an meiner Stelle genauso gehandelt.« Diese Begründung offenbart ein – zumindest implizites – Verständnis der zentralen Prinzipien der modernen Moral: Schadensminimierung und Unparteilichkeit.

Erhöhung der moralischen Urteilsfähigkeit in der Adoleszenz

Bereits Kinder verstehen das moraldefinierende Konzept kategorischer Normgeltung. Die weitere Entwicklung vollzieht sich dann weniger im moralischen als im kognitiven und soziokognitiven Bereich. Im Kontext eines formalisierten Bildungssystems erwerben Heranwachsende das formal-operationale Stadium der kognitiven Entwicklung. Nun sind sie zu hypothetischem Denken fähig, verfügen über eine erweiterte Zeitperspektive, können abstrakter denken, verlängerte Kausalketten und Feedback-Schleifen sowie das Zusammenspiel mehrerer Faktoren in Rechnung stellen. Entscheidend ist der Übergang von einer interpersonalen zu einer auf die Funktionsfähigkeit des Systems gerichteten Perspektive, der in Kohlbergs Schema dem Übergang von Stufe 3 auf Stufe 4 entspricht. Er zeigt sich etwa an Antworten auf die Folgefrage von Kohlbergs Heinz-Dilemma: »Soll der Richter Heinz bestrafen?« Jüngere Befragte plädieren für Straffreiheit – schließlich habe Heinz doch nur in bester Absicht gehandelt. Ältere hingegen erklären, Übertretungen müssten bestraft werden, Gesetze büßten sonst ihre Verbindlichkeit ein. Der guten Intention könne durch die Zuerkennung mildernder Umstände Rechnung getragen werden.

Insbesondere für die politische Sozialisation sind die neuen Denkfähigkeiten wichtig. Zwar erkennen bereits jüngere Kinder – im Einklang mit den Befunden der Domänetheorie – den intrinsischen Wert politischer Grundideen (Rechte, Freiheiten, Demokratie). Wie diese aber umzusetzen und wie unterschiedliche Kontextfaktoren angemessen auszubalancieren sind, das erfassen sie erst im weiteren Verlauf ihrer soziokognitiven Entwicklung (für einen Überblick vgl. Helwig, 2006). So etwa schätzen schon 6-Jährige demokratische Systeme als fairer ein als undemokratische, da alle Betroffenen an der Entscheidungsfindung beteiligt werden. Nur allmählich macht die Konsensforderung einem Verständnis der Mehrheitsregel Platz (direkte Demokratie). Und das Konzept der repräsentativen Demokratie entwickelt sich erst in der mittleren Adoleszenz mit der Erkenntnis, dass die Mehrheit der Bevölkerung weder ausreichend Zeit noch Fachwissen hat, um fundierte Entscheidungen zu treffen. Auch verstehen schon 12-Jährige Meinungs- und Religionsfreiheit als universelle, unabänderliche Rechte, aber eher als 16- und 20-Jährige sind sie bereit, Einschränkungen hinzunehmen und die Befolgung restriktiver Gesetze zu empfehlen, auch wenn sie diese für falsch halten. Insgesamt wird das Denken abstrakter – gesellschaftliche Vorgänge und Institutionen werden nicht länger personalisiert – und weniger autoritär.

Prozesse moralischen Entlernens in der Adoleszenz

Kinder schreiben moralischen Regeln eine universelle und unabänderliche Gültigkeit zu. Das kontrastiert deutlich mit dem weitverbreiteten moralischen Relativismus. So etwa glauben – wie eine Allensbacher Repräsentativbefragung ergab – nur 30 %, dass es in Deutschland gemeinsame Vorstellungen darüber gäbe, was Recht und Unrecht ist. Angehörige der jüngeren Generationen urteilen besonders häufig relativistisch.

Die allgemeine Zunahme des Relativismusverdachts in posttraditionalen Gesellschaften hat mehrere Gründe: Mit der Modernisierung haben sich soziale Subsysteme (z. B. Wirtschaft, Bildung, Religion) mit teilweise deutlich kontrastierenden Erwartungen ausdifferenziert. Mit der Globalisierung werden kulturelle Unterschiede in den Normensystemen unübersehbar. Mit dem durch Säkularisierung angestoßenen Wandel in den Moralvorstellungen wird moralischer Dissens täglich in den Familien erfahrbar (vgl. Abschn. 22.1.2). Die Medien thematisieren vor allem Kontroversen im Grauzonenbereich (vgl. Abschn. 22.1.1). Dazu kommt ein adoleszenter Relativismus: Mit der Ausweitung des Bildungssystems erreichen zunehmend mehr Jugendliche das formal-operationale Stadium der kognitiven Entwicklung und sind zu hypothetischem Denken fähig: Das je Gegebene erscheint nun als bloß zufälligerweise realisierter Ausschnitt aus dem gesamten Möglichkeitshorizont. Dabei wird – wie auch auf allen vorhergehenden Stufen der kognitiven Entwicklung – die Erklärungskraft neuer Einsichten deutlich überschätzt. So führt das gerade errungene Verständnis von Kontingenz zu einer radikalen Infragestellung der vorgefundenen Normen: Rein zufällig hätten diese sich so entwickelt – es könnten auch ganz andere Normen gelten.

Lernprozesse im weiteren Entwicklungsverlauf

Mit der Stabilisierung der Errungenschaften des formal-operationalen Denkens klingt der in der Adoleszenz besonders stark ausgeprägte Relativismus wieder etwas ab (Chandler et al., 1990). Die Schwarz-Weiß-Zeichnung – entweder gibt es völligen Konsens über alle Normen und in jedem Dilemma oder alles ist relativ – macht einem komplexeren Verständnis Platz. So wird verstehbar, dass kulturspezifische Differenzen etwa in positiven Pflichten oder die Existenz einer moralischen »Grauzone« die Unterscheidung von moralisch richtig und falsch keineswegs aufhebt – so wenig wie die Existenz der Dämmerung die Unterscheidung von Tag und Nacht aufhebt.

Auch kann der adoleszente Relativismus durch Fakten relativiert werden. So etwa bezeugt das Moralverständnis, das Kinder aus ihren Interaktionserfahrungen und den herrschenden Praktiken ablesen, den alltäglich gelebten Moralkonsens. Dieser wird auch in Umfrageergebnissen offenbar: Fast einhellig etwa wird privater Gewalteinsatz tabuisiert und Wahrhaftigkeit als wichtigstes Erziehungsziel benannt. Und auch international hat man sich verbindlich auf den Schutz der Menschenrechte geeinigt (vgl. Abschn. 22.1.2).

22.5.2 Motivationale Dimension

Bei der moralischen Motivation lassen sich deren Stärke und die Art der Verankerung in der Person unterscheiden.

Stärke moralischer Motivation

Die Stärke der moralischen Motivation bemisst sich danach, welches Gewicht der Moral im Vergleich zu anderen Interessen und Werten beigemessen wird. Ihre Ausprägung ist von unterschiedlichen Kontextbedingungen beeinflusst.

Schichtzugehörigkeit. Zwar finden sich unter den Hauptschülern etwas mehr Personen, die der Moral eine niedrige persönliche Bedeutung zuschreiben. Moralische Indifferenz ist aber – wie auch die weite Verbreitung von White-Collar-Kriminalität zeigt – keineswegs ein Unterschichtenphänomen.

Familie. Die Bindungstheorie legt die Annahme nahe, eine früh gestiftete sichere Bindung verbürge Moral – schließlich liefert die »feinfühlige« Mutter ein Modell für Fürsorge und Gleichachtung. Die Daten sind nicht einhellig (vgl. Hopf & Nunner-Winkler, 2007). Einerseits fördert eine sichere Bindung moralische Sensibilität, prosoziale Verhaltensbereitschaft und kindliche Gehorsamsbereitschaft, während eine desorganisierte Bindung das Risiko von Aggressivität und Verhaltensauffälligkeit in der Kindheit sowie Delinquenz- und Rückfälligkeitsraten im Jugendalter erhöht. Andererseits lieferte die Qualität frühkindlicher Familienerfahrung im Normalbereich keinen signifikanten Beitrag zur Erklärung moralischer Motivation 14- bis 15-Jähriger. Und in der LOGIK-Studie weisen weniger als 5 % ab 4 Jahren, weniger als 10 % ab 6 und weniger als 20 % ab 8 Jahren eine bis zum Alter von 22 Jahren stabil hohe oder niedrige moralische Motivation auf. Offensichtlich haben spätere Erfahrungen und Kontextbedingungen einen großen Einfluss auf die Bindung an Moral.

Eine entscheidende Rolle spielt auch der Inhalt der moralischen Überzeugungen. Blasi (2007) analysierte Biografien von »moralischen Revolutionären«, die – wie die moralischen Vorbilder – ihr gesamtes Leben der Verfolgung ihrer moralischen Überzeugungen widmeten, aber sich für Ziele einsetzten, die den seinerzeit herrschenden Vorstellungen widersprachen, etwa für die Gleichberechtigung der Schwarzen, der Frauen. Sie stießen auf Widerstand, Kritik und Ablehnung, und zwar häufig auch vonseiten ihrer Familie und Freunde. Das für ihr Engagement unabdingbare Maß an persönlicher Unabhängigkeit und Autonomie könnte nach Blasi unvereinbar sein mit dem aus sicherer Bindung erwachsenen Bedürfnis nach Nähe und Intimität und der gebotenen Rücksichtnahme auf die Gefühle Nahestehender. In der Tat zeigten die meisten der »Revolutionäre« Manifestationen unsicherer früher Bindung und alle eine ausgeprägte Fähigkeit zu emotionaler Distanz.

Elterliches Erziehungsverhalten hat nachweislich einen Einfluss: Gewalt, grobe Vernachlässigung und Indifferenz gehen mit erhöhten Raten von Gewalttätigkeit und Kriminalität einher. Umgekehrt werden moralische Urteilsfähigkeit und Handlungsbereitschaft durch einen autoritativen Erziehungsstil und argumentatives Räsonnieren befördert. Dabei geht es um das Setzen klarer Grenzen im Kontext eines warm akzeptierenden Familienklimas, um interessierte elterliche Anteilnahme, um die Bereitschaft, den Sinn von Normen zu erklären und auf die Folgen hinzuweisen, die den Opfern aus der Übertretung erwachsen. Der kulturelle Wandel von autoritärer Gehorsamserzwingung zu egalitären Aushandlungsstrategien hat darüber hinaus einen Einfluss auf die Art der Verankerung von Moral in der Person, der sich eher in Differenzen zwischen den Generationen als in individuellen Unterschieden heute aufwachsender Kinder niederschlägt (s. u.).

Peers. Enge Freunde entwickeln bessere Konfliktlösungsstrategien und steigern ihre Rollenübernahmefähigkeit. Die gefestigte Beziehung erlaubt, unausgetragene Differenzen immer wieder erneut aufgreifen und schließlich zu beiderseits zustimmungsfähigen Vereinbarungen zu finden. Andrerseits bilden sich in Jugendcliquen häufig abweichende Verhaltenserwartungen heraus, die eine Bindung an Moral untergraben.

Schule. Werden Schulen (oder auch nur Schulklassen) als »gerechte Gemeinschaft« organisiert, d. h., können die Betroffenen die Regeln des Zusammenlebens demokratisch gemeinsam festlegen und ihre Einhaltung kontrollieren, so wächst das Gefühl wechselseitiger Verantwortlichkeit füreinander, Gewalttaten und Vandalismus nehmen deutlich ab (vgl. Oser & Althof, 1992): Die Fundierung der Normen im gemeinsamen Wollen begünstigt die moralische Selbstbindung der Beteiligten. Weniger aufwendig sind Versuche, über die Gültigkeit bestimmter Normen explizit Konsens herbeizuführen. Beispielsweise erklärte das gewaltablehnende normative Klima in der Schulklasse die Häufigkeit von Gewalthandlungen 14- bis 15-Jähriger deutlich besser als die Qualität individueller Familienerfahrungen.

Gemeinde. In sozialen Kontexten, in denen Normkonsens herrscht (also etwa Ehrlichkeit nicht nur in der Familie, sondern auch in der Schule, in Sportvereinen, in der Gemeindepolitik mehr zählt als gute Noten, Siege, Wiederwahl), ist die Kriminalitätsrate Jugendlicher deutlich niedriger als in normativ weniger gut integrierten Gemeinden.

Kulturelles Milieu. Im Jugendalter – und erst dann – finden sich Geschlechtsunterschiede in der Stärke moralischer Motivation zugunsten der Mädchen. Diese lassen sich auf Unterschiede in den Geschlechtsrollenerwartungen und in der persönlichen Identifikation mit der eigenen Geschlechtszugehörigkeit zurückführen. In unserer Kultur schreiben die kollektiv geteilten Geschlechtsrollenstereotype den Männern vorwiegend moralabträgliche (z. B. »sind rücksichtslos«, »gehen über Leichen im Beruf«), den Frauen hingegen moralförderliche Eigenschaften zu (z. B. »sind verständnisvoll«, »bereit, eigene Bedürfnisse auch mal zurückzustellen«). Bei Befragten mit geringer Geschlechtsidentifikation finden sich keine Unterschiede; bei hoch geschlechtsidentifizierten Probanden hingegen sind Jungen mit niedriger moralischer Motivation deutlich überrepräsentiert (Nunner-Winkler, 2007b).

Verankerung von Moral in der Person
Behavioristische und psychoanalytische Lernmechanismen – Konditionierung bzw. Internalisierung – verankern je vorgegebene Normen in Form einer früh habitualisierten Konformitätsdisposition bzw. eines rigiden Über-Ichs. Das moderne Moralverständnis hingegen verlangt eine flexibel prinzipienorientierte Urteilsbildung. Am Wandel des soldatischen Selbstverständnisses sei dies illustriert. Der ehemalige SS-Führer Adolf Eichmann, der maßgeblich für die Deportation und Ermordung von rund sechs Millionen Juden verantwortlich war, hatte erklärt: »Ich war nichts anderes als ein getreuer, ordentlicher, korrekter, fleißiger … Angehöriger der SS … Aus dieser Einstellung heraus tat ich reinen Gewissens und gläubigen Herzens meine mir befohlene Pflicht.« Die neu gegründete Bundeswehr setzte dagegen das Leitbild des »Bürgers in Uniform«: Nicht blinder Befehlsempfänger solle der Soldat sein, sondern ein aus Einsicht und Überzeugung handelnder Mensch, dessen Gehorsampflicht auf rechtmäßige militärische Befehle eingeschränkt und an Rechtsstaatlichkeit gebunden ist.

Soziohistorische Veränderungen. Dieses Leitbild entspricht der im kognitivistischen Ansatz beschriebenen formal urteilsbezogenen Motivstruktur. Sie ist durch zwei Entwicklungen ermöglicht: durch den Wandel im Moralverständnis und durch Veränderungen der Erziehungspraktiken. Mit der Eingrenzung von Moral auf rational einsichtige Normen, deren Unabdinglichkeit für ein gedeihliches Zusammenleben schon Kindern verständlich gemacht werden kann, erübrigen sich viele Restriktionen, die Eltern nach traditionalen Moralvorstellungen ihren Kindern aufzuerlegen hatten und die allein mit Zwang durchzusetzen waren. Ein Beispiel ist das Festbinden der Hände, um Jungen vom Masturbieren abzuhalten (wie dies etwa in dem Film »Das weiße Band« eindrücklich dargestellt wird). Dem entspricht der Wandel der Erziehung: An die Stelle von »Gehorsam und Unterordnung« tritt seit den frühen 1960er-Jahren »Selbstständigkeit und freier Wille« als wichtigstes Erziehungsziel. Und an die Stelle autoritär erlassener Befehle sind Mitbestimmung und Aushandlung getreten. So erfahren Kinder Gleichachtung und begreifen die Begründungspflichtigkeit von Freiheitseinschränkungen. Dies ermöglicht »freiwillige Selbstbindung aus Einsicht«.

22.6 Schlussbemerkung: Zur Bedeutung von Moral

Die Bedeutung von Moral im interpersonellen Bereich ist offenkundig: Freundschaften und Beziehungen lassen sich nur auf der Basis von Integrität und Verlässlichkeit stabilisieren. In Umfragen bewerten denn auch die meisten Ehrlichkeit und Verlässlichkeit als am wichtigsten für eine ideale Partnerschaft oder für eine Ehe – deutlich wichtiger als eine glückliche sexuelle Beziehung, geteilte Interessen, gemeinsame Freunde.

Aber Moral ist auch auf gesamtgesellschaftlicher Ebene von Bedeutung. Zum einen sind moralische Kompetenzen der Bürger für die Funktionsfähigkeit demokratischer Gesellschaften unerlässlich. Es bedarf der Urteilsfähigkeit, um politische Programme und Projekte auch auf ihre Gerechtigkeitsimplikationen hin zu überprüfen, sachinformierte Verbesserungsvorschläge in den öffentlichen Diskurs einzubringen und politische Vorgänge und Institutionen zu kontrollieren. Und es bedarf einer genügend großen Zahl von Bürgern mit intrinsischer moralischer Motivation: Nicht hinter jeden U-Bahn-Fahrer kann man einen Kontrolleur, hinter jeden Einkommensbezieher einen Steuerfahnder stellen. Flächendeckende Kontrollen sind nicht möglich. Und selbst wenn sie es wären, bliebe die Frage: Wer kontrolliert die Kontrolleure? Zum anderen gilt aber umgekehrt, dass eine moralbasierte Gesellschaft das Allgemeinwohl befördert. So etwa fand ein Vergleich der Entwicklung von 20 italienischen Regionalregierungen erhebliche Unterschiede in der Effizienz politischer Prozesse (bemessen u. a. an der Regierungsstabilität, der

Realisierung politischer Vorhaben, der Bürgernähe der Verwaltung), die mit der Zufriedenheit der Bürger korrelierte. In erfolgreichen Regionen herrschten Solidarität, Toleranz und Vertrauen. Diese »Ziviltugendhaftigkeit« deuten die Forscher als Korrelat politischer Gleichachtung und horizontaler Kooperationsstrukturen, ihren Mangel als Korrelat vertikaler Patron-Klienten-Abhängigkeiten (Putnam et al., 1993). Eine vergleichende Studie von 160 Ländern zeigt, dass »saubere« Institutionen die wirtschaftliche Produktivität erhöhen. Bei hoher Korruption nämlich werden die Entscheidungsprozesse partikularisiert und Gewinne und Reichtum illegal erzielt. Die ungleiche Gelegenheitsstruktur begünstigt die Reichen und die erkauften Entscheidungen haben negative Anreizwirkungen und Fehlallokationen zur Folge. Auch war in korrupten Ländern die Unterstützung demokratischer Verfahren schwächer und weniger Menschen stuften sich als glücklich ein (Delhey, 2002). Kurz: Moral ist eine wichtige Voraussetzung für wirtschaftliche Produktivität, für den Bestand demokratischer Systeme, für die Zufriedenheit der Bürger und – nicht zuletzt – für die Moralerziehung der nachwachsenden Generationen, sofern diese ja ihrerseits die der Moral zugeschriebene Bedeutung anhand der Funktionsweise der gesellschaftlichen Institutionen rekonstruieren.

Zusammenfassung

▶ Traditionale Moralen werden zunehmend durch eine autonome Moral abgelöst.
▶ Zugleich machen Sozialisationstheorien, die das Kind als passives Objekt erzieherischer Dressur oder Indoktrination sehen, kognitivistischen Ansätzen Platz, in denen das Kind als aktiver Konstrukteur seiner Realitätswahrnehmung gilt.
▶ An Piaget orientiert beschreibt Kohlberg moralische Entwicklung als entwicklungslogische Stufenabfolge: Auf die präkonventionelle Orientierung an strafbewehrten Normen und Kosten-Nutzen-Kalkülen folgt die konventionelle Orientierung an herrschenden Normen und sozialer Akzeptanz bzw. einem guten Gewissen und schließlich die postkonventionelle Einsicht in die universelle Gültigkeit moralischer Prinzipien.
▶ Die Vorwürfe, Kohlbergs Theorie sei ethnozentrisch und anthropozentrisch, sind widerlegt: Die ersten vier Stufen sind universell und es gibt keine »weibliche« Moral. Das Problem Urteil und Handeln wird wichtiges Thema der neueren Forschungen.
▶ Diese erzwingen Differenzierungen von Kohlbergs Globaltheorie. Bereits Kinder haben ein »postkonventionelles« Moralverständnis: Sie verstehen die Normgeltung als intrinsisch und universell, die Motivation als intrinsisch und formal urteilsbezogen.
▶ Bei der Entwicklung spielen unterschiedliche Kontextbedingungen und Lernmechanismen zusammen. Kinder lesen ihr Wissen um Inhalte und Geltungsmodalitäten moralischer Normen an expliziten Unterweisungen, ihren Interaktionserfahrung, der Sprache ab. Mit höherer kognitiver Entwicklung können Jugendliche hypothetisch und systemisch denken, zugleich steigt der Relativismus. Auf die moralische Motivation haben frühe Bindungsmuster einen begrenzten, später wirksame Faktoren einen größeren Einfluss, wie Familienklima und Erziehungsstile, die Art der Freunde, die demokratische Beteiligung in der Schule, die normative Integration der Gemeinde, das kulturelle Angebot von Wertorientierungen (z. B. Definition von Geschlechtsrollen), die Freiheit von Korruption im politischen Leben.
▶ Die intrinsische Selbstbindung an Moral ist eine moderne Motivstruktur, die durch die autonome Moral und egalitäre Erziehungsstile befördert wird.
▶ Moral ist nicht nur im interpersonellen Bereich, sondern auch für die Funktions- und Leistungsfähigkeit demokratischer Systeme wichtig.

Weiterführende Literatur

Becker, G. (2001). Kohlberg und seine Kritiker. Die Aktualität von Kohlbergs Moralpsychologie. Wiesbaden: VS Verlag für Sozialwissenschaften. *Umfassend und detailgetreu rekonstruiert Becker Kohlbergs Theorie, die Einwände von Kritikern und darauf reagierende Modifikationen bis hin zu heutigen Diskursen. Entstanden ist ein informativer, kritischer, auch deutschsprachige Arbeiten berücksichtigender Rück- und Ausblick auf die kognitivistische Moralforschung.*

Heidbrink, H. (2008). Einführung in die Moralpsychologie (3., überarb. und erw. Aufl.). Weinheim und Basel: Beltz PVU. *Diese vergnügliche, mit vielen konkreten Beispielen arbeitende Einführung behandelt neben Kohlbergs urteilsfokussierter Theorie auch die situative sowie die emotionale Perspektive, also Forschungen aus der Spiel-, Austausch- und Evolutionstheorie sowie aus dem sozial-intuitiven Ansatz.*

Killen, M. & Smetana, J. G. (2006). Handbook of moral development. Mahwah, NJ: Erlbaum. *Führende Wissenschaftler stellen in 26 Einzelkapiteln den neuesten Stand der (englischsprachig veröffentlichten) Forschungen und Theoriedebatten der Moralpsychologie dar. Behandelt werden u. a. Kohlbergs Theorie, die Bereichstheorie, Gewissensbildung, moralische Emotionen, interkulturelle Vergleiche sowie Fragen der moralischen Erziehung.*

23 Selbst und Persönlichkeit

Bettina Hannover • Werner Greve

23.1 Selbst und Persönlichkeit: Konzeptuelle Klärungen
23.2 Theorien der Selbstentwicklung
    23.2.1 Stabilisierung des Selbst im Entwicklungsverlauf
    23.2.2 Veränderungen und Erweiterungen des Selbst im Entwicklungsverlauf
23.3 Theorien der Persönlichkeitsentwicklung
23.4 Kindheit
    23.4.1 Selbstentwicklung in der Kindheit
    23.4.2 Persönlichkeitsentwicklung in der Kindheit
23.5 Jugend
    23.5.1 Selbstentwicklung in der Jugend
    23.5.2 Persönlichkeitsentwicklung in der Jugend
23.6 Erwachsenenalter
    23.6.1 Selbstentwicklung im Erwachsenenalter
    23.6.2 Persönlichkeitsentwicklung im Erwachsenenalter

Karl May als »Old Shatterhand«

Der deutsche Schriftsteller Karl May (1842–1912) hat auf dem Höhepunkt seines Ruhms – als 50-jähriger Mann – behauptet, die Abenteuer seiner Romanfiguren (»Old Shatterhand«), die in den »Reiseerzählungen« (z. B. »Winnetou«, 1893) aus der Ich-Perspektive erzählt werden, tatsächlich selbst erlebt zu haben. In seine Romane (z. B. »Old Surehand«, 1894) fügte er reale Kindheitserinnerungen ein, und er veröffentlichte Aufsätze und Fotografien (»Erlebnisse eines Vielgereisten, von Dr. Karl May«, 1896), die die Authentizität dieser Erlebnisse belegen sollten. Jedoch stellte sich bald heraus, dass alle Romane reine Fiktion und die Fotos inszeniert, sogar sein Doktortitel erfunden waren. Tatsächlich hatte May bereits als junger Mann verschiedene Identitäten angenommen und unter anderem wegen Amtsanmaßung und Betrug mehrere Gefängnisstrafen verbüßt.

Sowohl seine frühen Vergehen als auch seine späteren Fiktionen wurden von anderen Menschen gerne geglaubt, oft sogar geradezu gefordert (Brief einer Leserin: »Bitte bestätigen Sie mir, dass …«). Selbstdarstellung und Selbstbild verbanden sich in der selbstgeschaffenen Rolle und Figur, um eigene Wünsche und die des Publikums zu erfüllen. In einer mehrere Jahre später veröffentlichten Lebensbeichte (1907) bezeichnete May seine Erfindungen als insofern erlebnisbasiert, als sie Seelenreisen gewesen seien. Bemerkenswert ist insbesondere, dass er diesen Weg der Selbstgestaltung durch permanenten Identitätswechsel kontinuierlich über sein Leben hinweg verfolgte.

23.1 Selbst und Persönlichkeit: Konzeptuelle Klärungen

> **Definition**
>
> Mit dem Begriff der **Persönlichkeit** bezeichnet man die Gesamtheit der Eigenschaften und Verhaltensdispositionen eines Menschen, die ihn zeitlich relativ stabil und über verschiedene Situationen hinweg charakterisieren und von anderen unterscheiden.
>
> Mit dem Begriff des **Selbst** bezeichnet man die Inhalte des Wissens oder der Annahmen, die das Individuum über die eigene Person entwickelt, und die kognitiven Prozesse, durch die dieses Wissen hervorgebracht wird.

Persönlichkeit und Selbst als Gegenstand der Psychologie

Die Psychologie untersucht die »Persönlichkeit« bzw. das »Selbst« des Menschen typischerweise mit unterschiedlichen Erkenntnisinteressen: Die Persönlichkeit ist Gegenstand der psychometrisch bzw. psychodiagnostisch ausgerichteten Persönlichkeits- und Differentiellen Psychologie. Hier geht es traditionell um die Entwicklung oder den Einsatz von Messinstrumenten, mit denen Personeigenschaften beschrieben oder diagnostiziert werden können. Ziel einer Diagnose ist dabei typischerweise die Vorbereitung von Entscheidungen (z. B.: Welche Person ist für eine Stelle auszuwählen? Welche Psychotherapie ist für welche Person am besten geeignet?) und die Erstellung von Prognosen (z. B.: Wie wird sich eine Schülerin auf einer bestimmten Schulform entwickeln?) sowie die Einschätzung eventueller Veränderungen unter definierten Randbedingungen (z. B.: Wie groß ist die Rückfallgefahr eines bestimmten Straftäters, wenn er aus der Haft entlassen wird?).

Im Unterschied zu dieser beschreibend-ordnenden Perspektive der Persönlichkeitspsychologie verbindet sich mit der Untersuchung des Selbst die Frage danach, *warum* Menschen die Personen oder Persönlichkeiten sind oder werden, die sie sind. Die Inhalte des Selbst beziehen sich teilweise auf die Persönlichkeit des Individuums (z. B. »Ich bin humorvoll«), gehen aber weit darüber hinaus. So können sie auf Gruppenzugehörigkeiten (z. B. »Ich bin Katrins Bruder«), auf die eigene Biografie (z. B. »Ich konnte als Kind oft nicht einschlafen«) oder auf Ziele für die Zukunft (z. B. »Ich möchte gern Steuerberaterin werden«) bezogen sein. Sie enthalten beschreibende (z. B. »Ich bin in Magdeburg geboren«) und bewertende Aspekte (z. B. »Ich mag meine roten Haare«). Selbstinhalte werden nicht zufällig, sondern in wohlgeordneten Strukturen im Gedächtnis abgelegt.

Die Inhalte des Selbst müssen nicht mit dem übereinstimmen, was eine Person objektiv kennzeichnet, oder auch nur mit dem, was andere über sie denken. Die Inhalte des Selbst werden durch die Person als erkennendes Subjekt produziert, und zwar, indem sie sich zum einen selbst beobachtet und reflektiert und zum anderen soziales Feedback aus der Umwelt verarbeitet. Das Selbst ist Grundlage für die Bewertung der eigenen Person, für die Planung selbstbezogener Zukunftsbilder und für die Ausrichtung eigenen Handelns.

Das Selbst wird in vielen Aspekten durch sozial-kognitive Theorien beschrieben, die der Entwicklungspsychologie, Kognitiven Psychologie, der Sozialpsychologie oder der Motivationspsychologie entstammen (für einen Überblick siehe z. B. Greve, 2000b; Hannover et al., 2004). Gegenstand ist hierbei die Untersuchung der Fragen, wie sich die Fähigkeit, über die eigene Person zu reflektieren, entwicklungspsychologisch herausbildet, wie Menschen ein positives und stabiles Selbst bewahren, wie die umfangreichen in unserem Gedächtnis abgespeicherten Inhalte des Selbst die Verarbeitung neu eintreffender Informationen und das Fühlen und Handeln der Person beeinflussen und wie das Selbst vom unmittelbaren sozialen Kontext, aber auch von übergeordneten Einflussfaktoren, wie z. B. kulturellen

Normen oder Stereotypen, die auf eigene Gruppenzugehörigkeiten bezogen sind, beeinflusst wird.

In jüngerer Zeit finden sich Tendenzen einer stärker integrativen Betrachtung von Selbst und Persönlichkeit – als Ausdruck der Erkenntnis, dass sie sich wechselseitig beeinflussen. So finden sich zunehmend Untersuchungen zu der Frage, inwiefern Personenunterschiede auf Inhalte und Strukturen des Selbst zurückgeführt werden können oder umgekehrt inwiefern das Selbst durch Personmerkmale geprägt wird.

Stabilität und Variation. Gegenstand dieses Kapitels ist die Beschreibung der Entwicklung von Selbst und Persönlichkeit über die Lebensspanne. Persönlichkeit und Selbstkonzept stabilisieren sich über die Ontogenese hinweg; Destabilisierungen in Persönlichkeit und Selbst sind vor allem in der Pubertät, aber auch bei bedeutsamen Veränderungen im Umfeld der Person oder bei kritischen Lebensereignissen während anderer Altersphasen zu beobachten. Während Persönlichkeit durch zumindest kurzfristig gegebene Stabilität und Kontinuität definiert ist, kann sich das Selbst auch situationsabhängig verändern, wobei sicher nur ein Teil dieser Variationen als Veränderungen im Sinne von Entwicklung zu beschreiben sind.

> **Denkanstöße**
>
> Das Konzept der Persönlichkeit setzt voraus, dass Personen sich konsistent, stabil und über verschiedene Situationen hinweg von anderen unterscheiden. Unser Selbst reflektiert hingegen situationsabhängige Schwankungen und lebensphasenabhängige Veränderungen der Person (z. B. Aussehen, Fähigkeiten). Wie kann dennoch in der Außensicht der Eindruck von Kontinuität – eben: Persönlichkeit – entstehen, und wie kann auch in der Innensicht das Gefühl aufrechterhalten werden, wir seien über die Spanne unseres Lebens hinweg *dieselbe* Person, ungeachtet mancher Veränderung?

23.2 Theorien der Selbstentwicklung

Menschen erlangen Bewusstheit über die eigene Existenz und generieren, indem sie sich selbst zum Gegenstand ihrer Gedanken machen, mithilfe ihres kognitiven Apparates Wissen über die eigene Person. Dieses Wissen ist seinerseits Grundlage für die Selbstbewertung, für die Planung selbstbezogener Zukunftsbilder und für die Ausrichtung eigenen Handelns zur Erreichung personaler Ziele. Die Entwicklung des Selbst über die Lebensspanne ist durch zwei Tendenzen charakterisiert:

(1) Weil neues Wissen über die eigene Person stets auf der Grundlage bereits vorhandenen Selbstwissens gebildet wird, stabilisiert sich das Selbst über die Ontogenese hinweg (Abschn. 23.2.1).

(2) Gleichzeitig verändert sich das Selbst lebenslänglich in dem Maße, wie die Person neue selbstrelevante soziale Rückmeldungen erhält und in Situationen agieren oder Anforderungen bewältigen muss, für die sie noch kein »passendes« Selbstwissen ausgebildet hat (Abschn. 23.2.2).

23.2.1 Stabilisierung des Selbst im Entwicklungsverlauf

Entstehung von Selbstwissen. Selbstwissen entsteht dadurch, dass die Person zum einen sich selbst beobachtet und reflektiert und zum anderen soziales Feedback aus der Umwelt verarbeitet. So kann beispielsweise das Selbstwissen, musikalisch zu sein, dadurch entstehen, dass das Kind beim Nachsingen eines Liedes oder beim Klatschen eines Rhythmus eine optimale Passung zwischen Anforderungen und eigenen Möglichkeiten erlebt (sog. Flow-Erleben). Solche unmittelbaren, nicht sozial vermittelten Erfahrungen der eigenen Person werden, sofern sie reflektiert werden, Teil des Selbst. Noch wesentlicher für das Entstehen von Selbstwissen ist aber sicher die Verarbeitung sozialer Rückmeldungen, die die Person von anderen erhält. Die Erzieherin, die beispielsweise einem Jungen sagt, er solle doch mal den anderen Kindern zeigen, wie er mit der Schere arbeitet, vermittelt dem Kind damit ein Bild davon, wie sie es sieht – in unserem Beispiel, dass sie ihn für besonders geschickt im Umgang mit dem Werkzeug hält –, also ein Bild davon, wer oder was das Kind selbst ist. Wissen über die eigene Person, das Selbst, bildet sich ontogenetisch in dem Maße heraus, wie das Kind, und später der Jugendliche und Erwachsene, die Wahrnehmungen und Bewertungen erkennt, die andere von ihm haben. Die Entstehung von Selbstwissen ist dabei jedoch nicht als ein passiver Prozess vorzustellen. Vielmehr können Menschen auch aktiv Quellen sozialen Feedbacks aufsuchen oder vermeiden. So umgeben sich Menschen beispielsweise vorzugsweise mit solchen anderen Personen, die ein positives Bild von ihnen haben, von denen sie also positive Rückmeldungen darüber erwarten können, wer oder wie sie selbst sind.

Entwicklung von Selbstschemata. Aus diesen Überlegungen ergibt sich, dass das Selbst einer Person im Laufe der Ontogenese umso umfangreicher und ausdifferenzierter wird, je vielfältiger die Situationen sind, in denen das Individuum agieren muss, und je zahlreicher und umfassender die Rückmeldungen sind, die es von anderen erhält: Dadurch, dass die Person neue Erfahrungen macht und dabei auch gezielt nach selbstrelevanter Information sucht, erweitert bzw. adaptiert sie ihr Selbst in einem lebenslangen Prozess. Über die Zeit entstehen allerdings kognitive Generalisierungen über die eigene Person (z. B. entsteht aus der wiederholten Erfahrung des Kindes, dass es Anforderungen im musikalischen Bereich leicht bewältigen kann, das Selbstwissen, musikalisch zu sein). Solche sogenannten Selbstschemata (Markus, 1977) erlauben es der Person, über gegebene Information hinausgehende Schlussfolgerungen zu bilden und Vorhersagen über das Selbst abzugeben (in unserem Beispiel wird das Kind sich vielleicht zutrauen, ein Musikinstrument schnell erlernen zu können). Diese Eigenschaften von Selbstschemata begünstigen, dass Menschen typischerweise ihr Selbst über die Lebensspanne hinweg stabilisieren: Sie verarbeiten relevante Information so, dass ihre Selbstschemata aufrechterhalten bleiben.

Selbstwissen als Stabilisierungsbasis. Dass neue Information konsistent mit bereits bestehendem Selbstwissen interpretiert wird, kann auch erklären, warum sich über die Lebensspanne hinweg stabile interindividuelle Unterschiede in Inhalten und Strukturen des Selbst (d. h. nicht nur in der Persönlichkeit) etablieren: Markus (1977) konnte belegen, dass Menschen für unterschiedliche Inhaltsdomänen Selbstschemata ausbilden und dass sich diese aufgrund der schemakonsistenten Verarbeitung neuer Information typischerweise selbst stabilisieren. Dies kann beispielsweise erklären, warum das negative Selbstbild eines Depressiven oder das unangemessene Körperselbstbild eines anorektischen Menschen auch angesichts schemainkonsistenter positiver Informationen aufrechterhalten bleibt. Das Selbst stabilisiert sich im Entwicklungsverlauf aber auch deshalb zunehmend, weil es Grundlage für die Bewertung der eigenen Person, für die Planung selbstbezogener Zukunftsbilder und für die Ausrichtung eigenen Handelns an selbst gesetzten Standards ist. In dem Maße, wie bereits Selbstwissen vorhanden ist, werden Selbstbewertungen, Planungen und Handlungen zunehmend stark an diesem ausgerichtet.

23.2.2 Veränderungen und Erweiterungen des Selbst im Entwicklungsverlauf

Transitionen

Obwohl sich das Selbst über die Ontogenese hinweg stabilisiert, sind lebenslange Veränderungen und Anpassungen zu beobachten. Diese sind auf neue Erfahrungen oder Veränderungen im Umfeld der Person zurückzuführen, die sie zu Revisionen oder Erweiterungen ihres Wissens über die eigene Person veranlassen. Solche Erfahrungen oder Situationen hat Ruble (1994) als Transitionen bezeichnet. Beispiele sind der Übergang eines Kindes in die weiterführende Schule, das Eintreten der Menarche bei Mädchen oder die Situation, in der ein Mensch erstmalig Vater bzw. Mutter wird.

Phasen der Informationssuche. In Transitionen sind Ruble (1994) zufolge Personen in besonderem Maße motiviert, ihre Umwelt nach relevanten Informationen abzusuchen, die Auskunft darüber geben, wie ihr neues Selbst aussehen wird. Genauer unterscheidet sie drei Phasen der Informationssuche, die Menschen in Transitionen typischerweise durchlaufen:

(1) **Konstruktion:** In der Phase der Konstruktion wird aktiv Information gesucht, um ein neues Selbstbild zu konstruieren; die Person ist an jeder Art von Informationen interessiert, weil diese zu diesem Zeitpunkt auch noch kaum selbstrelevante Implikationen haben. So ist beispielsweise eine Frau, die erstmalig schwanger ist, an jeder Form von Informationen über Schwangerschaft, Geburt und Muttersein interessiert, egal ob diese von ihrer Frauenärztin, in einer Frauenzeitschrift oder von ihrer Mutter angeboten werden.

(2) **Konsolidierung:** Die Phase der Konsolidierung ist erreicht, wenn fundamentales Wissen angeeignet worden ist und das Individuum versucht, Schlussfolgerungen zu ziehen, wie dieses Wissen auf die eigene Person bezogen ist. Auch diese Phase ist noch durch eine aktive Informationssuche gekennzeichnet, sie ist allerdings stärker fokussiert und schemageleitet. Dies bedeutet, Information, die inkonsistent mit bereits aufgebauten Selbstdefinitionen oder Schlussfolgerungen ist, wird jetzt vernachlässigt oder gar ignoriert. Wenn z. B. die werdende Mutter beschlossen hat, ihren Beruf auf-

zugeben, wird sie in der Konsolidierungsphase bereits bevorzugt Informationen wahrnehmen, die die Nachteile von Kinderkrippen zeigen.

(3) **Integration:** In der Phase der Integration werden Schlussfolgerungen aus dem neu gewonnenen Wissen in das Selbst eingefügt, also mit anderen Aspekten des Selbst der Person in Übereinstimmung gebracht. So wird z. B. die junge Frau ihr berufsbezogenes Selbstbild möglicherweise dahingehend verändern, dass ihr ihre berufliche Tätigkeit nie wichtig war, um dieses mit ihrem neu gewonnenen Selbstbild als Mutter, die nicht berufstätig ist, in Übereinstimmung zu bringen.

Lebenskrisen

Andere Theorien, die Veränderungen des Selbst über die Lebensspanne hinweg beschreiben, machen diese an Lebenskrisen fest, die teils regelmäßig und lebensphasenspezifisch, teils unvorhergesehen auftreten.

Entwicklungskrisen nach Erikson. Die bekannteste und einflussreichste Theorie dieser Art ist die psychodynamische Theorie von Erikson (1966), die in manchem an die Persönlichkeits- und Entwicklungstheorie Freuds anschließt, aber sich in drei wesentlichen Punkten von diesem Ansatz unterscheidet: Während die klassische psychoanalytische Entwicklungstheorie Freuds – wie die meisten Theorien dieser Zeit – einen biologischen Entwicklungsbegriff zugrunde legt, dem zufolge die Entwicklung mit dem Erreichen des Erwachsenenalters abgeschlossen ist (alle Veränderungen danach sind qualitativ etwas anderes: Lernen oder Abbau), sieht Erikson Identitätsformation als einen lebenslangen Prozess an. Er unterscheidet acht Krisen der psychosozialen Entwicklung, die jeweils durch einen spezifischen Konflikt gekennzeichnet sind, den das Individuum lösen muss, um die nächste Stufe zu erreichen (vgl. Abschn. 1.3.5). Jede Stufe enthält spezifische Risiken oder Vulnerabilitäten, aber auch spezifische Chancen oder Potenziale. Als Ergebnis jeder gelösten Krise erlangt das Individuum eine neue »Ich-Qualität«. Wird eine Krise hingegen unglücklich gelöst, besteht die Gefahr, dass auch nachfolgende Konflikte nicht angemessen gelöst werden und die Person sich nur bedingt oder gar nicht in die Gesellschaft einfügen kann. Der Umstand, dass diese acht Entwicklungsschritte von Erikson als »Krisen« bezeichnet werden (wörtlich: Konflikte, in denen sich etwas *entscheidet*), markiert einen zweiten wichtigen Unterschied zu psychoanalytischen Entwicklungstheorien. Während Reifungskonzepten zufolge nicht nur der Zeittakt, sondern auch die je konkreten Aufgaben biologisch determiniert sind, bestimmt nach diesem Ansatz die Kultur, in der die Person sozialisiert wird, die Situationen wesentlich mit, in denen die »psychosozialen« Krisen gelöst werden müssen.

23.3 Theorien der Persönlichkeitsentwicklung

> **Definition**
>
> **Persönlichkeitsentwicklung** bedeutet die differenzielle Veränderung von Personen im intraindividuellen und interindividuellen Vergleich.

Der Gedanke liegt nahe, dass das Selbst zumindest teilweise ein Abbild dessen ist, was die Person tatsächlich kennzeichnet – eben ihre objektiven Eigenschaften und Fähigkeiten: ihre Persönlichkeit. Dementsprechend sollte die Entwicklung des Selbst wenigstens ungefähr der tatsächlichen Persönlichkeitsentwicklung folgen. Für eine solche Konvergenz der Befunde zur Entwicklung des Selbst mit Befunden zur Persönlichkeitsentwicklung spricht auch eine methodische Überlegung: Die überwiegende Zahl der Studien zur Persönlichkeitsentwicklung basiert auf Selbstauskünften der Untersuchungsteilnehmer und spiegelt damit faktisch das Selbst der Person wieder. Die Persönlichkeitspsychologie geht allerdings davon aus, dass den Selbstwahrnehmungen (z. B. »Ich bin neugierig«) einerseits und den Verhaltenstendenzen (z. B. Bestreben, neue Situationen zu erproben) andererseits Eigenschaften der Person (z. B. Offenheit für neue Erfahrungen) zugrunde liegen, die beides erklären.

Es können drei unterschiedliche theoretische Paradigmen zur Persönlichkeitsentwicklung unterschieden werden (für einen Überblick siehe z. B. Ferguson, 2010).

Psychometrischer Trait-Ansatz. Das bekannteste Beispiel für diese Theoriengruppe stellt das Fünf-Faktoren-Modell der Persönlichkeit nach McCrae und Costa (1997) dar. Sie unterscheiden fünf orthogonale Hauptdimensionen der Persönlichkeit:

(1) Neurotizismus (emotionale Stabilität im verwandten Big-Five-Modell),
(2) Extraversion,

(3) Offenheit für Erfahrung,
(4) Verträglichkeit und
(5) Gewissenhaftigkeit.

Diese Persönlichkeitsdimensionen werden durch Selbstangaben auf dem NEO-Fünf-Faktoren-Inventar (NEO-FFI oder NEO-PI-R) erfasst. Es wird vorausgesetzt, dass sie im Wesentlichen genetisch determiniert, von Umwelteinflüssen also weitgehend unbeeinflusst sind (vgl. Abschn. 3.2). Dementsprechend unterliegen diese Faktoren nach Auffassung von McCrae und Costa (1997) zwar über die Lebensspanne hinweg einem intrinsischen Reifungsprozess und bringen charakteristische Anpassungsformen, wie Einstellungen, Interessen, Gewohnheiten, Fertigkeiten und Selbstkonzepte, hervor, aber die zugrunde liegenden Faktoren selbst sind weitgehend stabil, insbesondere im Erwachsenenalter.

Formung der Persönlichkeit durch Umwelteinflüsse. Das zweite Paradigma betont demgegenüber den Einfluss der Umwelt auf die Persönlichkeitsentwicklung. Die Untersuchungseinheit stellen demgemäß typischerweise Kontingenzen zwischen Umweltmerkmalen und sozial-kognitiven Konstrukten dar, die – per definitionem – kontextgebunden gedacht werden müssen, wie z. B. Ziele, Kompetenzen oder Selbstwirksamkeit. Personale Konsistenz bildet sich in der Transaktion des Individuums mit seiner sozialen Umwelt heraus. So werden z. B. altersabhängige Veränderungen in der Persönlichkeit auf systematische Veränderungen von Umweltkontingenzen zurückgeführt. Die Vertreter dieser Denkrichtung versuchen zu zeigen, dass sich Persönlichkeitseigenschaften über die Zeit und über Situationen hinweg substanziell verändern.

Wechselwirkung von Person und Umwelt. Das dritte Paradigma nimmt eine Mittelposition ein, indem es eine gewisse Stabilität von Persönlichkeitseigenschaften über die Lebensspanne hinweg vorsieht, gleichzeitig aber die Veränderbarkeit der Person betont. Person und Umwelt entwickeln sich nach dieser Sichtweise in wechselseitiger Beeinflussung. Person-Umwelt-Transaktionen können dabei entweder reaktiv sein (unterschiedliche Personen reagieren auf dieselben Umwelt auf unterschiedliche Weise), evokativ (die durch ihre Persönlichkeitseigenschaften bedingten Verhaltensweisen einer Person rufen bei anderen bestimmte Reaktionen hervor) oder aber proaktiv (Personen suchen sich ihre Umwelten selbst aus oder stellen sie her) (vgl. Schneewind, 2005). Weiter können die Muster von Kontinuität und Veränderung in Persönlichkeitseigen-schaften über die Lebensspanne teilweise über Prozesse des Selbst erklärt werden. So trägt beispielsweise ein klares Bild davon, wer man selbst ist (sog. Selbstklarheit), zu Persönlichkeitskontinuität bei und Menschen gehen Verpflichtungen ein, die sich einerseits in ihrem Selbst niederschlagen und andererseits Persönlichkeitseigenschaften wie Verträglichkeit, Gewissenhaftigkeit und emotionale Stabilität fördern (z. B. Heirat, Familiengründung, Entscheidung für einen Beruf). Dies ist auch der Grund für die Annahme, dass sich besonders markante Veränderungen in Persönlichkeit und Selbst in der Adoleszenz zeigen sollten, weil während dieser Zeit Identitäten etabliert und Verpflichtungen eingegangen werden, mit denen sich verschiedene zukünftige Lebenswege verbinden.

Lebensspannenansatz. Zu den interaktionalen Ansätzen zählt auch der Lebensspannenansatz der Entwicklungspsychologie (vgl. Abschn. 1.1.2), dem zufolge – als Ergebnis erfolgreicher Adaption – sowohl Konsistenz als auch Veränderung in der Persönlichkeit über den Lebensverlauf hinweg bestehen. Nach dem Lebensspannenansatz können Veränderungen der Persönlichkeit bis ins hohe Erwachsenenleben auftreten, wenngleich als Ergebnis der vom Individuum initiierten Selektions-, Optimierungs- und Kompensationsprozesse (SOK-Modell; vgl. Freund & Baltes, 2000) der Einfluss psychologischer, sozialer und kultureller Faktoren auf die Person mit deren Lebensalter schwächer werden sollte.

23.4 Kindheit

23.4.1 Selbstentwicklung in der Kindheit

Erst im Verlauf der Kindheit entwickeln sich die Fähigkeiten oder Möglichkeiten unseres kognitiven Apparates, die Grundlage für das Generieren von Wissen über die eigene Person sind (Prozesse des Selbst). Entsprechend gehen Meilensteine der Selbstentwicklung mit Meilensteinen der generellen kognitiven Entwicklung Hand in Hand.

Selbstempfinden. Das Selbst entsteht dadurch, dass sich das Individuum zum Objekt seiner eigenen Wahrnehmung oder Erkenntnis macht. Grundlage dafür ist, dass das Kind sich seines »In-der-Welt-Seins« gewahr ist, sich also auf sich selbst beziehen kann. Stern (1992) konnte zeigen, dass das Kind bereits im Säuglingsalter ein Selbstempfinden hat, also ein nichtreflexives, unmittelbares Gewahrsein empfindet, lange bevor es Sprache erwirbt und damit sprachlich gebundenes Selbstwissen aneignen und kommunizieren kann. Dieses Selbstempfinden gründet sich in den frühen Phasen auf das Erleben des eigenen Körpers als nach außen hin abgegrenzt (sog. Kern-Selbst, 2.–6. Monat; Stern, 1992) und von anderen Personen oder Objekten in der Umwelt unterscheidbar und auf die Wahrnehmung von Effekten, die das Kind selbst in seiner Umwelt erzeugen kann (subjektives Selbst, 7.–9. Monat; z. B. mit dem Fuß beim Strampeln ein Mobile in Bewegung zu setzen).

Sprachentwicklung. Eine differenzierte Selbstrepräsentation und -reflexion ist an die Entwicklung der Sprache gebunden: Ein hinreichend entwickeltes Sprachvermögen ist nicht nur die Voraussetzung für Selbstauskünfte über die Inhalte der Selbstwahrnehmung, sondern zugleich auch die Bedingung dafür, dass es überhaupt differenzierte mentale Repräsentationen der eigenen Person geben kann. Die Sprachentwicklung schreitet zwischen dem 18. (Erreichen der 50-Wörter-Marke) und 24. Lebensmonat (200 Wörter) rasant voran (vgl. Abschn. 18.2). Analog entwickelt sich im Alter von etwa 1½ Jahren beginnend das verbale Selbst (Stern, 1992) und später, mit 3–4 Jahren, das narrative Selbst (Stern, 1992), das persönliche Erlebnisse in einer Geschichte kohärent erzählen kann.

Fähigkeit zur Perspektivenübernahme. Da Wissen über die eigene Person wesentlich auch durch die Erkenntnis generiert wird, wie andere Menschen sie wahrnehmen, ist die kognitive Fähigkeit zur Perspektivenübernahme eine weitere Entwicklungsvoraussetzung für die Entstehung des Selbst. Selman (1984) hat (in Analogie zu den Stufen der Moralentwicklung nach Kohlberg, vgl. Abschn. 22.3.2) vier Stufen der Entwicklung der Fähigkeit zur sozialen Perspektivenübernahme differenziert:

(1) Während sich das Kleinkind durch eine egozentrische Perspektive auszeichnet, werden sich Kinder im Alter zwischen 4 und 9 Jahren der Subjektivität von Perspektiven bewusst, die dadurch bedingt ist, dass Menschen sich in unterschiedlichen Situationen befinden können.

(2) Im Alter von 6–12 Jahren sind Kinder zur reziproken Perspektivenübernahme von Selbst und anderer Person fähig, bei der das eigene Handeln aus dem Blickwinkel der anderen Person reflektiert und dessen Reaktion auf das eigene Handeln antizipiert wird.

(3) Zwischen 9 und 15 Jahren kann das Kind (bzw. der Jugendliche) wechselseitige Perspektiven koordinieren, d. h., es versteht, dass sowohl es selbst als auch der jeweils andere die eigene und die Perspektive der jeweils anderen Person gleichzeitig berücksichtigen kann.

(4) Ab dem Alter von 12 Jahren kann das Kind auch gesellschaftlich-symbolische Perspektiven (z. B. die Perspektive einer sozialen Bezugsgruppe) mit in seine Wahrnehmung einbeziehen.

Theory of Mind. Eine weitere Voraussetzung dafür, dass das Kind aus seiner Wahrnehmung anderer Personen erschließen kann, wie diese es selbst sehen, ist eine zumindest rudimentär ausgebildete Theory of Mind, die beginnend im Alter von 2½ Jahren herausgebildet wird (vgl. Abschn. 7.4.4 und 16.4.3): Mit dem Verständnis, dass Handlungen anderer Personen von deren Wünschen, Absichten und – evtl. auch falschen – Überzeugungen beeinflusst sein können, kann das Kind auch deren Wahrnehmungen der eigenen Person entsprechend bewerten, nämlich als ggf. durch deren Wünsche, Intentionen oder (falsche) Überzeugungen beeinflusst. Eine Theory of Mind ist weiterhin Grundlage für das Erleben von Gefühlen, die auf die eigene Person bezogen sind (selbstbewertende Emotionen wie Scham, Schuld, Stolz oder Peinlichkeit), da diese die Fähigkeit zum Perspektivwechsel notwendig voraussetzen (z. B. ist uns etwas peinlich, weil wir uns vorstellen, andere sehen etwas an uns, was nicht dem Bild entspricht, das wir von uns vermitteln wollen).

Autobiografisches Gedächtnis. Unverzichtbare Voraussetzung für die Entstehung von Selbstwissen ist weiterhin ein autobiografisches Gedächtnis (vgl. Abschn. 17.4). Als Teil des episodischen Langzeitgedächtnisses enthält das autobiografische Gedächtnis Repräsentationen persönlich bedeutsamer Erlebnisse. Alle Erfahrungen, die das Kind vor der Ausbildung des autobiografischen Gedächtnisses – also bevor es ca. 3–4 Jahre alt ist – gemacht hat, kann es später typischerweise nicht erinnern (sog. kleinkindliche Amnesie).

Domänenspezifische Fähigkeitsselbstkonzepte. Mit dem Eintritt in die Schule entsteht ein weiterer Aspekt des Selbst des Kindes: Selbstkonzepte über eigene Fähigkeiten in verschiedenen inhaltlichen Domänen. Diese domänenspezifischen Fähigkeitsselbstkonzepte gehören neben Intelligenz und Vorwissen zu den bedeutsamsten Prädiktoren von Leistungen. Dem Strukturmodell des Selbst von Shavelson et al. (1976) zufolge sind domänenspezifische Fähigkeitsselbstkonzepte Unteraspekte des akademischen Selbstkonzepts. Auf der obersten Hierarchieebene wird das »general self« (z. B. »Ich bin ein wertvoller Mensch«) verortet, das auf der nächsten darunterliegenden Ebene differenziert wird in ein akademisches (z. B. »Ich kann logisch denken«) und drei nichtakademische Selbstkonzeptdomänen, das soziale (z. B. »Ich komme mit meinen Kollegen gut aus«), das emotionale (z. B. »Ich mag warmes Wetter«) und das physische (z. B. »Ich bin grauhaarig«) Selbstkonzept. Das akademische Selbstkonzept kann wiederum in verschiedene domänenspezifische Fähigkeitsselbstkonzepte unterteilt werden (z. B. »In Mathe traue ich mir viel zu«, »Englisch ist nicht meine Stärke«).

Soziale Vergleichsprozesse. Für die Entstehung domänenspezifischer Fähigkeitsselbstkonzepte sind soziale Vergleichsprozesse von zentraler Bedeutung. So ist in zahlreichen Untersuchungen zum sog. Fischteicheffekt (Marsh, 1987) nachgewiesen worden, dass die Einschätzung der eigenen Fähigkeit in einer bestimmten Inhaltsdomäne (z. B. Mathematik) umso ungünstiger ausfällt, je besser relevante Vergleichspersonen (z. B. die Klassenkameraden) abschneiden (sog. »external frame of reference«). Weiter vergleichen Menschen ihre Fähigkeiten auch intraindividuell über verschiedene Inhaltsdomänen hinweg (sog. »internal frame of reference«): Umso höher ein Schüler beispielsweise seine Fähigkeiten im sprachlichen Bereich einschätzt, desto kritischer sieht er seine Kompetenzen im mathematisch-naturwissenschaftlichen Bereich und umgekehrt. Dieser Effekt ist darauf zurückzuführen, dass Menschen ihre Fähigkeiten dadurch einschätzen, dass sie ihre Urteile an der Domäne verankern, in der sie die relativ stärkste Leistungsfähigkeit haben. Im Ergebnis werden auch nur relative, nicht aber absolute Unterschiede in Leistungen zwischen Personen in den Fähigkeitsselbstkonzepten widergespiegelt.

Leistungsergebnisse und Fähigkeitsselbstkonzept. Einigermaßen realistische fähigkeitsbezogene Selbstkonzepte entwickeln sich beginnend im zweiten, meist dritten Schuljahr. Vor und unmittelbar nach dem Eintritt in die Schule erleben Kinder Leistungsergebnisse typischerweise als rein situational bedingt und sind im Hinblick auf ihre Fähigkeitseinschätzungen unrealistisch optimistisch (vgl. Helmke, 1999). Entsprechend haben sie ein ungerichtetes Interesse an jeder Art von Leistungsfeedback (z. B. ob sie eine Aufgabe erfolgreich bewältigt haben oder nicht) und werden durch Misserfolge nicht frustriert, sondern eher angespornt, »ihr Glück« noch einmal zu versuchen (Phase der Konstruktion nach Ruble, 1994; s. Abschn. 23.2.2). Etwa ab der zweiten Schulklasse lernen Kinder dann, dass Leistungen zugrunde liegende Fähigkeiten reflektieren, die relativ stabil sind. Dadurch steigt die Bedeutsamkeit der Rückmeldungen, die sie für ihre Leistungsergebnisse in der Schule bekommen, denn diese werden nun als prognostisch für zukünftige Leistungen und Leistungsmöglichkeiten verstanden (Phase der Konsolidierung nach Ruble, 1994; s. Abschn. 23.2.2). Hilflosigkeitsphänomene (d. h. Verzagen nach wiederholtem Misserfolg) sind dementsprechend erst bei Kindern nachweisbar, die das Konzept von stabilen Fähigkeiten schon erworben haben. Kinder beginnen nun bei der Suche nach fähigkeitsbezogenen Informationen darauf zu achten, dass ihr Selbstwert nicht bedroht wird; daher versuchen sie nun eher indirekt, etwas über die eigenen Fähigkeiten zu erfahren, z. B. indem sie überprüfen, wie gut andere Kinder sind. Diese Zusammenhänge können auch die in vielen Studien gefundene generelle Abnahme der Lernfreude und Verschlechterung des Selbstkonzept eigener Fähigkeiten von der Vorschulzeit über die ersten Jahre der Schule hinweg erklären, wobei die Abnahme in der Selbstbewertung besonders markant nach dem zweiten Schuljahr ist, in einer Zeit also, in der das Konzept von Fähigkeiten als einem stabilen Merkmal angeeignet wird.

Zwischen der zweiten und sechsten Klasse entstehen interindividuelle Unterschiede darin, für welche Art von Feedback sich Kinder interessieren. Kinder mit hohen Fähigkeiten zeigen zunehmend mehr Interesse an aufgabenbezogenen Informationen und weniger an sozialen Vergleichsinformationen, da sie ein positives fähigkeitsbezogenes Selbstkonzept entwickelt haben; Kinder mit geringeren Fähigkeiten hingegen sind gleichbleibend stark an sozialen Vergleichsinformationen interessiert, weil sie offenbar unsicher sind, wie sie ihre Fähigkeiten beurteilen sollen. Etwa ab der sechsten Schulklasse zeigen Kinder dann ein reduziertes Interesse an Fähigkeits- und Leistungsinformationen – ein Hinweis darauf, dass sich relativ stabile interindividuelle Unterschiede in domänenspezifischen Fähigkeitsselbstkonzepten herausgebildet haben (Phase der Integration nach Ruble, 1994, s. Abschn. 23.2.2).

Meilensteine der Selbstentwicklung in der frühen Kindheit

▶ **0–3 Monate:** Aufgrund kinästhetischer Erfahrungen, sozialer und objektbezogener Interaktionserfahrungen lernt das Kind, zwischen der eigenen Person und allen anderen Stimuli (andere Personen, Umwelt) zu differenzieren: Der eigene Körper und der anderer Personen oder Objekte können miteinander in Beziehung treten, sind aber voneinander abgegrenzt.

▶ **3–8 Monate:** Die Anfänge von Wirksamkeitserleben und Intentionalität werden in der Erfahrung gelegt, dass das Kind durch eigenes Tun bestimmte Effekte erzeugen kann: Es erlebt, dass es Urheber eigener Handlungen ist, nicht aber der Handlungen anderer Personen.

▶ **8–15 Monate:** Die Gedächtniskapazität erlaubt nun, Repräsentationen von Objekten und anderen Personen zu bilden, die auch in Abwesenheit dieser Objekte oder Personen abgerufen werden können. Damit ist die Grundlage dafür geschaffen, dass das Kind stabile Beziehungen mit bestimmten Personen aufbauen kann, also z. B. zwischen bekannten und fremden Personen unterscheiden kann und im Ergebnis gegenüber unbekannten Personen »fremdelt«. In dem Maße, wie das Kind das Wissen erwirbt, dass Objekte oder Personen auch dann weiterhin existieren, wenn sie sich außerhalb des aktuellen Wahrnehmungsfeldes befinden (Objektpermanenz), lernt es auch, durch das Abgleichen und Integrieren von Eindrücken aus verschiedenen Sinnesmodalitäten sich selbst als invariant wahrzunehmen (Selbstpermanenz). Selbstpermanenz und Objektpermanenz werden als Ergebnis desselben kognitiven Entwicklungsprozesses aufgefasst. Die Unterscheidung zwischen Selbst und anderen wird nun durch die Differenzierung des Selbst von den anderen über verschiedene Kontexte hinweg ergänzt.

Zwischen dem 9. und 12. Lebensmonat verstehen Kinder das Prinzip eines Spiegels, greifen also z. B. hinter sich, wenn hinter ihrem Rücken ein Spielzeug angenähert wird. Spiegelbilder enthalten zwei Quellen selbstrelevanter Informationen (Lewis & Brooks-Gunn, 1979): Kontinuitätshinweise (wenn »ich« mich bewege, dann bewegt sich die Person im Spiegel auch) und Merkmalshinweise (die Person im Spiegel sieht aus wie »ich«). Das in Abbildung 23.1 gezeigte Kind hat das Prinzip des Spiegels verstanden und kann sich selbst über Kontinuitätshinweise erkennen; Merkmale der Kontinuität (Bewegen des Kindes vor dem Spiegel) bilden aber in dieser Altersphase noch eine notwendige Bedingung für das Selbsterkennen im Spiegel.

▶ **15–18 Monate:** Der nächste Meilenstein in der kindlichen Entwicklung, der häufig auch als Beginn der Entwicklung des Selbst bezeichnet wird, ist die Selbsterkenntnis im Spiegel, die nicht mehr auf Kontinuitätshinweise angewiesen ist (engl.: self-awareness oder self-consciousness). Im sog. Spot-on-the-nose-Test oder Mirror-and-rouge-Test wird dem Kind unauffällig ein roter Punkt auf die Nase gemalt. Ein Spiegel im Raum gibt dem Kind die Möglichkeit, diesen zu erkennen. Erst im Alter von ca. 18 Monaten zeigt das Kind einen Selbstbezug, indem es die Farbmarkierung nicht auf der Oberfläche des Spiegels, son-

Abbildung 23.1 Selbsterkenntnis im Spiegel über Kontinuitätshinweise

dern dadurch untersucht, dass es sich an die eigene Nase fasst. Erst jetzt hat das Kind demnach verstanden, dass die Person, die sie im Spiegel erkennt, der Sitz *seiner* Perspektivität ist: Das, was ich sehe, bin »ich«! Kinder lernen ab der Mitte des 2. Lebensjahres auch, sich auf Fotografien von anderen Personen zu unterscheiden; sie zeigen auf die Abbildung der eigenen Person und manifestieren dadurch, dass sie auf Kontinuitätsmerkmale für das Erkennen der eigenen Person nicht mehr angewiesen sind; das Selbst als Objekt wird evident im Merkmals-Wiedererkennen: Bilder von anderen Kindern werden nun weniger lang betrachtet als Bilder der eigenen Person, was als Hinweis darauf gedeutet werden kann, dass die Kinder erste Merkmale, wie ihr Geschlecht, ihr Alter oder ihre Ethnie, als zu ihnen gehörig identifizieren (Lewis & Brooks-Gunn, 1979). In dem Maße, wie Kinder Stereotype über die entsprechenden Gruppen von Personen erwerben, erwerben sie auch ein auf die eigene Gruppenzugehörigkeit bezogenes Selbstkonzept. So entsteht beispielsweise das Selbstwissen, männlich oder weiblich zu sein, erst im Alter von ungefähr 2½ Jahren, deutlich später als Kinder anfangen, Geschlechterstereotype zu erlernen.

▶ **18–36 Monate:** Die Sprachentwicklung ist in dieser Phase der entscheidende Motor für die weitere Entwicklung des Selbst. Während dieses Zeitraums beginnen Kinder, den eigenen Namen und später auch Personalpronomina zu verwenden, während sie auf sich selbst zeigen, eigene Tätigkeiten beschreiben (z. B. »Lisa trinken«) oder Objekte zu sich selbst in Beziehung setzen (»Lisa Keks«). Das Kind beginnt, sich zum Objekt seiner eigenen Wahrnehmung zu machen, und identifiziert sich selbst mit bestimmten Merkmalen, wie z. B. Tätigkeiten oder Merkmalen seiner äußeren Erscheinung.

▶ **3–8 Jahre:** Mit fortschreitender Sprachentwicklung differenziert sich das Selbstkonzept des Kindes zunehmend aus. Persönliche Erlebnisse werden nun mitteilbar und können für zunehmend kohärente und längere Zeiträume übergreifende Selbstnarrationen, »Erzählungen des eigenen Selbst«, genutzt werden: Indem sie mit Älteren über Vergangenes/Erinnerungen sprechen, lernen Kinder, Erfahrungen in eine kohärente Selbsterzählung zu integrieren. In dem Maße, wie das Kind abstrakte Konzepte erwirbt, kommen zu Selbstbeschreibungen konkreter äußerer Merkmale und Tätigkeiten zunehmend komplexe und stabile Merkmalsbeschreibungen hinzu. So erwirbt das Kind z. B. während dieser Altersphase typischerweise die Einsicht, dass die eigene Geschlechtszugehörigkeit über Situationen und Zeitpunkte hinweg stabil bleibt (sog. Geschlechtsrollenkonstanz).

In dieser Altersphase (3–4 Jahre) finden sich auch erste Anzeichen eines autobiografischen Gedächtnisses. Diese Gedächtnisfunktion ermöglicht dem Kind einen autobiografischen Zugang zu seinem Selbst: Erlebnisse werden nun mit dem Selbst verankert und somit als selbst erlebt, d. h. als Teil des Selbst, im Gedächtnis abgelegt. Mit der Entwicklung der Sprache und der Ausdifferenzierung des (autobiografischen) Gedächtnisses wird die eigene Person mit ihren Eigenschaften, Attributen und ihrer Historie (Biografie) zunehmend komplex mental repräsentiert.

In dieser Altersphase entwickeln Kinder auch eine Theory of Mind. So verneinen Kinder beispielsweise zunächst, dass das, was Personen sagen, von dem, was sie denken, verschieden sein kann. Im Alter von 6 Jahren können Kinder dann zwischen psychologischer und physikalischer Erfahrung unterscheiden, nehmen aber an, dass diese stets konsistent sind. Erst mit 8 Jahren wird erkannt, dass innere Erfahrungen diskrepant von äußerer Erscheinung sein können. Dies bedeutet, sie haben eine Vorstellung davon entwickelt, dass eine Person ein privates subjektives Selbst hat, das nicht immer aus ihrem Verhalten abgelesen werden kann, und dass das Selbst sich selbst täuschen kann.

In dieser Entwicklungsphase zeigen Kinder auch erstmalig auf die eigene Person bezogene Gefühle, wie Stolz, Scham oder Verlegenheit – d. h. Gefühle, die einen selbstbezogenen Standard notwendig voraussetzen.

▶ **8–12 Jahre:** In dieser Altersphase erwerben Kinder ein Verständnis von abstrakten Konzepten wie Personeigenschaften oder Fähigkeiten und damit einhergehend domänenspezifische fähigkeitsbezogene Selbstkonzepte. So sind beispielsweise die über die ersten Schuljahre hinweg typischerweise signifikant abfallenden Selbsteinschätzungen eigener Fähigkeiten im Wesentlichen darauf zurückzuführen, dass Kinder erst während dieser Zeit eine Vorstellung davon entwickeln, dass Leistungen auf Fähigkeiten zurückgehen, die zeitlich relativ stabil sind.

Ab der mittleren Kindheit ermöglichen soziale Vergleiche eine zunehmend ausdifferenzierte Einschätzung der eigenen Person (z. B. »größer als«, »schneller als«). Gleichzeitig werden die beschreibenden und bewertenden Äußerungen anderer eine wichtige Quelle von Informationen für die eigene Person. Dabei nimmt während der Kindheit nicht nur die Zahl dieser Informationsquellen, sondern auch die Fähigkeit zu, diese aktiv selbst zu bewerten, etwa im Hinblick auf die Glaubwürdigkeit der Quelle. Dies wiederum eröffnet über die konstruktiven Spielräume der Narration hinaus eine weitere Option, das Selbstbild durch »Verhandlungen« verschiedener selbstbezogener Informationen und Überzeugungen zu gestalten; die Entfaltung dieser Option ist, wie noch deutlicher werden wird, für das Selbst des Heranwachsenden oder Erwachsenen geradezu konstitutiv.

23.4.2 Persönlichkeitsentwicklung in der Kindheit

Temperament. Bei Kindern ist vorzugsweise eine basale Konfiguration von Verhaltens- und Erlebensneigungen untersucht worden, von der viele Autoren annehmen, dass sie die Grundlage für die Persönlichkeit darstellen, d. h. für die Herausbildung interindividueller Unterschiede in Fähigkeiten und Kompetenzen, im emotional-kognitiven Bereich und im Bereich des sozialen Verhaltens: das sog. Temperament. Darunter werden relativ stabile, in der Entwicklung sehr früh sichtbar werdende Eigenschaften verstanden, die sich auf Intensität und Qualität emotionaler Reaktionen, Aktivierungsniveau, Reaktivität sowie auf die emotionale, aufmerksamkeits- und verhaltensbezogene Selbstregulation beziehen. Das Temperament von Kindern wird durch Verhaltensbeobachtungen, physiologische Messungen (z. B. Herzfrequenz, Muskelspannung, Cortisolausschüttung) oder Elternberichte (Fragebögen mit Verhaltensinventaren, Interview) erfasst.

Temperamentstypen. Es sind verschiedene Klassifikationssysteme für Temperamentsmerkmale vorgelegt worden. So haben beispielsweise Thomas und Chess (1980) auf der Grundlage detaillierter Verhaltensbeschreibungen, die Eltern über ihre Säuglinge oder Kleinkinder auf den Dimensionen Aktivitätsniveau, Rhythmizität, Ablenkbarkeit, Annäherung vs. Rückzug, Adaptabilität, Aufmerksamkeitsspanne und Beharrlichkeit, Reaktionsintensität und Qualität der Gestimmtheit abgegeben haben, drei Temperamentstypen unterschieden:

(1) das sog. »einfache Kind« (positive Reaktion auf neue Reize, Regelmäßigkeit des Verhaltens, Anpassungsfähigkeit, positive Grundstimmung; 40 % ihrer Stichprobe),
(2) das »schwierige Kind« (die entgegengesetzten Merkmale und eine erhöhte Reaktionsintensität; 10 %) und
(3) das »nur langsam aktive Kind« (verlangsamte Reaktion bei Annäherung und Rückzug und in der Anpassungsfähigkeit; 15 %).

Temperamentssysteme. Rothbart und ihre Mitarbeiter/-innen unterscheiden drei breite Temperamentssysteme:
(1) Begeisterungsfähigkeit (umfasst u. a. Aktivitätsniveau, Impulsivität, Soziabilität, vokale Reaktivität),
(2) negative Affektivität (umfasst u. a. Angst, Frustration, Traurigkeit) und
(3) intentionale Kontrolle (umfasst u. a. Fähigkeit zur Aufrechterhaltung von Aufmerksamkeit, zur Unterdrückung unangemessener Reaktionen und zum Wechsel der Aufmerksamkeit von einer Aufgabe zu einer anderen).

Diese Temperamentssysteme werden früh in der Kindheit sichtbar und befördern in Interaktion mit Umweltfaktoren eine unterschiedliche soziale Entwicklung des Kindes (für einen Überblick siehe z. B. Putnam et al., 2008).

Stabilität von Temperamentsmerkmalen. In verschiedenen Studien konnte gezeigt werden, dass der emotionale Stil eine moderat hohe Stabilität über die Kindheit hinweg aufweist. Putnam et al. (2008) fanden beispielsweise in einer Stichprobe von 246 Kindern, die dreifach (im Alter von 3–12 Monaten, von 18–23 und von 27–59 Monaten) durch ihre Eltern in ihrem Verhalten beschrieben worden waren, für Begeisterungsfähigkeit und negative Affektivität über die Messzeitpunkte hinweg signifikante Korrelationen zwischen $r = .25$ und $r = .59$ und für intentionale Kontrolle signifikante Zusammenhänge zwischen angrenzenden Messzeitpunkten. Insbesondere bei Kindern, die eine extreme Ausprägung hinsichtlich eines Temperamentmerkmales aufweisen (z. B. stark gehemmte oder schüchterne Kinder, die auf unbekannte Stimuli sehr negativ reagieren, oder gänzlich ungehemmte Kinder, die sich neuen Stimuli aktiv annähern), zeigen sich diese Merkmale typischerweise zu späteren Zeitpunkten nicht radikal verändert.

Temperamentsmerkmale als Entwicklungsfaktoren. Temperamentsmerkmale sollen – als grundlegende Dimensionen der Persönlichkeit – eine Rolle bei der Entwicklung interindividueller Unterschiede in Fähigkeiten, im emotionalen Erleben und im sozialen Verhalten spielen. So konnten beispielsweise Valiente et al. (2010) in einer Stichprobe von 291 Kindergartenkindern zeigen, dass intentionale Kontrolle positiv, negative Affektivität hingegen negativ mit ihren späteren Leistungen im Lesen und im Rechnen zusammenhing.

Während die (für diese junge Altersgruppe) relativ hohen Stabilitäten von Temperamentsmerkmalen als Hinweis darauf gewertet werden können, dass diese eine biologische Grundlage haben, ist keine Studie bekannt, in der nachgewiesen worden wäre, dass ein Kind seinen emotionalen Stil bewahren würde, wenn dieser nicht auch direkt oder indirekt durch die Umwelt mit unterstützt würde. So reagieren beispielsweise Eltern »schwieriger Kinder« (vgl. Thomas & Chess, 1980) oft, nachdem das Kind das 2. Lebensjahr erreicht hat, ärgerlich und disziplinierend, was häufig bei dem Kind Reaktanz auslöst, sodass sich im Ergebnis das irritierbare und affektiv negativ getönte Verhalten des Kindes noch verstärkt. Sowohl hoch irritierbare Kinder als auch Kinder mit einer starken Gehemmtheit entwickeln sich am ehesten in Richtung eines günstigeren Temperaments, wenn sie einen akzeptierenden Erziehungsstil erfahren, durch den ihre emotionale Selbstregulationskompetenz und ihr Explorationsverhalten günstig beeinflusst werden.

23.5 Jugend

23.5.1 Selbstentwicklung in der Jugend

Identitätsentwicklung nach Erikson. In der Jugendphase wird die Frage nach der eigenen Identität für die sich entwickelnde Person ein bedeutungsvolles Thema. Seit den Überlegungen von Erikson (1966) dürfte dies einen der unstreitigen Konsenspunkte der Entwicklungspsychologie des Jugendalters markieren: Obwohl die Bildung, Festigung und Differenzierung der Identität Erikson zufolge eine lebenslange Aufgabe ist, wird in seinem Modell dem Jugendalter für die Entwicklung der eigenen Identität eine besondere Bedeutung beigemessen, unter anderem deswegen, weil in dieser Phase die eigene Identität erstmals explizit thematisiert wird: »Wer bin ich, wer will ich sein?«. Für die erfolgreiche Bewältigung von für die Jugendphase typischen Konflikten oder Krisen maß Erikson einer starken Ich-Identität eine zentrale Bedeutung zu. Die Ausbildung von Ich-Identität (Selbstkonsistenz) impliziert, dass der Jugendliche zunehmend genau weiß, wer er ist und worin über Zeit, Situationen und soziale Kontexte hinweg die Einheitlichkeit und Unverwechselbarkeit der eigenen Person begründet ist. »Das bewußte Gefühl, eine persönliche Identität zu besitzen, beruht auf zwei gleichzeitigen Beobachtungen: der unmittelbaren Wahrnehmung der eigenen Gleichheit und Kontinuität in der Zeit, und der damit verbundenen Wahrnehmung, dass auch andere diese Gleichheit und Kontinuität erkennen« (Erikson, 1966, S. 20). Die Ich-Identität erlaubt es nach Eriksons Vorstellung dem Erwachsenen, sich aus den (kindlichen) Fesseln von Selbstverurteilung und Minderwertigkeitsgefühlen zu befreien.

Identitätsentwicklung nach Marcia. Im Anschluss an Erikson hat Marcia (1966) die Identitätskrise der Adoleszenz durch Unterscheidung von vier Identitätszuständen weiter differenziert. Er betont die aktive Konstruktion der eigenen Identität, also die Auseinandersetzung des Individuums mit der Frage, wer oder wie es selbst sein möchte, z. B. welchen Gruppen es angehören will, welche Werte für es besonders bedeutsam sind oder welchen Beruf es ergreifen möchte. Er unterscheidet vier Identitätszustände, die durch die Dimensionen Identitätsbindung und -erkundung (»commitment« und »exploration«) beschrieben werden können. So ist der Zustand einer »diffusen Identität« (»diffusion«) durch das Fehlen sowohl einer Bindung als auch einer gerichteten Erkundung gekennzeichnet, während der Zustand einer »erarbeiteten Identität« (»achievement«) durch eine gefestigte Bindung bei gleichzeitiger Offenheit für weitere Erkundungen charakterisiert wird. Als »kritische Identität« (»moratorium«) wird in Marcias Modell eine zielgerichtete, aktive Erkundung bei einer (noch) nicht vorhandenen Bindung beschrieben. Den Zustand einer ohne jede Exploration eingegangenen festen Bindung schließlich bezeichnet er als »übernommene Identität« (»foreclosure«).

> **Denkanstöße**
>
> Sowohl Erikson als auch Marcia legen ihren Entwicklungsmodellen offenbar auch normative Vorstellungen zugrunde: Die erarbeitete Identität ist »reifer« oder »besser« als die übernommene oder diffuse Identität, die Krise der Intimität »muss« *nach* der Krise der Identität gelöst werden. Überlegen Sie, ob es Alternativen zu diesen normativen Voraussetzungen geben könnte. Gibt es beispielsweise soziokulturelle Bedingungen, unter denen man erst Intimität und danach Identität erarbeitet? Wie lassen sich die Annahmen und Voraussetzungen von Erikson und Marcia gegen solche Einwände verteidigen?

Differenzierung des Selbst nach Kontexten und Gruppenzugehörigkeiten

Die wachsende Bedeutung der Identitätsthematik im Jugendalter ist sicher auch Konsequenz der zunehmenden Differenzierung der dem Selbst zugrunde liegenden kognitiven Struktur. Die durch abstrakte und formale Denkoperationen entwickelten komplexen mentalen Repräsentationen und begrifflichen Strukturen ermöglichen nun eine kognitiv, affektiv und motivational differenzierte, dabei auch sozial relativierte Identität. Die in der späteren Kindheit noch dominierenden generalisierten Selbstzuschreibungen (z. B. »mutig«) werden nun auf soziale Kontexte hin spezifiziert, dadurch werden auch auf den ersten Blick widersprüchliche Selbstkonzeptaspekte integrierbar (z. B. »selbstsicher im Freundeskreis«, »schüchtern gegenüber dem anderen Geschlecht«).

Vor allem während der Adoleszenz gewinnen die Zugehörigkeit zu (möglicherweise verschiedenen oder wechselnden) sozialen Gruppen und damit die Bedürfnisse nach entsprechender Selbstkategorisierung eine zentrale Bedeutung. So kann der Jugendliche mit dem Ziel der aktiven Konstruktion des eigenen Selbst (oder der eigenen Identität) nicht nur bestimmte persönliche Merkmale oder Einstellungen betonen und vor anderen demonstrieren (z. B. ein T-Shirt mit der Aufschrift: »Hausaufgaben gefährden meine Gesundheit« tragen), sondern auch sich bestimmten sozialen Gruppen anschließen (z. B. einem Fußball-Fanclub oder der Gruppe der Raucher) und damit zeigen, wie er sich selbst sieht oder von anderen wahrgenommen werden will. Dadurch, dass sich der Jugendliche als Mitglied der entsprechenden Gruppen kategorisiert (»ich bin Hertha-Fan«, »ich bin Raucher«), eignet er sich die sozialen Bedeutungen an, die diese Gruppen in einer Kultur (z. B. in der Gruppe der Peers) haben (»ich bin sportbegeistert und ein toller Kumpel«, »ich bin cool und setze mich über Konventionen der Erwachsenen hinweg«; Kessels & Hannover, 2004).

Jenseits selbstbezogener Neugier motivieren vor allem die mit der Einschätzung der eigenen Person verbundenen Bewertungen die Suche nach Identität des Jugendlichen. Wenn hierbei, wie angesprochen, soziale Bezüge eine wichtige Rolle spielen und insbesondere die Bedeutung der Gleichaltrigen gegenüber der Familie ansteigt, können die sozialen Rückmeldungen zur eigenen Person durch zunehmende Selektion und aktiven Einfluss auf diese »signifikanten Anderen« mitgestaltet werden. Das Selbst wird nun in zunehmendem Maße nicht nur Produkt, sondern auch Produzent seiner eigenen Entwicklung.

> **Unter der Lupe**
>
> **Selbst-Prototypen-Abgleich**
>
> Ein Mechanismus, den Jugendliche nutzen, um ihr Selbst aktiv zu konstruieren und vor anderen zu demonstrieren, ist das Self-to-Prototype-Matching: In Entscheidungssituationen stellen sie sich vor, wie typische Personen sind, die die verschiedenen Verhaltensoptionen wählen. Diese »Prototypen« werden dann mit dem Selbst abgeglichen und es wird diejenige Verhaltensweise gewählt, für die sich die höchste Übereinstimmung zwischen Prototyp und Selbst ergibt.
>
> Hannover und Kessels (2004) haben diese Zusammenhänge am Beispiel der Präferenz für verschiedene Schulfächer nachgewiesen. Jugendliche wurden gebeten, anhand von Adjektivlisten sich selbst und einen typischen Jungen bzw. ein typisches Mädchen zu beschreiben, die Physik, Mathematik, Englisch oder Deutsch entweder als Lieblings- oder als Hassfach haben. Die Ergebnisse zeigten, dass Schüler/-innen mit einer Abneigung gegen naturwissenschaftlich-mathematische Fächer als körperlich und sozial attraktiver, als sozial stärker integriert, kreativer und emotionaler beurteilt wurden als Schüler/-innen, für die Mathematik oder Physik ihr Lieblingsfach ist. Einzig hohe

Intelligenz wurde den Jugendlichen mit Mathematik- oder Physik-Leidenschaft positiv attestiert. Umgekehrt wurden Schülern und Schülerinnen mit einer Abneigung gegen geisteswissenschaftlich-sprachliche Fächer weniger positive Eigenschaften zugeschrieben als Schülern oder Schülerinnen, die Englisch und/oder Deutsch gerne mögen. Wurden die Selbstbeschreibungen der Jugendlichen mit den Fach-Prototypen in Beziehung gesetzt, so ließ sich ein deutlicher Zusammenhang dahin gehend feststellen, dass die Jugendlichen ein Schulfach umso lieber mochten, je stärker ihre individuelle Selbstbeschreibung mit ihrer Beschreibung des jeweiligen Fach-Prototypen übereinstimmte. Dies galt jedoch hypothesenkonform nur für solche Jugendlichen, die eine hohe Selbstklarheit hatten, d. h., die von sich sagten, sie wüssten genau, wer oder wie sie selbst sind. Es scheint, dass Personen, die ein klares Bild von der eigenen Person haben, ihr Selbst heranziehen, um bei Verhaltensentscheidungen (z. B. Wahl von Leistungskursen in der Schule) die mit den verschiedenen Entscheidungsoptionen verbundenen Prototypen mit ihrem Selbst abzugleichen und dasjenige Verhalten zu wählen, das am ehesten geeignet ist, nach außen zu zeigen, wer sie selbst sind bzw. wie sie selbst von anderen wahrgenommen werden wollen.

Entwurf möglicher Selbste

Für das Jugendalter typisch ist weiterhin die Herausbildung von Alternativ- und Zukunftsentwürfen der eigenen Person, zunächst vor allem in Bezug auf das Körperbild, zunehmend aber auch in psychischer und sozialer Hinsicht. Solche sog. »possible selves«, d. h. Repräsentationen personaler Ziele oder zukunftsbezogene Vorstellungen darüber, wie man gerne werden möchte oder aber auch nicht werden möchte, spielen beginnend mit der Adoleszenz neben dem Wissen darüber, wer oder wie man gegenwärtig ist (»actual self«), eine bedeutsame Rolle (Cross & Markus, 1991): Sie organisieren und energetisieren zielgerichtete Handlungen, sie wirken wie Anreize für zukünftiges Verhalten, weil sie das Bild des Selbst, das angestrebt bzw. vermieden wird, zeigen und weil sie den Kontext bereitstellen, in dem das gegenwärtige Selbst auf eine Weise interpretiert und bewertet wird, dass die Verfolgung personaler Ziele (und die Vermeidung nicht erwünschter möglicher Selbste) begünstigt wird.

Selbstwertempfinden

> **Definition**
>
> Der **Selbstwert** ist als die Einstellung definiert, die eine Person sich selbst gegenüber hat.

Der Selbstwert setzt sich aus domänenspezifischen Selbstbewertungen (»domain-specific self-concepts«) zusammen (z. B. bezüglich akademischer Fähigkeiten: »Ich fühle mich meiner Fähigkeiten sicher«, bezüglich sozialer Kompetenzen: »Ich werde respektiert und geschätzt« und bezüglich des äußeren Erscheinungsbilds: »Ich bin mit meinem Körper zufrieden«). Ein positiver Selbstwert wirkt sich günstig auf Gesundheit, Lebenszufriedenheit, schulischen und beruflichen Erfolg aus: Menschen, die von ihren eigenen Qualitäten oder Fähigkeiten überzeugt sind, sehen optimistischer in die Zukunft und lassen sich weniger leicht durch Misserfolge entmutigen.

Die Diskrepanz zwischen angestrebten möglichen Selbsten und der wahrgenommenen Realität der eigenen Person stellt eine Quelle des Selbstwertempfindens dar: Schwankungen oder Veränderungen des Selbstwerts am Ende der Kindheit, vor allem erlebt als hohe Variabilität und Kontextabhängigkeit des Selbstwertempfindens, stellen ein wesentliches Charakteristikum der Selbstentwicklung im Jugendalter dar.

23.5.2 Persönlichkeitsentwicklung in der Jugend

Dafür, dass die schon in der frühen oder mittleren Kindheit sichtbar werdenden Merkmale des Temperaments die Grundlage der Herausbildung der Persönlichkeit darstellen, sprechen Befunde, nach denen verschiedene, auch viele Jahre später gemessene Indikatoren sozialer Anpassung (wie z. B. die Qualität interpersonaler Beziehungen oder Verhaltensauffälligkeiten im Jugendalter) aus den frühen Messungen von Temperament vorhergesagt werden können (für einen Überblick über einschlägige Studien siehe z. B. Asendorpf et al., 2009).

Dunedin-Studie. Ein Beispiel stellt die längsschnittlich angelegte Dunedin-Studie dar, die 1037 in den Jahren 1972 und 1973 in Neuseeland geborene Kinder in ihrer

Persönlichkeitsentwicklung bis zum Alter von 21 Jahren verfolgte. Die im Alter von 3 Jahren erfolgte Einteilung der Kinder in verschiedene Temperamentstypen (vergleichbar denen von Thomas & Chess, 1980; s. Abschn. 23.4.2) erwiesen sich als vorhersagekräftig für Verhaltensprobleme in der Schule und zu Hause, für den Persönlichkeitsstil im Alter von 18 Jahren sowie für die Qualität der interpersonalen Beziehungen, die berufliche Situation, kriminelles Verhalten und psychiatrische Auffälligkeiten im Alter von 21 Jahren. So berichteten beispielsweise Eltern und Lehrer von Kindern, die im Alter von 3 Jahren als »undercontrolled« (vergleichbar der Kategorie »schwieriges Kind«) klassifiziert worden waren, über mehr externalisierende Verhaltensauffälligkeiten (z. B. Bullying, Lügen, häufig in körperliche Auseinandersetzungen involviert) bei den inzwischen 5, 7, 9, 11, 13 und 15 Jahre alten Kindern, als Eltern und Lehrer von Kindern dies taten, die entweder als »well-adjusted« (vergleichbar der Kategorie »einfaches Kind«) oder als »inhibited« (vergleichbar dem »nur langsam aktiven Kind«) klassifiziert worden waren. Umgekehrt zeigten die als 3-Jährige als inhibiert Klassifizierten in der Adoleszenz (13 und 15 Jahre) mehr internalisierende Verhaltensprobleme, wie z. B. häufiges Grübeln oder Weinen, als die Jugendlichen aus den anderen beiden Temperamentsgruppen.

Wurden die Temperamentsklassifikationen zu Persönlichkeitsmerkmalen im Alter von 18 Jahren in Beziehung gesetzt, so zeigte sich, dass die Testpersonen, die als 3-Jährige als unterkontrolliert klassifiziert worden waren, über eine geringe Selbstkontrolle (z. B. rücksichtslos), geringe Risikomeidenstendenzen (z. B. Spaß an gefährlichen Aktivitäten), hohe Aggressivität (z. B. Spaß daran, anderen Unbehagen zu bereiten) und starke Gefühle von Entfremdung (z. B. Gefühl, von anderen schlecht behandelt zu werden) berichteten. Die als 3-Jährige als »inhibiert« klassifizierten Testpersonen hingegen beschrieben ihren Persönlichkeitsstil im Alter von 18 Jahren als überkontrolliert und nicht assertiv: hohe Selbstkontrolle, starke Risikomeidung, geringe Aggressivität, Submissivität und ein geringes Bedürfnis, andere sozial zu beeinflussen.

Die Untersuchung der Testpersonen im Alter von 21 Jahren ergab unter anderem, dass die im Alter von 3 Jahren als »undercontrolled« Klassifizierten mehr Konflikte mit Freunden, Bekannten und Kollegen hatten, mehr Schwierigkeiten hatten, einen Job zu finden, und sowohl nach eigenen Angaben als auch nach offiziellen Polizeistatistiken häufiger delinquentes Verhalten gezeigt hatten als diejenigen, die als Kinder als »well-adjusted« klassifiziert worden waren. Umgekehrt gaben die als »inhibited« Klassifizierten an, weniger auf soziale, materielle und emotionale Unterstützung durch andere zurückgreifen zu können als die als »well-adjusted« klassifizierten Personen. Weiter wurden mehr der als »inhibited« klassifizierten Kinder im Alter von 21 Jahren als depressiv diagnostiziert, wohingegen als »undercontrolled« klassifizierten Kindern im Alter von 21 Jahren häufiger eine antisoziale Persönlichkeitsstörung oder Alkoholabhängigkeit bescheinigt wurden. Beide Gruppen gaben häufiger als die als Kinder als »well adjusted« diagnostizierten Testpersonen im Alter von 21 Jahren an, im vergangenen Jahr einen Selbstmordversuch gemacht zu haben.

LOGIC-Studie. Eine weitere Untersuchung, in der die Stabilität von Persönlichkeitsmerkmalen von der Kindheit bis ins frühe Erwachsenenalter hinein geprüft wurde, stellt die LOGIC-Studie dar (für einen Überblick siehe z. B. Asendorpf et al., 2009). 141 Kinder wurden von ihren Eltern und Lehrern im Alter von 4, 5 und 6 Jahren anhand von Q-Sort-Profilen hinsichtlich ihrer Ähnlichkeit zu drei Persönlichkeitstypen beschrieben: »ego-resilients« (selbstsicher, kognitiv kompetent, fähig Stress zu bewältigen, nicht launenhaft), »overcontrolled« (umgänglich, nicht aggressiv, nicht selbstsicher) und »undercontrolled« (energisch, ruhelos, unsozial, ungehemmt, unaufmerksam). Diese Klassifikation wurde mit zahlreichen Indikatoren von Persönlichkeitsmerkmalen in Beziehung gesetzt, die bei den Testpersonen zu verschiedenen Zeitpunkten bis zum Alter von 23 Jahren gemessen wurden. Die Ergebnisse zeigten beispielsweise, dass »undercontrollers« einen geringeren IQ aufwiesen und später eingeschult wurden als die »resilients«. Die »overcontrollers« wurden über den Beobachtungszeitraum von 19 Jahren von ihren Eltern kontinuierlich als schüchterner eingeschätzt als die »resilients«, wohingen die »undercontrollers« als 4-jährige Kinder zwar mit dem geringsten Schüchternheitswert starteten, als 23-jährige Erwachsene jedoch als genauso schüchtern beurteilt wurden wie die »overcontrollers«: Ihre Schüchternheit nahm beginnend im Alter von 12 Jahren zu. Während sich die drei Persönlichkeitstypen im Alter von 4 Jahren hinsichtlich ihrer Aggressivität kaum voneinander unterschieden, wurden »undercontrollers« später konsistent als aggressiver eingeschätzt als »resilients«. Die »overcontrollers« starteten als Kinder mit geringen Aggressionswerten, erreichten aber den Score der »resilients« ungefähr im Alter von 12 Jahren und wurden dann insbesondere in der Altersphase von 18–23 Jahren als zunehmend aggressiv eingeschätzt. »Undercontrollers« schlossen – auch nachdem der Einfluss von Intelligenz und sozioökonomischem Status des Elternhauses statistisch kontrolliert worden war – seltener die Sekundarschule ab, sie waren nach ihrem 18. Geburtstag kürzer vollzeitbeschäftigt und berichteten von mehr Straftaten als Testpersonen, die als Kinder als »overcontrollers« oder »resilients« klassifiziert worden waren.

Zusammengefasst zeigen die Befunde dieser (und weiterer) Studien eine hohe Stabilität interindividueller Unterschiede in Persönlichkeitsmerkmalen über die ersten beiden Lebensdekaden hinweg. Persönlichkeitsmerkmale und Entwicklungsergebnisse in Jugend und jungem Erwachsenenalter können aus Messungen von Temperamentsmerkmalen in der frühen oder mittleren Kindheit vorhergesagt werden. Die Ergebnisse sprechen damit für klare Kontinuitäten in der Persönlichkeitsentwicklung von der frühen oder mittleren Kindheit bis ins junge Erwachsenenalter hinein. In Zusammenfassung dieser Befunde schreibt Caspi (2000), dass »the child thus becomes the father of the man« (S. 170).

23.6 Erwachsenenalter

23.6.1 Selbstentwicklung im Erwachsenenalter

Klassische Ansätze der Entwicklungspsychologie gehen davon aus, dass das Individuum mit Eintritt in das Erwachsenenleben »entwickelt« ist. Individuelles Verhalten sollte von nun an wesentlich und zunehmend von den – weitgehend stabilen – Eigenschaften der Person bestimmt sein, die in ihrem Selbstbild mehr oder weniger valide »abgebildet« werden. Diese Sichtweise übersieht jedoch, dass das Selbst nicht nur Entwicklungsprodukt, sondern im individuellen Lebenslauf zunehmend auch eine Entwicklungsbedingung darstellt: Unsere Lebensaktivität zielt unter anderem darauf, unserer Entwicklung und also uns selbst (und unserem Selbst) eine bestimmte Form zu geben. Dieser intentionale Aspekt entwicklungsrelevanter Handlungen setzt allerdings auch voraus, dass das Individuum possible selves entwickelt hat, also Vorstellungen davon, wie es sein sollte und werden könnte bzw. wie seine weitere Entwicklung verlaufen könnte und sollte.

Selbstbestimmte Lebensgestaltung. Das Selbst wirkt in dieser Lebensphase auch deshalb in besonderem Maße gestaltend, weil Menschen im mittleren Erwachsenenalter die höchste Autonomie erleben: Sie haben sich ihr Leben gemäß ihren persönlichen Bedürfnissen, Wertvorstellungen und passend zu ihrem Selbstbild eingerichtet. Sie erleben sich als Gestalter ihres eigenen Lebens, fühlen sich weniger abhängig von Erwartungen und Bewertungen durch andere, als dies in Kindheit und Jugend der Fall ist. Wie Labouvie-Vief in Interviewstudien herausfand, zeigen sie dementsprechend eine höhere kognitv-emotionale Komplexität, d. h., das Bild, das sie von sich selbst und anderen, deren Emotionen und Identitäten haben, ist komplexer und besser integriert: »Von allen Altersgruppen waren Personen im mittleren Erwachsenenalter am besten in der Lage, positive und negative Emotionen, die auf das Selbst oder andere Personen, auf die Gegenwart oder die bisherige Lebensgeschichte bezogen waren, miteinander in Einklang zu bringen« (Labouvie-Vief, 2009, S. 553; Übers. der Verf.).

Selbstbezogene Weisheit. Unter günstigen Bedingungen kann diese zunehmende Integration von (ggf. auch widersprüchlichen) Lebenserfahrungen in das Selbstsystem zu selbstbezogener Weisheit (in Abgrenzung von allgemeiner Weisheit; siehe z. B. Staudinger et al., 2005) führen – eine Eigenschaft, deren Herausbildung reichhaltige Lebenserfahrung voraussetzt und die deshalb vor allem bei alten und sehr alten Menschen untersucht worden ist (vgl. Abschn. 36.5.2). Voraussetzung für das Erlangen selbstbezogener Weisheit ist, dass die Person negative Information über die eigene Person in ihr Selbst integriert hat, also Widersprüche in ihrem Selbst miteinander vereinbaren kann. Selbstbezogene Weisheit bedeutet Einsicht und hohe Urteilsfähigkeit auch in schwierigen und unsicheren Fragen des eigenen Lebens. Operational zeigt sich selbstbezogene Weisheit in Denkprotokollen über schwierige Lebensprobleme fiktiver anderer (Lebenseinsicht) oder der eigenen Person (Selbsteinsicht), in einem reichen Wissen über das Selbst, in Strategien des Wachstums und der Selbstregulation, in Selbstrelativierung und dem Erkennen und der Akzeptanz der Ungewissheit des eigenen Lebens.

Mögliche Selbste und Selbstbewertung. Possible selves stellen insbesondere auch im Erwachsenenalter eine bedeutsame Motivation zum Handeln dar, weil hier die zeitliche Gebundenheit, mit der bestimmte Ziele erreicht werden können (z. B. sportliche Höchstleistungen; ein eigenes Kind), aber auch die Endlichkeit des eigenen

Lebens ins Bewusstsein treten (vgl. z. B. Ryff, 1991). Im Vergleich zum Jugendalter sind die Zukunftsvorstellungen von der eigenen Person bei Erwachsenen weniger idealistisch überhöht, stärker realitätsangemessen und konkreter an bereits eingenommenen Rollen (z. B. Elternrolle) und Verantwortlichkeiten (z. B. für die Mitarbeiter/-innen) ausgerichtet. Im Unterschied zu Wissen über das aktuelle Selbst impliziert Wissen über possible selves, dass Letztere gleichzeitig ein zu erreichendes Ziel und damit einen Standard für die Selbstwertung darstellen: Positive Selbstbewertungen resultieren, wenn die Person sich dem Ziel-Selbst annähert, negative Selbstbewertungen, wenn sie sich nicht angenähert oder gar von ihrem Ziel entfernt. Dadurch, dass Erwachsene ihre possible selves an ihre Möglichkeiten kontinuierlich anpassen, können sie einen positiven Selbstwert bewahren. So fand beispielsweise Huang (2010) in einer Metaanalyse von 59 Längsschnittstudien zur Entwicklung des Selbstwerts mit insgesamt 130 unabhängigen Stichproben, dass der Selbstwert während der Kindheit (bis 12 Jahre), des Übergangs in das Erwachsenenleben (18–22 Jahre) und während der sich anschließenden Dekade des jungen Erwachsenenlebens (22–30 Jahre) zunahm. Während der Jugendphase (12–18 Jahre) und nach dem Alter von 30 Jahren zeigten sich keine bedeutsamen Veränderungen. Die Verbesserung des Selbstwerts war über die Lebensspanne hinweg betrachtet dabei vergleichsweise am stärksten in der Zeit zwischen 22 und 30 Jahren und blieb dann im Wesentlichen stabil.

Abnehmender Selbstwert im höheren Alter. Im hohen Erwachsenenalter allerdings gelingt es Menschen angesichts einer zunehmend ungünstigen Gewinn-Verlust-Bilanz nicht immer, ein positives Bild der eigenen Person zu bewahren (vgl. Abschn. 12.3.3). So fanden Orth et al. (2010) in einer für Nordamerika repräsentativen Stichprobe von über 3.000 Personen, dass der Selbstwert im jungen und mittleren Erwachsenenalter anstieg, eine Spitze im Alter von ca. 60 Jahren erreichte und dann abfiel. Dieser Abfall ließ sich vor allem durch gesundheitliche Einschränkungen und den abnehmenden sozioökonomischen Status der alten Menschen erklären. Mit zunehmendem Alter, spätestens ab dem achten Lebensjahrzehnt, müssen Menschen auf verschiedenen Dimensionen selbstrelevante Einschränkungen registrieren: Die berufliche Rolle geht durch die Pensionierung verloren, der allgemeine Gesundheitszustand verschlechtert sich, sensorische Funktionen und die mentale Leistungsfähigkeit lassen in manchen Bereichen nach, der eigene Partner und andere bedeutsame Bezugspersonen sterben und die Angst vor dem eigenen Tod kann sich zur Belastung entwickeln. Solche Erfahrungen können die Stabilität und Positivität der Sicht auf die eigene Person in besonderem Maße bedrohen.

Verteidigungslinien gegen Selbstbildbedrohungen. Wie ist es zu erklären, dass trotzdem das Selbst im hohen Erwachsenenalter relativ stabil bleibt? Die zahlreichen möglichen Reaktionen auf einen potenziell selbstbildbedrohlichen Sachverhalt lassen sich grob zwei »Verteidigungslinien« (Greve & Wentura, 2010) zuordnen: Die erste Linie ist durch die Zurückweisung der bedrohlichen Information gekennzeichnet. Die Person nimmt im weitesten Sinne nicht zur Kenntnis, was Konsistenz oder Kontinuität ihres Selbstbildes bedrohen könnte. Dies umfasst Mechanismen der Wahrnehmungsabwehr, der Leugnung oder der Verdrängung. Allerdings wird diese Zurückweisung unerwünschter oder bedrohlicher Evidenz nicht immer und insbesondere auf die Dauer nicht gelingen, weil Menschen handlungsfähig und insbesondere in ihren sozialen Interaktionen anschlussfähig bleiben müssen. Dementsprechend besteht die zweite Verteidigungslinie in der Neutralisierung der Bedrohlichkeit einer als inkonsistent mit dem aktuellen Selbstbild zunächst akzeptierten Tatsache. Vielfach gibt es einen beträchtlichen Spielraum für »Realitätsverhandlungen«. Relevante Mechanismen umfassen z. B. selbstwertdienliche Urteilsverzerrungen bei der Attribution eigener Leistung, Prozesse der Neubewertung von zunächst unerfreulichen Widerfahrnissen, Zweifel an der Quelle einer bedrohlichen Information oder Dynamiken der »Rationalisierung« eigener Fehlentscheidungen.

Realitätsakzeptierende Entwicklungsdynamik des Selbst. Daneben gibt es eine Art geschmeidiger, realitätsakzeptierender Entwicklungsdynamik des Selbst, die eine Stabilität des Selbst über die Lebensspanne hinweg sichert, ohne dabei reale Veränderungen völlig zu missachten. Dazu kann die Person Wissen über die eigene Person angesichts diskrepanter Evidenz modifizieren, ohne es in seinem konzeptuellen Kern zu verändern. So kann beispielsweise das durch zunehmende Vergesslichkeit in Alltagsdingen bedrohte Selbstbild eines guten Gedächtnisses dadurch geschützt werden, dass die subjektive Bedeutung (gewissermaßen die interne »Operationalisierung«) von »Gedächtnis« zunehmend auf Aspekte kristallinen (weiterhin gut verfügbaren) Wissens fokussiert wird (Greve & Wentura, 2010). Dieses Manöver rettet einerseits (bis auf Weiteres) die Überzeugung, man habe ein gutes Gedächtnis, erlaubt aber gleichzeitig das Eingeständnis, zukünftig Einkaufs- oder Telefonlisten zu benötigen. Eine derartige »Immunisierung« des Selbstkonzeptes (Greve & Wentura, 2010) schützt einen für die Person wichtigen Kern des Selbstkonzeptes und passt den Schutzgürtel der »Operationalisierungen« dieses Kernes gleichzeitig den tatsächlichen Verhältnissen an und ermöglicht somit eine angemessene Anpassung eigenes Handelns an veränderte Bedingungen. Die beschriebenen adaptiven Dynamiken erklären, wieso Menschen über die lange Spanne des Erwachsenenalters auch angesichts teilweise erheblicher Veränderungen realitätsorientiert bleiben und trotzdem ein starkes Gefühl dafür bewahren können, dieselbe Person geblieben zu sein.

> **Denkanstöße**
>
> Überlegen Sie, unter welchen Bedingungen Sie bereit wären, einer komplex reagierenden und interagierenden Maschine ein Selbst zuzuschreiben? Wie wäre es, wenn sich herausstellte, dass ein Kollege an einem anderen Ort, mit dem Sie seit Jahren (per Telefon, Fax, Computer) zusammenarbeiten, nur eine sehr gut programmierte Maschine war?

23.6.2 Persönlichkeitsentwicklung im Erwachsenenalter

Die Befundlage zu der Frage, inwiefern sich Persönlichkeitseigenschaften im Erwachsenenalter noch ändern, ist widersprüchlich und wird nach wie vor kontrovers diskutiert. Ferguson (2010) fand in einer Metaanalyse von 47 Langzeitstudien zur Persönlichkeitsentwicklung eine zunehmende Stabilität von der Kindheit bis ins hohe Erwachsenenalter. Während er für die Gruppe der bis 6-Jährigen Stabilitätskoeffizienten in generellen Persönlichkeitseigenschaften von $r = .56$ und in der Gruppe der 7- bis 13-Jährigen von $r = .44$ fand, waren die Koeffizienten für Jugendliche (14–20 Jahre) mit $r = .72$ und für junge Erwachsene (21–27 Jahre) mit $r = .70$ höher und im mittleren bis hohen Erwachsenenalter mit Koeffizienten zwischen $r = .82$ (42- bis 62-Jährige) und $r = .94$ (für 28- bis 34-Jährige und für 63- bis 83-Jährige) nochmals deutlich verstärkt. Diese Ergebnisse sprechen dafür, dass sich die Persönlichkeit bis ins Jugendalter hinein relativ stark verändern kann, sich im frühen Erwachsenenalter jedoch stabilisiert und bis ins hohe Erwachsenenalter weitestgehend stabil bleibt.

Im Unterschied dazu haben Roberts et al. (2006) in einer Metaanalyse von 92 Langzeitstudien über Veränderungen in den Big Five über die Lebensspanne zeigen können, dass auch im Erwachsenenalter noch bedeutsame Persönlichkeitsveränderungen stattfanden: Offenheit für Erfahrung, Gewissenhaftigkeit und – als eine Facette von Extraversion – soziale Dominanzorientierung nahmen über die Lebenspanne hinweg zu, insbesondere jedoch während des jungen Erwachsenenalters (20–40 Jahre). Auch soziale Vitalität (eine weitere Facette von Extraversion) und Offenheit für Erfahrungen verstärkten sich während der Adoleszenz, schwächten sich jedoch im hohen Alter wieder ab. Verträglichkeit nahm erst im mittleren Erwachsenenalter deutlich zu. Zusammengefasst zeigten sich auf sechs der untersuchten Eigenschaftsdimensionen für vier signifikante Veränderungen im mittleren und hohen Erwachsenenalter.

Ähnliche Ergebnisse wurden von Donnellan und Lucas (2008) für zwei große Querschnitts-Datensätze aus England und Deutschland vorgelegt. In den Stichproben von Personen zwischen 16 und Mitte 80 fand sich eine Abnahme in Extraversion und Offenheit für Erfahrungen und eine Zunahme von Verträglichkeit mit dem Lebensalter. Gewissenhaftigkeit war im mittleren Erwachsenenalter am stärksten ausgeprägt. Neurotizismus war in der britischen Stichprobe leicht negativ und in der deutschen Stichprobe leicht positiv mit dem Lebensalter korreliert.

Noch deutlicher werden altersabhängige Unterschiede, wenn nicht mithilfe von Persönlichkeitsfragebögen einmalige Selbstangaben erhoben, sondern für Personeigenschaften indikative Verhaltensweisen in verschiedenen Situationen beobachtet werden. Da sich das Selbst aus den verschiedenen bereits genannten Gründen über die Lebensspanne hinweg stabilisiert, können auf Selbstangaben beruhende Studien das Ausmaß unterschätzen, in dem Menschen in Abhängigkeit vom Kontext unterschiedliche Eigenschaften zeigen. Um zu prüfen, ob sich die Befunde früherer Studien, die auf Persönlichkeitsfragebögen beruhen, bestätigen lassen, wenn Persönlichkeitseigenschaften über durchschnittliches Verhalten erhoben werden, haben Noftle und Fleeson (2010) drei Altersgruppen von Erwachsenen (18- bis 23-Jährige, 35- bis 55-Jährige, 65- bis 81-Jährige) über einen Zeitraum von ein oder zwei Wochen mehrfach am Tag ihr gegenwärtiges Verhalten beschreiben lassen. Dazu sollten die Teilnehmenden jeweils einschätzen, wie ihr Verhalten während der vergangenen

12 Minuten war, und zwar mithilfe von Adjektiven, die auf die Big Five bezogen waren (z. B. »gesprächig«, »energisch« für Extraversion; »kooperativ«, »rücksichtsvoll« für Verträglichkeit). Die Ergebnisse zeigten für alle drei Altersgruppen große intraindividuelle Varianzen im Verhalten. Die größten Unterschiede zwischen den drei Altersgruppen zeigten sich in den mittleren Verhaltensbeschreibungen für das Ausmaß von Verträglichkeit, emotionaler Stabilität, Extraversion und Gewissenhaftigkeit und die geringsten Unterschiede in Offenheit für Erfahrung. Die altersabhängigen Unterschiede waren dabei deutlicher als diejenigen, die Studien gefunden hatten, die mit einmaligen Selbstangaben über Personeigenschaften arbeiteten.

Zusammenfassung

- Persönlichkeit umfasst die Eigenschaften und Verhaltensdispositionen, die das Individuum charakterisieren. Bereits in der frühen und mittleren Kindheit zeigen sich interindividuelle Unterschiede im Temperament, die prädiktiv für spätere Entwicklungsergebnisse und Persönlichkeitsmerkmale sind. Die grundlegenden Dimensionen der Persönlichkeit – Neurotizismus, Extraversion, Offenheit für Erfahrung, Verträglichkeit und Gewissenhaftigkeit – stabilisieren sich im Verlauf des Lebens, unter anderem bedingt dadurch, dass sich Menschen die Umwelten aussuchen oder gestalten, die optimal zu ihrer Persönlichkeit passen.
- Unter dem Selbst wird das Wissen verstanden, das das Individuum über die eigene Person hat. Auch das Selbst stabilisiert sich über die Lebensspanne hinweg, bedingt dadurch, dass neues Wissen über die eigene Person auf der Grundlage bereits vorhandenen Selbstwissens verarbeitet wird und dass Menschen danach streben, ihr Selbst zu bewahren, »sich selbst treu zu bleiben«. Gleichwohl verändert sich das Selbst lebenslang in dem Maße, wie die Person neues Wissen über sich selbst erwirbt.
- Meilensteine der Selbstentwicklung in der Kindheit sind die Anfänge von Wirksamkeitserleben und Intentionalität, die Gedächtnisfunktion der Selbstpermanenz, die Selbsterkenntnis im Spiegel, die Verwendung von auf die eigene Person bezogener Sprache, die Fähigkeit zur Selbstnarration, das Erleben selbstbezogener Gefühle und die Entstehung fähigkeitsbezogener Selbstkonzepte durch soziales Vergleichen.
- Im Mittelpunkt der Selbstentwicklung im Jugendalter stehen die aktive Konstruktion der eigenen Person, z. B. durch Selbstkategorisierung als Mitglied bestimmter sozialer Gruppen, der Entwurf möglicher zukünftiger Selbste und die Ausrichtung eigenen Handelns zur Erreichung angestrebter und zur Vermeidung unerwünschter möglicher Selbste.
- Auch im Erwachsenenalter ist die Entwicklung des Selbst maßgeblich von möglichen zukünftigen Selbsten beeinflusst, nur sind diese deutlicher an der Realität und an bereits getroffenen Lebensentscheidungen (z. B. eigene Familie, Berufswahl) ausgerichtet als noch in der Jugendzeit. Die hohe Autonomie, die Menschen im mittleren Erwachsenalter erreichen, kann eine Entsprechung in selbstbezogener Weisheit finden. Das hohe Erwachsenenalter verlangt häufig Prozesse der Anpassung des Selbst an zunehmend ungünstige Gewinn-Verlust-Bilanzen, z. B. bedingt durch Gesundheitsbeeinträchtigungen oder den Verlust bedeutsamer Bezugspersonen.

Weiterführende Literatur

Baumeister, R. (Ed.). (1999). The self in social psychology. Philadelphia, PA: Psychology Press. *Eine Sammlung klassischer und wichtiger Texte zur Psychologie des Selbst; trotz des Titels sind fast alle Beiträge auch unter entwicklungspsychologischer Perspektive relevant. Gut zum Einstieg und zum Nachlesen; kann als Sammlung nicht veralten.*

Greve, W. (2007). Selbst und Identität im Lebenslauf. In J. Brandtstädter & U. Lindenberger (Hrsg.), Entwicklungspsychologie der Lebensspanne (S. 305–336). Stuttgart: Kohlhammer. *Übersichtsartikel zur Selbstentwicklung besonders aus der Lebensspannenperspektive, mit besonderem Blick auch auf das Erwachsenenalter.*

Hannover, B., Pöhlmann, C. & Springer, A. (2004). Selbsttheorien der Persönlichkeit. In K. Pawlik (Hrsg.), Theorien und Anwendungen der Differentiellen Psychologie (Enzyklopädie der Psychologie, Themenbereich C, Serie VIII, Bd. 5; S. 317–364). Göttingen: Hogrefe. *Ein Überblicksartikel über die moderne Selbstkonzeptforschung und ihre Beziehungen zur Persönlichkeitspsychologie.*

Harter, S. (2003). The development of self-representation during childhood and adolescence. In M. R. Leary & J. P. Tangney (Eds.), Handbook of self and identity (pp. 610–642). New York: Guilford. *Umfangreicher Überblicksartikel zur Entwicklung des Selbst in Kindheit und Jugend von einer der führenden Forscherinnen im Feld; fasst wichtige Entwicklungsprozesse gut zusammen.*

24 Problembewältigung und intentionale Selbstentwicklung

Werner Greve · Bernhard Leipold

24.1 Die Veränderung der Welt: Aktives Problemlösen

24.2 Intentionale Selbstgestaltung: Die aktionale Perspektive der Entwicklungspsychologie

24.3 Bewältigung und Entwicklung: Jenseits aktiver Problemlösung
    24.3.1 Bewältigung im Lebenslauf
    24.3.2 Individuelle und soziale Bewältigungsformen

24.4 Ein entwicklungstheoretischer Rahmen für Bewältigungsprozesse: Zwei Prozesse der Entwicklungsregulation

24.5 Resilienz und Entwicklung: Das Wechselverhältnis von Stabilisierung und Anpassung

Der Philosoph und Wissenschaftstheoretiker Karl Popper (1902–1994). Seine Arbeiten über die Grundlagen empirischer Wissenschaft und menschlicher Erkenntnis haben die moderne Psychologie vielfach beeinflusst. Zentral für seine Überlegungen ist die Lösung von allgemeinen Problemen

Sie träumen seit Langem davon, einen Roman zu veröffentlichen. Es hat Mühe und Geduld gekostet, viel Zeit erfordert, aber nun ist er tatsächlich fertig: Ihr literarischer Erstling. Sie senden ihn an einen Bekannten, der als Lektor in einem renommierten Verlag arbeitet, und bitten ihn um sein Urteil: Hat Ihr Roman eine Chance auf dem Markt? Ist er gut genug für eine Veröffentlichung? Sie warten aufgeregt und ein wenig ängstlich auf seine Reaktion. Schließlich schreibt er Ihnen. Seine Rückmeldung ist höflich und freundlich, aber unmissverständlich: Keine Chance! Nach seinem Urteil würde kein Verlag diesen Roman veröffentlichen, weil es keinen Markt dafür gibt. Er unterlässt taktvoll jede Kommentierung der ästhetischen Qualität Ihres Buches.

    Sie sind natürlich enttäuscht, und wenden sich an mehrere gute Freunde um Rat. Diese reagieren sehr unterschiedlich. Einer sagt, es sei doch gut, dass nun Klarheit bestünde: Nun könnten – und sollten – Sie sich auf andere Stärken besinnen: Suchen Sie Aufgaben, die zu Ihnen besser passen! Eine Freundin rät, sich nicht auf ein

Urteil einer relativ fremden Person zu verlassen, sondern dem inneren Gefühl, der eigenen Überzeugung zu trauen: Verfolgen Sie hartnäckig Ihren Traum! Ein dritter Freund weist darauf hin, dass dies ja Ihr erster Versuch sei: Warum nicht weiterlernen, beispielsweise einen Kurs zum kreativen Schreiben besuchen, und dann einen besseren Roman schreiben? Eine ältere Freundin schließlich fragt Sie, warum Sie eigentlich in dieses Ziel so viel Zeit und Mühe investiert haben. Wollen Sie wirklich Romane schreiben? Wollen Sie nicht vielleicht tatsächlich nur anderen Dingen ausweichen – der Konfrontation mit Realitäten beispielsweise? Wäre diese Situation nicht eine schöne, wichtige Gelegenheit, sich zu fragen, was Sie *tatsächlich* wollen? Sie sind unschlüssig: Welche Richtung wollen Sie in Zukunft für sich einschlagen?

Man wird Poppers (1994) berühmter Formulierung »alles Leben ist Problemlösen« in dieser allgemeinen Form kaum widersprechen können. Leicht überspitzt könnte man im Anschluss daran sagen, es sei die Funktion von Entwicklung, uns eben dazu zu befähigen, neue Probleme zu lösen. Da Entwicklung ihrerseits aus einer Abfolge von Herausforderungen (Problemen) besteht, ist das Lösen von Problemen offenbar konstitutiv für menschliche Entwicklung. Wenn Probleme durch eine Diskrepanz zwischen einem tatsächlichen (aktuellen, wahrgenommenen) und einem »erstrebten« (gewollten, gesollten oder erforderlichen) Zustand konstituiert werden, dann kann die Lösung eines Problems prinzipiell auf zwei (gleichrangigen) Wegen gesucht werden: Zum einen kann der aktuelle Zustand (der »Ist-Wert«) dem erstrebten Zustand angepasst werden, zum anderen kann der angestrebte Zustand (der »Soll-Wert«) in Richtung einer Verringerung der Diskrepanz angepasst werden.

Die Befähigung zu beiden Formen der Problembewältigung *durch* Entwicklung einerseits und die konstitutive Bedeutung beider Problemlösungsformen *für* Entwicklung andererseits sind das Thema dieses Kapitels. Entwicklung ist notwendig, um zentrale Lebensprobleme zu lösen (ein Kleinkind kann keine Nachkommen erzeugen oder gar aufziehen), aber ebenso ist die Lösung von Problemen die Voraussetzung für (weitere) Entwicklung (die Lösung vom Elternhaus und die Formung einer Identität in der Adoleszenz ist Bedingung der Möglichkeit und bestimmend für die Richtung der Entwicklung im Erwachsenenalter). Diese Perspektive setzt auch voraus, dass menschliche Entwicklung durch ein hohes Maß an Plastizität gekennzeichnet ist (Lövdén et al., 2010), d. h. nicht einfach entlang festgelegter Schritte »abläuft« wie ein Computerprogramm, sondern dass ihr Verlauf von Entwicklungsbedingungen abhängt, zu denen auch das Handeln des sich Entwickelnden gehört.

> **Definition**
> **Probleme** sind charakterisiert durch eine Diskrepanz zwischen einem Ist-Zustand (erlebtem oder tatsächlichem Zustand der Person und/oder Umwelt) und einem Soll-Zustand, der von der Person angestrebt oder für erforderlich gehalten wird.

24.1 Die Veränderung der Welt: Aktives Problemlösen

Der erste Weg, ein Problem zu lösen, nämlich durch Änderung eines aktuellen Zustandes (Ist-Wert) in Richtung auf einen erwünschten oder erforderlichen Zustand (Soll-Wert), wird in der Außenperspektive oft als aktives Handeln beschreibbar sein: Um ein Ziel zu erreichen, werden Anstrengungen unternommen, die – sehr allgemein gesagt – den Zustand der Welt verändern sollen. Alltägliche Probleme werden in aller Regel auf diese Weise gelöst: Man stillt seinen Hunger, versorgt seine Kinder, sichert notwendige Ressourcen durch Anlegen von Vorräten, vermeidet eine Bedrohung, verbindet eine Verletzung, erlernt eine Sprache oder verringert sein Gewicht durch sportliche Aktivitäten. Oft wird diese aktive Veränderung die eigene Person betreffen (z. B. Diät), manchmal wird man auch die Unterstützung anderer Akteure benötigen (z. B. Arzt) und mitunter ist es für das Erreichen eines Zieles nötig, die Umwelt zu verändern (z. B. neue Heizung).

Aktivität ist zielgerichtet. Gemeinsam ist diesen Fällen, dass das Ziel der systematischen Bemühungen selbst nicht infrage steht. Die Absichtlichkeit dieser Bemühungen, die bewusste Reflexion von Ziel und Mittel und die Freiheit ihrer Wahl sind jedoch keine konstitutiven Elemente dieser »aktiven« Form des Problemlösens.

Entscheidend ist nur die »Gerichtetheit« der Aktivität: »Aktiv« in diesem Sinne ist es auch, dass wir unwillkürlich unsere Muskeln anspannen, wenn die Last, die wir heben wollen, schwerer ist, als wir dachten. Typischer für menschliches Problemlösen ist allerdings die im engeren Sinne absichtliche (intentionale) Problemlösung, die eine genauere Analyse des Problems und der für seine Lösung notwendigen oder nützlichen Mittel sowie deren systematischen und kontrollierten (strategischen) Einsatz impliziert.

Komplexe Entwicklung ermöglicht flexible Problemlösung. Komplexe vielzellige Organismen wie wir Menschen können aktive Problemlösungsstrategien in sehr viel flexiblerer Weise verfolgen als einfacher strukturierte Lebensformen. Während fest programmierte (Re-)Aktionsformen (etwa in Bakterien oder Ameisen) in hohem Maße darauf angewiesen sind, dass die zu lösenden Probleme in gleicher Struktur wiederkehren, können Menschen auch neu auftretende Probleme durch Rekombination von Lösungsstrategien oder sogar durch planende und andere antizipatorische kognitive Prozesse lösen. Man könnte sagen, dass eine lange und komplexe Entwicklung wie die menschliche eben diese Flexibilität der aktiven Problemlösung sichert: Entwicklung findet statt, weil der entwickelte komplexe Organismus etwas *tun* kann, was die einfachen Zellstrukturen, aus denen er sich entwickelt (und aus denen er besteht), nicht können.

Entwicklung von Problemlagen und -lösungsfähigkeiten. Dem aktiven Umgang mit Problemen wird in einigen Theorien ein Primat eingeräumt (Heckhausen et al., 2010). Auch wenn das strittig ist, ist jedenfalls klar, dass dieser Ansatz faktisch oft der Weg der Wahl ist. Entwicklungspsychologisch ist dann die Frage wichtig, wie sich die Fähigkeiten (und auch die Motivation) dazu über die Lebensspanne entwickelt haben (s. Abschn. 20.2.1). Baltes et al. (2006) haben argumentiert, dass Kindheit und Jugend dem Auf- und Ausbau von Handlungsfähigkeiten und -ressourcen (primärer Kontrolle) dienen, während das mittlere und insbesondere höhere Erwachsenenalter eher auf die Aufrechterhaltung von Kontrolle und Einfluss gerichtet sind – oder ggf. auf die Kompensation unvermeidbarer Verluste. Nicht nur geläufige Stereotype, sondern auch eine Reihe von Befunden weisen darauf hin, dass sich aversive Problemlagen im späteren Erwachsenenalter zu häufen beginnen: Die körperliche und geistige Leistungsfähigkeit lässt in der Regel nach, schwere Krankheiten und Behinderungen treten mit höherer Wahrscheinlichkeit als in jüngeren Jahren auf, die verbleibende Lebenszeit wird kürzer, durch die Verrentung werden berufliche Orientierungen genommen, wichtige Bezugspersonen sterben (s. Abschn. 12.1, 13.2.2); diese Probleme sind zugleich durch ein geringes Maß an subjektiv empfundener Kontrolle gekennzeichnet. Aber auch wenn diese Verluste und Defizite eingestanden werden, kann ihnen in vielfältiger Weise aktiv begegnet werden. In diesem Zusammenhang ist bemerkenswert, dass die Bewältigung krisenhafter Problemlagen (einschließlich dieser negativen Aspekte des Alterns) der überwiegenden Mehrzahl älterer und alter Menschen offenbar gelingt (Brandtstädter & Greve, 1994; Staudinger, 2000).

Selektion, Optimierung und Kompensation. Strategische Antworten auf drohende und eingetretene Verluste werden insbesondere im Modell »selektiver Optimierung mit Kompensation« (SOK; Baltes & Baltes, 1990; Freund et al., 1999) untersucht. Eine mögliche Reaktion auf knapper werdende Ressourcen (Zeit, Energie, soziale Unterstützung, finanzielle Mittel) ist eine restriktivere Auswahl von Zielbereichen (Selektion), die wiederum den gezielten Ressourceneinsatz ermöglicht. Die individuelle Lebensqualität wird nicht nur von der Verfügbarkeit von Mitteln zum Erreichen eines Zieles, sondern auch von deren Nutzung abhängen: Man kann knappe Ressourcen effizienter einsetzen und so vergleichbare Resultate erzielen (beispielsweise werden nachlassende Gedächtnisfunktionen durch deren effizientere Nutzung offenbar vielfach ausgeglichen; Baltes et al., 2006; s. Abschn. 12.2.5). Wenn bewährte Mittel zur Zielerreichung nicht mehr im erforderlichen Maße verfügbar sind, kann dies durch den Erwerb neuer oder die übertragene Anwendung anderer interner oder externer Ressourcen kompensiert werden, was zur Aufrechterhaltung eines von Verlust bedrohten Funktionsniveaus beiträgt. Ein wichtiger Aspekt der Selbstregulation im hohen Alter besteht eben im kompensatorischen Umgang mit Verlusten; dies können sehr konkret Hilfsmittel sein (z. B. ein Hörgerät) oder soziale Unterstützungen (z. B. ambulante Pflege, externe Verpflegung), aber auch weniger gut erkennbare Strategien, Entwicklungsverluste auszugleichen.

> **Unter der Lupe**
>
> **Denken und Gehen**
>
> In einer anregenden Studie haben Lindenberger et al. (2000) die Annahmen des SOK-Modells auf experimentellem Weg überprüft. Die zentrale Idee der Untersuchung ist es, dass wegen der im Alter zunehmend knapper werdenden Ressourcen diese selektiver eingesetzt werden, weil nur so die jeweils zu lösende Aufgabe gut gelöst werden kann. Die kritische Ressource der Studie ist Aufmerksamkeit – die Probanden hatte die Aufgabe, gleichzeitig eine Erinnerungsaufgabe zu bearbeiten und einen komplizierten Parcours zu durchlaufen (u. a. innerhalb eines relativ schmalen Weges zu bleiben). Es gab zahlreiche Kontrollbedingungen, etwa einen leichteren Parcours, aber natürlich auch die Gedächtnisaufgabe ohne zweite (ressourcenbindende) Aufgabe. Die Vorhersage war, dass eine Zielselektion stattfindet, nämlich das »unfallfreie« Gehen im schwierigen Parcours als das zunächst unmittelbar wichtigere Ziel angesehen und ausgewählt wird, dass dann alle Aufmerksamkeit auf diese Aufgabe konzentriert wird, mit der Folge, dass sie für die (korrekte) Bearbeitung der kognitiven Aufgabe dann fehlt (sofern sie, altersbedingt, knapp ist). Tatsächlich zeigte sich, dass die Zahl der Fehler bei der kognitiven Aufgabe mit steigender Aufmerksamkeitsbindung durch die motorische Aufgabe zunimmt, und dies vor allem bei Älteren (deren Aufmerksamkeitsressourcen insgesamt begrenzter sind).
>
> Lehrreich daran ist nicht nur das zu den Vorhersagen der SOK-Theorie relativ gut passende Befundmuster, sondern nicht zuletzt auch dies, dass entwicklungspsychologische Fragen und Theorien einer experimentellen Prüfung zugänglich sind (eine genauere Lektüre der sorgfältigen Planung und Auswertung ist höchst empfehlenswert). Die oft anzutreffende Behauptung, längsschnittliche Untersuchungsansätze (s. Abschn. 4.2.2) seien der Königsweg der Entwicklungspsychologie, ist nur bedingt zutreffend; sie macht unter anderem die Voraussetzung, dass Kohorteneffekte (s. Abschn. 4.2) auch tatsächlich plausibel erwartet werden können. Die SOK-Theorie aber macht Annahmen zu allgemeinen Prozessen und ihren altersgebundenen Veränderungen. Dies aber, so das Argument, muss sich auch im Querschnitt zeigen, weswegen eine experimentelle Anordnung (mit »Alter« als quasiexperimenteller Variable) die Methode der Wahl ist.

24.2 Intentionale Selbstgestaltung: Die aktionale Perspektive der Entwicklungspsychologie

Wenn Menschen sich über so lange Zeit hinweg entwickeln, um Probleme lösen zu können, und wenn die Probleme, die sie im Laufe ihres Lebens lösen müssen, häufig entwicklungsbedingte Probleme sind, dann liegt es nahe, die aktive Lösung von Problemen auch auf menschliche Entwicklung selbst anzuwenden. Den eingangs bereits angesprochenen Gedanken, Entwicklung *bestehe* in wesentlicher Hinsicht darin, Probleme zu lösen, haben viele Entwicklungstheorien – wenngleich in durchaus verschiedenen begrifflichen Fassungen – an zentraler Stelle formuliert. Entwicklungs*krisen* (Erikson), Entwicklungs*aufgaben* (Havighurst), aber auch Störungen des kognitiven »Equilibrium« (Gleichgewichts) durch nicht assimilierbare Erfahrungen (Piaget), kurz Probleme im eingangs definierten weiten Sinne werden in fast allen Entwicklungstheorien als »Motor« von Entwicklung beschrieben. Indem wir sie lösen, treiben wir unsere Entwicklung weiter – oder machen das wenigstens möglich.

Es lohnt sich, diese Überlegung noch etwas weiter zu differenzieren. Viele unserer Handlungen werden Rückwirkungen auf unsere (weitere) Entwicklung haben: Die Reise, bei der wir eine prägende Erfahrung machen, der vorsorgliche Arztbesuch, der Schlimmeres verhütet hat, die leichtsinnige Klettertour, bei der wir uns verletzen – unsere Entwicklung läuft oft anders, weil wir dies oder jenes getan haben. Man könnte schon dies als »aktive« Gestaltung der eigenen Entwicklung bezeichnen. In gewisser Hinsicht trägt bereits ein Säugling durch seine Aktivität in vielfältiger Hinsicht wesentlich zu seiner eigenen Entwicklung bei; in der Interaktion des Kindes mit seiner materiellen und sozialen Umwelt entfalten sich seine kognitiven und sozialen Kompetenzen (vgl. Abschn. 7.3.2 bzw. 7.3.4).

Intentionale Beeinflussung der eigenen Entwicklung

Aber auch wenn unsere Problemlösungen unsere Entwicklung faktisch beeinflussen, sind sie zunächst nicht *intentional* auf unsere Entwicklung gerichtet: Wie führen sie nicht aus, *um* uns (anders) zu entwickeln; Entwicklungsveränderungen erscheinen hier eher als Beiprodukt denn als intendiertes Handlungsresultat. Entwicklungspsychologisch von besonderem Interesse sind demgegenüber solche Handlungen, die wir in der Absicht wählen, unsere Entwicklung zu beeinflussen (Brandtstädter, 2001). Von einer Selbst*gestaltung* wird man zweckmäßigerweise erst sprechen, wenn die infrage stehenden Handlungen absichtsvoll gewählt und ausgeführt wurden, um der eigenen Entwicklung eine bestimmte Richtung zu geben (Brandtstädter & Greve, 2006).

> **Definition**
>
> **Intentionale Selbstgestaltung** beschreibt die Fähigkeit, Handlungen zu planen, zu initiieren, zu kontrollieren und zu evaluieren, die sich intentional auf die eigene Entwicklung richten, die also durchgeführt werden, um die eigene Entwicklung zu beeinflussen.

Absichtsvolle Selbstgestaltung. Die These des »Individuums als Produzenten seiner Entwicklung« (Lerner & Busch-Rossnagel, 1981) impliziert insofern mehr als die Annahme einer erheblichen Plastizität und Offenheit der Ontogenese, auch mehr als eine kausale Verbindung von eigenem Handeln und der weiteren Entwicklung. Menschliche Entwicklung ist aus dieser Sicht von Menschen absichtsvoll mitgestaltet; sie folgt dabei Regeln, die kulturell präformiert und nicht immer reflektiert oder gewählt sein mögen, aber eine völlig andere Art von Dynamik entfalten als beispielsweise genetisch programmierte Reifungssequenzen, nicht zuletzt auch deswegen, weil sie vom Individuum im Einzelfall – versehentlich oder gezielt – übertreten werden können. Man kann dies die aktionale Perspektive der Entwicklungspsychologie nennen (Brandtstädter, 2001).

Voraussetzungen der Selbstgestaltung. Selbstgestaltung und intentionale Steuerung von Entwicklung machen zahlreiche Entwicklungsvoraussetzungen, die erst im Laufe der ersten beiden Dekaden der Ontogenese vollständig entfaltet werden (Brandtstädter & Lindenberger, 2007). Hierzu gehören

▶ Prozesse der Selbstbeobachtung und -bewertung,
▶ Abwägungs- und Planungsprozesse, in denen Handlungsziele generiert, elaboriert und die erwogenen Handlungsalternativen unter Effizienz- und Nebenwirkungsgesichtspunkten bewertet werden,
▶ exekutive Prozesse, die die Umsetzung und Ausführung, ggf. auch eine adaptive Anpassung der Einzelschritte initiieren und prozedural überwachen, sowie
▶ Evaluationsprozesse, die den eingetretenen Erfolg oder Misserfolg einschließlich möglicher Folge- und Nebenwirkungen für die eigene Entwicklung registrieren und bewerten.

Entwicklungsziele und Intentionsbildungen: Von Bewertungen zum Handeln. Persönliche Ziele oder Projekte, die bestimmte Entwicklungsverläufe und -ergebnisse intendieren, sind auf verschiedenen handlungsregulativen Ebenen repräsentiert; typische Beispiele sind Bildungs- oder Karriereziele. Entwicklungsziele stehen zudem nicht isoliert nebeneinander, sondern bilden komplexe Systeme. Kompatibilitätsprobleme entstehen, da man im Allgemeinen nicht nur ein Ziel, sondern mehrere Ziele gleichzeitig verfolgt (spezifische Berufsziele können z. B. sowohl von altruistischen Zielen wie auch von Status- oder Machtzielen bestimmt sein; solche Polyvalenzen sind der typische Fall).

Persönliche Zielorientierungen und mit ihnen verbundene kognitive und motivationale Strukturen verändern sich im Lebenslauf – auch dies ist ein verbindender strukturierender Gedanke von klassischen Entwicklungstheorien und modernen Ansätzen. Biologische Sequenzen, altersgebundene oder durch kritische Ereignisse bedingte Änderungen persönlicher Handlungsressourcen modifizieren den Spielraum erreichbarer Ziele; spezifische Entwicklungs- und Rollenübergänge wie etwa die Übernahme der Elternrolle, Änderungen der beruflichen Laufbahn, Partnerverlust, Ausscheiden aus dem Berufsleben, schwere Erkrankungen erfordern oft die Revision persönlicher Ziele und Prioritäten, vielfach auch die Koordinierung mit den Zielen und Entwicklungsinteressen anderer Personen.

Selbsteffizienz und Selbstkultivierung. Die Vielfalt von Zielen, Projekten und Lebensplänen, die entwicklungsbezogenem Handeln zugrunde liegen, lassen sich kaum in einer erschöpfenden inhaltlichen Taxonomie fassen. Brandtstädter und Lerner (1999) gruppieren diese interwie intraindividuell variierenden Ziele zu Kategorien der Selbsteffizienz und der Selbstkultivierung. Selbsteffizienz bedeutet die grundlegende motivationale Tendenz, eigene Handlungsressourcen und Entwicklungspotenziale möglichst zu erweitern und gegen Einschränkung und Verlust zu schützen (vgl. Baltes & Baltes, 1990; Freund et al., 1999). Der Begriff der Selbstkultivierung weist dagegen über Gesichtspunkte der Effizienzmaximierung hinaus. Er umschreibt selbstregulatorische Aktivitäten, durch die wir versuchen, uns, unsere Entwicklung und unser Handeln in Einklang mit normativen Selbstentwürfen zu bringen. Selbstkultivierungsziele verweisen dabei nicht nur auf technisch-instrumentelles Bedingungswissen, sondern auch auf Erwägungen, welche Ziele es überhaupt wert sind, angestrebt zu werden, und damit auf eine Form praktischen Wissens, die oft in Begriffen wie »Weisheit«, »Lebenserfahrung« oder »Lebenskunst« angesprochen wird (z. B. Staudinger, 2000).

Handeln impliziert Handelnde: Selbstgestaltung setzt ein Selbst voraus. Aktivitäten intentionaler Selbstentwicklung setzen voraus, dass der je Handelnde sich selbst beschreibend, aber auch bewertend selbst zum Thema machen kann: So *bin ich*, so *möchte ich sein*. Die aktionale Perspektive der Entwicklungspsychologie, insbesondere die These der intentionalen Selbstgestaltung, rekurriert insofern notwendig auf die Entwicklung des Selbst im Lebenslauf (Greve, 2007; vgl. Kap. 23). Nur in dem Maße, in dem sich die Person selbst differenziert beschreiben und bewerten kann, kann sie auf sich selbst und ihre eigene Entwicklung bezogene Handlungen planen, initiieren, kontrollieren und evaluieren. Zukunftsgerichtete Selbstentwürfe konsolidieren sich im Jugend- und frühen Erwachsenenalter, die – verbunden mit entwicklungsbezogenen Erwartungen und Kontrollüberzeugungen – nun zu wesentlichen Regulatoren intentionaler Selbstentwicklung werden. Damit kommt es gleichsam zu einem Umschwung in der Ontogenese: Das Selbst gewinnt mit dem heraufdämmernden Erwachsenenalter zunehmend formativen Einfluss auf die persönliche Entwicklung.

Die Möglichkeiten zu einer solchen intentionalen Selbstgestaltung sind in der Moderne sicher gestiegen: Die Vervielfältigung und damit die Auflösung traditionell festgelegter Lebenswege ermöglicht individuelle Alternativen und damit Wahlen – fordert sie allerdings zugleich auch (Brandtstädter & Greve, 2006).

24.3 Bewältigung und Entwicklung: Jenseits aktiver Problemlösung

Handeln und Entwicklung bewegen sich stets innerhalb begrenzter Spielräume; wenn wir das Individuum als Ko-Produzenten seiner Entwicklung betrachten, so darf nicht übersehen werden, dass es eingebettet ist in kulturelle und natürliche Kontexte, die die Möglichkeiten des Handelns und der persönlichen Entwicklung eingrenzen: Naturgesetzliche Restriktionen, Begrenzungen des individuellen oder gesellschaftlichen Wissens oder technischer Möglichkeiten, aber auch normative Grenzen (Gesetze, Moral) beschränken unsere Entwicklungsoptionen (Brandtstädter & Lindenberger, 2007). Für das Individuum ändert sich dieser Optionskorridor ständig; die persönlichen Entwicklungs- und Handlungsmöglichkeiten werden durch Veränderungen auf ontogenetischer und historischer Ebene wie auch durch vergangene Entwicklungs- und Handlungsergebnisse ständig neu festgelegt.

Interne Handlungsvoraussetzungen: Die Grenzen der Kontrolle. Nicht nur der äußere, sondern auch der »innere« Handlungskontext ist für den Handelnden selbst nur in Grenzen kontrollierbar. Das biografische, aber auch das aktuelle Entstehen von Intentionen und andere wesentliche Basisprozesse der Handlungssteuerung und -implementation (z. B. Stabilisierung von Intentionen gegen Ablenkungen, Aufmerksamkeitsregulation, Ablösung von Zielen) sind selbst nicht als intentionale Aktivitäten darstellbar (Brandtstädter, 2001). Damit berühren wir auch das in den einführenden Überlegungen bereits angesprochene Problem, dass aktive Strategien nicht immer möglich bzw. ausreichend sein werden, um Lebens- und Entwicklungsprobleme zu lösen. Dementsprechend gehen Selbstregulationstheorien von der Notwendigkeit aus, erforderlichenfalls Adjustierungen oder Revisionen von Handlungs- und Entwicklungszielen vorzunehmen (vgl. Abschn. 19.2).

Dies führt zur Frage nach Bewältigungsprozessen bei Problemen, die die eigenen Handlungs- und Kontrollressourcen übersteigen. Wie reagieren Menschen auf bedrohliche oder belastende Ereignisse in ihrem Leben? Was passiert, wenn eine Person einen beruflichen Misserfolg erlebt, eine Scheidung oder den Tod einer nahestehenden Person? Wie verarbeitet sie erwartbare, aber ebenso belastende Ereignisse wie beispielsweise gesundheitliche Einbußen im Alter? Ändert sich die Art und Weise, wie Menschen mit Belastungen dieser Art umgehen, im Laufe des Lebens? Ändert sich die Art und Weise, in der sie das Leben von Menschen beeinflussen?

24.3.1 Bewältigung im Lebenslauf

Bewältigungsreaktionen (engl.: Coping) umfassen alle Formen der Auseinandersetzung mit Belastungen, die die Person faktisch und insbesondere aus ihrer subjektiven Sicht in ihrer Handlungsfähigkeit oder ihrem Wohlbefinden bedrohen oder einschränken, d. h. ihre aktuell verfügbaren Ressourcen übersteigen (Lazarus, 1991). Es ist wichtig zu sehen, dass ihre jeweilige Funktionalität von vielen empirischen wie normativen Randbedingungen abhängt: Was dem einen hilft, ist bei dem anderen wirkungslos und hat für einen Dritten womöglich unerwünschte Folgen; und was dem einen als ein »gelungener« Umgang mit einem Problem erscheint, kann ein anderer als eine Ausflucht ansehen.

> **Definition**
>
> Anlass und Gegenstand einer **Bewältigungsreaktion** ist eine Bedrohung oder eine akute oder dauerhafte Belastung, die die aktuell verfügbaren Kompetenzen und Ressourcen der betroffenen Person überfordert.

Kritische Lebensereignisse. Kritisch, d. h. für den weiteren Lebensweg entscheidend, können eine Vielzahl von Lebensereignissen sein, sowohl solche, die regelmäßig und erwartbar auftreten (z. B. Auszug der Kinder aus dem Elternhaus, Verrentung), als auch solche, die ganz unerwartet, selten oder ausnahmsweise geschehen (z. B. plötzlicher Tod des Partners, ein Unfall oder eine schwere Krankheit). Derartige Belastungen können punktuell auftreten (z. B. kriminelle Opfererfahrung, akute Erkrankung) oder dauerhaft bestehen (z. B. chronische Krankheit). Die individuelle Reaktion auf Belastung hängt weniger von den Merkmalen der Belastung selbst als vielmehr von den Bedingungen (Fähigkeiten, Vorerfahrungen) der belasteten Person ab.

Bewältigung als Prozess. Im Zusammenhang mit Prozessen der Entwicklungsregulation sind insbesondere solche Belastungen interessant, deren Bewältigung nicht nur durch akute Zustandsveränderungen (Aggressivität, Trauer etc.), sondern durch längerfristige Anpassungen der psychischen Struktur geleistet wird. Bewältigung ist dabei stets als ein *Prozess* zu verstehen, also weder ein Zustand noch eine Kompetenz oder individuelle Tendenz (zum Überblick Tesch-Römer et al., 1997). Diese neutrale Konzeption schließt neben »problemorientierten«, aktiven Problemlösungen (s. Abschn. 24.1) und »emotionszentrierten« reaktiven Neubewertungen (z. B. Lazarus & Folkman, 1984) auch »defensive« Umgangsweisen (z. B. Leugnung, Verdrängung; Vaillant, 1993) und zunächst auch solche Reaktionen ein, die auf den ersten Blick »ungesund« genannt werden könnten, etwa den Rückzug in die Krankheit (z. B. »fragmentation«; Haan, 1977).

Unterschiedlicher Umgang mit Belastungen. Der Grundgedanke von psychologischer Bewältigungsforschung ist die vielfach bestätigte Annahme, dass es ganz wesentlich von der psychischen Verarbeitung einer Belastung abhängt, welche kurz- oder längerfristigen Folgen sie hat: Es kommt also nicht in erster Linie auf »objektive« Qualitäten einer Belastung, eines »kritischen Lebensereignisses« (Filipp & Aymanns, 2010) an, sondern wesentlich darauf, wie die Person mit dieser Herausforderung umgeht – manche Belastungen erweisen sich als positive Herausforderungen. Es ist naheliegend, dass dieser Umgang von der Entwicklung abhängt: Ein junger, vielleicht unerfahrener, vielleicht optimistischer Mensch wird mit einem Verlust oder einer Bedrohung anders umgehen als eine ältere, vielleicht erfahrene, vielleicht realistische Person.

24.3.2 Individuelle und soziale Bewältigungsformen

Die Bewältigungsforschung hat sich zunächst auf individuelle Bewältigungsreaktionen konzentriert, also darauf, durch welche Prozesse und mit welchen Mitteln die jeweils betroffene Person selbst das aktuelle Problem zu bewältigen versucht (und mit welchen Konsequenzen). Es zeigt sich allerdings, dass sowohl für die Einschätzung als auch die Bearbeitung eines Problems oder einer Belastung der soziale Kontext eine erhebliche Bedeutung hat (zum Überblick Wentura et al., 2002).

Der kognitiv-transaktionale Ansatz

Wenn es für die Funktionalität einer Bewältigung weder auf die Qualität eines Belastungsereignisses selbst noch auf den zur Bewältigung jeweils eingesetzten Prozess ankommt, muss offenbar eine weitere, personeninterne Bewertungsinstanz hierfür bedeutsam sein. Die zentrale These der von Lazarus und Mitarbeitern (Lazarus, 1991; Lazarus & Folkman, 1984) entwickelten Bewältigungstheorie ist es, dass die Verarbeitung einer Bedrohung oder Belastung im Wesentlichen ein kognitiv vermittelter Prozess ist. Dazu werden zunächst mehrere kognitive Einschätzungen (»appraisal«) einer Situation unterschieden (s. Abb. 24.1). Die primäre Einschätzung betrifft die Situation und ihre Bedeutung für die Person: Ist die Situation unbedeutend für das eigene Wohlbefin-

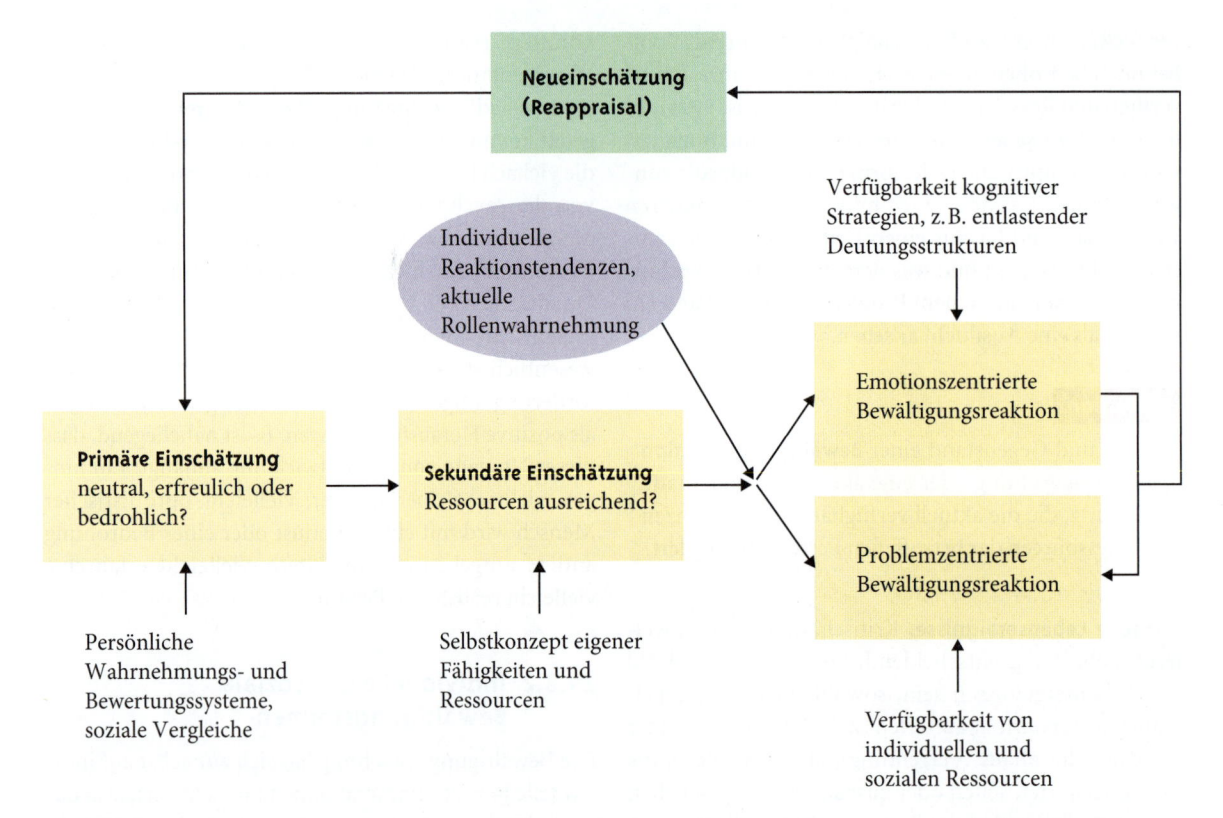

Abbildung 24.1 Schematisches Modell individueller Bewältigungsprozesse (in Anlehnung an Lazarus, 1999). Die primäre Einschätzung des Problems und der individuellen Reaktionsmöglichkeiten (sekundäre Einschätzung), die darauffolgenden Bewältigungsreaktionen (emotions- vs. problemzentriert) und die anschließende Neubewertung (Reappraisal) hängen von verschiedenen (entwicklungsabhängigen) Ressourcen ab

den, hat sie positive Konsequenzen, oder ist sie bedrohlich, bedeutet sie (erwarteten oder schon eingetretenen) persönlichen Schaden oder Verlust? Insbesondere in einer bedrohlichen Situation schließen sich sekundäre Einschätzungen an, die die Optionen im Umgang mit dieser Situation, vor allem die aktuellen persönlichen Ressourcen, bewerten: Was kann ich tun, inwieweit kann ich die Situation kontrollieren? Es ist deutlich, dass beide Einschätzungen nicht nur von der individuellen Konstellation an Fähigkeiten, insbesondere den selbst eingeschätzten Kompetenzen, sondern wesentlich auch von subjektiven Bewertungen abhängen: So ist beispielsweise eine Verletzung des Knies vor allem dann bedrohlich, wenn durch sie die Erreichung eines persönlich wichtigen Zieles (etwa die Aufnahmeprüfung in eine Ballettschule) gefährdet ist.

Problem- und emotionszentrierte Bewältigung. Lazarus und Folkman (1984) unterscheiden hinsichtlich der individuellen Bewältigung zwischen problem- und emotionszentrierten Reaktionen (vgl. auch Lazarus, 1991). Während problemzentrierte Bewältigung auf die Veränderung der bewältigungsrelevanten Konflikt- oder Problemstruktur abzielt, liegt die Funktion emotionszentrierter Bewältigung in der Regulation der belastenden Emotionen. Beide Formen der Bewältigung schließen sich dabei keineswegs aus (Folkman, 1984) – im Gegenteil kann eine zunächst emotionszentrierte Reaktion (z. B.: »Beruhige Dich erst einmal!«) eine problemorientierte Klärung (z. B. des Konfliktes mit dem Chef) erst ermöglichen oder erleichtern (z. B.: »Wenn Du so wütend mit ihm diskutierst, bringt das gar nichts!«), vielleicht sogar ganz erübrigen (z. B.: »Hat er seine Bemerkung wirklich so kritisch gemeint, wie es Dir zunächst erschien?«).

Wiederholung von Bewertungs- und Bewältigungssequenzen. Eine solche Bewertungs- und Bewältigungssequenz kann mehrfach durchlaufen werden. Die Frage, ob nach einer ersten Reaktion weitere Bewältigungsreaktionen erforderlich sind, setzt eine erneute Einschätzung (»reappraisal«) der Situation voraus. Schon hier deutet sich eine mögliche Brücke zu einer entwicklungspsychologischen Perspektive an: Wenn, etwa bei einer längerfristig wirksamen Krise, solche Zyklen mehrfach mit wechselnden oder auch ähnlichen Verläufen wiederholt werden, ist es plausibel zu vermuten, dass dies die Person auch über die unmittelbare Problembearbeitung hinaus verändert. Bewältigung geht so, unter Umständen, in Entwicklung über. So kann nicht nur bereits eingetretenen, sondern auch vorhergesehenen (»antizipierten«) Belastungen mit Bewältigungsversuchen begegnet werden (Aspinwall & Taylor, 1997); dies gilt vor allem dann, wenn es sich um normativ erwartbare Entwicklungsaufgaben handelt (z. B. Auszug der Kinder, Berentung).

Die entlastende Funktion sozialer Vergleiche. Die zentrale Voraussetzung des kognitiv-transaktionalen Ansatzes ist die angesprochene These, dass Ereignisse keine Bedeutung »an sich« haben, sondern diese erst durch individuelle Interpretations- und Bewertungsprozesse erhalten. Diese aber hängen nicht nur von persönlichen Deutungs- und Bewertungssystemen, sondern auch vom sozialen Kontext ab (ob beispielsweise mein Einkommen als ungerecht gering oder hoch erlebt wird, hängt auch davon ab, was die Personen meines Umfeldes verdienen). Wir betrachten unser Umfeld aber offenbar selektiv: Ich ziehe nicht alle Personen, die ich kenne, zum Vergleich heran, sondern nur »wichtige«; ich betrachte nicht alle Verdienste, sondern nur die für »vergleichbare« Tätigkeiten usw. Es hat sich gezeigt, dass wir hier häufig die Tendenz zu günstigen sozialen (»Abwärts-«)Vergleichen haben (Wills, 1997), mit Personen also, denen es nicht besser oder sogar schlechter geht.

Unter der Lupe

Subjektives Glück: Lotteriegewinner und Unfallopfer

In einer klassischen Studie haben Brickman et al. (1978) das Problem der Relativität der Bedeutung von Ereignissen sehr eindrucksvoll gezeigt. Sie verglichen drei Gruppen im Hinblick auf subjektives Glück miteinander: Lotteriegewinner ($N = 22$), Unfallopfer ($N = 29$) und eine unselektierte Kontrollgruppe ($N = 22$). Es zeigte sich, dass sich weder die Lotteriegewinner, trotz teilweise erheblicher Gewinne (mehr als die Hälfte hatte mehr als 400.000 US-Dollar gewonnen, seinerzeit eine sehr hohe Summe!), noch die – querschnittsgelähmten! – Unfallopfer sich jeweils bedeutsam von der Kontrollgruppe im Hinblick auf verschiedene Glücklichkeitseinschätzungen unterschieden. In einer Zusatzstudie wurde sichergestellt, dass dahinter kein Selektionseffekt der Lotterie spielenden Personen steckte (z. B. dadurch, dass nur eher Unzufriedene im Lotto spielen) – auch die Personengruppe, aus der die Kontrollgruppe stammte, hatte mehrheitlich schon ein- oder mehrmals an Lotterien teilgenommen.

Diese Studie ist in vieler Hinsicht bemerkenswert. So zeigte sich unter anderem, dass die Gewinner offenbar im Rückblick ihre eigene Vergangenheit *negativer* bewerteten. Es verändert sich also durchaus etwas durch einen Gewinn, nämlich der Maßstab, nicht aber die aktuelle Zufriedenheit. Die Studie belegt in besonders anschaulicher Weise, dass es nicht auf »objektive« Ereignisse ankommt, sondern auf ihre Interpretation und Verarbeitung.

Bewältigung im sozialen Kontext

Nicht jede aktive Problemlösung ist sozial anschluss- oder durchsetzungsfähig: Manche Problemlösungen, auch wenn sie prinzipiell möglich wären, kommen aus sozialen Gründen nicht infrage (z. B. die Verringerung einer Finanznot durch Überfälle). Überdies sind wir zur Bewältigung von Lebens- und Entwicklungskrisen häufig auf soziale Unterstützung angewiesen, mitunter betrifft das Problem von vornherein nicht nur eine einzelne Person, sondern beispielsweise eine Partnerschaft (Bodenmann, 1997). Tatsächlich muss die Einsicht, ein Problem nicht selbst »aktiv« kontrollieren zu können, nicht automatisch den Rückzug in die Resignation bedeuten: Auch in der aktiven Delegation von Bewältigungsaufgaben kann eine Kontrolloption liegen. Jedoch hängt die Wirksamkeit sozialer Unterstützung von zahlreichen Bedingungen ab; zu unterscheiden sind hier insbesondere (zusammenfassend Wentura et al., 2002):

▶ »quantitative« oder »strukturelle« Unterstützungsdimensionen (z. B. soziales Netzwerk) auf der einen und »qualitative« oder »funktionale« (z. B. Beziehungsqualität) auf der anderen Seite,

- wahrgenommene und erhaltene Unterstützung,
- erhaltene und geleistete Unterstützung sowie
- verschiedene Unterstützungsebenen, insbesondere emotionale, instrumentelle oder informationale Unterstützung.

Positive oder negative Wirkung sozialer Unterstützung.
Auch soziale Reaktionen wirken nicht immer gleich – und nicht immer so, wie sie gemeint sind. So mag unmittelbare und effiziente Hilfestellung bei Alltagsaufgaben aktuell entlasten, kann aber längerfristig zu gesteigerter Hilflosigkeit und sozialer Abhängigkeit führen, die Mobilisierung externer Hilfen kann sowohl selbstwerterhöhende (»Ich bin offenbar Unterstützung wert!«) als auch selbstwertbedrohliche Konsequenzen haben (»Ich brauche sie offenbar aber auch!«). Daher dürfte eine positive Wirkung sozialer Unterstützung vor allem dann eintreten, wenn sie dazu beiträgt, auch die individuellen Bewältigungsprozesse der jeweils betroffenen Person zu fördern.

Bewältigung und Identität: Das regulierende und regulierte Selbst

Die Bedrohlichkeit belastender Situationen wird in aller Regel, jedenfalls in modernen Gesellschaften, weniger in einer buchstäblich existenziellen Gefährdung, sondern typischerweise in einer identitätsgefährdenden Konstellation bestehen: Das (befürchtete) Versagen in einer Prüfung blamiert mich oder gefährdet mein Selbstwertempfinden, die Blockierung eines zentralen Entwicklungszieles wirft die Frage auf, wer ich denn (stattdessen) sein oder werden will, der Verlust eines nahestehenden Menschen vermittelt mir das Empfinden des persönlichen Verlassenseins, der persönlichen Sinnlosigkeit. Offenbar ist daher bedeutungsvoll, wie der durch die belastende Konstellation jeweils bedrohte Aspekt in das Selbstkonzept der Person integriert ist. So werden jeweils andere Mechanismen aktiviert in Abhängigkeit davon,

- ob ein eher emotionaler (»Selbstwert«) oder ein eher kognitiver Aspekt der Person (»Selbstkonzeptkonsistenz«) in Gefahr ist,
- ob ein zentraler oder peripherer Punkt ihres Bildes von sich berührt ist,
- ob ein mehr oder weniger strukturierter Identitätsbereich tangiert ist oder
- ob das Selbstkonzept eher integriert oder eher fragmentiert ist.

Damit rückt die Entwicklung des Selbst in den Blickpunkt einer bewältigungsorientierten Entwicklungspsychologie (Brandtstädter, 2007).

> **Denkanstöße**
> - Könnte es Bewältigungsreaktionen auch bei anderen »Einheiten« als Personen geben?
> - Könnte es Bewältigungsanlässe auch für Gruppen oder Institutionen geben?
> - Wo würden die Reaktionen von Gruppen gleich, wo anders als die Reaktionen von Personen zu beschreiben sein?

24.4 Ein entwicklungstheoretischer Rahmen für Bewältigungsprozesse: Zwei Prozesse der Entwicklungsregulation

Wenn die einführende Überlegung zutrifft, dass Probleme, insbesondere Belastungen und Bedrohungen von Wohlbefinden und Handlungsfähigkeit, als Diskrepanzen zwischen einem aktuellen tatsächlichen (wahrgenommenen) Zustand (Ist) und einem angestrebten, erwünschten oder erforderlichen alternativen Zustand (Soll) rekonstruierbar sind, dann lassen sich Reaktionen auf solche Herausforderungen allgemein zwei Kategorien zuordnen: Entweder versucht die Person, aktiv das Problem zu lösen, oder sie muss reaktiv die empfundene Belastung durch Vermeidung des Problems oder Modifikation des Umgangs mit ihm reduzieren. Belastungen können, kurz gesagt, dadurch reduziert werden, dass entweder die Ist- oder die Soll-Seite der entstandenen Diskrepanz verändert wird. Fast alle der angesprochenen Bewältigungstheorien lassen sich in diese abstrakte Systematik einordnen: die Unterscheidung von Haan (1977) zwischen »coping« und »defending« ebenso wie die zwischen problem- und emotionszentrierter Bewältigung (Lazarus, 1991) oder zwischen primärer und sekundärer Kontrolle (Heckhausen et al., 2010).

Das Zwei-Prozess-Modell der Entwicklungsregulation

Von dieser Konzeption geht insbesondere das von Brandtstädter und Mitarbeitern entwickelte Zwei-Prozess-Modell der Entwicklungsregulation aus (Brandtstädter, 2007; Brandtstädter & Rothermund, 2002). Ausgangspunkt ist auch hier die Überlegung, dass man belastende Ereignisse, Defiziterfahrungen, Identitätsbedrohungen und Entwicklungsverluste als Problemsituationen verstehen kann, denen eine Diskrepanz zwischen einer Ist- und einer Sollperspektive der persönlichen Entwicklung zugrunde liegt. Jedoch wird in diesem Ansatz vor dem Hintergrund einer handlungstheoretischen Perspektive auf menschliche Entwicklung die Unterscheidung grundsätzlicher Reaktionsmodi entlang der Grenze personaler und subpersonaler Perspektiven gezogen. Grundsätzlich unterscheidet das Modell zwei Modi der Problembewältigung, die als »assimilative« und »akkommodative« Prozesse bezeichnet werden.

> **Definition**
>
> Das Zwei-Prozess-Modell der Entwicklungsregulation unterscheidet zwei Modi der Regulation: Im **assimilativen Modus** werden Handlungs- und Entwicklungsziele mit erforderlichenfalls auch wechselnden Strategien systematisch verfolgt, im **akkommodativen Modus** werden Ziele, Wünsche und Bewertungen angesichts unveränderlich oder unüberwindlich erscheinender Hindernisse so angepasst, dass die problematische Diskrepanz zwischen Bewertungen und Wahrnehmungen verringert wird.

Assimilative Strategien: Intentionale Selbstentwicklung. Im assimilativen Reaktionsmodus versucht die Person, ihre Lebenssituation, ihr eigenes Verhalten oder auch Aspekte der eigenen Person im Sinne einer besseren Angleichung an ihre normativen Vorstellungen und Ziele in Bezug auf sich selbst zu verändern. Zum Beispiel können wir uns sportlich betätigen, um etwas gegen den Konditionsabbau zu tun, oder unser Ernährungsverhalten ändern, um unsere Figur unseren diesbezüglichen Wunschvorstellungen anzunähern. Kennzeichnend für diesen Modus ist das Festhalten an den persönlichen Standards und Zielen, die der Situations- bzw. Entwicklungsbewertung zugrunde liegen. Die Bewältigungsversuche sind in aller Regel absichtlich, bewusst und kontrolliert ausgeführt: Man kann von Bewältigungs*strategien* sprechen. In diesem Modus wird die im Abschnitt 24.2 diskutierte intentionale Selbstgestaltung im Wesentlichen operieren, jedenfalls solange sich keine unüberwindlichen Hindernisse in den Weg stellen.

Akkommodative Prozesse: Entwicklung als Adaptation. Jedoch kann der Versuch, Entwicklungsverluste auf diese aktiv-problemlösende Weise zu beseitigen oder zu verhindern, scheitern oder mit zu hohen Schwierigkeiten und Kosten verbunden sein. Vielfach im Leben – und im höheren Alter in zunehmendem Maße – sind daher, über kompensatorische Maßnahmen hinaus, grundsätzlichere Revisionen von Lebens- und Entwicklungsentwürfen nötig. Gravierende Bedrohungen, die nicht aktiv beseitigt werden können, müssen durch reaktive Präferenzanpassungen aufgelöst werden, also dadurch, dass Standards und Ziele an die Situation und die gegebenen Handlungsmöglichkeiten angeglichen werden; dies ist der akkommodative Modus. Typische Beispiele akkommodativer Reaktionen sind die Aufgabe und Abwertung von blockierten Zielen, Prozesse der Anspruchsregulation, aber auch Prozesse, die zu einer akzeptanzfördernden Umdeutung der gegebenen Situation führen.

Typischerweise sind auch überwiegend negativ betrachtete Lebensereignisse in gewissem Maße mehrdeutig bzw. polyvalent. Dies gilt in noch höherem Maße für die gesamte Lebenssituation, die durch ein im diskutierten Sinne »kritisches« Ereignis verändert wurde. Sie hat in der Regel eine Reihe von Facetten, die in unterschiedlichem Maße – positiv oder negativ – beeinflusst werden. So kann die Bedrohung eines Lebensbereiches durchaus positive Konsequenzen für andere Bereiche haben: In einer Krise mögen sich Freundschaften bewähren oder festigen, das Ende des Berufslebens öffnet den Weg zu einem neuen Hobby oder Bekanntenkreis, eine Krankheit kann zu einer reiferen Perspektive auf den Sinn des eigenen Lebens führen etc. Akkommodative Bewältigung umfasst eben die Prozesse, die zu einer partiellen oder vollständigen positiven Neudefinition bzw. Deutung der Lebenssituation führen. Kennzeichnend ist hierbei gerade nicht das Festhalten an Zielen und Normen, sondern das flexible Anpassen von Orientierungen, Zielvorstellungen und Präferenzen an erlebte Einbußen und Beschränkungen. Eine Vielzahl von Befunden stützt die Vermutung, dass akkommodative Prozesse gerade in der Bewältigung alterstypischer Belastungen bedeutsam sind (vgl. Brandtstädter, 2011).

Akkommodative Flexibilität zeigt insbesondere zwei wesentliche Effekte: Zum einen scheint die Bereitschaft oder Fähigkeit, sich von blockierten Zielen und Projekten zu lösen, die Belastungswirkung von Einbußen, Verlusten oder Behinderungen im Sinne eines interaktiven Puffers abzudämpfen; zum anderen – und damit zusammenhängend – wirkt sich bei flexiblen Personen die Unzufriedenheit in bestimmten Lebensbereichen weniger stark auf die allgemeine oder globale Zufriedenheit aus. Nicht zuletzt trägt die Anpassung von Zielen an Handlungs- und Kontrollmöglichkeiten auch zur Stabilisierung von Kontroll- und Selbstwirksamkeitsüberzeugungen bei; die zunächst überraschende hohe Stabilität von Kontrollüberzeugungen im höheren Alter findet hier eine Erklärung.

Defensive Problembehandlung: Ausweg oder Umweg?
Aus bewältigungstheoretischer Sicht erscheint es sinnvoll, diesem Entwicklungsmodell noch einen dritten Reaktionsmodus hinzufügen, den mehrere der oben angesprochenen Modelle enthalten: Menschen können ein Problem anscheinend auch ganz ignorieren, seine Bedeutung oder sogar seine Existenz bestreiten (zum Überblick Greve, 2000). In diesem Fall aber ändern sie weder das Problem noch sich selbst: Weder werden persönliche Ziele, Präferenzen, Standards oder Aspekte des Selbstbildes angepasst, noch wird das Problem aktiv gelöst. Tatsächlich bleibt die Wirkung dieser Mechanismen dem Individuum oftmals verborgen: Wenn ich verdränge, muss ich nicht nur verdrängen, *was* ich verdränge, sondern auch, *dass* ich verdränge. Das wird nicht immer funktional sein: So bleibt eine verdrängte Krankheit existent und womöglich gefährlich, und ein verleugnetes Prüfungsversagen eröffnet eben nicht die erhoffte Karriereoption. Jedoch kann unter Umständen beispielsweise eine selbstwertdienliche Attribution eines Prüfungsversagens (z. B.: »Der Prüfer war schuld, nicht ich!«) zu Anfang einer Serie von Prüfungen die emotionale Entlastung bringen, die das Bestehen der folgenden erleichtert (weil man nicht durch nagende Selbstzweifel behindert ist). Aber auch für längerfristige Belastungsreaktionen lassen sich Beispiele denken, in denen defensive Bewältigungsformen funktional sind. So mag bei belastenden (traumatischen) Lebenserfahrungen das Versinken in der Vergessenheit dann funktional sein, wenn eine aktive Lösung nicht verfügbar ist (z. B. die Täter sind längst verstorben) und auch eine sinnhafte Einbettung in die eigene Biografie schwerlich denkbar erscheint.

Dadurch wird eine Randbedingung deutlich, unter der das Zwei-Prozess-Modell überhaupt erst greifen kann: die »Rezeption« des zu lösenden Problems durch das psychische System (s. Abb. 24.2; vgl. Brandtstädter & Greve, 1994). In die Kategorie der defensiven Problemverarbeitung wären dabei insbesondere diejenigen Prozesse und Dynamiken einzuordnen, aufgrund derer ein Problem erst gar nicht als Problem angesehen bzw. akzeptiert wird, vor allem die »Abwehrmechanismen« im Sinne psychoanalytischer Konzeptionen (Vaillant, 1993), aber auch verschiedene Prozesse der Selbst-Stabilisierung (zum Überblick Greve, 2000).

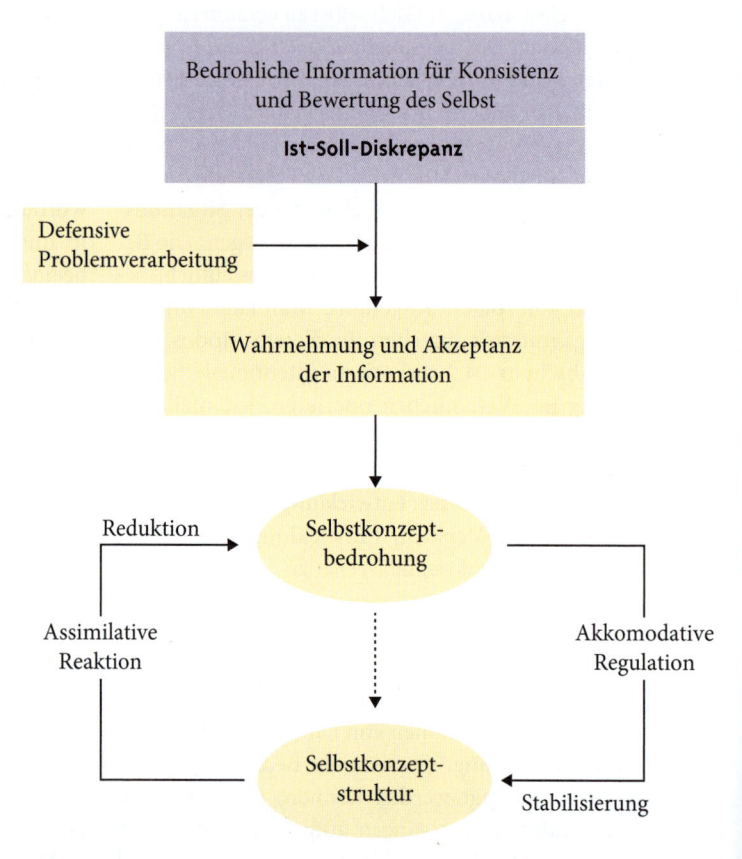

Abbildung 24.2 Prozesse der Regulation und Verarbeitung problematischer Konstellationen (Ist-Soll-Diskrepanzen)

Bedingungen und Wechselbeziehungen verschiedener Problemlösungsformen

Das Zwei-Prozess-Modell (Brandtstädter & Rothermund, 2002) setzt voraus, dass das zugrundeliegende assimilativ oder akkommodativ zu lösende Problem zunächst *als Problem* wahrgenommen und akzeptiert werden muss. Man könnte die defensive Reaktionsform (die dies vermeidet) als dritten Weg der Problemlösung ansehen (Brandtstädter & Greve, 1994); dies würde konzeptuell zwei Punkte deutlicher machen:

(1) Es gibt Bedingungen für alle drei Formen (z. B. Verfügbarkeit entlastender Kognitionen für Defensivität, objektive Handlungsmöglichkeiten und subjektive Kontrollüberzeugungen für Assimilation, alternative Deutungsoptionen für Akkommodation etc.).

(2) Es bestehen negative Interdependenzen zwischen diesen drei Formen derart, dass die konsequente Verfolgung einer Lösungsstrategie die jeweils anderen hemmt oder erübrigt (ein Problem, dass ich nicht wahrnehme, kann ich nicht aktiv lösen; ein Problem, das ich durch Umdeutung auflöse, muss ich weder bestreiten noch aktiv angehen etc.).

Aber es dürfte fruchtbarer sein, die Wahrnehmung und Akzeptanz eines Problems als Bedingung einer der *beiden* Formen der Problemlösung zu konzeptualisieren (u. a. deswegen, weil bestrittene Probleme sich praktisch nie von selbst erledigen – also so eben nicht gelöst werden).

In den theoretischen Rahmen des Zwei-Prozess-Modells lassen sich die Argumente und Überlegungen der oben skizzierten Bewältigungstheorien gut einfügen. Beispielsweise sind Prozesse der primären Kontrolle, der problemzentrierten Bewältigung, der selektiven Optimierung oder der intentionalen Delegation von Kontrolle jeweils konkrete Formen dessen, was hier unter assimilativen Reaktionen verstanden wird. Dementsprechend sind Prozesse der sekundären Kontrolle, der emotionszentrierten Bewältigung und der Kompensation konkrete Formen dessen, was im Zwei-Prozess-Modell allgemein als akkommodative Regulation bezeichnet wird. Dies zeigt, dass sich viele der hier angesprochenen Theorien zwar nicht terminologisch und auch nicht im Hinblick auf taxonomische Details, aber in der grundsätzlichen Ordnung der Phänomene, die sie behandeln, deutlich überschneiden (Boerner & Jopp, 2007).

24.5 Resilienz und Entwicklung: Das Wechselverhältnis von Stabilisierung und Anpassung

Bewältigungsreaktionen werden in grundsätzlich gleicher Weise für eng begrenzte (z. B. eine schlechte Klausur) wie für lebensbereichsübergreifende Probleme (z. B. eine schwere chronische Erkrankung) gefordert sein. Dabei kann die Funktionalität einer Bewältigungsreaktion immer erst in Relation zur jeweiligen Entwicklungssituation der Person eingeordnet werden. Dies führt zu der allgemeinen Überlegung, dass sich Bewältigung und Entwicklung nicht grundsätzlich, sondern eher durch die Dauerhaftigkeit der je angestoßene Veränderungen voneinander unterscheiden, d. h. durch den in den Blick genommenen Zeitrahmen (Leipold & Greve, 2009).

Resilienz: Vermeidung oder Variante von Bewältigung?

Wenn sich empirisch über verschiedene Indikatoren hinweg zeigt, dass Lebensqualität und Persönlichkeit über die Lebensspanne hinweg eine hohe Stabilität aufweisen (Staudinger, 2000), deutet dies darauf hin, dass offenbar verschiedene Mechanismen den Einfluss von im Entwicklungsverlauf zunehmenden Verlusten und Defiziten (Baltes et al., 2006) abmildern oder ganz auffangen. Für diese Stabilität und »Widerstandsfähigkeit« angesichts potenziell belastender Lebens- und Entwicklungsbedingungen hat sich der Begriff »Resilienz« eingebürgert (Masten, 2001).

Resilienz: Normale Entwicklung trotz nicht-normaler Bedingungen.

Frühe Untersuchungen zur Resilienz (zum Überblick Luthar, 2006) haben vor allem psychopathologische Bedingungen in der Kindheit (einschließlich biologischer Risikofaktoren, z. B. Eltern, bei denen eine Schizophrenie diagnostiziert wurde, oder perinatale Belastungen), soziale Risiken (z. B. Armut oder andere soziale Benachteiligungen) und traumatische biografische Belastungen während der Kindheit (z. B. sexueller Missbrauch, körperliche Misshandlungen) thematisiert. Der Ausgangspunkt war hier eine auf den ersten Blick überraschende Beobachtung: Obwohl extreme Umstände die Ressourcen und Reserven nahezu aller Betroffenen übersteigen (z. B. massiver Missbrauch), gibt es eine erhebliche Variationsbreite der Reaktionsformen und also der Entwicklungsfolgen, die negative Umstände nach sich ziehen. Erstaunlicherweise gibt es auch unter extremen Bedingungen Kinder, die in

Adoleszenz und Erwachsenenalter unauffällige Entwicklungsverläufe zeigen (Werner & Smith, 2001). Schon in den 1980er-Jahren belegte eine breite Forschungstätigkeit die steigende Aufmerksamkeit für dieses Phänomen einer unauffälligen Entwicklung trotz eines Lebenskontextes multipler Belastungen und Entwicklungsprobleme.

Resilienz bedeutet mehr als protektive Ressourcen. Dabei ging es zunächst um die Identifikation von Ressourcen, die Kindern unter derartigen Bedingungen zur Verfügung stehen, vor allem aber um die Entwicklung und Prüfung von theoretischen Modellen, welche die Relation dieser Ressourcen zu den Prozessen der Adaptation spezifizieren. Eine Vielzahl von protektiven Ressourcen hat sich empirisch belegen lassen, wobei die so entstehenden Zusammenstellungen vielfach kaum theoretisch eingeordnet sind (Masten, 2001). Dabei stellen sogenannte Risikofaktoren häufig lediglich Risiko*marker* dar, die also nur *statistische* Risiken benennen, nicht aber aber die dabei wirksamen Mechanismen.

Probleme einer kohärenten Erklärung: Wie entsteht Resilienz? Ein interessantes Beispiel hierfür ist der Zusammenhang zwischen Resilienz und Selbstwertempfinden. Zunächst wird Selbstwertempfinden vielfach als Ressource angesehen, mit Bedrohungen und Belastungen umzugehen: Personen mit einem hohen Selbstwertempfinden wird es im Allgemeinen besser gelingen, Probleme proaktiv und erfolgreich in Angriff zu nehmen. Jedoch ist der empirische Nachweis, dass ein positives Selbstwertempfinden mit erfolgreicher Entwicklung kovariiert, schon deswegen theoretisch problematisch, weil ein zureichendes Selbstwertempfinden immer ein zentrales *Kriterium* erfolgreicher Entwicklung sein wird. Zudem kann ein hohes Selbstwertempfinden nicht unbedingt als protektiver Faktor gelten: Zahlreiche Studien weisen beispielsweise darauf hin, dass aggressive und gewalttätige Jugendliche häufig ein besonders hohes Selbstwertempfinden aufweisen. Da es hierbei weniger auf die Höhe als auf die Stabilität des Selbstwertes ankommt, ist die protektive Bedeutung des Selbstwertes vermutlich letztlich von den ihm zugrunde liegenden adaptiven Ressourcen abhängig, d. h. davon, durch welche (Bewältigungs-)Prozesse das Selbstwertempfinden jeweils abgesichert wird. Damit aber ist die auf den ersten Blick so plausible Überlegung, das individuelle Selbstwertempfinden als Bewältigungsressource zu betrachten, bei näherem Besehen auf die Frage zurückverwiesen, welche Bewältigungs- und Stabilisierungs*prozesse* denn eine günstige Entwicklung unterstützen oder sichern. Zugleich wird damit auch deutlich, dass Bewältigungsprozesse die Grundlage des *Phänomens* der Resilienz bilden: Resilienz kommt zustande, wenn stabilisierende Bewältigungsprozesse den Umgang mit belastenden oder potenziell bedrohlichen Entwicklungsbedingungen so regulieren, dass die weitere Entwicklung der Person nicht eingeschränkt oder negativ beeinflusst wird (Leipold & Greve, 2009).

Resilienz als Konstellation. Resilienz ist daher weder eine individuelle Eigenschaft noch ein spezifischer (womöglich von Bewältigung systematisch zu unterscheidender) Prozess, sondern vielmehr die Bezeichnung für das Phänomen eines »normalen« Entwicklungsverlaufs unter potenziell gefährdenden Umständen und damit Ausdruck einer komplexen »Resilienzkonstellation« (Greve & Staudinger, 2006). Zugleich zeigt das Phänomen der Resilienz, dass Entwicklung auch darin bestehen kann, dass sich äußerlich wenig oder gar nichts verändert. Dies nicht nur deswegen, weil einer scheinbaren Stabilität bei näherem Besehen oft höchst dynamische (mikroprozessuale) Regulationen zugrunde liegen, sondern auch deswegen, weil diese stabilisierenden Regulationsprozesse ihrerseits einer Entwicklung über die Lebensspanne unterliegen. Mit anderen Worten: Die äußerlich als Ausdruck der Stabilität und Unveränderlichkeit der Person erscheinende »Resilienz« ist das Ergebnis von nicht nur zu jedem Entwicklungszeitpunkt höchst dynamischen und komplex interagierenden, sondern überdies von sich über die Lebensspanne stetig wandelnden Regulations- und Bewältigungsprozessen.

> **Denkanstöße**
>
> Überlegen Sie, inwiefern der Begriff »Entwicklung« Veränderungen impliziert. Könnte es sein, dass auch hinter Phänomenen, die auf den ersten Blick Stabilität bezeichnen (z. B. Resilienz), bei genauerem Hinsehen dynamische Veränderungs- und Anpassungsprozesse wirksam sind?

Gelingende Entwicklung: Wann ist Bewältigung erfolgreich?

Entwicklung besteht wesentlich in der Aufrechterhaltung und Umsetzung der Fähigkeit des Individuums, an herausfordernde Situationen zu adaptieren, indem entweder assimilativ oder akkommodativ eine Lösung der jeweiligen Entwicklungsaufgabe angestrebt wird, sofern sie nicht dauerhaft vermeidbar ist (Brandtstädter, 2011).

Gerade eine handlungstheoretische Perspektive legt es nahe, *gelingende* Entwicklung nicht durch starre, allgemeine Kriteriensätze zu bestimmen, sondern offene Konzeptionen gelingender Entwicklung zu favorisieren. Gesucht sind daher theoretische Modelle, die von der Voraussetzung ausgehen, dass »erfolgreiche« Entwicklung ein nicht abschließend zu lösendes Problem ist, sondern jeweils neue eigenständige und kompetente Antworten durch die betroffene Person selbst erfordert, zumal »Erfolg« immer auch davon abhängt, was Menschen selbst für erfolgreich halten. Jenseits der Erfüllung vitaler Grundbedürfnisse setzen gelingende Entwicklung und erfolgreiches Altern offenbar Kompetenzen und Ressourcen voraus, um Defizite und Vulnerabilitäten zu kompensieren und eigene Ziele erfolgreich (dabei aber unter Berücksichtigung von Bedingungen vernünftigen Zusammenlebens) realisieren können. Die Fähigkeiten, Entwicklungsziele auszuwählen, kompetente Entscheidungen zu treffen, sie in die Tat umzusetzen und dabei Widerstände zu überwinden, aber auch Ziele und Strategien im Lichte neuer Erfahrungen zu revidieren, sind aus dieser Sicht wesentliche Aspekte gelingender Entwicklung.

Gelingende Entwicklung impliziert insofern eine progressive Adaptation, die die individuelle Plastizität und Adaptivität möglichst erhält oder vergrößert. Dies führt zu der paradox anmutenden Formulierung, dass erfolgreiche Entwicklung eben darin besteht, dass Entwicklung jederzeit möglich bleibt und stattfindet. Die Grundlage dafür, so könnte man mit leichter Überspitzung sagen, besteht darin, Lebensprobleme erfolgreich zu bewältigen – und erfolgreiche Bewältigung ist eben daran erkennbar, dass sie die Bewältigung kommender Probleme mindestens weiterhin ermöglicht, womöglich erleichtert.

Zusammenfassung

▶ Problemverarbeitung und intentionale Selbstgestaltung können als zentrale Prozesse der Entwicklungsregulation beschrieben werden. Dies setzt voraus, dass Entwicklung wenigstens teilweise vom sich entwickelnden Individuum mitgestaltet wird (»aktionale Perspektive«) – viele klassische und moderne Ansätze zur menschlichen Entwicklung beschreiben dies detailliert.

▶ Jedoch sind nicht alle Probleme, die uns im Laufe unseres Lebens begegnen, durch aktives Handeln lösbar; das betrifft vor allem Verluste in späteren Lebensabschnitten. Daher umfassen menschliche Problemlösungen sowohl intentionale, bewusst und planvoll beeinflusste Strategien als auch interne psychische Anpassungsprozesse, die nicht der individuellen Kontrolle unterliegen.

▶ Beide Prozessformen steuern und gestalten nicht nur menschliche Entwicklung über die Lebensspanne, sondern unterliegen auch selbst der Entwicklung. Das bedeutet:
– Sie müssen sich in Kindheit und Jugend selbst erst entwickeln, sind also von Randbedingungen (Forderungen und Förderungen) in vielfacher Weise abhängig.
– Sie verändern sich über die gesamte Lebensspanne auch in Abhängigkeit von bisherigen Erfahrungen und von entwicklungsbedingten Problemlagen. Erfahrungen, die wir im Laufe unseres Lebens mit der Lösung von Problemen machen, bestimmen mit darüber, wie spätere Probleme wahrgenommen und gelöst werden.
– Obwohl beide Formen in jeder Lebensphase erkennbar und wirksam sind, dominieren in verschiedenen Lebensabschnitten unterschiedliche Tendenzen: Während z. B. das junge Erwachsenenalter stark von Bemühungen geprägt ist, Probleme aktiv zu lösen, nehmen im höheren Alter adaptive Reaktionen zu.

▶ Die Funktionalität und Wirkweise von Problemlösungsformen und -strategien hängen nicht davon ab, welches Problem zu lösen ist, und auch nicht davon, ob es sich um ein kurzfristiges oder ein umfassendes Lebensproblem handelt. Die Effektivität und der Nutzen einer Reaktion können vielmehr stets nur in Relation zur individuellen Entwicklungskonstellation beurteilt werden. Das bezieht sich auch auf die Frage, was »Nutzen« im Einzelfall bedeutet: Auch er wird von verschiedenen Personen unterschiedlich bewertet werden.

Weiterführende Literatur

Baltes, P. B. & Baltes, M. M. (1990). Psychological perspectives on successful aging: The model of selective optimization with compensation. In P. B. Baltes & M. M. Baltes (Eds.), Successful aging: Perspectives from the behavioral sciences (pp. 1–34). Cambridge: Cambridge University Press. *Einführender Text in eines der wichtigsten Modelle der Lebensspannenperspektive aus aktionaler Perspektive. Verständlich geschrieben – und zugleich ein moderner Klassiker.*

Brandtstädter, J. (2007). Das flexible Selbst. München: Elsevier. *Eine der wenigen monografischen (ausführlichen) Diskussionen der hier zusammengefassten Probleme; die Diskussion ist gedanklich und sprachlich anspruchsvoll, aber die sorgfältige Lektüre lohnt die Mühe.*

Brandtstädter, J. & Lindenberger, U. (Hrsg.). (2007). Entwicklungspsychologie der Lebensspanne. Stuttgart: Kohlhammer. *Umfassendes, teilweise dicht geschriebenes Lehrbuch, in dem das Zusammenspiel aktiver (absichtlicher) und reaktiver (oft unbewusster) Problemlösungsformen in vielen Kapiteln leitend ist.*

Teil IV
Praxisfelder

25 Förderung von Kleinkindern in der Tagesbetreuung

Norbert Zmyj • Axel Schölmerich

25.1 Betreuung in Kindertageseinrichtungen für unter 3-Jährige (U3)
  25.1.1 Ambivalente Gefühle der Eltern
  25.1.2 Auswirkungen von Betreuung in einer Kindertageseinrichtung

25.2 Förderung in Kindertageseinrichtungen (U3)
  25.2.1 Inhibitorische Kontrolle
  25.2.2 Sprache
  25.2.3 Soziale Kompetenz
  25.2.4 Sensomotorische Fähigkeiten
  25.2.5 Ästhetisches Empfinden
  25.2.6 Wissenschaftlich fundierte Frühförderung

Bei der Geburt ihrer Tochter Lisa stellen sich Herr und Frau M. die Frage, wie Lisa zukünftig betreut werden soll. Herr und Frau M. möchten beide aus persönlichen und finanziellen Gründen nach der Elternzeit wieder Vollzeit berufstätig sein. Zudem möchten sie, dass Lisa bereits früh Kontakt zu Gleichaltrigen bekommt und durch ein umfassendes Angebot an neuen Erfahrungsmöglichkeiten eine optimale Förderung erfährt. Dies spricht aus ihrer Sicht für eine Betreuung in einer Kindertagesstätte. Andererseits freuen sich die Eltern darauf, ihr Kind selbst großzuziehen, und haben Bedenken, ob die Kindertagesstätte ihrer Tochter so viel Wärme und Geborgenheit schenken kann wie sie selbst. Diese Gedanken lassen die Betreuung in der Familie in einem besseren Licht erscheinen. Da freie Plätze in der frühkindlichen Betreuung rar sind und die Wartelisten entsprechend lang, drängt bereits kurz nach der Geburt die Frage: Soll Lisa für die Kindertagesstätte angemeldet werden?

25.1 Betreuung in Kindertageseinrichtungen für unter 3-Jährige (U3)

Die gegenwärtige Auseinandersetzung um die Gestaltung von Einrichtungen zur Tagesbetreuung kleiner Kinder (insbesondere unter 3 Jahren – U3) betont die positiven, entwicklungsförderlichen Ergebnisse einer qualitativ hochwertigen Betreuung. Diese Meinung ist allerdings nicht unwidersprochen geblieben. Der Stand der Forschung erscheint im Vergleich mit der Überzeugung, mit der Positionen in der öffentlichen Diskussion vertreten werden, recht dürftig. Wir werden im folgenden Überblick besonderen Wert auf die methodischen Probleme des Nachweises von entwicklungsförderlichen Folgen einzelner Angebote legen. Zunächst aber sollen die Ziele und Hoffnungen, die Eltern mit einer Entscheidung für eine Tagesbetreuung verbinden, dargestellt werden.

Gesetzliche Rahmenbedingungen. Die Rahmenbedingungen der Betreuung von Kindern ergeben sich aus dem Sozialgesetzbuch VIII – Kinder- und Jugendhilfe. Die Länder der Bundesrepublik Deutschland setzen diese Rahmenbedingungen in jeweilige Landesgesetze um, denn die Tagesbetreuung von Kindern ist als Bestandteil der Bildung Ländersache. Wir betrachten hier als Beispiel die Regelungen, die in Nordrhein-Westfalen gelten (Landtag NRW, 2005). Dabei liegt die »vorrangige« Verantwortung für die Erziehung jedes Kindes bei den Eltern, und den Kindertageseinrichtungen komme eine ergänzende Aufgabe der Förderung zu (§ 2). Im nächsten Paragraphen wird allerdings der »eigenständige« Auftrag von Kindertageseinrichtungen und Tagespflege (durch die sogenannten Tagesmütter) zur Bildung, Erziehung und Betreuung festgestellt. Die Förderung in Kindertageseinrichtungen (§ 13 ff.) gibt als Ziele die eigenständige und gemeinschaftsfähige Persönlichkeit, die Erziehung zu Verantwortungsbereitschaft, Gemeinsinn und Toleranz sowie die interkulturelle Kompetenz vor. Gleichzeitig ist die Unterstützung der »Aneignung von Wissen und Fertigkeiten in allen Entwicklungsbereichen« eine definierte Aufgabe. Spezifisch ist lediglich die Vorschrift, eine kontinuierliche Förderung der Sprachentwicklung zu gewährleisten. Das pädagogische Konzept muss diesbezügliche »Ausführungen« enthalten. Im Falle mangelnder deutscher Sprachkenntnisse ist eine zusätzliche Sprachfördermaßnahme verpflichtend.

Förderungsbedarf, Erhebungsverfahren und Interventionsmaßnahmen. Schon in diesem Gesetzestext wird deutlich, dass die Förderung der kindlichen Entwicklung unterschiedliche Ziele haben kann, und es wohl angemessen ist, zwischen Kindern mit und ohne besonderem Förderungsbedarf zu unterscheiden. Von besonderem Förderungsbedarf reden wir immer dann, wenn bestimmte Funktionen oder Leistungen, die mit wissenschaftlich evaluierten Verfahren festgestellt werden können, außerhalb der für diese Verfahren geltenden altersentsprechenden Normwerte liegen; oder wenn definierte Risikofaktoren vorliegen, die normalerweise in späteren Altersgruppen solche Rückstände erwarten lassen (z. B. Frühgeburtlichkeit, Seh- oder Hörbeeinträchtigungen, besondere Lebensumstände der Eltern). Als Verfahren kommen Tests, Beobachtungen und klinisch-psychologische Diagnostik infrage. Ziel solcher Interventionen ist der Ausgleich von Entwicklungsrückständen bzw. die Annäherung an die entsprechenden Normwerte oder das Vermeiden zukünftiger Entwicklungsrückstände. Diese Betrachtung weist schon auf ein wichtiges Problem der Beurteilung der Frühentwicklung hin: Von manchen Lebensumständen erwartet man spätere Beeinträchtigungen, ohne dass man diese am einzelnen Kind schon nachweisen kann. Dieser Umstand führt zu der Forderung, möglichst alle Kinder an entsprechenden Interventionsmaßnahmen teilhaben zu lassen, was zu der weiteren Anforderung führt, dass diese zumindest keinen Schaden bei den nicht besonders förderungsbedürftigen Kindern anrichten sollen. Diese Idee erscheint zunächst befremdlich, doch bleibt beispielsweise bei zeitaufwendigen motorischen Trainingsprogrammen weniger Zeit zur Beschäftigung mit Bildern und Büchern – möglicherweise zum Nachteil einiger Kinder.

Betreuungsrate und Qualitätsmerkmale. Im Jahr 2009 wurden ca. 20 % der Kinder unter 3 Jahren in Kindertagesstätten, Krippen oder durch Tagesmütter betreut, die Hälfte dieser Kinder ganztägig. Bis zum Jahr 2013 soll für 35 % der unter 3-Jährigen ein Betreuungsplatz zur Verfügung stehen. Das Bundesministerium für Familie, Senioren, Frauen und Jugend legte 2005 Qualitätsmerkmale von Kindertageseinrichtungen fest. Der Förderauftrag umfasst demnach Erziehung, Bildung und Betreuung des Kindes und bezieht sich auf die soziale, emotionale, körperliche und geistige Entwicklung des Kindes. Er schließe die Vermittlung orientierender Werte und Regeln ein. Dabei ist zu berücksichtigen, dass diese Qualitätsmerkmale kulturell unterschiedlich gewichtet werden (Keller, 2003). Während in manchen Kulturen wie der westlichen die Förderung von Autonomie, Selbstbestimmtheit und Intellekt im Mittelpunkt der Erziehung steht, wird in anderen Kulturen besonderer Wert auf Verpflichtung gegenüber dem Familiensystem und auf die motorische und körperliche Entwicklung gelegt. Demzufolge muss man auch bei der institutionellen Betreuung und Förderung von Kindern unter 3 Jahren in Deutschland davon ausgehen, dass die Akzeptanz des Betreuungskonzepts je nach kulturellem Hintergrund der Eltern variieren kann.

> **Unter der Lupe**
>
> **Ist Fremdbetreuung eine evolutionär bewährte Form der Kinderbetreuung?**
> In vielen Kulturen werden Kleinkinder mehrheitlich nicht von ihren Müttern, sondern von sogenannten »Ersatzmüttern« betreut. Diese Situation entspringt womöglich einer natürlichen Bereitschaft des Menschen, seine Kinder Vertrauenspersonen zur Betreuung zu überlassen. Hrdy (2007) geht davon aus, dass sich in der menschlichen Evolution eine gemeinschaftliche Betreuungsstruktur herausbildete. So seien Frauen im Pleistozän (2 600 000 bis 10 000 v. Chr.) auf Fremdbetreuung ihrer Kinder durch Ersatzmütter angewiesen gewesen, um die Abstände zwischen den Geburten möglichst klein zu halten und die Nahrungsversorgung des Nachwuchses sicherzustellen. Als Nebenprodukt hätten Kleinkinder wiederum einen Selektionsvorteil, die über eine ausgeprägte Fähigkeit verfügten, Gedanken und Emotionen ihrer Betreuungspersonen zu erkennen und sie zu Fürsorgeverhalten zu animieren. Den Großmüttern mütterlicherseits kommt in dieser Überlegung eine entscheidende Rolle zu. Sie seien besonders dafür prädestiniert, bei der Betreuung ihrer Enkelkinder mitzuwirken.
> Jedoch gilt zu bedenken, dass selbst wenn gemeinschaftliche Betreuung zur natürlichen Umwelt eines Kleinkindes gehört, zwei wesentliche Unterschiede zur heutigen Betreuung in Kindertageseinrichtungen bestehen: Erstens waren die Ersatzmütter in der Regel mit den Kindern verwandt. Zweitens war die Dauer der Mutter-Kind-Trennung während der Stillzeit, die sich vermutlich auf die ersten Lebensjahre erstreckte, auf wenige Stunden begrenzt, um eine ausreichende Kalorienzufuhr des Kindes zu gewährleisten.

Betreuung von Kindern unter 3 Jahren in Kindertagesstätten wird wie kaum ein anderes entwicklungspsychologisches Thema kontrovers diskutiert. Ein möglicher Grund dafür ist, dass es im Vergleich zu verwandten Forschungsgebieten nur wenige empirische Studien zu diesem Thema gibt. Das vorhandene Material wird im Folgenden nicht nur vor dem Hintergrund der Auswirkungen von Kindertagesbetreuung auf unter 3-Jährige dargestellt, sondern auch im Hinblick auf die Möglichkeiten, diese Altersgruppe in den Kindertagesstätten zu fördern.

25.1.1 Ambivalente Gefühle der Eltern

Die Entscheidung, ein Kind unter 3 Jahren in eine Fremdbetreuung zu geben, fällt vielen Eltern nicht leicht, und die Gründe dafür und dagegen werden in der Regel gründlich überlegt und gegeneinander abgewogen. Die psychologische Situation der Eltern ist häufig durch Ambivalenz gekennzeichnet, und das sollten auch die Betreuerinnen und Fachkräfte wissen. Als positiv wird angegeben, dass das Kind in der U3-Betreuung eine Förderung erhalten kann, die es zu Hause nicht erfahren würde. Als negativ wird empfunden, dass das Kind durch die Fremdbetreuung möglicherweise nicht die intensive Zuwendung erhält, die zu Hause möglich wäre. Insofern ist die Qualität und Wirksamkeit des Betreuungsangebotes im Sinne der Förderung des Kindes in diesem Diskurs eine sehr bedeutsame Größe, auch wenn sie möglicherweise eher eine Feigenblattfunktion hat, weil die tatsächlichen Optionen von beruflichen Plänen, materiellen Gegebenheiten und Opportunitätsüberlegungen bestimmt werden. Sicher ist die Berufstätigkeit beider Eltern ein ausschlaggebender Faktor, und insbesondere Mütter haben bei der Eingewöhnung eines Kindes auch große Bedenken und finden die tägliche Trennung ausgesprochen belastend.

25.1.2. Auswirkungen von Betreuung in einer Kindertageseinrichtung

Während manche Eltern die Betreuung ihrer unter 3-jährigen Kinder als optimale Förderung wahrnehmen, sorgen sich andere Eltern über mögliche negative Effekte auf ihre Kinder durch die frühe Betreuung. Für beide Positionen gibt es wissenschaftliche Belege. Daher bedarf es einer differenzierteren Sichtweise.

Möglicher Nutzen

Familien mit Risikofaktoren. Pädiater und Kinderärzte in Deutschland vertreten die Auffassung, dass Kindertagesstätten für unter 3-Jährige aus Familien mit Risikofaktoren (v. a. geringes Einkommen, geringe Bildung, Trennung vom Kindesvater oder Jugendschwangerschaft) besonders gut geeignet seien, um sie optimal zu fördern. Diese Einschätzung stützt sich vor allem auf drei Sachverhalte:

(1) Kinder aus Familien mit niedrigem sozialökonomischen Status profitieren besonders von einer Ganztagesbetreuung in Kindertagesstätten. Das zeigt sich z. B. in einer besseren Lesefähigkeit in der Grundschule. Die Effekte waren am stärksten, wenn der Eintritt in die Kindertageseinrichtung zwischen dem Alter von 2 und 3 Jahren erfolgte (Loeb et al., 2007).

(2) Durch die Betreuung in der Kindertagesstätte kann Kontakt zu den Müttern mit Risikofaktoren aufgebaut werden, mithilfe dessen diese bei der Bewältigung von Erziehungsproblemen unterstützt werden können. In zahlreichen Studien konnte nachgewiesen werden, dass die Betreuung dieser Mütter in Form von Hausbesuchen auf die emotionale, soziale, kognitive und körperliche Entwicklung der Kinder einen positiven Einfluss besitzt (für einen Überblick s. Howard & Brooks-Gunn, 2009). Dabei kann festgestellt werden, dass sich vor allem die Feinfühligkeit und das Verantwortungsgefühl der Mütter steigert. Interessant in diesem Zusammenhang ist die Tatsache, dass diese Programme besonders dann erfolgreich waren, wenn sie wenigstens teilweise in Institutionen stattfinden und nicht lediglich bei Hausbesuchen. Jedoch nehmen einige Mütter mit mehreren Risikofaktoren besonders wegen des niederschwelligen Angebots in Form von Hausbesuchen überhaupt Hilfe in Anspruch. Es wäre zu befürchten, dass keine Beratung und Betreuung der Mütter mit Risikofaktoren stattfände, wenn der Besuch in einer Kindertageseinrichtung oder einer ähnlichen Einrichtung notwendig wäre.

(3) Kinder aus Familien mit Risikofaktoren profitieren von speziellen Förderprogrammen in Kindertagesstätten besonders stark. Hilfreich sind Lernspiele in Ganztagsbetreuung, die den Fokus auf die Förderung von kognitiven und sprachlichen Kompetenzen legen sowie auf adaptives Verhalten der Säuglinge. Die Spiele können aus einfachen Erwachsener-Kind-Interaktionen bestehen, wie z. B. mit dem Kind zu sprechen oder ihm Bilder und Spielzeuge zu zeigen. Im Kindergartenalter sollten die Programme eher gruppenorientiert sein und die Sprachförderung einen größeren Stellenwert einnehmen. Kinder, die in den ersten Lebensjahren eine solche Förderung erhielten, erzielten im Alter von 21 Jahren bessere Bildungserfolge, entwickelten sich intellektuell besser und wiesen weniger ungewollte Schwangerschaften im Jugendalter auf. Diese Effekte wurden allerdings nicht erzielt, wenn die Förderung erst während der Grundschule einsetzte (Campbell et al., 2002).

Darüber hinaus gibt es auch Berichte, dass Kinder, die nicht aus Risikofamilien stammen, von einer frühen Betreuung in Kindertageseinrichtungen profitieren können. In der oben erwähnten Studie von Loeb und Kollegen (2007) konnte nachgewiesen werden, dass Kinder mit hohem sozioökonomischen Hintergrund von einer Halbtagsbetreuung in Bezug auf ihre Lese- und Mathematikfähigkeiten im Grundschulalter profitierten.

Qualität der Betreuung. Dabei zeichnet sich in vielen Studien ab, dass die Qualität der Betreuung entscheidend dazu beiträgt, dass die Kinder von der Fremdbetreuung profitieren. Eine gute Betreuung zeichnet sich einerseits durch strukturelle Merkmale wie eine geringe Gruppengröße, wenige Kinder pro Erzieherin und die räumliche Ausstattung aus. Andererseits ist sie durch die Merkmale der Erzieherinnen wie ihre formale Bildung, Berufserfahrung und nicht-autoritäre Erziehungseinstellung gekennzeichnet. Offenbar ist eine Umgebung, in der individuell, kompetent und sensitiv auf die Kinder eingegangen werden kann, für ihre kognitive Entwicklung besonders förderlich.

Unter der Lupe

Einfluss der Fremdbetreuung auf die kognitive und Sprachentwicklung

Die bislang größte Studie zum Einfluss der Fremdbetreuung auf die kognitive und die Sprachentwicklung (NICHD Early Child Care Research Network, 2000) untersuchte eine Stichprobe von fast 1.200 Kindern in den USA, von denen 856 innerhalb der ersten drei Lebensjahre in einem Tagesbetreuungsarrangement und 210 Kinder in exklusiver mütterlicher Betreuung waren. Die Studie setzte ein umfangreiches Inventar ein, das sowohl die familiäre Betreuung (Stimulation, Mutter-Kind-Interaktion und Sprachförderung) und die der Fremdbetreuung hinsichtlich Qualität, Quantität und Art (Tagespflege oder Betreuungseinrichtung) erfasste; bei den Kindern wurden ein etabliertes Verfahren zur Messung des kognitiven Entwicklungsstandes (Bayley Scales of Infant Development sowie verschiedene Sprachtests) eingesetzt.

Sowohl die Qualität als auch die Art (privat oder in Einrichtungen mit professionellem Personal) der Fremdbetreuung hatten einen signifikanten Einfluss auf die Zielvariablen, wenn damit auch nur ein kleiner Teil der Gesamtvarianz aufgeklärt werden konnte. Auch bei den fremd betreuten Kindern sagen die Variablen des Familienhintergrundes (Qualität der Mutter-Kind-Interaktion, sozioökonomische Stellung, Bildungshintergrund und Sprachfähigkeit) gemeinsam mehr voraus als die Qualität und Art der Fremdbetreuung. Gleichzeitig zeigte sich aber auch, dass insbesondere der sensitive und responsive Umgang der Betreuerinnen und die sprachliche Stimulation überdauernde und bedeutsame Effekte auf den Entwicklungsstand haben. Die reine Quantität der Fremdbetreuung zeigte keinen Zusammenhang mit dem kognitiven oder sprachlichen Entwicklungsstand. In allen Analysen wurden die Unterschiede des Familienhintergrunds statistisch kontrolliert, und die Effekte der Unterschiede in Qualität und Art der Fremdbetreuung waren für Kinder aus unterschiedlichen sozioökonomischen Schichten und ethnischen Gruppen durchaus vergleichbar.

Mögliche Nachteile

Auswirkungen auf den Bindungsstil. Es fällt auf, dass positive Effekte im kognitiven Bereich durch Betreuung der unter 3-Jährigen in Kindertagesstätten gut belegt sind. Jedoch sind Berichte über positive Effekte im sozial-emotionalen Bereich deutlich seltener. Besonders im Bereich der sozial-emotionalen Entwicklung befürchten Kritiker der Tagesbetreuung negative Effekte auf unter 3-Jährige. Diese Einwände werden häufig bindungstheoretisch begründet. Bindungstheoretiker nehmen an, dass vor allem eine intensive nicht-mütterliche Betreuung im ersten Lebensjahr zu einem unsicheren Bindungsstil (s. Abschn. 7.4.3) führt. Wie könnte dieser Effekt entstehen? Möglicherweise wird die tägliche Trennungserfahrung vom Kind als Zurückweisung interpretiert, was die Entwicklung zu einem unsicheren Bindungsstil begünstigt. Außerdem besteht die Möglichkeit, dass die geringere Vertrautheit der Mutter mit ihrem Kind ihre Fähigkeit beeinträchtigt, sensitiv auf die Bedürfnisse ihres Kindes einzugehen. Tatsächlich konnten Belsky und Rovine (1988) feststellen, dass 20 oder mehr Stunden pro Woche Betreuung in einer Kindertagesstätte während des 1. Lebensjahres zu einer Erhöhung des unsicheren Bindungsstils führt.

Mit der zunehmenden Akzeptanz und Inanspruchnahme der frühen Fremdbetreuung zeigt sich in Studien ab den 1990er-Jahren ein differenzierteres Bild. Im Jahr 1994 hat etwas mehr als die Hälfte aller US-amerikanischen Säuglinge unter einem Jahr eine regelmäßige Betreuung durch andere Personen als ihre Eltern erfahren. Insofern sind die sozioökonomischen Merkmale der Eltern (z. B. Bildungsgrad, Berufstätigkeit, verfügbares Einkommen) fremd und der zu Hause betreuten Kinder inzwischen einander ähnlich. Die Inanspruchnahme-Population der 1980er-Jahre war dagegen nach Kriterien selektiert, die als Risiken für Bindungssicherheit bekannt sind (z. B. geringes Einkommen, alleinerziehende Mütter). Dementsprechend wird in neueren Studien seltener von einer Beeinträchtigung der Bindungssicherheit des Kindes berichtet (s. Unter der Lupe).

Bindung zwischen Kind und Betreuer. Ebenfalls im Sinne der Bindungstheorie ist die Frage nach der Entstehung von eigenständigen Bindungsbeziehungen der Kinder zu den Betreuern relevant. Die Existenz einer sicheren Bindung gilt ja als der entscheidende Faktor bei der Prävention negativer Entwicklungsverläufe, die mit unsicherer Bindung assoziiert sind. Dazu liegt inzwischen eine Metaanalyse vor (Ahnert et al., 2006). Hier werden Studien ausgewertet, die entweder den Fremde-Situations-Test (FST) oder das Attachment-Q-Set (AQS) benutzten, um die Bindungsbeziehung zwischen Kind und Betreuer zu erfassen. Dabei ergaben sich in Studien mit dem FST insgesamt weniger sichere Bindungen zwischen Kindern und Betreuern als zwischen Müttern und Kindern; in Studien mit dem AQS dagegen waren die Prozentanteile sicherer Bindungen vergleichbar. Gruppen, in denen die Betreuerinnen hohe Werte auf einem Index für die Involviertheit mit den Kindern sowie hohe Empathie-Werte erzielten, hatten auch relativ mehr Kinder mit einer sicheren Bindung an die Erzieherin. Dieser Befund kann durchaus so interpretiert werden, dass eine Fremdbetreuung auch die Chance zur Etablierung einer sicheren Bindung bietet, wobei hier der gesamte soziale Kontext eine wichtige Rolle spielt.

> **Unter der Lupe**
>
> **Einfluss der Fremdbetreuung auf die soziale Entwicklung**
>
> In der bereits erwähnten Studie des NICHD Early Child Care Research Networks ist ebenfalls kein negativer Effekt von Fremdbetreuung im ersten Lebensjahr auf die Bindungssicherheit berichtet worden (NICHD Early Child Care Research Network, 1997). Wie zu erwarten war, ist diese vor allem von der mütterlichen Sensitivität abhängig. Nur diejenigen Kinder, deren Mütter niedrige Sensitivität aufwiesen und die gleichzeitig eine qualitativ schlechte Tagesbetreuung erfuhren, mehrfach die Betreuung wechselten oder mehr als 20 Stunden pro Woche betreut wurden, waren signifikant häufiger unsicher gebunden. Allerdings berichten die Autoren hinsichtlich des weiteren Entwicklungsverlaufs doch von einem Zusammenhang der Quantität der Fremdbetreuung mit externalisierendem Problemverhalten und Aggression im Alter von 4;6 Jahren im Sinne einer Dosis-Response-Beziehung (also eine höhere »Dosis« Fremdbetreuung führt zu stärker ausgeprägtem Problemverhalten). Die Zusammenhänge sind zwar nur moderat bis schwach, aber unabhängig von Qualität oder Art der Fremdbetreuung und familiären Hintergrundfaktoren (NICHD Early Child Care Research Network, 2003).

Jedoch bleibt auch nach Kontrolle der sozioökonomischen Merkmale der Eltern ein Unterschied bestehen zwischen fremd betreuten Kindern und Kindern, die von ihren Eltern betreut werden. In der bereits erwähnten Studie von Loeb und Kollegen (2007) zeigte sich, dass besonders Kinder aus mittleren und höheren Einkommensschichten Defizite im sozialen Verhalten (Impulskontrolle und der Bereitschaft, sich auf Lernspiele einzulassen) aufwiesen, wenn sie täglich halbtags oder ganztags fremd betreut wurden. Erst ab einem Kindergarteneintrittsalter von 4 Jahren konnten keine negativen Auswirkungen der Fremdbetreuung auf das Sozialverhalten mehr nachgewiesen werden.

Auswirkungen auf späteres Sozialverhalten. Vor allem die negativen Auswirkungen auf die Impulskontrolle sind noch im Jugendalter nachweisbar. Je mehr ein Kind früher Fremdbetreuung ausgesetzt war, umso eher neigt es als Jugendlicher zu Risikoverhalten wie Drogengebrauch oder Diebstahl (Vandell et al., 2010). Bei Fremdbetreuung im ersten Lebensjahr sind zudem vermehrt externalisierende Verhaltensauffälligkeiten, wie beispielsweise aggressives Verhalten, zu erwarten. Über die Wirkmechanismen – sollte tatsächlich ein kausaler Zusammenhang bestehen – besteht unter Fachleuten nach wie vor Unklarheit. Ethische und praktische Erwägungen erschweren eine experimentelle Untersuchung dieser Mechanismen. Die Erwartung vieler Eltern, der frühe Kontakt zu Gleichaltrigen würde die soziale Kompetenz ihrer Kinder fördern, kann nicht bestätigt werden.

Es ist einschränkend hinzuzufügen, dass die meisten Studien zu den negativen Auswirkungen von Fremdbetreuung in den USA durchgeführt wurden. Inwieweit die Ergebnisse – trotz Ähnlichkeit der Betreuungsqualität – auf den deutschsprachigen Raum übertragbar sind, ist also fraglich.

> **Denkanstöße**
>
> ▶ Wie sieht die ideale Betreuung für Kleinkinder aus Sicht der Eltern aus?
> ▶ Wie ließen sich die Vorteile der frühkindlichen Betreuung optimal nutzen? Wie ließen sich ihre Nachteile möglichst verhindern?
> ▶ Wie stellt man sicher, dass beim geplanten Ausbau der Kindertagesbetreuung ausreichend qualifiziertes und motiviertes Personal vorhanden ist?

25.2 Förderung in Kindertageseinrichtungen (U3)

Frühe Fremdbetreuung bringt sowohl Entwicklungschancen als auch -risiken mit sich. Die gezielte Förderung von Kindern unter 3 Jahren ist daher ein Qualitätsmerkmal, das in der Diskussion um die Veränderung der Betreuungslandschaft aufgrund von Erfordernissen der Arbeitswelt und der Karrierewege besonderes Gewicht hat.

Rahmenbedingungen. Um eine frühe Förderung überhaupt umsetzen zu können, müssen gewisse Rahmenbedingungen erfüllt sein. In einer Studie des Staatsinstituts für Frühpädagogik in Bayern (Wertfein & Spies-Kofler, 2008) kommen die Autoren zu dem Schluss, dass mindestens die folgenden drei Aspekte zu beachten sind:

(1) Es müssen genügend personelle Ressourcen vorhanden sein, um Urlaubs- und Krankheitsvertretungen durch eigenes Personal sicherstellen zu können sowie um auf erhöhten Förderbedarf einzelner Kinder in der Gruppe reagieren zu können. Dabei sollte auch die Vor- und Nachbereitung der Fördermaßnahmen in die Personalplanung einbezogen werden.
(2) Sichere Arbeitsbedingungen (z. B. unbefristete Arbeitsverträge) für die Erzieherinnen sind nötig, um einerseits die Erzieherinnen zu entlasten und andererseits den Kindern die kontinuierliche Betreuung durch eine Bezugsperson zu ermöglichen.
(3) Der Einbezug der Eltern ist wichtig, da sie trotz Tagesbetreuung die Grundlagen für die frühkindliche Förderung in der Kindertagesstätte bereitstellten.

Ein Grundsatz in der Frühförderung ist, dass ein Förderungsprogramm umso erfolgreicher ist, je früher es eingesetzt wird. Leider existieren wenige evaluierte Förderprogramme für Kindertageseinrichtungen für unter 3-Jährige. Die vorhandenen Programme beinhalten vor allem individuelle Förderung oder Förderung der Eltern-Kind-Beziehung. Sie beinhalten häufig Hausbesuche und lassen daher keinen unmittelbaren Schluss auf die Förderung in Kindertageseinrichtungen zu. Daher soll im Folgenden – jenseits von Förderprogrammen – gezielt auf die verschiedenen Bereiche eingegangen werden, die für die Frühförderung relevant sind.

25.2.1 Inhibitorische Kontrolle

Mangelnde Impulskontrolle stellt ein mögliches Risiko einer frühen Fremdbetreuung dar. Daher ist es naheliegend, in Kindertagesstätten für unter 3-Jährige genau diese Fähigkeit gezielt zu trainieren. In der entwicklungspsychologischen Literatur ist diese Fähigkeit auch unter dem Begriff »inhibitorische Kontrolle« bekannt. Die inhibitorische Kontrolle ist ein wichtiger Prädiktor für schulischen und beruflichen Erfolg sowie für die spätere sozial-emotionale Entwicklung (Mischel et al., 1988).

> **Definition**
>
> Als **inhibitorische Kontrolle** wird die Fähigkeit bezeichnet, Handlungsimpulse in Bezug auf irrelevante Stimuli zu unterdrücken, während ein antizipiertes Ziel verfolgt wird. Sie bildet eine Komponente der Handlungssteuerung.

Entwicklungsfaktoren und Trainierbarkeit. Gewöhnlich können Kinder im Alter von etwa 4 Jahren Aufgaben bewältigen, in denen sie eine dominante Handlungstendenz unterdrücken und stattdessen eine entgegengesetzte Handlung ausführen (vgl. Abschn. 8.2.5). Diese Fähigkeit besitzt vermutlich Vorläufer im dritten Lebensjahr. Etwa ab dem zweiten Geburtstag sind Kinder in der Lage, einem Bedürfnis für eine gewisse Zeit nicht nachzugehen und auf die Bedürfnisbefriedigung zu warten. Diese Fähigkeit spielt bei der sozialen Kompetenz von Kindern eine große Rolle, da erfolgreiche soziale Interaktion oft die Koordination verschiedener Bedürfnisse erfordert, welche nicht gleichzeitig erfüllt werden können. Inhibitorische Kontrolle hängt zudem von der sprachlichen Entwicklung, Intelligenz und der Bindungssicherheit des Kindes ab, weniger von seiner Folgsamkeit. Die Entwicklung inhibitorischer Kontrolle ist also stark von sozialen Interaktionspartnern beeinflussbar. Elterneigenschaften wie Sensitivität, der Gebrauch von mentalen Begriffen und die Förderung von Autonomie sowie Nondirektivität bei gleichzeitig hohem Einsatz von Lob fördern die inhibitorische Kontrolle nachhaltig. Daraus ergibt sich eine gewisse Trainierbarkeit. 3- und 4-jährige Kinder können unter Laborbedingungen ihre inhibitorische Kontrolle nach einem kurzen Training verbessern. Jedoch ist es unklar, ob ein solches Training nennenswerte Auswirkungen auf die inhibitorische Kontrolle im Alltag besitzt.

Zusammenfassend lässt sich feststellen, dass ein autoritativer Erziehungsstil geeigneter ist, inhibitorische Kontrolle zu fördern, als ein autoritärer Erziehungsstil. Dieser Zusammenhang ist auch im Rahmen der institutionellen Betreuung kleiner Kinder zu erwarten. Unseres Wissens liegen allerdings keine Studien vor, die einen detaillierten Weg aufzeigen, wie inhibitorische Kontrolle in diesem Alter spezifisch trainiert werden kann. Auch Diamond (2010) betont die Notwendigkeit, förderliche Aktivitäten in alle Alltagskontexte zu integrieren, statt einzelne Funktionen separat zu trainieren.

25.2.2 Sprache

Baby-Signing. Mütter in unserer Kultur legen großen Wert auf die verbalen Fähigkeiten ihrer Kinder. Möglicherweise ist dies der Grund für die immer größere Beliebtheit des sogenannten »Baby-Signing« im deutschsprachigen Raum. Dabei wird hörenden Kindern im ersten und zweiten Lebensjahr eine Zeichensprache beigebracht. Dieses Training basiert auf Studien, die belegen, dass sich Sprache und nonverbale Gesten parallel entwickeln, wobei nonverbale Gesten den gesprochenen Wörtern zeitlich etwas vorausgehen (vgl. Abschn. 18.4.3). Zudem seien sowohl Sprache als auch Gesten auf dieselben kognitiven Funktionen zurückführbar (Goodwyn & Acredolo, 1993). Beim Baby-Signing wird das Training der Gebärdensprache des jeweiligen Landes angepasst (z. B. Tommys Gebärdenwelt; Kestner & Hollmann, 2008) oder die komplexe Gebärdensprache wird vereinfacht (Baby Signs; Acredolo & Goodwyn, 2002). Die Vermittlung einer Gebärdensprache soll den Spracherwerb nachhaltig beschleunigen und auch kognitive Fähigkeiten bis in die mittlere Kindheit fördern (Goodwyn et al., 2000). Möglicherweise stärkt die intensive und regelmäßige Beschäftigung zwischen Eltern und Kind lediglich ihre Beziehung zueinander und besitzt daher positive Auswirkungen auf die kindliche Entwicklung.

Insgesamt ist der aktuelle Forschungsstand zum Baby-Signing uneindeutig. Einige Studien berichten von einer Verbesserung der sprachlichen und kognitiven Fähigkeiten, aber andere Forscher können diese Ergebnisse nicht replizieren (für einen Überblick s. Kiegelmann, 2009). Die anfängliche Befürchtung, Baby-Signing könnte die sprachliche Entwicklung verzögern, ist allerdings unbegründet. Aufgrund der geringen empirischen Evidenz, die vor allem aus der Forschergruppe um Acredolo und Goodwyn stammt, sollten weitere Studien abgewartet werden, bevor ein regelhafter Einsatz für unter 3-Jährige empfohlen werden kann.

Sprachförderung

Sprachförderung findet auch bei bereits sprechenden Kindern in Kindertagesstätten für unter 3-Jährige statt. Zum einen werden sprachliche Fähigkeiten der Kinder gefördert, wenn der Verdacht auf eine Spracherwerbsstörung oder mangelnde Sprachbeherrschung (z. B. wegen geringer Gelegenheit zum Erlernen der Sprache) vorliegt. Weil frühe sprachliche Defizite sich negativ auf die spätere Entwicklung auswirken, wird eine frühe Intervention als besonders wesentlich angesehen, um Sekundäreffekte zu verhindern oder wenigstens abzumildern (vgl. Abschn. 29.1.2). Bei Förderung einer Zweitsprache, in der mangelnde Sprachbeherrschung festgestellt wird, sollte gleichzeitig die Entwicklung der Erstsprache gefördert werden, weil hier gegenseitige Beeinflussungen auftreten.

Frühinterventionsprogramme. Es existieren zwei Varianten von Frühinterventionsprogrammen für Kinder, bei denen der Verdacht auf eine spätere Spracherwerbsstörung bereits um den ersten Geburtstag feststellbar ist. Da die sprachliche Kooperation von Kleinkindern eingeschränkt ist, setzen beide Programme ihren Schwerpunkt auf die Bereitstellung von sprachrelevanten Reizen. Ein Ansatz von Ward (1999) trainiert die Eltern der Kinder. Durch das Training soll die Elternsprache optimiert werden, um die Aufmerksamkeit des Kindes auf die wichtigen Bestandteile der Sprache zu erleichtern. Im Mittelpunkt des Trainings stehen beispielsweise eine verlangsamte Sprache, reduzierte Komplexität und Selbstwiederholungen. Außerdem sollen die Eltern zu Reimen und Sprachspielen einladen sowie viele Gegenstände und Tätigkeiten benennen. Das Setting besteht aus einem möglichst störungsfreien auditiven Umfeld, um die Aufmerksamkeit auf das Gehörte zu erhöhen. Dieses Programm konnte seine Wirksamkeit eindrucksvoll unter Beweis stellen. Nach erfolgtem Training waren alle 2-Jährigen im Normbereich.

Penner (2005) dagegen kritisiert an diesem Ansatz, dass Kinder mit Spracherwerbsstörungen häufig aus Familien stammen, die selbst Sprachprobleme besitzen und daher die Eltern als Trainer ungeeignet seien. Zudem sei fraglich, ob die Bestandteile des »infant-directed speech«, wie beispielsweise verlangsamte Sprache, für das Erlernen der deutschen Sprache förderlich sind. Daher plädiert er in seinem Frühinterventionsprogramm Kon-Lab für ein Sprachtraining, das nicht auf »infant-directed speech« zurückgreift und von Dritten durchgeführt wird. Dieses Programm besteht aus zwei Bausteinen. Im ersten Baustein wird den Kindern die nötige Information zur Verfügung gestellt, um verschiedene Sprachregeln aus dem Gehörten extrahieren zu können. Beispielsweise werden ihnen Singular- und Pluralform von Substantiven mit unterschiedlicher Silbenzahl und Position der Betonung vorgesprochen. Dies soll Kindern ermöglichen, die

Schlüsselreize für Sprachregeln zu extrahieren (»triggering domains«). Der zweite Baustein besteht darin, die Kinder für die wahrnehmungsseitigen Beschränkungen (»Constraints«, s. Abschn. 18.2.2) des Worterwerbs zu sensibilisieren. Beispielsweise bezieht sich die Benennung eines Objekts zunächst auf das ganze Objekt und nicht auf Teile oder Aspekte. Folgerichtig wird ein Objekt erst dann benannt, wenn alle Einzelteile des Objekts zusammengefügt wurden. Analog dazu wird der Kontrast zwischen resultativen Verben der Zustandsveränderung (z. B. »aufmachen«) und prozessorientierten Verben der Zustandsveränderung (z. B. »aufräumen«) unterschieden. Unseres Wissens steht ein Nachweis für die Wirksamkeit des Frühinterventionsprogramms von Kon-Lab für unter 3-Jährige bislang aus.

Möglicherweise ist jedoch nicht die Anwendung eines systematischen Programms nötig, um eine Sprachförderung zu erreichen. In einer Interventionsstudie von Levenstein et al. (1998) beispielsweise wurden Eltern im häuslichen Umfeld dazu angehalten, mit ihren Kindern mehr zu sprechen. Inhalt dieser Gespräche sollten Bilderbücher oder Spielzeuge sein. Diese relativ schlichte Intervention hatte den erstaunlichen Effekt, dass deutlich mehr Kinder einen Schulabschluss als Jugendliche erreichen konnten als Kinder, deren Eltern nicht dieses Training durchliefen. Die Schlichtheit dieser Intervention lässt sie besonders attraktiv für den Einsatz im Rahmen institutioneller Betreuung erscheinen.

25.2.3 Soziale Kompetenz

Empathie und prosoziales Verhalten. Ein wichtiger Bestandteil sozialer Kompetenz ist prosoziales Verhalten, das idealerweise in der Kindheit intrinsisch motiviert ist und nicht aus Angst vor Strafe gezeigt wird. Eine wichtige Voraussetzung für intrinsisch motiviertes prosoziales Verhalten ist die Fähigkeit, die Gefühle des anderen nachzuvollziehen und dabei automatisch das Gefühl im Gegenüber zu verorten. Diese Fähigkeit wird als Empathie bezeichnet, die erst nach der Unterscheidung der Repräsentation des Ich von der Repräsentation des anderen auftreten kann. Ein Indikator für diese Fähigkeit ist das Bestehen des sogenannten »Rouge-Tests«. Das Kind bekommt unbemerkt einen Fleck auf die Wange appliziert und wird anschließend vor einen Spiegel gestellt. Fasst es sich daraufhin an die eigene Wange (und nicht an die seines Spiegelbilds), gilt der Test als bestanden. Tatsächlich hängen Empathie und das Selbsterkennen im Spiegel eng miteinander zusammen (Bischof-Köhler, 1994). Erst ab diesem Entwicklungsschritt in der Mitte des zweiten Lebensjahrs kann davon ausgegangen werden, dass das Kind in der Lage ist, die emotionalen Konsequenzen nachzuvollziehen, die das eigene Verhalten hervorruft. Es ist zudem gut belegt, dass mittels Empathie prosoziales Verhalten motiviert werden kann (vgl. Abschn. 22.4.3).

Erziehungsstile und prosoziales Verhalten. Hoffman (1983) beschrieb zwei Erziehungsstile, mit denen Eltern prosoziales Verhalten bei ihren Kindern zu erreichen versuchen. Bei Machtausübung werden Kinder durch körperliche Gewalt, Entzug von Privilegien oder Gegenständen sowie durch direkte Kommandos und Bedrohung zu prosozialem Verhalten angehalten. Bei der Induktion dagegen wird auf die Konsequenzen des Verhaltens beim anderen hingewiesen. Laut Hoffmann ist die zweite Strategie eher geeignet, intrinsisch motiviertes prosoziales Verhalten hervorzurufen. Diese Überlegung erfuhr empirische Bestätigung: Bereits bei 2-jährigen Kindern besteht ein Zusammenhang zwischen elterlichem Erziehungsverhalten und prosozialem Verhalten (Zahn-Waxler et al., 1979). Daher ist möglicherweise ein ähnlicher Zusammenhang zwischen dem Verhalten der Erzieherinnen und dem prosozialen Verhalten der Kinder zu erwarten.

Förderprogramme. Aus einem umfassenden Überblicksartikel über Interventionsmöglichkeiten in der frühen Kindheit geht hervor, dass es wenig gezielte Programme für die Förderung von sozialen Kompetenzen bei unter 3-Jährigen gibt (Wise et al., 2005). Das sogenannte Early Head Start Programm beispielsweise besteht aus einem Bündel von unterschiedlichen und umfassenden Strategien, Familien mit Kindern unter 3 Jahren und mit niedrigem sozialökonomischen Hintergrund zu unterstützen. Die Förderung findet sowohl zu Hause als auch in Kindertagesstätten statt. Sie umfasst Unterstützung in Gesundheits-, Erziehungs- und Familienfragen. Im Alter von 3 Jahren zeigten diese Kinder ein deutlich reduziertes aggressives Verhalten und einen positiveren Umgang mit ihren Eltern im Vergleich zu Kindern aus einer Kontrollgruppe (Early Head Start Research and Evaluation Project, 2002). Ähnliche Effekte wurden im Infant Health and Development Project berichtet, bei dem die Kinder wenige Wochen nach der Geburt in einer

Kindertagesstätte betreut und besonders im sozialen, emotionalen, motorischen und sprachlichen Bereich gefördert wurden (McCormick et al., 1998). Da in jedem einzelnen Programm eine Fülle von verschiedenen Interventionen durchgeführt wurde, ist es jedoch schwer möglich festzustellen, welche der Interventionen wirksam war, oder ob die Effekte durch die Bündelung von Interventionen auf verschiedenen Ebenen erreicht wurden.

Eine Metaanalyse von Manning et al. (2010) ergab, dass Präventionsprogramme bei Kindern aus einer niedrigen sozioökonomischen Schicht zu einer Reduktion von abweichendem Verhalten und Kriminalitätsneigung führen. Die Effektstärken sind klein und Programme, die über mehr als drei Jahre angelegt sind, sind effektiver als kürzere Programme. Da bereits kleine Effektstärken im Bereich des Abbaus von Kriminalität eine positive Kosten-Nutzen-Bilanz besitzen können, besteht neben dem gesundheitlichen auch ein ökonomischer Nutzen.

25.2.4 Sensomotorische Fähigkeiten

Auswirkungen auf andere Bereiche. Es ist mittlerweile eine anerkannte Tatsache, dass eine Förderung der motorischen Entwicklung von Kindern nicht nur die motorischen Fähigkeiten verbessert, sondern auch positive Auswirkungen auf andere Bereiche besitzt. Es wird sowohl die emotionale und kognitive Entwicklung der Kinder angeregt als auch die Entwicklung ihrer Selbstwahrnehmung. Es gibt eine Vielzahl von Förderprogrammen für die motorische Entwicklung in den ersten Lebensjahren, die darauf abzielen, sich diese positiven Effekte zunutze zu machen.

Förderprogramme. Im deutschsprachigen Raum gibt es Empfehlungen, diese Erkenntnisse in Kindertagesstätten zu implementieren (Zimmer, 2007). Durch die Bereitstellung von Möglichkeiten, sich körperlich zu betätigen, sowie durch dosierte Anleitung durch die Erzieher sollen die Kinder verschiedene Bereiche der Körperwahrnehmung, Selbsterfahrung, Sinneswahrnehmung, Sozialerfahrung und Materialerfahrung entwickeln. In allen Bereichen sollen nach Zimmer (2007) zusätzlich die koordinativen Fähigkeiten des Kindes entwickelt werden. Dazu zählen die Gleichgewichtsfähigkeit, Reaktionsfähigkeit und räumliche Orientierungsfähigkeit. Umgesetzt wird dieser Ansatz durch das eigene Fortbewegen im Raum (z. B. Laufen oder Krabbeln), das Fortbewegen von Gegenständen im Raum (z. B. Ziehen oder Schieben), die eigene Bewegung an Gegenständen (z. B. Balancieren oder Schaukeln) und das Fortbewegen mithilfe von Gegenständen (z. B. Dreiradfahren). Leider stehen keine Studien zur Effektivität dieses Programms bei Kindern unter 3 Jahren zur Verfügung.

Besondere Beliebtheit bei Eltern besitzt das Prager-Eltern-Kind-Programm (PEKiP), das bei Kindern im ersten Lebensjahr angewandt wird. Es beinhaltet viele Elemente der sensomotorischen Förderung wie beispielsweise verschiedene Haltegriffe und Anregungen zum Abwandeln des typischen Krabbelns und Stehens. Die empirischen Studien zur Effektivität des Trainings (Höltershinken & Scherer, 2004) sind allerdings methodisch so mangelhaft, dass hier ebenfalls eine abschließende Bewertung nicht möglich erscheint.

25.2.5 Ästhetisches Empfinden

Frühe Formen. Bereits im ersten Lebensjahr besitzen Kinder rudimentäre Formen eines ästhetischen Empfindens. Beispielsweise bevorzugen sie es, symmetrische Gesichter zu betrachten, die von Erwachsenen wiederum als attraktiv eingestuft werden (Rubenstein et al., 1999). Außerdem bevorzugen Kinder in diesem Alter konsonante gegenüber dissonanten Tonabfolgen (Trainor & Heinmiller, 1998). Im zweiten Lebensjahr beginnen Kinder mit Stiften Spuren auf Papier zu hinterlassen. Bereits im zweiten Lebensjahr verfügen Kinder also nicht nur über Grundzüge einer ästhetischen Wahrnehmung, sondern werden auch gestalterisch tätig, wobei die so entstandenen Produkte wiederum einer ästhetischen Evaluation unterliegen können.

Frühe Förderung. Dementsprechend gibt es den Ratschlag an Kinderkrippen, den ästhetischen Sinn bereits früh zu fördern. Feeney und Moravcik (1987) schlagen beispielsweise vor, eine Umgebung zu schaffen, die eine Beschäftigung mit Kunst ermöglicht. Die Einrichtungsgegenstände und Wände sollten möglichst schlicht und dezent gehalten werden, damit die Kinder nicht abgelenkt werden während ihrer Auseinandersetzung mit dem Kunstgegenstand. Statt stereotyper Comiczeichnungen für Kinder sollen die Kinder bereits früh mit bildender Kunst vertraut gemacht werden. Das kann in Form von Bilderbüchern zur eigenen Beschäftigung oder dem gemeinsamen Erkunden mit den Erzieherinnen geschehen. Eine empirische Überprüfung dieser Empfehlungen für unter 3-Jährige steht noch aus, wobei in diesem Bereich verständlicherweise die Kriterien eines »Erfolges« besonders schwer zu bestimmen sind.

25.2.6 Wissenschaftlich fundierte Frühförderung

Die Übersicht über die verschiedenen Fördermöglichkeiten bei unter 3 Jahre alten Kindern zeigt, dass es für sich normal entwickelnde Kinder nur wenige nach wissenschaftlichen Kriterien als wirksam evaluierte Programme gibt. Die Forderung nach evidenzbasierter Evaluation ist dennoch ein Standard, an dem wir auch in diesem Feld festhalten wollen. Allerdings betonen Erzieher von kleinen Kindern seit Langem die Bedeutung der Beachtung des »ganzen Kindes«. Wie Diamond (2010) deutlich formulierte, kann der kosteneffektivste Weg zu besseren akademischen Leistungen in der Förderung der sozialen, emotionalen und physischen Entwicklung bestehen.

Förderprogramm »Tools of the mind«. Wegweisend für die empirische Überprüfung solcher Thesen war die Evaluation des Förderprogramms »Tools of the mind« von Bodrova und Leong (2007), das auch eine Reihe von Aktivitäten für Kinder unter 3 Jahren enthält. Dieses Programm zielt durch begleitende Aktivitäten der Betreuer, bei denen die Kinder beispielsweise zum begleitenden Sprechen beim Handeln, zur Verwendung von Gedächtnishilfen und zur Stützung der eigenen Aufmerksamkeit angehalten werden, auf die Stärkung der kognitiven Kontrolle. Charakteristisch für dieses Programm ist es, dass die Maßnahmen bei allen Aktivitäten der Kinder im Tagesverlauf eingesetzt werden und eben nicht in einem isolierten »Trainingskontext«. Bei einem Vergleich zwischen diesem und einem weiteren Förderungscurriculum in einem Stadtbezirk mit vorrangig ökonomisch benachteiligten Kindern zeigten sich deutliche Verbesserungen in der »Tools of the mind«-Gruppe, die mit etablierten Testverfahren (Flanker Task, Dots-Mixed) gemessen wurden. Allerdings war die weit überwiegende Mehrzahl der untersuchten Kinder über 3 Jahre alt (Diamond, 2010).

Insgesamt gibt es eine Reihe einzelner Förderansätze, die aber auf ihre Mechanismen und ihr systematisches Zusammenspiel hin noch zu wenig wissenschaftlich untersucht worden sind. Dabei ist von einem erheblichen Förderungspotenzial auszugehen, und die Angebote können insbesondere für Kinder mit Entwicklungsrückständen von entscheidender Wichtigkeit sein. Allerdings erscheinen auf einzelne Entwicklungsbereiche isolierte und gering dosierte Angebote für sich normal entwickelnde Kinder ohne dauerhafte und messbare Folgen zu bleiben.

> **Denkanstöße**
>
> ▶ Was halten Sie von frühkindlicher Förderung, die wissenschaftlich nicht untersucht wurde, aber von Eltern und Erziehern positiv aufgenommen wird?
> ▶ Was ist ein geeignetes Studiendesign, um Fördermaßnahmen zu evaluieren?
> ▶ Gibt es Gründe, die gegen ein gezieltes Training von unter 3-jährigen Kindern sprechen?

> **Zusammenfassung**
>
> ▶ Gesetzlich vorgeschriebene Erziehungsziele für Kindertageseinrichtungen und Tagespflege bestehen in der Entwicklung einer eigenständigen und gemeinschaftsfähigen Persönlichkeit, der Erziehung zu Verantwortungsbereitschaft, Gemeinsinn und Toleranz sowie zur interkulturellen Kompetenz.
> ▶ Die Motivation der Eltern, ihre Kinder in eine Kindertageseinrichtung zu geben, ist vielfältig und teilweise von ambivalenten Gefühlen begleitet. Ein möglicher Grund dafür ist, dass das Pro und Contra viel diskutiert wird, allerdings wissenschaftlich kaum untersucht ist.
> ▶ Vorteile der Kindertageseinrichtungen sind darin zu sehen, dass Kinder aus Familien mit niedrigem sozioökonomischen Status profitieren; Kontaktaufbau zu Eltern mit Erziehungsproblemen sowie die Förderung von intellektuellen Fähigkeiten ist leichter möglich.
> ▶ Nachteile der Kindertageseinrichtungen können darin bestehen, dass Beeinträchtigungen der sozioemotionalen Entwicklung bei intensiver Fremdbetreuung im ersten Lebensjahr möglich sind; eine geringere Impulskontrolle ist noch im Jugendalter nachweisbar.

- Die Förderung von inhibitorischer Kontrolle, sozialer Kompetenz und ästhetischem Empfinden ist wünschenswert, leider aber empirisch nicht hinreichend untersucht.
- Generelle Sprachförderung geschieht etwa durch Baby-Signing. Eine gezielte Sprachförderung von sprachverzögerten Kindern lässt sich durch Training der Eltern und Förderung der Kinder erreichen. Die empirische Befundlage ist gering.
- Detaillierte Vorschläge zur Förderung von sensomotorischen Fähigkeiten im Kontext Familie und Kindertagesstätte liegen vor, deren empirische Überprüfung steht jedoch noch aus.
- Insgesamt besteht in allen Bereichen der Frühförderung erheblicher Forschungsbedarf.

Weiterführende Literatur

Petermann, F. & Schneider W. (2008). Angewandte Entwicklungspsychologie (Enzyklopädie der Psychologie, Themenbereich C, Serie V, Bd. 7). Göttingen: Hogrefe. *Umfassende Darstellung der wissenschaftlich fundierten Anwendungsmöglichkeiten der Entwicklungspsychologie (Diagnostik, Prävention und Förderung) in der frühen Kindheit und späteren Lebensabschnitten.*

Roskos, K. A. & Christie, J. F. (2007). Play and literacy in early childhood: Research from multiple perspectives. Mahwah, NJ: Erlbaum. *Ausführlicher und forschungsbasierter Sammelband, der die Bedeutung des freien Spiels im Kleinkindalter für den späteren formalen Bildungsweg hervorhebt.*

Sarimski, K. (2009). Frühförderung behinderter Kleinkinder: Grundlagen, Diagnostik und Intervention. Göttingen: Hogrefe. *Gut strukturierte Darstellung der Entwicklungsstörungen, des diagnostischen Vorgehens und der Interventionsmöglichkeiten.*

26 Vorschule

Marcus Hasselhorn • Wolfgang Schneider

26.1 Allgemeine Entwicklungslinien des Vorschulalters
    26.1.1 Entwicklung kognitiver Kompetenzen
    26.1.2 Entwicklung sozialer Kompetenzen

26.2 Vorschulische Förderung und Bildungsauftrag des Kindergartens

26.3 Wirksamkeit der pädagogischen Arbeit in Kindergärten
    26.3.1 Wirkungen auf die kognitiv-leistungsbezogene Entwicklung von Kindern
    26.3.2 Wirksamkeitsrelevante Qualitätsmerkmale von Kindergärten
    26.3.3 Kompensatorische Effekte

26.4 Internationale Modellprojekte zur kompensatorischen Förderung im Vorschulalter

26.5 Empirisch bewährte deutschsprachige Programme zur kompensatorischen Förderung
    26.5.1 Förderung des Denkens
    26.5.2 Förderung der Sprache
    26.5.3 Prävention von Lernschwierigkeiten

26.6 Möglichkeiten und Hemmnisse vorschulischer Entwicklungsförderung

Mehmet T. lebt seit acht Jahren in Deutschland, weil er in der Türkei als Elektriker nicht genug Geld verdienen konnte, um seine Frau und die Tochter Aysche zu ernähren. Als Aysche schulpflichtig wurde, kamen sie und ihre Mutter nach Deutschland nach. Vor dreieinhalb Jahren wurde der Sohn Erkan in Deutschland geboren und seither von der Mutter, die bis heute kaum Deutsch sprechen kann, fürsorglich betreut. Auch zwei Arbeitskollegen von Mehmet haben jeweils ein Kind im Alter von 3 Jahren. Sie haben ihre Kinder im Kindergarten angemeldet und drängen Mehmet, doch seinen Sohn auch anzumelden. Mehmet zögert. Immerhin gibt es in Deutschland ja keine Kindergartenpflicht. Bei sich in der Familie könnte er dafür sorgen, dass Erkans Erziehung nach den Werten seiner Kultur erfolgt. Außerdem hat seine Frau doch auch bisher Erkans Erziehung sehr gut leisten können. Durch die große Schwester spricht Erkan auch ein bisschen Deutsch, zwar nicht so gut wie Aysche, aber doch etwa so gut wie Mehmet selbst. Mehmet verpasst bewusst den Anmeldetermin beim Kindergarten. Er denkt, dass es völlig ausreiche, wenn Erkan in ein oder zwei Jahren den Kindergarten besucht.

26.1 Allgemeine Entwicklungslinien des Vorschulalters

Definition

Unter **Vorschulalter** versteht man gemeinhin die Zeitspanne zwischen 3 und 6 Jahren. Für viele Kinder sind die institutionellen Eckpunkte dieser Altersspanne der Eintritt in den Kindergarten und der Übergang vom Kindergarten in die Schule.

Grundlegende Meilensteine der Entwicklung hat das Kind zu diesem Zeitpunkt bereits passiert, sodass es bereits sich selbst, die anderen und die physikalische Umwelt entdeckt und zu unterscheiden gelernt hat. Das Vorschulalter selbst ist durch kognitive und soziale Entwicklungsveränderungen gekennzeichnet, die zu zunehmend mehrdimensionalen Wahrnehmungen und damit einhergehend zu vielfältigen Erweiterungen des Blickfeldes führen (vgl. Mähler, 2008).

26.1.1 Entwicklung kognitiver Kompetenzen

Bereits vor dem Zweiten Weltkrieg hat der Schweizer Psychologe Jean Piaget mit seiner Theorie die Grundlagen für unser heutiges Verständnis der kognitiven Entwicklung gelegt. Piaget ordnete das Vorschulalter dem Stadium des präoperationalen Denkens zu. Dieses Stadium ist dadurch charakterisiert, dass das Kind zwar keine Probleme damit hat, sich Vorstellungen von Zuständen und Ereignissen zu machen (»mentale Repräsentationen«), jedoch unfähig sei, »Operationen« (verinnerlichte Formen der Handlung) mit den mental repräsentierten Vorstellungen durchzuführen (vgl. Abschn. 16.1.2).

Im vergangenen halben Jahrhundert wurden auf der Basis der Beobachtungen und Vorstellungen Piagets die Entwicklungsveränderungen im Vorschulalter sehr genau untersucht. Mittlerweile weiß man, dass Kinder im Vorschulalter insbesondere fähig werden, mehr als eine Perspektive gleichzeitig zu berücksichtigen, dabei »Sein« und »Schein« zu unterscheiden und nebeneinander zu tolerieren, sich in die Vorstellungen und Wünsche anderer Menschen hineinzuversetzen sowie andere Personen im Gespräch und im Spiel mit einzubeziehen. Die Denkmöglichkeiten erlauben zunehmend auch die Einsicht in komplexere kausale Zusammenhänge, die nicht allein durch Beobachtung, sondern auch durch schlussfolgerndes Denken zu enträtseln sind. Verantwortlich gemacht für diese zunehmenden kognitiven Kompetenzen werden Erweiterungen der Möglichkeit zur Perspektivenübernahme, die Verfügbarkeit und Nutzung naiver physikalischer und biologischer Theorien, die Entwicklung basaler Metarepräsentationen (oftmals als »Theory of Mind« bezeichnet) sowie die Freude an animistisch-magischen Fantasien.

Perspektivenübernahme

Zentrierung. Im Vorschulalter ist das Denken von Kindern noch sehr eng mit der unmittelbaren konkreten Wahrnehmung der Realität verknüpft. Piaget hat diesen engen Bezug des kindlichen Denkens zur eigenen Anschauung mit dem Begriff »Zentrierung« umschrieben. Zentrierung äußert sich in einer Konzentration auf einzelne besonders hervorstechende Charakteristika eines Gegenstandes, eines Sachverhalts oder einer Person unter Ausblendung anderer Merkmale. Üblicherweise unterscheidet man zwischen intellektueller und sozialer Zentrierung. Ein typisches Beispiel für die intellektuelle Zentrierung im Denken von Vorschulkindern sind Fehleinschätzungen bei der Beurteilung konstanter, jedoch transformierter Mengen. So lassen sich Kinder in diesem Alter bei Form- oder Anordnungsveränderungen, die vor ihren Augen durchgeführt wurden, durch die Zentrierung auf eine Dimension zu Fehlurteilen über die Konstanz der Menge oder Größe verleiten. Erst wenn Kinder gegen Ende des Vorschulalters in zunehmendem Maße ihre Perspektive um weitere Dimensionen erweitern, gelingen korrekte Invarianzurteile.

Die soziale Zentrierung im Vorschulalter äußert sich in einer Konzentration auf die eigene visuelle Perspektive. Piaget hat die damit verbundenen Phänomene, die sich auch im Sprachgebrauch der Kinder niederschlagen, als »Egozentrismus« bezeichnet.

Entwicklungsstufen der Perspektivenübernahme. Piagets Drei-Berge-Versuch ist die klassische Versuchsanordnung zum Beobachten der zentrierten kindlichen Perspektivenübernahme. Bei diesem Versuch werden die Kinder vor eine Landschaft aus drei Pappmaché-Bergen gesetzt. Auf der anderen Seite der Landschaft sitzt eine Puppe. Die Kinder sollen nun die Berglandschaft aus der Perspektive der Puppe beschreiben. Die Beschreibungen jüngerer Kinder sind dabei oft durch die eigene Perspektive verzerrt (Egozentrismus).

Neuere Studien zeigen allerdings, dass jüngere Vorschulkinder durchaus schon über eine basale Form der

Perspektiven*differenzierung* verfügen und wissen, *dass* es verschiedene Perspektiven gibt. Sie können allerdings noch nicht beschreiben, *wie* etwas aus der Perspektive einer anderen Person aussieht. Dies gelingt erst in einem zweiten Stadium der visuellen Perspektivenübernahme, das ab etwa 4 Jahren einsetzt und im Laufe der Vorschuljahre in der Genauigkeit der Beschreibung einer fremden Perspektive noch weiter zunimmt (Flavell, 1992; vgl. auch Abschn. 16.2.2).

Naive physikalische und biologische Theorien

Kausales Denken. Schon Vorschulkinder sind zu kausalem Denken fähig (vgl. Abschn. 16.2.2). Man geht davon aus, dass sie über entsprechende intuitive bzw. naive Theorien verfügen, die sie in die Lage versetzen, die Verursachung verschiedener Phänomene zu verstehen. Im Bereich physikalischer Phänomene zeigen Vorschulkinder ein Verständnis des kausalen Determinismus von Ursache und Wirkung und berücksichtigen dabei die räumliche und zeitliche Kontingenz von Ereignissen. Spätestens mit 4 Jahren machen sie sich selbstständig Gedanken um den zwischen Ursache und Wirkung vermittelnden Mechanismus und können dabei zwischen mechanischer und intentionaler Verursachung unterscheiden (vgl. Mähler, 2008).

Beurteilung der Lebendigkeit von Objekten. In der Domäne Biologie etabliert sich im Vorschulalter eine klare Vorstellung des schon von Säuglingen rudimentär erkannten Unterschieds zwischen lebenden und nicht lebenden Wesen. Zur Beurteilung der Lebendigkeit von Objekten ist für Vorschulkinder das Bewegungskriterium wichtig. 3- und 4-Jährige lassen sich noch leicht zu Fehlurteilen hinsichtlich der Lebendigkeit verleiten, wenn man Gegenstände so manipuliert, dass sie sich bewegen. Ältere Kinder differenzieren bereits zwischen verschiedenen Bewegungstypen. Sie berücksichtigen bei ihren Lebendigkeitsurteilen sowohl die Spontaneität der Bewegung als auch die Art des Bewegungsapparates (z. B. Beine sprechen für Lebendigkeit, Räder dagegen nicht). Gegen Ende des Vorschulalters werden weitere Kriterien wie Nahrungsaufnahme und Wachstum berücksichtigt, sodass neben Menschen und Tieren auch Pflanzen als Lebewesen aufgefasst werden (vgl. Mähler, 2008).

Metarepräsentationen

Theory of Mind. Im Alter von 3 bis 4 Jahren tritt eine fundamentale Wende ein, die man als entwicklungspsychologischen Marker des Einstiegs in das Vorschulalter auffassen kann. Sie geht einher mit dem Erwachen eines Verständnisses von mentalen Zuständen als internalen Repräsentationen, was in der einschlägigen Literatur als »Theory of Mind« bezeichnet wird (vgl. Abschn. 16.3.3). Das Denken wird selbst Gegenstand des Denkens. Die Kinder begreifen, dass verschiedene Personen unterschiedliche Repräsentationen von der Welt haben. Damit sind sie zur Metarepräsentation fähig. Entsprechend können sie richtig einschätzen, wie sich Personen mit einer falschen Überzeugung von einem Sachverhalt verhalten werden. Auch in sozialen Interaktionen macht sich diese neue Fähigkeit zur Metarepräsentation bemerkbar, etwa in der Fähigkeit zu Lüge, Täuschung oder »Sabotage« (Sodian, Taylor et al., 1991).

Allerdings haben Vorschulkinder noch keine angemessene Vorstellung darüber, wie Wissen entsteht, und glauben oftmals, die gerade relevante oder neu erworbene Information schon immer gewusst oder gedacht zu haben. Insgesamt unterschätzen sie das Ausmaß mentaler Aktivität, haben keine Vorstellung von Aufmerksamkeitsprozessen und sind sich ihres eigenen inneren Sprechens nicht bewusst. Ihre Vorstellung vom Denken ist noch überwiegend auf die Produkte des Denkens und weniger auf die damit einhergehenden Prozesse ausgerichtet. Erst gegen Ende des Vorschulalters begreifen Kinder auch, dass denken nicht das Gleiche ist wie wissen oder wollen.

Freude an magisch-animistischen Fantasien

Realistisch-naturalistische vs. magisch-animistische Weltsicht. Mähler (1995) hat das Vorschulalter als eine Entwicklungsphase beschrieben, in der zwei Weltsichten, eine realistisch-naturalistische und eine magisch-animistische Weltsicht, simultan nebeneinander existieren. Vorschulkinder pendeln noch häufig zwischen diesen Bewusstseinsebenen hin und her. Fragt man ältere Vorschulkinder (5- bis 6-Jährige), ob die Sonne uns warmes Wetter machen möchte, bejahen sie dies, obwohl sie gleichzeitig davon überzeugt sind, dass die Sonne nicht lebendig ist und auch keinen eigenen Willen hat (Mähler, 1995). Insbesondere bei Anwesenheit »vernünftiger« Erwachsener tendieren Kinder zu klarer Trennung zwischen Wirklichkeit und Fantasie; sind sie jedoch sich selbst überlassen, gewinnen magische und animistische Überzeugungen leicht die Oberhand.

> **Unter der Lupe**
>
> **Imaginäre Freunde als Beleg für die Freude an der Fantasiewelt**
> Ein Phänomen, das besonders anschaulich die Freude an der Fantasiewelt zum Ausdruck bringt, ohne dabei die gleichzeitige Gültigkeit von Realität zu vergessen, ist die »Erfindung« imaginärer Freunde. Bouldin und Pratt (1999) befragten dazu Kinder im Alter zwischen 2 und 9 Jahren. 17 % der befragten Kinder bestätigten, schon mal imaginäre Freunde erfunden zu haben. Es handelte sich dabei überwiegend um Kinder mit besonderer Vorliebe für Fantasie und magisches Denken. Entgegen verbreiteter Vorurteile zeigten diese Kinder keine besonderen Verhaltensprobleme oder andere Auffälligkeiten. Allerdings waren es häufig Erstgeborene mit wenig oder gar keinem Geschwisterkontakt, was Bouldin und Pratt zu der Vermutung veranlasst, dass die »Erfindung« eines Freundes (meist ein Kind gleichen Geschlechts, manchmal auch ein Tier) dabei helfen soll, die eigene Einsamkeit zu überwinden. Die Existenz imaginärer Freunde ist meist zeitlich begrenzt, wird dabei unterschiedlich intensiv »gelebt« und verschwindet häufig von selbst wieder. Bewertet wird das Phänomen positiv als Möglichkeit, neue Erfahrungsbereiche auszuprobieren und mit Emotionen umzugehen.

Effizienzsteigerung des phonologischen Arbeitsgedächtnisses

Phonologische Schleife. Denken und andere kognitive Leistungen werden aber nicht nur durch die Verfügbarkeit intuitiver Theorie und geeigneter Metarepräsentationen bestimmt, sondern auch durch die funktional verfügbare Gedächtniskapazität. Insbesondere der Teil des Gedächtnisses, der beim Verarbeiten von Informationen »arbeitet«, ist dabei von entscheidender Bedeutung. Die Kapazität dieses als »Arbeitsgedächtnis« bezeichneten Bereichs des menschlichen Informationsverarbeitungssystems ist begrenzt und stellt den Flaschenhals für die kognitive Leistungsfähigkeit dar (Baddeley, 2006; vgl. Abschn. 17.5.1). Insbesondere das für die Verarbeitung sprachlicher Informationen zuständige Teilsystem, das Baddeley als »phonologische Schleife« bezeichnet, spielt für die kognitive Entwicklung im Vorschulalter eine wichtige Rolle. Die Schleife selbst besteht aus zwei Komponenten, einem phonetischen Speicher und einem subvokalen artikulatorischen Kontrollprozess. Der phonetische Speicher kann auditorisch-verbale Informationen für etwa 1,8 Sekunden repräsentieren, während der Kontrollprozess durch eine Art »inneres Sprechen« bzw. »inneres Wiederholen« es ermöglicht, dass Informationen auch über dieses Zeitfenster hinaus im Zugriffsbereich der bewussten Verarbeitung verbleiben. Darüber hinaus leistet der Kontrollprozess auch die phonetische Umcodierung visuell dargebotener Informationen.

Leistungsfähigkeit des phonologischen Arbeitsgedächtnisses. Die Leistungsfähigkeit des phonologischen Arbeitsgedächtnisses hängt von der Funktionstüchtigkeit des phonetischen Speichers und des artikulatorischen Kontrollprozesses ab. Zwischen 3 und 6 Jahren nimmt diese in bescheidenem Ausmaße zu, vermutlich durch reifungsbedingte Zunahmen der Geschwindigkeit, mit der der artikulatorische Kontrollprozess ablaufen kann. Insgesamt ist die Leistungsfähigkeit dieses Teilsystems im Arbeitsgedächtnis durch eine Repräsentationsdauer im phonetischen Speicher von 1,8 Sekunden deutlich begrenzt. Dies ändert sich erst mit etwa 6 Jahren. Dann kommt es nämlich zu einer automatischen Aktivierung des auf Wiederholung basierenden artikulatorischen Kontrollprozesses, aufgrund derer die Leistungsfähigkeit des Informationsverarbeitungssystems deutlich zunimmt (vgl. Hasselhorn & Grube, 2006). Bedenkt man, wie günstig sich dieser Entwicklungsschritt auf die Möglichkeiten intentionalen Lernens auswirkt, ist man geneigt, in dieser Effizienzsteigerung des phonologischen Arbeitsgedächtnisses einen Marker für die Beendigung des Vorschulalters zu vermuten.

26.1.2 Entwicklung sozialer Kompetenzen

Relevanz sozialer Alltagskontexte

Die im Vorschulalter beobachtbaren kognitiven Veränderungen haben bedeutsame Folgen für das Verhalten des Kindes in den sozialen Beziehungen im familiären und außerfamiliären Umfeld (s. Abschn. 8.4). Neben der kognitiven Entwicklung sind aber auch die sozialen Alltagskontexte für den Erwerb sozialer Kompetenzen entscheidend. So unterstützen regelmäßige außerfamiliäre Kontakte bei 3- bis 6-Jährigen die Bewältigung der Entwicklungsaufgaben, sich erstmals als selbstständig und autonom im Kontext der eigenen Familie zu erleben und sich Gleichaltrigen gegenüber kooperativ und prosozial zu verhalten.

> **Unter der Lupe**
>
> **Veränderungen in der Eltern-Kind-Beziehung**
> Die Ablösung des Kindes vom Elternhaus beginnt Mähler (2008) zufolge bereits im Vorschulalter mit der Wahrnehmung und Durchsetzung des eigenen Willens. Das Kind kalkuliert dabei bereits das Risiko ein, etwas zu tun, was den Eltern missfällt – das Streben nach Autonomie ist mit möglichem Liebesverlust verbunden. Ablösung kann auch bedeuten, die Häufigkeit der Interaktion mit der Mutter zu reduzieren zugunsten von mehr Austausch mit Geschwistern. Gleichzeitig baut das Kind im Vorschulalter die Zuversicht auf, dass Trennungen von den Eltern oder auch anscheinend abweisende Verhaltensweisen der Eltern nicht automatisch eine Abwertung der eigenen Person bedeuten. Nach einer Trennung bemühen sich Kinder im Vorschulalter deutlich um Wiederherstellung der Gemeinsamkeit. Die Eltern-Kind-Bindung befindet sich in einer Phase der zielkorrigierten Partnerschaft, in der beide Bindungspartner die eigenen und fremden Erwartungen, Absichten und Motive berücksichtigen können. Insofern strebt bereits das Vorschulkind nach einer Balance zwischen Autonomie und Erhalt der Bindung an die Eltern – eine Entwicklung, die sich bis ins Jugendalter und darüber hinaus auf verschiedenen Ebenen (räumlich, zeitlich, intentional etc.) fortsetzt.

Bindungsverhalten gegenüber den Bezugspersonen. Erstaunlicherweise finden sich in der einschlägigen Literatur nur wenige empirische Studien, die sich den Familienbeziehungen der 3- bis 6-Jährigen widmen. Gloger-Tippelt (1999) weist darauf hin, dass sich die Bindung im Vorschulalter von der des Kleinkindes dadurch unterscheidet, dass das unmittelbare Bindungsverhalten sowie die elterlichen Reaktionen auf das kindliche Verhalten zugunsten einer symbolischen Repräsentanz der Bindungsqualität in den Hintergrund treten. Die frühen Bindungserfahrungen hat das Kind nun verinnerlicht und darauf aufbauend ein »Arbeitsmodell« für Bindungsbeziehungen konstruiert. Interessante Beobachtungen hierzu machten auch Suess et al. (1992) in der Bielefelder Längsschnittstudie zur Entwicklung des Bindungsverhaltens: Kinder mit sicherer Mutterbindung bewegten sich nicht nur selbstständiger und autonomer im familiären Umfeld, sondern waren auch außerhalb der Familie seltener in soziale Konflikte verwickelt und zeigten selbstständigere und nachhaltigere Konfliktlösungsstrategien als Kinder mit unsicherer Mutterbindung. Auch bei Kindern mit einer sicheren Bindung zum Vater konnten Vorteile in den sozialen Kompetenzen beobachtet werden: Sie zeigten weniger negative Gefühle beim Spiel, initiierten häufiger Gruppenspiele, wirkten seltener übermäßig angespannt und konnten ihre Konflikte so wie die Kinder mit sicherer Mutterbindung häufiger selbstständig lösen. Offensichtlich können Kinder mit sicherer Bindung zu den Eltern die gelungenen sozialen Verhaltensmuster der Familie auch gut auf die nicht familiäre Situation im Kindergarten übertragen.

26.2 Vorschulische Förderung und Bildungsauftrag des Kindergartens

Relevanz früher Bildungskontexte

Seit seiner Einrichtung Mitte des 19. Jahrhunderts bis zur Mitte des 20. Jahrhunderts galt der Kindergarten zumindest im deutschsprachigen Raum als »Kinderbewahranstalt«. Doch schon in den 1960er- und 1970er-Jahren wurde in Deutschland die Frage diskutiert, inwiefern soziale Disparitäten und solche, die aufgrund von Migrationshintergrund und sprachkulturellen Besonderheiten von Familien entstehen, durch eine stärkere Wahrnehmung von Bildungsaufgaben im Kindergarten abgebaut werden könnten.

So forderte bereits 1970 der Deutsche Bildungsrat, die pädagogische Versorgung in vorschulischen Kindertageseinrichtungen als Teil des Bildungssystems aufzufassen und entsprechend auszubauen. Bei diesem Ausbau sollte insbesondere darauf geachtet werden, Lernangebote zu unterbreiten, mit denen die Autonomie, Selbstständigkeit, Kooperationsfähigkeit und Kreativität der Kinder gefördert wird (Deutscher Bildungsrat, 1973). Schon damals war man sich darüber im Klaren, dass Entwicklungsverzögerungen und mangelnder Kompetenzerwerb in den ersten sechs Lebensjahren sich im weiteren Entwicklungsverlauf potenzieren und die Wahrscheinlichkeit für späteren schulischen und beruflichen Misserfolg erhöhen. Dementsprechend sah man in der gezielten Entwicklungsförderung schulrelevanter Kompetenzen eine zentrale Aufgabe der pädagogischen Arbeit in Kindertageseinrichtungen. Mit dieser Begründung wurden in der Folge Forderungen nach einer Umstrukturierung der Kindertagesbetreuung laut. Das traditionelle Verständnis vom Elternhaus als verantwortlicher Institution der frühen Bildung wurde mehr und mehr als revisionsbedürftig angesehen, ja bisweilen als gescheitert betrachtet. Viele Familien – so ein schon in den 1970er-Jahren häufig artikuliertes Argument – seien nicht mehr in der Lage, eine hinreichende Frühförderung und Bildung von Kindern im Vorschulalter zu leisten. Trotz einschneidender Veränderungen in der Gestaltung der Erziehungsarbeit in Kindergärten in Deutschland hat sich daran nichts grundsätzlich geändert.

Empirisch belegte Hinweise auf die Bedeutsamkeit guter Eltern-Kind-Bindungen, den kumulativen Charakter von Lern- und Entwicklungsprozessen und die hohe neurokognitive Plastizität im frühen Kindesalter lassen es geradezu selbstverständlich erscheinen, dass frühe Förderung Erfolg verspricht. Angesichts der drastischen relativen Zunahme an Kindern aus bildungsfernen, sozioökonomisch schwachen und/oder migrationsbenachteiligten Elternhäusern ist es zu bedauern, wie wenig bis heute darüber bekannt ist, welche Ziele bei welchen Kindern mit welchen Fördermaßnahmen erreichbar sind. Das Einleitungsbeispiel zu diesem Kapitel ist kein Einzelfall. Im Jahre 2011 hatten etwa 40 % der neu in Kindergärten in Deutschland aufgenommenen Kinder eine andere Muttersprache als Deutsch, obwohl immer noch viele Familien mit Migrationshintergrund erst relativ spät ihr Kind in die vorschulischen Einrichtungen der Kinderbetreuung geben. Der späte Eintritt in den Kindergarten erhöht gerade bei den Kindern der Familien mit Migrationshintergrund auch deutlich das Risiko, dass es bereits beim Schulanfang zu Schwierigkeiten beim Erwerb des Lesens, Schreibens und Rechnens kommt.

Forschungsstrategien zur Entwicklungsförderung im Vorschulalter
Aufgrund der großen Bedeutung der entwicklungsförderlichen Bedingungen im Vorschulalter wird im Folgenden auf der Basis vorliegender empirischer Forschungsbefunde skizziert, was wir derzeit über erfolgversprechende Ansätze zur Entwicklungsförderung im Vorschulalter wissen. Die dazu aufbereiteten empirischen Befunde stammen aus Untersuchungen dreier unterschiedlicher Kategorien von Forschungsstrategien, die jeweils unterschiedliche Erkenntnismöglichkeiten implizieren:
(1) Rekonstruktionsbemühungen der (differenziellen) Wirksamkeit vorhandener vorschulischer Förderangebote in sogenannten »Large Scale Studies« (s. Abschn. 26.3),
(2) quasi-experimentell kontrollierten Evaluationen von Modellprojekten zur kompensatorischen Förderung im vorschulischen Bereich (s. Abschn. 26.4),
(3) experimentellen Analysen der spezifischen Wirksamkeit systematischer Programme zur kompensatorischen Förderung (s. Abschn. 26.5).

Die Studien der ersten Kategorie (Rekonstruktionen) dienen der Einschätzung der Wirksamkeit der regulären pädagogischen Angebote in Kindergärten. Sie erlauben daher eine Einschätzung der Wirksamkeit und der kompensatorischen Wirkungen der gegenwärtig realisierten Entwicklungsanregungen in Kindergärten. Studien der zweiten Kategorie (Evaluationen von Modellprojekten) zielen dagegen auf eine Bewertung innovativer Föranansätze, die in der Regel ergänzend zum üblichen Kindergartenangebot (bisweilen auch substituierend) realisiert werden, um insbesondere kompensatorische Wirkungen zu erzielen. Im Unterschied zu den Studien der dritten Kategorie (experimentelle Analysen) sind Modellprojekte in der Regel komplexer als die oftmals additiven Programme, die konzipiert wurden, um klar definierte Entwicklungsmerkmale der teilnehmenden Kinder zu optimieren.

26.3 Wirksamkeit der pädagogischen Arbeit in Kindergärten

Aus den letzten zwei Jahrzehnten liegen etliche »Large Scale Studies« vor, auf deren Basis eine gute Einschätzung der Wirksamkeit der aktuellen Arbeit in Kindergärten in Europa (insbesondere Deutschland, den Niederlanden und Großbritannien), den USA, Kanada und Vietnam im Hinblick auf die kognitive Entwicklung der teilnehmenden Kinder möglich ist (vgl. Burger, 2010). Es besteht kein Zweifel daran, dass die vielfältigen Erfahrungen im Umgang mit anderen Kindern, mit dem Fachpersonal und den Spiel- und Lerngegenständen, mit denen Kinder in Kindergärten zu tun haben, für den Erwerb grundlegender Kompetenzen im sozial-emotionalen wie auch im kognitiven Bereich hilfreich sind. Zu Recht darf von dem Besuch eines Kindergartens – zumal bei geeigneter Qualität der Einrichtung – erwartet werden, dass er sich günstig auf die kindliche Entwicklung auswirkt (Roßbach et al., 2008).

26.3.1 Wirkungen auf die kognitiv-leistungsbezogene Entwicklung von Kindern

Befunde aus Längsschnittstudien

EPPE-Studie in Großbritannien. Unter den aktuellen längsschnittlich angelegten Großprojekten zur Rekonstruktion der Wirksamkeit bzw. der förderlichen Wirkungen vorhandener vorschulischer Institutionen für Kinder ist wohl die britische EPPE-Studie (»Effective Provision of Pre-School-Education«) die bekannteste. EPPE begann 1997 als nationale Längsschnittstudie mit etwa 3.000 Kindern aus 141 vorschulischen Einrichtungen, die die in Großbritannien vorhandenen frühpädagogischen Einrichtungstypen repräsentativ abdeckten. Zu Kontrollzwecken wurden zusätzlich gut 300 Kinder rekrutiert, die an keinen institutionellen Betreuungsangeboten teilgenommen hatten. Im Vergleich zur Kontrollgruppe zeigten die Kinder, die eine institutionelle vorschulische Betreuung erhalten hatten, bei Schuleintritt allgemein günstigere Ausprägungen bei verschiedenen kognitiven Kompetenzmaßen (Wortschatz, linguistische und mathematische Fähigkeiten) sowie im sozialen Verhalten (Sylva et al., 2006). Die positiven Auswirkungen des Kindergartenbesuchs auf die Entwicklung der Vorläuferfertigkeiten der Schriftsprache, des frühen Zahlbegriffs sowie allgemeiner sprachlicher und nicht sprachlicher Kompetenzen fiel umso deutlicher aus, je früher die Kinder an der institutionellen Förderung teilgenommen hatten. Ein sehr früher Eintritt vor dem zweiten Geburtstag brachte keinen zusätzlichen Gewinn. Der Transfer dieser allgemeinen Entwicklungsvorteile auf die schulischen Leistungen am Ende der zweiten Klassenstufe fiel allerdings recht gering aus. Im Bereich des Sozialverhaltens fanden sich keinerlei längerfristige Transfereffekte. Auch zeigte sich kein Effekt der täglichen Dauer des Kindergartenbesuchs (ganztags vs. halbtags).

NICHD-Studie in den USA. Auch in den USA wurden unter anderem im Rahmen einer Längsschnittstudie des National Institute of Child Health and Human Development (NICHD) zwischen 1991 und 2006 mehr als 1.300 Kinder von der Geburt an bis zum 15. Lebensjahr empirisch begleitet, um die Auswirkungen institutioneller vorschulischer Betreuung zu rekonstruieren. Auch hier zeigte sich, dass die institutionelle vorschulische Betreuung positive Auswirkungen auf die Entwicklung kognitiver Fähigkeiten (Problemlösen, Wortschatz, Satzgedächtnis) hat, die – wenn auch in deutlich abgeschwächter Form – teilweise noch am Ende der fünften Klassenstufe nachgewiesen werden konnten (vgl. Belsky et al., 2007). Interessant ist in diesem Zusammenhang vor allem der Befund, dass die Dauer der vorschulischen Betreuung positiv und konsistent mit der Entwicklung des Satzgedächtnisses korreliert, das über das Nachsprechen vorgesprochener Sätze erfasst wird. Das Satzgedächtnis im Vorschulalter hat sich auch im deutschsprachigen Raum als bester vorschulischer Einzelprädiktor für Schriftsprachleistungen in der Grundschule erwiesen (von Goldammer et al., 2011).

26.3.2 Wirksamkeitsrelevante Qualitätsmerkmale von Kindergärten

In der britischen EPPE-Studie wurde auch der Versuch unternommen, die Qualität der vorschulischen Einrichtungen empirisch zu erfassen und zu prüfen, welche Qualitätsmerkmale der Einrichtungen sich nachweislich besonders günstig auf die Entwicklung der Kinder auswirken. Zum Einsatz kamen verschiedene Verfahren, mit denen sowohl Strukturmerkmale (z. B. Größe, Betreuungsverhältnis, Betreuungszeiten, Ausbildung der Fachkräfte) als auch Prozessmerkmale (z. B. Aktivitäten, Curriculum, Interaktionen) über Rating bzw. Beobachtung erfasst werden.

Early Childhood Environment Rating Scales. Die Early Childhood Environment Rating Scale, Revised Edition (ECERS-R) diente der Quantifizierung der folgenden sieben Qualitätsmerkmale:

(1) Ausstattung und Räumlichkeiten (»space and furnishing«)
(2) Rituale bei der Begrüßung und beim Essen (»personal care routines«)
(3) Vorhandensein von Bildern und Büchern zur Aktivierung von Kommunikation (»language-reasoning«)
(4) Spiele und Aktivitäten (»activities«)
(5) Abwechslung zwischen offenen und instruiertem Spiel (»program structure«)
(6) Interaktionen zwischen Kindern und zwischen Kindern und Erzieherinnen (»interaction«)
(7) Einbeziehung der Eltern, Interaktionen zwischen Betreuern (»parents and stuff«)

Um zusätzlich gezielte bildungsbezogene Förderqualitäten zu erfassen, kam darüber hinaus die Early Childhood Environment Rating Scale, Extension (ECERS-E) zum Einsatz, mit der die Förderung und Integration von Aktivitäten um Lesen und Phonetik (»literacy«), Mathematik (»math«), Natur, Alltag, Umwelt (»science«) sowie um den Themenkreis der Gleichberechtigung verschiedener gesellschaftlicher Gruppen (»diversity«) ausdifferenziert werden kann.

Vorhersagewert der Qualitätsmerkmale. Wegen der hohen Skalen-Interkorrelationen beider Verfahren wurden in den Analysen zur Rolle der Qualitätsmerkmale vorschulischer Einrichtungen für die Entwicklung der Kinder in der Regel eher globale Qualitätsindikatoren verwendet. Statistische Analysen zu kognitiven und sozialen Entwicklungsmerkmalen der Kinder bei Schuleintritt ergaben keinen bedeutsamen Vorhersagewert der ECERS-R-Daten für die kognitive Entwicklung der Kinder. Eine Ausnahme bildet hier die Skala »Interaction«, für die ein signifikanter Vorhersagewert für mathematische Kompetenzen gefunden wurde. Für das von Lehrern eingeschätzte soziale Verhalten der Kinder zeigte sich ein bedeutsamer Vorhersagewert des globalen Index sowie der Subskalen »Interaction« und »Language-Reasoning«. Die mit der Erweiterungsform der Ratingskala erfassten bildungsbezogenen Förderqualitäten erwiesen sich als bedeutsame Prädiktoren für kognitive Leistungen, insbesondere schriftsprachliche Vorläuferfertigkeiten, mathematische Konzepte sowie nicht sprachliches Denken. Zusammenhänge mit dem sozialen Verhalten, mit der Sprache und der räumlichen Bewusstheit ließen sich dagegen nicht feststellen.

Analysen entsprechender Daten in der Bamberger BiKS-Studie ergeben ähnlich geringe (wenn auch signifikante) Einflüsse struktureller und prozessualer Qualitätsmerkmale von Kindergärten in Hessen und Bayern (Kuger & Kluczniok, 2008). Ferner finden sich Belege dafür, dass die Wirkungen der für den späteren schulischen Erfolg bedeutsamen Prozessqualitäten von Einrichtungen nicht unabhängig von deren Strukturmerkmalen sind: Besonders auffällig ist vor allem die verringerte Prozessqualität von Kindergärten bei einem erhöhten Anteil von Kindern mit Migrationshintergrund in der Gruppe, und zwar auch dann, wenn die übrigen Rahmenbedingungen besonders günstig sind.

26.3.3 Kompensatorische Effekte

Der Gedanke, dass der Besuch eines Kindergartens familiäre bzw. soziale Benachteiligungen kompensiert, gehört zu den Grundüberzeugungen der Elementarpädagogik. Auch zur Frage solcher kompensatorischen Wirkungen von Kindertageseinrichtungen geben die Analysen zum britischen EPPE-Projekt Aufschluss (vgl. Taggart et al., 2006). Hier fand man besonders positive Effekte des Besuchs einer vorschulischen Einrichtung für sozial benachteiligte Kinder, und zwar speziell im Bereich der sprachlichen Fähigkeiten sowie der Vorläuferfertigkeiten für die Schriftsprache.

Die aktuelle Metaanalyse von Burger (2010) zu den Wirkungen vorschulischer Betreuung für Kinder von unterschiedlicher sozialer Herkunft gibt allerdings Anlass, den an dieser Stelle mutmaßlich aufkeimenden Optimismus hinsichtlich der kompensatorischen Effekte des Kindergartens zu dämpfen. Bei 26 kontrollierten Evaluationsstudien aus drei verschiedenen Kontinenten konnte nur in sieben Fällen eine solche kompensatorische Wirkung auf die kognitive Entwicklung der Kinder nachgewiesen werden (darunter das EPPE-Projekt). In nicht weniger als neun Projekten führte dagegen der Besuch einer Kindertagesstätte nicht zu einem Abbau sozialer Disparitäten, sondern vergrößerte diese sogar eher noch in bildungsrelevanten Entwicklungsmerkmalen. Zu den Studien mit kompensatorischen Wirkungen gehört auch das deutsche SOEP-Projekt. Spiess et al. (2003) fanden zwar keinen Zusammenhang zwischen Kindergartenbesuch und späterer Einschulung (eingeschult vs. zurückgestellt) für Kinder aus deutschen Familien, wohl aber erwies sich in dieser Hinsicht der Kindergartenbesuch als günstig für Familien mit italienischem, griechischem, türkischem, spanischem oder jugoslawischem Migrationshintergrund.

26.4 Internationale Modellprojekte zur kompensatorischen Förderung im Vorschulalter

Frühe Förderung selbstregulatorischer Fähigkeiten

Im Vergleich zu den kompensatorischen Wirkungen, die sich bei der Rekonstruktion der typischerweise verfügbaren Kindertageseinrichtungen ergeben, werden in Evaluationen von Modellprojekten zur gezielten kompensatorischen Förderung im vorschulischen Bereich meist positivere Ergebnisse berichtet.

»Tools of Mind«. Besondere Aufmerksamkeit erlangt hat in diesem Zusammenhang das von Bodrova und

Leong (2001) entwickelte und zunächst in der Umgebung von Boston realisierte Projekt »Tools of Mind«. Umgesetzt werden hierbei Interventionsmaßnahmen mit der Zielsetzung, selbstregulatorische und akademische Fähigkeiten (Sprache, mathematisches Verständnis, symbolisches Denken) zu fördern. Die Selbstregulation wird als schulrelevante Kernfähigkeit angesehen. Ihre Förderung wird durch Übungen zu kognitiven Kontrollaktivitäten zu erzielen versucht, die den drei Bereichen Hemmung (Resistenz gegen Ablenkungen, alternative Verlockungen und aktuelle Stimmungen zur Konzentration und Fokussierung einer bestimmten Anforderung), Arbeitsgedächtnis (bewusste, willentliche Speicherung sowie Abruf und Nutzung von Informationen) und kognitive Flexibilität (Anpassung mentaler Funktionen und Prozesse an externe und interne Veränderungen) zugeordnet werden können. »Tools of Mind« umfasst in seiner praktischen Umsetzung, für die eine Dauer von zwei Jahren empfohlen wird, etwa 40 verschiedene Aktivitäten zur Förderung von schulrelevanter Selbstregulation. Die Instruktionen sind stark individualisiert und werden in einer Mischung aus direkter und kollaborativer Instruktion immer wieder an den aktuellen Entwicklungsstand des Kindes angepasst. Gefordert wird in dem Ansatz eine hohe Intensität bei der Implementation dieser Aktivitäten; in ca. 80 % der verfügbaren Zeit sollen die Aktivitäten durchgeführt werden.

Unter der Lupe

Didaktische Mittel von »Tools of Mind«

Zu den zentralen didaktischen Mitteln des Projektes »Tools of Mind« gehören das »dramatische Spiel« und das »unterstützte Schreiben«:

- Das dramatische Spiel beginnt mit der Spielplanung, bei der die Kinder angehalten werden, einen Plan über das von ihnen beabsichtigte Spiel aufzustellen und dabei konkret zu sagen, was sie während der Spielphase machen wollen, welche Rollen sie einnehmen wollen, welche Hilfsmittel sie dabei benutzen wollen usw. Die Pläne werden dann in einer Zeichnung festgehalten.
- Mithilfe der Technik des unterstützten Schreibens werden die Kinder an die Schriftsprache herangeführt. Ziel dieses Spiels ist es, dass Kinder eine Botschaft übermitteln. Dazu erhalten sie Unterstützung durch die Erzieherin, die für jedes Wort, das das Kind sagen will, eine einzelne Linie zeichnet. Auf jede der Linien schreibt das Kind dann ein Symbol oder sogar das Wort selbst, das in der Botschaft auf die entsprechende Linie gehört. Mit zunehmender Förderdauer werden die Kinder immer mehr ermutigt, lange und komplexe Botschaften zu planen und schriftlich festzuhalten.

Weitere didaktische Hilfsmittel sind das Partner-Lesen und das Einfrier-Spiel:

- Beim Partner-Lesen lesen sich die Kinder gegenseitig Botschaften vor, wobei es immer wieder zum Rollentausch zwischen Leser und Zuhörer kommt.
- Das Einfrier-Spiel ist ein Bewegungsspiel zur Förderung von selbstregulatorischen Fähigkeiten. Die Kinder bewegen sich hier frei bei Musik und müssen in eine vorab vorgegebene Position fallen bzw. eine bestimmte Körperstellung einnehmen, sobald die Musik stoppt.

Barnett et al. (2008) legten umfangreiche kontrollierte Wirksamkeitsevaluationen des »Tools of Mind«-Ansatzes vor, bei denen Kontrollgruppen ausgewählt wurden, die ebenfalls ein bewährtes vorschulisches Förderprogramm erhielten. Besonders deutliche Vorteile gegenüber den traditionellen vorschulischen Förderprogrammen berichten die Evaluatoren für die Bereiche Sprache, mathematische Kompetenzen und induktives Denken.

26.5 Empirisch bewährte deutschsprachige Programme zur kompensatorischen Förderung

Maßnahmen zur sekundären Prävention. Ein Problem komplexer Modellprojekte, die häufig viele Bestandteile enthalten, besteht in der Identifikation derjenigen Förderelemente, die hauptsächlich für die erwünschten Effekte sorgen. Psychologen haben daher in den letzten

Jahrzehnten fokussiert Programme für spezifische Förderzwecke entwickelt und evaluiert. Im Sinne sekundärer Prävention wirken die Programme, die vor dem Eintritt in die Schule Anzeichen spezifischer Lernrisiken beseitigen oder kompensieren. Solche Programme werden insbesondere Kindern angeboten, bei denen bereits im Vorschulalter schulrelevante Entwicklungsrückstände im Bereich schriftsprachlicher Vorläuferfertigkeiten oder früher mathematischer Kompetenzen aufgefallen sind. Entsprechend werden diese Maßnahmen vor allem in heilpädagogischen Kindergärten, Schulkindergärten, Vorklassen oder Integrationsgruppen in Kindergärten durchgeführt. Die hinsichtlich ihrer Wirksamkeit empirisch bewährten Programme setzen an verschiedenen Aspekten der kognitiven Entwicklung an.

26.5.1 Förderung des Denkens

Die alte Hoffnung, durch eine Denkförderung Intelligenzdefizite von Kindern schon früh wirksam kompensieren zu können, hat in den letzten Jahren durchaus neue Nahrung durch den Nachweis der Trainierbarkeit induktiven Denkens erhalten.

> **Definition**
>
> Nach Karl Josef Klauer besteht die Strategie des **induktiven Denkens** in der Entdeckung von Regelhaftigkeiten durch Vergleichen, also durch Feststellen der Gleichheit und/oder Verschiedenheit von Merkmalen von Objekten oder Relationen

Das Denktraining I für Kinder von 5 bis 7 Jahren (Klauer, 1989) hat zum Ziel, intellektuell retardierte Kinder zu fördern, indem ihnen die Strategie induktiven Denkens intensiv vermittelt wird. Anhand von 120 Aufgaben mit verschiedenen Materialien, die in zehn Sitzungen (vorzugsweise verteilt auf fünf Wochen) durchgearbeitet werden sollen, erwerben und festigen die Kinder unter den Anleitungsprinzipien des gelenkten Entdeckenlassens und der verbalen Selbstinstruktion die Fähigkeit zum induktiven Denken, was durch eine verbesserte allgemeine Intelligenz auch zur Förderung schulischen Lernens beitragen soll. In verschiedenen Evaluationsstudien hat sich das Training insgesamt als erfolgreich und die Trainingseffekte als recht stabil erwiesen (Klauer, 2004).

26.5.2 Förderung der Sprache

Den frühen sprachlichen Fähigkeiten wird eine große Bedeutung für den Schulerfolg beigemessen. Mehrere Bundesländer haben daher Verfahren der Sprachstandsfeststellung eingeführt, mit deren Hilfe bereits ein Jahr vor der Einschulung diejenigen Kinder identifiziert werden sollen, die einer Förderung bedürfen. Ein besonderes Augenmerk wird dabei auf Kinder mit Migrationshintergrund gerichtet, die die deutsche Sprache noch nicht ausreichend beherrschen. Gezielte Sprachförderprogramme sollen anschließend zur Erweiterung des Wortschatzes sowie zur Verbesserung der Begriffsbildung, der syntaktischen Fähigkeiten und der Lautdiskriminationsfähigkeit beitragen. Offensichtlich gilt die Faustregel, dass die Wirksamkeit von Förderung umso größer ist, je früher mit der Intervention begonnen wird. Inwiefern solche Programme zur Sprachförderung langfristig tatsächlich Schulversagen verhindern können, ist derzeit ungeklärt. Ältere Studien mit Programmen zur Sprachförderung kommen diesbezüglich zu eher bescheidenen Ergebnissen (vgl. Nickel & Schmidt-Denter, 1995).

26.5.3 Prävention von Lernschwierigkeiten

Schwierigkeiten beim Erwerb der Schriftsprache

Als einer der besten Prädiktoren für den erfolgreichen Erwerb der Schriftsprache hat sich die phonologische Bewusstheit erwiesen. Diese Fähigkeit ist erforderlich, um größere Einheiten der Sprache wie Sätze, Wörter, Silben oder Reime identifizieren zu können, vor allem aber, um kleine Einheiten wie einzelne Phoneme zu erkennen. Defizite in der phonologischen Bewusstheit bergen ein großes Risiko für den ungestörten Erwerb der Schriftsprache.

> **Definition**
>
> Unter **phonologischer Bewusstheit** wird die Fähigkeit verstanden, die Lautstruktur der Sprache analysieren und nutzen zu können.

Im deutschen Sprachraum liegen für den vorschulischen Bereich die Trainingsprogramme »Hören, lauschen, lernen 1« (Küspert & Schneider, 2006) zur phonologischen Bewusstheit und »Hören, lauschen, lernen 2« (Plume & Schneider, 2004a, 2004b) mit nachfolgenden Übungen zur Buchstaben-Laut-Zuordnung vor. Das erste Trainingsprogramm besteht aus 57 Sprachspielen in sechs Übungseinheiten und soll über einen Zeitraum von 20 Wochen in täglichen Sitzungen von 10 bis 15 Minuten im letzen Kindergartenhalbjahr durchgeführt werden. Das zweite Programm hat zum Ziel, die akustische Wahrnehmung eines Buchstabenlautes mit dessen visueller Repräsentation zu verbinden. Es ist mit acht bis zehn Wochen und ebenfalls 10- bis 15-minütigen Sitzungen etwas kürzer. In groß angelegten Evaluationsstudien haben sich beide Programme als kurz- und langfristig effektiv erwiesen (vgl. Schneider & Marx, 2008), wobei insbesondere die Kombination beider Trainingsprogramme bei Kindern mit kognitiven und sozialen Risiken zu einer weitgehend normalen Entwicklung während der ersten drei Grundschuljahre geführt hat.

Schwierigkeiten beim Erwerb des Rechnens

Weit weniger erforscht als der Schriftspracherwerb und seine Vorläuferfertigkeiten ist der erfolgreiche frühe Erwerb basaler arithmetischer und anderer mathematischer Fertigkeiten. Erste Schritte einer mathematischen Frühförderung zielen auf das Verstehen des Zahlenraumes und auf die Mengenbewusstheit von Zahlen und Zahlrelationen. So hat das Würzburger Trainingsprogramm »Mengen, zählen, Zahlen« zur vorschulischen Förderung der Mengenbewusstheit von Zahlen und Zahlrelationen (Krajewski et al., 2007) eine Förderung höherer Kompetenzebenen zum Ziel. Mathematische Grundkenntnisse werden systematisch aufgebaut über Mengenvergleiche, Zählfertigkeiten, Zahlsymbolkenntnis, Erfassung der Zahlenreihe, Zunahme-um-eins-Prinzip und Teil-Ganzes-Prinzip. Das Programm wird über einen Zeitraum von 10 Wochen in täglichen Sitzungen durchgeführt. Die generelle Wirksamkeit des Trainings wurde eindrucksvoll belegt (Krajewski et al., 2008).

> **Denkanstöße**
>
> ▶ Sollten die aufgeführten Förderprogramme mit allen Vorschulkindern durchgeführt oder auf solche Kinder beschränkt werden, die deutliche Rückstände in den erfassten Fertigkeiten aufweisen und üblicherweise als »Risikokinder« bezeichnet werden?
> ▶ Welche logistischen Aspekte (Organisationsprobleme in den Kindergärten) könnten hier bedeutsam werden, und welche inhaltlichen Argumente erscheinen wesentlich?

26.6 Möglichkeiten und Hemmnisse vorschulischer Entwicklungsförderung

Die international verfügbaren methodisch kontrollierten Studien zur Wirksamkeit vorschulischer Fördermaßnahmen erlauben daher die folgenden Schlussfolgerungen (vgl. auch Hasselhorn, 2010):

(1) Der Besuch einer Kindertagesstätte wirkt sich positiv auf die Entwicklung schulrelevanter kognitiver Kompetenzen aus. Dieser Effekt fällt umso deutlicher aus, je früher der Eintritt in die Kindertagesstätte erfolgt – allerdings mit der Einschränkung, dass ein Eintritt vor dem zweiten Geburtstag keinen zusätzlichen Vorteil bringt.

(2) Strukturelle Merkmale erklären kaum Unterschiede in der entwicklungsförderlichen Wirkung des Kindergartens. Hier sind vor allem die direkten bildungsförderlichen Aktivitäten (z. B. Förderung schriftsprachlicher Vorläuferfertigkeiten oder basaler mathematischer Konzepte) entscheidend. Allerdings gibt es Hinweise darauf, dass diese nur in Gruppen wirken, in denen der Anteil an Kindern mit anderer Muttersprache überwiegt.

(3) Es liegen eine Reihe theoretisch fokussierter Trainingsprogramme vor, deren kompensatorische Wirkung experimentell nachgewiesen ist und die zur Einbindung in den Kindergartenalltag gut geeignet sind.

Nicht immer gelingt es, die nach aktuellem wissenschaftlichen Kenntnisstand besten pädagogischen Konzepte in der pädagogischen Praxis auch wirklich umzusetzen. Dies wird besonders deutlich im Bereich der vorschulischen Fördermaßnahmen. Im Unterschied zum europäischen (z. B. Niederlande) und internationalen Ausland (z. B. USA) hat sich bei vielen Frühpädagogen und den Verantwortlichen von Trägerverbänden der vorschulischen Einrichtungen in Deutschland die Überzeugung festgesetzt, dass die Einübung von Vorläuferfertigkeiten der akademischen Anforderungen der Schule nicht in den Erziehungsalltag von Kindergärten gehört. Dies kommt zum Ausdruck in Aussagen wie: »Wir wollen keine auf Selektion basierte, sondern inklusive Bildung! Bei einem guten ganzheitlichen Kindertagesstättenangebot stellt sich die Schulbereitschaft früher oder später bei allen Kindern von alleine ein.«

Für das Ziel eines Abbaus sozialer Disparitäten im Bildungssystem bei gleichzeitiger Beibehaltung (oder gar Steigerung) des auf Kompetenzebene objektivierbaren Bildungserfolgs ist diese Einstellung fatal: Zum einen trägt sie dazu bei, dass Verantwortliche aus Trägerverbänden die Erweiterung ihrer Betreuungsangebote um effektive kompensatorische Maßnahmen erschweren. Zum anderen überträgt sich diese Einstellung auch auf die pädagogischen Kräfte in den Einrichtungen selbst, was die realistische Gefahr in sich birgt, dass selbst bei Einführung potenziell wirksamer kompensatorischer Maßnahmen diese möglicherweise ihre Wirkung verfehlen.

Zusammenfassung

- Kinder im Vorschulalter befinden sich im Stadium des präoperationalen Denkens nach Piaget und sind damit im Hinblick auf die Übernahme der Perspektive anderer Personen noch eingeschränkt. Im Unterschied zu früheren Annahmen gehen wir allerdings heute davon aus, dass die Perspektivenübernahme trotz einer gewissen Zentrierung auf die eigene Person im Altersbereich zwischen 3 und 6 Jahren immer besser gelingt.
- Das Denken wird selbst Gegenstand eigenen Denkens (»Theory of Mind«), und die nutzbare Kapazität des Arbeitsgedächtnisses nimmt gerade gegen Ende der Vorschulzeit zu.
- Im Hinblick auf die soziale Entwicklung finden sich in der familiären Situation erste Abgrenzungsversuche gegenüber den Eltern und Ansätze zur Durchsetzung des eigenen Willens (Trotzphase). Kinder mit sicherer Bindung zu den Eltern haben gute Chancen dafür, im Kindergartenalltag sozial akzeptiert zu werden.
- Die Kindergartenphase wird in neuerer Zeit zunehmend von Lern- und Bildungsangeboten geprägt, mit denen auch kompensatorische Ziele verbunden sind. Insbesondere Kindern aus Familien mit Migrationshintergrund oder aus sozial benachteiligten Familien soll mit zusätzlichen Lernangeboten geholfen werden. Die Wirksamkeit der pädagogischen Arbeit im Kindergarten wird zunehmend wissenschaftlich untersucht.
- In den letzten Jahrzehnten sind Fördermaßnahmen zur Prävention von Lernschwierigkeiten zunehmend in den Alltag von Kindergärten integriert und dabei auch wissenschaftlich evaluiert worden. Obwohl diese pädagogischen Maßnahmen aufgrund ihrer positiven Effekte vielfach begrüßt werden, sind vor allem im deutschen Sprachraum immer noch Einstellungen aufseiten der Träger und des Kindergartenpersonals verbreitet, die den Erfolg vorschulischer Maßnahmen gefährden können.

Weiterführende Literatur

Diller, A., Leu, H. R. & Rauschenbach, T. (Hrsg.). (2010). Wieviel Schule verträgt der Kindergarten? Annäherungen zweier Lernwelten. München: Verlag Deutsches Jugendinstitut. *Aktueller Sammelband mit einem repräsentativen Querschnitt der gegenwärtigen Positionen zur Gestaltung des Kindergartens.*

Kißgen, R. & Heinen, R. (Hrsg.). (2011). Familiäre Belastungen in früher Kindheit. Früherkennung, Verlauf, Begleitung, Intervention. Stuttgart: Klett-Cotta. *Aktueller Sammelband über vorschulische Entwicklung aus der Perspektive der Familie.*

Roßbach, H.-G. & Weinert, S. (Hrsg.). (2008). Kindliche Kompetenzen im Elementarbereich: Förderbarkeit, Bedeutung und Messung. Bonn: BMBF. *Differenzierte Aufarbeitung auch internationaler empirischer Forschung zur Verfügbarkeit und Beeinflussbarkeit kindlicher Kompetenzen in der Vorschule.*

27 Lernstörungen

Claudia Mähler • Dietmar Grube

27.1 Was versteht man unter Lernstörungen?
    27.1.1 Klassifikation von Lernstörungen im engeren Sinne
    27.1.2 Differenzialdiagnostik
    27.1.3 Prävalenz von Lernstörungen

27.2 Lese-/Rechtschreibstörungen
    27.2.1 Ursächliche kognitive Funktionsdefizite
    27.2.2 Prävention und Intervention

27.3 Rechenstörungen
    27.3.1 Ursächliche kognitive Funktionsdefizite
    27.3.2 Prävention und Intervention

27.4 Kombinierte Störung schulischer Fertigkeiten
    27.4.1 Ursächliche kognitive Funktionsdefizite
    27.4.2 Prävention und Intervention

In einer Erziehungsberatungsstelle wird der 9-jährige Max vorgestellt. Seine Eltern machen sich Sorgen, weil Max oft traurig ist, sich immer mehr von Freunden zurückzieht und häufig über Kopf- und Bauchschmerzen klagt. Max besucht die dritte Klasse einer Grundschule. Seine Schulleistungen sind insgesamt mittelmäßig, seine Klassenlehrerin traut ihm im Fach Mathematik mehr zu als im Fach Deutsch. Im Gegensatz zu seinen Klassenkameraden fällt ihm das Lesen fremder Texte noch immer schwer, und auch in Diktaten und Aufsätzen schreibt Max viele Wörter falsch. Dabei macht er nicht nur Regelfehler, sondern vergisst oder verdreht auch häufiger Buchstaben im Wort. Seine Lehrerin führt diese Probleme auf seine etwas schwankende Aufmerksamkeit zurück und ist überzeugt, dass er besser abschneiden könnte, wenn er besser aufpassen und sich mehr anstrengen würde.

    Es wird eine gründliche psychologische Diagnostik durchgeführt, bei der die Intelligenz, die aktuellen Schulleistungen und seine Aufmerksamkeits- und Konzentrationsfähigkeit mit standardisierten Tests untersucht werden. Die Ergebnisse machen deutlich, dass Max ein durchschnittlich begabtes Kind ist, das durchaus in der Lage ist, sich gut und intensiv auf eine Sache zu konzentrieren. Allerdings hat er eine Lese-/Rechtschreibstörung, was an unterdurchschnittlichen Ergebnissen in Lese- und Rechtschreibtests sichtbar wird. Er leidet stark unter den Schwierigkeiten, weil er sich unverstanden und hilflos fühlt und im Laufe der ersten beiden Schuljahre zu der Überzeugung gekommen ist, dass all seine Anstrengungen überhaupt nichts nützen.

27.1 Was versteht man unter Lernstörungen?

Zur Beschreibung von Schwierigkeiten beim Lernen oder schwachen Schulleistungen gibt es eine Vielzahl von Begriffen, die zudem mit unterschiedlicher Bedeutung benutzt werden (vgl. Grube, 2008). Dieses begriffliche Problem soll im Folgenden kurz skizziert werden.

»Lernstörung« als Normabweichung. Das Wort »Lernstörung« fällt zunächst einmal nicht unbedingt als Fachbegriff auf. In unserem Alltagsvokabular finden sich die Begriffe »Lernen« und »Störung«. Werden sie in Kombination miteinander in Bezug auf ein Kind gebraucht, so kommt zum Ausdruck, dass der Erwerb von Wissen bei diesem Kind in einer ungünstigen Richtung von der Norm abweicht. Ein solcher »weiter« Begriff von Lernstörung wird (neben einem »engeren« Begriff von Lernstörung) auch in der Fachliteratur benutzt. So schreiben Lauth et al. (2004): »Lernstörungen bezeichnen nichts anderes als Minderleistungen beim absichtsvollen Lernen.« (S. 13). Dieser Begriff von Lernstörungen kann als Oberbegriff für eine Vielzahl von Phänomenen betrachtet werden. Er umfasst sowohl vorübergehende als auch zeitlich überdauernde und sowohl bereichsspezifische als auch generelle Minderleistungen; für diesen Begriff von Lernstörungen kommen unterschiedlichste Ursachen infrage (vgl. Lauth et al., 2004), z. B. kognitive Faktoren (u. a. niedrige intellektuelle Fähigkeiten) oder auch Umweltfaktoren (z. B. bildungsfernes Elternhaus).

»Lernschwierigkeiten«. Der weite Begriff von Lernstörungen überschneidet sich weitgehend mit dem Begriff »Lernschwierigkeiten«. Eine klassische Begriffsbestimmung von F. E. Weinert und Zielinski (1977, S. 294 f.) macht deutlich, dass die Feststellung von Lernschwierigkeiten von den Erwartungen abhängig ist, die mit ungestörtem Lernen verknüpft sind: »Von Lernschwierigkeiten spricht man im allgemeinen, wenn die Leistungen eines Schülers unterhalb der tolerierbaren Abweichungen von verbindlichen institutionellen, sozialen und individuellen Bezugsnormen (Standards, Anforderungen, Erwartungen) liegen oder wenn das Erreichen (bzw. Verfehlen) von Standards mit Belastungen verbunden ist, die zu unerwünschten Nebenwirkungen im Verhalten, Erleben oder in der Persönlichkeitsentwicklung des Lernenden führen.«

»Lernschwäche«. Ein weiterer häufig verwendeter Begriff ist »Lernschwäche«, meist in Varianten benutzt, die den Bereich näher spezifizieren, in dem die Lernschwäche auftritt, z. B. als Lese-/Rechtschreibschwäche oder als Rechenschwäche. Am Beispiel der Rechenschwäche soll hier verdeutlicht werden, dass auch der Begriff der Lernschwäche nicht mit einheitlicher Bedeutung gebraucht wird. So bezeichnet ein breiter, deskriptiver Begriff der Rechenschwäche eine Rechen- bzw. Mathematikleistung, die gemessen an einer sozialen Bezugsnorm nach Alter bzw. besuchtem Schuljahr relativ niedrig ausfällt. Dieses pragmatische Verständnis von Rechenschwäche nimmt keinen Bezug auf bestimmte theoretische Aussagen – Rechenschwäche kann durch die unterschiedlichsten Ursachen bedingt sein (z. B. inadäquater Unterricht, mangelnde Motivation, unzureichende kognitive Ressourcen). Auch bleibt unklar, wie umfassend und wie dauerhaft die Beeinträchtigung ist. Alternativ wird der Begriff »Rechenschwäche« auch in einem explikativen, d. h. ursachenbezogenen Sinne benutzt. Insbesondere von Disziplinen, die das Individuum in den Mittelpunkt des Interesses rücken (Psychiatrie, Psychologie), wird Rechenschwäche i. d. R. als durch individuelle kognitive Merkmale der Person bedingt und damit auch als zeitlich überdauernd betrachtet. Ungünstige externe Bedingungen oder fehlende Motivation werden hier als Ursachen ausgeschlossen. Diese Sichtweise ist (unter Anwendung weiterer Kriterien) in psychiatrische Klassifikationssysteme eingegangen und diente als Vorläufer für einen engen Begriff der Lernstörung, der sehr spezifische Phänomene beschreibt und im Folgenden weiter erläutert werden soll.

27.1.1 Klassifikation von Lernstörungen im engeren Sinne

Klassifikation nach DSM-IV. Seit der Veröffentlichung des »Diagnostischen und statistischen Manuals für psychische Störungen« in der vierten Auflage (DSM-IV, deutsche Übersetzung: Saß et al., 1996, erstmals von der American Psychiatric Association APA, 1994, veröffentlicht) wird der Begriff »Lernstörung« (»learning disorder«) in einem enger definierten Sinn verwendet. Er ersetzt hier den in früheren Auflagen benutzten Begriff »Schulleistungsstörung« (»academic skills disorders«) und beschreibt das Phänomen, dass schulische Fertigkeiten (Lesen, Rechtschreiben, Mathematik) sich nicht normal entwickeln, sondern »deutlich unter dem Niveau liegen, das aufgrund des Alters, der allgemeinen Intelligenz und der Beschulung zu erwarten wäre« (Saß et al., 1996, S. 57). Unterschieden werden die Lesestörung (»reading disorder«), die Rechenstörung (»mathematics disorder«), die Störung des schriftlichen Ausdrucks (»disorder of written expression«) und eine Restkategorie (nicht näher bezeichnete Lernstörung; »learning disorder not otherwise specified«). Die genannten Störungsdiagnosen schließen sich im Klassifikationssystem DSM nicht aus, sondern können bei Erfüllung der unterschiedlichen Kriterien parallel vergeben werden.

Klassifikation nach ICD-10. Eine zweite Systematik liefert die »Internationale Klassifikation psychischer Störungen« der Weltgesundheitsorganisation in der zehnten Ausgabe (ICD-10 Kapitel V, deutsche Übersetzung: Dilling et al., 1993; Original: World Health Organization, 1993). Die Lernstörungen nach DSM finden hier unter dem Stichwort »umschriebene Entwicklungsstörungen schulischer Fertigkeiten« ihr Pendant. Allerdings werden sie konzeptuell etwas anders aufgegliedert. Als Hauptkategorien gibt es hier die Lese- und Rechtschreibstörung (»specific reading disorder«), die isolierte Rechtschreibstörung (»specific spelling disorder«), die Rechenstörung (»specific disorder of arithmetical skills«) und die kombinierte Störung schulischer Fertigkeiten (»mixed disorder of scholastic skills«), eine Diagnose, die gestellt wird, wenn sowohl Lese- bzw. Rechtschreibleistungen als auch Rechenleistungen beeinträchtigt sind. Die in der deutschen Übersetzung als »Lese- und Rechtschreibstörung« bezeichnete Kategorie umfasst eine Beeinträchtigung des Lesens allein oder aber in Kombination mit einer Beeinträchtigung des Rechtschreibens. Die hier genannten Diagnosen nach ICD-10 schließen sich gegenseitig aus.

Unterschiede und Übereinstimmungen. Offensichtlich stimmen die Klassifikationskriterien von DSM und ICD nicht vollständig überein. Ein eklatanter Unterschied besteht zum Beispiel darin, dass die Rechenstörung nach DSM mit einer herabgesetzten mathematischen Befähigung und die gleichnamige Rechenstörung nach ICD mit einer spezifischen Beeinträchtigung des Rechnens einhergehen. Natürlich ist Rechnen ein zentraler Bestandteil der Mathematik, jedoch umfassen mathematische Fähigkeiten mehr als den Aspekt des Rechnens. Die Unterschiedlichkeit von DSM und ICD macht deutlich, dass Forschungsergebnisse zu Kriterien und Ursachen von Lernstörungen noch nicht so kohärent sind, dass sie zu einem einheitlichen Klassifikationssystem führen würden. Die beiden Klassifikationssysteme stimmen allerdings darin überein, dass die Erwartungswidrigkeit der Minderleistung an drei Kriterien festgemacht wird.

> **Übersicht**
>
> **Kriterien für die Minderleistung bei Lernstörungen**
> Die Leistung muss deutlich unter dem aufgrund
> (1) des Alters,
> (2) der allgemeinen Intelligenz und
> (3) der Beschulung
> zu erwartenden Niveau liegen.

Bevorzugung von ICD-10. In den folgenden Ausführungen legen wir das Klassifikationssystem ICD-10 der WHO mit der Kategorie »umschriebene Störung schulischer Fertigkeiten« zugrunde, weil in Deutschland die ICD-10 sehr weit verbreitet ist und weil es im Vergleich zum DSM international breiter reflektiert worden ist. Außerdem sind die Kategorien spezifischer und konzeptuell schärfer auf die einzelnen Schulleistungen bezogen. So ist in der ICD die Diagnose einer spezifischen Störung des Rechtschreibens möglich, und die Rechenstörung bezieht sich auf Defizite bezüglich des konzeptuell umgrenzten Rechnens und nicht auf das breite Spektrum der Mathematik.

27.1.2 Differenzialdiagnostik

Die Diagnose »umschriebene Störung schulischer Fertigkeiten« (nach ICD-10) darf streng genommen nur dann vergeben werden, wenn eine lernbereichsspezifische Minderleistung, eine allgemeine Intelligenz mit einem IQ über 70 und eine bedeutsame Diskrepanz zwischen den allgemeinen Lern- und Leistungsmöglichkeiten und den schulbezogenen Teilleistungen nachweisbar ist. Außerdem müssen neurologische und sensorische Beeinträchtigungen ausgeschlossen sein. Diese klassifikatorischen Merkmale machen verschiedene diagnostische Schritte zwingend erforderlich. Dazu gehören die Durchführung eines ausführlichen Intelligenztests sowie die Erhebung der Lese- und Rechtschreibleistung oder/und der Rechenleistung mithilfe eines standardisierten Schulleistungstests (vgl. Tab. 27.1).

Überprüfung der spezifischen Leistungsbereiche. Bei einem Verdacht auf das Vorliegen einer Lese-/Rechtschreibstörung ist auf jeden Fall das Lesen und Schreiben zu überprüfen, während bei Verdacht auf Rechenstörung die Überprüfung der mathematischen Fertigkeiten im Vordergrund steht. Da die Diagnose der kombinierten Störung schulischer Fertigkeiten sich aus dem gemeinsamen Auftreten von Lese- und/oder Rechtschreibstörung mit einer Rechenstörung ergibt, sind zur Diagnostik folgerichtig alle Schritte und Verfahren notwendig, die das Auftreten der beiden einzelnen Schulleistungsstörungen belegen. Aufgrund der nicht selten auftretenden Komorbidität von Lese-/Rechtschreib- und Rechenschwierigkeiten ist auch beim Verdacht einer umschriebenen Störung die Überprüfung beider Schulleistungsbereiche sinnvoll, um eine vorliegenden Komorbidität nicht zu übersehen.

Weitere diagnostische Schritte. Der Ausschluss neurologischer und/oder sensorischer Beeinträchtigungen erfordert eine entsprechende medizinische Untersuchung. Vorrangig ist der Ausschluss von Seh- oder Hörbeeinträchtigungen durch Augen- und Ohrenarzt. Darüber hinaus ist die Überprüfung weiterer Teilleistungsbereiche (Sprache, Motorik, Konzentration) ebenso sinnvoll wie eine Anamnese und Exploration der Lerngeschichte und der möglichen sekundären psychischen Folgeprobleme. Diese zusätzlichen diagnostischen Schritte sind zur Entscheidung, ob eine Lernstörung vorliegt oder nicht, nicht zwingend notwendig. Sie helfen aber, die individuelle Entstehung und Entwicklung der Störung und die Verarbeitung der Probleme zu verstehen und geben wertvolle Hinweise für Interventionsmaßnahmen.

Tabelle 27.1 Geeignete Testverfahren zur Diagnose von Lernstörungen

Leistungsbereich	Kurzbezeichnung	Testname
Intelligenz	HAWIK IV	Hamburg-Wechsler-Intelligenztest für Kinder
	K-ABC	Kaufman-Assessment Battery for Children
	AID 2	Adaptives Intelligenzdiagnostikum
	KFT 4–12+ R	Kognitiver Fähigkeitstest für 4. bis 12. Klasse (Revision)
	SON-R 5,5–17	Snijders-Oomen Nonverbaler Intelligenztest für Kinder
	SPM	Standard Progressive Matrices von Raven
	CFT1 / CFT 20-R	Culture-Fair-Test (Grundintelligenztest) Skala 1 bzw. 2 (Revision)
Lesen	SLRT I und II	Salzburger Lese- und Rechtschreibtest
	HAMLET 3–4	Hamburger Lesetest für 3. und 4. Klassen
	Knuspel L	Knuspels Leseaufgaben
	ELFE 1–6	Ein Leseverständnistest für Erst- bis Sechstklässler
Rechtschreiben	DERET 1–2+, 3–4+	Deutscher Rechtschreibtest für 1.–2. und 3.–4. Klasse
	DRT 1/2/3/4/5	Diagnostischer Rechtschreibtest für 1./2./3./4./5. Klasse
	WRT 1+/2+/3+/4+	Weingartener Grundwortschatz Rechtschreibtest für 1.–2./2.–3./3.–4./4.–5. Klasse
	HSP 1–9	Hamburger Schreibprobe 1. bis 9. Klasse
Rechnen	DEMAT 1+/2+/3+/4	Deutscher Mathematiktest für 1.–2./2.–3./3.–4./4. Klassen
	HRT 1–4	Heidelberger Rechentest
	ZAREKI-R	Neuropsychologische Testbatterie für Zahlenverarbeitung und Rechnen bei Kindern
	RZD 2–6	Rechenfertigkeiten- und Zahlenverarbeitungs-Diagnostikum für die 2. bis 6. Klasse
	BASIS-MATH 4–8	Basisdiagnostik Mathematik für die Klassen 4 bis 8
	DIRG	Diagnostisches Inventar zu Rechenfertigkeiten im Grundschulalter
	TeDDy-PC	Test zur Diagnose von Dyskalkulie (PC-Programm)

Klassifikationskriterien. Das Vorliegen einer Lernstörung ist dann zu diagnostizieren, wenn im Hinblick auf die Altersstufe bzw. Schulstufe *und* im Hinblick auf die je individuelle Intelligenz eine erwartungswidrige Schulleistung (Rechtschreiben, Lesen oder Rechnen) gemessen wird. Üblicherweise legt man für die Abweichung der Schulleistung einen Diskrepanzwert von einer Standardabweichung (10 T-Wert-Punkte) zugrunde, wodurch Leistungsniveaus von einem Prozentrang kleiner als 16 als Minderleistungen bezeichnet werden. In der ICD-10 wird angenommen, dass die zu diagnostizierenden Störungen in den meisten Fällen von einer »biologischen Fehlfunktion« herrühren (Dilling et al., 1993, S. 270). Das Kriterium der Diskrepanz zur Intelligenz soll daher sicherstellen, dass die diagnostizierte Beeinträchtigung »nicht allein durch eine Intelligenzminderung oder geringe Beeinträchtigung der allgemeinen Intelligenz erklärbar ist« (ebd., S. 273). Für die zusätzlich nachzuweisende Diskrepanz zwischen lernbereichsspezifischem Leistungsniveau und allgemeinem Lern- und Leistungspotenzial (Intelligenz) wird in den ICD-10-Forschungskriterien eine Diskrepanz von zwei Standardabweichungen gefordert. In der klinischen Praxis wird jedoch meist ein Wert von 1,2 bis 1,5 Standardabweichungen für die Diagnose zugrunde gelegt.

Treten bei Kindern Schulleistungsprobleme im Lesen, Schreiben oder Rechnen auf, die nach den genannten Kriterien nicht als Lernstörung zu klassifizieren sind, so spricht man von »Lernschwächen« (wenn die Schulleistungen zwar schwach sind, das Kriterium der Diskrepanz zur Intelligenz aber nicht erfüllt ist) oder von »Lernbehinderung« (wenn die schwachen Schulleistungen mit einer Minderbegabung einhergehen). Bei Kindern mit hoher Intelligenz liegen Schulleistungen, die die geforderte Diskrepanz erfüllen, noch im Normalbereich; diese sind nicht als Lernstörung zu klassifizieren, da die Schulleistung die geforderte erste Diskrepanz zur Altersnorm nicht aufweist. Nach ICD-10 können die Diagnosen zu den »umschriebenen Entwicklungsstörungen schulischer Fertigkeiten« auch dann nicht vergeben werden, wenn sensorische Beeinträchtigungen (z. B. Seh- oder Hörstörungen) oder neurologische Erkrankungen vorliegen.

> **Unter der Lupe**
>
> **Die Kontroverse um das Diskrepanzkriterium**
>
> Die Anwendung des Diskrepanzkriteriums führt zu einer Differenzierung zwischen lernschwachen Kindern mit höherer vs. niedrigerer Intelligenz. Die Rechtfertigung für diese Differenzierung ist die zugrunde liegende theoretische Annahme, dass den Lernstörungen, die eine Diskrepanz zur Intelligenz aufweisen, ein basales primäres Defizit zugrunde liege, das unabhängig von der Intelligenz sei. Diese Annahme ist Gegenstand einer anhaltenden Kontroverse, wobei das Diskrepanzkriterium zunehmend infrage gestellt wird (vgl. Francis et al., 2005; Stanovich, 2005; Stuebing et al., 2002).
>
> Den Argumenten von Stanovich (2005) zufolge könnten vier Aspekte das Diskrepanzkriterium als Grundlage der Diagnose »Lernstörung« rechtfertigen:
> (1) Die Informationsverarbeitung ist bei Kindern mit vs. ohne Diskrepanz verschieden.
> (2) Die neurobiologische Grundlage der Lernstörung ist verschieden.
> (3) Unterschiedliche Behandlungs- und Therapiemaßnahmen sind bei Kindern mit vs. ohne Diskrepanz erfolgreich.
> (4) Die Ätiologie der beiden Gruppen ist grundsätzlich verschieden.
>
> Zu allen vier Aspekten liegen empirische Befunde vor, die allerdings die Kontroverse noch nicht endgültig beilegen können. In der Summe sprechen die Befunde eher gegen eine Differenzierung zwischen Kindern mit und ohne Diskrepanz (vgl. Stanovich, 2005): Schwache Leser mit und ohne Diskrepanz zeigen ganz ähnliche Fehlermuster beim Lesen, beim Schreiben, in der phonologischen Informationsverarbeitung und in verschiedenen Gedächtnisaufgaben, insbesondere im Arbeitsgedächtnis (Mähler & Schuchardt, 2011). Trotz erster Erfolge, neuropsychologische Korrelate zu lokalisieren, haben sich keine Evidenzen für neuroanatomische Unterschiede zwischen Kindern mit Lernstörung mit höherer vs. niedrigerer Intelligenz ergeben. Es scheint keine differenziellen Trainingserfolge bei Kindern mit vs. ohne Diskrepanz zu geben. Schließlich hat sich die Erblichkeit bei Kindern mit Diskrepanz nicht als höher erwiesen, was zu erwarten gewesen wäre bei einer besonderen Ätiologie in dieser Gruppe (Stanovich, 2005). Vieles spricht also gegen die Logik des Diskrepanzkriteriums, weshalb einige Länder bei der Diagnostik der Lernstörungen bereits darauf verzichten.

> **Denkanstöße**
>
> ▶ Wie sind die Begriffe »Lernstörung«, »Lernschwäche« und »Lernbehinderung« voneinander abzugrenzen? Welche impliziten Annahmen könnten zu dieser Abgrenzung geführt haben?
> ▶ Welche Vorteile und welche Nachteile hat die Verwendung des Diskrepanzkriteriums (Diskrepanz zwischen Intelligenz und Schulleistung)? Welche möglichen Konsequenzen ergeben sich daraus für den Umgang mit den betroffenen Kindern?
> ▶ Kann man davon ausgehen, dass diejenigen Kinder, deren Leistungsmuster das Diskrepanzkriterium nicht erfüllen, auch nicht von der in der ICD-10 angenommenen biologischen Fehlfunktion betroffen sind?

27.1.3 Prävalenz von Lernstörungen

Divergierende Kriterien für Prävalenzschätzungen. Obwohl eine ganze Reihe von Studien mit Schätzungen zur Prävalenz von Lernstörungen vorliegen, sind verlässliche Angaben hierzu nur schwer zu finden, wie auch neuere Metaanalysen deutlich machen (Hasselhorn & Schuchardt, 2006; Wyschkon et al., 2009). Hierfür gibt es verschiedene Gründe. Die Hauptursache liegt in der mangelnden Vergleichbarkeit der verschiedenen Studien durch die Anwendung unterschiedlicher Kriterien zur Diagnose von Lernstörungen. Nur wenige Studien legten tatsächlich die relativ strengen Kriterien nach ICD-10 (s. Abschn. 27.1.2) zugrunde. Stattdessen wurde nur ein einfaches Diskrepanzmodell (Abweichung von der Klassenstufe *oder* von der allgemeinen Intelligenz) verwendet, und die kritischen Grenzwerte variierten stark (vgl. Hasselhorn & Schuchardt, 2006; Wyschkon et al., 2009). Wird jedoch die schulische Minderleistung auch bei weniger als einer Standardabweichung vom Mittelwert der Altersstufe als auffällig eingestuft und wird ggf. zusätzlich auf die geforderte Diskrepanz zur Intelligenz verzichtet, werden sehr viel mehr Kinder mit Lernschwierigkeiten identifiziert und demzufolge die Schätzung der Prävalenz erhöht. Auch die Auswahl der Testinstrumente spielt eine Rolle: In den verschiedenen Studien kamen unterschiedliche Intelligenztests zum Einsatz, und nicht immer wurden standardisierte, curricular valide und aktuell normierte Schulleistungstests eingesetzt, was wiederum zu mangelnder Vergleichbarkeit der Studien führt.

Empirische Befunde. Transparenz schafft hier eine Studie von Wyschkon et al. (2009), die an einer großen repräsentativen deutschen Stichprobe von fast 2.000 Kindern die Schätzungen für Lese-/Rechtschreibstörungen sowie für Rechenstörungen anhand der verschiedenen Definitionskriterien gegenüberstellt. Gemäß den Kriterien nach ICD-10 werden die Prävalenzraten mitgeteilt für das doppelte Diskrepanzkriterium mit 1,5 und 1,2 Standardabweichungen (d. h. 1,5 bzw. 1,2 SD zwischen individueller Schulleistung und Mittelwert der Altersgruppe und 1,5 bzw. 1,2 SD zwischen Schulleistung und individuellem nonverbalen Intelligenzquotienten, der darüber hinaus wie bei ICD-10 gefordert größer als 70 sein muss).

> **Übersicht**
>
> **Prävalenzraten**
> Beim strengeren Kriterium von 1,5 Standardabweichungen resultieren nach Wyschkon et al. (2009) folgende Prävalenzraten:
> ▶ reine Lesestörung und reine Rechtschreibstörung je 3,2 %
> ▶ Lese- oder Rechtschreibstörung 5,2 %
> ▶ Rechenstörung 2,5 %
>
> Näher an der klinischen Praxis liegt die Verwendung des Kriteriums von 1,2 Standardabweichungen. Hierfür lauten die Prävalenzraten:
> ▶ Lesestörung 5,1 %
> ▶ Rechtschreibstörung 5,0 %
> ▶ Lese- oder Rechtschreibstörung 8,3 %
> ▶ Rechenstörung 3,9 %

Leider sind dieser Studie keine Angaben für die kombinierte Störung schulischer Fertigkeiten zu entnehmen, da für die Prävalenzraten der einzelnen Störungen Kinder mit komorbider Problematik nicht ausgeschlossen wurden. Einige Studien legen eine recht hohe Komorbidität nahe, aber auch hierzu schwanken die Angaben erheblich. Folgt man den Angaben der Studien von Ramaa und Gowramma (2002), so muss man davon ausgehen, dass zwischen 64 und 69 % der Kinder mit Rechenstörung auch die Kriterien für eine LRS erfüllen, bei Landerl und Moll (2010) liegen die Angaben deutlich darunter bei etwa 40 %. Für Prävalenzschätzungen folgt aus diesen Befunden, dass die Rate für die kombinierte Störung schulischer Fertigkeiten unabhängig vom gewählten Kriterium unterhalb der für die jeweiligen isolierten Störungen liegt.

Zusammengenommen machen die Prävalenzraten deutlich, dass zumindest im hier untersuchten Grundschulalter die Prävalenz für Lese-/Rechtschreibstörungen deutlich höher liegt als für Rechenstörungen. Das bedeutet nicht, dass es weniger Kinder mit Schwierigkeiten im Rechnen als im Lesen und Schreiben gibt, sondern dass die Wahrscheinlichkeit für eine Rechenstörung, gemäß den ICD-10-Kriterien, geringer ist als jene für eine Lese-/Rechtschreibstörung. Der Grund hierfür liegt in dem engeren Zusammenhang (der höheren Korrelation) zwischen Intelligenz und Rechnen bzw. Mathematikleistung, der sich durch das Diskrepanzkriterium in der Diagnosewahrscheinlichkeit niederschlägt.

Prävalenzraten im Altersverlauf. Zumindest für Lese-/Rechtschreibstörungen wird auch eine Altersabhängigkeit des Auftretens berichtet. Während im Grundschulalter etwa 5–8 % aller Kinder die Kriterien erfüllen (Wyschkon et al., 2009), scheint der Prozentsatz auf etwa 6 % mit 12 Jahren und auf etwa 4 % im jungen Erwachsenenalter abzusinken (vgl. Hasselhorn & Schuchardt, 2006). Aus diesen Angaben lassen sich jedoch keine Schlüsse auf mögliche Ursachen für einen Rückgang der Störung ziehen. Die wenigen Längsschnittstudien zur Stabilität der Störung (z. B. Francis et al., 2005) belegen eine recht hohe Stabilität, sodass davon auszugehen ist, dass die sinkenden Prävalenzraten weniger die Folge von Spontanremissionen als vielmehr von mehr oder weniger erfolgreicher Förderung sind.

Geschlechterunterschiede in Prävalenzraten. Für Lernstörungen werden häufig geschlechtsspezifische Prävalenzraten berichtet (Hasselhorn & Schuchardt, 2006). Von Lese-/Rechtschreibstörungen sind Jungen etwa 1,74- bis 2-mal häufiger betroffen als Mädchen. Demgegenüber findet sich bei der Rechenstörung über alle Studien hinweg, in denen vergleichsweise strenge Kriterien zur Diagnose angelegt wurden, eine für Mädchen und Jungen etwa gleich große Wahrscheinlichkeit des Auftretens (z. B. Ramaa & Gowramma, 2002), gelegentlich aber auch eine höhere Prävalenzrate für Mädchen (Landerl & Moll, 2010). Hinsichtlich der Komorbidität von Lese-/Rechtschreib- und Rechenstörungen fanden Landerl und Moll (2010) an einer österreichischen Stichprobe, dass lediglich bei der Kombination von Rechenstörung mit Lesestörung Mädchen überrepräsentiert waren, während bei der Kombination von Rechen- und Rechtschreibstörung das Geschlechterverhältnis ausgeglichen war. Insgesamt deuten diese Prävalenzraten darauf hin, dass die Komorbidität nicht zufällig auftritt, sondern mit Funktionsmerkmalen der Informationsverarbeitung beim Lesen, Schreiben und Rechnen zusammenhängt, für die geschlechtsspezifische Unterschiede wirksam sind.

27.2 Lese-/Rechtschreibstörungen

Symptome. Das Hauptmerkmal der Lese-/Rechtschreibstörungen ist eine umschriebene und eindeutige Beeinträchtigung in der Entwicklung der Lesefertigkeiten und/oder des Rechtschreibens. Die Leseleistungen der betroffenen Personen liegen unter dem Niveau, das aufgrund des Alters, der allgemeinen Intelligenz und der Beschulung zu erwarten wäre. Die Symptome der Lesestörung zeigen sich in verschiedenen Lesefehlern (Auslassen, Verdrehen, Hinzufügen von Buchstaben, Wörtern oder Wortteilen), in Schwierigkeiten beim lauten Vorlesen, in einer niedrigen Lesegeschwindigkeit und/oder in einem schlechten Leseverständnis. Gemessen werden daher stets die Lesegenauigkeit, die Lesegeschwindigkeit und das Leseverständnis. Mit den Lesestörungen gehen oft Rechtschreibstörungen einher. Hier sind die Symptome der Verdrehung, Vertauschung oder des Auslassens von Buchstaben im Wort, Einfügen zusätzlicher Buchstaben sowie Regel- oder Wahrnehmungsfehler zu nennen.

Diagnosen. Liegen sowohl im Lesen als auch im Rechtschreiben gravierende Minderleistungen vor (Kriterien s. Abschn. 27.1.2), so spricht man von einer Lese- und Rechtschreibstörung (ICD-10: F81.0), auch die alleinige Minderleistung im Lesen führt zu dieser Diagnose. Für die Lese- und Rechtschreibstörung werden häufig die Begriffe »Legasthenie« und »Dyslexie« synonym verwendet. Treten die Rechtschreibprobleme ohne gravierende Schwierigkeiten im Lesen auf, so wird die Diagnose einer isolierten Rechtschreibstörung (ICD-10: F81.1) vergeben.

27.2.1 Ursächliche kognitive Funktionsdefizite

Zu Beginn der Ursachenforschung ging man davon aus, dass die Lese-/Rechtschreibstörung vornehmlich durch eine visuelle Gedächtnisstörung bedingt sei, die dazu führe, das Kinder formähnliche Buchstaben (z. B. »d« und »b«) verwechselten, was sowohl Lese- als auch Rechtschreibfehler zur Folge habe. Anfang der 1970er-Jahre zeigte sich jedoch, dass es nicht visuelle, sondern *phonetische* Verwechslungen sind, die den Schwierigkeiten von Kindern mit einer Lese-/Rechtschreibstörung zugrunde liegen. So werden zwar häufig die visuell *und* phonetisch ähnlichen Buchstaben »d« und »b«, selten aber die nur visuell ähnlichen Buchstaben »n« und »u« im Anfangsstadium des Schriftspracherwerbs miteinander verwechselt.

Phonologische Verarbeitungsdefizite

Spätestens seit den 1980er-Jahren ist bekannt, dass es sich bei der Lese-/Rechtschreibstörung vornehmlich um eine sprachlich-phonologische Störung handelt. Lese- und Rechtschreibprobleme basieren offensichtlich auf Defiziten in der Entwicklung phonologischer Fertigkeiten. Leseanfänger und schwache Leser aller Altersstufen haben Schwierigkeiten beim Decodieren, weil ihnen die Verarbeitung der phonologischen Struktur von Wörtern vergleichsweise schlecht gelingt. Dementsprechend können sie die phonologischen Strukturen beim lautierenden Lesen und beim Schreiben weniger gut nutzen. Die Frage, worin die phonologischen Verarbeitungsdefizite von Kindern mit Lese-/Rechtschreibstörungen genau bestehen, wurde zum dominanten Thema der Forschung. Dabei erwies sich eine ursprünglich von Wagner und Torgesen (1987) eingeführte Klassifikation als äußerst hilfreich.

> **Übersicht**
>
> **Komponenten der phonologischen Verarbeitung**
> Wagner und Torgesen (1987) unterschieden drei Komponenten der Sensitivität für die Klangelemente der gesprochenen Sprache bzw. für die Nutzung der lautlichen Sprachstruktur bei der Verarbeitung gesprochener und geschriebener Sprache:
> (1) phonologische Bewusstheit (Sensitivität für die Lautstruktur einer Sprache und routinierter Zugriff auf die Klänge bzw. Phoneme der gesprochenen Sprache; im Vorschulalter bereits die Wahrnehmung von Ähnlichkeit vs. Unähnlichkeit von Klängen, beim Erkennen von Reimen)
> (2) phonetisches Recodieren im Arbeitsgedächtnis (innere Wiederholung von Klängen zum Behalten und Verarbeiten, z. B. beim Decodieren längerer Worte, die zu einem Gesamtklang zusammengeführt werden)
> (3) Abruf phonologischer Codes aus dem Langzeitgedächtnis (Zugriff auf die Aussprache und Betonung von Buchstaben, Zahlen und Wörtern, die in der Wissensbasis repräsentiert sind)

Zusammenhänge mit Lese- und Rechtschreibleistungen. Studien zur Bedeutsamkeit der drei Komponenten der phonologischen Verarbeitung für die schriftsprachliche Leistungsentwicklung bestätigten zunächst vor allem die wichtige Rolle der phonologischen Bewusstheit (1) und der Schnelligkeit des Abrufs phonologischer Codes (3) für die Entwicklung der Lesefertigkeit (z. B. Wagner et al., 1997). Während die beeinträchtigte phonologische Bewusstheit im Leseprozess eher die *Genauigkeit* der Worterkennung tangiert, scheint die beeinträchtigte Funktionstüchtigkeit des Abrufs der phonologischen Codes aus dem Langzeitgedächtnis eher Auswirkungen auf die *Geschwindigkeit* dieser Prozesse zu haben.

Im angloamerikanischen Sprachraum stellen häufig Probleme der Lesegenauigkeit das dominierende Merkmal schwacher Lese-/Rechtschreibleistungen dar, im deutschen Sprachraum scheinen eine reduzierte Lesegeschwindigkeit und Rechtschreibprobleme im Vordergrund zu stehen, was durch eine größere Transparenz der deutschen gegenüber der englischen Sprache zu erklären ist. Gerade für das Schreiben, aber auch für das zügige Lesen spielt jedoch auch die Funktionstüchtigkeit des phonologischen Arbeitsgedächtnisses, also die Qualität des phonetischen Recodierens (2), eine wichtige Rolle.

Die Ergebnisse von Längsschnittstudien in Deutschland (Näslund & Schneider, 1996) und Österreich (Klicpera & Gasteiger-Klicpera, 1998) unterstreichen diese Sichtweise. Für die Prognose einer späteren Lese-/Rechtschreibstörung sind nicht nur die phonologische Bewusstheit und die Schnelligkeit des Abrufs der phonologischen Codes aus dem Langzeitgedächtnis von Bedeutung, sondern auch das phonologische Arbeitsgedächtnis. Alle drei Komponenten der phonologischen Informationsverarbeitung erwiesen sich als brauchbare Prädiktoren späterer Lese- und Rechtschreibleistungen (vgl. Näslund & Schneider, 1996).

Auch die Analyse der Arbeitsgedächtnisfunktionen bei Kindern mit Lese-/Rechtschreibstörungen hat immer wieder ergeben, dass deutliche Beeinträchtigungen in der Funktionstüchtigkeit der phonologischen Schleife mit den Schriftsprachproblemen einhergehen: Kinder mit Lese-/Rechtschreibstörung weisen eine kürzere Gedächtnisspanne für akustisch präsentierte Worte, Zahlen oder auch sinnfreie Kunstwörter auf (z. B. Schuchardt et al., 2008), wobei die Sinnhaftigkeit von Wörtern vor allem bei Kindern mit Leseproblemen von Bedeutung ist, während die Länge der zu behaltenden Wörter sich vor allem in der Gedächtnisleistung von Kindern mit Rechtschreibstörung als problematisch erweist (Hasselhorn et al., 2010).

Neurobiologische und genetische Faktoren

Inzwischen wurden auch einige neuroanatomische Besonderheiten bei Kindern mit einer Lese-/Rechtschreibstörung aufgedeckt (z. B. Vellutino et al., 2004; Warnke, 2005). Während bei unbeeinträchtigten Personen das linkshemisphärische Planum temporale, dem eine besondere Rolle bei der Sprachverarbeitung zukommt, größer ausgeprägt ist als das entsprechende rechtshemisphärische Areal, fand man bei Personen mit Lese-/Rechtschreibstörung eine unerwartete Symmetrie zwischen den beiden Gehirnhälften. Studien zur familiären Ähnlichkeit und Häufung von Lese-/Rechtschreibproblemen ebenso wie jüngste Ansätze zur Entschlüsselung relevanter Genorte machen eine genetische Komponente für die genannten Auffälligkeiten verantwortlich (Scerri & Schulte-Körne, 2010).

27.2.2 Prävention und Intervention

Präventionsmaßnahmen

Da sich die verschiedenen Komponenten der phonologischen Informationsverarbeitung als gute Prädiktoren des Schriftspracherwerbs herausgestellt haben (s. Abschn. 27.2.1), lassen sich auch Schwierigkeiten beim Erwerb der Schriftsprache bereits vor der Einschulung vorhersehen. Bereits im Vorschulalter lässt sich mit dem Bielefelder Screening-Verfahren (BISC; Jansen et al., 1999) eine gestörte phonologische Bewusstheit als Risikofaktor ausmachen.

Für das Vorschulalter sind Präventionsmaßnahmen zur Vorbereitung auf den Erwerb der Schriftsprache entwickelt und in verschiedenen Studien mit Erfolg evaluiert worden (vgl. Roth & Schneider, 2002). Ein in Skandinavien entwickeltes Trainingsprogramm zur Förderung der phonologischen Bewusstheit (Lundberg et al., 1988) wurde übersetzt und adaptiert (»Hören, lauschen, lernen« von Küspert & Schneider, 1999) und inzwischen um ein Buchstaben-Lauttraining ergänzt (»Hören, lauschen, lernen 2« von Plume & Schneider, 2004a, 2004b; zu beiden Programmen s. Abschn. 26.5.3), da sich die Kombination von Förderung der phonologischen Bewusstheit (Reimen, Silben isolieren, Phonemanalyse und Phonemsynthese) mit frühzeitigem Üben der Zuordnung von Lauten zu Buchstaben besonders bewährt hat (Roth & Schneider, 2002).

Das vorschulische Training erleichtert den Kindern den späteren Schriftspracherwerb, und selbst bei Risikokindern konnten langfristige Effekte auf die schriftsprachlichen Kompetenzen nachgewiesen werden. Diesen sehr positiven Einschätzungen stehen allerdings auch Studien gegenüber, die keine langfristigen Effekte nachweisen konnten und vor allem deutlich machen, dass auch trotz eines Trainings der phonologischen Bewusstheit einige Kinder später eine Lese-/Rechtschreibstörung entwickeln (Blaser et al., 2010).

Interventionsmaßnahmen im Schulalter

Wird im Schulalter die Diagnose der Lese-/Rechtschreibstörung gestellt, so ist in der Regel eine multimodale Therapie angeraten. Interventionen sollten dabei zum Ziel haben, die primäre Lernstörung zu behandeln und darüber hinaus das Kind bei der psychischen Bewältigung der möglicherweise lange anhaltenden Lernstörung zu unterstützen. Auch die Eltern sollten begleitet werden, um sekundäre psychische Störungen beim Kind zu vermeiden oder zumindest zu reduzieren. Für die eigentliche Behandlung der Lese-/Rechtschreibstörung werden sowohl symptomatische als auch kausale Therapieansätze vorgeschlagen (vgl. Suchodoletz, 2010).

Symptomatische Therapieformen. In seriösen Evaluationen haben sich die symptomatischen Therapieformen bewährt. Die Therapie besteht dabei in einer sogenannten funktionellen Übungsbehandlung, in der die Lautstruktur der Schriftsprache mit allen Regeln und Ausnahmen in systematischer Weise aufeinander aufbauend erarbeitet wird, wobei der individuellen Fehleranalyse eine besondere Bedeutung zukommt. Die Förderprogramme sind an lerntheoretischen Prinzipien orientiert und erarbeiten systematisch die Stufen des Schriftspracherwerbs. Ausgehend von der lautgetreuen Schreibweise (alphabetische Stufe) hin zur orthografisch korrekten Schreibweise (orthografische Stufe), wird hier vom Leichten zum Schweren und vom Häufigen zum Seltenen vorgegangen, um den Kindern in der Therapie schnell zu Erfolgserlebnissen zu verhelfen. Zusätzlich werden häufig auch Selbstinstruktionstechniken vermittelt, um die Kinder anzuleiten, ihr Lesen und Scheiben selbst zu überwachen. Es wird auch versucht, durch motorische Elemente (Silbenklatschen und Schreiten, synchrones Sprechschreiben) im Förderprogramm »Lautgetreue Rechtschreibförderung« von Reuter-Liehr (1992) oder Lautgebärden im »Kieler Lese- und Rechtschreibaufbau« von Dummer-Smoch und Hackethal (1993a, 1993b) eine weitere Verarbeitungsebene zu eröffnen. Es hat sich gezeigt, dass eine Teilnahme am schulischen Förderunterricht in der Regel nicht ausreicht, sodass diese außerschulischen Maßnahmen notwendig werden (Suchodoletz, 2010).

Trainings basaler Funktionen. Im Gegensatz zu diesen am primären Defizit des Lesens und Schreibens und an der zugrunde liegenden Hypothese der gestörten Informationsverarbeitung orientierten Förderprogrammen haben sich sogenannte Trainings basaler Funktionen *nicht* als wirksam erwiesen. Dazu gehören Versuche, die visuelle Wahrnehmung zu verbessern oder die auditive Wahrnehmung und Verarbeitung von unterschiedlichen Tönen zu trainieren. Ebensowenig erfolgreich sind Übungen zur Blicksteuerung, kinästhetische Übungen zur Hemisphärenkoordination, körperorientierte Methoden wie z. B. die Cranio-Sacral-Therapie oder auch die Behandlung mit Substanzen oder Diäten (vgl. Überblick bei Suchodoletz, 2010).

Weitere Maßnahmen. Neben einer funktionellen Übungsbehandlung zur Verbesserung der primären Symptomatik ist eine Entlastung des Kindes im Sinne eines Nachteilsausgleichs in der Schule (durch besondere Förderung, ausreichende Lern- und Lesezeit, Berücksichtigung der Lernstörung bei Entscheidungen über Zensuren und Versetzung) erforderlich. Gelegentlich kann auch eine psychotherapeutische Behandlung zur Bearbeitung von durch die Lernstörung bedingten Schulängsten oder Selbstwertproblemen indiziert sein.

Alle Behandlungsbausteine können dazu beitragen, den Umgang mit der vorhandenen Lernstörung zu optimieren; eine »Heilung« im Sinne einer völligen Überwindung der primären Symptomatik gelingt allerdings nur selten.

27.3 Rechenstörung

Beeinträchtigungen beim Erwerb des Lesens und Rechtschreibens und entsprechende Teilleistungsstörungen sind schon länger im Bewusstsein von Forschern und später auch von Lehrern und Eltern als spezifische Teilleistungsstörungen im Bereich der Mathematik bzw. des Rechnens. Aber zeitlich verzögert ist das Interesse an Minderleistungen in diesen Bereichen – auch bei durchschnittlicher oder höherer Intelligenz – gewachsen und hat zu breiten Forschungsbemühungen geführt.

In der ICD-10 wird in analoger Weise zur Lese-/Rechtschreibstörung die Rechenstörung als eine umschriebene Beeinträchtigung von Rechenfertigkeiten definiert, die nicht auf Intelligenzminderung oder ungünstige Beschulung zurückgeführt werden kann. »Das Defizit betrifft die Beherrschung grundlegender Rechenfertigkeiten wie Addition, Subtraktion, Multiplikation und Division, weniger die höheren mathematischen Fertigkeiten, die für Algebra, Trigonometrie, Geometrie und Differential- sowie Integralrechung benötigt werden.« (Dilling et al., 1993, S. 277) Selbstverständlich können die höheren mathematischen Fertigkeiten auch betroffen sein, das Defizit setzt jedoch bereits bei den grundlegenden Rechenfertigkeiten ein.

27.3.1 Ursächliche kognitive Funktionsdefizite

Über die Verursachung der Rechenstörung lässt sich bisher wenig Gesichertes sagen. Während Leistungen in Rechen- und Mathematiktests substanziell mit der Intelligenz korrelieren, wird gemäß der Definition und diagnostischen Kriterien zur Rechenstörung ausgeschlossen, dass diese mit einer niedrigen Intelligenz einhergeht. Eine spezifischere »biologische Fehlfunktion«, die nach ICD-10 als Ursache einer Rechenstörung für möglich gehalten wird (S. 270), hat sich bisher nicht identifizieren lassen.

Mangelndes Wissen und Verständnis basaler arithmetischer Fakten. Richtungweisend bei der Suche nach den Hintergründen der Störung könnte sein, dass die meisten Kinder mit persistierenden Rechenschwierigkeiten Probleme mit der Speicherung und dem Abruf basaler arithmetischer Fakten, z. B. bezüglich Addition und Subtraktion im Zahlenraum bis 20, haben (vgl. Geary, 2011), während Grundschüler mit ungestörtem Rechenerwerb diese basalen Fakten im Laufe der Grundschuljahre zunehmend nutzen können (Grube, 2006). Kinder mit einer Rechenstörung verfügen offenbar in weitaus geringerem Umfang als ihre Altersgenossen über dieses Faktenwissen (Geary, 2011) und bleiben (möglicherweise deshalb) länger auf unreifere Strategien (z. B. Zählstrategien) angewiesen, was Nachteile in Form kognitiver Belastung beim Rechnen mit sich bringt (Grube, 2006). Auch zeigt sich, dass das Verständnis von Zahlen und Mengen im Vorschulalter prognostischen Wert für die Rechenleistung in den Grundschuljahren besitzt (Krajewski & Schneider,

2006). Dies ist vereinbar mit der Annahme eines grundlegenden Sinnes für Zahlen (»number sense«, vgl. z. B. Butterworth, 2005) und seiner Beeinträchtigung im Zuge einer Rechenstörung: Es deutet sich an, dass Kinder, die von einer Rechenstörung betroffen sind, grundlegende Schwierigkeiten haben, Mengen und Anzahlen kognitiv zu repräsentieren (vgl. Geary, 2011)

Beeinträchtigungen von Arbeitsgedächtnisfunktionen. Vielfach wurden substanzielle Beziehungen zwischen Rechenleistungen und Arbeitsgedächtnisfunktionen aufgedeckt. Welche Rolle das Arbeitsgedächtnis für die Rechenstörung spielt, wird allerdings bislang kontrovers diskutiert. Im Rahmen von Untersuchungen auf der theoretischen Basis des Arbeitsgedächtnismodells von Baddeley (2000b; s. Abschn. 17.5.1) zeichnet sich für Kinder mit Rechenstörung bislang ein sehr heterogenes Forschungsbild ab. Berichtet werden sowohl Beeinträchtigungen im Bereich der zentralen Exekutive als auch im Bereich der phonologischen Schleife und des visuell-räumlichen Notizblocks (zusammenfassend Geary, 2011). Die unterschiedlichen Befunde sind vermutlich sowohl durch verschiedene Definitionskriterien der Störungsgruppen als auch durch den Einsatz unterschiedlicher Arbeitsgedächtnisaufgaben bedingt. In einer Untersuchung an Kindern mit strenger Einhaltung der ICD-10-Kriterien stellte sich für die Kinder mit Rechenstörung der visuell-räumliche Notizblock mit einer breiten Beeinträchtigung als Defizitschwerpunkt heraus (Schuchardt et al., 2008). Insgesamt machen die Befunde deutlich, dass das Arbeitsgedächtnis nicht nur an Störungen des Schriftspracherwerbs, sondern auch an Rechenstörungen beteiligt ist.

27.3.2 Prävention und Intervention

Präventionsmaßnahmen. Die Förderung von zahlen- und mengenbezogenen Kompetenzen im Kindergartenalter und zu Beginn der Grundschuljahre scheint den Erwerb von Rechenfertigkeiten im Grundschulalter zu erleichtern (Krajewski, 2008) und das Risiko der Identifikation einer Rechenstörung zu senken (Fuchs et al., 2005). Positiv evaluiert (Krajewski et al., 2008) ist insbesondere das Programm »Mengen, zählen, Zahlen (MZZ)« von Krajewski et al. (2007; s. Abschn. 26.5.3), mit dem in systematischer und spielerischer Weise der Aufbau des Mengen- und Zahlenwissens im letzten Kindergartenjahr gefördert wird. Im Grundschulalter lässt sich der Aufbau basalen arithmetischen Faktenwissens – möglicherweise das definierende Merkmal von Minderleistungen beim Rechnen – durch direkte explizite Instruktion deutlich fördern (Kroesbergen & van Luit, 2003).

Therapieempfehlungen. Therapieprogramme, die spezifisch auf die Rechenstörung im Sinne der diagnostischen Klassifikationen zugeschnitten wurden und für die empirische Belege der Wirksamkeit vorlägen, sind allerdings bisher nicht bekannt. Pragmatisch wird (allgemein für Kinder mit Rechenproblemen) empfohlen, defizitäre Vorläuferfertigkeiten (z. B. Zählen, Zahlbegriff) oder Rechenfertigkeiten in der Reihenfolge ihres natürlichen Erwerbs individuell zu erarbeiten (z. B. Warnke & Küspert, 2001). Im Rahmen von Lerntherapien können anhand von Fehleranalysen Fehlkonzepte aufgedeckt und korrigiert werden; eine Individualisierung der Förderung ist hier unerlässlich. Allgemein wird die räumlich-visuelle Veranschaulichung als wertvolles Werkzeug zur Förderung rechenschwacher Kinder herausgestellt (Lorenz, 2003).

27.4 Kombinierte Störung schulischer Fertigkeiten

Diagnosekriterien in DSM-IV und ICD-10. Im Rahmen der Klassifikationssysteme wird das gemeinsame Vorkommen der Beeinträchtigungen des Lesens und/oder Rechtschreibens einerseits und des Rechnens andererseits in unterschiedlicher Weise umgesetzt. Nach DSM-IV können beide Diagnosekategorien unabhängig voneinander vergeben werden, während nach ICD-10 die Diagnose »kombinierte Störung schulischer Fertigkeiten« gestellt wird, wenn die Kriterien für eine Rechenstörung (F81.2) und entweder für eine Lese-/Rechtschreibstörung (F81.0) oder eine isolierte Rechtschreibstörung (F81.1) erfüllt sind. Auch für die kombinierte Störung schulischer Fertigkeiten gilt, dass das individuelle Versagen in den Schulleistungen nicht durch eine allgemeine Intelligenzminderung oder eine unzureichende Beschulung erklärbar ist. Hier ergibt sich die Abgrenzung zu einer Lernbehinderung, die sich zwar ebenfalls in Lernschwierigkeiten bezogen auf mehrere Schulfächer (insbesondere Deutsch und Mathematik) äußert, die jedoch mit einer unterdurchschnittlichen allgemeinen intellektuellen Begabung einhergeht (vgl. auch Lauth & Schlottke, 2005).

Symptome und Folgeprobleme. Die Komorbidität äußert sich additiv in Problemen des Lesens und Schreibens sowie des Rechnens, die Symptome entsprechen einer Kombination der in den vorangegangenen Abschnitten genannten Auffälligkeiten. Es liegt auf der Hand, dass der Schulerfolg von Kindern mit kombinierter Störung schulischer Fertigkeiten stark gefährdet ist. Die maßgeblichen Lerninhalte der ersten Grundschuljahre stellen diese Kinder vor derart große Herausforderungen, dass ein enormer Druck entsteht und ein Schulversagen in der Regelschule droht. Fortgesetzte Misserfolge in den ersten Schuljahren können sich sehr demotivierend und belastend auf die Schuleinstellung und Lernfreude auswirken. Auch Kinder mit isolierten Störungen in der Schriftsprache oder im Rechnen leiden unter sekundären Auffälligkeiten und zeigen sowohl Verhaltensprobleme als auch sozial-emotionale Anpassungsstörungen. Noch deutlicher fallen die Beeinträchtigungen jedoch bei Kindern mit kombinierter Lernstörung aus. Es hat sich gezeigt, dass gerade das diskrepante Erleben von durchschnittlicher oder guter Begabung und dennoch auftretenden Schulschwierigkeiten offenbar zu behavioralen und sozialen Problemen beiträgt (Fischbach et al., 2010). Kommen zu den Lernschwierigkeiten noch Aufmerksamkeitsdefizite hinzu, ist eine Bewältigung der Anforderungen der Regelschule kaum zu schaffen.

27.4.1 Ursächliche kognitive Funktionsdefizite

Die geschlechtsspezifischen Risikowahrscheinlichkeiten für das Auftreten von Lese-/Rechtschreibstörung, Rechenstörung und Komorbidität (s. Abschn. 27.1.3) sprechen dafür, dass die Komorbidität von Schwierigkeiten mit der Schriftsprache und dem Rechnen nicht zufällig auftritt und nicht lediglich als Addition zweier Lernstörungen aufzufassen ist, sondern dass es sich dabei um eine funktional eigenständige Lernstörung handeln könnte. Vorschläge zur Einteilung von rechenschwachen Kindern in Subgruppen berücksichtigen die Komorbidität der Störungen durch die Annahme eines Subtyps der Rechenstörung, der mit schwachen Lese- bzw. Rechtschreibleistungen einhergeht (Rourke, 1993; von Aster, 2003).
Ursächliche sprachliche Defizite. Das gemeinsame Auftreten von Problemen des Rechnens und der Schriftsprache wird dabei mit Defiziten im sprachlichen Bereich erklärt: Interindividuelle Unterschiede in Fähigkeiten zur phonologischen Verarbeitung scheinen nicht nur den Schriftspracherwerb, sondern zu einem gewissen Grad auch den Erwerb von Rechenfertigkeiten zu beeinflussen. De Smedt und Boets (2010) zeigen auf, dass schlechte Leser bei gleicher Intelligenz wie gute Leser basales arithmetisches Faktenwissen deutlich schlechter abrufen können; hier deutet sich eine Brücke zwischen phonologischer Verarbeitung und Ausschnitten aus mathematischen Fähigkeiten an, die im Einklang mit der hohen Komorbiditätsrate zwischen Lese-/Rechtschreibstörung einerseits und Rechenstörung andererseits steht.
Beeinträchtigungen von Arbeitsgedächtnisfunktionen. Ein weiterer Erklärungsansatz hat sich in der jüngeren Forschung zu Arbeitsgedächtnisdefiziten bei Kindern mit Lernstörungen ergeben, wobei wiederum das Arbeitsgedächtnismodell von Baddeley (2000b) zugrunde gelegt wurde. Es hat sich gezeigt, dass Kinder mit kombinierter Störung schulischer Fertigkeiten nicht nur in einzelnen Subsystemen des Arbeitsgedächtnisses, sondern in gravierender Weise sowohl im visuell-räumlichen als auch im phonologischen Arbeitsgedächtnis und in der koordinierenden Instanz der zentralen Exekutive des Arbeitsgedächtnisses beeinträchtigt sind (Schuchardt et al., 2008; Schuchardt & Mähler, 2010).

> **Unter der Lupe**
>
> **Die Rolle des Arbeitsgedächtnisses**
> In einer umfangreichen Studie gingen Schuchardt et al. (2008) der Frage nach, ob sich spezifische Arbeitsgedächtnisdefizite bei Kindern mit verschiedenen Lernstörungen identifizieren lassen. Insgesamt 97 Kinder aus zweiten bis vierten Klassen mit einem IQ von mindestens 80 und mit festgestellter Diskrepanz zwischen Intelligenz und Schulleistungen wurden in einem 2×2-faktoriellen Design untersucht (Lese-/Rechtschreibstörung vorhanden/nicht vorhanden, Rechenstörung vorhanden/nicht vorhanden). So wurden vier Gruppen miteinander verglichen: Kinder mit Lese-/Rechtschreibstörung, Kinder mit Rechenstörung, Kinder mit beiden Störungen, d. h. mit kombinierter Störung schulischer Fertigkeiten, und Kinder ohne Lernstörungen. Alle Kinder bearbeiteten eine umfangreiche Arbeitsgedächtnistestbatterie, basierend auf dem Arbeitsgedächtnismodell von Baddeley (2000b). Sie erhielten Aufgaben zur phonologischen Schleife (z. B. eine Wortspanne oder Kunstwörternachsprechen), zum visuell-räumlichen Notizblock (z. B. eine Corsi-Block-Aufgabe) und zur zentralen Exekutive (z. B. Zahlennachsprechen rückwärts oder Zählspanne). Die ▶

Ergebnisse belegen bei Kindern mit Rechenstörungen Defizite im visuell-räumlichen Notizblock, bei Kindern mit Lese-/Rechtschreibstörungen Defizite in der phonologischen Schleife und bei Kindern mit kombinierter Störung schulischer Fertigkeiten Defizite in allen Bereichen, die zudem gravierender ausfallen.

27.4.2 Prävention und Intervention

Auf der Basis der noch unzureichenden Kenntnisse über die speziell der kombinierten Störung schulischer Fertigkeiten zugrunde liegenden kognitiven Funktionsdefizite konnten bisher keine spezifischen Präventions- und Interventionsmaßnahmen konzipiert werden. Daher kommen die oben beschriebenen Maßnahmen zur Prävention und Intervention bei Lese-/Rechtschreibstörung bzw. Rechenstörung zum Einsatz.

Die gravierenden Arbeitsgedächtnisdefizite haben dazu angeregt, in diesem Bereich Trainings zu konzipieren, die dieses grundlegende Defizit behandeln sollen und sich dadurch positiv auf die Schulleistungsentwicklung auswirken sollen (Holmes et al., 2009). Erste Erfolge haben sich vor allem dann gezeigt, wenn das Training des Arbeitsgedächtnisses mit Übungen zu den beeinträchtigten Schulleistungsbereichen kombiniert war, überzeugende Erfolge isolierter Arbeitsgedächtnistrainings stehen noch aus.

Besonderer Förderbedarf. Aufgrund der Breite der Beeinträchtigung durch das Versagen bei allen basalen Schulleistungen der Grundschule stellt sich die Prognose für diese Kinder allerdings weniger optimistisch dar. Selbst wenn eine funktionelle Übungsbehandlung zum Lesen und Schreiben *und* zum Rechnen durchgeführt wird, ist der Rückstand zu den Lernzielen der Regelschule oftmals so groß, dass eine Angleichung kaum gelingt. Trotz einer möglicherweise bereits erfolgten Klassenwiederholung wird häufig sonderpädagogischer Förderbedarf festgestellt, der in der Folge zu lernzieldifferentem Unterricht führt. Auch in ihrer Entwicklung der Leistungsmotivation und des Fähigkeitsselbstkonzepts sind Kinder mit einer kombinierten Störung schulischer Fertigkeiten besonders stark benachteiligt, da der Umfang fortgesetzter schulischer Misserfolge positive Lernerfahrungen kaum ermöglicht. Insofern benötigen diese Kinder und ihre Familien in besonderem Maße psychologische bzw. therapeutische Unterstützung beim Umgang mit den massiven Schwierigkeiten.

Denkanstöße

▶ Wie könnte man sich das gemeinsame Auftreten von Lese-/Rechtschreibstörung und Rechenstörung erklären?
▶ Kinder mit kombinierten Störungen schulischer Fertigkeiten sind im Regelschulbetrieb häufig überfordert und frustriert. Wie kann eine angemessene Beschulung gelingen: in Förderschulen oder in integrativen/inklusiven Klassen?

Zusammenfassung

▶ Unter einer Lernstörung im engeren Sinne versteht man eine bereichsspezifische und umschriebene Minderleistung bezüglich der in der Schule zu erwerbenden Kulturtechniken des Lesens und Schreibens und/oder des Rechnens, wobei die individuelle Leistung deutlich unter dem aufgrund des Alters, der allgemeinen Intelligenz und der Beschulung erwartbaren Niveau liegen muss, damit von einer Lese-/Rechtschreibstörung, einer Rechenstörung oder kombinierten Störung schulischer Fertigkeiten gesprochen werden kann.
▶ Die Erforschung der Ursachen von Lernstörungen ist für die Lese-/Rechtschreibstörung schon weiter fortgeschritten als für die Rechenstörung. Für die Probleme beim Schriftspracherwerb wird vor allem eine funktionale Störung der phonologischen Informationsverarbeitung verantwortlich gemacht. Als Ursachen der Rechenstörung werden Defizite beim Erwerb basalen Faktenwissens, Schwierigkeiten beim Mengen- und Zahlenverständnis und auch Arbeitsgedächtnisdefizite als Einflussfaktoren diskutiert. Schwächen in der phonologischen Verarbeitung sowie umfassende Arbeitsgedächtnisdefizite könnten dem gemeinsamen Auftreten von Lese- und/oder Rechtschreibstörung mit einer Rechenstörung zugrunde liegen.
▶ Zur Diagnostik von Lernstörungen in Teilleistungsbereichen sind neben geeigneten Schulleistungstests eine gründliche Intelligenzdiagnostik und eine Entwicklungsanamnese sowie der Ausschluss

- von sensorischen und neurologischen Beeinträchtigungen erforderlich.
- ▶ Zur Behandlung einer Lernstörung haben sich Formen der Legasthenie-Therapie oder Dyskalkulietherapie als erfolgreich erwiesen, die eine individuell angepasste funktionelle Übungsbehandlung der jeweiligen Lernstörung mit Maßnahmen zur Unterstützung des Kindes und seiner Bezugspersonen bei der emotionalen Bewältigung der Lernstörung kombinieren.

Weiterführende Literatur

Aster, M. von & Lorenz, J. H. (Hrsg.). (2005). Rechenstörungen bei Kindern: Neurowissenschaft, Psychologie, Pädagogik. Göttingen: Vandenhoeck & Ruprecht. *Rechenschwierigkeiten werden in den Beiträgen des Bandes von Wissenschaftlern aus unterschiedlichen Perspektiven beleuchtet.*

Landerl, K. & Kaufmann, L. (2008). Dyskalkulie: Modelle, Diagnostik, Intervention. München: Reinhardt/UTB. *Merkmale, Ursachen und Bedingungen von Rechenstörung/Rechenschwierigkeiten werden verständlich und theoretisch fundiert erläutert, verbunden mit einer kritischen Reflexion einiger gängiger Begriffe, Definitionen und diagnostischer Vorgehensweisen. Darüber hinaus werden Modelle zu Zahlenverarbeitung und Rechnen, die Entwicklung von Rechenfertigkeiten sowie Diagnostik und Intervention bei Dyskalkulie dargestellt.*

Suchodoletz, W. von (Hrsg.). (2006). Therapie der Lese-Rechtschreib-Störung (LRS): Traditionelle und alternative Behandlungsmethoden im Überblick. Stuttgart: Kohlhammer. *Die Beiträge liefern kenntnisreiche theoriegeleitete Darstellungen und Bewertungen unterschiedlicher Maßnahmen zur Prävention und Intervention bei Lese-/Rechtschreibschwierigkeiten.*

Swanson, H. L., Harris, K. R. & Graham, S. (Eds.). (2003). Handbook of learning disabilities. New York: Guilford. *Überblick über die Geschichte und den aktuellen Stand der Forschung zu Lernstörungen (im Sinne von learning disabilities) aus US-amerikanischer Sicht.*

Warnke, A., Hemminger, U. & Plume, E. (2004). Lese-Rechtschreibstörungen. Göttingen: Hogrefe. *Umfassender Überblick zur Lese-/Rechtschreibstörung: Merkmale, Diagnostik, Prävention und Intervention.*

28 Externalisierende und internalisierende Verhaltensstörungen im Kindes- und Jugendalter

Christina Schwenck

28.1 Verhaltensstörungen bei Kindern und Jugendlichen
  28.1.1 Definition von Verhaltensstörungen
  28.1.2 Ätiologie psychischer Verhaltensstörungen
  28.1.3 Externalisierende und internalisierende Verhaltensstörungen

28.2 Externalisierende Verhaltensstörungen
  28.2.1 Aufmerksamkeitsdefizit-/Hyperaktivitätsstörung (ADHS)
  28.2.2 Störungen des Sozialverhaltens

28.3 Internalisierende Verhaltensstörungen
  28.3.1 Angststörungen
  28.3.2 Depressive Störungen

»Der Zappelphilipp« von Heinrich Hoffmann

Der 10-jährige Max besucht die 4. Klasse der Grundschule. Von Schulbeginn an fiel auf, dass Max sich sehr leicht ablenken lässt und sich schlecht über längere Zeit auf den Unterricht konzentrieren kann. Seine Leistungen in Schularbeiten sind schwankend, obwohl die Eltern zu Hause viel mit ihm üben und er dort den Stoff meist gut beherrscht. Sein Arbeitsstil ist sehr impulsiv, weshalb ihm auch bei leichten Aufgaben immer wieder Flüchtigkeitsfehler unterlaufen. Max fällt es schwer, ruhig auf seinem Stuhl sitzen zu bleiben; immer wieder steht er mitten im Unterricht auf, läuft durch die Klasse und ärgert die anderen Kinder. Die Eltern berichten, dass sich die Hausaufgabensituation extrem schwierig gestalte und es fast täglich zu Auseinandersetzungen komme. Sorgen macht den Eltern auch, dass Max in der Schule keine Freunde hat und nie zu Kindergeburtstagen eingeladen wird.

Max' Klassenkamerad, Martin, hat seit einem halben Jahr ebenfalls große Leistungsprobleme und Konzentrationsschwierigkeiten in der Schule, obwohl er in den ersten Schuljahren stets ein sehr guter Schüler gewesen ist und sich gut konzentrieren konnte. Martin wirkt im letzten halben Jahr vermehrt traurig und zieht sich von seinen Freunden zurück. Er hat keine Freude mehr an Dingen, die ihm früher viel Spaß gemacht haben, und hat auch sein großes Hobby, das Fußballspielen, aufgegeben. Den Eltern gegenüber hat er geäußert, dass er zu nichts tauge und es besser wäre, wenn er nicht mehr da sei. Häufig klagt er in den letzten Monaten über Bauch- und Kopfschmerzen, und er wirkt oft müde, energielos und schlecht gelaunt.

28.1 Verhaltensstörungen bei Kindern und Jugendlichen

Etwa 10–15 % aller Kinder und Jugendlichen in Deutschland leiden unter behandlungsbedürftigen psychischen Störungen, die unterschiedlichste Bereiche des Verhaltens betreffen. Dabei ist unter dem Begriff des »Verhaltens« nicht nur das nach außen hin beobachtbare Handeln zu verstehen, sondern es umfasst auch das Fühlen und Denken. Damit kann sich eine Verhaltensstörung auf den drei psychologischen Ebenen des Handelns, Denkens und Fühlens zeigen.

28.1.1 Definition von Verhaltensstörungen

Um von einer psychischen Verhaltensstörung zu sprechen, müssen nach der gängigen Definition zwei wesentliche Kriterien erfüllt sein: Das Verhalten muss einerseits von der Erwartungsnorm abweichen, und aus dieser Abweichung muss andererseits eine Beeinträchtigung des Kindes und/oder seines sozialen Umfeldes resultieren.

> **Übersicht**
>
> **Merkmale psychischer Verhaltensstörungen**
> Abweichung des Verhaltens von der Erwartungsnorm hinsichtlich
> ▶ der Art, Anzahl und Ausprägung der Symptome
> ▶ der Häufigkeit des Auftretens der Symptome
> ▶ der Zeitdauer des Auftretens der Symptome
> Beeinträchtigung des Kindes durch die Symptomatik hinsichtlich
> ▶ seiner sozialen, schulischen oder gesellschaftlichen Integration
> ▶ seiner Fähigkeit zur Interaktion mit anderen
> ▶ seiner Leistungsfähigkeit
> ▶ Leiden des Kindes selbst und/oder seines sozialen Umfeldes

Dimensionaler vs. kategorialer Ansatz in der Diagnostik psychischer Verhaltensstörungen
Die Abweichung von der Erwartungsnorm wird in der psychologischen Diagnostik in der Regel auf einer psychometrischen Grundlage bestimmt. Dabei wird davon ausgegangen, dass sich ein bestimmtes Verhaltensmerkmal generell dimensional, also auf einem Kontinuum von einer geringen bis hin zu einer hohen Ausprägung, anordnen lässt. Wird dieses Merkmal bei einer großen Anzahl von Kindern der Bezugsgruppe bestimmt, ergibt sich eine Verteilung, aufgrund derer eine Aussage darüber getroffen werden kann, ob das Verhaltensmerkmal eines einzelnen Kindes in einem statistisch unwahrscheinlichen Bereich liegt und damit von der Erwartungsnorm abweicht. Die Grenzen zwischen dem Bereich der »Störung« und dem »Gesunden« sind dabei fließend, und es wird kein qualitativer Unterschied zwischen beiden Bereichen angenommen.

Im Gegensatz zu dem dimensionalen Ansatz der psychologischen Diagnostik wird in der medizinisch-psychiatrischen Diagnostik und den psychopathologischen Klassifikationssystemen ICD-10 (International Classification of Diseases, WHO; deutsch: Dilling et al., 2008) und DSM-IV (Diagnostic and Statistical Manual of Mental Disorders; deutsch: Saß et al., 2003) ein kategorialer Ansatz verfolgt, bei dem Symptomcluster an Verhaltensauffälligkeiten einer bestimmten Störungsgruppe zugeordnet werden. Dabei wird versucht, das klinische Syndrom klar von dem gesunden Zustand und anderen Störungsgruppen abzugrenzen. Im Rahmen dieser kategorialen Diagnostik wird also dichotom beurteilt, ob ein bestimmtes Störungsbild vorliegt oder nicht.

Vorteile des dimensionalen Ansatzes liegen darin, dass sich Verhaltensweisen sowohl von Kindern mit einer Verhaltensstörung als auch von gesunden Kindern deskriptiv auf derselben Dimension abbilden lassen und dass die Verhaltensmerkmale hinsichtlich der Intensität ihrer Ausprägung beurteilt und quantifiziert werden können. Damit ist es möglich, Veränderungen in der Merkmalsausprägung über den Entwicklungsverlauf und in Abhängigkeit von Interventionen zu bestimmen und zu beziffern. Mehrere Dimensionen können gleichzeitig in Betracht gezogen werden, sodass Auffälligkeiten, die durch den kategorialen Ansatz zu einer Klasse zusammengefasst werden, unterschieden werden können.

Mit dem kategorialen Ansatz werden dagegen eher die Klassifikation bestimmter Symptomgruppen sowie die Ableitung von Prognose und einer adäquaten Therapie verfolgt. Auch können Störungsbilder, die nicht nur quantitative Veränderungen im Vergleich zum gesunden Zustand mit sich bringen, sondern sich auch qualitativ unterscheiden (z. B. Schizophrenie), durch den kategorialen Ansatz besser beschrieben werden.

Beide Ansätze greifen in der Praxis eng ineinander, indem in der Regel bei der dimensionalen Diagnostik ein Wert festgelegt wird, ab dem eine Verhaltensausprägung als behandlungsbedürftig gilt. So weisen beispielsweise psychologische Testverfahren sowohl Normwerte als auch einen Cut-off-Wert auf, der die Behandlungsbedürftigkeit anzeigt.

28.1.2 Ätiologie psychischer Verhaltensstörungen

Biopsychosoziales Störungsmodell. Bezüglich der Frage nach der Ursache psychischer Verhaltensstörungen geht man heute davon aus, dass sie multikausal bedingt sind. Nach dem Biopsychosozialen Störungsmodell sind sowohl somatische wie auch psychologische und psychosoziale Faktoren einzeln und in Wechselwirkung miteinander an der Entstehung und Aufrechterhaltung psychischer Verhaltensstörungen beteiligt. Auf Grundlage dieses Modells beschäftigen sich aktuelle Studien nicht nur mit der Frage, welche Faktoren zu einer Störung beitragen, sondern auch, welche sich protektiv auswirken (Resilienzforschung).

Diathese-Stress-Modell. Ein eng mit dem Biopsychosozialen Störungsmodell zusammenhängendes Erklärungsmodell für die Entstehung psychischer Verhaltensstörungen ist das Diathese-Stress-Modell. Es geht davon aus, dass die Manifestation einer Störung durch ein Zusammenspiel von Veranlagungen und psychosozialem Stress entsteht. Dabei ist der Stressbegriff als ein weitgefasster und individueller zu verstehen – während z. B. für ein Kind die schulische Belastung darunter fällt, ist für ein anderes Streit mit den Freunden von größerer Bedeutung.

> **Denkanstöße**
>
> ▶ Wie kann man mit dem Diathese-Stress-Modell erklären, dass die Wahrscheinlichkeit, eine bestimmte psychische Störung zu bekommen, für einen monozygoten Zwilling nicht bei 1 liegt, wenn der andere Zwilling die Störung bereits hat?
> ▶ Wie würden Sie unter Berücksichtigung des Diathese-Stress-Modells einem Kind im Alter von 10 Jahren mit durchschnittlicher Intelligenz und der Diagnose einer Depression erklären, woher seine psychische Störung kommt?

28.1.3 Externalisierende und internalisierende Verhaltensstörungen

Verhaltensstörungen im Kindes- und Jugendalter sind sehr vielfältig. Ein Teil dieser Störungen kann den externalisierenden oder internalisierenden Verhaltensstörungen zugeordnet werden: Externalisierende Verhaltensstörungen sind dadurch charakterisiert, dass die Auffälligkeiten nach außen gerichtet und häufig in der Interaktion mit anderen Menschen zu sehen sind. Hierzu zählen die Aufmerksamkeitsdefizit-/Hyperaktivitätsstörung (ADHS) und die Sozialverhaltensstörungen. Internalisierende Verhaltensstörungen, zu denen Depression und Angststörungen gerechnet werden, sind gekennzeichnet durch eine Wendung nach innen und einen verstärkten Rückzug von der Außenwelt. Selten zeigt sich die Symptomatik jedoch in dieser strengen Zweiteilung; in der Realität besteht eine hohe wechselseitige Komorbidität, also ein gleichzeitiges Auftreten, zwischen externalisierenden und internalisierenden Verhaltensstörungen (die durchschnittliche Korrelation liegt bei .50), und im Entwicklungsverlauf können sich die Symptomatiken gegenseitig bedingen (van Lier & Koot, 2010).

Epidemiologische Studien untersuchen, wie häufig und in Abhängigkeit von welchen Merkmalen bestimmte Störungen in der Bevölkerung vorkommen. Dabei werden die epidemiologischen Kennwerte der Prävalenz und der Inzidenz herangezogen.

> **Definition**
>
> Unter **Prävalenz** versteht man die Anzahl von Personen mit einer Störung im Verhältnis zur Gesamtgruppe. Sie kann punktuell oder über einen bestimmten Zeitraum bis hin zur gesamten Lebensspanne beziffert werden. Die **Inzidenz** dagegen gibt an, wie viele Neuerkrankungen in einem bestimmten Zeitraum und in einer bestimmten Gruppe auftreten.

Über alle Störungsbilder hinweg kann man davon ausgehen, dass in Deutschland etwa 20 % der Kinder und Jugendlichen von psychischen Auffälligkeiten betroffen sind (Ihle & Esser, 2002), bei ca. 10 % liegt eine behandlungsbedürftige psychische Störung vor. Die Angaben zu Prävalenzraten unterscheiden sich zwischen den einzelnen Untersuchungen, was unterschiedlichen Definitionskriterien, diagnostischen Methoden oder der Art und Übereinstimmung der herangezogenen Informationsquellen geschuldet ist. So gilt bei externalisierenden Verhaltensstörungen das Fremdurteil (z. B. die Einschätzung des Kindes durch die Eltern oder die Lehrkraft) als zuverlässiger, bei internalisierenden Störungen das Selbsturteil des Kindes.

> **Unter der Lupe**
>
> **Die BELLA-Studie**
> Der Kinder- und Jugendgesundheitssurvey (KiGGS) des Robert Koch-Instituts stellt die erste bevölkerungsrepräsentative Untersuchung der Gesundheit von Kindern und Jugendlichen in Deutschland dar. In einem Zusatzmodul, der Befragung »seelisches Wohlbefinden und Verhalten« (BELLA-Studie; Ravens-Sieberer et al., 2007), wurde die psychische Gesundheit bei einer Teilstichprobe von Kindern zwischen 7 und 17 Jahren untersucht. 2.863 Familien nahmen an der Untersuchung teil und wurden telefonisch und schriftlich allgemein zu psychischen Auffälligkeiten und spezifisch in Bezug auf Ängste, Depression, ADHS und Sozialverhaltensstörungen befragt. Bei 9,6 % der befragten Kinder lagen mit hoher Wahrscheinlichkeit psychische Auffälligkeiten vor, wobei diese besonders häufig bei geringem sozioökonomischen Status der Familien auftraten. Bei den spezifischen psychischen Störungen zeigten sich am häufigsten Angststörungen, gefolgt von Sozialverhaltensstörungen, Depression und ADHS. Knapp 50 % dieser Kinder befanden sich in psychologischer, psychotherapeutischer oder psychiatrischer Behandlung.

28.2 Externalisierende Verhaltensstörungen

28.2.1 Aufmerksamkeitsdefizit-/Hyperaktivitätsstörung (ADHS)

Bereits 1845 stellte der Arzt Heinrich Hoffmann in seinem Buch »Struwwelpeter« eine Symptomatik dar, die erst deutlich später systematisch beschrieben werden sollte. Trotzdem bieten solch frühe Beschreibungen des Störungsbildes der ADHS, wie sie in den Geschichten vom »Zappelphilipp« oder »Hans Guck-in-die-Luft« zu finden sind, deutliche Hinweise darauf, dass es sich bei der ADHS nicht etwa um eine »Modediagnose« handelt, sondern um ein Störungsbild, das schon seit langer Zeit existiert und eine hohe genetische Prädisposition aufweist.

Symptomatik, Klassifikation und Ätiologie der ADHS

Die ADHS gehört zu den häufigsten Vorstellungsanlässen von Kindern in Kliniken, Praxen und Beratungsstellen. Dieses Störungsbild ist durch drei Kernsymptome gekennzeichnet.

> **Übersicht**
>
> **Kernsymptome der ADHS**
> (1) **Aufmerksamkeitsdefizit:** Die Kinder weisen eine geringe Konzentrationsspanne und erhöhte Ablenkbarkeit auf. Sie führen Aufgaben häufig nicht zu Ende und wirken verträumt oder vergessen Dinge in alltäglichen Abläufen. Das Aufmerksamkeitsdefizit zeigt sich insbesondere bei Aufgaben, die kognitiv-konzentrative Anforderungen an das Kind stellen und als ermüdend oder langweilig empfunden werden. Dagegen können sich die Kinder auf Aufgaben, für die sie eine hohe Eigenmotivation aufbringen, in der Regel gut konzentrieren und sich auch über eine längere Zeitspanne mit diesen Aufgaben beschäftigen.
> (2) **Hyperaktivität:** Kinder mit ADHS sind im Vergleich zu Gleichaltrigen übermäßig unruhig, können in Situationen, die dies erfordern, nicht dauerhaft ruhig sitzen bleiben und wirken getrieben. Durch die exzessive Ruhelosigkeit können sie sich schlecht ruhig beschäftigen, sind laut und reden übermäßig viel. Die übermäßige motorische Aktivität zeigt sich insbesondere in Situationen, die Ruhe erfordern, wie es etwa im Schulunterricht der Fall ist.
> (3) **Impulsivität:** Das dritte Kernsymptom der ADHS, die Impulsivität, zeigt sich darin, dass die Kinder schlecht abwarten können und unüberlegte Handlungen ausführen. Dies zeigt sich im sozialen Kontakt durch ein verstärktes Mittelpunktsstreben, in der Schule durch häufige Flüchtigkeitsfehler oder im Alltag durch eine unzureichende Gefahreneinschätzung, wodurch die Kinder häufiger in Unfälle verwickelt sind.

In beiden Klassifikationssystemen ICD-10 und DSM-IV ist ein frühes und mehrere Lebensbereiche betreffendes Auftreten der Symptomatik gefordert. Die Diagnose einer ADHS wäre somit infrage zu stellen, wenn die Symptomatik nur zu Hause auftritt, während das Kind in der Schule keinerlei Anzeichen für eine ADHS zeigt, oder wenn das Kind bis zum Jugendalter völlig unauffällig ist und es dann erst zu dem Auftreten der Symptome kommt. Im Gegensatz zum ICD-10 differenziert das DSM-IV innerhalb des Störungsbildes zwischen einem Mischtypus, der alle drei Kernsymptome aufweist, einem vorwiegend unaufmerksamen Typus, der allein ein Aufmerksamkeitsdefizit zeigt, und einem hyperaktiv-impulsiven Typus. Diese Unterscheidung zeigt sich in der klinischen Praxis als sinnvoll, da ein Teil der Kinder mit einer ADHS nicht auf allen drei Dimensionen der Kernsymptomatik gleichermaßen auffällig sind (Döpfner, 2008). Auch wenn die Anforderung der frühen Symptommanifestation angebracht ist, fallen Kinder mit ADHS vom vorwiegend unaufmerksamen Typus erfahrungsgemäß später auf als die beiden anderen Subtypen, bei denen die Umwelt mitunter erheblich von der Symptomatik tangiert wird und dementsprechend früher in der Entwicklung ein Leidensdruck entsteht, der zu einer Vorstellung des Kindes bei entsprechenden Beratungsstellen führt.

Die Ätiologie der ADHS sieht eine starke genetische Disposition vor, die den Neurotransmitterstoffwechsel, insbesondere den Dopaminstoffwechsel, beeinflusst. Auch pränatale (z. B. Alkohol- oder Nikotinabusus während der Schwangerschaft), perinatale (z. B. Sauerstoffmangel, geringes Geburtsgewicht) oder postnatale (z. B. Noxeneinfluss) Komplikationen gehen mit einer erhöhten Auftretenswahrscheinlichkeit einer ADHS-Symptomatik einher. In Zwillingsstudien wurde eine Konkordanz von 50–80 % bei eineiigen und 35 % bei zweieiigen Zwillingen gefunden.

Nach dem psychologischen Genesemodelle von Barkley (1997) bewirkt die Störung im Neurotransmitterstoffwechsel eine Selbstregulationsstörung, von der vor allem die zentralexekutiven Funktionen betroffen sind. Nach dem Modell bewirkt dies Defizite in den Bereichen des Arbeitsgedächtnisses, der Verhaltensinhibition, der Emotionsregulation und der kognitiven und motorischen Verhaltenskontrolle, wodurch sich die Kernsymptomatik der Störung erklärt. Die Symptomatik wiederum kann bestimmte negative Interaktionsmuster mit der Umwelt bewirken, sodass diese einen Einfluss auf Ausprägungsgrad und Prognose der Störung nimmt. Das Modell der Verzögerungsaversion (»delay aversion«) geht bei Kindern mit ADHS von einem motivationalen Defizit und einer verstärkten Verzögerungsaversion aus (Sonuga-Barke, 2003). Demnach empfinden Kinder mit einer ADHS eine erhöhte Aversion gegen Belohnungsaufschub, was mit einem verminderten Kontingenzlernen einhergeht. Die erhöhte Impulsivität erklärt sich nach diesem Modell dadurch, dass die Kinder Verzögerungen von Belohnung zu vermeiden versuchen, Hyperaktivität und Ablenkbarkeit entstehen, wenn ein impulsives Erreichen der Belohnung nicht möglich ist. Für beide Modelle lassen sich empirische Hinweise finden, und die aktuelle Forschung strebt eine Integration beider Erklärungsansätze an.

> **Denkanstöße**
>
> ▶ Wie kann man mit dem Modell von Barkley erklären, dass Kinder mit ADHS gehäuft schulische Defizite im Verhältnis zu ihrer intellektuellen Leistungsfähigkeit aufweisen?
> ▶ Wie ist nach dem Modell von Sonuga-Barke zu erklären, dass Kinder mit ADHS häufiger verunfallen?

Epidemiologie, Komorbidität und Verlauf der ADHS

Die Prävalenz der ADHS wird auf 3,6 % bis 6,7 % geschätzt, wobei epidemiologischen Studien zufolge Jungen etwa 3-mal, in klinischen Stichproben sogar 6- bis 9-mal häufiger von diesem Störungsbild betroffen sind als Mädchen (Biederman & Faraone, 2005). Sehr häufig ist die ADHS mit weiteren psychischen Störungsbildern assoziiert, die entweder primär durch die ADHS verursacht oder kausal unabhängig von dieser Störung komorbide gehäuft auftreten können. Die komorbiden Störungen haben dabei einen bedeutsamen Einfluss sowohl auf den Schweregrad der Beeinträchtigung des Kindes als auch auf die Prognose. Nach einer epidemiologischen Studie von Kadesjo und Gillberg (2001) erfüllten 87 % der untersuchten Kinder mit ADHS die Kriterien für mindestens eine weitere und 67 % für zwei oder mehr weitere psychische Störungen. Besonders häufig treten dabei aggressive und oppositionelle Verhaltensstörungen (30–50 %), Lern- und Leistungsschwierigkeiten (10–25 %), emotionale Beeinträchtigungen wie Ängste (20–25 %) oder eine depressive

Verstimmung (15–20 %) und soziale Kontaktschwierigkeiten auf. Auch Tic- und Zwangsstörungen werden gehäuft zusammen mit ADHS beobachtet.

Ein mit der Störung ADHS verbundenes und den Verlauf der Störung betreffendes Vorurteil ist, dass sich die Symptomatik mit der Pubertät »verwachse«. Dabei weist das Störungsbild tatsächlich eine hohe Persistenz auf: Etwa 50 % der betroffenen Kinder zeigen auch im Erwachsenenalter noch die Symptomatik des Aufmerksamkeitsdefizits und einer erhöhten Impulsivität, allein die Hyperaktivität reduziert sich häufiger im Jugendalter.

Therapie der ADHS

Bei der Therapie der ADHS wird in der Regel ein multimodaler Behandlungsansatz verfolgt. In Abhängigkeit vom Schweregrad der Symptomatik des einzelnen Kindes beinhaltet die Behandlung sowohl eine medikamentöse Therapie als auch verhaltenstherapeutische Maßnahmen und eine Beratung des sozialen Umfeldes (z. B. Eltern und Lehrer/Erzieher). Im Rahmen der medikamentösen Behandlung kommen vorwiegend Psychostimulanzien (Methylphenidat, Dextroamphetamin) sowie Noradrenalin-Wiederaufnahmehemmer (Atomoxetin) zum Einsatz. Etwa 75–80 % der Kinder mit ADHS profitieren von einer pharmakologischen Behandlung hinsichtlich ihrer Kernsymptomatik. Eine entsprechende Medikation ist oftmals die Voraussetzung dafür, dass andere psychotherapeutische Maßnahmen überhaupt fruchten können, sie sollte jedoch immer in Kombination mit psychotherapeutischen Elementen erfolgen (Döpfner et al., 2000). Verhaltenstherapeutische Maßnahmen, die häufig bei diesem Störungsbild eingesetzt werden, sind solche, die auf operanter Konditionierung beruhen. Darüber hinaus werden Selbstinstruktions- und -managementtrainings und in Abhängigkeit von der Begleitsymptomatik soziale Kompetenztrainings oder eine funktionelle Übungsbehandlung zur Reduktion der Lern- und Leistungsprobleme angewendet. Optimalerweise werden diese Maßnahmen mit einer ausführlichen Elternarbeit kombiniert, die sowohl psychoedukative als auch pädagogische Elemente beinhaltet. In spezifischen Elterntrainings kann die Bedeutung eines hoch strukturierten Alltages der Kinder sowie der Wertschätzung von positiven Verhaltensweisen und Erfolgen geübt werden, sodass sich das oftmals durch eher negative Interaktion geprägte Verhältnis zwischen Kind und Eltern schrittweise verändern kann.

28.2.2 Störungen des Sozialverhaltens

Auch die Störung des Sozialverhaltens findet durch Heinrich Hoffmann in der Geschichte des »bösen Friedrich« eine anschauliche Beschreibung. Gemessen an den hohen gesellschaftlichen Folgekosten, die diese Störung verursacht, ist sie bislang vergleichsweise schlecht empirisch untersucht worden.

Symptomatik, Klassifikation und Ätiologie von Sozialverhaltensstörungen

Die Störungen des Sozialverhaltens umfassen ein breit angelegtes Muster aggressiver, oppositioneller und dissozialer Verhaltensweisen, die gegen soziale und gesellschaftliche Normen verstoßen. In Abhängigkeit vom Alter zeigen Kinder und Jugendliche mit diesem Störungsbild frühzeitig ein ausgeprägtes oppositionelles Trotzverhalten, das in der weiteren Entwicklung in aggressive und delinquente Verhaltensweisen übergehen kann.

> **Übersicht**
>
> **Leitsymptome der Störung des Sozialverhaltens nach ICD-10**
> - schwere Regelverstöße, Streiten oder Tyrannisieren anderer Personen
> - häufige und schwere Wutausbrüche
> - Grausamkeit gegenüber anderen Menschen oder Tieren
> - Destruktivität gegenüber Eigentum anderer Menschen
> - Zündeln
> - Betrug und/oder Diebstahl
> - Lügen
> - Weglaufen, Schuleschwänzen

Um eine Störung des Sozialverhaltens zu diagnostizieren, genügt es, wenn einzelne Symptome erfüllt sind. Wichtig ist dabei, dass es sich nicht um einmalige Aktivitäten handelt, sondern diese über eine Zeitspanne von mindestens einem halben Jahr und in erheblicher Ausprägung gezeigt werden, die über ein altersgemäßes Maß an kindlichem Unfug oder Trotzverhalten hinausgeht.

Im ICD-10 werden verschiedene Formen der Sozialverhaltensstörungen unterschieden, in Abhängigkeit davon, ob diese in Kombination mit einer ADHS oder einer emotionalen Störung auftreten, sich die Symptomatik auf den familiären Kontext beschränkt oder darüber hinaus zeigt und inwieweit das Kind über soziale Bindungen verfügt oder nicht. Diese verschiedenen Formen der Sozialverhaltensstörungen unterscheiden sich dabei deutlich in ihrem Schweregrad, der Prognose und dem Altersspektrum, in dem sie auftreten. So kommt die Störung mit oppositionellem, aufsässigem Verhalten vorwiegend bei jüngeren Kindern vor und ist weniger gravierend, die Störung des Sozialverhaltens bei fehlenden sozialen Bindungen und die kombinierten Störungen des Sozialverhaltens und der Emotionen sind dagegen besonders schwere Ausprägungsformen, die mit einer schlechten Prognose einhergehen.

Auch für die Störungen des Sozialverhaltens wird ein biopsychosoziales Genesemodell mit sich wechselseitig bedingenden Faktoren angenommen (Cohen, 2010; vgl. Abb. 28.1). In einer Zwillingsstudie (Edelbrock et al., 1995) klärte die Genetik 60 % an Varianz für aggressive Verhaltensweisen auf, während der Umwelteinfluss mit 15 % an aufgeklärter Varianz deutlich geringer ausfiel. Dagegen zeigte sich hinsichtlich delinquenten Verhaltens ein ausgewogenes Verhältnis mit 35 % bzw. 37 % an aufgeklärter Varianz. Weitere Faktoren, die als relevant für die Entwicklung einer Störung des Sozialverhaltens diskutiert werden, liegen in psychischen Faktoren des Kindes wie ungünstigen Temperamentsfaktoren oder einer erhöhten Impulsivität. Auch konnte nachgewiesen werden, dass von dem Störungsbild betroffene Kinder zu einer verzerrten Informationsverarbeitung neigen und uneindeutige soziale Hinweisreize vermehrt als feindlich oder provokativ einschätzen und dann entsprechend aggressiv darauf reagieren. Darüber hinaus kann ein starker Einfluss familiärer und sozialer Faktoren auf die Genese der Störung des Sozialverhaltens angenommen werden. In diesem Zusammenhang werden ein inkonsistenter, wenig an sozialen Normen orientierter Erziehungsstil, fehlende Wärme in der Eltern-Kind-Beziehung, Vernachlässigung, mangelnde Aufsicht und Steuerung des Kindes durch die Eltern und das Darbieten aggressiver Rollenmodelle innerhalb der Familie als bedeutsam diskutiert (Grünke & Castello, 2008). Auch eine psychische Störung eines Elternteils erhöht das Risiko für eine Sozialverhaltensstörung beim Kind.

Epidemiologie, Komorbidität und Verlauf von Sozialverhaltensstörungen

Die Prävalenz der Störungen des Sozialverhaltens beträgt etwa 4,2 %, wobei Jungen 2- bis 3-mal häufiger von

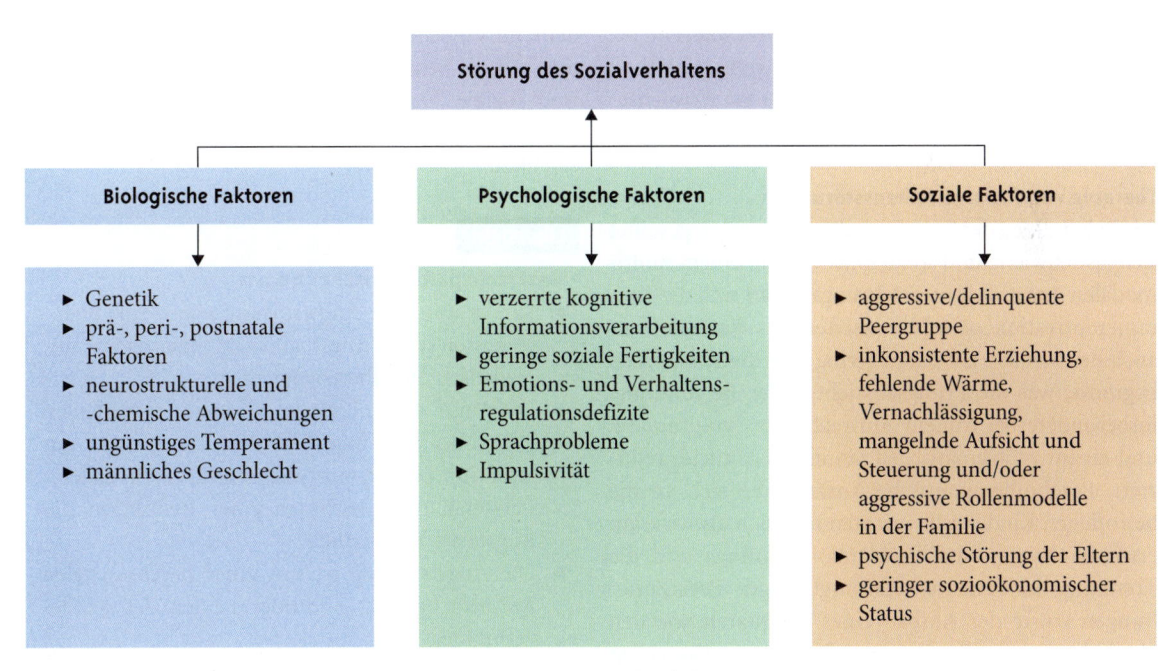

Abbildung 28.1 Biopsychosoziales Modell der Störungen des Sozialverhaltens

der Störung betroffen sind als Mädchen und Jugendliche häufiger als Kinder (Maughan et al., 2004). Des Weiteren ist zu konstatieren, dass die Sozialverhaltensstörungen häufiger bei Kindern mit geringem sozioökonomischen Status auftreten und ein Stadt-Land-Gefälle besteht. Die Symptomatik variiert mit dem Geschlecht: Während Jungen eher direkte Formen aggressiven und dissozialen Verhaltens zeigen, kommen bei Mädchen eher indirekte Formen der Aggression zum Tragen. Etwa 36–46 % der Kinder mit Sozialverhaltensstörungen weisen mindestens eine weitere psychische Diagnose auf. Besonders häufig sind ADHS und Substanzmittelmissbrauch assoziiert, nicht selten auch Depression oder Angststörungen.

Der Verlauf der Störung muss als eher ungünstig eingeschätzt werden: Etwa 50 % der Kinder mit diesem Störungsbild zeigen auch im Erwachsenenalter dissoziale Auffälligkeiten. Prognostisch relevant sind einerseits die Anzahl und der Ausprägungsgrad der Symptome, Komorbiditäten sowie der Zeitpunkt des Beginns der Symptomatik. Insbesondere Kinder, die frühzeitig (»early onset«) Symptome einer Sozialverhaltensstörung zeigen, nehmen häufig einen eher ungünstigen Verlauf, während ein spätes Einsetzen der Symptomatik in der Adoleszenz (»late onset«) mit einer besseren Prognose einhergeht. Bei letzterer Gruppe zeigt sich häufig ein Rückgang der Symptomatik mit dem Eintritt ins Erwachsenenalter, während bei ersterer Gruppe die Sozialverhaltensstörung gehäuft in eine antisoziale Persönlichkeitsstörung im Erwachsenenalter mündet.

Therapie von Sozialverhaltensstörungen

Die Behandlung der Sozialverhaltensstörungen gestaltet sich als schwierig und sollte in jedem Fall einem multimodalen Ansatz folgen. Erfahrungsgemäß sind die Therapiemotivation sowohl vonseiten des Patienten als auch des sozialen Umfeldes gering und die Ressourcen begrenzt, was die Erfolgsaussichten der Behandlung, insbesondere bei frühem Auftreten der Symptomatik und einem problematischen familiären Umfeld, reduziert. Psychotherapeutische Ansätze, die sich an die betroffenen Kinder selbst richten und sich als wirksam erwiesen haben, sind Problemlösetrainings und die Trennung des Patienten von ungünstigen Peer-Beziehungen sowie der Aufbau eines adäquaten sozialen Umfeldes. Soziale Kompetenztrainings mit dissozialen Jugendlichen haben sich dagegen als kontraindiziert erwiesen, hier wurden vornehmlich negative therapeutische Effekte nachgewiesen. Die Behandlung sollte weiterhin eine Stärkung der elterlichen Erziehungskompetenz im Hinblick auf konsequentes und die Ressourcen des Patienten stärkendes Vorgehen beinhalten; häufig ist auch ein Einbezug des schulischen Umfeldes mit Lehrkräften und Schulpsychologen sinnvoll, um den Kindern eine adäquate Beschulung und eine berufliche Integration zu ermöglichen. Sehr häufig ist eine Einbeziehung von ambulanten und teilstationären Jugendhilfemaßnahmen für eine erfolgreiche Therapie erforderlich, bei ausgeprägter und zu Chronifizierung neigender Symptomatik vor dem Hintergrund verminderter sozialer und familiärer Ressourcen kann eine außerhäusliche vollstationäre Unterbringung notwendig sein.

28.3 Internalisierende Verhaltensstörungen

28.3.1 Angststörungen

Ängste gehören zur normalen und gesunden kindlichen Entwicklung und beziehen sich in Abhängigkeit vom Entwicklungs- und Erfahrungsstand des Kindes auf unterschiedliche Inhalte. So zeigen Kinder zwischen dem 4. und 8. Lebensmonat das typische Fremdeln, im Vorschulalter oft Angst vor Fantasiegestalten, und mit der Schule treten vermehrt leistungsbezogene und soziale Ängste auf. Pathologische Ängste sind demgegenüber durch die folgenden Merkmale gekennzeichnet.

> **Übersicht**
>
> **Merkmale pathologischer Ängste**
> ▶ Kinder mit einer Angststörung zeigen eine unangemessen starke Angst, die nicht altersgemäß, unrealistisch und übertrieben ist.
> ▶ Die Angst geht mit einem Vermeidungsverhalten gegenüber dem angstbesetzten Objekt oder der Situation einher, und die Angstfreiheit anderer Personen trägt nicht zu einer Reduktion der Ängste des Kindes bei.
> ▶ Die Angststörung ist mit einer psychosozialen Beeinträchtigung und/oder Leiden des Kindes verbunden.

Symptomatik, Klassifikation und Ätiologie von Angststörungen

Ängste spiegeln sich auf drei Ebenen wieder: Auf der körperlichen Ebene zeigen sich Merkmale einer Aktivierung des sympathischen Nervensystems wie etwa Herzklopfen, Zittern oder Schwitzen. Kognitiv sind die Ängste häufig mit katastrophisierenden oder dysfunktionalen Gedanken assoziiert, und auf der Verhaltensebene zeigt sich eine Tendenz zu Flucht und Vermeidung, wenn die Situation dies zulässt. Das Klassifikationssystem ICD-10 unterscheidet zwischen verschiedenen Angststörungen. Die häufigsten im Kindesalter auftretenden Angststörungen sind die phobischen Ängste, Trennungsangst und die soziale Ängstlichkeit.

Bei den phobischen Ängsten bezieht sich die Angst auf ein bestimmtes Objekt oder eine bestimmte Situation, wie z. B. bestimmte Tiere, Dunkelheit oder Höhe. Die Trennungsangst ist dadurch gekennzeichnet, dass das Kind aus Sorge, einer engen Bezugsperson könne in Abwesenheit des Kindes etwas zustoßen, sich von dieser Person nicht entfernen möchte. Dies kann z. B. die Verweigerung des Schulbesuches, die Unfähigkeit, allein zu Hause zu bleiben oder allein im eigenen Bett zu schlafen, und Verzweiflung im Falle einer Trennung, auch wenn es sich dabei um umgrenzte Situationen handelt, zur Folge haben. Kinder mit einer sozialen Ängstlichkeit haben häufig Sorge vor der Bewertung durch andere Personen und davor, sich in der Öffentlichkeit zu blamieren. Ihnen fällt es z. B. schwer, Blickkontakt mit anderen zu halten oder in der Öffentlichkeit zu sprechen, und sie verfügen über ein geringes Selbstwertgefühl. All diese Ängste sind regelhaft von ausgeprägten somatischen Reaktionen begleitet, die die Kinder oftmals leichter äußern können als ihre Gefühle selbst (»Ich habe Bauchweh« statt »Ich habe Angst«).

Genesemodelle der Angststörungen unterscheiden zwischen auslösenden und aufrechterhaltenden Faktoren. Das Zweifaktorenmodell von Mowrer erklärt das Zusammenspiel aus klassischer und operanter Konditionierung für die Entstehung und Aufrechterhaltung von Ängsten: Demnach wird ein unkonditionierter Stimulus durch Assoziation mit einer unkonditionierten Reaktion zum konditionierten Stimulus, der in der Folge die Angst auslöst. Die Aufrechterhaltung der Angstreaktion erfolgt dann über die operante Konditionierung, wenn das Kind durch sein Vermeidungsverhalten eine Entlastung und damit eine negative Verstärkung erfährt. Ein weiteres psychologisches Modell, das die kognitive Komponente der Angstreaktion gut erklärt, ist das Stressmodell von Lazarus. Hiernach löst nicht die objektive Situation bzw. Art eines Reizes die Stressreaktion des Individuums unmittelbar aus, sondern die kognitive Bewertung, die auf den Reiz erfolgt.

> **Unter der Lupe**
>
> **Das Transaktionale Stressmodell von Lazarus**
> Lazarus geht in seinem Modell von einem dreistufigen Bewertungsprozess aus. Dabei wird im Rahmen der primären Bewertung (»primary appraisal«) eingeschätzt, ob eine Situation bzw. ein Reiz positiv, irrelevant oder möglicherweise gefährlich ist. Im letzteren Fall kommt es zu einer sekundären Bewertung (»secondary appraisal«), bei der die Person ihre Bewältigungsmöglichkeiten (»coping«) und die Wahrscheinlichkeit, die Situation mit den vorhandenen Ressourcen erfolgreich zu bewältigen, einschätzt. Kommt diese zweite Bewertung zu einem negativen Ergebnis, wird eine Stressreaktion ausgelöst. Im dritten Schritt findet eine Neubewertung (»reappraisal«) statt, bei der die primäre Einschätzung in Abhängigkeit vom Erfolg des Copings modifiziert wird.

Als ein früher Bedingungsfaktor für die Entstehung einer Angststörung wird eine erhöhte Vulnerabilität des Kindes angenommen, die aufgrund eines schüchternen Temperaments, einer verringerten Erregungsschwelle sowie eines unsicheren Bindungsstils bestehen kann (S. Schneider, 2004). Der genetische Einfluss dabei ist zwar erwiesen, jedoch als geringer einzuschätzen als bei einigen anderen psychischen Störungen wie z. B. bei der ADHS. Kritische Ereignisse können ebenfalls zur Entstehung einer Angststörung beitragen, müssen jedoch nicht vorhanden sein. Ein überbehütender Erziehungsstil und ängstliche elterliche Rollenmodelle sind sowohl als auslösender als auch aufrechterhaltender Faktor zu sehen. Schließlich tragen zur Aufrechterhaltung der Angststörung das Vermeidungsverhalten der Patienten, eine verzerrte kognitive Informationsverarbeitung im Sinne von dysfunktionalen Gedanken und Mechanismen der operanten Konditionierung bei.

> **Denkanstöße**
> ▶ Wie kann die Entstehung einer Hundephobie durch den Lernmechanismus der klassischen Konditionierung erklärt werden?
> ▶ Inwiefern können die Lernmechanismen der operanten Konditionierung zur Aufrechterhaltung der Trennungsangst beitragen? Denken Sie dabei an die Mechanismen der positiven und der negativen Verstärkung.
> ▶ Auf welchen Stufen des Transaktionalen Stressmodells könnten kognitive Verzerrungen bei der Entstehung und Aufrechterhaltung einer Angststörung eine Rolle spielen?

Epidemiologie, Komorbidität und Verlauf von Angststörungen

Die Angststörungen zählen zu den häufigsten kinder- und jugendpsychiatrischen Störungen, die 1-Jahres-Prävalenz beträgt ca. 10 %. Weiterhin zeigen epidemiologische Studien, dass die Hauptrisikoperiode für den Beginn einer Angststörung im Kindes- und Jugendalter liegt (Merikangas et al., 2010). Mädchen sind in diesem Alter von Angststörungen häufiger betroffen als Jungen, eine Gleichverteilung auf die Geschlechter ist nur bei der sozialen Phobie zu beobachten. Im früheren Kindesalter treten gehäuft spezifische Phobien, Trennungsängste oder die generalisierte Angststörung auf, während soziale Phobien, Agoraphobie oder Panikstörungen vermehrt im Jugendalter zu beobachten sind.

Zu den häufigsten Komorbiditäten zählen weitere Angststörungen, Depressionen, aggressive und oppositionelle Verhaltensweisen und ADHS. Mit zunehmendem Alter ist auch ein gehäufter Substanzmittelmissbrauch zu beobachten, der der Angstreduktion im Sinne einer »Eigenmedikation« dient. Auch Lern- und Leistungsprobleme treten komorbide zu den Angststörungen auf, wobei diese einerseits Ursache für die Ängste sein können, wie z. B. bei schulischer Überforderung, andererseits auch sekundär aus der Angststörung resultieren können.

Ohne eine adäquate psychotherapeutische Behandlung neigen Angststörungen zu einem chronifizierten Verlauf und sind häufige Vorläufer anderer psychischer Störungen im Erwachsenenalter wie Depressionen oder Sucht. Dagegen ist die Prognose für eine erfolgreiche Behandlung gegenüber anderen psychischen Störungen als sehr gut einzuschätzen. So kann man bei kognitiv-verhaltenstherapeutischen Psychotherapien von einer über 70%igen Erfolgswahrscheinlichkeit ausgehen, während die Spontanremission bei etwa 15 % liegt. Einzige Ausnahme bildet die soziale Phobie, die eine schlechtere Prognose aufweist.

Therapie von Angststörungen

Die Therapiemethode der ersten Wahl für die Angststörungen stellt die kognitive Verhaltenstherapie dar; andere psychotherapeutische Verfahren konnten bislang keine entsprechenden Wirksamkeitsnachweise erbringen (King et al., 2005).

Ein erster wichtiger Baustein der Psychotherapie ist die Psychoedukation, die sowohl ein plausibles Störungsmodell als auch eine Aufklärung über die therapeutischen Maßnahmen beinhalten und sich an die Patienten selbst und ihre Eltern wenden sollte. Auf altersgerechte Weise sollte das Kind auf die Konfrontationsbehandlung vorbereitet werden, was z. B. durch die Vermittlung der »Angstkurve« möglich ist (vgl. Abb. 28.2). Diese beinhaltet den vom Patienten erwarteten Verlauf der Angst bei Exposition mit dem angstbesetzten Stimulus, wobei die Kinder einen graduellen Anstieg der Angst erwarten. Weiterhin wird erarbeitet,

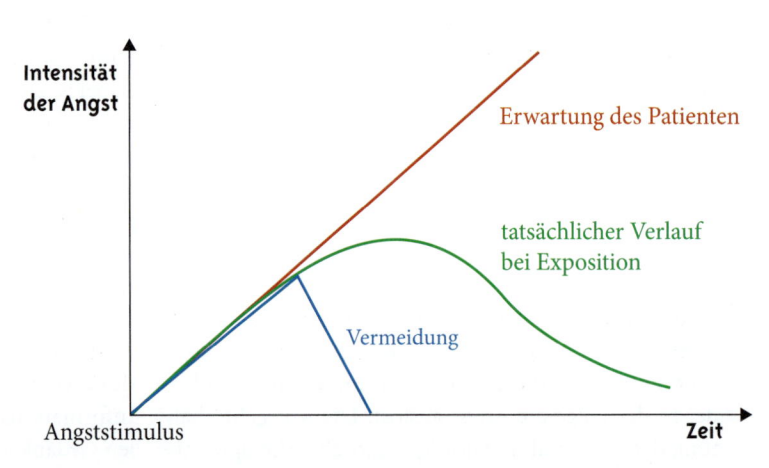

Abbildung 28.2 Angstkurve als Element der Psychoedukation bei der Behandlung von Angststörungen

dass die in der Regel von den Patienten gezeigte Vermeidungsreaktion zwar einen unmittelbaren Abfall der Angst nach sich zieht, langfristig aber zur Stabilisierung der Ängstlichkeit beiträgt. Zuletzt wird auf den tatsächlichen Verlauf der Angst bei Exposition eingegangen, wobei entgegen der Erwartung nach einem ersten Anstieg der Angst eine Plateauphase und daraufhin ein Abfall der Angst folgen. Durch die Vermittlung eines solchen Modells wird dem Kind verständlich gemacht, dass eine Überwindung der Angst nur durch ein Aushalten der angstbesetzten Situation möglich ist, nicht durch Vermeidung. Bei der praktischen Umsetzung der Exposition wird durch das Kind eine Angsthierarchie erstellt, wobei es wichtig ist, dass das Kind, nicht der Therapeut, die einzelnen Stufen vorgibt, da die Einstufung nicht immer rationalen Kriterien folgt. Diese Hierarchie kann dann entweder gestuft von unten nach oben abgearbeitet werden; oder es wird ein sogenanntes »Flooding« angewendet, bei dem der Patient sofort mit dem höchsten Item der Liste konfrontiert wird. Die angstbesetzte Situation darf in jedem Fall erst dann verlassen werden, wenn die Angst des Patienten merklich vermindert ist, was individuell unterschiedlich lange dauern kann. Weitere wichtige Elemente der Therapie bestehen aus kognitiver Umstrukturierung und einer ausführlichen Elternberatung oder einem Elterntraining. Auch Entspannungsverfahren oder ein Training sozialer Kompetenzen können in Abhängigkeit von der Symptomatik eine wichtige Ergänzung der Therapie darstellen.

28.3.2 Depressive Störungen

Entgegen früherer Annahmen, depressive Störungen würden vorwiegend im Erwachsenenalter auftreten, belegt der aktuelle Forschungsstand, dass die Symptomatik auch im Kindes- und Jugendalter vorkommt. Kohortenstudien zeigen, dass einerseits die Gesamtprävalenz an depressiven Störungen über das letzte Jahrhundert deutlich zugenommen und andererseits sich das Erstmanifestationsalter nach vorn verlagert hat.

Symptomatik, Klassifikation und Ätiologie von depressiven Störungen

Die depressive Symptomatik besteht aus drei Kern- und mehreren zusätzlichen häufigen Symptomen (s. Übersicht). Dabei unterscheidet sich die Symptomatik bei Kindern in einigen Aspekten von derjenigen, die für das Erwachsenenalter beschrieben wird (Ihle et al., 2004).

Kinder und Jugendliche mit einer depressiven Störung beschreiben häufig ein insgesamt vermindertes Gefühlsleben, was auch als »Gefühl der Gefühllosigkeit« beschrieben wird. Sie ziehen sich vermehrt von sozialen Kontakten und Aktivitäten, die ihnen früher Freude bereitet haben, zurück. Im Kindesalter geht die depressive Symptomatik oft mit einem schulischen Leistungseinbruch einher, und bei Jugendlichen treten vermehrt Libidostörungen auf. Die Symptomatik variiert altersabhängig: Während die traurige Stimmung sich bei kleineren Kindern z. B. in vermehrtem Weinen oder mimischer Ausdruckslosigkeit äußert, können Grundschulkinder das Gefühl von Traurigkeit auf einfache Weise verbalisieren, und Jugendliche äußern vermehrt verzweifelte Gedanken und eine Perspektivlosigkeit hinsichtlich ihrer Zukunft.

> **Übersicht**
>
> **Symptome einer depressiven Episode nach ICD-10**
> **Hauptsymptome:**
> ▶ gedrückte Stimmung
> ▶ Interessen-/Freudlosigkeit
> ▶ Antriebsstörung
>
> **Zusätzliche häufige Symptome:**
> ▶ Konzentrationsstörung
> ▶ vermindertes Selbstwertgefühl
> ▶ Schuldgefühle
> ▶ Schlafstörungen
> ▶ Appetitstörungen
> ▶ Selbstschädigung/Suizidgedanken
>
> **Häufige Symptome im Kindesalter:**
> ▶ Reizbarkeit
> ▶ Stimmungslabilität
> ▶ psychosomatische Beschwerden
> ▶ Ängste

Um von einer einmaligen depressiven Episode zu sprechen, muss die depressive Symptomatik über einen Zeitraum von mindestens zwei Wochen vorliegen. Je nach Anzahl der Symptome wird zwischen einer leichten, mittelgradigen und schweren depressiven Episode unterschieden. Lassen sich mehrere depressive Episoden beobachten, zwischen denen ein Zeitraum von mindestens zwei Monaten normalisierter Stimmung liegt, spricht man von rezidivierender Depression. Weiterhin kann eine dysthyme Störung diagnostiziert werden, wenn nicht hinreichend viele Symptome für eine depressive Episode vorliegen, einzelne Symptome aber dafür für einen längeren Zeitraum (im Kindes- und Jugendalter mindestens ein Jahr) dauerhaft vorkommen.

Als ursächlich für depressive Störungen werden eine Reihe von biologischen und psychosozialen Genesefaktoren diskutiert. Bezüglich der biologischen Faktoren wird vor allem eine Störung in Neurotransmitter- (v. a. Serotonin und Noradrenalin) und Hormonsystemen (Glucocorticoide) angenommen. Eine genetische Prädisposition wurde in mehreren Studien belegt, die Heritabilität liegt zwischen 35 und 70 % (Mehler-Wex, 2008).

Daneben betrachten verschiedene psychologische Ätiologiemodelle einen Mangel an positiven Verstärkern, dysfunktionale kognitive Informationsverarbeitung und Attributionsstile sowie negative Lernerfahrungen im Sinne einer gelernten Hilflosigkeit als ursächlich für depressive Störungen.

> **Unter der Lupe**
>
> **Psychologische Erklärungsmodelle der Depression**
> **Modell der gelernten Hilflosigkeit nach Seligman.** Nach dem Modell von Seligman kann eine Depression durch das Gefühl der Hilflosigkeit im Zusammenhang mit negativen, als unkontrollierbar erlebten Erfahrungen entstehen. Dabei sind weniger die aversiven Erfahrungen an sich als vielmehr das Gefühl, diese nicht kontrollieren zu können und ihnen ausgeliefert zu sein, für die Genese der Depression entscheidend. Diese Wahrnehmung der Unkontrollierbarkeit hängt eng mit einem für depressive Menschen typischen Attributionsstil zusammen. So attribuieren sie nach Seligman aversive Ereignisse gehäuft internal, stabil und generell.
> **Modell der dysfunktionalen kognitiven Informationsverarbeitung nach Beck.** Dem Modell von Beck zufolge liegt einer Depression eine dysfunktionale kognitive Informationsverarbeitung zugrunde. Demnach haben depressive Menschen durch negative Erfahrungen kognitive Schemata entwickelt, die zu negativen (dysfunktionalen) Gedanken führen und damit auch die Stimmung beeinträchtigen. Als charakteristisch sieht Beck die kognitive Triade: eine negative Sichtweise der eigenen Person, der Umwelt und der Zukunft.
> **Modell des Verstärkerverlusts nach Lewinsohn.** Lewinsohn nimmt in seinem Modell, das die Mechanismen der operanten Konditionierung berücksichtigt, als ursächlichen und aufrechterhaltenden Faktor für Depression eine geringe Anzahl an verhaltenskontingenter positiver Verstärkung an. Dabei spielen nach Lewinsohn drei Faktoren eine bedeutsame Rolle: die Anzahl an möglichen verstärkenden Ereignissen, die Menge an zu einem bestimmten Zeitpunkt verfügbaren Verstärkern und die Kompetenz einer Person, die Verstärker zu erlangen.

Auch psychosoziale Belastungen spielen bei der Genese und insbesondere der Erstmanifestation der Depression eine Rolle, verlieren aber bei rezidivierenden depressiven Störungen mit wiederholten Episoden an Bedeutung.

Epidemiologie, Komorbidität und Verlauf von depressiven Störungen

Im Kindesalter beträgt die Prävalenz depressiver Störungen etwa 2 %, wobei Jungen und Mädchen etwa gleich häufig von der Symptomatik betroffen sind; im Jugendalter steigt die Prävalenz auf 4–8 %, und Mädchen sind etwa doppelt so häufig betroffen wie Jungen. An Komorbiditäten werden insbesondere Angst- und Zwangsstörungen, Lern- und Leistungsprobleme sowie ADHS beobachtet.

Der Verlauf einer depressiven Episode beträgt unbehandelt im Durchschnitt zwischen sieben und neun Monaten. Etwa 65–70 % affektiver Störungen zeigen einen monopolaren Verlauf, während sich die Symptomatik der restlichen 30–35 % bipolar, d. h. mit einem Wechsel aus depressiven und manischen Phasen, entwickelt. Die Rückfallrate bei einer unbehandelten Depression beträgt nach der ersten Episode etwa 40–60 % innerhalb der ersten drei Jahre; mit jeder erneuten Episode steigt das Risiko für weitere Rückfälle, und es besteht eine erhöhte Gefahr einer Chronifizierung (Rao et al., 2010).

Therapie von depressiven Störungen

Das Behandlungssetting hängt von der Schwere der depressiven Symptomatik und den psychosozialen Ressourcen des Patienten ab. In die Entscheidung, ob der Patient ambulant, teil- oder vollstationär behandelt werden soll, ist unbedingt das individuelle Suizidrisiko mit einzubeziehen, da die Inzidenz von Suizidversuchen im Jugendalter hoch ist, und Suizide nach den Verkehrsunfällen die zweithäufigste Todesursache bei Jugendlichen in Deutschland darstellen.

Zu den Maßnahmen, die sich in der einzel- oder gruppentherapeutischen Therapie als wirksam erwiesen haben, gehören kognitive Ansätze, bei denen der Patient lernt, dysfunktionale durch funktionale Gedanken zu ersetzen, Realitätsprüfungen hinsichtlich seiner kognitiven Verzerrungen vornimmt und seinen ungünstigen Attributionsstil modifiziert. Weiterhin sind verhaltensbezogene Maßnahmen wichtig, durch die der Tagesablauf des Patienten strukturiert wird und gezielt verstärkende Aktivitäten und soziale Kontakte aufgebaut werden. Eine zusätzliche psychopharmakologische Behandlung mit modernen Antidepressiva, den selektiven Serotoninwiederaufnahmehemmern (SSRI), sollte insbesondere bei schweren depressiven Störungen und entgegen der in den letzten Jahren formulierten Kritik initiiert werden.

> **Unter der Lupe**
>
> **SSRI-Medikation und Suizidrate bei depressiven Kindern und Jugendlichen**
>
> Im Jahr 2003 wurde von der behördlichen Lebensmittelüberwachung und Arzneimittelzulassungsbehörde der Vereinigten Staaten (Food and Drug Administration, FDA) eine Warnung für den Einsatz von SSRIs im Kindes- und Jugendalter zur Behandlung von depressiven Störungen ausgesprochen. Diese Warnung beruhte auf einer Befundlage, die ein erhöhtes Auftreten von suizidalen Gedanken und Handlungen – nicht vollzogenen Suiziden – unter SSRI-Medikation bei Kindern und Jugendlichen zeigte. Gibbons et al. (2007) untersuchten die Häufigkeit von Verschreibungen von SSRIs sowie die Rate an vollzogenen Suiziden über die Folgejahre in den USA und den Niederlanden. Dabei zeigte sich eine Abnahme der Verschreibungshäufigkeit in beiden Ländern um 22 % infolge der Warnung. Gleichzeitig stieg die Rate an Suiziden bei Kindern und Jugendlichen in den USA zwischen 2003 und 2004 um 14 %, in den Niederlanden sogar um 49 %. Dieser Anstieg ist der höchste zwischen zwei Jahren seit der systematischen Erfassung von Suiziden.

Die Einbeziehung der Eltern durch Beratungs- und Familiengespräche bzw. Elterntrainings ist neben der therapeutischen Behandlung des Patienten ebenfalls von großer Bedeutung, da sich viele Eltern überfordert mit dem Umgang mit ihren Kindern zeigen und oftmals selbst mit Unsicherheiten und Schuldgefühlen belastet sind.

> **Zusammenfassung**
>
> ▶ Verhaltensstörungen sind charakterisiert durch eine Abweichung des Verhaltens von der Erwartungsnorm und durch eine damit in Verbindung stehende Beeinträchtigung des Kindes oder seines sozialen Umfeldes.
> ▶ Der aktuelle Forschungsstand geht von einem multifaktoriellen Entstehungsmodell psychischer Störungen aus, wobei biologische, psychologische und soziale Faktoren zur Entwicklung der Symptomatik beitragen.
> ▶ Ein Teil der psychischen Störungen des Kindes- und Jugendalters kann den externalisierenden bzw. den internalisierenden Störungen zugeordnet werden, wobei eine hohe wechselseitige Komorbidität zwischen beiden Klassen besteht.
> ▶ Zu den externalisierenden Störungen zählen die ADHS und die Sozialverhaltensstörungen.
> ▶ Die ADHS ist durch die Kernsymptome der Unaufmerksamkeit, Hyperaktivität und Impulsivität gekennzeichnet.
> ▶ Bei den Sozialverhaltensstörungen zeigt sich ein breites Spektrum an aggressiven und dissozialen Verhaltensweisen.

- Zu den internalisierenden Verhaltensstörungen zählen Angststörungen und depressive Störungen.
- Bei Angststörungen liegt eine übermäßige, nicht altersgerechte und irrationale Angst vor Objekten oder Situationen vor.
- Kernsymptome der depressiven Störungen sind eine gedrückte Stimmung, Interessen- und Freudlosigkeit und eine Antriebsstörung.
- Entsprechend dem multifaktoriellen Ätiologiemodell sollte die Behandlung dieser Störungen einem multimodalen Behandlungsansatz folgen.

Weiterführende Literatur

Döpfner, M. & Petermann, F. (2008). Diagnostik psychischer Störungen im Kindes- und Jugendalter. Göttingen: Hogrefe. *Dieses Buch bietet auf sehr übersichtliche und praxisnahe Weise einen guten Überblick über die psychologische Diagnostik psychischer Störungen im Kindes- und Jugendalter.*

Herpertz-Dahlmann, B., Resch, F., Schulte-Markwort, M. & Warnke, A. (Hrsg.). (2007). Entwicklungspsychiatrie. Biopsychologische Grundlagen und die Entwicklung psychischer Störungen. Stuttgart: Schattauer. *Das Buch gibt einen fundierten und gut verständlichen Überblick über psychische Störungen im Kindes- und Jugendalter. Die Besonderheit des Buches ist, dass der Entwicklungsaspekt den inhaltlichen Leitfaden gibt und die einzelnen Störungsbilder somit in einen entwicklungspsychologischen und -biologischen Kontext eingebettet sind.*

Mattejat, F. (Hrsg.). (2006). Lehrbuch der Psychotherapie. Verhaltenstherapie mit Kindern, Jugendlichen und ihren Familien. München: CIP-Medien. *Dieses praxisnahe Lehrbuch gibt einen sehr guten Überblick über psychische Störungen im Kindes- und Jugendalter und ihre Behandlung. Verschiedene psychologische Therapieansätze werden fundiert dargestellt und gut verständlich erklärt.*

29 Spezifische Sprachentwicklungsstörungen

Werner Kany (†) • Hermann Schöler

29.1 Definition, Klassifikation und Prävalenz
    29.1.1 Abgrenzung von anderen Sprachstörungen und Einteilung der Sprachentwicklungsstörungen
    29.1.2 Zur Terminologie und Prävalenz

29.2 Erscheinungsbild und Ätiologie
    29.2.1 Erscheinungsbild
    29.2.2 Ätiologie

29.3 Folgen für Betroffene und ihre Umwelt

29.4 Aufgaben der Diagnostik und Differenzialdiagnostik
    29.4.1 Interdisziplinarität und Gütekriterien
    29.4.2 Geeignete sprachentwicklungspsychologische Verfahren

29.5 Arbeitsfelder für die Entwicklungspsychologie

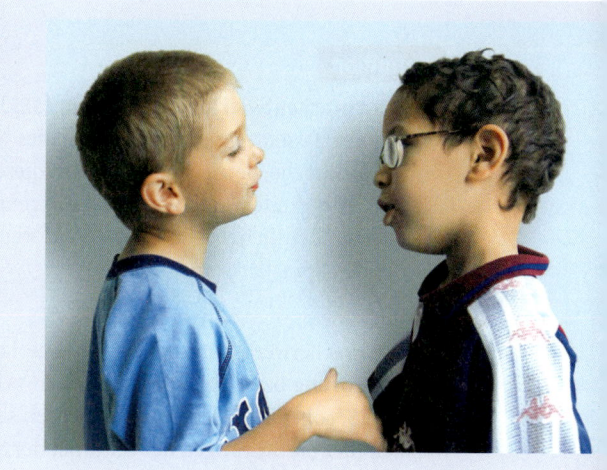

Im Rahmen der »Heidelberger Untersuchungen zur Spezifischen Sprachentwicklungsstörung« (HEISS; Schöler et al., 1998) wurden die Kinder unter anderem aufgefordert, ein Erlebnis mit einem Haustier zu erzählen. Der 8-jährige Andreas erzählte folgende Geschichte, die er mit seinem Kanarienvogel zu Hause erlebt hatte.

Andreas: »ja is hab eine Haustier – ein Vodel«

Untersucher: »Ist einmal was Lustiges passiert?«

Andreas: »ja, einmal was habiert – n Bubi maat nist in Tüche – heit – dann in Wohnzimmer tommt und mein Hester anzieht – Hilfe ein Vodel in Zimmer heit – und dann hebe Mama haffazo und uns Essen holt – von Bubi seine Essen – und dann sön essen – und haus deet in Käfis – jawoll das wärs«

Das Beispiel verdeutlicht, wie schwierig es für den 8-jährigen, aufgeweckten und überdurchschnittlich intelligenten ($IQ_{SPM} = 116$) Andreas ist, sich sprachlich verständlich zu machen. Gerade durch viele Artikulationsschwierigkeiten – einzelne Laute oder Lautverbindungen fehlen entweder völlig oder werden durch andere ersetzt oder falsch gebildet – sind Kinder wie Andreas selbst für Angehörige oft schwierig zu verstehen.

29.1 Definition, Klassifikation und Prävalenz

29.1.1 Abgrenzung von anderen Sprachstörungen und Einteilung der Sprachentwicklungsstörungen

> **Definition**
>
> Unter **Sprachentwicklungsstörungen (SES)** im engeren Sinne fassen wir alle Störungen des Sprechens und der Sprache, bei denen der Erwerb dieser sprachlichen Fähigkeiten und Fertigkeiten retardiert ist und/oder deutliche strukturelle Differenzen zum normalen Spracherwerb vorliegen.

Schriftspracherwerbsstörungen (wie eine Lese-/Rechtschreibstörung bzw. Legasthenie) folgen zwar sehr oft einer SES, sollen aber hier ausgeschlossen sein. Ebenso bleiben hier die Störungen der Stimme, der Sprechkontrolle und des Redeflusses ausgeschlossen, die bei einer SES komorbid auftreten können. Bei einer SES können das Sprachverstehen und/oder die Sprachproduktion gestört sein, wobei diese Störung auf einer oder mehreren Sprachebenen (prosodisch, phonetisch-phonologisch, morphologisch-syntaktisch, semantisch-lexikalisch) auftreten kann. Je nach Beteiligung der unterschiedenen sprachlichen Ebenen erfolgen diagnostische Zuordnungen, die sehr unterschiedlich sein können. »Eine SES kann als Produkt aus genetischen Faktoren, biologischen Risikobelastungen oder Dysfunktionen als Folge peri- oder postnataler Komplikationen, auch einer Frühgeburt, außerordentlich ungünstigen sozialen Lebensbedingungen sowie Überlagerungen durch rezidivierende Ohrinfektionen oder andere Gesundheitsstörungen resultieren« (de Langen-Müller et al., 2011, S. 19).

Nach der neuen interdisziplinären Leitlinie »Diagnostik von Sprachentwicklungsstörungen« (s. Abschn. 29.4; de Langen-Müller et al., 2011, S. 13) werden unterschieden:

- »Umschriebene Sprachentwicklungsstörungen (USES, Synonym: spezifische Sprachentwicklungsstörungen SSES; F80. ICD-10 (Dilling et al., 2008)
- Sprachentwicklungsstörungen (SES) im Zusammenhang mit Komorbiditäten
- Andere Störungen des Sprech- und Spracherwerbs, die von (U)SES abgegrenzt werden, wie z. B. Aphasien im Kindesalter im Sinne eines Verlustes schon vorhandener Sprachkompetenzen, Redeflussstörungen u. a. m.«

Es gibt also eine Vielfalt von Sprachentwicklungsstörungen, von denen wir in diesem Beitrag die häufigste, nämlich die spezifische Sprachentwicklungsstörung (SSES), beschreiben.

Typische sprachliche Auffälligkeiten bei spezifischer Sprachentwicklungsstörung

An dem Eingangsbeispiel lassen sich die sprachlich-strukturellen Merkmale der SSES illustrieren. Neben den im Transkript nicht gut erkennbaren Artikulationsauffälligkeiten enthält die Erzählung von Andreas über ein Erlebnis mit dem Kanarienvogel der Familie drei der für eine spezifische Sprachentwicklungsstörung charakteristischen Fehler:

(1) **Flexionsfehler**
- Bei der Äußerung »eine Haustier« ist der unbestimmte Artikel falsch.
- In der Äußerung »dann sön essen« [dann isst er schön] wird das Verb nicht flektiert.

(2) **Auslassungen von Artikeln und obligatorischen Satzteilen**
- In den folgenden Äußerungen sind die fehlenden oder modifizierten Satzteile in eckigen Klammern eingefügt: »dann [ist er] in [das] Wohnzimmer tommt [gekommen] und [hat] mein[e] Hester anzieht [angesehen]«. Es fehlen das Hilfsverb (ist), das Subjekt (er), der Artikel (das), das Präfix (ge).
- Durch die Auslassung des Hilfsverbs (ist) und insbesondere des Subjektes (sie) ist der Satz »Hilfe ein Vodel [ist] in [im] Zimmer, heit [schreit sie]« kaum verständlich.

(3) **Wortstellungsfehler**
- In der Äußerung »und [sieht] mein[e] Hester anzieht [an]« steht der finite Teil des Verbs (sieht) nicht korrekterweise vorne, sondern Verb und Präfix stehen am Ende des Satzes.
- Auch bei der Äußerung »und uns Essen holt« steht das finite Verb (holt) am Ende des Satzes und nicht nach »und«. Die im Deutschen geforderte Verbzweitstellung des finiten Verbteils im Aussagesatz ist noch nicht erworben.

29.1.2 Zur Terminologie und Prävalenz

Spezifische bzw. umschriebene Sprachentwicklungsstörung. Die in unserem Eingangsbeispiel diagnostizierbare spezifische Sprachentwicklungsstörung ist die häufigste Störung im Bereich der »umschriebenen Entwicklungsstörungen des Sprechens und der Sprache« (F80 nach ICD-10). Sie wird neuerdings als »umschriebene Sprachentwicklungsstörung« (USES), bis heute meist auch als »spezifische Sprachentwicklungsstörung« (SSES) bezeichnet. Die Etikettierung dieser Sprachentwicklungsstörungen als »spezifisch« oder als »umschrieben« bedeutet aber keineswegs, dass diese Sprachentwicklungsstörungen durch ein homogenes und klar umschriebenes Störungsbild gekennzeichnet sind. Hinter diesem Etikett verbergen sich zum Teil unterschiedliche Phänomene und eine Vielzahl ätiologischer Theorien (vgl. Abschn. 29.2).

Die Angaben zur Prävalenz variieren international zwischen 3 und 8 %. Nimmt man den höheren Wert an, so bedeutet dies, dass jedes zwölfte Kind eines Altersjahrganges davon betroffen ist. Vor dem Hintergrund der Bedeutsamkeit der Sprache für die Entwicklung und Bildung ist dies ein hoher Anteil an Kindern, welche notwendig einer besonderen Diagnostik und Intervention bedürfen. Von großer Bedeutung für die schulische Laufbahn eines umschrieben sprachentwicklungsgestörten Kindes ist auch die Tatsache, dass die USES als größter Risikofaktor für eine Lese-/Rechtschreibstörung (LRS, Legasthenie; s. Abschn. 27.2) gilt; nach WHO-Definition gehen umschriebenen Entwicklungsstörungen des Lesens Entwicklungsstörungen des Sprechens oder der Sprache sogar immer voraus (Deutsches Institut für Medizinische Dokumentation und Information DIMDI, 2007). Eine möglichst frühe Erfassung und Intervention bei einer USES ist daher dringend geboten.

> **Unter der Lupe**
>
> **Eine Störung, viele Namen**
>
> Die Erforschung der spezifischen Sprachentwicklungsstörungen ohne eine erkennbare Ursache hat eine über 100-jährige Tradition. Im Laufe der Zeit wechselten die Namen für diese Sprachentwicklungsstörungen, die auch heute in den verschiedenen Fachdisziplinen und in den Praxisfeldern noch anzutreffen sind:
> - »Agrammatismus« (Liebmann, 1901; die übliche Bezeichnung in der ehemaligen DDR)
> - »kindlicher Dysgrammatismus« (Kany & Schöler, 1988)
> - »Entwicklungsdysgrammatismus« (Dannenbauer, 1983)
> - »Entwicklungsdysphasie« als Übersetzung von »Developmental Dysphasia« (Grimm, 1986)
> - »spezifische Sprachentwicklungsstörung (SSES)« als Übersetzung des international gängigen Begriffs »Specific Language Impairment (SLI)« (Schöler et al., 1998)
>
> Gegenwärtig wird eine Einzeldisziplinen übergreifende Einigung auf den Begriff »USES« (s. interdisziplinäre Leitlinie zur Diagnostik der USES; de Langen-Müller et al., 2011) angestrebt. Diese Bezeichnung überschneidet sich mit der Definition der ICD-10-Kategorie F.80 »umschriebene Entwicklungsstörungen des Sprechens und der Sprache«, in der Sprechstörungen eingeschlossen sind, welche aber bei einer SSES, als einer Sprachstörung, ausgeschlossen sind. Störungen des Sprechens oder der Stimme können bei einer SSES aber komorbid auftreten.

Multidisziplinarität. Diese terminologischen Unsicherheiten und ätiologischen Unklarheiten sind nicht zuletzt auch darauf zurückzuführen, dass sich mehrere Wissenschaften mit diesem Phänomen beschäftigen. Der Gegenstand Spracherwerb ist geradezu prototypisch für eine interdisziplinäre Bearbeitung. So liegen Annahmen über diese Störung, ihre Diagnostik und ihre Intervention aus (sonder-)pädagogischer, linguistischer, neurowissenschaftlicher, medizinischer und psychologischer Perspektive und auf unterschiedlichen Aggregierungsebenen vor. Wissenschaftstheoretisch impliziert dies höchst unterschiedliche Herangehens- und Sichtweisen an bzw. auf den Phänomenbereich und damit einhergehend ein unterschiedliches methodisches Vorgehen.

Doppeltes Diskrepanzkriterium. Im Folgenden wird die Bezeichnung »SSES« gewählt, da in der neuen Leitlinie zur Diagnostik der USES (de Langen-Müller et al., 2011) das doppelte Diskrepanzkriterium für die Bestimmung einer solchen Sprachentwicklungsstörung mehrheitlich aufgegeben wurde. Doppeltes Diskrepanzkriterium heißt: Die kognitive Leistungsfähigkeit (Intelligenz) ist mindestens durchschnittlich, die sprachliche Leistung mindestens unterdurchschnittlich (meist ein bis eineinhalb Standardabweichungen unterhalb des Mittels der Bezugsgruppe); darüber hinaus besteht zwischen kognitiver und sprachlicher Leistung ein deutlicher Abstand (von meist mindestens einer Standardabweichung).

Notwendigkeit der Differenzialdiagnostik. Das Phänomen SSES wird in diesem Beitrag aus einer nomothetischen Forschungstradition und entwicklungspsychologischen Perspektive betrachtet. Zu warnen ist davor, sämtliche Auffälligkeiten beim Sprachlernen als Ausdruck einer SSES zu betrachten. Viele Auffälligkeiten sind auf unzureichende Sprachangebote zurückzuführen, oder sie sind entwicklungsbedingt und nicht persistierend. Eine SSES ist daher abzugrenzen von reinen Sprachentwicklungsverzögerungen. Vor allem beim Zweitspracherwerb treten zudem Fehler auf, die denen von SSES-Kindern ähneln. Dies gilt vor allem für Fehler bei Kindern mit Migrationshintergrund, die erst ab einem Alter von etwa 4 Jahren mit Deutsch als Zweitsprache in Kontakt kommen.

29.2 Erscheinungsbild und Ätiologie

29.2.1 Erscheinungsbild

Eine spezifische Sprachentwicklungsstörung (s. Schöler et al., 1998; s. auch Schecker et al., 2007) ist bei durchschnittlicher nonverbaler Intelligenz durch einen verzögerten Sprechbeginn und einen inkonsistenten und desynchronisierten Verlauf, insbesondere des Erwerbs grammatikalischer Strukturen, gekennzeichnet. Darüber hinaus sind Ausschlusskriterien definiert: Die Sprachstörungen dürfen nicht aufgrund sensorischer Beeinträchtigungen, neurologischer Schädigungen oder pervasiver Störungen (tiefgreifende Entwicklungsstörungen wie Autismus) auftreten. »Spezifisch« bzw. »umschrieben« drückt aus, dass die Störung ausschließlich im Bereich der Sprache beobachtbar (»ohrenfällig«) ist. Als typische Merkmale gelten falsch oder nicht flektierte Formen, Auslassungen obligatorischer Elemente und Stellungsfehler. Häufigkeit und Zeitpunkt bzw. Dauer variieren von Fall zu Fall bzw. von Einzelsprache zu Einzelsprache.

Eine SSES persistiert: Auch bei nahezu unauffälligem verbalsprachlichem Verhalten in üblichen Kommunikationssituationen lassen sich die der Störung zugrunde liegenden Fähigkeitsdefizite bei Jugendlichen und Erwachsenen weiterhin nachweisen (u. a. Schakib-Ekbatan & Schöler, 1995). Jungen sind von einer SSES deutlich häufiger als Mädchen betroffen, meist wird eine Relation von 3 : 1 berichtet. Neben der unterschiedlichen Geschlechtsprävalenz bieten Zwillingsstudien ein weiteres Indiz für eine hereditäre Verursachung: Bei eineiigen Zwillingen liegt die Wahrscheinlichkeit gleicher sprachlicher Störungsformen teilweise bei mehr als 90 % (s. Stamm et al., 2002).

> **Übersicht**
>
> **Merkmale bzw. Ausschlusskriterien einer SSES**
> **Merkmale:**
> ▶ verzögerter Sprechbeginn
> ▶ weniger als 20 Wörter im Alter von 18 Monaten, in der Regel weniger als 50 Wörter im Alter von 24 Monaten
> ▶ fehlerhafte oder unvollständige Sprachproduktionen, wie falsch oder unflektierte morphologisch-syntaktische Strukturen, Auslassungen obligatorischer syntaktischer Elemente und Wortstellungsfehler
> ▶ Artikulationsschwierigkeiten bis zum 12. Lebensjahr
> ▶ Geschlechtsunterschiede: Jungen sind deutlich häufiger von SSES betroffen als Mädchen (Angaben variieren von zweieinhalb bis fünfmal so häufig)
> ▶ weitere hereditäre Faktoren: genetische Veränderungen, familiäre Häufungen
> ▶ persistierend bis ins Erwachsenenalter
>
> **Ausschlusskriterien:**
> ▶ Intelligenzminderung (IQ unterdurchschnittlich)
> ▶ sensorische Beeinträchtigungen (wie Gehörlosigkeit bzw. Schwerhörigkeit oder Blindheit)
> ▶ schwerwiegende sozioemotionale Beeinträchtigungen
> ▶ diagnostizierte neurologische Störungen oder Schädigungen (wie Aphasien)
> ▶ pervasive Störungen (tief greifende Entwicklungsstörungen wie Autismus, Schizophrenie, Mutismus)
> ▶ schwerwiegende Verhaltensstörungen

Abgrenzung von anderen Störungen. Eine SSES ist demnach abzugrenzen von Störungen, die z. B. mit einer Lernbehinderung, einer geistigen Behinderung, Aphasien oder Autismus einhergehen. Zu unterscheiden ist eine SSES auch von Sprech-, Stimm- und Redeflussstörungen, wie Artikulationsstörungen, Poltern und Stottern. Schwierig abzugrenzen ist eine SSES von einem lediglich zeitlich verzögerten Spracherwerb. Diese Kinder werden oft auch als »late talker« (späte Wortlerner oder späte Sprecher) bezeichnet, da sie später als üblich zu sprechen beginnen. Als Kriterium für spätes Sprechen wird meist eine geringere Anzahl als 50 Wörter im Alter von 2 Jahren angenommen. Etwa ein Drittel bis zur Hälfte dieser Kinder holt diese sprachliche Verzögerung (Retardierung) bis zum Alter von 3 Jahren auf (sogenannte »late bloomer«, Spätaufblüher oder Spätzünder). Dies bedeutet aber auch, dass mindestens die Hälfte der Kinder, die mit 2 Jahren nur über einen sehr begrenzten aktiven Wortschatz verfügt, eine SSES ausbildet.

Alters- oder Entwicklungsabhängigkeit der Phänomene. Die ursprüngliche Konzentration auf die grammatikalischen Merkmale (Syntax, Morphologie) der SSES wird gegenwärtig relativiert, indem Auffälligkeiten auf anderen Ebenen der Sprache wie Aussprache, Semantik, Lexikon und Pragmatik (s. Abschn. 18.1.1) sowie Störungen beim Erlernen der Schriftsprache als Folge einer SSES diskutiert werden. Dabei scheinen sich die Minderleistungen in diesen Erwerbsbereichen entwicklungsbezogen abzulösen. So sind in der Regel bei nahezu allen Kindern zunächst Artikulationsstörungen beobachtbar, diesen folgen Probleme beim Erwerb und Aufbau syntaktisch-morphologischer Formen usw. Phänomenologisch lösen sich Vorläufer- und Folgestörungen ab bzw. überlagern sich. Differenzialdiagnostisch ist eine solche Form der SSES von semantisch-lexikalischen Störungen abzugrenzen.

Persistenz und Heredität. In der Regel erweist sich eine SSES als persistent, d. h., die Störung variiert zwar entwicklungskorreliert in den jeweiligen Phänomenen, scheint aber als grundlegende Störung nicht behebbar, sondern nur kompensierbar, wie dies durch längsschnittliche Studien bestätigt wird (z. B. Schakib-Ekbatan & Schöler, 1995). Dies spricht zum einen für einen abweichenden Erwerbsprozess und das Vorliegen funktioneller und/oder struktureller dauerhafter Beeinträchtigungen. Und es spricht zum anderen für das Zugrundeliegen von hereditären Einflüssen, was alleine schon die deutlich höhere Prävalenzrate bei Jungen indiziert.

29.2.2 Ätiologie

Lange Zeit wurde die SSES nur als eine Verzögerung der sprachlichen Entwicklung (»late talker«, s. Abschn. 29.2.1) betrachtet. Daher wird auch heute noch – gerade in klinischen Kontexten – die Bezeichnung »Sprachentwicklungsverzögerung« (SEV) synonym verwendet, vor allem deshalb, weil damit der Begriff »Störung« gegenüber Bezugspersonen des Kindes vermieden werden kann. Heute wird aber überwiegend davon ausgegangen, dass beim Vorliegen einer SSES der Spracherwerb aufgrund funktioneller oder struktureller Beeinträchtigungen abweichend verläuft (zu einem Überblick s. Schöler et al., 1998).

In der Ursachenforschung wurde eine Vielzahl ätiologischer Faktoren postuliert. Neben hereditären Faktoren, die durch Zwillingsstudien belegt sind, jedoch allein noch keine hinreichende Erklärung bieten, scheinen auch prä-, peri- und postnatale Schädigungen die Ausbildung einer SSES zu begünstigen (s. Stamm et al., 2002).

> **Übersicht**
>
> **SSES: Ätiologische Annahmen**
> Als Ursache für eine SSES wurden in den letzten Jahrzehnten unter anderem diskutiert:
> ▶ genetische Faktoren
> ▶ somatische Ursachen: Mittelohrentzündungen, Paukenergüsse
> ▶ eine Funktionsstörung bei der Verarbeitung von rhythmischen und prosodischen Informationen
> ▶ Schwächen beim Herstellen zeitlicher Ordnungen
> ▶ Schwächen bei der zeitlichen Verarbeitung auditiver Informationen (Fusionsschwelle, Lautdiskriminierung)
> ▶ Funktionsbeeinträchtigungen des Arbeitsgedächtnisses, insbesondere des phonologischen Arbeitsgedächtnisses
> ▶ unzureichende Lateralisation sprachlicher Funktionen
> ▶ Beeinträchtigungen im Langzeitgedächtnis
> ▶ Schwächen eines genetisch determinierten modularen Grammatiksystems

Ursachenforschung auf verschiedenen Sprachebenen. Früher galt Dysgrammatismus als das Leitsymptom einer SSES, entsprechend wurden Ursachen für den mangelhaften Erwerb und Aufbau grammatikalischen

Wissens gesucht. In der Tradition der Grammatiktheorien von Chomsky werden z. B. Erklärungen für eine SSES in defizitären Grammatikmodulen oder beim Triggern bestimmter grammatischer Parameter vermutet. Da aber bereits vor dem Erwerb und Aufbau syntaktischen und morphologischen Sprachwissens Probleme dieser Kinder bei der Lautwahrnehmung, -diskrimination und -produktion festgestellt werden, scheinen grundlegendere Verursachungsfaktoren plausibel, die sich auf mehrere sprachliche Ebenen auswirken müssen. Artikulationsstörungen treten nämlich bei nahezu allen Kindern mit einer SSES auf. Dagegen ist der Nachweis von Störungen auf der Ebene der Semantik und Pragmatik allenfalls spärlich. Beim Vorliegen semantischer Störungen ist zu bedenken, ob diese nicht auf eine allgemeine kognitive Leistungsbeeinträchtigung zurückzuführen sind. Die Annahme von Störungen auf der pragmatischen Ebene, die in jüngster Zeit des Öfteren in pädagogischen und linguistischen Arbeiten und Forschungsdesiderata formuliert wird, erscheint kaum untersuchbar, denn viele der dort beobachteten Phänomene lassen eher auf unzureichendes sozial-kognitives Wissen als auf eine sprachliche Beeinträchtigung schließen und stehen daher im Widerspruch zur Definition, nämlich der zumindest durchschnittlichen kognitiven Leistungsfähigkeit und des Ausschlusses von mutistischen oder autistischen Störungen. Minderleistungen auf der pragmatischen und metasprachlichen Ebene sind wie semantische Störungen als Ursachen für eine SSES nicht ausreichend belegt (s. zusammenfassend Grimm, 1999).

Sprachsystemspezifische oder generelle Schwächen der Informationsverarbeitung. Die Frage, ob der SSES eine spezifische Sprachsystemschwäche zugrunde liegt, wie dies in vielen eher linguistischen Arbeiten postuliert wird, oder ob sich basale informationsverarbeitende Funktionsbeeinträchtigungen, wie Beeinträchtigungen der Funktionstüchtigkeit des Arbeitsgedächtnisses, auf den Erwerb und den Aufbau sprachlichen Wissens auswirken und zu einer SSES führen, ist gegenwärtig noch ungeklärt, wenngleich sich die Befunde für die Bedeutung einer eingeschränkten Funktionstüchtigkeit des Arbeitsgedächtnisses mehren.

Phonologisches Arbeitsgedächtnis bei SSES und LRS. Bei der Ursachenforschung sowohl bei einer SSES als auch bei einer LRS spielt das phonologische Arbeitsgedächtnis eine zentrale Rolle. Auch bei der LRS häufen sich die empirischen Belege, dass bei vielen dieser Kinder die phonologische Schleife in ihrer Funktionalität oder Struktur beeinträchtigt ist (s. dazu Schöler, 2011). Es liegt somit nahe, bei der Suche nach Verursachungsfaktoren dieses Arbeitsgedächtnissystem zu beachten. In Bezug auf die LRS existieren bislang allerdings keine Studien, die gleichzeitig sowohl auf die SSES als auch auf die LRS fokussieren und diejenigen Erklärungsansätze prüfen, welche beide Störungen mit Schwächen im phonologischen Arbeitsgedächtnis in Verbindung bringen. Welche (strukturellen oder funktionalen) Teilkomponenten des Arbeitsgedächtnisses in der Erklärung der SSES eine Rolle spielen, ist derzeit noch unklar.

29.3 Folgen für Betroffene und ihre Umwelt

Wie bei jeder Störung so lassen sich auch bei einer SSES Folgeprobleme bzw. sekundäre Beeinträchtigungen beobachten. Dabei wird zwischen den Folgen für den unmittelbar Betroffenen (Nachfolgeprobleme bzw. sekundäre Beeinträchtigungen) und Folgen für andere, für seine (nähere) Umwelt unterschieden. Folgen für den unmittelbar Betroffenen können auf der Ebene des Verhaltens und der Psyche auftreten und folgende Bereiche betreffen:

- die soziale Kommunikation, z. B. Redefluss- und Kommunikationsstörungen
- den schulischen Erfolg durch Lese-/Rechtschreibprobleme und damit verbundenen Beeinträchtigungen auch in anderen Schulfächern und Schulleistungen
- das Selbstkonzept, z. B. »erlernte schulische Hilflosigkeit« und behandlungsbedürftige psychiatrische Probleme
- das Verhalten, z. B. häufiger aggressives Verhalten oder Rückzug und Verstummen in der Schule

Solche Schwierigkeiten wirken sich selbstverständlich ebenfalls auf das soziale Umfeld aus bzw. stehen in Wechselbeziehung dazu. Allerdings können sich auch Rahmenbedingungen, die durch das jeweilige Bildungssystem gesetzt sind, gravierend auf das unmittelbar betroffene Kind und sein soziales Umfeld auswirken. So kann bei einer im Schulalter der SSES nachfolgenden LRS entscheidend sein, in welchem Bundesland das Kind beschult wird (s. Dummer-Smoch, 2007): In Abhängigkeit von der Bewertung oder Akzeptanz einer LRS (Legasthenie) wird es in einem Bundesland auf eine Förderschule gehen müssen, in einem anderen bei gleichem Leistungsniveau regulär auf ein Gymnasium gehen können, nämlich dann, wenn dort ein sogenannter Nachteilsausgleich bei LRS gewährt wird.

29.4 Aufgaben der Diagnostik und Differenzialdiagnostik

Einer Diagnose SSES ist in der Regel ein interdisziplinärer, aber immer ein differenzialdiagnostischer Prozess vorausgegangen, d. h., medizinische, psychologische und logopädische Befunde sollten vorliegen und ähnliche Störungs- bzw. Erscheinungsbilder müssen aufgrund von definierenden und Ausschlusskriterien differenziert werden.

29.4.1 Interdisziplinarität und Gütekriterien

Nach der neuen interdisziplinären Leitlinie (s. Unter der Lupe) müssen detaillierte Untersuchungen und Beschreibungen der sprachlichen Leistungen auf allen Ebenen und deren Abweichungen von der entsprechenden Norm (z. B. Alter, Entwicklungssequenz) erfolgen. Das in der ICD-10 definierte doppelte Diskrepanzkriterium (Sprachleistungen liegen 1 bis 1,5 Standardabweichungen unterhalb der nonverbalen Intelligenztestleistung; die Intelligenz ist zumindest durchschnittlich (IQ > 84)) wurde leider nicht übernommen. Darüber hinaus müssen weitere Merkmale, Fähigkeiten bzw. Leistungen geprüft werden, um definierte organische, neurologische und psychische Grundstörungen (z. B. Hörstörungen, Sehstörungen, hirnorganische Schädigungen, sozioemotionale Störungen, Intelligenzminderungen) auszuschließen und Komorbiditäten festzustellen. Für diese diagnostischen Aufgaben werden in dieser Leitlinie nahezu alle vorhandenen diagnostischen Methoden und Verfahren vorgeschlagen.

> **Unter der Lupe**
>
> **Interdisziplinäre Leitlinie zur Diagnostik von Sprachentwicklungsstörungen**
>
> Die interdisziplinäre Leitlinie »Diagnostik von Sprachentwicklungsstörungen (SES), unter Berücksichtigung umschriebener Sprachentwicklungsstörungen (USES) (Synonym: spezifische Sprachentwicklungsstörungen (SSES))« (de Langen-Müller et al., 2012) wurde in einer Arbeitsgruppe entwickelt, an der Mandatsträger zahlreicher medizinischer, psychologischer und therapeutischer Fachgesellschaften und Berufsverbände beteiligt waren. Sie wurde am 28. 11. 2011 beschlossen. Darin finden sich Kernaussagen zur Zielsetzung, Vorgehensweise und Aufgabenverteilung bei der Diagnostik der SSES (bzw. synonym USES):
>
> Zunächst werden Sprachentwicklungsstörungen definiert, klassifiziert und ihre Prävalenzen dargestellt. Wesentlich sind die Abgrenzungen von Entwicklungsnorm, Auffälligkeit und Störung in der Sprachentwicklung (S. 2).
>
> Die Relevanz einer interdisziplinären Diagnostik beim Vorliegen sprachlicher Auffälligkeiten wird betont. »In Ermangelung eines Goldstandards für die Diagnostik von SES und um der Komplexität von Entwicklungsstörungen gerecht zu werden«, wird dazu ein mehrgliedriges diagnostisches Vorgehen vorgeschlagen (S. 2). In dem dazu entwickelten Algorithmus wird zwischen »verschiedenen Formen von Sprachauffälligkeiten und insbesondere zwischen USES und SES bei Komorbiditäten« und »zwischen Maßnahmen zur Sprachförderung und Sprachtherapie« unterschieden (S. 2).
>
> Der diagnostische Prozess umfasst dabei die verschiedenen Methoden und Verfahren der beteiligten Disziplinen: medizinisch-psychologische Untersuchungen, psychologische Screenings und Tests, Spontansprachanalysen als linguistische Erhebungsform und andere informelle Verfahren (S. 22). Er »beginnt mit der Anamneseerhebung bzw. Anwendung von Elternfragebögen, in der die Einschätzung der vermeintlichen Auffälligkeiten durch enge Bezugspersonen einen besonderen Stellenwert hat« (S. 22). Die jeweils eingesetzten diagnostischen Verfahren sind altersentsprechend zu wählen.

Anforderungen an diagnostische Instrumente. Die diagnostischen Verfahren unterscheiden sich aber sehr darin, inwieweit sie den üblichen Testgütekriterien genügen und ob mit ihnen auch eine zentrale Aufgabe einer Diagnostik erfüllt werden kann, nämlich einen Vergleich mit einer Norm durchführen zu können. Relevante Fragen an ein diagnostisches Instrument lauten daher: Genügt das Verfahren den Anforderungen an die Standardisierung (Objektivität), der Reliabilität und der Validität? Und wurde eine Normierung (z. B.

eine Altersnorm oder eine kriteriale Norm) durchgeführt?

29.4.2 Geeignete sprachentwicklungspsychologische Verfahren

Im Folgenden werden einige sprachentwicklungspsychologische Verfahren aufgelistet, bei denen die genannten Kriterien zufriedenstellend erfüllt sind und die sich bei der Diagnostik einer SSES bewährt haben (zu einem umfassenden Überblick über die sprachdiagnostischen Verfahren s. Kany & Schöler, 2010). Zuvor soll aber eine Methode vorgestellt werden, die sich für die Diagnostik und Differenzialdiagnostik bei Sprachentwicklungsstörungen als geeignet erweist und die in verschiedenen Verfahren eingesetzt wird: das unmittelbare Nachsprechen von Zahlen, Wörtern oder Sätzen.

Unmittelbares Wiederholen. Bei Nachsprechaufgaben sollen unterschiedlich lange Äußerungseinheiten (z. B. Sätze, Wörter, Folgen von (Kunst-)Wörtern oder Zahlen) unmittelbar vom Kind wiederholt werden. Diese Aufgaben sind meist als Subtests Teil umfassender Screenings oder Tests und liegen standardisiert und normiert vor. Dabei spielt das Nachsprechen von Sätzen eine hervorragende Rolle bei der Diagnostik einer SSES: Mithilfe dieser leicht und zeitökonomisch durchführbaren Aufgabenstellung lassen sich in einem ersten schnellen diagnostischen Schritt sprachentwicklungsgestörte von sprachunauffälligen Kindern meist nahezu vollständig diskriminieren. Gerade für ein Screening ist eine solche Aufgabenstellung außerordentlich wertvoll, denn mit ihr wird eine Reihe von Leistungen erfasst, die allesamt für einen ungestörten Spracherwerb bedeutsam sind. Bei einem Screening sind solche Konfundierungen verschiedener Leistungen unproblematisch, denn es spielt zunächst keine Rolle, ob die beobachtbaren Leistungsdefizite durch mangelhafte rezeptive oder produktive Sprachfähigkeiten, durch Funktionsdefizite des Arbeitsgedächtnisses oder durch zu geringe Abrufgeschwindigkeit aus dem Langzeitgedächtnis bedingt sind. Ein Screening muss allerdings prognostisch valide sein: Möglichst alle Kinder mit einem Risiko sollten entdeckt werden, möglichst kein Kind mit einem Risiko sollte durch ein solches Sieb fallen und damit von der frühzeitigen Einleitung geeigneter Interventionen ausgeschlossen werden.

Sprachentwicklungspsychologische Tests. Folgende sprachentwicklungspsychologische Tests (alphabetisch angeordnet), mit denen mehrere sprachliche Ebenen untersucht werden sollen, sind derzeit in der Praxis im Einsatz und genügen den Anforderungen an ein diagnostisches Verfahren:

- ETS 4-8 – Entwicklungstest Sprache für Kinder von 4 bis 8 Jahren (Angermaier, 2007)
- HSET – Heidelberger Sprachentwicklungstest (Grimm & Schöler, 1991)
- KISTE – Kindersprachtest für das Vorschulalter (Häuser et al., 1994)
- SET 5-10 – Sprachstandserhebungsverfahren für Kinder im Alter zwischen 5 und 10 Jahren (Petermann et al., 2010)
- SETK-2 – Sprachentwicklungstest für 2- bis 3-jährige Kinder (Grimm et al., 2000)
- SETK 3-5 – Sprachentwicklungstest für 3- bis 5-jährige Kinder (Grimm et al., 2001)
- P-ITPA – Potsdam-Illinois Test für Psycholinguistische Fähigkeiten (Esser et al., 2010)

Mit diesen sprachentwicklungspsychologischen Tests werden jeweils mehrere Ebenen der Sprache erfasst, und sie sind in der Regel auf einen engeren Alters-

> **Unter der Lupe**
>
> **Nachsprechen – eine geeignete diagnostische Methode**
> Bei Nachsprechaufgaben müssen vorgegebene Wörter, Sätze, Wörter- oder Zahlenfolgen vom Kind unmittelbar reproduziert werden. Hierbei kommen auch Kunstwörter oder semantisch unsinnige oder ebenfalls aus Kunstwörtern bestehende Sätze zum Einsatz. Mit solchen Aufgaben soll die Funktionsfähigkeit des Arbeitsgedächtnisses geprüft werden. Funktionsdefizite im Arbeitsgedächtnis, insbesondere der so genannten phonologischen Schleife, gelten als (mit)verursachend für eine SSES und eine LRS.
> In einem ersten diagnostischen Schritt gestatten diese Aufgaben bereits im Vorschulalter die Identifikation gefährdeter Kinder, so etwa in Baden-Württemberg, wo eineinhalb Jahre vor der Einschulung ein Screening mit solchen Nachsprechaufgaben (Nachsprechen von Sätzen, Kunstwörtern und Zahlenfolgen – HASE; Schöler & Brunner, 2008) flächendeckend zur Auffindung von Risikokindern für Sprach- und Schriftspracherwerbsstörungen eingesetzt wird. In einem zweiten diagnostischen Schritt erfolgt dann eine nähere Abklärung durch den SETK 3–5 (Grimm et al., 2001).

bereich bezogen. Die beiden SETK-Tests gelten für 2-jährige bzw. für 3- bis 5-jährige Kinder. Für Kinder ab einem Alter von 6 Jahren stand viele Jahre nur der HSET zur Verfügung – der ebenfalls in den 1970er-Jahren erschienene PET (Angermaier, 1974; deutsche Version des P-ITPA) galt eher als ein Intelligenztest denn als ein Sprachentwicklungstest. Der HSET wird zwar immer wieder kritisiert, insbesondere aufgrund veralteter Normen; neue Studien zeigen aber, dass die meisten der geprüften sprachlichen Leistungen relativ alterskonstant über Jahrzehnte bleiben, sodass sich auch nach 30 Jahren keine Normunterschiede ergeben. (Aufgrund des Flynn-Effekts sind bei Intelligenztests hingegen Neunormierungen nach spätestens zehn Jahren erforderlich.) Nach wie vor werden mit den 13 Untertests des HSET recht breit und variantenreich syntaktische, morphologische und semantische Leistungen untersucht. Mit dem P-ITPA und dem SET 5-10 stehen nun seit 2010 zwei weitere Verfahren für Kinder ab dem Grundschulalter zur Verfügung. Allerdings liegen bei diesen beiden Verfahren derzeit noch zu wenig Erfahrungen aus der Praxis vor; die bisherigen Rückmeldungen aus der Praxis zum SET 5-10 zeigen aber bereits, dass er als zu einfach in diesen höheren Altersstufen bewertet wird (Deckeneffekte) und mit dem Test somit erschwert ist, reliable und valide differenzialdiagnostische Aussagen zu treffen.

Verfahren anderer Fachdisziplinen. Von anderen Fachdisziplinen, die zusätzlich zur Diagnostik bei einer SSES mit der Therapie beauftragt sind, wie der Sprachtherapie, der Logopädie und der Sprachheilpädagogik, werden andere, meist informelle Verfahren mit linguistischem Hintergrund bevorzugt. Diese wahrgenommene Doppelaufgabe mündet oft in vermeintliche, aber falsche Lösungen wie die sogenannte Förderdiagnostik. Für diese Verfahren liegen in aller Regel keine Prüfungen der Testgüte vor, sie sind zumeist auch nicht normiert (zu einem Überblick über diese Verfahren s. Kany & Schöler, 2010).

Notwendigkeit eines angemessenen Intelligenztests. Die SSES kann als eine erwartungswidrige Minderleistung umschrieben werden, denn während die kognitive Leistungsfähigkeit zumindest durchschnittlich ausgeprägt sein muss, fallen die sprachlich-strukturellen Leistungen (im Deutschen insbesondere morphologisch-syntaktische Leistungen) deutlich geringer aus: Sie liegen meist am unteren Ende der Altersnorm, aber zumindest eine bis eineinhalb Standardabweichungen unter dem Altersdurchschnitt. Verschiedene Fachverbände definieren die Abweichung sogar auf mindestens zwei Standardabweichungen unterhalb des Mittels. Zur psychologischen Diagnostik im Rahmen der Abklärung einer SSES gehört daher notwendig eine Intelligenzmessung. Damit muss sichergestellt werden, dass eine Intelligenzminderung ausgeschlossen werden kann. Dabei ist darauf zu achten, dass beim Verdacht einer SSES ein angemessener Intelligenztest durchgeführt wird. So sollte ein sehr sprachbezogener Intelligenztest vermieden werden, da mit einem solchen Test die Intelligenz bei einem spezifisch sprachentwicklungsgestörten Kind unterschätzt werden dürfte. Für die Diagnose ist auch die »Kaufman Assessment Batterie for Children« (K-ABC) nur bedingt geeignet, denn die fluide Intelligenz wird im Wesentlichen durch Aufgaben zur Prüfung des Arbeitsgedächtnisses untersucht. Damit würde ebenfalls die Intelligenz deutlich unterschätzt werden, denn sprachentwicklungsgestörte Kinder haben in aller Regel in diesem Bereich strukturelle oder funktionale Beeinträchtigungen. Wesentlicher als die Bestimmung der intellektuellen Fähigkeiten ist hier die Feststellung einer Diskrepanz zwischen den Skalen einzelheitliches vs. ganzheitliches Denken.

> **Denkanstöße**
>
> ▶ Inwieweit können sprachliche und kognitive Entwicklung als unabhängige Entwicklungsbereiche betrachtet werden?
> ▶ Welche Bedeutung kommt psychologischer Diagnostik bei der Identifikation von Spracherwerbsstörungen zu?
> ▶ Inwieweit ist bei der Intervention ein kompensatorisches Vorgehen gegenüber dem bloßen Nachvollzug natürlicher Spracherwerbsvorgänge vorzuziehen?

29.5 Arbeitsfelder für die Entwicklungspsychologie

Aufgrund der beschriebenen schwerwiegenden Folgen einer SSES bzw. einer oft nachfolgenden LRS für das betroffene Kind und seine soziale Umwelt stellt sich für den einzelnen Psychologen oder die einzelne Psychologin in den entsprechenden Praxisfeldern sowie für die (Entwicklungs-)Psychologie als Fachdisziplin eine Reihe von Aufgaben.

> **Übersicht**
>
> **Aufgaben in Praxisfeldern**
> - stärkere Beteiligung bei der Entwicklung standardisierter, valider, reliabler und normierter diagnostischer Instrumente
> - Diagnose bzw. Differenzialdiagnose der SSES und der LRS
> - Beteiligung bei der Fort- und Weiterbildung pädagogischer Fachkräfte
> - Entwicklung und Einsatz geeigneter Interventionsmaßnahmen
> - Supervision und Evaluation von Interventionsmaßnahmen
> - Elternberatung
>
> **Aufgaben für die Fachdisziplin (Entwicklungs-) Psychologie**
> - systematische Erforschung des Störungsbildes und der Interventionsmöglichkeiten bei SSES und LRS
> - stärkere Institutionalisierung des Bereichs Sprache und ihres Erwerbs in der wissenschaftlichen Psychologie
> - stärkere Beteiligung an interdisziplinären Arbeitsgruppen und Programmen zur Sprachförderung

Entwicklung diagnostischer Instrumente. Die Erfahrung der letzten Jahrzehnte zeigt, dass die zur Entwicklung diagnostischer Verfahren erforderlichen Kompetenzen in den anderen Disziplinen wie Linguistik, Pädagogik oder Medizin oft nicht im erforderlichen Maße vorhanden sind. Dennoch werden viele sogenannte informelle Verfahren produziert und eingesetzt, die für Laien, wie Eltern, Erzieherinnen und Lehrerinnen, oft nach Augenschein die geeigneteren Verfahren zu sein scheinen, obwohl die Tauglichkeit dieser Verfahren in der Regel nicht geprüft wurde und nicht belegt ist.

Diagnose bzw. Differenzialdiagnose der SSES und der LRS. Da neben den sprachlichen Leistungen auch die Erfassung anderer relevanter Entwicklungsdomänen, insbesondere der intellektuellen Leistungsfähigkeit (kognitiver Entwicklungsstand), der sozioemotionalen Fähigkeiten und des Sozialverhaltens, gehört, ist psychologische Expertise im diagnostischen Prozess notwendig. Denn dies sind diagnostische Fragestellungen, zu denen andere Fachdisziplinen in der Regel nicht ausbilden. Für eine Diagnose SSES oder LRS müssen in diesen Entwicklungs- und Leistungsbereichen tragfähige Informationen erfasst werden, um das (doppelte) Diskrepanzkriterium (s. Abschn. 29.1.2) erfüllen zu können; daher muss die Psychologin oder der Psychologe in den Institutionen, in denen solche Diagnosen gestellt werden, auch diese verantwortungsvollen Aufgaben bei der Identifizierung spracherwerbsgefährdeter Kinder übernehmen. Dies gilt insbesondere für die Differenzialdiagnose bei den sogenannten »late talker«, die nach unterschiedlichen Angaben bis zu 30 % der Kinder eines Jahrgangs ausmachen, von denen wiederum die Hälfte eine SSES ausbildet. Bei dieser Gruppe ist differenzialdiagnostisch zu prüfen, ob tatsächlich eine SSES vorliegt oder ob diese Kinder lediglich einen verzögerten und verlangsamten Spracherwerb zeigen, der auf andere Ursachen zurückzuführen ist (z. B. kognitive, semantische Minderleistungen).

Fort- und Weiterbildung pädagogischer Fachkräfte. Den pädagogischen Fachkräften in den Kindertageseinrichtungen (Kinderkrippen, Kindergärten) und Schulen (Grundschulen, Sonderschulen) werden derzeit und zukünftig immer größere Anteile präventiver, diagnostischer und interventiver Aufgaben zufallen. Für den Aufbau der hierzu erforderlichen Kompetenzen in Diagnostik, Intervention und Beratung ist psychologische Expertise unerlässlich.

Entwicklung, Einsatz, Supervision und Evaluation geeigneter Interventionsmaßnahmen. Aus zwei Gründen scheint die Beteiligung von psychologischer Expertise im Bereich der Prävention und Intervention erforderlich: Die Folgen und die zu erwartenden »Nebenwirkungen« (Fehlentwicklungen durch sekundäre Beeinträchtigungen wie psychosoziale Fehlentwicklungen) einer SSES bzw. LRS sollten mithilfe wissenschaftlich fundierter Maßnahmen gemindert und möglichst abgewendet werden.

Gerade vor dem Hintergrund einer Reihe nicht wissenschaftlich fundierter, geschweige denn evaluierter Fördermaßnahmen ist psychologische Expertise für die Entwicklung und Begleitung der Interventionsmaßnahmen in den Einrichtungen und die Evaluation von Interventionen unabdingbar. Derzeit ist bei vielen der durchgeführten Interventionsmaßnahmen überhaupt nicht gewährleistet, dass die angestrebten Zielsetzungen auch nur annäherungsweise erreicht werden können. Oft genug verbauen ideologische Schranken sinnvolle und wissenschaftlich geprüfte Maßnahmen. So wird etwa in großen Teilen der Pädagogik davon ausgegangen, dass bei einer LRS nicht anders zu intervenieren sein würde als bei Kindern ohne LRS, was für die betroffenen Kinder fatal ist. Es wird sogar behauptet, dass es eine solche Störung gar nicht geben würde. Auch für eine SSES werden allzu oft der normale Spracherwerb und seine vermeintlichen Entwicklungsstufen als Folie für eine Intervention vorgeschlagen. Hier wird verkannt, dass bei einer SSES der Spracherwerb eben nicht nach den für den normalen Erwerb angenommenen Prozessen und Strukturen abläuft. Damit wird der Weg für die Suche nach sinnvollen Kompensationsmöglichkeiten versperrt. Im Bereich der LRS-Intervention, auch der pädagogisch-didaktischen Maßnahmen, erweist sich z. B. die Kompensation über den visuellen Zugang zu den Graphem-Phonem-Korrespondenzen als ein gangbarer Weg. Im Sinne einer Zeichensprache werden sprachbegleitende Handzeichen als lernunterstützend eingesetzt, wie dies im Kieler Leseaufbau erfolgreich realisiert wird.

Elternberatung. Psychologische Expertise ist ebenso bei der Beratung der Eltern gefordert. Denn auch hier sind die Informationen der pädagogischen Fachkräfte oder der beteiligten Therapeuten des nicht-medizinischen Hilfspersonals nicht immer wissenschaftlich begründet.

Systematischere Erforschung der Sprache, ihrer Störungen und der Interventionsmöglichkeiten. Außerordentlich wünschenswert wäre es, wenn seitens der Fachdisziplin Psychologie dem Bereich Sprache in Forschung und Lehre mehr Aufmerksamkeit gewidmet werden würde. Sprache ist ein wesentlicher und zentraler Bereich der menschlichen Existenz, der leider in der wissenschaftlichen Psychologie gegenwärtig nur ein Stiefmütterchendasein fristet. Von persönlichen Vorlieben einiger weniger hängt es ab, ob dieser Bereich in Forschung und Lehre der Psychologie überhaupt fokussiert wird und den aufgrund seiner Relevanz für die Entwicklung des Menschen zentralen Stellenwert erhält.

SSES und LRS zählen zum einen zu den am häufigsten anzutreffenden Phänomenen im Bereich der Entwicklungsauffälligkeiten und schulischen Leistungsschwierigkeiten, zum anderen stellt der Spracherwerb über den Erwerb formaler Eigenschaften hinaus einen der wichtigsten Bereiche der individuellen Entwicklung dar. Sprache ist (zum einen als Sprachwissen, sprachliche Fertig- und Fähigkeiten, zum anderen als Medium der Repräsentation von Inhalten und Werten einer Kultur) zentral für menschliches Dasein. Sprachbeherrschung ist Voraussetzung für die gelingende Sozialisation in eine Kultur. Auch in der Ausbildung sollte daher stärker als in Abhängigkeit von den je zufälligen Interessen der Ausbilder auf diese Phänomene SSES und LRS fokussiert werden.

Beteiligung an interdisziplinären Arbeitsgruppen und Programmen. Betrachtet man die Wissenschaftslandschaft im Feld Sprache, so muss man erstaunt feststellen, dass viele der inhaltlich in diesem Bereich angesiedelten Forschungsprogramme und viele Arbeitsgruppen, die sich mit Sprache, Zweitsprache (einem enorm wichtigen gesellschafts- und bildungspolitischen Bereich) befassen, falls überhaupt, dann eher randständig auch mit Experten aus der Psychologie besetzt sind. Die wissenschaftliche Psychologie hat dieses gesellschafts-, sozial- und bildungspolitische Feld weitgehend brachliegen lassen bzw. den anderen Disziplinen zur nahezu alleinigen Bearbeitung überlassen.

> **Zusammenfassung**
>
> ▶ Im Laufe der Forschungsgeschichte erhielt die heute als spezifische (oder umschriebene) Sprachentwicklungsstörung (SSES bzw. USES) benannte Störung mit wachsendem Wissen unterschiedliche Namen. Geblieben ist das Problem, dass diese Störung nach wie vor durch Ausschlussdefinition bestimmt wird.
>
> ▶ Die Kennzeichen einer SSES sind falsche oder fehlerhafte Flexionen, die Auslassung obligatorischer Satzteile und Stellungsfehler bei Ausschluss sonstiger Beeinträchtigungen wie geistiger Behinderung, sozioemotionalen Fehlentwicklungen und Kommunikationsstörungen wie Mutismus oder Autismus.
>
> ▶ Diskutierte Ursachen sind im Wesentlichen Minderleistungen in umschriebenen kognitiven Teilbereichen; besonders bedeutsam sind hier Funktionsbeeinträchtigungen des phonologischen Arbeitsgedächtnisses.
>
> ▶ Wie bei nahezu jeder Störung gibt es auch bei Sprachentwicklungsstörungen sekundäre Beeinträchtigungen (Folgestörungen) für die Betroffenen selbst und ihre Umwelt. Diskutiert werden hier etwa Einschränkungen pragmatischer, schriftsprachlicher und Interaktionskompetenzen sowie Fehlentwicklungen des Selbstkonzepts.
>
> ▶ Bei (spezifischen) Sprachentwicklungsstörungen ist eine differenzierende und differenzielle interdisziplinäre Diagnostik wichtig. Vonseiten der Psychologie werden dabei Intelligenztests und

sprachentwicklungspsychologische Tests und Screenings eingesetzt.
- Differenzialdiagnostisch sind Nachsprechaufgaben wichtig, bei denen von den Kindern die korrekte Wiedergabe der Reihenfolge vorgegebener Sätze, Wörter, Wort- und Zahlenfolgen erwartet wird, die bedeutungstragend oder sinnlos sein können.
- Auch für die Intervention ist eine interdisziplinäre Zusammenarbeit notwendig. Die Expertise von Psychologen ist insofern von besonderer Bedeutung, als kompensatorische Maßnahmen in anderen als den gestörten kognitiven Bereichen zu suchen sind.

Weiterführende Literatur

Kany, W. & Schöler, H. (2010). Fokus: Sprachdiagnostik. Leitfaden zur Sprachstandsbestimmung im Kindergarten (2., erw. Aufl.). Berlin: Cornelsen Scriptor. *Neben einem detaillierten Überblick über die verschiedenen sprachlichen Ebenen und die jeweiligen Meilen- und Grenzsteine bei der individuellen Entwicklung enthält das Lehrbuch eine Beschreibung und Diskussion grundlegender diagnostischer Methoden und Verfahren und der aktuellen Sprachentwicklungsdiagnostika.*

Langen-Müller, U. de, Kauschke, C., Kiese-Himmel, C., Neumann, K., Noterdaeme, M. & Rausch, M. (unter Mitarbeit von H. Bode et al.). (2012). Diagnostik von Sprachentwicklungsstörungen (SES), unter Berücksichtigung umschriebener Sprachentwicklungsstörungen (USES) (synonym: spezifische Sprachentwicklungsstörungen (SSES)). Interdisziplinäre Leitlinie. Frankfurt: Lang. *Diese diagnostische Leitlinie enthält eine Zeittafel für die einzelnen Entwicklungsschritte beim normalen Spracherwerb, die gebräuchlichen Methoden und Verfahren zur Diagnostik und einen Ablaufplan für die Differenzialdiagnostik bei Sprachentwicklungsstörungen.*

Schöler, H., Fromm, W. & Kany, W. (Hrsg.). (1998). Spezifische Sprachentwicklungsstörung und Sprachlernen. Heidelberg: Winter. *Dieser umfangreiche Forschungsbericht gibt einen guten Überblick über die Theorien und die Forschungsmethoden zur spezifischen Sprachentwicklungsstörung und diskutiert nach wie vor relevante Fragestellungen.*

30 Schulische Leistungen und ihre Messung

Olaf Köller • Jürgen Baumert

30.1 Theoretische Verankerung von Schulleistungen
30.2 Herausforderungen bei der Messung von Schulleistungen
    30.2.1 Zur curricularen (inhaltlichen) Validität von Schulleistungstests
    30.2.2 Modellierung von schulischen Entwicklungsverläufen
    30.2.3 Die Rolle des Antwortformats in Schulleistungsstudien
    30.2.4 Zur Dimensionalität von Schulleistungen bzw. Schulleistungstests
30.3 Die Entwicklung von Schulleistungen in der Kindheit und im Jugendalter
    30.3.1 Schulleistungsentwicklung in der Grundschule
    30.3.2 Entwicklung der Schulleistungen in der Sekundarstufe I
30.4 Definition von schulischen Kompetenzniveaus
30.5 Schulleistungen – Leistungen der Schule oder des Schülers?
30.6 Fähigkeitsgruppierungen und Schulleistungsentwicklung

Rund 20 % der 15-Jährigen in Deutschland können nicht ordentlich lesen und rechnen! – Dies ist einer der Befunde für Deutschland, die seit 2001 alle drei Jahre im Rahmen des Programme of International Student Assessment (PISA) publiziert werden (vgl. z. B. Klieme et al., 2010). In PISA werden die Lesekompetenzen sowie die mathematischen und naturwissenschaftlichen Kompetenzen von 15-Jährigen aus mittlerweile über 60 Ländern getestet. In Deutschland beteiligt sich eine national repräsentative Stichprobe von rund 5.000 Schülerinnen und Schülern an PISA. Seit der ersten Untersuchung (PISA 2000) ist in Drei-Jahres-Abständen immer wieder berichtet worden, dass rund ein Fünftel der deutschen 15-Jährigen Kompetenzstände in Mathematik und im Lesen erreicht, die es fraglich erscheinen lassen, ob diese Jugendlichen auf der Basis ihrer Kompetenzen den Übergang in die berufliche Erstausbildung erfolgreich bewältigen werden. In PISA 2009 lag die Quote bei 18,5 %.

Die Anlage der PISA-Untersuchung (querschnittliche Feldstudie) und die verwendeten Erhebungsinstrumente (lediglich Fragebogen- und Leistungsdaten) setzen der Ursachenanalyse für diese geringen Leistungen allerdings Grenzen. Ebenso ist PISA nicht geeignet, Entwicklungsprozesse in den Leistungen nachzuzeichnen, da nur eine Bestandsaufnahme bei 15-Jährigen vorgenommen wird. Mittlerweile existieren aber neben PISA vielfältige Befunde der Bildungsforschung aus Längsschnittstudien und experimentellen Arbeiten, die unser Wissen über die Entwicklung von Schulleistungen von der Vorschulzeit bis zum Ende der Sekundarstufen I und II erheblich erweitert haben.

Gelingende Entwicklungsprozesse in einer modernen Gesellschaft sind an die Verfügbarkeit eines breiten Katalogs schulisch erworbener Kompetenzen gebunden. Berufliche und gesellschaftliche Anforderungen als Folge immenser technologischer Veränderungen setzen ein Wissens- und Handlungsrepertoire voraus, dessen Erwerb ohne institutionalisierte Bildungsprozesse in Schulen, Hochschulen und sonstigen Bildungseinrichtungen unmöglich ist. Die systematische Förderung der Schulleistungen von Kindern und Jugendlichen stellt dementsprechend eine gesellschaftliche Aufgabe dar, für die Forschungsarbeiten Handlungswissen bereitstellen müssen.

> **Definition**
>
> **Schulleistungen** umfassen das deklarative und prozedurale Wissen in verschiedenen schulischen Fächern, dessen Erwerb zu einem erheblichen Teil an Lerngelegenheiten im jeweiligen Fachunterricht gebunden ist.

Die Kanonisierung des Wissens kann auf der Grundlage von Curricula (Lehrplänen) und/oder Bildungsstandards erfolgen. In neueren Arbeiten wird anstelle von schulischen Leistungen von schulischen Kompetenzen gesprochen.

Kernbereiche schulischer Bildung. Mittlerweile haben sich wenigstens vier Bereiche schulischer Bildung herauskristallisiert, in denen ein hinreichendes Maß an Kompetenzen als notwendige Voraussetzung für eine erfolgreiche Berufs- und Lebensperspektive gilt. Es handelt sich dabei um grundlegende Kompetenzen in der Verkehrssprache, der Mathematik, den Naturwissenschaften und der Fremdsprache Englisch. Ohne fundierte Kompetenzen in diesen Bereichen können im Extremfall nicht einmal die Einrichtungen des Wohlfahrtsstaates in Anspruch genommen werden (vgl. Köller, Knigge & Tesch, 2010).

Vor diesem Hintergrund der besonderen Relevanz schulisch erworbener Kompetenzen für eine erfolgreiche Entwicklung über die Lebensspanne sollen in diesem Kapitel aktuelle Arbeiten zur Entwicklung und Messung von Schulleistungen vorgestellt werden. Eigentlich müsste man von »Schülerleistungen« sprechen, impliziert doch der Begriff »Schulleistung«, dass es sich um Leistungen der Schule handelt. Förderleistungen der Schulen werden allerdings als »Schuleffizienz« oder »Schuleffektivität« (School Effectiveness; vgl. Scheerens & Bosker, 1997) bezeichnet.

30.1 Theoretische Verankerung von Schulleistungen

Schulleistungen in unterschiedlichen Fächern werden prozessorientiert beschrieben und als Kompetenzen verstanden. Letztere kann man in Anlehnung an Weinert (2001) als beim Schüler verfügbare oder von ihm erlernbare kognitive Fähigkeiten und Fertigkeiten definieren, die notwendig sind, um bestimmte domänenspezifische Probleme lösen zu können. Im Folgenden soll die Idee der Beschreibung von Schulleistungen über Kompetenzen für die Bereiche Fremdsprache und Mathematik erläutert werden.

Kompetenzen in der ersten Fremdsprache

Zur Klärung dessen, was unter Kompetenzen in der ersten Fremdsprache zu verstehen ist, hat die Studie Deutsch-Englisch-Schülerleistungen-International (DESI; Beck & Klieme, 2007) entscheidend beigetragen. Die Struktur der Fremdsprachenkompetenz wurde dabei in unterschiedliche Teilkomponenten untergliedert. Produktive (Schreiben, Sprechen, Textrekonstruktion) und rezeptive Kompetenzen (Lese- und Hörverstehen) werden demnach unterstützt durch Komponenten der Sprachbewusstheit, etwa in Form von grammatischen und pragmatischen Kompetenzen. Letztere beziehen sich auf das adäquate Verhalten in kommunikativen Situationen, hierunter lassen sich auch die interkulturellen Kompetenzen subsumieren. Produktive, rezeptive und Sprachbewusstheitskompetenzen stellen dabei keineswegs unabhängige Dimensionen dar. Vielmehr ist dies Folge eines Fremdsprachenunterrichts, der die verschiedenen Teilkompetenzen simultan zu fördern versucht. Dass sich die Komponenten empirisch trennen lassen – wenn auch mit erheblichen Korrelationen –, zeigen beispielsweise die Befunde aus DESI (vgl. Beck & Klieme, 2007). Das darin beschriebene Kompetenzstrukturmodell lässt sich weitgehend auf die sprachlichen Kompetenzen in der Mutter- bzw. Verkehrssprache anwenden. Auch diesbezüglich zeigen empirische Befunde, dass sich die Dimensionen trennen lassen (vgl. Bremerich-Vos, Böhme & Robitzsch, 2009).

Struktur der Kompetenzen im Fach Mathematik

Sehr elaborierte Kompetenzstrukturmodelle liegen mittlerweile auch für die Mathematik vor. In Anlehnung an Blooms klassische Taxonomie von Lernzielen im kognitiven Bereich, die Arbeiten im Rahmen von PISA und die neueren Arbeiten im Rahmen der Bildungsstandards können fachliche Leistungen im Fach Mathematik mithilfe prozeduraler und inhaltlicher Facetten beschrieben werden, die in Abbildung 30.1 aufgeführt sind. Es ist hier bewusst eine Darstellungsform gewählt, wie sie häufig für das bekannte Berliner Intelligenzstrukturmodell verwendet wird. Auch dort wird zwischen inhaltlichen und operativen Dimensionen unterschieden. Bemerkenswert ist dabei, dass die in Abbildung 30.1 gezeigten Strukturen mathematischer Kompetenz im Laufe der Schulzeit weitgehend altersunabhängig sein sollen.

Die prozessbezogenen Kompetenzen beschreiben kognitive Operationen, die Schülerinnen und Schüler in allen Inhaltsbereichen der Mathematik zur Lösung von Aufgaben anwenden müssen. Inhaltliche Kompetenzen (Leitideen) beschreiben die Phänomene, »die man sieht, wenn man die Welt mit mathematischen Augen betrachtet. Man sieht z. B. Quantifizierungen aller Art (Zahl), oder man sieht ebene und räumliche Figuren, Formen, Gebilde, Muster (Raum und Form).« (Blum, 2006, S. 20).

Im Folgenden sollen die prozessbezogenen Kompetenzen genauer beschrieben werden. Wir lehnen uns bei der Beschreibung eng an die Ausführungen bei Leiß und Blum (2006) an.

Mathematisches Argumentieren. Diese Kompetenz beschreibt sowohl das Verbinden mathematischer Aussagen zu logischen Argumentationsketten als auch das Verstehen und kritische Bewerten verschiedener Formen mathematischer Argumentationen. Dies bezieht sich auf die Begründung von Ergebnissen und Behauptungen, die Herleitung mathematischer Sätze und Formeln oder die Einschätzung der Gültigkeit mathematischer Verfahren.

Mathematisches Problemlösen. Darunter wird vor allem die Verfügbarkeit über geeignete Strategien zur Auffindung von mathematischen Lösungsideen oder -wegen verstanden. Typische Strategien sind hier:
- das Zerlegungsprinzip (»In welche Teilprobleme lässt sich das Problem zerlegen?«),
- das Analogieprinzip (»Habe ich ähnliche Probleme bereits gelöst?«),
- das Vorwärtsarbeiten (»Was lässt sich alles aus den gegebenen Daten folgern?«),
- das Rückwärtsarbeiten (»Was wird benötigt, um das Gesuchte zu erhalten?«),
- das systematische Probieren und
- die Veranschaulichung durch eine mathematische Figur, Tabelle oder eine Skizze.

Mathematisches Modellieren. Hierbei geht es darum, eine realitätsbezogene Situation durch den Einsatz mathematischer Mittel zu verstehen, zu strukturieren und einer Lösung zuzuführen sowie Mathematik in der Realität zu erkennen und zu beurteilen. Der Prozess des Bearbeitens realitätsbezogener Fragestellungen lässt sich dabei idealtypisch durch folgende Teilschritte beschreiben:
- Verstehen der realen Problemstellung
- Vereinfachen und Strukturieren der beschriebenen Situation
- Übersetzen der vereinfachten Realsituation in die Mathematik
- Lösen der nunmehr mathematischen Problemstellung durch mathematische Mittel
- Rückinterpretation und Überprüfung des mathematischen Resultats anhand des realen Kontexts

Mathematische Darstellungen verwenden« (darstellen). Dies beschreibt sowohl die Fähigkeit, mathematische Darstellungen zu generieren, als auch das verständige Umgehen und Bewerten bereits vorhandener Darstellungen. Dies kann sich beispielsweise auf die Interpretation eines Balkendiagramms oder einer Tabelle beziehen.

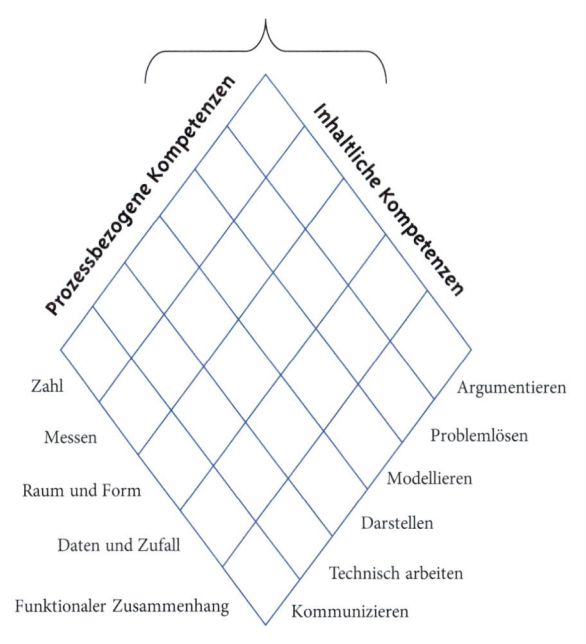

Abbildung 30.1 Struktur mathematischer Kompetenzen (nach Köller, 2010)

Mit symbolischen, formalen und technischen Elementen der Mathematik umgehen« (technisch arbeiten). Dies umfasst die Verfügbarkeit mathematischer Fakten im Sinne deklarativer Wissenskomponenten und mathematischer Fertigkeiten in Form von automatisierten Algorithmen (Routinen). Konkret geht es beispielsweise um das Wissen und Anwenden mathematischer Formeln, Regeln, Algorithmen und Definitionen. Man kann diese Kompetenzdimension beinahe als Stützfunktion für die übrigen Dimensionen verstehen.

Mathematisches Kommunizieren. Dazu gehören das Verstehen von Texten oder mündlichen Äußerungen zur Mathematik und das verständliche (auch fachsprachenadäquate) schriftliche oder mündliche Darstellen und Präsentieren von Überlegungen, Lösungswegen und Ergebnissen. Eine konzeptionelle Nähe zum Leseverstehen wie auch zum mathematischen Argumentieren ist dabei unübersehbar.

Die differenziertere Darstellung der Strukturen für die Fächer Englisch und Mathematik sollte deutlich gemacht haben, dass sich als Folge der großen internationalen Schulleistungsstudien in den letzten Jahren unser theoretisches Verständnis von Schul- bzw. Schülerleistungen deutlich erweitert hat. Im Hinblick auf Entwicklungsprozesse im Laufe der Schulzeit ist festzuhalten, dass diese Strukturen zeitlich stabil sein sollen.

30.2 Herausforderungen bei der Messung von Schulleistungen

Dieser Abschnitt hat die Aufgabe, auf methodische Besonderheiten bei der Erforschung von schulischen Bildungsprozessen hinzuweisen, die üblicherweise in anderen Bereichen der entwicklungspsychologischen Forschung in dieser Form nicht zu berücksichtigen sind.

30.2.1 Zur curricularen (inhaltlichen) Validität von Schulleistungstests

Orientierung an vierstufigen Curricula. Curricula (Lehrpläne) bzw. Bildungsstandards definieren, welche fachlichen Inhalte im Unterricht behandelt und in Schulleistungstests thematisiert werden sollten. Im Rahmen internationaler Schulleistungsuntersuchungen ist man dazu übergegangen, das Curriculum eines Landes vierstufig als intendiertes Curriculum, potenzielles Curriculum, implementiertes Curriculum und erreichtes Curriculum darzustellen (vgl. Bos et al., 2007). In der Bundesrepublik Deutschland ist das intendierte Curriculum durch die Lehrpläne und Prüfungsvorschriften definiert. Die zugelassenen Lehrbücher repräsentieren das potenzielle Curriculum. Als implementiertes Curriculum gilt der in einer Schule tatsächlich behandelte Stoff. Das erreichte Curriculum schließlich wird durch die Schülerleistungen selbst angezeigt. Ein Schüler bzw. eine Schülerin kann nur die Inhalte gelernt haben, die auch behandelt wurden, sich also auf das implementierte Curriculum beziehen. Für die Erforschung von Schulleistungsentwicklungen tritt hierbei natürlich das Dilemma auf, dass nicht spezielle Leistungstests für das implementierte Curriculum in jeder einzelnen Klasse jeder Schulform in jedem Bundesland konstruiert werden können. Vielmehr müssen sich die Tests am intendierten Curriculum in der Hoffnung orientieren, dass eine hohe Übereinstimmung mit dem implementierten Curriculum besteht.

Dieses Problem wird neuerdings durch die Orientierung an Bildungsstandards etwas reduziert. Bildungsstandards definieren mehr oder weniger unabhängig von Lehrplänen, über welche Kernkompetenzen Schülerinnen und Schüler zu bestimmten Zeiten ihrer schulischen Karriere verfügen sollten. Tests können sich dementsprechend an diesen Kernkompetenzen orientieren, da deren Aufbau im schulischen Unterricht verpflichtend ist. Beispiele für standardbasierte Testaufgaben finden sich in Köller, Knigge und Tesch (2010).

30.2.2 Modellierung von schulischen Entwicklungsverläufen

Lernen im Sinne der relativ dauerhaften Veränderung von kognitiven Strukturen meint bezogen auf Schulleistungen, dass es durch systematisch hergestellte Lehr-/Lernsituationen aufseiten der Schülerinnen und Schüler zum Aufbau, zur Veränderung und/oder Verfestigung von fachspezifischen Wissens- und Kompetenzstrukturen kommt. Bezogen auf die Messung und Analyse der schulischen Leistungsentwicklung impliziert dies, dass man Tests und Untersuchungsdesigns wählen muss, die eine Diagnose der Veränderung der Kompetenzen aufseiten der Schülerinnen und Schüler ermöglichen. Beherrscht ein Schüler zu einem Zeitpunkt T0 die Lösung einer Aufgabe nicht, wohl aber zu einem späteren Zeitpunkt T1, so kann davon ausgegangen werden, dass in der Zwischenzeit ein schulischer Lernprozess stattgefunden hat, sofern nicht die Annahme besteht, die erfolgreiche Lösung der Aufgabe sei die bloße Folge eines kognitiven Reifungsprozesses.

Längsschnittstudien zur Untersuchung von Kompetenzentwicklungen. Schulische Bildungsprozesse können dementsprechend nur mithilfe von Längsschnittdesigns untersucht werden, in denen Kompetenzzuwächse als Folge des Lehr-/Lerngeschehens in der Schule die zentrale Untersuchungsvariable sind. Wählt man dabei eine langfristige Untersuchungsperspektive, beispielsweise den Zeitraum der gesamten Sekundarstufen I und II (also von der 5. bis einschließlich der 12. oder 13. Jahrgangsstufe), so wird unmittelbar deutlich, dass in der 12./13. Jahrgangsstufe nicht mehr dieselben Testaufgaben verwendet werden können wie in der 5. Jahrgangsstufe oder gar umgekehrt. Die Vorgabe einer Aufgabe zur Differenzialrechnung in der 5. Jahrgangsstufe wird wegen der zu erwartenden Lösungswahrscheinlichkeit von $p = 0$ wenig diagnostische Information liefern. Das Gleiche gilt für die Bearbeitung einer einfachen Aufgabe zur Flächenberechnung eines Quadrats in der 12. oder 13. Jahrgangsstufe, die dort vermutlich mit einer Wahrscheinlichkeit von $p = 1$ gelöst wird.

Ankeritem-Designs. Den Ausweg aus diesem methodischen Dilemma bieten sogenannte Ankeritem-Designs, in denen Teilmengen der Aufgaben (Ankeritems) zu benachbarten Messzeitpunkten wiederholt vorgegeben und durch zusätzlich eingesetzte Aufgaben ergänzt werden. Item-Response-Modelle erlauben hier, auf der Basis der Ankeritem-Informationen Transformationsvorschriften zu bestimmen, mit deren Hilfe man die Schülerleistungen der verschiedenen Erhebungszeitpunkte auf einem gemeinsamen Maßstab abtragen kann. Auf diese Weise wird es möglich, intraindividuelle Entwicklungsverläufe über längere Zeiträume zum Gegenstand der Analysen zu machen.

30.2.3 Die Rolle des Antwortformats in Schulleistungsstudien

Multiple Choice vs. offene Antwortformate. Im schulischen Alltag bearbeiten Schülerinnen und Schüler offene Aufgaben und Probleme. Lösungen müssen nicht nur aufgeschrieben werden, es kommen oftmals Erläuterungen hinzu, in denen beispielsweise der Lösungsprozess nachgezeichnet werden muss. Standardisierte Tests zur Schulleistungsdiagnose sehen dagegen oftmals ein Antwortformat mit Mehrfachwahlen – Multiple Choice (MC) – vor, bei dem eine Schülerin bzw. ein Schüler aus zwei bis fünf Antwortalternativen die richtige Lösung einer Aufgabe herausfinden und ankreuzen muss. Der Vorteil dieses Antwortformats liegt in der hohen Auswertungsökonomie und Objektivität. Aus wissenschaftlicher Sicht ist über lange Zeit auch eingewandt worden, dass MC-Formate im Wesentlichen nur reproduktive Leistungen, nicht aber produktive Fähigkeiten – schlussfolgerndes Denken, komplexe Operationen oder gar Problemlösen – erfassen können. Vermisst wurde bei MC-Aufgaben auch die Möglichkeit, systematische Fehleranalysen durchzuführen (Helmke, 1997).

Als bessere Alternative gelten offene Antwortformate. Ein Blick in die methodologische Literatur zeigt allerdings, dass das Antwortformat eine eher nachgeordnete Bedeutung hat. So fassen Thissen et al. (1994, S. 113) ihre Ergebnisse zusammen: »Restricted factor analysis shows that the free-response sections measure the same underlying proficiency as the multiple-choice sections.« Auch muss festgehalten werden, dass MC-Aufgaben sehr gut geeignet sind, um mithilfe entsprechend formulierter falscher Antwortalternativen sogenannte Misskonzeptionen von Schülern zu diagnostizieren. Bei Misskonzeptionen handelt es sich um Alltagsvorstellungen von Schülerinnen und Schülern, die mit zu erwerbenden Unterrichtsinhalten inkompatibel sind und daher den Lernprozess oftmals hemmen. Hierzu zählen beispielsweise die Annahmen, die Erde sei eine Scheibe oder die Sonne würde sich um die Erde drehen.

Im Übrigen bleiben potenzielle Effekte des Antwortformats inhaltlich unbestimmt, solange keine eindeutigen Hypothesen über psychologische Prozesse vorliegen, die das Antwortverhalten von Schülerinnen und Schülern erklären. Im Falle von MC-Items kann man allerdings relativ einfach spezifische Annahmen über systematische Effekte des Antwortformats machen. So wird das Format bei diesen Items immer dann für den Lösungsprozess wichtig, wenn eine Person die Antwort auf eine Testfrage nicht weiß. Strategien, die in diesem Fall verwendet werden können, sind zum einen Raten, d. h. zufälliges Wählen einer Antwortalternative, zum anderen intelligentes Ausschließen von Antwortalternativen, indem aus allen Antwortalternativen diejenige mit subjektiv höchster Plausibilität ausgewählt wird (Lord, 1974). Dies kann die Aufgaben dann in der Tat hinsichtlich ihrer Schwierigkeit und Konstruktvalidität erheblich verändern. Lord (1974) weist darauf hin, dass besonders attraktive Distraktoren unter den Antwortalternativen gern gewählt werden, was bei sehr schweren Items oftmals dazu führt, dass der Prozentsatz richtiger Lösungen unter die Ratewahrscheinlichkeit fällt.

Bei der ganzen Diskussion um Antwortformate darf schließlich nicht übersehen werden, dass gewisse schulische Kompetenzen (Sprechen und Schreiben in den sprachlichen Fächern, Argumentieren in der Mathematik) bei ihrer Messung notwendigerweise ein offenes Antwortformat erfordern, mit der Konsequenz aufwendig konstruierter Codieranweisungen.

30.2.4 Zur Dimensionalität von Schulleistungen bzw. Schulleistungstests

Die Frage nach der Dimensionalität von fachspezifischen Schulleistungstests ist aus einer psychologischen wie fachdidaktischen Perspektive interessant. Psychologisch stellt sich für ganz unterschiedliche Teilbereiche und Anforderungen eines Schulfachs die Frage, ob es eine gemeinsame Dimension ist, welche die Leistungen in diesen verschiedenen Bereichen determiniert, oder ob es differenzielle intellektuelle Faktoren sind, die das Lösungsverhalten steuern.

Frühe Beiträge zu dieser Problematik stammen von Roeder und Treumann (1974 a, b) für den Mathematik- und Fremdsprachenunterricht. Quintessenz der Reanalysen und Literatur-Reviews der beiden Autoren ist, dass die Leistungen in beiden Bereichen mehrdimensional sind. So ergaben z. B. Reanalysen einer Studie von Otter (1968) für den Fremdsprachenunterricht am Ende der Sekundarstufe I in England drei Dimensionen (vgl. Roeder & Treumann, 1974a, S. 66 f.): (1) rezeptives Sprachverständnis, (2) Lesefertigkeiten und (3) schriftlicher Ausdruck. In Mathematik ergaben sämtliche gesammelten Studien keine eindimensionalen Lösungen; bemerkenswert ist allerdings, dass alle Untersuchungen, in denen Items eng am Curriculum orientiert waren, einen starken *g*-Faktor in den entsprechenden Faktorenanalysen aufwiesen.

Sang et al. (1986) analysierten die Englischleistungen von rund 14.000 Gymnasiasten. Konfirmatorische Faktorenanalysen ergaben Evidenz für ein Drei-Faktoren-Modell mit den Dimensionen elementares Wissen (Aussprache, Orthografie, Wortschatz), komplexeres Wissen (Grammatik, Leseverständnis) und Kommunikationsfertigkeiten (Hörverständnis, Sprachproduktion). Die Interkorrelationen dieser drei Faktoren (zwischen .60 und .84) belegen aber auch einen hohen gemeinsamen Varianzanteil, sodass vermutet werden kann, dass ein Modell mit einem starken *g*-Faktor und drei spezifischen (unkorrelierten) Faktoren (sogenanntes Nested Factor Model) ebenso gut die empirischen Zusammenhänge erklärt hätte.

Köller und Trautwein (2004) analysierten die Dimensionalität eines Englischtests, der in der gymnasialen Oberstufe eingesetzt worden war und Subskalen zu den Bereichen Hörverstehen, Leseverstehen und Grammatik enthielt. Auf der Basis der Daten von rund 4.800 Schülerinnen und Schülern wurden Mehrebenen-Faktorenanalysen durchgeführt. Auf der Individualebene ergab sich in der Tat das angenommene Drei-Faktoren-Modell. Allerdings lagen hier die Interkorrelationen bei .80, auf Schulebene ergab sich sogar nur ein *g*-Faktor.

Für das Fach Deutsch liegen belastbare Befunde vor allem im Grundschulbereich vor. Anhand einer umfangreichen Stichprobe ($N > 10.000$) von Schülerinnen und Schülern der 3. und 4. Jahrgangsstufe aus allen 16 Ländern sind Bremerich-Vos et al. (2009) der Frage nachgegangen, ob sich die verschiedenen sprachproduktiven und -rezeptiven Kompetenzen analytisch trennen lassen. Mehrdimensionale Analysen ergaben, dass sich die unterschiedlichen Teilkompetenzen in der Tat trennen lassen, mehrfaktorielle Modelle waren einem *g*-Faktor-Modell deutlich überlegen. Das Korrelationsmuster für die fünf Dimensionen zeigt Tabelle 30.1. Der höchste korrelative Zusammenhang findet sich mit $r = .85$ zwischen den Kompetenzbereichen Zuhören und Lesen, die den rezeptiven Sprachkompetenzen zugeordnet werden. Die enge Beziehung zwischen beiden Bereichen steht im Einklang mit der einschlägigen Literatur, in der für beide Kompetenzen vergleichbare Informationsverarbeitungsprozesse angenommen werden.

Mit $r = .83$ besteht zwischen der Schreib- und Rechtschreibkompetenz ein ähnlich hoher Zusammenhang. Produktive Schreiber beherrschen demnach auch die Orthografie. Für das Lesen zeigen sich hohe Zusammenhänge mit allen anderen Kompetenzen. Das Gleiche gilt für den Bereich Sprachgebrauch (im Mittel $r = .70$). Diese Befundlage impliziert insgesamt, dass sich fachspezifische Leistungen in Schulleistungstests durchaus analytisch trennen lassen, aber auch erheblich durch ein einheitliches, aber komplexeres Fähigkeitssyndrom beeinflusst werden.

Tabelle 30.1 Korrelationen zwischen verschiedenen Kompetenzbereichen im Fach Deutsch in der Grundschule (vgl. Bremerich-Vos et al., 2009)

	Zuhören	Schreiben	Lesen	Sprachgebrauch	Rechtschreibung
Schreiben	.44				
Lesen	.85	.70			
Sprachgebrauch	.70	.64	.72		
Rechtschreibung	.39	.83	.78	.78	.81
Verbale Intelligenz	.50	.67	.62	.64	.50
Mittlere Korrelation (spaltenweise)	.58	.66	.73	.70	.66

Unter der Lupe

Messen Schulleistungstests lediglich Intelligenz?

Die Diskussion um die hohen Korrelationen zwischen Leseverstehen und Mathematikleistungen in PISA hat Brunner (2005) zum Anlass genommen der Frage nachzugehen, ob sich in Schulleistungstests nicht nur die allgemeine Intelligenz als g-Faktor abbildet. In den konfirmatorischen Faktorenanalysen von Daten aus PISA 2000 wurden vier mathematische Subtests (Algebra, Arithmetik, Geometrie, Stochastik), drei Subtests zum Leseverstehen (Informationsentnahme, Interpretieren und Reflektieren) sowie zwei Untertests zur Erfassung der allgemeinen Intelligenz verwendet. Abbildung 30.2 zeigt zwei unterschiedliche, von Brunner getestete Modelle. Das erste Modell ist ein g-Faktor-Modell, das impliziert, dass nur ein Faktor für die mit den Mathematik- und Leseskalen erfassten Leistungen verantwortlich ist. Diesem Modell stellt Brunner ein Nested Factor Model gegenüber. In diesem Modell werden interindividuelle Unterschiede bei der Lösung von Aufgaben durch mehrere Faktoren erklärt: Die Intelligenz beeinflusst die Lösung aller Aufgaben. Die mathematikspezifische Fähigkeit (M) beeinflusst nur die Performanz auf den Subskalen des PISA-Mathematiktests, und die spezifische verbale Fähigkeit (V) ist nur für die Bearbeitung der Subskalen des PISA-Lesetests relevant. Alle Faktoren stehen im Nested Factor Model wechselseitig orthogonal zueinander.

Beide Modelle wurden anhand des erweiterten PISA-Datensatzes der Neuntklässler analysiert. Die Fit-Indizes in Abbildung 30.2 legen eine klare Präferenz für das Nested Factor Model nahe. Alle Faktorladun-

g-Faktor-Modell

.72 .69 .62 .49 .66 .71 .78 .82 .71

Alg Ari Geo Sto FA WA Info Int Ref

χ^2 (df = 27, N = 29.386) = 8.406,0
CFI = .93
RMSEA = .10
SRMR = .04

Nested Factor Model

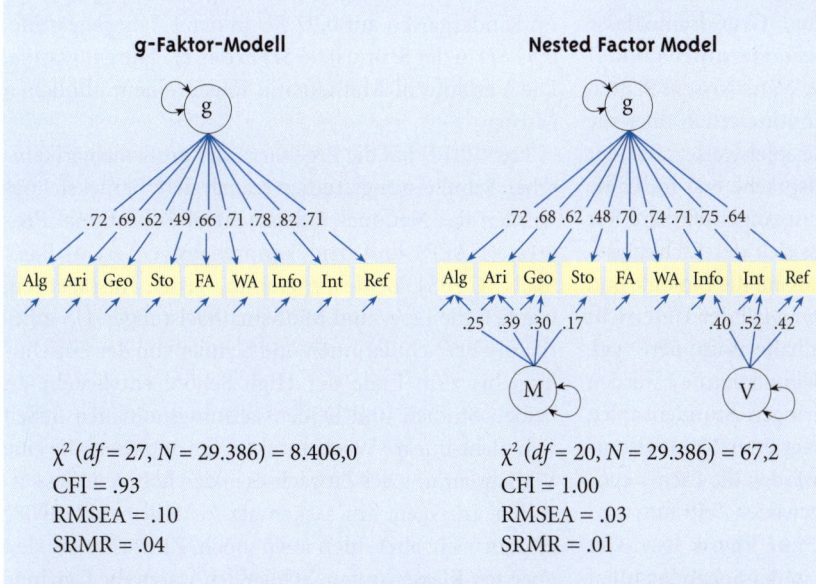

.72 .68 .62 .48 .70 .74 .71 .75 .64

Alg Ari Geo Sto FA WA Info Int Ref

.25 .39 .30 .17   .40 .52 .42

M   V

χ^2 (df = 20, N = 29.386) = 67,2
CFI = 1.00
RMSEA = .03
SRMR = .01

Abbildung 30.2 Zwei Modelle zur Prüfung der Dimensionalität von Leistungstests in PISA 2000. Die dargestellten Modellkoeffizienten sind standardisierte Faktorladungen (Erläuterungen im Text)

gen im *g*-Faktor-Modell und im Nested Factor Model sind mit Ausnahme der Ladung der Stochastikskala auf M substanziell. Die Ergebnisse der Modellprüfung zeigen, dass die Subskalen des Mathematik- und des Lesetests nicht nur einen Generalfaktor, sondern zu nennenswerten Anteilen auch domänenspezifische Fähigkeiten erfassen.

Fasst man die Befundlage zusammen, so ergibt sich Evidenz dafür, dass Schulleistungsmaße mehrdimensionale Konstrukte darstellen, die in der Tat durch die Intelligenz beeinflusst werden, aber spezifische Varianzanteile haben, die offenbar Folge differenzieller Lerngelegenheiten aufseiten der Schülerinnen und Schüler sind.

30.3 Die Entwicklung von Schulleistungen in der Kindheit und im Jugendalter

Die Steigerung schulischer Leistungen ist eng an Lerngelegenheiten gekoppelt. Bieten Schulen oder andere außerschulische Agenten fortlaufend Lerngelegenheiten, so ist mit einem permanenten Anstieg der Leistungen zu rechnen, sofern der Lernprozess kumulativ in dem Sinne ist, dass bereits früher erworbene Kenntnisse im Unterricht vertieft und erweitert und nicht etwa vergessen werden.

Leistungsentwicklung und Lerngelegenheiten. Die Abhängigkeit der schulischen Leistungsentwicklung von vorhandenen Lerngelegenheiten hat Implikationen für die Rolle der Wochenstundenzahl und die Kontinuität, mit der Fächer unterrichtet werden. Während im deutschen Schulsystem die Kernfächer Deutsch und Mathematik beginnend mit der ersten Grundschulklasse durchgehend bis zum Ende der Sekundarstufen I und II unterrichtet werden, werden die Naturwissenschaften und die Fremdsprachen nicht kontinuierlich über die gesamte Schulzeit angeboten. Beispielsweise setzt der Unterricht in der zweiten Fremdsprache erst im Laufe der Sekundarstufe I (6. oder 7. Jahrgangsstufe) ein. Für die Naturwissenschaften gilt, dass sich der Sachkundeunterricht der Grundschule oftmals auf die Biologie und Geografie beschränkt. Nicht selten wird der Unterricht sogar durch heimatkundliche Inhalte dominiert (vgl. Einsiedler, 2003). Im Laufe der Sekundarstufe I werden die Naturwissenschaften mit geringen Stundenzahlen unterrichtet. Zum Teil findet integrierter Naturwissenschaftsunterricht statt, zum Teil werden die Fächer epochal unterrichtet, d. h., für einen gewissen Zeitraum wird nur Biologie unterrichtet, dann nur Physik usw. Der Chemieunterricht setzt sehr spät in der Sekundarstufe I ein, teilweise erst in der 8. Jahrgangsstufe, sodass ein systematischer Wissensaufbau über einen längeren Zeitraum nicht gelingen kann. Die Quantität der Instruktion in einzelnen Fächern kann demnach in erheblichem Maß die Entwicklungsverläufe der Schulleistungen beeinflussen, und zwar in dem Sinne, dass deutliche Vergessensprozesse infolge geringer oder fehlender Lerngelegenheiten einsetzen.

Grenzen der Kompetenzentwicklung. Weiterhin zeigt sich in einigen schulischen Leistungsdimensionen im Laufe der Schulzeit eine gewisse Sättigung. Leistungszuwächse scheinen dann nur mit einem erheblichen Anstieg in den Lerngelegenheiten möglich zu sein. Empirische Evidenz hierfür zeigen Längsschnittstudien über große Zeiträume. Hill et al. (2008) haben für die Vereinigten Staaten die jährlichen Zuwächse in national normierten Leistungstests für Lesen und Mathematik von der 1. bis zur 11. Klasse zusammengestellt. Im Lesen sinken die jährlichen Zuwächse, in Standardabweichungen (*SD*) ausgedrückt, von 1,5 *SD* im Kindergarten auf 0,97 *SD* in der 1. Jahrgangsstufe, 0,32 *SD* in der 5. und 0,06 *SD* in der 11. Jahrgangsstufe. Die Verläufe in Mathematik folgen einem ähnlichen Muster.

Lee (2010) hat die Ergebnisse der großen amerikanischen Schulleistungsstudien reanalysiert. Berücksichtigt wurden das National Assessment of Educational Progress (NAEP) und der Comprehensive Test of Basic Skills (CTBS). Beide Programme lassen Aussagen zu, wie sich die Lese- und Mathematikleistungen US-amerikanischer Schülerinnen und Schüler von der Einschulung bis zum Ende der High School entwickeln. In beiden Studien und beiden Leistungsdomänen ließen sich nicht-lineare Wachstumskurven anpassen, die eine Verlangsamung des Zuwachses in den höheren Klassenstufen anzeigen. Im Gegensatz zu Hill et al. (2008) zeigten sich aber hier auch noch Zuwächse in den obersten Klassenstufen. Schließlich waren die Gewinne in Mathematik etwas größer als im Lesen.

30.3.1 Schulleistungsentwicklung in der Grundschule

Für die Vorschul- und Grundschulzeit wissen wir mittlerweile einiges über Schulleistungsverläufe. Dieses Wissen bezieht sich vor allem auf die Entwicklung der Lese- und Mathematikleistungen und weist aus, dass die Leistungszuwächse im Grundschulbereich deutlich höher als in der Sekundarstufe I ausfallen.

Nicht-lineare Leistungszuwächse. Im Rahmen der SCHOLASTIK-Studie (Schulorganisierte Lernangebote und Sozialisation von Talenten, Interessen und Kompetenzen; vgl. Weinert & Helmke, 1997) analysierten Schneider et al. (1997) die Rechtschreibleistungen und fanden den in Abbildung 30.3 skizzierten Entwicklungsverlauf. Der negativ beschleunigte und offensichtlich nicht-lineare Kompetenzzuwachs über die Zeit war hoch signifikant. Ähnlich große Fortschritte berichtet Reusser (1997) für den Bereich der Grundschulmathematik, konkret zur Veränderung der prozentualen Lösungshäufigkeiten von Textaufgaben während der Grundschulzeit (vgl. Tabelle V.2 in Reusser, 1997). Für die Lesekompetenz sprechen die oben bereits berichteten Befunde von Hill et al. (2008) ebenfalls für nicht-lineare Zuwächse.

Hinsichtlich der Leistungszuwächse im Grundschulbereich finden sich weiterhin interessante Befunde zu den Tests, mit deren Hilfe die Erreichung der von der Kultusministerkonferenz verabschiedeten Bildungsstandards für deutsche Grundschulen überprüft werden sollen. In den Jahren 2006 und 2007 wurden in großen Untersuchungen bundesweit Dritt- und Viertklässler in verschiedenen Subdimensionen der Fächer Deutsch und Mathematik getestet (vgl. im Überblick Granzer et al., 2009). Die Ergebnisse erlauben querschnittliche Abschätzungen der Leistungszuwächse über ein Schuljahr. In Abbildung 30.4 sind anhand des Effektstärkenmaßes d solche Veränderungen im Laufe der 4. Jahrgangsstufe abgetragen.

Für das Fach Deutsch (oberhalb der Trennlinie, helle Balken) sind die Teildimensionen Zuhören, Lesen, Orthografie und Sprachgebrauch berücksichtigt. Für das Fach Mathematik wurden die Inhaltsbereiche bereits oben erläutert. Erkennbar liegen die Zuwachsraten eines Schuljahres zwischen $d = 0{,}59$ (Zuhören) und $d = 0{,}99$ (Lesen). Für die beiden Bereiche mit den größten Zuwächsen (Lesen sowie Größen und Messen) gilt, dass für

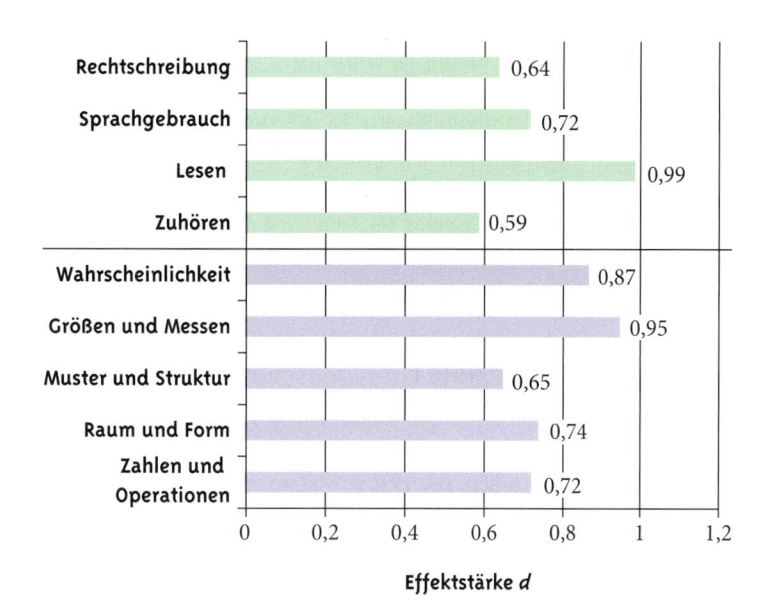

Abbildung 30.4 Leistungsdifferenzen zwischen Dritt- und Viertklässlern in verschiedenen Dimensionen der Fächer Deutsch und Mathematik (nach Granzer et al., 2009).

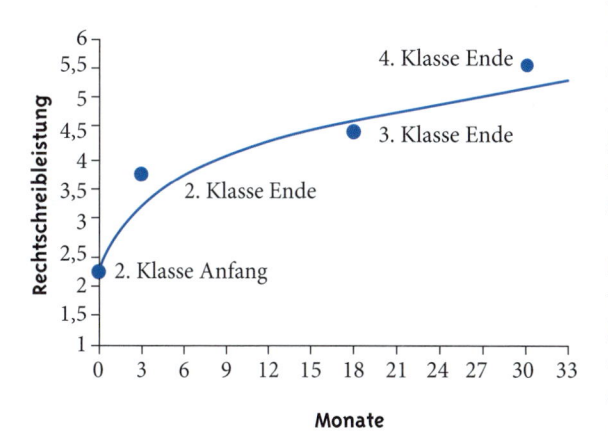

Abbildung 30.3 Entwicklung der Orthografieleistungen in der Grundschule (nach Schneider et al., 1997)

sie curricular bedingt relativ viel Unterrichtszeit in der 4. Jahrgangsstufe zur Verfügung gestellt wird.

Zusammenfassend zeigt sich für den Grundschulbereich, dass die Leistungszuwächse in den Fächern Deutsch und Mathematik pro Schuljahr erheblich sind, die Leistungen sich allerdings nicht-linear entwickeln, d. h. die Zuwächse pro Schuljahr über die Zeit abnehmen.

30.3.2 Entwicklung der Schulleistungen in der Sekundarstufe I

In der Sekundarstufe I (in der Regel 5. bis 9. bzw. 10. Jahrgangsstufe) existieren ebenfalls viele nationale und internationale Studien, die sich vor allem mit der Entwicklung der mathematischen und der Lesekompetenzen befassen. Diese Befunde sind in folgender Übersicht zusammengefasst.

> **Übersicht**
>
> **Zuwächse im Leseverstehen und in mathematischen Kompetenzen**
> - Im Vergleich zur Grundschule fallen die Kompetenzzuwächse pro Schuljahr geringer aus.
> - Durchschnittlich liegt der Zuwachs pro Schuljahr bei einer Effektstärke von $d = 0{,}33$ bis $d = 0{,}50$. Im Lesen fällt die Steigerung etwas geringer aus als in Mathematik.
> - Im Laufe der Sekundarstufe nehmen die Zuwächse pro Jahr eher ab. So zeigt sich für die Lesekompetenz von der 9. bis zur 10. Jahrgangsstufe nur noch eine Steigerung von ca. $0{,}1\ SD$ (IQB, 2009; s. aber Lee, 2010). Im Fach Mathematik wird in der 10. Jahrgangsstufe ein Zuwachs von ca. $0{,}25\ SD$ erreicht (PISA-Konsortium Deutschland, 2006).
> - Diese in Deutschland gefundenen Ergebnisse decken sich weitgehend mit internationalen Befunden (z. B. Hill et al., 2008; Lee, 2010).

Im Fach Englisch zeigen sich deutlich größere Zuwächse pro Schuljahr, die im Mittel bei einer Effektstärke von über $0{,}5\ SD$ liegen und nur leicht im Laufe der Sekundarstufe abzunehmen scheinen. Selbst für das letzte Schuljahr der Sekundarstufe I wird noch ein Zuwachs im Bereich des Lese- und Hörverständnisses von $d = 0{,}4$ berichtet (vgl. Köller, Knigge & Tesch, 2010). Dieser Befund ist insofern plausibel, da (anders als in der Verkehrssprache) der Erwerb von Lese- und Hörverstehenskompetenzen expliziter Gegenstand des Fremdsprachenunterrichts in der Sekundarstufe I ist.

Geringe Zuwächse in den Naturwissenschaften. Im Bereich naturwissenschaftlicher Kompetenzen existieren deutlich weniger Studien, die sich mit Entwicklungsverläufen beschäftigen. Eine Ausnahme stellt hier die Kohorten-Längsschnittstudie Bildungsprozesse und psychosoziale Entwicklung im Jugendalter und jungen Erwachsenenalter (BIJU) dar, die in den 1990er-Jahren unter der Ägide des Max-Planck-Instituts für Bildungsforschung in Berlin durchgeführt wurde und die Leistungsentwicklung in den Fächern Biologie und Physik von der 7. bis zur 10. Jahrgangsstufe untersuchte (vgl. im Überblick Köller, Baumert et al., 2010). Hier zeigten sich im Durchschnitt Kompetenzzuwächse von weniger als $0{,}25\ SD$ pro Schuljahr, in nichtgymnasialen Bildungsgängen blieben die Leistungsstände sogar fast unverändert. Dies wurde zum Teil auf die geringen Stundenzahlen in den Naturwissenschaften zurückgeführt, auch mag die geringe Kumulativität in den Lehrplaninhalten eine Rolle gespielt haben (vgl. am Anfang von Abschn. 30.3).

> **Denkanstöße**
> - Worin liegen die Ursachen dafür, dass Lernverläufe nicht-linear sind, d. h. in höheren Jahrgangsstufen abnehmen?
> - Was kann in Ihrem Studium dafür getan werden, dass möglichst auch noch Wissenszuwächse in höheren Semestern erreicht werden?

30.4 Definition von schulischen Kompetenzniveaus

Schulische Kompetenzen stellen kontinuierliche Merkmale dar. In Abhängigkeit von Lerngelegenheiten (s. Abschn. 30.5) steigen sie in der Kindheit und im Jugendalter an (s. Abschn. 30.3). Für die Interpretation, in welcher Weise sich fachspezifische Gedächtnisinhalte und kognitive Operationen über die Zeit verändern, sind sogenannte Kompetenzstufenmodelle, die auf der Basis empirischer Daten gewonnen werden, sehr hilfreich. Auf solche Verfahren soll im Folgenden eingegangen werden.

Skalenverankerung. Schulleistungsuntersuchungen nutzen die Vorteile von Tests, die auf der Grundlage von Item-Response-Modellen konstruiert wurden. Werden solche Tests großen Personenstichproben zur Bearbeitung vorgegeben, lassen sich anschließend die Personenfähigkeiten und die Itemschwierigkeiten auf derselben Dimension (demselben Maßstab) abtragen. Hat also eine Person einen Fähigkeitswert von beispielsweise 500 Punkten – der Maßstab ist hier beliebig und lehnt sich an die großen Studien wie PISA an – und einige Items haben ebenfalls eine Schwierigkeit von 500 Punkten, so heißt dies, dass die Person diese Items mit einer hinreichenden Sicherheit löst. In den aktuellen Schulleistungsstudien wird unter hinreichender Sicherheit eine Lösungswahrscheinlichkeit von $d > 0{,}62$ verstanden.

Bei der Erarbeitung von Kompetenzstufenmodellen machen sich Experten (Lehrkräfte, Fachdidaktiker und Psychometriker) die Eigenschaft der gemeinsamen Personen- und Itemskala zunutze und identifizieren Bereiche bzw. Abschnitte auf der Leistungsskala, in denen Items liegen, die mehr oder weniger identische kognitive Anforderungen an Schülerinnen und Schüler stellen. Aus dieser Analyse kann dann geschlossen werden, welche kognitiven Operationen Schülerinnen und Schüler in einem bestimmten Bereich der Leistungsskala beherrschen und bei welchen anderen Operationen sie Defizite haben.

Festlegung des Kompetenzniveaus am Beispiel Mathematik. Diese Art der Festlegung unterschiedlicher Leistungsniveaus soll genauer an den Aufgaben zu mathematischen Kompetenzen illustriert werden, die im Rahmen der Überprüfung der Bildungsstandards für den mittleren Schulabschluss im Fach Mathematik eingesetzt werden (vgl. IQB, 2008). Die Items basieren auf dem in Abbildung 30.1 dargestellten Kompetenzstrukturmodell und können bei Schülerinnen und Schülern der 9. und 10. Jahrgangsstufe eingesetzt werden. Die Leistungen der Personen und die Schwierigkeiten der Aufgaben wurden auf einem Maßstab mit einem Mittelwert (der Schülerinnen und Schüler) von $M = 500$ und einer Standardabweichung von $SD = 100$ abgetragen. Experten identifizierten anhand von Aufgabenanalysen fünf Bereiche (Kompetenzstufen) auf dem Leistungskontinuum, für die sich relativ trennscharf unterschiedliche kognitive Anforderungen beschreiben lassen (s. Übersicht). Wichtig für das Verständnis ist dabei, dass Schülerinnen und Schüler, die auf höheren Stufen liegen, auch über die Operationen verfügen, die auf niedrigeren Niveaus für die Aufgabenlösung eingesetzt werden müssen. Sie haben allein mit Aufgaben auf höheren Stufen Schwierigkeiten bzw. verfügen nicht über die zur Lösung notwendigen Operationen. Die Abbildung 30.5 zeigt Aufgabenbeispiele mit ihren Schwierigkeiten, die unterschiedliche Kompetenzniveaus definieren (s. IQB, 2008).

Übersicht

Stufen mathematischer Kompetenz bei Jugendlichen der 9. und 10. Jahrgangsstufe

Stufe 1 (Werte unter 410 Punkten): Schüler(innen) in dieser Kompetenzstufe können
- vorgegebene Argumentationen zu überschaubaren mathematischen Sachverhalten nachvollziehen,
- vertraute und direkt erkennbare arithmetische Modelle in vertrauten Realkontexten anwenden,
- aus kurzen, einfachen mathematikhaltigen Texten oder Darstellungen einzelne Informationen entnehmen,
- einschrittige, direkt umsetzbare Operationen mit einfachem Zahlenmaterial durchführen,
- Routineverfahren bei bekannten geometrischen oder algebraischen Objekten und Darstellungen verwenden,
- mit vertrauten einfachen Formeln und Symbolen umgehen,
- Wahrscheinlichkeiten für Elementarereignisse bei vertrauten Zufallsexperimenten (z. B. Würfeln, Los ziehen) berechnen.

Stufe 2 (410 – 489 Punkten): Schüler(innen) in dieser Kompetenzstufe können darüber hinaus
- einfache Standardargumentationen wiedergeben,
- einfache Problemaufgaben mit bekannten Verfahren lösen,
- wenigschrittige, direkt umsetzbare Operationen mit einfachem Zahlenmaterial (im Realkontext) durchführen,
- einfache Beziehungen zwischen Mathematik und Realität herstellen,
- einfache Darstellungen verwenden und Beziehungen zwischen zwei solchen herstellen,
- einfache geometrische Konstruktionen durchführen,

▶

- zwischen verschiedenen bekannten Darstellungen übersetzen,
- elementares begriffliches Wissen wiedergeben,
- relevante Informationen aus mehreren gegebenen auswählen.

Stufe 3 (490–569 Punkte): Schüler(innen) in dieser Kompetenzstufe können darüber hinaus
- selbstständig einfache Argumentationen in einem überschaubaren mathematischen Kontext durchführen,
- Probleme bearbeiten, deren Lösung die Anwendung einer naheliegenden Strategie erfordert,
- einem mathematischen Modell passende Situationen zuordnen,
- Modellierungen vornehmen, die wenige Schritte erfordern und vertraute Kontexte beinhalten,
- einfache geometrische Konstellationen analysieren,
- zwischen verschiedenen Darstellungen übersetzen,
- einschrittige Operationen mit Variablen, Termen, Gleichungen und Funktionen durchführen,
- wenigschrittige Operationen mit Zahlen oder Größen vorwärts und rückwärts durchführen,
- überschaubare Überlegungen, Lösungswege bzw. Ergebnisse verständlich darstellen.

Stufe 4 (570–649 Punkte): Schüler(innen) in dieser Kompetenzstufe können darüber hinaus
- überschaubare mehrschrittige Argumentationen erläutern bzw. entwickeln,
- Probleme bearbeiten, deren Lösung die Anwendung einer selbst entwickelten Strategie erfordert,
- mehrschrittige Modellierungen in komplexen Realkontexten durchführen,
- eigene Darstellungen zielgerichtet erstellen,
- mathematische Operationen verständnisorientiert anwenden,
- mehrschrittige Operationen mit Variablen, Termen, Gleichungen und Funktionen durchführen,
- Informationen aus längeren mathematikhaltigen Texten zielgerichtet entnehmen.

Stufe 5 (650 und mehr Punkte): Schüler(innen) in dieser Kompetenzstufe können darüber hinaus
- komplexe Argumentationen erläutern bzw. selbst entwickeln und bewerten,
- anspruchsvolle Probleme bearbeiten und Lösungswege reflektieren,
- komplexe außermathematische Problemsituationen mit selbst entwickelten Modellen bearbeiten,
- verwendete mathematische Modelle reflektieren und kritisch beurteilen,
- verschiedene Formen von Darstellungen beurteilen,
- Möglichkeiten und Grenzen der Nutzung mathematischer Operationen reflektieren,
- komplexe Algebraisierungen durchführen,
- Lösungsverfahren bewerten,
- komplexe mathematische Sachverhalte präsentieren,
- umfangreiche oder logisch komplexe mathematikhaltige Texte sinnentnehmend erfassen.

Diese Technik der Kompetenzstufendefinition ist trotz des Post-hoc-Vorgehens aus theoretischer Sicht von besonderer Bedeutung, da es auch für die stärker prozessbezogene Interpretation von Entwicklungsverläufen der Schulleistungen genutzt werden kann. Beispielsweise zeigen die gerade vorgeführten Kompetenzstufen im Fach Mathematik, dass ein Leistungsunterschied von einer Standardabweichung ($SD = 100$ Punkte) in der Tat qualitativ unterschiedliche Kompetenzniveaus abbildet.

30.5 Schulleistungen – Leistungen der Schule oder des Schülers?

Bislang wurde auf die besondere Bedeutung von schulischen Lerngelegenheiten für die Vermittlung zentraler Wissensinhalte hingewiesen. Schulleistungen und ihre Entwicklung, so die Annahme, sind unmittelbar an die Lerngelegenheiten im Unterricht geknüpft. Dementsprechend investieren moderne Industrienationen einen erheblichen Anteil ihrer ökonomischen Ressourcen in die schulische Bildung, immer mit der impliziten oder expliziten Forderung, dass die Schule Wissenserwerbsprozesse aufseiten ihrer Schülerinnen und Schüler initiiert, aufrechterhält und somit erfolgreiche Bildungs- und Lebenskarrieren ermöglicht.

Vor diesem Hintergrund ist es bemerkenswert, wie groß lange Zeit die Zweifel waren, die aus wissenschaftlicher Sicht gegen die pädagogische Effizienz von Schulen hervorgebracht wurden. In den 1960er-Jahren machte der Coleman-Report (Coleman et al., 1966) in den USA Furore. Basierend auf einer varianzanalytischen Auswer-

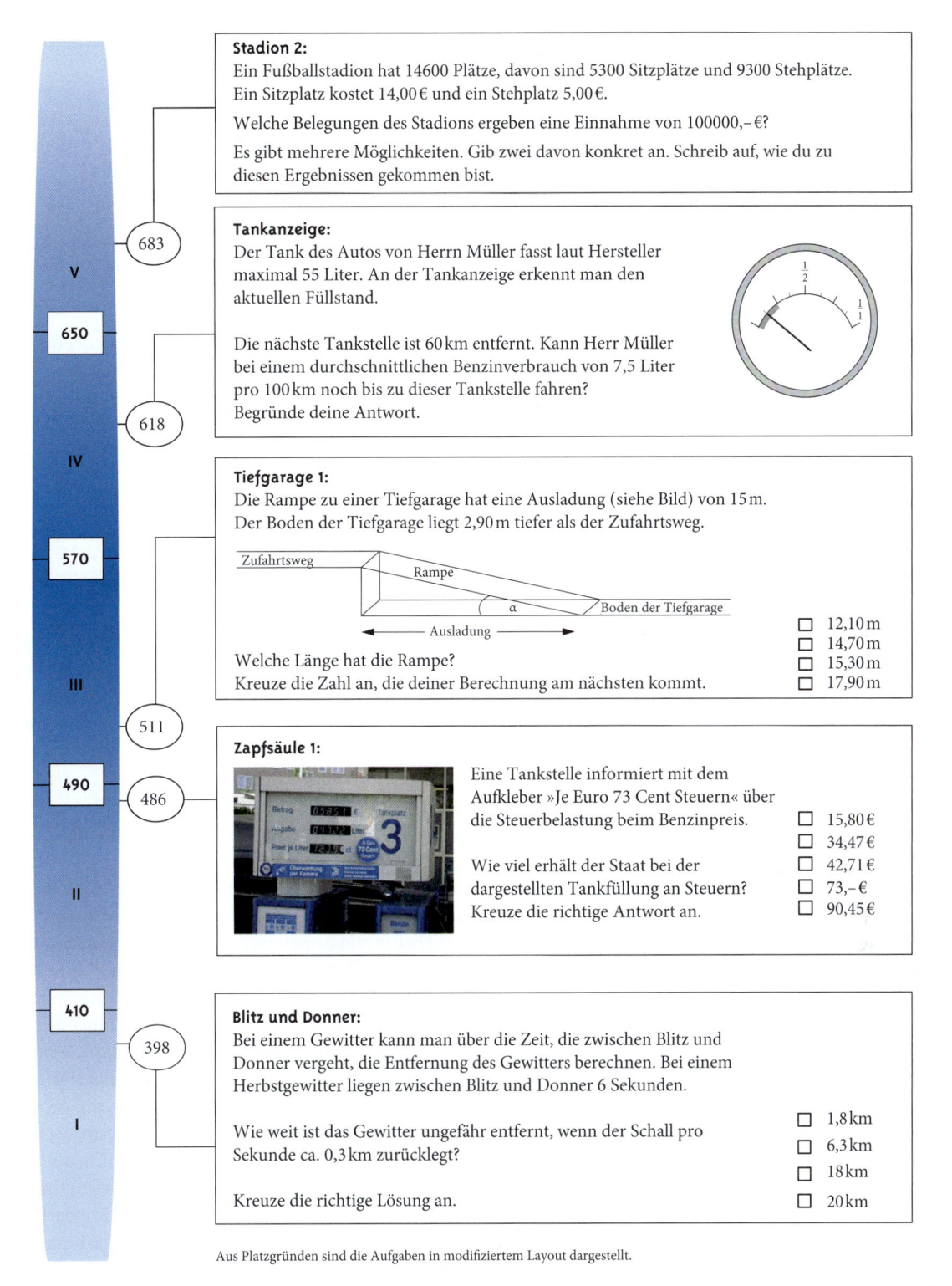

Stadion 2:
Ein Fußballstadion hat 14600 Plätze, davon sind 5300 Sitzplätze und 9300 Stehplätze. Ein Sitzplatz kostet 14,00 € und ein Stehplatz 5,00 €.

Welche Belegungen des Stadions ergeben eine Einnahme von 100000,- €?

Es gibt mehrere Möglichkeiten. Gib zwei davon konkret an. Schreib auf, wie du zu diesen Ergebnissen gekommen bist.

Tankanzeige:
Der Tank des Autos von Herrn Müller fasst laut Hersteller maximal 55 Liter. An der Tankanzeige erkennt man den aktuellen Füllstand.

Die nächste Tankstelle ist 60 km entfernt. Kann Herr Müller bei einem durchschnittlichen Benzinverbrauch von 7,5 Liter pro 100 km noch bis zu dieser Tankstelle fahren?
Begründe deine Antwort.

Tiefgarage 1:
Die Rampe zu einer Tiefgarage hat eine Ausladung (siehe Bild) von 15 m.
Der Boden der Tiefgarage liegt 2,90 m tiefer als der Zufahrtsweg.

Welche Länge hat die Rampe?
Kreuze die Zahl an, die deiner Berechnung am nächsten kommt.

☐ 12,10 m
☐ 14,70 m
☐ 15,30 m
☐ 17,90 m

Zapfsäule 1:
Eine Tankstelle informiert mit dem Aufkleber »Je Euro 73 Cent Steuern« über die Steuerbelastung beim Benzinpreis.

Wie viel erhält der Staat bei der dargestellten Tankfüllung an Steuern?
Kreuze die richtige Antwort an.

☐ 15,80 €
☐ 34,47 €
☐ 42,71 €
☐ 73,- €
☐ 90,45 €

Blitz und Donner:
Bei einem Gewitter kann man über die Zeit, die zwischen Blitz und Donner vergeht, die Entfernung des Gewitters berechnen. Bei einem Herbstgewitter liegen zwischen Blitz und Donner 6 Sekunden.

Wie weit ist das Gewitter ungefähr entfernt, wenn der Schall pro Sekunde ca. 0,3 km zurücklegt?

Kreuze die richtige Lösung an.

☐ 1,8 km
☐ 6,3 km
☐ 18 km
☐ 20 km

Aus Platzgründen sind die Aufgaben in modifiziertem Layout dargestellt.

Abbildung 30.5 Kompetenzniveaus und Aufgabenbeispiele für die verschiedenen Kompetenzstufen im Fach Mathematik (Sekundarstufe I)

tungsstrategie kamen die Autoren zu dem Ergebnis, dass nach Kontrolle von Schülermerkmalen lediglich 5 % (bei weißen Schülern) bzw. 9 % (bei schwarzen Schülern) der Leistungsunterschiede auf Schuleffekte zurückzuführen waren, 95 bzw. 91 % der Unterschiede also durch andere Faktoren erklärt werden konnten. In den Sekundäranalysen von Jencks et al. (1973) »verdüsterte« sich das Bild weiter, die Autoren schätzten jetzt, dass lediglich 1 % Leistungsvarianz auf Schuleffekte in der Sekundarstufe zurückzuführen war. Jencks et al. kamen auf Grundlage ihrer Befunde zu folgenden Schlussfolgerungen (vgl. Weinert, 2001, S. 74):

- Genetische Unterschiede, die sich beispielsweise in der unterschiedlichen Intelligenzhöhe von Schülerinnen und Schülern manifestieren, erklären 33–50 % der Schulleistungsunterschiede.
- Unterschiedliche außerschulische Lernumwelten erklären 25–40 % der Leistungsdifferenzen.
- Die unterschiedliche soziale Herkunft der Schülerinnen und Schüler erklärt ungefähr 6 % der Leistungsvarianz.
- Unterschiede im zeitlichen Umfang der Schulbildung erklären 5–15 % der Leistungsvarianz.
- Differenzen in der Qualität der Grundschulen erklären 3 % der Varianz.
- Qualitätsdifferenzen zwischen den Sekundarschulen erklären 1 % der Leistungsunterschiede zwischen Personen.

Für Deutschland wurde im Rahmen des kürzlich publizierten Ländervergleichs für die sprachliche Kompetenzen (Köller, Knigge & Tesch, 2010) eine Varianzzerlegung für die Fächer Deutsch und Englisch vorgenommen. Für verschiedene Teilkompetenzen konnte nach Kontrolle des Bundeslands und der Schulform ein Varianzanteil von rund 10 % auf Schulebene festgestellt werden. Scheerens und Bosker (1997) kommen aufgrund einer Metaanalyse zu der Schätzung, dass ca. 12 % der Leistungsunterschiede zwischen Schülern auf Schul- und Klasseneffekte zurückführbar sind.

Wegweisend ist ohne Frage die von Hattie (2009) vorgenommene Synthese von mehr als 800 Metaanalysen zu Determinanten von Schulleistungen. Hattie hat dabei über 50.000 Studien gesichtet und die Kernbefunde herausgearbeitet. Aufgrund dieser umfangreichen Analyse kommt er zu den Schätzungen der Bedeutsamkeit unterschiedlicher Varianzquellen in Tabelle 30.2.

In der Tat spielen individuelle Merkmale die wichtigste Rolle. Als zweitwichtigste Quelle ergibt sich die

Tabelle 30.2 Bedeutung unterschiedlicher Quellen für erfolgreiches schulisches Lernen (nach Hattie, 2009)

Quelle	Varianzanteil
Schüler	50 %
Familie	5–10 %
Peers	5–10 %
Schule	5–10 %
Lehrkraft	30 %

Professionalität der Lehrkraft, die sich in einem effektiven Unterricht niederschlägt. Die Lehrkraft bzw. ihr Unterricht erweist sich deutlich relevanter als andere Schulmerkmale (z. B. finanzielle Ausstattung). Lehrkraft und Schulfaktoren erklären gemeinsam immerhin 35 bis 40 % der Leistungsunterschiede.

30.6 Fähigkeitsgruppierungen und Schulleistungsentwicklung

Aus einer entwicklungspsychologischen Perspektive, in der individuelle Veränderungen auf institutionelle Variablen zurückgeführt werden, ist es ohne Frage von Interesse, den Einfluss sich ändernder Schulumwelten auf die Entwicklung von Schulleistungen zu untersuchen. Entsprechend dieser Sichtweise soll in diesem Abschnitt auf die Effekte von Fähigkeitsgruppierungen im Bereich der Sekundarstufe eingegangen werden.

Formen der Fähigkeitsgruppierung
Hinsichtlich der Fähigkeitsgruppierung werden im Wesentlichen zwei Formen unterschieden: die externe Differenzierung (between-classroom grouping) und die Binnendifferenzierung (within-classroom grouping).
Externe Differenzierung. Das gegliederte bundesdeutsche Schulsystem mit zwei (in einigen Ländern Gymnasium vs. Sekundarschule) bis vier Schulformen (Hauptschule, Realschule, Gesamtschule und Gymnasium) bietet ein Beispiel für die externe Differenzierung. Schülerinnen und Schüler der unterschiedlichen Schulformen besuchen getrennte Schulen, der Unterricht findet in leistungshomogenisierten Gruppen statt. Sonderformen der externen Differenzierung stellen die Kurssysteme der gymnasialen Oberstufe und der integrierten Gesamtschulen dar, wie auch die unterschiedlichen Zweige der amerikanischen Highschools. In den Ge-

samtschulen wird innerhalb einer Klasse in den Kernfächern (Deutsch, Mathematik, Fremdsprachen, Physik) ab einer bestimmten Jahrgangsstufe in zwei oder drei Kurse mit unterschiedlichen Leistungsniveaus differenziert, d. h., die Schülerinnen und Schüler einer Klasse werden in einigen Fächern gemeinsam, in anderen räumlich getrennt unterrichtet. In den USA werden in vielen Schulen unter einem gemeinsamen Dach drei unterschiedliche Zweige eingeteilt: Den »Academic Track« besuchen die leistungsstärksten Schülerinnen und Schüler, die später üblicherweise an eine Universität wechseln. Jugendliche des »Vocational Track« weisen schwächere Leistungen auf und wechseln in der Regel nach Abschluss der Schule in den Beruf. Schließlich besucht eine mittlere Gruppe den »General Track«; ein Teil dieser Jugendlichen wechselt am Ende der Schulzeit dann zum College oder zu einer Universität, der Rest geht in den Beruf über.

Binnendifferenzierung. Diese Form der Fähigkeitsgruppierung beschreibt im Gegensatz zur externen Differenzierung ein Vorgehen, bei dem Schülerinnen und Schüler im Klassenverband passend zu ihren unterschiedlichen Leistungs- bzw. Fähigkeitsniveaus Lerngruppen zugeordnet werden, in denen sie zum Teil spezifische Aufgaben und Bewertungen erhalten. Dieses stärker mikroadaptive Vorgehen innerhalb eines Klassenraumes verlangt von der Lehrkraft einen flexiblen Umgang mit der Leistungsheterogenität.

Grundannahme von externen Differenzierungsmaßnahmen. Eine wichtige Annahme aller externen Differenzierungsmaßnahmen ist, dass individuelle Lernerfolge in leistungshomogenen Gruppen höher sind als in leistungsheterogenen Gruppen (Köller & Baumert, 2001). In den klassischen Modellen schulischen Lernens von Carroll und Bloom wird davon ausgegangen, dass Lern- und Leistungsunterschiede zwischen Personen oftmals darauf beruhen, dass diese Personen unterschiedliche Zeiten benötigen, um den Unterrichtsstoff zu verstehen und abzuspeichern. Homogene Leistungsgruppen, so lässt sich aus diesen Modellen ableiten, benötigen ähnliche Lernzeiten; und gerade für leistungsstarke Gruppen impliziert dies, dass ein deutlich höheres Unterrichtstempo und kognitives Anspruchsniveau gewählt werden kann. In diesem Sinne konnten Weinert und Helmke (1997) zeigen, dass die Vorkenntnisse der Schülerinnen und Schüler positive Effekte auf die Variablen »Klarheit des Unterrichts« und »Zeitnutzung« hatten, Lehrer also im Sinne makroadaptiven Handelns ihren Unterricht an das Leistungsniveau ihrer Klasse anpassten. Infolge dieses Anpassungsprozesses kam es zu positiven Effekten der Unterrichtsvariablen auf die Leistungsentwicklung der Klasse. Befunde aus Lehrkräftebefragungen in PISA 2003 (vgl. Baumert et al., 2004) belegen ebenso, dass die kognitiven Anforderungen im gymnasialen Mathematikunterricht deutlich höher als im nichtgymnasialen Unterricht sind.

Effekte der Institution und der Komposition. Wichtig für das bessere Verständnis der Rolle einer externen Differenzierung für die Leistungsentwicklung ist die Unterscheidung von Effekten der Komposition und Effekten der Institution. Ein Effekt der Komposition liegt vor, wenn die Zusammensetzung der Schülerschaft in einer Klasse einen Einfluss auf die Leistungsentwicklung hat. Beispielsweise können Schülerinnen und Schüler in einer leistungsstarken Klasse von den Klassenkameraden profitieren, mit denen sie gemeinsam an der Lösung mathematischer Probleme arbeiten. Ein Effekt der Institution liegt dann vor, wenn gezeigt werden kann, dass es die curricularen und/oder unterrichtlichen Charakteristika einer Schulform sind, die jenseits der Schülerzusammensetzung einer Klasse über das Ausmaß der Leistungsentwicklung entscheiden.

Internationale Befunde zu Effekten der Leistungsgruppierung

Sekundarstufe I in Hongkong. Eine methodisch anspruchsvolle internationale Untersuchung, die sich mit den Effekten der Leistungsgruppierung auf die Entwicklung von Schulleistungen und selbstbezogenen Kognitionen bei Jugendlichen der Sekundarstufe I beschäftigt, wurde von Marsh et al. (2000) für das Schulsystem in Hongkong publiziert und soll im Folgenden genauer beschrieben werden. Hongkong verfügt über ein besonders stark segregiertes Schulsystem, d. h., am Ende der 6. Jahrgangsstufe muss von allen Schülern ein landesweit verbindlicher Schulleistungstest bearbeitet werden, dessen Ergebnis als Kriterium dient, welche Highschool die Schülerin bzw. den Schüler anschließend aufnimmt. Besonders renommierte Schulen rekrutieren nur Schülerinnen und Schüler mit exzellenten Leistungen in den Tests, wohingegen prestigeärmere Schulen solche aufnehmen, die am Ende der Klassenstufe 6 schwächer abgeschnitten haben. Die unterschiedlichen Highschools verfügen dementsprechend über sehr leistungshomogene Schülerschaften, und die Zugehörigkeit zu den prestigeträchtigen Schulen gilt als Garant für eine erfolgreiche akademische bzw. berufliche Karriere. Durch diese Organisation des Bildungssystems lassen sich Effekte der Leistungsgruppierung optimal untersuchen.

In der konkreten Untersuchung von Marsh et al. (2000) wurden längsschnittliche Datensätze von rund 8.000 Schülern aus 44 Schulen berücksichtigt. Als Prädiktoren für die Vorhersage der Schulleistungen in den Fächern Chinesisch (Muttersprache), Mathematik und Englisch, die in der 7., 8. und 9. Jahrgangsstufe erhoben wurden, dienten die individuelle Ausgangsfähigkeit zu Beginn der 7. Jahrgangsstufe und die auf Schulebene aggregierten Schülerleistungen. Dieses aggregierte Maß bildet unmittelbar den Kompositionseffekt ab: Je höher der aggregierte Wert, desto stärker das Leistungsniveau der Mitschüler. Die von Marsh et al. berichteten Ergebnisse weisen auf eine unbedeutende Rolle der Fähigkeitsgruppierung hin. Beispielsweise ergab sich bei Kontrolle der individuellen Ausgangsleistung ein nicht signifikantes Regressionsgewicht ($\beta = .10$) von der auf Schulebene aggregierten Ausgangsleistung auf die individuelle Leistung in der 9. Jahrgangsstufe. Ein deutlicher Effekt ($\beta = .53$, $p < .01$) ergab sich dagegen von der individuellen Ausgangsleistung auf die Leistung in der 9. Jahrgangsstufe.

Sekundarstufe I in England. Eine ähnlich angelegte Studie wie die von Marsh et al. haben Yang et al. (1999) publiziert. In die Analysen gingen rund 6.400 Schülerinnen und Schüler aus 161 Schulen ein, deren Leistungen in Mathematik, Lesen, Schreiben und Naturwissenschaften längsschnittlich untersucht wurden. Für die auf Schulebene aggregierten Ausgangsleistungen in Mathematik und Naturwissenschaften ergaben sich bei Kontrolle der individuellen Ausgangsleistungen sogar durchgängig negative Effekte auf die späteren Leistungen in allen vier untersuchten Domänen. Je höher also die Leistungen in beiden Fächern in einer Schule lagen, desto ungünstiger war bei Kontrolle der individuellen Ausgangsleistungen die Wissensentwicklung.

Grenzen beider Untersuchungen liegen darin, dass institutionelle von kompositionellen Effekten der Leistungsgruppierung nicht getrennt werden konnten.

Nationale Studien

Leistungsverläufe in Mathematik in Sekundarstufe I. Aufgrund des gegliederten Schulsystems in Deutschland lassen sich institutionelle und kompositionelle Effekte der Fähigkeitsdifferenzierung separieren. Eine methodisch elaborierte Studie zu Effekten der Leistungsgruppierung im deutschen Schulsystem stammt von Köller und Baumert (2001). Die Autoren wählten einen mehrebenenanalytischen Auswertungsansatz. Basierend auf einer Stichprobe von 2.730 Schülerinnen und Schülern aus 107 Schulen wurden die Leistungsverläufe in Mathematik von der 7. bis zur 10. Jahrgangsstufe untersucht und auf die individuelle Ausgangsfähigkeit, die auf Schulebene aggregierte Ausgangsfähigkeit und die Schulform zurückgeführt. Die Analysen zeigten das folgende Ergebnismuster:

▶ Bei Kontrolle der übrigen Prädiktoren hatte die individuelle Ausgangsfähigkeit in Klasse 7 einen deutlich positiven Effekt auf die Leistung in Klasse 10 ($\beta = .50$; $p < .001$).
▶ Die Schulform hatte ebenfalls einen substanziellen Einfluss: Bei Kontrolle der individuellen und der auf Schulebene aggregierten Ausgangsleistung lag die in Klasse 10 erreichte Leistung am Gymnasium um mehr als eine halbe Standardabweichung über der Realschule und fast eine Standardabweichung über der Hauptschule.
▶ Bei Kontrolle von individueller Ausgangsfähigkeit und Schulform zeigte sich ein nur schwacher positiver Effekt ($\beta = .10$, ns) der auf Schulebene aggregierten Ausgangsleistung in der 7. Jahrgangsstufe, d. h., innerhalb einer Schulform gab es nur unbedeutende Unterschiede in der Leistungsentwicklung zwischen leistungsstärkeren und -schwächeren Schulen. Dieses Ergebnis ist keinesfalls trivial, sofern man bedenkt, dass die Leistungsvarianz zwischen den Schulen innerhalb von Schulformen manchmal größer ist als die Varianz zwischen den Schulformen.

Köller und Baumert (2001) interpretieren ihre Ergebnisse dahin gehend, dass es offenbar stärker die besondere Instruktionskultur am Gymnasium und weniger die Zusammensetzung der Schülerschaft sei, die sich leistungsfördernd auswirken könnte. Diese besondere Instruktionskultur ist dabei möglicherweise weniger Folge eines makroadaptiven Verhaltens der Lehrkräfte auf die vorgefundene Leistungsstärke in den jeweiligen Gymnasialklassen als vielmehr Folge der schulformspezifischen Lehrerausbildung im deutschen Lehrerbildungssystem. Hierfür sprechen ausdrücklich die im COACTIV-Projekt (Cognitive Activation in the Classroom) ermittelten Befunde (z. B. Krauss et al., 2008), wonach das fachliche und fachdidaktische Wissen der Mathematiklehrkräfte an Gymnasien deutlich über dem Wissen von Lehrkräften an nichtgymnasialen Bildungsgängen liegt.

Leistungsentwicklung in Französisch. Für die Leistungsentwicklung im Fach Französisch berichten Neumann et al. (2007) analoge Befunde. Auch dort zeigten sich allein Effekte der Schulform auf die Leistungsentwicklung, der Effekt des Klassenmittelwerts zu T1 wurde nicht signifikant.

Lesekompetenz in Deutsch. Im Gegensatz zur Mathematik und zum Fremdsprachlernen scheint die Rolle der Institution für den Kompetenzerwerb im verkehrssprachlichen Leseverstehen gering zu sein. Hierfür sprechen die Befunde von Retelsdorf und Möller (2008). Die Autoren fanden in längsschnittlichen Analysen zur Entwicklung der Lesekompetenz im Fach Deutsch, dass die Kompetenzzuwächse über die Zeit an den unterschiedlichen Schulformen identisch waren.

Fasst man die Befunde zusammen, so scheinen Effekte der externen Differenzierung in erster Linie auf Merkmale der Institution und weniger auf die Schülerzusammensetzung zurückzugehen. Es spricht vieles dafür, dass der kognitiv anregende Unterricht an Gymnasien positive Effekte auf die Leistungsentwicklung hat, wenigstens im Fremdsprachenbereich und in der Mathematik.

Zusammenfassung

- Die theoretischen Beschreibungen dessen, was psychologisch unter schulischen Leistungen bzw. Kompetenzen zu verstehen ist, sind nicht zuletzt durch die großen Schulleistungsstudien der letzten 15 Jahre deutlich elaborierter geworden.
- Ebenfalls als Folge der großen Schulleistungsstudien hat sich die Qualität der Testinstrumente deutlich verbessert; dies betrifft vor allem auch die Validität der Instrumente.
- Empirische Studien haben dabei deutliche Evidenz für multidimensionale Modelle fachspezifischer Kompetenzen geliefert, sodass frühere Annahmen, wonach Schulleistungstests im Wesentlichen Intelligenz abbilden, widerlegt sind.
- Kompetenzstufenmodelle geben die Möglichkeit, die fachspezifischen Leistungen von Kindern und Jugendlichen detaillierter zu beschreiben.
- Schulische Kompetenzen entwickeln sich im Laufe der Schulzeit nicht linear, vielmehr sind die Anstiege in den ersten Schuljahren sehr groß und nähern sich gegen Ende der Schulzeit einer Nulllinie. Demnach scheint es sehr aufwendig zu sein, in späten Schulstufen noch Kompetenzzuwächse zu erreichen.
- Neue Studien weisen eindrucksvoll auf die große Bedeutung schulischer Unterrichtsprozesse für erfolgreichen Kompetenzerwerb hin.
- Schließlich belegen die Befunde zu Effekten der Leistungsgruppierung in der Sekundarstufe I, dass Jugendliche, die in Deutschland ein Gymnasium besuchen, vom günstigen Entwicklungsmilieu dieser Schulform profitieren und im Vergleich zu Nichtgymnasiasten höhere Zuwächse in den fachspezifischen Kompetenzen verzeichnen.

Weiterführende Literatur

Bos, W., Klieme, E. & Köller, O. (Hrsg.). (2010). Schulische Lerngelegenheiten und Kompetenzentwicklung. Münster: Waxmann. *Ein Reader, in dem alle bekannten nationalen Schulleistungsforscher ihre aktuelle Arbeiten präsentieren. Vermutlich der beste aktuelle Einblick in international anschlussfähige Schulleistungsforschung.*

Hattie, J. A. C. (2009). Visible learning: A synthesis of over 800 meta-analyses relating to achievement. New York: Routledge. *Eine außerordentliche Sortierungsleistung, mit der der Autor die internationale Schulleistungsforschung der letzten 50 Jahre zusammengefasst hat.*

Mayer, R. E. & Alexander, P. A. (2011). Handbook of research on learning and instruction. New York: Routledge. *Ein Handbuch, das diejenigen lesen sollten, die sich vertieft mit einer langfristigeren beruflichen Perspektive in den Gegenstand einarbeiten wollen.*

Townsend, T. (Ed.). (2007). International handbook of school effectiveness and improvement. New York: Springer. *Hier lernt man alles über die Wirksamkeit von Schule. Wer es einfacher haben möchte, sollte auf den Hattie-Reader zurückgreifen.*

31 Hochbegabung, Expertise und außergewöhnliche Leistung

Franzis Preckel • Eva Stumpf • Wolfgang Schneider

31.1 Außergewöhnliche Leistungen aus Sicht der psychologischen Forschung

31.2 Hochbegabung
    31.2.1 Begriffe und Definitionen
    31.2.2 Entwicklung Hochbegabter
    31.2.3 Hochbegabung und Leistung: Die Rolle von Begabung und Förderung

31.3 Expertise und außergewöhnliche Leistung
    31.3.1 Expertiseerwerb: Modelle, Mechanismen und Hintergründe für außergewöhnliche Leistungen
    31.3.2 Erfassung von Unterschieden zwischen Experten und Novizen
    31.3.3 Expertise und Fähigkeit

31.4 Integration von Befunden aus Hochbegabungs- und Expertiseforschung und Fazit

Das »Wunderkind« Michael Kearney mit seinen Eltern nach Erlangung des Masters in Biochemie. Als 14-Jähriger war er weltweit der bis dahin jüngste Universitätsabsolvent

Halten Sie es für möglich, dass ein Kind im Alter von 4 Monaten in ganzen Sätzen sprechen kann, mit 15 Monaten lesen und mit 3 Jahren mathematische Gleichungen lösen kann? Für höchstbegabte Kinder wie etwa Michael Kearney aus den USA ist eine solch extrem beschleunigte kognitive Entwicklung ebenso belegt wie die Tatsache, dass er es später als jüngster College-Student der menschlichen Geschichte (im Alter von 6 Jahren) sowie als jüngster Universitätsstudent (mit 10 Jahren) in das Guinness-Buch der Rekorde schaffte.

Die erstaunlichen Entwicklungsdaten solcher Wunderkinder haben großes Interesse gerade auch im Bereich der psychologischen Begabungsforschung erregt und dazu geführt, dass der Lebensweg solcher genialen Kinder in der Regel auch weiterhin wissenschaftlich begleitet wurde. Diese Literatur stellt einen sicherlich reizvollen, jedoch nur sehr kleinen Anteil der Forschungsarbeiten zur Entwicklung von Hochbegabung, Expertise und außergewöhnlichen Leistungen dar, deren neuester Stand im Folgenden skizziert werden soll.

31.1 Außergewöhnliche Leistungen aus Sicht der psychologischen Forschung

Außergewöhnliche Leistungen üben seit jeher eine große Faszination auf uns aus. In der Psychologie begann die Erforschung ihrer Ursachen in der zweiten Hälfte des 19. Jahrhunderts. Gesucht wurde nach persönlichen Voraussetzungen für Leistungsexzellenz, also nach Begabungsfaktoren, in denen sich Menschen bezüglich ihres Leistungspotenzials unterscheiden (differenzieller Ansatz). Das Konstrukt der Intelligenz nahm dabei von Anfang an eine prominente Rolle ein. In den letzten vier Jahrzehnten kam mit der Expertiseforschung ein weiterer Ansatz hinzu, der Hochleistungen vor allem durch domänenspezifische Lern- und Übungsprozesse erklärt (kognitionspsychologischer Ansatz).

Hochbegabungs- vs. Expertiseforschung. Hochbegabungs- und Expertiseforschung nähern sich dem Phänomen außergewöhnlicher Leistungen aus verschiedenen Richtungen an. Die Hochbegabungsforschung zielt auf eine möglichst frühe Erfassung von Vorhersagemerkmalen (Prädiktoren) für Leistungsexzellenz und erforscht zudem, wie und wann sich Potenzial auch tatsächlich in Leistung umsetzt (quasi »der Blick nach vorne«). Damit stehen neben leistungsexzellenten Personen auch Menschen im Forschungsinteresse, die zwar keine herausragenden Leistungen, aber eben ein hohes Potenzial zu diesen erkennen lassen. Die Expertiseforschung hingegen betrachtet Personen, die sich bereits durch Leistungsexzellenz auszeichnen, um die persönlichen Voraussetzungen und Entwicklungsbedingungen der Leistungsexzellenz zu erfassen (quasi »der Blick zurück«).

Zum Verständnis der *Entwicklung* außergewöhnlicher Leistungen müssen sowohl die Erkenntnisse der Begabungs- als auch der Expertiseforschung berücksichtigt werden (Schneider, 2000; Sternberg, 2000). Denn zum einen hängt der Erfolg von Lernen und Übung auch vom Begabungsniveau ab, und zum anderen setzt sich Begabung nicht automatisch in überdurchschnittliche Leistungen um. Im Folgenden gehen wir zunächst auf die Hochbegabungsforschung und anschließend auf die Expertiseforschung ein und beschreiben jeweils deren Beitrag zum Verständnis außergewöhnlicher Leistungen.

31.2 Hochbegabung

31.2.1 Begriffe und Definitionen

Begabung. Der Begabungsbegriff ist unscharf und wird auch wissenschaftlich heterogen verwendet. Zum einen ist er inhaltlich offen: Begabung bezieht sich immer auf ein bestimmtes Aktionsfeld (begabt wofür?); in Abhängigkeit davon erfolgt die inhaltliche »Füllung«. Die Idee einer universellen Begabung spielt heute so gut wie keine Rolle mehr. So ist etwa die alltagspsychologische Unterscheidung zwischen intellektueller, sportlicher oder künstlerischer Begabung weit verbreitet. Zum anderen ist Begabung ein in der Regel positiv besetzter Begriff und als solcher anfällig für Instrumentalisierungen. Je nach Wertvorstellung wird Begabung als allgemeine Leistungsvoraussetzung angesehen (»jeder Mensch ist begabt«) oder als besondere Befähigung weniger.

Kompetenzdefinitionen
Hochbegabung wird definiert als extrem hohes Entwicklungspotenzial (z. B. operationalisiert über Intelligenz- oder Kreativitätstests)

Eindimensionale Definitionen
Hochbegabung wird über ein Konstrukt (z. B. Intelligenz) bzw. für einen spezifischen Bereich (z. B. Mathematik, Gesang) definiert

Mehrdimensionale Definitionen
Hochbegabung wird über mehrere Persönlichkeitsmerkmale, zum Teil in Wechselwirkung mit Umweltmerkmalen, definiert

Performanz- bzw. Post-hoc-Definitionen
Hochbegabung wird definiert über bereits gezeigte außergewöhnliche Leistungen (z. B. erfasst über Schulnoten, Berufserfolg, Innovationen etc.)

Abbildung 31.1 Raster zur Klassifikation von Hochbegabungsdefinitionen

Hochbegabung. Die Verwendung des Begabungskonstrukts zur Erklärung außergewöhnlicher Leistungen erbrachte eine weitere Unterscheidung, nämlich die zwischen begabt und *hoch*begabt. Diese Unterscheidung impliziert eine differenzielle Konzeption von Begabung als kontinuierliches Merkmal mit verschiedenen Begabungsausprägungen, lässt allerdings offen, ab wann der Bereich der Hochbegabung beginnt. Entsprechend der Unschärfe des Begabungsbegriffs sind auch die vorhandenen Hochbegabungsdefinitionen vielfältig; sie lassen sich jedoch grob in das in Abbildung 31.1 gezeigte Raster einordnen.

Derzeit sind für Kinder und Jugendliche Kompetenzdefinitionen weitgehend akzeptiert, für Erwachsene dominieren Performanzdefinitionen. Beispielsweise erfolgt die Aufnahme in Begabtenförderprogramme für Studierende nach deren Leistung; eine hohe Intelligenz ohne entsprechende Studiennoten wäre hierfür nicht ausreichend. Die Aufnahme von Kindern in besondere Begabtenklassen erfolgt hingegen zum Teil auch ohne exzellente Schulleistungen. Zeitfenster für die Begabungsentwicklung werden durchaus diskutiert. Man kann sich dementsprechend die Frage stellen, ob Interventionen ab einem bestimmten Entwicklungsstand keine oder nur eine geringe Förderwirkung entfalten können. Dennoch ist eine altersabhängige Hochbegabungsdefinition theoretisch nicht unbedingt sinnvoll, sondern ergibt sich eher aus der gesellschaftlich-pädagogischen Verantwortung für die Ausbildung und Förderung jüngerer Menschen.

> **Denkanstöße**
> ▶ Wie bewerten Sie die Tatsache, dass im Kindesalter Kompetenz- und im Erwachsenenalter Performanzdefinitionen dominieren, vor dem Hintergrund des Konzepts des lebenslangen Lernens?
> ▶ Diskutieren Sie die Hochbegabungsdefinitionen mit Bezug auf sogenannte »late bloomers«, d. h. Personen, deren Begabung und Fähigkeiten sich erst relativ spät zeigen (z. B. der Sportler Michael Stich, der Schriftsteller Charles Bukowski oder die Malerin Grandma Moses).

Ein- und mehrdimensionale Hochbegabungsmodelle

Im Folgenden konzentrieren wir uns auf intellektuelle Hochbegabung (und lassen damit Bereiche wie Kunst oder Sport außen vor). Ob intellektuelle Hochbegabung als ein- oder mehrdimensionales Konstrukt zu definieren ist, wird nach wie vor lebhaft diskutiert.

Intelligenz als kleinster gemeinsamer Nenner. Historisch älter sind eindimensionale Definitionen: Einen der ersten Erklärungsansätze für herausragende Leistungen machte Sir Francis Galton (1822–1911), indem er genetisch bedingte Intelligenzunterschiede als Ursache postulierte. Bis heute stellt die Intelligenz den kleinsten gemeinsamen Nenner der verschiedenen Modelle intellektueller Hochbegabung dar (Preckel, 2010). Zum Teil wird Intelligenz dabei mit Spearmans Generalfaktor g gleichgesetzt, zum Teil werden verschiedene Dimensionen der Intelligenz differenziert (z. B. verbale oder mathematische). In Forschung und Praxis zur Identifikation und Förderung intellektuell Hochbegabter finden sich auch heute noch oft Intelligenzdefinitionen, nach denen ab einem bestimmten Grenzwert (z. B. IQ > 130) von Hochbegabung gesprochen wird.

Kritik an eindimensionalen Modellen. Eindimensionale Definitionen werden jedoch von verschiedener Seite infrage gestellt. Zum einen ist aus bildungspolitischer Sicht eine Eingrenzung des Hochbegabungsbegriffs durch das Intelligenzkriterium auf den intellektuellen Bereich unerwünscht, da so vorhandene Potenziale in anderen Bereichen möglicherweise übersehen werden. Zum anderen wurden auch in der Wissenschaft multidimensionale Hochbegabungsmodelle publiziert, vorwiegend mit dem Ziel, außergewöhnliche Leistungen und auch deren Entstehung umfassender abzubilden. Obwohl Intelligenz einer der besten Prädiktoren für Schul- und Berufserfolg ist, wird kritisiert, dass Intelligenztests nur mäßige Prognosen über Leistungs*exzellenz* erlauben. Diese basiert nie nur auf einer Ursache, sondern ist stets multifaktoriell bedingt.

Multidimensionale Modelle. Multidimensionale Hochbegabungsmodelle gehen davon aus, dass Leistungsexzellenz in verschiedenen Formen auftreten und auf sehr unterschiedlichen Ursachenbündeln beruhen kann. Neben der Intelligenz postulieren diese Modelle daher verschiedene Begabungsfaktoren (z. B. Kreativität, praktische Fähigkeiten) und Leistungsbereiche (z. B. Technik, soziale Beziehungen) sowie im Hinblick auf die Umsetzung von Begabung in Leistung besondere Persönlichkeits- und Umweltmerkmale (z. B. Vorwissen, Leistungsmotivation, familiäre Lernumwelt) und Übungsprozesse.

Vergleichende Bewertung ein- und mehrdimensionaler Modelle. Sobald Leistungsdaten und deren Entwicklung betrachtet werden, reicht der alleinige Fokus auf die

Intelligenz nicht mehr aus. Anders als Intelligenzdefinitionen von Hochbegabung zeigen multidimensionale Hochbegabungsmodelle Variablen auf, die Einfluss auf den Prozess der Begabungsentwicklung bzw. ihre Umsetzung in Leistung haben. Damit geben sie wichtige Hinweise für die Förderung Begabter. Problematisch an diesen Modellen ist jedoch, dass die spezifische Wirkung der Modellkomponenten und ihre funktionalen Beziehungen in der Regel unklar bleiben. Manche Modelle sind so komplex, dass sie nicht mehr operationalisierbar und damit wissenschaftlich zu überprüfen sind. Zudem ist es bislang mit noch keinem Modell gelungen, empirisch bessere Vorhersagen für die Entwicklung von Leistungsexzellenz zu machen, als Intelligenzmaße dies tun.

Zusammenfassend kann daher festgehalten werden: Die Kritik an eindimensionalen Hochbegabungsmodellen ist nachvollziehbar. Die multidimensionalen Modelle schneiden bisher jedoch im Hinblick auf die Vorhersage von Leistungsexzellenz nicht besser ab als Intelligenzdefinitionen von Hochbegabung. Da zur Erfassung der Intelligenz bewährte Testverfahren zur Verfügung stehen, sind in der Hochbegabungsforschung intelligenzbasierte Definitionen nach wie vor sehr verbreitet. Zur Frage der Entwicklung von Hochbegabung greifen wir daher zunächst auf die Befundlage zur allgemeinen Intelligenzentwicklung zurück und gehen dann auf Persönlichkeitsmerkmale und mögliche Entwicklungsbesonderheiten Hochbegabter ein.

31.2.2 Entwicklung Hochbegabter

Intelligenzentwicklung

Einfluss von Anlage und Umwelt. Intelligenz*unterschiede* in einer Population sind zu einem erheblichen Teil genetisch bedingt, aber auch die Umwelt trägt einen wichtigen Teil zur interindividuellen Variation bei. Schätzungen für die Erblichkeit der Intelligenz variieren zwischen 35 und 70 % (vgl. Abschn. 3.2.1). Diese Ergebnismuster sind auch für den oberen Intelligenzbereich gültig (Thompson & Plomin, 2000). Anlage und Umwelt interagieren auf vielfältige Art und Weise, ihre relative Bedeutung verändert sich dabei im Laufe der Entwicklung (vgl. auch Abschn. 3.2).

Entwicklung kognitiver Fähigkeiten im Lebenslauf. Die Leistungsausprägung unserer kognitiven Fähigkeiten wächst bis zum frühen Erwachsenenalter negativ beschleunigt an: Mit zunehmendem Alter nehmen die Wachstumsraten der kognitiven Fähigkeiten leicht ab, sodass für manche Fähigkeiten bereits im Jugend- oder im frühen Erwachsenenalter ein Plateau erreicht zu sein scheint (Schneider, Stefanek et al., 2009). Ab dem jungen Erwachsenenalter erfolgt abhängig von den jeweiligen Interessen, Lerngelegenheiten, dem Umfeld oder dem Gesundheitszustand (etc.) vor allem eine Weiterentwicklung des generellen Wissens und spezifischer Wissenssysteme. Im späteren Erwachsenenalter verzeichnen einige kognitive Fähigkeiten weiterhin einen Zuwachs (insbesondere kristalline Intelligenz bzw. Wissensinhalte), andere bauen mit zunehmendem Alter ab (insbesondere fluide Intelligenz bzw. grundlegende Prozesse der Informationsverarbeitung wie Verarbeitungsgeschwindigkeit oder Arbeitsgedächtniskapazität; vgl. Abschn. 12.2). Dabei ist zu beachten, dass individuelle Entwicklungsverläufe, über die man insgesamt noch relativ wenig weiß, durchaus von diesen typischen Verläufen abweichen können.

Niveaustabilität. Das Wachstum kognitiver Fähigkeiten ist zum einen intelligenzabhängig. Kinder mit höherer Intelligenz zeigen größere Zuwachsraten als Kinder mit niedrigerer Intelligenz (Schneider, Stefanek et al., 2009). Die Intelligenzentwicklung wird jedoch von vielen weiteren personenbezogenen und auch Umweltfaktoren beeinflusst. Intelligenz ist zum Beispiel bildungsabhängig und in einem gewissen, wiederum durch genetische und weitere Persönlichkeits- und Umweltfaktoren vorgegebenen Rahmen, entwickelbar. Für intellektuelle Hochbegabung ist nach Rost (2010) daher erst nach dem Ausscheiden aus dem formalen Bildungssystem (Schule, Universität) von einer ausreichenden *intra*individuellen Konstanz (Niveaustabilität) auszugehen.

Positionsstabilität. Die *inter*individuelle Konstanz (Positionsstabilität) der Intelligenz ist bereits viel früher gegeben. Diese wird über Korrelationen (Stabilitätskoeffizienten) abgebildet und drückt aus, dass Personen ihren relativen Rangplatz in einer für sie repräsentativen Gruppe über längere Zeiträume beibehalten. Während Intelligenzmessungen im Kleinkindalter nur schwach mit späteren Intelligenzmaßen zusammenhängen (Teubert et al., 2011), können ab etwa 5 Jahren Intelligenzunterschiede im Alter von ca. 8 Jahren relativ gut vorhergesagt werden. Ab dem mittleren Grundschulalter sind valide Prognosen für das Jugend- oder Erwachsenenalter zu treffen (Stabilitäten von .80 und höher). Im Jugend- und Erwachsenenalter ergeben sich, auch über längere Zeiträume hinweg, hohe Stabilitätskoeffizienten (größer .95).

Bei einer Hochbegabungsdefinition nach einem Intelligenzkriterium folgt aus den Befunden zur Intelligenzentwicklung, dass Hochbegabung nicht als ausschließlich stabiles oder angeborenes, sondern auch als entwickelbares, förderabhängiges Merkmal verstanden werden muss. Intelligenztestergebnisse basieren immer auf der komplexen Interaktion zwischen Lernfähigkeiten und Lerngelegenheiten.

Persönlichkeitsmerkmale

Viel diskutiert wird die Frage, ob intellektuell Hochbegabte sich neben der Intelligenzausprägung in weiteren Persönlichkeits- oder Verhaltensmerkmalen systematisch von durchschnittlich Begabten unterscheiden.

Divergenzhypothese vs. Harmoniehypothese. Nach der Divergenzhypothese geht außergewöhnliche Begabung mit auffälligen, nicht adaptiven Persönlichkeitsmerkmalen einher (»Genie und Wahnsinn«). Demnach seien Hochbegabte anfälliger für psychische Probleme und Defizite in anderen als dem intellektuellen Lebensbereich. Die Harmoniehypothese geht vom Gegenteil aus und besagt, dass Hochbegabte psychisch stabiler, glücklicher, erfolgreicher und gesünder etc. seien als durchschnittlich Begabte. Die Divergenzhypothese scheint gesellschaftlich verbreiteter zu sein als die Harmoniehypothese. In einer aktuellen Studie von Baudson (2011) wurden Lehrkräften kurze Beschreibungen einer Unterrichtssituation vorgelegt. Die Lehrkräfte sollten darin beschriebene Kinder anhand vorgegebener Merkmale einschätzen. Experimentell variiert wurde dabei die Information, ob es sich um ein durchschnittlich oder hochbegabtes Kind handelte. Die Lehrkräfte bewerteten hochbegabte Kinder zwar als intelligenter und kreativer, aber auch als sozial auffälliger (z. B. aggressiver, schlechter angepasst, arrogant). Dies weist darauf hin, dass sich die Vorstellungen der Lehrkräfte zu Hochbegabten der Divergenzhypothese zuordnen lassen.

Frühe Indikatoren. Welche der beiden Thesen tatsächlich zutreffend ist, lässt sich anhand der Forschungsbefunde zu Entwicklungsbesonderheiten Hochbegabter eruieren. Für die frühe Kindheit kann dabei allerdings nur auf eine sehr schmale Befundlage zurückgegriffen werden. Daraus kristallisieren sich lediglich zwei Merkmale als *mögliche* frühe Indikatoren einer Hochbegabung heraus: ein stark ausgeprägtes Neugier- und Explorationsverhalten sowie ein außergewöhnlich früher Spracherwerb. Für weitere vermutete Verhaltensmerkmale wie beispielsweise ein geringes Schlafbedürfnis oder das Frühlesen ist kein systematischer Zusammenhang zur Hochbegabung nachweisbar (Stöger et al., 2008).

Leistungsassoziierte Merkmale. Ab dem Vorschulalter ist die Befundlage breiter, und hier rückt die Betrachtung leistungsassoziierter Merkmale in den Vordergrund (einen Überblick gibt z. B. Rost, 1993, 2000). Vielfach bestätigte sich ein spezifischer Effekt hinsichtlich des Selbstkonzepts: Während hochbegabte Kinder und Jugendliche ein deutlich positiveres schulisches Selbstkonzept aufweisen als ihre durchschnittlich begabten Alterskameraden, zeigen sich in anderen Facetten des Selbstkonzepts (z. B. Aussehen, soziale Anerkennung) keine bedeutsamen Unterschiede. Zudem fanden sich für Hochbegabte geringere Angstwerte in Leistungssituationen, eine höhere Einschätzung über Kontrollmöglichkeiten zu schulischen Zielen, ein höherer schulischer Ehrgeiz sowie eine höhere Leistungsbereitschaft.

Persönlichkeit und soziale Anpassung. Hinsichtlich allgemeiner Persönlichkeitsfaktoren (z. B. Impulsivität) oder der psychosozialen Anpassung zeigten sich keine konsistenten Auffälligkeiten für hochbegabte Kinder und Jugendliche. Mit nur wenigen Ausnahmen (z. B. geringere Autoritätsabhängigkeit, weniger maskuline Einstellungen bei Hochbegabten) zeigen sich Hochbegabte bezüglich nicht-kognitiver Persönlichkeitsmerkmale als heterogene Gruppe, die sich nicht systematisch von der durchschnittlich Begabter unterscheidet. Exemplarisch sei hier der Bereich Interesse hervorgehoben. Für hochbegabte Kinder und Jugendliche wurden nur sehr wenige Besonderheiten in der Interessenentwicklung bestätigt. So berichteten hochbegabte Jugendliche ein etwas geringeres Interesse an konsum- und medienorientierten Freizeitgestaltungen, wohingegen ihr Interesse für Literatur, Mathematik und Musik stärker ausgeprägt war als bei durchschnittlich Begabten. Für andere Interessenbereiche ergaben sich keine systematischen Unterschiede. Die Entwicklung von Interessen scheint sich vielmehr – auch bei Hochbegabten – stark geschlechtstypisch zu vollziehen.

Zusammenfassend betrachtet zeigen sich vorwiegend in leistungsbezogenen Entwicklungsbereichen Unterschiede, die in der Regel zugunsten der Hochbegabten ausfallen. Eine Häufung psychischer Auffälligkeiten ist für die Gruppe der Hochbegabten nicht belegt, sondern eher aus schillernden Einzelfallberichten abgeleitet. Insgesamt sprechen die Befunde zur Entwicklung Hochbegabter daher stärker für die Harmoniehypothese; die Divergenzhypothese ist empirisch kaum haltbar.

> **Unter der Lupe**
>
> **Hochbegabte Underachiever und höchstbegabte Kinder**
>
> Für zwei Gruppen Hochbegabter liegen jedoch auch Befunde vor, die der Harmoniehypothese widersprechen: für hochbegabte Underachiever und für höchstbegabte Kinder.
>
> Für hochbegabte Underachiever sind deutliche Auffälligkeiten in der Persönlichkeit belegt. Darunter fallen Kinder und Jugendliche, die trotz intellektueller Hochbegabung nur durchschnittliche oder auch unterdurchschnittliche Schulleistungen erzielen. Für sie sind ungünstigere Selbsteinschätzungen hinsichtlich etlicher Entwicklungsbereiche nachgewiesen. Sie zeichnen sich durch soziale Unzufriedenheit, hohe Emotionalität und geringe seelische Stabilität, ein negatives schulisches Selbstbild und ein dysfunktionales metakognitives, motivationales und affektives System aus. Unklar ist hier jedoch, ob diese Merkmale Ursache oder Folge des Underachievement sind. Zumeist wird Underachievement durch vielfältige und mehrere Faktoren bedingt. Hierzu gehören sowohl individuelle Faktoren (z. B. Lern- und Arbeitsfähigkeit des Kindes) als auch familiäre und schulische Faktoren (z. B. Erziehungsfertigkeiten der Eltern oder Lehrer-Schüler-Beziehung und Unterrichtsqualität). Unklar ist zudem, wie hoch der Anteil der Underachiever unter den Hochbegabten tatsächlich ist. Einige Experten schätzen ihn auf 50 %, belegen diese Zahl aber nicht anhand repräsentativer Daten. Realistischer dürften Schätzungen von ca. 15 % sein, was etwa einer Prävalenz von 0,3 % in der Gesamtbevölkerung entspricht (Hanses & Rost, 1998).
>
> Auch für die extrem kleine Gruppe höchstbegabter Kinder (IQ > 180) sind in Einzelfallberichten teilweise Entwicklungstrends auszumachen, die eher die Divergenzhypothese stützen. Geht man einmal davon aus, dass diese Kinder ihrer Altersgruppe intellektuell etwa fünf bis sechs Jahre voraus sind, scheinen Konflikte mit der Umwelt und Probleme in Schule und Alltag vorprogrammiert zu sein. Wunderkinder wie der eingangs beschriebene Michael Kearney oder der ebenso begabte Inder Tathagat Avatar Pulsi hatten in ihrer Kindheit nur sehr wenig Kontakt mit ihren Altersgenossen und auch häufig gravierende Probleme mit ihren Lehrern in Schule und Universität, was sich in längeren depressiven Phasen niederschlug. Die Datengrundlage ist hier allerdings extrem dünn. Generalisierungen auf die Gesamtgruppe Höchstbegabter sind damit nicht möglich.

Entwicklungsbesonderheiten

Im vorangehenden Abschnitt wurde deutlich, dass für die meisten intellektuell Hochbegabten die Harmoniehypothese als zutreffend anzusehen ist. Dennoch ist der Bedarf an pädagogisch-psychologischer (Entwicklungs-)Beratung in diesem Feld sehr groß und nimmt weiter zu. Dies wirft die Frage nach möglichen Entwicklungsbesonderheiten Hochbegabter auf.

Asynchrone Entwicklung. Die Entwicklung hochbegabter Kinder wird häufig als asynchron bezeichnet: Im Vergleich zur biologischen, psychomotorischen oder emotionalen Entwicklung verläuft die kognitive Entwicklung beschleunigt. Verschiedentlich wird vermutet, dass große Differenzen zwischen unterschiedlichen Entwicklungsbereichen eines Kindes zu intra- und interindividuellen Spannungen und Missverständnissen führen. Beispiele hierfür sind, dass ein Kind die Diskrepanz zwischen seinem Vorstellungs- und Umsetzungsvermögen als frustrierend erlebt oder dass durch die Umwelt die hohe intellektuelle Kompetenz des Kindes auf dessen sozial-emotionale Kompetenz unzulässig verallgemeinert wird (Halo-Effekt), sodass sich falsche Erwartungen ausbilden und Bedürfnisse übersehen werden. Die empirische Befundlage hierzu ist allerdings sehr dünn und die Annahme entsprechend umstritten. Außerdem dokumentieren Studien mit hochbegabten Kindern eher einen Entwicklungsvorsprung intellektuell Hochbegabter auch im sozialen und emotionalen Bereich.

Unterforderung. Die Fähigkeiten, Kenntnisse und Interessen hochbegabter Kinder erhöhen die Wahrscheinlichkeit schulischer Unterforderung und damit einhergehender Langeweile. Diese entstehen zum einen dadurch, dass die Unterrichtsinhalte bekannt sind oder lediglich Wiederholungen darstellen. Zum anderen entsprechen Tempo und Art der Stoffvermittlung den Fähigkeiten und Lernbedürfnissen Hochbegabter zumeist nur unzureichend. *Dauerhafte* schulische Unterforderung kann langfristig negative Konsequenzen für die Entwicklung der Persönlichkeit und Leistungsfähigkeit haben und beispielsweise zu Motivationsverlust und einem Abbau des Selbstwertgefühls führen. So sind etwa Motivationsprobleme ein typischer Beratungsanlass in der Beratung hochbegabter Grundschülerinnen und -schüler und ihrer Familien (Preckel & Eckelmann, 2008).

Furcht vor Stigmatisierung. Im Grundschulalter sind hochbegabte Kinder in der Regel akzeptiert und beliebt. Für das Jugendalter beschreiben Coleman und Cross (2000) in ihrem »stigma of giftedness paradigm« das Phänomen, dass manche hochbegabte Jugendliche, auch wenn sie sich selbst nicht als »anders« als andere wahrnehmen, befürchten, aufgrund ihrer Begabung (ihrer Leistungsbereitschaft, Lernfreude etc.) für andere auffällig zu sein. Der soziale Anpassungsdruck muss dabei nicht tatsächlich vorhanden sein, sondern kann auch lediglich vom Jugendlichen subjektiv erlebt werden. Aus Furcht vor Ausgrenzung entwickeln sie als Reaktion darauf verschiedene Strategien, um ihre hohe Begabung zu verbergen oder auch zu verleugnen. Dieses scheint insbesondere auf hochbegabte Mädchen im Jugendalter zuzutreffen.

Zugehörigkeit zu bestimmten Gruppen. Zudem wird die Zugehörigkeit zu bestimmten Gruppen als Risikofaktor für die Persönlichkeits- und Leistungsentwicklung Hochbegabter diskutiert. Hierzu gehören z. B. Mädchen und Frauen, Personen mit Migrationshintergrund, Personen mit körperlichen Behinderungen oder Hochbegabte aus Familien mit einem geringen sozioökonomischen Status. Bestimmte Gruppenzugehörigkeiten erweitern das Spektrum der Entwicklungsmöglichkeiten einer hohen Begabung, andere grenzen es ein. Dasselbe gilt für schulische Fördermöglichkeiten und den eigenen Umgang mit einer hohen Begabung.

Zusammenfassend kann festgehalten werden, dass es keine Hinweise darauf gibt, dass eine hohe intellektuelle Begabung *systematisch* mit solchen Entwicklungsbesonderheiten einhergeht, die eine gelungene Entwicklung beeinträchtigen. Intelligenz ist mit positiv bewerteten Persönlichkeitsmerkmalen assoziiert, und im leistungsbezogenen Bereich zeigen sich Unterschiede zwischen Hochbegabten und durchschnittlich Begabten zugunsten der Hochbegabten. Doch setzt sich Begabung erst in Interaktion mit weiteren Persönlichkeits- und Umweltmerkmalen in Leistung um. Ein besonderer Beratungsbedarf ergibt sich dann, wenn diese Interaktion suboptimal abläuft oder in irgendeiner Weise gestört ist. Er ist damit selten direktes Resultat einer Hochbegabung, sondern vielmehr eine Konsequenz einer ungünstigen Interaktion mit der Umwelt.

> **Denkanstöße**
>
> ▶ Die Etikettierung als »hochbegabt« scheint in manchen Fällen ungünstige Auswirkungen zu haben. Andererseits trägt die Feststellung einer Hochbegabung das Potenzial für die angemessene Förderung in sich. Wie könnte in diesem Spannungsfeld ein verantwortungsbewusster Umgang mit den Diagnosen aussehen?
>
> ▶ Haben Mädchen mehr Angst vor Ausgrenzung als Jungen? Wie sieht es Ihrer Meinung nach mit der Vereinbarkeit von Weiblichkeit und hoher Leistung aus?
>
> ▶ Generell scheint die weitere Aufklärung über das Phänomen Hochbegabung wichtig, um bestehende Vorurteile weiter abzubauen. Wie sollte man hier am besten vorgehen?

31.2.3 Hochbegabung und Leistung: Die Rolle von Begabung und Förderung

Intelligenztestwerte gelten als beste Einzelprädiktoren für Bildungs- und vielfach auch für Berufserfolg. Die prädiktive Validität der Intelligenz für Schul-, Ausbildungs- und Berufsleistungen liegt in Metaanalysen zwischen $r = .35$ und $r = .70$. Der gemeinsame Varianzanteil von Test- und Kriteriumswert von bis zu 50 % ist damit zwar beträchtlich, doch wird auch deutlich, dass intellektuelle Faktoren nicht allein für die Realisation von Leistungen verantwortlich gemacht werden können.

> **Unter der Lupe**
>
> **Termans Längsschnittstudie zur Entwicklung Hochbegabter**
> Die bislang berühmteste Längsschnittstudie zur Entwicklung Hochbegabter wurde 1921 von Lewis Terman (1877–1956) in Kalifornien gestartet und blieb bis zum Jahr 1996 aktiv. In dieser Studie, an der 1.528 hochbegabte Kinder mit einem Mindest-IQ von 135 teilnahmen, zeigte sich, dass eine hohe Intelligenz nur im Zusammenspiel mit Durchsetzungsvermögen, Selbstvertrauen und einer positiv eingestellten sozialen Umgebung zu Leistungen auf *höchstem* Niveau führt. Beim Vergleich der im Erwachsenenalter erfolgreichsten und am wenigsten erfolgreichen Männer der Terman-Studie (die allerdings i. d. R. immer noch überdurchschnittlich erfolgreich waren) fiel auf, dass sich diese kaum in ihrer allgemeinen Intelligenz unterschieden.

Jedoch zeigte die erfolgreichere Gruppe schon von früher Kindheit an höhere Ambitionen und Ausdauer, ein größeres Selbstbewusstsein und stärkere Willenseigenschaften. Auch retrospektive Studien zeigen, dass Intelligenzunterschiede nicht die entscheidende Determinante für außergewöhnliche Berufskarrieren darstellten. Für außergewöhnliche Leistungen im späteren Leben waren vielmehr nicht-kognitive Faktoren wie Motivation, Konzentration und Ausdauer im Zusammenspiel mit der Unterstützung der Eltern und dem Erziehungssystem ursächlich. Dennoch erwies sich die Intelligenz in Termans Studie als guter Prädiktor für eine erfolgreiche schulische und berufliche Entwicklung, für Lebenszufriedenheit, Gesundheit und familiären Erfolg sowie für Bewältigungskompetenzen in der Ruhestandsphase. Der vielfach postulierte Zusammenhang zwischen intellektueller Hochbegabung und besonderer psychosozialer Vulnerabilität (Divergenzhypothese; s. Abschn. 31.2.2) konnte hier und auch in neueren Untersuchungen umfassend widerlegt werden.

Die Entwicklung von Begabung bzw. besonderer Leistung erfolgt nicht im luftleeren Raum, sondern ist abhängig vom Umfeld einer Person und den dort vorhandenen und zugänglichen Anregungs- und Unterstützungsbedingungen. Die Familie und die jeweiligen Bildungsinstitutionen spielen bei der Förderung Hochbegabter eine ebenso prominente Rolle wie bei allen anderen Kindern auch (die in Abschn. 31.3 vorgestellte Expertiseforschung räumt diesen Faktoren sogar einen größeren Stellenwert ein als der Begabung oder Intelligenz eines Kindes).

Die Rolle der Familie

Eine frühe Förderung ist vielen Forschenden zufolge außerordentlich wichtig für die Entfaltung einer Begabung. Gerade in den Vorschuljahren eines Kindes kommt den Eltern daher eine zentrale Rolle sowohl für das Erkennen einer hohen Begabung (eines besonderen Interesses etc.) als auch für die Förderung des Kindes zu, doch auch in späteren Entwicklungsphasen ist der familiäre Einfluss nachweislich vorhanden. Eltern stellen wesentliche Ressourcen für die Begabungsentwicklung bereit. Auf einer ganz basalen Ebene sind dies Geld und Zeit, darüber hinaus ihre eigene Bildung und die Bildungsaspirationen für die eigenen Kinder. Eltern vermitteln explizit und implizit Werte, bieten emotionale Unterstützung, sind Rollenmodelle und Bezugspersonen bei der Entwicklung sozialer Kompetenzen oder selbstregulativer Fähigkeiten – um nur einige ausgewählte Beispiele zu nennen.

Eine typische »Hochbegabtenfamilie« gibt es allerdings nicht. Im Marburger Hochbegabtenprojekt (Rost, 1993, 2000) wurden Familien mit hochbegabten Jugendlichen und Familien mit durchschnittlich begabten Jugendlichen im Hinblick auf Familiengröße, Geschwisterposition oder Alter der Eltern bei Geburt des Kindes sowie im Hinblick auf verschiedene Familiensystemvariablen wie Leistungsorientierung oder Familienzusammenhalt verglichen. Es fanden sich keine Unterschiede zwischen beiden Familiengruppen. Jedoch zeigte sich hier wie auch in vielen anderen Untersuchungen ein Zusammenhang zwischen dem sozioökonomischen Status der Familie und Hochbegabung: Hochbegabte stammen deutlich häufiger aus Familien mit einem hohen sozioökonomischen Status, was noch einmal auf die Rolle vorhandener Ressourcen für die Begabungsentwicklung verweist.

Die Rolle der Schule

Die Forschung zum Thema Hochbegabung belegt den Nutzen einer *speziellen* Förderung Hochbegabter in Bildungsinstitutionen wie Kindergarten und Schule. Zwar durchlaufen die meisten Hochbegabten die Schule ohne größere Schwierigkeiten und sind in der Schule in aller Regel recht erfolgreich; dennoch gibt es Gründe, die für eine besondere Förderung der Hochbegabten sprechen, wie z. B.:

▶ Jeder Schüler bzw. jede Schülerin hat das Recht, seinen bzw. ihren Begabungen entsprechend in der Schule gefördert zu werden.
▶ Die Fähigkeiten, Interessen und Kenntnisse hochbegabter Schülerinnen und Schüler erhöhen die Wahrscheinlichkeit dauerhafter schulischer Unterforderung, welche langfristig negative Konsequenzen für die Entwicklung der Persönlichkeit und Leistungsfähigkeit haben kann (z. B. Motivationseinbrüche, Leistungseinbußen oder ein Absinken des Selbstwertgefühls).
▶ Die Entwicklung von Spitzenleistungen erfordert eine frühe und lang anhaltende Beschäftigung mit einem Interessengebiet, welche wiederum fachkundige Anregung und Anleitung benötigt.

Akzeleration vs. Enrichment. Grundsätzlich kann im schulischen Bereich zwischen Fördermaßnahmen des beschleunigten Durchlaufens des Curriculums (Akzeleration; z. B. Klassenüberspringen) und des vertieften, inhaltlich angereicherten Lernens (Enrichment; z. B. Projektarbeit, Pluskurse) unterschieden werden, wobei sich diese idealerweise ergänzen. Zudem kann danach unterschieden werden, ob die Förderung im regulären Klassenverband oder in Form zeitweiser oder dauerhafter Separation von Begabungsgruppen erfolgt.

Im Hinblick auf die Leistungsverbesserung der Lernenden finden sich in empirischen Untersuchungen die deutlichsten Effekte für Akzelerationsmaßnahmen, gefolgt von Enrichment-Programmen und Spezialklassen für Hochbegabte (vgl. Preckel, 2008; Stumpf, 2011). Grundsätzlich ist jedoch bei der Förderung Hochbegabter zu beachten, dass keine Maßnahme für alle Schülerinnen und Schüler gleichermaßen passt. Intellektuell Hochbegabte sind hinsichtlich ihrer Begabungsschwerpunkte und Interessen eine heterogene Gruppe, und generell gilt, dass eine Passung von Personenmerkmalen und Förderangebot die Erfolgsaussichten einer Maßnahme erhöht.

Zusammenfassend bleibt festzuhalten, dass Begabung sich nicht von allein in Leistung umsetzt, sondern in ihrer Entwicklung auf das Umfeld und auf Förderung angewiesen ist. Welche Mechanismen hier im Einzelnen greifen, untersucht unter anderem die nachfolgend vorgestellte Expertiseforschung.

31.3 Expertise und außergewöhnliche Leistung

Neuere Forschungsarbeiten zur Expertiseentwicklung sind dadurch geprägt, dass sie den Fertigkeitserwerb und besondere Leistungen in unterschiedlichen Inhaltsbereichen (Domänen) durch die Wirksamkeit ähnlicher Entwicklungsprozesse erklären wollen.

Begriff der Expertise. Der Begriff der Expertise wird in der einschlägigen Literatur nicht konsistent verwendet. So können mit Expertinnen und Experten einmal Spitzenkönner in einem umschriebenen Bereich gemeint sein, andererseits generell Fachleute mit einer speziellen Ausbildung. Dennoch stimmen die meisten Begriffsdefinitionen darin überein, dass mit »Expertise« in der Regel besonders reichhaltiges bereichs- und aufgabenspezifisches Wissen sowie besondere bereichsspezifische Problemlösefertigkeiten gemeint sind, die eine Person dazu befähigen, in ihrem Expertisebereich dauerhaft Überdurchschnittliches zu leisten (vgl. Gruber, 2010; Schneider, 2008b). Experten sind dazu in der Lage, im Vergleich zu Anfängern (Novizen) oder Fortgeschrittenen neue Problemstellungen aus dem Bereich ihrer Expertise wesentlich schneller, flexibler und effizienter zu bewältigen.

Die Expertiseforschung unterscheidet sich von der Hochbegabungsforschung insbesondere darin, dass die Rolle von Begabung für die Entwicklung besonderer Leistungen als eher marginal eingestuft wird. Übungsaspekten wird ein wesentlich größerer Stellenwert zugeschrieben.

31.3.1 Expertiseerwerb: Modelle, Mechanismen und Hintergründe für außergewöhnliche Leistungen

Stufenmodelle zum Fertigkeitserwerb. Ein inzwischen klassisches Modell zum Erwerb von *Fertigkeiten* wurde von Fitts und Posner (1967) entwickelt und soll hier kurz skizziert werden (vgl. auch Schneider, 2008b).

> **Übersicht**
>
> **Stufen des Fertigkeitserwerbs**
>
> Das Modell von Fitts und Posner (1967) geht von drei qualitativ verschiedenen Stufen des Fertigkeitserwerbs aus:
>
> (1) **»Kognitive« Stufe:** Sie ist dadurch charakterisiert, dass man versucht, die Aufgabenanforderungen zu verstehen und zwischen wichtigen bzw. unwichtigen Aspekten der Aufgabe zu differenzieren. Hier wird intensiv auf das verfügbare deklarative Wissen rekurriert.
>
> (2) **»Assoziative« Stufe:** In ihrem Verlauf geht es darum, aufgabenbezogene kognitive Prozesse effektiver zu gestalten und dabei einen schnelleren Abruf aus dem Gedächtnis zu ermöglichen. Im Verlauf dieser Stufe wird also deklaratives Wissen in prozedurales Wissen (s. Abschn. 31.3.2) überführt.
>
> (3) **»Autonome« Stufe:** Schließlich erscheint die aufgabenbezogene Performanz im Wesentlichen automatisch; bewusste Kognitionen und Kontrollprozesse kommen nur sehr selten zum Einsatz.

Ein gutes Beispiel aus dem Alltag bietet etwa der Übergang vom Führerschein-Novizen zum geübten Fahrer. Müssen in der Anfangsphase noch alle relevanten Aufgabenschritte (z. B. Treten der Kupplung, Einlegen des Ganges, Gasgeben) sehr bewusst und kontrolliert durchgeführt werden, so werden diese Prozesse mit zunehmender Übung automatisiert und unbewusst verfügbar, sodass immer mehr Aufmerksamkeit auf die Geschehnisse im Verkehr verwendet werden kann.

Das ähnlich konzipierte, theoretische Stufenmodell von Ackerman (1988) postuliert, dass für den Erwerb der drei oben beschriebenen Fertigkeitsstufen unterschiedliche Fähigkeiten erforderlich sind. Während für das schnelle Durchlaufen der kognitiven Stufe allgemeine intellektuelle Fähigkeiten wesentlich erscheinen, ist für den zügigen Abschluss der assoziativen Stufe die Wahrnehmungsgeschwindigkeit ein wichtiger Faktor. Für das Meistern der autonomen Stufe spielen schließlich psychomotorische Fähigkeiten eine entscheidende Rolle.

Chunking-Theorie. Im Hinblick auf die Expertiseentwicklung im kognitiven Bereich liefert die sogenannte »Chunking«-Theorie von Chase und Simon (1973) wichtige Anhaltspunkte. Sie leitet sich aus der Grundüberzeugung ab, dass das Wissen von Experten im Vergleich zu dem von Novizen nicht nur quantitativ wesentlich umfangreicher, sondern auch qualitativ anders organisiert ist. Um etwa die überragenden aufgabenspezifischen Gedächtnisleistungen von Schachexperten erklären zu können, gingen Chase und Simon davon aus, dass diese Personen über eine riesige Menge von »Chunks« (zwischen 10.000 und 100.000) verfügen. Chunks (engl.: Brocken) stellen Verknüpfungen von Einzelelementen zu größeren, zusammenhängenden Strukturen dar und sollten das Problemlösen insofern enorm erleichtern, als sie die simultane Wahrnehmung großer bedeutungstragender Muster ermöglichen und die Informationsverarbeitung dadurch entlasten und beschleunigen. Das Beispiel Schach scheint gut dazu geeignet, diesen Mechanismus zu illustrieren: Werden Experten und Novizen dazu aufgefordert, sich eine Stellung auf einem Schachbrett kurz einzuprägen und dann auf einem leeren Schachbrett neu aufzubauen, schneiden Erstere substanziell besser ab (vgl. etwa Opwis et al., 1990). Nachträgliche Befragungen oder Rekonstruktionen der Gedächtnisleistung machen deutlich, dass sich Experten größere und sinnvolle Konstellationen von Schachfiguren als eine Einheit einprägen können (»Chunking«), während Novizen die einzelnen Schachfiguren isoliert wahrnehmen und entsprechend weniger Items korrekt memorieren.

»Skilled memory«-Theorie. Weiterentwicklungen der »Chunking«-Theorie gehen davon aus, dass die Überlegenheit der Experten nicht nur auf der Verfügbarkeit von mehr »Chunks« basiert, sondern dass ihr Wissen auch qualitativ anders und besser organisiert ist. Die »skilled memory«-Theorie von Ericsson und Staszewski (1989) erklärt die überragenden bereichsspezifischen Gedächtnisleistungen von Experten vor allem damit, dass mit zunehmender Erfahrung Einspeicher- und Abrufvorgänge immer schneller möglich werden. Bei der Encodierung neuer Inhalte können immer mehr Hinweisreize generiert werden, die sich auf bereits erworbenes Wissen beziehen. Demnach werden von Experten bei der Bearbeitung neuer Probleme aus ihrem Bereich mit zunehmender Kompetenz verstärkt Wissensstrukturen des Langzeitgedächtnisses herangezogen.

Semantische Netzwerkmodelle des Wissenserwerbs. Dieser Ansatz ist mit semantischen Netzwerkmodellen des Wissenserwerbs kompatibel, die davon ausgehen, dass das Wissen über Sachverhalte in Form hierarchisch organisierter Netzwerke von miteinander verknüpften Inhalten oder Knoten repräsentiert wird. Im Lauf der Zeit und mit zunehmendem Alter vergrößert sich nicht nur die Anzahl der Knoten, sondern auch die Zahl der zugehörigen Verbindungen. Je enger das Geflecht, desto größer wird auch die Wahrscheinlichkeit, dass die Aktivierung eines spezifischen Knotens benachbarte Bereiche zugänglich macht. Je reichhaltiger also die Erfahrung mit einem gegebenen Inhaltsbereich, desto mehr relevantes Wissen wird bei neuartigen Problemstellungen aus diesem Bereich mühelos aktiviert. Bei Experten ist also ein sehr enges Geflecht von Konzepten und Assoziationen zwischen den Konzepten vorhanden, das bei Suchprozessen im Gegenstandsbereich direkt verfügbar wird und damit schnelle und effiziente Hilfestellung garantiert. Ähnlich effektive Suchprozesse sind bei Novizen insofern nicht zu erwarten, da das Netzwerk eher schwach assoziiert ist und manche für den Suchprozess wichtige Konzepte möglicherweise fehlen.

Entwicklungspsychologisch orientierte Modelle des Expertiseerwerbs. Entwicklungspsychologisch orientierte Modelle des Expertiseerwerbs (etwa Bloom, 1985; Ericsson & Staszewski, 1989) unterscheiden sich von den eingangs behandelten Stufenmodellen des Fertigkeitserwerbs insofern, als sie eine Sequenz von Entwicklungsstufen im Rahmen einer *Lebensspannen*perspektive unterstellen. Sie machen zudem wichtige Zusatzannahmen zu den oben vorgestellten kognitionspsychologischen Modellen des Expertiseerwerbs. So wies etwa Bloom (1985) auf die Relevanz des angemessenen pädagogischen Kontexts für die Entwicklung herausragender Leistungen in unterschiedlichen Bereichen (etwa Kunst, Musik, Wissenschaft und Sport) hin, wobei die meisten von ihm analysierten Karrieren im Alter zwischen 6 und 8 Jahren begannen und nach etwa zehn Jahren intensiven Trainings ihren Höhepunkt erreichten (die inzwischen vielzitierte »10-Jahres-Regel«).

Ericsson und Kollegen (Ericsson, 1996; Ericsson et al., 1993) entwickelten in der Folge diesen Ansatz weiter, indem sie eine Stufensequenz bei dem Erwerb außergewöhnlicher Expertise unterstellten: In der ersten (frühkindlichen) Phase erfolgt eine spielerische Einführung in den relevanten Inhaltsbereich. Die zweite Phase ist durch eine systematische, durch Lehrkräfte überwachte und geförderte Übungsphase charakterisiert. Hier geht es vor allem um eine mit zunehmendem Lebensalter immer intensivere und extensivere Instruktion durch wirklich gute Trainer bzw. Lehrkräfte. In der dritten, meist im Jugendalter verorteten Phase wird diese Instruktion und Anleitung weiter intensiviert. Die Förderung erfolgt durch Spitzentrainer bzw. hochqualifizierte Lehrkräfte, was dann schließlich zur außergewöhnlichen Leistung führen kann. Nach Ericsson und Kollegen ist es dabei im Wesentlichen die anstrengungsorientierte und zielgeleitete Übung, die sogenannte »deliberate practice«, die den Entwicklungsfortschritt und außergewöhnliche Leistungen determiniert (Ericsson et al., 1993). Dem pädagogischen Umfeld wird damit eine zentrale Bedeutung zugemessen, während die Relevanz von Ausgangsunterschieden in Talent oder Begabung explizit bestritten wird.

31.3.2 Erfassung von Unterschieden zwischen Experten und Novizen

Experten-Novizen-Paradigma. Die praktische Relevanz der theoretischen Ansätze zum Fertigkeits- und Expertiseerwerb ist wohl am besten durch Vergleiche zwischen Experten und Novizen belegt. Diese typische Methode der Expertiseforschung wird auch »kontrastiver Ansatz« genannt (vgl. Gruber, 2010). Obwohl dieses Experten-Novizen-Paradigma in der Regel auf Querschnittstudien basiert, ist hier der Entwicklungsaspekt sicherlich mitgedacht: Über den Vergleich von Anfängern und erfahrenen Personen sollen Informationen über relevante Veränderungen beim Übergang vom Novizen zum Experten erschlossen werden. In einigen Studien wurde der Entwicklungsaspekt dadurch thematisiert, dass sowohl Kinder- und Erwachsenen-Experten als auch Kinder- und Erwachsenen-Novizen in die Studie einbezogen wurden.

Informationserwerb und -speicherung. Übereinstimmend zeigte sich in zahlreichen Untersuchungen mit Kindern und Erwachsenen, dass sich Experten in einem bestimmten Gegenstandsbereich (etwa Sport, Naturwissenschaft oder Musik) wesentlich leichter als Novizen damit tun, neue Information aus diesem Gegenstandsbereich zu erwerben und langfristig zu speichern (vgl. die Übersichten bei Schneider, 2000). Die Untersuchungen mit Kindern unterschiedlicher Altersgruppen sind insofern besonders interessant, als Wissen normalerweise alterskorreliert ist. Je älter man ist, desto mehr Vorwissen hat man üblicherweise in unterschiedlichen Inhaltsbereichen erworben. Sollte sich nun im Vergleich zwischen älteren Novizen und jüngeren Experten zeigen lassen, dass jüngere Kinder mit mehr Vorwissen in einem umschriebenen Gegenstandsbereich neue Informationen aus diesem Bereich besser speichern und entsprechend auch besser erinnern als ältere Kinder mit weniger bereichsspezifischem Vorwissen, so würde das für den enormen Einfluss der Wissensbasis auf Lern- und Gedächtnisprozesse sprechen. Zu dieser Thematik wurde in den letzten beiden Jahrzehnten eine Reihe von entwicklungspsychologisch motivierten Studien durchgeführt, die Experten-Novizen-Unterschiede am Beispiel von Wissen in unterschiedlichen Domänen wie Schach, Sport oder Naturwissenschaft untersuchten.

Deklaratives vs. prozedurales Wissen. Experten verfügen meist über langjährige Erfahrung in ihrem Interessengebiet und haben sich in dieser Zeit ein äußerst umfangreiches und differenziertes bereichsspezifisches Wissen aufgebaut. Für viele Inhaltsbereiche ist es sinnvoll, Experten im Hinblick auf ihr deklaratives und prozedurales Wissen zu unterscheiden. Während in einigen Bereichen (etwa in wissenschaftlichen Disziplinen) ein gutes deklaratives (verbalisierbares) Faktenwissen meist mit überdurchschnittlichem prozeduralen

Wissen (z. B. Forschungsleistungen) einhergeht, kann es in anderen Domänen wie etwa dem Sport Personen geben, die bei reichhaltigem deklarativen Wissen (über Regeln und Sportereignisse) kaum prozedurale Fertigkeiten aufweisen, also als »Lehnstuhl-Experten« zu charakterisieren sind.

In jedem Fall finden sich bei Experten in unterschiedlichsten Domänen besondere Gedächtniskompetenzen, wenn es um den Abruf von bereichsspezifischen Informationen aus dem Langzeitgedächtnis oder das Einspeichern von neuen Informationen aus dem Expertisebereich geht (vgl. Ericsson, 1996). Wie bereits beschrieben, wird die Überlegenheit von Experten gegenüber Novizen auf quantitativ deutlich umfangreicheres Wissen, qualitativ hochwertigere Wissensorganisation sowie (übungsbedingt) schnellere Wahrnehmungs- und Gedächtnisprozesse zurückgeführt, welche vor allem durch »Chunking«-Vorgänge bedingt sind.

Prospektive Längsschnittstudien. Für die genauere Beschreibung des Expertiseerwerbs wären prospektive Längsschnittstudien prinzipiell wesentlich besser als kontrastive Studien geeignet. Der Idealtypus einer solchen Längsschnittstudie ist jedoch aus Gründen der Forschungsökonomie kaum umsetzbar: Will man die natürlichen Bedingungen des Expertiseerwerbs erfassen, müsste eine enorm umfangreiche Ausgangsstichprobe gebildet werden, um dann letztlich (hoffentlich) auch eine bedeutsame Zahl »echter« Experten im untersuchten Inhaltsbereich zu gewinnen. Die wenigen verfügbaren Längsschnittstudien im Bereich der Expertiseforschung sind von daher so angelegt, dass sie einmal rekrutierte Stichproben von Experten in ihrer Entwicklung weiter verfolgen (z. B. Bös & Schneider, 1997; Horgan & Morgan, 1990).

31.3.3 Expertise und Fähigkeit

Korrelationen zwischen Intelligenz- und Leistungsmaßen. Der Expertiseansatz hat in der Entwicklungspsychologie wie auch in der Pädagogischen Psychologie lange Zeit eine untergeordnete Rolle gespielt. Zum Teil liegt dies daran, dass dort individuelle Unterschiede in schulischen und akademischen Leistungen eher mit Unterschieden in basalen Fähigkeitsmerkmalen wie etwa der Intelligenz begründet wurden, als dass Übungsprozesse beachtet worden wären. Insbesondere für die sprachliche Intelligenz wurde ein hoher Vorhersagewert für die Leistungsentwicklung im Grundschulalter bestätigt. Mit steigender Ausbildungsdauer nehmen allerdings die Korrelationen zwischen Intelligenz- und Leistungsmaßen ab. Wir wissen aus umfassenden Langzeitstudien (vgl. etwa Sauer, 2006), dass bei der Prognose von Schulleistungen im frühen wie auch späteren Jugendalter der Einfluss spezieller Wissenskomponenten immer größer wird. Diese umfassen Vorwissen, das über mehrere Jahre hinweg in umschriebenen Inhaltsbereichen (z. B. Deutsch oder Mathematik) aufgebaut worden ist. Die geringeren Korrelationen zwischen Intelligenz- und Leistungsmaßen in höheren Ausbildungsstufen sind zum Teil jedoch auch als Methodenartefakt zu werten: Mit steigendem Ausbildungsniveau sind vermehrt Personen mit höheren intellektuellen Fähigkeiten in schulischen Einrichtungen anzutreffen, womit die Streuung der Fähigkeiten stärker eingeschränkt wird. Diese Varianzeinschränkung führt rein technisch zu geringeren Korrelationen. Insgesamt bleibt damit die Intelligenz ein wesentlicher Prädiktor für akademische Leistung, doch insbesondere dann, wenn es um spezifische Domänen und Wissenssysteme geht, sind die vorangegangenen Lernprozesse und damit die Erkenntnisse der Expertiseforschung zentral.

Kompensationsmöglichkeiten durch Vorwissen. Dieses Befundmuster wurde auch in Studien bestätigt, die auf dem Experten-Novizen-Paradigma basierten. In einer Untersuchung von Schneider et al. (1989) schnitten Fußballexperten unterschiedlicher Jahrgangsstufen beispielsweise in Gedächtnis- und Verständnistests besser ab als gleichaltrige Fußballnovizen; überraschenderweise jedoch wirkten sich die intellektuellen Unterschiede nicht zusätzlich auf die Leistungen aus: Experten mit hoher und niedriger Intelligenz erzielten in etwa vergleichbare Leistungen. Dieses Ergebnis wurde mittlerweile mehrfach repliziert (für eine Übersicht vgl. Schneider, 2000). Schneider et al. (1989) folgerten aus ihren Ergebnissen, dass besonders reichhaltiges Vorwissen Defizite in der allgemeinen Intelligenz kompensieren kann, wenn die Gedächtnisaufgabe im eigenen Expertisebereich liegt und kaum strategische Komponenten enthält, was etwa bei Textaufgaben der Fall zu sein scheint. Übertragungen des experimentellen Designs auf strategische Gedächtnisaufgaben replizierten die oben genannten Befunde, was den großen Expertiseeffekt anging, zeigten jedoch auch zusätzliche Einflüsse der allgemeinen Intelligenz (vgl. Schneider, 2008b). Ähnliche Befunde zeigten auch Längsschnittstudien mit Kinder-Topexperten aus den Bereichen Tennis und Schach (Bös & Schneider, 1997; Horgan & Morgan, 1990). Während sich längsschnittlich die größten Leistungsverbesserungen jeweils in Abhängigkeit von Übungsintensität und -häufigkeit ergaben, spielten individuelle Unterschiede in basalen (motorischen oder intellektuellen) Fähigkeiten für das Ausmaß des Leistungsgewinns zusätzlich eine durchaus beachtliche Rolle (und dies trotz jeweils sehr homogener Stichproben). Wenn die Ergebnisse auch die Gültigkeit des »deliberate practice«-Ansatzes insgesamt bestätigen, relativieren sie ihn insofern, als Zusatzeffekte basaler Fähigkeiten auf die Leistung erhalten bleiben.

31.4 Integration von Befunden aus Hochbegabungs- und Expertiseforschung und Fazit

Es steht außer Frage, dass insbesondere die frühe Entwicklung von höchstbegabten Kindern wie etwa Michael Kearney kaum mit Grundannahmen des »deliberate practice«-Ansatzes erklärbar ist, dem zufolge pädagogische Einflüsse der engeren Umwelt (insbesondere der Familie) und intensive Übung für die Ausprägung besonderer Leistungen essenziell sind. Individuelle Unterschiede in dispositionalen Merkmalen wie der Intelligenz können bei der Erklärung von außergewöhnlichen Leistungen nicht ignoriert werden. Das *Zusammenspiel* besonderer kognitiver Fähigkeiten und nicht-kognitiver Merkmale wie etwa Motivation und Ausdauer scheint wesentlich dafür zu sein, dass sich im weiteren Entwicklungsverlauf Spitzenleistungen ergeben. Der besondere Beitrag der Expertiseforschung zu der Frage, welche Faktoren außergewöhnliche Leistungen bestimmen, kann dabei in der Betonung von Übungs- und Trainingseffekten gesehen werden.

Schwellenwert-Modell. Das von Schneider (2000) vorgeschlagene Schwellenwert-Modell für die Erklärung von Spitzenleistungen versucht eine Integration der Begabungs- und Expertiseforschung: Überschreitet ihm zufolge der Fähigkeitsparameter einer Person einen Schwellenwert, der im überdurchschnittlichen Bereich anzusetzen ist, dann entscheiden im Wesentlichen das Ausmaß an nicht-kognitiven Voraussetzungen wie Engagement, Ausdauer und extremer Erfolgsmotivation darüber, ob außergewöhnliche Leistungen erzielt werden können. Der postulierte Fähigkeits-Schwellenwert kann durchaus unter dem für intellektuelle Hochbegabung häufig herangezogenen Wert (IQ von 130) liegen, sollte jedoch überdurchschnittlich sein. Gestützt wird das Modell durch die erwähnten Schachstudien mit Kinderexperten, durch die Arbeiten von Ackerman (1988) zur Fertigkeitsentwicklung und durch retrospektive Analysen zum Werdegang Hochbegabter oder berühmter Persönlichkeiten. Die Befundlage zum Schwellenwert-Modell ist jedoch nicht konsistent: So fanden etwa Lubinski et al. (2001), dass die intellektuell Begabtesten einer Stichprobe höchstbegabter Probanden (IQ > 180) auch zu den akademisch und beruflich Erfolgreichsten zählten, was eine unmittelbare Umsetzung von Hochbegabung in Hochleistung zu implizieren scheint. Die Schwellentheorie wird zudem oft für den Zusammenhang von Intelligenz und Kreativität angeführt; auch hier erbrachten neuere Studien keine Belege für deren Gültigkeit (z. B. Preckel et al., 2006).

Modell der partiellen Kompensation. Das Schwellenwert-Modell mag von daher nicht ohne Weiteres auf alle denkbaren Leistungsbereiche übertragbar sein. Das ebenfalls von Schneider propagierte Modell der partiellen Kompensation, dem zufolge der Einfluss der Intelligenz auf die Leistung in dem Maße abnimmt, in dem die bereichsspezifische Expertise zunimmt, kann die Entwicklungszusammenhänge möglicherweise besser auf den Punkt bringen. Dabei ist jedoch zu beachten, dass nach der Investment-Theorie von Cattell (1941) bereichsspezifische Expertise durchaus auch als kristalline Intelligenz dem Intelligenzkonstrukt zugeordnet werden kann. Andererseits geht Sternberg (2000) so weit, Fähigkeiten selbst als sich entwickelnde Expertise zu sehen. Demnach seien Fähigkeits- oder Intelligenztests im Grunde Leistungstests, welche Leistungen erfassten, die eine Person einige Jahre zuvor erworben haben sollte. Diese Ausführungen sollen verdeutlichen, dass Begabung und Leistung sowohl theoretisch als auch empirisch nur schwer trennbar sind und dass es beider Forschungstraditionen, der Begabungs- und der Expertiseforschung, bedarf, wenn es um die Beschreibung und Erklärung exzeptioneller Leistungen geht.

Zusammenfassung

- Die Begabungsforschung zielt auf die (möglichst frühe) Erfassung von Prädiktoren für Leistungsexzellenz und erforscht zudem, wie und wann sich Potenzial auch tatsächlich in Leistung umsetzt. Die Expertiseforschung hingegen betrachtet Personen, die sich bereits durch Leistungsexzellenz auszeichnen, um die persönlichen Voraussetzungen und Entwicklungsbedingungen der Leistungsexzellenz zu erfassen.
- Die Begabungsforschung identifizierte vor allem die allgemeine Intelligenz als guten Prädiktor der akademischen und beruflichen Entwicklung, die Expertiseforschung Übungs- und Trainingseffekte.
- Besondere Leistungen sind stets multifaktoriell bedingt. Zum Verständnis außergewöhnlicher Leistungen müssen die Befunde der Begabungs- und der Expertiseforschung gleichermaßen berücksichtigt werden. Wichtige Prädiktoren außergewöhnlicher Leistungen im intellektuellen Bereich sind neben der Intelligenz damit Übungs- und Trainingsprozesse sowie eine entsprechende Unterstützung und Instruktion durch die Umwelt.
- Hochbegabung wird als Kompetenz, als Performanz, ein- oder mehrdimensional definiert. Kernmerkmal der meisten Definitionen intellektueller Hochbegabung ist jedoch eine weit überdurchschnittliche Intelligenz.
- Hochbegabte unterscheiden sich positiv in intelligenz- und leistungsbezogenen Merkmalen von Nicht-Hochbegabten; für weitere Persönlichkeitsbereiche finden sich keine systematischen Unterschiede. Ein Zusammenhang von Hochbegabung und besonderen psychischen Auffälligkeiten ist nicht belegt. Ergibt sich ein spezifischer Beratungsbedarf, dann zumeist als Resultat einer ungünstigen Interaktion mit der Umwelt (z. B. aufgrund des Nicht-Erkennens einer Hochbegabung, mangelnder Förderung, falscher Erwartungen).

Weiterführende Literatur

Preckel, F. & Vock, M. (2012). Hochbegabung: Grundlagen, Diagnose, Fördermöglichkeiten. Ein Lehrbuch. Göttingen: Hogrefe. *Gut strukturierte und didaktisch ansprechende Aufbereitung des Themas mit einem Überblick über Modelle, prominente Studien, Persönlichkeit und Entwicklung Hochbegabter sowie Möglichkeiten der Diagnostik und Förderung.*

Preckel, F., Schneider, W. & Holling, H. (2010). Diagnostik von Hochbegabung (Jahrbuch der pädagogisch-psychologischen Diagnostik. Tests und Trends – N. F., Bd. 8). Göttingen: Hogrefe. *Eine aktuelle Dokumentation von Verfahren und Ansätzen der Hochbegabungsdiagnostik mit Berücksichtigung klassischer Informationsquellen wie Tests oder Checklisten und neuer inhaltlicher und methodischer Entwicklungen und typischer Anwendungsfragen.*

Schneider, W. & Stumpf, E. (2007). Hochbegabung, Expertise und die Erklärung außergewöhnlicher Leistungen. In K. Heller & A. Ziegler (Hrsg.), Begabt sein in Deutschland (S. 71–92). Wiesbaden: LIT-Verlag. *Darstellung des Zusammenspiels von Fähigkeit und Wissen bei der Entwicklung außergewöhnlicher Leistungen, illustriert an Beispielen genialer Menschen der Gegenwart und der Geschichte.*

Stumpf, E. (2012). Förderung bei Hochbegabung. Stuttgart: Kohlhammer. *Darstellung zentraler Begabtenförderprinzipien sowie Reflexion deren theoretischer und wissenschaftlicher Fundierung.*

Vock, M., Preckel, F. & Holling, H. (2007). Förderung Hochbegabter in der Schule: Evaluationsbefunde und Wirksamkeit von Maßnahmen. Göttingen: Hogrefe. *Umfassender Überblick über Maßnahmen der schulischen Begabtenförderung wie Fähigkeitsgruppierung, Akzeleration oder Enrichment, der auch die Frage der Auswahl von Schülerinnen und Schülern für Maßnahmen und die Ausbildung von Lehrkräften thematisiert.*

32 Vernachlässigung, Misshandlung und Missbrauch von Kindern

Jochen Hardt • Anette Engfer

32.1 Vernachlässigung
    32.1.1   Merkmale und Formen
    32.1.2   Häufigkeit und Dunkelziffer
    32.1.3   Erklärungsmodelle
    32.1.4   Intervention

32.2 Körperliche Misshandlung
    32.2.1   Merkmale und Formen
    32.2.2   Häufigkeit und Dunkelziffer
    32.2.3   Erklärungsmodelle
    32.2.4   Auswirkungen
    32.2.5   Intervention

32.3 Sexueller Missbrauch
    32.3.1   Mermale und Formen
    32.3.2   Häufigkeit und Dunkelziffer
    32.3.3   Opfer des sexuellen Missbrauchs
    32.3.4   Täter und Täterinnen
    32.3.5   Erklärungsansätze
    32.3.6   Diagnostische Möglichkeiten und Grenzen
    32.3.7   Auswirkungen
    32.3.8   Intervention

Herr P., 1953 geboren, stellt sich im Jahr 2008 in unserer Ambulanz vor. Er klagt über Freudlosigkeit, Appetitverlust, Antriebslosigkeit, Schlafstörungen und über seltsame Gedanken, von denen er nicht lassen könne. Er fühle sich schuldig, dass er nur Arbeiter sei und seinen Kindern keine bessere Ausbildung bezahlen könne. Es gebe viel Streit in der Familie, weil es an Geld fehlt. Manchmal wird Herrn P. alles zu viel und er denkt, dass es besser wäre, tot zu sein. Es gibt aber auch gute Phasen: »Mein Leben ist ein fortwährendes Auf und Ab.«

Befragt, ob es Familienmitglieder mit Depressionen gebe, antwortet er mit Ja, bei einigen Frauen – Männer hätten so etwas ja bekanntlich nicht. Herr P. wuchs als zweites von sechs Kindern auf, der Vater arbeitete oft bis abends spät als Maurer, die Mutter ging tagsüber putzen. Er musste früh mithelfen, Geld zu verdienen: Er trug ab dem 10. Lebensjahr vor der Schule Brötchen aus, ab dem 14. Lebensjahr baute er zusammen mit dem Vater meist am Wochenende am eigenen Haus. Um die kleineren Geschwister musste er sich nicht kümmern, das war Aufgabe der älteren Schwester.

Misshandelt worden seien seine Geschwister und er niemals, aber »dem Vater saß die Rute locker«. Sie seien aber auch alle rechte »Racker« gewesen. Wenn beispielsweise im Kühlschrank die Wurst fehlte, die die Mutter für die ganze Familie zum Abendbrot gekauft hatte, bekamen alle Kinder der Reihe nach eine ordentliche Abreibung. Er habe einmal tagelang nicht sitzen können, obwohl er gar nicht schuld war. Sexuelle Missbrauchserlebnisse verneint er.

Dieses Kapitel soll über Formen der Gewalt gegen Kinder in der Familie informieren. Da es zu diesem Themenbereich umfangreiche und zum Teil emotional geführte Kontroversen gibt, möchten wir versuchen, den derzeitigen Wissensstand auf Basis neuerer empirischer Studien zu referieren. Zumeist werden die drei Bereiche Vernachlässigung, körperliche Misshandlung und sexueller Missbrauch unterschieden – wobei für Vernachlässigung und Misshandlung oft noch eine emotionale und materielle oder physische Komponente unterschieden wird. Dies behalten wir hier für die Vernachlässigung, nicht aber für die Misshandlung bei. Vernachlässigung besteht aus einer Unterlassung, während Misshandlung eine aktive Tätigkeit beschreibt. Jede aktive emotionale Misshandlung, wie etwa Demütigung eines Kindes, enthält die unterlassene Vermittlung der notwendigen Liebe und Wertschätzung. Für diese Übersicht scheint uns dies am geeignetsten, da eine gewisse Strukturierung der Kindheitsbelastungen den Einstieg in die Materie erleichtert. Andere Fragestellungen können andere Einteilungen bevorzugen. Neuere Forschungsergebnisse stellen jedoch den Nutzen dieser Unterscheidung zunehmend infrage. Kindheitsbelastungen treten nicht isoliert auf; vielmehr sind es häufig dieselben Kinder, die missbraucht, misshandelt und vernachlässigt werden.

So zeigt eine Studie von Wetzels (1997), dass in Abhängigkeit von der Weite des verwendeten Gewaltbegriffs ca. ein bis zwei Drittel der Opfer des sexuellen Missbrauchs gleichzeitig auch Opfer physischer Gewaltanwendung waren. Zahlen der Jugendämter weisen darauf hin, dass Vernachlässigung in misshandelnden und missbrauchenden Familien häufig auftritt. Weitere Faktoren sind wichtig, werden aber selten berücksichtigt: Armut, Trennung der Eltern, Ein-Eltern-Familie, Stiefelternschaft oder »Patchworkfamilie« sind ebenfalls wichtige Faktoren, die Kinder langfristig in ihrer Entwicklung beeinträchtigen können.

Im Folgenden werden die verschiedenen Formen der Gewalt gegen Kinder dargestellt. Dabei werden Erscheinungsformen und, soweit das möglich ist, epidemiologische Daten sowie vermutete Ursachen, Auswirkungen und Interventionsansätze skizziert.

32.1 Vernachlässigung

32.1.1 Merkmale und Formen

Materielle Vernachlässigung

> **Definition**
>
> Von **Vernachlässigung** von Kindern spricht man, wenn sie von ihren Eltern oder Betreuungspersonen unzureichend ernährt, gepflegt, gefördert, gesundheitlich versorgt, beaufsichtigt und/oder vor Gefahren geschützt werden.

Demnach geht Vernachlässigung definitionsgemäß immer von den Bezugspersonen aus. Hierzu muss festgelegt werden, welches Verhalten bzw. welche Unterlassung in welcher Form auftreten muss, um das Kriterium »unzureichend« zu erfüllen. Die Normen, die diese Festlegung bestimmen, variieren zwischen und innerhalb der Kulturen. Ein 3-jähriges Kind allein umherlaufen zu lassen, ist in ländlichen Gegenden Indiens normal, in einer Großstadt in Deutschland würde dies wahrscheinlich die Einschaltung des Jugendamtes zur Folge haben.

Signale, die möglicherweise auf Vernachlässigung hinweisen, sind: Schulschwänzen, unangemessene Kleidung, Alleinlassen von Babys, schmutzige Wohnung, ungepflegte Haustiere, häusliche Gewalt, verletzende Sprache, exzessive Strafen einschließlich körperlicher Bestrafung, unzureichende Ernährung bzw. Diebstahl von Lebensmitteln, karge Möblierung, schmutzige Bettwäsche, niedrige Wohnungstemperatur, Alleinlassen kleiner Kinder tagsüber oder nachts, Isolierung des Kindes.

Emotionale Vernachlässigung

Neben der materiellen spricht man von der emotionalen Vernachlässigung. Bei emotionaler Vernachlässigung werden die kindlichen Grundbedürfnisse nach Wärme und Geborgenheit so wenig erfüllt, dass die normale Entwicklung des Kindes gefährdet ist. Es ist davon auszugehen, dass eine materielle Vernachlässigung in aller Regel die emotionale Vernachlässigung beinhaltet, während das Umgekehrte nicht gilt. Die Erfassung der emotionalen Vernachlässigung gilt als schwierig. Das Problem liegt aber nicht darin, dass wir nicht wissen, was emotionale Vernachlässigung bedeutet. Brauchbare Definitionen, die messbare Kriterien enthalten, liegen vor (z. B. Glaser, 2002). Das Hauptproblem stellt wiederum die Festlegung eines Schwellenwertes dar, ab wann ein Verhalten als emotionale Vernachlässigung anzusehen ist.

Bindung. Experimente an Rhesusaffen, die sofort nach der Geburt von ihren Müttern getrennt wurden, belegten eindrucksvoll, dass Tiere und andere Primaten zum Aufwachsen mehr benötigen als Nahrung und Wasser (Harlow et al., 1965). Die Tiere wuchsen allein in einem Käfig auf, der zwei Attrappen einer Mutter enthielt. Eine bestand aus Draht und spendete Milch und Wärme. Die andere war weich und mit Fell verkleidet. Es zeigte sich, dass die Tiere, nachdem sie sich satt getrunken hatten, die Fellmutter aufsuchten und sich ankuschelten, obgleich diese kein Bedürfnis nach Nahrung oder Wärme zu stillen vermochte. Es zeigt sich demnach eine Hierarchie der Bedürfnisse: Nach der Nahrungsaufnahme suchen die Tiere emotionale Zuwendung.

Bowlbys Theorie des Bindungsverhaltens. Bowlbys Theorie des Bindungsverhaltens (1958) vermag dies zu erklären. Ihr zufolge ist das Bedürfnis nach Bindung beim Menschen und anderen Primaten angeboren. Das Bindungsverhalten dient insbesondere dem Schutz in gefahrvollen Situationen. Die meisten höher entwickelten Tiere haben ein solches angeborenes Programm, das bei Gefahr aktiviert wird. Beispielsweise flüchten, je nach Spezies, Tierbabys bei Gefahr auf einen Baum, verkriechen sich in einer Höhle etc., d. h., sie zeigen ein spezifisches angeborenes Verhaltensmuster. Für den Menschen und andere am Boden lebende Primaten gab es keinen solchen allgemeinen Rückzugsort, der bei Gefahr generell Sicherheit gab. Im Verlauf der Evolution bildete sich ein Bedürfnis nach Nähe zur primären Bezugsperson aus. Dieses Bedürfnis wird in drei Arten von Situationen aktiviert: bei Gefahr von außen, wenn die Bezugsperson das Kind verlässt und bei Müdigkeit oder Unwohlsein des Kindes. Aufseiten der Eltern löst das Bindungsverhalten, zusammen mit anderen angeborenen Verhaltensweisen des Kindes wie Lächeln und Schreien, eine entsprechende Zuwendung bzw. vergleichbare Reaktion aus, sodass eine gegenseitige Bindung zwischen Eltern und Kind entsteht.

Bindungsdefizite in Waisenhäusern. Dass diese emotionale Bindung für Kinder lebenswichtig ist, zeigten frühe Untersuchungen an Kindern in Waisenhäusern, in denen in der Nachkriegszeit der 1950er-Jahre die Pflegepersonen meist im Schichtdienst arbeiteten (zusammenfassend Bowlby, 1958). Es zeigten sich erschreckend hohe Sterbequoten sowie erhöhte Raten psychischer und sozialer Störungen der Waisenkinder. Dies bewirkte eine grundsätzliche Umordnung der Strukturen in Einrichtungen, in denen Kinder versorgt wurden; in Europa beispielsweise die Gründung der SOS-Kinderdörfer.

> **Übersicht**
>
> **Störungsbilder als Folge emotionaler Vernachlässigung**
>
> Die Internationale Klassifikation der Krankheiten (ICD-10; World Health Organization, 1992) bietet im Wesentlichen drei Diagnosekategorien für Kinder mit emotionaler Vernachlässigung an:
>
> (1) **reaktive Bindungsstörung (F94.1)** für Kinder, die emotional wenig ansprechbar sind, sich eher zurückziehen oder aggressive Durchbrüche zeigen, wenn sie unglücklich sind
>
> (2) **Bindungsstörung mit Enthemmung (F94.2)** für Kinder, die zwar normale Bindungsansprüche zeigen, wenn sie unglücklich sind, sich aber dabei wenig wählerisch an irgendwelche Erwachsene anlehnen
>
> (3) **Gedeihstörung (R62.8)**, definiert als verzögertes Wachstum, meist weniger als das 3. Perzentil hinsichtlich des Gewichts. Die Ursachen hierfür können natürlich rein organisch sein (z. B. Durchfall), aber auch rein psychisch (z. B. fortwährende Misshandlung) oder eine Kombination von beidem.

32.1.2 Häufigkeit und Dunkelziffer

Man geht davon aus, dass Vernachlässigung die häufigste Form der Missachtung von Kindesrechten darstellt. Im Klientel deutscher Jugendämter machen Vernachlässigungen ca. zwei Drittel aller betreuten Misshandlungsfälle aus. Für die USA liegen genauere Daten vor. Im Jahre 2003 wurden insgesamt ca. 900.000 Fälle von Kindesmisshandlung angezeigt, davon waren ca. 60 % Fälle von Vernachlässigung, in absoluten Zahlen sind dies etwa 75 von 1.000 Kindern. Dabei handelt es sich hier nur um die schwersten Fälle der Vernachlässigung. Die Dunkelziffer ist nicht zu bestimmen, solange messbare Kriterien zur Festlegung eines Schwellenwertes fehlen. In einer repräsentativen Befragung geben Häuser et al. (2011) Prävalenzen von 10,8 % für die schwere körperliche Vernachlässigung und von 6,5 % für die schwere psychische Vernachlässigung an.

32.1.3 Erklärungsmodelle

Die plausibelste Annahme für Vernachlässigung ist, dass Eltern so stark mit sich selbst oder anderen Problemen beschäftigt sind, dass sie die Bedürfnisse der Kinder nicht sehen oder nicht erfüllen können. Das gilt sowohl für die materielle als auch für die emotionale Vernachlässigung, je nachdem, in welchen Bereichen die elterlichen Probleme liegen. Wenn Eltern beispielsweise so arm sind, dass Nahrung zum Problem wird, ist die Gefahr groß, dass auch die Kleidung, die Schule und die emotionalen Bedürfnisse der Kinder vernachlässigt werden.

Es wäre naheliegend anzunehmen, dass Kinder chronisch kranker Eltern, insbesondere depressiver Mütter, häufiger emotional vernachlässigt werden als andere Kinder und entsprechende Folgen (z. B. einen desorganisierten Bindungsstil) aufweisen. Dies ist aber nicht der Fall. Van Ijzendoorn et al. (1999) untersuchten in einer Metaanalyse die Hintergründe, Begleiterscheinungen und Folgen desorganisierter Bindung und stellten fest, dass es hier keinen Bezug zu mütterlichen Depressionen gibt – überraschenderweise, wie die Autoren hinzufügen. Rutter (1995) stellte bereits früher fest, dass Kinder die chronischen Erkrankungen ihrer Eltern oft erstaunlich gut bewältigen. Als plausible Erklärung dafür gibt er an, dass es eine besondere Herausforderung und Gelegenheit zum sozialen Lernen darstellen kann, wenn Kinder relativ früh gezwungen sind, auf die Gefühle anderer Menschen Rücksicht zu nehmen.

32.1.4 Intervention

Bei schweren materiellen Vernachlässigungen richten therapeutisch-psychologische Interventionsformen, wie sie von Erziehungsberatungsstellen und Kinderschutzzentren angeboten werden, in der Regel wenig aus. Wenn vernachlässigte Kinder zu ihrem Schutz aus der Familie herausgenommen und in einem Heim oder in einer Pflegefamilie untergebracht werden müssen, sind einschneidende Eingriffe in das elterliche Sorge- und Aufenthaltsbestimmungsrecht erforderlich. Dabei stehen aber die Chancen für die Entwicklung vernachlässigter Kinder nicht schlecht, wenn sie früh genug aus ihrer Umgebung herausgenommen werden. Selbst Kinder aus rumänischen Waisenhäusern, die massiv vernachlässigt wurden (teilweise waren sie extrem unterernährt), aber nach dem Ende der Ceaușescu-Ära im Alter von einem halben Jahr bis zu dreieinhalb Jahren von englischen Familien adoptiert wurden, zeigten enorme Fortschritte in ihrer Entwicklung. Im Alter von sechs Jahren war ein großer Teil dieser Kinder weder kognitiv noch sozial auffällig. Dies gilt insbesondere für Kinder, die in den ersten zwei Lebensjahren aus den Heimen geholt wurden (Rutter et al., 2004). Doch gibt es auf der anderen Seite auch nichts zu beschönigen. Trotz wesentlicher Verbesserungen zeigten die übrigen Kinder noch Folgen der Vernachlässigung, die sie vermutlich lebenslang nicht überwinden werden. Für Kinder, die in kanadische oder niederländische Familien kamen, zeigten sich ähnliche Ergebnisse. Ob aber vielleicht noch weitere Folgen auftreten, werden Untersuchungen zeigen, wenn diese Kinder älter geworden sind.

Für die Praxis ergibt sich hier bei grenzwertiger materieller Vernachlässigung ein Problem: Es wäre einerseits für die Kinder gut, möglichst früh aus der vernachlässigenden Familie herausgeholt zu werden. Andererseits möchte und muss man Eltern auch eine Chance geben, sich zu verbessern. Hier ist eine enge Kontrolle seitens der verantwortlichen Institutionen notwendig. Bei ausschließlich emotional vernachlässigten Kindern werden drastische Maßnahmen wie die Herausnahme aus der Familie oder die Fremdunterbringung nicht angewendet. Neben rechtlichen Problemen besteht die Gefahr, dadurch mehr Schaden als Nutzen zu bewirken.

> **Denkanstöße**
> ▶ Wie erkennt man vernachlässigte Kinder?
> ▶ Welche Schwellen setzen Sie für emotionale Vernachlässigung?
> ▶ Welche Formen und welches Ausmaß an materieller Vernachlässigung ist tolerierbar, bevor Kinder aus der Familie geholt werden sollten?

32.2 Körperliche Misshandlung

32.2.1 Merkmale und Formen

> **Definition**
> **Körperliche Misshandlungen** sind Schläge oder andere gewaltsame Handlungen (Stöße, Schütteln, Verbrennungen, Stiche usw.), die beim Kind zu Verletzungen führen können.

Kindesmisshandlungen bleiben in Deutschland zumeist unbeachtet, weil keine Meldepflicht für Ärzte besteht. Die Einführung wurde vor allem aufgrund der Besorgnis abgelehnt, dass Eltern dann noch weniger bereit wären, misshandlungsbedingte Verletzungen von Ärzten behandeln zu lassen. In den USA, wo 1962 nach einem viel beachteten Artikel zu Misshandlungen bei Kindern eine Meldepflicht für Verdachtsfälle von Misshandlung und Vernachlässigung in allen Bundesstaaten eingeführt wurde, zeigen sich jedoch dramatische Zahlen: Etwa 4 % der Kinder, die bei einem Krankenhausaufenthalt die Diagnose Misshandlung oder Vernachlässigung erhalten, sterben bei diesem Aufenthalt. Im Vergleich: Von Kindern in denselben Krankenhäusern, die keine dieser Diagnosen erhalten, sind es 0,5 %. Eine neuere Untersuchung in den USA bei Hausärzten an 15.000 Fällen von Kindesmisshandlung zeigte jedoch ein weiteres erschreckendes Ergebnis: Nur in einem Viertel der Fälle von Verdacht auf Misshandlung erfolgte eine Anzeige. Fast noch schlimmer war, dass selbst bei Vorliegen von fast sicheren Anhaltspunkten für Misshandlungen in einem Viertel der Fälle die Anzeige unterblieb. Als Gründe nannten die Ärzte unter anderem Unzufriedenheit mit dem »Child Protection System«, d. h. der Institution, die auf die Anzeige reagiert; weitere Gründe waren die Einschätzung, dem Kind selbst besser helfen zu können, oder ganz schlicht das Interesse, die Familie als Patienten in der Praxis zu behalten (zusammenfassend Gilbert et al., 2009).

Körperliche Bestrafung
Die unselige Tradition des Prügelns zum Zweck einer gewünschten Verhaltensänderung war nicht nur in Deutschland lange üblich. Von der Antike bis zur Neuzeit wurden Kinder geprügelt, damit sie besser lernten oder besser arbeiteten; Geisteskranke wurden geprügelt, um den Teufel auszutreiben; Gesetzesbrecher wurden sowieso geprügelt. Der Hausherr hatte bis zum Ende des 17. Jahrhunderts das Züchtigungsrecht gegenüber Kindern und Hausangestellten. Für Königs- und Fürstenkinder erfand man die Konstruktion des Prügelknaben. Dieser bekam die Prügel, wenn das Königs- oder Fürstenkind ungehorsam war. Natürlich konnte man nicht den künftigen König selbst prügeln; doch wenn er ungehorsam war, musste irgendjemand geprügelt werden. Den Sinn des Prügelns zu hinterfragen, ist eine Errungenschaft neuerer Zeit (Hardt & Hoffmann, 2006a).
Körperstrafenverbot. In Deutschland gibt es seit 2000 ein explizites Verbot körperlicher Züchtigungen. Die Änderung des § 1631 Abs. 2 BGB wurde am 1. August 1998 beschlossen und trat am 8. November 2000 in Kraft. Nach einer viele Jahre dauernden Diskussion über das Verbot des elterlichen Züchtigungsrechtes heißt es nun im § 1631 Abs. 2 BGB: »Entwürdigende Erziehungsmaßnahmen, insbesondere körperliche und seelische Misshandlungen, sind unzulässig.« In Schweden gab es ein ähnliches Gesetz bereits 20 Jahre früher. Dort wurde in einer beispiellosen Kampagne über ein halbes Jahr hinweg auf jeder Milchtüte auf das Verbot der körperlichen Bestrafung aufmerksam gemacht. Als Ergebnis waren 98 % der Schweden danach über dieses Gesetz informiert – in Deutschland geschah nichts dergleichen.

32.2.2 Häufigkeit und Dunkelziffer

In einer Repräsentativbefragung von 3.285 Personen im Alter zwischen 16 und 59 Jahren (Wetzels, 1997) zeigte sich, dass 40 % der Bevölkerung regelmäßige oder häufige körperliche Strafen in ihrer Kindheit erlebt haben. Schwerwiegende Körperstrafen berichteten etwa 10 % und Misshandlungen etwa 5 % der Befragten. In den polizeilichen Statistiken tauchen die meisten dieser Fälle nicht auf. Eine Zunahme der Gewalt gegenüber Kindern zeigte sich entgegen mancher Medienberichte nicht: Jüngere Alterskohorten berichteten signifikant seltener über körperliche Bestrafungen. Obwohl sich seit den 1960er-Jahren Eltern-Kind-Beziehungen in deutschen Familien zunehmend liberaler gestalten und immer mehr Eltern die Prügelstrafe ablehnen, ist der Prozentsatz der schwer misshandelten Kinder aber in etwa gleich geblieben (Wetzels, 1997). Möglicherweise wird durch öffentliche Sensibilisierungskampagnen nur das Ausmaß der »alltäglichen Gewalt« in Eltern-Kind-Beziehungen reduziert, während die Fälle schwerster Misshandlungen davon unberührt bleiben.

32.2.3 Erklärungsmodelle

Deshalb ist es wichtig, sich der Erklärung der körperlichen Misshandlung zuzuwenden. Es gibt im Wesentlichen drei Erklärungsmodelle der Kindesmisshandlung, die hier kurz dargestellt werden sollen.

Weitergabe der Gewalt über die Generationen hinweg
In diesem Erklärungsmodell werden elterliche Persönlichkeitsprobleme für das Auftreten von Kindesmiss-

handlungen verantwortlich gemacht. Diese resultieren oft aus Vorerfahrungen mit harten Strafen und Ablehnung in der eigenen Kindheit. Zentral ist die These der Weitergabe der Gewalt über mehrere Generationen hinweg. Verschiedene Untersuchungen zeigen, dass der Anteil der Eltern, die ihre Kinder schlagen, unter Eltern, die als Kinder selbst geschlagen wurden, höher ist als unter Eltern, die selbst als Kind nicht geschlagen wurden. Diese These wird von Kaufman und Zigler (1993) anhand der Befunde mehrerer Prospektivstudien dahin gehend eingeschränkt, dass sie nur auf ca. 30 % der ehemals misshandelten Eltern zutreffe. Von einem deterministischen Zusammenhang kann nicht die Rede sein; der größere Teil der Eltern, die selbst geschlagen wurden, schlägt seine Kinder nicht (Widom, 1989). Andere Untersuchungen zeigen ebenfalls, dass erlebte Gewalt in der Erziehung mit erhöhten Raten von Gewalt im späteren Leben assoziiert ist, auch mit Gewalt gegen die eigene Person (zu Suizidversuchen s. Hardt et al., 2008).

Dass nicht alle Kinder ihre frühen Gewalterfahrungen in irgendeiner Weise wiederholen, wird teilweise dem Einfluss sogenannter Schutzfaktoren zugeschrieben: Ehemals misshandelte Kinder können in tragfähigen Beziehungen zu anderen Menschen (z. B. zu einem nicht misshandelnden Elternteil, zu Therapeuten oder späteren Lebenspartnern) ihre Gewalterfahrungen bewältigen. Außerdem scheinen eine gute Begabung und damit verknüpfte Erfolgserfahrungen vor der Weitergabe der selbst erfahrenen Gewalt zu schützen.

Soziologische Erklärungsansätze
Soziologische Erklärungsansätze führen die folgenden Bedingungen für die Gewalt gegen Kinder an:
▶ die gesellschaftliche Billigung von Gewalt in der Erziehung von Kindern,
▶ alltägliche Gewalt als Lebensbelastungen (Armut, Arbeitslosigkeit), die die Familien überfordern, und
▶ den Mangel an sozialen Unterstützungssystemen, die Familien in Krisenzeiten entlasten könnten.

Billigung körperlicher Bestrafung. Es ist relativ gut belegt, dass die gesellschaftliche Billigung von Gewalt als Mittel der Erziehung rückläufig ist. Dies zeigt sich am deutlichsten in der Abschaffung des elterlichen Züchtigungsrechtes. Psychologisch zeigt sich die öffentliche Missbilligung körperlicher Bestrafungen unter anderem auch aufseiten der Kinder. Fragt man sie, wie häufig sie von ihren Eltern geschlagen werden, so machen sie mit zunehmender kognitiver Reife abgemilderte Aussagen. Sie scheinen also ihre Aussagen selbst zu zensieren. Eltern, die Strafen gutheißen oder verharmlosen, sind häufiger gewalttätig gegenüber ihren Kindern.

Alltägliche Gewalt. Nach den Befunden von Wetzels (1997) kann Gewalt in der Partnerbeziehung offenbar auf die Kinder als Opfer übergreifen bzw. sie in anderer Weise gefährden. Im Vergleich zu Kindern, deren Eltern sich nicht schlagen, werden Kinder in gewalttätigen Partnerbeziehungen achtmal so häufig selbst geschlagen und misshandelt, und sie werden dreimal so häufig zu Opfern des sexuellen Missbrauchs. Amerikanische Studien zeigen Zusammenhänge zwischen Gewalt gegen Kinder und Lebensbelastungen wie Arbeitslosigkeit, Armut sowie schlechter Wohngegend.

Sozial-situationales Erklärungsmodell. In diesem Erklärungsmodell sieht man Kindesmisshandlungen als Endpunkte eskalierender Konfliktsituationen. Man nimmt an, dass Eltern ihre Kinder aus Ärger und Ohnmacht verprügeln, wenn andere pädagogische Maßnahmen fehlgeschlagen sind. Hier sind kindliche Verhaltensprobleme (Aggressionen, Ungehorsam) vordergründig Anlass für ausufernde Bestrafungen.

Verhaltensprobleme als Auslöser von Misshandlungen
Ein naheliegendes Erklärungsmodell sieht Verhaltensprobleme der Kinder als Auslöser für Misshandlungen an. In querschnittlichen und retrospektiven Studien erscheinen diese entsprechend oft als Hauptanlass für harte Strafen und Misshandlungen. In prospektiven Untersuchungen jedoch unterscheiden sich später misshandelte Kinder weder kurz nach der Entbindung noch im Alter von 3 Monaten in ihren Verhaltensmerkmalen von später gut betreuten Kindern. Die kindlichen Verhaltensprobleme (Schreien, schlechte Tröstbarkeit), unter denen gewaltgefährdete Mütter im Verlauf des 1. Lebensjahrs leiden, sind ihrerseits mit mütterlichen Persönlichkeitsproblemen und einem wenig optimalen Betreuungsverhalten verknüpft.

32.2.4 Auswirkungen

Zu den Auswirkungen von Misshandlungen gehören zunächst einmal die körperlichen Folgen. Pro Jahr sterben in Deutschland hieran ca. 100 Kinder, Tendenz sinkend (Heinrichs & Ehlert, 2010). Langfristige Folgen von Misshandlungen sind bei Jugendlichen und jungen Erwachsenen die oben erwähnte erhöhte Aggressionsbereitschaft, die vor allem bei misshandelten Männern mit Alkohol- und Drogenmissbrauch einhergehen kann, und eine erhöhte Suizidneigung. Die Spätfolgen körperlicher Misshandlungen sind nicht nur dem Geschlagenwerden zuzuschreiben. Sie sind vielmehr Auswirkungen einer Familiensituation, in der Kinder auf Dauer zu wenig Liebe, Geduld und Förderung erfahren. Stattdessen werden sie ständig kritisiert, überfordert und bestraft. Man kann dies als eine Form der emotionalen Misshandlung ansehen.

32.2.5 Intervention

Obgleich es in Deutschland mit der Arbeit der Kinderschutzzentren und anderer präventiv arbeitender Einrichtungen (Mütterzentren, Besuchsdienste von Säuglingsschwestern, pädiatrische Vorsorgeuntersuchungen) verschiedene Interventionsansätze zur Prävention von Gewalt gibt, kann über deren Effizienz wenig ausgesagt werden, weil ihre wissenschaftliche Evaluation erst in den Anfängen steckt. Metaanalysen zur Effizienz von Präventionsprogrammen in den USA zeigen, dass diejenigen Programme besonders wirksam sind, die

- mehr als zwölf Kontakte mit den Familien und eine Mindestdauer der Betreuung von sechs Monaten vorsehen,
- einen ressourcenorientierten Ansatz mit Komponenten der sozialen Unterstützung verwirklichen und
- die betroffenen Familien aktiv beteiligen.

Programme, in denen vernachlässigte und misshandelte Kinder mit etwas jüngeren in betreute Spielgruppen aufgenommen wurden, zeigen in ersten Untersuchungen gute Effekte. Dem liegt ein interessantes Modell zugrunde, nach dem Kinder ihre eigenen Ressourcen besonders gut aktivieren können, wenn sie von Personen mit ähnlichem Entwicklungsstand soziale Unterstützung erhalten. Maßnahmen des präventiven Kinderschutzes wie z. B. das Körperstrafenverbot oder Unterstützungsprogramme für sozial schwache Familien sind offenbar wirksamer als reaktive Maßnahmen (Hardt, 2005).

Denkanstöße

Gehen Sie von einem tatsächlichen oder ausgedachten Fall einer Kindesmisshandlung aus und überlegen Sie, was Sie wissen müssten, um eingreifen oder helfen zu können.

- Welche Argumente sprechen gegen körperliche Bestrafungen?
- Welche Argumente sprechen für Bestrafungen überhaupt?

32.3 Sexueller Missbrauch

32.3.1 Merkmale und Formen

Definition

Unter **sexuellem Missbrauch** wird jede Einbeziehung eines Kindes in eine sexuelle Handlung verstanden, für die es entwicklungsmäßig noch nicht reif ist, die es daher nicht überschauen kann und zu der es keine freiwillige Zustimmung geben kann und/oder die die sozialen und legalen Tabus der Gesellschaft verletzt.

Die Definition der American Academy of Pediatrics – Committee on Child Abuse and Neglect Policy Statement (1991) ist allgemein gehalten und bedarf der Konkretisierung. Dies geschieht häufig dahin gehend, dass sexueller Missbrauch »als jede unfreiwillige sexuelle Handlung vor dem Alter von 14 Jahren mit einer Person, die mindestens fünf Jahre älter ist« bestimmt wird. Begründet wird der in dieser Bestimmung angegebene Altersabstand mit der Überlegung, dass sexuelle Erfahrungen mit in etwa Gleichaltrigen nicht als Missbrauch bezeichnet werden sollten – eine Überlegung, die im Einzelfall problematisch sein kann.

Unter der Lupe

Kulturgeschichtlicher Hintergrund sexuellen Kindesmissbrauchs

Sexuellen Kindesmissbrauch hat es vermutlich zu allen Zeiten und in allen Kulturen gegeben. Hoffnungen, ihn irgendwann ausrotten zu können, erscheinen vor diesem Hintergrund naiv. Deutliche Unterschiede gibt es allerdings, wie verschiedene Kulturen damit umgingen: Die Makedonier (Alexander der Große und sein

Vater, Phillip II., um 350 v. Chr.) berichten recht ungeniert von Orgien, an denen Mädchen und Jungen sexuell beteiligt waren. Im alten Rom wurden Jungen schon in der Wiege kastriert, um sie später in Bordellen arbeiten zu lassen. Bei den Juden hingegen war bereits vor dieser Zeit der sexuelle Missbrauch eines mehr als 9 Jahre alten Jungen bei Todesstrafe verboten, der Täter wurde gesteinigt. Jüngere Kinder galten als asexuell, der Täter wurde lediglich ausgepeitscht. Sexueller Verkehr mit Mädchen wurde bei den Juden dieser Zeit nicht geahndet. Das Christentum verbot zwar die Kinderehe, sah aber bis zum 17. Jahrhundert Mädchen ab 7 Jahren als reif für die Ehe an (zusammenfassend Heyden & Jarosch, 2010).

Spätestens seit dem 18. Jahrhundert lag über den Missbrauchsfällen ein Tabu – was nicht sein durfte, das gab es eben nicht. Als Freud um 1890 vor der Wiener Ärzteschaft die These vertrat, Hysterie sei eine Folge von kindlichem sexuellem Missbrauch, ließ man ihn kalt stehen und verließ den Saal; später erwähnte er, dass man noch nicht einmal mit ihm diskutiert habe. Freud war hier einfach seiner Zeit voraus – der Fall des Tabus kam erst fast ein Jahrhundert später, als im Zuge der Frauenbewegung in den 1970er-Jahren Frauen ihre Missbrauchserfahrungen öffentlich berichteten. Aus dieser Wurzel ist es zu erklären, warum auch heute noch in manchen Büchern und Internetseiten alle Missbrauchsopfer Mädchen und alle Täter Männer sind. Zudem wurden leichte und schwere Missbrauchsfälle unkritisch in einen Topf geworfen, und Aussagen wie »Jede dritte Frau wurde als Kind sexuell missbraucht« wurden gemacht.

Gemeinsam ist allen Definitionsversuchen, dass im Hinblick auf Alter, Reife oder Macht in der Regel ein Gefälle zwischen Tätern und Opfern besteht. Wichtig ist auch die Opfer-Täter-Beziehung – beispielsweise die Unterscheidung zwischen intrafamiliärem und extrafamiliärem Missbrauch (zusammenfassend Hardt & Hoffmann, 2006b).

> **Übersicht**
>
> **Schweregrade des sexuellen Missbrauchs**
> Der sexuelle Missbrauch wird heute meist in drei Schweregrade eingeteilt (Fergusson & Mullen, 1999):
> - Verkehr als sexueller Missbrauch mit genitaler, oraler oder analer Penetration oder Manipulation (schwerer sexueller Missbrauch),
> - sexueller Missbrauch mit Körperkontakt, aber ohne Geschlechtsverkehr (sexuelle Berührungen) und
> - sexueller Missbrauch ohne Körperkontakt wie z. B. die Konfrontation mit einem Exhibitionisten oder Masturbation in Anwesenheit eines Kindes (exhibitionistische Erlebnisse).

Die sensationsorientierte und zum Teil fast voyeuristische Berichterstattung der Medien, unser emotionales Engagement und die moralische Entrüstung bei der Behandlung dieses Themas führen zumindest teilweise dazu, dass man beim sexuellen Missbrauch von Kindern zunächst an sehr massive Formen denkt – an den Vater, der wiederholt und unter dem Einsatz von Drohungen oder physischer Gewalt seine Tochter zum Beischlaf zwingt, an den pädophilen Geistlichen, Lehrer oder Jugendleiter, der die ihm anvertrauten Kinder sexuell missbraucht. Man denkt an Wiederholungstaten, Gewalt, Drohungen und Geheimhaltungsgebote, die den Kindern von den Tätern auferlegt werden. Mit diesen Bildern des sexuellen Missbrauchs verknüpft sich die Annahme bzw. das Klischee lang andauernder und gravierender Schädigungen der betroffenen Kinder. Die Befunde der sozialwissenschaftlichen Forschung ergeben jedoch ein etwas anderes Bild des sexuellen Missbrauchs. Das wird im Folgenden zu zeigen sein.

32.3.2 Häufigkeit und Dunkelziffer

Die meisten sexuellen Übergriffe in der Kindheit und Adoleszenz bestehen nicht im versuchten oder vollzogenen Geschlechtsverkehr. Die meisten Vorkommnisse sind exhibitionistische Erfahrungen und sexuelle Berührungen. Exhibitionistische Erlebnisse werden weltweit von etwa 7 % der Frauen und 3 % der Männer berichtet, wie eine Metaanalyse zeigt, die im Auftrag der WHO durchgeführt wurde und über 168 Studien mit ca. einer Million Befragten einschloss (Andrews et al., 2002). Für die Kategorie der sexuellen Berührungen zeigen sich Prävalenzen von 15 % für Frauen und etwa 3 % für Männer. Die Kategorie des schweren sexuellen Missbrauchs zeigt weltweit eine Prävalenz im Bereich von 5 % für Frauen und 2 % für Männer.

In Deutschland gibt es nur eine repräsentative Befragung an einer größeren Stichprobe, die bereits mehrfach zitiert wurde (Wetzels, 1997). Darin berichten 8,6 % der Frauen und 2,8 % der Männer von sexuellen Missbrauchserlebnissen mit Körperkontakt bis zum 16. Lebensjahr. Zusätzliche 5,2 % der Frauen und 2,5 % der Männer berichten von Missbrauchserlebnissen ohne Körperkontakt.

Die Häufigkeiten liegen etwas unterhalb der Schätzungen aus der WHO-Studie. Es ist jedoch zu bedenken, dass die Ergebnisse in starkem Maße von den Formulierungen der Fragen abhängen. Aussagen wie »jede dritte Frau wurde als Kind missbraucht« sind auf der Basis dieser Zahlen kritisch zu sehen. Falsch wäre es jedoch, Häufigkeit und Schweregrad des sexuellen Missbrauchs zu unterschätzen. Finkelhor et al. (1990) berichtet, dass 36 % der weiblichen und 27 % der männlichen Opfer angeben, mehrfach missbraucht worden zu sein, bei 11 % der Frauen (8 % der Männer) dauerte der Missbrauch über ein Jahr. Das oben zitierte Klischee trifft also auf eine Minderheit zu.

Rückgriff auf die polizeiliche Kriminalstatistik

Der Rückgriff auf die polizeiliche Kriminalstatistik gibt ein verzerrtes Bild. Nur etwa 10 % der Missbrauchsfälle werden angezeigt (Finkelhor et al., 1990). In der polizeilichen Kriminalstatistik werden seit der Wiedervereinigung jährlich Werte im Bereich von 15.000 Anzeigen wegen sexuellen Kindesmissbrauchs geführt (Bundesministerium des Innern, 2005). Zwischen 1965 (mit 17.630 Fällen) und 1985 (mit 10.417 Fällen) hatte sich diese Zahl nahezu halbiert, seit 1988 ist sie langsam wieder angestiegen. Bei diesem Anstieg der absoluten Fallzahlen ist aber nicht entscheidbar, ob das Delikt des sexuellen Missbrauchs tatsächlich zugenommen hat oder ob die öffentliche Sensibilisierung das Anzeigeverhalten verändert hat. Nach den Analysen von Wetzels (1997) sind die absoluten Fallzahlen zwischen 1985 und 1995 um 47,6 % gestiegen, während die Opferraten (= die Zahl der Opfer je 100.000 der Bevölkerung unter 14 Jahren) eher konstant geblieben sind bzw. sogar etwas abgenommen haben. Knapp die Hälfte dieser Fälle des angezeigten sexuellen Missbrauchs wird von sogenannten Fremdtätern begangen, die mit dem Opfer weder verwandt noch bekannt sind. Somit bilden sie einen etwas anderen Ausschnitt des sexuellen Missbrauchs ab als sozialwissenschaftliche Studien.

32.3.3 Opfer des sexuellen Missbrauchs

Mädchen werden etwa dreimal häufiger zu Opfern des sexuellen Missbrauchs als Jungen (Andrews et al., 2002; Wetzels, 1997). Wir wissen aber auch von gerichtlich dokumentierten Missbrauchsfällen, dass Männer diesen Missbrauch in einer späteren Befragung seltener berichten als Frauen. Dass Jungen als Opfer des sexuellen Missbrauchs relativ spät entdeckt wurden, wird zudem damit erklärt, dass Männer zögern, sich in der Rolle des Opfers zu sehen. Weiterhin ist es plausibel anzunehmen, dass sie besondere Hemmungen haben, sich zu dem meist homosexuellen Charakter des Missbrauchs zu bekennen. Jungen werden häufiger als Mädchen außerhalb der Familie missbraucht und werden eher von gleichaltrigen oder wenig älteren Jugendlichen missbraucht. Beim Missbrauch von Mädchen zeigen sich in Bezug auf die Opferraten kaum Schichtunterschiede, allerdings kamen je nach Studie andere Ergebnisse heraus (Fergusson & Mullen, 1999).

Geistig und/oder körperlich behinderte Mädchen werden häufiger missbraucht als nicht behinderte. Bei Jungen ist es vermutlich ebenso, allerdings liegen hierzu keine Studien vor. Behinderungen können die Abwehr bzw. die Enthüllung des sexuellen Missbrauchs erschweren. Vom sexuellen Missbrauch betroffen sind Kinder aller Altersgruppen, allerdings mit einer besonderen Häufung bei den 10- bis 13-Jährigen (Fergusson & Mullen, 1999). Bei Wetzels (1997) waren die Opfer zum Zeitpunkt ihrer ersten Viktimisierung im Durchschnitt 11½ Jahre alt. Die Opfer des inzestuösen Missbrauchs durch Väter oder Stiefväter waren demgegenüber etwas jünger, nämlich durchschnittlich 9¾ Jahre alt. Es gibt kaum spezifische Merkmale von Mädchen, die zu Opfern des sexuellen Missbrauchs werden. Nach den Befunden von Fergusson und Mullen (1999) sind vor allem Kinder aus Stieffamilien und Familien mit Alkoholmissbrauch gefährdet.

32.3.4 Täter und Täterinnen

Die Täter sind überwiegend Männer, bei durchschnittlich 97,5 % der weiblichen und bei 78,7 % der männlichen Opfer (Fergusson & Mullen, 1999). Man kann aber vermuten, dass die Zahl der Täterinnen heute unterschätzt wird, weil Frauen mehr Körperkontakt mit Kindern zugestanden wird und sie deshalb missbräuchliche Handlungen als Pflegehandlungen kaschieren können (Heyden & Jarosch, 2010). Hinzu kommt, dass sich männliche Jugendliche bei sexuellen Erfahrungen mit älteren Frauen nicht immer als Opfer bzw. »missbraucht« fühlen.

Fergusson und Mullen (1999) kommen in ihrer Analyse zu folgenden Häufigkeiten für verschiedene Tätergruppen:
- intrafamiliäre Täter 10 %,
- nähere Verwandte 20 %,
- Bekannte oder weitere Verwandte 50 %,
- Fremde 20 %.

Entgegen der weitverbreiteten Meinung, dass der sexuelle Missbrauch von Angehörigen gewaltsam verläuft, ergeben empirische Studien ein anderes Bild. Die häufigste Täterstrategie durch nahe Angehörige liegt in emotionaler Zuwendung, nicht in der Androhung oder Ausübung körperlicher und/oder psychischer Gewalt. Gewalt kommt eher beim Missbrauch durch Bekannte und Fremde vor. Aber gerade die Mischung aus Zuwendung und sexuellem Übergriff kann die Verarbeitung des sexuellen Missbrauchs durch nahe Angehörige besonders erschweren.

32.3.5 Erklärungsansätze

Warum tun Menschen so etwas? Warum sind es überwiegend Männer, die Mädchen und Jungen missbrauchen? Beides ist bis heute nicht hinreichend erklärbar, wenn auch verschiedene Aspekte herausgearbeitet wurden. Zunächst einmal ist der sexuelle Kindesmissbrauch auf Menschen beschränkt, Tiere tun das nicht. Es gibt im Tierreich in direkter Form oder als Analogie Kannibalismus, Kindesmord, Aussetzen von Kindern, Prostitution, Vergewaltigung etc., nicht aber Paarungsversuche erwachsener Tiere mit noch nicht geschlechtsreifen Jungtieren (von Ausnahmen wie bei der Käfighaltung o. Ä. abgesehen). Dies wäre auch nicht besonders sinnvoll, da es nicht zur Arterhaltung beiträgt.

Männer als Täter. Das Überwiegen von Männern als Tätern wird unter anderem auf folgende Faktoren zurückgeführt (vgl. Heyden & Jarosch, 2010):
- Unterschiede in der Art der sexuellen Begierde zwischen den Geschlechtern
- Unterschiede in der genetisch mitgebrachten Schutzhaltung gegenüber Kindern
- höhere physische Aggressivität bei Männern
- die gesellschaftlichen Bedingungen (patriarchalische Gesellschaftsstruktur und männliche Verfügungsgewalt über Frauen und Kinder)
- die geschlechtsspezifische Sozialisation von Männern und Frauen
- die mangelnde Beteiligung der Männer an der Kinderpflege
- steigende Scheidungsraten
- die Emanzipation von Frauen

Frühere Opfer als Täter. Schließlich können eigene sexuelle Gewalterfahrungen in der Beziehung zu Kindern reinszeniert werden. Nach der Metaanalyse von Fergusson und Mullen (1999) waren ca. 30 % der Täter selbst Opfer sexuellen Missbrauchs. Obgleich also die Opferrate unter den Tätern gegenüber dem Bevölkerungsdurchschnitt deutlich erhöht ist, bedeutet dies, dass die Mehrzahl der Täter selbst nicht missbraucht wurde und dass die Mehrzahl der Männer trotz eigener Gewalterfahrungen nicht zu Tätern wird. Die Täterforschung ist dadurch erschwert, dass sich nur wenige Täter zu ihrem Missbrauch bekennen und man deshalb bei der Untersuchung von Tätermerkmalen auf völlig atypische Stichproben (inhaftierte Sexualstraftäter oder Männer in psychiatrischen Anstalten oder therapeutischen Kollektiven) zurückgreifen muss. Dieser Mangel an empirisch fundierter Täterforschung behindert die Entwicklung täterorientierter Interventions- und Präventionskonzepte zum gezielteren Schutz potenzieller Opfer.

32.3.6 Diagnostische Möglichkeiten und Grenzen

Während in gängigen Broschüren Symptomlisten und sogenannte »Signale« als zuverlässige Hinweise auf den sexuellen Missbrauch von Kindern kursieren, gibt es in der Regel weder klare körperliche Symptome noch ein eindeutiges »Syndrom« des sexuellen Missbrauchs im psychischen Bereich (zusammenfassend Fergusson & Mullen, 1999).

Puppen und Zeichnungen. Beim Spielverhalten mit anatomisch korrekten Puppen (das sind Puppen, die Scheide bzw. Penis, After, Brüste usw. haben) unterscheiden sich missbrauchte und nicht missbrauchte Kinder nicht so deutlich, wie man ursprünglich angenommen hat. Denn auch nicht missbrauchte Kinder stecken ihren Finger in den After oder die Vagina der Puppe oder bringen die Puppen in beischlafähnliche Positionen. Auch das beliebte diagnostische Mittel der Kinderzeichnungen ist bei der Diagnose des sexuellen Missbrauchs alles andere als eindeutig, weil auch nicht missbrauchte Kinder Phasen haben, in denen sie Genitalien zeichnen, und nicht alle missbrauchten Kinder ihren Missbrauch in Zeichnungen zu erkennen geben. Die diagnostisch korrekte Zuordnung von Zeichnungen zu Missbrauchsopfern misslingt selbst erfahrenen Klinikern.

Berichte und Befragungen. Die zuverlässigste Quelle, um den sexuellen Missbrauch festzustellen, sind offenbar immer noch die spontanen Berichte der Kinder selbst. Diese sind bei jüngeren Kindern zwar nicht besonders detailliert und für abstraktere Angaben zum Ort, Zeitpunkt und zur Dauer des Missbrauchs eher ungenau, stellen jedoch die beste Informationsquelle dar. Allerdings lassen sich kleinere Kinder in langwierigen Kreuzverhören durch Suggestivfragen leicht zu Falschaussagen verleiten, besonders wenn zwischen der Missbrauchserfahrung und der Befragung viel Zeit vergangen ist. Im Massenmissbrauchsprozess des sogenannten Montessori-Verfahrens oder bei den Wormser Prozessen zur Kinderpornografie ist genau dies passiert. Übereifrige Psychologen und Sozialarbeiter haben die Kinder so ausgiebig suggestiv befragt, dass diese anfingen, sich zu widersprechen und unlogische Aussagen zu machen. Beispielsweise wies ein Kind während der Verhandlung auf einen der (nachweislich nicht beteiligten) Polizisten und sagte: »Und der hat mich auch missbraucht«. Infolgedessen sprachen die Richter in beiden Prozessen alle Angeklagten frei. Das Problem der falschen Beschuldigung wurde – verständlich wegen der gravierenden Folgen für den Beschuldigten – in der Literatur jedoch vermutlich deutlich überschätzt. Viel häufiger werden reale Erfahrungen des sexuellen Missbrauchs von älteren Kindern aus Scham oder Furcht verschwiegen.

32.3.7 Auswirkungen

Verhaltenssymptome. Die Verhaltenssymptome sind altersabhängig: Missbrauchte Vorschulkinder (0 bis 6 Jahre) zeigen vor allem Ängste, Alpträume, Regressionen, internalisierendes und sexualisiertes Verhalten. Kinder im Schulalter (7 bis 12 Jahre) leiden unter Ängsten, Alpträumen, Schulproblemen und zeigen unreifes, hyperaktives und/oder aggressives Verhalten. Besonders problematisch sind die Belastungen im Jugendalter (13 bis 18 Jahre) mit Problemen wie Depressionen, sozialem Rückzug, Suizidneigung, Somatisierungen, Weglaufen, Promiskuität und Alkohol- oder Drogenmissbrauch (Andrews et al., 2002). Unterschiede zwischen Jungen und Mädchen wurden bislang selten untersucht. Kliniker berichten von einigen sexuell missbrauchten Mädchen mit zum Teil mehrfachen und teilweise dramatischen Vergewaltigungen im Erwachsenenalter, so als ob die Opferrolle reinszeniert wurde.

Symptomspezifität und -belastung. Wichtig ist die Beobachtung, dass nur ein Teil der Kinder (ca. 20–30 %) zum Zeitpunkt der Untersuchung Symptome zeigt, die mit großer Wahrscheinlichkeit mit dem Missbrauch in Verbindung stehen. Bei anderen Kindern findet man Symptome, deren Zusammenhang zu dem Missbrauch aber unklar bleibt. Ein größerer Teil der Kinder (ca. 20–50 %) erscheint sogar völlig symptomfrei. Drei Gruppen von Erklärungen werden hierzu im Wesentlichen genannt:

(1) Die eingesetzten Instrumente waren für die eigentlichen Probleme der Opfer nicht sensibel genug.
(2) Psychische Belastungen entwickeln sich erst mit zunehmender kognitiver Reife – oder mit ersten (sexuellen) Partnerschaftserfahrungen. Dafür spricht, dass manche zunächst symptomfrei erscheinende Kinder zu späteren Messzeitpunkten Symptome entwickelt hatten (sogenannter Sleeper-Effekt).
(3) Nicht jeder sexuelle Missbrauch führt zu andauernden Belastungen, insbesondere weniger schwere Formen des Missbrauchs wie exhibitionistische Erfahrungen oder einmalige sexuelle Berührungen (Andrews et al., 2002). Bei der Hälfte bis zu zwei Drittel der Kinder nimmt die Symptombelastung mit der zeitlichen Distanz zum sexuellen Missbrauch ab. Vor allem Ängste scheinen mit der Zeit zu verschwinden, während Aggressionen und sexualisiertes Verhalten eher bleiben oder sogar schlimmer werden.

Die Befunde verschiedener Metaanalysen (Andrews et al., 2002) geben hierzu Aufschluss. Zwar werden die Zusammenhänge zwischen sexuellen Missbrauchserfahrungen und psychopathologischen Belastungen im Erwachsenenalter schwächer, wenn man den Einfluss problematischer Familienmerkmale statistisch kontrolliert. Sie bleiben aber dennoch als Einflussfaktoren signifikant, vor allem wenn es sich um gravierende, wiederholte oder länger andauernde sexuelle Übergriffe handelt. Je gravierender der sexuelle Missbrauch war, umso größer ist die spätere psychopathologische Belastung der ehemaligen Opfer, vor allem in den Bereichen der

Depression, der Posttraumatischen Belastungsstörung (PTBS), Alkoholabhängigkeit und Suizidalität, für die das Erkrankungsrisiko zwei- bis vierfach erhöht ist.

32.3.8 Intervention

In Deutschland gibt es inzwischen zahlreiche Beratungs- und Betreuungsangebote für Opfer des sexuellen Missbrauchs. In manchen Bundesländern gibt es freie Träger, die Hotlines direkt für Kinder und Jugendliche anbieten, in anderen sind es die Jugendämter, die Unterstützung anbieten, häufig aber bezogen auf die Betreuungspersonen. Einschlägige Internetseiten geben hier eine Übersicht (z. B. www.dgfpi.de). Doch ist die Situation in Deutschland in vielerlei Hinsicht unbefriedigend.

Bei schwerem Verdacht oder bestätigtem sexuellem Kindesmissbrauch gehen die Jugendämter in Deutschland in der Regel rasch und beherzt vor. Zunächst wird der Täterkontakt unterbunden. Muss das Kind dazu aus der Familie genommen werden, geschieht dies und eine Unterbringung in einer Einrichtung mit therapeutisch geschultem Personal wird veranlasst. Man verzichtet heute auf wiederholte »Verhöre« der Kinder, in denen jeder Mitarbeiter sich ein eigenes Bild macht, und vertraut den Aussagen der Psychologen, Pädagogen und Sozialarbeiter der Einrichtungen. In den Einrichtungen selbst erlernen die Kinder eine altergemäße Sicht auf das, was ihnen zugestoßen ist. Dies ist insbesondere, dass etwas passiert ist, was nicht richtig war, und dass sie (die Kinder) nicht die Schuld daran tragen (Janoff-Bulman, 1992). Kritisch ist anzumerken, dass die therapeutischen Interventionen für missbrauchte Kinder in ihrer Wirksamkeit wenig empirisch evaluiert wurden, da dies mit ethischen und methodischen Problemen einhergeht.

Ist der Verdacht hingegen nicht so schwerwiegend, herrscht leider allzu oft noch die Strategie des Wegsehens vor – verständlicherweise, wie man zugeben muss. Wer möchte wohl einen Fall von Kindesmissbrauch anklagen, um ihn später als unrichtig zurückgewiesen zu bekommen? Sehr viel Peinlicheres kann kaum passieren. Doch für die missbrauchten Kinder ist das bitter. Hotlines der Jugendämter und anderer Einrichtungen stellen Versuche dar, diesem Dilemma entgegenzutreten.

Opferorientierte Prävention. Prävention ist besser als heilen. Es gibt Ansätze zur Prävention des sexuellen Missbrauchs, die Kindern als potenziellen Opfern in der Form schulischer Curricula oder schon im Kindergarten angeboten werden. Hier sollen die Kinder lernen, sich selbst besser wahrzunehmen und normalen Körperkontakt von sexuellem, der sich für sie fremd anfühlt, zu unterscheiden. Außerdem sollen sie lernen, andere vertraute Erwachsene zurate zu ziehen. Diese Ansätze werden inzwischen von verschiedenen Autoren eher kritisch gesehen, weil sie wenig entwicklungsangemessen, zu abstrakt und zum Teil auch unrealistisch sind. Eine weitere Kritik bezieht sich auf einen ethisch-moralischen Aspekt: Obwohl es natürlich pragmatisch gesehen sinnvoll ist, Kinder auf eine mögliche Bedrohung vorzubereiten, setzt diese Prävention an der falschen Stelle an – beim Opfer und nicht beim Täter.

Täterorientierte Prävention. Im Hinblick auf eine täterorientierte Prävention des sexuellen Missbrauchs muss man realistischerweise sehen, dass in der Praxis die Effekte kaum besonders stark ausfallen werden. Heyden und Jarosch (2010) weisen aber zu Recht darauf hin, dass eine simple Haltung wie »solche Menschen sollte man am besten lebenslang einsperren« zwar weit verbreitet ist, aber weder Opfern noch Tätern hilft. (Die Autorinnen legen in ihrem Buch überzeugend dar, dass es sich hierbei nur um eine abgewandelte Version des Tabus »sexuellen Kindesmissbrauch gibt es nicht« handelt, die nämlich lautet: »Sexueller Kindesmissbrauch geht mich nichts an.«) Am Beispiel zweier Gruppen sei dies demonstriert: die männlichen Opfer früherer sexueller Gewalt, bei denen die Gefahr besteht, dass sie den selbst erlittenen Missbrauch reinszenieren, und die jugendlichen Täter, die ohne Behandlung möglicherweise ihr Verhalten verfestigen und weitere Opfer missbrauchen. Beide Gruppen würden möglicherweise von psychotherapeutischen Interventionen profitieren. Es fehlen aber bislang Behandlungskonzepte, die auf unterschiedliche Tätergruppen zugeschnitten und evaluiert sind.

Denkanstöße

▶ Was kann der Arzt, Psychologe, Erzieher oder Lehrer bei Verdacht auf sexuellen Missbrauch eines Kindes tun? Welche Fragen sollte man vermeiden?

▶ Welche der notwendigen Fragen in Bezug auf sexuellen Missbrauch wären für Sie schwer zu stellen? Warum ist das so?

Unter der Lupe

Entwicklungstrends der Gewalt gegen Kinder in verschiedenen Ländern

Aus den USA und aus England werden heute Trends hinsichtlich einer Abnahme der Gewalt gegen Kinder berichtet (Gilbert et al., 2009). Im Zeitraum von 1992 bis 2005 beobachtete man in den USA eine Abnahme der Meldungen im »National Child Abuse and Neglect Data System« aufgrund von körperlicher Gewalt gegenüber Kindern um 46 %, aufgrund von sexuellem Missbrauch waren es 51 %. Bezüglich der Vernachlässigung hingegen zeigte sich praktisch keine Veränderung. Die Daten hierzu aus England stellen sich sogar noch positiver dar. In dem kurzen Zeitraum zwischen 1995 und 2002 reduzierte sich die Anzahl der Registrierungen aufgrund körperlicher Misshandlung im »Child Protection System« um ungefähr zwei Drittel. Auch die Angaben zur Anzahl registrierter Fälle von sexuellem Missbrauch gingen in diesem Zeitraum deutlich zurück, ähnlich wie in den USA zeigte sich eine Reduktion auf etwa die Hälfte der Fälle.

Hinsichtlich der Vernachlässigung wird aus England eine geringe Zunahme an Meldungen über die Zeit berichtet.

Daten aus Deutschland zeigen hingegen eine deutliche Zunahme der Anzahl körperlicher Gewalttaten gegenüber Kindern, zumindest soweit dies die angezeigten Fälle betrifft, wie sie in der offiziellen kriminalpolizeilichen Statistik geführt werden. Ergebnisse aus sozialwissenschaftlichen Studien in Deutschland zeigen wenig Änderung über die Zeit (Wetzels, 1997). Es bleibt offen, ob wir derzeit eine Zunahme an Gewalt gegenüber Kindern haben oder ob einfach mehr Fälle zur Anzeige gebracht werden. Die Angaben von Eltern hingegen, was nach deutschen Recht erlaubt sei, zeigen in den Jahren von 1996 bis 2008 eine kontinuierliche und deutliche Reduktion der Gewalt (Heinrichs & Ehlert, 2010).

Zusammenfassung

▶ Misshandlung, Vernachlässigung und Missbrauch von Kindern hat es immer gegeben. Dabei stellt die Vernachlässigung rein zahlenmäßig das größte Problem dar, es werden viel mehr Kinder vernachlässigt als missbraucht oder misshandelt. Zudem werden aus den USA und England Daten berichtet, die auf einen Rückgang in den Häufigkeiten von Missbrauch und Misshandlung in den letzten zehn Jahren schließen lassen. Bezüglich der Vernachlässigung zeigt sich kein solcher Rückgang. Aus Deutschland liegen keine Daten vor, die eine wissenschaftlich solide Aussage hierzu erlauben.

▶ Misshandlung, Vernachlässigung und Missbrauch von Kindern zeigen Langzeitfolgen in vielen Bereichen, insbesondere erhöhte Raten an psychischen Erkrankungen und Suizidversuchen, aber auch an körperlichen Erkrankungen und sozialen Problemen. Welche der drei Formen der Missachtung von Kindesrechten am schädlichsten ist, lässt sich heute nicht entscheiden. Einzelne Arbeiten zeigen spezifische Folgen für bestimmte Kindheitsbelastungen auf, die auch plausibel interpretiert werden können. Was oft fehlt, sind bestätigende Studien.

▶ Die Praxis der Verhinderung von Kindesmisshandlung, -vernachlässigung und -missbrauch in Deutschland stellt sich vor diesem Hintergrund recht dürftig dar. Es fehlen niederschwellige Kontaktstellen, an die sich Ärzte, Therapeuten, Lehrer oder andere bei einem Verdacht wenden können.

Weiterführende Literatur

Egle, U. T., Hoffmann, S. O. & Joraschky, P. (2004). Sexueller Missbrauch, Misshandlung, Vernachlässigung. Stuttgart: Schattauer. *Ein fast 800 Seiten umfassendes Herausgeberwerk mit Beiträgen namhafter Wissenschaftler. Wer Schwierigkeiten hat, englische Fachliteratur zu lesen, findet hier auch Kapitel zur Einführung.*

Heinrichs, N. & Ehlert, U. (2010). Verhaltenstherapie: Sonderheft zu Kindesmisshandlung (Bd. 20). Basel: Karger. *Ein speziell zum Thema zur Kindesmisshandlung herausgegebenes Heft mit mehreren ausführlichen Fallvignetten.*

Heyden, S. & Jarosch, K. (2010). Missbrauchstäter: Phänomenologie, Psychodynamik, Therapie. Stuttgart: Schattauer. *Ein übersichtliches Büchlein speziell zum Thema sexueller Missbrauch. Obwohl der Titel es nicht nahelegt, wird das Thema umfassend behandelt, es finden sich auch Angaben zu Opfern etc.*

33 Mobbing im Schulkontext

Mechthild Schäfer

33.1 Definitionen
33.2 Methoden zur Erfassung von Mobbing
33.3 Prävalenz von Mobbing
33.4 Stabilität von Opfer- und Täterrollen
33.5 Die Protagonisten von Mobbing: Täter, Opfer und die Peers
  33.5.1 Das Motiv der Täter: Dominanz und Status
  33.5.1 Die Situation der Opfer: Jeder kann zum Opfer werden
  33.5.3 Der Einfluss der Mitschüler: Ohne sie geht gar nichts
33.6 Prävention und Intervention
  33.6.1 Prävention oder Intervention?
  33.6.2 Direkte vs. indirekte Intervention
  33.6.3 Elemente effizienter Prävention/Intervention
  33.6.4 Implementation und die Rolle der Lehrer

Verena und Maja sind Freundinnen und sitzen in der Klasse nebeneinander. Dann kühlt das gegenseitige Interesse ab und Verena setzt sich zu Susi, bespricht das aber vorher mit Maja, die angeblich nichts dagegen hat. Susis Nachbarin Linda setzt sich zu Maja. Aber Maja ist eigentlich doch gekränkt und, wie sich herausstellt, auch beleidigt. Verena bemüht sich sehr um Maja. Die Stimmung in der Klasse ist angespannt. Verena und Susi setzen sich wieder auseinander. Verena bemerkt eine neue Gleichgültigkeit ihr gegenüber, die von mehreren Mädchen ausgeht. Maja, die kleinere, wird zum Schützling der Mädchen, die sich mit ihr solidarisch erklären und anfangen, Verena auszugrenzen.

Maja vermittelt den Mädchen, ohne es zu sagen: Entweder ihr haltet zu mir oder zu ihr. Weil sie kleiner ist, schafft sie es, bald auch an den Beschützerinstinkt der Jungen zu appellieren. Es dauert nicht lange, da haben sich fast alle Schüler der Klasse 6a davon überzeugen lassen, dass Verena eine herzlose Ziege ist.

Ein halbes Jahr später, an seinem Geburtstag, legt Robert vor den Augen der ganzen Klasse eine tote Maus in Verenas Schulranzen. Keiner sagt etwas. Verena findet die Maus, erschreckt sich sehr und weint. Keiner tröstet sie, alle finden, dass sie sich unglaublich anstellt und eine Heulsuse ist. Wenn Verena im Sportunterricht als Letzte noch dasteht, weil niemand sie als Partnerin wählt, und weint, heißt es wieder verächtlich: »Heulsuse«.

Verenas Bücher und ihre Hefte werden vom Tisch gefegt; wenn sie in der Pause über den Schulhof geht, sagt jemand: »Ach, die schon wieder!« Wenn sie sich zu der Gruppe der Mädchen stellt, zu denen sie noch bis vor kurzem selbstverständlich gehörte, kommt Maja und stellt sich so vor sie, dass sie sie aus dem Kreis drängt.

Verenas Mutter geht zum Klassenlehrer. Es findet ein Klassengespräch statt, in dem die Jungen sich für ihr Verhalten entschuldigen, in dem die Mädchen aber sehr hart bleiben und Verena vorwerfen, sie hätte die schwächere und zu beschützende Maja im Stich gelassen. Der Klassenlehrer sagt, dass er so eine harte Auseinandersetzung noch nie erlebt hat.

Nach den Sommerferien wechselt Rosa in Verenas Klasse. Die beiden kennen sich und Verena freut sich darauf, dass sich durch Rosa das Problem möglicherweise erledigen könnte. Sie zeigt Rosa alles, führt sie ein, berichtet ihr aber auch von ihren Problemen in der Klasse. Rosa wird gut in der Klasse aufgenommen, wendet sich aber von Verena ab. Eines Tages sagt sie nicht einmal mehr »Hallo« zu Verena.

Verena sitzt mittlerweile allein in der zweiten Reihe. Ihre Mitschüler bezeichnen sie als egoistisch, weil sie nicht weggeht. Im Sportunterricht grölt die ganze Klasse, wenn Verena einen Fehler macht. Der Klassenlehrer sucht wieder das Gespräch mit der Klasse, diesmal wendet er sich gleich an die Mädchen. Während des Gesprächs zeigen sich alle einsichtig und füllen sogar Zettel aus mit Vorschlägen, was man gegen die Situation tun könnte. Als sie den Raum verlassen, kichern die Mädchen jedoch in Verenas Richtung und äußern sich abfällig über sie. Susi, neben die sie sich gesetzt hatte, womit alles anfing, sagt laut: »Ich hab gehört, man soll nicht zu freundlich zu Verena sein, die fasst das gleich als Freundschaftsangebot auf.«

Es wird ein Elternabend zur pädagogischen Situation in der Klasse einberufen. Die Klasse wirft Verena vor, gepetzt zu haben und maßlos zu übertreiben. Sie tanzen als »Mobbing-Girls« vor ihr herum, um sie lächerlich zu machen.

Jeden Tag berichtet mindestens eine deutsche Zeitung über Mobbing. Ein Modebegriff sagen einige, aber andere erinnern sich ziemlich genau, schon zu ihrer Schulzeit involviert gewesen zu sein oder zumindest davon gehört zu haben. Aktuellen Hochrechnungen zufolge kann in deutschen Schulen von mehr als 500.000 regelmäßig gemobbten Schülern ausgegangen werden. Mobbing bedeutet nicht nur eine große Belastung, sondern auch eine enorme Entwicklungsgefährdung für die betroffenen Kinder und Jugendlichen.

Fakt ist, dass Mobbing eng mit der Struktur und der Organisation des Schulsystems verknüpft ist. Wo eine Ebene als normgebend und modellhaft für die darunter folgende gilt, bietet eine hierarchische Struktur das optimale Umfeld für die Aufwertung des sozialen Status durch die gezielte Degradierung Schwächerer. Das heißt, Mobbing ist im klaren Gegensatz zu einem Konflikt funktionales Verhalten, genauer noch ein Verhaltensmuster, mit dem systematisch und über längere Zeiträume die soziale Position innerhalb der Gruppe gestärkt werden soll. Starre Gruppen wie Schulklassen machen den Opfern ein Ausweichen fast unmöglich.

33.1 Definitionen

Spezifisch für den Kontext Schule definiert Olweus (1991) das im nordeuropäischen Sprachraum als »Mobb(n)ing« und im angloeuropäischen Sprachraum als »Bullying« bezeichnete Phänomen so: »Ein Schüler wird viktimisiert, wenn er oder sie wiederholt und über längere Zeit negativen Handlungen eines oder mehrerer anderer Schüler ausgesetzt ist.« (S. 413). Kurzfristige Konflikte oder nicht systematisch auftretende Aggressionen werden ebenso wenig als Mobbing bezeichnet wie Situationen, in denen zwei, die gleich stark sind, miteinander Krach haben. Smith (1994) präzisiert die Definition und charakterisiert Mobbing als den systematischen, wiederholten Missbrauch sozialer Macht in den kontrollfreien Räumen hierarchisch strukturierter Systeme.

> **Übersicht**
>
> **Explizite und implizite Kriterien für Mobbing**
> Kombiniert man beide Definitionen, dann lassen sich explizite und implizite Kriterien für Mobbing festhalten:
> ▶ Mobbing findet man nur in hierarchisch strukturierten Systemen, wo ein Modell des Umgangs mit Macht von Ebene zu Ebene weitergegeben wird, das zugleich die Interpretationshoheit über soziale Normen definiert.
> ▶ Mobbing wird dort möglich, wo die Gruppenzugehörigkeit nicht frei gewählt und der Verbleib in der Gruppe vorgegeben ist.
> ▶ Mobbing äußert sich selten in großen gewalttätigen Akten, sondern – körperlich wie sozial – in einer Politik der »vielen kleinen Nadelstiche«, die auf eine Person in der Gruppe fokussieren.
> ▶ Mobbing impliziert den Missbrauch sozialer Macht, d. h., wer mobbt, instrumentalisiert eine physisch oder psychisch vulnerable Person, um Status und Macht innerhalb eines gemeinsamen Bezugssystems (wie der Klasse) zu erwerben bzw. zu erhalten.
> ▶ Mobbing ist damit kein Konflikt, d. h., anders als bei der misslungenen Aushandlung eines Problems, die dann mit aggressiven Mitteln fortgesetzt wird, ist Mobbing funktional und gezielt zur Erreichung bestimmter Ziele eingesetzt.

▶ Mobbing impliziert außerdem die Beteiligung des sozialen Bezugssystems, da Status/Macht nur vom sozialen Kontext zuerkannt werden können.
▶ Mobbing funktioniert also nur dann, wenn es einem Täter gelingt, die sozialen Normen einer Gruppe so zu manipulieren, dass die Attacken auf das Opfer eher gerechtfertigt erscheinen als die Reaktionen des Opfers.

33.2 Methoden zur Erfassung von Mobbing

Eine Vielzahl von Surveys, die in den letzten zwei Jahrzehnten in den europäischen und außereuropäischen Staaten publiziert wurden, hat in der Mehrzahl mit adaptierten Versionen des Bully/Victim Questionnaire (Olweus, 1989) gearbeitet.

Bully/Victim Questionnaire (BVQ). Der Bully/Victim Questionnaire (BVQ) war damit lange das am häufigsten verwendete Instrument, um Mobbing zu erfassen und Schüler als Neutrale, Opfer, Täter oder Opfer/Täter zu identifizieren. Der Fragebogen beginnt mit einer umgangssprachlichen Definition von Mobbing, da dieses kein international eingeführter und verwendeter Begriff ist, sondern in verschiedenen Ländern mit verschiedenen Begriffen belegt ist. Im Fragebogen folgen der Definition verschiedene Fragen zu Ausmaß, Form, Ort und den Akteuren der Viktimisierung durch Mobbing, Fragen zur aktiven Schikane anderer und zuletzt wenige Fragen zur Einstellung gegenüber Mobbing.

Zumeist werden diejenigen Schüler als Opfer klassifiziert, die berichten, »manchmal« oder häufiger innerhalb der letzten drei oder sechs Monate schikaniert worden zu sein. Eine umfassende Validierung bestätigt: Schüler, die berichten »manchmal«, »einmal pro Woche« oder »mehrmals pro Woche« schikaniert worden zu sein, unterscheiden sich bezüglich eines zu erwartenden Entwicklungsrisikos signifikant von Mitschülern, die berichten, dass sie »gar nicht« oder »ein- oder zweimal« innerhalb der letzten sechs Monate von anderen schikaniert worden sind (Solberg & Olweus, 2003).

Unter der Lupe

Skalen und Rollen des Participant Role Questionnaire (PRQ)

Zur Beschreibung von Mobbing als Gruppenprozess entwickelten Salmivalli und Kollegen (1996) den »Participant Role Approach«, dem zufolge die Mehrheit der Schüler in differenzierbaren Rollen unterschiedlicher Qualität in Bullying involviert ist. Auf der Grundlage von 49 Verhaltensweisen, mit denen in der Originaluntersuchung 573 finnische Schüler der 6. Jahrgangsstufe (12–13 Jahre) ihre Mitschüler und sich selbst einschätzten, wurden folgende fünf Skalen (Cronbachs Alpha = .81 bis .93) extrahiert und von Sutton und Smith (1999) für eine gekürzte Version des Instruments (21 Items) bestätigt:

(1) Die Täter-Skala (bully-scale) umfasst aktives, Initiative übernehmendes, führungsorientiertes Bullyingverhalten;
(2) die Assistenten-Skala (assistant-scale) umfasst ebenfalls aktives Bullying, das sich am Täter orientiert;
(3) und die Verstärker-Skala (reinforcer-scale) umfasst Verhaltensweisen, die Täter bei ihren Aktivitäten anstacheln.
(4) Die Verteidiger-Skala (defender-scale) umfasst Verhaltensweisen, die das Opfer durch Trösten, Stoppen der Aggression oder Hilfeholen unterstützen;
(5) und die Außenstehenden-Skala (outsider-scale) beschreibt Verhaltensweisen wie »Nichtstun« und »Sichraushalten«.

Auf Basis dieser Skalen konnten Salmivalli und Kollegen für 88 % der Schüler eine eindeutige Rolle identifizieren: 8 % Täter, 20 % Verstärker des Täters, 7 % Assistenten des Täters, 17 % Verteidiger des Opfers, 24 % Außenstehende und 12 % Opfer (über Zusatzitems). Die verbleibende Restkategorie umfasst ca. 10 % Schüler, denen keine Rolle zugeschrieben werden kann, weil ihr Verhalten – in der Einschätzung der Mitschüler – sehr inhomogen abgebildet wird oder die Nominierungen zu zwei verschiedenen, aber gleich stark ausgeprägten Rollen führen.

Vergleichsweise wenige Untersuchungen haben Mobbing mit Interviews, durch Fremdberichte von Lehrern oder durch direkte Beobachtung erfasst. Inzwischen – und mit Blick auf über die Prävalenz hinausgehenden Fragestellungen – werden verstärkt Mitschülerberichte als Datenquelle eingesetzt.

Participant Role Questionnaire (PRQ). In den letzten 15 Jahren hat sich nicht nur in europäischen Arbeitsgruppen der Participant Role Questionnaire (PRQ) (s. Unter der Lupe) als wertvolle Datenquelle erwiesen, um die Gruppendynamik, die Mobbing zugrunde liegt, genauer zu analysieren. Basierend auf soziometrischen Prinzipien werden den Schülern einer Klasse Items mit verschiedenen Verhaltenstendenzen angeboten, auf denen sie drei oder mehr Mitschüler nominieren sollen, auf die das beschriebene Verhalten regelmäßig zutrifft. Die Summe der erhaltenen Nominierungen erlaubt, den Schülern verschiedene Rollen im Mobbingprozess zuzuordnen, die mögliche Verhaltenstendenzen zwischen Attacken strategisch planen, bei Attacken assistieren, die Aggression durch Beifall ermutigen, aber auch das Opfer unterstützen oder untätig daneben stehen differenzieren (vgl. Abb. 33.1). Nur wer attackiert, degradiert oder isoliert wird, hat die resultierende Opferrolle nicht frei gewählt. Entsprechende Items sind deshalb nicht Teil des PRQ, werden aber in den meisten Studien zusätzlich angeboten, um das ganze Spektrum des Mobbinggeschehens abzubilden.

Für neun von zehn Schülern lässt sich auf Basis dieses Nominierungsverfahrens eine distinkte Rolle als Täter, Assistent, Verstärker bzw. als Verteidiger oder Außenstehender und zuletzt als Opfer beim Mobbing zuordnen. Überraschend ist, dass den meisten Schülern eine eineindeutige Rollenzuschreibung nichtaggressiven Verhaltens leichter gelingt, während zwischen den aggressiven Rollen stärkere Überschneidungsbereiche identifiziert werden (Zweitrollen), die sich aber mit zunehmendem Alter verringern. Beobachtungen legen nahe, dieses weniger der mangelnden Urteilskraft der jüngeren Kinder zuzuschreiben. Vielmehr scheinen Grundschulkinder tatsächlich noch häufiger zwischen den Rollen des aggressiven Spektrums zu wechseln und mal anzuführen, mal mitzumachen oder nur anzufeuern. Zusätzlich erweisen sich die jeweiligen Kinder, die aggressiv agieren, sehr viel zielsicherer in der Zuordnung aggressiven Verhaltens als in der Zuordnung aller anderen Verhaltenstendenzen.

Vergleicht man die ermittelten Rollenzuordnungen mit den Selbsteinschätzungen, charakterisieren fast die Hälfte aller Schüler ihr Verhalten als prosozial und das Opfer unterstützend, und zwar unabhängig von der Rolle, die die Mitschüler ihnen zuschreiben. Etwa 60 % der Verteidiger, 20 % der Außenstehenden, aber auch der Verstärker von Aggression, und mehr als 10 % der Opfer sehen sich selbst in der von den Mitschülern zugeschriebenen Rolle, während die Übereinstimmung für Täter und ihre Assistenten vernachlässigbar gering ist. Das muss die Selbstberichte über Mobbing und Mobbingerfahrungen nicht grundsätzlich diskreditieren, sollte aber zumindest Zweifel an der Validität von selbstberichteter Aggression wachhalten.

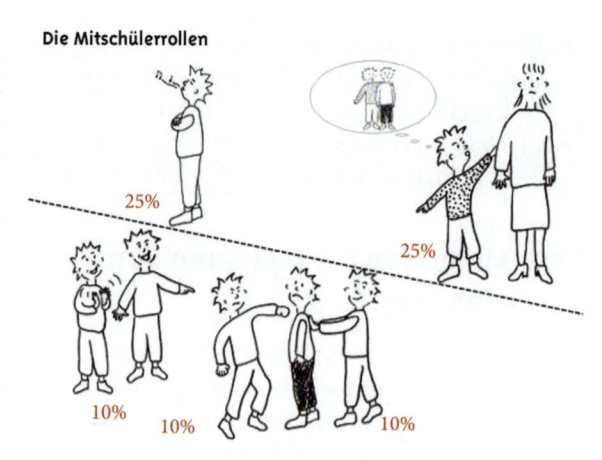

Abbildung 33.1 Die Promobbingrollen (Täter, Assistent, Verstärker) und Antimobbingrollen (Verteidiger, Außenstehende) im Klassengefüge (nach dem Mitschülerrollenansatz). Die angegebenen Prävalenzraten sind Richtwerte auf der Grundlage der existierenden internationalen Studien

> **Denkanstöße**
> ▶ Welche Verhaltensmuster/-folgen beim Mobbing können dazu führen, dass Lehrer Mobbing fälschlicherweise als Konflikt einstufen?
> ▶ Welche Konsequenzen hat das für die Täter, welche Konsequenzen für die Opfer?
> ▶ Und wie wirkt eine solche Fehleinschätzung auf die Mitschüler, die oft genau wissen, was läuft?

33.3 Prävalenz von Mobbing

Die Frage, wie viele Kinder tatsächlich denn nun gemobbt werden, scheint immer wieder von hoher Aktualität zu sein, lässt sich aber auf Basis der Studien der letzten 20 bis 30 Jahre mittlerweile zufriedenstellend beantworten (Smith & Brain, 2000). Die Erkenntnis, dass Mobbing weit verbreitet ist, und das zunehmende Wissen über relativ stabile Verteilungsmuster sowie die interne Logik von Mobbing erlauben es inzwischen, die relevanten Zahlen zu errechnen. Prävalenzraten haben über lange Phasen eine wichtige Funktion als »Trigger« von Forschungsfragen erfüllt und damit wesentliche Fortschritte im Verständnis des Phänomens ermöglicht.

Prävalenzraten für Mobbingopfer und -täter. Prävalenzraten zu Mobbing bezeichnen einerseits den zahlenmäßigen Anteil der Individuen innerhalb einer Stichprobe, die von anderen Individuen gemobbt werden (Opfer), oder andererseits den Anteil derer, die andere aktiv mobben bzw. sich daran beteiligen (Täter). Für die Gruppe der Opfer findet man im europäischen Vergleich ein deutliches Absinken der Prävalenzraten von hohen Werten in der Grundschule (15 % bis 35 %) zu offenkundig niedrigeren Werten in weiterführenden Schulen (5 % bis 16 %). Die Prävalenzraten für Täter zeigen im Gegensatz dazu wenig Veränderung zwischen dem Grundschulbereich (7 % bis 12 %) und weiterführenden Schulen (rund 10 %). Smith, Madsen und Moody (1999) haben verschiedene Hypothesen überprüft, um die vergleichsweise hohen Prävalenzraten für Mobbingopfer im Grundschulalter zu erklären. Allerdings lässt sich empirisch wie argumentativ (Schäfer, 2005) zeigen, dass folgende Faktoren bei jüngeren Schülern die hohen Prävalenzraten im Grundschulalter nur zum Teil erklären können:

- ein breiteres Konzept von Mobbing
- weniger effektive Strategien, sich gegen Mobbing zu wehren
- eine geringere Sensibilität gegenüber sozialen Normen

Die wenigen heute vorliegenden Längsschnittdaten unterstützen die Spekulation, dass eine substanzielle Anzahl an Opfern im Verlauf der Schulzeit längerfristiger Viktimisierung entkommen kann, während diejenigen, die andere mobben, wohl mit größerer Wahrscheinlichkeit in der Täterrolle verbleiben (Schäfer et al., 2005). Das wiederum stützt die Annahme, dass Opfer- und Täterrollen möglicherweise eine verschiedenartige Genese durchlaufen.

33.4 Stabilität von Opfer- und Täterrollen

Die Analyse der Stabilität kann Informationen über die Ätiologie von Mobbingrollen geben, da sie Unterschiede über die Konsistenz von Rollen über längere Zeiträume offenbart. Allerdings sind entsprechende Studien sowohl für den Bereich der Grundschule wie auch für die daran anschließende Schulzeit rar.

Grundschulzeit. In der Grundschule ist die Stabilität der Opferrolle sowohl auf Basis von Peerberichten (z. B. Hörmann & Schäfer, 2009) als auch auf Basis von Selbstberichten (z. B. Kochenderfer & Ladd, 1996) vergleichsweise gering. So fanden Kochenderfer-Ladd und Wardrop (2001), dass nur 4 % der Kinder zwischen Kindergarten und der dritten Klassenstufe zu allen vier Messzeitpunkten eine Opferrolle einnahmen. Demgegenüber erscheint die Täterrolle nur laut Auskunft der Mitschüler, nicht aber auf Basis von Selbstberichten als stabil.

Die Diskrepanz zwischen hohen Prävalenzraten und geringer Stabilität der Opferrolle in der Grundschulzeit lässt sich auf zwei Weisen erklären. Zunächst werden diejenigen, die andere attackieren, bestimmte Kinder eher explorativ statt systematisch als Zielscheibe ihrer Aggression auswählen. Diese Auswahl von Opfern auf Basis der sich gerade ergebenden Möglichkeiten führt dazu, dass viele verschiedene Kinder attackiert werden. Das resultiert aufseiten der Opfer in hohen Prävalenzraten, während die geringe Konsistenz der Attacken durch die niedrige Stabilität der Opferrolle reflektiert wird. Darüber hinaus agieren diejenigen, die andere attackieren, in einem speziellen sozialen Umfeld: Das soziale Handeln der Kinder ist in dieser Altersstufe noch durch die feste Überzeugung von der Symmetrie in Beziehungen geprägt (Krappmann & Oswald, 1995). Gegenaggression liegt deshalb innerhalb des Bereichs der sozialen Normen – was sich beispielsweise am hohen Anteil der Opfer/Täter ablesen lässt – und die geringe Toleranz für die Demonstration sozialer Macht fördert das Ausweichen von Opfern in angenehmere Beziehungen und erklärt damit die geringe Stabilität der Opferrolle. Noch heute hält sich die Annahme, dass im Grundschulalter Sozialisationsfaktoren innerhalb der Klasse einen geringeren Einfluss auf die Rollenstabilität haben als die Persönlichkeit oder frühe Sozialisationsfaktoren außerhalb des Klassenkontextes. Längsschnittdaten zeigen aber, dass aggressives Verhalten in der 3./4. Klassenstufe nicht nur durch das individuelle Verhalten in der 1./2. Klassenstufe (und das entsprechende Verhalten in der Hortgruppe), sondern darüber hinaus auch durch das aggressive Verhalten der reziproken Freunde und durch den Grad der Integration ins Klassennetzwerk vorhergesagt werden können (Schäfer et al., 2009), und dass eine solche Vorhersage durch Kontextfaktoren bei prosozialem/verteidigendem Verhalten und auch bei Viktimisierung nicht möglich ist.

Weiterführende Schule. In der weiterführenden Schule ist die Stabilität von Täter- und Opferrollen deutlich höher als in der Grundschulzeit (Boivin et al., 1998; Hodges & Perry, 1999). Selbstberichte bestätigen zwischen der 6. und 7. Klasse ebenfalls beachtliche, gegenüber den Peerberichten aber deutlich geringere Stabilitäten für die Opferrolle. Für Jugendliche berichten die Mitschüler sogar bis zu 95 % Übereinstimmung zwischen einer Opfer- oder Täterrolle zwischen einem und dem darauffolgenden Schuljahr (Björkqvist et al., 1982). Aktuelle Zahlen bestätigen auch, dass mit dem 13. bis 16. Lebensjahr von einer Manifestierung der Täterrolle, aber auch der Opferrolle ausgegangen werden kann (Perry et al., 1988). Etwa 70 % der Schüler, die in der 9./10. Klasse als Opfer nominiert werden, hatten diese Rolle auch schon in der 5. Klasse und ein Jahr später in der 6. Klasse inne.

Die moderate bis hohe Stabilität für Täter und Opfer paart sich in der weiterführenden Schule mit veränderten Prävalenzraten. Eine spezifischere Auswahl der Opfer durch die Täter führt zu geringeren Prävalenzraten, und die höhere Konsistenz der Attacken gegen ein bestimmtes Opfer resultiert in einer höheren Stabilität der Opferrolle, als sie für die Grundschule nachweisbar ist.

33.5 Die Protagonisten von Mobbing: Täter, Opfer und die Peers

Wenn man argumentiert, dass Mobbing funktionales Verhalten ist, das sich aus dem Dominanzstreben der Täter und gruppendynamischen Prozessen in der Klasse erklären lässt, sollte man die kritische Einordnung der Befunde aus der Anfangsphase der Mobbingforschung an zentralen Punkten nicht vernachlässigen. Diese konzentrierten sich neben der Deskription des Phänomens im Wesentlichen auf eine Charakterisierung von Tätern und Opfern.

33.5.1 Das Motiv der Täter: Dominanz und Status

Die meisten Kinder haben viel theoretisches Wissen über die Vielseitigkeit aggressiven Verhaltens. Die Möglichkeiten zur Beobachtung reichen vom Verhalten der eigenen Eltern, die disziplinieren wollen und ihr Kind dabei lehren, wie vielfältig die Palette aggressiver Akte sein kann, über das Verhalten der Geschwister und Peers bis zum Modell der Fernsehhelden. Das Wissen wird aber nur von denjenigen Kindern in konkretes Verhalten umgesetzt, die sich einen Vorteil davon versprechen und die Konsequenzen des aggressiven Handelns kognitiv als Erfolg evaluieren (vgl. Bandura, 1986; Perry et al., 1990). Anders als lange Zeit für aggressive Kinder angenommen wurde, verfügen diejenigen, die Mobbing initiieren, über gute soziokognitive Fähigkeiten (Sutton et al., 1999), die sie geschickt einzusetzen wissen, um ihr soziales Umfeld zu manipulieren (Garandeau & Cillessen, 2006).

> **Unter der Lupe**
>
> **»Social Deficit Hypothesis« vs. »Kompetenzannahme«**
> Lange Zeit war in der Aggressionsforschung das Stereotyp des physisch überlegenen, aber sozial eingeschränkt kompetenten Kindes mit defizitären soziokognitiven Verarbeitungsstrategien vorherrschend. Dabei wurde angenommen, dass für sozial kompetentes Verhalten eine adäquate Informationsverarbeitung bezüglich der Encodierung und Interpretation sozialer Hinweisreize, der sozialen Zielsetzung und der Auswahl und Ausführung sozialer Problemlösestrategien nötig ist. Die Empirie bestätigte, dass aggressive Kinder eine negativ verzerrte soziale Wahrnehmung und Reizinterpretation sowie eher instrumentelle und weniger beziehungsorientierte Interaktionsziele haben. Inzwischen herrscht aber weitgehende Einigkeit, dass dieses Muster sozialer Informationsverarbeitung im Wesentlichen für reaktiv aggressive Kinder zutrifft. Für diejenigen, die aktiv mobben (d. h. proaktiv aggressiv sind), zeigt die neuere Forschung auf Basis des Theory-of-Mind-Paradigmas hingegen, dass ihre soziokognitiven Fähigkeiten denen der Mitschülern eher überlegen sind (Sutton et al., 1999). Die Fähigkeit, den mentalen Zustand der eigenen Person und der sozialen Umgebung zu erfassen, um das Verhalten anderer zu erklären und vorherzusagen, wird für Mobbing »kühl kalkulierend« eingesetzt, um die Mitschüler im Interesse der eigenen Ziele zu beeinflussen.

Proaktive Aggression und soziale Kompetenz. Differenziert man zwischen proaktiver (selbstinitiierter) und reaktiver (fremdinitiierter) Aggression, dann bedeutet aktives Mobbing immer proaktive Aggression mit zielorientiertem Streben nach Dominanz und sozialem Status als stark ausgeprägtem Motiv (Björkqvist et al., 1982; Sitsema et al., 2009). Dabei schließt Aggression soziale Kompetenz keinesfalls aus. Im Verlauf der Grundschulzeit entwickeln sich z. B. jene soziokognitiven Fähigkeiten (Perner & Wimmer, 1983), die für eine komplexere Perspektivenübernahme, d. h. für prosoziale Strategien, aber auch für das Täuschen und Manipulieren anderer nötig sind. Und in der weiterführenden Schule unterscheiden sich diejenigen, die mobben, sogar von Assistenten und Verstärkern durch signifikant mehr prosoziale und coersive (zwingende) Strategien sowie mehr Ressourcenkontrolle in der Klasse. Mobbing gelingt also insbesondere den Kindern und Jugendlichen, die den »situationsangemessenen« Einsatz aggressiver wie prosozialer Umgangsformen beherrschen. Diese sogenannten »Bistrategen« zeigen neben hoher physischer wie relationaler Aggression auch sozial kompetentes Verhalten im Umgang mit Peers und Erwachsenen (Hawley, 2003a, 2003b), sind entsprechend erfolgreich bei der Erreichung individueller Ziele und erfreuen sich gleichermaßen einer guten Reputation wie eines dominanten sozialen Status unter Gleichaltrigen (Hawley, 2007): »Super, wenn man sie zum Freund hat, aber wehe, man hat sie zum Feind!«.

Mobbing scheint auch deshalb so schwer zu eliminieren, weil sich die systematische Viktimisierung geeigneter Opfer im passenden sozialen Kontext als gut funktionierende und letztlich erfolgreiche Strategie erweist. Die Mitschüler stellen sich in 85 % der Mobbingsituationen als Zuschauer zur Verfügung (Craig & Pepler, 1995, 1997), wobei jeweils 4 bis 14 Peers zusehen oder mitmachen, wenn gemobbt wird, und die Mobbingepisode umso länger dauert, je mehr Beobachter zugegen sind (O'Connell et al., 1999). Nur in etwa 10 % der Fälle intervenieren die Mitschüler zugunsten des Opfers, sind damit aber sogar noch engagierter als ihre Lehrer, die dem Opfer lediglich in etwa 5 % der Mobbingsituationen zu Hilfe eilen (Craig & Pepler, 1995, 1997). Die »Mobber« erfahren also nur selten Sanktionen und werden in ihrem Verhalten oftmals aktiv oder passiv verstärkt.

33.5.2 Die Situation der Opfer: Jeder kann zum Opfer werden

Mit großem Geschick, potenzielle Opfer zu erkennen, beschreiben Täter die Merkmale eines Opfers als »die, die sich nicht wehren, nicht sehr stark sind und die sich zu sehr fürchten, dem Lehrer oder jemand anderem davon zu erzählen« (Lowenstein, 1995, S. 29). Demgegenüber formuliert Kristi Lagerspetz als die Sicht der Opfer: »Das Problem ist nicht, dass andere dir gegenüber aggressiv sind, oder einem die Fähigkeiten fehlen, sich angemessen zu wehren: Das Problem ist, dass man [...] eine Rolle zugeteilt bekommt, die zugleich die Basis für mehr und mehr Viktimisierung darstellt.« (Lagerspetz et al., 1982, S. 45). Eine Vielzahl von Studien hat die Situation der Opfer von Mobbing, ihre familiären und personalen Merkmale sowie ihre Stellung in der Peergroup empirisch analysiert, um einer Charakterisierung der Opfer oder der Identifikation von Risikofaktoren für Viktimisierung (Hodges & Perry, 1999) näher zu kommen. Nicht selten sind solche Ansätze – die letztlich auf eine Psychopathologisierung der Opfer zielten – verbunden mit der Annahme, dass eine Stärkung der Opfer präventiv, aber auch als Intervention gegen Mobbing eingesetzt werden könnte. Evaluationsstudien konnten diese Annahme bisher nicht belegen oder erbrachten sogar Hinweise auf damit verbundene Gefahren (Vreeman & Carroll, 2007).

Unter der Lupe

Soziales Kompetenztraining als Präventions-/Interventions-Ansatz?
Sozialen Kompetenztrainings (SKT) liegt der Gedanke zugrunde, dass soziale Kompetenzdefizite für die nicht gelingenden Peerinteraktionen ursächlich sind und eine Verbesserung eben dieser Fähigkeiten zu einer höheren Akzeptanz durch die Gleichaltrigen führen wird. Gleichzeitig ist aber zu beachten, dass wer immer die Machtposition des Mobbers gefährdet (z. B. durch zunehmenden Einfluss in der Gruppe oder durch die Weigerung, das Vorgehen des Täters zu dulden), das Risiko eingeht, selbst zur Zielscheibe der Attacken zu werden (Garandeau & Cillessen, 2006). Das erklärt, warum soziale Kompetenz- und Selbstbehauptungstrainings für Opfer sogar zu einer Verschlechterung der individuellen Situation führen können (Fox &

Boulton, 2003; Vreeman & Carroll, 2007). Einem Opfer, das plötzlich »aufmuckt«, muss in besonderer Weise demonstriert werden, wer wo steht! Das impliziert, dass mit singulären Aktionen, das Opfer zu stärken, sowohl Täterreaktionen provoziert als auch Hoffnungen auf Veränderung beim Opfer ad absurdum geführt werden können. Das Risiko erlernter Hilflosigkeit steigt und der Verlust der Kontrolle über die eigene soziale Situation führt dazu, dass in neuen Situationen, die theoretisch kontrollierbar wären, Kontrolle nicht mehr erwartet wird. Opfererfahrungen beinhalten deshalb ein ernst zu nehmendes Risiko, auch nach einem Schulwechsel leicht wieder zum Opfer zu werden (Salmivalli et al., 1998).

Insgesamt gilt: Hat sich Mobbing in einer Schulklasse erst manifestiert, ist es dem Täter gelungen, die sozialen Normen der Gruppe so zu manipulieren, dass die Attacken gegen das Opfer legitimiert sind. Innerhalb eines solchen Kontextes dürften Verhaltensänderungen des Opfers – so sie denn überhaupt von den Peers wahrgenommen werden (Rubin et al., 2006) – ohnehin kaum zu einer Verbesserung seiner Situation führen.

So unterschied Olweus (1991) zwischen eher ängstlichen und unterwürfigen, passiven Opfern mit geringem Selbstwert und provokativen Opfern, die auf das Drangsalieren ihrer Mitschüler ihrerseits mit Aggression reagieren. Dabei wird leicht übersehen, dass der Mehrzahl der Studien, die bei Opfern internalisierende oder externalisierende Störungen diagnostizieren, ein Querschnittsdesign zugrunde liegt, was bedeutet, dass Aussagen über Ursache oder Wirkung weder möglich noch zulässig sind. Denkbar ist, dass die mangelnde Fähigkeit, sich adäquat zu wehren, es Tätern in besonderer Weise erleichtert, die Reaktionsmuster der Opfer auf vermeintlich unerhebliche Provokationen zu diskreditieren und die Attacken letztendlich sogar als gerechtfertig erscheinen zu lassen. Ebenso denkbar ist aber, dass das, was als erhöhtes Viktimisierungsrisiko beschrieben wird, die Reaktion auf das oft über Wochen, Monate oder Jahre andauernde Drangsalieren darstellt, an dem sich immer mehr Mitschüler mit sich stetig verringernden Schuldgefühlen beteiligen. Verantwortungsdiffusion (»die andern machen's ja auch«), pluralistische Ignoranz (»irgendwie finden's alle okay«), aber auch reduzierte Perspektivenübernahme (die eine Einsicht in die Notlage der Opfer und das durch die Aktionen der Täter eingeschränkte Reaktionsspektrum verhindert) sind nur einige der Prozesse, die zivilcouragiertes Handeln seitens der Mitschüler immer unwahrscheinlicher machen. Dabei gibt es keinen Grund, die Glaubwürdigkeit der Aussagen anzuzweifeln, wenn die überwiegende Mehrheit der Schüler Mobbing als unfair ablehnt und bekundet, dass man den Opfern helfen müsse. In der Klassenrealität führt die Involvierung in das soziale Netzwerk der Klasse und dessen soziale Dynamik dennoch dazu, dass sich viele Schüler anders verhalten.

Zuletzt hat die Vulnerabilität für eine Opferrolle viele Gesichter: Die Opfer von Mobbing können ursprünglich auch eine hohe Popularität in der Gruppe/Klasse besitzen, d. h., auch Eifersucht oder besonders attraktive Merkmale können die spezifische Eignung für eine Opferrolle definieren (Garandeau & Cillessen, 2005; Prinstein & Cillessen, 2003).

33.5.3 Der Einfluss der Peers: Ohne sie geht gar nichts

Erich Kästner formuliert im fliegenden Klassenzimmer: »An jedem Unfug, der passiert, sind nicht nur die Schuld, die ihn begehen, sondern auch die, die ihn nicht verhindern.« Das heißt, Mobbing wird nur möglich, weil Mitschüler mitmachen, und zwar zum einen, indem sie als Assistenten und Verstärker die, die Mobbing initiieren, aktiv unterstützen und verstärken, und zum anderen, indem sie als Außenstehende passiv bleiben und damit ebenfalls aggressionsverstärkend agieren. Nur ein klar gegen die Aggression der Täter gerichtetes Verhalten ist geeignet, die Erfolgserwartung der Täter zu enttäuschen. Das gelingt den Verteidigern, wenn sie die Lehrer zu Hilfe holen (wenn diese dann sofort und adäquat reagieren) oder wenn sie selbst qua hoher Position in der Klasse oder gemeinsam mit anderen Verteidigern den Attacken entgegentreten (O'Connell et al., 1999). Das mag erklären, warum sich in der weiterführenden Schule nur einer von zwei Mobbingfällen stabilisiert. Andererseits konnten DeRosier und Kollegen zeigen, dass der Versuch einiger Mitschüler, das Opfer zu unterstützen, den Aggressionspegel in der Klasse zwar zunächst anhebt, bei Misserfolg die Unterstützung aber vollständig zusammenbricht (DeRosier et al., 1994). Haben die Verteidiger aufgegeben, tritt Mobbing in eine irreversible Phase.

Wenn also das aggressive Streben nach Dominanz Einzelner als originäre Kraft den Mobbingprozess »in Bewegung« bringt und durch elaborierte Strategien wie die Provokation inadäquater Reaktionen des Opfers vorangetrieben wird, dann wird aufseiten der Mitschüler die Wechselwirkung zwischen eigenen Maßstäben und sozialen Normen in der Gruppe zum kritischen Faktor für den Verlauf des Mobbingprozesses. Diese Situation darf als Ausgangssituation betrachtet werden, auf die mit Intervention reagiert werden muss und der – gerade was den letzten Punkt angeht – vor allem vorgebeugt werden soll.

33.6 Prävention und Intervention

Präventions- und Interventionskonzepte schießen wie Pilze aus dem Boden: Wir machen was! Da scheint die skeptische Haltung der wissenschaftlichen Community gegenüber vielen Projekten fast zynisch. Ist doch das Ziel, gegen Mobbing aktiv zu werden, ohne Frage positiv und wünschenswert. Allerdings zeigen große Evaluationsstudien, die etwa die Interventionsprogramme von Olweus oder das KiVa-Projekt von Salmivalli und Kollegen (s. Abschn. 33.6.3) begleiten, dass sowohl im Bereich der Implementation (Kallestad & Olweus, 2003) als auch der Evaluation selbst (z. B. Kärnä et al., 2011) die Komplexität des Phänomens Mobbing zu einer Vielzahl von Fragen führt, deren Beantwortung dringend nötig ist, um die Effizienz der Bemühungen und deren Nachhaltigkeit abzusichern. So ist noch wenig über die Mechanismen und Prozesse der Veränderung bekannt, die zu einer messbaren Reduktion von Mobbing führen (Kärnä et al., 2011).

War man lange Zeit höchst erfreut, wenn die Evaluation eines Antimobbingprojekts zu einer Reduktion der Zahl der Opfer an einer Schule führte, kam auch die Frage auf, ob dieses denn tatsächlich als Erfolg gewertet werden kann. Immerhin wäre denkbar, dass sich die Situation nur dahin gehend verändert hat, dass die Aggression, die sich vor dem Projekt auf die Schultern mehrerer Opfer verteilt hatte, danach auf einige wenige Opfer konzentriert war. Woran kann man denn eine tatsächliche Verbesserung der psychosozialen Situation der Kinder an einer Schule bzw. in einer Klasse erkennen?

Auch eine Reduktion der Täterzahlen erscheint begrüßenswert, aber wie aussagekräftig ist diese Information, wenn sie auf Basis von Selbstberichten erfasst wurde – die zumeist miserable Validität von selbstberichteter Aggression ist in vielen Studien repliziert. Allerdings erlauben parallel erfasste Selbst- und Peerberichte über Veränderungen als neuste Evaluationsergebnisse des KiVa-Projekts einen neuen, vergleichenden Blick auf die Qualität der Maße, wenn der Erfolg von Prävention/Intervention greifbar gemacht werden soll (Kärnä et al., 2011).

33.6.1 Prävention oder Intervention?

Prävention (von lat. »praevenire« = zuvorkommen, verhüten) bezeichnet vorbeugende Maßnahmen, um ein unerwünschtes Ereignis oder eine unerwünschte Entwicklung zu vermeiden. Bezogen auf den Schulkontext bedeutet Prävention, dass auf der Basis psychologischen und pädagogischen Wissens Bedingungen geschaffen werden, die – strukturell und inhaltlich – dem Erwerb von Haltungen bzw. Verhalten vorbeugen, das die Entwicklung der Schulkinder negativ beeinflusst.

Intervention (von lat. »intervenire« = dazwischentreten, sich einschalten) ist deutlich spezifischer und impliziert das Eingreifen einer bisher unbeteiligten Partei in einen Prozess, der im Fall von Mobbing als negativ für die Entwicklung von betroffenen Schülern betrachtet wird (z. B. Schäfer et al., 2004). Wer aber ist betroffen, und auf wessen Entwicklung hat Mobbing negative Einflüsse? Soll Intervention ausschließlich den Schutz bzw. die Sicherheit der Opfer erreichen, zielt sie auch auf die Täter, die durch erfolgreiches Mobbing für falsches Verhalten verstärkt werden, oder auf die Mitschüler, die gegenüber Aggression desensibilisiert werden und lernen, dass die Degradierung Schwächerer innerhalb des Bereichs sozial akzeptierter Normen liegt? Soll »Wer nichts macht, macht mit!« bedeutungsvoller Teil der schulischen Sozialisation mit dem Ziel einer aktiven Förderung von Zivilcourage sein? Jede zusätzliche Zielgruppe allerdings erhöht den Aufwand von Intervention erheblich und steigert die Komplexität, da auch Wechselwirkungen im Verhalten und zwischen den Interventionsstrategien bedacht sein müssen. Und ab welchem Punkt ist Intervention zugleich Prävention?

Grundprobleme von Mobbingintervention. In den letzten Jahren favorisieren viele Interventionsansätze und versuchen z. B. auf der Grundlage des »No Blame Approach« mittels lösungsorientierter Konzeption bei

Mobbing einzuschreiten, wenn ein Fall an ihrer Schule bekannt wird. Andere argumentieren, dass dieses zwar ökonomisch und im Einzelfall auch erfolgreich sein kann, dass es aber als singuläre Strategie eher ein Tropfen auf den heißen Stein sei. Eine grundlegende und umfassende Veränderung von Strukturen, Haltungen und in der Folge von Verhalten sei weder konzeptualisiert noch integriert, sodass weder Nachhaltigkeit noch eine Wirkung über die spezielle Konstellation (in der betroffenen Klasse) hinaus erreicht werden kann.

Darüber hinaus bleiben Zweifel, weil die Umsetzung eher auf verbesserte Empathie gegenüber dem Opfer und – manchmal – das Fehlverhalten der Täter fokussiert, jedoch Mobbing als funktionalem Verhalten zum Dominanzerwerb und -erhalt der Täter oft zu wenig Rechnung trägt. Ein Umdenken der Mitschüler, das individuelle Haltungen gegenüber Mobbing stärkt und z. B. Verantwortungsdiffusion auf Basis gruppendynamischer Prozesse reduziert und so eine grundlegende Verhaltensänderung anstößt, unterbleibt in der Regel. Denkbar wäre, dass schon eine Veränderung der Klassenkonstellation oder ein Wechsel in der Klassenführung die erreichten Erfolge in der betroffenen Klasse als kurzfristig und zu wenig umfassend enthüllen.

Umsetzungsproblem von Mobbingprävention. Da sich Intervention als so mühsames und wenig effizientes Unterfangen erweist, plädieren viele aus einer konzeptionellen Perspektive für frühzeitige Prävention, die schon in der Grundschule ansetzt und in der weiterführenden Schule fortgesetzt wird. Dieses Vorgehen hingegen verlangt ein in doppelter Hinsicht umfassendes Konzept, das im deutschen Schulsystem als nahezu undurchführbar erscheint – es sei denn, es wäre explizit politisch gewollt. Während die nicht differenzierte Struktur des schwedischen, norwegischen oder finnischen Schulsystems die Umsetzung solcher Konzepte erheblich erleichtert, stellt im deutschen Schulsystem der Übergang von der Grundschule zur weiterführenden Schule einen Bruch dar, der homogene, konsistente und nachhaltige Mobbingprävention deutlich erschwert.

Darüber hinaus erweist sich das, was als »Whole School Approach« bekannt ist, als essenziell für gute und effiziente Prävention. Die gesamte Schule zieht am gleichen Strang, geteilte Normen und Werte sind identitätsstiftend und werden von Schülern, Eltern, Lehrern und Schulleitung nicht nur als Lippenbekenntnis, sondern in den alltäglichen Interaktionen in Verhalten umgesetzt. Nicht unerheblich wirkt dabei, wenn auf gleiches Verhalten auch gleichermaßen und konsistent reagiert wird: Verstärkung wird also – positiv wie negativ – leitend. Intermittierende Verstärkung (ein Lehrer sagt was, der andere nicht) und dessen aggressionsfördernde Wirkung beim Individuum wie der Schulgemeinschaft wird so konzeptionell ausgehebelt.

33.6.2 Direkte vs. indirekte Intervention

Bevor an zwei konkreten Beispielen, nämlich dem Interventionsansatz, der als Olweus-Konzept bekannt geworden ist, und dem Ansatz, der mit dem KiVa-Projekt Mobbing als Gruppenphänomen konzeptualisiert, wesentliche Elemente und Fallstricke in der direkten Arbeit gegen Mobbing vergleichend vorgestellt werden, muss zusätzlich das Konzept der indirekten Intervention eingeführt werden. Dabei stehen restrukturierende Maßnahmen innerhalb der Schulentwicklung im Mittelpunkt, um eine Reduktion von Mobbing im Klassenzimmer zu erzielen (Galloway & Roland, 2004). In der Grundausrichtung sicher stark präventiv sind Elemente der Intervention niederschwellig integriert, wobei die Wirkerwartungen nicht auf eine Reduktion von Mobbing beschränkt sind. Ein Effekt, der sich aber z. B. im KiVa-Projekt auch nachweisen lässt, obwohl die Konzeptionen – zumindest auf den ersten Blick – unterschiedlicher kaum sein könnten.

Grundannahmen einer indirekten Intervention. Weil Mobbing und Tendenzen antisozialen Verhaltens durch den Kontext, d. h. durch das soziale und erzieherische Klima in Klassenzimmer und Schule beeinflusst sind, sollte den Aktivitäten gegen Mobbing ein definiertes Konzept der professionellen Personalentwicklung zugrunde liegen. Das beinhaltet einen dezidierten Entwurf zur Verbesserung der Lehrkonzepte und der internen Schulentwicklung. Rekurriert wird dabei auf die Varianz in Auftreten, Verbreitung und Stabilität jeglicher Form sozial unverträglichen Verhaltens. Das lässt Galloway und Roland (2004) schlussfolgern, dass derartige Probleme zu einem so beträchtlichen Anteil »hausgemacht« sind, dass sich Veränderungen innerhalb des Systems als Lösung aufdrängen. Die Existenz der Varianz dient dabei als Argument für die Machbarkeit, was bisher selten so explizit formuliert wurde, aber zugleich die logische Konsequenz zumindest derjenigen Untersuchungen ist, die sich empirisch mit der Stabilität von Mobbing und insbesondere der Rollen im Mobbingprozess auseinandergesetzt haben (z. B. Boivin et al., 1998; Salmivalli et al., 1998; Schäfer & Kulis, 2005).

Bei Projekten, die im Schulkontext initiiert, direkt gegen Mobbing intervenieren, steht der Aufwand selten in linearem Verhältnis zur Effizienz. Galloway und Roland (2004) differenzieren zwischen Projekten, die Intervention durch Mehrarbeit für »die Schule« verwirklichen (»high input«), und Projekten, die Kompetenz – im Sinne beruflicher Entwicklung für Lehrer – zu intelligenten Lösungen in das System Schule transferieren (»low input«). Schulentwicklung impliziert dann, die Entwicklung der Lehr- und Lernexpertise als kognitive und soziale Aufgabenstellung zu begreifen. So gibt es z. B. sicher keine direkte Verbindung zu fehlerhaftem oder unfairem Bewerten von Schülerleistungen, aber es kann das soziale Klima einer Klasse beeinflussen und auf diesem Wege Mobbing fördern (Galloway & Roland, 2004). Die professionelle Entwicklung baut auf Vorhandenem auf, statt ständig neu zu erfinden (»management by new initiative«), und soll Lehrer befähigen, klüger statt härter zu arbeiten.

> **Übersicht**
>
> **Kernelemente des Klassenmanagements**
>
> Das Konzept der indirekten Intervention gegen Mobbing in der Schule beinhaltet drei Grundüberlegungen:
> (1) Der Führungsstil des Lehrers hat einen Einfluss auf die Mobbing-Interaktionen.
> (2) Die soziale Struktur der Klasse hat einen Einfluss auf die Mobbing-Interaktionen.
> (3) Der Führungsstil des Lehrers hat einen Einfluss auf die soziale Struktur der Klasse.
>
> Daraus werden vier Kernelemente für den Führungsstil oder das »Klassenmanagement« des Lehrers abgeleitet:
> (1) »Caring«, d. h. die Qualität der sozialen Beziehungen und des Interesses am Schüler als Person
> (2) »Competence (in teaching)«, d. h. die Fähigkeiten, inhaltliche und soziale Themen zu erklären, vielfältige didaktische Elemente einzusetzen und den Wechsel zwischen diesen kompetent anzuleiten
> (3) »Monitoring«, d. h. das aufmerksame Auge auf lernrelevante und soziale Schüleraktivitäten innerhalb und außerhalb der Klasse
> (4) »Intervention«, d. h. die Qualität des Eingreifens, wenn inakzeptable Verhaltensweisen in der Interaktion zwischen Schüler und Schüler aber auch Schüler und Lehrer auftreten.

Auswirkungen des Klassenmanagements. Die Qualität des Klassenmanagements (laut Einschätzung der Schüler) beeinflusst Mobbing (ebenso wie andere störende oder sozial unverträgliche Verhaltensweisen), wobei nicht nur der direkte Zusammenhang nachweisbar ist: Klassenmanagement wirkt auf die soziale Struktur und damit auch indirekt auf Mobbing. Überraschend erwies sich die Qualität der häuslichen Umgebung der Schüler in keinem Fall als empirisch relevante Größe (Roland & Galloway, 2002). Man mag argumentieren, dass diese Befunde ganz einfach die Effekte einer guten Didaktik und Pädagogik widerspiegeln. Dass viele Lehrer diese beherrschen, ist nicht zu bestreiten. Das löst aber kein Problem, denn Mobbing existiert wie andere Verhaltensauffälligkeiten, ist weit verbreitet und stabilisiert sich mit zumeist ernstzunehmenden Konsequenzen.

Lehrer sollten also befähigt werden, Prävention und gegebenenfalls Intervention nicht mehr als Zusatzaufgabe, sondern als integralen Bestandteil ihrer Aufgabe als Lehrer zu verstehen und kooperativ zu meistern.

33.6.3 Elemente effizienter Prävention/Intervention

Antimobbingprojekte, die evidenzbasiert den aktuellen Wissensstand über Bedingungen und Mechanismen repräsentieren, integrieren eine Vielzahl von Elementen auf verschiedenen Ebenen der Schulgemeinschaft.

»Olweus Bullying Prevention Program« und KiVa-Programm als Beispiele

Das »Olweus Bullying Prevention Program« (OBPP; entwickelt von Dan Olweus an der Universität Bergen, Norwegen) und das KiVa-Programm (finnisch »Kiusaamista Vastaan« = gegen Mobbing; entwickelt von Christina Salmivalli und Kollegen an der Universität Turku, Finnland) sind in Norwegen/Schweden bzw. in Finnland umfangreich bis landesweit implementiert und evaluiert. Beide Programme sind sowohl Präventions- als auch Interventionsprogramme, sind explizit für den Schulkontext entwickelt, involvieren alle Mitglieder der Schulgemeinschaft und sind auf Nachhaltigkeit hin konzipiert. Auch wenn, wie beim OBPP, die Implementationsphase auf 18 bis 20 Monate begrenzt ist, sind Elemente im Programm integriert, die Qualitätssicherung garantieren. KiVa hingegen implementiert Wissenselemente, Techniken und soziale Elemente (Vernetzung von Schulen) mit Prinzipien, die dem »Cognitive Apprenticeship«-Ansatz nahekommen.

Vergleich der Programminhalte. In den Prinzipien und Ideen also durchaus vergleichbar, gehen die Programminhalte von KiVa aber über die des OBPP hinaus. Beide Programme enthalten als integrale Bestandteile:
- die Intervention auf Individual-, Klassen- und Schulebene,
- Gespräche mit den involvierten Schülern bei akuten Mobbingfällen und
- die Entwicklung von Klassenregeln.

Bisher einzigartig ist aber, dass im KiVa-Projekt umfassendes und professionell aufbereitetes Material für Schüler, Lehrer und Eltern angeboten wird. Ein Pilotprojekt hatte gezeigt, dass mehr Angebot konkret beschriebener Aktivitäten die Arbeit der Lehrer mit den Schülern zusätzlich erleichtert. Darüber hinaus beinhaltet KiVa ein Computerspiel, das den Schülern spielerisch ermöglicht, neues Wissen und Fähigkeiten in realen Situationen zu erproben. Zuletzt wird bei KiVa der Rolle der außenstehenden Mitschüler in besonderer Weise Rechnung getragen, indem Empathie, Selbsteffizienz und konkrete Wege, das Opfer zu unterstützen, nicht nur hervorgehoben, sondern in ihrer Relevanz soweit erfahrbar werden, dass in der Evaluation weniger Verstärkung der Aktionen des Täters und mehr verteidigende Aktionen gegenüber dem Opfer tatsächlich per Peerreport erfassbar sind.

Das darf als Beweis dafür gelten, dass nicht nur Haltungen verändert werden, sondern verändertes Verhalten beobachtbar wird (Kärnä et al., 2011). Damit mehrt sich die Evidenz, dass eine positive Veränderung des Mitschülerverhaltens den Erfolg der Täter und die intendierten Statusgewinne tatsächlich reduziert und auf diesem Weg die psychosoziale Situation des Opfers markant verbessert werden kann.

> **Denkanstöße**
>
> Im Rahmen des KiVa-Projekts wurden alternativ Interventionen mit und ohne Konfrontation der Täter getestet. Im Grundschulbereich erwiesen sich die Interventionen ohne Konfrontation als erfolgreicher, im weiterführenden Schulbereich die Interventionen mit Konfrontationen der Täter.
> - Wie lässt sich das aus dem Wissen um soziale Strukturen erklären?
> - Wie lässt es sich aus dem Wissen um Mobbing in der Grundschulzeit bzw. im späteren Schulverlauf erklären?

33.6.4 Implementation und die Rolle der Lehrer

Weil Lehrer eine zentrale Rolle im Klassenzimmer haben und gegenüber der Klasse Vorbildfunktion einnehmen, kommt ihnen auch bei Intervention/Prävention eine bedeutsame Rolle zu. Die Ernsthaftigkeit, mit der sie auf ihre Rolle innerhalb des Veränderungsprozesses vorbereitet werden, die Vielfalt und Konkretheit des Materials und das Training von Fähigkeiten für eine erleichterte Umsetzung im Klassenzimmer oder in Gesprächssituationen sind zusammen mit der Vernetzung von Lehrern, die Austausch und Reflexion erlauben, offensichtlich substanziell.

Unterschiede bei der Umsetzung. In welchem Ausmaß so bei KiVa die Implementationsprobleme des OBPP minimiert werden könnten, wird sich in absehbarer Zeit zeigen. Im OBPP konnten nämlich verschiedene Faktoren identifiziert werden, die erklären, in welchem Umfang Lehrer die einzelnen Maßnahmen implementierten und damit den Grad der Effizienz des Programms beeinflussten. Es gab jedoch nicht nur zwischen Lehrern, sondern auch zwischen Schulen deutliche Unterschiede, die bei der Konzeption und Implementation künftiger Projekte bedacht sein sollten (Kallestad & Olweus, 2003):
- Je mehr Bedeutung, aber auch Verantwortung Lehrer sich und ihren Kollegen als Quelle der Veränderung bei Mobbingproblemen zuschreiben, umso wahrscheinlicher werden sie sich selbst gegen Mobbing in ihrer Klasse engagieren und spezifische Aktionen eines Antimobbingprogramms umsetzen. – Eine eindeutige und eindeutig kommunizierte Rechtsgrundlage, die die Verantwortung von Lehrern und der Schule als Ganzes unmissverständlich formuliert, wird deshalb als effizientes Mittel der Intervention gesehen (z. B. Smith, Morita et al., 1999).
- Wer sich mit den angebotenen Informationen über Mobbing auseinandersetzte und sich für die Vorschläge, mit Mobbingproblemen umzugehen, offen zeigte, ist mit größerer Wahrscheinlichkeit bereit, sein Wissen durch mehr Aktionen im Klassenzimmer umzusetzen. – Wenn also ein Programm möglichst konkrete Vorschläge zu Aktivitäten im Klassenzimmer enthält und darüber hinaus für die Lehrer ein Training für die erfolgreiche Umsetzung dieser Aktivitäten angeboten wird (s. Kärnä et al., 2011), wäre zu hoffen, dass die Offenheit und Motivation der Lehrer gegenüber Intervention/Prävention tatsächlich gesteigert werden kann.

▶ Lehrer zeigen dann mehr Engagement, wenn sie Mobbing innerhalb ihrer Klasse wahrnehmen, wenn sie besondere Empathie für die Opfer empfinden, und wenn sie während der eigenen Schulzeit Mobbingerfahrungen gemacht haben. – Erhebungen zur Erfassung der Prävalenzraten von Mobbing können damit ein sehr motivierendes Moment enthalten, um die Bereitschaft, gegen Mobbing aktiv zu werden, zu steigern. Schwieriger ist es hingegen, die affektive Involvierung zu verändern. Allerdings kann mehr Information die Sensibilität für das frühzeitige Erkennen von Mobbing erhöhen und manchem Lehrer außerhalb des professionellen Kontextes offenbaren, was Mobbing bedeutet, wenn man solchen Erfahrungen als Kind oder Jugendlicher ausgesetzt ist.

▶ Ist das Arbeitsklima an einer Schule durch Offenheit zur Kommunikation und Innovationsbereitschaft gekennzeichnet, dann – so ließ sich empirisch zeigen – werden Intervention/Prävention mit größerer Bereitschaft umgesetzt. – Negativ wirkt hingegen, wenn die Kollegen hohe Kooperationsbereitschaft zwischen den Lehrern berichten. Das erscheint umso beunruhigender, als nicht nur aus Schweden berichtet wird, dass die Kooperationsbereitschaft zwischen Lehrern negativ mit der Innovationsbereitschaft einer Schule korreliert (Kallestad & Olweus, 2003).

Zusammenfassung

Integriert man das Wissen über die Dynamik von Mobbing und den daraus resultierenden Verlauf mit dem Wissen, dass sich durch aktuelle umfassende und profund evaluierte Antimobbingprogramme ergibt, dann sind die Schlussfolgerungen beruhigend und beunruhigend zugleich:

▶ Die Logik dessen, was sich bei Mobbing im Klassenzimmer abspielt, ist in Struktur und Komplexität weitestgehend klar.

▶ Nicht die Opfer, sondern die Täter, deren gezielte Manipulation und die soziale Dynamik in der Klasse, wo auch Inaktivität einen verstärkenden Effekt auf Mobbing hat, müssen im Fokus der Aufmerksamkeit stehen, wenn es darum geht, Mobbing zu erkennen und effizient dagegen vorzugehen.

▶ Daraus resultiert zugleich, dass Intervention gegen Mobbing weder schnell noch einfach umzusetzen ist, denn es verlangt Restrukturierung auf Schul- und Klassenebene.

▶ Positiv dabei ist aber, dass ein Antimobbingprogramm, das konsequent als Schulentwicklungsmaßnahme implementiert wird, nicht nur Verhalten, sondern auch die Leistungsbereitschaft der Schulgemeinschaft konstruktiv und nachhaltig verändern kann – und zugleich die Option enthält, dass professionell umgesetzte Prävention die Notwendigkeit der Intervention reduziert:
– Wertschätzung gegenüber denen, die diejenigen verteidigen, denen es nicht gut geht,
– Ermutigung derer, die eher nichts tun, gemeinsam mit
– Aufklärung derer, die bei Mobbing lachend oder klatschend daneben stehen,

schaffen ein Kräfteverhältnis in der Klasse (und in der Schule), in dem aggressive Strategien zum Dominanzgewinn keinen fruchtbaren Boden finden.

Weiterführende Literatur

Garandeau, C. F. & Cillessen, A. H. N. (2006). From indirect aggression to invisible aggression: A conceptual view on bullying and peer group manipulation. Aggression and Violent Behavior, 11, 612–625. *Dieser englische, aber gut nachvollziehbare Beitrag beleuchtet in eingängiger Weise, wie sich die Dynamik von Mobbing entwickelt, welche Wege der Manipulation beschritten werden und wie – quasi aus dem Nichts – Mobbing »implementiert« werden kann.*

Hawley, P. H. (1999). The ontogenesis of social dominance: A strategy-based evolutionary perspective. Developmental Review, 19, 97–132. *Dieser ebenfalls englische und anspruchsvolle Beitrag integriert evolutionsbiologisches, evolutionspsychologisches und entwicklungspsychologisches Wissen zu einem empirisch überprüfbaren Modell sozialer Dominanzentwicklung und bietet zugleich die theoretische Basis zum Verständnis der Motive der Täter.*

Schäfer, M. & Herpell, G. (2010). Du Opfer – Wenn Kinder Kinder fertig machen. Reinbek: Rowohlt. *Für Eltern, Lehrer und Interessierte gleichermaßen verständlich, wird die Geschichte von zwei gemobbten Kindern erzählt und jeweils mit dem vorhandenen Fachwissen untermauert, um ein gut verständliches Bild des komplexen Phänomens Mobbing zu entwerfen.*

34 Medien und Entwicklung

Gerhild Nieding • Peter Ohler

34.1 Gegenstand der entwicklungspsychologischen Medienforschung
34.2 Mediennutzung im Kindes- und Jugendalter
34.3 Medienkompetenz
    34.3.1 Die Ontogenese der medialen Zeichenkompetenz
    34.3.2 Das Verstehen von Filmen
    34.3.3 Weitere Entwicklung der film- und fernsehbezogenen Zeichenkompetenz
    34.3.4 Zusammenhang zwischen medialer Zeichenkompetenz und anderen bildungsrelevanten Kompetenzen
34.4 Medienwirkung
    34.4.1 Der Einfluss von Film und Fernsehen auf kognitive und soziale Leistungen
    34.4.2 Lernwirksamkeit unterschiedlicher Medien
    34.4.3 Die Auswirkungen gewalthaltiger Medien auf Jugendliche

Die kleine Carolin ist 5 Jahre alt und lebt in einem Elternhaus, das in bestimmten Grenzen der Mediennutzung des Kindes positiv gegenübersteht. Bis zu zwei Stunden täglich darf sich das Kind mit Medien beschäftigen, wobei bestimmte Regeln stets eingehalten werden: Das Kind nutzt kindgerechte Medienformate, die Eltern sind anwesend, wenn Carolin mit Inhalten konfrontiert ist, die ihre Verständnisfähigkeit herausfordern, und sie ist angehalten, unterschiedliche Medien zu nutzen. Es ist ihr nicht erlaubt, zwei Stunden einfach nur am Stück fernzusehen, aber sie darf z. B. ein Hörbuch hören, einen altersgerechten Comic lesen, ein Computerlernprogramm nutzen und die restliche Zeit bis zum Erreichen ihrer zwei Stunden fernsehen. Dies sollte sich nicht schädlich auf die kleine Carolin auswirken, sondern vermag im Gegenteil sogar positive Effekte nach sich zu ziehen.

Was Kinder bis in die Schulzeit bei der Mediennutzung vor allem lernen, sind die Zeichensysteme der unterschiedlichen Medien. Die von ihnen erworbene Medienkompetenz besteht im Erwerb medialer Zeichenkompetenz. Wenn Carolin dann in der Vorschulzeit und ab dem ersten Schuljahr mit dem Erwerb bildungsrelevanter Fähigkeiten wie Lesen, Schreiben und Rechnen konfrontiert sein wird, kommen wieder Zeichensysteme zur Anwendung: Schrift- und Ziffernsysteme, die allerdings konventioneller und arbiträrer als die Zeichensysteme bildlich-analoger Medien wie Film/Fernsehen und Benutzungsoberflächen von Computer(lern)spielen, Hörbüchern und Comics sind. Dennoch ist der Erwerb medialer Zeichenkompetenz förderlich für das Verstehen der Zeichensysteme, die beim Erwerb bildungsrelevanter Fähigkeiten zum Einsatz kommen.

34.1 Gegenstand der entwicklungspsychologischen Medienforschung

Entwicklungspsychologische Medienforschung beschäftigt sich mit differenziellen Unterschieden der Mediennutzung, -wirkung und -kompetenz über die Lebensspanne, wobei in diesem Kapitel der Fokus auf Kinder und Jugendliche gelegt wird. Kinder kommen heute im Verlauf ihrer Entwicklung in einen sehr viel breiteren und intensiveren Kontakt zu unterschiedlichsten stationären und mobilen digitalen und analogen Medien als jemals eine Generation vor ihnen: Film und Fernsehen, Computerspiele und -lernprogramme, Online-Communities (Chatrooms, Foren und Social-Web-Plattformen), Instant Messenger, Smartphones mit Internetzugang, MP3-Player, Hörspielkassetten, Comics, Bilderbücher sowie andere Printmedien. Dies bedingt, dass Kinder durch Medienangebote kognitiv und emotional nicht überfordert werden dürfen, und dass sie vor der schädigenden Wirkung bestimmter Formate geschützt werden müssen. Kinder kommen nicht mit einer Medienkompetenz auf die Welt, die ihnen von Beginn an die Benutzung von Medien erlaubt. Sie erwerben erst im Verlauf ihrer Entwicklung eine immer ausdifferenziertere Kompetenz zum Verstehen und zur aktiven Nutzung von Medien.

34.2 Mediennutzung im Kindes- und Jugendalter

Die Amerikanische Akademie für Pädiatrie fordert einen gänzlichen Verzicht auf Bildschirmmedien in den ersten beiden Lebensjahren, vor allem weil dadurch die Quantität und Qualität der Eltern-Kind-Interaktion beeinträchtigt werde. Die Realität in den USA sieht jedoch anders aus: Bereits über 90 % der 2-Jährigen konsumieren täglich Fernsehen. Nach Angaben der Kaiser Family Foundation (Rideout et al., 2010) kommen amerikanische Jugendliche pro Tag auf durchschnittlich 7 Stunden und 38 Minuten Konsum und Nutzung von Unterhaltungsmedien, wobei teilweise mehrere Medien synchron benutzt werden. Auch wenn die deutschen Nutzungszeiten niedriger liegen, sind Medien allein von der Zeitdauer ihrer täglichen Einflussnahme ein Bereich, der unsere Entwicklung bis ins Erwachsenenalter entscheidend mitgestaltet.

Vor allem für den mobilen digitalen Sektor ist es offensichtlich, dass sich Mediennutzungsmuster kontinuierlich verändern. Die Kommunikationskultur von Teenagern und auch bereits von jüngeren Kindern hat sich durch die Verfügbarkeit des klassischen Handys und seiner Nachfolgegeräte (sog. Smartphones) entscheidend verändert. Solche Veränderungen zu beobachten und zu analysieren ist das Ziel der Mediennutzungsforschung.

Für die USA lässt sich seit 1999 durch die von der Kaiser Family Foundation finanzierten repräsentativen Längsschnitterhebungen mit über 2.000 Familien die Mediennutzung von Kindern und Jugendlichen umfassend eruieren (Rideout et al., 2010). Für Deutschland liegen für diese Zielgruppen keine Längsschnittdaten vor, jedoch jeweils aktuelle Querschnittdaten für den Medienumgang von Kindern und Jugendlichen.

KIM-Studie. Für die repräsentative Kinder-Information-Medien(KIM)-Studie von 2008 (Medienpädagogischer Forschungsverbund Südwest, 2008) wurden 1.206 Kinder und ihre primäre Erziehungsperson befragt. Bei den 6- bis 13-Jährigen ist Fernsehen weiterhin das am meisten genutzte Medium: 73 % der befragten Kinder sehen mindestens fast jeden Tag fern (durchschnittlich 91 Minuten pro Tag). Der Computer wird immerhin von 66 % der Kinder mindestens ein- bzw. mehrmals pro Woche genutzt; bei 95 % der 12- bis 13-Jährigen gehört er schließlich zum normalen Alltag. Computerspiele als Einzelspieler (62 %) oder mit Mitspielern (50 %) stellen die häufigsten Anwendungen dar, gefolgt von Surfen im Internet (49 %), welches sich gegenüber der letzten KIM-Erhebung von 2006 um 8 % gesteigert hat. Lernprogramme werden immerhin von 42 % der Kinder mit Computererfahrung zumindest einmal pro Woche genutzt (wobei hier im Gegensatz zu den vorher genannten Anwendungen Mädchen einen höheren Anteil aufweisen). Gegenüber der letzten KIM-Erhebung stieg vor allem die Nutzung tragbarer Spielkonsolen und von MP3-Playern an. Ein Drittel der 8- bis 9-Jährigen und zwei Drittel der 10- bis 11-Jährigen besitzen ein eigenes Handy. Mit dem Jugendalter wird ein eigenes Handy selbstverständlich. Die KIM-Erhebung zeigt eindeutig, dass die kindliche Lebenswelt sich dynamisch der jeweils aktuellen Medienentwicklung anpasst.

JIM-Studie. Laut Aussage der Jugend-Information-Medien(JIM)-Studie von 2010 (Medienpädagogischer Forschungsverbund Südwest, 2010) mit 1.208 Jugendlichen verbringen diese im Schnitt 138 Minuten pro (Wochen-)Tag im Internet (dazu kommen 109 Minuten

Fernsehen und 69 Minuten elektronische Spiele pro Tag). In Deutschland ist Fernsehen in diesem Altersbereich im Gegensatz zum Kindesalter nunmehr in der täglichen (61 %) und auch in der zumindest wöchentlichen Nutzung (88 %) nicht mehr uneingeschränkt das meistgenutzte Medium. Das Handy (täglich 80 %, mindestens wöchentlich 91 %) und das Internet (63 % bzw. 90 %) haben zum Fernsehkonsum aufgeschlossen, während MP3-Player mit 63 % bzw. 83 % den vierten Rang belegen. In der täglichen Nutzung ist das Handy eindeutig führend. In allen vier Medien finden sich keine nennenswerten Geschlechtsunterschiede.

Schaut man sich die jährlichen JIM-Studien von 2004 bis 2010 an, so bleiben sowohl der Fernsehkonsum als auch die Nutzung von Printmedien (Zeitschriften, Bücher, Tageszeitungen) weitgehend konstant, einzig die Internetnutzung stieg von 49 % über die Jahre linear an und erreichte mit 90 % im Jahr 2009 das Niveau des Fernsehens (s. Abb. 34.1). Auch die Lebenswelt der Jugendlichen passt sich der Medienentwicklung an bzw. forciert diese noch zusätzlich. Klassische Medien werden dadurch jedoch nicht verdrängt. Neun von zehn Internetnutzern sind täglich oder zumindest mehrmals in der Woche online. Dabei dominieren als Endgeräte noch eindeutig Computer/Laptop, wobei schätzungsweise im Augenblick (Stand: Februar 2012) mit der Etablierung der neuen Generation von Smartphones mit sogenannten Apps diese bei den Endgeräten zumindest gleichziehen. Die Internetnutzung verteilt sich auf die Primärfunktion »Kommunikation« (Online-Communities, Chat, E-Mail, Messenger) mit 46 % der Nutzungszeit, gefolgt von Unterhaltung (Musik, Videos, Bilder) mit 23 % sowie Spiele mit 17 % und Informationssuche/Recherche mit 14 %. Im Gegensatz zu der Erhebung 2009 dominieren 2010 bei der Online-Kommunikation die Online-Communities (Facebook, schülerVZ etc.). 84 % der Jugendlichen berichten eine mindestens seltene Nutzung, davon nutzen über 50 % Online-Communities täglich oder sogar öfter. Dies stellt die grundlegendste Änderung in der Mediennutzung Jugendlicher dar, die jedoch auch mit neuen Gefahren verbunden ist: 15 % der Internetnutzer beklagen, dass schon jemand peinliche oder beleidigende Bilder bzw. Videos über sie ins Netz gestellt hat, jeder vierte Nutzer kennt zumindest jemanden, der schon Opfer von Cybermobbing wurde.

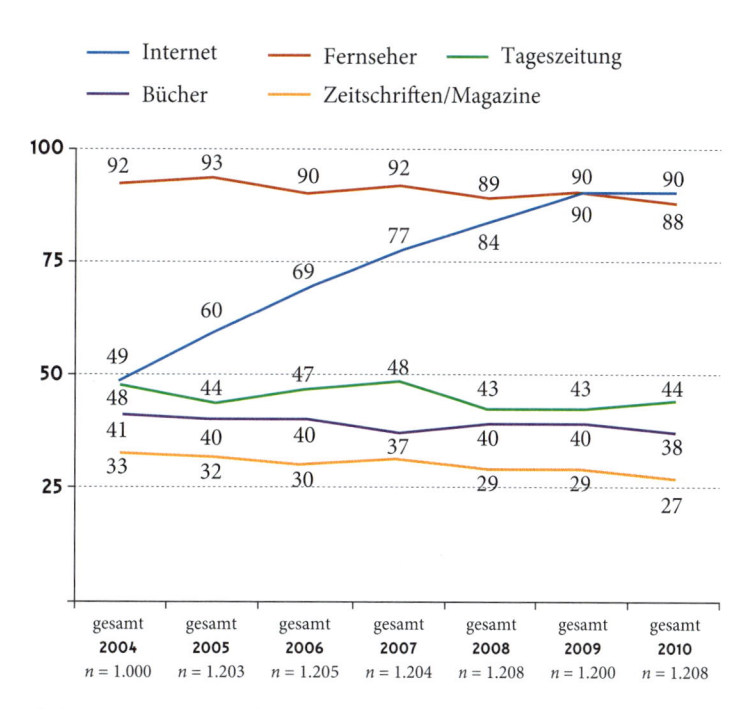

Abbildung 34.1 Verlauf der Mediennutzung Jugendlicher zwischen 2004 und 2010 (Angaben in Prozent). Printmedien und Fernsehen bleiben konstant, einzig die Internetnutzung steigt linear an und erreicht das Niveau des Fernsehens (Quelle: JIM Studien 2004–2010)

34.3 Medienkompetenz

Aufgrund der vermehrten Mediennutzung und der politischen Diskussion wird heute die Vermittlung von Medienkompetenz als unverzichtbares positives Bildungsziel angesehen. In der Literatur zur Medienkompetenz wird zwischen rudimentären (basalen) und gehobenen Fähigkeiten unterschieden (Potter, 1998).

Mediale Zeichenkompetenz. Basale Fähigkeiten werden in der Kindheit erworben. Dazu gehört insbesondere das Verständnis medialer Zeichensysteme, was wir als mediale Zeichenkompetenz bezeichnen. Sie ist die bei weitem wichtigste zu erwerbende Teilfähigkeit von

Medienkompetenz im Vorschul- und zu Beginn des Grundschulalters und Voraussetzung für die potenzielle Lernwirksamkeit von Medien. Sie mündet im Jugend- und Erwachsenenalter in eine funktionale Stufe, die ein vertieftes Verstehen von und die kritische Auseinandersetzung mit medialen Botschaften umfasst.

34.3.1 Die Ontogenese der medialen Zeichenkompetenz

Erkennen der doppelten Natur von Bildern. Ein wichtiger Aspekt der frühen medialen Zeichenkompetenz ist das Verständnis dafür, dass ein Medium (Bild, Film etc.) für etwas anderes als es selbst steht, d. h. etwas anderes repräsentieren kann. Diese Fähigkeit entwickelt sich bereits früh in Bezug auf Bilder.

Bereits Säuglinge können Gesichter von Personen, die sie zunächst real gesehen haben, auf Fotos wiedererkennen. Scheinbar erkennen sie somit die Ähnlichkeit zwischen einer realen Person und deren Foto. Das bedeutet jedoch noch nicht, dass die Zeichenfunktion von Bildern bereits erkannt wird. Noch neun Monate alte Säuglinge berühren in Bildern dargestellte Objekte so, als ob sie die Objekte »herausholen« möchten. Dies wird als Hinweis dafür gewertet, dass Kinder dieses Alters noch nicht die doppelte Natur von Bildern verstehen: Ein Bild ist einerseits ein materielles (zweidimensionales) Objekt, andererseits zeigt es etwas anderes als sich selbst. Diese Erkenntnis scheint aber spätestens mit 1½ Jahren vorhanden zu sein (vgl. DeLoache, 2002). Die manuelle Exploration wird jetzt durch Zeigegesten abgelöst. Sie verstehen jetzt auch, dass eine auditive Benennung eines Bildes (z. B. durch die Mutter) sich sowohl auf das Bild als auch den Referenten bezieht. Dies gelingt umso besser, je realistischer das Bild ist. Kinder können somit schon sehr früh vom »Bilderbuchlesen« mit den Eltern profitieren.

Das Erkennen der Zeichenfunktion von Medien entwickelt sich über die ersten Lebensjahre graduell weiter. DeLoache und Kollegen konnten zeigen, dass bereits 2½-Jährige die doppelte Natur von Bildern auch beim Problemlösen nutzen können (vgl. DeLoache, 2002). Die Kinder sollten dazu ein Objekt in einem Raum (z. B. einem Wohnzimmer) finden, wobei der Ort des Verstecks vorher auf einem Bild gezeigt wurde (s. Abb. 34.2). Wird das Versteck hingegen in einem Miniaturmodell des Wohnzimmers gezeigt, gelingt das Auffinden des Spielzeuges erst mit 3 Jahren. Dies mag daran liegen, dass Bilder im Vergleich zu Modellen, wie z. B. Puppenstuben, als Objekte eine geringere Salienz aufweisen; sie sind stärker auf ihre repräsentationale Funktion eingeschränkt.

Das Wissen über die Zeichenfunktion von Bildern bildet sich auch früher aus als das entsprechende Wissen über Schriftzeichen. Noch 4-Jährige glauben, dass geschriebene Worte je nach Kontext unterschiedliche Bedeutungen haben können. Bei Bildern wird dagegen die Bedeutung als stabil erkannt.

Weitere bildbezogene Fähigkeiten. Später erkennen Kinder, dass Bilder einen Sachverhalt auch falsch repräsentieren können (z. B. ein Bild entspricht nicht mehr seinem Referenten) und dass nicht alle Merkmale einer Repräsentation den Merkmalen des Referenten entsprechen müssen. Für Letzteres ist die Fähigkeit zur Merkmalsdifferenzierung erforderlich, d. h. das Verständnis, dass z. B. eine rote Linie auf einer Landkarte nicht auf eine rote Straße verweist. Ältere Schulkinder verfügen bereits über die Regeln, die festlegen, welche Merkmale

Abbildung 34.2 Kinder sollen ein Spielzeug mithilfe eines Bildes in einem Wohnzimmer finden

von Repräsentationen den Merkmalen der Referenten entsprechen und welche nicht. Und schließlich werden im Jugendalter »metarepäsentationale« Fähigkeiten erworben, die sich auf Prinzipien der Auswahl, Konstruktion/Produktion und Nutzung von geeigneten Repräsentationen sowie die Fähigkeit zu ihrer kritischen Analyse beziehen.

34.3.2 Das Verstehen von Filmen

Erkennen der doppelten Natur von Filmen. Alle filmischen Stimuli vermögen Sachverhalte im Vergleich zu statischen Bildern wahrnehmungsnäher abzubilden (z. B. Ereignisverläufe, wechselnde Perspektiven). Dies könnte zur Annahme führen, dass die Zeichenfunktion von Filmen wegen ihrer hohen Ähnlichkeit mit Referenten erst später erkannt wird. Andererseits dient der Film – wie das Bild – typischerweise als Repräsentation und ist als materielles Objekt wenig bedeutsam. Tatsächlich wird die doppelte Natur von Filmen mindestens so früh verstanden wie bei statischen Bildern. Im Rahmen von Suchaufgaben sind Kinder bereits ab 2½ Jahren erfolgreich, wenn sie in einem Video sehen, wie ein Spielzeug versteckt wurde.

Videodefizit. Dass Kinder die Zeichenfunktion von Filmen verstehen, bedeutet aber nicht, dass sie von abgefilmten Sachverhalten ebenso gut lernen wie von real gesehenen. Beim Imitationslernen vermögen Kinder zwar bereits im 2. Lebensjahr Handlungen zu imitieren, die ein gefilmtes Modell zeigt. Dennoch lernen sie im selben Alter und auch noch später besser, wenn die zu imitierende Handlung real zu sehen ist. Mögliche Gründe für dieses sogenannte »Videodefizit« sind:

- Fehlende Interaktionsmöglichkeit: Mit abgefilmten Personen kann man nicht interagieren. Gibt man Kindern die Möglichkeit, mit einer videografierten Person zu interagieren, können sogar schon 2-Jährige die übermittelten Informationen nutzen.
- Geringere mentale »repräsentationale Flexibilität« von Kindern: Die Gedächtnisleistung ist in der (frühen) Kindheit noch stärker von der perzeptuellen Korrespondenz zwischen der gezeigten und der nachgeahmten Situation abhängig als bei älteren Kindern und Erwachsenen.

34.3.3 Weitere Entwicklung der film- und fernsehbezogenen Zeichenkompetenz

Unterscheidung von Programmformaten

Sobald Kinder die repräsentationale Eigenschaft von Filmen verstanden haben, fangen sie an, auch verschiedene Programmformate des Fernsehens zu unterscheiden. Schon 4-Jährige können zwischen Werbung und anderen Programmformaten unterscheiden. Die Unterscheidung gelingt auch, wenn die Kategorie »Werbung« implizit bleibt (Nieding et al., 2006). Dass Kinder bereits früh das Format Werbung erkennen, bedeutet jedoch nicht, dass sie in diesem Alter auch vor der persuasiven Intention von Werbung gefeit sind. Später können auch Cartoons von Formaten wie der Sesamstraße und schließlich Nachrichten, Kindershows und Erwachsenenshows voneinander unterschieden werden.

Unterscheidung von Realität und Fiktion

Auch wenn die Unterscheidung zwischen einem Zeichen/Symbol und seinem Referenten schon früh gelingt, wird sie jedoch zunächst noch nicht sicher vorgenommen. Noch 3-Jährige geben an, dass auf Video gezeigtes Popcorn herausfällt oder ein abgefilmtes Pferd in den Raum läuft, wenn man sie danach fragt, was passiert, wenn man den Bildschirm umdreht oder öffnet (Flavell et al., 1990). Offensichtlich werden Objekteigenschaften bei der Beantwortung herangezogen, ohne die mediale Natur zu berücksichtigen.

Verstehen fiktionaler Filme. Im Vorschulalter entwickeln Kinder ein tieferes Verständnis über fiktionale Filme. Dies erfordert ein Verständnis, ob die in einem Film dargestellten Ereignisse in der Welt außerhalb des Films ebenso wahr, d. h. faktisch sind oder nur für das Fernsehen/Kino so inszeniert wurden. Ein weiterer Wissensbereich betrifft den sogenannten »sozialen Realismus«, d. h. das Ausmaß, in dem die im Film/Fernsehen dargestellten Ereignisse den Ereignissen in der realen Welt ähneln. Die Ergebnisse einer unserer Untersuchungen mit 5- bis 8-jährigen Kindern zeigen, dass beide Wissensbereiche noch bei den 8-Jährigen nicht voll ausgeprägt sind (Faktizität: 60 %, sozialer Realismus 78 % korrekte Antworten). Es zeigt sich jedoch in beiden Dimensionen ein bedeutsamer Anstieg von 5 bis 8 Jahren, wobei ein entscheidender Anstieg zwischen Kindergarten und Schuleinstieg zu vermerken ist. Zudem ist die Fähigkeit zur Realitäts-Fiktions-Unterscheidung mit anderen kognitiven Fähigkeiten bedeutsam positiv korreliert, z. B. mit sprachlichen Kompetenzen, der Fähigkeit zum Metaphern- und Symbolverstehen sowie der Fähigkeit Schnitt- und Montagetechniken in Filmen zu verstehen.

Verglichen mit fiktionalen Filmen scheint sich das Verständnis nicht-fiktionaler Inhalte noch später zu entwickeln, wie etwa das Wissen darüber, dass auch Fernsehnachrichten Inszenierungen von Journalisten darstellen. Dies zu realisieren bereitet noch 12-Jährigen Schwierigkeiten.

Wissen um Filmmontage und -schnitt

Continuity-System und Filmwahrnehmung. Im Film werden Einstellungen hintereinander montiert, die selbst aus Einzelbildern bestehen, die ohne Unterbrechung von einer Filmkamera aufgenommen wurden. Die Erstellung und das Montieren der Einstellungen folgt konventionellen Regeln, die im sogenannten »Continuity-System« beschrieben werden. Dieses System erlaubt die Realisation von räumlichen und zeitlichen Übergängen durch Schnitte, die subjektiv als »glatt« empfunden werden.

Filmschnitte, die diesem System folgen (filmische Schnitte), werden von Erwachsenen eher übersehen als »unfilmische« Schnitte, die das Regelsystem verletzen, und ihre Erkennung dauert länger (Nieding & Ohler, 2004). Unfilmische Schnitte sind wahrnehmungsauffälliger und führen zu einer größeren Irritation der Augenbewegungen (d'Ydewalle et al., 1998). Auch 8-jährige Kinder reagieren auf unfilmische Schnitte schneller als auf filmische, wenn man sie auffordert, schnellstmöglich auf eine Taste zu drücken, wenn sie einen Schnitt bemerken (Schnittdetektionsmethode). Allerdings ist dies bei jüngeren Kindern noch nicht der Fall. Noch mit 6 Jahren reagieren Kinder auf unfilmische Schnitte sogar langsamer (Nieding & Ohler, 2008). Das Verständnis von Schnittkonventionen entwickelt sich also erst im Verlauf der Kindheit.

Verständnis von Montageprinzipien 1., 2. und 3. Ordnung. Das Verständnis von Montagetechniken nimmt zwischen dem 4. und 10. Lebensjahr deutlich zu, wobei zuerst Techniken verstanden werden, die vergleichsweise geringere kognitive Anforderungen stellen, weil sie der natürlichen Wahrnehmung am ehesten entsprechen (Editierregeln 1. Ordnung). Regeln, die räumliche Verhältnisse, z. B. in Dialogszenen organisieren (2. Ordnung), werden später verstanden. Noch schwerer sind Montageprinzipien zu verstehen, die sich auf die Kontinuität von Ereignisfolgen beziehen (3. Ordnung). Dieses Ergebnismuster zeigt sich sowohl bei der Messung von Schnittdetektionslatenzen als auch beim Nachspielen gezeigter Filmhandlungen. Erfasst man mit einer Blickbewegungskamera die Augenbewegungen nach kritischen Schnitten, führen Achsensprünge (Bruch der Regeln 2. Ordnung) und Brüche in der Kohärenz von Ereignisfolgen (3. Ordnung) zu einer erhöhten Diversifikation der Blickbewegungen als Ergebnis von Desorientierung und Reorientierungsversuchen (Munk et al., in press). Im Altersbereich zwischen 4 und 8 Jahren nähern sich die Muster der Blickbewegungen den Mustern von filmerfahrenen Erwachsenen an.

Neurowissenschaftliche Untersuchungen bestätigen, dass für Filmverstehen höhere kognitive Fähigkeiten erforderlich sind, die sich erst entwickeln müssen. Bei Erwachsenen sind während der Filmrezeption andere Gehirnareale aktiviert als bei zufällig angeordneten Einstellungen (Anderson et al., 2006). Da sich viele der am Filmverstehen beteiligten kortikalen Areale erst im Verlauf der Vorschuljahre entwickeln, erklärt sich hiermit die zunehmende Fähigkeit, Editierregeln der 2. und 3. Ordnung zu verstehen.

34.3.4 Zusammenhang zwischen medialer Zeichenkompetenz und anderen bildungsrelevanten Kompetenzen

Die Ergebnisse einer eigenen Längsschnittstudie mit ursprünglich 4-jährigen Kindern belegt, dass mediale Zeichenkompetenz mit 4 Jahren einen bedeutsameren Effekt als Intelligenz auf phonologische Bewusstheit (eine Vorläuferfähigkeit für den Lese- und Rechtschreiberwerb, vgl. Abschn. 26.5.3) und mathematische Kompetenzen später im Vorschulalter hat. Mediale Zeichenkompetenz erlaubt somit den späteren Erwerb bildungsrelevanter Fertigkeiten vorherzusagen. Weiterhin können Kinder mit hoher medialer Zeichenkompetenz Lernmedien effizienter nutzen. Besonders das Altersfenster zwischen 4 und 5 Jahren scheint eine sensible Phase für den Erwerb medialer Zeichenkompetenz darzustellen. Deshalb sollte sie bereits im Vorschulalter gefördert werden.

34.4 Medienwirkung

Die Medienwirkungsforschung untersucht kognitive und emotionale Auswirkungen der Mediennutzung sowie etwaige Konsequenzen für Verhaltensweisen. In diesem Abschnitt liegt der Schwerpunkt auf Informationsverarbeitungsprozessen bei der Medienrezeption von Kindern und Jugendlichen.

34.4.1 Der Einfluss von Film und Fernsehen auf kognitive und soziale Leistungen

Auch aufgrund des schon im letzten Jahrhundert zunehmenden Vorsprungs der Entwicklung der Medientechnik gegenüber dem Kenntnisstand über deren Auswirkungen auf den Benutzer fanden in den 1970er- und 1980er-Jahren populärwissenschaftliche Bücher bei Eltern und Erziehern vermehrt Zuspruch. Doch die wissenschaftlich orientierte Forschung über die Medienwirkung bei Kindern sah die Befundlage bereits wesentlich differenzierter. Schon 1933 konnte in der zwölfbändigen Payne-Fund-Untersuchung belegt werden, dass ein und derselbe Medieninhalt bei Kindern in Abhängigkeit von Alter, Wahrnehmung, Vorerfahrung etc. unterschiedlich wirken kann.

Aktives oder passives Verstehen

Eine langjährige Debatte in der Forschungsliteratur betrifft die Frage, ob es sich bei der Filmrezeption von Kindern eher um einen passiven oder eher um einen aktiven Verstehensprozess handelt. Modelle des passiven Sehverhaltens nehmen an, dass eine hohe Komplexitätsausprägung von Filmen zu einer rein passiven Aufmerksamkeit des Kindes führt. Demnach ziehen etwa eine hohe Schnittfrequenz oder Spezialeffekte quasi automatisch die Aufmerksamkeit der Kinder an, ohne dass der Inhalt in der gewünschten Tiefe verstanden wird. Formale Merkmale wie schnelle Bewegung, Schnitte, Schwenks etc. können die Aufmerksamkeit wecken, indem sie eine automatische Orientierungsreaktion hervorrufen, ohne dass ein Film oder das Fernsehprogramm verstanden wird.

Dagegen gehen Modelle des aktiven Verstehens davon aus, dass bereits Kinder ihre Aufmerksamkeit selbst steuern können. Immer wenn das Kind potenziell relevante Informationen zum Verstehen des Films zu gewinnen meint, erhöht es seine Aufmerksamkeit. Fluktuationen in der Aufmerksamkeit sind demnach Teil aktiver Verstehensstrategien. Formale Merkmale des Films werden dabei in ihrer »Markerfunktion« für relevante Inhalte genutzt, denn sie vermitteln etwa im Rahmen von Bildmontagetechniken eine Vorstellung von Raum, Zeit, Handlung etc. einer Geschichte.

Befundlage. Die Ergebnisse der empirischen Überprüfung dieser Modelle sprechen insgesamt gegen die Hypothese des passiven Sehverhaltens. Schon ab 6 Monaten schenken Kinder Episoden aus der Sesamstraße mehr Aufmerksamkeit als sich bewegenden Kreisen oder rotierenden Sternen, die mit Ton unterlegt sind, wobei der Unterschied mit zunehmendem Alter noch größer wird. Verständlichere Filme führen bereits ab 18 Monaten zu einer längeren Dauer einzelner Blicke und spätestens ab 3 Jahren zu einer insgesamt höheren Gesamtdauer und einem selektiven Verlauf der Aufmerksamkeit. Zudem ist der Zusammenhang zwischen der Komplexität der formalen Mittel (z. B. Schnittfrequenz) und der visuellen Aufmerksamkeit geringer, wenn das Programm weniger verständlich ist (Nieding & Ohler, 2004).

Weitere Faktoren, die die Aufmerksamkeit beeinflussen, sind das Interesse für den Inhalt und das inhaltsbezogene Vorwissen. Darüber hinaus unterliegt die Aufmerksamkeit einer gewissen »Trägheit«: Je länger eine visuelle Zuwendung gedauert hat, desto höher ist die Wahrscheinlichkeit, dass die Zuwendung weiterhin andauert. Dies gilt aber ebenfalls nicht als Ausdruck eines passiven Verhaltens, sondern reflektiert eher kognitives Engagement.

Lernen von Bildungsprogrammen im Fernsehen

Die Herstellung von Bildungsprogrammen basiert auf der Annahme, dass gut gestaltetes Fernsehen schulische und soziale Fähigkeiten zu fördern vermag. Der Klassiker eines Bildungsprogramms für Kindergarten- und Vorschulkinder war die in den USA für den heimischen Markt produzierte Version der »Sesame Street«, deren Sendestart in die späten 1960er-Jahre zurückreicht. Das Curriculum der ersten Staffel formulierte Bildungsziele in den Bereichen soziale, moralische und emotionale Entwicklung, Sprache und Lesen, Mathematik, Denken und Problemlösen sowie Wahrnehmung (Fisch, 2004). Mehr als 1.000 wissenschaftliche Studien wurden seither zu diesem Bildungsprogramm angefertigt.

Im Gegensatz zu Unterhaltungsformaten wirken sich Bildungsprogramme im Fernsehen eher positiv auf schulische Leistungen aus. Dazu zählen neben Sprache und Leseerwerb beispielsweise auch mathematische Fähigkeiten, Problemlösen und Kenntnisse in Naturwissenschaft und Technik sowie in Sozial-, Heimat- und Sachkunde. Der Effekt scheint zudem nachhaltig zu sein. Kinder, die im Vorschulalter entsprechende Programme rezipierten, haben später auch noch in der Highschool bessere Noten.

Ob Kinder bereits in den ersten 2 bis 3 Lebensjahren von entsprechenden Angeboten profitieren, ist bislang nicht geklärt. Einerseits kann auf der Basis eines »Videodefizits« angenommen werden, dass Kinder dieses Alters von realen interaktiven Angeboten mehr lernen. Andererseits weisen dieselben Kinder aber auch schon eine gewisse mediale Zeichenkompetenz auf und sind offenbar in der Lage, die gesehenen Inhalte »aktiv« zu verarbeiten.

Spracherwerb und -entwicklung

Vor dem Hintergrund der Zunahme von Programmformaten für Kleinst- und Kleinkinder (z. B. »Teletubbies«) stellt sich die Frage nach dem Einfluss des Fernsehens speziell auf Sprachproduktion und -verständnis. Die Positionen hierzu gehen auseinander: Einerseits wird das Fernsehen als eine Quelle zum Erwerb neuer Wörter betrachtet, andererseits wird die Qualität der im Fernsehen verwendeten Sprache beanstandet. Sendeformate wie die »Teletubbies« wirken sich eher negativ auf den Spracherwerb aus. Des Weiteren wird insbesondere das Fehlen der für den Spracherwerb wichtigen Interaktionsmöglichkeit moniert. Es finden sich durchaus positive Effekte des Fernsehens, bezogen auf die Erweiterung des Wortschatzes (Linebarger & Walker, 2005), jedoch nicht hinsichtlich der grammatischen Entwicklung. Syntaktische Aspekte der Sprachentwicklung sind möglicherweise stärker abhängig vom sozialen Austausch mit dem Umfeld. Neue Worte hingegen können im Film geeignet eingeführt werden: Referent und neues Wort werden simultan gezeigt und filmische Mittel dienen einer zusätzlichen Akzentuierung. Fernsehkonsum mit 2 bis 3 Jahren ist für den Wortschatzerwerb bedeutsamer als zu jedem späteren Zeitpunkt.

Positive Effekte sozialer Interaktionen. Positive Effekte zeigen sich dabei eher im Zusammenhang mit Bildungsprogrammen wie »Sesame Street« und noch ausgeprägter bei Sendungen wie »Dora the Explorer« oder »Blue's Cue«. In solchen Sendungen adressiert ein Moderator die Kinder direkt und fordert sie zur Interaktion auf (Linebarger & Walker, 2005). Das bestätigt die Annahme, dass sich ein »Videodefizit« in diesem Altersfenster durch soziale Hinweisreize und Angebote zur Interaktion ausgleichen lässt. Eine in einem Film sichtbare Person, die bei der Einführung eines neuen Wortes auf den Referenzgegenstand zeigt, ist jedoch immer noch weniger effektiv als ein real anwesender Sprecher. Ist in einem Film jedoch eine soziale Interaktion zweier Personen zu sehen, die kommunizieren und Informationen über neue Objekte austauschen, verbessert sich der Lernerfolg. Sprachentwicklung nimmt ihren Ausgangspunkt im routinierten sozialen Austausch mit Erwachsenen, was auch erklärt, warum die Anwesenheit von Erwachsenen, die aktiv »mitschauen«, einen positiven Einfluss hat.

Leseerwerb

Die gefundenen Zusammenhänge zwischen Fernsehkonsum und Lesekompetenzen sprechen insgesamt eher für einen geringen negativen Zusammenhang. Die folgende Übersicht führt Hypothesen an, die in der Literatur zur Erklärung des negativen Effektes von Fernsehkonsum auf den Leseerwerb postuliert wurden (vgl. Ennemoser & Schneider, 2007).

> **Übersicht**
>
> **Hypothesen zum negativen Einfluss des Fernsehkonsums auf Lesekompetenzen**
> - **Verdrängungshypothese:** Demnach verdrängt die Zeit des Fernsehkonsums (Vor-)Leseaktivitäten, die im Vorschulalter wiederum wichtige Voraussetzungen für den späteren Lese-/Rechtschreiberwerb darstellen.
> - **Leseabwertungshypothese:** Auf Basis der Erfahrung des Mediums Fernsehen als unterhaltsam wird Lesen als vergleichsweise unattraktiv empfunden und damit einhergehend verringert sich die Leselernmotivation.
> - **Passivitätshypothese:** Die Annahme besagt, dass Fernsehen ein »leichtes« Medium ist und eine geringere kognitive Anstrengung erfordert als das Lesen. Wenn Kinder zu viel fernsehen, werden sie auch im Bereich des Lesens passiver.
> - **Konzentrationsabbauhypothese:** Sie besagt, dass die hohe Bilderflut des Fernsehens die Fähigkeit, sich zu konzentrieren, negativ beeinflusst.

Insgesamt sprechen die vorliegenden Befunde eher für die beiden ersten Hypothesen (vgl. Ennemoser & Schneider, 2007). Die Passivitätshypothese lässt sich inzwischen nicht mehr halten, da Fernsehen im Gegenteil sogar mit einer höheren mentalen Anstrengung verbunden sein kann als Lesen (vgl. Abschn. 34.4.2). Die Befundlage zur Konzentrationsabbauhypothese ist insgesamt inkonsistent. Während einige Studien keinen Zusammenhang feststellten, konnten z. B. Schittenhelm et al. (2010) Evidenz dafür liefern, dass der gefundene negative Zusammenhang zwischen Fernsehkonsum und Lese-/Rechtschreibleistungen durch eine fernsehbedingte verminderte Aufmerksamkeit vermittelt wird. Die verbreitete Alltagsannahme, wonach hoher Fernsehkonsum mit Hyperaktivität korrespondiert, wurde allerdings bislang nur unzureichend bestätigt.

Einfluss von Nutzungsdauer und Programmformaten.
In der 4-jährigen Längsschnittstudie von Ennemoser und Schneider (2007) zeigte sich für die Kindergartenstichprobe, dass individuelle Unterschiede im Fernsehkonsum besonders dann negative Wirkungen auf die Entwicklung von Lese- und Rechtschreibkompetenzen ausübten, wenn es sich bei den Kindern um Vielseher handelte und bevorzugt Unterhaltungssendungen konsumiert wurden. Das Sehen von Sportsendungen, Cartoons und Musikvideos korrespondiert generell mit niedrigen Schulleistungen. Hingegen sind Schüler, die Nachrichten rezipieren, besser in der Schule als Schüler, die das nicht tun. Die deutschen »Vielseher« in der Langzeitstudie sahen im Schnitt 117 Minuten am Tag fern, was sie in den USA als »Normalnutzer« klassifizieren würde, die keine schlechteren Leistungen aufweisen. Fernsehnutzungszeiten und ihre Konsequenzen sind also kulturabhängig. Etwa 35 % der Kinder zwischen 0 und 6 Jahren leben in den USA in sogenannten »Heavy-Viewer«-Haushalten, in denen der Fernseher permanent oder fast permanent läuft, selbst wenn keiner hinschaut. Diese Kinder lesen weniger und weisen auch eine geringere Lesefertigkeit auf als andere Kinder.

Einfluss des sozioökonomischen Status. Ein erhöhter Fernsehkonsum korrespondiert besonders bei sozial privilegierten Kindern negativ mit den erfassten Kompetenzen. Bei Zutreffen der sogenannten SÖS-Mainstreaming-Hypothese, der zufolge hoher Fernsehkonsum vom sozioökonomischen Status (SÖS) abhängige Unterschiede in der Lese- und Rechtschreibleistung reduziert, hätte sich allerdings bei Kindern mit niedrigerem sozioökonomischen Status ein positiver Zusammenhang zeigen müssen, was nicht der Fall war. Diese Gruppe sah zudem am meisten fern und wies auch den höchsten Anteil an Vielsehern auf.

Prosoziales Verhalten
Sendungen mit prosozialem Inhalt können sich durchaus auch positiv auf das prosoziale Verhalten von Kindern und Jugendlichen auswirken. Ein Klassiker solcher Sendungen war die US-amerikanische Kindersendung »Mister Rogers' Neighborhood« (1968 bis 2001), worin Fred Rogers auf eine respektvolle und ruhige Weise die Bedürfnisse und Sorgen von Kindern ansprach. Behandelt wurden Themen wie Selbstkontrolle, Kooperation, Toleranz und Fantasie, und die Sendung wirkte sich sogar noch förderlicher auf kooperatives Verhalten von Kindergarten-Kindern aus als »Sesame Street«. Besonders günstige Effekte wurden erzielt, wenn die Rezeption der Sendung von Aktivitäten begleitet wurde, die die gezeigten Verhaltensweisen noch weiter vertieften, z. B. durch ein Training im Rollenspiel.

Positive Effekte prosozialer Fernsehinhalte. Insgesamt belegen die vorhandenen Studien einen schwachen bis mittleren positiven Effekt prosozialer Fernsehinhalte auf Kinder, vor allem bezogen auf reduzierte Aggressivität, Altruismus (teilen, spenden, Hilfe anbieten, trösten etc.) und der Reduktion von Stereotypen. Dabei erweisen sich nicht nur Bildungsprogramme als wirksam, sondern auch prosoziale Cartoons und prosoziale Situationskomödien (Sitcoms) wie die »Cosby Show«. Am ausgeprägtesten sind die positiven Effekte prosozialer Fernsehinhalte bei folgenden Gruppen von Kindern:

- Jüngere profitieren mehr als Ältere, am meisten etwa mit 7 Jahren. Dies liegt auch an dem höheren Angebot prosozialer Fernsehinhalte für diese Altersgruppe.
- Prosoziales Fernsehen hat einen stärkeren Einfluss auf Kinder aus Familien mit mittlerem bis höheren sozioökonomischen Status, möglicherweise, weil die vermittelten Inhalte stärker mit den Lebenswelten wohlhabenderer Familien korrespondieren.

34.4.2 Lernwirksamkeit unterschiedlicher Medien

Auditive und audiovisuelle Texte
Hörbücher. Gerade im Vorschulalter erfreuen sich Hörbücher bei deutschen Kindern im Vergleich etwa zu den USA großer Beliebtheit. In der Tat attestieren Studien einen fördernden Einfluss dieser Hörmedien besonders auf die Sprachentwicklung (Ritterfeld et al., 2006). Hörspiele sind hoch redundant und sprachlich sehr wohlgeformt. Sie weisen ein hohes Unterhaltungspotenzial auf, was zu einer hohen Aufmerksamkeit führt und sich

damit positiv und nachhaltig auf die Sprachverarbeitung auswirkt.

Wie gut verstehen Kinder gehörte Geschichten im Vergleich zu Filmgeschichten? In der Literatur finden sich nur sehr wenige Experimente, in denen die Verstehensprozesse im Hinblick auf unterschiedliche Medien verglichen wurden. Das generelle Vorgehen solcher Medienvergleichsexperimente besteht darin, (dieselben) Texte entweder im Film (audiovisuell), durch Radio/Tonband (auditiv) oder in einem Printmedium (schriftlich) zu präsentieren; variiert wird somit die Präsentationsmodalität.

Vergleich von Filmen mit Hörspielen. Die vorliegenden Studien liefern Evidenz für die Annahme, dass Vorschulkinder von einer audiovisuellen Präsentation mehr profitieren als von einer auditiven. Dies zeigte sich zum einen in Unterschieden in den Erinnerungsleistungen nach der Rezeption von Film- bzw. Hörversionen von Geschichten. Zum anderen unterstützt das Medium Film im Vorschulalter den Aufbau mentaler Situationsmodelle.

> **Definition**
>
> Als **mentales Situationsmodell** bezeichnet man die mentale Repräsentation der im Text beschriebenen relevanten Sachverhalte, die beim Textverstehen aufgebaut wird und über den expliziten Text hinausgeht.

Mentale Situationsmodelle enthalten Vorstellungen und Schlussfolgerungen, die notwendig sind, um den zugrunde liegenden Sachverhalt zu verstehen. Die dafür erforderlichen Verstehensprozesse, z. B. die Herstellung von Zusammenhängen zwischen Textelementen und die Aktivierung und Integration von Vorwissen, sollten sich bei auditiven, schriftlichen und audiovisuellen (Filmen) Texten ähneln.

Um den beschriebenen Sachverhalt eines Buchs, Hörbuchs oder eines Films zu verstehen, ist es notwendig, ein geeignetes Situationsmodell des Sachverhalts aufzubauen. Aus diesem Grund erweist sich eine Darbietungsform (z. B. auditiv oder audiovisuell) als besonders lernwirksam, wenn sie im Vergleich zu anderen Darbietungsformen den Aufbau eines geeigneten Situationsmodells begünstigt und unterstützt.

Kindern fällt es beim Film leichter, weitergehende Inferenzen zu bilden (z. B. Unsöld & Nieding, 2009). Dazu zählen prädiktive Inferenzen (vorwärtsgerichtete Schlüsse auf zukünftige Zustände), emotionale Inferenzen (z. B. »Timmy hat Angst, weil sein Hund in Gefahr ist«) und sogenannte globale Inferenzen, d. h. Inferenzen, die frühere, weiter zurückliegende Informationen mit den aktuellen Informationen verbinden. Bei älteren Kindern etwa ab dem Grundschulalter kehrt sich der Medieneffekt um: Diese Altersgruppe bildet mehr Inferenzen, wenn der Text nur gehört wird. Nun scheint die auditive Präsentation den Aufbau mentaler Situationsmodelle zu unterstützen.

> **Unter der Lupe**
>
> **Ansatz perzeptueller Symbole**
>
> Eine Erklärung für die Überlegenheit filmischer Versionen bei jüngeren Kindern liefert der Ansatz perzeptueller Symbole (vgl. Barsalou, 1999). Demnach sind Repräsentationen im Situationsmodell modalitätsspezifisch und enthalten sogenannte perzeptuelle Symbole, d. h. Informationen des visuellen Flussfeldes sowie auditive, propriozeptive, motorische und haptische Informationen. Aufgrund seines höheren Anteils perzeptueller Merkmale sollte der Film den Aufbau perzeptueller Symbole im Situationsmodell begünstigen. Da Vorschulkinder noch stärker als ältere Kinder ihre Aufmerksamkeit auf perzeptuelle Merkmale richten, also darauf, wie etwas aussieht (Form, Größe, Bewegung etc.) und sich anhört, sollten vor allem jüngere Kinder von audiovisuellen Darbietungsformen profitieren.

Schriftliche und audiovisuelle Texte

Auch der Vergleich mit schriftlichen Texten erbringt entgegen der klassischen Lehrmeinung (Salomon, 1984) eher einen Vorteil zugunsten von audiovisuellen Texten (vgl. Nieding & Ohler, 2008). Nach Salomon (1984) wird die Menge an (nichtautomatischen) Verarbeitungsressourcen, die Kinder bei der Medienrezeption investieren (amount of invested mental effort; AIME), von den wahrgenommenen Anforderungen des jeweiligen Mediums beeinflusst. Die wahrgenommenen Anforderungen des Fernsehens sind nach Salomon geringer als bei Printmedien, daher sollten Printmedien »tiefer« verarbeitet werden. Zur Überprüfung seiner Annahmen präsentierte Salomon Sechstklässlern Fernseh- und strukturell äquivalente Printversionen und erfasste nach der Rezeption die investierte mentale Anstrengung (AIME) mittels rekonstruktiver Urteilsmaße. Ob die Einschätzung der investierten Anstrengungen über Selbstberichte ein valides Maß darstellt, ist jedoch fraglich.

Dies bestätigen Befunde von Beentjes und van der Voort (1993), die Kindern auch Video- und strukturell äquivalente Printversionen präsentierten. Die eingeschätzte investierte mentale Anstrengung (AIME) fiel, wie bei Salomon, bei der Videoversion niedriger aus als bei der Printversion. Zusätzlich ermittelten die Autoren jedoch die mentale Anstrengung während der Medienrezeption mittels Reaktionszeiten auf eine Zweitaufgabe (schnellstmöglich mittels Tastendruck auf einen kurzen Piepton reagieren). Es zeigte sich, dass die so erhobene mentale Anstrengung sogar umgekehrt bei der Printversion niedriger ausfiel. Zwei Wochen später wurden vom Videofilm mehr Informationen wiedergegeben. Fragen, die sich auf aus dem Text des Videos zu schlussfolgernde Informationen bezogen, wurden zudem besser beantwortet. Die vielfach zitierte und wenig hinterfragte Annahme Salomons (1984) lässt sich somit nicht aufrechterhalten.

Auch andere Experimente zeigen, dass sich Filme im Vergleich zu schriftlichen Texten bei Kindern nicht weniger lernwirksam auswirken müssen; so erbrachte der Vergleich von Print- und Fernsehnachrichten, dass Kinder von Fernsehnachrichten mehr erinnerten (z. B. Walma van der Molen & van der Voort, 2000). In Experimenten mit erwachsenen Probanden wurde hingegen der gegenteilige Befund erzielt.

Lernen mit Computerspielen

Neben negativen Folgen, wie der Verdrängung anderer Aktivitäten oder Erhöhung der Gewaltbereitschaft, werden Computerspielen durchaus auch entwicklungsfördernde Eigenschaften zugesprochen. So können Computerspiele, die virtuelle Bewegungen durch virtuelle Umgebungen ermöglichen, den Erwerb räumlicher Kognitionen fördern. Aufgrund ihres hohen Anteils an bildlichen und filmischen Zeichen wird zudem angenommen, dass Computerspiele die Ausbildung und Nutzung analoger (interner) Repräsentationssysteme unterstützen. Darüber hinaus erlauben gute Computerspiele die Simulation und insofern das Training von Denk- und Problemlöseprozessen. Ein Beispiel ist das Training des divergenten Denkens oder produktiven Denkens, da der Spieler eine größere Vielfalt von Lösungsmöglichkeiten realisiert als ein aufgabenorientierter Problemlöser (Ohler & Nieding, 2006). Damit wird Computerspielen zu einem Verhaltenssystem, das dazu in der Lage ist, Kreativität zu fördern.

Virtuelle Welten. Computerspiele stellen dem Spieler virtuelle Welten zur Verfügung, deren Möglichkeiten zum Handeln, Denken und zur Übernahme von Rollen ihm außerhalb des Spielrahmens nicht zur Verfügung stehen würden. Da abstrakte Konzepte (wie z. B. Schwerkraft) im Spiel konkret realisiert oder simuliert werden können, eignen sich Computerspiele als Lernumgebungen, die ein situiertes Verstehen ermöglichen. Aber nicht nur physikalische Dimensionen lassen sich simulieren, die sogenannten »Massively Multiplayer Online (Role-Playing) Games« (MMOG) erlauben tausenden Spielern, sich gleichzeitig in virtuellen Welten mit ihren eigenen Kulturen, Ökonomien, sozialen und politischen Systemen zu bewegen und dabei eigene Interaktionsformen zu entwickeln. Des Weiteren bieten Computerspiele motivierende Lernformate und eine sichere Umgebung für Explorations- und Experimentierverhalten.

Bildhaftigkeit und metaphorische Relationen. Aber auch der adäquate Umgang mit dem Computer setzt vor allem bei Kindern bereits Wissen, sensomotorische und kognitive Fertigkeiten voraus. Gerade der »bildhafte« Charakter von Computerspielen erfordert das Verständnis der Ikonografie und Metaphorik der verwendeten Computeroberflächen. Metaphorische Relationen dienen dazu, einen abstrakten Sachverhalt (z. B. Hilfefunktion) anhand eines konkreten Sachverhalts auszudrücken, der meist bildlich als Piktogramm dargestellt ist (z. B. Piktogramm einer Eule; verweist darauf, dass im Märchen weise Eulen helfen). Generell gilt, dass die prototypischen formalen Mittel von Computerspielen noch nicht im gleichen Maße konventionalisiert und normiert sind wie die Mittel des Films, und dass dieser Bereich noch sehr viel weniger erforscht ist.

34.4.3 Die Auswirkungen gewalthaltiger Medien auf Jugendliche

Vorkommen von Gewalt in Medien. Gewalt in Unterhaltungsmedien ist ein allgegenwärtiges Phänomen. Gewalthaltige Inhalte finden sich in unterschiedlichen Fernsehformaten, Filmen und Computerspielen, aber auch in Musikstücken und -videos bestimmter Stilrichtungen, z. B. Heavy Metal, Gangsta-Rap und Hip-Hop. Zahllose Inhaltsanalysen der Medien zeigen, dass sowohl Fernsehen als auch Filme von gewalthaltigen Botschaften durchzogen sind: Amerikanische Analysen finden beginnend vom Ende der 1960er-Jahre bis heute einen verhältnismäßig konstanten Anteil von nahezu 60 bis 70 % der Sendungen, die gewalttätige Handlungen enthalten. Ein junger Zuschauer des US-amerikanischen Fernsehens wird Zeuge von ca. sechs gewalttätigen Akten in einer Stunde Sendezeit. Animationsfilme weisen dabei einen höheren Wert als Realfilme auf, es existieren zudem Genres und Subgenres (z. B. Kriegsfilme, Horrorfilme) mit höherem Gewaltanteil. Ausnahmen bilden lediglich einzelne Fernsehsender und einzelne Programmformate mit einem expliziten Bildungsanspruch. Zwei von drei Video- und Computerspielen ohne Altersbeschränkungen enthalten Interaktionsmöglichkeiten, die aggressive Akte gegen Spielfiguren erlauben; bei den sogenannten Ego-Shootern wird diese Interaktionsform zum eigentlichen Spielprinzip.

Nutzergruppen. Mediale Gewaltdarstellungen in bestimmten Medien sind oft nur für bestimmte Nutzergruppen attraktiv. Gewalt in fiktionalen Film- und Fernsehgenres wird vor allem von Männern präferiert, gewalthaltige Videospiele werden vor allem von männlichen Jugendlichen gespielt.

Theoretische Positionen. Zur Modellierung des Zusammenhangs zwischen Gewalt in den genutzten Medien und dem Auftreten von aggressiven Verhaltensakten im Alltag existieren mehrere theoretische Positionen. Diese bilden ein breites Spektrum ab: Einen Pol bildet die Annahme, dass die Wahrnehmung von medial vermittelter Gewalt aggressives Verhalten vermindert (z. B. Katharsistheorie aufbauend auf Ideen und Konzepten von Aristoteles und Freud), hemmt oder besser zu kontrollieren erlaubt. Den anderen Pol bildet die These, dass die Wahrnehmung von Gewalt zu direkter Nachahmung, einem entsprechenden Modelllernen, dem Erwerb von aggressiven Scripts oder zumindest zu einer Desensibilisierung gegenüber Gewalt führt. Die Mehrheit der Theorien geht von einem Anstieg aggressiven Verhaltens nach dem Konsum gewalthaltiger Medien aus; die Katharsistheorie gilt daher als widerlegt.

▶ **Sozial-kognitive Lerntheorie:** Als klassischer Erklärungsansatz gilt die sozial-kognitive Lerntheorie (Bandura, 1977), der zufolge unter bestimmten Bedingungen (z. B. Aufmerksamkeit, Selbstwirksamkeitserwartung), das aggressive Verhalten eines medialen Modells übernommen werden kann, vor allem dann, wenn dieses Modell für sein Verhalten belohnt wurde.

▶ **Informationsverarbeitungsansätze:** Seit den 1990er-Jahren finden sich vermehrt Informationsverarbeitungsansätze, die davon ausgehen, dass die Konfrontation mit realer oder medial vermittelter Gewalt zum Erwerb aggressiver Scripts führt, die bei einer Korrespondenz von Scriptmerkmalen und vorliegender Situation abgerufen werden. Der Abruf eines aggressiven Scripts führt zu dessen Verstärkung und Generalisierung. Ein regelmäßiger Medienkonsum gewalthaltiger Inhalte führt zu einem stabilen Satz aggressiver Scripts, die aggressives Verhalten in vielen sozialen Situationen als Problemlösung nahelegen.

Wirkung von Gewalt in Film und Fernsehen. Die Wirkung dargestellter Gewalt ist für die Medien Film und Fernsehen bereits verhältnismäßig gut erforscht. Die empirische Befundlage zum Zusammenhang von Mediengewalt und Aggression ist jedoch immer noch uneinheitlich und abhängig von den verwendeten Methoden. Bereits in frühen Laborexperimenten mit Kindergartenkindern im Rahmen der sozial-kognitiven Lerntheorie zeigten sich eindeutige kurzzeitige Zusammenhänge. Diese überschätzen jedoch die in Feldexperimenten gefundenen Effekte mit länger andauernden Expositionsphasen gewalthaltiger Inhalte. In einer frühen Längsschnittstudie (Eron et al., 1972) zeigte sich bei männlichen Probanden, die mit 8 Jahren extensiv gewalthaltige Programmformate rezipierten, ein Zusammenhang mit dem aggressiven Verhalten viele Jahre später als 19-Jährige. Dieser Effekt blieb sogar für die 30-jährigen Erwachsenen stabil. In einer späteren Längsschnittstudie mit Grundschülern (Huesmann et al., 2003) zeigten sich vergleichbare Effekte (zweite Messung 15 Jahre später), diesmal jedoch sowohl für Jungen als auch Mädchen. Da das Thema auf eine gewisse Forschungstradition zurückblicken kann, existieren Metaanalysen für die Wirkung gewalthaltiger Programmformate. Auf der Basis 217 analysierter Studien fanden Paik und Comstock (1994) eine numerisch mittlere Effektstärke von .31 (experimentelle Studien mit gemessenen Kurzzeiteffekten: .41; korrelative Längsschnittstudien: .19).

Wirkung gewalthaltiger Computer- und Videospiele. Einige Studien zeigen, dass das Spielen von gewalthaltigen Computerspielen einen Zusammenhang mit dem Erwerb und der Verstärkung aggressiver Skripts, höheren Aggressivitäts- und Aggressionswerten sowie Desensibilisierung gegenüber Aggression, emotionalen Problemen und Verhaltensproblemen sowie mit geringerer Schulleistung aufweist (z. B. Anderson et al., 2007). Vor allem die Arbeitsgruppe um Anderson geht im Rahmen ihres Generellen Aggressions-Modells (General Aggression Model, GAM) nicht nur von kurzfristigen Wirkungen gewalthaltiger Computer- und Videospiele aus. Sie postulieren, dass die längerfristige kontinuierliche Nutzung gewalthaltiger Spiele zu einer stabilen Veränderung aggressiver Überzeugungen mit entsprechenden Wahrnehmungs- und Erwartungsschemata führt und dass sich eine zunehmende Desensibilisierung gegenüber Aggressivität und Aggression einstellt.

Metaanalysen zu gewalthaltigen Computer- und Videospielen weisen bei momentan noch geringerer Studienanzahl (32 Studien) eine ähnliche Effektstärke von .25 (unter Ausschluss methodisch fragwürdiger Studien) auf bzw. leicht höhere Effektstärken als gewalthaltige Programmformate (vgl. Anderson et al., 2007). Die umfangreichste Metaanalyse über verschiedene Medien hinweg (431 Studien; vgl. Bushmann & Huesmann, 2006) zeigt mit .19 eine niedrige bis mittlere Effektstärke.

Ältere Kinder und Jugendliche sind sich im Normalfall beim Spielen von Computerspielen des So-tun-als-ob-Charakters des Spielens bewusst. Ist das Computerspiel beendet, so wird die fiktive Welt des Spiels wieder verlassen und die vorher ausgeführten Tätigkeiten sollten im Normalfall keine direkten Konsequenzen für das nachgeordnete Alltagsverhalten besitzen. Unter dieser Prämisse wird im Kontext potenzieller starker Effekte aggressiver Computerspiele auf nachgeordnetes Alltagsverhalten die Frage relevant, ob sich Computerspielnutzer in der Art ihres Spielverhaltens, speziell in der Anwendung aggressiver Spielakte, unterscheiden: Es hat sich gezeigt, dass insbesondere Personen, bei denen eine hohe Gefährdung zur Übernahme aggressiver Verhaltensweisen in den Alltag vorliegt, sich auch bereits in ihrem spezifischen Spielstil beim Computerspielen von anderen Benutzern unterscheiden sollten (Ohler & Nieding, 2006).

Moderatorvariablen. Sowohl kurzfristiges aggressives Verhalten als auch langfristigere aggressive Tendenzen bei Kindern und Jugendlichen sind das Ergebnis eines Zusammenwirkens unterschiedlicher Faktoren. Der spezifische Medieninhalt, biologische Prädispositionen (z. B. Aggressivität als Persönlichkeitsmerkmal), der sozioökonomische Status (SÖS), das familiäre Umfeld, Sozialisationsfaktoren und aktuelle situative Bedingungen beeinflussen in jeweils unterschiedlichen Konfigurationen den Zusammenhang von Medienkonsum und aggressiven Verhaltensweisen. Gewalt, die von einer attraktiven Figur verübt wird, die als gerechtfertigt empfunden wird, die realistisch ist, für die die Figur belohnt wird und die für die Opfer keine großen Konsequenzen hat, wird mit höherer Wahrscheinlichkeit imitiert. Kindergartenkinder besitzen eine ausgeprägte Imitationstendenz. Die Metaanalyse von Bushman und Huesmann (2006) zeigte bei Kindern stärkere Langzeit- und bei Erwachsenen stärkere Kurzzeiteffekte. Jugendliche mit hoher persönlichkeitsbedingter Aggression weisen eine höhere Präferenz für gewalthaltige Medien auf, was dann in einem spiralförmigen Prozess die Aggressivität erhöht etc. Niedriger SÖS und Gewalt in der Familie kovariieren mit der vermehrten Nutzung gewalthaltiger Medien. Wenn auch unabhängige Variablen aus den Bereichen Persönlichkeit (Aggressivität), Familie, Umgebung und soziale Umstände meist mehr Gesamtvarianz für das Auftreten aggressiver Verhaltensweisen aufklären als bestimmte Muster der Mediennutzung, so bleibt der Zusammenhang zwischen Mediennutzung und Gewalt dennoch auch nach deren Kontrolle bestehen.

Denkanstöße

▶ Welche fördernden und welche hemmenden Effekte bzw. Gefahren des Fernsehens lassen sich für das Kindes- und Jugendalter ausmachen?

▶ Welche Argumente sprechen dafür, Medienkompetenz möglichst frühzeitig zu fördern?

▶ Inwiefern sind Computerspiele virtuelle Welten, und was bedeutet dies für Lernprozesse?

Zusammenfassung

- Kinder und Jugendliche kommen heute im Verlauf ihrer Entwicklung in einen sehr viel breiteren und intensiveren Kontakt zu unterschiedlichsten stationären und mobilen, analogen und digitalen Medien als jemals eine Generation vor ihnen. Vor allem für den mobilen digitalen Sektor ist es offensichtlich, dass sich Mediennutzungsmuster kontinuierlich verändern.
- Aufgrund der vermehrten Mediennutzung wird der Erwerb von Medienkompetenz ein immer wichtigerer Bestandteil der Entwicklung und Erziehung. Er beginnt, wenn Kinder mit ungefähr 1½ Jahren verstehen, dass Medien nicht nur materielle Objekte sind, sondern darüber hinaus etwas anderes repräsentieren. Später lernen Kinder zwischen Programmformaten zu differenzieren, sie vermögen zwischen Realität und Fiktion auf unterschiedlichen Ebenen zu unterscheiden und lernen die Funktion der Zeichensysteme von Bildschirmmedien (z. B. Filmmontage und Benutzungsoberflächenmetaphern).
- Mediennutzung zeitigt negative wie positive Folgen für Spracherwerb, Lese- und Rechtschreiberwerb und den Erwerb mathematischer Kompetenzen. Es kommt jeweils darauf an, in welchem Zeitfenster Kinder mit welchen Medien in welchem Ausmaß in Kontakt kommen. Auch generelle Aussagen, ob ein bestimmtes Medium einem anderen z. B. im Bereich des Wissenserwerbs überlegen ist, lassen sich nicht treffen. Audiovisuelle Medien scheinen zunächst beim Imitationslernen 2-Jähriger gegenüber Realsituationen defizitär zu sein, sind dann bei 5-Jährigen beim Verstehen von Geschichten und Sachtexten auditiven Medien überlegen, während Hörmedien und Schrift später aufholen und sich teilweise als überlegen erweisen.
- Die Ambivalenz der Mediennutzung zeigt sich insbesondere bei Computerspielen, die einerseits den Erwerb räumlicher Kognitionen, die Simulation von Denk- und Problemlöseprozessen und sogar die Kreativität zu fördern vermögen, aber andererseits die Diskussion um etwaige Zusammenhänge zwischen der Nutzung gewalthaltiger Medien und aggressiven Verhaltensweisen auch wieder stark angeheizt haben.

Weiterführende Literatur

Calvert, S. L. & Wilson, B. J. (Eds.). (2008). The handbook of children, media, and development. Malden, MA: Blackwell. *Eine verhältnismäßig aktuelle Zusammenfassung zum Einfluss der Medien vor allem auf Kinder und Jugendliche, primär aus entwicklungspsychologischer Perspektive mit zusätzlichen Experten aus den Bereichen Kommunikationswissenschaft und Medizin. Der Schwerpunkt wird auf empirische Forschungsergebnisse gelegt.*

Mangold, R., Vorderer, P. & Bente, G. (Hrsg.). (2004). Lehrbuch der Medienpsychologie. Göttingen: Hogrefe. *Neben der Entwicklungspsychologie ist für das vorliegende Kapitel vor allem die Medienpsychologie einschlägig. Das Lehrbuch stellt die erste gut strukturierte systematische Zusammenfassung dieses Bereichs dar, die jedoch nicht mehr die neuesten Entwicklungen z. B. im Bereich Social Web und virtuelle Umgebungen umfasst.*

Singer, D. G. & Singer, J. L. (Eds.). (2001). Handbook of children and the media. Thousands Oaks, CA: Sage. *Wenn auch mittlerweile etwas älter, handelt es sich immer noch um eine der umfassendsten Einführungen in den Bereich Kinder, Jugendliche und Medien, die alle einschlägigen Themen behandelt.*

Van Evra, J. (2004). Television and child development (3rd ed.). Mahwah, NJ: Erlbaum. *Eine umfassende Einführung in den Komplex Kinder, Jugendliche und Fernsehen, die nicht nur gut strukturiert die einschlägigen empirischen Befunde referiert, sondern auch theoretische Perspektiven und Forschungsmethoden beinhaltet.*

35 Gesundheit

Claudia Voelcker-Rehage

35.1 Dimensionen von Gesundheit und Krankheit über die Lebensspanne
    35.1.1 Objektiver Gesundheitszustand
    35.1.2 Subjektiver Gesundheitszustand

35.2 Gesundheitsförderung und Krankheitsprävention im Entwicklungskontext

35.3 Gesundheitsförderliche Aspekte körperlicher Aktivität und Ernährung
    35.3.1 Körperliche Aktivität zur Förderung der körperlichen und psychischen Gesundheit
    35.3.2 Körperliche Aktivität zur Förderung der kognitiven Gesundheit
    35.3.3 Die Bedeutung der Ernährung zur Förderung der Gesundheit

35.4 Entwicklung und Veränderung von Gesundheitsverhalten über die Lebensspanne
    35.4.1 Gesundheitsverhalten über die Lebensspanne
    35.4.2 Gesundheitsverhalten im sozialen Kontext
    35.4.3 Gesundheitsverhalten am Beispiel körperlicher Aktivität und Ernährung
    35.4.4 Modelle der Gesundheitsverhaltensveränderung

35.5 Konzepte von Gesundheit und Krankheit

35.6 Aufgaben und Berufsbilder für Psychologen im Praxisfeld Gesundheit

Frau S. war 78 Jahre alt und überlegte, ob sie in eine betreute Wohneinheit umziehen soll. Sie fühlte sich körperlich nicht fit und sah sich immer weniger in der Lage, ihre Alltagsanforderungen zu meistern. Das Gehen wurde schwerfälliger, die Muskelkraft in Armen und Beinen ließ nach, ihre frühere Vitalität ging immer mehr verloren. Über einen Brief ihrer Krankenkasse erfuhr sie von einer Bewegungsstudie: »Wollten Sie schon immer etwas für sich und Ihre Gesundheit tun?« Sie meldete sich und wurde für die Teilnahme ausgewählt.

Von da an ging sie dreimal pro Woche für eine Stunde mit Gleichaltrigen zum Nordic Walking. Das Training fing zunächst mit kurzen Gehstrecken an, um die Teilnehmer nicht zu überfordern. Später wurde der Umfang gesteigert. Frau S. fühlte sich in der Gruppe gut aufgehoben, und die Bewegung und der Kontakt mit Gleichaltrigen gefielen ihr. Regelmäßig wurde ihre Fitness kontrolliert und sie erhielt Empfehlungen für ihr »optimales« Walkingtempo. Sie merkte rasch, dass sich ihre körperliche Fitness verbesserte; ihre »alte« Leistungsfähigkeit kehrte zurück. Die Alltagsaktivitäten bereiteten ihr weniger Probleme. Sie brauchte die Unterstützung des betreuten Wohnens nicht mehr in Anspruch zu nehmen.

Die Studie lief über ein Jahr und konnte zusätzlich zeigen, dass sich auch die kognitive Leistung der Teilnehmer im Mittel verbesserte. Frau S. verabredet sich immer noch regelmäßig mit ihren Studienkameraden zum Walken, bei Wind und Wetter. Sie hat schließlich selbst gespürt, wie gut es ihr tut, und das motiviert sie dabeizubleiben, solange es ihr möglich ist.

35.1 Dimensionen von Gesundheit und Krankheit über die Lebensspanne

Gesundheitsdefinition der WHO. Die Weltgesundheitsorganisation (WHO) hat bereits 1964 die Gesundheit des Menschen als einen Zustand des vollständigen körperlichen, geistigen und sozialen Wohlergehens und nicht nur als das Fehlen von Krankheit oder Gebrechen definiert.

Biopsychosoziale Gesundheitsmodelle. Diese Definition umfasst neben biologischen Aspekten von Gesundheit auch die psychologische und soziale Dimension. Jede dieser drei Dimensionen bzw. ihre Kombination beeinflusst die Gesundheit bzw. Krankheit eines Individuums, wobei die einzelnen Faktoren der drei Dimensionen miteinander interagieren. Dieses Verständnis von Gesundheit ist Grundlage verschiedener biopsychosozialer Gesundheitsmodelle. So ist nach dem Gesundheitsmodell von Hurrelmann Gesundheit ein Gleichgewicht von Risiko- und Schutzfaktoren, das aus der gelungenen Bewältigung von inneren (körperlichen und psychischen) und äußeren (sozialen und materiellen) Anforderungen resultiert. Nach dem Modell der Salutogenese von Antonowsky werden Gesundheit und Krankheit als Endpunkte eines Gesundheits-Krankheits-Kontinuums gesehen. Die Position auf diesem Kontinuum ist das Ergebnis eines interaktiven Prozesses zwischen belastenden und schützenden Faktoren im Kontext der Lebenserfahrung einer Person (zusammenfassend Bengel & Jerusalem, 2009).

Im Folgenden wird Gesundheit aus einer entwicklungspsychologischen Perspektive betrachtet. Die Gesundheit und der Umgang mit Ressourcen und Risikofaktoren sind altersspezifisch. Gesundheit ist jedoch in jedem Alter beeinflussbar – damit kommt dem Individuum eine aktive Rolle zu.

35.1.1 Objektiver Gesundheitszustand

> **Definition**
>
> Die **objektive Gesundheit** umfasst alle mess- und beobachtbaren Funktionen, insgesamt das gesamte Spektrum medizinischer Diagnosen.

Todesursachen in Abhängigkeit vom Alter. In Deutschland stellen zwischen dem 1. und 24. Lebensjahr äußere Ursachen, wie Unfälle, das größte Gesundheitsrisiko und die häufigste Todesursache dar. Bei Kindern folgt an zweiter Stelle Krebs, bei Jugendlichen Tod durch Suizid. Dabei sind männliche Jugendliche viermal häufiger betroffen als weibliche. Im mittleren Erwachsenenalter und im Alter stellen dann Krebs und Herz-Kreislauf-Erkrankungen die Haupttodesursachen dar (WHO, 2006).

Gesundheitliche Einschränkungen. Werden nicht nur die Todesraten, sondern die Summe der Auswirkungen von gesundheitlichen Defiziten, Behinderung und Sterblichkeit auf die Bevölkerung (DALY = disability-adjusted life-years) berücksichtigt, so ergeben sich in Deutschland die größten gesundheitlichen Defizite aus neuropsychiatrischen Krankheiten, gefolgt von Herz-Kreislauf-Erkrankungen und Krebs (WHO, 2006). Zwar ist die Sterblichkeit aufgrund neuropsychiatrischer Erkrankungen, wie Depressionen, Epilepsie, Parkinson-Krankheit, Schlaganfall oder Demenz, vergleichsweise gering, die damit einhergehenden gesundheitlichen Einschränkungen führen aber zu deutlichen Beeinträchtigungen des Alltagslebens.

Chronische Krankheiten. Insgesamt entfallen in Deutschland drei Viertel der Todesfälle und rund ein Viertel der Krankheitskosten auf chronische Erkrankungen, wie Herz-Kreislauf-Erkrankungen, Diabetes, Krebs und chronische Atemwegserkrankungen (Robert Koch-Institut, 2010). 40 % der Erwachsenen haben eine oder mehrere chronische Krankheiten. Frauen sind häufiger als Männer betroffen, insbesondere im Alter. Befragte aus unteren Bildungsgruppen berichten ab dem Alter von 30 Jahren bei den Männern und zwischen 45 und 64 Jahren bei den Frauen häufiger über das Vorliegen chronischer Krankheiten als Personen der oberen Bildungsgruppen (Robert Koch-Institut, 2010). Chronische Erkrankungen sind großteils auf vermeidbare Verhaltensweisen zurückzuführen und damit der Gesundheitsförderung gut zugänglich.

Krankheiten im Kindes- und Jugendalter. Bei Kindern und Jugendlichen haben akute (infektiöse) Erkrankungen die größte Bedeutung für den Gesundheitszustand. Neurodermitis, obstruktive Bronchitis und Heuschnupfen gehören zu den häufigsten chronischen Erkrankungen. Auch Schmerzen sind im Kindes- und Jugendalter ein ernst zu nehmendes Problem, sie treten bei etwa einem Viertel der Kinder und Jugendlichen auf, wobei Mädchen häufiger betroffen sind als Jungen (Robert Koch-Institut, 2006; BMFSFJ, 2009).

Übergewicht und Adipositas. Übergewicht und Adipositas (Fettleibigkeit) stellen ein wachsendes gesundheitliches Problem dar, insbesondere für die Entwicklung chronischer Krankheiten. In Deutschland hat sich in den letzten 20 Jahren die Zahl der Übergewichtigen verdreifacht. Insgesamt sind 15 % der Kinder und Jugendlichen von 3 bis 17 Jahren übergewichtig, davon 6 % adipös. Der Anteil übergewichtiger Kinder steigt mit dem Alter an, Kinder und Jugendliche aus Familien mit niedrigem Sozialstatus und Kinder mit Migrationshintergrund sind häufiger betroffen (Robert Koch-Institut, 2006). Übergewicht tritt häufiger bei Kindern auf, deren Eltern ebenfalls übergewichtig sind. Neben erblicher Veranlagung sind hierfür insbesondere die familiären Lebensbedingungen und Verhaltensweisen (z. B. hinsichtlich Bewegungs- und Ernährungsverhalten) verantwortlich. Im Erwachsenenalter sind etwa die Hälfte der Personen übergewichtig oder adipös (Robert Koch-Institut, 2010). Mit dem Alter nimmt Übergewicht zu, wobei Personen, insbesondere Frauen, der unteren Bildungsgruppen stärker gefährdet sind. Nicht nur Übergewicht, auch die Verteilung des Körperfetts birgt Gesundheitsrisiken. Ein zu hoher Anteil an viszeralem Fett (Bauchfett) kann sich auch bei normalgewichtigen Personen gesundheitsschädlich auswirken.

Psychische Störungen. Die Prävalenz psychischer Störungen ist ab dem Jugendalter über die Lebensspanne vergleichbar und liegt in Deutschland um 20 % (Böhm et al., 2008; BMFSFJ, 2009). Unter ungünstigen Bedingungen können auch schon Säuglinge und Kleinkinder schwerwiegende und weit über das Kleinkindalter hinaus anhaltende psychische Störungen entwickeln. In der Kindheit leiden mehr Jungen unter psychischen Auffälligkeiten, während in der Adoleszenz mehr Mädchen betroffen sind. Mädchen leiden vermehrt an Depressionen, Angst- und Essstörungen (vgl. Abschn. 28.3.1 und 28.3.2), Jungen an Aufmerksamkeits- und Hyperaktivitätsproblemen (vgl. Abschn. 28.2.1). Im Erwachsenenalter und Seniorenalter sind Frauen häufiger von psychischen Störungen betroffen als Männer. Von besonderer Bedeutung im Seniorenalter sind demenzielle Erkrankungen und Depressionen (vgl. Abschn. 13.2.2).

35.1.2 Subjektiver Gesundheitszustand

Die Frage nach der subjektiven Einschätzung des Gesundheitszustandes ist neben der objektiven Gesundheit ein wichtiger Indikator der Gesundheit.

> **Definition**
>
> Als **subjektive Gesundheit** bezeichnet man die Gesamtheit der auf Gesundheit und Krankheit bezogenen Wahrnehmungen, Überlegungen, Überzeugungen und Ideen einer Person.

Einschätzung der subjektiven Gesundheit über die Lebensspanne. In Deutschland schätzen 85 % der Mädchen und Jungen im Alter von 11 bis 17 Jahren (Robert Koch-Institut, 2006) sowie 73 % der Männer und 68 % der Frauen (Robert Koch-Institut, 2010) ihren Gesundheitszustand als gut oder sehr gut ein. Ältere Kinder und Jugendliche und Kinder aus Familien mit mittlerem oder niedrigem Sozialstatus schätzen ihren Gesundheitszustand weniger häufig als sehr gut oder gut ein. Auch im Erwachsenenalter nimmt mit steigendem Alter die positive Einschätzung der Gesundheit etwas ab. Erwachsene der oberen Bildungsgruppen schätzen ihre Gesundheit deutlich positiver ein. Eine schlechtere Einschätzung des eigenen Gesundheitszustandes geht in allen Altersgruppen mit einer höheren einer höheren Inanspruchnahme von Versorgungsleistungen des Gesundheitssystems und im Alter auch mit einer höheren Sterblichkeit einher (Böhm et al., 2008).

Subjektive Gesundheit als Prädiktor für Morbidität und Mortalität. In mehreren groß angelegten Studien zeigte sich, dass die subjektive Einschätzung von Gesundheit ein besserer Prädiktor zukünftiger Morbidität und Mortalität ist als die objektive, medizinisch messbare Einschätzung. Auch kann eine schlechte subjektive Gesundheit funktionale Einbußen vorhersagen. Eine Studie von Jahn und Kollegen mit älteren und hochaltrigen Personen konnte zeigen, dass die subjektive Gesundheit beeinflusst, ob Krankheiten mit Depression einhergehen oder nicht. Außerdem zeigt sich ein positiver Zusammenhang zwischen subjektiver und kognitiver Gesundheit bei älteren Personen (Bond et al., 2006).

Zusammenhang zwischen subjektiver und objektiver Gesundheit

Metaanalysen ergeben, dass die Übereinstimmung zwischen subjektiver und objektiver Gesundheit nur zwischen 5 und 30 % liegt (Pinquart, 2001b). Damit sind subjektive Einschätzungen keine ausschließliche Widerspiegelung des objektiven Gesundheitszustandes. Eine mögliche Erklärung für diese geringe Übereinstimmung ist, dass kleinste biologische und physiologische Veränderungen mittels objektiver, medizinisch messbarer Parameter nicht ausreichend erfasst werden, während diese Veränderungen in der subjektiven Einschätzung enthalten sind.

Altersinvarianz- und Wohlbefindensparadox. Am geringsten stimmen subjektive und objektive Gesundheit im höheren und hohen Alter überein (Altersinvarianz-Paradox). Trotz einer nachweisbaren Abnahme der körperlichen Leistungsfähigkeit mit zunehmendem Alter bleibt die subjektive Einschätzung der Gesundheit weitgehend konstant. Dieses Paradox wird auch für das subjektive Wohlbefinden beobachtet, welches ebenfalls im Alter nur geringfügig abnimmt (Paradox des subjektiven Wohlbefindens, vgl. Abschn. 13.3.2). Ein Grund für dieses Paradox liegt nach Staudinger und Kollegen in der besonderen Fähigkeit des Selbst, sich veränderten Realitäten anzupassen und das eigene Selbstverständnis zu schützen (vgl. Abschn. 36.5.4). Diese kontinuierliche Selbstreflexivität und Selbstregulation des Menschen kann z. B. zu einer Anpassung des Anspruchsniveaus oder einer Veränderung der Vergleichsgruppe führen und damit auch die subjektive Einschätzung der Gesundheit beeinflussen.

35.2 Gesundheitsförderung und Krankheitsprävention im Entwicklungskontext

> **Definition**
>
> Gemäß der von der WHO in der Ottawa-Charta 1986 niedergelegten Deklaration zielt **Gesundheitsförderung** darauf, »allen Menschen ein höheres Maß an Selbstbestimmung über ihre Gesundheit zu ermöglichen und sie damit zur Stärkung ihrer Gesundheit zu befähigen«.

Gesundheitsförderung stellt die Stärkung der individuellen Kompetenzen und Ressourcen sowie die gesundheitsgerechte Gestaltung der sozialen und materiellen Umwelt in den Vordergrund.

Ein Grundgedanke in der Gesundheitsförderung ist die Einflussnahme auf Determinanten der Gesundheit, und damit auf diejenigen Faktoren, die verändert oder beeinflusst werden können. Ein Gewinn von Gesundheitspotenzialen kann zum einen durch eine Vermeidung von Krankheiten und Risikofaktoren über die Strategie der Krankheitsprävention erfolgen, zum anderen durch die Ausweitung der Grenzen des Möglichkeitsraums von Gesundheit, durch die Stärkung der vorhandenen Ressourcen des Individuums und der Selbstbestimmung über die Gesundheit. Beide Strategien ergänzen sich gegenseitig und sind nur schwer voneinander abgrenzbar.

Zahlreiche Erkrankungen, wie chronische Erkrankungen und Erkrankungen des Muskel- und Skelettsystems, sind auf individuelle Verhaltensweisen zurückzuführen und damit der Gesundheitsförderung gut zugänglich. So werden etwa 60 % aller weltweiten Todesfälle durch Krankheiten verursacht, deren Genese überwiegend in individuellen Verhaltensweisen (mit)begründet ist (WHO, 2009). Viele dieser Erkrankungen haben ihren Ursprung bereits im Kindesalter und entwickeln sich kontinuierlich über die Lebensspanne. Ist ein bestimmter Schwellenwert erreicht, werden erste Symptome sichtbar und die Krankheiten manifestieren sich

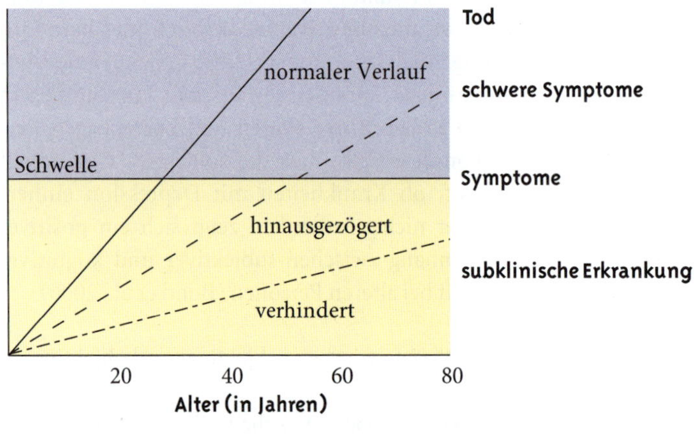

Abbildung 35.1 Hypothetische Entwicklung chronischer Krankheiten. Die Entwicklung chronischer Krankheiten beginnt früh, schreitet bis zu einer klinischen Schwelle fort und mündet in Beeinträchtigungen oder Tod. Die Veränderung der Steigung der Kurve kann das Auftreten klinischer Erscheinungen bzw. von Krankheit hinauszögern oder verhindern (Prävention) (in Anlehnung an Spirduso et al., 2005)

(vgl. Abb. 35.1). Gesundheitliche Fehlentwicklungen im frühkindlichen und vorschulischen Alter können damit gravierende Auswirkungen auf die Entwicklung in späteren Lebensjahren und im Erwachsenenalter haben.

Gesundheitsförderung im Lebenslauf. In jedem Altersabschnitt stehen unterschiedliche Risikofaktoren und Ressourcen im Fokus der Gesundheitsförderung. So kommt im Kindesalter der Förderung einer gesunden Ernährung und einer ausreichenden Bewegung eine große Bedeutung zu, während ab dem Jugendalter zusätzlich der möglichst angemessene bzw. geringe Konsum von Tabak, Alkohol und Drogen ein zentrales Thema ist. Auch die Ausrichtung der Gesundheitsförderung ist je nach Lebensalter unterschiedlich: Im Kindes- und Jugendalter müssen zunächst gesundheitsrelevante Verhaltensweisen ausgebildet werden, es steht die Förderung der körperlichen, kognitiven und psychischen Entwicklung im Vordergrund. Im Erwachsenenalter kommt neben der Förderung und Prävention vor allem dem Erhalt der Funktionsfähigkeit und Mobilität, aber auch der Wiederherstellung der Gesundheit im Sinne der Rehabilitation eine zentrale Bedeutung zu. Die soziale Umwelt spielt eine wichtige Rolle in der Gesundheitsförderung, da sie maßgeblich das Gesundheitsverhalten bzw. die Entwicklung gesundheitsrelevanter Verhaltensweisen einer Person beeinflusst (vgl. Abschn. 35.4), ebenso die internen und externen Ressourcen, die einer Person zur Förderung der Gesundheit zur Verfügung stehen.

Gesundheitsförderung beginnt vor der Geburt. Mittlerweile zeigen epidemiologische, klinische und tierexperimentelle Studien, dass Gesundheitsförderung bereits in der pränatalen Phase wirksam ist. So kann die Ernährung in der pränatalen und frühkindlichen Phase einen Einfluss auf die Entstehung von Übergewicht und Typ-2-Diabetes haben. Durch eine zu hohe Energiezufuhr kann die Funktionsweise von Organen und Organsystemen dauerhaft festgelegt werden und so zu einer »Fehlprogrammierung« der Regelsysteme für Körpergewicht, Nahrungsaufnahme und Stoffwechsel führen. Dies wiederum kann die Entstehung chronischer Krankheiten in späteren Lebensphasen begünstigen (DGE, 2008).

Gesundheitsförderung ist nie zu spät. Gesundheitsförderung muss so früh wie möglich ansetzen. Theoretisch wird der maximale Gesundheitseffekt erzielt, wenn von Geburt an die Ressourcen gestärkt werden und Risikoverhalten unterlassen wird. Die Aufrechterhaltung eines guten Gesundheitszustandes ist jedoch über die gesamte Lebensspanne von großer Bedeutung, und eine Veränderung des Gesundheitsverhaltens ist in jedem Lebensalter wirksam. So sind auch im hohen Alter Risikofaktoren wie Rauchen und körperliche Inaktivität mit einem erhöhten Mortalitätsrisiko verbunden. Personen aber, die erst mit 65 Jahren mit dem Rauchen aufhören, haben gegenüber Personen, die weiter rauchen, eine höhere Lebenserwartung (zusammenfassend Bengel & Jerusalem, 2009).

Gesundheitliche Risikofaktoren. Gesundheitliche Risikofaktoren (s. Übersicht) können unterschiedlich zu Krankheiten und Sterbefällen beitragen. Beispielsweise bedeutet Übergewicht im Kindes- und Jugendalter langfristig ein gesteigertes Risiko für Typ-2-Diabetes, Bluthochdruck, Störungen des Fettstoffwechsels und Erkrankungen an Muskeln und Gelenken. Bleibt das Übergewicht bis ins Erwachsenenalter bestehen, erhöht sich das Risiko für Herz-Kreislauf-Erkrankungen, Erkrankungen der Gallenblase sowie einige Krebsformen.

> **Übersicht**
>
> **Hauptrisikofaktoren**
> Zu den häufigsten gesundheitlichen Risikofaktoren in Deutschland gehören nach Angaben der WHO (2006):
> ▶ Tabakkonsum
> ▶ Alkoholkonsum
> ▶ Bluthochdruck
> ▶ Übergewicht
> ▶ Cholesterin
> ▶ Fehlernährung
> ▶ Bewegungsmangel

35.3 Gesundheitsförderliche Aspekte körperlicher Aktivität und Ernährung

Über die gesamte Lebensspanne sind Ressourcen und Risikofaktoren für das Auftreten und die Ausprägung von Erkrankungen wichtig und können durch unser individuelles Verhalten beeinflusst werden. Insbesondere der Einfluss von Bewegung und Ernährung wurde hinsichtlich ihrer Wirksamkeit auf die Gesundheit untersucht.

35.3.1 Körperliche Aktivität zur Förderung der körperlichen und psychischen Gesundheit

Körperliche Aktivität und Sport. Die WHO definiert körperliche Aktivität als jede Bewegung, die zu einer Steigerung des Energieumsatzes führt. Dies kann sowohl bei Tätigkeiten in der Arbeit als auch im Haushalt und in der Freizeit geschehen. Sport wiederum ist eine spezifische Form körperlicher Aktivität.

Ganzheitliche Bewegungsförderung im Kindesalter. Im Kindesalter steht eine ganzheitliche psychomotorische Förderung im Vordergrund. Dabei geht es einerseits darum, die Motorik des Kindes zu fördern, damit sich das Kind erfolgreich mit sich selbst und seiner sozialen und materialen Umwelt auseinandersetzen kann sowie motorischen Defiziten und Haltungsschwächen vorgebeugt wird. Andererseits sollen Bewegungserfahrungen zur Stabilisierung der Persönlichkeit beitragen, indem sie das Vertrauen in die eigenen Fähigkeiten stärken.

Krankheitsprävention und -rehabilitation. Seit Mitte des 20. Jahrhunderts wurden wiederholt positive Effekte körperlicher Aktivität in Bezug auf die Prävention und Rehabilitation verschiedenster (chronischer) Krankheiten gezeigt. So wurde der Zusammenhang zwischen körperlicher Aktivität und der Prävalenz von Herz-Kreislauf-Erkrankungen erstmals 1953 von Jeremy Morris am Personal der Londoner Doppeldeckerbusse nachgewiesen. Im Vergleich zu den Busfahrern mit ihrer hauptsächlich sitzenden Tätigkeit zeigten die Fahrkartenkontrolleure, die regelmäßig die Treppen auf und ab liefen, eine um ca. 50 % geringere Zahl an Herzinfarkten und plötzlichen Herztoden. Die schützenden Effekte körperlicher Aktivität sind dabei unabhängig von der Statur, dem sonstigen Gesundheitsverhalten, Gewichtsveränderungen, gesundheitsbewusster Ernährung und zurückliegenden Erkrankungen. Selbst bei Hochbetagten, die noch nie oder schon lange nicht mehr sportlich aktiv waren, lassen sich durch entsprechend angepasste Bewegungsprogramme deutliche Verbesserungen, z. B. des Herz-Kreislauf-Systems, erzielen (zusammenfassend Hardman & Stensel, 2003). Bei klinisch relevanten Depressionen zeigt körperliche Aktivität vergleichbare Effekte wie eine medikamentöse Therapie oder Psychotherapie. Allerdings konnte Schlicht in einer Metaanalyse nicht bestätigen, dass sportliche Betätigung generell den psychischen Gesundheitszustand verbessert. Die Effekte sind vielmehr alters-, geschlechts- und sportartspezifisch. So zeigte sportliche Aktivität bei Personen ab dem 50. Lebensjahr unabhängig von der Art der sportlichen Aktivität einen positiven Zusammenhang mit der psychischen Gesundheit, während im mittleren Alter (31–50 Jahre) dieser Zusammenhang nur für Frauen und für Männer, die intensiven Ausdauersport betreiben, nachgewiesen werden konnte (zusammenfassend Bengel & Jerusalem, 2009).

> **Übersicht**
>
> **Positive Effekte körperlicher Aktivität zur Krankheitsprävention und -rehabilitation**
>
> Positive Effekte körperlicher Aktivität auf die Prävention und Rehabilitation verschiedenster (chronischer) Krankheiten konnten vor allem nachgewiesen werden für:
> - kardiovaskuläre Erkrankungen (z. B. Herzinfarkt)
> - Stoffwechselerkrankungen (z. B. Typ-2-Diabetes)
> - Krebs (insbesondere Darm- und Brustkrebs)
> - Übergewicht
> - Muskel- und Skeletterkrankungen (z. B. Osteoporose)
> - psychische Erkrankungen (z. B. Depression)
>
> Körperliche Aktivität hat beispielsweise einen positiven Effekt auf:
> - den Lipidstoffwechsel
> - den Blutdruck
> - die Blut- und Sauerstoffversorgung der Herzmuskulatur
> - die Insulinsensitivität
> - die Immunüberwachung
> - die Stoffwechselrate
> - die Verteilung des Körperfetts

Förderung der Langlebigkeit. Epidemiologische Längsschnittstudien weisen auf einen umgekehrt proportionalen Zusammenhang zwischen Mortalität und der Dosis an körperlicher Aktivität hin. Die Harvard-Alumni-Studie von Paffenbarger (zusammenfassend Hardman & Stensel, 2003) zeigte, dass bereits der Verbrauch von 1.000 Kilokalorien pro Woche durch körperliche Aktivität (entspricht ca. 2–3 Stunden Walking) ausreichend ist, um das Mortalitätsrisiko zu senken. Dies gilt auch, wenn für verschiedene konfundierende Faktoren, wie Rauchen, Bluthochdruck oder Körperfettmasse, kontrolliert wird. Daten des Cooper Instituts in Texas, USA, zeigten, dass übergewichtige Personen mit einer guten kardiovaskulären Fitness (Ausdauerleistungsfähigkeit) ein ähnliches Mortalitätsrisiko aufweisen wie normalgewichtige Personen mit einer vergleichbaren Fitness (zusammenfassend Hardman & Stensel, 2003).

Förderung und Erhaltung der funktionellen Gesundheit und Mobilität im Alter. Im Alter ist die Erhaltung und Förderung der funktionellen Gesundheit und Mobilität, wie der Gehgeschwindigkeit oder Muskelkraft, bedeutsam, da diese die Fähigkeit, Alltagsaktivitäten selbstständig durchzuführen, beeinflussen. Sturzbedingte Verletzungen sind im Alter oftmals der Beginn von Behinderung und damit einhergehender dauerhafter Hilfe- und Pflegebedürftigkeit. Ein gezieltes Training kann funktionelle Einbußen verlangsamen oder revidieren. So konnten Fiatarone und Kollegen durch ein achtwöchiges Training die Beinkraft hochaltriger Personen im Mittel um mehr als 170 % steigern (zusammenfassend Hardman & Stensel, 2003).

> **Unter der Lupe**
>
> **Dosis-Wirkungs-Beziehung körperlicher Aktivität und Gesundheit**
>
> Basierend auf umfangreichen Literaturanalysen und wissenschaftlichen Erkenntnissen empfiehlt die WHO seit 2010 für Kinder und Jugendliche mindestens 60 Minuten körperliche Aktivität täglich, für Erwachsene mindestens 150 Minuten moderate oder 75 Minuten intensive körperliche Aktivität pro Woche, um gesundheitsförderliche Effekte zu erzielen. Für zusätzliche Gesundheitseffekte sollte der Umfang auf 300 Minuten moderate bzw. 150 Minuten intensive körperliche Aktivität pro Woche bzw. eine entsprechende Kombination moderater und intensiver Intensität erhöht werden. Dabei kann die Aktivität über den Tag verteilt werden, sollte aber in Einheiten von mindestens 10 Minuten erfolgen. Der Großteil der Aktivität sollte aerob (Ausdauertraining, z. B. Walking, Radfahren, Schwimmen) sein und in jedem Alter durch Übungen zur Kräftigung des Muskel- und Skelettsystems ergänzt werden. Im Alter ab 65 Jahren sollten Einheiten zur Förderung des Gleichgewichts bzw. zur Sturzprophylaxe hinzukommen.

35.3.2 Körperliche Aktivität zur Förderung der kognitiven Gesundheit

Körperliche Aktivität steht auch in einem positiven Zusammenhang zu Kognition und Hirnfunktionen. Zu unterscheiden ist zwischen unmittelbaren und überdauernden Effekten körperlicher Aktivität. Unmittelbare Effekte sind Veränderungen der kognitiven Leistung während oder direkt nach einer körperlichen Belastung, während überdauernde Effekte den Zusammenhang zwischen der körperlichen Fitness und der kognitiven Leistung oder die Wirkung gezielter Interventionsprogramme über einen Zeitraum von mehreren Wochen oder Monaten beschreiben.

Überdauernde Effekte körperlicher Aktivität. Metaanalysen zeigen sowohl für Kinder im Schulalter als auch für Erwachsene einen positiven Zusammenhang zwischen körperlicher Aktivität und kognitiver Leistung. Der Zusammenhang ist für jüngere Kinder stärker ausgeprägt als für ältere Kinder (Sibley & Etnier, 2003). Auch für ältere Erwachsene ab 55 Jahren ergab eine Metaanalyse von Colcombe und Kramer (zusammenfassend Hillman et al., 2008), dass – unabhängig von der Art der Intervention, der Programmlänge, der Trainingsumfänge sowie der untersuchten kognitiven Fähigkeiten – Fitnesstraining die kognitive Leistungsfähigkeit im Mittel um 0,5 Standardabweichungen erhöht. Dabei sind Leistungsverbesserungen insbesondere bei Aufgaben, die exekutive Kontrolle erfordern, zu beobachten.

Kinder und Jugendliche. Körperliche Aktivität zeigt einen positiven Zusammenhang mit der Entwicklung intellektueller Fähigkeiten sowie der Schulleistung von Kindern und Jugendlichen. Beispielsweise korreliert die Leistung in standardisierten Schultests zur Erfassung mathematischer Fähigkeiten und des Leseverständnisses positiv mit der kardiovaskulären Fitness. Ein Erklärungsansatz ist, dass eine gute Fitness mit einer verbesserten Funktion des frontoparietalen Gehirnnetzwerks einhergeht, welches auch für mathematische Fähigkeiten und Leseverständnis genutzt wird (zusammenfassend Hillman et al., 2008).

Ältere Erwachsene. Ausgangspunkt der Studien mit älteren Erwachsenen sind die mit dem Alter zu beobachtenden Einschränkungen der kognitiven Leistungsfähigkeit, wie z. B. eine verminderte Geschwindigkeit der Informationsverarbeitung oder eine verringerte Kapazität des Arbeitsgedächtnisses (vgl. Abschn. 13.3.1). Ausdauertrainierte ältere Personen zeigen bessere kognitive Leistungen, z. B. in Aufgaben zur selektiven Aufmerksamkeit oder zum episodischen Gedächtnis. Auf neurophysiologischer Ebene sind funktionelle Veränderungen zu beobachten, die auf eine schnellere und effektivere Informationsverarbeitung hindeuten. Auch die Kommunikation zwischen verschiedenen Gehirnbereichen scheint durch ein regelmäßiges körperliches Training verbessert zu sein, wie sogenannte Konnektivitätsanalysen oder Netzwerkanalysen zeigen. Bemerkenswert ist, dass systematisches Fitnesstraining sogar bei zuvor eher inaktiven Senioren die kognitiven Leistungen steigern kann. Mittlerweile deutet sich an, dass nicht nur ein Ausdauertraining, sondern auch andere Trainingsformen, wie ein Koordinationstraining, positive Effekte auf die kognitiven Funktionen haben können. In einer Studie des Jacobs Centers für Lebenslanges Lernen der Jacobs University Bremen (Voelcker-Rehage et al., 2011) zeigten auch Teilnehmer eines Koordinationstrainings Verbesserungen der Aufmerksamkeitsleistung verbunden mit einer effizienteren neurologischen Verarbeitung, insbesondere in Gehirnbereichen, die mit räumlicher Wahrnehmung assoziiert sind.

Strukturelle Veränderungen des Gehirns. Nicht nur die Funktionsweise des Gehirns zeigt einen positiven Zusammenhang mit regelmäßiger körperlicher Aktivität, sondern auch seine anatomische Struktur: Kinder mit einer hohen kardiovaskulären Fitness weisen ein größeres Hippocampusvolumen verbunden mit einer besseren Gedächtnisleistung sowie ein größeres Volumen der Basalganglien verbunden mit besserer Aufmerksamkeitsleistung auf. Ältere Versuchspersonen mit einer guten kardiovaskulären Fitness zeigen deutlich geringere Verluste der grauen und weißen Substanz des Gehirns als Personen mit einer schlechten Fitness, insbesondere in frontalen, parietalen und temporalen Arealen und im Hippocampus (zusammenfassend Hillman et al., 2008).

Dosis-Wirkungs-Beziehungen. Bisher weiß man wenig über den optimalen Umfang, die erforderliche Intensität und Dauer der körperlichen Aktivität zur Förderung der Kognition. Moderate körperliche Aktivität von zwei- bis dreimal pro Woche über mindestens 30 Minuten hat nachweislich einen positiven Effekt, und positive Effekte sind bereits nach wenigen Wochen zu verzeichnen. Ältere Personen zeigen über 12 Trainingsmonate nahezu lineare Veränderungen ihrer Hirnaktivierungsmuster, längerfristiges Training führt vermutlich zu weiteren positiven Effekten (Voelcker-Rehage et al., 2011).

Unmittelbare Effekte körperlicher Aktivität. Für sogenannte akute Effekte von Bewegung auf Kognition wird ein umgedreht U-förmiger Zusammenhang zwischen der Belastungsintensität und der Kognitionsleistung beschrieben. Eine Meta-Regressionsanalyse weist darauf hin, dass, unabhängig von der Art der Bewegung, *nach* der Belastung die kognitive Leistung im Mittel verbessert ist, *während* der Belastung hingegen, je nach Dauer und Intensität, in der Tendenz negative Effekte auf die Kognition zu beobachten sind (Lambourne & Tomporowski, 2010). Diese Studien wurden bisher hauptsächlich mit jungen Erwachsenen durchgeführt, bei Kindern scheinen aber vergleichbare Effekte erzielbar zu sein. So konnten in einer Studie vom Beckman Institut in Illinois, USA, bei 9- bis 10-jährigen Kindern nach einem 20-minütigen moderaten Walking auf dem Laufband bessere kognitive Leistungen als unter Ruhebedingungen gemessen werden. Nach einem 10-minütigen Koordinationstraining konnten Budde und Kollegen bei 13- bis 15-jährigen Schülern bessere Konzentrationsleistungen nachweisen. Kurze Trainingsreize scheinen in Situationen, die eine kognitive Leistung erfordern, leistungsfördernd zu wirken (zusammenfassend Best, 2010).

Unter der Lupe

Ursache-Wirkungs-Zusammenhänge zwischen körperlicher Aktivität und kognitiver Leistung

Die Ursache-Wirkungs-Zusammenhänge zwischen körperlicher Aktivität und kognitiver Leistung sind vielschichtig. Die biologischen Mechanismen, die den Effekten körperlicher Aktivität auf die Kognition zugrunde liegen, sind bisher überwiegend in Tierexperimenten untersucht worden. Diese deuten darauf hin, dass Ausdauertraining zu einer Vielzahl physiologischer Veränderungen im Gehirn führt, die wiederum den kognitiven Leistungsveränderungen zugrunde liegen können. So fördert regelmäßiges Ausdauertraining die Neubildung von Nervenzellen (Neurogenese) und ihre Verknüpfungen im Hippocampus und dentalen Gyrus (Synaptogenese). Weitere Ursachen sind eine zunehmende Produktion von Nervenwachstumsfaktoren (Neurotrophinen) und Botenstoffen des Gehirns (Neurotransmittern), eine Verbesserung der Kapillarisierung (Angiogenese) im Hippocampus, Cerebellum und im motorischen Kortex sowie geringere kortikale Verluste. Eine Aufgabe der neu gebildeten Kapillaren ist es, ausreichend Nährstoffe zu den vorhandenen und neu gebildeten Neuronen zu transportieren.

Körperliche Aktivität kann vermutlich auch über andere Kanäle auf die kognitive Leistungsfähigkeit wirken, nämlich durch die Reduktion von Krankheitsrisiken und die Steigerung des emotionalen Befindens. Auch kann eine Stärkung der motorischen Ressourcen dazu führen, dass nach dem Training kognitive Ressourcen, die zuvor für die Bewegungsausführung benötigt wurden, für die Ausführung kognitiver Aufgaben zur Verfügung stehen.

Veränderungen aufgrund akuter Belastungen werden auf kurzfristige Veränderungen der Aktivität der neuronalen Netzwerke zurückgeführt, die an der kognitiven Aufgabe beteiligt sind. Es wird angenommen, dass sich durch die körperliche Aktivität der neuronale Erregungszustand ändert und dadurch mentale Prozesse schneller ablaufen oder auch Gedächtnisprozesse erleichtert werden. Außerdem können veränderte hormonelle Verhältnisse, wie eine bewegungsinduzierte vermehrte Ausschüttung von Cortisol und Testosteron, für eine verbesserte Kognitionsleistung verantwortlich sein. Studien zeigen einen umgedreht U-förmigen Zusammenhang zwischen der Cortisol- und Testosteronkonzentration und der kognitiven Leistung.

Insgesamt spricht die Befundlage dafür, dass ein Zusammenspiel verschiedenster Faktoren den Einfluss körperlicher Aktivität auf die kognitiven Funktionen moderiert.

Körperliche Aktivität und Demenz. In großen epidemiologischen Studien wurde auch für neurodegenerative Krankheitsbilder, wie die Alzheimer-Demenz, ein Zusammenhang zur körperlichen Aktivität berichtet. Ein körperlich und kognitiv aktiver Lebensstil scheint die Wahrscheinlichkeit für das Auftreten einer Demenz zu reduzieren. Wissenschaftler der Harvard School of Public Health in Boston stellten fest, dass körperlich aktive Frauen ein um 20 % geringeres Risiko hatten, an Demenz zu erkranken als nicht aktive Frauen. Einen besonders guten Schutz hatten die Frauen, die mindestens 1,5 Stunden pro Woche spazieren gingen.

Engagierter und aktiver Lebensstil. Auch ein aktiver Lebensstil, ein anspruchsvoller Beruf, soziale Kontakte oder ein kognitives Training scheinen positiv mit den kognitiven Funktionen in Zusammenhang zu stehen. Schooler und Kollegen (1999) zeigen beispielsweise, dass sich die Dominanz monotoner Tätigkeiten im Berufsleben negativ auf die geistige Flexibilität auswirken kann, während Problemlösefähigkeiten von Menschen, die sich im Beruf kontinuierlich mit neuen Aufgaben und Herausforderungen auseinandersetzen mussten und die nach Austritt aus dem Beruf neue Aufgaben und Herausforderungen gesucht haben, im Alter keine wesentliche Veränderung aufweisen.

35.3.3 Die Bedeutung der Ernährung zur Förderung der Gesundheit

Eine ausgewogene Ernährung reduziert das Risiko für das Auftreten chronischer Krankheiten. Weltweit könnte sie laut WHO (2006) etwa 30 % der kardiovaskulären Erkrankungen und der Sterbefälle durch Krebs verhüten. In Bezug auf die positive Wirkung der Ernährung scheinen insbesondere eine fettarme Ernährung, ein hoher Verzehr von Obst und Gemüse sowie weiterer pflanzlicher Lebensmittel, ein moderater Verzehr von Fleisch und ein Konsum geringer Mengen Alkohol wirksam. Insbesondere der Verzehr von Obst und Gemüse hat einen Einfluss auf Krebserkrankungen des Magen-Darm-Trakts, Herzerkrankungen und Schlaganfälle. Eine fettarme Ernährung reduziert das Risiko für die Entstehung von Herz-Kreislauf-Erkrankungen, während eine salzarme Ernährung den Blutdruck positiv beeinflusst. Eine ballaststoffreiche Ernährung hat eine potenzielle präventive Wirkung für die Entstehung von Übergewicht, Diabetes, Herz-Kreislauf-Erkrankungen und verschiedenen Krebsformen. Zucker dagegen spielt für die Energiebilanz und damit für die Entstehung von Übergewicht eine wichtige Rolle. Hoher Alkoholkonsum erhöht das Risiko für die Bildung von malignen Tumoren (s. Nishida et al., 2004 und WHO, 2006, für einen Überblick).

> **Denkanstöße**
>
> Welche Argumente sprechen aus der Perspektive der Gesundheitsförderung gegen eine Kürzung der Schulsportstundenzahl? Welche Argumente könnten sogar für eine Erhöhung der Sportstundenzahl sprechen?

35.4 Entwicklung und Veränderung von Gesundheitsverhalten über die Lebensspanne

> **Definition**
>
> Der WHO-Definition (1998) zufolge ist das **Gesundheitsverhalten** »jede Aktivität eines Individuums, unabhängig von dem aktuellen oder wahrgenommenen Gesundheitsstatus, die zur Förderung, zum Schutz oder zur Erhaltung von Gesundheit unternommen wird, – unabhängig davon, ob dieses Verhalten tatsächlich in diesem Sinne wirkt oder nicht« (S. 16).

35.4.1 Gesundheitsverhalten über die Lebensspanne

Entwicklung im Kindesalter. Im Kindes- und Jugendalter werden gesundheitsrelevante Einstellungen erworben und entsprechende Verhaltensweisen eingeübt. Damit ist schon das Kindesalter eine bedeutende Phase für die Etablierung bzw. Stabilisierung gesundheitsförderlicher oder -schädlicher Verhaltensweisen. Früh in der Familie erworbene Verhaltensweisen, z. B. in Bezug auf eine gesunde Ernährung, können auch in späteren kritischen Altersabschnitten eine protektive Wirkung entfalten (zusammenfassend Bengel & Jerusalem, 2009).

Über das Kindes- und Jugendalter zeigen Studien einen umgekehrt U-förmigen Verlauf für das Gesundheitsverhalten. Im Kindesalter nimmt positives Gesundheitsverhalten zu, während es im Jugendalter wieder abnimmt. Insgesamt zeigt das Gesundheitsverhalten Stabilität; Kinder mit einem negativen/positiven Gesundheitsverhalten behalten dies in der Regel auch im Jugendalter bei.

Entwicklung im Jugendalter. Im Jugendalter werden viele Gesundheitsverhaltensweisen, wie Alkoholkonsum und Rauchen, etabliert und stabilisiert, die Bedeutung für das Verhalten in späteren Lebensabschnitten haben. Die Adoleszenz wird dabei als ein Zeitraum besonderer Anfälligkeit angesehen. Jugendliche stehen vor einer Reihe von neuen Herausforderungen und Entwicklungsaufgaben. Durch den wachsenden Autonomieanspruch der Jugendlichen schwinden Einflussmöglichkeiten von Eltern und Schule, die Einflüsse der Gleichaltrigengruppe nehmen zu. Allerdings belegen Studien, dass Gleichaltrige zwar das Risikoverhalten beeinflussen, dass aber erst das Zusammenwirken von Elternmodell und Peermodell gesundheitsschädliche Verhaltensweisen fest verankert (Leffert & Petersen, 1996).

Entwicklung im Erwachsenenalter. Im jungen Erwachsenenalter nimmt das Gesundheitsverhalten tendenziell ab, möglicherweise aufgrund bestimmter Entwicklungsaufgaben (z. B. Berufseintritt) oder weil junge Erwachsene sich als vergleichsweise invulnerabel (unverwundbar) für Krankheiten wahrnehmen. Familiäre Einflüsse sind auch in diesem Altersabschnitt weiter bedeutsam.

Im mittleren Erwachsenenalter und Alter nimmt das Gesundheitsverhalten wieder zu. Personen dieser Altersgruppen nehmen sich als anfälliger für Krankheiten wahr als jüngere Erwachsene. Somit investieren sie mehr in die Aufrechterhaltung ihrer Gesundheit, sie zeigen einen gesünderen Lebensstil, sie essen tendenziell gesünder und trinken und rauchen weniger und sie nehmen häufiger an medizinischen Vorsorgeuntersuchungen teil, sie sind aber auch weniger körperlich aktiv (Prohaska et al., 1985). Dabei spielt die Hoffnung, die Gesundheit zu erhalten, sowie die Furcht davor, Gesundheit zu verlieren, eine zentrale Rolle. Staudinger (1996) konnte zeigen, dass die Gesundheit erst ab dem 55. Lebensjahr unter den ersten vier Rangplätzen von Bereichen, in die Personen durch ihr Denken und Tun psychische Energie investieren, auftaucht, dann aber gleich auf Platz 2. Ab dem 85. Lebensjahr nimmt sie dann sogar den ersten Platz ein und verdrängt die

Familie von ihrem Platz. Ergebnisse des Deutschen Alterssurveys (DEAS) bestätigen dies.

35.4.2 Gesundheitsverhalten im sozialen Kontext

Die Bedeutung des sozialen Umfeldes. Die soziale und materielle Umwelt hat weitreichende Auswirkungen auf die Gesundheit und Lebenserwartung. Die einzelnen Faktoren sind miteinander verknüpft und bedingen sich wechselseitig. Von den materiellen Ressourcen hängt z. B. die Qualität der Ernährung, die Größe und Ausstattung der Wohnung und die Wohnumgebung ab. Das soziale Umfeld, wie Bildungsstand, Familiensituation usw., beeinflusst die Bereitschaft zu gesundheitsförderndem bzw. -schädigendem Verhalten. Schon 1971 wurde in der Hawaii-Studie von Werner und Kollegen gezeigt, dass die psychosozialen Faktoren bereits ab dem 2. Lebensjahr einen entscheidenden Einfluss auf die Gesundheit, wie z. B. die Entstehung von Entwicklungsstörungen, haben. Außerdem hat das soziale Umfeld einen erheblichen Einfluss darauf, mit welcher Abfolge von Risiken eine Person im Laufe ihrer Entwicklung konfrontiert wird.

Die Bedeutung der Familie. Die Mehrzahl der gesundheitsbezogenen Maßnahmen wird – insbesondere im Kindes- und Jugendalter und im Alter – innerhalb des familiären Netzwerkes realisiert. Eltern dienen als Modell für gesundheitsrelevante Verhaltensweisen, z. B. bezüglich Ernährung, körperlicher Aktivität, Hygiene und Unfallverhütung. Es besteht beispielsweise eine hohe Übereinstimmung zwischen Eltern und Kind und zwischen Ehegatten bezüglich der Ernährungsgewohnheiten. Eltern bestimmen nicht nur die Nahrungsmittelauswahl und Zubereitung, Lebensmittel werden auch als Erziehungsmaßnahme eingesetzt; so werden Kinder mit Süßigkeiten belohnt, beruhigt oder mit Entzug bestraft. Die von der Familie geschaffenen Lebensbedingungen, die zur Verfügung gestellten Ressourcen, ihre gesundheits- und krankheitsbezogenen Einstellungen und Verhaltensweisen sind im Kindesalter prägend und ziehen sich bis ins Erwachsenenalter fort.

35.4.3 Gesundheitsverhalten am Beispiel körperlicher Aktivität und Ernährung

Aktivitätsniveau im Kindes- und Jugendalter. In Deutschland spielen drei Viertel der Kinder im Alter von 3 bis 10 Jahren täglich im Freien. Mit zunehmendem Alter ist ein leichter Rückgang zu beobachten. Über die Hälfte der Kinder treibt wenigstens einmal in der Woche Sport in einem Verein, wobei dieser Anteil mit dem Alter zunimmt. Von den Jugendlichen im Alter von 11 bis 17 Jahren sind 84 % mindestens einmal pro Woche, 54 % sogar mindestens dreimal pro Woche in ihrer Freizeit körperlich aktiv (Robert Koch-Institut, 2006).

Aktivitätsniveau im Erwachsenenalter. Nur etwa 20 % aller Erwachsenen entsprechen den Empfehlungen der WHO und sind mindestens 150 Minuten pro Woche körperlich aktiv (Robert Koch-Institut, 2010). Mit zunehmendem Alter sinkt das Aktivitätsniveau. Nach Daten des Sozio-oekonomischen Panels (SOEP) sind ab dem Alter von 65 Jahren nur etwa 13 % der Bevölkerung aktiv. Allerdings sind die Daten durch Kohorten- und Periodeneffekte (vgl. Abschn. 4.2) beeinflusst. Das heißt, die körperliche Aktivität nimmt nicht zwangsläufig mit zunehmendem Alter ab; eine heute 40-jährige Person wird voraussichtlich auch im Alter von 60 Jahren ein vergleichbares Aktivitätsniveau aufweisen. Dies unterstützt Befunde, dass vor allem Menschen, die in jüngeren Jahren bereits Sport getrieben haben, auch im höheren Alter sportlich aktiv bleiben.

Ernährungsverhalten. Im Vergleich zu den Ernährungsempfehlungen für Kinder und Jugendliche des Forschungsinstituts für Kinderernährung in Dortmund (OptimiX) essen mehr als die Hälfte der Kinder und Jugendlichen zu wenig Getreide, Gemüse, Obst, Milchprodukte, Fisch und Beilagen wie etwa Kartoffeln, Reis und Nudeln. Der Konsum von Süßigkeiten, Snacks und gesüßten Getränken hingegen ist zu hoch (Robert Koch-Institut, 2006). Vergleichbare Ergebnisse liefert die Nationale Verzehrstudie II für Erwachsene. Längsschnittliche epidemiologische Studien zeigen für das Erwachsenenalter einen umgekehrt U-förmigen Zusammenhang zwischen dem Alter und dem Ernährungsverhalten. In der Seattle Longitudinal Study gaben ältere im Vergleich zu jüngeren Erwachsenen ein besseres Ernährungsverhalten an, während die Älteren ab dem Alter von 73 Jahren ein schlechteres Ernährungsverhalten zeigten. Im Alter können körperliche Beeinträchtigungen und die ökonomische Situation zu einer inadäquaten Ernährung führen.

35.4.4 Modelle der Gesundheitsverhaltensänderung

Es existiert eine Reihe von Theorien und Modellen, um Änderungen von Gesundheitsverhaltensweisen zu verstehen und zu erklären. Grundsätzlich kann unterschieden werden zwischen

- kontinuierlichen Prädiktionsmodellen (z. B. Modell gesundheitlicher Überzeugungen, HBM, von Becker; Theorie der Schutzmotivation, PMT, von Rogers; sozial-kognitive Theorie, SCT, von Bandura; Theorie des geplanten Verhaltens, TPB, von Ajzen) und
- dynamischen Stadienmodellen (z. B. Transtheoretisches Modell, TTM, von Prochaska; Prozessmodell präventiven Handelns, PAPM, von Weinstein; Prozessmodell gesundheitlichen Handelns, HAPA, von Schwarzer).

Während die kontinuierlichen Prädiktionsmodelle versuchen, relevante Faktoren zu identifizieren, mit denen vorhergesagt werden kann, an welchem Punkt des Verhaltenskontinuums eine Person sich befindet, nehmen Vertreter der dynamischen Stadienmodelle an, dass Personen sich in unterschiedlichen Stadien befinden bzw. diese im Prozess der Gesundheitsverhaltensänderung nacheinander durchlaufen und somit individuell unterschiedliche Faktoren und Interventionen einen Wechsel zum nächsten Stadium bewirken (zusammenfassend Bengel & Jerusalem, 2009).

Beispielsweise unterscheidet das HAPA-Modell eine Motivations- und Volitionsphase und geht davon aus, dass Gesundheitsverhalten davon abhängig ist, wie eine Person Risiken einschätzt, in welchem Umfang sie glaubt, diese beeinflussen zu können, sowie von einer positiven Ergebniserwartung. Daran beteiligt sind verschiedene kognitive Prozesse und Vorstellungen, wie z. B. Wissen über die eigenen Ressourcen und das Ausmaß der eigenen Invulnerabilität oder die Wahrnehmung der eigenen Fähigkeiten, sich gesund zu verhalten, Risikoverhalten zu beenden und zu vermeiden und präventiv zu handeln, auch wenn sich Schwierigkeiten ergeben (sog. Selbstwirksamkeitserwartung).

Wirksamkeit von Programmen zur Gesundheitsverhaltensänderung in Abhängigkeit vom Alter. Kinder und ältere Menschen sind bisher nur selten Zielgruppe in Gesundheitsförderungsprogrammen. Es konnte gezeigt werden, dass ältere Menschen in gleicher Weise von diesen Programmen profitieren wie jüngere Menschen. Insbesondere für ältere Personen scheint wichtig zu sein, dass sie in den Gesundheitsförderungsprogrammen (z. B. zur körperlichen Aktivität) einen hohen subjektiven Nutzen erkennen. Die speziellen Interventionsstrategien scheinen weniger eine Rolle zu spielen (Caserat & Gillet, 1998). Auch die Motivation für gesundheitsförderliche Verhaltensweisen ändert sich im Laufe des Lebens. So scheint beispielsweise bei jüngeren und älteren Erwachsenen eine unterschiedliche Motivation die Sportteilnahme zu beeinflussen. Renner und Kollegen zeigten, dass bei jüngeren Erwachsenen Sport eher ein Lifestylefaktor ist, während mit zunehmendem Alter Sport als explizites Gesundheitsverhalten in den Vordergrund tritt (zusammenfassend Bengel & Jerusalem, 2009). Es bleibt allerdings weiterhin zu prüfen inwiefern die Modelle zur Gesundheitsverhaltensänderung in unterschiedlichen Altersgruppen Gültigkeit besitzen. Neuere Ansätze der Gesundheitspsychologie verknüpfen Modelle der Gesundheitsverhaltensänderung mit entwicklungspsychologischen Modellen (z. B. Modell der Selektion, Optimierung und Kompensation von Baltes und Baltes; vgl. Abschn. 11.3.7), um so Gesundheitsverhaltensänderung zielgruppenspezifisch zu fördern.

35.5 Konzepte von Gesundheit und Krankheit

Im Kindes- und Jugendalter ist eine gute Gesundheit in der Regel selbstverständlich. Deshalb betrachten Kinder und Jugendliche eine gute Gesundheit in negativer Abgrenzung zu Krankheiten. Kinder im Vorschulalter haben nur eine globale oder unspezifische Vorstellung von Krankheitsursachen und Behandlungsmöglichkeiten. Erst mit fortschreitender kognitiver Entwicklung sind Kinder in der Lage, differenziertere Ursachen für eine Krankheit zu erkennen. Etwa ab dem Alter von 12 Jahren können körperliche und psychische Faktoren als Verursachung von Krankheiten beschrieben werden. Jugendliche verstehen die Ursachen von Gesundheit und Krankheit besser und können multiple Faktoren als Krankheitsursache benennen. Insbesondere weibliche Jugendliche beziehen psychosoziale Aspekte stärker in ihre Gesundheitskonzepte ein.

Im Erwachsenenalter sind die Gesundheitsvorstellungen dann mehrdimensional im Sinne der biopsychosozialen Modelle. Da im Alter eine recht hohe Prävalenz von Erkrankungen vorliegt, haben ältere Personen ein anderes Kriterium für gute Gesundheit. Bei ihnen steht weniger die Abwesenheit von Krankheit als die Abwesenheit von körperlichen Beschwerden und Einschränkungen im Vordergrund.

> **Denkanstöße**
>
> Entwickeln Sie konkrete Inhalte für Gesundheitsförderung im Seniorenalter, z. B. zur Erhaltung der Selbstständigkeit. Berücksichtigen Sie hierbei Ihr Wissen über das Gesundheitsverhalten und die Konzepte von Gesundheit dieser Altersgruppe.

35.6 Aufgaben und Berufsbilder für Psychologen im Praxisfeld Gesundheit

Tätigkeitsfelder für Psychologen im Praxisfeld Gesundheit liegen in erster Linie in der Gesundheitsförderung und -aufklärung. Dazu gehören auch die Prävention (Prävention von Risikoverhalten, Förderung des Gesundheitsverhaltens) und Rehabilitation von Erkrankungen (Krankheitsbewältigung, Förderung des Gesundheitsverhaltens nach einer Erkrankung, Patientenberatung, Patientenschulung).

Die Aufgaben können die Entwicklung, Umsetzung und Evaluation von Maßnahmen/Programmen zur Prävention von Risikoverhalten, zur Gesundheitsförderung (z. B. zur Stressbewältigung, zur körperliche Aktivität) und zur Krankheitsbewältigung umfassen. Das Management und die Koordination von Gesundheitsaufgaben und Gesundheitsförderung sowie Beratung und gesundheitliche Aus-, Fort- und Weiterbildungen sind ebenfalls mögliche Aufgaben.

Zielgruppen sind Personen jeden Lebensalter in unterschiedlichen Umfeldern (Familie, Kindergarten, Schule, Betrieb, Klinik, Kommune, Ehrenamt, Psychologische Praxis). Mögliche Arbeitgeber sind Krankenkassen, medizinische, psychosoziale, kommunale oder betriebliche Einrichtungen sowie die freie Praxis.

> **Zusammenfassung**
>
> - Die objektive Gesundheit wird als das gesamte Spektrum medizinischer Diagnosen beschrieben, die subjektive Gesundheit als die Gesamtheit der auf Gesundheit und Krankheit bezogenen Wahrnehmungen, Überzeugungen, Überlegungen und Ideen einer Person. Der objektive und subjektive Gesundheitszustand ändert sich über die Lebensspanne.
> - Die Übereinstimmung zwischen objektiver und subjektiver Gesundheit ist eher gering, am geringsten im höheren und hohen Alter. Die subjektive Einschätzung von Gesundheit ist ein besserer Prädiktor zukünftiger Morbidität und Mortalität als die objektive, medizinisch messbare, Einschätzung.
> - Gesundheitsförderung stellt die Stärkung der individuellen Kompetenzen und Ressourcen und die gesundheitsgerechte Gestaltung der sozialen und materiellen Umwelt in den Vordergrund. Viele Erkrankungen, insbesondere chronische Erkrankungen, sind auf individuelle Verhaltensweisen zurückzuführen und damit der Gesundheitsförderung unmittelbar zugänglich.
> - Die Gesundheit ist in jedem Alter beeinflussbar. In jedem Alter stehen aber unterschiedliche Risikofaktoren und Ressourcen im Fokus der Gesundheitsförderung.
> - Ausgewogene Ernährung und körperliche Aktivität sind zwei eigenständige Schutzfaktoren. Beide haben bedeutenden Einfluss auf die Prävention und Rehabilitation von (chronischen) Erkrankungen.
> - Körperliche Aktivität zeigt auch einen positiven Zusammenhang mit der kognitiven Leistung. Zu unterscheiden ist hierbei zwischen überdauernden und unmittelbaren Effekten körperlicher Aktivität.
> - Gesundheitsförderung und die Ausbildung gesundheitsfördernden Verhaltens beginnt früh. Verhaltensweisen, die früh erworben werden, können auch in späteren Lebensphasen protektiv sein. Das soziale Umfeld, insbesondere die Familie, hat einen bedeutenden Einfluss auf das Gesundheitsverhalten.
> - Gesundheitsförderung ist nur effektiv, wenn das Individuum eine Vorstellung von Gesundheit hat. Eine Vorstellung von Gesundheit entwickelt sich im Kindes- und Jugendalter.
> - Um Änderungen von Gesundheitsverhaltensweisen zu verstehen und zu erklären, lassen sich zahlreiche Modelle und Theorien heranziehen. Als Grundtypen sind kontinuierliche Prädiktionsmodelle und dynamische Stadienmodelle zu unterscheiden.

Weiterführende Literatur

Bengel, J. & Jerusalem, M. (Hrsg.). (2009). Handbuch der Gesundheitspsychologie und medizinischen Psychologie. Göttingen: Hogrefe. *Anschauliche und komprimierte Darstellung von gesundheitspsychologischen Grundlagen, Einflussfaktoren auf die Gesundheit und Ansätzen der Gesundheitsförderung in unterschiedlichen Anwendungsbereichen.*

Böhm, K., Tesch-Römer, C. & Ziese, T. (Hrsg.). (2008). Beiträge zur Gesundheitsberichterstattung des Bundes. Gesundheit und Krankheit im Alter. Berlin: Robert Koch-Institut. *Umfassende Zusammenstellung physischer, psychischer und sozialer Aspekte des Alter(n)s.*

Hardman, A. E. & Stensel, D. J. (2003). Physical activity and health. New York: Routledge. *Eine umfangreiche Zusammenstellung über den Zusammenhang zwischen körperlicher Aktivität und Gesundheit.*

36 Produktives Leben im Alter

Ursula M. Staudinger • Eva-Marie Kessler

36.1 Psychologische Produktivität: eine Begriffsbestimmung
    36.1.1 Formen von Produktivität
    36.1.2 Aspekte der Produktivität

36.2 Produktivität im Kontext von Entwicklungsaufgaben des Alters

36.3 Psychologische Produktivität im Alter: Vielfalt und Potenziale
    36.3.1 Große interindividuelle Unterschiede
    36.3.2 Psychologische Produktivität im Alter ist beeinflussbar

36.4 Produktivität im Kontext von Altersbildern
    36.4.1 Inhalte von Altersbildern
    36.4.2 Wie wirken Altersbilder auf psychologische Produktivität?

36.5 Ausgewählte Forschungsbefunde zur Produktivität im Alter
    36.5.1 Erfahrungswissen
    36.5.2 Lebenserfahrung und Weisheit
    36.5.3 Kreativität
    36.5.4 Psychische Widerstandsfähigkeit
    36.5.5 Soziale Beziehungen
    36.5.6 Berufliche und ehrenamtliche Tätigkeit im Alter

36.6 Von der Nutzung der Produktivität zur Kultur des Alters

36.7 Betätigungsfelder für Psychologen

Was bedeutet es für die Gesellschaft, wenn eine 90-jährige Frau trotz schwerer chronischer Erkrankung neben negativen Gefühlen auch immer wieder Freude und Gelassenheit empfindet? Könnte dies nicht für einen jungen Menschen eine Lebensperspektive aufzeigen, die auch auf die Lust am gegenwärtigen Leben zurückstrahlt? Und könnte die positive emotionale Verfassung nicht auch den Erhalt der Selbstständigkeit fördern und damit letztlich die Kosten für die Pflege reduzieren?

Im Zuge des demografischen Wandels und der Finanzierungskrise des Sozialstaates hat im vergangenen Jahrzehnt ein öffentlicher Diskurs um die Produktivität im Alter eingesetzt. Im Mittelpunkt dieses Diskurses steht die Forderung, dass sich ältere Menschen für den Erhalt ihrer eigenen körperlichen und geistigen Ressourcen, aber auch für das Gemeinwohl einsetzen. Können, wollen und sollen Menschen im Alter produktiv sein? Und was bedeutet Produktivität im Alter?

Produktives Leben im Alter ist ein Thema, das mit vielen negativen Stereotypen, aber auch beschönigenden Wunschvorstellungen belastet ist: Manche verbinden Alter mit Abbau, Verlust und Inaktivität, andere betrachten Alter als eine Phase ganz besonders hoher Kreativität und Lebenseinsicht. Neben einer empirischen Überprüfung dieser Vorstellungen ist für die entwicklungspsychologische Forschung von Interesse, wie es alten Menschen gelingt, mit den zahlreichen Einbußen des Alters produktiv umzugehen, was die altersspezifische Produktivität ausmacht und wie sich Produktivität fördern lässt.

36.1 Psychologische Produktivität: eine Begriffsbestimmung

36.1.1 Formen von Produktivität

> **Definition**
>
> Unter **psychologischer Produktivität** sind alle materiellen, geistigen, emotionalen und motivationalen Wirkungen zu verstehen, die eine Person durch ihr Handeln, Denken, Fühlen und Wollen bei sich selbst oder in einem bestimmten sozialen Umfeld intendiert oder nicht-intendiert hervorruft und die ihr selbst, anderen Personen oder der Gesellschaft nützlich sind. Die hierbei erzielten Gewinne können in Form von Geld, Erkenntnis, Wohlbefinden oder Sinn etc. bewertet werden.

Psychologische und ökonomische Produktivität. Wie lässt sich Produktivität aus der Sicht der Entwicklungspsychologie der Lebensspanne konzeptualisieren? Üblicherweise wird der Begriff im ökonomischen Sinne verwendet; gemeint ist dann beispielsweise die Bewertung der Arbeitsleistung älterer Arbeitnehmer auf dem Arbeitsmarkt oder die weitere Teilnahme am Berufsleben von alten Menschen nach der Verrentung. Zwar ist dieser Aspekt zu berücksichtigen, es soll im Folgenden allerdings ein Begriff von *psychologischer* Produktivität entwickelt werden, der wesentlich breiter angelegt ist. Danach lässt sich der Bedeutungsraum des Begriffs entlang folgender Dimensionen beschreiben:

- manuell (Herstellung von Dingen oder Verrichtung von manuellen Arbeiten)
- geistig (Ideen entwickeln, Bücher verfassen, Ratschläge geben, Probleme lösen)
- emotional (positive Auswirkungen der eigenen emotionalen Verfassung auf das eigene Denken und Wollen, positive Ausstrahlung auf andere durch die eigene Zufriedenheit)
- motivational (z. B. Vorbild sein für die Ziele und Werte anderer)

36.1.2 Aspekte der Produktivität

Wem nutzt Produktivität?

Der ökonomische Begriff von Produktivität hat primär den finanziellen Beitrag des Einzelnen zum Bruttosozialprodukt im Auge. Der psychologische Begriff von Produktivität (und von diesem soll im Folgenden die Rede sein) dagegen ist vor allem auf nicht-finanzielle Wirkungen ausgerichtet und schließt auch die nur auf das Individuum selbst oder auf sein näheres soziales Umfeld bezogenen Wirkungen und auch Wirkungen nicht-finanzieller Art mit ein.

Wie das Beispiel zu Beginn des Kapitels illustriert: Man kann auch produktiv sein, ohne sich dessen bewusst zu sein oder es intendiert zu haben. Dies ist wahrscheinlich besonders im Alter nicht selten der Fall. Gerade alte Menschen leiden oft unter dem Gefühl der Nicht-Produktivität und haben das Gefühl, anderen zur Last zu fallen. Durch die stark ökonomische Besetzung des Produktivitätsbegriffs wird der Blick auf anders geartete Potenziale und Ressourcen älterer Menschen verstellt. In der entwicklungspsychologischen und gerontologischen Literatur werden für den gerade beschriebenen Gegenstandsbereich übrigens ebenso die Begriffe des »aktiven«, »erfolgreichen« oder auch »gelingenden« Alterns verwendet.

Anhand welcher Kriterien lässt sich Produktivität messen?

Die Frage, nach welchen inhaltlichen Kriterien Produktivität bemessen werden soll, ist sehr komplex. Einigkeit besteht lediglich darüber, dass absolute und relative objektiv messbare und subjektiv-psychologische Kriterien unterschieden werden können.

Absolute Kriterien. Zu den absoluten Kriterien der Produktivität gehören etwa gute körperliche Funktionsfähigkeit, hohe intellektuelle Leistungsfähigkeit, Selbstständigkeit oder soziale Eingebundenheit. Gemeinsam ist diesen Kriterien, dass sie auf einem breiten gesellschaftlichen Konsens basieren. Absolute Kriterien lassen sich weiter danach unterscheiden, ob sie eher durch statistische Normen (d. h. durchschnittliche Merkmalsausprägung) oder durch Idealvorstellungen (z. B. optimale soziale Integration) definiert sind.

Relative Kriterien. Im Gegensatz zu absoluten Kriterien bemessen relative Kriterien Produktivität auf der Grundlage eines Vergleichs zwischen der Person und ihrer sozialen Bezugsgruppe. Ein Beispiel: Eine ältere Person ist zwar vielleicht gegenüber einem jungen Leistungssportler in sehr schlechter physischer Kondition (absolutes Kriterium), aber gegenüber einer durchschnittlichen gleichaltrigen Person in sehr guter Verfassung. Auch der Vergleich zwischen ein und derselben Person zu verschiedenen biografischen Abschnitten (z. B. hohes Alter vs. mittleres Erwachsenenalter) kann ein absolutes Kriterium relativieren.

Subjektiv-psychologische Kriterien. Gegenüber den objektiv messbaren (absoluten oder relativen) Kriterien berücksichtigen die subjektiv-psychologischen Kriterien die Erfahrung des Individuums. Danach sind etwa Lebenszufriedenheit, positive/negative Gefühle, Lebenssinn, subjektiver Erkenntnisgewinn oder auch die subjektive Wahrnehmung, eigene Ziele oder Eigenschaften realisiert zu haben, Indikatoren für Produktivität.

Welche Zeiteinheiten hat Produktivität?

Man kann die Produktivität eines Lebens oder die eines Lebensabschnitts oder von Dekaden, von Jahren, Monaten bis hin zu Tagen und Stunden betrachten. Im Alter scheint die Betrachtungseinheit für Produktivität zum einen größer zu werden, da sie auf das ganze Leben gerichtet ist. Zum anderen wird sie aber auch kleiner, so wie dies aus den Forschungen zur lebenslangen Entwicklung der Zukunftsperspektive bekannt ist. Mehr und mehr rückt dann auch die Produktivität von gelungenen Augenblicken bzw. dem emotionalen Wohlbefinden im Hier und Jetzt in den Vordergrund.

Welche Quellen hat Produktivität?

Internale und externale Ressourcen. Produktivität ist zu keinem Zeitpunkt in der Lebensspanne ausschließlich von den psychischen und physischen (d. h. internalen) Ressourcen des Individuums abhängig. Vielmehr ist Produktivität auch wesentlich durch die materiellen und sozial-interaktiven (d. h. externalen) Ressourcen der Person bestimmt. Im Vergleich zu jüngeren Erwachsenen nehmen ältere Menschen zunehmend auch solche externalen Ressourcen in Anspruch, um Verluste zu kompensieren (z. B. Baltes & Baltes, 1990). So können etwa Abbauerscheinungen des Gedächtnisses im Alltag durch die Verwendung externer Hilfsmittel wie Gedächtnisstützen, Spickzettel, aber auch Nachschlagewerke oder durch »Arbeitsteilung« zwischen Ehepartnern, was das Erinnern bestimmter Dinge angeht, kompensiert werden. Unter günstigen Bedingungen führt das Zusammenspiel internaler und externaler Quellen zum Erhalt psychologischer Produktivität bis ins hohe Alter. Dies verdeutlicht die große Verantwortung der Gesellschaft für die Gestaltung von Kontexten, welche die Produktivität im Alter unterstützen und fördern und nicht unterbinden.

> **Denkanstöße**
>
> ▶ Wieso könnte es schwierig sein, die psychologische Produktivität alter Menschen im gesellschaftlichen Diskurs zu etablieren?
> ▶ Suchen Sie Beispiele für Situationen, in denen bei einer älteren Person subjektive und objektive Kriterien von Produktivität auseinanderklaffen.

36.2 Produktivität im Kontext von Entwicklungsaufgaben des Alters

Die großen psychologischen Entwicklungstheorien, sei es die von Jung oder die von Erikson, haben Aussagen zu den Realisierungsbedingungen und Ausdrucksformen von Produktivität im Lebenslauf gemacht (ohne diesen Begriff selbst zu verwenden). Jung (1931/1971) spricht beispielsweise davon, dass man das Alter nicht als den Zerfall dessen betrachten darf, was sich in früheren Lebensabschnitten entwickelt hatte, sondern dass dieser Abschnitt des Lebens seine eigene Qualität und seinen eigenen Sinn hat, den es zu entdecken und anzunehmen gilt.

Integration. Ähnlich argumentiert Erikson (1988) in seinem psychosozialen Modell der Entwicklung, dass die letzte Entwicklungsaufgabe des Menschen die Integration des gelebten und des ungelebten Lebens im Angesicht der Endlichkeit der eigenen Existenz ist. Peck (1956) hat diese achte Entwicklungsaufgabe des psychosozialen Modells von Entwicklung noch weiter differenziert. Er beschreibt drei spezifische Herausforderungen des Alters:

(1) die Überwindung der zu starken Beschäftigung mit dem eigenen Körper hin zu dem, was er die Transzendierung des Körpers nennt
(2) die Überwindung der Beschäftigung mit dem Beruf hin zu einer Diversifizierung der Interessen
(3) die Überwindung einer übermäßigen Beschäftigung mit sich selbst und hin zu einer Transzendierung der eigenen Person

Generativität. Die zweite Erfüllungsgestalt, die Erikson für das Alter beschreibt, ist die der Generativität. Mit der Definition dieser Entwicklungsaufgabe wird hervorgehoben, wie wichtig es für die Entwicklung alter Menschen ist, sich um nachfolgende Generationen zu bemühen und etwas an diese weiterzugeben. Generativität stellt zunächst einmal die zentrale Entwicklungsaufgabe des mittleren Erwachsenenalters dar. Allerdings ist Generativität auch das zentrale Thema des hohen Alters, wenngleich dann mit einer inhaltlich anderen Akzentuierung (Erikson et al., 1986). Während im mittleren Erwachsenenalter insbesondere die Verantwortlichkeit für das Fortbestehen der Menschheit im Sinne der biologischen Reproduktion, des Schutzes und der Erziehung der Kinder vorrangig sind, ist dies im Alter die Weitergabe von Kompetenzen, Erfahrungen und Werten an die Mitglieder jüngerer Generationen, auch jenseits der eigenen Familie – vom Geschichtenerzählen über die Herstellung von kreativen Produkten bis zu politischem Engagement. Die Bewältigung dieser Entwicklungsaufgabe kann dem alten Menschen das Gefühl geben, dass seine Spuren über den eigenen Tod hinaus fortbestehen werden, dass er einen Beitrag zum Erhalt der kulturellen Identität leistet, ihm aber auch dabei helfen, bescheiden zu werden und eigene Bedürfnisse weniger wichtig zu nehmen. Die eigene Generativität leistet also sowohl direkt, nämlich für die nachfolgenden Generationen, als auch indirekt, nämlich für die generative Person selbst, einen Beitrag zur psychologischen Produktivität.

Möglichkeit des Scheiterns. Anhand solcher Entwicklungsmodelle stößt man auf einen weiteren zentralen Punkt in der Produktivitätsdiskussion des Alters: Die erfolgreiche Lösung dieser Aufgaben wird zwar angestrebt und kann dann mit so großen Tugenden wie Weisheit und Lebenserfahrung oder Gelassenheit, Besonnenheit und Selbstvergessenheit einhergehen; sie ist jedoch nicht garantiert – die Lösung kann auch misslingen. Nach Erikson versinkt der alte Mensch dann in Verzweiflung über sein unerfülltes, aber vergangenes Leben oder der alte Mensch scheitert, nach Peck, an seinem alternden und oft kranken Körper.

36.3 Psychologische Produktivität im Alter: Vielfalt und Potenziale

36.3.1 Große interindividuelle Unterschiede

Aus verschiedenen empirischen Untersuchungen gibt es inzwischen Hinweise darauf, wie unterschiedlich diese Auseinandersetzungen mit den Entwicklungsaufgaben des Alterns verlaufen. Hierbei wird auch deutlich, dass es nicht genügt, *das* Alter als eine einheitliche Lebensphase zu betrachten. Die große interindividuelle Variabilität ist wohl einer der zentralen Befunde der Gerontologie. Abbildung 36.1 verdeutlicht dies anhand der großen Streuung der kognitiven Leistungsfähigkeit von Personen in der Berliner Altersstudie

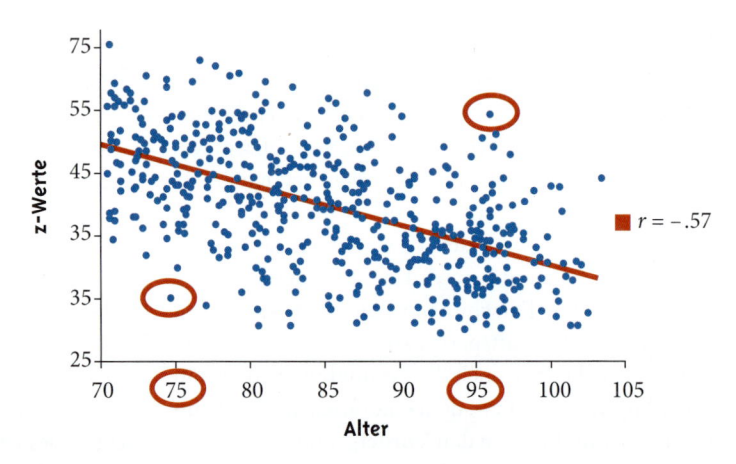

Abbildung 36.1 Hohe interindividuelle Variabilität im Bereich fluider Intelligenz

(Lindenberger & Baltes, 1997). Es zeigt sich ein genereller Trend zur Abnahme der kognitiven Leistungsfähigkeit. Besonderes Augenmerk gilt aber den Ausnahmefällen. Man sieht z. B., dass eine 75-jährige Person eine Intelligenzleistung aufweist, die weit unterhalb des Durchschnitts einer 86-Jährigen liegt. Umgekehrt weist eine 95-jährige Frau eine Intelligenzleistung auf, die sogar oberhalb des Durchschnittes der 70-Jährigen liegt. Es gilt in Forschung, Wirtschaft, Politik und für jeden Einzelnen die Heterogenität dieses letzten Lebensdrittels zu berücksichtigen und entsprechend vielfältige Lebensinfrastrukturen zu entwickeln bzw. in der Forschung nicht mehr altersbezogene Gruppenmittelwerte als wichtigstes Ergebnis zu betrachten.

36.3.2 Psychologische Produktivität im Alter ist beeinflussbar

Des Weiteren ist es inzwischen durch psychologische Forschungsergebnisse vielfach belegt, dass die psychologische Produktivität des Alters nicht nur darin besteht, was wir *heute* an alten Personen beobachten können. Psychologische Produktivität ist vielmehr auch das, wozu alte Menschen bei entsprechender Inanspruchnahme von bzw. Unterstützung durch die Umwelt überhaupt fähig sind. Ein solch interaktives Verständnis von Produktivität, dem zufolge das Altern das Ergebnis der Wechselwirkung zwischen Biologie und Kultur ist, rückt das latente Potenzial für die Veränderung von Altersverläufen (Plastizität) und damit die *intra*individuelle Variabilität in den Mittelpunkt der Betrachtung. Daraus ergibt sich die Herausforderung für die Entwicklungspsychologie, Bedingungen, die Produktivität begünstigen oder einschränken, zu identifizieren. Beispielsweise ist es empirisch belegt, dass ältere Menschen durch Training die eigene geistige Leistungsfähigkeit wieder verbessern können.

Die beispielhaft dargestellte Forschung zum Thema »Selbstständigkeit bei Selbstpflegetätigkeiten« (s. Unter der Lupe) konnte die Bedeutung des Kontexts für die vorhandene oder nicht vorhandene Produktivität zeigen: Bei Heimbewohnern ist der Pflegekontext für die Unterstützung oder Behinderung ihrer Selbstständigkeit sehr bedeutungsvoll, d. h. ein zentraler Produktivitätsfaktor.

Unter der Lupe

Beobachtungsforschung: Unselbstständigkeit im Alter

Margret Baltes und ihre Mitarbeiter gingen der Frage nach, ob unselbstständiges Verhalten im Alter lediglich auf den sich verschlechternden Gesundheitszustand der Älteren zurückzuführen ist oder ob auch ihre soziale Umwelt an der Entstehung dieser Verhaltensweisen Anteil hat. Geschulte Beobachter registrierten hierbei anhand eines Beobachtungsschemas die verschiedenen Verhaltensweisen, die auf selbstständiges bzw. unselbstständiges Verhalten von älteren Studienteilnehmer folgten. So wurde in einer Untersuchung mit Heimbewohnern das Verhalten beider Interaktionspartner jeweils einer der folgenden Verhaltenskategorien zugeordnet:

Verhaltensweisen der Heimbewohner

Unabhängigkeitsbezogene Verhaltensweisen der Studienteilnehmer:
▶ unabhängige Selbstpflegeaktivitäten (z. B. Person wäscht sich allein, zieht sich an, isst oder bewegt sich fort)
▶ konstruktiv engagiertes Verhalten (z. B. Briefe schreiben, sich unterhalten, fernsehen)
▶ destruktiv engagiertes Verhalten (z. B. sich beschweren, schlagen, schreien)

Abhängigkeitsbezogene Verhaltensweisen der Studienteilnehmer:
▶ abhängige Selbstpflegeaktivitäten (z. B. gewaschen, angezogen, gefüttert werden oder Bitte um Hilfe bei solchen Tätigkeiten)
▶ unengagiertes Verhalten (z. B. die Wand anstarren)

Reaktionen der Interaktionspartner
▶ unabhängigkeitsunterstützendes Verhalten des Personals (z. B. Ermutigung oder Aufforderung, etwas selbst zu machen, Lob für unabhängiges Verhalten)
▶ abhängigkeitsunterstützendes Verhalten des Personals (z. B. Aufforderung, sich helfen zu lassen, Lob für abhängiges Verhalten)
▶ unterstützendes Verhalten für Engagement (z. B. Aufforderung zu oder Lob für engagiertes Verhalten)
▶ keine Reaktion des Personals (z. B. Person ist in Reichweite, sieht den Heimbewohner aber nicht an oder spricht mit ihm)
▶ Weggehen des Interaktionspartners

Es konnte gezeigt werden, dass selbstständiges Verhalten von Heiminsassen vom Pflegepersonal häufig mit Verhalten beantwortet wird, das deren Unselbstständigkeit unterstützt, und abhängiges Verhalten umgekehrt eher verstärkt wird, anstatt es mit Verhalten zu beantworten, das die Selbstständigkeit fördert. Ein Beispiel: Eine ältere Heimbewohnerin sitzt vor dem Tablett mit ihrem Essen und starrt darauf (abhängiges Verhalten). Die Altenpflegerin sagt: »Wie schön, dass Sie auf mich warten, damit ich Sie füttern kann!«, und hilft ihr beim Essen. Eine andere Pflegerin könnte dagegen sagen: »Na, nun aber los, Sie können doch allein alles essen!« – damit würde sie ein unabhängiges Verhalten der Heimbewohnerin fördern, die nun möglicherweise ohne Hilfe essen würde. Es handelt sich bei der zweiten Verhaltensweise jedoch eher um eine Ausnahme.

Diese Stärkung von Unselbstständigkeit und Missachtung von Selbstständigkeit konnte jedoch nicht nur für Heimbewohner, sondern auch für noch in der eigenen Wohnung lebende ältere Menschen nachgewiesen werden.

36.4 Produktivität im Kontext von Altersbildern

Ein gar nicht zu überschätzender, aber oft vernachlässigter externaler Risikofaktor für psychologische Produktivität sind die Vorstellungen vom Alter, die in der Gesellschaft vorherrschen, und solche, die jeder Einzelne im Kopf hat.

36.4.1 Inhalte von Altersbildern

Positive und negative Aspekte. In allen Altersgruppen, allerdings besonders im Alter, weisen Menschen differenzierte Vorstellungen vom Alter auf. Obwohl Altersbilder auch einige wenige positive Aspekte haben, zeigen sich mehrheitlich negative Vorstellungen bei allen Altersgruppen (Kite et al., 2005). Dies stimmt mit Befunden aus Studien zu subjektiven Theorien der Entwicklung überein: Hier zeigt sich, dass Menschen glauben, dass es im Alter mehr Verluste als Gewinne gibt (Heckhausen et al., 1989; vgl. Abschn. 37.2.1). Würdevoll und weise gehören zu den wenigen positiven Eigenschaften, die dem Alter konsistent zugeordnet werden. Zu den typischen negativen Charakteristiken des Alters gehören Senilität und geistiger Abbau. Allerdings gilt es zu berücksichtigen, dass, obwohl grundsätzlich sowohl positive als auch negative Stereotype vorzufinden sind, auch bei älteren Menschen negative Altersstereotype eine höhere Zugänglichkeit aufweisen (Hummert et al., 2002).

36.4.2 Wie wirken Altersbilder auf psychologische Produktivität?

Assimilationseffekt von Altersstereotypen. Es gibt viele Belege dafür, dass die kulturell tradierten stereotypen Vorstellungen vom Alter nicht nur in unseren Köpfen verharren, sondern dass sich die zugesprochenen Merkmalszuweisungen auf die tatsächliche Produktivität im Alter auswirken (Rothermund & Wentura, 2007). Sozial-kognitive Experimente belegen, dass Altersstereotype bei entsprechenden Konstellationen von Umweltreizen das Verhalten bewusst und unbewusst beeinflussen. So konnte in einer Reihe von experimentellen Studien gezeigt werden, dass bestimmte Hinweisreize bei älteren Personen Altersstereotype aktivieren, die dann stereotypenkonsistentes Verhalten, im Sinne eines Assimilationseffektes, zur Folge hatten. In einer Studie von Levy (1996) etwa führte subliminales Priming älterer Menschen mit dem Senilitätsstereotyp (durch Präsentation von Wörter wie »Abbau«, »Alzheimer«, »Sterben« etc.) zu einer Verschlechterung der Gedächtnisleistung, der Selbstwirksamkeit bezüglich des Gedächtnisses sowie der Einstellung gegenüber dem Altern. Im Gegensatz dazu kam es umgekehrt in einer äquivalenten Versuchsanordnung bei einem Priming mit dem Weisheitsstereotyp zum gegenteiligen Effekt.

Vom Fremdstereotyp zur Selbstwahrnehmung. Der zugrunde liegende Mechanismus dieses Effektes besteht wahrscheinlich darin, dass Menschen bereits in der Kindheit stereotype Vorstellungen vom Alter internalisieren, die in der Folge durch wiederholte Konfrontation mit stereotypenkongruenten Informationen und selektive Aufmerksamkeit verstärkt werden. Erreichen Menschen dann selbst das höhere Lebensalter, so verwandelt sich das Fremdstereotyp in ein Selbststereotyp. Altersbezogene Selbststereotype prägen wiederum nachweislich die Wahrnehmung und Bewertung des eigenen Alternsprozesses und letztlich auch die tatsächliche Produktivität im Alter – ganz im Sinne einer »sich selbst erfüllenden Prophezeiung«.

Auswirkungen der subjektiven Altersbilder. Negative (bzw. positive) Selbstwahrnehmung des eigenen Alterns wirkt nachweislich über lange Zeiträume hinweg negativ (bzw. positiv) auf objektive Gesundheitsparameter und sogar auf die Mortalität aus (Levy et al., 2002; Wurm et al., 2007). Auch die Produktivität älterer Mitarbeiter ist von solchen Altersbildern bedroht. In einer eigenen Studie haben wir gezeigt, dass ein »negatives Altersklima« (d. h., älteren Mitarbeitern wird wenig Kompetenz und Wissen zugetraut) mit einer schlechteren Selbsteinschätzung der beruflichen Leistung, weniger Verbundenheit mit dem Unternehmen, höheren Wechselabsichten zu anderen Unternehmen und geringerer Motivation bei den älteren Mitarbeitern in diesen Unternehmen einherging.

Wie anfangs bemerkt: Die »Altersbilder in unseren Köpfen« können in ihrer Bedeutung nicht hoch genug eingeschätzt werden. Auf dem Weg zu Erschließung der Produktivitätspotenziale des Alters sind die einseitig negativen Altersbilder ein großes Hindernis.

> **Denkanstöße**
>
> Es gibt empirische Belege dafür, dass ältere Menschen in den Medien oft als aktiv, vital und sozial integriert dargestellt werden (z. B. Kessler, Schwender & Bowen, 2009).
> ▶ Haben Sie hierfür Erklärungsansätze?
> ▶ Welche Funktionen erfüllen solche Darstellungen für Individuum und Gesellschaft?

36.5 Ausgewählte Forschungsbefunde zur Produktivität im Alter

36.5.1 Erfahrungswissen

Wissenskörper und Erfahrungsschätze. Im Bereich spezifischer Wissenskörper und Erfahrungsschätze sind bis ins höhere Lebensalter Stabilität oder sogar positive Entwicklungsgradienten die Regel. Hier zeigt sich, was Kulturen an tradierten Wissenskörpern bereithalten und was Individuen davon im Laufe ihrer Sozialisation erwerben. Bei Aufgaben des täglichen Lebens, die ein Leben lang ausgeübt wurden, liegen bei normalem Altern keine Leistungseinbußen vor. Untersuchungen von Experten machen deutlich, dass ältere Personen es aufgrund von viel und gut strukturiertem Wissen sogar im Bereich ihrer Expertise durchaus mit jüngeren Experten aufnehmen können (Lindenberger, Brehmer et al., 2008). Genau diese sich bis ins höhere Lebensalter hinein entwickelnden Wissenskörper sind es, die die Auswirkungen des Abbaus der kognitiven Mechanik (s. Abschn. 13.3.1) abmildern oder sogar ausgleichen können. Für beruflich erworbene Expertise hat sich beispielsweise gezeigt, dass mit zunehmender Erfahrung Strategien erworben werden, mit deren Hilfe es gelingt, verlangsamte Reaktionszeiten oder niedrigere Gedächtnisleistungen auszugleichen. So führt zunehmende Expertise im Schachspiel dazu, dass sich der Spieler nicht mehr einzelne Figuren in ihrer Position auf dem Spielbrett merkt, sondern Konstellationen von Figuren zu einer Gedächtniseinheit (Chunk) bündelt.

Wissen über historische Ereignisse. Erfahrungswissen lässt sich auch entlang der Tiefe und Breite von Wissen über wichtige historische Ereignisse in zentralen Lebensbereichen verstehen. Ein solches Wissen erfordert ein kontinuierliches Investment von kognitiven Ressourcen über einen langen Zeitraum hinweg. Beier und Ackerman (2001) präsentierten Studienteilnehmern und -teilnehmerinnen einen Test, in welchem Wissen über jeweils aktuelle Ereignisse zwischen den 1930er- bis 1990er-Jahren in den Bereichen Politik/Ökonomie, Wissenschaft/Technologie, Populärkultur und Kunst/Geisteswissenschaften abgefragt wurde. Es zeigte sich, dass ältere Menschen mehr Wissen als jüngere über vergangene Ereignisse aufwiesen und darüber hinaus auch bei aktuellen Ereignissen immer noch »up to date« waren. Dieser Effekt findet aber wahrscheinlich seine Grenze im sehr hohen Alter, wenn in der kognitiven Mechanik im Mittel deutlichere Verluste zu beobachten sind.

Nutzung der Erfahrungsschätze. Es gibt zwar mehr und mehr Projekte, die auf das Erfahrungswissen älterer Menschen zugreifen, doch wird es insgesamt noch zu wenig genutzt. Ein Beispiel für die Nutzung sind die sogenannten Zeitzeugen. Damit ist gemeint, dass alte Menschen von der Geschichtswissenschaft und auch der Pädagogik zur Mitarbeit gebeten werden, weil sie bestimmte geschichtliche Ereignisse selbst miterlebt haben und den nachfolgenden Generationen davon berichten können. Alte Menschen haben aber auch in verschiedenen Berufs- und Interessenbereichen Erfahrungen gesammelt, die sie an die junge Generation weitergeben könnten. Einige Unternehmen nutzen dieses Potenzial, indem sie sich darum bemühen, den Erfahrungsschatz der älteren Beschäftigten systematisch auf die Nachfolger zu übertragen (»Wissens-Staffette«). Diese Praxisbeispiele machen deutlich, dass die Realisierung von gesellschaftlichen Opportunitätsstrukturen, die den Zusammenhalt der Generationen fördern, nicht nur ein psychologisches Potenzial für ältere und junge Individuen darstellt, sondern sich indirekt auch gesellschaftlich produktiv auswirken kann. Um das »Veralten« des beruflichen Wissens zu verhindern und gezielt aktuelles Wissen zu erwerben, sollten ältere Arbeitnehmer auch verstärkt an Weiterbildungsmaßnahmen teilnehmen. Noch immer sind die Teilnehmerquoten Älterer an Weiterbildungsmaßnahmen gering.

36.5.2 Lebenserfahrung und Weisheit

Spezifika der Lebenserfahrung. Erfahrungswissen ist eine notwendige, aber nicht hinreichende Bedingung für Lebenserfahrung oder – in der höchsten Ausprägung – Weisheit. Der Begriff der Lebenserfahrung ist in zweierlei Hinsicht ein spezifischerer Begriff als der der Erfahrung: zum einen, weil er auf Erfahrungen im Umgang mit grundlegenden, schwierigen und ungewissen Fragen des Lebens (Conditio humana) beschränkt ist; zum anderen, weil er im Sinne von gewonnener Einsicht aus Erfahrungen verwendet wird. Letzteres bedeutet: Um von Lebenserfahrung zu sprechen, genügt es nicht, etwas erlebt zu haben, vielmehr muss aus den erlebten Ereignissen auch eine Konsequenz gezogen werden, sie müssen bewertet, und es muss etwas daraus gelernt worden sein.

> **Übersicht**
>
> **Berliner Weisheitsparadigma**
> Kriterien zur Beurteilung weisheitsbezogener Leistungen wurden im Berliner Weisheitsparadigma formuliert, indem Personen schwierige und existenzielle Lebensprobleme vorgelegt und die Antworten nach fünf Kriterien eingeschätzt werden:
> (1) **Faktenwissen in grundlegenden Fragen des Lebens:** Es geht hier um die Frage, inwieweit diese Antworten sowohl generelles (Conditio humana) als auch spezifisches (z. B. Lebensereignisse, Institutionen) Wissen um Lebensprobleme und die menschliche Grundsituation sowie Breite und Tiefe in der Problembearbeitung zeigen?
> (2) **Strategiewissen in grundlegenden Fragen des Lebens:** Inwieweit werden in diesen Antworten Strategien der Entscheidungsfindung (Kosten-Nutzen-Erwägungen), der Selbstregulation, der Lebensbewertung, der Lebensplanung (Ziel-Mittel-Relationen) und des Ratgebens deutlich?
> (3) **Lebensspannen-Kontextualismus:** Inwieweit berücksichtigen diese Antworten die zeitliche Einbettung von Lebensproblemen (Vergangenheit, Gegenwart, Zukunft) und die zahlreichen Umstände und Bereiche (kulturabhängig, altersabhängig und idiosynkratisch), in die ein Leben eingebunden ist, und wie diese miteinander in Beziehung stehen
> (4) **Wert-Relativismus** (Toleranz und gemäßigter Pluralismus): Inwieweit berücksichtigen diese Antworten die Vielfalt von Werten und Lebenszielen und die Notwendigkeit, jede Person innerhalb ihres Wertesystems zu betrachten, ohne dabei eine kleine Anzahl universeller Werte, die auf das eigene Wohlergehen und das Wohlergehen anderer gerichtet sind, aus den Augen zu verlieren?
> (5) **Erkennen von und Umgehen mit Ungewissheit:** Inwieweit berücksichtigen diese Antworten die dem Leben inhärente Ungewissheit (in Bezug auf die Bewertung der Vergangenheit, die Bestimmung der Gegenwart, die Vorhersage der Zukunft) und lässt effektive Strategien im Umgehen mit dieser Ungewissheit (z. B. Rückfallpositionen, Optimierung des Gewinn-Verlust-Verhältnisses) deutlich werden?

Weisheit im Lebenslauf. Im Altersspektrum von 25 bis 75 Jahren ist trotz nachlassender Leistungen im Bereich der Mechanik des Geistes kein Abbau in der Weisheit zu beobachten (Staudinger & Glück, 2011). Allerdings ist mit zunehmendem Alter im Durchschnitt auch kein Fortschritt in den weisheitsbezogenen Leistungen festzustellen. Untersuchungen haben gezeigt, dass es nicht ausreicht, älter zu werden, um weiser zu werden. Es müssen vielmehr noch weitere Faktoren hinzukommen: schwächere Ausprägung der üblichen Abbauerscheinungen in der Mechanik und der Offenheit für neue Erfahrungen, aber ebenso Kreativität und Interesse am eigenen Wachstum. Außerdem spielen die Erfahrungskontexte, die man im Laufe des Lebens erworben, und die Unterstützung oder Anleitung, die man im Umgang mit Lebensproblemen erfahren hat, eine wichtige Rolle.

Interventionen zur Weisheitssteigerung. Eine Reihe von Untersuchungen hat gezeigt, dass sich Weisheit oder zumindest einzelne Dimensionen durch gezielte Intervention steigern lassen, z. B. indem sich Menschen zuvor mit einer vertrauten Person (real oder im Geiste) über schwierige Lebensthemen austauschen und zusätzlich danach eine individuelle Nachdenkzeit haben. In einer anderen Interventionsstudie profitierten Studienteilnehmer in Bezug auf das Kriterium Wert-Relativismus, wenn sie dazu aufgefordert wurden, sich vorzustellen, sie würden sich auf einer Wolke befinden, von der sie auf die Erde herabschauen und auf der sie über vier verschiedene Regionen der Erde hinweg fliegen.

Diese Untersuchungen zur Weisheit betreffen die Einsichten über das Leben im Allgemeinen. Es gibt in jüngster Vergangenheit jedoch auch Untersuchungen, die sich spezifisch mit der persönlichen Weisheit, also den Einsichten über das eigene Leben, beschäftigt haben. Diese Studien bestätigen die Vermutung, dass es schwieriger ist, weise zu sein, wenn man selbst betroffen ist, als wenn man anderen Rat gibt.

36.5.3 Kreativität

Für Kreativität (bzw. für den ihr zugrunde liegenden Mechanismus des divergenten Denkens) findet sich nachweislich ein Abfall vom mittleren ins höhere Lebensalter (McCrae et al., 1987). Simonton (1997) hat berechnet, dass das Ausmaß von kreativer Produktivität im Alter zwischen 60 und 70 Jahren nur noch halb so groß ist wie im Alter zwischen 30 und 40 Jahren. Für die Anzahl kreativer Produkte (gemessen an der Anzahl publizierter wissenschaftlicher Artikel, Kompositionen, Innovationen etc.) findet sich ein Maximum um die 40 Jahre. Bildet man allerdings einen Qualitätsindex und verrechnet das Verhältnis von hochwertigen mit weniger hochwertigen kreativen Produkten miteinander, so finden sich keine Altersunterschiede in der Kreativität. Ältere produzieren weniger, aber auch weniger Schlechtes. Wichtig ist außerdem, dass das sogenannte »Karrierealter« die kreative Produktivität von Personen besser vorhersagt als das chronologische Alter. Nach diesen Befunden kann ein Arbeitnehmer, der als Quereinsteiger erst relativ spät in den Beruf eingestiegen ist, damit rechnen, dass er den Höhepunkt seiner kreativen Produktivität noch erreichen wird, genauso wie das für einen jüngeren Arbeitnehmer gilt. Dabei gibt es beträchtliche Differenzen zwischen den Disziplinen: Während im Bereich Mathematik oder Poesie Kreativität ihren Höhepunkt vielleicht bei Ende 20 hat, ist das kreative Optimum bei Geschichte oder Malerei 30 Jahre später erreicht. Und selbstverständlich hat die bisherige Produktivität im Lebenslauf eine sehr starke – vielleicht die stärkste – Vorhersagekraft für kreative Produktivität im Alter.

36.5.4 Psychische Widerstandsfähigkeit

Anpassungs- und Bewältigungsstrategien

Paradox des subjektiven Wohlbefindens. Produktivität lässt sich auch demonstrieren, wenn man den Altersverlauf körperlicher Grundfunktionen mit dem Altersgradienten subjektiven Wohlbefindens (SWB) vergleicht, wie dies in Abbildung 36.2 getan wird. Im Gruppenmittel wirken sich diese körperlichen Alters-

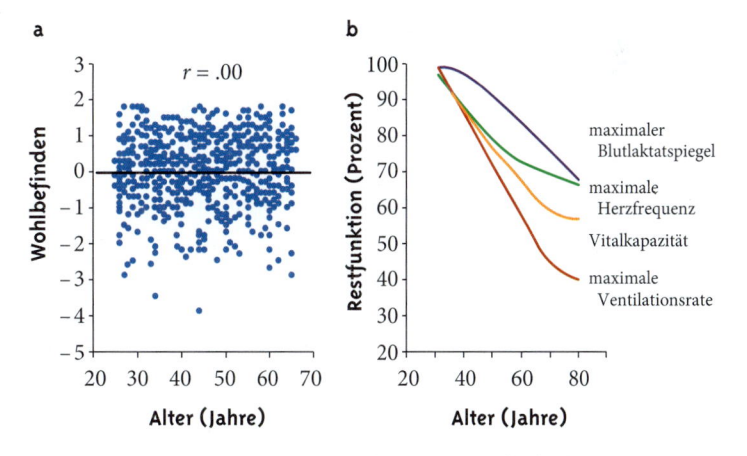

Abbildung 36.2 Das »Paradox des subjektiven Wohlbefindens« im Alter. Das Wohlbefinden bleibt auch mit zunehmendem Alter stabil (**a**), obwohl körperliche Verluste zunehmen (**b**)

risiken erstaunlicherweise nicht negativ auf das SWB aus – in der Literatur spricht man von einem »Paradox des subjektiven Wohlbefindens« (z. B. Staudinger, 2000; vgl. Abschn. 13.3.2). Dieser Befund ist umso erstaunlicher, als ihm die Tatsache entgegensteht, dass neben körperlichen Abbauprozessen mit zunehmendem Alter auch die geistige Leistungsfähigkeit nachlässt, durch Verrentung der berufliche Status verloren geht, zunehmend wichtige Bezugspersonen sterben und die Zukunftsperspektive schrumpft.

Primäre und sekundäre Kontrollstrategien. Dieser augenscheinliche Widerspruch zwischen »intaktem« Selbstgefühl und objektiv wie subjektiv zu registrierenden Verlusten löst sich psychologisch auf, wenn man berücksichtigt, dass Menschen mit zunehmendem Alter über ein Repertoire an Strategien der Zielerreichung und der Bewältigung verfügen, die ihnen dabei helfen, mit den teilweise beträchtlichen Verlusten und kritischen Lebensereignissen im Alter umzugehen. So gelingt es offenbar Personen im Alter gut, sich an diese Herausforderungen anzupassen, z. B. durch das Aufgeben nicht mehr erreichbarer Ziele, die Anpassung des persönlichen Anspruchsniveaus oder das Aufgeben von Aspekten des Selbstbildes, die dem tatsächlichen Selbst nicht mehr entsprechen. Diese Verhaltensstrategien werden in der lebensspannenpsychologischen Literatur häufig auch als »sekundäre Kontrollstrategien« bezeichnet.

Der zunehmende Einsatz sekundärer Kontrollstrategien geht aber keineswegs zwangsläufig mit einer Abnahme primärer Kontrollstrategien einher, die der Veränderung der Umweltbedingungen dienen. So finden die meisten (aber nicht alle) Studien, dass der Einsatz primärer Kontrollstrategien, wie z. B. Investition von Zeit und Fähigkeiten zur Zielerreichung, mit dem Alter gleich bleibt oder sogar steigt. Zu der großen Anpassungsleistung trägt auch bei, dass ältere Menschen besonders flexibel in der Lage sind, je nach Situation entweder primäre oder sekundäre Kontrollstrategien einzusetzen.

Affekt und Affektregulation

Negativer und positiver Affekt. Ein weiterer Aspekt der Produktivität im Alter besteht darin, dass negativer Affekt im Alter nicht etwa zunimmt, sondern sogar im dritten Lebensalter geringer ausgeprägt ist und dann stabil bleibt. Dies ist ein weiterer Beleg für das Wohlbefindensparadox. Es gibt weiterhin Hinweise darauf, dass positiver Affekt, der mit eher geringer Aktiviertheit (z. B. entspannt, zufrieden) einhergeht, bei älteren Menschen höher ausgeprägt ist als bei jüngeren Menschen und erst im sehr hohen Alter abnimmt. Positiver Affekt, der mit hoher Aktiviertheit einhergeht (z. B. begeistert), hingegen nimmt mit dem Alter ab. Ob dies als Verlust oder sogar als Gewinn verzeichnet wird, hängt ganz vom Bewertungsmaßstab ab.

Interpretationen zur Affektregulation. Es ist noch nicht zufriedenstellend erklärt, welche altersgebundenen Veränderungen in der Affektregulation zu dieser insgesamt positiven Affektbilanz beitragen. Mehrere Interpretationen werden in der Literatur diskutiert, die sich auch nicht unbedingt gegenseitig ausschließen:

▶ So die Annahme, dass die altersbezogenen Unterschiede in der Emotionsverarbeitung eine Begleiterscheinung biologischer Veränderungen im Gehirn sind.

▶ Eine weitere naheliegende Annahme ist, dass ältere Menschen besser dazu in der Lage sind, mit emotionalen Situationen umzugehen, weil sie durch wiederholte Konfrontation mit Lebensereignissen hier mehr Kompetenzen erlangt haben.

▶ Der sozioemotionalen Selektivitätstheorie zufolge ist die positive Affektbilanz im Alter nicht das Resultat einer durch Erfahrung und Übung optimierten Affektregulationskompetenz, sondern vielmehr das Ergebnis der Wahrnehmung einer begrenzten Zukunftsperspektive (Carstensen et al., 1999). Nach dieser Theorie verändert sich im Laufe des Erwachsenenalters die motivationale Orientierung von der Exploration und Suche nach neuen Informationen (unabhängig davon, ob sie positiv oder negativ sind) hin zu einem größeren Investment in die Maximierung positiven und Minimierung negativen Affekts. Und in der Tat gibt es Belege dafür, dass ältere Menschen negativen Informationen schon in früheren Informationsverarbeitungsstadien weniger Aufmerksamkeit schenken, sich einen geringeren Anteil negativer Information als junge Menschen merken und autobiografische Informationen positiver erinnern, als sie tatsächlich waren. Dieser sogenannte »Positivity Bias« wurde häufig als ein wichtiger regulatorischer Mechanismus betrachtet, der einen wichtigen Beitrag zur Erklärung der hohen emotionalen Widerstandsfähigkeit im Alter leistet.

36.5.5 Soziale Beziehungen

Geleistete und empfangene soziale Unterstützung. Untersuchungen zu der von alten Menschen geleisteten Unterstützung haben gezeigt, dass alte Menschen bis zum 75. Lebensjahr noch mehr Unterstützung geben, als sie bekommen. Zwischen 75 und 85 Jahren hält es sich die Waage, und danach bekommen alte Menschen mehr Unterstützung, als sie gewähren. Wenn man allerdings die absolute Höhe der geleisteten Hilfe ansieht, bleibt sie relativ unverändert. Alte Menschen sind also auch dann noch, wenn sie mehr Hilfe bekommen, als sie geben, Quellen der Unterstützung für Menschen in ihrer Umgebung. Über die Art dieser geleisteten und empfangenen Hilfe im Familienkontext ist bekannt, dass ältere Menschen Unterstützung vor allem in Form von Geld und Kinderbetreuung leisten und Kinder ihren Eltern vor allem gesundheitsbezogene Unterstützung geben. Interessant ist in diesem Zusammenhang auch, dass der Austausch emotionaler Unterstützung dagegen keine nennenswerten Veränderungen über die Lebensspanne zeigt (Wagner et al., 1996).

Großeltern als Brückenpersonen. Die sogenannte »Brücken-Hypothese« geht davon aus, dass es für die Entwicklung eines Kindes günstig ist, wenn Kontakt zu Personen besteht, die dem Kind vertraut sind, sich aber etwas anders als die primäre Bezugsperson verhalten. Als »Brückenpersonen« wurden Väter oder Geschwister diskutiert, aber natürlich sind auch besonders die Großeltern hier interessant. In der Interaktion mit solchen Personen kann das Kind lernen, bisher erworbene Fähigkeiten nicht nur auf die primäre Bezugsperson anzuwenden, was eine Erweiterung der Fähigkeiten nach sich zieht – die Großeltern können also eine Brücke vom Elternhaus in eine erweiterte soziale Umwelt bilden. Großeltern können darüber hinaus in vielerlei Hinsicht produktiv wirken:

▶ Sie regen die kognitive Entwicklung der Enkel an und entlasten die Eltern bei der Betreuung.
▶ Sie spielen eine Rolle bei der Vermittlung von Werten.
▶ Sie sind aufgrund ihrer Biografie das lebende Beispiel für bewältigte und nicht bewältigte Schwierigkeiten.
▶ Sie können wertvolle Ratschläge und Unterstützung geben, weil sie selbst in den Konflikten zwischen Eltern und Kindern nicht involviert sind.

Die Großelternrolle wird von den meisten älteren Menschen, besonders (aber nicht nur) in der nachberuflichen Phase, auch als sinnstiftend erlebt.

Welche Auswirkungen hat die von alten Menschen geleistete soziale Unterstützung?
Neben dem Nutzen für die Empfänger profitieren auch die Älteren selbst von der geleisteten Unterstützung. Das Geben von sozialer Unterstützung sichert die soziale Eingebundenheit und erfüllt damit das psychologische Bedürfnis nach Gemeinschaft und Zugehörigkeit. Dabei ist es für das Gefühl, sozial eingebunden zu sein, nicht ausreichend, mit Menschen in Kontakt zu kommen, die einem Hilfe und Unterstützung geben, sondern der alte Mensch möchte auch etwas im Austausch dafür anbieten können. Man spricht hier von der Bedeutung der Reziprozität sozialer Beziehungen. Soziale Beziehungen sind eine wichtige Quelle für Wohlbefinden und Zufriedenheit, damit also eine wichtige Quelle für eine der Ausdrucksformen von psychologischer Produktivität. Außerdem weisen immer mehr Befunde darauf hin, dass soziale Beziehungen und soziale Partizipation protektive Wirkung auf die kognitive Entwicklung haben.

Intergenerationelle Beziehungen außerhalb der Familie. Generativität kann sich jedoch auch außerhalb der engen Familie ausdrücken. Eine Studie (Kessler & Staudinger, 2007) belegt die potenzielle Produktivität der Interaktion zwischen nicht-verwandten jungen und alten Menschen: Nachdem jugendliche und ältere Frauen gemeinsam über ein Lebensproblem nachgedacht hatten, verhielten sich die jüngeren Frauen häufiger prosozial und die älteren Frauen zeigten eine verstärkte Aktivierung von kognitiven Ressourcen im Vergleich zu Interaktionen zwischen gleichaltrigen Partnerinnen oder Interaktionen, in denen es nicht um ein Lebensproblem ging. Dies kann als Hinweis darauf gewertet werden, dass intergenerationelle Kontakte beiden Seiten für die Bewältigung von Entwicklungsaufgaben und das Erzielen von Entwicklungsgewinnen nützlich sein können.

Ausgehend von ähnlichen Überlegungen gibt es eine große Anzahl sogenannter »intergenerationeller Programme«, die darauf abzielen, mithilfe generationsübergreifender Kontakte negative Altersstereotype abzubauen. Hier gilt es allerdings die Dominanz und Hartnäckigkeit von Altersstereotypen gegenüber persönlichen Erfahrungen zu berücksichtigen. Dies ist einer der Gründe, warum der Effektivitätsnachweis für Programme zur Förderung intergenerationeller Kontakte insgesamt gemischt ausfällt.

36.5.6 Berufliche und ehrenamtliche Tätigkeit im Alter

Berufliche Tätigkeit

Erwerbstätigkeit jenseits der 65 Jahre stellt immer noch ein Randphänomen dar. Im statistischen Jahrbuch von 2010 liegt der Anteil der Erwerbstätigen über 65 Jahre bei 5,8 % der Männer und 2,6 % der Frauen. Allerdings ist in der Altersgruppe zwischen 60 und 65 Jahren die Arbeitsproduktivität deutlich gestiegen: Waren im Jahr 2000 noch 21,5 % der Bevölkerung erwerbstätig, so waren es im Jahr 2009 schon 41,5 %. Die seit 1996 deutlich gestiegene Erwerbsbeteiligung der 60- bis 64-Jährigen ist nicht allein eine Folge des Reformkurses der Arbeitsmarktpolitik, sondern auch eine Folge des Nachrückens geburtenstarker, besser gebildeter Jahrgänge in die Gruppe der älteren Erwerbstätigen.

Nach Befunden einer jüngsten Metaanalyse steht chronologisches Alter in keinem Zusammenhang mit der Kern-Arbeitsproduktivität von Arbeitnehmern (Ng & Feldman, 2008). Ältere Mitarbeiter/-innen schneiden nämlich in der Bewertung von Vorgesetzten, in der Selbsteinschätzung und in objektiven Maßen genauso positiv ab wie jüngere Personen. Außerdem zeigen ältere Arbeitnehmer weniger »counterproductive work behavior« (z. B. Verbreiten von Gerüchten, unberechtigte Kritik) und mehr »citizenship behaviors« (z. B. unterstützendes Verhalten, Einsatz für Gruppeneffektivität).

Ehrenamtliches Engagement

Die Zahlen des Deutschen Alterssurveys verdeutlichen wachsendes ehrenamtliches Engagement älterer Mitbürger und ihre Bereitschaft zur aktiven gesellschaftlichen Partizipation. Demnach ist in Deutschland jede zweite Person unter den 40- bis 85-Jährigen ehrenamtlich engagiert oder nutzt außerhäusliche Bildungsangebote. Im Jahr 2008 waren 65 % der 40- bis 54-Jährigen, 54 % der 55- bis 69-Jährigen und 30 % der 70- bis 85-Jährigen ehrenamtlich engagiert und/oder nutzen außerhäusliche Bildungsangebote. Trotz leichter Schwankungen nahmen diese Aktivitäten zwischen 1996 und 2008 unter den 55- bis 69-Jährigen um 10 % und unter den 70- bis 85-Jährigen um 6 % deutlich zu. Der Altersurvey verdeutlicht aber auch, dass die Chancen zur Teilhabe an der Gesellschaft trotz mannigfaltiger Verbesserungen noch sehr ungleich verteilt sind. Neben der Erwerbstätigkeit sind Region, Bildung und Gesundheit für das ehrenamtliche Engagement und die außerhäusliche Bildungsaktivität von Bedeutung.

Auswirkungen ehrenamtlichen Engagements. Neuere Studien untermauern die Annahme, dass sich ehrenamtliche Aktivitäten positiv auf die psychische Ressourcenlage auswirken. Ältere Personen, die sich ehrenamtlich engagieren, weisen ein höheres Ausmaß an positivem Affekt, weniger depressive Symptome, weniger kognitive Beeinträchtigung und mehr Optimismus auf als ältere Personen, die sich nicht ehrenamtlich engagieren. Außerdem scheint freiwilliges Engagement bei älteren Menschen, die wenig soziale Rollen innehaben, ein »Schutz« gegen Sinnverlust zu sein.

Pionierprojekte für ehrenamtliches Engagement. Es gibt in Deutschland eine steigende Zahl von Projekten zur Institutionalisierung des ehrenamtlichen Engagements. Bei einem der Projekte handelt es sich um das Modellprogramm »Erfahrungswissen für Initiativen (EFI)« des Bundesministeriums für Frauen, Senioren, Familie und Jugend. Durch das EFI-Programm werden ältere Bürgerinnen und Bürger nach einer kompakten Schulungsphase zu eigenem Engagement angeregt, indem sie beispielsweise neue Projekte initiieren oder bestehende Initiativen beraten. Dabei zeichnen sich die ausgebildeten Seniortrainerinnen und -trainer vor allem dadurch aus, dass sie als Impulsgeber fungieren, bürgerschaftliches Engagement vor Ort unterstützen bzw. anregen und damit weitere Personen motivieren, sich an ihren Projekten zu beteiligen. Sehr interessant ist der Befund aus der wissenschaftlichen Begleitforschung dieses Projektes, die gezeigt hat, dass die älteren Freiwilligen, die das Training erhalten hatten, im Vergleich zu einer Kontrollgruppe Freiwilliger signifikanten Zuwachs an Offenheit für neue Erfahrungen gezeigt haben (über einen Zeitraum von 15 Monaten). Weitere Pionierprojekte zur Förderung ehrenamtliches Engagements im Alter sind sogenannte »Wissensbörsen«, »Seniorenbüros« sowie die »SeniorExperten-Initiative«.

36.6 Von der Nutzung der Produktivität zur Kultur des Alters

»Aktivierungspolitik«. Nachdem Alter(n) jahrzehntelang vonseiten der Politik und Wirtschaft als Randthema betrachtet wurde, gibt es in den letzten Jahren verstärkt den Trend, die Produktivität alter Menschen zu thematisieren und nutzen zu wollen. Statt des unabwendbaren Verfalls im Alter stehen – psychologisch formuliert – die Ressourcen und die Plastizität des

Alterungsprozesses im Mittelpunkt. Ganz in diesem Sinne bezeichnete Familienministerin Schröder 2010 in einem Interview mit der »Süddeutschen Zeitung« die Ressourcen der älteren Bevölkerung als »Schatz, den wir heben wollen«. »Rente mit 67«, die Förderung des ehrenamtlichen Engagements und der ambulanten Pflegetätigkeit, Fitnessprogramme für Ältere – dies sind nur einige Beispiele für Maßnahmen der aktuellen »Aktivierungspolitik«.

Aktives Altern und demografischer Wandel. Damit stehen sich zeitgleich zwei Diskurse gegenüber: der von der als sozial und ökonomisch bedrohlich dargestellten »Überalterung« der Gesellschaft und der von der Entdeckung der fitten, aktiven, konsumierenden und produktiven Alten. Dieser scheinbare Widerspruch löst sich auf, wenn man bedenkt, dass die Entdeckung des aktiven und produktiven Alters in direktem Zusammenhang mit den sich verändernden sozio- und politikökonomischen Rahmenbedingungen steht (van Dyk, 2009).

Vor dem Hintergrund des demografischen Wandels hat der Diskurs über das »aktive Altern« also auch aus volkswirtschaftlichen Gründen sehr an Prominenz gewonnen. Dies sollte allerdings den entwicklungspsychologischen Nutzen für die aktiven Alten selbst nicht in Vergessenheit geraten lassen. Sinn und Bedeutung auch in der sogenannten nachberuflichen Phase zu finden, ebenso wie sich immer wieder mit neuen geistigen und persönlichkeitsbezogenen Herausforderungen zu konfrontieren, haben nach entwicklungspsychologischen Befunden eine klare protektive Funktion (Baltes et al., 2006).

Wider den Zwang zur Aktivität. Diese Tatsachen sollten aber nicht dazu führen, dass das Alter einseitig und ausschließlich auf Aktivität hin ausgerichtet wird. Kein alter Mensch darf dafür »bestraft« werden, wenn er sich aus gesundheitlichen oder anderen Gründen gegen Aktivität im Alter entscheidet. Vielmehr ist für den Einzelnen und die Gesellschaft wichtig, auch den anderen Facetten der psychologischen Produktivität im Alter Raum zu geben. Solche Facetten haben etwas mit dem besonderen Charakter des Alters als der letzten Lebensphase zu tun und beinhalten die Innenschau, die Ruhe und Reflexion, aus der dann wichtige Einsichten für den Einzelnen und seine Umgebung entstehen können. Vita activa und Vita contemplativa haben beide Bedeutung für die Produktivitätskonstellation des Alters, und beide Seiten müssen in einer Kultur des Alters gepflegt werden.

36.7 Betätigungsfelder für Psychologen

Für Psychologen ergibt sich aus einem erweiterten Verständnis von Produktivität eine Vielzahl von Betätigungsfeldern. Diese beziehen sich einerseits auf die Förderung vorhandener Potenziale älterer Menschen. So können Psychologen in pädagogischen Berufsfeldern Begegnungsmöglichkeiten für alte und junge Menschen auf kommunaler Ebene umsetzen (z. B. Einrichtung von Besucherdiensten von Jugendlichen in Pflegeeinrichtungen oder von Zeitzeugen-Veranstaltungen an Schulen). Psychologen in Betrieben sind gefragt, durch organisations- und personalbezogene Maßnahmen für die kontinuierliche Weiterentwicklung der Arbeitnehmer auch in der späteren Phase des Erwerbslebens zu sorgen (Stichwort »lebenslauforientierte Personalmaßnahmen«). Andererseits liegt ein zentrales Praxisfeld für Psychologen in der Wiederherstellung von Lebensqualität bei älteren Menschen im Zuge von Krisen und Verlusterlebnissen. Dem hohen psychotherapeutischen Versorgungsbedarf bei älteren Menschen wird in Zukunft durch Ausbau psychotherapeutischer Angebote und spezielle Qualifikation der Psychologischen Psychotherapeuten begegnet werden müssen. Darüber hinaus sind die Forschenden im Bereich der Psychologie des Alterns immer öfter gefragt, Entscheidungsträger, insbesondere im Bereich der Sozialpolitik, zu psychologischen Aspekten des demografischen Wandels zu beraten und die Öffentlichkeit über die Lebenswirklichkeit und die Potenziale älterer Menschen zu informieren.

Zusammenfassung

- Nach einem psychologischen Verständnis umfasst Produktivität nicht nur materielle, sondern auch geistige, emotionale und motivationale Produkte.
- Entgegen dem herrschenden Stereotyp sind die meisten älteren Menschen nicht unnütz und unproduktiv, sondern leisten selbst im Hinblick auf Tätigkeitsformen der Produktivität ihren Beitrag, z. B. durch ehrenamtliches Engagement, Kinderbetreuung, pflegerische Tätigkeiten, Führung des eigenen Haushalts oder im Rahmen ihrer Hobbys. Dies macht deutlich, dass ältere Menschen einen wichtigen Entwicklungskontext für andere ältere Personen und insbesondere für nachfolgende Generationen darstellen.
- Diese für volkswirtschaftliche Überlegungen zunächst scheinbar so wenig relevanten Maßeinheiten sind in ihren indirekten Auswirkungen auf die volkswirtschaftliche Produktivität im engeren Sinne kaum zu überschätzen.
- Dennoch sollte Produktivität nicht mit Aktivität gleichgesetzt werden. Auch die Stabilität von Wohlbefinden und weisheitsbezogenem Wissen im Alter sind – in Anbetracht der zunehmenden Anzahl von körperlichen, kognitiven und sozialen Verlusten – keine Selbstverständlichkeit, sondern Ausdruck von Produktivität älterer Menschen.
- Vor diesem Hintergrund können prinzipiell nicht nur die gesunden und aktiven älteren Menschen, sondern auch die Pflege- und Hilfsbedürftigen produktiv sein.
- Gesellschaftliche Strukturen können dazu beitragen, die Produktivität im Alter zu fördern, indem sie Raum dafür lassen und schaffen, die vorhandene Produktivität älterer Menschen auch zu äußern.
- Eine reine Ausweitung der Produktivitätsnormen des mittleren Erwachsenenalters auf das hohe Alter, wie sie sich derzeit beobachten lässt, ist nicht sinnvoll. Es bedarf einer kritischen Diskussion der aktuellen gesellschaftlichen »Neuverhandlung« des Alters.

Weiterführende Literatur

Bowen, C. E., Noack, C. M. G. & Staudinger, U. M. (2011). Aging in the work context. In K. W. Schaie & S. Willis (Eds.), Handbook of the psychology of aging (7th ed., pp. 263–277). San Diego, CA: Elsevier Academic Press. *Ein Überblickstext über Altern im Kontext von Erwerbstätigkeit und Berentung.*

Bundesministerium für Familie, Senioren, Frauen und Jugend (2010). Sechster Bericht zur Lage der älteren Generation in der Bundesrepublik Deutschland. Berlin: BMFSFJ (www.bmfsfj.de/RedaktionBMFSFJ/Pressestelle/Pdf-Anlagen/sechster-altenbericht,property=pdf,bereich=bmfsfj,sprache=de,rwb=true.pdf; Zugriff am 22. 01. 2012). *Bericht der deutschen Bundesregierung zur Lage älterer Menschen in Deutschland, erarbeitet von einer Sachverständigenkommissionen. Er erscheint auf Anfrage des Deutschen Bundestags seit 1992 einmal in jeder Legislaturperiode. Thema dieses Berichtes sind individuelle und öffentliche Altersbilder.*

Kruse, A. (2010). (Hrsg). Potenziale im Altern. Chancen und Aufgaben für Individuum und Gesellschaft. Heidelberg: Akademische Verlagsgesellschaft. *Ein Sammelband, welcher aus interdisziplinärer Sicht die Ressourcen des Alters auf der Ebene des Individuums und der Gesellschaft thematisiert.*

Tesch-Römer, C., Wahl, H.-W. & Ziegelmann, J. P. (2012). Angewandte Gerontologie: Interventionen für ein gutes Altern in 100 Schlüsselbegriffen. Stuttgart: Kohlhammer. *Umfassendes und fachübergreifendes Sammelwerk über zentrale gerontologische Themen und Interventionsfelder.*

37 Angewandte Gerontopsychologie

Frieder R. Lang • Margund K. Rohr

37.1 Was ist angewandte Gerontopsychologie?

37.2 Ausgangsannahmen der angewandten Gerontopsychologie
    37.2.1 Bedeutung und Auswirkung von Altersbildern für die Lebensgestaltung
    37.2.2 Berücksichtigung der Plastizität menschlichen Verhaltens und Denkens
    37.2.3 Orientierung an personellen und umweltbezogenen Ressourcen

37.3 Anwendungsfelder der Gerontopsychologie
    37.3.1 Psychologische Gerontotechnologie
    37.3.2 Gesundheitliche und klinische Versorgung
    37.3.3 Lebenslanges Lernen

37.4 Perspektiven gerontopsychologischer Interventionen

37.5 Anforderungen der angewandten Gerontopsychologie

Nachdem Sie in eine neue Stadt gezogen sind, wollen Ihre Großeltern Sie besuchen. Ihren Großeltern ist die Stadt unbekannt, daher wollen sie den Weg mithilfe eines neuen Navigationsgeräts finden. Wovon hängt es nun ab, dass Ihre Großeltern mit diesem »Navi« den Weg besser finden als ohne? Aus der gerontopsychologischen Forschung ist bereits bekannt, dass im Alter häufig das räumliche Orientierungsvermögen abnimmt und es zunehmend schwerer wird, gleichzeitig zwei Aufgaben zu meistern. Auch einige motorische Fähigkeiten wie etwa die Gangsicherheit lassen bei vielen Menschen im Alter nach. Vor diesem Hintergrund stellt sich die Frage, was ein Navigationsgerät können muss, damit es für ältere Nutzer eine echte Unterstützung darstellt. Gleichzeitig sollte das Gerät dennoch für jüngere Menschen nutzbar und attraktiv sein. Eine Studie von Schellenbach et al. (2010) hat gezeigt, dass viele technische Geräte, wenn deren Bedienung zusätzliche kognitive Ressourcen beansprucht (z. B. durch umständliche Bedienungsfunktionen), die Leistungen älterer Nutzer nicht verbessert und oft sogar verschlechtert, während jüngere Nutzer profitieren. Viele Geräte, die eigentlich eine Hilfe sein sollen, stellen somit ein Risiko für ältere Personen dar.

Dieser Befund verweist auf ein Kernproblem der angewandten Forschung: Einerseits geht es darum, vorhandene Kompetenzen älterer Menschen zu nutzen, damit diese nicht verloren gehen. Andererseits gilt es auch, Angebote und technische Hilfen so zu gestalten, dass sie für die Lebensumstände älterer Menschen optimiert sind. Dabei müssen auch psychologische Befunde über die Vielfältigkeit und Heterogenität des Alters berücksichtigt werden. Beispielsweise lehnen ältere Menschen häufig Geräte dann ab, wenn diese offensichtlich nur für diese Zielgruppe geeignet sind.

37.1 Was ist angewandte Gerontopsychologie?

Perspektive der Lebensspanne. Die Gerontopsychologie erforscht psychologische Bedingungen des Alterns aus einer Perspektive der gesamten Lebensspanne. Dabei wird angenommen, dass das Altern nicht erst beginnt, wenn ein Mensch ein höheres Lebensalter erreicht hat. Aus psychologischer Sicht kann die Lebensphase des Alters daher nur gut verstanden werden, wenn auch die vorherigen Entwicklungs- und Alterungsprozesse berücksichtigt werden. Aus diesem Grund gilt das gerontopsychologische Interesse zumeist der Frage, inwieweit es im Alternsprozess Kontinuität oder auch Diskontinuität mit vorherigen Lebensphasen gibt. Die Gerontopsychologie untersucht dabei, in welcher Weise lebenslange Entwicklungsprozesse das Denken, Erleben und Handeln im Alter prägen und worin sich möglicherweise Besonderheiten des Denkens, Erlebens und Handelns bei älteren Menschen zeigen.

Fragestellungen und Herangehensweisen. Die angewandte Gerontopsychologie erweitert diese Perspektive um die wichtige Frage, wie der Verlauf und die Richtung des Alterns in einer für das Individuum günstigen Weise verändert oder modifiziert werden kann. Dabei geht es darum, die vorhandenen, empirisch gesicherten Erkenntnisse über lebenslange Entwicklungs- und Veränderungsprozesse in ihrer Bedeutung für die späteren Lebensphasen zu prüfen und auf alltagsrelevante Kontexte und Situationen zu übertragen. Darüber hinaus beschäftigt sich die angewandte Gerontopsychologie damit, wie die besonderen Anforderungen und Bedingungen des Lebens im Alter mit den Denkweisen, Bedürfnissen und Kompetenzen älterer Menschen in Einklang gebracht werden können. Um solche Fragestellungen zu klären, werden meist zwei unterschiedliche Herangehensweisen gewählt, die einander auch ergänzen können:

(1) Zum einen prüft und erweitert die angewandte Gerontopsychologie entwicklungspsychologische Erkenntnisse und Befunde im Hinblick auf deren ökologische Validität und alltagspraktische Relevanz für die Gestaltung des Alterns und Alters.

(2) Zum anderen beschäftigt sich die angewandte Gerontopsychologie mit der konkreten Übertragung und Evaluation gesicherter Kenntnisse und Befunde in verschiedenen Arbeitsgebieten berufstätiger Psychologen und Gerontologen, etwa im Bereich klinischer Diagnostik, Intervention und Therapie, im Bereich der entwicklungsorientierten Beratung (z. B. Brandtstädter & Gräser, 1999) oder im Bereich der Entwicklung von altersgerechten Umwelten und Sozialprogrammen.

Um solche Fragestellungen und Herangehensweisen verfolgen zu können, stützt sich die angewandte Gerontopsychologie auf grundlegende Erkenntnisse, Theorien und Methoden der Entwicklungspsychologie. Dabei lassen sich auch einige zentrale Annahmen benennen, die von besonderer Bedeutung für die Praxis des gerontopsychologischen Handelns sind.

37.2 Ausgangsannahmen der angewandten Gerontopsychologie

Im Folgenden stellen wir drei zentrale Ausgangsannahmen dar, welche die Forschung und das Handeln in der angewandten Gerontopsychologie leiten. Diese Annahmen sind nicht erschöpfend, sondern stellen eine Auswahl wichtiger Ansatzpunkte für gerontopsychologisches Handeln in der Praxis dar, wie sie sich aus Befunden und Erkenntnissen der lebensspannenorientierten Entwicklungspsychologie ergeben (vgl. Kap. 1, 12 und 13).

37.2.1 Bedeutung und Auswirkung von Altersbildern für die Lebensgestaltung

Subjektive Altersbilder. Wie wird Altern und Altsein von Menschen wahrgenommen? Welche Erwartungen und Vorstellungen verbinden Menschen mit ihrem Alter? Worin zeigen sich diesbezüglich Unterschiede und Gemeinsamkeiten zwischen Alten und Jungen? Wie Menschen über das Altern denken, beschreibt nicht nur einen Teil der Wirklichkeit des Alterns, sondern gibt darüber hinaus auch Auskunft über normative Vorstellungen und Erwartungen, auf deren Grundlage Menschen das eigene Leben im Alter planen und gestalten.

> **Übersicht**
>
> **Elemente von Altersbildern**
> Filipp und Mayer (1999) unterscheiden drei Elemente von Altersbildern:
> (1) deskriptive Wissenselemente und Überzeugungen darüber, wie Menschen altern,
> (2) evaluative Elemente, mit denen das Alter und Altern anhand sozialer Normen und persönlicher Standards (Erwartungen, Wünsche, Ziele) bewertet wird, und
> (3) explikative Elemente, die sich darauf beziehen, wie der Prozess des Alterns verändert und gestaltet werden kann.

Die Bedeutung von Altersbildern wird beispielhaft erkennbar, wenn Menschen annehmen, dass bestimmte Veränderungen und Erkrankungen wie z. B. Einsamkeit oder die Demenz unweigerlich und unausweichlich im Alter auftreten (explikatives Element). Entscheidend ist dabei nicht nur, ob ein Altersbild erwünscht ist (evaluatives Element), sondern auch, wie sich ein Altersbild auf das eigene entwicklungsbezogene Handeln im Lebenslauf auswirkt. Deskriptive, evaluative wie explikative Altersbilder nehmen somit Einfluss darauf, welche Handlungsmöglichkeiten und -grenzen erlebt und wahrgenommen werden. Altersbilder liefern somit einen wichtigen Ansatzpunkt für die angewandte Gerontopsychologie. Weichen subjektive Vorstellungen beispielsweise stark von der jeweiligen Wirklichkeit des Alters ab, kann dies korrigierend genutzt werden. Unrealistisch positive Darstellungen des Alters können zu Enttäuschung führen, während Schreckensszenarien des Alters sich lähmend auswirken können.

Quellen von Altersbildern. Darüber hinaus lassen sich verschiedene Quellen von Altersbildern unterscheiden. Solche Quellen sind das Individuum, die Gesellschaft, aber auch die Wissenschaft:
(1) *Persönliche* Altersbilder beruhen auf den besonderen Vorstellungen, Ereignissen und Erfahrungen jedes einzelnen Individuums.
(2) *Gesellschaftliche* Altersbilder spiegeln sich in sozialen Normen (Soll-Vorschriften), Regeln, Gesetzen oder auch den Medien wider.
(3) *Wissenschaftliche* Altersbilder schließlich gehen auf empirische Ergebnisse der gerontologischen Forschung zurück.

Altersbilder sind also nicht nur subjektiv, sondern auch ein Teil der sozialen und biologischen Wirklichkeit. Beispielsweise können explikative Elemente von Altersbildern (z. B. »Wenn man Sport treibt, bleibt man jung«) aus persönlichen Lebenserfahrungen entspringen, sie können aber auch auf gesellschaftliche Erwartungen und Normen zurückgehen oder durch wissenschaftlich belegte Befunde unterfüttert sein.

Eine Besonderheit der persönlichen Altersbilder liegt darin, dass alle Menschen – sofern sie lange genug leben – eigene Erfahrungen mit dem Altern und dem Alter sammeln, in je individuell verschiedener Weise. Somit werden persönliche Altersbilder selbst zu einem Gegenstand der angewandten Gerontopsychologie, insofern sie Auskunft darüber geben, wie sich persönliche Deutungsmuster und Sichtweisen des Alters im Laufe des Lebens ändern (lassen) und dabei die eigene Lebensgestaltung (nicht nur im Alter) prägen oder sogar verändern. Persönliche Altersbilder sind somit auch ein möglicher Ansatzpunkt für Interventionen.

Altersbedingte Variabilität von Altersbildern. In der klassischen Studie von Heckhausen et al. (1989) wurden jüngere und ältere Erwachsene gebeten, für eine Vielzahl sorgfältig ausgesuchter Eigenschaftsadjektive (z. B. »intelligent«, »aggressiv«, »vergesslich«, »weise«) einzuschätzen, ob die jeweilige Eigenschaft ihrer Meinung nach mit dem Alter zunimmt oder abnimmt, in welchem Alter die Entwicklung der Eigenschaft beginnt und endet, und wie wünschenswert die jeweilige Eigenschaft in einem bestimmten Alter ist (z. B. mit 30, 40, 80). Die Befunde zeigten, dass die meisten Menschen mit zunehmendem Alter auch mehr Verluste (d. h. zunehmende negative Eigenschaften, abnehmende positive Eigenschaften) wahrnehmen. Zugleich wurde belegt, dass junge wie ältere Menschen in allen Lebensphasen, so auch für das hohe und höchste Alter, noch Zugewinne erwarten (d. h., abnehmende negative Eigenschaften und zunehmende positive Eigenschaften). Interessanterweise zeigte sich dabei besonders bei älteren Teilnehmern eine deutlich differenziertere Wahrnehmung der Entwicklung im höheren Lebensalter. Die Befunde dieser Studie gelten als ein wichtiger Beleg dafür, dass im Prozess des psychologischen Alterns neben zunehmenden Verlusten auch Chancen für Gewinne gesehen werden, welche im Alltag mobilisiert und genutzt werden sollten.

Auswirkungen von Altersbildern. Altersbilder wirken in alle Lebensbereiche hinein (Filipp & Mayer, 1999): So informieren persönliche und gesellschaftliche Altersbilder beispielsweise darüber, welche Aufgaben in einem bestimmten Alter bewältigt sein sollten und wie eine altersgemäße Entwicklung aussieht (z. B. Wann sollte man Kinder bekommen?). Mit ihrer Studie zeigten Krueger et al. (1995), dass sich Abweichungen von normativen Erwartungen für das mittlere Erwachsenenalter auf die Bewertung der beschriebenen Person im Sinne eines Kontrasteffektes auswirkte: Personen, die eine Entwicklungsaufgabe (z. B. Heiraten, Berufseinstieg) weit vor der normativ erwarteten Frist erreicht haben, wurden besonders positiv beurteilt. Dagegen wurden jene, die der Entwicklungsfrist »hinterherhinkten« (sog. »Nachzügler«) besonders negativ eingeschätzt. Weitere Befunde zeigen, dass Altersbilder das Wohlbefinden und die Lebenszufriedenheit des Einzelnen beeinflussen, da sie zum Vergleich zwischen normativem und eigenem Altern herangezogen werden und Implikationen für den eigenen Handlungsspielraum beinhalten (vgl. Unter der Lupe). Gleichzeitig wirken sich Altersbilder in unterschiedlichen sozialen Kontexten, z. B. in der Arbeitswelt oder auf intergenerationelle Kontakte, aus. Und schließlich haben sie auch einen Einfluss darauf, welche Themen vor welchem disziplinären Hintergrund in der wissenschaftlichen Forschung aufgegriffen werden. Beispielsweise kann der Blick auf altersbedingte Veränderungen im kognitiven, emotionalen oder sozialen Bereich durch einen defizit- oder wachstumsorientierten Fokus geprägt sein (Filipp & Mayer, 1999).

Für die angewandte Gerontopsychologie ergibt sich daraus die Notwendigkeit, subjektive Theorien über das Altern als Grundlage menschlichen Erlebens und Verhaltens zu verstehen und in Interventionen einzubeziehen. Gleichzeitig besteht der Auftrag, Altersbilder in und mit der Öffentlichkeit zu diskutieren.

Unter der Lupe

Die Steuerfunktion persönlicher Altersbilder

Wie Menschen über Altern und das Alter denken, beeinflusst ihr lebenslaufbezogenes Handeln. Diese Steuerungsfunktion zeigt sich darin, dass sich diejenigen, die ein bestimmtes Altersbild für wahr halten, in der Konsequenz auch so verhalten, als wäre es wahr. Im Einklang damit konnten beispielweise Levy et al. (2002) zeigen, dass ältere Menschen mit einer positiven Einstellung zu ihrem eigenen Alter (z. B. sich selbst als fit, glücklich und nützlich erleben) eine nach Kontrolle von Variablen wie Gesundheit und sozioökonomischen Status im Durchschnitt um sieben Jahre höhere Lebenserwartung aufwiesen. Was aber bedingt eine positive Einstellung zum eigenen Altern?

Einen Hinweis hierauf geben die Befunde einer Studie von Weiss und Lang (2009), in der untersucht wurde, wie sich die Einstellungen zum Alter unterschieden, je nachdem, ob nach der Zugehörigkeit zur eigenen Generation (»Menschen meiner Generation«) oder zur Altersgruppe (»Menschen meines Alters«) gefragt wird. Die Befunde zeigten, dass sich ältere Menschen zwar meist von der eigenen Altersgruppe abgrenzen, sich aber den Menschen der eigenen Generation sehr stark zugehörig fühlen (s. Abb. 37.1). Im Hinblick auf die »eigene Generation« wurden dabei vor allem Aspekte der (gemeinsam) gemeisterten Vergangenheit thematisiert, während mit Menschen desselben Alters eher Hoffnungen und Befürchtungen über das Altern (z. B. hinsichtlich der eigenen Gesundheit und Mobilität) verknüpft waren. Je stärker sich die älteren Menschen mit der eigenen Generation identifizierten, umso mehr Zeit glaubten sie noch in ihrem Leben zu haben und umso wohler fühlten sie sich. Bemerkenswerterweise zeigten sich solche Zusammenhänge nicht bei jüngeren Erwachsenen.

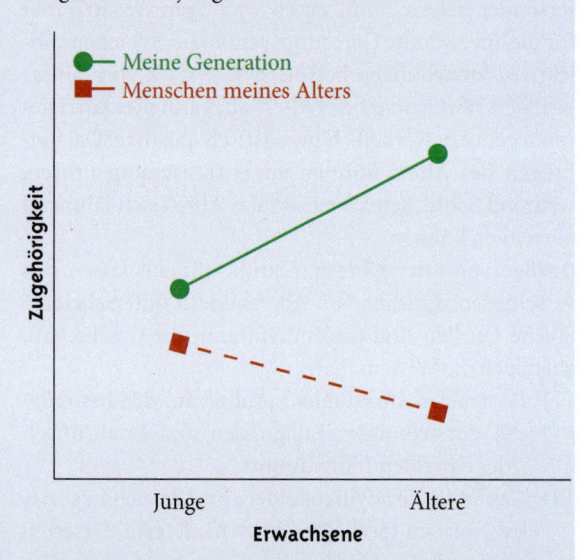

Abbildung 37.1 Zugehörigkeit zu »Menschen meines Alters« und »Menschen meiner Generation« bei jungen und älteren Erwachsenen (adaptiert nach Weiss & Lang, 2009)

37.2.2 Berücksichtigung der Plastizität menschlichen Verhaltens und Denkens

Das Verhalten und Denken von Menschen zeigt – entgegen weitverbreiteter gesellschaftlicher Vorstellungen – eine beachtliche Plastizität bis in das hohe und höchste Lebensalter. Dies bedeutet, dass Menschen über erhebliche Reserven verfügen, wenn es darum geht, vorhandene Fähigkeiten und Fertigkeiten zu verbessern oder auszuweiten. Diese Plastizität drückt sich im Verhalten und Erleben oft darin aus, dass es eine Bereitschaft und Fähigkeit bei älteren Menschen gibt, sich auch unter stark veränderten Umweltbedingungen (z. B. Verwitwung, Umzug in ein Seniorenheim) zurechtzufinden.

Neben der kognitiven Plastizität im Alter, für die es eine Vielzahl empirischer Belege gibt (vgl. Abschn. 12.2.5), wird die adaptive Flexibilität menschlichen Verhaltens auch in anderen Bereichen sichtbar, so etwa im Sozialverhalten älterer Menschen (s. die Befunde zum Abhängigkeitsunterstützungsskript; M. M. Baltes, 1996) oder in der Meisterung schwindender Ressourcen. So konnten Vaupel et al. (2003) zeigen, dass die meisten Ostdeutschen nach der Wiedervereinigung stark von den medizinischen, sozialen und ökonomischen Verbesserungen profitierten und innerhalb weniger Jahre eine Angleichung der Lebenserwartung an das westdeutsche Niveau stattfand. Der Anstieg der Lebenserwartung zeigte sich dabei sogar noch bei den ältesten Geburtsjahrgängen – laut der Autoren ein Hinweis darauf, dass es nie zu spät ist, um von Verbesserungen des eigenen Lebens zu profitieren.

Anpassung an Ressourcenverluste. Eine weitere Illustration geben die Befunde von Jopp und Smith (2006), die in einer Stichprobe von jungen (ca. 70 bis 80 Jahre) und alten Alten (ca. 80 bis 90 Jahre) untersuchten, wie diese die altersbedingte Abnahme von Ressourcen mithilfe von Strategien der Selektion, Optimierung und Kompensation (SOK; z. B. Auswahl und Konzentration auf bestimmte Ziele, Generieren von Alternativen der Zielerreichung) meistern. Die Befunde zeigen, dass die über 80-jährigen Teilnehmer erwartungsgemäß über weniger Ressourcen verfügen als die jungen Alten, wobei Ressourcen mittels eines Indikators aus Aspekten wie formaler Bildung und vorheriger Berufstätigkeit, kognitiven Fähigkeiten, nahen sozialen Kontakten und subjektiv berichteter Gesundheit erhoben wurden. Hierbei war der Einsatz von Strategien, die dem Ressourcenverlust entgegenwirkten, also insbesondere selektive und optimierende SOK-Strategien, mit der Zufriedenheit mit dem eigenen Altern assoziiert. In einer zweiten Studie, in der die Autoren Extremgruppen verglichen, die entweder reich oder arm an Ressourcen sind, bestätigten sich die beschriebenen Befunde besonders für die ressourcenarmen Teilnehmer. Das Ergebnismuster verweist einerseits auf die aktive Rolle des alternden Individuums, andererseits betont es aber ebenfalls die Bedeutung der Umwelt, welche ihrerseits wiederum individuellen Gestaltungsprozessen unterliegt (z. B. Berufswahl, Aufnahme und Abbruch sozialer Kontakte, gesundheitliche Vorsorgemaßnahmen). Im folgenden Abschnitt wird diese wechselseitige Verschränkung durch die Diskussion der dritten Vorannahme aufgegriffen.

37.2.3 Orientierung an personellen und umweltbezogenen Ressourcen

Ältere Menschen verfügen in aller Regel über beachtliche Kompetenzen und Fähigkeiten, um die Herausforderungen und Aufgaben des Alters zu meistern. Dies gilt sogar in dem widrigen Fall von chronischen Erkrankungen, Einschränkungen, Gebrechlichkeit und sogar im Fall der Pflegebedürftigkeit. Allerdings können beträchtliche Risiken auftreten, wenn die Anforderungen über das (gerade) noch Bewältigbare hinausgehen.

Begriff der Person-Umwelt-Passung

Ein zentrales Konzept der angewandten Alternspsychologie besagt, dass für jeden Menschen – ob alt oder jung, ob gesund oder krank – eine solche Umwelt gefunden oder hergestellt werden kann, die eine optimale Lebensqualität gewährleistet. Umgekehrt nützen die besten Umweltangebote nichts, wenn sie nicht im Einklang mit den persönlichen Fähigkeiten und Ressourcen stehen. Auf dieser Annahme beruhen zahlreiche Überlegungen, die sich mit der Frage beschäftigen, wie zwischen Person (dem älteren Menschen) und Umwelt eine möglichst gut funktionierende »Passung« erzielt werden kann. Der Begriff der Passung wird in diesem Zusammenhang – anders als etwa in technisch-physikalischen Kontexten – meist bewertend verstanden und bezieht sich darauf, wie *gut* bestimmte Umweltstrukturen (z. B. Gelegenheiten, Anforderungen) mit den persönlichen Möglichkeiten eines Individuums (z. B. Fähigkeiten, Bedürfnissen) in Einklang stehen. Von einer *guten* Passung spricht man in diesem Kontext also beispielsweise dann, wenn eine Person die täglichen

Anforderungen ihres Alltags (z. B. Treppensteigen) aufgrund ihrer Kompetenz (z. B. Muskelkraft) gut meistern kann und dies auch so erlebt.

> **Übersicht**
>
> **Die Person-Umwelt-Passung**
>
> In dem Passungsmodell von Lawton (1989) werden zwei Merkmalsdimensionen unterschieden, die sich auf die Güte der Passung auswirken:
> (1) das Kompetenzniveau eines Individuums und
> (2) die Anforderungen und Ressourcen seiner Umwelt.
>
> Beide bilden ein kontinuierliches, dynamisches Zusammenspiel, welches eine gute oder schlechte Passung nach sich ziehen kann. Kognitive und emotionale Prozesse können vermittelnd auf das Wechselspiel einwirken.

Kompetenz-Umweltanforderungs-Modell. Eines der meist diskutierten und am besten etablierten Modelle der Person-Umwelt-Passung ist das »environmental-press model« (Umweltanforderungs-Modell) von Nahemow und Lawton (1973), das später um den Aspekt der Kompetenz erweitert wurde (Lawton, 1989). Nach diesem Passungsmodell bewegt sich der Bereich, in dem Menschen die besten Leistungen zeigen und die höchste Lebensqualität erreichen, innerhalb enger Grenzen. Der Raum zwischen diesen Grenzen wird in Anlehnung an die Psychophysik als »Anpassungsniveau« (»adaptation level«) beschrieben. Die Grenzen dieses Anpassungsniveaus ergeben sich aus dem Wechselspiel zweier Merkmalsdimensionen, den Personen- und den Umweltmerkmalen:

(1) Die erste Dimension wird am besten durch das Kompetenzniveau (»competency«) eines Individuums beschrieben und umfasst beispielsweise die kognitive, motorische und körperliche Leistungsfähigkeit, aber auch andere Ressourcen, wie etwa die Selbstregulation oder positive Persönlichkeitsmerkmale.
(2) Die zweite, umweltbezogene Dimension bezieht sich sowohl auf Anforderungen (»environmental press«)

als auch auf Ressourcen (»environmental resources«) in der Umwelt, sofern diese sich auf Verhalten und Erleben auswirken. Umweltanforderungen und -ressourcen können im Prinzip alle Aspekte der Umwelt sein, welche entweder eine Barriere (z. B. Bordsteinkanten für Rollstuhlfahrer) oder eine Erleichterung (z. B. Rampe) bzw. konkrete Hilfe darstellen. Ressourcen können aber auch Anforderungen mit sich bringen, etwa wenn Hilfe nicht erwünscht ist, und Anforderungen können auch Ressourcen enthalten, etwa indem eine Anforderung (z. B. Treppe) zu verbesserter Funktionstüchtigkeit beiträgt.

Wechselspiel zwischen Kompetenzniveau und Umweltanforderungen. Es besteht also eine fortwährende und dynamische Wechselwirkung zwischen der Person und den an sie gestellten Umweltanforderungen. Dieses Wechselspiel der Dimensionen der persönlichen Ressourcen und der Umweltanforderungen wird als Transaktion bezeichnet, auf die weitere kognitive und emotionale Prozesse vermittelnd einwirken können. Diese Transaktionen vermitteln zwischen dem Kompetenzniveau eines Individuums und den jeweiligen Umweltanforderungen und erzeugen dabei eine gute oder schlechte Passung (Übereinstimmung). Das Konzept des Adaptationsniveaus (»adaptation level«) beschreibt

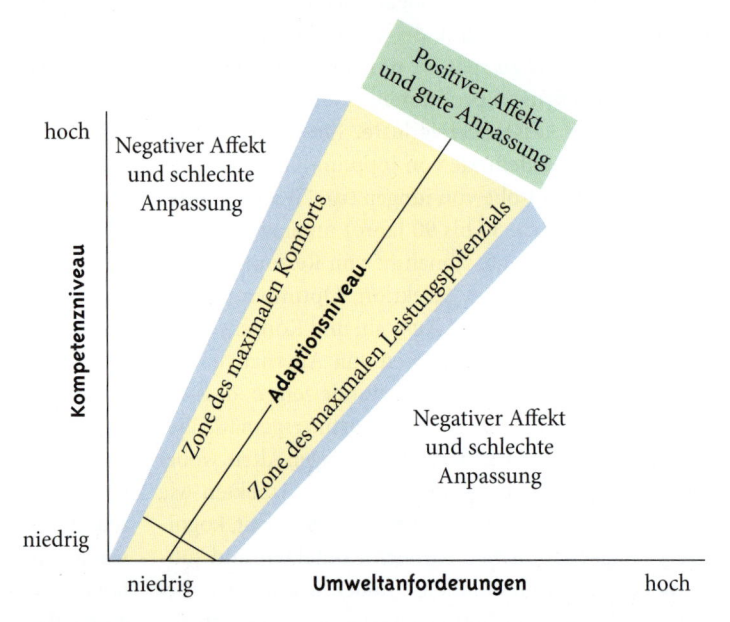

Abbildung 37.2 Person-Umwelt-Passungsmodell (modifiziert nach Lawton, 1989)

dabei die Zone der optimalen Passung, die sich z. B. in hohem Wohlbefinden oder in einer erhöhten Leistungsfähigkeit widerspiegelt (s. Abb. 37.2).

Ungleichgewichte zwischen Kompetenzniveau und Umweltanforderungen. Übersteigen die Anforderungen der Umwelt die vorhandenen Fähigkeiten (bzw. das Kompetenzniveau) in geringem Umfang, so wirkt dies aktivierend und anregend auf das Individuum. In dieser »Zone« werden Leistungsreserven genutzt, um die eigene Lebensqualität zu verbessern. Übersteigen die Anforderungen jedoch die vorhandenen Fähigkeiten zu stark, so führt dies zu Überforderung und Gefühlen wie Angst und Stress. Werden vorhandene Fähigkeiten hingegen aufgrund der Umweltanforderungen nicht in vollem Umfang beansprucht, geht dies mit hohem Wohlbefinden (Komfort) einher. Allerdings besteht das Risiko einer Unterforderung, wenn die Fähigkeiten zu wenig beansprucht werden und dadurch eventuell verloren gehen (»use it or lose it«). In dem Modell von Lawton bestehen Person-Umwelt-Transaktionen in dem Bemühen, ein Anpassungsniveau zu finden, bei dem Kompetenzniveau und Umfang der Umweltanforderungen möglichst ausgeglichen sind oder nur gering voneinander abweichen.

> **Unter der Lupe**
>
> **Person-Umwelt-Passung bei Sehbeeinträchtigungen**
>
> Eine empirische Illustration zur Bedeutung der Person-Umwelt-Passung liefern Wahl et al. (1999). Sie untersuchten den Einfluss der Passung auf die alltägliche Kompetenz bei visuell intakten, visuell beeinträchtigten und blinden Menschen. Die Ergebnisse zeigen, dass beide Gruppen mit visuellen Beeinträchtigungen im Bereich instrumenteller Aktivitäten deutlich mehr profitierten, wenn eine hohe Person-Umwelt-Passung vorlag. So wiesen blinde und visuell stark beeinträchtigte Teilnehmer mehr Beeinträchtigungen auf, wenn deren Person-Umwelt-Passung schlecht war. Für Personen ohne visuelle Probleme hatte das Ausmaß der Passung dagegen keine Bedeutung.
>
> Auf der anderen Seite versuchten insbesondere die von Seheinschränkungen oder Sehverlust betroffenen älteren Menschen aktiv die Person-Umwelt-Passung zu beeinflussen: Die Autoren verzeichneten 997 bzw. 882 kompensatorische Aktivitäten bei den sehbeeinträchtigten Personen, während das im Vergleich bei den visuell funktionstüchtigen Personen nur 225 Mal der Fall war. Dabei konnten zwei verschiedene Formen der Anpassung an den Sehbeeinträchtigungen festgestellt werden:
> (1) Personenbezogene Anpassungen bestanden darin, persönliche Ressourcen und Fähigkeiten zu mobilisieren. Beispielsweise nahmen die Betroffen häufiger andere Sinneskanäle (auditive, taktile) zu Hilfe (häufigste Nennung), ließen sich für ihre Aufgaben mehr Zeit oder vereinfachten ihre Alltagsaufgaben.
> (2) Umweltbezogene Anpassungen umfassten die Bereitstellung oder Nutzung von externen Hilfsmitteln oder Ressourcen. Beispielsweise wurden häufiger technische Aufnahmegeräte für Nachrichten eingesetzt (häufigste Nennung), spezielle Lupen als Sehhilfen eingesetzt oder zusätzliche Lichtquellen installiert.

Zusammengenommen bilden die drei Ausgangsannahmen der angewandten Gerontopsychologie so etwas wie ein Grundgerüst für die gerontopsychologische Praxis: Die Wirksamkeit subjektiver Altersbilder zeigt sich darin, wie die Akteure (Betroffene, Angehörige, Psychologen) über ihr eigenes Altern und das Altern der anderen denken, sowie darin, welche Entscheidungen sie auf der Basis dieses Denkens für sich oder andere treffen. Die Anpassungsfähigkeit und Plastizität älterer Menschen impliziert, dass sich neue technische Innovationen, neue Dienstleistungs- und Versorgungsangebote, Verbesserungen der Umwelt und Infrastruktur auch noch in einer späten Lebensphase unmittelbar und positiv auf die Lebensqualität älterer Menschen auswirken können. Schließlich verweist die Orientierung an personen- und umweltbezogenen Ressourcen darauf, dass die Wirkung persönlicher Kompetenzen immer auch von den Anforderungen und Möglichkeiten abhängt, die das jeweilige Lebensumfeld bereitstellt. Gerade in dieser Hinsicht wird deutlich, dass eine nur verlust- und defizitorientierte Perspektive den Lebensbedingungen und den Potenzialen älterer Menschen nicht gerecht wird. Im Folgenden wird nun aufgezeigt, wie sich solche grundlegenden Leitbilder in konkreten Praxis- und Berufsfeldern anwenden und umsetzen lassen.

37.3 Anwendungsfelder der Gerontopsychologie

Aufgrund der zunehmenden Lebenserwartung und der Tatsache, dass in modernen Gesellschaften seit vielen Jahrzehnten jedes Jahr mehr Menschen sterben, als im gleichen Zeitraum geboren werden, steigt das Durchschnittsalter der Bevölkerung in den meisten industrialisierten Ländern. Die veränderte Alterszusammensetzung der Bevölkerung geht mit einer Vielzahl von gesellschaftlichen Herausforderungen einher, die alle Lebensbereiche in der Familie, in der Wirtschaft, bei Beruf und Arbeit, im Bildungssystem, im Gesundheitswesen sowie in der Sozialplanung und Infrastruktur von Gemeinden und Ländern betreffen.

Auswirkungen des demografischen Wandels. Der demografische Wandel wirkt sich in zweierlei Hinsicht auf die Anwendungsperspektiven der Psychologie aus: Zum einen wird von Psychologen und Psychologinnen in allen psychologischen Praxisfeldern zunehmend auch ein Verständnis der besonderen Kompetenzen und Herausforderungen des Alters und Alterns gefordert. So haben es beispielsweise Bildungspsychologen häufiger mit älteren Eltern und komplexen Familiensituationen mit vielen (leiblichen und Stief-)Großeltern zu tun. Rechtspsychologen beobachten eine Zunahme von älteren Personen sowohl bei Opfern als auch bei Tätern krimineller Delikte. In klinischen und therapeutischen Kontexten steigt das Alter behandelter Patienten und damit auch die Notwendigkeit, gesunde, krankhafte und normale Alternsprozesse diagnostisch und prognostisch deutlicher zu differenzieren. Neben diesen eher allmählichen Veränderungen der psychologischen Anwendungsfelder wirkt sich der demografische Wandel aber

Tabelle 37.1 Typische Arbeitsfelder von Gerontopsychologen mit illustrierenden Beispielen

	Exemplarische Arbeitsfelder			
	Gesundheit und Versorgung	Erziehung und Bildung	Arbeit und Beruf	Gesellschaft und Kultur
Diagnostik	Im Rahmen altersbedingter Veränderungen und Erkrankungen, z. B. bei Verdacht auf Demenz oder Depression	Frage nach Angebot und Nachfrage von Weiterbildungsangeboten	Feststellung der Qualifikation jüngerer vs. älterer Arbeitnehmer für verschiedene Tätigkeitsbereiche	Diagnostik älterer Verkehrsteilnehmer
Beratung und Therapie	Akute Krisen oder Entwicklungsübergänge (z. B. Angehörigenarbeit, Mobilitätsberatung)	Erziehungsberatung, Vermittlung von Weiterbildungsangeboten	Organisationsberatung für altersgerechte Arbeitsbedingungen	Beratung von Gemeinden und Städten zur strukturellen Entwicklung
Prävention	Präventionsangebote, z. B. »SimA-Training«, Sturzprävention oder hinsichtlich des Gesundheitsverhaltens	Bildungsangebote und Gesundheitsaufklärung (z. B. Ernährung im Alter), Vermittlung von Lern- und Merkstrategien	Schulungen für Führungskräfte, Mitarbeiterschulungen	Rolle von Altersbildern in Medien und Öffentlichkeit, Ermöglichung intergenerationeller Kontakte, Forschung und Lehre, Aufklärung über Kriminaldelikte
Rehabilitation	Trainingsangebote bei akuten und chronischen Erkrankungen (z. B. nach Schlaganfällen)	Umschulungsmaßnahmen nach Erkrankungen		

auch in einer direkten Weise aus, insofern mit der Gerontopsychologie ein völlig neues Arbeits- und Anwendungsgebiet der Psychologie entstanden ist, das besondere Kenntnisse und Fähigkeiten erfordert. Die angewandte Psychologie beschäftigt sich beispielsweise mit Bildungsprozessen, mit Prädiktoren der geistigen und körperlichen Gesundheit sowie mit der Herstellung entwicklungsförderlicher Umwelten im Lebenslauf.

In Bezug auf die genannten Praxisfelder hat sich eine eigenständige gerontopsychologische Praxis entwickelt (Lang & Rupprecht, in Druck), die wir im Folgenden exemplarisch darstellen (weitere typische Arbeitsfelder sind in Tab. 37.1 zusammengefasst). Dabei gehen wir auf drei Tätigkeitsfelder angewandter Gerontologen ein: die Entwicklung altersgerechter Technologien (Gerontotechnologie), die Diagnostik und Versorgung älterer Menschen sowie den Bereich des lebenslangen Lernens. Schließlich behandeln wir im letzten Abschnitt einige grundlegende Perspektiven der gerontopsychologischen Intervention.

37.3.1 Psychologische Gerontotechnologie

Aufgabe und Bereiche der Gerontotechnologie. Die Gerontotechnologie befasst sich mit der Entwicklung altersgerechter Technologien. Zum Beispiel stellt sie die Frage, wie Technik gestaltet werden muss, damit sie vom älteren Menschen (erfolgreich) genutzt wird. Gleichzeitig werden Konsequenzen der Nutzung für den älteren Menschen untersucht.

> **Übersicht**
>
> **Tätigkeitsbereiche in der Gerontotechnik**
> Wahl und Iwarsson (2007) unterscheiden in ihrem Überblickskapitel drei inhaltliche Tätigkeitsbereiche gerontotechnologischer Forschung:
> (1) das häusliche Umfeld (z. B. altengerechtes Wohnen, Leben in institutionellen Alteneinrichtungen)
> (2) die außerhäusliche Umgebungen (z. B. Nahumfeld, Nachbarschaften, Barrieren öffentlicher Räume, Versorgungsangebote)
> (3) Mobilitätsanforderungen (z. B. Assistenztechnologie, Kommunikations- und Informationstechnologien, Telemedizin)

Diese drei Tätigkeitsbereiche können auf verschiedenen Analysenebenen der Mikro-, Meso-, und Makroebene betrachtet werden, d. h. beispielsweise mit Fokus auf den Einzelnen, das Nahumfeld der Wohnung oder die gesellschaftlichen Rahmenbedingungen.

Person-Umwelt-Passung als Leitkonzept der Praxis. Im Bereich der psychologischen Gerontotechnologie lässt sich der Ansatz der Person-Umwelt-Passung besonders gut anwenden. Altersgerechte Technologie beruht auf dem Kerngedanken, dass neue technische Lösungen (z. B. eine Orientierungsassistenz) genau an solchen Punkten angreift, an denen eine Diskrepanz zwischen den Kompetenzen des Individuums (z. B. Defizite in der räumlichen Orientierung) und den aktuellen Umweltanforderungen bestehen (z. B. nach Umzug in einen anderen Stadtteil). Eine besondere Herausforderung für die Forschung besteht darin, herauszufinden, in welcher Weise ein innovatives technisches Produkt nicht nur verloren gegangene Fähigkeiten ausgleicht, sondern dabei zugleich auf noch vorhandene Kompetenzen zurückgreift. Es geht also darum, alle persönlichen Ressourcen möglichst zu schonen oder sogar weiter aufzubauen. Darüber hinaus spielen ebenfalls kognitive und emotionale Aspekte eine große Rolle in der Nutzung von Technologie. Wie beeinflussen beispielsweise individuelle Einstellungen und gesellschaftliche Vorstellungen das Interesse an und die Nutzung von Kommunikations- und Informationstechnologien über die Lebensspanne? Was muss getan werden, damit Assistenztechnologien wie Hörgeräte oder Rollatoren vom Betroffenen nicht nur gekauft, sondern auch genutzt werden? Wie müssen Alten- und Pflegeheime beschaffen sein, damit Bewohner die Balance zwischen Autonomie und Abhängigkeit meistern können?

Prinzipien altersgerechter Technologie. Ausgehend vom Modell der Selektion, Optimierung und Kompensation (Baltes & Baltes, 1990; s. Abschn. 11.3.7) beschreiben Lindenberger, Lövdén et al. (2008) drei Prinzipien der Gestaltung und der Evaluation altersgerechter Technologie:

(1) Die Nutzung von technischen Produkten sollte mehr (kognitive) Ressourcen freisetzen, als zu ihrer Verwendung benötigt werden (»net resource release«). Ist beispielsweise die Benutzung eines Navigationsgerätes aufgrund sehr verschachtelter Einstellungen zu kompliziert, kann dies negativ für die

Bewertung seiner Adaptivität sein. Lindenberger, Lövdén et al. (2008) betonen, dass die Kosten-Nutzen-Rechnung dabei sowohl auf objektiven als auch auf subjektiven Kriterien gründet und dass neben dem Wissen um die technischen Produkte an sich motivationale Prozesse wie Präferenzen und Erwartungen eine bedeutende Rolle spielen.

(2) Die Technik muss der Variabilität zwischen und innerhalb von Individuen gerecht werden (»person specificity«). Das heißt, dass Technik so gestaltet werden muss, dass sie für Menschen nutzbar ist, die sich hinsichtlich kognitiver, motorischer und sensorischer Ressourcen stark unterscheiden und deren Kompetenzen sich zudem weiter verändern.

(3) Die Effektivität der Technik ist immer in einen historischen und ontogenetischen Kontext eingebettet und damit zeitlich und bereichsspezifisch variabel (»proximal versus distal frames of evaluation«). So unterscheiden sich etwa Kohorten in ihrer Nutzung von Informations- und Kommunikationsmitteln wie dem Handy oder dem Internet, und kurzfristige Gewinne (z. B. Erleichterung des Einkaufs durch das Onlineshopping) können mit längerfristigen Verlusten (z. B. zunehmende Einschränkung der Mobilität durch das Einkaufen im virtuellen Kaufhaus vom heimischen Computer aus und Anlieferung nach Hause) einhergehen.

37.3.2 Gesundheitliche und klinische Versorgung

Ein zweiter Anwendungsbereich der Gerontopsychologie betrifft die gesundheitliche und klinische Versorgung von älteren Menschen, der im weitesten Sinne alle Aspekte der Diagnostik, Beratung und Therapie im Alter umfasst. Beratung und Therapie kann immer dann erforderlich werden, wenn infolge einer Krise oder aufgrund eines kritischen Lebensübergangs (z. B. Verrentung) die Person-Umwelt-Passung in ein Ungleichgewicht gerät (Brandtstädter & Gräser, 1999). Beispielhafte Übergänge und Krisen stellen der Eintritt in die nachberufliche Phase, die Bewältigung altersbedingter Verluste und Krankheiten oder der Umgang mit zunehmender Hilfebedürftigkeit und der eigenen Endlichkeit dar (Vogt, 2004; Peters, 2006; s. auch Abschn. 12.3.3 und 13.2.2).

Diagnostik. Mit dem Alter häufig auftretende Krankheiten sind demenzielle und depressive Erkrankungen (Peters, 2006). Dabei ist es notwendig, Demenzen frühzeitig zu diagnostizieren: Wann handelt es sich bei einer Vergesslichkeit um einen normalen Altersprozess, wann ist sie Ausdruck pathologischer Veränderungen? Zudem sind eine differenzialdiagnostische Abklärung (z. B. hinsichtlich depressiver Erkrankungen oder körperlicher Ursachen) und eine ganzheitliche Betrachtung aufgrund der häufig bestehenden Multimorbidität im Alter unerlässlich. Gleichzeitig muss sich der Therapeut mit bestehenden Altersbildern auseinandersetzen. Liegen eine Erkrankung und Therapiebedarf vor, müssen sowohl Betroffene als auch Angehörige im Prozess der Erkrankung Begleitung und Unterstützung finden.

Beratung und Therapie. Beratung und Therapie finden in einer Vielzahl verschiedener Kontexte statt. Neben Praxen von Ärzten und Psychotherapeuten, gerontopsychiatrischen Versorgungseinrichtungen sowie Alten- und Seniorenberatungsstellen bieten häufig auch psychosomatische Kliniken, geriatrische Versorgungseinrichtungen sowie ambulante und stationäre Pflegeeinrichtungen Beratungen für ältere Klienten und ihre Angehörigen an. Dennoch sind die Bedarfsschätzungen noch sehr vage und der Anteil der Älteren, die eine Beratung aufsuchen, ist mit Zahlen von unter 5 % recht gering. Zudem kommt es häufig zu einer fehlenden oder inadäquaten Versorgung älterer Menschen, welche die Chronifizierung von Störungen, die (Über-)Belastung familiärer Unterstützungsnetzwerke, eine Überforderung seitens nicht ausreichend ausgebildeter Versorgungseinrichtungen und eine Kostenerhöhung nach sich ziehen (Peters, 2006).

Bei der gesundheitlichen Versorgung und therapeutischen Betreuung älterer Klienten sind laut Peters (2006) eine Reihe von Besonderheiten zu beachten: So ändert sich etwa das Gesprächsverhalten vieler älterer Menschen. Oftmals sind die Erwartungshaltungen andere als bei jüngeren Menschen und die Motivation zur Therapie geringer. Beispielsweise besteht nicht selten die Einstellung, dass »man« Probleme nicht mit Fremden bespricht, sondern alleine lösen sollte. Häufig werden solche Probleme dann bagatellisierend auf das eigene Alter zurückgeführt oder nach außen hin negiert. Dabei werden medizinische Erklärungsmodelle für vorhandene Probleme meist bevorzugt. Neben den Vorbehalten aufseiten der älteren Ratsuchenden stellen natürlich auch die Altersbilder der meist jüngeren Berater eine Barriere für die Beratung und Therapie dar. Daneben sind mangelndes gerontopsychologisches und gerontologisches Wissen sowie fehlende Kompetenz im Umgang mit älteren Klienten als negative Einflussfaktoren zu nennen (Peters, 2006; s. auch Filipp & Mayer, 1999).

> **Übersicht**
>
> **Besonderheiten bei der Beratung und Therapie älterer Klienten**
> - Beachtung altersbedingter Veränderungen und Beeinträchtigungen (z. B. im Bereich der Mimik; Hörbeeinträchtigungen)
> - unterschiedliche Erwartungshaltungen an und Motivation zur Beratung und Therapie (z. B. bei wem die Verantwortung für die Probleme und deren Lösung gesehen wird)
> - Einfluss von Altersbildern auf das Verhalten von Ratsuchenden und Beratern
> - Notwendigkeit von gerontopsychologischem und gerontologischem Wissen
> - Nutzen bestehender Ressourcen und Akzeptanz therapeutischer Grenzen
> - Berücksichtigung der Vielfalt des Altern(n)s
> - altersspezifische Besonderheiten bei der strukturellen und inhaltlichen Gestaltung der Beratung und Therapie (z. B. Erreichbarkeit, Strukturierung des Angebots)

Bei der Beratung älterer Menschen ist es wichtig, die bestehenden Lebenserfahrungen als Ressourcen zu nutzen und gleichzeitig Grenzen des therapeutischen Handelns zu akzeptieren. Wiederum gilt es als Leitbild, die Vielfalt des Alter(n)s zu berücksichtigen und möglichst differenzierte Beratungsangebote anzubieten. Bei der Umsetzung sind Aspekte wie eine gute Erreichbarkeit von Beratungsstellen, die Schaffung von räumlichen und zeitlichen Strukturen, der Zugang über Schlüsselpersonen und die Kombination von Bildungs- und Beratungsangeboten zu beachten. In der konkreten Beratungssituation geht es darum, der Beziehungsentwicklung mehr Zeit zu geben, stärker handlungsorientiert in der Gegenwart zu agieren, nicht nur Gesprächsangebote, sondern auch konkrete Informationen, soziale und aktive Hilfen anzubieten sowie das soziale Umfeld, die Angehörigen, einzubeziehen (Peters, 2006; Vogt, 2004).

> **Denkanstöße**
>
> - Denken Sie, dass es für ältere Menschen spezifische Versorgungsangebote geben sollte? Warum, warum nicht?
> - Was sind Gemeinsamkeiten, was Besonderheiten der Beratung und Therapie von jüngeren und älteren Klienten?

37.3.3 Lebenslanges Lernen

Vor dem Hintergrund des demografischen Wandels, der rasanten technologischen Entwicklung und der ökonomischen Globalisierung gewinnen Bildung und Lernen zunehmend an Bedeutung und stellen den Einzelnen sowie die Gesellschaft vor wichtige Herausforderungen hinsichtlich Leistungsfähigkeit und -bereitschaft, Flexibilität und Qualifikation. Lebenslanges Lernen zielt nicht nur auf den Zuwachs von Wissen im engeren Sinne, sondern umfasst auch Prozesse der Persönlichkeitsentwicklung und des ehrenamtlichen und bürgerschaftlichen Engagements. Generell wird zwischen formellen, nicht-formellen und informellen Aspekten des Lernens unterschieden (Staudinger & Baumert, 2007).

Faktoren und Aspekte lebenslangen Lernens. In ihrem Überblicksaufsatz diskutieren Staudinger und Baumert (2007), welche Bedingungen zu einem lebenslangen Lernen beitragen, und schlagen vor, zwischen den Einflüssen der kognitiven Fähigkeiten und den Einflüssen von Emotion, Motivation und Persönlichkeit zu unterscheiden. In beiden Einflussbereichen spiegeln sich die Gewinn-Verlust-Dynamik sowie die Plastizität und Heterogenität des Alters wider, allerdings in unterschiedlicher Weise. Dabei bedient sich die Unterscheidung der in der Lebensspannenpsychologie üblichen Trennung von Mechanik (= biologisch determiniert) und Pragmatik (= kulturell geprägt, erfahrungsabhängig) (s. Abschn. 12.2.1).

Zwei-Komponenten-Modell der intellektuellen Entwicklung. Während kognitive Potenziale und Fähigkeiten wie die Merkfähigkeit, Wahrnehmungs- und Informationsverarbeitungsgeschwindigkeit über die Lebensspanne meist abnehmen, können ältere Menschen meist sehr effizient kulturell vermittelte, soziale und erfahrungsbasierte Wissenskontexte nutzen, um die Verluste in der Mechanik teilweise oder ganz auszugleichen. Dieses Zwei-Komponenten-Modell der intellektuellen Entwicklung kann besonders gut genutzt werden, wenn es darum geht, Programme und Angebote für das lebenslange Lernen in späten und nachberuflichen Kontexten zu entwickeln.

Es gilt beispielsweise als gut belegt, dass die Lernfähigkeit bis ins hohe Alter zwar bestehen bleibt, wobei die Leistungspotenziale (Mechanik) älterer Menschen aber je nach Arbeits- und Bildungskontext (z. B. beruflicher Qualifizierung) geringer sind als die jüngerer Menschen. Dagegen erweisen sich die Aspekte der Pragmatik etwa im Hinblick auf die Emotionsregulation, Motivation und Persönlichkeit (z. B. Selbstwert, Zufriedenheit, Kontrollüberzeugungen) bis ins hohe Alter als weitgehend stabil. Positive Persönlichkeitseigenschaften wie die Gewissenhaftigkeit, die Verträglichkeit und die emotionale Stabilität legen tendenziell im Alter sogar leicht zu. Zudem zeigen ältere Menschen beträchtliche Potenziale in der Anpassung und Bewältigung altersbedingter Verluste und Entwicklungskrisen auf und empirische Studien weisen auf eine verbesserte Emotions- und Konfliktregulation im Alter hin.

Generell zeigt sich, dass lebenslanges Lernen immer noch stark von der individuellen Bildungskarriere abhängig ist; und eine der zentralen Fragen der Zukunft ist die Erreichbarkeit einer breiteren Bevölkerung. Zudem stellt lebenslanges Lernen nicht nur eine Herausforderung an den individuellen Handlungsbedarf dar, sondern spiegelt auch die Verantwortung von Institutionen wie Betrieben und Bildungseinrichtungen sowie von Politik und Gesellschaft. Ziel und damit ein zukünftiges gerontopsychologisches Betätigungsfeld wird es sein, in Projekten die derzeit noch geringere Beteiligung älterer Menschen an privaten und beruflichen Weiterbildungsmaßnahmen durch Projekte gezielt zu fördern.

37.4 Perspektiven gerontopsychologischer Interventionen

Eines der wichtigsten Arbeitsgebiete der angewandten Gerontopsychologie beschäftigt sich mit der Planung, Durchführung und Evaluation von Interventionen. Wichtigste Voraussetzung ist dabei das Wissen um Entwicklungs- und Altersprozesse, deren Verlauf und Richtung sowie um deren komplexen Zusammenhänge. Dieses Wissen gehört zu den Entscheidungs- und Orientierungsgrundlagen professionell arbeitender Gerontopsychologen. Wann sind Merkmale wie Vergesslichkeit oder Müdigkeit Teil normaler Alternsprozesse, wann sind sie Ausdruck einer pathologischen Entwicklung? Wo liegen Ressourcen und Potenziale im Alter und wo sind die Grenzen der Plastizität? Welche Kenntnisse liegen über Unterschiede in der Entwicklung zwischen und innerhalb von Personen vor? Um Fragen wie diese beantworten zu können, wird von der Gerontopsychologie gefordert, zwischen normalem, krankhaftem und gutem Altern zu unterscheiden. Diese Forderung stößt allerdings auf Grenzen, die in der Natur der Sache liegen. Zum Beispiel lässt sich nicht klar entscheiden, ab welchem Ausmaß kognitive Leistungseinbußen bei Hochbetagten den Bereich des Normalen überschreiten und ins Krankhafte übergehen (vgl. Brandstädter & Gräser, 1999; Lang & Rupprecht, in Druck).

Die Grundlage jeglicher gerontopsychologischen Intervention ist die Formulierung von (möglichst realistischen) Zielen sowie die Klärung der entsprechenden Kriterien, anhand derer die Ziele bewertet werden sollen. Die Identifikation von Zielen erfordert immer auch eine Berücksichtigung der vielfältigen Interessen der beteiligten Akteure (z. B. ältere Menschen, Angehörige, Pflegepersonal).

Befunde zum Abhängigkeitsunterstützungsskript. Als Illustration hierfür dienen die klassischen Befunde zum Abhängigkeitsunterstützungsskript: In einer exemplarischen Serie von Studien konnte Margret Baltes (1996) zeigen, dass in Alten- und Pflegeheimen abhängiges Verhalten verstärkt, selbstständiges Verhalten dagegen nicht belohnt, zum Teil sogar ignoriert wurde. Bei genauerer Betrachtung wurde erkennbar, dass die Bewohner sich strategisch weniger kompetent darstellten, um auf diese Weise vermehrt Aufmerksamkeit und Zuwendung durch das Pflegepersonal zu erhalten. Dieser Befund verdeutlicht, dass sich die Implikationen des Abhängigkeitsunterstützungsskripts für Interventionsansätze unterscheiden, je nachdem, ob Autonomie oder aber soziale Kontakte als Ziele formuliert werden. Zugleich werden die Verschränkung verschiedener Zielbereiche sowie die in Abhängigkeit vom Akteur auftretenden Bewertungsdimensionen sichtbar.

Intervention als Prozess. Altern ist ein komplexes Geschehen, bei dem in einem oder mehreren Funktionsbereichen gleichzeitig sowohl Gewinne als auch Verluste vorliegen. Ältere versuchen aktiv, Gewinne zu maximieren und Verluste zu minimieren, wobei dies in Abhängigkeit vorhandener Ressourcen, Ziele und Bedürfnisse selektiv geschieht. Demnach sollten Entwicklungsprobleme als Diskrepanz zwischen bestimmten Bedingungen und Anforderungen verstanden und neben individuellen auch kontextuellen und gesellschaftlichen Rahmenbedingungen Beachtung geschenkt werden. Das impliziert, dass sich Kriterien durch die Dynamik von Entwicklungsprozessen verändern und ein kontinuierlicher Abgleich über den Prozess der Intervention erfolgen muss (Brandtstädter & Gräser, 1999). Vor diesem Hintergrund wird die Notwendigkeit multidimensionaler, integrativer Interventionskonzepte deutlich, die die Idee der Orchestrierung von Anpassungsprozessen über verschiedene Bereiche aufgreifen.

Ein Beispiel für integrative Intervention. Ein Beispiel eines integrativen Interventionsansatzes ist die SimA-Studie (»Selbstständig im Alter«, Oswald et al., 2006). In einer Stichprobe von 375 älteren, im eigenen Haushalt lebenden Menschen zwischen 75 und 93 Jahren wurden gezielt verschiedene Trainingsansätze wie Psychoedukation, körperliches und kognitives Training sowie Kombinationen von körperlichen und kognitiven oder psychoedukativen Programmen verglichen. Bestandteil der SimA-Intervention war neben der kognitiven (u. a. Übungen zu Aufmerksamkeit, Gedächtnisstrategie für Kurz- und Langzeitgedächtnis) gleichzeitig auch die körperliche Aktivierung (u. a. Balance- und Koordinationsübungen). Im Vergleich zur Kontrollgruppe ließen sich ein und fünf Jahre später spezifische Trainingseffekte des SimA-Trainings belegen. So wiesen die Teilnehmer einen besseren kognitiven und körperlichen Funktionsstatus sowie weniger depressive Symptome auf (Oswald et al., 2006).

Denkanstöße

▶ Was sind Kriterien, die zur Bewertung einer gerontopsychologischen Intervention in den skizzierten Bereichen wichtig sind?
▶ Was bedeutet für Sie erfolgreiches Altern, und welche Kriterien würden Sie zur Bestimmung heranziehen?

37.5 Anforderungen der angewandten Gerontopsychologie

Wie in der medizinischen Alternsforschung üblich, beruht auch die Gerontopsychologie auf einem inter- und transdisziplinären Ansatz, in dem auch die Erkenntnisse benachbarter Disziplinen der Biologie, Medizin, Sport-, Erziehungs- und Arbeitswissenschaften (um nur einige zu nennen) einbezogen werden müssen. Eine Folge hiervon ist, dass eine ganzheitliche Perspektive auf den älteren Menschen und den Alternsprozess gesucht wird, bei dem verschiedenen Methoden (multimethodal) die jeweiligen Perspektiven vieler Akteure (multiperspektivisch) in einem integrativen Forschungsansatz und anhand vieler möglicher Bewertungsdimensionen (multikriterial) untersucht werden. Dies stellt hohe Anforderungen an die Kompetenz von praktisch tätigen Psychologen, etwa auch im Hinblick auf deren Vielseitigkeit und Kenntnis von ebenfalls auf das Alter und Altern ausgerichteten Nachbardisziplinen wie der Gerontopsychiatrie, Geragogik, Geriatrie, Sozialgerontologie oder auch Biogerontologie. Die Gerontopsychologie kann in diesem »Konzert« der angewandten Gerontologie wesentliche Kompetenzen, Theorien und Befunde beisteuern, die eine verbesserte Lebensqualität im Alter ermöglichen.

Zusammenfassung

▶ Die angewandte Gerontopsychologie überträgt grundlegende Theorien, Erkenntnisse und Befunde der lebensspannenorientierten Entwicklungs- und Alternspsychologie auf die Lebensgestaltung im Alter und verfolgt dabei das Ziel der Verbesserung der Lebensbedingungen und -qualität älterer Menschen.
▶ In diesem Prozess der Übertragung und Erweiterung vorhandener Forschungsbefunde auf Anforderungen und Aufgaben des täglichen Lebens im Alter entstehen jedoch häufig neue Forschungsfragen und -probleme, die in der grundlagenorientierten oder experimentellen Entwicklungspsychologie bis dahin häufig noch nicht bemerkt oder beachtet wurden. So ist beispielsweise erst in jüngster Zeit deutlich geworden, dass die in experimentellen Kontexten beobachteten Befunde zu Altersunterschieden in der kognitiven Leistungsfähigkeit nicht ohne Weiteres auf den Alltag älterer Menschen übertragen werden können.

Weiterführende Literatur

Peters, M. (2006). Psychosoziale Beratung und Psychotherapie im Alter. Göttingen: Vandenhoeck & Ruprecht. *Bietet einen umfassenden und gut verständlichen Einstieg und Überblick zu Fragen der Therapie und der Beratung von älteren Menschen.*

Rothermund, K. & Mayer, A.-K. (2009). Altersdiskriminierung: Erscheinungsformen, Erklärungen und Interventionsansätze. Stuttgart: Kohlhammer. *Das Buch gibt einen anschaulichen und klar strukturierten Überblick zur Bedeutung und Auswirkung von Altersbildern in der angewandten Gerontopsychologie.*

Wahl, H.-W. & Iwarsson, S. (2007). Person-environment relations. In R. Fernández-Ballesteros (Ed.), GeroPsychology. European perspectives for an aging world (pp. 49–66). Göttingen: Hogrefe. *Verständlich geschriebener Überblick und Einstieg zu anwendungsbezogenen Aspekten der ökopsychologischen Gerontologie und der Person-Umwelt-Passung.*

Wahl, H.-W., Tesch-Römer, C. & Ziegelmann, J.P. (Hrsg.). (2012). Angewandte Gerontologie. Stuttgart: Kohlhammer. *Umfassendes interdisziplinäres Handbuch zu zentralen Schlüsselthemen und Kernbegriffen der psychologischen, sozialwissenschaftlichen und medizinischen Alternsforschung.*

Anhang

Glossar
Literaturverzeichnis
Weiterführende Literatur
Autorenverzeichnis
Über die Autoren und Herausgeber
Hinweise zu den Online-Materialien
Bildnachweis
Namensverzeichnis
Sachverzeichnis

Glossar

A

Aggressivität (aggressivity). Disposition zu aggressivem Verhalten gegen Menschen oder Sachen (Vandalismus). Die individuellen Ausprägungsunterschiede sind von der Kindheit bis ins frühe Erwachsenenalter als relativ stabil nachgewiesen, besonders beim männlichen Geschlecht. Aggressionen können sehr viele Formen haben, z. B. physische Gewaltanwendung (häufiger bei Jungen), Beleidigungen, Einschüchterung, Ausschluss aus der sozialen Gruppe. Die Motivation aggressiven Verhaltens reicht von der Durchsetzung von Interessen über die Verteidigung von Ansprüchen bis zur Vergeltung erlebter Ungerechtigkeiten und Verletzungen. Aggressivität entwickelt sich als Reaktion auf selbst erlittene Aggression und Feindseligkeit. In den → Settings Schule und Berufswelt wird heute → Mobbing als Sonderform der Aggressivität diskutiert.

Akkommodation. Siehe Assimilation – Akkommodation.

Akkulturation (acculturation). Wandel ursprünglicher kultureller, durch → Enkulturation entstandener Entwicklungsmuster infolge dauerhafter Kontakte mit neuen kulturellen Gruppen. Akkulturation kann als sekundäre Enkulturation verstanden werden.

Antisoziales Verhalten. Siehe prosoziales – antisoziales Verhalten.

Assimilation – Akkommodation (assimilation – accommodation). Das Begriffspaar wurde von Piaget eingeführt, um die Entwicklung menschlicher Erkenntnis und Informationsverarbeitung zu erklären. Assimilation ist die Integration von Neuem in bestehende mentale (und Handlungs-)Strukturen, Akkommodation die Anpassung bestehender mentaler (und Handlungs-)Strukturen an Umweltanforderungen. Durch das Wechselspiel beider Prozesse werden nach Piaget die gesamte menschliche Erkenntnis und das mit ihr verbundene Wissen aufgebaut. Assimilation und Akkommodation sind zugleich die basalen Prozesse der mentalen Konstruktionsleistungen beim Aufbau von → Schemata und → Strukturen. Das Begriffspaar wird auch zur Beschreibung von zwei Formen der → Bewältigung von Verlusten im Erwachsenenalter verwendet.

Attribution (attribution). Zuschreibung. Personen werden Merkmale, Motive, Verantwortlichkeit für Leistungen, Misserfolge, Erkrankungen, Unfälle und andere verlustreiche Ereignisse zugeschrieben. Man spricht auch bei subjektiven Erklärungen von Leistungen oder Versagen von Attribution. Leistungen werden z. B. auf Begabung, Anstrengung, Zufall, soziale Unterstützung oder andere Faktoren »attribuiert«. Diese Attributionen haben Folgen, z. B. für die Leistungsmotivation oder das Leistungsselbstbild. Der *Attributionsstil* bezeichnet die Tendenz von Personen, bestimmte Attributionen anderen vorzuziehen. Zugeschriebene positive oder negative Merkmale können in das Selbstbild aufgenommen werden.

Aufmerksamkeit (attention). Leistung der Selektion aus Wahrnehmungs- und Vorstellungsakten. Aufmerksamkeit konzentriert, fixiert und fokussiert angesichts der Fülle von unentwegt auf den Organismus auftreffenden Reizen und der Menge innerer Vorstellungen und Repräsentationen. Aufmerksamkeit wird durch das aufsteigende retikuläre Aktivierungs-System (ARAS) gesteuert, das vor allem den Wachheitsgrad (Vigilanz) bestimmt. Darüber hinaus sind aber je nach Aufgabe eine Reihe anderer Gehirnzentren beteiligt.

B

Begabung (talent). Wird als kausale Voraussetzung jedweder Leistung in einer → Domäne, aber auch als Voraussetzung für besondere Leistungen angesehen. Im letzteren Falle spricht man auch von Begabtheit (giftedness) oder Talent. Von *Hochbegabung* wird allgemein dann ausgegangen, wenn in einem Intelligenztest ein IQ-Wert von 130 erreicht oder überschritten wird.

Bereichsspezifische Entwicklung (domain-specific development). Kennzeichnet den Sachverhalt, dass Entwicklungs- und Lernfortschritte nicht in allen oder vielen Bereichen, gleichzeitig oder parallel verlaufen, sondern auf einen eng umgrenzten Bereich (→ Domäne) beschränkt bleiben. Dies gilt insbesondere für Hochleistungen und → Expertise.

Bewältigung (Coping). Aktivitäten des Individuums, Verluste und Gefährdungen wichtiger Anliegen oder eines positiven Selbstbildes durch Schicksalsschläge, Versagen, Konflikte, unerwartete Barrieren u. a. zu meistern und/oder die dadurch ausgelösten belastenden Gefühle zu dämpfen. *Assimilative* Bewältigung bedeutet problemorientiertes Handeln zur Sicherung oder Realisierung der bedrohten Anliegen, *akkommodative* Bewältigung das Aufgeben oder Abwerten nicht (mehr) erreichbarer sowie die positivere Neubewertung erreichbarer Anliegen und Ziele (→ Assimilation – Akkommodation). Weitere Einteilungen unterscheiden zwischen *defensiver* Bewältigung (Verleugnen, Verdrängen) und *aktiver* Bewältigung (Coping) sowie zwischen *problemzentriertem* Coping (Auseinandersetzung mit anstehenden Problemen) und *emotionszentriertem* Coping (Versuche der Verminderung belastender Gefühle wie Angst, Empörung, Bitterkeit, Schuldgefühle, Scham, Eifersucht, Trauer). Das → SOK-Modell thematisiert Bewältigung als Voraussetzung erfolgreicher Entwicklung.

Big Five. Mit → Faktorenanalysen gefundene Persönlichkeitsfaktoren: Neurotizismus, Extraversion, Offenheit für Neues, Verträglichkeit und Gewissenhaftigkeit. Die ersten drei Faktoren zeigen bei Älteren geringere Werte, die letzten beiden höhere Werte als bei jüngeren Gruppen. Die Big Five weisen hohe intraindividuelle Stabilität auf und finden sich in ähnlicher Weise in vielen Kulturen.

Bindungstheorie (attachment theory). Beschreibt den Aufbau der Beziehung zwischen Kleinkind und Bezugsperson als Bindungssystem, das mit dem Erkundungssystem (→ Exploration) dergestalt in Wechselbeziehung steht, dass sichere Bindung Erkundungsverhalten anregt und das Kind bei angsteinflößenden Reizen ins Bindungssystem zurückkehren kann. Bindung baut sich erst gegen Ende des 1. und im Laufe des 2. Lebensjahres auf und scheint eine Universalie zu sein. Als *Bindungsstile* werden unterschieden: sicher gebunden (Typ B), unsicher vermeidend (Typ A), unsicher ambivalent (Typ C) und desorganisiert/desorientiert (Typ D). Diese Bindungsstile bleiben auch später in der Entwicklung bis zu einem gewissen Grad bestimmend und wirken sich auf die Qualität des Sozialverhaltens aus.

Bullying. Siehe unter Mobbing.

C

Coping. Siehe Bewältigung.

D

Deliberate Practice. Gezieltes, intensives, hoch konzentriertes Üben, das zur Erzielung von Hochleistungen benötigt wird. Das Ausmaß korreliert mit dem erreichten Leistungsniveau, weshalb manche Autoren auf das Konzept der → Begabung in Musik, Tanz und Sport verzichten zu können glauben. Dies wäre aber voreilig, da nicht alle Menschen bei gleichem Übungsaufwand die gleiche Leistung erreichen und die Dunkelziffer der Abbrecher unbekannt ist. Vielmehr scheint es eine Wechselwirkung von Begabung und Deliberate Practice dergestalt zu geben, dass der relativ rasch erzielbare Fortschritt zu weiterer, noch intensiverer Übung motiviert.

Delinquenz (delinquency). Straffälliges Verhalten. Eine Straftat liegt vor, wenn eine Tat oder eine Unterlassung einem rechtlich definierten Straftatbestand entsprechen und dem Täter die Verantwortung für die Tat zugeschrieben wird. Erklärt werden Straftaten mit personalen und situationalen Bedingungen. Erstere resultieren auch aus der Entwicklungsgeschichte einer Person. Für ein Verständnis von Straftaten und für ihre Prävention sind auch ihre Motive zu erkunden, die sehr unterschiedlich sein können.

Bei Delikten von Jugendlichen ist häufig die Verteidigung oder Gewinnung von Sozialstatus das Motiv. Neben dieser Jugenddelinquenz gibt es eine persistente Delinquenz, die sich schon während der Kindheit in Verhaltensstörungen, oft aggressiver Art, ankündigt und im Erwachsenenalter erhalten bleibt.

Denken (thinking). Mentale Tätigkeiten oder → Operationen, z. B. zum Lösen von Problemen. Manche Probleme lassen sich durch die Vorstellung einer Sequenz von Handlungen lösen, ohne dass diese Handlungen ausgeführt werden müssten. In anderen Fällen sind andere mentale Operationen erforderlich. *Analoges* Denken nutzt Wissen, das bei anderen Problemen, die in einer bestimmten Hinsicht ähnlich sind, zum Ziel führt. Als allgemeine Formel des analogen Denkens gilt: A : B = C : D. *Deduktives* Denken zieht aus Prämissen einen logisch zwingenden Schluss. Prototyp des deduktiven Denkens ist der Syllogismus. *Induktives* Denken verallgemeinert einen Fall als gültig für andere unbekannte Fälle (wird bei Hypothesenbildung benötigt). *Kausales* Denken führt ein beobachtetes Ereignis auf Ursachen zurück, eine Fähigkeit, die schon bei Säuglingen zu finden ist. *Wissenschaftliches* Denken bezeichnet das in den Naturwissenschaften übliche Vorgehen der empirischen Prüfung einer Hypothese durch kontrollierte Variation und Kombination von Variablen.

Devianz (deviancy). Von der Norm abweichendes Verhalten. → Delinquenz ist eine Form der Devianz. Auch Süchte, Verhaltens- und Persönlichkeitsstörungen oder psychopathologische Erkrankungen wie Schizophrenie führen zu deviantem Verhalten. Verhaltensmuster, die in einer Kultur üblich sind, können in einer anderen Kultur als deviant gelten.

Differenzierung (differentiation). Ausgliederung von Teilen aus einem ungegliederten Ganzen. Differenzierung wird als generelles Entwicklungsgesetz angesehen und zeigt sich vor allem in der Kindheit und Jugend als Ausfächerung von Teilleistungen, die aber ihrerseits koordiniert sind und hierarchisch reguliert werden (→ Integration).

Im schulischen Bereich steht Leistungsdifferenzierung im Vordergrund. Die *äußere* Differenzierung trennt Leistungsgruppen nach Schularten, die *innere* Differenzierung versucht, die Lernenden innerhalb der gleichen Gruppe (z. B. Schulklasse) entsprechend ihrem Leistungsniveau zu fördern (individualisierender Unterricht).

Domänen (domains). Lern- und Entwicklungsbereiche, in denen sich Leistungen entwickeln. Die Entwicklungspsychologie grenzt den Begriff der Domäne auf Bereiche ein, die eine biologische Basis zu haben scheinen, wie die intuitive Mathematik, Physik und Biologie. Die Pädagogische Psychologie definiert Domänen meist durch die Schul- bzw. Wissenschaftsfächer (einschließlich der musischen Bereiche) und gelangt zu einer nach oben offenen Anzahl von Domänen.

DSM-IV. Siehe unter Klassifikationssysteme psychischer Störungen.

E

Effektstärke (effect size). Die Effektstärke gibt an, wie groß (oder bedeutsam) der Effekt z. B. einer Maßnahme oder einer anderen mutmaßlichen Entwicklungsbedingung, etwa bestimmter Kontextmerkmale, ist. Sie wird auch als praktische Signifikanz bezeichnet. Damit die Effektstärke mehrerer Untersuchungen (z. B. in Metaanalysen), verschiedener Maßnahmen, Variablen und ihren Skalierungen verglichen werden kann, wird sie in standardisierter Quantifizierung als Anteil an der Varianz der interessierenden Messvariablen erfasst.

Egozentrismus (egocentrism). Die Unfähigkeit, eine von der eigenen Perspektive abweichende Perspektive einer anderen Person einzunehmen. Man spricht von Egozentrismus, wenn nicht erkannt wird, dass und was eine andere Person von einer anderen Position im Raum aus wahrnimmt, oder wenn angenommen wird, eine andere Person habe dieselben Informationen und Erkenntnisse wie man selbst.

Emotionen (emotions). Emotionen sind Erlebnisqualitäten, die »einen Anlass« haben. Sie sind zum größten Teil Ausdruck spezifischer → Kognitionen und Bewertungen dieses »Anlasses«. So drückt z. B. Angst eine erlebte Bedrohung durch den Anlass aus, Empörung den Vorwurf einer Normverletzung, Trauer einen Verlust, Schuld ein moralisches Versagen, Scham einen Ehrverlust, Stolz einen Gewinn an Selbstwert, Neid eine erlebte Minderwertigkeit im Vergleich zu einer anderen Person.

Enkulturation (enculturation). Aneignung von Handlungskompetenzen, die für das Leben in der Kultur, in der das Individuum aufwächst, erforderlich sind. Enkulturation kann als Prozess der Übernahme der Kultur bzw. des Hineinwachsens in die Kultur verstanden werden.

Entwicklung (development). Nachhaltige und nachhaltig wirkende psychologische Veränderungen einer Person bzw. ihrer Merkmale, z. B. Dispositionen, Wissen, Fähigkeiten. Diese Veränderungen können universell, differenziell oder individuell sein.

Entwicklungsaufgaben (developmental tasks). Ergeben sich aus entwicklungsabhängigen Fähigkeiten und Möglichkeiten, aus somatischen Reifungs- und Abbauprozessen und altersnormierten gesellschaftlichen Erwartungen und Anforderungen, die kulturspezifisch sein können. Idealerweise liegt eine → Passung zwischen den Entwicklungsgegebenheiten und den altersnormierten gesellschaftlichen Erwartungen vor, z. B. bezüglich Blasenkontrolle, Schuleintritt, Eheschließung, Ausscheiden aus dem Berufsleben. Von Entwicklungsaufgaben sind → kritische Lebensereignisse zu unterscheiden.

Entwicklungsgenetik (developmental genetics). Erforschung des Einflusses der Erbanlagen (→ Gene) auf die Entwicklung. Entwicklung beruht nicht linear-kausal auf einem genetischen Programm, sondern auf der Wechselwirkung zwischen Genaktivität, neuronaler Aktivität, Verhalten und Umwelt. Die Genaktivität variiert im Verlauf der Entwicklung.

Entwicklungsmodelle (developmental models). Modelle sind Versuche, eine komplexe Wirklichkeit darzustellen. Sie können die Wirklichkeit mehr oder weniger richtig, mehr oder weniger vollständig darstellen; es bleiben immer Lücken. Modelle sind fruchtbar, wenn sie ein angemessenes Verständnis der Wirklichkeit ermöglichen, wenn aus oder mit ihnen Vorhersagen oder Einflussnahmen abgeleitet werden können.

Es gibt unterschiedliche Modelle, mit denen spezifische Sichten auf Veränderungen und Stabilitäten in der Entwicklung möglich sind: Entwicklung als quantitatives Wachstum, Entwicklung als qualitative Veränderung (z. B. als Differenzierung und Integration, als Stufenfolge, als Abfolge von Phasen, als Überschichtung).

Werden die Einflussfaktoren in die Modellbildung einbezogen, sind Reifungsmodelle von Modellen der Interaktion von Anlagen und Umwelteinflüssen zu unterscheiden. Ein spezifisches Modell ist hierbei das aktionale Entwicklungsmodell mit der Annahme, dass Menschen einen aktiv gestaltenden Einfluss auf ihre eigene Entwicklung nehmen, indem sie Ziele und Anliegen verfolgen, sich ihre eigene Lebensumwelt aussuchen und gestalten.

Systemische Entwicklungsmodelle (→ Systemtheorie) differenzieren die Faktoren Anlage, Umwelt, die sich entwickelnde Person sowie die Möglichkeiten ihres Zusammenspiels weiter auf. Grundsätzlich haben alle Elemente des → Systems Bezüge zueinander. Es ist Aufgabe der Modellbildung, einflussreiche Bezüge zu ermitteln und das grundsätzlich offene System in Ausschnitten darzustellen, die individuelle und differenzielle Entwicklungen erklären und Ansatzpunkte für förderliches und präventives Handeln bieten.

Entwicklungsnormen (developmental norms). Empirisch ermittelte Altersangaben für bestimmte Entwicklungsmerkmale wie Intelligenz, Motorik, Sprache und Sozialverhalten. Die mit Entwicklungstests gewonnenen Normen reichen nur bis etwa zum 16. Lebensjahr, weil Entwicklungsveränderungen im weiteren Lebensverlauf nicht mehr allgemein, sondern differenziell sind, weshalb Jahrgangsnormen keine brauchbare Orientierung liefern. Entwicklungsnormen beziehen sich aber auch auf Entwicklungsstrukturen, → Entwicklungsaufgaben, Entwicklungsübergänge und -krisen in einzelnen Lebensabschnitten wie Einschulung, Schulabschlüsse, Aufnahme und Ende der Berufstätigkeit, Partnerschaft, Elternschaft und deren adäquate → Bewältigung.

Werden Strukturniveaus (Stufen oder Stadien) erfasst, sind diese Niveaus in den Testitems abzubilden. Die Skalen dienen dann nicht nur der Diagnostik des erreichten Entwicklungsniveaus, sondern auch der Überprüfung entwicklungstheoretischer Hypothesen, etwa der These Piagets, dass ein neues Strukturniveau in verschiedenen Domänen zur gleichen Zeit erreicht wird und dass Regressionen auf ein früheres Stadium kaum vorkommen, weil mit dem höheren Strukturniveau Widersprüchlichkeiten überwunden und vermieden werden, die auf dem vorhergehenden als solche erkannt, aber noch nicht gelöst wurden.

Entwicklungsstörungen (disorders of psychological development). Darunter werden im ICD-10 unter F80–F89 die Beeinträchtigungen zusammengefasst, die drei Merkmale aufweisen: (1) einen Beginn, der im Kleinkindalter oder in der Kindheit liegt; (2) eine Einschränkung oder Verzögerung in der Entwicklung von Funktionen, die eng mit der biologischen Reifung des Zentralnervensystems verknüpft sind; (3) einen stetigen Verlauf, der nicht die für viele psychischen Störungen typischen Remissionen und Rezidive zeigt. Der Terminus »Entwicklungsstörungen« wird darüber hinaus oft für eine Vielfalt von Störungen verwendet, die in Kindheit und Jugend auftreten (z. B. für → Lernstörungen). Für das Erwachsenenalter verwendet man den Terminus kaum.

Erblichkeitskoeffizient. Siehe Heritabilität.

Erhebungsmethoden (assessment methods). Wie in der Psychologie generell werden auch in der Entwicklungspsychologie die theoriengeleitete Verhaltensbeobachtung, Fragebögen, Leistungstests und standardisierte bzw. semistrukturierte Interviews verwendet. In der frühen Kindheit sind die wichtigsten Erhebungsmethoden die Erfassung des orientierenden Reflexes und der daraufolgenden Habituierung, die Präferenzreaktion bei Darbietung zweier (visueller oder akustischer) Reizmuster und Bewegungsmessungen (z. B. Blickbewegung beim Abtasten eines Reizmusters, Führen der Greifbewegung nach einem bewegten Objekt). In den ersten Lebenswochen steht als Indikator das Saugverhalten zur Verfügung.

Bei theoriengeleiteter Beobachtung bevorzugt man standardisierte Situationen (z. B. den Fremde-Situations-Test zur Erfassung des Bindungsverhaltens oder kontrollierte Darbietungen zur Erfassung der Objektpermanenz), analysiert aber auch (videografierte) freie Situationen, wie beim Spielverhalten und beim Verhalten in der Peergruppe sowie generell beim Sozialverhalten im natürlichen Umfeld. Solche Beobachtungen werden heute nicht mehr ohne videografierte Dokumentationen durchgeführt, die danach theoriengeleitet auswertbar sind. Von Bedeutung für die emotionale und motivationale Entwicklung ist die standardisierte Analyse des emotionalen Ausdrucks (z. B. ab wann er in Abwesenheit von sozialen Partnern ausbleibt).

Aufgabenstellungen zur Ermittlung des Entwicklungsstandes erfolgen entweder innerhalb vorgegebener Situationen oder in Form von Leistungstests; bei diesen kann man unterscheiden zwischen Intelligenz- und Fähigkeitstests (z. B. für musikalische Fähigkeiten), Entwicklungstests (für das generelle Entwicklungsniveau) und Leistungstests (v. a. für schulbezogene Leistungen).

Befragungen existieren in Form von Exploration (offene Befragung nach dem Lebenslauf), standardisierten und semistrukturierten Interviews sowie Fragebögen, die entweder bereits standardisiert sind oder bei neuen Fragestellungen speziell entwickelt werden. Dabei richten sich die Items auf die Gesamtpersönlichkeit, auf Teilkomponenten der Persönlichkeit (z. B. Selbstkonzept, Körperkonzept, Motivation), auf Entwicklungsaufgaben und -ziele oder auf kritische Lebensereignisse. Zur raschen Erfassung von Entwicklungsniveaus bzw. -störungen nutzt man Screeningverfahren, die ebenfalls meist standardisiert sind. Als fruchtbar hat sich die Bearbeitung von Dilemmata erwiesen (z. B. für die Einschätzung des Niveaus der Perspektivenübernahme, des moralischen Urteilens und des dialektischen Denkens).

Spezielle Verfahren, die heute eine wichtige Rolle in der Entwicklungspsychologie spielen, sind bildgebende Verfahren zur Erfassung des neurologischen Status im Gehirn (z. B. EEG, Magnetresonanztomografie, Positronenemissionstomografie), Messungen des Hormonspiegels (z. B. Cortisol im Mundspeichel, Melatonin, Östrogen und Testosteron), der Pulsfrequenz und des Hautwiderstands sowie Reaktionszeitmessungen.

Erkundung. Siehe Exploration.

Erziehung (education, parenting). Einwirkung von Eltern und Pädagogen auf Kinder und Jugendliche in der Absicht, deren Entwicklung auf spezifische Ziele hin zu steuern. Was dabei angestrebt wird, liegt in der Entscheidungsmacht der Erzieher. Absichtsvolle Versuche, bei anderen Menschen Entwicklungen zu bestimmten Zielen zu erreichen, gibt es selbstverständlich auch in vielen anderen sozialen Beziehungen. Auch Versuche der Kinder und Jugendlichen, Eltern und Pädagogen zu erziehen, dürfen nicht übersehen werden.

Erziehungsziele sind nicht in erster Linie Wissen und Kompetenzen, sondern Werthaltungen, Normorientierungen, Einstellungen und andere Persönlichkeitsmerkmale. Aber Wissen und Kompetenzen können erforderlich sein, um die Entwicklungsziele zu erreichen und deren Umsetzung in Handeln zu ermöglichen. Die moralische Erziehung mag primär das Ziel haben, die Akzeptanz bestimmter moralischer Normen zu erreichen. Deren Umsetzung in Handeln mag jedoch Kompetenzen der Selbstkontrolle bei Versuchungen zur Übertretung oder Kompetenzen der Normbegründung gegenüber Andersdenkenden erfordern, die dann ebenfalls erzieherisch vermittelt werden können. Wenn das Erziehungsziel das eigenverantwortliche Treffen von Entscheidungen in Normendilemmata ist, müssen Kompetenzen der Reflexion und des Diskurses über solche Dilemmata vermittelt werden. Wenn das Erziehungsziel ein positives Leistungsselbstbild ist, sind Kompetenzen zum Erzielen guter Leistungen gefragt.

Erziehung ist ein Sonderfall der → Sozialisation, womit alle Einflüsse auf die Persönlichkeitsentwicklung gemeint sind, auch solche, die nicht absichtsvoll ausgeübt werden. In der entwicklungspsychologischen Forschung sind neben Erziehungszielen auch Erziehungsstile und erzieherische Kompetenzen als einflussreich für die Persönlichkeitsentwicklung nachgewiesen.

Evaluation (evaluation). Überprüfung der Wirksamkeit von Maßnahmen der Entwicklungsförderung oder der Prävention von Entwicklungsstörungen. Hierfür sind Untersuchungspläne erforderlich, mit denen sichergestellt wird, dass die beobachteten Effekte auf die Maßnahmen und nicht auf andere Einflüsse zurückzuführen sind, z. B. auf Reifung oder günstige Umwelteinflüsse. Erforderlich ist zumindest eine Interventionsgruppe (IG) und eine in Bezug auf relevante Variablen parallelisierte Kontrollgruppe (KG). Es sollte auch sichergestellt werden, dass die KG nicht indirekt von den Maßnahmen profitiert, etwa durch Kontakte mit Mitgliedern der IG.

Üblicherweise gibt es mindestens drei Messzeitpunkte: (1) einen Prätest vor Beginn der Maßnahme, mit dem auch kontrolliert wird, dass die Ausgangswerte der IG und KG gleich sind; (2) einen Posttest bald nach Beendigung der Maßnahme und (3) eine Follow-up-Messung einige Zeit später, um die Stabilität der Effekte, evtl. auch ihre spontane Weiterentwicklung, zu kontrollieren, aber auch um zu prüfen, ob ein erzielter Entwicklungsvorsprung der IG erhalten bleibt und die KG nicht spontan aufholt.

Neben dieser Prüfung der Gesamtwirksamkeit (summative Evaluation) gibt es eine formative Evaluation mit dem Ziel, die Maßnahme und ihre Durchführung auf der Grundlage der empirischen Erprobung von Varianten der Konzeption, der Vermittlungsverfahren und des Trainings von Personen, die das Programm durchführen sollen, zu optimieren. In *Metaevaluationen* werden möglichst viele Evaluationen der gleichen Maßnahme zusammengefasst. Dies erlaubt eine Aussage darüber, wie wirksam sie generell ist und ob ihre Wirksamkeit moderiert wird (→ Moderatorvariable), z. B. durch Merkmale der Adressaten (etwa der Freiwilligkeit der Teilnahme oder der Motivation), durch Merkmale ihres Umfeldes (etwa der Bildung der Eltern), durch unterschiedliche Formen der Realisierung (etwa Einbezug der Eltern oder nicht), oder ob die Wirkungen mehr auf die Kompetenzen der Vermittler als auf das inhaltliche Programm der Maßnahme zurückzuführen sind.

Expertise (expertise). Spezialisiertes, aber tiefes → Wissen in spezifischen Bereichen (Domänen). Für Expertisen mit Hochleistung scheint die 10-Jahres-Regel zu gelten: Man benötigt ca. 10 Jahre, um in einer Domäne zum Experten zu werden. Das Konzept der Expertise ersetzt bis zu einem gewissen Grad das Konzept der → Begabung, da die entscheidende Bedingung in einer intensiven langfristigen Beschäftigung mit den Gegenständen des Bereichs zu suchen ist (→ Deliberate Practice). Die Entwicklung des Kindes, das als universeller Novize anzusehen ist, besteht unter dieser Perspektive in einem Aufbau von Expertisen, selbst bis zum Niveau von Erwachsenen. Abhängig von der Intensität der Beschäftigung mit bestimmten Gegenständen oder Themen können Kinder Experten und Erwachsene Novizen sein (z. B. bei der Beherrschung eines Musikinstruments, bei sportlichen Hochleistungen oder bei Computerwissen).

Exploration, Erkundung (exploration). Ein in der frühen Kindheit einsetzendes Verhalten, das der Erforschung der Umwelt dient und für die kognitive Entwicklung daher zentrale Bedeutung besitzt. Sicher gebundene Kinder zeigen mehr explorative Aktivitäten als andere (→ Bindungstheorie, → Neugierverhalten).

F

Fähigkeiten (abilities). Merkmale der → Persönlichkeit, die relativ stabil sind und als innere Ursachen für Verhalten, Ausdruck und Leistung angesehen werden. Unter Leistungsaspekten lassen sich Fähigkeiten bestimmten → Domänen zuordnen und gelten dort als das Resultat von Lernprozessen. Während man früher Fähigkeiten stärker als angeborene Merkmale ansah, werden sie heute als Produkt der Wechselwirkung von genetischen Voraussetzungen, Umweltbedingungen und eigener konstruktiver Aktivität gesehen.

Faktorenanalyse (factor analysis). Ein mathematisches Verfahren zur Reduktion von Matrizen, die lineare Zusammenhänge zwischen Variablen abbilden (Korrelationen oder Kovarianzen). Die Faktorenanalyse ermittelt Ähnlichkeiten zwischen Variablen und gruppiert sie nach Faktoren, auf denen bestimmte Variablen hoch, die übrigen jedoch niedrig laden; damit ist gemeint, dass bestimmte Variablen für bestimmte Faktoren hohes Gewicht haben und diese Faktoren inhaltlich definieren, die anderen ein niedriges Gewicht und von daher eher bedeutungslos sind. Auf diese Weise erhält man eine Faktorenstruktur. Bei der *konfirmatorischen* Faktorenanalyse werden theoretisch abgeleitete Faktorenstrukturen vorgegeben, bei der *exploratorischen* Faktorenanalyse nicht.

Familie (family). Im engeren Sinn biologisch-soziale Gruppe von Eltern mit ihren ledigen, leiblichen und/oder adoptierten Kindern. Die Kernfamilie umfasst nur zwei Generationen, die Großfamilie drei oder vier Generationen (und in anderen Kulturen auch nähere Verwandte). Familien sind offene, sich entwickelnde und sich partiell selbst regulierende → Systeme mit Bezügen zwischen ihren Elementen und Teilsystemen und anderen Systemen (andere Familien, Nachbarn, Schulen, Berufswelt, Rechts- und Wirtschaftsordnung, kulturelle Wert- und Normsysteme).

Ihre Entwicklung ist im Kontext materieller und sozialer → Ressourcen und Restriktionen, einschließlich Aufgaben und Anforderungen (→ Entwicklungsaufgaben), zu sehen. Familiäre Lebensformen zeigen gegenwärtig eine Pluralisierung, wobei die traditionelle Kernfamilie nur eine von mehreren Möglichkeiten darstellt. Eine relativ häufige Form bilden Patchworkfamilien, bei der Partner nach Ehescheidung und Auflösung der bisherigen Familie neue Partnerschaften eingehen und Kinder aus erster Ehe (oder nachfolgenden Ehen) mit in die neue Lebensgemeinschaft bringen.

Forschungsdesigns (study designs). Das einfachste Forschungsdesign zur Erfassung von Entwicklungsveränderungen ist das *Vorher-Nachher-Design* (Minimalforderung: Versuchs- und Kontrollgruppe), bei dem geprüft wird, ob ein Treatment (z. B. eine entwicklungsfördernde Maßnahme) wirksam war (→ Evaluation). Die → Längsschnittuntersuchung benötigt demgegenüber eine größere Anzahl von Messwiederholungen. Die → Querschnittuntersuchung, die verschiedene Altersstufen (und damit → Kohorten) zum gleichen Zeitpunkt erfasst, kann nur dann zu validen Ergebnissen führen, wenn die gefundenen Entwicklungsunterschiede generell (nomothetisch) und nicht differenziell gelten. Zu den Vor- und Nachteilen beider Designs siehe unter den beiden Stichwörtern. Das *Kohortensequenzdesign* verbindet beide Verfahren und fängt bei mehrfacher Wiederholung systematische Fehler auf. *Follow-up-Studien* verfolgen ein Entwicklungsergebnis oder Fördermaßnahmen durch eine oder mehrere Erhebungen nach einem längeren Zeitraum. Eine Sonderstellung nimmt das *Single-Subject-Design* ein, bei dem nur eine Versuchsperson, dafür aber zu sehr vielen Zeitpunkten untersucht wird. Ein verallgemeinerbarer Erkenntnisgewinn ergibt sich nur dann, wenn die Befunde Hinweise auf allgemeine Gesetzmäßigkeiten von Entwicklung liefern, die dann gezielter geprüft werden können. Retrospektive Untersuchungen, die Probanden in der Rückschau über vergangene Ereignisse und Erfahrungen befragen, sind problematisch, sofern sie auf tatsächliche Ereignisse abzielen, hingegen interessant, wenn sie die integrativen Konstruktionsleistungen der Einzelnen erfassen, die ihr Leben in der Rückschau zu einem stimmigen Ganzen gestalten.

In der Erforschung der kindlichen Entwicklung spielt nach wie vor das *experimentelle Forschungsdesign* eine Hauptrolle. Hier wird unter Kontrolle aller erfassbaren Variablen nur eine variiert, um zu prüfen, ob der theoretisch zu erwartende Entwicklungseffekt tatsächlich auf die angenommene Wirkgröße zurückzuführen ist. Der Hauptnachteil dieser Form des Experiments liegt in der geringen ökologischen → Validität, was man durch sog. ökologische Experimente, die in der sozialen Realität möglichst wirklichkeitsnah und zugleich kontrolliert konzipiert werden, auffangen kann.

G

Gedächtnis (memory). Die Fähigkeit, Information zu speichern und zu nutzen. Wiedererkennen (von Geburt an vorhanden) identifiziert externe Reizmuster mit zuvor gespeicherten Mustern, Reproduzieren (tritt ab dem 2. Lebensjahr auf) vermag gespeicherte Information ohne externe Hilfen abzurufen und zu produzieren. Bezüglich der Dauer des Behaltenen unterscheidet man zwischen *Ultrakurzzeit-* (Bruchteile von Sekunden), *Kurzzeit-* (Sekunden bis Minuten) und *Langzeitgedächtnis* (zeitlich unbegrenzt); das Ultrakurzzeitgedächtnis wird auch häufig »sensorisches Register« genannt, das Kurzzeitgedächtnis als *Arbeitsgedächtnis* bezeichnet. Beim Langzeitgedächtnis unterscheidet man das *explizite oder deklarative* (bewusst verfügbare Information) und das *implizite oder nicht-deklarative* Gedächtnis (nicht bewusst verfügbares prozedurales Wissen, das mit der Nutzung von Strategien und dem Einsatz von Fertigkeiten zu tun hat; → Lernen, → Priming). Das explizite Gedächtnis gliedert sich in das *episodische* (Speicherung von Erfahrenem) und das *semantische* Gedächtnis (fachlich und logisch gegliederte Wissensinhalte). Das *autobiografische* Gedächtnis ist Teil des episodischen Gedächtnisses, in dem Erinnerungen mit starkem Selbstbezug repräsentiert sind. Weiter werden Gedächtniskapazität (Umfang des verfügbaren Speichers) und Gedächtnisstrategien (für das Einprägen und das Abrufen aus dem Speicher) unterschieden. Das *Metagedächtnis* bezieht sich auf das Wissen über das Gedächtnis; dabei unterscheidet man ein *deklaratives* (verfügbares, mitteilbares Wissen über Gedächtnisvorgänge) und ein *prozedurales* Metagedächtnis (Fähigkeit zur Kontrolle und Regulierung gedächtnisbezogener Aktivitäten). Das Gedächtnis ist also keine einheitliche Funktion, sondern besteht aus vielen »Gedächtnissen«, deren Leistungsfähigkeit auch intraindividuell sehr unterschiedlich sein kann.

Gene (genes). Beim Menschen die Segmente auf den 23 Chromosomenpaaren, die die Erbinformation in Form von DNA enthalten. Jedes Gen auf den 22 homologen Chromosomenpaaren hat zwei parallele Allele, eines von der Mutter, eines vom Vater (beim Mann ist ein Paar nicht homolog, das X- und das Y-Chromosom). Das menschliche *Genom* (die gesamte Erbinformation) schätzt man heute auf 35.000–40.000 Gene (etwa so viel wie bei einer Graspflanze). 98,5 % der Gene haben wir mit unseren nächsten Verwandten, den Schimpansen, gemeinsam. Die Menschen unterscheiden sich untereinander praktisch nicht hinsichtlich der Gene (99,9 % sind gemeinsam), sondern nur hinsichtlich der Allele. Aufgrund der großen Ähnlichkeit zwischen verschiedenen menschlichen Populationen gibt es entgegen der Alltagsmeinung keine verschiedenen menschlichen Rassen.

H

Habituation – Dishabituation (habituation – dishabituation). Man gibt Kindern in einem ersten Schritt die Möglichkeit, ein »Objekt« (z. B. Spieltier oder ein Bild davon) durch Betrachten oder Manipulieren zu erkunden, bis ihr Interesse daran absinkt, was als Indikator für Habituation gilt. Im zweiten Schritt gibt man ihnen anschließend entweder wieder dasselbe Objekt oder ein anderes, das in verschiedener Hinsicht mehr oder weniger verschieden ist, oder beide Objekte gleichzeitig (zur Auswahl) zum Betrachten oder Manipulieren. Meist wird das neue Objekt länger betrachtet oder häufiger ausgewählt. Das Paradigma ermöglicht schon bei Kindern im vorsprachlichen Alter festzustellen, was sie als ähnlich oder verschieden sehen. Ein interessanter Befund ist, dass schon sehr früh Kategorien gebildet werden. Wenn im zweiten Schritt das neue Objekt wieder ein Tier ist, wird es weniger lange die Aufmerksamkeit binden als ein Objekt aus einer anderen Kategorie (z. B. ein Fahrzeug oder eine Frucht). So lässt sich ermitteln, über welche Kategorien Kinder wann verfügen.

Handlung (action). Verhalten, das willentlich und zielorientiert ausgeführt wird. Verhalten kann auch durch Bedingungen determiniert sein, über die das Subjekt zumindest in der aktuellen Situation keine Kontrolle hat: externe Bedingungen wie Naturgewalten, interne wie Unvermögen oder psychopathologische Störungen. Für ihre Handlungen sind Menschen verantwortlich und verantwortlich zu machen, für determiniertes Verhalten nicht. Die Verantwortlichkeit ist auszuschließen, wenn Menschen nicht hätten anders handeln können. Die Verantwortlichkeit für Handlungsfolgen ist auszuschließen, wenn die Folgen nicht vorhersehbar waren. Die Ausweitung der Handlungsfähigkeit ist ein wichtiges Entwicklungs- und Erziehungsziel, ebenso die Förderung des Bewusstseins, entscheidungs- und handlungsfähig zu sein, das sich in internalen Kontrollüberzeugungen (→ Kontrolle) und erlebter → Selbstwirksamkeit niederschlägt.

Heritabilität, Erblichkeitskoeffizient (heritability, heritability coefficient). Der Erblichkeitskoeffizient gibt den Anteil der genetisch bedingten Varianz eines Merkmals an der ermittelten Gesamtvarianz dieses Merkmals in der untersuchten Population an. Er kann zwischen 0 und 1.0 variieren. Ein Erblichkeitskoeffizient von .50 besagt, dass 50 % der beobachteten Varianz in dieser Population auf genetische Unterschiede zurückgehen, aber nicht, dass die Merkmalsausprägung bei einzelnen Individuen zu 50 % genetisch bedingt sei. Der Erblichkeitskoeffizient für ein Merkmal wird umso geringer werden, je größer die Unterschiede der relevanten Umweltbedingungen in der untersuchten Population werden. Würde die gesamte Population in denselben Umweltbedingungen leben, würde der Erblichkeitskoeffizient auf 1.0 steigen, weil alle Unterschiede – von Messfehlern abgesehen – auf genetische Unterschiede zurückgeführt werden müssten.

I

ICD-10. Siehe unter Klassifikationssysteme psychischer Störungen.

Identität (identity). Psychologisch ist persönliche Identität die einzigartige Kombination persönlicher Merkmale, deren man sich selbst bewusst ist und mit der man sich selbst anderen darstellen kann. Dieses Bild von der eigenen Identität wird auch davon beeinflusst, wie andere einen wahrnehmen. Selbsterkenntnis und Selbstgestaltung formen die Identität (Wer bin ich? Was will ich?).

Geschlechtsidentität bildet den Anteil der Identität, der die Selbstwahrnehmung und Selbstdefinition der Geschlechtsrolle und deren Integration in die Gesamtidentität umfasst. Die *kulturelle* Identität definiert die Zugehörigkeit zu und Orientierung an der Kultur, in der man aufwächst (→ Enkulturation), was bei Migranten und beruflich erforderlichen Auslandsaufenthalten zu Konflikten zwischen ursprünglicher und neu geforderter kultureller Identität führt (→ Akkulturation). *Soziale* Identität ist die Identifikation mit sozialen Gruppen und sozialen Systemen (Familie, Freundschaften, Cliquen, Berufsgruppen, Altersgruppen, Volksgruppen, Religionsgemeinschaften, Schichten u. v. a. m.), jeweils in Abhebung zu Außengruppen.

Integration (integration). Entwicklungspsychologisch bezieht sich Integration auf Prozesse der Koordination und Hierarchisierung bei sich ausdifferenzierenden Leistungen (Fähigkeiten und Fertigkeiten). Sie bildet das Gegenstück zur → Differenzierung. Ein Beispiel bietet die Entwicklung des gezielten Greifens im 1. Lebensjahr vom Grapschen zur integrierten Koordination der Einzelmuskel des Armes und der Hand beim Anfassen eines Gegenstandes.

Intelligenz (intelligence). Oberbegriff für verschiedenartige kognitive Leistungsfähigkeiten, die mit Tests gemessen werden. Intelligenz ist ein brauchbarer → Prädiktor für viele Leistungen und Lernfortschritte in neuen Problemsituationen und Stoffgebieten. Mit der Zunahme von Wissen und → Expertise in spezifischen → Domänen sinkt die Korrelation zwischen Leistungen und Intelligenz; das Vorwissen ist dann der bessere

Prädiktor. Die Positionsstabilität der Intelligenz (→ Stabilität) ist schon von der Kindheit an hoch, wenn keine signifikanten Änderungen im Anregungs- und Anforderungsgehalt der Entwicklungsumwelt eintreten.

Unterschiedliche Intelligenzfaktoren haben unterschiedliche Entwicklungsverläufe. Zweikomponentenmodelle unterschieden zwischen *fluider* Intelligenz (oder »Mechanik« der Intelligenz; z. B. induktives und deduktives Denken) und *kristalliner* Intelligenz (oder »Pragmatik« der Intelligenz; z. B. sprachliches Wissen). Die fluide Intelligenz nimmt in der Kindheit früher zu und im Erwachsenenalter früher und stärker ab als die kristalline Intelligenz.

Interesse (interest). Längerfristiger oder dauerhafter Bezug einer Person zu einem Gegenstand oder Gegenstandsbereich. Die kognitive Komponente des Interesses bezieht sich auf Wissensinhalte des Gegenstandsbereichs und deren Aneignung. Die affektive Komponente beinhaltet die Valenz (Wertigkeit) des Gegenstandsbereiches. Die Handlungskomponente kennzeichnet den Umgang mit dem Gegenstand, der entweder eigentliches Ziel des Interesses ist (z. B. ein begehrtes Sammelobjekt) oder Mittel zum Zweck (z. B. das Sammeln selbst, das Sammelobjekt wird Nebensache).

Internalisierung (internalization). Die Übernahme von Wertüberzeugungen, sozialen Normen, Kognitionen und Verhaltensweisen in der Weise, dass sie zum Bestandteil der eigenen psychischen Struktur oder des → Selbst werden. Bei Werten und Normen impliziert dies die eigene Verpflichtung zur Einhaltung.

Intervention (intervention). Eingriff in die Entwicklung, z. B. in Form einer Trainingsstudie. Interventionen sind ein wichtiges Instrument der entwicklungspsychologischen Grundlagenforschung, weil sie Entwicklungsprozesse teilweise unter experimentelle Kontrolle bringen und deswegen eher als rein beobachtende Methoden Rückschlüsse auf die Ursachen von Entwicklungsveränderungen ermöglichen (→ Plastizität). Zugleich sind Interventionen für die angewandte Entwicklungsforschung von zentraler Bedeutung, wenn sie darauf abzielen, ungünstige Entwicklungsverläufe zu vermeiden oder zu korrigieren (→ Prävention).

Intuitive Theorien (intuitive theories). Schon kleine Kinder haben Theorien über die Welt. Sie werden als intuitiv bezeichnet, weil sie sich ohne formale Bildung oder andere Formen der Unterrichtung entwickeln. Vielleicht wurzeln sie in biologisch grundgelegten Modulen. Intuitive Theorien gibt es beispielsweise für die Physik, die Biologie und die Psychologie (→ Theory of Mind). Außerdem werden alle wissenschaftlich unbelegten oder auch widerlegten »subjektiven« Theorien vielfach als intuitiv bezeichnet.

K

Kausalität (causality). Ursache-Wirkungs-Zusammenhang. In der Entwicklungspsychologie sind die Wirkursachen von Entwicklungsphänomenen (Veränderungen und Stabilitäten) zu erforschen. Da die Wirkursache ihrer Folge immer vorausgeht, ist der Nachweis einer zeitlichen Abfolge zwischen mutmaßlicher Ursache und ihren Entwicklungsfolgen nachzuweisen. Das ist in experimentellen → Forschungsdesigns durch die Manipulation der experimentellen Bedingung(en) und in → Längsschnittuntersuchungen etwa über die Effekte von Interventionsprogrammen möglich. Theoretische Ursachen-Wirkungs-Hypothesen versucht man korrelationsanalytisch aus dem Korrelationsbild zeitversetzt erhobener Variablen zu belegen (»Cross-lagged-Panel-Analysen«). Für einen großen Teil entwicklungspsychologischer Ursachenhypothesen liegen allerdings nur Korrelationen zeitgleich erhobener Variablen vor. Ursachen und Wirkungen sind zwar korreliert, aber bei weitem nicht jede Korrelation bildet einen Ursache-Wirkungs-Zusammenhang ab. Wird die Wirkung einer Variablen durch eine andere mitbestimmt, etwa verstärkt oder vermindert oder in der Richtung umgekehrt, liegt ein Moderatoreffekt vor (→ Moderatorvariable).

Die Entwicklung des Kausalitätsverständnisses setzt so früh ein (im 1. Lebensjahr), dass man ein biologisch vorgeformtes Modul dafür annimmt. Dabei unterscheiden Kinder auch frühzeitig zwischen mechanischer Kausalität (anfangs nur, wenn sich zwei Körper beim Auslösen eines Effekts berühren) und durch einen Akteur verursachten Wirkungen. Letztere Art der Kausalität scheint so grundlegend für menschliche Deutungsmuster zu sein, dass Naturereignisse in allen Kulturen bis hin zur Neuzeit als durch Akteure verursacht angesehen wurden.

Klassifikationssysteme psychischer Störungen (classification systems for psychological disorders). In der klinischen Forschung und Praxis werden heute vorwiegend DSM-IV und ICD-10 verwendet, um psychische Störungen zu klassifizieren. Beim *DSM-IV* handelt es sich um das Diagnostische und Statistische Manual psychischer Störungen, vierte Version, das von der

American Psychiatric Association herausgegeben wird. Die *ICD-10*, Internationale Klassifikation der Krankheiten (International Classification of Diseases), zehnte Revision, wird von der Weltgesundheitsorganisation herausgegeben und umfasst neben anderen Krankheiten auch psychische Störungen (in Kapitel V). Das DSM-IV ist feinkörniger als die für den internationalen Einsatz vorgesehene ICD-10, weshalb es häufiger in der psychologischen und psychiatrischen Forschung eingesetzt wird.

Kognition (cognition). Sammelbegriff für alle Prozesse und Ergebnisse des Erkennens und der Informationsverarbeitung, wie → Wahrnehmung, → Repräsentation, → Denken, → Gedächtnis, → Wissen, Welt- und Selbsterkenntnis. *Soziale* Kognition hat eine spezifische Bedeutung: Sie umfasst sowohl das bleibende Wissen über psychische Vorgänge von Menschen und die Welt sozialer Geschehnisse als auch die aktuellen Prozesse des Verstehens von Menschen, sozialen Beziehungen, Gruppen und Institutionen. In der Entwicklungspsychologie hat die → Perspektivenübernahme, das Verstehen der Sichten, des Wissens, der Überzeugungen, der Bedürfnisse anderer Menschen, besondere Aufmerksamkeit gefunden.

Kohorte (cohort). Stichprobe aus einer Population, die einem bestimmten historischen Zeitabschnitt angehört. → Querschnittuntersuchungen arbeiten mit verschiedenen Kohorten, da die jeweils ältere Gruppe in einem anderen historischen Kontext lebte, als sie das Alter der erfassten jüngeren Gruppe hatte.

Komorbidität (comorbidity). Gleichzeitiges Auftreten von diagnostisch voneinander abgrenzbaren Erkrankungen oder Störungen bei einer Person. Dass bei einer Person verschiedene Erkrankungen oder Störungen auftreten, kann Zufall sein; häufig ist Komorbidität jedoch auf eine gemeinsame Ursache zurückzuführen. So treten im Kindes- und Jugendalter beispielsweise Lese-/Rechtschreibstörungen gehäuft zusammen mit Rechenstörungen auf, die Aufmerksamkeitsdefizit-/Hyperaktivitätsstörung (ADHS) mit anderen psychischen Störungen. Am anderen Ende der Lebensspanne treten Demenz und Depression überzufällig häufig zusammen auf.

Kompetenzen (competence). Bündelungen von → Fähigkeiten und Fertigkeiten, die für bestimmte Anforderungsbereiche der Umwelt erforderlich sind. Man spricht von kognitiven, emotionalen und sozialen Kompetenzen, die sich für jeweils korrespondierende Bewältigungs- und Leistungsbereiche der Kultur entwickeln und daher kulturspezifisch sind. In den meisten Fällen wird wenig zwischen Fähigkeiten und Kompetenzen getrennt. Für den Erwerb komplexer fachgebundener Kompetenzen ist Unterricht an Schulen eine notwendige Voraussetzung. Mithilfe von Schulleistungstests lassen sich schulische Kompetenzniveaus erfassen, die zwischen Schwierigkeitsgrad und individueller Fähigkeit trennen.

Konditionierung (conditioning). Erlernen von Reiz-Reaktions-Mustern. Bei der *klassischen* Konditionierung wird ein neutraler Stimulus mit einem »unbedingten Reiz« verknüpft, der eine Reaktion (z. B. einen Reflex) auslöst. Nach einigen Wiederholungen kann der neutrale Reiz allein (im Falle des Pawlowschen Hundes der Klang einer Glocke) die Reaktion (den Speichelfluss) auslösen. Bei der *operanten* Konditionierung wird eine Reaktion mit einem positiven oder negativen Verstärker gekoppelt, sodass die Wahrscheinlichkeit des Auftretens der Reaktion in gleichen oder ähnlichen Situationen steigt bzw. sinkt.

Konstruktivismus (constructivism). Erkenntnistheoretisch die Position, dass alle Erkenntnis subjektive Konstruktionen darstellt, die keinen Schluss auf die Realität und auf ontologische Sachverhalte zulassen. In der Entwicklungspsychologie bezieht sich Konstruktivismus auf die individuelle Erkenntnis durch Konstruktionsprozesse, die sich in einer Abfolge von Stadien vollziehen; maßgeblich hierfür ist Piagets Theorie der geistigen Entwicklung.

Kontrolle (control). Einfluss des Selbst auf seine Umwelt. *Primäre* Kontrolle zielt darauf ab, die Umwelt in Richtung auf die eigenen Wünsche zu beeinflussen (»changing the world«), *sekundäre* Kontrolle bemüht sich darum, das Selbst in Einklang mit der Umwelt zu bringen (»changing the self«). Beide Formen können wirklichkeitsbezogen oder illusionär sein und können sich als funktional oder dysfunktional erweisen. Kontrollüberzeugung bedeutet die subjektive Einschätzung, in welchem Ausmaß das Selbst die Ereignisse bewusst beeinflusst oder ob es ihnen hilflos ausgeliefert ist. Das Kontrollkonzept ist für die Entwicklungspsychologie ein fruchtbares und für alle Altersstufen genutztes Konzept.

Kortex (cortex). Großhirnrinde; die oberflächliche Schicht des Gehirns, die besonders reich an geschichteten Nervenzellen (Neuronen) ist und einen wesentlichen Anteil der grauen Substanz ausmacht. Die Fortsätze der kortikalen Neurone verlaufen in der weißen Substanz unterhalb des stark gefälteten Kortex. Die verschiedenen kortikale Areale sind anatomisch und funktionell unterscheidbar. Beispiele besonders wichtiger Regionen sind der präfrontale Kortex, der im Stirnlappen des Gehirns liegt und für Handlungsplanung und -steuerung maßgeblich ist, und das Sehzentrum im Hinterhauptlappen.

Kreativität (creativity). Prozesse und Ergebnisse, die als neu und wertvoll eingeschätzt werden und vorübergehend oder dauernd zum Bestandteil der Kultur werden. Mit Kreativität verbindet man also einen Bewertungsmaßstab und Vergegenständlichungseffekte in der Kultur. Zur Kreativität gehören neben der Leistung des Individuums die Domäne, in der die kreative Leistung erbracht wurde (z. B. Naturwissenschaft, Kunst, Musik) und die durch → Expertise gekennzeichnet ist, sowie das Feld (Personen und Institutionen, die den Zugang zur Domäne überwachen). Kreativität in der Kindheit wird durch die Bemühung um das Ausfüllen von Wissenslücken evoziert, während Kreativität im Erwachsenenalter gewöhnlich erst durch langjährigen Erwerb von Expertise möglich wird.

Kritische Lebensereignisse (critical life events). Belastende Ereignisse im menschlichen Lebenslauf, die Bewältigungsstrategien erfordern. Man unterscheidet normative kritische Lebensereignisse, die im Lebenslauf regelhaft eintreten und zugleich → Entwicklungsaufgaben sind, und nicht-normative kritische Lebensereignisse, die unerwartet eintreten und daher besonders belastend sind (z. B. Unfall, Krankheit, Tod eines Angehörigen). Bei der → Bewältigung kritischer Lebensereignisse lassen sich Phasen unterscheiden, die analog zu denen der generellen Stressbewältigung gesehen werden. Kritische Lebensereignisse haben nicht nur negative Auswirkungen, sondern steigern im Falle erfolgreicher Bewältigung Kompetenzen und Selbstwert.

Kultur (culture). Der vom Menschen gemachte Anteil des Ökosystems. Kultur wird zum Bindeglied zwischen Mensch und Umwelt, denn diese ist immer gesellschaftlich geformte Umwelt, gegliedert in kulturelle Gegenstände, auf die sich Handeln bezieht und die in Form sozialer Verhaltensregeln und -richtlinien sowie als ideelle Objekte (z. B. wissenschaftliche Erkenntnisse, Kunst, Literatur und Musik) das Zusammenleben der Individuen bestimmen.

L

Längsschnittuntersuchung (longitudinal study). Im Gegensatz zu → Querschnittuntersuchungen wird dieselbe Stichprobe zwei- oder mehrfach im Abstand von Monaten bis zu Jahrzehnten, also in unterschiedlichem Alter, untersucht. Auf diese Weise lassen sich intraindividuelle Entwicklungsveränderungen und Stabilitäten erfassen. Mit Längsschnittuntersuchungen lassen sich auch theoretisch interessante Hypothesen über den Zusammenhang zwischen verschiedenen Variablen in unterschiedlichem Alter prüfen, z. B. zwischen der Qualität der Bindung an Betreuungspersonen in früher Kindheit und der Leistungsfähigkeit im Schulalter oder zwischen Vernachlässigung im Kindesalter und späteren Verhaltens- und Persönlichkeitsproblemen.

Vor allem zwei methodische Probleme der Längsschnittuntersuchungen sind zu beachten: (1) Durch Ausscheiden von Personen aus der Stichprobe können sog. → Selektionseffekte (»selektives Drop-out«) auftreten. Wenn z. B. in einer Untersuchung über die Intelligenz im Alter die Leistungsschwächeren früher und vermehrt ausscheiden, geben die ermittelten Durchschnittswerte ein falsches Bild vom Verlauf der Intelligenzentwicklung, weil die Leistungsstärkeren den Durchschnittswert hoch halten, obwohl auch diese einen Leistungsabfall aufweisen. (2) Wiederholte Leistungsmessungen können den Altersverlauf beschönigt wiedergeben, weil Messungen einen Übungseffekt haben: Die Art der Aufgaben sowie Lösungen und Lösungsstrategien sind bei wiederholter Messung bekannt, weshalb die Aufgaben schneller gelöst werden (Testungseffekte).

Lernen (learning). Allgemein: Verhaltensänderung durch Erfahrung und Übung. Wichtige und zugleich vielfach untersuchte Formen des Lernens sind: klassische und operante → Konditionierung, motorisches Lernen (Erwerb motorischer Fertigkeiten durch Übung, z. B. Radfahren, Klavierspielen, Schreibmaschineschreiben), Erwerb von Wörtern und Zahlen, Erwerb von → Wissen (v. a. schulischem Wissen), Erwerb von Strategien (prozedurales Wissen), Nachahmungslernen oder Modelllernen (Übernahme von Verhaltensweisen von Modellen, wobei die Reproduktion der beobachteten Verhaltensweise zeitverzögert auftreten kann).

Entwicklungspsychologisch wird Lernen erst dann interessant, wenn seine Ergebnisse erhalten bleiben (nachhaltiges Lernen). In vielen Fällen, vor allem beim Wissenserwerb, verwandelt sich das zunächst als Oberflächenstruktur Erworbene in eine Tiefenstruktur (→ Struktur). Der günstigste Zeitpunkt für Lernen im Entwicklungsverlauf liegt unmittelbar nach der Reifung der für das Lernen erforderlichen Funktionen. Die frühere scharfe Trennung von Lernen und → Reifung ist kaum aufrechtzuerhalten, da bei allen Lernvorgängen genetische Voraussetzungen notwendig sind und Reifungsvorgänge ohne Umweltanregung nicht in Gang kommen.

Lernstörungen (learning disorders). Entwicklungsstörungen schulischer Fertigkeiten in Teilleistungsbereichen, die vom Altersdurchschnitt abweichen, nicht dem allgemeinen Intelligenzniveau der Betroffenen entsprechen und mit üblichen Formen schulischer Förderung nicht aufgefangen werden. Dazu gehören nach ICD-10 v. a. die Lese-/Rechtschreibstörung, die Rechenstörung und die kombinierte Störung schulischer Fertigkeiten.

Lerntheorien (theories of learning). Eine Lerntheorie ist ein Satz (Set) von deduktiv abgeleiteten Aussagen über Lernen mit dem Ziel, Lernprozesse zu erklären sowie Lernverläufe und -ergebnisse vorherzusagen. Historisch wurden als Erstes die *behavioristischen* Lerntheorien entwickelt, die nur Stimulus und Reaktion (Antwortverhalten) systematisch verbanden, ohne die dazwischen liegenden Prozesse (»Blackbox«) erfassen zu wollen. *Sozialkognitive* Lerntheorien konzentrierten sich ebenfalls auf Situation und Antwortverhalten. *Kognitive* Lerntheorien beschäftigen sich demgegenüber vor allem mit den mentalen Prozessen, die zwischen Reiz und Reaktion vermitteln, und versuchen sowohl die Leistung dieser Prozesse beim Lernen zu erklären als auch die Lernergebnisse in Form von kognitiven Strukturen zu beschreiben.

M

Mobbing (mobbing, bullying). Schikanieren und andere Formen von Aggression (→ Aggressivität). In den → Settings Kindergarten, Schule und Spielplatz wird auch von *Bullying* gesprochen. Für die Analyse und die Prävention von Mobbing sind nicht nur Täter und Opfer relevant, sondern auch die Haltung und das Handeln von Zuschauern und Mitwissern.

Moderatorvariable (moderating variable). Variable, deren unterschiedliche Ausprägungen unterschiedliche Effekte auf den Zusammenhang zwischen zwei anderen Variablen haben. So ist z. B. die Korrelation zwischen Erziehungszielen der Eltern und entsprechendem Verhalten der Kinder positiv, wenn der Erziehungsstil der Eltern unterstützend ist, und negativ, wenn die Eltern einen »machtausübenden« Stil praktizieren. Auch der Effekt einer mutmaßlichen Bedingung auf eine abhängige Variable kann von moderierenden Variablen abhängen. So werden z. B. alle Risikofaktoren für Delinquenzentwicklung durch die jeweiligen → protektiven Faktoren in ihrer Wirkung gedämpft oder gar aufgehoben. Auch die Wirksamkeit einer Maßnahme kann von Moderatorvariablen abhängen. So sind z. B. die Erfolge vieler Fördermaßnahmen in der Kindheit davon abhängig, ob die Eltern einbezogen werden.

Moral (moral, morality). Eine spezifische Kategorie normativer Überzeugungen, die das eigene Erleben, Werten und Handeln leiten. Rechtsnormen, Konventionen, Spielregeln sind andere Kategorien, können aber auch moralische Qualität haben. Moral wird mit Indikatoren erfasst: Wissen über geltende Normen, Urteile über moralisch gebotenes Verhalten, normentsprechendes und normabweichendes Verhalten sowie moralische Gefühle (Befriedigung über moralisches Verhalten, Schuld bei eigenen Übertretungen und Empörung bei Normverletzungen anderer). Moral wird durch → Internalisierung kultureller Normen oder selbst gewonnene Einsichten aufgebaut. Sie bleibt heteronom, wenn die Normen nicht persönlich akzeptiert und Bestandteil eines moralischen → Selbst werden. Kinder unterscheiden schon früh zwischen Konventionen, die man auch ändern kann, und moralischen Normen, die sie als universell gültig ansehen. Die Zuschreibung von Verantwortlichkeit für → Handlungen ist konstitutiv für das Erleben moralischer Gefühle. Sie setzt die Annahme von Entscheidungsfreiheit voraus. Ausgiebig untersucht wurde die Entwicklung des moralischen Urteilens, das sich von egozentrischen zu universalistischen Begründungen normativer Urteile wandelt.

Motivation (motivation). Prozesse und Effekte, aufgrund deren ein Individuum sein Verhalten um der erwarteten Folgen willen auswählt und hinsichtlich Richtung und Energieaufwand steuert. Motivation resultiert aus der Interaktion von Person und Situation. Neben den Anregungsbedingungen der Situation, die z. B. in der Wahrnehmung von Gelegenheiten zur Erreichung bestimmter Ziele bestehen, spielen die damit angeregten → Motive für die Ausbildung der Anreizwerte der vorweggenommenen Handlungsfolgen eine Rolle. Generell lässt sich Motivation aus der Verknüpfung von Erwartung mal Wert (Anreiz) vorhersagen. In der Entwicklungspsychologie ist vor allem die Entwicklung der Leistungsmotivation ausgiebig untersucht worden.

Motive (motives). Allgemeine Inhaltsklassen von wertgeladenen – im positiven Falle angestrebten – Folgen eigenen Handelns. Zu basalen Motiven zählen das Leistungs-, Macht- und (soziale) Anschlussmotiv sowie → Aggressivität. Das Leistungsmotiv etwa wird mit der Inhaltsklasse aller Handlungsziele umschrieben, für deren Bewertung dem Handelnden ein Maßstab der Tüchtigkeit verbindlich ist. In der Entwicklungspsychologie sind soziale Motive, Aggressivität, Leistungsmotiv und Neugier/Interesse besonders häufig untersucht worden.

Motorik (motor system). Alle Formen der Körperbewegung. *Grobmotorik* (auch: Großmotorik) bezeichnet Bewegungen des gesamten Körpers, vor allem der Arme und Beine, wie Gehen und Laufen, Skifahren, Radfahren, Geräteturnen und Gymnastik. *Feinmotorik* bezieht sich auf Leistungen der Hände, wie Schreiben, Stricken, Zeichnen, ein Musikinstrument spielen. *Sensomotorik* (auch: Sensumotorik) kennzeichnet das Zusammenspiel von → Sensorik und Motorik, wobei man einen inneren Regelkreis (Regulation der Motorik durch kinästhetische Rückmeldung) und einen äußeren Regelkreis (Regulation der Motorik vorwiegend durch visuelle Wahrnehmung) unterscheidet.

Myelinisierung (myelinization). Markscheidenbildung. Ein Vorgang, der im 1. Lebensjahr einsetzt und die Funktionstüchtigkeit des Gehirns entscheidend begünstigt. Dieser Prozess beeinflusst erneut auch in der späten Kindheit und im Jugendalter die Gehirnentwicklung.

N

Neugierverhalten (curiosity). Aktuelle Zuwendung zu einem Gegenstand oder einer Situation mit Anreizcharakter. Neugierverhalten geht ontogenetisch der Interessenentwicklung voraus, in früher Kindheit ist es entscheidend für die Exploration der Umwelt.

Neurotransmitter (neurotransmitter). Botenstoffe, die an den Verknüpfungen zwischen Nervenzellen, den Synapsen, die Signalübertragung vermitteln. Dabei wird der elektrische Impuls in einer Nervenzelle durch Ausschüttung des Neurotransmitters an der präsynaptischen Membran in den synaptischen Spalt in ein chemisches Signal umgewandelt. Auf der Gegenseite wird der Botenstoff von hochspezifischen Rezeptoren aufgenommen, die zur Veränderung des Potenzials der postsynaptischen Membran führen. Die wesentlichen exzitatorischen (erregenden) Neurotransmitter sind Glutamat, Acetycholin, Noradrenalin, Dopamin und Serotonin. Gamma-Aminobuttersäure (GABA) ist der wichtigste inhibitorische (hemmende) Neurotransmitter.

Normierung (standardization, normalization). Wie andere Messinstrumente werden psychologische Testverfahren normiert. Dafür werden Verteilungen und Mittelwerte in umschriebenen Populationen ermittelt, die dann als Vergleichswerte für die Beurteilung der Testergebnisse von einzelnen Personen oder spezifischen Stichproben herangezogen werden, z. B. durch den Abstand vom Mittelwert der Population oder den Prozentrang. Entwicklungstests im Kindes- und Jugendalter werden an repräsentativen Altersstichproben normiert.

O

Objektpermanenz (object permanence). Die Erkenntnis des Säuglings, dass Objekte weiter existieren, auch wenn sie nicht wahrnehmbar sind. Während Objektpermanenz nach Piaget erst mit ca. 10 Monaten auftritt und dann bestimmte Etappen durchläuft, zeigt die neuere Forschung, dass bestimmte ihrer Teilleistungen viel früher auftreten.

Ontogenese – Phylogenese (ontogeny – phylogeny). Ontogenese bezeichnet die Entwicklung von Individuen, Phylogenese die stammesgeschichtliche Entwicklung der Tierreihe bis hin zum Menschen. Die Annahme, dass die Ontogenese die Phylogenese wiederholt, stimmt nicht; wohl aber zeigen sich in der menschlichen vorgeburtlichen Entwicklung Stadien der frühen Ontogenese in der Tierreihe (z. B. ähneln menschliche Embryonen in einer gewissen Phase Fisch-Embryonen).

Operation (operation). Nach Piaget eine internalisierte Handlung, die es ermöglicht, mentale Repräsentationen zu bearbeiten, neu zu kombinieren und zu verändern. Beim → Denken unterscheidet Piaget die konkret-logischen und die formal-logischen Operationen. Über die Operationen sind hierarchisch die → Handlung und die Tätigkeit gelagert.

P

Partnerschaft (partnership). Intime Beziehung zwischen verschiedengeschlechtlichen oder gleichgeschlechtlichen Partnern. Als Phasen der Partnerschaftsentwicklung fand man: Wahrnehmung von Ähnlichkeiten bzw. wechselseitiger Attraktivität, die zur Sympathie führt und längerfristig zur gegenseitigen Rollenanpassung und -ergänzung mit wachsendem Engagement. Schließlich kann es aufgrund anhaltenden Engagements und zunehmender Bindung zur Kristallisierung der Dyade kommen, die mit Erleben von Paaridentität einhergeht. Die Dauer von Partnerschaften verkürzt sich im historischen Vergleich. Allerdings lässt sich die Qualität früherer Partnerschaften kaum mit heutigen vergleichen, da Partnerschaften mit niedriger Beziehungsqualität früher länger als heute aufrechterhalten wurden.

Passung (fit). Bedeutet zunächst das optimale Zusammenspiel von Anlage und Umwelt, aktuellen Persönlichkeitsbedingungen und Umweltangebot für Erfahrung und Lernen. Ausgeweitet umfasst Passung darüber hinaus Ziele und Potenziale des Individuums (intraindividuelle Passung) sowie die Anforderungen im familiären, schulischen und subkulturellen Umfeld. Entwicklungsprobleme können in diesem Sinne durch Formen mangelnder Passung gekennzeichnet werden. Ein ausgearbeitetes Modell zur Passung zwischen Entwicklungsstand und Umweltanregung ist das Stage-Environment-Fit-Modell von Eccles, das die unerwünschten Entwicklungsverläufe als Folge fehlender Passung von individuellen Bedürfnissen in der Pubertät und schulischen Rahmenbedingungen zu konzipieren versucht.

Peergruppe (peer group). Die Gruppe Gleichaltriger und Gleichgesinnter (Peers). Peergruppen sind bereits in der Kindheit ein wichtiger Faktor, haben aber vor allem während der Adoleszenz große Bedeutung. Als Funktionen schreibt man ihnen zu: Orientierung, Stabilisierung, emotionale Geborgenheit, sozialer Freiraum für Erprobung neuer Möglichkeiten, Unterstützung bei der Ablösung vom Elternhaus und Beitrag zur Identitätsbildung. Peergruppen entwickeln im Jugendalter Lebensstile und Subkulturen. Verwandte Begriffe sind »Clique« und → »soziales Netzwerk«.

Persönlichkeit (personality). Die dynamische Ordnung derjenigen psychophysischen Eigenschaftsbündel oder Subsysteme im Individuum, die seine einzigartige Anpassung an seine Umwelt bestimmen. Persönlichkeit wird einerseits als Struktur von Eigenschaften erforscht, andererseits als → System mit Subsystemen konzipiert. Am bekanntesten und häufigsten verwendet sind die → Big Five. Dynamische Systemmodelle beschreiben und erklären Persönlichkeit in Interaktion mit der sozialen und physikalischen Umwelt sowie intern als Wechselwirkung zwischen Subsystemen.

Persönlichkeitsentwicklung (personality development). Die differenzielle Veränderung von Personen im intraindividuellen und interindividuellen Vergleich. In der Entwicklung tauchen als Erstes → Temperamentsmerkmale auf, die hohe intraindividuelle → Stabilität aufweisen. Auch die später in Kindheit und Jugend sich ausdifferenzierenden Eigenschaften (erfasst durch Persönlichkeitstests) bleiben relativ und intraindividuell verhältnismäßig stabil. Veränderungen ergeben sich jedoch hinsichtlich der Selbstbeschreibung (→ Selbst) und dem Verständnis der eigenen → Identität. Während jüngere Kinder körperliche und geografische Merkmale bei der Selbstbeschreibung in den Vordergrund stellen, finden sich bei älteren Kindern soziale Rollen- und Statusbegriffe, aber auch psychische Eigenschaften und im Jugendalter Aspekte des Lebensstils, Konzeptionen einer autonomen und auf andere bezogenen Identität sowie Entwürfe zu Lebensplänen.

Perspektivenübernahme (perspective-taking). Das Verstehen psychischer Zustände und Prozesse (des Denkens, Fühlens, Wollens) einer anderen Person, wobei deren Perspektive erkannt wird und entsprechende Schlussfolgerungen gezogen werden können. Emotionale Perspektivenübernahme bezeichnet das Verstehen von Emotionen aufgrund der Erkenntnis der emotionalen Lage des anderen. Diese Fähigkeiten sind eng mit der → Theory of Mind verwandt.

Phylogenese. Siehe Ontogenese – Phylogenese.

Plastizität (plasticity). Formbarkeit. Sie ist im Bereich der Entwicklungspsychologie erkennbar an differenziellen Entwicklungen, die als Folge veränderter Aktivitäten und Anforderungen erklärbar sind. Plastizität wurde für viele Leistungen in allen Lebensphasen, auch noch im höheren Alter, beobachtet. Dies besagt, dass auf jedem erreichten Entwicklungsniveau sowohl Gewinne wie Verluste möglich sind. Es gilt, Erkenntnisse über die Faktoren zu gewinnen, auf die Anstiege und Verluste zurückzuführen sind. Plastizität manifestiert sich in Veränderungen des Verhaltens und des Gehirns, deren Art und Ausmaß von Reifung, Alterung, früheren Lernerfahrungen und individuellen Voraussetzungen abhängen und altersvergleichend untersucht werden.

Prädiktor (predictor). Ein in der Statistik gebräuchlicher Ausdruck für die zur Vorhersage eines Merkmals herangezogene unabhängige Variable. In der Entwicklungspsychologie wird beispielsweise das chronologische Alter oft als Prädiktor betrachtet, der Unterschiede in Merkmalsausprägungen erklären kann. Hinter dem Alter verbergen sich aber oft andere Prädiktoren, sodass es auch selbst zu einer abhängigen Variable werden kann.

Prävalenz (prevalence). Aus der Epidemiologie übernommener Begriff; er bezeichnet den Anteil an einer Population, der ein spezifisches Merkmal, meist eine Störung (z. B. Delinquenz, Schulversagen, Magersucht), aufweist. Die Population kann spezifiziert werden, etwa nach Alter, Geschlecht, Bildung, Familienstand oder ethnischem Hintergrund; so kann z. B. bezüglich Delinquenz ausgesagt werden, dass sie im Jugendalter besonders hoch, bei männlichen Jugendlichen höher ist als bei weiblichen usw. Wenn solche Aussagen valide theoretisch erklärbar sind, sollten aus den Erklärungen spezifische präventive Maßnahmen ableitbar sein.

Prävention (prevention). Maßnahmen zur Vermeidung von (weiteren) Fehlentwicklungen. *Primäre* Prävention beinhaltet Maßnahmen, die Leistungsdefizite, das Auftreten von psychischen und Verhaltensstörungen sowie Gesundheitsgefährdungen verhindern sollen; *sekundäre* Prävention Maßnahmen, mit denen aufgetretene Störungen kompensiert oder korrigiert werden sollen, um weitere Fehlentwicklungen zu verhindern (wird gewöhnlich als → Intervention bezeichnet); *tertiäre* Prävention Rehabilitationsmaßnahmen, mit denen weitere negative Folgen begrenzt oder behoben werden sollen.

Priming. In der Entwicklungspsychologie das Phänomen, dass man einen Reiz dann besser erkennen oder bei der Darbietung eines Reizteils besser erschließen kann, wenn man auf diesen Reiz zuvor aufmerksam (gemacht) wurde.

Produktivität (productivity). Alle materiellen, geistigen, emotionalen und motivationalen Wirkungen, die eine Person durch ihr Handeln, Denken, Fühlen und Wollen bei sich selbst oder in einem bestimmten gesellschaftlichen Umfeld absichtlich oder unabsichtlich hervorruft und die sich als nützlich erweisen. Das Konzept der Produktivität wird in der Entwicklungspsychologie vorwiegend für Leistungen im Alter verwendet.

Prosoziales – antisoziales Verhalten (prosocial – antisocial behavior). Prosoziales Verhalten bedeutet auf andere gerichtetes Verhalten, das mit Begriffen wie Unterstützung, Hilfe, Pflege, Zuwendung und Wärme umschrieben wird. Antisoziales Verhalten ist demgegenüber ein andere Personen schädigendes oder vernachlässigendes Verhalten und umfasst etwa Aggression, Rücksichtslosigkeit, Ärgern, Schädigung. Obwohl Antipoden, sind beide Verhaltensweisen bei ein und derselben Person vorzufinden.

Protektive Faktoren (protective factors). Schutzfaktoren, die psychische oder körperliche Gefährdungen verhindern und Belastungen oder Verluste abfedern. Das sind einmal externale → Ressourcen wie Unterstützung im sozialen Umfeld, materielle Ressourcen und Sicherheiten. Internale Ressourcen können Kompetenzen, inklusive Bewältigungskompetenzen, sein, ein positives Selbstbild (z. B. bezüglich Leistungsfähigkeit, Selbstwirksamkeit, sozialer Akzeptanz und Anerkennung), ein positives Bild von anderen, von der Welt und der Zukunft. Vgl. auch Resilienz.

Pubertät (puberty). Zeit der Geschlechtsreife im Jugendalter, die beim weiblichen Geschlecht ca. zwei Jahre früher als beim männlichen einsetzt.

Q

Quasi-experimentelle Designs (quasi-experimental designs). Experimentelle Versuchspläne, die die Vorteile des Experiments mit einer höheren Validität in der sozialen Realität verbinden (hohe externe, aber geringere interne Validität). Quasi-experimentelle Designs werden bei einer Vielfalt von Fragestellungen genutzt, etwa bei der Prüfung von Schulmodellen, Therapie- und Interventionsverfahren, Erziehungsstilen verschiedener ethnischer Gruppen und Förderprogrammen für entwicklungsgestörte Kinder.

Querschnittuntersuchung (cross-sectional study). Erfasst Personengruppen verschiedenen Alters zum gleichen Messzeitpunkt. Das methodische Problem besteht darin, dass in Querschnittuntersuchungen zwei Variablen konfundiert sind: das Lebensalter und die Zugehörigkeit zu einer Geburtskohorte (→ Kohorte). Unterschiedliche Geburtskohorten haben meist unterschiedliche Entwicklungs- und Lebensbedingungen, z. B. hinsichtlich Bildungsmöglichkeiten und -anforderungen, geltenden kulturellen Werten und Rollenbildern sowie allgemeinen Wohlstands. Das kann sich auf verschiedene Entwicklungsvariablen auswirken. Daher sind → Längsschnittuntersuchungen unerlässlich. Für die Einschätzung von Entwicklungsverläufen sind Querschnittuntersuchungen nur hilfreich, wenn es um den Nachweis allgemeingültiger universeller Entwicklungsgesetze geht. In diesem Falle können Querschnittuntersuchungen den Längsschnittuntersuchungen überlegen sein, weil dort Lern- bzw. Interventionseffekte auftreten können.

R

Reifung (maturation). Gengesteuerte Entfaltung biologischer Strukturen und Funktionen. In der Entwicklungspsychologie negativ definiert als Entwicklungsprozess, der anzunehmen ist, wenn der beobachtbare Fortschritt nicht auf Erfahrung und Übung beruht. Greifen und Gehen beruhen weitgehend auf Reifungsvorgängen. Das Konzept der Reifung wird heute als problematisch angesehen, da auch die hierunter subsumierten Vorgänge nicht ohne Umweltanregung auskommen.

Reliabilität (reliability). Statistische Zuverlässigkeit eines Messverfahrens. Sie wird durch mehrfache Wiederholung einer Messung nachgewiesen, die bei einem stabilen Merkmal zu einem immer wieder gleichen Ergebnis führen sollte. Reliabilität und → Validität einer Methode sind entscheidende statistische Kenngrößen für die Aussagekraft eines Messverfahrens.

Religiosität (religiosity). Religion ist ein System von Offenbarungen. Religiosität ist auf Religion gerichtete Einstellung und Praxis und rekurriert auf ein Letztgültiges, wie immer es beschaffen sein mag. Religiosität ist nicht identisch mit → Spiritualität.

Repräsentation (representation). Sammelbegriff für Leistungen der Vergegenwärtigung von Erfahrungsinhalten und Informationseinheiten zum Zweck der Informationsverarbeitung. Jerome Bruner hat drei Arten der Repräsentation unterschieden: die symbolische Repräsentation, z. B. durch Begriffe, andere sprachliche Vergegenwärtigung eines Gegenstandes, Sachverhaltes oder Prozesses, die ikonische Repräsentation, die in bildlichen Vorstellungen besteht, und die enaktive Repräsentation, die Bewegungsabläufe in der Vorstellung umfasst. Mit diesen drei Formen ist jedoch das Spektrum von Repräsentation nicht erschöpfend beschrieben. Letztlich geht es um die Frage, wie oder in welchen »Codierungen« Erfahrungen, kommunizierte Informationen, Ergebnisse von Denken gespeichert werden, um in allen unterschiedlichen intentionalen und nicht-intentionalen Verwendungen verfügbar zu sein (→ Denken, → Gedächtnis, → Operationen, → Aufmerksamkeit). Auch die Modellbildungen in den Wissenschaften sind Repräsentationen. Repräsentationen entwickeln sich bereits im Laufe der ersten beiden Lebensjahre und werden schon im 2. Lebensjahr effizient eingesetzt. Die gesamte weitere Entwicklung erfordert Repräsentationen.

Repräsentativität (von Stichproben; [sample] representativity). Eine Stichprobe kann für die Population, über die Aussagen getroffen werden sollen, mehr oder weniger repräsentativ sein. Ist die Stichprobe hinsichtlich aller Merkmale repräsentativ für die Population, spricht man von globaler Repräsentativität. Ist die Stichprobe hinsichtlich bestimmter Merkmale repräsentativ für die Population, spricht man von spezifischer Repräsentativität.

Resilienz (resilience). Widerstandsfähigkeit gegenüber Stressoren und → Risikofaktoren. In der Entwicklungspsychologie versteht man darunter die Fähigkeit, internale und externale → Ressourcen erfolgreich zur Bewältigung von Entwicklungsanliegen zu nutzen. Resilienz bewirkt eine günstige bzw. erfolgreiche Entwicklung trotz gefährdender Bedingungen; der Begriff wird auch nur im Zusammenhang mit der Widerstandsfähigkeit angesichts eines Risikopotenzials verwendet, das in anderen Fällen zu Entwicklungsstörungen und Krankheit führt.

Ressourcen (resources). Möglichkeiten, die für die Bewältigung von Entwicklungsproblemen und -gefährdungen genutzt werden können. *Internale* Ressourcen, auf die das Individuum zugreifen kann, bilden vorausgegangene Erfahrungen, Persönlichkeitsfaktoren, erworbene Bewältigungsstrategien und positive Selbsteinschätzung (→ Selbstwirksamkeit, → Kontrolle). *Externale* Ressourcen sind alle unterstützenden Umweltfaktoren, wie Familie, Freunde, günstige Arbeitsbedingungen, Erholungsmöglichkeiten etc. Ressourcen müssen aber vom Individuum erkannt und genutzt werden; daher ist das Konzept mit der subjektiven Einschätzung von Zugriffsmöglichkeiten verbunden.

Risikofaktoren (risk factors). Bedingungen, die eine positive Entwicklung gefährden können. Dazu zählen Rahmenbedingungen wie Armut, Wohnen in sozialen Brennpunkten, Zugehörigkeit zu Randgruppen, Vernachlässigung, Misshandlung und Verwahrlosung in der Familie, Konflikte zwischen den Eltern, ungünstige Eigenschaften, Wertvorstellungen und Aktivitäten von Bezugspersonen und -gruppen, ungünstige Temperaments- und Persönlichkeitsmerkmale, Traumatisierungen und wiederholte negative Erfahrungen, Verlusterfahrungen durch kritische Lebensereignisse wie Tod geliebter Personen, Scheidungsfolgen, Krankheiten, physische Gebrechen und Behinderungen etc. Die abträglichen Wirkungen von Risikofaktoren können durch → protektive Faktoren und → Resilienz vermindert oder vermieden werden.

S

Schemata (schemas). Verallgemeinerte Wissensstrukturen, in denen typische Zusammenhänge repräsentiert sind. Bei Piaget bilden Schemata die Grundlage für → Assimilation und Akkommodation. Im sensomotorischen Stadium beinhalten Schemata das Wiederholbare und Generalisierbare einer Handlung. Handlungsschemata repräsentieren wesentliche und allgemeine Merkmale von Handlung (wie Akteur, Tätigkeit und Objekt der Tätigkeit).

Selbst – Selbstkonzept (Selbstbild) (self – self-concept, self-image). Als Selbst bezeichnet man die kognitiv-affektive Struktur des Wissens um die eigene Person, die regulierende Instanz für die Bewertung von Situationen, das eigene Verhalten, das Verhalten anderer und die Motivierung eigenen Handelns. Das Wissen und Bewerten des Selbst wird als Selbstkonzept (Selbstbild), oder – wenn eine komplexere hierarchische Struktur vorliegt – als Selbsttheorie bezeichnet.

Im Selbstkonzept sind objektives Wissen über sich selbst und die sozialen Bezüge (wie Familienzugehörigkeit) und subjektive Überzeugungen (z. B. über Fähigkeiten oder Eigenschaften) zu unterscheiden. Letztere können objektiv zutreffen oder falsch sein. Von Interesse sind auch Konsistenzen und Diskrepanzen zwischen dem Selbstkonzept und den Überzeugungen, wie man von wichtigen anderen Personen gesehen wird. Diese perzipierten Fremdbilder vom Selbst sind einflussreich: Sie können in das Selbstkonzept übernommen werden und können stabilisierend oder auch stigmatisierend wirken. Umgekehrt gibt es Versuche der Selbstdarstellung gegenüber anderen, um deren Bild von einem positiv(er) zu gestalten.

Verschiedene Teilsysteme des Selbst sind mehr oder weniger konsistent. Vor allem im Jugendalter stehen das aktuelle Selbst (das Bild, wie man gegenwärtig ist), das Ideal-Selbst (wie man sein oder werden möchte) und das Sollen-Selbst (die Verpflichtungen gegenüber anderen und größeren Gemeinschaften) in einem Spannungsverhältnis. Das Körperselbstbild besitzt vor allem auch im Jugendalter große Bedeutung und ist oft negativ eingefärbt, häufiger bei Mädchen. Bezogen auf Leistungen unterscheidet man das Fähigkeitsselbstkonzept und Selbstkonzepte in einzelnen → Domänen, wie z. B. Mathematik oder Fremdsprachen. Später wird das berufliche Selbstkonzept bedeutsam.

Selbstwirksamkeit (self-efficacy). Bewusstsein des Menschen, selbst Urheber von Wirkungen in der Umwelt zu sein. Dieses Konzept beschreibt also das Zutrauen, das Personen haben, etwas erreichen zu können. Dies kann verschiedenste Bereiche wie Schulleistungen oder soziale Beziehungen betreffen und hat vielfältige Konsequenzen für den Umgang mit Misserfolgen und die Erfüllung seines eigenen Potenzials.

Selektionseffekt (selection effect). Verzerrung einer Stichprobe. Wenn bei der Zusammenstellung einer Stichprobe schon Merkmale, die von Interesse sind, sich auf die Teilnahmewahrscheinlichkeit auswirken, spricht man von einem Selektionseffekt. Bei → Längsschnittuntersuchungen spielt die Selektivität eine wesentliche Rolle, weil man damit rechnen muss, dass die Nichtteilnahme von Personen an späteren Messzeitpunkten nicht zufällig ist, sondern beispielsweise bei sehr alten Stichproben auf Morbidität (Krankheit) und/oder Mortalität (Sterblichkeit) zurückzuführen ist. Gerade diese Eigenschaften sind aber in gerontologischen Längsschnittstudien von Interesse.

Sensible Perioden/Phasen (sensitive periods/phases). Entwicklungsabschnitte, in denen spezifische Erfahrungen im Vergleich zu früheren und späteren Perioden maximale positive oder negative Wirkungen zeitigen. Beim Spracherwerb sind beispielsweise die ersten sechs Lebensjahre eine solche sensible Phase, weil hier der angeborene Spracherwerbsmechanismus das Erlernen von Sprachen erleichtert.

Sensitivität (sensitivity). Die Fähigkeit, prompt und angemessen auf das Verhalten anderer zu reagieren. Eine hohe Sensitivität der Eltern gegenüber ihren Kindern (insbesondere Säuglingen und Kleinkindern) wird als entwicklungsförderlich angesehen.

Sensorik (sensory system). Das Gesamtsystem der → Wahrnehmung. Die Sensorik ist das Eingangssystem für Informationsverarbeitung. Man unterscheidet Nahsinne (Geruch, Geschmack, Tastsinn) und Fernsinne (Gesichtssinn, Gehör).

Sensomotorik. Siehe unter Motorik.

Setting (setting). Lebensräume mit spezifischen Örtlichkeiten für spezifische, oft rollengebundene Aktivitäten und Interaktionen mit spezifischen Bezugspersonen. Entwicklungsrelevante Settings sind neben Familienwohnung, Kindergarten, Schulen und Arbeitsplatz z. B. auch Einrichtungen der Religionsgemeinschaften oder Freizeiteinrichtungen.

Skripts (scripts). Schematisierte »Drehbücher« für wiederkehrende Handlungs- und Interaktionsabläufe. Solche Skripts sind für Kinder z. B. die Morgentoilette, das Zubettgehen, gemeinsame Mahlzeiten, Spielabläufe, Feiern (Geburtstage, Weihnachten) und Ausflüge. Durch die schematische Vorstrukturierung erleichtern Skripts Handlungsabläufe und Interaktionen. Sie sind auch hilfreich in schwierigen Problemsituationen, etwa bei der Mitteilung belastender Informationen oder bei der Bereinigung von Konflikten. Wenn verschiedene Akteure unterschiedliche Skripts haben, kann es auch zu Irritationen kommen.

SOK-Modell (SOC model). SOK ist die Abkürzung für das von Baltes und Baltes vorgeschlagene Modell erfolgreicher Entwicklung als Zusammenspiel von Selektion, Optimierung und Kompensation. Mit Selektion ist die Konzentration der begrenzten Ressourcen auf eine Auswahl von Funktionsbereichen gemeint. Optimierung zielt auf Entwicklungsgewinne und umfasst den Erwerb, die Verfeinerung und die Anwendung von Ressourcen zum Erreichen von Entwicklungszielen. Kompensation dient der Aufrechterhaltung des Funktionsniveaus bei Verlusten und nutzt Ressourcen, um den Verlusten entgegenzuwirken. Das SOK-Modell wurde ursprünglich entwickelt, um produktive Lebensgestaltungen in höherem Alter zu beschreiben, es ist aber auf die Entwicklung während des gesamten Lebens anwendbar.

Soziales Netzwerk (social network). Beschreibung einer sozialen Struktur von verschiedenartigen Beziehungen eines Menschen. Kenngrößen sind u. a. die Größe und Alterszusammensetzung des sozialen Netzwerks, Merkmalsausprägungen seiner Mitglieder, Beschreibungen der Art und Qualität der sozialen Beziehungen sowie der Netzwerkveränderungen über die Zeit.

Sozialisation (socialization). Der aus der Soziologie stammende Begriff der Sozialisation bezeichnet die Prozesse, aufgrund deren Menschen Mitglieder der Gesellschaft werden, in die sie hineingeboren sind. Verschiedene Instanzen wie Familie, Schule, Beruf und Medien vermitteln kulturelle Bedeutungen, Sinnzusammenhänge und Werthaltungen. Es spielen sich vielfältige Lernprozesse ab, wobei auch die Spannung zwischen gesellschaftlichen Vorgaben und der Herausbildung einer persönlichen Identität von grundlegendem Einfluss ist.

Spiel (play). Zweckfreie, meist auf Objekte bezogene, ritualisierte oder ritualisierende Handlungen, die in eine imaginierte fiktive Realität eingebettet und häufigen Wiederholungen unterzogen sind. Formen des Spiels sind in der Entwicklungsreihenfolge: sensomotorisches Spiel, Als-ob-Spiel, Rollenspiel und Regelspiel. Das aus der → Exploration erwachsende Konstruktionsspiel (Bauen, Kneten, Malen, Singen, Tanzen) setzt früh ein und stellt eine eigene Entwicklungslinie dar. Der Sinn des Spiels wird in der Einübung von später nötigen Funktionen gesehen, generell aber hat Spiel die Funktion der Lebensbewältigung in Form von imaginativer Bedürfnisbefriedigung sonst unerreichbarer Ziele (z. B. groß und stark sein), der Reaktion gegen den starken Sozialisationsdruck, der reinigenden Wirkung (Katharsis) und der Bearbeitung traumatischer Ereignisse (z. B. Krankheit) sowie der Vorbereitung auf → Entwicklungsaufgaben (z. B. Schule spielen). Im Erwachsenenalter scheint Spiel neben der Regression in frühere Entwicklungsstadien der Kompensation sowohl von gesellschaftlichen Konflikten (Wettspiele als ritualisierte Kriege) als auch von privaten Problemen (z. B. Misserfolg im Beruf oder in der Partnerschaft) zu dienen. Eine besondere Stellung nehmen Glücksspiele ein, die in Suchtform eine pathologische Entwicklung nehmen.

Spiritualität (spirituality). Verinnerlichung (sich nach innen wenden) und Transzendieren (über sich und die Welt »hinausblicken«). Empirisch operationalisiert z. B. als »awareness of sensing«, »mystery sensing«, »value sensing«, »community sensing«.

Sprache (language). Die nur beim Menschen anzutreffende Fähigkeit, mittels vereinbarter Zeichen Bedeutungen auszudrücken, Sachverhalte darzustellen und mit anderen über Bedeutungen zu kommunizieren. Neben dieser Darstellungs- und Mitteilungsfunktion hat die Sprache auch noch eine handlungsregulierende Funktion (→ Wille). Komponenten der Sprache sind Phonologie (Organisation von Sprachlauten), Morphologie (Wortbildung), Syntax (Satzbildung), Semantik (Wort- und Satzbedeutung) und Pragmatik (Sprechakte) sowie suprasegmentale Komponenten (z. B. Intonationskontur). Alle Komponenten weisen typische Entwicklungsverläufe auf, die im Durchschnitt auch bestimmten Altersabschnitten zuzuweisen sind.

Der *Spracherwerb* gelingt nur in Interaktion mit kompetenten Sprachpartnern, wobei der mütterliche Sprechstil sich von der »Ammensprache« zur stützenden Sprache (»Scaffolding«) und schließlich zur lehrenden Sprache (»Motherese«) wandelt. Für den Spracherwerb gibt es eine → sensible Periode (Zeitfenster), wobei eine vollständige Sprachdeprivation während der Kindheit etwa ab der Pubertät nach heutiger Kenntnis nicht mehr aufgefangen werden kann. Für die Erklärung des Spracherwerbs gibt es zwei Theorienfamilien: »Outside-in«-Theorien (Annahme genereller Lernmechanismen, keine angeborenen spezifischen Voraussetzungen) und »Inside-out«-Theorien (Sprachlernen unterscheidet sich von anderen Lernprozessen, das Kind ist mit angeborenen sprachspezifischen Fähigkeiten ausgestattet). Im letzteren Fall lässt sich zwischen Kompetenz (Potenzial zum Erwerb sämtlicher menschlicher Sprachen: prinzipielles Sprachvermögen) und Performanz (Fähigkeit, eine bestimmte Sprache zu sprechen: aktuelles Sprachvermögen) unterscheiden.

Stabilität (stability). Neben Veränderung im Lebenslauf ist Nichtveränderung bzw. Stabilität von Interesse. Mehrere Konzepte der Stabilität sind zu unterscheiden. *Absolute* Stabilität auf einer Dimension besteht, wenn keine Veränderung beobachtbar ist. *Relative* oder Positionsstabilität besagt, dass bestimmte Positionen des Individuums in einer Bezugsgruppe erhalten bleiben. Mit *struktureller* Stabilität (bisweilen auch als Profilstabilität bezeichnet) ist gemeint, dass sich das Muster der Faktoren oder Dimensionen mit dem Alter nicht verändert. Während der Kindheit wurde eine Differenzierung der → Intelligenz in mehrere Faktoren festgestellt. Die Persönlichkeitsentwicklung hat über längere Strecken des Lebenslaufes eine relativ hohe Stabilität der Faktorenstruktur der → Big Five.

Standardabweichung (standard deviation, SD). Statistisches Maß für die Streuung des Wertes einer Variablen um ihren Mittelwert.

Stress (stress). Belastung, die aktuell oder langfristig die Entwicklung beeinflussen kann. *Eustress* oder positiver Stress ist eine positiv erlebte Belastung, z. B. eine sportliche Herausforderung, die man meistert, oder ein Fest, das man ausrichtet. *Disstress* oder negativer Stress ist eine negativ erlebte Belastung, z. B. durch Streit, schwierige Entscheidungen von großer Tragweite, Arbeitsüberlastung, eine bedrohliche Erkrankung, Verluste oder drohende Verluste durch → kritische Lebensereignisse. Der Einfluss auf die Entwicklung kann variieren. Werden die Belastungen nicht bewältigt und gemeistert, hat das negative Wirkungen (z. B. auf das Selbstbild, das Bild von der Welt, den Blick in die Zukunft), während bewältigte und gemeisterte Belastungen positive Wirkungen haben, z. B. einen objektiven Gewinn an → Kompetenz, Stärkung des Vertrauens in die eigenen → Fähigkeiten. Die Stressfaktoren werden kurz als *Stressoren* bezeichnet.

Struktur (structure). Die Menge und die Art der Beziehungen zwischen Elementen. In der Psychologie wird der Begriff Struktur verwendet für die Ordnung von Wissensinhalten (Wissensstrukturen) bzw. von Gedächtnisinhalten (Gedächtnisstrukturen; → Gedächtnis), die Hierarchie kognitiver Prozesse (Denkstrukturen, prozedurale Wissensstrukturen), die Ordnung der Komponenten der → Persönlichkeit (Persönlichkeitsstruktur), Etappen der Gesamtentwicklung (Strukturniveaus, v. a. Piagets Einteilung der kognitiven Entwicklung) oder deren Teilkomponenten (z. B. moralische Urteilsstrukturen, Strukturniveaus der sozialen Kognition oder des Menschenbildes), die Ordnung sozialer Gruppen (z. B. Familienstruktur, Klassenstruktur) und soziale Interaktionen (Interaktions-, Kommunikationsstruktur). In der Sprachforschung und teilweise auch beim Wissenserwerb unterscheidet man Oberflächen- und Tiefenstrukturen (→ Sprache, → Lernen). *Strukturtheorien* bilden eine Klasse von Aussagen über die Entstehung und Nutzung von Strukturen. Am bekanntesten in der Entwicklungspsychologie sind die genetische Strukturtheorie von Piaget und die Stufen des moralischen Urteils von Kohlberg geworden.

Strukturgleichungsmodelle (structural equation models). Wichtiges und vielfältig einsetzbares statistisches Verfahren zur Überprüfung von Hypothesen über Zusammenhänge zwischen latenten (nicht direkt beobachteten) Variablen.

Stufe (stage). Ein Konzept, das einen relativ großen und zeitlich ausgedehnten Entwicklungsabschnitt kennzeichnet. Stufentheorien nehmen bestimmte Gesetzmäßigkeiten für eine Stufenfolge an. Dazu gehören Universalität (gültig für alle Menschen in allen Kulturen), Irreversibilität (die Stufen können nicht mehr rückwärts durchlaufen werden), Transitivität (die Stufen werden in genau der postulierten Reihenfolge durchlaufen, keine kann übersprungen werden), Hierarchisierung (die jeweils folgende Stufe ist höher hinsichtlich Komplexität und Leistungsfähigkeit) und Integration (die jeweils höhere Stufe integriert die vorausgegangenen Stufen und baut auf ihnen auf). Mit dem Konzept der Stufe verwandt sind »Phase« und »Periode«, die manchmal bedeutungsgleich verwendet werden, häufig aber als kürzere und der Stufe hierarchisch untergeordnete Entwicklungsabschnitte definiert werden.

System (system). Dynamische → Struktur. Die Veränderung eines Elements oder einer Beziehung zwischen Elementen kann eine Veränderung des ganzen Systems oder anderer Teilsysteme nach sich ziehen. Ein wesentliches Merkmal von Systemen ist die Rückkoppelung eines Prozesses auf den Ausgangszustand, was bei der menschlichen Entwicklung zu einem »Engelskreis« (z. B. der Wechselwirkung von sicherer Bindung und Exploration mit positiven Effekten für soziale und kognitive Kompetenz) oder zu einem »Teufelskreis« (Circulus vitiosus) führen kann (z. B. entwickeln misshandelte Kinder häufig die Disposition zu aggressivem Verhalten). Systeme können sich in Richtung Ordnung oder Chaos entwickeln. Kontrollparameter beeinflussen das System von außen, Ordnungsparameter regulieren es von innen.

Das sich entwickelnde Individuum kann als emergentes (sich selbst entfaltendes) System beschrieben werden, ein Konzept, das besonders in der Klinischen Entwicklungspsychologie genutzt wird. Je nach Betrachtungsweise sind Einzelkomponenten des Organismus oder ökologische Einheiten, in die ein Individuum eingebettet ist, als Systeme beschreibbar. Mit Bronfenbrenner lassen sich vier Arten von Systemen von zunehmendem Umfang unterscheiden: Mikro-Systeme (Wechselwirkung in → Settings), Meso-Systeme (Wechselwirkung zwischen Mikro-Systemen), Exo-Systeme (Wirkung von Systemen, denen das Individuum nicht angehört, z. B. Arbeitsplatz der Eltern) und Makro-Systeme (umgreifende, alle übrigen Systeme beeinflussende Wirkungen, wie Kultur, Arbeit, Demokratie). Für alle Organismen existiert ein Ökosystem, dem das lebende Individuum angehört und mit dem es in Wechselwirkung steht.

Systemtheorien (systems theories). Theorien, die die Entstehung, Wirkung und Veränderung von Systemen erklären. Dabei spielen folgende Merkmale eine Rolle: Ganzheitlichkeit (das Ganze ist mehr als seine Teile), Zielgerichtetheit, Regelhaftigkeit, Grenzen (Abgrenzung des Systems nach außen), positive und negative Rückkoppelung, zirkuläre Kausalität (wechselseitige Beeinflussung der Elemente, Gegensatz zur linearen Kausalität), Selbstorganisation und Homöostase (Erhaltung des Gleichgewichts) bzw. Heterostase (Anpassung an neue Bedingungen).

Systemtheorien werden im Bereich der Psychologie für verschiedene Anwendungsbereiche genutzt: in der allgemeinen Entwicklungspsychologie zur Erklärung von menschlicher Entwicklung oder ihren Teilaspekten (z. B. der Entwicklung des Selbst), in der Familienpsychologie und -therapie, in der Klinischen (Entwicklungs-)Psychologie und in der ökologischen (Entwicklungs-)Psychologie. In den meisten Fällen dienen Systemtheorien aus Mangel an Präzisierung und Überprüfbarkeit eher als Metaphern und weniger als konsistente Theorien.

T

Temperament (temperament). Konstitutionell verankerte Wurzeln von emotionalen, motorischen und aufmerksamkeitsbezogenen Reaktionen und Wurzeln der Selbstregulierung. Temperamentsmerkmale sind über den Lebenslauf hinweg relativ stabil und kaum veränderbar.

Theory of Mind. Fähigkeit, die Absichten und Bedürfnisse anderer Menschen zu verstehen. Dabei spielen → intuitive Theorien und → Perspektivenübernahme eine wichtige Rolle.

Trotzverhalten (defiant behavior). Tritt erstmalig um die Mitte des 2. Lebensjahres auf und mildert sich mit zunehmender Sprach- und Handlungskompetenz. Man führt Trotzverhalten auf mangelnde Emotionskontrolle und die Unfähigkeit zurück, die → Aufmerksamkeit auf andere Ziele umlenken zu können. Frühere Deutungen erklärten es als Zeichen für das erste Auftreten des → Willens, der zunächst als Negation von Anforderungen der Umwelt erprobt wird. Ausgeprägtes Trotzverhalten scheint sich bis ins Erwachsenenalter auszuwirken.

V

Validität (von Messinstrumenten; validity). Eines der Gütekriterien von Messinstrumenten; es besagt, dass ein Messverfahren das misst, was es messen soll. Die Validität wird über Korrelationen nachgewiesen. Erlaubt ein Test die Vorhersage von Verhalten, das bei dem gemessenen Merkmal (Fähigkeit, Disposition) zu erwarten ist, hat er *prädiktive* Validität. Ist er mit anderen Messinstrumenten für das gleiche Merkmal korreliert, liegt *konkurrente* Validität vor. Ist er mit anderen Kriterien korreliert, die konzeptuell/theoretisch mit dem gemessenen Merkmal positiv oder negativ korreliert sein sollten, ist *Kriteriumsvalidität* gegeben. *Konvergente* Validität wird belegt durch Korrelationen mit Instrumenten, die dasselbe Merkmal mit einer anderen Methode messen, *diskriminante* Validität durch niedrige Korrelationen mit Maßen für andere, theoretisch unabhängige Merkmale. *Konstruktvalidität* gibt an, in welchem Umfang Messergebnisse ein bestimmtes psychologisches Konstrukt erfassen, das bereits zuvor theoretisch entwickelt wurde oder der aktuellen Untersuchung zugrunde liegt. *Interne* Validität bedeutet Gültigkeit innerhalb der erfassten Bedingungen (z. B. bei einem Experiment), *externe* oder *ökologische* Validität die Gültigkeit von Ergebnissen außerhalb des Rahmens kontrollierter Bedingungen (also außerhalb des Experiments im realen Leben).

Ventrikel (ventricle). Mit Liquor gefüllte Hohlräume im Gehirn. In den beiden Großhirnhemisphären befinden sich die zwei Seitenventrikel, der dritte Ventrikel liegt im Zwischenhirn und der vierte im Rautenhirn. Die Ventrikel sind durch Löcher bzw. Kanäle miteinander verbunden. Sie sind in Röntgen- bzw. computer- oder magnetresonanztomografischen Aufnahmen des Schädels gut zu erkennen. Bei größeren strukturellen Veränderungen des Gehirns (z. B. nach Trauma, Schlaganfall oder chronischen Prozessen wie Demenz) verändern sich ihre Form und Größe.

Veränderungsmessung (measurement of change). Empirische Ermittlung von Veränderungen in Merkmalsausprägungen über die Zeit hinweg. Bei der *direkten* Veränderungsmessung sollen die Befragten selbst die Veränderung einschätzen. Bei der *indirekten* Veränderungsmessung wird die Veränderung über die Differenz zwischen der Merkmalsausprägung zu zwei (oder mehreren) Messzeitpunkten erfasst. Die *quasi-indirekte* Veränderungsmessung erfolgt mittels retrospektiver Prätests, bei denen die früheren individuellen Werte retrospektiv geschätzt werden.

Volition. Siehe Wille.

Vulnerabilität (vulnerability). Das Ausmaß der schädlichen Wirksamkeit von → Risikofaktoren und → Stress auf das Individuum. Vulnerabilität als die Verletzlichkeit eines Individuums bezieht sich ausschließlich auf die Beeinträchtigung internaler psychischer und biologischer Faktoren.

W

Wahrnehmung (perception). Sinnesempfindungen sind elementare Prozesse der Reizaufnahme und -registrierung, wie das Erkennen und Unterscheiden von Farben. Wahrnehmung ist demgegenüber der höhere Prozess der Organisation und Interpretation der Reizinformation, z. B. das Erkennen von Objekten. Zur Wahrnehmung sind bereits Neugeborene fähig; sie zeigen im Alter von wenigen Monaten komplexe Wahrnehmungsleistungen, etwa beim Verständnis physikalischer Sachverhalte (→ intuitive Theorien). Ein wichtiger Entwicklungsschritt bei der Wahrnehmung ist die Angst vor einem Abgrund (»visuelle Klippe«), die wahrscheinlich auf einem Reifungsprozess beruht (→ Reifung).

Weisheit (wisdom). Aus dem breiten Bedeutungsspektrum von Weisheit im Alltagsverständnis und in der Philosophie wurde im Berliner Weisheitsparadigma ein psychologisches Konzept mit fünf Kriterien konzipiert, messbar gemacht und validiert: reiches Faktenwissen des Lebens, reiches Strategiewissen in grundlegenden Fragen des Lebens, kontextualistisches Denken (d. h. Berücksichtigung der allgemeinen und spezifischen Lebensumstände bei Problemen), Relativierung von Werten (Akzeptanz und Kenntnis der Vielfalt von Wertgeltungen und Lebenszielen) sowie Erkennen von und Umgehen mit Ungewissheit. Dieses Weisheitskonzept wird erfasst durch die Bearbeitung von Dilemmata, die zentrale Lebensfragen aufgreifen.

Werte (values). Vorstellungen davon, was erstrebenswert ist. Werte oder Werthaltungen sind im Unterschied zu Handlungszielen sehr abstrakt konzipiert. Sie wirken als Leitmotive im Leben und bieten die Grundlage für Bewertungen und Handlungspräferenzen.

Wille, Volition (will, volition). Die Befähigung, ein Ziel als zukünftige Situation der Motivbefriedigung zu antizipieren, die aktuellen Handlungen auf dieses Ziel auszurichten und sie von konkurrierenden Handlungsimpulsen abzuschirmen. Als Etappen des Willensprozesses unterscheidet man die Auswahl von Wünschen, den Vorsatz (Überführung in die aktionale Phase), die Durchführung und die Bewertung des Erreichten. Bei den Regulations- und Kontrollleistungen des Willens spielt die → Sprache eine wichtige Rolle. Sie dient als Instrument der Handlungsregulation. Etappen der Willensentwicklung zeigen sich in der → Trotzphase der frühen Kindheit, der Fähigkeit zum Bedürfnisaufschub und dem Widerstand gegenüber der Versuchung in der mittleren Kindheit sowie in den durch sie verbundenen Regulations- und Kontrollleistungen im Jugendalter, die vermutlich mit der Frontalhirnentwicklung zusammenhängen.

Wissen (knowledge). Der Begriff wird in der Psychologie in der englischen Bedeutung verwendet und umfasst neben der alltagssprachlichen Bedeutung auch Können und Erkennen. *Deklaratives* Wissen ist bewusst verfügbar und sprachlich mitteilbar. *Prozedurales* Wissen beinhaltet Fertigkeiten, Strategien und automatisierte Leistungen. Der Übergang vom deklarativen zum prozeduralen Wissen verläuft über Übung. Neben schulbezogenem Wissen und Alltagswissen ist für entwicklungspsychologische Fragen das auf der jeweiligen Altersstufe vorhandene Entwicklungswissen interessant. *Metawissen* als Wissen über → Gedächtnis und → Lernen erleichtert und verbessert Leistungen des Einprägens und Behaltens.

Z

Zone nächster Entwicklung (ZNE) (zone of proximal development). Der von Vygotskij eingeführte Terminus bezeichnet die Distanz zwischen dem aktuellen Entwicklungsniveau, definiert durch Leistungen selbstständigen Problemlösens, und dem potenziellen Niveau, das unter der Anleitung Erwachsener oder kompetenter Gleichaltriger erreicht werden kann. Die ZNE umreißt den Leistungsbereich oberhalb des gegenwärtigen Entwicklungsniveaus, den sich das Kind als Nächstes aneignen kann, wenn eine optimale kulturelle Vermittlung gewährleistet ist. Insofern verbindet die ZNE Kultur und Individuum beim Prozess der → Enkulturation.

Literaturverzeichnis

Ackerman, P. L. (1988). Determinants of individual differences during skill acquisition: Cognitive abilities and information processing. Journal of Experimental Psychology: General, 117, 288–318.

Acredolo, L. & Goodwyn, S. (2002). Baby Signs: How to talk with your baby before your baby can talk. Chicago, IL: Contemporary Books.

Adolph, K. E. (2000). Specificity of learning: Why infants fall over a veritable cliff. Psychological Science, 11, 290–295.

Aebli, H. (1981). Denken: Das Ordnen des Tuns. Bd. 2: Denkprozesse. Stuttgart: Klett-Cotta.

Ahnert, J. & Schneider, W. (2007). Entwicklung und Stabilität motorischer Fähigkeiten vom Vorschul- bis ins frühe Erwachsenenalter. Befunde der Münchner Längsschnittstudie LOGIK. Zeitschrift für Entwicklungspsychologie und Pädagogische Psychologie, 39, 12–24.

Ahnert, J., Bös, K. & Schneider, W. (2003). Motorische und kognitive Entwicklung im Vorschul- und Schulalter. Befunde der Münchner Längsschnittstudie LOGIK. Zeitschrift für Entwicklungspsychologie und Pädagogische Psychologie, 35, 185–199.

Ahnert, L. (2008). Entwicklung in kombinierter familiärer und außerfamiliärer Kleinkind- und Vorschulbetreuung. In M. Hasselhorn & R. K. Silbereisen (Hrsg.), Entwicklungspsychologie des Säuglings- und Kindesalters (Enzyklopädie der Psychologie, Serie Entwicklungspsychologie, Bd. 4; S. 373–408). Göttingen: Hogrefe.

Ahnert, L., Pinquart, M. & Lamb, M. E. (2006). Security of children's relationships with nonparental care providers: A meta-analysis. Child Development, 77, 664–679.

Ainsworth, M. D. S., Blehar, M. C., Waters, E. & Wall, S. (1978). Patterns of attachment. A psychological study of the strange situation. Hillsdale, NJ: Erlbaum.

Alley, D., Suthers, K. & Crimmins, E. (2007). Education and cognitive decline in older Americans: Results from the AHEAD sample. Research on Aging, 29, 73–94.

Altman, J. & Bayer, S. A. (1984). The development of the rat spinal cord. Advances in Anatomy, Embryology and Cell Biology, 85, 1–164.

American Academy of Pediatrics – Committee on Child Abuse and Neglect Policy Statement (1991). Guidelines for the evaluation of sexual abuse on children (RE 9202). Pediatrics, 87, 254–260.

Anastasi, A. (1958). Heredity, environment, and the question »how?« Psychological Review, 65, 197–208.

Anderson, C. A., Gentile, D. A. & Buckley, K. E. (2007). Violent video game effects on children and adolescents: Theory, research, and public policy. New York: Oxford University Press.

Anderson, D. R., Fite, K. V., Petrovich, N. & Hirsch, J. (2006). Cortical activation while watching video montage: An fMRI study. Media Psychology, 8, 7–24.

Andersson, B. E. (1992). Effects of day care on cognitive and socioemotional competence of thirteen-year-old Swedish schoolchildren. Child Development, 63, 20–36.

Andrews, G. & Halford, G. S. (1998). Children's ability to make transitive inferences: The importance of premise integration and structural complexity. Cognitive Development, 13, 479–513.

Andrews, G., Corry, J., Issakidis, C., Slade, T. & Swanston, H. (2002). Comparative risk assessment: child sexual abuse (Final report). WHO Collaborating Centre on Evidence and Health Policy in Mental Health. Sydney: St. Vincent's Hospital. Clinical Research Unit for Anxiety and Depression (CRFfAD).

Angermaier, M. J. W. (2007). Entwicklungstest Sprache 4 bis 8 Jahre (ETS 4–8). Frankfurt a. M.: Pearson Assessment.

Antonucci, T. C. (1985). Personal characteristics, social support, and social behavior. In R. H. Binstock & E. Shanas (Eds.), Handbook of aging and the social sciences (pp. 94–128). New York: van Nostrand Reinhold Company.

Arnett, J. J. (2000). Emerging adulthood: A theory of development from the late teens through the twenties. American Psychologist, 55, 469–480.

Arnett, J. J. (2004). Emerging adulthood: The winding road from the late teens through the twenties. New York: Oxford University Press.

Arsenio, W. F., Gold, J. & Adams, E. (2006). Children's conceptions and displays of moral emotions. In M. Killen & J. G. Smetana (Eds.), Handbook of moral development (pp. 581–609). Mahwah, NJ: Erlbaum.

Artelt, C., Beinicke, A., Schlagmüller, M. & Schneider, W. (2009). Diagnose von Strategiewissen beim Textverstehen. Zeitschrift für Entwicklungspsychologie und Pädagogische Psychologie, 41, 96–103.

Artelt, C., Schiefele, U., Schneider, W. & Stanat, P. (2002). Leseleistungen deutscher Schülerinnen und Schüler im internationalen Vergleich (PISA). Zeitschrift für Erziehungswissenschaft, 5, 6–27.

Arthur, W. (2011). Evolution. A developmental approach. Chichester, UK: Wiley-Blackwell.

Asendorpf, J. B. (2007). Psychologie der Persönlichkeit (4. Aufl.). Berlin: Springer.

Asendorpf, J. B. (2010). Das epigenetische Gedächtnis. In H.-P. Trolldenier, W. Lenhard & P. Marx (Hrsg.), Brennpunkte der Gedächtnisforschung (S. 53–66). Göttingen: Hogrefe.

Asendorpf, J., Denissen, J. & van Aken, M. (2009). Personality trajectories from early childhood through emerging adulthood. In W. Schneider & M. Bullock (Eds.), Human development from early childhood to early adulthood. Findings from a 20 year longitudinal study (pp. 119–144). New York: Psychology Press.

Aspinwall, L. G. & Taylor, S. E. (1997). A stitch in time: Self-regulation and proactive coping. Psychological Bulletin, 121, 417–436.

Aster, M. von (2003). Neurowissenschaftliche Ergebnisse und Erklärungsansätze zu Rechenstörungen. In A. Fritz, G. Ricken & S. Schmidt (Hrsg.), Rechenschwäche. Lernwege, Schwierigkeiten und Hilfen bei Dyskalkulie (S. 163–178). Weinheim: Beltz.

Astington, J. W. & Baird, J. A. (Eds.). (2005). Why language matters for theory of mind. New York: Oxford University Press.

Astington, J. W. & Jenkins, J. M. (1999). A longitudinal study of the relation between language and theory-of-mind development. Developmental Psychology, 35, 1311–1320.

Atkinson, J. W. (1957). Motivational determinants of risk-taking behavior. Psychological Review, 64, 359–372.

Avital, E. & Jablonka, E. (2000). Animal tradition. Behavioral inheritance in evolution. Cambridge: Cambridge University Press.

Bäckman, L. & MacDonald, S. W. S. (2006). Death and cognition: Synthesis and outlook. European Psychologist, 11, 224–235.

Bäckman, L., Nyberg, L., Lindenberger, U., Li, S.-C. & Farde, L. (2006). The correlative triad among aging, dopamine, and cognition: Current status and future prospects. Neuroscience & Biobehavioral Reviews, 30, 791–807.

Baddeley, A. D. (2000a). The episodic buffer: a new component of working memory? Trends in Cognitive Sciences, 4, 417–423.

Baddeley, A. D. (2000b). Working memory (2nd ed.). Oxford: Oxford University Press.

Baddeley, A. D. (2006). Working memory: An overview. In S. J. Pickering (Ed.), Working memory and education (pp. 1–31). San Diego, CA: Academic Press.

Baddeley, A. D. & Hitch, G. J. (1974). Working memory. In G. H. Bower (Ed.), The psychology of learning and motivation, Vol. 8. London: Academic Press.

Baillargeon, R. (1987). Object permanence in 3.5- and 4.5-month-old infants. Developmental Psychology, 23, 655–664.

Baillargeon, R. (1995). A model of physical reasoning in infancy. In C. Rovee-Collier & L. P. Lipsitt (Eds.), Advances in infancy research (Vol. 9, pp. 305–371). Norwood, NJ: Ablex.

Baillargeon, R. (1998). Infants' understanding of the physical world. In F. Craik & M. Sabourin (Eds.), Advances in psychological science: Vol. 2. Biological and cognitive aspects (pp. 503–529). Hove, UK: Psychology Press.

Baillargeon, R., Scott, R. M. & He, Z. (2010). False-belief understanding in infants. Trends in Cognitive Sciences, 14, 110–118.

Baldwin, D. A. (1995). Understanding the link between joint attention and language. In C. Moore & P. J. Dunham (Eds.), Joint attention: Its origins and role in development (pp. 131–158). Hillsdale, NJ: Erlbaum.

Ball, K., Beard, B. L., Roenker, D. L., Miller, R. L. & Griggs, D. S. (1988). Aging and visual search: Expanding the useful field of view. Journal of the Optical Society of America A, 5, 2210–2219.

Baltes, M. M. (1996). The many faces of dependency in old age. New York: Cambridge University Press.

Baltes, M. M., Horgas, A. L., Klingenspor, B., Freund, A. M. & Carstensen, L. L. (2010). Geschlechtsunterschiede in der Berliner Altersstudie. In U. Lindenberger, J. Smith, K. U. Mayer & P. B. Baltes (Hrsg.), Die Berliner Altersstudie. (3. Aufl., S. 597–622). Berlin: Akademie Verlag.

Baltes, P. B. (1968). Longitudinal and cross-sectional sequences in the study of age and generation effects. Human Development, 11, 145–171.

Baltes, P. B. (1987). Theoretical propositions of life-span developmental psychology: On the dynamics between growth and decline. Developmental Psychology, 23, 611–626.

Baltes, P. B. (1997). Die unvollendete Architektur der menschlichen Ontogenese: Implikationen für die Zukunft des vierten Lebensalters. Psychologische Rundschau, 48, 191–210.

Baltes, P. B. & Baltes, M. M. (1990). Psychological perspectives on successful aging: The model of selective optimization with compensation. In P. B. Baltes & M. M. Baltes (Eds.), Successful aging: Perspectives from the behavioral sciences (pp. 1–34). New York: Cambridge University Press.

Baltes, P. B. & Goulet, L. R. (1970). Status and issues of a life-span developmental psychology. In L. R. Goulet & P. B. Baltes (Eds.), Life-span developmental psychology: Research and theory (pp. 3–21). New York: Academic Press.

Baltes, P. B. & Kliegl, R. (1992). Further testing of limits of cognitive plasticity: Negative age differences in a mnemonic skill are robust. Developmental Psychology, 28, 121–125.

Baltes, P. B. & Labouvie, G. V. (1973). Adult development of intellectual performance: Description, explanation, modification. In C. Eisdorfer & M. P. Lawton (Eds.), The psychology of adult development and aging (pp. 157–219). Washington, DC: American Psychological Association.

Baltes, P. B. & Lindenberger, U. (1997). Emergence of a powerful connection between sensory and cognitive functions across the adult life span: A new window to the study of cognitive aging? Psychology and Aging, 12, 12–21.

Baltes, P.B. & Staudinger, U.M. (2000). Wisdom: A metaheuristic to orchestrate mind and virtue towards excellence. American Psychologist, 55, 122–136.

Baltes, P.B., Reese, H.W. & Nesselroade, J.R. (1977). Lifespan developmental psychology: Introduction to research methods. Monterey, CA: Brooks/Cole. (Reprinted 1988, Hillsdale, NJ: Erlbaum)

Baltes, P.B., Cornelius, S.W. & Nesselroade, J.R. (1979). Cohort effects in developmental psychology. In J.R. Nesselroade & P.B. Baltes (Eds.), Longitudinal research in the study of behavior and development (pp. 61–87). New York: Academic Press.

Baltes, P.B., Lindenberger, U. & Staudinger, U.M. (2006). Life span theory in developmental psychology. In R.M. Lerner (Vol. Ed.), W. Damon & R.M. Lerner (Eds.-in-Chief), Handbook of child psychology: Vol. 1. Theoretical models of human development (6th ed., pp. 569–664). New York: Wiley.

Band, E.B. & Weisz, J.R. (1990). Developmental differences in primary and secondary control coping and adjustment to juvenile diabetes. Journal of Clinical Child Psychology, 19, 150–158.

Bandura, A. (1977). Social learning theory. Englewood Cliffs, NJ: Prentice Hall.

Bandura, A. (1986). Social foundations of thought and action: A social cognitive theory. Englewood Cliffs, NJ: Prentice Hall.

Bandura, A. (1997). Self-efficacy: The exercise of control. New York: Freeman.

Barkley, R. (1997). Behavioral inhibition, sustained attention, and executive functions: constructing a unifying theory of ADHD. Psychological Bulletin, 121 (1), 65–94.

Barkow, J.H., Cosmides, L. & Tooby, J. (Eds.). (1992). The adapted mind: Evolutionary psychology and the generation of culture. New York: Oxford University Press.

Barnett, W., Jung, K., Yarosz, D., Thomas, J., Hornbeck, A., Stechuk, R. & Burns, S. (2008). Educational effects of the Tools of the Mind Curriculum: A randomized trial. Early Childhood Research Quarterly, 23, 299–313.

Baron-Cohen, S., Leslie, A.M. & Frith, U. (1985). Does the autistic child have a »theory of mind«? Cognition, 21, 37–46.

Baron-Cohen, S., Allen, J. & Gillberg, C. (1992). Can autism be detected at 18 months? The needle, the haystack and the CHAT. The British Journal of Psychiatry, 61, 839–843.

Barrett, K.C. (1998). A functionalist perspective to the development of emotions. In M.F. Mascolo & S. Griffin (Eds.), What develops in emotional development? (pp. 109–133). New York: Plenum Press.

Barsalou, L.W. (1999). Perceptual symbol systems. Behavioral and Brain Sciences, 22, 577–660.

Bartko, W.T. & Eccles, J.S. (2005). Adolescent participation in structured and unstructured activities: A person-oriented analysis. Journal of Youth and Adolescence, 32, 233–241.

Bartzokis, G., Beckson, M., Lu, P.H., Nuechterlein, K.H., Edwards, N. & Mintz, J. (2001). Age-related changes in frontal and temporal lobe volumes in men: A magnetic resonance imaging study. Archives of General Psychiatry, 58, 461–465.

Bates, E., Dale, P. & Thal, D. (1995). Individual differences and their implications for theories of language development. In P. Fletcher & B. MacWhinney (Eds.), Handbook of child language (pp. 96–151). Oxford: Basil Blackwell.

Baudson, T.G. (2011). The (mis-)measure of children's cognitive abilities. Unveröffentlichte Dissertation. Universität Trier.

Bauer, P. (2006). Remembering the times of our lives: Memory infancy and beyond. Mahwah, NJ: Erlbaum.

Baumert, J., Kunter, M., Brunner, M., Krauss, S., Blum, W. & Neubrand, M. (2004). Mathematikunterricht aus Sicht der PISA-Schülerinnen und -Schüler und ihrer Lehrkräfte. In Deutsches PISA-Konsortium (Hrsg.), PISA 2003: Der Bildungsstand der Jugendlichen in Deutschland – Ergebnisse des zweiten internationalen Vergleichs (S. 314–354). Münster: Waxmann.

Beck, B. & Klieme, E. (2007). Sprachliche Kompetenzen – Konzepte und Messung. Weinheim: Beltz.

Becker, G. (2011). Kohlberg und seine Kritiker. Die Aktualität von Kohlbergs Moralpsychologie. Wiesbaden: VS Verlag für Sozialwissenschaften.

Beckett, C., Maughan, B., Rutter, M. et al. (2006). Do the effects of early severe deprivation on cognition persist into early adolescence? Findings from the English and Romanian adoptees study. Child Development, 77, 696–711.

Beentjes, J.W.J. & van der Voort, T.H.A. (1993). Television viewing versus reading: Mental effort, retention, and inferential learning. Communication Education, 42, 191–205.

Behne, T., Carpenter, M., Call, J. & Tomasello, M. (2005). Unwilling versus unable: Infants' understanding of intentional action. Developmental Psychology, 41, 328–337.

Beier, M.E. & Ackerman, P.L. (2001). Current events knowledge in adults: An investigation of age, intelligence and non-ability determinants. Psychology and Aging, 16, 615–628.

Bell, M.A. & Fox, N.A. (1992). The relations between frontal brain electrical activity and cognitive development during infancy. Child Development, 63, 1142–1163.

Bell, R.Q. (1953). Convergence: An accelerated longitudinal approach. Child Development, 24, 145–152.

Bell, R.Q. (1977). A reinterpretation of the direction of effects in studies of socialization. Psychological Review, 75, 81–95.

Belsky, J. & Rovine, M.J. (1988). Nonmaternal care in the first year of life and the security of infant-parent attachment. Child Development, 59, 157–167.

Belsky, J., Steinberg, L. & Draper, P. (1991). Childhood experience, interpersonal development, and reproductive strategy: An evolutionary theory of socialization. Child Development, 62, 647–670.

Belsky, J., Vandell, D. L., Burchinal, M., Clarke-Stuart, K. A., McCartney, K. & Owen, M. T. (2007). Are there long-term effects of early child care? Child Development, 78, 681–701.

Bengel, J. & Jerusalem, M. (Hrsg.). (2009). Handbuch der Gesundheitspsychologie und medizinischen Psychologie. Göttingen: Hogrefe.

Bergman, L. R., Eklund, G. & Magnusson, D. (1991). Studying individual development: Problems and methods. In D. Magnusson, L. R. Bergman, G. Rudinger & B. Törestad (Eds.), Problems and methods in longitudinal research (pp. 1–27). Cambridge, UK: Cambridge University Press.

Berry, J. W. & Georgas, J. (2009). An ecocultural perspective on cultural transmission: The family across cultures. In U. Schönpflug (Ed.), Cultural transmission: Psychological, developmental, social, and methodological aspects (pp. 95–125). New York: Cambridge University Press.

Bertenthal, B. I. & Clifton, R. K. (1998). Perception and action. In W. Damon (Series Ed.), D. Kuhn & R. S. Siegler (Vol. Eds.), Handbook of child psychology: Vol. 2. Cognition, perception, and language (5th ed., pp. 51–102). New York: Wiley.

Best, J. R. (2010). Effects of physical activity on children's executive function: Contributions of experimental research on aerobic exercise. Developmental Review 30, 331–351.

Bian, Z. & Andersen, G. J. (2008). Aging and the perceptual organization of 3-D scenes. Psychology and Aging, 23, 342–352.

Biederman, J. & Faraone, S. V. (2005). Attention-deficit hyperactivity disorder. Lancet, 366 (9481), 237–248.

Birren, J. E. (1959). Principles of research on aging. In J. E. Birren (Ed.), Handbook of aging and the individual: Psychological and biological aspects (pp. 3–42). Chicago, IL: University of Chicago Press.

Bischof, N. (2009). Psychologie. Ein Grundkurs für Anspruchsvolle. Stuttgart: Kohlhammer.

Bischof-Köhler, D. (1989). Spiegelbild und Empathie. Bern: Huber.

Bischof-Köhler, D. (1994). Selbstobjektivierung und fremdbezogene Emotionen: Identifikation des eigenen Spiegelbildes, Empathie und prosoziales Verhalten im 2. Lebensjahr. Zeitschrift für Psychologie mit Zeitschrift für angewandte Psychologie, 202, 349–377.

Bischof-Köhler, D. (2000). Kinder auf Zeitreise. Theory of Mind, Zeitverständnis und Handlungsorganisation. Bern: Huber.

Bischof-Köhler, D. (2011). Soziale Entwicklung in Kindheit und Jugend. Bindung, Empathie, Theory of Mind. Stuttgart: Kohlhammer.

Bittman, M. & Wajcman, J. (2000). The rush hour: The character of leisure time and gender equity. Social Forces, 79, 165–189.

Bjorklund, D. F. (1997). The role of immaturity in human development. Psychological Bulletin, 122, 153–169.

Bjorklund, D. F. (2005). Children's thinking. Cognitive development and individual differences (4th ed.). London: Thomson.

Bjorklund, D. F. (2007). Why the youth is not wasted to the young: Immaturity in human development. Malden, MA: Blackwell.

Bjorklund, D. F. (2012). Children's thinking. Cognitive development and individual differences (5th ed.). Wadsworth: Cengage Learning.

Bjorklund, D. F. & Pellegrini, A. D. (2002). The origins of human nature. Evolutionary developmental psychology. Washington, DC: American Psychological Association.

Bjorklund, D. F. & Schneider, W. (2006). Ursprung, Veränderung und Stabilität der Intelligenz im Kindesalter. In W. Schneider & B. Sodian (Hrsg.), Kognitive Entwicklung (Enzyklopädie der Psychologie, Serie Entwicklungspsychologie, Bd. 2; S. 770–823). Göttingen: Hogrefe.

Bjorklund, D. F., Dukes, C. & Douglas Brown, R. D. (2009). The development of memory strategies. In M. L. Courage & N. Cowan (Eds.), The development of memory in infancy and childhood (pp. 145–175). New York: Psychology Press.

Björkqvist, K., Ekman, K. & Lagerspetz, K. (1982). Bullies and victims: The ego picture, ideal ego picture and normative ego picture. Scandinavian Journal of Psychology, 23, 307–313.

Blakemore, S. J. & Frith, U. (2004). How does the brain deal with the social world? Neuroreport, 15, 119–128.

Blaser, R., Preuss, U. & Felder, W. (2010). Evaluation einer vorschulischen Förderung der phonologischen Bewusstheit und der Buchstaben-Laut-Korrespondenz. Zeitschrift für Kinder-und Jugendpsychiatrie und Psychotherapie, 38 (3), 181–188.

Blasi, A. (2007). »Amicus Plato sed magis amica veritas«: Bindung bei »moralischen Revolutionären«. In C. Hopf & G. Nunner-Winkler (Hrsg.), Frühe Bindungen und Moral (S. 215–259). Weinheim: Juventa.

Bloom, B. S. (1964). Stability and change in human characteristics. New York: Wiley.

Bloom, B. S. (1985). Generalisations about talent development. In B. S. Bloom (Ed.), Development talent in young people (pp. 507–579). New York: Ballantine Books.

Blum, W. (2006). Einführung. In W. Blum, C. Drüke-Noe, R. Hartung & W. Blum (Hrsg.), Bildungsstandards Mathematik konkret. Sekundarstufe I: Aufgabenbeispiele, Unterrichtsideen und Fortbildungsmöglichkeiten (S. 14–32). Berlin: Cornelsen/Scriptor.

Bodenmann, G. (1997). Dyadic coping: A systemic-transactional view of stress and coping among couples. European Journal of Applied Psychology, 47, 137–140.

Bodrova, E. & Leong, D. J. (2001). Tools of the mind: A case study of implementing the Vygotskian approach in American Early Childhood and Primary Classrooms. (UNESCO Innodata Monographs: Educational Innovations in Action No. 7) Geneva: International Bureau of Education, UNESCO.

Bodrova, E. & Leong, D. J. (2007). Play and early literacy: A Vygotskian approach. In K. A. Roskos & J. F. Christie (Eds.), Play and literacy in early childhood: Research from multiple perspectives (2nd ed., pp. 185–200). Mahwah, NJ: Erlbaum.

Boerner, K. & Jopp, D. (2007). Improvement/maintenance as reorientation as central features of coping with major life change and loss: contributions of three life-span theories. Human Development, 50, 171–195.

Bogin, B. (1997). Evolutionary hypotheses for human childhood. Yearbook of Physical Anthropology, 40, 63–89.

Böhm, K., Tesch-Römer, C. & Ziese, T. (Hrsg.). (2008). Beiträge zur Gesundheitsberichterstattung des Bundes. Gesundheit und Krankheit im Alter. Berlin: Robert Koch-Institut.

Boivin, M., Hymel, S., van Brunshot, M. & Cantin, S. (1998). Active withdrawal, shyness, and loneliness: The role of perceived control, social anxiety and social avoidance. Bern: Paper presented at the XVth Biennial Meetings of the International Society for the Study of Behavioral Development (ISSBD).

Bond, J., Dickinson, H. O., Matthews, F., Jagger, C., Brayne, C. & MRC CFAS (2006). Self-rated health status as a predictor of death, functional and cognitive impairment: A longitudinal cohort study. European Journal of Ageing, 3, 193–206.

Borke, H. (1975). Piaget's mountains revisited: Changes in the egocentric landscape. Developmental Psychology, 11, 240–243.

Borkenau, P., Riemann, R., Angleitner, A. & Spinath, F. M. (2001). Genetic and environmental influences on observed personality: Evidence from the German Observational Study of Adult Twins. Journal of Personality and Social Psychology, 80, 655–668.

Bornstein, M. H. (Ed.). (2010). Handbook of cultural developmental science. New York: Psychology Press.

Bornstein, M. H. & Ruddy, M. G. (1984). Infant attention and maternal stimulation: Prediction of cognitive and linguistic development in singletons and twins. In H. Bouma & D. G. Bouwhuis (Eds.), Attention and performance X: Control of language processes (pp. 433–445). Hillsdale, NJ: Erlbaum.

Bös, K. (1994). Differentielle Aspekte der Entwicklung motorischer Fähigkeiten. In J. Baur, K. Bös & R. Singer (Hrsg.), Motorische Entwicklung. Ein Handbuch (S. 238–253). Schorndorf: Hofmann.

Bös, K. & Schneider, W. (1997). Talententwicklung im Tennis: Eine Reanalyse der Heidelberger Längsschnittstudie. Schorndorf: Hofmann.

Bos, W., Hornberg, S., Arnold, K.-H., Faust, G., Fried, L., Lankes, E.-V., Schwippert, K. & Valtin, R. (2007). IGLU 2006 – Lesekompetenzen von Grundschulkindern in Deutschland im internationalen Vergleich. Münster: Waxmann.

Bouchard, T. J., Jr., Lykken, D. T., McGue, M., Segal, N. L. & Tellegen, A. (1990). Sources of human psychological differences: The Minnesota Study of Twins Reared Apart. Science, 250, 223–228.

Bouldin, P. & Pratt, C. (1999). Characteristic of preschool and school-age children with imaginary companions. The Journal of Genetic Psychology, 160, 397–410.

Bowerman, M. (1982). Reorganizational processes in lexical and syntactic development. In E. Wanner & L. R. Gleitman (Eds.), Language acquisition: The state of the art (pp. 319–346). Cambridge: Cambridge University Press.

Bowlby, J. (1951). Maternal care and mental health. Geneva: World Health Organization.

Bowlby, J. (1958). The nature of childs tie to his mother. International Journal of Psycho-Analysis, 39, 350–373.

Bowlby, J. (1969). Attachment and loss: Vol. 1. Attachment. New York: Basic.

Boyd, R. & Richerson, P. J. (2005). The origin and evolution of cultures. New York: Oxford University Press.

Braine, M. D. S. (1963). On learning the grammatical order of words. Psychological Review, 70, 323–348.

Brainerd, C. J. & Reyna, V. F. (2005). The science of false memory. Oxford: Oxford University Press.

Brandtstädter, J. (1985). Entwicklungsprobleme des Jugendalters als Probleme des Aufbaus von Handlungsorientierungen. In D. Liepmann & A. Stiksrud (Hrsg.), Entwicklungsaufgaben und Bewältigungsprobleme der Adoleszenz (S. 5–12). Göttingen: Hogrefe.

Brandtstädter, J. (2001). Entwicklung – Intentionalität – Handeln. Stuttgart: Kohlhammer.

Brandtstädter, J. (2006). Action perspectives on human development. In W. Damon, R. M. Lerner (Eds.-in-Chief), R. M. Lerner (Vol. Ed.), Handbook of child psychology: Vol. 1. Theoretical models of human development (6th ed., pp. 516–568). New York: Wiley.

Brandtstädter, J. (2007). Das flexible Selbst. Selbstentwicklung zwischen Zielbindung und Ablösung. München: Elsevier Spektrum.

Brandtstädter, J. (2011). Positive Entwicklung. Heidelberg: Spektrum.

Brandtstädter, J. & Gräser, H. (1999). Entwicklungsorientierte Beratung. In R. Oerter, C. von Hagen, G. Röper & G. Noam (Hrsg.), Klinische Entwicklungspsychologie (S. 335–350). Weinheim: PVU.

Brandtstädter, J. & Greve, W. (1994). The aging self: Stabilizing and protective processes. Developmental Review, 14, 52–80.

Brandtstädter, J. & Greve, W. (2006). Entwicklung und Handeln: Aktive Selbstentwicklung und Entwicklung des Handelns. In W. Schneider & F. Wilkening (Hrsg.), Theorien, Modelle und Methoden der Entwicklungspsychologie (Enzyklopädie der Psychologie, Serie Entwicklungspsychologie, Bd. 1; S. 409–459). Göttingen: Hogrefe.

Brandtstädter, J. & Lerner, R. M. (Eds.). (1999). Action and self-development: Theory and research through the life span. Thousand Oaks, CA: Sage.

Brandtstädter, J. & Lindenberger, U. (Hrsg.). (2007). Entwicklungspsychologie der Lebensspanne. Ein Lehrbuch. Stuttgart: Kohlhammer.

Brandtstädter, J. & Rothermund, K. (2002). The life course dynamics of goal pursuit and goal adjustment: A two-process framework. Developmental Review, 22, 117–150.

Brandtstädter, J. & Schneewind, K. A. (1977). Optimal human development: Some implications for psychology. Human Development, 20, 48–64.

Brandtstädter, J. & Wentura, D. (1995). Adjustment to shifting possibility frontiers in later life: Complementary adaptive modes. In R. A. Dixon & L. Bäckman (Eds.), Compensating for psychological deficits and declines: Managing losses and promoting gains (pp. 83–106). Hillsdale, NJ: Erlbaum.

Brehmer, Y., Li, S.-C., Mueller, V., Oertzen, T. von & Lindenberger, U. (2007). Memory plasticity across the life span: Uncovering children's latent potential. Developmental Psychology, 43, 465–478.

Bremerich-Vos, A., Böhme, K. & Robitzsch, A. (2009). Sprachliche Kompetenzen im Fach Deutsch – Strukturanalysen und Validierungsbefunde. In D. Granzer, O. Köller, A. Bremerich-Vos et al. (Hrsg.), Bildungsstandards Deutsch und Mathematik (S. 202–223). Leistungsmessung in der Grundschule. Weinheim: Beltz.

Bremner, A. J., Bryant, P. E. & Mareschal, D. (2006). Object-centred spatial reference in 4-month-old infants. Infant Behavior and Development, 29, 1–10.

Brickman, P., Coates, D. & Janoff-Bulmann, R. (1978). Lottery winners and accident victims: Is happiness relative? Journal of Personality and Social Psychology, 36, 917–927.

Brim, O. G. (1966). Socialization through the life cycle. In O. G. Brim & S. Wheeler (Eds.), Socialization after childhood (pp. 1–50). New York: Wiley.

Broderick, N. Y. (2001). An investigation of the relationship between private speech and emotion regulation in preschool-age children. Dissertation Abstracts International: Section B: The Sciences and Engineering. US, ProQuest Information & Learning. 61.

Bromley, M. C. & Blieszner, R. (1997). Planning for long-term care: Filial behavior and relationship quality of adult children with independent parents. Family Relations, 46, 155–162.

Bronfenbrenner, U. & Morris, P. A. (1998). The ecology of developmental processes. In W. Damon (Ed.-in-Chief), R. M. Lerner (Vol. Ed.), Handbook of child psychology: Vol. 1. Theoretical models of human development (5th ed., pp. 993–1028). New York: Wiley.

Bronson, G. W. (1991). Infant differences in rate of visual encoding. Child Development, 62, 44–54.

Brooks, R. & Meltzoff, A. (2002). The importance of eyes: How infants interpret adult looking behavior. Developmental Psychology, 38, 958–966.

Brooks-Gunn, J., Graber, J. A. & Paikoff, R. L. (1994). Studying links between hormones and negative affect: models and measures. Journal of Research on Adolescence, 4, 469–486.

Brown, A. M. & Miracle, J. A. (2003). Early binocular vision in human infants: Limitations on the generality of the Superposition Hypothesis. Vision Research, 43, 1563–1574.

Brown, B. B. (1999). »You're going out with who?«: Peer group influences on adolescent romantic relationships. In W. Furman, B. B. Brown & C. Feiring (Eds.), The development of romantic relationships in adolescence (pp. 291–329). Cambridge, UK: Cambridge University Press.

Brown, B. B. & Klute, C. (2006). Friendships, cliques, and crowds. In G. R. Adams & M. D. Berzonsky (Eds.), Blackwell Handbook of Adolescence (pp. 330–348). Malden, MA: Blackwell.

Brown, B. B. & Prinstein, M. (Eds.). (2011). Encyclopedia of adolescence. London: Academic Press.

Brückner, H. & Mayer, K. U. (2005). De-standardization of the life course: What it might mean? And if it means anything, whether it actually took place? Advances in Life Course Research, 9, 27–53.

Bruner, J. (1985). The role of interaction formats in language acquisition. In J. P. Forgas (Ed.), Language and social situations (pp. 31–43). New York: Springer.

Brunner, M. (2005). Mathematische Schülerleistung: Struktur, Schulformunterschiede und Validität. Dissertation, Humboldt-Universität zu Berlin.

Bryant, P. & Trabasso, T. (1971). Transitive inferences and memory in young children. Nature, 232, 456–458.

Bühler, C. (1933). Der menschliche Lebenslauf als psychologisches Problem. Leipzig: Hirzel.

Bühler, C. (1991). Das Seelenleben des Jugendlichen (7. Aufl.). Stuttgart: Fischer. (1. Aufl. 1921)

Bühler, K. (1918). Die geistige Entwicklung des Kindes. Jena: Gustav Fischer.

Buller, D. J. (2005). Adapting minds. Evolutionary psychology and the persistent quest for human nature. Cambridge: MIT Press.

Bullock, M. & Ziegler, A. (1999). Scientific reasoning: Developmental and individual differences. In F. E. Weinert & W. Schneider (Eds.), Individual development from 3 to 12. Findings from the Munich Longitudinal Study (pp. 38–54). Cambridge, UK: Cambridge University Press.

Bullock, M., Gelman, R. & Baillargeon, R. (1982). The development of causal reasoning. In W. J. Friedman (Ed.), The developmental psychology of time (pp. 209–254). New York: Academic Press.

Bullock, M., Sodian, B. & Koerber, S. (2009). Doing experiments and understanding science. Development of scientific reasoning from childhood to adulthood. In W. Schneider & M. Bullock (Eds.), Human development from early childhood to early adulthood: Findings from a 20 year longitudinal study (pp. 173–198). New York: Psychology Press.

Bundesministerium des Innern (2005). Polizeiliche Kriminalstatistik 2004. Zugriff am 25. 03. 2012 http://www.bmi.bund.de/SharedDocs/Downloads/DE/Broschueren/nichtin Liste/2005/Polizeiliche_Kriminalstatistik_2004_de.html

Bundesministerium für Familie, Senioren, Frauen und Jugend [BMFSFJ] (2009). 13. Kinder- und Jugendbericht.

Zugriff am 25. 03. 2012 http://www.bmfsfj.de/BMFSFJ/Service/Publikationen/publikationen,did=128950.html
Burger, K. (2010). How does early childhood care and education affect cognitive development? An international review of the effects of early interventions for children from different social backgrounds. Early Childhood Research Quarterly, 25, 140–165.
Burgess, R. & MacDonald, K. (Eds.). (2005). Evolutionary perspectives on human development. Thousand Oaks, CA: Sage.
Bushman, B. J. & Huesmann, L. R. (2006). Short-term and long-term effects of violent media on aggression in children and adults. Archives of Pediatrics and Adolescent Medicine, 160, 348–52.
Buss, D. M. (Ed.). (2005). The handbook of evolutionary psychology. Hoboken, NJ: Wiley.
Buss, D. M. (2011). Evolutionary psychology. The new science of the mind (4th ed.). Harlow, UK: Pearson Education.
Butterworth, B. (2005). The development of arithmetical abilities. Journal of Child Psychology and Psychiatry, 46, 3–18.

Cadoret, R. J., Cain, C. A. & Crowe, R. R. (1983). Evidence for gene-environment interaction in the development of adolescent antisocial behavior. Behavior Genetics, 13, 301–310.
Cairns, R. B. & Cairns, B. D. (2006). The making of developmental psychology. In W. Damon, R. M. Lerner (Eds.-in-Chief), R. M. Lerner (Vol. Ed.), Handbook of child psychology: Vol. 1. Theoretical models of human development (6th ed., pp. 89–165). New York: Wiley.
Call, J., Hare, B., Carpenter, M. & Tomasello, M. (2004). ›Unwilling‹ versus ›unable‹: Chimpanzees' understanding of human intentional action. Developmental Science, 7 (4), 488–498.
Campbell, D. T. (1960). Blind variation and selective retention in creative thought as in other knowledge processes. Psychological Review, 67, 380–400.
Campbell, F. A., Ramey, C. T., Pungello, E., Sparling, J. & Miller-Johnson, S. (2002). Early childhood education: Young adult outcomes from the Abecedarian Project. Applied Developmental Science, 6, 42–57.
Campos, J. J., Bertenthal, B. I. & Kermoian, R. (1992). Early experience and emotional development: The emergence of wariness of heights. Psychological Science, 3, 61–64.
Carey, S. (1978). The child as word learner. In M. Halle, J. Bresnan & A. Miller (Eds.), Linguistic theory and psychological reality (pp. 264–293). Cambridge, MA: MIT Press.
Carey, S. (1985). Conceptual change in childhood. Cambridge, MA: MIT Press.
Carey, S. (1991). Knowledge acquisition: Enrichment or condeptual change? In S. Carey & R. Gelman (Eds.), The epigenesis of mind: Essays on biology and cognition (pp. 257–292). Hillsdale, NJ: Erlbaum.
Carey, S. (1999). Sources of conceptual change. In E. K. Scholnick, K. Nelson, S. A. Gelman & P. H. Miller (Eds.), Conceptual development: Piaget's legacy (pp. 293–326). Mahwah, NJ: Erlbaum.
Carey, S. (2009). The origin of concepts. New York: Oxford University Press.
Carey, S. & Bartlett, E. (1978). Acquiring a single new word. Papers and Reports on Child Language Development, 15, 17–29.
Carlson, S. M. & Moses, L. J. (2001). Individual differences in inhibitory control and children's theory of mind. Child Development, 72, 1032–1053.
Carpenter, M., Akhtar, N. & Tomasello, M. (1998). Fourteen- through 18-month-old infants differentially imitate intentional and accidental actions. Infant Behavior & Development, 21, 315–330.
Carpenter, M., Nagell, K. & Tomasello, M. (1998). Social cognition, joint attention, and communicative competence from 9 to 15 months of age. Monographs of the Society for Research in Child Development, 63 (4, Serial No. 255).
Carroll, S. B. (2005). Endless forms most beautiful. New York: Norton.
Carstensen, L. L. & Lang, F. R. (2007). Sozioemotionale Selektivität über die Lebensspanne: Grundlage und empirische Befunde. In J. Brandtstädter & U. Lindenberger (Hrsg.), Entwicklungspsychologie der Lebensspanne. Ein Lehrbuch (S. 389–412). Stuttgart: Kohlhammer.
Carstensen, L. L., Isaacowitz, D. M. & Charles, S. T. (1999). Taking time seriously. A theory of socioemotional selectivity. American Psychologist, 54, 165–181.
Case, R. (1985). Intellectual development: Birth to adulthood. New York: Academic Press.
Case, R. (1998). The development of conceptual structures. In W. Damon (Ed.-in-Chief), D. Kuhn & R. S. Siegler (Vol. Eds.), Handbook of child psychology: Vol. 2. Cognition, perception, and language (5th ed., pp. 745–800). New York: Wiley.
Caserat, M. S. & Gillet, P. A. (1998). Older women's feelings about exercise and their adherence to an aerobic regime over time. Gerontologist, 38, 602–609.
Caspi, A. (2000). The child is father of the man: Personality continuities from childhood to adulthood. Journal of Personality and Social Psychology, 78, 158–172.
Caspi, A., McClay, J. et al. (2002). Role of genotype in the cycle of violence in maltreated children. Science, 297, 851–854.
Caspi, A., Moffitt, T. E. et al. (2004). Maternal expressed emotion predicts children's antisocial behavior problems: Using monozygotic-twin differences to identify environmental effects on behavioral development. Developmental Psychology, 40, 149–161.
Cassel, W. S., Roebers, C. E. & Bjorklund, D. F. (1996). Developmental patterns of eyewitness responses to increasingly suggestive questions. Journal of Experimental Child Psychology, 61, 116–133.
Cattell, R. B. (1941). Some theoretical issues in adult intelligence testing. Psychological Bulletin, 38, 592.

Cattell, R. B. (1971). Abilities: Their structure, growth, and action. Boston, MA: Houghton Mifflin.

Chandler, M., Boyes, M. & Ball, L. (1990). Relativism and stations of epistemic doubt. Journal of Experimental Child Psychology, 50, 370–395.

Chapman, M. (1988a). Constructive evolution: Origins and development of Piaget's thought. New York: Cambridge University Press.

Chapman, M. (1988b). Contextuality and directionality of cognitive development. Human Development, 32, 92–106.

Chapman, M. & Lindenberger, U. (1988). Functions, operations, and décalage in the development of transitivity. Developmental Psychology, 24, 542–551.

Chapman, M. & Lindenberger, U. (1989). Concrete operations and attentional capacity. Journal of Experimental Child Psychology, 47, 236–258.

Chase, W. G. & Simon, H. A. (1973). The mind's eye in chess. In W. G. Chase (Ed.), Visual information processing (pp. 215–281). New York: Academic Press.

Chein, J., Albert, D., O'Brien, L., Uckert, K. & Steinberg, L. (2011). Peers increase adolescent risk taking by enhancing activity in the brain's reward circuitry. Developmental Science, 14, F1–F10.

Chen, Z. & Siegler, R. S. (2000). Across the great divide: bridging the gap between understanding of toddlers' and older children's thinking. Monographs of the Society for Research in Child Development, 65 (2), i–vii, 1–96.

Chess, S. & Thomas, A. (1984). Origins and evolution of behavior disorders. New York: Bruner/Mazel.

Chi, M. T. H. (1978). Knowledge structure and memory development. In R. Siegler (Ed.), Children's thinking: What develops? (pp. 73–96). Hillsdale, NJ: Erlbaum.

Chipuer, H. M., Rovine, M. & Plomin, R. (1990). LISREL modeling: Genetic and environmental influences on IQ revisited. Intelligence, 14, 11–29.

Chomsky, N. (1982). Some concepts and consequences of the theory of government and binding. Cambridge, MA: MIT Press.

Cicero, M. T. (44 v. Chr.). Cato major – de senectute (Original work translated by J. Logan, 1744, as Cato major or His discourse of old age). Philadelphia, PA: Benjamin Franklin. (Reprinted by Arno Press, 1979).

Clark, L. A. & Watson, D. (1991). General affective dispositions and their importance in physical and psychological health. In C. R. Snyder & D. R. Forsyth (Eds.), Handbook of social and clinical psychology: The health perspective (pp. 221–245). New York: Pergamon.

Clauss-Ehlers, C. (Ed.). (2010). Encyclopedia of cross-cultural school psychology. New York: Springer.

Clayton, N. S., Emery, J. M. D. & Nathan, J. (2007). Social cognition by food-caching corvids: The western scrub-jay as a natural psychologist. New York: Oxford University Press.

Cleveland, H. H., Wiebe, R. P., van den Oord, E. J. C. G. & Rowe, D. C. (2000). Behavior problems among children from different family structures: The influence of genetic self-selection. Child Development, 71, 733–751.

Coen, E. (1999). The art von genes: How organisms make themselves. Oxford: Oxford University Press.

Cohen, D. (2010). Probabilistic epigenesis: An alternative causal model for conduct disorders in children and adolescents. Neuroscience and Biobehavioral Reviews, 34, 119–129.

Coie, J. D. & Dodge, K. A. (1988). Multiple sources of data on social behavior and social status in the school: A cross-age comparison. Child Development, 59, 815–829.

Colby, A. & Damon, W. (1992). Some do care: Contemporary lives of moral commitment. New York: Free Press.

Cole, M. (1996). Cultural psychology. A once and future discipline. Cambridge, MA: Belknap Press.

Coleman, J. S., Campbell, E. Q., Hobson, C. F., McPartland, J., Mood, A. M., Weifeld, F. D. et al. (1966). Equality of educational opportunity. Washington, DC: U. S. Government Printing Office.

Coleman, L. J. & Cross, T. L. (2000). Social-emotional development and the personal experience of giftedness. In K. A. Heller, F. J. Mönks, R. J. Sternberg & R. F. Subotnik (Eds.), International handbook of giftedness and talent (2nd ed., pp. 203–212). Kidlington, OX: Elsevier.

Collins, L. M. (2006). Analysis of longitudinal data: The integration of theoretical model, temporal design, and statistical model. Annual Review of Psychology, 57, 505–528.

Collins, W. A., Welsh, D. P. & Furman, W. (2009). Adolescent romantic relationship. Annual Review of Psychology, 60, 631–652.

Coopersmith, S. (1967). The antecedents of self-esteem. San Francisco, CA: Freeman.

Cosmides, L. (1989). The logic of social exchange. Has natural selection shaped how humans reason? Studies with the Wason selection task. Cognition, 31, 187–276.

Cosmides, L. & Tooby, J. (2000). Evolutionary psychology and the emotions. In M. Lewis & J. M. Haviland-Jones (Eds.), Handbook of emotions (2nd ed., pp. 91–115). New York: Guilford.

Costa, P. T. & McCrae, R. R. (1992). Revised NEO Personality Inventory (NEO-PI-R) and NEO Five-Factor Inventory (NEO-FFI): Professional Manual. Odessa, FL: Psychological Assessment Resources.

Cowan, N. & Alloway, T. (2009). Development of working memory in childhood. In M. L. Courage & N. Cowan (Eds.), The development of memory in infancy and childhood (pp. 303–342). New York: Psychology Press.

Craig, W. & Pepler, D. (1995). Peer processes in bullying and victimization. An observational study. Exceptionality Education Canada, 5, 81–95.

Craig, W. & Pepler, D. (1997). Observation of bullying and victimization in the schoolyard. Canadian Journal of School Psychology, 13, 41–59.

Craik, F. I. M. (1983). On the transfer of information from temporary to permanent memory. Philosophical Transactions of the Royal Society of London, B302, 341–359.

Cross, S. & Markus, H. R. (1991). Possible selves across the life span. Human Development, 34, 230–255.

Csikszentmihalyi, M. (2000). Beyond boredom and anxiety. San Francisco, CA: Jossey-Bass.

Daly, M. & Wilson, M. (1988). Homicide. New York: DeGruyter.

Damasio, A. R. (2002). Ich fühle, also bin ich: Die Entschlüsselung des Bewusstseins. Berlin: Ullstein.

Dannenbauer, F. M. (1983). Der Entwicklungsdysgrammatismus als spezifische Ausprägung der Entwicklungsdysphasie. Birkach: Ladewig.

Darwin, C. (1859). The origin of species by means of natural selection: Or, the preservation of favored races in the struggle for life. London: Murray.

Darwin, C. (1872). The expression of emotion in man and animals. London: Murray.

Dasen, P. R. (1993). Culture and cognitive development from a Piagetian perspective. In W. J. Lonner & R. S. Malpass (Eds.), Readings in psychology and culture (pp. 141–150). Boston: Allyn & Bacon.

Davies, G., Tenesa, A., Payton, A., Yang, J., Harris, S. E., Liewald, D. et al. (2011). Genome-wide association studies establish that human intelligence is highly heritable and polygenetic. Molecular Psychiatry, 16, 996–1005.

Dawkins, R. (1976). The selfish gene. Oxford: Oxford University Press.

Deary, I. J., Penke, L. & Johnson, W. (2010). The neuroscience of human intelligence differences. Nature Reviews Neuroscience, 11, 201–211.

DeCasper, A. J. & Fifer, W. P. (1980). Of human bonding: Newborns prefer their mother's voices. Science, 208, 1174–1176.

DeCasper, A. J. & Spence, M. J. (1986). Prenatal maternal speech influences newborns' perception of speech sounds. Infant Behavior and Development, 9, 133–150.

DeCasper, A. J. & Spence, M. J. (1991). Auditorialy mediated behaviour during the perinatal period: A cognitive view. In M. J. Weiss & P. R. Zelazo (Eds.), Infant attention (pp. 142–176). Norwood, NJ: Ablex.

Decety, J. & Jackson, P. L. (2004). The functional architecture of human empathy. Behavioral and Cognitive Neuroscience Reviews, 3, 71–100.

Decety, J., Jackson, P. L., Sommerville, J. A., Chaminade, T. & Meltzoff, A. N. (2004). The neural bases of cooperation and competition: An fMRI investigation. Neuroimage, 23, 744–751.

de Frias, C. M., Lövdén, M., Lindenberger, U. & Nilsson, L.-G. (2007). Revisiting the dedifferentiation hypothesis with longitudinal multi-cohort data. Intelligence, 35, 381–392.

Dehaene, S. (1997). The number sense. New York: Oxford University Press.

de Langen-Müller, U., Kauschke, C., Kiese-Himmel, C., Neumann, K., Noterdaeme, M. & Rausch, M. (unter Mitarbeit von Bode, H., Kieslich, M., Lohaus, M., Maihack, V., Schmid, S., Schmitz-Salue, C., Schöler, H. & Schönweiler, R.). (2012). Diagnostik von Sprachentwicklungsstörungen (SES), unter Berücksichtigung umschriebener Sprachentwicklungsstörungen (USES) (synonym: spezifische Sprachentwicklungsstörungen (SSES)). Interdisziplinäre Leitlinie. Frankfurt a. M.: Peter Lang. Auch einsehbar unter: http://www.awmf.org/uploads/tx_szleitlinien/049–006 l_S2 k_Diagnostik_Sprachentwicklungsstoerungen_2011–12.pdf (Zugriff am 22. 02. 2012).

Delhey, J. (2002). Korruption in Bewerberländern zur Europäischen Union. Soziale Welt, 53, 345–366.

DeLoache, J. S. (2002). Symbolic artifacts: Understanding and use. In U. Goswami (Ed.), Blackwell handbook of childhood cognitive development (pp. 206–226). London: Blackwell.

Dempster, F. N. (1985). Short-term memory development in childhood and adolescence. In C. J. Brainerd & M. Pressley (Eds.), Basic processes in memory development (pp. 209–248). New York: Springer.

Dennis, M. & Whitaker, H. A. (1976). Language acquisition following hemidecortication: Linguistic superiority of the left over the right hemisphere. Brain and Language, 3, 404–433.

Dennis, W. & Dennis, M. G. (1940). The effect of cradling practices upon the onset of walking in Hopi children. Journal of Genetic Psychology, 56, 77–86.

DeRosier, M. E., Cillessen, A. H. N., Coie, J. D. & Dodge, K. A. (1994). Group social context and children's aggressive behavior. Child Development, 65, 1068–1079.

De Smedt, B. & Boets, B. (2010). Phonological processing and arithmetic fact retrieval: Evidence from developmental dyslexia. Neuropsychologia, 48, 3973–3981.

Deutsche Gesellschaft für Ernährung e. V. [DGE] (2008). Ernährungsbericht 2008. Bonn: Deutsche Gesellschaft für Ernährung e. V.

Deutscher Bildungsrat (1973). Zur Einrichtung eines Modellprogramms für Curriculumentwicklung im Elementarbereich. Empfehlungen der Bildungskommission. Stuttgart: Klett.

Deutsches Institut für Medizinische Dokumentation und Information. (2007). Entwicklungsstörungen (F80-F89). Zugriff am 22. 02. 2012 http://www.dimdi.de/static/de/klassi/diagnosen/icd10/htmlgm2005/fr-icd.htm?gf80.htm+

de Villiers, P. A. & de Villiers, J. G. (1992). Language development. In M. H. Bornstein & M. E. Lamp (Eds.), Developmental psychology. An advanced textbook (3rd ed., pp. 337–418). Hillsdale, NJ: Erlbaum.

Diamond, A. (1991). Neuropsychological insights into the meaning of object concept development. In S. Carey & R. Gelman (Eds.), The epigenesis of mind: Essays on biology and cognition (pp. 67–110). Hillsdale, NJ: Erlbaum.

Diamond, A. (2010). The evidence base for improving school outcomes by addressing the whole child and by addressing skills and attitudes, not just content. Early Education and Development, 21, 780–793.

Dias, M. G. & Harris, P. L. (1990). The influence of the imagination on reasoning by young children. British Journal of Developmental Psychology, 8, 305–318.

Dick, D. M., Meyers, J. L., Latendresse, S. J., Creemers, H. E., Lansford, J. E., Pettit, G. S. et al. (2011). CHRM2, parental monitoring, and adolescent externalizing behavior: Evidence for gene-environment interaction. Psychological Science, 22, 481–489.

Dilling, H., Mombour, W. & Schmidt, M. H. (Hrsg.). (1993). Internationale Klassifikation psychischer Störungen. ICD-10 Kapitel V (F). Klinisch-diagnostische Leitlinien. Bern: Huber.

Dilling, H., Mombour, W., Schmidt, M. H. & Schulte-Markwort, E. (Hrsg.). (2008). Weltgesundheitsorganisation. Internationale Klassifikation psychischer Störungen ICD-10, Kapitel V (F): Diagnostische Kriterien für Forschung und Praxis (4. Aufl.). Bern: Huber.

Dix, T., Stewart, A. D., Gershoff, E. T. & Day, W. H. (2007). Autonomy and children's reactions to being controlled: Evidence that both compliance and defiance may be positive markers in early development. Child Development, 78, 1204–1221.

Döbert, R. & Nunner-Winkler, G. (1986). Wertwandel und Moral. In H. Bertram (Hrsg.), Gesellschaftlicher Zwang und moralische Autonomie (S. 289–321). Frankfurt a. M.: Suhrkamp.

Dodge, K. A. & Schwartz, D. (1997). A biopsychosocial model of the development of chronic conduct problems in adolescence. In D. M. Stoff et al. (Eds.), Handbook of antisocial behavior (pp. 171–180). Hoboken, NJ: Wiley.

Dodson, C. S. & Krueger, L. E. (2006). I misremember it well: Why older adults are unreliable eyewitnesses. Psychonomic Bulletin & Review, 13, 770–775.

Donnellan, M. & Lucas, R. (2008). Age differences in the Big Five across the life span: Evidence from two national samples. Psychology and Aging, 23, 558–566.

Döpfner, M. (2008). Aufmerksamkeitsdefizit-/Hyperaktivitätsstörungen (ADHS). In W. Schneider & M. Hasselhorn (Hrsg.), Handbuch der Pädagogischen Psychologie (S. 672–682). Göttingen: Hogrefe.

Döpfner, M., Frölich, J. & Lehmkuhl, G. (2000). Hyperkinetische Störungen. Leitfaden Kinder- und Jugendpsychotherapie, Bd. 1. Göttingen: Hogrefe.

Draganski, B., Gaser, C., Busch, V., Schuierer, G., Bogdahn, U. & May, A. (2004). Changes in grey matter induced by training. Nature, 427, 311–312.

Dufresne, A. & Kobasigawa, A. (1989). Children's spontaneous allocation of study time: Differential and sufficient aspects. Journal of Experimental Child Psychology, 47, 274–296.

Dummer-Smoch, L. (2007). Legasthenie – zur Begrifflichkeit in den Legasthenie-Erlassen der deutschen Bundesländer. In H. Schöler & A. Welling (Hrsg.), Handbuch der Sonderpädagogik, Bd. 1: Sonderpädagogik der Sprache (S. 511–520). Göttingen: Hogrefe.

Dummer-Smoch, L. & Hackethal, R. (1993a). Handbuch zum Kieler Leseaufbau (3. Aufl.). Kiel: Veris.

Dummer-Smoch, L. & Hackethal, R. (1993b). Handbuch zum Kieler Rechtschreibaufbau (2. Aufl.). Kiel: Veris.

Dunlosky, J., Hertzog, C. & Powell-Moman, A. (2005). The contribution of mediator-based deficiencies to age differences in associative learning. Developmental Psychology, 41, 389–400.

Dweck, C. S. & Elliott, E. S. (1983). Achievement motivation. In P. Mussen (Series Ed.) & E. M. Hetherington (Vol. Ed.), Handbook of child psychology: Vol. 4. Socialization, personality, and social development (4th ed., pp. 643–691). New York: Wiley.

Dweck, C. S. & Leggett, E. L. (1988). A social-cognitive approach to motivation and personality. Psychological Review, 95, 256–273.

d'Ydewalle, G., Desmet, G. & van Rensbergen, J. (1998). Film Perception: The processing of film cuts. In G. Underwood (Ed.), Eye guidance in reading and scene perception (pp. 357–367). Oxford: Elsevier.

Early Head Start Research and Evaluation Project. (2002). Making a difference in the lives of infants and toddlers and their families: The impacts of Early Head Start: Vol. 1. Technical Report. Zugriff am 25. 03. 2012 http://www.acf.hhs.gov/programs/opre/ehs/ehs_resrch/reports/impacts_vol1/impacts_vol1_title.html

Ebner, N. C., Freund, A. M. & Baltes, P. B. (2006). Developmental changes in personal goal orientation from young to late adulthood: From striving for gains to maintenance and prevention of losses. Psychology and Aging, 21, 664–678.

Eccles, J. S. (2004). Schools, academic motivation, and stage-environment fit. In R. M. Lerner & L. Steinberg (Eds.), Handbook of adolescent psychology (2nd ed., pp. 125–153). New York: Wiley.

Eccles, J. S. (2005). Subjective task value and the Eccles et al. model of achievement-related choices. In A. J. D. Elliot & C. S. Dweck (Eds.), Handbook of competence and motivation (pp. 105–121). New York: Guilford.

Edelbrock, C., Rende, R., Plomin, R. & Thompson, L. A. (1995). A twin study of competence and problem behavior in childhood and early adolescence. Journal of Child Psychology and Psychiatry, 36, 775–785.

Edelstein, W. (1996). The social construction of cognitive development. In G. Noam & K. Fischer (Eds.), Development and vulnerability in close relationships (pp. 91–112). Mahwah, NJ: Erlbaum.

Eimas, P. D., Siqueland, E. R., Jusczyk, P. W. & Vigorito, J. (1971). Speech perception in infants. Science, 171, 303–306.

Einsiedler, W. (2003). Unterricht in der Grundschule. In K. Cortina, J. Baumert, A. Leschinsky, K. U. Mayer &

L. Trommer (Hrsg.), Das Bildungswesen in der Bundesrepublik Deutschland (S. 285–341). Reinbek: Rowohlt.

Ekman, P. (1988). Gesichtsausdruck und Gefühl. 20 Jahre Forschung. Paderborn: Junfermann.

Ekman, P. & Friesen, W. V. (1971). Constants across cultures in the face and emotion. Journal of Personality and Social Psychology, 17, 124–129.

Ekman, P., Campos, J. J., Davidson, R. J. & de Waal, F. B. M. (2003). Emotions inside out: 130 years after Darwin's The expression of the emotions in man and animals. New York: New York Academy of Sciences.

Elder, G. H., Jr. (1994). Time, human agency, and social change: perspectives on the life course. Social Psychology Quarterly, 57 (1), 4–15.

Elias, N. (1990). Über Menschen und ihre Emotionen. Ein Beitrag zur Evolution der Gesellschaft. Zeitschrift für Semiotik, 12, 337–357.

Elkonin, D. B. (1980). Psychologie des Spiels. Köln: Pahl-Rugenstein.

Ellis, B. J. & Björklund, D. F. (Eds.). (2005). Origins of the social mind. New York: Guilford.

Elsner, B. (2007). Infants' imitation of goal-directed actions: the role of movements and action effects. Acta Psychologica, 124, 44–59.

Elsner, B. (2009). Tools and goals: A social-cognition perspective on infant learning of object function. In T. Striano & V. M. Reid (Eds.), Social cognition: development, neuroscience, and autism (pp. 144–156). Oxford: Blackwell.

Ennemoser, M. & Schneider, W. (2007). Relations of television viewing and reading: Findings from a 4-year longitudinal study. Journal of Educational Psychology, 99, 349–368.

Eppinger, B., Kray, J., Mock, B. & Mecklinger, A. (2007). Better or worse than expected? Aging, learning, and the ERN. Neuropsychologia, 48, 1–19.

Eppinger, B., Mock, B. & Kray, J. (2009). Developmental differences in learning and error processing: Evidence from ERPs. Psychophysiology, 46, 1043–1053.

Erdmann, G. & Janke, W. (2008). SVF – Stressverarbeitungsfragebogen (4. Aufl.). Göttingen: Hogrefe.

Ericsson, K. A. (1996). The acquisition of expert performance: An introduction to some of the issues. In K. A. Ericsson (Ed.), The road to excellence – the acquisition of expert performance in the arts and sciences, sports and games (pp. 1–50). Mahwah, NJ: Erlbaum.

Ericsson, K. A. & Lehmann, A. C. (1996). Expert and exceptional performance: Evidence of maximal adaption to task constraints. Annual Review of Psychology, 47, 273–305.

Ericsson, K. A. & Staszewski, J. (1989). Skilled memory and expertise: Mechanisms of exceptional performance. In D. Klahr & K. Kotovsky (Eds.), Complex information processing: The impact of Herbert A. Simon (pp. 235–267). Mahwah, NJ: Erlbaum.

Ericsson, K. A., Krampe, R. T. & Tesch-Roemer, C. (1993). The role of deliberate practice in the acquisition of expert performance. Psychological Review, 100, 363–406.

Erikson, E. H. (1950). Kindheit und Gesellschaft. Frankfurt a. M.: Suhrkamp.

Erikson, E. H. (1966). Identität und Lebenszyklus. Frankfurt a. M.: Suhrkamp. (engl. EA 1959)

Erikson, E. H. (1968). Identity. Youth and crisis. New York: Norton.

Erikson, E. H. (1988). Der vollständige Lebenszyklus. Frankfurt a. M.: Suhrkamp.

Erikson, E. H., Erikson, J. M. & Kivnick, H. Q. (1986). Vital involvement in old age: The experience of old age in our time. London: Norton.

Eron, L. D., Huesmann, L. R., Lefkowitz, M. M. & Walder, L. O. (1972). Does television violence cause aggression? American Psychologist, 27, 253–263.

Esping-Andersen, G. (1998). Die drei Welten des Wohlfahrtskapitalismus. Zur Politischen Ökonomie des Wohlfahrtsstaates. In S. Lessenich & I. Ostner (Hrsg.), Welten des Wohlfahrtskapitalismus. Der Sozialstaat in vergleichender Perspektive (S. 19–56). Frankfurt a. M.: Campus.

Esser, G. A., Wyschkon, A., Ballaschk, K. & Hänsch, S. (2010). P-ITPA. Potsdam-Illinois Test für Psycholinguistische Fähigkeiten. Göttingen: Hogrefe.

Evans, J. & Frankish, K. (Eds.). (2009). In two minds: Dual processes and beyond. Oxford: Oxford University Press.

Evans, N. & Levinson, S. C. (2009). The myth of language universals: language diversity and its importance for cognitive science. Behavioral Brain Sciences, 32 (5), 429–448; discussion 448–494.

Farber, S. L. (1981). Identical twins reared apart: A reanalysis. New York: Basic Books.

Feeney, S. & Moravcik, E. (1987). A thing of beauty: Aesthetic development in young children. Young Children, 42, 7–15.

Feigenson, L., Dehaene, S. & Spelke, E. (2004). Core systems of number. Trends in Cognitive Sciences, 8, 307–314.

Feller, M. B. & Scanziani, M. (2005). A precritical period for plasticity in visual cortex. Current Opinion in Neurobiology, 15, 94–100.

Ferguson, C. (2010). A meta-analysis of normal and disordered personality across the life span. Journal of Personality and Social Psychology, 98, 659–667.

Fergusson, D. M. & Mullen, P. E. (1999). Childhood sexual abuse: an evidence based perspective. Thousand Oaks, CA: Sage.

Ferrer-Wreder, L., Stattin, H., Lorente, C. C., Tubman, J. G. & Adamson, L. (2004). Successful prevention and youth development programs. New York: Kluwer.

Field, T. (2001). Massage therapy facilitates weight gain in preterm infants. Current Directions in Psychological Science, 10, 51–54.

Filipp, S.-H. & Aymanns, P. (2010). Kritische Lebensereignisse und Lebenskrisen. Vom Umgang mit den Schattenseiten des Lebens. Stuttgart: Kohlhammer.

Filipp, S.-H. & Mayer, A.-K. (1999). Bilder des Alters. Stuttgart: Kohlhammer.

Filipp, S.-H. & Mayer, A.-K. (2005). Selbstkonzeptentwicklung. In J. B. Asendorpf (Hrsg.), Soziale, emotionale und Persönlichkeitsentwicklung (Enzyklopädie der Psychologie, Serie Entwicklungspsychologie, Bd. 3; S. 259–314). Göttingen: Hogrefe.

Finkelhor, D., Hotaling, G., Lewis, I. A. & Smith, C. (1990). Sexual abuse in a national survey of adult men and women: Prevalence, characteristics, and risk factors. Child Abuse & Neglect, 14, 19–28.

Fisch, S. M. (2004). Children's learning from television. Sesame Street and beyond. Mahwah, NJ: Erlbaum.

Fischbach, A., Schuchardt, K., Mähler, C. & Hasselhorn, M. (2010). Zeigen Kinder mit schulischen Minderleistungen sozio-emotionale Auffälligkeiten? Zeitschrift für Entwicklungspsychologie und Pädagogische Psychologie, 42, 201–210.

Fitts, P. M. & Posner, M. I. (1967). Human performance. Belmont, CA: Brooks/Cole.

Fivush, R. (2009). Sociocultural perspectives on autobiographical memory. In M. L. Courage & N. Cowan (Eds.), The development of memory in infancy and childhood (pp. 283–301). New York: Psychology Press.

Flanagan, C., Syvertsen, A. & Wray-Lake, L. (2007). Youth political activism: Sources of public hope in the context of globalization. In R. K. Silbereisen & R. M. Lerner (Eds.), Approaches to positive youth development (pp. 243–256). London: Sage.

Flavell, J. H. (1963). The developmental psychology of Jean Piaget. New York: Van Nostrand.

Flavell, J. H. (1979). Metacognition and cognitive monitoring: A new area of cognitive-developmental inquiry. American Psychologist, 34, 906–911.

Flavell, J. H. (1992). Perspectives on perspective taking. In H. Beilin (Ed.), Piaget's theory: Prospects and possibilities (pp. 107–139). Hillsdale, NJ: Erlbaum.

Flavell, J. H. & Wellman, H. M. (1977). Metamemory. In R. V. Kail & J. W. Hagen (Eds.), Perspectives on the development of memory and cognition (pp. 3–33). Hillsdale, NJ: Erlbaum.

Flavell, J. H., Beach, D. R. & Chinsky, J. H. (1966). Spontaneous verbal rehearsal in a memory task as a function of age. Child Development, 37, 283–299.

Flavell, J. H., Everett, B. A., Croft, K. & Flavell, E. R (1981). Young children's knowledge about visual perception: Further evidence for the Level 1-Level 2 distinction. Developmental Psychology, 17, 99–103.

Flavell, J. H., Green, F. L. & Flavell, E. R. (1986). Development of knowledge about the appearance-reality distinction. Monographs of the Society for Research in Child Development, 51 (1, Serial No. 212).

Flavell, J. H., Flavell, E. R., Green, F. L. & Korfmacher, J. E. (1990). Do young children think of television images as pictures or real objects? Journal of Broadcasting and Electronic Media, 34, 399–419.

Fleishman, E. A. (1966). Human abilities and the acquisition of skill. In E. A. Bilodeau (Ed.), Acquisition of skill (pp. 147–167). New York: Academic Press.

Flynn, J. R. (1987). Massive IQ gains in 14 nations: What IQ tests really measure. Psychological Bulletin, 101, 171–191.

Fodor, J. A. (1983). Modularity of mind: An essay on faculty psychology. Cambridge, MA: MIT Press.

Folkman, S. (1984). Personal control and stress and coping processes: A theoretical analysis. Journal of Personality and Social Psychology, 46, 839–852.

Ford, D. H. & Lerner, R. M. (1992). Developmental systems theory: An integrative approach. Thousand Oaks, CA: Sage.

Fowler, W. (1962). Teaching a two year old to read: An experiment in early childhood learning. Genetic Psychology Monographs, 66, 181–283.

Fox, C. L. & Boulton, M. J. (2003). Evaluating the effectiveness of a social skills training (SST) for victims of bullying. Educational Research, 45, 231–247.

Fraga, M. F., Ballestar, E. et al. (2005). Epigenetic differences arise during the lifetime of monozygotic twins. Proceedings of the National Academy of Sciences, 102, 10604–10 609.

Francis, D. D., Diorio, J., Plotsky, P. M. & Meaney, M. J. (2002). Environmental enrichment reverses the effects of maternal separation on stress reactivity. Journal of Neuroscience, 22, 7840–7843.

Francis, D. J., Fletcher, J. M., Stuebing, K. K., Lyon, G. R., Shaywitz, B. A. & Shaywitz, S. E. (2005). Psychometric approaches to the identification of LD: IQ and achievement scores are not sufficient. Journal of Learning Disabilities, 38, 98–108.

Frankfurt, H. G. (1988). The importance of what we care about. Philosophical Essays. New York: Cambridge University Press.

Freud, S. (1933). Neue Folge der Vorlesungen zur Einführung in die Psychoanalyse. Wien: Internationaler Psychoanalytischer Verlag.

Freund, A. M. (2003). Die Rolle von Zielen für die Entwicklung. Psychologische Rundschau, 54, 233–242.

Freund, A. M. & Baltes, P. B. (2000). The orchestration of selection, optimization, and compensation: An action-theoretical conceptualization of a theory of developmental regulation. In W. J. Perrig & A. Grob (Eds.), Control of human behaviour, mental processes and consciousness (pp. 35–58). Mahwah, NJ: Erlbaum.

Freund, A. M. & Baltes, P. B. (2002). Life-management strategies of selection, optimization and compensation: Measurement by self-report and construct validity. Journal of Personality and Social Psychology, 82, 642–662.

Freund, A. M. & Baltes, P. B. (2005). Entwicklungsaufgaben als Organisationsstrukturen von Entwicklung und Entwicklungsoptimierung. In S.-H. Filipp & U. M. Staudinger (Hrsg.), Entwicklungspsychologie des mittleren und höheren Erwachsenenalters (Enzyklopädie der Psychologie, Serie Entwicklungspsychologie, Bd. 6; S. 35–78). Göttingen: Hogrefe.

Freund, A. M. & Ritter, J. O. (2009). Midlife crisis: A debate. Gerontologist, 55, 582–591.

Freund, A. M., Li, K. Z. H. & Baltes, P. B. (1999). Successful development and aging. The role of selection, optimization, and compensation. In J. Brandtstädter & R. M. Lerner (Eds.), Action and self-development: Theory and research through the life span (pp. 401–434). Thousand Oaks, CA: Sage.

Freund, A. M., Nikitin, J. & Ritter, J. O. (2009). Psychological consequences of longevity: The increasing importance of self-regulation in old age. Human Development, 52, 1–37.

Friedlmeier, W. & Holodynski, M. (Hrsg.). (1999). Emotionale Entwicklung. Funktion, Regulation und soziokultureller Kontext von Emotionen. Heidelberg: Spektrum Akademischer Verlag.

Friedlmeier, W. & Matsumoto, D. (2007). Emotion im Kulturvergleich. In G. Trommsdorff & H. J. Kornadt (Hrsg.), Erleben und Handeln im kulturellen Kontext (Enzyklopädie der Psychologie, Serie Kulturvergleichende Psychologie, Bd. 2; S. 219–281). Göttingen: Hogrefe.

Frijda, N. H. (1988). The laws of emotion. American Psychologist, 43, 349–358.

Fuchs, L. S., Compton, D. L., Fuchs, D., Paulsen, K., Bryant, J. D. & Hamlett, C. L. (2005). The prevention, identification, and cognitive determinants of math difficulty. Journal of Educational Psychology, 97, 493–513.

Futuyma, D. J. (1998). Evolutionary biology (3rd ed.). Sunderland, MA: Sinauer.

Galloway, D. & Roland, E. (2004). Is the direct approach to reducing bullying always best? In P. K. Smith, D. Pepler & K. Rigby (Eds.), Bullying in schools: How successful can interventions be (pp. 37–53)? Cambridge, UK: Cambridge University Press.

Galotti, K. M., Komatsu, L. K. & Voelz, S. (1997). Children's differential performance on deductive and inductive syllogisms. Developmental Psychology, 33, 70–78.

Garandeau, C. F. & Cillessen, A. H. N. (2006). From indirect aggression to invisible aggression: A conceptual view on bullying and peer group manipulation. Aggression and Violent Behavior, 11, 612–625.

Gathercole, S. E. (1998). The development of memory. Journal of Child Psychology and Psychiatry, 39, 3–27.

Gathercole, S. E., Willis, C., Emslie, H. & Baddeley, A. D. (1992). Phonological memory and vocabulary development during the early school years: A longitudinal study. Developmental Psychology, 28, 887–898.

Gathercole, S. E., Pickering, S. J., Ambridge, B. & Wearing, H. (2004).The structure of working memory from 4 to 15 years of age. Developmental Psychology, 40, 177–190.

Geary, D. C. (2000). Evolution and proximate expression of human parental investment. Psychological Bulletin, 126, 55–77.

Geary, D. C. (2005). The origin of mind: Evolution of brain, cognition, and general intelligence. Washington, DC: American Psychological Association.

Geary, D. C. (2011). Consequences, characteristics, and causes of mathematical learning disabilities and persistent low achievement in mathematics. Journal of Developmental and Behavioral Pediatrics, 32 (5), 250–263.

Gelman, R. & Spelke, E. S. (1981). The development of thoughts about animate and inanimate objects: Implications for research in social cognition. In J. H. Flavell & L. Ross (Eds.), Social cognitive development: Frontiers and possible futures (pp. 43–66). New York: Cambridge University Press.

Gentner, D. (1978). Der experimentelle Nachweis der psychologischen Realität semantischer Komponenten: Die Verben des Besitzes. In D. Norman & D. E. Rumelhardt (Hrsg.), Bindung im Erwachsenenalter (S. 364–387). Stuttgart: Klett.

Gentner, T. Q., Fenn, K. M., Margoliash, D. & Nusbaum, H. C. (2006). Recursive syntactic pattern learning by songbirds. Nature, 440, 1204–1207.

Geppert, U. & Küster, U. (1983). The emergence of »wanting to do it oneself«: A precursor of achievement motivation. International Journal of Behavioral Development, 6, 355–369.

Gergely, G., Bekkering, H. & Kiraly, I. (2002). Rational imitation in preverbal infants. Nature, 415, 755.

Gergely, G., Nádasdy, Z., Csibra, G. & Bíró, S. (1995). Taking the intentional stance at 12 months of age. Cognition, 56, 165–193.

Gergen, K. (1979). Selbstkonzepte und Sozialisation des aleatorischen Menschen. In L. Montada (Hrsg.), Brennpunkte der Entwicklungspsychologie (S. 358–373). Stuttgart: Kohlhammer.

Gerstorf, D., Herlitz, A. & Smith, J. (2006). Stability of sex differences in cognition in advanced old age: The role of education and attrition. Journal of Gerontology: Psychological Sciences, 61, P245–249.

Gerstorf, D., Hoppmann, C., Anstey, K. & Luszcz, M. (2009). Dynamic links of cognitive functioning among married couples: Longitudinal evidence from the Australian Longitudinal Study of Ageing. Psychology and Aging, 24, 296–309.

Gerstorf, D., Ram, N., Mayraz, G., Hidajat, M., Lindenberger, U., Wagner, G. G. & Schupp, J. (2010). Late-life decline in well-being across adulthood in Germany, the United Kingdom, and the United States: Something is seriously wrong at the end of life. Psychology and Aging, 25, 477–485.

Gert, B. (1988). Die moralischen Regeln. Eine neue rationale Begründung der Moral. Frankfurt a. M.: Suhrkamp.

Gewirtz, J. L. (1969). Levels of conceptual analysis in environment-infant interaction research. Merrill-Palmer Quarterly, 15, 7–47.

Ghisletta, P. & Lindenberger, U. (2005). Exploring structural dynamics within and between sensory and intellectual functioning in old and very old age: Longitudinal evidence from the Berlin Aging Study. Intelligence, 33, 555–587.

Ghisletta, P., McArdle, J. J. & Lindenberger, U. (2006). Longitudinal cognition-survival relations in old and very old age: 13-year data from the Berlin Aging Study. European Psychologist, 11, 204–223.

Gibbons, R. D., Brown, C. H., Hur, K., Marcus, S. M., Bhaumik, D. K., Erkens, J. A. et al.(2007). Early evidence on the effects of regulators' suicidality warnings on SSRI prescriptions and suicide in children and adolescents. American Journal of Psychiatry, 164, 1356–1363.

Gibbs, J. C. (2003). Moral development and reality. Beyond the theories of Kohlberg and Hoffman. London: Sage.

Gibson, E. J. & Walk, R. (1960). The »visual cliff«. Scientific American, 202, 64–71.

Giedd, J. N., Blumenthal, J., Jeffries, N. O., Rajapakse, J. C., Vaituzis, A. C., Liu, H. et al. (1999). Development of the human corpus callosum during childhood and adolescence: A longitudinal MRI study. Progress in Neuro-Psychopharmacology & Biological Psychiatry, 23, 571–588.

Gilbert, R., Widom, C. S., Browne, K., Fergusson, D., Webb, E. & Janson, S. (2009). Burden and consequences of child maltreatment in high-income countries. Lancet, 373 (9657), 68–81.

Gilford, R. & Bengtson, V. L. (1979). Measuring marital satisfaction in three generations: Positive and negative dimensions. Journal of Marriage and the Family, 41, 387–398.

Gilligan, C. (1984). Die andere Stimme. Lebenskonflikte und Moral der Frau. München: Piper.

Glaser, D. (2002). Emotional abuse and neglect (psychological maltreatment): A conceptual framework. Child Abuse & Neglect, 26, 697–714.

Gleitman, L. R. (1986). Biological dispositions to learn language. In W. Demopoulos & A. Marras (Eds.), Language learning and concept acquisition: Foundational issues (pp. 3–28). Norwood, NJ: Ablex.

Gleitman, L. R. (1990). The structural sources of verb meanings. Language Acquisition, 1, 3–55.

Gloger-Tippelt, G. (1999). Transmission von Bindung bei Müttern und ihren Kindern im Vorschulalter. Praxis der Kinderpsychologie und Kinderpsychiatrie, 48, 113–128.

Goda, Y. & Davis, G. W. (2003). Mechanisms of synapse assembly and disassembly. Neuron, 40, 243–264.

Gogtay, N., Giedd, J. N., Lusk, L., Hyashi, K. M., Greenstein, D., Vaituzis, A. C. et al. (2004). Dynamic mapping of human cortical development during childhood through early adulthood. PNAS, 101 (21), 8174–8179.

Gogtay, N., Sporn, A., Clasen, L. S., Nugent, T. F., Greenstein, D., Nicolson, R. et al. (2004). Comparison of progressive cortical gray matter loss in childhood-onset schizophrenia with that in childhood-onset atypical psychoses. Archives of General Psychiatry, 61, 17–22.

Goldammer, A. von, Mähler, C. & Hasselhorn, M. (2011). Vorhersage von Lese- und Rechtschreibleistungen durch Kompetenzen der phonologischen Verarbeitung und der Sprache im Vorschulalter. In M. Hasselhorn & W. Schneider (Hrsg.), Frühprognose schulischer Kompetenzen. Tests und Trends, N. F. Bd. 9 (S. 32–50). Göttingen: Hogrefe.

Goldin-Meadow, S. & Mylander, C. (1998). Spontaneous sign systems created by deaf children in two cultures. Nature, 391, 279–281.

Golinkoff, R. M. & Hirsh-Pasek, K. (1990). Let the mute speak: What infants can tell us about language acquisition. Merrill-Palmer Quarterly, 36, 67–92.

Gollwitzer, P. M. (1999). Implementation intentions: Strong effects of simple plans. American Psychologist, 54, 493–503.

Goodwyn, S. W. & Acredolo, L. P. (1993). Symbolic gesture versus word: Is there a modality advantage for onset of symbol use? Child Development, 64, 688–701.

Goodwyn, S. W., Acredolo, L. P. & Brown, C. A. (2000). Impact of symbolic gesturing on early language development. Journal of Nonverbal Behavior, 24, 81–103.

Gopnik, A., Choi, S. & Baumberger, T. (1996). Cross linguistic differences in early semantic and cognitive development. Cognitive Development, 11, 197–227.

Gopnik, A., Glymour, C., Sobel, D. M., Schulz, L. E., Kushnir, T. & Danks, D. (2004). A theory of causal learning in children: Causal maps and Bayes nets. Psychological Review, 111, 3–32.

Goswami, U. (2001). Analogical reasoning in children. In D. Gentner, K. J. Holyoak & B. N. Kokinov (Eds.), The analogical mind: Perspectives from cognitive science (pp. 437–470). Cambridge, MA: MIT Press.

Goswami, U. (2008). Cognitive development. The learning brain. Hove, UK: Psychology Press.

Gottlieb, G. (1991). Experiential canalization of behavioral development: Theory. Developmental Psychology, 27, 4–13.

Gould, S. J. (2002). The structure of evolutionary theory. Cambridge, MA: Harvard University Press.

Gould, S. J. & Lewontin, R. C. (1979). The Spandrels of San Marco and the Panglossian paradigm: A critique of the adaptationist programme. Proceedings of the Royal Society of London B, 205, 581–598.

Granzer, D., Köller, O., Bremerich-Vos, A. et al. (2009). Bildungsstandards Deutsch und Mathematik. Leistungsmessung in der Grundschule. Weinheim: Beltz.

Greenfield, P. M., Keller, H., Fuligni, A. & Maynard, A. (2003). Cultural pathways through universal development. Annual Review of Psychology, 54, 461–490.

Greenhaus, J. H. & Powell, G. N. (2006). When work and family are allies: A theory of work-family enrichment. Academy of Management Review, 31, 72–92.

Greve, W. (2000a). Das erwachsene Selbst. In W. Greve (Hrsg.), Psychologie des Selbst (S. 96–114). Weinheim: PVU.

Greve, W. (Hrsg.). (2000b). Psychologie des Selbst. Weinheim: PVU.

Greve, W. (2007). Selbst und Identität im Lebenslauf. In J. Brandtstädter & U. Lindenberger (Hrsg.), Entwicklungspsychologie der Lebensspanne (S. 305–336). Stuttgart: Kohlhammer.

Greve, W. & Bjorklund, D. (2009). The Nestor-effect. Extending evolutionary developmental psychology to a lifespan perspective. Developmental Review, 29, 163–179.

Greve, W. & Staudinger, U. M. (2006). Resilience in later adulthood and old age: Ressources and potentials for sucessful aging. In D. Cichetti & D. Cohen (Eds.), Developmental psychopathology (2nd ed., Vol. 3, pp. 796–840). New York: Wiley.

Greve, W. & Wentura, D. (2010). True lies: Self-stabilization without self-deception. Consciousness and Cognition: An International Journal, 19, 721–730.

Griffith, P. E. & Gray, R. D. (2004). The developmental systems perspective: organism-environment systems as units of development and evolution. In M. Pigliucci & K. Preston (Eds.), Phenotypic integration (pp. 409–431). New York: Oxford University Press.

Grimm, H. (1985). Der Spracherwerb als Lehr-Lern-Prozess. Unterrichtswissenschaft, 1, 6–16.

Grimm, H. (1986). Entwicklungsdysphasie: Verlaufsanalyse gestörter Sprachentwicklung. In B. Narr & H. Wittje (Hrsg.), Spracherwerb und Mehrsprachigkeit (S. 93–114). Tübingen: Narr.

Grimm, H. (1999). Störungen der Sprachentwicklung. Göttingen: Hogrefe.

Grimm, H. (2003). Störungen der Sprachentwicklung (2. Aufl.). Göttingen: Hogrefe.

Grimm, H. & Schöler, H. (1991). Der Heidelberger Sprachentwicklungstest H-S-E-T (2. Aufl.). Göttingen: Hogrefe.

Grimm, H., Aktas, M. & Frevert, S. (2000). Sprachentwicklungstest für zweijährige Kinder SETK-2. Göttingen: Hogrefe.

Grimm, H., Aktas, M. & Frevert, S. (2001). Sprachentwicklungstest für drei- bis fünfjährige Kinder SETK 3–5. Göttingen: Hogrefe.

Grimm, J. (1860). Rede über das Alter. In Kleinere Schriften von Jacob Grimm (Bd. 1, S. 188–210). Berlin: Harrwitz und Grossmann.

Grob, A. & Smolenski, C. (2009). Fragebogen zur Erhebung der Emotionsregulation bei Kindern und Jugendlichen. Göttingen: Hogrefe.

Grossmann, K. E. & Grossmann, K. (1990). The wider concept of attachment in cross-cultural research. Human Development, 33, 31–47.

Grotevant, H. D. & Cooper, C. R. (1986). Individuation in family relationships: A perspective on individual differences in the development of identity and role-taking skill in adolescence. Human Development, 29, 82–100.

Grube, D. (2006). Entwicklung des Rechnens im Grundschulalter: Basale Fertigkeiten, Wissensabruf und Arbeitsgedächtniseinflüsse. Münster: Waxmann.

Grube, D. (2008). Rechenschwäche. In W. Schneider & M. Hasselhorn (Hrsg.), Handbuch der Pädagogischen Psychologie (S. 642–652). Göttingen: Hogrefe.

Gruber, H. (2010). Expertise. In D. H. Rost (Hrsg.), Handwörterbuch Pädagogische Psychologie (4. Aufl., S. 183–189). Weinheim: Beltz.

Gruber, H., Renkl, A. & Schneider, W. (1994). Expertise und Gedächtnisentwicklung: Längsschnittliche Befunde aus der Domäne Schach. Zeitschrift für Entwicklungspsychologie und Pädagogische Psychologie, 26, 53–70.

Grünke, M. & Castello, A. (2008). Antisoziales Verhalten. In W. Schneider & M. Hasselhorn (Hrsg.), Handbuch der Pädagogischen Psychologie (S. 683–696). Göttingen: Hogrefe.

Guiso, L., Monte, F., Sapienza, P. & Zingales, L. (2008). Culture, gender, and math. Science, 320, 1164–1165.

Güntürkün, O. (2012). The convergent evolution of neural substrates for cognition. Psychological Research, 76, 212–219.

Gutbrod, T., Wolke, D., Soehne, B., Ohrt, B. & Riegel, K. (2000). Effects of gestation and birth weight on the growth and development of very low birthweight small for gestational age infants: A matched group comparison. Archives of Disease in Childhood. Fetal and Neonatal Edition, 82, F208–F214.

Gwozdz, W. & Souza-Poza, A. (2010). Ageing, health and life satisfaction of the oldest old: An analysis for Germany. Social Indicators Research, 97, 397–417.

Haan, N. (1977). Coping and defending: Processes of self-environment organization. New York: Academic Press.

Haase, C. M. & Silbereisen, R. K. (2011). Effects of positive affect on risk perceptions in adolescence and young adulthood. Journal of Adolescence, 34, 29–37.

Haase, C. M., Heckhausen, J. & Köller, O. (2008). Goal engagement during the school-to-work transition: Beneficial for all, particularly for girls. Journal of Research on Adolescence, 18, 671–698.

Habermas, T. (2007). Identitätsentwicklung im Jugendalter. In R. K. Silbereisen & M. Hasselhorn (Hrsg.), Entwicklungspsychologie des Jugendalters (Enzyklopädie der Psychologie, Serie Entwicklungspsychologie, Bd. 5; S. 363–387). Göttingen: Hogrefe.

Hadad, B.-S., Maurer, D. & Lewis, T. L. (2010). The development of contour interpolation: Evidence from subjective contours. Journal of Experimental Child Psychology, 196, 163–176.

Hagestad, G. O. (1984). Multi-generational families: Socialization, support, and strain. In V. Garms-Homolová, E. M. Hoerning & D. Schaeffer (Eds.), Intergenerational relationships (pp. 105–114). Toronto: Hogrefe.

Haidt, J. & Joseph, C. (2004). Intuitive ethics: How innately prepared intuitions generate culturally variable virtues. Daedalus, 133 (44), 55–66.

Hall, G. S. (1904). Adolescence: Its psychology and its relations to physiology, anthropology, sociology, sex, crime, religion and education (Vols. 1 and 2). New York: Appleton.

Hall, N. C., Chipperfield, J. G., Heckhausen, J. & Perry, R. P. (2010). Control striving in older adults with serious health problems: A 9-year longitudinal study of survival, health, and well-being. Psychology and Aging, 25, 432–445.

Hampel, P., Petermann, F. & Dickow, B. (2001). Stressverarbeitungsfragebogen für Kinder und Jugendliche. Göttingen: Hogrefe.

Hank, K. & Buber, I. (2009). Grandparents caring for their grandchildren: Findings from the 2004 Survey of Health, Ageing, and Retirement in Europe. Journal of Family Issues, 30 (1), 53–73.

Hannover, B. & Kessels, U. (2004). Why German school students don't like math and sciences. A self-to-prototype matching approach. Learning and Instruction, 14, 51–67.

Hannover, B., Pöhlmann, C. & Springer, A. (2004). Selbsttheorien der Persönlichkeit. In K. Pawlik (Hrsg.), Theorien und Anwendungsfelder der Differentiellen Psychologie (Enzyklopädie der Psychologie, Serie Differentielle Psychologie und Persönlichkeitsforschung, Bd. 5; S. 317–364). Göttingen: Hogrefe.

Hanses, P. & Rost, D. H. (1998). Das »Drama« der hochbegabten Underachiever – »gewöhnliche« oder »außergewöhnliche« Underachiever? Zeitschrift für Pädagogische Psychologie, 12, 53–71.

Hardman, A. E. & Stensel, D. J. (2003). Physical activity and health. New York: Routledge.

Hardt, J. (2005). Forschungsstand zur Intervention. In G. Deegener & W. Körner (Hrsg.), Kindesmisshandlung und Vernachlässigung – Ein Handbuch (S. 369–384). Göttingen: Hogrefe.

Hardt, J. & Hoffmann, S. O. (2006a). Kindheit im Wandel – Teil I: Antike bis Moderne. Praxis der Kinderpsychologie und Kinderpsychiatrie, 55, 271–279.

Hardt, J. & Hoffmann, S. O. (2006b). Kindheit im Wandel – Teil II: Moderne bis heute. Praxis der Kinderpsychologie und Kinderpsychiatrie, 55, 280–292.

Hardt, J., Sidor, A., Nickel, R., Kappis, B., Petrak, F. & Egle, U. T. (2008). Childhood adversities and suicide attempts: a retrospective study. Journal of Family Violence, 23, 713–718.

Hare, B., Call, J., Agnetta, B. & Tomasello, M. (2000). Chimpanzees know what conspecifics do and do not see. Animal Behaviour, 59 (4), 771–785.

Harlow, H. F. & Zimmermann, R. R. (1958). The development of affective responsiveness in infant monkeys. Proceedings of the American Philosophical Society, 102, 501–509.

Harlow, H. F., Dodsworth, R. O. & Harlow, M. K. (1965). Total social isolation in monkeys. Proceedings of the National Academy of Sciences of the United States of America, 54 (1), 90–97.

Harris, J. R. (1995). Where is the child's environment? A group socialization theory of development. Psychological Review, 102, 458–489.

Harris, P. L. & Nunez, M. (1996). Understanding of permission rules by preschool children. Child Development, 67, 1572–1591.

Harter, S. (1974). Pleasure derived from cognitive challenge and mastery. Child Development, 45, 661–669.

Harter, S. (1999). The cognitive and social construction of the developing self. New York: Guilford.

Hasselhorn, M. (1995). Beyond production deficiency and utilization inefficiency: Mechanisms of the emergence of strategic categorization in episodic memory tasks. In F. E. Weinert & W. Schneider (Eds.), Memory performance and competencies: Issues in growth and development (pp. 141–159). Mahwah, NJ: Erlbaum.

Hasselhorn, M. (2010). Möglichkeiten und Grenzen der Frühförderung aus entwicklungspsychologischer Sicht. Zeitschrift für Pädagogik, 56, 168–177.

Hasselhorn, M. & Grube, D. (1997). Entwicklung der Intelligenz und des Denkens: Literaturüberblick. In F. E. Weinert & A. Helmke (Hrsg.), Entwicklung im Grundschulalter (S. 15–26). Weinheim: Beltz.

Hasselhorn, M. & Grube, D. (2006). Gedächtnisentwicklung (Grundlagen). In W. Schneider & B. Sodian (Hrsg.), Kognitive Entwicklung (Enzyklopädie der Psychologie. Serie Entwicklungspsychologie, Bd. 2; S. 271–325). Göttingen: Hogrefe.

Hasselhorn, M. & Lohaus, A. (2008). Entwicklungsvoraussetzungen und Herausforderungen des Schuleintritts. In M. Hasselhorn & R. K. Silbereisen (Hrsg.), Entwicklungspsychologie des Säuglings- und Kindesalters (Enzyklopädie der Psychologie, Serie Entwicklungspsychologie, Bd. 4; S. 409–428). Göttingen: Hogrefe.

Hasselhorn, M. & Schneider, W. (1998). Aufgaben und Methoden der differentiellen Entwicklungspsychologie. In H. Keller (Hrsg.), Lehrbuch Entwicklungspsychologie (S. 296–316). Bern: Huber.

Hasselhorn, M. & Schneider, W. (2007). Gedächtnisentwicklung. In M. Hasselhorn & W. Schneider (Hrsg.), Handbuch der Entwicklungspsychologie (S. 266–276). Göttingen: Hogrefe.

Hasselhorn, M. & Schuchardt, K. (2006). Lernstörungen. Eine kritische Skizze zur Epidemiologie. Kindheit und Entwicklung, 15, 208–215.

Hasselhorn, M., Schuchardt, K. & Mähler, C. (2010). Phonologisches Arbeitsgedächtnis bei Kindern mit diagnostizierter Lese- und/oder Rechtschreibstörung. Zeitschrift für Entwicklungspsychologie und Pädagogische Psychologie, 42, 211–216.

Hattie, J. A. C. (2009). Visible learning. A synthesis of over 800 meta-analyses relating to achievement. New York: Routledge.

Haun, D. B. M., Rapold, C. J., Call, J., Janzen, G. & Levinson, S. C. (2006). Cognitive cladistics and cultural override in Hominid spatial cognition. Proceedings of the National Academy of Sciences of the United States of America, 103, 17568–17573.

Häuser, D., Kasielke, E. & Scheidereiter, U. (1994). KISTE. Kindersprachtest für das Vorschulalter. Göttingen: Hogrefe.

Hauser, M. D., Chomsky, N. & Fitch, T. (2002). The faculty of language: What is it, who has it, and how did it evolve? Science, 298, 1569–1579.

Häuser, W., Schmutzer, G., Braehler, E. & Glaesmer, H. (2011). Misshandlung in Kindheit und Jugend. Deutsches Ärzteblatt, 108, 287–294.

Havighurst, R. J. (1972). Developmental tasks and education (3rd ed.). New York: McKay. (EA 1948)

Hawkes, K. (2004). Human longevity: The grandmother effect. Nature, 428, 128–129.

Hawley, P. H. (2003a). Strategies of control, aggression, and morality in preschoolers: An evolutionary perspective. Journal of Experimental Child Psychology, 85, 213–235.

Hawley, P. H. (2003b). Prosocial and coercive configurations of resource control in early adolescents: A case for the well-adapted Machiavellian. Merrill-Palmer Quarterly, 49, 279–309.

Hawley, P. H. (2007). Social dominance in childhood and adolescence: Why social competence and aggression may go hand in hand. In P. H. Hawley, T. D. Little & P. C. Rodkin (Eds.), Aggression and adaptation. The bright side to bad behavior (pp. 1–29). Mahwah, NJ: Erlbaum.

Haywood, K. M. & Getchell, N. (2001). Life span motor development (3rd ed.). Champaign, IL: Human Kinetics.

Heckhausen, H. & Roelofsen, I. (1962). Anfänge und Entwicklung der Leistungsmotivation: (I) Im Wetteifer des Kleinkindes. Psychologische Forschung, 26, 313–397.

Heckhausen, J. (1999). Developmental regulation in adulthood: Age-normative and sociostructural constraints as adaptive challenges. New York: Cambridge University Press.

Heckhausen, J. (2010). Motivation and development. In J. Heckhausen & H. Heckhausen (Eds.), Motivation and action (2nd ed., pp. 391–450). New York: Cambridge University Press.

Heckhausen, J. & Heckhausen, H. (Hrsg.). (2006). Motivation und Handeln. Berlin: Springer.

Heckhausen, J. & Schulz, R. (1995). A life-span theory of control. Psychological Review, 102, 284–304.

Heckhausen, J. & Tomasik, M. J. (2002). Get an apprenticeship before school is out: How German adolescents adjust vocational aspirations when getting close to a developmental deadline. Journal of Vocational Behavior, 60, 199–219.

Heckhausen, J., Dixon, R. A. & Baltes, P. B. (1989). Gains and losses in development throughout adulthood as perceived by different adult age groups. Developmental Psychology, 25, 109–121.

Heckhausen, J., Wrosch, C. & Fleeson, W. (2001). Developmental regulation before and after a developmental deadline: The sample case of »biological clock« for childbearing. Psychology and Aging, 16, 400–413.

Heckhausen, J., Wrosch, C. & Schulz, R. (2010). A motivational theory of lifespan development. Psychological Review, 117, 32–60.

Heinrichs, N. & Ehlert, U. (2010). Verhaltenstherapie: Sonderheft zu Kindesmisshandlung (Bd. 20). Basel: Karger.

Helmke, A. (1997). Sackgassen und Perspektiven der empirischen Forschung zu den Wirkungen des Unterrichts. Pädagogisches Handeln, 1, 57–70.

Helmke, A. (1998). Vom Optimisten zum Realisten? Zur Entwicklung des Fähigkeitsselbstkonzepts vom Kindergarten bis zur 6. Klassenstufe. In F. E. Weinert (Hrsg.), Entwicklung im Kindesalter (S. 114–132). Weinheim: Beltz.

Helmke, A. (1999). From optimism to realism? Development of children's academic self-concept from kindergarten to grade 6. In F. E. Weinert & W. Schneider (Eds.), Individual development from 3 to 12: Findings from the Munich Longitudinal Study (pp. 198–221). Cambridge, UK: Cambridge University Press.

Helwig, C. C. (2006). Rights, civil liberties, and democracy across cultures. In M. Killen & J. G. Smetana (Eds.), Handbook of moral development (pp. 185–210). Mahwah, NJ: Erlbaum.

Hendry, L. B., Shucksmith, J., Love, J. G. & Glendinning, A. (1993). Young people's leisure and lifestyle. London: Routledge.

Hensch, T. K. (2004). Critical period regulation. Annual Review of Neuroscience, 27, 549–579.

Herlenius, E. & Lagercrantz, H. (2001). Neurotransmitters and neuromodulators during early human development. Early Human Development, 65, 21–37.

Hermer-Vasquez, L., Spelke, E. S. & Katsnelson, A. S. (1999). Sources of flexibility in human cognition: Dual-task studies of space and language. Cognitive Psychology, 39, 3–36.

Herrmann, E., Call, J., Hernandez-Lloreda, M. V., Hare, B. & Tomasello, M. (2007). Humans have evolved specialized skills of social cognition: The cultural intelligence hypothesis. Science, 317, 1360–1366.

Hertzog, C. & Nesselroade, J. R. (2003). Assessing psychological change in adulthood: An overview of methodological issues. Psychology and Aging, 18, 639–657.

Hertzog, C. & Schaie, K. W. (1986). Stability and change in adult intelligence: 1. Analysis of longitudinal covariance structures. Psychology and Aging, 1, 159–171.

Hertzog, C., Lindenberger, U., Ghisletta, P. & Oertzen, T. von (2006). On the power of multivariate latent growth curve models to detect correlated change. Psychological Methods, 11, 244–252.

Hertzog, C., Kramer, A. F., Wilson, R. S. & Lindenberger, U. (2009). Enrichment effects on adult cognitive development: Can the functional capacity of older adults be preserved and enhanced? Psychological Science in the Public Interest, 9, 1–65.

Heyden, S. & Jarosch, K. (2010). Missbrauchstäter: Phänomenologie, Psychodynamik, Therapie. Stuttgart: Schattauer.

Hickmann, M. (2000). Pragmatische Entwicklung. In H. Grimm (Hrsg.), Sprachentwicklung (Enzyklopädie der Psychologie, Serie Sprache, Bd. 3; S. 193–227). Göttingen: Hogrefe.

Higgins, E. T. (1987). Self-discrepancy: A theory relating self and affect. Psychological Review, 94, 319–340.

Hill, C. J., Bloom, H. S., Black, A. R. & Lipsey, M. W. (2008). Empirical benchmarks for interpreting effect sizes in research. Child Development Perspectives, 2, 172–177.

Hillman, C. H., Erickson, K. I. & Kramer, A. F. (2008). Be smart exercise your heart: exercise effects on brain and cognition. Nature Reviews Neuroscience, 9, 58–65.

Hirsh-Pasek, K. & Golinkoff, R. M. (1993). Skeletal supports for grammatical learning: What infants bring to the language learning task. In C. K. Rovee-Collier (Ed.), Advances in infancy research (Vol. 10). Norwood, NJ: Ablex.

Hirsh-Pasek, K., Kemler Nelson, D., Jusczyk, P., Cassidy, B. & Kennedy, L. (1987). Clauses are perceptual units to young infants. Cognition, 26, 269–286.

Hirtz, P. (Hrsg.). (2007). Phänomene der motorischen Entwicklung des Menschen. Schorndorf: Hofmann.

Hodges, E. V. E. & Perry, D. G. (1999). Personal and interpersonal antecedents and consequences of victimization by peers. Journal of Personality and Social Psychology, 7, 677–685.

Hoff, E. (2005). Arbeit und berufliche Entwicklung. In S.-H. Filipp & U. M. Staudinger (Hrsg.), Entwicklungspsychologie des mittleren und höheren Erwachsenenalters (Enzyklopädie der Psychologie, Serie Entwicklungspsychologie, Bd. 6; S. 525–557). Göttingen: Hogrefe.

Hoff-Ginsberg, E. (1986). Function and structure in maternal speech: Their relation to the child's development of syntax. Developmental Psychology, 22, 155–163.

Hoff-Ginsberg, E. (1993). Landmarks in children's language development. In G. Blanken, J. Dittmann, H. Grimm, J. C. Marshall & C.-W. Wallesch (Eds.), Linguistic disorders and pathologies. An international handbook (pp. 558–573). Berlin: de Gruyter.

Hoffman, M. L. (1983). Affective and cognitive processess in moral internalization. In E. T. Higgins, D. N. Ruble & W. H. Willard (Eds.), Social cognition and social development. A sociocultural perspective (pp. 236–274). Cambridge, UK: Cambridge University Press.

Hoffman, M. L. (2000). Empathy and moral development: Implications for caring and justice. Cambridge, UK: Cambridge University Press.

Hofstede, G. (2001). Culture's consequences: Comparing values, behaviors, institutions and organizations across nations (2nd ed.). Beverly Hills, CA: Sage.

Hofsten, C. von (1982). Eye-hand coordination in the newborn. Developmental Psychology, 18, 450–461.

Hofsten, C. von (2004). An action perspective on motor development. Trends in Cognitive Science, 8, 266–272.

Hofsten, C. von & Lindhagen, K. (1979). Observations on the development of reaching for moving objects. Journal of Experimental Child Psychology, 28, 158–173.

Holland, J. L. (1997). Making vocational choices: A theory of vocational personalities and work environments (3rd ed.). Odessa, FL: Psychological Assessment Resources.

Holmes, J., Gathercole, S. E. & Dunning, D. L. (2009). Adaptive training leads to sustained enhancement of poor working memory in children. Developmental Science, 12 (4), F9–F15.

Holodynski, M. (unter Mitarbeit von W. Friedlmeier). (2006a). Emotionen: Entwicklung und Regulation. Berlin: Springer.

Holodynski, M. (2006b). Die Entwicklung der Leistungsmotivation im Vorschulalter. Soziale Bewertungen und ihre Auswirkung auf Stolz-, Scham- und Ausdauerreaktionen. Zeitschrift für Entwicklungspsychologie und Pädagogische Psychologie, 38, 2–17.

Holodynski, M. (2009). Entwicklung der Motive. In V. Brandstätter & J. H. Otto (Hrsg.), Handbuch der Allgemeinen Psychologie: Motivation und Emotion (S. 272–283). Göttingen: Hogrefe.

Holodynski, M., Seeger, D., Hartmann, P. & Wörmann, V. (2012). Placing emotion regulation in a developmental framework of self-regulation. In K. C. Barrett, N. A. Fox, G. A. Morgan, D. Fidler & L. Daunhauer (Eds.), Handbook of self-regulatory processes in development: New directions and international perspectives. New York: Routledge.

Höltershinken, D. & Scherer, G. (2004). PEKiP – Das Prager-Eltern-Kind-Programm (Vol. 34). Dortmund: projekt verlag.

Holtmaat, A. & Svoboda, K. (2009). Experience-dependent structural synaptic plasticity in the mammalian brain. Nature Reviews Neuroscience, 10, 647–658.

Hood, B. M. (1998). Gravity does rule for falling events. Developmental Science, 1, 59–63.

Hood, B. M., Cole-Davies, V. & Dias, M. (2003). Looking and search measures of object knowledge in preschool children. Developmental Psychology, 39, 61–70.

Hopf, C. & Nunner-Winkler, G. (Hrsg.). (2007). Frühe Bindungen und moralische Entwicklung. Weinheim: Juventa.

Horgan, D. D. & Morgan, D. (1990). Chess expertise in children. Applied Cognitive Psychology, 4, 109–128.

Hörmann, C. & Schäfer, M. (2009). Bullying im Grundschulalter: Mitschülerrollen und ihre transkontextuelle Stabilität. Praxis der Kinderpsychiatrie und Kinderpsychologie, 58, 110–124.

Horn, J. L. (1982). The theory of fluid and crystallized intelligence in relation to concepts of cognitive psychology and aging in adulthood. In F. I. M. Craik & G. E. Trehub (Eds.), Aging and cognitive processes: Advances in the study of communication and affect (Vol. 8, pp. 237–278). New York: Plenum.

Horwood, A. M. & Riddell, P. M. (2008). Gender differences in early accommodation and vergence development. Ophthalmic and Physiological Optics, 28, 115–126.

Howard, K. S. & Brooks-Gunn, J. (2009). The role of home-visiting programs in preventing child abuse and neglect. The Future of Children, 19, 119–146.

Howe, M. L., Courage, M. L. & Rooksby, M. (2009). The genesis and development of autobiographical memory. In M. L. Courage & N. Cowan (Eds.), The development of memory in infancy and childhood (pp. 178–196). New York: Psychology Press.

Hrdy, S. B. (1999). Mother nature: A history of mothers, infants, and natural selection. New York: Pantheon Books.
Hrdy, S. B. (2007). Evolutionary context of human development: The cooperative breeding model. In C. A. Salmon & T. K. Shackelford (Eds.), Family relationships: An evolutionary perspective (pp. 39–68). New York: Oxford University Press.
Hua, J. Y. & Smith, S. J. (2004). Neural activity and the dynamics of central nervous system development. Nature Neuroscience, 7, 327–332.
Huang, C. (2010). Mean-level change in self-esteem from childhood through adulthood: Meta-analysis of longitudinal studies. Review of General Psychology, 14, 251–260.
Hudson, J. A. & Mayhew, E. M. (2009). The development of memory for recurring events. In M. L. Courage & N. Cowan (Eds.), The development of memory in infancy and childhood (pp. 69–91). New York: Psychology Press.
Huesmann, L. R., Moise-Titus, J., Podolski, C. & Eron, L. D. (2003). Longitudinal relations between children's exposure to TV violence and their aggressive and violent behaviour in young adulthood: 1977–1992. Developmental Psycholgy, 39, 201–21.
Hughes, C. (1998). Executive function in preschoolers: Links with theory of mind and verbal ability. British Journal of Developmental Psychology, 16, 233–253.
Humboldt, W. von (1960, orig. 1836). Über die Verschiedenheit des menschlichen Sprachbaues. Bonn: Dümmler.
Hummert, M. L., Garstka, T. A., O'Brian, L. T, Greenwald, A. G. & Mellott, D. S. (2002). Using the implicit association test to measure age differences in implicit social cognitions. Psychology and Aging, 17, 482–495.
Humphreys, L. G. & Davey, T. C. (1988). Continuity in intellectual growth from 12 months to 9 years. Intelligence, 12, 183–197.
Hunt, J. M. (1961). Intelligence and experience. New York: Ronald Press.
Hurrelmann, K., Grundmann, M. & Walper, S. (2008). Zum Stand der Sozialisationsforschung. In K. Hurrelmann, M. Grundmann & S. Walper (Hrsg.), Handbuch Sozialisationsforschung (7. Aufl., S. 14–31). Weinheim: Beltz.
Huttenlocher, P. R. (1979). Synaptic density in human frontal cortex: Developmental changes and effects of aging. Brain Research, 163, 195–205.
Huttenlocher, P. R. & Dabholkar, A. S. (1997). Regional differences in synaptogenesis in human cerebral cortex. Journal of Comparative Neurology, 387, 167–178.
Huxhold, O., Li, S.-C., Schmiedek, F., Smith, J. & Lindenberger, U. (2011). Age differences in intraindividual processing fluctuations of postural control across trials and across days. Psychology and Aging, 26, 731–737.

Ihle, W. & Esser, G. (2002). Epidemiologie psychischer Störungen im Kindes- und Jugendalter: Prävalenz, Verlauf, Komorbidität und Geschlechtsunterschiede. Psychologische Rundschau, 53, 159–169.
Ihle, W., Ahle, M. E., Jahnke, D. & Esser, G. (2004). Leitlinien zur Diagnostik und Psychotherapie von depressiven Störungen im Kindes- und Jugendalter: Ein evidenzbasierter Diskussionsvorschlag. Kindheit und Entwicklung, 13 (2), 64–79.
Innocenti, G. M. (1995). Exuberant development of connections, and its possible permissive role in cortical evolution. Trends in Neurosciences, 18, 397–402.
Innocenti, G. M. & Clarke, S. (1984). Bilateral transitory projection to visual areas from auditory cortex in kittens. Brain Research, 316, 143–148.
IQB (2008). Kompetenzstufenmodell zu den Bildungsstandards im Fach Mathematik für den Mittleren Schulabschluss. Berlin: Institut zur Qualitätsentwicklung im Bildungswesen (IQB).
IQB (2009). Kompetenzstufenmodell zu den Bildungsstandards im Kompetenzbereich Lesen für den Mittleren Schulabschluss. Berlin: Institut zur Qualitätsentwicklung im Bildungswesen (IQB).
Iso-Ahola, S. E. (1980). The social psychology of leisure and recreation. Dubuque, IA: Brown.
Izard, C. (1981). Die Emotionen des Menschen. Weinheim: Beltz.

Jablonka, E. & Lamb, M. J. (2005). Evolution in four dimensions. Cambridge, MA: MIT Press.
Jackson, E. L., Crawford, D. W. & Godbey, G. (1993). Negotiation of leisure constraints. Leisure Sciences, 15 (1), 1–11.
Jacob, F. (1977). Evolution and tinkering. Science, 196, 1161–1166.
Janke, B. (1999). Naive Psychologie und die Entwicklung des Emotionswissens. In W. Friedlmeier & M. Holodynski (Hrsg.), Emotionale Entwicklung. Funktion, Regulation und soziokultureller Kontext von Emotionen (S. 70–98). Heidelberg: Spektrum Akademischer Verlag.
Janke, B. (2002). Entwicklung des Emotionswissens bei Kindern. Göttingen: Hogrefe.
Janke, B. (2007). Entwicklung von Emotionen. In M. Hasselhorn & W. Schneider (Hrsg.), Handbuch der Entwicklungspsychologie (S. 347–358). Göttingen: Hogrefe.
Janoff-Bulman, R. (1992). Shattered assumptions: towards a new psychology of trauma. New York: Free Press.
Jansen, H., Mannhaupt, G., Marx, H. & Skowronek, H. (1999). Bielefelder Screening zur Früherkennung von Lese-Rechtschreibschwierigkeiten (BISC). Göttingen: Hogrefe.
Jencks, C., Smith, M. S., Ackland, H., Bane, M. J., Cohen, D., Grintlis, H. et al. (1973). Inequality: A reassessment of the effect of family and schooling in America. New York: Basic Books.
Jenkins, L., Myerson, J., Joerding, J. A. & Hale, S. (2000). Converging evidence that visuospatial cognition is more age-sensitive than verbal cognition. Psychology and Aging, 15, 157–175.

Jenni, O., Kakebeeke, T., Werner, H. & Caflisch, J. (2012). Bewegungsverhalten im Kindesalter: Was ist normal? In T. Hellbrügge & B. Schneeweiß (Hrsg.), Kinder im Schulalter (S. 67–83). Stuttgart: Klett-Cotta.

Jensen, T. S., Boggild-Andersen, B., Schmidt, J., Ankerhus, J. & Hansen, E. (1988). Perinatal risk factors and first-year vocalizations: Influence on preschool language and motor performance. Developmental Medicine and Child Neurology, 30, 153–161.

Joas, H. (1980). Rollen- und Interaktionstheorien in der Sozialisationsforschung. In K. Hurrelmann & D. Ulich (Hrsg.), Handbuch der Sozialisationsforschung (S. 147–160). Weinheim: Beltz.

Johnson, M. H. (2007). Developmental cognitive neuroscience (2nd ed.). Malden, MA: Blackwell.

Jopp, D. & Rott, C. (2006). Adaptation in very old age: Exploring the role of resources, beliefs, and attitudes for centenarians' happiness. Psychology and Aging, 21, 266–280.

Jopp, D. & Smith, J. (2006). Resources and life-management strategies as determinants of successful aging: On the protective effect of selection, optimization, and compensation. Psychology and Aging, 21, 253–265.

Jung, C. G. (1971). The stages of life. In J. Campbell (Ed.), The portable Jung (pp. 2–22). New York: Viking. (Original 1931: Die Lebenswende)

Kadesjo, B. & Gillberg, C. (2001). The comorbidity of ADHD in a general population of Swedish school-age children. Journal of Child Psychology and Psychiatry, 42, 487–492.

Kagan, J. (1997). Temperament and the reaction of unfamiliarity. Child Development, 68, 139–144.

Kagan, J. & Moss, H. A. (1962). Birth to maturity. New York: Wiley.

Kagitcibasi, C. (2007). Family, self and human development across cultures: Theory and applications (2nd ed.). Hillsdale, NJ: Erlbaum.

Kahn, R. L. & Antonucci, T. C. (1980). Convoys over the life course. Attachment, roles, and social support. In P. B. Baltes & O. G. Brim, jr. (Eds.), Life-span development and behavior (pp. 254–283). New York: Academic Press.

Kail, R. & Salthouse, T. A. (1994). Processing speed as a mental capacity. Acta Psychologica, 86, 199–225.

Kallestad, J. H. & Olweus, D. (2003). Predicting teachers' and schools' implementation of the Olweus Bullying Prevention Program: A multilevel study. Prevention and Treatment, 6, Article 21.

Kaminski, J., Call, J. & Tomasello, M. (2008). Chimpanzees know what others know, but not what they believe. Cognition, 109, 224–234.

Kany, W. & Schöler, H. (1988). Sprachentwicklungspsychologische Fragen zum kindlichen Dysgrammatismus. Studium Linguistik, 22, 66–87.

Kany, W. & Schöler, H. (2010). Fokus: Sprachdiagnostik. Leitfaden zur Sprachstandsbestimmung im Kindergarten (2. Aufl.). Berlin: Cornelsen Scriptor.

Karbach, J. & Kray, J. (2009). How useful is executive control training? Age differences in near and far transfer of task-switching training. Developmental Science, 12, 978–990.

Karmiloff-Smith, A. (1992). Beyond modularity. A developmental perspective on cognitive science. Cambridge, MA: MIT Press.

Kärnä, A., Voeten, M., Little, T. D., Poskiparta, E., Kaljonen, A. & Salmivalli, C. (2011). Large-Scale Evaluation of the KiVa Antibullying Program: Grades 4–6. Child Development, 82, 311–330.

Kasten, H. & Krapp, A. (1986). Das Interessen-Genese-Projekt – Eine Pilotstudie. Zeitschrift für Pädagogik, 32, 163–173.

Kaufman, J. & Zigler, E. (1993). The intergenerational transmission of abuse is overstated. In R. J. Gelles & D. R. Loeske (Eds.), Current controversies on familiy violence (pp. 209–221). London: Sage.

Kavšek, M. (2002). The perception of static subjective contours in infancy. Child Development, 73, 331–344.

Kavšek, M. (2004). Predicting later IQ from infant visual habituation and dishabituation: A meta-analysis. Journal of Applied Developmental Psychology, 25, 369–393.

Kavšek, M., Granrud, C. E. & Yonas, A. (2009). Infants' responsiveness to pictorial depth cues in preferential-reaching studies: A meta-analysis. Infant Behavior and Development, 32, 245–253.

Kaye, K. L. & Bower, T. G. R. (1994). Learning and intermodal transfer of information in newborns. Psychological Science, 5, 286–288.

Keating, D. P. (2004). Cognitive and brain development. In R. M. Lerner & L. Steinberg (Eds.), Handbook of adolescent psychology (2nd ed., pp. 45–84). Hoboken, NJ: Wiley.

Keller, H. (2003). Socialization for competence: Cultural models of infancy. Human Development, 46, 288–311.

Keller, H. & Boigs, R. (1989). Entwicklung des Explorationsverhaltens. In H. Keller (Hrsg.), Handbuch der Kleinkindforschung (S. 443–464). Heidelberg: Springer.

Keller, H., Lohaus, A., Kuensemueller, P., Abels, M., Yovsi, R. D., Voelker, S. et al. (2004). The bio-culture of parenting: Evidence from five cultural communities. Parenting: Science and Practice, 4, 25–50.

Keller, M., Lourenco, O., Malti, T. & Saalbach, H. (2003). The multifaceted phenomenon of »happy victimizers«. A cross-cultural comparison of moral emotions. British Journal of Developmental Psychology, 21, 1–18.

Kelley, H. H., Berscheid, E., Christensen, A., Harvey, J. H., Huston, T. L., Levinger, G. et al. (1983). Close relationships. New York: Freeman.

Kellman, P. J. & Spelke, E. S. (1983). Perception of partly occluded objects in infancy. Cognitive Psychology, 15, 483–524.

Kessels, U. & Hannover, B. (2004). Entwicklung schulischer Interessen als Identitätsregulation. In J. Doll & M. Prenzel

(Hrsg.), Bildungsqualität von Schule. Lehrerprofessionalisierung, Unterrichtsentwicklung und Schülerförderung als Strategien der Qualitätsverbesserung (S. 398–412). Münster: Waxmann.

Kessler, E.-M. & Staudinger, U. M. (2007). Intergenerational potential: Effects of social interaction between older adults and adolescents. Psychology and Aging, 4, 690–704.

Kessler, E.-M., Schwender, C. & Bowen, C. E. (2009). The portrayal of older people's social participation on German prime-time TV advertisement. Journal of Gerontology: Social Sciences, 65, 97–106.

Kestner, K. & Hollmann, T. (2008). Tommys Gebärdenwelt (Version 3.0). Schauenburg: Karin Kestner.

Kiegelmann, M. (2009). Baby Signing. Eine Einschätzung aus entwicklungspsychologischer Perspektive. Das Zeichen, 82, 262–272.

Killen, M. & Smetana, J. (Eds.). (2006). Handbook of moral development. Mahwah, NJ: Erlbaum.

King, N. J., Heyne, D. & Ollendick, D. H. (2005). Cognitive-behavioral treatments for anxiety and phobic disorders in children and adolescents: A review. Behavioral Disorders, 30, 241–257.

King, P. (2007). Adolescent spirituality: A look at religion, social capital, and moral functioning. In R. K. Silbereisen & R. M. Lerner (Eds.), Approaches to positive youth development (pp. 227–242). London: Sage.

Kitayama, S. & Cohen, D. (Eds.). (2007). Handbook of cultural psychology. New York: Guilford.

Kite, M. E., Stockdale, G. D., Whitley, B. E. & Johnson, B. T. (2005). Attitudes toward younger and older adults: An updated meta-analytic review. Journal of Social Issues, 61, 241–266.

Klauer, K. J. (1989). Denktraining für Kinder I. Göttingen: Hogrefe.

Klauer, K. J. (2004). Förderung des induktiven Denkens und Lernens. In G. W. Lauth, M. Grünke & J. C. Brunstein (Hrsg.), Interventionen bei Lernstörungen (S. 187–196). Göttingen: Hogrefe.

Klaus, M. H. & Kennell, J. H. (1976). Maternal-infant bonding: The impact of early separation or loss on family development. Saint Louis, MO: Mosby.

Klewes, J. (1983). Retroaktive Sozialisation: Einflüsse Jugendlicher auf ihre Eltern. Weinheim: Beltz.

Klicpera, C. & Gasteiger-Klicpera, B. (1998). Psychologie der Lese- und Schreibschwierigkeiten – Entwicklung, Ursachen, Förderung (2. Aufl.). Weinheim: Beltz.

Kliegl, R. & Baltes, P. B. (1987). Theory-guided analysis of mechanisms of development and aging mechanisms through testing-the-limits and research on expertise. In C. Schooler & K. W. Schaie (Eds.), Cognitive functioning and social structure over the life course (pp. 95–119). Norwood, NJ: Ablex.

Klieme, E., Artelt, C., Hartig, J., Jude, N., Köller, O., Prenzel, M., Schneider, W. & Stanat, P. (Hrsg.). (2010). PISA 2009. Bilanz nach einem Jahrzehnt. Münster: Waxmann.

Kluwe, R. H. & Schiebler, K. (1984). Entwicklung exekutiver Prozesse und kognitive Leistungen. In F. E. Weinert & R. H. Kluwe (Hrsg.), Metakognition, Motivation und Lernen (S. 31–60). Stuttgart: Kohlhammer.

Knafo, A. & Plomin, R. (2006). Parental discipline and affection and children's prosocial behavior: Genetic and environmental links. Journal of Personality and Social Psychology, 90, 147–164.

Knopf, M. (1999). Development of memory for texts. In F. E. Weinert & W. Schneider (Eds.), Individual development from 3 to 12: Findings from the Munich Longitudinal Study (pp. 106–122). Cambridge, UK: Cambridge University Press.

Knopf, M., Körkel, J., Schneider, W. & Weinert, F. E. (1988). Human memory as a faculty versus human memory as a set of specific abilities: Evidence from a life-span approach. In F. E. Weinert & M. Perlmutter (Eds.), Memory development: Universal changes and individual differences (pp. 331–352). Hillsdale, NJ: Erlbaum.

Knopf, M., Schneider, W., Sodian, B. & Kolling, T. (2008). Die Entwicklung des Gedächtnisses vom Kindergartenalter bis zum frühen Erwachsenenalter – Neue Erkenntnisse aus der LOGIK-Studie. In W. Schneider (Hrsg.), Entwicklung von der Kindheit bis zum Erwachsenenalter (S. 85–102). Weinheim: Beltz.

Kochanska, G., Coy, K. C. & Murray, K. T. (2001). The development of self-regulation in the first four years of life. Child Development, 72, 1091–1111.

Kochenderfer, B. J. & Ladd, G. W. (1996). Peer victimization: Cause or consequence of school maladjustment? Child Development, 67, 1305–1317.

Kochenderfer-Ladd, B. & Wardrop, J. L. (2001). Chronicity and instability of children's peer victimization experiences as predictors of loneliness and social satisfaction trajectories. Child Development, 72, 134–151.

Kohlberg, L. (1984). Essays on moral development: Vol. 2. The psychology of moral development. San Francisco, CA: Harper & Row.

Köhler, W. (1926). The mentality of apes. London: Routledge & Kegan Paul.

Kohli, M. (2003). Der institutionalisierte Lebenslauf: ein Blick zurück und nach vorn. In J. Allmendinger (Hrsg.), Entstaatlichung und soziale Sicherheit. Verhandlungen des 31. Kongresses der Deutschen Gesellschaft für Soziologie in Leipzig 2002 (S. 525–545). Opladen: Leske + Budrich.

Köller, O. (2010). Bildungsstandards. In D. H. Rost (Hrsg.), Handwörterbuch Pädagogische Psychologie (4. Aufl., S. 77–83). Weinheim: Beltz.

Köller, O. & Baumert, J. (2001). Leistungsgruppierungen in der Sekundarstufe I und ihre Konsequenzen für die Mathematikleistung und das mathematische Selbstkonzept der Begabung. Zeitschrift für Pädagogische Psychologie, 15, 99–110.

Köller, O. & Trautwein, U. (2004). Englischleistungen von Schülerinnen und Schülern an allgemein bildenden und beruflichen Gymnasien. In O. Köller, R. Watermann,

U. Trautwein & O. Lüdtke (Hrsg.), Wege zur Hochschulreife in Baden-Württemberg. TOSCA – Eine Untersuchung an allgemein bildenden und beruflichen Gymnasien (S. 285–326). Opladen: Leske + Budrich.

Köller, O., Baumert, J., Cortina, K. S. & Trautwein, U. (2010). Bildungsverläufe und psychosoziale Entwicklung im Jugendalter und jungen Erwachsenenalter. In C. Spiel, B. Schober, P. Wagner & R. Reimann (Hrsg.), Bildungspsychologie (S. 245–252). Göttingen: Hogrefe.

Köller, O., Knigge, M. & Tesch, B. (Hrsg.). (2010). Sprachliche Kompetenzen im Ländervergleich. Münster: Waxmann.

Koriat, A. (2008). Easy comes, easy goes? The link between learning and remembering and its exploitation in metacognition. Memory and Cognition, 36, 416–428.

Koriat, A., Ackerman, R., Lockl, K. & Schneider, W. (2009). The easily-lerned-easily-remembered heuristic in children. Cognitive Development, 24, 169–182.

Kotter-Grühn, D., Kleinspehn-Ammerlahn, A., Hoppmann, C. A., Röcke, C. et al. (2010). Veränderungen im hohen Alter: Zusammenfassung längsschnittlicher Befunde der Berliner Altersstudie. In U. Lindenberger, J. Smith, K. U. Mayer & P. B. Baltes (Hrsg.), Die Berliner Altersstudie (3. Aufl., S. 659–689). Berlin: Akademie Verlag.

Krajewski, K. (2003). Vorhersage von Rechenschwäche in der Grundschule. Hamburg: Verlag Dr. Kovač.

Krajewski, K. (2008). Prävention der Rechenschwäche. In W. Schneider & M. Hasselhorn (Hrsg.), Handbuch der Pädagogischen Psychologie (S. 360–370). Göttingen: Hogrefe.

Krajewski, K. & Schneider, W. (2006). Mathematische Vorläuferfertigkeiten im Vorschulalter und ihre Vorhersagekraft für die Mathematikleistungen bis zum Ende der Grundschulzeit. Psychologie in Erziehung und Unterricht, 53, 246–262.

Krajewski, K., Nieding, G. & Schneider, W. (2007). Mengen, zählen, Zahlen: Die Welt der Mathematik verstehen (MZZ). Berlin: Cornelsen.

Krajewski, K., Nieding, G. & Schneider, W. (2008). Kurz- und langfristige Effekte mathematischer Frühförderung im Kindergarten durch das Programm »Mengen, zählen, Zahlen«. Zeitschrift für Entwicklungspsychologie und Pädagogische Psychologie, 40, 135–146.

Kramer, A. F. & Kray, J. (2006). Aging and attention. In E. Bialystok & F. Craik (Eds.), Lifespan cognition: Mechanisms of change (pp. 57–69). Oxford: Oxford University Press.

Krappmann, L. (1996). Streit, Aushandlungen und Freundschaften unter Kindern. In M.-S. Honig, H. R. Leu & U. Nissen (Hrsg.), Kinder und Kindheit. Soziokulturelle Muster – sozialisationstheoretische Perspektiven (S. 99–117). Weinheim: Juventa.

Krappmann, L. & Oswald, H. (1995). Alltag der Schulkinder: Beobachtungen und Analysen von Interaktionen und Sozialbeziehungen. Weinheim: Juventa.

Krauss, S., Brunner, M., Kunter, M., Blum, W., Neubrand, M. & Jordan, A. (2008). Pedagogical content knowledge and content knowledge of secondary mathematics teachers. Journal of Educational Psychology, 100, 716–725.

Kray, J. & Lindenberger, U. (2000). Adult age differences in task switching. Psychology and Aging, 15, 126–147.

Kray, J., Eber, J. & Karbach, J. (2008). Verbal self-instructions in task switching: a compensatory tool for action-control deficits in childhood and old age? Developmental Science, 11, 223–236.

Kray, J., Kipp, K. & Karbach, J. (2009). The development of selective inhibitory control: The influence of verbal labeling. Acta Psychologica, 130, 48–57.

Krettenauer, T., Malti, T., Bryan W. S. & Laurier, W. (2008). The development of moral emotion expectancies and the happy victimizer phenomenon: A critical review of theory and application. European Journal of Developmental Science, 2, 221–235.

Krist, H. (2006). Psychomotorische Entwicklung. In W. Schneider & B. Sodian (Hrsg.), Kognitive Entwicklung (Enzyklopädie der Psychologie, Serie Entwicklungspsychologie, Bd. 2; S. 151–238). Göttingen: Hogrefe.

Krist, H., Fieberg, E. L. & Wilkening, F. (1993). Intuitive physics in action and judgment: The development of knowledge about projectile motion. Journal of Experimental Psychology: Learning, Memory and Cognition, 19, 952–966.

Kroeber, A. L. & Kluckhohn, C. (1952). Culture: A critical review of concepts and definitions. Cambridge, MA: Peabody Museums.

Kroesbergen, E. H. & van Luit, J. E. H. (2003). Mathematics interventions for children with special educational needs. Remedial and special education, 24, 97–114.

Kron-Sperl, V., Schneider, W. & Hasselhorn, M. (2008). The development and effectiveness of memory strategies in kindergarten and elementary school: Findings from the Würzburg and Göttingen Longitudinal Studies. Cognitive Development, 23, 79–104.

Krubitzer, L. & Huffman, K. J. (2000). A realization of the neocortex in mammals: Genetic and epigenetic contributions to the phenotype. Brain, Behavior and Evolution, 55, 322–335.

Krueger, J., Heckhausen, J. & Hundertmark, J. (1995). Perceiving middle-aged adults: Effects of stereotype-congruent and incongruent information. The Journals of Gerontology, 50B, P82–PP93.

Kuger, S. & Kluczniok, K. (2008). Prozessqualität im Kindergarten – Konzept, Umsetzung und Befunde. Zeitschrift für Erziehungswissenschaft, 10, Sonderheft 11, 159–178.

Kuhl, P. K. & Meltzoff, A. N. (1982). The bimodal perception of speech in infancy. Science, 218, 1138–1141.

Kuhn, D. (2000). Theory of mind, metacognition, and reasoning: A life-span perspective. In P. Mitchell & K. J. Riggs (Eds.), Children's reasoning and the mind (pp. 301–326). Hove, UK: Psychology Press.

Kuhn, D., Amsel, E. & O'Laughlin, M. (1988). The development of scientific thinking skills. Orlando, FL: Academic Press.

Kunzmann, U. (2008). Differential age trajectories of positive and negative affect: Further evidence from the Berlin Aging Study. The Journals of Gerontology: Series B: Psychological Sciences and Social Sciences, 63B, P261–P270.

Kunzmann, U., Little, T. D. & Smith, J. (2000). Is age-related stability of subjective well-being a paradox? Cross-sectional and longitudinal evidence from the Berlin Aging Study. Psychology and Aging, 15, 511–526.

Küspert, P. & Schneider, W. (1999/2006). Hören, lauschen, lernen: Sprachspiele für Kinder im Vorschulalter (1. bzw. 5., überarb. Aufl.). Göttingen: Vandenhoeck & Ruprecht.

Labouvie-Vief, G. (1982). Dynamic development and mature autonomy: A theoretical prologue. Human Development, 25, 161–191.

Labouvie-Vief, G. (2009). Cognition and equilibrium regulation in development and aging. Restorative Neurology & Neuroscience, 27, 551–565.

Lachman, M. E. (Ed.). (2001). Handbook of midlife development. New York: Wiley.

Lachman, M. E., Lewkowicz, C., Marcus, A. & Peng, Y. (1994). Images of midlife development among young, middle-aged, and older adults. Journal of Adult Development, 1, 201–211.

Lagerspetz, K. M. J., Björkqvist, K., Berts, M. & King, E. (1982). Group aggression among school children in three schools. Scandinavian Journal of Psychology, 23, 45–52.

Lamb, M. E., Chuang, S. S., Wessels, H., Broberg, A. G. & Hwang, C. P. (2002). Emergence and construct validation of the Big Five Factors in early childhood: A longitudinal analysis of their ontogeny in Sweden. Child Development, 73, 1517–1524.

Lambourne, K. & Tomporowski, P. (2010). The effect of exercise-induced arousal on cognitive task performance: A meta-regression analysis. Brain Research, 1341, 12–24.

Landerl, K. & Moll, K. (2010). Comorbidity of learrning disorders: prevalence and familial transmission. Journal of Child Psychology and Psychiatry, 51, 287–294.

Landerl, K. & Wimmer, H. (1994). Phonologische Bewusstheit als Prädiktor für Lese- und Schreibfertigkeiten in der Grundschule. Zeitschrift für Pädagogische Psychologie, 8, 153–164.

Landtag NRW. (2005). Gesetz zur frühen Bildung und Förderung von Kindern. Gesetz- und Verordnungsblatt für das Land Nordrhein-Westfalen, 25, 462–469.

Lang, F. R. & Rupprecht, R. (in Druck). Interventionsrelevante Konzepte der lebenslangen Entwicklung. In H. W. Wahl, C. Tesch-Römer & J. Ziegelmann (Hrsg.), Angewandte Gerontologie. Stuttgart: Kohlhammer.

Lang, F. R., Reschke, F. S. & Neyer, F. J. (2006). Social relationships, transitions, and personality development across the life span. In D. K. Mroczek & T. D. Little (Eds.), Handbook of personality development (pp. 445–466). Mahwah, NJ: Erlbaum.

Largo, R. (2001). Babyjahre. München: Piper.

Larson, R. & Ham, M. (1993). Stress and »strom and stress« in early adolescence: The relationship of negative events with dysphoric affect. Developmental Psychology, 29, 130–140.

Laursen, B. & Collins, W. A. (2009). Parent-child relationships during adolescence. In R. M. Lerner & L. Steinberg (Eds.), Handbook of adolescent psychology. Vol. 2: Contextual influences on adolescent development (3rd ed., pp. 3–42). Hoboken, NJ: Wiley.

Lauth, G. W. & Schlottke, P. F. (2005). Lernbehinderte Kinder und Jugendliche. In P. F. Schlottke, S. Schneider, R. K. Silbereisen & G. W. Lauth (Hrsg.), Störungen im Kindes- und Jugendalter – Verhaltensauffälligkeiten (Enzyklopädie der Psychologie, Serie Klinische Psychologie, Bd. 6; S. 327–348). Göttingen: Hogrefe.

Lauth, G. W., Brunstein, J. C. & Grünke, M. (2004). Lernstörungen im Überblick: Arten, Klassifikation, Verbreitung und Erklärungsperspektiven. In G. W. Lauth, M. Grünke & J. C. Brunstein (Hrsg.), Interventionen bei Lernstörungen: Förderung, Training und Therapie in der Praxis (S. 13–23). Göttingen: Hogrefe.

Laux, L. & Weber, H. (1993). Emotionsbewältigung und Selbstdarstellung. Stuttgart: Kohlhammer.

Lawton, M. P. (1989). Three functions of the residential environment. In L. A. Pastalan & M. R. Cowart (Eds.), Lifestyles and housing of older adults: The Florida experience (pp. 35–50). New York: Haworth Press.

Lazarus, R. S. (1991). Emotion and adaptation. Oxford: Oxford University Press.

Lazarus, R. S. & Folkman, S. (1984). Stress, appraisal, and coping. New York: Springer.

Lee, J. (2010). Tripartite growth trajectories of reading and math achievement: Tracking national academic progress at primary, middle, and high school levels. American Educational Research Journal, 47, 800–832.

Leffert, N. & Petersen, A. C. (1996). Biology, challenge, and coping in adolescence: Effects on physical and mental health. In J. L. Genevro & M. H. Bornstein (Eds.), Child development and behavioral pediatrics (pp. 129–154). Mahwah, NJ: Erlbaum.

Lehmann, M. & Hasselhorn, M. (2007). Variable memory strategy use in children's adaptive intratask learning behavior: Developmental changes in working memory influences in free recall. Child Development, 78, 1068–1082.

Leipold, B. & Greve, W. (2009). Resilience – A conceptual bridge between coping and development. European Psychologist, 14, 40–50.

Leiß, D. & Blum, W. (2006). Beschreibung zentraler mathematischer Kompetenzen. In W. Blum, C. Drüke-Noe, R. Hartung & W. Blum (Hrsg.), Bildungsstandards Mathematik konkret. Sekundarstufe I: Aufgabenbeispiele, Unterrichtsideen und Fortbildungsmöglichkeiten (S. 33–50). Berlin: Cornelsen/Scriptor.

Lerner, R. M. & Busch-Rossnagel, N. A. (Eds.). (1981). Individuals as producers of their development. New York: Academic Press.

Leslie, A. (1982). The perception of causality in infants. Perception, 11, 173–186.

Levenstein, P., Levenstein, S., Shiminski, J. A. & Stolzberg, J. E. (1998). Long-term impact of a verbal interaction program for at-risk toddlers: An exploratory study of high school outcomes in a replication of the mother-child home program. Journal of Applied Developmental Psychology, 19, 267–286.

Levinson, D. (1976). Seasons's of a man's life. New York: Ballantine.

Levy, B. R. (1996). Improving memory in old age through implicit self-stereotyping. Journal of Personality and Social Psychology, 71, 1092–1107.

Levy, B. R., Slade, M. D., Kunkel, S. R. & Kasl, S. V. (2002). Longevity increased by positive self-perceptions of aging. Journal of Personality and Social Psychology, 83, 261–270.

Lewis, M. & Brooks-Gunn, J. (1979). Social cognition and the acquisition of self. New York: Plenum Press.

Li, D., Chen, T. & Wu, Z. (2008). Life satisfaction of Chinese elderly and its related factors. Chinese Mental Health Journal, 22, 543–547.

Li, K. Z. H., Lindenberger, U., Freund, A. M. & Baltes, P. B. (2001). Walking while memorizing: Age-related differences in compensatory behavior. Psychological Science, 12, 230–237.

Li, S.-C., Huxhold, O. & Schmiedek, F. (2004). Aging and attenuated processing robustness: Evidence from cognitive and sensorimotor functioning. Gerontology, 50, 28–34.

Li, S.-C., Oertzen, T. von & Lindenberger, U. (2006). A neurocomputational model of stochastic resonance and aging. Neurocomputing, 69, 1553–1560.

Li, S.-C., Schmiedek, F., Huxhold, O., Röcke, C., Smith, J. & Lindenberger, U. (2008). Working memory plasticity in old age: Practice gain, transfer, and maintenance. Psychology and Aging, 23, 731–742.

Lickliter, R. & Honeycutt, H. (2003). Developmental dynamics: Toward a biologically plausible evolutionary psychology. Psychological Bulletin, 129, 819–835.

Liebmann, A. (1901). Agrammatismus infantilis. Archiv für Psychiatrie und Nervenheilkunde, 34, 240–252.

Light, L. L. (1991). Memory and aging: Four hypotheses in search of data. Annual Review of Psychology, 42, 333–376.

Light, P. & Perrett-Clermont, A.-N. (1989). Social context effects in learning and testing. In A. Gellatly, D. Rogers & J. Sloboda (Eds.), Cognition and social worlds (pp. 99–112). Oxford: Clarendon Press.

Lindenberger, U. (2007a). Historische Grundlagen: Johann Nicolaus Tetens als Wegbereiter des Lebensspannen-Ansatzes in der Entwicklungspsychologie. In J. Brandtstädter & U. Lindenberger (Hrsg.), Entwicklungspsychologie der Lebensspanne. Ein Lehrbuch (S. 9–33). Stuttgart: Kohlhammer.

Lindenberger, U. (2007b). Technologie im Alter: Chancen aus Sicht der Verhaltenswissenschaften. In P. Gruss (Hrsg.), Die Zukunft des Alterns: Die Antwort der Wissenschaft (S. 221–239). München: Beck.

Lindenberger, U. & Baltes, P. B. (1995). Testing-the-limits and experimental simulation: Two methods to explicate the role of learning in development. Human Development, 38, 349–360.

Lindenberger, U. & Baltes, P. B. (1997). Intellectual functioning in old and very old age: Cross-sectional results from the Berlin Aging Study. Psychology and Aging, 12, 410–432.

Lindenberger, U. & Ghisletta, P. (2009). Cognitive and sensory decline in old age: Gauging the evidence for a common cause. Psychology and Aging, 24, 1–16.

Lindenberger, U., Marsiske, M. & Baltes, P. B. (2000). Memorizing while walking: Increase in dual-task costs from young adulthood to old age. Psychology and Aging, 15, 417–436.

Lindenberger, U., Scherer, H. & Baltes, P. B. (2001). The strong connection between sensory and cognitive performance in old age: Not due to sensory input factors operating during cognitive assessment. Psychology and Aging, 16, 196–205.

Lindenberger, U., Singer, T. & Baltes, P. B. (2002). Longitudinal selectivity in aging populations: Separating mortality-associated versus experimental components in the Berlin Aging Study (BASE). Journal of Gerontology: Psychological Sciences, 57B, 474–482.

Lindenberger, U., Li, S.-C. & Bäckman, L. (2006). Delineating brain-behavior mappings across the lifespan: Substantive and methodological advances in developmental neuroscience. Neuroscience & Biobehavioral Reviews, 30, 713–717.

Lindenberger, U., Brehmer, Y., Kliegl, R. & Baltes, P. B. (2008). Benefits of graphic design expertise in old age: Compensatory effects of a graphical lexicon? In C. Lange-Küttner & A. Vinter (Eds.), Drawing and the non-verbal mind: A life-span perspective (pp. 261–280). Cambridge, UK: Cambridge University Press.

Lindenberger, U., Lövdén, M., Schellenbach, M., Li, S.-C. & Krüger, A. (2008). Psychological principles of successful aging technologies: A mini-review. Gerontology, 54, 59–68.

Lindenberger, U., Smith, J., Mayer, K. U. & Baltes, P. B. (Hrsg.). (2010). Die Berliner Altersstudie (3. Aufl.). Berlin: Akademie Verlag.

Lindenberger, U., Oertzen, T. von, Ghisletta, P. & Hertzog, C. (2011). Cross-sectional age variance extraction: What's change got to do with it? Psychology and Aging, 26, 34–47.

Lindenberger, U., Burzynska, A. Z. & Nagel, I. E. (in Druck). Heterogeneity in frontal-lobe aging. In D. T. Suss & R. T. Knight (Eds.), Principles of frontal lobe functions (2nd ed.). New York: Oxford University Press.

Linebarger, D. L. & Walker, D. (2005). Infants' and toddlers' television viewing and language outcomes. American Behavioral Scientist, 48, 624–645.

Lloyd, C. B. (Ed.). (2005). Growing up global: The changing transitions to adulthood in developing countries. Washington, DC: The National Academies Press.

Lloyd, M. E. & Newcombe, N. S. (2009). Implicit memory in childhood: Reassessing developmental invariance. In M. L. Courage & N. Cowan (Eds.), The development of memory in infancy and childhood (pp. 93–113). New York: Psychology Press.

Lockl, K. & Schneider, W. (2007a). Entwicklung von Metakognition. In M. Hasselhorn & W. Schneider (Hrsg.), Handbuch der Entwicklungspsychologie (S. 255–265). Göttingen: Hogrefe.

Lockl, K. & Schneider, W. (2007b). Knowledge about the mind: Links between theory of mind and later metamemory. Child Development, 78, 148–167.

Loeb, S., Bridges, M., Bassok, D., Fuller, B. & Rumberger, R. W. (2007). How much is too much? The influence of preschool centers on children's social and cognitive development. Economics of Educational Review, 26, 52–66.

Loehlin, J. C. (1992). Genes and environment in personality development. Newbury Park, CA: Sage.

Loehlin, J. C., Horn, J. M. & Willerman, L. (1997). Heredity, environment, and IQ in the Texas Adoption Project. In R. J. Sternberg & E. L. Grigorenko (Eds.), Intelligence, heredity, and environment (pp. 105–125). New York: Cambridge University Press.

Lohaus, A., Eschenbeck, H., Kohlmann, C. W. & Klein-Heßling, J. (2006). Fragebogen zur Erhebung von Stress und Stressbewältigung im Kindes- und Jugendalter. Göttingen: Hogrefe.

Lohmann, H. & Tomasello, M. (2003). The role of language in the development of false belief understanding: A training study. Child Development, 74, 1130–1144.

Lord, F. M. (1974). Estimation of latent ability and item parameters when there are omitted responses. Psychometrika, 39, 247–264.

Lorenz, J. H. (2003). Überblick über Theorien zur Entstehung und Entwicklung von Rechenschwächen. In A. Fritz, G. Ricken & S. Schmidt (Hrsg.), Rechenschwäche. Lernwege, Schwierigkeiten und Hilfen bei Dyskalkulie (S. 144–162). Weinheim: Beltz.

Lorenz, K. (1935). Der Kumpan in der Umwelt des Vogels. Journal für Ornithologie, 83, 137–413.

Lorsbach, T. C. & Reimer, J. F. (2010). Developmental differences in cognitive control: Goal representation and maintenance during a continuous performance task. Journal of Cognition and Development, 11, 185–216.

Lourenço, O. & Machado, A. (1996). In defense of Piaget's theory: A reply to 10 common criticisms. Psychological Review, 103, 143–164.

Lövdén, M., Ghisletta, P. & Lindenberger, U. (2005). Social participation attenuates decline in perceptual speed in old and very old age. Psychology and Aging, 20, 423–434.

Lövdén, M., Bäckman, L., Lindenberger, U., Schaefer, S. & Schmiedek, F. (2010). A theoretical framework for the study of adult cognitive plasticity. Psychological Bulletin, 136, 659–676.

Lowenstein, L. F. (1995). Perception and accuracy of perception by bullying children of potential victims. Education Today, 45, 28–31.

Lubinski, D., Webb, R. M., Morelock, M. J. & Benbow, C. P. (2001). Top 1 in 10,000: A 10-year follow-up of the profoundly gifted. Journal of Applied Psychology, 86, 718–729.

Luciana, M., Collins, P. F., Olson, E. A. & Schissel, A. M. (2009). Tower of London performance in healthy adolescents: The development of planning skills and associations with self-reproted inattention and impulsivity. Developmental Neuropsychology, 34, 461–475.

Lundberg, I., Frost, J. & Petersen, O. P. (1988). Effects of an extensive program for stimulating phonological awareness in preschool children. Reading Research Quarterly, 23, 263–284.

Luo, Y. & Johnson, S. C. (2009). Recognizing the role of perception in action at 6 months. Developmental Science, 12, 142–149.

Luria, A. (1974/1986). Die historische Bedingtheit individueller Erkenntnisprozesse. Berlin: VEB Deutscher Verlag der Wissenschaften.

Luthar, S. S. (2006). Resilience in development: A synthesis of research across five decades. In D. Cichetti & D. Cohen (Eds.), Developmental psychopathology (2nd ed., Vol. 3, pp. 739–795). New York: Wiley.

Lytton, H. (1990). Child and parent effects in boys' conduct disorder: A reinterpretation. Developmental Psychology, 26, 683–697.

Mabbott, D. J., Noseworthy, M., Bouffet, E., Laughlin, S. & Rockel, C. (2006). White matter growth as a mechanism of cognitive development in children. NeuroImage, 33, 936–946.

Magai, C. & McFadden, S. H. (1995). The role of emotions in social and personality development: History, theory, and research. New York: Plenum.

Mähler, C. (1995). Weiß die Sonne, daß sie scheint? Eine experimentelle Studie zur Deutung des animistischen Denkens bei Kindern. Münster: Waxmann.

Mähler, C. (2008). Das Kindergarten- und Vorschulalter (4. bis 7. Lebensjahr). In M. Hasselhorn & R. K. Silbereisen (Hrsg.), Entwicklungspsychologie des Säuglings- und Kindesalters (Enzyklopädie der Psychologie, Serie Entwicklungspsychologie, Bd. 4; S. 177–237). Göttingen: Hogrefe.

Mähler, C. & Schuchardt, K. (2011). Working memory in children with learning disabilities: Rethinking the criterion of discrepancy. International Journal of Disability, Development and Education, 58 (1), 5–17

Mahoney, J. L., Stattin, H. & Lord, H. (2004). Unstructured youth recreation center participation an antisocial behaviour development: Selection influences and the modera-

ting role of antisocial peers. International Journal of Behavioral Development, 28, 553–560.
Main, M. & Solomon, J. (1990). Procedures for identifying infants as disorganized/disoriented during the Ainsworth Strange Situation. In T.M. Greenberg, D. Cicchetti & E.M. Cummings (Eds.), Attachment in the preschool years (pp. 121–160). Chicago, IL: University of Chicago Press.
Malti, T., Gummerum, M., Keller, M. & Buchmann, M. (2009). Children's moral motivation, sympathy, and prosocial behavior. Child Development, 80, 442–460.
Mandel, D.R., Jusczyk, P.W. & Kemler Nelson, D.G. (1994). Does sentential prosody help infants organize and remember speech information? Cognition, 53, 155–180.
Manning, M., Homel, R. & Smith, C. (2010). A meta-analysis of the effects of early developmental prevention programs in at-risk populations on non-health outcomes in adolescence. Children and Youth Services Review, 32, 506–519.
Marcia, J.E. (1966). Development and validation of ego identity status. Journal of Personality and Social Psychology, 3, 551–558.
Marcus, G.F., Vijayan, S., Bandi Rao, S. & Vishton, P.M. (1999). Rule-learning in seven-month-old infants. Science, 283, 77–80.
Markman, E.M. (1991). The whole-object, taxonomic, and mutual exclusivity assumptions as initial constraints on word meanings. In S.A. Gelman & J.P. Byrnes (Eds.), Perspectives on language and thought. Interrelations in development (pp. 72–106). New York: Cambridge University Press.
Markman, E.M. & Hutchinson, J.E. (1984). Children's sensitivity to constraints on word meaning: Taxonomic versus thematic relations. Cognitive Psychology, 16, 1–27.
Markman, E.M. & Wachtel, G.F. (1988). Children's use of mutual exclusivity to constrain the meanings of words. Cognitive Psychology, 20, 121–157.
Markus, H.R. (1977). Self-schemata and processing information about the self. Journal of Personality and Social Psychology, 35, 63–78.
Markus, H.R. & Kitayama, S. (1991). Culture and self: Implications for cognition, emotion, and motivation, Psychological Review, 98, 224–253.
Markus, H.R. & Nurius, P. (1986). Possible selves. American Psychologist, 41, 954–969.
Markus, H.R. & Wurf, E. (1987). The dynamic self concept: A social psychological perspective. Annual Review of Psychology, 38, 299–337.
Marlier, L., Schaal, B. & Soussignan, R. (1998). Neonatal responsiveness to the odor of amniotic and lacteal fluids: a test of perinatal chemosensory continuity. Child Development, 69, 611–623.
Marsh, H.W. (1987). The big-fish-little-pond effect on academic self-concept. Journal of Educational Psychology, 79, 280–295.
Marsh, H.W., Craven, R. & Debus, R. (1998). Structure, stability, and development of young children's self-concepts: A mulitcohort-multioccasion study. Child Development, 69, 1030–1053.
Marsh, H.W., Kong, C.-K. & Hau, K.-T. (2000). Longitudinal multilevel models of the big-fish-little-pond effect on academic self-concept: Counterbalancing contrast and reflected-glory effects in Hong Kong schools. Journal of Personality and Social Psychology, 78, 337–349.
Martin, M. & Kliegel, M. (2010). Psychologische Grundlagen der Gerontologie (3. Aufl.). Stuttgart: Kohlhammer.
Masche, J.G. & van Dulmen, M.H.M. (2004). Advances in disentangling age, cohort, and time effects: No quadrature of the circle, but a help. Developmental Review, 24, 322–342.
Masten, A. (2001). Ordinary magic. Resilience processes in development. American Psychologist, 56, 227–238.
Matsumoto, D. & van de Vijver, F.J.R. (Eds.). (2011). Cross-cultural research methods in psychology. New York: Cambridge University Press.
Maughan, B., Rowe, R., Messer, J., Goodman, R. & Meltzer, H. (2004). Conduct disorder and oppositional defiant disorder in a national sample: developmental epidemiology. Journal of Child Psychology and Psychiatry, 45, 609–621.
Maurer, D. & Maurer, C. (1988). The world of the newborn. New York: Basic Books.
Mayr, E. (1984). Die Entwicklung der biologischen Gedankenwelt. Berlin: Springer.
Mayr, E. (2003). Das ist Evolution. München: Bertelsmann.
McArdle, J.J. (2009). Latent variable modelling of differences and changes with longitudinal data. Annual Review of Psychology, 60, 577–605.
McClearn, G.E., Johansson, B., Berg, S., Pedersen, N.L., Ahern, F., Petrill, S.A. & Plomin, R. (1997). Substantial genetic influence on cognitive abilities in twins 80 or more years old. Science, 276, 1560–1563.
McClelland, D.C. & Pilon, D.A. (1983). Sources of adult motives in patterns of parent behavior in early childhood. Journal of Personality and Social Psychology, 44, 564–574.
McCloskey, M. (1983). Naive theories of motion. In D. Gentner & A.L. Stevens (Eds.), Mental models (pp. 299–324). Hillsdale, NJ: Erlbaum.
McCormick, M.C., McCarton, C., Brooks-Gunn, J., Belt, P. & Gross, R.T. (1998). The Infant Health and Development Program: Interim summary. Journal of Developmental and Behavioral Pediatrics, 19, 359–370.
McCrae, R.R. & Costa, P.T. (1997). Personality trait structure as a human universal. American Psychologist, 52, 509–516.
McCrae, R.R., Arenberg, D. & Costa, P.T. (1987). Declines in divergent thinking with age: Cross-sectional, longitudinal, and cross-sequential analyses. Psychology and Aging, 2, 130–137.
McCrink, K. & Wynn, K. (2004). Large-number addition and subtraction by 9-month-old infants. Psychological Science, 15, 776–781.

McElwain, N. L., Booth-LaForce, C., Lansford, J. E., Wu, X. & Dyer, W. J. (2008). A process model of attachment-friend linkages: Hostile attributions biases, language ability, and mother-child affective mutuality as intervening mechanisms. Child Development, 79, 1891–1906.

McGowan, P. O., Sasaki, A., D'Alessio, A. C., Dymov, S., Labonté, B., Szyf, M. et al. (2009). Epigenetic regulation of the glucocorticoid receptor in human brain associates with childhood abuse. Nature Neuroscience, 12, 342–348.

McGue, M. & Lykken, D. T. (1992). Genetic influence on risk of divorce. Psychological Science, 6, 368–373.

McLoyd, V. C. (1983). The effects of the structure of play objects on the pretend play of low-income preschool children. Child Development, 54, 626–635.

Mead, G. H. (1934). Mind, self, and society from the standpoint of a social behaviorist. Chicago, IL: University of Chicago Press.

Mecklenbräuker, S., Hupbach, A. & Wippich, W. (2003). Age-related improvements in a conceptual implicit memory test. Memory & Cognition, 31, 1208–1217.

Medienpädagogischer Forschungsverbund Südwest (2008). KIM-Studie 2008. Kinder + Medien, Computer + Internet. Zugriff am 10. 01. 2012 http://www.mpfs.de/fileadmin/KIM-pdf08/KIM2008.pdf

Medienpädagogischer Forschungsverbund Südwest (2010). JIM-Studie 2010. Jugend, Information, (Multi-) Media. Zugriff am 10. 01. 2012 http://www.mpfs.de/fileadmin/JIM-pdf10/JIM2010.pdf

Meerum Terwogt, M. & Stegge, H. (1998). Children's perspective on the emotional process. In A. Campbell & S. Muncer (Eds.), The social child (pp. 249–269). Hove, UK: Psychology Press.

Mehler, J., Jusczyk, P., Lambertz, G., Halsted, N., Bertoncini, J. & Amiel-Tison, C. (1988). A precursor of language acquisition in young infants. Cognition, 29, 143–178.

Mehler-Wex, C. (2008). Depressive Störungen. Heidelberg: Springer.

Meltzoff, A. N. (1995). Understanding the intentions of others: Reenactment of intended acts by 18-month-old children. Developmental Psychology, 31, 838–850.

Meltzoff, A. N. (1999). Origins of theory of mind, cognition, and communication. Journal of Communication Disorders, 32, 251–269.

Mendes, N., Hanus, D. & Call, J. (2007). Raising the level: Orangutans use water as a tool. Biology Letters, 3, 453–455.

Mendes, N., Rakoczy, H. & Call, J. (2008). Ape metaphysics: Object individuation without language. Cognition, 106, 730–749.

Mennella, J. A., Jagnow, C. P. & Beauchamp, G. K. (2001). Prenatal and postnatal flavor learning by human infants. Pediatrics, 107, E88.

Merikangas, K. R., He, J., Burstein, M., Swanson, S. A., Avenevoli, S., Cui, L. et al. (2010). Lifetime prevalence of mental disorders in U. S. adolescents: Results from the national comorbidity survey replication – adolescent supplement (NCS-A). Journal of the American Academy of Child and Adolescent Psychiatry, 49, 980–989.

Metcalfe, J. & Mischel, W. (1999). A hot/cool-system analysis of delay of gratification: Dynamics of willpower. Psychological Review, 106, 3–19.

Mietzel, G. (2002). Wege in die Entwicklungspsychologie (4. Aufl.). Weinheim: Beltz.

Mikulincer, M. & Shaver, P. (2007). Attachment in adulthood: Structure, dynamics, and change. New York: Guilford.

Miller, G. F. (2001). Die sexuelle Evolution. Partnerwahl und die Entstehung des Geistes. Heidelberg: Spektrum Akademischer Verlag.

Mischel, W., Shoda, V. & Peake, P. K. (1988). The nature of adolescent competencies predicted by preschool delay of gratification. Journal of Personality and Social Psychology, 54, 687–696.

Miyake, A., Friedman, N. P., Emerson, M. J., Witzki, A. H., Howerter, A. & Wager, T. P. (2000). The unity and diversity of executive functions and their contributions to complex »frontal lobe« tasks: a latent variable analysis. Cognitive Psychology, 41, 49–100.

Moffitt, T. E. (1993). Adolescent-limited and life-course-persistent antisocial behaviour. A developmental taxonomy. Psychological Review, 100, 674–701.

Moffitt, T. E. et al. (2011). A gradient of childhood self-control predicts health, wealth, and public safety. Proceedings of the National Academy of Sciences of the United States of America, 108, 2693–2698.

Molenaar, P. C. M. & Campbell, C. G. (2009). The new person-specific paradigm in psychology. Current Directions in Psychological Science, 18, 112–117.

Molenaar, P. C. M., Boomsma, D. I. & Dolan, C. V. (1991). Genetic and environmental factors in a developmental perspective. In D. Magnusson, L. R. Bergman, G. Rudinger & B. Törestad (Eds.), Problems and methods in longitudinal research: Stability and change (pp. 250–273). Cambridge, UK: Cambridge University Press.

Moll, H. & Tomasello, M. (2004). 12- and 18-month-old infants follow gaze to spaces behind barriers. Developmental Science, 7, F1–F9.

Moll, H. & Tomasello, M. (2006). Level I perspective-taking at 24 months of age. British Journal of Developmental Psychology, 24, 603–613.

Montada, L. (2002). Die geistige Entwicklung aus der Sicht Piagets. In R. Oerter & L. Montada (Hrsg.), Entwicklungspsychologie (5. Aufl., S. 418–442). Weinheim: Beltz.

Montada, L., Filipp, S.-H. & Lerner, M. J. (Eds.). (1992). Life crises and experiences of loss in adulthood. Hillsdale, NJ: Erlbaum.

Moon, C., Cooper, R. & Fifer, W. P. (1993). Two-day-olds prefer their native language. Infant Behavior and Development, 16, 495–500.

Moore, K. L. & Persaud, T. V. N. (2007). Embryologie: Entwicklungsstadien, Frühentwicklung, Organogenese, Klinik (5. Aufl.). München: Urban & Fischer/Elsevier.

Motel-Klingebiel, A., Tesch-Römer, C. & Kondratowitz, H.-J. von (2005). Welfare states do not crowd out the family: Evidence for mixed responsibility from comparative analyses. Ageing & Society, 25, 863–882.

Mroczek, D. K. & Spiro, A. (2005). Change in life satisfaction during adulthood: findings from the veterans affairs normative aging study. Journal of Personality and Social Psychology, 88, 189–202.

Mühlig-Versen, A., Bowen, C. E. & Staudinger, U. M. (2012). A quasi-experimental longitudinal study of personality plasticity in later adulthood: The promotion of openness to new experiences. Manuscript under review.

Müller, R., Glogner, P., Rhein, S. & Heim, J. (Hrsg.). (2002). Wozu Jugendliche Musik und Medien gebrauchen. Identität und musikalische und mediale Geschmacksbildung. Weinheim: Juventa.

Munafo, M. R., Yalcin, B., Willis-Owen, S. A. & Flint, J. (2008). Association of the Dopamine D4 Receptor (DRD4) gene and approach-related personality traits: Meta-analysis and new data. Biological Psychiatry, 63, 197–206.

Munk, C., Rey, G. D., Diergarten, A. K., Nieding, G., Schneider, W. & Ohler, P. (in press). Cognitive processing of film cuts among 4- to 8-year-old children – an eye tracker experiment. European Psychologist.

Murray, H. A. (1938). Explorations in personality. New York: Oxford University Press.

Muthén, B. (2004). Latent variable analysis: Growth mixture modeling and related techniques for longitudinal data. In D. Kaplan (Ed.), Handbook of quantitative methodology for the social sciences (pp. 345–368). Newbury Park, CA: Sage.

Nahemow, L. & Lawton, M. P. (1973). Ecology and the aging process. In C. Eisdorfer & M. P. Lawton (Eds.), Psychology of adult development and aging (pp. 619–674). Washington, DC: American Psychological Association.

Naigles, L. (1990). Children use syntax to learn verb meanings. Journal of Child Language, 17, 357–374.

Näslund, J. C. & Schneider, W. (1996). Kindergarten letter knowledge, phonological skills, and memory processes: Relative effects on early literacy. Journal of Experimental Child Psychology, 62, 30–59.

Nava, E. & Röder, B. (2011). Adaptation and maladaptation insights from brain plasticity. Progress in Brain Research, 191, 177–194.

Nelson, T. O. & Narens, L. (1994). Why investigate metacognition? In J. Metcalfe & A. Shimamura (Eds.), Metacognition – Knowing about knowing (pp. 1–25). Cambridge, MA: MIT Press.

Nesselroade, J. R. (1991). The warp and woof of the developmental fabric. In R. M. Downs, L. S. Liben & D. S. Palermo (Eds.), Visions of aesthetics, the environment and development: The legacy of Joachim Wohlwill (pp. 213–240). Hillsdale, NJ: Erlbaum.

Nesselroade, J. R. & Baltes, P. B. (1974). Adolescent personality development and historical change: 1970–1972. Monographs of the Society for Research in Child Development, 154, 39 (1), 1–79.

Neugarten, B. L. (1968). The awareness of middle age. In B. L. Neugarten (Ed.), Middle age and aging. A reader in social psychology (pp. 93–98). Chicago, IL: The University of Chicago Press.

Neugarten, B. L. (1972). Personality and the aging process. Gerontologist, 12, 9–15.

Neugarten, B. L. (1974). Age groups in American society and the rise of the young-old. Annals of the American Academy of Political and Social Sciences, 9, 197–198.

Neumann, M., Schnyder, I., Trautwein, U., Niggli, A., Lüdtke, O. & Cathomas, R. (2007). Schulformen als differenzielle Lernmilieus: Institutionelle und kompositionelle Effekte auf die Leistungsentwicklung im Fach Französisch. Zeitschrift für Erziehungswissenschaft, 10, 399–420.

Newcombe, N. S. & Huttenlocher, J. (2000). Making space: The development of spatial representation and reasoning. Boston, MA: MIT Press.

Newton, A. M. & de Villiers, J. G. (2007). Thinking While Talking. Psychological Science, 18, 574–579.

Ng, T. W. H. & Feldman, D. C. (2008). The relationship of age to ten dimensions of job performance. Journal of Applied Psychology, 93, 392–423.

Ni, Y. (1998). Cognitive structure, content knowledge, and classificatory reasoning. Journal of Genetic Psychology, 159, 280–296.

NICHD Early Child Care Research Network. (1997). The effects of infant child care on infant-mother attachment security: Results of the NICHD study of early child care. Child Development, 68, 860–879.

NICHD Early Child Care Research Network. (2000). The relation of child care to cognitive and language development. Child Development, 71, 960–980.

NICHD Early Child Care Research Network. (2003). Does quality of child care affect child outcomes at age 4½? Developmental Psychology, 39, 451–469.

Nickel, H. & Schmidt-Denter, U. (1995). Vom Kleinkind zum Schulkind (5. Aufl.). München: Reinhardt.

Nieding, G. & Ohler, P. (2004). Laborexperimentelle Methoden. In R. Mangold, P. Vorderer & G. Bente (Hrsg.), Lehrbuch der Medienpsychologie (S. 355–376). Göttingen: Hogrefe.

Nieding, G. & Ohler, P. (2008). Mediennutzung und Medienwirkung bei Kindern und Jugendlichen. In B. Batinic (Hrsg.), Medienpsychologie (S. 377–400). Berlin: Springer.

Nieding, G., Ohler, P., Bodeck, S. & Werchan, A. (2006). Werbung im Fernsehen: Experimentelle Methoden zur Erfassung der Verstehensleistung von Kindern. Zeitschrift für Medienpsychologie, 18, 94–105.

Nilsson, L. G., Adolfsson, R., Bäckman, L., de Frias, C., Molander, B. & Nyberg, L. (2004). A prospective cohort study on memory, health, and aging. Aging, Neuropsychology, and Cognition, 11, 134–148.

Nishida, C., Uauy, R., Kumanyika, S. & Shetty, P. (2004). The joint WHO/FAO expert consultation on diet, nutrition and the prevention of chronic diseases: process, product and policy implications. Public Health Nutrition, 7 (1A), 245–250.

Noftle, E. & Fleeson, W. (2010). Age differences in Big Five behavior averages and variabilities across the adult life span: Moving beyond retrospective, global summary accounts of personality. Psychology and Aging, 25, 95–107.

Norman, D. A. & Shallice, T. (1986). Attention to action: willed and automatic control of behavior. In R. J. Davidson, G. E. Schwartz & D. Shapiro (Eds.), Consciousness and self-regulation: Advances in research (pp. 1–18). New York: Plenum.

Nucci, L. P. & Turiel, E. (1993). God's word, religious rules, and their relation to Christian and Jewish children's concepts of morality. Child Development, 64, 1475–1491.

Nunner-Winkler, G. (2008a). From super-ego and conformist habitus to ego-syntonic moral motivation. Sociohistoric changes in moral motivation. European Journal of Developmental Science, 2, 251–268.

Nunner-Winkler, G. (2008b). Zur Entwicklung moralischer Motivation. In W. Schneider (Hrsg.), Entwicklung von der Kindheit bis zum Erwachsenenalter. Befunde der Münchner Längsschnittstudie LOGIK (S. 103–123). Weinheim: Beltz.

Nunner-Winkler, G. & Sodian, B. (1988). Children's understanding of moral emotions. Child Development, 59, 1323–1338.

Oberauer, K. & Kliegl, R. (2001). Beyond resources: Formal models for complexity effects and age differences in working memory. European Journal of Cognitive Psychology, 13, 187–215.

O'Connell, P., Pepler, D. & Craig, W. (1999). Peer involvement in bullying: insights and challenges for intervention. Journal of Adolescence, 22, 437–452.

Odling-Smee, F. J., Laland, K. N. & Feldman, M. W. (2003). Niche construction. Princeton, NJ: Princeton University Press.

Oerter, R. (1999). Psychologie des Spiels. Weinheim: Beltz.

Oerter, R. (2008). Kindheit. In R. Oerter & L. Montada (Hrsg.), Entwicklungspsychologie (6. Aufl., S. 225–270). Weinheim: Beltz.

Oerter, R. & Dreher, E. (2008). Jugendalter. In R. Oerter & L. Montada (Hrsg.), Entwicklungspsychologie (6. Aufl., S. 271–332). Weinheim: Beltz.

Ohler, P. & Nieding, G. (2006). Why play? An evolutionary perspective. In P. Vorderer & J. Bryant (Eds.), Playing video games: Motives, responses, and consequences (pp. 101–113). Hillsdale, NJ: Erlbaum.

O'Leary, D. D., Bicknese, A. R., De Carlos, J. A., Heffner, C. D., Koester, S. E. et al. (1990). Target selection by cortical axons: Alternative mechanisms to establish axonal connections in the developing brain. Cold Spring Harbor Symposia on Quantitative Biology, 55, 453–468.

Olson, J. M., Vernon, P. A., Harris, J. A. & Jang, K. L. (2001). The heritability of attitudes: A study of twins. Journal of Personality and Social Psychology, 80, 845–860.

Olweus, D. (1989). The Olweus bully/victim questionnaire. Bergen: Mimeograph.

Olweus, D. (1991). Bully/victim problems among schoolchildren: Basic facts and effects of a school based intervention program. In D. J. Pepler & K. H. Rubin (Eds.), The development and treatment of childhood aggression (pp. 411–448). Hillsdale, NJ: Erlbaum.

Onishi, K. & Baillargeon, R. (2005). Do 15-month-old infants understand false beliefs? Science, 308, 255–258.

Oppenheim, R. W. (1989). The neurotrophic theory and naturally occurring motoneuron death. Trends in Neurosciences, 12, 252–255.

Opwis, K., Gold, A., Gruber, H. & Schneider, W. (1990). Zum Einfluss von Expertise auf Gedächtnisleistungen und ihre Selbsteinschätzung bei Kindern und Erwachsenen. Zeitschrift für Entwicklungspsychologie und Pädagogische Psychologie, 22, 207–224.

Ornstein, P. A. & Haden, C. A. (2009). Developments in the study of the development of memory. In M. L. Courage & N. Cowan (Eds.), The development of memory in infancy and childhood (pp. 367–386). Hove, UK: Psychology Press.

Ornstein, P. A. & Light, L. L. (2010). Memory development across the lifespan. In W. F. Overton (Ed.), Biology, cognition and methods across the life-span (Vol. 1, pp. 259–305). Hoboken, NJ: Wiley.

Ornstein, P. A., Baker-Ward, L. & Naus, M. J. (1988). The development of mnemonic skill. In M. Weinert & M. Perlmutter (Eds.), Memory development. Universal changes and individual differences (pp. 31–50). Hillsdale, NJ: Erlbaum.

Ornstein, P. A., Baker-Ward, L., Gordon, B. N., Pelphrey, K. A., Tyler, C. S. & Gramzow, E. (2006). The influence of prior knowledge and repeated questioning on children's long-term retention of the details of a pediatric examination. Developmental Psychology, 42, 332–344.

Orth, U., Trzesniewski, K. & Robins, R. (2010). Self-esteem development from young adulthood to old age: A cohort-sequential longitudinal study. Journal of Personality and Social Psychology, 98, 645–658.

Oser, F. & Althof, W. (1992). Moralische Selbstbestimmung. Modelle der Entwicklung und Erziehung im Wertebereich. Stuttgart: Klett-Cotta.

Oser, F. & Reichenbach, R. (2000). Moralische Resilienz: Das Phänomen des »Unglücklichen Moralisten«. In W. Edelstein & G. Nunner-Winkler (Hrsg.), Moral im sozialen Kontext (S. 203–233). Frankfurt a. M.: Suhrkamp.

Oswald, W. D., Gunzelmann, T., Rupprecht, R. & Hagen, B. (2006). Differential effects of single versus combined cognitive and physical training with older adults: The SimA-

Study in a five-year perspective. European Journal of Gerontology, 3, 179–192.

Otter, H. S. (1968). A functional language examination. The modern language association examinations project. London: Oxford University Press.

Overton, W. F. (2003). Development across the life-span. In I. B. Weiner (Ed.-in-Chief), R. M. Lerner, M. A. Easterbrooks & J. Mistry (Vol. Eds.), Handbook of psychology: Vol. 6. Developmental psychology (pp. 13–42). Hoboken, NJ: Wiley.

Oyama, S. (1985). The ontogeny of information. Developmental systems and evolution. Cambridge, UK: Cambridge University Press.

Oyama, S. (2000). The ontogeny of information: Developmental systems and evolution (2nd ed.). Durham, NC: Duke University Press.

Oyserman, D., Coon, H. M. & Kemmelmeier, M. (2002). Rethinking individualism and collectivism: Evaluation of theoretical assumptions and meta-analyses, Psychological Bulletin, 128, 3–72.

Pabst, A., Piontek, D., Kraus, L. & Müller, S. (2010). Substanzkonsum und substanzbezogene Störungen: Ergebnisse des Epidemiologischen Suchtsurveys 2009. Sucht, 56 (5), 327–336.

Paik, H. & Comstock, G. (1994). The effects of television violence on antisocial behavior: A metaanalysis. Communication Research, 21, 516–546.

Palgi, Y., Shrira, A., Ben-Ezra, M., Spalter, T., Shmotkin, D. & Kavé, G. (2010). Delineating terminal change in subjective well-being and subjective health. Journal of Gerontology: Psychological Sciences, 65B, 61–64.

Panksepp, J. (1998). Affective neuroscience. New York: Oxford University Press.

Papoušek, H. & Papoušek, M. (1987). Intuitive parenting: A dialectic counterpart to the infant's integrative competence. In J. D. Osofsky (Ed.), Handbook of infant development (2nd ed., pp. 669–720). New York: Wiley.

Park, D. C. & Reuter-Lorenz, P. (2009). The adaptive brain: Aging and neurocognitive scaffolding. Annual Review of Psychology, 60, 173–196.

Parke, R. D., Ornstein, P. A., Rieser, J. J. & Zahn-Waxler, C. (1991). Editors' introduction to the APA Centennial Series. Developmental Psychology, 28, 3–4.

Parker, E. S., Cahill, L. & McGaugh, J. C. (2006). A case of unusual autobiographical remembering. Neurocase, 12, 35–49.

Pascual-Leone, A., Amedi, A., Fregni, F. & Merabet, L. B. (2005). The plastic human brain cortex. Annual Review in Neuroscience, 28, 377–401.

Pascual-Leone, J. (1983). Growing into human maturity: Toward a metasubjective theory of adulthood stages. In P. B. Baltes & O. G. J. Brim (Eds.), Life-span development and behavior (Vol. 5, pp. 117–156). New York: Academic Press.

Pauen, S. (2002a). The global-to-basic level shift in infants' categorical thinking. First evidence from a longitudinal study. International Journal of Behavioral Development, 26, 492–499.

Pauen, S. (2002b). Evidence for knowledge-based categorization in infancy. Child Development, 73, 116–1033.

Pauen, S. (2006). Was Babys denken. München: Beck.

Pauen, S. (2011). Vom Baby zum Kleinkind. Heidelberg: Spektrum.

Pauen, S. & Träuble, B. (2009). How 7-month-olds interpret ambiguous motion events: Category-specific reasoning in infancy. Cognitive Psychology, 59, 275–295.

Pauls, H. & Johann, A. (1984). Wie steuern Kinder ihre Eltern? Psychologie in Erziehung und Unterricht, 31, 22–32.

Paz-Alonso, P. M., Larson, R. P., Castelli, P., Alley, D. & Goodman, G. S. (2009). Memory development: Emotion, stress and trauma. In M. L. Courage & N. Cowan (Eds.), The development of memory in infancy and childhood (pp. 197–239). New York: Psychology Press.

Peck, R. (1956). Psychological developments in the second half of life. In J. E. Anderson (Ed.), Psychological aspects of aging (pp. 42–53). Washington, DC: American Psychological Association.

Penn, D. C., Holyoak, K. J. & Povinelli, D. J. (2008). Darwin's mistake: Explaining the discontinuity between human and nonhuman minds. Behavioral and Brain Sciences, 31, 109–130.

Penner, Z. (2005). Sprachtherapie und Sprachförderung bei Kindern und Jugendlichen. Stuttgart: Kohlhammer.

Perner, J. (1991). Understanding the representational mind. Cambridge, MA: MIT Press.

Perner, J. & Lang, B. (1999). Development of theory of mind and cognitive control. Trends in Cognitive Science, 3, 337–344.

Perner, J. & Wimmer, H. (1983). Beliefs about beliefs: Representations and the constraining function of wrong beliefs in young children's understanding of deception. Cognition, 13, 103–128.

Perner, J., Lang, B. & Kloo, D. (2002). Theory of mind and self-control: More than a common problem of inhibition. Child Development, 11, 93–105.

Perry, D. G., Kusel, S. J. & Perry, L. C. (1988). Victims of peer aggression. Developmental Psychology, 24, 807–814.

Perry, D. G., Willard, J. C. & Perry, L. C. (1990). Peers' perceptions of the consequences that victimized children provide aggressors. Child Development, 61, 1310–1325.

Petermann, F., Metz, D. & Fröhlich, L. P. (2010). SET 5–10. Sprachstandserhebungstest für Kinder im Alter zwischen 5 und 10 Jahren. Göttingen: Hogrefe.

Peters, M. (2006). Psychosoziale Beratung und Psychotherapie im Alter. Göttingen: Vandenhoeck & Ruprecht.

Peterson, C. C. & Siegal, M. (1995). Deafness, conversation and theory of mind. Journal of Child Psychology and Psychiatry, 36, 459–474.

Petraitis, J., Flay, B. R. & Miller, T. Q. (1998). Illicit substance use among adolescents: A matrix of prospective predictors. Substance Use and Misuse, 33, 2561–2604.

Piaget, J. (1932). The moral judgment of the child. Harmondsworth, UK: Penguin Books.

Piaget, J. (1969). Das Erwachen der Intelligenz beim Kinde. Stuttgart: Klett. (Original 1936: La naissance de l'intelligence chez l'enfant)

Piaget, J. (1972). Intellectual evolution from adolescence to adulthood. Human Development, 15, 1–12.

Piaget, J. (1972). Sprechen und Denken des Kindes. Düsseldorf: Schwann. (Original 1923: Le Langage et la pensée chez l'enfant)

Piaget, J. & Inhelder, B. (1967). The child's conception of space. New York: Norton.

Pinquart, M. (2001a). Age differences in perceived positive affect, negative affect, and affect balance in middle and old age. Journal of Happiness Studies, 2, 375–405.

Pinquart, M. (2001b). Correlates of subjective health in older adults: A meta-analysis. Psychology and Aging, 16, 414–426.

Pipe, M.-E. & Salmon, K. (2009). Memory development and the forensic context. In M. L. Courage & N. Cowan (Eds.), The development of memory in infancy and childhood (pp. 241–282). New York: Psychology Press.

PISA-Konsortium Deutschland (Hrsg.). (2006). PISA 2003. Untersuchungen zur Kompetenzentwicklung im Verlauf eines Schuljahres. Münster: Waxmann.

Plomin, R., DeFries, J. C. & Loehlin, J. C. (1977). Genotype-environment interaction and correlation in the analysis of human behavior. Psychological Bulletin, 84, 309–322.

Plomin, R., McClearn, G. E., Smith, D. L., Vignetti, S., Chorney, M. J., Chorney, K. et al. (1994). DNA markers associated with high versus low IQ: The IQ Quantitative Trait Loci (QTL) Project. Behavior Genetics, 24, 107–118.

Plume, E. & Schneider, W. (2004a). Hören, lauschen, lernen 2 – Spiele mit Buchstaben und Lauten für Kinder im Vorschulalter. Göttingen: Vandenhoeck & Ruprecht.

Plume, E. & Schneider, W. (2004b). Hören, lauschen, lernen 2: Arbeitsmaterial. Göttingen: Vandenhoeck & Ruprecht.

Popper, K. R. (1994). Alles Leben ist Problemlösen. Über Erkenntnis, Geschichte und Politik. München: Piper.

Potter, W. J. (1998). Media literacy. Thousand Oaks, CA: Sage.

Povinelli, D. J. (2000). Folk physics for apes. New York: Oxford University Press.

Preckel, F. (2008). Erkennen und Fördern hochbegabter Schülerinnen und Schüler. In W. Schneider & F. Petermann (Hrsg.), Angewandte Entwicklungspsychologie (Enzyklopädie der Psychologie, Serie Entwicklungspsychologie, Bd. 7.; S. 449–495). Göttingen: Hogrefe.

Preckel, F. (2010). Intelligenztests in der Hochbegabungsdiagnostik. In F. Preckel, W. Schneider & H. Holling (Hrsg.), Diagnostik von Hochbegabung. Tests und Trends, N. F. Bd. 8 (S. 19–44). Göttingen: Hogrefe.

Preckel, F. & Eckelmann, C. (2008). Beratung bei (vermuteter) Hochbegabung: Was sind die Anlässe und wie hängen sie mit Geschlecht, Ausbildungsstufe und Hochbegabung zusammen? Psychologie in Erziehung und Unterricht, 55, 16–26.

Preckel, F., Holling, H. & Wiese, M. (2006). Relationship of intelligence and creativity in gifted and non-gifted students: An investigation of threshold theory. Personality and Individual Differences, 40, 159–170.

Pressley, M., Borkowski, J. G. & Schneider, W. (1990). Good information processing: What it is and how education can promote it. International Journal of Educational Research, 14, 857–867.

Prinstein, M. J. & Cillessen, A. H. N. (2003). Forms and functions of adolescent peer aggression associated with high levels of peer status. Merrill-Palmer Quarterly, 49, 310–342.

Prohaska, T. R., Leventhal, E. A., Leventhal, H. & Keller, M. (1985). Health practices and illness cognition in young, middle aged and elderly adults. Journal of Gerontology, 40, 569–578.

Putnam, R. D., Leonardi, R. & Nanetti, R. Y. (1993). Making democracy work. Civic traditions in modern Italy. Princeton, NJ: Princeton University Press.

Putnam, S., Rothbart, M. & Gartstein, M. (2008). Homotypic and heterotypic continuity of fine-grained temperament during infancy, toddlerhood, and early childhood. Infant and Child Development, 17, 387–405.

Pyers, J. E. & Senghas, A. (2009). Language promotes false-belief understanding: evidence from learners of a new sign language. Psychological Science, 20, 805–812.

Quartz, S. R. (1999). The constructivist brain. Trends in Cognitive Sciences, 3, 48–57.

Rakic, P. (1988). Specification of cerebral cortical areas. Science, 241, 170–176.

Rakic, S. & Zecevic, N. (2000). Programmed cell death in the developing human telencephalon. European Journal of Neuroscience, 12, 2721–2734.

Rakoczy, H. & Tomasello, M. (2007). The ontogeny of social ontology: Steps to shared intentionality and status functions. In S. L. Tsohatzidis (Ed.), Intentional acts and institutional facts: Essays on John Searle's social ontology (pp. 113–137). Berlin: Springer.

Rakoczy, H., Warneken, F. & Tomasello, M. (2008). The sources of normativity: Young children's awareness of the normative structure of games. Developmental Psychology, 44, 875–881.

Ramaa, S. & Gowramma, I. P. (2002). A systematic procedure for identifying and classifying children with dyscalculia among primary school children in India. Dyslexia, 8, 67–85.

Rao, U., Hammen, C. L. & Poland, R. E. (2010). Longitudinal course of adolescent depression. Neuroendocrine and psychosocial predictors. Journal of the American Academy of Child and Adolescent Psychiatry, 49, 141–151.

Rash, B. G. & Grove, E. A. (2006). Area and layer patterning in the developing cerebral cortex. Current Opinions in Neurobiology, 16, 25–34.

Ravens-Sieberer, U., Wille, N., Bettge, S. & Erhart, M. (2007). Psychische Gesundheit von Kindern und Jugendlichen in Deutschland. Ergebnisse aus der BELLA-Studie im Kinder- und Jugendgesundheitssurvey (KiGGS). Bundesgesundheitsblatt, Gesundheitsforschung, Gesundheitsschutz, 50, 871–878.

Raz, N. & Nagel, I. (2007). Der Einfluss des Hirnalterungsprozesses auf die Kognition: Eine Intergration struktureller und funktioneller Forschungsergebnisse. In J. Brandtstädter & U. Lindenberger (Hrsg.), Psychologie der Lebensspanne (S. 97–129). Stuttgart: Kohlhammer.

Raz, N., Lindenberger, U., Rodrigue, K. M., Kennedy, K. M., Head, D., Williamson, A. et al. (2005). Regional brain changes in aging healthy adults: General trends, individual differences, and modifiers. Cerebral Kortex, 18, 1676–1689.

Redfield, R. (1941). The folk culture of Yucatan. Chicago, IL: University of Chicago Press.

Rees, A. H. & Palmer, F. H. (1970). Factors related to change in mental test performance. Developmental Psychology, 3 (2), 1–57.

Regier, T. & Kay, P. (2009). Language, thought, and color: Whorf was half right. Trends in Cognitive Sciences, 13, 439–446.

Reischies, F. M. & Lindenberger, U. (2010). Grenzen und Potentiale kognitiver Leistungsfähigkeit im Alter. In U. Lindenberger, J. Smith, K. U. Mayer & P. B. Baltes (Hrsg.), Die Berliner Altersstudie. (3. Aufl., S. 375–402). Berlin: Akademie Verlag.

Reitzle, M. (2006). The connections between adulthood transitions and the self-perception of being adult in the changing contexts of East and West Germany. European Psychologist, 11, 25–38.

Repacholi, B. M. & Gopnik, A. (1997). Early reasoning about desires: Evidence from 14- and 18-month-olds. Developmental Psychology, 33, 12–21.

Resnick, L. B. (1989). Developing mathematical knowledge. American Psychologist, 44, 162–169.

Rest, J. R. (1999). Die Rolle des moralischen Urteilens im moralischen Handeln. In D. Garz, F. Oser & W. Althof (Hrsg.), Moralisches Urteil und Handeln (S. 82–116). Frankfurt a. M.: Suhrkamp.

Retelsdorf, J. & Möller, J. (2008). Entwicklungen von Lesekompetenz und Lesemotivation: Schereneffekte in der Sekundarstufe? Zeitschrift für Entwicklungspsychologie und Pädagogische Psychologie, 40, 179–188.

Reusser, K. (1997). Erwerb mathematischer Kompetenzen: Literaturüberblick. In F. E. Weinert & A. Helmke (Hrsg.), Entwicklung im Grundschulalter (S. 141–155). Weinheim: Beltz.

Reuter-Liehr, C. (1992). Lautgetreue Rechtschreibförderung. Stundenplanungen und Materialien. Bochum: Winkler.

Rheinberg, F. (1987). Soziale versus individuelle Leistungsvergleiche und ihre motivationalen Folgen. In R. Olechowski & E. Persy (Hrsg.), Fördernde Leistungsbeurteilungen (S. 80–115). Wien: Jugend und Volk.

Ribot, T. (1882). Diseases of memory. New York: Appleton.

Rideout, V. J., Foehr, U. G. & Roberts, D. F. (2010). Generation M^2: Media in the lives of 8- to 18 year olds. Menlo Park, CA: Kaiser Family Foundation.

Riediger, M., Freund, A. M. & Baltes, P. B. (2005). Managing life through personal goals: Intergoal facilitation and intensity of goal pursuit in younger and older adulthood. Journal of Gerontology: Psychological Sciences, 60B, P84–P91

Ritterfeld, U. (2000). Welchen und wie viel Input braucht das Kind? In H. Grimm (Hrsg.), Sprachentwicklung (Enzyklopädie der Psychologie, Serie Sprache, Bd. 3; S. 403–432). Göttingen: Hogrefe.

Ritterfeld, U., Niebuhr, S., Klimmt, C. & Vorderer, P. (2006). Unterhaltsamer Mediengebrauch und Spracherwerb: Evidenz für Sprachlernprozesse durch die Rezeption eines Hörspiels bei Vorschulkindern. Zeitschrift für Medienpsychologie, 18, 60–69.

Robert Koch-Institut (2006). Erste Ergebnisse der KiGGS-Studie zur Gesundheit von Kindern und Jugendlichen in Deutschland. Berlin: Robert Koch-Institut.

Robert Koch-Institut (2010). Beiträge zur Gesundheitsberichterstattung des Bundes. Daten und Fakten: Ergebnisse der Studie »Gesundheit in Deutschland aktuell 2009«. Berlin: Robert Koch-Institut.

Roberts, B., Walton, K. & Viechtbauer, W. (2006). Patterns of mean-level change in personality traits across the life course: A meta-analysis of longitudinal studies. Psychological Bulletin, 132, 1–25.

Roberts, W. & Strayer, J. (1996). Empathy, emotional expressiveness, and prosocial behavior. Child Development, 67, 449–470.

Röcke, C., Li, S. & Smith, J. (2009). Intraindividual variability in positive and negative affect over 45 days: Do older adults fluctuate less than young adults? Psychology and Aging, 24, 863–878.

Röder, B. & Rösler, F. (2004). Kompensatorische Plastizität bei blinden Menschen. Was Blinde über die Adaptivität des Gehirns verraten. Zeitschrift für Neuropsychologie, 15, 243–264.

Roebers, C. (2002). Confidence judgements in children's and adult's event recall and suggestibility. Developmental Psychology, 38, 1052–1067.

Roebers, C. & Schneider, W. (2006). Die Entwicklung des autobiographischen Gedächtnisses, des Augenzeugengedächtnisses und der Suggestibilität. In W. Schneider & B. Sodian (Hrsg.), Kognitive Entwicklung (Enzyklopädie der Psychologie, Serie Entwicklungspsychologie, Bd. 2; S. 327–376). Göttingen: Hogrefe.

Roeder, P. M. & Treumann, K. (1974a). Dimensionen der Schulleistung: Teil 1, Modelle der Differenzierung in Abhängigkeit von Leistungsdimensionen einzelner Fächer. Stuttgart: Klett.

Roeder, P. M. & Treumann, K. (1974b). Dimensionen der Schulleistung: Teil 2, Leistungsdimensionen im Mathematikunterricht. Stuttgart: Klett.

Rogosa, D. R., Brandt, D. & Zimowski, M. (1982). A growth curve approach to the measurement of change. Psychological Bulletin, 92, 726–748.

Roland, E. & Galloway, M. (2002). Classroom influences on bullying. Educational Research, 44, 299–312.

Rönnlund, M., Nyberg, L., Bäckman, L. & Nilsson, L.-G. (2005). Stability, growth, and decline in adult life span development in declarative memory: Cross-sectional and longitudinal data from a population-based study. Psychology and Aging, 20, 3–18.

Rosenmayr, L. (1983). Die späte Freiheit. Das Alter – ein Stück bewußt gelebten Lebens. Berlin: Severin und Siedler.

Roßbach, H.-G., Kluczniok, K. & Kuger, S. (2008). Auswirkungen eines Kindergartenbesuchs auf den kognitiv-leistungsbezogenen Entwicklungsstand von Kindern. Zeitschrift für Erziehungswissenschaft, 10, Sonderheft 11, 139–158.

Rost, D. H. (Hrsg.). (1993). Lebensumweltanalyse hochbegabter Kinder. Das Marburger Hochbegabtenprojekt. Göttingen: Hogrefe.

Rost, D. H. (Hrsg.). (2000). Hochbegabte und hochleistende Jugendliche. Münster: Waxmann.

Rost, D. H. (2010). Stabilität von Hochbegabung. In F. Preckel, W. Schneider & H. Holling (Hrsg.), Diagnostik von Hochbegabung. Tests und Trends, N. F. Bd. 8 (S. 233–266). Göttingen: Hogrefe.

Roth, E. & Schneider, W. (2002). Langzeiteffekte einer vorschulischen Förderung der phonologischen Bewusstheit und der Buchstabenkenntnis auf die spätere Schriftsprachkompetenz. Zeitschrift für Pädagogische Psychologie, 16, 99–107.

Roth, M. (2002). Geschlechtsunterschiede im Körperbild Jugendlicher und deren Bedeutung für das Selbstwertgefühl. Praxis der Kinderpsychologie und Kinderpsychiatrie, 51, 150–164.

Rothbart, M. K. (2007). Temperament, development, and personality. Current Directions in Psychological Science, 16, 207–212.

Rothbart, M. K. & Bates, J. E. (1998). Temperament. In W. Damon (Series Ed.), N. Eisenberg (Vol. Ed.), Handbook of child psychology: Vol. 3. Social, emotional, and personality development (5th ed., pp. 105–176). New York: Wiley.

Rothbaum, F., Weisz, J. R. & Snyder, S. S. (1982). Changing the world and changing the self: A two-process model of perceived control. Journal of Personality and Social Psychology, 42, 5–37.

Rothbaum, F., Pott, M., Azuma, H., Miyake, K. & Weisz, J. (2000). The development of close relationships in Japan and the United States: Paths of symbiotic harmony and generative tension. Child Development, 71, 1121–1142.

Rothbaum, F., Weisz, J., Pott, M., Miyake, K. & Morelli, G. (2000). Attachment and culture. Security in the United States and Japan. American Psychologist, 55, 1093–1104.

Rothermund, K. & Wentura, D. (2007). Altersnormen und Altersstereotype. In J. Brandtstädter & U. Lindenberger (Hrsg.), Entwicklung über die Lebensspanne. Ein Lehrbuch (S. 540–568). Stuttgart: Kohlhammer.

Röthlisberger, M., Neuenschwander, R., Michel, E. & Roebers, C. R. (2010). Exekutive Funktionen und deren Korrelate bei Kindern im späten Vorschulalter. Zeitschrift für Entwicklungspsychologie und Pädagogische Psychologie, 42, 99–110.

Rourke, B. P. (1993). Arithmetic disabilities, specific and otherwise: A neuropsychological perspective. Journal of Learning Disabilities, 26, 214–226.

Rovee-Collier, C. (1999). The development of infant memory. Current Directions in Psychological Science, 8, 80–85.

Rovee-Collier, C. & Cuevas, K. (2009). The development of infant memory. In M. L. Courage & N. Cowan (Eds.), The development of memory in infancy and childhood (pp. 11–41). New York: Psychology Press.

Rovee-Collier, C., Schechter, A., Shyi, G. C. & Shields, P. J. (1992). Perceptual identification of contextual attributes and infant memory retrieval. Developmental Psychology, 28, 307–318.

Rubenstein, A. J., Kalakanis, L. & Langlois, J. H. (1999). Infant preferences for attractive faces: A cognitive explanation. Developmental Psychology, 35, 848–855.

Rubin, K. H., Bukowski, W. M. & Parker, J. G. (2006). Peer interactions, relationships and groups. In N. Eisenberg (Vol Ed.), W. Damon & R. M. Lerner (Eds.-in-Chief), Handbook of child psychology: Vol. 3. Social, emotional, and personality development (6th ed., pp. 571–645). New York: Wiley.

Ruble, D. (1994). A phase model of transitions: Cognitive and motivational consequences. In M. Zanna (Ed.), Advances in experimental social psychology (Vol. 26, pp. 163–214). San Diego, CA: Academic Press.

Russell, J. A. (1994). Is there universal recognition of emotion from facial expressions? A review of the cross-cultural studies. Psychological Bulletin, 115, 102–141.

Rutter, M. (1979). Protective factors in children's responses to stress and disadvantage. In M. W. Kent & J. E. Rolf (Eds.), Primary prevention of psychopathology: Vol. 3. Social competence in children (pp. 49–74). Hanover, NH: University Press of New England.

Rutter, M. (1995). Clinical implications of attachment concepts: retrospect and prospect. Journal of Child Psychology and Psychiatry, 36, 549–571.

Rutter, M., O'Connor, T. G. & the English and Romanian Adoptees Study Team (2004). Are there biological programming effects for psychological development? Findings from a study of Romanian adoptees. Developmental Psychology, 40, 81–94.

Ryff, C. D. (1991). Possible selves in adulthood and old age: A tale of shifting horizons. Psychology and Aging, 6, 286–295.

Saarni, C. (1997). Emotional competence and self-regulation in childhood. In P. Salovey & D. J. Sluyter (Eds.), Emotional development and emotional intelligence (pp. 35–66). New York: Basic Books.

Saarni, C. (2002). Die Entwicklung von emotionaler Kompetenz in Beziehungen. In M. von Salisch (Hrsg.), Emotionale Kompetenz entwickeln. Grundlagen in Kindheit und Jugend (S. 3–30). Stuttgart: Kohlhammer.

Saarni, C., Campos, J. J., Camras, L. & Witherington, D. (2006). Emotional development: Action, communication, and understanding. In N. Eisenberg (Vol Ed.), W. Damon & R. M. Lerner (Eds.-in-Chief), Handbook of Child Psychology: Vol. 3. Social, emotional, and personality development (6th ed., pp. 226–299). New York: Wiley.

Sachs, J., Bard, B. & Johnson, M. L. (1981). Language learning with restricted input: Case studies of two hearing children of deaf parents. Applied Psycholinguistics, 2, 1–22.

Saffran, J. R., Aslin, R. N. & Newport, E. L. (1996). Statistical learning by 8-month-old infants. Science, 274, 1926–1928.

Said, E. (1978). Orientalism. New York: Random House.

Salisch, M. von (Hrsg.). (2002). Emotionale Kompetenz entwickeln. Grundlagen in Kindheit und Jugend. Stuttgart: Kohlhammer.

Salisch, M. von & Kunzmann, U. (2005). Emotionale Entwicklung über die Lebensspanne. In J. B. Asendorpf (Hrsg.), Soziale, emotionale und Persönlichkeitsentwicklung (Enzyklopädie der Psychologie, Serie Entwicklungspsychologie, Bd. 3; S. 1–74). Göttingen: Hogrefe.

Salmela-Aro, K., Savolainen, H. & Holopainen, L. (2009). Depressive symptoms and school burnout during adolescence: Evidence from two cross-lagged longitudinal studies. Journal of Youth and Adolescence, 38, 1316–1327.

Salmivalli, C., Lagerspetz, K., Björkqvist, K., Österman, K. & Kaukiainen, A. (1996). Bullying as a group process: Participant roles and their relations to social status within the group. Aggressive Behavior, 22, 1–15.

Salmivalli, C., Lappalainen, M. & Lagerspetz, K. (1998). Stability and change of behavior in connection with bullying in schools: A two-year follow-up. Aggressive Behavior, 24, 205–218.

Salomon, G. (1984). Television is »easy« and print is »tough«. The differential investment of mental effort in learning as a function of perceptions and attribution. Journal of Educational Psychology, 76, 647–658.

Sang, F., Schmitz, B., Vollmer, H. J., Baumert, J. & Roeder, P. M. (1986). Models of second language competence: A structural equation approach. Language Testing, 3, 54–79.

Santos, L. R., Hauser, M. D. & Spelke, E. S. (2001). Recognition and categorization of biologically significant objects by rhesus monkeys (Macaca mulatta): The domain of food. Cognition, 82, 127–155.

Sarnecka, B. W., Kamenskaya, V., Yamana, Y., Ogura, T. & Yudovina, J. B. (2007). From grammatical number to exact numbers: Early meanings of »one,« »two,« and »three« in English, Russian, and Japanese. Cognitive Psychology, 55, 136–168.

Saß, H., Wittchen, H.-U. & Zaudig, M. (Hrsg.). (1996). Diagnostisches und Statistisches Manual psychischer Störungen DSM-IV. Göttingen: Hogrefe.

Saß, H., Wittchen, H.-U., Zaudig, M. & Houben, I. (Hrsg.). (2003). Diagnostisches und statistisches Manual psychischer Störungen – Textrevision. DSM-IV-TR. Übersetzt nach der Textrevision der vierten Auflage des Diagnostic and statistical manual of mental disorders der American Psychiatric Association. Göttingen: Hogrefe.

Saudino, K. J., Pedersen, N. L., Lichtenstein, P., McClearn, G. E. & Plomin, R. (1997). Can personality explain genetic influences on life events? Journal of Personality and Social Psychology, 72, 196–206.

Sauer, J. (2006). Prognose von Schulerfolg. In D. H. Rost (Hrsg.), Handwörterbuch Pädagogische Psychologie (3. Aufl., S. 584–595). Weinheim: Beltz.

Scarr, S. & McCartney, K. (1983). How people make their own environments: A theory of genotype → environment effects. Child Development, 54, 424–435.

Scarr, S. & Weinberg, R. A. (1983). The Minnesota Adoption Studies: Genetic differences and malleability. Child Development, 54, 260–267.

Scerri, T. S. & Schulte-Körne, G. (2010). Genetics of developmental dyslexia. European Child & Adolescent Psychiatry, 19, 179–197.

Schaal, B., Marlier, L. & Soussignan, R. (1995). Responsiveness to the odour of amniotic fluid in the human neonate. Biology of the Neonate, 67, 397–406.

Schaefer, S., Huxhold, O. & Lindenberger, U. (2006). Healthy mind in healthy body? A review of sensorimotor-cognitive interdependencies in old age. European Review of Aging and Physical Activity, 3, 45–54.

Schaefer, S., Krampe, R. T., Lindenberger, U. & Baltes, P. B. (2008). Age differences between children and young adults in the dynamics of dual-task prioritization: Body (balance) versus mind (memory). Developmental Psychology, 44, 747–757.

Schafer, J. L. & Graham, J. W. (2002). Missing data: Our view of the state of the art. Psychological Methods, 7, 147–177.

Schäfer, M. & Kulis, M. (2005). Immer gleich oder manchmal anders? Zur Stabilität der Opfer-, Täter- und Mitschülerrollen beim Bullying in Abhängigkeit von Kontextmerkmalen. In A. Ittel & M. von Salisch (Hrsg.), Lästern, Lügen, Leiden: Aggressionen unter Kindern und Jugendlichen (S. 220–236). Stuttgart: Kohlhammer.

Schäfer, M., Korn, S., Smith, P. K., Hunter, S. C., Mora-Merchán, J. A., Singer, M. M. & van der Meulen, K. (2004). Lonely in the crowd: Recollections of bullying. British Journal of Developmental Psychology, 22, 379–394.

Schäfer, M., Korn, S., Brodbeck, F. C., Wolke, D. F. & Schulz, F. (2005). Bullying roles in changing contexts: The stability of victim and bully roles from primary and secondary school. International Journal of Behavioral Development, 29, 323–335.

Schäfer, M., Hörmann, C., Bonhagen, A.-K. & Krumsiek, J. (2009). Classroom networks and the stability of bullying roles. Paper presented at the European Congress of Developmental Psychology (ECDP) in Vilnius, Litauen.

Schaie, K. W. (1962). A field-theory approach to age changes in cognitive behavior. Vita Humana, 5, 129–141.

Schaie, K. W. (1965). A general model for the study of developmental problems. Psychological Bulletin, 64, 92–107.

Schaie, K. W. (1970). A reinterpretation of age-related changes in cognitive structure and functioning. In L. R. Goulet & P. B. Baltes (Eds.), Life-span developmental psychology: Research and theory (pp. 485–507). New York: Academic Press.

Schaie, K. W. (1996). Intellectual development in adulthood: The Seattle Longitudinal Study. New York: Cambridge University Press.

Schaie, K. W. (2005). Developmental influences on adult intelligence: The Seattle Longitudinal Study. New York: Oxford University Press.

Schaie, K. W. & Baltes, P. B. (1975). On sequential strategies in developmental research. Human Development, 18, 384–390.

Schaie, K. W. & Willis, S. L. (1986). Can decline in adult intellectual functioning be reversed? Developmental Psychology, 22, 223–232.

Schakib-Ekbatan, K. & Schöler, H. (1995). Zur Persistenz von Sprachentwicklungsstörungen: Ein 10jähriger Längsschnitt neun spezifisch sprachentwicklungsgestörter Kinder. Heilpädagogische Forschung, 21, 77–84.

Schecker, M., Henninghausen, K., Christmann, G., Kohls, G., Maas, V., Rinker, T. & Zachau, S. (2007). Spezifische Sprachentwicklungsstörungen. In H. Schöler & A. Welling (Hrsg.), Handbuch der Sonderpädagogik, Bd. 1: Sonderpädagogik der Sprache (S. 190–212). Göttingen: Hogrefe.

Scheerens, J. & Bosker, R. (1997). The foundations of educational effectiveness. Oxford: Pergamon Press.

Schellenbach, M., Lövdén, M., Verrel, J., Krüger, A. & Lindenberger, U. (2010). Sensorimotor-cognitive couplings in the context of assistive spatial navigation for older adults. The Journal of Gerontopsychology and Geriatric Psychiatry, 23, 69–77.

Schenk-Danzinger, L. (1988). Entwicklungspsychologie (21. Aufl.). Wien: Österreichischer Bundesverlag.

Schilling, O. K. (2005). Cohort- and age-related decline in elder's life satisfaction: is there really a paradox? European Journal of Ageing, 2, 254–263.

Schilling, O. K. (2006). Development of life satisfaction in old age: Another view on the »paradox«. Social Indicators Research, 75, 241–271.

Schilling, O. K. & Wahl, H.-W. (2006). Modeling late life adaptation in affective well-being under a severe chronic health condition: The case of age-related macular degeneration. Psychology and Aging, 21, 703–714.

Schindler, I. & Staudinger, U. M. (2005). Lifespan perspectives on self and personality: The dynamics between the mechanics and pragmatics of life. In W. Greve, K. Rothermund & D. Wentura (Eds.), The adaptive self: Personal continuity and intentional self-development (pp. 3–31). Cambridge, MA: Hogrefe.

Schittenhelm, R., Ennemoser, M. & Schneider, W. (2010). Zusammenhänge zwischen Konzentration, Fernsehkonsum und schulischer Leistung bei Grundschulkindern. Zeitschrift für Entwicklungspsychologie und Pädagogischer Psychologie, 42, 154–166.

Schlichting, C. D. & Piggliucci, M. (1998). Phenotypic evolution: A reaction norm perspective. Sunderland, MA: Sinauer Associates.

Schmiedek, F. & Lindenberger, U. (2007). Methodologische Grundlagen. In J. Brandtstädter & U. Lindenberger (Hrsg.), Entwicklungspsychologie der Lebensspanne. Ein Lehrbuch (S. 67–96). Stuttgart: Kohlhammer.

Schmiedek, F., Lövdén, M. & Lindenberger, U. (2010). Hundred days of cognitive training enhance broad cognitive abilities in adulthood: Findings from the COGITO study. Frontiers in Aging Neuroscience, 2, 27. doi:10.3389/fnagi.2010.00 027

Schmitz, B. (2000). Auf der Suche nach dem verlorenen Individuum: Vier Theoreme zur Aggregation von Prozessen. Psychologische Rundschau, 51, 83–92.

Schneekloth, U. & Wahl, H.-W. (Hrsg.). (2008). Selbständigkeit und Hilfebedarf bei älteren Menschen in Privathaushalten. Pflegearrangements, Demenz, Versorgungsangebote (2. Aufl.). Stuttgart: Kohlhammer.

Schneewind, K. A. (2005). Persönlichkeitsentwicklung: Einflüsse von Umweltfaktoren. In H. Weber & T. Rammsayer (Hrsg.), Handbuch der Persönlichkeitspsychologie und differentiellen Psychologie (S. 39–49). Göttingen: Hogrefe.

Schneewind, K. A., Beckmann, M. & Engfer, A. (1983). Eltern und Kinder. Stuttgart: Kohlhammer.

Schneider, S. (Hrsg.). (2004). Angststörungen bei Kindern und Jugendlichen: Grundlagen und Behandlung. Berlin: Springer.

Schneider, W. (2000). Giftedness, expertise, and (exceptional) performance: A developmental perspective. In K. A. Heller, F. J. Mönks, R. J. Sternberg & R. F. Subotnik (Eds.), International handbook of research and development of giftedness and talent (2nd ed., pp. 165–178). London: Elsevier Science.

Schneider, W. (2008a). Entwicklung der Intelligenz und des Denkvermögens. In W. Schneider (Hrsg.) Entwicklung von der Kindheit bis zum Erwachsenenalter – Befunde der Münchner Längsschnittstudie LOGIK (S. 43–66). Weinheim: Beltz.

Schneider, W. (2008b). Expertiseerwerb. In W. Schneider & M. Hasselhorn (Hrsg.), Handbuch der Pädagogischen Psychologie (S. 136–144). Göttingen: Hogrefe.

Schneider, W. (2011). Memory development in childhood. In U. Goswami (Ed.), Blackwell handbook of childhood cognitive development (2nd ed.). London: Blackwell.

Schneider, W. & Bjorklund, D. F. (1998). Memory. In W. Damon (Ed.-in-Chief), D. Kuhn & R. S. Siegler (Vol. Eds.), Handbook of child psychology: Vol. 2. Cognition, perception, and language (5th ed., pp. 467–521). New York: Wiley.

Schneider, W. & Bjorklund, D. F. (2003). Memory and knowledge development. In J. Valsiner & K. Connolly (Eds.), Handbook of developmental psychology (pp. 370–403). London: Sage.

Schneider, W. & Lockl, K. (2002). The development of metacognitive knowledge in children and adolescents. In T. Perfect & B. Schwartz (Eds.), Applied metacognition (pp. 224–247). Cambridge, UK: Cambridge University Press.

Schneider, W. & Lockl, K. (2006). Entwicklung metakognitiver Kompetenzen im Kindes- und Jugendalter. In W. Schneider & B. Sodian (Hrsg.), Kognitive Entwicklung (Enzyklopädie der Psychologie, Serie Entwicklungspsychologie, Bd. 2; S. 721–767). Göttingen: Hogrefe.

Schneider, W. & Lockl, K. (2008). Procedural metacognition in children: Evidence for developmental trends. In J. Dunlosky & B. Bjork (Eds.), A handbook of memory and metacognition (pp. 391–409). Mahwah, NJ: Erlbaum.

Schneider, W. & Marx, P. (2008). Früherkennung und Prävention von Lese-Rechtschreibschwierigkeiten. In F. Petermann & W. Schneider (Hrsg.), Angewandte Entwicklungspsychologie (Enzyklopädie der Psychologie, Serie Entwicklungspsychologie, Bd. 7; S. 237–273). Göttingen: Hogrefe.

Schneider, W. & Näslund, J. (1999). The early prediction of reading and spelling: Problems and perspectives. In F. E. Weinert & W. Schneider (Eds.), Individual development from 3 to 12: Findings from the Munich Longitudinal Study (pp. 126–147). Cambridge, UK: Cambridge University Press.

Schneider, W. & Pressley, M. (1997). Memory development between 2 and 20 (2nd ed.). Mahwah, NJ: Erlbaum.

Schneider, W. & Uhl, C. (1990). Metagedächtnis, Strategienutzung und Gedächtnisleistung: Vergleichende Analysen bei Kindern, jüngeren Erwachsenen und alten Menschen. Zeitschrift für Entwicklungspsychologie und Pädagogische Psychologie, 22, 22–41.

Schneider, W., Körkel, J. & Weinert, F. E. (1989). Domain-specific knowledge and memory performance: A comparison of high- and low aptitude children. Journal of Educational Psychology, 81, 306–312.

Schneider, W., Stefanek, J. & Dotzler, H. (1997). Erwerb des Lesens und des Rechtschreibens: Ergebnisse aus dem SCHOLASTIK-Projekt. In F. E. Weinert & A. Helmke (Hrsg.), Leistungsmessungen in Schulen (S. 113–129). Weinheim: Beltz.

Schneider, W., Perner, J., Bullock, M., Stefanek, J. & Ziegler, A. (1999). Development of intelligence and thinking. In F. E. Weinert & W. Schneider (Eds.), Individual development from 3 to 12: Findings from the Munich Longitudinal Study (pp. 9–28). Cambridge, UK: Cambridge University Press.

Schneider, W., Wolke, D., Schlagmüller, M. & Meyer, R. (2004). Pathways to school achievement in very preterm and full term children. European Journal of Psychology of Education, 19, 385–406.

Schneider, W., Lockl, K. & Fernandez, O. (2005). Interrelationships among the theory of mind, executive control, language development, and working memory in young children: A longitudinal analysis. In W. Schneider, R. Schumann-Hengsteler & B. Sodian (Eds.), Young children's cognitive development: Interrelationships among executive functioning, working memory, verbal ability, and theory of mind (pp. 259–284). Mahwah, NJ: Erlbaum.

Schneider, W., Knopf, M. & Sodian, B. (2009). Verbal memory development from early childhood to early adulthood. In W. Schneider & M. Bullock (Eds.), Human development from early childhood to early adulthood: Findings from a 20 year longitudinal study (pp. 63–90). New York: Psychology Press.

Schneider, W., Stefanek, J. & Niklas, F. (2009). Development of intelligence and thinking. In W. Schneider & M. Bullock (Eds.), Human development from early childhood to early adulthood: Findings from a 20 year longitudinal study (pp. 7–34). New York: Psychology Press.

Schöler, H. (2011). Prognose schriftsprachlicher Leistungen und Risiken im Vorschulalter am Beispiel des Heidelberger Auditiven Screening in der Einschulungsuntersuchung (HASE). In M. Hasselhorn & W. Schneider (Hrsg.), Frühprognose schulischer Kompetenzen. Tests und Trends, N. F. Bd. 9 (S. 13–31). Göttingen: Hogrefe.

Schöler, H. & Brunner, M. (2008). HASE – Heidelberger Auditives Screening in der Einschulungsuntersuchung (2. Aufl.). Wertingen: Westra.

Schöler, H., Fromm, W. & Kany, W. (Hrsg.). (1998). Spezifische Sprachentwicklungsstörung und Sprachlernen. Heidelberg: Winter.

Schooler, C., Mulatu, M. S. & Oates, G. (1999). The continuing effects of substantively complex work on the intellectual functioning of older workers. Psychology and Aging, 14, 483–506.

Schuchardt K. & Mähler, C. (2010). Unterscheiden sich Subgruppen rechengestörter Kinder in ihrer Arbeitsgedächtniskapazität, im basalen arithmetischen Faktenwissen und in den numerischen Basiskompetenzen? Zeitschrift für Entwicklungspsychologie und Pädagogische Psychologie, 42, 217–225.

Schuchardt, K., Mähler, C. & Hasselhorn, M. (2008). Working memory deficits in children with different learning disabilities. Journal of Learning Disabilities, 41, 514–523.

Schultheiss, O. C. & Brunstein, J. C. (2010). Implicit motives. New York: Oxford University Press.

Schumann-Hengsteler, R. (1995). Die Entwicklung des visuo-räumlichen Gedächtnisses. Göttingen: Hogrefe.

Schumann-Hengsteler, R. (1996). Children's and adults' visuo-spatial memory: The concentration game. Journal of Genetic Psychology, 157, 77–92.

Schuurmans, C., Armant, O., Nieto, M., Stenman, J. M., Britz, O., Klenin, N. et al. (2004). Sequential phases of cortical specification involve Neurogenin-dependent and -independent pathways. EMBO Journal, 23, 2892–2902.

Schwanenflugel, P., Henderson, R. L. & Fabricius, W. V. (1998). Developing organization of mental verbs and theory of mind in middle childhood: Evidence from extension. Developmental Psychology, 34, 512–524.

Schwarzer, G. (2000). Development of face processing: The effect of face inversion. Child Development, 71, 391–401.

Schwarzer, G., Huber, S. & Dümmler, T. (2005). Gaze behavior in analytical and holistic face processing. Memory & Cognition, 33, 344–354.

Schwarzer, G., Jovanovic, B., Schum, N. & Dümmer, T. (2009). Analytische und konfigurale Verarbeitung von Objekten im Säuglingsalter: Die Rolle von Fortbewegung und manueller Exploration. Zeitschrift für Entwicklungspsychologie und Pädagogische Psychologie, 41, 189–197.

Schwenck, C., Bjorklund, D. F. & Schneider, W. (2007). Factors influencing the incidence of utilization deficiencies and other patterns of recall/strategy-use relations in a strategic memory task. Child Development, 78, 1771–1787.

Seed, A. & Call, J. (2009). Causal knowledge for events and objects in animals. In S. Watanabe, A. P. Blaisdell & A. Young (Eds.), Rational animals, irrational humans (pp. 173–187). Keio, Japan: Keio University Press.

Seidenberg, M. S. (1986). Evidence from great apes concerning the biological bases of language. In W. Demopoulos & A. Marras (Eds.), Language learning and concept acquisition: Foundational issues (pp. 29–53). Norwood, NJ: Ablex.

Seiffge-Krenke, I., Bosma, H., Chau, C., Cok, F., Gillespie, C., Loncaric, D. et al. (2010). All they need is love? Placing romantic stress in the context of other stressors: A 17-nation study. International Journal of Behavioral Development, 34, 106–112.

Selman, R. L. (1984). Die Entwicklung des sozialen Verstehens. Entwicklungspsychologische und klinische Untersuchungen. Frankfurt a. M.: Suhrkamp.

Settersten, R. A. (1997). The salience of age in the life course. Human Development, 40, 257–281.

Shao, Z. & Burkhalter, A. (1996). Different balance of excitation and inhibition in forward and feedback circuits of rat visual cortex. Journal of Neuroscience, 16, 7353–7365.

Shavelson, R. J., Hubner, J. J. & Stanton, G. C. (1976). Self-concept: Validation of construct interpretations. Review of Educational Research, 46, 407–441.

Sherrod, L. (2007). Civic engagement as an expression of positive youth development. In R. K. Silbereisen & R. M. Lerner (Eds.), Approaches to positive youth development (pp. 59–74). London: Sage.

Shin, H., Bjorklund, D. F. & Beck, E. F. (2007). The adaptive nature of children's overestimation in a strategic memory task. Cognitive Development, 22, 197–212.

Shing, Y. L. & Lindenberger, U. (2011). The development of episodic memory: Lifespan lessons. Child Development Perspectives, 5, 148–155.

Shing, Y. L., Werkle-Bergner, M., Brehmer, Y., Müller, V., Li, S.-C. & Lindenberger, U. (2010). Episodic memory across the lifespan: The contributions of associative and strategic components. Neuroscience & Biobehavioral Reviews, 34, 1080–1091.

Shirai, N. & Yamaguchi, M. K. (2010). How do infants utilize radial optic flow for their motor actions? A review of behavioral and neural studies. Japanese Psychological Research, 52, 78–90.

Shoda, Y., Mischel, W. & Peake, P. K. (1990). Predicting adolescent cognitive and self-regulatory competencies from preschool delay of gratification. Developmental Psychology, 26, 978–986.

Sibley, B. A. & Etnier, J. L. (2003). The relationship between physical activity and cognition in children: a meta-analysis. Pediatric Exercise Science, 15, 243–256.

Siegler, R. S. (1987). The perils of averaging data over strategies: An example from children's addition. Journal of Experimental Psychology: General, 116, 250–264.

Siegler, R. S. (1994). Cognitive variability: A key to understanding cognitive development. Current Directions in Psychological Science, 3, 1–5.

Siegler, R. S. (2006). Microgenetic analyses of learning. In W. Damon & R. M. Lerner (Eds.-in-Chief), D. Kuhn & R. S. Siegler (Vol. Eds.), Handbook of child psychology: Vol. 2. Cognition, perception, and language (6th ed., pp. 464–510). New York: Wiley.

Siegler, R. S. & Crowley, K. (1991). The microgenetic method: A direct means for studying cognitive development. American Psychologist, 46, 606–620.

Silbereisen, R. K. & Hasselhorn, M. (Hrsg.). (2008). Entwicklungspsychologie des Jugendalters (Enzyklopädie der Psychologie, Serie Entwicklungspsychologie, Bd. 5). Göttingen: Hogrefe.

Silbereisen, R. K. & Lerner, R. M. (Eds.). (2007). Approaches to positive youth development. London: Sage.

Silbereisen, R. K., Noack, P. & Eye, A. von (1992). Adolescents' development of romantic friendship and change in favourite leisure contexts. Journal of Adolescent Research, 7, 80–93.

Simonton, D. K. (1997). Creative productivity: A predictive and explanatory model of career trajectories and landmarks. Psychological review, 104, 60–89.

Sitsema, J., Veenstra, R., Lindenberg, S. & Salmivalli, C. (2009). An empirical test of bullies' status goals: Assessing direct goals, aggression, and prestige. Aggressive Behavior, 35, 57–67.

Skinner, E. A. (1996). A guide to constructs of control. Journal of Personality and Social Psychology, 71, 549–570.

Skowronek, H. & Marx, H. (1989). The Bielefeld Longitudinal Study on early identifications of risk in learning to write and read: Theoretical background and first results. In M. Brambring, F. Lösel & H. Skowronek (Eds.), Children at risk: Assessment, longitudinal research, and intervention (pp. 268–294). New York: De Gruyter.

Slater, A., Mattock, A. & Brown, E. (1990). Size constancy at birth: Newborn infants' responses to retinal and real size. Journal of Experimental Child Psychology, 49, 314–322.

Sliwinski, M. J., Hofer, S. M., Hall, C., Buschke, H. & Lipton, R. B. (2003). Modeling memory decline in older adults: The importance of preclinical dementia, attrition, and chronological age. Psychology and Aging, 18, 658–671.

Smith, B. A. & Blass, E. M. (1996). Taste-mediated calming in premature, preterm, and full-term human infants. Developmental Psychology, 32, 1084–1089.

Smith, J. & Baltes, P. B. (2010). Altern aus psychologischer Perspektive: Trends und Profile im hohen Alter. In U. Lindenberger, J. Smith, K. U. Mayer & P. B. Baltes (Hrsg.), Die Berliner Altersstudie (3. Aufl., S. 245–274). Berlin: Akademie Verlag.

Smith, J., Fleeson, W., Geiselmann, B., Settersten, R. A. & Kunzmann, U. (2010). Wohlbefinden im hohen Alter: Vorhersagen aufgrund objektiver Lebensbedingungen und subjektiver Bewertung. In U. Lindenberger, J. Smith, K. U. Mayer & P. B. Baltes (Hrsg.), Die Berliner Altersstudie (3. Aufl., S. 521–548). Berlin: Akademie Verlag.

Smith, P. K. (1994). What can we do to prevent bullying. The Therapist, Summer, 12–15.

Smith, P. K. & Brain, P. (2000). Bullying in schools. Lessons from two decades of research. Aggressive Behavior, 26, 1–9.

Smith, P. K., Madsen, K. & Moody, J. (1999). What causes the age decline in being bullied at school? Towards a developmental analysis of risks of being bullied. Educational Research, 41, 267–285.

Smith, P. K., Morita, Y., Junger-Tas, J., Olweus, D., Catalano, R. & Slee, P. (Eds.). (1999). The nature of school bullying. A cross-national perspective. London: Routledge.

Snarey, J. (1985). Cross-cultural universality of socio-moral development: A critical review of Kohlbergian research. Psychological Bulletin, 97, 202–232.

Sober, E. & Wilson, D. S. (1998). Unto others: The evolution and psychology of unselfish behavior. Cambridge, MA: Harvard University Press.

Sodian, B. (1994). Early deception and the conceptual continuity claim. In C. Lewis & P. Mitchell (Eds.), Children's understanding of the mind: Origins and development (pp. 385–401). Hillsdale, NJ: Erlbaum.

Sodian, B. (2005). Tiefgreifende Entwicklungsstörungen. Autismus. In P. F. Schlottke, R. K. Silbereisen, S. Schneider & G. W. Lauth (Hrsg.), Störungen im Kindes- und Jugendalter – Grundlagen und Störungen im Entwicklungsverlauf (Enzyklopädie der Psychologie, Serie Klinische Psychologie, Bd. 5; S. 419–452). Göttingen: Hogrefe.

Sodian, B. (2011). Theory of Mind in infancy. Child Development Perspectives, 5, 39–43.

Sodian, B. & Schneider, W. (1999). Memory strategy development – Gradual increase, sudden insight or roller coaster? In F. E. Weinert & W. Schneider (Eds.), Individual development from 3 to 12: Findings from the Munich Longitudinal Study (pp. 61–77). Cambridge, UK: Cambridge University Press.

Sodian, B. & Thoermer, C. (2006). Theory of Mind. In W. Schneider & B. Sodian (Hrsg.), Kognitive Entwicklung (Enzyklopädie der Psychologie, Serie Entwicklungspsychologie, Bd. 2; S. 495–608). Göttingen: Hogrefe.

Sodian, B., Taylor, C., Harris, P. L. & Perner, J. (1991). Early deception and the child's theory of mind: False trails and genuine markers. Child Development, 62, 468–483.

Sodian, B., Zaitchik, D. & Carey, S. (1991). Young children's differentiation of hypothetical beliefs from evidence. Child Development, 62, 753–766.

Solberg, M. E. & Olweus, D. (2003). Prevalence estimation of school bullying with the Olweus Bully/Victim Questionnaire. Aggressive Behavior, 29, 239–268.

Sonuga-Barke, E. J. (2003). The dual pathway model of AD/HD: an elaboration of neuro-developmental characteristics. Neuroscience and Biobehavioral Reviews, 27, 593–604.

Soska, K. C., Adolph, K. E. & Johnson, S. P. (2010). Systems in development: Motor skill acquisition facilitates three-dimensional object completion. Developmental Psychology, 46, 129–138.

Sowell, E. R., Thompson, P. M., Leonard, C. M., Welcome, S. E., Kan, E. & Toga, A. W. (2004a). Longitudinal mapping of cortical thickness and brain growth in normal children. Journal of Neuroscience, 24, 8223–8231.

Sowell, E. R., Thompson, P. M. & Toga, A. W. (2004b). Mapping changes in the human cortex throughout the span of life. Neuroscientist, 10, 372–392.

Spear, L. P. (2000). The adolescent brain and age-related behavioural manifestations. Neuroscience and Biobehavioral Review, 24, 417–463.

Spearman, C. E. (1927). The abilities of man. New York: Macmillan.

Spelke, E. S. (1994). Initial knowledge: Six suggestions. Cognition, 50, 431–455.

Spelke, E. S. (2003). What makes us smart? Core knowledge and natural language. In D. Gentner & S. Goldin-Meadow (Eds.), Language in mind. Advances in the study of language and thought (pp. 277–311). Cambridge, MA: MIT Press.

Spelke, E. S. & Kinzler, K. D. (2007). Core knowledge. Developmental Science, 10, 89–96.

Spelke, E. S., Hofsten, C. von & Kestenbaum, R. (1989). Object perception in infancy: Interaction of spatial and kinetic information for object boundaries. Developmental Psychology, 25, 185–196.

Spelke, E. S., Katz, G., Purcell, S. E., Ehrlich, S. M. & Breinlinger, K. (1994). Early knowledge of object motion: Continuity and inertia. Cognition, 51, 131–176.

Spelke, E. S., Phillips, A. & Woodward, A. (1995). Infants' knowledge of object motion and human action. In D. Sperber, D. Premack & A. Premack (Eds.), Causal cognition (pp. 44–78). Oxford: Oxford University Press.

Spiess, C. K., Büchel, F. & Wagner, G. G. (2003). Children's school placement in Germany: Does kindergarten attendance matter? Early Childhood Research Quarterly, 18, 255–270.

Spitz, R. (1945). Hospitalism: An inquiry into the genesis of psychiatric conditions in early childhood. Psychoanalytic Study of the Child, 1, 53–74.

Spriduso, W. W., Francis, K. L. & MacRae, P. G. (2005). Physical dimensions of aging (2nd ed.). Champaign, IL: Human Kinetics.

Squire, L. R. (1992). Memory and the hippocampus: A synthesis of findings with rats, monkeys and humans. Psychological Review, 99, 195–231.

Sroufe, L. A. (1996). Emotional development: The organization of emotional life in the early years. New York: Cambridge University Press.

Stamm, K., Schöler, H. & Weuffen, M. (2002). Zur Bedeutung perinataler Komplikationen bei Sprach- und Sprechstörungen – Eine Untersuchung an sprachauffälligen und -unauffälligen Zwillingen. Zeitschrift für Entwicklungspsychologie und Pädagogische Psychologie, 34, 11–20.

Stanovich, K. E. (2005). The future of a mistake: Will discrepancy measurement continue to make the learning disabilities field a pseudoscience? Learning Disability Quarterly, 28, 103–106.

Staudinger, U. M. (1996). Psychologische Produktivität und Selbstentfaltung im Alter. In M. M. Baltes & L. Montada (Hrsg.), Produktivität und Altern (S. 344–373). Hamburg: Campus Verlag.

Staudinger, U. M. (2000). Viele Gründe sprechen dagegen und trotzdem fühlen viele Menschen sich wohl: Das Paradox des subjektiven Wohlbefindens. Psychologische Rundschau, 51, 185–197.

Staudinger, U. M. (2005). Personality and aging. In M. Johnson, V. L. Bengtson, P. G. Coleman & T. Kirkwood (Eds.), Cambridge handbook of age and ageing (pp. 237–244). Cambridge, UK: Cambridge University Press.

Staudinger, U. M. & Baumert, J. (2007). Bildung und Lernen jenseits der 50: Plastizität und Realität. In P. Gruss (Hrsg.), Die Zukunft des Alterns (S. 240–257). München: C. H. Beck.

Staudinger, U. M. & Bluck, S. (2001). A view on midlife development from life-span theory. In M. E. Lachman (Ed.), Handbook of midlife development (pp. 3–39). New York: Wiley.

Staudinger, U. M. & Glück, J. (2011). Psychological wisdom research: Commonalities and differences in a growing field. Annual Review of Psychology, 62, 215–241.

Staudinger, U. M., Marsiske, M. & Baltes, P. B. (1995). Resilience and reserve capacity in later adulthood: Potentials and limits of development across the life span. In D. Cicchetti & D. Cohen (Eds.), Developmental psychopathology: Vol. 2. Risk, disorder, and adaptation (pp. 801–847). New York: Wiley.

Staudinger, U. M., Bluck, S. & Herzberg, P. Y. (2003). Looking back and looking ahead: Adult age differences in consistency of diachronous ratings of subjective well-being. Psychology and Aging, 18, 13–24.

Staudinger, U., Dörner, J. & Mickler, C. (2005). Wisdom and personality. In R. Sternberg & J. Jordan (Eds.), A handbook of wisdom: Psychological perspectives (pp. 191–219). New York: Cambridge University Press.

Staudinger, U. M., Freund, A. M., Linden, M. & Maas, I. (2010). Selbst, Persönlichkeit und Lebensgestaltung im Alter: Psychologische Widerstandsfähigkeit und Vulnerabilität. In U. Lindenberger, J. Smith, K. U. Mayer & P. B. Baltes (Hrsg.), Die Berliner Altersstudie (3. Aufl., S. 345–374). Berlin: Akademie Verlag.

Steinberg, L. (2011). Adolescence (9th ed.). New York: McGraw-Hill.

Steinberg, L., Dahl, R., Keating, D., Kupfer, D. J. et al. (2006). The study of developmental psychopathology in adolescence: Integrating affective neuroscience with the study of context. In D. Cicchetti & D. J. Cohen (Eds.), Developmental psychopathology: Vol. 2. Developmental neuroscience (2nd ed., pp. 710–741). New Jersey: Wiley.

Stern, D. N. (1992). Die Lebenserfahrung des Säuglings. Stuttgart: Klett-Cotta.

Sternberg, R. J. (1999). A triachic approach to understanding and assessment of intelligence in multicultural populations. Journal of School Psychology, 37, 145–159.

Sternberg, R. J. (2000). Giftedness as developing expertise. In K. A. Heller, F. J. Mönks, R. J. Sternberg & R. F. Subotnik (Eds.), International handbook of giftedness and talent (2nd ed., pp. 55–66). Oxford: Elsevier Science.

Stipek, D. J., Recchia, S. & McClintic, S. (1992). Self-evaluation in young children. Monographs of the Society for Research in Child Development, 57, 1/84 (Serial No. 226).

Stöger, H., Schirner, S. & Ziegler, A. (2008). Ist die Identifikation Begabter schon im Vorschulalter möglich? Ein Literaturüberblick. Diskurs Kindheits- und Jugendforschung, 1, 1–2.

Striano, T. & Stahl, D. (2005). Sensitivity to triadic attention in early infancy. Developmental Science, 8, 333–343.

Stuebing, K. K., Fletcher, J. M., LeDoux, J. M., Lyon, G. R., Shaywitz, S. E. & Shaywitz, B. A. (2002). Validity of IQ-discrepancy classifications of reading disabilities: A meta-analysis. American Educational Research Journal, 39, 469–518.

Stumpf, E. (2012). Förderung bei Hochbegabung. Stuttgart: Kohlhammer.

Suchodoletz, W. von (2010). Konzepte in der LRS-Therapie. Zeitschrift für Kinder- und Jugendpsychiatrie und Psychotherapie, 38, 329–339.

Suddendorf, T. & Corballis, M. C. (2010). Behavioural evidence for mental time travel in nonhuman animals. Behavioural Brain Research, 215, 292–298.

Suess, G., Grossmann, K. E. & Sroufe, L. A. (1992). Effects of infant attachment to mother and father on quality of adaptation in preschool: From dyadic to individual organization of self. International Journal of Behavioral Development, 15, 43–65.

Super, C. M. & Harkness, S. (1986). The developmental niche: A conceptualization at the interface of child and culture. International Journal of Behavioral Development, 9, 545–569.

Super, D. E. (1993). Der Lebenszeit-, Lebensraumansatz der Laufbahnentwicklung. In D. Brown (Hrsg.), Karriere-Entwicklung (S. 211–280). Stuttgart: Klett-Cotta.

Sutton, J. & Smith, P. K. (1999). Bullying as a group process: An adaptation of the participant role approach. Aggressive Behavior, 25, 97–111.

Sutton, J., Smith, P. K. & Swettenham, J. (1999). Social cognition and bullying: Social inadequacy or skilled manipulation? British Journal of Developmental Psychology, 17, 435–450.

Sylva, K., Siraj-Blatchford, I., Taggart, B., Sammons, P., Melhuish, E., Elliot, K. & Totsika, V. (2006). Capturing quality in early childhood through environmental rating scales. Early Childhood Research Quarterly, 21, 76–92.

Taggart, B., Sammons, P., Smees, R., Sylva, K., Melhuish, E., Siraj-Blatchford, I., Elliot, K. & Lunt, I. (2006). Early identification of special educational needs and the definition of »at risk«: The Early Years Transition and Special Education Needs (EYTSEN) Project. British Journal of Special Education, 33, 40–45.

Taylor, S. E. & Brown, J. D. (1994). Positive illusions and well-being revisited: Separating fact from fiction. Psychological Bulletin, 116, 21–27.

Tesch-Römer, C., Salewski, C. & Schwarz, G. (Hrsg.). (1997). Psychologie der Bewältigung. Weinheim: PVU.

Tetens, J. N. (1777). Philosophische Versuche über die menschliche Natur und ihre Entwicklung. Leipzig: Weidmanns Erben und Reich.

Teubert, M., Vierhaus, M. & Lohaus, A. (2011). Frühkindliche Untersuchungsmethoden zur Intelligenzprognostik. Psychologische Rundschau, 62, 70–77.

Thelen, E. (1995). Motor development: A new synthesis. American Psychologist, 50, 79–95.

Thissen, D., Wainer, H. & Wang, W. B. (1994). Are tests comprising both multiple-choice and free-response items necessarily less unidimensional than multiple-choice tests? An analysis of two tests. Journal of Educational Measurement, 31, 113–123.

Thomae, H. (1959). Entwicklungspsychologie. Göttingen: Hogrefe.

Thomae, H. (1983). Alternsstile und Alternsschicksale: Ein Beitrag zur differentiellen Gerontologie. Bern: Huber.

Thomas, A. & Chess, S. (1980). Temperament und Entwicklung. Stuttgart: Enke.

Thompson, L. A. & Plomin, R. (2000). Genetic tools for exploring individual differences in intelligence. In K. A. Heller, F. J. Mönks, R. F. Sternberg & R. F. Subotnik (Eds.), International handbook of giftedness and talent (2nd ed., pp. 179–192). Oxford: Elsevier Science.

Thompson, R. A. (1990). Emotion and self-regulation. In R. A. Thompson (Ed.), Nebraska Symposium on Motivation (36) (pp. 367–467). Lincoln: University of Nebraska Press.

Titzmann, P. F. & Silbereisen, R. K. (in press). Acculturation or development? Autonomy expectations among ethnic German immigrant adolescents and their native German age-mates. Child Development.

Todrank, J., Heth, G. & Restrepo, D. (2011). Effects of in utero odorant exposure on neuroanatomical development of the olfactory bulb and odour preferences. Proceedings of the Royal Society B: Biological Sciences, 278, 1949–1955.

Tomasello, M. (1999). The cultural origins of human cognition. Cambridge, MA: Harvard University Press.

Tomasello, M. & Call, J. (1997). Primate cognition. New York: Oxford University Press.

Tomasello, M. & Call, J. (2004). The role of humans in the cognitive development of apes revisited. Animal Cognition, 7, 213–215.

Tomasello, M. & Carpenter, M. (2005). The emergence of social cognition in three young chimpanzees. Monographs of the Society for Research in Child Development, 70 (1, Serial No. 279).

Tomasello, M. & Rakoczy, H. (2003). What makes human cognition unique? From individual to shared to collective intentionality. Mind & Language, 18, 121–147.

Tomasello, M., Carpenter, M., Call, J., Behne, T. & Moll, H. (2005). Understanding and sharing intentions: The origins of cultural cognition. Behavioral and Brain Sciences, 28, 675–735.

Tönnies, F. (1887/1991). Gemeinschaft und Gesellschaft. Darmstadt: Wissenschaftliche Buchgesellschaft.

Tooby, J. & Cosmides, L. (1992). The psychological foundations of culture. In J. H. Barkow, L. Cosmides & J. Tooby (Eds.), The adapted mind: Evolutionary psychology and the generation of culture (pp. 19–136). Oxford: Oxford University Press.

Tracy, R. (2000). Sprache und Sprachentwicklung: Was wird erworben? In H. Grimm (Hrsg.), Sprachentwicklung (Enzyklopädie der Psychologie, Serie Sprache, Bd. 3; S. 3–39). Göttingen: Hogrefe.

Trainor, L. J. & Heinmiller, B. M. (1998). The development of evaluative responses to music: Infants prefer to listen to consonance over dissonance. Infant Behavior & Development, 21, 77–88.

Trautner, H. M. (1991). Lehrbuch der Entwicklungspsychologie: Bd. 2. Theorien und Befunde. Göttingen: Hogrefe.

Trawick-Smith, J. (1992). A descriptive study of persuasive preschool children: How they get others to do what they want. Early Childhood Research Quarterly, 7, 95–114.

Trevarthen, C. & Aitken, K. J. (2001). Infant intersubjectivity: Research, theory, and clinical applications. Journal of Child Psychology and Psychiatry and Allied Disciplines, 42, 3–48.

Triandis, H. C. (1989). The self and social behavior in differing cultural contexts. Psychological Review, 96, 506–520.

Trommsdorff, G. & Friedlmeier, W. (1999). Emotionale Entwicklung im Kulturvergleich. In W. Friedlmeier & M. Holodynski (Hrsg.), Emotionale Entwicklung: Funktion, Regulation und soziokultureller Kontext von Emotionen (S. 275–293). Heidelberg: Spektrum.

Trommsdorff, G. & Nauck, B. (2010). Introduction to special section for Journal of Cross-Cultural Psychology: Value of Children: A concept for better understanding cross-cultural variations in fertility behavior and intergenerational relationships. Journal of Cross-Cultural Psychology, 41, 637–651.

Trudewind, C. (1975). Häusliche Umwelt und Motiventwicklung. Göttingen: Hogrefe.

Tugendhat, E. (2010). Das Problem einer autonomen Moral. In E. Tugendhat, Anthropologie statt Metaphysik (2. Aufl., S. 114–135). München: C. H. Beck.

Turiel, E. (1983). The development of social knowledge. Morality and convention. New York: Cambridge University Press.

Turkheimer, E. & Waldron, M. (2000). Nonshared environment: A theoretical, methodological, and quantitative review. Psychological Bulletin, 126, 78–108.

Turkheimer, E., Haley, A., Waldron, M., D'Onofrio, B. & Gottesman, I. I. (2003). Socioeconomic status modifies heritability of IQ in young children. Psychological Science, 14, 623–628.

Unsöld, I. & Nieding, G. (2009). Die Bildung prädiktiver Inferenzen von Kindern und Erwachsenen bei der kognitiven Verarbeitung audiovisueller Texte. Zeitschrift für Entwicklungspsychologie und Pädagogische Psychologie, 41, 87–95.

Vaillant, G. E. (1993). The wisdom of the ego. Cambridge, MA: Harvard University Press.

Valenza, E. & Bulf, H. (2011). Early development of object unity: Evidence for perceptual completion in newborns. Developmental Science, 14, 799–808.

Valiente, C., Lemery-Chalfant, K. & Swanson, J. (2010). Prediction of kindergartners' academic achievement from their effortful control and emotionality: Evidence for direct and moderated relations. Journal of Educational Psychology, 102, 550–560.

Valsiner, J. & Lawrence, J. A. (1997). Human development in culture across the life span. In J. W. Berry, M. H. Segall & C. Kagitcibasi (Eds.), Handbook of cross-cultural psychology: Vol. 3. Social behavior and applications (2nd ed., pp. 69–106). Boston: Allyn & Bacon.

Van Dyk, S. (2009). Das Alter: adressiert, aktiviert, diskriminiert. Theoretische Perspektive auf die Neuverhandlung einer Lebensphase. Berliner Journal für Soziologie, 19, 601–625.

Van IJzendoorn, M. H., Schuengel, C. & Bakermans-Kranenburg, M. J. (1999). Disorganized attachment in early childhood: Meta-analysis of precursors, concomitants, and squelae. Development and Psychopathology, 11, 225–249.

Van Lier, P. A. C. & Koot, H. M. (2010). Developmental cascades of peer relations and symptoms of externalizing and internalizing problems from kindergarten to fourth-grade elementary school. Development and Psychopathology, 22, 569–582.

Van der Put, N. M. J., van Straaten, H. W. M., Trijbels, F. J. M. & Blom, H. J. (2001). Folate, homocysteine and neural tube defects: An overview. Experimental Biology and Medicine, 226(4), 243–270.

Vandell, D. L., Belsky, J., Burchinal, M., Steinberg, L. & Vandergrift, N. (2010). Do effects of early child care extend to age 15 years? Results from the NICHD study of early child care and youth development. Child Development, 81, 737–756.

Vaupel, J. W., Carey, J. R. & Christensen, K. (2003). It's Never Too Late. Science, 301, 1679–1680.

Vellutino, F. R., Fletcher, J. M., Snowling, M. J. & Scanlon, D. M. (2004). Specific reading disability (dyslexia): what have we learned in the past four decades. Journal of Child Psychology and Psychiatry, 45, 2–40.

Verbrugge, L. M., Gruber-Baldini, A. L. & Fozard, J. L. (1996). Age differences and age changes in activities: Baltimore Longitudinal Study of Aging. The Journals of Gerontology Series B: Psychological Sciences and Social Sciences, 51, 30–41.

Verhaeghen, P. & D. M.ersman, L. (1998). Aging and the Stroop Effect: A meta-analysis. Psychology and Aging, 13, 120–126.

Vierhaus, M., Lohaus, A., Kolling, T., Teubert, M., Keller, H., Fassbender, I. et al. (in press). The development of 3- to 9-month-old infants in two cultural contexts: Bayley longitudinal results for Cameroonian and German infants. European Journal of Developmental Psychology.

Voelcker-Rehage, C. (2007). »Use it or lose it«. Befunde aus der Psychologie, Physiologie und Kognitionswissenschaft. Spiegel der Forschung, 24, 30–35.

Voelcker-Rehage, C., Godde, B. & Staudinger, U. M. (2011). Cardiovascular and coordination training differentially improve cognitive performance and neural processing in older adults. Frontiers in Human Neuroscience, 5 (26). doi: 10.3389/fnhum.2011.00 026.

Vogt, M. (2004). Beziehungskrise Ruhestand. Paarberatung für ältere Menschen. Freiburg: Lambertus.

Voland, E., Chasiotis, A. & Schiefenhövel, W. (Eds.). (2005). Grandmotherhood. The evolution of significance of the second half of female life. New Brunswick, NJ: Rutgers University Press.

Vreeman, R. C. & Carroll, A. E. (2007). A systematic review of school-based interventions to prevent bullying. Archives of Pediatric and Adolescent Medicine, 161, 78–88.

Vygotskij, L. S. (2002). Denken und Sprechen (hsrg. von G. Rückriem und J. Lompscher). Weinheim: Beltz. (erstmals 1932 erschienen)

Wagner, M., Schütze, Y. & Lang, F. (1996). Soziale Beziehungen alter Menschen. In K. U. Mayer & P. B. Baltes (Hrsg.), Die Berliner Altersstudie (S. 301–319). Berlin: Akademie Verlag.

Wagner, R. K. & Torgesen, J. K. (1987). The nature of phonological processing and its causal role in the acquisition of reading skills. Psychological Bulletin, 101, 192–212.

Wagner, R. K., Torgesen, J. K., Rashotte, C. A., Hecht, S. A., Barker, T. A., Burgess, S. R. et al. (1997). Changing relations between phonological processing abilities and word-level reading as children develop from beginning to skilled readers: A 5-year longitudinal study. Developmental Psychology, 33, 468–479.

Wahl, H.-W. & Iwarsson, S. (2007). Person-environment relations. In R. Fernández-Ballesteros (Ed.), GeroPsychology. European perspectives for an aging world (pp. 49–66). Göttingen: Hogrefe.

Wahl, H.-W. & Rott, C. (2002). Konzepte und Definitionen der Hochaltrigkeit. In Deutsches Zentrum für Altersfragen (Hrsg.), Expertisen zum Vierten Altenbericht der Bundesregierung (S. 5–95). Hannover: Vincentz.

Wahl, H.-W., Oswald, F. & Zimprich, D. (1999). Everyday competence in visually impaired older adults: A case for person-environment perspectives. Gerontologist, 39, 140–149.

Wahl, H.-W., Diehl, M., Kruse, A., Lang, F. R. & Martin, M. (2008). Psychologische Alternsforschung: Beiträge und Perspektiven. Psychologische Rundschau, 59, 2–23.

Walker, L. J. & Pitts, R. C. (1998). Naturalistic Conceptions of Moral Maturity. Developmental Psychology, 34, 403–419.

Walma van der Molen, J. H. & van der Voort, T. H. A. (2000). Children's and adults recall of television and print news in children's and adult news formats. Communication Research, 27, 132–160.

Walsh, M. K. & Lichtman, J. W. (2003). In vivo time-lapse imaging of synaptic takeover associated with naturally occurring synapse elimination. Neuron, 37, 67–73.

Ward, S. (1999). An investigation into the effectiveness of an early intervention method for delayed language development in young children. International Journal of Language and Communication Disorders, 34, 243–264.

Warneken, F., Chen, F. & Tomasello, M. (2006). Cooperative activities in young children and chimpanzees. Child Development, 77, 640–663.

Warneken, F. & Tomasello, M. (2006). Altruistic helping in human infants and young chimpanzees. Science, 311, 1301–1303.

Warnke, A. (2005). Neurobiologische Aspekte der Legasthenie. In G. Büttner, F. C. Sauter & W. Schneider (Hrsg.), Empirische Schul- und Unterrichtsforschung. Beiträge aus Pädagogischer Psychologie, Erziehungswissenschaft und Fachdidaktik (S. 239–250). Lengerich: Pabst.

Warnke, A. & Küspert, P. (2001). Rechenschwäche (Dyskalkulie). In G. W. Lauth, U. B. Brack & F. Linderkamp (Hrsg.), Verhaltenstherapie mit Kindern und Jugendlichen (S. 221–232). Weinheim: PVU.

Watson, J. B. (1924). Behaviorism. New York: Norton.

Weaver, I. C., Cervoni, N., Champagne, F. A., D'Alessio, A. C., Sharma, S. & Seckl, J. R. (2004). Epigenetic programming by maternal behavior. Nature Neuroscience, 7, 847–854.

Weder, N., Yang, B. Z., Douglas-Palumberi, H., Massey, J., Krystal, J. H., Gelernter, J. & Kaufman, J. (2009). MAOA genotype, maltreatment, and aggressive behavior: The changing impact of genotype at varying levels of trauma. Biological Psychiatry, 65, 417–424.

Weichold, K. & Silbereisen, R. K. (2007). Positive Jugendentwicklung und Prävention. In B. Röhrle (Hrsg.), Prävention und Gesundheitsförderung für Kinder und Jugendliche (S. 103–126). Tübingen: dgvt-Verlag.

Weichold, K. & Silbereisen, R. K. (2008). Pubertät und psychosoziale Anpassung. In R. K. Silbereisen & M. Hasselhorn (Hrsg.), Entwicklungspsychologie des Jugendalters (Enzyklopädie der Psychologie, Serie Entwicklungspsychologie, Bd. 5; S. 3–53). Göttingen: Hogrefe.

Weichold, K., Büttig, S. & Silbereisen, R. K. (2008). Effects of pubertal timing on communication behaviors and stress reactivity in young woman during conflict discussions with their mothers. Journal of Youth and Adolescence, 37, 1123–1133.

Weichold, K., Brambosch, A. & Silbereisen, R. K. (2012). Do girls profit more? Gender-specific effectiveness of a Life Skills Program against substance misuse in early adolescence. Journal of Early Adolescence, 32, 200–225.

Weinert, F. E. (2001). Schulleistungen – Leistungen der Schule oder der Schüler? In F. E. Weinert (Hrsg.), Leistungsmessungen in Schulen (S. 73–86). Weinheim: Beltz.

Weinert, F. E. & Helmke, A. (Hrsg.). (1997). Entwicklung im Grundschulalter. Weinheim: PVU.

Weinert, F. E. & Schneider, W. (1996). Entwicklung des Gedächtnisses. In D. Albert & K.-H. Stapf (Hrsg.), Gedächtnis (Enzyklopädie der Psychologie, Serie Kognition, Bd. 4; S. 433–487). Göttingen: Hogrefe.

Weinert, F. E. & Schneider, W. (Eds.). (1999). Individual development from 3 to 12: Findings from the Munich Longitudinal Study. Cambridge, UK: Cambridge University Press.

Weinert, F. E. & Zielinski, W. (1977). Lernschwierigkeiten – Schwierigkeiten des Schülers oder der Schule? Unterrichtswissenschaft, 5, 292–304.

Weinert, S. (2000). Beziehungen zwischen Sprach- und Denkentwicklung. In H. Grimm (Hrsg.), Sprachentwicklung (Enzyklopädie der Psychologie, Serie Sprache, Bd. 3; S. 311–361). Göttingen: Hogrefe.

Weinert, S. (2006). Sprachentwicklung. In W. Schneider & B. Sodian (Hrsg.), Kognitive Entwicklung (Enzyklopädie der Psychologie, Serie Entwicklungspsychologie, Bd. 2; S. 609–719). Göttingen: Hogrefe.

Weinert, S. (2011). Die Anfänge der Sprache: Sprachentwicklung im Kleinkindalter. In H. Keller (Hrsg.), Handbuch der Kleinkindforschung (S. 610–642). Bern: Huber.

Weiss, D. & Lang, F. R. (2009). Thinking about my generation: Adaptive effects of a dual age identity in later adulthood. Psychology and Aging, 24, 729–734.

Weissenborn, J. (2000). Der Erwerb von Morphologie und Syntax. In H. Grimm (Hrsg.), Sprachentwicklung (Enzyklopädie der Psychologie, Serie Sprache, Bd. 3; S. 141–169). Göttingen: Hogrefe.

Wellman, H. M. & Woolley, J. D. (1990). From simple desires to ordinary beliefs: the early development of everyday psychology. Cognition, 57, 245–275.

Wellman, H. M., Cross, D. & Watson, J. (2001). A meta-analysis of theory of mind development: The truth about false belief. Child Development, 72, 655–684.

Wentura, D., Greve, W. & Klauer, T. (2002). Bewältigungstheorien. In D. Frey & M. Irle (Hrsg.), Theorien der Sozialpsychologie (2. Aufl., Bd. III, S. 101–125). Bern: Huber.

Werner, E. E. & Smith, R. S. (2001). Journey from childhood to midlife: Risk, resilience and recovery. Ithaca, NY: Cornell University Press.

Werner E. E., Bierman, J. M. & French, F. E. (1971). The children of Kauai: A longitudinal study from the prenatal period to age ten. Honolulu, HI: University of Hawaii Press.

Wertfein, M. & Spies-Kofler, A. (2008). Kleine Kinder – großer Anspruch. München: Staatsinstitut für Frühpädagogik.

West-Eberhard, M. J. (2003). Developmental plasticity and evolution. Oxford: Oxford University Press.

Westermann, G. & Reck Miranda, E. (2004). A new model of sensorimotor coupling in the development of speech. Brain and Language, 89, 393–400.

Wetzels, P. (1997). Gewalterfahrungen in der Kindheit: Sexueller Missbrauch, körperliche Misshandlung und deren langfristige Konsequenzen. Baden-Baden: Nomos.

Weyers, S. (2010). Zur Entwicklung von Rechtsvorstellungen. Thematischer Zusammenhang. Frankfurt a. M.: Kumulative Habilitationsschrift.

White, R. W. (1959). Motivation reconsidered: The concept of competence. Psychological Review, 66, 297–333.

Whitehurst, G. J., Falco, F. L., Lonigan, C. J., Fischel, B. D., DeBaryshe, M. C., Valdez-Menchaca, M. C. & Caulfield, M. (1988). Accelerating language development through picture book reading. Developmental Psychology, 24, 525–559.

WHO (1998). Glossar Gesundheitsförderung. Genf: Weltgesundheitsorganisation.

WHO (2006). Gesundheit im Schlaglicht: Deutschland 2004. Genf: Weltgesundheitsorganisation.

WHO (2009). Global health risks. Mortality and burden of disease attributable to selected major risks. Geneva: World Health Organization.

Widom, C. S. (1989). The cycle of violence. Science, 244 (4901), 160–166.

Wiese, B. S. & Freund, A. M. (2008). Vereinbarkeit von Beruf und Familie. In D. Läge & A. Hirschi (Hrsg.), Berufliche Übergänge: Grundlagen für die Berufs-, Studien- und Laufbahnberatung (S. 191–212). Zürich: LIT.

Wiese, B. S., Seiger, C. P., Schmid, H. & Freund, A. M. (2010). Functional facets of the work-family interplay. Journal of Vocational Behavior, 77, 104–117.

Wilkening, F. (1981). Integration of velocity, time and distance information: A developmental study. Cognitive Psychology, 13, 231–247.

Wilkening, F. & Anderson, N. H. (1991). Representation and diagnosis of knowledge structures in developmental psychology. In N. H. Anderson (Ed.), Contributions to information integration theory, Vol. III: Developmental (pp. 45–80). Hillsdale, NJ: Erlbaum.

Wilkening, F., Huber, S. & Cacchione, T. (2006). Intuitive Physik. In W. Schneider & B. Sodian (Hrsg.), Kognitive Entwicklung (Enzyklopädie der Psychologie, Serie Entwicklungspsychologie, Bd. 2; S. 825–860). Göttingen: Hogrefe.

Willatts, P. (1985). Adjustment of means-ends coordination and the representation of spatial relations in the production of search errors by infants. British Journal of Developmental Psychology, 3, 259–272.

Willatts, P. (1999). Development of mean-end behavior in young infants: Pulling a support to retrieve a distant object. Developmental Psychology, 35, 651–667.

Williams, S. R. & Stuart, G. J. (2002). Dependence of EPSP efficacy on synapse location in neocortical pyramidal neurons. Science, 295, 1907–1910.

Willimczik, K., Voelcker-Rehage, C. & Wiertz, O. (2006). Sportmotorische Entwicklung über die Lebensspanne. Empirische Befunde zu einem theoretischen Konzept. Zeitschrift für Sportpsychologie, 13, 10–22.

Willis, S. L. & Martin, M. (Eds.). (2005). Middle adulthood: A lifespan perspective. Thousand Oaks, CA: Sage.

Wills, T. A. (1997). Modes and families of coping: An analysis of downward comparison in the structure of other cognitive and behavioral mechanisms. In B. P. Buunk & F. X. Gibbons (Eds.), Health, coping, and well-being: Perspectives from social comparison theory (pp. 167–193). Mahwah, NJ: Erlbaum.

Wimmer, H. & Hartl, M. (1991). Against the Cartesian view on mind: Young children's difficulty with own false beliefs. British Journal of Developmental Psychology, 9, 125–138.

Wimmer, H. & Perner, J. (1983). Beliefs about beliefs: representation and constraining function of wrong beliefs in young children's understanding of deception. Cognition, 13, 103–128.

Wise, S., da Silva, L., Webster, E. & Sanson, A. (2005). The efficacy of early childhood interventions. Melbourne: Australian Institute of Family Studies.

Wohlwill, J. F. (1970a). Methodology and research strategy in the study of developmental change. In L. R. Goulet & P. B. Baltes (Eds.), Life-span developmental psychology: Research and theory (pp. 150–193). New York: Academic Press.

Wohlwill, J. F. (1970b). The age variable in psychological research. Psychological Review, 77, 49–64.

Woodward, A. L. (1998). Infants selectively encode the goal object of an actor's reach. Cognition, 69, 1–34.

Woodward, J., Gopnik, A. & Schulz, L. (2007). Interventionist theories of causation in psychological perspective causal learning: Psychology, philosophy, and computation (pp. 19–36). New York: Oxford University Press.

World Health Organization (1992). The ICD-10 classification of mental and behavioral disorders. Clinical descriptions and diagnostic guidelines. Geneva: World Health Organization.

Wurm, S., Tesch-Römer, C. & Tomasik, M. J. (2007). Longitudinal finding aging-related cognitions, control beliefs, and health in later life. The Journals of Gerontology: Series B: Psychological Sciences and Social Sciences, 62, 156–164.

Wynn, K. (1990). Children's understanding of counting. Cognition, 36, 155–193.

Wynn, K. (1992). Addition and subtraction by human infants. Nature, 358, 749–750.

Wyschkon, A., Kohn, J., Ballaschk, K. & Esser, G. (2009). Sind Rechenstörungen genau so häufig wie Lese-Rechtschreibstörungen? Zeitschrift für Kinder- und Jugendpsychiatrie und Psychotherapie, 37, 499–512.

Xu, F. (2003). Numerosity discrimination in infants: Evidence for two systems of representations. Cognition, 89, B15–B25.

Xu, F. (2007). Sortal concepts, object individuation, and language. Trends in Cognitive Sciences, 11, 400–406.

Xu, F. & Garcia, V. (2008). Intuitive statistics by 8-month-old infants. Proceedings of the National Academy of Sciences, 105, 5012–5015.

Yang, J., Benyamin, B., McEvoy, B. P., Gordon, S., Henders, A. K., Nyholt, D. R. et al. (2010). Common SNPs explain a large proportion of the heritability for human height. Nature Genetics, 42, 565–569.

Yang, M., Goldstein, H., Rath, T. & Hill, N. (1999). The use of assessment data for school improvement purposes. Oxford Review of Education, 25, 469–483.

Youniss, J. & Smollar, J. (1985). Adolescent relations with mothers, fathers, and friends. Chicago, IL: The University of Chicago Press.

Yuan, J., Lipinski, M. & Degterev, A. (2003). Diversity in the mechanisms of neuronal cell death. Neuron, 40, 401–413.

Zahn-Waxler, C., Radke-Yarrow, M. & King, R. A. (1979). Child rearing and children's prosocial initiations toward victims of distress. Child Development, 50, 319–330.

Zelazo, P. D. & Cunningham, W. A. (2007). Executive function: Mechanisms underlying emotion regulation. In J. J. Gross (Ed.), Handbook of emotion regulation (pp. 135–158). New York: Guilford.

Zelazo, P. D. & Müller, U. (2002). Executive function in typical and atypical development. In U. Goswami (Ed.), Handbook of childhood cognitive development (pp. 445–469). Oxford: Blackwell.

Zelazo, P. D., Qu, L. & Müller, U. (2005). Cool and hot aspects of executive functions: Relations in early development. In W. Schneider, S. Schumann-Hengsteler & B. Sodian (Eds.), Young children's cognitive development (pp. 71–94). Mawah, NJ: Erlbaum.

Zelazo, P. D., Qu, L. & Kesek, A. C. (2010). Hot executive function: Emotion and the development of cognitive control. In S. D. Calkins & M. A. Bell (Eds.), Child development at the intersection of emotion and cognition (pp. 97–111). Washington, DC: American Psychological Association.

Zimmer, H. D., Mecklinger, A. & Lindenberger, U. (Eds.). (2006). Handbook of binding and memory: Perspectives from cognitive neuroscience. Oxford: Oxford University Press.

Zimmer, R. (2007). Bewegung und Sprache. Verknüpfung des Entwicklungs- und Bildungsbereichs Bewegung mit der sprachlichen Förderung in Kindertagesstätten. Zugriff am 11. 01. 2012 www.dji.de/bibs/384_Expertise_Bewegung_Zimmer.pdf

Zimmer, R. & Volkamer, M. (1984). MOT 4–6. Motoriktest für vier- bis sechsjährige Kinder. Weinheim: Beltz.

Zimmermann, P., Becker-Stoll, F., Grossmann, K., Grossmann, K. E., Scheuerer-Englisch, H. & Wartner, U. (2000). Längsschnittliche Bindungsentwicklung von der frühen Kindheit bis zum Jugendalter. Psychologie in Erziehung und Unterricht, 47, 99–117.

Zuckerman, M. (1988). Behavior and biology: Research on sensation seeking and reactions to the media. In L. Donohew, H. E. Sypher & E. T. Higgins (Eds.), Communication, social cognition and affect (pp. 173–194). Hillsdale, NJ: Erlbaum.

Weiterführende Literatur

Adolph, K. & Berger, S. E. (2006). Motor development. In W. Damon & R. M. Lerner (Series Eds.), D. Kuhn & R. S. Siegler (Vol. Eds.). Handbook of child psychology. Vol. 2: Cognition, perception, and language (6th ed., pp. 161–213). New York: Wiley. *In diesem Handbuchartikel werden grundlegende Fragen der Entwicklung der menschlichen Motorik sowie des Zusammenspiels von Wahrnehmung und Motorik in ebenso anspruchsvoller wie anschaulicher Weise erörtert und anhand aktueller Forschungsbeispiele diskutiert.*

Anooshian, L. J. (1997). Distinctions between implicit and explicit memory: Significance for understanding cognitive development. International Journal of Behavioral Development, 21, 453–478. *Der Artikel enthält eine grundlegende Studie zur Entwicklung von implizitem und explizitem Gedächtnis im Vorschul-, Schulkind- und Erwachsenenalter.*

Arthur, W. (2011). Evolution. A developmental approach. Chichester, UK: Wiley-Blackwell. *Aktuelles Lehrbuch zur Evolutionsbiologie aus dem Blickwinkel von Entwicklung, daher hier vielleicht besser geeignet als die zahlreichen verfügbaren sehr guten Einführungs- und Lehrbücher zur Evolutionsbiologie; ausführlich, ansprechend illustriert.*

Asendorpf, J. B. (1999). Social-personality development. In F. E. Weinert & W. Schneider (Eds.), Individual development from 3 to 12 – Findings from the Munich Longitudinal Study (pp. 227–242). Cambridge, UK: Cambridge University Press. *Berichtet Befunde aus der LOGIK-Studie in Bezug auf die Persönlichkeitseigenschaften Schüchternheit und Aggressivität, betont den Einfluss von Beziehungen auf die Entwicklung dieser Eigenschaften.*

Asendorpf, J. B. (2012). Psychologie der Persönlichkeit (5. Aufl.). Heidelberg: Springer. *In Kapitel 2 dieses Lehrbuchs werden Verhaltensgenetik und Molekulargenetik der Persönlichkeit im Kontext anderer theoretischer Paradigmen der Persönlichkeitspsychologie dargestellt, auch kurz ihre geschichtliche Entwicklung. In Kapitel 6 werden die Befunde von Verhaltens- und Molekulargenetik der Persönlichkeit im Kontext der Persönlichkeitsentwicklung insgesamt geschildert.*

Ashby, F. G., Turner, B. O. & Horvitz, J. C. (2010). Cortical and basal ganglia contributions to habit learning and automaticity. Trends in Cognitive Sciences, 14 (5), 208–215. *Übersichtliche Darstellung des Zusammenspiels zwischen tieferliegenden Hirnstrukturen und dem Kortex in Lernprozessen (hier in der Bewegungserlernung).*

Aster, M. von & Lorenz, J. H. (Hrsg.). (2005). Rechenstörungen bei Kindern: Neurowissenschaft, Psychologie, Pädagogik. Göttingen: Vandenhoeck & Ruprecht. *Rechenschwierigkeiten werden in den Beiträgen des Bandes von Wissenschaftlern aus unterschiedlichen Perspektiven beleuchtet.*

Baltes, P. B. (1990). Entwicklungspsychologie der Lebensspanne: Theoretische Leitsätze. Psychologische Rundschau, 41, 1–24. *Eine programmatische Einführung in die Psychologie der Lebensspanne.*

Baltes, P. B. & Baltes, M. M. (1990). Psychological perspectives on successful aging: The model of selective optimization with compensation. In P. B. Baltes & M. M. Baltes (Eds.), Successful aging: Perspectives from the behavioral sciences (pp. 1–34). Cambridge: Cambridge University Press. *Einführender Text in eines der wichtigsten Modelle der Lebensspannenperspektive aus aktionaler Perspektive. Verständlich geschrieben – und zugleich ein moderner Klassiker.*

Baltes, P. B., Lindenberger, U. & Staudinger, U. M. (2006). Life span theory in developmental psychology. In R. M. Lerner (Vol. Ed.), W. Damon & R. M. Lerner (Eds.-in-Chief), Handbook of child psychology: Vol. 1. Theoretical models of human development (6th ed., pp. 569–664). New York: Wiley. *Die Autoren erläutern Grundlagen der Entwicklungspsychologie unter besonderer Berücksichtigung der Entwicklung von Kognition sowie Selbst und Persönlichkeit.*

Baltes, P. B., Reese, H. W. & Nesselroade, J. R. (1977). Life-span developmental psychology: An introduction to research methods. Monterey, CA: Brooks Cole (reprinted 1988, Hillsdale, NJ: Erlbaum). *Nach wie vor eine der besten umfassenden Einführungen in die Methoden der Lebensspannenpsychologie.*

Baumeister, R. (Ed.). (1999). The self in social psychology. Philadelphia, PA: Psychology Press. *Eine Sammlung klassischer und wichtiger Texte zur Psychologie des Selbst; trotz des Titels sind fast alle Beiträge auch unter entwicklungspsychologischer Perspektive relevant. Gut zum Einstieg und zum Nachlesen; kann als Sammlung nicht veralten.*

Becker, G. (2001). Kohlberg und seine Kritiker. Die Aktualität von Kohlbergs Moralpsychologie. Wiesbaden: VS Verlag für Sozialwissenschaften. *Umfassend und detailgetreu rekonstruiert Becker Kohlbergs Theorie, die Einwände von Kritikern und darauf reagierende Modifikationen bis hin zu heutigen Diskursen. Entstanden ist ein informativer, kritischer, auch deutschsprachige Arbeiten berücksichtigender Rück- und Ausblick auf die kognitivistische Moralforschung.*

Bengel, J. & Jerusalem, M. (Hrsg.). (2009). Handbuch der Gesundheitspsychologie und medizinischen Psychologie. Göttingen: Hogrefe. *Anschauliche und komprimierte Darstellung von gesundheitspsychologischen Grundlagen, Einflussfaktoren auf die Gesundheit und Ansätzen der Gesund-*

heitsförderung in unterschiedlichen Anwendungsbereichen.

Bezrukikh, M. M., Machinskaya, R. I. & Farber, D. A. (2009). Structural and functional organization of the developing brain and formation of cognitive functions in child ontogeny. Human Physiology, 25 (6), 658–671. *Diese Übersichtsarbeit gibt einen detaillierten Überblick über die Entstehung der kognitiven Fähigkeiten im Zusammenspiel mit der Reifung des Kortex.*

Bischof-Köhler, D. (2011). Soziale Entwicklung in Kindheit und Jugend. Stuttgart: Kohlhammer. *Das Lehrbuch thematisiert umfassend und gut strukturiert die Entwicklung von Motiven und der ihnen zugeordneten Emotionen in ihrem Zusammenhang zur kognitiven und sozialen Entwicklung.*

Bjorklund, D. F. & Pellegrini, A. D. (2002). The origins of human nature. Evolutionary developmental psychology. Washington, DC: APA. *Die erste Monografie zum Themenfeld »Evolutionäre Entwicklungspsychologie«; umfassende Einführung, viele praktische Beispiele im Hinblick auf evolutionäre Perspektiven auf Kindheit und Jugend.*

Böhm, K., Tesch-Römer, C. & Ziese, T. (Hrsg.). (2008). Beiträge zur Gesundheitsberichterstattung des Bundes. Gesundheit und Krankheit im Alter. Berlin: Robert Koch-Institut. *Umfassende Zusammenstellung physischer, psychischer und sozialer Aspekte des Alter(n)s.*

Bos, W., Klieme, E. & Köller, O. (Hrsg.). (2010). Schulische Lerngelegenheiten und Kompetenzentwicklung. Münster: Waxmann. *Ein Reader, in dem alle bekannten nationalen Schulleistungsforscher ihre aktuellen Arbeiten präsentieren. Vermutlich der beste aktuelle Einblick in international anschlussfähige Schulleistungsforschung.*

Bourne, J. A. (2010). Unravelling the development of the visual cortex: Implications for plasticity and repair. Journal of Anatomy, 217, 449–468. *Die Entstehung des visuellen Kortex ist hier revidiert. Zudem liefert dieser Artikel eine übersichtliche Zusammenfassung empirischer Befunde zu verschiedenen Tierarten und Menschen.*

Bowen, C. E., Noack, C. M. G. & Staudinger, U. M. (2011). Aging in the work context. In K. W. Schaie & S. Willis (Eds.), Handbook of the psychology of aging (7th ed., pp. 263–277). San Diego, CA: Elsevier Academic Press. *Ein Überblickstext über Altern im Kontext von Erwerbstätigkeit und Berentung.*

Brandtstädter, J. (2001). Entwicklung – Intentionalität – Handeln. Stuttgart: Kohlhammer. *Der Autor begründet den Gegenstand der Entwicklungspsychologie aus handlungstheoretischer Perspektive.*

Brandtstädter, J. (2007). Das flexible Selbst. München: Elsevier. *Eine der wenigen monografischen (ausführlichen) Diskussionen der in Kapitel 24 zusammengefassten Probleme; die Diskussion ist gedanklich und sprachlich anspruchsvoll, aber die sorgfältige Lektüre lohnt die Mühe.*

Brandtstädter, J. & Lindenberger, U. (Hrsg.). (2007). Entwicklungspsychologie der Lebensspanne. Stuttgart: Kohlhammer. *Umfassendes, teilweise dicht geschriebenes Lehrbuch, in dem das Zusammenspiel aktiver (absichtlicher) und reaktiver (oft unbewusster) Problemlösungsformen in vielen Kapiteln leitend ist.*

Bremner, J. G. & Wachs, T. D. (Eds.). (2010). The Wiley-Blackwell handbook of infant development, Vol. 1 (2nd ed.). Malden, MA: Wiley. *Überblick zu Forschungsergebnissen im Bereich der frühkindlichen Entwicklung, vor allem US-amerikanische bzw. internationale Forschung.*

Bundesministerium für Familie, Senioren, Frauen und Jugend (2010). Sechster Bericht zur Lage der älteren Generation in der Bundesrepublik Deutschland. Berlin: BMFSFJ (Online unter www.bmfsfj.de erhältlich). *Bericht der deutschen Bundesregierung zur Lage älterer Menschen in Deutschland, erarbeitet von einer Sachverständigenkommissionen. Er erscheint auf Anfrage des Deutschen Bundestags seit 1992 einmal in jeder Legislaturperiode. Thema dieses Berichtes sind individuelle und öffentliche Altersbilder.*

Buss, D. M. (2011). Evolutionary psychology. The new science of the mind (4th ed.). Prentice Hall. *Das meistaufgelegte einführende Lehrbuch zur evolutionären Perspektive der Psychologie. Buss vertritt den Ansatz, dem die Mehrheit der Psychologen/-innen folgt, die in diesem Themenfeld arbeiten (kritische Hinweise finden sich in Kapitel 2).*

Calvert, S. L. & Wilson, B. J. (Eds.). (2008). The handbook of children, media, and development. Malden, MA: Blackwell. *Eine verhältnismäßig aktuelle Zusammenfassung zum Einfluss der Medien vor allem auf Kinder und Jugendliche, primär aus entwicklungspsychologischer Perspektive mit zusätzlichen Experten aus den Bereichen Kommunikationswissenschaft und Medizin. Der Schwerpunkt wird auf empirische Forschungsergebnisse gelegt.*

Carey, S. (2009). The origin of concepts. New York: Oxford University Press. *Ausführlicher Überblick über Befunde zu kognitiven Fähigkeiten bei Säuglingen und nicht-menschlichen Primaten aus der Sicht der Theorie des Kernwissens.*

Caspi, A. & Shiner, R. L. (2006). Personality development. In N. Eisenberg, W. Damon & R. Lerner (Eds.), Handbook of child psychology, Vol. 3: Social, emotional, and personality development (6th ed., pp. 300–365). Hoboken, NJ: Wiley. *Gibt einen Überblick über die Entwicklung unterschiedlicher Persönlichkeitseigenschaften von der Kindheit bis ins Erwachsenenalter, diskutiert die Bedingungen der Entstehung dieser Eigenschaften und ihren Einfluss auf Verhaltensweisen im späteren Leben (Beziehungen, Gesundheitsverhalten, Psychopathologie).*

Courage, M. & Cowan, N. (Ed.). (2009). The development of memory in childhood (2nd ed.). Hove, UK: Psychology Press. *Das Buch informiert umfassend über grundlegende Aspekte der Gedächtnisentwicklung vom Säuglings- bis zum Schulkindalter. Führende Vertreter der entwicklungspsychologischen Gedächtnisforschung behandeln Themen sowohl aus der Grundlagen- als auch aus der angewandten Forschung.*

Diller, A., Leu, H. R. & Rauschenbach, T. (Hrsg.). (2010). Wieviel Schule verträgt der Kindergarten? Annäherungen zweier Lernwelten. München: Verlag Deutsches Jugendinstitut. *Aktueller Sammelband mit einem repräsentativen Querschnitt der gegenwärtigen Positionen zur Gestaltung des Kindergartens.*

Döpfner, M. & Petermann, F. (2008). Diagnostik psychischer Störungen im Kindes- und Jugendalter. Göttingen: Hogrefe. *Dieses Buch bietet auf sehr übersichtliche und praxisnahe Weise einen guten Überblick über die psychologische Diagnostik psychischer Störungen im Kindes- und Jugendalter.*

Egle, U. T., Hoffmann, S. O. & Joraschky, P. (2004). Sexueller Missbrauch, Misshandlung, Vernachlässigung. Stuttgart: Schattauer. *Ein fast 800 Seiten umfassendes Herausgeberwerk mit Beiträgen namhafter Wissenschaftler. Wer Schwierigkeiten hat, englische Fachliteratur zu lesen, findet hier auch Kapitel zur Einführung.*

Flammer, A. (2003). Entwicklungstheorien – Psychologische Theorien der menschlichen Entwicklung (3. Aufl.). Bern: Huber. *Das Buch bietet einen ausgewogenen Überblick über die wichtigsten entwicklungspsychologischen Theorien.*

Freund, A. M. & Baltes, P. B. (2005). Entwicklungsaufgaben als Organisationsstrukturen von Entwicklung und Entwicklungsoptimierung. In S.-H. Filipp & U. M. Staudinger (Hrsg.), Entwicklungspsychologie des mittleren und höheren Erwachsenenalters (Enzyklopädie der Psychologie, Themenbereich C, Serie V, Bd. 6, S. 35–78). Göttingen: Hogrefe. *Dieses umfassende Kapitel arbeitet auf der Grundlage der empirischen Forschung den Nutzen des Konzeptes der Entwicklungsaufgaben für die Beschreibung und das Verstehen von Entwicklung über das Erwachsenenalter heraus.*

Freund, A. M., Nikitin, J. & Ritter, J. O. (2009). Psychological consequences of longevity: The increasing importance of self-regulation in old age. Human Development, 52, 1–37. *Ausgehend von der steigenden Lebenserwartung und der damit einhergehenden Veränderung der Normativität des Lebenslaufes untersuchen die Autoren die Rolle der Selbstregulation für die Entwicklung in den zentralen Lebensbereichen des Erwachsenenalters – Beruf, Familie und soziale Beziehungen, Freizeit – während dessen verschiedenen Phasen.*

Friedlmeier, W. (Ed.). Online readings in psychology and culture. URL: http://scholarworks.gvsu.edu/orpc/. *Eine unschätzbare Fundgrube der International Association for Cross-Cultural Psychology (IACCP) mit vielen Beiträgen international bekannter Forscherinnen und Forscher. Diese Online-Ressource wird kontinuierlich erweitert.*

Friedlmeier, W., Corapci, F. & Cole, P. M. (2011). Emotion socialization in cross-cultural perspective. Social and Personality Compass, 5, 410–427. *Der Artikel vertieft das Thema der emotionalen Entwicklung und greift dabei zentrale Themen von Kapitel 6 auf (z. B. Independenz vs. Interdependenz). Geboten wird ein Überblick über die aktuelle Forschung zum Thema Emotionssozialisation mit Einblicken in sehr unterschiedliche Kulturen.*

Garandeau, C. F. & Cillessen, A. H. N. (2006). From indirect aggression to invisible aggression: A conceptual view on bullying and peer group manipulation. Aggression and Violent Behavior, 11, 612–625. *Dieser englische, aber gut nachvollziehbare Beitrag beleuchtet in eingängiger Weise, wie sich die Dynamik von Mobbing entwickelt, welche Wege der Manipulation beschritten werden und wie – quasi aus dem Nichts – Mobbing »implementiert« werden kann.*

Gathercole, S. E. (1998). The development of memory. Journal of Child Psychology and Psychiatry, 39, 3–27. *Gibt einen Überblick über die Veränderung unterschiedlicher Gedächtnisfunktionen in der Kindheit, beschreibt qualitative und quantitative Veränderungen im Kurzzeitgedächtnis, episodischem Gedächtnis und Metagedächtnis.*

Gentner, D. & Goldin-Meadow, S. (2003). (Eds.). Language in mind. Advances in the study of language and thought. Cambridge, MA: MIT Press. *Weiterführende State-of-the-Art-Artikelsammlung zum Zusammenhang von Denken und Sprache.*

Giedd, J. N., Stockman, M., Weddle, C., Liverpool, M., Alexander-Bloch, A., Wallace, L. et al. (2010). Anatomic magnetic resonance imaging of the developing child and adolescent brain and effects of genetic variation. Neuropsychological Review, 20, 349–361. *Diese Übersichtsarbeit veranschaulicht das enge Zusammenspiel zwischen genetischen Fingerabdrücken und Hirnentwicklung. Zudem zeigt sie anhand von Zwillingsstudien, wie sehr das genetische Erbmaterial von Umweltfaktoren beeinflusst werden kann.*

Goswami, U. (Ed.). (2010). The Wiley Blackwell handbook of childhood cognitive development. New York: Wiley. *Eine aktuelle, exzellente Übersicht über die wichtigsten Bereiche der kognitiven Entwicklung in der Kindheit.*

Greve, W. (2007). Selbst und Identität im Lebenslauf. In J. Brandtstädter & U. Lindenberger (Hrsg.), Entwicklungspsychologie der Lebensspanne (S. 305–336). Stuttgart: Kohlhammer. *Übersichtsartikel zur Selbstentwicklung besonders aus der Lebensspannenperspektive, mit besonderem Blick auch auf das Erwachsenenalter.*

Grimm, H. (Hrsg.). (2001). Sprachentwicklung (Enzyklopädie der Psychologie, Themenbereich C, Serie III, Bd. 3). Göttingen: Hogrefe. *In diesem Standardwerk stellen international renommierte Wissenschaftler/-innen in 21 aktuellen Forschungsüberblicken den gesamten Bereich von Sprache und Sprachentwicklung umfassend dar. Die Bandbreite reicht vom sprachverarbeitenden Säugling über neurokognitive Aspekte der Sprachentwicklung, Beziehungen zwischen Sprache und Denken bis hin zu Gebärdensprache, Störungen der Sprachentwicklung sowie Defiziten bei der Alzheimer-Krankheit.*

Grimm, H. (2003). Störungen der Sprachentwicklung: Grundlagen – Ursachen – Diagnose – Intervention – Prävention. Göttingen: Hogrefe. *Dieses leicht lesbare Buch ist v. a. auch für Praktiker geeignet. Ganz unterschiedliche*

Sprachstörungen werden u. a. bei Kindern mit Hörschädigungen, Down-Syndrom, frühkindlichem Autismus oder spezifischen Sprachstörungen beschrieben. Ergänzende Kapitel führen in die Psychologie der Sprachentwicklung ein und informieren über Diagnostik, Prävention und Intervention.

Grob, A. & Jaschinski, U. (2003). Erwachsen werden: Entwicklungspsychologie des Jugendalters. Weinheim: Beltz PVU. *Gut strukturiertes Lehrbuch mit vielen Beispielen und interessanten Exkursen.*

Hannover, B., Pöhlmann, C. & Springer, A. (2004). Selbsttheorien der Persönlichkeit. In K. Pawlik (Hrsg.), Theorien und Anwendungen der Differentiellen Psychologie (Enzyklopädie der Psychologie, Themenbereich C, Serie VIII, Bd. 5, S. 317–364). Göttingen: Hogrefe. *Ein Überblicksartikel über die moderne Selbstkonzeptforschung und ihre Beziehungen zur Persönlichkeitspsychologie.*

Hardman, A. E. & Stensel, D. J. (2003). Physical activity and health. New York: Routledge. *Eine umfangreiche Zusammenstellung über den Zusammenhang zwischen körperlicher Aktivität und Gesundheit.*

Harter, S. (2003). The development of self-representation during childhood and adolescence. In M. R. Leary & J. P. Tangney (Eds.), Handbook of self and identity (pp. 610–642). New York: Guilford. *Umfangreicher Überblicksartikel zur Entwicklung des Selbst in Kindheit und Jugend von einer der führenden Forscherinnen im Feld; fasst wichtige Entwicklungsprozesse gut zusammen.*

Hasselhorn, M. & Silbereisen, R. K. (Hrsg.). (2008). Entwicklungspsychologie des Säuglings- und Kindesalters (Enzyklopädie der Psychologie, Themenbereich C, Serie V, Bd. 4). Göttingen: Hogrefe. *Umfangreicher und wissenschaftlich fundierter Überblick zur frühkindlichen Entwicklung. Vertiefte Darstellung spezifischer Themen in einzelnen Kapiteln (z. B. Hineinwachsen in eine Familie, Entwicklungsstörungen).*

Hattie, J. A. C. (2009). Visible learning: A synthesis of over 800 meta-analyses relating to achievement. New York: Routledge. *Eine außerordentliche Sortierungsleistung, mit der der Autor die internationale Schulleistungsforschung der letzten 50 Jahre zusammengefasst hat.*

Hawley, P. H. (1999). The ontogenesis of social dominance: A strategy-based evolutionary perspective. Developmental Review, 19, 97–132. *Dieser anspruchsvolle Beitrag integriert evolutionsbiologisches, evolutionspsychologisches und entwicklungspsychologisches Wissen zu einem empirisch überprüfbaren Modell sozialer Dominanzentwicklung und bietet zugleich die theoretische Basis zum Verständnis der Motive der Täter.*

Heckhausen, J. & Heckhausen, H. (Hrsg.). (2010). Motivation und Handeln (3. Aufl.). Heidelberg: Springer. *Ein Standardwerk der modernen Motivationspsychologie. Kapitel 15 informiert eingehend über Motivation und Entwicklung.*

Heidbrink, H. (2008). Einführung in die Moralpsychologie (3., überarb. und erw. Aufl.). Weinheim und Basel: Beltz PVU. *Diese vergnügliche, mit vielen konkreten Beispielen arbeitende Einführung behandelt neben Kohlbergs urteilsfokussierter Theorie auch die situative sowie die emotionale Perspektive, also Forschungen aus der Spiel-, Austausch- und Evolutionstheorie sowie aus dem sozial-intuitiven Ansatz.*

Heinrichs, N. & Ehlert, U. (2010). Verhaltenstherapie: Sonderheft zu Kindesmisshandlung (Bd. 20). Basel: Karger. *Ein speziell zum Thema zur Kindesmisshandlung herausgegebenes Heft mit mehreren ausführlichen Fallvignetten.*

Herpertz-Dahlmann, B., Resch, F., Schulte-Markwort, M. & Warnke, A. (Hrsg.). (2007). Entwicklungspsychiatrie. Biopsychologische Grundlagen und die Entwicklung psychischer Störungen. Stuttgart: Schattauer. *Das Buch gibt einen fundierten und gut verständlichen Überblick über psychische Störungen im Kindes- und Jugendalter. Die Besonderheit des Buches ist, dass der Entwicklungsaspekt den inhaltlichen Leitfaden gibt und die einzelnen Störungsbilder somit in einen entwicklungspsychologischen und -biologischen Kontext eingebettet sind.*

Hertzog, C. & Nesselroade, J. R. (2003). Assessing psychological change in adulthood. An overview of methodological issues. Psychology & Aging, 18, 639–657. *Diskussion von Anforderungen an Methoden der Veränderungsmessung und Vergleich verschiedener aktueller Verfahren.*

Heyden, S. & Jarosch, K. (2010). Missbrauchstäter: Phänomenologie, Psychodynamik, Therapie. Stuttgart: Schattauer. *Ein übersichtliches Büchlein speziell zum Thema sexueller Missbrauch. Obwohl der Titel es nicht nahelegt, wird das Thema umfassend behandelt, es finden sich auch Angaben zu Opfern etc.*

Holodynski, M. (unter Mitarbeit von W. Friedlmeier). (2006). Emotionen: Entwicklung und Regulation. Berlin: Springer. *Inspirierend und eingängig geschriebene Einführung in die komplexe Welt der Emotionen, wie sie sich entwickeln, wie sie mit der Entwicklung des Willens und der Emotionsregulation zusammenhängen und wie Kultur die emotionale Entwicklung beeinflusst.*

Janke, B. (2002). Entwicklung des Emotionswissens bei Kindern. Göttingen: Hogrefe. *Sorgfältige und gut strukturierte Darstellung der einzelnen Facetten des Emotionswissens und seiner Entwicklung, illustriert mit eigenen empirischen Studien.*

Kany, W. & Schöler, H. (2010). Fokus: Sprachdiagnostik. Leitfaden zur Sprachstandsbestimmung im Kindergarten (2., erw. Aufl.). Berlin: Cornelsen Scriptor. *Neben einem detaillierten Überblick über die verschiedenen sprachlichen Ebenen und die jeweiligen Meilen- und Grenzsteine bei der individuellen Entwicklung enthält das Lehrbuch eine Beschreibung und Diskussion grundlegender diagnostischer Methoden und Verfahren und der aktuellen Sprachentwicklungsdiagnostika.*

Karmiloff-Smith, A. (1992). Beyond modularity: A developmental perspective on cognitive science. Cambridge, MA: MIT Press. *Sehr lesbar, ausführliche Darstellung der Theorie repräsentationaler Neubeschreibung.*

Keller, H. (Hrsg.). (2011). Handbuch der Kleinkindforschung (4. Aufl.). Bern: Huber. *Standardwerk zu Methoden, Fragestellungen und Ergebnissen der empirischen Forschung zur frühkindlichen Entwicklung.*

Kellman, P. J. & Arterberry, M. E. (2006). Infant visual perception. In W. Damon & R. M. Lerner (Series Eds.), D. Kuhn, & R. S. Siegler (Vol. Eds.). Handbook of child psychology. Vol. 2: Cognition, perception, and language (6th ed., pp. 109–160). New York: Wiley. *Die Autoren geben einen umfassenden und aktuellen Überblick über die Entwicklung der unterschiedlichsten Wahrnehmungsleistungen.*

Killen, M. & Smetana, J. G. (2006). Handbook of moral development. Mahwah, NJ: Erlbaum. *Führende Wissenschaftler stellen in 26 Einzelkapiteln den neuesten Stand der (englischsprachig veröffentlichten) Forschungen und Theoriedebatten der Moralpsychologie dar. Behandelt werden u. a. Kohlbergs Theorie, die Bereichstheorie, Gewissensbildung, moralische Emotionen, interkulturelle Vergleiche sowie Fragen der moralischen Erziehung.*

Kißgen, R. & Heinen, R. (Hrsg.). (2011). Familiäre Belastungen in früher Kindheit. Früherkennung, Verlauf, Begleitung, Intervention. Stuttgart: Klett-Cotta. *Aktueller Sammelband über vorschulische Entwicklung aus der Perspektive der Familie.*

Konner, M. (2010). The evolution of childhood. Cambridge, MA: Belknap. *Aktuelle, äußerst umfangreiche Monografie zum Themenfeld »Evolutionäre Entwicklungspsychologie«; enthält zahlreiche Literaturhinweise und bezieht auch aktuelle Argumente der evolutionären Entwicklungsbiologie ein.*

Kruse, A. (2010). (Hrsg.). Potenziale im Altern. Chancen und Aufgaben für Individuum und Gesellschaft. Heidelberg: Akademische Verlagsgesellschaft. *Ein Sammelband, welcher aus interdisziplinärer Sicht die Ressourcen des Alters auf der Ebene des Individuums und der Gesellschaft thematisiert.*

Lamm, B. & Keller, H. (2011). Methodische Herausforderungen in der Kulturvergleichenden Säuglingsforschung. Psychologische Rundschau, 62, 101–108. *Ein auch für Einsteiger/-innen in die Materie gut zugänglicher Artikel, der praktische Probleme der kulturvergleichenden Forschung aufzeigt und der Konzepte diskutiert, die auch in Kapitel 6 behandelt werden.*

Landerl, K. & Kaufmann, L. (2008). Dyskalkulie: Modelle, Diagnostik, Intervention. München: Reinhardt/UTB. *Merkmale, Ursachen und Bedingungen von Rechenstörung/Rechenschwierigkeiten werden verständlich und theoretisch fundiert erläutert, verbunden mit einer kritischen Reflexion einiger gängiger Begriffe, Definitionen und diagnostischer Vorgehensweisen. Darüber hinaus werden Modelle zu Zahlenverarbeitung und Rechnen, die Entwicklung von Rechenfertigkeiten sowie Diagnostik und Intervention bei Dyskalkulie dargestellt.*

Lang, F. R., Neyer, F. J. & Asendorpf, J. B. (2005). Entwicklung und Gestaltung sozialer Beziehungen. In S.-H. Filipp & U. M. Staudinger (Hrsg.), Entwicklungspsychologie des mittleren und höheren Erwachsenenalters (Enzyklopädie der Psychologie, Themenbereich C, Serie V, Bd. 6, S. 377–416). Göttingen: Hogrefe. *Ein umfassender Überblick über die theoretische und empirische Literatur zu sozialen Beziehungen über das Erwachsenenalter und Mechanismen der Beziehungs- und Netzwerkgestaltung. Die Funktion und Struktur sozialer Beziehungen werden als Ergebnis der lebenslangen Entwicklungsregulation des Individuums betrachtet, die ihrerseits wiederum entwicklungsregulative Funktionen haben.*

Langen-Müller, U. de, Kauschke, C., Kiese-Himmel, C., Neumann, K., Noterdaeme, M. & Rausch, M. (unter Mitarbeit von H. Bode et al.). (2012). Diagnostik von Sprachentwicklungsstörungen (SES), unter Berücksichtigung umschriebener Sprachentwicklungsstörungen (USES) (synonym: spezifische Sprachentwicklungsstörungen (SSES)). Interdisziplinäre Leitlinie. Frankfurt: Lang. *Diese diagnostische Leitlinie enthält eine Zeittafel für die einzelnen Entwicklungsschritte beim normalen Spracherwerb, die gebräuchlichen Methoden und Verfahren zur Diagnostik und einen Ablaufplan für die Differenzialdiagnostik bei Sprachentwicklungsstörungen.*

Largo, R. H. (2010). Babyjahre: Entwicklung und Erziehung in den ersten vier Jahren. München: Piper. *Populärwissenschaftliche Darstellung der frühkindlichen Entwicklung, auch geeignet für Eltern und andere an der Erziehung von Kleinkindern beteiligte Personen.*

Lindenberger, U. & Baltes, P. B. (1995). Testing-the-limits and experimental simulation: Two methods to explicate the role of learning in development. Human Development, 38, 349–360. *Ausführliche Vorstellung der in Kapitel 4 nur kurz besprochenen Verfahren des Testing-the-limits und der experimentellen Simulation.*

Lindenberger, U., Smith, J., Mayer, K. U. & Baltes, P. B. (Hrsg.). (2010). Die Berliner Altersstudie (3. erw. Aufl.). Berlin: Akademie Verlag. *Mit diesem Buch lernen Sie eine der besten Studien zum hohen Alter im Detail kennen. Sie sehen auch, welchen Beitrag die Psychologie im Wechselspiel mit anderen Disziplinen zu einem besseren Verständnis des hohen Alters leisten kann.*

Lövdén, M., Bäckman, L., Lindenberger, U., Schaefer, S. & Schmiedek, F. (2010). A theoretical framework for the study of adult cognitive plasticity. Psychological Bulletin, 136, 659–676. *Die Autoren stellen einen theoretischen Rahmen zur Erforschung kognitiver Plastizität im Erwachsenenalter vor.*

Mähler, C. (2008). Das Kindergarten- und Vorschulalter (4.–7. Lebensjahr). In M. Hasselhorn & R. K. Silbereisen (Hrsg.), Entwicklungspsychologie des Säuglings- und Kindesalters (Enzyklopädie der Psychologie, Themenbereich C, Serie V, Bd. 4, S. 177–237). Göttingen: Hogrefe. *Bietet einen umfassenden und ausgewogenen Überblick über die wesentlichen Entwicklungsmerkmale von Kindern im Vorschulalter.*

Mangold, R., Vorderer, P. & Bente, G. (Hrsg.). (2004). Lehrbuch der Medienpsychologie. Göttingen: Hogrefe. *Neben der Entwicklungspsychologie ist für das vorliegende Kapitel vor allem die Medienpsychologie einschlägig. Das Lehrbuch stellt die erste gut strukturierte systematische Zusammenfassung dieses Bereichs dar, die jedoch nicht mehr die neuesten Entwicklungen z. B. im Bereich Social Web und virtuelle Umgebungen umfasst.*

Markus, H. R. & Hamedami, M. G. (2007). The dynamic interdependencies among self systems and social systems. In S. Kitayama & D. Cohen (Eds.), Handbook of cultural psychology (pp. 3–39). New York: Guilford Press. *Eine hervorragende Einführung in die Frage, wie die Konstruktion des Selbstkonzepts mit den sozialen Systemen zusammenhängt, in denen Menschen leben.*

Mattejat, F. (Hrsg.). (2006). Lehrbuch der Psychotherapie. Verhaltenstherapie mit Kindern, Jugendlichen und ihren Familien. München: CIP-Medien. *Dieses praxisnahe Lehrbuch gibt einen sehr guten Überblick über psychische Störungen im Kindes- und Jugendalter und ihre Behandlung. Verschiedene psychologische Therapieansätze werden fundiert dargestellt und gut verständlich erklärt.*

Mayer, R. E. & Alexander, P. A. (2011). Handbook of research on learning and instruction. New York: Routledge. *Ein Handbuch, das diejenigen lesen sollten, die sich vertieft mit einer langfristigeren beruflichen Perspektive in den Gegenstand einarbeiten wollen.*

Mietzel, G. (2006). Wege in die Entwicklungspsychologie (v. a. Kap. 5 zur kognitiven Entwicklung im Vorschulalter). Weinheim: Beltz. *Ergänzt die Inhalte von Kapitel 8 zur kognitiven Entwicklung in sinnvoller Weise.*

Nesselroade, J. R., & Molenaar, P. C. M. (2010). Emphasizing intraindividual variability in the study of development over the life span. In W. F. Overton & R. M. Lerner (Eds.), The handbook of life-span development, Vol. 1: Cognition, biology, and methods (pp. 30–54). Hoboken, NJ: Wiley. *Eine Darstellung der Wichtigkeit individuenzentrierter Ansätze in der entwicklungspsychologischen Methodik sowie der damit verbundenen Herausforderungen.*

Nilsson, L. (2009). Ein Kind entsteht – Der Bildband. München: Mosaik. *Fotodokumentation der pränatalen Entwicklung.*

Ornstein, P. A. & Light, L. L. (2010). Memory development across the lifespan. In W. F. Overton (Ed.), Biology, cognition and methods across the life-span (Vol. 1, pp. 259–305). Hoboken, NJ: Wiley. *Dieses Handbuchkapitel gehört zu den wenigen Werken, in denen die Gedächtnisentwicklung über die Lebensspanne hinweg repräsentativ beschrieben wird.*

Penn, D. C., Holyoak, K. J. & Povinelli, D. J. (2008). Darwin's mistake: Explaining the discontinuity between human and nonhuman minds. Behavioral and Brain Sciences, 31 (2), 109–130. *Weiterführender Artikel zu tiefgreifenden kognitiven Unterschieden zwischen Menschen und anderen Tieren.*

Petermann, F. & Schneider W. (2008). Angewandte Entwicklungspsychologie (Enzyklopädie der Psychologie, Themenbereich C, Serie V, Bd. 7). Göttingen: Hogrefe. *Umfassende Darstellung der wissenschaftlich fundierten Anwendungsmöglichkeiten der Entwicklungspsychologie (Diagnostik, Prävention und Förderung) in der frühen Kindheit und späteren Lebensabschnitten.*

Peters, M. (2006). Psychosoziale Beratung und Psychotherapie im Alter. Göttingen: Vandenhoeck & Ruprecht. *Bietet einen umfassenden und gut verständlichen Einstieg und Überblick zu Fragen der Therapie und der Beratung von älteren Menschen.*

Preckel, F., Schneider, W. & Holling, H. (2010). Diagnostik von Hochbegabung (Jahrbuch der pädagogisch-psychologischen Diagnostik. Tests und Trends – N. F., Bd. 8). Göttingen: Hogrefe. *Eine aktuelle Dokumentation von Verfahren und Ansätzen der Hochbegabungsdiagnostik mit Berücksichtigung klassischer Informationsquellen wie Tests oder Checklisten und neuer inhaltlicher und methodischer Entwicklungen sowie typischer Anwendungsfragen.*

Preckel, F. & Vock, M. (2012). Hochbegabung: Grundlagen, Diagnose, Fördermöglichkeiten. Ein Lehrbuch. Göttingen: Hogrefe. *Gut strukturierte und didaktisch ansprechende Aufbereitung des Themas mit einem Überblick über Modelle, prominente Studien, Persönlichkeit und Entwicklung Hochbegabter sowie Möglichkeiten der Diagnostik und Förderung.*

Rheinberg, F. & Vollmeyer, R. (2012). Motivation (8. Aufl.). Stuttgart: Kohlhammer. *Schneller Einstieg in die Motivationspsychologie.*

Roskos, K. A. & Christie, J. F. (2007). Play and literacy in early childhood: Research from multiple perspectives. Mahwah, NJ: Erlbaum. *Ausführlicher und forschungsbasierter Sammelband, der die Bedeutung des freien Spiels im Kleinkindalter für den späteren formalen Bildungsweg hervorhebt.*

Roßbach, H.-G. & Weinert, S. (Hrsg.). (2008). Kindliche Kompetenzen im Elementarbereich: Förderbarkeit, Bedeutung und Messung. Bonn: Bundesministerium für Bildung und Forschung. *Differenzierte Aufarbeitung auch internationaler empirischer Forschung zur Verfügbarkeit und Beeinflussbarkeit kindlicher Kompetenzen in der Vorschule.*

Rothermund, K. & Mayer, A.-K. (2009). Altersdiskriminierung: Erscheinungsformen, Erklärungen und Interventionsansätze. Stuttgart: Kohlhammer. *Das Buch gibt einen anschaulichen und klar strukturierten Überblick zur Bedeutung und Auswirkung von Altersbildern in der angewandten Gerontopsychologie.*

Salisch, M. von & Kunzmann, U. (2005). Emotionale Entwicklung über die Lebensspanne. In J. B. Asendorpf (Hrsg.), Soziale, emotionale und Persönlichkeitsentwicklung (Enzyklopädie der Psychologie, Themenbereich C, Serie V, Bd. 3, S. 1–74). Göttingen: Hogrefe. *Umfassend recherchierte und übersichtlich strukturierte Zusammenschau des empirischen Forschungsstands unter dem Fokus,* *wie sich die Emotionsregulation über die Lebensspanne entwickelt.*

Sarimski, K. (2009). Frühförderung behinderter Kleinkinder: Grundlagen, Diagnostik und Intervention. Göttingen: Hogrefe. *Gut strukturierte Darstellung der Entwicklungsstörungen, des diagnostischen Vorgehens und der Interventionsmöglichkeiten.*

Schäfer, M. & Herpell, G. (2010). Du Opfer – Wenn Kinder Kinder fertig machen. Reinbek: Rowohlt. *Für Eltern, Lehrer und Interessierte gleichermaßen verständlich, wird die Geschichte von zwei gemobbten Kindern erzählt und jeweils mit dem vorhandenen Fachwissen untermauert, um ein gut verständliches Bild des komplexen Phänomens Mobbing zu entwerfen.*

Schilling, O. K (2005). Cohort- and age-related decline in elder's life satisfaction: Is there really a paradox? European Journal of Ageing, 2, 254–263. *Diese Arbeit zeigt, wie der Verlauf des Wohlbefindens bis ins höchste Alter methodisch anspruchsvoll modelliert werden kann. Auch wird die Rolle der wichtigen Unterscheidung zwischen Alter und Kohorte verdeutlicht.*

Schindler, I. & Staudinger, U. M. (2005). Lifespan perspectives on self and personality: The dynamics between the mechanics and pragmatics of life. In W. Greve, K. Rothermund & D. Wentura (Eds.), The adaptive self: Personal continuity and intentional self-development (pp. 3–31). Cambridge, MA: Hogrefe. *Die Autoren diskutieren die Entwicklung von Selbst und Persönlichkeit im Erwachsenenalter vor dem Hintergrund der Unterscheidung zwischen Mechanik und Pragmatik.*

Schmidt-Denter, U. (2005). Soziale Beziehungen im Lebenslauf (4. Aufl.; v. a. Kap. 1 und 2). Weinheim: Beltz. *Informiert über den Erwerb von Kompetenzen, die das Vorschulkind benötigt, um erfolgreich mit anderen Personen zu interagieren.*

Schneider, W. & Lockl, K. (2006). Entwicklung metakognitiver Kompetenzen im Kindes- und Jugendalter. In W. Schneider & B. Sodian (Hrsg.), Kognitive Entwicklung (Enzyklopädie der Psychologie, Themenbereich C, Serie V, Bd. 2, S. 721–767). Göttingen: Hogrefe. *Das Kapitel bietet einen umfassenden Überblick zur metakognitiven Entwicklung ab dem Vorschulalter.*

Schneider, W., Lockl, K. & Fernandez, O. (2005). Interrelationships among the theory of mind, executive control, language development, and working memory in young children: A longitudinal analysis. In W. Schneider, R. Schumann-Hengsteler & B. Sodian (Eds.), Young children's cognitive development: Interrelationships among executive functioning, working memory, verbal ability, and theory of mind (pp. 259–284). Mahwah, NJ: Erlbaum. *Zentrale Ergebnisse der Würzburger Längsschnittstudie zur Entwicklung kognitiver Kontrollfunktionen in der frühen Kindheit, deren Interkorrelationen und Korrelationen zu metakognitiven Kompetenzen und der sprachlichen Entwicklung.*

Schneider, W. & Pressley, M. (1997). Memory development between two and twenty (2nd ed.). Mahwah, NJ: Erlbaum. *Die Autoren liefern eine breite und detaillierte Darstellung der Entwicklung des verbalen Gedächtnisses im Kindes- und Jugendalter. Sie gehen ausführlich auf die Determinanten der Gedächtnisentwicklung ein und erörtern Bedingungsfaktoren guter Gedächtnisleistungen.*

Schneider, W. & Stumpf, E. (2007). Hochbegabung, Expertise und die Erklärung außergewöhnlicher Leistungen. In K. Heller & A. Ziegler (Hrsg.), Begabt sein in Deutschland (S. 71–92). Wiesbaden: LIT-Verlag. *Darstellung des Zusammenspiels von Fähigkeit und Wissen bei der Entwicklung außergewöhnlicher Leistungen, illustriert an Beispielen genialer Menschen der Gegenwart und der Geschichte.*

Schöler, H., Fromm, W. & Kany, W. (Hrsg.). (1998). Spezifische Sprachentwicklungsstörung und Sprachlernen. Heidelberg: Winter. *Dieser umfangreiche Forschungsbericht gibt einen guten Überblick über die Theorien und die Forschungsmethoden zur spezifischen Sprachentwicklungsstörung und diskutiert nach wie vor relevante Fragestellungen.*

Schultheiss, O. C. & Brunstein, J. C. (2010). Implicit motives. New York: Oxford University Press. *Eine Übersicht über Theorie und neueste Forschung zu impliziten Motiven.*

Schwarzer, G. (2006). Visuelle Wahrnehmung. In W. Schneider & B. Sodian (Hrsg.), Kognitive Entwicklung (Enzyklopädie der Psychologie, Themenbereich C, Serie V, Bd. 2, S. 109–150). Göttingen: Hogrefe. *Dieser äußerst sachkundig und dennoch leicht verständlich verfasste Enzyklopädiebeitrag liefert einen vertieften Einblick in den aktuellen Stand der Forschung zur visuellen Wahrnehmungsentwicklung.*

Shah, J. Y. & Gardner, W. L. (Eds.). (2008). Handbook of motivation science. New York: Guilford. *Ein Überblick zu Motivation und ihrer Bedeutung für Entwicklungs-, Emotions-, Persönlichkeits- und soziale Prozesse.*

Shing, Y. L. & Lindenberger, U. (2011). The development of episodic memory: Lifespan lessons. Child Development Perspectives, 5, 148–155. *Die Autoren stellen ein Modell der Entwicklung episodischer Gedächtnisleistungen über die Lebensspanne unter Berücksichtigung neurowissenschaftlicher Erkenntnisse vor.*

Silbereisen, R. K. & Hasselhorn, M. (Hrsg.). (2007). Entwicklungspsychologie des Jugendalters (Enzyklopädie der Psychologie, Themenbereich C, Serie V, Bd. 5). Göttingen: Hogrefe. *Umfassende Darstellung des aktuellen Forschungsstandes im Bereich Jugendentwicklung, Kapitel geordnet nach den wichtigsten Themenbereichen.*

Singer, D. G. & Singer, J. L. (Eds.). (2001). Handbook of children and the media. Thousands Oaks, CA: Sage. *Wenn auch mittlerweile etwas älter, handelt es sich immer noch um eine der umfassendsten Einführungen in den Bereich Kinder, Jugendliche und Medien, die alle einschlägigen Themen behandelt.*

Staudinger, U. M. & Bluck, S. (2001). A view on midlife development from life-span theory. In M. E. Lachman (Ed.), Handbook of midlife development (pp. 3–39).

New York: Wiley. *Dies ist eine der wenigen Publikationen, die sich der Entwicklung insbesondere im mittleren Erwachsenenalter widmen und dabei eine Lebensspannenperspektive einnehmen. Die Autorinnen argumentieren überzeugend, dass Entwicklung in dieser Altersphase als ein Wechselspiel aus Gewinnen und Verlusten betrachtet werden kann, das sich auf die verschiedenen Funktions- und Lebensbereiche bezieht.*

Staudinger, U. M. & Glück, J. (2011). Psychological wisdom research: Commonalities and differences in a growing field. Annual Review of Psychology, 62, 215–241. *Die Autoren bieten einen Überblick zur Forschung über die Bedingungen der Entwicklung von Weisheit im Erwachsenenalter.*

Steinberg, L. (2011). Adolescence (9th ed.). New York: McGraw-Hill. *Ein Klassiker, der anschaulich fundiertes Wissen zur Jugendentwicklung vermittelt.*

Stumpf, E. (2012). Förderung bei Hochbegabung. Stuttgart: Kohlhammer. *Darstellung zentraler Begabtenförderprinzipien sowie Reflexion deren theoretischer und wissenschaftlicher Fundierung.*

Suchodoletz, W. von (Hrsg.). (2006). Therapie der Lese-Rechtschreib-Störung (LRS): Traditionelle und alternative Behandlungsmethoden im Überblick. Stuttgart: Kohlhammer. *Die Beiträge liefern kenntnisreiche theoriegeleitete Darstellungen und Bewertungen unterschiedlicher Maßnahmen zur Prävention und Intervention bei Lese-/Rechtschreibschwierigkeiten.*

Swanson, H. L., Harris, K. R. & Graham, S. (Eds.). (2003). Handbook of learning disabilities. New York: Guilford. *Überblick über die Geschichte und den aktuellen Stand der Forschung zu Lernstörungen (im Sinne von learning disabilities) aus US-amerikanischer Sicht.*

Tomasello, M. (1999). The cultural origins of human cognition. Cambridge, MA: Harvard University Press. *Sehr lesbare Einführung in die Theorie kulturellen Lernens mit ausführlichem Überblick über frühkindliche kognitive Fähigkeiten im Vergleich zu denen nicht-menschlicher Primaten.*

Townsend, T. (Ed.). (2007). International handbook of school effectiveness and improvement. New York: Springer. *Hier lernt man alles über die Wirksamkeit von Schule.*

Trommsdorff, G. & Kornadt, H.-J. (Hrsg.). (2007). Enzyklopädie der Psychologie, Themenbereich C: Theorie und Forschung, Serie VII: Kulturvergleichende Psychologie. Band 1: Theorien und Methoden der kulturvergleichenden Psychologie; Band 2: Erleben und Handeln im kulturellen Kontext; Band 3: Anwendungsfelder der kulturvergleichenden Psychologie. Göttingen: Hogrefe. *Ein allgemeines und umfassendes Nachschlagewerk – und ein Muss für alle Forschenden, die sich mit dem Thema Kultur und Sozialisation eingehender beschäftigen wollen.*

Ulich, E. & Wiese, B. S. (2011). Life Domain Balance – Konzepte zur Verbesserung der Lebensqualität. Wiesbaden: Gabler. *Dieses Werk bietet eine Zusammenschau einer Vielzahl von Arbeiten zur Balance wichtiger Lebensbereiche im Erwachsenenleben (Erwerbsarbeit, gemeinnützige Arbeit, Partnerschaft, Familie, Freizeit, Gesundheit) aus einer lebensspannenpsychologischen Perspektive und geht weit über die übliche Forschung zur »Work-Life-Balance« hinaus. Es handelt sich um ein lösungsorientiertes Buch, das sich um Handlungsmöglichkeiten für das Finden einer Balance zwischen den Anforderungen und Zielen einer Person bemüht.*

Van Evra, J. (2004). Television and child development (3rd ed.). Mahwah, NJ: Erlbaum. *Eine umfassende Einführung in den Komplex Kinder, Jugendliche und Fernsehen, die nicht nur gut strukturiert die einschlägigen empirischen Befunde referiert, sondern auch theoretische Perspektiven und Forschungsmethoden beinhaltet.*

Vock, M., Preckel, F. & Holling, H. (2007). Förderung Hochbegabter in der Schule: Evaluationsbefunde und Wirksamkeit von Maßnahmen. Göttingen: Hogrefe. *Umfassender Überblick über Maßnahmen der schulischen Begabtenförderung wie Fähigkeitsgruppierung, Akzeleration oder Enrichment, der auch die Frage der Auswahl von Schülerinnen und Schülern für Maßnahmen und die Ausbildung von Lehrkräften thematisiert.*

Wahl, H.-W. & Iwarsson, S. (2007). Person-environment relations. In R. Fernández-Ballesteros (Ed.), GeroPsychology. European perspectives for an aging world (pp. 49–66). Göttingen: Hogrefe. *Verständlich geschriebener Überblick und Einstieg zu anwendungsbezogenen Aspekten der ökopsychologischen Gerontologie und der Person-Umwelt-Passung.*

Wahl, H.-W. & Rott, C. (2002). Konzepte und Definitionen der Hochaltrigkeit. In Deutsches Zentrum für Altersfragen (Hrsg.), Expertisen zum Vierten Altenbericht der Bundesregierung (S. 5–95). Hannover: Vincentz-Verlag. *In diesem Kapitel finden Sie reichhaltige Informationen zur Historie des hohen Alters als Gegenstand der Alternsforschung. Ergänzend werden zentrale theoretische Diskurse zum hohen Alter dargelegt.*

Wahl, H.-W., Tesch-Römer, C. & Ziegelmann, J. P. (Hrsg.). (2012). Angewandte Gerontologie: Interventionen für ein gutes Altern in 100 Schlüsselbegriffen. Stuttgart: Kohlhammer. *Umfassendes interdisziplinäres Handbuch zu zentralen Schlüsselthemen und Kernbegriffen der psychologischen, sozialwissenschaftlichen und medizinischen Alternsforschung.*

Warnke, A., Hemminger, U. & Plume, E. (2004). Lese-Rechtschreibstörungen. Göttingen: Hogrefe. *Umfassender Überblick zur Lese-/Rechtschreibstörung: Merkmale, Diagnostik, Prävention und Intervention.*

Weinert, S. (2006). Spracherwerb. In W. Schneider & B. Sodian (Hrsg.), Kognitive Entwicklung (Enzyklopädie der Psychologie, Themenbereich C, Serie V, Bd. 2, S. 609–719). Göttingen: Hogrefe. *In diesem Beitrag wird ein vertiefter Überblick über empirische Befunde und theoretische Überlegungen zum Spracherwerb gegeben. Dabei wird auch auf Beziehungen zwischen Sprach- und Kogniti-*

onsentwicklung, entwicklungspsychologische Aspekte des Zweitspracherwerbs sowie Störungen und Förderungen des Spracherwerbs eingegangen.

Weinert, S. & Weinert, F.E. (2006). Entwicklung der Entwicklungspsychologie: Wurzeln, Meilensteine, Entwicklungslinien. In W. Schneider & F. Wilkening (Hrsg.), Theorien, Modelle und Methoden der Entwicklungspsychologie (Enzyklopädie der Psychologie, Themenbereich C, Serie V, Bd. 1, S. 3–58). Göttingen: Hogrefe. *Dieses Kapitel beleuchtet umfassend die Entstehungsgeschichte der wissenschaftlichen Entwicklungspsychologie und skizziert wesentliche Veränderungen in der Sichtweise von Entwicklungstrends.*

Zelazo, P.D., Muller, U., Frye, D. & Marcovitch, S. (2003). The development of executive function in early childhood. Monographs of the Society for Research in Child Development, 68 (3), Serial No. 274. *Die Monografie gibt einen Überblick und liefert ein Rahmenmodell zur Entwicklung exekutiver Funktionen in der frühen Kindheit.*

Autorenverzeichnis

Albert, Isabelle, Dr.
Universität Luxemburg, Fakultät für Sprachwissenschaft und Literatur, Geisteswissenschaft, Kunst und Erziehungswissenschaft, Route de Diekirch, 7201 Walferdange, Luxemburg

Asendorpf, Jens, Prof. Dr.
Humboldt-Universität zu Berlin, Institut für Psychologie, Rudower Chaussee 18, 12489 Berlin

Baumert, Jürgen, Prof. Dr.
Max-Planck-Institut für Bildungsforschung, Lentzeallee 94, 14195 Berlin

Bjorklund, David F., Prof. Dr.
Florida Atlantic University, Department of Psychology, Boca Raton, FL 33431, USA

Draganski, Bogdan, Prof. Dr.
Université de Lausanne, Laboratoire de recherche en neuroimagerie (LREN), Departement des neurosciences cliniques, Rue du Bugnon 46, 1011 Lausanne, Schweiz

Elsner, Birgit, Prof. Dr.
Universität Potsdam, Institut für Psychologie, Karl-Liebknecht-Str. 24–25, 14482 Potsdam

Engfer, Anette, Prof. i. R. Dr.
Universität Paderborn, FB 2 Psychologie, Warburger Straße 100, 33098 Paderborn

Freund, Alexandra M., Prof. Dr.
Universität Zürich, Psychologisches Institut, Binzmühlestrasse 14, 8050 Zürich, Schweiz

Greve, Werner, Prof. Dr.
Universität Hildesheim, Institut für Psychologie, Marienburger Platz 22, 31141 Hildesheim

Grimm, Hannelore, Prof. i. R. Dr.
Werderplatz 6, 69120 Heidelberg

Grube, Dietmar, Prof. Dr.
Carl von Ossietzky Universität Oldenburg, Institut für Pädagogik, Ammerländer Heerstraße 114–118, 26129 Oldenburg

Haase, Claudia, Dr.
University of California, Berkeley, Institute of Personality and Social Research, 4143 Tolman Hall #5050, Berkeley, CA 94720–5050, USA

Hannover, Bettina, Prof. Dr.
Freie Universität Berlin, FB Erziehungswissenschaft und Psychologie, Habelschwerdter Allee 45, 14195 Berlin

Hardt, Jochen, Prof. Dr.
Universitätsmedizin Mainz, Medizinische Psychologie und Medizinische Soziologie, Duesbergweg 6, 55128 Mainz

Hasselhorn, Marcus, Prof. Dr.
Deutsches Institut für Internationale Pädagogische Forschung (DIPF), Schloßstraße 29, 60486 Frankfurt am Main

Haun, Daniel, Dr.
Max-Planck-Institut für Psycholinguistik, PO Box 310, 6500 AH Nijmegen, Niederlande

Heckhausen, Jutta, Prof. Dr.
University of California, Irvine, Department of Psychology and Social Behavior, 4216 Social and Behavioral Sciences Gateway, Irvine, CA 92697–7085, USA

Holodynski, Manfred, Prof. Dr.
Westfälische Wilhelms-Universität, Institut für Psychologie in Bildung und Erziehung, Fliednerstraße 21, 48149 Münster

Kany, Werner, Dr. (†)
Glückstraße. 4, 68165 Mannheim

Kavšek, Michael, PD Dr.
Rheinische Friedrich-Wilhelms-Universität, Institut für Psychologie, Entwicklungspsychologie und Pädagogische Psychologie, Kaiser-Karl-Ring 9, 53111 Bonn

Kessler, Eva-Marie, Dr.
Ruprecht-Karls-Universität Heidelberg, Psychologisches Institut, Abteilung Psychologische Alternsforschung, Bergheimer Straße 20, 69115 Heidelberg

Köller, Olaf, Prof. Dr.
IPN an der Universität zu Kiel, Leibniz-Institut für die Pädagogik der Naturwissenschaften und Mathematik, Olshausenstraße 62, 24118 Kiel

Kray, Jutta, Prof. Dr.
Universität des Saarlandes, Fachrichtung Psychologie, Postfach 151150, 66041 Saarbrücken

Krist, Horst, Prof. Dr.
Ernst-Moritz-Arndt-Universität, Institut für Psychologie, Franz-Mehring-Straße 47, 17489 Greifswald

Lang, Frieder, Prof. Dr.
Friedrich-Alexander-Universität, Institut für Psychogerontologie, Nägelsbachstraße 25, 91052 Erlangen

Leipold, Bernhard, Dr.
Universität Hildesheim, Institut für Psychologie, Marienburger Platz 22, 31141 Hildesheim

Lindenberger, Ulman, Prof. Dr.
Max-Planck-Institut für Bildungsforschung, Forschungsbereich Entwicklungspsychologie, Lentzeallee 94, 14195 Berlin

Mähler, Claudia, Prof. Dr.
Universität Hildesheim, Institut für Psychologie, Marienburger Platz 22, 31141 Hildesheim

Montada, Leo, Prof. em. Dr.
Mozartstraße 22, 78464 Konstanz

Nieding, Gerhild, Prof. Dr.
Julius-Maximilians-Universität Würzburg, Röntgenring 10, 97070 Würzburg

Nikitin, Jana, Dr.
Universität Zürich, Psychologisches Institut, Binzmühlestrasse 14, 8050 Zürich, Schweiz

Nunner-Winkler, Gertrud, Prof. Dr.
Mozartstraße 6, 82049 Pullach

Oerter, Rolf, Prof. em. Dr.
Rehkemperstraße 2, 81247 München

Ohler, Peter, Prof. Dr.
TU Chemnitz, Institut für Medienforschung, Thüringer Weg 11, 09126 Chemnitz

Pauen, Sabina, Prof. Dr.
Ruprecht-Karls-Universität Heidelberg, Psychologisches Institut, Hauptstraße 47–51, 69117 Heidelberg

Preckel, Franzis, Prof. Dr.
Universität Trier, FB I Psychologie, 54286 Trier

Rakoczy, Hannes, Prof. Dr.
Georg-August-Universität Göttingen, Georg-Elias-Müller-Institut für Psychologie, Abteilung 4 Biologische Entwicklungspsychologie, Waldweg 26, 37073 Göttingen

Rohr, Margund, Dr.
Friedrich-Alexander-Universität Erlangen-Nürnberg, Institut für Psychogerontologie, Nägelsbachstraße 25, 91052 Erlangen

Schaefer, Sabine, Dr.
Max-Planck-Institut für Bildungsforschung, Forschungsbereich Entwicklungspsychologie, Lentzeallee 94, 14195 Berlin

Schäfer, Mechthild, PD Dr.
Ludwig-Maximilians-Universität München, Department Psychologie, AE für Beratung und Intervention, Leopoldstr. 13, 80802 München

Schilling, Oliver, Prof. Dr.
Ruprecht-Karls-Universität Heidelberg, Psychologisches Institut, Abteilung Psychologische Alternsforschung, Bergheimer Straße 20, 69115 Heidelberg

Schmiedek, Florian, Prof. Dr.
Deutsches Institut für Internationale Pädagogische Forschung (DIPF), Schloßstraße 29, 60486 Frankfurt

Schneider, Wolfgang, Prof. Dr.
Julius-Maximilians-Universität Würzburg, Institut für Psychologie, Röntgenring 10, 97070 Würzburg

Schöler, Hermann, Prof. i. R. Dr.
Pädagogische Hochschule Heidelberg, Keplerstraße 87, 69120 Heidelberg

Schölmerich, Axel, Prof. Dr.
Ruhr-Universität Bochum, Fakultät für Psychologie, Universitätsstraße 150, 44801 Bochum

Schwenck, Christina, Dr.
Klinik für Psychiatrie, Psychosomatik und Psychotherapie des Kindes- und Jugendalters, Goethe-Universität Frankfurt, Deutschordenstraße 50, 60528 Frankfurt

Silbereisen, Rainer K., Prof. Dr.
Friedrich-Schiller-Universität Jena, Institut für Psychologie, Am Steiger 3, Haus 1, 07743 Jena

Sodian, Beate, Prof. Dr.
Universität München, Department Psychologie, AE Entwicklungspsychologie und Pädagogische Psychologie, Leopoldstraße 13, 80802 München

Staudinger, Ursula M., Prof. Dr.
Jacobs University Bremen, Jacobs Center on Lifelong Learning and Institutional Development, Campus Ring 1, 28759 Bremen

Stumpf, Eva, PD Dr.
Universität Würzburg, Institut für Psychologie, Röntgenring 10, 97070 Würzburg

Tesch-Römer, Clemens, Prof. Dr.
Deutsches Zentrum für Altersfragen, Manfred-von-Richthofen-Straße 2, 12101 Berlin

Thelen, Antonia, MSc
Vaudois University Hospital Center and University of Lausanne (CHUV), Department of Clinical Neurosciences (DNC), Functional Electrical Neuroimaging Laboratory (FENL), Rue du Bugnon 46, 1011 Lausanne, Schweiz

Voelcker-Rehage, Claudia, Prof. Dr.
Jacobs University Bremen, Jacobs Center on Lifelong Learning and Institutional Development, Campus Ring 1, 28759 Bremen

Wahl, Hans-Werner, Prof. Dr.
Ruprechts-Karls-Universität Heidelberg, Psychologisches Institut, Abteilung Psychologische Alternsforschung, Bergheimer Straße 20, 69115 Heidelberg

Weichold, Karina, Dr.
Friedrich-Schiller-Universität Jena, Institut für Psychologie, Am Steiger 3, Haus 1, 07743 Jena

Weinert, Sabine, Prof. Dr.
Otto-Friedrich-Universität Bamberg, Lehrstuhl Psychologie I, Entwicklung und Lernen, Markusplatz 3, 96047 Bamberg

Wilkening, Friedrich, Prof. Dr.
Universität Zürich, Psychologisches Institut, Binzmühlestrasse 14, 8050 Zürich, Schweiz

Zmyj, Norbert, Prof. Dr.
Ruhr-Universität Bochum, Fakultät für Psychologie, GAFO 04/989, Universitätsstraße 150, 44801 Bochum

Über die Autoren und Herausgeber

Dr. Isabelle Albert hat an der Universität des Saarlandes, an der Universität Bologna (Italien) und an der Universität Trier Psychologie studiert und an der Universität Konstanz im Bereich Entwicklungspsychologie und Kulturvergleich promoviert. Seit 2007 arbeitet sie an der Universität Luxemburg, wo sie in der Lehre und Forschung tätig ist. Zu ihren Forschungsinteressen gehören die Weitergabe von Werthaltungen von einer Generation zur nächsten, Persönlichkeits- und Familienentwicklung im kulturellen Kontext sowie die Beziehungen zwischen verschiedenen Generationen innerhalb der Familie – und zwar über die gesamte Lebensspanne: zwischen Jugendlichen und ihren Eltern, erwachsenen Kindern und ihren alten Eltern und zwischen Enkeln und ihren Großeltern. Das Leben und Arbeiten im Großherzogtum Luxemburg findet sie spannend und genießt dabei vor allem die kulturelle Vielfalt und Mehrsprachigkeit dieses Landes im Herzen Europas.

Prof. Dr. Jens B. Asendorpf studierte Mathematik und Informatik in Kiel und an der TU Berlin, anschließend Psychologie in Marburg, Gießen und an der Yale University. Er promovierte 1981 im Fach Psychologie in Gießen. Von 1982 bis 1994 war er wissenschaftlicher Mitarbeiter am Max-Planck-Institut für psychologische Forschung in München. Seit 1994 ist er Professor für Persönlichkeitspsychologie an der Humboldt-Universität zu Berlin. Zu seinen derzeitigen Forschungsinteressen gehören die Persönlichkeitsentwicklung vom Kindes- bis zum mittleren Erwachsenenalter, die Wechselwirkung zwischen Persönlichkeit und sozialen Beziehungen sowie kulturbedingte Unterschiede in der Persönlichkeit. Er hat einen Sohn und inzwischen auch eine Enkeltochter.

Prof. Dr. Jürgen Baumert (geb. 1941), Dr. phil. 1968, Universität Tübingen; Habilitation für Erziehungswissenschaft 1982 an der Freien Universität Berlin; seit 1989 außerplanmäßiger Professor an der Freien Universität Berlin, seit 1996 Honorarprofessor an der Humboldt-Universität zu Berlin und seit 2011 Honorarprofessor an der Christian-Albrechts-Universität zu Kiel; 1991 bis 1996 Lehrstuhlinhaber für Erziehungswissenschaft und Geschäftsführender Direktor (ab 1992) des Leibniz-Instituts für die Pädagogik der Naturwissenschaften (IPN) an der Christian-Albrechts-Universität zu Kiel; seit 1996 Wissenschaftliches Mitglied der Max-Planck-Gesellschaft und Direktor am Max-Planck-Institut für Bildungsforschung Berlin; 2006 bis 2008 Vizepräsident der Max-Planck-Gesellschaft; Emeritierung im Juli 2010. Jürgen Baumerts Forschungsschwerpunkte sind: Lehr-/Lernforschung; Kognitive und motivationale Entwicklung im Jugend- und jungen Erwachsenenalter; Professionelle Kompetenz von Lehrkräften; Internationaler Leistungsvergleich; Entwicklung von Bildungssystemen.

Prof. Dr. David F. Bjorklund ist Professor für Entwicklungspsychologie an der Florida Atlantic University, Boca Raton (Florida, USA). Er ist Herausgeber zahlreicher Editionen und wichtiger Fachzeitschriften. Sein Forschungsinteresse richtet sich zum einen auf Prozesse der kognitiven Entwicklung in Kindheit und Jugend; er hat hierzu verschiedene Lehrbücher veröffentlicht, die mehrfach wieder aufgelegt worden sind. Seit Langem forscht und veröffentlicht er auch zu Fragen der Evolution des Menschen, insbesondere zur evolutionären Geschichte der menschlichen Entwicklung: Warum haben Menschen eine so außergewöhnlich lange und differenzierte Kindheit? Er hat hierzu ein Standardwerk, mehrere Editionen sowie zahlreiche Fachaufsätze in den wichtigsten Fachzeitschriften veröffentlicht.

Prof. Dr. Bogdan Draganski studierte Humanmedizin in Berlin und promovierte 2001 an der Humboldt-Universität zu Berlin. Seit 2010 ist er Direktor des Laboratoire de recherche en neuroimagerie – LREN, am Departement des neurosciences cliniques – Universitätsklinikum Lausanne, und Professor an der biologisch-medizinischen Fakultät der Universität Lausanne, Schweiz. Seine Pionierarbeiten zur training-induzierten Hirnplastizität haben neue Forschungsbereiche in der Bildgebung inspiriert. Bogdan ist ein passionierter Schwimmer, Fahrradfahrer und Vater zwei Kinder.

Prof. Dr. Birgit Elsner leitet die Abteilung Entwicklungspsychologie an der Universität Potsdam. Nach dem Psychologie-Studium an der Universität Göttingen promovierte sie am Max-Planck-Institut (MPI) für psychologische Forschung in München in der Abteilung Kognition und Handlung zum Erwerb von kognitiven Handlungsrepräsentationen bei Erwachsenen. Nach der Promotion arbeitete sie als wissenschaftliche Mitarbeiterin in der neu gegründeten MPI-Abteilung »Entwicklung von Kognition undw Handlung« und entdeckte dort ihre Faszination für die empirische Säuglingsforschung. Dieses Forschungsinteresse konnte sie als wissenschaftliche Assistentin in der Abteilung Entwicklungs- und Biologische Psychologie der Universität Heidelberg weiter ausbauen und vertiefen. Gemeinsam mit Prof. Dr. B. Höhle leitet sie nun das BabyLab der Universität Potsdam und erforscht die Entwicklung der sozialen Kognition in den ersten Lebensjahren, mit einem Schwerpunkt auf Handlungsrepräsentation und Intentionsverständnis. Als besonders spannend an ihrer Forschung empfindet sie die schnelle Lernfähigkeit von Säuglingen und das immense Wissen, dass die Kleinen schon über ihre Umwelt und die Menschen darin haben. Eine interessante Herausforderung ist die Planung von Studien und die Gestaltung von Versuchsmaterial, das Säuglinge motiviert und ihre kognitiven Leistungen herausfordert. Ein weiteres Hauptinteresse besteht in der Erforschung des sich entwickelnden Gehirns als Grundlage für die frühkindliche Kognition. Durch den Einsatz psychophysiologischer Methoden wie Blickbewegungsmessung (Eyetracking) oder Elektroenzephalogramm (EEG) verspricht sie sich für die nächsten Jahre faszinierende Erkenntnisse in diesem noch relativ jungen Forschungsgebiet.

Prof. Dr. em. Anette Engfer, Dipl.-Psychologin, Studium der Psychologie. Verhaltenstherapieausbildung in den USA. Von 1992 bis 2009 Professorin an der Universität Paderborn. Forschungsschwerpunkte waren Kindesmisshandlung, -vernachlässigung und -missbrauch sowie Eltern-Kind-Beziehungen.

Prof. Dr. Alexandra M. Freund ist seit 2005 Ordinaria an der Universität Zürich, wo sie den Lehrstuhl für »Angewandte Psychologie: Life-Management« innehat. Zuvor war sie Associate Professor an der Northwestern University in Evanston bei Chicago, wohin sie vom Max-Planck-Institut für Bildungsforschung in Berlin berufen wurde. Dort leitete sie acht Jahre zusammen mit dem damaligen Direktor Paul B. Baltes eine Forschergruppe zur entwicklungsregulativen Funktion von Zielen. 1994 wurde sie an der Freien Universität in Berlin mit einer Arbeit über Inhalt, Struktur und Funktion der Selbstdefinition im Alter promoviert, 2002 mit dem Thema »Die Rolle von Zielen für die Entwicklung« habilitiert. 1993–1994 war sie als Postdoc an der Stanford University. Im Jahr 2000 war Alexandra Freund als ein Gründungsmitglied der Jungen Akademie der Berlin-Brandenburgischen Akademie der Wissenschaften und der Akademie der Naturforscher Leopoldina ernannt worden. Ihre zentralen Forschungsthemen befassen sich mit Prozessen erfolgreicher Entwicklung sowie der Entwicklung selbstbezogener Kognitionen, Emotionen und Motivation über die Lebensspanne. Gegenwärtige Forschungsprojekte fokussieren auf entwicklungsbezogene Antezedenzien und Konsequenzen unterschiedlicher Zielrepräsentationen.

Prof. Dr. Werner Greve ist seit 2001 Professor für Entwicklungspsychologie an der Universität Hildesheim. Er studierte in Trier Psychologie und Philosophie, wurde 1989 promoviert und habilitierte sich 1998. Sein Forschungsinteresse richtet sich auf Prozesse der Stabilisierung und Veränderung über die Lebensspanne; er hat hier insbesondere die Entwicklung des Selbst und von Bewältigungsprozessen über die Lebensspanne untersucht. Dabei tritt zunehmend auch die Frage nach der Evolution des Menschen und den Folgen für seine individuelle Entwicklung in den Blickpunkt. Weitere Forschungsfelder sind die Kriminalpsychologie (Wirkungen von Strafe, Erklärung von Jugendkriminalität) und die theoretische Psychologie (philosophische und wissenschaftstheoretische Fragen, z. B. nach der Willensfreiheit oder der Wertfreiheit von Forschung). Neben diesen Arbeiten hat er Bücher zu unterschiedlichen Themen veröffentlicht, etwa zum Ödipuskomplex oder zu den James-Bond-Filmen.

Prof. Dr. Hannelore Grimm i.R. studierte Psychologie in Heidelberg und war ab 1985 Inhaberin des Lehrstuhls für Allgemeine und Angewandte Entwicklungspsychologie an der Universität Bielefeld. Ihre Forschungsschwerpunkte sind: Theorie und Praxis der normalen und gestörten Sprachentwicklung, Sprachentwicklungsdiagnostik und Sprachförderung. Sie wirkte als Mitglied des Wissenschaftlichen Beirats »Sprachförderung« der Baden-Württemberg Stiftung und hat die wissenschaftliche Evaluation des sächsischen Landesmodellprojekts »Sprache fördern« geleitet. Ihr Buch »Störungen der Sprachentwicklung«, das als Standardwerk gilt, erscheint 2012 nach umfangreicher Überarbeitung in dritter Auflage.

Prof. Dr. Dietmar Grube studierte Psychologie in Göttingen, promovierte im Jahr 1998 an der Technischen Universität Dresden und habilitierte sich im Jahr 2004 an der Universität Göttingen im Fach Psychologie. Seit 2010 ist er als Professor für Pädagogische Psychologie an der Carl von Ossietzky Universität Oldenburg tätig. Zentrale Forschungsinteressen betreffen Arbeitsgedächtnis, Wissen, Rechenfertigkeiten sowie Zeitverarbeitung – jeweils aus der Entwicklungsperspektive betrachtet – und insbesondere die Bedingungen der Entstehung von Rechenschwierigkeiten und die Möglichkeiten der Intervention. Neben seiner Arbeit genießt er die Zeit mit seiner Familie und das Musizieren. Mit Claudia Mähler verbindet ihn neben dem gemeinsam verfassten Buchkapitel eine lange kollegiale Zeit als Mitarbeiter von Prof. Dr. Marcus Hasselhorn am Göttinger Institut für Psychologie.

Dr. Claudia Haase studierte Psychologie in Jena, verbrachte Forschungsaufenthalte an der University of California, Irvine, und promovierte 2007 im Fach Psychologie an der Friedrich-Schiller-Universität Jena. Sie ist Postdoktorandin an der University of California, Berkeley, und wird ab 2013 als Assistant Professor an der Northwestern University tätig sein. Ihre Forschungsinteressen gelten Quellen (Motivation, Emotion, biologische Faktoren) und Konsequenzen (z. B. Wohlbefinden, Gesundheit, Erfolg) gelungener Entwicklung über die Lebensspanne mit einem besonderen Augenmerk auf moderierenden Faktoren (z. B. Kontrollpotenzial). In ihrer freien Zeit macht sie Musik und Yoga und erkundet die San Francisco Bay Area.

Prof. Dr. Bettina Hannover studierte in Marburg, Bremen und Philadelphia Psychologie und promovierte an der Technischen Universität Berlin. Seit 2002 ist sie Professorin für Schul- und Unterrichtsforschung an der Freien Universität Berlin. In ihrer Forschung interessiert sie sich für die Frage, wie das Bild, das Menschen von sich haben, das Selbst, sie in ihrem Denken, Fühlen und Handeln beeinflusst. Dazu untersucht sie (a) die kognitiven Mechanismen, die der Verarbeitung selbstbezogener Informationen zugrunde liegen, (b) soziale (z. B. Geschlechtsrollenstereotype) oder kulturelle (z. B. Independenz- versus Interdependenzkulturen) Einflussfaktoren auf das Selbst und (c) Auswirkungen des Selbst auf Lernen und Interessenentwicklung im Kontext Schule. Bettina Hannover ist eineiiger Zwilling und hat eine sehr intensive Beziehung zu ihrer Zwillingsschwester. Ob ihr Interesse an der Forschung zum Selbst damit etwas zu tun hat?

Prof. Dr. Jochen Hardt, Dipl.-Psychologe, 1982 bis 1988 Studium der Psychologie in Mainz, 1995 Promotion und 2004 Habilitation an der Universität Mainz. Seit 1996 wissenschaftlicher Angestellter der Medizinischen Psychologie und Medizinischen Soziologie an der Klinik und Poliklinik für Psychosomatische Medizin und Psychotherapie der Universitätsmedizin Mainz. Forschungsschwerpunkte sind Langzeitfolgen von Kindheitsbelastungen und das Wirken von Schutzfaktoren sowie die Analyse komplexer statistischer Modelle, so wie man sie beispielsweise zur Erforschung von Kindheitsbelastungen braucht. Privat interessiert er sich für Architektur des 18. Jahrhunderts.

Prof. Dr. Marcus Hasselhorn studierte in Göttingen und Heidelberg. Seine Doktorarbeit fertigte er am Max-Planck-Institut für psychologische Forschung in München an. 1993 erhielt er die Venia Legendi für das Fach Psychologie an der Universität Göttingen. Seit 2007 ist er Leiter des Forschungsbereichs Bildung und Entwicklung am Deutschen Institut für Internationale Pädagogische Forschung (DIPF) in Frankfurt am Main. Zu seinen Forschungsinteressen gehören die kognitive, motivationale und volitionale Entwicklung als individuelle Voraussetzungen erfolgreichen Lernens, insbesondere bei Kindern mit Risiken und Auffälligkeiten. In seiner Freizeit singt er gerne und spielt Fußball. Er ist verheiratet und Vater von vier erwachsenen Söhnen.

Dr. Daniel Haun studierte experimentelle Psychologie in Deutschland, den USA und England und promovierte 2007 an der Radboud Universität Nijmegen. Seit 2008 leitet er die Max-Planck-Forschungsgruppe für vergleichende kognitive Anthropologie, ein Gemeinschaftsprojekt der Max-Planck-Institute für Psycholinguistik und für evolutionäre Anthropologie. Er interessiert sich für kulturabhängige Variation des Verhaltens von Menschen und anderen Menschenaffen und für die psychologischen Mechanismen, die diese Variabilität fördern. Seine Freizeit verbringt er mit seiner Freundin und den gemeinsamen Töchtern oder hinter dem Schlagzeug.

Prof. Dr. Jutta Heckhausen studierte Psychologie an der Ruhr-Universität Bochum, promovierte 1985 an der University of Strathclyde, Glasgow, und habilitierte 1996 an der Freien Universität Berlin. Von 1985 bis 2000 betrieb sie ihre Forschung zu Motivation und Lebenslaufentwicklung am Max-Planck-Institut für Bildungsforschung. Seit 2000 ist sie Professorin an der University of California, Irvine. Ihre Forschungsinteressen umfassen Motivation und Entwicklung im Lebenslauf, Entwicklungsregulation, Zielengagement und Zieldistanzierung im Wirksamkeitsstreben. Jutta Heckhausen hat einen erwachsenen Sohn, der an der Tulane University in New Orleans studiert. In ihrer Freizeit geht sie mit ihren zwei Airedale Terriern im sonnigen Orange County spazieren und nimmt Gesangsunterricht.

Prof. Dr. Manfred Holodynski ist Professor für Entwicklungspsychologie am Institut für Psychologie in Bildung und schulischer Erziehung der Westfälischen Wilhelms-Universität Münster. Die Forschungsbereiche umfassen die Emotionsentwicklung, die Gestaltung von Bildungsprozessen im Vorschulalter und die Klassenführung von Grundschullehrkräften. Er hat für den Landtag NRW eine Expertise zum Thema »Bildungsbedeutung von Eltern und Bezugspersonen für Kinder« verfasst und war zu Forschungsaufenthalten u. a. an der University of California in Berkeley und am Zentrum für interdisziplinäre Forschung der Universität Bielefeld als Fellow der Forschergruppe »Emotions as Bio-Cultural Processes«. Er ist Autor zahlreicher Veröffentlichungen u. a. im Bereich der Emotionsentwicklung, darunter auch das Buch »Emotionen. Entwicklung und Regulation«.

Dr. Werner Kany (*1952; † 2012) studierte Psychologie, Germanistik und Philosophie in Mainz, Heidelberg und Toronto. Als wissenschaftlicher Mitarbeiter war er schon früh, zunächst am Psychologischen Institut der Universität Heidelberg, dann an der Pädagogischen Hochschule Heidelberg mit der Erforschung der Spezifischen Sprachentwicklungsstörungen befasst. 1989 kehrte er als wissenschaftlicher Mitarbeiter an das Psychologische Institut zurück und blieb dort bis 2002. Seine Forschungsschwerpunkte waren neben dem Spracherwerb die inoffiziellen Personennamen (Spitznamen), deren Bedeutung und Funktion er auch in seiner Dissertation analysierte. Die letzten Jahre hat er verschiedene Professuren vertreten, viele Semester davon das Fach Diagnostik und Psychologie der Sprachbehinderten an der Pädagogischen Hochschule Heidelberg. Mit seinem überraschenden und zu frühen Tod hinterlässt er Frau und Sohn.

PD Dr. Michael Kavšek studierte in Bonn und promovierte dort 1990 im Fach Psychologie zu den Bewältigungsstrategien von Jugendlichen. Im Jahre 1999 habilitierte er sich mit einer Schrift über die frühkindliche visuelle Wahrnehmung und über die Methoden der Säuglingsforschung. Seit 1989 ist er in der Abteilung Entwicklungspsychologie und Pädagogische Psychologie des Instituts für Psychologie der Universität Bonn tätig. Er beschäftigt sich in seiner Forschung mit der Entwicklung der räumlichen Wahrnehmung in der frühen Kindheit, mit Wahrnehmungstäuschungen und mit der kognitiven Entwicklung von Frühgeborenen. In der Lehre deckt er sowohl die Entwicklungspsychologie als auch die Pädagogische Psychologie ab. Er ist alleinerziehend und hat einen Sohn, der zur Schule geht.

Dr. Eva-Marie Kessler ist Nachwuchsgruppenleiterin am Psychologischen Institut der Universität Heidelberg. Sie ist Mitglied des Netzwerks Alternsforschung (NAR) und Habilitandin im Margarete-von-Wrangell-Habilitationsprogramm des Landes Baden-Württemberg. Ihre Promotion zum Thema »Interaktion zwischen älteren Menschen und Jugendlichen – ein psychologisch förderlicher sozialer Kontext für beide Seiten?« wurde 2007 mit dem Margret-und-Paul-Baltes-Preis für herausragende Dissertationen der Deutschen Gesellschaft für Psychologie (DGPs) ausgezeichnet. In ihren aktuellen Projekten forscht sie zu Themen an der Schnittstelle zwischen normalem und pathologischem Altern, u. a. zu demenzbezogenen Ängsten, Darstellungen älterer Menschen mit psychischen Störungen in Medien sowie zu psychotherapeutischen Interventionen in Pflegeeinrichtungen. Hier arbeitet sie auch psychotherapeutisch mit älteren Menschen.

Prof. Dr. Olaf Köller studierte Psychologie, Philosophie und Anthropologie an der Christian-Albrechts-Universität (CAU) zu Kiel. Er schloss 1991 sein Studium in Kiel mit dem Diplom in Psychologie ab. Im Jahre 1997 folgte in Kiel die Promotion zum Dr. phil., im Jahre 2001 die Habilitation (Dr. phil. habil., Venia Legendi für die Psychologie) an der Universität Potsdam. Nach dem Diplom arbeitete Olaf Köller von 1991 bis 1996 als Doktorand am IPN, er wechselte dann zum Max-Planck-Institut für Bildungsforschung in Berlin, wo er bis 2002 zunächst als wissenschaftlicher Mitarbeiter, später als Forschungsgruppenleiter (C3) tätig war. Im Jahr 2002 folgte er einem Ruf auf einen Lehrstuhl für Pädagogische Psychologie (C4) an der Universität Erlangen-Nürnberg. Gut zwei Jahre später wurde Olaf Köller Gründungsdirektor des Instituts zur Qualitätsentwicklung im Bildungswesen (IQB) und Professor (C4) für Empirische Bildungsforschung an der Humboldt-Universität zu Berlin. Nach fünfjähriger Tätigkeit wechselte er im Herbst 2009 an das Leibniz-Institut für die Pädagogik der Naturwissenschaften und Mathematik (IPN). Dort ist er aktuell Leiter der Abteilung Erziehungswissenschaft und Pädagogisch-Psychologische Methodenlehre. Gleichzeitig hält er eine Professur (W3) für Empirische Bildungsforschung an der CAU und ist Geschäftsführender Direktor des IPN. Olaf Köllers Forschungsinteressen beziehen sich auf Fragen der empirischen Lehr- und Lernforschung mit einem besonderen Schwerpunkt auf dem Aufbau und der Entwicklung domänenspezifischer Kompetenzen im allgemeinbildenden Schulsystem. Olaf Köller ist verheiratet und hat zwei schulpflichtige Kinder, deren Erfahrungen in der Schule ihm immer wieder Impulse für neue Forschungsideen geben. In seiner Freizeit geht er gern in die Berge zum Wandern.

Prof. Dr. Jutta Kray ist Entwicklungspsychologin und Hochschullehrerin. Sie hat an den Universitäten Bonn und Hamburg Psychologie studiert und ihre Promotionsarbeit zwischen 1998 und 2000 am Max-Planck-Institut für Bildungsforschung in Berlin angefertigt. Nach der Promotion hat sie zunächst als wissenschaftliche Mitarbeiterin an der Humboldt-Universität zu Berlin und dann an der Universität des Saarlandes geforscht und gelehrt. Seit 2009 hat sie eine Professur für die Entwicklung von Sprache, Lernen und Handlung an der Universität des Saarlandes. Schwerpunkte ihrer Forschung sind die Entwicklung kognitiver Funktionen über die Lebensspanne, die Plastizität kognitiver Kontrollprozesse, Interventionsmöglichkeiten zur Förderung kognitiver Kontrollfunktionen über die Lebensspanne sowie das Zusammenspiel zwischen Motivation und Kognition. Sie lebt in Saarbrücken, ist verheiratet und hat eine Tochter.

Prof. Dr. Horst Krist studierte in Frankfurt am Main Psychologie, promovierte an der TU Braunschweig und habilitierte sich 1995 in Frankfurt. Seit 2002 ist er Inhaber des Lehrstuhls für Entwicklungspsychologie und Pädagogische Psychologie an der Ernst-Moritz-Arndt-Universität Greifswald. Den Schwerpunkt seiner Forschung bilden experimentelle Untersuchungen zum Zusammenspiel von Wahrnehmung, Denken und Handeln in der frühen kognitiven Entwicklung. Er ist verheiratet und hat eine erwachsene Tochter, die an der TU Berlin Architektur studiert.

Prof. Dr. Frieder R. Lang, Universitätsprofessor, Dr. phil. habil, Dipl.-Psych. Studium der Psychologie an der Technischen Universität Berlin (Abschluss 1990), Promotionsstipendium am Max-Planck-Institut für Bildungsforschung, Berlin, Promotion 1993. Seit 2006 Inhaber des Lehrstuhls für Psychogerontologie an der Friedrich-Alexander-Universität Erlangen-Nürnberg.

Dr. Bernhard Leipold studierte in Trier und Berlin und promovierte 2004 an der Freien Universität Berlin. Seit 2005 ist er wissenschaftlicher Mitarbeiter an der Universität Hildesheim. Zu seinen Forschungsinteressen gehören die Entwicklungsregulation über die Lebensspanne, insbesondere die psychosozialen Konsequenzen von schwierigen Lebensumständen und die Förderung der Regulationsprozesse. In der Freizeit liest er gerne in historischen Büchern, fährt Fahrrad und macht Musik.

Prof. Dr. Ulman Lindenberger studierte in Berkeley und Berlin und promovierte 1990 im Fach Psychologie an der Freien Universität Berlin. Seit 2003 ist er Direktor am Max-Planck-Institut für Bildungsforschung in Berlin sowie Honorarprofessor an der Freien Universität Berlin, der Humboldt-Universität zu Berlin und der Universität des Saarlandes. Zu seinen Forschungsinteressen gehören die Plastizität von Verhalten und Gehirn über die Lebensspanne mit den Schwerpunkten Gedächtnis, Arbeitsgedächtnis und Sensomotorik sowie multivariate Methoden der Entwicklungsforschung. Wie sein Herausgeberkollege Wolfgang Schneider fährt er gerne mit dem Fahrrad zur Arbeit. Er ist mit einer Italienerin verheiratet und hat zwei Kinder, die zweisprachig aufwachsen.

Prof. Dr. Claudia Mähler studierte in Tübingen und Göttingen, promovierte 1994 und habilitierte sich 2006 im Fach Psychologie an der Georg-August-Universität in Göttingen. Sie lernte klientenzentrierte Psychotherapie und systemische Paar- und Familientherapie und erhielt die Approbation als Psychologische Psychotherapeutin. Seit 2008 ist sie Professorin für Pädagogische Psychologie und Diagnostik an der Universität Hildesheim und leitet die Forschungs- und Lehrambulanz KiM – Kind im Mittelpunkt. Obwohl ihre drei Kinder sich bereits in oder jenseits der Pubertät befinden, interessiert sie sich noch immer für die (v. a. kognitive) differentielle Entwicklung in der frühen Kindheit (Gedächtnis, Sprache, intuitive Theorien, wissenschaftliches Denken) sowie für Ursachen und Folgen von Lernstörungen und Intelligenzunterschieden. Mit ihrem Co-Autor Dietmar Grube verbindet sie nicht nur die Forschung, sondern auch das gemeinsame Singen im Chor.

Prof. em. Dr. Leo Montada, Jg. 1938, studierte Psychologie in Saarbrücken und Berlin und promovierte 1967 in Konstanz. Von 1972 bis zu seiner Emeritierung 2003 hatte er eine Professur für Angewandte und Pädagogische Psychologie an der Universität Trier, wo er auch das Zentrum für Psychologische Fachinformation leitete. Zum thematischen Spektrum seiner Arbeiten zählen Lebenskrisen und ihre Bewältigung, die Steuerung belastender Gefühle, Gerechtigkeitsprobleme im persönlichen, sozialen und politischen Leben, die Kritik der ökonomischen Verhaltenstheorie, Erleben und Zuschreibung von Verantwortlichkeit und psychologische Grundlagen der Konfliktmediation, vor allem auch die Entwicklungsimpulse durch Konflikte und ihre Mediation. Persönlich genießt er den Zuwachs an Freiheit nach der Emeritierung in der Gestaltung des Lebens im familiären und freundschaftlichen Kontext.

Prof. Dr. Gerhild Nieding studierte an der Technischen Universität Berlin Psychologie (Diplom), wo sie 1995 promovierte und 2002 habilitierte. Seit 2002 ist sie Inhaberin der Professur Entwicklungspsychologie an der Julius-Maximilians-Universität Würzburg und seit 2008 Leiterin des Zentrums für Mediendidaktik der Universität. Zu ihren Forschungsschwerpunkten zählen Entwicklung und Medien, Entwicklung der Textverarbeitung, Gedächtnisentwicklung und Entwicklung räumlicher und mathematischer Kompetenzen. Sie ist mit dem Co-Autor des Beitrags, Peter Ohler, verheiratet, sie haben eine Tochter.

Dr. Jana Nikitin studierte und promovierte im Fach Psychologie an der Universität Zürich, wo sie seit 2008 als Oberassistentin am Lehrstuhl »Angewandte Psychologie: Life-Management« tätig ist. Zu ihren Forschungsinteressen gehören die Entwicklung der sozialen Motivation über das Erwachsenenalter und darin besonders das Zusammenspiel der sozialen Annäherungs- und Vermeidungsmotivation. Jana Nikitin wuchs in der Tschechischen Republik auf und pflegt bis heute ihre tschechischen Wurzeln. Dieses Interesse möchte sie auch an ihre beiden Kinder weitergeben.

Prof. Dr. Gertrud Nunner-Winkler studierte in München, Hull, Berlin und Chicago und promovierte im Fach Soziologie an der Freien Universität Berlin. Von 1971 bis 1981 war sie wissenschaftliche Mitarbeiterin am Max-Planck-Institut (MPI) zur Erforschung der Lebensbedingungen der technisch-wissenschaftlichen Welt, Starnberg, in der Abteilung von Jürgen Habermas, dann am MPI für psychologische Forschung, München, sodann – bis 2006 – Leiterin der Arbeitsgruppe Moralforschung am MPI für Kognitions- und Neurowissenschaften, München. Ihre Forschungsschwerpunkte sind moralische Motivation, Wandel im Moralverständnis, Identität, Geschlechtsrollen. Sie ist verwitwet, hat zwei Kinder und vier Enkelkinder.

Prof. Dr. Rolf Oerter wurde 1963 in Würzburg promoviert und habilitierte sich 1969 ebenfalls in Würzburg. Von 1969 bis 1981 war er Lehrstuhlinhaber für Psychologie an der Universität Augsburg, von 1981 bis zu seiner Emeritierung im Jahr 1999 Lehrstuhlinhaber für Entwicklungspsychologie und Pädagogische Psychologie an der Ludwig-Maximilians-Universität München. Er war von 1989 bis 1991 Dekan der Fakultät für Psychologie und Pädagogik und war langjähriges Mitglied der Planungskommission der Universität. Er war bis 1999 Mitherausgeber der Zeitschrift »Unterrichtswissenschaft« und ist Mitglied des Editorial Board der Zeitschrift »Culture & Psychology« sowie Gutachter bei zahlreichen Zeitschriften. Bis 2011 war er Mitglied der Ethikkommission der Fakultät für Psychologie und Pädagogik. Rolf Oerter erhielt 2003 das Bundesverdienstkreuz am Bande sowie 2010 in Zürich den Preis der Dr. Margrit Egnér-Stiftung in Anerkennung der Beiträge zur Anthropologischen Psychologie. Seine Forschungsschwerpunkte der letzten zehn Jahre waren: Kulturvergleichende Psychologie; Menschenbild in Asien und im Westen bei Kindern, Jugendlichen und Erwachsenen; Spielverhalten; musikpsychologische Arbeiten; Klinische Entwicklungspsychologie sowie generell die Entwicklung von Kindern und Jugendlichen. Er liebt Windsurfing, Skifahren und Bergwandern. Auf seinem großen Yamaha-Flügel spielt er am liebsten Bach, gelegentlich aber auch Jazz.

Prof. Dr. Peter Ohler studierte an der Universität des Saarlandes Psychologie (Diplom) sowie Philosophie und Germanistik (Magister) und promovierte 1991 im Fach Psychologie an der Technischen Universität Berlin, wo er 2000 auch habilitierte. Seit 2002 ist er Inhaber der Professur Mediennutzung (Medienpsychologie/Mediensoziologie) der Technischen Universität Chemnitz und aktuell Geschäftsführender Direktor des dortigen Instituts für Medienforschung. Zu seinen Forschungsschwerpunkten zählen Kinder und Medien, Filmpsychologie, Games Studies und Virtuelle Umgebungen. Er ist mit der Co-Autorin des Beitrags, Gerhild Nieding, verheiratet, sie haben eine Tochter.

Prof. Dr. Sabina Pauen studierte in Frankfurt und Marburg und promovierte 1992 im Fach Psychologie an der Universität Frankfurt. Anschließend war sie an Universitäten in Tübingen, Cornell (Ithaca NY) und Magdeburg tätig. Seit 2001 hat sie den Lehrstuhl für Entwicklungspsychologie und Biologische Psychologie in Heidelberg und ist außerdem Sprecherin der Jungen Universität Heidelberg. Ihre Forschungsinteressen beziehen sich auf die frühe Kindheit. Hier untersucht sie die neurobiologischen, kognitiven, sozialen und emotionalen Grundlagen gesunder und gestörter Entwicklung. Als Professorin und Mutter von drei Kindern bleibt ihr nicht viel Freizeit. Trotzdem treibt sie regelmäßig Sport und singt begeistert im Bach-Chor Heidelberg.

Prof. Dr. Franzis Preckel studierte in Münster und Green Bay (Wisconsin) und promovierte 2002 im Fach Psychologie an der Universität Münster. Seit 2006 ist sie Professorin im Fach Psychologie an der Universität Trier und leitet dort den Lehrstuhl für Hochbegabtenforschung und -förderung. Ihre beruflichen Interessenschwerpunkte sind Intelligenzforschung und -diagnostik sowie intellektuelle Hochbegabung. Weitere Forschungsschwerpunkte sind Selbstkonzept, kognitive Motivation und Chronopsychologie. Franzis Preckel ist verheiratet und hat zwei Kinder.

Prof. Dr. Hannes Rakoczy studierte Philosophie und Psychologie in Erlangen, Manchester und Trier, promovierte 2004 an der Universität Leipzig und ist seit 2009 Professor für Biologische Entwicklungspsychologie an der Universität Göttingen. Er interessiert sich für die Philosophie des Geistes, für die Grundlagen und die Entwicklung unseres Denkens und Bewusstseins und für Fußball. Er ist der Vater von einem der beiden Primaten auf dem Eingangsbild von Kapitel 14 sowie von einer weiteren Tochter, mit denen und deren Mutter er gerne gemeinsam reist. Seit langem träumt er davon, eine Einführungsvorlesung in die Entwicklungspsychologie um einen Monty-Python-Sketch pro Sitzung herum aufzubauen.

Dr. Margund K. Rohr, Abschluss des Studiums der Psychologie mit Schwerpunkt auf Lebensspannenpsychologie und Gerontologie an der Universität Trier und an der University of Kansas im Jahr 2006. Seit 2007 wissenschaftliche Mitarbeiterin am Institut für Psychogerontologie der Friedrich-Alexander-Universität Erlangen-Nürnberg. 2012 Promotion zum Thema »Persönlichkeit und Beziehungsgestaltung im Übergang zur Pflege«.

Dr. Sabine Schaefer studierte an der Freien Universität Berlin Psychologie und promovierte zwischen 2001 und 2005 am Max-Planck-Institut für Bildungsforschung in Berlin. In ihrer Dissertation befasste sie sich mit dem Zusammenspiel von Kognition und Motorik bei Kindern und jungen Erwachsenen in Doppelaufgabensituationen. Als Postdoktorandin arbeitete sie in einer groß angelegten Interventionsstudie zur Trainierbarkeit der räumlichen Orientierung bei jungen und alten Erwachsenen mit (Principal Investigator: Martin Lövdén). Seit 2007 leitet sie das Projekt »Sensomotorische und kognitive Entwicklung« am Max-Planck-Institut für Bildungsforschung (Direktor: Prof. Ulman Lindenberger). Die aktuelle Forschung des Projekts befasst sich nach wie vor mit kognitiv-motorischen Doppelaufgabensituationen in unterschiedlichen Altersgruppen sowie mit Interventionsstudien zur Plastizität und Veränderbarkeit von Kognition und Motorik durch spezifische Trainingsprogramme. Sie ist verheiratet und hat 2 Kinder.

PD Dr. Mechthild Schäfer studierte Biologie an der Technischen Universität München, arbeitete im Rahmen ihrer Dissertation an der Forschungsstelle für Humanethologie (in der Max-Plank-Gesellschaft) und dem Forschungskindergarten der Universität Bern, promovierte 1993 als Dr. hum. biol. an der Ludwig-Maximilians-Universität München und habilitierte sich 2004 am Department Psychologie der LMU. Ihre Forschungsinteressen umfassen die Stabilität und Konstruktion von Peerbeziehungen im Kindes- und Jugendalter, Aggression und Mobbing im Schulalter sowie die besondere Bedeutung des Kontexts für aggressives Verhalten und Viktimisierung und die Entwicklung von Dominanzstrategien und Status. Gemeinsam mit ihrem Lebensgefährten und den beiden Söhnen genießt sie das Leben mitten in Schwabing (München) und die gemeinsamen Reisen in den Schnee oder die Sonne.

Prof. Dr. Oliver Schilling studierte in Bonn und Heidelberg und promovierte 2004 im Fach Psychologie an der Universität Heidelberg. Als wissenschaftlicher Mitarbeiter der Abteilung für Psychologische Alternsforschung am Psychologischen Institut der Universität Heidelberg beschäftigt er sich vor allem mit der Adaptivität des subjektiven Wohlbefindens und terminalen Veränderungsprozessen im hohen Alter sowie mit statistischen Längsschnittmethoden. Außerhalb der akademischen Welt ist er als leidenschaftlicher Fan der Rockband Velvet Underground und als Autor von Kriminalromanen verhaltensauffällig geworden.

Prof. Dr. Florian Schmiedek studierte in Mannheim und promovierte 2003 im Fach Psychologie an der Freien Universität Berlin. Seit 2009 ist er Professor für Methoden der Entwicklungs- und Pädagogischen Psychologie an der Goethe-Universität und dem Deutschen Institut für Internationale Pädagogische Forschung (DIPF) in Frankfurt am Main. Seine Forschungsschwerpunkte sind kognitive Lebensspannenentwicklung, Veränderungen kognitiver Leistungen auf verschiedenen Zeitebenen und Längsschnittmethoden. Er lebt mit seiner Familie in Berlin.

Prof. Dr. Wolfgang Schneider studierte Psychologie, Philosophie und Theologie und promovierte 1979 im Fach Psychologie an der Universität Heidelberg. Nach einem Forschungsaufenthalt an der Stanford University wechselte er an das Max-Planck-Institut für psychologische Forschung in München, wo er sich 1988 an der Ludwig-Maximilians-Universität habilitierte. Seit 1991 ist er Professor für Pädagogische Psychologie und Entwicklungspsychologie an der Universität Würzburg. Seine Forschungsschwerpunkte liegen im Bereich der kognitiven Entwicklung (insbesondere Gedächtnis und Metakognition), der Lese-Rechtschreibforschung sowie der Hochbegabungs- und Expertiseforschung. Er spielt gerne Tennis und Klavier, ist verheiratet und Vater von zwei erwachsenen Söhnen. Derzeit verfolgt er höchst interessiert die frühkindliche Entwicklung seiner Enkelin.

Prof. i. R. Dr. Hermann Schöler studierte von 1967 bis 1972 Psychologie in Marburg und Freiburg und promovierte 1981 an der Universität Mannheim in diesem Fach. Nach Stationen als wissenschaftlicher Mitarbeiter in Freiburg, Heidelberg und Mannheim erhielt er 1982 einen Ruf auf eine Professur für Psychologie der Lernbehinderten an der Pädagogischen Hochschule Heidelberg, die er bis zu seiner Pensionierung im Oktober 2011 innehatte. Seit 1972 liegt ein Schwerpunkt seiner Forschungen im Bereich des Sprach- und Schriftspracherwerbs, ihrer Diagnostik und ihren Störungen. Nach dem sog. Sputnik-Schock war er im Bereich der Frühen Bildung und Erziehung gewerkschaftlich und wissenschaftlich engagiert und freute sich sehr, als er 2007 einen der ersten Bachelor-Studiengänge für Frühkindliche und Elementarbildung (»Felbi«) an der PH Heidelberg entwickeln und implementieren durfte. Als Vater von fünf Kindern und derzeit dreifachem Großvater sind ihm die Probleme der institutionellen Frühen Bildung und deren mangelnde Wertschätzung in Deutschland sehr bekannt.

Prof. Dr. Axel Schölmerich hat in Heidelberg, Mainz und Seattle (USA) Psychologie und Erziehungswissenschaften studiert. Er promovierte 1990 in Osnabrück und habilitierte sich 1995 in Mainz, nach einem Fogarty-Fellowship an den National Institutes of Child Health and Human Development, Bethesda (USA). Danach wurde er auf Lehrstühle in Halle-Wittenberg, Bochum und Wien berufen. Er lehrt seit 1997 an der Ruhr-Universität in Bochum. Seine Forschung beschäftigt sich mit kontextuellen Einflüssen auf die menschliche Entwicklung, die anhand von Interaktionsstudien, der Beschäftigung mit kulturellen Unterschieden und Migration sowie der Wirkung von Schadstoffexposition oder auch Interventionen bei Lese-Rechtschreibschwierigkeiten untersucht werden. Das von ihm mitbegründete Interdisziplinäre Zentrum für Familienforschung der Ruhr-Universität widmet sich der Situation von Kindern und Familien. Er hat 4 Kinder und ist begeisterter Segler.

Dr. Christina Schwenck ist leitende Psychologin in der Klinik und Poliklinik für Psychiatrie, Psychosomatik und Psychotherapie des Kindes- und Jugendalters der Johann Wolfgang Goethe-Universität Frankfurt a. M. Neben ihrer klinischen Tätigkeit als psychologische Kinder- und Jugendlichenpsychotherapeutin beschäftigt sie sich in der Forschung mit Empathie bei Kindern und Jugendlichen mit psychischen Störungen, schulischen Entwicklungsstörungen und ADHS.

Prof. Dr. Rainer K. Silbereisen studierte in Münster und Berlin und promovierte 1975 im Fach Psychologie an der Technischen Universität Berlin. Seit 1994 ist er Inhaber des Lehrstuhls für Entwicklungspsychologie und Direktor des Center for Applied Developmental Science an der Friedrich-Schiller-Universität Jena sowie Adjunct Professor of Human Development an der Pennsylvania State University (USA). Zu seinen Forschungsinteressen gehören sozioökologische Bedingungen (sozialer und kultureller Wandel, Migration, Nachbarschaften) positiver und devianter Entwicklung über die Lebensspanne, mit Schwerpunkten auf Bedingungen der Bewältigung altersgerechter Entwicklungsaufgaben (Arbeit, Familie, Freizeit) und Fragen psychischer Gesundheit, vor allem im Jugend- und Erwachsenenalter. Als Hobby restauriert er altes Spielzeug. Seine Frau ist ebenfalls Psychologin, tätig in der Hochschulverwaltung und Forschung, und die gesamte Familie hat Spaß am Wandern im Gebirge.

Prof. Dr. Beate Sodian studierte in München und Oxford und promovierte 1985 im Fach Psychologie an der Universität Heidelberg. Seit 2001 ist sie Lehrstuhlinhaberin für Entwicklungspsychologie an der Ludwig-Maximilians-Universität München. Zu ihren Forschungsinteressen gehören die sozial-kognitive Entwicklung in früher Kindheit und die Entwicklung des wissenschaftlichen Denkens.

Prof. Dr. Ursula M. Staudinger studierte in Worchester, MA, und Erlangen und promovierte 1989 im Fach Psychologie an der Freien Universität Berlin. Seit 2003 ist sie Gründungsdekanin des Jacobs Centers on Lifelong Learning and Institutional Development und Vizepräsidentin der Jacobs University Bremen. Von 2008 bis 2010 war sie Präsidentin der Deutschen Gesellschaft für Psychologie. Zu ihren Forschungsinteressen gehören die Plastizität menschlicher Entwicklung mit den Schwerpunkten Kognition und Persönlichkeit sowie die Erforschung der Arbeitsumwelt als wichtiger Entwicklungskontext im Erwachsenenalter. Als Vizepräsidentin der Nationalen Akademie der Wissenschaften Leopoldina ist es ihr ein Anliegen, die aufgrund des demographischen Wandels nötigen gesellschaftlichen Veränderungen zu unterstützen.

PD Dr. Eva Stumpf studierte Psychologie und begann ihre universitäre Laufbahn 2001 am Institut für Sonderpädagogik der Universität Würzburg. Im Jahr 2010 habilitierte sie zum Thema Begabtenförderung für Gymnasiasten im Fach Psychologie. Seit 2007 ist sie stellvertretende Direktorin der Begabungspsychologischen Beratungsstelle der Universität Würzburg und dort als Akademische Rätin in Lehre und Forschung tätig. Ihre beruflichen Interessenschwerpunkte sind in der Schnittstelle aus Pädagogik und Psychologie verortet und umfassen neben Studien zur Begabtenförderung auch Evaluationen sonderpädagogischer Förderprogramme.

Prof. Dr. Clemens Tesch-Römer hat an der Ruhr-Universität Bochum und der University of Colorado, Boulder (USA), studiert und an der Freien Universität Berlin promoviert. Seit 1998 leitet er das Deutsche Zentrum für Altersfragen in Berlin, ein Institut, das politikorientierte Alternsforschung mit Politikberatung verbindet. Er interessiert sich für (viel zu) viele Gebiete: Soziale Beziehungen im Alter, Gesundheit und Gesundheitsverhalten im Alter, Lebensqualität im Alter, freiwilliges Engagement, Kontexte von Alter und Altern, kultur- und gesellschaftsvergleichende Alternsforschung sowie sozialpolitische Implikationen gerontologischer Forschung. Als geborener Berliner ist er glücklich, (wieder) in Berlin zu leben: Berlinale, Theatertreffen, Festspiele – was kann das Leben mehr bieten (neben der Wissenschaft natürlich)?

M. Sc. Antonia Thelen studierte Psychologie an der Universität Lausanne. 2009 erhielt sie ihren Master in Neurowissenschaften an der Universität Genf. Zurzeit promoviert sie in Lausanne in der Gruppe von Prof. Micah Murray, wo sie sich vor allem mit sensorischer Integration beschäftigt. Ihr Interessenschwerpunkt ist das Studium von Wahrnehmungsveränderungen durch auditive-visuelle Stimulation und wie diese schlussendlich Gedächtnisvorgänge beeinflussen. Wenn sie nicht gerade im Labor an ihrer Doktorarbeit sitzt, dann ist sie entweder beim Tanzen oder reist durch die Schweizer Landschaft.

Prof. Dr. Claudia Voelcker-Rehage studierte in Bielefeld und promovierte 2002 an der Universität Bielefeld zum Thema »Die Lernfähigkeit sportmotorischer Fertigkeiten im Lichte der Entwicklungspsychologie der Lebensspanne«. Seit 2010 ist sie Professorin für Human Performance am Jacobs Center on Lifelong Learning and Institutional Development der Jacobs University Bremen. Ihre Forschungsinteressen liegen im Bereich der Motorikforschung. Dazu gehören die Plastizität der Motorik, die Interaktion der Motorik mit anderen Körpersystemen, wie der Sensorik und Kognition, und der Zusammenhang zwischen körperlicher Aktivität und kognitiver Leistung über die Lebensspanne. In ihrer Freizeit verbringt sie möglichst viel Zeit mit ihrer Familie.

Prof. Dr. Hans-Werner Wahl leitet die Abteilung für Psychologische Alternsforschung am Psychologischen Institut der Universität Heidelberg. Seine Forschungsschwerpunkte umfassen die Untersuchung von Wechselwirkungen zwischen Altern und Umwelt, dem Umgang mit chronischen Verlusten und dem Erleben des Alternsprozesses. Er ist Ko-Herausgeber des European Journal of Ageing und hat 2009 den M. Powell Lawton Award der Amerikanischen Gerontologischen Gesellschaft erhalten. Wandern, Radfahren, klassische Musik, Jazz und Museen gehören ebenso zu seinen Leidenschaften wie der Genuss der Freuden eines dreifachen Großvater-Daseins.

Dr. Karina Weichold studierte Psychologie in Jena und Galway, Irland. 2002 promovierte sie an der Friedrich-Schiller-Universität zum Thema »Differentielle Entwicklungspfade zu jugendlichem Alkoholkonsum in Zeiten sozialen Wandels«. Karina Weichold arbeitet am Lehrstuhl für Entwicklungspsychologie und Center for Applied Developmental Science und leitet die Forschungsgruppe »Theorienbasierte Evaluation von Maßnahmen zur Entwicklungsförderung und Prävention von Problemverhalten« in Jena. Ihre Forschungsinteressen betreffen die Entwicklung von Problemverhalten und positiver Entwicklung über die Lebensspanne (bes. Kindheit und Jugend) unter einem biopsychosozialen Forschungsparadigma sowie die Anwendung der Erkenntnisse im Rahmen von Interventionsmaßnahmen. Sie ist mit einem Soziologen verheiratet, hat zwei Kinder und liebt es, mit der Familie übers Land zu streifen oder am Meer zu sein.

Prof. Dr. Sabine Weinert studierte Psychologie und ergänzend Mathematik, Linguistik und Pädagogik in Freiburg i. Br. und Bochum. 1990 wurde sie an der Universität Bielefeld promoviert und habilitierte sich 1998 mit einer Schrift über die Zusammenhänge zwischen Sprach- und Denkentwicklung. Nach Stationen an den Universitäten Münster und Erfurt leitet sie seit 2002 den Lehrstuhl für Psychologie I – Entwicklungspsychologie an der Otto-Friedrich-Universität Bamberg. Zu ihren Forschungsinteressen gehören u. a. grundlagen- und anwendungsbezogene Fragen der typisch oder gestört verlaufenden Sprach- und Kognitionsentwicklung, des impliziten und expliziten Lernens sowie der Säuglingsforschung. Bildungsbezogene Fragen der Entwicklung, der Kompetenzdiagnostik und Entwicklungsförderung werden dabei ebenso behandelt wie Fragen der Erklärung, Beschreibung, Diagnose und Förderung bei Entwicklungsstörungen. Eine gute Vereinbarung von Familie und Kind mit den Anforderungen und spannenden Themen wissenschaftlicher Forschung und Lehre ist ihr ein großes Anliegen.

Prof. Dr. Friedrich Wilkening studierte Psychologie in Tübingen und promovierte 1974 in Düsseldorf. Es folgten Forschungsaufenthalte in Minneapolis, San Diego und Oxford und Professuren an den Universitäten in Braunschweig, Frankfurt und Tübingen. Ab 1997 war er Inhaber des Lehrstuhls für Allgemeine Psychologie an der Universität Zürich, wo er 2012 emeritiert wurde. Gegenwärtig fungiert er noch in der Schweiz als Mitglied des Nationalen Forschungsrats. Sein Forschungsschwerpunkt ist die kognitive Entwicklung mit Fokus auf Fragen zur Informationsintegration. Er ist Großvater und rudert seit Jahren im Professorenachter seiner Universität und, zumeist im Zweier, auf internationalen Masters-Regatten.

Prof. Dr. Norbert Zmyj studierte in München. Er promovierte 2009 im Fach Psychologie am Max-Planck-Institut für Kognitions- und Neurowissenschaften in Leipzig. Seit 2010 ist er Leiter der Arbeitsgruppe »Angewandte Sozial- und Entwicklungspsychologie« an der Ruhr-Universität Bochum. Sein Forschungsinteresse gilt den Themen Selbstobjektivierung, Imitation, Theory of Mind und emotionale und Verhaltensauffälligkeiten im Kindesalter. In seiner Freizeit spielt er Tischtennis und seinen Urlaub verbringt er gerne in seiner alten Heimatstadt Leipzig und seiner älteren Heimatstadt München.

Hinweise zu den Online-Materialien

Zu diesem Lehrbuch gibt es umfangreiche Zusatzmaterialien im Internet. Besuchen Sie unsere Website www.beltz.de. Auf der Seite dieses Lehrbuchs (z. B. über die Eingabe der ISBN im Suchfeld oder über den Pfad »Psychologie – Lehrbuch – Entwicklungspsychologie«) finden Sie die Materialien.

Lernen Sie online weiter mit den folgenden Elementen:

- **Kommentierte Links** zu jedem Buchkapitel: So finden Sie den Einstieg zu Artikeln, Informationen und Materialien rund um das Thema Entwicklungspsychologie
- **Denkanstöße:** Hilfreiche Stichworte zu den im Buch gegebenen Denkanstößen – nicht im Sinne einer »Lösung«, sondern um mögliche Ansätze aufzuzeigen.
- **Glossar:** Über 150 Fachbegriffe kurz und anschaulich erläutert – das Glossar finden Sie auch im Internet (zusätzlich auch in Kurzform mit Begriffen und Übersetzungen zum raschen Nachschlagen).

Online-Feedback

Über Ihr Feedback zu diesem Lehrbuch würden wir uns freuen:
http://www.beltz.de/psychologie-feedback

Bildnachweis

Kapitel 1
Abb. 1.0 © Monkey Business/Fotolia, USA
Abb. 1.4 Aus Lindenberger, U., Li, S.-C. & Bäckman, L. (2006). Delineating brain-behavior mappings across the lifespan: Substantive and methodological advances in developmental neuroscience. Neuroscience & Biobehavioral Reviews, 30, 713–717.

Kapitel 2
Abb. 2.0 © Getty Images, München
Abb. 2.1 Erstausgabe von Darwins Werk »The Origin of Species« (1859). Reproduced with the permission from John van Wyhe ed. 2002. The Complete Work of Charles Darwin Online. (http://darwin-online.org.uk/)

Kapitel 3
Abb. 3.0 © Photos.com, München
Abb. 3.1 Nach Gottlieb, G. (1991). Experiential canalization of behavioral development: Theory. Developmental Psychology, 27, 4–13.
Abb. 3.3 Aus Cadoret, R. J., Cain, C. A. & Crowe, R. R. (1983). Evidence for gene-environment interaction in the development of adolescent antisocial behavior. Behavior Genetics, 13, 301–310. Heidelberg, New York: Springer. Mit freundlicher Genehmigung.
Abb. 3.5 Caspi, A., McClay, J. et al. (2002). Role of genotype in the cycle of violence in maltreated children. Science, 297, 851–854. The American Association for the Advancement of Science. Mit freundlicher Genehmigung.

Kapitel 4
Abb. 4.0 Terracotta lekythos (oil flask), ca. 550–530 v. Chr. Attributed to the Amasis Painter. Fletcher Fund, 1931. Courtesy of Metropolitan Museum of Art (MMA). © bpk | The Metropolitan Museum of Art.
Abb. 4.3 Aus Schmiedek, F. & Lindenberger, U. (2007). Methodologische Grundlagen. In J. Brandtstädter & U. Lindenberger (Hrsg.), Entwicklungspsychologie der Lebensspanne. Ein Lehrbuch (S. 67–96). Stuttgart: Kohlhammer.
Abb. 4.4 Aus Schmiedek, F. & Lindenberger, U. (2007). Methodologische Grundlagen. In J. Brandtstädter & U. Lindenberger (Hrsg.), Entwicklungspsychologie der Lebensspanne. Ein Lehrbuch (S. 67–96). Stuttgart: Kohlhammer.

Kapitel 5
Abb. 5.0 © Corbis/Fotolia, USA
Abb. 5.2 © National Institute of Neurological Disorders and Stroke, National Institutes of Health, Bethesda, MD 20892 USA; NIH Publication No. 02–3440 d
Abb. 5.3 Modifiziert nach van der Put, N. M. J., van Straaten, H. W. M., Trijbels, F. J. M. & Blom, H. J. (2001). Folate, homocysteine and neural tube defects: An overview. Experimental Biology and Medicine, 226, 243–270.
Abb. 5.4 Aus Columbia University Medical Center (2002). In Vivo. News from Columbia Health Sciences, Vol. 1(1). Verfügbar unter: http://www.cumc.columbia.edu/publications/in-vivo/Vol1_Iss1_jan14_02/pictures/model-for-synaptogenesis.jpg (Zugriff am 27. 03. 2012).
Abb. 5.6 Modifiziert nach Johns Hopkins Open Course Ware (2012). Verfügbar unter: http://ocw.jhsph.edu (Zugriff am 27. 03. 2012). © Johns Hopkins Bloomberg School of Public Health. Creative Commons BY-NC-SA.
Abb. 5.7 Aus Schandry, R. (2011). Biologische Psychologie (3. Aufl.). Weinheim: Beltz.

Kapitel 6
Abb. 6.0 © Veer/1963238

Kapitel 7
Abb. 7.0 © sonya etchison/Fotolia, USA
Abb. 7.1 a–c © Getty Images, München
Abb. 7.2 © Getty Images, München
Abb. 7.4 © Prof. Dr. Birgit Elsner

Kapitel 8
Abb. 8.0 © robhainer/Fotolia, USA
Abb. 8.1 Modifiziert nach Jenni, O., Kakebeeke, T., Werner, H. & Caflisch, J. (2012). Bewegungsverhalten im Kindesalter: Was ist normal? In T. Hellbrügge & B. Schneeweiß (Hrsg.), Kinder im Schulalter (S. 67–83). Stuttgart: Klett-Cotta.
Abb. 8.2 Nach Knopf, M., Schneider, W. Sodian, B. & Kolling, T. (2008). Die Entwicklung des Gedächtnisses vom Kindergartenalter bis zum frühen Erwachsenenalter – Neue Erkenntnisse aus der LOGIK-Studie. In W. Schneider (Hrsg.), Entwicklung von der Kindheit bis zum Erwachsenenalter (S. 85–102). Weinheim: Beltz.
Abb. 8.3 Modifiziert nach Trudewind, C. (1975). Häusliche Umwelt und Motiventwicklung. Göttingen: Hogrefe.

Kapitel 9
Abb. 9.0 © Prof. Dr. Jutta Kray, Dr. Sabine Schaefer
Abb. 9.4 Aus Lamb, M. E., Chuang, S. S., Wessels, H., Broberg, A. G. & Hwang, C. P. (2002). Emergence and construct validation of the Big Five Factors in early childhood: A longitudinal analysis of their ontogeny in Sweden. Child Development, 73, 1517–1524.
Abb. 9.5 Aus Shin, H., Bjorklund, D. F. & Beck, E. F. (2007). The adaptive nature of children's overestimation in a strategic memory task. Cognitive Development, 22, 197–212.

Kapitel 10

Abb. 10.0 © Dr. Karina Weichold

Abb. 10.1 Aus Weichold, K. & Silbereisen, R. K. (2008). Pubertät und psychosoziale Anpassung. In R. K. Silbereisen & M. Hasselhorn (Hrsg.), Sonderdruck aus Enzyklopädie der Psychologie, Bd. 5, Entwicklungspsychologie des Jugendalters (S. 3–53). Göttingen: Hogrefe. Mit freundlicher Genehmigung.

Abb. 10.2 Nach Brooks-Gunn, J., Graber, J. A. & Paikoff, R. L. (1994). Studying links between hormones and negative affect: models and measures. Journal of Research on Adolescence, 4, 469–486. John Wiley & Sons Ltd. Mit freundlicher Genehmigung.

Abb. 10.4 Aus Weichold, K. & Silbereisen, R. K. (2007). Positive Jugendentwicklung und Prävention. In B. Röhrle (Hrsg.), Prävention und Gesundheitsförderung für Kinder und Jugendliche (S. 103–126). Tübingen: dgvt.

Kapitel 11

Abb. 11.0 © Photos.com, München

Abb. 11.2 Nach Gilford, R. & Bengtson, V. L. (1979). Measuring marital satisfaction in three generations: Positive and negative dimensions. Journal of Marriage and the Family, 41, 387–398.

Kapitel 12

Abb. 12.0 © Franck Boston/Fotolia, USA

Abb. 12.1 Nach Baltes, P. B. (1997). Die unvollendete Architektur der menschlichen Ontogenese: Implikationen für die Zukunft des vierten Lebensalters. Psychologische Rundschau, 48, 191–210.

Abb. 12.2 Nach Staudinger, U. M., Marsiske, M. & Baltes, P. B. (1995). Resilience and reserve capacity in later adulthood: Potentials and limits of development across the life span. In D. Cicchetti & D. Cohen (Eds.), Developmental psychopathology (Vol. 2: Risk, disorder, and adaptation, pp. 801–847). New York: Wiley.

Abb. 12.3 Nach Baltes, P. B. & Lindenberger, U. (1997). Emergence of a powerful connection between sensory and cognitive functions across the adult life span: A new window to the study of cognitive aging? Psychology and Aging, 12, 12–21.

Abb. 12.4 Johann Nicolaus Tetens, Königliche Bibliothek Dänemark

Abb. 12.5 Nach Lindenberger, U. & Baltes, P. B. (1997). Intellectual functioning in old and very old age: cross-sectional results from the Berlin Aging Study. Psychology and Aging, 12, 410–432.

Abb. 12.6 Modifiziert nach Brehmer, Y., Li, S.-C., Mueller, V., Oertzen, T. v. & Lindenberger, U. (2007). Memory plasticity across the life span: Uncovering children's latent potential. Developmental Psychology, 43, 465–478.

Abb. 12.7 Modifiziert nach Lövdén, M., Bäckman, L., Lindenberger, U., Schaefer, S. & Schmiedek, F. (2010). A theoretical framework for the study of adult cognitive plasticity. Psychological Bulletin, 136, 659–676.

Kapitel 13

Abb. 13.0 Aus Mey, G. (2005). Jung und Alt. Perspektiven im städtischen Raum. Köln: Kölner Studien Verlag. Mit freundlicher Genehmigung.

Abb. 13.1 Nach Schilling, K. O. (2005). Cohort- and age-related decline in elder's life satisfaction: is there really a paradox? European Journal of Ageing, 2, 254–263. Heidelberg: Springer. Mit freundlicher Genehmigung.

Kapitel 14

Abb. 14.0 © Prof. Dr. Hannes Rakoczy

Abb. 14.6 Aus Herrmann, E., Call, J., Hernandez-Lloreda, M. V., Hare, B. & Tomasello, M. (2007). Humans have evolved specialized skills of social cognition: The cultural intelligence hypothesis. Science, 317, 1360–1366. The American Association for the Advancement of Science. Mit freundlicher Genehmigung.

Kapitel 15

Abb. 15.0 © Frank Luerweg, Universität Bonn.

Abb. 15.1 © bigstock, USA

Abb. 15.2 © photoeditinc.com, USA

Abb. 15.3 Aus Kellman, P. J. & Spelke, E. S. (1983). Perception of partly occluded objects in infancy. Cognitive Psychology, 15, 483–524.

Abb. 15.4 Aus Kavšek, M. (2002). The perception of static subjective contours in infancy. Child Development, 73, 331–344.

Abb. 15.5 Modifiziert nach Bös, K. (1994). Differentielle Aspekte der Entwicklung motorischer Fähigkeiten. In J. Baur, K. Bös & R. Singer (Hrsg.), Motorische Entwicklung. Ein Handbuch (S. 238–253). Schorndorf: Hofmann.

Abb. 15.6 Aus Voelcker-Rehage, C. (2007). »Use it or loose it«. Befunde aus der Psychologie, Physiologie und Kognitionswissenschaft. Spiegel der Forschung, 24, 30–35.

Kapitel 16

Abb. 16.0 © Prof. Dr. Beate Sodian

Abb. 16.1 Nach Bullock, M. & Ziegler, A. (1999). Scientific reasoning: Developmental and individual differences. In F. E. Weinert & W. Schneider (Eds.), Individual development from 3 to 12. Findings from the Munich Longitudinal Study (pp. 38–54). Cambridge: University Press.

Abb. 16.2 Aus Wynn, K. (1992). Addition and subtraction by human infants. Nature, 358, 749–750.

Abb. 16.3 Nach Spelke, E. S. (1994). Initial knowledge: Six suggestions. Cognition, 50, 431–455.

Kapitel 17

Abb. 17.0 © Dan Race/Fotolia, USA

Kapitel 18

Abb. 18.0 © Prof. Dr. Sabine Weinert

Abb. 18.1 Nach Karmiloff-Smith, A. (1992). Beyond modularity. A developmental perspective on cognitive science. Cambridge, MA: MIT Press.

Kapitel 19
Abb. 19.0 © Getty Images, München
Abb. 19.5 Aus Nelson, T. O. & Narens, L. (1994). Why investigate metacognition? In J. Metcalfe & A. Shimamura (Eds.), Metacognition – Knowing about knowing (pp. 1–25). Cambridge, MA: MIT Press.

Kapitel 20
Abb. 20.0 © istockphoto, Kanada
Abb. 20.1 Aus Heckhausen, H. & Roelofsen, I. (1962). Anfänge und Entwicklung der Leistungsmotivation: (I) Im Wetteifer des Kleinkindes. Psychologische Forschung 26, 313–397. (S. 363, Abb. 27; S. 361, Abb. 23; S. 369, Abb. 36)
Abb. 20.2 Aus Heckhausen, H. & Roelofsen, I. (1962). Anfänge und Entwicklung der Leistungsmotivation: (I) Im Wetteifer des Kleinkindes. Psychologische Forschung 26, 313–397. (S. 357, Abb. 28; S. 370, Abb. 40; S. 369, Abb. 37)
Abb. 20.3 Aus Eccles, J. S. (2005). Subjective task value and the Eccles et al. model of achievement-related choices. In A. J. D. Elliot & C. S. Dweck (Eds.), Handbook of competence and motivation (pp. 105–121). New York: Guilford.
Abb. 20.4 Nach Heckhausen, J. (1999). Developmental regulation in adulthood: Age-normative and sociostructural constraints as adaptive challenges. New York: Cambridge University Press.
Abb. 20.5 Nach Heckhausen, J., Dixon, R. A. & Baltes, P. B. (1989). Gains and losses in development throughout adulthood as perceived by different adult age groups. Developmental Psychology, 25, 109–121.
Abb. 20.6 Modifiziert nach Heckhausen, J. (1999). Developmental regulation in adulthood: Age-normative and sociostructural constraints as adaptive challenges. New York: Cambridge University Press.

Kapitel 21
Abb. 21.0 © bigstock, USA
Abb. 21.1 Aus Holodynski, M. & Friedlmeier, W. (1999) Emotionale Entwicklung. Funktion, Regulation und soziokultureller Kontext von Emotionen, Abb. 22, S. 44. Heidelberg: Springer. Mit freundlicher Genehmigung.
Abb. 21.5 Modifiziert nach Seiffge-Krenke, I. et al. (2010). All they need is love? Placing romantic stress in the context of other stressors: A 17-nation study. International Journal of Behavioral Development, 34, 106–112. Abbildung auf S. 109.
Abb. 21.6 Aus Bischof-Köhler, D. (2011). Soziale Entwicklung in Kindheit und Jugend. Abb. 15.12, S. 374. Stuttgart: Kohlhammer. Mit freundlicher Genehmigung.
Abb. 21.7 Aus Bischof-Köhler, D. (2011). Soziale Entwicklung in Kindheit und Jugend. Abb. 15.14, S. 375. Stuttgart: Kohlhammer. Mit freundlicher Genehmigung.

Kapitel 22
Abb. 22.0 Max Ernst, La vierge corrigeant l'enfant Jésus devant trois témoins: André Breton, Paul Eluard et le peintre/ Die Jungfrau züchtigt das Jesuskind vor drei Zeugen: André Breton, Paul Eluard und dem Maler, 1926, Museum Ludwig. Inv.-Nr. ML 10056. RBA 193 403/rba_c003490 © Rheinisches Bildarchiv. Mit freundlicher Genehmigung.
Abb. 22.1 Aus Nunner-Winkler, G. (2008). Zur Entwicklung moralischer Motivation. In W. Schneider (Hrsg.), Entwicklung von der Kindheit bis zum Erwachsenenalter (S. 103–123). Weinheim: Beltz.

Kapitel 23
Abb. 23.0 Karl May als »Old Shatterhand«, © Karl May Gesellschaft, Radebeul
Abb. 23.1 © Prof. Dr. Bettina Hannover

Kapitel 24
Abb. 24.0 © Karl Popper-Sammlung, Universität Klagenfurt. The Estate of Sir Karl Popper. Mit freundlicher Genehmigung.

Kapitel 25
Abb. 25.0 © Photos.com, München

Kapitel 26
Abb. 26.0 © Ramona Heim/Fotolia, USA

Kapitel 27
Abb. 27.0 © Photos.com, München

Kapitel 28
Abb. 28.0 »Der Zappelphilipp« von Heinrich Hoffmann. © Struwwelpeter-Museum (Heinrich-Hoffmann-Museum). Mit freundlicher Genehmigung.

Kapitel 29
Abb. 29.0 © Barbara Fahle

Kapitel 30
Abb. 30.0 © Phovoir, Mauritius Images, Frankfurt
Abb. 30.1 Nach Köller, O. (2010). Bildungsstandards. In D. H. Rost (Hrsg.), Handwörterbuch Pädagogische Psychologie (4. Aufl., S. 77–83). Weinheim: Beltz.
Abb. 30.3 Nach Schneider, W., Stefanek, J. & Dotzler, H. (1997). Erwerb des Lesens und des Rechtschreibens: Ergebnisse aus dem SCHOLASTIK-Projekt. In F. E. Weinert & A. Helmke (Hrsg.), Leistungsmessungen in Schulen (S. 113–129). Weinheim: Beltz/PVU.
Abb. 30.4 Nach Granzer, D., Köller, O., Bremerich-Vos, A. et al. (2009). Bildungsstandards Deutsch und Mathematik. Leistungsmessung in der Grundschule. Weinheim: Beltz.

Kapitel 31
Abb. 31.0 © apimages, USA

Kapitel 32
Abb. 32.0 © Flirt, Mauritius Images, Frankfurt

Kapitel 33
Abb. 33.0 © Peter Enzinger, Mauritius Images, Frankfurt

Kapitel 34
Abb. 34.0 © istockphoto, Kanada
Abb. 34.1 Aus Medienpädagogischer Forschungsverbund Südwest (2010). JIM-Studie 2010. Jugend, Information, (Multi-)Media. http://www.mpfs.de/fileadmin/JIM-pdf10/JIM2010.pdf (Zugriff am 10. 01. 2012). © JIM 2004–2010, Angaben in Prozent, www.mpfs.de. Mit freundlicher Genehmigung.
Abb. 34.2 © Prof. Dr. Gerhild Nieding, Prof. Dr. Peter Ohler

Kapitel 35
Abb. 35.0 © Prof. Dr. Claudia Voelcker-Rehage
Abb. 35.1 Modifiziert nach Spriduso, W. W., Francis, K. L. & MacRae, P. G. (2005). Physical dimensions of aging (2nd ed.). Champaign, IL: Human Kinetics.

Kapitel 36
Abb. 36.0 © Dr. Dietmar Eisenhammer. Mit freundlicher Genehmigung, entnommen aus: Neue Bilder vom Alter(n). Fotowettbewerb und Ausstellung. Hg. von Ursula M. Staudinger, Deutsche Akademie der Naturforscher Leopoldina – Nationale Akademie der Wissenschaften, Nova Acta Leopoldina NF Suppl. 23, Wissenschaftliche Verlagsgesellschaft mbH Stuttgart 2010.

Kapitel 37
Abb. 37.0 © Christina Zahnweh
Abb. 37.1 Adaptiert nach Weiss, D. & Lang, F. R. (2009). Thinking about my generation: Adaptive effects of a dual age identity in later adulthood. Psychology and Aging, 24, 729–734.
Abb. 37.2 Modifiziert nach Lawton, M. P. (1989). Three Functions of the Residential Environment. In L. A. Pastalan & M. R. Cowart (Eds.), Lifestyles and Housing of Older Adults: The Florida Experience (pp. 35–50). New York: Haworth Press.

Namensverzeichnis

A

Ackerman, PL   672, 675, 739
Acredolo, LP   588
Adenauer, K   314
Adolph, KE   378
Aebli, H   49
Ahnert, J   190, 381
Ahnert, L   208, 585
Ainsworth, MDS   180f., 482
Aitken, KJ   482
Ajzen, I   730
Albert, I   137
Alexander der Große   683
Alley, D   319
Alloway, T   423
Althof, W   527, 538
Altman, J   122, 134
American Psychiatric Association (APA)   606
Anastasi, A   45
Andersen, GJ   374
Anderson, CA   717
Anderson, DR   710
Anderson, NH   375
Andersson, BE   208
Andrews, G   215, 684f., 687
Angermaier, MJW   640f.
Antonucci, TC   274, 278
Aristoteles   716
Arnett, JJ   243, 263
Arsenio, WF   533
Artelt, C   429f., 473
Arthur, W   62, 69f., 76
Asendorpf, JB   81, 83, 85–87, 225, 556f.
Aspinwall, LG   571
Aster, M von   616
Astington, JW   197, 351
Atkinson, JW   485f.
Avital, E   68
Aymanns, P   569

B

Bäckman, L   299, 319, 324
Baddeley, AD   422f., 451, 458f., 596, 615f.
Baillargeon, R   175, 351, 391, 403, 405, 408
Baird, JA   351
Baldwin, DA   452
Ball, K   374

Baltes, MM   267, 275, 286, 320f., 328f., 490, 565, 567, 730, 735, 737, 751, 755, 758
Baltes, PB   28, 31, 40, 74f., 98, 100, 106–109, 111f., 236, 261–263, 266f., 275, 284, 286–292, 297, 300, 303, 312, 317f., 321, 328f., 490, 548, 565, 567, 575, 730, 735, 737, 745, 755
Band, EB   481
Bandura, A   485, 696, 716, 730
Barkley, R   623
Barkow, JH   69, 77
Barnett, W   601
Baron-Cohen, S   410, 452
Barrett, KC   505
Barsalou, LW   714
Bartko, WT   244
Bartlett, E   440
Bartzokis, G   127
Bates, E   440
Bates, JE   170
Bauer, P   414, 416–418
Baumert, J   645, 654, 659f., 757
Bayer, SA   122
Beattie, O   484
Beck, AT   630
Beck, B   646
Becker, G   530
Becker, MH   730
Beckett, C   47
Beentjes, JWJ   715
Behne, T   350
Beier, ME   739
Bell, MA   460
Bell, RQ   91, 109
Belsky, J   239, 585, 599
Bengel, J   720, 723f., 728, 730
Bengtson, VL   276f.
Bergman, LR   110
Berry, JW   141
Bertenthal, BI   377
Best, JR   726
Bian, Z   374
Biederman, J   623
Birren, JE   31
Bischof, N   261
Bischof-Köhler, D   397f., 408, 501, 507, 517f., 589
Bittman, M   264
Bjorklund, DF   61, 72–75, 126, 192, 216, 394, 416, 424, 426–429

Björkqvist, K   696f.
Blakemore, SJ   133
Blaser, R   613
Blasi, A   538
Blass, EM   366
Blieszner, R   278
Bloom, BS   48, 672f.
Bluck, S   260
Blum, W   647
Bodenmann, G   571
Bodrova, E   591, 600
Boerner, K   575
Boets, B   616
Bogin, B   72
Böhm, K   721
Böhme, K   646
Boigs, R   202
Boivin, M   696, 700
Bond, J   721
Borke, H   191
Borkenau, P   87
Bornstein, MH   147, 453
Bös, K   380, 674f.
Bos, W   648
Bosker, R   646, 658
Bouchard, TJ Jr   86
Bouldin, P   596
Boulton, MJ   698
Bowen, CE   739
Bower, TGR   170
Bowerman, M   445
Bowlby, J   47, 72f., 180, 679
Boyd, R   69, 75
Brain, P   695
Braine, MDS   436
Brainerd, CJ   419
Brandtstädter, J   33, 35, 50, 58, 268, 275, 286, 302, 307, 329, 487, 490, 492–494, 565, 567f., 572–575, 577, 748, 756, 758f.
Brehmer, Y   297, 739
Bremerich-Vos, A   646, 650f.
Bremner, AJ   118
Brickman, P   571
Brim, OG   273
Broderick, NY   516
Bromley, MC   278
Bronfenbrenner, U   143f.
Bronson, GW   372
Brooks, R   350
Brooks-Gunn, J   237, 240, 551f., 584

Brown, AM   370
Brown, BB   237, 248 f.
Brown, JD   485
Brückner, H   263
Bruner, J   358, 449, 453 f.
Brunner, M   651
Brunstein, JC   483 f.
Bryant, P   394
Buber, I   154
Budson, TG   667
Bühler, C   28, 31, 312, 512
Bühler, K   28
Bukowski, C   665
Bulf, H   372
Buller, DJ   77
Bullock, M   393, 399 f.
Bundesministerium für Familie, Senioren, Frauen und Jugend (BMFSFJ)   720 f.
Burger, K   598, 600
Burgess, R   72
Burkhalter, A   133
Busch-Rossnagel, NA   33, 567
Bushman, BJ   717
Buss, DM   69, 73, 77
Butterworth, B   615

C

Cadoret, RJ   89, 93
Cairns, BD   32, 34
Cairns, RB   32, 34
Call, J   343 f., 350, 356, 360
Campbell, CG   110
Campbell, DT   62
Campbell, FA   584
Campos, JJ   369
Cantor, N   484
Carey, S   214, 344–346, 355, 401–403, 406 f., 439 f.
Carlson, SM   467
Carpenter, M   73, 182, 408
Carroll, AE   697 f.
Carroll, SB   76
Carstensen, LL   275, 325, 327, 329
Case, R   214 f., 394, 423
Caserat, MS   730
Caspi, A   91, 93 f., 237, 558
Cassell, WS   420
Castello, A   625
Cattell, RB   221, 286, 288 f., 317, 675
Chandler, M   537
Chapman, M   33, 49, 139, 214 f., 292
Chase, WG   672
Chein, J   247
Chen, Z   344, 396
Chess, S   170, 553 f., 557

Chi, MTH   428
Chipuer, HM   87 f.
Chomsky, N   355, 448
Cicero, MT   30
Cillesen, AHN   696–698
Clark, LA   326
Clarke, S   125
Clauss-Ehlers, C   155
Clayton, NS   350
Cleveland, HH   91
Clifton, RK   377
Coen, E   66
Cohen, D   139, 625
Coie, JD   228
Colby, A   531
Colcombe, SJ   725
Cole, M   500
Coleman, JS   656
Coleman, LJ   669
Collins, LM   109
Collins, WA   246, 511
Comstock, G   716
Cooper, CR   246
Coopersmith, S   227
Corballis, MC   341
Cosmides, L   68, 355, 498, 518
Costa, PT   223, 547 f.
Cowan, N   423
Craig, W   697
Craik, FIM   418
Cross, S   556
Cross, TL   669
Crowley, K   111
Csikszentmihalyi, M   483 f.
Cuevas, K   415 f.
Cunningham, WA   515

D

d'Ydewalle, G   710
Dabholkar, AS   127
Daly, M   67
Damasio, AR   498, 502
Damon, W   531
Dannenbauer, FM   635
Darwin, C   61–63, 65–67, 354, 498
Dasen, PR   149
Davey, TC   293
Davies, G   93
Davis, GW   124
Dawkins, R   67
de Frias, CM   317
de Langen-Müller, U   634 f., 639
De Smedt, B   616
de Villiers, JG   360, 444
de Villiers, PA   444
Dean, J   236

Deary, IJ   92
DeCasper, AJ   164, 169, 366
Decety, J   133
Dehaene, S   176
Delhey, J   540
DeLoache, JS   708
Dempster, FN   422
Dennis, M   450
Dennis, MG   46
Dennis, W   46
DeRosier, ME   698
Deutsche Gesellschaft für Ernährung (DGE)   723
Deutscher Bildungsrat   597
Diamond, A   391, 591
Dias, MG   398
Dick, DM   255
Dilling, H   607, 609, 614, 620, 634
Dix, T   184
Döbert, R   530
Dodge, KA   228, 255
Dodson, CS   420
Donellan, M   560
Döpfner, M   623 f.
Draganski, B   117, 134
Dreher, E   513
Dufresne, A   474
Dummer-Smoch, L   614, 638
Dunlosky, J   427
Dweck, CS   230

E

Ebner, NC   267 f., 285
Eccles, JS   244, 252, 486 f.
Eckelmann, C   669
Edelbrock, C   625
Edelstein, W   49
Ehlert, U   682, 689
Eimas, PD   438
Einsiedler, W   652
Ekman, P   204, 498 f., 510
Elder, GH Jr   144
Elias, N   500
Elkonin, DB   517
Elliott, ES   230
Ellis, BJ   72
Elsner, B   159, 176, 178, 182
Emmons, RA   484
Engfer, A   677
Ennemoser, M   712 f.
Eppinger, B   470
Erdmann, G   514
Ericsson, KA   291, 672–674
Erikson, EH   52 f., 142, 252, 286, 292, 312, 328, 547, 554 f., 735 f.
Eron, LD   716

Esping-Andersen, G   145
Esser, G   621, 640
Etnier, JL   725
Evans, J   355
Evans, N   361
Ewert, O   237

F

Faraone, SV   623
Farber, SL   86
Feeney, S   590
Feigenson, L   402
Feldman, DC   744
Feller, MB   126
Ferguson, C   547, 560
Fergusson, DM   684–686
Ferrer-Wreder, L   255
Fiatarone, MA   725
Field, T   163
Fifer, WP   366
Filipp, SH   301, 569, 749f., 757
Finkelhor, D   685
Fisch, SM   711
Fischbach, A   616
Fitts, P   671
Fivush, R   194f., 417–419
Flanagan, C   257
Flavell, JH   213f., 392, 410, 424f., 429, 470, 472, 595, 709
Fleeson, W   484, 560
Fleishman, EA   383
Flynn, JR   295
Fodor, JA   354f.
Folkman, S   569f.
Ford, DH   77
Fowler, W   46
Fox, CL   697
Fox, NA   460
Fraga, MF   81, 86, 94f.
Francis, DD   95
Francis, DJ   609, 611
Frankfurt, HG   534
Frankish, K   355
Freud, S   38, 42, 52f., 526, 684, 716
Freund, AM   259, 261–266, 271, 286, 490, 548, 565, 567
Friedlmeier, W   150, 500, 503, 506
Friesen, WV   499
Frijda, NH   478
Frith, U   133
Fuchs, LS   615
Futuyma, DJ   62

G

Gage, F   134
Galloway, D   700f.
Galloway, M   701
Galotti, KM   214
Galton, F   665
Garandeau, CF   696–698
Garcia, V   340
Gasteig-Klicpera, B   612
Gathercole, SE   127, 216, 451
Geary, DC   72f., 614f.
Gelman, R   175
Gentner, D   49
Gentner, TQ   340
Georgas, J   141
Geppert, U   479
Gergely, G   341, 350, 407
Gergen, K   59
Gerstorf, D   103, 315, 320, 323, 328, 332
Gert, B   523
Getchell, N   381
Gewirtz, JL   32
Ghisletta, P   104, 319, 332
Gibbons, RD   631
Gibbs, JC   532
Gibson, E   368f.
Giedd, JN   127, 241
Gilbert, R   681, 689
Gilford, R   276f.
Gillberg, C   623
Gillet, PA   730
Gilligan, C   529f.
Glaser, D   678
Gleitman, LR   442f., 450
Gloger-Tippelt, G   205, 597
Glück, J   305, 740
Goda, Y   124
Goethe, JW von   511
Gogtay, N   133, 241
Goldammer, A von   599
Goldin-Meadow, S   450
Golinkoff, RM   438, 443, 448f.
Gollwitzer, PM   484, 492
Goodwyn, SW   588
Gopnik, A   182, 344, 356, 451
Goswami, U   192, 395, 398f.
Gottlieb, G   78, 82
Gould, SJ   66
Goulet, LR   31
Gowramma, IP   610f.
Graham, JW   104
Grandma Moses   665
Granzer, D   653
Gräser, H   748, 756, 758f.
Gray, RD   77

Greenfield, PM   139
Greenhaus, JH   272
Greve, W   61, 74f., 302, 543f., 559f., 563, 565, 567f., 574–576
Griffith, PE   77
Grimm, H   197, 433, 440, 444, 451f., 455, 635, 638, 640
Grimm, J   30
Grob, A   515
Grossmann, K   149
Grossmann, KE   149
Grotevant, HD   246
Grove, EA   121
Grube, D   192, 194, 200, 596, 605f., 614
Gruber, H   428, 671, 673
Grünke, M   625
Guiso, L   486
Güntürkün, O   133
Gutbrod, T   162
Gwozdz, W   322f.

H

Haan, N   569, 572
Haase, CM   242, 477, 495
Habermas, J   252
Hackethal, R   614
Hadad, BS   373
Haden, CA   195
Hagestad, GO   51
Haidt, J   525
Halford, GS   215
Hall, GS   150, 237
Hall, NC   494
Ham, M   511
Hampel, P   514f.
Hank, K   154
Hannover, B   543f., 555
Hanses, P   668
Hardman, AE   724f.
Hardt, J   677, 681–684
Hare, B   350
Harkness, S   144
Harlow, HF   46, 679
Harris, JR   88
Harris, P   205
Harris, PL   398
Harter, S   226, 478
Hartl, M   410
Hasselhorn, M   32, 40, 187, 192, 194, 198, 237, 423–425, 427, 593, 596, 603, 610f., 613
Hattie, JAC   658
Haun, D   337, 349, 361
Häuser, D   640
Hauser, MD   357

Häuser, W 679
Havighurst, RJ 52, 262, 281, 312, 328, 492
Hawkes, K 74
Hawley, PH 697
Haywood, KM 381
Heckhausen, H 479 f., 485, 501
Heckhausen, J 201 f., 244, 263, 268, 307, 329, 477–479, 484, 488–490, 492–494, 501, 565, 572, 738, 749
Heesters, J 314
Heinmiller, BM 590
Heinrichs, N 682, 689
Helmke, A 203, 550, 649, 653, 659
Helwig, CC 537
Hendry, LB 250 f.
Hensch, TK 47, 126, 133
Herlenius, E 124
Hermer-Vasquez, L 347
Herrmann, E 358 f.
Hertzog, C 38, 102, 105 f., 293, 296
Heyden, S 684, 686, 688
Hickmann, M 446 f.
Higgins, ET 513
Hill, CJ 652–654
Hillman, CH 725 f.
Hirsh-Pasek, K 438, 443, 448 f.
Hirtz, P 382
Hitch, GJ 423
Hodges, EVE 696 f.
Hoff, E 270
Hoff-Ginsberg, E 446, 454
Hoffman, ML 532, 589
Hoffmann, H 622, 624
Hoffmann, SO 681, 684
Hofstede, G 143
Hofsten, C von 166, 376 f.
Holland, JL 269
Hollmann, T 588
Holmes, J 617
Holodynski, M 178, 201, 497, 501–504, 506, 508 f., 511, 514 f.
Höltershinken, D 590
Holtmaat, A 125
Honeycutt, H 72
Hood, BM 405 f.
Hopf, C 538
Horgan, DD 674 f.
Hörmann, C 695
Horn, JL 221, 286, 289, 296, 317
Horwood, AM 370
Howard, KS 584
Howe, ML 418 f.
Hrdy, SB 67, 583
Hua, JY 118
Huang, C 559

Hubel, DH 117
Hudson, JA 417 f.
Huesmann, LR 716 f.
Huffman, KJ 132
Hughes, C 467
Humboldt, W von 435
Hummert, ML 738
Humphreys, LG 293
Hunt, JM 48
Hurrelmann, K 141
Hutchinson, JE 441
Huttenlocher, J 347
Huttenlocher, PR 127
Huxhold, O 114

I

Ihle, W 621, 629
Inhelder, B 214
Innocenti, GM 125
Iso-Ahola, SE 281
Iwarsson, S 755
Izard, CE 204

J

Jablonka, E 68 f.
Jackson, EL 281
Jackson, PL 133
Jacob, F 66
Janke, B 204 f., 516, 519
Janke, W 514
Janoff-Bulman, R 688
Jansen, H 613
Jarosch, K 684, 686, 688
Jencks, C 658
Jenkins, JM 197
Jenkins, L 422
Jenni, O 189
Jensen, TS 439
Jerusalem, M 720, 723 f., 728, 730
Jessor, R 253
Jessor, SL 253
Joas, H 51
Johann, A 52
Johnson, MH 173
Johnson, SC 408
Jopp, D 323, 575, 751
Joseph, C 525
Jung, CG 735

K

Kadesjo, B 623
Kagan, J 35, 50, 170 f.
Kagitcibasi, C 151
Kahn, RL 274
Kail, R 215
Kallestad, JH 699, 702

Kaminski, J 351–353
Kant, I 523
Kany, W 633, 635, 640 f.
Karbach, J 465
Karl der Große 137
Karmiloff-Smith, A 354, 445 f., 449, 452
Kärnä, A 699, 702 f.
Kasten, H 203
Kästner, E 698
Kaufman, J 682
Kavšek, M 173, 293, 363, 371, 373
Kay, P 361
Kaye, KL 170
Kearney, M 663, 668, 675
Keating, DP 241
Kekulé, A 398
Keller, H 148, 202, 583
Keller, M 533
Kelley, HH 273
Kellman, PJ 372
Kennell, JH 46
Kessels, U 555
Kessler, EM 733, 739, 743
Kestner, K 588
Kiegelmann, M 588
Killen, M 531
King, NJ 628
King, P 257
Kinzler, KE 175
Kitayama, S 139, 151
Kite, ME 738
Klauer, KJ 602
Klaus, MH 46
Klewes, J 51
Klicpera, C 612
Kliegel, M 318, 331
Kliegl, R 297, 424
Klieme, E 645 f.
Kluckhohn, C 140
Kluczniok, K 600
Klute, C 248
Kluwe, RH 474
Knafo, A 91
Knopf, M 194 f., 417, 430
Kobasigawa, A 474
Kochanska, G 183
Kochenderfer, BJ 695
Kochenderfer-Ladd, BJ 695
Kohlberg, L 526–532, 535, 540
Köhler, W 341
Kohli, M 263
Köller, O 645 f., 648, 650, 654, 658–660
Koot, HM 621
Koriat, A 475

Kotter-Grühn, D 317–320, 324
Krajewski, K 200, 603, 614 f.
Kramer, AF 466, 725
Krapp, A 203
Krappmann, L 248, 695
Krauss, S 660
Kray, J 211, 218 f., 457, 463–466
Krettenauer, T 533
Krist, H 363, 379, 406
Kroeber, A 140
Kroesbergen, EH 615
Kron-Sperl, V 424, 426
Krubitzer, L 132
Krueger, J 750
Krueger, LE 420
Kuger, S 600
Kuhl, PK 438
Kuhn, D 395, 399
Kulis, M 700
Kunzmann, U 322, 325, 503, 519
Küspert, P 602, 615
Küster, U 479

L

Labouvie, GV 106 f.
Labouvie-Vief, GV 292, 558
Lachman, ME 260 f., 265
Ladd, GW 695
Lagercrantz, H 124
Lagerspetz, KM 697
Lamb, ME 224
Lamb, MJ 69
Lambourne, K 726
Landerl, K 199, 610 f.
Lang, B 395
Lang, FR 325, 327, 329, 495, 747, 750, 755, 758
Largo, R 178
Larson, R 511
Laursen, B 246
Lauth, GW 606, 615
Laux, L 510
Lawrence, JA 142
Lawton, MP 752
Lazarus, AA 627
Lazarus, RS 569 f., 572
Lee, J 652, 654
Leffert, N0 728
Leggett, EL 230
Lehmann, AC 291
Lehr, U 312
Leipold, B 563, 575 f.
Leiß, D 647
Leong, DJ 591, 601
Lerner, RM 33, 77, 237, 255, 567
Leslie, A 405

Levinson, D 264
Levinson, SC 361
Levy, BR 738 f., 750
Lewinsohn, PM 630
Lewis, M 551 f.
Lewontin, RC 66
Li, D 315, 322
Li, KZH 113, 466
Li, SC 39, 111, 114, 421, 460
Lichtman, JW 124
Lickliter, R 72
Liebmann, A 635
Light, LL 417, 426
Light, P 215
Lindenberger, U 27, 30 f., 39 f., 97, 101 f., 106, 111–114, 214 f., 283, 287 f., 290 f., 300, 312, 314, 316–320, 330 f., 413 f., 421, 431, 463 f., 566–568, 737, 739, 755 f.
Lindhagen, K 377
Linebarger, DL 712
Little, B 484
Lloyd, CB 237
Lloyd, ME 416
Lockl, K 197, 395, 429, 466 f., 471–475
Loeb, S 584, 586
Loehlin, JC 87 f., 222
Lohaus, A 198, 515
Lohmann, H 360
Lord, FM 649
Lorenz, JH 615
Lorenz, K 46
Lorsbach, RC 218
Lotze, W 535
Lourenço, O 214
Lövdén, M 133 f., 297 f., 320, 564
Lowenstein, LF 697
Lubinski, D 675
Lucas, R 560
Luciana, M 466
Lundberg, I 613
Luo, Y 408
Luria, AR 142, 154, 219
Luthar, SS 575
Luther, M 137
Lykken, DT 91
Lytton, H 48

M

Mabbott, DJ 215
MacDonald, K 72
MacDonald, SWS 319, 324
Machado, A 214
Madsen, K 695
Magai, C 505

Mähler, C 191, 197, 206–208, 594 f., 597, 605, 609, 616
Mahoney, JL 251
Main, M 181
Malti, T 532
Mandel, DR 438
Manning, M 590
Marcia, JE 252, 554 f.
Marcus, GF 340
Markman, EM 441 f.
Markus, HR 51, 151, 301, 305, 546, 556
Marlier, L 366
Marsh, HW 226, 659 f.
Martin, M 261, 318, 331
Marx, H 199
Marx, P 603
Masche, JG 109
Masten, A 575 f.
Matsumoto, D 145, 500, 503
Maughan, B 626
Maurer, C 169
Maurer, D 169
May, K 543 f.
Mayer, AK 301, 749 f., 757
Mayer, KU 263
Mayhew, EM 417 f.
Mayr, E 62, 76
McArdle, JJ 104, 109
McCartney, K 495
McClearn, GE 294, 315, 320
McClelland, DC 483
McCloskey, M 406
McCormick, MC 590
McCrae, RR 223, 547 f., 741
McCrink, K 345
McElwain, NL 208
McFadden, SH 505
McGowan, PO 95
McGue, M 91
McLoyd, VC 207
Mead, GH 34, 51
Mead, M 150
Mecklenbräuker, S 416
Medienpädagogischer Forschungsverbund Südwest 706
Meerum Terwogt, M 516
Mehler, J 437
Mehler-Wex, C 630
Meltzoff, AN 182, 350, 408, 415, 438
Mendes, N 342 f.
Mennella, JA 164, 167
Merikangas, KR 628
Metcalfe, J 470
Mietzel, G 193, 196, 206
Mikulincer, M 272 f.

Milgram, S   529
Miller, GF   65
Miracle, JA   370
Mischel, W   198, 470, 515, 587
Miyake, A   459
Moffitt, TE   237, 246, 255
Molenaar, PCM   40, 110
Moll, H   408
Moll, K   610 f.
Möller, J   661
Montada, L   27, 31, 33, 49, 52, 54, 57
Moody, J   695
Moon, C   438
Moore, KL   160 f.
Moravcik, E   590
Morgan, D   674 f.
Morita, Y   702
Morris, J   724
Morris, PA   143 f.
Moses, LJ   467
Moss, HA   35, 50
Motel-Klingebiel, A   153
Mowrer, OH   627
Mroczek, DK   322
Mühlig-Versen, A   303
Mullen, PE   684–686
Müller, R   511
Müller, U   468
Munafo, MR   92
Munk, C   710
Murray, H   484
Muthén, B   107
Mylander, C   450

N

Nagel, IE   135
Nahemow, L   752
Naigles, L   443
Narens, L   471 f., 475
Näslund, JC   199, 612
Nauck, B   151
Nava, E   47
Nelson, TO   471 f., 475
Nesselroade, JR   41, 102, 105, 111, 236
Neugarten, BL   263–265, 312
Neumann, M   661
Newcombe, NS   347, 416
Newton, AM   360
Ng, TWH   744
Ni, Y   213
Nickel, H   602
Nieding, G   705, 709–711, 714 f., 717
Nikitin, J   259
Nilson, LG   316
Nishida, C   728
Noftle, E   560

Norman, DA   458 f.
Nucci, LP   531
Nunez, M   398
Nunner-Winkler, G   521, 524, 530, 532–534, 538 f.
Nurius, P   51
Nurmi, JE   484

O

O'Connell, P   697 f.
O'Leary, DD   125
Oberauer, K   424
Odling-Smee, FJ   64
Oerter, R   206 f., 497, 513
Ohler, P   705, 710 f., 714 f., 717
Olson, JM   87
Olweus, D   692 f., 698 f., 701–703
Onishi, K   408
Oppenheim, RW   124
Opwis, K   428, 672
Ornstein, PA   195, 419 f., 425 f.
Orth, U   559
Oser, F   527, 534, 538
Oswald, H   695
Oswald, WD   759
Otter,   650
Overton, WF   32, 34
Oyama, S   77, 82
Oyserman, D   152

P

Pabst, A   253
Paik, H   716
Palgi, Y   327
Palmer, FH   48
Panksepp, P   498
Papoušek, H   504
Papoušek, M   504
Papst Paul VI.   314
Park, DC   319
Parke, RD   31
Parker, ES   419
Parsons, T   525 f.
Pascual Leone, A   118
Pascual-Leone, J   292
Pauen, S   159, 171, 173 f., 176
Pauls, H   52
Paz-Alonso, PM   419
Peck, R   736
Pellegrini, AD   72 f.
Penn, DC   356 f.
Penner, Z   588
Pepler, D   697
Perner, J   197, 199, 351, 395, 409, 411, 697
Perrett-Clermont, AN   215

Perry, DG   696 f.
Persaud, TVN   160 f.
Petermann, F   640
Peters, M   756 f.
Petersen, AC   237, 728
Peterson, CC   361
Petraitis, J   253
Pettito, LA   453
Philipp II   684
Piaget, J   31, 33, 49, 78, 139, 149, 174, 179, 190–193, 196, 200, 209, 212–215, 218, 233, 292, 341, 375, 386–392, 394, 399, 411, 446, 448 f., 478, 527, 540, 594
Pigliucci, M   71
Pilon, DA   483
Pinquart, M   322, 325 f., 721
Pipe, ME   419
Pitts, RC   534
Plomin, R   43, 90–92, 666
Plume, E   602, 613
Pons, F   205
Popper, KR   563 f.
Posner, MI   671
Pott, M   139, 150
Potter, WJ   707
Povinelli, DJ   344
Powell, GN   272
Pratt, C   596
Preckel, F   663, 665, 669, 671, 675
Pressey, S   31
Pressley, M   195, 417, 421 f., 424, 426, 429–431, 471 f.
Prinstein, MJ   237, 698
Prochaska, JO   730
Prohaska, TR   728
Pulsi, TA   668
Putnam, RD   540
Putnam, S   553
Pyers, JE   361

Q

Quartz, SR   118

R

Rakic, P   121
Rakic, S   124
Rakoczy, H   337, 351, 358
Ramaa, S   610 f.
Ramon y Cajal, S   125, 134
Rao, U   630
Rash, BG   121
Ravens-Sieberer, U   622
Rawls, J   523
Raz, N   135, 459
Reck Miranda, E   118

Redfield, R   140
Rees, AH   48
Regier, T   361
Reichenbach, R   534
Reimer, JF   218
Reischies, FM   317, 320
Reitzle, M   243
Repacholi, BM   182
Resnick, LB   214
Rest, JR   529
Retelsdorf, J   661
Reusser, K   653
Reuter-Liehr, C   614
Reuter-Lorenz, P   319
Reyna, VF   419
Rheinberg, F   231
Richerson, PJ   69, 75
Riddell, PM   370
Rideout, VJ   706
Riediger, M   308
Ritter, JO   261, 264 f.
Ritterfeld, U   455, 713
Robert Koch-Institut   720 f., 729
Roberts, B   560
Roberts, W   232
Robitzsch, A   646
Röcke, C   327
Röder, B   47, 117
Roebers, C   193, 418–420, 474
Roeder, PM   650
Roelofsen, I   479 f., 485
Rogosa, DR   103
Rohr, MK   747
Rokeach, M   484
Roland, E   700 f.
Rönnlund, M   318
Rosenmayr, L   284
Rösler, F   117
Roßbach, HG   598
Rost, DH   666–668, 670
Roth, E   613
Roth, M   513
Rothbart, MK   170, 468
Rothbaum, F   139, 149 f., 478
Rothermund, K   572, 575, 738
Röthlisberger, M   198
Rott, C   312–314, 323
Rourke, BP   616
Rovee-Collier, C   174, 415 f.
Rovine, MJ   585
Rubenstein, AJ   590
Rubin, KH   698
Ruble, D   546, 550
Ruddy, MG   453
Rupprecht, R   758
Russell, JA   499

Rutter, M   34, 680
Ryff, CD   306, 308, 559

S

Saarni, C   232, 503, 510, 518 f.
Sachs, J   455
Saffran, JR   340
Said, E   154
Salisch, M von   503, 519
Salmela-Aro, K   252, 484
Salmon, K   419
Salmvalli, C   693, 698–701
Salomon, G   714 f.
Salthouse, TA   215
Santos, LR   340
Sarnecka, BW   346
Saß, H   606, 620
Saudino, KJ   91
Sauer, J   674
Scanziani, M   126
Scarr, S   43, 495
Scerri, TS   613
Schaal, B   164
Schaefer, S   39, 211, 220
Schafer, JL   104
Schäfer, M   691, 695 f., 699 f.
Schaie, KW   31, 100, 107–109, 293, 295 f., 312, 317–320
Schakib-Ekbatan, K   636 f.
Schecker, M   636
Scheerens, J   646, 658
Schellenbach, M   747
Schenk-Danzinger, L   195, 205
Scherer, G   590
Schiebler, K   474
Schilling, OK   311, 321–323, 332
Schittenhelm, R   713
Schlichting, CD   71
Schlottke, PF   615
Schmidt, H   314
Schmidt-Denter, U   602
Schmiedek, F   97, 296, 330 f.
Schmitz, B   110
Schneekloth, U   314, 328
Schneewind, KA   36, 50, 548
Schneider, S   627
Schneider, W   27, 32, 40, 56, 164, 187, 192 f., 195, 197, 199 f., 216, 242, 381, 395, 413, 416–424, 426–431, 457, 466 f., 471–475, 593, 602 f., 612–614, 653, 663 f., 666, 671, 673–675, 712 f.
Schöler, H   633, 635–638, 640 f.
Schölmerich, A   581
Schooler, C   727
Schröder, K   745
Schuchardt, K   609–612, 615 f.

Schulte-Körne, G   613
Schultheiss, OC   483 f.
Schulz, R   307
Schumann-Hengsteler, R   413, 422
Schuurmans, C   122
Schwanenflugel, P   471
Schwartz, D   255
Schwarzer, G   376
Schwarzer, R   730
Schwenck, C   426, 619
Schwender, C   739
Seed, A   344
Seidenberg, MS   453
Seiffge-Krenke, I   512 f.
Seligman, M   630
Selman, RL   228, 528, 549
Senghas, A   361
Settersten, RA   263
Shallice, T   458 f.
Shao, Z   133
Shavelson, RJ   549
Shaver, P   272 f.
Sherrod, L   257
Shin, H   230
Shing, YL   414, 421, 431
Shirai, N   369
Shoda, Y   515
Sibley, BA   725
Siegal, M   361
Siegler, RS   111, 214, 344, 395 f., 425
Silbereisen, RK   235, 237–239, 242, 244, 250, 255 f.
Simon, HA   672
Simonton, DK   741
Sitsema, J   697
Skinner, EA   485
Skowronek, H   199
Slater, A   374
Sliwinski, MJ   332
Smetana, J   531
Smith, BA   366
Smith, J   303, 318, 322, 324 f., 751
Smith, PK   692 f., 695, 702
Smith, RS   576
Smith, SJ   118
Smolenski, C   515
Smollar, J   246
Snarey, J   529
Sober, E   67
Sodian, B   197, 385, 399, 407 f., 410, 426, 532, 595
Solberg, ME   693
Solomon, J   181
Sonuga-Barke, EJ   623
Soska, KC   370
Souza-Poza, A   322 f.

Sowell, ER   127
Spear, LP   241
Spearman, CE   221, 294
Spelke, ES   175, 355, 372, 375, 404 f.
Spence, MA   366
Spence, MJ   164, 169
Spies-Kofler, A   587
Spiess, CK   600
Spirduso, K   722
Spiro, A   322
Spitz, R   47
Squire, LR   215
Sroufe, LA   503 f., 507
Stahl, D   178
Stamm, K   636 f.
Stanovich, KE   609
Staszewski, J   672 f.
Staudinger, UM   260, 283, 285 f., 292, 302–307, 327, 558, 565, 568, 575 f., 728, 733, 740, 742 f., 757
Stefanek, J   666
Stegge, H   516
Steinberg, L   237, 244 f.
Stensel, DJ   724 f.
Stern, DN   548 f.
Sternberg, RJ   221, 664, 675
Stich, M   665
Stipek, DJ   508
Stöger, H   667
Strayer, J   232
Striano, T   178
Stuart, GJ   133
Stuebing, KK   609
Stumpf, E   663, 671
Suchodoletz, W von   613 f.
Suddendorf, T   341
Suess, G   597
Super, CM   144
Super, DE   270
Sutton, J   693, 696
Svoboda, K   125
Sylva, K   599

T

Taggart, B   600
Taylor, C   595
Taylor, SE   485, 571
Terman, L   669
Tesch-Römer, C   137, 569
Tetens, JN   31, 286, 288 f., 305
Teubert, M   666
Thelen, A   117
Thelen, E   167
Thissen, D   649
Thoermer, C   197, 407
Thomae, H   31, 300, 312

Thomas, A   170, 553 f., 557
Thompson, LA   666
Thompson, RA   519
Titzmann, PF   244
Todrank, J   129
Tomasello, M   73, 341, 343, 350 f., 356, 358, 360, 397, 408, 507
Tomasik, MJ   244
Tomporowski, P   726
Tönnies, F   140
Tooby, J   355, 498, 518
Torgesen, JK   612
Trabasso, T   394
Tracy, R   434
Trainor, LJ   590
Träuble, B   176
Trautner, HM   32
Trautwein, U   650
Trawick-Smith, J   196
Treumann, K   650
Trevarthen, C   482
Triandis, HC   143
Trommsdorf, G   150 f.
Trudewind, C   202
Tugendhat, E   522
Turiel, E   531
Turkheimer, E   88–90

U

Uhl, C   426

V

Vaillant, GE   574
Valenza, E   372
Valiente, C   554
Valsiner, J   142
van der Voort, THA   715
van Dulmen, MHM   109
van Dyk, S   745
Van Ijzendoorn, MH   680
Van Lier, PAC   621
van Luit, JEH   615
Vandell, DL   586
Vaupel, JW   751
Vellutino, FR   613
Verbrugge, LM   280
Vierhaus, M   382
Vijver, van de, D   145
Voelcker-Rehage, C   381 f., 719, 726
Vogt, M   756 f.
Voland, E   74
Volkamer, M   190
Vreeman, RC   697 f.
Vygotskij, L   31, 219, 358, 504, 516

W

Wachtel, GF   442
Wagner, M   743
Wagner, RK   612
Wahl, HW   311–314, 316, 328, 330, 332, 753, 755
Wajcman, J   264
Waldron, M   88 f.
Walk, R   368 f.
Walker, D   712
Walker, LJ   534
Walma van der Molen, JH   715
Walsh, MK   124
Ward, S   588
Wardrop, JL   695
Warneken, F   350 f., 397
Warnke, A   613, 615
Watson, D   326
Watson, JB   32
Weaver, IC   95
Weber, H   510
Weder, N   94
Weichold, K   235, 238 f., 247, 254, 256
Weinberg, RA   43
Weinert, FE   195, 422, 427, 431, 606, 646, 653, 658 f.
Weinert, S   433, 436 f., 439, 441, 450–452, 454
Weinstein, ND   730
Weiss, D   750
Weissenborn, J   444
Weisz, JR   149, 481
Wellman, HM   408, 410, 429, 472
Wentura, D   268, 275, 559 f., 569, 571, 738
Werkle-Bergner, M   421
Werner, EE   576, 729
Wertfein, M   587
West-Eberhard, MJ   78
Westermann, G   118
Wetzels, P   678, 681 f., 685, 689
Weyers, S   531
Whitaker, HA   450
White, RW   478
Whitehurst, GJ   455
Widom, CS   682
Wiese, BS   271 f.
Wiesel, T   117
Wilkening, F   363, 375, 391, 405
Willats, P   341, 396 f.
Williams, SR   133
Willimczik, K   381
Willis, SL   261, 296
Wills, TA   571
Wilson, DS   67
Wilson, M   67

Wimmer, H 199, 409 f., 697
Winnicott, DW 129
Wise, S 589
Wohlwill, JF 41, 98
Woodward, AL 182, 407
Woodward, J 356
Woolley, JD 408
World Health Organization (WHO) 607, 720, 722–725, 727–729
Wurf, E 301, 305
Wurm, S 739
Wynn, K 345, 402 f.
Wyschkon, A 610 f.

X
Xu, F 176, 340, 343

Y
Yamaguchi, MK 369
Yang, J 93
Yang, M 660
Youniss, J 246
Yuan, J 124

Z
Zahn-Waxler, C 589
Zecevic, N 124
Zelazo, PD 199, 468 f., 515
Ziegler, A 399 f.
Zielinski, W 606
Zigler, E 682
Zimmer, HD 431
Zimmer, R 190, 590
Zimmermann, P 205
Zimmermann, RR 46
Zmyj, N 581
Zuckerberg, M 248
Zuckerman, M 512

Sachverzeichnis

A

Abhängigkeitsunterstützungsskript 737, 758
Abstraktion 192, 201
Abwehrmechanismen 574
Acetylcholin 123 f.
Adaptation 62, 64 f., 78, 333, 573, 752
Adipositas 721
Adoleszenz 53, 236, 264, 278, 395, 536, 555
Affekt s. a. Emotionen 320 f., 324–326, 468, 742
– negativer 245, 468, 510, 553, 742
– positiver 742
– Störungen 630
Aggressivität 94, 206, 229, 557, 586, 623–626, 682, 686 f., 692, 694, 696, 716
Akkommodation 307, 370, 374, 386, 490, 573
Akkulturation 142
Aktivität, körperliche 724, 729
– und Kognition 296, 725
Aktivitäten 207, 250, 280, 320
Alkohol 162, 253, 683, 687 f., 723
Allele 82
Alltagskompetenz 305, 316, 326
Alltagsrelevanz 748
Alter
– Adaptivität 74
– als Variable 98, 101
– drittes und viertes 313, 316
– Gesundheitsverhalten 728
– höheres 283–309
– hohes 53, 152, 284, 311–334, 559, 747–759
– körperliche Aktivität 726
– Produktivität 733–746
Altern 111, 113, 748
– differenzielles 301
– erfolgreiches 301, 321, 734
– genetische Einflüsse 320
– kognitives 114, 289
– normales 300
Alternsforschung s. a. Gerontologie 316, 321
– kognitive Neurowissenschaften 299
– Methoden 330
Altersbilder 738, 749, 753, 756
Altersnormen 263, 750
Altersunterschiede 41, 101

Altruismus 68, 532
Alzheimer-Demenz s. Demenz
Ammensprache 126, 148, 453
Amygdala 241, 468
analoges Denken 398
Analogie 339, 350
Angst, Ängste 327, 498, 623, 626, 687
Ängstlichkeit 170 f., 627, 629
Angststörungen 621, 626, 628
Anpassungsfähigkeit 171
antisoziales Verhalten 89, 91, 93, 626
Antwortformat 649
Appraisal 502, 569
Äquivalenz 145
Arbeitsgedächtnis 193, 198, 216, 241, 299, 318, 345, 394, 422 f., 458, 460, 601, 615 f.
– Beeinträchtigung 637, 640
– phonologisches 197, 451, 596, 612
– sprachliches 199
– und Sprache 638
Art 62, 65, 69
Artikulationsstörungen 637
Assimilation 307, 386, 490, 573, 738
Assoziation 431
ästhetisches Empfinden 590
Attribution 152, 203, 229, 559, 630
Aufgabenschwierigkeit 201, 484, 496, 649, 655
Aufmerksamkeit 173, 215, 241, 300, 423, 459, 469, 566
– geteilte 178, 452, 506
Aufmerksamkeitsdefizit-/Hyperaktivitätsstörung (ADHS) 621 f.
Auge-Hand-Koordination 189, 376 f.
Augenzeugen 419
Ausbildung 264
Autismus 410, 436, 452, 636
Autonomie 53, 150, 236, 244, 246, 251, 260, 272, 525, 558, 583, 596 f., 758
Autorität 227, 525, 527, 539
Axon 119, 122, 125, 131

B

Begabung s. a. Hochbegabung 664, 669
Begeisterungsfähigkeit 553
Behaviorismus 526, 539
Belohnung 468 f., 527, 531
Belohnungsaufschub 198, 204, 515
Beratung 55, 269, 643, 756

Berentung 261
Beruf 261, 264
– Eintritt 260, 264
– Etablierung 261
– im Alter 744
– und Familie 271, 583
– Wahl 269 f.
berufliche Entwicklung 268, 270 f.
Berührung 161, 164, 167, 179, 366
– sexuelle 684
Bestrafung 468, 527, 531, 681
Betreuung 582
Bewältigung s. a. Coping 54, 307, 481, 563–577, 627, 741
– akkommodative 307, 573
– assimilative 307, 573
– defensive 574
– Definition 569
– problem- und emotionszentrierte 54, 570, 575
– und Entwicklung 568–572
Bewegungsmangel 723
Bewegungswahrnehmung 369, 371
Bewusstsein 498
Beziehung s. a. Partnerschaft; soziale Beziehungen 177, 180 f., 539, 551, 585
Bezugsperson 181, 205, 208, 223, 274, 482, 503 f., 587, 678, 743
Bilder 708
Bilderbuch 455, 589 f., 708
Bildung 272, 319, 582, 646, 744, 757
– schulische 646, 656, 658
– Standards 646, 648, 653, 655
Bildungsferne 598
Bindung 73, 129, 148, 180, 205, 208, 273, 275, 482, 538, 585, 597, 679
Biografie 28, 78, 552
Biologie, naive 595
Blickpräferenz 168 f., 364
Bluthochdruck 135, 723
Bonding 180
Bullying s. Mobbing

C

Cannabis 253
Centenarians, Hundertjährige 314
Cholesterin 723
Chorea Huntington 84
Chromosomen 63

chronische Erkrankungen 328, 680, 720, 751
chronologisches Alter 40, 260, 295, 741
Chunking 672, 739
Computer 706, 715 f.
Computermodelle 112
Coping s. a. Bewältigung 268, 307, 481, 563–577, 627
Cortisol 95, 239
Curriculum 646, 648, 650, 654, 659
Cybermobbing 707

D

deduktives Denken 214, 242, 398
Delinquenz 254, 538, 624 f.
Demenz 315, 318, 727, 756
– Alzheimer 314
demografischer Wandel 236, 745
Demokratie 537, 539
Dendriten 119, 122
Denkaufgaben 212
Denken 179, 192, 360, 390, 471, 595, 715
– abstraktes 357
– animistisch-magisches 190, 595
– Förderung 602
– menschliches 357
– numerisches 200, 214, 344 f.
– räumliches 214
– wissenschaftliches 29, 399
Denkentwicklung 173, 212, 385–411
Denkvermögen 286
Depression 621, 628 f., 688, 724, 756
Deprivation 46 f.
Deutsch, als Schulfach 650, 652 f., 658
Diabetes 720, 723
Diagnostik 544, 620, 635, 639, 756
Diathese-Stress-Modell 621
Didaktik 701
Dilemma 522
Diskriminierung 250
Dispositionen 32, 50, 57
Distanzwahrnehmung 369 f.
DNS 63, 82 f., 160
Dominanz 697, 700
Dopamin 92, 94, 123, 241, 299, 468, 623
Doppelaufgabenkosten 113, 220, 300, 317, 466
Doppelbelastung 271, 279
Down-Syndrom 436
Drogenmissbrauch 253, 683, 687, 723
Dyskalkulie s. Rechenstörung
Dyslexie 611
Dysphasie 635

E

Egozentrismus 191, 389, 392, 446, 532, 549, 594
Ehe 261, 274, 276, 539
Ehrenamt 744
Einflusssysteme 98, 115
Eizelle 86, 160
Ekel 498
Elaboration 426
Eltern 183, 227, 231, 245, 260, 265, 272, 278, 454, 583, 680
Eltern-Kind-Beziehung 51, 151, 163, 180 f., 206, 440, 481, 503 f., 527, 588, 597, 625, 681
Elternschaft 151, 261, 264–266, 274, 277
Embryo 82, 129 f., 160
emotionale Entwicklung 231, 324, 327, 467, 503
– im Jugendalter 511, 518
– in der Kindheit 204, 503–511
– kulturelle Unterschiede 150
emotionale Stabilität 758
emotionale Vernachlässigung 678
Emotionen s. a. Affekt 178, 183, 201, 204, 304, 468, 497–520, 532
– Ausdruck 498, 503 f., 508, 510
– Basis- 204, 498
– Bewältigung 54
– Definition 502
– Eindrucksfähigkeit 506
– Internalisierung 511
– selbstbezogene 180, 231, 549, 552
Emotionsregulation s. a. Selbstregulation 150, 181, 204, 275, 329, 498, 500, 518, 570, 742, 758
– Definition 514
– Formen 518
– reflexive 503, 514
– Strategien 514, 518
Emotionswissen 204
Empathie 133, 183, 232, 506, 532, 589, 703
Engagement 257, 744
Englisch, als Schulfach 646, 650, 654, 658, 660
Enkulturation 141
Entscheidung 242
Entwicklung s.a. Ontogenese
– Adaptation 78
– aktionale Modelle 33, 59
– Begriff 30
– Besonderheiten bei Hochbegabung 668
– Dauer 72
– Diskontinuität 41, 55–59
– Dynamik 100, 106, 114
– Einflüsse 38, 98, 107
– Einzelperson vs. Population 110
– endogenistisches vs. exogenistisches Modell 32
– Evolution 69–77
– Förderung 582, 603
– genetische Einflüsse 82–84
– Gestaltung 33 f., 302
– Heterogenität 30
– historische Einbettung 141, 500
– im ersten Lebensjahr 53, 171–178, 387
– im Erwachsenenalter 53, 259–309, 558
– im hohen Erwachsenenalter 311–334
– im Neugeborenenalter 165–171
– im Vorschulalter 593–597
– im zweiten Lebensjahr 178–184, 387
– in der frühen Kindheit 187–209, 436–447, 478, 503–509, 548, 582
– in der Jugend 235–257, 554
– in der mittleren Kindheit 53, 211–233, 388, 548
– interaktionistische Modelle 33, 50
– Kontinuität 41, 55–59, 399, 748
– Konzeptionen 28–42
– Kultureinflüsse 138, 141
– Lebensspanne 292
– Modelle 28, 32–34, 36, 50, 52 f., 59
– Multidirektionalität 262, 266, 316, 332
– organismische Modelle 52
– Pfade 154
– Phasen- und Stufenmodelle 28
– pränatale s. pränatale Entwicklung
– Prognosen 38, 58
– proximale Prozesse 144
– Risikofaktoren 161 f., 164, 440, 584, 625, 693
– Störungen 410, 635, 643
– transaktionale Modelle 34, 52
– Umwelteinflüsse 32, 43, 82, 84
– und Bewältigung 564
– und Handeln 568
– Universalien 30, 147
Entwicklungsaufgaben 35, 37, 52, 139, 141 f., 151, 204, 206, 241–243, 260, 262, 264, 271, 317, 328, 566, 571, 735
Entwicklungsfristen 263 f., 271, 492, 750
Entwicklungskrisen s. Krisen
Entwicklungsnische 144

Entwicklungspotenzial 33, 297
Entwicklungsprobleme 35, 37
Entwicklungsprozesse
– Erfassungsmethoden 97–115
– Variablenzusammenhänge 100
Entwicklungspsychologie 27–60
– aktionale Perspektive 566
– differenzielle 32
– Forschungsmethoden 97–115
– Gegenstand 41
– Geschichte 28, 30
– komparative 338
– Theoriebildung 114
Entwicklungspsychologie der Lebensspanne 31, 111, 141, 261, 266, 284, 302, 312, 548, 748
Entwicklungsregulation 487, 490, 494
– Handlungsphasenmodell 492
– Zwei-Prozess-Modell 572
entwicklungsregulatives Handeln 329, 487, 567
Entwicklungsressourcen 256
Entwicklungsstufen 28
Entwicklungsziele *s. a. Ziele* 38, 154, 285, 306, 492, 494, 567
Epigenetik 76, 81, 83 f., 94 f.
Epigenom 84
Erblichkeit 42, 44, 63
Ereignisse 59
– biografische 91, 418
– historische 295
– kritische 52, 54, 107, 162, 569, 573, 627
Erfahrungswissen 739 f.
Erfolg und Misserfolg 201, 203
erfolgreiche Entwicklung 266, 304, 306, 321, 576 f., 734
Erkenntnis 390, 526
Ernährung 723, 727, 729
Erwachsenenalter 151, 259–282
– höheres 283–309
– hohes 311–334
Erzieher 208, 584, 587
Erziehung 50, 183, 526, 538, 582
– Praktiken 148
– und Motivation 202, 483
– Ziele 539
Erziehungsberatung 680
Erziehungsstil 206, 227, 255, 554, 589, 625
– autoritativer 227, 231, 538, 587
Ethik 522
Evaluation 39, 399, 613, 642, 748

Evolution 61–78, 354, 401, 410, 498, 525, 583, 679
– konvergente 133, 339
– Prozesse 62
– und Entwicklung 69–77, 153
– Voraussetzungen 64
evolutionäre Entwicklungsbiologie 75
evolutionäre Psychologie 69, 72, 77, 355
Evolutionstheorie 61–78
exekutive Funktionen *s. a. kognitive Kontrolle* 198 f., 299, 395, 458, 468, 515, 615, 623, 725
Expertise 242, 270, 291, 382, 428, 664, 671, 674, 739
– Entwicklungsstufen 672
Exploration 202, 478
Extraversion 223, 303 f., 468, 547, 560

F
Fähigkeit
– fluide 290
– kognitive 149, 221, 339–359, 599, 646
– kristalline 290
– mathematische *s. Mathematik*
– motorische 171 f., 376, 379, 381 f.
– psychomotorische 672
– soziokognitive 696
– Sprache 176
– vs. Anstrengung 484
– vs. Fertigkeit 379
Faktorenanalysen 110
Familie 222, 261, 264, 277, 538
– als Entwicklungskontext 33, 205, 246, 596
– Funktion 275
– Gründung 261
– Hochbegabungsförderung 670
– Rolle 153
– und Beruf 271, 583
– und Gesundheitsverhalten 729
– und Vernachlässigung 680
Fantasien 595
Farbwahrnehmung 361
Fehler 388, 470
Fernsehen 706, 712, 716
– Bildungsprogramme 711
– Programmformate 709
Fertigkeit
– motorische 190, 376, 378 f.
– schulische 606, 646
– und Expertise 671
– vs. Fähigkeit 379
Fiktionalität 709

Film 709, 716
Fitness
– evolutionäre 62–64
– körperliche 135, 296, 380–382, 725
Folgsamkeit, Compliance 183
Förderung 582–584, 586, 589, 591, 597, 613, 666, 669
– Modellprojekte 600
– Programme 601
Formwahrnehmung 371
Forschungsdesigns 110–112, 331, 598
Fortbewegung 172, 188, 378, 590
Fötus 160, 164, 166 f., 169
Freiheit 523
Freizeit 250, 280, 667
Fremdeln, Fremdenangst 177, 180, 551
Fremdsprache 646, 650, 652, 654
Freundschaft 207, 228, 247, 272, 278, 539
– imaginäre 191, 596
– Selektion und Sozialisation 248
Frühgeburt 162 f.
Frustration 183, 230 f.
Funktionseinbußen 315, 320
Furcht *s. Angst, Ängste*
Fürsorge 498

G
GABA, gamma-Aminobuttersäure 123 f., 133
Gebärdensprache 361, 450, 453, 588
Geburt 72, 160 f.
Gedächtnis 168, 174, 193, 215–217, 393, 413–432, 471
– Aufgaben 430
– autobiografisches 194, 414, 418, 549, 552
– bereichsspezifisches 672
– deklaratives 414, 417, 429
– Encodieren 417, 419, 425 f.
– Entwicklungsdeterminanten 421–430
– episodisches 296, 414, 417, 431, 549
– explizites vs. implizites 414
– im Alter 318, 420, 422
– Kapazität 422
– Komponenten 414
– Metagedächtnis 217, 429, 472
– Modelle 423
– prozedurales 414, 429
– Rekognition 174, 216, 414, 417
– Reproduktion 174, 195, 216, 415, 417 f., 425, 430
– semantisches 414, 417

– Skripts 417
– Spanne 194, 422
– Strategien 194, 216, 424, 432, 472
– und Intelligenz 429
– und Wissen 427
– Wiederholung 424
Gefühle *s. Affekt; Emotionen*
Gehirn
– Alterung 112, 114, 135, 299, 319
– Entwicklung 47, 117–136, 161, 188, 215, 241
– Frontallappen 198, 319
– Großhirnrinde *s. Kortex*
– Plastizität 124
– pränatale Entwicklung 120 f.
– Regionen, Areale 121, 124, 131 f., 135
– Reifungsprozesse 188, 198, 217, 241, 391, 394, 396 f., 459
– Symmetrie 613
– und Gedächtnis 431
– und körperliche Aktivität 134 f., 382, 726
– und Verhalten 40, 125
– weiße Substanz 135, 215, 241
Gehörlosigkeit 361, 439, 450, 453
Gehorsam 525, 527, 539
gelernte Hilflosigkeit 630
Gene 63, 76, 82 f., 93
Generationen 147, 153, 236, 265, 524, 681, 739, 743
Generativität 53, 328, 333, 736, 743
Genom 42, 82
Genom-Umwelt-Wechselwirkung 42–45, 72, 76, 82, 84 f., 89 f., 93
genomweite Assoziationsstudien (GWAS) 92
Genotyp 70, 82
Genotyp-Umwelt-Passung 43
Genpolymorphismen 82
Gentechnologie 82
Gerontologie 31
Gerontopsychologie
– angewandte 747–759
– Studien 315
Gerontotechnologie 755
Geruchssinn 121, 127, 168, 365
Geschichte *s. a. historische Veränderungen* 62, 66, 100
Geschlechterunterschiede 188, 203, 207, 250, 327, 510, 529, 611, 626, 636, 686
Geschlechtsorgane 161, 238
Geschlechtsrolle 539, 552
Geschmackssinn 127, 129, 167, 366
Geschwister 86, 88, 206, 228, 279

Gesellschaft
– Definition 140
– Institutionen 140
Gesichtswahrnehmung 708
Gestationsalter 162 f.
Gesten 408, 450, 452 f., 499
Gesundheit 556, 559, 589, 620, 719–731, 739
– Definition 720
– objektive 720
– Risikofaktoren 723
– subjektive vs. objektive 721
Gesundheitsförderung 722, 730
Gesundheitsverhalten 723, 728, 730
Gewalt 681, 684, 686
– in der Familie 67, 538, 678
– in Medien 715
Gewinne und Verluste 28, 30 f., 262, 266 f., 316, 489, 559, 738, 749, 757, 759
Gewissenhaftigkeit 223, 303 f., 548, 560, 758
Gleichgewicht 114, 121, 188, 220, 300, 381, 590
Gliazellen 118 f., 122
Glutamat 123
Grammatik 196, 357, 443 f., 448, 451 f., 635 f., 638, 650
Greifen 173, 370 f., 375–377, 387, 391, 407
Großeltern 74, 153, 743
Großhirnrinde *s. Kortex*

H
Habituation/Dishabituation 165, 168, 173 f., 293, 364, 372, 390, 405, 437
Handeln 341, 477, 498, 529, 544 f.
Handlungsabsicht *s. Intention*
Handlungsregulation 500
– Formen 502
– interpersonale 499, 503 f., 510
– intrapersonale 498, 506, 511
Handlungssteuerung 184, 198, 458 f., 466 f., 470, 482, 568
handlungstheoretische Ansätze 142, 573
Handy 706
Häuslichkeit 251
Hautsinne 129, 365 f.
Heim 314
Hemmung, Inhibition 119, 124, 130, 198, 218, 293, 299, 395, 460, 466, 587, 601
Heritabilität 42, 85, 292 f.
Herkunftsfamilie 264, 274

Herz-Kreislauf-Erkrankungen 720, 723
Heterosexualität 250
Hippocampus 118, 129, 134 f.
historische Veränderungen 100, 147
Hochbegabung 222, 663–676
Homologie 338, 350
Homosexualität 250
Hörbücher 713
Hören 112, 121, 127, 130, 169, 300, 314, 330, 365–367, 437, 453, 608
Hormone 95, 161 f., 238 f., 512, 630
Hyperaktivität 622
Hypothalamus 121
Hypothesenprüfung 100, 104, 112, 399

I
Ich 179, 328, 480
Ich-Integrität 53
Identität 50, 53, 151, 247, 252, 272, 301, 491, 513, 518, 547, 554 f., 572
Imitation 69, 132, 177, 340, 408, 452
Imitationslernen 415
Impulsivität 622, 625
Impulskontrolle 246, 469, 586 f.
Individualismus 143, 152
Individuation 246
Individuum
– als Erkenntnisgegenstand 110
– und Umwelt 495
induktives Denken 214, 602
Informationssuche 275, 329, 546
Informationsverarbeitung 193, 242, 393, 611 f., 614
– bei Medienrezeption 711
– dysfunktionale 630
– Geschwindigkeit 215, 217, 299, 394, 423
– phonologische 199
Inhibition *s. Hemmung, Inhibition*
Initiationsriten *s. Übergangsrituale*
Integration 275
intellektuelle Entwicklung *s. kognitive Entwicklung*
Intelligenz 192, 607, 609, 614, 664
– fluide 221, 289, 296, 317, 379, 381, 459, 641
– Generalfaktor g 221, 292, 294, 650 f., 665
– genetische Einflüsse 44, 85, 87, 92, 222, 315, 658
– kristalline 221, 289, 317, 559, 675
– kulturelle und gesellschaftliche Einflüsse 222
– Messung 192, 221, 607, 610, 641

– Umwelteinflüsse 90, 222
– und Gedächtnis 429
– und Gehirn 127
– und Hochbegabung 665
– und schulische Leistung 220, 651, 674
– und Sensorik/Sensomotorik 112, 300
– Zweikomponentenmodelle 221, 286–292, 757
Intelligenzentwicklung *s. kognitive Entwicklung*
Intelligenzquotient (IQ) 33, 44, 127, 192, 221 f., 607
Intention 175, 182, 198, 408, 458, 467
Intentionalität 349, 351, 565
Interdisziplinarität 316, 635, 639, 759
Interessen 203, 667
interindividuelle Unterschiede 37, 40, 56, 98, 110, 165, 170, 262, 292 f., 318, 322, 325, 332, 381, 423, 736
Internet 706
Intervention 39, 59, 155, 582, 635, 699–703, 758
intraindividuelle Variabilität 71, 111, 114, 327, 331, 561, 737
intraindividuelle Veränderungen 40, 98, 110, 423
Introspektion 513
Intuition 356, 406
Invarianz 200
Inzidenz 621
Irritabilität 170
Item-Response-Modelle 649, 655

J
Jugendalter 33, 150, 235–257, 511, 518, 554
– Adaptivität 72
– Definition 236
– gesellschaftlicher Kontext 242
– Gesundheitsverhalten 728
– Mediennutzung 706
– positive Entwicklung 255
Jugendkultur 248

K
Karriere 261, 271 f., 656, 741
Kategorisierung 174, 192, 425
kausales Denken 176, 179, 203, 344, 392, 405, 595
Kausalität 59, 101, 104, 113 f.
Kernwissen 175, 355, 401–403, 407
Kinder 51
– Auszug 261, 266

Kindergarten 206, 208, 594, 597–600
– Qualität 599
– Wirksamkeit 598
Kindertageseinrichtung *s. a. Tagesbetreuung* 208, 582, 597–600, 642
Kindesmisshandlung *s. Misshandlung*
Kindesrechte 679
Kindheit 33, 72, 177, 179, 187–209, 211–233
Klassifikation 192, 213
Kognition
– Einbußen 330
– Fähigkeitsstruktur 294
– Intervention 296, 617, 725
– Mechanik 221, 289, 299, 379, 459, 739, 757
– Modularität 354
– Pragmatik 75, 221, 289 f., 317, 757
– soziale *s. soziale Kognition*
– und körperliche Aktivität 296, 725
– und Sprache 358 f.
– vor- und nichtsprachliche 337–362
kognitive Entwicklung 221 f., 318, 385–411, 527, 548, 584, 666
– genetische Einflüsse 44, 294, 320
– im Alter 286–301, 316–320, 332, 736
– im Jugendalter 241
– im Vorschulalter 190–200, 391, 417, 594–596, 598
– in der Adoleszenz 536
– in der frühen Kindheit 48, 173, 179, 190–200, 293, 337–362, 390, 414
– in der mittleren Kindheit 149, 212–222, 388
– Informationsverarbeitungsansatz 215, 393
– kultureller Kontext 149
– Modelle 118
– repräsentationale Neubeschreibung 355
– Umwelteinflüsse 126, 215
– und Medien 708, 711
– und Motorik 378
– und Sprache 448–450, 641
kognitive Flexibilität 198, 218, 463, 601
kognitive Kontrolle *s. a. exekutive Funktionen* 198, 217, 300, 395, 397, 431, 457–467, 474, 601
kognitive Leistungsfähigkeit *s. a. Intelligenz* 224, 314, 316, 382, 559, 636, 641, 736
Kohorte 147, 756
Koh orteneffekte 100, 108, 295, 316, 318, 321, 323

Kollektivismus 143, 152
Kommunikation 176, 196, 358, 366, 388, 408, 410, 435, 446, 453, 504, 510, 638, 706
Kompetenz *s. a. schulische Kompetenzen* 57, 149, 665
Konditionierung 415, 526, 539, 627, 630
Konflikt 54, 151, 206, 208, 236, 246, 271, 522, 524, 547, 597, 682, 692
Konservation 212, 215
Konstruktivismus 31, 33, 49, 118, 386
Kontext 34, 50, 52, 58, 262, 315, 569, 737, 740, 759
Kontinuität und Diskontinuität 41, 55–59
Kontrastsensitivität 368
Kontrolle 457–467, 475, 568
– exekutiv *s. exekutive Funktionen*
– inhibitorische *s. a. Impulskontrolle* 587
– intentionale 553
– primäre und sekundäre 150, 268, 478, 481, 488, 490, 565, 572, 575, 742
– selbstregulierende 468
Kontrollpotenzial und -streben 488
Kontrollüberzeugungen 485, 758
Konvention 531
Kooperation 67 f., 207, 358, 397, 524, 597
Koordination 376, 380–382, 466 f., 726
Koresidenz 153
Körperbewegung 376–378, 382
körperliche Entwicklung 188
körperliche Reife 239
Körperselbstkonzept 513
Kortex 121 f., 124, 130, 132, 134, 161, 166, 217, 241, 391, 394, 396 f., 450, 459, 462, 468
– präfrontaler *s. präfrontaler Kortex*
Krankheit 314 f., 320, 720, 751
– Prävention 722, 724
Kreativität 597, 741
Krebs 720
Krisen 52, 547, 566, 571
kritische Phase *s. a. sensible Periode* 125, 133 f.
Kultur 68, 75, 77, 137–156, 358, 500
– Bedarf 285
– Definition 140
kulturelle Syndrome 143
kulturelle Transmission 141
Kulturpsychologie 138
Kulturvergleich 138 f., 215, 249, 382, 451, 512, 523

– Independenz vs. Interdependenz 139, 143, 148, 150 f.
– Methoden 145
– nomologische vs. indigene Perspektive 138
Kurzzeitgedächtnis 174, 193, 215, 393, 414

L

Lachen 439
Längsschnittdesigns 58, 100 f., 295, 319, 331, 599
– beschleunigte 109
– prospektive 39, 674
Langzeitgedächtnis 174, 194, 393, 414 f., 417, 423, 549, 612
latente Differenzwertmodelle 104
latente Konstrukte 57
latente Wachstumsmodelle 102
Lautwahrnehmung 367, 437
Lebensalter s. a. Alter; chronologisches Alter 40
Lebensereignisse s. Ereignisse
Lebenserfahrung 568, 736, 740, 757
Lebenserwartung 265, 278, 285, 313 f., 724, 751
Lebensinvestment 306
Lebenskompetenz 254
Lebenslauf 31, 37, 55, 274, 284, 312
– normativer Zeitplan 50, 263, 266, 489
– Strukturierung 489
Lebensmitte 261
Lebensphasen 28, 37, 260, 312, 736
Lebensplanung 263, 333
Lebensspanne 28
Lebensspannenpsychologie s. Entwicklungspsychologie der Lebensspanne
Lebensstil 135, 296, 727
Lebenswissen 305, 317
Lebenszufriedenheit 280, 306, 322–325, 750
Legasthenie 611, 635, 638, 643
Lehrer 658–660, 701 f.
Lehrkompetenz 658, 660, 701
Leistung 664
Leistungsmotivation 201, 479, 484
Lernbehinderung 609, 615
Lernen 45, 69, 111, 134, 168, 405, 436, 453
– assoziatives 132, 415
– Fähigkeiten und Gelegenheiten 667
– im Alter 296
– induktives 339
– intentionales 596
– Kontext 150, 658

– kulturelles 358
– lebenslanges 50, 155, 271, 757
– Mechanismen 355, 441, 448 f., 526
– Medien 713
– moralisches 525, 535
– schulisches 648
– selbstreguliertes 251
– soziales 340
– statistisches 340, 356
– Theorien 31, 716
Lerngelegenheiten 652, 654, 656
Lernkurven 107, 110
Lernmotivation 201
Lernschwäche 606, 609
Lernstörungen 605–618
– Differenzialdiagnostik 607
– Geschlechtsspezifität 611
– Klassifikation 606
– Komorbidität 608, 610 f., 615
– Prävalenz 610
Lernstrategien 472, 474
Lese-/Rechtschreibstörung 607, 610 f., 615, 635, 638, 643
– Altersabhängigkeit 611
– Prävention und Intervention 613
Lesen 600, 607, 612, 650, 652–654, 660 f., 712
Lesestörung 607, 610
Lexikon 435, 439, 443, 637
Liebe 511 f.
Likelihood-Funktion 104
limbisches System 241
linguistische Kompetenz 195
logisches Denken 212, 214, 242, 394, 399

M

Macht 692
MAOA-Gen 94
Mathematik 176, 344, 600, 646, 650, 652, 660
– Kompetenzen 199 f., 214, 599, 603, 607 f., 614, 616, 646, 655
Matthäuseffekt 103
Mediatormodelle 101
Medien 705–718
Medienkompetenz 251, 707
Medienrezeption 711
Mehrebenenmodelle 102, 106, 331
Mehrphasenmodelle 107
Mengendiskrimination 200, 345
Menopause 74, 107
Menschenbild 77, 96, 133, 526
Menschenrechte 524, 537
Merkfähigkeit 286
Messung s. Methoden

Messzeitpunkte 101
Metakognition 395, 429, 466, 470–476, 516
Metapher 710
Metarepräsentationen 197, 595
Methoden 57, 59, 97–115, 648–652
– Anforderungen 98
– qualitative 138
Migrationshintergrund 155, 237, 244, 249, 253, 598, 600, 602, 636
Mimikry 340
Minimalmoral 523 f.
Missbrauch 677–689
Misshandlung 36, 93, 677–689
– Intervention und Prävention 683
Misskonzeptionen 406, 649
Mobbing 691–703, 707
– Definition 692
– Opfer 697
– Peers 698
– Prävalenz 694
– Prävention und Intervention 699–703
– Rollen 694 f.
– Täter 696
Mobilität 723, 725
Molekulargenetik 32, 82, 92
Monitoring s. Überwachung, Monitoring
Moral 522, 527, 531
– Erwerb 526
– genetische Prädispositionen 525
– Module 525
moralische Entwicklung 521–540
– Kohlbergs Stufenmodell 527
moralische Motivation 531–535, 537
Morphologie 435, 444, 637 f.
Mortalität 253, 320, 324, 681 f., 721, 739
Motherese 454
Motiv 483 f., 501 f.
Motivation 252, 477–496, 498, 501, 532, 558, 675, 758
– Erwartungs-Wert-Modell 485
– und Entwicklung 487
motivationale Entwicklung 201, 229, 458, 477–487, 617
Motivationstheorie 490
Motorik 129, 131, 166, 188, 330, 376–383, 387, 724
motorische Entwicklung 131, 166, 171 f., 188, 382
Multimorbidität 314, 756
Mutter-Kind-Beziehung 148, 169, 181, 206, 274, 366, 437, 452 f., 482, 597

Muttersprache 130, 169, 196, 367, 437, 439, 444 f., 451 f., 598, 646
Myelinisierung 118, 241, 394

N
Nachsprechaufgaben 640
Natur 500
Naturwissenschaften, als Schulfach 646, 652, 654, 660
Nervensystem
– Entwicklung 117–136, 161, 164, 166, 241
Neugeborenenalter 130, 165–171, 176 f., 376
Neugier 202, 478
Neurogenese 118, 129, 131, 134
neuronale Netzwerke 112, 114, 215, 459
Neurone, Nervenzellen 118 f., 121, 123, 162, 164, 241, 394
Neurotizismus 223, 303 f., 560
Neurotransmitter 94, 119, 123, 241, 299, 623, 630
Neurowissenschaften 32, 133, 299
Nikotin s. Rauchen
Noradrenalin 94, 123, 624, 630
Normen 140, 143, 154, 527, 529, 531, 535, 537, 539, 620
– moralische 522–526, 531, 535
– soziale 260, 263, 266, 273, 692, 695, 749

O
Objekteinheit 371 f., 441
Objektindividuierung 343
Objektkonzept 391
Objektpermanenz 342, 390, 551
Objektwahrnehmung 369–375, 389, 405, 709
Offenheit für Erfahrung 223, 303 f., 548, 560
ökologische Systemtheorie 143
Ökonomie 734
Online-Communities 707
Ontogenese s. a. Entwicklung 69, 78, 126, 328, 338
– Architektur 284
– und Evolution 132
– und Plastizität 134
Opfer 685, 697
Optimismus 203, 485
Organogenese 120
Orientierungsreaktion 130, 165, 168
Orthografie 650, 653

P
Pädagogik 701
Partnerschaft 249, 261, 264, 272–275, 539
Peers 208, 227, 247, 698
Performanz 149, 665
Periodeneffekte 100, 107, 295
Person-Umwelt-Passung 752 f., 755 f.
Persönlichkeit 91, 301, 544, 758
– Big Five 222, 224 f., 302, 547, 560
– Profile 225, 304
– und Beruf 269 f.
– und erfolgreiche Entwicklung 304
– und Leistung 224
– und Temperament 557
Persönlichkeitsentwicklung 85, 90, 170, 543–561
– Eriksons Stadienmodell 52
– genetische Einflüsse 92
– im Erwachsenenalter 301–305, 560
– in der Jugend 556
– in der Kindheit 222–225, 553
– Umwelteinflüsse 548
Persönlichkeitsmerkmale 302, 327, 548
– Erfassung 223, 304, 560
– genetische Einflüsse 87, 91
– Stabilität und Veränderung 222, 224, 303, 557, 560
– Umwelteinflüsse 87, 89
– und Hochbegabung 667
Perspektivenübernahme 198, 204, 392, 408, 410, 549, 594, 698
Pfadmodelle 101
Pflegebedürftigkeit 153, 314, 725, 751
Pflichten 143, 523
Phänotyp 70, 72
Phenylketonurie 82 f.
Phobie 627 f.
Phonologie 434, 437, 439, 451, 616
phonologische Bewusstheit 199, 602
phonologische Schleife 194, 596, 612, 615, 638, 640
Phylogenese 69, 133, 338
Physik, naive 344, 403, 405, 595
Piagets Theorie der kognitiven Entwicklung 33, 49, 179, 214, 292, 386, 527
– formal-operationales Stadium 389
– konkret-operationales Stadium 212, 389
– präoperationales Stadium 190, 212 f., 388, 594
– sensomotorisches Stadium 78, 387
Planung 397, 458, 466 f., 544 f., 567

Plastizität 38, 47, 58, 70, 111, 133, 286, 295, 331 f., 465, 564, 737, 744, 751, 757
posttraumatische Belastungsstörung (PTBS) 688
Prädisposition 355
präfrontaler Kortex 122, 127, 133, 135, 198, 217, 241, 299, 391, 394, 396 f., 431, 459, 462, 468
Prägung 46
pränatale Entwicklung 120, 160–165, 366, 437
pränatales Lernen 130, 161
Prävalenz 621
Prävention 253, 590, 601, 613, 615, 617, 699–703, 722, 731
Praxis 36, 641, 731, 753
Primaten 73, 77, 338, 340, 358, 450, 679
Priming 416
Printmedien 707, 714
Problemlösen 341, 396, 398, 450, 563–578, 740
– aktives 564
– Strategien 395
Problemverhalten 240, 245, 253, 638
Produktivität, psychologische 733–746
– Definition 734
– Kriterien 735
Prokrastination 492
Propriozeption 167, 179, 377
Prosodie 434, 437 f., 447, 452
prosoziales Verhalten 183, 207, 532, 589, 596, 697, 713
psychische Störungen s. Verhaltensstörungen
psychoanalytische Theorie 539, 547
psychodynamische Theorie 547
Psychoedukation 628, 759
Psychometrie 192, 220, 330, 544, 620
Psychopathologie 620, 687
Psychotherapie 626, 628, 631
Pubertät 107, 238, 512

Q
Querschnittdesigns 100 f.

R
Rationalität 389, 523
Rauchen 162, 253, 723
Raumkognition 346, 361
räumliche Wahrnehmung 368, 374, 590
Realität vs. Fiktion 709

Rechenstörung 607, 610, 614 f.
- Prävention und Intervention 615
Rechnen 200, 345, 603, 606, 614
Recht 143, 523 f., 531, 537
Rechtschreibstörung *s. a. Lese-/Rechtschreibstörung* 607, 610, 612
Rechtschreibung 650, 653
Reflexe 131, 161, 166 f.
Regeln 140, 531, 536, 582
Regressionsanalysen, hierarchische 101
Rehabilitation 723 f., 731
Reifestand 46
Reifung 31 f., 45, 53, 72, 84, 111, 134, 164, 261, 330, 382, 448, 488
Relativismus 155, 537, 740
Religiosität 257
Repräsentation 190, 212, 356 f., 388, 391, 396, 460, 471, 549, 708
Reproduktion 63, 67, 69 f.
Reservekapazität 111, 318 f., 332
Resilienz *s. Widerstandsfähigkeit, Resilienz*
Ressourcen 72, 215, 267, 271, 379, 383, 394, 397, 565, 576, 631, 722, 735
- Allokation 285
- im Alter 285, 318, 328 f., 734, 751 f., 757
- Knappheit 64
- kognitive 299
- kulturelle 285
- motivationale 481
Reversibilität 214, 388
Riechen 167, 365
Risikoverhalten 241, 251, 586, 731
Rollen 53, 243, 250, 272, 278–280, 536
Rollenspiel 179, 191, 206, 447, 516
romantische Beziehungen 249, 512
Rückenmark 121, 131

S

säkulare Akzeleration 239
Säkularisierung 524, 531
Satzgedächtnis 599
Säuglingsalter 148, 165–178, 293, 377, 387, 390, 437, 439, 453
Säuglingsforschung
- Methoden 168, 364, 390, 437
Scham 53, 201, 479
Scheidung 274, 276 f.
Schlaf-Wach-Rhythmus 165, 178
schlussfolgerndes Denken 214, 394, 396, 398
Schmecken 167, 365
Schmerzempfinden 167, 365 f.

Schmerzen 130, 419, 720
Schreiben 607, 612, 650, 660
Schriftsprache 198–200, 599 f., 602, 613, 616, 637, 650
Schüchternheit 225, 557
Schule 155, 215, 222, 538, 584
- als Umwelt 85, 658
- Effizienz 646, 656, 658
- Eintritt 220, 549, 594
- Förderung 614, 617
- Hochbegabungsförderung 670
- in der Jugend 251
- Kernkompetenzen 648
- Leistungsvergleich 231, 550
- Mobbing 691–703
- Versagen 616
Schulfächer 646, 650, 652, 660
schulische Kompetenzen 199, 646, 648, 654
- Modelle 646, 654
Schulklasse 659, 692
Schulleistungen 200, 606, 609, 638, 645–661, 701
- Definition 646
- Dimensionalität 650
- Einflussfaktoren 656
- Entwicklung 648, 652–654, 656
- Fähigkeitsdifferenzierung 658, 660
- Grundschule 653
- Messung 648–652
- Produktion vs. Reproduktion 649
- Sekundarstufe I 654, 658
- und Intelligenz 651
Schulleistungsstörung *s. Lernstörungen*
Schulsystem 85, 658
Schwangerschaft 160, 366
Screening 640
Sehen 121, 127, 130, 169, 173, 300, 314, 330, 365, 367, 374, 608
Sehschärfe 112, 367, 374
Selbst 51, 480, 543–561
- Beschreibung 226, 552
- independentes vs. interdependentes 151
- kognitives 418
- possible selves 305, 558
Selbstdefinition 243, 301, 327, 546
Selbsteffizienz und -kultivierung 567
Selbstentwicklung 543–561, 563–577
- im Erwachsenenalter 301, 305–308, 558
- in der Jugend 554
- in der Kindheit 225–227, 550
Selbstgestaltung 566

Selbstkonzept 53, 57, 151, 180, 203, 301 f., 305, 343, 481, 513, 545, 548, 552, 555, 572, 638, 667
- Entwicklung 179, 225–227
- Erfassung 226
- fähigkeitsbezogenes 552
- Immunisierung 560
Selbstregulation *s. a. Emotionsregulation* 165, 170, 178, 232, 245, 266, 302, 305, 333, 467–470, 514, 554, 568, 572, 600, 623
Selbstständigkeitserziehung 202
Selbstwert 180, 226, 307, 513, 550, 556, 559, 572, 576, 627, 758
Selbstwirksamkeit 183, 203, 485, 551
Selbstwissen 545, 552
Selektion 78
- evolutionäre 64 f., 67, 284
- neurale 118
Selektion, Optimierung und Kompensation 267, 275, 291, 306, 329, 383, 490, 548, 565, 575, 751, 755
Selektivität, Selektionseffekte 101, 104, 316
Semantik 195, 435, 443 f., 449, 637
sensible Periode *s. a. kritische Phase* 46 f.
Sensomotorik 112, 220, 300, 318, 590
sensomotorische Integration 132
Sensorik 47, 112, 167, 300, 314, 330, 363–383, 387, 608, 636
sensorisches Register 414
Sequenzdesigns 100, 107, 295
Serotonin 94, 123, 241, 630
Sexualität 249, 498, 512
sexueller Missbrauch 677–689
- Diagnostik 686
- Intervention und Prävention 688
Simulation
- experimentelle 111, 113
- formale 112
Sinnesmodalitäten 170, 365, 375
Sinnesorgane 127
Söhne 278
SOK-Modell *s. Selektion, Optimierung und Kompensation*
Somatosensorik 167
soziale Beziehungen 53
- Autonomie vs. Verbundenheit 139
- Erfassung 228
- Gleichaltrige 206, 227
- im Erwachsenenalter 272–279
- im höheren Alter 742 f.
- im Jugendalter 246–250
- in der Kindheit 148, 177, 205, 596

– Reziprozität 743
– Theorien 272
soziale Erwartungen 260, 262, 266, 273
soziale Interaktion 51, 73, 408, 481, 587
soziale Kognition 349–351, 358
soziale Kompetenz 205, 207, 589
sozialer Vergleich 226, 232, 306, 550, 552, 571
sozialer Wandel 147, 155, 243 f., 295
soziales Netzwerk *s. a. soziale Beziehungen* 274, 279, 698
Sozialisation 49, 88, 91 f., 137–156, 205, 208, 248, 268, 273, 643, 686, 699, 739
– Bereitschaft 180, 183
– Theorien 525 f.
Sozialverhalten 586 f., 599 f., 642, 696
– Störungen 621, 624
sozioemotionale Selektivitätstheorie 275, 325, 329, 742
sozioökonomischer Status 559, 584 f., 589, 598
Spiel 73, 179, 191, 206, 351, 388, 410, 601, 706, 715 f.
Spielzeug 206 f., 589
Spiritualität 257
Sport 724
Sprache 360, 366 f., 388, 433–456, 588, 612
– Förderung 582, 588, 602
– Kompetenzen 650
– Komponenten 435
– Lehren 455
– Pragmatik 196, 435, 446, 637
– Produktion 176, 650
– Sapir-Whorf-Hypothese 361
– Satzproduktion 196, 443
– Satzverständnis 197
– und Emotionsregulation 516
– und Kognition 179, 358 f., 450, 636, 641
– Verarbeitung 445
– Verständnis 176, 650, 654
– Wahrnehmung 366
– Zweitsprache *s. a. Fremdsprache* 588, 636, 646
Sprachentwicklung 176, 195, 345, 366, 433–456, 549, 552, 637
– Intervention 588, 635, 642
Sprachentwicklungsstörungen 197, 435, 439 f., 444, 451 f., 588, 633–644
– charakteristische Fehler 634
– Diagnostik 635, 639
– genetische Einflüsse 636
– spezifische Sprachentwicklungsstörung (SSES) 634–636

Spracherwerb 433–456, 635, 637, 667
– und Arbeitsgedächtnis 197
– und Fernsehkonsum 712
Sprachwissen 445, 448, 638
Sprechstörungen 635, 637
Stabilität 305
– absolute 55
– des Niveaus 303
– des Profils 303 f.
– relative 56, 292 f., 303
– strukturelle 302 f.
statistische Analyseverfahren *s. a. Methoden* 102, 109, 111
Sterben 327, 559
Stereotyp 250, 539, 552, 738
Stichprobenschwund 101, 104, 316
Stolz 201, 479
Stress 95, 135, 161 f., 239, 307, 419, 512, 514
– Diathese-Stress-Modell 621
– transaktionales Modell 627
Strukturalismus 386
Strukturgleichungsmodelle (SEM) 104, 331
Sturz 318, 725
Substanzmissbrauch 253
Suizid 720
Suizidalität 631, 683, 687 f.
Survival-Analyse 104
Symbole 190, 710
Synapsen 119, 123
– Elimination 124, 127
Synaptogenese 118, 122 f., 127
Syntax 435, 442, 444, 449, 452, 637 f.
Systeme 34, 77
systemisches Denken 35

T
Tabak *s. Rauchen*
Tabu 683 f., 688
Tagesbetreuung 144, 208, 581–592
Tastsinn 127, 129, 366
Täter 685, 693, 696
Technologie, altersgerechte 755
Temperament 34, 170, 553 f., 557
Terminal Decline 103, 319, 324, 327, 329
Testing-the-Limits 111, 297, 331
Thalamus 121, 468
Theory of Mind 73, 133, 182, 197, 199, 204, 349, 395, 398, 407 f., 467, 471, 516 f., 549, 552, 595
Therapie *s. a. Psychotherapie; Verhaltenstherapie*
– Formen 624, 626, 628, 631
– im Alter 756

Tiefenwahrnehmung 368
Tier vs. Mensch 338, 354, 356, 358
Tierversuche 95
Töchter 278
Tod 317 f., 320 f., 324, 327, 329, 331
Todesursachen 720
Training 111, 134, 296, 332, 382, 588, 613, 617, 673, 725, 759
Trainingsprogramme 602
Transitionen 242, 260 f., 264, 272, 546
Transitivität 213, 394
Trauer 498
Trotzverhalten 183
Typologien 110

U
Übergangsrituale 150, 243, 512
Übergewicht 721, 723
Überwachung, Monitoring 470 f., 473–475, 701
Übung 134, 296, 428, 673, 675
Umwelt 35, 42
– Nische 63, 65, 70, 72
– Passung *s. a. Fitness, evolutionäre* 43, 63
– und Individuum 495
Umwelteinflüsse 58, 82, 84, 86–89, 94, 143, 625, 729
Ungewissheit 740
Universalismus 155
Unterricht 650, 652, 654, 656, 658–660
Unterstützung 571
Unterstützungsaustausch 248, 274, 743

V
Validität
– externe 108
– ökologische 748
Variabilität 41, 58, 292
– genetische 85
– inter-/intraindividuelle *s. interindividuelle Unterschiede; intraindividuelle Variabilität*
Varianzanalyse 102
Variation 64, 71, 78
Vater 206, 597
Ventrikel 121
Veränderungsprozesse 31, 100
– Einflussgrößen 107
– Typologien 110
Verantwortlichkeit 527, 559, 700
Verbote 183
Verbundenheit 246
Vergenz 370

Vergessen 37, 216, 415, 419, 652
Vergleichsprozesse
– soziale s. sozialer Vergleich
– temporale 306
Verhalten 39, 82, 133, 341
– und Gehirn 40
Verhaltensbeobachtung 167
Verhaltensgenetik 32, 45, 81–96, 525
– Adoptionsmethode 44, 86
– Zwillingsmethode 42, 86, 92, 320
Verhaltensstörungen 557, 619–632, 679, 687, 721
– genetische Einflüsse 623, 625
– Risikofaktoren 255
– Umwelteinflüsse 625
Verhaltenstherapie 229, 624, 628
Verkehrstüchtigkeit 374
Verluste 54, 285, 320, 322, 329, 332 f., 735
Vernachlässigung 538, 677–689
– Intervention 680
Verträglichkeit 223, 303, 548, 758
Vertrauen 53, 228, 248, 329
Verwitwung 314
Videodefizit 709, 712
virtuelle Welten 715
Visumotorik 376, 378
Volition 482, 502
Volljährigkeit 236, 260
Vorschulalter 187–209
– Intervention 613, 615
Vorschule 593–604
– kompensatorische Wirkungen 600
Vulnerabilität 90, 245, 627, 698

W

Wachstum 31, 134, 188, 238, 330
Wachstumsfaktoren 124
Wachstumskurvenmodelle 331
Wahrnehmung 167, 363–383, 710
– ganzheitliche 375
– intermodale 170, 375
Wahrnehmungsgeschwindigkeit 286, 672
Weisheit 75, 305, 317, 558, 568, 736, 740
– Berliner Weisheitsparadigma 740
Werbung 709
Werkzeuggebrauch 341, 344, 396, 500
Werte 140, 143, 154, 526, 582
Widerstandsfähigkeit, Resilienz 307, 315, 575, 741
Wiedererkennung
– Rekognition 193
Wirksamkeitsstreben 202, 478, 481, 483
Wissen 290, 414, 416, 471, 646, 666
– deklaratives 204, 648
– deklaratives vs. prozedurales 673
– domänenspezifisches 175, 401
– numerisches 176, 402
– und Gedächtnis 427
Wissensbestände 286, 290
Wissenserwerb 149, 175, 292, 405, 606, 656, 672
Wohlbefinden 265, 304, 320–327, 572, 741, 743, 750
Wohlbefindensparadox 306, 321–323, 742
Wohlfahrtsstaat 144
Wohnformen 315
Worterwerb 439 f., 442, 453 f.
Wortproduktion 439 f., 453
Wortschatz 195, 439 f., 451–453, 599

Z

Zeigen 452 f., 506, 708
Zeit, historische 56, 143, 147, 739
Zeitachse 40, 99, 103
Zeitbewusstsein 341, 517
Zeitskalen 39
Zelltod, programmierter 118, 124, 129, 164
Zentrierung 191, 594
Zielbewegung 378
Ziele 260, 263, 267, 307, 329, 407, 458, 470, 479, 545, 556, 567, 742
– Engagement und Distanzierung 490, 493
– explizite 484
– Kongruenz 307
– Verschiebungen 306
Zufall 59
Zufriedenheit s. a. Lebenszufriedenheit 265, 276, 306, 574, 743, 758
Zukunftsperspektive 306, 321, 341, 559, 568, 735, 742
Zwillinge 42, 82, 86, 95, 315, 320, 636
Zygote 160

Der Einstieg in die Biologische Psychologie

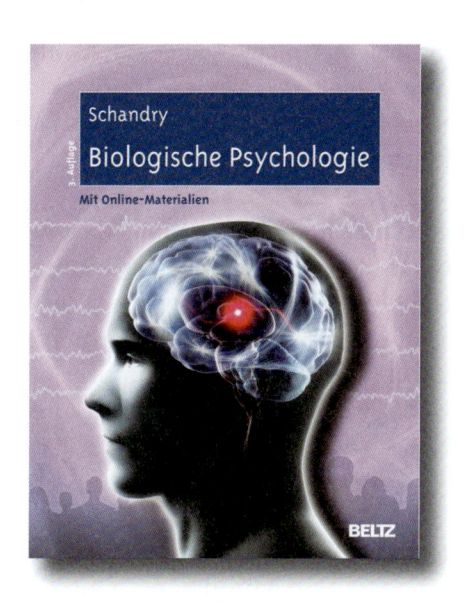

Rainer Schandry
Biologische Psychologie
Mit Online-Materialien
3., vollständig überarbeitete
Auflage 2011. 608 Seiten
Gebunden
ISBN 978-3-621-27683-2

Wir sehen und hören, wir erinnern uns, wir sind aufgeregt — was passiert dabei in unserem Körper? Wie hängen solche Phänomene mit hormonellen oder neuronalen Prozessen zusammen? Die Biologische Psychologie beantwortet diese und viele weitere Fragen.

Rainer Schandry vermittelt in diesem Lehrbuch einerseits die Grundlagen des Fachgebiets, andererseits stellt er aber immer auch den Bezug zur Praxis und zur Alltagserfahrung her: Wie kommt es zu chronischem Schmerz? Wie tickt unsere innere Uhr? Wie entsteht Drogenabhängigkeit? Hier wird die Biologische Psychologie lebendig!

Der neue »Schandry« …
▶ Verständlich: So komplex wie nötig, so anschaulich wie möglich
▶ Anwendungsbezogen: Ob Muskelkater, Rot-Grün-Blindheit oder Parkinson – Störungsbilder kurz und knapp im Überblick
▶ Farbenfroh: Über 250 Abbildungen
▶ Prüfungsrelevant: Zusammenfassungen und Merksätze helfen das Gelernte zu rekapitulieren
▶ Praktisch: Glossar mit über 600 Fachbegriffen zum raschen Nachschlagen

Verlagsgruppe Beltz • Postfach 100154 • 69441 Weinheim • www.beltz.de

Darauf warten Studierende:
Statistik verständlich erklärt

Nullzellenproblem, Dummy-Kodierung, Identifikation von Ausreißern – klingt witziger, als es ist, wenn man in der Statistikvorlesung sitzt und offensichtlich kein »Statistisch« spricht!

In diesem Lehrbuch werden Forschungsmethoden und Statistik verständlich und anschaulich erläutert. Sie erhalten das Handwerkszeug von der Vorlesung im ersten Semester bis zur Abschlussarbeit. Rechenschritte werden dabei in einzelnen Schritten erklärt und durch Beispiele und konkrete Anwendungen ergänzt. So wird klar, wozu Statistik gut ist – und wie sie funktioniert!

Fit für die Prüfung
- Übungsaufgaben und Lernfragen zu jedem Kapitel
- Zahlreiche Beispiele
- Kapitelzusammenfassungen zum schnellen Wiederholen
- Vertiefungen für die, die es genau wissen wollen
- Über 150 Abbildungen und Tabellen

Online lernen und lehren
- Datensätze zum Rechnen der Übungsaufgaben
- Antworthinweise zu den Lernfragen
- Kommentierte Links
- FAQs u. a.

Ob Bachelor, Master oder Diplom – für alle, die Statistik verstehen wollen!

Michael Eid • Mario Gollwitzer • Manfred Schmitt
Statistik und Forschungsmethoden
3. Auflage 2013. 1056 Seiten. Gebunden
ISBN 978-3-621-27524-8

Verlagsgruppe Beltz • Postfach 100154 • 69441 Weinheim • www.beltz.de

Mit R können Sie rechnen

Maike Luhmann
R für Einsteiger
Einführung in die Statistiksoftware
für die Sozialwissenschaften
Mit Online-Materialien
3., überarbeitete Auflage 2013
320 Seiten. Broschiert
ISBN 978-3-621-28090-7

R ist eine freie Statistik-Software, die in der Psychologie zunehmend angewendet wird. Die Vorteile: R ist kostenlos. R ist fehlerfreier und flexibler als die meisten kommerziellen Statistik-Programme. R wird ständig weiterentwickelt und enthält so neu entwickelte statistische Verfahren sehr früh.

In diesem R-Lehrbuch werden die Verfahren besprochen, die für die psychologische und sozialwissenschaftliche Forschung zentral sind. Einzelne Verfahren werden an konkreten Datenbeispielen ausführlich erklärt. Die Daten werden online zur Verfügung gestellt, so dass die Beispiele direkt am PC nachvollzogen werden können. Dabei sind keine Vorkenntnisse im Programmieren nötig. Übersichtstabellen mit den wichtigsten Befehlen erleichtern das Nachschlagen – und Beispiele, Übungsaufgaben und Anwendertipps helfen beim Einstieg in die Software. Für Studierende der Psychologie und der Sozialwissenschaften (begleitend zur Statistik-Vorlesung) und empirisch arbeitende Wissenschaftler (für den Umstieg von SPSS auf R).

Aus dem Inhalt:
Installation von R, Grundlagen der Programmiersprache von R, Datenmanagement, Transformationen von Variablen, univariate und bivariate deskriptive Statistiken, Graphiken, inferenzstatistische Verfahren

Verlagsgruppe Beltz • Postfach 100154 • 69441 Weinheim • www.beltz.de

Optimaler Einstieg in das Fachgebiet

Manfred Schmitt
Christine Altstötter-Gleich
Differentielle Psychologie und Persönlichkeitspsychologie KOMPAKT
Mit Online-Materialien
2010. 200 Seiten
Broschiert
ISBN 978-3-621-27666-5

Für viele Psychologiestudierende ist die Persönlichkeitspsychologie eines der spannendsten Grundlagenfächer – schließlich geht es um die Frage: Was macht jeden Menschen so einzigartig? Warum reagieren wir auf die gleichen Situationen völlig unterschiedlich? Warum lernt der eine versessen für eine Prüfung, während die andere die Situation entspannt auf sich zukommen lässt? Was macht die Persönlichkeit eines Menschen aus?

Mit diesem Kurzlehrbuch verschaffen Sie sich einen Überblick über die Grundlagen und typischen Fragestellungen, die unterschiedlichen Persönlichkeitstheorien und Konstrukte. Dabei werden die Theorien – ob Freud oder Rogers, behavioristische, kognitive, interaktionistische Theorien oder die Big Five – mithilfe eines einheitlichen Schemas eingeordnet und bewertet: So entsteht ein einmaliger Überblick über das Fachgebiet. Parallel dazu werden die Bereiche, in denen Menschen sich unterscheiden können – z. B. Temperament, Aggressivität, Kreativität, Werthaltungen – exemplarisch vorgestellt.

Verlagsgruppe Beltz • Postfach 100154 • 69441 Weinheim • www.beltz.de

Die psychischen Störungen im Kindes- und Jugendalter im Überblick

Die Klinische Entwicklungspsychologie setzt sich zusammen aus den Grundlagenfächern Klinische Psychologie und Entwicklungspsychologie und behandelt psychische Störungen, die im Kindes- und Jugendalter auftreten können.

Alle wichtigen Störungen (z. B. Bindungsstörungen, Schlafstörungen, Störungen des Sozialverhaltens, Essstörungen) werden von den Autoren nach einem einheitlichen Schema beschrieben, das sowohl die Entstehungsbedingungen, den Verlauf als auch die psychosozialen Belastungen des Umfeldes in den Blick nimmt. Fallbeispiele zu jeder Störung, Merksätze und Übungsaufgaben am Ende jedes Kapitels machen die Themen greifbar und leicht zugänglich.

Nina Heinrichs
Arnold Lohaus
Klinische Entwicklungspsychologie KOMPAKT
Psychische Störungen im Kindes- und Jugendalter
Mit Online-Materialien
2011. 224 Seiten. Broschiert
ISBN 978-3-621-27806-5

Aus dem Inhalt:
Teil I Grundlagen
u.a. Entwicklungspsychopathologie; Erklärungsansätze für die Entwicklung von psychischen Störungen; Epidemiologie zu psychischen Störungen im Kindes- und Jugendalter; Präventions- und Interventionsansätze.

Teil II Störungsbilder
Störungen im Säuglings- und Kleinkindalter; Störungen im Kindesalter; Störungen im Jugendalter

Verlagsgruppe Beltz • Postfach 100154 • 69441 Weinheim • www.beltz.de

Alles über Lernen und Lehren

Was kann eine Lehrerin tun, damit sich möglichst viele Schülerinnen und Schüler in ihrem Unterricht beteiligen? Was zeichnet das Lernen in Schulen, Hochschulen, in der Erwachsenenbildung aus? Welche Rolle spielt die Familie, damit Kinder sich zu starken Persönlichkeiten entwickeln? Welchen Stellenwert haben gesellschaftliche Rahmenbedingungen?

Die Neuauflage des Lehrbuchs »Pädagogische Psychologie« wurde vollständig überarbeitet. Tina Seidel, Andreas Krapp und viele weitere Experten der Pädagogischen Psychologie und Empirischen Bildungsforschung stellen das Fach anschaulich dar. Jedes Kapitel enthält exemplarische Studien, Anwendungsbeispiele, Definitionen und eine Zusammenfassung und erleichtert damit die Vorbereitung auf die Prüfung.

▶ Mit deutsch-englischem Glossar zum raschen Nachschlagen der Fachbegriffe
▶ Alle Abbildungen und Tabelle in Farbe
▶ Mit zusätzlichen Online-Materialien zum Download

Tina • Seidel
Andreas Krapp (Hrsg.)
Pädagogische Psychologie
Mit Online-Materialien
6. Auflage 2014. 656 Seiten.
Gebunden.
ISBN 978-3-621-27917-8

Verlagsgruppe Beltz • Postfach 100154 • 69441 Weinheim • www.beltz.de

Familienpsychologie für die Praxis

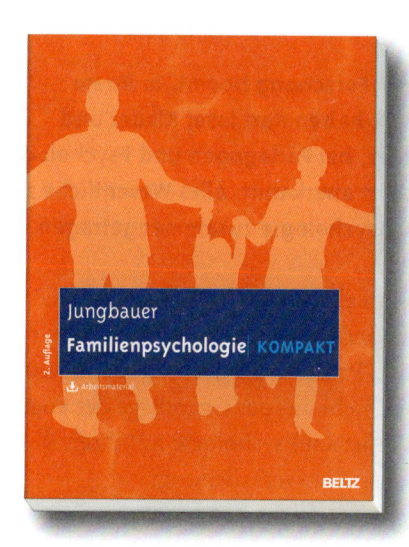

Wie können Paare beim Übergang zur Elternschaft unterstützt werden? Warum kommt es zu Gewalt und Vernachlässigung in Familien, und welche Interventionsmöglichkeiten gibt es? Wie kann man Familienangehörige von todkranken und sterbenden Menschen unterstützen?

Das Lehrbuch »Familienpsychologie kompakt« beschreibt die Vielfalt heutiger Familienwirklichkeiten und zeigt konkrete Ansatzpunkte für die psychosoziale Praxis auf. Übersichtlich strukturiert, leicht verständlich und anhand vieler Fallbeispiele gibt der Autor einen Überblick zu zentralen Themen der Familienpsychologie sowie ihren Anwendungsmöglichkeiten.

Praxisbezogenes Wissen – für Studium und berufliche Praxis der Sozialen Arbeit und Sozialpädagogik, Erziehungs- und Familienberatung.

Online-Materialien: u.a. mit ausführlichem Glossar, kommentierten Links, Lösungshinweisen zu den Praxisübungen, Übersicht über Angebote der Elternbildung

Johannes Jungbauer
Familienpsychologie kompakt
Mit Arbeitsmaterial
zum Download
2. Auflage 2014. 223 Seiten.
Broschiert
ISBN 978-3-621-28144-7

Verlagsgruppe Beltz • Postfach 100154 • 69441 Weinheim • www.beltz.de

Lehren und Lernen heute

Die Lehr-Lern-Forschung boomt. In ihrem Standardwerk haben Karl Josef Klauer und Detlev Leutner, bei Pädagogen und Psychologen gleichermaßen anerkannt, alles Wesentliche zur Instruktionspsychologie zusammengetragen.

Sie stellen ein Lehr-Lern-Konzept vor, das die vorhandenen Phänomene erklärt und zeigt, wie man die Lehr-Lern-Prozesse möglichst günstig steuert. Das alles geschieht auf der Grundlage der kognitivistisch orientierten Psychologie mit ihren Modellen der Informationsverarbeitung.

Komplett überarbeitet bietet die 2. Auflage zusätzlich ein Glossar zum Nachschlagen der wichtigsten Fachbegriffe.

Karl Josef Klauer
Detlev Leutner
Lehren und Lernen
Einführung in die
Instruktionspsychologie
2., überarbeitete Auflage
2012. 256 Seiten. Gebunden
ISBN 978-3-621-27667-2

Aus dem Inhalt:
▶ Lehrzieldefinition
▶ Curriculumkonstruktion
▶ Planung und Durchführung der Instruktion
▶ Lehrmethoden und Lernwege
▶ Lernen mit Neuen Medien
▶ Lernerfolgsmessung

Verlagsgruppe Beltz • Postfach 100154 • 69441 Weinheim • www.beltz.de

Das Nachschlagewerk der Pädagogischen Psychologie

Detlef H. Rost
**Handwörterbuch
Pädagogische Psychologie**
4., überarbeitete und erweiterte
Auflage 2010. 1034 Seiten
Gebunden
ISBN 978-3-621-27690-0

Von »Anstrengungsvermeidung« bis »Zielorientierung« – das Handwörterbuch Pädagogische Psychologie bietet mit 115 Stichwörtern einen umfassenden Überblick über die Pädagogische Psychologie. Ein unverzichtbares Nachschlagewerk für Studium und Praxis!

Durch seine zahlreichen Querverweise und vielfältigen Hinweise ist das Handwörterbuch eine benutzerfreundliche Alternative zu allzu knapp gefassten Wörterbüchern und voluminösen Enzyklopädien. Nicht nur Studierende, sondern auch Wissenschaftler aus anderen Fachgebieten, wie etwa der Erziehungswissenschaft, der Sonder- oder der Schulpädagogik, bekommen schnelle Informationen über die Themen der Pädagogischen Psychologie.

Neu in der 4. Auflage
▶ Bildungsstandards
▶ Fremdsprachenerwerb
▶ Lese-Rechtschreibschwierigkeiten
▶ Schülerbefragung

Alle Beiträge wurden komplett überarbeitet.

»Man kann dieses Buch mit Fug und Recht als etablierten ›Klassiker‹ bezeichnen. Die Artikel enthalten durchweg viel Substanz, sie sind aktuell und repräsentieren den Stand der Forschung.«
Erziehungswissenschaftliche Revue

Verlagsgruppe Beltz • Postfach 100154 • 69441 Weinheim • www.beltz.de

Das ganze Spektrum psychotherapeutischer Verfahren

Die Entwicklung der Psychotherapie von Sigmund Freuds Psychoanalyse über die Etablierung von Therapieschulen bis hin zur heute vorherrschenden Vielfalt unterschiedlicher Therapieansätze – dieses Grundlagenwerk bildet den idealen Einstieg in die Vielfalt heutiger Psychotherapie.

Gegliedert in die vier Bereiche der psychodynamischen, verhaltenstherapeutischen, humanistischen und systemischen Therapien stellt Jürgen Kriz die Grundlagen der verschiedenen Ansätze sowie deren neuere Entwicklungen vor. Er skizziert dabei die großen Linien, wie die Verfahren sich auseinanderentwickelt haben, sich in Menschenbild und Störungsverständnis voneinander unterscheiden – aber auch viele Gemeinsamkeiten besitzen.

Jürgen Kriz
Grundkonzepte der Psychotherapie
Mit Online-Materialien
7. Auflage 2014. 336 Seiten.
Gebunden.
ISBN 978-3-621-28097-6

▶ Mit Zusammenfassungen zum Rekapitulieren des Gelesenen
▶ Mit Verständnisfragen zu jedem Kapitel
▶ Online-Materialien: Weiterführende Links und Fallbeispiele, die das therapeutische Vorgehen veranschaulichen

Verlagsgruppe Beltz • Postfach 100154 • 69441 Weinheim • www.beltz.de

Schüler sozial kompetent machen

In einer immer komplexer und vernetzter werdenden Welt steigen die Anforderungen an den Einzelnen, sich sozial angemessen zu verhalten. Zugleich nehmen die Möglichkeiten ab, Sozialverhalten einzuüben. Die Schule ist ein Ort, an dem Verhaltensprobleme der Schüler besonders deutlich werden, hier kann auch eine frühzeitige und gezielte Intervention stattfinden.

Das »Sozialtraining in der Schule« übt soziale Fertigkeiten und Kompetenzen in der Schulklasse. Es ist geeignet für die Klassen 3 – 6 aller Schultypen. Wissenschaftlich evaluiert bietet es schön gestaltete Arbeitsmaterialien für 24 Trainingseinheiten. Alle Materialien können online ausgedruckt und heruntergeladen werden.

Franz Petermann
Gert Jugert
Uwe Tänzer
Dorothe Verbeek
Sozialtraining in der Schule
Mit Online-Materialien
3., überarbeitete Auflage 2012
240 Seiten. Gebunden
ISBN 978-3-621-27596-5

Dieses Buch ist auch als E-Book erhältlich.
ISBN 978-3-621-27971-0

Verlagsgruppe Beltz · Postfach 100154 · 69441 Weinheim · www.beltz.de

Pädagogische Psychologie – kurz und knapp

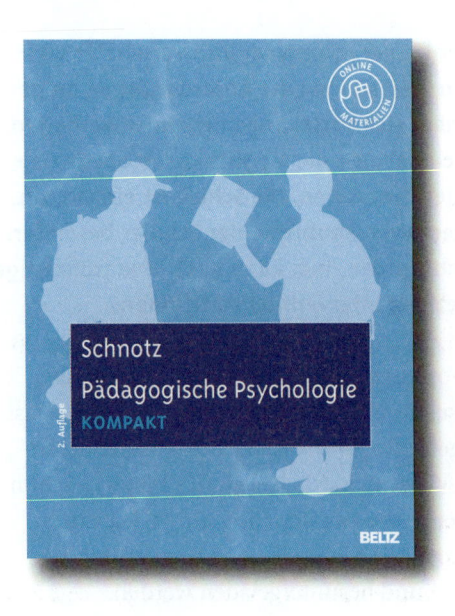

Wie funktioniert erfolgreiches Lernen und Lehren? Was trägt die Umwelt zur Persönlichkeitsentwicklung bei? Wohin führen verschiedene Arten von Erziehung? All diese Fragen gehören zum Fachgebiet der Pädagogischen Psychologie.

Das Grundlagenfach ist Wissenschaft und Anleitung zum praktischen Handeln zugleich. Auf diesem Verständnis basierend werden Grundlagen anschaulich aufgearbeitet und die direkte Umsetzung der Erkenntnisse in die Praxis erläutert. Zahlreiche Beispiele, Experimente und Anregungen erleichtern den Zugang zum Fachgebiet, Zusammenfassungen, Diskussionsfragen und Literaturtipps zu jedem Kapitel helfen bei der Prüfungsvorbereitung.

Wolfgang Schnotz
**Pädagogische Psychologie
KOMPAKT**
Mit Online-Materialien
2., überarbeitete Auflage 2011
224 Seiten. Broschiert
ISBN 978-3-621-27773-0

Verlagsgruppe Beltz • Postfach 100154 • 69441 Weinheim • www.beltz.de

Fit für die Prüfung

Welche Tippgemeinschaft hat bei der Fußballwette besser abgeschnitten? Verderben viele Köche den Brei? Wann sind Studierende besonders urlaubsreif? – Diese und viele weitere Aufgaben zeigen, dass der Spaß in der Statistik nicht zu kurz kommen muss.

Kai Budischewski und Katharina Kriens haben eine unterhaltsame Sammlung von 66 Aufgaben zusammengestellt, mit der die Vorbereitung auf die Statistikprüfung optimal gelingt.

Ob einfache Aufgaben der deskriptiven Statistik, t-Test, Varianzanalyse oder multiple Regression – die Lösungswege werden jeweils schrittweise und mit den notwendigen Formeln erläutert. Mit Formelsammlung und Verteilungstabellen.

Kai Budischewski
Katharina Kriens
Aufgabensammlung Statistik
Übungsaufgaben für Psychologie, Sozial- und Humanwissenschaften
2011. 320 Seiten. Broschiert
ISBN 978-3-621-27921-5

Verlagsgruppe Beltz • Postfach 100154 • 69441 Weinheim • www.beltz.de

Neues Kurzlehrbuch für ein spannendes Fachgebiet

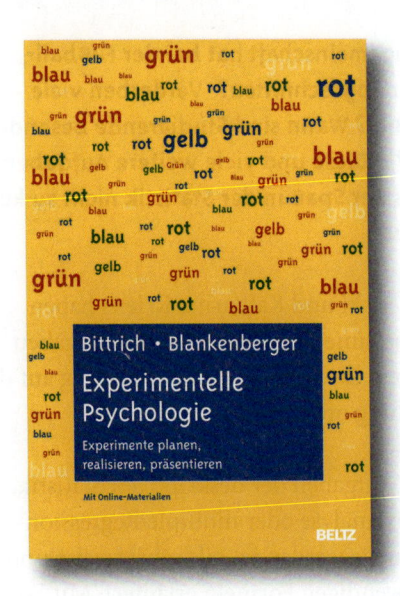

Wie plant man ein Experiment? Wie präsentiert man die Ergebnisse? Wie liest und interpretiert man eine experimentelle Arbeit? – Das Experiment ist die zentrale Methode der wissenschaftlichen Psychologie zum Erkenntnisgewinn. In diesem Kurzlehrbuch wird anschaulich dargestellt, wie man experimentell arbeitet.

Im Psychologiestudium muss man experimentelle Arbeiten nicht nur lesen und bewerten, sondern im Rahmen des Experimentalpsychologischen Praktikums, der Bachelor- oder Masterarbeit auch selbst planen und durchführen. Katrin Bittrich und Sven Blankenberger erläutern die wichtigsten experimentellen Paradigmen ebenso wie die einzelnen Schritte von der Literaturrecherche über die Methodik bis zur Auswertung und Präsentation.

Katrin Bittrich
Sven Blankenberger
Experimentelle Psychologie
Experimente planen, realisieren, präsentieren
Mit Online-Materialien
2011. 192 Seiten. Broschiert
ISBN 978-3-621-27802-7

Verlagsgruppe Beltz • Postfach 100154 • 69441 Weinheim • www.beltz.de